Standard English–SerboCroatian, SerboCroatian–English Dictionary

---

A Dictionary of Bosnian, Croatian, and Serbian Standards

MORTON BENSON

Standardni Englesko–Srpskohrvatski, Srpskohrvatsko–Engleski Rečnik

---

Rečnik Bosanskog, Hrvatskog, i Srpskog Standarda

MORTON BENSON

CAMBRIDGE
UNIVERSITY PRESS

PUBLISHED BY THE PRESS SYNDICATE OF THE UNIVERSITY OF CAMBRIDGE
The Pitt Building, Trumpington Street, Cambridge CB2 1RP, United Kingdom

CAMBRIDGE UNIVERSITY PRESS
The Edinburgh Building, Cambridge CB2 2RU, United Kingdom
http: //www.cup.cam.ac.uk
40 West 20th Street, New York, NY 10011–4211, USA
http: //www.cup.org
10 Stamford Road, Oakleigh, Melbourne 3166, Australia

© Morton Benson 1998

First published 1982 © Morton Benson

Printed in the United States of America

Typeset in Excelsior

*A catalogue record for this book is available from
the British Library*

Library of Congress Cataloguing-in-Publication Data is available

ISBN 0 521 64209 4 hardback
ISBN 0 521 64553 0 paperback

PREFACE

The term "SerboCroatian" denotes a South Slavic language with several varieties. These standard varieties are spoken in areas that comprised the former Yugoslavia. People living in Bosnia and Hercegovina now usually call their language Bosnian *(bosanski)*. People living in Croatia now usually call their language Croatian *(hrvatski)*. People living in Serbia and Montenegro now usually call their language Serbian *(srpski)*. This dictionary covers all of these standard varieties. The basic variety of English in the dictionary is American English, but the author gives attention also to British English. This dictionary is an abridged version of the author's *SerboCroatian–English Dictionary* and *An English–SerboCroatian Dictionary*. The author hopes that this dictionary will be helpful for English speakers who are studying SerboCroatian, for SerboCroatian speakers who are studying English, and for professional translators.

PREDGOVOR

Termin "srpskohrvatski" označava južnoslovenski jezik sa nekoliko varijacija. Ove standardne varijacije se upotrebljavaju na teritoriji bivše Jugoslavije. Bosanci i Hercegovci sada obično zovu jezik "bosanski". Hrvati sada obično zovu jezik "hrvatski". Srbi i Crnogorci sada obično zovu jezik "srpski". Ovaj rečnik opisuje sve ove standardne varijacije. Osnovna varijacija engleskog jezika u rečniku je američka, ali autor obraća pažnju i na britansku varijaciju. Ovaj rečnik predstavlja skraćenje dvaju autorovih dela: Srpskohrvatsko–engleskog rečnika i Englesko–srpskohrvatskog rečnika. Autor se nada da će ovaj rečnik biti koristan za one koji uče srpskohrvatski, za one koji uče engleski, i za profesionalne prevodioce.

Morton Benson
Havertown, Pennsylvania

ABBREVIATIONS

SKRAĆENICE

a	adjective, pridev	interj	interjection, uzvik
abbrev.	abbreviation, skraćenica	intr	intransitive, neprelazan
adv	adverb, prilog	ling.	linguistics, lingvistika
Am.	American, američki	lit.	literary, književni
anat.	anatomy, anatomija	math.	mathematics, matematika
astro.	astronomy, astronomija	med.	medicine, medicina
astron.	astronautics, astronautika	mil.	military, vojni
aux.	auxiliary, pomoćni	misc.	miscellaneous, razno
biol.	biology, biologija	mus.	music, muzika
bot.	botany, botanika	num	number, broj
Br.	British, britanski	Orth.	Orthodox, pravoslavni
cap.	capitalized, pisano velikim slovom	part	particle, rečca
		pejor.	pejorative, pejorativan
Cath.	Catholic, katolički	phil.	philosophy, filozofija
chem.	chemistry, hemija	phys.	physics, fizika
coll.	collective, zbirni	pl	plural, množina
colloq.	colloquial, razgovorni	pol.	political, politički
comm.	commerce, trgovina	poss.	possessive, prisvojan
comp	comparative, komparativ	pred	predicate, predikat
conj	conjunction, sveza	prep	preposition, predlog
cul.	culinary, kulinarski	pron	pronoun, zamenica
def.	definite, određen	refl.	reflexive, povratan
dem.	demonstrative, polazni	rel.	religion, religija
	diplomacy, diplomatija	relat.	relative, odnosni
E	Eastern	sgn	singular, jednina
econ.	economics, ekonomija	smb.	somebody, neko
esp.	especially, naročito	smt.	something, nešto
fam.	familiar, familijarno	super	superlative, superlativ
fem.	female, ženskog pola	tech.	technical, tehnički
fig.	figurative, figurativan	tr	transitive, prelazni
geog.	geography, geografija	usu.	usually, obično
geool.	geology, geologija	W	Western
gram.	grammar, gramatika	Yugo.	Yugoslav, jugoslovenski
imper.	imperative, imperativ	zool.	zoology, zoologija
indef.	indefinite, neodređen		

English–SerboCroatian

Englesko–Srpskohrvatski

PRONUNCIATION KEY

TRANSKRIPCIJA

VOWELS AND DIPHTHONGS

SAMOGLASNICI I DIFTONZI

a	father	[fath:ər]	ij	eat	[ijt]
	bother	['bath:ər]	o	saw	[so]
ae	sad	[saed]	oj	boy	[boj]
aj	five	[fajv]	ou	home	[houm]
au	house	[haus]	u:	too	[tu:]
e	bet	[bet]	u	book	[buk]
ej	pay	[pej]	ə	the	[th:ə]
i	it	[it]			

CONSONANTS

SUGLASNICI

b	be	[bij]	ng	sing	[sing]
č	cheese	[čijz]	p	pie	[paj]
d	do	[du:]	r	red	[red]
dž	June	[džu:n]	s	sea	[sij]
f	foot	[fut]	š	show	[šou]
g	go	[gou]	t	toe	[tou]
h	he	[hij]	th	theme	[thijm]
j	yes	[jes]	th:	then	[th:en]
k	cat	[kaet]	v	vine	[vajn]
l	look	[luk]	w	will	[wil]
m	me	[mij]	z	zoo	[zu:]
n	no	[nou]	ž	regime	[ri'žijm]

A

a I [ej] *n* 1. a (slovo engleske azbuke); (mus.) *A major (minor)* A dur (mol) 2. (school grade) »odlično«

a II [ej] ([ə] when unstressed; *an* [aen] before a vowel and occ. before the sound [h] preceding an unstressed vowel) (indefinite article) 1. (with an unidentified countable noun); *it's ~ pencil* to je olovka; *~ (an) heroic deed* podvig 2. (in *adv* phrases) *once ~ month* jedanput mesečno (mjesečno); *two dollars ~* (Br.: *the) pound* dva dolara funta 3. jedan; *it costs ~ dollar* to košta jedan dolar 4. (with words denoting quantity) *~ few books* nekoliko knjiga 5. (with the *super* when it means *veoma) ~ most interesting book* veoma zanimljiva knjiga 6. (with pred. nouns) *he is ~ mechanic* on je mehaničar 7. (in generalizations) *~ dog is larger than ~ cat* pas je veći nego mačka 8. (with proper names) *his mother was ~ Smith* njegova majka je bila Smit 9. (with modifiers *what, such, many,* etc.) *what ~ man!* takav čovek (čovjek)! 10. (with an abstract noun and adjective) *~ useful life* koristan život

abacus ['aebəkəs] *n* računaljka

abandon I [ə'baendən] *n* razuzdanost, raskalašnost **abandon** II *v tr* napustiti; *to ~ hope* napustiti nadu; *~ ship!* napuštaj brod!

abate [ə'bejt] *v intr* smanjiti se, stišati se; *the storm ~ed* bura se stišala

abbreviate [əb'rijvijejt] *v tr* skratiti **abbreviation** [əbrijvij'ejšən] *n* skraćenica (W: kratica), abrevijacija, abrevijatura

abdicate ['aebdikejt] *v tr* and *intr* odreći se; abdicirati; *to ~ (from) a throne*

odreći se prestola (prijestola) **abdication** [aebdi'kejšən] *n* odricanje, abdikacija

abdomen ['aebdəmən] *n* trbuh, abdomen **abdominal** [aeb'daminəl] *a* trbušni

abduct [aeb'dəkt] *v tr* oteti **abduction** *n* otmica **abductor** *n* otmičar

aberration [aebə'rejšən] *n* nenormalnost, odstupanje (od norme)

abhor [aeb'hor] *v tr* gnušati se; *to ~ smt.* gnušati se (od) nečega **abhorrent** *a* gnusan, odvratan

abide [ə'bajd] *abode* [ə'boud] (or *-d) v intr* povinovati se; *to ~ by a decision* povinovati se odluci

ability [ə'bilətij] *n* sposobnost, moć. veština (vještina); kapacitet; *a man of ~* sposoban čovek (čovjek); *the ~ to reason* sposobnost rasuđivanja

abject ['aebdžekt] *a* 1. preziran, podao, ponizan; *an ~ liar* podal lažov 2. bedan (bijedan); *in ~ poverty* u bednom siromaštvu

ablaze [ə'blejz] *pred a* u plamenu, gorući

able ['ejbəl] *a* 1. sposoban, vešt (vješt); *an ~ worker* sposoban radnik 2. u stanju, sposoban; *he is not ~ to work* on ne može da radi

ably ['ejblij] *adv* sposobno, vešto (vješto)

abnormal [aeb'norməl] *a* nenormalan, abnormalan **abnormality** [aebnor'maelətij] *n* nenormalnost, abnormalnost

aboard [ə'bord] *adv* ukrcan; *to go ~ (a ship)* ukrcati se (u brod); *all ~!* putnici u kola!

abode [ə'boud] *n* boravište, prebivalište

abolish [ə'bališ] *v tr* ukinuti, poništiti; *to ~ slavery* ukinuti ropstvo **abolition** [aebə'lišən] *n* ukidanje, ukinuće, abolicija **abolitionist** *n* (Am., hist.) pristalica (W:

pristaša) ukidanja ropstva, abolicionista
A bomb atomska bomba
abominable [ə'bamənəbəl] a 1. gnusan, od-
vratan 2. (colloq.) loš, rđav, **abominate**
[ə'bamənejt] v tr mrzeti (mrzjeti), gnu-
šati se **abomination** [abamə'nejšən] n 1.
gnušanje, osećanje (osjećanje) gnušanja
2. užas
aboriginal [aebə'ridžənəl] a urođenički,
domorodan **aborigine** [aebə'ridžənij] n
urođenik, domorodac
abort [ə'bort] v 1. tr prekinuti 2. intr
pobaciti, pretrpeti (pretrpjeti) abortus
3. intr (astron.) prekinuti (W.
svemirski) let **abortion** [ə'boršən] n po-
bačaj, prekid trudnoće, abortus; to have
an ~ imati pobačaj, pretrpeti abortus;
to perform an ~ izvršiti pobačaj **abortive**
[ə'bortiv] a abortivan, nedovršen
abound [ə'baund] v intr obilovati
about [ə'baut] adv 1. oko, otprilike,
približno; ~ five miles oko pet milja
(see also **around** I 1) 2. (with various
verbs) to bring ~ ostvariti 3. skoro,
gotovo, bezmalo; the river was just ~
frozen reka (rijeka) se skoro bila zamrz-
zla; the work has just ~ come to a halt
rad je gotovo zamro 4. sad, odmah, baš,
taman; tek što; he is just ~ to leave on
se baš sprema da pođe 5. (Br.) blizu; is
your father ~? da li je tvoj otac tu? (see
also **around** I 2) 6. misc.; it's ~ time:
krajnje je vreme (vrijeme): **about** II prep
1. o, oko, zbog, u vezi sa; to speak ~
smb. govoriti o nekome; what's it all ~?
o čemu se radi? 2. (see **around** II 1) oko,
otprilike u; ~ midnight oko ponoći 3.
misc.; go ~ your (own) business! gledaj
svoja posla!
above I [ə'bəv] a gornji; the ~ facts gore
pomenute činjenice **above** II adv gore;
from ~ odozgo; ~ cited (mentioned)
gore navedeni **above** III prep 1. nad,
iznad, povrh, više od; ~ all iznad svega
2. misc.; he speaks ~ our heads govori
preučeno za nas
abrasion [ə'brejžən] n 1. izjedenost, istrto
mesto (mjesto) 2. abrazija, nagrizanje
abrasive [ə'brejsiv] a abrazivan
abreast [ə'brest] adv 1. jedan pored drugo-
ga; to keep ~ of ići uporedo (ukorak) sa
2. u toku; ~ of events u toku događaja
abridge [ə'bridž] v tr 1. skratiti; sažeti; an
~d dictionary skraćeni rečnik (riečnik)

2. uskratiti **abridgment** n 1. skraćenje,
skraćivanje 2. uskraćenje
abroad I [ə'brod] n inostranstvo (W: ino-
zemstvo); a student from ~ student iz
inostranstva **abroad** II adv u inostran-
stvu (W: u inozemstvu); to live ~ živeti
(živjeti) u inostranstvu
abrogate ['aebrəgejt] v tr ukinuti, abrogi-
rati **abrogation** [aebrə'gejšən] n ukinu-
će, ukidanje, abrogacija
abrupt [ə'brəpt] a iznenadan, nagao; ~ly
iznenada
abscess I ['aebses] n (med.) gnojan čir,
apsces **abscess** II v intr zagnojiti se
abscond [aeb'skand] v intr pobeći (pobje-
ći) od zakona
absence ['aebsəns] n 1. odsustvo; udalje-
nje; on leave of ~ na odsustvu 2.
izostanak; odsutnost **absent** I ['aebsənt)
a odsutan, neprisutan **absent** II [aeb-
'sent] v refl odsustvovati; to ~ oneself
from a meeting udaljiti se sa sednice
(sjednice) **absentee** I [aebsən'tij] n od-
sutnik **absentee** II a odsutan; (pol.) an ~
ballot glasački listić odsutnog birača
absenteeism n izostajanje s posla
absent-minded a rasejan (rasijan); an ~
professor rasejani profesor
absolute ['aebsəlu:t] a 1. potpun, apsolu-
tan 2. apsolutistički; an ~ monarchy
apsolutistička monarhija
absolution [aebsə'lu:šən] n (rel.) oprošte-
nje, oprost
absolutism ['aebsəlu:tizəm] n apsolutizam
absolve [aeb'salv] v tr oprostiti; osloboditi
absorb [aeb'sorb] v tr prigušiti, apsorbo-
vati, upiti, usisati; this paper ~s ink
ova hartija upija mastilo; ~ed in
thought duboko zamišljen **absorbent**
[aeb'sorbənt] a koji upija **absorbent cot-
ton** vata
abstain [aeb'stejn] v intr uzdržati se; to ~
from voting uzdržati se od glasanja
abstention [aeb'stenšən] n uzdržavanje
abstinence ['aebstənəns] n 1. samoodrži-
canje, apstinencija 2. uzdržavanje; tre-
zvenost **abstinent** a koji se uzdržava
abstract I ['aebstraekt] n rezime, sažetak
abstract II a apstraktan **abstract** III v tr
1. [aeb'straekt] apstrahovati 2. sažeti; to
~ an article sažeti članak **abstraction**
[aeb'straekšən] n apstrahovanje, ap-
strakcija
abstruse [aeb'stru:s] a teško razumljiv,
nejasan

absurd [aeb'sərd] *a* apsurdan **absurdity**
[~ətij] *n* apsurd, apsurdnost, apsurditet
abundance [ə'bəndəns] *n* izobilje, obilje
abundant *a* izobilan, obilan
abuse I [ə'bju:s] *n* 1. zloupotreba; *an ~ of
power* zloupotreba vlasti 2. zlostavljanje
3. psovanje, grđenje **abuse** II [ə'bju:z] *v
tr* 1. zloupotrebiti 2. zlostaviti **abusive**
[ə'bju:siv] *a* 1. koji zlostavlja 2. uvredljiv
abysmal [ə'bizməl] *a* 1. bez dna 2. dubok;
~ *ignorance* duboko neznanje **abyss**
[ə'bis] *n* ponor, ambis, bezdan
academic I [aekə'demik] *n* 1. profesor,
nastavnik 2. student **academic** II *a* 1.
akademski; univerzitetski (W: sveučili-
šni) 2. teorijski, apstraktan 3. školski;
the ~ year školska godina **academician**
[aekədə'mišən] *n* akademik, član akade-
mije nauka **academy** [ə'kaedəmij] *n* 1.
akademija; škola; *a military ~* vojna
akademija 2. srednja škola
accede [aek'sijd] *v intr* pristati, složiti se
accelerate [aek'selərejt] *v* 1. *tr* ubrzati 2.
intr ubrzati se **acceleration** [aeksele'rej-
šən] *n* ubrzanje, akceleracija **accelerator**
[aek'selərejtər] *n* 1. akcelerator, ubrza-
vač 2. pedal za gas
accent I ['aeksent] *n* 1. (ling.) naglasak,
akcenat 2. (ling.) znak akcenta 3. akce-
nat, način izgovora; *to speak with an (a
foreign) ~* govoriti s (sa stranim) akcen-
tom 4. emfaza, jačina **accent** II also:
[aek'sent] *v tr* 1. akcentovati, naglasiti
2. akcentovati, označiti akcentima
accentuate [aek'senču:ejt] *v tr* akcentova-
ti; istaći, podvući **accentuation** [aeksen-
ču:'ejšən] *n* akcentuacija
accept [aek'sept] *v tr* prihvatiti, pristati
(na), primiti; *to ~ an invitation* prihva-
titi poziv **acceptable** *a* prihvatljiv **accep-
tance** *n* primanje
access ['aekses] *n* 1. pristup; uvid; *he had
~ to top-secret documents* imao je pri-
stup državnim tajnama 2. prilaz; ~ *to a
stadium* prilaz stadionu 3. izlaz, izla-
zak; *to gain ~ to world markets* izići na
svetsko (svjetsko) tržište 4. (pravo na)
korišćenje **accessible** [aek'sesəbəl] *a* 1.
pristupačan; dostupan; *that peak is not
~* taj vrh nije pristupačan 2. podložan
accession [aek'sešən] *n* 1. pristup, dola-
zak; ~ *to the throne* stupanje na presto
(prijesto) 2. prinova: *a list of ~s* spi-
sak prinova

accessory I [aek'sesərij] *n* 1. (legal) sauče-
snik, pomagač 2. sporedna stvar; ~ *ies*
pribor **accessory** II *a* 1. saučesnički 2.
sporedan, uzgredan, akcesoran
accident ['aeksidənt] *n* 1. nesrećan (nesre-
tan) slučaj, nesreća, udes, nezgoda; *an
automobile ~* automobilska nesreća; *he
had an ~* desio mu se nesrećan slučaj 2.
slučaj, nepredviđen događaj; *by ~* slu-
čajno **accidental** [aeksə'dentəl] *a* sluča-
jan, neočekivan; *we met ~ly* slučajno
smo se sreli
acclaim I [ə'klejm] *n* aklamacija **acclaim** II
v tr 1. aklamovati, klicanjem pozdraviti
2. proglasiti aklamacijom **acclamation**
[aeklə'mejšən] *n* aklamacija, uzvikiva-
nje; *carried (elected) by ~* izglasan
(izabran) aklamacijom
acclimate ['aekləmejt] *v* 1. *tr* aklimatizo-
vati, prilagoditi, naviknuti 2. *intr* akli-
matizovati se, prilagoditi se; *to ~ (be-
come ~d) to a situation* prilagoditi se
situaciji
accolade ['aekəlejd] *n* pohvala, priznanje
accommodate [ə'kamədejt] *v* 1. *tr* udesiti,
podesiti, prilagoditi 2. *tr* smestiti (smje-
stiti); *to ~ for the night* primiti na
prenoćište 3. *intr* prilagoditi se **accom-
modating** *n* predusretljiv **accommoda-
tion** [əkamə'dejšən] *n* 1. podešavanje,
prilagođavanje, akomodacija 2. spora-
zum, kompromis; *to come to an ~* doći
do sporazuma 3. (usu. in *pl*) smeštaj —
smještaj (i hrana)
accompaniment [ə'kəmpənijmənt] *n* pra-
ćenje, pratnja; (mus.) *to the ~ of a
piano* uz pratnju klavira **accompanist**
[ə'kəmpənist] *n* (mus.) klavirski sarad-
nik (suradnik) **accompany** [ə'kəmpənij]
v tr pratiti; *to ~ smb. on the piano*
pratiti nekoga na klaviru
accomplice [ə'kamplis] *n* (legal) saizvršilac
accomplish [ə'kampliš] *v tr* izvršiti; dosti-
ći; *to ~ a task* izvršiti zadatak **accom-
plished** *a* 1. see **accomplish;** *an ~ fact*
svršen čin 2. vešt (vješt) **accomplish-
ment** *n* dostignuće; podvig; *scientific
~s* naučna dostignuća
accord [ə'kord] *n* sporazum, saglasnost; *to
reach (come to) an ~* postići sporazum
accordance *n* saglasnost; *in ~ vith your
instructions* u saglasnosti sa (prema)
vašim instrukcijama
accordingly [~inglij] *adv* dakle, prema
tome

according to prep prema, po; ~ need prema potrebi

accordion [ə'kordijən] n ručna harmonika, akordeon

accost [ə'kost] v tr prići; to ~ smb. prići nekome, osloviti nekoga

account I [ə'kaunt] n 1. račun; to charge to smb.'s ~ staviti na nečiji račun; to take smt. into ~ voditi računa o nečemu 2. izveštaj (izvještaj), opis; to give an ~ of smt. podneti izveštaj o nečemu 3. objašnjenje **account** II v intr objasniti, opravdati; he could not ~ for the deficit nije mogao da objasni manjak **accountable** a odgovoran

accountancy [~ənsij] n računovodstvo **accountant** n računovođa, revizor knjiga **accounting** n 1. računovodstvo 2. račun; to render an ~ položiti račun

accredit [ə'kredit] v tr 1. akreditovati; ovlastiti 2. priznati, ozvaničiti; to ~ a school ozvaničiti školu **accreditation** [əkredi'tejšən] n 1. akreditovanje, punomoćje 2. ozvaničenje; ~ of a school ozvaničenje škole

accrue [ə'kru:] v 1. tr nagomilati 2. intr nagomilati se **accrued interest** nagomilan interes (W: narasle kamate)

accumulate [ə'kju:mjəlejt] v 1. tr nagomilati, akumulirati; to ~ money nagomilati novac 2. intr nagomilati se **accumulation** [əkju:mjə'lejšən] n 1. gomilanje, akumulacija 2. gomila, hrpa **accumulator** [ə'kju:mjəlejtər] n (Br.) akumulator

accuracy ['aekjərəsij] n tačnost (W: točnost), preciznost **accurate** ['aekjərət] a tačan (W: točan), precizan; an ~ description tačan opis

accusation [aekju:'zejšən] n optužba; to bring an ~ against smb. izneti (iznijeti) optužbu protiv nekoga

accusative I [ə'kju:zətiv] n akuzativ **accusative** II a akuzativni

accuse [ə'kju:z] v tr optužiti, okriviti; to ~ smb. of burglary optužiti nekoga zbog provale **accused** 1. a see accuse 2. (as n) optuženik, okrivljenik, okrivljeni

accustom [ə'kəstəm] v tr naviknuti; to ~ smb. to strict discipline naviknuti nekoga na strogu disciplinu

ace [ejs] I n 1. kec, as 2. (tennis) servis koji primalac ne može da dotakne **ace** II v tr (colloq.) dobiti; to ~ an exam dobiti najvišu ocenu (ocjenu) na ispitu

ache I [ejk] n (neprekidan) bol **ache** II v intr 1. boleti (boljeti); my head ~s boli me glava 2. (colloq.) žudeti (žudjeti), čeznuti

achieve [ə'čijv] v tr postići, ostvariti, steći; to ~ one's goal postići cilj **achievement** n dostignuće; economic (scientific) ~s privredna (naučna) dostignuća **achievement test** test obrazovanja (postignuća, znanja)

acid I ['aesid] n 1. kiselina 2. (colloq.) halucinogeno sredstvo **acid** II a 1. kiselinski 2. kiseo; (Br.) ~ drops kisele bombone

acid test (fig.) ispitivanje vatrom; *to pass the ~ proći kroz najteže iskušenje

acknowledge [aek'nalədž] v tr 1. potvrditi; to ~ receipt of a letter potvrditi prijem (W: primitak) pisma 2. priznati; to ~ one's faults priznati svoje greške **acknowledgment** n 1. potvrda, potvrđivanje 2. priznanje

acme ['aekmij] n vrh, vrhunac

acne ['aeknij] n bubuljice; osip

acolyte ['aekəlajt] n 1. sveštenikov (svećenikov) pomoćnik 2. pomoćnik, odan sledbenik (sljedbenik)

acorn ['ejkorn] n (hrastov) žir, želud

acoustic [ə'ku:stik] a akustički; slušni; ~ nerve akustički nerv **acoustics** n pl akustika

acquaint [ə'kwejnt] v tr upoznati; to become ~ed with smb. upoznati se s nekim **acquaintance** n 1. poznanstvo; to make an ~ sklopiti poznanstvo; to make smb.'s ~ upoznati nekoga 2. poznanik **acquainted** a upoznat; ~ with the situation upoznat sa situacijom

acquiesce [aekwij'es] v intr pristati, pomiriti se **acquiescence** n pristanak, pomirenje

acquisition [aekwə'zišən] n 1. sticanje, akvizicija; the ~ of money sticanje novca 2. (as in a library) nabavka; prinova

acquit [ə'kwit] v tr 1. osloboditi (optužbe); opravdati 2. refl držati se, ponašati se, pokazati se; he ~ed himself well ponašao se dobro **acquittal** n oslobađajuća presuda

acre ['ejkər] n jutro (zemlje)

acrid ['aekrid] a oštar; jedak

acrimonious [aekrə'mounijəs] a oštar, jedak; ogorčen; an ~ dispute ogorčena

svađa **acrimony** ['aekrəmounij] n oštrina, jetkost, gorčina
acrobat ['aekrəbaet] n akrobata **acrobatic** [aekrə'baetik] a akrobatski **acrobatics** n pl akrobacija, akrobatske vežbe (vježbe)
across [ə'kros] 1. adv unakrst; popreko; preko; to get (come, go) ~ preći; to get smt. ~ to smb. protumačiti (objasniti) nešto nekome 2. prep preko, kroz; ~ a river preko reke — rijeke 3. prep (~ from) prekoputa; ~ from me prekoputa mene
across-the-board a sveobuhvatan; an ~ raise povišica za sve radnike
act I [aekt] n 1. radnja, delo (djelo); a criminal ~ krivično delo 2. odluka, dekret; an ~ of parliament odluka parlamenta 3. (theater) čin, akt; ~ one prvi čin 4. misc.; *to put on an ~ pretvarati se **act** II v 1. tr and intr igrati, glumiti; to ~ a role igrati ulogu; to ~ in a play igrati u drami 2. intr postupati, ponašati se; raditi; to ~ bravely postupati hrabro 3. intr služiti; to ~ as smb.'s agent služiti kao nečiji agent 4. intr napraviti se; he ~ed as if he knew nothing napravio se kao da ništa ne zna 5. misc.; to ~ one's age ponašati se kao što dolikuje svojim godinama **acting** I n gluma; igranje, glumljenje 2. pretvaranje, simuliranje **acting** II a 1. glumački 2. privremen; an ~ director vršilac dužnosti direktora
action ['aekšən] n 1. radnja; rad, delo (djelo); akcija 2. (tech., chem., phys.) dejstvo (djejstvo); the ~ of acids dejstvo kiselina 3. (legal) postupak, parnica; to bring ~ against smb. pokrenuti postupak protiv nekoga 4. (usu. mil.) borba, akcija, operacija; stroj; missing in ~ nestao u borbi; to put out of ~ izbaciti iz stroja (borbe) 5. (in pl) ponašanje, vladanje; *~s speak louder than words reči (riječi) lete, a delo (djelo) pokazuje
activate ['aektivejt] v tr aktivirati
active I ['aektiv] n (gram.) radno stanje, aktiv **active** II a 1. aktivan, delatan (djelatan); živ; an ~ volcano aktivan vulkan 2. (gram.) aktivan, radni; the ~ voice aktivno stanje 3. (mil.) aktivan, kadrovski; to order to ~ duty pozvati u aktivnu službu **activist** n aktivista **activity** [aek'tivətij] n aktivnost, delatnost (djelatnost); a sphere of ~ krug delatnosti

act on v odazvati se; to act on a request odazvati se molbi
actor ['aektər] n glumac **actress** ['aektris] n glumica
actual ['aekču:əl] a 1. stvaran 2. aktuelan **actuality** (aekču:'aelətij] n 1. stvarnost 2. aktuelnost
actuate ['aekču:ejt] v tr staviti u pokret, uključiti
act up v 1. ponašati se nepristojno; the child was acting up dete (dijete) se ponašalo nepristojno 2. funkcionisati, (raditi) rđavo; the engine was acting up motor je funkcionisao (radio) rđavo raditi; to act up to one's ideals raditi shodno svojim idealima
acumen [ə'kju:mən] n sposobnost, oštroumlje
acupuncture ['aekju:pəngkčər] n akupunktura
acute I [ə'kju:t] n (ling.) akut, akutski naglasak **acute** II a 1. oštar, šiljat; (math.) an ~ angle oštar ugao 2. oštar, akutan, jak; (an) ~ pain oštar bol 3. kritičan; an ~ problem kritičan problem 4. (ling.) akutski
ad [aed] n (colloq.) see **advertisement**
adage ['aedidž] n izreka, poslovica
adamant ['aedəmənt] a tvrd, nepopustljiv, nesalomljiv
Adam's apple ['aedəmz] Adamova jabučica
adapt [ə'daept] v 1. tr prilagoditi, podesiti, adaptirati; to ~ one's actions to a situation podesiti svoje postupke prema situaciji 2. tr preraditi; to ~ a novel preraditi roman 3. intr prilagoditi se **adaptable** a prilagodljiv **adaptation** [aedaep'tejšən] n prilagođenje, adaptacija **adapter** [ə'daeptər] n adapter, uređaj za prilagođenje; punjač
add [aed] v 1. tr dodati; to ~ two eggs dodati dva jajeta 2. tr (also: to ~ on) dozidati, dograditi; to ~ a floor (on) dozidati sprat (W: kat) 3. tr and intr (math.) sabrati
adder ['aedər] n šarka, guja
addict ['aedikt] n rob rđave navike **addicted** [ə'diktid] a odan, okoreo (okorio); to become ~ to alcohol odati se piću; ~ to vice okoreo u porocima **addiction** [ə'dikšən] n odanost, predanost; adikacija
adding machine računska mašina (W: računski stroj)

addition [ə'dišən] n 1. dodavanje 2. dodatak; an ~ to one's income dodatak prihodu 3. sabiranje additional a dodan, dopunski additive ['aedətiv] n dodatak; a food ~ dodatak za hranu address I [ə'dres] (also ['aedres] for 2) n 1. govor, beseda (besjeda); to deliver an ~ održati govor 2. adresa; to send to the wrong ~ uputiti na pogrešnu adresu address II v tr 1. adresovati; to ~ a letter adresovati pismo 2. osloviti; obratiti se; to ~ smb. osloviti nekoga 3. misc.; to ~ a parliament govoriti u skupštini addressee [aedre'sij] n adresat, primalac add up v (colloq.) 1. rezultirati, svoditi se; it all adds up to his being a fool sve se to svodi na ovo — budala je 2. misc.; that doesn't add up nešto nije u redu adenoid I ['aednojd] n (usu. in pl) adenoid adenoid II a adenoidni adept [ə'dept] a vešt (vješt), vičan; ~ in (at) smt. vešt u nečemu adequacy ['aedikwisij] n adekvatnost, dovoljnost adequate ['aedikwit] a adekvatan, dovoljan adhere [aed'hijr] v intr 1. prionuti, lepiti (lijepiti) se; to ~ to smt. lepiti se (prianjati) za nešto 2. držati se; to ~ to a plan (treaty) držati se plana (ugovora) adherence [aed'hijrəns] n 1. prianjanje 2. držanje, pridržavanje 3. privrženost adherent n pristalica (W: pristaša), sledbenik (sljedbenik) adhesion [aed'hijžən] n prianjanje, adhezija adhesive [aed'hijsiv] a lepljiv (ljepljiv), adhezioni, prionljiv; ~ tape lepljiva traka adjacent [ə'džejsənt] a 1. susedni (susjedni), okolni, obližnji 2. (math.) uporedni adjectival [aedžik'tajvəl] a pridevski (pridjevski); ~ declension pridevska promena (promjena) adjective ['aedžiktiv] n pridev (pridjev) . adjourn [ə'džərn] v 1. tr odložiti, odgoditi; zaključiti; to ~ a meeting odložiti (zaključiti) sastanak 2. intr prekinuti sednicu (sjednicu); we ~ed at two o'clock prekinuli smo sednicu u dva sata 3. intr (colloq.) promeniti (promijeniti) mesto — mjesto (sastanka) adjournment n 1. odloženje, odlaganje, odgođenje 2. obustava, prekid adjudicate [ae'džu:dikejt] v tr rešiti (riješiti) sudskom odlukom

adjunct I ['aedžəngkt] n 1. dodatak, pridodatak 2. pomoćnik adjunct II a 1. pomoćni 2. (at a university) honorarni, na određeno vreme (vrijeme); an ~ professor honorarni redovni (W: redoviti) profesor adjust [ə'džəst] v 1. tr podesiti, regulisati, prilagoditi; to ~ brakes regulisati kočnice 2. intr prilagoditi se adjustable a podešljiv, doterljiv (dotjerljiv) adjuster, adjustor n 1. podešavač, regulator 2. (or: claims ~) havarijski komesar adjustment n podešavanje, regulisanje; brake ~ regulisanje kočnica adjutant ['aedžu:tənt] n 1. (mil.) ađutant; načelnik personalnog odeljenja (odjeljenja): (Br.) načelnik štaba 2. pomoćnik ad-lib I [aed-'lib] n improvizacija ad-lib II v improvizovati administer [əd'ministər] v tr 1. upravljati, rukovoditi; to ~ an estate upravljati dobrom 2. dati, deliti (dijeliti); to ~ a sedative dati sedativ 3. ukazati; to ~ first aid ukazati prvu pomoć administration [aedmini'strejšən] n 1. uprava, upravljanje, administracija 2. (Am.) vlada administrative [aed'ministrejtiv] a administrativni, upravni administrator n administrator, upravitelj, direktor admirable ['aedmərəbəl] a odličan, izvrstan, za divljenje admiral ['aedmərəl] n admiral admiralty ['aedmərəltij] n (Br.) ministarstvo ratne mornarice, admiralitet admiration [aedmə'rejšən] n divljenje admire [aed'majr] v tr 1. diviti se; we ~ her mi joj se divimo 2. obožavati admirer n obožavalac admissible [aed'misəbəl] a prihvatljiv, dopustljiv; ~ evidence dozvoljeni dokazi admission [aed'mišən] n 1. ulazak; free ~ besplatan ulazak 2. (at a university) upis; to apply for ~ prijaviti se za upis na fakultet 3. priznanje admit [aed'mit] v 1. tr pustiti; primiti; to ~ smb. to a hospital primiti nekoga u bolnicu 2. tr priznati; to ~ an error priznati grešku 3. misc.; this ticket ~s two ova karta važi za dvoje; to be ~ted to the bar biti priznat za advokata admittance n ulazak; primanje; no ~ zabranjen ulaz admittedly [aed'mitidlij] adv po opšten. (općem) priznanju admonish [aed'maniš] v tr ukoriti, prebaciti; the teacher ~ed the pupil for being

ado 15 advice

lazy nastavnik je prebacio učeniku lenjost (ljenost) **admonition** [aedmə'nišən] *n* ukor, prebacivanje
ado [ə'du:] *n* vika, buka, larma; *•much ~ about nothing* tresla se gora, rodio se miš
adolescence [aed'lesəns] *n* mladićke godine, mladićstvo, mladost **adolescent** I *n* mladić, devojka (djevojka), mlada osoba **adolescent** II *a* mladićki, mladalački
adopt [ə'dapt] *v tr* 1. usvojiti, adoptirati; *to ~ a child (resolution)* usvojiti dete — dijete (rezoluciju) 2. (Br.) pozvati za (kandidata) **adoption** [ə'dapšən] *n* usvojenje, adopcija
adorable [ə'dorəbəl] *a* ljubak **adoration** [aedə'rejšən] *n* obožavanje **adore** [ə'dor] *v tr* 1. obožavati 2. (colloq.) voleti (voljeti)
adorn [ə'dorn] *v tr* 1. ukrasiti 2. ulepšati (uljepšati) **adornment** *n* ukras; ukrašenje
adrenalin [ə'drenəlin] *n* adrenalin
Adriatic I [ejdrij'aetik] *n* Jadran **Adriatic** II *a* jadranski **Adriatic Sea** Jadran, Jadransko more
adrift [ə'drift) *a and adv* nošen (vodenom) strujom
adroit [ə'drojt] *a* vešt (vješt), vičan, spretan; *~ in (at) smt.* vešt u nečemu, vičan nečemu
adulate ['aedžu:lejt] *v tr* preterano (pretjerano) hvaliti, ulagivati se **adulation** [aedžu:'lejšən] *n* preterano (pretjerano) hvaljenje, ulagivanje
adult I [ə'dəlt] and ['aedəlt] *n* odrasla osoba **adult** II *a* 1. odrastao, zreo 2. za odrasle; *an ~ education center* narodni univerzitet
adulterate [ə'~] *v tr* pokvariti, krivotvoriti
adulterer [ə'dəltərər] *n* preljubnik, brakolomac **adulteress** [ə'dəltəris] *n* preljubnica, brakolomnica **adultery** *n* preljuba, brakolomstvo; *thou shalt not commit ~!* ne čini preljube!
adulthood [ə'dəlt·hud] *n* odraslost, zrelo doba
advance I [aed'vaens] *n* 1. kretanje napred (naprijed), napredovanje 2. akontacija; *a travel ~* akontacija za putovanje 3. (in *pl*) pokušaji približavanja, udvaranje; *she rejected his ~s* odbila je njegova udvaranja **advance** II *a* 1. (mil.) isturen; čelni; *an ~ base* isturena baza 2. pret-

hodan; *~ information* prethodno obaveštenje (obavještenje) **advance** III *v* 1. *tr* krenuti napred (naprijed) 2. *tr* unaprediti (unaprijediti) 3. *intr* ići napred (naprijed); napredovati; *to ~ in one's career* napredovati u svojoj karijeri **advanced** *a* 1. see **advance** II 1; *an ~ base* isturena baza 2. viši; *an ~ course* viši kurs (tečaj) 3. napredan; *~ ideas* napredne ideje 4. *~ standing (placement)* priznanje prethodno položenog ispita **advancement** *n* 1. napredovanje 2. unapređenje
advantage [aed'vaentidž] *n* 1. preimućstvo, prednost; *to have an ~ over smb.* imati prednost nad (pred) nekim 2. (tennis) prednost 3. misc.; *to take ~ of smt.* iskoristiti nešto **advantageous** [aedvaen-'tejdžəs] *a* 1. koristan 2. povoljan
advent ['aedvent] *n* 1. dolazak 2. (rel., cap.) Advent
adventure [aed'venčər] *n* 1. pustolovina, avantura **adventurer** *n* pustolov, avanturista **adventuress** *n* pustolovka, avanturistkinja **adventurous** [~čərəs] *a* 1. pustolovan, avanturistički 2. opasan, riskantan
adverb ['aedvərb] *n* prilog **adverbial** [aed'vərbijəl] *a* priloški
adversary ['aedvərserij] *n* protivnik, neprijatelj
adverse ['aed'vərs] *a* 1. protivnički, neprijateljski; *~ criticism* neprijateljska kritika 2. negativan; nepovoljan
adversity [aed'vərsitij] *n* zla sreća, zla kob, nesreća; nemaština
advertise ['aedvərtajz] *v* 1. *tr* reklamirati, oglasiti; *to ~ a sale* oglasiti prodaju 2. *intr* dati (objaviti) oglas; *to ~ in the newspapers* objaviti oglas u novinama 3. *intr* tražiti; *to ~ for smt.* tražiti nešto putem oglasa **advertisement** [aed'vərtismənt] and [aedvər'tajzmənt] *n* oglas, reklama; afiša; *to publish an ~* objaviti reklamu (oglas) **advertising** I *n* reklama, (ekonomska) propaganda **advertising** II *a* reklamni; propagandni; *an ~ agency* reklamna agencija
advice [aed'vajs] *n* savet (savjet); *to give ~* dati savet **advisable** [aed'vajzəbəl] *a* koristan, preporučljiv; pametan **advise** [aed'vajz] *v tr* savetovati (savjetovati); *I ~ed him not to go there* savetovao sam ga (mu) da ne ide tamo **adviser, advisor**

n savetnik (savjetnik); savetodavac (savjetodavac)

advocacy ['aedvəkəsij] *n* zastupanje, zauzimanje **advocate** I ['aedvəkit] *n* zastupnik, pobornik **advocate** II [~ejt] *v tr* zauzimati se za, zalagati se za; *to ~ reform* zauzimati se za reformu

Aegean [i'džijən] *a* egejski

aegis ['ejdžis] *n* egida, zaštita, okrilje; *under smb.'s ~* pod nečijom zaštitom

aerial I ['ejrijəl] *n* (usu. Br.) antena

aerial II *a* vazdušan (W: zračan), avionski **aerodrome** (usu. Br.) see **airdrome**

aeronautic [ejrə'notik] *a* vazduhoplovni (W: zrakoplovni) **aeronautics** *n* aeronautika

aeroplane (usu. Br.) see **airplane**

aesthete ['esthijt] *n* esteta **aesthetic** [es'thetik] *a* estetski, estetičan **aesthetics** *n* estetika

afar [ə'far] *ady (from ~)* izdaleka, u (na) daljini

affability [aefə'bilətij] *n* ljubaznost **affable** ['aefəbəl] *a* ljubazan

affair [ə'fejr] *n* 1. posao, stvar; predmet; *~s of state* državni poslovi 2. afera; *a love ~* ljubavna afera

affect I [ae'fekt] *v tr* 1. uticati; *to ~ one's health* uticati na nečije zdravlje 2. dirnuti, ganuti; *deeply ~ed* duboko ganut 3. (med.) napasti, zaraziti

affect II *v tr* 1. podražavati 2. praviti se, glumiti; *to ~ indifference* glumiti ravnodušnost **affectation** [aefek'tejšən] *n* afektacija, prenemaganje; glumljenje

affected I *a* see **affect** I; *~ by disease* oboleo (obolio)

affected II *a* see **affect** II; izveštačen (izvještačen), neprirodan, usiljen

affection [ə'fekšən] *n* naklonjenost, ljubav; *to feel ~ for smb.* osećati (osjećati) naklonjenost prema nekome

affectionate [ə'fekšənit] *a* nežan (nježan); srdačan

affidavit [aefə'dejvit] *n* pismeni iskaz, pismena izjava

affiliate I [ə'filijit] *n* 1. filijala, podružnica 2. partner **affiliate** II [~ejt] *v* 1. *tr* usvojiti, udružiti; *to ~ oneself* udružiti se 2. *intr* udružiti se; *to ~ with smb.* udružiti se sa nekim

affinity [ə'finətij] *n* 1. srodstvo; srodnost 2. afinitet, (uzajamna) privlačnost; blagonaklonost; *to have an ~ for smt.* biti sklon nečemu, naginjati nečemu

affirm [ə'fərm] *v tr* potvrditi, afirmisati **affirmation** [aefər'mejšən] *n* potvrđenje, afirmacija

affirmative I [ə'fərmətiv] *n* saglasnost; potvrđivanje; *to answer in the ~* potvrdno odgovoriti **affirmative** II *a* potvrdan; afirmativan; *~ action* davanje prednosti članovima nekih manjina pri zapošljavanju

affix [ə'fiks] *v tr* 1. pričvrstiti 2. udariti; *to ~ a seal* udariti pečat

afflict [ə'flikt] *v tr* zadati bol; mučiti **affliction** [~kšən] *n* 1. bol, patnja, jad; mučenje 2. nevolja

affluence ['aefluːəns] *n* bogatstvo, izobilje **affluent** I *n* pritoka **affluent** II *a* 1. koji obilno teče 2. bogat, imućan

afford [ə'ford] *v tr* 1. dati; pružiti; *to ~ consolation* pružati utehu (utjehu) 2. moći podneti (podnijeti), biti u stanju, moći; *I cannot ~ a new car* nemam novaca za nova kola

affront I [ə'frənt] *n* uvreda, odbijanje **affront** II *v tr* uvrediti (uvrijediti), odbiti

Afghanistan [aef'gaenəstaen] *n* Avganistan

afloat [ə'flout] *pred a* ploveći; *to set a ship ~* odsukati brod

afraid [ə'frejd] *pred a* uplašen; *to be ~ of smt.* plašiti (bojati) se nečega

Africa ['aefrikə] *n* Afrika **African** I *n* Afrikanac (W: Afričanin) **African** II *a* afrički, afrikanski

aft [aeft] *a* (naut.) krmeni

after ['aeftər] *prep* 1. posle (poslije); *~ me* posle mene; *five minutes ~ three* pet minuta posle tri 2. za, iza; *one ~ the other* jedan za drugim 3. po; *he was named ~ his uncle* nadenuto (nadjenuto) mu je ime po njegovom stricu 4. misc.: *the day ~ tomorrow* prekosutra; *year ~ year* iz godine u godinu; *look ~ the baby* pripazi na dete (dijete); *he takes ~ his father* on liči na oca **after** II *conj* pošto; *~ he read the newspaper, he put out the light* pošto je pročitao novine, ugasio je svetlo (svjetlo)

afterlife [~lajf] *n* zagrobni život

aftermath [~maeth] *n* posledice (posljedice); *the ~ of war* posledice rata

afternoon I [~nuːn] poslepodne (poslijepodne); *he stayed all ~* ostao je čitavo poslepodne **afternoon** II *a* popodnevni

afterthought [~thot] *n* naknadna misao

afterward(s) [~wərd(z)] *adv* docnije

again [ə'gen] *adv* opet, ponovo

against *prep* 1. protiv; ~ *the current* protiv struje 2. o, u; *the waves strike* ~ *the rocks* talasi udaraju o (u) stene (stijene) 3. na; *to lean* ~ *a wall* nasloniti se na zid 4. nasuprot, suprotno; ~ *the sun* nasuprot suncu 5. uz; ~ *the grain* uz dlaku

age I [ejdž] *n* 1. doba, epoha; *the atomic (bronze, stone)* ~ atomsko (bronzano, kameno) doba 2. starost; *to live to a ripe old* ~ doživeti (doživjeti) duboku starost 3. uzrast; *without regard to* ~ bez obzira na uzrast 4. misc.; (legal; for a female) ~ *of consent* punoletnost (punoljetnost); *to come of* ~ postati punoletan (punoljetan) **age** II *v* 1. ostariti 2. *intr* ostareti (ostarjeti) 3. *intr* sazreti; *cognac* ~s *in casks* vinjak sazreva (sazrijeva) u buradi

aged *a* 1. ['ejdžid] u godinama, star; *an* ~ *gentleman* star čovek (čovjek) 2. [ejžd] star; ~ *three* star tri godine

agency ['ejdžənsij] *n* 1. agencija; *a news (tourist)* ~ novinska (turistička) agencija 2. društvo; *a consumer protection* ~ društvo za zaštitu potrošača

agenda [ə'džendə] *n* dnevni red; *to be on the* ~ biti na dnevnom redu

agent ['ejdžənt] *n* 1. agent, zastupnik 2. sredstvo, uzrok; *a cleaning* ~ sredstvo za čišćenje

agglutinate [ə'glu:tənejt] *v* (usu. ling.) 1. *tr* spojiti, aglutinirati 2. *intr* spojiti se, aglutinirati se

aggrandize [ə'graendajz] *v tr* povećati

aggravate ['aegrəvejt] *v tr* 1. pogoršati; *to* ~ *a situation* pogoršati situaciju 2. (colloq.) sekirati, dosaditi **aggravation** [aegrə'vejšən] *n* 1. pogoršanje 2. (colloq.) sekiracija, dosađivanje

aggregate I ['aegrəgit] *n* celina (cjelina), masa; *in the* ~ skupno **aggregate** II *a* ukupan

aggression [ə'grešən] *n* agresija; *a war of* ~ agresivan rat **aggressive** [ə'gresiv] *a* agresivan, napadački **aggressor** *n* agresor

aggrieve [ə'grijv] *v tr* ožalostiti **aggrieved** *a* 1. ožalošćen 2. (legal) oštećen; *the* ~ *party* oštećeni

aghast [ə'gaest] *a* zaprepašćen; uplašen

agile ['aedžil] *a* okretan, gibak, agilan

agility [ə'džilətij] *a* okretnost, gipkost, agilnost

agitate ['aedžitejt] *v* 1. *tr* uzburkati 2. *tr* uzrujati 3. *intr* agitovati; *to* ~ *for reform* agitovati za reformu **agitation** [aedžə'tejšən] *n* 1. uzburkavanje; uzburkanost 2. agitacija, podsticanje **agitator** ['aedžətejtər] *n* agitator

aglow [ə'glou] *pred a* ozaren

agnostic I [aeg'nastik] *n* agnostik **agnostic** II *a* agnostički **agnosticism** [aeg'nastəsizəm] *n* agnosticizam

ago [ae'gou] *adv* pre (prije); *a year* ~ pre godinu dana; *long* ~ u davnoj prošlosti

agog [ə'gag] *a* nestrpljiv, uzbuđen

agonize ['aegənajz] *v* 1. *tr* mučiti 2. *intr* mučiti se, muku mučiti; *to* ~ *over a decision* dugo se kolebati povodom (donošenja) odluke **agony** [~nij] *n* agonija, muka

agrarian [ə'grejrijən] *a* agrarni; ~ *reform* agrarna reforma

agree [ə'grij] *v intr* 1. složiti se, pristati; *I* ~ slažem se; *to* ~ *to a proposal* pristati na predlog 2. slagati se, podudarati se; *your report does not* ~ *with the facts* vaš izveštaj (izvještaj) se ne slaže s činjenicama 3. složiti se, dogovoriti se; sporazumeti (sporazumjeti) se; *they* ~*d on the terms of the contract* sporazumeli su se o uslovima ugovora 4. ugovoriti; *to* ~ *on technical details* ugovoriti tehničke detalje 5. (gram.) slagati se; *an adjective* ~s *with a noun in gender* pridev (pridjev) se slaže sa imenicom u rodu 6. prijati; *this wine does not* ~ *with me* ovo vino mi ne prija

agreeable *a* 1. prijatan 2. saglasan; *to be* ~ *to smt.* slagati se s nečim

agreed *a* 1. ugovoren; *at the* ~ *place* na ugovorenom mestu (mjestu) 2. saglasan; *all are* ~ svi su saglasni

agreement *n* 1. sporazum, ugovor; *to come to an* ~ postići sporazum, doći do sporazuma 2. sklad, saglasnost; sloga; *in* ~ *with the constitution* u skladu (saglasnosti) sa ustavom 3. (gram.) slaganje, kongruencija; ~ *in case* slaganje u padežu

agricultural [aegri'kəlčərəl] *a* poljoprivredni; (esp. Br.) ~ *products* poljoprivredni proizvodi **agriculture** ['aegrikəlčər] *n* poljoprivreda

aground [ə'graund] *adv* nasukan; *to run* ~ nasukati se, nasesti

ah [a] *interj* (ex. various emotions) oh

ahead [ə'hed] 1. *adv* napred (naprijed); *go straight* ~ idi pravo napred; (sports) *to be* ~ *by three points* voditi sa tri poena 2. *prep* (~ *of)* ispred; ~ *of us* ispred nas

aid I [ejd] *n* 1. pomoć; *first* ~ prva pomoć 2. pomoćnik 3. pomoćno sredstvo; *teaching* ~s nastavna sredstva **aid** II *v tr* pomoći; *to* ~ *smb.* pomoći nekome (nekoga)

aide [ejd] *n* 1. pomoćnik 2. (mil.) adutant

ail (ejl) *v tr* zadati bol; *what* ~s him? šta (W: što) ga boli? **ailment** *n* oboljenje; *a slight* ~ lako oboljenje

aim I [ejm] *n* 1. nišanjenje; *to take* ~ *at smt.* uzeti nešto na nišan 2. cilj, meta **aim** II *v* 1. *tr and intr* nišaniti, navoditi; gađati, ciljati; *to* ~ *at smt.* nišaniti (gađati) na nešto 2. *intr* ciljati; truditi se; *to* ~ *high* ciljati visoko 3. usu. *tr* uperiti, upraviti; *to* ~ *a rifle at smb.* uperiti pušku (puškom) na nekoga

ain't [ejnt] not standard; = *am not, are not, is not*

air I [ejr] *n* 1. vazduh (W: zrak) 2. držanje, stav; izgled; *a haughty* ~ oholo držanje 3. (in *pl*) oholo ponašanje; *to put on* ~s praviti se važan 4. misc.; *to go on the* ~ početi radio-emisiju; *to travel by* ~ putovati avionom **air** II *a* vazdušni (W: zračni) **air** III *v tr* 1. (also: *to* ~ *out*) provetriti (provjetriti); *to* ~ *(out) a room* provetriti sobu 2. izneti (iznijeti), ventilisati; *to* ~ *an opinion* izneti mišljenje

airborne ['ejrborn] *a* vazdušnodesantni (W: zračnodesantni)

aircondition [~kəndišən] *v tr* klimatizovati **air conditioner** *n* erkondišener, klima-uređaj, klimatizer **air conditioning** *n* klimatizacija, erkondišn

aircraft I [~kraeft] *(pl* usu. has zero) *n* avion, vazduhoplov (W: zrakoplov) **aircraft** II avionski **aircraft carrier** *n* nosač aviona

airdrome [~droum] *n* aerodrom **airfield** [~fijld] *n* aerodrom

air force *n* ratno vazduhoplovstvo (W: zrakoplovstvo)

airline [~lajn] *n* 1. vazdušna (W: zračna) linija 2. vazduhoplovna (W: zrakoplovna) kompanija **airliner** *n* (veliki) putnički avion

air mail *n* avionska pošta; *by* ~ avionskom poštom

airplane [~plejn] *n* avion; *to travel by* ~ putovati avionom

airport [~port] *n* aerodrom

air raid vazdušni (W: zračni) napad

airstrip [~strip] *n* poletno-sletna staza

airtight [~tajt] *a* hermetički

air traffic vazdušni (W: zračni) saobraćaj

airy *a* 1. vazdušast (W: zračan) 2. veseo, živ

aisle [ajl] *n* 1. (Br.) bočna lađa (crkve) 2. prolaz (između sedišta — sjedišta)

ajar [ə'džar] 1. *pred a* poluotvoren, odškrinut 2. *adv* poluotvoreno, odškrinuto

akin [ə'kin] *a* srodan, istog roda

Alabama [aelə'baemə] *n* Alabama

à la carte [a la 'kart] (in a restaurant) po narudžbini

alacrity [ə'laekritij] *n* 1. revnost 2. čilost; živahnost

a la mode [a lə 'moud] (cul.) *pie* ~ pita sa sladoledom

alarm I [ə'larm] *n* 1. uzbuna; alarm; *a false* ~ lažna uzbuna; *to sound the* ~ zvoniti na uzbunu 2. uređaj za uzbunjivanje 3. uzbunjenost, uznemirenost **alarm** II *v tr* 1. uzbuniti, alarmirati 2. uznemiriti

alarm clock *n* budilnik

alas [ə'laes] *interj* (ex. sorrow, grief) avaj, jao

Alaska [ə'laeskə] *n* Aljaska

Albania [ael'bejnijə] *n* Albanija, Arbanija **Albanian** I *n* 1. Albanac, Šiptar 2. albanski jezik **Albanian** II *a* albanski, šiptarski

albatross ['aelbətros] *(pl* has zero or *-es) n* albatros

albinism ['aelbənizəm] *n* albinizam **albino** [ael'bajnou] *(-s) n* albino

album ['aelbəm] *n* album

alchemist ['aelkəmist] *n* alhemičar (alkemičar) **alchemy** *n* alhemija (alkemija)

alcohol ['aelkəhol] *n* alkohol **alcoholic** I [aelkə'holik] *n* alkoholičar, alkoholik **alcoholic** II *a* 1. alkoholni; ~ *beverages* alkoholna pića 2. alkoholičarski **alcoholism** ['aelkəholizəm] *n* alkoholizam

alcove ['aelkouv] *n* udubljenje u zidu; niša

alder ['oldər] *n* (bot.) joha, jova

alderman ['oldərmən] *(~men* [min]) *n* gradski većnik (vijećnik)

ale [ejl] *n* (jako) pivo

alert I [ə'lərt] *n* (usu. mil.) stanje borbene gotovosti, stanje pripravnosti **alert** II *a* budan; oprezan; ~ *to danger* svestan (svjestan) opasnosti **alert** III *v tr* staviti u pripravno stanje, alarmirati

Aleutian I [ə'lu:šən] *n* Aleut **Aleutian** II *a* aleutski; ~ *Islands* Aleutska ostrva (W: Aleutski otoci)

alfalfa [ael'faelfə] *n* lucerka, lucerna

algebra ['aeldžəbrə] *n* algebra **algebraic** [aeldžə'brejik] *a* algebarski

Algeria [ael'džirijə] *n* Alžir **Algerian** I *n* Alžirac **Algerian** II *a* alžirski

algorithm ['aelgərith:əm] *n* algoritam

alias I ['ejljəs] *n* pseudonim, lažno (izmišljeno) ime; *under an* ~ pod lažnim imenom **alias** II *a* zvani

alibi ['aeləbaj] *n* alibi; *to prove one's* ~ dokazati svoj alibi

alien I ['ejlijən] *n* stranac, strani državljanin **alien** II *a* 1. tuđ, stran; tuđozemski; *an enemy* ~ podanik neprijateljske države 2. tuđ, protivan; ~ *to smt.* tuđ nečemu **alienate** [~ejt] *v tr* tuđiti, otuđiti; *to* ~ *friends* otuđiti prijatelje **alienation** [ejlijə'nejšən] *n* 1. otuđenje 2. otuđenost

align [ə'lajn] *v tr* postaviti u liniju; poravnati; *to* ~ *wheels* regulisati točkove

alike [ə'lajk] 1. *pred a* sličan, nalik, jednak 2. *adv* slično jednako; *they dress* ~ oni se jednako oblače

alimentary [aeli'ment(ə)rij] *a* 1. prehramben 2. probavni

alimony ['aeləmounij] *n* 1. izdržavanje žene, alimentacija; *to pay* ~ plaćati alimentaciju 2. izdržavanje

alive [ə'lajv] (usu. pred) *a* živ; *to be buried* ~ biti živ zakopan

all [ol] 1. *pron* sve; *that's* ~ *to* je sve; *above* ~ pre (prije) svega 2. *pron* svi; ~ *came* svi su došli 3. *a* sav, ceo (cio); ~ *the books* sve knjige; ~ *day* ceo dan 4. (intensifier) *adv* sav; *he is* ~ *wet* sav je mokar 5. misc.; ~ *the better* utoliko bolje; *it's* ~ *the same to me* to mi je svejedno; ~ *right* dobro, u redu; *not at* ~ nikako; *by* ~ *means* na svaki način ~ *over the world* po celom svetu (cijelom svijetu); *to go* ~ *out* uložiti maksimalan napor; (usu. sports) *eight* ~ osam — osam

Allah ['aelə] *n* Alah

all-American *a* (amateur sports) jedan od najboljih (u Americi); *he's* ~ *in basket-*

ball on je jedan od najboljih košarkaša u Americi

all-around *a* svestran

alay [ə'lej] *v tr* umanjiti; ublažiti

all clear 1. prekid uzbune 2. (aviation) dobro! (za poletanje — polijetanje, sletanje — slijetanje)

allegation [aeli'gejšən] *n* tvrđenje; iskaz **allege** [ə'ledž] *v tr* potvrditi **alleged** [~(i)d] *a* (see **allege**) navodni; *the* ~ *reason* navodni razlog

allegiance [ə'lijdžəns] *n* vernost (vjernost); *a pledge of* ~ zakletva na vernost

allegoric [aelə'gorik] *a* alegoričan **allegory** ['aeləgorij] *n* alegorija

allergic [ə'lərdžik] *a* alergičan; *to be* ~ *to smt.* biti alergičan na nešto (also fig.) **allergy** ['aelərdžij] *n* alergija

alleviate [ə'lijvijejt] *v tr* olakšati, ublažiti; *to* ~ *pain* ublažiti bol

alley ['aelij] *n* 1. prolaz (između kuća) 2. uličica, sokače

alliance [ə'lajəns] *n* savez; *to form (enter into) an* ~ *with smb.* sklopiti savez s nekim

allied ['aelajd] *a* 1. spojen savezom; savezni 2. srodan; ~ *subjects* srodni predmeti

Allies ['aelajz] (pl of **ally** I) (hist., WW I and WW II) Saveznici

alligator ['aeləgejtər] *n* aligator

alliteration [aelitə'rejšən] *n* aliteracija **alliterative** [ə'litərətiv] *a* aliteracijski

allocate ['aeloukejt] *v tr* dodeliti (dodijeliti); *to* ~ *responsibility* dodeliti odgovornost **allocation** [aelə'kejšən] *n* dodeljivanje (dodjeljivanje), podela (podjela)

allot [ə'lat] *v tr* dodeliti (dodijeliti) **allotment** *n* 1. dodeljivanje (dodjeljivanje) 2. (mil.) *(family)* ~ (porodični) dodatak 3. (Br.) bašta

all-out *a* and *adv* totalan, bezrezervan; *an* ~ *attack* odlučan napad svim snagama; *an* ~ *war* totalan rat

allow [ə'lau] *v* 1. *tr* dozvoliti, pustiti; *they* ~*ed us to do that* dozvolili su nam da to uradimo; *I* ~*ed him to go* pustio sam ga da ide 2. *tr* priznati, primiti, pristati; *to* ~ *a claim* pristati na zahtev (zahtjev) 3. *tr* dati, dodeliti (dodijeliti): *to* ~ *more time* dati više vremena 4. *tr* odbiti; *to* ~ *a sum for leakage* odbiti izvesnu (izvjesnu) svotu na curenje 5. *intr (to* ~ *for)* uzeti u obzir; *to* ~ *for damage* učiniti popust na kvar **allowance** *n* 1. dopuštenje 2. određena svota;

džeparac; naknada; *his father gives him a monthly* ~ otac mu dodeljuje (dodjeljuje) novac mesečno (mjesečno) 3. odbitak; popust; *an* ~ *for damage* popust na kvar 4. dodatak; *a per diem (travel)* ~ terenski dodatak 5. olakšica

alloy ['aeloj] *n* 1. legura 2. mešavina (mješavina)

all right *adv* 1. dobro; ~, *I'll come at six* dobro, doći ću u šest 2. u redu; *the invoices were* ~ fakture su bile u redu 3. (osećati se — osjećati se) bolje; *I'm* ~ *now* sad mi je bolje

all-star *a* najbolji; vrhunski; *with an* ~ *cast* s najboljim glumcima

all-time *a* svih vremena; *an* ~ *great of football* jedan od najboljih fudbalera svih vremena

allude [ə'lu:d] *v intr* aludirati; *to* ~ *to smt.* aludirati na nešto

allure [ə'lu:r] *n* privlačnost, draž **alluring** *a* privlačan, primamljiv

allusion [ə'lu:žən] *n* aluzija; *to make* ~*s to smt.* praviti aluzije na nešto

ally I ['aelaj] and [ə'laj] *n* saveznik (see also **Allies) ally** II *v* 1. *tr* vezati savezom; *to* ~ *oneself with* stupiti u savez s 2. *intr* stupiti u savez

almanac ['olmənaek] *n* almanah, godišnjak

almighty [ol'majtij] *a* svemoćan

almond ['amənd] *n* badem

almost ['ol'moust] *adv* skoro; zamalo, umalo; *I* ~ *fell* umalo nisam pao; or: zamalo što nisam pao; *he* ~ *made a mistake* umalo da nije pogrešio

alms [amz] *n pl* milostinja

aloft [ə'loft] *adv* visoko, u visini

alone [ə'loun] 1. *pred a* sam, usamljen; *to live* ~ živeti (živjeti) sam; *leave me* ~ ostavi me na miru 2. *let* ~ akamoli; *he doesn't take care of himself let* ~ *of others* on se ne brine o sebi, akamoli o drugima

along I [ə'long] *adv* 1. dalje; *to get* ~ napredovati 2. zajedno; *he goes* ~ *when we hunt* on ide s nama kad lovimo 3. *all* ~ sve vreme (vrijeme) **along** II *prep* duž; ~ *the shore* duž obale

aloof [ə'lu:f] *a* and *adv* daleko; povučen(o), rezervisan(o); *to stand (hold)* ~ *from* držati se po strani od

aloud [ə'laud] *adv* glasno, naglas, čujno; *to read* ~ čitati glasno

alphabet ['aelfəbet] *n* azbuka, alfabet, abeceda **alphabetical** [aelfə'betikəl] *a*

azbučni, alfabetski, abecedni; *in* ~ order u azbučnom redu **alphabetize** ['aelfəbətajz] *v tr* uazbučavati, sastavljati azbučnim redom

alpine ['aelpajn] *a* alpski

Alps [aelps] *n pl* Alpe (Alpi)

already [ol'redij] *adv* 1. već; *he's back* ~ već se vratio 2. ionako; *the* ~ *tense situation* ionako zaoštrena situacija

Alsatian [ael'sejšən] *n* 1. stanovnik Alzaca 2. (Br.) vučjak (see also **German sheperd)**

also ['olsou] *adv* takođe (W: također)

altar ['oltər] *n* oltar, žrtvenik; **to lead a bride to the* ~ uzeti za ženu

alter ['oltər] *v tr* 1. promeniti (promijeniti) 2. prekrojiti; *to* ~ *a dress* prekrojiti haljinu 3. prepraviti; *to* ~ *a check (a passport)* prepraviti ček (pasoš) **alteration** [oltə'rejšən] *n* 1. promena (promjena) 2. prekrajanje; popravka; *free* ~*s* besplatna popravka (konfekcije)

altercation ['oltər'kejšən] *n* svađa, prepirka

alternate I ['oltərnit] *n* zamenik (zamjenik) **alternate** II *a* 1. naizmeničan (naizmjeničan) 2. alternativni, rezervni 3. (ling.) dubletni; *an* ~ *form* dubletni oblik 4. svakog drugog; *on* ~ *days* svakog svakog drugog dana **alternate** III [~nejt] *v* 1. *tr* vršiti naizmence (naizmjence) 2. *intr* alternirati **alternation** [oltər'nejšən] *n* alternacija

alternative I [ol'tərnətiv] *n* alternativa **alternative** II *a* alternativan

although [ol'th:ou] *conj* mada, premda iako

altitude ['aeltətu:d] *n* visina; *cruising* ~ visina krstarenja

altogether ['oltə'geth:ər] *adv* 1. sasvim; ~ *bad* sasvim rđav 2. sve uračunato

altruism ['aeltru:izəm] *n* altruizam **altruist** *n* altruist **altruistic** [aeltru:'istik] *a* altruističan

aluminium [aelju'minijəm] *n* Br.; see **aluminum**

aluminum [ə'lu:mənəm] *n* aluminijum

alumna [ə'ləmnə] (-*nae* [naj] and [nij]) *n* svršena učenica, svršena studentkinja (W: studentica) neke škole, višeškolske ustanove

alumnus [ə'ləmnəs] (-*ni* [naj]) *n* svršeni učenik, svršeni student neke višeškolske ustanove

always ['olwejz] *adv* uvek (uvijek)

a.m. [ej em] abbrev of *ante meridiem;* pre podne

A.M. abbrev. of *Artium Magister;* magistar (filozofije) (also **M.A.**)

amalgam [ə'maelgəm] *n* amalgam **amalgamate** [ə'maelgəmejt] *v* 1. *tr* amalgamisati; integrisati 2. *intr* amalgamisati se; integrisati se

amass [ə'maes] *v tr* nagomilati, skupiti

amateur I ['aemə̌cu:r] *n* amater **amateur** II *a* amaterski **amateurish** *a* amaterski, diletantski **amateurism** *n* amaterizam, amaterstvo

amaze [ə'mejz] *v tr* zadiviti, začuditi **amazement** *n* zadivljenost, začuđenost

Amazon I ['aeməzan] *n* amazonka **Amazon** II *n* reka (rijeka) Amazon

ambassador [aem'baesədər] *n* ambasador **ambassadorial** [aembaesə'dorijəl] *a* ambasadorski

amber I ['aembər] *n* ćilibar, ambra **amber** II *a* ćilibarski, boje ćilibara

ambiance ['aembijəns] *n* okolina, sredina

ambidexterity [aembidek'sterətij] *n* sposobnost upotrebljavanja obeju (obiju) ruku podjednako dobro **ambidextrous** [aembi'dekstrəs] *a* 1. sposoban da upotrebljava obe (obje) ruke podjednako dobro 2. spretan

ambiguity [aembi'gju:ətij] *n* dvosmislenost; dvosmislica, dvoznačnost **ambiguous** [aem'bigju:əs] *a* dvosmislen; dvoznačan

ambition [aem'bišən] *n* častoljublje, slavoljublje, ambicija **ambitious** [~šəs] častoljubiv, slavoljubiv, ambiciozan

ambivalence [aem'bivaləns] *n* ambivalencija, ambivalentnost **ambivalent** *a* ambivalentan

amble I ['aembəl] *n* 1. lak hod 2. rahvan, umeren (umjeren) kas (konjski hod) **amble** II *v intr* 1. ići lagano 2. ići rahvanom

ambulance ['aembjələns] *n* ambulantna kola; (mil.) sanitetski automobil

ambulatory ['aembjələtorij] *a* pokretan, ambulantni; an ~ *patient* ambulantni bolesnik

ambush I ['aembuš] *n* zaseda (zasjeda); *to set an* ~ *for* postaviti zasedu za **ambush** II *v tr* napasti iz zasede (zasjede), sačekati u zasedi

ameliorate [ə'mijljərejt] *v tr* poboljšati, popraviti

amen [ej'men] *n* and *interj* amin (W:amen)

amenable [ə'menəbəl] *a* pokoran, popustljiv; odgovoran; podložan; ~ *to flattery* podložan laskanju

amend [ə'mend] *v tr* 1. popraviti 2. dopuniti, izmeniti (izmijeniti); *to* ~ *a constitution* izmeniti ustav **amendment** *n* 1. popravka 2. dopuna; amandman

amends [ə'mendz] *n pl* odšteta; *to make* ~ dati odštetu, ispraviti (grešku)

amenity [ə'menətij] *n* 1. prijatnost; *the* ~*ties of home life* prijatnosti domaćeg života 2. (in *pl;* Br.) komfor

America [ə'merəkə[*n* Amerika **American** I Amerikanac **American** II *a* američki, amerikanski; *an* ~ *Indian* indijanac; ~ *studies* amerikanistika **American English** američka varijanta engleskog jezika, američki engleski **Americanism** *n* 1. amerikanizam (izraz, osobina) 2. vernost (vjernost) Americi **Americanize** *v* 1. *tr* amerikanizovati 2. *intr* amerikanizovati se

amiability [ejmijə'bilətij] *n* 1. ljubaznost, milost 2. društvenost **amiable** ['ejmijəbəl] *a* 1. ljubazan, mio 2. društven

amicable ['aemikəbəl] *a* ljubazan, prijateljski

amid [ə'mid] *prep* u sredini

amiss [ə'mis] *pred a* and *adv* ne u redu

ammonia [ə'mounjə] *n* amonijak

ammunition [aemjə'nišən] *n* municija **ammunition dump** skladište municije

amnesia [aem'nijžə] *n* amnezija

amnesty I ['aemnəstij] *n* amnestija; *to grant* ~ dati amnestiju **amnesty** II *v tr* amnestirati

amoeba [ə'mijbə] (*-s* and *-bae* [baj]) *n* ameba

among [ə'məng] *prep* između, među; ~ *other things* između ostalog; ~ *themselves* među sobom

amoral [ej'morəl] *a* amoralan

amorous ['aemərəs] *a* 1. ljubavni 2. ~ *of* zaljubljen u

amortize ['aemərtajz] *v tr* amortizovati

amount I [ə'maunt] *n* iznos; količina; *a considerable* ~ *of smt.* znatna količina nečega **amount** II *v intr* 1. iznositi; *the bill* ~*s to five dollars* račun iznosi pet dolara 2. vredeti (vrijediti); svoditi se na; *it all* ~*s to the same old thing* sve se to opet svodi na staro 3. biti ravan; *that would* ~ *to a catastrophe* to bi bilo ravno katastrofi

amperage ['aempəridž] *n* amperaža **ampe-re** ['aempijr] *n* amper
amphibian I [aem'fibijən] *n* amfibija **amphibian** II *a* amfibijski **amphibious** [aem-'fibijəs] *a* amfibijski; pomorskodesantni; *an ~ assault* pomorski desant
amphitheater ['aemfəthijətər] *n* amfiteatar
ample ['aempəl] *a* 1. obiman; prostran 2. obilan, dovoljan; *~ means* obilna sredstva 3. bujan, pun; *an ~ bosom* bujne grudi
amplification [aemplifi'kejšən] *n* pojačanje, amplifikacija **amplifier** ['aemplifajər] *n* pojačavač **amplify** ['aemplifaj] *v tr* pojačati, amplificirati
amplitude ['aemplətu:d] *n* 1. obim, opseg 2. amplituda
amply ['aemplij] *adv* obimno, opširno; dovoljno
amputate ['aempjutejt] *v tr* amputirati **amputation** [aempju'tejšən] *n* amputacija **amputee** [aempju'tij] *n* lice kome je amputiran deo (dio) tela (tijela)
amuck [ə'mək] *adv* besan (bijesan); *to run ~* razbesneti (razbjesnjeti) se
amulet ['aemjəlit] *n* hamajlija
amuse [ə'mju:z] *v tr* zabavljati; *to ~ oneself* zabavljati se **amusement** *n* zabavljanje, zabava, razonoda **amusement park** zabavni park **amusing** *a* zabavan; *an ~ story* zabavna pričica
an [aen] see **a** II
anachronism [ə'naekrənizəm] *n* anahronizam **anachronistic** [ənaekrə'nistik] *a* anahroničan
anal ['ejnəl] *a* analan
analogical [aenə'ladžikəl] *a* analogijski **analagous** [ə'naelegəs] *a* analogan, sličan; *~ to smt.* sličan nečemu **analogy** [ə'naelədžij] *n* analogija; *by ~* po analogiji
analysis [ə'naeləsis] *n* analiza **analyst** ['aenəlist] *n* analitičar, analizator **analytic** [aenə'litik] *a* analitičan, analitički; *~ geometry* analitička geometrija **analyze** ['aenəlajz] *v tr* analizirati
anarchist ['aenərkist] *n* anarhista **anarchy** *n* anarhija
anathema [ə'naethəmə] *n* anatema **anathematize** [~tajz] *v tr* anatemisati, prokleti
anatomical [aenə'tamikəl] *a* anatomski **anatomy** [ə'naetəmij] *n* anatomija
ancestor ['aensestər] *n* predak, praotac **ancestral** [aen'sestrəl] *a* predački, praotački **ancestress** [aen'sestris] *n* pretkinja

ancestry ['aensestrij] *n* 1. (coll.) preci 2. poreklo (porijeklo); *of French ~* poreklom iz Francuske, francuskog porekla
anchor I ['aengkər] *n* sidro, kotva; *to cast (raise) ~* spustiti (dići) sidro **anchor** II *v* 1. *tr* usidriti, ukotviti; *to ~ a ship* usidriti brod 2. *tr* učvrstiti 3. *tr* služiti kao glavni spiker (za emisiju vesti — vijesti) 4. *intr* usidriti se, ukotviti se **anchorage** *n* sidrište, kotvište
anchor man 1. (sports) trkač koji trči poslednju deonicu (posljednju dionicu) štafete 2. glavni spiker, komentator (emisije vesti — vijesti)
anchovy ['aen'čouvij] *n* brgljun, inćun, menćun
ancient I ['ejnšənt] *n* starac; *the ~s* stari, narodi starog veka (vijeka) **ancient** II *a* star, drevni
and [aend]; when unstressed — [ənd], [ən] *conj* 1. i, a, pa; *father ~ son* otac i sin 2. da; *come ~ see* dođi da vidiš; *go ~ look at it* idi da to pogledaš 3. misc.; *heavier ~ heavier* sve teže i teže
Andes ['aendijz] *n pl* Andi; *in the ~* na Andima
andiron ['aendajərn] *n* preklad (prijeklad)
anecdotal [aenik'doutl] *a* anegdotski, anegdotičan **anecdote** ['aenikdout] *n* anegdota, zabavna pričica
anemia [ə'nijmijə] *n* malokrvnost, anemija **anemic** *a* malokrvan, anemičan
anesthesia [aenis'thijžə] *n* anestezija **anesthetic** I [aenis'thetik] *n* anestetik **anesthetic** II *a* anestetički **anesthetist** [ə'nesthətist] *n* anestetičar, anestezista **anesthetize** *v tr* anestizirati
anew [ə'nu:] *adv* opet; ponovo
angel ['ejndžəl] *n* anđeo; *the ~ of death* anđeo smrti
anger I ['aengər] *n* ljutnja, gnev (gnjev) **anger** II *v* 1. *tr* naljutiti 2. *intr* naljutiti se
angina [aen'džajnə] *n* angina, gušobolja **angina pectoris** ['pektəris] angina pektoris
angle I ['aenggəl] *n* 1. ugao (W also: kut); *an acute (right) ~* oštar (prav) ugao 2. (fig.) strana, ugao; *to discuss all ~s of a question* razmotriti sve strane pitanja
angle II *v intr* 1. loviti, pecati na udicu; *to ~ for trout* pecati pastrmke 2. (fig.) loviti, pecati; *to ~ for an invitation* pecati pozivnicu **angler** *n* pecač

Anglican I ['aengglikən] n Anglikanac **Anglican** II a anglikanski
Anglicize (also not cap.) ['aenggləsajz] v tr poengleziti, anglizirati
Anglo-American ['aengglou] a anglo--američki
Anglo-Saxon I n Anglosaksonac **Anglo--Saxon** II a anglosaksonski
angry ['aenggrij] a 1. ljut; to be ~ at smb. biti ljut na nekoga; he got ~ at her naljutio se na nju 2. uzburkan; an ~ sea uzburkano more
anguish ['aenggwiš] n bol; muka, mučenje; mental ~ duševna patnja **anguished** a namučen, pun bola
angular ['aenggjələr] a uglast; ćoškast; ugaoni; angularni
animal I ['aenəməl] n 1. životinja (also fig.) 2. animalnost, životinjske strasti; it brought out the ~ in him to je probudilo kod njega životinjske strasti **animal** II a životinjski, zverski (zvjerski), animalan; the ~ kingdom životinjsko carstvo **animal trainer** dreser
animate I ['aenəmit] a živ; živahan **animate** II [~mejt] v tr oživiti; nadahnuti; oduševiti **animated** a oživljen; podstaknut; ~ by the highest motives podstaknut najvišim pobudama
animated cartoon animirani (crtani) film
animation [aenə'mejšən] n 1. oživljenje; oživljenost; suspendend ~ obamrlost 2. animacija
animosity [aenə'masətij] n animoznost, zlovolja
ankle ['aengkəl] n gležanj, (nožni) članak **anklebone** [~boun] n skočna kost, gležnjača
anklet ['aengklit] n 1. kratka čarapa (do članaka) 2. ukras za nogu
annals ['aenəlz] n pl anali, letopis (ljetopis)
annex I ['aeniks] n 1. dodatak, pridodatak 2. dograda, krilo **annex** II also [ə'neks] v tr 1. pridodati 2. prisajediniti, prisvojiti; to ~ territory prisvojiti teritoriju **annexation** [aenek'sejšən] n prisajedinjenje, aneksija
annihilate [ə'najəlejt] v tr uništiti **annihilation** [ənaje'lejšən] n uništenje
anniversary I [aenə'vərsərij] n godišnjica; jubilej; to celebrate (mark) an ~ proslaviti godišnjicu (jubilej); a golden ~ zlatni jubilej **anniversary** II a jubilaran,

jubilejski; an ~ edition jubilarno izdanje
annotate ['aenoutejt] v tr komentarisati; to ~ a text komentarisati (objasniti) tekst **annotation** [aenou'tejšən] n komentar, objašnjenje, tumačenje
announce [e'nauns] v 1. tr najaviti, objaviti; to ~ a new agreement najaviti nov sporazum 2. raspisati; to ~ a contest raspisati konkurs 3. intr raditi kao spiker **announcement** n 1. objava, oglašenje 2. objavljivanje **announcer** n 1. objavljivač 2. spiker
annoy [ə'noj] v tr dosaditi, smetati, uzbuditi, sekirati; he ~ed me with his questions dosadio mi je pitanjima; he gets ~ed over every trifle on se uzbuđuje za svaku sitnicu **annoyance** n 1. dosađivanje 2. dosadna stvar 3. sekiracija, ljutnja **annoying** a dosadan
annual I ['aenju:əl] n godišnjak **annual** II a godišnji; jednogodišnji; an ~ budget godišnji budžet
annuity [ə'nu:ətij] n anuitet
annul [ə'nəl] v tr poništiti, anulirati; to ~ a marriage poništiti brak **annulment** n poništenje
annunciate [ə'nənsijejt] v tr objaviti **annunciation** [ənənsij'ejšən] n 1. objavljivanje 2. (cap., rel.) Blagovest (Blagovijest)
anoint [ə'nojnt] v tr 1. (rel.) miropomazati 2. namazati **anointment** n 1. mazanje 2. (rel.) miropomazanje
anomalous [ə'namələs] a anomalan, anomaličan **anomaly** n anomalija
anonymity [aenə'nimətij] n anonimnost, anonimitet **anonymous** [ə'nanəməs] a anoniman; an ~ letter anonimno pismo
another [ə'noth:ər] 1. pron drugi; one after ~ jedan za drugim; they help one ~ oni pomažu jedan drugom 2. a drugi; I'll wait ~ day or two čekaću još dan-dva; he put on ~ coat obukao je drugi kaput
answer I ['aensər] n 1. odgovor; an ~ to a question odgovor na pitanje 2. rešenje (rješenje); the ~ to a riddle rešenje zagonetke **answer** II v 1. tr and intr odgovoriti; to ~ smb.'s letter (question) odgovoriti nekome na pismo (pitanje) 2. tr and intr odazvati se; to ~ the telephone odazvati se na telefon 3. intr odgovarati; that ~s to your description to odgovara vašem opisu 4. intr odgovo-

riti za, biti odgovoran za; *to* ~ *for the*
consequences odgovarati za posledice
(posljedice) **answerable** *a* odgovoran
answer back *v* odgovoriti drsko, odvra-
titi
ant [aent] *n* mrav
antagonism [aen'taegənizəm] *n* antagoni-
zam **antagonist** *n* antagonista **antagoni-
stic** [~'nistik] *a* antagonistički **antago-
nize** [aen'taegənajz] *v tr* naljutiti
Antarctic I [aent'ar(k)tik] *n* Antarktik
(oblast oko Južnog pola); *in the* ~ na
Antarktiku **Antarctic** II *a* antarktički
Antarctica [~ə] *n* Antarktika (konti-
nent) **Antarctic Circle** Južni stožernik
Antarctic Ocean Južni ledeni okean
(ocean)
anteater [aentijtər] *n* mravojed
antecede [aentə'sijd] *v tr* prethoditi; *to* ~
smt. prethoditi nečemu **antecedent** I *n* 1.
prethodnik 2. (math.) prethodni član 3.
(gram.) reč (riječ) na koju se odnosi
zamenica (zamjenica) 4. (in *pl)* preci;
poreklo (porijeklo) **antecedent** II *a* pret-
hodni, raniji
antedate ['aentidejt] *v tr* 1. antidatirati,
staviti raniji datum na 2. prethoditi
(vremenski)
antelope ['aentəloup] *(pl* has zero or *-s) n*
antilopa
antenna [aen'tenə] *n* 1. (*-s)* antena 2. (*-nae*
[nij]) pipak
anterior [aen'tijrijər] *a* 1. prednji 2. raniji,
prethodni
anteroom ['aentiru:m] *n* predsoblje
anthem ['aenthəm] *n* himna; *to play the*
national ~ odsvirati državnu himnu
anthill ['aent·hill] *n* mravinjak
anthology [aen'thalədžij] *n* antologija
anthracite ['aenthrəsajt] *n* antracit
anthropoid I ['aenthrəpojd] *n* antropoid
anthropoid II *a* antropoidan
anthropologist [aenthrou'palədžist] *n* an-
tropolog **anthropology** *n* antropologija
anti- usu. [aenti] *prefix* anti-
antiaircraft [aentij'ejrkraeft] *a* protivvaz-
dušni, protivavionski (W: protuzračni);
~ *defense* protivvazdušna odbrana (W:
obrana)
antiballistic [aentibə'listik] *a* antibalistič-
ki; *an* ~ *missile system* sistem antibali-
stičkih raketa
antibiotic [aentajbaj'atik] *n* antibiotik
antic ['aentik] *n* (usu. in *pl)* ludorija,
budalaština

antichrist (also cap.) ['aentikrajst] *n* anti-
hrist (antikrist)
anticipate [aen'tisəpejt] *v tr* 1. predvideti
(predvidjeti); očekivati; anticipirati; *to*
~ *an early reply* očekivati brz odgovor
2. naslutiti, predosetiti (predosjetiti); *to*
~ *danger* naslutiti (predosetiti) opa-
snost 3. preduhitriti; preteći; presresti;
to ~ *events* preteći događaje **anticipa-
tion** [aentisi'pejšən] *n* 1. predviđanje 2.
naslućivanje 3. preduhitrenje
anticlimax [aenti'klajmaeks] *n* antikli-
maks
anticoagulant I [aentikou'aegjələnt] *n* an-
tikoagulant, antikoagulantni lek (lijek)
anticoagulant II *a* antikoagulantan
anticommunist [aenti'kamjənist] *a* antiko-
munistički
antidote ['aentidout] *n* protivotrov
antifascism [aenti'faešizəmı] *n* antifašizam
antifascist I *n* antifašista **antifascist** II *a*
antifašistički
antifreeze ['aentifrijz] *n* antifriz
antihistamine [aenti'histəmijn] *n* antihi-
staminik
antipathy [aen'tipəthij] *n* antipatija
antiquated ['aentəkwejtid] *a* zastareo (za-
stario)
antique I [aen'tijk] *n* antikvitet; stari
predmet **antique** II *a* 1. antični; *an* ~
statue antični kip 2. antikvaran **antique**
v tr dati antikvarni izgled (nečemu)
antique shop antikvarnica **antiquity**
[aen'tikwətij] *n* 1. antika; antička umet-
nost (umjetnost) 2. starost, drevnost; *of*
great ~ vrlo star
anti-Semite *n* antisemit **anti-Semitic** *a*
antisemitski **anti-Semitism** [~-'seməti-
zəm] *n* antisemitizam
antiseptic I [~'septik] *n* antiseptik **anti-
septic** II *a* antiseptičan, antiseptički
antisocial [~'soušəl] *a* antisocijalan, ne-
društven
antitank [~'taenk] *a* antitenkovski, pro-
tivoklopni; *an* ~ *ditch* antitenkovski rov
antithesis [aen'tithəsis] (*-ses* [sijz]) *n* anti-
teza, suprotnost
antitrust [aenti'trast] *a* protiv trustova
antiwar *a* antiratni
antler ['aentlər] *n* rog sa parošcima
antonym ['aentənim] *n* antonim
anus ['ejnəs] *n* čmar
anvil ['aenvil] *n* nakovanj
anxiety [aeng'zajətij] *n* 1. zabrinutost, uz-
nemirenost 2. želja

anxious ['aeng(k)šəs] *a* 1. zabrinut; *to be ~ about smt.* biti zabrinut zbog nečega 2. željan, žudan; *he is very ~ to succeed* njemu je mnogo stalo do uspeha

any ['enij] *a* and *pron* ma koji, bilo koji, ikakav; svaki; ijedan; *does he know ~ foreign language?* da li on zna ma koji strani jezik? *do you have ~ other (kind of) dictionary* imate li kakav drugi rečnik (rječnik)? *at ~ price* po svaku cenu

anybody I [~badij] *n* važna osoba; *everybody who is ~ was there* svi su bili tamo koji su od važnosti **anybody** II *pron* iko (W: itko), ma ko (W: tko), bilo ko, ko mu drago; *did ~ telephone?* da li je iko telefonirao? *do you remember ~?* da li se sećaš (sješaš) ma koga? **anybody's** *pron* see **anyone's**

anyhow [~hau] *adv* u svakom slučaju; svakako; uprkos (W: usprkos) tome; *he'll come ~* on će doći u svakom slučaju; or: doći će uprkos tome

anymore [~'mor] *adv* nikad više; *he will not come ~* on nikad više neće doći

anyone [~wən] *pron* see **anybody**

anyone's *pron* ičiji; *did he find ~ books?* da li je on našao ičije knjige?

anyplace [~plejs] *adv* see **anywhere**

anything [~thing] *pron* išta, ma šta (što), bilo šta; *have you heard ~?* jesi li čuo išta? *does he remember ~ he learned?* da li se seća (sjeća) ma čega što je učio? *he is capable of ~* on je sposoban na sve; *he doesn't want ~ else* on više ništa ne želi

anyway [~wej] *adv* see **anyhow**

anywhere [~wejr] *adv* igde (igdje), ma gde (gdje), ma kuda; *can we buy that ~?* da li se to može igde kupiti? *~ you travel* ma kuda da putuješ; *~ he goes* ma kuda da ide

aorist ['ejərist] *n* aorist

aorta [ej'ortə] *n* aorta

Apache [ə'paečij] *n (pl has* zero or *-s)* Apači (indijansko pleme)

apart [ə'part] *adv* and *pred a* odvojeno; *the engine fell ~* motor se raspao; *to take a̯ rifle ~* rasklopiti pušku; *to tell ~* razlikovati; *to tear ~* rastrgnuti

apart from *prep* sem

apartment *n* stan **apartment building, apartment house** stambena zgrada

apathetic [aepə'thetik] *a* 1. apatičan 2. ravnodušan **apathy** ['aepəthij] *n* 1. apatičnost, apatija 2. ravnodušnost.

ape I [ejp] *n* 1. (zool.) bezrepi majmun 2. (zool. and fig.) majmun **ape** II *v* tr imitirati; *to ~ smb.* imitirati nekoga

aperture ['aepərčur] *n* 1. otvor 2. (on a camera) dijafragma, otvor

apex ['ejpeks] (*-es* or *apices* ['ejpəsijz]) *n* vrh (also fig.; see also **peak** I)

aphorism ['aefərizəm] *n* aforizam **aphoristic** [aefə'ristik] aforistički

aphrodisiac I [aefrə'dizijaek[*n* afrodizijak **aphrodisiac** II *a* afrodizijački

apiculture ['ejpikəlčer] *n* pčelarstvo

apiece [ə'pijs] *adv* (za) svaki; *they cost two dollars ~* oni koštaju dva dolara po komadu; *they were fined ten dollars ~* oni su bili kažnjeni po deset dolara svaki; *apples at twenty cents ~* jabuke po dvadeset penija svaka

aplomb [ə'plam] *n* samopouzdanje

apocalypse [ə'pakelips] *n* apokalipsa, mističko proricanje **apocalyptic** [əpakə'liptik] *a* apokaliptički

apocrypha [ə'pakrəfə] *n pl* (occ. *sgn*) (occ. cap.) apokrifi **apocryphal** *a* apokrifan

apogee ['aepədžij] *n* apogej

apologetic [əpalə'džetik] *a* apologetski, apologičan; pomirljiv; *an ~ tone* pomirljiv ton **apologist** [ə'palədžist] *n* branilac; apologet **apologize** *v intr* izviniti se; *to ~ to smb. for being rude* izviniti se nekome za grubost **apology** *n* izvinjenje (W also: isprika)

apoplexy ['aepəpleksij] *n* apopleksija

apostate I [ə'pastejt] *n* apostat, otpadnik **apostate** II *a* apostatski, otpadnički

apostle [ə'pasəl] *n* apostol **apostolic** [aepə-'stalik] *a* apostolski

apostrophe [ə'pastrəfij] *n* apostrof (znak)

Appalachian Mountains [aepə'lejčijən] Apalačke planine, Apalači

appall [ə'pol] *v tr* zaprepatiti, užasnuti; *to be ~ed at smt.* užasnuti se nečega

apparatus [aepə'rejtəs] *(pl has* zero or *-es) n* 1. aparat; *the digestive (respiratory) ~* aparat za varenje (disanje) 2. (gymnastic) *~* sprave (za vežbanje — vježbanje) 3. uređaj, pribor, aparatura

apparel [ə'paerəl] *n* odeća (odjeća); *wearing ~* odevna (odjevna) roba

apparent [ə'paerənt] *a* 1. očigledan, očevidan 2. vidljiv

apparition [aepə'rišən] *n* utvara, avet

appeal I [ə'pijl] *n* 1. apel, obraćanje, molba; *an ~ for help* apel za pomoć; *an*

~ to the working class apel radničkoj klasi 2. privlačnost, čar; the ~ of adventure čar pustolovstva 3. (legal) žalba, apelacija; to make an ~ podneti (podnijeti) žalbu **appeal** II v 1. tr (legal) žaliti se; to ~ a case (to a higher court) žaliti se (višem sudu) na presudu nižeg suda 2. intr apelovati, obratiti se, pozvati (se); to ~ to patriotism apelovati na rodoljublje 3. intr moliti; pozvati; to ~ to smb. for mercy moliti nekoga za milost 4. intr (legal) podneti žalbu, žaliti se višem sudu 5. intr svideti (svidjeti) se; privući; that does not ~ to me to mi se ne sviđa

appear [ə'pijr] v intr 1. pojaviti se; the sun ~ed sunce se pojavilo 2. istupiti; to ~ in court istupiti na sudu 3. izlaziti; the journal ~s every three months časopis izlazi svaka tri meseca (mjeseca) 4. činiti se; izgledati; it ~ed to me that he was ill učinilo mi se da je bolestan; she ~ed to be sleepy izgledalo je kao da joj se spavalo 5. stupiti; to ~ on the scene stupiti na scenu **appearance** n 1. pojava, pojavljivanje; to make one's ~ pojaviti se 2. izlazak; an ~ in court izlazak pred sud 3. izgled, spoljašnost (W also: vanjština); in ~ po spoljašnjosti; for the sake of ~s izgleda radi 4. nastup; a stage ~ nastup na pozornici

appease [ə'pijz] v tr 1. umiriti, smiriti 2. popustiti; to ~ an aggressor popustiti agresoru **appeasement** n 1. umirenje, smirenje 2. (pol.) popuštanje; a policy of ~ politika popuštanja

append [ə'pend] v tr 1. dodati; to ~ a list of names dodati spisak imena 2. prikačiti, privesiti (privjesiti) **appendage** n 1. dodatak 2. privesak (privjesak)

appendectomy [aepən'dektəmij] n apendektomija

appendicitis [əpendə'sajtis] n apendicit

appendix [ə'pendiks] (-dixes [diksiz] or -dises [dəsijz]) n 1. dodatak 2. (anat.) slepo crevo (slijepo crijevo)

appetite ['aepətajt] n 1. apetit (W also: tek), 2. (fig.) želja, nagon

appetizer ['aepətajzər] n predjelo

appetizing a ukusan

applaud [ə'plod] v 1. tr aplaudirati, pljeskati; to ~ an actor aplaudirati glumcu 2. tr (fig.) odobriti 3. intr aplaudirati, pljeskati **applause** [ə'ploz] n aplauz

apple ['aepəl] n jabuka **apple cider** jabukovača, jabučno sirće **apple juice** jabučni sok **apple orchard** jabučar **apple pie** pita s jabukama

apple-polish v tr and intr (colloq.) lizati pete; to ~ smb. lizati nekome pete

apple tree jabukovo drvo

appliance [ə'plajəns] uređaj, sprava; electrical ~s električni uređaji

applicable ['aeplikəbəl] a primenljiv (primjenljiv)

applicant ['aeplikənt] n podnosilac molbe; kandidat

application [aepli'kəjšən] n 1. molba, traženje; to accept (reject, submit) an ~ primiti (odbiti, podneti — podnijeti) molbu 2. primena (primjena); the ~ of a theory primena teorije 3. stavljanje; the ~ of an ointment to a wound stavljanje melema na ranu **application form** prijavni formular, prijava; to fill out an ~ ispuniti prijavu

apply [ə'plaj] v 1. tr staviti; to ~ medication staviti lek (lijek) 2. tr primeniti (primijeniti); to ~ new methods to smt. primeniti nove metode na nešto 3. refl usredsrediti (usredsrijediti) se; to ~ oneself to smt. usredsrediti se na nešto, prionuti na nešto 4. intr (to ~ for) prijaviti se za, konkurisati za, podneti (podnijeti) molbu za; to ~ for a position konkurisati za mesto (mjesto) 5. intr važiti; the rule applies to everyone pravilo važi za sve

appoint [ə'pojnt] v tr 1. postaviti; to ~ smb. ambassador postaviti nekoga za ambasadora 2. odrediti; an ~ed task određen zadatak 3. opremiti; a well ~ed office dobro opremljena kancelarija **appointive** [~tiv] a koji se popunjava imenovanjem **appointment** n 1. postavljanje 2. mesto (mjesto), služba; he received a good ~ dobio je dobro mesto 3. (ugovoren) sastanak; to keep (break) an ~ doći (ne doći) na sastanak

apportion [ə'poršən] v tr raspodeliti (raspodijeliti) **apportionment** n raspodela (raspodjela)

apposition [aepə'zišən] n (gram.) apozicija

appraisal [ə'prejzəl] n procena (procjena), ocena (ocjena) **appraise** [ə'prejz] v tr proceniti (procijeniti), oceniti (ocijeniti); to ~ damage proceniti štetu **appraiser** n see **adjuster** 2

appreciable [ə'prijšəbəl] *a* primetan (primjetan)

appreciate [ə'prijšijejt] *v* 1. *tr* ceniti (cijeniti); biti zahvalan za; *I greatly ~ your kindness* mnogo cenim vašu ljubaznost 2. *tr* shvatiti, razumeti (razumjeti); *to ~ smb.'s situation* razumeti nečiju situaciju 3. *intr* rasti, povećati se **appreciation** [əprijšij'ejšən] *n* 1. zahvalnost; *to express (show) one's ~* izraziti (pokazati) zahvalnost 2. shvatanje, razumevanje (razumijevanje) 3. povećanje (vrednosti — vrijednosti) **appreciative** [ə'prijšətiv] *a* zahvalan

apprehend [aepri'hend] *v tr* uhapsiti (esp. W: uhvatiti) **apprehension** [aepri'henšən] *n* 1. hapšenje 2. zebnja **apprehensive** [~nsiv] *a* pun zebnje, uplašen

apprentice I [ə'prentis] *n* šegrt, učenik **apprentice** II *v tr* dati na zanat; *to be ~d to smb.* učiti zanat kod nekoga **apprenticeship** *n* šegrtstvo (W: naukovanje)

approach I [ə'prouč] *n* 1. približavanje, približenje 2. prilaz; *an ~ to a problem* prilaz problemu 3. (aviation) *(landing ~)* polazak na sletanje (slijetanje), prilaženje **approach** II *v* 1. *tr* and *intr* približiti se 2. *tr* obratiti se; *to ~ smb. concerning a matter* obratiti se nekome povodom neke stvari **approachable** *a* pristupačan

approbation [aeprə'bejšən] *n* odobrenje; dozvola

appropriate I [ə'prouprijit] *a* podesan, zgodan, pogodan; *an ~ response* zgodan odgovor **appropriate** II [~ejt] *v tr* 1. prisvojiti 2. odvojiti, izdvojiti, odrediti; odobriti; *to ~ funds for national defense* odvojiti (izdvojiti) sredstva za narodnu odbranu (W: obranu) **appropriation** [əprouprij'ejšən] *n* odvajanje, određenje; odobravanje

approval [ə'pru:vəl] *n* odobrenje *to send merchandise on ~* poslati robu na ogled **approve** [ə'pru:v] *v tr* and *intr* odobriti; primiti; *to ~ a loan* odobriti kredit

approximate I [ə'praksəmit] *a* približan; *~ size* približna veličina **approximate** II [~mejt] *v tr* približno odgovarati; *to ~ the truth* biti blizak istini **approximation** [əpraksə'mejšən] *n* 1. približenje 2. približna vrednost (vrijednost)

appurtenance [ə'pərtnəns] *n* 1. dodatak 2. (in *pl)* pribor, oprema

apricot ['aeprikat] *n* kajsija

April ['ejprəl] *n* april (W: travanj) **April fool** objekt prvoaprilske šale

apron ['ejprən] *n* 1. kecelja, pregača 2. *(airport ~)* (aerodromska) platforma

apropos [aeprə'pou] 1. *a* umestan (umjestan); *the remark was very ~* primedba (primjedba) je bila vrlo umesna 2. *adv* u pravi čas 3. *adv* uzgredno, uzgred budi rečeno 4. *prep (~ of)* odnosno, u vezi sa; *~ of your letter* odnosno vašeg pisma

apt [aept] *a* 1. zgodan, pogodan 2. sposoban; *an ~ pupil* sposoban učenik 3. sklon; *he is ~ to cheat* on je sklon da prevari

aptitude ['aeptətu:d] *n* sposobnost, talenat, dar; *musical ~* sposobnost (talenat) za muziku **aptitude test** *n* test sposobnosti

aquarium [ək'wejrijəm] (*-s* or *-ia* [ijə]) *n* akvarij

aqueduct [aekwədəkt] *n* akvedukt, vodovod

aquiline ['aekwəlajn] *a* orlovski; kukast

Arab I ['aerəb] *n* Arapin **Arab** II *a* arapski **Arabia** [ə'rejbijə] *n* Arabija **Arabian** I *n* Arabljanin **Arabian** II *a* arabljanski **Arabic** I ['aerəbik] *n* arapski jezik **Arabic** II *a* arapski **Arabic numerals** arapski brojevi

arbiter ['arbətər] *n* arbitar

arbitrary ['arbətrerij] *a* arbitraran, proizvoljan

arbitrate ['arbətrejt] *v* 1. *tr* rešiti (riješiti) arbitražom 2. *intr* suditi kao arbitar **arbitration** [arbə'trejšən] *n* arbitraža **arbitrator** ['arbətrejtər] *n* arbitar

arbor ['arbər] *n* hladnjak, senica (sjenica)

arc [ark] *n* (geom., etc.) luk

arcade [ar'kejd] *n* arkada

arch I [arč] *n* svod, luk 2. izbočenost, ispupčenost 3. (anat.) taban **arch** II *v* 1. *tr* zasvoditi, snabdeti (snabdjeti) svodom 2. *tr* izbočiti; pružiti uvis 3. *intr* obrazovati svod

arch III *a* glavni; najviši

archaeologic [arkijə'ladžik] *a* arheološki **archaeologist** [arkij'alədžist] *a* arheolog **archaeology** *n* arheologija

archaic [ar'kejik] *a* arhaičan

archangel ['arkejndžəl] *a* arhanđeo

archbishop ['arčbišəp] *n* (Orth.) arhiepiskop; (Cath.) nadbiskup

archdeacon [arč'dijkən] *n* arhiđakon

archdiocese [arč'dajəsijz] n (Orth.) arhiepiskopska dioceza; (Cath.) nadbiskupska dioceza

archduke [arč'du:k] n nadvojvoda

archenemy [arč'enəmij] n din-dušmanin (esp. W: najveći neprijatelj)

archeology see archaeology

archer ['arčər] n strelac (strijelac), streličar archery n streljaštvo, streličarstvo

archipelago [arkə'peləgou] (-s and -es) n arhipelag

architect ['arkətekt] n arhitekta architectural [arkə'tekčərəl] a arhitektonski architecture ['arkətekčər] n arhitektura; a school of ~ arhitektonski fakultet

archives ['arkajvz] n pl arhiva archivist ['arkəvist] n arhivista

arch supporter podmetač za taban, ortopedski uložak

archway ['arčwej] zasvođen ulaz; hodnik na svodove

Arctic I ['arktik] n Arktik; in the ~ na Arktiku arctic II a arktički; an ~ climate arktička klima Arctic Circle Severni (Sjeverni) polarni krug, Arktički krug Arctic Ocean Severni (Sjeverni) ledeni okean (ocean)

ardent ['ardənt] a vatren, revnostan, žarki; an ~ fan revnostan navijač

ardor ['ardər] n žar, revnost, oduševljenje; an ~ of the service rod vojske

arduous ['ardžu:əs] a težak, naporan; an ~ task težak zadatak

area ['ejrijə] n 1. oblast, rejon, zona, prostorija, teritorija; a cattle-raising (farming, industrial) stočarski (poljoprivredni, industrijski) rejon 2. (math.) površina, kvadratura

area code (for telephones) karakterističan broj mrežne grupe

arena [ə'rijnə] n arena (also fig.); to enter the political ~ stupiti na političku arenu

aren't see be

Argentina [ardžən'tijnə] n Argentina Argentinean I [~nijən] n Argentinac Argentinean II a argentinski

argot ['argou] n argo, žargon; the ~ of thieves lopovski argo

argue ['argju:] v 1. tr pretresati, to ~ politics (a question) pretresati politiku (pitanje) 2. tr dokazivati; to ~ that... dokazivati da... 3. intr prepirati se; argumentisati, raspravljati; to ~ about smt. prepirati se oko nečega 4. misc.; to ~ against govoriti protiv argument n 1.

argumenat; razlog, dokaz; an ~ against (for) argumenat protiv (za) 2. rasprava, diskusija 3. prepirka; an ~ about smt. prepirka oko nečega argumentative [argjə'mentətiv] a argumentativan; prepirački

aria ['arijə] n arija

arid ['aerid] a 1. suv (suh), bezvodan 2. (fig.) nezanimljiv

arise [ə'rajz]; arose [ə'rouz]; arisen [ə'rizən] v intr 1. ustati, dići se 2. uskrsnuti; nastati; if the opportunity ~s ako iskrsne prilika

aristocracy [aeris'takrəsij] n aristokratija (aristokracija) aristocrat [ə'ristəkraet] n aristokrat aristocratic [əristə'kraetik] a aristokratski

arithmetic I [ə'rithmətik] n aritmetika arithmetic II [arith'metik], arithmetical a aritmetički

Arizona [aerə'zounə] n Arizona

ark [ark] n kovčeg; Noah's ~ Nojev kovčeg

Arkansas ['arkənso] n Arkanzes

arm I [arm] n 1. ruka, mišica; to break one's ~ slomiti ruku; to go ~ in ~ ići ruku pod ruku 2. rukav; the ~ of a coat rukav kaputa

arm II n (mil.) 1. oružje (see arms II) 2. rod; an ~ of the service rod vojske arm III v 1. tr naoružati 2. tr aktivirati; to ~ a fuse izvući osigurač kod upaljača 3. intr naoružati se

armada [ar'madə] n armada

armament ['arməmənt] n (often in pl) naoružanje

armature [~əču:r] n 1. oklop 2. armatura

armband [~baend] n povez (zavoj) za ruku

armchair [~čejr] n fotelja, naslonjača

armed a naoružan, oružan; resistance oružani otpor armed forces pl oružane snage armed robbery razbojnička krađa

Armenia [ar'mijnijə] n Jermenija, Armenija Armenian I n 1. Jermenin, Armenac 2. jermenski jezik Armenian II a jermenski, armenski

armful ['armful] n naramak, naručje, pregršt

armistice [~əstis] n primirje Armistice Day godišnjica primirja (zaključenog 1918.)

armless a bezruk

armor I ['armər] *n* oklop; (coll.) oklopne jedinice **armor** II *v tr* oklopiti **armored** *a* oklopni

armory ['armərij] *n* 1. arsenal, skladište oružja, oružana 2. fabrika oružja 3. nastavni centar (nacionalne garde)

armpit ['armpit] *n* pazuho

armrest [~rest] *n* naslon za ruke

arms *n pl* oružje; naoružanje, borbena sredstva; *to lay down one's* ~ položiti oružje **arms control** ograničenje naoružanja **arms depot** skladište oružja **arms race** trka u naoružanju

army I ['armij] *n* vojska; armija; *to join the* ~ stupiti u vojsku **army** II *a* armijski; vojni; *an* ~ *base* armijska baza

aroma [ə'roumə] *n* aroma, aromat **aromatic** [aerə'maetik] *a* aromatičan

around I [ə'round] *adv* 1. oko, otprilike, približno; ~ *ten miles* oko deset milja 2. unaokolo, okolo; u blizini; *is he* ~? da li je on tu? *all* ~ svuda unaokolo; *he's been* ~ on zna odakle vetar duva (vjetar puše) **around** II *prep* 1. oko, otprilike; ~ *midnight* oko ponoći 2. po, oko; *to travel (wander)* ~ *the country* putovati (lutati) po zemlji 3. za; *to go* ~ *the corner* zaći za ugao

around-the-clock *adv* non-stop; *drugstores are open* ~ apoteke rade non-stop

arouse [ə'rauz] *v tr* pobuditi, izazvati; *to* ~ *attention (interest)* pobuditi pažnju (interesovanje)

arraign [ə'rejn] *v tr* optužiti; *tɔ* ~ *smb.* podneti (podnijeti) optužni akt protiv nekoga **arraignment** *n* optužni predlog, optužba

arrange [ə'rejndž] *v* 1. *tr* udesiti, urediti, srediti; spremiti; uglaviti; *I've* ~*d everything* sve sam uredio (udesio) 2. *tr* (mus.) podesiti, preraditi 3. *intr* udesiti; *we'll* ~ *to make it seem that* . . . udesićemo tako da izgleda kao da . . . **arrangement** *n* 1. uređenje, sređenje; *he will make* ~*s for your passport* on će sve urediti za vaš pasoš 2. (mus.) prerada

array [ə'rej] *n* red, stroj, raspored, poredak; *in full* ~ impresivnim skupom

arrears [ə'rijɪz] *n pl* zaostali dug (dugovi); *to be in* ~ zaostati sa isplatom duga (dugova)

arrest I [ə'rest] *n* 1. lišenje slobode, hapšenje; pritvor; *to place smb. under* ~ uhapsiti nekoga 2. zaustavljanje, sprečavanje; usporenje **arrest** II *v tr* 1. uhapsiti 2. zaustaviti, sprečiti (spriječiti), usporiti; *to* ~ *development* usporiti razvitak **arrest warrant** nalog za hapšenje

arrival [ə'rajvəl] *n* dolazak, stizanje **arrive** [ə'rajv] *v intr* 1. doći, stići; *to* ~ *on time* stići na vreme (vrijeme) 2. doneti (donijeti); *to* ~ *at a decision* doneti odluku

arrogance ['aerəgəns] *n* osionost, oholost, arogancija **arrogant** *a* osion, ohol, arogantan

arrogate ['aerougejt] *v tr* prisvojiti; *to* ~ *smt. to oneself* (bespravno) prisvojiti sebi nešto

arrow ['aerou] *n* strela (strijela) **arrowhead** [~hed] *n* vrh strele

arsenal ['arsənəl] *n* arsenal

arsenic I ['arsənik] *n* arsen **arsenic** II *a* arsenski; arsenast

arson ['arsən] *n* namerna (namjerna) paljevina **arsonist** *n* palikuća

art I [art] *n* 1. umetnost (umjetnost) the *fine* ~*s* lepe (lijepe) umetnosti; *for* ~*'s sake* umetnost radi umetnosti 2. veština (vještina), umešnost (umješnost) **arterial** [ar'tijrijəl] *a* arterijski

arteriosclerosis [artijrijouskə'rousis] *n* arterioskleroza

artery ['artərij] *n* (med. and fig.) arterija; *a major traffic* ~ glavna saobraćajnica

art gallery umetnička (umjetnička) galerija

arthritic [ar'thritik] *a* koji pati od artritisa **arthritis** (ar'thrajtis] *n* artritis, artrit

artichoke ['artəčouk] *n* artičoka

article ['artikəl] *n* 1. predmet, stvar; artikal; *leather* ~*s* predmeti od kože 2. (in a newspaper, journal) članak 3. član; *according to* ~ *2* po članu broj dva 4. (gram.) član; *the definite (indefinite)* ~ određeni (neodređeni) član

articulate I [ar'tikjəlit] *a* 1. sposoban da govori 2. jasno izražen **articulate** II [~lejt] *v* 1. *tr* jasno izgovoriti 2. *tr* spojiti zglobovima 3. *intr* jasno govoriti, izgovarati; artikulisati 4. *intr* spajati se **articulation** [artikjə'lejšən] *n* 1. artikulacija, obrazovanje glasova 2. zglob, zglavak

artifact ['artəfaekt] *n* (primitivan) predmet za upotrebu

artifice [~fis] *n* smicalica, lukavstvo

artificial [artə'fišəl] *a* veštački — vještački (W: umjetan); *an* ~ *leg* veštačka noga

artillery (ar'tilərij] *n* artiljerija; *antiair-
craft (coast, field)* ~ protivavionska
(obalna, poljska) artiljerija **artillery bar-
rage** artiljerijska zaprečna vatra **artil-
leryman** [~mən] *(-men* [min]) *n* arti-
ljerac
artisan ['artəzən] *n* majstor, zanatlija
artist ['artist] *n* umetnik (umjetnik) **arti-
stic** [ar'tistik] *a* umetnički (umjetnički)
artistry ['artistrij] *n* umešnost (umje-
šnost)
artwork [~wərk] *n* (printing) crteži, ilu-
stracije
Aryan I ['ejrijən] *n* Arijac **Aryan** II *a*
arijski
as [aez] *conj* 1. (often: ~ ... ~) kao (i),
isto toliko ... koliko, isto tako ...
kao i; *he is* ~ *tall* ~ *I am* on je visok
kao (i) ja; *he is* ~ *good* ~ *you* on je isto
tako dobro kao i ti; *he plays* ~ *well* ~
you do on svira isto tako dobro kao i vi
2. kao, u svojstvu; *he spoke* ~ *an
American* govorio je kao Amerikanac 3.
kao što, kako; ~ *you know* kao što
(kako) znate 4. kako ... tako (onako);
people will treat you ~ *you treat them*
kako se ti ponašaš prema ljudima, tako
će se i oni ponašati prema tebi 5. see **as
if** 6. (~ *well* ~) kao i; *there were apples
and pears* ~ *well* ~ *grapes* bilo je
jabuka, krušaka kao i grožđa 7. (~ *soon*
~) čim, tek što; ~ *soon* ~ *you get
home, call us* čim budete došli kući,
javite nam se 8. (~ *long* ~) (a.) dok
(god), dokle; ~ *long* ~ *I live* dok sam
živ (b.) samo ako; ~ *long* ~ *you apolo-
gize, I'll be satisfied* samo ako se izvini-
te, zadovoljiću se (c.) pošto; ~ *long* ~
you are going, I'll go too pošto ti ideš, ja
ću takođe ići 9. kad, dok; ~ *he was
sleeping (speaking)* dok je spavao (govo-
rio) 10. (~ *much* ~, ~ *many* ~) koliko;
toliko; *buy* ~ *many presents* ~ *there
are children* kupi onoliko poklona koli-
ko ima dece (djece) 11. (~ *far* ~) (a.) ~
far ~ *I am concerned* što se mene tiče
(b.) dokle (god) *we'll travel together* ~
far ~ *you want* putovaćemo zajedno
dokle (god) hoćeš (c.) ukoliko; ~ *far* ~
can be determined ukoliko može da se
utvrdi (d.) do; *I'll go* ~ *far* ~ *the station*
ići ću do stanice; ~ *far* ~ *Philadelphia*
(čak) do Filadelfije 12. ma koliko, mada,
koliko god; ~ *much* ~ *you give him, he
doesn't have enough* koliko god da mu

daš, nije mu dosta ... 13. isti ... koji;
the same man ~ *was here yesterday* isti
čovek (čovjek) koji je juče bio ovde
(ovdje) 14. (~ ... ~ *possible)* što ... ;
~ *soon* ~ *possible* što pre (prije); ~
early ~ *possible* što ranije 15. misc.; ~
a matter of fact u stvari, uistinu; ~ *a
rule* po pravilu; ~ *for myself* što se
mene tiče; ~ *good* ~ *new* skoro nov; ~
is takav, kakav je; ~ *it were* kao da je
asbestos I (aes'bestəs] *n* azbest **asbestos** II
n azbestni
ascend [ə'send] *v* 1. *tr* popeti se (na); *to* ~
a mountain (a throne) popeti se na
planinu (na presto — prijesto) 2. *tr* ići
uzvodno; *to* ~ *a river* voziti uzvodno
(na reci — rijeci) 3. *intr* popeti se, dići se
ascendancy, ascendency [~ənsij] *n* nad-
moć, dominacija; vlast
ascension [ə'senšən] *n* 1. penjanje 2. (cap.,
rel.) Voznesenje (W: Uzašašće)
ascent [ə'sent] *n* 1. penjanje; (mountain
climbing) uspinjanje
ascertain [aesər'tejn] *v* *tr* doznati, dokuči-
ti, konstatovati
ascetic I [ə'setik] *n* asket **ascetic** II *a*
asketski **asceticism** [~təsizəm] *n* aske-
tizam
ascribe [ə'skrajb] *v* *tr* pripisati; *to* ~ *guilt
to smb.* pripisati krivicu nekome
aseptic [ej'septik] *a* aseptičan
ash I [aeš] *n* 1. pepeo 2. (in *pl*) (fig.)
posmrtni ostaci
ash II *n* (bot.) 1. jasen 2. jasenovo drvo
ashamed [ə'šejmd] *a* postiđen, posramljen;
to be ~ *of smt.* stideti (stidjeti) se
nečega; *he is* ~ *to beg* on se stidi da
prosi
ash can kanta za smeće
ashen *a* pepeljast, pepeljave boje
ashore [ə'šor] *adv* na obali (obalu); *washed*
~ izbačen na obalu
ashtray ['aeštrej] *n* pepeljara
Asia ['ejžə] *n* Azija **Asia Minor** Mala Azija
Asian I *n* Azijac **Asian** II *a* azijski
Asiatic I [ejžij'aetik] *n* Azijat **Asiatic** II
a azijatski
aside I [ə'sajd] *n* reči (riječi) glumca name-
njene (namjenjene) samo gledaocima
aside II *adv* na strani (stranu); *to call
smb.* ~ pozvati nekoga na stranu
aside from *prep* osim
as if *conj* kao da; ~ *it were yesterday* kao
da je bilo juče; *it seems* ~ *they are not
at home* kao da nisu kod kuće

asinine ['aesənajn] *a* glup **asininity** [aesə-'ninətij] *n* glupost

ask [aesk] *v* 1. *tr* and *intr* pitati; *the teacher didn't* ~ *him anything* nastavnik ga ništa nije pitao; *to* ~ *about smb.* pitati za nekoga (o nekome) 2. *tr* postaviti; *he* ~*ed me a question* postavio mi je pitanje 3. *tr* zamoliti; *to* ~ *smb. for a favor (help)* zamoliti nekoga za uslugu (pomoć) 4. *tr* and *intr* zatražiti; ~ *your father to buy you a suit* traži od oca da ti kupi odelo (odijelo) 5. *tr* pozvati; ~ *him to dinner* pozovi ga na ručak

asleep [ə'slijp] *pred a* 1. u snu; *to be (fast)* ~ čvrsto spavati; *to fall* ~ zaspati 2. utrnuo; *mu foot is falling* ~ trne mi noga

asparagus [ə'spaerəgəs] *n* špargla (W also: šparga)

aspect ['aespekt] *n* 1. gledište, aspekt, vid; *from that* ~ s tog aspekta 2. (gram.) vid; *the imperfective (perfective)* ~ nesvršeni (svršeni) vid; *verbal* ~ glagolski vid **aspectual** [ae'spekču:wəl] *a* (gram.) vidski; *an* ~ *pair* vidski par

aspersion [ə'spəržən] *n* kleveta; *to cast* ~s *on (upon) smb.* oklevetati nekoga

asphalt I ['aesfolt] *n* asfalt **asphalt** II *a* asfaltni; *an* ~ *road* asfaltni put **asphalt** III *v tr* asfaltirati

asphyxia [aes'fiksijə] *n* zagušenje **apshyxiant** I *n* zagušljivač **asphyxiant** II *a* zagušljiv **asphyxiate** [~ejt] *v* 1. *tr* zagušiti, ugušiti; *three children were* ~d ugušilo se troje dece (djece) 2. *intr* zagušiti se, ugušiti se **asphyxiation** [aesfiksij'ejšən] *n* zagušenje, ugušenje

aspiration [aespə'rejšən] *n* aspiracija, težnja **aspire** [ə'spajr] *v intr* težiti; žudeti (žudjeti); *to* ~ *to smt.* težiti nečemu (za nečim)

aspirin ['aespərin] *n* aspirin

aspiring [ə'spajring] *a* slavoljubiv, ambiciozan

ass I [aes] *n* 1. magarac 2. (fig.) magarac, glupak; *to make an* ~ *of oneself* obrukati se

ass II *n* (vul.) 1. dupe, zadnjica 2. snošaj

assail [ə'sejl] *v tr* 1. napasti 2. saleteti (saletjeti); ~*ed by doubts* spopadnut sumnjama **assailant** *n* napadač, siledžija

assassin [ə'saesin] *n* atentator **assassinate** [~nejt] *v tr* ubiti (kao atentator) **assassination** [əsaesə'nejšən] *n* atentat **assassination attempt** pokušaj atentata

assault I [ə'solt] *n* 1. napad 2. (mil.) juriš, napad, desant; *to take by* ~ zauzeti na juriš 3. (legal) pokušaj nanošenja telesne (tjelesne) povrede **assault** II *a* jurišni; *an* ~ *battalion* jurišni bataljon **assault** III *v tr* jurišati; napasti **assault and battery** nanošenje telesne (tjelesne) povrede

assemblage [ə'semblidž] *n* skup, zbor **assemble** [ə'sembəl] *v* 1. *tr* skupiti; *to* ~ *material* skupiti materijal 2. *tr* sklopiti, montirati; *to* ~ *a rifle* sklopiti pušku 3. *intr* skupiti se; *a large crowd* ~d skupilo se mnogo sveta (svijeta)

assembly [~blij] *n* 1. skup, skupština 2. sklapanje, montaža 3. (mil.) zbor; znak za zbor **assembly line** montažna traka

assemblyman [~mən] (~men /min/) *n* član skupštine

assent I [ə'sent] *n* pristanak, saglasnost **assent** II *v intr* pristati, složiti se

assert [ə'sərt] *v* 1. *tr* tvrditi, izjaviti 2. *refl* afirmisati se **assertion** [ə'səršən] *n* tvrdnja; *to make an* ~ izneti (iznijeti) tvrdnju

assess [ə'ses] *v tr* 1. oceniti (ocijeniti), proceniti (procijeniti); *to* ~ *damage* proceniti štetu 2. razrezati, odrediti visinu poreza (na); *to* ~ *a property* odrediti visinu poreza na imovinu **assessment** *n* 1. određivanje, procena (procjena) 2. razrezivanje poreza, određivanje visine poreza **assessor** *n* 1. oporezivač, razrezivač poreza 2. sudski pomoćnik, asesor 3. (Br.) see **adjuster** 2

asset ['aeset] *n* 1. preimućstvo 2. (in *pl*) aktiva

assiduous [ə'sidžu:əs] *a* priležan (prilježan)

assign [ə'sajn] *v tr* 1. dodeliti (dodijeliti); *to* ~ *duties* dodeliti dužnosti 2. zadati; *to* ~ *homework* zadati zadatak 3. (mil.) uvesti, uvrstiti; *to* ~ *to a unit* uvesti u jedinicu **assignment** *n* 1. dodeljivanje (dodjeljivanje); *the* ~ *of duties* dodeljivanje dužnosti 2. zadatak (W also: zadaća) 3. (mil.) uvođenje u sastav jedinice

assimilate [ə'siməlejt] *v* 1. *tr* asimilovati; prilagoditi; pretopiti 2. *tr* (ling.) izjednačiti, asimilovati 3. *intr* asimilovati se, pretopiti se **assimilation** [əsimə'lejšən] *n* asimilacija, izjednačavanje, pretapanje

assist I [ə'sist] *n* 1. pomoć 2. (sports) dodavanje (igraču koji je postigao pogodak) **assist** II *v tr* and *intr* pomoći **assistance** *n* pomoć; *to offer* ~ *to smb.*

pružiti nekome pomoć; *public* ~ socijalna pomoć **assistant** *n* 1. pomoćnik, pomagač; zamenik (zamjenik) 2. asistent **assistant professor** docent
associate I [ə'soušijit] *n* 1. kolega; ortak 2. pomoćnik; zamenik (zamjenik) **associate** II *a* pomoćni; *an* ~ *editor* pomoćni urednik **associate** III [~ejt] *v* 1. *tr* asocirati, vezati; *to* ~ *ideas* asocirati ideje 2. *intr* družiti se; *to* ~ *with smb.* družiti se s nekim **associate professor** vanredni (W: izvanredni) profesor **association** [əsousij'ejšən] *n* 1. udruženje; društvo 2. asocijacija; *the* ~ *of ideas* asocijacija ideja **association football** (usu. Br.) see **soccer**
assonance ['aesənəns] *n* asonancija
assort [ə'sort] *v tr* sortirati, asortirati **assorted** *a* 1. sortiran 2. raznovrstan; ~ *merchandise* raznovrsna roba **assortment** *n* izbor; asortiman; *the store has a large* ~ radnja ima veliki izbor
assume [ə'su:m] *v tr* 1. preuzeti; *to* ~ *a responsibility* preuzeti odgovornost 2. pretpostaviti; *I* ~*ed that he was not at home* pretpostavio sam da nije kod kuće 3. zauzeti; *to* ~ *an attitude* zauzeti stav **assumed** *a* lažan, tuđ; *under an* ~ *name* pod tuđim imenom
assumption [ə'səmpšən] *n* 1. preuzimanje; *the* ~ *of power* preuzimanje vlasti 2. pretpostavka 3. (rel.) (Cath.) uzašašće (Blažene Djevice); (Orth.) Bogorodičino voznesenje
assurance [ə'šu:rəns] *n* 1. (often in *pl*) obećanje, uverenje (uvjerenje); *to give smb.* ~*s* dati nekome uverenje 2. uverenost (uvjerenost), pouzdanje; *with* ~ s pouzdanjem 3. (usu. Br.) osiguranje **assure** (ə'šu:r) *v tr* 1. uveriti (uvjeriti); *to* ~ *smb. of smt.* uveriti nekoga u nešto 2. obezbediti (obezbijediti), osigurati; *to* ~ *success* obezbediti uspeh (uspjeh) 3. (Br.) osigurati
asterisk ['aestərisk] *n* zvezdica (zvjezdica); *to mark with an* ~ obeležiti (obilježiti) zvezdicom
asthma ['aezmə] *n* astma **asthmatic** [aez'maetik] *a* astmatičan
astigmatic [aestig'maetik] *a* astigmatičan **astigmatism** [aes'tigmətizəm] *n* astigmatizam
astir [ə'stər] *pred a* na nogama; uzbuđen
astonish [ə'staniš] *v tr* zadiviti, začuditi, zaprepastiti; *to be* ~*ed at (by) smt.*

zadiviti se nečemu **astonishment** *n* zadivljenost, začuđenost, zaprepašćenje; *to everyone's* ~ na opšte (opće) zaprepašćenje
astound [ə'staund] *v tr* zapanjiti, zaprepastiti; *to be* ~*ed* zapanjiti se
astray [ə'strej] *adv* zalutao; *to go* ~ zalutati, poći pogrešnim putem
astrologer [ə'strolədžər] *n* astrolog **astrologic** [aestrə'ladžik] *a* astrološki **astrology** [ə'strolədžij] *n* astrologija
astronaut ['aestrənot] *n* astronaut **astronautic** [aestrə'notik] *a* astronautski **astronautics** *n* astronautika
astronomer [ə'stranəmər] *n* astronom **astronomic** [aestrə'namik], **astronomical** *a* 1. astronomski 2. (fig.) astronomski, nebrojiv **astronomy** [ə'stranəmij] *n* astronomija
astute [ə'stu:t] *a* mudar; lukav
asunder [ə'səndər] *adv* nadvoje; *to tear (rend)* ~ raskinuti, razdvojiti
asylum [ə'sajləm] *n* 1. utočište, azil; *to grant (seek)* ~ dati (tražiti) azil 2. (obsol.) dom; *an insane* ~ ludnica
asymmetric [aesi'metrik] *a* asimetričan **asymmetry** [ej'simətrij] *n* asimetrija
at [aet] *prep* 1. (place; as a synonym of **in**) u, na,; *he stayed* ~ *(in) a hotel* odseo (odsjeo) je u hotelu; *the plane landed* ~ *(in) Boston* avion je sleteo (sletio) u Bostonu (cf. *he lives in Boston* on stanuje u Bostonu); ~ *(in) the center* u sredini 2. (place; **in** is not a synonym) u, na; *he was* ~ *the concert (lecture, opera, theater)* on je bio na koncertu (na predavanju, u operi, u pozorištu — W: kazalištu) 3. (place) blizu, pred, na, u; *let's meet* ~ *the hotel* da se vidimo pred hotelom (blizu hotela, u hotelu) 4. (place) kod; ~ *home* kod kuće; ~ *the Johnson's* kod Džonsonovih 5. (place) pri; ~ *the entrance* pri ulazu; ~ *the bottom of a page* pri dnu stranice 6. (in various expressions of place) ~ *the battle of . . .* u bici kod . . .; ~ *(on) the corner* na ćošku; ~ *a distance* u (na) daljini; ~ *the door* na (pred) vratima; *to sit* ~ *the (steering) wheel* sedeti (sjedeti) za volanom; ~ *the table* za stolom; ~ *the top* na vrhu; *he lives* ~ *119 Main Street* stanuje u Glavnoj ulici, broj 119 7. (in time expressions) u, na, za, pri; ~ *all times (any time)* u svako doba; ~ *the beginning* u (na) početku; ~ *breakfast*

(lunch) za doručkom (ručkom); ~ *first* prvo; ~ *last* najzad; ~ *the latest* najdocnije; ~ *four o'clock* u četiri sata; ~ *the same moment* u istom trenutku 8. (with certain adjectives) *angry* ~ ljut na; *good* ~ *smt.* vičan nečemu 9. o; ~ *one's own expense* o svom trošku 10. po; ~ *a yearly rate* po godišnjoj stopi; ~ *such and such a price* po toj i toj ceni (cijeni) 11. misc.; ~ *all* sasvim; ~ *a low price* jeftino; ~ *any rate* u svakom slučaju; ~ *a speed of 60 miles an hour* brzinom od 60 milja na sat; ~ *least* bar; ~ *peace* u miru; ~ *your request* na vaše traženje; ~ *war* u ratu; *not* ~ *all* nimalo; ~ *bay* u škripcu; ~ *once* odmah; ~ *the very thought* pri samoj pomisli

atavism ['aetəvizəm] *n* atavizam **atavistic** [aetə'vistik] *a* atavistički

atheism ['ejthijizəm] *n* ateizam **atheist** *n* ateista **atheistic** [ejthij'istik] *a* ateistički

Athenian I [ə'thijnijən] *n* Atinjanin (W: Atenjanin) **Athenian** II *a* atinski (W: atenski) **Athens** ('aethəns) *n* Atina (W: Atena)

athlete ['aethlijt] *n* atletičar, sportista **atlete's foot** *n* (med.) gljivice (između prstiju na nogama)

athletic [aeth'letik] *a* sportski, atletičarski; ~ *equipment* sportska oprema **athletics** *n pl* (esp. Br.) sport, atletika (see also **sports**)

Atlantic I [aet'laentik] *n* Atlantik **Atlantic** II *a* atlantski **Atlantic Ocean** Atlantski okean (ocean)

atlas ['aetləs] *n* atlas

atmosphere ['aetməsfijr] *n* atmosfera; *the* ~ *is tense* atmosfera je naelektrisana **atmospheric** [aetmə'sfijrik] *a* atmosferski; ~ *conditions* atmosferske prilike

atoll ['aetol] *n* atol, koralsko ostrvce

atom ['aetəm] *n* atom **atomic** [ə'tamik] *a* atomski (see also **nuclear**) **atomic bomb** atomska bomba **atomic energy** atomska energija

atone [ə'toun] *v intr* iskupiti; *to* ~ *for one's sins* iskupiti krivicu **atonement** *n* ispaštanje, pokajanje, izmirenje

atrocious [ə'troušəs] *a* grozan, svirep, užasan; *an* ~ *sight* užasan prizor; ~*ly expensive* užasno skupo **atrocity** [ə'trasətij] *n* 1. grozota, svirepost 2. zverstvo (zvjerstvo); *death-camp* ~*ties* zverstva u logorima smrti

atrophy I ['aetrəfij] *n* atrofija **atrophy** II *v* 1. *tr* osušiti 2. *intr* atrofirati (se)

attach [ə'taeč] *v tr* 1. pričvrstiti, vezati; prilepiti (prilijepiti); *to* ~ *one thing to another* pričvrstiti jednu stvar za drugu 2. pridati; *to* ~ *importance to smt.* pridati važnost nečemu 3. priložiti; *to* ~ *documents* priložiti dokumente 4. (mil.) pridati, prikomandovati, privremeno uključiti; *to* ~ *to a company* pridati četi 5. *refl.* pridružiti se; *to* ~ *oneself to a group* pridružiti se grupi 6. (legal) obustaviti; uzaptiti; *to* ~ *a salary (for payment of debts)* obustaviti lični dohodak (radi naplate potraživanja)

attaché [aetə'šej] *n* ataše; *a cultural (military)* ~ kulturni (vojni) ataše

attaché case aktentašna

attached *a* 1. see **attach** 2. odan, privržen

attachment *n* 1. pričvršćenje 2. prilaganje; prilog 3. odanost, privrženost 4. (legal) obustava; uzapćenje

attack I [ə'taek] *n* napad, nastupanje, juriš; (mil. or fig.) *to begin (break off) an* ~ otpočeti (obustaviti) napad **attack** II *v tr and intr* napasti; *to* ~ *the enemy* napasti neprijatelja **attacker** *n* napadač

attain [ə'tejn] *v tr* postići; *to* ~ *a goal (success)* postići cilj (uspeh — uspjeh) **attainable** *a* postižljiv, dostižan

attempt I [ə'tempt] *n* 1. pokušaj 2. pokušaj ubistva (atentata); *to make an* ~ *on smb.'s life* pokušati atentat na nekoga **attempt** II *v tr* pokušati; *to* ~ *a difficult task* latiti se teškog zadatka

attend [ə'tend] *v* 1. *tr* posetiti (posjetiti); *to* ~ *classes* posećivati predavanja; *to* ~ *school* ići u školu, učiti školu 2. *tr* prisustvovati, biti prisutan; *to* ~ *a meeting* biti na zboru, prisustvovati sastanku 3. *tr* negovati (njegovati); posluživati; *to* ~ *the ill* negovati bolesnike 4. *intr* pobrinuti se, postarati se; *to* ~ *to smt.* pobrinuti se (postarati se) o nečemu 5. *intr* gledati; *to* ~ *to one's business* gledati svoja posla **attendance** *n* 1. prisutnost, prisustvo; *to take* ~ prozvati đake 2. broj gledalaca (prisutnih, slušalaca); poseta (posjet); *average* ~ prosečna (prosječna) poseta

attendant *n* 1. služitelj, sluga 2. čuvar

attention [ə'tenšən] *n* 1. pažnja; *to call smb.'s* ~ *to smt.* obratiti (skrenuti) nečiju pažnju na nešto; *to pay* ~ *to smt.*

obratiti pažnju na nešto 2. (mil.) stav
»mirno«; ~! mirno! *to come to* ~
zauzeti stav »mirno« **attentive** [ə'tentiv]
a pažljiv
attest [ə'test] *v intr* svedočiti (svjedočiti);
to ~ *to smt.* svedočiti o nečemu
attic ['aetik] *n* potkrovlje, potkrovnica,
tavan
attire [ə'tajr] *n* odeća (odjeća)
attitude ['aetətu:d] *n* stav, držanje; *an
unfriendly* ~ neprijateljski stav
attorney [ə'tərnij] *n* pravozastupnik, advo-
kat (W also: odvjetnik) **attorney general**
(attorneys general) vrhovni tužilac
attract [ə'traekt] *v tr* privući; *to* ~ *atten-
tion* privući pažnju **attraction** [ə'traek-
šən] *n* 1. privlačenje 2. atrakcija; *a
tourist* ~ turistička atrakcija **attractive**
[~ktiv] *a* privlačan, atraktivan
attribute I ['aetrəbju:t] *n* 1. osobina, atri-
but 2. (gram.) pridev (pridjev) **attribute**
II [ə'tribju:t] *v tr* pripisati; *to* ~ *smt. to
smb.* pripisati nešto nekome
attributive I [ə'tribjətiv] *n* atribut, pridev
(pridjev) **attributive** II *a* atributivni,
atributski, atributni; *an* ~ *adjective*
atributski pridev (pridjev)
attrition [ə'trišən] *n* 1. trenje 2. gubici;
osipanje (osoblja); odabiranje (iz škole)
3. iscrpljivanje, iznuravanje; *a war of* ~
rat iscrpljivanja (iznuravanja)
attune [ə'tu:n] *v tr* 1. dovesti u sklad,
uskladiti 2. navići
atypical [ej'tipəkəl] *a* netipičan
aubergine ['ouberžijn] *n* (Br.) plavi patli-
džan (see also **eggplant)**
auburn I ['obərn] *n* kestenjava boja **au-
burn** II *a* kestenjave boje
auction ['okšən] *n* licitacija, javna proda-
ja, nadmetanje, aukcija; *a public* ~
javna licitacija; *to sell at* ~ prodati na
licitaciji **auctioneer** [~'ijr] *n* izvršilac
javnih licitacija, voditelj aukcije **auction
off** *v* prodati javnom licitacijom, prodati
putem javnog nadmetanja
audacious [o'dejšəs] *a* 1. odvažan 2. drzak,
bezočan **audacity** [o'daesətij] *n* 1.
odvažnost 2. drskost, bezočnost
audible ['odəbəl] *a* čujan; zvučni
audience ['odijəns] *n* 1. publika, gledaoci,
slušaoci; *a large* ~ velika publika 2.
audiencija, prijem 3. saslušanje; prilika
da se izrazi
audio I ['odijou] *n* 1. vernost (vjernost)
zvučne reprodukcije (televizora) 2.

zvučni prenos **audio** II *a* 1. zvučni, čujni
2. visokokvalitetni
audio-visual *a* audio-vizuelni, zvučno-
vizuelni; ~ *aids* audio-vizuelna
sredstva
audit I ['odit] *n* (finansijska) revizija,
provera (provjera), kontrola, pregled; *to
make an* ~ sprovesti reviziju **audit** II *v
tr* 1. proveriti (provjeriti), pregledati,
revidirati; *to* ~ *accounts (records)* spro-
vesti reviziju računa (dokumenata) 2.
pohađati; *to* ~ *a course* pohađati kurs
(bez polaganja ispita)
audition I [o'dišən] *n* 1. slušanje 2. audici-
ja, proba, probno slušanje; *to go for an*
~ ići na audiciju **audition** II *v* 1. *tr*
primiti na slušanje; *to* ~ *smb.* primiti
nekoga na probno slušanje 2. *intr* uče-
stvovati u probi
auditor ['oditər] *n* 1. slušalac 2. revizor,
kontrolor 3. student koji ne polaže ispi-
t(e) na kraju semestra
auditorium [odə'torijəm] *(-s* or *-ria* [rijə])
n dvorana, slušaonica, sala
auditory ['odətorij] *a* slušni; *the* ~ *nerve*
slušni živac
auger ['ogər] *n* drvodeljsko (drvodeljsko)
svrdlo
augment [og'ment] *v tr* povećati
augur I ['ogər] *n* augur; prorok **augur** II *v*
1. *tr.* proreći, predskazati 2. *intr* biti
predznak; *it* ~ *s ill (well) to* predskazu-
je zlo (dobro)
august [o'gəst] *a* veličanstven, dostojan-
stven; *an* ~ *body* veličanstven skup
August ['ogəst] *n* avgust (W. kolovoz)
aunt [aent] *n* tetka; strina; ujna
auntie, aunty ['aentij] *n* dem. of **aunt**
aural ['orəl] *a* slušni
auscultate ['oskəltejt] *v tr and intr* oslu-
škivati **auscultation** [oskəl'tejšən] *n*
osluškivanje, auskultacija
auspice ['ospis] *(-ces* [sijz]) *n* 1. predskazi-
vanje po letu ptica 2. (in *pl*) pokrovitelj-
stvo; auspicije; *under smb.'s* ~*s* pod
nečijim pokroviteljstvom
auspicious [o'spišəs] *a* povoljan, srećan; *an*
~ *beginning* povoljan početak
austere [o'stijr] *a* 1. strog, surov 2. asket-
ski; *an* ~ *life* asketski život **austerity**
[o'sterətij] *n* 1. strogost, surovost 2.
štedljivost, uzdržljivost; škrtost
Australia [o'strejljə] *n* Australija **Austra-
lian** I Australijanac **Australian** II *a*
australijski, australski, australijanski

Austria ['ostrijə] n Austrija
Austria-Hungary n Austro-Ugarska
Austrian I n Austrijanac Austrian II a
austrijski
authentic [o'thentik] a autentičan; ~ documents autentični dokumenti authenticate [~ejt] v tr potvrditi; to ~ a portrait dokazati da je portret autentičan authenticity [othen'tisətij] n autentičnost
author I ['othər] n 1. autor, pisac (W also: spisatelj) 2. (fig.) tvorac, osnivač author II v tr (colloq.) napisati; to ~ a book napisati knjigu authoress fem. of author I
authoritarian I [əthorə'taerijən] n pristalica (W: pristaša) poslušnosti bez pogovora, diktatorski
authoritative [ə'thorətejtiv] a autoritativan, autoritetan
authority [ə'thoretij] n 1. autoritet, izvor; on good ~ iz pouzdanog izvora 2. stručnjak, autoritet; to be an ~ on smt. biti stručnjak za nešto 3. uprava; the transit ~ uprava za javni saobraćaj 4. punomoćje, ovlašćenje, nalog; by his ~ po njegovom ovlašćenju (nalogu) 5. vlast; pravo; absolute ~ apsolutna vlast; to delegate ~ preneti (prenijeti) prava na 6. (in pl) vlasti; administrative (military) ~ ties upravne (vojne) vlasti
authorization [othərə'zejšən] n 1. ovlašćenje, opunomoćenje 2. dozvola, odobrenje; landing ~ dozvola za sletanje (slijetanje) authorize ['othərajz] v tr 1. ovlastiti, autorizovati, opunomoćiti; an ~d translation autorizovan prevod 2. odobriti, dozvoliti; to ~ a loan odobriti kredit
authorship n autorstvo
autistic [o'tistik] a autistički
auto ['otou] (-s) n auto
autobiographer [otoubaj'agrərər] n autobiograf autobiographic [otoubajə'greafik] a autobiografski autobiography [otoubaj'agrəfij] n autobiografija
autocracy [o'takrəsij] n autokratija (autokracija) autocrat ['otəkraet] n autokrata autocratic [otə'kraetik] a autokratski
autogiro [otou'džajrou] (-s) n autožir
autograph I ['otəgraef] n autograf autograph II v tr potpisati
automat ['otəmaet] n 1. (restoran) samoposluga 2. automat
automate ['otoumejt] v tr automatizovati

automatic I [otou'maetik] n 1. automatsko oružje 2. automat automatic II a automatski; ~ arms automatsko oružje automatic pilot autopilot
automation [otou'mejšən] n automatizacija
automobile I ['otəmou'bijl] n automobil (Br. is usu. motorcar) automobile II a automobilski; ~ traffic automobilski saobraćaj automobile club auto-moto savez
autonomous [o'tanəməs] a autonomski, autonoman; an ~ republic autonomna republika autonomy [o'tanəmij] n autonomija
autopsy ['otapsij] n obdukcija, autopsija; to perform an ~ izvršiti obdukciju
auto registration registracija motornog vozila
autumn I ['otəm] n (esp. Br.) jesen; in the ~ u jesen (see also fall I) autumn II a jesenje, jesenski (also fall II)
auxiliary I [og'ziljərij] n 1. pomoćnik 2. pomoćna sekcija; a women's ~ ženska sekcija 3. (naval) pomoćni brod 4. (gram.) pomoćni glagol auxiliary II a pomoćni; an ~ tank pomoćni rezervoar auxiliary verb pomoćni glagol
avail I [ə'vejl] n korist, pomoć; of little ~ od male koristi avail II v refl. iskoristiti; to ~ oneself of an opportunity iskoristiti priliku
availability [əvajlə'bilətij] n raspoloživost, postojanje available [ə'vejləbəl] a raspoloživ, koristljiv; na raspolaganju; all ~ fuel sve raspoloživo gorivo
avalanche ['aevəlaenč] n 1. lavina 2. (fig.) bujica, lavina
avant-garde I [avan(t)-'gard] n (fig.) avangarda avant-garde II a avangardan; ~ music avangardna muzika
avarice ['aevəris] n gramžljivost, pohlepa avaricious [aevə'rišəs] a gramžljiv, pohlepan
avenge [ə'vendž] v tr osvetiti; to ~ smb. osvetiti nekoga; to ~ a murder osvetiti se za ubistvo avenger n osvetnik
avenue ['aevənju:] n 1. ulica 2. široka ulica, avenija 3. (fig.) put, prilaz; 4. (Br.) aleja oivičena drvećem
aver [ə'vər] v tr tvrditi, izjaviti
average I ['aevridž] n prosek (prosjek); (aritmetička) sredina; on the ~ u proseku average II a 1. prosečan (prosječan); an ~ income prosečan dohodak average

III v tr 1. izračunati prosečan (prosje-
čan) broj (nečega) 2. iznositi prosečno
(prosječno); they ~ eight hours of work
a day oni rade prosečno osam sati
dnevno
averse [ə'vərs] pred a protivan; ~ to smt.
protivan nečemu **aversion** [ə'vəržən] n
odvratnost; averzija; an ~ to smt.
odvratnost prema nečemu
avert [ə'vərt] v tr 1. odvratiti, okrenuti; to
~ one's eyes okrenuti oči 2. sprečiti
(spriječiti); to ~ danger sprečiti
opasnost
aviation I [aevij'ejšən] n avijacija, vazdu-
hoplovstvo (W: zrakoplovstvo) **aviation**
II a avijacijski, vazduhoplovni (W: zra-
koplovni); avionski; ~ fuel avionsko
gorivo **aviator** ['aevijajtər] n avijatičar,
pilot
avid ['aevid] a 1. žudan, željan 2. strastan;
an ~ fan strastan navijač **avidity** [ə'vi-
dətij] n žudnja
avocation [aevou'kejšən] n sporedno zani-
manje, hobi
avoid [ə'vojd] v tr izbeći (izbjeći) **avoida-
ble** a izbežljiv (izbježljiv)
avow [ə'vau] v tr priznati; to ~ guilt
priznati krivicu **avowal** n priznanje
await [əwejt] v tr čekati, očekivati
awake I [ə'wejk] a probuđen, budan; he
lay ~ all night on je probdeo (probdio)
celu (cijelu) noć **awake** II awoke(ə'wouk);
-d on awoken (ə'woukən) v 1 tr. pro-
buditi 2. intr probuditi se; ha awoke
at 7 o'clock probudio se u 7 sati (see
also **awaken, wake** II, **waken**)
awaken v 1. tr probuditi; he was ~ed by
the noise buka ga je probudila
2. intr probuditi se (see also **awake** II,
wake II, **waken**) **awakening** n buđenje
award I [ə'word] n nagrada; to write up
smb. for an ~ predložiti nekoga za
nagradu **award** II v tr dodeliti (dodijeli-
ti), dosuditi; to ~ smb. a fellowship (a
prize) dodeliti nekome stipendiju (na-
gradu)
aware [ə'wejr] a svestan (svjestan); to be
~ of danger biti svestan opasnosti **awa-
reness** n svesnost (svjesnost)
away [ə'wej] 1. pred a na putu, van kuće;
he's ~ on nije tu; ~ from home van
kuće; (sports) they're playing ~ from
home igraju kao gosti 2. adv daleko;
udaljeno; far ~ daleko; it's three miles
~ to je tri milje udaljeno (daleko) 3. adv

with certain verbs; see do away, drive
away, get away, etc.
awe I [o[n strahopoštovanje; to stand in
~ of smb. osećati (osjećati) strahopošto-
vanje prema nekome **awe** II v tr uliti
(nekome) strahopoštovanje **awesome**
['osəm] a koji uliva strahopoštovanje
awful ['ofəl] a 1. strašan, užasan, grozan;
an ~ accident (tragedy) užasna nesreća
(tragedija); an ~ film strašan film 2.
(colloq.) veliki; an ~ fool velika budala
3. (colloq.) an ~ lot mnogo; an ~ lot of
money grdne pare 4; (as adv) misc.; he's
~ ly fond of misic osobito mnogo voli
muziku; I'm ~ly sorry neobično mi je
žao
awhile [ə'wajl] adv kratko vreme (vrije-
me); wait ~ pričekaj malo
awkward ['okwərd] a 1. nezgrapan, tra-
pav, nespretan; an ~ person nespretan
čovek (čovjek) 2. nezgodan, nelagodan;
neprijatan; an ~ situation nezgodna
situacija **awkwardness** n 1. nezgrapnost
2. nezgodnost
awl [ol] n šilo
awning ['oning] n nadstrešnica (od cerade)
A. W. O. L. ['ejwol] (mil.) (colloq.) (abbrev.
of absent without leave) odsutan bez
odobrenja
awry [ə'raj] adv krivo; (fig.) naopako; to
go ~ ispasti naopačke
ax, axe [aeks] n sekira (sjekira); *to have
an ~ to grind gledati svoje lične
interese
axes 1. see ax 1. see axis
axiom ['aeksijəm] n aksiom, aksioma **axio-
matic** [aeksija'maetik] a aksiomatičan,
aksiomski
axis ['aeksis] (axes ['aeksijz]) n 1. osovina
2. (cap., hist.) the Axis Osovina (Berlin-
-Rim) 3. (math.) os; ~ of abscissas
apscisna os
axle ['aeksəl] n (tech.) osovina
ay I aye [aj] n potvrdan odgovor; the ayes
and nays glasovi za i protiv **ay** II **aye**
adv da, jeste (see **yes**)
azalea [ə'zejljə] n (bot.) azaleja
Azerbaijan I [azərbaj'džan] n Azerbejdžan
Azerbaijan II a azerbejdžanski
azimuth ['aezəməth] n azimut
Azores ['ejzorz] n pl Azorska ostrva (W:
Azorski otoci)
azure I ['aežər] n azurna boja **azure** II a
azuran

B

b [bij] *n* 1. b (slovo engleske azbuke); (mus.) *B major (minor)* H dur (mol) 2. (school grade) »vrlo dobro«

B. A. [bij'ej] *abbrev.* of **Bachelor of Arts**

baa I [ba] *n* blejanje, bleka **baa** II (onoma.) bè **baa** III *v intr* blejati

babble I ['baebəl] *n* 1. brbljanje 2. romon, romor, mrmor **babble** II *v* 1. *tr.* izbrbljati; *to* ~ *smt.* izbrbljati nešto 2. *intr* brbljati, romoriti 3. *intr* žuboriti, žamoriti, mrmoriti; *a* ~*ing brook* potok koji žubori

babe [bejb] *n* (colloq.) (1. naivko; **a* ~ *in the woods* pravo dete (dijete) 2. devojka (djevojka)

babel ['baebəl] *n* 1. galama, vreva 2. (cap.) vavilonska kula (W: babilonski toranj)

beboon [bae'bu:n] *n* 1. pavijan 2. (fig.) grub čovek (čovjek)

baby I ['bejbij] *n* 1. novorođenče, odojče (W: dojenče), beba; **to throw the* ~ *out with the bath water* ukidanjem sporednog lišiti se i glavnog 2. (fig.) beba, nezreo čovek (čovjek) 3. (colloq.) devojka (djevojka) 4. (colloq.) najmlađi član (grupe) 5. (colloq.) zamisao; *the project was his* ~ on je izmislio projekat **baby** II *a* detinjast (djetinjast) **baby** III *v tr* razmazati **baby carriage** kolica (za bebu) **baby-sit** *v intr* čuvati decu (djecu) **baby sitter** lice koje čuva decu **baby talk** tepanje

baccalaureate [baekə'lorijit] *n* 1. bakalaureat 2. beseda (besjeda) održana diplomiranim studentima

bachelor ['baečələr] *n* 1. momak, neženja; *a confirmed* ~ okoreo (okorio) neženja 2. akademski stepen »bakalaureat« 3. diplomirani student (drugog stepena)

Bachelor of Arts 1. diplomirani student filozofskog fakulteta 2. see **bachelor** 2

Bachelor of Sciences 1. diplomirani student prirodnih nauka 2. see **bachelor** 2

bacillus [bə'siləs] *(bacilli* [bə'silaj]) *n* bacil

back I [baek] *n* 1. leđa; *to lie on one's* ~ ležati na leđima 2. naslon (divana, stolice) 3. poleđina, pozadina; *the* ~ *of a book (check)* poleđina knjige (čeka) 4. zadnji deo (dio), pozadina; *what's in* ~ *of the whole affair?* šta (što) je u pozadini cele (cijele) te intrige? 5. (sports) bek, branič **back** II *a* 1. zadnji; *a* ~ *door* zadnja vrata 2. raniji; *a* ~ *issue of a journal* raniji broj časopisa 3. zaostao; ~ *taxes* zaostali porez **back** III *adv* natrag; pozadi; unazad; pre (prije) *some time* ~ pre izvesnog (izvjesnog) vremena; *that was (way)* ~ *before the war* bilo je to još pre rata; *he's* ~ vratio se **back** IV *v* 1. *tr.* podržati; *to* ~ *a project* podržati projekat 2. misc.; *to* ~ *down* popustiti; *to* ~ *into* ući natraške

backache [~ejk] *n* bol u leđima

backboard [~bord] *n* (basketball) tabla

backbone [~boun] *n* 1. kičma 2. (fig.) oslonac, kičma 3. (fig.) kičma, jak karakter; *to have* ~ imati čvrstu kičmu

backbreaking [~brejking] *a* zamoran; ~ *work* zamoran rad

backer *n* podržavalac; zaštitnik

backfire I [~fajr] *n* povratno paljenje, paljenje u izduvnoj cevi (cijevi); povratni plamen **backfire** II *v intr* 1. svršiti se rđavo; *that will* ~ to će se rđavo svršiti 2. povratiti; *the engine* ~*d* motor je povratio

background I [~graund] *n* 1. pozadina, zaleđe; *against (on) a light* ~ na svetloj (svijetloj)

(svijetloj) pozadini 2. biografija, poreklo (porijeklo); we checked his ~ proverili (provjerili) smo njegove biografske podatke **background** II a pozadinski; a ~ investigation provera (provjera) biografskih podataka
backhand [~haend] n (tennis) bekhend
backing n potpora, oslonac, podrška
backlash [~laeš] n 1. (tech.) zazor, mrtvi hod 2. (tech.) naglo vraćanje 3. jaka reakcija
backlog [~lag] n zaostatak (nesvršenog posla)
back of see **behind** II
backpack [~paek] n ranac, ruksak
back seat zadnje sedište (sjedište); *to take a ~ svirati drugu violinu **back-seat driver** 1. osoba koja dosađuje vozaču savetima (savjetima) 2. (fig.) onaj koji dosađuje savetima
backspace [~spejs] v intr (on a typewriter) povratiti valjak **backspacer** n (on a typewriter) povratnik
backstairs [~stejrz] n pl zadnje stepenice
backstroke [~strouk] n leđni stil (plivanja); 200-meter ~ 200 metara leđno
back talk drsko odgovaranje
back-to-back a uzastopan
backtrack [~traek] v tr (colloq.) 1. vratiti se istim putem 2. odustati; to ~ from smt. odustati od nečega
back up v 1. tr potpomoći, podržati, bodriti 2. intr voziti unazad; while backing up pri vožnji unazad
back-up I n 1. rezerva 2. podrška **back-up** II a 1. rezervni; a ~ pilot pilot-dubler 2. zadnji; a ~ light zadnji reflektor
backward [~wərd] 1. a obrnut unazad; a ~ glance pogled preko ramena 2. a zaostao, nazadan; pasivni; a ~ people nazadan narod; a ~ area pasivni kraj 3. adv natrag, natraške, unazad; to walk ~ ići natraške
backwards adv see **backward** 3
backwoods [~wudz] n pl šumski predeo (predio) (udaljen od civilizacije) **backwoodsman** [~'wudzmən] (-men [min]) n stanovnik šumskog predela (predjela) (udaljenog od civilizacije)
backyard [~jard] n dvorište
bacon ['bejkən] n slanina, bekon
bacteria [baek'tijrijə] n pl (sgn: -ium [ijəm]) bakterije **bacterial** a bakterijski
bacteriologist [baektijrij'alədžist] n bakteriolog **bacteriology** n bakteriologija

bad I [baed] n zlo; the good and the ~ dobro i zlo; *to go from ~ to worse ići sa crniša na goriš **bad** II a 1. loš, rđav (these are usu. interchangeable); ~ food rđava hrana; (in school) a ~ grade loša ocena (ocijena) 2. bolestan; a ~ leg bolesna noga 3. štetan; ~ for the eyes štetan za oči 4. neprijatan; a ~ smell smrad 5. pokvaren, truo; a ~ egg mućak; the meat is ~ meso je ukvareno 6. poročan, nemoralan 7. zao; ~ blood zla krv; ~ luck zla sreća 8. misc.; he has ~ breath smrdi mu iz usta; a ~ check ček bez pokrića; a ~ debt nenaplativ dug; (fig.) to go ~ moralno propasti; ~ pain jak bol; (Br., colloq.) a ~ show loše izvršen zadatak; a ~ temper plahovita (gadna) narav; a ~ word psovka; that's too ~ šteta je **worse** [wərs] (comp); **worst** [wərst] (super)
badge [baedž] n značka, oznaka, znak
badger I ['baedžər] n (zool.) jazavac
badger II v tr ugnjaviti, navaliti
badly ['baedlij] adv 1. see **bad** II 2. (colloq.) veoma, vrlo; ~ needed veoma potreban
badminton [~mintən] n bedminton
baffle ['baefəl] v tr zbuniti; to be ~ed zbuniti se
bag I [baeg] n 1. kesa, vreća, torba; a mail (shopping) ~ torba za poštu (za pijacu); a sleeping ~ vreća za spavanje 2. tašna 3. kofer; he checked his ~ predao je svoj kofer 4. lovina, odstrel, ulov; a good ~ dobar ulov 5. (colloq.) družina, grupa 6. (colloq.) struka, specijalizacija 7. fišek; a ~ of peanuts fišek kikirikija 8. misc.; *to be left holding the ~ izvisiti; *in the ~ osiguran; *to let the cat out of the ~ nenamerno (nenamjerno) odati tajnu **bag** II v tr 1. staviti u torbu 2. uloviti; to ~ a rabbit uloviti zeca
bagel ['bejgəl] n vrsta peciva (nalik na đevrek)
bagful ['baegful] n puna torba (kesa); a ~ of groceries torba puna namirnica
baggage ['baegidž] n prtljag (W: prtljaga); to check one's ~ predati prtljag **baggage room** garderoba
baggy a kesast, vrećast; ~ trousers vrećaste pantalone (W: hlače)
bagpipe ['baegpajp] n gajde **bagpiper** n gajdaš

Bahama Islands [bə'hamə] Bahamska ostrva (W: Bahamski otoci)
bail I [bejl] *n* kaucija, jemstvo (W: jamstvo); *to release (from prison) on* ~ pustiti (iz zatvora) uz kauciju
bail II *n* vedrica, vedro za crpenje, ispolac
bail III *v tr* iscrpsti (ispolcem), izbaciti; *to* ~ *water out of a boat* izbacivati vodu iz čamca
bailiff ['bejlif] *n* 1. sudski izvršitelj, sudski činovnik 2. (Br.) upravnik imanja
bailiwick ['bejliwik] *n* (colloq.) oblast, struka; *in his own* ~ u svojoj oblasti
bail out *v* 1. pustiti uz kauciju 2. pomoći; *to bail smb. out (of a tight spot)* pomoći nekome da se izvuče (iz škripca) 3. (colloq.) iskočiti; *to bail out (of an airplane)* iskočiti (iz aviona) s padobranom
bait I [bejt] *n* 1. mamac, vab (also fig.); **to take the* ~ nasesti na lepak (ljepak) 2. (Br.) užina na putovanju **bait** II *v tr* 1. primamiti, dovabiti 2. dražiti, peckati, zadirkivati 3. misc.; *to* ~ *a hook* staviti mamac na udicu
bake [bejk] *v* 1. *tr* ispeći; *to* ~ *bread* ispeći hleb—hljeb (W: kruh) 2. *intr* peći se; *bread* ~*s in an oven* hleb se peče u peći 3. *intr* peći; *she* ~*s well* ona zna dobro da peče **baker** *n* pekar **bakery** *n* pekara
balance I ['baeləns] *n* 1. kantar, vaga, terazije 2. ravnoteža, odnos snaga, bilans (bilanca); *to keep (lose) one's* ~ održati (izgubiti) ravnotežu 3. saldo 4. ostatak **balance** II *v* 1. *tr* uravnotežiti; držati u ravnoteži; balansirati; *to* ~ *a scale* uravnotežiti vagu 2. *tr* saldirati; *to* ~ *an account* saldirati račun, izvesti saldo 3. *intr* biti u ravnoteži, balansirati
balcony ['baelkənij] *n* 1. balkon; *on (in) the* ~ na balkonu 2. terasa
bald [bold] *a* 1. ćelav; *to become* ~ oćelaviti 2. goletan; jednostavan **baldness** *n* ćelavost
bale I [bejl] *n* bala, denjak; *a* ~ *of cotton* bala pamuka **bale** II *v tr* pakovati u bale
balk I [bok] *n* 1. sprečavanje 2. (sports, esp. baseball) nedozvoljen pokret **balk** II *v* 1. *tr* sprečiti (spriječiti); *to* ~ *smb.'s plans* sprečiti nekoga u planovima 2. *intr* odustati, povući se
Balkan ['bolkən] *a* balkanski **Balkanize** *v tr* balkanizovati **Balkan States, Balkans** *n pl* Balkan; *in the Balkans* na Balkanu

balky ['bokij] *a* jogunast; *a* ~ *horse* jogunast konj
ball I [bol] *n* 1. lopta; *to play* ~ igrati se lopte (loptom); *a tennis* ~ teniska lopta 2. zrno 3. (vul., in *pl*) testisi 4. misc.; (colloq.) **to be on the* ~ biti spretan; **to play* ~ pristati, sarađivati
ball II *n* klupko; *to curl up in a* ~ smotati se u klupko
ball III bal; *at a* ~ na balu
ballad ['baeləd] *n* balada, lirska-epska pesma (pjesma), narodna pesma
ballast ['baeləst] *n* balast
ball bearing kuglični ležaj, kuglično (loptično) ležište
ball boy (tennis) skupljač lopti
ballerina [baelə'rijnə] *n* balerina
ballet I ['bae'lej] *n* balet; *to dance* ~ igrati balet **ballet** II *a* baletski, baletni; *a* ~ *school* baletska škola
ball game 1. igra loptom 2. (colloq.) takmičenje; **it's a new* ~ to je nova stvar, novo takmičenje
ballistic [bə'listik] *a* balistički **ballistic missile** balistička raketa, balistički projektil **ballistics** *n* balistika
balloon I [bə'lu:n] *n* balon, aerostat; *an observation* ~ balon za osmatranje; *a trial* ~ probni balon **balloon** II *v intr* nadimati se **balloonist** *n* balonista
ballot I['baelət] *n* glasačka kuglica, glasački listić; *to elect by* ~ birati glasanjem **ballot** II *v intr* glasati **ballot box** glasačka kutija
ball-point pen hemijska (kemijska) olovka, mastiljava olovka
ballroom [~rum] *n* dvorana za balove
ball up *v* (colloq.) 1. pokvariti 2. zbuniti; *he got all balled up* sav se zbunio
ballyhoo I *n* ['baelijhu:] (colloq.) preterano (pretjerano) reklamiranje, bučna reklama **ballyhoo** II *v tr* (colloq.) preterano (pretjerano) reklamirati
balm [bam] *n* melem **balmy** *a* 1. melemski 2. (colloq.) budalast
baloney [bə'lounij] *n* 1. bolonska kobasica, mortadela 2. (colloq.) koještarija
balsam ['bolsəm] *n* balsam
Balt [bolt] *n* Balt **Baltic** I *n* baltički jezici **Baltic** II *a* baltički, baltski
bamboo I [baem'bu:] *n* bambus **bamboo** II *a* bambusov
bamboozle [baem'bu:zəl] *v tr* (colloq.) prevariti

ban I [baen] *n* zabrana; *to place a ~ on smt.* staviti zabranu na nešto **ban** II *v tr* zabraniti

banal ['bejnəl] *a* banalan **banality** [bə'naelətij] *n* banalnost

banana I [bə'naenə] *n* banana **banana** II *a* bananov; *a ~ tree* bananovo drvo **banana split** sladoled serviran sa bananom i drugim voćem

band I [baend] *n* 1. vrpca, uzica 2. traka, pantljika 3. opseg; *a fraquency ~* opseg frekvencije 4. obruč, kaiš, pojas; *a steel ~* čelični kaiš 5. družina, banda; *a ~ of thieves* razbojnička banda, lopovska družina

band II *n* orkestar; *a brass ~* duvački orkestar

band III *v* 1. tr povezati, udružiti 2. tr prstenovati; *to ~ a bird* prstenovati pticu 3. *tr* staviti obruč (na) 4. *intr (to ~ together)* udružiti se

bandage I ['baendidž] *n* zavoj; *a ~ of the elbow (foot)* zavoj lakta (stopala) **bandage** II *v tr* zaviti, previti, bandažirati; *to ~ a wound* zaviti (previti) ranu

Band-Aid *n* flaster

bandana, bandanna [baen'daenə] *n* (šarena) maramica

bandit ['baendit] *n* bandit **banditry** [~rij] *n* banditizam

band leader, bandmaster [~maestər] *n* vojni kapelnik

bandstand [~staend] *n* estrada za orkestar

bandwagon [~waegən] *n* (during a parade) otvorena kola za orkestar; **to climb (get) aboard the ~* pridružiti se većini

bandy *v tr* 1. izmenjati (izmijenjati); *to ~ compliments* izmenjati komplimente; *without ~ing any words* bez dugog razgovora 2. raznositi; *to ~ stories* raznositi priče; *her name is ~died about* priča se mnogo o njoj 3. služiti se (površno), baratati; *to ~ statistics* služiti se statistikom

bane [bejn] *n* propast; uzrok uništenja

bang I [baeng] *n* 1. tresak (eksplozije) 2. lupnjava, lupa; *the door slammed with a ~* vrata su se zalupila **bang** II *v* 1. tr and *intr* lupiti; *to ~ on the door* lupati na vrata 2. *tr* udariti; *to ~ a table with one's fist* udariti pesnicom u sto (stol) 3. *intr* zalupiti se **bang** III *interj* bum

bang IV *n* (usu. in *pl*) šiška; *she wears ~s* ona nosi šiške

banish ['baeniš] *v tr* prognati, proterati (protjerati); *to ~ from a country* proterati iz zemlje

banister ['baenistər] *n* ograda (na stepeništu), priručje

banjo ['baendžou] (*-s* or *-es*) *n* bendžo, bandžo

bank I [baengk] *n* 1. nasip, naslaga; *a snow ~* nanos snega (snijega) 2. obala; *on the ~* na obali 3. (aviation) viraž, nagib, naginjanje **bank** II *v tr* 1. nasuti, nagomilati; *to ~ earth* nagomilati zemlju 2. zapretati; *to ~ a fire* zapretati vatru 3. nagnuti; uzdići; *the curves are ~ed* zavoji su uzdignuti

bank III *n* banka; *a commercial (land) ~* trgovinska (poljoprivredna) banka; *a savings ~* štedionica **bank** V *v* 1. *tr* uložiti; *to ~ one's earnings* uložiti svoju zaradu na štednju 2. *intr* poslovati sa bankom 3. *intr* (colloq.) (*to ~ on*) računati na **bankbook** [~buk] *n* štedna knjižica **banker** *n* bankar **banking** *n* bankarstvo

bankroll [~roul] *n* (colloq.) gomila novca **bankrupt** I [~rəpt] *n* bankrot, bankrotirani trgovac **bankrupt** II *a* bankrotiran; *to go ~* bankrotirati, pasti pod stečaj **bankrupt** III *v tr* učiniti bankrotom, novčano upropastiti **bankruptcy** [~sij] *n* bankrotstvo, padanje pod stečaj

banner I ['baenər] *n* zastava, barjak **banner** II *a* 1. odličan 2. krupan; *in ~ headlines* pod krupnim naslovima, sa velikim naslovima

banquet ['baengkwit] *n* banket; *at a ~* na banketu

banter I ['baentər] *n* šegačenje **banter** II *v intr* šegačiti se

Bantu ['baen'tu:] (*pl* has zero or *-s*) *n* 1. Bantuanac 2. bantu jezici

baptism ['baeptizəm] *n* krštenje **baptismal** [baep'tizməl] *a* kršten **baptism of fire** vatreno krštenje

Baptist I ['baeptist] *n* baptist **Baptist** II *a* baptistički

baptize ['baep'tajz] *v tr* krstiti; *to ~ a child* krstiti dete (dijete)

bar I [bar] *n* 1. šipka; prečaga 2. prepreka; brana; barijera 3. tabla; komad; *a ~ of chocolate* tabla čokolada; *a ~ of soap* komad sapuna 4. pregrada u sudu iza koje su sudije (W: suci) i okrivljeni 5. (legal) *the ~* advokatska komora; (Br.) *to be called to the ~* biti priznat za

advokata 6. (mus.) taktna crtica 7. (Am.,
mil.) znak razlikovanja; to get one's ~s
dobiti čin potporučnika 8. (in pl) rešet-
ke; prison ~s zatvorske rešetke; behind
~s iza rešetki bar II a komorski; a ~
examination komorski ispit bar III v tr
zatvoriti prečagom; to ~ a door zatvori-
ti vrata rezom
bar IV n 1. kafana (kavana); bar; he
stopped at a ~ svratio je u neku kafanu
2. šank; to drink at the ~ piti uz šank
bar V prep (often Br.) see barring; ~ none
bez izuzetka
barb [barb] n 1. bodlja 2. kukica (na udici)
3. (fig.) žaoka; the ~s of criticism žaoke
kritike
barbarian [bar'bejrijən] n varvarin (bar-
barin) barbaric [bar'baerik] a varvarski
(barbarski) barbarism ['barbərizəm] n
(also ling.) varvarizam (barbarizam)
barbarity [bar'baerətij] n 1. varvarstvo
(barbarstvo) 2. okrutnost, svirepost bar-
barous ['barbərəs] a 1. varvarski (bar-
barski) 2. svirep, okrutan
barbecue I ['barbijku:] n 1. roštilj, ražanj,
žar 2. meso pečeno na roštilju barbecue
II v tr peći na roštilju (na ražnju); ~d
chicken pile na roštilju
barbed [barbd] a bodljikav barbed wire
bodljikava žica
barbell ['barbel] n osovina (za dizanje
tegova — W: utega)
barber ['barbər] n berberin (W: brijač),
(muški) frizer; at the ~'s kod frizera
barbershop ['barbəršap] n frizerska rad-
nja, berbernica
bare I [bejr] a 1. nag, go (gol); a ~ floor go
pod; ~ walls goli zidovi 2. prazan; the
pantry was quite ~ ostava je bila
sasvim prazna 3. jedva dovoljan; a ~
majority jedva dovoljna većina bare II v
tr razgoliti; otkriti; to ~ one's head
skinuti kapu
bareback [~baek] barebacked a bez sedla
barefoot (~fut] a bos, bosonog; to go ~ ići
bos
bareheaded [~hedid] a gologlav
barely adv jedva; I ~ got out alive jedva
sam se spasao
bargain I ['bargin] n 1. pogodba; to strike
a ~ zaključiti pogodbu; it's a ~; pogo-
dili smo se; važi: *to make the best of a
bad ~ zadovoljiti se onim što se dobije
2. dobar posao, dobar pazar; she shops
for ~s ona kupuje jevtinu robu; it's a ~

to je dobar posao, to je jevtino kupljeno
bargain II v intr 1. pogađati se, cenkati
(cjenkati) se 2. misc.; *he got more than
he ~ed for prošao je gore nego što je
očekivao; (colloq.) to ~ on računati na
barge I [ba:dž] n barža, dereglija
barge II v intr 1. ići nezgrapno 2. naići,
nabasati; to ~ into smt. nabasati na
nešto 3. grubo upasti; he ~d into the
room uleteo (uletio) je u sobu
baritone I ['baerətoun] n 1. bariton 2.
baritonista baritone II a baritonski
bark I [bark] n lavež bark II v 1. tr
izviknuti 2. intr lajati: *~ing dogs ne-
ver bite pas koji laje ne ujeda
bark III n kora (od drveta)
bark IV jedrenjak (sa tri ili četiri jarbola)
barking n lavež
barley I ['barlij] n ječam barley II a
ječmen
barmaid ['barmejd] n kelnerica, konobar-
ka (u kafani — kavani), šankerica
barman [barmən] (~men [min]) n (Br.)
barman (see also bartender)
barn [barn] n ambar, žitnica (W: hambar,
suša)
barnacle ['barnəkəl] n školjka
barn dance igranka u ambaru (s izvođe-
njem narodnih igara)
barnstorm [~storm] v intr (of actors,
politicians, etc.) obilaziti provincijske
gradiće barnstormer n političar koji
obilazi provincijske gradiće; glumac ko-
ji gostuje po provincijskim gradovima
barnyard [~jard] n seljačko dvorište
barometer [bə'ramətər] n barometar baro-
metric [baerə'metrik] a barometarski
baron ['baerən] n baron (W: barun) baro-
ness n baronica (W: barunica)
baroque I [bə'rouk] n barok baroque II a
barokan
barracks I ['baeriks] n (sgn or pl) kasarna,
baraka barracks II a kasarnski; ~ life
kasarnski život barracks bag vreća za
čuvanje stvari
barrage [bə'raž] n (mil.) zaprečna vatra,
vatreni val, baraž
barrel I ['baerəl] n bure barrel II v intr
(colloq.) juriti; to ~ down the road
odjuriti drumom
barren ['baerən] a 1. nerodan, neplodan,
jalov; ~ soil nerodna zemlja 2. oskudan
barricade I ['baerə'kejd] n barikada; to set
up a ~ postaviti barikadu barricade II v
tr zabarikadirati

barrier ['baerijər] *n* 1. prepreka, pregrada, barijera; *a* ~ *to progress* prepreka napretku 2. brana, rampa; *a railroad* ~ železnička (željeznička) brana 3. zid; *to break the sound* ~ probiti zvučni zid 4. (Br., at a railroad station) ulaz

barring ['baring] *prep* sem, osim

barrister ['baeristər] *n* (Br.) advokat (W: odvjetnik) koji ima pravo zastupanja pred višim sudovima

barroom ['barru:m] *n* kafana (kavana), bar

bartender ['bartendər] *n* barman

barter ['bartər] *n* trampa, razmena (razmjena) dobara **barter** II *v* 1. *tr* trampiti razmeniti (razmijeniti); *he* ~*ed his watch for food* trampio je svoj sat za hranu 2. *intr* baviti se trampom

base I [bejs] *n* 1. osnova, temelj 2. podnožje; *the* ~ *of a mountain* podnožje planine 3. (chem.) baza 4. (geom.) osnovica 5. (math.) osnova 6. (archit.) podnožje; *the* ~ *of a column* podnožje stuba 7. (ling.) baza 8. (pol., econ.) baza; ~ *and superstructure* baza i nadgradnja 9. (mil.) baza; *a naval* ~ pomorska baza **base** II *a* osnovni; ~ *pay* osnovna plata (see also **basic**) **base** III *v* *tr* zasnovati, bazirati

base IV *a* nizak, nedostojan; pokvaren

baseball [~bol] *n* 1. bezbol (bejzbol) 2. lopta za bezbol

baseless [~lis] *a* bestemeljan

basement *n* podrum

bash [baeš] *v* *tr* (colloq.) udariti; *to* ~ *smb.'s head in* tresnuti nekoga po glavi

bashful [beašfəl] *a* snebivljiv, stidljiv

basic ['bejsik] *n* osnova **basic** II *a* 1. osnovi, glavni; *a* ~ *rule* osnovno pravilo 2. bazičan, bazni; ~ *dyes* bazne boje **Basic English** osnovni engleski (uprošćeni engleski jezik)

basin ['bejsən] *n* 1. (esp. Br.) lavor; umivaonik 2. see **tub** 3. sud 4. (geog.) basen

basis ['bejsis] (~*ses* /sijz/) *n* osnova, osnov; razlog; baza; *on a selective* ~ na selektivnoj osnovi

bask [baesk] *v* *intr* grejati (grijati) se; *to* ~ *in the sun* sunčati se

basket ['baeskit] *n* korpa, kotarica, koš 2. (basketball) koš; *to score a* ~ pogoditi (postići) koš

basketball [~bol] *n* košarka; *to play* ~ igrati košarku **basketball player** košarkaš

Basque I [baesk] *n* 1. Baski 2. baskijski jezik **Basque** II *a* baskijski

bass [bejs] *n* bas, basista **bass** II *a* basovski **bass drum** veliki bubanj

bassinet [baesə'net] *n* kolevka (kolijevka)

bassoon [bə'su:n] *n* fagot **bassoonist** *n* fagotista

bastard I ['baestərd] *n* 1. kopile, bastard, vanbračno dete (dijete) 2. (vul. and pejor.) kučkin sin; *you* ~ *!* bitango jedna! 3. (vul.) *a poor* ~ jadnik **bastard** II *a* bastardan, mešovit (mješovit) **bastardize** *v* *tr* bastardirati, ukrstiti

baste I [bejst] *v* *tr* retko i privremeno prošiti

baste II *v* *tr* (cul.) preliti, naliti; *to* ~ *meat* preliti meso sosom

bastion ['baesčən] *n* bastion, bedem

bat I [baet] *n* (esp. in baseball and cricket) štap **bat** II *v* 1. *tr* udariti 2. *intr* (baseball) udariti loptu 3. misc.; (colloq.): *to* ~ *smt. around* raspravljati o nečemu

bat III *n* šišmiš, slepi (slijepi) miš

bat IV *v* *tr* lepršati; **without* ~*ting an eye* ne trepnuvši okom

batch [baeč] *n* 1. gomila, serija, partija, količina; hrpa; *a* ~ *of letters* hrpa pisama 2. grupa; *he came with the first* ~ došao je s prvom grupom 3. potrebna količina; *a* ~ *of dough* potrebna količina testa (tijesta)

bated ['bejtid] *a* zaustavljen; *with* ~ *breath* ne dišući

bath [baeth] (*baths* [baeth:z]) *n* 1. kupanje (u kupatilu); *to take a* ~ kupati se 2. (Br.) kada (see **bathtub**) 3. see **bathroom**; *room with* ~ soba s kupatilom

bathe [bejth:] *v* 1. *tr* okupati; *the mother* ~*s the child* majka kupa dete (dijete) 2. *intr* okupati se; *the child is* ~*ing* dete (dijete) se kupa; *to* ~ *in the sea* kupati se u moru **bather** *n* kupač

bathhouse ['baethaus] *n* 1. svlačionica (za plivače) 2. kupatilo; *a public* ~ javno kupatilo

bathing I ['bejth:ing] *n* kupanje **bathing** II *a* kupaći **bathing suit** kupaći kostim

bathrobe ['baethroub] *n* bademantil, kućna haljina

bathroom [~ru:m] *n* 1. kupatilo (W: kupaonica) 2. klozet, nužnik, ve-ce

bathtub [~təb] *n* kada (za kupanje)

baton [bə'tan] *n* 1. palica 2. (sports, track) palica; *passing of the* ~ primopredaja palice

battalion [bə'taeljən] *n* 1. bataljon 2. (artillery) divizion
batten down ['baetn] *v* učvrstiti letvama; zatvoriti; (naut. and fig.) *to batten down the hatches* zatvoriti (brodske) otvore
batter I ['baetər] *n* testo (tijesto); *to mix (up)* ~ zamesiti (zamijesiti) testo
batter II *v tr* udariti, rušiti, tući; *to* ~ *enemy' positions* tući neprijateljske položaje
battering ram *n* (hist., mil.) ovan
battery I [baetərij] *n* (legal) telesna (tjelesna) povreda; *to commit assault and* ~ naneti (nanijeti) telesnu povredu
battery II *n* (mil.) baterija
battery III *n* baterija; akumulator; *to charge a* ~ napuniti akumulator
battle I ['baetl] *n* borba, bitka, operacija; *to fight (wage) a* ~ voditi borbu **battle** II *v* 1. *tr* boriti se (protiv) 2. *intr* boriti se 3. misc.; *to* ~ *one's way through a crowd* probiti se kroz gomilu
battle-ax, battle-axe *n* 1. bojna sekira (sjekira) 2. (colloq.) goropadnica, svađalica
battlefield [~fijld] *n* bojište **battleground** (~graund) *n* bojište **battleship** *n* bojni brod, linijski brod
batty ['baetij] *a* (colloq.) ćaknut, udaren
bauxite ('boksajt) *n* boksit
Bavaria [bavejrijə] *n* Bavarska **Bavarian** I *n* Bavarac **Bavarian** II *a* bavarski
bawdy ['bodij] *a* skaredan, nepristojan **bawdyhouse** (~haus) *n* javna kuća
bawl I *n* vika, dreka **bawl** II *v* 1. *tr* viknuti 2. *intr* derati se, vikati
bawl out *v* (colloq.) izgrditi; *to bawl smb. out* izgrditi nekoga
bay I [bej] *n* zaliv
bay II *n* tesnac (tjesnac), škripac; *to bring game to* ~ naterati (natjerati) divljač u tesnac; (fig.) *to bring to* ~ naterati u škripac
bay III *v intr* lajati; *to* ~ *at the moon* lajati na mesec (mjesec)
bayonet I ['bejənet] *n* bajonet; *to fix* ~s nataknuti bajonete **bayonet** II *v tr* preklati (ubosti) bajonetom
bay window 1. prozor na zatvorenom balkonu 2. (colloq.) trbušina
bazaar, bazar [bə'zar] *n* 1. pijaca, bazar 2. prodaja poklonjenih predmeta u korist neke ustanove
bazooka [bə'zu:kə] *n* (mil.) ručni bacač

BBC [bijbij'sij] (abbrev. of *British Broadcasting Corporation*) Britanska radiofuzija; (as *a*): ~ *English* standardni britanski engleski
be [bij] pres. sgn: *am* [aem], *are*, [ar], *is* [iz]; pres. pl.: *are;* past sgn.: *was* [woz], *were* [war], *was;* past pl.: *were;* past partic,: *been* [bin] (for the future see **shall** 1, **will** III 1) *v intr* 1. biti; *he is a teacher* on je nastavnik; *she has been in America for ten years* ona je već deset godina u Americi; *he had been here before we arrived* on je već bio ovde (ovdje) pre (prije) nego što smo mi stigli; *if I were you . . .* da sam ja na vašem mestu (mjestu) . . . 2. nalaziti se, biti; *where is the hotel?* gde (gdje) se nalazi hotel? 3. (as an aux. verb for the pres., past, and future) *he is reading* on čita 4. (of feelings) *he is cold* hladno mu je 5. (obligation) *you are to write the letter* moraš napisati pismo 6. (inevitability) *he is to die* mora da umre 7. (passive) *it is said that . . .* priča se da . . . 8. (age) *he is twenty years old* on ima dvadeset godina 9. (cost) *they are two dollars apiece* oni koštaju dva dolara po komadu 10 (existence) imati; *is there any bread?* ima li hleba—hljeba (W: kruha)? 11. (future, with the inf.) *his bride to* ~ njegova buduća žena 12. (condition) *if you were to come . . .* ako biste došli . . .
beach I [bijč] *n* 1. obala; žalo 2. plaža; *at (on) the* ~ na plaži **beach** II *v tr* izvesti na obalu **beachhead** (~hed) *n* (mil.) mostobran, desantna osnovica
beacon ['bijkən] *n* 1. svetionik (svjetionik) 2. far; *a radio* ~ radio-far; *a homing* ~ far za navođenje
bead [bijd] *n* 1. perla, zrnce; *glass* ~s staklena zrnca 2. kaplja, graška; ~s *of perspiration* graške znoja 3. nišan; *to draw a* ~ *on* nišaniti na 4. (in *pl*) niska 5. (rel.; in *pl*) brojanice (W: krunica, čislo)
beadle ['bijdl] *n* crkveni službenik
beagle ['bijgəl] *n* zečar
beak [bijk] *n* kljun
beam I [bijm] *n* 1. greda, balvan 2. (naut.) najveća širina (broda); (colloq.) *broad in the* ~ širokih kukova 3. snop, zrak; mlaz 4. (on a scale) most 5. (on a plow) gredelj 6. (of a headlight) svetlo (svjetlo); *a long (normal)* ~ dugačko (srednje) svetlo

beam II v 1. *tr* upraviti, usmeriti (usmjeriti) 2. *intr* sijati; *he is ~ing (with joy)* sija mu lice (od sreće) 3. smešiti (smiješiti) se zadovoljno

bean [bijn] *n* pasulj; grah; **to spill the ~s* odati tajnu

beanpole [~poul] *n* 1. pritka trklja 2. (colloq.) dugonja

bear I [bejr] *n* 1. medved (medvjed); *brown (polar) ~* mrki (polarni) medved 2. špekulant koji računa na padanje akcija

bear II *bore* [bor]; *borne* (*born* for 4) [born] *v* 1. *tr* nositi; *to ~ arms* nositi oružje; *to ~ a name* nositi ime (naziv) 2. *tr* snositi; *to ~ responsibility* snositi odgovornost 3. *tr* podneti (podnijeti); *to ~ pain* podneti bol 4. *tr* roditi; *to ~ a child* roditi dete (dijete) 5. *intr* odnositi se na; *this fact ~s on the problem* ova činjenica se odnosi na problem 6. *intr* držati se; *to ~ to the right* držati se desno 7. misc.; *to ~ a grudge against smb.* biti kivan na nekoga **bearable** *a* snošljiv, podnošljiv

beard [bijrd] *n* brada **bearded** *a* bradat

bearer ['bejrər] *n* 1. nosač, nosilac; *flag ~s* nosioci zastava 2. (comm.) donosilac; imalac; *payable to ~* na donosioca

bearing *n* 1. držanje; *a dignified ~* dostojanstveno držanje 2. ležaj, ležište; *a ball (roller) ~* kuglično (koturno) ležište 3. odnos, veza 4. azimut, smer (smjer); *to take a ~* odrediti azimut 5. (in *pl*) orijentacija; *he lost his ~s* izgubio je orijentaciju

bearish *a* 1. medvedast (medvjedast), nezgrapan 2. koji izaziva (ili računa na) padanje akcija

beast [bijst] *n* životinja, zver (zvijer) (also fig.); *it brought out the ~ in him* to je probudilo kod njega životinjske strasti **beastly** (~lij) 1. *a* životinjski, zverski (zvjerski) 2. *a* gadan, odvratan; *~weather* gadno vreme (vrijeme) 3. *adv* (Br., colloq.) veoma, strašno, užasno

beat I [bijt] *n* 1. udarac, otkucaj 2. (of a policeman) obilazak 3. (mus.) takt **beat** II *beat; beaten* v. 1. *tr* izbiti, istući; *to ~ a child* izbiti dete (dijete) 2. *tr* udarati; *to ~ a drum* udarati u doboš 3. *tr* pobediti (pobijediti), potući, savladati; (sports) *our boys beat them* naši momci su ih potukli 4. *tr* nadmašiti; prevazići; *to ~ a record* nadmašiti rekord 5. *tr* ulupati, razmutiti; *to ~ an egg* ulupati jaje 6. *tr* izlupati; *to ~ a rug* izlupati tepih 7. *tr* lupiti; *he beat his head against the wall* lupio je glavom o zid 8. *tr* utrti; *to ~ a path* utrti put 9. *intr* udariti, biti, tući; *the waves ~ against the rocks* talasi udaraju (biju) o stene (stijene) 10. *intr* kucati, biti; *his heart is ~ing fast* srce mu kuca (bije) brzo 11. misc.; (colloq.) *~ it!* gubi se! **to ~ around* (Br.: *about*) *the bush* okolišiti **beating** *n* 1. bijenje, tučenje; (colloq.) *he took a ~* istukli su ga 2. kucanje; *~ of the heart* kucanje srca 3. poraz; (colloq.) *they took a ~* pretrpeli (pretrpjeli) su poraz

beat off v odbiti; *to beat off an attack* odbiti napad **beat up** v izmlatiti

beautician [bju:'tišən] *n* kozmetičar(ka), frizer(ka), brijač

beautiful I ['bju:təfəl] *n* lepo (lijepo) **beautiful** II *a* lep (lijep); *a ~ girl (picture)* lepa devojka—djevojka (slika) **beauty** ['bju:tij] *n* 1. lepota (ljepota) 2. lepotica (ljepotica) **beauty contest** izbor najlepše devojke (najljepše djevojke) **beauty parlor** frizerska radnja (za dame)

beaver ['bijvər] *n* 1. dabar 2. dabrovina

becalm [bi'kam] *v tr* 1. stišati 2. zaustaviti; *the fleet was ~ed* flota je zastala zbog bezvetrice (bezvjetrice)

because [bi'koz] *conj* jer; *he is crying ~ smb. hit him* on plače jer ga je neko (netko) udario

because of *prep* 1. zbog; *~ fatigue (rain)* zbog umora (kiše) 2. radi

beck [bek] *n* poziv; *to be at smb.'s ~ and call* biti nekome na raspolaganju

beckon ['bekən] *n* klimanje glavom **beckon** *v intr* dati znak, prizvati rukom; *to ~ to smb.* mahnuti nekome prstom

become [bi'kəm]; *became* [bi'kejm]; *become* [bi'kəm] v 1. *tr* dolikovati, doličiti, priličiti (se), pristajati; *such behavior doesn't ~ you* takvo ponašanje vam ne priliči 2. *intr* dolikovati, stajati; *that color is very ~ing to you* ta ti boja lepo (lijepo) stoji 3. *intr* postati; *he became a teacher* on je postao učitelj **becoming** *a* 1. pristojan, prikladan, zgodan; *that's not ~ to* se ne priliči 2. privlačan, lep (lijep); *this color is very ~ to you* ova vam boja odlično ide.

bed [bed] *n* 1. krevet, postelja; *to go to ~* leći u krevet; *to lie in (on a) ~* ležati u

(na) krevetu 2. (as in a hotel) ležaj 3. korito; a river ~ rečno (rječno) korito
bedazzle [bə'daezəl] v tr zaseniti (zasijeniti)
bedbug ['bedbəg] n stenica (stjenica)
bedclothes ['bedklouz] n pl krevetsko rublje
bedding n 1. krevetsko rublje 2. slama, prostirka (za životinje)
bedeck [bə'dek] v tr okititi
bedevil [bə'devəl] v tr namučiti, nasekirati
bedfellow [~felou] n 1. sobni drug 2. (fig.) drug, ortak; *politics make(s) strange ~s politika prinuđuje sklapanje čudnih saveza
bedlam [~ləm] n urnebes, džumbus
bed linen krevetsko rublje
bedpan [~paen] n noćni sud
bedraggle [bə'draegəl] v tr izgužvati
bedroom [~ru:m] n spavaća soba bed sheet krevetski čaršav bedside table stočić kraj postelje bedsore [~sor] n rana od dugog ležanja (u postelji) bedspread [~spred] n krevetski pokrivač bedtime [~tajm] n vreme (vrijeme) spavanja; it's way past ~ odavno je već vreme za spavanje
bee [bij] n pčela; a swarm of ~s roj pčela; *as busy as a ~ vredan (vrijedan) kao pčela
beech I [bijč] n bukva beech II a bukvin, bukov
beef I [bijf] n 1. govedina; ground ~ mlevena govedina; roast ~ goveđe pečenje 2. goveče 3. (colloq.) žalba beef II a goveđi; ~ stew goveđi ragu beef III v (colloq.) 1. tr (to ~ up) ojačati 2. intr žaliti se beefburger [~bərgər] n ćufte od goveđine beefsteak [~stejk] n biftek
beehive [~hajv] n (also fig.) košnica
beeline [~lajn] n najkraći put; *to make a ~ for smb. poleteti (poletjeti) pravo na nekoga
beer [bijr] n pivo (W also: piva); to brew ~ spravljati pivo beer bottle pivska flaša
beet [bijt] n cvekla (W: cikla), repa
beetle I ['bijtl] n buba, kukac
beetle II a isturen, nadnesen; ~ brows guste obrve
befall [bə'fol]; befell [bə'fel]; befallen [bə-'folən] v tr zadesiti, postići
before [bə'for] 1. adv ranije; ~ long uskoro 2. prep pre (prije), do; ~ the war pre (do) rata 3. prep pred, ispred; shortly ~

the war pred rat 4. conj pre (prije) nego; he interrupted me ~ I said anything on me je prekinuo pre nego što sam išta rekao
beforehand [~haend] adv ranije; he arrived ~ stigao je ranije
befriend [bə'frend] v tr sprijateljiti; to ~ smb. sprijateljiti se s nekim
befuddle [bi'fədl] v tr zbuniti
beg [beg] n bey, beg (also bey)
beg II v 1. tr preklinjati; to ~ smb. for smt. preklinjati nekoga za nešto 2. intr prositi (tražiti) milostinju, prosjačiti 3. misc.; I ~ to differ ne mogu da se složim; I ~ your pardon? molim? to ~ the question izbegavati (izbjegavati) direktan odgovor beggar [~ər] n prosjak begging n prosjačenje
begin [bi'gin]; began [bi'gaen]; begun [bi-'gən] v 1. tr početi; to ~ negotiations početi pregovore; he began working (to work) počeo je da radi 2. tr zapodenuti (zapodjenuti; to ~ a fight zapodenuti tuču 3. intr početi; the class began (at one o'clock) čas je počeo (u jedan sat); it began to rain počela je kiša beginner n početnik beginning n početak beginning course kurs za početnike
beg off v izgovoriti se
begrudge [bi'grədž] v tr zavideti (zavidjeti); he ~s her success on njoj zavidi na uspehu (uspjehu)
beguile [bi'gajl] v tr prevariti
behalf [bi'haef] n korist; in smb.'s ~ u nečiju korist; on smb.'s ~ u nečije ime
behave [bi'hejv] v 1. intr ponašati se; vladati se; postupati; to ~ well lepo (lijepo) se ponašati 2. refl ponašati se; ~ yourself; ponašaj se kako treba; behavior [~jər] n ponašanje, vladanje; good ~ dobro vladanje; he was on his best ~ naročito se trudio da se lepo (lijepo) ponaša
behaed [bi'hed] v tr odseći — odsjeći (glavu); to ~ smb. odseći nekome glavu
behest [bi'hest] n nalog, naredba; at smb.'s ~ po nečijem nalogu
behind I [bi'hajnd] n (colloq.) zadnjica
behind II 1. prep a zastao, zakasnio; our team is ~ by two points naša ekipa zaostaje za dva gola (boda) 2. adv see fall behind, leave behind 3. prep za, iza, pozadi; ~ me za mnom; ~ the house iza kuće; *~the scenes iza kulisa behind-the-scenes a zakulisni

behold [bi'hould]; *beheld* [bi'held] *v tr* posmatrati, pogledati

beholden [bi'houldən] *a* obavezan; *to be ~ to smb.* biti obavezan nekome

beige I [bejž] *n* bež boja **beige** II *a* bež

being ['bijing] *n* 1. postojanje; *to come into ~* postati 2. biće; *a human ~* ljudsko biće 3. suština, bit

Beirut [bej'ru:t] *n* Bejrut

belabor [bi'lejbər] *v tr* stalno navraćati; *to ~ a point* stalno navraćati razgovor na nešto

belated [bi'lejtəd] *a* zakasneli (zakasnjeli), zakasnio; *~ efforts* zakasneli napori

belch I [belč] *n* podrigivanje **belch** II *v* 1. *tr* bljuvati, izbaciti; *the chimneys ~ smoke* dimnjaci bljuju dim 2. *intr* podrignuti

beleaguer [bi'lijgər] *v tr* opkoliti; *a ~ed unit* opkoljena jedinica

belfry ['belfrij] *n* zvonik; **to have bats in the ~* biti ćaknut

Belgian I ['beldžən] *n* Belgijanac **Belgian** II *a* belgijski **Belgium** ['beldžəm] *n* Belgija

Belgrade ['belgrejd] *n* Beograd

belie [bi'laj] *v tr* 1. lažno predstaviti 2. protivrečiti (protivurječiti)

belief [bi'lijf] *n* 1. vera (vjera) 2. uverenje (uvjerenje); ubeđenje (ubjeđenje); *~ in smt.* uverenje u nešto

believe [bi'lijv] *v* 1. *tr* verovati (vjerovati); *to ~ smb.* verovati nekome *to ~ a statement* verovati tvrđenje; **he can't ~ his own eyes (ears)* on ne veruje svojim očima (ušima) 2. *intr* verovati; *to ~ in God* verovati u boga; **~ it or not* verovali ili ne 3. *intr* polagati na; *he ~ s in physical exercise* polaže mnogo na fizičke vežbe (vježbe)

belittle [bi'litl] *v tr* omalovažiti

bell [bel] *n* 1. zvono; *the ~s are ringing* zvona zvone 2. (naut.) (brodsko) zvono

bellboy [~boj] *n* (in a hotel) nosač; kurir, portir **bell captain** (in a hotel) glavni portir

belletristic [belə'tristik] *a* beletristički; lep (lijep); *~ literature* lepa književnost

bellhop [~hap] *n* see **bellboy**

bellicose ['belikous] *a* ratoboran **bellicosity** [beli'kasətij] *n* ratobornost

belligerence [bə'lidžərəns] *n* ratobornost **belligerency** *n* zaraćenost, ratno stanje **belligerent** *a* 1. ratoboran 2. zaraćen

bellow I ['belou] *n* mukanje, urlik, rika **bellow** II *v* 1. *tr* izvikati; *to ~ smt.* izvikati nešto 2. *intr.* derati se, viknuti; *to ~ at smb.* viknuti na nekoga

bellows ['belouz] *n* (usu. used as pl) mehovi (mjehovi); duvalica (duhalica)

bell tower zvonara

belly ['belij] *n* 1. trbuh 2. stomak 3. (fig.) utroba 4. (aviation) trup

bellyache I[~ejk] *n* 1. trbobolje 2. (colloq.) žalba **bellyache** II *v intr* (colloq.) žaliti se

bellyful [~ful] *n* dovoljna količina (jela) **belly laugh** grohotan smeh (smijeh)

belong [bi'long] *v intr* pripadati; *to ~ to smb.* pripadati nekome

belongings *n pl* lične stvari; *personal ~* predmeti lične svojine

beloved I [bi'ləv(ə)d] *n* dragi, draga **beloved** II *a* voljen, omiljen

below [bi'lou] 1. *adv* dole, niže; *I heard a racket ~* čuo sam galamu na nižem spratu (W: katu) 2. *prep* ispod, pod; *~ ground* pod zemljom; (boxing and fig.) *to hit ~ the belt* zadati nizak udarac 3. *prep* niže; *to be ~ smb. in rank* biti po činu niži (u hijerarhiji)

belt I [belt] *n* 1. pojas, kaiš, remen; **to tighten one's ~* stezati kaiš 2. traka, konvejer 3. redenik 4. zona, pojas 5. (colloq.) udarac **belt** II *v tr.* 1 opasati 2. (colloq.) udariti; *she ~ed him one* opalila mu je šamar **belted** *a* pojasni; *~ tires* pojasne gume

belt highway, beltway [~wej] *n* kružni put

bemoan [bi'moun] *v tr* oplakati; *to ~ one's fate* oplakati svoju sudbinu

bemuse [bi'mju:z] *v tr* zbuniti

bench I [benč] *n* 1. klupa 2. sudijina (W: sudačka) stolica; *a reprimand from the ~* sudska opomena 3. sto (stol); *a carpenter's ~* stolarski sto 4. (sports) klupa za (rezervne) igrače **bench** II *v tr* (sports) *to ~ a player* zameniti (zamijeniti) igrača, poslati igrača na klupu

bend I [bend] *n* 1. krivina, okuka, savijutak 2. luk; *the river makes a ~* reka (rijeka) pravi luk **bend** II *bent [bent] v* 1. *tr* saviti, poviti; pognuti, ugnuti; *to ~ one's knee (a stick)* saviti koleno — koljeno (prut) 2. *tr* iskriviti; *to ~ a key (out of shape)* iskriviti ključ 3. *tr* potčiniti; *to ~ a person to one's will* potčiniti nekoga svojoj volji 4. *intr* poviti se, presaviti se; sagnuti se, nagnuti se; *the branches are ~ing* grane se povijaju

bender *n* (colloq.) terevenka, pijančenje
bends *n pl (the ~)* kesonska bolest
beneath [bi'nijth] *prep* 1. ispod, pod 2. niže; ~ *contempt* ni prezira vredan (vrijedan)
benediction [benə'dikšən] *n* blagoslov
benefactor ['benəfaektər] *n* 1. dobrotvor 2. mecena
beneficial [benə'fišəl] *a* blagotvoran; *a ~ influence* blagotvoran uticaj (W also: utjecaj)
beneficiary [benə'fišərij] *n* korisnik (osiguranja)
benefit I ['benəfit] *n* 1. korist; *to derive ~ from smt.* izvući korist iz (od) nečega 2. (in *pl*) (*insurance*) naknada (iz osiguranja); *to pay ~s* isplatiti naknadu iz osiguranja 3. (in *pl*) penzija (W also: mirovina); *disability (old-age) ~s* invalidska (starosna) penzija 4. predstava u korist neke ustanove 5. beneficija; olakšica; *unemployment ~s* beneficije za nezaposlene **benefit** II *v* 1. *tr* koristiti 2. *intr* koristiti se; *to ~ from smt.* koristiti se nečim
benevolence [bə'nevələns] *n* blagonaklonost, čovekoljublje (čovjekoljublje) **benevolent** *A* 1. blagonaklon, dobroćudan 2. dobrotvoran; *a ~ fund* blagajna (uzajamne pomoći)
Bengal ['ben'gol] *n* Bengal
benign [bi'najn] *a* (med.) benigni, dobroćudni; *a ~ tumor* dobroćudni tumor
bent I [bent] *n* sklonost; *a ~ for music* sklonost za muziku **bent** II *a* 1. (see **bend** II) savijen 2. sklon; rešen (riješen) *to be ~ on doing smt.* nastojati da uradi nešto
bequeath [bi'kwijth] *v tr* zaveštati (zavještati) **bequest** [bi'kwest] *n* zaveštanje (zavještanje), zaostavština
berate [bi'rejt] *v tr* izgrditi
bereave [bi'rijv]; *-d* or *bereft* [bi'reft] *v tr* ucveliti (ucvijeliti); *a ~d mother* ucveljena majka
Bermuda [bər'mju:də] *n* Bermudska ostrva (W: Bermudski otoci)
berry ['berij] *n* bobica
berserk [bər'sərk] *a* lud; *to go ~* poludeti (poludjeti)
berth I [bərth] *n* 1. krevet u kabini, postelja (krevet) na brodu, vozu (W: vlaku) 2. mesto (mjesto), služba (na brodu) 3. sidrište, pristanište **berth** II *v tr* smestiti (smjestiti)

beseech [bi'sijč]; *-ed* or *besought* [bi'sot] *v tr* preklinjati
beset [bi'set]; *beset* [bi'set] *v tr* saleteti (saletjeti); opsesti
beside [bi'sajd] *prep* 1. pored, kraj, do; ~ *me* pored (kraj, do) mene 2. sem, osim, pored 3. misc,; *to be ~ oneself* biti van sebe
besides 1. *adv* uostalom, uz to, sem toga 2. *prep* pored, osim, sem, povrh
besiege [bi'sijdž] *v tr* 1. opsesti (opsjesti); *to ~ a fortress* opsesti tvrđavu 2. (fig.) saleteti (saletjeti), obasuti; *to ~ with requests* saleteti molbama
besmirch [bi'smərč] *v tr* uprljati, ocrniti; *to ~ smb.'s name* uprljati nečije ime
bespoke [bi'spouk] **bespoken** *a* (Br.) po meri (mjeri)
best I [best] *n* ono što je najbolje; *at ~* u najboljem slučaju; *to be at one's ~* biti u najboljoj formi **best** II *a and adv;* super of **good** and **well** II; najbolji; **to be on one's ~ behavior* prikazati se što bolje **best** III *v tr* nadmašiti; *to ~ smb.* nadmašiti nekoga
bestial ['besčəl] *a* životinjski, zverski (zvijerski), bestijalan
bestir [bi'stər] *v tr* razmrdati, pokrenuti; *to ~ oneself* razmrdati se
best man stari svat (na venčanju —vjenčanju)
bestow [bi'stou] *v tr* pokloniti; dodeliti (dodijeliti); *to ~ a prize on (upon) smb.* dodeliti nekome nagradu
best seller bestseler
bet I [bet] *n* opklada; *to lose (make, win) a ~* izgubiti (sklopiti, dobiti) opkladu; *a twenty dollar ~* opklada u 20 dolara **bet** II *bet; v* 1. *tr* opkladiti se, ponuditi (predložiti) opkladu; *let's ~ ten dollars* hajde da se opkladimo u deset dolara 2. *intr* kladiti se; *~ on smb.* kladiti se na nekoga
betray [bi'trej] *v tr* 1. izdati; *to ~ one's allies (a friend)* izdati saveznike (druga) 2. odati; *to ~ a secret* odati tajnu 3. zavesti; *to ~ a girl* zavesti devojku (djevojku) **betrayal** *n* izdaja
betroth [bi'trouth] or [bi'troth] *v tr* zaručiti, veriti (vjeriti) **betrothal** *n* veridba (vjeridba)
better I ['betər] *n* ono što je bolje; *a change for the ~* poboljšanje situacije; *for ~ or worse* u zlu i u dobru **better** II *a and adv;* comp of **good** and **well**; *he's ~ off*

now poboljšao je svoj položaj; *to get* ~ oporaviti se; *he feels* ~ bolje mu je, *you had* ~ *tell him the truth* bolje bi bilo d₋ mu kažeš istinu; *so much the* ~ utoliko bolje; *he should know* ~ trebalo bi da zna **better** III *v tr* 1. poboljšati 2. nadmašiti **betterment** *n* poboljšanje
between [bi'twijn] *prep* između, među; ~ *the table and the door* između stola i vrata
beverage ['bev(ə)ridž] *n* piće
bevy ['bevij] *n* 1. jato 2. (fig.) grupa, skup
bewail [bi'wejl] *v tr* oplakati; *to* ~ *one's fate* oplakati svoju sudbinu
beware [bi'wejr] *v intr* (used in the *imper*) čuvati se; ~ *of the dog!* čuvaj se psa!
bewilder [bi'wildər] *v tr* zbuniti
bewitch [bi'wič] *v tr* začarati
beyond [bij'and] 1. *adv* dalje 2. *prep* iza; ~ *the last house* iza poslednje (posljednje) kuće 3. *prep* posle (poslije); ~ *that time* posle toga vremena 4. *prep* van, izvan; iznad; preko; *he lives* ~ *his income* živi preko svojih sredstava 5. misc.; ~ *hope* bez nade
Biafra (bij'afrə] *n* Bijafra
bias I ['bajəs] *n* 1. kosina, kosa linija; *cloth cut on the* ~ tkanina sečena (sječena) koso 2. pristrasnost (W: pristranost), predrasuda; *to have a* ~ *against smb.* imati predrasudu protiv nekoga **bias** II *v tr* stvoriti predrasudu (kod); *to be* ~ *ed against smb.* imati predrasudu protiv nekoga
bib [bib] *n* portikla
bible ['bajbəl] *n* 1. (cap) Biblija 2. (fig.) autoritativna knjiga **biblical** ['biblikəl] *a* biblijski
bibliographer [biblij'agrəfər] *n* bibliograf **bibliographic** [biblijə'graefik] *a* bibliografski **bibliography** [biblij'agrəfij] *n* bibliografija
bicentennial I [bajsen'tenijəl] *n* dvestogodišnjica (dvjestogodišnjica); *to celebrate a* ~ proslaviti dvestogodišnjicu **bicentennial** II *a* dvestogodišnji (dvjestogodišnji)
biceps ['bajseps] (*pl* has zero or *-es)* *n* biceps
bicker ['bikər] *v intr* prepirati se
bicycle I ['bajsik(ə)1] *n* bicikl **bicycle** II *v intr* voziti se na biciklu **bicycling** *n* biciklizam **bicyclist** *n* biciklista
bid I [bid] *n* 1. ponuda; *the highest* ~ najveća ponuda 2. pokušaj; *a* ~ *for first*

place pokušaj da zauzme prvo mesto (mjesto) **bid** II *bade* [baed] for 1, 2; *bid* for 3,4; *bidden* or bid for 1, 2; *bid* for 3, 4; *v* 1. *tr* (lit.) narediti 2. *tr* poželeti (poželjeti); *to* ~ *smb. good night* poželeti nekome laku noć; *to* ~ *farewell to smb.* oprostiti se sa nekim 3. *tr* ponuditi (naročito na licitaciji); *he bid fifty dollars for it* ponudio je pedeset dolara za ovo 4. *intr* učestvovati na licitaciji (kao ponuđač), nadmetati se, podneti (podnijeti) ponudu; ponuditi; *he was* ~ *ding* nadmetao se; *to* ~ *on smt.* ponuditi (novac) za nešto **bidder** *n* ponuđač **bidding** *n* 1. naredba; molbu; *at smb.'s* ~ po nečijoj naredbi 2. podnošenje ponuda; učestvovanje na licitaciji
bide [bajd]; *-d* or *bode* [boud]; *-d; v tr* čekati; *to* ~ *one's time* čekati podesnu priliku
biennial I [baj'enijəl] *n* dvogodišnjica **biennial** II *a* dvogodišnji
biennium [baj'enijəm] (*-s* or-*nia* [nijə]) *n* dvogodište
bier [bijr] *n* nosila (za mrtvački kovčeg)
bifocal [baj'foukəl] *a* bifokalni **bufocals** *n pl* bifokalna stakla
big I [big] *a* 1. veliki; *a* ~ *fool (mistake, profit)* velika budala (greška, dobit) 2. krupan; veliki; ~ *business* krupni (veliki) biznis 3. misc.; *they gave him a* ~ *hand* pozdravili su ga dugotrajnim aplauzom; ~ *talk* hvalisanje; (hist., pol) *the Big Stick* snaga oružja; (coloq., mil.); ~ *brass* viši oficiri **big** II *adv* (colloq.) hvalisavo; *he talks* ~ on se hvališe
bigamist ['bigəmist] *n* dvoženac, bigamist **bigamous** [~məs] *a* bigamičan **bigamy** [~mij] *n* dvoženstvo, bigamija, dvobračnost
Big Dipper (astro.) Veliki medved (medvjed)
big game krupna divljač
big-hearted *a* velikodušan
bigmouth [~mauth] *n* brbljivac
bigot ['bigət] *n* bigot; čovek (čovjek) pun predrasuda **bigoted** *a* bigotan, pun predrasuda **bigotry** [~rij] *n* bigotizam, netrpeljivost
big shot (colloq.) velika zverka (zvjerka)
big time (colloq.) (sports, theater) vrh, vrhunac; *to reach the* ~ dostići vrhunac
bike [bajk] *n* colloq.; see **bicycle** I
bikini [bi'kijnij] *n* bikini

bilateral [baj'laetərəl] *a* dvostran, bilate-
ralan; ~ *cooperation* bilateralna
saradnja
bile [bajl] *n* žuč (also fig.) **bilge** [bildž] *n*
1. brodsko dno 2. kaljužna voda, kaljuža
bilingual [baj'linggwəl] *a* dvojezični, bi-
lingvan; *a* ~ *dictionary* dvojezičan reč-
nik (rječnik)
bilk bilk *v tr* prevariti; *to* ~ *smb. out of
smt.* prevarom oduzeti nekome nešto
bill I [bil] *n* 1. račun; *to pay a* ~ platiti
račun; *to put on smb.'s* ~ staviti (met-
nuti) na nečiji račun; *a telephone* ~
račun za telefon 2. pozorišni (W; kazali-
šni) program 3. plakat, oglas; *post no
~s!* zabranjeno je lepiti (lijepiti) plaka-
te! 4. novčanica; *a five-dollar* ~ novča-
nica od pet dolara 5. zakonski nacrt;
to accept (introduce) a ~ primiti (pred-
ložiti) nacrt **bill** II *v tr* naplatiti; *he
will* ~ *you for everything* on će vam sve
naplatiti
bill III *n* kljun **bill** IV *v intr* ljubiti se (o
golubima) *to* ~ *and coo* milovati se
billboard [~bord] *n* reklamni plakat, re-
klamna tabla
billet I ['bilit] *n* (mil.) stambena prostorija,
stan; *to assign soldiers to* ~ *s* razmestiti
(razmjestiti) vojnike po stanovima **billet**
II *v tr* razmestiti (razmjestiti); *to* ~
troops razmestiti vojnike (po stanovima)
billfold [~fould] *n* novčanik
billiard ['biljərd] *a* bilijarski (W: biljarski);
a ~ *ball* bilijarska lopta **billiards** *n*
bilijar (W; biljar); *to play* ~ igrati
bilijara
billion ['biljən] *n* (after a *num, pl* has zero)
1. (Am.) milijarda (10^9) 2. (Br.) bilion --
W: bilijun (10^{12}) **billionaire** [~'ejr] *n*
milijarder
bill of health uverenje (uvjerenje) o zdrav-
stvenom stanju
bill of rights povelja slobode
bill of sale kupoprodajni ugovor
billow ['bilou] *v intr* talasati se (W: valjati
se)
billy I ['bilij] *n* štap **billy club** policajčev
štap
billy goat (colloq.) jarac
bimonthly I [baj'mənthlij] *n* časopis koji
izlazi svaka dva meseca (mjeseca) **bi-
monthly** II *a* dvomesečni (dvomjesečni);
a ~ *journal* dvomesečni časopis

bin [bin] *n* 1. ograđeno mesto — mjesto (u
ambaru) 2. podrumsko odeljenje (odje-
ljenje); bunker
binary ['bajnərij] *a* binarni, dvojni; *a* ~
code (number) binarni kod (broj)
bind I [bajnd] *n* (colloq.) škripac; *to be in
a* ~ biti u škripcu **bind** II **bound**
[baund] *v* 1. *tr* vezati; *bound hand and
foot* vezan za noge i ruke 2. *tr* zaviti; *to*
~ *(up) a wound* zaviti ranu 3. *tr* pove-
zati; *to* ~ *a book* povezati knjigu; *to* ~
smb. in chains povezati nekoga u lance
4. *intr* obavezivati; *it is not* ~ *ing on
anyone* to nikoga ne obavezuje **binder** *n*
1. (agric) vezačica, snopovezačica 2.
predujam; kapara; kaucija; garantni iz-
nos 3. knjigovezac **bindery** *n* knjigovez-
nica **binding** *n* povez
binge [bindž] *n* (colloq.) pijanka, lumpe-
raj; *to go on a* ~ lumpovati
bingo ['binggou] *n* vrsta tombole
binoculars [bə'nakjələrz] *n pl* dvogled,
durbin
binomial I [baj'noumijəl] *n* binom **bino-
mial** II *a* binomni
biochemical [bajou'kemikəl] *a* biohemijski
(biokemijski)
biographer [baj'agrəfər] *n* biograf **bio-
graphical** [bajə'graefikəl] *a* biografski
biography [baj'agrəfij] *n* biografija
biological [bajə'ladžikəl] *a* biološki **biolo-
gist** (baj'alədžist] *n* biolog **biology** [ba
j'alədžij] *n* biologija
bipartisan [baj'partəzən] *a* dvopartijski,
dvostranački
bipartite [~tajt] *a* dvostruk, dvostran
biplane ['bajplejn] *n* dvokrilac
bipod ['bajpad] *n* soška, dvonožac
birch I [bərč] *n* breza **birch** II *a* brezov
bird [bərd] *n* 1. ptica 2. (Br., slang)
devojka (djevojka) 3. (slang) zviždanje;
he got the ~ publika ga je izviždala
birdbrain [~brejn] *n* (colloq.) prazna
glava
birdcage [~kejdž] *n* kavez za ptice
bird's-eye *a* ptičji; *a* ~ *view* ptičja per-
spektiva, pogled iz ptičjeg leta
birth [bərth] *n* rađanje, porođaj **birth
certificate** izvod iz matične knjige rođe-
nih **birth control** kontrola rađanja
birthday I [~dej] *n* rođendan; *to celebrate
a* ~ slaviti rođendan **birthday** II *a*
rođendanski; *a* ~ *present* rođendanski
poklon

birthmark [~mark] n mladež birthplace [~plejs] n (mjesto) rođenja birthrate [~rejt] n natalitet birthright [~rajt] n pravo stečeno rođenjem; pravo prvorodstva

biscuit ['biskit] n 1. tanak, pljosnat, nezaslađen kolač 2. (Br.) dvopek, biskvit (see also cracker 1)

bisect ['baj'sekt] v 1. tr prepoloviti 2. intr račvati se

bishop ['bišəp] n 1. biskup, episkop 2. (chess) lovac, laufer, trkač

bison ['bajsən] n 1. (Am.) bizon 2. (Euro.) divlji vo (vol)

bit I [bit] n 1. komadić; a ~ at a time or ~ by ~ postepeno 2. (Am., colloq.) two ~s 25 centi 3. (Br.) novčić; a threepenny ~ tri penija 4. obol; to do one's ~ dati svoj obol 5. misc.; every ~ as good isto toliko dobar; not a ~ ni najmanje

bit II n đem, žvale; *to champ at the ~ biti nestrpljiv

bit III n glava (vrh, rezač) svrdla

bitch I [bič] n 1. kučka 2. (fig., colloq.) kučka, zloćudna žena 3. (vul.) žalba; what's your ~? na šta (što) se žališ? bitch II v intr (vul.) žaliti se bitchy a (colloq.) zloćudan, pakostan

bite I [bajt] n 1. ujed; a dog (snake) ~ ujed psa (zmije); *his bark is worse than his ~ nije tako opasan kao što izgleda 2. rana od ujeda 3. zalogaj; meze; to have a ~ založiti se bite II [bajt]; bit [bit]; bitten ['bitn]; v 1. tr ujesti; the dog bit the child pas je ujeo dete (dijete) 2. tr grickati; the child ~s its nails dete (dijete) gricka nokte 3. tr (or: to ~ up) (of insects) jesti, izjesti; I got all bitten up by mosquitoes izjeli su me komarci 4. intr ujedati; does your dog ~? da li vaš pas ujeda? 5. intr peći 6. intr zagristi udicu, mamac (also fig.); the fish are not ~ing riba neće da zagrize mamac 7. intr (to ~ into); nagristi; zagristi u; to ~ into an apple zagristi jabuku 8. misc.; *to ~ one's tongue (and remain silent) ugristi se za jezik; *once bitten twice shy žežen kašu hladi

biting a 1. jedak, zajedljiv; a ~ remark jetka primedba (primjedba) 2. koji seče (siječe); a ~ wind vetar (vjetar) koji seče

bit part epizodna uloga bit player epizodista

bitter ['bitər] a 1. gorak; *to swallow a ~ pill progutati gorku pilulu 2. (fig.) ogorčen, žestok, žučan, ljut; ~ enemies ljuti neprijatelji; ~ fighting žestoke borbe

bivouac I ['bivwæk] n bivak bivouak II v intr biti u bivaku, bivakovati

bizarre [bi'zar] a bizaran, čudan

blab [blaeb] v 1. tr izbrbljati; nagovoriti; to ~ smt. izbrbljati nešto 2. intr brbljati

blabber v intr brbljati blabbermouth [~mauth] n brbljivac

black I [blaek] n 1. crna boja, crnilo, crnina; *in ~ and white crno na belo (bijelo) 2. crnac 3. (chess, checkers) crna figura black II a crn; ~ coffee crna kafa (kava)

black-and-blue a u modricama; he's all ~ sav je u modricama

black-and-white a crnobeo (crnobijel); a ~ picture crnobela slika

blackberry [~berij] n kupina

blackboard [~bord] n školska tabla (W: ploča)

Black Death (hist.) kuga (u XIV v.)

blacken v 1. tr pocrniti; ocrniti 2. intr pocrneti (pocrnjeti)

black eye masnica (modrica) kod oka

blackjack I [~džaek] n ručno napadačko oružje (pokriveno kožom) blackjack II v tr udariti ručnim napadačkim oružjem

blacklist I [~list] n crna lista blacklist II v tr upisati u crnu listu

black magic mađija, čarolije

blackmail I [~mejl] n ucena (ucjena) blackmail II v tr uceniti (ucijeniti) blackmailer n ucenjivač (ucjenjivač)

black market crna berza (burza) black-market v 1. tr prodati na crnoj berzi 2. intr baviti se crnom berzom black-marketeer [~-marki'tijr] v intr baviti se crnom berzom black-marketeering a šverc black marketer ['markitər] crnoberzijanac (crnoburzijanac) black-marketing n šverc

black out v 1. tr zamračiti; to black out a city zamračiti grad 2. intr onesvestiti (onesvijestiti) se blackout [~aut] n 1. zamračenje; a total ~ totalno zamračenje 2. (mil.) svetlosno (svjetlosno) maskiranje 3. prekid rada svih radio-stanica 4. onesvešćenje (onesvješćenje)

Black Power borbeni politički pokret američkih crnaca

Black Sea Crno more

black sheep crna ovca; (fig.) šugava ovca, nevaljalac

blacksmith [~smith] *n* kovač, potkivač

blacktop I [~tap] *n* asfalt **blacktop** II *v tr* asfaltirati

bladder ['blaedər] *n* bešika, mehur (mjehur)

blade [blejd] *n* 1. sečivo (sječivo), oštrica; *the ~ of a knife (sword)* oštrica noža (mača) 2. (bot.) list; *a ~ of grass* travka 3. misc.; *~ of the tongue* površina jezika; (fig.) *a gay ~* veseljak

blame I [blejm] *n* krivica; odgovornost; *to take (bear) the ~ for smt.* snositi odgovornost za nešto (zbog nečega) **blame** II *v tr* okriviti, pripisati krivicu; *we ~d him for the accident* (or: *we ~d the accident on him*) njega smo okrivili za udes **blameless** *a* nevin, besprekoran (besprijekoran)

blanch [blaenč] *v intr* pobledeti (poblijedjeti)

bland [blaend] *a* blag

blandish *v tr* nagovoriti **blandishment** *n* laskanje, nagovaranje, ulagivanje

blank I [blaengk] *n* 1. praznina, prazno mesto (mjesto) 2. formular, blanket, obrazac; *to fill out* (Br.: *fill in*) *a ~* popuniti formular (obrazac) 3. manevarski metak **blank** II *a* 1. prazan; *a ~ spot* prazno mesto (mjesto) 2. bezizrazan; tup; *a ~ look* bezizrazan pogled 3. manevarski; *~ ammunition* manevarska municija 4. misc.; *my mind went ~* nisam se mogao ničeg setiti (sjetiti) **blank** III *v tr* (sports, colloq.) ne primiti ni jedan gol; *to ~ an opponent* ne dati protivniku da postigne ni jedan gol

blank check blanko-ček, neispunjen ček; (fig.) *to give smb. a ~* dati saglasnost unapred (unaprijed)

blanket ['blaengkit] *n* 1. ćebe, pokrivač; *to cover oneself with a ~* pokriti se ćebetom 2. pokrivač, prekrivač; *a ~ of snow* snežni (snježni) pokrivač 3. (fig.) *a wet ~* mokra krpa, onaj koji rashlađuje oduševljenje

blank verse slobodan (neslikovani) stih

blare I [blejr] *n* jek, jeka; *the ~ of a trumpet* jeka trube **blare** II *v* 1. *tr* rastrubiti 2. *intr* dreknuti, jeknuti 3. *intr* treštati; *the radio is ~ing* radio trešti

blarney ['blarnij] *n* neiskrene pohvale; laskanje

blase [bla'zej] *a* blaziran, zasićen

blaspheme [blaes'fijm] *v* 1. *tr* pohuliti 2. *intr* huliti, bogohuliti **blasphemous** ['blaesfəməs] *a* bogohulan, blasfeman **blasphemy** *n* bogohuljenje, blasfemija

blast I [blaest] *n* 1. udar vetra (vjetra) 2. strujanje; *a ~ of air* strujanje vazduha (W: zraka) 3. zvuk; *the ~ of a trumpet* zvuk trube 4. eksplozija; talas eksplozije, udarni talas; *the ~ knocked him off his feet* udarni talas ga je oborio 5. osuda, žestok napad; *he issued an angry ~ against the bill* objavio je žestok napad na nacrt zakona **blast** II *v* 1. *tr* uništiti, srušiti; *to ~ hopes* uništiti nade 2. *tr* probiti; *to ~ a passage through rocks* probiti prolaz kroz stenje (stijenje) 3. *tr* (mil.) tući; *to ~ off the map* zbrisati sa lica zemlje 4. *tr* (colloq.) napasti, osuditi 5. *intr* koristiti eksplozive; (mil.) *the engineers were ~ing* inžinjerci su koristili eksplozive

blast off *v* (astron.) poleteti (poletjeti), biti lansiran

blaze I [blejz] *n* 1. plamen; požar 2. blesak (blijesak), sjaj; *a ~ of glory* sjaj slave 3. misc.; (in *pl*) (colloq.) *go to ~s!* idi do đavola! **blaze** II *v* 1. *tr* bjesnuti; *her eyes ~d fury* u očima joj je bljesnuo gnev (gnjev) 2. *intr* planuti, plamteti (plamtjeti), bukteti (buktjeti), razbuktati se; *the house is ~ing* kuća je u plamenu

blaze III *v tr* zasecati (zasijecati); *to ~ a trail* zasecati drveće; or: (fig.) prokrčiti put, utrti put

blazer *n* lak sako (u boji, prugast) koji se prodaje bez pantalona (W: hlača)

bleach I [blijč] *n* belilo (bjelilo) **bleach** II *v* 1. *tr* obeliti (obijeliti) 2. *intr* beleti (bijeljeti)

bleachers *n pl* (baseball) nepokrivene tribine

bleak [blijk] *a* 1. goletan, izložen vetru (vjetru); pust; *~ fields* pusta polja 2. mračan, turoban, sumoran; *~ weather* turobno vreme (vrijeme)

bleary ['blijrij] *a* mutan; krmeljiv; *~ eyes* mutne (krmeljive) oči

bleat I [blijt] *n* blejanje, mečati **bleat** II *v intr* blejati, mečati

bleed [blijd]; bled [bled] *v* 1. *tr* (med.) *to ~ smb.* pustiti nekome krv 2. *tr* iznuditi; *to ~ smb. for money* iznuditi nekome novac 3. *tr* ispuštati vazduh W: zrak (iz);

to ~ a tire ispuštati vazduh iz gume 4.
intr krvariti; his nose is ~ing on krvari
iz nosa
blemish ['blemiš] n mana; nedostatak **ble-
mish** II v tr oštetiti
blend I [blend] n 1. mešavina (mješavina)
2. mešanje (miješanje) 3. (ling.) hibridni
(kontaminirani) oblik **blend** II v 1. tr
pomešati (pomiješati) 2. intr pomešati
se; oil and water do not ~ ulje i voda
neće da se mešaju **blender** n uređaj za
mešanje (mješanje)
bless [bles]; ~ed or blest [blest] v tr
blagosloviti; God ~ you! sačuvaj te,
bože! **blessed** ['blesid] a 1. blagosloven,
svet 2. blažen 3. (colloq.) bogovetni
(bogovjetni); every single ~ day svakog
bogovetnog dana **blessing** n 1. blago-
slov; to give one's ~ dati blagoslov 2.
prizivanje božje milosti; to say (pro-
nounce) a ~ moliti se bogu (pre — prije
ili posle — poslije jela) 3. sreća; *a ~ in
disguise sreća pod vidom nesreće
blight I [blajt] n 1. medljika; gara; snet
(snijet) 2. razoran uticaj, razorna snaga
3. razorenje, uništenje **blight** II v tr
razoriti, upropastiti
blimp I [blimp] n diri žabl (meke konstruk-
cije)
blimp II n (colloq., Br.) arogantan, bomba-
stičan reakcionar
blind I [blajnd] n 1. roletna, žaluzija; to
draw the ~s spustiti roletne 2. prevara,
lažni objekat **blind** II a slep (slijep) ~
obedience slepa poslušnost **blind** III v tr
zaslepiti (zaslijepiti); ~ed by the sun
zaslepljen od sunca
blind alley ćorsokak
blinders n pl naočnjaci
blindfold I [~fould] n povez za oči **blind-
fold** II v tr povezati (nekome) oči; to ~
smb. povezati nekome oči
blindness n slepilo (slijepilo), slepoća
(sljepoća)
blink I [blingk] n treptanje, trepet **blink** II
v 1. tr trepnuti; to ~ one's eyes trepnuti
očima 2. intr treperiti, svetlucati (svjet-
lucati)
blinker n 1. trepćuće svetlo (svjetlo) 2. (in
pl; Br.) see **blinders** 3. (in pl) mačje oči
blinking a trepćući; a ~ light trepćuće
svetlo (svjetlo)
blip [blip] n odraz cilja (na radarskom
ekranu)

bliss [blis] n blaženstvo, sreća **blissful** n
blažen, srećan
blister I ['blistər] n plik, mehur (mjehur)
blister II v 1. tr izazvati plikove (na) 2.
intr pokriti se plikovima
blistering a žestok, žučan; a ~ attack
žučan napad
blithering ['blith:əring] a brbljiv; a ~
idiot zvekan
blizzard ['blizərd] n mećava
bloat [blout] v tr naduti (naduhati)
blob [blab] n grudvica, grumuljica
bloc [blak] n (politički) blok
block I [blak] n 1. panj, klada; balvan; a
chopping ~ mesarski panj; *a chip off
the old ~ iver ne pada daleko od klade
2. see **bloc** 3. gubilište (panj na kome se
odsecala—odsijecala glava) to go to the
~ ići na gubilište 4. blok; a ~ of marble
blok mermera 5. ulica; go straight for
six ~s idite pravo šest ulica; he lives in
this ~ on stanuje u ovoj ulici 6. (sports)
blokiranje, sprečavanje (sprječavanje)
7. (drvena) kocka (igračka) **block** II v tr
1. zaprečiti (zapriječiti); to ~ smb.'s
way zaprečiti nekome put 2. blokirati;
to ~ all approaches blokirati sve prila-
ze 3. zaustaviti; to ~ traffic zaustaviti
saobraćaj 4. oblikovati; to ~ a hat
oblikovati šešir 5. (sports) blokirati 6.
(or: to ~ up) začepiti; zapušiti; the sink
is ~ed up sudopera se zapušila; his nose
is ~ed nos mu se zapušio 7. zakloniti; to
~ smb.'s view zakloniti nekome vidik
blockade I [bla'kejd] n blokada; to break a
~ razbiti blokadu; to run a ~ probiti
blokadu **blockade** II v tr blokirati; to ~
a harbor blokirati luku **blockade-run-
ner** n probijač blokade
blockage ['blakidž] n 1. blokiranje 2. zapu-
šavanje
block-by-block a ulični; ~ fighting ulična
borba
blockhead [~hed] n glupan, panj, klada
blockhouse [~haus] n bunker, blokhauz
bloke [blouk] n (Br., colloq.) čovek
(čovjek)
blond I [bland] n plavokos muškarac
blond II a 1. plav; ~ hair plava kosa 2
plavokos; a ~ woman plavuša **blonde**
[bland] n plavuša, plavojka **blond-** a
plavokos
blood I [bləd] n krv; *~ is thicker than
water krv nije voda; *blue ~ plava krv;
*in cold ~ hladnokrvno, namerno

(namjerno); *to shed* ~ proliti krv **blood
II** *a* krvni **bloodcurdling** [~kərdling] *a*
jeziv **blood group** krvna grupa **blood-
hound** [~haund] *n* krvoslednik (krvo-
sljednik), pas-tragač **bloodless** *a* 1. be-
skrvan 2. bez krvoprolića **bloodmobile**
[~məbijl] *n* pokretno skladište rezerve
krvi **blood poisoning** trovanje krvi **blood
pressure** krvni pritisak (W: tlak) **blood-
shed** [~šed] *n* krvoprolиće **bloodshot**,
[~šat] *a* zakrvavljen; *his eyes are* ~ oči
su mu se zakrvavile **blood stream** krvo-
tok **blood test** ispitivanje krvi **blood-
thirsty** [~thərstij] *a* krvožedan **blood
type** krvna grupa **blood vessel** krvni sud
bloody *a* krvav 1. krvav 2. (Br.) proklet
bloom I [blu:m] *n* 1. cvet (cvijet) 2. mašak,
pepeljak **bloom II** *v intr* cvetati (cvje-
tati)
bloomers *n pl* ženske čakšire
blooming *a* 1. koji cveta (cvjeta) 2. misc.; *a*
~ *idiot* zvekan
blossom I ['blasəm] *n* 1. cvet (cvijet) 2.
cvetanje (cvjetanje) **blossom II** *v intr*
cvetati (cvjetati), pupiti
blot I [blat] *n* mrlja; *a* ~ *on one's honor*
ljaga na časti **blot II** *v* 1. *tr* umrljati;
iskrmačiti 2. *intr* umrljati se; iskrmačiti
se
blotch [blač] *n* mrlja
blotter ['blatər] *n* 1. upijaća hartija (W:
bugačica) 2. podmetač za pisanje 3.
zapisnik; *a police* ~ policijski zapisnik
(u policijskoj stanici)
blotto ['blatou] *a* (Br., slang) pijan
blouse [blaus] *n* 1. bluza 2. (mil.) vojnička
bluza
blow I [blou]; *blew* [blu:]; *blown* [bloun] *v*
1. *tr* trubiti 2. *tr (to* ~ *one's nose)*
useknuti se 3. *intr* duvati (W also:
puhati); *the wind is* ~*ing* vetar (vjetar)
duva; ~ *on the soup!* duvaj u čorbu (W:
juhu)! 4. misc.; *to a whistle* zazviždati,
dati znak zviždaljkom; *to -a horn* svira-
ti, trubiti (automobilskom trubom)
blow II *n* udar, udarac; šamar; *to del-
iver (strike) a* ~ naneti (nanijeti) udar
blow away *v* oduvati (W also: otpuhnuti);
odneti (odnijeti); *the wind blew his hat
away* vetar (vjetar) mu je oduvao šešir
blow-by-blow *a* detaljan; *a* ~ *account*
detaljan izveštaj (izvještaj)
blow down *v* oboriti (duvanjem), iskidati;
the wind blew a tree down vetar (vjetar)
je oborio drvo

blower *n* 1. (tech.) kompresivni ventilator,
kompresor 2. meh (mijeh), duvalica
blow off *v* 1. see **blow away** 1 2. oduvati
(W: otpuhnuti); *to blow dust off a book*
oduvati prašinu sa knjige 3. odneti (od-
nijeti) eksplozijom; *his arm was blown
off* ruka mu je odneta eksplozijom
blow out *v* 1. ugasiti; *to blow out a candle*
ugasiti sveću (svijeću) 2. eksplodirati;
the tire blew out guma je eksplodirala 3.
pregoreti (pregorjeti); *the fuse blew out*
osigurač je pregoreo **blowout** [~aut] *n*
eksplozija; *we had a* ~ *(on the road)*
eksplodirala nam je guma
blow over *v* 1. proći; *the clouds will soon
blow over* oblaci će uskoro proći 2.
stišati se; *the trouble blew over* uznemi-
renje se stišalo
blow up *v* 1. dići u vazduh (W: zrak); *to
blow up a bridge* dići most u vazduh 2.
povećati; *to blow up a picture* povećati
foto-snimak 3. napumpati; naduvati; *to
blow up a tire* napumpati (naduvati)
gumu 4. (mil.) zapaliti; *to blow up a
mine* zapaliti minu 5. razjariti se, pla-
nuti, prekipeti (prekipjeti); *he blew up
and said all sorts of things* prekipelo mu
je i svašta je kazao **blowup** [~əp] *n* 1.
eksplozija (also fig.) 2. povećanje (foto-
-snimka), groplan
blubber I ['bləbər] *n* kitova mast, vrvanj
blubber II *v* 1. *tr* izgovoriti jecajući 2. *intr*
jecati, plakati
bludgeon I ['blədžən] *n* batina **bludgeon II**
v tr izbatinati
blue I [blu:] *n* 1. plava boja, plavetnilo,
plavet 2. (fig.) nebo; *out of the* ~ iz
vedra neba **blue II** *a* 1. plav; ~ *eyes*
plave oči 2. utučen, snužden; *in a* ~
funk sasvim utučen
blueberry [~berij] *n* (bot.) vrsta borovnice
blue-chip *a* najbolji; ~ *stocks* najbolje
(najjače) akcije
blue-collar *a* radnički; ~ *workers* (ma-
nuelni) radnici
blue jeans *pl* farmerke, farmerice (also
jeans)
blueprint [~print] *n* shematski plan
blues *n pl* 1. melanholija 2. (mus.) bluz
blue streak (colloq.) potok reči (riječi)
bluff I [bləf] *n* blef, obmana, zavaravanje
bluff II *v* blefirati, obmanuti, zavarati
bluff III *n* litica; strma obala
blunder I ['bləndər] *n* gruba greška **blun-
der II** *v intr* pogrešiti (**pogriješiti**)

blunt I [blənt] a 1. tup; a~ weapon tupo oružje 2. nabusit blunt II v tr zatupiti bluntness n 1. tupost 2. nabusitost

blur [blər] v tr zamagliti, pomutiti; zamutiti; to ~ a photograph zamutiti snimak

blurb [blərb] n (colloq.) (izdavačeva) pohvala (na omotu knjige)

blurred [blərd] a zamagljen, pomućen, nejasan; ~ vision pomućen vid

blurt out [blərt] v izbrbljati; izvaliti; to blurt out a secret nepromišljeno izdati tajnu

blush I [bləš] n rumen; (fig.) at first ~ na prvi pogled blush II v intr porumeniti (porumenjeti), zacrveniti (zacrvenjeti)

bluster I ['bləstər] n 1. hvalisanje 2. prazne pretnje (prijetnje) bluster II v intr 1. glasno se hvalisati 2. pretiti (prijetiti)

boa [bouə] n 1. (zool.) boa 2. boa; ženska ogrlica u obliku zmije

boar [bor] n nerast, vepar; wild ~ divlji vepar

board I [bord] n 1. daska 2. tabla (W usu.: ploča); an instrument ~ kontrolna tabla 3. ishrana, hrana, room and ~ stan i hrana, pansion 4. komisija, odbor; a draft ~ regrutna komisija; an editorial ~ uređivački odbor 5. bok broda; on ~ na brodu 6. (in pl, colloq.) specijalistički ispit; he has passed his ~ s položio je specijalistički ispit 7. misc.; across the ~ opšti (opći); above ~ otvoreno board II v 1. tr (to ~ up) daskama obložiti (pokriti) 2. tr and intr ukrcati se, ući; to ~ a ship ukrcati se na brod; or: ući silom na brod; to ~ an airplane ući u avion

boarder n podstanar

boarding house pansion

boarding school internat, pansionat

boardwalk [~wok] n staza sa zastorom od dasaka, šetalište (na plaži)

boast I [boust] n hvastanje, hvalisanje boast II v intr hvastati se, hvalisati se boaster n hvastavac, hvalisavac boastful a hvastav, hvalisav

boat [bout] n 1. čamac 2. (colloq.) brod (see ship I 1)

boatswain ['bousən] n (naut.) voda palube

bob I [bab] n 1. brz pokret (glave, tela—tijela) 2. kratka kosa bob II v 1. tr kratko ošišati; to ~ hair kratko ošišati kosu 2. intr kretati se brzo; to ~ up and down kretati se gore—dole

bob III (pl has zero) n (Br.) see shilling

bobbin [~in] n kalem (za konac)

bobby [~ij] n (Br., colloq.) policajac

bobby pin ukosnica

bobcat ['babkaet] n (zool.) riđi ris, divlja mačka

bobsled [~sled] n bob, bobslej, saonice

bock beer [bak] jako, crno pivo; bok

bodice [badis] n 1. gornji deo (dio) ženske haljine 2. prsluk

bodily ['badəlij] 1. a telesni (tjelesni); ~ injury telesna povreda 2. adv u potpunosti, u celini (cjelini); the building was transported ~ to another location cela (cijela) zgrada preneta (prenijeta) je na drugo mesto (mjesto)

body ['badij] n 1. telo (tijelo); the human ~ ljudsko telo 2. leš 3. karoserija (vozila) 4. (cul.) gustina, jačina 5. misc.; to keep ~ and soul together jedva održavati život; to go in a ~ ići zajedno

bodyguard [~gard] n 1. telohranitelj (tjelohranitelj) 2. telesna (tjelesna) straža

bog [bag] n močvara

bog down v 1. zaglibiti 2. zaglibiti se; to bog down (get ~ged down) in a swamp zaglibiti se u močvari

boggle ['bagəl] v intr trgnuti se; zapanjiti se; my mind ~s at the very idea i sama pomisao na to me zapanjuje

bogus ['bougəs] a lažan; ~ money lažne novčanice

Bohemia [bou'hijmijə] n 1. (geog.) Bohemija, Češka 2. (fig.) boemija Bohemian I n 1. Čeh 2. boem Bohemian II a 1. češki 2. boemski

boil I [bojl] n ključanje; to bring to a ~ dovesti do tačke (W: točke) ključanja boil II v 1. tr skuvati (skuhati); to ~ coffee skuvati kafu (kavu) 2. tr iskuvati (iskuhati), prokuvati (prokuhati); to ~ a syringe prokuvati špric 3. tr obariti; to ~ an egg obariti jaje 4. intr ključati, vreti; the water is ~ing voda ključa (vri) 5. intr (fig.) kipeti (kipjeti), kipteti (kiptjeti); he was ~ing with rage on je kipeo od besa (bijesa) 6. intr (to ~ out) ispariti (se) 7. intr (to ~ over) kipeti (kipjeti), prekipeti (prekipjeti); your milk is ~ing over! mleko (mlijeko) ti kipi!

boil III n (med.) čir

boiler n 1. kotao, kazan; a steam ~ parni kotao (kazan) 2. bojler; an electric (gas) ~ bojler na struju (gas)

boiling point tačka (W: točka) ključanja (W also: vrelište)
boisterous ['bojstərəs] a 1. buran, žestok 2. bučan; a ~ person bučna osoba
bold [bould] a hrabar, smeo (smio), odvažan; to act ~ly odvažno postupiti 2. bestidan, bezobrazan
Bolivia [be'livijə] n Bolivija **Bolivian** I n Bolivijanac **Bolivian** II a bolivijski
Bolshevik ['boulšəvik] n boljševik **Bolshevism** n boljševizam **Bolshevist** I n boljševik **Bolshevist** II a boljševički
bolster I ['boulstər] n jastuk, podloga **bolster** II v tr podupreti (poduprijeti); učvrstiti
bolt I [boult] n 1. reza, prevornica (prijevornica), šip; čivija 2. (on a firearm) zatvarač 3. zavrtanj 4. grom; *a ~ from the blue grom iz vedra neba 5. smotak, bala (platna) **bolt** II v 1. tr zatvoriti rezom, zašipiti; to ~ a door zašipiti vrata 2. tr spojiti zavrtnjima 3. tr proždirati, halapljivo gutati; to ~ one's food proždirati (halapljivo gutati) hranu 4. tr (pol., colloq.) napustiti; to ~ one's party napustiti svoju stranku 5. intr pobeći (pobjeći) 6. intr (of a horse) otrgnuti se
bomb I [bam] n 1. bomba 2. (colloq.) neuspeh (neuspjeh) 3. (Br.; colloq.) uspeh (uspjeh) **bomb** II v 1. tr and intr bombardovati, zasuti bombama 2. intr (colloq.) pretrpeti (pretrpjeti) neuspeh (neuspjeh)
bombard [bam'bard] v tr bombardovati, zasuti artiljerijskom vatrom **bombardment** n bombardovanje
bombast ['bambaest] n bombast **bombastic** [bam'baestik] a bombastičan, gromopucatelan
bomber n bombarder **bombing** n bombardovanje; pin-point ~ nišansko bombardovanje
bombshell [~šel] n (colloq.) senzacija, iznenađenje
bomb shelter sklonište od bombi
bombsight [~sajt] n bombarderski nišan
bonanza [bə'naenzə] n 1. bogat rudnik 2. izvor bogatstva
bond I [band] n 1. veza, spona; ~s of friendship prijateljske veze 2. obaveza; ugovor 3. obveznica; a government ~ obveznica narodnog zajma 4. carinski magacin; to take out of ~ podići (robu) sa carinarnice 5. (in pl) okovi; to burst one's ~s raskinuti svoje okove 6. kauci-

ja, bankarska garancija (garancija), jemstvo; under ~ uz jemstvo 7. (chem.) veza **bond** II v tr zajemčiti, osigurati; zagarantovati; to ~ merchandise zadržati u carinskom magacinu (dok se ne plati carina)
bondage n ropstvo
bone [boun] n kost; a fish ~ kost od ribe **bone up** v (colloq.) to bone up on smt. osvežiti (osvježiti) svoje znanje nečega
bonfire ['banfajr] n logorska vatra (W also: krijes)
bonnet ['banit] n 1. ženski šešir bez oboda 2. (Br.) poklopac (na automobilu)
bonus ['bounəs] n dopunska nagrada, premija
bony ['bounij] a koščat
boo ['bu:] n zviždanje **boo** II v tr and intr zviždati, izviždati; the audience ~ed the actor publika je izviždala glumca
boo-boo ['bu:bu:] n (colloq.) greška
booby prize ['bu:bij] (colloq.) nagrada dodeljena (dodijeljena) onome koji poslednji (posljednji) stigne u trci
booby trap (mil. and fig.) mina iznenađenja **booby-trap** v tr minirati minama iznenađenja
boogieman ['bugijmaen] (~men [min]) n bauk, avet
book I [buk] n 1. knjiga; to publish a ~ izdati knjigu 2. blok; a ~ of tickets blok ulaznica 3. (colloq.) opklade; to make primati opklade 4. (in pl) knjige; to keep ~s voditi knjige 5. misc.; *by the ~ po propisima; *to throw the ~ at strogo kazniti **book** II v tr 1. optužiti; to ~ smb. (at a police station) zabeležiti (zabilježiti) optužbu protiv nekoga (na policijskoj stanici) 2. (esp. Br.) rezervisati; everything is ~ed (up) sve je zauzeto
bookbinder [~bajndər] n knjigovezac
bookbinding n knjigovezaštvo
bookcase [~kejs] n orman za knjige **book club** udruženje čitalaca **book dealer** knjižar **book end** podupirač za knjige
bookie ['bukij] n (colloq.) see **bookmaker**
booking n 1. (esp. Br.) rezervisanje 2. angažovanje
bookish a knjiški
bookkeeper [~kijpər] n knjigovođa **bookkeeping** n knjigovodstvo; double-entry (single-entry) ~ dvojno (prosto) knjigovodstvo

book learning knjiško znanje, znanje stečeno iz knjiga
booklet [~lit] n knjižica, brošura
bookmaker [~mejkər] n bukmejker
bookmark [~mark] n znak (W: kazalo) za knjigu **bookrack** [~raek] n stalak za knjige **book review** recenzija na knjigu, prikaz knjige **bookseller** [~selər] n knjižar **bookshelf** [~šelf] n etažer **bookstand** [~staend] n kiosk (sa knjigama) **bookstore** [~stor] n knjižara **bookworm** [wərm] n (zool. and fig.) knjiški moljac
boom I [bu:m] n 1. brz porast, bum, uspon; an economic ~ privredni uspon 2. tutnjava, gruvanje; the sonic ~ zvučni udar **boom** II v intr 1. gruvati, bučati, tutnjiti; the guns were ~ing topovi su gruvali 2. procvetati (procvjetati), brzo rasti
boom III n 1. (naut.) kolac, poluga; (colloq.) *to lower the ~ on smb. okomiti se na nekoga, uništiti nekoga 2. barikada
boomerang I ['bu:məraeng] n bumerang **boomerang** II v intr biti bumerang (dovesti do rezultata koji je suprotan očekivanju)
boom town grad (gradić) koji brzo raste
boon [bu:n] n blagodat, korist; a ~ to science blagodat za nauku
boor [bu:r] n grubijan, gedža **boorish** a grub, neotesan, geački
boost I [bu:st] n 1. pomoć, podrška 2. guranje uvis; give me a ~ pomozi mi da se popnem; that gave my morale a ~ to mi je podiglo moral 3. povećanje, porast; a ~ in salary povišica **boost** II v tr 1. pogurati uvis 2. dići, podići; to ~ morale dići moral 3. povećati, povisiti; to ~ steel production povećati proizvodnju čelika
booster n 1. pristalica; navijač; podržavalac 2. (elec.) pojačavač, pobuđivač; dodatni generator 3. (astron.) (also: ~ rocket) startna raketa, raketni nosač
booster charge dopunjavanje akumulatora
booster shot (med.) revakcinacija
boot I [bu:t] n 1. čizma; riding ~s čizme za jahanje; *to lick smb.'s ~s lizati nekome pete 2. (Br.) prtljažnik 3. (colloq.) udar nogom 4. (Am. navy, marines) regrut **boot** II v tr (colloq.) udariti nogom
bootblack [~blaek] n čistač cipela

booth [bu:th] (booths) [bu:th:z] n 1. kabina 2. (in a restaurant) separe 3. tezga, štand (na sajmu)
bootleg I ['bu:tleg] n 1. sara 2. švercovana roba (naročito alkoholna pića) **bootleg** II a švercovan (oblično o alkoholnim pićima) **bootleg** III v švercovati, krijumčariti; prodavati (obično: alkoholna pića) **bootlegger** n švercer (alkoholnih pića)
bootlick [~lik] v tr and intr lizati pete **bootlicker** n ulizica, čankoliz
boots (pl has zero) n (Br.) sluga (u hotelu)
booty n plen (plijen)
booze [bu:z] n (colloq.) alkoholno piće
bordello [bor'delou] (-s) n burdelj, javna kuća
border I ['bordər] n 1. granica; to close (guard) a ~ zatvoriti (čuvati) granicu 2. pervaz, porub 3. ivica **border** II v 1. tr oivičiti 2. tr opervaziti, opšiti 3. intr (usu.: to ~ on, upon) graničiti se; Canada ~s on the USA Kanada se graniči sa SAD **border crossing** granični prelaz
borderline I [~lajn] n 1. granica; demarkaciona linija 2. ivica; on the ~ na ivici **borderline** II a prelazan
bore I [bor] n 1. bušilica 2. kalibar (oružja); (of a shotgun) bušenje 3. prečnik cilindra **bore** II v tr probušiti, probiti; to ~ a hole probušiti rupu
bore III n 1. gnjavator 2. dosadan posao **bore** IV v tr dosaditi; to ~ smb. dosaditi nekome
boric ['borik] a borni; ~ acid borna kiselina
boring ['boring] a dosadan
borough ['bərou] 1. n grad; gradić, varoš 2. deo (dio) grada Njujorka
borrow ['barou] v tr pozajmiti; to ~ smt. from smb. pozajmiti nešto od nekoga **borrowing** n (usu. ling.) pozajmljenica (W also: posudba)
Bosnia and Herzegovina ['baznije aend 'hertsəgou'vijnə] Bosna i Hercegovina
Bosnian I ['baznijən] n Bosanac **Bosnian** II a bosanski
bosom I ['buzəm] n 1. grudi 2. grudi haljine 3. nedra (njedra) 4. naručje, zagrljaj **bosom** II a prisan; a ~ friend prisan drug
boss I [bos] n gazda, šef **boss** II v tr (colloq.) komandovati; zapovedati (zapovijedati) to ~ smb. around komando-

vati nekome, tiranisati nekoga **bossy** *a*
zapovednički (zapovjednički)
Boston ['bostən] *n* Boston
botanical [bə'taenikəl] *a* botanički; *a* ~
garden botanička bašta **botanist** ['bat-
nist] *n* botaničar **botany** ['batnij] *n*
botanika
botch [bač] *v tr* (colloq.) pokvariti
both [bouth] 1. *pron* obojica, obadve (oba-
dvije); oboje; ~ *(men) are tall* obojica su
visoki 2. *a* oba, obe (obje), obadva,
obadve (obadvije), obadvoje; oboji; ~
brothers oba brata; ~ *houses* obe kuće
3. *conj* (~ . . . *and*) i . . . i; *he bought* ~ *a
phonograph and records* doneo (donio)
je i gramofon i ploče
bother I ['bath:ər] *n* briga, sekiracija **bot-
her** II *v* l. *tr* dosaditi, uznemiriti; ugnja-
viti; *excuse me for* ~*ing you* izvinite što
sam vas uznemirio 2. *intr* pobrinuti se;
to ~ *about smt.* pobrinuti se o nečemu
bothersome [~səm] *a* dosadan
bottle I ['batl] *n* 1. flaša; boca 2. cucla; *to
bring up on the*~ odgajiti na cuclu
bottle II *v tr* 1. razliti u boce; *to* ~ *wine*
staviti vino u boce 2. (fig.) *to* ~ *one's
feelings up* prikriti svoja osećanja (osje-
ćanja)
bottleneck [~nek] *n* 1. grlić boce 2. (fig.)
usko grlo
bottom I ['batəm] *n* 1. dno; *the* ~ *of the
sea* dno mora 2. misc.; *to get to the* ~ *of
a matter* ući u stvar do kraja **bottom** II *a*
najniži; *a* ~ *price* najniža cena (cijena)
bough [bau] *n* grana
boulder ['bouldər] *n* veliki kamen
boulevard ['buləvard] *n* bulevar; ulica
bounce I [bauns] *n* 1. odskok 2. odskočlji-
vost **bounce** II *v* l. *tr* baciti da odskoči;
to ~ *a ball* baciti loptu da odskoči 2.
intr odskočiti 3. *intr* skočiti; *he* ~*d out
of the chair* skočio je sa stolice 4. *misc.;
the check* ~*d* ček nije imao pokrića
bouncer *n* (colloq.) radnik kafane (kavane)
koji izbacuje pijanice
bouncing *a* zdrav, jedar; *a* ~ *baby* jedro
dete (dijete)
bound I [baund] *n* skok; *by leaps and* ~*s*
vrlo brzo **bound** II *v intr* skočiti
bound III *v tr* graničiti; *Canada is* ~*ed on
the south by the USA* Kanada se na
jugu graniči sa SAD
bound IV *pred a* na putu; *they were* ~ *for
Europe* bili su na putu za Evropu

bound V *a* 1. see **bind** II 2. siguran; *he's* ~
to come sigurno će doći
boundary *n* granica, međa
bounder *n* (usu. Br.) prostak
bounds *n pl* (dozvoljene) granice; *within*
~ u dozvoljenim granicama; *out of* ~
van dozvoljenog prostora; or: (sports)
van igre, aut
bountiful ['bauntifəl] *a* 1. darežljiv 2.
obilan **bounty** ['bauntij] *n* 1. darežljivost
2. premija, nagrada
bouquet [bu:'kej] *n* 1. buket 2. miris,
aroma (likera, vina)
bourgeois I [bu:rž'wa] *(pl* has zero*) n*
buržuj **bourgeois** II *a* buržujski **bour-
geoisie** [bu:ržwa'zij] *n* buržoazija
bout [baut] *n* 1. takmičenje 2. nastup,
napad; *a* ~ *of illness* napad bolesti
bow I [bau] *n* (naut.) pramac
bow II *n* klanjanje, naklon; *to make a* ~
pokloniti se
bow III *v* 1. *tr* sagnuti, pognuti, saviti; *to*
~ *one's head* sagnuti (pognuti) glavu 2.
intr pokloniti se; *to* ~ *to smb.* pokloniti
se nekome 3. *intr* (fig.) pokloniti se,
pokoriti se; klecnuti; *to* ~ *to superior
force* pokoriti se višoj sili
bow IV (onoma.) *av*
bow V [bou] *n* 1. luk; *hunting with* ~ *and
arrow* upotreba luka i strelice 2. gudalo
3. (in a girl's hair) pantljika
bowel ['bauəl] *n* (usu. in *pl*) 1. crevo
(crijevo); drob 2. (fig.) utroba; *the* ~*s of
the earth* utroba zemlje
bower ['bauər] *n* senica (sjenica), brajda
bowl I [boul] *n* 1. činija, zdela (zdjela);
tacna; *a salad* ~ činija za salatu; *a soup*
~ zdela za supu 2. pehar 3. doza; *a
sugar* ~ doza za šećer 4. (Am., football)
stadion 5. (Am., football) (or: ~ *game)*
šampionsko takmičenje
bowl II *v intr* kuglati se; *to go* ~*ing* ići na
kuglanje
bowleg ['bouleg] *n* kriva noga (na *o)*
bowlegged *a* krivonog
bowler ['boulər] *n* kuglaš **bowling** *n* ku-
glanje **bowling alley** kuglana **bowling
ball** kegla (za obaranje čunjeva)
bowl over *v* oboriti; (fig.) *to bowl smb.
over* iznenaditi nekoga
bowstring ['boustring] *n* tetiva (na luku)
bow tie [bou] leptir-mašna, leptirica
bow-wow [bau-wau] (onoma., of a dog)
av-av

box 58 brass

box I [baks] n 1. kutija; a ballot ~ glasačka kutija 2. sadržina kutije; to eat a whole ~ of chocolates pojesti celu (cijelu) kutiju čokolade 3. (theater) loža box II v tr 1. staviti u kutiju 2. to ~ in (up) ometati (u kretanju), blokirati, okružiti box III n udar; a ~ on the ears šamar, pljuska box IV v 1. tr ošamariti; to ~ smb. on the ear opaliti nekome šamar 2. intr boksovati (W: boksati), boksovati se box camera sandučar

boxcar [~kar] n teretni vagon

boxer n bokser (W: boksač) boxing n boks boxing glove rukavica za boks boxing match boks-meč

box office blagajna

boy I [boj] n dečak (dječak), momak; (sports, colloq.) our ~s are playing well naši momci dobro igraju boy II interj ala (izražava divljenje)

boycott I ['bojkat] n bojkot boycott II v tr bojkotovati

boy friend dečko (dječko)

boyhood [~hud] n dečaštvo (dječaštvo) boyish a dečački (dječački)

Boy Scout skaut, izviđač

bra [bra] n see brassiere

brace I [brejs] n 1. potpora, podupirač; spona, spoj 2. (med.) podržna šina (za vertikalno opterećenje); a back ~ držač kičme 3. (dentistry) (usu. in pl) spravica za ispravljanje nepravilno izraslih zuba 4. par, dvoje 5. zagrada 6. (in pl; Br.) naramenice brace II v 1. tr and refl podupreti (poduprijeti), upreti (uprijeti); he ~ed his shoulder against the door on je upro ramenom o vrata 2. refl and intr napregnuti, prikupiti; pripremiti se; he ~ed himself to hear the doctor's opinion prikupio je snagu da čuje lekarevo (ljekarevo) mišljenje

bracelet [~lit] n narukvica

bracing a svež (svjež); okrepljujući

bracket I ['braekit] n 1. držač; podupirač 2. (printing, math.) zagrada; round (square) ~s obla (uglasta) zagrada 3. (mil.) uraklivanje 4. (of taxpayers) grupa poreznika (prema dohotku) bracket II v tr 1. staviti u zagradu 2. (mil.) ukraljiti

brackish ['braekiš] a slan

brad [braed] n ekser bez glave (sa malom glavom)

brag [braeg] v intr hvalisati se, hvastati se braggart [~ərt] n hvalisavac, havastavac

braid I [brejd] n 1. gajtan, širit; tkanica 2. kika; pletenica braid II v tr 1. opšiti gajtanom 2. oplesti; to ~ hair oplesti kosu

braille [brejl] n slepačko (sljepačko) pismo

brain I [brejn] n 1. mozak; glava; an electronic ~ elektronski mozak 2. pamet, um, glava; *to rack one's ~s lupati glavu 3. (in pl; colloq.) pokretač; the ~s behind a plan pokretač projekta brain II v tr (colloq.) to ~ smb. razbiti glavu nekome

brainstorm [~storm] n genijalna ideja

brainwash [~woš] v tr izložiti intenzivnoj propagandi, oprati (nekome) mozak brainwashing n pranje mozgova, politička obrada

braise [brejz] v tr (cul.) kuvati (kuhati) u poklopljenom loncu

brake I [brejk] n kočnica; paočanica; an air ~ vazdušna (W: zračna) kočnica brake II v 1. tr ukočiti; to ~ a car ukočiti kola 2. intr kočiti, paočiti

bramble ['braembəl] n drač, vukodržica

bran [braen] n mekinje, osevci (osijevci)

branch I [braenč] n 1. grana (deo — dio drveta) 2. (fig.) grana, ogranak; a ~ of science grana nauke 3. (~ of a river) rukavac 4. (mil.) (~ of service) rod vojske 5. (~ of an antler) grana rogova 6. filijala; predstavništvo branch II v intr 1. (to ~ off) odvojiti se, račvati se; the road ~es off put se račva (odvaja) 2. (to ~ out) razgranati (se); to ~ out into new activities razgranati poslove branch office filijala

brand I [braend] n 1. marka; a well--known ~ poznata marka 2. žig, znak brand II v tr žigosati; to ~ cattle žigosati stoku

brandish v tr mahati; to ~ a weapon mahati oružjem

brand-new a nov novcat

brandy n rakija

brash [braeš] a drzak

brass I [braes] n 1. mesing, žuta med 2. (mil., colloq.) metalni delovi odeće (dijelovi odjeće); (fig.) starešine; big ~ visoke starešine, generali 3. (colloq.) drskost, samopouzdanje 4. (Br., colloq.) novac 5. (colloq.) bleh-instrumenti brass II a 1. mesingan 2. (mus.) duvački; ~

instruments duvački instrumenti, bleh-
-instrumenti
brassiere [brə'zijr] n prslučić, grudnjak
brass knuckles pl bokser (napadačko
oružje)
brassy a 1. mesingast 2. razmetljiv 3.
(colloq.) drzak, bezobrazan
brat [braet] n (colloq.) derle, derište
bravado [brə'vadou] n razmetanje hra-
brošću
brave I [brejv] n indijanski junak, ratnik
brave II a hrabar **brave** III v tr **brave** III
v tr pružiti otpor **bravery** ['brejv(ə)rij] n
hrabrost
brawl I [brol] n tuča, svađa, gužva **brawl**
II v intr svađati se (bučno)
brawn [bron] n 1. mišićavost; snaga 2.
(Br.) svinja; svinjetina **brawny** a mišićav
bray I [brej] n njakanje **bray** II v intr
njakati; a donkey ~s magarac njače
brazen I ['brejzən] a 1. mesingan; a ~
image lik od mesinga 2. drzak, bezobra-
zan, bestidan; a ~ hussy bestidnica
brazen II v (usu.: to ~ it out) drsko se
ponašati
Brazil [brə'zil] n Brazil **Brazilian** I [~jən]
n Brazilac **Brazilian** II a brazilski
breach I [brijč] n 1. prekršaj; neispunjenje;
~ of contract neispunjenje ugovora 2.
breša, proboj, prodor; to effect (seal off)
a ~ probiti (zatvoriti) brešu **breach** II v
tr probiti
bread I 1. [bred] n hleb — hljeb (W: kruh);
black (corn, rye, white) ~ crni, (kuku-
ruzni, ražani, beli — bijeli) hleb 2.
(slang) novac **bread** II y tr (cul.) uvaljati
u mrvice, pohovati; ~ed veal chops
pohovane teleće šnicle
breadth [bredth] n širina
breadwinner [~winər] n hranilac
porodice
break I [brejk] n 1. prelom 2. prekid; a ~
of diplomatic relations prekid diplo-
matskih odnosa 3. odmor, prekid; dur-
ing the ~ za vreme (vrijeme) odmora 4.
(colloq.) nepreviđen slučaj; a good (bad)
~ srećan (nesrećan) slučaj 5. olakšica,
beneficija; a tax ~ poreska olakšica 6.
pukotina 7. promena (promjena); a ~ in
the weather promena vremena 8. bek-
stvo (bjekstvo); a (mass) prison ~ (veli-
ko) bekstvo iz zatvora **break** II broke
[brouk]; broken ['broukən] v 1. tr slomi-
ti, smrskati, prelomiti; to ~ an arm
slomiti ruku 2. tr razbiti; to ~ a win-

dow razbiti prozor 3. tr pokvariti; to ~
a clock pokvariti sat 4. tr prekršiti; to ~
a law prekršiti zakon 5. tr nadmašiti,
premašiti; to ~ a record nadmašiti
rekord 6. tr prekinuti; to ~ diplomatic
relations prekinuti diplomatske odnose
7. tr ublažiti, oslabiti; to ~ a fall
ublažiti pad 8. tr (mil., colloq.) degradi-
rati; to ~ an officer smanjiti oficiru čin
9. tr odvići; to ~ smb. of a habit odvići
nekoga od navike 10. tr dešifrovati; to
~ a code dešifrovati kod, otkriti tuđu
šifru 11. tr raspariti; to ~ a set of china
raspariti servis 12. tr raskinuti; to ~ a
contract raskinuti ugovor 13. tr dresira-
ti; to ~ a horse dresirati konja, naučiti
konja da nosi opremu 14. intr slomiti se,
razbiti se; the vase broke slomila se
vaza 15. intr prsnuti, pući; rasprsnuti
se; prekinuti se; the string broke pr-
snuo je kanap 16. intr prestati; the fever
broke prestala je groznica 17. intr uda-
rati; prsnuti; to ~ into song (tears)
udariti u pesmu—pjesmu (plač) 18. intr
granuti; dawn has broken zora je gra-
nula 19. intr provaliti; the thieves broke
into the apartment lopovi su provalili u
stan 20. intr preći: to ~ into a gallop
preći u galop 21. misc.; to ~ on the
wheel premlatiti na točku; he broke his
appointment nije došao na sastanak; the
enemy broke (and fled) neprijatelj je
pobegao (pobjegao)
break away v oteti se, umaći; to break
away from one's pursuers umaći goni-
ocima
break down v 1. srušiti, razbiti, provaliti;
to break a door down provaliti vrata 2.
analizirati; rastaviti (se); rasklopiti 3.
otkazati, pokvariti se; the engine broke
down motor se pokvario 4. pretrpeti
(pretrpjeti) rastrojstvo; his health broke
down zdravlje ga je izdalo
breakdown [~daun] n 1. analiza 2. kvar,
defekt; otkaz; we had a ~ on the
highway kola su nam ostala u kvaru na
auto-putu 3. slom, poremećaj, rastroj-
stvo; a nervous ~ živčani slom
breaker n 1. prekidač 2. veliki talas, val
breakfast I ['brekfəst] n doručak **breakfast**
II v intr doručkovati
break in v 1. razraditi; to break a car in
razraditi kola 2. uvežbati (uvježbati),
obučiti; dresirati (životinju); to break in
a new worker uvežbati novog radnika 3.

razgaziti; *to break in shoes* razgaziti cipele 4. provaliti, razvaliti; *to break a door in* provaliti vrata 5. provaliti, upasti; *thieves broke in* lopovi su provalili (u stan) 6. upasti; *he keeps breaking in on* stalno upada **break-in** *n* 1. razrada 2. provala; *to commit a ~* izvršiti provalu
break off *v* 1. prekinuti; *to break off a conversation (diplomatic relations)* prekinuti razgovor (diplomatske odnose) 2. otkinuti; odlomiti; *to break a branch off* otkinuti granu 3. otkinuti se; *he broke off from his family* otkinuo se od porodice 4. zastati; *to break off in the middle of a sentence* zastati usred rečenice 5. odlemiti se, odlomiti se; *the handle broke off* odlemila (odlomila) se drška
break open *v* 1. obiti; *to break open a strongbox* obiti kasu 2. otvoriti; *to break open a cask* otvoriti bure
break out *v* 1. pobeći (pobjeći); *to break out of prison* pobeći iz zatvora 2. izbiti, buknuti, planuti; rasplamsati se; *fire broke out* izbila je vatra 3. probiti; *to break out of an encirclement* probiti obruč 4. izići; *her face is broken out* izišle su joj neke pege (pjege) po licu **breakout** [~aut] *n* 1. bekstvo (bjekstvo) 2. proboj
break through *v* probiti (se); *to break through enemy lines* probiti neprijateljske redove **breakthrough** [~thru:] *n* (mil. and fig.) proboj, prodor
break up *v* 1. uništiti; rasturiti; *to break up a marriage* rasturiti brak 2. razbiti; *to break up a strike* razbiti štrajk 3. razići se; *the crowd broke up* svet (svijet) se razišao 4. raspasti se; osipati se; *the ship broke up in the storm* raspao se brod za vreme (vrijeme) oluje 5. rasformirati; *to break up a unit* rasformirati jedinicu 6. raspariti; *to break up a set of china* raspariti servis
breakwater [~wotar] *n* lukobran, valobran
breast [brest] *n* grudi; prsa; dojka
breaststroke [~strouk] *n* prsni stil; *200-meter ~* 200 metara prsno
breastwork [~wark] *n* grudobran
breath [breth] *n* 1. dah; *to catch one's ~* predahnuti; *he was out of ~* zadihao se, zaduvao se 2. misc.; *to waste one's ~* govoriti uzalud
breathe [brijth:] *v tr* and *intr* disati, udisati

breather *n* (colloq.) kratak odmor, pauza
breathless ['brethlis] *a* 1. bez daha; *~ attention* pažnja bez daha 2. zadihan
breathtaking [~tejking] *a* uzbudljiv; veličanstven; *a ~ view* veličanstven pogled
breech [brijč] *n* 1. zadnjica, stražnjica 2. (on a firearm) zadnjak cevi (cijevi)
breeches *n pl* (colloq.) pantalone (W: hlače)
breed I [brijd] *n* soj, pasmina, vrsta **breed** II *bred* [bred] *v* 1. *tr* odgajiti; *to ~ cattle (horses)* odgajiti stoku (konje) 2. *tr* vaspitati, odgajiti, odnegovati (odnjegovati) 3. *tr* izazvati, proizvesti; *unemployment ~s misery* nezaposlenost izaziva bedu (bijedu) 4. *intr* množiti se; *rabbits ~ fast* zečevi se brzo množe **breeder** *n* odgajivač **breeding** *n* 1. vaspitanje, odgoj 2. odgajivanje; *the ~ of horses* odgajivanje konja
breeze [brijz] *n* povetarac (povjetarac); *the test was a ~* ispit je bio veoma lak
breezy *a* svež (svjež), vetrovit (vjetrovit)
brevity ['brevatij] *n* kratkoća, kratkotrajnost
brew I [bru:] *n* piće (koje se vari) **brew** II *v* 1. *tr* variti (pivo) 2. *tr* skuvati (skuhati); skovati 3. *intr* skuvati (skuhati) se; skovati se; spremiti se; *some trouble is ~ing* kuva (sprema) se neko zlo **brewer** *n* pivar **brewery** *n* pivara
briar ['brajar] *n* trn, šipak; divlja ruža
bribe I [brajb] *n* mito **bribe** II *v tr* podmititi
brick I [brik] *n* cigla, opeka **brick** II *a* od cigle
bricklayer [-lejar] *n* zidar (koji zida ciglama) **bricklaying** *n* zidanje ciglama, zidarski zanat
bridal ['brajdal] *a* svadbeni nevestinski (nevjestinski)
bride [brajd] *n* mlada, nevesta (nevjesta)
bridegroom [~gru:m] *n* mladoženja
bridesmaid [~zmejd] *n* deveruša (djeveruša)
bridge I [bridž] *n* 1. most; *to cross a ~* preći most 2. (on a ship) most; *the captain's ~* zapovednički (zapovjednički) most 3. (dental) *~* zubna proteza **bridge** II *v tr* premostiti; *to ~ a river* premostiti reku (rijeku)
bridge III *n* bridž (igra karata)
bridgehead [~hed] *n* mostobran, desantna osnovica

bridle I ['brajdl] n (also fig.) oglav; uzda
bridle II v 1. tr zauzdati; to ~ a horse zauzdati konja 2. intr pokazati preziranje, ljutinu (zabacivanjem glave)
brief I [brijf] n 1. kratak napis 2. (legal) izvod (rezime) činjenica 3. (papal) ~ (papino) pismo 4. (in pl) slip-gaćice 5. misc.; in ~ kratko **brief** II a kratak; ~ remarks kratke primedbe (primjedbe) **brief** III v tr 1. obavestiti (obavijestiti); informisati 2. dati uputstva; (mil.) postaviti (objasniti) zadatak
briefcase [~kejs] n aktentašna
briefing n 1. informisanje 2. (mil.) postavljanje zadatka, instruktaža
brig I [brig] n jedrenjak sa dve (dvije) katarke
brig II n 1. zatvor (na brodu) 2. (mil., colloq.) zatvor
brigade [bri'gejd] n 1. (usu. mil.) brigada 2. (air force) eskadra
brigadier [brigǝ'dijr] n usu. Br.; see **brigadier general**
brigadier general brigadni general; general-major
brigand ['brigǝnd] n hajduk, razbojnik
bright [brajt] a 1. svetao (svijetao), jasan, sjajan; žarki; ~ colors svetle (jasne) boje 2. bistar, pametan **brighten** v 1. tr razvedriti 2. intr razvedriti se (also: to ~ up); his face ~ed up razvedrilo mu se lice
brilliance ['briljǝns] n 1. sjaj; mera (mjera) sjajnost 2. briljantnost **brilliant** a sjajan; briljantan
brim I [brim] n 1. ivica; full to the ~ pun puncat 2. rub, obod; the ~ of a hat rub šešira **brim** II v intr biti pun do ivice; to ~ over biti prepun
brine [brajn] n rasol, turšija
bring [bring]; brought [brot] v tr 1. doneti (donijeti); nositi; ~ me a glass of water donesi mi čašu vode 2. dovesti (dovedem); dovesti (dovezem); he brought his brother doveo (dovezao) je svoga brata 3. navesti (navezem); they brought enough firewood for the whole winter navezli su drva za celu (cijelu) zimu 4. uneti (unijeti); ~ the chair into the house unesi stolicu u kuću 5. uvesti (uvedem); ~ him into the room uvedi ga u sobu 6. uvući; they brought the disease into the country oni su tu bolest uvukli u zemlju 7. privesti (privedem); privesti (privezem); to ~ smt. to an end

privesti nešto kraju 8. podići, podneti (podnijeti); pokrenuti; to ~ charges against smb. podići optužnicu protiv nekoga 9. misc.; to ~ to trial izvesti na sud; to ~ smb. to his senses urazumiti nekoga; to ~ inflation under control staviti inflaciju pod kontrolu
bring around v 1. dovesti; bring him around dovedi ga 2. skloniti, pridobiti; he brought them around to his side on ih je pridobio za svoju stvar
bring back v 1. vratiti; they brought the book back vratili su knjigu 2. podsetiti (podsjetiti)
bring down v 1. sneti (snijeti); bring the old sofa down from the attic snesi taj stari divan s tavana 2. spustiti; the pilot brought the plane down safely pilot je uspeo (uspio) da sleti bez udesa 3. oboriti; to bring down an enemy plane oboriti neprijateljski avion 4. misc.; the song brought the house down pesma (pjesma) je izazvala buran aplauz
bring in v 1. uneti (unijeti); he brought in the wood uneo je drva 2. uvesti (uvedem); uvesti (uvezem); he brought them in uveo ih je 3. doneti (donijeti); to bring in a verdict doneti presudu 4. pozvati; to bring in a specialist pozvati specijalistu
bring out v 1. izdati, štampati; to bring out a book izdati knjigu 2. probuditi; to bring out the beast in smb. probuditi u nekome zver (zvijer) 3. izneti (iznijeti); to bring out on the market izneti na tržište
bring to v povratiti iz nesvesti (nesvijesti)
bring up v 1. doneti (donijeti) gore 2. odgajiti, othraniti, vaspitati; to bring up a child odgajiti dete (dijete) 3. staviti, izneti (iznijeti); to bring up for discussion staviti na diskusiju 4. dati, navesti; to bring up new evidence dati nove dokaze 5. privući; to bring up reserves privući rezerve 6. izbaciti (iz želuca kroz usta)
brink [bringk] n rub, ivica; on the ~ of disaster na ivici (rubu) propasti
brisk [brisk] a 1. živahan 2. oštar; ~ air oštar vazduh (W: zrak)
brisket ['briskit] n (cul.) prsa
bristle I ['brisǝl] n čekinja **bristle** II v intr nakostrešiti (nakostriješiti) se, naroguišiti se; the cat is ~ing mačka se kostreši

Britain ['britn] see **Great Britain**
Briticism ['britəsizəm] n briticizam
British I ['britiš] n pl (the ~) Britanci
British II a 1. britanski 2. (hist.) britski
British Empire Britanska imperija **British English** britanska varijanta engleskog jezika, britanski engleski **British Isles** pl Britanska ostrva (W: Britanski otoci)
Brittany ['britnij] n Bretanja
brittle ['britl] a lomljiv, krt
broach [brouč] v tr 1. načeti 2. otvoriti; to ~ a subject otvoriti (povesti) raspravu o nekom predmetu
broad I [brod] n (colloq.) žena
broad II a 1. širok; ~ shoulders široka ramena 2. opšti (opći), širok; in ~ outline u opštim potezima
broadcast I [~kaest] n emisija, prenos **broadcast** II broadcast or (rare) -ed; v tr emitovati; preneti (prenijeti); to ~ a game (the news) preneti utakmicu (vesti-vijesti)
broaden ['brodn] v 1. tr proširiti, raširiti; to ~ one's knowledge proširiti svoje znanje 2. intr proširiti se, širiti se; the river ~s at this point reka (rijeka) se širi na ovom mestu (mjestu)
broad jump (sports) skok udalj **broad jumper** skakač udalj
broadminded [~majndid] a širokogrud, slobodouman
broadside [~sajd] n 1. bok broda 2. artiljerija jednog boka (broda) 3. bočni plotun 4. (fig.) napad (rečima—riječima)
Broadway [~wej] n Brodvej (glavna ulica Njujorka)
brocade [brou'kejd] n brokat
broccoli ['brakəlij] n prokule
brochure [brou'šu:r] n brošura
brogue [broug] n provincijski izgovor engleskog jezika (osobito irski izgovor)
broil I [brojl] n roštilj, meso pečeno na žaru **broil** II v 1. tr ispeći na žaru (roštilju) 2. intr (fig.) pržiti se, peći; to ~ in the sun pržiti se na suncu **broiler** n peć (za pečenje)
broke [brouk] a 1. see **break** II 2. (colloq.) bez prebijene pare
broken a see **break** II; a ~ man skrhan čovek (čovjek); he speaks ~ French on malo natuca francuski
broken-down a 1. oronuo; skrhan 2. pokvaren, u kvaru

brokenhearted [~hartid] a skrhanog (slomljenog) srca
broker n mešetar, trgovački posrednik; a customs ~ carinski posrednik
bromide ['broumajd] n 1. bromid 2. (fig) otrcana fraza
bronchial [brangkijəl] a bronhijalni
bronchitis [brang'kajtis] n bronhitis
broncho ['brangkou] (-s) neobučeni divlji konj (na zapadu SAD)
broncobuster [~bəstər] n kauboj koji obučava divlje konje (na zapadu SAD)
Bronx cheer [brangks] (slang) zviždanje; to give smb. the ~ izviždati nekoga
bronze I [branz] n bronza **bronze** II a bronzan **bronze** III v tr bronzirati **Bronze Age** Bronzano doba
brooch [brouč] n broš; igla
brood I [bru:d] n leglo, mladunci
brood II v intr razmišljati, premišljati; to ~ over smt. razmišljati o nečemu
brook I [bruk] n potok
brook II v tr (usu. neg.) snositi, trpeti (trpjeti); he ~s no interference on ne trpi mešanje (miješanje) sa strane
broom [bru:m] n metla; *a new ~ sweeps clean nova metla dobro mete **broomstick** [~stik] n držak od metle
bros. abbrev. of brothers
broth [broth] n 1. voda u kojoj su kuvane (kuhane) kosti 2. čorba, supa (W also: juha); beef ~ goveđa supa
brothel n burdelj, javna kuća
brother ['brəth:ər] (-s and obsol. brethren ['breth: rən]) n 1. brat; a half ~ polubrat, brat po majci (ocu) 2. fratar; član verske (vjerske) zajednice **brotherhood** [~hud] n 1. bratstvo; bratimstvo 2. društvo, udruženje
brother-in-law (brothers-in-law) n 1. dever (djever) 2. šurak 3. zet 4. pašenog
brotherly [~lij] a bratski
brow [brau] n obrva; *by the sweat of one's ~ u znoju lica svog
browbeat ['braubijt]; -beat; -beaten [~bijtn] v tr zastrašiti

brown I [braun] n smeđa boja, mrka boja **brown** II a smeđ, mrk, braon; ~ eyes smeđe oči **brown** III v 1. tr (cul.) zapržiti, zapeći 2. intr porumeneti (porumenjeti)
brown bear mrki medved (medvjed)
brown coal mrki ugalj

brownie n 1. (cul.) kocka od čokolade 2. (cap.) članica—juniorka udruženja skautkinja 3. (cap.) vrsta jednostavnog fotografskog aparata
browse [brauz] v tr and intr 1. brstiti; to ~ on foliage brstiti lišće 2. (also: to ~ through) čitati bez plana; to ~ through a book prelistavati knjigu **browser** n onaj ko (tko) prelistava
bruise I [bru:z] n modrica **bruise** II v 1. tr napraviti modricu (na); he ~d his arm dobio je modricu na ruci 2. intr dobijati modricu; he ~s easily on od udarca dobija lako modrice
bruiser n jak, krupan muškarac
brunet I [bru:'net] n crnokos muškarac **brunet** II a crnokos **brunette** I [bru:'net] n crnka **brunette** II a crnokosa
brunt [brənt] n glavni udar; najveći teret; to bear the ~ izdržati glavni udar, primiti prvi udar
brush I [brəš] n 1. četka, četkica 2. kičica 3. (elec.) četkica 4. sukob, sudar; to have a ~ with the law doći u sukob sa zakonom **brush** II v tr 1. očetkati; to ~ a hat očetkati šešir 2. oprati; to ~ one's teeth oprati zube 3. intr okrznuti, očešati, dodirnuti; to ~ against smb. okrznuti nekoga, očešati se o nekoga 4. misc.; to ~ difficulties aside ne obraćati pažnju na teškoće
brush III n žbunje, žbun
brush off v 1. očetkati; to brush off one's suit očetkati svoje odelo (odijelo) 2. oterati (otjerati); to brush a fly off oterati muvu (muhu) 3. (colloq.) to brush smb. off dati nekome korpu **brush-off** n (colloq.) korpa; to give smb. the ~ dati nekome korpu
brush up v osvežiti (osvježiti), obnoviti; to brush up one's knowledge of English osvežiti svoje znanje engleskog jezika
brusque [brəsk] a grub, osoran, odsečan (odsječan)
Brussels ['brəsəlz] n Brisel
Brussels sprouts prokula
brutal ['bru:tl] a brutalan, svirep; a ~ murder ubistvo na svirep način **brutality** [bru:'taelətij] n brutalnost **brutalize** ['bru:t(ə)lajz] v tr brutalizovati, učiniti brutalnim
brute I [bru:t] n životinja, zver (zvijer) **brute** II a životinjski, zverski (zvjerski); ~ force gruba sila **brutish** a životinjski, zverski (zvjerski)

bubble I ['bəbəl] n 1. mehur (mjehur); klobuk, soap ~s mehuri (klobuci) od sapunice 2. (fig.) prevara, obmana; nesolidan plan **bubble** II v intr 1. ključati, vreti 2. ispuštati mehuriće (mjehuriće) 3. žuboriti 4. misc.; to ~ over (with smt.) biti ushićen (nečim) **bubble gum** žvakaća guma koja pravi klobuke
buccaneer [bəkə'nijr] n pirat
Bucharest ['bu:kərest] n Bukurešt
buck I [bək] n 1. mužjak (kod nekih životinja); srndać, jelen 2. kicoš; snažan mlad čovek (čovjek) 3. (colloq.) dolar 4. (colloq.) odgovornost; *to pass the ~ svaliti odgovornost na drugoga
buck II n ritanje **buck** III v 1. tr zbaciti (jahača) 2. tr (colloq.) protiviti se; to ~ smt. protiviti se nečemu 3. tr upasti; to ~ a line upasti u red onih koji čekaju 4. intr ritati se; this horse ~s ovaj se konj rita 5. intr (colloq.) protiviti se 6. intr (colloq.) pucati, dodvoravati se; he is ~ing for a promotion on se ulizuje (on se svim silama stara) da bi dobio unapređenje
buck IV n (gymnastics) jarac, konj
bucket [~it] n vedro, kofa; kabao; *the rain was coming down in ~s kiša je padala kao iz kabla
buckle I ['bəkəl] n kopča, spona, pređica, šnalica **buckle** II v tr (also: to ~ up) zakopčati; to ~ oneself (up) zakopčati se
buckle III v intr savijati se, izvijati se, ugibati se; the floor is ~ing pod se ugiba
buckle down v (colloq.) latiti se; to buckle down to work latiti se posla
buck private (Am., mil., colloq.) običan vojnik
buckshot [~šat] n sačma
buckskin [~skin] n jelenska koža
bucktooth [~tu: th] (-teeth [tijth]) n isturen zub
buck up v (colloq.) 1. osokoliti, obodriti, ohrabriti 2. intr osokoliti se; buck up! glavu gore!
buckwheat [~wijt] n heljda **buckwheat cakes** pl uštipci od heljde
bucolic [bju:'kalik] a bukolički, bukolski
bud I [bəd] n 1. (bot.) pupoljak; okce; cvet (cvijet) u pupoljku 2. (biol.) pupoljak, začetak 3. misc.; to nip in the ~ ugušiti u zametku **bud** II v intr napupiti
Budapest ['bu:dəpest] n Budimpešta

Buddha ['bu:də] n Buda **Buddhism** n budizam **Buddhist** n budista
buddy ['bədij] n (colloq.) prijatelj
budge [bədž] v 1. tr pomeriti (pomjeriti) 2. intr pomeriti se; kretati se; *he will not ~ neće da se pomeri*
budget I ['bədžit] n budžet; *to exceed a ~* prekoračiti budžet **budget** II v intr budžetirati; *to ~ for smt.* budžetirati nešto
budgetary ['bədžəterij] a budžetski, budžetni
buff I [bəf] v tr polirati, izglačati; *to ~ a floor* izglačati pod
buff II n (colloq.) ljubitelj; *a theater ~* ljubitelj pozorišta (W: kazališta)
buffalo I ['bəfəlou] (pl has zero or -s or -es) n bivo; bufalo **buffalo** II v tr (colloq.) zastrašiti
buffer n 1. (on a firearm) amortizer, ublaživač 2. naprava za glačanje podova
buffer state tampon-država
buffet I [bəf'ej] n 1. orman 2. postavljen sto (stol) za goste 3. (Br.) bife, snek-bar
buffet II ['bəfit] v tr nositi, terati (tjerati); *to ~ about* terati tamo — amo; *~ed by the waves* nošen talasima
buffoon [bə'fu: n] n pajac
bug I [bəg] n 1. insekat, kukac, buba 2. (Br.) stenica (stjenica) (see also **bedbug**) 3. prislušni uređaj (aparat) 4. (colloq.) mana, defekt, kvar **bug** II v 1. tr prisluškivati; *to ~ a conversation* prisluškivati razgovor 2. tr (colloq.) gnjaviti **bugging** n prisluškivanje
bugle ['bju:gəl] n vojnička truba; *to sound a ~* trubiti u trubu **bugle call** trubni znak **bugler** ['bju: glər] n trubač
build I [bild] n muskulatura, stas; *an athletic ~* dobro razvijena muskulatura **build** II *built* [bilt] v 1. tr izgraditi, sazidati; *to ~ a house* sazidati kuću 2. tr osnovati 3. intr graditi **builder** n graditelj **building** n 1. zgrada 2. izgradnja; *the ~ of socialism* izgradnja socijalizma 3. građevinarstvo **building permit** dozvola za gradnju, građevinska dozvola
build up v 1. izgraditi, raširiti (osnovati i) razviti; *they built up a large business* osnovali su i razvili veliko preduzeće (W: poduzeće) 2. pojačati, ojačati, popraviti; *to build up one's health* ojačati zdravlje 3. intenzivno reklamirati, povećati publicitet (oko) 4. (mil.) koncentrisati, prikupiti, pojačati 5. izgraditi; *to*

build up an area pokriti prostor građevinama 6. razviti se; povećati se; *pressure is building up* pritisak (W: tlak) se povećava 7. povećati; *to build up a lead* povećati prednost **build-up** n 1. rašírenje 2. intenzivno reklamiranje 3. (mil.) koncentracija, prikupljanje, pojačavanje (snaga)
built-in a ugrađen
bulb [bəlb] n 1. (bot.) lukovica 2. sijalica (W: žarulja); *the ~ burned out* sijalica je pregorela (pregorjela)
Bulgaria [bəl'gejrijə] n Bugarska **Bulgarian** I n 1. Bugarin 2. bugarski jezik **Bulgarian** II a bugarski
bulge I [bəldž] n 1. izbočina, ispupčenje 2. (colloq.) prednost **bulge** II v intr izbočiti se **bulging** a izbočen, ispupčen; *~ eyes* buljave oči
bulk I [bəlk] n 1. veliki obim 2. obim, veličina, opseg 3. najveći deo (dio), glavna masa 4. misc.; *in ~* neupakovan, rasut **bulk** II a rasut; *~ cargo* rasuti teret
bulkhead [~hed] n (usu. naut.) pregrada; *a watertight ~* vodonepropusna pregrada
bulky a kabast, masivan; glomazan
bull I [bul] n 1. bik 2. mužjak (većih životinja; slon, bizon, kit, itd.) 3. snažan, krupan čovek (čovjek) 4. špekulant koji računa na podizanje cena (cijena) akcijama 5. (slang) koještarija 6. misc.; **to take the ~ by the horns* uhvatiti se ukoštac (s nekom teškoćom) **bull** II v tr (colloq.) probiti; *to ~ one's way through a crowd* probiti se kroz gomilu
bull III n bula; *a papal ~* papska bula
bulldog [~dog] n buldog
bulldoze [~douz] v tr 1. raščistiti buldožerom; zaravniti buldožerom 2. (colloq.) zastrašiti **bulldozer** n buldožer
bullet ['bulit] n zrno, metak; *a stray ~* zalutali metak
bulletin ['bulətinɟ n 1. bilten, izveštaj (izvještaj) 2. see **catalog** I 2
bulletin board oglasna tabla (W: ploča)
bulletproof I ['bulitpru: f] a neproboan (za zrno); *a ~ vest* prsluk neproboan za zrna **bulletproof** II v tr učiniti neproboojnim
bullfight ['bulfajt] n borba s bikovima **bullfighter** n borac s bikovima
bullhorn [~horn] n električni megafon

bullion ['buljən] *n* 1. zlato (ili srebro) u polugama 2. poluga (šipka) zlata ili srebra

bullish ['buliš] *a* 1. kao u bika, bikovski 2. tvrdoglav 3. koji računa na podizanje cena (cijena) akcija

bullock [~ək] *n* 1. uškopljen bik, vol 2. june, junac

bull session (colloq.) neformalna diskusija

bull's eye centralni krug mete; tačan (W: točan) pogodak; *to score (hit) a ~* pogoditi u centar mete

bully I ['bulij] *n* siledžija, nasilnik **bully** II *v tr* zlostavljati, kinjiti; *to ~ a child* kinjiti dete (dijete)

bully III *n* mesne konzerve

bully IV *interj* (colloq.; usu. Br.) odlično!

bulwark [~wərk] *n* bedem, bastion

bum I [bəm] *n* skitnica, tumaralo **bum** II *v* (colloq.) 1. *tr* isprositi, izmoliti; *to ~ a cigarette* izmoliti cigaretu 2. *intr (to ~ around)* skitati se

bumblebee ['bəmbəlbij] *n* bumbar

bummer ['bəmər] *n* (slang) nešto neprijatno

bump I [bəmp] *n* 1. lak udarac, sudar 2. čvoruga (od udarca) 3. ispupčenje; džomba; *the road is full of ~s* put je pun džombi **bump** II *v* 1. *tr* udariti, lupiti; *he ~ed his elbow* udario je lakat 2. *tr* (colloq.) skinuti; *they were ~ed from the flight* bili su skinuti sa liste putnika za zakazani let aviona 3. *intr* naleteti (naletjeti); *he ~ed against the door* naleteo je na vrata 4. *intr* drndati; *we ~ed along a country road* drndali smo po seoskom putu

bumper I *n* odbojnik

bumper II *a* obilan; *a ~ crop* obilna žetva

bumper-to-bumper *a* (of traffic) veoma gust; *~ traffic* veoma gust saobraćaj

bumpkin ['bəmpkin] *n* seljačina, seljak, klipan (also **yokel**)

bump off *v* (slang) ubiti

bumpy *a* džombast, džombav, džombovit, grbav; *a ~ mattress (road)* džombast dušek (put)

bun [bən] *n* 1. (cul.) zemička, kolačić 2. (in the hair) punđa

bunch I [bənč] *n* 1. evenka, grozd; veza; *a ~ of radishes (scallions)* veza rotkvica (mladog luka); *a ~ of grapes* evenka grožđa 2. kita; veza; *a ~ of flowers* kita cveća (cvijeća) 3. svežanj; *a ~ of keys* svežanj ključeva 4. (colloq.) družina,

grupa **bunch** II *v* 1. *tr* grupisati; nagomilati 2. *intr (to ~ up)* nagomilati se

bundle I [bəndl] *n* 1. svežanj; *a ~ of letters* svežanj pisama 2. naramak; *a ~ of wood* naramak drva 3. snop, stog; *a ~ of hay* stog sena (sijena) 4. zamotuljak; zavežljaj; *a ~ of rags* zavežljaj krpa **bundle** II *v tr* zamotati

bungalow ['bənggəlou] *n* bangalo, bungalov

bungle ['bənggəl] *v* 1. *tr* pokvariti; nevešto (nevješto) uraditi; *to ~ a job* pokvariti posao neumešnošću (neumješnošću) 2. *intr* šeprtljati, fušariti **bungler** ['bənglər] *n* šeprtlja, šeprtljanac, nespretnjaković

bunion ['bənjən] *n* otok sa zapaljenjem (W: upalom) na palcu noge

bunk I [bəngk] *n* (usu. in a camp or on a ship) uzan krevet

bunk II *n* (colloq.) koještarija

bunker *n* 1. bunker; spremište (jama) za ugalj 2. (mil.) bunker

bunkhouse [~haus] *n* (on a farm or in a camp) zgrada za smeštaj (smještaj) radnika ili izletnika

bunny ['bənij] *n* zeka

buoy I ['bu: ij] and [boj] *n* (naut.) plovak **buoy** II *v tr* 1. držati na vodi 2. (fig.; usu. *to ~ up*) ohrabriti; *he was ~ed up by hope* on je goreo (gorio) od nade

burden I ['bərdn] *n* teret, breme; *to be a ~ to smb.* biti nekome na teretu; *a beast of ~* tovarna životinja **burden** II *v tr* opteretiti

bureau ['bju:rou] *n* 1. orman, plakar 2. (usu. Br.) pisaći sto (stol) sa fiokama 3. biro; *a tourist ~* turistički biro 4. uprava, birc, ured,

bureaucracy [bju:'rakrəsij] *n* 1. birokratija (birokracija); birokratski aparat 2. birokratizam **bureaucrat** ['bju:rəkraet] *n* birokrata **bureaucratic** [bju:rə'kraetik] *a* birokratski

burgeon ['bərdžən] *v intr* napupiti; (fig.) razviti se

burger ['bərgər] *n* see **hamburger**

burglar ['bərglər] *n* provalnik, obijač **burglarize** *v tr* obiti, opljačkati **burglary** *n* provalna krađa

burial I ['berijəl] *n* sahrana, pogreb **burial** II *a* pogrebni

burlap ['bərlaep] *n* tkanina (juta) za vreće; šatorsko platno

burlesque I [bər'lesk] *n* 1. burleska, farsa, lakrdija 2. vodvilj (s striptizom) **burlesque**

II *a* burleskni, lakrdijaški **bourlesque** III *v tr* lakrdijaški podražavati, karikirati

burly ['bərlij] *a* snažan, krupan

Burma ['bərmə] *n* Burma **Burmese** I [bər-'mijz] *n* 1. *(pl* has zero) Burmanac 2. burmanski jezik **Burmese** II *a* burmanski

burn I [bərn] *n* opekotina, opeklina **burn** II ~ed or burnt [bərnt] *v* 1. *tr* spaliti; *to* ~ *at the stake* spaliti na lomači 2. *tr* opeći; ožeći; *to* ~ *one's finger* opeći prst; *°once* ~ed, twice shy žežen kašu hladi 3. *tr* izgoreti (izgorjeti), sagoreti (sagorjeti); *the acid* ~ed his hands kiselina mu je izgorela ruke 4. *tr* progoreti (progorjeti); *he* ~ed a hole through his new shirt (with a cigarette) progoreo je (cigaretom) novu košulju 5. *tr* opaliti; *the sun* ~ed his face sunce mu je opalilo lice 6. *tr* peći; *mustard* ~s the tongue slačica peče jezik 7. *intr* goreti (gorjeti); *the house is* ~ing kuća gori 8. *intr* peći, žeći; *the sun* ~s sunce peče (žeže) 9. *intr* pregoreti (pregorjeti), zagoreti (zagorjeti); *the bread got* ~ed hleb (W: kruh) je pregoreo

burn down *v* 1. spaliti; *to burn down a village* spaliti selo 2. izgoreti (izgorjeti); *the house burned down* kuća je izgorela (do temelja) 3. gasiti se; *the fire was burning down* vatra se gasila 4. dogoreti (dogorjeti); *the candle has burned down* sveća (svijeća) je dogorela

burner *n* (on a range) ringla, gorionik, ploča

burning *a* gorući; vatren; *a* ~ *issue* goruće pitanje

burn out *v* 1. satrti se; *he's burning himself out (by hard work)* on se satire (teškim radom) 2. ugasiti se; *the fire soon burned itself out* vatra se brzo ugasila 3. pregoreti (pregorjeti); *the bulb burned out* sijalica je pregorela

burp I [bərp] *n* (colloq.) podrigivanje **burp** II *v* (colloq.) 1. *tr* (colloq.) *to* ~ *an infant* potapšati odojče (po leđima) da podrigne 2. *intr* podrignuti

burro ['bərou] (-s) *n* mali magarac

burrow I ['bərou] *n* jazbina, rupa **burrow** II *v* 1. izriti; *to* ~ *a hole* izriti rupu (jazbinu) 2. *intr* riti jazbinu

bursar ['bərsar] *n* blagajnik na univerzitetu (W: sveučilištu)

bursitis [bər'sajtis] *n* (med.) burzitis

burst I [bərst] *n* 1. eksplozija, rasprskavanje; *a shell* ~ eksplozija granate 2. kratak i žestok napor; *a* ~ *of speed* zalet u brzini 3. izliv; prasak; *a* ~ *of laughter* prasak smeha (smijeha) 4. rafal; *a machine gun* ~ mitraljeski rafal 5. navala, nastup; *a* ~ *of rage* nastup besa (bijesa) **burst** II burst; *v* 1. *tr* raskinuti, razvaliti; *to* ~ *one's bonds* raskinuti okove 2. *intr* pući; *the balloon burst* balon je pukao 3. *intr* prsnuti; briznuti; *to* ~ *into laughter* prsnuti u smeh (smijeh) 4. *intr* banuti, upasti; *to* ~ *into a room* banuti (upasti) u sobu 5. *intr (to* ~ *into flames)* buknuti; planuti 6. *intr* presipati se; *the granaries are* ~ing *with grain* žitnice se presipaju od žita 7. *intr* jedva čekati; *he is* ~ing *to tell you* on ne može da dočeka da vam kaže

bury ['berij] *v tr* 1. zakopati; zariti; *to* ~ *a treasure* zakopati blago; *to* ~ *a corpse* zakopati mrtvaca 2. udubiti; *he buried himself in his books* udubio se u knjige

bus I [bəs] (-es or -ses) *n* autobus; *to go by* ~ ići autobusom **bus** II -es or -ses; -ed or -sed; *v tr* 1. voziti autobusom; *to* ~ *children to school* prebacivati decu (djecu) u školu autobusom 2. (in a restaurant) *to* ~ *trays* sklanjati poslužavnike sa stolova **bus driver** vozač autobusa

bush [buš] *n* 1. žbun, žbunje, grm, grmlje 2. predeo (predio) pokriven žbunjem; *to live in the* ~ živeti (živjeti) u divljini (šumi) 3. misc.; *to beat around the* ~ okolišiti (oko istine)

bushed *a* (colloq.) umoran

bushel *n* bušel

bush-league *a* (baseball and fig.) 1. drugoligaški 2. (fig.) drugog reda, niskog kvaliteta

bushwhack [~waek] *v tr* napasti iz zasede

bushy *a* 1. grmovit, žbunast 2. gust; ~ *eyebrows* guste obrve

business I ['biznis] *n* 1. zanimanje, posao; *to travel on* ~ putovati poslom; *°*~ *before pleasure* posao dolazi pre (prije) zadovoljstva 2. trgovina, posao, poslovi; biznis; *how is* ~? kako idu poslovi? 3. radnja; preduzeće (W: poduzeće); *he has sold his* ~ prodao je svoju radnju 4. stvar, predmet, posao; *I don't understand this* ~ ne razumem (razumijem) ovu stvar; (colloq.) *monkey* ~ nečista posla **business** II *a* trgovački; trgovinski; poslovni; ekonomski; *the* ~ *world*

poslovni svet (svijet) **business cycle**
(econ.) ekonomski ciklus **businesslike**
[~ lajk] *a* poslovan, efikasan; *a ~ man-
ner* poslovnost **businessman** [~ mən]
(men [min] *n* trgovac **businesswoman**
(~wumən] *(-women* [wimin]) *n* trgov-
kinja
bussing *n* prevoz učenika u školu (auto-
busom)
bus station autobuska stanica
bust I [bəst] *n* 1. grudi 2. bista
bust II *n* (colloq.) 1. promašaj, neuspeh
(neuspjeh) 2. bankrot 3. krah, slom **bust**
III *v* (colloq.) 1. *tr* razbiti; likvidirati 2.
tr dresirati (divljeg konja) 3. *tr* degradi-
rati 4. *tr* uhapsiti 5. *intr* pući
bustle I ['bəsəl] *n* žurba, užurbanost **bustle**
II *V intr* 1. žuriti se 2. majati se; *to ~
around the house* majati se po kući
bustle III *n* podmetač koji se stavlja straga
u žensku haljinu
busy I ['bizij] *a* 1. zauzet, zaposlen; *the
number is* ~ (telefonski) broj je zauzet;
I got them ~ peeling potatoes zaposlio
sam ih ljuštenjem krompira (krumpira)
2. pun posla; zauzet poslom; *a ~ day*
dan pun posla 3. prometan, pun sveta
(svijeta); *a ~ street* prometna ulica **busy**
II *v refl* refl majati se, čeprkati; *to ~
oneself around the house* majati se po
kući
busybody [~badij] *n* lice koje svuda
zabada nos, nametljivac
busy signal znak zauzeća
busy-work *n* nekoristan rad (sa ciljem da
bude radnik zauzet)
but I [bət] *n* *(colloq.)* prigovor; *there are
no ifs or ~s about it* tome se ne može
ništa prigovoriti **but** II *adv* 1. samo; *it
will take ~ an hour* trajaće samo jedan
sat 2. *(all ~)* umalo što nije; *he all ~
died of his wounds* umalo što nije umro
od rana **but** III *prep* osim; *everyone ~
me* svi osim mene **but** IV *conj.* 1. a; *he
studied all day, ~ did not learn any-
thing* učio je ceo (cio) dan, a ništa nije
naučio 2. ali; *the room is small, ~
comfortable* soba je mala, ali udobna 3.
nego, već, no; *that's not black, ~ white*
to nije crno, nego belo (bijelo)
butcher I ['bučər] *n* 1. mesar, kasapin 2.
(fig.) krvnik, krvolok **butcher** II *v tr*
iskasapiti; *to ~ a song* upropastiti pe-
smu (pjesmu)

butler ['bətlər] *n* glavni sluga, nadzornik
domaće posluge
but I [bət] *n* udar glavom **butt** II *v* 1. *tr*
bosti, udariti glavom; *the goats are
~ing each other* koze se bodu 2. *intr*
bosti; *this cow ~s* ova krava bode 3.
intr (to ~ in) upadati u reč (riječ),
umešati (umiješati) se; *don't ~ in!* ne
upadaj u reč!
but III *n* nišan, meta; *he's the ~ of the
joke* on je meta pošalice
butt IV *n* 1. (of a rifle) kundak 2. (of a
cigarette) opušak, pikavac
butt V *n* (cul.) vratina (also **chuck** III)
butter I ['bətər] *n* puter (esp. W: maslac)
butter II *v tr* 1. namazati puterom (esp.
W: maslacem) 2. (fig.) *to ~ smb. up*
ulagivati se nekome, uvući se nekome
pod kožu
buttercup [~kəp] *n* (bot.) ljutić, žabljak
butterfat [~faet] *n* puterna mast, maslo
butterfingers [~finggərz] *n (pl* has zero)
trapavko
butterfly [~flaj] *n* 1. leptir 2. see **but-
terfly stroke**
butterfly stroke (swimming) leptir, bater-
flaj
buttermilk [~milk] *n* mlaćenica
buttock ['bətək] *n* (usu. in *pl*) zadnjica
button I ['bətn] *n* dugme; *to push (press
on) a ~* pritisnuti dugme **button** II *v* 1.
tr (also: *to ~ up)* zakopčati; *to ~ (up) a
coat* zakopčati kaput 2. *intr* zakopčavati
se; *this dress ~s in the back* ova haljina
zakopčava se na leđima
buttonhole I [~houl] *n* rupica za dugme
buttonhole II *v tr* (colloq.) *to ~ smb.*
zadržati nekoga u razgovoru
buttress I ['bətris] *n* podupirač, potpora
buttress II *v tr* podupreti (poduprijeti)
buxom ['bəksəm] *a* (of a woman) punačka
buy I [baj] *n* (colloq.) kupovina; *it's a good
~* to je jeftino kupljeno **buy** II **bought**
[bot]; *v* and *intr* kupiti, nabaviti; *to smt.
for 20 dollars* kupiti nešto za 20 dolara;
to ~ for cash kupiti gotovim novcem;
*to ~ a pig in a poke kupiti mačka u
džaku **buyer** *n* 1. kupac 2. nabavljač
buy off *v* potkupiti; *to buy off a juror*
potkupiti porotnika
buy out *v* isplatiti, istisnuti; *to buy out
one's partners* isplatiti svoje ortake
buzz I [bəz] *n* 1. zujanje 2. žagor; brujanje
3. misc.; (colloq.) *to give smb. a ~*
telefonirati nekom **buzz** *v* 1. *tr* (colloq.)

telefonirati 2. *tr* nisko nadleteti (nadletjeti); *to ~ a control tower* nadleteti kontrolni toranj u brišućem letu 3. *intr* zujati; *my ears are ~ing* zuji mi u ušima 4. *intr* žagoriti, brujati

buzzard ['bəzərd] *n* (zool.) 1. mišar 2. osičar

buzzer *n* zumer, zvučni signal

by I [baj] *adv* 1. (corresponds to SC verbs prefixed with *pro-) to go (run, swim) ~* proći (protrčati, proplivati) 2. u blizini; *to stand ~* stajati blizu; or: biti u pripravnosti 3. misc.; *~ and large* sve u svemu; *~ far* daleko; *to come ~* svratiti

by II *prep* 1. kraj, pokraj, pored, do; *~ the fire* kraj vatre 2. pored, mimo, duž; *he passed ~ me* on je prošao pored mene 3. (to express the agent or means with the passive) (a.) od; *the child was found ~ the police* dete (dijete) je nađeno od (strane) policije (b.) (the active voice is often used in SC); *the novel War and Peace was written by Tolstoj* Tolstoj je napisao roman *Rat i mir* (c.) (by various constructions) *driven ~ atomic power* na atomski pogon; *supported ~ massive pillars* koji počiva na masovnim stubovima 4. (in time expressions) *to travel ~ day (night)* putovati danju (noću); *to pay ~ the hour* platiti na sat 5. do; *~ five o'clock* do pet sati 6. pri; *to read ~ candlelight* čitati pri sveći (svijeći) 7. po; prema; *~ profession* po profesiji; *~ merit* prema zasluzi 8. (to indicate measure) na; *to sell ~ the gallon* prodavati na galon 9. (to indicate means of transportation); *to*

travel ~ car putovati kolima 10. za; *to grab (take) ~ the arm* uhvatiti (uzeti) za ruku 11. (used with the gerund) *~ following him, I discovered where he lives* sledeći (slijedeći) ga, ja sam otkrio gde (gdje) on stanuje 12. misc.; *to hang ~ a thread* visiti o koncu; *~ all means* na svaki način; *~ chance* slučajno; *heart* napamet; *he lives ~ himself* on živi sasvim usamljen; *~ the way* uzgred budi rečeno; *~ then* dotle; *little ~ little* polako

bye [baj] *n* 1. sporedna stvar 2. (sports) *to draw a ~* preći u sledeće (slijedeće) kolo bez takmičenja

Byelorussian I [bjelou'rəšən] *n* 1. Belorus (Bjelorus) 2. beloruski (bjeloruski) jezik **Byelorussian** II *a* beloruski (bjeloruski)

byegone I ['bajgan] *n* prošlost; *•let ~s be ~s* oprostimo i zaboravimo **byegone** II *a* prošli; *in ~ days* u drevna vremena

bylaw [~lo] *n* (usu. in *pl*) statut; *the ~s of a club* statut kluba

by-line *n* (in a newspaper) potpis autora (pod rubrikom)

by-pass I *n* 1. zaobilazak 2. (elec.) šent **by-pass** II *v tr* zaobići; *to ~ a city* zaobići grad

by-play *n* sporedna gluma (na pozornici)

by-product *n* sporedni proizvod

bystander [~staendər] *n* gledalac, prisutni čovek (čovjek)

Byzantine I ['bizəntijn] *n* Vizantinac (Bizantinac) **Byzantine** II *a* vizantinski (bizantinski) **Byzantium** [bi'zaentijəm] *n* Vizantija (Bizant)

C

c [sij] *n* 1. c (slovo engleske azbuke); (mus.) *C major (minor)* C dur (mol) 2. (school grade) »dobro«
cab [kaeb] *n* 1. taksi; *to take a ~* uzeti taksi; *by ~* taksijem 2. kočije, fijaker 3. (of a locomotive, truck) kabina
cabaret [kaebə'rej] *n* kafana (kavana), kabaret
cabbage ['kaebidž] *n* kupus
cab driver taksista
cabin ['kaebin] *n* 1. kućica; brvnara 2. kabina 3. kajuta
cabinet ['kaebənit] *n* 1. orman, plakar, kredenac; *a kitchen ~* kuhinski orman (kredenac) 2. kućište radioprijemnika 3. (pol.) kabinet, ministarski savet (savjet)
cabinetmaker [~mejkər] *n* stolar
cable I ['kejbəl] *n* 1. kabl; (debelo) uže 2. kablogram, telegram cable II *v tr and intr* poslati kablogram; *he ~d (me)* poslao (mi) je kablogram
caboose [kə'bu:s] *n* poslednji (posljednji) vagon (teretnog voza—W: vlaka)
cabstand ['kaebstaend] *n* taksi-stanica
cackle I ['keakəl] *n* 1. (of chickens) koko-dakanje 2. (of geese) gakanje cackle II *v intr* 1. (of chickens) kokodakati 2. (of geese) gakati
cactus ['kaektəs] *(-es or -ti* [taj]) *n* kaktus
cad [kaed] *n* nitkov, podlac
cadaver [kə'daevər] *n* leš, kadaver cadave-rous *a* lešinski, mrtvački
caddie, caddy ['kaedij] *n* sluga golfskog igrača
cadence ['kejdəns] *n* ritam; kadenca
cadet [kə'det] *n* kadet, pitomac
cadre ['kaedrij] *n* 1. okvir, ram 2. (mil.) kadar
Caesarean section [si'zejrijən] carski rez

cafe [kə'fej] *n* kafana (kavana)
cafeteria [kaefə'tijrijə] *n* ekspres-restoran, samoposluga, kafeterija
caffein, caffeine [kae'fijn] *n* kofein
cage I [kejdž] *n* 1. kavez 2. (anat.) koš; *the rib ~* grudni koš cage II *v tr* staviti u kavez; zatočiti
cagy, cagey ['kejdžij] *a* lukav, prepreden; snalažljiv
cahoots [kə'hu:ts] *n pl* (colloq.; pejor.) **to be in ~ with smb.* tajno sarađivati s nekim
cajole [kə'džoul] *v tr* nagovoriti; privoleti (privoljeti) laskanjem; *to ~ smb. into smt.* privoleti (nagovoriti) nekoga na nešto
cake I [kejk] *n* 1. torta; kolač; *a fruit ~* voćna torta 2. komad 3. misc.; **that takes the ~* to prevazilazi sve; **you can't have your ~ and eat it too* ne možeš imati i pare i jare cake II *v intr* zgrudvati se, stvrdnjati se
calamity [kə'laemətij] *n* nesreća, propast, bed (bijeda)
calculate ['kaelkjələjt] *v* 1. *tr* izračunati 2. *tr and intr* (Am., colloq.) misliti, verovati (vjerovati) calculated *a* predviđen, sra-čunat; *a ~ effect (risk)* predviđeni efe-kat (rizik) calculating *a* 1. see calculate 2. lukav; proračunat; *a ~ person* prora-čunata osoba calculation [kaelkjə'lej-šən] *n* računanje, račun calculator ['kae-ljələjtər] *n* računar; *a pocket ~* džepni računar
calculus ['kaelkjələs] *n* 1. (med.) kamen 2. (math.) račun: *differential (integral) ~* diferencijalni (integralni) račun
caldron ['koldrən] *n* kazan, kotao

calendar I ['kaeləndər] n 1. kalendar 2.
(Br.) pregled, (red) predavanja (of a
university) calendar II a kalendarski a
~ year kalendarska godina
calf I [kaef] (calves [kaevz]) n 1. tele 2.
mladunče, mlado (slona, kita) 3. teleća
koža
calf II (calves) n list (noge)
calfskin [~skin] n teleća koža
caliber ['kaeləbər] n kalibar (also fig.)
calibrate ['kaeləbrejt] v tr kalibrisati;
odrediti kalibar (oruđa)
calico ['kaeləkou] n pamučno platno
California [kaelə'fornjə] n Kalifornija
calisthenics [kaeləs'theniks] n pl gimnasti-
ka, atletske vežbe (vježbe)
call I [kol] n 1. zov, poziv, vik; a ~ for
help poziv za pomoć, zapomaganje 2.
poseta (posjet); a courtesy ~ kurtoazna
poseta 3. potreba, obaveza; there is no
~ for that nema potrebe za to 4.
(hunting) vab, vabljenje 5. (tennis) izvi-
kivanje; a wrong ~ pogrešno izvikiva-
nje 6. (telefonski) poziv; give me a ~
javi mi se telefonom (W also: nazovi me)
7. misc.; on ~ dežuran; na raspolaga-
nju; a close ~ spasavanje za dlaku call
II v tr 1. pozvati; to ~ smb. to order
(account, arms) pozvati nekoga na red
(odgovornost, oružje) 2. zvati, nazvati;
he ~ed me a fool nazvao me je glupa-
kom; everyone ~s him a cheat svi ga
nazivaju varalicom 3. viknuti; to ~
smb. viknuti nekoga 4. izviknuti; to ~ a
name izviknuti ime 5. telefonirati, javiti
se, pozvati telefonom (W: nazvati); ~
me tomorrow javi mi se sutra 6. smatra-
ti, računati; I ~ that mean smatram to
niskim 7. sazvati; to ~ a meeting sazva-
ti sednicu (sjednicu) 8. misc.; to ~ the
tune gospodariti situacijom; to ~ the
roll prozvati đake, izvršiti prozivku; to
~ it a day (night), to ~ it quits ne terati
(tjerati) dalje; zaustaviti se; to ~ smb.
names opsovati nekoga; to ~ smb. over
zamoliti nekoga da priđe; to ~ a square
dance dirigovati igrače kadrila; I ~ed
his bluff nisam naseo njegovoj laži
call for v 1. doći (po); to call for smb. doći
po nekoga 2. iziskivati; zahtevati (zahti-
jevati); this position calls for an expe-
rienced engineer ovo mesto (mjesto) za-
hteva iskusnog inženjera
call in v 1. pozvati; to call in a doctor
pozvati lekara — ljekara (W: liječnika) 2.

povući; to call money in povući novac iz
opticaja 3. prijaviti se; she called in sick
prijavila je izostanak zbog bolesti
calling n poziv, zanimanje
calling card vizitkarta
call number signatura (broj) knjige
call off v 1. otkazati; to call a class off
otkazati čas 2. odazvati; to call off a dog
odazvati pseto
call on v 1. svratiti; to call on smb. svratiti
kod nekoga, posetiti (posjetiti) nekoga
2. pozvati, zamoliti; the president is
calling on the workers to end the strike
predsednik (predsjednik) poziva radni-
ke da prekinu štrajk 3. izazvati, prozva-
ti; to call on a pupil (in class) prozvati
učenika (na času) 4. izgrditi; the boss
called him on his sloppy handwriting
šef ga je izgrdio zbog nečistog rukopisa
callous ['kaeləs] a 1. žuljevit; tvrd 2. (fig.)
neosetljiv — neosjetljiv (W: bešćutan);
oguglao
call out v 1. izazvati (na dvoboj); to call
smb. out izazvati nekoga (na dvoboj) 2.
pozvati; to call troops out pozvati trupe
3. izazvati; to call smb. out of a room
izazvati nekoga iz sobe 4. izviknuti,
izazvati; to call out a name izviknuti
ime
callow ['kaelou] a 1. nezreo, neiskusan 2.
go (gol), bez perja
call up v 1. telefonirati (W also: nazvati);
to call smb. up telefonirati nekome 2.
pozvati; to call smb. up (for military
service) pozvati nekoga (na vojnu
službu)
callus ['kaeləs] n (med.) žulj, naboj
calm I [kam] n mir, tišina, mirnoća; *the
~ before the storm zatišje pred buru
calm II a miran, tih calm III v tr smiriti,
stišati
calm down v 1. smiriti, stišati; to calm
smb. down stišati nekoga 2. smiriti se,
stišati se; he calmed down smirio se
calorie ['kaelərij] n kalorija
calumniate [kə'ləmnijejt] v tr oklevetati
calumny ['kaeləmnij] n kleveta, lažna
optužba
calvary ['kaelvərij] n 1. (cap.) Kalvarija 2.
raspeće
calve [kaev] v tr and intr oteliti (se)
Calvinism ['kaelvinizəm] n kalvinizam
cam [kaem] n (tech.) breg (brijeg)
Cambodia [kaem'boudijə] n Kambodža,
Kampućija

Cambodian I *n* 1. Kambodžanac 2. kambodžanski jezik **Cambodian** II *a* kambodžanski

camel ['kaeməl] *n* kamila; **that was the straw that broke the ~'s back* prepunila se čaša **camel driver** kamilar, gonič kamila

cameo ['kaemijou] *n* kameja

camera ['kaemrə] *n* kamera, foto-aparat **cameraman** ['kaemərəmaen] *(-men* [men]) *n* kamerman

camouflage I ['kaeməflaž] *n* kamuflaža, maskiranje; maskirni materijal **camouflage** II *v tr* kamuflirati, maskirati

camp I [kaemp] *n* 1. logor; (usu. fig.) tabor; *a concentration (prisoner-of-war)* ~ koncentracioni (zarobljenički) logor; (fig.) *the enemy* ~ protivnički tabor 2. kamp, kamping 3. *(summer)* ~ letovalište (ljetovalište) **camp** II *v intr* (also: *to* ~ *out)* logorovati; kampovati; *we were camping (out)* bili smo na kampingu

campaign I [kaem'pejn] *n* (mil. and pol.) kampanja, pohod; *an electoral* ~ izborna kampanja (borba); *a military* ~ ratni (vojni) pohod **campaign** II *v* učestvovati u kampanji (pohodu)

camper *n* 1. onaj koji boravi u kampu, kamper 2. karavan (vozilo)

campfire ['kaempfajr] *n* logorska vatra

campground [~graund] *n* kamping

camphor ['kaemfər] *n* kamfor

camping *n* (also: ~ *out)* logorovanje; spavanje pod vedrim nebom

campus ['kaempəs] *n* univerzitetsko (W: sveučilišno) zemljište; *he lives on* ~ on stanuje u studentskom gradu

can I [kaen] *n* 1. konzerva, (konzervna) kutija; *a* ~ *of sardines* kutija sardina 2. kanta; *a trash* ~ kanta za smeće **can** II *v tr* staviti u kutiju za konzerve, konzervirati

can III *v* (third person sgn. is *can;* past is *could* [kud]; no partic. or future; neg. is *cannot* [kae'nat] or *can't* [kaent]) *v intr* 1. moći; *he* ~ *carry the sofa himself* on može sam da prenese divan; *he* ~ *still come* on još može doći 2. umeti (umjeti), znati, moći; *he* ~ *write* on ume (zna) da piše 3. *(~ barely)* jedva; *we* ~ *barely wait to return home* jedva čekamo da se vratimo kući

Canada ['kaenədə] *n* Kanada **Canadian** I [kə'nejdijən] *n* Kanađanin **Canadian** II *a* kanadski

canal [kə'nael] *n* kanal

canary [kə'nejrij] *n* kanarinac

Canary Islands *pl* Kanarska ostrva (W: Kanarski otoci)

cancel ['kaensəl] *v tr* 1. ukinuti; opozvati; poništiti; *to* ~ *debts* poništiti dugove; *to* ~ *stamps* poništiti marke 2. (math.) uprostiti; *to* ~ *a fraction* uprostiti razlomak **cancellation** [kaensə'lejšən] *n* ukinuće, poništenje

cancer ['kaensər] *n* 1. (med.) rak; *breast* ~ rak dojke; *lung* ~ rak na plućima 2. (astrol., cap.) Rak **cancerous** *a* kancerozan

candid ['kaendid] *a* otvoren, iskren

candidate ['kaendədejt] *n* kandidat; *a* ~ *for president* kandidat za predsednika (predsjednika)

candle I ['kaendəl] *n* sveća (svijeća); **to burn a* ~ *at both ends* rasipati snagu i sredstva **candle** II *v tr* pregledati; *to* ~ *eggs* pregledati jaja (pomoću jake svetlosti—svjetlosti)

candlelight [~lajt] *n* 1. svetlost sveće (svjetlost svijeće); *to read by* ~ čitati pri sveći 2. sumrak

candlestick [~stik] *n* svećnjak (svijećnjak)

candor ['kaendər] *n* otvorenost, iskrenost

candy ['kaendij] *n* bonbone; *a piece of* ~ bombona, poslastica; *a box of* ~ bombonijera **candy** II *v tr* kandirati, ušećeriti

cane [kejn] *n* 1. trska; *sugar* ~ šećerna trska 2. štap, palica

canine ['kejnajn] *a* pasji, pseći

canister ['kaenistər] *n* 1. limena kanta 2. (mil.) karteč

canker ['kaengkər] *n* (med.) čir, grizlica; rak **cankerous** *a* pun čireva; razjeden **canker sore** čir

canned [kaend] *a* u konzervi (see **can** II); ~ *food* konzerve

cannery ['kaenərij] *n* fabrika za preradu mesa (povrća, ribe, voća)

cannibal ['kaenəbəl] *n* ljudožder, kanibal **cannibalism** *n* ljudožderstvo, kanibalizam **cannibalistic** [kaenəbə'listik] *a* ljudožderski, kanibalski **cannibalize** ['kaenəbəlajz] *v tr* skidati delove (dijelove) od (jednog aviona, kamiona, automobila za popravku drugoga)

canning ['kaening] *n* konzerviranje

cannon ['kaenən] *(pl* has zero or *-s) n* top, oruđe; *atomic* ~ atomski top **cannonball** ['kaenəbol] *n* topovsko zrno **canno-**

neer ['kaenə'nijr] *n* tobdžija, artiljerac
cannon fire topovska vatra **cannon fodder** topovsko meso
cannot see **can** III
canny ['kaenij] *a* 1. lukav 2. mudar; vešt (vješt)
canoe I [kə'nu:] *n* kanu, čamac **canoe** II *v intr* voziti se čamcem **canoeist** *n* kanuista
canon ['kaenən] *n* (in various meanings) kanon
canonize *v tr* kanonizovati, posvetiti, osvetiti
can opener otvarač za konzerve
canopy ['kaenəpij] *n* 1. baldahin 2. (on an airplane) providan krov kabine
cant [kaent] *n* 1. cviljenje, bogorađenje 2. šatrovački (prostački) jezik 3. tehnički (esnafski) jezik 4. licemerno (licemjerno) fraziranje
cantaloup ['kaentəloup] *n* cerovača, dinja
cantankerous [kaen'taengkərəs] *a* svadljiv; mrzovoljan
canteen [kaen'tijn] *n* 1. kantina; vojna prodavnica (W: prodavaonica) 2. (Br.) vojnička krčma 3. vojnička menza 4. čuturica
canter I ['kaentər] *n* laki galop **canter** II *v intr* lagano galopirati
canvas ['kaenvəs] *n* 1. platno, jedrilsko platno 2. grubo platno, šatorsko platno 3. slika, platno
canvass I ['kaenvəs] *n* anketa, ispitivanje **canvass** II *v tr* anketirati, ispitivati; *to ~ public opinion* ispitivati javno mišljenje
canyon ['kaenjən] *n* kanjon, klisura
cap I [kaep] *n* 1. kapa; (sportski) kačket 2. kapsla, udarna kapsla 3. poklopac 4. misc.; **that's a feather in his ~ time* se može ponositi; *~ and gown* zvanična univerzitetska (W: službena sveučilišna) nošnja **cap** II *v tr* 1. staviti kapu (na) 2. pokriti (vrh nečega), kaptirati 3. nadmašiti 4. završiti; krunisati
capability [kejpə'bilitij] *n* sposobnost, moć **capable** ['kejpəbəl] *a* 1. sposoban; *a ~ worker* sposoban radnik 2. u stanju; *he is ~ of doing that* on je u stanju da to uradi
capacity [kə'paesətij] *n* 1. kapacitet; *lung ~* kapacitet pluća 2. sposobnost; mogućnost 3. svojstvo; *in the ~ of a friend* u svojstvu prijatelja
cape I [kejp] *n* ogrtač, plašt, kabanica

cape II *n* rt
caper *n* 1. skok 2. ludorija, nestašluk; *to cut ~s* ludirati se
capital I ['kaepətəl] *n* 1. glavni grad, prestonica (prijestolnica) 2. kapital; klasa kapitalista 3. kapital; glavnina; *circulating (working) ~* opticajni kapital **capital** II *a* 1. glavni; *a ~ city* glavni grad 2. (econ.) kapitalni
capitalism *n* kapitalizam **capitalist** *n* kapitalista **capitalistic** [kaepətə'listik] *a* kapitalistički
capitalization [kaepətələ'zejšən] *n* 1. kapitalizacija 2. pisanje velikih slova **capitalize** ['kaepətəlajz] *v* 1. *tr* (econ.) kapitalisati 2. *tr* pisati velikim slovom 3. *intr* iskoristiti; *to ~ on smt.* iskoristiti nešto
capital letter veliko slovo
capital punishment smrtna kazna
Capitol ['kaepətəl] *n* Kapitol **Capitol Hill** (Am., pol.) Kapitol hil (američki kongres)
capitulate [kə'pičulejt] *v intr* predati se, kapitulirati **capitulation** [kəpiču'lejšən] *n* predaja, kapitulacija
caprice [kə'prijs] *n* kapric, ćef **capricious** [kə'prišəs] *a* kapriciozan
capsize ['kaep'sajz] *v* 1. *tr* prevrnuti, preturiti 2. *intr* prevrnuti se
capsule ['kaepsəl] *n* 1. čaura, omotač 2. (pharmacology) kapsula 3. (astron.) kapsula
captain I ['kaeptən] *n* 1. (naut.) zapovednik — zapovjednik (trgovačkog broda) 2. (naval) kapetan (bojnog broda); komandant (bojnog broda) 3. (mil.) kapetan 4. (sports) kapiten **captain** II *v tr* predvoditi
caption I ['kaepšən] *n* natpis, naslov **caption** II *v tr* snabdeti (snabdjeti) naslovima
captious ['kaepšəs] *a* 1. zanovetljiv (zanovjetljiv) 2. varljiv, lukav
captivate ['kaeptəvejt] *v tr* očarati, zaneti (zanijeti)
captive I ['kaeptiv] *n* zarobljenik **captive** II *a* 1. zarobljen; *to take ~* zarobiti 2. očaran **captivity** [kaep'tivətij] *n* zarobljeništvo **captor** ['kaeptor] *n* zarobljivač **capture** I ['kaepčər] *n* zarobljavanje; hapšenje; zauzeće **capture** II *v tr* 1. zarobiti 2. uhvatiti; *to ~ a thief* uhvatiti lopova 3. zauzeti, osvojiti
car [kar] *n* 1. automobil, kola; *an armored (racing) ~* borna (trkaća) kola 2. vagon,

caramel 73 carport

kola; *a dining* ~ kola za ručavanje 3. (of
an elevator) kabina
caramel ['karməl] *n* karamela
carat ['kaerət] *n* karat
caravan ['kaerəvaen] *n* 1. karavan 2. Br.;
see **house trailer**
caraway ['kaerəwej] *n* kim
car barn garaža za tramvaje, autobuse
carbine ['karbijn] *n* karabin
carbohydrate [karbou'hajdrejt] *n* ugljeni
hidrat (W: ugljikohidrat)
carbon ['karbən] *n* 1. karbon, ugljenik 2.
indigo **carbonate** I ['karbənejt] *n* kar-
bonat **carbonate** II *v tr* 1. karbonizirati
2. gazirati; ~d beverages gazirana pića
carbon copy kopija (preko indiga)
carbon monoxide ugljen-monoksid
carbon paper indigo-papir, karbon-papir
carbuncle ['karbəngkəl] *n* karbunkul, čir
carburetor ['karbərejtər] *n* karburator
carcass ['karkəs] *n* 1. trup zaklane životi-
nje, lešina 2. (fig.) kostur
card [kard] *n* 1. karta (za igranje); *to play*
~s igrati karte, kartati se; *in the* ~s
neminovno 2. poštanska karta; čestitka
3. (in a file) karton 4. (colloq.) čudak
cardboard [~bord] *n* karton
card catalog, card file kartoteka
card game igra karata
cardiac ['kardijaek] *a* srčani
cardinal I ['kardnəl] *n* 1. (rel.) kardinal 2.
(bird) kardinal 3. otvoreno-crvena boja
cardinal II *a* 1. glavni 2. otvoreno-crven
cardinal number osnovni broj
cardiogram ['kardijəgraem] *n* kardiogram
cardiograph [~aef] *n* kardiograf **cardio-
logist** [kardij'alədžist] *n* kardiolog **car-
diology** *n* kardiologija
cardsharp [~šarp] *n* varalica na kartama,
prevarant u igri
care I [kejr] *n* 1. zabrinutost, briga 2.
pažnja, briga, staranje; *to take* ~ *of*
pobrinuti se o, postarati se o 3. zaštita,
nega (njega); *health* ~ zdravstvena za-
štita; ~ *of the injured* nega ranjenika 4.
pažnja, brižljivost, marljivost; *to prepare
with great* ~ vrlo brižljivo pripremiti
5. kontrola; *under a doctor's* ~ pod
lekarskom — ljekarskom (W: liječnič-
kom) kontrolom 6. misc.; *take* ~! pazi!
in ~ *of* na adresu, kod
care II *v intr* (with an *inf.*) želeti (željeti);
he doesn't ~ *to see them* on ne želi da ih
vidi
careen [kə'rijn] *v intr* vrdnuti

career [kə'rijr] *n* karijera; *a diplomatic* ~
diplomatska karijera
care for *v* 1. probrinuti se o, postarati se o;
she cares for him ona se stara o njemu 2.
voleti (voljeti); mariti; *she doesn't care
for him* ona ne mari za njega 3. očuvati;
well cared for dobro očuvan
carefree [~frij] *a* bezbrižan
careful *a* 1. oprezan 2. brižljiv, temeljan
careless *a* neoprezan, nehatan
caress I [kə'res] *n* milovanje **caress** II *v tr*
milovati
caretaker ['kejrtejkər] *n* čuvar, kurator
carfare ['karfejr] *n* novac (plata) za put
cargo ['kargou] *(-s* or *-es) n* teret
Caribbean [kə'ribijən] *a* karipski **Carib-
bean Sea** Karipsko more
caribou ['kaeribu:] *(pl* has zero or *-s) n*
američki severni (sjeverni) jelen
caricature I ['kaerikəču:r] *n* karikatura
caricature II *v tr* karikirati **caricaturist**
n karikaturista
caries ['kejrijz] *n* truljenje, karijes
carload ['karloud] *n* (pun) vagon
carnage ['karnidž] *n* pokolj
carnal ['karnəl] *a* puten, pohotan **carnal
knowledge** snošaj, obljuba
carnation [kar'nejšən] *n* karanfil
carnival I ['karnəvəl] *n* karneval; poklade
carnival II *a* karnevalski
carnivore ['karnəvor] *n* mesožder **carnivo-
rous** [kar'nivərəs] *a* mesožderan
carol ['kaerəl] *n* vesela pesma (pjesma);
božićna pesma
carouse [kə'rauz] *v intr* lumpovati, bančiti
carp I [karp] *n* (fish) šaran
carp II *v intr* zakerati, zanovetati (zanovi-
jetati); *to* ~ *at smb.* zanovetati nekome,
kritikovati nekoga
carpenter ['karpəntər] *n* (drvodelja), stolar
carpentry [~trij] *n* drvodeljstvo (drvod-
jeljstvo), stolarstvo, stolarski zanat
carpet I ['karpit] *n* 1. (veliki) tepih, ćilim;
a wall-to-wall ~ tepih koji se prostire
preko cele (cijele) sobe 2. pokrivač; *a* ~
of snow snežni (snježni) pokrivač **carpet**
II *v tr* pokriti tepihom
carpetbag [~baeg] *n* putnička torba
carpeting *n* teph, tepisi; *wall-to-wall* ~
see **carpet** I 1
car pool grupna (zajednička) vožnja (pri-
vatnim automobilom) na posao
carport ['karport] *n* nadstrešnica koja za-
klanja automobil

carrel ['kaerəl] *n* (in a library) odvojena niša za čitanje

car rental iznajmljivanje automobila, rent-a-kar

carriage ['kaeridž] *n* 1. kočije, fijaker 2. see **baby carriage** 3. (Br.) see **car 2 4.** držanje, stav (tela — tjela)

carrier ['kaerijər] *n* 1. nosač, nosilac 2. prevozilac, prevoznik; transportno sredstvo 3. (med.) ~ *(of a disease)* prenosilac (bolesti)

carrier pigeon golub pismonoša

carrion ['kaerijən] *n* strvina, crkotina, lešina

carrot ['kaerət] *n* šargarepa (W: mrkva)

carry ['kaerij] *v* 1. *tr* nositi; voziti; *to* ~ *a load (a wounded man)* nositi teret (ranjenika) 2. *tr* (of a pregnant woman) nositi; *a woman* ~*ies a child nine months* žena nosi dete (dijete) devet meseci (mjeseci) 3. *tr* preneti (prenijeti); *to* ~ *a child across a stream* preneti dete preko potoka 4. *tr* uneti (unijeti); *he* ~*ied the chair into the house* uneo je stolicu u kuću 5. *tr* (math.) preneti; *to* ~ *a number* preneti broj 6. *tr* usvojiti; *to* ~ *a motion* usvojiti predlog 7. *tr* pobediti (pobijediti) (na izborima); *to* ~ *an election* pobediti na izborima 8. *tr* preneti, emitovati; *to* ~ *a game* preneti utakmicu 9. *tr* (of a store, salesman) prodavati, držati; *we do not* ~ *that product* mi ne držimo tu robu 10. *tr* pravilno pevati (pjevati); *to* ~ *a tune* pravilno pevati melodiju 11. *tr* imati (garanciju); *the radio* ~*ies a three-year guarantee* radio-aparat ima garanciju od tri godine 12. *tr* biti predviđen; *that crime* ~*ies a five-year sentence* za taj zločin predviđena je kazna zatvora od pet godina 13. *intr* imati domet. dopirati; *as far as the voice* ~*ies* dokle glas dopire 14. *refl.* držati se; *she* ~*ies herself well* ona se dobro drži 15. misc.; *to* ~ *a joke too far* preterati (pretjerati) sa šalom; *to* ~ *weight* biti uticajan

carry away *v* 1. odneti (odnijeti) 2. zaneti (zanijeti); *he got carried away by their ideas* zaneo se za njihove ideje

carry on *v* 1. nastaviti; (mil.) *carry on!* nastavite! 2. izmotavati se; ludirati se 3. obavljati, vršiti; *to carry on one's duties* vršiti svoju dužnost

carry out *v* 1. izneti (iznijeti); *to carry a table out of the room* izneti sto (stol) iz

sobe 2. izvršiti; ispuniti; sprovesti; *carry out an order* izvršiti naredbu

carsick ['karsik] *a* oboleo (obolio) od automobilske bolesti

cart I [kart] *n* teretna kola (sa dva točka); *to put the* ~ *before the horse* početi naopako **cart** II *v tr* 1. voziti kolima 2. odvesti (odvezem); *to* ~ *smb. off to jail* strpati nekoga u zatvor

cartel [kar'tel] *n* kartel

cartilage ['kartəlidž] *n* hrskavica

cartographer [kar'tagrəfər] *n* kartograf

cartography [~fij] *n* kartografija

carton ['kartən] *n* kutija od kartona

cartoon [kartu:n] *n* 1. karikatura 2. crtani film; *an animated* ~ animirani (crtani) film **cartoonist** *n* karikaturista

cartridge ['kartridž] *n* 1. metak; *a practice* ~ manevarski metak 2. kaseta; kaseta sa foto-filmom

carve [karv] *v* 1. *tr* izrezati, urezati, iseći (isjeći); gravirati; *to* ~ *a figure in stone* iseći figuru u kamenu 2. *intr* rezbariti, rezati; *to* ~ *in wood* rezati u drvetu

carve up *v* razdeliti (razdijeliti); *to carve up into several parts* razdeliti na nekoliko delova (dijelova)

carving *n* rezbarija

Casanova [kaesə'nouvə] *n* Kazanova, zavodnik

cascade [kaes'kejd] *n* kaskada, slap

case I [kejs] *n* 1. slučaj; *in any* ~ u svakom slučaju; *in* ~ *he comes* u slučaju da dođe 2. (med.) slučaj; *the number of reported* ~*s* broj prijavljenih slučajeva 3. (legal) parnica; predmet; *the lawyer lost the* ~ advokat je izgubio parnicu 4. (gram.) padež **case** II *a* (gram.) padežni; *a* ~ *ending* padežni nastavak

case III *n* 1. kutija; koleto, sanduk 2. futrola; navlaka; *an eyeglass* ~ futrola za naočare

cash I [kaeš] *n* gotov novac; *to pay in* ~ platiti gotovim novcem; ~ *on delivery* pouzećem **cash** II *v tr* unovčiti; *to* ~ *a check* unovčiti ček

cashier I [kae'šijr] *n* blagajnik; *please pay the* ~ molim vas, platiti na blagajni

cashier II *v tr* 1. degradirati, kasirati 2. otpustiti iz službe

cash register registar-kasa

casino [kə'sijnou] *(-s)* *n* kasino

cask [kaesk] *n* bure

casket [~it] *n* 1. (esp. Br.) kovčežić (za nakit); kutija 2. (mrtvački) kovčeg

casserole ['kaesəroul] n (cul.) kaserola

cassette [kae'set] n kaseta

cast I [kaest] n 1. bacanje, hitanje 2. (med.) (also: plaster ~) gips; to put a ~ on a leg staviti nogu u gips 3. podela (podjela) uloga; glumci cast II a liven; ~ iron liveno gvožđe cast III cast; v tr 1. baciti; to ~ a shadow baciti senku (sjenku); *the die is cast kocka je bačena 2. izliti; odliti; to ~ a statue in bronze izliti statuu u bronzi 3. dati; to ~ a vote glasati, dati glas 4. odrediti, rasporediti (glumce za uloge) 5. misc.; to ~ aspersions on smb.'s character ocrniti nekoga; to ~ lots vući kocku

castaway I ['kaestəwej] n brodolomnik

castaway II a koji je pretrpeo (pretrpio) brodolom

caste I ['kaest] n kasta caste II a kastinski; the ~ system kastinsko uređenje

caster n točkić

castigate ['kaestəgejt] v tr 1. kazniti 2. kritikovati

casting [kaesting] n 1. raspoređivanje uloga 2. liv, livenje

castle I ['kaesəl] n 1. zamak, kula 2. (chess) top, kula castle II v intr (chess) rokirati castling n (chess) rokada

cast off v 1. odbaciti, odbiti 2. ispustiti; (naut.) odrešiti uže castoff [~of] n nešto odbačeno

castor oil ['kaestər] ricinus

castrate ['kaestrejt] v tr kastrirati, uškopiti castration [kae'strejšən] n kastracija, škopljenje

casual I ['kaežu:əl] n (mil.) privremeno prikomandovano lice casual II a 1. slučajan, neočekivan; a ~ meeting slučajan sastanak 2. (Br.) neredovan; a ~ laborer radnik bez redovnog posla 3. nonšalantan; neusiljen; neformalan

casualty [~tij] n 1. ranjenik 2. poginuli 3. (in pl. usu. mil.) gubici (u ljudstvu)

cat [kaet] n mačka; a ~ purrs mačka prede; *to let the ~ out of the bag otkriti tajnu

cataclysm ['kaetəklizəm] n kataklizma

catalog I ['kaetəlag] n 1. katalog, spisak; a ~ of books katalog knjiga 2. (university) ~ pregled predavanja (na univerzitetu — W: sveučilištu) catalog II v tr katalogizirati; to ~ books katalogizirati knjige

catalyst ['kaetəlist] n katalizator

catapult I ['kaetəpəlt] n 1. katapult 2. (Br.) praćka catapult II v tr katapultirati

cataract ['kaetəraekt] n katarakt (slap, mrena na oku)

catastrophe [kə'taestrəfij] n katastrofa catastrophic [kaetə'strafik] a katastrofalan

catcall I ['kaetkol] n zviždanje, izviždavanje catcall II v intr zviždati

catch I [kaeč] n 1. lov, lovina, ulov; (fig.) a great ~ dobra ženidba (udaja) 2. (game) bacanje i hvatanje lopte 3. zamka, klopka; začkoljica; *that's the ~ u tom grmu leži zec 4. (tech.) utvrđivač; zub catch II caught [kot] v 1. tr uloviti, uhvatiti, zateći; a cat ~es mice mačka lovi miševe; to ~ a ball (with one's hand) uhvatiti loptu (rukom); to ~ smb. stealing zateći nekoga u krađi 2. tr privući; to ~ smb.'s eye privući nečiju pažnju 3. tr oboleti (oboljeti) od; to ~ tuberculosis oboleti od tuberkuloze 4. intr zakačiti se, zaplesti se; his suit caught on a nail odelo (odijelo) mu se zakačilo za ekser (W: čavao) 5. intr hvatati; the bolt does not ~ reza ne hvata 6. intr zapaliti se; the fire caught zapalila se vatra 7. misc.; to ~ one's breath odahnuti, izduvati se; the house caught fire upalila se kuća; *to ~ it dobiti batine; to ~ sight of ugledati; to be caught napping biti potpuno iznenađen

catching a zarazan

catch on v 1. shvatiti, razumeti (razumjeti); to catch on to a joke razumeti šalu 2. postati popularan; ući u potrebu; the song caught on pesma (pjesma) je postala popularna

catch up v 1. stići, sustići, dostići; I'll catch up to (with) you ja ću te stići 2. to be caught up in biti upetljan u; he was caught up in a scandal upetljao se u neki skandal 3. nadoknaditi; to catch up on one's reading nadoknaditi zaostalo čitanje

catchword [~wərd] n krilatica

catchy a 1. privlačan 2. koji se lako upamti

catechism ['kaetəkizəm] n katehizam (katekizam)

categorical [kaetə'gorikəl] a kategoričan, kategorijski

categorize ['kaetəgərajz] v tr kategorizirati category ['kaetəgorij] n kategorija cater ['kejtər] v 1. tr pružiti ugostiteljske usluge (za); snabdeti — snabdjeti hranom (priredbu, svadbu, banket); the wedding was ~ed za svadbu sve je bilo poručeno 2. intr liferovati (hranu) 3. intr zadovoljiti, udovoljiti; to ~ to (Br. also: for) smb.'s needs zadovoljiti nečije potrebe caterer n direktor preduzeća (W: poduzeća) za isporuku gotovih jela catering n (or: ~ service) preduzeće (W: poduzeće) za isporuku gotovih jela, fabrika gotovih jela; pružanje ugostiteljskih usluga

caterpillar I ['kaetərpilər] n gusenica (gusjenica) caterpillar II a gusenični (gusjenični)

catgut ['kaetgət] n ketgat, žica od creva (crijeva)

catharsis [kə'tharsis] n katarza, očišćenje

cathedral [kə'thijdrəl] n katedrala; (orth.) saborna crkva

catheter ['kaethətər] n (med.) katerer, sonda

catholic ['kaethəlik] a univerzalan, mnogostran; liberalan

Catholic I n katolik Catholic II a katolički Catholicism [kə'thaləsizəm] n katolicizam, katoličanstvo catholicize v tr učiniti katoličkim, pokatoličiti

cathouse ['kaethaus] (-ses [zəz]) n (colloq.) burdelj

catlike [~lajk] a mačkast, nalik na mačku

cat nap kratak san

cattle ['kaetl] n stoka, marva; goveda cattleman [~maen] (-men [min]) n stočar

catty ['kaetij] a zloban; jedak; a ~ remark jetka primedba (primjedba)

catty-cornered 1. a dijagonalan 2. adv dijagonalno

catwalk [~wok] n uzan mostić (za prolaz radnika)

Caucasian I [ko'kejžən] n 1. Kavkazac 2. belac (bijelac) Caucasian II a 1. kavkaski 2. koji pripada beloj (bijeloj) rasi Caucasus ['kokəsəs] n Kavkaz

caucus I ['kokəs] n (pol.) 1. sastanak članova partije 2. (Br.) odbor partijskih vođa caucus II v intr sastati se (o članovima partije)

cauliflower ['kaliflauər] n karfiol (W also: cvjetača)

caulk [kok] v tr šuperiti

causal ['kozəl] a kauzalan, uzročan

cause I [koz] n 1. uzrok; ~ and effect uzrok i posledica (posljedica) 2. stvar; a just ~ pravedna stvar cause II v tr prouzrokovati; izazvati; pričiniti; to ~ damage (pain) pričiniti štetu (bol)

caustic ['kostik] a 1. kaustičan 2. jedak, zajedljiv; a ~ remark jetka primedba (primjedba)

cauterize ['kotərajz] v tr podvrći kauterizaciji

caution I ['košn] n opreznost caution II v tr upozoriti; to ~ smb. about smt. upozoriti nekoga na nešto

cavalcade ['kaevəlkejd] n kavalkada

cavalier I [kaevə'lijr] n 1. kavaljer 2. vitez cavalier II a 1. osion, ohol 2. neusiljen, nehatan

cavalry I [kaevəlrij] n konjica; light ~ laka konjica cavalry II a konjički cavalryman [~mən] (-men [min]) n konjanik

cave [kejv] n pećina, špilja

cave in v intr (colloq.) obroniti se, srušiti se; the roof caved in krov se srušio cave-in n obronjavanje

cave man pećinski čovek (čovjek)

caviar ['kaevijar] n kavijar; ajvar

cavity ['kaevətij] n šupljina, duplja; abdominal (oral, thoracic) ~ trbušna (usna, grudna) duplja

cavort [kə'vort] v intr skakati tamo-amo

caw I [ko] n (of crows) gakanje caw II v intr (of crows) gakati; crows ~ vrane gaču

CB radio ['sijbij] see citizen band radio

cease I [sijs] n prestanak; without ~ bez prestanka cease II v 1. tr prekinuti; (mil.) ~ fire: prekini: 2. intr prestati cease-fire n prekid vatre, obustava vatre ceaseless a neprekidan

cedar ['sijdər] n (bot.) 1. kedar (W also: cedar) 2. kedrovina (W also: cedrovina)

cede [sijd] v 1. tr ustupiti; to ~ territory ustupiti teritoriju 2. tr priznati; to ~ a point in an argument priznati tačku (W: točku) u argumentu 3. intr popustiti

ceiling ['sijling] n 1. tavanica, plafon (W: strop) a ~ on prices plafon cena (cijena) 2. (aviation) vrhunac, maksimalna visina leta

celebrant ['seləbrənt] n 1. sveštenik (svećenik) koji čita misu, misnik učesnik proslave celebrate ['seləbrejt] v 1. tr proslaviti; to ~ a birthday proslaviti rođendan 2. tr (rel.) to ~ a mass čitati misu 3. intr učestvovati u proslavi cele-

brated a proslavljen **celebration** [selə-'brejšən] n proslava; ~ *of an anniversary* proslava godišnjice
celebrity [sə'lebrətij] n poznata ličnost, zverka (zvjerka)
celery ['selərij] n celer
celestial [sə'lesčəl] a nebeski
celibacy ['seləbəsij] n celibat, neženstvo
celibate I ['seləbit] n neženja **celibate** II a neženjen; neudata
cell [sel] n 1. ćelija u zatvoru 2. (biol.) ćelija (W: stanica); *an organic* ~ organska ćelija 3. (elec.) ćelija, element
cellar ['selər] n podrum
cellist ['čelist] n violončelista **cello** ['čelou] *(~s)* n čelo, violončelo
cellophane ['seləfejn] n celofan; *to wrap in* ~ uviti u celofan
cellular ['seljələr] a ćelijski (W: stanični)
Celluloid ['seljəlojd] n celuloid
cellulose ['seljəlous] n celuloza
Celsius ['selsijəs] a Celzijev, Celzijusov; *thirty degrees* ~ 30 stepeni Celzijusovih
Celt [selt] or [kelt] n kelt (also **Kelt**) **Celtic** n keltski jezici (also **Keltic**) **Celtic** II a keltski
cement I [si'ment] n cement **cement** II v tr cementirati
cemetery ['semətərij] n groblje
censor I ['sensər] n cenzor **censor** II v tr cenzurisati; *letters are not* ~*ed* pisma se ne cenzurišu **censorship** n cenzura
censure I ['senšər] n osuda **censure** II v tr osuditi
census ['sensəs] n popis (stanovništva); *to take a* ~ izvršiti popis
cent [sent] n cent, stoti deo (dio) dolara
centenarian [sentə'nejrijən] n stogodišnjak
centenary I ['sentənerij] n (esp. Br.) stogodišnjica **centenary** II a (esp. Br.) stogodišnji
centennial I [sen'tenijəl] n stogodišnjica **centennial** II a stogodišnji
center I ['sentər] n 1. centar; središte; a *shopping* ~ trgovački centar 2. (sports) centar **center** II a, središnji; (soccer) ~ *line* središnja linija **center** III v 1. tr centrirati; *to* ~ *a title* centrirati naslov 2. *intr* (soccer) centrirati
center forward (soccer) centarfor, vođa navale **center half** centarhalf
centigrade ['sentigrejd] a see **Celsius**
centiliter ['sentəlijtər] n centilitar
centimeter ['sentəmijtər] n santimetar (W: centimetar)

centipede ['sentəpijd] n stonoga
certain ['sərtən] a 1. siguran, uveren (uvjeren); *I am* ~ *that he will come* siguran sam da će doći 2. pouzdan, siguran; a ~ *cure* siguran lek (lijek) 3. neki, izvestan (izvjestan); ~ *people* neki ljudi 4. neizbežan (neizbježan), siguran; ~ *death* neizbežna smrt **certainty** [~tij] n 1. sigurnost; *with* ~ sa sigurnošću 2. sigurna činjenica
certificate [sər'tifikɪt] n potvrda; uverenje (uvjerenje); a *medical* ~ lekarsko (ljekarsko) uverenje
certified mail preporučena pošiljka
certify ['sərtəfaj] v tr 1. potvrditi 2. overiti (ovjeriti)
certitude ['sərtətu:d] n potpuna sigurnost
cervical ['servikəl] a 1. vratni; ~ *vertebrae* vratni pršljeni 2. cervikalan
cervix ['sərviks] n (anat.) 1. vrat 2. grlić (materice)
cessation [sə'sejšən] n prestanak, prekid; ~ *of hostilities* prekid vatre
cesspool ['sespu:l] n nužnička jama
Ceylon [si'lan] n Cejlon (now: **Sri Lanka**) **Ceylonese** I [sila'nijz] *(pl* has zero) n 1. Singalez 2. singalski jezik **Ceylonese** II a cejlonski, singalski, singaleški
chafe [čejf] v 1. tr trti, trljati 2. *intr* trti se; *to* ~ *against the skin* trti se o kožu 3. *intr* jesti se, gristi se; *he* ~*ed at the inaction* jelo ga je što nema posla
central I ['sentrəl] n telefonska centrala **central** II a centralan; ~ *heating* centralno grejanje (grijanje)
Central America Centralna Amerika
Central Intelligence Agency Centralna obaveštajna (obavještajna) uprava (also: **CIA**)
centralize ['sentrəlajz] v tr centralisati
centrifugal [sen'trifəgəl] a centrifugalan
centrifugal force centrifugalna sila
centripetal [sen'tripətəl] a centripetalan
centurion [sen'tu:rijən] n centurion, stotinar
century ['senčərij] n vek (vijek)
ceramic I [sə'raemik] n 1. keramički proizvod 2. (in *pl)* keramika **ceramic** II a keramički
cereal I ['sijrijəl] n žito **cereal** II a žitni, cerealan
cerebral [sə'rijbrəl] and ['serəbrəl] a cerebralan; a ~ *hemorrhage* izliv krvi u mozak **cerebral palsy** cerebralna paraliza

ceremonial [serə'mouniǝl] a ceremonijalni
ceremonious [serə'mounijǝs] a 1. cere-
monijalni 2. pompezan ceremony ['serə-
mounij] n ceremonija, svečanost; *to
stand on ~ insistirati na formalnosti
chaff [čaef] n 1. pleva (pljeva) 2. trice
chagrin I [šǝ'grin] n jad, žalost; razočara-
nje chagrin II v tr ojaditi, ožalostiti;
razočarati
chain I [čejn] n 1. lanac; a ~ of mountains
planinski lanac 2. (in pl) okovi, verige,
lanci; to throw smb. into ~s baciti
nekoga u okove 3. (trgovinska) mreža,
sistem; a department-store ~ sistem
robnih kuća chain II v tr vezati lancem,
metnuti na lanac; to ~ a dog vezati psa
(lancem)
chain gang grupa robijaša (vezanih
lancem)
chain letter pismo koje nalaže primaocu
da napiše nekoliko sličnih pisama
chain reaction lančana reakcija
chain smoker lice koje puši bez prekida
chain store prodavnica (W: prodavaonica)
koja pripada trgovačkoj mreži
ckair I [čejr] n 1. stolica; to sit on a ~
sedeti (sjedjeti) na stolici 2. (at a univer-
sity) profesorska stolica, katedra; to
hold (have) a ~ držati katedru 3. pred-
sedništvo — predsjedništvo (organ koji
rukovodi sednicom — sjednicom) 4.
predsedavajući (predsjedavajući) chair
II v tr predsedavati (predsjedavati); to
~ a meeting predsedavati sednici
chairman [~mǝn] (-men [min]) n 1. pred-
sedavajući (predsjedavajući) 2. (Br.) di-
rektor preduzeća — W: poduzeća 3. (at
a university) šef katedre (W: pročelnik)
chairmanship n 1. predsedništvo (preds-
jedništvo) 2. (at a university) položaj
šefa katedre (W: pročelnika) chairwo-
man [~wumǝn] (-women [wimǝn]) n
predsedavajuća (predsjedavajuća)
chalk [čok] n kreda; colored ~ kreda u
boji
chalk up v (colloq.) 1. pripisati; odbiti; to
chalk up a failure to lack of experience
pripisati neuspeh (neuspjeh) nemanju
iskustva 2. zabeležiti (zabilježiti), pro-
knjižiti; to chalk up three victories
zabeležiti tri pobede (pobjede)
challenge I ['čaelǝndž] n 1. izazov; to fling
(hurl) a ~ at smb. baciti izazov nekome
2. (mil.) a sentry's ~ poziv stražara

challenge II v tr izazvati; to ~ smb. to a
duel izazvati nekoga na dvoboj
chamber ['čejmbǝr] n 1. komora; a gas ~
gasna komora 2. (usu. in pl) odeljenje
(odjeljenje); a judge's ~s sudsko odelje-
nje (W: sudačko odjeljenje) 3. (pol.) dom;
the lower (upper) ~ donji (gornji) dom
4. (of a firearm) ležište
chambermaid [~mejd] n sobarica
chamber music kamerna muzika (W also:
glazba)
chamber of commerce trgovačka komora
chamber pot noćni sud
chameleon [kǝ'mijljǝn] n kameleon
champ I [čaemp] n (colloq.); see champion
champ II v 1. tr rumati, glasno žvakati 2.
intr rumati, mljackati 3. (to ~ at the
bit) biti nestrpljiv; the horses were ~ing
at the bit konji su nestrpljivo poigravali
pod jahačima
champagne [šaem'pejn] n šampanjac
champion I ['čaempijǝn] n 1. šampion,
prvak 2. pobornik, borac champion II v
tr boriti se (za); to ~ a cause boriti se za
neku stvar championship n šampionat,
prvenstvo; the national tennis ~ prven-
stvo države u tenisu
chance I [čaens] n 1. slučaj, slučajnost; by
~ slučajno; to leave things to ~ ostaviti
stvari slučaju 2. sreća; rizik; to take a ~
okušati sreću, rizikovati 3. izgled; the
~s are against it izgledi su protiv toga
4. prilika, mogućnost; šansa; at the first
~ prvom prilikom; he doesn't have a ~
on nema nikakvih šansi 5. srećka; to
buy a ~ kupiti srećku 6. hazard; games
of ~ hazardne igre chance II a slučajan;
a ~ meeting slučajan susret chance III v
tr rizikovati
chancellery ['čaenslǝrij] n kancelarija; the
~ of an embassy kancelarija ambasade
chancellor [~slǝr] n 1. kancelar 2. (at
certain Am. universities) rektor
chancre ['šaengkǝr] n (med.) šankr (W:
čankir), tvrdi čir, grizlica
chancroid ['saengkrojd] n (med.) meki čir
chancy ['čaensij] a riskantan
chandelier [šaendǝ'lijr] n luster
change I [čejndž] n 1. promena (promjena),
izmena (izmjena); a ~ of direction pro-
mena pravca 2. kusur; to count one's ~
brojiti kusur 3. sitan novac, sitniš, sitni-
na change II v 1. tr promeniti (promije-
niti), izmeniti (izmjeniti); to ~ a deci-
sion promeniti odluku 2. tr preći, prese-

sti; *to ~ trains* preći u drugi voz (W: vlak) 3. *tr* previti; *to ~ a baby* previti dete (dijete) 4. *tr* presvući; *to ~ one's dress* presvući haljinu 5. *tr* smeniti (smijeniti); *to ~ the guard* smeniti stražu 6. *intr* promeniti se, izmeniti se; *the weather has ~d* vreme (vrijeme) se promenilo 7. *intr* presvući se; *he has to ~* mora da se presvuče 8. *intr* preći u drugi voz 9. misc.; *to ~ one's mind* predomisliti se **changeable** *a* promenljiv (promjenljiv); *~ weather* promenljivo vreme (vrijeme) **changer** *n* menjač (mjenjač); *a record ~* menjač ploča

channel I ['čaenəl] *n* 1. kanal; *a television ~* televizijski kanal 2. prolaz; plovni put, kanal 3. (in *pl;* usu. mil.) instance; *through ~s (of command)* preko službenih instanca **channel** II *v tr* uputiti, kanalisati

chant I [čaent] *n* 1. crkvena pesma (pjesma) 2. jednostavna melodija **chant** II *v tr* and *intr* 1. pevati (pjevati); *to ~ mass* otpevati (otpjevati) misu 2. skandirati; *to ~ slogans* skandirati parole

chaos ['kejas] *n* haos, kaos **chaotic** [kej'-atik] haotičan; *a ~ situation* haotično stanje

chap I [čaep] *n* (colloq.) momak, čovek (čovjek); *a good ~* dobar momak

chap II *v* 1. *tr* ispucati 2. *intr* (usu.: *to get ~ped)* ispucati; *my hands got ~ped* ispucale su mi ruke

chapel ['čaepəl] *n* 1. crkvica; kapela 2. služba božja

chaperon I ['šaepəroun] *n* pratilja (rarer: pratilac), izvodilja **chaperon** II *v tr* pratiti, izvoditi (devojku — djevojku); *to ~ a dance* nadzirati ponašanje mladih na igranci (plesnoj zabavi)

chaplain ['čaeplin] *n* 1. kapelan 2. vojni sveštenik (svećenik)

chapter ['čaeptər] *n* 1. glava, poglavlje (u knjizi); **to cite ~ and verse* označiti odakle je uzet citat 2. *(a local) ~* (mesna) filijala (udruženja)

char [čar] *v tr* ugljenisati

character I ['kaeriktər] *n* 1. karakter, skup osobina 2. karakter, moral; *a man of ~* čovek (čovjek) od karaktera, karakteran čovek 3. ličnost, karakter; *Tolstoy's ~s* Tolstojeve ličnosti 4. (colloq.) osobenjak 5. slovo **character** II *a* 1. karakterni; *a ~ actor* karakterni glumac 2. lični; *~ traits* crte ličnosti **characteristic** [kae-

riktə'ristik] *a* karakterističan **characterize** ['kaeriktərajz] *v tr* okarakterisati

charade [šə'rejd] *n* šarada; (fig.) pretvaranje

charcoal ['čarkoul] *n* drveni ugljen

charge I [čardž] *n* 1. odgovornost; briga; nadzor; *to be in ~ of smt.* biti odgovoran za nešto 2. štićenik 3. (legal) sudijino uputstvo (W: sudačka uputa) poroti 4. optužba; *to bring ~s against smb.* izneti (iznijeti) optužbu protiv nekoga 5. trošak, cena (cijena); *minor ~s* sitni troškovi 6. teret, opterećenje; *a ~ to an account* opterećenje računa 7. punjenje; *a booster ~* dopunjavanje; *a powder ~* barutno punjenje 8. (mil.) juriš **charge** II *v* 1. *tr* optužiti, opteretiti, okriviti; *to ~ smb. with murder* optužiti nekoga za ubistvo (W: ubojstvo) 2. *tr* opteretiti; upisati u teret (na ime); *~ it to my account* stavite ovo na moj račun 3. *tr* jurišati; *to ~ a fortress* jurišati na tvrđavu 4. *tr* napuniti, dopuniti; *to ~ a battery* napuniti bateriju 5. *tr* naelektrisati; (fig.) *the atmosphere is ~d (with electricity)* atmosfera je naelektrisana 6. *tr* otpisati, odbiti; *to ~ smt. to inexperience (youth)* odbiti nešto na neiskustvo (mladost) 7. *tr* and *intr* naplatiti; *we do not ~ for such repairs* ovakve opravke ne naplaćujemo 8. *intr* jurišati 9. *intr* uleteti (uletjeti); *to ~ into a room* uleteti u sobu

charge account dozvola za kupovinu na kredit

charger *n* 1. ubojni konj 2. (elec.) uređaj za punjenje, punjač

chariot ['čaerijət] *n* bojna kola, trijumfalna kola

charisma [kə'rizmə] *n* šarm; sposobnost rukovoditi

charitable ['čaerətəbəl] *a* milosrdan, dobrotvoran **charity** ['čaerətij] *n* 1. milosrđe, dobrotvornost; **~ begins at home* što u kući treba, crkvi se ne daje 2. milostinja; *to beg for ~* moliti za milostinju 3. ljubav prema bližnjima 4. dobrotvorna ustanova

charlatan ['šarlətən] *n* šarlatan

charm I [čarm] *n* 1. šarm; čar 2. (in *pl)* čini, čarolije 3. (in *pl)* (of a woman) privlačnost 4. hamajlija; *she wears a ~* ona nosi hamajliju **charm** II *v tr* očarati, opčiniti, šarmirati 2. začarati, omađijati

chart 80 cheeky

chart I, [čart] n 1. pomorska karta 2.
tabela, grafikon, dijagram chart II v tr
1. uneti (unijeti) na pomorsku kartu 2.
uneti u tabelu
charter I n 1. povelja 2. iznajmljivanje,
zakup, čarter charter II v tr 1. utvrditi
(osnovati) poveljom 2. zakupiti, iznajmi-
ti charter flight čarter let
charwoman ['čarwumən] (-women [wi-
min]) n spremačica
chary ['čejrij] a 1. oprezan 2. plašljiv,
stidljiv; to be ~ about (doing) smt.
zazirati od nečega
chase I [čejs] n potera (potjera); gonjenje;
to give ~ dati se u poteru; *to be on a
wild goose ~ tražiti uzalud chase II v 1.
tr goniti; to ~ a fugitive goniti begunca
(bjegunca) 2. intr juriti; to ~ after smb.
juriti za nekim
chasm ['kaezəm] n ponor
chassis ['čaesij] n šasija
chaste [čejst] a čedan, neporočan
chasten ['čejsən] v tr 1. kazniti, popraviti
2. obuzdati, umeriti (umjeriti)
chastise [čae'stajz] v tr 1. kazniti, izbati-
nati 2. izgrditi
chastity ['čaestətij] n čednost, neporočnost
chat I [čaet] n ćaskanje, ćeretanje chat II v
intr ćaskati, ćeretati
chattel ['čaetəl] n pokretna imovina, po-
kretnina
chatter I ['čaetər] n 1. cvokot 2. brbljanje
chatter II v intr 1. cvokotati; my teeth
are ~ing (from the cold) zubi mi cvoko-
ću (od zime) 2. brbljati
chauffeur I ['šoufər] n šofer (koji vozi
samo svog poslodavca) chauffeur II v tr
voziti (svog poslodavca)
chauvinism ['šouvənizam] n šovinizam;
male ~ muški šovinizam chauvinist n
šovinista
cheap [čijp] a jeftin; male vrednosti (vri-
jednosti); * to get off ~(ly) jeftino proći
cheat I [čijt] n 1. prevarant, varalica 2.
prevara cheat II v 1. tr prevariti, obma-
nuti; podvaliti; I ~ed him out of his
money uzeo sam mu novac na prevaru 2.
intr varati; to ~ on one's wife varati
ženu 3. intr podvaliti; to ~ at cards
varati na kartama 4. intr prepisati; to ~
on an exam prepisati na ispitu cheater n
varalica
check I [ček] n 1. ograničenje; smetnja 2.
provera (provjera); pregled; a back-
ground ~ provera biografskih podataka

3. ček; a certified (traveler's) ~ certifi-
cirani (putni) ček 4. (chess) šah; (fig.) to
hold smb. in ~ držati nekoga u šahu 5.
kontrolna ceduljica, kontrolni broj,
priznanica (za predati prtljag); broj gar-
derobe 6. račun (u restoranu); waiter,
the ~ please! konobar, molim vas ra-
čun! check II v 1. tr ograničiti; zaustavi-
ti; to ~ the flow of blood zaustaviti
krvarenje 2. tr kontrolisati, pregledati,
proveriti (provjeriti); to ~ smb.'s back-
ground proveriti nečije biografske po-
datke 3. tr (chess) dati šah 4. tr predati;
to ~ one's luggage predati prtljag (W:
prtljagu) 5. intr proveriti; to ~ on smb.
proveriti nekoga 6. intr štimati; klapati;
slagati se; the bill ~s račun štima check
III interj šah!
checkbook [~buk] n čekovna knjižica
checker n 1. (for checkers) kružić, pločica
2. kocka
checkerboard [~bord] n tabla za igru
dama
checkered (fig.) promenljiv (promjenljiv);
a ~ career promenljiva karijera
checkers n igra dama (dame) (Br. is
draughts)
check in v 1. prijaviti se; to check in (at a
hotel) prijaviti se (u hotelu); odsesti
(odsjesti) u hotelu 2. upisati; to check in
a guest (at a hotel) upisati gosta (u
hotelu)
checking account tekući račun
check list lista provere (provjere), ček lista
checkmate I [~mejt] n šah-mat (also fig.)
checkmate II v tr matirati (also fig.)
check out v 1. odjaviti se; to check out of a
hotel napustiti hotel, odjaviti se iz hote-
la 2. proveriti (provjeriti); to check out a
statement proveriti iskaz 3. pozajmiti
(knjigu) 4. naplatiti (na blagajni u su-
permarketu) check-out n (or: ~ time)
vreme (vrijeme) odlaska gosta (iz hotela)
checkpoint [~pojnt] n kontrolni punkt,
kontrolna tačka (W: točka)
checkroom [~rum] n garderoba
check up v proveriti (provjeriti); to check
up on smt. proveriti nešto checkup
[~əp] n pregled, provera (provjera)
cheek [čijk] n 1. obraz; hollow (rosy) ~s
upali (rumeni) obrazi 2. (colloq.)
drskost, bezobraznost
cheekbone [~boun] n jagodica, jagodična
kost
cheeky a drzak, bezobrazan

cheer I [čijr] *n* 1. veselost, raspoloženost, veselo raspoloženje; *of good* ~ dobro raspoložen 2. uzvik odobravanja, čestitanja; usklik **cheer** II *v* 1. *tr* (or: *to* ~ *for)* pozdraviti usklicima radosti, bodriti; *the fans* ~*ed (for) their team* navijači su bodrili svoju momčad 2. *intr* bodriti **cheerful** *a* veseo, raspoložen, vedar; *a* ~ *face (mood)* vedro lice (raspoloženje) **cheerio** [~ijou] *interj* (Br., colloq.) do viđenja **cheer leader** momak ili devojka (djevojka) koja bodri igrače **cheers** *interj* živeli (živjeli)! **cheer up** *v* 1. ohrabriti, razveseliti; raspoložiti; *to cheer smb. up* ohrabriti nekoga 2. ohrabriti se, raspoložiti se; *cheer up!* raspoloži se! veselo! **cheese** [čijz] *n* sir **cheeseburger** [~bərgər] *n* pljeskavica sa topljenim sirom **cheesecake** [~kejk] *n* 1. slatki kolač od sira 2. (colloq.) slika polugole devojke (djevojke) **cheetah** ['čijta] *n* (zool.) gepard **chef** [šef] *n* glavni kuvar (kuhar) **chemical** I ['kemikəl] *n* hemikalija (kemikalija) **chemical** II *a* hemijski (kemijski) **chemist** ['kemist] *n* 1. hemičar (kemičar) 2. (Br.) apotekar **chemistry** [~rij] *n* hemija (kemija) **chemist's shop** (Br.) apoteka (see also **pharmacy)** **cherish** ['čeriš] *v* *tr* gajiti, negovati (njegovati); *to* ~ *a friendship* negovati prijateljstvo **cherry** I ['čirij] *n* trešnja (drvo, plod); višnja **cherry** II *a* boje trešnje, trešnjeve boje **cherry brandy** trešnjevača **chess** [čes] *n* šah **chessboard** [~bord] *n* šahovska tabla (W: daska) **chessman** [~maen] (-*men* [men]) *n* šahovska figura **chest** [čest] *n* 1. grudi, prsa 2. sanduk, kovčeg; *a treasure* ~ kovčeg za blago 3. orman; *a* ~ *of drawers* orman s fiokama 4. kutija; *a jewelry* ~ kutija za nakit **chestnut** ['česnut] *n* 1. kesten 2. kestenjasta boja **chevron** ['ševrən] *n* oznaka čina na rukavu **chew** I [ču:] *n* ono što je za žvakanje **chew** II *v* 1. *tr* sažvakati; *to* ~ *gum (tobacco)* žvakati gumu (duvan) 2. *tr* (also fig.) *cows* ~ *their cud* krave preživaju 3. *intr* žvakati, gristi; *to* ~ *with one's teeth*

gristi zubima **chewing gum** guma za žvakanje **chew out** *v* (colloq.) izgrditi; *to chew smb. out* izgrditi nekoga (na pasja usta) **chic** I [šijk] *n* šik, elegantnost, stil **chic** II *a* šik, elegantan **Chicago** [šə'kagou] *n* Čikago **chick** [čik] *n* 1. pile, pilence 2. mladunče ptice 3. (colloq.) devojka (djevojka) **chicken** I *n* 1. kokoš, pile; **to count one's* ~*s before they are hatched* spremati ražanj, a zec u šumi 2. piletina, pileće meso, pile; *roast* ~ pečeno pile, pileće pečenje **chicken** II *a* (colloq.) kukavički **chicken feed** (colloq.) sasvim malo novca **chicken out** *v* (colloq.) kukavički se povući **chicken pox** (med.) srednje boginje, variček (also **varicella)** **chicory** ['čikərij]' *n* 1. vodopija, cigura 2. Br.; see **endive** **chide** [čajd] *v* *tr* kritikovati, izgrditi **chief** I [čijf] *n* vođa, rukovodilac, šef, načelnik; poglavar; ~ *of protocol* šef protokola **chief** II *a* glavni, prvi; *his* ~ *concern* njegova glavna briga **chief justice** vrhovni sudija (W: sudac) **chiefly** [~lij] *adv* najviše, glavno, prvenstveno **chief of state** šef države **chieftain** [~tən] *n* vođ, poglavica **child** [čajld] *(children* ['čildrən]) *n* dete (dijete) **childbirth** [~bərth] *n* porođaj **childhood** I [~hud] *n* detinjstvo (djetinjstvo) **childhood** II *a* dečji (dječji) **childish** *a* detinjast (djetinjast) **child labor** dečji (dječji) rad **childless** [~lis] *a* bezdetan (bezdjetan) **childlike** [~lajk] *a* detinji (djetinji), bezazlen **child prodigy** čudo od deteta **Chile** ['čilij] *n* Čile **Chilean** I [~ən] *n* Čileanac **Chilean** II *a* čileanski **chill** I [čil] *n* drhtavica, jeza; umerena (umjerena) hladnoća; *I have a* ~ hvata me jeza **chill** II *v*. 1. *tr* ohladiti; prohladiti; *he was* ~*ed to the bone* smrzao se do kostiju 2. *intr* hladiti se **chilly** *a* 1. hladan 2. hladno, zima; *I feel* ~ zima mi je **chime** I [čajm] *n* 1. zvono 2. (in *pl)* (usklađena) zvona **chime** II *v* 1. *tr* skladno zvoniti (u zvona) 2. *intr* zvoniti 3. misc.; *to* ~ *in* upasti (u reč—riječ) **chimney** ['čimnij] *n* odžak, dimnjak **chimney sweep** odžačar, dimničar **chimpanzee** [čim'paen'zij] *n* šimpanzo chin I [čin] n (anat.) brada; a double ~ podvaljak; *keep your ~ up! glavu gore! chin II v intr and refl penjati se samo rukama; he can ~ himself on može da se penje samo rukama

china I ['čajnə] n porcelan (W: porculan)

china II a porcelanski (W: porculanski)

China n Kina China Sea Kinesko more

Chinatown [~taun] n kineski kvart (u američkom gradu) Chinese I [čaj'nijz] n 1. (pl has zero) Kinez 2. kineski jezik Chinese II a kineski

chink I [čingk] n pukotina; *a ~ in one's armor nečije slabo mesto (mjesto)

chip I [čip] n 1. iver, iverka, cepka (cjepka); *a ~ off the old block iver ne pada daleko od klade 2. odlomak, parče 3. žeton chip II v 1. tr odseći (odsjeći); odlomiti 2. intr lomiti se, odlomiti se; trošiti se

chip in v 1. dati svoj obol 2. (Br.) upasti u reč (riječ)

chipmunk [~məngk] n (zool.) prugasta američka veverica (vjeverica)

chipper a (colloq.) živahan

chiropodist [kə'rapədist] n pediker

chiropractor ['kajroupraektər] n stručnjak koji leči (liječi) manipulisanjem zglobova

chirp I [čərp] n cvrkut, cvrka chirp II v intr cvrkutati; birds ~ ptice cvrkuću

chisel I ['čizəl] n dleto (dlijeto) chisel II v 1. tr izrezati, isklestati dletom (dlijetom) 2. tr and intr (colloq.) prevariti chiseler n (colloq.) varalica

chit [čit] n 1. račun 2. (Br.) kratko pismo, ceduljica

chitchat I [~čaet] n ćaskanje chitchat II v intr ćaskati

chivalrous ['šivəlrəs] a viteški; galantan chivalry [~rij] n viteštvo

chive [čajv] n 1. (bot.) sitni luk 2. (in pl) (cul.) šnitling

chlorinate ['klorənejt] v tr hlorisati (klorisati)

chlorine [klo'rijn] n hlor (klor)

chocolate I ['čoklit] n čokolada; a bar of ~ tabla čokolade chocolate II a čokoladni

choice I [čojs] n izbor; freedom of ~ sloboda izbora choice II a 1. odabran, odličan 2. (Am., cul.) ~ meat meso druge kategorije

choir [kwajr] n hor (kor)

choke I [čouk] n (on an automobile) prigušivač, (colloq.) saug choke II v 1. tr

zagušiti, ugušiti, zadaviti 2. tr (or; to ~ back) zaustaviti; usporiti 3. intr daviti se; to ~ on one's tears daviti se u suzama

choke up v (colloq.) 1. zagrcnuti se 2. (as of an athlete, performer, etc.) imati tremu

cholera ['kalərə] n kolera

cholesterol [kə'lestərol] n holesterin

choose [ču:z]; chose [čouz]; chosen ['čouzən] v 1. tr izabrati; to ~ smb. to be secretary izabrati nekoga za sekretara 2. intr birati 3. intr odlučiti; he chose to remain at home odlučio je da ostane kod kuće choosy a probirljiv

chop I [čap] n 1. (cul.) odrezak, šnicla, kotlet; (breaded) veal ~s (pohovani) teleći odresci 2. (sports) rezana lopta, čop chop II v 1. tr seći (sjeći), odseći (odsjeći) 2. tr (usu.: to ~ down) oboriti; to ~ a tree down oboriti drvo 3. tr (sports) rezati 4. intr seći

chop off v odseći (odsjeći), odrubiti

chopped meat iseckano (isjeckano) meso

chopper n 1. seckalica (sjeckalica); an onion ~ seckalica za luk 2. (colloq.) helikopter

choppy a uzburkan; a ~ sea uzburkano more

chops n pl vilica

chopsticks [~stiks] n pl štapići za jelo (kod Kineza)

choral ['korəl] a horski (korski) chorale [kə'rael] n 1. horska pesma (pjesma) 2. hor (kor)

chord [kord] n 1. (mus.) akord 2. (fig.) žica; to strike a responsive ~ pogoditi pravu žicu 3. (math.) tetiva

chore [čor] n (kućni) posao; to do one's ~s obaviti svoje kućne poslove

choreographer [korij'agrəfər] n koreograf choreography n koreografija

chortle I ['čortəl] n pobedonosan smeh (pobjedonosan smijeh) chortle II v intr smejati se pobedonosno (smijati se pobjedonosno)

chorus ['korəs] n 1. pripev (pripjev), napev (napjev) 2. zborno pevanje (pjevanje) 3. hor (kor)

chorus girl horistkinja (koristkinja)

chow I [čau] n (dog) čau-čau, čou, kineski pas

chow II n (colloq., mil.) hrana

chowder ['čaudər] n čorba; clam ~ čorba od rakova

Christ [krajst] n 1. Hrist (Krist) 2. mesija
christen ['krisən] v tr krstiti; to ~ a child
krstiti dete (dijete)
Christendom [~dəm] n hrišćanstvo (kršćanstvo)
christening (~ing] n krštenje; the ~ of a
ship krštenje broda
Christian I ['krisčən] n hrišćanin (kršćanin) Christian II a hrišćanski (kršćanski) Christianity [krisčij'aenətij] n hrišćanstvo (krišćanstvo) Christianize
['krisčənajz] v tr hristijanizirati (kristijanizirati), preobratiti u hrišćanstvo
(kršćanstvo)
Christmas ['krisməs] n Božić Christmas
carol božićna pesma (pjesma), koledarska pesma Christmas Eve Badnje veče
Christmas tree božićna jelka
chrome I [kroum] n hrom (krom) chrome II
v tr hromirati (kromirati)
chronic ['kranik] a 1. hroničan (kroničan);
a ~ illness hronična bolest 2. okoreo
(okorio): a ~ alcoholic okorela pijanica
chronicle I ['kranikəl] n hronika (kronika), letopis (ljetopis) chronicle II v tr
upisati (u hroniku — kroniku), zabeležiti (zabilježiti)
chronological [kranə'ladžikəl] a hronološki (kronološki) chronology [krə'nalədžij] n hronologija (kronologija)
chubby [čəbij] a bucmast, debeljušan
chuck I [čək] n tapšanje po podvoljku
chuck II v tr 1. potapšati; to ~ smb.
under the chin potapšati nekoga ispod
brade (po podvoljku) 2. (colloq.) baciti;
to ~ out izbaciti
chuck II n (cul.) vratina
chuckle I ['čəkəl] n prigušen smeh (smijeh)
zadovoljstva chuckle II v intr prigušeno
se smejati (smijati)
chum I [čəm] n (colloq.) prisni prijatelj,
drugar chum II v intr (colloq.) to ~
around with smb. biti prisan s nekim,
družiti se s nekim chummy a (colloq.)
prisan, prijateljski
chump (čəmp] n 1. (colloq.) glupak, klada
2. (Br.) veliko parče mesa 3. (Br.) panj,
klada
chunk [čəngk] n (colloq.) debelo parče,
komad; a ~ of meat komad mesa
church I [čərč] n 1. crkva 2. religija, crkva;
separation of ~ and state odvajanje
crkve od države church II a crkveni; ~
authorities crkvena vlast churchgoer

[~gouər] n osoba koja ide u crkvu
church tower crkveni toranj
churn I [čərn] n bućkalica churn II v 1. tr
bućkati; to ~ butter bućkati puter 2. tr
mućkati 3. intr (fig.) penušiti (pjenušiti)
se, talasati se
chute [šu:t] n 1. cev (cijev); žleb (žlijeb);
šaht 2. padobran; a drag (brake) ~
kočni padobran
CIA [sijaj'ej] abbrev. of Central Intelligence Agency
cider ['sajdər] n jabukovača
cigar [si'gar] n cigara
cigaret, cigarette ['sigə'ret] n cigareta; to
smoke a ~ pušiti cigaretu cigarette
holder cigarluk, muštikla
cinch I [sinč] n 1. kolan (also girth 2) 2.
(colloq.) sigurna stvar cinch II v tr
(colloq.) osigurati; to ~ a victory osigurati pobedu (pobjedu)
cinder ['sindər] n 1. (usu. in pl) ugljevlje
(od izgorelog — izgorjelog drveta ili
uglja); pepeo 2. ugljen
Cinderella [sində'relə] n Pepeljuga (also
fig.)
cinema ['sinəmə] n 1. (Br.) film (see also
motion picture, film) 2. (Br.) bioskop
(W: kino) (see also movie 2)
cinnamon ['sinəmən] n 1. cimetovo drvo 2.
cimetova boja 3. cimet
cipher ['sajfər] n 1. cifra, broj 2. šifra
circle I ['sərkəl] n 1. krug; a vicious ~
začarani krug 2. kružok; a linguistic ~
lingvistički kružok circle II v 1. tr
zaokružiti; to ~ a number zaokružiti
broj 2. tr kružiti (oko); to ~ the earth
kružiti oko Zemlje 3. intr kružiti; to ~
over a village kružiti nad selom
circuit ['sərkit] n 1. kružni put; kružno
putovanje 2. (elec.) (strujno) kolo; a
short ~ kratak spoj 3. područje u
unutrašnjosti zemlje (na kome sud održava zasedanja — zasjeaanja) circuit
breaker automatski prekidač circuitous
[sər'kju:ətəs] a zaobilazni, kružni
circular I [sərkjələr] n cirkular (W also:
okružnica) circular II a cirkularan,
kružan
circulate ['sərkjələjt] v 1. tr cirkulisati (W
also: staviti u kolanje) 2. intr cirkulisati
(W also: kolati), kružiti circulation
[sərkjə'lajšən] n cirkulacija (W also:
kolanje); opticaj (optjecaj); to put into
~ pustiti u opticaj

circulation department (in a library) služba rada s čitaocima

circumcise ['sərkəmsajz] *v tr* obrezati **circumcision** [sərkəm'sižən] *n* obrezivanje

circumference [sər'kəmfərəns] *n* obim, periferija; *the* ~ *of a circle* obim (periferija) kruga

circumlocution [sərkəmlou'kju:šən] *n* zaobilazan govor, okolišenje, perifraza

circumscribe ['sərkəmskrajb] *v tr* 1. (math.) opisati; *to* ~ *a triangle* opisati krug oko trougla 2. ograničiti

circumspect ['sərkəmspekt] *a* obazriv, oprezan **circumspection** [sərkəm'spekšən] obazrivost, opreznost

circumstance ['sərkəmstaens] *n* 1. prilika, okolnost; *aggravating (extenuating)* ~*s* otežavajuće (olakšavajuće) okolnosti 2. (in *pl*) finansijsko (financijsko) stanje 3. formalnost; *pomp and* ~ formalnosti i ceremonije **circumstantial** [sərkəm-'staenšəl] *a* koji zavise od okolnosti; ~ *evidence* posredni dokazi

circumvent [sərkəm'vent] *v tr* 1. nadmudriti, obmanuti 2. zaobići

circus ['sərkəs] *n* cirkus; *at the* ~ u cirkusu

cirrhosis [si'rousis] *n* (med.) ciroza; ~ *of the liver* ciroza jetre

cistern ['sistərn] *n* cisterna, rezervoar

citadel ['sitədəl] *n* citadela, tvrđava

citation [saj'tejšən] *n* 1. citat; *to make a* ~ navesti citat 2. (legal) navođenje sudskog precedenta 3. poziv (na sud) **cite** [sajt] *v tr* 1. citirati, navesti; *to* ~ *examples (proof)* navesti primere — primjere (dokaze) 2. (mil.) pohvaliti naredbom 3. pozvati (na sud)

citizen ['sitəzən] *n* državljanin, podanik; građanin; *an American* ~ američki državljanin; *an honorary* ~ počasni građanin

citizen (citizens') band radio primopredajnik radio-amatera (also: **CB radio**)

citizenship *n* državljanstvo, građanstvo; *to acquire* ~ steći državljanstvo **citizenship papers** *pl* svedodžba (vjedodžba) državljanstva

citron ['sitrən] *n* 1. citron, limun 2. citronova, limunova boja

citrus fruit ['sitrəs] južno (tropsko) voće

city I ['sitij] *n* grad, varoš; *a major* ~ glavni grad **city** II *a* gradski **city hall** većnica (vijećnica) **city slicker** (colloq.) pomodni stanovnik velegrada

civic ['sivik] *a* građanski **civics** *n* nauka o građanskim pravima i dužnostima

civil ['sivəl] *a* 1. građanski; civilni; ~ *administration* civilna uprava 2. državni; *a* ~ *servant* državni činovnik 3. građevinski; *a school of* ~ *engineering* građevinski fakultet 4. učtiv; civilan; *in a* ~ *manner* učtivo **civil defense** civilna odbrana (W: obrana) **civil engineer** građevinski inženjer

civilian I [sə'viljən] *n* civilno (građansko) lice, civil **civilian** II *a* civilni, građanski; *(the)* ~ *population* civilno stanovništvo

civility [sə'vilətij] *n* učtivost, civilnost

civilization [sivələ'zejšən] *n* civilizacija **civilize** ['sivəlajz] *v tr* civilizovati **civilized** *a* 1. civilizovan 2. učtiv, civilan

civil law građansko pravo (grana pravnog sistema) **civil liberty** građansko pravo, lično pravo

Civil War (Am., hist.) građanski rat (1861-1865)

claim I [klejm] *n* 1. zahtev (zahtjev); traženje; potraživanje; *to settle a* ~ urediti potraživanje 2. pretenzija; *to lay* ~ *to smt.* postaviti pretenzije na nešto 3. tvrdnja **claim** II *v tr* 1. zahtevati (zahtijevati); tražiti 2. tvrditi

clairvoyance [klejr'vojəns] *n* jasnovidnost, vidovitost **clairvoyant** I *n* jasnovidac, vidovnjak **clairvoyant** II *a* jasnovid, vidovit

clam [klaem] *n* (zool.) školjka; rak; kapica

clamber ['klaem(b)ər] *v intr* uzverati se, popeti se

clam chowder riblja čorba

clammy ['klaemij] *a* lepljiv, '(ljepljiv), hladnovlažan

clamor I ['klaemər] *n* 1. vika, galama 2. bučno negodovanje **clamor** II *v intr* vikati; praviti buku; *to* ~ *for* vikati za

clamp I [klaemp] *n* skoba, spona **clamp** II *v tr* učvrstiti skobom

clam up *v* ućutati (W: ušutjeti)

clan [klaen] *n* klan; porodična zadruga; rod

clandestine [klaen'destən] *a* tajan, potajan

clang I [klaeng] *n* zvek, jek, jeka **clang** II *v intr* zvečati

clank I [klaengk] *n* zveka **clank** II *v intr* zvečati, zveckati

clannish ['klaeniš] *a* 1. klanski 2. privržen klanu 3. isključiv **clansman** [~zmən] (-*men* [min]) *n* član klana **clanswoman**

[~zwumən] (-women [wimin]) n članica
klana
clap I [klaep] n 1. pljesak 2. prasak; a ~ of
thunder prasak groma clap II v 1. tr
pljesnuti 2. tr strpati; to ~ smb. into jail
strpati nekoga u zatvor 3. intr pljeskati,
aplaudirati
clap III n (slang) see gonorrhea
clarification [klaerəfi'kejšən] n razjašnje-
nje clarify ['klaerəfaj] v tr razjasniti
clarinet [klaerə'net] n klarinet clarinetist
n klarinetista
clarity ['klaerətij] n jasnoća, bistrina
clash I [klaeš] n 1. sudar, sukob; a ~ of
ideas sukob ideja 2. obračun; a bloody
~ krvav obračun clash II v intr 1.
sudariti se; sukobiti se; the two armies
~ed dve (dvije) su se vojske sudarile 2.
biti neskladan
clasp I [klaesp] n 1. kopča, spona; igla 2.
čvrst obuhvat; zagrljaj; stisak clasp II v
tr stegnuti; to ~ smb.'s hand stegnuti
nekome ruku
class I [klaes] n 1. klasa; stalež; the
working ~ radnička klasa; the ~ of
1951 klasa od 1951. 2. (biol.) klasa 3.
razred 4. (colloq.) elegantnost, šik,
šarm; a girl with ~ elegantna devojka
(djevojka) 5. čas (W: sat); to attend ~es
ići na časove class II a klasni class III v
tr klasifikovati, klasirati
classic I ['klaesik] n 1. klasik, klasičar 2.
klasično delo (djelo) 3. (in pl) klasika,
klasična (grčka i latinska) dela (djela) 4.
uzor, primer (primjer) classic II a uzo-
ran, primeran (primjeran) classical a
klasičan; ~ beauty klasična lepota
(ljepota)
classification [claesəfi'kejšən] n klasifika-
cija 2. (a security ~) raspoređivanje
(dokumenata) po stepenu tajnosti clas-
sified ['klaesəfajd] a 1. see classify 2. ~
advertisements mali oglasi 3. (mil.) koji
ne podleže objavljivanju, poverljiv (pov-
jerljiv) classify [~faj] v tr 1. klasifiko-
vati, razvrstati 2. (mil.) klasifikovati
kao poverljivo (povjerljivo)
classmate [~mejt] n školski drug clas-
sroom [~rum] n učionica
classy a (colloq.) prvoklasan; elegantan
clatter I ['klaetər] n klepet, tandrkanje,
bat clatter II v intr klepetati, tandrkati;
the wheels ~ točkovi tandrču
clause [kloz] n 1. rečenica; a conditional
~ uslovna rečenica 2. klauzula

claustrophobia [klostrə'foubijə] n klau-
strofobija, klostofobija
claw I [klo] n kandža claw II v 1. tr
ogrepsti kandžama 2. intr grepsti
kandžama
clay [klej] n glina, ilovača
clean I [klijn] a 1. čist; a ~ conscience
čista savest (savjest) 2. prazan; neispi-
san; čist; a ~ sheet neispisan list 3.
misc.; *a ~ slate nov početak; he has a
~ (police) record on nije osuđivan clean
II adv 1. čisto 2. (colloq.) sasvim; to ~
forget sasvim zaboraviti 3. misc.; *to
come ~ priznati sve clean III v 1. tr
počistiti, očistiti; to ~ a room očistiti
sobu 2. oprati; to ~ windows oprati
prozore 3. intr čistiti
clean-cut a jasno određen; ~ features
isklesane crte lica
cleaner n 1. (person) čistač 2. (machine,
device) čistačica 3. (in pl) radnja za
hemijsko (kemijsko) čišćenje
clean out v 1. očistiti, raščistiti; to clean
out a cupboard raščistiti orman 2.
isprazniti; to clean out a drawer ispraz-
niti fioku
cleanse [klenz] v tr očistiti cleanser n
sredstvo za čišćenje
clean up v 1. očistiti, urediti; to clean a
room up očistiti (urediti) sobu 2. oprati
se, obrijati se; he got cleaned up oprao i
obrijao se 3. (colloq.) zaraditi mnogo 4.
suzbiti; to clean up crime suzbiti
kriminal
clear I [klijr] n 1. in the ~ oslobođen
obaveza; or: (sports) umakavši odbrani
(W: obrani) 2. misc.; to send in the ~
poslati otvorenim (nešifrovanim) tek-
stom clear II a 1. vedar, jasan; a ~ sky
vedro nebo 2. jasan, razumljiv; razgove-
tan (razgovjetan); a ~ explanation ja-
sno objašnjenje 3. bistar, providan; ~
waters bistre vode 4. slobodan, otvoren;
the road is ~ put je slobodan 5. čist; a
~ profit čista dobit 6. misc.; *the coast
is ~ opasnost je prošla; ~ly visible
dobro vidljiv clear III v 1. tr očistiti;
raščistiti; to ~ a road of snow očistiti
(raščistiti) put od snega (snijega) 2.
skloniti, ukloniti; they ~ed the obstacles
from the road uklonili su prepreke s
puta 3. tr (legal) opravdati; to ~ smb.
(of guilt) izreći nekome oslobađajuću
presudu 4. tr načisto zaraditi; to ~ 100
dollars zaraditi načisto 100 dolara 5. tr

pročistiti; *to ~ one's throat* pročistiti svoje grlo, iskašljati se 6. *tr* raskrčiti, prokrčiti; *to ~ a forest* raskrčiti šumu 7. *tr* spremiti; *to ~ the decks for action* spremiti brod za borbu 8. *tr* rasteretiti; *to ~ one's conscience* rasteretiti svoju savest (savjest) 9. *tr* preskočiti; *to ~ a height* preskočiti visinu 10. *tr* isprazniti; *~ the room!* odlazite iz sobe! 11. *tr* ocariniti, obaviti carinske formalnosti (za) 12. *tr* isploviti (iz); *to ~ a port* isploviti iz luke 13. *tr* raspremiti; *to ~ a table* raspremiti sto (stol) 14. *intr* vedriti se; *the weather is ~ing* vreme (vrijeme) se vedri

clearance *n* 1. dozvola, odobrenje; *a security ~* dozvola za rad na poverljivom (povjerljivom) poslu 2. zazor; *valve ~* ventilski zazor 3. (or: *~ sale)* rasprodaja

clear-cut *a* 1. oštrih obrisa 2. očigledan

clearing *n* 1. proplanak 2. kliring, obračun između banaka 3. razvedravanje 4. raščišćavanje; *(the) ~ (of) a canal* raščišćavanje kanala **clearing-house** *n* klirinški (obračunski) zavod

clear out *v* 1. isprazniti; izneti (iznijeti); *to clear things out of a cupboard* izneti stvari iz ormana 2. raščistiti, rastrebiti (rastrijebiti); *to clear out a drawer* rastrebiti fioku

clear up *v* 1. raščistiti; *to clear up a question* raščistiti pitanje 2. razvedriti se, provedriti se; *the sky cleared up* nebo se razvedrilo

cleat [klijt] *n* klin; blokej

cleaver ['klijvər] *n* mesarski nož

clemency ['klemənsij] *n* 1. blagost 2. popustljivost

clench [klenč] *v tr* stegnuti, stisnuti; *to ~ one's fists* stisnuti pesnice

clergy ['klərdžij] *n* sveštenstvo (svećenstvo), kler **clergyman** [~men] (-men [min]) *n* sveštenik (svećenik)

clerical ['klerikəl] *a* 1. sveštenički (svećenički) 2. klerikalan 3. pisarski

clerk [klərk] *n* 1. trgovački pomoćnik, pisar; arhivski radnik 2. sudski pisar (zapisničar) 3. prodavač (u radnji) 4. advokatski pripravnik

clever ['klevər] *a* 1. bistar, pametan 2. vičan, vešt (vješt) **cleverness** *n* 1. bistrina 2. vičnost, veština (vještina)

cliché [klij'šəj] *n* (printing and fig.) kliše

click I [klik] *n* škljocanje **click** II *v* 1. *tr* pući; *to ~ one's tongue* pući jezikom 2. *intr* škljocnuti; krcnuti; *the lock ~ed* brava je škljocnula

client ['klajənt] *n* klijent **clientele** [klajən-'tel] *n* klijentela

cliff [klif] *n* litica

climate ['klajmit] *n* klima

climax I ['klajmaeks] *n* klimaks; *to reach a ~* dostići klimaks **climax** II *v intr* dostići klimaks

climb I [klajm] *n* penjanje; uspinjanje **climb** II *v* 1. *tr* popeti se (na); *to ~ a mountain (a tree)* popeti se na planinu (na drvo) 2. *intr* penjati se, verati se **climber** *n* penjač

clinch I [klinč] *n* 1. čvrsto držanje 2. (boxing) klinč **clinch** II *v* 1. *tr* utvrditi, konačno zaključiti 2. *intr* (boxing) biti u klinču **clincher** *n* nepobitan argumenat

cling [kling]; *clung* [kləng] *v intr* držati se, prianjati; *to ~ to smt.* držati se nečega

clinic ['klinik] *n* 1. klinika; *an eye ~* očna klinika 2. dispanzer; *a pediatric ~* dečji (dječji) dispanzer 3. savetovalište (savjetovalište) **clinical** *a* klinični

clink I [klingk] *n* 1. zveket 2. (colloq.) zatvor **clink** II *v* 1. *tr* zveketati; *to ~ glasses* zveketati čašama 2. *intr* zvečati

clip I [klip] *n* 1. nešto ostriženo 2. (colloq.) hod; *at a fast ~* brzim hodom 3. (on a firearm) okvir, magacin **clip** II *v tr* 1. ostrići 2. potkresati; **to ~ smb.'s wings* potkresati krila nekome

clip III *n* 1. see **paper clip** 2. okvir

clipboard [~bord] *n* mala tabla za pisanje (sa oprugom za držanje papira)

clipper *n* 1. onaj koji striže 2. (naut.) kliper 3. (in *pl*) mašina za šišanje, striženje

clipping *n* isečak (isječak); *a newspaper ~* isečak iz novina

clique [klijk] *n* klika

clitoris ['klitəris] *n* klitoris, dražica

cloak I [klouk] *n* 1. kabanica, ogrtač 2. (fig.) maska, veo **cloak** II *v tr* 1. pokriti ogrtačem 2. obaviti velom; *~ed in a veil of secrecy* obavijen velom tajne

cloak-and-dagger *a* (colloq.) poverljiv (povjerljiv), špijunski; *a ~ job* poverljiv zadatak

cloakroom [~ru:m] *n* garderoba

clobber ['klabər] *v tr* (colloq.) potući, razbiti; *to ~ the enemy* razbiti neprijatelja

clock I [klak] n časovnik, sat; a wall ~ zidni časovnik clock II v tr izmeriti vreme — vrijeme (nečega)
clockwise [~wajz] adv u smeru (smjeru) kretanja kazaljke na časovniku
clockwork [~wərk] n satni mehanizam; *like ~ po planu
clod [klad] n 1. grudva, grumen, busen 2. klipan, tikvan
clog I [klag] n teška cipela sa drvenim đonom, klompa
clog II v 1. tr zapušiti, začepiti 2. intr zapušiti se; the pipe got ~ged (up) cev (cijev) se zapušila
cloister I ['klɔjstər] n 1. hodnik na svodove oko dvorišta 2. manastir (W also: samostan) cloister II v tr zatvoriti (u manastir), odvojiti
close I [klous] a 1. blizak; prisan; tesan (tijesan); a ~ friend blizak (prisan) prijatelj 2. gladak; a ~ shave glatko brijanje; or (fig.): see close call 3. ravan; tesan; minimalan; a ~ score tesan rezultat 4. zagušljiv; ~ air zagušljiv vazduh (W: zrak) close II adv 1. blizu, blisko; ~ to the station blizu stanice 2. misc.; to sit ~ to each other sedeti (sjedjeti) jedan uz drugog close III [klouz] v 1. tr zatvoriti; to ~ a door zatvoriti vrata 2. tr zaključiti; to ~ debate zaključiti debatu 3. tr zbiti; to ~ ranks zbiti redove 4. intr zatvoriti se; the door ~s easily vrata se lako zatvaraju
close call spasavanje za dlaku; he had a ~ on umalo nije poginuo
close down v 1. zatvoriti; to close down a store zatvoriti radnju 2. obustaviti rad
close in v (colloq.) to close in on smb. približiti se nekome, opkoliti nekoga
closely [~lij] adv 1. see close I, II 2. pažljivo; to watch ~ posmatrati pažljivo
closet ['klazit] n 1. orman, ormar, plakar 2. (Br.) nužnik
close-up [klous-əp] n 1. snimak iz blizine, groplan 2. detaljan pregled
closing ['klouzing] a završni
clot I [klat] n grumen; ugrušak; a blood ~ ugrušak krvi clot II v 1. tr zgrušati, usiriti 2. intr zgrušati se, usiriti se; the blood ~ted krv se zgrušala
cloth [kloth] n štof, sukno
clothe [klouth:]; -d or clad [klaed] v tr obući

clothes [klouz] n pl odeća (odjeća) clothes dryer sušilica za veš clothesline [~lajn] n konopac za veš (za sušenje rublja)
clothespin [~pin] n štipaljka (za veš)
clothing ['klouth:ing] n odeća (odjeća), odelo (odijelo); ready-made ~ gotovo odelo
cloud I [klaud] n oblak; *every ~ has a silver lining svako zlo ima svoje dobro cloud II v 1. tr zamračiti 2. intr (to ~ up) naoblačiti se; the sky ~ed up nebo se naoblačilo cloudburst [~bərst] n prolom (provala) oblaka cloudy a oblačan; it got ~ nebo se naoblačilo
clout I [klaut] n udar; snaga clout II v tr udariti
clove [klouv] n karanfilić
clover ['klouvər] n detelina (djetelina); a four-leaf ~ detelina sa četiri lista
cloverleaf [~lijf] (-eaves [ijvz]) n kružna raskrsnica dveju (dviju) auto-strada (u vidu lista deteline — djeteline)
clown I [klaun] n klovn, klaun clown II v intr lakrdijati; izmotavati se
club I [kləb] n 1. budža, buzdovan, batina 2. (in pl) (cards) tref, mak club II v tr izbatinati
club III n klub; a writers' ~ književni klub club IV a klupski; ~ rules klupska pravila clubhouse [~haus] n klupska kuća clubroom [~rum] n klupska prostorija
club soda soda, soda-voda
cluck I [klək] n kvocanje cluck II v intr kvocati
clue [klu:] n indicija
clump I [kləmp] n 1. grumen, gruda, grudva; a ~ of earth busen 2. grupa; a ~ of trees grupa drveća 3. bat teških koraka clump II v intr teško korčati
clumsiness ['kləmzijnis] n 1. nezgrapnost 2. neumesnost (neumjesnost) clumsy ['kləmzij] a 1. nezgrapan; nespretan 2. neumestan (neumjestan)
cluster I ['kləstər] n 1. svežanj; grupa; a ~ of buildings grupa (blok) građevina 2. bokor 3. grozd cluster II v intr skupljati se
clutch I [kləč] n 1. uhvat 2. (in pl) vlast; to fall into smb.'s ~es dopasti nekome šaka 3. (tech.) kvačilo, kuplung; to release the ~ otkvačiti clutch II v 1. tı ščepati, dočepati 2. intr hvatati se; (fig.) to ~ at a straw hvatati se za slamku

clutter I ['klətər] n nered, darmar; zbrka
clutter II v tr 1. zbrkati 2. (also: to ~
up) zakrčiti, pretrpati; to ~ (up) a room
pretrpati sobu
coach I [kouč] n 1. kočije 2. see bus I 3.
putnički vagon, putnička kola 4.
(sports) trener
coach II v 1. tr podučavati (takmičare); he
~es our team on je trener naše ekipe 2.
intr biti trener
coach class turistička klasa
coachman [~mən] (-men [min]) n kočijaš
coagulant [kou'aegjələnt] n sredstvo za
zgrušavanje coagulate [kou'aegjələjt] v
1. tr zgrušati 2. intr zgrušati se
coal I [koul] n ugljen, ugalj coal II a
ugljeni; ~ dust ugljena prašina
coalesce [kouə'les] v intr srasti, sjediniti se
coalescence n srastanje, sjedinjenje
coalition [kouə'lišən] n koalicija coalition
government koaliciona vlada
coal mine rudnik uglja, ugljenokop
coarse [kors] a 1. grub; ~ material grubo
platno, grub štof 2. prost, grub, neote-
san; ~ behavior prosto ponašanje 3.
hrapav, ogrubeo (ogrubio); ~ hands
ogrubele ruke 4. krupan; ~ sand kru-
pan pesak (pijesak)
coast I [koust] n obala; *the ~ is clear
opasnost je prošla; (Am.) the Coast
obala Tihoga okeana (W: oceana) coast
II v intr produžiti kretanje po inerciji;
kotrljati se coastal a oblaski, priobalni
coast artillery obalska artiljerija
coaster n podmetač za čaše
Coast Guard (Am.) obalska straža
coastline [~lajn] n obala; a rugged (jag-
ged) ~ razuđena obala
coat I [kout] n 1. kaput, mantil 2. sako 3.
(of an animal) krzno, koža 4. prevlaka;
zaštitni sloj; premaz; a second ~ of
paint drugi premaz coat II v tr 1.
prevući, premazati, pokriti 2. obložiti
coat of arms grb
coattail [~tejl] n peš
co-author [kou] n koautor co-authorship a
koautorstvo
coax [kouks] v tr privoleti (privoljeti),
nagovoriti; to ~ smb. into doing smt.
privoleti nekoga da uradi nešto
cob [kab] n (kukuruzni) klip; corn on the
~ kukuruz u klipu
cobalt I ['koubolt] n kobalt cobalt II a
kobaltni
cobble ['kabəl] v tr kaldrmisati

cobbler ['kablər] n obućar
cobblestone [~stoun] n kocka kaldrme;
~s kaldrma
cobra ['koubrə] n kobra, naočarka
cobweb ['kabweb] n paučina
cocaine ['kou'kejn] n kokain
cock I [kak] n 1. petao (pijetao), pevac
(pijevac) 2. mužjak (ptica) 3. vođa; *~
of the walk glavna ličnost cock II v tr 1.
podići; to ~ one's hat podići obod
šešira, nakriviti šešir 2. napregnuti, za-
peti; to ~ a trigger zapeti (podići) oroz
cock-a-doodle-doo [kak-ə-du:-dəl-du:] 1.
n kukurekanje (kukurijekanje) 2. interj
kukuriku
cockfight [~fajt] n borba petlova (pijet-
lova)
cockle [~əl] n 1. školjka 2. misc.; to warm
the ~s of smb.'s heart nekoga obrado-
vati
cockney I ['kaknij] n kokni, prost Londo-
nac cockney II a koknijski; the ~ dia-
lect londonsko narečje (narječje)
cockpit [~pit] n pilotska kabina
cockroach [~rouč] n bubašvaba
cocksure [~šu:r] a samouveren (samo-
uvjeren); sasvim siguran
cocktail I [~tejl] n 1. koktel, mešano
(miješano) alkoholno piće 2. predjelo;
zalogaj cocktail II a večernji; a ~ dress
večernja haljina cocktail party koktei-
-prijem
cocky a (colloq.) samouveren (samouv-
jeren)
cocoa ['koukou] n kakao
coconut ['koukənət] n kokos, kokosov orah
cocoon [kə'ku:n] n čaura, kokon
cod [kad] (pl has zero or -s) n bakalar;
treska
COD [sijou'dij] (abbrev. of collect on deli-
very) pouzeće; to send smt. ~ poslati
pošiljku (s) pouzećem
coddle ['kadəl] v tr razmaziti, tetošiti
code I [koud] n 1. kod, šifra; to break a ~
otkriti tuđu šifru code II v tr kodirati,
šifrovati
codger ['kadžər] n (colloq.) starac, osobe-
njak; an old ~ stari osobenjak
codification [kadəfə'kejšən] n kodifikacija
codify ['kadəfaj] v tr kodifikovati
cod-liver oil riblji zejtin
co-ed I ['kou-ed] n (colloq.) studentkinja
co-ed II a (colloq.) see co-educational
co-education n zajedničko obrazovanje
muške i ženske dece (djece), koedukaci-

ja **co-educational** *a* sa zajedničkim obrazovanjem, obospolan; *a* ~ *school* obospolna škola
coefficient [kouə'fišənt] *n* koeficijenat
coerce [kou'ərs] *v tr* prinuditi, primorati; *to* ~ *smb. into smt.* primorati nekoga na nešto **coercion** [~ršən] *n* prinuda **coercive** [~rsiv] *a* prinudan
coexist [kouig'zist] *v intr* koegzistirati **coexistence** [~əns] *n* koegzistencija; *peaceful* ~ miroljubiva koegzistencija
coffee ['kofij] *n* kafa (kava) **coffee house** bife **coffeepot** [~pat] *n* ibrik za kafu (kavu), sud za kuvanje (kuhanje) kafe **coffee shop** bife
coffer ['kofər] *n* 1. kovčeg 2. (in *pl)* blagajna, riznica
coffin ['kofən] *n* mrtvački kovčeg
cog I [kag] *n* zubac **cog** II *v tr* nazupčati
cogency ['koudžənsij] *n* ubedljivost (ubjedljivost) **cogent** *a* ubedljiv (ubjedljiv)
cogitate ['kadžətejt] *v intr* razmišljati
cognac ['kounjaek] *n* konjak, vinjak
cognate I ['kagnejt] *n* 1. krvni srodnik 2. srodna reč (riječ) **cognate** II *a* srodan; *a* ~ *word* srodna reč (riječ)
cognizance ['kagnəzəns] *n* 1. spoznaja, saznanje 2. razumevanje (razumijevanje) **cognizant** *a* svestan (svjestan)
cohabit [kou'haebit] *v intr* živeti (živjeti) zajedno u divljem braku **cohabitation** [kouhaebi'tejšən] *n* zajednički život, divlji brak
cohere [kou'hijr] *v intr* 1. prianjati 2. vezivati se **coherence** *n* koherentnost, koherencija, povezanost **coherent** *a* koherentan; povezan; razumljiv **cohesion** [kou'hijžən] *n* kohezija
cohort ['kouhort] *n* 1. kohorta 2. (colloq.) drug, ortak
coil I [kojl] *n* 1. kalem; *an induction* ~ indukcioni kalem 2. namotaj 3. kotur; *a* ~ *of rope* kotur konopa **coil** II *v* 1. *tr* naviti; namotati; *to* ~ *a spring* naviti oprugu 2. *intr* naviti se, namotati se
coin I [kojn] *n* kovan novac, novčić; *to mint* ~*s* kovati novac **coin** II *v tr* kovati; *to* ~ *an expression* skovati izraz
coincide [kouin'sajd] *v intr* podudarati se, poklapati se **coincidence** [kou'insədəns] *n* 1. podudaranje, poklapanje; koincidencija 2. slučajnost **coincidental** [kouinsə'dentəl] *a* 1. koincidentan, istovremen 2. slučajan
coitus ['kouətəs] *n* koitus, obljuba, snošaj

coke [kouk] *n* koks
Coke *n* koka-kola
colander ['kaləndər] *n* rešetka, cediljka (cjediljka)
cold I [kould] *n* 1. hladnoća; zima 2. nazeb, kijavica; *he caught a* ~ nazebao je 3. misc.; **to be left out in the* ~ biti odbačen **cold** II *a* 1. hladan; ~ *water* hladna voda; *I am* ~ hladno (zima) mi je; *it's very* ~ *outside* napolju (W: vani) je vrlo hladno 2. ravnodušan; neosetljiv (neosjetljiv)
cold-blooded *a* hladnokrvan
cold cream krem za lice
cold feet *pl* (colloq.) trema
cold war hladni rat **cold-war** *a* hladnoratni, hladnoratovski
cold wave (meteor.) hladni talas (val)
coleslaw ['koulslo] *n* (cul.) salata od kupusa
colic ['kalik] *n* (med.) kolika
coliseum [kalə'sijəm] *n* koloseum
colitis [kou'lajtis] *n* kolitis
collaborate [kə'laebərejt] *v intr* sarađivati (surađivati); *to* ~ *with smb.* sarađivati s nekim **collaboration** [kəlaebə'rejšən] *n* saradnja (suradnja); *international* ~ međunarodna saradnja **collaborationist** *n* (pejor.) saradnik (suradnik) okupatora, kolaboracionista **collaborator** [kə'laebərejtər] *n* 1. saradnik (suradnik) 2. see **collaborationist**
collapse I [kə'laeps] *n* pad, rušenje, sručivanje **collapse** II *v intr* pasti, srušiti se, sručiti se; slomiti se; *the bridge* ~*d* srušio se most
collar I ['kalər] *n* 1. okovratnik, kragna 2. ogrlica; *a dog* ~ ogrlica za psa **collar** II *v tr* (colloq.) uhvatiti; *to* ~ *smb.* uhvatiti nekoga
collarbone [~boun] *n* ključnjača
collate ['koulejt] *v tr* srediti; *to* ~ *material* srediti materijal
collateral [kə'laetərəl] *n* zalog
collation [kou'lejšən] *n* 1. sređivanje 2. užina
colleague ['kalijg] *n* kolega
collect I [kə'lekt] *a* and *adv* s plaćanjem prilikom prijema; plaćen od primaoca; *to send smt.* ~ poslati pošiljku pouzećem **collect** II *v* 1. *tr* skupiti; nagomilati; *to* ~ *contributions* skupiti priloge 2. *tr* (as a hobby) skupljati; *to* ~ *coins* skupljati novce 3. *tr* pribrati, sabrati; *to* ~ *one's thoughts* pribrati misli 4. *tr* utera-

ti (utjerati); *to* ~ *a debt* uterati dug 5.
intr naplatiti; *he has come to* ~ *for the*
electricity on je došao da naplati račun
za struju 6. *intr* skupljati se, gomilati se
collection [~kšən] *n* 1. skupljanje 2.
zbirka, kolekcija; *a coin (stamp)* ~
zbirka novaca (maraka) 3. skupljeni
prilozi 4. zbornik
collective I [~ktiv] *n* kolektiv **collective**
II *a* 1. koletivan; ~ *bargaining* sklapa-
nje kolektivnog ugovora; *a* ~ *farm*
zemljoradnička zadruga 2. zbirni; *a* ~
numeral zbirni broj **collectivize** [kə'lek-
təvajz] *v tr* kolektivizirati
collector *n* sakupljač, skupljač, kolekcio-
ner, kolektor; *a stamp* ~ skupljač
maraka
college ['kalidž] *n* 1. fakultet, visoka škola,
univerziret (W: sveučilište); *he's away*
at ~ on studira na univerzitetu (na
fakultetu); *a* ~ *of arts and sciences*
opšteobrazovni (općeobrazovni) fakultet
2. srednja škola (u nekim zemljama) 3.
(Br.) studentski dom **college education**
fakultetsko obrazovanje **collegiate** [kə-
'lijdžit] *a* 1. studentski 2. fakultetski,
univerzitetski (W: sveučilišni)
collide [kə'lajd] *v intr* sudariti se; *the two*
trains ~*d* dva su se voza (W: vlaka)
sudarila
collie ['kalij] *n* ovčarski pas
collision [kə'ližən] *n* sudar; *a head-on* ~
čeoni (direktan) sudar
colloquial [kə'loukwijəl] *a* govorni, kolok-
vijalan; ~ *language* govorni jezik **collo-
quialism** *n* kolokvijalizam, govorni izraz
colloquium [kə'loukwijəm] *n* 1. diskusija
2. seminar
colloquy ['kaləkwij] *(~quies) n* raspra-
vljanje
collusion [kə'lu:žən] *n* dosluh; *to be in* ~
biti u dosluhu
Colombia [kə'ləmbijə] *n* Kolumbija **Co-
lombian** I *n* Kolumbijac **Colombian** II *a*
kolumbijski
colon I ['koulən] *n* dve tačke (dvije točke)
colon II *n* debelo crevo (crijevo)
colonel ['kərnəl] *n* pukovnik
colonial [kə'lounijəl] *a* kolonijalan **colo-
nialism** *n* kolonijalizam **colonialist** *n*
kolonizator
colonist ['kalənist] *n* kolonista
colonization [kalənə'zejšən] *n* kolonizacija
colonize ['kalənajz] *v tr* kolonizovati
colonizer *n* kolonizator

colony ['kalənij] *n* kolonija; naselje
color I [kələr] *n* 1. boja; kolor; *a dark* ~
tamna boja 2. (in *pl)* zastava; *to salute*
the ~*s* odati počast zastavi 3. kolorit;
local ~ lokalni kolorit **color** II *v tr*
obojiti; kolorisati
Colorado [kalə'radou] *n* Kolorado (država,
reka — rijeka)
colorblind [~blajnd] *a* slep (slijep) za boje
colorblindness *n* slepilo (sljepilo) za bo-
je, daltonizam
colored I *n* 1. crnac 2. (Br.) melez; Indus
colored II *a* 1. crnački 2. (Br.) melezni;
induski
color film film u koloru
colorful *a* kolorističan, mnogobojan
coloring *n* obojenost, kolorit; *protective* ~
(of animals) zaštitna obojenost (živo-
tinja)
colorless *a* bezbojan
color line rasna diskriminacija
color television televizija u boji
colossal [kə'lasəl] *a* kolosalan
colt [kolt] *n* ždrebe (ždrijebe)
column ['kaləm] *n* 1. stub; *a* ~ *of smoke*
stub dima 2. rubrika 3. (usu. mil.)
kolona; **a fifth* ~ peta kolona **colum-
nist** [~nist] *n* pisac rubrike
coma ['koumə] *n* (med.) koma **comatose**
[~tous] *n* komatozan
comb I [koum] *n* češalj **comb** II *v tr*
očešljati; *she is* ~*ing her hair* ona se
češlja
combat I ['kambaet] *n* borba, boj **combat**
II *a* borbeni **combat** III also: [kəm'baet]
v 1. *tr* boriti se (s) 2. *intr* boriti se
combination [kambə'nejšən] *n* kombinaci-
ja, spajanje **combination lock** brava sa
šifrom
combine I ['kambajn] *n* 1. kombajn 2.
udruženje, kartel 3. kombinat **combine**
II [kəm'bajn] *v* 1. *tr* kombinovati, spojiti
2. *intr* kombinovati se, spojiti se
combustible I [kəm'bəstəbəl] *n* zapaljivo
sredstvo **combustible** II *a* zapaljiv **com-
bustion** [kəm'bəsčən] *n* gorenje; sagore-
vanje (sagorijevanje); *spontaneous* ~
sagorevanje (samo) od sebe
come [kəm]; *came* [kejm] *v intr* 1. doći; *he*
came by train došao je vozom (W:
vlakom) 2. voditi poreklo (porijeklo) od,
poticati (W also: potjecati), biti od; *he*
~*s from a good family* on potiče iz
dobre porodice 3. (as an aux.) *if it came*
to be known . . . ako bi se doznalo . . . 4.

(in the *inf*) budući; *the years to* ~ buduće godine 5. misc.; *what will* ~ *of him?* šta (što) će biti od njega? **first* ~, *first served* ko (tko) rano rani, dve (dvije) sreće grabi

come about *v* desiti se, dogoditi se; zbiti se; *how did that come about?* kako se to desilo?

come across *v* slučajno naići (na), nabasati; *to come across smb.* nabasati na nekoga

come along *v* 1. napredovati; *the work is coming along well* posao dobro napreduje 2. ići zajedno; *come along!* hajde sa mnom!

comedian [kə'mijdiǝn] *n* komičar **comedienne** [kǝmijdij'en] *n* komičarka

come down *v* 1. sići; *to come down a staircase* sići niz stepenice 2. dopirati; *to come down to one's knees* dopirati do kolena (koljena) 3. oboleti (oboljeti); *to come down with a disease* oboleti od neke bolesti 4. poticati; *this manuscript has come down from the 14th century* ovaj rukopis potiče iz 14. veka (vijeka)

comedy ['kamǝdij] *n* komedija

come in *v* 1. ući; *he came in* ušao je 2. misc.; *he came in for criticism* bio je izložen kritici; *to come in first* zauzeti prvo mesto — mjesto (u trci); *the snow is coming in* prodire sneg (snijeg)

come into *v* 1. ući; *he came into the room* ušao je u sobu 2. doći; *to come into conflict* doći u sukob 3. naslediti (naslijediti); *he came into a fortune* nasledio je bogatstvo

comely ['kamlij] *a* zgodan, lep (lijep)

come off *v* 1. odlomiti se; *the handle came off* odlomila se drška 2. proći; *how did it come off?* kako je prošlo? 3. odvojiti se; *the plaster came off the wall* malter se odvojio od zida 4. misc.; **to come off second best* izvući deblji kraj

come out *v* 1. izaći; *the magazine comes out every Friday* časopis izlazi svakog petka 2. istupiti, izjasniti se; *to come out for smt.* istupiti za nešto 3. ispasti; *the photographs came out well* fotografije su ispale dobro

come over *v* 1. doći, svratiti; *I'll come over to your place* svratiću kod tebe 2. spopasti, obuzeti; *what has come over you?* šta (što) te je sad spopalo?

comet ['kamit] *n* kometa

come to *v* 1. iznositi; *your bill comes to 15 dollars* vaš račun iznosi 15 dolara 2. povratiti se, doći k svesti (svijesti); *he came to* došao je k svesti (k sebi) 3. misc.; *to come to a head* dostići vrhunac; *to come to blows* potući se; *to come to light* biti otkriven

come up *v* 1. popeti se 2. dopirati; *the water came up to our knees* voda nam je dopirala do kolena (koljena) 3. izneti (iznijeti); *to come up with a proposal* izneti predlog

comfort I ['kǝmfǝrt] *n* 1. udobnost, komfor; *with all the* ~s s potpunim komforom 2. uteha (utjeha) **comfort** II *v tr* utešiti (utješiti) **comfortable** ['kǝmftǝrbǝl] *a* udoban, komforan, komotan

comic I ['kamik] *n* 1. komik 2. (in *pl*) stripovi; *to read the* ~s čitati stripove **comic** II *a* 1. komičan; ~ *effects* komični efekti 2. humoristički **comical** *a* komičan **comic book** knjiga stripova

comma ['kamǝ] *n* zarez, zapeta

command I [kǝ'maend] *n* 1. zapovest (zapovijest); *at his* ~ po njegovoj zapovesti 2. komanda; komandna dužnost; *to assume (take)* ~ preuzeti komandu **command** II *v* 1. *tr* komandovati; *to* ~ *troops* komandovati trupama 2. *tr* uliti; *to* ~ *respect* ulivati poštovanje 3. *intr* izdavati komande

commandeer [kamǝn'dijr] *v tr* konfiskovati

commander [kǝ'maendǝr] *n* komandant, komandir **commanding** *a* 1. naređivački; dominantan; *in a* ~ *tone (of voice)* naređivačkim tonom 2. (mil.) komandni; *a* ~ *officer* komandant jedinica

commandment *n* zapoved (zapovijed); *the Ten Commandments* deset zapovedi

commando [~ou] *(-s* or *-es) n* komandos **commemorate** [kǝ'memǝrejt] *v tr* komemorirati, proslaviti uspomenu (na) **commemoration** [kǝmemǝ'rejšǝn] *n* komemoracija, proslava (u spomen nekoga); *in* ~ *of smb.* u spomen nekoga

commence [kǝ'mens] *v tr* and *intr* početi **commencement** *n* 1. početak 2. ceremonija predaje diploma

commend [kǝ'mend] *v tr* preporučiti; pohvaliti **commendable** *a* vredan (vrijedan) pohvale **commendation** [kamen'dejšǝn] *n* pohvala

commensurate [kǝ'mensǝrit] *a* srazmeran (srazmjeran), proporcijalan

comment I ['kament] n komentar, primedba (primjedba) comment II v intr komentarisati; *to ~ on events* komentarisati događaje commentary n komentar commentator [~ejtər] n komentator commerce ['kamərs] n trgovina, razmena (razmjena) dobara commercial [kə'mər-šəl] a komercijalan, trgovački, trgovinski commiserate [kə'mizərejt] v intr saosećati (saosjećati); *to ~ with smb.* saosećati s nekim commissary ['kaməserij] n prodavnica— W: prodavaonica (u logoru, ambasadi) commission I [kə'mišən] n 1. komisija 2. (mil.) oficirski čin 3. izvršenje; *the ~ of a crime* izvršenje zločina 4. stroj; *to put out of ~* izbaciti iz stroja commission II v tr 1. dati čin (nekome); *a ~ed officer* oficir 2. poručiti 3. (naut.) uvesti u stroj commissioner n 1. komesar 2. načelnik gradskog sekretarijata; *the ~ of health* načelnik gradskog sekretarijata za zdravstvo commit [kə'mit] v tr 1. izvršiti; *to ~ (a) murder* izvršiti ubistvo 2. predati; *to ~ to the flames* predati vatri 3. (usu. refl) posvetiti (se), angažovati (se), predati (se); *to ~ oneself to a cause* predati (posvetiti) se stvari 4. (mil.) uvesti (u borbu); *to ~ one's reserves* uvesti rezervu u borbu 5. smestiti (smijestiti); *to ~ to a hospital* smestiti u bolnicu commitment 1. smeštanje (smještanje); *~ to a hospital* smeštanje u bolnicu 2. odanost, privrženost; *~ to a cause* privrženost stvari 3. angažovanje; *a military ~* vojno angažovanje committee [kə'mitij] n odbor, komitet committeeman [mən] *(-men* [min]) odbornik commode [kə'moud] n 1. nizak orman, komoda 2. nužnik commodity [kə'madətij] n artikal, roba commodore ['kamədor] n komodor common I ['kamən] n 1. (usu. in pl) opštinska (općinska) zemlja (see also commons) 2. misc.; *in ~* zajednički common II a 1. opšti (opći); zajednički; uzajaman; *~ interests* opšti (zajednički) interesi 2. običan; opšti; *a ~ soldier* običan vojnik (redov) 3. prost; *the ~ people* prost narod 4. pracommon cold nazeb commoner n osoba iz trećeg staleža

common law opšte (opće) pravo common-law marriage divlji brak Common Market Zajedničko tržište commonplace [~plejs] n opšte (opće) mesto (mjesto) commons n 1. menza; hrana 2. treći stalež; *the House of Commons* Donji dom common sense zdrav razum commonwealth [~welth] n 1. politička zajednica 2. zvanični naziv nekih američkih država commotion [kə'moušən] n urnebes, gungula communal [kə'mju:nəl] a komunalan commune I ['kamju:n] n komuna commune II [kə'mju:n] v intr voditi prisan razgovor communicable [kə'mju:nikəbəl] a zarazan; infektivan; *~ diseases* zarazne bolesti communicate [kə'mju:nəkejt] v 1. tr saopštiti (saopćiti); informisati; *to ~ news to smb.* saopštiti vesti (vijesti) nekome 2. intr komunicirati, biti u vezi; *to ~ with smb.* komunicirati (biti u vezi) s nekim communication [kəmju'nə'kejšən] n 1. komunikacija; saopštenje (saopćenje); veza; *two-way ~* dvostrana veza 2. (in pl) sredstva veze; *mass ~s* sredstva javnog informisanja communion [kə'mju:njən] n (rel.) pričest; *to take ~* pričestiti se communiqué [kəmju:nə'kej] n kominike communism ['kamjənizəm] n komunizam Communist I n komunista Communist II a komunistički communistic [kamjə'nistik] a komunistički Communist Party Komunistička partija community [kə'mju:nətij] n zajednica; *a ~ of interests* zajednica interesa community chest ustanova društvenog staranja community health zdravstvena zaštita community-health a 1. zdravstven; *a ~ center* zdravstvena stanica 2. patronažni community-health nurse patronažna sestra communize ['kamju:najz] v tr komunizirati commutation [kamjə'tejšən] n (legal) zamena — zamjena (kazne), ublaženje commutation ticket sezonska (mesečna — mjesečna) vozna karta commute [kə'mju:t] v 1. tr zameniti (zamijeniti), ublažiti; *to ~ a sentence* ublažiti kaznu 2. intr redovno putovati na posao; *he ~s to work by train* on ide na

posao vozom (W: vlakom) **commuter** *n*
onaj koji redovno putuje na posao (če-
sto: sredstvima javnog saobraćaja)
compact I ['kampaekt] *n* 1. puderska kuti-
ja 2. mali automobil **compact** II *a* kom-
paktan, zbijen **compact** III [kəm'paekt]
v tr zbiti
compact IV ['kampaekt] *n* sporazum
companion [kəm'paenjən] *n* prijatelj, drug,
kompanjon **companionship** *n* drugarstvo
company ['kəmpənij] *n* 1. društvo, kompa-
nija; gosti; *to keep smb.* ~ praviti
nekome društvo (kompaniju) 2. društvo;
kompanija; preduzeće (W: poduzeće);
an insurance ~ osiguravajuće društvo
3. (mil.) četa
comparable ['kampərəbəl] *a* uporedljiv
comparative I [kəm'paerətiv] *n* kompara-
tiv **comparative** II *a* kompartivni;
uporedan
compare I [kəm'pejr] *n* uporedljivost; *be-
yond* ~ neuporedljiv, van upoređenja
compare II *v* 1. *tr* uporediti, sravniti,
porediti; *to* ~ *results* uporediti rezulta-
te 2. *tr* (gram.) *to* ~ *an adjective*
porediti pridev (pridjev) 3. *intr* uporedi-
ti se; *no one can* ~ *to him* niko (nitko)
se ne može uporediti s njim **comparison**
[kəm'paerəsən] *n* 1. uporeðenje, sravnje-
nje, poreðenje 2. (gram.) komparacija,
poreðenje
compartment [kəm'partmənt] *n* 1. odeljak
(odjeljak) 2. (in a train) kupe
compass ['kampəs] *n* kompas
compassion [kəm'paešən] *n* sažaljenje
compassionate *a* sažaljiv
compatible [kəm'paetəbəl] *a* kompatibilan
compatriot [kəm'pejtrijət] *n* zemljak, su-
narodnik
compel [kəm'pel] *v tr* prisiliti
compensate ['kampənsejt] *v tr* nadoknadi-
ti, obeštetiti; *to* ~ *smb. for damage*
obeštetiti nekome štetu **compensation**
[kampən'sejšən] *n* naknada, odšteta,
obeštećenje; ~ *for damage* naknada
štete
compete [kəm'pijt] *v intr* takmičiti se,
nadmetati se; konkurisati
competence ['kampətəns] *n* 1. sposobnost
2. (legal) nadležnost; kompetencija **com-
petent** *a* 1. sposoban 2. nadležan, kom-
petentan
competition [kampə'tišən] *n* konkurencija,
takmičenje, nadmetanje, utakmica;
strong ~ jaka konkurencija

competitive [kəm'petətiv] *a* konkurentan;
takmičarski; ~ *bidding* javno nadmeta-
nje, licitacija **competitor** [kəm'petətər] *n*
takmičar, konkurent
compilation [kampə'lejšən] *n* sastavljanje,
kompilacija, izrada **compile** [kəm'pajl] *v
tr* sastaviti, kompilovati, izraditi; *to* ~ *a
dictionary* izraditi rečnik (riječnik)
compiler *n* kompilator
complacency [kem'plejsənsij] *n* zadovolj-
stvo; samozadovoljstvo **complacent** *a*
zadovoljan; samodovoljan
complain [kəm'plejn] *v intr* žaliti se; *to* ~
to smb. about smt. žaliti se nekome na
nešto **complainer** *n* žalilac **complaint** *n*
žalba; *to lodge a* ~ uložiti žalbu
complement I ['kampləmənt] *n* 1. dopuna;
upotpunjenje 2. (of a ship) potpuna
posada 3. (gram.) dodatak, dopuna **com-
plement** II *v* 1. *tr* upotpuniti, dopuniti 2.
refl dopuniti se **complementary** [kam-
plə'mentərij] *a* dopunski: komplemen-
tarni; ~ *angles* komplementarni uglovi
(W: kutovi)
complete I [kəm'plijt] *a* potpun, komple-
tan; *a* ~ *set* komplet **complete** II *v tr*
svršiti, dovršiti, završiti; *to* ~ *one's
work* završiti svoj rad **completion** [kəm-
'plijšən] *n* završenje, dovršenje
complex I ['kompleks] *n* 1. kompleks; *an
inferiority* ~ kompleks niže vrednosti
(vrijednosti) **complex** II (and [kə'm-
pleks]) *a* kompleksan, složen
complexion [kəm'plekšən] *n* 1. boja lica,
kompleksija 2. izgled
complexity [kəm'pleksətij] *n* komplek-
snost, složenost
complex sentence (gram.) složena rečenica
(sa zavisnim veznikom)
compliance [kəm'plajəns] *n* povinovanje;
pristanak, saglasnost
complicate ['kamplikejt] *v tr* komplikovati
complication [kampli'kejšən] *n* kompli-
kacija
complicity [kam'plisətij] *n* (legal) saizvrši-
laštvo
compliment I ['kampləmənt] *n* 1. kompli-
menat; *to pay smb. a* ~ dati (napraviti)
nekome komplimenat 2. pozdrav; *give
him my* ~*s* isporučite mu moje pozdra-
ve **compliment** II *v tr* komplimentovati
complimentary [kamplə'mentərij] *a* 1.
laksav 2. besplatan; *a* ~ *ticket* besplat-
na ulaznica

comply [kəm'plaj] v intr povinovati se, pokoriti se; pristati; to ~ with a law povinovati se zakonu

component [kəm'pounənt] n sastavni deo (dio)

comport [kəm'port] v refl ponašati se, vladati se comportment n ponašanje, vladanje

compose [kəm'pouz] v 1. tr sastaviti; ~d of sastavljen od 2. tr (mus.) komponovati 3. tr (printing) složiti 4. tr and refl pribrati; to ~ one's thoughts pribrati svoje misli 5. intr (mus.) komponovati composer n kompozitor

composite I [kəm'pazit] n mešavina (mješavina) composite II a složen; mešovit (mješovit); kombinovan

composition [kampə'zišən] n 1. sastavljanje 2. sastav; the ~ of gases sastav gasova 3. (a written ~) pismeni sastav 4. (mus.) kompozicija 5. (printing) slaganje

compost ['kampoust] n kompost

composure [kəm'použər] n pribranost, staloženost

compound I ['kampaund] n 1. spoj, složena stvar, sinteza, smesa (smjesa) 2. (chem.) jedinjenje; a chemical ~ hemijsko (kemijsko) jedinjenje 3. (ling.) složenica 4. ograđen prostor compound II a složen, sastavljen; a ~ word složena reč (riječ) compound III [kəm'paund] v tr spojiti compound sentence (gram.) složena rečenica (sa sastavnim veznikom)

comprehend [kamprij'hend] v tr shvatiti, razumeti (razumjeti) comprehensible [kamprij'hensəbəl] a razumljiv comprehension [~nšən] n shvatanje, razumevanje (razumijevanje)

comprehensive I (~nsiv) n (usu. in pl) diplomski ispit comprehensive II a obuhvatan, obiman

compress I ['kampres] (med.) kompres, oblog compress II [kəm'pres] v tr komprimirati, sabiti; sažeti; to ~ air sabiti (komprimirati) vazduh (W: zrak) compression [kəm'prešən] n kompresija, sabijanje

comprise [kəm'prajz] v tr uključiti; the Union ~s 50 states Savez uključuje 50 država

compromise I ['kamprəmajz] n kompromis; to reach a ~ doći do kompromisa compromise II a kompromisan; a ~ solution kompromisno rešenje (rješenje)

compromise III v 1. tr rešiti (riješiti) putem kompromisa; to ~ a dispute rešiti spor putem kompromisa 2. tr kompromitovati, dovesti u pitanje; to ~ oneself kompromitovati se 3. intr rešavati (rješavati) putem kompromisa

comptroller [kən'troulər] see controller 2

compulsion [kəm'pəlšən] n 1. prinuda 2. kompulziva sila, neodoljiva sila compulsive [~lsiv] a kompulzivan

compulsory [kəm'pəlsərij] a obavezan; prinudan

compunction [kəm'pəngkšən] n griža savesti (savjesti); without ~ bez griže savesti

computation [kampju;'tejšən] n računanje compute [kəm'pju:t] v 1. tr izračunati 2. intr računati computer n računar (W also: računalo), kompjutor; an electronic ~ elektronski računar computerize v tr kompjuterizovati

comrade ['kamraed] n drug

con I [kan] n protivrazlog con II adv protiv; pro and ~ za i protiv

con III v tr (colloq.) prevariti

concave [kan'kejv] a konkavan

conceal [kən'sijl] v tr sakriti; to ~ the truth sakriti istinu

concede [kən'sijd] v 1. tr priznati; to ~ one's guilt priznati svoju krivicu 2. tr and intr ustupiti

conceit [kən'sijt] n taština, uobraženost conceited a uobražen

conceivable [kən'sijvəbəl] a shvatljiv conceive [kən'sijv] v 1. tr smisliti, zamisliti; to ~ an idea zamisliti ideju 2. intr zatrudneti (zatrudnjeti), začeti 3. intr shvatiti; to ~ of smt. shvatiti nešto

concentrate I ['kansəntrejt] n koncentrat concentrate II v 1. tr koncentrisati, usredsrediti (usredsrijediti); to ~ one's attention on smt usredsrediti (usredsrijediti) pažnju na nešto 2. intr koncentrisati se, usredsrediti se; to ~ on smt. usredsrediti se na nešto concentration [kansən'trejšən] n koncentracija

concentration camp koncentracioni logor

concept ['kansept] n pojam

conception [kən'sepšən] n 1. začeće; immaculate ~ bezgrešno začeće 2. pojam, ideja, zamisao 3. razumevanje (razumijevanje); koncepcija

concern I [kən'sərn] n 1. briga; zabrinutost; to give smb. cause for ~ zadavati brigu nekome; to cause grave ~ izazvati veliku zabrinutost 2. interes, zainteresovanost 3. koncern, preduzeće (W: poduzeće) **concern** II v tr 1. zabrinuti; *the state of his health* ~s *us* zabrinjava nas njegovo zdravlje 2. ticati se; *that doesn't* ~ *me* mene se to ništa ne tiče 3. *refl* baviti se; interesovati se; *to* ~ *oneself with politics* baviti se politikom

concerning *prep* u pogledu, o; ~ *him* što se tiče njega

concert I ['kansərt] *n* koncert; *to go to a* ~ ići na koncert

concert II [kən'sərt] *v tr* usaglasiti, uskladiti

concertmaster ['kansərt-maestər] *n* prvi violinista

concerto [kən'čərtou] (~*s* or ~*ti* [tij]) *n* solistički koncert (uz pratnju)

concession [kən'sešən] *n* koncesija, ustupak; *to make* ~*s to smb.* činiti nekome ustupke

conciliate [kən'silijejt] *v tr* 1. uskladiti 2. pomiriti **conciliation** [kənsilij'ejšən] *n* 1. usklađenje 2. pomirenje **conciliatory** [kən'silijətorij] *a* pomirljiv

concise [kən'sajs] *a* sažet, koncizan

conclude [kən'klu:d] *v* 1. *tr* završiti, zaključiti; *to* ~ *a lecture* završiti čas 2. *intr* završiti se **concluding** *a* završni **conclusion** [kən'klu:žən] *n* 1. završetak, svršetak; *in* ~ na završetku (kraju) 2. zaključak; *to come to a* ~ doći do zaključka

conclusive [kən'klu:siv] *a* konačan, ubedljiv (ubjedljiv); ~ *proof* konačan dokaz

concoct [kən'kakt] *v tr* 1. skuvati (skuhati) 2. (fig.) snovati; *to* ~ *a plot* snovati zaveru (zavjeru) 3. izmisliti; *to* ~ *a story* izmisliti priču **concoction** [kən'kakšən] *n* 1. nešto skuvano (skuhano) 2. izmišljotina

concord ['kankord] *n* sloga; saglasnost **concordance** [kən'kordəns] *n* saglasnost

concourse ['kankors] *n* 1. skup, gomila 2. širok prolaz; veliki hol

concrete I ['kankrijt] *n* beton **concrete** II (and [kan'krijt]) *a* 1. betonski 2. konkretan; stvaran **concrete mixer** betonska mešalica (mješalica)

concubine ['kangkjəbajn] *n* konkubina, naložnica

concur [kən'kər] *v intr* slagati se **concurrence** *n* saglasnost, slaganje

concurrent *a* istovremen

concussion [kən'kešən] *n* potres; *a brain* ~ potres mozga

condemn [kən'dem] *v tr* osuditi; *to* ~ *smb. to death* osuditi nekoga na smrt **condemnation** [kandem'nejšən] *n* 1. osuda, osuđivanje 2. stroga kritika, osuda

condensation [kandən'sejšən] *n* 1. kondenzacija, zgusnuće 2. (phys.) kondenzacija, pretvaranje pare u tekuće stanje 3. sažimanje; skraćivanje **condense** [kən'dens] *v* 1. *tr* sažeti, sabiti; *to* ~ *a thought* sabiti misao 2. *tr* zgusnuti, kondenzovati 3. *intr* zgusnusti se **condenser** *n* kondenzator

condescend [kandi'send] *v intr* udostojiti se, blagoizvoleti (blagoizvoljeti) **condescending** *a* snishodljiv

condition I [kən'dišən] *n* 1. prilika, uslov (W also: uvjet); *living* ~*s* životne prilike (životni uslovi) 2. stanje; *the* ~ *of a road* stanje puta 3. uslov (W also: uvjet); *on* ~ *that* . . . pod uslovom da . . . 4. kondicija, forma; *to get into* ~ steći kondiciju **condition** II *v tr* 1. usloviti (W also: uvjetovati) 2. uvežbati (uvježbati) 3. formirati automatizovanu reakciju (kod)

conditional I *n* (gram.) kondicional **conditional** II *a* kondicionalan, uslovni (W also: uvjetni); (gram.) *a* ~ *sentence* uslovna rečenica

conditioned *a* uslovni (W also: uvjetovani, uvjetni); *a* ~ *reflex* uslovni (uvjetovani) refleks

conditioning *n* 1. uvežbavanje (uvježbavanje) 2. formiranje automatizovane reakcije

condolence [kən'douləns] *n* (in *pl*) izjava saučešća; *to express one's* ~*s to smb.* izjaviti nekome saučešće

condominium [kandə'minijəm] *n* stambena zgrada u kojoj je svaki stan svojina stanara

condone [kən'doun] *v tr* oprostiti

conducive [kən'du:siv] *a* pogodan, koristan

conduct I ['kandəkt] *n* 1. ponašanje, vladanje; *good (bad)* ~ dobro (rđavo) ponašanje 2. vođenje; *the* ~ *of war* vođenje rata **conduct** II [kən'dəkt] *v* 1. *tr* voditi; *to* ~ *an investigation* voditi istragu 2. *tr* dirigovati; *to* ~ *an orchestra* dirigovati orkestrom 3. *tr* obaviti; izvršiti; *to* ~ *research* vršiti ispitivanje 4. *refl* ponašati se; *he* ~*ed himself well* on se dobro

ponašao 5. *intr* dirigovati **conductor** [kən'dəktər] *n* 1. kondukter 2. (elec.) provodnik 3. (mus.) dirigent
cone [koun] *n* 1. kupa (W: stožac); čunj 2. (bot.) šišarka 3. fišek, kornet; *an ice--cream* ~ sladoled u fišeku
confection [kən'fekšən] *n* slatkiš, poslastica (W: slastica) **confectioner** *n* poslastičar (W: slastičar)
confederacy [kən'fedərəsij] *n* 1. konfederacija 2. (cap., Am., hist.) Konfederacija (južnih država za vreme — vrijeme građanskog rata) **confederate** I [~rit] *n* 1. član konfederacije 2. saučesnik 3. (cap., Am., hist.) konfederativac **confederate** II *a* konfederativan **confederate** III [~rejt] *v intr* stupiti u konfederaciju **confederation** [kənfedə'rejšən] *n* 1. konfederacija (also **confederacy** 1) 2. (cap., Am., hist.) naziv SAD od 1781. do 1789. (kad je primljen ustav)
confer [kən'fər] *v* 1. tr dodeliti (dodijeliti); *to* ~ *a doctorate on smb.* dodeliti nekome zvanje doktora 2. *intr* konferisati, savetovati (savjetovati) se; *to* ~ *with smb.* savetovati se s nekim
conferee [kanfə'rij] *n* učesnik konferencije **conference** ['kanfərəns] *n* konferencija, kongres, skup
confess [kən'fes] *v* 1. *tr* priznati; *to* ~ *one's guilt* priznati svoju krivicu 2. *tr* (rel.) ispovediti (ispovjediti); *to* ~ *one's sins* ispovediti grehove (grijehove) 3. *intr* priznati **confession** [kən'fešən] *n* 1. priznanje 2. (rel.) ispovest (ispovijest); *to hear smb.'s* ~ ispovediti (ispovjediti) nekoga **confessor, confesser** *n* (rel.) ispovednik (ispovjednik)
confetti [kən'fetij] *n pl* konfeti
confide [kən'fajd] *v* 1. *tr* poveriti (povjeriti); *to* ~ *a secret to smb.* poveriti tajnu nekome 2. *intr* poveriti se; *to* ~ *in smb.* poveriti se nekome
confidence ['kanfədəns] *n* 1. poverenje (povjerenje); *to have* ~ *in smb. (in oneself)* imati poverenje u nekoga (u sebe) 2. samopouzdanost **confident** *a* 1. siguran; uveren (uvjeren); *I am* ~ *that he will come* ja sam siguran da će on doći 2. samopouzdan
confidential [kanfə'denšəl] *a* poverljiv (povjerljiv); ~ *documents* poverljiva dokumenta
confine [kən'fajn] *v tr* 1. *refl* ograničiti; *to* ~ *oneself to a subject* ograničiti se na

temu 2. zatvoriti, pritvoriti; ~*ed to barracks* u kasarnskom zatvoru 3. vezati; ~*ed to one's bed* vezan za postelju 4. (med.) *to be* ~*d* biti u babinjama **confinement** *n* 1. ograničenje 2. zatvor, pritvor; ~ *to barracks* kasarnski zatvor 3. (med.) babinje **confines** ['kanfajnz] *n pl* granice
confirm [kən'fərm] *v tr* 1. potvrditi 2. (rel.) konfirmisati **confirmation** [kanfər'mejšən] 1. potvrđenje, potvrda 2. (rel.) konfirmacija, (Cath.) krizma
confirmed *a* 1. potvrđen 2. okoreo (okorio); *a* ~ *bachelor* večiti (vječiti) mladoženja
confiscate ['kanfiskejt] *v tr* konfiskovati **confiscation** [kanfis'kejšən] *n* konfiskacija
conflagration [kanflə'grejšən] *n* požar
conflict I ['kanflikt] *n* borba; sukob; *to come into* ~ *with smb.* doći u sukob s nekim; *a* ~ *of interests* sukob interesa **conflict** II [kən'flikt] *v intr* sukobiti se; *our interests* ~ naši se interesi sukobljavaju
confluence ['kanflu:əns] *n* slivanje, sastavak; *a* ~ *of rivers* sastavak reka (rijeka)
conform [kən'form] *v intr* povinovati se; prilagoditi se; *to* ~ *to (the) rules* povinovati se pravilima **conformist** *n* konformista **conformity** *n* konformizam
confound [kən'faund] *v tr* zbuniti **confounded** *a* 1. zbunjen 2. proklet
confront [kən'frənt] *v tr* konfrontirati, suočiti **confrontation** [kanfrən'tejšən] *n* konfrontacija, suočenje
confuse [kən'fju:z] *v tr* pobrkati, zbuniti; *he got* ~*d* zbunio (pobrkao) se **confusion** [kən'fju:žən] *n* zabuna; zbunjenost; konfuzija; *to cause* ~ napraviti zabunu
confute [kən'fju:t] *v tr* pobiti, opovrgnuti
congenial [kən'džijnijəl] *a* kongenijalan
congest [kən'džest] *v tr* zakrčiti; *traffic was* ~*ed* saobraćaj je bio zakrčen **congestion** [~sčən] 1. zakrčenost; *traffic* ~ zastoj u saobraćaju 2. (med.) navala krvi, kongestija
conglomerate [kən'glamərit] *n* konglomerat **conglomeration** [kənglamə'rejšən] *n* nagomilavanje; konglomerat
congratulate [kən'graečulejt] *v tr* čestitati; *to* ~ *smb. on smt.* čestitati nekome na nečemu **congratulation** [kən·graečulejšən] (usu. in *pl*) čestitanje, čestitka; ~*s*

on your success! čestitamo na uspehu (uspjehu)

congregate ['kanggrəgejt] *v intr* skupiti se **congregation** [~'gejšən] *n* 1. skup 2. (rel., coll.) članovi crkve, sinagoge; kongregacija; zajednica

congress ['kanggris] *n* 1. kongres, skup 2. (Am., cap.) Kongres **congressional** [kən'grešənəl] *a* kongresni, kongreski; *a ~ committee* kongresni odbor **congressman** [~mən] *(-men* [min]) *n* kongresmen, član Kongresa **congresswoman** [~wumən] *(-women* [wimin]) *n* članica Kongresa

congruence ['kanggr:əns] *n* kongruencija, podudarnost **congruent** *a* kongruentan, podudaran **congruous** ['kanggru:əs] see **congruent**

coniferous [kou'nifərəs] *a* četinast, četinarski

conjecture [kən'džekčər] *n* pretpostavka

conjugal ['kandžəgəl] *a* bračni, supružanski

conjugate ['kandžəgejt] *v tr* sprezati, konjugirati, izmenjati (izmijenjati) (glagol); *to ~ a verb* izmenjati glagol **conjugation** [kandžə'gejšən] *n* konjugacija, sprezanje, promena (promjena) glagola

conjunction [kən'džəngkšən] *n* (gram.) veznik, svezica

conjunctivitis [kəndžəngtə'vajtis] *n* (med.) konjunktivitis

connect [kə'nekt] *v* 1. *tr* vezati, spojiti; dovesti u vezu; *to ~ two villages by a road* vezati (spojiti) dva sela putem 2. *intr* vezivati, se, imati vezu

Connecticut [kə''netəkət] *n* Konektiket

connection [kə'nekšən] *n* 1. veza; spojenost; povezanost; *a ~ between cause and effect* veza između uzroka i posledice (posljedice) 2. veza, saobraćajni spoj; *an airplane (a bus) ~* avionska (autobuska) veza 3. *(telephone ~)* telefonska veza, telefonski spoj 4. (in *pl*) veze; *he has ~s on* ima veza

connivance [kə'najvəns] *n* gledanje kroz prste; prećutni pristanak **connive** [kə-'najv] *v intr* 1. ne gledati na greške; gledati kroz prste 2. biti u dosluhu; *to ~ with smb.* biti u dosluhu s nekim

connotation [kanə'tejšən] *n* obim značenja **connote** [kə'nout] *v tr* 1. označiti; uključiti značenje 2. sugerisati, pretpostaviti

conquer ['kangkər] *v tr* 1. osvojiti; *to ~ a city* osvojiti grad 2. *tr* pobediti (pobije-

diti); *to ~ the enemy* pobediti neprijatelja **conqueror** *n* osvajač **conquest** ['kankwest] *n* 1. osvajanje, osvojenje 2. osvojena teritorija; osvojena osoba

conscience ['kanšəns] *n* savest (savjest); *a clear ~* čista savest; *to have a guilty ~* imati grižu savesti

conscientious [kanšij'enšəs] *a* savestan (savjestan) **conscientious objector** (Am., legal) lice koje odbija da služi vojsku zbog religioznih ubeđenja (ubjeđenja)

conscious ['kanšəs] *a* 1. svestan (svjestan); *to be ~ of smt.* biti svestan nečega 2. pri svesti (svijesti); *to be fully ~* biti pri punoj svesti **consciousness** *n* svest (svijest); *to lose ~* izgubiti svest

conscript I ['kanskript] *n* regrut **conscript** II [kən'skript] *v tr* regrutovati, pozvati u vojnu službu **conscription** [kən'skripšən] *n* vojna obaveza; regrutovanje

consecrate ['kansəkrejt] *v tr* posvetiti, osvetiti; *to ~ one's life to smt.* posvetiti svoj život nečemu **consecration** [kansə-'krejšən] *n* posvećenje, posveta, osvećenje

consecutive [kən'sekjətiv] *a* uzastopan

consensus [kən'sensəs] *n* opšta (opća) saglasnost

consent I [kən'sent] *n* saglasnost; pristanak; *by common ~* po opštoj (općoj) saglasnosti **consent** II *v intr* pristati; *to ~ to a proposal* pristati na predlog

consequence ['kansəkwens] *n* 1. posledica (posljedica), konsekvencija; *in ~ of* usled (uslijed) 2. značaj, važnost, ugled **consequently** ['kansəkwentlij] *adv* stoga, zbog toga

conservation [kansər'vejšən] *n* konzervacija, čuvanje, održanje

conservatism [kən'sərvətizəm] *n* konzervatizam **conservative** I [~ətiv] *n* konzervativac **conservative** II *a* 1. konzervativan 2. umeren (umjeren); oprezan; *a ~ estimate* umerena (oprezna) procena (procjena)

conservatory [kən'sərvətorij] *n* konzervatorij

conserve [kən'sərv] *v tr* čuvati; *to ~ one's strength* čuvati svoju snagu

consider [kən'sidər] *v tr* 1. razmotriti; *to ~ a matter* razmotriti stvar 2. voditi računa (o); *to ~ the circumstances* voditi računa o prilikama 3. smatrati; *I ~ him to be a capable specialist* ja ga smatram za sposobnog stručnjaka 4.

uzeti u obzir; *he can be ~ed for that job*
on dolazi u obzir za to mesto (mjesto)
considerable *a* znatan; ~ *damage* znatna
šteta
considerate [~rit] *a* pažljiv, obziran; *to be*
~ *of smb.* biti pažljiv prema nekome
consideration [kənsidə'rejšən] *n* obzir, ra-
zmatranje; *to take into* ~ uzeti u obzir
(razmatranje)
considering *prep* s obzirom na
consign [kən'sajn] *v tr* konsignirati, posla-
ti, predati **consignment** slanje robe; po-
slata roba; konsignacija
consist [kən'sist] *v intr* sastojati; *to* ~ *of
smt.* sastojati se od (iz) nečega
consistent *a* konzistentan, dosledan (do-
sljedan)
consolation [kansə'lejšən] *n* uteha (utjeha)
console II [kən'soul] *v tr* utešiti (utješiti)
consolidate [kən'salədejt] *v* 1. *tr* konsoli-
dovati, učvrstiti, utvrditi; *to* ~ *one's
position* učvrstiti položaj 2. *intr* konso-
lidovati se **consolidation** [kansalə'dej-
šən] *n* konsolidacija
consommé [kansə'mej] *n* konsome; *chic-
ken* ~ pileći konsome
consonant ['kansənənt] *n* suglasnik, kon-
sonant **consonantal** [kanse'nentəl] *a* su-
glasnički, konsonantski
consort I ['kansort] *n* suprug (supruga)
monarha **consort** II [kən'sort] *v intr*
družiti se, opštiti (općiti) se
consortium [kən'soršijəm] *n* konzorcijum,
udruženje ustanova
conspicuous [kən'spikju:əs] *a* upadljiv; ~
behavior upadljivo ponašanje
conspiracy [kən'spirəsij] *n* zavera (zavje-
ra), konspiracija, urota **conspirator**
[kən'spijrətər] *n* zaverenik (zavjerenik),
konspirator **conspire** [kən'spajr] *v intr*
kovati zaveru (zavjeru), konspirisati; *to*
~ *against smb.* konspirisati protiv
nekoga
constable ['kanstəbəl] *n* 1. (Br.) policajac
(see also **policeman**) 2. šerifov pomoćnik
constancy ['kanstənsij] *n* stalnost, postoja-
nost **constant** I ['kanstənt] *n* konstanta
constant II *a* konstantan, stalan
Constantinople [kanstaentə'noupəl] *n*
Carigrad .
constellation [kanstə'lejšən] *n* sazvežđe
(sazviježđe), konstelacija
consternation [kanstər'nejšən] *n* zapanje-
nost, preneraženost, konsternacija

constipate ['kanstipejt] *v tr* prouzrokovati
tvrdu stolicu (kod) **constipation** [kansti-
'pejšən] *n* tvrda stolica, zatvor
constituency [kən'stiču:ənsij] *n* birači jed-
ne izborne jedinice; izborna jedinica
constituent I [kən'stiču:ənt] *n* 1. birač 2.
sastavni deo (dio) **constituent** II *a* 1.
sastavni 2. izborni, birački 3. ustavo-
tvorni; *a* ~ *assembly* ustavotvorna
skupština
constitute ['kanstitu:t] *v tr* konstituisati;
ustanoviti
constitution [kansti'tu:šən] *n* 1. konstitu-
cija, telesni (tjelesni) sastav, organizam;
a strong ~ jak organizam 2. (pol.) ustav,
konstitucija; *to establish a* ~ dati ustav
constitutional *a* 1. sastavni; konstitucio-
ni 2. (pol.) ustavni
constrain [kən'strejn] *v tr* prinuditi; *to be*
~*ed* biti prinuđen **constraint** *n* prinuda;
under ~ pod prinudom
constrict [kən'strikt] *v tr* suziti, stegnuti,
stisnuti, skupiti **constriction** [~kšən] *n*
suženje, stezanje; *a* ~ *of the throat*
suženje grla
construct [kən'strəkt] *v tr* konstruisati,
izgraditi; *to* ~ *a building* izgraditi zgra-
du **construction** [kən'strəkšən] *n* 1. kon-
strukcija; građenje 2. (gram.) konstruk-
cija 3. (colloq.) (or: *the* ~ *industry*)
izgradnja kuća; *private* ~ izgradnja
privatnih kuća
constructive [kən'strəktiv] *a* konstrukti-
van; ~ *advice* konstruktivan savet
(savjet)
construe [kən'stru:] *v tr* 1. analizovati 2.
protumačiti
consul ['kansəl] *n* konzul **consular** *a* kon-
zularni; *a* ~ *section of an embassy*
konzularno odeljenje (odjeljenje) amba-
sade **consulate** *n* konzulat
consult [kən'səlt] *v tr* konsultovati; *to* ~
smb. konsultovati nekoga, konsultovati
se s nekim **consultant** *n* konsultant
consultation [kansəl'tejšən] *n* konsulta-
cija **consultative** [kən'səltətiv] *a* konsul-
tativan
consume [kən'su:m] *v tr* 1. pojesti; popiti;
to ~ *food* pojesti hranu 2. potrošiti; *to*
~ *a great deal of oil* potrošiti mnogo
ulja 3. uništiti, satrti; *flames* ~*d the
building* zgrada je izgorela (izgorjela)
do temelja 4. obuzeti, prožeti; *to be* ~*d
with envy* jesti se od zavisti **consumer** *n*
potrošač

consummate I [kən'səmit] a savršen; pot-
pun consummate II ['kansəmejt] v tr
dovršiti, završiti; to ~ a marriage izvr-
šiti snošaj posle venčanja (poslije vjen-
čanja)
consumption [kən'səmpšən] n 1. potrošnja;
the ~ of fuel potrošnja goriva 2. (med.)
sušica
contact I ['kantaekt] n 1. kontakt, dodir;
veza; to come into ~ doći u kontakt
(dodir) 2. (elec.) kontakt contact II (or:
[kən'taekt]) v tr (colloq.) to ~ smb.
kontaktirati nekoga, doći u kontakt s
nekim
contagion [kən'tejdžən] n zaraza conta-
gious [kən'tejdžəs] a zarazan; a ~ di-
sease zarazna bolest
contain [kən'tejn] v 1. refl uzdržati, obuz-
dati; to ~ oneself uzdržati se 2. tr (usu.
mil.) zadržati, zaustaviti; to ~ the
enemy zadržati snage neprijatelja
container n 1. kutija, posuda 2. kontejner
containerize v tr mehanizovati pomoću
kontejnera
containment n zadržavanje; a strategy of
~ strategija zadržavanja
contaminate [kən'taemənejt] v tr zaraziti,
zatrovati, kontaminirati contamination
[kəntaemə'nejšən] n kontaminacija, za-
ražavanje
contemplate ['kantəmplejt] v tr 1. zami-
šljeno gledati (u) 2. nameravati (namje-
ravati), imati u vidu; he is ~ ing mar-
riage on ima nameru (namjeru) da se
oženi
contemplation [kantem'plejšən] n kon-
templacija, razmišljanje
contemporaneous [kəntempə'rejnijəs] a
istovremen
contemporary I [kən'tempərerij] n savre-
menik (suvremenik) contemporary II a
1. savremen (suvremen) 2. istovremen
contempt [kən'tempt] n 1. prezir, prezre-
nje; to hold in ~ prezirati 2. (legal)
nepoštovanje; ~ of court nepoštovanje
suda contemptible a prezren, podao
contemptuous [kən'tempču:əs] a preziran,
prezriv
contend [kən'tend] v 1. tr tvrditi 2. intr
otimati se, takmičiti se; to ~ for smt.
otimati se o nešto
content I ['kantent] n 1. (in pl) sadržina,
sadržaj; the ~s of a book sadržina
knjige 2. količina; sugar ~ količina
šećera content II [kən'tent] a zadovo-

ljan; to be ~ with smt. biti zadovoljan
(s) nečim
content III v refl zadovoljiti se; to ~ one-
self with smt. zadovoljiti se nečim con-
tent IV n zadovoljstvo; to one's heart's
~ do mile volje contented a zadovoljen;
zadovoljan
contention [kən'tenšən] n 1. svađa, prepir-
ka; a bone of ~ uzrok svađe 2. argume-
nat, tvrdnja contentious [kən'tenčəs] a
1. svadljiv 2. sporan; a ~ issue sporna
tačka (W: točka)
contentment [kən'tentmənt] n zadovolj-
stvo
contest I ['kantest] n 1. borba; a ~ for
supremacy borba za prvenstvo 2. takmi-
čenje, utakmica contest II [kən'test] v tr
1. osporiti; to ~ a will osporiti testame-
nat 2. boriti se (za); to ~ every inch of
ground boriti se za svaki pedalj zemlje
contestant n takmičar; kandidat
context ['kantekst] n kontekst
contiguous [kən'tigju:əs] a granični,
dodirni
continence ['kantənəns] n uzdržavanje
continent ['kantənənt] n kontinent; on the
~ u Evropi continental [kantə'nentəl] a
kontinentalni; a ~ climate kontinental-
na klima
contingency [kən'tindžənsij] n nepredviđe-
na situacija (mogućnost, eventualnost);
for any ~ za svaku eventualnost
contingent I [kən'tindžənt] n kontingent
contingent II a zavisan; ~ on (upon)
zavisan od
continual [kən'tinju:əl] a koji se često
ponavlja
continuation [kəntinju:'ejšən] n produže-
nje, produžetak, nastavak continue
[kən'tinju:] v 1. tr nastaviti, produžiti;
to ~ a conversation nastaviti (produži-
ti) razgovor; he ~d writing (to write)
nastavio je da piše 2. intr produžiti;
nastaviti; please ~ molim vas, produži-
te 3. intr nastaviti se, produžiti se; the
battle is ~ing borba se nastavlja
continuing education kursevi za stručno
usavršavanje
continuous [kən'tinju:əs] neprekidan, be-
sprekidan
contort [kən'tort] v tr iskriviti; to ~ one's
features iskriviti crte lica contortion
[kən'toršən] n iskrivljenost
contour ['kantu:r] n kontura

contraband I ['kantrəbaend] *n* kontraban-
da, krijumčarena roba; ~ *of war* ratna
kontrabanda **contraband** II *a* krijumča-
ren; ~ *goods* krijumčarena roba
contraception [kantrə'sepšən] *n* kontra-
cepcija **contraceptive** I [kantrə'septiv] *n*
kontraceptivno sredstvo, antikoncipi-
jens **contraceptive** II *a* kontraceptivan,
kontracepcijski
contract I ['kantraekt] *n* ugovor, kontrakt;
to sign a ~ potpisati ugovor **contract** II
(and *[kən'traekt])* v 1. *tr* skupiti, zgrčiti,
kontrahirati; *muscles can be* ~*ed* mišići
mogu da se grče 2. *tr* napraviti; *to* ~ *a*
debt napraviti dug 3. intr zgrčiti se,
skupiti se 4. *intr* kontrahirati, ugovoriti;
to ~ *for smt.* ugovoriti nešto **contrac-**
tion [kən'traekšən] *n* 1. zgrčenje, kon-
trakcija, skupljanje; grč; *labor* ~*s* poro-
đajni grčevi 2. skraćenje **contractor** *n*
izvođač radova, preduzimač; građevinar
contractual [kən'traekčuəl] *a* ugovorni
contradict [kantrə'dikt] *v tr* protivrečiti
(protivuriječiti); *to* ~ *smb.* protivrečiti
nekome **contradiction** [~kšən] *n* proti-
vrečje (protivurječje), kontradikcija
contradictory *a* protivrečan (protivu-
rječan)
contralto [kən'traeltou] *(-s* or *-ti* [tij]) *n*
kontraalt
contraption [kən'traepšən] *n* (colloq.) čud-
na naprava
contrary I ['kantrerij] *n* suprotnost; *on (to)*
the ~ naprotiv **contrary** II *a* suprotan;
oprečan

contrary to *prep* suprotno; ~ *instructions*
suprotno uputstvima
contrast I ['kantraest] *n* kontrast, suprot-
nost; *in* ~ *to (with) smt.* u kontrastu
(suprotnosti) sa nečim **contrast** II [kən-
'traest] *v* 1. *tr* suprotstaviti 2. *intr*
kontrastirati, biti u kontrastu
contribute [kən'tribju:t] *v* 1. *tr* dati, prilo-
žiti, doprineti (doprinijeti); *to* ~ *money*
for a gift priložiti novac za poklon 2.
intr priložiti, doprineti; *to* ~ *to smt.*
doprineti nečemu **contribution** [kan-
tri'bju:šən] *n* prilog, doprinos; udeo
(udio); *a* ~ *to science* doprinos nauci
contributor [kən'tribju:tər] *n* 1. prilož-
nik 2. saradnik (časopisa)
contrite [kən'trajt] *a* pokajnički, skrušen
contrition [kən'trišən] *n* kajanje, skruše-
nost

contrive [kən'trajv] *v tr* majstorisati, maj-
storski izvesti
control I [kən'troul] *n* 1. kontrola; *birth* ~
kontrola rađanja; *to lose* ~ *of a car*
izgubiti kontrolu nad automobilom 2.
prevlast, vlast, nadmoć, dominacija; ~
of the air prevlast u vazduhu (W: zraku)
3. sprečavanje; *the* ~ *of communicable*
diseases sprečavanje zaraznih bolesti 4.
(in *pl)* komande za upravljanje **control** II
a komandni; *a* ~ *panel* komandna ploča
control III *v tr* 1. kontrolisati, voditi
nadzor (nad); obuzdati; *to* ~ *a situation*
kontrolisati situaciju 2. regulisati; *to* ~
prices regulisati cene (cijene) **controller**
n 1. kontrolor; *an air-traffic* ~ kontro-
lor letenja 2. revizor **control tower** kon-
trolni toranj
controversial [kantrə'vəršəl] *a* sporan,
kontroverzan; *a* ~ *film (subject)* sporan
film (predmet) **controversy** ['kantrəvər-
sij] *n* spor, neslaganje, kontroverzija
contusion [kən'tu:žən] *n* kontuzija
convalesce [kanvə'les] *v intr* oporaviti se
convalescence *n* oporavak **convalescent**
I *n* oporavljenik, rekonvalescent **conva-**
lescent II *a* oporavljenički **convalescent**
home oporavilište
convene [kən'vijn] *v* 1. *tr* sazvati; *to* ~
parliament sazvati skupštinu 2. *intr*
skupiti se; sastati se
convenience [kən'vijnjəns] *n* 1. zgodnost,
zgoda, udobnost 2. (Br.) nužnik **conve-**
nient *a* zgodan, udoban; *a* ~ *opportu-*
nity zgodna prilika
convent ['kanvent] *n* (ženski) manastir
(samostan), konvent
convention [kən'venšən] *n* 1. skup, kon-
gres 2. usvojeno pravilo ponašanja; kon-
vencija 3. sporazum, konvencija
conventional *a* uobičajen, konvencionalan
converge [kən'vərdž] *v intr* konvergirati
convergence *n* konvergencija
conversant [kən'vərsənt] *a* upoznat, upu-
ćen; ~ *with smt.* upoznat s nečim
conversation [kanvər'sejšən] *n* razgovor;
konverzacija; kozerija; *to strike up a* ~
povesti konverzaciju **conversational** *a*
razgovoran, konverzacioni **converse** I
[kən'vərs] *v tr* razgovarati, konverzirati
converse II ['kanvərs] *n* suprotnost; obr-
nuto tvrđenje **converse** III suprotan
conversion [kən'vəržən] *n* 1. pretvaranje 2.
(rel.) preobraćanje, obraćanje; ~ *to a*
different religion preobraćanje (prelaže-

nje) u drugu veru (vjeru) 3. preorijenti-
sanje convert I ['kanvərt] n obraćenik
convert II [kən'vərt] v 1. tr pretvoriti; to
~ water to (into) steam pretvoriti vodu
u paru 2. tr (rel.) obratiti, preobratiti 3.
tr (comm.) pretvoriti; to ~ merchandise
into cash pretvoriti robu u novac 4. intr
(rel.) preći u drugu veru (vjeru), obratiti
se 5. intr preorijentisati se; the plant is
~ing to missile production preduzeće
(W: poduzeće) se preorijentiše na proi-
zvodnju projektila converter, convertor
n 1. pretvarač 2. (elec.) konvertor
convertible I [kən'vərtəbəl] n automobil s
pokretnim krovom, kabriolet
convertible II konvertibilan; ~ currency
konvertibilna valuta
convex ['kanveks] a konveksan, ispupčen
convey [kən'vej] v tr 1. preneti (prenijeti);
prevesti 2. saopštiti (saopćiti); to ~
ideas saopštiti ideje 3. isporučiti; to ~
greetings isporučiti pozdrave
conveyance n prevozno sredstvo
conveyer, conveyor n konvejer
convict I ['kanvikt] n osuđenik, zatvorenik
convict II [kən'vikt] v tr osuditi; to ~ of
perjury osuditi zbog krivokletstva con-
viction [kən'vikšən] n 1. osuda 2. ubeđe-
nje (ubjeđenje)
convince [kən'vins] v tr ubediti (ubijediti),
uveriti (uvjeriti); to ~ smb. of smt.
uveriti nekoga u nešto convincing a
ubedljiv (ubjedljiv)
convocation [kanvə'kejšən] n 1. saziv 2.
skup convoke [kən'vouk] v tr sazvati; to
~ parliament sazvati skupštinu
convoy I ['kanvoj] n konvoj, praćenje;
(transportna) kolona convoy II v tr
pratiti, konvojirati
convulse [kən'vəls] v tr 1. zgrčiti 2. potre-
sti; to be ~d with laughter tresti se od
smeha (smijeha) convulsion [kən'vəlšən]
n konvulzija, grč
coo I [ku:] n gugutanje coo II v intr
gugutati
cook I [kuk] n kuvar (kuhar) cook II v 1. tr
skuvati (skuhati); to ~ dinner skuvati
ručak 2. intr kuvati (kuhati), gotoviti 3.
intr kuvati se
cookbook [~buk] n kuvar (kuharica)
cooky, cookie, cookey ['kukij] n keks,
kolačić
cool I [ku:l] n 1. svežina (svježina) 2.
(colloq.) pribranost cool II a 1. prohla-
dan; the weather got ~ vreme (vrijeme)

se rashladilo 2. hladan; a ~ reception
hladan prijem 3. pribran; to remain ~
ostati pribran 4. (colloq.) odličan cool
III v 1. tr rashladiti; to ~ wine rashladi-
ti vino 2. intr ohladiti se 3. misc.; *to ~
one's heels dugo čekati coolant n teč-
nost za hlađenje coolness n umerena
(umjerena) hladnoća cool off v ohladiti
se; he has coled off on se već ohladio
coop I [ku:p] n kokošinjac coop II v tr
(usu.; to ~ up, in) zatvoriti; to be ~ed
up between four walls biti zatvoren
između četiri zida
co-op ['kou-'ap] see cooperative I
cooper ['ku:pər] n bačvar
cooperate [kou'apərejt] v intr sarađivati
(surađivati), kooperisati cooperation
[kouapə'rejšən] n saradnja (suradnja),
kooperacija cooperative I [kou'apərətiv]
n kooperativa cooperative II a koopera-
tivan
coordinate I [kou'ordənit] n koordinata
coordinate II a naporedan coordinate III
[~ejt] v tr koordinirati, uskladiti, usa-
glasiti coordination [kouordə'nejšən] n
koordinacija, sadejstvo (sadjejstvo)
cop [kap] n (colloq.) policajac; to play ~s
and robbers igrati se lopova i žandara
cope [koup] v intr savladati, doviti se;
ispuniti; to ~ with smt. izići s nečim na
kraj
Copenhagen ['koupənhejgən] n Kopen-
hagen
copier ['kapijər] n aparat za kopiranje
copilot ['koupajlət] n drugi pilot
copious ['koupijəs] a obilan, izobilan
cop out v (colloq.) odustati; odbiti da se
angažuje cop-out n (colloq.) odbijanje
da se angažuje
copper I ['kapər] n bakar copper II a
bakarni, bakreni; a ~ coin bakarni
novac
copper III n (colloq.) policajac
coppersmith [~smith] n kazandžija, kotlar
copula ['kapjələ] (-s or -ae [ij]) n (gram.)
kopula, spona
copulate [~lejt] v intr imati snošaj, spariti
se copulation [kapjə'lejšən] n kopulaci-
ja, snošaj
copy I ['kapij] n 1. kopija 2. primerak
(primjerak); the book was printed in
10,000 ~ies knjiga je štampana u 10.000
primeraka copy II v tr 1. kopirati,
umnožiti, razmnožiti 2. prepisati cop-
ying machine aparat za fotokopiranje

copyright I [~rajt] n autorsko pravo copyright II a zaštićen autorskim pravom copyright III v tr zaštititi autorskim pravom
copywriter [~rajtər] n autor reklamnih tekstova
coquettish [kou'ketiš] a koketan
coral I ['korəl] n koral coral II a koralski, koralni coral reef koralni greben
cord [kord] n 1. konopac, uže 2. gajtan; an electric ~ gajtan za struju 3. vrpca; an umbilical ~ pupčana vrpca, pupčanica 4. hvat; a ~ of wood hvat drva
cordial I ['kordžəl] n vrsta likera cordial II a srdačan; a ~ greeting srdačan pozdrav
cordon I ['kordən] n kordon, lanac stražara cordon II v tr blokirati, opkoliti; to ~ off an area blokirati rejon
corduroy I ['kordə'roj] n rebrast somot corduroy II a od rebrastog somota
core [kor] n jezgro, srž; to the ~ do srži
cork I [kork] n 1. pluta 2. čep, zapušač (od plute) cork II v tr začepiti, zapušiti; to ~ a bottle začepiti (zapušiti) flašu
corkscrew [~skru:] n vadičep
corn I [korn] n žulj
corn II n 1. kukuruz; to husk ~ okruniti kukuruz 2. (Br.) žito (see also grain) 3. (colloq.) nešto banalno corn bread proja, kukuruznica corncob [~kab] n kukuruzni klip, kočanj kukuruza
cornea ['kornijə] n rožnjača (W also: rožnica)
corner I ['kornər] n 1. ugao, ćošak; on (at) the ~ na uglu (ćošku) 2. kut 3. kraj, oblast; the four ~s of the earth četiri strane sveta (svijeta) 4. (econ.) spekulativan monopol (za dizanje cena — cijena), korner corner II v tr 1. sterati (stjerati) u ćošak; *to fight like a ~ed rat boriti se očajnički 2. (econ.) monopolisati; to ~ a market monopolisati prodaju, diktirati cene (cijene) na tržištu corner kick (soccer) udarac s ugla, korner
cornerstone [~stoun] n kamen temeljac
cornet n 1. [kor'net] (mus.) kornet 2. ['kornit] (Br.) fišek
corn flakes pl kukuruzne pahuljice
cornice ['kornis] n karniz, karniž
cornmeal [~mijl] n kukuruzno (projino) brašno cornstarch [~starč] n kukuruzna štirka
corny [~ij] a banalan, otrcan

corollary ['korələrij] n korolar, posledica (posljedica)
coronary I ['korənerij] n tromboza coronary II a koronarni coronary thrombosis tromboza (zapušavanje krvnih sudova)
coronation [korə'nejšən] n krunidba, krunidbene svečanosti
coroner ['korənər] n islednik (isljednik) koji vrši pregled leša; a ~'s inquest pregled leša
corporal I ['korpərəl] n (mil.) desetar; ~ of the guard razvodnik straže
corporal II a telesni (tjelesni); ~ punishment telesna kazna
corporate ['korpərit] a korporativan, akcionarski corporation ['korpə'rejšən] n 1. korporacija 2. akcionarsko društvo
corps [kor] (corps [korz] n 1. kor; the diplomatic ~ diplomatski kor 2. (mil.) korpus 3. (mil.) služba; the medical ~ sanitetska služba
corpse ['korps] n leš
corpulence ['korpjələns] n korpulencija corpulent a korpulentan
corpus ['korpəs] (corpora ['korpərə]) n 1. korpus, leš, trup 2. (ling.) korpus
corpuscle ['korpəsəl] n 1. korpuskul 2. zrnce
corral I [kə'rael] n obor, tor corral II v tr uterati (utjerati) u obor
correct I [kə'rekt] a 1. ispravan, tačan (W: točan), pravilan; korektan; a ~ answer tačan odgovor 2. korektan, pristojan; uljudan, učtiv; ~ behavior pristojno ponašanje correct II v tr ispraviti; popraviti; korigovati; to ~ an error (homework) ispraviti grešku (zadatke) correction [kə'rekšən] n ispravka, popravka; korektura; the ~ of homework ispravka zadataka
corrective [kə'rektiv] a korektivan
correspond [korə'spand] v intr 1. odgovarati 2. predstavljati; the lines on the map ~ to roads linije na karti predstavljaju puteve 3. dopisivati se, prepisivati se, korespondirati; they ~ (with each other) oni se dopisuju correspondence n 1. odgovaranje 2. predstavljanje 3. dopisivanje; prepiska; korespondencija; business ~ poslovna korespondencija correspondence school dopisna škola correspondent n 1. dopisnik, korespondent 2. korespondent; referent corresponding a odgovarajući, korespondentan

corridor ['korədər] n koridor, hodnik; (fig.) kuloar; an air ~ vazdušni (W: zračni) koridor

corroborate [kə'rabərejt] v tr potkrepiti (potkrijepiti), potvrditi corroboration [kərabə'rejšən] n potkrepljenje, potvrda

corrode [kə'roud] v tr izjesti gristi, nagristi, najesti; rust ~s iɔn rđa grize (najeda) gvožđe corrosion [kə'roužəıı] n korozija corrosive [kə'rousiv] a korozivan

corrugated ['korəgejtid] a valovit, nabran; ~ iron valoviti čelik

corrupt I [kə'rəpt] a pokvaren, korumpiran corrupt II v tr pokvariti, korumpirati; podmititi, potkupiti corruptible a podmitljiv corruption [~pšən] n kvarenje, korumpiranje; podmićenje

corsage [kor'saž] n mali buket

corset ['korsit] n mider, korset, steznik

cortisone ['kortəsoun] n kortizon

corvette, corvet [kor'vet] n korveta

cosign ['kousajn] v tr potpisati (kao supotpisnik)

cosmetic I [kaz'metik] n kozmetičko (kozmetičko) sredstvo cosmetic II a kozmetički (kozmetički)

cosmic ['kazmik] a kozmički (kosmički)

cosmonaut ['kazmənot] n kozmonaut (kosmonaut)

cosmopolitan I [kazmə'palətən] n kozmopolita (kosmopolita) cosmopolitan II a kozmopolitski (kosmopolitski)

cosmos ['kazməs] n kozmos (kosmos)

cost I [kost] n trošak, cena (cijena); at any ~ bez obzira na cenu (cijenu); printing ~s troškovi oko štampanja; at ~ po fabričnoj ceni cost II cost [kost] v tr koštati, stajati; the lighter cost me five dollars upaljač me je koštao pet dolara; that cost him his life to ga je stalo života

Costa Rica ['kostə'rijke] Kostarika

costly [~lij] a skup

costume ['kastu:m] n nošnja, kostim; a peasant ~ narodna nošnja

cot [kat] n poljski krevet

cottage ['katidž] n kućica

cotton I [katn] n 1. pamuk 2. (Br.) (pamučni) konac cotton II a pamučan; ~ fabric pamučna tkanina

cotton III v intr (colloq.) (to ~ up to) ulagivati se; to ~ up to smb. ulagivati se nekome

couch [kauč] n kauč

cougar ['ku:gər] n kuguar (see mountain lion)

cough I [kof] n kašalj cough II v intr kašljati

cough up v 1. iskašljati; to cough up blood iskašljati krv 2. (colloq.) platiti; he had to cough up five dollars morao je da plati pet dolara

council ['kaunsəl] n savet (savjet), veće (vijeće); a workers' ~ radnički savet; a city ~ gradsko veće councilman [~mən] (-men [min]) n član gradskog veća (vijeća), većnik (vijećnik) councilor, councillor n član veća (vijeća), većnik (vijećnik)

counsel I ['kaunsəl] n 1. savet (savjet); to give (seek, take) ~ dati (tražiti, primiti) savet 2. namera (namjera), plan; to keep one's own ~ ćutati (W: šutjeti) o svojim namerama 3. advokat counsel II v 1. tr savetovati (savjetovati); to ~ smb. savetovati nekoga (nekome) 2. tr. preporučiti; savetovati; to ~ delay savetovati odlaganje 3. intr savetovati counselor, counsellor n savetnik (savjetnik)

count I [kaunt] n 1. brojanje; to take (make) a ~ izbrojati 2. račun; by my ~ po mom računu 3. (boxing) brojanje; he went down for the ~ bio je pobeđen (pobijeđen) nokautom 4. tačka (točka) optužbe count II v 1. tr izbrojati 2. tr računati, uračunati; ~ this money too uračunaj i ovaj novac 3. intr brojati, računati 4. intr vredeti (vrijedjeti), biti od važnosti; that doesn't ~ to nije od važnosti, to se ne uračunava 5. intr računati se

count III n grof

count down v odbrojavati (do nule) countdown [~daun] n odbrojavanje (do nule)

countenance I [~ənəns] n lik, lice; a shining ~ svetao (svijetao) lik countenance II v tr tolerisati

counter I ['kauntər] n brojač

counter II a suprotan counter III adv suprotno; to run ~ to smt. protivrečiti (protivurječiti) nečemu

counter IV prefix protiv (protu)

counter V n tezga; behind the ~ iza tezge; (fig.) under the ~ pod tezgom

counteract [~'aekt] v tr dejstvovati (djejstvovati) suprotno

counterattack I [~ətaek] n protivnapad (protunapadaj) counterattack II v 1. tr

izvršiti protivnapad — protunapadaj
(na) 2. *intr* izvršiti protivnapad
countercharge [~čarɑž] protivtužba (pro-
tuoptužba)
counterclockwise [~'klakwajz] *adv* su-
protno od kretanja kazaljke na satu
counterfeit I [~fit] *n* lažan novac, lažna
(falsifikovana) novčanica; falsifikat
counterfeit II *a* lažan, falsifikovan; ~
money lažan novac **counterfeit** III *v tr*
falsifikovati; *to* ~ *bank notes* falsifiko-
vati novčanice **counterfeiter** *n* falsifi-
kator
counterintelligence [~rin'telədžəns] *n*
kontraobaveštajna (kontraobavještajna)
služba
counterpart [~part] *n* duplikat; odgova-
rajući predmet
counterreformation [~refər'mejšən] *n*
protivreformacija (protureformacija)
conterrevolution [~revə'lu:šən] *n* protiv-
revolucija (proturevolucija), kontrare-
volucija **counterrevolutionary** I *n* kon-
trarevolucionar **counterrevolutionary** II
a kontrarevolucionaran
counterspy [~spaj] *n* agent kontraobave-
štajne (kontraobavještajne) službe
countess ['kauntis] *n* grofica
countless [~lis] *a* bezbrojan
count on *v* računati; *to count on smb.*
računati na nekoga
count out *v* (boxing) proglasiti pobeđenim
(pobijeđenim) nokautom
country ['kəntrij] *n* 1. zemlja; nacija; *a*
foreign ~ tuđa zemlja 2. domovina,
zemlja, zavičaj, otadžbina; *the old* ~
stari kraj 3. provincija, selo; *in the* ~ na
selu; *to go to the* ~ ići na selo
country club privatni klub (van grada) sa
sportskim igralištima
country music narodna muzika
county ['kauntij] *n* okrug, grofovija, gro-
fovstvo
coup [ku:] *n* 1. genijalan potez 2. see **coup**
d'état
coup de grâce [~ də gras] (French) posled-
nji (posljednji) udar; *to deliver the* ~
dotući, dokusuriti
coup d'état [~ dej'ta] (French) državni
udar
couple ['kəpəl] *n* 1. par; *a married* ~
bračni par 2. dva; nekoliko; *give me a* ~
of dollars daj mi dva (nekoliko) dolara
coupon ['kju:pan] *n* kupon, bon

courage ['kəridž] *n* hrabrost, odvažnost
courageous [kə'rejdžəs] *n* hrabar, od-
važan
courier ['kərijər] *n* kurir
course [kors] *n* 1. tok; *the* ~ *of a disease*
tok bolesti 2. pravac, kurs; *to change* ~
promeniti (promijeniti) pravac 3.
(sports) staza 4. kurs, tečaj; *to register*
for a ~ upisati se na kurs 5. jelo; *a*
five-course meal ručak od pet jela
court I (kort) *n* 1. dvor; *life at* ~ život na
dvoru 2. (sports) igralište; dvorana; *a*
basketball ~ košarkaško igralište 3.
sud; *an appellate (criminal)* ~ apelacio-
ni (krivični) sud 4. udvaranje; *to pay* ~
to smb. udvarati se nekome **court** II *a* 1.
sudski; parnički; ~ *costs* parnički tro-
škovi 2. dvorski; *a* ~ *jester* dvorska
budala **court** III *v tr* 1. udvarati se; *to* ~
a girl udvarati se devojci (djevojci) 2.
izložiti se; *to* ~ *disaster* izložiti se
opasnosti
courteous ['kərtijəs] *a* učtiv, uljudan **cour-**
tesy ['kərtəsij] *n* učtivost, uljudnost; *out*
of ~ iz učtivosti
courthouse ['kort·haus] *n* sudnica, sudska
zgrada
courtly [~lij] *a* dvorski
court-martial I (courts-martial) *n* vojni
sud **court-martial** II *v tr* suditi vojnim
sudom
courtroom [~ru:m] *n* sudnica
courtship *n* udvaranje
courtyard [~jard] *n* dvorište
cousin ['kəzin] *n* 1. brat, sestra od strica
(tetke, ujaka); bratučed, bratučeda 2.
rođak, rođaka; *a second* ~ drugobra-
tučed
cove [kouv] *n* 1. mali zaliv 2. pećina, špilja
covenant ['kəvənənt] *n* 1. svečan ugovor,
sporazum 2. (rel.) savez
cover I ['kəvər] *n* 1. pokrivač; navlaka;
presvlaka; futrola; *a furniture* ~ pokri-
vač za nameštaj (namještaj) 2. poklopac,
zaklopac 3. plašt, maska, vid, zaklon;
under ~ *of night* pod plaštom noći 4.
(usu. mil.) zaklon (od vatre), zaštita; *to*
flush from ~ isterati (istjerati) iz zaklo-
na 5. omot, koverat (W: kuverta); *under*
separate ~ u drugom kovertu 6. (of a
book) korice; *from* ~ *to* ~ od korica do
korica **cover** II *v tr* 1. pokriti; *to* ~ *one's*
head pokriti glavu 2. preći, prevaliti; *to*
~ *100 miles* preći 100 milja 3. (comm.)
pokriti; *to* ~ *expenses* pokriti troškove

4. obuhvatiti; *the book ~s the subject adequately* knjiga dovoljno obuhvata predmet 5. štititi vatrom 6. zakloniti; *a cloud ~ed the sun* oblak je zaklonio sunce 7. reportirati (o), prikazati; *to ~ a meet* napisati reportažu o takmičenju 8. ovenčáti (ovjenčati); *to ~ with glory* ovenčati slavom 9. (sports) čuvati 10. preći, proučiti; *to ~ material* preći materijal 11. prevući; *to ~ a chair with leather* prevući stolicu kožom **coverage** *n* 1. reportaža; *~ of a meet* reportaža o takmičenju 2. (insurance) osigurana svota; visina odštete

coveralls [~rolz] *n pl* kombinezon, radno odelo (odijelo) u jednom komadu

cover charge uplata za poslugu (u restoranu)

covered wagon (hist.) pokrivena kola (američkih pionira)

covert ['kouvərt) *a* prikriven; *a ~ threat* prikrivena pretnja (prijetnja)

cover up *v* 1. potpuno pokriti; *the snow covered up the grass* sneg (snijeg) je pokrio travu 2. prikriti; zataškati; *to cover up an incident* zataškati incident **cover-up** *n* prikrivanje, zataškivanje

covet [kəvət] *v tr* žudeti (žudjeti) za

cow I [kau] *n* 1. krava 2. ženka (kita, slona, itd.)

cow II *v tr* (colloq.) zaplašiti

coward [~ərd] *n* kukavica **cowardice** *n* kukavičluk

cowboy [~boj] *n* kauboj

cower *v intr* šćućuriti se

cowhide [~hajd] *n* kravlja koža

cowl [kaul] *n* 1. (kaluđerska) kapuljača, kukuljača 2. obloga

coworker ['kouwərkər] *n* saradnik (suradnik), kolega

cowpox [~paks] *n* kravlje boginje, goveđe boginje

coy [koj] *a* 1. stidljiv 2. afektiran, izveštačen (izvještačen) 3. povučen, rezervisan

coyote [kaj'outij] *n* (zool.) kojot

coziness ['kouzijnis] *n* prijatnost, ugodnost

cozy ['kouzij] *a* prijatan, ugodan, udoban; *a ~ nook* prijatan kutić

cozy up *v* umiljavati se; *to cozy up to smb.* umiljavati se nekome

crab I [kraeb] *n* 1. (morski) rak 2. (rowing) *to catch a ~* rđavo zaveslati, zapeti veslom o vodu

crab II *n* čangrizavac **crab** II *v intr* čangrizati

crab apple divlja jabuka

crabgrass [~graes] *n* korov

crack I [kraek] *n* 1. prasak, pucanj; *a ~ of thunder* prasak groma; *the ~ of a rifle* pucanj puške 2. pukotina, naprslina, prskotina 3. (oštar) udarac; *the ~ of a whip* udarac bičem 4. trenutak; *at the ~ of dawn* u cik zore 5. oštra primedba (primjedba); *he made a ~ about it* napravio je oštru primedbu o tome 6. proba, pokušaj; šansa; *we gave him a ~ at it* dali smo mu šansu 7. misc.; *the window was open a ~* prozor je bio odškrinut **crack** II *a* (colloq.) elitan, odličan; *a ~ outfit* elitna jedinica **crack** III *v* 1. *tr* načiniti pukotinu (na); slomiti 2. *tr* razbiti; *to ~ an egg* razbiti jaje 3. *tr* pući; pucketati; *to ~ a whip* pući (pucketati) bičem 4. *tr* krckati; *to ~ nuts* krckati orahe 5. *tr* dešifrovati; rešiti (riješiti), odgonetnuti; *to ~ a code* dešifrovati kod 6. *intr* prsnuti; *the mirror ~ed* ogledalo je prslo 7. *intr.* pući; raspući se; *the leather is ~ing* koža puca 8. misc.; *to ~ a book* otvoriti knjigu; *to ~ a joke* izvaliti vic; *to ~ a smile* osmehnuti (osmjehnuti) se

crack down *v* postati stroži; *to crack down on smt.* postati stroži u pogledu nečega **crackdown** [~daun] *n* stože kažnjavanje

cracker *n* tanak dvopek

crackle *v intr* 1. prštati, puckarati; *the fire is ~ing* vatra pršti 2. krckati

crackpot I [~pat] *n* ludak **crackpot** II *a* ludački

crack up *v* (colloq.) 1. srušiti se; *the plane cracked up* avion se srušio 2. doživeti (doživjeti) živčani slom 3. (slang) nasmejati (nasmijati) se; *he just cracked up* nasmejao se grohotom **crackup** *n* živčani slom

cradle I ['krejdəl] *n* kolevka (kolijevka), ljuljka **cradle** II *v tr* ljuljati, uljuljati

craft [kraeft] *n* zanat

craftsman [~smən] (-men[min]) *n* zanatlija, majstor (W also: obrtnik) **craftsmanship** *n* umešnost (umješnost); umetnički (umjetnički) rad

crafty [ij] *a* prepreden, lukav

crag [kraeg] *n* stena (stijena), litica, greben, vrlet **craggy** *a* stenovit (stjenovit), krševit

cram [kraem] *v* 1. *tr* nabiti, natrpati, strpati; *to ~ things into a closet* natrpa-

ti orman stvarima 2. *tr* nabubati; *to* ~
math nabubati matematiku 3. *intr* bu-
bati, gruvati (gruhati); *to* ~ *for an exam*
gruvati za ispit
cramp I [kraemp] *n* 1. grč; *he got a* ~
uhvatio ga je grč 2. (in *pl*) stomačni
bolovi (W: stomačne boli)
cramp II *v tr* ograničiti, sputati, skučiti;
*to ~ *one's style* sputati nekome ruke
cramped *a* skučen, tesan (tijesan)
cranberry ['kraenberij] *n* brusnica
crane I [krejn] *n* 1. (zool.) ždral 2. (tech.)
dizalica, kran **crane** II *v* 1. *tr* ispružiti;
to ~ *one's neck* ispružiti vrat 2. *intr*
ispružiti vrat
cranium ['krejnijəm] *n* lobanja
crank I [kraengk] *n* 1. kurbl, ručica,
okretaljka (za paljenje motora) 2. (col-
loq.) osobenjak, ćaknuta osoba, čudak
crank II *v tr* staviti u pogon, kurblovati;
to ~ *an engine* staviti motor u pogon
cranky *a* mrzovoljan, čandrljiv
cranny ['kraenij] *n* pukotina (u zidu, ste-
ni — stijeni)
crash I [kraeš] *n* 1. tresak 2. sudar; *there*
was a ~ došlo je do sudara 3. krah,
slom **crash** II *a* 1. hitan, ubrzan; *a* ~
program ubrzan (hitan) program 2. ha-
varijski; *a* ~ *landing* havarijsko sletanje
(slijetanje) **crash** III *v* 1. *tr* razbiti,
smrviti 2. *tr* upasti; *to* ~ *a line* upasti u
red (onih koji čekaju) 3. *intr* srušiti se;
the airplane ~ed avion se srušio 4.
sudariti se; *he* ~ed *into a truck* sudario
se s kamionom
crass [kraes] *a* glup; grub, tup; ~ *ignoran-*
ce krajnje neznanje
crate I [krejt] *n* 1. sanduk; koleto 2.
(colloq.) stari automobil, avion **crate** II *v*
tr pakovati (u koleto)
crater *n* 1. krater 2. levak — lijevak (od
granate, bombe)
crave [krejv] *v tr* žudeti (žudjeti)
craven *a* kukavički, plašljiv
craw [kro] *n* 1. voljka, guša; **to stick in*
one's ~ biti neprihvatljiv, uvredljiv 2.
životinjski želudac
crawl I *n* 1. gmizanje, puzanje 2. kraul; *to*
swim the ~ plivati kraulom (kraul)
crawl II *v intr* 1. gmizati, mileti (milje-
ti), puzati, puziti; *time* ~s vreme (vrije-
me) mili 2. vrveti (vrvjeti); *there were*
ants ~ing *all over* svuda je vrvelo od
mrava 3. ježiti se, osećati (osjećati)
žmarce; *my flesh is* ~ing koža mi se ježi

crayon ['krejan] *n* krejon, krajon
craze [krejz] *n* 1. moda (za kojom svi
luduju); *it's the latest* ~ to je poslednja
(posljednja) moda 2. pomama; bes (bi-
jes); *a* ~ *for smt.* bes za nečim **crazed** *a*
besomučan
crazy *a* 1. lud; ćaknut 2. zaljubljen, lud;
about smt zaljubljen u nešto
creak I [krijk] *n* škripa, škripanje **creak** II
v intr 1. škripnuti; *the door* ~ed vrata
su škripnula 2. krckati; *the floor* ~s
under our feet parket krcka pod noga-
ma **creaky** *a* škripav
cream [krijm] *n* 1. pavlaka, mileram,
vrhnje; *sour* ~ kisela pavlaka 2. krema,
krem; *old* ~ krem za lice 3. cvet (cvijet),
kajmak; **the of the crop* najbolji cvet
creamy *a* pavlakovit
crease I [krijs] *n* nabor; brazda **crease** II *v*
1. *tr* nabrati 2. *tr* izgužvati 3. *intr*
gužvati se; *this material does not* ~
ovaj se štof ne gužva
create [krij'ejt] *v tr* stvoriti **creation**
[~šən] *n* tvorevina **creative** [~iv] *a*
stvaralački **creator** [krij'ejtər] *n* stvara-
lac **creature** ['krijčər] *n* stvor
credence ['krijdəns] vera (vjera); *to give* ~
to smt. pokloniti veru nečemu
credential [krɪ'denšəl] *n* akreditiv, akredi-
tivno pismo
credibility [kredə'bilətij] *n* verodostojnost
(vjerodostojnost) **credible** ['kredəbəl] *a*
verodostojan (vjerodostojan)
credit I ['kredit] *n* 1. čast; *he is a* ~ *to*
his family on služi na čast svojim rodi-
teljima 2. kredit; veresija; *to buy smt.*
on ~ kupiti nešto na kredit 3. zasluga;
to give smb. ~ *for smt.* upisati neko-
me nešto u zaslugu 4. napomena kojom
se označuje odakle je neki citat, fusno-
ta 5. (in *pl*, at the beginning of a film)
~s *and cast* (uvodna) špica 6. (a.) po-
tvrda o položenom ispitu; overeno
(ovjereno) pohađanje kursa; (b.) ,,po-
en", nastavna jedinica (na nekim ame-
ričkim univerzitetima kursevi nose
vrednost — vrijednost od 1 ili više
,,credits"); *he got* ~ *for the course* ove-
ren (ovjeren) mu je položeni ispit; *he*
needs 20 ~s *to graduate* ostalo mu
je još 20 ,,poena" do diplomiranja **cre-
dit** II *v tr* pripisati; *to* ~ *smb. vith smt.*
pripisati nekome nešto, upisati nekome
nešto u zaslugu **credit card** kreditna
karta **credit manager** kreditni referent

creditor n poverilac (povjerilac), kreditor
credo ['krijdou] (-s) n kredo
credulous ['kredžuləs] a lakoveran (lakovjeran)
creed [krijd] n vera (vjera), veroispovest (vjeroispovijest)
creek [krijk] potok; pritoka
creep I [krijp] n 1. puženje 2. (in pl) žmarci; he gives me the ~s ježi mi se koža kad ga vidim 3. (colloq.) odvratna osoba creep II crept [krept] v intr 1. puziti 2. ježiti se; it makes one's flesh ~ da se čoveku (čovjeku) koža naježi creepy a (colloq.) jeziv, grozan
cremate ['krijmejt] or [kri'mejt] v tr kremirati, spaliti (mrtvaca) cremation [kri-'mejšən] n kremacija, spaljivanje (mrtvaca) crematory ['krijmətorij], n krematorij, krematorijum
Creole I ['krijoul] n kreol Creole II a kreolski
crescendo [krə'šendou] kreščendo, krešendo
crescent ['kresənt] n mesečev (mjesečev) srp
crest I [krest] n 1. kresta; ćuba 2. greben, vrh; the of a mountain vrh planine 3. grb; perjanica, ukras (na šlemu); a family ~ porodični grb 4. breg (brijeg); the wave breg talasa crest II v intr 1. dizati se (o talasima) 2. dostići najviši vodostaj (o reci — rijeci)
crestfallen [~folən] a potišten, pokunjen
Cretan I ['krijtən] n Krićanin (W: Krećanin) Cretan II a kritski (W: kretski) Crete [krijt] n Krit (W: Kreta)
crevice ['krevis] n pukotina, napuklina
crew [kru:] n 1. posada, komanda; the ~ of a ship posada broda 2. (sports) veslanje, veslački sport 3. (sports) veslačka momčad
crew cut (muška) kratka frizura crew-cut a s kratkom frizurom
crib I [krib] v intr dečiji (dječiji) krevetac (sa šipkama) 2. kućica za uskladištavanje kukuruza
crib II intr v (colloq.) prepisivati (zadatak); upotrebljavati tuđ prevod (prijevod)
crick [krik] n ukočenost; a ~ in the neck ukočen vrat
cricket I ['krikit] n popac, cvrčak, zrikavac cricket II n (sports) kriket; *that's not ~ to nije pošteno (sportski)

crier ['krajər] n vikač; telal; a town ~ gradski telal
crime [krajm] 1. zločin; krivično delo (djelo); to commit a ~ izvršiti krivično delo 2. kriminal; kriminalitet; the prevention of ~ (or: ~ prevention) sprečavanje kriminaliteta
Crimea [kraj'mijə] n Krim; in the ~ na Krimu Crimean a krimski
criminal I ['krimənəl] n zločinac, kriminalac criminal II a zločinački, krivični, kriminalni; to bring ~ charges against smb. podneti (podnijeti) krivičnu prijavu protiv nekoga criminologist [krimə-'nalədžist] n kriminalista criminology [~džij] n kriminologija, kriminalistika
crimp I [krimp] n nabiranje; nabor crimp II v tr 1. nabrati 2. saviti
crimson I ['krimzən] n karmin, zatvorenocrvena boja crimson II a zatvorenocrven
cringe [krindž] v intr 1. zgrčiti se 2. (fig.) puziti, savijati kičmu
crinkle I ['kringkəl] n nabor, bora crinkle II v 1. tr naborati 2. intr borati se
cripple I ['kripəl] n bogalj, sakat čovek (čovjek) cripple II v tr 1. osakatiti, obogaljiti 2. (fig.) onesposobiti, paralizovati
crisis ['krajsis] (-ses/sijz]) n kriza
crisp [krisp] a 1. hrskav; krt 2. svež (svjež) i čvrst 3. svež; ~ air svež vazduh (W: zrak)
crispy a see crisp 1, 2
crisscross I ['kriskros] a unakrstan crisscross II adv 1. unakrsno; unakrst 2. uzduž i popreko (poprijeko) crisscross III v tr unakrsno menjati (mijenjati); to ~ tires unakrsno menjati gume
criterion [kraj'tijrijən] (-s and -ia [ijə]) n kriterij, kriterijum
critic ['kritik] n kritičar, kritik critical a 1. kritički; a ~ analysis kritička analiza 2. kritičan; a ~ moment kritičan momenat criticism ['kritəsizəm] n kritika; negative ~ negativna kritika critique (kri'tijk) n kritika; kritikovanje
critter ['kritər] n (colloq.) domaća životinja
croak I [krouk] n 1. kreketanje 2. graktanje croak II v intr 1. kreketati; frogs ~ žabe krekeću 2. (of birds) graktati 3. (colloq.) crći, crknuti

Croat ['krouaet] n Hrvat Croatia [krou'ejšə] n Hrvatska Croatian I n 1. Hrvat 2.

see **Serbo-Croatian** I **Croatian** II *a* hrvatski

crochet [krou'šej] *v* 1. *tr* isheklati 2. *intr* heklati

crock [krak] *n* zemljani lonac **crockery** [~ərij] *n* zemljano posuđe, zemljanica

crocodile ['krakədajl] *n* krokodil **crocodile tears** *pl* krokodilske suze

crocus ['kroukəs] (*-es or -ci* [saj]) *n* (bot.) šafran

crony ['krounij] *n* (colloq.) drug, prisni prijatelj

crook [kruk] *n* 1. kuka; **by hook or by ~* silom ili milom 2. (colloq.) lopov, varalica

crooked I *a* 1. kriv; vijugast; *a ~ line* kriva linija 2. nepošten, varalički **crooked** II *adv* krivo; *the picture is hanging ~* slika visi krivo

croon [kru:n] *v tr and intr* tiho pevati (pjevati); pevušiti (pjevušiti)

crop I [krap] *n* 1. (often in *pl*) usev (usijev); *rain is good for the ~s* kiša je dobra za usev 2. žetva, rod; *a good (record) ~* obilna (rekordna) žetva 3. grupa, zbirka 4. drška biča; kratak bič 5. voljka, guša

crop II *v tr* 1. podseći (podsjeći), podrezati 2. ošišati

crop up *v* pojaviti se, iskrsnuti

croquet [krou'kej] *n* kroket (igra)

croquette [krou'ket] *n* (cul.) kroket, valjušak, ćufte

cross I [kros] *n* krst (W: križ); *the Red Cross* Crveni krst

cross II *a* mrzovoljan, naprasit

cross III *v* 1. *tr* preći; *to ~ a river* preći reku (rijeku) 2. *tr* prekrstiti, prebaciti; *to ~ one's arms* prekrstiti ruke 3. *tı* ukrstiti; *this road ~es the main highway* ovaj put se ukršta sa glavnim drumom 4. *intr* ukrstiti se; *these lines ~ (each other)* ove se linije ukrštaju 5. *intr* mimoići se; *the letters ~ed (in the mail)* pisma su se mimoišla 6. misc.; *to ~ smb.'s mind* pasti nekome na um; *to ~ wires* spojiti žice

crossbones [~bounz] *n pl* ukrštene bedrene kosti (ispod mrtvačke glave)

cross-country *n* kros, kros-takmičenje; *to run ~* trčati kros **cross-country race** kros

cross-examination *n* unakrsno ispitivanje **cross-examine** *v* 1. *tr* podvrgnuti (neko-

ga) unakrsnom ispitivanju 2. *intr* vršiti unakrsno ispitivanje

cross-eyed *a* razrok, zrikav

crossfire [~fajr] *n* unakrsna vatra

crossing *n* prelaz; *a border ~* granični prelaz

cross out *v* precrtati; *to cross out a word* precrtati reč (riječ)

cross-reference *n* upućivanje

crossroad [~roud] 1. poprečni put 2. (in *pl*) raskrsnica (W also: raskrižje); *at the ~s* na raskrsnici

cross section poprečni presek (presjek)

crosswalk [~wok] *n* pešački (pješački) prelaz

crossword puzzle [~wərd] ukrštene reči—riječi (W: križaljka)

crotch [krač] *n* (anat.) prepone

crotchety [~itij] *a* tvrdoglavi; nastran

crouch I [krauč] *n* čučanje **crouch** II *v intr* čučnuti

croup [kru:p] *n* (med.) gušobolja

crow I [krou] *n* (bird) vrana; **as the ~ flies* u pravoj liniji

crow II *v intr* 1. kukureknuti (kukurijeknuti) 2. (fig.) likovati; hvalisati se; *to ~ over smt.* likovati nad nečim

crowbar [~bar] *n* ćuskija, poluga

crowd I [kraud] *n* gomila; masa; gužva, tiska; *a large ~ gathered* skupilo se mnogo sveta (svijeta), **three is a ~* treća osoba je izlišna **crowd** II *v* 1. *tr* pritisnuti; prepuniti; pretrpati; *the mob ~ed the square* narod je pritisnuo trg 2. *tr* stisnuti, sabiti; *they ~ed everyone into one room* stisnuli su sve u jednu sobu 3. *intr* sabiti se, ugurati se; *they all ~ed into that small car* svi su se sabili u taj mali auto **crowded** *a* 1. prepun; *~ with spectators* prepun gledalaca 2. stešnjen (stiješnjen) **crowd in** ugurati se **crowd out** *v* izgurati, isterati (istjerati)

crown I [kraun] *n* 1. kruna; venac (vijenac) 2. kraljevska vlast; *to succeed to the ~* doći na presto (prijestol) 3. (dentistry) krunica, kruna (zuba) **crown** II *v tr* 1. krunisati (W: kruniti); ovenčati (ovjenčati); *they ~ed him king* krunisali su ga za kralja 2. (colloq.) udariti (po glavi)

crucial ['kru:šəl] *a* prelomni, presudan, kritičan; *a ~ moment* prelomni (presudan) trenutak

crucible ['kru:səbəl] *n* teška proba

crucifix ['kru:səfiks] n raspeće (W: raspelo) crucifixion [kru:sə'fikšən] n raspinjanje, prikivanje na krst (W: križ) crucify ['kru:səfaj] v tr raspeti na krst
crude [kru:d] a 1. grub, prost; a ~ distortion grubo izvrtanje 2. sirov, nepreraden; ~ iron sirovo gvožđe 3. (fig.) sirov; ~ methods sirovi metodi
cruel ['kru:əl] a okrutan, nemilosrdan, svirep; ~ fate svirepa sudbina cruelty [~tij] n okrutnost, nemilosrdnost, svirepost
cruet ['kruət] n bočica (za ulje, sirće, itd.)
cruise I [kru:z] n krstarenje, kružno putovanje cruise II v 1. tr prokrstariti, krstariti; to ~ the Mediterranean krstariti Sredozemnim morem 2. intr krstariti (W also: križariti)
cruiser n krstarica; a heavy (light) ~ teška (laka) krstarica
cruller ['krələr] n krofna
crumb [krəm] n 1. mrva, mrvica 2. (colloq.) nevaljalac, nitkov
crumble [~bəl] v intr 1. mrviti se, trošiti se, drobiti se; the plaster is ~ing troši se malter 2. raspasti se; the defenses are ~ing odbrana (W: obrana) se raspada
crumby, crummy ['krəmij] a (colloq.) jadan, bedan (bijedan)
crumpet ['krəmpit] n (usu. Br.) čajni kolač
crumple [~pəl] v 1. tr izgužvati 2. intr gužvati se
crunch I [krənč] n krckanje, škripanje crunch II v intr krckati, hrskati, škripati crunchy [~ij] a hrskav
crusade I [kru:'sejd] n krstaški rat (W also: križarska vojna) crusade II v intr (fig.) voditi krstaški rat; to ~ for smt. zalagati se za nešto crusader n krstaš (W: križar)
crush I [krəš] n 1. gužva, tiska 2. gnječenje 3. (colloq.) to have a ~ on smb. biti zaljubljen u nekoga 4. sok; raspberry ~ sok od maline crush II v tr 1. zgnječiti; zdrobiti; to ~ rock zdrobiti kamen 2. smrskati, slomiti, skrhati, ugušiti; to ~ resistance slomiti otpor crushing a porazan, težak; veliki; a ~ defeat težak poraz
crust [krəst] n 1. kora, korica 2. komad (kore); a ~ of bread komad hleba—hljeba (W: kruha) 3. (geol.) kora; the earth's ~ Zemljina kora 4. (colloq.) drskost, bezobrazluk
crusty a opor, srdit

crutch [krəč] n 1. štaka; to walk on ~es ići na štakama 2. (fig.) oslonac, podupirač
crux [krəks] n srž; the ~ of a problem srž problema
cry I [kraj] n 1. uzvik; krik, povika; poklič 2. plač, plakanje; to have a good ~ isplakati se cry II v intr 1. plakati; to ~ for joy plakati od radosti 2. intr dozvati; to ~ for help dozvati u pomoć 3. misc.; she cried herself to sleep plakala je dok nije zaspala; *to ~ wolf dati lažnu uzbunu crybaby [~bejbij] n plačljivac
crying a 1. vapijući; *a voice ~ in the wilderness glas vapijućeg u pustinji 2. preki (prijeki); veliki; a ~ need preka potreba
cry out v jauknuti, uzviknuti; to cry out in pain jauknuti od bola
crypt [kript] n kripta; grobnica
cryptic a tajan
cryptographer [krip'tagrəfər] n šifrer cryptography [~fij] n kriptografija
crystal I ['kristəl] n kristal crystal II a kristalan; a ~ vase kristalna vaza crystal ball kristalna kugla (za proricanje)
crystallize v 1. tr kristalisati 2. intr kristalisati se
cub [kəb] n 1. (zool.) mladunče (lava, lisice, tigra, itd.), kuče 2. novajlija
Cuba ['kju:bə] n Kuba Cuban n Kubanac Cuban II a kubanski
cubbyhole ['kəbijhoul] n 1. mala tesna (tijesna) sobica 2. mali odeljak (odeljak); pretinac
cube [kju:b] n 1. kub, kubus; the ~ of 4 4 na kub 2. kocka cube II v tr 1. dići na kub, kubirati 2. seći (sjeći) na kubove
cubic ['kju:bik] a kubni; a ~ meter kubni metar
cubicle ['kju:bikəl] n 1. pregrada za jednog spavača 2. odeljenje (odjeljenje)
cubism ['kju:bizəm] n kubizam
Cub Scout mlad skaut (izviđač)
cuckold I ['kəkəld] n rogonja, prevareni muž cuckold II v tr izneveriti (iznevjeriti) muža; mužu nataći rogove
cuckoo I ['ku:ku:] n 1. (bird) kukavica 2. kukanje (zov kukavice) 3. (colloq.) budala cuckoo II v intr kukati cuckoo III a (colloq.) budalast cuckoo clock časovnik koji odbija satove zovom kukavice
cucumber ['kju:kəmbər] n krastavac; *as cool as a ~ neuzbudljiv

cud [kəd] n preživak; *cows chew their ~* krave preživaju

cuddle ['kədəl] v 1. *tr* milovati, grliti, maziti 2. *intr* (usu.: *to ~ up)* priljubiti se; *to ~ up to each other* priljubiti se jedno uz drugo

cuddly ['kədlij] a ljubak

cudgel I ['kədžəl] n budža, batina cudgel II v *tr* izbatinati

cue I [kju:] n (billiards) tak, bilijarski štap

cue II n 1. (theater) podsetnica (podsjetnica), šlagvort 2. znak, mig

cuff I [kəf] n ćuška, šamar, pljuska cuff II v *tr* ćušnuti, ošamariti

cuff III n 1. manžetna 2. misc.; *off the ~* improvizovano, spontano; *on the ~* na kredit cuff link dugme za manžetu

cuisine [kwi'zijn] n kuhinja; hrana; *French ~* francuska kuhinja

culinary ['kju:lənerij] a kulinarski

cull [kəl] v *tr* odabrati

culminate ['kəlmənejt] v *intr* kulminovati, doći do vrhunca culmination [kəlmə-'nejšən] n kulminacija

culpable ['kəlpəbəl] a 1. kriv 2. osudljiv, kažnjiv

culprit ['kəlprit] n 1. vinovnik 2. zločinac; krivac

cult [kəlt] n kult

cultivate ['kəltəvejt] v *tr* 1. kultivirati, obrađivati; *to ~ the soil* obrađivati zemlju 2. gajiti; *to ~ smb.'s friendship* gajiti nečije prijateljstvo cultivation [kəltə'vejšən] n 1. kultiviranje, obrađivanje 2. gajenje

cultural ['kəlčərəl] a kulturni; *~ development* kulturni razvitak culture ['kəlčər] n 1. kultura 2. (biol.) kultura, skup mikroorganizama cultured a kulturan; *a ~ person* kulturan čovek (čovjek)

cumbersome ['kəmbərsəm] a nezgrapan, glomazan

cumulative ['kju:mjələtiv] a akumulativan, akumulacioni

cunning I ['kəning] n 1. lukavost, prepredenost 2. veština (vještina) cunning II a 1. lukav, prepreden 2. vešt (vješt)

cup I [kəp] n 1. šolja (W: šalica); *a ~ of tea* šolja čaja 2. (sports) pehar cup II v *tr* dati oblik šolje (W: šalice); *to ~ one's hands* staviti ruke u položaj za pregršt

cupboard ['kəbərd] n orman, kredenac, plakar

cupcake ['kəpkejk] n kolač pečen u modli

cupful ['kəpful] n količina koja stane u jednu šolju (W: šalicu)

cur [kər] n pas (melezne vrste)

curable ['kju:rəbəl] a izlečiv (izlječiv)

curator [kju:'rejtər] n kurator, upravnik (muzeja)

curb I [kərb] n 1. ivičnjak (trotoara) (Br. is kerb) 2. uzda; (fig.) obuzdavanje curb II v *tr* obuzdati curbstone [~stoun] n kamen ivičnjaka

curdle ['kərdəl] v 1. *tr* zgrušati, usiriti 2. *intr* zgrušati se, usiriti se

curds [kərdz] n *pl* gruševina

cure I [kju:r] 1. lek (lijek); *a certain ~ for smt.* siguran lek za nešto 2. lečenje (liječenje), kura; *to take a ~* podvrći se kuri cure II v *tr* 1. izlečiti (izlječiti); *to ~ a patient (a disease)* izlečiti bolesnika (bolest). 2. konzervirati (meso, ribu)

cure-all n panaceja

curfew ['kərfju:] n policijski čas; *to impose a ~* zavesti policijski čas

curiosity [kjurij'asətij] n 1. radoznalost; znatiželja; ljubopitljivost; *out of ~* iz radoznalosti 2. retka (rijetka) stvar, raritet curious a ['kju:rijəs] a 1. radoznao, znatiželjan, ljubopitljiv 2. redak (rijedak), čudan

curl I [kərl] n 1. kovrča, kovrdža; uvojak 2. spirala, vijuga curl II v 1. *tr* uviti, ukovrčiti; *to ~ hair* uviti (ukovrčiti) kosu 2. *intr* and *refl* (also: *to ~ up)* sklupčati se, saviti se; *the snake ~ed (itself) up* zmija se savila u klupko

curler n vikler, papilota

curly a kovrčast

curmudgeon [kər'mədžən] n mrzovoljac

currant ['kərənt] n (bot.) ribizla

currency ['kərənsij] n valuta; *a stable ~* čvrsta valuta

current I ['kərənt] n 1. struja; *against the ~* protiv struje 2. (elec.) struja;

current II a 1. sadašnji, današnji, tekući; *~ fashions* današnja moda 2. aktualan; aktuelan; *~ problems* aktualni problemi

curriculum [kə'rikjələm] (*-s* or *-la* [lə]) n nastavni plan

curry I ['kərij] n (cul.) kari; *chicken ~* pileći kari

curry II v *tr* 1. češagijati 2. štaviti 3. misc.; *to ~ favor with smb.* ulagivati se nekome

curse I [kərs] n 1. kletva; prokletstvo; *to put a ~ on smb.* baciti kletvu na nekoga

2. psovka **curse** II -d or *curst* [kərst] v 1.
tr prokleti, ukleti; *to* ~ *smb.* prokleti
nekoga 2. *tr* and *intr* opsovati; *to* ~ *(at)*
smb. opsovati nekoga

cursory ['kərsərij] *a* brz; površan

curt [kərt] *a* osoran, odsečan (odsječan),
kratak; *a* ~ *answer* kratak odgovor

curtail [kər'tejl] *v tr* skratiti; smanjiti

curtain ['kərtən] *n* 1. zavesa (zavjesa); *to*
draw (raise) a ~ spustiti (podići) zavesu
2. (theater) spuštanje zavese 3. misc.; *it's*
~*s for him* gotov je

curtsy I ['kərtsij] *n* kniks, naklon **curtsy** II
v intr napraviti kniks

curvaceous [kər'vejšəs] *a* okrugao, bujan

curve I [kərv] *n* 1. krivina, vijuga, okuka;
a dangerous ~ opasna okuka 2. (math.)
kriva 3. skala; (pedagogy) *to mark on a*
~ ocenjivati (ocjenjivati) učenike, stu-
dente na osnovu norme **curve** II *v intr*
vijugati (se); *the road* ~*s* put (se) vijuga
curved *a* kriv; *a* ~ *line* kriva linija
(crta)

cushion I ['kušən] *n* 1. jastuk, jastuče 2.
elastična ivica (na bilijaru) **cushion** II *v*
tr ublažiti

cuss I [kəs] *n* (colloq.) zadrta osoba; *an*
odd ~ čudak **cuss** II *v* (colloq.) 1. *tr*
opsovati; *to* ~ *smb. (out)* opsovati neko-
ga, obasuti nekoga psovkama 2. *intr*
psovati

custard ['kəstərd] *n* (cul.) penasti (pjena-
sti) krem od vanile

custodian [kəs'toudijən] *n* kustos; čuvar

custody ['kəstədij] *n* 1. starateljstvo, stara-
nje, nadzor; *the wife was awarded* ~ *of*
the children decu (djecu) su dosudili
ženi 2. zatvor, pritvor; *to take smb. into*
~ zatvoriti nekoga

custom I ['kəstəm] *n* običaj; *to adopt a* ~
prihvatiti običaj

custom II *a* po porudžbini, poručen

customary *a* uobičajen

customer *n* mušterija, kupac

custom-made *a* urađen po porudžbini

customs I *n pl* carina; *to declare at* ~
prijaviti na carini (za carinu) **customs** II
a carinski; *a* ~ *declaration* carinska
deklaracija

cut I [kət] *n* 1. posekotina (posjekotina) 2.
smanjenje; skraćenje; *a* ~ *in salary*
smanjenje plate 3. kroj 4. (colloq.) deo
(dio), udeo (udio) 5. (sports) rotacija,
sečenje (lopte) 6. (cul.) odrezak; *cold* ~*s*

hladna jela 7. (colloq.) neopravdani izo-
stanak (iz škole, sa predavanja) **cut** II
cut [kət] *v* 1. *tr* seći (sjeći); iseći (isjeći);
izrezati; *to* ~ *wood* seći drvo 2. *tr*
poseći (posjeći); *to* ~ *one's finger* poseći
prst 3. *tr* preseći (presjeći), seći; *to* ~
cards preseći karte 4. *tr* preseći, preki-
nuti, prerezati; *to* ~ *communications*
prekinuti veze 5. *tr* krojiti 6. *tr* smanjiti,
skresati; *to* ~ *a budget* smanjiti budžet
7. *tr* (sports) seći, rotirati; *to* ~ *a ball*
seći loptu 8. *tr* ošišati; *to* ~ *smb.'s hair*
ošišati nekoga 9. *tr* (colloq.) izostati; *to*
~ *a class* izostati s predavanja 10. *intr*
seći; *this knife doesn't* ~ ovaj nož ne
seče 11. *intr* seći se; *this cheese* ~*s*
easily ovaj sir se lako seče 12. misc.; **to*
~ *to the quick* dirnuti u živac

cutback [~baek] *n* smanjenje, umanjenje;
a ~ *in production* smanjenje proi-
zvodnje

cut down *v* 1. oboriti; *to cut down a tree*
oboriti drvo 2. smanjiti; *to cut down on*
expenses smanjiti troškove 3. pokositi,
ubiti; *he was cut down in his prime* on
je bio pokošen u cvetu (cvijetu) svoje
mladosti 4. skratiti; *to cut down an*
article skratiti članak

cute [kju:t] *a* ljubak, dražestan

cutie, cutey ['kju:tij] *n* ljupka devojka
(djevojka)

cut into *v* 1. upasti; *to cut into a line*
upasti u red (onih koji čekaju) 2. zaseći
(zasjeći) se; *the cord cut into his flesh*
konopac mu se zasekao u meso

cutlet [~lit] *n* (cul.) kotlet, šnicla, odre-
zak; *veal* ~*s* teleći kotleti

cut off *v* 1. odseći (odsjeći), odrezati; *to*
cut a leg off odseći nogu 2. preseći
(presjeći), odseći; *cut off from the world*
odsečen od sveta (svijeta) 3. prekinuti;
the operator cut us off telefonistkinja
nas je prekinula 4. (legal) isključiti;
lišiti; *his father cut him off without a*
penny otac ga je isključio iz nasledstva
(nasljedstva) 5. seći — sjeći (put); *he cut*
the other runner off sekao je put dru-
gom trkaču

cut out I *a* nadaren, rođen, stvoren; *I'm*
not ~ *for that* to meni ne leži

cut out II *v* 1. iseći (isjeći), izrezati; *to cut*
out of a newspaper iseći iz novina 2.
(colloq.) prestati; *cut it out!* prestani!

cut-rate *n* and *adv* po sniženoj ceni (cijeni)

cut short v prekinuti; *to cut a vacation short* prekinuti odmor

cutthroat I [~throut] n koljaš **cutthroat** II a koljaški

cut through v 1. proseći (prosjeći); *an icebreaker cuts through ice* ledolomac proseca (prosijeca) led 2. preći; *to cut through a field* preći kroz polje

cutting a zajedljiv; a ~ *remark* zajedljiva primedba (primjedba)

cut up v 1. iseći (isjeći), raseći (rasjeći); *to cut paper up into pieces* iseći hartiju na parčiće 2. (colloq.) ludirati se

cybernetics [sajbər'netiks] n kibernetika

cycle I ['sajkəl] n 1. ciklus; *the business* ~ ekonomski ciklus 2. tehnika pranja; a *delicate* ~ tehnika pranja za osetljivo (osjetljivo) rublje

cycle II v *intr* voziti bicikl **cyclist** ['sajklist] n biciklista

cyclone ['sajkloun] n ciklon

cylinder ['siləndər] n 1. (math.) cilindar 2. valjak 3. stublina 4. (of a revolver) burence

cymbal ['simbəl] n (mus.) cimbal

cynic ['sinik] n cinik **cynical** a ciničan **cynicism** ['sinəsizəm] n cinizam

cypress ['sajprəs] n (bot.) čempres, cipres, kiparis

Cypriot I ['siprijət] n Kipranin (W: Cipranin) **Cypriot** II a kiparski (W: ciparski)

Cyprus ['sajprəs] n Kipar (W: Cipar)

Cyrillic I [sə'rilik] n ćirilica **Cyrillic** II a ćirilski; *the* ~ *alphabet* ćirilica

cyst [sist] n (med.) cista

czar [zar] n car (also fig.) **czarism** n carizam

Czech I [ček] n 1. Čeh 2. češki jezik **Czech** II a češki

Czechoslovak (čekə'slouvak] n Čehoslovak **Czechoslovakia** [čekəslou'vakijə] n Čehoslovačka **Czechoslovakian** a čehoslovački

D

d [dij] *n* 1. d (slovo engleske azbuke) 2. (school grade) »prelazno«, »dovoljno«

dab [daeb] *n* mala količina; mrlja; *a* ~ *of paint* mrlja boje

dabble ['daebǝl] *v intr* baviti se površno; *he* ~*s in stocks* bavi se pomalo berzanskim (W: burzanskim) poslovima

dad *[daed]* *n* (colloq.) tata **daddy** *n* dim. of **dad**

daffodil ['daefǝdil] *n* (bot.) žuti narcis; žuti sunovrat

daffy ['daefij] *a* (colloq.) budalast

dagger ['daegǝr] *n* bodež, kama

daily I ['dejlij] *n* dnevnik **daily** II *a* svakodnevni, dnevni

dainty ['dejntij] *a* nežan (nježan); delikatan

dairy I ['dejrij] *n* 1. mlekarnica—mljekarnica (prodavnica) 2. mlekarnik—mljekarnik **dairy** II *a* mlečni (mlječni); *a* ~ *farm* farma za mlečne proizvode

daisy ['dejzij] *n* krasuljak

dally ['daelij] *v intr* dangubiti, uzaludno trošiti vreme

Dalmatia [dael'mejšǝ] *n* Dalmacija **Dalmatian** I *n* 1. Dalmatinac (stanovnik Dalmacije) 2. dalmatinac (pas) **Dalmatian** II *a* dalmatinski

dam I [daem] *n* brana; gat **dam** II *v tr* (also: *to* ~ *up)* zagatiti, pregraditi

damage I ['daemidž] 1. šteta; *property* ~ imovinska šteta 2. (in *pl)* odšteta, obeštećenje; *to pay sm.* ~*s* platiti nekome odštetu **damage** II *v tr* oštetiti

dame [dejm] 1. (obsol.) gospodarica, gospa 2. (slang) žena

damn I [daem] *n* (psovka); **I don't give a* ~ baš me briga **damn** II *interj* (or: ~ *it!)* dovraga! **damn** III *v tr* prokleti; ***~

him! proklet bio! **damnation** [daem'nejšǝn] *n* prokletstvo **damned** I *a* proklet; *a* ~ *fool* prokleta budala **damned** II *adv* (colloq.) vrlo, veoma; *he knows that* ~ *well* on to veoma dobro zna (iako to poriče)

damp [daemp] *a* vlažan; *a* ~ *day* vlažan dan **dampen** *v tr* ovlažiti

damper *n* 1. ključ na čunku (od peći) 2. (mus.) prigušivač, demfer

dance I [daens] *n* 1. igra, ples; *folk* ~*s* narodne igre 2. igranka (W also: plesna zabava) **dance** II *v* 1. *tr* igrati, plesati; *to* ~ *a waltz* igrati valcer 2. *intr* igrati, plesati **dance hall** plesna dvorana **dance music** muzika za igru (W also: plesna glazba) **dancer** *n* igrač, plesač

dandelion ['daendǝlajǝn] *n* (bot.) maslačak

dander ['daendǝr] *n* (colloq.) ljutina; **to get one's* ~ *up* naljutiti se

dandruff ['daendrǝf] *n* perut

dandy I ['daendij] *n* 1. kicoš, dendi 2. (colloq.) nešto dobro **dandy** II *a* (colloq.) fin. prvoklasan, sjajan

Dane [dejn] *n* Danac

danger ['dejndžǝr] *n* opasnost; *out of* ~ van opasnosti **dangerous** *a* opasan

dangle ['daenggǝl] *v* 1. *tr* ljuljati, njihati; (fig.) *to* ~ *bait (in front of smb.)* pružati (nekome) mamac 2. *intr* ljuljati se, njihati se

Danish I ['dejniš] *n* danski jezik **Danish** II *a* danski

dank [daengk] *a* (neprijatno) vlažan, memljiv

dapper ['daepǝr] *a* gizdav, kicoški

dare I [dejr] *n* izazov, čikanje; *to take a* ~ primiti izazov **dare** II *v* 1. *tr* izazvati; čikati; *to* ~ *smb. to do smt.* izazvati nekoga da uradi nešto 2. *intr* (and with the infinitive) usuditi se, smeti (smjeti); *if anyone ~s* ako se neko (netko) usudi

daredevil I [~devil] *n* nebojša **daredevil** II *a* previše smeo (smion) **daring** I *n* smelost (smjelost) **daring** II *a* smeo (smion), odvažan

dark I [dark] *n* mrak, tama; *in the ~* u mraku **dark** II *a* mračan, taman **darken** *v tr* zamračiti, pomračiti

dark horse (sports, pol., and fig.) autsajder; neočekivani pobednik (pobjednik)

darkness *n* mrak, mračnost, tama

darling I ['darling] *n* dragi, dragan, ljubimac, miljenik **darling** II *a* omiljen, drag; ljubak

darn I *v* 1. *tr* krpiti; *to ~ socks* krpiti čarape 2. *intr* krpiti čarape

darn II [darn] *interj* dovraga **darned** *a* (colloq.) proklet

dart I [dart] *n* strelica; džilit; (in *pl*) igra »bacanje strelica« u cilj; *to play (throw) ~s* bacati strelice (u cilj) **dart** II *v* 1. *tr* baciti; *to ~ a look at smb.* baciti pogled na nekoga 2. *intr* ustremiti se; *to ~ for the door* ustremiti se na vrata

dash I [daeš] *n* 1. nalet, juriš; brzo napredovanje, prepad; *to make a ~ for safety* pobeći (pobjeći) od opasnosti 2. mala količina; mlaz; *whiskey with a ~ of soda* viski sa malo sode 3. (punctuation) crta 4. (Morse code) crtica, povlaka 5. kratka trka **dash** II *v* 1. *tr* baciti, tresnuti; *to ~ smt. to the ground* tresnuti nešto o zemlju 2. *tr* uništiti, srušiti; *his hopes were ~ed* nade su mu bile srušene 3. *tr* pljusnuti; *to ~ water in smb.'s face* pljusnuti nekome vodu u lice 4. *intr* pojuriti, poleteti (poletjeti); *to ~ from a room* poleteti iz sobe

dashboard [~bord] *n* šoferska (vozačka) tabla

dashing *a* žustar; pun elana; smeo (smion)

data ['dejtə] *n pl* podaci **data bank** banka podataka **data processing** obrada podataka

date I [dejt] *n* 1. datum; *what is the ~ today?* koji je danas datum? 2. sastanak, sastajanje, randevu; *he made a ~ with a girl* zakazao je devojci (djevojci) sastanak **date** II *v* 1. *tr* datirati; staviti datum (na); *the letter is ~d March 5th* pismo je datirano 5. marta (W: ožujka) 2. *tr* utvrditi datum; *to ~ a document* utvrditi datum dokumenta 3. *tr* zabavljati

se; *to ~ a girl* zabavljati se sa devojkom (djevojkom) 4. *intr* datirati; poticati; *that ~s from the 14th century* to datira od (iz) 14. veka (vijeka)

date III *n* urma (W: datulja)

dative ['dejtiv] *n* (gram.) dativ

daub I [dob] *n* mazanje; premaz **daub** II *v tr* namazati, premazati

daughter ['dotər] *n* ćerka, kćerka, kći

daughter-in-law *(daughters-in-law)* *n* snaha, snaja (sinova žena)

daunt [dont] *v tr* uplašiti, zastrašiti **dauntless** *a* neustrašiv

dawdle ['dodəl] *v intr* traćiti vreme, dangubiti **dawdler** ['dodlər] *n* danguba, bazalo

dawn I *n* zora, svanuće; *before ~* do zore **dawn** II *v intr* 1. svanuti, razdaniti se 2. (fig.) sinuti; *it ~ed on me* sinulo mi je

day [dej] *n* 1. dan; *what ~ (of the week) is it today?* koji je danas dan? *on the same ~* istoga dana; **every dog has its ~* svakom dođe njegov srećan dan 2. (in *pl*) period, razdoblje; *in the good old ~s* u staro srećno vreme (vrijeme)

day bed sofa na rasklapanje

daybreak [~brejk] *n* praskozorje, svanuće; *at ~* u praskozorje (also **dawn** I)

daydream I [~drijm] *n* sanjarija, sanjarenje **daydream** II *-ed* or *-dreamt* [dremt] *v intr* sanjariti

daylight [~lajt] *n* dnevna svetlost (svjetlost); *in broad ~* usred bela (bijela) dana

day nursery obdanište

daytime I [~tajm] *n* dan; *in the ~* danju **daytime** II *a* koji se vrši danju

daze I [dejz] *n* ošamućenost **daze** II *v tr* ošamutiti

dazzle ['daezəl] *v tr* zaslepiti (zaslijepiti), zaseniti (zasjeniti) **dazzling** zaslepljiv (zaslijepljiv); vrtoglav; *a ~ success* vrtoglav uspeh (uspjeh)

deacon ['dijkən] *n* 1. đakon 2. pomagač sveštenikov (svećenikov)

deactivate [dij'aektəvejt] *v tr* 1. dezaktivirati 2. (mil.) rasformirati

dead I [ded] *n* 1. (in *pl*) *the ~* pokojnici, mrtvi 2. sredina; *the ~ of night* duboka noć **dead** II *a* 1. mrtav; *a ~ language* mrtav jezik 2. potpun; *~ certainty* potpuna izvesnost (izvjesnost) 3. misc.; **to be ~ to the world* spavati tvrdim snom **dead** III *adv* potpuno; sasvim; mrtav; *~ drunk* mrtav pijan

deadbeat [~bijt] *n* neplatiša
dead center nulta tačka (W: točka)
deaden *v tr* umrtviti, učiniti neosetljivim
(neosjetljivim); *to ~ a nerve* umrtviti
živac
dead end ćorsokak
dead heat (sports) mrtva trka
deadline [~lajn] *n* rok, poslednji (posljednji) rok
deadlock I [~lak] *n* zastoj; ćorsokak
deadlock II *v tr* zaustaviti; dovesti do
mrtve tačke (W: točke)
deadly *a* smrtan, smrtonosan
Dead Sea Mrtvo more
deadwood [~wud] *n* (fig.) beskoristan
materijal (čovek — čovjek); (mrtav)
balast
deaf [def] *a* gluv (gluh); ~ *in one ear* gluv
na jedno uvo (uho) **deafen** *v tr* zaglušiti
deal I [dijl] *n* 1. (cards) podela (podjela) 2.
količina; *a great ~* mnogo 3. (colloq.)
pazar; pogodba; posao; *a good ~* dobar
pazar **deal** II *v* 1. *tr* zadati; podeliti
(podijeliti); *to ~ cards* podeliti karte 2.
intr trgovati; poslovati; *to ~ in wine*
trgovati vinom 3. *intr* postupati; *to ~
fairly with smb.* postupati pravično s
nekim 4. *intr* razmotriti, tretirati, obraditi; *to ~ with a problem* tretirati
problem **dealer** *n* 1. trgovac 2. delilac
(djelilac) karata
dean [dijn] *n* dekan **dean's list** dekanov
spisak najboljih studenata
dear I [dijr] *n* dragan, dragi **dear** II *a* 1.
drag, mio; *my ~ fellow* dragi moj 2.
skup 3. misc.; ~ *sir* poštovani gospodine **dear** III *adv* skupo; *to pay ~* (~ly)
skupo platiti **dear** IV *interj ~ me!* bože
moj!
dearth [dərth] *n* nestašica
death [deth] *n* 1. smrt 2. smrtni slučaj;
many ~s mnogo smrtnih slučajeva
deathbed[~bed] *n* samrtnička postelja;
to be one one's ~ biti na samrti **death-
blow** [~blou] *n* smrtni udarac **deathly**
[~lij] 1. *a* smrtonosan, smrtan 2. *adv*
smrtno, veoma, vrlo **death penalty**
smrtna kazna **death rate** mortalitet
death ray smrtni zrak (W: smrtna zraka)
death sentence smrtna presuda
debacle [di'baekəl] *n* poraz, slom
debark [di'bark] *v* 1. *tr* iskrcati 2. *intr*
iskrcati se
debase [di'bejs] *v tr* sniziti vrednost —
vrijednost (nečega)

debatable [di'bejtəbəl] *a* sporan **debate** I
[di'bejt] *n* debata, rasprava; *a parlia-
mentary ~* parlamentarna debata **deba-
te** II *v* 1. *tr* raspravljati, debatovati; *to
~ a question* raspravljati pitanje 2. *intr*
raspravljati, debatovati **debater** *n* uče-
snik u debati **debating club** debatno
društvo, debatni klub
debauchery *v* [di'bočərij] *n* razvrat
debilitate [di'bilətejt] *v tr* oslabiti, iznuriti
debris [də'brij] *n* ruševine: *to clear ~*
raščistiti ruševine
debt [det] *n* dug: *to get into* upasti u dug
debtor *n* dužnik
debunk [di'bəngk] *v tr* (colloq.) razgoliti,
otkriti
debut [di'bju:] *n* debi; *to make a~* debi-
tovati
debutante ['debjutant] *n* debitantkinja
decade ['dekejd] *n* dekada, decenij
decadence ['dekədəns] *n* dekadencija **de-
cadent** *a* dekadentan
decapitale [di'kaepətejt] *v tr* odseći — od-
sjeći (nekome glavu)
decathlon [di'kaeth:lən] *n* desetoboj
decay I [di'kej] *n* 1. trulež, truljenje 2.
raspad **decay** II *v intr* 1. truliti 2.
raspasti se
deceased I [di'sijst] *n* pokojnik **deceased** II
a umrli, pokojni, mrtav
deceit [di'sijt] *n* prevara, obmana **deceitful**
a obmanljiv **deceive** [di'sijv] *v* 1. *tr*
prevariti, obmanuti 2. *intr* varati
decelerate [dij'selərejt] *v* 1. *tr* smanjiti
brzinu (nečega) 2. *intr* smanjiti brzinu
December [di'sembər] *n* decembar (W:
prosinac)
decency ['dijsənsij] *n* pristojnost **decent**
['dijsənt] *a* pristojan; ~ *behavior* pri-
stojno ponašanje; *a ~ salary* pristojna
plata
decentralize [dij'sentrəlajz] *v tr* decentra-
lizovati
deception [di'sepšən] *n* prevara, obmana
deceptive [~tiv] *a* obmanljiv
decide [di'sajd] *v* 1. *tr* odlučiti, rešiti
(riješiti); *he ~ed to leave* on je odlučio
da ode 2. *intr* doneti (donijeti) odluku;
they must ~ moraju da donesu odluku
decimal I ['desəməl] *n* decimal **decimal** II *a*
decimalni, desetni; *a ~ fraction* deci-
malni razlomak **decimal point** desetna
tačka (W: točka)
decimate ['desimejt] *v tr* desetkovati
decimeter ['desəmijtər] *n* decimetar

decipher [di'sajfər] v tr dešifrovati
decision [di'sižən] n 1. odluka, rešenje (rješenje); to make a ~ doneti (donijeti) odluku 2. (boxing) odluka (po bodovima) decisive [di'sajsiv] a odlučan, odlučujući; a ~ role odlučujuća uloga decisiveness n odlučnost
deck [dek] n 1. paluba; to clear the ~ s spremiti brod za borbu 2. špil; a ~ of cards špil karata
declaration [deklə'rejšən] n 1. deklaracija; a customs ~ carinska deklaracija 2. objava; a ~ of war objava rata declarative [di'klaerətiv] a 1. deklarativan 2. (gram.) obaveštajni (obavještajni); a ~ sentence obaveštajna rečenica declare [di'klejr] v tr 1. objaviti; to ~ war on smb. objaviti nekome rat 2. prijaviti; deklarisati; to ~ smt. at customs prijaviti nešto za carinu 3. proglasiti; to ~ a contract to be void proglasiti ugovor nevažećim
declension [di'klenšən] n (gram.) deklinacija, promena (promjena) declensional a deklinacijski, deklinacioni
decline I [di'klajn] n 1. spuštanje; opadanje 2. pad decline II v 1. tr and intr odbiti; to ~ an invitation odbiti poziv 2. tr (gram.) deklinirati, izmenjati (izmijenjati); to ~ a noun izmenjati imenicu
decode [dij'koud] v tr dešifrovati
decolonize [di'kalənajz] v tr dekolonizovati
decompose [dijkəm'pouz] v intr raspasti se; istruliti
decontaminate [dijkən'taemənejt] v tr dekontaminirati
decontrol [dijkən'troul] v tr osloboditi (državne) kontrole
decorate ['dekərejt] v tr 1. ukrasiti, dekorisati, okititi 2. odlikovati (ordenom) decoration [dekə'rejšən] n 1. ukrašavanje, ukrašenje 2. ukras, dekoracija 3. (mil.) odlikovanje, odličje, orden, medalja decorative ['dekərətiv] a ukrasni decorator ['dekərejtər] n dekorater
decorum [di'korəm] n pristojnost, dekorum
decoy I ['dijkoj] n 1. mamac; vabac, vab 2. (mil.) lažni objekt decoy II a lažan, demonstrativan
decrease I ['dijkrijs] n smanjenje; opadanje; a ~ in population opadanje stanovništva decrease II [di'krijs] v 1. tr smanjiti, umanjiti 2. intr smanjiti se

decree I [di'krij] n dekret, odluka decree II v tr dekretirati, odlučiti
decrepit [di'krepit] a oslabljen, oronuo
decry [di'kraj] v tr osuditi
dedicate ['dedəkejt] v tr 1. osvetiti; to ~ a church osvetiti crkvu 2. posvetiti; to ~ a book to smb. posvetiti nekome knjigu dedication [dedə'kejšən] n 1. osvećenje 2. posveta
deduce [di'du:s] v tr deducirati
deduct [di'dəkt] v tr oduzeti, odbiti; to ~ 10 dollars from one's salary odbiti 10 dolara od plate deductible I n (insurance) franšiza deductible II a koji se može odbiti (od poreza) deduction [di'dəkšən] n 1. oduzimanje, odbijanje; a payroll ~ oduzimanje po platnom spisku 2. dedukcija deductive [~ktiv] a deduktivan
deed [dijd] n 1. delo (djelo); a good (bad) ~ dobro (zlo) delo 2. tapija
deem [dijm] v tr smatrati, misliti
deep I [dijp] a 1. dubok; the water is five feet ~ voda je duboka pet stopa 2. visok; the snow is three feet ~ snežni (snježni) pokrivač je visok tri stope deep II adv duboko; ~ in the forest duboko u šumi
deepfreeze [~frijz] n duboko smrzavanje
deeprooted [~ru:tid] a duboko ukorenjen (ukorijenjen); ~ prejudice duboko ukorenjena predrasuda
deep-sea a pučinski; dobinski; ~ fishing pučinski ribolov
deer [dijr] (pl has zero or -s) n jelen
defamation [defə'mejšən] n klevetanje defame [di'fejm] v tr oklevetati
default I [di'folt] n 1. neizvršenje novčanih obaveza 2. (sports) forfe, kontumacija: to lose by ~ izgubiti, kontumacijom default II v intr 1. ne platiti; ne odgovoriti obavezi 2. (sports) izgubiti kontumacijom
defeat I [di'fijt] n poraz defeat II v tr poraziti, pobediti (pobijediti); potući; to ~ the enemy pobediti neprijatelja defeatist n defetista
defect I ['dijfekt] n mana, nedostatak; a birth ~ mana od rođenja srčana mana
defect II [di'fekt] v intr dezertirati defection [di'fekšən] n dezerterstvo
defective [di'fektiv] a 1. neispravan, defektan 2. (gram.) defektivan; ~ verbs defektivni glagoli
defector n dezerter

defend [di'fend] v tr odbraniti (W: obraniti), zaštititi; to ~ a dissertation odbraniti tezu defendant n (legal) tuženi, tuženik defender n 1. branilac, defend [di'fend] v tr odbraniti (W: obraniti), zaštiti; to ~a dissertation odbraniti tezu defendant n (legal) tuženi, tuženik defender n 1. branilac, zaštitnik 2. (soccer) bek, branič defense [di'fens] n 1. odbrana (W: obrana) 2. zaštita defenseless a bez odbrane (W: obrane) defensible a branljiv defensive I [di'fensiv] odbrambeni (W: obrambeni) stav, defanziva defensive II a odbrambeni (W: obrambeni); ~ weapons odbrambeno oružje

defer I [di'fər] v intr prikloniti se, popustiti; to ~ to smb. else's opinion prikloniti se tuđem mišljenju

defer II v tr odložiti, odgoditi

deference ['defərəns] n priklanjanje, poštovanje (W also: štovanje); in ~ to your wishes poštujući vaše želje

defiance [di'fajəns] n prkos, čikanje defiant a prkosan

deficiency [di'fišənsij] n nedostatak, manjak; nestašica deficient [di'fišənt] a manjkav, oskudan

deficit ['defəsit] n manjak, deficit; a ~ of 100 dollars manjak od 100 dolara

defile [di'fajl] v tr uprljati; oskrnaviti; to ~ smb.'s name uprljati nečije ime defilement n prljanje; oskvrnuće

define [di'fajn] v tr 1. odrediti; to ~ a concept odrediti pojam 2. definisati; to ~ a word definisati reč (riječ) definite ['defənit] a 1. određen, opredeljen (opredjeljen) at a ~ time u određeno vreme (vrijeme) 2. nedvosmislen; izričan; a ~ answer nedvosmislen (izričan) odgovor 3. (gram.) određen; the ~ article određeni član definition [defə'nišən] n definicija definitive [di'finətiv] a definitivan

deflate [di'flejt] v tr 1. ispumpati; to~ a tire ispumpati gumu 2. (econ.) izazvati deflaciju (u) deflation [di'flejšən] n (econ.) deflacija

deflect [di'flekt] v tr skrenuti; odvratiti deflection [di'flekšən] n skretanje

defoliate [di'foulijejt] v tr uništiti lišće (u)

deform [di'form] v tr deformisati, unakaziti, unakaraditi; a ~ ed foot unakaženo stopalo deformation [defər'mejšən] n

deformacija deformity [di'formitij] n deformacija

defraud [di'frod] v tr proneveriti (pronevjeriti)

defray [di'frej] v tr snositi; platiti; to ~ expenses snositi troškove

defrock [dij'frak] v tr raspopiti

defrost [dij'frost] v 1. tr otopiti, odlediti; to ~ a refrigerator otopiti (odlediti) frižider 2. intr otopiti se defroster n uređaj za odleđivanje

deft [deft] a vešt (vješt), spretan; a few ~ touches nekoliko veštih poteza

defunct [di'fangt] a mrtav; koji je prestao da postoji

defy [di'faj] v tr 1. prkositi; to ~ danger prkositi opasnosti 2. ne dati se; the problem ~ies solution problem se ne da rešiti (riješiti)

degeneracy [di'dženərəsij] n izrođenost degenerate I [di'dženərit] n degenerik, izrod degenerate II a izrođen degenerate III [~ejt] v intr degenerisati, izroditi se

degradation [degrə'dejšən] n poniženje; poniženost degrade [di'grejd] v tr poniziti

degree [di'grij] n 1. stepen, stupanj; a ~ of skill stepen veštine (vještine) 2. (gram.) stepen, stupanj; the comparative (superlative) ~ prvi (drugi) stupanj 3. (akademski) stepen; a bachelor's ~ diploma (na drugom stepenu)

dehumanize [dij'hju:mənajz] v tr lišiti ljudskih osobina

dehumidify [dijhju:'midəfaj] v tr umanjiti vlagu (u)

dehydrate [dij'hajdrejt] v tr dehidrirati

deify ['dijəfaj] v tr obogotvoriti

deign [dejn] v tr izvoleti — izvoljeti (učiniti); to ~ to answer izvoleti dati izgovor

deity ['dijətij] n božanstvo

deject [di'džekt] v tr obeshrabriti, utući dejected a utučen, potišten dejection [di'džekšən] n utučenost; duševna depresija

Delaware ['diləwejr] n Delaver

delay I [di'lej] n odlaganje, odgoda delay II v tr odložiti, odgoditi

delegate I ['deləgejt] n delegat delegate II v tr 1. delegirati, poslati kao delegata 2. poveriti (povjeriti); to ~ a duty to smb. poveriti nekome dužnost delegation [delə'gejšən] n delegacija

delete [di'lijt] v tr izbrisati, izbaciti; to ~
a letter izbaciti slovo deletion [di'lijšən]
n brisanje, izbacivanje
deliberate I [di'libərit] a 1. obazriv, opre-
zan; promišljen 2. nameran (namjeran);
a ~ insult namerna uvreda deliberate II
[~rejt] v 1. tr razmotriti; to ~ a ques-
tion razmotriti pitanje 2. intr razmi-
šljati, promišljati diliberation [dilibə-
'rejšən] n 1. razmatranje 2. razmišljanje,
promišljanje
delicacy ['delikəsij] n 1. nežnost (nježnost);
finoća 2. poslastica delicate ['delikit] a
1. nežan (nježan), delikatan; fin; ~
workmanship fina izrada 2. delikatan,
škakljiv, tugaljiv; a ~ situation delikat-
na situacija 3. slabunjav, slab, nežan; ~
health nežno zdravlje 4. diskretan; a ~
hint diskretna aluzija
delicatessen [delikə'tesən] n 1. suvomesna-
ti proizvodi 2. delikatesna radnja
delicious [di'lišəs] a ukusan
delight I [di'lajt] n ushićenje, ushit, uživa-
nje delight II v 1. tr ushititi očarati 2.
intr uživati delightful a divan
delimit [di'limit] v tr ograničiti
delinquency [di'lingkwənsij] n delinkven-
cija delinquent I [~ənt] n delinkvent,
prestupnik; juvenile ~s maloletni (ma-
loljetni) prestupnici delinquent II a zao-
stao sa isplatom duga (dugova);
nemaran
delirious [di'lijrijəs] a deliričan delirium
[di'lijrijəm] n delirijum, bunilo
deliver [di'livər] v tr 1. osloboditi; to ~
from slavery osloboditi ropstva 2. poro-
diti; ukazati pomoć pri porođaju; to ~ a
baby obaviti porođaj 3. isporučiti, uru-
čiti; to ~ a package isporučiti paket 4.
naneti (nanijeti), zadati; to ~ a blow
zadati udarac 5. raznositi; to ~ milk
(newspapers) raznositi mleko—mlijeko
(novine) delivery I n 1. porođaj, rođenje
2. uručivanje; isporuka; raznošenje; the
~ of the mail raznošenje pisama 3.
način držanja govora; dikcija delivery II
a 1. dostavni 2. porođajni delivery room
porođajno odeljenje — odjeljenje (u bol-
nici) delivery service dostavna služba
delude [di'lu:d] v tr prevariti, obmanuti;
to ~ oneself varati se
deluge I ['delju:dž] n poplava, potop delu-
ge II v tr poplaviti
delusion [di'lu:žən] n obmana, varka

deluxe [di'luks] a luksuzan, de-luks; a ~
hotel luksuzan hotel
delve [delv] v intr kopati; to ~ into smt.
zadubiti se u nešto
demagogue ['deməgag] n demagog dema-
goguery [~ərij] n demagogija demagogy
['deməgadžij] n demagogija
demand I [di'maend] n 1. zahtev (zahtjev);
a ~ for extradition zahtev za izručenje
2. (comm.) potražnja; supply and ~ po-
nuda i potražnja demand II v tr zahte-
vati (zahtijevati); tražiti; to ~ a right
zahtevati pravo demanding a koji mno-
go traži
demarcation [dijmar'kejšən] n demarkaci-
ja; a line of ~ demarkaciona linija
demean [di'mijn] v tr poniziti
demeanor n ponašanje
demented [di'mentid] a lud
demerit [di'merit] n 1. nedostatak 2. nega-
tivna ocena (ocjena)
demilitarize [dij'milətərajz] v tr demilita-
rizovati; a ~d zone demilitarizovana
zona
demise [di'majz] n 1. smrt 2. (legal) prenos
imanja
demobilization [dijmoubələ'zejšən] n de-
mobilizacija demobilize [dij'moubəlajz]
v tr demobilizovati
democracy [di'makrəsij] n demokratija
(demokracija) democrat ['deməkraet] n
1. demokrata 2. (cap., Am., pol.) član
Demokratske stranke democratic [de-
mə'kraetik] a demokratski Democratic
Party (Am., pol.) Demokratska stranka
democratize [di'makrətajz] v tr demo-
kratizovati
demographic [demə'graefik] a demograf-
ski demography [di'magrəfij] n demo-
grafija
demolish [di'mališ] v tr demolirati; poru-
šiti; to ~ a building porušiti zgradu 2.
slupati, smrskati; to ~ a car slupati
kola demolition [demə'lišən] n rušenje;
miniranje
demon ['dijmən] n demon demonic [di'ma-
nik] a demonski
demonstrate ['demənstrejt] v 1. tr pokaza-
ti, dokazati, demonstrirati; to ~ one's
skill pokazati svoju veštinu (vještinu) 2.
intr demonstrirati; the students are
~ing today studenti danas demonstri-
raju demonstration I [demən'strejšən] n
1. demonstracija, javno pokazivanje; a
street ~ ulična demonstracija 2. proba.

demonstracija **demonstration** II a probni, demonstracioni; a ~ *drive* probna vožnja **demonstrative** [di'manstrativ] a 1. otvoreno izražen; demonstrativan 2. (gram.) pokazni; a ~ *pronoun* pokazna zamenica (zamjenica) **demonstrator** ['demanstrejtar] n 1. demonstrant 2. automobil koji služi za probnu vožnju (pri prodaji)

demoralize [di'moralajz] v tr demoralisati

demote [di'mout] v tr sniziti (nekome) čin **demotion** [di'moušan] n sniženje čina, degradacija

demur [di'mar] v intr 1. protiviti se, prigovarati 2. oklevati

demure [di'mju:r] a stidljiv; povučen

den [den] n jazbina, jama

denial [di'najal] n poricanje

denigrate ['denigrejt] v tr ocrniti, oklevetati

denim ['denam] n 1. gruba platnena tkanina (za radnička odela — odijela) 2. (in pl) farmerke

denizen ['denazan] n stanovnik

Denmark ['denmark] n Danska (see also **Dane, Danish**)

denomination [dinama'nejšan] n 1. veroispovest (vjeroispovijest) 2. (of currency) apoen, oznaka nominalne vrednosti (vrijednosti)

denominator [di'namanejtar] n imenilac, imenitelj (W also: nazivnik) a *common* ~ zajednički imenilac

denote [di'nout] v tr označiti

denounce [di'nauns] v tr 1. osuditi 2. otkazati; to ~ a *treaty* otkazati ugovor 3. potkazati, prijaviti, dostaviti, denuncirati; to ~ *smb. to the police* potkazati nekoga policiji

dense [dens] a 1. gust, zbijen; a ~ *fog* gusta magla 2. (colloq.) glup **density** [~atij] n gustina, zbijenost; *population* ~ gustina naseljenosti

dent I [dent] n udubljenje (od udarca), ugnuće, ulubljenje **dent** II v tr ugnuti, ulubiti

dental a zubni, dentalni; a ~ *consonant* zubni suglasnik **dental floss** konac za čišćenje zuba **dental medicine** stomatologija; a *school of* ~ stomatološki fakultet

dentifrice ['dentafris] n pasta za zube

dentist [~tist] n zubni lekar—ljekar (W: liječnik) **dentistry** [~rij] n zubarstvo, stomatologija

denture ['denčar] n zubna proteza, zubalo

denunciation [dinansij'ejšan] n 1. osuda 2. otkaz; ~ *of a treaty* otkaz ugovora 3. potkazivanje, prijava, denuncijacija

deny [di'naj] v tr 1. poreći, odreći, demantirati 2. odbiti; to ~ a *request* odbiti molbu 3. lišiti; to ~ *smt. to smb.* lišiti nekoga nečega

deodorant [dij'oudarant] n dezodorans

depart [di'part] v intr 1. otići 2. *udaljiti se, odstupiti;* to ~ *from tradition* udaljiti se od tradicije

departed a pokojni

department n 1. odeljenje (odjeljenje), odsek (odsjek); an *advertising* ~ reklamno odeljenje 2. (at a university) odsek (odsjek), katedra, odeljenje (odjeljenje), seminar; an *English (Slavic)* ~ odsek za anglistiku (slavistiku) 3. (Am., gov.) ministarstvo **departmental** a koji se odnosi na odeljenje (odjeljenje), odsek (odsjek), katedru **department chairman** (at a university) šef katedre (W: pročelnik)

department store robna kuća

departure [di'parčar] n 1. odlazak, polazak 2. udaljavanje, odstupanje; a ~ *from tradition* odstupanje od tradicije

depend [di'pend] v intr zavisiti (W also: ovisiti); *that* ~s *on you* to zavisi od tebe

dependability [dipenda'bilatij] n pouzdanost **dependable** [di'pendabal] a pouzdan

dependence, dependance n zavisnost; ~ *on smt.* zavisnost od nečega

dependent I **dependant** n (izdržavani) član porodice **dependent** II **dependant** a 1. zavisan (W also: ovisan); ~ *on smb.* zavisan od nekoga 2. izdržavan **dependent clause** (gram.) zavisna (sporedna) rečenica

depict [di'pikt] v tr 1. naslikati 2. opisati

deplete [di'plijt] v tr iscrpsti, potrošiti; to ~ *one's supplies* potrošiti zalihe **depletion** [di'plijšan] n trošenje

deplorable [di'plorabal] a žalostan; jadan; a ~ *sight* žalostan prizor **deplore** [di'plor] v tr 1. žaliti 2. osuditi

deploy [di'ploj] v 1. tr razviti; to ~ *troops* razviti trupe 2. intr razviti se

depopulate [dij'papjalejt] v tr smanjiti broj stanovnika (nečega)

deport [di'port] v 1. tr proterati — protjerati (iz zemlje), deportirati 2. refl ponašati se **deportation** [dijpor'tejšan] n progonstvo, deportacija

deportment n ponašanje
depose [di'pouz] v tr svrći, ukloniti (sa položaja)
deposit I [di'pazit] n 1. (comm.) depozit, ulog; to have money on ~ imati depozit u banci 2. kapara; kaucija; garantni iznos; to put down a ~ deponovati garantni iznos 3. naslaga; ore ~s naslage rude **deposit** II v tr 1. deponovati, uložiti; to ~ money in a bank uložiti novac u banku 2. naneti (nanijeti), nataložiti; to ~ sand naneti peska (pijeska)
deposition [depə'zišən] n (pismeno) svedočanstvo — svjedočanstvo (pod zakletvom)
depositor [di'pazətər] n ulagač, deponent
depository [di'pazətorij] n mesto (mjesto) čuvanja, spremište
depot ['dijpou] n 1. železnička (željeznička) stanica; autobusna stanica 2. skladište, magacin, depo
depraved [di'prejvd] a izopačen **depravity** [di'praevətij] n izopačenost
deprecate ['deprikejt] v tr omalovažiti **deprecation** [depri'kejšən] n omalovaženje
depreciate [di'prijšijejt] v 1. tr smanjiti vrednost — vrijednost (nečega), obezvrediti (obezvrijediti) 2. intr opadati u vrednosti (vrijednosti) **depreciation** [di-prijšij'ejšən] n obezvređenje, opadanje u vrednosti (vrijednosti)
depredation [deprə'dejšən] n pljačka
depress [di'pres] v tr utući, deprimirati, obeshrabriti
depressant n sredstvo za umirivanje
depressed a 1. utučen, depримиран 2. pasivni, zaostao, depresivan: a ~ area pasivni kraj, depresivna oblast **depressing** a koji obeshrabruje **depression** [di-'prešən] n 1. utučenost, deprимiranost, (duševna) depresija; to suffer from ~ patiti od utučenosti 2. (econ.) depresija, zastoj; an economic ~ privredna depresija
deprivation [deprə'vejšən] n 1. lišenje 2. siromaštvo **deprive** [di'prajv] v tr lišiti; to ~ smb. of smt. lišiti nekoga nečega
depth [depth] n dubina
deputize ['depjətajz] v tr imenovati za zamenika (zamjenika) **deputy** ['depjətij] n pomoćnik, zamenik (zamjenik)
derail [di'rejl] v 1. tr izbaciti iz koloseka (kolosjeka); to ~ a train izbaciti voz (W: vlak) iz koloseka (šina) 2. intr iskliznuti

(iz šina); the train ~ed voz je iskliznuo iz šina
derange [di'rejndž] v tr rastrojiti, poremetiti
derby ['dərbij] 1. polucilindar 2. derbi (konjska trka)
derelict I ['derəlikt] n 1. napušten brod (na moru) 2. krntija, oronuo čovek (čovjek) **derelict** II a 1. napušten; zanemaren 2. nehatan **dereliction** [derə'likšən] n zanemarenje; (mil.) ~ of duty neizvršenje dužnosti
deride [di'rajd] v tr rugati se; podsmehnuti (podsmjehnuti) se; to ~ smb. rugati se nekome **derision** [di'rižən] n ruganje, poruga **derisive** [di'rajsiv] a podrugljiv
derivation [derə'vejšən] n poreklo (porijeklo), izvor
derivative [di'rivətiv] n 1. (ling.) izvedena reč (riječ) 2. (math.) izvod
derive [di'rajv] v 1. tr izvesti; to ~ a word izvesti reč (riječ) 2. tr izvući, izvesti; to ~ a conclusion izvući (izvesti) zaključak 3. intr poticati
dermatitis [dərmə'tajtis] n (med.) dermatitis
dermatologist [dərmə'talədžist] n dermatolog **dermatology** [-džij] dermatologija
derogatory [di'ragətorij] a škodljiv; uvredljiv; ~ remarks uvredljive primedbe (primjedbe)
derrick ['derik] n 1. pokretna dizalica, kran 2. bušaća garnitura, derik
dervish ['dərviš] n derviš
descend [di'send] v 1. tr sići; to ~ a staircase sići niz stepenice 2. intr sići; spustiti se 2. intr poticati; to be ~ed from poticati iz 3. intr iznenada posetiti (posjetiti); to ~ upon one's relatives without warning iznenada posetiti rođake **descendant** n potomak **descent** [di'sent] n 1. silaženje; spuštanje; nizbrdica 2. poreklo (porijeklo); he is of Russian ~ on je po poreklu Rus
describe [di'skrajb] v tr opisati **description** [di'skripšən] n opis; deskripcija; to give a ~ dati opis **descriptive** [di'skriptiv] a opisan, deskriptivan
desecrate ['desəkrejt] v tr oskrnaviti, oskvrnuti **desecration** [desə'krejšən] n oskrnuće, oskvrnjenje
desegregate [dij'sagrəgejt] v 1. tr ukinuti (rasnu) segregaciju (u) to ~ schools ukinuti segregaciju u školama 2. intr ukinuti (rasnu) segregaciju; the South has

~d južne države su ukinule segregaciju **desegregation** [dijsegrə'gejšən] n ukinuće (rasne) segregacije, desegregacija **desert** I ['dezərt] n pustinja **desert** II a pust; pustinjski **desert** III [di'zərt] v 1. tr napustiti; to ~ one's wife napustiti ženu 2. intr pobeći — pobjeći (iz vojske), dezertirati **deserter** n dezerter **desertion** [di'zəršən] n 1. napuštanje 2. dezerterstvo **deserts** n pl zasluga; to receive one's just ~ dobiti one što se zaslužilo **deserve** [di'zərv] v tr zaslužiti; he ~d the prize on je tu nagradu zaslužio **design** I [di'zajn] n 1. dizajn, desen; crtež; nacrt 2. šara 3. plan, projekat; a ~ for a building plan za zgradu 4. namera (namjera); by ~ namerno **design** IIv tr projektovati; to ~ a bridge projektovati most **designate** I ['dezignit] a imenovan, određen, postavljen **designate** II [~ejt]ʃ v tr 1. označiti, designirati 2. imenovati, odrediti (za); postaviti (za); to ~ smb. (as) commander odrediti nekoga za komandanta **designation** [dezig'nejšən] n 1. oznaka; označenje 2. imenovanje, određenje **designer** [di'zajnər] n 1. dizajner 2. kreator; a fashion ~ modni kreator **designing** a lukav **desirable** (di'zajrəbəl] a poželjan **desire** I [di'zajr] n 1. želja; a keen ~ živa želja. 2. pohota **desire** II v tr 1. želeti (željeti) 2. žudeti—žudjeti (za) **desirous** [di'zajrəs] a željan, žudan; ~ of smt. željan nečega **desist** [di'zist] v intr odustati; to ~ from smt. odustati od nečega **desk** [desk] n 1. pisaći sto (stol) 2. (gov., journalism) odsek (odsjek); the South-American ~ odsek za Južnu Ameriku 3. (in a hotel) recepcija, portirnica; leave your key at the ~ ostavite ključ kod portira **desk clerk** (in a hotel) recepcionar **desolate** I ['desəlit] a 1. pust, nenaseljen; ~ country pusta zemlja 2. utučen **desolate** II [~ejt] v tr opustošiti **desolation** [desə'lejšən] n pustošenje; pustoš **despair** I [dis'pejr] n očajanje, očaj; in the depths of ~ u dubokom očajanju **despair** II v intr očajavati, biti bez nade; to ~ of success ne nadati se uspehu (uspjehu)

desperado [despə'radou] (-s or -es) n razbojnik (na divljem zapadu) **desperate** ['despərit] a 1. očajan, očajnički; a ~ struggle očajnička borba 2. beznadežan; a ~ situation beznadežno stanje stvari 3. spreman na sve; a ~ criminal zlikovac koji ne preza ni od čega **desperation** [despə'rejšən] n 1. očajanje 2. spremnost na sve **despicable** [di'spikəbəl] a vredan (vrijedan) prezira, podao **despise** [di'spajz] v tr prezirati **despite** [di'spajt] prep uprkos; ~ our efforts uprkos našim naporima **despondent** [di'spandənt] a utučen **despot** ['despət] n despot **despotism** n despotizam **dessert** [di'zərt] n desert, slatko; what's for ~? šta (što) ima za slatko? **destination** [destə'nejšən] n odredište, mesto (mjesto) opredeljenja **destine** ['destin] v tr odrediti **destiny** ['destənij] n sudbina **destitute** ['destətu:t] a 1. lišen 2. siromašan **destitution** [destə'tu:šən] n siromaštvo **destroy** [di'stroj] v tr uništiti; razoriti; to ~ the enemy uništiti neprijatelja 2. slomiti; to ~ the enemy' s will to resist slomiti neprijateljevu volju za pružanje otpora **destroyer** n (naval) razarač **destruction** [di'strəkšən] n uništavanje, razorenje **destructive** [di'strəktiv] a destruktivan, razoran **desultory** ['desəltorij] a nevezan; nemetodski **detach** [di'taeč] vr tr 1. odvojiti 2. (mil.) detašovati, otkomandovati **detached** a 1. odvojen; a ~ house izdvojena kuća 2. nepristrastan; ravnodušan; a ~ view nepristrasno gledište 3. (mil.) detašovan **detachment** n 1. odvajanje; odvojenost 2. nepristrasnost; ravnodušnost; an air of ~ ravnodušan izgled 3. (mil.) odred, detašman **detail** I ['dijtejl] n 1. detalj, pojedinost; podrobnost 2. sitnica; sporedna stvar; a mere ~ samo jedna sitnica 3. (mil.) odred, grupa, detašman; a fatigue ~ radna grupa **detail** II [di'tejl] v tr 1. podrobno pričati (o) 2. (mil.) odrediti; to ~ for duty odrediti za službu **detain** [di'tejn] v tr 1. zadržati; he was ~ed on se zadržao 2. uhapsiti

detect [di'tekt] v tr otkriti, opaziti **detection** [di'tekšən] n otkriće, opažanje
detective [di'tektiv] n detektiv
detector n detektor; a lie (mine) ~ detektor laži (mina)
détente [dej'tant] n popuštanje zategnutosti, detant
detention [di'tenšən] n 1. zadržavanje 2. hapšenje; zatvor
deter [di'tər] v tr zastrašiti; odvratiti
detergent [~džənt] n deterdžent
deteriorate [di'tijrijərejt] v intr pogoršati se, popustiti
determination [ditərmə'nejšən] n 1. određenje, determinacija, ograničenje 2. odlučnost **determine** [di'tərmin] v 1. tr odrediti, utvrditi;, determinisati; to ~ the value of smt. odrediti vrednost (vrijednost) nečega **determined** a odlučan; a ~ attack odlučan napad
deterrent [di'tərənt] n zastrašivanje, zastrašujuća sila; a nuclear ~ nuklearna zastrašujuća sila
detest [di'test] v tr mrzeti (mrzjeti), gnušati se **detestable** a mrzak, gnusan
dethrone [dij'throun] v tr zbaciti, svrgnuti (s prestola — prijestola)
detonate ['detnejt] v 1. tr izazvati eksploziju (nečega) 2. intr detonirati, prasnuti **detonation** [det'nejšən] n detonacija **detonator** ['detnejtər] n detonator
detour I ['dijtu:r] n zaobilazni put **detour** II v intr ići zaobilaznim putem
detract [di'traekt] v intr umanjiti, oduzeti
detriment ['detrəmənt] n šteta; to the ~ of one's health na štetu svog zdravlja **detrimental** [detrə'mentl] a štetan, škodljiv
deuce [du:s] n 1. (cards, dice) dvojka 2. (tennis) đus, izjednačenje
devaluate [dij'vaelju:ejt] v tr devalvirati **devaluation** [dijvaelju:'ejšən] n devalvacija
devastate ['devəstejt] v tr opustošiti; harati; to ~ a village opustošiti selo **devastation** [devəs'tejšən] n opustošenje; pustoš; the ~ of war ratna pustoš
develop [di'veləp] v 1. tr razviti; to ~ a country (a photograph) razviti zemlju (fotografiju) 2. tr izgraditi 3. intr razviti se **developer** n graditelj stambenih naselja **developing country** zemlja u razvoju **development** n 1. razvoj, razvitak; physical ~ fizički razvoj 2. kretanje; economic ~s ekonomska kretanja 3.

stambeno naselje; a new ~ novo stambeno naselje
deviate ['dijvijejt] v intr odstupati; to ~ from the general rule odstupati od opšteg (općeg) pravila **deviation** [dijvij'ejšən] n devijacija; odstupanje
device [di'vajs] n naprava, uređaj; *to leave smb. to his own ~s ostaviti nekoga bez pomoći
devil I ['devəl] n 1. đavo, vrag (also fig.); go to the ~! idi do đavola! *to speak of the ~ mi o vuku, a vuk na pragu. 2. jadnik; a poor ~ jadnik
devil II v tr (cul.) napuniti; ~ed eggs punjena jaja
devious ['dijvijəs] a 1. okolišan, zaobilazan; ~ paths zaobilazne staze, okolišni putevi 2. neiskren, nepošten
devise [di'vajz] v tr smisliti, izmisliti
devoid [di'vojd] a lišen
devote [di'vout] v tr posvetiti; to ~ one's life to smt. posvetiti svoj život nečemu **devoted** a odan; požrtvovan; revnostan; ~ friends odani drugovi **devotion** [di'voušən] n 1. odanost, predanost 2. pobožnost
devour [di'vaur] v tr prožderati; to ~ food prožderati hranu
devout [di'vaut] a pobožan **devoutness** n pobožnost
dew [du:] n rosa; morning ~ jutarnja rosa
dexterity [deks'terətij] n veština (vještina), spretnost **dexterous, dextrous** ['dekstrəs] a vešt (vješt), spretan
diabetes [dejə'bijtis] n dijabetes, šećerna bolest **diabetic** I [dejə'betik] n dijabetičar **diabetic** II a dijabetski, dijabetičan
diabolic [dajə'balik] a đavolski, vraži
diachronic [dajə'kranik] a dijahroničan
diacritic [dajə'kritik] n dijakritički znak **diacritical** a dijakritički
diagnose [dajəgnous] v tr dijagnozirati, dijagnosticirati **diagnosis** [dajəg'nousis] (-ses [sijz]) n dijagnoza; to make a ~ postaviti dijagnozu **diagnostic** [dijəg'nastik] a dijagnostički **diagnostician** [dijəgnə'stišen] n (med.) dijagnostičar
diagonal I [daj'aegənəl] n dijagonala **diagonal** II a dijagonalan
diagram I ['dijəgraem] n dijagram; shema, šema **diagram** II v tr prikazati (nešto) dijagramom
dial I ['dajəl] n 1. brojčanik, cifarnik; to turn a ~ okretati brojčanik 2. (on a TV set, radio) dugme za regulisanje; birač

(kanala) **dial** II v 1. tr okrenuti, birati; to ~ a number okrenuti broj 2. intr okrenuti broj

dialect ['dajəlekt] n 1. dijalekat, govor, narečje (narečje) **dialectal** [dajə'lektəl] a dialekatski

dialogue, dialog ['dajəlag] n dialog

dial tone znak slobodnog biranja

diameter [daj'aemətər] n dijametar, prečnik **diametrical** [dajə'metrikəl] dijametralan; ~ly opposed dijametralno suprotan

diamond ['dajmənd] n dijamant, brilijant **diamonds** n pl karo; the ace of ~ karo-as

diaper I ['dajəpər] n pelena; to change ~s menjati (mijenjati) pelene **diaper** II v tr poviti (previti) u pelene

diaphragm ['dajəfraem] n 1. dijafragma; (anat.) grudna prečaga 2. (on a camera) blenda

diarrhea [dajə'rijə] n dijareja, proliv

diary ['dajərij] n dnevnik; to keep a ~ voditi dnevnik

diatribe ['dajətrajb] n klevetnički govor, žestok napad, dijatriba

dice [dajs] pl of **die** I 2; kocke (za igranje); to play ~ kockati se

dichotomy [daj'katəmij] n dihotomija; podela (podjela)

dickens ['dikənz] interj (exp. surprise) what the ~! koga đavola!

dicker v intr cenkati (cjenkati) se

dictaphone ['diktəfoun] n diktafon

dictate I ['diktejt] n nalog, zapovest (zapovijest), diktat; the ~s of conscience ono što savest (savjest) nalaže **dictate** II (also [dik'tejt]) v 1. tr izdiktirati; to ~ a letter izdiktirati pismo 2. tr and intr diktirati; to ~ terms diktirati uslove (W also: uvjete) 3. intr diktirati, kazivati u pero; the boss is ~ing šef diktira pisma sekretarici **dictation** [dik'tejšən] n diktat, kazivanje u pero; the secretary is taking ~ sekretarica beleži — bilježi (hvata) diktat **dictator** ['diktejtər] n diktator **dictatorial** [diktə'torijəl] a diktatorski **dictatorship** [dik'tejtəršip] n diktatura

diction ['dikšən] n dikcija

dictionary ['dikšənerij] n rečnik (riječnik) a bilingual ~ dvojezični rečnik

didactic [daj'daektik] a didaktičan

die I [daj] n 1. (-s) kalup, matrica (za odlivke), etalon 2. (dice [dajs]) kocka; *the ~ is cast kocka je bačena (pala)

die II v 1. tr and intr umreti (umrijeti); to ~ a natural death umreti prirodnom smrću; to ~ of wounds umreti od rana 2. intr čeznuti, žudeti (žudjeti); I am dying for a drink čeznem za pićem 3. intr crći, skapati

die down v stišati se, jenjati; the wind died down vetar (vjetar) se stišao

die out v izumreti (izumrijeti), odumreti (odumrijeti)

diesel engine ['dijzəl] dizel **diesel fuel** dizel-gorivo

diet I ['dajət] 1. dijeta; to be on a ~ biti na dijeti 2. ishrana **diet** II v intr biti na dijeti

diet III n narodna skupština (u nekim zemljama)

dietary ['dajətərij] a dijetetičan, dijetetski **dietetic** [dajə'tetik] a dijetalan, dijetičan; ~ foods dijetalna jela **dietetics** n dijetetika **dietician** [dajə'tišən] n dijetetičar

differ ['difər] v intr 1. razlikovati se; to ~ in appearance razlikovati se po izgledu 2. biti drugog mišljenja, ne slagati se; I beg to ~ ne slažem se **difference** n 1. razlika; a ~ in temperature razlika u temperaturi 2. nesuglasica; they have had their ~s bilo je nesuglasica među njima **different** a 1. drukčiji, drugačiji; this beach is ~ from (than) that one ova plaža je drukčija od one 2. razan; two ~ suits dva razna odela (odijela) 3. različan, različit; tastes are ~ ukusi su različiti **differential** I [difə'renšəl] n (math. and tech.) diferencijal **differential** II a diferencijalni **differential calculus** diferencijalni račun **differentiate** [difə'renšijejt] v 1. tr diferencirati, razlikovati 2. intr praviti razliku

difficult ['difəkəlt] a težak **difficulty** n teškoća (W also: poteškoća); to overcome a ~ savladati teškoću

diffusion [di'fju:žən] n difuzija

dig I [dig] n 1. udarac (laktom); a ~ in the ribs udarac laktom u rebra 2. sarkastična primedba (primjedba); a ~ at smb. sarkastična primedba na nečiji račun 3. iskopina **dig** II dug [dəg] v 1. tr iskopati; izdubiti; to ~ a grave iskopati grob 2. tr kopati; to ~ coal kopati ugalj 3. tr prokopati; to ~ a canal prokopati kanal 4. tr munuti; to ~ smb. in the ribs munuti nekoga u rebra 5. tr (slang) razumeti (razumjeti) 6. tr (slang) uživati

(u) 7. *intr* kopati; *to ~ for gold*
tražiti zlato kopanjem
digest I ['dajdžest] *n* pregled; zbirka izvo-
da (W: izvadaka) **digest** II [daj'džest] *v*
1. *tr* svariti, probaviti; *to ~ food* svariti
hranu 2. *intr* svariti se, probaviti se
digestible *a* varljiv, svarljiv **digestion**
[daj'džesčən] *n* varenje, probava **diges-
tive** [daj'džestiv] *a* probavni
dig in *v* 1. ukopati se; *the soldiers dug in*
vojnici su se ukopali 2. (halapljivo) jesti;
just dig in! poslužite se!
dig into *v* 1. halapljivo gutati; *to dig into
food* halapljivo gutati hranu 2. trošiti,
iscrpljivati; *to dig into reserves* trošiti
rezervu
digit ['didžit] *n* 1. prst 2. broj (od nula do
devet), cifra **digital** *a* 1. prstni 2. digital-
ni; *a ~ computer* digitalni računar
digitalis [didžə'taelis] *n* naprstak, digita-
lis, pustikara
dignified ['dignəfajd] *a* dostojanstven **dig-
nify** ['dignəfaj] *v tr* 1 udostojiti 2. ople-
meniti **dignitary** ['dignəterij] *n* dosto-
janstvenik **dignity** ['dignətij] *n* dosto-
janstvo; dostojanstvenost
digress [daj'gres] *v intr* zastraniti, udaljiti
se, odstupiti; *to ~ from a subject* udalji-
ti se od predmeta **digression** [daj'grešən]
n digresija, ekskurs, zastranjivanje
dig up *v* 1. raskopati, razriti; *to dig up a
pavement* raskopati kolovoz 2. iskopati,
iščeprkati; *to dig up data* iskopati
podatke
dike [dajk] *n* nasip
dilapidated [di'laepədejtid] *a* oronuo; tro-
šan; *a ~ house* trošna kuća
dilate ['daj'lejt] *v* 1. *tr* proširiti 2. *intr*
proširiti se **dilation** [daj'lejšən] *n* proši-
renje, dilatacija
dilatory ['dilətorij] *a* spor, koji odugovlači
dilemma [di'lemə] *n* dilema
dilettante ['dilə'tant] *n* diletant
diligence ['dilədžəns] *n* marljivost, prilež-
nost (prilježnost) **diligent** *a* marljiv pri-
ležan (prilježan)
dill [dil] *n* kopar, mirođija
dilute [daj'lu:t] *v tr* razblažiti, razrediti,
razvodniti; *to ~ milk with water* raz-
blažiti mleko (mljeko) vodom
dim I [dim] *a* taman; bled (blijed); bleda
svetlost (svijetlost) **dim** II *v* 1. *tr* pomra-
čiti 2. *tr* (on an automobile) *to ~
headlights* oboriti svetlost (svjetlost)

dime [dajm] *n* (Am.) srebrn novac u vred-
nosti (vrijednosti) od deset centa
dimension [di'menšən] *n* dimenzija; *the
~s of a room* dimenzije neke sobe
diminish [di'miniš] *v* 1. *tr* smanjiti 2. *intr*
smanjiti se **diminution** [dimə'nu:šən] *n*
smanjenje **diminutive** I [di'minjətiv] *n*
deminutiv **diminutive** II *a* deminutivan
dim-out *n* delimično (djelimično) zamra-
čenje
dimple ['dimpəl] *n* jamica, rupica (na
obrazu, bradi)
dimwit ['dimwit] *n* (slang) glupan **dimwit-
ted** *a* (slang) glup, tupoglav
din [din] *n* buka, graja; *to make a ~*
podići graju
dinar ['dijnar] *n* dinar
dine [dajn] *v intr* imati glavni obrok
(ručati, večerati); *to ~ out* večerati van
kuće **diner** *n* 1. osoba koja ruča (večera)
2. kola za ručavanje 3. restoran (koji
ima oblik kola za ručavanje) **dinette**
[daj'net] *n* mala soba u kojoj se jede
ding-dong I ['ding-dang] *n* udaranje zvona
ding-dong II (onoma.) cin, cip-cip
dinghy, dingey ['dingij] *n* mali čamac
dingy ['dindžij] *a* 1. nečist 2. sumoran,
bezbojan
dining car ['dajning] kola za ručavanje,
vagon-restoran **dining room** 1. trpezari-
ja (W: blagovaonica) 2. (as in a hotel)
restoran
dinner ['dinər] glavni obrok dana (ručak,
večera) **dinner jacket** smoking
dinosaur ['dijnəsor] *n* dinosaur
dint [dint] *n* napor; *by ~ of*... pomoću
dip I [dip] *n* 1. umakanje 2. kupanje; *a ~
in the ocean* kupanje u moru 3. premaz;
a cheese ~ premaz od sira **dip** II *v* 1.
tr umočiti, zamočiti; *to ~ one's feet in
water* umočiti noge u vodu 2. *tr* potopi-
ti; *to ~ bread into milk* potopiti hleb—
hljeb (W: kruh) u mleko (mljeko) 3. *tr*
spustiti (i brzo podići); *to ~ a flag*
spustiti (i brzo podići) zastavu 4. *intr*
spuštati se; *the sun ~s below the hori-
zon* sunce se spušta u more 5. misc.; *to
~ into one's savings* načeti ušteđevinu
diphtheria [dif'thijrijə] *n* difterija
diphthong ['difthong] *n* diftong
diploma [di'ploumo] *n* diploma, univerzi-
tetska (W: sveučilišna) diploma; *a ~ in
architecture* diploma arhitekture
diplomacy [di'ploumosij] *n* diplomatija
(diplomacija) **diplomat** ['dipləmaet] *n*

diplomata **diplomatic** [diplə'maetik] *a*
diplomatski; ~ *immunity* diplomatski
imunitet
dipper ['dipər] *n* velika kašika (W: žlica),
kutlača
dire [dajr] *a* koban, sudbonosan; porazan;
~ *results* porazni resultati
direct I [daj'rekt] *a* 1. direktan, neposre-
dan; *a* ~ *hit* neposredan pogodak 2.
potpun; *the* ~ *opposite* potpuna suprot-
nost 3. (gram.) direktni, neposredni,
upravni; ~ *discourse* direktni govor
direct II *v* 1. *tr and intr* upravljati,
rukovoditi, rukovati 2. *tr* regulisati; *to*
~ *traffic* regulisati saobraćaj 3. *tr* upra-
viti, uperiti, usmeriti (usmjeriti); *to* ~
one's efforts upraviti napore 4. *tr* reži-
rati; *to* ~ *a film* režirati film 5. *tr*
pokazati put uputiti; *can you* ~ *me to
the library?* možete li mi kazati kako da
dođem do biblioteke? 6. *tr and intr*
dirigovati; *to* ~ *a chorus* dirigovati
horom **direct current** jednosmerna (jed-
nosmjerna) struja **direction** [di'rekšən] *n*
1. uprava, upravljanje, rukovodstvo 2.
regulisanje 3. režija 4. dirigovanje 5.
prava, smer (smjer); *in the same* ~ u
istom pravcu **directional signal** pokazi-
vač pravca skretanja **directions** *n pl*
uputstvo (W: uputa) **directive** [di'rektiv]
n direktiva, smernica (smjernica) **direct
object** (gram.) pravi objekat **director**
[di'rektər] 1. direktor, upravnik, ruko-
vodilac 2. režiser 3. dirigent
directory [di'rektərij] *n* imenik; adresar; *a*
telephone ~ telefonski imenik
dirge [dərdž] *n* pogrebna pesma (pjesma),
žalopojka
dirigible [di'ridžəbəl] *n* dirižabl, vazdušna
(W: zračna) lađa
dirt I [dərt] *n* 1. zemlja, tlo 2. blato;
covered with ~ pokriven blatom 3.
prljavština **dirt** II *a* zemljan; *a* ~ *floor*
zemljan pod
dirty I *a* 1. prljav; ~ *dishes* prljavi sudovi
2. pornografski; nepristojan; ~ *books*
pronografske knjige 3. nesportski,
prljav; ~ *playing* nesportska igra **dirty**
II *adv* (colloq.) nesportski; *to play* ~
igrati nesportski **dirty** III *v tr* uprljati,
ukaljati
disability [disə'bilətij] *n* invalidnost, inva-
liditet; onesposobljenost
disable [di'sejbəl] *v tr* 1. onesposobiti; *the
accident* ~*d him* nesreća ga je onespo-

sobila (za rad); *a* ~*d veteran* ratni
invalid 2. izbaciti iz stroja; *a* ~*d vehicle*
oštećeno vozilo
disadvantage [disəd'vaentidž] *n* nezgoda,
smetnja; *at a* ~ u nepovoljnom položaju
disagree [disə'grij] *v intr* 1. *ne slagati se;* I
~ ja se ne slažem 2. ne prijati, škoditi;
this food ~*s with me* ovo jelo mi ne
prija **disagreeable** *a* neprijatan; neljuba-
zan **disagreement** *n* neslaganje; nesloga
disallow [disə'lau] *v tr* ne dopustiti; odba-
citi, odbiti; *to* ~ *a claim* odbaciti zahtev
(zahtjev)
disappear [disə'pijr] *v intr* nestati, iščez-
nuti; *to* ~ *for good* iščeznuti nepovrat-
no **disappearance** *n* nestanak, iščeznuće
disappoint [disə'pojnt] *v tr* razočarati **dis-
appointment** *n* razočaranje, razoča-
renje
disapproval [disə'pru:vəl] *n* neodobrava-
nje; osuda **disapprove** [disə'pru:v] *v* 1. *tr*
ne odobriti; osuditi 2. *intr* imati nepo-
voljno mišljenje; osuđivati; *to* ~ *of smt.*
imati nepovoljno mišljenje o nečemu
disarm [dis'arm] *v* 1. *tr* razoružati, obezo-
ružati 2. *tr* (fig.) obezoružati, umiriti; *to
be* ~*ed by smb.'s frankness* biti umiren
nečijom otvorenošću 3. *intr* razoružati
se **disarmament** [dis'arməmənt] *n* razo-
ružanje
disarray [disə'rej] *n* nered; zbrka; *to throw
into* ~ pobrkati
disassemble [disə'sembəl] *v tr* rasklopiti;
rastaviti; demontirati; *to* ~ *an engine*
rasklopiti motor
disaster [di'zaestər] *n* katastrofa, (masov-
na) nesreća **disastrous** [di'zaestrəs] *a*
katastrofalan, porazan
disavow [disə'vau] *v tr* odreći se, poreći; *to*
~ *one's debts* odreći se dugova **disavo-
wal** *n* odricanje, poricanje
disband [dis'baend] *v* 1. *tr* raspustiti; *to* ~
parliament raspustiti skupštinu 2. *tr*
(mil.) rasformirati; *to* ~ *a unit* rasfor-
mirati jedinicu 3. *intr* raspustiti se,
razići se; *the parliament* ~*ed* skupština
se razišla
disbar [dis'bar] *v tr* lišiti advokatske
dozvole
disbelief [disbə'lijf] *n* neverica (nevjerica)
disburse [dis'bərs] *v tr* isplatiti; izdati
disbursement *n* isplata; izdavanje
discard I ['diskard] *n* odbačena stvar **dis-
card** II [dis'kard] *v* 1. *tr* odbaciti 2. *intr*
odbaciti kartu

discern [di'sərn] *v tt* raspoznati; razliko-
vati; primetiti (primjetiti) **discernible** *a*
primetan (primjetan) **discerning** *a* ra-
zborit, mudar; pronicljiv
discharge I ['dis'čardž] *n* 1. otpuštanje; *a*
~ *from the army* otpuštanje iz vojske 2.
(elec.) pražnjenje; *the* ~ *of a battery*
pražnjenje akumulatora **discharge** II
[dis'čardž] *v* 1. *tr* otpustiti; *to* ~ *from
the hospital* otpustiti iz bolnice 2 *tr*
vršiti, ispunjavati; *to* ~ *one's duties*
ispunjavati svoje dužnosti 3. *intr* opali-
ti; *the pistol* ~*d* pištolj je opalio 4. *intr*
prazniti se; *the battery is* ~*ing* akumu-
lator se prazni
disciple [di'sajpəl] *n* učenik, pristalica
disciplinarian [disəplə'nejrijən] *n* strog
starešina, vaspitač **disciplinary** ['disə-
plənerij] *a* disciplinski, disciplinarni; *to
initiate* ~ *action against smb.* pokrenuti
disciplinski postupak protiv nekoga **dis-
cipline** I ['disəplin] *n* 1. disciplina 2.
naučna grana, disciplina **discipline** II *v*.
tr 1. disciplinovati 2. disciplinski
kazniti
disclaim [dis'klejm] *v tr* odreći se (nečega)
disclaimer *n* odricanje, poricanje
disclose [dis'klouz] *v tr* obelodaniti (obje-
lodaniti); *to* ~ *a secret* obelodaniti
tajnu **disclosure** [dis'kloužər] *n* otkriće,
obelodanjivanje (objelodanjivanje)
discomfit [dis'kəmfit] *v tr* uznemiriti, zbu-
niti **discomfiture** [dis'kəmfičur] *n* uzne-
mirenost, zbunjenost
discomfort [dis'kəmfərt] *n* neudobnost,
nelagodnost
disconcert [diskən'sərt] *v tr* uznemiriti,
zbuniti
disconnect [diskə'nekt] *v tr* 1. isključiti,
iskopčati, odvojiti 2. prekinuti vezu
između
discontent [diskən'tent] *n* nezadovoljstvo
discontinue [diskən'tinju:] *v tr* 1. prestati;
to ~ *one's visits* prestati sa svojim
posetama (posjetima) 2. ukinuti; *to* ~ *a
bus line* ukinuti autobusku liniju
discord ['diskord] *n* neslaganje; nesklad
discordant [dis'kordənt] *a* nesložan,
neskladan
discotheque ['diskətek] *n* diskoteka
discount I ['diskaunt] *n* 1. popust; *a 20%*
~ popust od 20 odsto 2. (or: ~ *rate)*
diskontna (eskontna) stopa 3. cena (cije-
na) ispod pariteta; *at a* ~ ispod pariteta
(nominalne vrednosti—vrijednosti) **dis-**

count II ['dis'kaunt] *v tr* 1. prodati uz
popust 2. diskontovati 3. (fig.) primiti s
rezervom; *I* ~ *a great deal of what he
says* odbijam dobar deo (dio) onoga što
on priča
discourage [dis'kəridž] *v tr* 1. obeshrabriti;
to become ~*d* pasti duhom 2. odvratiti,
odgovoriti; *to* ~ *smb. from doing smt.*
odvratiti nekoga od nečega **discourage-
ment** *n* 1. obeshrabrenje 2. odvraćanje
discourse ['diskors] *n* govor; (gram.) *direct
(indirect)* ~ neposredni (posredni)
govor
discourteous [dis'kərtijəs] *a* neučtiv **dis-
courtesy** [~təsij] *n* neučtivost
discover [dis'kəvər] *v tr* otkriti, pronaći
discovery *n* otkriće, pronalazak
discredit I [dis'kredit] *n* 1. gubitak povere-
nja (povjerenja); *to bring* ~ *on oneself*
izgubiti ugled 2. sram, ljaga **discredit** II
v tr 1. diskreditovati 2. ne verovati
(vjerovati); *to* ~ *rumors* ne verovati
glasovima
discreet [dis'krijt] *a* diskretan; oprezan
discrepancy [dis'krepənsij] *n* neslaganje,
raskorak, protivrečnost (protivurječ-
nost)
discrete [dis'krijt] *a* odvojen
discretion [dis'krešən] *n* 1. diskrecija, di-
skretnost; opreznost 2. sloboda odluči-
vanja; *to use one's own* ~ upotrebiti
svoju slobodu odlučivanja **discretionary**
[~erij] *a* samovoljan; neograničen; ~
powers neograničeno punomoćje
discriminate [dis'krimənejt] *v* 1. *tr* and
intr razlikovati 2. *intr* diskriminirati; *to*
~ *against smb.* diskriminirati nekoga,
izložiti nekoga diskriminaciji **discrimi-
nating** *a* koji razlikuje, koji zapaža
razlike; ~ *taste* fin ukus **discrimination**
[diskrimə'nejšən] *n* 1. razlikovanje; spo-
sobnost razlikovanja 3. diskriminacija;
~ *against smb.* diskriminacija prema
nekome **discriminatory** [dis'krimənəto-
rij] *a* diskriminacioni
discus ['diskəs] *n* 1. disk 2. (or: *the* ~
throw) bacanje diska
discuss [dis'kəs] *v tr* raspravljati, diskuto-
vati; pretresati; razmotriti; *to* ~ *smt.*
raspravljati (diskutovati) o nečemu **dis-
cussion** [dis'kəšən] *n* raspravljanje, di-
skusija; pretres
disdain I [dis'dejn] *n* prezir; oholost **dis-
dain** II *v tr* prezirati; omalovažiti **dis-
dainful** *a* prezriv; ohol

disease [di'zijz] n bolest; a contagious ~ zarazna bolest diseased a bolestan; način bolešću
disembark [disim'bark] v 1. tr iskrcati 2. intr iskrcati se
disengage [disin'gejdž] v tr dezangažovati, razdvojiti disengagement n dezangažovanje, razdvajanje
disentangle [disin'taenggəl] v tr odmrsiti, razmrsiti, rasplesti
disfavor [dis'fejvər] n nemilost; to fall into ~ pasti u nemilost
disfigure [dis'figjər] v tr nakaraditi, unakaraditi, unakaziti; ~d by scars unakažen ožiljcima
disgrace I [dis'grejs] n 1. sramota; to bring ~ to one's family naneti (nanijeti) sramotu svojoj porodici 2. nemilost; to fall into ~ pasti u nemilost disgrace II v tr osramotiti, obrukati disgraceful a sraman, sramotan; beščastan
disgruntled [dis'grəntəld] a nezadovoljan
disguise I [dis'gajz] n prerušenje; *a blessing in ~ sreća pod vidom nesreće disguise II v tr prerušiti; they ~d him as a policeman oni su ga prerušili u policajca
disgust I [dis'gəst] n gađenje, osećanje (osjećanje) odvratnosti; *to throw up one's hands in ~ širiti ruke u znak nemoći disgust II v tr zgaditi, izazvati gađenje (kod) disgusted a ispunjen gađenjem, odvratnošću; to be ~ at smt. (with smb.) osećati (osjećati) odvratnost prema nečemu (nekome) disgusting a odvratan, gadan
dish I [diš] n 1. činija, zdela (zdjela); a salad ~ činija za salatu 2. porcija, količina hrane u činiji 3. jelo; a main ~ glavno jelo 4. (usu. in pl) sud; to wash (dry) the ~es oprati (obrisati) sudove 5. (colloq.) struka, specijalnost; dish II v tr (to ~ out, up) deliti (djeliti); to ~ out (up) food deliti hranu
dishcloth ['diškloth] n krpa za pranje sudova
dishearten [dis'hartən] v tr obeshrabriti
dishevel [di'ševəl] v tr razbarušiti, raščerupati
dishonest [dis'anist] a nepošten, nečastan dishonesty n nepoštenost, nepoštenje
dishonor I [dis'anər] n beščašće, sramota dishonor II v tr osramotiti, posramiti dishonorable a nečastan
dishrag ['dišraeg] n see dishcloth

dishtowel [~tauəl] n krpa za brisanje sudova dishwasher [~wašər] n 1. perač sudova 2. mašina (W: stroj) za pranje sudova (W: suđa) dishwater [~wotər] n pomije, splačine
disillusion [disi'lu:žən] v tr razočarati, osloboditi (nekoga) iluzije)
disinfect [disin'fekt] v tr dezinficirati disinfectant n dezinfekciono sredstvo
disinherit [disin'herit] v tr lišiti (nekoga) nasledstva (nasljedstva)
disintegrate [dis'intəgrejt] v intr raspasti se disintegration [disintə'grejšən] n raspadanje
disinter [disin'tər] v tr ekshumirati, iskopati; to ~ a corpse iskopati leš (iz groba)
disk [disk] n 1. disk, kotur 2. (anat.) disk; pršljen; a slipped ~ iščašenje pršljena
dislike I [dis'lajk] n nevoljenje, neraspoloženje, nenaklonost; a ~ for smt. nenaklonost prema nečemu dislike II ne voleti (voljeti)
dislocate [dis'loukejt] v tr iščašiti; to ~ a shoulder iščašiti rame dislocation [dislou'kejšən] n isčašenje
dislodge [dis'ladž] v tr 1. pomaći, deložirati 2. isterati (istjerati)
disloyal [dis'lojəl] a nelojalan, neveran (nevjeran) disloyalty [dis'lojəltij] n nelojalnost, neverstvo (nevjerstvo)
dismal ['dizməl] a sumoran, tužan
dismantle [dis'maentəl] v tr rasklopiti, rastaviti
dismay I [dis'mej] n poraženost, užasnutost dismay II v tr poraziti, užasnuti
dismember [dis'membər] v tr rastrgnuti, raskomadati
dismiss [dis'mis] v tr 1. otpustiti; to ~ from a job otpustiti s posla (iz službe) 2. raspustiti; to ~ parliament raspustiti skupštinu 3. izbaciti (iz glave); to ~ all thoughts of revenge izbaciti iz glave svaku misao o osveti 4. odbaciti; odbiti; to ~ a plea odbiti molbu 5. (legal) obustaviti; to ~ a case obustaviti postupak dismissal n 1. otpuštanje; raspuštanje 2. (legal) obustava; ~ of a case obustava postupka
dismount [dis'maunt] v intr sjahati
disobedience [disə'bijdijəns] n neposlušnost disobedient a neposlušan disobey [disə'bej] v tr and intr ne slušati; biti neposlušan (nekome)

disorder [dis'ordər] n 1. nered, urnebes 2.
metež, gužva, nemir; civil ~s nemiri
civilnog stanovništva 3. oboljenje; an
intestinal ~ oboljenje creva (crijeva)
disorderly a 1. neuredan, neuređen 2.
nasilnički, nepristojan; (legal) ~ con-
duct nasilničko ponašanje; ispad
disown [dis'oun] v tr odreći se; to ~ one's
children odreći se svoje dece (djece)
disparage [dis'paeridž] v tr omalovažiti;
nipodaštavati
disparate [dis'paerit] a disparatan, (sa-
svim) različit disparity [dis'paerətij] n
disparitet, (potpuna) različnost
dispassionate [dis'paešənit] a nepristra-
stan; tih;
dispatch I [dis'paeč] n 1. odašiljanje 2.
izveštaj (izvještaj); depeša 3. brzina,
brzo obavljanje; to do smt. with ~
uraditi nešto brzo dispatch II v tr oda-
slati, poslati; otpremiti; to ~ a messen-
ger poslati kurira dispatcher n dispečer;
otpravnik (vozova — W: vlakova)
dispel [dis'pel] v tr razbiti, srušiti, odag-
nati; to ~ illusions razbiti iluzije
dispensable [dis'pensəbəl] n nebitan; he is
~ može se bez njega
dispensary [~sərij] n 1. dispanzer 2. apote-
ka (u nekoj ustanovi)
dispensation [dispen'sejšən] n razdavanje,
davanje dispense [dis'pens] v 1. tr pode-
liti (podijeliti); izdati; to ~ justice deliti
pravu; to ~ medicines izdavati lekove
(lijekove) 2. intr biti bez; izostaviti; to
~ with formalities izostaviti formalno-
sti dispenser n zidni držač (za papirne
čaše, peškire)
dispersal [dis'pərsəl] n rasturanje disperse
[dis'pərs] v 1. tr rasturiti, rasterati (rast-
jerati), raščistiti, rasuti; to ~ a crowd
rasturiti gužvu 2. dekoncentrisati; ra-
sturiti; to ~ troops dekoncentrisati je-
dinice 3. intr rasturiti se, razići se; the
crowd ~d svet (svijet) se razišao disper-
sion [dis'pəržən] n 1. rasturanje, rasprši-
vanje 2. dekoncentracija
displace [dis'plejs] v tr pomaći, pomeriti
(pomjeriti) displaced person raseljeno
lice
display I [dis'plej] n 1. izlaganje; izložba 2.
ispoljavanje; a ~ of courage ispoljava-
nje hrabrosti 3. (pejor.) paradiranje, ra-
zmetanje display II v tr 1. izložiti (na
vidno mesto — mjesto); to ~ merchan-

dise izložiti robu 2. pokazati; to ~ inte-
lligence pokazati inteligenciju
displease [dis'plijz] v tr ne sviđati se; that
~s me to mi se ne sviđa displeasure
[dis'pležər] n nezadovoljstvo; ljutina
disposable [dis'pouzəbəl] a koji se izbacu-
je posle (poslije) upotrebe disposal [dis-
'pouzəl] n 1. odstranjivanje, izbaciva-
nje; sewage ~ odstranjivanje otpadaka
2. raspolaganje, dispozicija; to place
smt. at smb.'s ~ staviti nekome nešto
na raspolaganje dispose [dis'pouz] v intr
1. raspolagati; disponovati 2. prodati; to
~ of property prodati imovinu 3. izba-
citi; to ~ of trash izbaciti đubre dispo-
sition [dispə'zišən] n 1. raspored, raspo-
ređivanje; (mil.) a ~ of troops borbeni
poredak 2. raspoloženje, narav, dispozi-
cija
dispossess [dispə'zes] v tr oduzeti (neko-
me) imanje
disprove [dis'pru:v] v tr pobiti, opovrgnu-
ti; to ~ a theory opovrgnuti teoriju
dispute I [dis'pju:t] n disput dispute II v tr
osporiti; to ~ a statement osporiti
tvrđenje
disqualification [diskwaləfi'kejšən] n
diskvalifikacija disqualify [dis'kwalə-
faj] v tr diskvalifikovati
disregard I [disri'gard] n nepažnja, neo-
braćanje pažnje disregard II v tr ne
obazirati se (na); izostaviti; to ~ a
remark ne obazirati se na primedbu
(primjedbu)
disrepair [disri'pejr] n oronulost, zapušte-
nost
disreputable [dis'repjətəbəl] a zloglasan,
ozloglašen disrepute [disri'pju:t] n zlo-
glasnost
disrespect [disri'spekt] n nepoštovanje; to
show ~ pokazati nepoštovanje disre-
spectful a neučtiv; koji ne poštuje
disrobe [dis'roub] v intr svući se
disrupt [dis'rəpt] v tr 1. poremetiti 2.
prekinuti disruption [dis'rəpšən] n 1.
remećenje 2. prekid; to work without
~s raditi bez prekida
dissatisfaction [disaetis'faekšən] n neza-
dovoljstvo dissatisfied [di'saetisfajd] a
nezadovoljan
dissect ['daj'sket] v tr secirati
disseminate [di'semənejt] v tr raširiti, ra-
sprostraniti; to ~ culture raširiti kultu-
ru dissemination [disemə'nejšən] n
širenje

dissension [di'senšən] *n* razmirica, raspra
dissent I [di'sent] *n* neslaganje **dissent** II
v intr ne slagati se
dissertation [disər'tejšən] *n* disertacija, te-
za; *a doctoral* ~ doktorska disertacija
disservice [dis'sərvis] *n* rđava usluga; *to
do smb. a* ~ učiniti nekome rđavu
uslugu
dissident ['disədənt] *n* disident
dissipate ['disəpejt] *v tr* proćerdati, raste-
ći, rasuti; *to* ~ *one's fortune* proćerdati
imovinu **dissipated** *a* 1. raspustan, ra-
skalašan 2. rasut **dissipation** [disə'pej-
šən] *n* 1. rasipanje 2. raspustan život,
raskalašnost
dissociate [di'soušijejt] *v refl* ograditi se,
distancirati se; *to* ~ *oneself from smt.*
ograditi se od nečega
dissolute ['disəlu:t] *a* raskalašan, raspu-
stan
dissolution [disə'lu:šən] *n* 1. poništenje; ~
of a marriage poništenje braka 2. raspu-
štanje; ~ *of parliament* raspuštanje
skupštine **dissolve** [di'zalv] *v* 1. *tr* ra-
stvoriti, rastopiti 2. *tr* raspustiti; *to* ~
parliament raspustiti skupštinu, 3. *intr*
rastvoriti se
dissonance ['disənəns] *n* disonanca **disso-
nant** *a* disonantan
dissuade [di'swejd] *v tr* odgovoriti, odvra-
titi; *to* ~ *smb. from doing smt.* odvratiti
nekoga od nečega
distaff ['distaef] *n* preslica
distance ['distəns] *n* 1. daljina, distancija;
to calculate a ~ izračunati daljinu 2.
odstojanje **distant** ['distənt] *a* dalek,
udaljen; ~ *relatives* daleki rođaci
distaste [dis'tejst] *n* nenaklonost; *a* ~ *for
work* nenaklonost prema radu **distaste-
ful** *a* nezahvalan; *a* ~ *duty (role)* nezah-
valna dužnost (uloga)
distill [dis'til] *v tr* destilisati **distillery**
[dis'tilərij] *n* destilacija (fabrika gde—
gdje se vrši destilisanje)
distinct [dis'tinkt] *a* 1. poseban, osobit;
two ~ *dialects* dva posebna dijalekta 2.
jasan, vidljiv; *a* ~ *shadow* sasvim vidlji-
va senka (sjenka) **distinction** [dis-
'tingkšən] *n* 1. razlika, distinkcija; *to ma-
ke a* ~ *between two things* praviti razliku
između dve (dvije) stvari 2. odličnost;
glas, ugled; *an artist of* ~ umetnik
(umjetnik) od glasa 3. oblikovanje; *to
graduate with* ~ diplomirati s odliko-

vanjem **distinctive** [~ktiv] *a* karakteri-
stičan; osoben, distinktivan **distinguish**
[dis'tinggwiš] *v* 1. *tr* razlikovati, deliti
(dijeliti) 2. *tr* jasno opaziti, primetiti
(primjetiti); *to* ~ *a distant object* jasno
opaziti neki udaljen predmet 3. *refl*
oblikovati se, istaći se **distinguished** *a* 1.
proslavljen, slavan, istaknut; *a* ~ *writer*
proslavljen pisac 2. otmen; *a* ~ *appear-
ance* otmen izgled
distort [dis'tort] *v tr* 1. iskriviti; *his face
was* ~*ed with fear* lice mu se iskrivilo
od straha 2. izvrnuti, iskriviti; *to* ~
facts izvrnuti činjenice **distortion** [dis-
'toršən] *n* 1. iskrivljenost 2. izvrtanje; *a*
~ *of the truth* izvrtanje istine
distract [dis'traekt] *v tr* 1. odvratiti; *to* ~
smb.'s attention odvratiti nečiju pažnju
2. zbuniti, rastrojiti **distracted** *a* pore-
mećen; rastrojen **distraction** [dis'traek-
šən] *n* 1. odvraćanje, distrakcija 2. zaba-
va, razonoda, distrakcija 3. zbunjenost,
umna poremećenost; **to drive to* ~
dovesti do ludila
distraught [dis'trot] *a* zbunjen; zabrinut
distress I [dis'tres] *n* 1. tuga, žalost, jad; *to
my* ~ na moju žalost 2. opasnost, nevo-
lja; *a ship in* ~ brod u nevolji **distress** II
v tr ožalostiti, ojaditi; ~*ing news* tužne
vesti (vijesti)
distribute [dis'tribju: t] *v tr* 1. distribuira-
ti, raspodeliti (raspodijeliti); *to* ~ *food*
raspodeliti hranu 2. rasturiti; *to* ~
leaflets rasturiti letke **distribution** [di-
strə'bju:šən] *n* distribucija, raspodela
(raspodjela); *the* ~ *of food* raspodela
hrane **distributional** *a* distribucioni; (at
Am. universities) ~ *requirements* oba-
vezni opšteobrazovni (općeobrazovni)
predmeti **distributor** [dis'tribjətər] *n* 1.
distributer; delilac (djelilac) 2. (tech.)
razvodnik (paljenja)
district ['distrikt] *n* distrikt, okrug, oblast
district attorney okružni javni tužilac
distrust I [dis'trəst] *n* nepoverenje (nepov-
jerenje) **distrust** II *v tr* sumnjati (u),
nemati poverenje — povjerenje (u)
disturb [dis'tərb] *v tr* 1. uznemiriti; pore-
metiti; *to* ~ *one's train of thought*
poremetiti nečiji tok ideja 2. narušiti; *to*
~ *the peace* narušiti javni mir i red
disturbance *n* 1. uznemiravanje; pore-
mećaj; smetnja 2. nemir, nered, metež;
to cause a ~ izazvati nemir 3. poreme-
ćenost; *a mental* ~ duševna poremeće-

nost **disturbed** a poremećen; *mentally* ~ duševno poremećen

disunity [di'sju: nətij] n razjedinjenost

disuse [di'sju: s] n neupotreba; *to fall into* ~ ispasti iz upotrebe

ditch I [dič] n jarak, rov **ditch** II v (colloq.) 1. *tr* izbaciti, odbaciti 2. *tr and intr* (aviation) *to* ~ *(an airplane)* prinudno sleteti (sletjeti) na vodu

ditto ['ditou] *adv* isto, takođe (također) **ditto mark** znak ponavljanja (")

ditty ['ditij] n pesmica (pjesmica)

divan [di'vaen] n sofa, divan

dive I [dajv] n 1. gnjuranje; ronjenje 2. (aviation) obrušavanje 3. skok (u vodu) 4. (slang, boxing) lažirani nokaut 5. (slang, pejor.) drumska mehana, kafančina **dive** II -d and *dove* [douv]; -d; v *intr* 1. zaroniti, uroniti; *the submarine dove* pomornica je zaronila 2. skočiti; *to* ~ *into the water* skočiti u vodu 3. (aviation) obrušavati se **dive-bomb** v *tr* bombardovati iz obrušavanja **dive bomber** obrušivač **diver** n 1. gnjurac, ronilac 2. skakač

diverge [di'vərdž] v *intr* divergirati, razilaziti se **divergence** n divergencija **divergent** a divergentan

diverse ['daj'vərs] a različit; raznoličan, raznovrstan **diversify** [di'vərsəfaj] v 1. *tr* fiversifikovati 2. *intr* uneti raznolikost

diversion [du'vəržən] n 1. odvraćanje 2. razonoda, zabava 3. (mil.) demonstrativni napad

diversity [di'vərsətij] n različitost; raznolikost, raznovrsnost

divert [di'vərt] v *tr* 1. odvratiti, skrenuti; *to* ~ *a stream (of water)* odvratiti tok (vode) 2. zabavljati, zanimati

divest [di'vest] v *tr* lišiti; *to* ~ *oneself of one's wealth* otarasiti se bogatstva

divide I [di'vajd] n razvođe **divide** II v 1. *tr* podeliti (podijeliti); *to* ~ *profits* podeliti dobit 2. *tr* razdeliti (razdijeliti); *to* ~ *smt. into two parts* razdeliti nešto na dva dela (dijela) 3. *tr* razjediniti; *to* ~ *a people* razjediniti narod 4. *intr* odvojiti se, razdvojiti se; *the road* ~s put se odvaja

dividend ['divədend] n 1. (math.) deljenik (djeljenik) 2. (comm.) dividenda

divine [di'vajn] a 1. božanski; *the* ~ *right of kings* božansko pravo kraljeva 2. božanstven; divan

divinity [di'vinətij] n 1. božanstvenost 2. božanstvo, bog 3. bogoslovlje

divisible [di'vizbəl] a deljiv (djeljiv)

division [di'vižən] n 1. deljenje (djeljenje); deoba (dioba) 2. odeljenje (odjeljenje); uprava 3. nesloga, neslaganje 4. (mil.) divizija

divisor [di'vajzər] n (math.) delilac (djelilac)

divorce I [di'vors] n razvod (braka); *to file for* ~ povesti brakorazvodnu parnicu **divorce** II v *tr* razvesti se (od); *she* ~d *her husband* razvela se od muža **divorcee** [divor'sej] n razvedena žena

divulge [di'vəldž] v *tr* otkriti; *to* ~ *a secret* otkriti tajnu

Dixie ['diksij] n južne države SAD

dizziness ['dizijnis] n vrtoglavica **dizzy** ['dizij] . a koji ima vrtoglavicu; *I am getting* ~ hvata me vrtoglavica **dizzying** a vrtoglav; a ~ *height* vrtoglava visina

do [du:] third person sgn.: *does* [dəz]; past: *did* [did]; *done* [dən]; colloq. negative pres.: *don't* [dount] third sgn.: *doesn't* ['dəzənt] v 1. *tr* uraditi, učiniti; *what are you* ~*ing?* šta (što) radiš? *to* ~ *smb. a favor* učiniti nekome uslugu 2. *tr* skuvati (skuhati), ispeći; *the meat is well done* meso je dobro pečeno 3. *tr* (colloq.) razgledati (kao turista); posetiti (posjetiti); *we've done Paris* razgledali smo Pariz 4. *tr* preći, pretrčati, prevaliti; *he did a mile in five minutes* pretrčao je milju za pet minuta 5. (as an aux. verb, used to emphasize the inf. or imper.) *he does know* on zaista zna; ~ *come!* dođite neizostavno! 6. *intr* (as aux., to indicate the tense of the inf. in questions, negative statements, and inverted phrases); ~ *you see him?* da li ga vidiš? *he did not sleep well* nije dobro spavao 7. *intr* (to represent an antecedent verb, often in responses); *do you understand English? yes, I* ~ da li razumeš (razumiješ) engleski? da, razumem; *did he come? yes, he did* da li je došao? jeste 8. *intr* priličiti (se), pristojati se; *that will not* ~*!* to se ne priliči! 9. *intr* napredovati, imati uspeha (uspjeha); *he is* ~*ing very well* on ima mnogo uspeha 10. misc.; *to* ~ *business* trgovati; *to* ~ *one's hair* udesiti kosu; *I could* ~ *with a good night's sleep* ne bi mi škodilo da se noćas dobro ispavam; *to* ~ *a room* raspremiti sobu; *that will* ~

to je dovoljno; *will this material* ~? da li će ovaj materijal biti pogodan? *to* ~ *the laundry* oprati rublje (veš); *how* ~ *you* ~? milo mi je (pri upoznavanju) **locile** ['dasəl] *a* 1. pokoran, poslušan 2. pitom **docility** [də'silətij] *n* 1. pokornost 2. pitomost

dock I [dak] (or: *prisoner's* ~) optuženička klupa

dock II *n* 1. dok; *a dry* ~ suvi (suhi) dok 2. pristanište **dock** III *v* 1. *tr* uvesti (brod) u dok 2. *intr* ući u dok 3. *intr* spojiti se; *the spaceships* ~*ed* vasionski brodovi su se spojili **docker** *n* lučki radnik

doctor I ['daktər] *n* 1. lekar—ljekar (W: liječnik), doktor (also **physician)** 2. doktor; *a* ~ *of philosophy* doktor filozofije **doctor** II *v tr* 1. (or: *to* ~ *up)* falsifikovati, krivotvoriti; *to* ~ *evidence* krivotvoriti dokaze 2. (or: *to* ~ *up)* doterati (dotjerati), udesiti, *to* ~ *up food (leftovers)* doterati jelo (ostatke jela) **doctoral** *a* doktorski; *a* ~ *dissertation* doktorska teza **doctorate** *n* doktorat

doctrinaire [daktrə'nejr] *a* doktrinaran, doktrinarski **doctrine** ['daktrin] *n* doktrina

document I ['dakjəment] *n* dokumenat **document** II *v tr* dokumentovati; *to* ~ *a request* dokumentovati molbu **documentary** [dakjə'mentərij] *n* dokumentarni film, dokumentarac **documentation** [dakjəmen'tejšən] *n* dokumentacija

doddering ['dadəring] *a* ishlapeo (ishlapio), starački; *a* ~ *old fool* drhtavi blesavi starac

dodge I [dadž] *n* 1. vrdanje 2. prevara, smicalica **dodge** II *v tr* izvrdati, izbeći (izbjeći); ukloniti se; *to* ~ *a blow* izbeći udarac

doe ['dou] *(pl* has zero or *-s) n* košuta, srna

doff [daf] *v tr* skinuti; *to* ~ *one's hat* skinuti šešir

dog I [dog] *n* 1. pas; *stray* ~*s* psi lutalice 2. misc.; *a lucky* ~ srećnik **dog** II *v tr* ići tragom (za nekim); *to* ~ *smb.'s* footsteps pratiti nekoga u stopu **dogcatcher** [~kaečər] *n* radnik kafilerije, hvatač pasa lutalica; (colloq.) šinter **dog collar** ogrljak kod psa

dogfight [~fajt] *n* dvoboj u vazduhu (W: zraku)

dogged [~id] *n* uporan, istrajan

doghouse [~haus] *n* 1. pasja kućica 2. (colloq.) nemilost; *to be in the* ~ biti u nemilosti

dogma ['dogmə] *n* dogma **dogmatic** [~'maetik] *a* dogmatičan **dogmatism** ['dogmətizem] *n* dogmatizam

do-gooder *n* (colloq.) zadušna baba

dog pound kafilerija **dog show** izložba pasa

dog tag (mil.) lična oznaka

doily ['dojlij] *n* podmetač (od platna)

doldrums ['douldrəmz] *n* 1. područje zatišja oko ekvatora 2. snuždenost, potištenost; *to be in the* ~ biti snužden

dole [doul] *n* (usu. Br.) socijalna pomoć; *to be on the* ~ primati socijalnu pomoć

doleful *n* tužan, setan (sjetan); *a* ~ *look* tužan pogled

dole out *v* razdati, razdeliti (razdijeliti)

doll [dal] *n* 1. lutka; *to play with* ~*s* igrati se lutkama 2. (colloq.) ljubazna osoba

dollar ['dalər] *n* dolar **dollar-a-year** *a* neplaćen; *a* ~ *post* neplaćena dužnost

doll up *v* (slang) doterati (dotjerati)

dolly ['dalij] *n* 1. lutkica 2. kolica sa platformom (za prevoženje)

dolphin ['dalfin] *n* (zool.) delfin

domain [dou'mejn] *n* domen; područje; polje rada

dome [doum] *n* kupola, kube

domestic I [də'mestik] *n* sluškinja **domestic** II *a* 1. domaći; *a* ~ *animal* domaća životinja 2. unutrašnji; ~ *policy* unutrašnja politika **domesticate** [də'mestikejt] *v tr* pripitomiti; *to* ~ *an animal* pripitomiti životinju

domicile ['daməsajl] *n* stalno mesto (mjesto) boravka

dominance ['damənəns] *n* dominacija, vlast **dominant** *a* dominantan **dominate** [~nejt] *v* 1. *tr* dominirati; *to* ~ *smt.* dominirati (nad) nečim 2. *intr* dominirati, biti dominantan **domination** [damə'nejšən] *n* dominacija **domineer** [damə'nijr] *v tr* gospodariti, vladati **domineering** *a* zapovednički (zapovjednički), nadmen **dominion** [də'minjən] *n* 1. vlast, nadmoć 2. domen, područje 3. dominion (Britanskog carstva)

domino ['damənou] *(-s* or *-es) n* 1. pločica za domine 2. (in *pl)* domine

don [dan] *v tr* obući

donate ['dounejt] *v tr* darovati, pokloniti **donation** [dou'nejšən] *n* poklon

done for a upropašćen; *he is* ~! on je
završio svoje!

donkey ['dongkij] n magarac (also fig.)

donnybrook ['danijbruk] n tuča, gungula

donor ['dounər] n darodavac; davalac; a
blood ~ davalac krvi

don't (= *do not*) nemoj; ~ *close the* door
nemojte zatvarati (zatvoriti) vrata; *you*
~ *say!* ma nemoj!

donut see doughnut

doodle I ['du:dl] n škrabotina, drljanje,
žvrljanje doodle II v *intr* škrabati, drlja-
ti, žvrljati doodler n škrabalo, drljalo

doom I [du:m] n zla kob; propast, unište-
nje doom II v *tr* osuditi (na smrt,
propast) doomsday, domesday ['du:
mzdej] n strašni sud

door [dor] n vrata; *to show smb. the* ~
pokazati nekome vrata doorbell [~bel]
n zvonce na vratima doorknob [~nab] n
kvaka (na vratima) doorman [~maen]
(-*men* [min]) n vratar, portir doormat
[~maet] n otirač; brisač za noge door-
step [~step] n stepenica pred pragom,
prag doorway [~wej] n ulaz (u sobu,
kuću)

dope I [doup] n 1. (colloq.) droga, narko-
tik; *he takes* ~ on uživa droge 2. (slang)
glupan dope II v *tr* (colloq) narkotizo-
vati

dope out v (colloq) odgonetnuti: *to dope
out a puzzle* odgonetnuti zagonetku

dorm [dorm] n (colloq.) see dormitory

dormant ['dormənt] a 1. koji spava 2. (fig.)
skriven, neiskorišćen

dormitory ['dormətorij] n 1. spavaonica 2.
studentski dom

dosage ['dousidž] n doza, doziranje dose I
[dous] n 1. doza, doziranje 2. (slang)
venerična bolest dose II v *tr* dozirati

dossier ['dasijej] n dosije

dot I [dat] n 1. tačka (W: točka); bobica 2.
(Morse Code) tačka; ~*s and dashes*
tačke i povlake dot II v *tr* obeležiti
tačkom (W: obilježiti točkom); *to* ~ *an i*
staviti tačku na i

dote [dout] v *intr* razmaziti; *to* ~ *on smb.*
razmaziti nekoga, obigravati oko
nekoga

dotted ['datid] a tačkast (W: točkast),
bobičast

double I ['dəbəl] n 1. dvojnik 2. zamenik—
zamjenik (glumca) 3. trčeći korak; *on
(at) the* ~ trčećim korakom, trkom
double II a 1. dvostruk, dvojni; *a* ~

lining dvostruka postava 2. dvokrilni; *a*
~ *door* dvokrilna vrata 3. dvaput veći;
a ~ *bed* krevet za dve (dvije) osobe 4.
dvojak; *a* ~ *meaning* dvojako značenje
5. dupli; *a* ~ *portion* dupla porcija 6.
dvoličan; ~ *dealing* dvolična igra dou-
ble III adv dvostruko; *to pay* ~ platiti
dvostruko double IV v 1. *tr* udvostručiti;
udvojiti; *to* ~ *one's offer* udvostručiti
ponudu 2. *tr* saviti, presaviti udvoje; *to*
~ *a blanket* presaviti ćebe 3. *intr* (usu.:
to ~ *back)* vratiti se (trkom); *he* ~*d
back to evade his pursuers* vratio se da
izmakne goniocima double-bedded a sa
dva kreveta; *a* ~ *room* dvokrevetna
soba double-breasted a na dva reda
dugmeta (o odelu — odijelu) double-
cross I n dvolična igra, prevara double-
cross II v *tr* prevariti double date dupli
randevu (dvaju parova) double-dealing
n dvolična igra double-decker n dvo-
spratan (W: dvokatan) autobus double-
edged a dvosek (dvosjek); (also fig.) *a* ~
sword mač sa dve (dvije) oštrice double
entry (or: ~ *bookkeeping)* n dvojno
knjigovodstvo double exposure (photo.)
duplo osvetljenje (osvjetljenje) double
feature program (u bioskopu — W: kinu)
dugmeta (o odelu — odijelu) double-
dvojno odricanje double-park v *tr* and
intr parkirati (vozilo) pored već parki-
ranog vozila doubles n pl (sports, esp.
tennis) dubl, igra parova double-space v
tr and *intr* otkucati (nešto) s duplim
proredom (prorijedom)

doublet ['dəblit] n dublet

double talk besmislica

double time (mil.) trčeći korak, trka dou-
ble-time v *intr* (mil.) trčati

double up v 1. podeliti—podijeliti (sobu);
we have to double up moramo da deli-
mo sobu 2. zgrčiti se; *he was dobled
up in pain* grčio se od bola

doubt I [daut] n 1. sumnja (W also:
dvojba); *without (a)* ~ bez sumnje 2.
neizvesnost (neizvjesnost); *to be in* ~
biti u neizvesnosti doubt II v *tr* sumnjati
(u); *I* ~ *whether he'll come* sumnjam da
će doći doubtful a 1. nesiguran; neuve-
ren (neuvjeren); *to be* ~ *about smt.*
sumnjati u nešto 2. neizvestan (neizvje-
stan); *a* ~ *outcome* neizvestan ishod
doubtless I a bez sumnje doubtless II
adv sigurno

dough [dou] *n* 1. testo (tijesto) 2. (slang) novac, pare

doughnut [~nət] *n* krofna

doughty ['dautij] *a* hrabar, neustrašiv

dour [daur] *a* strog; turoban

douse I [daus] *v tr* 1. politi; ukvasiti 2. zagnjuriti (u tečnost)

douse II *v tr* ugasiti; *to* ~ *a light* ugasiti svetlost (svjetlost)

dove [dəv] *n* 1. golub 2. (fig.) golub, pristalica pokreta za mir

dowager ['dauədžər] *n* udova kojoj je muž ostavio titulu ili imanje

dowdy ['daudij] *a* aljkav, loše obučen

dowel ['dauəl] *n* drveni čep, klip

down I [daun] *n* 1. paperje; malja 2. meko perje mladunčeta

down II *a* 1. koji silazi, koji se spušta; *a* ~ *elevator* lift koji se spušta 2. (sports) *to be* ~ *by two points* gubiti za dva boda 3. u gotovu; *a* ~ *payment* plata u gotovu 4. smanjen; opao; *the birthrate is* ~ natalitet je opao 5. misc.; ~ *with fever* oboleo (obolio) od groznice **down** III *adv* 1. dole; ~ *with the speaker!* dole govornik! 2. misc.; ~ *through the ages* kroz vekove (vjekove); *to pay ten dollars* ~ uplatiti deset dolara u gotovu **down** IV *prep* 1. niz; duž; ~ *the hill* niz brdo; *to go* ~ *the road* ići putem 2. na (dole, na nižem položaju); *he lives* ~ *the river* on živi tamo dole na reci (rijeci) **down** V *v tr* oboriti; *to* ~ *an airplane* oboriti avion **downcast** [~kaest] *a* potišten, utučen **downfall** [~fol] *n* slom, krah **downgrade** I [~grejd] *n* nizbrdica **downgrade** II *v tr* 1. poniziti, umanjiti (nečije) značenje 2. prevesti u nižu kategoriju **downhearted** [~hartid] *a* potišten, utučen **downhill** I [~hil] *a* nizbrdan **downhill** II *adv* nizbrdo; *to go* ~ ići nizbrdicom **downpour** [~por] *n* pljusak **downright** [~rajt] 1. *a* potpun, savršen; ~ *nonsense* savršena glupost 2. *adv* stvarno; veoma; ~ *unpleasant* veoma neprijatno

downstairs [~stejrz] *adv* dole; *to go* ~ sići niz stepenice

downstream [~strijm] *adv* nizvodno, niz vodu

down-to-earth *a* realističan

downtown I [~taun] *n* centar grada **downtown** II 1. *a* u centru grada; *a* ~ *store* radnja u centru grada 2. *adv* u

centar grada, u varoš; *to go* ~ ići u varoš

downtrodden [~tradən] *a* podjarmljen, ugnjeten

downward [~wərd] 1. *a* silazni; nizbrdni 2. *adv* silazno; nizbrdo

dowry ['daurij] *n* miraz

doze I [douz] *n* dremanje, lak san **doze** II *v intr* dremnuti; *to* ~ *off* zaspati lakim snom

dozen ['dəzən] (after a *num, pl* has zero) *n* tuce; ~*s of people* desetine ljudi; *three* ~ *eggs* tri tuceta jaja

drab [draeb] *a* jednoličan, bezbojan; *a* ~ *existence* jednoličan život

draft I [draeft] *n* 1. promaja; strujanje vazduha (W: zraka); *to sit in a* ~ sedeti (sjedjeti) na promaji 2. (comm.) vučena menica (mjenica) 3. regrutovanje; regrutna obaveza, vojna obaveza 4. nacrt; skica, plan; crtež 5. (of a chimney) cug; dimovuk **draft** II *v tr* 1. regrutovati, pozvati u vojnu službu 2. napraviti nacrt (nečega) 3. formulisati, redigovati **draft beer** pivo iz bureta

draft board regrutna komisija **draft card** regrutna knjižica **draft dodger** begunac (bjegunac) od vojne obaveze **draftee** [~ij] *n* regrut

drafting *n* tehničko crtanje, sastavljanje nacrta **draftsman** [mən] (*-men* [min]) *n* tehnički crtač

drag I [draeg] *n* 1. povlačna mreža; bager 2. teret, prepreka, smetnja; *a* ~ *on smb.'s career* prepreka nečijoj karijeri 3. izvlačenje; (colloq.) *to take a* ~ *on a cigarette* potegnuti dim iz cigarete 4. (slang) nešto dosadno 5. (slang) ulica; *the main* ~ glavna ulica **drag** I *v* 1. *tr* vući; navući; *to* ~ *smt. along the ground* vući nešto po zemlji 2. *tr* dovući; *she* ~*ged the table over to the window* dovukla je sto (stol) do prozora 3. *tr* bagerisati; *to* ~ *a river* bagerisati dno reke (rijeke) 4. *intr* vući se; *the chain* ~*ged along the ground* lanac se vukao po zemlji 5. *intr* (or: *to* ~ *on*) otegnuti se; *time* ~*ged terribly* vreme (vrijeme) se strašno oteglo 6. *intr* tragati (pomoću mreže); *to* ~ *for a body* tragati za lešom (pomoću mreže) **dragnet** [~net] *n* 1. koča, mreža 2. (fig.) traganje (za zločincem)

dragon ['draegən] *n* zmaj, aždaja

drag out v razvući, odugovlačiti; otegnuti; to *drag* a *job out* razvući posao

drain I [drejn] n 1. odvod, odvodna cev (cijev); dren 2. (med.) dren 3. (fig.) odliv; a *brain* ~ odliv intelektualaca **drain** II v 1. tr isušiti; to ~ a *swamp* isušiti močvaru 2. tr (med.) odvoditi drenom 3. tr iskapiti, ispiti (naiskap); he ~ed the *glass* iskapio je čašu 4. intr (or: to ~ out) curiti, oticati; the *water doesn't* ~ voda neće da otiče **drainage** n drenaža, odvođenje vode **drainpipe** [~pajp] n odvodna cev (cijev), odvodnica; ispust

drake [drejk] n patak

drama ['dramə] n drama **dramatic** [drə-'maetik] a 1. dramatičan 2. dramski; ~ *works* dramska dela (djela) **dramatics** n *(sgn* or *pl)* dramatika **dramatize** ['draemətajz] v tr dramatizovati

drape I [drejp] n draperija, zavesa (zavjesa) **drape** II v tr 1. drapirati 2. obesiti (objesiti); the *body was* ~d *over the chair* telo (tijelo) je bilo presavijeno preko stolice **drapery** [~rij] n draperija

drastic ['draestik] a drastičan; ~ *measures* drastične mere (mjere)

draw I [dro] n 1. vučenje; he *is quick on the* ~ on ume (umije) brzo da poteže pištolj 2. nerešena (neriješena) igra 3. izvlačenje kocke, žreb (žrijeb) **draw** II *drew* [dru:]; *drawn* [dron] v 1. tr navući; to ~ a *curtain* navući zavesu (zavjesu) 2. tr isukati; trgnuti; potegnuti; to ~ a *sword* isukati mač (iz korica); to ~ a *knife* potegnuti nož 3. tr izvaditi; to ~ *money (from a bank)* izvaditi novac (iz banke) 4. tr izvući; to ~ a *conclusion* izvući zaključak 5. tr crpsti; to ~ *new strength* crpsti novu snagu 6. tr privući; to ~ *smb. close* privući nekoga k sebi 7. tr vući; to ~ *lots* vući žreb – žrijeb (kocku) 8. tr nacrtati 9. tr primiti, dobiti; to ~ a *salary* primati platu 10. tr and intr (naut.) gaziti 11. intr vući; the *chimney* ~s *well* dimnjak dobro vuče 12. intr crtati 13. intr potegnuti pištolj 14. intr (sports) igrati nerešeno (neriješeno) 15. misc.; to ~ *smb. aside* odvesti nekoga ustranu

draw back v zamahnuti; he *drew back his arm to strike me* zamahnuo je rukom da me udari

drawback [~baek] n nezgoda

drawbridge [~bridž] n pokretni most

drawers n pl gaće

drawing n 1. crtež 2. izvlačenje kocke

drawing card atrakcija (koja privlači mnogo posetilaca—posjetilaca)

drawing room 1. gostinska soba, soba za primanje 2. kupe (u spavaćim kolima)

drawl I [drol] n otezanje u govoru **drawl** II v tr and intr otezati (u govoru)

draw on v privući; to *draw on reserves* privući rezerve

draw up v 1. sastaviti; to *draw a list up* sastaviti spisak 2. zaustaviti se; a *car drew up in front of the house* jedan auto se (iznenadno) zaustavio pred kućom 3. napraviti; to *draw up a will* napraviti testamenat

dread I [dred] n strah, užas **dread** II v tr plašiti se **dreadful** a strašan, užasan

dream I [drijm] n san; sanjarija; his ~ *came true* ispunio mu se san **dream** II ~ed or *dreamt* [dremt] v intr sanjati; sanjariti; to ~ *about smt.* sanjati o nečemu **dreamer** n sanjalac, sanjar, sanjalica **dream up** v izmisliti; to *dream smt. up* izmisliti nešto

dredge I [dredž] n bager **dredge** II v tr 1. bagerisati; očistiti bagerom 2. *(to ~ up)* iskopati

dregs [dregz] n pl 1. talog 2. (fig.) ološ, talog; the ~ *of society* društveni talog

drench [drenč] v tr 1. nakvasiti 2. posuti; he ~ed *himself with gasoline* posuo se benzinom

dress I [dres] n 1. odelo (odijelo), odeća (odjeća) 2. haljina 3. (mil.) ravnanje **dress** II a svečan; (mil.) a ~ *uniform* uniforma za paradu i izlazak **dress** III v 1. tr obući 2. intr and refl obući se; to *get* ~ed obući se 3. intr (mil.) ravnati se

dresser n 1. toaletni sto (stol) 2. orman

dressing n 1. (med.) zavoj 2. (cul.) preliv; a *salad* ~ preliv za salatu

dressing gown kućna (sobna) haljina, šlafrok **dressing room** 1. svlačionica 2. garderoba; šminkernica **dressing table** toaletni stočić

dressmaker [~mejkər] n krojačica, krojač, švalja **dressmaking** n krojački zanat

dress rehearsal generalna proba

dress up v nagizdati (se)

dribble I ['dribəl] n 1. (esp. basketball) dribling, driblovanje, vođenje lopte 2. kapanje **dribble** II v 1. tr and intr driblovati 2. intr kapati, curiti

drift I [drift] n 1. nošenje, teranje (tjeranje) 2. nanos, namet, smet; to *blow snow*

into ~s naneti sneg (nanijeti snijeg) 3. zanošenje; derivacija 4. usmerenost (usmjerenost); the ~ of a speech usmerenost govora **drift** II v intr ploviti (niz vodu, niz vetar — vjetar) 2. nagomilati se; the snow has ~ed sneg je nanet (snijeg je nanijet) 3. ići polako; prepustiti se okolnostima; to ~ into a war srljati u rat 4. skitati se **drifter** n skitnica **driftwood** [~wud] n naneto (nanijeto) drvo
drill I [dril] n 1. burgija, bušilica 2. vežbanje (vježbanje); vežba (vježba); an air-raid ~ vežba vazdušne (W: zračne) uzbune **drill** II v 1. tr probušiti; to ~ a hole probušiti rupu 2. tr uvežbati (uvježbati); obučiti; to ~ soldiers uvežbati vojnike 3. intr bušiti 4. intr vežbati se **drillmaster** [~maestər] n (mil.) nastavnik strojeve obuke; (fig.) strog nastavnik
drink I [dringk] n 1. piće; soft ~s osvežavajuća (osvježavajuća) pića 2. (fig.) alkoholizam; piće; addicted to ~ odan piću **drink** II drank [draengk]; drunk [drəngk] v 1. tr and intr ispiti, popiti 2. intr biti sklon piću, piti **drinkable** a pitak **drinker** n 1. onaj koji pije 2. alkoholičar **drinking** n 1. pijenje 2. (fig.) alkoholizam **drinking water** pitka voda
drip I [drip] n 1. kapanje, curenje 2. (slang) dosadna osoba **drip** II v intr kapati, curiti
drive I [drajv] n 1. vožnja; to go for a ~ provozati se 2. put, autoput 3. pogon; four-wheel ~ pogon za obadve (obadvije) osovine 4. akcija; a ~ to help flood victims akcija za pomoć postradaiima od poplave 5. agresivnost, energija; a man of great ~ čovek (čovjek) velike energije 6. (mil.) (snažan) napad 7. teranje — tjeranje (stoke) **drive** II drove [drouv]; driven ['drivən] v 1. tr terati (tjerati); oterati (otjerati); to ~ cattle terati stoku 2. tr voziti, upravljati; to ~ a car voziti kola 3. tr odvesti (odvezem); a friend drove me there odvezao me je tamo jedan prijatelj 4. tr dovesti (dovedem), naterati (natjerati); to ~ to despair dovesti do očajanja 5. tr ukucati; zabiti; to ~ a nail into a wall ukucati ekser u zid 6. intr voziti; he knows how to ~ on zna da vozi 7. intr odvesti (odvezem) se; he drove to work on se odvezao na posao 8. misc.; what is he ~ing at? na šta (što) cilja?

drive back v 1. vratiti se (kolima) 2. odbiti; to drive the enemy back odbiti neprijatelja
drive in v 1. ući (autom) 2. ukucati **drive in** I n bioskop (W: kino), restoran (pod otvorenim nebom) u koji se ulazi automobilom **drive-in** II a u koji se ulazi automobilom; a ~ bank banka sa auto-šalterom
drivel I ['drivəl] n bale **drivel** II v intr balaviti
drive off 1. odvesti (odvezem) se; they drove off odvezli se 2. oterati (otjerati), odbiti
driver n vozač, šofer **driver's license** vozačka dozvola **driver's seat** 1. mesto (mjesto) za volanom 2. (fig.) mesto vlasti
drive up v 1. dovesti (dovezem) se; to drive up to a house dovesti se do kuće 2. povisiti; to drive up prices povisiti cene (cijene)
driveway [~wej] n automobilski prolaz (između kuća); prilazni put
driving I n vožnja; voženje
driving II a 1. energičan 2. jak; a ~ rain jaka kiša
drizzle I ['drizəl] n rominjanje **drizzle** II v intr rominjati, sipiti; it is ~ing kiša sipi
droll [droul] a zabavan, smešan (smiješan)
drone I [droun] n 1. trut 2. lenčina (lijenčina) 3. avion bez pilota
drone II n zujanje **drone** III v intr zujati
drool [dru:1] v intr balaviti
droop I [dru:p] n pognutost **droop** II v intr 1. klonuti, malaksati; to ~ in the heat malaksati na žezi 2. sroljati se, srozati se; her stockings are ~ing sroljale su joj se čarape
droopy a klempav
drop I [drap] n 1. kap; ear ~s kapi za uši; *a ~ in the bucket kap u moru 2. pad; a ~ in temperature pad temperature 3. izbacivanje (tereta ili padobranaca); desant **drop** II v 1. tr ispustiti (iz ruku); he ~ped a glass ispustio je čašu 2. tr spustiti; to ~ anchor spustiti kotvu (sidro) 3. tr napustiti; to ~ one's friends napustiti svoje prijatelje 4. tr izgubiti; the letter is ~ped slovo se gubi 5. tr napisati; to ~ smb. a line napisati nekoliko reči (riječi) nekome 6. tr oždrebiti (oždrijebiti) se, oteliti se; to ~ a colt oždrebiti se 7. tr odustati; to ~ a demand odustati od zahteva (zahtjeva) 8. tr izručiti; to ~ bombs ~izručiti bombe 9.

tr ostaviti; *let's* ~ *the subject* ostavimo taj predmet 10. *intr* pasti, sniziti se; *the temperature* ~ *ped* temperatura je pala 11. *intr* pasti, srušiti se; *to be ready to* ~ biti iznuren do krajnosti 13. misc.; *to* ~ *a remark* učiniti primedbu (primjedbu); *to ~ *names* razmetati se svojim (tobožnjim) vezama
drop in v svratiti, navratiti; *I'll drop in to see you* svratiću kod tebe
drop off v 1. odvesti (odvezem); *he dropped me off at work* odvezao me je na posao 2. odvojiti se; *the plaster dropped off* malter se odvojio 3. opasti; smanjiti se; *attendance has dropped off* poseta (posjeta) se smanjila
drop out v 1. odustati; *to drop out of competition* odustati od takmičenja 2. ispasti; *to drop out of a league* ispasti iz lige 3. istupiti; *to drop out of an organization* istupiti iz organizacije 4. napustiti, ostaviti; *to drop out of school* napustiti (ostaviti) školu **dropout** [~aut] *n* maloletnik (maloljetnik) koji je napustio školu
dropper *n* kapalica, pipeta
droppings *n pl* životinjski izmet, balegar
dropsy ['drapsij] *n* hidropsija
drought [draut] *n* suša
drove [drouv] *n* 1. čopor 2. mnoštvo, gomila
drown [draun] v 1. *tr* udaviti utopiti 2. *intr* udaviti se
drown out v zaglušiti
drowse [drauz] v *intr* dremati **drowsy** a dremljiv, uspavan
drub [drab] v *tr* 1. izbiti, istući, izbatinati 2. potući **drubbing** *n* 1. batine 2. poraz
drudge [dradž] *n* radnik za teške poslove **drudgery** [~arij] *n* naporan posao
drug I [drag] *n* (opojna) droga, narkotik; *to take* ~s uživati droge **drug** II v *tr* drogirati, dopingovati **drug addict** narkoman **drug addiction** narkomanija **druggist** *n* drogerista, apotekar **drugstore** [~stor] *n* apoteka; drogerija
drum I [dram] *n* 1. doboš, bubanj; *to beat a* ~ udarati u doboš 2. valjak, bure 3. rezervoar **drum** II v 1. *int* udarati u doboš 2. misc.; *to* ~ *smt. into smb.'s head* uterati (utjerati) nekome nešto u glavu; *to ̄* ~ *up business* privlačiti mušterije **drum major** tambur-major (mažor) **drummer** *n* dobošar, bubnjar **drum-**

stick [~stik] *n* 1. dobošarska maljica 2. batak
drunk I [drangk] *n* alkoholičar **drunk** II a pijan **drunkard** *n* alkoholičar **drunken** a u pripitom stanju; ~ *driving* vožnja u pripitom stanju
dry I [draj] a 1. suv (suh); ~ *air* suv vazduh (W: zrak) 2. (Am.) antialkoholni **dry** II v 1. *tr* osušiti; *to* ~ *laundry* osušiti veš 2. *tr* obrisati; *to* ~ *(the) dishes* obrisati sudove 3. *intr* osušiti se **dry-clean** v *tr* očistiti hemijski (kemijski) **dry cleaning** hemijsko (kemijsko) čišćenje **dry dock** suvi (suhi) dok **dryer** *n* sušilica **dry up** v *intr* 1. presahnuti, presušiti se; *the spring dried up* izvor je presušio 2. (slang) prestati govoriti; *dry up!* umukni!
dual I ['du:əl] *n* (gram.) dual, dvojina **dual** II a 1. dvostruk, dupli; ~ *controls* duple komande 2. (gram.) dualni
dub I [dəb] v *tr* nazvati, nadenuti—nadjenuti (nekome) ime
dub II v *tr* 1. sinhronizirati na drugom jeziku 2. dublirati, ozvučiti
dubious ['du:bijəs] a dubiozan, sumnjiv
duchess ['dačəs] *n* 1. vojvotkinja 2. kneginja; *a grand* ~ velika kneginja **duchy** *n* vojvodstvo
duck I [dək] *n* patka, plovka
duck II v 1. *tr* pognuti; *to* ~ *one's head* pognuti glavu 2. *tr* zagnjuriti; *to* ~ *smb.* zagnjuriti nekoga (u more) 3. *intr* pognuti se, sagnuti se; *he* ~ *ed* on se sagnuo
duckling [~ling] *n* pače, plovče; *an ugly ~ ružno pače
duct [dəkt] *n* 1. cev (cijev); *a ventilation* ~ ventilaciona cev 2. (anat.) kanal
dud [dəd] *n* 1. (colloq.) neeksplodirana granata (bomba) 2. neuspeh (neuspjeh)
dude [du:d] *n* 1. (colloq.) gradski stanovnik koji provodi odmor na ranču (kod kauboja) 2. (colloq.) kicoš
duds [dədz] *n pl* 1. odeća (odjeća) 2. lične stvari
due I [du:] *n* 1. priznanje; *to give smb. his* ~ odati nekome priznanje 2. (in *pl*) članarina, članski ulog; *to pay* ~s platiti članarinu **due** II a 1. dospeo (dospio); *the debt is* ~ dug je dospeo za plaćanje 2. dužan; prikladan; dostojan; *with* ~ *ceremony* sa dostojnom svečanošću 3. očekivan; *when is the train* ~? kad stiže voz (W: vlak)?

duel I [du:əl] *n* dvoboj, duel **duel** II *v intr* tući se u dvoboju
duet [du:'et] *n* duet
due to *prep* (used in the pred. after a linking verb) usled (uslijed); *his death was ~ negligence* njegova smrt nastala je usled nehata
duffel ['dəfəl] *n* grubo sukno **duffel bag** (usu. mil.) vreća za čuvanje stvari
dugout ['dəgaut] *n* 1. čun od izdubenog drveta 2. zemunica, sklonište
duke [du:k] *n* 1. vojvoda 2. knez; *a grand ~* veliki knez **dukedom** [~dəm] *n* vojvodstvo
dull I [dəl] *a* 1. tup; *a ~ knife* tup nož 2. dosadan, nezanimljiv; *a ~ book* nezanimljiva knjiga 3. slab, oslabljen; *~ hearing* slab sluh 4. potmuo; *a ~ pain* potmuli bol **dull** II *v tr* 1. zatupiti, istupiti 2. ublažiti; *to ~ pain* ublažiti bol
duly ['du:lij] *adv* kako valja
dumb [dəm] *n* 1. nem (nijem); *deaf and ~* gluvonem (gluhonijem) 2. (colloq.) glup **dumbbell** [~bel] *n* 1. (sports) teg. đule 2. (slang) glupan **dumfound** ['dəmfaund] *v tr* zapanjiti; *to be ~ed* zapanjiti se
dummy I ['dəmij] *n* 1. maketa 2. lutka; *a tailor's ~* krojačka lutka 3. školski metak 4. (colloq.) glupan **dummy** II *a* 1. školski; *a ~ cartridge* školski metak 2. lažan; *a ~ airfield* lažni aerodrom
dump I [dəmp] *n* 1. đubrište, smetište; *a garbage ~* stovarište đubreta 2. skladište 3. oronula zgrada **dump** II *v tr* 1. svaliti, istovariti 2. prodavati (robu u stranoj zemlji) ispod tržišne cene (cijene) 3. (colloq.) otarasiti se **dumping** *n* 1. (econ.) damping 2. svaljivanje
dumpling [~ling] *n* knedla, knedlica; noklica
dumps *n pl* (colloq.) snuždenost; utučenost; *to be down in the ~* biti snužden
dump truck kiper
dumpy *a* zdepast
dun I [dən] *n* sivosmeđ konj **dun** II *a* sivosmeđ
dun III *v tr* slati (nekome) opomene za neplaćene račune
dunce [dəns] *n* glupan
dune [du:n] *n* dina
dung [dəng] *n* 1. izmet 2. đubre
dungarees [~ə'rijz] *n pl* farmerke
dungeon ['dəndžən] *n* 1. tamnica (u zamku) 2. kula zamka

dunk [dəngk] *v* 1. *tr* namočiti 2. *intr* namakati (krofne u kafu—kavu)
duo ['du:ou] *(-s) n* (mus.) 1. duet 2. duo
dupe I [du:p] *n* naivko, naivčina **dupe** II *v tr* prevariti
duplex ['du:pleks] 1. stan na dva sprata (W: kata) 2. zgrada sa dva stana
duplicate I ['du:plikat] *n* duplikat **duplicate** II *a* 1. dvostruk 2. identičan, potpuno jednak **duplicate** III [~kejt] *v tr* 1. kopirati, umnožiti, razmnožiti; *to ~ a text* razmnožiti tekst 2. izraditi duplikat (nečega); *to ~ a key* izraditi duplikat ključa
duplicity [du:'plisətij] *n* dvoličnost
durable ['du:rəbəl] *a* 1. trajan, dugotrajan 2. izdržljiv **duration** [du:'rejšən] *n* trajanje
duress [du'res] *n* prinuda; *under ~* pod prinudom
during ['du:ring] *prep* za vreme (vrijeme); *~ the war* za vreme rata
dusk [dəsk] *n* sumrak **dusky** *a* mračan, aman
dust I [dəst] *n* 1. prašina 2. prah; *gold ~* zlatan prah **dust** II *v* 1. *tr* obrisati; *to ~ a room* obrisati prašinu u sobi 2. *intr* brisati prašinu
dustbin [~bin] *n* Br.; see **garbage can**
dust bowl erodirano zemljište
duster *n* 1. bluza, ogrtač za prašinu 2. pajalica; *a feather ~* perjana pajalica
dustman [~mən] *(-men* [min]) *n* Br.; see **garbage man**
dustpan [~paen] *n* đubrovnik, đubravnik
dust storm vrtlog od prašine
dusty *a* prašnjav
Dutch I [dəč] *n* 1. holandski (nizozemski) jezik 2. (as a *pl) the ~* Holanđani **Dutch** II *a* holandski, nizozemski **Dutch** III *adv* (colloq) *to go ~* kad svaki plaća za sebe **Dutchman** [~mən] *(-men* [min]) *n* Holanđanin **Dutch treat** ekskurzija na kojoj svako plaća za sebe
dutiful ['du:tifəl] *a* odan dužnosti
duty ['du:tij] *n* 1. dužnost; *to carry out one's ~* ispuniti dužnost 2. služba, dežurstvo; *to be on ~* biti dežuran 3. carina; *to pay ~* platiti carinu **duty-free** *a* bescarinski
dwarf I [dworf] *n* patuljak; kepec **dwarf** II *v tr* učiniti da (nešto) izgleda relativno malo
dwell [dwel] *-ed or dwelt; v intr* 1. stanovati; boraviti 2. zadržati se; ostati; *to ~*

on *a subject* zadržati se na predmetu
dweller *n* stanovnik **dwelling** *n* stan,
mesto (mjesto) stanovanja
dwindle ['dwindəl] *v intr* umanjiti se,
iščeznuti, splasnuti
dye I [daj] *n* boja (za tkanine) **dye** II *v tr*
ofarbati, obojiti, obojadisati; *to ~ one's
hair* farbati kosu

dyed-in-the-wool *a* okoreo (okorio), zadrt
dynamic [daj'naemik] *a* dinamičan
dinamite I ['dajnəmajt] *n* dinamit **dynami-
te** II *v tr* dinamitirati
dynamo ['dajnəmou] *(-s) n* 1. dinamo 2.
(Br.) akumulator, baterija
dynasty ['dajnəstij] *n* dinastija
dysentery ['disənterij] *n* (med.) dizenterija

E

e [ij] *n* e (slovo engleske azbuke)

each [ijč] 1. *pron* (or: ~ one) svako, svaki; ~ (one) will write a letter svako će napisati pismo 2. *a* svaki; ~ man cast a vote svaki čovek (čovjek) je glasao 3. *adv* po; *they were ~ fined ten dollars* oni su bili kažnjeni po deset dolara **each other** *pron* jedan drugi (jedno drugo, jedna druga); *they shold tell~ everything* trebalo bi da kažu sve jedan drugom

eager ['ijgər] *a* željan, žudan; *he is ~ to begin* jedva čeka da počne **eagerness** *n* žudnja

eagle ['ijgəl] *n* orao

ear I [ijr] *n* klas

ear II uvo (uho); *to prick up one's ~s* naćuliti uši **earache** [~rejk] *n* ušobolja (uhobolja) **eardrum** [~drəm] *n* bubna opna

earl [ərl] *n* grof

early I ['ərlij] *a* 1. rani; *in the ~ fall* u ranu jesen 2. rani, prerani; *an ~ spring* prerano proleće (proljeće) **early II** *adv* rano (prerano); *to get up ~* ustati rano **early bird** ranoranilac

earmark I ['ijrmark] *n* 1. oznaka svojine na uvu (uhu) životinje 2. oznaka svojine **earmark II** *v tr* rezervisati; nameniti (namijeniti)

earmuff [~məf] *n* naušnik

earn [ərn] *v tr* 1. zaraditi; *he ~s a lot* on mnogo zarađuje 2. zaslužiti

earnest *a* ozbiljan

earnings *n pl* dohodak; zarada

earphone ['ijrfoun] *n* naglavni telefon; ~s naglavne slušalice

earring ['ijring] *n* minđuša, naušnica

earshot ['ijršat] *n* domet glasa; *within ~* na dometu glasa

earth I [əarth] *n* 1. Zemlja 2. kopno, zemlja, tlo **earth II** *a* zemljan **earthly** [~lij] *a* zemaljski **earthquake** [~kwejk] *n* zemljotres **earthy** *a* 1. ovozemaljski 2. grub, prost; sočan

ease I [ijz] *n* 1. spokojnost, spokojstvo; neusiljenost; *ill at ~* nemiran 2. lakoća; *to learn with ~* učiti s lakoćom 3. (mil.) *at ~!* voljno! **ease II** *v* 1. *tr* smanjiti, ublažiti; *to ~ (the) pain* smanjiti bol 2. *tr* umiriti, uspokojiti; *to ~ smb.'s anxiety* uspokojiti nekoga 3. *tr* umanjiti; *to ~ tension* smanjiti zategnutost 4. *tr* oprezno staviti; *to ~ a block into place* oprezno staviti blok na mesto (mjesto) 5. *intr (to ~ up)* popustiti, postati popustljivi

easel *n* nogari

easily [~əlij] *adv* 1. lako 2. verovatno (vjerovatno); *that may ~ have been a mistake* to lako može da bude greška 3. bez sumnje; *that's ~ the best play of the season* to je bez sumnje najbolji komad ove sezone

east I [ijst] *n* istok; *the Middle East* Bliski istok **east II** *a* istočni **east III** *adv* istočno, prema istoku

Easter I *n* uskrs; *for ~* na uskrs **Easter II** *a* uskršnji, uskrsni; *an ~ egg* uskršnje jaje

eastern [~ərn] *a* istočni **East Germany** Istočna Nemačka (Njemačka) **eastward** [~wərd] 1. *a* istočni 2. *adv* istočno

easy ['ijzij] *a* 1. lak; *an ~ job* lak posao 2. jednostavan; *~ to handle* jednostavan za rukovanje

easy chair fotelja, ležaljka

easygoing [~gouing] a nemaran, nonšalantan, ležeran

eat [ijt] ate [ejt] (Br.: [et]); eaten ['ijtn] v 1. tr and intr pojesti; he has eaten on je jeo; he ate an apple pojeo je jabuku; to ~ a good breakfast dobro doručkovati 2. intr hraniti se; to ~ in restaurants hraniti se u restoranima 3. misc.; *to ~ one's words povući reč (riječ) natrag

eat up v izjesti, pojesti, progutati

eaves [ijvz] n pl streha, nadstrešnica

eavesdrop [~drap] v intr prisluškivati; prisluškivati kroz ključaonicu eavesdropper n prisluškivač, osluškivač

ebb tide [eb] oseka

ebony I ['ebənij] n 1. abonos 2. abonosovina ebony II a abonosivast; crn

eccentric I [ek'sentrik] n ekscentrik, nastran čovek (čovjek) eccentric II a nastran

ecclesiastical [iklijzij'aestikəl] a crkveni

echelon ['ešəlan] n 1. ešalon 2. instanca; stepen

echo I ['ekou] (-es) n eho; odjek echo II v intr odjeknuti, razleći se

eclipse I [i'klips] n (astro.) eklipsa, pomračenje; an ~ of the sun pomračenje sunca eclipse II v tr 1. (astro.) pomračiti 2. (fig.) prevazići, baciti u zasenak (zasjenak)

ecological [ekə'ladžikəl] a ekološki ecology [i'kalədžij] n ekologija

economic [ekə'namik] n ekonomski, privredni; ~ geography ekonomska geografija economical a ekonomičan, štedljiv economics n ekonomske nauke; ekonomija economist [i'kanəmist] n ekonomista economize [i'kanəmajz] v intr ekonomisati, štedeti (štedjeti); to ~ on gas štedeti benzin economy [i'kanəmij] n 1. privreda, ekonomika; ekonomija; political ~ politička ekonomija 2. ekonomičnost, štednja economy class turistička klasa

ecstasy ['ekstəsij] n ekstaza ecstatic [ek-'staetik] a ekstatičan, ekstatički

Ecuador ['ekwədor] n Ekvador Ecuadorian I [ekwə'dorijən] n Ekvadorac Ecuadorian II a ekvadorski

ecumenical [ekju'menikəl] a ekumenski

eczema [eksəmə] or [eg'zijmə] n ekcem

eddy I ['edij] n vrtlog, kovitlac eddy II v intr vrteti (vrtjeti) se

edge I [edž] n 1. ivica; rub; the ~ of a table ivica stola 2. (or: cutting ~)

oštrica, sečivo (sječivo) 3. misc.; *to be on ~ biti u krajnjoj nervozi edge II v 1. tr porubiti 2. tr probiti; to ~ one's way through a crowd probiti se kroz gomilu 3. intr provlačiti se

edge out v (colloq., usu. sports) pobediti — pobijediti (posle — poslije ravne borbe)

edgewise [~wajz] adv sa ivicom napred (naprijed)

edgy a zategnut; nervozan

edible ['edəbəl] a jestiv

edict ['ijdikt] n edikt, ukaz

edifice ['edəfis] n zgrada, građevina

edify ['edəfaj] v tr prosvetiti (prosvijetiti) edifying a poučan

edit ['edit] v tr redigovati, urediti (za štampu) editing n 1. redigovanje 2. montaža; film ~ filmska montaža

edition [i'dišən] n 1. izdanje; edicija; (W also: naklada); a second ~ came out izašlo je drugo izdanje 2. broj (novina); the morning ~ jutarnji broj editor ['edətər] n urednik, uređivač, redaktor editorial I [edə'torijəl] n uvodnik editorial II a uređivački, urednički; an ~ board uređivački odbor

educate ['edžukejt] v tr vaspitati, obrazovati, školovati (W also: odgojiti) education [edžu'kejšən] vaspitanje, obrazovanje, školovanje; compulsory ~ obavezno obrazovanje educational a obrazovni, odgojni educator ['edžukejtər] n nastavnik, pedagog

eel [ijl] (pl has zero or -s) n jegulja

eerie, eery ['ijrij] a 1. jeziv 2. tajanstven, sablastan

efface [i'fejs] v tr izbrisati, zbrisati

effect I [i'fekt] n 1. dejstvo (dejstvo) 2. posledica (posljedica); cause and ~ uzrok i posledica 3. efekat; that medicine had no ~ at all taj lek (lijek) nije imao nikakvog efekta 4. život; to put a plan into ~ sprovesti plan u život effect II v tr ostvariti

effective [i'fektiv] a efikasan; delotvoran (djelotvoran); ~ measures efikasne mere (mjere)

effects n pl stvari; imovina; personal ~ lične stvari

effeminate [i'femənit] a ženstven, nemuški, efeminiran

efficacious [efə'kejšəs] a efikasan efficacy ['efəkisij] n efikasnost efficiency [i'fišənsıj] n efikasnost **efficient** [i'fišənt] a efikasan, delotvoran (djelotvoran)

effigy ['efədžij] n slika; obličje; to burn in ~ spaliti sliku (nepopulatnog čoveka — čovjeka)

effort ['efərt] n 1. napor; to put great ~ into smt. uložiti napor u nešto 2. pokušaj; he did make an ~ to come on je stvarno pokušao da dođe

effusive ['ifju:sivi] a (previše) otvoren; zanesen

egg I [eg] n 1. jaje 2. misc.; *to put all one's ~s into one basket baciti sve na jednu kartu

egg II v tr podstaći; potpaliti; to ~ smb. into doing smt. podstaći nekoga da uradi nešto

eggbeater [~bijtər] n žica za mućenje jaja

egghead [~hed] n (colloq.) intelektualac

eggplant [~plaent] n plavi patlidžan

eggshell [~šel] n ljuska od jajeta

ego ['i,ɡou] n »ja«; egotizam

egocentric [ijgou'sentrik] a egocentričan

egoism ['ijgouizəm] n egoizam, sebičnost **egoist** ['ijgouist] n egoista **egoistic** [ijgou'istik] a egoističan, egoistički

egotism ['ijgətizəm] n egotizam, samoljublje **egotist** ['ijgətist] n egoista **egotistic** [ijgə'tıstik] a egotičan

Egypt ['ijdžipt] n Egipat **Egyptian** I [i'džipšən] n Egipćanin **Egyptian** II a egipatski

eight [ejt] 1. n osmica 2. n (rowing, in pl) osmerac 3. num osam; osmorica; osmoro

eighteen [ej'tijn] num osamnaest; osamnaestoro **eighteenth** [~th] n and num a osamnaesti

eighth I [ejth] n 1. osmina 2. osmi **eighth** II num a osmi

eightieth ['ejtijith] num a and n osamdeseti **eighty** ['ejtij] num osamdeset

either ['ijth: er] 1. pron jedan ili drugi; ~ will serve the purpose može jedan ili drugi 2. a jedan ili drugi; ~ side of the table jedna ili druga strana stola 3. adv ni; if he does not come, I will not come ~ ako on ne dođe, neću ni ja 4. conj ili; ~ one thing or the other ili jedna ili druga stvar

ejaculate ['idžaekjəlejt] v intr 1. ejakulirati 2. uzviknuti

eject [i'džekt] v 1. tr izbaciti; to ~ a cartridge izbaciti čauru 2. intr (aviation) napustiti avion katapultiranjem

eke out [ijk] v dopuniti; to eke out a living životariti, živeti (živjeti) kojekako

elaborate I [i'laebərit] a detaljan, složen; an ~ scheme detaljan plan **elaborate** II [~rejt] v 1. tr razraditi 2. intr detaljno izložiti

elapse [i'laeps] v intr proći, isteći

elastic [i'laestik] n lastik, elastik **elastic** II a elastičan, rastegljiv, savitljiv

elate [i'lejt] v tr ushititi **elation** [i'lejšən] n ushićenje

elbow I ['elbou] n 1. lakat 2. (tech.) kolena (koljeno) **elbow** II v tr probiti (laktovima); to ~ one's way through a crowd probiti se kroz gomilu

elder I ['eldər] n starija osoba; starešina **elder** II a (refers to persons) stariji (see old II); my ~ brother moj stariji brat **elder** III n zova

elderly [~lij] a postasiji, postar, star **eldest** ['eldist] a najstariji

elect I [i'lekt] (postposed) a izabran; the governor ~ izabran guverner (koji još nije stupio na svoju dužnost) **elect** II v tr izabrati; izglasati; to ~ smb. secretary izabrati nekoga za sekretara **election** [i'lekšən] n 1. biranje 2. (often in pl) izbori; ~s to Congress izbori za kongres **election campaign** predizborna kampanja **electioneer** [ilekšə'nijr] v intr agitovati (za nečiji izbor)

elector n birač, izbornik **electoral** [i'lektərəl] a izborni; an ~ system izborni sistem **electorate** [i'lektərit] n 1. izborna jedinica 2. (coll.) birači

electric [i'lektrik] a električan **electrical** a električan **electrical engineering** elektrotehnika **electric chair** električna stolica **electrician** [ilek'trišən] n elektrotehničar, električar **electricity** [ilek'trisətij] n elektricitet, elektrika **electrification** [ilektrəfi'kejšən] n elektrifikacija **electrify** [i'lektrəfaj] v tr 1. elektrifikovati 2. naelektrisati, naelektrizovati; he ~fies the crowds on elektrizuje mase **electrocute** [i'lektrəkju:t] v tr pogubiti električnom strujom **electrocution** [ilektrə'kju:šən] pogubljenje električnom strujom **electrode** [i'lektroud] n elektroda **electron** [i'lektran] n elektron **electronic** [ilek'tranik] a elektronski; an ~ brain elektronski mozak **electronics** n elektronika

elegance ['elegəns] n elegancija **elegant** a 1. elegantan 2. odličan

elegy ['elədžij] *n* elegija
element ['eləmənt] *n* 1. elemenat; *a foreign*
~ tuđi elemenat 2. stihija, prirodna sila
3. osnov, temelj; *the ~s of science*
osnovi nauke
elemental [elə'mentl] *a* elementaran, sti-
hijski
elementary [elə'mentrij] *a* elementaran,
osnovni, početni **elementary school**
osnovna škola
elephant ['eləfənt] *n* slon
elevate ['eləvejt] *v tr* dići, podići **elevated** I
n vazdušna (W: zračna) železnica (že-
ljeznica) **elevated** II *a* 1. see **elevate** 2.
uzvišen; *an* ~ *style* uzvišen stil 3.
nadzemni **elevation** [elə'vejšən] *n* 1. di-
zanje 2. visina, uzvišenje; elevacija **ele-
vator** ['eləvejtər] *n* 1. lift, dizalica (Br. is
lift I 2) 2. silos; *a grain* ~ silos za žito
elevator operator poslužitelj lifta
eleven [i'levən] 1. *n* jedanaestica 2. *num*
jedanaest; jedanaestorica; jedanaestoro
eleventh *n* and *num a* jedanaesti; *on the*
~ *of June* jedanaestog juna (W: lipnja)
elf [elf] *(elves* [elvz]) *n* 1. šumska vila 2.
nestaško; đavolak
elicit [i'lisit] *v tr* izmamiti; *to* ~ *a reply*
izmamiti odgovor
eligibility [elədžə'bilətij] *n* kvalifikovanost
eligible ['elədžəbəl] *a* 1. kvalifikovan 2.
sposoban za ženidbu ili udaju
eliminate [i'limənejt] *v tr* eliminisati,
ukloniti, odstraniti; *to* ~ *errors* odstra-
niti greške **elimination** [ilimə'nejšən] *n*
1. eliminacija, odstranjivanje 2. (sports)
ispadanje
elite I [i'lijt] *n* elita **elite** II *a* elitan,
odabran; *an* ~ *unit* elitna jedinica
elixir [i'liksər] *n* eliksir; ~ *of life* životni
eliksir
elk [elk] *(pl* has zero or *-s) n* (zool.) los
elipsis [i'lipsis] *n* (gram.) elipsa **elliptic**
[i'liptik] *a* 1. (math.) eliptički 2. elip-
tičan
elm [elm] *n* brest
elocution [elə'kju:šən] *n* dikcija; umetnost
(umjetnost) govorenja
elongate [i'longgejt] *v tr* produžiti
elope [i'loup] *v intr* pobeći (pobjeći) ʻ
ljubavnikom (radi venčanja—vjenčanja)
eloquence ['eləkwəns] *n* rečitost (rječitost),
elokvencija **eloquent** *a* rečit (rječit),
elokventan
else [els] 1. *a* drugi; još; *somebody* ~ neko
(netko) drugi; *somebody* ~'*s hat* šešir

nekog drugog, tuđi šešir, 2. *adv* drugo,
još; *let's go somewhere* ~ hajdemo
nekuda drugde (drugdje) 3. *conj (or* ~)
inače; drukčije; *watch out, or* ~ *you'll
fall* pazi, inače ćeš pasti **elsewhere**
[~wejr] *adv* drugde
elucidate [i'lu:sədejt] *v tr* objasniti, osvet-
liti (osvijetliti)
elude [i'lu:d] *v tr* ʻzbeći (izbjeći), izmaći;
to ~ *the authorities* izbeći vlastima
elusive [i'lu:siv] *a* koji izmiče; neuh-
vatljiv
emaciate [i'mejsijejt] *v tr* omršaviti; ~*d*
omršavljen
emanate ['emənejt] *v intr* proizići, poteći
emancipate [i'maensəpejt] *v tr* osloboditi,
emancipovati **emancipation** [imaensə-
'pejšən] *n* emancipacija, oslobođenje
emasculate [i'maeskjələjt] *v tr* 1. uškopiti,
kastrirati 2. (fig.) oslabiti
embalm [em'bam] *v tr* balsamovati
embankment [em'baengkmənt] *n* nasip; *a
railroad* ~ železnički (željeznički) nasip
embargo I [em'bargou] *(-es) n* embargo; *an
arms* ~ embargo na isporuku oružja
embargo II *v tr* uvesti embargo (na)
embark [em'bark] *v* 1. *tr* ukrcati 2. *intr*
ukrcati se
embarrass [em'baerəs] *v tr* zbuniti; *to get*
~*ed* zbuniti se **embarrassment** *n* zbu-
njenost
embassy ['embəsij] *n* ambasada
embattle [em'baetəl] *v tr* uvesti u borbu
embed [em'bed] *v tr* 1. ugraditi 2. utisnuti
embellish [em'beliš] *v tr* 1. ulepšati (uljep-
šati) 2. doterati (dotjerati); *to* ~ *a story*
doterati priču
ember ['embər] *n* 1. žeravica 2. (in *pl*)
užareni pepeo, žar
embezzle [em'bezəl] *v tr* proneveriti (pro-
nevjeriti); *to* ~ *money* proneveriti no-
vac **embezzlement** *n* pronevera (pronev-
jera) **embezzler** [~zlər] *n* proneverilac
(pronevjerilac)
embitter [em'bitər] *v tr* ogorčati, zagorčati
emblem ['embləm] *n* amblem (emblem),
simbol
embody [em'badij] *v tr* oličiti, oteloviti
(otjeloviti)
embolden [em'bouldən] *v tr* ohrabriti
embrace I [em'brejs] zagrljaj **embrace** II *v*
1. *tr* zagrliti 2. *intr* zagrliti se
embroider [em'brojdər] *v* 1. *tr* izvesti; *to*
~ *a handkerchief* izvesti šare na mara-

mici 2. *intr* vesti **embroidery** *n* vez,
vezenje

embroil [em'brojl] *v tr* upetljati, uplesti,
zaplesti

embryo ['embrijou] *n* embrio, embrion,
zametak **embryonic** [embrij'anik] *a* embrionski

emerald ['emərəld] *n* smaragd

emerge [i'mərdž] *v intr* pojaviti se, iskrsnuti **emergence** *n* pojavljivanje, iskrsavanje

emergency I [i'mərdžənsij] *n* vanredno stanje; opasnost, (velika) nevolja; *in case of*
~ u slučaju nužde **emergency** II *a*
vanredni; pomoćni; hitan; *an* ~ *exit*
izlaz u slučaju nužde **emergency ward**
ambulanta za hitnu pomoć

emery ['emərij] *n* šmirgla

emigrant I ['emigrənt] *n* iseljenik, emigrant **emigrant** II *a* iseljenički, emigrantski **emigrate** ['emigrejt] *v intr* iseliti se, emigrirati; *they* ~*d to America*
iselili su se u Ameriku **emigration** [emi-
'grejšən] *n* iseljenje, emigracija

eminence ['emənəns] *n* eminencija; uzvišenost **eminent** ['emənənt] *a* eminentan;
vrlo značajan

emissary ['eməserij] *n* izaslanik, emisar

emission [i'mišən] *n* 1. emisija 2. (usu. in
pl) izduvni gasovi **emit** [i'mit] *v tr* 1.
emitirati 2. ispustiti

emolument [i'maljəmənt] *n* plata, primanje, prihod

emotion [i'moušən] *n* emocija, osećanje
(osjećanje); emotivnost **emotional** *a*
emocionalan, emotivan

empathize ['empəthajz] *v intr* osetiti (osjetiti) empatiju **empathy** ['empəthij] *n*
empatija, uživljavanje

emperor ['empərər] *n* car, imperator

emphasis ['emfəsis] *n* podvlačenje, isticanje, naglašavanje **emphasize** [~sajz] *v tr*
podvući, istaći, naglasiti

emphatic [em'faetik] *a* emfatičan; nedvosmislen

empire ['empajr] *n* imperija, carstvo,
carevina

empirical [em'pijrikəl] *a* empiričan, empirički

emplace [em'plejs] *v tr* staviti na položaj

employ *v tr* 1. iskoristiti; upotrebiti (upotrijebiti); *to* ~ *force* upotrebiti silu 2.
zaposliti **employee** [~ij] *n* službenik;
government ~*s* državni službenici **employer** *n* poslodavac **employment** zapo-

slenje; zaposlenost **employment bureau**
zavod za zapošljavanje

emporium [em'porijəm] *n* 1. trgovačko
središte 2. velika radnja, robna kuća

empower [em'pauər] *v tr* 1. opunomoćiti 2.
osposobiti

empress ['empris] *n* carica

empty I ['emptij] *n* (colloq.) prazna flaša,
boca **empty** II *a* prazan; *an* ~ *bottle*
prazna boca **empty** III *v* 1. *tr* isprazniti;
to ~ *a drawer* isprazniti fioku 2. *intr*
isprazniti se; *the stadium* ~*tied quickly*
stadion se brzo ispraznio 3. *intr* uliti se,
uteći

empty-handed praznih šaka; *to leave* ~
otići praznih šaka

emulate ['emjəlejt] *v tr* imitirati, ugledati
se; *to* ~ *smb.* ugledati se na nekoga

enable [en'ejbəl] *v tr* omogućiti

enamel I [i'naeməl] *n* emajl, emalj **enamel**
II *v tr* emajlirati, emaljirati

enamored [i'naemərd] *a* zaljubljen; *to be*
~ *of smb.* biti zaljubljen u nekoga

enchant [en'čaent] *v tr* opčiniti, očarati

encipher [en'sajfər] *v tr* šifrovati

encircle [en'sərkəl] *v tr* okružiti **encirclement** *n* okruženje

enclave ['enklejv] *n* enklava, anklava

enclose [en'klouz] *v tr* 1. priložiti; *to* ~
documents with an application priložiti
dokumenta uz molbu 2. ograditi, okružiti **enclosure** [~žər] *n* 1. prilog (u
koverti) 2. ograđeno zemljište

encode [en'koud] *v tr* šifrovati

encore I ['ankor] *n* ponavljanje (pesme —
pjesme, igre) **encore** II *interj* bis! još!

encounter I [en'kauntər] *n* susret **encounter** II *v tr* 1. susreti 2. naići (na); *to* ~
difficulties naići na teškoće

encourage [en'kəridž] *v tr* 1. ohrabriti 2.
podstaći **encouragement** *n* 1. hrabrenje
2. podsticanje

encroach [en'krouč] *v intr* povrediti —
povrijediti (tuđu svojinu)

encumber [en'kəmbər] *v tr* opteretiti **encumbrance** [en'kəmbrəns] *n* teret,
smetnja

encyclopedia [ensajklə'pijdijə] *n* enciklopedija (W also: sveznanje) **encyclopedic**
[~dik] *a* enciklopedijski

end I [end] *n* 1. kraj, konac, svršetak,
završetak; *the* ~ *of a book* kraj knjige 2.
dno; *to stand a barrel on (its)* ~ uspraviti bure 3. smrt; *to hasten smb.'s* ~
ubrzati nečiju smrt 4. cilj, svrha; *•the* ~

justifies the means cilj opravdava sred-
stva 5. misc.; *at loose* ~s bez posla; *to
make* ~s *meet* sastaviti kraj s krajem;
the ~ *of the world* smak sveta (svijeta)
end II *v* 1. *tr* završiti, svršiti; *that* ~ed
the argument to je svršilo diskusiju 2.
intr završiti se, svršiti se; *the film* ~s
happily film se veselo svršava
endanger [en'dejndžər] *v tr* dovesti u opa-
snost, izložiti opasnosti, ugroziti
endear [en'dijr] *v tr* omiliti **endearing** *a*
drag, mio **endearment** *n* milošta; *a term
of* ~ naziv iz milošte
endeavor I [en'devər] *n* napor, nastojanje
endeavor II *v intr* truditi se, nastojati
endemic [en'demik] *a* endemijski, ende-
mičan
ending *n* 1. završetak, svršetak 2. (gram.)
završetak, nastavak; *a case* ~ padežni
nastavak
endless *a* beskrajan, beskonačan
endorse [en'dors] *v tr* 1. indosirati; potpi-
sati (poleđinu čeka); *to* ~ *a check*
potpisati se na poleđini čeka 2. odobriti;
(esp. mil.) potvrditi **endorsement** *n* 1.
indosament 2. odobrenje **endorser, en-
dorsor** *n* indosant
endow [en'dou] *v tr* obdariti **endowment** *n*
1. dar 2. zadužbina
end table stočić (pored divana)
end up *v* završiti; uraditi na kraju krajeva
(konačno); *they ended up in the hospital*
završili su u bolnici
endurance [en'durəns] *n* izdržljivost **en-
dure** [en'du:r] *v* 1. *tr* podneti (podnijeti);
to ~ *pain* podneti bol 2. *intr* istrajati
enduring *a* trajan, stalan
enema ['enəmə] *n* klistir
enemy I ['enəmij] *n* neprijatelj, protivnik
enemy *a* neprijateljski, protivnički; *an*
~ *attack* neprijateljski napad
energetic [enər'džetik] *a* energičan **energy**
I ['enərdžij] *n* energija; *atomic* ~ atom-
ska energija **energy** II *a* energetski; *an*
~ *crisis* energetska kriza
enervate ['enərvejt] *v tr* oslabiti
enfeeble [en'fijbəl] *v tr* oslabiti
enforce [en'fors] *v tr* primeniti (primijeni-
ti); *to* ~ *a law* primeniti zakon
enfranchise [en'frænčajz] *v tr* dati (neko-
me) pravo glasa
engage [en'gejdž] *v* 1. *tr* zaposliti, uzeti u
službu, angažovati 2. *tr* zauzeti, uvući;
angažovati; *to* ~ *smb. in conversation*
uvući nekoga u razgovor 3. *tr* (mil.)

uvući u borbi 4. *intr* učestvovati; upu-
stiti se; *to* ~ *in conversation* učestvova-
ti u razgovoru 5. *they got* ~d verili su se
engagement *n* 1. angažovanje 2. veridba
(vjeridba)
engine ['endžən] *n* 1. motor; *the* ~ *will not
start* motor neće da upali 2. mašina (W
also: stroj)
engineer I [endžə'nijr] *n* 1. inženjer 2.
(mil.) pionir, inženjer, inženjerac 3. vo-
zovođa (W: vlakovođa), mašinovođa **en-
gineer** II *v tr* 1. planirati (kao inženjer)
2. (colloq.) izdejstvovati (izdjejstvovati)
engineering *n* inžinjering, tehnika
England ['ingglənd] *n* Engleska **English** I
['ingliš] *n* 1. (as a *pl*) *the* ~ Englezi 2.
engleski jezik; *in plain* ~ kratko i
jasno **English** II *a* engleski **Englishman**
[~mən] (-*men* [min]) *n* Englez **English-
woman** [~wumən] (-*women* [wimin]) *n*
Engleskinja
engrave [en'grejv] *v tr* gravirati, urezati
engraver *n* graver; bakrorezac **engra-
ving** *n* 1. gravira 2. bakrorez
engross [en'grous] *v tr* apsorbovati, zaoku-
piti, obuzeti **engrossing** *a* zanosan
engulf [en'gəlf] *v tr* 1. okružiti 2. progutati
enhance [en'haens] *v tr* povećati; *to* ~
value povećati vrednost (vrijednost)
enigma [i'nigmə] *n* zagonetka **enigmatic**
[enig'maetik] *a* zagonetan
enjoy [en'džoj] *v* 1. *tr* uživati; *to* ~ *walk-
ing* uživati u šetnji 2. *refl* lepo (lijepo)
se provoditi; *we* ~ed *ourselves* lepo smo
se proveli **enjoyable** *a* prijatan **enjoy-
ment** *n* uživanje
enlarge [en'lardž] *v tr* 1. povećati, uvećati,
uveličati; *to* ~ *a photograph* uveličati
sliku 2. proširiti; *to* ~ *a store* proširiti
radnju **enlargement** *n* 1. povećanje, uve-
ćanje 2. (of a photograph) uveličavanje
enlighten [en'lajtən] *v tr* prosvetiti (pro-
svijetiti)
enlist [en'list] *v* 1. *tr* regrutovati (za vojnu
službu) 2. *tr* angažovati 3. *intr* stupiti u
vojnu službu **enlisted** *a* (mil.) u vojnoj
službi; *an* ~ *man* vojnik (podoficir)
enlistment *n* (dobrovoljno) stupanje u
vojnu službu
enliven [en'lajvən] *v tr* oživiti, uneti (uni-
jeti) živost (u)
enmity ['enmətij] *n* neprijateljstvo
ennoble [en'noubəl] *v tr* oplemeniti
enormity [e'normətij] *n* grozota; *the* ~ *of
a crime* grozota zločina

enormous [e'normǝs] n ogroman
enough [i'nǝf] 1. n dovoljnost (dosta); he
ate ~ jeo je dosta 2. a dovoljan (dovolj-
no, dosta); ~ money dosta novaca 3.
adv dosta, dovoljno; fast ~ dosta brzo
enrage [en'rejdž] v tr razjariti, razbesniti
(razbjesniti)
enrich [en'rič] v tr obogatiti
enroll [en'roul] v 1. tr upisati; to ~ pupils
in (a) school upisati đake u školu 2. intr
upisati se; he ~ed in medical school
upisao se na medicinski fakultet enroll-
ment n 1. upis 2. broj đaka (studenata);
the ~ is going up broj studenata raste
ensemble [an'sambǝl] n ansambl; a folk-
-dance ~ ansambl narodnih igara (ple-
sova)
ensign ['ensin] n 1. državna zastava; za-
stava 2. amblem 3. (Am., naval) poruč-
nik korvete
enslave [en'slejv] v tr porobiti
ensnare [en'snejr] v tr uhvatiti u zamku
ensue [en'su:] v intr nastati (usled—
uslijed)
entail [en'tejl] v tr iziskivati, zahtevati
(zahtijevati)
entangle [en'taengǝl] v tr upetljati,
zamrsiti
enter ['entǝr] v 1. tr ući (u); to ~ a country
ući u zemlju 2. intr uneti (unijeti); to ~
a name (in a list) uneti ime (u spisak) 3.
tr prijaviti se (za); to ~ a contest
prijaviti se za takmičenje 4. tr uložiti,
podneti (podnijeti); to ~ a protest ulo-
žiti protest 5. intr ući; he ~ed first on je
prvi ušao
enterprise ['entǝrprajz] n 1. preduzeće (W:
poduzeće); a commercial ~ trgovinsko
preduzeće 2. preduzimljivost; inicijati-
va; private ~ privatna inicijativa enter-
prising a preduzetan, preduzimljiv
entertain [entǝr'tejn] v 1. tr zabaviti 2. tr
nositi se, gajiti; to ~ a thought nositi se
mišlju 3. intr imati goste; they are ~ing
this evening imaju večeras goste enter-
tainer n zabavljač, artista (pevač — pje-
vač, igrač) entertaining a zabavan en-
tertainment n 1. zabava, razonoda 2.
(or: the ~ industry) pozorište, pozorišna
umetnost (W: kazalište, kazališna um-
jetnost)
enthrall [en'throl] v tr zaneti (zanijeti),
očarati
enthuse [en'thu:z] v (not standard) 1. tr
oduševiti 2. intr biti oduševljen enthu-

siasm [~ijaezǝm] n oduševljenje; ~ for
smt. oduševljenje za nešto enthusiast
[~ijaest] n entuziasta, fanatik enthusias-
tic [~ij'aestik] a entuzijastičan, oduše-
vljen, strastan
entice [en'tajs] v tr namamiti, izmamiti
entire [en'tajr] a ceo (cio), čitav entirely
[~lij] adv 1. sasvim, potpuno; isključivo
entirety [~rǝtij] n potpunost, celost (ci-
jelost)
entitle [en'tajtl] v tr dati (nekome) pravo;
to be ~d to smt. imati pravo na nešto
entomb [en'tu:m] v tr sahraniti
entomology [entǝ'malǝdžij] n entomologija
entrance I ['entrǝns] n 1. ulaz, ulazna
vrata 2. (theater) pojava glumca (peva-
ča — pjevača) na pozornici 3. priiem
(studenata)
entrance II [en'traens] v tr zaneti (zanijeti)
entrant ['entrǝnt] n učesnik (u utakmici)
entrap [en'traep] v tr 1. uhvatiti u klopku
2. uloviti; navesti
entree ['antrej] n 1. pravo ulaska, pristup
2. glavno jelo
entropy ['entrǝpij] n entropija
entrust [en'trǝst] v tr poveriti (povjeriti);
to ~ money to smb. poveriti nekome
novac
entry ['entrij] n 1. ulazak, ulaženje 2.
odrednica (W: natuknica) 3. knjiženje 4.
prijava
entwine [en'twajn] v tr uplesti
enumerate [i'nu:mǝrejt] v tr nabrojiti
enunciate [i'nǝnsijejt] v 1. tr izgovarati
(glasove jasno) 2. tr objaviti, proglasiti;
to ~ a doctrine objaviti doktrinu 3. intr
izgovarati; to ~ clearly izgovarati gla-
sove jasno enunciation [inǝnsij'ejšǝn] n
1. izgovor, dikcija 2. objava
envelop [en'velǝp] v tr 1. uviti, umotati 2.
(usu. mil.) obuhvatiti
envelope ['envǝloup] n koverat, koverta
(W: kuverta)
enviable ['envijǝbǝl] a zavidan; an ~ sit-
uation zavidna situacija
environment [en'vajrǝnmǝnt] n okolina,
sredina
envious ['envijǝs] a zavidljiv, zavistan,
ljubomoran; ~ of smb. ljubomoran na
nekoga
envisage [en'vizidž] v tr predočiti
envision [en'vižǝn] v tr predvideti (pred-
vidjeti)
envoy ['envoj] n izaslanik

envy ['envij] *n* zavist; ljubomora; *out of* ~ iz zavisti envy II *v tr* zavideti (zavidjeti); osećati (osjećati) zavist; *to* ~ *smb.* osećati zavist prema nekome

eon ['ijan] *n* eon

epaulet, epaulette ['epə'let] *n* epoleta, naramenica

epee [ej'pej] *n* mač

ephemeral [i'femərəl] *a* prolazan

epic I ['epik] *n* ep epic II *a* epski; *an* ~ *poem* epska pesma (pjesma)

epicenter ['epəsentər] *n* epicentar

epidemic [epə'demik] *n* epidemija epidemiology [epədijmij'alədžij] *n* epidemiologija

epiglottis [epi'glatis] *n* grkljani poklopac

epigram ['epigraem] *n* epigram

epilepsy ['epəlepsij] *n* epilepsija, padavica epileptic I [epə'leptik] *n* epileptičar, padavičar epileptic II *a* epileptički, epileptičan, padavičav

epilog, epilogue ['epəlag] *n* epilog

episcopal [i'piskəpəl] *a* 1. episkopski, biskupski 2. anglikanski Episcopal Church Episkopska crkva

episode ['epəsoud] *n* epizoda

epistle [i'pisəl] *n* epistola, poslanica, pismo

epitaph ['epətaef] *n* epitaf

epitomize [i'pitəmajz] *v tr* 1. sažeti 2. ovaplotiti

epoch ['epək] *n* epoha epochal *a* epohalan

equal I ['ijkwəl] *n* premac, ravni, jednaki; *he has no* ~ nema mu premca equal II *a* 1. jednak, ravan; podjednak; *to be* ~ *to smb.* biti ravan nekome; *two times two is* ~ *to four* dva puta dva je četiri 2. dorastao; *she proved to be* ~ *to the task* pokazala se dorasla zadatku 3. ravnopravan; ~ *before the law* ravnopravan pred zakonom equal III *v tr* 1. biti jednak (s), biti dorastao (nečemu) 2. izjednačiti; *to* ~ *a record* izjednačiti rekord equality [i'kwalətij] *n* 1. jednakost 2. ravnopravnost equalize ['ijkwəlajz] *v tr* ujednačiti; izjednačiti; *to* ~ *salaries* ujednačiti plate equal sign znak jednakosti

equanimity [ekwə'nimətij] *n* staloženost, smirenost

equate [i'kwejt] *v tr* izjednačiti; smatrati jednakim equation [i'kwejžən] *n* 1. izjednačivanje 2. (math.) jednačina (W: jednadžba)

equator [i'kwetər] *n* ekvator, polutar equatorial [ekwə'torijəl] *a* ekvatorski, ekvatorijalan

equestrian I [i'kwestrijən] *n* jahač equestrian II *a* jahački

equilateral [ijkwə'laetərəl] *a* ravnostrani, jednakostranični

equilibrium [ijkwə'librijəm] *n* ravnoteža

equinox ['ijkwənaks] *n* ravnodnevica, ekvinocij

equip [i'kwip] *v tr* opremiti, snabdeti (snabdjeti) equipment oprema; pribor

equitable ['ekwətəbəl] *a* pravičan equity ['ekwətij] *n* 1. pravičnost, pravednost 2. otplaćeni deo (dio) nekretnine

equivalent I [i'kwivələnt] *n* ekvivalenat equivalent II *a* ekvivalentan

equivocal [i'kwivəkəl] *a* dvosmislen equivocate [~kejt] *v intr* vrdati, okolišiti, ne govoriti otvoreno equivocation [ikwivə'kejšən] *n* vrdanje, okolišenje

era ['ijrə] *n* era, doba; *a golden* ~ zlatno doba

eradicate [i'raedikejt] *v tr* iskoreniti (iskorijeniti)

erase [i'rejs] *v tr* izbrisati; *to* ~ *a word* izbrisati reč (riječ) eraser *n* 1. sunđer za brisanje (table) 2. gumica, guma (za brisanje) erasure [ir'ejšər] *n* 1. brisanje 2. izbrisana reč (riječ)

erect I [i'rekt] *a* and *adv* 1. uspravan; *to stand* ~ stojati uspravno 2. uzdignut; *with head* ~ uzdignute glave erect II *v tr* podići, izgraditi; *to* ~ *a monument* podići spomenik erection [i'rekšən] *n* 1. podizanje; izgradnja 2. (anat.) erekcija, nabreknuće

Eritrea [erə'trijə] *n* Eritreja

ermine ['ərmin] *n* 1. hermelin 2. krzno od hermelina

erode [i'roud] *v* 1. *tr* erodirati, podlokati, oglodati; *the waves* ~*d the rocks* talasi su oglodali stenje (stijenje) 2. *intr* biti izložen eroziji erosion [i'roužən] *n* erozija

erotic [i'ratik] *a* erotičan, erotički

err [er] *v intr* 1. varati se 2. zgrešiti (zgriješiti); **to* ~ *is human* grešiti je ljudsko

errand ['erənd] *n* nalog, posao, porudžbina; *to run an* ~ izvršiti nalog (porudžbinu)

erratic [i'raetik] *a* čudan, nastran; ~ *behavior* čudno ponašanje

erratum [i'ratəm] *(-ta* [tə]) *n* štamparska greška; *a list of* ~*ta* ispravke
erroneous [i'rounijəs] *a* pogrešan, netačan (W: netočan); *an* ~ *viewpoint* pogrešno mišljenje **error** ['erər] *n* greška, pogreška; *to make an* ~ napraviti grešku
erudite ['erudajt] *a* eruditan, učen, načitan
erudition [eru'dišən] *n* erudicija, učenost, načitanost
erupt [i'rəpt] *v intr* 1. buknuti 2. izbiti
eruption [i'rəpšən] *n* 1. erupcija 2. (med.) osip
escalate ['eskəlejt] *v* 1. *tr* eskalirati, intenzivirati 2. *intr* eskalirati, intenzivirati se
escalation [eskə'lejšən] *n* eskalacija
escalator ['eskəlejtər] *n* pokretne stepenice
escapade ['eskəpejd] *n* nestašluk, ludorija
escape I [e'skejp] *n* 1. bekstvo (bjekstvo); *an* ~ *from prison* bekstvo iz zatvora 2. spasavanje; *to have a narrow* ~ jedva se izvući **escape** II *a* za spasavanje; *an* ~ *hatch* otvor za spasavanje **escape** III *v* 1. *tr* izbeći (izbjeći); *to* ~ *death* izbeći smrt 2. *tr* promaći; *several errors* ~*d you* promakle su ti neke greške 3. *tr* izmaći, umaći; *to* ~ *punishment* izmaći kazni 4. *intr* pobeći (pobjeći); uteći; *a prisoner* ~*d* utekao je zatvorenik
escort I ['eskort] *n* 1. pratnja; eskort; *an armed* ~ oružana pratnja 2. pratilac 3. kavaljer **escort** II [es'kort] *v* tr pratiti, eskortovati
escrow ['es'krou] *n* zalog, depozit, fond; *held in* ~ držan u zalogu, deponovan
Eskimo I ['eskəmou] *n* 1. *(pl* has *-s* or zero) Eskim 2. eskimski jezik **Eskimo** II *a* eskimski
esophagus [i'safəgəs] *n* jednjak
esoteric [esə'terik] *a* esoteričan, nejasan
especial [e'spešəl] *a* naročit, poseban, osobit
Esperanto [espə'rantou] *n* esperanto
espionage ['espijənaž] *n* špijunaža
espousal [e'spauzəl] *n* zalaganje **espouse** [e'spauz] *v* tr založiti se (za); *to* ~ *a cause* založiti se za neku stvar
essay ['esej] *n* esej, ogled
essence ['esəns] *n* esencija, bit, suština; *in* ~ u suštini **essential** I [i'senšəl] *n* 1. bit, bitnost, glavna stvar 2. neophodni predmet; *the* ~*s of life* predmeti prvog reda neophodnosti **essential** II *a* bitan, suštinski, osnovni
establish [e'staebliš] *v* tr 1. smestiti (smjestiti) 2. ustanoviti, postaviti *to* ~ *a*

standard ustanoviti normu 3. utvrditi; *to* ~ *a fact* utvrditi činjenicu 4. odrediti; *to* ~ *priorities* odrediti red hitnosti 5. postići; *to* ~ *superiority* postići nadmoćnost **establishment** *n* 1. ustanovljenje, postavljenje 2. ustaljena državna forma; državno uređenje
estate [e'stejt] *n* imanje, imovina; *a country* ~ imanje na selu
esteem I [e'stijm] *n* poštovanje (W also: štovanje); *to hold smb. in high* ~ visoko poštovati nekoga **esteem** II *v* tr poštovati (W also: štovati)
estimate I ['estəmit] *n* procena (procjena) *make an* ~ *of (the) damage* izvršiti procenu štete **estimate** II [~mejt] *v* tr proceniti (procijeniti); *to* ~ *damage* proceniti štetu **estimation** [estə'mejšən] *n* procena (procjena); mišljenje; *in my* ~ po mom mišljenju
Estonia [es'tounijə] *n* Estonija **Estonian** I *n* 1. Estonac 2. estonski jezik **Estonian** II *a* estonski
estrange [es'trejndž] *v* tr otuđiti, udaljiti
estuary ['esču:erij] *n* estuarski zaliv, rukavac
etc. itd. (see **et cetera)**
et cetera [et 'set(ə)rə] (Latin) i tako dalje
etch [eč] *v* tr *and intr* radirati, gravirati **etching** *n* radirung
eternal [i'tərnəl] *a* večan (vječan) **eternity** [i'tərnətij] *n* večnost (vječnost)
ether ['ijthər] *n* etar, eter
ethical ['ethikəl] *a* etičan, etički **ethics** *n pl* etika
Ethiopia [ijthij'oupijə] *n* Etiopija **Etiopian** I *n* Etiopljanin **Ethiopian** II *a* etiopski, etiopijski
ethnic I ['ethnik] *n* (colloq.) član etničke manjine **ethnic** II *a* etnički
ethnographer [eth'nagrəfər] *n* etnograf **ethnographic** [ethnə'graefik] *a* etnografski, etnografijski **ethnography** [eth'nagrəfij] *n* etnografija
ethnologist [eth'nalədžist] *n* etnolog **ethnology** [~džij] *n* etnologija
ethyl ['ethəl] *n* etil
etiquette ['etəket] *n* etikecija, etiketa
etymologic [etəmə'ladžik], **etymological** *a* etimološki **etymology** [etə'malədžij] *n* etimologija
eugenic [ju:'dženik] *a* eugeničan, eugenički **eugenics** *n* eugenika
eulogize ['ju:lədžajz] *v* tr hvaliti, slaviti, veličati **eulogy** *n* pohvala, govor u slavu

eunuch ['ju:nək] n evnuh, uškopljenik
euphemism ['ju:fəmizəm] n eufemizam, ulepšan (uljepšan) izraz **euphemistic** [ju:fə'mistik] a eufemistički, eufemističan
euphony ['ju:fənij] n eufonija
euphoria [ju:'forijə] n euforija **euphoric** [ju:'forik] a euforičan, euforički
Europe ['ju:rəp] n Evropa **European** I [ju:rou'pijən] n Evropljanin **European** II a evropski
evacuate [i'vaekjuejt] v 1. tr evakuisati; napustiti; to ~ a city evakuisati grad 2. tr evakuisati, premestiti (premjestiti); to ~ the ill evakuisati bolesnike 3. intr evakuisati se **evacuation** [ivaekju:'ejšən] n evakuacija
evade [i'vejd] v tr izmaći, izbeći (izbjeći); to ~ one's pursuers izmaći goniocima
evaluate [i'vaelju:ejt] v tr oceniti (ocijeniti) **evaluation** [ivaelju:'ejšən] n ocena (ocjena)
evangelic [ejvaen'dželik] a jevanđelski, evanđelski **evangelism** [i'vaendžəlizəm] n propovedanje (propovijedanje) jevanđelja **evangelist** [i'vaendžəlist] n jevanđelista, evanđelista
evaporate [i'vaepərejt] v 1. tr ispariti 2. intr ispariti se **evaporated milk** konzervisano mleko (mlijeko)
evasion [i'vejžən] n 1. izmaknuće, izbegavanje (izbjegavanje) 2. izvrdavanje **evasive** [i'vejsiv] a 1. koji vrda 2. dvosmislen, nejasan; an ~ statement dvosmislena izjava
eve [ijv] n predvečerje; on the ~ of the war uoči rata
even I ['ijvən] a 1. ravan; gladak; an ~ surface ravna površina 2. ravnomeran (ravnomjeran); ~ breathing ravnomerno disanje 3. podjednak, ravan; an ~ struggle ravna borba; two ~ parts dva jednaka dela (dijela) 4. paran; an ~ number paran broj 5. izjednačen; kvit; now we are ~ sad smo kvit **even** II adv 1. baš; ~ as we watched baš kad smo gledali 2. još; he is ~ taller than you on je još viši od tebe 3. čak (i); pa (i); ~ if he doesn't come himself čak ako i sam ne dođe 4. (~ if) čak i da; ~ if I had a car čak i da imam kola **even** III v tr 1. izjednačiti (rezultat); to ~ the score izjednačiti 2. poravnati

evening I ['ijvning] n veče, večer; good ~! dobro veče **evening** II a večernji; an ~ dress večernja haljina
event [i'vent] n 1. događaj 2. (sports) tačka (W: točka) programa 3. slučaj; in any ~ u svakom slučaju **eventful** a pun događaja
eventual [i'venču:əl] a konačan; his ~ fate njegova konačna sudbina
eventuality [ivenču:'aelətij] n mogućnost, eventualnost
eventually [i'venču:əlij] adv u svoje vreme (vrijeme), najzad, konačno; he'll come ~ jednog dana će doći
ever ['evər] adv ikad(a), nekad; do you ~ go to the movies? da li ikad idete u bioskop? (W: kino)
evergreen I ['evərgrijn] n zimzelen, zimzelena biljka **evergreen** II a zimzelen
everlasting [evər'laesting] a večit (vječit), stalan
every ['evrij] a svaki; ~ day svaki dan (svakog dana) **everybody** [~badij] pron svako **everyday** [~dej] a svakidašnji, svakodnevni; ~ needs svakidašnje potrebe **everyone** [~wən] pron 1. svako; he is afraid of ~ on se boji svakoga 2. svi; ~ came svi su došli **everything** [~thing] pron sve **everywhere** [~wejr] adv svuda
evict [i'vikt] v tr iseliti, isterati (istjerati) **eviction** [i'vikšən] n iseljenje
evidence ['evədəns] n (usu. legal) dokazni materijal, dokaz, indikacija
evident ['evədənt] a očigledan, očevidan
evil I ['ijvəl] n zlo; a necessary ~ nužno zlo **evil** II a 1. zao, rđav; an ~ spirit zao duh 2. urokljiv; the ~ eye urokljive oči
evince [i'vins] v tr pokazati, ispoljiti
eviscerate [i'visərejt] v tr izvaditi drob (iz)
evocation [evə'kejšən] n izazivanje, buđenje **evoke** [i'vouk] v tr 1. izazvati, probuditi; to ~ admiration izazvati divljenje 2. evocirati, prizvati; to ~ memories evocirati (prizvati) uspomene
evolution [evə'lu:šən] n evolucija **evolve** [i'valv] v intr razviti se, evoluirati
ewe [ju:] n ovca
exacerbate [eg'zaesərbejt] v tr 1. pogoršati 2. ogorčati
exact I [eg'zaekt] a 1. tačan (W: točan); an ~ copy tačan prepis 2. egzaktan; the ~ sciences egzaktne nauke
exact II v tr iznuditi

exacting a strog, pun zahteva (zahtjeva); an ~ taskmaster strog poslodavac

exaggerate [eg'zaedžərejt] v tr and intr preuveličati, preterati (pretjerati); he always ~s on uvek (uvijek) preteruje exaggeration [egzaedžə'rejšən] n preuveličavanje, preterivanje (pretjerivanje)

exalt [eg'zolt] v tr 1. veličati, uzdići, uzvisiti 2. ushititi, egzaltirati exaltation [egzol'tejšən] n 1. veličanje, podizanje, uzdizanje 2. egzaltacija, egzaltiranost exalted a 1. visok; uzvišen 2. egzaltiran

exam [eg'zaem] n (colloq.) see examination 2

examination [egzaemə'nejšən] n 1. pregled; a medical ~ lekarski — ljekarski (W: liječnički) pregled 2. ispit; an oral (written) ~ usmeni (pismeni) ispit examine [eg'zaemin] v tr 1. pregledati 2. ispitati; to ~ students ispitati studente

example [eg'zaempəl] n primer (primjer); for ~ na primer

exasperate [eg'zaespərejt] v tr razdražiti, ogorčiti exasperation [egzaespə'rejšən] n razdraženje, ogorčenje

excavate ['ekskəvejt] v tr and intr iskopati excavation [ekskə'vejšən] n iskopavanje; iskopina; ekskavacija

exceed [ek'sijd] v tr 1. prekoračiti; preći; to ~ a speed limit prekoračiti najvišu dozvoljenu brzinu 2. prevazići, premašiti; to ~ expectations prevazići očekivanja exceedingly [~inglij] adv veoma

excel [ek'sel] v intr odlikovati se excellence ['eksələns] n odlika, odličnost excellent a odličan, izvrstan

except I [ek'sept] prep sem, osim, izuzev except II conj (~ that) sem ako, sem što; everything is all right ~ that you made a few minor errors sve je u redu sem što ste napravili nekoliko malih grešaka except III v tr izuzeti, isključiti excepting prep sem, osim exception [ek'sepšən] n 1. izuzetak, iznimka; an ~ to a rule izuzetak od pravila 2. prigovor; to take ~ to smt. prigovoriti nečemu exceptional a izuzetan, eksepcionalan, izvanredan

exerpt ['eksərpt] n izvod, ekscerpt W also: izvadak)

excess I ['ek'ses] n višak; in ~ of više od 2. neumerenost (neumjerenost) ekscess; to ~ preko mere (mjere) excess II a prevelik; suvišan; ~ baggage težina prtljaga preko dozvoljene excessive [ek'sesiv] a

prekomeran (prekomjeran), ekscesivan

exchange I [eks'čejndž] n 1. razmena (razmjena), izmena (izmjena); an ~ of goods razmena dobara 2. see stock exchange 3. see telephone exchange 4. (foreign ~) devize exchange II v tr razmeniti (razmijeniti), izmenjati (izmijenjati); to ~ Canadian money for American (money) razmeniti kanadski novac za američki exchange rate kurs

exchequer ['eks'čekər] n 1. (cap., Br.) ministarstvo finansija (financija) 2. see treasury

excise ['ek'sajz] n (also: ~ tax) porez na promet

excision [ek'sižən] n izrezivanje

excitable [ek'sajtəbəl] a uzbudljiv, koji se lako uzbudi excite [ek'sajt] v tr uzbuditi; to get ~d uzbuditi se excitement n uzbuđenje exciting a uzbudljiv, koji izaziva uzbuđenje

exclaim [eks'klejm] v tr and intr uzviknuti exclamation [eksklə'mejšən] n uzvik, eksklamacija exclamation point znak uzvika exclamatory [eks'klaemətorij] a eksklamativan, uzvičan; an ~ sentence uzvična rečenica

exclude [eks'sklu:d] v tr isključiti exclusion [eks'klu:žən] n isključenje exclusive [eks'klu:siv] a isključiv; ekskluzivan; ~ circles nepristupačni krugovi

excommunicate [ekskə'mju:nikejt] v tr isključiti (iz crkve), ekskomunicirati

excoriate [ek'skorijejt] v tr osuditi, izgrditi

excrement ['ekskrəmənt] n izmet, ekskrement, balega

excrete [ek'skrijt] v tr izlučiti excretion [ek'skrijšən] n izlučenje; ekskret

excruciating [ek'skru:šijejting] a (veoma) bolan; an ~ pain veoma jak bol

excursion [ek'skəržən] n ekskurzija, izlet; to go on an ~ otići na ekskurziju

excuse I (ek'skju:s] n 1. izvinjenje 2. opravdanje (izostanka učenika iz škole), ispričnica excuse II (ek'skju:z] v tr 1. izviniti; ~ me! izvinite! 2. opravdati; odobriti; to ~ a pupil's absence from school odobriti izostanak učenika iz škole 3. osloboditi; to ~ smb. from duty osloboditi nekoga dužnosti

execute ['eksikju:t] v tr 1. izvršiti; to ~ an order izvršiti naredbu 2. pogubiti, egzekutirati; to ~ a murderer pogubiti ubicu execution [eksi'kju:šən] n 1. izvršenje

2. pogubljenje, izvršenje smrtne kazne, egzekucija **executioner** *n* izvršilac smrtne kazne, dželat, krvnik
executive I [eg'zekjətiv] *n* 1. direktor 2. izvršna vlast 3. (Am., pol.) predsednik (predsjednik) **executive** II a izvršni; egzekutivan; ~ *power* izvršna vlast **executor** [eg'zekjətər] *n* izvršilac; egzekutor; *an* ~ *of a will* izvršilac testamenta
exemplary [eg'zemplərij] *a* uzoran
exemplify [eg'zempləfaj] *v tr* primerom (primjerom) pokazati
exempt I [eg'zempt] *a* oslobođen; ~ *from military service* oslobođen od vojne službe **exempt** II *v tr* osloboditi; *to* ~ *from taxes* osloboditi od plaćanja poreza **exemption** [eg'zempšən] *n* 1. oslobođenje 2. (*tax* ~) poresko oslobođenje, poreska olakšica
exercise I ['eksərsajz] *n* 1. upotreba, primena (primjena) 2. telesno (tjelesno) kretanje 3. vežba (vježba), vežbanje (vježbanje) 4. (in *pl*) svečanost **exercise** II *v* 1. *tr* vršiti; upotrebljavati 2. *tr* vežbati (vježbati); *to* ~ *a horse* vežbati konje 3. *intr* vršiti vežbe (vježbe), raditi gimnastiku
exert [eg'zərt] *v* 1. *tr* vršiti; *to* ~ *influence on smb.* vršiti uticaj na nekoga 2. *refl* napregnuti se **exertion** [eg'zəršən] *n* napor, naprezanje
exhale [eks'hejl] *v tr and intr* izdahnuti
exhaust I [eg'zost] 1. izduvni gasovi 2. izduvavanje 3. (or: ~ *pipe*) izduvna cev — cijev (auspuh) **exhaust** II a izduvni **exhaust** III *v tr* 1. iscrpsti; *to* ~ *a subject* iscrpsti predmet 2. istrošiti, potrošiti; *to* ~ *one's supplies* potrošiti zalihe 3. zamoriti, umoriti **exhausting** a zamoran; ~ *work* zamoran rad **exhaustion** [eg'zosčən] *n* iscrpenost; zamorenost **exhaustive** a iscrpan; *an* ~ *inquiry* iscrpno istraživanje
exhibit I [eg'zibit] *n* 1. izložba; eksponat; *on* ~ izložen 2. izložbeni predmet **exhibit** II *v* 1. *tr* izložiti, eksponovati; *to* ~ *paintings* izložiti slike 2. *tr* pokazati 3. *intr* izlagati **exhibition** [eksə'bišən] *n* 1. izložba, izlaganje; egzibicija; *to be on* ~ biti izložen; *to make an* ~ *of oneself* učiniti se smešnim (smiješnim) 2. (Br.) stipendija **exhibitor, exhibiter** [eg'zibətər] *n* izlagač, eksponent
exhilarate [eg'zilərejt] *v tr* 1. razveseliti 2. stimulisati **exhilarating** a 1. koji razveseljava 2. koji stimuliše **exhilaration** [egzilə'rejšən] *n* 1. razveseljenost 2. stimulisanje
exhort [eg'zort] *v tr* podstaći **exhortation** (egzor'tejšən) *n* podsticanje
exhume [eg'zju:m] *v tr* ekshumirati, iskopati (leš)
exigency ['eksədžənsij] *n* potreba
exile I ['egzajl] *n* 1. egzil, izgnanstvo progonstvo 2. izgnanik, prognanik **exile** II *v tr* prognati, izagnati
exist [eg'zist] *v intr* postojati, egzistirati **existence** *n* postojanje, egzistencija **existent** a postojeći
existential [egzi'stenšəl] *a* egzistencijalan **existentialism** *n* egzistencijalizam
exit I ['egzit] *n* 1. odlazak (glumca s pozornice) 2. izlaz, izlazna vrata **exit** II *v intr* otići, izaći **exodus** ['eksədəs] *n* odlazak, izlazak
exonerate [eg'zanərejt] *v tr* osloboditi optužbe
exorbitant [eg'zorbətənt] *a* prekomeran (prekomjeran)
exorcise ['eksorsajz] *v tr* isterati — istjerati (đavola)
exotic [eg'zatik] egzotičan
expand [ek'spaend] *v* 1. *tr* proširiti, raširiti 2. *intr* širiti se; *the city is* ~*ing* grad se širi
expanse [ek'spaens] *n* prostor, prostranstvo **expansion** [~nšən] *n* proširenje, raširenje, ekspanzija
expatriate I [eks'pejtrijit] *n* iseljenik **expatriation** [ekspejtrij'ejšən] *n* ekspatrijacija, iseljenje, izgnanje (iz otadžbine)
expect [ek'spekt] *v* 1. *tr* očekivati; *I* ~*ed you to bring the money* očekivao sam da ćeš doneti (donijeti) novac 2. *intr* (colloq.) *to be* ~*ing* biti trudna **expectancy** [~ənsij] *n* vek (vijek); *average life* ~ srednji (prosečni — prosječni) ljudski vek **expectant** a 1. koji očekuje 2. *an* ~ *mother* trudna žena **expectation** [ekspek'tejšən] *n* očekivanje
expediency [ek'spijdijənsij] **expedience** [~əns] *n* celishodnost (cjelishodnost)
expedient I *n* (celishodno — cjelishodno) sredstvo **expedient** II a celishodan (cjelishodan)
expedite ['ekspədajt] *v tr* 1. ubrzati; omogućiti 2. izvršiti (brzo)
expedition [ekspə'dišən] *n* ekspedicija **expeditionary** [~erij] *a* (usu. mil.) ekspedicioni

expel [ek'spəl] v tr isterati (istjerati); to ~
from school isterati iz škole
expend [ek'spend] v tr potrošiti, istrošiti
expendable a 1. nepotreban 2. za jedno-
kratnu upotrebu
expenditure [ek'spendəčər] n trošak; mi-
nor ~s sitni troškovi expense [ek'spens]
n trošak; at my ~ o mom trošku expen-
sive a skup
experience I [ek'spijrijəns] n 1. iskustvo; a
sad ~ žalosno iskustvo; to gain ~ steći
iskustvo 2. doživljaj experience II v tr
doživeti (doživjeti) experienced a isku-
san, pun iskustva
experiment I [ek'sperəmənt] n eksperime-
nat, opit; proba; to conduct ~s vršiti
eksperimente experiment II v intr vršiti
eksperimente, eksperimentisati experi-
mental [ekspera'mentl] a eksperimenta-
lan, opitni, probni experimentation [ek-
sperəmen'tejšən] n eksperimentisanje,
eksperimentacija
expert I ['ekspərt] n ekspert, stručnjak; an
~ in smt. stručnjak za nešto expert II a
stručnjački expertise [ekspər'tijz] n ve-
ština (vještina), vičnost
expiate ['ekspijejt] v tr ispaštati
expiration [ekspə'rejšən] n 1. istek, istica-
nje 2. isdisanje expire [ek'spajr] v intr 1.
isteći; the time limit has ~d rok je
istekao 2. izdahnuti, umreti (umrijeti)
explain [ek'splejn] v tr and intr objasniti,
razjasniti explanation [ekspla'nejšən] n
objašnjenje explanatory [ek'splaenəto-
rij] a koji objašnjava
expletive ['eksplətiv] n psovka
explicit [ek'splisit] a eksplicitan, određen,
izričan
explode [ek'sploud] v 1. tr dovesti do
eksplozije, rasprsnuti 2. intr eksplodira-
ti, pući, rasprsnuti se
exploit I ['eksplojt] n podvig exploit II
[ek'splojt] v tr eksploatisati, iskoristiti
exploitation [eksploj'tejšən] n eksploa-
tacija exploiter [eks'plojtər] n eksploa-
tator
exploration [ekspla'rejšən] n istraživanje
exploratory [ek'splorətorij] a istraživač-
ki, izviđački explore [ek'splor] v tr and
intr istraživati, eksplorisati explorer n
istraživač
explosion [ek'sploužən] n eksplozija; pra-
sak explosive I [ek'splousiv] n eksploziv,
eksplozivno sredstvo explosive II a eks-
plozivan

exponent [ek'spounənt] n 1. predstavnik,
pobornik, eksponent 2. (math.) ekspo-
nent, izložitelj
export I ['eksport] n izvoz, eksport export
II a izvozni, eksportni; an ~ firm izvoz-
no preduzeće (W: poduzeće) export III
['ek'sport] v tr and intr izvoziti, ekspor-
tovati exporter n izvoznik, eksporter
expose [ek'spouz] v tr 1. izložiti; podvrći;
to ~ oneself to danger izložiti se opa-
snosti 2. otkriti; to ~ a scandal otkriti
skandal 3. (photo.) osvetliti (osvijetliti);
to ~ film osvetliti film exposition [ek-
spə'zišən] n 1. izlaganje 2. izložba
exposure [ek'spoužər] n 1. izloženje, izla-
ganje 2. izloženost; a southerly ~ izlo-
ženost jugu 3. (photo.) osvetljenje (os-
vjetljenje); a double ~ duplo osvetljenje
4. smržnjenje; to die of ~ umreti (umri-
jeti od smržnjenja
expound [ek'spaund] v tr izložiti; razja-
sniti
express I [ek'spres] n 1. ekspres, ekspresni
voz (W: vlak) 2. transportno preduzeće
(W: poduzeće) 3. kurir express II a 1.
određen, izričan; an ~ wish izrična
želja 2. hitan; ekspresni; an ~ train
ekspresni voz (W: vlak); (Br.) an ~
letter ekspresno pismo
express III v tr izraziti expression [ek-
'sprešən] n 1. izražavanje 2. izraz; a
fixed ~ ustaljeni izraz
expressionism n ekspresionizam expres-
sionist n ekspresionista
expressive a ekspresivan, izrazit, izra-
žajan
expressly [~lij] adv izrično
expressway [~wej] n autoput
expropriate [eks'prouprijejt] v tr ekspro-
prisati expropriation [eksprouprij'ejšən]
n eksproprijacija
expulsion [ek'spəlšən] n isključenje, isteri-
vanje (istjerivanje)
expunge [ek'spəndž] v tr izbrisati
expurgate ['ekspərgejt] v tr očistiti
(knjigu)
exquisite ['ekskwizit] izvrstan
extemporaneous [ekstempə'rejnijəs] a im-
provizovan; bez pripreme
extend [ek'stend] v 1. tr ispružiti; to ~
one's arm ispružiti ruku 2. produžiti; to
~ a railroad line produžiti železničku
(željezničku) prugu 3. tr proširiti; to ~
one's influence proširiti svoj uticaj 4. tr
ukazati; izraziti; to ~ one's sympathy

izraziti svoje saučešće 5. *intr* protezati se; *the lake ~s 60 miles to the south* jezero se proteže 60 milja na jug **extension** [ek'stenšən] *n* 1. ispružanje 2. produžetak; produženje; *~ of a visa* produženje vize 3. dograda 4. (or: *a university ~)* fakultet za sedištem (sjedištem) van matičnog mesta (mjesta) univerziteta (W: sveučilišta) 5. (telephone) lokal **extension cord** produžetak za struju **extensive** [ek'stensiv] *a* 1. prostran, širok 2. ekstenzivan, obiman, opsežan **extent** [ek'stent] *n* stepen; mera (mjera); *to a great ~* u velikoj meri **extenuate** [ek'stenju:ejt] *v tr* smanjiti. umanjiti, olakšati; *~ing circumstances* olakšavajuće okolnosti **exterior** I [ek'stijrijər] *n* eksterijer, spoljašnost (W also: vanjština) **exterior** II *a* spoljašnji (W also: vanjski) **exterminate** [ek'stərmənejt] *v tr* zatrti, uništiti **extermination** [ekstərmə'nejšən] *n* zatiranje; uništavanje **exterminator** [ek'stərmənejtər] *n* stručnjak za uništavanje štetočina **external** [ek'stərnəl] *a* 1. spoljašnji (W also: vanjski) 2. inostran (W also: vanjski) **extinct** [ek'stingkt] *a* 1. ugašen; *an ~ volcano* ugašeni (mrtvi) vulkan 2. izumro; *to become ~* izumreti (izumrijeti) **extinction** [~šən] *n* 1. ugašenost 2. izumiranje, izumrlost **extinguish** [ek'stinggwiš] *v tr* ugasiti; *to ~ a fire* ugasiti požar (vatru) **extinguisher** *n* aparat za gašenje požara **extirpate** ['ek'stərpejt] *v tr* iskoreniti (iskorijeniti) **extol** [ek'stoul] *v tr* veličati, uzdisati (do neba) **extort** [ek'stort] *v tr* iznuditi; *to ~ money* iznuditi novac **extortion** [ek'storšən] *n* iznuda **extortionist** *n* iznuđivač **extra** I ['ekstrə] *n* 1. dodatak 2. posebno izdanje (novina) 3. (movies, theater) statista **extra** II *a* 1. poseban, zaseban, ekstra; *~ work* poseban rad 2. suvišan; *do you have an ~ book?* da li imate suvišnu knjigu? 3. sporedan; *~ charges* sporedni troškovi **extra** III *adv* posebno, zasebno **extract** I ['ekstraekt] *n* 1. izvod (W also. izvadak) 2. ekstrakt **extract** II [ek-'straekt] *v tr* 1. izvaditi; izvući; *to ~ a*

tooth izvaditi zub 2. izvući;. *to ~ a confession from smb.* izvući priznanje od nekoga **extraction** [ek'straekšən] *n* 1. vađenje 2. poreklo (porijeklo); *of French* ~ francuskog porekla **extracurricular** [ekstrəkə'rikjələr] *a* vanškolski; ~ *activities* vanškolski rad, aktivnost u slobodnom vremenu **extradite** [~dajt] *v tr* ekstradirati, izručiti; *to ~ a criminal* izručiti zločinca **extradition** [ekstrə'dišən] *n* ekstradicija, izručenje **extramarital** [~'maerətəl] *a* preljubnički **extraordinary** [ek'strordənerij] *a* izvanredan **extraterritorial** [~terə'torijəl] *a* eksteritorijalan **extravagance** [ek'straevəgəns] *n* ekstravagancija **extravagant** *a* ekstravagantan. **extreme** I [ek'strijm] *n* krajnost, ekstrem; *to go to ~s* ići u krajnost **extreme** II *a* krajnji; ekstreman **extremism** *n* (pol.) ekstremizam **extremist** I *n* (pol.) ekstremista **extremist** II *a* (pol.) ekstremistički **extremity** [ek'stremətij] *n* (anat.) ud, ekstremitet **extricate** ['ekstrikejt] *v tr* ispetljati; *to ~ oneself* ispetljati se **extrovert** ['ekstrəvərt] *n* ekstravertna osoba **extroverted** *a* ekstravertan, otvoren, društven **exuberance** [eg'zu:bərəns] *n* 1. bujnost 2. veselost **exuberant** *a* 1. bujan 2. veseo, pun životne radosti **exude** [eg'zu:d] *v tr* izlučiti, odisati **exult** [eg'zəlt] *v intr* likovati **exultation** [egzəl'tejšən] *n* likovanje **eye** I [aj] *n* 1. oko; **to see ~ to ~ with smb.* potpuno se slagati s nekim 2. (of a needle) iglene uši, ušice 3. (on a potato) oko (na krompiru — W: krumpiru) 4. petlja; *hooks and ~s* kopče i petlje **eye** II *v tr* pogledati, uprti oči (u) **eyeball** [~bol] *n* očna jabučica **eyebrow** [~brau] *n* obrva, veđa (vjeđa) **eyeful** [~ful] *n* (colloq.) pogled; *he got an ~* nagledao se svega i svačega **eyeglass** [~glaes] *n* 1. (in *pl)* naočari (W: naočale) 2. okular **eyelash** [~laeš] *n* trepavica **eyelid** [~lid] *n* očni kapak **eye shadow** šminka za oči **eyesight** [~sajt] *n* viđenje, vid, čulo vida **eyetooth** [~tu:th] *n (-teeth* [tijth]) *n* očnjak **eyewitness** [~witnis] *n* očevidac

F

f [ef] n 1. f (slovo engleske azbuke) 2.
(school grade) »neprelazno«
fable ['fejbəl] n basna, fabula
fabric ['faebrik] n tkanina, štof
fabricate [~ejt] v tr fabrikovati; izmisliti;
to ~ a story izmisliti priču fabrication
[faebri'kejšən] n fabrikovanje; izmišljo-
tina
fabulous ['faebjələs] a basnoslovan, fabu-
lozan
facade [fə'sad] n fasada
face I [fejs] n 1. lice; a sad ~ tužno lice 2.
misc.; *to show one's ~ pojaviti se; *to
save ~ sačuvati prestiž face II v 1. tr
biti okrenut (prema); gledati; the win-
dows ~ the east prozori gledaju na
istok 2. tr pogledati u oči; to ~ the facts
pogledati u oči činjenicama 3. intr okre-
nuti se; to ~ right okrenuti se na desno
face-lift n 1. kozmetička hirurgija na licu
2. (fig.) remont
facet ['faesit] n aspekt, gledište
facetious [fə'sijšəs] a šaljiv
facilitate [fə'silətejt] v tr olakšati
facility [fə'silətij] n 1. veština (vještina),
sposobnost 2. (in pl) kapaciteti; instala-
cije, postrojenja; industrijal ~s indu-
strijski kapaciteti 3. (in pl, colloq.) klo-
zet; sanitary ~ies sanitarni uređaji
facsimile [faek'simətlij] n faksimil, kopija
fact [faekt] n činjenica, fakat fact-finding
a istražni; a ~ committee istražna
komisija
faction ['faekšən] n frakcija factional a
frakcijaški (W also: strančarski)
factor ['faektər] n faktor, činilac; (math.) a
common ~ zajednički činilac

factory I ['faektərij] n fabrika (W: tvorni-
ca) factory II a fabrički (W: tvornički); a
~ worker fabrički radnik
factual ['faekču:əl] a činjenički, faktičan
faculty I ['faekəltij] n 1. moć, sposobnost;
mental ~ties duhovne moći 2. nastav-
ničko osoblje, osoblje fakulteta 3. (Br.)
fakultet faculty II a profesorski; a ~
meeting profesorski zbor
fad [faed] n (colloq.) (privremena) moda
fade [fejd] v 1. tr izbledeti (izblijediti) 2.
intr uvenuti 4. intr nestati, izgubiti se
Fahrenheit ['faerinhajt] n Farenhajt, Fa-
renhajtova skala
fail I [fejl] n neizvršenje; without ~ za-
sigurno fail II v 1. tr razočarati; izdati;
his strength ~ed him izdala ga snaga 2. tr
oboriti, srušiti (na ispitu); to ~a student
oboriti studenta na ispitu 3. tr pasti
(na ispitu); to ~ an examination pasti
na ispitu 4. intr propustiti; we ~ed
to invite them mi smo propustili da
ih pozovemo 5. intr bankrotirati 6. ne
uspeti (uspjeti); podbaciti; he ~ed to
get the job nije uspeo da dobije po-
ložaj 7. intr ne moći; i ~ to see what
he means ne mogu da shvatim šta (što)
on kaže 8. intr pasti (na ispitu) failing
a neprelazan, nedovoljan; a ~ grade ne-
prelazna ocena (ocjena) failure ['fejljər]
n 1. neizvršenje; a ~ to carry out orders
neizvršenje naređenja 2. neuspeh (ne-
uspjeh) 3. prekid; a power ~ prekid
struje 4. ispadanje iz stroja, otkaz;
engine ~ otkaz motora 5. bankrotstvo
6. pad (na ispitu)
faint [fejnt] v intr onesvestiti (onesvije-
stiti) se

fair I [fejr] *n* sajam; izložba; vašar; *a book*
~ sajam knjiga
fair II *a* 1. lep (lijep); *the ~ sex* lepši pol 2.
plav, plavokos 3. vedar; ~ *weather*
vedro vreme (vrijeme) 4. pošten, fer;
nepristrastan; ~ *play* poštena igra, fer
plej 5. prosečan (prosječan), osrednji
fair III *adv* pošteno, fer; *to play ~*
pošteno igrati, igrati fer
fairground [~graund] *n* (often in *pl)*
sajmište
fair-haired *a* plavokos; (fig.) omiljen
fairly [~lij] *adv* prilično, snošljivo; ~
good prilično dobar
fairy I ['fejrij] *n* 1. vila, čarobnica 2.
(colloq.) homoseksualac **fairy** II *a* vilin-
ski, čarobni **fairyland** [~laend] *n* vilin-
ska zemlja **fairy tale** bajka, priča o
vilama
faith [fejth] *n* vera (vjera), poverenje (pov-
jerenje); *to have ~ in smb.* imati veru u
nekoga **faithful** *a* veran (vjeran)
fake I [fejk] *n* 1. prevarant, varalica 2.
prevara, falsifikat **fake** II *a* lažan; pri-
tvoran **fake** III *v* 1. glumiti, simulirati;
to ~ surprise glumiti iznenađenje 2. *intr*
simulirati, pretvarati se **faker** *n* preva-
rant, varalica, simulant
falcon ['faelkən] *n* soko (sokol)
fall I [fol] *n* 1. pad, padanje; *a ~ from a
tree* pad s drveta 2. jesen; *in the ~* u
jesen **fall** II *a* jesenji, jesenski **fall** III *fell*
[fel]; *fallen* ['folən] *v intr* 1. pasti; spu-
stiti se; *he stumbled and fell* on se
spotakao i pao 2. odroniti se; *a large rock
fell* odronila se velika stena (stijena) 3.
opasti, pasti; *the leaves are ~ing* opada
lišće 4. zapasti, pasti; *to ~ into a trap*
zapasti u klopku 5. misc.; *to ~ apart*
raspasti se; *to ~ asleep* zaspati; *to ~
for smb.* zaljubiti se u nekoga
fallacy ['faeləsij] *n* greška, zabluda
fall behind *n* zaostati
fall in *v* 1. (mil.) postrojiti se; *fall in!* zbor!
2. srušiti se; *the roof fell in* krov se
srušio 3. misc.; *to fall in love with smb.*
zaljubiti se u nekoga
falling star zvezda (zvijezda) padalica
fall off *v* 1. otpasti; *the button fell off*
dugme je otpalo 2. opasti; smanjiti se;
attendance has fallen off considerably
broj prisutnih znatno je opao 3. pasti,
spasti; *to fall off a horse* pasti s konja
fall out *v* 1. opasti; *his hair fell out* opala
mu je kosa 2. ispasti; *his teeth fell out*

ispali su mu zubi 3. (mil.) izaći iz stroja;
fall out! voljno! 4. posvađati se, razići se
fall-out *n* radioaktivne padavine
fallow ['faelou] *a* ugaren; neobrađen; *to lie*
~ ležati na ugaru
falls *n pl* vodopad
fall through *v* propasti; *the deal fell
through* posao je propao
false [fols] *a* 1. lažan (W also: kriv); *a ~
alarm* lažna uzbuna 2. varljiv; ~ *hopes*
varljive nade 3. veštački (W:
umjetnički); ~ *teeth* veštački zubi 4.
misc., *a ~ bottom* duplo dno **falsehood**
[~hud] *n* laž, neistina **falsify** ['folsəfaj]
v tr falsifikovati
falter ['foltər] *v intr* spotaći se, posrnuti
fame [fejm] *n* slava; *to attain ~* steći slavu
famed *a* čuven
familiar [fə'miljər] *a* 1. prijateljski, prisan,
intiman, familijaran; *on ~ terms* u prija-
teljskim odnosima 2. uobičajen, čest,
običan; *a ~ sight* uobičajena pojava 3.
upoznat, upućen; *he is ~ with the facts*
on je upoznat s činjenicama **familiarity**
[fəmil'jaerətij] *n* 1. prisnost, intimnost,
familijarnost 2. poznavanje; upoznatost;
~ *with smt.* poznavanje nečega **familia-
rize** [fə'miljərajz] *v tr* familijarizovati,
upoznati; *to ~ oneself with a situation*
upoznati se sa situacijom
family ['faemlij] *n* porodica, familija (W
also: obitelj) **family name** prezime **fam-
ily tree** 1. porodično stablo 2. rodo-
slovlje
famine ['faemin] *n* glad
famished ['faemišt] *a* izgladneo (izgladnio)
famous ['fejməs] *a* čuven, poznat
fan I [faen] *n* 1. lepeza 2. ventilator **fan** II
v 1. *tr* hladiti lepezom; *to ~ oneself*
hladiti se lepezom 2. *tr* podstaći, raspa-
liti; *to ~ resentment* raspaliti mržnju 3.
intr (to ~ out) razviti se u vidu lepeze
fan III *n* navijač; obožavalac
fanatic [fə'naetik] *n* fanatik, fanatičar.
fanatical *a* fanatičan, fanatički **fana-
ticism** [fə'naetəsizəm] *n* fanatizam
fan belt kaiš ventilatora
fancier ['faensijər] *n* 1. ljubitelj 2. odgaji-
vač; *a cat ~* odgajivač mačaka
fanciful ['faensifəl] *n* nestvaran; izmišljen
fancy I ['faensij] *n* 1. fantazija; mašta 2.
sklonost, želja; *to take a ~ to smt.*
zavoleti (zavoljeti) nešto **fancy** II *v tr* 1.
zamisliti; *to ~ smb. as a lawyer* zami-

sliti nekoga kao advokata 2. voleti (voljeti)

fancy III *a* elegantan, luksuzan; *a* ~ *hat* elegantan šešir

fanfare [~fejr] *n* tuš, fanfara

fang [faeng] *n* zub (prihvatač); otrovan zub (zmijski)

fan mail pisma od obožavalaca

fantastic [faen'taestik] *a* fantastičan **fantasy** ['faentəsij] *n* fantazija

far I [far] *a* dalek, daljni, udaljen; *the Far East* Daleki istok **farther** ['farth:ər] and **further** ['fərth:ər] (usu. fig.) *(comp);* **farthest** ['farth:ist] and **furthest** ['fərth:ist] (usu. fig.) *(super); the farther shore* dalja obala; *until further notice* do dalje naredbe **far II** *adv* 1. daleko; udaljeno; *he has gone ~ (away)* otišao je daleko 2. misc. *how ~ are you traveling?* dokle putujete? **to go ~ uspeti* (uspjeti), mnogo postići (for *comp* and *super* see **far I**); *to go farther* ići dalje

farce [fars] *n* farsa, lakrdija **farcical** ['farsikəl] *a* lakrdijast

fare I [fejr] *n* 1. cena (cijena) vožnje, vozarina 2. (colloq.) putnik 3. hrana (i piće); *modest ~* skromna hrana **fare II** *v intr* proći, napredovati; *how did he ~ in the big city?* kako je prošao u velegradu?

farewell I [~wel] *n* oproštaj **farewell II** *a* oproštajni; *a ~ dinner* oproštajna večera **farewell III** *interj* zbogom

far-fetched *a* napregnut; s mukom izmišljen; *a ~ scheme* nepraktičan plan

far-flung *a* 1. rasprostranjen 2. dalek

farm I [farm] *n* farma; gazdinstvo; *a private ~* individualno gazdinstvo **farm II** *a* poljoprivredni; *a ~ worker* zemljoradnik **farm III** *v* 1. *tr* obraditi; *to ~ the land* obraditi zemlju 2. *tr (to ~ out)* podeliti — podijeliti (rad, zadatke) 3. *intr* obrađivati zemlju **farmer** *n* poljoprivrednik, farmer, zemljoradnik; seljak **farmhouse** [~haus] (-ses [ziz]) *n* farmerova kuća, seljačka kuća **farming** *n* poljoprivreda, ratarstvo

far-reaching *a* dalekosežan; *~ consequences* dalekosežne posledice (posljedice)

farrier ['faerijər] *n* (Br.) potkivač, kovač

farsighted *a* dalekovid

farthing ['farth:ing] *n* (Br.) farding, četvrt penija

fascicule ['faesikju:l] *n* sveska (knjige)

fascinate ['faesənejt] *v tr* fascinirati, opčiniti, opčarati **fascinating** *a* fascinantan **fascination** [faesə'nejšən] *n* 1. fascinantnost 2. fasciniranje

fascism ['faešizəm] *n* fašizam **fascist I** ['faešist] *n* fašista **fascist II** *a* fašistički

fashion I ['faešən] *n* 1. način, manir, metod; *in a strange ~* na čudan način 2. moda; *the latest ~* poslednja (posljednja) moda **fashion II** *v tr* oblikovati, modelisati, fazonirati **fashionable** *a* 1. modni, u modi, pomodan 2. elegantan **fashion designer** modni kreator **fashion magazine** modni žurnal **fashion show** modna revija

fast I [faest] *n* post, uzdržavanje od hrane **fast II** *v intr* postiti, uzdržavati se od hrane

fast III *a* 1. brz; *a ~ worker* brz radnik; *your watch is ten minutes ~* tvoj sat žuri deset minuta 2. stalan, trajan; *a ~ color* stalna (trajna) boja 3. raskalašan, razvratan; *a ~ crowd* sumnjivo društvo **fast IV** *adv* 1. brzo; *to run ~* trčati brzo 2. čvrsto, nepomično; *to be ~ asleep* spavati čvrstim snom

fasten ['faesən] *v tr* pričvrstiti; vezati; prikačiti **fastener** *n* driker, pričvršćivač

fastidious [fə'stidijəs] izbirački; *a ~ person* izbirač

fast-talking *a* brzorek

fat I [faet] *n* 1. mast; salo; loj; *animal (vegetable) ~* životinjska (biljna) mast 2. debljina, gojaznost **fat II** *a* 1. mastan 2. debeo, gojazan

fatal ['fejtəl] *a* 1. smrtan, smrtonosan; *a ~ blow* smrtan udarac 2. fatalan, sudbonosan, koban; *a ~ blunder* kobna greška **fatalist** *n* fatalista **fatalistic** [fejtə'listik] *a* fatalistička **fatality** [fej'taelətij] *n* ljudska žrtva **fate** [fejt] *n* sudbina; fatalitet; fatum **fateful** *a* sudbonosan

father I ['fath:ər] *n* 1. otac; **like ~ like son* kakav otac takav sin 2. predak, otac 3. sveštenik (svećenik) **father II** *v tr* roditi, stvoriti **father-in-law** *(fathers-in-law) n* svekar; tast **fatherland** [~laend] *n* otadžbina, domovina **fatherly** [~lij] *a* očinski

fathom I ['faeth:əm] *n* (usu. naut.) hvat (šest stopa, 2, 134 metra) **fathom II** *v tr* dokučiti, proniknuti

fatigue [fə'tijg] *n* 1. zamor, umor 2. (mil.; also: *~ duty)* težak rad, poslovi unutrašnje službe 3. (mil.; in *pl*) radno odelo (odijelo)

fatten ['faetn] *v tr* (also: *to ~ up*) ugojiti, nakljukati, utoviti **fatty** I ['faetij] *n* (colloq.) debeljko **fatty** II *a* mastan; ~ *meat* masno meso

faucet ['fosit] *n* slavina; *the ~ is leaking* slavina curi

fault I [folt] *n* 1. mana, nedostatak 2. krivica; *it's his ~* to je njegova krivica 3. (geol.) prekid sloja 4. (tennis) pogrešan servis **fault** II *v tr* kritikovati **faulty** *a* 1. pogrešan 2. defektan, neispravan

faun [fon] *n* (myth.) faun

fauna [~ə] *n* (coll.) fauna

favor I ['fejvər] *n* 1. milost, naklonost, naklonjenost; *to curry ~ with smb.* ulagivati se nekome 2. usluga; *to do smb. a ~* učiniti nekome uslugu 3. korist, prilog; *to withdraw in ~ of smb.* povući se u korist nekoga 4. (mali) poklon; ukras 5. (in *pl*) (ženin) pristanak na prisnost **favor** II *v tr* 1. pokazivati naklonost (prema), favorizovati; *to ~ smb.* pokazivati naklonost prema nekome 2. čuvati; *to ~ an injured leg* čuvati povređenu (povrijeđenu) nogu **favorable** *a* povoljan; pogodan; ; *a ~ impression* povoljan utisak **favorite** I ['fejv(ə)rit] *n* 1. ljubimac; *to play ~s* biti pristrastan 2. (sports) favorit **favorite** II *a* omiljen, najomiljeniji **favoritism** *n* pristrasnost

fawn I [fon] *n* (zool.) lane

fawn II *v intr* ulagivati se; *to ~ over smb.* ulagivati se nekome

faze [fejz] *v tr* zbuniti, uznemiriti

FBI [efbij'aj] (abbrev. of *Federal Bureau of Investigation*) Federalni istražni biro

fear I [fijr] *n* strah; bojazan; ~ *of the unknown* strah od nepoznatog **fear** II *v tr* and *intr* plašiti se, bojati se **fearful** *a* 1. strašljiv, plašljiv; *to be ~ of smt.* plašiti se nečega 2. strašan, strahovit **fearless** *a* neustrašiv **fearsome** *a* strašan, strahovit

feasible ['fijzəbəl] *a* izvodljiv

feast I [fijst] *n* gozba, svečani ručak, pir **feast** II *v* 1. *tr* naslađivati; *to ~ one's eyes on smt.* naslađivati oči nečim 2. *intr* pirovati

feat [fijt] *n* podvig; *a real ~* pravi podvig

feather I ['feth:ər] *n* pero; **a ~ in one's cap* ono čime se čovek (čovjek) diči **feather** II *v tr* 1. perjem pokriti; **to ~ one's nest* obogatiti se 2. (aviation)

to ~ a propellor staviti elisu na jedrenje **feather bed** dušek od perja **featherbed** [~bed] *v intr* zaposliti veći broj ljudi nego što je potrebno (da bude manje nezaposlenih)

featherweight [~wejt] *n* bokser (W: boksač) perolake kategorije

feature I ['fijčər] *n* 1. crta, odlika, karakteristika; *handsome ~s* lepe (lijepe) crte (lica) 2. atrakcija **feature** II *v tr* 1. prikazati u glavnoj ulozi 2. istaći 3. imati kao glavnu crtu **featured** *a* u glavnoj ulozi; *a ~ actress* glumica u glavnoj ulozi **feature film** igrani film, umetnički (umjetnički) film

February ['febru:erij] *n* februar (W: veljača)

feces ['fijsijz] *n pl* izmet, izmetine, fekalije

federal ['fedərəl] *a* federalni, federativni; *a ~ government* federalna vlada **federalize** [~ajz] *v tr* federalisati

federate ['fedərejt] *v tr* federalisati **federation** [fedə'rejšən] *n* federacija

fee [fij] *n* 1. honorar; *a lawyer's ~* honorar advokata 2. plata, taksa; *tuition ~s* školarina

feeble ['fijbəl] *a* slab, nemoćan; oronuo; *a ~ attempt* nemoćan pokušaj **feeble-minded** *a* slabouman, malouman

feed I [fijd] *n* stočna hrana **feed** II *fed* [fed] *v* 1. *tr* nahraniti; *to ~ an army* hraniti vojsku 2. *tr* uvesti; *to ~ a round into the chamber* uvesti metak u ležište 3. *intr* jesti, hraniti se

feedback [~baek] *n* 1. povratna veza (sprega) 2. podaci o rezultatima

feeding *n* ishrana; *breast ~* dojenje deteta

feel I [fijl] *n* 1. osećaj (osjećaj), osećanje (osjećanje) 2. dodir **feel** II *felt* [felt] *v* 1. *tr* osetiti (osjetiti); *to ~ joy* osetiti radost; *he felt his heart beating* osetio je i kako mu srce lupa 2. *tr* opipati; dodirnuti; *to ~ smb.'s pulse* opipati puls nekome 3. *intr* osećati se; *to ~ well* osećati se dobro; *it ~s like velvet* oseća se pod rukom kao baršun 4. *intr* prohteti (prohtjeti) se, želeti (željeti); biti raspoložen za; *he (suddenly) felt like going to Europe* njemu se prohtelo da putuje u Evropu 5. *intr* imati osećaj; *he ~s cold (warm)* hladno (toplo) mu je 6. misc.; *the air ~s chilly* vazduh (W: zrak) je hladan; *to ~ angry* ljutiti se; *to ~ one's way* pipanjem naći put

feeler (fig.) probni predlog; *to throw out a* ~ opipati teren

feeling *n* osećaj (osjećaj)

feign [fejn] *v* 1. *tr* simulirati; *to* ~ *insanity* simulirati ludilo 2. *tr* praviti se; *to* ~ *indifference* praviti se ravnodušan 3. *intr* praviti se, pretvarati se **feigned** *a* lažan, pritvoran

feint I [fejnt] *n* 1. lažni napad 2. (fig.) prevara **feint** II *v intr* izvršiti lažni napad

felicitous [fi'likǝtǝs] *a* podesan; umestan (umjestan)

feline I ['fijlajn] *n* životinja iz roda mačaka **feline** II *a* mačji

fell [fel] *v tr* oboriti; *to* ~ *a tree* oboriti drvo

fellow I ['felou] *n* 1. čovek (čovjek); *a good* ~ dobar čovek 2. ortak; kolega 3. saradnik; član; *a (senior) research* ~ (viši) naučni saradnik **fellow** II *a* koji se nalazi u istom stanju; ~ *workers* saradnici

fellowship *n* 1. drugarstvo; kolegijalnost 2. stipendija **fellowship holder** stipendista

felon ['felǝn] *n* zločinac, težak prestupnik **felonious** [fǝ'lounijǝs] *a* zločinački, prestupni **felony** ['felǝnij] *n* zločin, težak prestup

felt I [felt] *n* filc, pust **felt** II *a* filcani; *a* ~ *hat* filcani šešir

female I ['fijmejl] *n* 1. žena; žensko 2. ženka **female** II *a* ženski

feminine I ['femǝnin] *n* (gram.) ženski rod **feminine** II *a* 1. ženski 2. ženstven **feminist** *n* feministkinja

fence I [fens] *n* 1. ograda; **to sit on the* ~ oklevati 2. primalac ukradenih stvari **fence** II *v* 1. *tr* (or: *to* ~ *off*) odeliti (odijeliti) ogradom 2. *tr (to* ~ *in)* ograditi, zagraditi 3. *intr* mačevati se **fencer** *n* mačevalac **fencing** *n* mačevanje

fend [fend] *v intr* braniti se; *to* ~ *for oneself* sam se starati za sebe (bez ičije pomoći); *to* ~ *off an attack* odbiti napad

fender *n* 1. (on an automobile) blatobran 2. (naut.) bokobran

ferment I ['fǝrment] *n* vrenje, previranje; *social* ~ socijalno previranje **ferment** II [~'ment] *v* 1. *tr* dovesti do vrenja 2. *intr* fermentisati, vreti; *the wine is* ~*ing* vino vri **fermentation** [fǝrmen'tejšǝn] *n* fermentacija, vrenje

fern [fǝrn] *n* paprat

ferocious [fǝ'roušǝs] *a* svirep, surov; divlji **ferocity** [fǝ'rasǝtij] *n* svirepost, surovost

ferret I ['ferǝt] *n* (zool.) vretna **ferret** II *v tr (to* ~ *out)* brižljivim traženjem pronaći, iščeprkati

ferris wheel ['feris] veliki točak, panorama-točak (u zabavnom parku)

ferry I ['ferij] *n* 1. trajekt, feribot 2. skela; skelski prelaz 3. (aviation) prelet aviona, prebacivanje aviona **ferry** II *v tr* 1. prevesti; *to* ~ *across a river* prevesti preko reke (rijeke) 2. prebaciti (avion); *to* ~ *an airplane to its new base* prebaciti avion na novo mesto (mjesto) baziranja **ferryboat** [~bout] *n* 1. trajekt, feribot 2. skela

fertile ['fǝrtǝl] *a* plodan; ~ *soil* plodna zemlja **fertility** [fǝr'tilǝtij] *n* plodnost, fertilitet

fertilize ['fǝrtilajz] *v tr* 1. oploditi (da začne) 2. nađubriti, oploditi **fertilizer** *n* đubrivo, gnojivo; *artificial* ~ veštačko (vještačko) đubrivo

fervent ['fǝrvǝnt] *a* žarki, vatren; *a* ~ *wish* žarka želja

fervor ['fǝrvǝr] *n* žarkost, vatrenost

fester ['festǝr] *v intr* gnojiti (se); *his wound is* ~*ing* gnoji. mu (se) rana

festival ['festǝvǝl] *n* 1. praznik 2. festival; *a folk-dance* ~ festival narodnih igara (plesova)

festive ['festiv] *a* 1. veseo, radostan 2. svečan **festivity** [fes'tivǝtij] *n* 1. svečanost 2. praznik 3. veselje

fetch [feč] *v tr* 1. (otići i) doneti (donijeti) 2. doneti (cenu — cijenu); *to* ~ *a good price* doneti dobru cenu

fetching *a* privlačan

fetid ['fetid] *a* smrdljiv

fetish ['fetiš] *n* fetiš

fetlock ['fetlak] *n* konjski gležanj

fetter I ['fetǝr] *n* 1. (usu. in *pl*) okov, bukagije, negve 2. sapon **fetter** II *v tr* sputati, sapeti; *to* ~ *a horse* sputati (sapeti) konja

fettle ['fetl] *n* kondicija; *to be in fine* ~ biti u dobroj kondiciji

fetus ['fijtǝs] *n* fetus

feud I [fju:d] *n* zavada; smrtno neprijateljstvo **feud** II *v intr* biti u zavadi

feudal *a* feudalni; *the* ~ *system* feudalni sistem **feudalism** *n* feudalizam

fever ['fijvǝr] 1. (med.) groznica, (visoka) temperatura; *to have (a)* ~ imati groznicu 2. (fig.) groznica; *gold* ~ zlatna groznica **feverish** *a* grozničav

few [fju:] 1. *n* mali broj; nekoliko; neki; *bring me a* ~ *of your books* donesi mi nekoliko od vaših knjiga; *a* ~ *of my friends* neki od mojih prijatelja 2. *a* malo; nekoliko; *he has* ~ *friends* on ima malo prijatelja; *he said a* ~ *words* rekao je nekoliko reči (riječi)

fewer *comp* of **few**; manje; *no* ~ *than ten* najmanje deset

fiancé [fijan'sej] *n* verenik (vjerenik) **fiancée** *n* verenica (vjerenica)

fiasco [fij'aeskou] *n* fijasko

fib I [fib] *n* mala laž **fib** II *v intr* govoriti izmišljotine, lagati

fiber ['fajbər] *n* vlakno

fickle ['fikəl] *a* nestalan, promenljiv (promjenljiv)

fiction ['fikšən] *n* 1. izmišljotina, fikcija 2. (lit.) književno prozno delo (djelo) **fictional** *a* izmišljen

fictitious [fik'tišəs] *a* fiktivan, izmišljen, uobražen

fiddle I ['fidəl] *n* violina; **to play second* ~ svirati drugu violinu **fiddle** II *v tr and intr* 1. svirati na violini 2. *(to* ~ *away)* traćiti **fiddler** ['fidlər] *n* violinista

fiddlesticks ['fidlstiks] *interj* koješta!

fidelity [fi'delətij] *n* vernost (vjernost)

fidget ['fidžit] *v intr* vrpoljiti se **fidgety** *a* uzvrpoljen

field I [fijld] *n* 1. polje, njiva; **the* ~ *of honor* polje časti 2. polje, oblast; *in the* ~ *of science* na polju nauke 3. teren; *to be (work) in the* ~ biti na terenu 4. (mil.) poljski (borbeni) uslovi (W: uvjeti) 5. (sports) igralište; *a football* ~ fudbalsko (W: nogometno) igralište **field** II *a* poljski; terenski **field** III *v tr* 1. uvesti (u dejstvo—djejstvo); (sports) *they* ~*ed a weak team* postavili su slab tim 2. izaći (s nečim) na kraj, savladati; *the senator* ~*ed all questions expertly* senator je vešto (vješto) odgovorio na sva pitanja

field glasses *pl* dogled, durbin

field hockey hokej na travi

field marshal feldmaršal

field work terenska služba, rad na terenu

fiend [fijnd] *n* 1. đavo, satana 2. manijak; strastan ljubitelj; *a dope* ~ narkoman **fiendish** *a* đavolski, satanski

fierce [fijrs] *a* svirep, žestok, surov

fiery ['fajrij] *a* vatren, ognjen

fife [fajf] *n* frula

fifteen [fif'tijn] *num* petnaest, petnaestoro **fifteenth** [~th] *n* and *num* *a* petnaesti

fifth I [fifth] *n* 1. petina 2. peti; *on the* ~ *of January* petog januara (W: siječnja) 3. (colloq.) petina galona viskija **fifth** II *num* *a* peti **fifth column** peta kolona

fiftieth ['fiftijith] *num* *a* pedeseti **fifty** ['fiftij] *num* pedeset

fig [fig] *n* smokva

fight I [fajt] 1. borba; tuča; *a* ~ *for survival* borba za opstanak 2. borbenost; volja za borbu **fight** II *fought* [fot] *v* 1. *tr* boriti se protiv (sa), tući se (sa); *to* ~ *smb.* boriti se protiv nekoga; *to* ~ *a war* voditi rat 2. *tr* probiti, prokrčiti; *to* ~ *one's way through a crowd* probiti se kroz gomilu 3. *intr* boriti se, tući se **fighter** *n* 1. borac 2. bokser (W: boksač) 3. (aviation) lovac, lovački avion **fighting** *a* borben; ~ *spirit* borbeni duh

figment ['figmənt] *n* izmišljotina; *a* ~ *oj the imagination* tvorevina mašte

figurative ['figjərətiv] *a* figurativan

figure I ['figjər] *n* 1. broj, brojka, cifra 2. figura, oblik, linija; *she has a nice* ~ ona ima lepu (lijepu) liniju **figure** II *v* 1. *tr* izračunati 2. *intr* računati 3. *intr* (colloq.) misliti

figurehead [~hed] *n* 1. nominalni vođ 2. (on a ship) pramčana figura

figure of speech trop

figure out *v* 1. izračunati, proračunati 2. shvatiti; *I can't figure it out* ne mogu da to shvatim

filch [filč] *v tr* ukrasti

file I [fajl] *n* turpija; *a nail* ~ turpija za nokte **file** II *v tr* turpijati

file III *n* 1. dosije; karton, košuljica; fascikla 2. akt, arhiva; *in the* ~*s* u aktima 3. (or: *card* ~) kartoteka 4. (usu. mil.) red, kolona po jedan **file** IV *v* 1. *tr* (also: *to* ~ *away*) staviti u arhivu (u akta) 2. *tr* ubeležiti (ubilježiti), upisati; *to* ~ *a deed* upisati tapiju 3. *tr* podneti (podnijeti); *to* ~ *a tax return* podneti poresku prijavu 4. *tr* srediti; *to* ~ *smt. according to alphabetical order* srediti nešto po azbučnom redu 5. *intr* ići u koloni po jedan; *to* ~ *in (out)* ući (izaći) po jedan 6. *intr* voditi kartoteku **file clerk** arhivski radnik

filibuster I ['filəbəstər] *n* (Am., pol.) opstrukcija; *to carry on a* ~ vršiti opstrukciju **filibuster** II *v intr* (Am., pol.) vršiti opstrukciju

filings ['fajlingz] *n pl* strugotine
Filipino I [filə'pijnou] *n* Filipinac **Filipino** II *a* filipinski (see also **Philippine**)
fill I [fil] *n* 1. punjenje 2. nasipanje; *land* ~ zemlja za nasipanje 3. sitost; *to drink (eat) one's* ~ napiti (najesti) se **fill** II *v* 1. *tr* napuniti; ispuniti; *to* ~ *to the brim* napuniti do vrha 2. *tr* popuniti; *to* ~ *a gap* popuniti prazninu 3. *tr* ispuniti; *to* ~ *all requirements* ispuniti sve uslove (W also: uvjete) 4. *tr* plombirati; *to* ~ *a tooth* plombirati zub 5. *tr* spraviti; *to* ~ *a prescription* spraviti lek (lijek) 6. *intr* napuniti se, ispuniti se
fillet *n* [fi'lej] file, filet; ~ *of sole* fileti od lista
fill in *v* 1. (usu. Br.) popuniti, ispuniti; *to fill in a form* popuniti formular (see also **fill out** 1) 2. zameniti (zamijeniti); *to fill in for smb.* zameniti nekoga 3. obavestiti (obavijestiti); *to fill smb. in on smt.* obavestiti nekoga o nečemu 4. zasuti, nasuti, zatrpati 5. uneti (unijeti); *to fill in one's name* uneti ime **fill-in** *n* zamenik (zamjenik)
filling *n* 1. plomba; *his* ~ *fell out* ispala mu je plomba 2. (cul.) fil, nadev (nadjev); *a cheese* ~ nadev od sira
filling station benzinska stanica
fill out *v* 1. popuniti, ispuniti; *to fill out a form* popuniti formular (see also **fill in** 1) 2. ugojiti se
filly ['filij] *n* ždrebica
film I [film] *n* 1. film (vrpca od celuloida); *exposed* ~ osvetljeni (osvijetljeni) film 2. film (koji se prikazuje u bioskopu — W: kinu); *a color* ~ film u koloru 3. kinematografija, film 4. prevlaka, opna, koprena **film** II *a* filmski **film** III *v* 1. *tr* filmovati 2. *intr* snimati film **film industry** kinematografija
filter I ['filtər] *n* filter, filtar **filter** II *v* filtrirati, procediti (procijediti)
filth [filth] *n* 1. prljavština 2. (fig.) prljavština, nepristojnost **filthy** *a* prljav, uprljan 2. (fig.) nepristojan, pornografski
filtrate ['filtrejt] *v tr* filtrirati
fin [fin] *n* peraje, peraja
finagle [fi'nejgəl] *v* (colloq.) 1. *tr* izdejstvovati (izdjejstvovati), postići 2. *intr* varati
final I ['fajnəl] *n* diplomski ispit, poslednji (posljednji) ispit **final** II *a* završni, definitivan; *a* ~ *decision* definitivna odluka
finale [fi'naelij] *n* (mus.) finale

finalist ['fajnəlist] *n* finalista
finally *adv* najzad; konačno
finals *n pl* (sports) finale; *in the* ~ u finalu
finance I [fi'naens] and ['faj'naens] *n* 1 finansije — financije (ekonomska disciplina) 2. (in *pl*) novčana sredstva **finance** II *v tr* finansirati (financirati) **financial** [fi'naenšəl] *a* novčani, finansijski (financijski); ~ *resources* novčana sredstva **financier** [finaen'sijr] *n* finansijer (financijer)
find I [fajnd] *n* nalaz, nalazak, nađena stvar **find** II *found* [faund] *v tr* 1. naći; pronaći; *I* ~ *him to be very interesting* nalazim da je on vrlo interesantan 2. zateći; *we found him working in the garden* zatekli smo ga kako (gde — gdje) uređuje baštu 3. misc.; *to* ~ *fault with smb.* kriviti nekoga
find out *v* saznati, doznati; *to find out about smt.* saznati za nešto (o nečemu)
fine I [fajn] *n* kazna, globa; *to pay a* ~ platiti kaznu **fine** II *v tr* kazniti novčano; *he was* ~*d 50 dollars* on je kažnjen sa 50 dolara
fine III *a* 1. fin, tanak; sitan; ~ *sand* fini pesak (pijesak) 2. otmen (otmjen), fin 3. dobar, izvrstan; odličan 4. dobro; *I'm* ~ dobro sam
finesse [fi'nes] *n* 1. finesa 2. veština (vještina)
finger ['finggər] *n* prst **fingerprint** I [~print] *n* otisak prstiju **fingerprint** II *v tr* uzeti (nekome) otiske prstiju **finger tip** vrh prsta
finicky ['finikij] *a* izbirljiv
finish I ['finiš] *n* 1. kraj, svršetak 2. fina obrada, poliranje **finish** II *v* 1. *tr* svršiti; završiti; *to* ~ *dinner* završiti ručak 2. *tr* see **finish off** 3. *tr* fino obrađivati 4. *tr* and *intr* završiti; prestati; *he* ~*ed talking* prestao (završio) je da govori; *to* ~ *on time* svršiti na vreme (vrijeme)
finished *a* 1. gotov 2. upropašćen; iscrpljen
finishing school privatna škola za devojke (djevojke)
finish off *v* dokusuriti; dotući; *to finish off a wounded animal* dotući ranjenu životinju
finite ['fajnajt] *a* ograničen; (math.) konačan
fink [fingk] *n* (slang) 1. štrajkbreher 2. dostavljač

Finland ['finlənd] n Finska **Finn** [fin] n Finac **Finnish** I n finski jezik **Finnish** II a finski

fir [fər] n (bot.) jela

fire I [fajr] n 1. vatra, oganj; *the ~ is burning* vatra gori 2. požar, vatra, paljevina; *a ~ broke out* izbio je požar; *to set ~ to a house* zapaliti kuću 3. (usu. mil.) vatra, paljba, puškaranje; *commence ~!* pali! 4. udar; *under ~* na udaru **fire** II v 1. tr pucati (iz); *to ~ a pistol* pucati iz pištolja 2. tr opaliti, paliti, ispaliti; *to ~ a salvo* opaliti plotun 3. tr zasuti; *to ~ questions at smb.* zasuti nekoga pitanjima 4. tr (colloq.) otpustiti; *to ~ smb. from a job* otpustiti nekoga s posla 5. intr opaliti, pući; *a rifle ~d somewhere* negde (negdje) je pukla puška 6. intr gađati; *to ~ at a target* gađati cilj

fire alarm signalizacija požara, vatrogasni signalni uređaj

firearm [~arm] n vatreno oružje

firebug [~bəg] n (colloq.) palikuća

firecracker [~kraekər] n petarda, žabica

fire department vatrogasna služba **fire drill** obuka za slučaj požara **fire engine** vatrogasna kola **fire escape** požarne stepenice **fire extinguisher** sprava za gašenje požara **fire fighter** vatrogasac

firefly [~flaj] n svitac

firehouse [~haus] n vatrogasna stanica **fire insurance** osiguranje od požara **fireman** [~mən] (-men [min]) n 1. vatrogasac 2. ložač

fireplace [~plejs] n kamin

fireproof I [~pru:f] a vatrostalan **fireproof** II v tr učiniti vatrostalnim **fire-resistant** a otporan na vatru **fire sale** prodaja stvari oštećenih u požaru **firetrap** [~traep] n zgrada opasna u slučaju požara **firewood** [~wud] n ogrevno drvo, drva **fireworks** [~wərks] n pl vatromet

firing range strelište; poligon **firing squad** streljački vod

firm I [fərm] n preduzeće (W: poduzeće), firma; *a publishing ~* izdavačko preduzeće

firm II a 1. čvrst; *a ~ handshake* čvrsto rukovanje

firmament ['fərməmənt] n nebeski svod

first I [fərst] n 1. početak; *at ~* prvo, u početku 2. (on an automobile) prva brzina 3. prvi; *on the ~ of July* prvog

jula (W: srpnja) **first** II num a prvi; *love at ~ sight* ljubav na prvi pogled **first** III adv prvo; *~ of all* pre svega **first aid** prva pomoć **first class** 1. prva klasa; *to travel (by) ~* putovati prvom klasom 2. obična pošta **first-class** a 1. prvoklasan 2. *~ mail* obična pošta; obične pismonosne pošiljke **first-degree** a (legal) *~ murder* ubistvo s predumišljajem **first floor** 1. (Am.) prizemlje 2. (Br.) prvi sprat (W: kat) **firsthand** [~haend] a and adv iz prve ruke **first lieutenant** poručnik **firstly** [~lij] adv prvo **first name** ime **first-rate** a prvoklasan **first sergeant** vodnik prve klase **first string** (sports) prvi tim, prva (najbolja) momčad

fiscal ['fiskəl] a budžetski, finansijski (financijski); *a ~ year* budžetska godina

fish I [fiš] n riba; *baked ~* pečena riba **fish** II a riblji **fish** III v intr loviti ribu, pecati; (fig.) *to ~ for compliments* loviti komplimente **fish bone** riblja kost **fisherman** [~mən] (-men [min]) n 1. pecač 2. ribolovac **fishing** n 1. (as a sport) ribolov, pecanje 2. (as an industry) ribolovstvo **fishnet** [~net] n ribarska mreža **fishy** a (colloq.) sumnjiv

fission ['fišən] n fisija; *nuclear ~* atomska fisija

fissure ['fišər] n pukotina, raspuklina

fist [fist] n pesnica; *to make a ~* stegnuti pesnicu **fisticuffs** [~ikəfs] n pl borba pesnicama

fit I [fit] n pristajanje; odgovarajuća veličina; sprega; *it's a good (bad) ~* dobro (loše) pristaje **fit** II a 1. pogodan, podesan; *~ for human consumption* pogodan za ljudsku ishranu 2. sposoban; *~ for combat* sposoban za borbu **fit** III -ed or (rarely) fit; v 1. tr and intr pristajati, stajati; *this suit ~s (you) well* ovo (vam) odelo (odijelo) pristaje dobro 2. tr odgovarati; *the punishment ~s the crime* kazna odgovara zločinu 3. intr *(to ~ snugly)* prileći

fit IV n napad, nastup; *a ~ of anger* napad gneva (gnjeva)

fit out v osposobiti, opremiti; *to fit out a ship* opremiti brod

fitter n 1. monter, podešavač, regler 2. krojač

fitting I n probanje (odela — odijela)

fitting II a pogodan, podesan

five [fajv] 1. *n* petica; petorka 2. *num* and *n* pet; petorica; petoro; ~ *girls* pet devojaka (djevojaka)

five-year plan petogodišnji plan

fix I [fiks] *n* 1. tačka (W: točka) sa određenim koordinatama, položaj 2. (colloq.) škripac; *he's in a real* ~ *on* je u škripcu **fix** II *v* 1. *tr* učvrstiti; utvrditi 2. *tr* odrediti; *to* ~ *prices* odrediti cene (cijene) 3. *tr* opraviti, popraviti; *to* ~ *a watch* opraviti časovnik 4. *tr* lažirati, namestiti (namjestiti); *to* ~ *a game* lažirati utakmicu 5. *tr* uperiti; *to* ~ *one's eyes on smt.* uperiti oči na nešto 6 *tr* (colloq.) osvetiti se (nekome); *I'll* ~ *him!* osvetiću mu se! 7. *intr* (colloq.) spremiti se

fixation [fik'sejšən] *n* preterana (pretjerana) odanost

fixer *n* 1. popravljač 2. nameštač (namještač)

fixture ['fiksčər] *n* deo (dio) pribora, uređaj

fix up *v* urediti; udesiti; *to fix up one's apartment* udesiti stan

fizz [fiz] *v intr* 1. šištati 2. peniti (pjeniti)

fizzle *v intr* 1. šištati 2. (or: *to* ~ *out*) ugasiti se; nemati uspeh (uspjeh); *the attack* ~*d out* napad je zapeo

flabbergast ['flaebərgaest] (colloq.) *v tr* zapanjiti, zabezeknuti

flabby ['flaebij] *a* 1. labav, mlitav 2. slab

flag I [fleag] *v intr* malaksati, klonuti; *their spirits* ~*ged* klonuli su duhom

flag II *n* zastava: *a* ~ *at half-mast* zastava na pola koplja **flag down** *v* zaustaviti (signalom); *to flag down a taxi* zaustaviti taksi **flagpole** [~poul] *n* zastavno koplje

flagrant ['flejgrənt] *a* flagrantan, vapijući; *a* ~ *miscarriage of justice* flagrantna nezakonitost

flagship *n* admiralski brod

flail I [flejl] *n* cep (cijep) **flail** II *v tr and intr* mlatiti

flair [flejr] *n* 1. talenat, dar 2. njuh

flak [flaek] *n* 1. protivavionska odbrana (W: protuzračna obrana) 2. (fig., slang) oštra kritika, osuda

flake [flejk] *n* pahuljica **flaky** ['flejkij] *a* pahuljičast

flamboyant [flaem'bojənt] *a* drečeći, kitnjast

flame I [flejm] *n* plamen; *to burst into* ~*s* razbuktati se **flame** II *v intr* 1. goreti

(gorjeti) 2. *(to* ~ *up)* razbuktati se **flame thrower** (mil.) bacač plamena

flange [flaendž] *n* obod, ivica, bandaža

flank I [flaengk] *n* (usu. mil.) bok, krilo **flank** II *a* bočni; *a* ~ *attack* napad na bok *flank* III *v tr* flankirati; obići s boka

flannel I ['flaenəl] *n* flanel **flannel** II *a* flanelski

flap I [flaep] *n* 1. pokretni poklopac; zalistak; zastorak 2. (aviation) zakrilce

flap II *v* 1. *tr* lepršati, lepetati; *a bird* ~*s its wings* ptica leprša (lepeće) krilima 2. *intr* lepršati se

flapjack [~džaek] see **pancake**

flare I [flejr] *n* signalna raketa **flare** II *v intr* 1. (also: *to* ~ *up*) razbuktati se, buknuti; planuti; *a revolt* ~*d up* buknuo je ustanak 2. širiti se; *the skirt* ~*s* suknja se širi **flare-up** *n* planuće, rasplamsavanje

flash I [flaeš] *n* 1. blesak (blijesak); sev (sijev); plamen; *a* ~ *of lightning* sev munje 2. nastup; iskra; *a* ~ *of inspiration* nastup nadahnuća 3. trenutak; *in a* ~ u tren oka 4. (photo.) blic, fleš 5. hitna depeša, hitan izveštaj (izvještaj) 6. misc.; *a* ~ *in the pan* nešto kratke, prolazne slave **flash** II *a* trenutan; iznenadan; *a* ~ *flood* iznenadna poplava **flash** III *v* 1. *tr* sevnuti, planuti; *his eyes* ~*ed fire* oči su mu sevnule vatrom 2. *tr* (brzo) javiti; *to* ~ *news* javiti vesti (vijesti) 3. *tr* pokazati; *to* ~ *a smile* pokazati osmeh (osmjeh) 4. *intr* sevnuti; sinuti; *lightning* ~*ed* sevnula je munja 5. *intr* zasijati (se); mignuti; *the light was* ~*ing* svetlo (svjetlo) je migalo 6. *intr* sinuti; *a great idea* ~*ed through his mind* sinula mu je odlična ideja **flashback** [~baek] *n* (u filmovima) retrospekcija **flash bulb** fleš, blic **flasher** *n* migavac, migajući svetlosni (svjetlosni) signal **flashlight** [~lajt] *n* džepna lampa, baterija

flashy *a* drečeći; neukusan

flask [flaesk] *n* boca (s uskim grlom); čutura

flat I [flaet] *n* 1. ravna površina 2. pljosnat deo (dio); *the* ~ *of the hand* dlan 3. (music) znak poniženja 4. gumi-defekt; *we had a* ~ pukla nam je guma **flat** II *a* 1. ravan; *a* ~ *surface* ravna površina 2. izričan, apsolutan, bezuslovan; *he gave me a* ~ *refusal* on me je naprosto odbio 3. fiksni, određen; *a* ~ *rate* fiksna stopa

4. pukao; *we had a ~ tire* pukla nam je guma **flat** III *adv* 1. ravno; *he ran the mile in five minutes ~* pretrčao je milju tačno (W: točno) za pet minuta 2. misc · *to fall ~* srušiti se na zemlju; or (fig.): propasti, nemati uspeha (uspjeha); *to sing ~* pevati (pjevati) pogrešno **flat** IV *n* (usu. Br.) stan (see also **apartment**)

flatcar [~kar] *n* otvorena teretna kola

flatfoot [~fut] (-*feet* [fijt]) *n* 1. ravan taban, dustaban 2. dustabanlija 3. (slang) policajac **flatfooted** *a* 1. ravnih tabana 2. iznenađen; *to be caught ~* biti potpuno iznenađen

flatten *v* 1. *tr.* učiniti ravnim, spljoštiti 2. *intr (to ~ out)* postati ravan, spljoštiti se

flatter *v tr and intr* laskati; *to ~ smb. (oneself)* laskati nekome (sebi) **flatterer** *n* laskavac **flattering** *a* laskav **flattery** *n* laska

flaunt [flont] *v tr and intr* razmetati se, paradirati

flavor I ['flejvər] *n* 1. ukus; *a pleasant ~* prijatan ukus 2. miris, aromat 3. (fig.) glavna osobina **flavor** II *v tr* 1. dati (nečemu) ukus 2. začiniti; pripraviti; *to ~ food* pripraviti jelo **flavorful** *a* ukusan **flavoring** *n* začin

flaw I [flo] *n* mana. defekt **flaw** II *v tr* oštetiti

flax [flaeks] *n* lan **flaxen** *a* 1. lanen 2. boje lana

flay [flej] *v tr* 1. oderati 2. (fig.) oderati, oguliti

flea [flij] *n* buva (buha) **fleabite** [~bajt] *n* buvlji ujed **flea market** buvlja pijaca

fleck [flek] *n* pega (pjega), mrlja

fledgling, fledgeling ['fledžling] *n* poletarac

flee [flij]; *fled* [fled] *v* 1. *tr* pobeći—pobjeći (od) 2. *intr* pobeći

fleece I [flijs] *n* runo; *·the golden ~* zlatno runo **fleece** II *v tr* ošišati; (fig.) *the taxicab drivers ~d them* odrali su ih taksisti

fleet I [flijt] *n* 1. flota; mornarnica; *a merchant ~* trgovačka flota 2. park, inventar vozila; *a taxi ~* inventar taksija (preduzeća — W: poduzeća)

fleet II *a* brz, hitan **fleeting** *a* prolazan, nestalan

Flemish I ['flemiš] *n* flamanski jezik **Flemish** II *a* flamanski

flesh I [fleš] *n* 1. meso 2. (fig.; *the ~*) plot. pohota, put, telo (tijelo); *the desires of the ~* prohtevi (prohtjevi) tela

flesh and blood 1. krv i meso; ljudska osećanja (osjećanja) i slabosti; *to be ~* biti od krvi i mesa 2. krvni srodnici

fleshy *a* 1. mesnat, mesast 2. pun, debeo

flex [fleks] *v* 1. *tr* napeti, stegnuti 2. *intr* saviti se

flexibility [fleksə'bilətij] *n* savitljivost **flexible** ['fleksəbəl] *a* gibak, savitljiv, vitak

flick I [flik] *n* lak udarac; žvrćka; *with a ~ of the wrist* manuvši rukom **flick** II *v tr* zvrcnuti, lako udariti; *to ~ the light on (off)* škljocnuti prekidač

flick III *n* (slang) film (koji se prikazuje)

flicker I *n* 1. treperenje, trepet 2. (fig.) plamičak, titraj; *a ~ of hope* titraj nade **flicker** II *v intr* treperiti; titrati

flier ['flajər] *n* 1. letač, pilot 2. letak

flight I [flajt] *n* 1. letenje, let; *a domestic (international) ~* let na unutrašnjoj (međunarodnoj) liniji 2. (fig.) let; polet; *a ~ of the imagination* let mašte 3. (air force) odeljenje (odjeljenje) 4. stepenište

flight II *n* bekstvo (bjekstvo); *to put to ~* nagnati u bekstvo

flighty *a* lakomislen

flimflam I ['flimflaem] *n* prevara **flimflam** II *v tr* prevariti

flimsy ['flimzij] *a* klimav, slab; *~ evidence* klimavi dokazi

flinch [flinč] *v intr* 1. trgnuti se, ustuknuti, žacnuti se 2. izbeći (izbjeći); *to ~ from duty* izbeći dužnost

fling I [fling] *n* 1. bacanje 2. terevenka 3. prepuštanje uživanjima; *to have a ~* nauživati se, terati (tjerati) kera

fling II *flung* [fləng] *v tr* baciti

flint [flint] *n* kremen **flintlock** [~lak] *n* kremenjača

flip I [flip] *n* bacanje **flip** II *v* 1. *tr* baciti, hitnuti; *to ~ a coin* baciti novčić uvis (radi žreba — žrijeba) 2. *intr* (slang) poludeti (poludjeti); *·he ~ped his lid* šenuo je pameću

flip III *a* drzak; *a ~ attitude* drsko ponašanje

flippancy ['flipənsij] *n* lakomislenost, neozbiljnost **flippant** [~ənt] *a* lakomislen, neozbiljan

flipper *n* perjasto krilo

flirt I [flərt] *n* koketa; udvarač **flirt** II *v intr* 1. flertovati, koketovati; *to ~ with smb.* flertovati s nekim 2. igrati se; *to ~*

with death igrati se životom (glavom)
flirtation [flər'tejšən] *n* flert
float I [flout] *n* 1. plovak, plovac 2. splav
float II *v* 1. *tr* pustiti da plovi; splavariti; *to ~ logs* splavariti drva 2. *tr* pokrenuti; podići; pustiti u opticaj; *to ~ a bond issue* raspisati narodni zajam 3. *intr* držati se na površini vode; plivati 4. *intr* ploviti; plutati; *to ~ downstream* biti nošen niz reku (rijeku)
flock I [flak] *n* 1. stado, krdo, čopor; *a ~ of sheep* stado (čopor) ovaca 2. jato; *a ~ of birds* jato ptica 3. (fig.) stado, skup vernika (vjernika) **flock** II *v intr* sjatiti se, skupiti se; *birds ~ together* ptice se jate
floe [flou] *n* velika santa
flog [flag] *v tr* išibati
flood I [fləd] *n* poplava, potop **flood** II *v* 1. *tr* poplaviti; *the river ~ed the town* reka (rijeka) je poplavila grad 2. *intr* izliti se; *the river ~ed* reka se izlila 3. *intr* presisati se; *the engine ~ed* motor se presisao
floodlight [~lajt] *n* reflektor
floor I [flor] *n* 1. pod, patos; *to fall to the ~* pasti na pod 2. sprat (W: kat) 3. pravo govora, reč — riječ (na skupu) 4. dvorana; *the ~ of Congress* dvorana Kongresa **floor** II *v tr* poraziti; ućutkati **floor leader** (Am., pol.) vođ stranke u Kongresu **floor show** program (u baru) **floorwalker** [~wokər] *n* nadzornik (u robnoj kući)
flop I [flap] *n* 1. težak pad 2. (colloq.) neuspeh (neuspjeh) **flop** II *v intr* 1. skljokati se, pasti 2. (colloq.) pretrpeti neuspeh (pretrpjeti neuspjeh)
flophouse [~haus] (-ses [ziz]) *n* (pejor.) prenoćište najniže vrste
flora ['florə] *n* flora
floral *a* cvetni (cvjetni)
florid ['florid] *a* 1. rumen, crven 2. ukrašen, kitnjast
Florida ['flarədə] *n* Florida
florist ['florist] *n* cvećar (cvjećar)
flotilla [flou'tilə] *n* flotila
flounder I ['flaundər] *n* (fish) iverak
flounder II *v intr* 1. batrgati se 2. zapeti, spotaći se
flour ['flaur] *n* brašno
flourish ['fləriš] *n* 1. zamah 2. grandiozan gest **flourish** II *v* 1. *tr* mahati 2. *intr* cvetati (cvjetati)

flout [flaut] *v tr* ne slušati, biti nepokoran; *to ~ authority* ne pokoravati se zakonima
flow I [flou] *n* tečenje, tok; *the ~ of traffic* tok saobraćaja **flow** II *v intr* 1. teći; proticati; *the river ~s through the town* reka (rijeka) teče (protiče) kroz grad 2. uticati; *the river ~s into the sea* reka utiče u more
flower I ['flauər] *n* 1. cvet (cvijet); *to pick ~s* brati cveće (cvijeće) 2. (fig.) jek, cvet **flower** II *v intr* cvetati (cvjetati) **flower bed** leha (lijeha) **flower girl** 1. prodavačica cveća 2. devojčica (djevojčica) koja nosi cveće na svadbi **flowerpot** [~pat] *n* saksija, lonac za cveće **flower show** izložba cveća **flowery** *a* kitnjast; *a ~ style* kitnjast stil
flu [flu:] *n* (colloq.) see **influenza**
fluctuate ['fləkčuejt] *v intr* fluktuirati, kolebati se **fluctuation** [fləkču:'ejšən] *n* fluktuacija
flue [flu:] *n* cev (cijev) za sprovođenje dima, dimnjak
fluency ['flu:ənsij] *n* 1. tečnost; *~ in speech* tečnost govora 2. perfektno znanje, vladanje; *~ in English* perfektno znanje engleskog jezika **fluent** ['flu:ənt] *a* 1. tečan; *he speaks ~ly* on tečno govori 2. koji vlada (jezikom); *to know a language ~ly* vladati jezikom
fluff [fləf] *n* paperje **fluffy** *a* paperjast
fluid I ['flu:id] *n* tečnost, fluid **fluid** II *a* tečan, fluidan
fluke [flu:k] *n* slučajan pogodak; *by a ~* srećnim slučajem **fluky, flukey** *n* (colloq.) slučajan
flunk [fləngk] *v* (colloq.) 1. *tr* pasti (na ispitu); *to ~ an exam* pasti na ispitu 2. *intr* pasti na ispitu 3. *to ~ out (of school)* biti isključen (iz škole)
flunky, flunky *n* (often pejor.) lakej
fluorescence [flu:ər'esəns] *n* fluorescencija **fluorescent** *a* fluorescentan; *a ~ tube* fluorescentna svetiljka (svjetiljka)
flurry ['flərij] *n* 1. nalet (vetra—vjetra) 2. užurbanost; *a ~ of activity* komešanje
flush I [fləš] *n* 1. rumen, rumenilo 2. oduševljenje, zanos **flush** II *a* 1. rumen 2. ravan, u istoj ravni; *~ with the ground* u ravni s površinom zemlje
flush III *v tr* 1. ushititi; *~ed with victory* opijen pobedom (pobjedom) 2. sprati **flush** IV *v tr* isterati (istjerati); *to ~ out of hiding* isterati iz zaklona

flush V n karte (jednog igrača) sve iste boje

fluster [fləstər] v tr usplahiriti; to get ~ed usplahiriti se

flute [flu:t] n flauta; to play the ~ svirati flautu flutist n flautista

flutter I ['flətər] n 1. lepršanje, mahanje 2. uzbuđenost flutter II v 1. tr lepršati, mahati; a bird ~s its wings ptica leprša krilima 2. intr lepršati se, vihoriti se

flux [fləks] n prelaz; in a state of ~ u kretanju, nestabilno

fly I [flaj] n muva (muha); *a ~ in the ointment mana koja kvari sve

fly II n (on trousers) šlic

fly III flew [flu:]; flown [floun] v 1. tr pilotirati; to ~ an airplane pilotirati avionom 2. tr preleteti (preletjeti); to ~ the Atlantic preleteti Atlantik 3. tr istaći; to ~ a flag istaći zastavu 4. intr leteti (letjeti); preleteti; time flies vreme (vrijeme) leti 5. misc.; *to ~ off the handle razgneviti (razgnjeviti) se; to ~ open naglo se otvoriti; to ~ a kite puštati zmaja; *go ~ a kite! idi do đavola! (mil.) to ~ a mission izvršiti borbeni let

fly-by-night a 1. nepouzdan 2. sumnjiv; nestalan

fly in v doleteti (doletjeti); he flew in from London doleteo je iz Londona

flying n letenje flying boat hidroavion flying saucer leteći tanjir

fly-over n 1. proletanje (prolijetanje) 2. Br.; see overpass

flypaper [~pejpər] n lepak (ljepak) za muve (muhe) flyspeck [~spek] n muvlji upljuvak fly swatter štapić za ubijanje muva (muha) flyweight [~wejt] n bokser muva-kategorije (W: boksač muha--kategorije)

foal [foul] n ždrebe (ždrijebe)

foam I [foum] n pena (pjena) foam II v intr peniti (pjeniti) se; penušati (pjenušati) se; *to ~ at the mouth razbesneti (razbjesnjeti) se foamy a penušav (pjenušav)

focus I ['foukəs] n fokus, žiža, žarište focus II v tr 1. usredsrediti (usredsrijediti); to ~ one's attention on smt. usredsrediti pažnju na nešto 2. namestiti (namjestiti); regulisati; to ~ binoculars namestiti dvogled (da slika postane jasna)

fodder ['fadər] n stočna hrana; *cannon ~ topovsko meso

foe [fou] n neprijatelj, protivnik

fog I [fag] n magla; a thick ~ gusta magla fog II v intr (to ~ over, up) zamagliti se, oznojiti se foggy a maglovit; magličast

foghorn [~horn] n rog za maglu

fogy, fogey ['fougij] n (an old ~) staromodna osoba

foible ['fojbəl] n nedostatak, mana

foil I [fojl] n tanak list; folija; aluminium ~ aluminijumska folija

foil II n (fencing) floret

foil III v tr osujetiti

foist [fojst] v tr utrapiti; to ~ off smt. on smb. utrapiti nekome nešto

fold I [fould] n nabor, bora; savijutak, nagib fold II v 1. tr saviti; presaviti; to ~ a flag (a letter) saviti zastavu (pismo) 2. tr sklopiti; to ~ one's hands sklopiti ruke 3. tr prekrstiti; to ~ one's arms prekrstiti ruke 4. intr see fold up 2

folder n fascikla, korice za akta

folding chair stolica za sklapanje

fold up v 1. presaviti, saviti; to fold blankets up presaviti ćebad 2. (colloq.) pretrpeti (pretrpjeti) krah

foliage ['foulijidž] n lišće

folio ['foulijou] n presavijen list

folk I [fouk] n 1. narod; narodnost; the common ~ prost narod 2. (in pl) rodbina, porodica; my ~s moji srodnici 3. (in pl) ljudi, svet (svijet); what will ~s say? šta (što) će reći svet? folk II a 1. narodni; ~ music narodna muzika 2. narodski; ~ humor narodski humor folklore [~lor] n folklor folklorist n folklorista folkway [~wej] n narodni običaj

follies ['falijz] n pl muzička revija

follow ['falou] v 1. tr uslediti (uslijediti); ići (za); pratiti; she is ~ing him ona ide za njim; to ~ smb. closely pratiti nekoga u korak 2. tr uslediti, doći (posle— poslije); night ~s day noć dolazi posle dana 3. tr ići; to ~ a road ići putem 4. tr postupiti (po); to ~ instructions postupiti po uputstvima 5. tr poslušati; to ~ advice poslušati savet (savjet) 6. tr pratiti, razumeti (razumjeti); to ~ a lecture pratiti izlaganje 7. intr desiti se docnije 8. intr sledovati (sljedovati); as ~s kao što sleduje follower n pristalica (W: pristaša) following I n 1. (coll.) pristalice (W: pristaše) 2. ono što sleduje

following II *a* sledeći; *the ~ year* sledeće godine
follow up *v* terati (tjerati) do kraja; nastaviti **follow-up** *n* nastavak, produžetak
folly ['falij] *n* 1. glupost, ludorija 2. glupavost
foment [fou'ment] *v tr* podstaći, podstreknuti
fond [fand] *a* 1. koji voli; *to be ~ of smb.* voleti (voljeti) nekoga 2. nežan (nježan); *a ~ mother* nežna majka
fondle [~əl] *v tr* milovati, maziti
font I [fant] *n* sud za svetu vodicu
font II garnitura štamparskih slova
food [fu:d] *n* hrana; jelo; *~ and drink* jelo i piće **foodstuff** [~stəf] *n* hranilo; (in *pl*) prehrambeni proizvodi
fool I [fu:l] *n* budala; *to make a ~ of smb.* praviti nekoga budalom **fool** II *v* 1. *tr* prevariti, obmanuti 2. *intr* šaliti se; *you're ~ing!* šališ se! 3. *intr* igrati se; *to ~ with fire* igrati se vatrom
fool around *v* 1. šaliti se; *don't fool around!* ne šali se! 2. igrati se; *to fool around with fire* igrati se vatrom 3. čačkati, majati se, prtljati; *don't fool around with that iron!* ne čačkaj oko te pegle! 4. ludirati se; *he was always fooling around* uvek (uvjek) se ludirao
foolhardy [~hardij] *a* ludo odvažan **foolish** *a* budalast **foolproof** [~pru:f] *a* siguran; zaštićen od lomljenja pri neveštom (nevještom) rukovanju **fool's paradise** imaginarna sreća
foot I [fut] *(feet* [fijt]) *n* 1. noga; *on ~* pešice (pješice) 2. stopa; *the tower is 150 feet high* toranj je visok 150 stopa 3. podnožje; *the ~ of a mountain* podnožje planine 4. dno, noga; *at the ~ of a bed* kod nogu (na dnu) kreveta; *at the ~ of a table* na dnu stola **foot** II *v tr* (colloq.) platiti; *to ~ a bill* platiti račun **footage** *n* dužina u stopama **football** [~bol] *n* 1. see **rugby** 2. see **soccer** 3. američki fudbal, nogomet **foot brake** nožna kočnica **footbridge** [~bridž] *n* pešački (pješački) most **foothill** [~hil] *n* podnožje **foothold** [~hould] *n* (usu. mil.) (mali) mostobran, desantna osnovica **footing** *n* osnova; (fig.) noga; *to put smt. on a firm ~* staviti nešto na čvrste noge **footlights** [~lajts] *n pl* svetiljke (svjetiljke) pred pozornicom **footlocker** [~lakər] *n* orman (koji obično stoji pred donjeg dela-dijela kreveta) **footloose** [~lu:s] *a* slo-

bodan, ne vezan **footnote** [~nout] *n* fusnota, primedba (primjedba) **footprint** [~print] *n* otisak stopala **foot soldier** pešak (pješak) **footsore** [~sor] *a* podbijenih nogu **footstep** [~step] *n* 1. korak 2. stopa; *he followed in his father's ~s* on je pošao stopama svoga oca **footstool** [~stu:l] *n* hoklica **footwear** [~wejr] *n* obuća
fop [fap] *n* kicoš, gizdavac **foppish** *a* kicoški
for I [for] *prep* 1. za; *to sell ~ fifty dollars* prodati za 50 dolara; *to vote ~ smb.* glasati za nekoga 2. zbog; *to suffer ~ one's sins* patiti zbog grehova (grijehova) 3. iz; *~ unknown reasons* iz nepoznatih razloga 4. na; *to go somewhere ~ two days* otići nekuda na dva dana; *~ example* na primer (primjer) 5. od; *to weep ~ joy* plakati od radosti 6. uprkos; *~ all that* uprkos svemu 7. po; *~ days on end* po čitave dane 8. (in time expressions) *we were there ~ a month* bili smo tamo mesec (mjesec) dana 9. misc.; *to go ~ a walk* ići u šetnju **for** II *conj* jer, pošto; *he stayed at home ~ he was ill* ostao je kod kuće, jer je bio bolestan
forage I ['foridž] *n* stočna hrana, furaž **forage** II *v intr* tražiti furaž, tragati za hranom
foray ['forej] *n* upad, prepad
forbearance [for'bejrəns] *n* 1. uzdržavanje, uzdržljivost 2. trpeljivost
forbid [for'bid] *-bad* or *-bade* [baed]; *forbidden* [for'bidən] *v tr* zabraniti; *to ~ smoking* zabraniti pušenje; **forbidden fruit* zabranjeno voće
forbidding *a* strašan; preteći (prijeteći)
force I [fors] *n* 1. snaga; sila; *military ~* vojna sila 2. (in *pl*) snage; *armed ~s* oružane snage **force** II *v tr* 1. prisiliti, prinuditi, primorati; *to ~ smb. into smt.* primorati nekoga na nešto 2. probiti; prokrčiti; *to ~ one's way through a crowd* probiti se (prokrčiti sebi put) kroz gomilu 3. (mil.) forsirati; *to ~ a river* forsirati reku (rijeku) 4. obiti; uraditi silom; *the police ~d their way into the building* policija je silom ušla u zgradu **forced** *a* 1. prinudan; *a ~ landing* prinudno sletanje (slijetanje) 2. forsiran, usiljen; *a ~ march* usiljeni marš **forceful** *a* snažan, jak, energičan

forceps [forsəps] *(pl* has zero) *n* (surgical) klešta (kliješta)
forcible ['forsəbəl] *a* urađen silom
ford I [ford] *n* gaz, brod ford II *v tr* preći gazom
forearm ['forarm] *n* podlaktica
forebear ['forbejr] *n* predak
foreboding [for'bouding] *n* slutnja (zla); dark ~*s* crne slutnje
forecast I [~kaest] *n* prognoza; *a weather* ~ prognoza vremena forecast II *v tr* prognosticirati, prognozirati forecaster *n* prognostičar, prognozer
foreclosure [for'kloužər] *n* poništenje prava na oslobođenje od hipoteke
forefather [~fath:ər] *n* predak, praotac
foregoing [~gouing] *a* prethodni
foreground [~graund] *n* prednja strana, prvi plan; istaknuto mesto (mjesto); *in the* ~ u prvom planu, na prvom mestu
forehand [~haend] *n* (tennis) forhend
forehead [~hed] *n* čelo
foreign ['farin] *a* 1. inostran, tuđ, inozemski, spoljni (W also: vanjski); ~ *affairs* spoljni poslovi 2. stran; *a* ~ *language* strani jezik foreigner *n* stranac foreign office ministarstvo spoljnih (W: vanjskih) poslova
forelady [~lejdij] *n* nadzornica foreman [mən] *(-men [min])* *n* nadzornik; poslovođa; *a construction* ~ građevinski poslovođa
foremost [~moust] 1. *a* glavni, najistaknutiji, prvi 2. *adv* prvo; *first and* ~ najpre (najprije)
forenoon [~nu:n] *n* prepodne (prijepodne)
forensic [fə'rensik] *a* sudski; ~ *medicine* sudska medicina
forerunner [~rənər] *n* preteča
foresee [for'sij]; *-saw* [so]; *-seen* [sijn] *v tr* predvideti (predvidjeti)
foreshadow [~'šaedou] *v tr* nagovestiti (nagovijestiti)
foresight [~sajt] *n* predviđanje
forest ['farist] *n* šuma; *he can't see the* ~ *for the trees* od drveća ne vidi šumu forester *n* šumar forest ranger šumar forestry [~rij] *n* šumarstvo
foretell [for'tel]; *-told* [tould] *v tr* predskazati, proreći forever [~'evər] *adv* zauvek (zauvijek) forewarn [~'worn] *v tr* upozoriti (unapred — unaprijed) foreword [~wərd] *n* predgovor
forfeit I [~fit] *n* 1. kazna 2. (usu. sports) kontumacija, forfe forfeit II *v tr* and

intr 1. kaznom biti lišen, izgubiti 2. (usu. sports) izgubiti kontumacijom; *he* ~*ed the second game* izgubio je drugu partiju kontumacijom forfeiture ['forfiču:r] *n* gubitak; *the* ~ *of all rights* gubitak svih prava
forge I [fordž] *v intr* (usu.: *to* ~ *ahead)* napredovati, izbiti na prvo mesto (mjesto)
forge II *n* kovačnica, kovačko ognjište forge III *v tr* 1. skovati; *to* ~ *a sword* skovati mač 2. falsifikovati, krivotvoriti; *to* ~ *a signature* falsifikovati potpis forger *n* falsifikator, krivotvorilac forgery *n* 1. falsifikacija, falsifikovanje 2. falsifikat
forget [fər'get]; *-got* [gat]; *-gotten* ['gatn] or *-got; v tr* and *intr* zaboraviti; *he forgot to take a pencil* zaboravio je da ponese olovku forgetful *a* zaboravan
forgive [fər'giv] *-gave* [gejv]; *-given* ['givən] *v tr* oprostiti; *to* ~ *smb.'s mistake* oprostiti nekome grešku
fork I [fork] *n* 1. viljuška; *a tuning* ~ akustična viljuška 2. račva; *a* ~ *in the road* mesto (mjesto) gde (gdje) se račva put fork II *v* 1. *tr* (colloq.) (*to* ~ *over, up)* isplatiti; *to* ~ *over money* isplatiti novac 2. *intr* račvati se forked *a* 1. račvast 2. dvosmislen
forlorn [for'lorn] *a* 1. napušten, ostavljen 2. usamljen
form I [form] *n* 1. oblik, forma; *in the* ~ *of a pill* u formi pilule 2. kondićija, forma; *in good* ~ u dobroj kondiciji 3. bonton; forma; *that's bad* ~ to ne priliči 4. formular, obrazac, blanket; *to fill out a* ~ popuniti formular form II *v* 1. *tr* obrazovati, stvoriti; formirati; *to* ~ *a committee* obrazovati komitet 2. *tr* (ling.) graditi, tvoriti; *to* ~ *a comparative* graditi komparativ 3. *tr* činiti; *to* ~ *a unit* činiti celinu (cjelinu) 4. *intr* obrazovati se, tvoriti se; *clouds are* ~*ing* oblaci se obrazuju
formal I *n* svečano odelo (odijelo) formal II *a* 1. formalan; ~ *logic* formalna logika 2. svečan; *a* ~ *ceremony* svečana ceremonija 3. u propisnoj (ustaljenoj) formi formalism *n* formalizam formalist *n* formalista formality [for'maelətij] *n* 1. formalnost; *a mere* ~ prosta formalnost 2. svečanost formalize ['forməlajz] *v tr* učiniti formalnim
format ['formaet] *n* format

formation [for'mejšən] *n* 1. formacija, formiranje, obrazovanje; *the* ~ *of a new government* formiranje nove vlade 2. (mil.) stroj, borbeni poredak (W also: postrojba) 3. (ling.) tvorba, građenje; *word* ~ tvorba reči (riječi)

former ['formər] *a* bivši, raniji; *a* ~ *president* bivši predsednik (predsjednik)

formidable ['formədəbel] *a* 1. težak; *a* ~ *task* težak zadatak 2. opasan; *a* ~ *foe* opasan neprijatelj

formula ['formjələ] *n* 1. (*-s* or *-ae* [ij]) formula 2. (for an infant) veštačka — vještačka (W: umjetna) prehrana **formulate** [~lejt] *v tr* formulisati

fornicate ['fornikejt] *v intr* izvršiti obljubu, preljubu; bludničiti

forsake [for'sejk] *-sook* [suk]; *-saken* ['sejkən] *v tr* 1. napustiti 2. odreći se

fort [fort] *n* 1. tvrđava, utvrđenje 2. (Am., mil.) stalno mesto (mjesto) rasporeda jedinice

forth [forth] *adv* dalje; napred (naprijed); *and so* ~ i tako dalje; *back and* ~ natrag i napred

forthcoming [~kəming] *a* koji se približuje: nastupajući

forthright [~rajt] *a* otvoren, iskren

fortieth ['fortijith] *num a* četrdeseti

fortification [fortəfi'kejšən] *n* utvrđenje

fortify ['fortəfaj] *v tr* (mil.) utvrditi

fortitude ['fortətu:d] *n* moralna čvrstina (snaga); hrabrost

fortnight ['fortnajt] *n* (Br.) dve nedelje— dvije nedelje (W: dva tjedna)

fortress ['fortris] *n* tvrđava, utvrđenje

fortuitous [for'tu:ətəs] *a* slučajan

fortunate [forčənit] *a* srećan; povoljan **fortune** ['forčən] *n* 1. sreća; *good* ~ dobra sreća 2. bogatstvo, imovina; *to make a* ~ obogatiti se 3. sudbina; *to tell* ~*s* gatati, predskazati sudbinu **fortune-teller** *n* vračar

forty ['fortij] *num* četrdeset; četrdesetoro; **to catch* ~ *winks* odspavati malo

forum ['forəm] *n* forum

forward I ['forwərd] *n* (sports) napadač, igrač navalne linije **forward** II *a* 1. prednji 2. isturen; *a* ~ *area* istureni rejon 3. drzak, agresivan **forward** III *adv* napred (naprijed); *to step* ~ kročiti napred; (mil.) ~, *march!* napred, marš! **forward** IV *v tr* 1. poslati; *to* ~ *letters to a new address* poslati pisma na novu

adresu 2. proslediti (proslijediti); *to* ~ *a document* proslediti dokumenat

fossil I ['fasəl] *n* fosil **fossil** II *a* fosilan

foster I ['fostər] *a* 1. koji se hrani, gaji 2. koji hrani, gaji **foster** II *v tr* gajiti; *to* ~ *the arts* gajiti umetnost (umjetnost) **foster child** podsvojče, hranjenik **foster father** poočim **foster mother** pomajka

foul I [faul] *n* (sports) greška; prekršaj; *to commit a* ~ učiniti prekršaj (grešku) **foul** II *a* 1. gadan, odvratan 2. prljav, nečist, pogan; *a* ~ *tongue* pogan jezik 3. rđav, loš, gadan; ~ *weather* gadno vreme (vrijeme) **foul** III *adv* nepošteno; *to play* ~ igrati nepošteno **foul** IV 1. *tr* zamrsiti, zaglaviti; *to* ~ *a rope* zamrsiti konop 2. *tr* (sports) izvršiti ličnu grešku (na); *to* ~ *a player* izvršiti grešku na igraču 3. *intr* (sports) izvršiti grešku (prekršaj) **foul play** nepoštena igra; podvala; zločin

foul up *v* (colloq.) 1. omesti; poremetiti; *to foul up traffic* omesti saobraćaj 2. napraviti grubu grešku

found [faund] *v tr* zasnovati, osnovati; *the hospital was* ~*ed 50 years ago* bolnica je osnovana pre (prije) 50 godina **foundation** [faun'dejšən] *n* 1. zasnivanje, osnivanje 2. fondacija; zadužbina 3. temelj; *to lay a* ~ udariti (postaviti) temelj **founder** I *n* osnivač

founder II *v intr* 1. srušiti se; pasti 2. (naut.) potonuti

foundling *n* nahoče

foundry ['faundrij] *n* livnica

fountain ['fauntən] *n* izvor, fontana, česma; vrelo **fountainhead** [~hed] *n* vrelo

fountain pen naliv-pero; penkalo

four [for] 1. *n* četvorka *on all* ~*s* četvoronoške 2. *num* and *n* četiri; četvorica; četvoro **four-footed** *a* četvoronožan **four-leaf clover** detelina (djetelina) sa četiri lista **fourscore** [~skor] *n* osamdeset **foursome** [~səm] *n* dva para

fourteen [~'tijn] *num.* četrnaest, četrnaestoro **fourteenth** [~th] *n* and *num a* četrnaesti

fourth I [forth] *n* 1. četvrt 2. četvrti; *on the* ~ *of February* četvrtog februara (W: veljače) **fourth** II *num a* četvrti

fowl [faul] *n* živina, perad

fox I [faks] *n* lisica **fox** II *v tr* prevariti

foxhole [~houl] *n* (mil.) streljački zaklon (za jednog strelca — strijelca)

fox trot fokstrot **fox-trot** v intr igrati (plesati) fokstrot

foxy a prepreden, lukav

fracas ['frejkəs] n gungula, bučna svađa

fraction ['fraekšən] n razlomak **fractional** a 1. razlomački 2. mali, neznatan

factious ['fraekšəs] a naprasit, svadljiv

fracture I ['fraekčər] n prelom, fraktura **fracture** II v tr slomiti, prelomiti; to ~ a bone slomiti kost

fragile ['fraedžil] a fragilan, lomljiv, krhak; a ~ vase krhka vaza **fragility** [frə'džilətij] n fragilnost

fragment ['fraegmənt] n odlomak, fragmenat

fragrance ['frejgrəns] n miris, aroma **fragrant** a mirisav, aromatičan

frail [frejl] a slab, nežan (nježan), krhak

frame I [frejm] n 1. telesni (tjelesni) sastav, telo (tijelo) 2. okvir, ram 3. kostur; the ~ of a building kostur zgrade 4. kadar (filma) 5. see **chassis** 6. misc.; a ~ of mind duševno raspoloženje **frame** II v tr 1 uramiti, staviti u okvir; to ~ a picture uramiti sliku 2. formulisati; sastaviti; to ~ a sentence sastaviti rečenicu 3. (slang) optužiti (na osnovu lažnog iskaza) 4. (slang) lažirati, montirati; to ~ a prize fight lažirati borbu u boksu

frame house drvena kuća

frame-up n (colloq.) lažna optužba

framework [~wərk] n okvir; kostur

franc [fraengk] n franak

France [fraens] n Francuska

franchise ['fraenčajz] n 1. pravo glasa, izborno pravo 2. ovlašćenje, licenca (za prodaju nekog proizvoda na određenoj teritoriji)

frank [fraengk] a otvoren, iskren

frankfurter [~fərtər] n viršla, hrenovka

frankly [~lij] adv otvoreno, iskreno **frankness** n otvorenost, iskrenost

frantic ['fraentik] a pomaman, izbezumljen

fraternal [frə'tərnəl] a bratski, bratinski **fraternity** [frae'tərnətij] n 1. bratstvo, bratimstvo 2. (usu. Br.) bratija, kaluđerski red 3. studentsko bratstvo **fraternity brother** član studentskog bratstva **fraternization** [fraetərnə'zejšən] n bratimljenje **fraternize** ['fraetərnajz] v intr bratimiti se, družiti se

fratricidal [fraetrə'sajdəl] a bratoubilački **fratricide** ['fraetrəsajd] n 1. bratoubica

(W: bratoubojica) 2. bratoubistvo (W: bratoubojstvo)

fraud [frod] n 1. prevara, obmana 2. varalica **fraudulent** [~djələnt] a varljiv, obmanljiv

fraught [frot] a skopčan; praćen ~ with danger skopčan s opasnošću

fray I [frej] n sukob, okršaj

fray II v 1. tr iskrzati, otrcati 2. tr napeti, zapeti; his nerves are ~ed živci su mu popustili 3. intr iskrzati se, otrcati se

frazzle ['fraezəl] v tr and intr iznuriti

freak [frijk] n nakaza, čudovište, izrod **freakish** a nakazan, čudovišan

freckle ['frekəl] n pega — pjega (na koži, od sunca)

free I [frij] a 1. slobodan, nezavisan; a ~ choice slobodan izbor 2. slobodan, koji nije zauzet; are you ~ this evening? jeste li slobodni večeras? 3. slobodan, nesmetan; ~ elections slobodni izbori 4. besplatan; ~ tickets besplatne karte **free** II v tr osloboditi

freebooter [~bu:tər] n gusar, pirat

freeborn [~born] a rođen slobodan

freedom ['frijdəm] n sloboda; ~ of assembly sloboda zbora

free enterprise (econ.) sloboda preduzimačke aktivnosti

free-for-all n tuča

free-lance v intr raditi honorarno **free lancer** honorarac **free lancing** honorarni rad

freeload [~loud] v intr živeti (živjeti) od tuđeg rada, muktašiti

freemason [~mejsən] n slobodni zidar, mason **freemasonry** [~rij] n slobodno zidarstvo, masonstvo

freethinker [~thingkər] n slobodoumnik, slobodni mislilac

freeway [~wej] n autoput (za koji se ne plaća drumarina)

free will slobodna volja; of one's own ~ dobrovoljno

freeze I [frijz] n zamrzavanje; a price ~ zamrzavanje cena (cijena) **freeze** II froze [frouz]; frozen ['frouzən] v 1. tr smrznuti, zamrznuti; zalediti; to ~ meat smrznuti meso 2. intr smrznuti se, zamrznuti se, zalediti se; my feet froze noge su mi se smrzle; (impers) it is ~ing mrzne se 3. intr slediti se; the blood froze in his veins sledila mu se krv u žilama

freezer n rashladna komora, rashladni uređaj, frizer

freezing *n* mržnjenje, zamrzavanje **freezing point** tačka mržnjenja (W: ledište) **reight** [frejt] *n* 1. teret 2. prevozni troško vi, vozarina **freight car** teretni vagon **freighter** *n* tovarni brod **freight train** teretni voz (W: vlak)
French I [frenč] *n* 1. *(pl) the* ~ francuski narod 2. francuski jezik **French** II *a* francuski
French-Canadian I *n* Kanađanin francuskog porekla — porijekla **French-Canadian** II *a* franko-kanadski
French dressing vrsta preliva za salatu
French fries [frajz] *(pl)* pom frit
French horn (mus.) horna
French leave iznenadan odlazak; *he took* ~ *on* je otišao, a nije kazao ni zbogom
Frenchman [~mən] (*-men* [min]) *n* Francuz
French toast prženice od hleba—hljeba (W: kruha)
frenzied ['frenzijd] *a* frenetičan, pomaman, bujan **frenzy** ['frenzij] *n* pomama, frenezija
frequency ['frijkwənsij] *n* frekvencija, frekvenca, učestalost
frequent I ['frijkwənt] *a* učestali, čest frekventan **frequent** II [frij'kwent] *v tr* često posećivati (posjećivati)
fresco ['freskou] (*-s or -es*) *n* freska
fresh [freš] *a* 1. nov, svež (svjež); *to make a* ~ *start* početi iznova 2. svež, taze; ~ *eggs* sveža jaja 3. nekonzerviran, svež; ~ *fruit (vegetables)* sveže voće (povrće) 4. sladak, neslan; ~ *water* slatka voda 5. odmoran, svež, čio 6. (colloq.) drzak, bezobrazan **freshen** *v* 1. *tr* (also: *to* ~ *up*) osvežiti (osvježiti); *to* ~ *oneself up* osvežiti se 2. *intr (to* ~ *up)* osvežiti se
freshman [~mən] (*-men* [min]) *n* brucoš **freshman week** brucošijada
freshwater [~wotər] *a* slatkovodni; ~ *fish* slatkovodna riba
fret I [fret] *n* (mus.) rub, dirka (na vratu instrumenta)
fret II *n* uzrujanost; zabrinutost **fret** III *v* 1. *tr* sekirati, jesti 2. *intr* sekirati se, jesti se; *he* ~*s a lot* jede ga briga **fretful** *a* sklon sekiranju; ljutit
Freudian ['frojdijən] *a* frojdovski
friar [frajər] *n* monah, fratar
friction ['frikšən] *n* trenje, frikcija
Friday ['frajdej] *n* petak; *on* ~ u petak
friend [frend] *n* drug, prijatelj; *a close* ~ prisan prijatelj **friendliness** [~lijnis] *n*

prijateljsko osećanje (osjećanje); blagonaklonost **friendly** [~lij] *a* prijateljski; ~ *advice* prijateljski savet (savjet) **friendship** *n* prijateljstvo
frigate ['frigit] *n* fregata
fright [frajt] *n* 1. strah, strava 2. strašilo **frighten** *v tr* uplašiti, zastrašiti **frighten away** *v* strahom oterati (otjerati) **frightful** *a* užasan, strašan
frigid ['fridžid] *a* 1. leden, vrlo hladan, studen; *a* ~ *zone* ledena (arktička) zona 2. frigidan; *a* ~ *woman* frigidna žena **frigidity** [fri'džidətij] *n* frigiditet
frill [fril] *n* 1. nabor, ukras 2. suvišan ukras
fringe [frindž] *n* 1. resa, rojta 2. (fig.) rub, ivica, granica 3. (fig., pol.) krilo; *the lunatic* ~ ekstremističko krilo **fringe benefit** posredna privilegija, olakšica
frisk [frisk] *v tr* pretresti; *to* ~ *smb.* pretresti nekoga
frisky *a* nestašan, živahan, energičan
fritter ['fritər] *n* (cul.) uštipak; *corn* ~*s* uštipci od kukuruza
fritter away *v* straćiti; *to fritter one's time away* traćiti vreme (vrijeme)
frivolous ['frivələs] *a* frivolan
frizzy ['frizij] *a* kovrdžav, kovrdžast
frock [frak] *n* 1. ogrtač; mantil 2. kaluđerska (redovnička) mantija 3. (Br.) haljina
frog (frag) *n* 1. žaba 2. *(a* ~ *in the throat)* promuklost 3. (slang, pejor.) Francuz
frolic I ['fralik] *n* vesela zabava, veselje **frolic** II *v intr* veseliti se
from [frəm] *prep* 1. od; ~ *Philadelphia to Boston* od Filadelfije do Bostona 2. iz; ~ *well-informed sources* iz dobro obaveštenih (obaviještenih) izvora 3. s, sa; ~ *the beginning* s početka
front I [frənt] *n* 1. prednji deo (dio); prednja strana; *in* ~ *of smt.* ispred nečega 2. fasada; lice; *to put on a brave* ~ pokazati se odvažno (u teškoj situaciji) 3. (mil.) front (W: fronta); *at the* ~ na frontu 4. obala; *a house on the lake* ~ vila na obali jezera 5. (meteor.) (atmosferski) front; *a cold* ~ hladan front 6. podmetnut čovek (čovjek), davalac svog imena pri tuđim poslovima **front** II *a* prednji; *a* ~ *axle* prednja osovina **front** III *adv* napred (naprijed); (mil.) *eyes* ~! oči napred! **front** IV *v intr (to* ~ *on)* gledati na; ivićiti se; *our property* ~*s on the highway* naše imanje se iviči sa autoputem **frontal** *a* frontalan

frontier I [frən'tijr] n granica, pogranična oblast, krajina frontier II a pogranični, granični; a ~ area granična oblast frontiersman [~zmən] (-men [min]) n graničar, pograničar

front office 1. uprava 2. (in a hotel) recepcija, služba recepcije

frosh [fraš] (pl has zero) n (colloq.) see freshman

frost [frost] n mraz

frostbite I [~bajt] n pomrzlina frostbite II -bit [bit]; -bitten ['bitn] v tr promrznuti, mrazom oštetiti; he was frostbitten on je dobio promrzline

frosting n glazura; premaz, preliv; chocolate ~ glazura od čokolade

frost over v zalediti se

frosty a mrazan

froth I [froth] n pena (pjena) froth II [froth:] v intr peniti (pjeniti) se

frown I [fraun] n mrgođenje, mršćenje frown II v intr 1. namrgoditi se, namrštiti se 2. (fig.) s neodobravanjem gledati; to ~ at (on, upon) smt. s neodobravanjem gledati na nešto

frozen a 1. see freeze 2. ~ foods smrznuta jela

frugal ['fru:gəl] a štedljiv frugality [fru: 'gaelətij] n štedljivost

fruit [fru:t] n 1. voće, plod; citrus ~ južno (tropsko) voće 2. (fig.) plod; the ~s of one's labor plodovi rada fruitful a plodan fruitless a besplodan fruit salad voćna salata

frustrate ['frəstrejt] v tr osujetiti frustration [frəs'trejšən] n 1. osujećenje 2. razočaranost, frustracija

fry v 1. tr ispržiti; to ~ an egg ispržiti jaje 2. intr pržiti se fryer n mlado pile (za prženje) frying pan tiganj

fuddy-duddy ['fədij-dədij] n (colloq.) staromodna, džandrljiva osoba

fudge I [fədž] n vrsta mekane bonbone fudge II v tr and intr (colloq.) varati

fuel I [fju:l] n gorivo; ogrev; liquid ~ tečno gorivo fuel II v tr 1. snabdeti (snabdjeti) gorivom 2. (fig.) stimulisati, podstaći fuel depot skladište goriva

fugitive I ['fju:džətiv] n begunac (bjegunac) fugitive II a odbegao (odbjegao)

fulcrum ['fəlkrəm] n oslonac (poluge)

fulfill [fəl'fil] v tr ispuniti; izvršiti; to ~ an obligation ispuniti obavezu

full [ful] a 1. pun; napunjen; prepun; the glass is ~ of wine čaša je puna vina 2.

čitav, pun; in ~ bloom u punom cvetu (cvijetu) 3. sit; I'm ~! sit sam! 4. neograničen, pun; at ~ speed punom brzinom 5. podoban, iscrpan, opširan; a ~ description iscrpan opis 6. misc.; a ~ professor redovni (W: redoviti) profesor

fullback [~baek] n (sports) vođa navale

full-dress a iscrpan; a ~ investigation iscrpna istraga

full-fledged a zreo, dovršen

full-length a 1. prirodne (W: naravne) veličine; a ~ portrait portret u prirodnoj veličini 2. neskraćen

full moon pun mesec (mjesec)

full stop (Br.) tačka (W: točka)

fully ['fulij] adv potpuno; ~ automatic potpuno automatizovan

fulminate ['fulmənejt] v intr besneti (bjesnjeti); to ~ against smt. besneti protiv nečega

fulsome a neiskren; servilan; ~ praise servilno laskanje

fumble I ['fəmbəl] n nespretan potez; nespretno rukovanje fumble II v 1. tr (sports) to ~ a ball ispustiti loptu iz ruku 2. intr nespretno baratati; to ~ around in the dark pipati unaokolo u mraku 3. intr (sports) ispustiti loptu iz ruku fumbler n nespretna osoba

fume I [fju: m] n (usu. in pl) zagušljiva para; zagušljivo isparenje; dim fume II v intr ljutiti se

fumigate ['fju: məgejt] v tr nadimiti (radi dezinsekcije)

fun [fən] n 1. zabava, razonoda; zadovoljstvo; we had a lot of ~ lepo (lijepo) smo se proveli 2. šala, pošalica; in ~ u šali

function I ['fəngkšən] n funkcija, namena (namjena); uloga; to perform a ~ igrati ulogu function II v intr funkcionisati functional a funkcionalan functionary n funkcionar, funkcioner

fund I [fənd] n fond fund II a finansirati

fundamental I [fəndə'mentəl] n fundamenar, osnova fundamental II a fundamentalan, osnovni

funds n pl novčana sredstva, novac; fondovi

funeral I ['fju:nərəl] n sahrana, pogreb funeral II a pogrebni; a ~ home pogrebni zavod; a ~ director direktor pogrebnog zavoda

fungus I ['fənggəs] n gljiva, gljivica fungus II a gljivični funk [fəngk] *n* snuždenost; utučenost; *to be in a blue* ~ biti snužden

funnel I ['fənəl] *n* 1. levak (lijevak) 2. dimnjak

funnel II *v* 1. *tr* uputiti 2. *intr* uputiti se

funnies ['fənijz] *n pl* (colloq.) stripovi

funny ['fəni] *a* 1. smešan (smiješan); *a* ~ *joke* smešan vic 2. čudan; *a* ~ *thing* čudna stvar funny story vic

fur I [fər] krzno, pelc fur II *a* krznen, pelcani; *a* ~ *coat* krzneni kaput

furious ['fju:rijəs] *a* besan (bijesan), razjaren

furlong ['fərlong] *n* osmina milje (201 m)

furlough I ['fərlou] *n* odsustvo furlough II *v tr* dati (nekome) odsustvo

furnace ('fərnis] *n* peć

furnish ['fərniš] *v tr* 1. namestiti (namjestiti); *to* ~ *an apartment* namestiti stan 2. snabdeti (snabdjeti) furnishings *n pl* kućni nameštaj (namještaj) furniture ['fərnəčər] *n* nameštaj (namještaj)

furor ['fju:ror] *n* furor; uzbuđenje; *to cause a* ~ izazvati furor

furrier ['fərijer] *n* krznar

furrow I ['fərou] *n* brazda furrow II *v tr* izbrazdati

furry ['fərij] *a* krznen

further I ['fərth:ər] *v tr* unaprediti (unaprijediti)

further II see far I

furthermore [~mor] *adv* osim toga, štaviše

furthermost [~moust] *a* najdalji

furthest see far I

furtive ['fərtiv] *a* skriven, tajni

fury ['fju:rij] *n* 1. bes (bijes), gnev (gnjev) 2. furija

fuse I [fju:z] 1. štapin; *a safety* ~ sporogoreći štapin 2. upaljač; *a proximity* ~ blizinski upaljač 3. (elec.) osigurač fuse II *v tr* staviti upaljač (u); *to* ~ *a shell* staviti upaljač u granatu

fuse III *v* 1. *tr* stopiti, spojiti, fuzionisati 2. *intr* stopiti se, spojiti se

fuselage ['fju:sələž] *n* trup (aviona)

fusion ['fju:žən] *n* 1. topljenje 2. stapanje, spajanje 3. fuzija; *nuclear* ~ atomska fuzija

fuss I [fəs] *n* larma; *to make a (big)* ~ *over smt.* podići (veliku) larmu oko nečega fuss II *v intr* 1. dizati larmu, galamu; *to* ~ *over smt.* dizati larmu zbog nečega 2. majati se; *to* ~ *around the house* majati se po kući 3. probirati; *the children are* ~*ing about their food* deca (djeca) probiraju jela fussy *a* cepidlački (cjepidlački), sitničarski

futile ['fju:təl] *a* uzaludan; *a* ~ *attempt* uzaludan pokušaj futility [fju:'tilətij] *n* uzaludnost

future I ['fju:čər] *n* 1. budućnost 2. (gram.) futur, buduće vreme (vrijeme) future II *a* budući future perfect (gram.) drugi futur future tense (gram.) buduće vreme (vrijeme), futur

futurism *n* futurizam futurist *n* futurista

fuze see fuse I 2, fuse II

fuzz [fəz] malje fuzzy *a* 1. maljav 2. nejasan, pomućen

G

g [džij] n g (slovo engleske azbuke)

gab [gaeb] v intr (colloq.) torokati, blebetati

gabardine ['gaebərdijn] n gabarden

gabby ['gaebij] a (colloq.) brbljiv

gable ['gejbəl] n zabat

gad [gaed] v intr (to ~ about) lutati, švrljati

gadfly ['gaedflaj] n 1. obad 2. (fig.) zajedljivac, kritikan

gadget ['gaedžit] n (colloq.) naprava, sprava

gag I [gaeg] n 1. čep (za usta) 2. (fig.) smetnja za govor 3. (colloq.) geg, vic, šala; podvala gag II v 1. tr začepiti; to ~ smb. začepiti nekome usta 2. intr ugušiti se, zagušiti se

gaiety ['gejətij] n veselost, živost, dobro raspoloženje gaily ['gejlij] adv veselo

gain I [gejn] n napredovanje; uspeh (uspjeh); to make ~s napredovati gain II v 1. tr steći, dobiti; to ~ experience steći iskustvo 2. tr zauzeti; to ~ ground zauzeti zemljište 3. intr dobiti u težini, ugojiti se 4. intr sustizati; to ~ on smb. sustizati nekoga gainful a unosan, koji donosi dobit

gait [gejt] n hod, vrsta hoda

gala I ['gaelə] n svečanost, gala predstava gala II a svečan, gala

galaxy ['gaeləksij] n galaksija

gale [gejl] n oluja

gall I [gol] n 1. žuč 2. (colloq.) bezobrazluk, drskost; to have the ~ to ... imati drskost da ...

gall II v tr razdražiti, ogorčiti

gallant ['gaelənt] a 1. pun elana, žustar 2. hrabar, smeo (smio), junački 3. and [gə'lant] galantan, učtiv (prema žena-

ma); viteški gallantry ['gaeləntrij] n 1. hrabrost, smelost (smjelost), junaštvo 2. galantnost, galanterija

gall bladder žučni mehur (mjehur), žučna bešika

gallery ['gaelərij] n 1. galerija, zbirka slika (skulptura); an art ~ umetnička (umjetnička) galerija 2. (fig.) publika, gledaoci; treća galerija

galley ['gaelij] n galija

galley proof šif, špalta

galley slave galijaš

gallivant ['gaeləvaent] v intr (also: to ~ about) skitati se, vucarati se

gallon ['gaelən] n galon

gallop I ['gaeləp] n galop gallop II v intr galopirati

gallows ['gaelouz] (pl has zero) n vešala (vješala)

gallstone ['golstoun] n žučni kamenac

galore [gə'lor] a (colloq.) mnogo, u obilju; dresses ~ mnogo haljina

galosh [gə'laš] n kaljača

galvanize ['gaelvənajz] v tr galvanizovati

gambit ['gaembit] n 1. (chess) gambit 2. (fig.) početni potez

gamble I ['gaembəl] n 1. opklada 2. rizik gamble II v 1. tr staviti na kocku; rizikovati 2. tr (to ~ away) prokockati; to ~ away one's fortune prokockati svoje imanje 3. intr kockati se 4. intr rizikovati gambler n kockar gambling I n kockanje, igra; hazard gambling II a kockarski gambling casino, gambling house kockarnica

game I [gejm] n 1. igra; a children's ~ dečja (dječja) igra 2. utakmica, igra; a basketball ~ košarkaška utakmica 3. (tennis) gem, igra 4. divljač; big (small)

~ krupna (sitna) divljač **game** II *a* (colloq.) 1. voljan, spreman; *are you* ~ *to* . . .? jesi li voljan (spreman) da . . .? 2. hrabar

game III *a* hrom; povređen (povrijeđen); *a* ~ *leg* povređena noga

gaming ['gejming] *n* see **gambling**

gamut ['gaemət] *n* gama; skala

gander ['gaendər] *n* 1. gusan 2. misc.; (colloq.) *to take a* ~ pogledati

gang [gaeng] *n* 1. banda, družina; *a* ~ *of thieves* lopovska družina 2. grupa siledžija 3. brigada (radnika)

gangling ['gaenggling] *n* visok i nezgrapan

gangplank ['gaengplaengk] *n* siz, brodske stepenice

gangrene ('gaeng'grijn] *n* gangrena

gangster ['gaengstər] *n* gangster

gang up *v* udružiti se; *to gang up on smb.* izvršiti grupni prepad na nekoga

gantry ['gaentrij] *v* 1. stalak, ram za oslanjanje 2. portalni kran

gaol [džejl] Br.; see **jail**

gap [gaep] *n* 1. praznina; propust; *to fill a* ~ popuniti prazninu 2. jaz; *•the gene-ration* ~ sukob generacija

gape [gejp] *v intr* zinuti, zjapiti; *to* ~ *at smt.* zinuti u nešto **gaping** *a* dubok i otvoren; *a* ~ *wound* duboka rana

garage [gə'raž] *n* garaža

garb [garb] *n* odeća (odjeća)

garbage ['garbidž] *n* đubre; otpaci **garbage dump** stovarište đubreta **garbage man** đubretar

garble ['garbəl] *v tr* iskriviti, izopačiti; *to* ~ *a message* izopačiti izveštaj (izvje-štaj)

garden I ['gardn] *n* vrt, bašta; *a botanical* ~ botanička bašta **garden** II *a* bašten-ski, vrtni **garden** III *v intr* baštovaniti. vrtlariti **gardener** *n* baštovan, vrtlar **gar-dening** *n* baštovanjenje, vrtlarstvo

gargantuan [gar'gaenču:ən] *a* ogroman

gargle I ['gargəl] *n* tečnost za ispiranje (guše) **gargle** II *v* 1. *tr* ispirati; *to* ~ *one's throat* ispirati gušu 2. *intr* ispirati gušu

gargoyle ['gargojl] *n* ukras s grotesknim likom

garish ['gaeriš] *a* drečeći, upadljiv, nakin-đuren

garland ['garlənd] *n* girlanda, venac (vi-jenac)

garlic ['garlik] *n* beli (bijeli) luk, češnjak

garment I ['garmənt] *n* odevni (odjevni) predmet **garment** II *a* odevni (odjevni); tekstilni

garner ['garnər] *v tr* skupiti, nagomilati

garnish ['garniš] *v tr* 1. ukrasiti, ukititi 2. (cul.) garnirati; *to* ~ *a salad* garnirati salatu

garret ['gaerit] *n* tavan, potkrovnica, mansarda

garrison I ['gaerisən] *n* garnizon **garrison** II *a* garnizonski; ~ *duty* garnizonska služba **garrison** III *v tr* garnizonirati

garrulous ['gaerələs] *a* govorljiv

garter ['gartər] *n* podveza, podvezica **gar-ter belt** pojas za čarape

gas I [gaes] *n* 1. gas, plin 2. benzin; gas; *•to step on the* ~ dati gas (Br. is **petrol**) 3. bojni otrov, otrovni gas **gas** II *a* 1. gasni, plinski 2. benzinski 3. (mil.) he-mijski (kemijski) **gas** III *v tr* zatrovati bojnim otrovima **gas burner** (on a range) ringla, ploča **gas chamber** (in a concen-tration camp) gasna komora **gas-guzzler** *n* (colloq.) kola koja troše mnogo benzina

gash I [gaeš] *n* 1. duboka zasekotina (zasjekotina) 2. duboka rana **gash** II *v tr* duboko zaseći (zasjeći)

gasket ['gaeskit] *n* naptivač

gaslight [~lajt] *n* gasna· svetiljka (svjetilj-ka) **gas line** gasovod **gas main** glavna plinska dovodna cev (cijev) **gasman** [~maen] (-men [min]) *n* 1. naplaćivač gasa (plina) 2. gasni radnik **gas mask** gas-maska **gas meter** gasometar

gasoline I ['gaesəlijn] *n* benzin (Br. is **petrol**) **gasoline** II *a* benzinski

gasp I [gaesp] *n* dahtanje, brektanje **gasp** II *v* 1. *tr* (or: *to* ~ *out)* izdahtati; *to* ~ *(out) a few words* izdahtati nekoliko reči (riječi) 2. *intr* dahtati, brektati; *to* ~ *for breath* teško disati

gas pedal pedalica za gas **gas range** šted-njak na gas (plin) **gas station** benzinska stanica **gas tank** benzinski reservoar

gastric ['gaestrik] *a* stomačni, želudačni; *a* ~ *disorder* stomačno oboljenje **gastritis** [gaes'trajtis] *n* gastritis

gastronomic [gaestrə'namik] *a* gastro-nomski

gate [gejt] *n* 1. kapija, vratnice 2. (colloq.) broj gledalaca, poseta (posjet)

gatecrasher [~kraešər] *n* »padobranac«; besplatnik

gatekeeper [~kijpər] *n* vratar **gatepost** [~poust] *n* kapijski stub **gateway** [~wej] *n* 1. kapija, vratnice 2. (fig.) vrata, pristup

gather ['gaeth:ər] *v* 1. *tr* skupiti, okupiti; prikupiti; *to ~ material for a dictionary* skupiti građu za rečnik (rječnik) 2. *tr* brati; *to ~ flowers* brati cveće (cvijeće) 3. *tr* povećati; *to ~ speed* povećati brzinu 4. *tr* zaključiti; izvući (zaključak) 5. *intr* skupiti se, okupiti se; *a large crowd ~ed* okupila se masa sveta (svijeta) **gathering** *n* 1. skupljanje 2. skup; *a large ~* veliki skup

gaudy *a* drečeći, upadljiv, nakinđuren

gauge I (also *gage*) [gejdž] *n* 1. mera (mjera), merilo (mjerilo), šablon 2. pribor za merenje (mjerenje), ispitivač 3. kolosek (kolosijek), širina koloseka 4. kalibar (sačmare), prečnik cevi — cijevi **gauge** II *v tr* 1. izmeriti (izmjeriti) 2. oceniti (ocijeniti)

gaunt [gont] *a* mršav, koščat

gauntlet I ['gontlit] *n* 1. (hist.) oklopna rukavica 2. (fig.) rukavica (u znak izazova); **to fling down the ~* baciti rukavicu

gauntlet II *n* šiba; **to run the ~* proći kroz šibu

gauze [goz] *n* gaza

gavel ['gaevəl] *n* (predsednikov — predsjednikov) čekić; *a rap of the ~* udar čekića

gawk [gok] *v intr* (colloq.) blenuti, buljiti, zavirivati **gawker** *n* zavirivalo **gawky** *a* nezgrapan, nespretan

gay [gej] *a* 1. veseo; radostan; *~ colors* vesele boje 2. (slang) homoseksualan

gaze I [gejz] *n* upiljen pogled, zurenje **gaze** II *v intr* zuriti, piljiti; *to ~ at smt.* piljiti u nešto

gazelle [gə'zel] *n* gazela

gazette [gə'zet] *n* službeni list **gazetteer** [gaezə'tijr] *n* rečnik (rječnik) geografskih imena

gear [gijr] *n* 1. zupčanik; zupčanički prenos 2. (on an automobile; colloq.) brzina; *to shift ~s* menjati (mijenjati) brzine 3. pribor; oprema; *fishing ~* ribarski pribor **gearshift** [~šift] *n* (tech.) menjač (mjenjač)

gee [džij] *interj* iju!

gelatin, gelatine ['dželətən] *n* želatin

geld [geld] *v tr* uškopiti, uštrojiti (konja) **gelding** *n* uštrojen konj

gem [džem] *n* dragi kamen, gema, dragulj

gender ['džendər] *n* (gram.) rod; *the feminine ~* ženski rod

gene [džijn] *n* gen

genealogy [džijnij'alədžij] *n* geneologija; rodopis

general I ['dženərəl] *n* 1. (mil.) general 2. princip; *in ~* u principu; uopšte (uopće) **general** II *a* 1. generalni; *a ~ overhaul* generalna popravka 2. opšti (opći); *a ~ impression* opšti utisak **General Assembly** (of the UN) Generalna skupština (UN) **general delivery** postrestant, na pošti da se podigne **generality** [dženə-'raelətij] *n* 1. opštost (općost, općenost) 2. uopštenje (uopćenje) **generalization** [dženərələ'zejšən] *n* generalizacija, uopštenje **generalize** ['dženərəlajz] *v tr and intr* generalizovati, uopštiti (uopćiti) **generally** ['dženərəlij] *adv* 1. uopšte; *~ speaking* govoreći uopšte 2. obično; *we ~ get up at seven* obično ustajemo u sedam **general practitioner** lekar— ljekar (W: liječnik) opšte prakse **general staff** generalštab **general store** (mala) radnja sa raznovrsnom robom

generate ['dženərejt] *v tr* 1. proizvesti, stvoriti; *friction ~s heat* trenje proizvodi toplotu 2. izazvati, roditi; *poverty ~s crime* siromaštvo izaziva kriminal 3. (ling.) generisati; *to ~ a surface structure* generisati površinsku strukturu **generation** [dženə'rejšən] *n* generacija, pokolenje (pokoljenje) **generative** ['dženərətiv] *a* generativan; *~ grammar* generativna gramatika **generator** ['dženərejtər] *n* generator

generic [dži'nerik] *a* 1. generičan; opšti (opći) 2. rodni

generosity [dženə'rasitij] *n* darežljivost **generous** ['dženərəs] *a* darežljiv

genesis ['dženəsis] *n* geneza, postanak

genetic [džə'netik] *a* genetičan **geneticist** [džə'netəsist] *n* genetičar **genetics** [džə-'netiks] *n* genetika

Geneva [džə'nijvə] *n* Ženeva

genial ['džijnjəl] *a* ljubazan, srdačan

genital ['dženətəl] *a* polni (W: spolni) **genitals** ['dženətəlz] *n pl* polni organi

genitive I ['dženətiv] *n* genitiv **genitive** II *a* genitivni, genitivski

genius ['džijnjəs] *n* genije (osoba i sposobnost)

genocide ['dženəsajd] *n* genocid

gent [džent] n (colloq.) čovek (čovjek), gospodin

genteel [džen'tijl] a 1. uljudan, učtiv 2. otmen (otmjen)

Gentile I ['džentajl] n 1. onaj koji nije Jevrej (W: Židov) 2. poganin 3. hrišćanin (W: kršćanin) Gentile II a 1. nejevrejski (W: nežidovski) 2. poganski 3. hrišćanski (W: kršćanski)

gentle ['džentl] a 1. blag; pitom; nestrog; a ~ glance blag pogled 2. blag, lak, umeren (umjeren); a ~ breeze blag vetar (vjetar)

gentleman ['džentlmən] (-men [min]) n gospodin, džentlmen; a real ~ pravi gospodin gentleman's agreement džentlmenski sporazum

gentry ['džentrij] n gospodski stalež

genuine ['dženju:in] a istinski, pravi; iskren

genus ['džijnəs] (genera ['dženərə]) n (zool., bot.) rod

geographer [džij'agrəfər] n geograf geographic [džijə'graefik], geographical a geografski geography [džij'agrəfij] n geografija

geologic [džijə'ladžik] a geološki geologist [džij'alədžist] n geolog geology [džij'alədžij] n geologija

geometric [džijə'metrik] a geometrijski geometry [džij'amətrij] n geometrija; plane (solid) ~ geometrija ravni (prostora)

Georgia ['džordžə] n 1. Džordžija (u SAD) 2. Gruzija (u SSSR) Georgian I n 1. gruzinski (gruzijski) jezik 2. stanovnik Džordžije 3. Gruzin, Gruzijac Georgian II a 1. iz Džordžije 2. gruzinski, gruzijski

geranium [dži'rejnijəm] n (bot.) zdravac, geranijum

geriatric [džerij'aetrik] a gerijatrijski geriatrics n gerijatrija

germ [džərm] n klica

German I ['džərmən] n 1. Nemac (Nijemac) 2. nemački (njemački) jezik German II a nemački German Democratic Republic Nemačka Demokratska Republika

germane [džər'mejn] a povezan, umestan (umjestan); ~ to the issue koji se odnosi na stvar

German Federal Republic Savezna Republika Nemačka (Njemačka)

Germanic I [džər'maenik] n germanski jezici Germanic II a germanski; a department of ~ languages odsek (odsjek) za germanistiku

German measles pl (med.) rubeola (also rubella)

German sheperd vučjak

Germany ['džərmənij] n Nemačka (Njemačka)

gerontology [džerən'talədžij] n gerontologija

gerund ['džərənd] n (gram.) gerundij, glagolska imenica

gestation [džə'stejšən] n vreme (vrijeme) trudnoće

gesticulate [džə'stikjəlejt] v intr gestikulisati gesticulation [džestikjə'lejšən] n gestikulacija gesture I ['džesčər] n gest gesture II v intr gestikulisati

get [get]; got [gat]; gotten ['gatn] or got; v 1. tr dobiti; primiti; he got a letter dobio je pismo 2. tr steći; to ~ an impression steći utisak 3. tr oboleti — oboljeti (od); the child got chicken pox dete (dijete) je obolelo od srednjih boginja 4. tr (have got; esp. Br.) imati; we have got no money nemamo novca 5. tr (colloq.) (have got) morati; I have (got) to go moram ići 6. tr (colloq.) čuti; I didn't ~ your name nisam čuo vaše prezime 7 tr dati da se nešto uradi; he got his hair cut ošišao se 8. tr (colloq.) nagovoriti, pobuditi; to ~ smb. to do smt. nagovoriti nekoga na nešto 9. tr (colloq.) uhvatiti; to ~ a train uhvatiti voz (W: vlak) 10. tr hvatati; to ~ local stations hvatati lokalne stanice 11. intr postati; it's ~ting cold here ovde (ovdje) postaje hladno; he got sick oboleo (obolio) je 12. intr doći, stići; when did he ~ here? kad je stigao? 13. intr prodreti (prodrijeti); to ~ to the heart of a problem prodreti do srži problema 14. intr zavući se; ući; he got into the basement zavukao se u podrum 15. misc.; to ~ married udati se, oženiti se; I don't ~ it ne shvatam to; (sports) ~ set! pozor! I'll ~ him for that osvetiću mu se za ovo; to ~ behind the wheel sesti (sjesti) za volan; you got what you deserved tako vam i treba; (colloq.) you're gonna ~ it! dobićeš batine! (colloq., with certain verbs, to form the passive) he got caught bio je uhvaćen

get across v 1. preći; prebaciti se; to get across a river prebaciti se preko reke (rijeke) 2. objasniti; to get smt. across objasniti nešto 3. biti jasno; *it's not getting across* to nije jasno, objašnjenje nije jasno

get along *v* 1. napredovati; *he is getting along very well* on napreduje vrlo dobro 2. slagati se; *we get along fine* mi se lepo (lijepo) slažemo 3. doviti se; snaći se; proći; *he'll get along fine without any help* snaći će se dobro bez ičije pomoći

get around *v* 1. kretati se; *they get around quite a bit* oni su vrlo aktivni 2. zaobići; obići; *to get around obstacles* obići prepreke 3. proširiti se; *the rumor got around* proširio se glas 4. misc; *to get around to doing smt.* latiti se nečega

get away *v* pobeći (pobjeći); umaći; *to get away from one's pursuers* umaći goniocima

get back *v* 1. vratiti se; *when did he get back?* kad se vratio? 2. osvetiti se; *to get back at smb.* osvetiti se nekome

get by *v* 1. proći; snaći se; *he'll get by* snaći će se 2. provući se; *how did he do on the exam?* *he just got by* kako je prošao na ispitu? jedva se provukao

get down *v* 1. sići 2. skinuti; *to get a book down from a shelf* skinuti knjigu s police 3. latiti se; *to get down to work* prionuti na posao 4. misc.; *to get smt. down on paper* zapisati nešto; *get down!* lezi!

get in *v* 1. stići, doći; *when did he get in?* kad je on stigao? 2. ubaciti; *I could not get a word in (edgewise)* nisam mogao ubaciti ni jedne reči (riječi) 3. dobiti; *the store got new merchandise in* radnja je dobila novu robu 4. (colloq.) biti primljen; *he applied to the university, but did not get in* on je podneo (podnio) prijavu za upis na fakultet, ali nije primljen 5. ući; uvući se; *he got in through the window* uvukao se kroz prozor

get into *v* 1. ući; sesti; *to get into a car* ući u kola 2. imati; *to get into trouble* imati neprilike 3. doći; *to get into power* doći na vlast 4. stati; *to get into line* stati u red 5. upustiti se; *to get into an argument* upustiti se u polemiku

get off *v* 1. sići; *to get off a horse* sići s konja 2. proći; *to get off with a small fine* proći sa malom kaznom 3. krenuti; *the business got off to a good start* posao je lepo (lijepo) krenuo 4. poslati;

he got the letter off yesterday poslao je pismo juče (jučer) 5. misc.; *to get a day off* dobiti slobodan dan

get on *v* 1. sesti; *to get on a train* sesti u voz (W: vlak) 2. napredovati; *to get on with one's work* napredovati u radu 3. ići; *that gets on my nerves* to mi ide na živce

get out *v* 1. (esp. Br.) sići; *we have to get out of the train* moramo izaći iz voza (W: vlaka) 2. izaći; *he got out of the house* izašao je iz kuće 3. izvući (se); *to get smb. out of trouble* izvući nekoga iz neprilike 4. izmaći; *to get out of control* izmaći kontroli 5. izdati; *to get a newspaper out* izdati novine 6. zabušiti; *to get out of a drill* zabušiti vojnu vežbu (vježbu)

get over *v* 1. preskočiti preko; *to get over a wall* preskočiti preko zida 2. ići; *to get over to Paris* ići u Pariz 3. oporaviti se; povratiti se; *to get over an illness* oporaviti se od bolesti 4. prestrojiti se; *he got over to the left lane* prestrojio se na levu (lijevu) traku

get-rich-quick *a* koji služi za brzo obogaćenje

get through *v* 1. probiti se; *to get through a crowd* probiti se kroz gomilu 2. dopreti (doprijeti); *the news got through to them* vest (vijest) je doprla do njih 3. dobiti vezu; *I could not get through* nisam dobio vezu

get together *v* 1. sastati se, skupiti se 2. skupiti **get-together** *n* skup; sedeljka (sjedeljka)

get up *v* 1. ustati; *he got up at eight o'clock* ustao je u osam sati 2. izdužiti se; *she got up on her toes to see better* ona se dužila na prste da bolje vidi 3 misc.; *to get up courage* odvažiti se

geyser ['gajzər] *n* 1. gejzir 2. (Br.) see **hot-water heater**

Ghana ['ganə] *n* Gana

ghastly ['gaestlij] *a* grozan, jezovit

ghetto ['getou] *(-s* or *-es)* geto

ghost [goust] *n* 1. duh 2. duša; *to give up the ~* ispustiti dušu 3. avet, priviđenje, sablast **ghostly** [~lij] *a* avetan, avetinjski, sablastan **ghost town** napušteni (mrtav) grad (na divljem zapadu)

ghost-writer *n* pisac koji piše (govore, knjige) za druge

ghoul [gu:l] *n* zao duh (koji se hrani ljudskim leševima) **ghoulish** *a* jezovit, grozan

GI I [džij'aj] *n* (colloq., esp. WW II) (američki) vojnik, borac **GI** II *a* vojnički

giant I ['džajənt] *n* gigant, džin, div, ispolin **giant** II gigantski, džinovski, ispolinski

gibberish ['džibəriš] *n* brbljanje

gibe I [džajb] *n* ruganje **gibe** II *v tr* and *intr* rugati se

giblets ['džiblits] *n pl* (cul.) sitnež, iznutrica

giddy ['gidij] *a* vrtoglav; *to feel* ~ osećati (osjećati) vrtoglavicu

gift [gift] *n* 1. poklon, dar; *wedding* ~*s* svadbeni darovi 2. darovitost, dar **gifted** *a* darovit, obdaren; *a* ~ *child* obdareno dete (dijete)

gig I [gig] *n* 1. lake dvokolice 2. (naut.) gig, čamac

gig II *n* (slang) kazna **gig** III *v tr* (slang) kazniti

gigantic [džaj'gaentik] *a* gigantski, ispolinski

giggle I ['gigəl] *n* kikot **giggle** II *v intr* kikotati se **giggly** ['giglij] *a* koji se kikoće

gigolo ['džigəlou] *n* žigolo

gild [gild]; -*ed* or *gilt* [gilt] *v tr* pozlatiti; **to* ~ *the lily* ulepšati lepo (uljepšati lijepo)

gill [džil] *n* škrga

gimmick ['gimik] *n* (slang) 1. smicalica, trik 2. prevara, obmana 3. teškoća, smetnja

gin [džin] *n* džin

ginger ['džingər] *n* đumbir, isiot **ginger ale** slatko piće od đumbira **gingerbread** [~bred] *n* medenjak začinjen đumbirom

gingerly [~lij] *adv* oprezno, pažljivo

gingham ['gingəm] *n* vrsta pamučne tkanine

giraffe [dži'raef] *n* žirafa

gird [gərd] -*ed* or *girt* [gərt] *v* 1. *tr* opasati; **to* ~ *up one's loins* potpasati se 2. *refl* spremiti se; *to* ~ *oneself for a fight* spremiti se za borbu

girder *n* (archit.) nosač

girdle ['gərdəl] *n* 1. pojas 2. mider, steznik

girl [gərl] *n* 1. devojčica (djevojčica) 2. devojka (djevojka); cura 3. služavka, devojka **girl friend** 1. devojka (djevojka); *his* ~ njegova devojka 2. drugarica; *her* ~ njena drugarica **girlhood** [~hud]

n devojaštvo (djevojaštvo) **girlish** *a* devojački (djevojački)

girth [gərth] *n* 1. obim 2. kolan

gist [džist] *n* suština, srž

give I [giv] *n* (colloq.) elastičnost

give II *gave* [gejv]; *given* ['givən] 1. *tr* dati; *to* ~ *advice* dati savet (savjet) 2. *tr* isporučiti; ~ *him our best regards* isporuči mu naše srdačne pozdrave 3. *tr* pokloniti; *to* ~ *smt. to smb (as a gift)* pokloniti nešto nekome 4. *tr* držati, održati; *to* ~ *a lecture* održati predavanje 5. *intr* dati; *to* ~ *generously to charity* davati darežljivo za milostinju 6. *intr* popustiti; *the foundations are* ~*ing* temelji popuštaju 7. misc.; *to* ~ *smb. a lift* prevesti nekoga kolima; *to* ~ *birth to a child* roditi dete (dijete); *to* ~ *one's name* reći svoje ime

give away *v* 1. pokloniti 2. otkriti; odati; *his voice gave him away* glas ga je odao

give back *v* vratiti; *he gave the book back to me* vratio mi je knjigu

give in *v* 1. dati se; *he doesn't give in easily* on se ne daje lako 2. povlađivati; popustiti; *to give in to children* povlađivati deci (djeci)

given *a* 1. see **give** II 2. dat; dotični

given name ime

give out *v* 1. objaviti; *to give out news* objaviti vest (vijest) 2. izdati; *his legs are giving out* noge ga izdaju 3. razdeliti

give up *v* 1. ustupiti; *to give up one's seat* ustupiti svoje mesto (mjesto) 2. predati se; pokleknuti; *he gave up* predao se 3. odviknuti se; *she gave up smoking* odvikla se od pušenja

give way *v* srušiti se; *the stands gave way* tribina se srušila

gizzard ['gizərd] *n* mišićni želudac (kod ptica), bubac

glacial ['glejšəl] *a* glečerski, lednički, ledenički **glacier** ['glejšər] *n* glečer, lednik, ledenik

glad [glaed] *a* 1. radostan; ~ *tidings* radosna vest (vijest) 2. mio, drag; *I am* ~ *that you came* milo mi je što ste došli **gladden** *v tr* obradovati

gladiator ['glaedijejtər] *n* gladijator

glamor ['glaemər] *n* sjaj; raskoš, čarobnost **glamorize** *v tr* učiniti sjajnim, čarobnim **glamorous** *a* sjajan; raskošan; čaroban

glance I [glaens] *n* pogled **glance** II *v intr* pogledati 2. *(to* ~ *off)* odbiti se, odraziti se; odskočiti; *a* ~*ing blow* lak udarac

gland (glaend) n žlezda (žlijezda) glandu-
lar ['glaendžələr] a žlezdni (žlijezdni)
glare I [glejr] n 1. besan (bijesan) pogled,
prodoran pogled 2. blesak (blijesak)
glare II v 1. tr pogledom izraziti 2. intr
prodorno, besno (bijesno) gledati; to ~
at smb. besno (prodorno) gledati nu
nekoga 3. intr bleštati (bliještati) glar-
ing a 1. sa prodornim pogledom 2.
bleštav (blještav) 3. upadljiv
glass I [glaes) n 1. staklo; plate (stained) ~
brušeno (obojeno) staklo 2. (in pl) see
eyeglasses 3. čaša; a ~ of wine čaša
vina glass II a staklen; a ~ eye stakleno
oko glass blower duvač stakla glassful n
puna čaša
glaucoma [glo'koumə] n glaukoma
glaze I [glejz] n 1. glazura, gleđ 2. poledica
glaze II v tr 1. zastakliti 2. glazirati,
gleđosati
gleam I [glijm] n sjaj; odsjaj, odblesak
(odblijesak) gleam II v intr sijati, blešta-
ti (blještati)
glean [glijn] v 1. tr napabirčiti 2. intr
pabirčiti gleaner n pabirčar
glee [glij] n veselost, radost
glee club pevačko (pjevačko) društvo
gleeful a veseo; radostan
glib [glib] a 1. slatkorečiv (slatkorječiv) 2.
neiskren
glide I [glajd] n 1. (aviation) planiranje;
jedrenje 2. (ling.) prelazni zvuk, glajd 3.
kliženje glide II v intr 1. (aviation)
planirati, jedriti 2. kliziti glider n jedri-
lica gliding n (sport) jedriličarstvo
glimmer I ['glimər] n svetlucanje (svjetlu-
canje) glimmer II v intr svetlucati (svjet-
lucati)
glimpse I [glimps] n kratak pogled, letimi-
čan pogled glimpse II v tr letimice
pogledati
glint I [glint] n svetlucaj (svjetlucaj) glint
II v intr svetlucati (svjetlucati)
glisten I ['glisən] n blistanje glisten II v
intr blistati se
glitter I ['glitər] n sijanje, blistanje glitter
II v intr sijati, blistati se; *all is not gold
that ~s nije zlato sve što sija
gloat [glout] v intr zlurado gledati; to ~
over smb. else's misfortunes naslađivati
se tuđim nesrećama
glob [glab] n grumen, komad, grudva
global ['gloubəl] a globalan globe [gloub]
n globus

gloom [glu:m] n 1. mrak 2. sumornost,
turobnost gloomy a 1. mračan 2.
sumoran
glorification [glorəfi'kejšən] n glorifikaci-
ja, slavljenje glorify ['glorəfaj] v tr glori-
fikovati, proslaviti glorious ['glorijəs] a
slavan glory I ['glorij] n slava, glorija;
sjaj; to win ~ steći slavu glory II v intr
(to ~ in) ponositi se; to ~ in smt.
ponositi se nečim
gloss I [glos] n 1. površinski sjaj 2. (fig.)
varljiv izgled, sjaj gloss II v 1. tr učiniti
sjajnim 2. intr (to ~ over) zataškati,
prikriti; to ~ over a mistake prikriti
grešku
gloss III n glosa, objašnjenje; prevod gloss
IV v tr objasniti; prevesti glossary ['gla-
sərij] n glosar
glossy a sjajan, uglačan
glove [gləv] n rukavica
glow I [glou] n 1. (crven) sjaj; blesak
(blijesak) 2. (fig.) sijanje glow II v intr 1.
goreti (gorjeti) 2. bleskati (blijeskati) se
glower ['glauər] v intr mrko gledati, smr-
knuto gledati
glowing ['glouing] a 1. usijan 2. vatren,
živ; in ~ colors u živim bojama
glowworm ['glouwərm] n svitac
glucose ['glu:kous] n glikoza
glue I [glu:] n lepak (lijepak), tutkalo glue
II v tr zalepiti (zalijepiti)
glum [gləm] a 1. utučen · 2. sumoran,
turoban
glut I [glət] n prezasićenost; navala; a ~
on the market prezasićenost na tržištu
glut II v tr prezasititi
glutton I ['glətən] n (zool.) žderavac (also
wolverine)
glutton II n proždrljivac, ždera gluttonous
a proždrljiv gluttony n proždrljivost
glycerin ['glisərin] n (chem.) glicerin
G-man ['džij-maen] n saradnik Federalnog
istražnog biroa
gnarl (narl) n čvor, čvoruga, kvrga, guka
gnarled a čvornat, čvorugav, kvrgast
gnash I [naeš] n škrgut, škrgutanje gnash II
v tr škrgutnuti; škripnuti; to ~ one's
teeth škrgutnuti zubima
gnat (naet) n 1. (Br.) komarac (see also
mosquito) 2. mušica
gnaw [no] v tr and intr 1. glodati; to ~ (at)
a bone glodati kost 2. (fig.) gristi, mučiti
gnome [noum] n gnom (patuljak)
go I [gou] n (colloq.) 1. pokušaj; let's have
a ~ at it! dạ pokušamo! 2. sporazum,

ugovor; *no* ~! ne slažem se! 3. (Br.) red;
it's your ~ na tebe je red 4. misc. *he's
always on the* ~ on je neprestano u
poslu **go** II *a* (colloq.) u redu; *all systems
are* ~ sve je u redu **go** III (third person
sgn.: *goes* [gouz]); *went* [went]; *gone*
[gan] *v* 1. *tr* ići; proći; *to* ~ *the same
way* ići istim putem; *to* ~ *10 miles* proći
10 milja 2. *tr* (colloq.) izdržati; *to* ~ *all
the way* izdržati do kraja 3. *intr* ići; *to*
~ *by airplane* ići avionom 4. *intr* otići;
he has (is) gone otišao je 5. *intr* otići,
biti otpušten, biti ukinut; *unnecessary
expenditures must* ~ moramo ukinuti
sve nepotrebne troškove 6. *intr* (as aux.
to indicate future intent or expecta-
tion); *he is not* ~*ing to tell us* neće da
nam kaže; *it is* ~*ing to rain* biće kiše 7.
(colloq.) *intr* prodavati se, plaćati se;
gas is ~*ing for 60 cents a gallon* benzin
se plaća 60 centi galon 8. *intr* dopasti;
nothing went to him nije mu ništa
dopalo 9. *intr* postati; *to* ~ *blind* osle-
peti (oslijepjeti) 10. *intr* (colloq.) ispasti;
how did the voting ~? kako je glasanje
ispalo? 11. *intr* raditi; *the car doesn't* ~
auto ne radi 12. *intr* imati svoje mesto
(mjesto); ići; *the book goes on the shelf*
knjiga ide na ovu policu 13. *intr* proć'
prestati; *my toothache is gone* prestao
je zub da me boli 14. misc.; *to* ~ *hungry*
ostati bez hrane; *to* ~ *a long way* dugo
trajati; *to* ~ *free* biti oslobođen; *the
story goes that . . .* govori se da . . .; *that
goes without saying* to se razume (razu-
mije) samo po sebi; *to* ~ *steady with a
girl* zabavljati se s devojkom (djevoj-
kom); *to* ~ *about one's business* gledati
svoja posla

goad I [goud] *n* 1. štap (za teranje — tjera-
nje stoke) 2. (fig.) podsticaj **goad** II *v tr*
1. podstaći 2. isprovocirati

go-ahead *n* (colloq.) dozvola za kretanje
goal (goul) *n* 1. (sports) gol; *to score a* ~
postići gol 2. cilj, meta **goal area** (soccer)
vratarev prostor **goalie**, **goalkeeper**
[~kijpər] *n* vratar, golman **goal line**
(sports, esp. football, soccer) poprečna
linija

go along *v* 1. ići duž; *to go along a wall* ići
duž zida 2. pristati; *to go along with a
proposal* pristati na predlog

goat [gout] *n* 1. (zool.) koza 2. misc.; **to
get smb.'s* ~ izvesti nekoga iz takta

gob [gab] *n* 1. mali komad 2. (colloq.) ~*s*
of money mnogo para
go back 1. vratiti se 2. misc.; *to go back on
one's word* ne održati reč (riječ)
gobble I ['gabəl] *v tr* and *intr* halapljivo
jesti
gobble II *v intr* (of a turkey) kaukati
gobbledygook [~dijgu:k] *n* (colloq.) nera-
zumljiv žargon
go-between *n* posrednik
goblet ['gablit] *n* pehar
goblin ['gablin] *n* 1. đavolak 2. zao duh
go by *v* 1. ići, prolaziti; *the years went by*
godine su prošle 2. misc.; *to go by a
name* voditi se pod imenom
go-cart *n* 1. dubak, stalak 2. kolica
god [gad] *n* 1. (cap.) Bog 2. bog; *the Greek*
~*s* grčki bogovi 3. misc. (usu. cap.); *for*
~*'s sake!* boga radi! *thank* ~! hvala bogu!
my ~! bože moj! ~ *help us!* da bog
sačuva!
godchild [~čajld] (-children [čildrin]) *n*
kumče
goddamn [~daem] *interj* do vraga!
goddaughter [~dotər] *n* kumica
goddess *n* boginja (W also: božica)
godfather [~fath:ər] *n* kum
godforsaken [~fərsejkən] *a* 1. od svih
napušten 2. zabačen, udaljen; *in a* ~
place u zabačenom mestu (mjestu)
godmother *n* kuma
go down *v* 1. sići, spustiti se; *the tempera-
ture went down* temperatura se spustila
2. splasnuti; *the swelling has gone down*
otok je splasnuo 3. misc.; *to go down in
history* ući u istoriju (historiju); *to go
down a list* ići po spisku
godparent [~pejrənt] *n* kum
godsend [~send] *n* iznenadna sreća
godson [~sən] *n* kumče
go for *v* 1. ići po; *to go for the doctor* ići
po lekara—ljekara (W: liječnika) 2. na-
valiti, napasti; *to go for smb.* napasti
nekoga 3. (colloq.) voleti (voljeti); *to go
for smb.* voleti nekoga
go-getter *n* (colloq.) pregalac, vatra čovek
(čovjek), živi oganj
goggle I ['gagəl] *n* 1. buljenje 2. (in *pl*)
zaštitne naočari **goggle** II *v intr* 1. buljiti
2. prevrtati očima
go in *v* 1. ući; *he went in* ušao je 2.
posvetiti se; baviti se; *to go in for
politics* baviti se politikom
going ['gouing] *n* 1. odlazak 2. (colloq.)
stanje puta; put, kretanje; *the* ~ *got*

rough kretanje (napredovanje) je postalo
teško
goiter, goitre ['gojtər] *n* guša, gušavost,
struma
gold I [gould] *n* 1. zlato 2. boja zlata **gold**
II *a* od zlata, zlatan; *a* ~ *coin* zlatan
novac
goldbrick I [~brik] *n* (slang, usu. mil.)
zabušant, simulant **goldbrick** II *v intr*
(slang, usu. mil.) zabušavati, simulirati
gold dust zlatna prašina **golden** *a* 1. zlatan
2. povoljan, zlatan; *a* ~ *opportunity*
sjajna prilika **golden anniversary** zlatna
svadba **golden mean** zlatna sredina
goldfish [~fiš] *n* zlatna ribica **gold mine**
rudnik zlata **gold rush** potera (potjera)
za zlatom **goldsmith** [~smith] *n* zlatar
golf [galf] *n* golf **golf ball** loptica za golf
golf club 1. golfska palica 2. klub igrača
golfa **golfer** *n* igrač golfa
Goliath [gə'lajəth] *n* Golijat
golly ['galij] *interj* bože moj
gong [gang] *n* gong
gonna ['gonə] colloq. for **going**
gonorrhea [ganə'rijə] *n* gonoreja, kapavac
goo [gu:] *n* (colloq.) nešto lepljivo (lje-
pljivo)
good I [gud] *n* 1. dobro; *to share the* ~
and the bad deliti (dijeliti) dobro i zlo 2.
korist; dobro; blagostanje; *the common*
~ opšte dobro 3. misc.; *for* ~ za uvek
(uvijek) **good** II *a* 1. dobar; ~ *evening*
dobro veče; *to be in a* ~ *mood* biti
dobre volje 2. jak, vešt (vješt), sposoban;
he is ~ *in chess* on je jak u šahu 3.
valjan, pravi; ~ *money* valjan novac 4.
dobar, ljubazan; *to be* ~ *to smb.* biti
dobar prema nekome 5. koristan, blago-
tvoran; *a* ~ *influence* blagotvoran uti-
caj 6. (colloq.) sposoban (za plaćanje);
he's ~ *for 200 dollars* on može platiti
200 dolara 7. lep (lijep), privlačan; ~
looks lepa spoljašnost (W: vanjština) 8.
veran (vjeran), odan; *a* ~ *Democrat*
veran član demokratske stranke 9. do-
bar, poslušan; *a* ~ *child* dobro dete
(dijete) 10. pun, dobar; *a* ~ *five hours*
dobrih pet časova 11. čedan; *a* ~ *girl*
čedna devojka (djevojka) 12. misc.; *as* ~
as new skoro novo; ~ *and tired* veoma
umoran; *to have a* ~ *time* lepo (lijepo)
se provesti **better** ['betər] *(comp);* **best**
[best] *(super)*
good-by(e) 1. *n* oproštaj 2. *interj* zbogom

good-for-nothing 1. *n* nitkov, nevaljalac 2.
a bezvredan (bezvrijedan); nevaljao
Good Friday Veliki petak
good-hearted *a* dobrodušan **good-humo-
red** *a* dobroćudan **good-looking** *a* lep
(lijep), zgodan, privlačan **good-natured** *a*
dobroćudan **goodness** *n* 1. dobrota 2
misc.; *thank* ~! hvala bogu!
goods *n pl* 1. roba; *consumer* ~ roba
široke potrošnje 2. roba, tekstil; *cotton
(woolen)* ~ pamučna (vunena) roba
good will 1. dobra volja; *to show* ~
pokazati dobru volju 2. (econ.) ugled
(koji uživa neka firma, radnja kod
publike)
gooey ['guij] *a* mljacav
goof I [gu:f] *n* (slang) 1. glupan 2. greška
goof II *v* (colloq.) 1. *tr* (often: *to* ~ *up*)
pokvariti; *he goofed the whole thing up*
pokvario je celu (cijelu) stvar 2. *intr*
(also: *to* ~ *up*) napraviti grešku
go off *v* 1. otići 2. opaliti; *the pistol went
off again* pištolj je po drugi put opalio 3.
iskliznuti; *to go off the tracks* iskliznuti
iz šina 4. sleteti (sletjeti); *the vehicle
went off the road* vozilo je sletelo sa
puta 5. završiti; *to go off duty* završiti
dežurstvo 6. ugasiti se
goof off *v* (colloq.) zabušavati, simulirati
goof-off *n* (colloq.) zabušant
goofy ['gu:fij] *a* (slang) šašav
go on *v* 1. nastaviti, produžiti; *to go on
working* produžiti rad 2. dešavati se,
odigravati se; *what is going on?* šta (što)
se dešava?
goon [gu:n] *n* (colloq.) 1. plaćeni štrajk-
breher; siledžija 2. glupan
goose [gu:s] *(geese* [gijs]) *n* guska; *wild
geese* divlje guske
goose flesh mravci, žmarci; *I have* ~
podilaze me mravci (žmarci)
goose pimples *pl* see **goose flesh**
goose step paradni korak **goose-step** *v intr*
marširati paradnim korakom
go out *v* 1. izići; *to go out of style* izići iz
mode 2. ugasiti se; *the fire is going out*
vatra se gasi 3. konkurisati (see **try out**
2) 4. zabavljati se; *to go out with a girl*
zabavljati se s devojkom (djevojkom)
go over *v* 1. preći; *to go over to the attack*
preći u napad 2. pregledati; *to go over
records* pregledati dokumentaciju
gopher ['goufər] *n* (zool.) američki glodar
rupar
gore I [gor] *n* krv

gore II v tr probosti (rogovima), nabosti (na rogove)
gorge I [gordž] n klisura
gorge II v tr nasititi; to ~ oneself nasititi se
gorgeous ['gordžəs] a divan, sjajan
gorilla [gə'rilə] n gorila
gory ['gorij] a krvav
gosh [gaš] interj bože moj
gospel I ['gaspəl] n 1. (rel.; also cap.) evanđelje, jevanđelje 2. (fig.) načelo, dogma **gospel** II a jevanđelski; (fig.) the ~ truth bezuslovna istina
gossip I ['gasip] n 1. torokanje, ćaskanje 2. torokuša, brbljivica 3. glasovi, priče **gossip** II v intr torokati, ćaskati, pričati
go through v 1. proći (kroz); he went through a red light prošao je kroz crveno svetlo (svjetlo) 2. proći, preći, pregledati; to go through a book pregledati knjigu 3. prepatiti; he has gone through a lot prepatio je mnogo 4. doživeti (doživjeti); the book has gone through three editions knjiga je doživela tri izdanja 5. probiti; the bullet went through the wall zrno je probilo zid
go together v 1. slagati se; ići zajedno; these colors go together ove se boje slažu 2. (colloq.) zabavljati se
gouge I [gaudž] n okruglo dleto (dlijeto), dubač **gouge** II v tr 1. (also: to ~ out) izdupsti 2. (also: to ~ out) isterati (istjerati), istisnuti; to ~ out an eye isterati oko 3. (fig.) odrati, ošišati
go up v 1. popeti se 2. dići se; the curtain is going up zavesa (zavjesa) se diže 3. skočiti; prices have gone up cene (cijene) su skočile 4. rasti; enrollment is going up broj studenata raste 5. misc.; to go up in flames buknuti, planuti
gourd [gu:rd] n tikva; sud od tikve; vrg
gourmet [gur'mej] n sladokusac
gout [gaut] n kostobolja, ulozi, giht, podagra
govern ['gəvərn] v 1. tr upravljati; to ~ a country upravljati zemljom 2. tr (gram.) zahtevati (zahtijevati), tražiti; to ~ the accusative zahtevati (tražiti) akuzativ 3. intr upravljati, vladati **governance** n upravljanje **governess** n guvernanta **government** I n 1. upravljanje 2. vlada; the ~ has (Br.: have) reached a decision vlada je donela (donijela) odluku 3. političke nauke 4. (gram.) rekcija; verbal ~ glagolska rekcija **government** II a

državni, vladin; a ~ agency državni organ; ~ circles vladini krugovi **governmental** [~'mentl] a državni **governor** n 1. guverner; the ~ of a state guverner države 2. (Br.) upravnik; the ~ of a prison upravnik zatvora 3. (Br., colloq.) gospodin **governorship** n položaj guvernera
gown [gaun] n 1. ogrtač, službena odeća (odjeća); toga 2. svečana haljina
grab I [graeb] n ščepanje; zahvat **grab** II v tr ščepati, zgrabiti, zahvatiti; dočepati; to ~ smb. by the arm ščepati nekoga za ruku
grace I [grejs] n 1. gracioznost, čar 2. uljudnost, ljubaznost; with good ~ uljudno 3. naklonost, milost; to be in smb.'s good ~s biti u milosti kod nekoga 4. molitva (za stolom); to say ~ pomoliti se za stolom 5. (econ.) odgoda; two days ~ dvodnevna odgoda isplate 6. (as a title) svetlost (svjetlost); his ~ njegova svetlost **grace** II v tr ulepšati (uljepšati), ukrasiti **graceful** a graciozan **gracious** ['grejšəs] a 1. ljubazan; učtiv 2. milostiv
gradation [grej'dejšən] n gradacija
grade I [grejd] n 1. stepen, stupanj 2. razred 3. (školska) ocena (ocjena) 4. čin 5. nagib, uspon 6. vrsta; kvalitet, kakvoća; a poor ~ of wheat slaba vrsta pšenice 7. misc.; to make the ~ imati uspeha (uspjeha) **grade** II v tr 1. razvrstati; klasifikovati 2. profilisati; to ~ a road profilisati put 3. oceniti (ocijeniti); to ~ homework oceniti školske zadatke (W: zadaće)
grade crossing prelaz puta u nivou preko pruge (Br. is level crossing)
grader n 1. ocenjivač (ocjenjivač) 2. (tech.) greder
grade school osnovna škola
gradual [graedžu:əl] a postepen, postupan, gradualan
graduate I ['graedžu:it] n onaj koji je svršio školu, fakultet; a college ~ osoba s fakultetskim obrazovanjem, diplomirani student **graduate** II a 1. postdiplomski; ~ study (studies) postdiplomske studije 2. diplomirani; a ~ engineer diplomirani inženjer **graduate** III [~ejt] v 1. tr graduisati, podeliti (podijeliti) na stepene; a ~d scale stepenasta skala 2. tr dodeliti — dodijeliti (nekome) akademsku titulu 3. intr svršiti školu; di

plomirati; *he ~d (was ~d) from college last year* diplomirao je prošle godine **graduated** *a* 1. graduisan 2. proporcionalan; *a ~ tax* proporcionalni porez **graduation** [graedžu:'ejšən] *n* 1. podela (podjela) na stupnjeve, stepene 2. podeljenost (podijeljenost) na stupnjeve, stepene 3. (or: *~ ceremony)* svečanost povodom završetka školovanja

graffiti [grə'fijtij] *n pl* škrabanje (šaranje) po zidovima; zidna grafika

graft I [graeft] *n* 1. kalem, navrtak 2. presad; *a skin ~* presad kože **graft** II *v tr* 1. nakalemiti (W: nakalamiti), zacepiti (zacijepiti); *to ~ fruit trees* kalemiti voćke 2. presaditi

graft III *n* ucena (ucjena); korupcija

grain I [grejn] *n* 1. žito; žitarica 2. dlaka, vlakno; *against (with) the ~* uz (niz) dlaku 3. zrno; *a ~ of gunpowder* zrno baruta 4. trunka, trun; gram; *a ~ of truth* trunka istine **grain** II *a* žitni; *a ~ elevator* skladište za žitarice

gram [graem] *n* gram

grammer ['graemər] *n* 1. gramatika (nauka) 2. gramatika (udžbenik) **grammarian** [grə'mejrijən] *n* gramatičar **grammar school** 1. osnovna škola 2. (Br.) srednja škola **grammatical** [grə'maetikəl] *a* gramatički; *~ gender* gramatički rod

gramophone ['graeməfoun] *n* (usu. Br.) gramofon

granary ['graenərij] *n* žitnica, ambar

grand I [graend] *n* 1. see **grand piano** 2. (slang) hiljada (W: tisuća) dolara **grand** II *a* 1. veliki; veličanstven; *a ~ ballroom* velika dvorana 2. divan, sjajan 3. zamašan, veliki; *to live in ~ style* živeti (živjeti) na velikoj nozi 4. ukupan, celokupan (cjelokupan); *the ~ total* ukupan iznos

grandchild [~čajld] *(-children* [čildrən]) *n* unuče **granddaughter** [~dotər] *n* unuka

grandeur ['graendžər] *n* veličanstvenost, veličina

grandfather [~fath:ər] *n* ded (djed)

grandiloquence [graen'diləkwəns] *n* bombast, nadmen govor

grandiose ['graendijous] *a* grandiozan

grand jury velika porota

grandma [~ma] *n* (colloq.) baka **grandmother** [~mäth:ər] *n* baba

grand opera opera (u kojoj je sadržaj ozbiljnog karaktera)

grandpa [~pa] *n* (colloq.) see **grandfather**

grandparent [~paerənt] *n* roditeljev roditelj

grand piano veliki klavir

grandson [~sən] *n* unuk

grandstand I [~staend] *n* tribina **grandstand** II *v intr* (colloq.) kočoperiti se, paradirati

grange [grejndž] *n* farma

granite ['graenit] *n* granit

granny ['graenij] *n* (colloq.) baka

grant I [graent] *n* 1. odobrenje; dodeljivanje (dodjeljivanje) 2. subvencija; stipendija; *a travel ~* putna stipendija **grant** II *v tr* 1. odobriti; *to ~ a request* odobriti molbu 2. dodeliti (dodijeliti), dati; *to ~ a pension* dati penziju (W: mirovinu) 3. priznati, primiti, dopustiti; *to take for ~ed* primiti za istinu; potcenjivati (potcjenjivati)

granule ['graenju:l] *n* zrnce

grape I [grejp] *n* 1. zrno grožđa 2. (in *pl)* grožđe **grape** II *a* grožđani

grapefruit [~fru:t] *n* grejpfrut

grape juice grožđani sok

grapeshot [~šat] *n* sitnozrni karteč

grapevine [~vajn] *n* 1. vinova loza 2. nezvaničan (neslužbeni) izvor vesti (vijesti); *I heard it through the ~* čuo sam to nezvaničnim putem

graph I [graef] *n* grafikon **graph** II *v tr* predstaviti grafičkim putem **graphic** *a* grafički **graphic arts** grafika **graph paper** papir na kocke

grapple ['graepəl] *v intr* rvati se; *to ~ with difficulties* rvati se s teškoćama

grasp I [graesp] *n* 1. uhvat, dočepavanje 2. shvatanje, razumevanje (razumijevanje); *beyond my ~* van moga shvatanja 3. domašaj, dohvat; *within ~* u domašaju **grasp** II *v* 1. *tr* uhvatiti, ščepati, dočepati; *to ~ smb. by the arm* ščepati nekoga za ruku 2. *tr* shvatiti; *to ~ a difference* shvatiti razliku 3. *intr* hvatati se; **to ~ at a straw* hvatati se za slamku

grass [graes] *n* 1. trava; *a blade of ~* travka; *keep off the ~!* ne gazi travu! 2. (slang) marihuana

grasshopper [~hapər] *n* skakavac

grassroots I [~ru:ts] *n* 1. provincija; narod 2. osnova; izvor **grassroots** II *a* 1. provincijalan; narodni; *~ support* omiljenost u narodu, popularnost 2. osnovan

grass widow bela (bijela) udovica **grass widower** beli (bijeli) udovac

grassy *a* travan, travnat

grate I [grejt] n škripa grate II v 1. tr strugati, rendisati; to ~ cheese strugati sir 2. tr škripeti; to ~ one's teeth škripeti zubima 3. intr parati; the noise ~s on my ears buka mi para uši
grate III rešetka, pregrada od gvozdenih šipki
grateful a zahvalan
grater n trenica, rende
gratification [graetəfi'kejšən] n zadovoljenje; uživanje, zadovoljstvo gratify ['graetəfaj] v tr zadovoljiti
grating n rešetka
gratitude ['graetətu:d] n zahvalnost; ~ for help zahvalnost za pomoć
gratuitous [grae'tu:ətəs] a 1. besplatan 2. neopravdan; ~ criticism neopravdana kritika
gratuity [grə'tu:ətij] n napojnica, bakšiš
grave I [grejv] a 1. ozbiljan; ~ news ozbiljne vesti (vijesti) 2. težak, ozbiljan; a ~ responsibility teška odgovornost
grave II n grob gravedigger [~digər] n grobar
gravel ['graevəl] n šljunak
gravestone [~stoun] n grobni spomenik graveyard [~jard] n groblje
gravitate ['graevətejt] v intr gravitirati; to ~ toward smt. gravitirati k nečemu
gravity ['graevətij] n gravitacija, teža
gravy ['grejvij] n sos
gray I [grej] n siva boja gray II a siv grayish a sivkast gray matter siva supstancija mozga
graze I [grejz] v 1. tr pasti, terati (tjerati) na pašu, napasti; to ~ cattle pasti stoku 2. intr pasti; the sheep are ~ing ovce pasu
graze II v tr okrznuti; the shot ~d him metak ga je okrznuo
grease I [grijs] n 1. mast, salo 2. mazivo, mast grease II v tr 1. podmazati; to ~ a car podmazati auto 2. premazati; to ~ a pan with butter premazati pleh puterom
greasy a mastan
great I [grejt] n velikan great II a 1. veliki; jak; the ~ powers velike sile 2. istaknut, veliki; a ~ poet veliki pesnik (pjesnik) 3. (colloq.) divan, sjajan, veliki; ~ weather divno vreme (vrijeme) 4. vrlo; a ~ deal (many) vrlo mnogo
Great Britain Velika Britanija
greater a 1. comp of great II 2. sa predgrađima; ~ New York Njujork sa predgrađima

great-grandchild (-children [čildrin]) n praunuče great-granddaughter n praunuka great-grandfather n praded (pradjed) great-grandmother n prababa great-grandson [~sən] n praunuk
Great Lakes pl Velika jezera
Great War (Br.) prvi svetski (svjetski) rat (see also World War I)
Greece [grijs] n Grčka
greed [grijd] n pohlepa, gramžljivost; greedy a pohlepan, gramžljiv
Greek I [grijk] n 1. grčki jezik; *it's ~ to me to mi je nerazumljivo 2. Grk Greek II a grčki
green I [grijn] n 1. zelena boja, zelenilo 2. travnjak green II a 1. zelen (fig.) ~ with envy zelen od zavisti 2. nezreo, zelen; ~ bananas zelene banane 3. sirov, vlažan; ~ timber sirova građa 4. neiskusan, zelen; ~ troops neiskusne jedinice green III v 1. tr ozeleniti 2. intr pozeleneti (pozelenjeti)
greenback [~baek] n (colloq.) američka novčanica
greenhorn [~horn] n 1. žutokljunac 2. nov doseljenik
greenhouse [~haus] n staklara, staklena bašta
Greenland [~laend] n Grenland; in ~ na Grenlandu
green light zelena svetlost (svjetlost) (also fig.)
greens n pl kuhinjsko zelje, zelen; a bunch of ~ veza zeleni
Greenwich time ['grenič] griničko vreme
greet [grijt] v tr 1. dočekati; to ~ a guest warmly (cooly) dočekati gosta lepo — lijepo (hladno) 2. pozdraviti greeting n 1. doček 2. pozdrav greeting card čestitka
gregarious [gri'gejrijəs] a koji voli društvo, društven
grenade [grə'nejd] n (or: a hand ~) ručna granata
greyhound ['grejhaund] n hrt
grid [grid] n 1. mreža, rešetka 2. koordinatna mreža
griddle ['gridəl] n tiganj griddlecake [~kejk] n (američka) palačinka
gridiron ['gridajərn] n 1. roštilj 2. rešetka 3. (Am.) fudbalsko igralište
grief [grijf] n žalost, tuga; overwhelmed by ~ obuzet žalošću
grievance ['grijvəns] n žalba; to lodge a ~ podneti (podnijeti) žalbu

grieve [grijv] v 1. tr ožalostiti 2. intr tugovati; to ~ for smb. tugovati za nekim **grievous** a 1. žalostan 2. težak

grill I [gril] n 1. roštilj 2. meso sa roštilja **grill** II v tr 1. pržiti na roštilju; ~ed hamburgers pljeskavice na roštilju 2. (colloq.) ispitivati

grille [gril] n rešetka, pregrada

grillroom [~ru:m] n rest..ran sa roštiljem

grim [grim] a 1. ljutit, ljut; a ~ smile ljutit osmeh (osmjeh) 2. grozan, užasan; the ~ truth grozna istina; *the ~ reaper kosa smrti

grimace I [gri'mejs] or ['grimis] n grimasa **grimace** II v intr praviti grimase, grimasirati, kreveljiti se

grime [grajm] n garež, prljavština **grimy** a garav, prljav

grin I [grin] n cerenje, keženje **grin** II v intr ceriti se, keziti se

grind I [grajnd] n 1. mlevenje 2. (colloq.) bubanje, gruvanje (gruhanje) 3. (colloq.) bubalo, gruvalica 4. (colloq.) težak posao **grind** II ground [graund] v 1. tr samleti (samljeti); to ~ coffee samleti kafu (kavu) 2. tr izbrusiti; to ~ a lens izbrusiti sočivo 3. tr škripati; to ~ one's teeth škripati zubima 4. tr šlajfovati; to ~ valves šlajfovati ventile 5. intr bubati, gruvati (gruhati) **grindstone** [~stoun] n brus, tocilo

grip I [grip] n 1. hvatanje, zahvat, obuhvat, stisak; a firm ~ čvrst stisak (ruke) 2. shvatanje; znanje; to have a good ~ of a subject dobro znati predmet 3. kofer 4. misc.; *to come to ~s with smt. uhvatiti se u koštac s nečim; *to lose one's ~ popustiti u radu **grip** II v tr zahvatiti

gripe I [grajp] n (colloq.) žalba **gripe** II v intr (colloq.) kukati, žaliti se

grippe [grip] n grip, gripa

grisly ['grizlij] a grozan, jezovit; a ~ spectacle jezovit prizor

grist [grist] n žito za mlevenje; mleveno žito

gristle ['grisəl] n hrskavica

grit I [grit] n 1. krupan pesak (pijesak) 2. (colloq.) čvrstina karaktera **grit** II v tr stisnuti; to ~ one's teeth stisnuti zube

grits [grits] n pl griz

gritty ['gritij] a 1. pun krupnog peska (pijeska) 2. čvrst, jak; izdržljiv

grizzled ['grizəld] a siv

grizzly I [grizlij] n grizli medved (medvjed) **grizzly** II a sivkast **grizzly bear** see **grizzly** I

groan I [groun] n ječanje, stenjanje **groan** II v intr ječati, stenjati

groats [grouts] n pl griz

grocer ['grousər] n bakalin **grocery** n (or: ~ store) bakalnica, bakalska radnja

groggy ['gragij] a slab na nogama, iznemogao; (boxing) grogi

groin [grojn] n (anat.) prepone

groom I [gru:m] n 1. konjušar, konjovodac, grum 2. mladoženja **groom** II v tr 1. otimariti; to ~ a horse otimariti konja 2. doterati (dotjerati); to ~ oneself doterati se 3. izvežbati (izvježbati); pripremiti; to ~ a candidate (for a political campaign) pripremiti kandidata (za predizbornu kampanju)

groove I [gru:v] n 1. žleb (žlijeb) 2. utor (utora) 3. (fig.) kolosek (kolosijek) **groove** II v tr užlebiti (užlijebiti)

grope [group] v tr and intr pipajući tražiti; to ~ one's way pipajući tražiti put

gross I [grous] n 1. ukupan iznos 2. dvanaest tuceta **gross** II a 1. bruto, ukupan; ~ income ukupan prihod 2. grub, krupan; veliki 3. ~ negligence veliki nehat **gross** III v tr primiti kao bruto platu, bruto dobit (bez plaćanja dažbina)

grotesque I [grou'tesk] n groteska **grotesque** II a groteskan

grotto ['gratou] (-s or -es) n pećina, špilja

grouch [grauč] n 1. mrzovolja 2. mrzovoljnik **grouchy** a mrzovoljan

ground I [graund] n 1. zemlja; tlo; to lie on the ~ ležati na zemlji 2. teritorija; zemljište; to give ~ odstupati 3. (usu. in pl) uzrok; razlog; povod; osnov; ~s for divorce brakorazvodni uzrok 4. (elec.) uzemljenje, uzemljivač 5. misc.; to break ~ prokrčiti put; to hold one's ~ sačuvati svoj položaj **ground** II v tr 1. školovati; to be well ~ed in smt. poznavati nešto temeljno 2. (elec.) uzemljiti; a ~ed circuit uzemljeno kolo 3. (aviation) skinuti sa letenja **ground crew** (aviation) zemaljsko osoblje **ground floor** prizemlje; parter

ground hog (zool.) američki mrmot

groundless a neosnovan, bezrazložan

grounds [graundz] n pl talog, soc; coffee ~ talog od kafe (kave)

groundwork [~wərk] n pripremni rad

group I [gru:p] n 1. grupa group II a grupni group III v tr grupisati group insurance grupno osiguranje group therapy grupna terapija

grouse [graus] n tetreb

grovel ['grəvəl] v intr (fig.) puziti

grow [grou]; grew [gru:]; grown [groun] v 1. tr odgajiti (W: uzgajati); to ~ apples odgajiti jabuke 2. tr pustiti; to ~ a beard pustiti bradu 3. intr porasti; the child is ~ing dete (dijete) raste 4. intr postati; to ~ old ostareti (ostarjeti) 5. misc.; (colloq.) to ~ out of a dress izrasti iz haljine

growl I [graul] n režanje; vrčanje growl II v 1. tr režući izraziti 2. intr režati, vrčati 3. intr krčati; my stomach is ~ing krči mi stomak

grown-up a odrastao grownup [~əp] n odrastao čovek (čovjek)

growth [grouth] n rastenje; rast; porast growth rate stopa rasta

grow up v odrasti

grub I [grəb] n 1. ličinka, larva 2. (slang) hrana grub II v intr riti

grubby a prljav; razbarušen

grudge [grədž] n pizma; to bear a ~ against smb. terati pizmu na nekoga

grudging a nedragovoljan, preko volje

grueling ['gru:əling] a naporan, iscrpljujući

gruesome ['gru:səm] a jezovit, jeziv, grozan

gruff [grəf] a osoran, grub, nabusit

grumble ['grəmbəl] v intr gunđati, brundati grumbler n gunđalo, brundalo

grumpy ['grəmpij] a razdražljiv

grunt I [grənt] n groktanje, roktanje grunt II v 1. tr izgrokati 2. intr groktati, roktati

guarantee I [gaerən'tij] n garancija (garantija); jemstvo (jamstvo) guarantee II v tr garantovati; jemčiti (jamčiti); to ~ a loan jemčiti zajam guarantor ['gaerəntor] garant, jemac (jamac)

guaranty I ['gaerəntij] n 1. see guarantee I 2. zaloga guaranty II v tr see guarantee II

guard I [gard] n 1. čuvar; stražar; a museum ~ muzejski čuvar 2. straž.. osiguranje; zaštitna jedinica; garda; an honor ~ počasna straža 3. budnost, opreznost; to be on ~ biti na oprezu 4. zaštitna naprava; branik (na maču, pušci) 5. (sports) igrač odbrane (W: obrane).

bek guard II a 1. stražarski 2. gardijski; a ~ unit gardijska jedinica guard III v 1. tr čuvati; to ~ prisoners čuvati zarobljenike 2. tr (sports) čuvati; to ~ a player čuvati igrača 3. intr čuvati se; to ~ against smt. čuvati se nečega guard duty stražarska služba guardhouse [~haus] n 1. stražara 2. vojni zatvor

guardian [~ijən] n staratelj, staralac, tutor guardianship n starateljstvo, tutorstvo

guardroom [~ru:m] n stražara

guardsman [~zmən] (-men [min]) n 1. (usu. Br.) gardista 2. (Am.) vojnik nacionalne garde

Guatemala [gwatə'malə] n Guatemala

gubernatorial [gubərnə'torijəl] a guvernerski

guerrilla I guerilla [gə'rilə] n partizan, gerilac guerrilla II guerilla a partizanski, gerilski; ~ warfare partizanski (gerilski) rat

guess I [ges] n 1. nagađanje, pogađanje 2. ocenjivanje (ocjenjivanje) guess II v 1. tr pogoditi; to ~ a riddle pogoditi zagonetku 2. tr oceniti (ocijeniti); to ~ smb.'s weight oceniti nečiju težinu 3. intr nagađati; he's ~ing on nagađa 4. intr (colloq.) misliti; I ~ that we'll stay at home mislim da ćemo ostati kod kuće guesswork [~wərk] n nagađanje

guest [gest] n gost; an uninvited ~ nezvan gost guest room gostinska soba (za spavanje)

guff [gəf] n koještarija

guffaw I [gə'fo] n grohotan smeh (smijeh) guffaw II v intr grohotom se smejati (smijati)

guidance ['gajdəns] n 1. savetovanje (savjetovanje) 2. (aviation) navođenje, upravljanje

guide I [gajd] n 1. vodič; a tourist ~ turistički vodič 2. priručnik, vodič guide II v tr voditi; navoditi; dirigovati guidebook [~buk] n vodič; priručnik guide dog pas-vodič guided tour ekskurzija sa vodičem guideline [~lajn] n direktiva

guild [gild] n esnaf, ceh

guile [gajl] n lukavstvo

guillotine I ['gilətijn] n giljotina guillotine II v tr giljotinirati

guilt [gilt] n krivica; to admit one's ~ priznati krivicu guilty a 1. kriv; ~ of murder kriv za ubistvo 2. misc.; I have a ~ conscience grize me savest (savjest)

guinea pig ['ginij] (zool. and fig.) zamorče
guise [gajz] *n* 1. vid, izgled; pretvaranje; *under the ~ of friendship* pod vidom prijateljstva 2. nošnja, odelo (odijelo); *in the ~ of a beggar* prerušen u prosjaka
guitar [gi'tar] *n* gitara **guitarist** *n* gitarista
gulch [gəlč] *n* jaruga
gulf [gəlf] *n* 1. zaliv 2. (fig.) ambis **Gulf of Mexico** Meksikansko more
gull [gəl] *n* galeb
gullet ['gəlit] *n* 1. jednjak 2. guša
gullible ['gələbəl] *a* lakoveran (lakovjeran)
gully ['gəlij] *n* jaruga
gulp I [gəlp] *n* gutljaj **gulp** II *v* 1. *tr* (or: *to ~ down*) progutati 2. *intr* gutnuti
gum I [gəm] *n* 1. guma; *chewing ~* žvakaća guma 2. kaučuk **gum** II *v tr* gumom zalepiti (zalijepiti)
gum III *n* (often in *pl*) desni
gumption ['gəmpšən] *n* (colloq.) 1. smelost (smjelost) 2. lukavost
gum up *v* (colloq.) pokvariti; *to gum up the works* pokvariti sve
gun I [gən] *n* 1. puška 2. top; oruđe 3. pucanj iz topa, plotun; *a 19-~ salute* počasna paljba sa 19 plotuna **gun** II *v* 1. *tr* akcelerirati; *to ~ an engine* dati pun gas 2. *intr* pucati; *to ~ for a high office* pucati na visoko **gunboat** [~bout] *n* topovnjača **gunboat diplomacy** diplomacija (diplomatija) topovnjača **gun down** *v* ubiti (hicem) **gunfire** [~fajr] *n* vatra oruđa **gunman** [~mən] (-men [min]) *n* revolveraš
gunner *n* nišandžija
gunny ['gənij] *n* tkanina juta **gunny sack** vreća od jutenog platna
gunpowder ['gənpaudər] *n* barut
gunrunner ['gənrənər] *n* krijumčar vatrenog oružja **gun shop** puškarnica **gunshot** [~šat] *n* hitac, pucanj **gunshy** [~šaj] *a* koji se plaši pucnja **gunsmith** [~smith] *n* puškar, oružar
gurgle I ['gərgəl] *n* klokot, mrmor, žamor **gurgle** II *v intr* mrmoriti, klokotati, žamoriti
gush I [gəš] *n* šikljanje **gush** II *v intr* šiknuti, iskuljati, prsnuti; *a column of oil ~ed from the ground* prsnuo je iz zemlje mlaz nafte
gushy *a* sentimentalan, zanesen
gust [gəst] *n* 1. nalet; navala; *a ~ of wind* nalet vetra (vjetra) 2. izliv
gustatory ['gəstətorij] *a* ukusni
gusto ['gəstou] *n* uživanje; polet
gusty *a* vetrovit (vjetrovit)
gut I [gət] *n* 1. stomak 2. (in *pl*) creva (crijeva) 3. (in *pl;* fig., colloq.) hrabrost; izdržljivost **gut** II *a* (slang) intuitivan; *a ~ reaction* intuitivna reakcija **gut** III *v tr* opustošiti; uništiti; *to ~ a house* opustošiti kuću
gutless *a* kukavički
gutter ['gətər] *n* 1. oluk; (krovni) žleb — žlijeb 2. (on a street) kameni žleb 3. (bowling) kuglovod 4. (fig.) dno; *language of the ~* šatrovački jezik
guttural I ['gətərəl] *n* gutural **guttural** II *a* guturalan
guy I [gaj] *n* momak, čovek (čovjek)
guzzle ['gəzəl] *v tr* and *intr* tamaniti; *to ~ whiskey* tamaniti viski; (fig.) *to ~ gas* trošiti mnogo benzina
gym [džim] *n* 1. see **gymnasium** 2. (colloq.) fizičko vaspitanje
gymnasium *n* [džim'nejzijəm] gimnastička dvorana
gymnast ['džimnaest] *n* gimnastičar **gymnastic** [džim'naestik] *a* gimnastički **gymnastics** *n* gimnastika
gynecological [gajnəkə'ladžikəl] *a* ginekološki **gynecologist** [gajnə'kalədžist] *n* ginekolog **gynecology** [~džij] *n* ginekologija
gyp I [džip] *n* (colloq.) 1. prevara 2. varalica **gyp** II *v tr* (colloq.) prevariti
Gypsy I ['džipsij] *n* 1. Ciganin, Roma 2. ciganski jezik, jezik Roma **Gypsy** II *a* ciganski
gyrate ['džajrejt] *v intr* vrteti (vrtjeti) se, okretati se **gyration** [džaj'rejšən] *n* okretanje
gyroplane ['džajrouplejn] *n* žiroplan
gyroscope [~skoup] *n* žiroskop

H

h [ejč] n h (slovo engleske azbuke)
haberdasher ['haebərdaešər] n galanterista haberdashery n galanterija; galanterijska radnja
habit ['haebit] n navika; to become a ~ preći u naviku
habitat ['haebətaet] n sredina; prebivalište
habitation [haebə'tejšən] n 1. stanovanje 2. sredina; prebivalište
habit-forming a 1. koji stvara naviku 2. koji prelazi u naviku habitual [hə'biču:əl] a 1. uobičajen 2. naviknut
hack I [haek] n 1. kljuse, slab i mršav konj 2. najamni fijaker 3. (colloq.) taksi 4. (pejor.) plaćenik; a literary ~ pisac plaćenik, piskaralo
hack II v 1. tr iseckati (isjeckati) 2. intr kašljucati; a ~ing cough suvi (suhi) kašalj
hackles ['haekəlz] n pl leđno perje; *to get one's ~s up nakostrešiti (nakostriješiti) se
hackneyed ['haeknijd] a otrcan, banalan; a ~ expression otrcan izraz
haddock ['haedək] n (fish) vahnja, bakalar
hades ['hejdijz] n ad, pakao
hag [haeg] n ružna, stara žena
haggard ['haegərd] a mršav, ispijen
haggle ['haegəl] v intr cenkati (cjenkati) se
ha-ha ['ha-ha] (onoma.) ha ha (izraz smeha — smijeha)
hail I [hejl] n grâd, tuča, krupa hail II v 1. tr osuti, obasuti 2. intr (of hail) padati; it's ~ing grâd pada
hail III n doziv hail IV v 1. tr pozdraviti; to ~ smb. (as) king pozdraviti nekoga kao kralja 2. tr dozvati, doviknuti, dovikati; to ~ a taxi zaustaviti taksi 3. intr (colloq.) (to ~ from) biti iz; where do

you ~ from? odakle ste? hail V interj zdravo! ~ to the king! živeo (živio) kralj!
hailstone [~stoun] n zrno grâda hailstorm [~storm] n oluja s grâdom
hair [hejr] n 1. kosa; a curl (lock) of ~ kovrdža (uvojak) kose 2. dlaka, vlas; a car just missed me by a ~ za dlaku me nije pregazio auto hairbrush [~brəš] n četka za kosu haircut [~kət] n šišanje hairdo [~du:] n frizura hairdresser [~dresər] n (ženski) frizer hair dryer (električni) aparat za sušenje kose hairpin I [~pin] n ukosnica, igla za kosu
hairpin II a vijugav, zavojit, oštar; a ~ turn oštar zaokret, oštra krivina
hairsplitter [~splitər] n cepidlaka (cjepidlaka), sitničar hairsplitting I n cepidlačenje (cjepidlačenje) hairsplitting II a cepidlački (cjepidlački)
hair style frizura hairy a dlakav, kosmat
Haiti ['hejtij] n Haiti Haitian I ['hejšən] n stanovnik Haitija Haitian II a haićanski
hale I [hejl] a zdrav, snažan; ~ and hearty jak i bodar
hale II v tr dovesti; to ~ smb. into court dovesti nekoga pred sud
half I [haef] (halves [haevz]) n 1. polovina (W also: polovica), pola; he read ~ (of) the book pročitao je pola knjige 2. polutina; to saw into halves testeriti na dve (dvije) polutine 3. (Br.) semestar, polugodište 4. (sports) poluvreme (poluvrijeme) 5. (soccer) half 6. pola sata; ~ past three pola četiri 7. misc.; one's better ~ supruga; I have ~ a mind to . . . gotovo bih pristao da . . . half II a polovični, pola; at ~ price u pola cene (cijene) half III adv pola; polu-; ~ done

napola urađen **halfback** [~baek] *n*
(sports) half **half-baked** *a* 1. polupečen
2. (fig.) poluizrađen **half-breed** *n* polu-
krvnjak, melez, mešanac (mješanac) **half
brother** polubrat **half dollar** pola dolara
(srebrn novac) **half-hour** *n* pola sata
half-mast *n* (položaj) pola koplja; *at* ~
na pola koplja **halfpenny** ['hejpənij] *n*
(Br.) novac vrednosti (vrijednosti) pola
penija **half sister** polusestra **half time**
(sports) (or: ~ *intermission)* poluvreme
(poluvrijeme) **half-truth** *n* poluistina
halfway [-wej] *a* and *adv* na pola puta
half-wit *n* budala **half-witted** *a*
budalast
halibut ['haeləbət] *(pl* has zero or *-s) n*
(fish) svoja
hall [hol] *n* 1. hodnik 2. dvorana, sala; *a
concert* ~ koncertna sala 3. univerzitet-
ska (W: sveučilišna) zgrada 4. (Br.)
studentska trpezarija
hallelujah [halə'lu:jə] *n* and *interj* aliluja
(W: aleluja)
hallmark ['holmark] *n* žig, oznaka
hall of fame dvorana velikana
hallow ['haelou] *v tr* posvetiti; oglasiti
svetim
Halloween [haelou'ijn] *n* dečji (dječji)
praznik (koji pada na 31. X)
hallucinate [hə'lu:sənejt] *v intr* halucini-
rati **hallucination** [həlu:sə'nejšən] *n* ha-
lucinacija
hallway ['holwej] *n* hodnik
halo ['hejlou] *(-s* or *-es) n* halo, svetao
(svijetao) krug, oreol, nimbus
halt I [holt] *n* zastoj, zaustavljanje; zadr-
žavanje na putu; *to call a* ~ obustaviti
rad (kretanje) **halt** II *v* 1. *tr* zaustaviti 2.
intr zaustaviti se
halter *n* ular, povodac
halting *a* 1. hrom 2. koji zastaje, kolebljiv
halve [haev] *v tr* prepoloviti
ham I [haem] *n* 1. šunka; ~ *and eggs*
šunka s jajima 2. radio-amater 3. (col-
loq.) onaj koji privlači na sebe pažnju;
loš glumac **ham** II *v intr* (colloq.) prete-
rivati — pretjerivati, afektirati (u glu-
mi); *to* ~ *up a role* preterivati (afektira-
ti) u ulozi
hamburger ['haembərgər] *n* pljeskavica
hamlet ['haemlit] *n* zaselak
hammer I ['haemər] *n* 1. čekić; **~ and
sickle* srp i čekić 2. (in a firearm)
udarač, čekić 3. (sports) kladivo; *to
throw the* ~ baciti kladivo **hammer** II *v*

1. *tr* ukucati (čekićem), zabiti (čekićem);
to ~ *a nail into a wall* ukucati ekser (W:
čavao) u zid 2. *intr* udarati čekićem
hammer out *v* 1. ispraviti čekićem; *to
hammer out dents* čekićem ispraviti
ulubljenja 2. izraditi (s teškoćom); *to
hammer out an agreement* izraditi
ugovor
hammock ['haemək] *n* visaljka, viseći kre-
vet, hamak
hamper I ['haempər] *n* korpa (sa zaklop-
cem) za rublje
hamper II *v tr* sputati; smetati; *to* ~ *smb.*
smetati nekome
hamster ['haemstər] *n* hrčak
hamstring I ['haemstring] *n* potkolenska
(potkoljenska) žila, tetiva **hamstring** II
-strung [strəng] *v tr* 1. obogaljiti prese-
canjem (presjecanjem) potkolenske žile
2. (fig.) onesposobiti
hand I [haend] *n* 1. ruka; šaka; *to offer
smb. a* ~ pružiti nekome ruku; *to clap
one's* ~*s* pljeskati rukama; *to shake* ~*s
with smb.* rukovati se s nekim 2. (meas-
ure) šaka, podlanica, 4 inča (mera —
mjera za konje) 3. skazaljka, kazaljka;
an hour (minute, second) ~ mala (mi-
nutna, sekundna) skazaljka 4. radnik;
mornar; *all* ~*s on deck!* svi momci na
palubu! 5. podeljene (podijeljene) karte;
to have a good ~ imati dobre karte 6.
partija (karata), igra; *to play another* ~
odigrati još jednu partiju 7. majstor; *an
old* ~ *at smt.* stari majstor u nečemu 8.
strana; *on one* ~ s jedne strane 9. (in *pl)*
ruke, svojina; *to change* ~*s* preći u
druge ruke 10. kontrola; *to get out of* ~
izmaći kontroli 11. misc.; *to have on* ~
raspolagati; *to take smb. in* ~ postarati
se o nekome; **to show (tip) one's* ~
pokazati svoje karte **hand** II *a* ručni; *a*
~ *brake* ručna kočnica **hand** III *v tr* 1.
predati, uručiti; *to* ~ *a key to smb.*
predati nekome ključ 2. misc.; *to* ~
back vratiti; *to* ~ *down* zaveštati (zav-
ještati); *to* ~ *over* dati, uručiti; **to* ~ *it
to smb.* priznati nečije usluge **handbag**
[~baeg] *n* ručna torba; tašna **handball**
[~bol] *n* vrsta igre ručnom loptom
handbook [~buk] *n* priručnik, priručna
knjiga **handcuff** I [~kəf] *n* (usu. in *pl)*
lisice **handcuff** II *v tr* staviti lisice; *to* ~
smb. staviti nekome lisice na ruke
handful *n* pregršt, čaka **hand grenade**

ručna granata **handgun** [~gən] *n* pištolj,
revolver
handicap I [~ikaep] *n* 1. hendikep, smet-
nja, otežavanje 2. (sports) hendikep, da-
vanje prednosti slabijim takmičarima
(da bi se izjednačile snage) **handicap** II
v tr 1. stvoriti (nekome) smetnje, sputa-
ti; hendikepirati 2. (sports) hendikepi-
rati, dati prednost (takmičarima) (da bi
se izjednačile snage) **handicapped** *a*
hendikepiran; razvojno ometen; *a ~
child* razvojno ometeno dete (dijete)
handicraft [~ijkraeft] *n* ručni rad
handily [~ilij] *adv* 1. vično; lako 2.
zgodno
hand in *v* predati; *to hand in homework*
predati domaći zadatak (W: domaću
zadaću)
handiwork [~ijwərk] *n* 1. ručni rad 2.
tvorevina
handkerchief ['haengkərčif] *n* maramica
handle I ['haendəl] *n* 1. ručica; *°to fly off
the ~* naljutiti se 2. (slang) nadimak
handle II *v tr* 1. rukovati; manipulisati;
baratati; *to ~ a car* rukovati autom 2.
postupati; *to ~ a typewriter carelessly*
nepažljivo postupati s pisaćom mašinom
(W: pisaćim strojem) 3. držati, prodava-
ti; *to ~ merchandise* držati robu
handlebar [~bar] *n* 1. upravljač (bicikla)
2. (also: *~ mustache)* dugi uvijeni brko-
vi (brci)
handler *n* (boxing) sekundant
handmade [~mejd] *a* rađen rukom
hand out *v* razdeliti (razdijeliti), razdati;
rasturiti; *to hand leaflets out* rasturiti
letke **handout** [~aut] *n* 1. poklon (pros-
jaku, siromahu) 2. letak 3. pomoćni
materijal koji se daje slušaocima preda-
vanja, referata
handpick [~pik] *v tr* izabrati (oprezno,
rukom)
handrail [~rejl] *n* priručje, ograda
handshake [~šejk] *n* stisak ruke, rukova-
nje; *a firm ~* čvrsto rukovanje
handsome *a* 1. lep (lijep), zgodan; *a ~
young man* lep mladić 2. darežljiv; lep,
a ~ reward lepa nagrada
hand-to-hand *a* prsa u prsa; *~ combat*
borba prsa u prsa
handwriting [~rajting] *n* 1. pisanje rukom
2. rukopis; *legible ~* čitak rukopis
handy *a* 1. vešt (vješt), spretan, vičan; *~
at smt.* vičan nečemu 2. pri ruci; blizu;
the post office is ~ pošta je tu blizu

handyman [~ijmən] *(-men* [min]) *n* rad-
nik za sitne poslove
hang I [haeng] *n* 1. višenje 2. (colloq.)
način rada, rukovanje; *°to get the ~ of
smt.* dokučiti nešto **hang** II *hung* [həng]
(for 1: *hanged) v* 1. *tr* obesiti — objesiti
(za vrat); *to ~ smb. for murder* obesiti
nekoga za ubistvo 2. *tr* obesiti, okačiti;
to ~ a coat on a hanger obesiti kaput na
vešalicu (vješalicu) 3. *tr* obložiti; obesi-
ti; *to ~ wallpaper* obložiti zidove tape-
tama 4. *tr* oboriti; *to ~ one's head*
oboriti glavu 5. *tr* onemogućiti; *a hung
jury* porota koja ne može da donese
jednoglasnu odluku 6. *intr* visiti 7. *intr*
biti pogubljen, obešen (obješen)
hangar [~ər] *n* hangar
hang around *v* vući se; *to hang around
bars* vući se po kafanama (kavanama)
hanger *n* vešalica (vješalica); čiviluk
hangman [~mən] *(-men* [min]) *n* dželat
hangnail [~nejl] *n* zanoktica
hang on *v* 1. držati se; *to hang on to smt.*
držati se za nešto 2. pažljivo slušati; *to
hang on to every word* pažljivo slušati
svaku reč (riječ)
hang out *v* 1. visiti (iz); nagnuti se; *to
hang out of a window* visiti iz (nagnuti
se van) prozora 2. obesiti — objesiti (iz,
napolje) 3. vući se; *to hang out in bars*
vući se po krčmama 4. istaći; (of a
lawyer, physician) *to hang out one's
shingle* otvoriti praksu 5. staviti da se
suši; *to hang the laundry out* staviti veš
da se suši **hangout** [~aut] *n* svratište
hangover [~ouvər] *n* mamurluk
hang up *v* 1. obesiti (objesiti), okačiti; *to
hang up a hat* 2. spustiti (slušalicu); *to
hang up (a receiver)* spustiti slušalicu
hang-up *n* (colloq.) 1. inhibicija 2.
prepreka
hanker ['haengkər] *v intr* (colloq.) žudeti
(žudjeti)
hanky-panky ['haengkij- paengkij] *n*
(slang) opsena (opsjena), zavaravanje,
hokus -pokus'
haphazard [haep'haezərd] *a* 1. slučajan 2.
nasumce (rađen)
hapless [haeplis] *a* nesrećan
happen ['haepən] *v intr* 1. desiti se, dogo-
diti se; *what ~ed to you?* šta (što) ti se
desilo? 2. *(to ~ to be)* zadesiti se; *she
~ed to be here when the child fell* ona
se zadesila tu kad je dete (dijete) palo
happening *n* događaj

happiness ['haepijnis] *n* sreća **happy** ['hae-pij] *a* srećan, sretan; ~ *birthday!* srećan rođendan!

harangue I [hə'raeng] *n* haranga **harangue** II *v tr* harangirati; *to* ~ *a crowd* harangirati (huškati) gomilu

harass [hə'raes] *v tr* uznemiriti; šikanirati

harbinger ['harbəndžər] *n* preteča; predznak

harbor I ['harbər] *n* 1. luka 2. (fig.) sklonište, skrovište **harbor** II *a* lučki **harbor** III *v tr* 1. zaštititi 2. gajiti; *to* ~ *thoughts of revenge* gajiti osvetu

hard I [hard] *a* 1. tvrd, čvrst; *a* ~ *mattress* tvrd dušek; *a ~ *nut to crack* tvrd orah 2. jak, snažan; *a* ~ *blow* snažan udarac 3. težak, naporan; ~ *work* težak (naporan rad 4. nesrećan, težak; *a* ~ *life* težak život 5. prinudan; *ten years at* ~ *labor* deset godina prinudnog rada 6. vredan (vrijedan), revnosan; *a* ~ *worker* vredan radnik **hard** II *adv* see **hard** I; *to work* ~ teško raditi **hard-boiled** *a* 1. tvrdo kuvan (kuhan); ~ *eggs* tvrdo kuvana jaja 2. oguglao **hard-core** *a* okoreli (okorjeli) **harden** *v* 1. *tr* stvrdnuti 2. *tr* očeličiti 3. *intr* stvrdnuti se, otvrdnuti **hardened** *a* ovejan (ovijan); *a* ~ *criminal* ovejani kriminalac

hard line (pol.) čvrsta linija, pozicija

hard liquor alkoholna pića

hardly [~lij] *adv* 1. jedva; *I* ~ *remember* jedva se sećam (sjećam) 2. gotovo; ~ *anything* gotovo ništa

hardship *n* tegoba, lišavanje; *to die of* ~*s* umreti (umrijeti) od lišavanja

hardware [~wejr] *n* gvožđarija **hardware store** gvožđarska radnja (W: željezara)

hardworking [~wərking] *a* vredan (vrijedan), marljiv

hardy [~ij] *a* izdržljiv; očvrsnuo 2. hrabar, odvažan

hare [hejr] *n* zec

harebrained [~brejnd] *a* ćaknut

harelip [~lip] *n* zečija usna **harelipped** *a* hrnjav

harem ['haerəm] *n* harem

harlot ['harlət] *n* bludnica, kurva

harm I [harm] *n* 1. šteta; povreda; *bodily* ~ telesna (teljesna) povreda 2. zlo; nepravda 3. misc.; *there's no* ~ *in asking* ko (tko) pita ne skita **harm** II *v tr* oštetiti, naškoditi **harmful** *a* štetan; ~ *to health* štetno po (za) zdravlje **harmless** *a* ne-škodljiv

harmonic I [har'manik] *n* harmonik, harmonijski ton **harmonic** II *a* harmonijski **harmonica** [~ə] *n* usna harmonika

harmonious [har'mounijəs] *a* harmoničan, skladan; ~ *movements* skladni pokreti

harmonize ['harmənajz] *v* 1. *tr* harmonizovati; uskladiti 2. *intr* harmonirati

harmony ['harmənij] *n* harmonija, sklad; *to be in* ~ biti u skladu

harness I ['harnis] *n* ham, konjska oprema **harness** II *v tr* 1. upregnuti, zapregnuti, staviti (konju) ham; *to* ~ *a horse* upregnuti konja 2. (fig.) upregnuti; obuzdati; *to* ~ *new sources of energy* iskoristiti nove energetske izvore **harness race** kasačka trka

harp I [harp] *n* harfa **harp** II *v intr* (colloq.) *to* ~ *on (upon) smt.* navraćati stalno razgovor na istu stvar **harpist** *n* harfista

harpoon I [har'pu:n] *n* harpun, ostve **harpoon** II *v tr* harpunirati

harpsichord ['harpsikord] *n* klavicimbal, klavisen

harrier ['haerijər] *n* 1. (zool.) zečar 2. (sports) dugoprugaš

harrow I ['haerou] *n* drljača **harrow** II *v tr* 1. izdrljati 2. mučiti

harry ['haerij] *v tr* uznemiriti

harsh [harš] *a* 1. hrapav; oštar; *a* ~ *voice* hrapav glas 2. strog, surov; *a* ~ *sentence* surova presuda

harvest I ['harvist] *n* žetva, berba **harvest** II *a* žetveni **harvest** III *v* 1. *tr* požeti 2. *intr* žeti **harvester** *n* žetelac

hash I [haeš] *n* ragu 2. (fig.) zbrka **hash** II *v tr* 1. seckati (sjeckati) 2. misc.; *to* ~ *over plans* pretresati planove

hashish ['haešijš] *n* hašiš

hassle ['haesəl] *n* 1. svađa 2. nevolja, neprilika; borba 3. zbrka

haste [hajst] *n* žurba; *~ *makes waste* ko (tko) polako ide, brže stigne **hasten** ['hejsən] *v* 1. *tr* ускорити 2. *intr* žuriti se

hasty ['hejstij] *a* 1. brz, hitan 2. nagao, prenagljen

hat [haet] *n* šešir

hatch I [haeč] *n* 1. otvor na palubi 2. vrata otvora; vratanca; *an escape* ~ otvor za izlaz u slučaju nužde

hatch II *v* 1. *tr* izleći, izvesti; *to* ~ *en egg* izleći jaje 2. *tr* skovati; *to* ~ *a plot* skovati zaveru (zavjeru) 3. *intr* izleći se; *our chicks* ~*ed yesterday* juče su nam se izlegli pilići

hatchet ['haečit] n sekira (sjekira); *to bury the ~ zakopati ratnu sekiricu
hate I [hejt] n mržnja hate II v tr mrzeti (mrzjeti); he ~s to work or: he ~s working mrzi da radi hatred ['hejtrid] n mržnja
hat trick 1. izvlačenje (zeca) iz šešira 2. (sports) podvig; het-trik
haughty ['hotij] a ohol, nadmen
haul I [hol] n 1. vuča, vučenje 2. ulov; a good ~ dobar ulov 3. put; razdaljina; a long ~ dugo putovanje haul II v tr 1. vući, tegliti 2. prevoziti 3. misc.; he ~ed off and hit me zamahnuo je rukom i udario me
haunch [honč] n (anat.) bedro, kuk
haunt I [hont] n svratište; his favorite ~ njegovo omiljeno svratište haunt II v tr 1. obilaziti (kao duh); the house is ~ed u kući se pojavljuju duhovi 2. često posećivati (posjećivati)
have I [haev] n (usu. in pl) imućna osoba; the ~s imućni have II v (third person sgn.; has [haez]; past and partic.: had [haed]; colloq. negative pres.: haven't ['haevənt]; third sgn.: hasn't ['haezənt]) 1. tr imati; to ~ luck imati sreće 2. (as an aux. verb used to form the perfect tense and past perfect tenses) he has arrived stigao je; I had read the book before they came pročitao sam knjigu pre (prije) nego što su oni došli; I have been here for two years ovde (ovdje) se nalazim već dve (dvije) godine 3. (as an aux. verb) morati; he had to pay on je morao da plati 4. (as an aux. verb) dati; narediti; I had it taken away dao sam da se odnese 5. tr preležati; he (has) had smallpox preležao je velike boginje 6. tr naterati (natjerati); he had them all laughing sve ih je naterao u smeh (smijeh) 7. misc.; she had a baby rodila je dete (dijete); he had an accident dogodila mu se nesreća; *she had it out with him obračunala se s njim
haven ['hejvən] n 1. luka 2. (fig.) skrovište
have-not n (colloq.) onaj ko (tko) ništa nema, siromah
haversack ['haevərsaek] n ranac, ruksak
havoc ['haevək] n opustošenje, pustoš; th· frost wrought (worked) ~ with the crops mraz je opustošio useve (usjeve) haw (ho) v intr (colloq.) to hem and ~ prekidati govor (sa hm); (fig.) kolebati se

Hawaii [hə'waij] n Havajska ostrva (W: Havajski otoci) Hawaiian I [hə'wajən] n 1. Havajac 2. havajski jezik Hawaiian II a havajski Hawaiian Islands pl. Havaji
hawk I [hok] n jastreb
hawk II v 1. tr prodavati (nešto) po ulicama, vičući nuditi na prodaju 2. intr prodavati po ulicama hawker n torbar, prodavac po ulicama
hay [hej] n 1. seno (sijeno) *to hit the ~ ići na spavanje hay fever senska (sjenska) groznica hayloft [~loft] n senjak (sjenjak) haymaker [~mejkər] n 1. prevrtač sena (sijena) 2. (slang) snažan udarac pesnicom haystack [~staek] n plast, stog sena (sijena)
haywire [~wajr] a (colloq.) 1. u kvaru, pokvaren 2. šašav, ćaknut; to go ~ postati šašav
hazard I ['haezərd] n 1. slučajnost 2. opasnost, hazard hazard II v tr 1. izložiti opasnosti 2. usuditi se (na); to ~ a guess usuditi se na tvrđenje hazardous a opasan; hazardan; ~ duty rad opasan po život
haze I [hejz] n sumaglica, izmaglica
haze II v tr šikanirati; šegačiti se (s nekim) (prilikom uvođenja u studentsko udruženje)
hazel ['hejzəl] n (bot.) 1. leska (lijeska) 2. boja lešnika (lješnika)
hazy a 1. sumagličast, maglovit 2. pomućen; nejasan
he I [hij] n mužjak, muškarac; it's a ~ to je mužjak he II pron on
head I [hed] n 1. glava; to nod (shake) one's ~ klimati (vrteti — vrtjeti) glavom 2. čelo, vrh; at the ~ of a list na čelu (vrhu) liste 3. prisebnost, glava; to keep (lose) one's ~ sačuvati (izgubiti) prisebnost 4. (usu. in pl) glava (cf. tail I 4) 5. čelo; uzglavlje; the ~ of a table čelo stola 6. glavica, glava; a ~ of lettuce glavica salate 7. vrhunac; to come to a ~ dostići vrhunac 8. (pl usu. has zero) grlo; ten ~ of cattle deset grla 9. direktor; šef; a ~ of a department šef katedre 10. starešina, glava; the ~ of a household starešina kućne zajednice 11. osoba; to charge by the ~ naplaćivati po osobi 12. misc.; *to hit the nail on the ~ pogoditi suštinu head II a glavni; a ~ nurse glavna sestra (u bolnici) head III v 1. tr upravljati; biti na čelu (nečega); to ~ a procession biti na čelu

povorke 2. *intr* uputiti se, krenuti, ići; *to ~ for the door* ići prema vratima **headache** [~ejk] *n* glavobolja **headband** [~baend] *n* povez za glavu **head cold** kijavica **headfirst** [~fərst] *adv* glavačke, strmoglavce **headhunter** [~həntər] *n* lovac na glave **heading** *n* zaglavlje **headlight** [~lajt] *n* far, svetlo (svjetlo) **headline** I [~lajn] *n* (novinski) naslov **headline** II *v tr* 1. istaći 2. dati (nekome) glavnu ulogu **headmaster** [~maestər] *n* upravnik (privatne škole) **head off** *v* odvratiti, sprečiti (spriječiti); *to head off an attack* sprečiti napad **head-on** *a* direktan, čeoni; *a ~ collision* direktan (čeoni) sudar **headphone** [~foun] *n* naglavne slušalice, naglavni telefon **headquarters** [~kwortərz] *n (sgn* or *pl)* štab, komanda **head start** prednost na startu, fora **headstrong** [~strong] *a* tvrdoglav **headwaiter** [~wejtər] *n* šef servisa (u restoranu) **headway** [~wej] *n* napredovanje; *to make ~* napredovati **head wind** čeoni vetar (vjetar)
heal [hijl] *v* 1. *tr* izlečiti (izliječiti) 2. *intr* izlečiti se
health I [helth] *n* 1. zdravlje; *good (poor) ~* dobro (rđavo) zdravlje 2. zdravlje (kao zdravica); *to drink to smb.'s ~* piti u nečije zdravlje; *to your ~*! živeli (živjeli)! **health** II *a* zdravstven; *~ care* zdravstvena nega (njega) **healthful** *a* lekovit (ljekovit), koji donosi zdravlje **healthy** *a* zdrav
heap I [hijp] *n* 1. gomila, hrpa 2. (usu. in *pl;* colloq.) mnoštvo 3. (slang) stari auto **heap** II *v* 1. *tr* nagomilati 2. *tr* sipati; *to ~ insults on smb.* sipati pogrde na nekoga 3. *intr (to ~ up)* gomilati se **heaping** *a* pun puncat
hear [hijr]; *heard* [hərd] *v tr* 1. čuti; *I heard him coming (come) upstairs* čuo sam ga da se penje uz stepenice 2. *intr* čuti **hearing** *n* 1. sluh; *to lose one's ~* izgubiti sluh 2. domašaj sluha; *within ~* u domašaju sluha 3. saslušanje; istraga; *to conduct a ~* sprovesti istragu **hearing aid** slušni aparat **hearsay** [~sej] *n* čuvenje; rekla-kazala; *by ~* po čuvenju
hearse [hərs] *n* mrtvačka kola
heart I [hart] *n* 1. srce; *a ~ beats* srce kuca 2. hrabrost, srce 3. srce; duša; osećaj (osjećaj); *to take smt. to ~* primiti nešto k srcu 4. srž; suština; *the ~ of a problem* srž problema 5. (in *pl;* cards)

srce 6. misc.; *by ~* napamet; *have a ~*! smiluj se! **heart** II *a* srčani; *a ~ defect* srčana mana **heart attack** srčani udar, srčana kap **heartbeat** [~bijt] *n* otkucaj srca **heartbreaking** *a* koji para srce **heartbroken** [~broukən] *a* skrhana srca **heartburn** [~bərn] *n* gorušica **heart disease** bolest srca **hearten** ['hartn] *v tr* obodriti **heart failure** srčani udar **heartfelt** [~felt] *a* iskren
hearth [harth] *n* ognjište
heartless *a* bez srca, bezdušan **heart murmur** šum na srcu **heart-to-heart** *a* iskren, prisan; intiman; *a ~ talk* intiman razgovor **hearty** *a* 1. srdačan; *a ~ welcome* srdačan doček 2. dobar; *a ~ appetite* dobar apetit (W also: tek)
heat I [hijt] *n* 1. toplota; vrućina 2. teranje (tjeranje); *to be in ~* terati (tjerati) se 3. (sports) pretrka (predtrka); predtakmičenje; trka; *a dead ~* mrtva trka 4. (fig.) žestina; vatra **heat** II *v tr* 1. zagrejati (zagrijati) 2. ložiti **heater** *n* grejač (grijač), grejalica (grijalica)
heath [hijth] *n* vres (vrijes)
heathen I ['hith:ən] *(pl* has *-s* or zero) *n* paganin **heathen** II *a* paganski
heat rash (med.) milijarija, prosica **heat stroke** toplotni udar
heave I [hijv] *n* 1. dizanje 2. bacanje **heave** II *v* 1. *tr* baciti; *to ~ the shot-put* bacati kuglu 2. *tr* ispustiti; *to ~ a sigh* duboko uzdahnuti, ispustiti uzdah 3. *intr* (slang) povratiti, bljuvati **heave** III *interj* ho-ruk!
heaven ['hevən] *n* 1. nebo 2. nebo, blaženstvo; *in ~* na nebu (nebesima); *in seventh ~* na devetom nebu **heavenly** [~lij] *a* nebeski
heavy I ['hevij] *a* 1. težak; *a ~ briefcase* teška torba 2. uzburkan; *a ~ sea* uzburkano more 3. gust; *~ fog* gusta magla 4. jak; gust; *~ rain* jaka kiša 5. ljut, težak; *a ~ drinker* teška pijanica 6. žestok; *~ fighting* žestoke borbe **heavyweight** [~wejt] *n* bokser (W: boksač) teške kategorije
Hebraic [hi'brejik] *a* hebrejski **Hebrew** I ['hijbru:] *n* 1. Hebrej 2. ivrit, hebrejski jezik **Hebrew** II *a* hebrejski
heck [hek] (colloq.) see **hell**
heckle *v tr* and *intr* dobaciti; upasti (nekome) u reč (riječ); *the audience was ~ing the speaker* iz publike su dobacivali govorniku

hectic ['hektik] *a* grozničac; uzbuđen, *a* ~ *state* grozničavo stanje

hedge I [hedž] *n* 1. živa ograda 2. osiguranje protiv gubitaka (pomoću drugih transakcija) **hedge** II *v* 1. *tr* (usu.: *to* ~ *in*) ograditi 2. *tr* obezbediti (obezbijediti), osigurati; *to* ~ *a bet* obezbediti se protiv gubitka u opkladi (sredstvom druge opklade) 3. *intr* kombinovati poslove da se obezbedi od gubitka

hedgehog [~hag] *n* jež

hedonism ['hijdənizəm] *n* hedonizam **hedonist** *n* hedonista

heed I [hijd] *n* pažnja; *to take* ~ *of smt.* paziti na nešto **heed** II *v tr* paziti (na); *to* ~ *a warning* paziti na opomenu **heedful** *a* obazriv

heehaw I ['hijho] *n* njakanje **heehaw** II *v intr* njakati

heel i [hijl] *n* 1. (anat.) peta; **Achilles'* ~ Ahilova peta 2. potpetica, štikla; *high* ~*s* visoke potpetice 3. okrajak 4. (slang) nitkov, podlac 5. (fig.) čizma, ropstvo **heel** II *v tr* 1. metnuti potpetice (na) 2. (slang) opremiti, snabdeti — snabdjeti novcem

hefty ['heftij] *a* krupan

hegemony [hi'džemənij] *n* hegemonija

heifer ['hefər] *n* junica

height [hajt] *n* 1. visina; ~ *above sea level* nadmorska visina 2. uzvišenje, visina **heighten** *v tr* povisiti

heinous ['hejnəs] *a* grozan, gnusan

heir [ejr] *n* naslednik (nasljednik); *an* ~ *apparent* univerzalni naslednik **heiress** *n* naslednica (nasljednica) **heirloom** [~lu:m] *a* nasleđena (naslijeđena) stvar

heist I [hajst] *n* (slang) krađa **heist** II *v tr* (slang) ukrasti

helicopter ['helikaptər] *n* helikopter

helium ['hijlijəm] *n* helijum

hell [hel] *n* 1. pakao, ad 2. misc.; (colloq.) *to catch* ~ biti strogo kažnjen; **to give smb.* ~ izgrditi na pasja usta; *go to* ~! idi do vraga (đavola)! *he had a* ~ *of a good time* bogovski se proveo

Hellenistic [helə'nistik] *a* helenistički

hellhole ['helhoul] *n* (fig.) pakao; pećina poroka

hellion ['heljən] *n* nestaško

hellish *a* pakleni, adski

hello [he'lou] *interj* 1. halo, alo 2. zdravo

helm [helm] *n* kormilo

helmet ['helmət] *n* šlem, kaciga

helmsman ['helmzmən] (*-men* [min]) *n* kormilar, krmanoš

help I [help] *n* 1. pomoć; *to ask for* ~ moliti za pomoć 2. pomoćnik; sluga; devojka (djevojka) **help** II *v* 1. *tr and intr* pomoći; *I* ~*ed him (to) get out of trouble* pomogao sam mu da se izvuče iz nezgode 2. *refl* poslužiti se; ~ *yourself to the food!* poslužite se jelom! 3. *intr* izbeći (izbjeći); *I cannot* ~ *noting that* . . . ne mogu a da ne primetim da . . . **helper** *n* pomoćnik, pomagač **helpful** *a* koristan; od pomoći **helping** *n* porcija **helpless** *a* bespomoćan **help out** *v* 1. pomoći 2. pomoći da iziđe

helter-skelter [heltər-'skeltər] *adv* na vrat na nos, neorganizovano

hem I [hem] *n* rub, porub **hem** II *v tr* 1. porubiti 2. (to ~ *in*) opkoliti

hem III (onoma.) hm (zvuk nakašljaja) **hem** IV *v intr* nakašljivati se; *to* ~ *and haw* see **haw**

he-man (*-men* [min]) *n* (colloq.) pravi muškarac, snažan muškarac

hemisphere ['heməsfijr] *n* hemisfera, polulopta

hemline ['hemlajn] *n* rub

hemlock [~lak] *n* 1. (bot.) kukuta 2. otrov od kukute

hemorrhage I ['heməridž] *n* krvarenje, hemoragija, izliv krvi; *a cerebral* ~ izliv krvi u mozak **hemorrhage** II *v intr* krvariti

hemorrhoid ['hemərojd] *n* hemoroid

hemp [hemp] *n* konoplja

hen [hen] *n* kokoš

hence [hens] *adv* 1. stoga, dakle 2. otuda, odakle **henceforth** [~forth] *adv* odsada

henchman ['henčmən] (*-men* [min]) *n* privrženik, sledbenik (sljedbenik)

henpeck ['henpek] *v tr* držati pod papučom; *to be* ~*ed* biti pod papučom

hepatitis [hepə'tajtis] *n* hepatitis, zapaljenje (W: upala) jetre

her [hər] 1. *pron* (objective case of **she**) je, nju, nje, joj, njoj, njome; *we saw* ~ videli (vidjeli) smo je 2. *pron* (colloq.) ona; *it's* ~ to je ona 3. *poss a* njen, njezin; ~ *pencil* njena olovka

herald I ['herəld] *n* 1. glasnik, vesnik (vjesnik, herold) 2. preteča **herald** II *v tr* nagovestiti (nagovijestiti) **heraldry** ['herəldrij] *n* heraldika

herb [hərb] *n* 1. biljka, trava 2. lekovita (ljekovita) trava

herculean [hər'kju:lijən] a herkulovski
herd I [hərd] n 1. stado, čopor, krdo; a ~
of cattle stado goveda 2. (fig.) rulja **herd**
II v 1. tr skupiti (u stado) 2. tr čuvati,
pasti; to ~ cattle čuvati (pasti) stoku 3.
intr združiti se
here [hijr] adv 1. ovde (ovdje) 2. ovamo;
come ~! dođi ovamo!
hereafter I [hijr'aeftər] n drugi svet (svijet)
hereafter II adv 1. odsada 2. na drugom
svetu (svijetu)
hereby [hijr'baj] adv ovim, tim
hereditary [hə'redəterij] a hereditaran, na-
sledan (nasljedan); a ~ disease nasledna
bolest **heredity** [hə'redətij] n hereditet,
naslednost (nasljednost)
heresy ['herəsij] n jeres (W: hereza) **heretic**
['herətik] n jeretik (W: heretik) **heretical**
[hə'retikəl] a jeretičan (W: heretički)
heretofore ['hijrtəfor] adv dosada; ranija
heritage ['herətidž] n nasleđe (nasljeđe); a
glorious ~ slavno nasleđe
hermetic [hər'metik] **hermetical** a herme-
tičan
hermit ['hərmit] n pustinjak **hermitage** n
1. pustinjački stan 2. pustinjački život
hernia ['hərnijə] n kila, hernija
hero ['hijrou] (-es) n junak, heroj **heroic**
[hi'rouik] a junački, heroičan, herojski;
a ~ deed herojski podvig
heroin ['herouən] n heroin
heroine ['herouin] n junakinja, heroina
heroism ['herouizəm] n junaštvo, heroizam
heron ['herən] n čaplja
hero worship obožavanje heroja
herring ['hering] n haringa, sled
hers [hərz] poss a njen, njezin; (a.) (when
no noun follows) the pencil is ~ olovka
je njena (b.) (after of) a friend of ~
jedna od njenih prijateljica
herself [hər'self] 1. refl pron se; sebe (sebi,
sobom); she's washing ~ ona se pere 2.
pron a sama; she made the dress ~ ona
je sama sebi sašila haljinu 3. a dobro;
she is not ~ njoj nije dobro
Herzegovina [hərtsəgou'vijnə] n Hercego-
vina
he's [hijz] abbrev. of he is
hesitancy ['hezəntənsij] n neodlučnost, ko-
lebljivost **hesitant** ['hezətərtt] a neodlu-
čan, kolebljiv **hesitate** [~tejt] v intr
kolebati se; ustručavati se, oklevati
(oklijevati) **hesitation** [hezə'tejšən] n
ustručavanje, oklevanje (oklijevanje)

heterosexual [hetərou'sekšuəl] a hetero-
seksualan
hew [hju:]; -ed; or hewn [hju:n] v 1. tr
(usu.: to ~ out) istesati; isklesati 2. tr
prokrčiti 3. intr (to ~ to) držati se; to ~
to a line držati se linije
hex I [heks] n čar, čini **hex** II v tr očarati,
opčiniti
hey [hej] interj ej, hej
heyday ['hejdej] n vrhunac, jek; in his ~
na vrhuncu njegove slave
hi [haj] interj 1. zdravo 2. (Br.) hej
hiatus [haj'ejtəs] n 1. zev (zijev) 2. prazni-
na 3. jaz
hibernate ['hajbərnejt] v intr zimovati,
prezimiti **hibernation** [hajbər'nejšən] n
zimovanje, hibernacija
hiccup I **hiccough** ['hikəp] n štucanje; I
have the ~s štuca mi se **hiccup** II
hiccough v intr štucati
hick [hik] n (colloq.) gedža, seljak
hickory [~ərij] n hikori (drvo)
hide I [hajd] n koža (velike životinje)
hide II hid [hid]; hidden ['hidn] v 1. tr
skriti 2. intr skriti se; to ~ from smb.
skriti se od nekoga **hide-and-seek** n
žmurka, žmura (W: skrivač); to play ~
igrati se žmurke (W: skrivača) **hideaway**
['hajdəwej] n zakutak, kut, zabačeno
tiho mesto (mjesto)
hideous ['hidijəs] a grozan, gnusan
hide-out n skrivalište **hiding place** skriva-
lište
hierarchical [hajə'arkikəl] a hijerarhijski
hierarchy ['hajərarkij] n hijerarhija
hieroglyph ['hajrəglif] hijeroglif **hie-
roglyphic** I [hajrə'glifik] n hijeroglif
hieroglyphic II a hijeroglifski
hi-fi ['haj-faj] n 1. see high fidelity 2.
radio, gramofon s visokom vernosti
(vjernosti) reprodukcije
high I [haj] n 1. (meteor.) anticiklon 2. (on
an automobile) četvrta brzina 3. (slang)
opijenost **high** II a 1. visok; 10 feet ~
visok deset stopa 2. (slang) opijen; to get
~ opiti se 3. vrhovni; visok; a ~
command vrhovna komanda 4. misc.;
it's ~ time krajnje je vreme (vrijeme)
high III adv visoko; to hold one's head
~ držati glavu visoko **highball** [~bol] n
koktel (u visokoj čaši) **highborn** [~born]
a visokorodan
highchair [~čejr] n dečija (dječija) stolica
higher a 1. see high II 2. ~ education

visoko (fakultetsko) obrazovanje **higher-up** n (colloq.) pretpostavljeni **high fidelity** visoka vernost (vjernost) reprodukcije **high-fidelity** a visokokvalitetan; a ~ recording visokokvalitetni snimak **high jump** (sports) skok uvis **highland** [~lənd] n 1. visina 2. (in pl) planinski kraj, brda **highlander** n brđanin, goranin, gorštak **highlight** I [~lajt] n (fig.) vrhunac; glavna atrakcija **highlight** II v tr istaći
highness (as a title) visočanstvo, svetlost (svjetlost)
high-pitched a piskav, velike visine
high-pressure I a (meteor.) anticiklonski; a ~ area anticiklon **high-pressure** II v tr (colloq.) vršiti pritisak (na nekoga)
high-rise a višespratan (W: višekatan); a ~ apartment višespratnica (W: višekatnica)
high school (Am.) srednja škola **high-school** (Am.) srednjoškolski
high seas pl otvoreno more
high-sounding a visokoparan, zvučan
high-speed a brz, ekspresni
high-spirited a 1. smeo (smio) 2. žustar; a ~ horse žustar konj
high-strung a napregnut, napet
high tea (Br.) obiman ručak, obimna večera (sa čajem i mesom)
high-tension a visokonaponski
high-test a visokooktanski; ~ gasoline visokooktanski benzin
high tide plima
high treason veleizdaja
high-water mark 1. najviši vodostaj 2. (fig.) vrhunac
highway [~wej] n autoput **highwayman** [~mən] (-men [min]) n drumski razbojnik
hijack ['hajdžaek] v tr oteti, kidnapovati; to ~ an airplane oteti avion **hijacker** n otmičar, kidnaper **hijacking** n otmica
hike I [hajk] n pešačenje (pješačenje); izlet **hike** II v 1. tr propešačiti (propješačiti); to ~ ten miles propešačiti deset milja 2. intr pešačiti **hiker** n izletnik
hike up v podići
hilarious [hi'lejrijəs] a 1. smešan (smiješan) 2. radostan, veseo
hill [hil] n brdo; brežuljak **hillbilly** [~bilij] n (colloq.) brđanin, gorštak; prostak **hillock** [~ək] n brdašce **hillside** [~sajd] n padina brda **hilltop** [~tap] n vrh brda (hrežuljka) **hilly** a brdovit, brežuljkast

hilt [hilt] n balčak; *to the ~ sasvim
him [him] pron 1. (objective case of **he**) ga, njega, mu, njemu, njime, nj; we saw ~ videli (vidjeli) smo ga 2. (colloq.) on; it's ~ to je on
himself [him'self] 1. refl pron se, sebe, sebi, sobom; he works for ~ on radi za sebe 2. pron a sam; he did it ~ on je to radio sam 3. dobro; he is not ~ njemu nije dobro
hind [hajnd] a zadnji; ~ legs zadnje noge
hinder ['hindər] v tr sprečiti (spriječiti), omesti
Hindi I ['hindij] n 1. (ling.) hindi (jezik) 2. Hindus **Hindi** II a hindski
hindrance ['hindrəns] n smetnja, prepreka
hindsight ['hajndsajt] n 1. nišan 2. (fig.) kasno uviđanje
Hindu I ['hindu:] n Hindus **Hindu** II a hinduski **Hinduism** n hinduizam
hinge I [hindž] n šarka, šarnir **hinge** II v intr zavisiti (W also: ovisiti); to ~ on (upon) smt. zavisti od nečega (ovisiti o nečemu)
hint I [hint] n mig, znak, aluzija; to give smb. a ~ dati nekome mig **hint** II v intr nagovestiti (nagovijestiti); to ~ at smt. praviti aluzije na nešto
hinterland ['hintərlaend] n zaleđe
hip [hip] n kuk, bedro **hipbone** [~boun] n bedrenjača
hippie ['hipij] n hipik
hippodrome ['hipədroum] n hipodrom
hippopotamus [hipə'patəməs] (-es or -mi [maj]) n nilski konj
hire I [hajr] n najam, zakup; for ~ pod zakup **hire** II v 1. tr uzeti pod najam, iznajmiti 2. tr (to ~ out) dati pod najam, iznajmiti 3. intr (to ~ out) najmiti se **hireling** [~ling] n najamnik
his [hiz] poss a njegov; ~ pencil njegova olovka
Hispanic [hi'spaenik] a španski (W: španjolski)
hiss I [his] n 1. šištanje 2. (usu. in pl) zviždanje **hiss** II v 1. tr izviždati; the audience ~ed the singer publika je izviždala pevačicu (pjevačicu) 2. intr zviždati; to ~ at an actor zviždati glumcu 3. intr šištati; brujati
historian [hi'storijən] n istoričar (W: historičar, povjesničar) **historic** [hi'storik] a značajan, epohalan **historical** a istorijski (W: historijski, povijesni); ~ facts

istorijske činjenice **history** ['histərij] *n* istorija (W: historija, povijest)

hit I [hit] *n* 1. pogodak, udarac; *a direct* ~ direktan pogodak 2. veliki uspeh (uspjeh); *to make a* ~ postići veliki uspeh 3. šlager **hit** II *hit; v* 1. *tr* udariti; *to* ~ *smb. in the face* udariti nekoga u lice 2. *tr* pogoditi; *to* ~ *a target* pogoditi metu 3. *tr* naići, naleteti (naletjeti), naploviti; *to* ~ *a mine* naići (naploviti) na minu 4. *intr (to* ~ *on, upon)* naići; *to* ~ *on an idea* doći na ideju **hit-and-run** *a* odbegli (odbjegli); *a* ~ *driver* odbegli vozač

hitch I [hič] *n* 1. trzaj, vučenje; *to give one's trousers a* ~ povući pantalone (W: hlače) 2. uzao, čvor 3. zapreka, začkoljica; *a* ~ *in the negotiations* zapreka u pregovorima 4. (mil., colloq.) rok službe **hitch** II *v tr* 1. (also: *to* ~ *up)* upregnuti, zapregnuti; *to* ~ *a horse to a cart* upregnuti konja u kola 2. (colloq.) venčati (vjenčati); *to get* ~*ed* venčati se 3. (colloq.) *to* ~ *a ride* ići kao autostoper

hitchhike [~hajk] *v intr* stopirati, putovati autostopom **hitchhiker** *n* autostoper **hitchhiking** *a* autostoperstvo

hit-or-miss *a* 1. nasumce rađen 2. nehajan

hit parade hit parada, top-hit lista (lista najpopularnijih melodija)

hive [hajv] *n* košnica

hives *n* (med.) koprivnjača

hoard I [hord] *n* zaliha; gomila; riznica **hoard** II *v* 1. *tr* nagomilati 2. *intr* gomilati hranu **hoarding** I *n* gomilanje

hoarding II *n* (Br.) 1. plot od dasaka oko gradilišta 2. reklamni plakat

hoarfrost ['horfrost] *n* inje

hoarse [hors] *a* promukao; *a* ~ *voice* promukao glas **hoarseness** *n* promuklost

hoary ['horij] *a* 1. sed (sijed) 2. prastar

hoax [houks] *n* podvala, obmana **hoax** II *v tr* podvaliti, obmanuti

hobble I ['habel] *n* 1. puto (kojim se konjima sputavaju noge), sapon 2. hramanje **hobble** II *v* 1. *tr* sputati, sapeti, *to* ~ *a horse* sputati (sapeti) konja 2. *intr* hramati

hobby ['habij] *n* hobi, omiljeno zanimanje

hobgoblin ['habgablən] *n* bauk

hobnob ['habnab] *v intr* družiti se; *to* ~ *with smb.* družiti se s nekim

hobo ['houbou] *(-s* or *-es) n* skitnica

hock I [hak] *n* skočni zglavak, ključ

hock II *n* (colloq.) založenost; *in* ~ založen; zadužen **hock** III *v tr* (colloq.) založiti

hockey [~ij] *n* hokej; *ice (field)* ~ hokej na ledu (travi)

hockshop [~šap] *n* (colloq.) zalagaonica

hocus-pocus ['houkəs-poukəs] *n* hokus--pokus

hodgepodge ['hadžpadž] *n* miš-maš, mešavina (mješavina)

hoe I [hou] *n* motika **hoe** II *v tr* and *intr* kopati motikom

hog I [hag] *n* 1. krmak, svinja 2. (fig.) halapljiva osoba 3. misc.; *•to go whole* ~ ići do kraja **hog** II *v tr* (colloq.) monopolisati

hoist I [hojst] *n* dizalica (W: dizalo) **hoist** II *v tr* dići

hokum ['houkəm] *n* obmana, podvala

hold I [hould] *n* 1. držanje, hvatanje; *to grab (take)* ~ *of smt.* uhvatiti nešto 2. (fig.) uticaj; vlast; *a strong* ~ *over smb.* jak uticaj na nekoga 3. zadržavanje (u odbrojavanju) 4. (wrestling) zahvat **hold** II *held* [held] *v* 1. *tr* držati; *to* ~ *in one's hands* držati u svojim rukama; *•to* ~ *one's tongue* držati jezik za zubima 2. *tr* sadržati; hvatati; primati; *the bottle* ~*s a quart* flaša sadrži kvart 3. *tr* održati; sprovesti; izvršiti; *to* ~ *elections* sprovesti izbore 4. *tr* prikovati, privući; zadržati; *to* ~ *the attention of an audience* prikovati pažnju svojih slušalaca 5. *tr* zadržati; zaustaviti; *to* ~ *one's breath* zadržati (zaustaviti) dah 6. *tr* zauzimati; *to* ~ *an office* zauzimati položaj 7. *tr* odlučiti; *the court held that . . .* sud je odlučio da . . . 8. *tr* držati se; *to* ~ *a view* držati se pogleda 9. *intr* držati; *the rope will* ~ uže će držati 10. *intr* važiti; *the principle still* ~*s* princip još važi 11. *intr* čekati 12. misc.; *•to* ~ *water* važiti; položiti ispit; *I'll be left* ~*ing the bag* slomiće se kola na meni

hold III *n* (naut.) brodsko skladište

hold back *v* 1. uzdržati se; *he held himself back (from hitting me)* uzdržao se (da me ne ošamari) 2. držati u rezervi

holder *n* 1. držač 2. držalac, vlasnik

holding *n* 1. imanje 2. (in *pl*) dobro, imovina 3. držanje; *there is no* ~ *him* on se ne može ukrotiti 4. (aviation) čekanje na sletanje (slijetanje) 5. (in *pl*) fond, fondovi

hold out v 1. pružiti; *to hold out one's arms* pružiti ruke 2. pružati otpor; ne predati se; ne pristati 3. istrajati; *our gas held out* istrajao nam je benzin
holdout [~aut] n osoba koja ne pristaje
hold up v 1. zadržati; zaustaviti; *to hold up traffic* zadržati (zaustaviti) saobraćaj 2. opljačkati; *to hold smb. up* opljačkati nekoga 3. prikačiti; držati; *the picture was held up by a wire* slika je bila prikačena žicom 4. držati; *to hold up a sign* držati u rukama plakatu holdup [~əp] n 1. zastoj 2. pljačka
hole [houl] n 1. rupa 2. jazbina hole up v (usu. fig.) zavući se (u rupu)
holiday I ['halədej] n 1. praznik 2. (Br., usu. pl) odmor, raspust holiday II a prazničan; *a ~ mood* praznično raspoloženje
Holland ['halənd] n Holandija
holler I ['halər] n vika, uzvik holler II v (colloq.) 1. tr uzviknuti; *to ~ smt.* uzviknuti nešto 2. intr vikati
hollow I ['halou] n 1. šupljina, duplja 2. udolina hollow II a 1. šupalj; *a ~ tree* šuplje drvo 2. izduben 3. upao; ispijen; *~ cheeks* upale jagodice hollow out v izdubiti, izdupsti
holly ['halij] n (bot.) zelenika
holocaust ['haləkost] n potpuno uništenje
holster ['houlstər] n kubura (za pištolj)
holy ['houlij] a svet; *a ~ war* sveti rat Holy Land Sveta zemlja Holy Scriptures Sveto pismo Holy Spirit Svetu duh
homage ['hamidž] n 1. vazalska dužnost 2. odavanje pošte
home I [houm] n 1. kuća, dom, stan; domaće ognjište; *to feel at ~* osećati (osjećati) se kao kod svoje kuće 2. dom, zavod; *a children's ~* dečji (dječji) dom 3. domovina, zavičaj home II a 1. kućni, domaći; *a ~ visit* kućna poseta (kućni posjet) 2. misc.; *a ~ base* glavna baza home III adv kući; *to go ~* ići kući homecoming [~kəming] n 1. povratak kući 2. (godišnji) skup bivših (diplomiranih) studenata home economics ekonomika domaćinstva homeland [~laend] n domovina, zavičaj homeless a bez krova nad glavom, bez kuće homelike [~lajk] a domaći; kao kod kuće homely [~lij] a 1. (esp. Br.) prost; domaći; porodični 2. ružan homemade [~mejd] a domaći, napravljen kod kuće;

~ soap domaći sapun homeowner [~ounər] n vlasnik kuće
homeroom [~ru:m] n (u osnovnoj, srednjoj školi) matično odeljenje (odjeljenje)
home rule samouprava
homesick [~sik] a koji čezne za domovinom; *to be ~* čeznuti za domovinom
homestead [~sted] n farma, poljoprivredno dobro
homestretch [~streč] n 1. ravna strana (trkačke staze) pred ciljem 2. (fig.) završna faza
home team (sports) domaćin hometown [~taun] n rodno mesto (mjesto) homeward [~wərd] adv kući homework [~wərk] n domaći zadatak (W: domaća zadaća)
homicidal ['hamə'sajdəl] a ubilački homicide ['haməsajd] n 1. ubistvo (W: ubojstvo) 2. ubica (W also: ubojica)
homing ['houming] n navođenje na cilj; samonavođenje homing pigeon golub pismonoša
hominy grits [hamənij] kukuruzno brašno
homogeneous [houmə'džijn(i)jəs] a homogen; istorodan, jednovrstan homogenize [hə'madžənajz] v tr homogenizovati; *~d milk* homogenizovano mleko (mlijeko)
homogenous [hə'madžənəs] a 1. istog porekla (porijekla) 2. homogen, istorodan
homonym ['hamənim] n homonim homonymous [hə'manəməs] a homoniman homonymy [hə'manəmij] n homonimija
homophone ['haməfoun] n homofon homophony [hə'mafənij] n homofonija
homosexual I [houmə'sekšu:əl] n homoseksualac homosexual II a homoseksualan
Honduras [han'du:rəs] n Honduras
hone I [houn] n brus hone II v tr izbrusiti
honest ['anist] a pošten, čestit honesty n poštenost, čestitost
honey I [hənij] n 1. med 2. (colloq.) draga; dragan honey II a meden honeybee [~bij] pčela radilica honeycomb I [~koum] n saće honeycomb II v tr prošupljiti poput saća honeydew [~du:] n (or: *~ melon*) vrsta dinje
honeymoon I [~mu:n] n medeni mesec (mjesec), bračno putovanje honeymoon II v intr provesti medeni mesec (mjesec)
honk I [hangk] n 1. krik divlje guske 2. (colloq.) zvuk automobilske trube (W: trublje) honk II v intr trubiti, svirati

(automobislkom trubom — W: trub-
ljom)
honor I ['anər] n 1. čast, počast; poštova-
nje; to give a reception in smb.'s ~
napraviti prijem u čast nekoga 2. (Am.)
your ~! gospodine (druže) sudijo! 3. (in
pl) počasti; he was buried with full ~s
sahranjen je s najvećim počastima 4. (in
pl) odlikovanja; (u školi, na univerzitetu
— W: sveučilištu); to graduate with ~s
diplomirati s odličnim uspehom (uspje-
hom) 5. misc.; to do the ~s primati
goste; a maid of ~ počasna pratilica
honor II a počasni; an ~ guard počasna
straža **honor** III v tr 1. poštovati, odati
čast (nekome) 2. odlikovati; proslaviti 3.
(comm.) prihvatiti, primiti, isplatiti; to
~ a check isplatiti ček **honorable** a
častan; pošten **honorable mention** (in a
contest) pohvala bez nagrade **honora-
rium** [anə'rejrijəm] (-s or -ia [ijə]) n
honorar **honorary** ['anererij] a počastan,
počasni; an ~ doctorate počasni dokto-
rat **honor society** (in a school) počasno
udruženje najboljih đaka **honor system**
1. samodisciplina 2. sistem polaganja
ispita zasnovan na punom poverenju
(povjerenju) u đake, studente
hood I [hud] n 1. kukuljica, kapuljača 2.
(on an automobile) poklopac 3. (Br.; on
an automobile) krov
hood II n (slang) see **hoodlum**
hoodlum ['hu:dləm] n siledžija, mangup,
bitanga
hoodwink ['hudwingk] v tr prevariti
hoof [huf] (-s or hooves [hu:vz]) n kopito,
papak
hook I [huk] n 1. kuka; to hang on a ~
obesiti (objesiti) o kuku 2. (boxing)
kroše 3. kopča; ~s and eyes kopče i
ušice **hook** II v tr 1. uhvatiti kukom;
zakačiti. tr (or: to ~ on) prikačiti; to
~ on railroad cars prikačiti vagone 3.
upecati; to ~ a husband upecati muža
hook-and-ladder vatrogasna kola s le-
stvama (ljestvama) **hooked** a 1. kukast 2.
(slang) odan; ~ on drugs odan uživanju
droga **hooker** n (slang) kurva
hook up v 1. vezati; spojiti 2. uključiti
hookup n 1. spajanje 2. povezivanje niza
aparata
hooky n (slang) to play ~ neopravdano
izostati iz škole
hooligan ['hu:ligən] n mangup, siledžija

¹**hoop** [hu:p] n obruč; to roll a ~ terati
(tjerati) obruč
hoot I [hu:t] n 1. krik sove 2. zvuk
automobilske trube (W: trublje) 3. misc.;
*he doesn't give a ~ mari kao za lanjski
sneg (snijeg) **hoot** II v 1. tr (to ~ down,
off) izviždati, ućutkati vikanjem, oterati
— otjerati (vikom); the crowd ~ed the
speaker down publika je izviždala go-
vornika 2. intr ćukati; bukati; an owl
~s jejina ćuče
hop I [hap] n 1. skakutanje, skok 2.
igranka, ples 3 (kratak) let 4. putovanje;
vožnja **hop** II v intr skakutati
hop III n 1. (bot.) hmelj 2. (in pl) hmeljevi-
na, hmelj
hope I [houp] n nada **hope** II v tr and intr
nadati se; to ~ for smt. nadati se
nečemu **hopeful** a 1. pun nade 2. koji
daje nade **hopefully** adv 1. s puno nade
2. (colloq.) nadajmo se; ~ he'll come
tomorrow nadajmo se da će sutra doći
hopeless a beznadežan, beznadan
hopper ['hapər] n 1. skakutač 2. levkast
(ljevkast) sud za punjenje; bunker (za
ugalj) 3. (fig.) the legislative ~ dnevni
red neke skupštine
hopscotch [~skač] n školice (dečija —
dječija igra)
horde [hord] n horda; (hist.) the Golden
Horde Zlatna horda
horizon [hə'rajzən] n horizont, vidokrug
horizontal I [harə'zantl] n horizontala **hor-
izontal** II a horizontalan, vodoravan
hormone I ['hormoun] n hormon **hormone**
II a hormonski
horn I [horn] n 1. rog; *to take a bull by
the ~s uhvatiti bika za rogove 2. (on an
automobile) truba (W: trublja); to blow
a ~ svirati, trubati (automobilskom
trubom — W: trubljom) 3. (mus.) truba,
horna **horn** II a rožan **horned** a rogat
hornet ['hornit] n stršljen; *to stir up a
~'s nest dirnuti u osinjak
horn in v umešati (umiješati) se
horoscope ['horəskoup] n horoscop
horrendous [ho'rendəs] a grozan **horrible**
['horəbəl] a užasan; a ~ sight užasan
prizor **horrid** ['horid] a strašan **horrify**
['horəfaj] v tr užasnuti; to be ~ied at
smt. užasnuti se nečega **horror** ['horər] n
užas
horse [hors] n 1. konj; a draft ~ teretni
konj 2. (gymnastics) konj, jarac 3. misc.;
*that's a ~ of a different color to je

drugi padež **horse around** v ludirati
horseback I [baek] n konjska leđa; *on* ~
na konju **horseback** II *adv* na konju
horse-drawn *a* sa konjskom vučom
horseflesh [~fleš] n konjetina **horselaugh**
[~laef] n grohotan smeh (smijeh) **horse-
man** [mən] (-*men* [min]) n jahač; konja-
nik **horseplay** [~plej] n gruba igra **horse-
power** [~pau.ɔr] n konjska snaga, konj
horse race konjska trka
horse radish [~raediš] n hren
horse sense zdrav razum
horseshoe [~šu:] n potkovica **horseshoe
table** sto (stol) potkovica
horse thief konjokradica
horticulture ['hortəkəlčər] n hortikultura
hose I [houz] n 1. *pl* čarape 2. crevo
(crijevo), šmrk; *a rubber* ~ gumeno
crevo **hose** II v *tr* prskati crevom (cri-
jevom)
hosiery ['houžərij] n 1. (colloq.) čarape 2.
radnja čarapa
hospice ['haspis] n konačište za putnike;
dom za decu (djecu), bolesnike
hospitable ['haspətəbəl] or [has'pitəbəl] *a*
gostoljubiv
hospital I ['haspətəl] n bolnica **hospital** II
a bolnički; sanitetski
hospitality [haspə'taelətij] n gostoljubi-
vost, gostoljublje
hospitalize ['haspətəlajz] v *tr* smestiti
(smjestiti) u bolnicu
host I [houst] n 1. domaćin, gazda 2. (biol.)
domaćin, životinja (ili biljka) na kojoj
živi parazit **host** II v *tr* (colloq.) biti
domaćin (nečega); *to* ~ *a party* biti
domaćin neke proslave
host III n vojska; mnoštvo
host IV n (rel.) 1. (Cath.) hostija 2. (Orth.)
poskura
hostage ['hastidž] n talac; *to take as a* ~
uhvatiti kao taoca
hostel ['hastəl] n (or: *youth* ~) omladinsko
prenoćište
hostess ['houstis] n domaćica
hostile ['hastəl] *a* neprijateljski; *a* ~ *atti-
tude* neprijateljsko držanje **hostility** [ha-
'stilətij] n neprijateljstvo
hot [hat] *a* 1. vruć; vreo; žarki; ~ *water*
vruća (vrela) voda; *it's* ~ *today* danas je
vruće; *he's* ~ vrućina mu je 2. topao; ~
food toplo jelo 3. ljut, papren; ~ *pepper*
ljuta paprika 4. plah, žustar; *a* ~ *tem-
per* plaha narav 5. taman; *you are
getting* ~ skoro ste pogodili, taman da

pogodite 6. uspaljen 7. (sports) koji
dobro igra; *our boys got* ~ *and built up
their lead* naši su se razigrali i povećali
svoju prednost **hotbed** [~bed] n leglo;
klijalište; *a* ~ *of vice* leglo poroka
hot-blooded *a* strastan, vatren **hot cake**
palačinka; **to sell like* ~*s* prodavati se
brzo **hot dog** (cul.) viršla, hrenovka
hotel I [hou'təl] n hotel **hotel** II *a* hotelski;
a ~ *room* hotelska soba **hotelkeeper**
[~kijpər] n hotelijer, ugostitelj **hotel
management** hotelijerstvo, ugostitelj-
stvo
hotfoot [~fut] (-*s*) n (colloq.) *to give smb.
a* ~ upaliti šibicom nekome cipelu (u
šali) **hothead** [~hed] n usijana glava
hothouse [~haus] n staklara; rasadnik
hot line crveni telefon (između Vašing-
tona i Moskve) **hot plate** rešo **hot-water
bottle** termosfor s vrelom vodom **hot-
water heater** bojler
hound I [haund] n lovački pas **hound** II v
tr uznemiriti, šikanirati
hour ['aur] n 1. sat, čas; *a day has 24* ~*s*
dan ima 24 sata; *half an* ~ pola sata 2.
(in *pl*) radno vreme (vrijeme); *working*
~*s* radno vreme **hour hand** mala ska-
zaljka **hourly** ['aurlij] 1. časovni; na sat;
~ *pay* plata na sat 2. *adv* na sat svakog
časa
house I [haus] (-*ses* [ziz]) n 1. kuća;
zgrada; *an apartment* ~ stambena zgra-
da; *a one-family* ~ kuća sa jednim
stanom 2. domaćinstvo, kuća, kućan-
stvo; *to keep* ~ voditi kuću (domaćin-
stvo) 3. pozorište (W: kazalište); gledali-
šte; *a full* ~ puno pozorište; **to bring
down the* ~ izazvati buran aplauz 4.
(pol.) dom, skupština; *the upper (lower)*
~ gornji (donji) dom 5. (trgovačka)
kuća; *a publishing* ~ izdavačka kuća 6.
misc.; *to keep an open* ~ biti gostoljub-
biv **house** II *a* kućni **house** III [hauz] v *tr*
smestiti (smjestiti) **house arrest** [haus]
kućni pritvor **houseboat** [~bout] n bar-
ka udešena za stanovanje **housebreaker**
[~brejkər] n provalnik **housebroken**
[~broukən] *a* koji ne pogani u sobi (o
domaćim životinjama) **housecoat**
[~kout] n kućna haljina **household** I
[~hould] n domaćinstvo, kućanstvo
household II *a* kućni; ~ *duties* kućni
poslovi **housekeeper** [~kijpər] n 1.
upravljačica kućom 2. (in a hotel) nad-
zornik soba **housekeeping** n vođenje

domaćinstva **housemaster** [~maestər] n
nadzornik internata **housemother**
[~məth:ər] n nadzornica studentskog
doma **house of correction** zatvor **House
of Representatives** Predstavnički dom
(američkog Kongresa) **house-to-house** a
ulični; ~ *fighting* ulična borba **house
trailer** stambena prikolica **housewarming** [~worming] n proslava useljenja u
kući **housewife** [~wajf] (-*wives* [wajvz])
n domaćica **housework** [~wərk] n kućni
poslovi **housing** I ['hauzing] n 1. krov,
stan 2. stambena izgradnja; stambeno
pitanje 3. kućica, kućište **housing** II a
stambeni; a ~ *crisis* stambena kriza
hovel ['həvəl] n straćara, ćumez, kućica
hover ['həvər] v *intr* lebdeti (lebdjeti)
how [hau] 1. *adv* kako; ~ *are you?* kako
ste? ~ *do you do?* drago (milo) mi je (pri
upoznavanju) 2. *conj* kako; *he watches*
~ *they play* on gleda kako oni igraju 3.
interj (in imitation of Indian speech)
zdravo!
howdy [~dij] *interj* (slang) zdravo
however [~'evər] *conj* 1. ma koji; ma
(bilo) kako, kako god; ~ *you go, you'il
be late* ma kojim putem da pođete,
zakasnićete 2. ipak; međutim; *we did
come;* ~, *there was no one there* mi smo
došli; međutim, tamo nije bilo nikoga
howl I [haul] n 1. urlik; jauk 2. (slang)
apsurd **howl** II v *intr* urlati, urlikati;
jaukati **howler** (slang) smešna (smiješna) greška
howsoever [hausou'evər] *adv* kako god;
ma kako
Hoyle [hojl] pravilnik; *according to* ~
prema pravilima
hub [həb] n 1. glavčina 2. (fig.) čvor,
središte; a *transportation* ~ saobraćajni
čvor
hubbub [~əb] n urnebes, metež, gungula
hubcap [~kaep] n radkapna
huckster ['həkstər] n torbar
huddle I ['hədəl] n gomila **huddle** II v *intr*
1. nabiti se 2. šćućuriti se
hue I [hju:] boja; nijansa
hue II n dreka; a ~ *and cry* vika (za
zločincem), hajka
huff I [həf] n ljutnja; *in a* ~ ljut **huff** II v
intr duvati (W also: puhati) **huffy** a 1.
uvredljiv 2. uznemiren; ogorčen 3. ohol;
nadmen
hug I [həg] n zagrljaj **hug** II v 1. *tr* zagrliti
2. *intr* grliti se

huge [gju:dž] a ogroman
hula ['hu:lə] n (or: *hula-hula*) hula-hula
(havajska narodna igra)
hulk I [həlk] n 1. glomazan brod 2. glomazna ličnost **hulk** II v *intr* pomaljati se
hulking a glomazan, nezgrapan
hull [həl] n trup (broda)
hullabaloo ['hələbəlu:] n (colloq.) gungula,
galama, buka
hum I [həm] n zujanje **hum** II v 1. *tr* and
intr pevušiti (pjevušiti) 2. *intr* zujati,
brujati
human I ['hju:mən] n čovek (čovjek), osoba **human** II a čovečiji (čovječiji), ljudski; *the* ~ *body* ljudsko telo (tijelo)
human being ljudsko biće, čovek
humane [hju:'mejn] a human, čovečan
(čovječan) **humanism** ['hju:mənizəm] n
humanizam **humanist** n humanista **humanistic** [hju:mə'nistik] a humanistički
humanitarian I [hju:maenə'tejrijən] n
humanitarac **humanitarian** II a humanitaran; ~ *goals* humanitarne svrhe **humanity** [hju:'maenətij] n 1. ljudski rod,
čovečanstvo (čovječanstvo) 2. humanost,
čovekoljublje (čovjekoljublje) 3. (in *pl*)
humanistika, humanističke nauke **humanize** ['hju:mənajz] v *tr* humanizirati
humanly [~lij] *adv* ljudski; *if it is* ~
possible ako je to u ljudskoj moći
humble I ['həmbəl] a 1. ponizan; pokoran
2. skroman **humble** II v *tr* poniziti; *to* ~
oneself poniziti se
humbug ['həmbəg] n koještarija
humdrum I ['həmdrəm] n dosada, jednolikost **humdrum** II a dosadan, jednolik
humid ['hju:mid] vlažan **humidifier**
[hju:'midəfajər] n ovlaživač **humidify**
[hju:'midəfaj] v *tr* povećati vlažnost (u)
humidity [hju:'midətij] n vlaga, vlažnost
humiliate [hju:'milijejt] v *tr* poniziti,
uniziti **humiliation** [hju:milij'ejšən] n
poniženje, uniženje
humility [hju:'milətij] n poniznost; skromnost
hummock ['həmək] n humka, brežuljak
humor I ['hju:mər] n 1. smešnost (smiješnost) 2. humor; a *sense of* ~ smisao za
humor 3. raspoloženje, vonja; *to be in a
good (bad)* ~ biti dobre (zle) volje
humor II v *tr* povlađivati; *to* ~ *smb.*
povlađivati nekome **humorist** n humorista **humorless** a bez humora **humorous** a
humorističan

hump I [həmp] n grba **hump** II v tr grbaviti; to ~ one's back grbaviti leđa **humpback** [~baek] n 1. grbavac 2. grba **humped** a grbav
hunch I [hənč] n slutnja; to have a ~ slutiti **hunch** II v 1. tr poviti; to ~ one's shoulders poviti ramena 2. intr poviti se **hunchback** [~baek] n 1. grbavac 2. grba **hunchbacked** a grbav
hundred ['həndrid] 1. num sto 2. n (after a num, pl has zero) stotina; two ~ dve (dvije) stotine; by the ~s na stotine **hundredth** [~th] 1. num a stoti 2. n stoti deo (dio)
Hungarian I [həng'gejrijən] n 1. Mađar (Madžar) 2. mađarski (madžarski) jezik **Hungarian** II a mađarski (madžarski) **Hungary** ['hənggərij] n Mađarska (Madžarska)
hunger I ['hənggər] n glad **hunger** II v intr (to ~ for, after) žudeti (žudjeti) za **hunger strike** štrajk glađu, **hungry** ['həngrij] a gladan
hunk [həngk] n (colloq.) komad, komadina
hunt I [hənt] n 1. lov; a tiger ~ lov na tigrove 2. traženje **hunt** II 1. tr loviti; to ~ game loviti divljač 2. int tražiti; to ~ for a book tražiti knjigu 3. intr loviti divljač; to go ~ing ići u lov **hunter** n lovac **hunting** I n lov **hunting** II a lovački, lovni; a ~ dog lovački pas **huntress** [~ris] n lovkinja
hurdle I ['hərdl] n 1. (sports) prepona, the 110-meter ~s trka na 110 metara s preponama 2. prepreka, prepona **hurdle** II v 1. tr preskočiti 2. tr savladati 3. intr preskakati prepone **hurdler** n preponaš
hurl [hərl] v tr 1. baciti 2. sipati; to ~ abuse at smb. oklevetati nekoga
hurrah I [hu'ra] n (uzvik) ura **hurrah** II interj ura!
hurricane ['hərəkejn] n orkan, uragan
hurried ['hərijd] a žuran **hurry** I ['hərij] n žurba; jurnjava; to be in a ~ biti u žurbi **hurry** II v 1. tr požuriti 2. intr žuriti se
hurt I [hərt] n 1. bol 2. uvreda **hurt** II hurt; v 1. tr povrediti (povrijediti); ozlediti (ozlijediti); to get ~ povrediti se 2. tr uvrediti; he felt ~ on se osećao (osjećao) uvređenim 3. intr (boljeti); my feet ~ bole me noge
hurtle ['hərtəl] v intr kovitlati se

husband I ['həzbənd] n muž, suprug **husband** II v tr čuvati, štedeti (štedjeti); to one's strength čuvati (štedeti) svoju snagu
husbandry [~rij] n poljoprivreda, ratarstvo
hush I [həš] n tišina; ćutanje, tajac **hush** II interj pst! ćuti! **hush** III v 1. tr utišati 2. intr utišati se **hush money** mito (za zataškavanje skandala) **hush up** v zataškati, prikriti; to hush up a scandal zataškati (prikriti) skandal
husky I ['həskij] n eskimski pas
husky II a krupan
husky III a promukao; a ~ voice promukli glas
hussy ['həsij] n devojčura (djevojčura); a brazen ~ bestidnica
hustle I ['həsəl] n energičnost **hustle** II v 1. tr strpati; ugurati; smotati; to ~ smb. into a car ugurati (smotati) nekoga u kola 2. intr brzo, energično raditi 3. intr (slang) raditi kao prostitutka **hustler** ['həslər] n energična, aktivna osoba
hut [hət] n 1. koliba, kućerak 2. baraka
hybrid I ['hajbrid] n 1. hibrid 2. (ling.) hibridna reč (riječ) **hybrid** II a hibridan; ~ corn hibridni kukuruz
hydrant ['hajdrənt] n hidrant
hydraulic [haj'drolik] a hidrauličan, hidraulički; ~ brakes hidrauličke kočnice **hydraulics** n hidraulika
hydroelectric [hajdroui'lektrik] a hidroelektričan; ~ power hidroelektrična energija
hydrogen I ['hajdrədžən] n vodonik (W: vodik), hidrogen **hydrogen** II a hidrogenski, vodonički (W: vodični)
hydroplane [~plejn] n hidroplan, hidroavion
hyena [haj'ijnə] n hijena
hygiene ['hajdžijn] n higijena; personal ~ lična higijena **hygienic** [hajdžij'enik] a higijenski
hymen [hajmən] n himen, devičnjak (djevičnjak)
hymn [him] n himna
hyper- prefix pre-, hiper-
hyperbole [haj'pərbəlij] n hiperbola, preterivanje (pretjerivanje) **hyperbolic** [hajpər'balik] a hiperboličan, hiperbolički
hypertension [~'tenšən] n hipertenzija, povećani krvni pritisak
hyphen ['hajfən] n crtica **hyphenate** [~ejt]

v tr crticom spojiti (odvojiti); *a* ~*d word* polusloženica
hypnosis [hip'nousis] (*-ses* [sijz]) *n* hipnoza **hypnotic** [hip'natik] *a* hipnotičan **hypnotism** ['hipnɔtizəm] *n* hipnotizam **hipnotist** *n* hipnotizer **hypnotize** *v tr* 1. hipnotisati 2. (fig.) opčiniti
hypochondria [hajpə'kandrijə] *n* hipohondrija **hypochondriac** I [~drijaek] *n* hipohondar, hipohondrijak **hypochondriac** II *a* hipohondričan
hypocrisy [hi'pakrəsij] *n* hipokrizija, licemerje (licemjerje) **hypocrite** ['hipəkrit] *n* hipokrita, licemer licemjer) **hipocritical**

[hipə'kritəkil] *a* hipokritski, licemeran (licemjeran)
hypodermic I [hajpə'dərmik] *n* 1. supkutana injekcija 2. špric za supkutane injekcije **hypodermic** II *a* potkožan, supkutan; *a* ~ *injection* supkutana injekcija
hypotenuse [haj'patnu:s] *n* (math.) hipotenuza
hypothesis [haj'pathəsis] (*-ses* [sijz]) *n* hipoteza **hypothetical** [hajpə'thetikəl] *a* hipotetičan, hipotetički
hysteria [hi'sterijə] *n* histerija **hysteric** [hi'sterik] *n* histerik **hysterical** *a* histeričan

I

i [aj] *n* i (slovo engleske azbuke)
I [aj] *pron* ja
ice I [ajs] *n* 1. led; *to break the* ~ probiti
led 2. poledica; led 3. (cul.; usu. in *pl)*
voćni sladoled (bez mleka—mlijeka) ice
II *a* leden ice III *v* 1. *tr* premazati; *to* ~
a cake premazati tortu 2. *intr (to* ~
over, up) zalediti se ice age ledeno doba
iceberg [~bərg] *n* ledena santa icebox
[~baks] *n* lednjak icebreaker [~brej-
kər] *n* ledolomac ice cream sladoled
ice-cream *a* od sladoleda; *an* ~ *cone*
kornet sladoleda ice cube kockica leda
ice hockey hokej na ledu
Iceland ['ajslənd] *n* Island; *in* ~ na Islan-
du Icelander *n* Islanđanin Icelandic I
[ajs'laendik] *n* islandski jezik Icelandic
II *a* islandski
ice skate klizaljka ice-skate *v intr* klizati
se, baviti se klizačkim sportom ice ska-
ter klizač (po ledu)
icicle ['ajsikəl] *n* ledenica
icily ['ajsilij] *adv* vrlo hladno, ledeno
icing ['ajsing] *n* 1. preliv, glazura 2. zale-
đivanje
icon ['ajkan] *n* ikona iconoclasm [aj'kanə-
klaezəm] *n* ikonoborstvo iconoclast
[~klaest] *n* ikonoborac
icy ['ajsij] *a* leden (also fig.); *an* ~ 'stare
leden pogled
I'd [ajd] (contraction of) 1. *I had* 2. *I would*
3. *I should*
Idaho ['ajdəhou] *n* Ajdaho
ID card [aj dij] lična karta
idea [aj'dijə] *n* 1. ideja 2. pojam
ideal I [aj'dijl] *n* ideal ideal II *a* idealan; ~
conditions idealni uslovi (W also: uvjeti)
idealism *n* idealizam idealist *n* idealista

idealistic [~'istik] *a* idealističan, ideali-
stički idealize *v tr* and *intr* idealizovati
identical [aj'dentikəl] *a* identičan; *to be* ~
to (with) smt. biti identičan nečemu (sa
nečim) identification [ajdentəfi'kejšən]
n identifikacija identify [aj'dentəfaj] *v*
1. *tr* identifikovati 2. *refl* identifikovati
se; *to* ~ *oneself with the hero of a novel*
identifikovati se s junakom (nekog) ro-
mana 3. *intr* see 2 identity [aj'dentətij] *n*
identitet; *a case of mistaken* ~ zamena
(zamjena) identiteta identity card lična
karta
ideogram ['idijəgraem] *n* ideogram
ideological [ajdijə'ladžikel] *a* ideološki
ideology [ajdij'alədžij] *n* ideologija
idiom ['idijəm] *n* idiom idiomatic [idijə-
'maetik] *a* idiomatski; *an* ~ *expression*
idiomatski izraz
idiot ['idijət] *n* idiot idiotic [idij'atik] *a*
idiotski, blesav
idle I ['ajdl] *n* hod na prazno; prazan hod
idle II *a* 1. besposlen; zaludan 2. ležeći;
~ *money* ležeći novac idle III *v* 1. *tr*
lišiti zaposlenja; *the strike* ~d *many
workers* štrajk je mnoge radnike lišio
zaposlenja 2. *tr* dati (motoru) da radi na
praznom hodu 3. *intr* raditi na praznom
hodu; *the engine is* ~*ing* motor radi na
praznom hodu idler *n* besposličar, do-
količar; mangup
idol ['ajdl] *n* idol idolatrous [i'dalətrəs] *a*
idolopoklonički idolatry [~trij] *n* idolo-
poklonstvo, idolatrija idolize ['ajdlajz] *v*
tr obožavati (kao idol)
idyll, idyl ['ajdl] *n* idila idyllic [aj'dilik]
a idiličan, idilički
if I [if] *n* ako if II *conj* 1. ako; ~ *you are
free, we'll go to the movies* ako budete

slobodni, ići ćemo u bioskop (W: kino); ~ *you came, I would introduce you to them* ako biste došli, upoznao bih vas sa njima 2. da; ~ *I were you, I would take this room* da sam na vašem mestu (mjestu), uzeo bih ovu sobu

igloo ['iglu:] (-s) *n* iglu

ignite [ig'najt] *v* 1. *tr* zapaliti 2. *intr* zapaliti se **ignition** [ig'nišən] *n* paljenje

ignoble [ig'noubəl] *a* 1. neplemenit 2. podao, nizak

ignominious [ignou'minijəs] *a* sramotan, sraman **ignominy** ['ignəminij] *n* sramota

ignoramus [ignə'rejməs] *n* neznalica, neuk čovek (čovjek) **ignorance** ['ignərəns] *n* neznanje **ignorant** *a* neznalički; neuk **ignore** [ig'nor] *v* *tr* ignorisati

il- *prefix* ne-, bez- (*illegal, illegible, illogical,* etc.)

ilk [ilk] *n* vrsta (W also: vrst); *men of that* ~ ljudi te vrste

ill I *n* zlo **ill** II *a* 1. bolestan; *to be taken* ~ oboleti (oboljeti) 2. zao rđav; ~ *will* zla volja **ill** III *adv* rđavo, zlo; *to be* ~ *at ease* osećati (osjećati) se neugodno **ill-advised** *a* nepromišljen, nesmotren

illegitimacy [ili'džitəməsij] *n* vanbračnost **illegitimate** [ili'džitəmit] *a* vanbračan; *an* ~ *son* vanbračan sin

ill-fated *a* zlosrećan, zlosretan

illicit [i'lisit] *a* nezakonit

Illinois ['ilənoj] *n* Ilinois

illiteracy [i'litərəsij] *n* nepismenost, analfabetizam **illiterate** [~rit] *a* nepismen

illness ['ilnis] *n* bolest

ill-timed *a* neblagovremen **ill-treat** *v* *tr* maltretirati

illuminate [i'lu:mənejt] *v* *tr* osvetliti (osvijetliti), iluminisati **illumination** [ilu:mə-'nejšən] *n* osvetljenje (osvjetljenje), iluminacija

illusion [i'lu:žən] *n* iluzija **illusory** [i'lu:sə-rij] *a* iluzoran

illustrate ['iləstrejt] *v* *tr* ilustrovati **illustration** [ilə'strejšən] *n* ilustracija **illustrative** [i'ləstrətiv] *a* ilustrativan **illustrator** ['iləstrejtər] *n* ilustrator

illustrious [i'ləstrijəs] *a* čuven, slavan

im- *prefix* ne-, bez- (*immoderate, immodest, impassable,* etc.)

image ['imidž] *n* slika; lik

imaginable [im'aedžənəbəl] *a* zamišljiv **imaginary** [~nerij] *a* zamišljen, uobražen, imaginaran **imagination** [imaedžə-'nejšən] *n* uobraženje, imaginacija, ma-

šta **imaginative** [i'maedžənətiv] *a* imaginativan **imagine** [i'maedžin] *v* 1. *tr* zamisliti; predstaviti sebi 2. *intr* zamisliti; *just* ~! zamisli!

imbecile ['imbəsil] *n* imbecil, slaboumna osoba

imbue [im'bju:] *v* *tr* prožeti

imitate ['imətejt] *v* *tr* imitirati, podražavati; *children* ~ *their elders* deca (djeca) imitiraju odrasle **imitation** [imə'tejšən] *n* imitacija **imitator** ['imətejtər] *n* imitator

immaculate [i'maekjəlit] *a* 1. neuprljan 2. neporočan, bezgrešan **immaculate conception** bezgrešno začeće

immaterial [imə'tijrijəl] *a* 1. nematerijalan 2. neznačajan, nebitan

immature [imə'ču:r] *a* nezreo

immediacy [i'mijdijəsij] *n* neposrednost **immediate** [i'mijdijit] *a* 1. neposredan; *an* ~ *superior* prvi pretpostavljeni; ~*ly after* neposredno posle (poslije) 2. trenutan **immediately** [-lij] *adv* odmah

immemorial [imə'morijəl] *a* drevni; *from time* ~ od pamtiveka (pamtivijeka)

immense [i'mens] *a* neizmeran (neizmjeran), ogroman

immerse [i'mərs] *v* *tr* 1. zaroniti, uroniti; zagnjuriti; umočiti; *to* ~ *smt. in water* zaroniti nešto u vodu 2. zadupsti 3. (rel.) spustiti u vodu (prilikom krštenja) **immersion** [i'məržən] *n* zaronjenje, zagnjurenje

immigrant ['imigrənt] *n* useljenik, doseljenik, imigrant **immigrate** [~rejt] *v* *intr* useliti se, doseliti se **immigration** [imi-'grejšən] *n* useljenje, imigracija

imminence [i'imənəns] *n* bliskost **imminent** *a* blizak; ~ *danger* bliska opasnost

immobile [i'moubəl] *a* nepokretan, imobilan **immobilize** *v* *tr* imobilisati

immortal I [i'mortəl] *n* besmrtnik **immortal** II *a* besmrtan **immortality** [imor'tae-lətij] *n* besmrtnost

immune [i'mju:n] *a* imun **immunity** *n* imunitet; ~ *to* (Br.: *from*) *smallpox* imunitet na velike boginje **immunization** [imjənə'zejšən] *n* imunizacija **immunize** ['imjənajz] *v* *tr* imunizovati; *to* ~ *smb. against smt.* imunizovati nekoga protiv nečega

immutable [i'mju:təbəl] *a* nepromenljiv (nepromjenljiv)

impact ['impaekt] *n* 1. sudar, udar 2. uticaj

impair [im'pejr] v tr umanjiti; pogoršati
impale [im'pejl] v tr nabiti (na kolac)
impalement n nabijanje (na kolac)
impart [im'part] v tr saopštiti (saopćiti)
impartial [im'paršəl] a nepristrastan (W: nepristran) **impartiality** [iɪnparšijaelətij] n nepristrasnost (W: nepristranost)
impasse ['impaes] n ćorsokak
impassioned [im'paešənd] a strastan
impassive [im'paesiv] a neosetljiv (neosjetljiv)
impatience [im'pejšəns] n nestrpljenje **impatient** [~šənt] a nestrpljiv
impeach [im'pijč] v tr optužiti (funkcionara), pokrenuti postupak (protiv funkcionera); (colloq.) opozvati (funkcionera) **impeachment** n pokretanje postupka (protiv funkcionera); (colloq.) opoziv (funkcionera)
impeccable [im'pekəbəl] a besprekoran
impede [im'pijd] v tr smetati **impediment** [im'pedəment] n 1. smetnja 2. poremećaj; a speech ~ govorni poremećaj
impel [im'pel] v tr naterati (natjerati); prisiliti
impend [im'pend] v intr 1. predstojati, biti blizak 2. pretiti (prijetiti)
impenetrable [im'penətrəbəl] a neprobojan
imperative I [im'perətiv] n imperativ; zapovedni (zapovjedni) način **imperative** II a imperativan; potreban; it is ~ that he leave at once mora otići odmah
imperfect I [im'pərfikt] n (gram.) imperfekat **imperfect** II a 1. nesavršen, koji ima mana 2. (gram.) ~ tense imperfekat **imperfection** [impər'fekšən] n nedostatak, mana
imperfective I [impər'fektiv] n (gram.) imperfektivni vid, nesvršeni vid **imperfective** II a (gram.) imperfektivan, nesvršen
imperial [im'pijrijəl] a carski; carevinski; imperijalni **imperialism** n imperijalizam **imperialist** n imperijalista **imperialistic** [impijrijə'listik] a imperijalistički
imperil [im'perəl] v tr izložiti opasnosti, ugroziti (also **endanger**)
imperious [im'pijrijəs] a naređivački, zapovednički (zapovjednički)
impermeable [im'pərmijəbəl] a nepropustljiv
impersonal [im'pərsənəl] a 1. bezličan; impersonalan; (gram.): an ~ sentence bezlična rečenica 2. ravnodušan, neosetljiv (neosjetljiv)

impersonate [im'pərsənejt] v tr izdavati se (za), igrati ulogu (nekoga) **impersonation** [impərsə'nejšən] n igranje uloge (nekoga) **impersonator** [im'pərsənejtər] n onaj koji se izdaje za drugoga
impertinence [im'pərtnəns] n drskost, bezobrazluk **impertinent** [~ənt] a drzak, bezobrazan, impertinentan
impetuous [im'peču:əs] a nagao, plahovit
impetus ['impətəs] n 1. podstrek, podsticaj 2. pokretna sila
impinge [im'pindž] v intr (to ~ in, upon) povrediti (povrijediti), posegnuti (na)
implacable [im'plejkəbəl] a nepomirljiv, neumoljiv
implant [im'plaent] v tr usaditi
implement I ['impləmənt] n oruđe, sredstvo, alatka **implement** II v tr izvršiti, ostvariti
implicate ['implikejt] v tr uplesti, upetljati; to ~ smb. in a scandal upetljati nekoga u skandal **implication** [impli'kejšən] n 1. upletanje; upletenost 2. implikacija, podrazumevanje (podrazumijevanje)
implicit [im'plisit] a implicitan, koji se podrazumeva (podrazumijeva)
implore [im'plor] v tr preklinjati
imply [im'plaj] v tr implicirati; sadržavati u sebi
import I ['import] n uvezena roba; uvoz **import** II a uvozni; an ~ license uvozna dozvola **import** III ['im'port] v tr uvesti, importirati
importance [im'portəns] n važnost **important** a važan
importer [im'portər] n uvoznik
impose [im'pouz] v 1. tr nametnuti, naturiti, udariti; to ~ a tax on smt. udariti porez na nešto 2. tr dosuditi; to ~ a fine dosuditi kaznu 3. tr zavesti; to ~ a curfew (martial law) zavesti policijski čas (opsadno stanje) 4. intr (to ~ on, upon) nametati se; to ~ on smb. nametati se nekome **imposing** a impozantan **imposition** [impə'zišən] n 1. nametanje, udaranje 2. zavođenje 3. teret, namet; an ~ on smb.'s good nature zloupotrebljavanje nečije dobrote
impossible [im'pasəbəl] a nemogućan
imposter [im'pastər] n varalica, hohštapler
impotence ['impətəns] n impotencija, impotentnost **impotent** a impotentan
impound [im'paund] v 1. uzaptiti 2. zatvoriti (zalutalu stoku)

impoverish [im'pavəriš] *v tr* osiromašiti
impractical [im'praektikəl] *a* nepraktičan
impracticality [impraekti'kaelətij] *n* nepraktičnost
impregnable [im'pregnəbəl] *a* nesavladiv, neosvojiv; *an* ~ *fortress* neosvojiva tvrđava
impregnate [im'pregnejt] *v tr* 1. oploditi, osemeniti (osjemeniti) 2. impregnisati
impregnation [impreg'nejšən] *n* oplođenje
impresario [imprə'sarijou] *n* impresario
impress I [im'pres] *v tr* nasilu mobilisati; *to* ~ *into service* nasilno mobilisati za vojnu službu
impress II *v tr* imponovati, impresionirati
impression [im'prešən] *n* utisak; impresija; *to get an* ~steći utisak **impressionism** *n* impresionizam **impressionist** *n* impresionista **impressionistic** [imprešən'istik] *a* impresionistički **impressive** [im'presiv] *a* upečatljiv, impresivan
imprint I ['imprint] *n* 1. utisak 2. oznaka **imprint** II [im'print] *v tr* 1. utisnuti 2. (fig.) urezati
imprison [im'prizən] *v tr* zatvoriti, baciti u zatvor
impromptu [im'pramptu:] 1. *a* improvizovan 2. *adv* improvizovano, na brzu ruku
improve [im'pru:v] *v* 1. *tr* poboljšati 2. *intr* poboljšati se 3. *intr (to* ~ *on)* poboljšati **improvement** *n* poboljšanje
improvisation [imprəvə'zejšən] *n* improvizacija **improvise** ['imprəvajz] *v tr and intr* improvizovati
impudence ['impjədəns] *n* drskost, bezobrazluk **impudent** [~ənt] *a* drzak, bezobrazan
impugn [im'pju:n] *v tr* osporiti, pobiti
impulse ['impəls] *n* impuls, pobuda; nagon **impulsive** [im'pəlsiv] *a* impulsivan
impunity [im'pju:nətij] *n* nekažnjenost
impute [im'pju:t] *v tr* pripisati, imputirati; *to* ~ *guilt to smb.* pripisati krivicu nekome
in I [in] *n* (in *pl)* članovi vladajuće stranke **in** II *pred a* 1. (colloq., usu. pol.) izabran; *they are* ~! pobedili (pobijedili) su (na izborima)! 2. (sports) dobro vraćen; ispravan **in** III *adv* 1. unutra, unutar; *come* ~! uđi! 2. misc.; *to have it* ~ *for smb.* biti kivan na nekoga, uzeti nekoga na zub **in** IV *prep* 1. (place; as a synonym of **at** 1) u, na; *he stayed* ~ *(at) a hotel* odseo (odsjeo) je u hotelu; *the*

plane landed ~ *(at) Boston* avion je sleteo (sletio) u Bostonu (see **at** 1) 2. (place; **at** is not a synonym) u; *he lives* ~ *Paris* on stanuje u Parizu 3. u; ~ *the fall* u jesen; ~ *despair* u očajanju 4. po; ~ *cold weather* po hladnom vremenu 5. kroz; ~ *two days* kroz dva dana 6. na; ~ *English* na engleskom 7. za; *come* ~ *a day or two* dođi za dan — dva 8. prema; *the largest countries* ~ *size* najveće zemlje prema prostranstvu 9. pri; *ten persons were injured* ~ *the collision* pri sudaru je povređeno (povrijeđeno) deset lica **in** V *a* (colloq.) u modi
in- *prefix ne-, bez- (inability, incapable, incorrect, indirect, etc.)*
inane [in'ejn] *a* ništavan, prazan **inanity** [in'aenətij] *n* ništavost
inasmuch as [inəz'məč] pošto; ukoliko
inaugural I [in'ogjərəl] *n* inauguracija **inaugural** II *a* inauguralan **inaugurate** [in'ogjərejt] *v tr* inaugurisati **inauguration** [inogjə'rejšən] *n* inauguracija
in back of *prep* see **behind** II
in between *prep* see **between**
inborn ['inborn] *a* urođen
inbound ['inbaund] *a* dolazeći; ~ *traffic* dolazeći saobraćaj
inbred ['inbred] *a* urođen, prirođen
incapacitate [inkə'paesətejt] *v tr* onesposobiti **incapacity** [inkə'paesətij] *n* nesposobnost
incarcerate [in'karsərejt] *v tr* zatvoriti, utamničiti
incarnate I [in'karnit] *a* ovaploćen **incarnate** II [~nejt] *v tr* ovaplotiti, inkarnirati **incarnation** [inkar'nejšən] *n* ovaploćenje, inkarnacija
incendiary I [in'sendijerij] *n* 1. palikuća 2. (fig.) podstrekač **incendiary** II *a* zapaljiv; *an* ~ *bomb* zapaljiva bomba
incense I ['insens] *n* tamjan
incense II [in'sens] *v tr* razjariti
incentive [in'sentiv] *n* podstrek, podsticaj
inception [in'sepšən] *n* početak
incessant [in'sesənt] *a* neprestan
incest ['insest] *n* rodoskrnavljenje, rodoskvrnjenje, incest **incestuous** [in'sesču:əs] *a* rodoskvrnilački, rodoskvrni, rodoskrvni
inch I [inč] *n* inč, palac, col; ~ *by* ~ stopu po stopu **inch** II *v tr and intr* pomeriti — pomjeriti (se) polako; *to* ~ *(one's way) forward* napredovati polagano
incidence ['insədəns] *n* frekvenca

incident ['insədənt] n događaj, slučaj, incident; an ugly ~ nemio događaj incidental [insə'dentəl] a sporedan, uzgredan, slučajan

incinerate [in'sinərejt] v tr pretvoriti u pepeo, spaliti incinerator n peć (za spaljivanje otpadaka)

incipient [in'sipijənt] a početni

incision [in'sižən] n zasek (zasjek), rez incisive [in'sajsiv] a 1. koji seče (siječe) 2. (fig.) oštar, bridak incisor [in'sajzər] n sekutić (sjekutić)

incite [in'sajt] v tr podbosti, podstaći

inclement [in'klemənt] a buran; ~ weather ružno vreme (vrijeme)

inclination [inklə'nejšən] n inklinacija; nagib incline I ['inklajn] n nagib incline II [in'klajn] v 1. tr nagnuti; sagnuti 2. intr naginjati, inklinirati

include [in'klu:d] v tr 1. uključiti; obuhvatiti 2. ubrojiti; uračunati including 1. see include 2. prep uključujući inclusion [in'klu:žən] n 1. uključenje 2. ubrajanje inclusive [in'klu:siv] 1. a uključan 2. adv uključno, zaključno; until Wednesday ~ zaključno sa sredom (srijedom)

incognito [inkag'nijtou] 1. n inkognito 2. a and adv inkognito, tajno; to travel ~ putovati inkognito

incoherence [inkou'hijrəns] n inkoherentnost; nepovezanost incoherent a inkoherentan; nevezan; nepovezan; an ~ statement nepovezana izjava

income ['inkem] n dohodak; annual (yearly) ~ godišnji dohodak income tax porez na dohodak

incoming a koji dolazi

incommunicado [inkəmju:ni'kadou] adv izolovan; u zasebnom zatvoru

incomparable [in'kampərəbəl] a neuporediv (W: neusporediv)

incongruous [in'kanggru:əs] a 1. nepodesan, nepogodan 2. disparatan; sasvim različit

inconsequential [inkansə'kwenšəl] a nevažan, sitan

inconvenience I [inkən'vijnjəns] n nezgodnost, neugodnost inconvenience II v tr 1. uznemirit 2. smetati

incorporate [in'korpərejt] v tr inkorporisati, pretvoriti u akcionarsko preduzeće (W: poduzeće) incorporation [inkorpə'rejšən] n inkorporacija, pretvorenje u akcionarsko preduzeće (W: poduzeće)

incorrigible I [in'koredžebəl] n nepopravljivac incorrigible II a nepopravljiv

increase I ['inkrijs] n povećanje, uvećanje, porast; an ~ in prices porast cena (cijena) increase II [in'krijs] v 1. tr povećati, uvećati 2. intr povećati se, uvećati se

incredible [in'kredəbəl] a neverovatan (nevjerovatan)

incredulous [in'kredžələs] a skeptičan, s nevericom (nevjericom)

increment ['inkrəmənt] n 1. povećanje, uvećanje 2. (math.) priraštaj, inkrement

incriminate [in'krimənejt] v tr inkriminisati

incubate ['inkjəbejt] v 1. tr izleći; izvesti veštačkom (vještačkom) toplotom 2. intr izleći se incubation [inkjə'bejšən] n inkubacija incubator ['inkjəbejtər] n inkubator

inculcate [in'kəlkejt] v tr uliti, utuviti

incumbent I [in'kəmbənt] n službenik, činovnik incumbent II a 1. obavezan; it was ~ on him to... on je bio dužan da... 2. na službi

incur [in'kər] v tr navući na sebe; napraviti: to ~ debts zadužiti se, napraviti dugove

incursion [in'kəržən] n upad, prepad

indebted [in'detid] a zadužen, dužan

indefatigable [ində'faetəgəbə] a neumoran

indefinable [indi'fajnəbəl] a neodrediv

indefinite [in'defənit] a neodređen; (gram.) the ~ article neodređeni član

indelible [in'deləbəl] a neizbrisiv

indemnification [indemnəfi'kejšən] n obeštećenje; isplata naknade indemnify [in'demnəfaj] v tr 1. osigurati 2. obeštetiti indemnity [in'demnətij] n 1. osiguranje 2. obeštećenje, naknada

indent [in'dent] v tr uvući; to ~ a line uvući redak indentation [inden'tejšən] n uvlačenje indented a 1. razuđen 2. uvučen

independence [indi'pendəns] n nezavisnost Independence Day (Am.) Dan nezavisnosti (4. VII) independent a nezavisan

indescribable [indi'skrajbəbəl] a neopisiv

indestructible [indi'strəktəbəl] a nerazoriv

index I ['indeks] (-es or -dices [dəsijz]) n 1. indeks, registar, azbučni spisak 2. oznaka, kazaljka 3. (math.) indeks 4. indeks, popis zabranjenih knjiga 5. indikator; economic indexes privredni indikatori

6. (ekon.) indeks, grafikon; *a price* ~ indeks (grafikon) cena (cijena) **index** II *v tr* snabdeti (snabdjeti) azbučnim spiskom **index finger** kažiprst **index number** pokazatelj, indeksni broj
India ['indijǝ] *n* Indija **Indian** I *n* 1. Indijac 2. Indijanac **Indian** II *a* 1. indijski 2. indijanski
Indiana [indij'aǝnǝ] *n* Indijana
Indian summer bablje leto (ljeto)
indicate ['indikejt] *v tr* 1. pokazati, indicirati, ukazati (na); *to* ~ *an error* ukazati na grešku 2. nagovestiti (nagovijestiti) 3. ukazati (na potrebu); *the symptoms* ~ *surgery* simptomi ukazuju na potrebu operacije **indication** [indi'kejšǝn] *n* indikacija
indicative I [in'dikǝtiv] *n* (gram.) indikativ **indicative** II *a* 1. koji pokazuje, nagoveštava (nagovještava) 2. (gram.) indikativan **indicator** ['indikejtǝr] *n* indikator; *a range* ~ indikator dometa; *economic* ~*s* privredni indikatori
indict [in'dajt] *v tr* optužiti, podneti (podnijeti) optužnicu (protiv); *to* ~ *smb. for murder* optužiti nekoga za ubistvo (zbog ubistva) **indictment** *n* optužnica, optužni akt
indifference [in'difǝrǝns] *n* ravnodušnost, indiferentnost **indifferent** *a* 1. ravnodušan, indiferentan; *to be* ~ *toward smt.* biti ravnodušan prema nečemu 2. osrednji
indigenous [in'didžǝnǝs] *a* urođenički, domorodački; domaći
indigent I ['indǝdžǝnt] *n* siromah **indigent** II *a* siromašan
indigestion [indi'džesčǝn] *n* nevarenje, loša probava
indignant [in'dignǝnt] *a* indigniran, ogorčen **indignation** [indig'nejšǝn] *n* indignacija, ogorčenje
indignity [in'dignǝtij] *n* uvreda, uniženje
indiscreet [indis'krijt] *a* indiskretan, nepromišljen **indiscretion** [indis'krešǝn] *n* indiskrecija
indiscriminate [indis'krimǝnit] *a* 1. koji ne pravi razlike, nerazličit 2. nasumce rađen
indispensable [indis'pensǝbǝl] *a* neophodan, potreban
indisputable [indis'pju:tǝbǝl] *a* neosporiv, neosporan
individual I [indǝ'vidžu:ǝl] *n* individua, pojedinac **individual** II *a* individualan,

pojedinačan **individualism** *n* individualizam **individualist** *n* individualista **individuality** [indǝvidžu:'aelǝtij] *n* individualnost
Indochina [indou'čajnǝ] *n* Indokina
indoctrinate [in'daktrǝnejt] *v tr* poučavati **indoctrination** [indaktrǝ'nejšen] *n* nastava; *political* ~ politička nastava
Indo-European I [indou-jurǝ'pijǝn] *n* indoevropski jezici **Indo-European** II *a* indoevropski
indolence ['indǝlǝns] *n* tromost, lenost (lijenost), indolencija **indolent** *a* trom, lenj (lijen), indoletan
indomitable [in'damǝtǝbǝl] *a* nesavladiv
Indonesia [indǝ'nijžǝ] *n* Indonezija **Indonesian** I *n* 1. Indonežanin 2. indonezijski jezik **Indonesian** II *a* indonezijski
indoor ['indor] *a* 1. unutrašnji, domaći, kućni 2. zatvoren; u dvorani; ~ *track games* atletske igre u dvorani **indoors** *adv* u kući, u sobi; unutra
induce [in'du:s] *v tr* 1. pobuditi, navesti; podstaći; *to* ~ *smb. to do smt.* navesti nekoga da uradi nešto 2. indukovati 3. (med.) izazvati, indukovati; *to* ~ *a birth* indukovati (izazvati) porođaj **inducement** 1. pobuda 2. indukovanje
induct [in'dǝkt] *v tr* 1. uvesti 2. (mil.) regrutovati; uvesti (u vojnu službu) **induction** [in'dǝkšǝn] *n* 1. indukcija; indukovanje 2. regrutovanje **inductive** [-tiv] *a* induktivan
indulge [in'dǝldž] *v* 1. *tr* povlađivati; razmaziti; *to* ~ *children* razmaziti decu (djecu) 2. *tr* zadovoljiti; dozvoliti; *to* ~ *a craving* zadovoljiti (jaku) želju 3. *intr (to* ~ *in)* odavati se; dozvoljavati se; *to* ~ *in drink* odati se piću **indulgence** *n* 1. povlađivanje; popustljivost 2. zadovoljenje 3. (rel.) indulgencija **indulgent** *a* popustljiv
industrial [in'dǝstrijǝl] *a* industrijski **industrialize** [in'dǝstrijǝlajz] *v* 1. industrializovati 2. *intr* industrializovati se **industrious** [in'dǝstrijǝs] *a* vredan (vrijedan), marljiv **industry** ['indǝstrij] *n* 1. industrija; *heavy (light)* ~ teška (laka) industrija 2. marljivost
inebriate [in'ijbrijejt] *v tr* opiti, napiti
inept [in'ept] *a* 1. nepodesan 2. nevešt (nevješt), nevičan **ineptitude** [in'eptǝtu:d] *n* 1. nepodesnost 2. neveština (nevještina), nevičnost

inert [in'ərt] a inertan inertia [in'ərša]
n inercija; by ~ po inerciji
inescapable [inə'skejpəbəl] a neizbežan
(neizbježan)
inestimable [in'estəməbəl] a neprocenjiv
(neprocjenjiv)
inevitable [in'evətəbəl] a neizbežan
(neizbježan)
inexcusable [inik'skju:zəbəl] a neoprostiv
inexhaustible [inig'zostəbəl] a neiscrpan,
nepresušan; ~ energy nepresušna
energija
inexorable [in'eksərəbəl] a neumoljiv
inexplicable [inek'splikəbəl] a neobjašnjiv,
nerazjašnjiv
infamous ['infəməs] a infaman, zloglasan;
sramotan infamy ['infəmij] n infamija,
zloglasnost; sramota
infancy ['infənsij] n 1. rano detinjstvo
(djetinjstvo) 2. (legal) nepunoletnost
(nepunoljetnost) infant I ['infənt] n malo
dete (dijete), odojče infant II a 1. dečji
(dječji) 2. (fig.) mlad infantile ['infən-
tajl] a infantilan; dečji infantile paraly-
sis dečja paraliza infant mortality
smrtnost odojčadi
infantry I ['infəntrij] n pešadija (pješadija)
infantry II a pešadijski (pješadijski); an
~ company pešadijska četa
infatuate [in'faeču:ejt] v tr zaluditi, zaneti
(zanijeti) infatuation [infaeču:'ejšən] n
zaluđenost, zanesenost, zaljubljenost
infect [in'fekt] v tr zaraziti, infektirati; to
~ smb. with the flu zaraziti nekoga
gripom infection [in'fekšən] n zaraza,
infekcija infectious [in'fekšəs] a zara-
zan, infektivan; ~ diseases infektivne
bolesti
infer [in'fer] v 1. tr. zaključiti 2. intr
izvoditi zaključak inference ['infərəns]
n zaključak
inferior [in'fijrijər] a inferioran, niži infe-
riority [infijrijarətij] n inferiornost infe-
riority complex kompleks niže vrednosti
(vrijednosti)
infernal [in'fərnəl] a paklen inferno [in-
'fərnou] n pakao
infidel I ['infədəl] nevernik (nevjernik),
bezvernik (bezvjernik) infidel II never-
nički (nevjernički) infidelity [infə'delə-
tij] n 1. verolomnost (vjerolomnost) 2.
preljuba, brakolomstvo
infiltrate ['infiltrejt] v 1. tr infiltrirati,
ubaciti; to ~ enemy positions infiltrira-
ti se u neprijateljske redove 2. intr

infiltrirati se, prodirati infiltration [in-
fil'trejšən] n infiltracija
infinite I ['infənit] n beskrajnost infinite II
a beskrajan
infinitive [in'finətiv] n infinitiv
infinity [in'finətij] n beskrajnost, beskraj
infirm [in'fərm] a nemoćan, slabačak in-
firmity [in'fərmətij] n nemoć, slabost
inflame [in'flejm] v tr raspaliti: to ~ pas-
sions raspaliti strasti inflammable [in-
'flaeməbəl] a zapaljiv, upaljiv inflam-
mation [inflə'mejšən] n zapaljenje (W:
upala) inflammatory [in'flaemətorij] a
raspaljiv, izazivački
inflate [in'flejt] v tr 1. naduvati (W also:
napuhati) 2. naduti 3. podići (cene —
cijene) inflation [in'flejšən] n 1. naduva-
nje 2. (econ.) inflacija inflationary a
inflacioni
inflect [in'flekt] v tr 1. saviti 2. modulirati
3. (gram.) izmenjati (izmijenjati) inflec-
tion [in'flekšən] n 1. modulacija 2.
(gram.) promena (promjena), fleksija
inflict [in'flikt] v tr naneti (nanijeti), zada-
ti; to ~ a wound zadati ranu
influence I ['influ:əns] n uticaj (W also:
utjecaj); dejstvo (djejstvo); to exert ~
on smb. vršiti uticaj na nekoga influ-
ence II v tr uticati (na) influential [in-
flu:'enšəl] a uticajan (W also: utjecajan)
influenza [influ:enzə] n influenca, grip
influx ['infləks] n priliv; navala; an ~ of
capital (foreigners) navala kapitala
(stranaca)
in for prep (in various pharses with it);
he's ~ it on će dobiti batine; to have it
~ smb. brusiti nož na nekoga
inform [in'form] v 1. tr obavestiti (obavije-
stiti), informisati; to ~ smb. about smt.
obavestiti nekoga o nečemu 2. intr do-
staviti, prijaviti; pokazati; to ~ on smb.
to the police prijaviti (dostaviti) nekoga
policiji
informal a neformalan informality [infor-
'maelətij] n neformalnost
informant [in'formənt] n (ling.) informator
information I [infər'mejšən] n obavešte-
nje (obavještenje), informacija informa-
tion II a informacioni; obaveštajni
(obavještajni); an ~ desk šalter za in-
formacije informative [in'formətiv] a in-
formativan informer n dostavljač, oba-
veštač (obavještač), prijavljivač
infraction [in'fraekšən] n prekršaj
infrared [infrə'red] a infracrven

infrequent [in'frijkwənt] a redak

infringe [in'frindž] v 1. tr prekršiti, naru-
šiti 2. intr (to ~ on) posegnuti (na),
krnjiti; to ~ on smb.'s rights krnjiti
nečija prava

in front of prep pred; ~ the house pred
kućom

infuriate [in'fju:rijejt] v tr razbesniti
(razbjesniti)

infuse [in'fju:z] v tr uliti infusion [in'fju:-
žən] n infuzija, ulivanje

ingenious [in'džijnjəs] a genijalan, inge-
niozan ingenuity [indžə'nu:ətij] n geni-
jalnost

ingenuous [in'dženju:əs] a bezazlen;
naivan

ingot ['inggət] n šipka, poluga, ingot; gold
~s zlato u šipkama

ingrained [in'grejnd] a 1. ukorenjen (uko-
rijenjen) 2. okoreo (okorio)

ingrate ['ingrejt] n nezahvalnik

ingratiate [in'grejšijejt] v refl dodvoriti se;
he ~d himself with the boss dodvorio se
šefu

ingratitude [in'graetətu:d] n nezahval-
nost

ingredient [in'grijdijənt] n sastojak

in-group n intimna grupa

ingrown ['ingroun] a urastao; he has an ~
nail nokat mu je urastao u meso

inhabit [in'haebit] v tr stanovati (u) in-
habitant n stanovnik

inhale [in'hejl] v tr and intr udahnuti,
inhalirati

inherent [in'hijrənt] a inherentan, neraz-
dvojiv

inherit [in'herit] v tr naslediti (naslijediti)
inheritance n nasleđe (nasljeđe)

inhibit [in'hibit] v tr inhibirati, kočiti
inhibition [inhi'bišən] n inhibicija,
kočenje

inimitable [in'imitəbəl] a koji se ne može
podražavati, jedinstven

iniquity [in'ikwətij] n grešnost

initial I [i'nišəl] n inicijal initial II a
početni, prvi, prethodan initial III v tr
napisati početna slova (svoga imena) na

initiate I [i'nišijit] n 1. upućenik 2. počet-
nik, novajlija initiate II [~ijejt] v tr 1.
započeti, pokrenuti 2. uvesti, posvetiti,
uputiti; to ~ smb. into a club uvesti
nekog u društvo initiation [iniši'ejšən]
n inicijacija, uvođenje, posvećivanje ini-
tiative [i'nišətiv] n inicijativa; on one's
own ~ na svoju inicijativu

inject [in'džekt] v tr 1. ubaciti 2. ubrizgati;
to ~ a fluid ubrizgati tečnost injection
[~kšən] injekcija, ubrizgavanje

injunction [in'džəngkšən] v nalog; (legal)
sudski nalog

injure ['indžər] v tr raniti, povrediti (po-
vrijediti), ozlediti (ozlijediti) injurious
[in'džu:rijəs] a štetan injury ['indžərij] n
rana, povreda, ozleda (ozljeda); a brain
~ povreda mozga

injustice [in'džəstis] n nepravda

ink [ingk] n mastilo; to write in ~ pisati
mastilom

inkling [~ling] n naziranje; mig; to give
an ~ dati mig; to get an ~ of smt.
nanjušiti nešto

inkwell [~wel] n mastionica

inland I ['inlənd] n unutrašnjost inland II
adv u unutrašnjost, u unutrašnjosti; to
move ~ ići u unutrašnjost (zemlje)

in-law n srodnik (po braku)

inlet ['inlet] n morski rukavac

inmate ['inmejt] n 1. stanar 2. onaj koji je
u zatvoru, bolnici

inn [in] n gostionica, krčma; restoran

innate ['inejt] a urođen, prirođen; ~ cha-
racteristics urođene osobine

inner ['inər] a 1. unutrašnji; an ~ tube
unutrašnja guma 2. duševni

inning ['ining] n (baseball, cricket) 1. red;
podela (podjela) utakmice 2. (fig.) red;
učešće

innkeeper ['inkijpər] n gostioničar, krč-
mar, ugostitelj

innocence ['inəsəns] n nevinost innocent a
1. nevin 2. nekriv; the court found him
~ sud mu je izrekao oslobađajuću
presudu

innocuous [in'akju:əs] a bezopasan, ne-
škodljiv

innovate ['inəvejt] v intr uvoditi novine
innovation [inə'vejšən] n inovacija inno-
vator ['inəvejtər] n novator

innuendo [inju:'endou] (-es) n nagoveštaj
(nagovještaj), insinuacija, mig

innumerable [i'nu:mərəbəl] a bezbrojan

inoculate [in'akjəlejt] v tr inokulisati,
ubrizgati inoculation [inakjə'lejšən] n
inokulacija, ubrizgavanje

inordinate [in'ordnit] a 1. prekomeran
(prekomjeran) 2. neuredan

input ['input] n 1. ulaz 2. ulaganje
sredstva

inquest ['inkwest] n istraga; a coroner's ~
istraga povodom smrti

inquire [in'kwajr] v intr raspitati se; to ~
about smt. raspitati se o nečemu inquiry
['inkwərij] and [in'kwajrij] n 1. raspiti-
vanje; pitanje 2. istraga; a court of ~
istražni sud
inquisition [inkwə'zišən] n 1. istraga 2.
(hist., cap.) Inkvizicija
inquisitive [in'kwizətiv] a radoznao, ljubo-
pitljiv
inroad ['inroud] n 1. prepad, upad 2.
zakoračivanje, zadiranje
insane [in'sejn] a lud, umno poremećen,
duševno bolestan insane asylum (obsol.)
ludnica insanity [in'saenətij] n ludilo,
duševna bolest
insatiable [in'sejšəbəl] a nenasit, nenasi-
tan, neutoljiv
inscribe [in'skrajb] v tr 1. zapisati, napisa-
ti; to ~ one's name (in a book) zapisati
svoje ime (u knjigu) 2. (math.) upisati; to
~ a circle in a polygon upisati krug u
poligon inscription [in'skripšən] n 1.
zapis, napis 2. posveta
inscrutable [in'skru:təbəl] a nedostižan,
zagonetan
insect ['insekt] n insekat, kukac, buba
insecticide [in'sektəsajd] n insekticid
inseminate [in'semənejt] v tr osemeniti
(osjemeniti) insemination [insemə'nej-
šən] n osemenjavanje (osjemenjavanje)
inseparable [in'sepərəbəl] a nerazdvojan,
nerazdruživ; ~ friends nerazdvojni
drugovi
insert I ['insərt] n 1. umetak; dodatak 2.
uložak insert II [in'sərt] v tr umetnuti;
to ~ a word umetnuti reč (riječ) inser-
tion [in'səršən] n 1. umetanje 2. umetak
inside I ['in'sajd] n 1. unutrašnjost; the ~
of a house unutrašnjost kuće 2. (in pl,
colloq.) utroba 3. misc.; he put on his
coat ~ out obukao je kaput naopako; to
turn ~ out izvrnuti inside II a unutra-
šnji; the ~ lane unutrašnja staza inside
III adv unutra; to go ~ ući
inside IV prep 1. u; ~ a house u kući 2.
(or: ~ of) za manje od; ~ (of) a year za
manje od godine dana insider [in'sajdər]
n član (zatvorenog) kruga; posvećeni,
upućeni
insidious [in'sidijəs] a 1. podmukao, potu-
ljen; lukav 2. potajan, postepen
insight ['insajt] n pronicavost; uviđanje,
shvatanje
insignia [in'signijə] v (sgn or pl) insignije,
oznake (čina, specijalnosti, roda, službe)

insinuate [in'sinju:ejt] v 1. tr and intr
insinuirati 2. refl uvući se; dodvoriti se
insinuation [insinju:'ejšən] n insinuacija
insipid [in'sipid] a neukusan; bljutav
insist [in'sist] v tr and intr insistirati; to ~
on smt. insistirati na nečemu insistence
n insistiranje, navaljivanje insistent a
uporan; ~ demands uporni zahtevi
(zahtjevi)
insofar [insou'far] adv toliko (da); ~ as I
am concerned što se mene tiče
insolence ['insələns] n drskost, bezobra-
zluk insolent a drzak, bezobrazan
insoluble [in'saljəbəl] a 1. nerastvorljiv 2.
nerešiv (nerješiv); an ~ problem nerešiv
problem
insolvency [in'salvənsij] n insolventnost,
nesposobnost plaćanja insolvent a insol-
ventan
insomnia [in'samnijə] n nesanica, besanica
insomuch [insou'məč] adv toliko; ~ as
utoliko . . . ukoliko
inspect [in'spekt] v tr 1. pregledati; to ~
an automobile pregledati auto 2. izvršiti
smotru (nečega); to ~ an honor guard
izvršiti smotru počasne straže inspec-
tion [in'spekšən] n pregled; smotra; in-
spekcija; to conduct (make) an ~ izvrši-
ti pregled inspector [~tər] n 1. inspek-
tor; kontrolor 2. viši oficir policije
inspiration [inspə'rejšən] n inspiracija, na-
dahnuće inspire [in'spajr] v tr inspirisa-
ti, nadahnuti; to be ~d nadahnuti se
install [in'stol] v tr 1. postaviti, montirati,
instalirati, uvesti; to ~ a telephone
instalirati telefon 2. uvesti (u dužnost),
postaviti installation [instə'lejšən] n 1.
instalacija, postavljanje; the ~ of a
telephone instalacija telefona 2. uređaj,
instalacija; port ~s lučki uređaji 3.
(mil.) objekat, ustanova; military ~s
vojne ustanove
installment, instalment n 1. rata; to pay in
~s plaćati na rate 2. nastavak; to read a
novel in ~s čitati roman u nastavcima
instance ['instəns] n 1. primer (primjer) 2.
slučaj; in such an ~ u takvom slučaju
instant I ['instənt] n trenutak, tren instant
II a trenutan instantaneous [instən'tej-
nijəs] a trenutan instantly ['instəntlij]
adv see instant II; odmah, trenutno
instead [in'sted] 1. adv umesto (umjesto)
toga; he wanted to stay home; ~, he
went to the movies hteo (htio) je ostati
kod kuće; umesto toga, išao je u bioskop

(W: kino) 2. *prep* (~ *of*) umesto (umje-
sto); ~ *of him* umesto njega
instep ['instep] *n* splet, gornji deo (dio)
stopala
instigate ['instigejt] *v tr* podstreknuti, pod-
staći **instigation** [insti'gejšən] *n* podstre-
kavanje
instill [in'stil] *v tr* 1. usaditi 2. uliti
instinct ['instingkt] *n* instinkt, nagon; *by*
~ po instinktu **instinctive** [in'stingktiv]
a instinktivan, nagonski
institute I ['instətu:t] *n* institut; ustanova;
a physics ~ institut za fiziku **institute** II
v tr 1. ustanoviti, uvesti; zavesti; *to* ~ *a*
custom zavesti običaj 2. povesti; *to* ~
legal action against smb. povesti parni-
cu protiv nekoga **institution** [instə'tu:-
šən] *n* 1. institucija, ustanova; *a chari-
table* ~ dobrotvorna ustanova 2. osni-
vanje, uvođenje
instruct [in'strəkt] *v tr* 1. učiti, poučavati
2. narediti; *to* ~ *smb. to do smt.* naredi-
ti nekome da uradi nešto **instruction**
[in'strəkšən] *n* 1. nastava, obuka; *fo-
reign-language* ~ nastava stranih jezi-
ka 2. uputstvo (W: uputa); instrukcija;
~*s for use* uputstvo za upotrebu **in-
structional** *a* nastavni **instructive** [in-
'strəktiv] *a* poučan, instruktivan **in-
structor** [~tər] *n* 1. nastavnik, instruk-
tor 2. lektor, docent
instrument I ['instrəmənt] *n* 1. instrume-
nat; (mus.) *brass (stringed)* ~*s* duvački
(gudački) instrumenti 2. oruđe **instru-
ment** II *a* instrumentski, po instrumen-
tima; *an* ~ *panel* instrumentska tabla
(W: ploča) **instrumental** I [instrə'mentəl]
n (gram.) instrumental **instrumental** II *a*
1. koji služi kao oruđe; koji pomaže; *he
was* ~ *in finding me a job* on mi je
pomagao da nađem posao 2. instrumen-
talni; ~ *music* instrumentalna muzika
(W also: glazba) 3. (gram.) instrumen-
talni
insubordinate [insə'bordnit] *a* neposlušan,
nepokoran **insubordination** [insəbord-
'nejšən] *n* neposlušnost, nepokornost
insufferable [in'səfərəbəl] *a* nepodnošljiv
insular [insələr] *a* 1. inzularan, ostrvski
(W: otočki) 2. (fig.) uskogrud
insulate ['insəlejt] *v tr* izolovati **insulating**
a izolacioni; ~ *tape* izolaciona traka
insulation [insə'lejšən] *n* izolacija, izola-
cioni materijal
insulin ['insəlin] *n* insulin

insult i ['insəlt] *n* uvreda **insult** II [in'səlt]
v tr uvrediti (uvrijediti)
insurance [in'šu:rəns] *n* osiguranje; *liabil-
ity (life)* ~ osiguranje od odgovornosti
(života) **insurance company** osigurava-
jući zavod **insure** [in'šu:r] *v tr* 1. osigu-
rati; *to* ~ *one's life* osigurati svoj život
2. obezbediti (obezbijediti) **insured** *n*
osiguranik **insurer** *n* osiguravač
insurgence [in'sərdžəns] *n* pobuna, bunt
insurgent I *n* pobunjenik, buntovnik
insurgent II *a* pobunjenički, buntovnički
insurmountable [insər'mauntəbəl] *a* nesa-
vladljiv, nepremostiv
insurrection [insə'rekšən] *n* ustanak
intact [in'taekt] *a* intaktan, netaknut,
čitav
integer ['intədžər] *n* ceo (cio) broj
integral I ['intəgrəl] *n* integral **integral** II *a*
1. integralni; ~ *calculus* integralni ra-
čun 2. sastavni; *an* ~ *part of smt.*
sastavni deo (dio) nečega
integrate ['intəgrejt] *v* 1. *tr* integrisati; *an*
~*d circuit* integrisano kolo 2. *tr* ukinuti
segregaciju (u); *to* ~ *schools* ukinuti
rasnu segregaciju u školama 3. *tr*
(math.) integraliti 4. *intr* integrisati se 5.
intr ukinuti segregaciju **integration** [in-
tə'grejšən] *n* integracija; *school* ~ uki-
danje rasne segregacije u školama
integrity [in'tegrətij] *n* integritet; *territo-
rial* ~ teritorijalni integritet
intellect ['intələkt] *n* razum, intelekt **intel-
lectual** I [intə'lekču:əl] *n* intelektualac
intellectual II *a* intelektualan
intelligence I [in'teladžəns] *n* 1. inteligen-
cija 2. izviđanje; izviđački (obaveštajni
— obavještajni) podaci; *military* ~ oba-
veštajna služba **intelligence** II *a* obave-
štajni (obavještajni), izviđački; *an* ~
officer obaveštajni oficir **intelligence
quotient** kvocijent inteligencije **intelli-
gent** *a* inteligentan, razuman **intelli-
gentsia** [intelə'džentsijə] *n* inteligencija
intelligible [in'teladžəbəl] *a* razumljiv
intend [in'tend] *v tr and intr* nameravati
(namjeravati), biti nameran (namjeran);
he ~*s to leave* on namerava da ode
intended *a* namenjen (namjenjen); ~ *for
children* namenjen deci (djeci)
intense [in'tens] *a* 1. jak, žestok; ljut; ~
cold jaka hladnoća 2. dubok; ~ *hatred*
duboka mržnja 3. intenzivan, snažan,
jak; ~ *fire* snažna (intenzivna) vatra
intensify [~əfaj] *v tr* intenzivirati **in-**

tensity [~ətij] n intenzitet, jačina **intensive** [~iv] a intenzivan
intent I [in'tent] n namera (namjera), cilj
intent II a 1. napregnut; uprt 2. odan; ~ *on pleasure* sav odan zadovoljstvu **intention** [in'tenšən] n namera **intentional** a nameran (namjeran)
inter [in'tər] v tr zakopati, sahraniti
interact [intər'aekt] v intr uticati jedan na drugoga **interaction** [intər'aekšən] n uzajamno (međusobno) dejstvo (djejstvo), interakcija
intercede [intər'sijd] v intr 1. založiti se, intervenisati; *he ~d with the director on my behalf* založio se kod šefa za mene 2. posredovati
intercept [~'sept] v tr 1. zadržati, uhvatiti 2. (usu. mil.) presresti **interception** [~pšən] n 1. hvatanje 2. presretanje **interceptor, intercepter** n lovac-presretač
interchange ['intərčejndž] n 1. zamena (zamjena) 2. raskrsnica, raskršće (na autostradi); petlja
intercollegiate [intərkə'lijdžit] a međuuniverzitetski (W: međusveučilišni)
intercom ['interkam] n interfon, unutarnja veza
intercontinental [intərkantə'nentəl] a interkontinentalni; *an ~ ballistic missile* interkontinentalna balistička raketa
intercourse ['intərkors] n 1. međusobne veze; saobraćaj 2. *(sexual ~)* snošaj
interest I ['intrist] n 1. interes; interesovanje; *to rouse ~* probuditi interesovanje 2. interes, kamata; *compound (simple)* ~ složeni (prosti) interes 3. udeo (udio), učešće 4. (in pl) krugovi; *banking ~s* bankovni krugovi **interest** II v tr zainteresovati; *to ~ smb. in smt.* zainteresovati nekoga za nešto; *to become ~ed in smt.* zainteresovati se za nešto **interesting** a interesantan, zanimljiv
interfere [intər'fijr] v intr remetiti, ometati; *to ~ with smb.'s work* remetiti nekoga u radu **interference** n smetnja, interferencija; *radio ~* smetnje
interim I ['intərim] n međuvreme (međuvrijeme) **interim** II a međuvremeni
interior I [in'tijrijər] n 1. unutrašnjost; *the ~ of a house* unutrašnjost kuće 2. interijer **interior** II a unutrašnji **interior decorator** unutrašnji dekorator
interject [intər'džekt] v tr ubaciti; *to ~ a remark* ubaciti primedbu (primjedbu)

interjection [~kšən] n 1. ubacivanje 2. uzvik
interlibrary [~lajbrerij] a međubibliotečki; ~ *loan* međubibliotečka pozajmica
interlude [~lu:d] n 1. prekid 2. interludij; međuigra
intermarriage [~'maeridž] n 1. mešoviti (mješoviti) brak 2. sklapanje braka između pripadnika iste grupe **intermarry** v intr 1. sklopiti mešoviti brak 2. sklopiti brak s pripadnikom iste grupe
intermediary I [~'mijdijerij] n posrednik **intermediary** II a posredan
intermediate I [~'mijdijit] a srednji; ~ *range* srednji domet **intermediate** II [~ijejt] v intr posredovati
interment [in'tərmənt] n sahrana
interminable [in'tərmənəbəl] a beskrajan, beskonačan
intermission [intər'mišən] n prekid, odmor, antrakt
intermittent [~'mitənt] a naizmeničan (naizmjeničan)
intern I ['intərn] n stažista, stažer **intern** II v 1. tr internirati 2. intr stažirati
internal [in'tərnəl] a 1. unutrašnji; ~ *affairs* unutrašnji poslovi 2. interni; ~ *medicine* interna medicina **internal-combustion engine** motor sa unutrašnjim sagorevanjem (sagorijevanjem)
Internal Revenue Service Federalna poreska administracija
international I [intər'naešənəl] n internacionala; *the Third International* Treća internacionala **international** II a međunarodni, internacionalan **international law** međunarodno pravo
internecine [intər'nesijn] a ubilački, krvav
internee [intər'nij] n internirac **internment** [in'tərnmənt] n interniranje, internacija **internment camp** logor za internirce
internship [in'tərnšip] n (usu. med.) staž
interpolate [in'tərpəlejt] v tr 1. umetnuti 2. (math.) interpolisati **interpolation** [intərpə'lejšən] n 1. umetanje 2. (math.) interpolacija
interpret [in'tərprit] v 1. tr protumačiti 2. tr prevesti (usmeno) 3. intr prevoditi (usmeno); biti prevodilac **interpretation** [intərpə'tejšən] n 1. tumačenje, interpretacija 2. prevođenje 3. obrada, analiza; *the ~ of data* obrada podataka **interpretive** [in'tərprətiv] a interpretativan **interpreter** n 1. tumač; interpretator 2. prevodilac

interracial [intə'rejšəl] a međurasni
interrogate [in'terəgejt] v tr saslušavati,
ispitivati; to ~ witnesses saslušavati
(ispitivati) svedoke (svjedoke) interro-
gation [interə'gejšən] n saslušavanje,
ispitivanje; an ~ of prisoners of war
saslušavanje ratnih zarobljenika inter-
rogative I [intə'ragətiv] n upitna reč
(riječ) interrogative II a upitni; an ~
sentence upitna rečenica interrogator
[in'terəgejtər] n ispitivač; a POW ~
ispitivač ratnih zarobljenika interroga-
tory [intə'ragətorij] a upitni
interrupt [intə'rəpt] v 1. tr prekinuti; to ~
a conversation prekinuti razgovor 2.
intr prekidati, upadati; he keeps ~ing
on stalno upada interruption [~pšən] n
1. prekid 2. upadica
interscholastic [intərskə'laestik] a mađu-
školski
intersect [intər'sekt] v 1. tr preseći (presje-
ći) 2. intr preseći se; ukrstiti se intersec-
tion [~kšən] n 1. presek (presjek) 2.
raskrsnica, raskršće
interval ['intərvəl] n 1. interval 2. odstoja-
nje; to maintain an ~ održavati odsto-
janje
intervene [inter'vijn] v intr intervenisati,
umešati (umiješati) se intervention
[~'venšən] n intervencija; armed ~
oružana intervencija
interview I ['intərvju:] n intervju; to grant
an ~ dati intervju interview II v tr
intervjuisati
intestinal [in'testənəl] a intestinalni, crev-
ni (crijevni); an ~ infection crevna
infekcija intestine [~tən] n crevo (crije-
vo); the large (small) ~ debelo (tanko)
crevo
intimacy ['intəməsij] n intimnost, intimitet
intimate I ['intəmit] n intiman (prisan)
prijatelj intimate II a intiman, prisan;
an ~ conversation intiman razgovor
intimate III [~ejt] v tr dati razumeti
(razumjeti)
intimidate [in'timədejt] v tr zastrašiti, za-
plašiti intimidation [intimə'dejšən] n
zastrašenje, zaplašenje
into ['intu:] prep u; to go ~ detail ulaziti u
podrobnosti
intolerable [in'talərəbəl] a nepodnošljiv,
neizdržljiv intolerance [~rəns] a netole-
rancija, netrpeljivost; religious ~ ver-
ska (vjerska) netrpeljivost intolerant a
netolerantan, netrpeljiv

intonation [intou'nejšən] n intonacija
intoxicant I [in'taksikənt] n opojno sred-
stvo intoxicant II a opojni intoxicate
[~kejt] v tr opiti, napiti intoxicating a
opojan intoxication [intaksi'kejšən] n 1.
opijanje, napijanje 2. opijenost, napitost
intramural [intrə'mju:rəl] a unutar škole;
~ sports sportska aktivnost učeničkih
(studentskih) grupa
intransigent [in'traensədžənt] a beskom-
promisan
intransitive [in'traensətiv] a (gram.) ne-
prelazan, intranzitivan; an ~ verb ne-
prelazan glagol
intravenous [intrə'vijnəs] a intravenski,
intravenozan
intrepid [in'trepid] a neustrašljiv
intricacy ['intrikəsij] n komplikovanost
intricate [~kit] a komplikovan
intrigue I ['in'trijg] n intriga, spletka in-
trigue II [in'trijg] v 1. tr (colloq.) intrigo-
vati, pobuditi (nečije) interesovanje 2.
intr intrigovati, praviti spletke
intrinsic [in'trinsik] a 1. suštinski 2. unu-
trašnji
introduce [intrə'du:s] v tr 1. uvesti; to ~
censorship uvesti cenzuru 2. upoznati,
predstaviti; to ~ smb. to smb. upoznati
nekoga s nekim 3. izneti (iznijeti); to ~
a bill izneti zakonski predlog introduc-
tion [intrə'dəkšən] n 1. uvod; an ~ to a
book uvod knjige 2. uvođenje; the ~ of
a new custom uvođenje novog običaja 3.
upoznavanje, predstavljanje; a letter of
~ preporučno pismo 4. (mus.) introduk-
cija introductory [intrə'dəktərij] a
uvodni
introspection [introu'spekšən] n intro-
spekcija, samopromatranje
introvert I ['intrəvərt] n introvertit, povu-
čenə osoba introverted introvertiran,
povučen
intrude [in'tru:d] v intr nametati se intrud-
er n 1. nametljivac, nametnik 2. upa-
dač intrusion [in'tru:žən] n 1. nametanje
2. upad: napad
intuition [intu:'išən] n intuicija intuitive
[in'tu:ətiv] a intuitivan
inundate ['inəndejt] v tr poplaviti
inure [in'ju:r] v tr prekaliti; to become ~d
to smt. oguglati na nešto
invade [in'vejd] v 1. tr upasti (u), napasti
2. intr izvršiti invaziju, upasti invader n
upadač, osvajač

invalid I ['invəlid] *n* invalid **invalid** II *n* 1. invalidski 2. nesposoban za rad **invalid** III [in'vaelid] *a* nevažeći **invalidate** [~ejt] *v tr* učiniti nevažećim, poništiti **invaluable** [in'vaeljuəbəl] *a* neocenljiv (neocjenljiv) **invasion** [in'vejžən] *n* invazija, upad; *the* ~ *of a country* upad u zemlju **invective** [in'vektiv] *n* pogrda, psovka, invektiva **inveigh** [in'vej] *v intr* osuditi; *to* ~ *against smt.* osuditi nešto **invent** [in'vent] *v tr* pronaći, izumeti (izumjeti) **invention** [in'venšən] *n* pronalazak, izum **inventive** *a* pronalažljiv, pronalazački **inventor, inventer** *n* pronalazač **inventory** I ['invəntorij] *n* inventar, popis (robe) **inventory** II *v tr* inventarisati **inverse** ['in'vərs] *a* inverzan, obrnut **inversion** [in'vəržən] *n* inverzija **invert** [in-'vərt] *v tr* preobrnuti, preokrenuti **invertebrate** I [~əbrit] *n* beskičmenjak **invertebrate** II *a* beskičmen **invest** [in'vest] *v* 1. *tr* investirati, uložiti; *to* ~ *labor* uložiti trud 2. *intr* ulagati novac **investigate** [in'vestəgejt] *v* 1. *tr* istražiti, ispitati 2. *intr* voditi istragu **investigation** [investi'gejšən] *n* istraga; ispitivanje; *to conduct an* ~ voditi istragu **investigator** [in'vestigejtər] *n* istraživač; islednik (isljednik) **investment** [in'vestmənt] *n* investicija, ulaganje **investor** *n* investitor, ulagač **inveterate** [in'vetərit] *a* okoreo (okorio); *an* ~ *gambler* okoreo kockar **invidious** [in'vidijəs] *a* 1. zloban; pakostan 2. uvredljiv **invigorate** [in'vigərejt] *v tr* ojačati, osnažiti **invincible** [in'vinsəbəl] *a* nepobedan (nepobjedan) **invitation** [invə'tejšən] *n* poziv; *an* ~ *to dinner* poziv na večeru **invitational** *a* za zvanice **invite** [in'vajt] *v tr* pozvati; *to* ~ *smb. to dinner* pozvati nekoga na večeru **inviting** *a* privlačan **invocation** [invə'kejšən] *n* 1. prizivanje 2. molitva (u početku službe bojže) **invoice** I [invojs] *n* faktura **invoice** II *v tr* fakturisati **invoke** [in'vouk] *v tr* prizvati; *to* ~ *spirits* prizvati duhove **involuntary** [in'valənterij] *a* nehotičan

involve [in'valv] *v tr* 1. povlačiti za sobom; *that would* ~ *living in Europe* to bi povlačilo za sobom život u Evropi 2. upetljati; uplesti; *he didn't want to get* ~*d* nije hteo (htio) da bude upleten 3. komplikovati **involvement** *n* 1. upetljanost 2. učešće **inward** ['inwərd] *adv* unutra; *the door opens* ~ vrata se otvaraju unutra **inwardly** [~lij] *adv* 1. unutra 2. u duši, u srcu **iodine** ['ajədajn] *n* jod **ion** ['ajən] *n* ion, jon **IOU** [ajou'ju:] *n* (abbrev. of *I owe you)* priznanica (kojom se priznaje dug) **Iowa** ['ajəwə] *n* Ajova **ir** [ir] *prefix* ne-, bez- **(irreconcilable, irreducible, irresponsible,** etc.) **Iran** [i'raen] and [ij'ran] *n* Iran **Iranian** I [i'rejnijən] *n* 1. Iranac 2. iranski jezici **Iranian** II *a* iranski **Iraq** [i'raek] and [ij'rak] *n* Irak **Iraqi** I [ij'rakij] Iračanin **Iraqi** II *a* irački **irascible** [i'raesəbəl] *a* plah, naprasit **irate** ['aj'rejt] *a* srdit, ljutit **ire** [ajr] *n* ljutnja **Ireland** [~lənd] *n* Irska **iris** ['ajris] *n* 1. (anat.) dužica 2. (bot.) bogiša, perunika, iris **Irish** I ['ajriš] *n* 1. *pl* Irci, irski narod 2. irski jezik 3. (colloq.) vatrenost *°to get one's* ~ *up* naljutiti se **Irish** II *a* irski **Irishman** [~mən] (-*men* [min]) *n* Irac **Irishwoman** [~wumən] (-*women* [wimin]) *n* Irkinja **irk** [ərk] *v tr* dosaditi, razdražiti, nasekirati **iron** I ['ajərn] *n* 1. gvožđe, železo (željezo) 2. pegla **iron** II *a* gvozden, železan (željezan); ~ *discipline* gvozdena disciplina **iron** III *v* 1. *tr.* ispeglati; *to* ~ *a suit* ispeglati odelo (odijelo) 2. *tr (to* ~ *out)* urediti 3. *intr* peglati **Iron Age** gvozdeno (W: željezno) doba **Iron Curtain** (pol.) gvozdena zavesa (W: željezna zavjesa) **ironic** [i'ranik] *a* ironičan, ironički **ironing** *n* peglanje **ironing board** daska za peglanje **ironmonger** [~manggər] *n* (Br.) gvožđar **ironmongery** [~rij] *n* gvožđarnica (W: željezara) **ironwork** [~wərk] *n* 1. predmet od gvožđa, gvožđarija 2. (in *pl)* železara (željezara)

irony ['ajrənij] *n* ironija
irrational [i'raešənəl] *a* iracionalan
irrefutable [i'refjətəbəl] or [iri'fju:təbəl] *a* nepobitan, neoboriv; ~ *proof* neoborivi dokazi
irregular I [i'regjələr] *n* dobrovoljac; ~*s* neregularne trupe **irregular** II *a* neregularan, neredovan **irregularity** [iregjə-'laerətij] *n* neregularnost, neredovnost; nepravilnost
irreparable [i'repərəbəl] *a* nepopravljiv
irrepressible [iri'presəbəl] *a* nezadržljiv, neuzdržljiv
irreproachable [iri'proučəbəl] *a* besprekoran (besprijekoran)
irresistable [iri'zistəbəl] *a* neodoljiv
irresponsible [iri'spansəbəl] *a* neodgovoran
irreverent [i'revərənt] *a* koji ne odaje poštovanje
irrevocable [iri'voukəbəl] or [i'revəkəbəl] *a* neopoziv
irrigate ['irigejt] *v tr* 1. irigirati, navodniti 2. isprati **irrigation** [iri'gejšən] *n* 1. irigacija, navodnjavanje 2. ispiranje
irritable ['irətəbəl] *a* razdražljiv, nadražljiv **irritant** I ['irətənt] *n* nadražno sredstvo **irritant** II *a* nadražan, nadražljiv **irritate** ['irətejt] *v tr* razdražiti, nadražiti **irritation** [irə'tejšən] *n* razdraženje, nadraženje; nadražaj
is see **be**
Islam [is'lam] and ['isləm] *n* Islam
island ['ajlənd] *n* ostrvo (W: otok) **islander** *n* ostrvljanin (W: otočanin)
isle [ajl] *n* see **island**
ism [izəm] *n* (colloq.; usu. pejor.) doktrina
isn't see **be**
isolate ['ajsəlejt] *v tr* izolovati **isolated** *a* izolovan, zabačen **isolation** [ajsə'lejšən] *n* 1. izolacija 2. izoliranost **isolationism** *n* izolacionizam **isolationist** *n* izolacionista
Israel ['izrijəl] *n* Izrael **Israeli** I [iz'rejlij] *(pl* has zero or *-s) n* Izraelac **Izraeli** II *a* izraelski **Israelite** I ['izrijəlajt] *n* Izraelićanin, Izraelit **Israelite** II *a* izraelićanski, izraelitski
issuance ['išu:əns] *n* izdavanje; ~ *of an order* izdavanje zapovesti (zapovijesti) **issue** I ['išu:] *n* 1. emisija, izdavanje; *the* ~ *of currency* emisija novčanica 2. broj; izdanje; *in the latest* ~ u poslednjem (posljednjem) broju 3. odluka; ishod; *to*

force the ~ iznuditi odluku 4. predmet debate; *the point at* ~ sporno pitanje **issue** II *v tr* 1. izdati; *to* ~ *ammunition* izdati municiju 2. pustiti u opticaj; *to* ~ *money* pustiti novac u opticaj
isthmus ['isməs] *n* zemljouz
Istria ['istrijə] *n* Istra
it [it] *pron* 1. to; ~ *is nice* to je lepo (lijepo); ~*'s him* to je on 2. (with no antecedent) ~ *is raining* pada kiša; ~ *is cold* hladno je; 3. (to represent a phrase or clause) ~ *is necessary to work* treba raditi; ~ *appears as if no one else will come* izgleda da niko (nitko) više neće doći; ~ *was nice having them to lunch* bilo je lepo što su bili na ručku 4. on, ona, ono; *where is the textbook (book, pen)?* ~ *is on the table* gde (gdje) je udžbenik (knjiga, pero)? on (ona, ono) je na stolu 5. misc.; *this is* ~! to je odlučan trenutak! **to live* ~ *up* živeti (živjeti) na velikoj nozi; ~ *says here that . . .* ovde (ovdje) piše da . . . ; ***(colloq.) *he can take* ~ on može sve da trpi (podnese)
Italian I [i'taeljən] *n* 1. Italijan (W: Talijan) 2. italijanski (W: talijanski) jezik **Italian** II *a* italijanski
italic [i'taelik] *a* kurzivan **italicize** [i'taelisajz] *v* 1. *tr* štampati (nešto) kurzivom 2. *intr* štampati kurzivna slova **italics** *n pl* kurziv; *to print in* ~ štampati kurzivom
Italy ['itəlij] *n* Italija
itch I [ič] *n* svrab **itch** II *v intr* svrbeti (svrbjeti); **he is* ~*ing for action (for a fight)* svrbe ga dlanovi **itchy** *a* svrabljiv
item ['ajtəm] *n* 1. predmet; (pojedina) stvar 2. tačka (W: točka); stavka; *an agenda* ~ tačka dnevnog reda 3. kratka vest (vijest) **itemize** *v tr* nabrojati, uneti (unjeti) stavku po stavku
itinerant I [aj'tinərənt] *n* putnik **itinerant** II *a* putujući; sezonski; ~ *labor* sezonski radnici **itinerary** [~ərerij] *n* maršuta, itinerar
its [its] *poss a* njegov (njen); svoj
it's [its] *it is*
itself [it'self] 1. *refl. pron* se, sebe, sobom, *the record player turns* ~ *off* gramofon se isključuje sam 2. *pron a* sam; *we are interested in the machine* ~ nas interesuje sama mašina (W: sam stroj) 3. (intensifying) *pron* sam (po sebi); *that is sad in* ~ to je već samo po sebi tužno

ivied ['ajvijd] *a* pokriven (obrastao) bršlja-
nom; *~ *walls (halls)* universiteti (W:
sveučilišta)

ivory I ['ajvrij] *n* slonova kost, slonovača
ivory II *a* od slonove kosti **Ivory Coast**
Obala Slonovače

ivory tower akademska izolovanost
ivy ['ajvij] *n* bršljan **Ivy League** grupa od
osam najstarijih američkih univerziteta
(W: sveučilišta) na istoku SAD; (fig., as
a) elitan, najbolji

J

j [džej] *n* j (slovo engleske azbuke)

jab I [džaeb] *n* 1. udarac (šiljastim predmetom) 2. (boxing) kratak direkt jab II *v tr* and *intr* 1. udariti (šiljastim predmetom) 2. (boxing) zadati kratak direkt 3. probosti

jabber I *n* brbljanje jabber II *v intr* brbljati

jack [džaek] *n* 1. (usu. in *pl)* (cards) pub, žandar 2. dizalica 3. piljak; *to play* ~s igrati se piljaka

jackal *n* šakal, čagalj

jackass [~aes] *n* 1. (zool.) magarac 2. (fig.) budala, magarac

jacket [~it] *n* 1. žaket, kratak kaput; vindjakna 2. omot 3. korice (za akta); *a record* ~ košuljica 4. sako

jack-in-the-box *n* čupoglavac, kutija iz koje pri otvaranju iskoči figura (igračka)

jackknife I [~najf] *n* 1. veliki nož na preklapanje 2. skok (u vodu) na glavu sa savijanjem tela (tijela) jackknife II *v* 1 *tr* saviti udvoje; *to* ~ *a trailer* postaviti prikolicu pod uglom prema tegljaču 2. *intr* saviti se udvoje

jack-of-all-trades *n* čovek (čovjek) vičan svakom poslu

jackpot [~pat] *n* glavni zgoditak; *to hit the* ~ dobiti glavni zgoditak

jack up *v* podići; *to jack up a wheel* podići točak

jade [džejd] *v* 1. *tr* iznuriti 2. *intr iznuriti se* jaded *a* 1. iznuren, iscrpen 2. oguglao

jag [džaeg] *n* napad, nastup; *to have a* ~ *on* biti opijen

jagged [~id] *a* šiljast; zupčast; razuđen; *a* ~ *coastline* razuđena obala

jaguar ['džaegwar] *n* jaguar

jail I [džejl] *n* zatvor jail II *v tr* zatvoriti, baciti u zatvor jailbird [~bərd] *n* (colloq.) zatvorenik, bivši zatvorenik jailer, jailor *n* tamničar, čuvar

jalopy [džə'lapij] *n* stara kola

jam I [džaem] *n* 1. gužva, tiska; *a traffic* ~ saobraćajna gužva 2. (colloq.) škripac; *to be in a* ~ biti u škripcu 3. zastoj (pri gađanju) jam II *v* 1. *tr* zakrčiti, natrpati; *to* ~ *an auditorium* zakrčiti salu 2. *tr* nabiti, navući; *to* ~ *a cap on one's head* nabiti kapu na glavu 3. *tr* prikleštiti (priklještiti); *to* ~ *one's finger in a door* prikleštiti prst vratima 4. *tr* zaglaviti; *to get* ~*med* zaglaviti se 5. *tr* prigušiti, zaglušiti; *to* ~ *a broadcast* prigušivati emisiju 6. *intr* zaglaviti se; *the round* ~*med* metak se zaglavio 7. *intr* nabiti se; *to* ~ *into a bus* nabiti se u autobus

jam III *n* džem; *apricot* ~ džem od kajsija

Jamaica [džə'mejkə] *n* Jamajka Jamaican I *n* Jamajac Jamaican II *a* jamajski

jamb [džaem] *n* dovratak

jamboree [džaembə'rij] *n* slet

jam session (colloq.) koncerat džeza

janitor ['džaenətər] *n* nastojnik, domar

January ['džaenju:erij] *n* januar (W: siječanj)

Japan [džə'paen] *n* Japan Japanese I [džaepə'nijz] *n* 1. (pl has zero) Japanac 2. japanski jezik Japanese II *a* japanski

jar I [džar] *n* ćup, tegla

jar II *n* potres, udarac jar III *v tr* 1. uzdrmati 2. potresti; *the news* ~*red him* vest (vijest) ga je potresla

jargon ['džargən] *n* žargon

jarring ['džaring] *a* neskladan; *a* ~ *note* neskladna nota

jasper ['džaespər] n jaspis
jaundice ['džondis] n žutica jaundiced a 1.
žutičav, bolestan od žutice 2. pristra-
stan (W: pristran); to take a ~ view
zauzeti pristrasno gledište
jaunt [džont] n izlet; to go for a ~ ići na
izlet
jaunty a 1. veseo, živahan 2. samouveren
(samouvjeren)
javelin ['džaevlən] n koplje javelin throw
(sports) bacanje koplja
jaw [džo] n vilica, čeljust; (colloq.) to
punch in the ~ udariti (dati) po gubici
jawbone [~boun] n vilična kost
jay [džej] n (bird) kreja, sojka
jayvee [~'vij] n (sports) 1. juniorska ekipa
2. junior
jaywalk [~wok] v intr prelaziti ulice na
zabranjenim mestima (mjestima) jay-
walker n neobazriv pešak (pješak)
jazz I [džaez] n džez jazz musician džezista
jealous ['dželəs] a 1. see envious 2. ljubo-
moran; a ~ wife ljubomorna žena jeal-
ousy n ljubomora
jeans [džijnz] n pl farmerke, farmerice
jeep [džijp] n džip
jeer I [džijr] n ruglo jeer II v tr and intr
rugati se; to ~ smb. rugati se nekome
jell [džel] v intr 1. zgusnuti se 2. (colloq.)
kristalisati se jelly n žele; strawberry ~
žele od jagoda jelly doughnut krofna s
marmeladom
jellyfish [~fiš] (pl has zero or ~es) n 1.
meduza 2. (fig.) slabić
jeopardize ['džepərdajz] v tr izložiti opa-
snosti, ugroziti jeopardy [~dij] n opa-
snost; in ~ izložen opasnosti
jerk I [džərk] n 1. trzaj, nagao pokret;
udar; with a ~ naglo 2. (slang) glupan
jerk II v 1. tr trgnuti; to ~ one's foot
trgnuti nogu 2. intr trgnuti se
jerkwater [~wotər] a (colloq.) provincij-
ski, mali; a ~ town mala varošica
jerky I n sušeno meso
jerky II a 1. trzav, spazmatičan 2. (slang)
budalast, glup
jersey ['džərzij] n 1. džersej (vrsta tkanine)
2. džemper 3. sportska majica, dres
Jerusalem [džə'ru:sələm] n Jerusalim
jest I [džest] n šala; in ~ u šali jest II v
intr našaliti se jester n 1. šaljivčina 2.
(court) ~ dvorska budala
Jesuit ['džezuit] n jezuita, isusovac
Jesus ['džijzəs] n Isus
jet I [džet] a crn; ~ black crn crncat

jet II n 1. mlaz 2. sisak 3. mlaznjak, mlazni
avion jet III a mlazni; a ~ engine
mlazni motor jet IV v intr (colloq.) leteti
(letjeti) mlaznjakom jetliner [~lajnər] n
mlazni putnički avion
jetsam [~səm] n teret bačen u more (radi
olakšanja broda)
jet stream 1. polarna vazdušna (W: zrač-
na) struja 2. mlaz mlaznog motora
jettison I [~isən] n bacanje tereta u more
jettison II v tr baciti (teret u more)
jetty ['džetij] n nasip, brana
Jew [džu:] n Jevrejin (W: also: Židov)
jewel ['džu:el] n 1. dragi kamen, dragulj 2.
nakit jeweler n juvelir jewelry [~rij] n
dragulji; nakit jewelry store bižuterija
(trgovina)
Jewess ['džu:is] n Jevrejka (W also: Židov-
ka) Jewish a jevrejski (W also: židovski)
Jewry [~rij] n (coll.) Jevreji
jibe [džajb] v intr (colloq.) slagati se,
podudarati se
jiffy ['džifij] n (colloq.) tren; in a ~ za tren
oka
jig [džig] n 1. vrsta igre, džig 2. uređaj za
bušenje 3. misc.; the ~ is up više nema
nade
jigger n mala čašica (kojom se odmerava
— odmjerava viski), džiger
jiggle ['džigəl] v tr and intr kretati (se)
gore — dole, tamo — amo
jigsaw puzzle ['džigso] slike zagonetka,
mozaik zagonetka (slaganje slike pret-
hodno razrezane na komadiće)
jilt [džilt] v tr napustiti (momka, devojku
— djevojku)
Jim Crow [džim krou] (Am.) rasna diskri-
minacija jim-crow a (Am.) koji izlaže
crnce diskriminaciji
jimmy I ['džimij] n ćuskija jimmy II v tr
otvoriti ćuskijom
jingle ['džinggəl] n 1. zvek 2. pesmica
(pjesmica)
jingle II v tr and intr zveketati; zveckati
jingoism ['džingouizəm] n šovinizam, džin-
goizam
jinx I [džingks] n baksuz, baksuzluk, ne
sreća jinx II v tr doneti — donijeti (neko-
me) nesreću; to be ~ed biti zle sreće
jitterbug I ['džitərbəg] n vrsta plesa; onaj
koji izvodi takav ples jitterbug II v intr
izvoditi ples "jitterbug"
jitters ['džitərz] n pl (colloq.) trema; to
have the ~ imati tremu

jive [džajv] *n* (slang) 1. džez 2. žargon
džezista 3. brbljanje
job I [džab] *n* 1. posao, zaposlenje; položaj;
to look for a ~ tražiti posao 2. zadatak,
posao; *to do odd ~s* vršiti sitne poslove
3. (colloq.) pljačka job II *v intr* kupovati
naveliko
jockey I ['džakij] *n* džokej, jahač jockey II
v 1. *tr* jahati (konja kao džokej) 2. *intr*
menevrisati; *to ~ for position* manevri-
sati za bolji položaj
jocular ['džakjələr] *a* šaljiv
jog I [džag] *n* 1. lak udarac 2. kas; lagan
trk jog II *v* 1. *tr* stimulisati; podstaći 2.
tr pretrčati (lagano); *he ~ged two miles*
pretrčao je dve (dvije) milje 3. *intr* trčati
(lagano); *he ~s every morning* on trči
svakog jutra jogger *n* trkač jogging *n*
trčanje
joggle *v tr* pomeriti — pomjeriti (tamo —
amo); lako drmnuti
John Bull [džan] engleski narod; tipičan
Englez
John Doe srednji čovek (čovjek)
join [džojn] *v* 1. *tr* spojiti, sklopiti, sastavi-
ti; *to ~ two wires* spojiti dve (dvije) žice
2. *tr* udružiti; *to ~ forces* udružiti snage
3. *tr* pristupiti, prići, učlaniti se (u),
stupiti (u); *to ~ the army* stupiti u
vojsku 4. *intr* spojiti se; *the roads ~*
putevi se spajaju 5. *intr* (also: *to ~ up)*
učlaniti se; *he ~ed yesterday* učlanio se
juče (jučer)
joiner *n* (Br.) stolar
joint I [džojnt] *n* 1. (anat.) zglob; zglavak,
članak; *to dislocate a ~* iščašiti zglob 2.
zglob; spoj; šav; *a universal ~* kardan-
ski zglob 3. (Br.) pečenica (see also roast
I) 4. (slang) drumska mehana 5. (slang)
cigareta od marihuane joint II *a* zajed-
nički; *~ efforts* zajednički napori joint
return (Am.) zajednička poreska prijava
joist [džojst] *n* greda
joke I [džouk] *n* šala; vic joke II *v intr*
šaliti se; *I'm only ~ing* šalim se
joker *n* 1. šaljivčina 2. (cards) najjači adut,
džoker 3. nepredviđena prepreka
jolly I ['džalij] *a* 1. veseo, radostan 2.
divan, prijatan jolly II *adv* (Br.) vrlo; *a
~ good fellow* vrlo dobar čovek (čovjek)
jolt I [džolt] *n* drmanje, udarac jolt II *v tr*
drmnuti
Jordan ['džordn] *n* Jordan Jordanian I
[džor'dejnjən] *n* Jordanac Jordanian II *a*
jordanski

josh [džaš] *v* (colloq.) 1. zadirkivati 2. *intr*
šaliti se
jostle ['džasəl] *v* 1. *tr* gurnuti 2. *intr* gurati
se jostling *n* guranje, vreva
jot I [džat] *n* jota jot II *v tr* (usu.: *to ~
down)* ukratko zabeležiti (zabilježiti)
journal ['džərnəl] *n* 1. dnevnik 2. (book-
keeping) dnevna knjiga 3. časopis; žur-
nal; *a professional ~* stručni časopis
journalism *n* novinarstvo; žurnalizam
žurnalistika journalist *n* novinar, žur-
nalista
journey ['džərnij] *n* putovanje
joust I [džaust] *n* viteška borba, utakmica
joust II *v intr* takmičiti se u viteškoj
borbi
Jove [džouv] *n* Jupiter
jovial ['džouvijəl] *a* veseo, žovijalan
jowl ['džaul] *n* 1. vilica, čeljust 2. see cheek
1 3. podvaljak
joy [džoj] *n* radost joyful *a* radostan, veseo
joyous [~əs] *a* radostan joy ride šetnja
autom joy-ride *v intr* šetati se autom
jubilant ['džu:bələnt] *a* ushićen jubilation
[džu:bə'lejšən] *n* ushićenje, likovanje
jubilee ['dju:bəlij] *n* jubilej
Judaic [džu:'dejik] *a* jevrejski (W also:
židovski) Judaism ['džu:dijizəm] *n* ju-
daizam, jevrejstvo (W also: židovstvo)
judge I [džadž] *n* 1. sudija (W: sudac); *an
investigative ~* istražni sudija 2.
(sports) (track-and-field) sudija; (box-
ing; outside the ring) bodovni sudija 3.
(fig.) poznavalac judge II *v* 1. *tr* suditi,
presuditi; *to ~ smb.* suditi nekome 2. *tr*
suditi; *to ~ smb.'s conduct* suditi o
nečijem vladanju 3. *tr* oceniti (ocijeniti),
proceniti (procijeniti); *to ~ distance
(time)* proceniti razdaljinu (vreme —
vrijeme) 4. *tr* biti sudija — W: sudac
(na); *to ~ a contest* biti sudija na
utakmici 5. *intr* suditi; rasuđivati; *~ing
by these facts* sudeći po ovim podacima
judgeship *n* sudijski (W: sudački) polo-
žaj judgment, judgement *n* 1. rasuđiva-
nje, suđenje 2. sud; mišljenje; *in my ~*
po mome mišljenju (sudu) 3. ocena (ocje-
na), procena (procjena) 4. presuda; su-
đenje; sud; *to render (pass) ~ on smb.*
izreći nekome presudu Judgment Day
strašni (poslednji — posljednji) sud
judicial [džu:'dišəl] *a* 1. sudski; *~ autho-
rity* sudska vlast 2. sudijski (W: suda-
čki) judiciary I [džu:'dišijerij] *n* 1. pra-
vosuđe 2. sudstvo 3. (coll.) sudije (W:

suci) **judiciary** II *a* sudski **judicious**
[džu:'dišəs] *a* razuman
judo ['džu:dou] *n* džudo
jug [džəg] *n* krčag, testija
juggernaut ['džəgərnot] *n* neodoljiva sila
(koja ruši sve na svom putu)
juggle ['džəgəl] *v* 1. *tr* žonglirati, bacati
(uvis i hvatati predmete) 2. *tr* (fig.)
manipulisati; *to ~ figures* manipulisati
brojkama 3. *intr* žonglirati, bacati uvis i
hvatati predmete **juggler** *n* žongler
Jugoslavia see **Yugoslavia**
jugular I ['džəgjələr] *n* vratna žila **jugu-**
lar II *a* vratni, grlen; *a ~ vein* vratna
žila
juice [džu:s] *n* sok; đus; *fruit ~* voćni sok
juicy *a* sočan
jujitsu [džu:'džitsu:] *n* džiju-džicu
juke box [džu:k] džu-boks
July [džu'laj] *n* jul (W: srpanj)
jumble I ['džəmbəl] *n* zbrka, mešavina
(mješavina) **jumble** II *v tr* zbrkati, izme-
šati (izmiješati)
jumbo I ['džəmbou] *n* velika osoba, životi-
nja **jumbo** II *a* veliki, ogroman
jump I [džəmp] *n* 1. skok; *the high (long)*
~ skok uvis (udalj) 2. misc.; *to get the*
~ on smb. preduhitriti nekoga **jump** II *v*
1. *tr* preskočiti; *to ~ rope* preskakati
konopac 2. *tr* (colloq.) napasti, skočiti
(na); *they ~ed him* napali su ga 3. *tr*
(colloq.) unaprediti (unaprijediti); *he*
was ~ed to major on je bio unapreden u
čin majora 4. *tr* (checkers) uzeti (figuru)
5. *intr* skočiti; *to ~ across a stream*
skočiti preko (prijeko) potoka 6. *intr*
popeti se, skočiti; *prices ~ed* cene
(cijene) su skočile 7. misc.; *the train*
~ed the rails voz (W: vlak) je iskliznuo
iz šina: *to ~ ship* dezertirati; *this*
nightclub really ~s u ovom lokalu je
veoma veselo (bučno); *to ~ wires* spojit
žice; *to ~ to conclusions* izvlačiti brzo-
pleto zaključke **jumper** I skakač
jumper II *n* džemper
jumpy *a* nervozan
junction ['džəngkšən] *n* 1. spajanje 2. čvor 3.
raskrsnica, raskršće
juncture ['džəngkšər] *n* 1. spajanje; spoj 2.
stanje stvari; trenutak; *at this ~* u ovom
trenutku 3. (ling.) spoj, junktura
June [džu:n] *n* juni (W: lipanj)

jugnle ['džənggəl] *n* džungla
junior I ['džu:njər] *n* 1. mlađi (po službi) 2.
mlađa osoba 3. student treće godine
junior II *a* mlađi; *John ~* Jovan mlađi
junior college (Am.) viša opšteobrazov-
na (općeobrazovna) škola sa dvogodi-
šnjim kursom **junior high school** (Am.)
srednja škola sa sedmim, osmim i deve-
tim razredom **junior varsity** (sports)
juniorska ekipa, podmladak
juniper ['džu:nəpər] *n* smreka, kleka
junk I [džəngk] *n* 1. starudija, stare stvari
2. (Br.) stara užad **junk** II *v tr* baciti na
smeće, izbaciti
junk III *n* džonka
junket ['džəngkət] *n* 1. izlet 2. gostovanje
junkie, junky ['džəngkij] *n* (slang)
narkoman
junkman [~maen] (-*men*[min]) *n* staretinar,
starinar, **junk sale** dobrotvorna prodaja
(starih stvari) **junkyard** [~jard] *n* stova-
rište đubreta
Jupiter ['džu:pətər] *n* (astr. and myth.)
Jupiter
juridical [džu:'ridikəl] *a* pravni, sudski
jurisdiction [džu:rəs'dikšən] *n* jurisdik-
cija; nadležnost; instancija; *to have ~*
over smt. imati jurisdikciju nad nečim
jurisprudence ['džu:rəspru:dəns] *n* juri-
sprudencija **jurist** ['džu:rəst] *n* jurista
juristic [džu:'ristik] *a* juristički **juror**
['džuror] *n* porotnik **jury** ['džu:rij] *n*
porota **juryman** [~mən] (-*men* [min]) *n*
porotnik
just 1 [džəst] *a* 1. pravičan, pravedan;
pošten, 2. prikladan **just** II (when un-
stressed: [džist]) *adv* 1. tek; *we ~ had*
dinner tek smo večerali; *the film was ~*
about to begin film tek što nije počeo 2.
skoro, gotovo; tek; *the river was ~*
about frozen reka (rijeka) se skoro bila
zamrzla 3. samo; *~ a little* samo malo 4.
baš, upravo; *he is ~ about to leave* on
se baš sprema da pođe
justice [~is] *n* 1. pravičnost, pravednost,
pravda 2. pravosuđe; (Am.) *the Depart-*
ment of Justice ministarstvo pravosuđa
3. sudija (W: sudac); *a supreme court ~*
sudija vrhovnog suda 4. misc.; *to bring*
smb. to ~ dovesti nekoga na optuženič-
ku klupu
justification [džəstəfi'kejšən] *n* opravdanje
justify ['džəstəfaj] *v tr* 1. opravdati; *to*
~ smb.'s hopes opravdati nečije nade 2.

(printing) složiti u blok, dobro spacionirati (red)

jut [džət] *v intr* (usu.: *to* ∼ *out)* strčati

jute I [džu:t] *n* juta **jute** II *a* juten

juvenile I ['džu:vənəl] *n* maloletnik (maloljetnik) **juvenile** II *a* maloletan (maloljetan) **juvenile delinquent** maloletan prestupnik

juxtapose [džəkstə'pouz] *v tr* postaviti jedno uz drugo **juxtaposition** [džəkstəpə'zišən] *n* jukstapozicija, položaj jedne stvari pored druge

K

k [kej] n k (slovo engleske azbuke)

kale [kejl] n kelj

kaleidoscope [kə'lajdəskoup] n kaleido-
skop

kangaroo [kaenggə'ru:] n kengur(u) (W:
klokan) kangaroo court preki sud

Kansas ['kaenzəs] n Kanzas

kayak ['kajaek] n kajak

kayo ['kejou] (slang) see knockout I, II

keel [kijl] n kobilica; *on an even ~
uravnotežen keel over v 1. prevrnuti se
2. srušiti se

keen [kijn] a 1. oštar; ~ intelligence oštar
um 2. željan, žudan; he is ~ on going on
je željan da ide

keep I [kijp] n 1. briga, čuvanje, staranje,
2. izdržavanje; to earn one's ~ zarađi-
vati za svoje izdržavanje 3. misc.; for ~s
za svagda keep II kept [kept] v 1. tr
držati; držati se; to ~ milk in the
refrigerator držati mleko (mlijeko) u
frižideru 2. tr održati, držati; to ~ a
promise održati obećanje 3. tr zadržati;
držati; he kept the change for himself
zadržao je kusur za sebe 4. tr voditi; to
~ a diary voditi dnevnik 5. tr izdržati;
to ~ a mistress izdržavati ljubavnicu 6.
tr sprečiti (spriječiti), ne dati; the rain
kept us from going kiša nas je sprečila
da idemo 7. tr pustiti, ostaviti; to ~
smb. waiting pustiti (ostaviti) nekoga da
čeka 8. tr skriti; čuvati; he is ~ing smt.
from me on nešto krije od mene 9. intr
držati (se), ostati; to ~ to a diet držati
dijetu 10. intr održati se, sačuvati se;
držati se; eggs do not ~ well where it's
hot jaja se kvare na vrućini 11. intr
nastaviti, produžiti; he kept asking stal-
no je pitao 12. misc.; it ~s me awake ne

mogu da spavam zbog toga; to ~ smb.
company praviti nekome društvo; to ~
company with a girl udvarati se devojci
(djevojci); ~ off the grass! ne gazi
travu! to ~ one's mouth shut ne otvara-
ti usta; to ~ quiet ćutati (W: šutjeti); to
~ (oneself) in condition održavati kon-
diciju

keep down v 1. ostati ležeći 2. spustiti; to
keep one's head down spustiti glavu

keeping n 1. starateljstvo, čuvanje; in safe
~ u sigurnim rukama 2. saglasnost;
sklad; in ~ with regulations saglasno
propisima

keep out v 1. ne mešati (miješati) se; to
keep out of quarrels ne mešati se u
svađe 2. čuvati se, držati se, ostati; to
keep out of range držati se van dometa
3. misc.; to keep out of smb.'s way ne
izlaziti nekome pred oči

keep up v 1. nastaviti, produžiti; keep it
up! nastavite! 2. održati; to keep morale
up održati moral; *keep your chin up!
ne padaj duhom! 3. ići u korak; to keep
up with smb. ići u korak s nekim

keg [keg] n burence

Kelt see Celt

kennel ['kenəl] n kućica za psa, štenara,
psarnica

Kentucky [kən'təkij] n Kentaki

Kenya ['kenjə] n Kenija

kerb [kərb] Br.; see curb I 1

kerchief ['kərčif] n marama (za glavu,
vrat)

kernel ['kərnəl] n jezgro

kerosene ['kerə'sijn] n kerozin (Br. is pa-
raffin)

ketchup ['kečəp] n umak od paradajza,
kečup

kettle ['ketl] n 1. kazan; kotao 2. čajnik
kettledrum [~drəm] n talambas, timpan
key I [kij] n sprud, peščano ostrvce (W:
pješčani otočić)
key II n 1. ključ; the ~ to a mystery ključ
tajne 2. odgovori na pitanja (određena
za ispit) 3. (esp. on a typewriter) tipka,
dirka; a back-space ~ povratnik 4.
dugme key III a ključni, glavni, osnovni;
a ~ question ključno pitanje keyboard
[~bord] n 1. tastatura; a standard ~
standardna tastatura 2. klavijatura key-
hole [~houl] n ključaonica keynote
[~nout] n 1. (mus.) osnovni ton 2. (fig.)
osnovna crta key up v uzbuditi
khaki I ['kaekij] n zemljana boja, boja
kaki khaki II a zemljane boje, boje kaki
kick I [kik] n 1. udarac nogom 2. (swim-
ming) rad nogu 3. trzanje (topa, puške);
the rifle has a ~ puška se trza 4. (slang)
žalba 5. (slang) stimulacija, jak efekat 6.
(slang) uživanje; he gets a ~ out of that
on uživa u tome 7. (slang) (in pl) obest
(objest); he did it for ~s on je to uradio
iz obesti kick II v 1. tr udariti nogom; to
~ smb. udariti nekoga nogom 2. intr
udarati nogom; ritati se; the horse ~s
konj se rita 3. intr (colloq.) trzati (se);
the rifle ~s puška se trza 4. intr (col-
loq.) žaliti se
kickback [~baek] n mito; bakšiš; to pay a
~ dati mito
kick off v (football, soccer) početi igru
kick-off n (football, soccer) početak igre
kick out v (colloq.) odstraniti; the referee
kicked him out of the game sudija (W:
sudac) ga je odstranio iz igre
kick over v upaliti; the engine will not
kick over motor neće da upali
kick up v 1. funkcionisati, raditi (rđavo);
the engine was kicking up motor je
funkcionisao rđavo 2. misc.; to kick up
a storm dići larmu
kid I [kid] v 1. tr zadirkivati, podbadati 2.
tr zavaravati; to ~ oneself zavaravati se
3. intr šaliti se kid II n 1. jare 2. jareća
koža 3. (slang) klinac kid III a 1. jareći
2. (colloq.) mlađi; my ~ brother moj
mlađi brat kid glove rukavica od jareće
kože; *he is treated with ~s njemu se
donosi na tanjiru
kidnap ['kidnaep] v tr kidnapovati kid-
naper n kidnaper kidnaping n kid-
napovanje

kidney ['kidnij] n bubreg kidney stone
bubrežni kamen
kill I [kil] n 1. ubistvo; ubijanje 2. lov; broj
ubijenih životinja kill II v 1. tr and intr
ubiti, usmrtiti; to ~ smb. with a knife
ubiti nekoga nožem; *thou shalt not ~!
ne ubij! 2. tr uticati; ubiti; to ~ time
utucati vreme (vrijeme) 3. tr pokvariti;
to ~ the taste pokvariti ukus 4. tr
(sports) smečirati killer n ubica (W also:
ubojica) killjoy [~džoj] n kvarilac ra-
spoloženja kill off v istrebiti (istrijebiti)
kiln [kiln] n peć za sušenje; peć za pečenje
cigala
kilo ['kijlou] (-s) n kilogram kilocycle
['kiləsajkəl] n kilocikl kilogram
[~graem] n kilogram kilometer [ki'la-
mətər] n kilometar kilowat ['kiləwat] n
kilovat
kilt [kilt] n kilt, suknja koju nose škotski
brđani
kilter n (colloq.) dobra kondicija
kin [kin] n rodbina, rođaci, soj; the next of
~ najbliži rođaci
kind I [kajnd] n 1. vrsta (W also: vrst); tip;
of the same ~ iste vrste 2. misc.; to pay
in ~ vratiti na isti način; I ~ of
expected it gotovo sam to i očekivao
kind II a 1. dobar; a ~ heart dobro srce 2.
ljubazan; ~ words ljubazne reči (riječi)
kindergarten ['kindərgardn] n zabavište,
dečji (dječji) vrtić
kindhearted [~hartid] a dobra srca, do-
brodušan
kindle ['kindl] v tr zapaliti; potpaliti; to ~
a fire zapaliti (potpaliti) vatru kindling
['kindling] n potpala, drvca za potpalu
kindly I ['kajndlij] a ljubazan; dobar
kindly II adv ljubazno kindness n do-
brota, ljubaznost
kindred a ['kindrid] a srodan; a ~ soul
srodna duša
kinetic [ki'netik] a kinetički kinetics n
kinetika
king [king] n kralj; (cards) ~ of clubs kralj
tref kingdom [~dəm] n 1. kraljevina 2.
carstvo; the animal (vegetable) ~ živo-
tinjsko (biljno) carstvo
kink I [kingk] n 1. kovrdža 2. grč 3.
teškoća 4. nastranost kink II v tr ukovr-
čiti kinky a kovrdžast; ~ hair kovrdža-
sta kosa
kinsfolk ['kinzfoulk] n pl rođaci, srodnici,
rodbina kinship ['kinšip] n srodstvo
kiosk ['kijask] n 1. kiosk 2. reklamni stub

kipper ['kipər] n suv (suh) usoljen sleđ
kiss I [kis] n 1. poljubac; a ~ on the cheek
poljubac u obraz 2. mala bombona od
čokolade kiss II v 1. tr poljubiti; to ~
smb.'s hand poljubiti nekoga u ruku 2.
intr ljubiti se
kit [kit] n 1. oprema 2. (Br., mil.) lična
odeća (odjeća) i oprema
kitchen I [kičən] n kuhinja, kujna kitchen
II a kuhinjski; a ~ cabinet kuhinjski
kredenac kitchenette [kiča'net] n mala
kuhinja kitchen police (mil.) 1. služba
(rad) u kuhinji 2. grupa za rad u kuhinji
kite [kajt] n zmaj; to fly a ~ puštati zmaja
kitten ['kitn] n mače kittenish a 1. nesta-
šan 2. afektiran kitty I ['kitij] n mače
kitty II n uloženi novac, ulog, banka (kod
kartanja)
Kleenex ['klijneks] n papirna maramica
kleptomania [kleptə'mejnijə] n kleptoma-
nija kleptomaniac [~ijaek] n kleptoman
knack [naek] n veština (vještina); vičnost;
talenat; an uncanny ~ izvanredna
veština
knapsack ['naepsaek] n ranac, ruksak
knave [nejv] n 1. (lit.) nitkov, podlac 2.
(Br.; cards) žandar, pub
knead [nijd] v tr gnječiti; mesiti (mijesiti)
knee [nij] n koleno (koljeno) kneecap
[~kaep] n (anat.) čašica knee-deep a
(dubok) do kolena knee-high a (visko)
do kolena knee jerk (med.) kolenski
(koljenski) refleks
kneel [nijl]; knelt [nelt] or -ed; v intr
kleknuti, pasti na kolena (koljena)
knell [nel] n 1. zvonjenje 2. pogrebna
zvona 3. (fig.) rđav znak; to sound the ~
of smt. oglasiti nečiju propast
knickerbockers ['nikərbakərz], knickers
['nikərz] n pl golfske pantalone (W:
hlače), nikerbokerice
knickknack ['niknaek] n drangulija, triča-
rija, bagatela
knife I [najf] (knives [najvz]) n nož; a
kitchen ~ kuhinjski nož knife II v tr
probosti nožem
knight I [najt] n 1. vitez 2. (chess) konj
knight II v tr učiniti vitezom, oglasiti za
viteza knighthood [~hud] n 1. viteštvo
2. viteški stalež knightly [~lij] a viteški
knit I [nit] n pletivo knit II v 1. tr oplesti,
ištrikati; to ~ socks oplesti čarape 2. tr
namršiti; to ~ one's brows namršiti se
3. intr plesti knitting I n 1. pletenje 2.

pletivo knitting II a štrikaći; a ~ needle
štrikaća igla
knob [nab] n 1. čvor; kvrga 2. dugme 3. see
doorknob
knock I [nak] n 1. udar, udarac 2. kucanje;
did you hear a ~? jeste li čuli kucanje?
3. lupanje (motora) knock II v 1. tr
udariti; lupnuti; to ~ one's head
against a wall udariti glavom o zid 2. tr
kucnuti; *to ~ wood kucnuti u drvo 3.
tr utuviti; to ~ smt. into smb.'s head
utuviti nekome nešto u glavu 4. tr
(slang) kritikovati 5. intr kucati; to ~ at
the door kucati na vrata 6. intr lupati;
the engine is ~ing motor lupa
knock down v 1. oboriti; the car knocked
the woman down kola su oborila ženu 2.
srušiti; the high jumper knocked the bar
down skakač je srušio letvicu knock-
down [~daun] n obaranje knocker n
zvekir
knock-kneed a krivih kolena (koljena),
krivonog, čukljajiv
knock off v 1. odbiti; he knocked off a
piece of the wall on je odbio komad zida
2. (colloq.) završiti posao; prestati sa
radom 3. (colloq.) sklepati; he knocked
the homework off in ten minutes skle-
pao je zadatak za deset minuta 4.
(slang) ubiti 5. misc.; knock it off!
prestani!
knock out v 1. nokautirati 2. ovesvestiti
(onesvijestiti) knockout [~aut] n no-
kaut; to win by a ~ pobediti (pobijediti)
nokautom
knock together v sklepati
knock up v 1. (Br.) probuditi (kucanjem) 2.
(Br.) umoriti 3. (vul.) učiniti da zatrudni
knoll [noul] n brežuljak
knot I [nat] n 1. čvor, uzao; to tie (untie) a
~ zavezati (razvezati) čvor 2. kvrga,
čvor (u drvetu), izraslina 3. (naut.) čvor
knot II v tr vezati (uzlom) knothole
[~houl] n rupa od čvora u drvetu
knotty a 1. čvorast 2. težak, složen; a ~
problem težak problem
know I [nou] n znanje; in the ~ dobro
obavešten (obaviješten), upućen, posve-
ćen know II knew [nu:]; known [noun] v
1. tr and intr znati; to ~ by heart znati
napamet 2. tr poznavati, znati; to ~
smb. poznavati (znati) nekoga 3. intr
znati, umeti (umjeti); he ~s how to
write on zna (ume — umije) da piše 4.
misc.; to let smb. ~ izvestiti (izvijestiti)

nekoga; *to ~ inside out (like a book) znati u prste **know-how** n (colloq.) znanje; veština (vještina) **knowing** a znalački; a ~ glance znalački pogled **knowledge** ['nalidž] n 1. znanje; to my ~ koliko ja znam 2. nauka (W also: znanost) 3. misc.; carnal ~ snošaj, obljuba **knowledgeable** a dobro obavešten (obaviješten) **known** I [noun] n poznata, poznata količina **known** II a poznat **knuckle** I ['nəkəl] n čukalj, zglavak; to rap smb. on the ~s udariti nekoga po prstima **knuckle** II v (colloq.) 1. (to ~ down) latiti se; to ~ down to a job

prionuti na posao 2. (to ~ under) pokoriti se, potčiniti se

kook [ku:k] n (slang) čudak

Koran [ko'raen] n koran

Korea [ko'rijə] n Koreja **Korean** I n 1. Korejac 2. korejski jezik **Korean** II a korejski

kowtow ['kautau] v intr ulagivati se; to ~ to smb. ulagivati se nekome

Ku Klux Klan [ku: kləks klaen] Kukluksklan

Kurdistan ['kərdistaen] n Kurdistan

Kuwait [ku:'wejt] n Kuvajt

L

l [el] n 1 (slovo engleske azbuke)
lab [laeb] (colloq.) see laboratory I, II
label I ['lejbəl] n 1. nalepnica (naljepnica).
etiketa 2. epitet label II v tr 1. staviti
etiketu (na) 2. označiti
labile ['lejbajl] a labilan, nepostojan
labor I ['lejbər] n 1. rad; forced ~ prinu-
dan rad 2. (coll.) radnička klasa, prole-
tarijat 3. porođaj, porođajne muke; to
be in ~ ležati u porođajnim mukama
labor II a 1. radnički; ~ laws radnička
zaštita 2. porođajni; ~ pains porođajni
bolovi labor III v 1. tr previše podrobno
obraditi; to ~ a point previše podrobno
obraditi nešto 2. intr raditi, biti u
radnom odnosu 3. intr petljati se, patiti;
to ~ under a misconception patiti od
zablude
laboratory I ['laebrətorij] n laboratorija
laboratory II a laboratorijski; ~ experi-
ments laboratorijska ispitivanja
Labor Day (Am. and Canadian) praznik
rada (prvi ponedeljak — ponedjeljak u
septembru — W: rujnu)
labored a naporan, težak; otežan; ~
breathing teško disanje laborious [lə'bo-
rijəs] a težak, mučan laborite ['lejbərajt]
n (esp. Br.) laburista, član laburističke
stranke laborsaving [~sejving] a koji
štedi rad labor union sindikat (radnika)
labyrinth ['laebərinth] n labirint
lace I [lejs] n 1. čipka 2. pertla; vrpca lace
II a čipkan; a ~ tablecloth čipkan
stolnjak lace III v 1. tr vezati; to ~
shoes vezati pertle (na cipelama) 2. intr
vezati se 3. intr (to ~ into) napasti; to
~ into smb. napasti nekoga

lacerate ['laesərejt] v tr razderati, rastrg-
nuti laceration [laesə'rejšən] n razdero-
tina, rastrzanje
lack I [laek] n nestašica, oskudica; a ~ of
food nestašica hrane lack II v tr and intr
oskudevati (oskudijevati); to ~ water
oskudevati u vodi
lackadaisical [laekə'dejzikəl] a mlitav,
trom, neodlučan
lackey ['laekij] n lakej; (fig.) izmećar
lackluster ['laekləstər] a mutan, bez sjaja
laconic [lə'kanik] a lakoničan
lacquer I ['laekər] n lak lacquer II v tr
lakirati
lacrosse [lə'kros] n vrsta hokeja (na travi)
lad [laed] n (colloq.) momak, mladić
ladder ['laedər] n 1. lestve (ljestve), merde-
vine 2. (Br.) petlja (na čarapi)
laden [lejdn] a opterećen
ladle ['lejdl] n kutlača, varjača
lady I ['lejdij] n 1. gospođa, ledi, dama 2.
gazdarica, domaćica; the ~ of the house
domaćica 3. (a young ~) devojka (dje-
vojka) 4. (Br.; naslov za supruge engle-
skih plemića) ledi 5. (colloq.) supruga,
žena; his old ~ njegova žena lady II a
(colloq.) ženski; a ~ doctor doktorka
ladybug [~bəg] n bubamara
lady's man ženskar
lag I [laeg] n zaostajanje lag II v intr
zaostati; he is ~ging behind us on
zaostaje za nama
lagoon [lə'gu:n] n laguna
lair [lejr] n jazbina, jama
laity ['lejətij] n (coll.) laici
lake [lejk] n jezero lake dweller napolja‹
lam I [laem] n (slang) bekstvo (bjekstvo);
on the ~ u bekstvu lam II (slang) v int
1. pobeći (pobjeći) 2. to ~ into izbiti

lamb I [laem] *n* 1. jagnje (W: janje); *a sacrificial* ~ žrtveno jagnje 2. jagnjetina (W: janjetina) **lamb** II jagnjeći (W: janjeći)

lambaste [laem'bejst] *v tr* (slang) 1. izbiti 2. izgrditi

lambskin [~skin] *n* jagnjeća (W: janjeća) koža

lame I [lejm] *a* 1. hrom, šantav 2. (fig.) slab; neubedljiv (neubjedljiv); *a* ~ *excuse* neubedljiv izgovor **lame** II *v tr* osakatiti **lame duck** 1. (pol.) funkcioner čiji mandat ističe 2. (fig.) slabić **lameness** *n* hromost

lament I [lə'ment] *n* jadikovanje, lelek **lament** II *v tr* oplakati, žaliti; *to* ~ *smb.'s death* žaliti nečiju smrt **lamentation** [laemən'tejšən] *n* jadikovanje, lelek

lamp [laemp] *n* lampa; svetiljka (svjetiljka); fenjer

lampoon I [laem'pu:n] *n* satira **lampoon** II *v tr* ismejati (ismijati) satirom

lamppost ['laempoust] *n* stub za uličnu rasvetu (rasvjetu), kandelabar

lampshade [~šejd] *n* abažur, svetlobran (svjetlobran)

lance I [laens] *n* koplje **lance** II *v tr* 1 probosti kopljem 2. (med.) proseći (prosjeći); *to* ~ *a boil* proseći čir **lance corporal** (mil.) 1. (Am., Marines) mlađi desetar 2. (Br.) razvodnik

land I [laend] *n* 1. kopno; suvo (suho); zemlja; *on* ~ na kopnu (zemlji); *to sight* ~ ugledati kopno 2. zemlja, zemljište; *private (public)* ~ privatna (opštinska — općinska) zemlja 3. zemlja, država; *the Promised Land* obećana zemlja 4. (in a rifle) polje; ~*s and grooves* polja i žlebovi (žljebovi) **land** II *a* 1. agrarni; zemljišni; *a* ~ *bank* agrarna banka 2. kopneni; ~ *forces* kopnene snage **land** III *v* 1. *tr* iskrcati; *to* ~ *troops* iskrcati trupe 2. *tr* spustiti, aterirati (avion, vasionski brod) 3. *tr* zadati; *to* ~ *a blow* zadati udarac 4. *tr* upecati; *to* ~ *a husband* upecati muža 5. *intr* iskrcati se; *the troops have* ~*ed* trupe su se iskrcale 6. *intr* sleteti (sletjeti), spustiti se, aterirati; *the airplane has* ~*ed* avion je sleteo 7. *intr* dočekati se; *a cat always* ~*s on its feet* mačka se uvek (uvijek) dočekuje na noge

landholder ['laendhouldər] *n* zemljoposednik (zemljoposjednik)

landing I *n* 1. sletanje (slijetanje); *a bumpy (rough)* ~ grubo sletanje 2. desant, iskrcavanje; *a parachute* ~ padobransk¹ desant 3. odmorište (na stepeništu) **landing** II *a* 1. za sletanje; *a* ~ *beacon* far za sletanje 2. desantni; *a* ~ *ship* desant ni brod **landing gear** stajni trap **landing strip** staza za sletanje

landlady [~lejdij] *n* gazdarica, vlasnica stana

landless *a* bezemljišni **landlocked** [~lakt] *a* okružen kopnom, zatvoren

landlord [~lord] *n* 1. gazda, vlasnik stana 2. (Br.) krčmar

landmark [~mark] *n* orijentir, reper

landowner [~ounər] *n* vlasnik zemlje

landscape I [~skejp] pejzaž (W also: krajolik); zemljište **landscape** II *v tr* urediti (zemljište)

landslide [~slajd] *n* 1. lavina; odronjavanje 2. (fig., pol.) ogromna većina

lane [lejn] *n* 1. staza; *the inside* ~ staza broj 1 2. traka (kolovoza), staza

language I ['laenggwidž] *n* jezik; *the spoken (colloquial)* ~ govorni jezik; *foreign* ~*s* strani jezici **language** II *a* jezički, lingvistički **language study** učenje stranih jezika **language teaching** nastava stranih jezika

languid ['laenggwid] *a* slab; mlitav, malaksao **languish** [~iš] *v intr* 1. iznemagati; malaksati, klonuti 2. čamiti; *to* ~ *in prison* čamiti u zatvoru **languor** ['laenggər] *n* klonulost, iznemoglost, malaksalost

lanky ['laengkij] *a* visok i mršav

lantern ['laentərn] *n* fenjer

Laos ['laus] and ['lejous] *n* Laos **Laotian** I [lej'oušən] *n* Laošanin **Laotian** II *a* laošanski

lap I [laep] *n* krilo

lap II *n* krug; etapa **lap** III *v tr* prestići za ceo (cio) krug; *he was* ~*ped* on je zastao za ceo krug

lap IV *n* zapljuskivanje **lap** V *v* 1. *tr* (or: *to* ~ *up*) lokati; srkati; *the cat is* ~*ping up the milk* mačka loče mleko (mlijeko) 2. *tr* (or: *to* ~ *against*) zapljuskivati; *the waves* ~*ped (against) the shore* talasi su zapljuskivali obalu 3. *intr* lokati

lapel [lə'pel] *n* rever

Lapland ['laeplənd] *n* Laponija **Lapp** I [laep] *n* 1. Laponac 2. laponski jezik **Lapp** II *a* laponski

lapse I [laeps] *n* 1. greška, propust, omaška 2. tok, isticanje **lapse** II *v intr* isteći
larcenous ['larsanas] *a* razbojnički **larceny** [~nij] *n* krađa; razboj; *grand* ~ teško delo (djelo) krađe
lard I [lard] *n* salo, mast **lard** II *v tr* 1. nadenuti (nadjenuti) slaninom 2. (fig.) začiniti, prošarati **larder** *n* ostava, špajz
large [lardž] *a* 1. veliki; krupan; *a* ~ *piece* veliki komad 2. debeo; *the* ~ *intestine* debelo crevo (crijevo) **largely** *adv* u velikoj meri (mjeri) **large-scale** *a* veliki, velikih razmera (razmjera); *a* ~ *map* karta krupne razmere
largess [lar'džes] *n* darežljivost
lariat ['laerijat] *n* laso
lark I [lark] *n* ševa
lark II *n* šega, šala
larva ['larva] (*-ae* [ij]) *n* larva
laryngitis [laeran'džajtis] *n* laringitis, zapaljenje (W: upala) grla **larynx** ['laringks] *n* grkljan
lascivious [la'sivijas] *a* lascivan, pohotljiv
laser ['lejzar] *n* laser **laser beam** laserski snop
lash I [laeš] *n* 1. bič; udarac bičem 2. trepavica **lash** II *v* 1. *tr* išibati 2. *intr* napasti; *to* ~ *out at smb.* napasti nekoga, brecnuti se na nekoga
lash III *v tr* vezati
lass [laes] *n* (colloq.) devojčica (djevojčica); devojka (djevojka)
lasso I ['laesou] (*-s* or *-es*) *n* laso **lasso** II *v tr* hvatati lasom
last I [laest] *n* kalup; *a shoe* ~ kalup za cipele **last** II *n* 1. poslednji čovek (posljednji čovjek) 2. kraj, konac; *to the (very)* ~ do kraja **last** III *a* 1. *super of* **late** 2. poslednji; krajnji; *the* ~ *time* poslednji put 3. prošli; ~ *year* prošle godine **last** IV *adv* na kraju; naposletku (naposljetku)
last V *v intr* trajati; *how long will the lecture* ~? dokle će trajati predavanje?
lasting *a* trajan
lastly [~lij] *adv* na kraju
last name prezime
latch I [laeč] *n* reza **latch** II *v* 1. *tr* zatvoriti rezom 2. *intr (to* ~ *on to)* držati se
late I [lejt] *a* 1. kasan; zadocneli (zadocnjeli); *to be* ~ *for a lecture* zakasniti na (za) predavanje; *the train was a half hour* ~ voz (W: vlak) je zadocnio pola sata 2. najnoviji, svež (svjež); poslednji (posljednji); (Am.) *the* ~ *news* posled-

nje vesti — vrijesti (koje se obično emituju u 23 časa preko televizije) 3. bivši 4. pokojni **later** or **latter** ('laetar) *(comp.);* **latest** or **last** *(super) the latest news* najnovije vesti (vijesti); *his latest film* njegov najnoviji film **late** II *adv* dockan, kasno; ~ *at night* u kasnu noć; *(the) trains are running* ~ vozovi (W: vlakovi) zakašnjavaju **later** *(comp);* **latest** *(super); two minutes later* dva minuta kasnije
lately [~lij] *adv* nedavno
latent ['lejtant] *a* latentan, sakriven
lateral ['laetaral] *a* lateralan; bočni
latest see **late** I, II
lathe [lejth:] *n* strug, tokarska klupa **lathe operator** strugar, tokar
lather I ['laeth:ar] *n* 1. pena — pjena (od sapuna) 2. pena (od znoja na konju) 3. misc.; *in a* ~ uzrujan **lather** II *v tr* nasapuniti
Latin I ['laetn] *n* 1. latinski jezik 2. Latin 3. stanovnik Južne Amerike **Latin** II latinski **Latin alphabet** latinica **Latin America** Južna Amerika **Latin Quarter** Latinski kvart (u Parizu)
latitude ['laetatu:d] *n* 1. (geog.) širina 2. (fig.) sloboda dejstva (djejstva), nesmetanost
latrine [la'trijn) *n* (usu. mil.) nužnik, klozet
latter ['laetar] *a* 1. see **late** I 2. poslednji — posljednji (od dvoje); ovaj potonji 3. drugi; poslednji; *the* ~ *part* drugi deo (dio)
Latvia ['laetvija] *n* Letonija **Latvian** I *n* 1. Letonac 2. letonski jezik **Latvian** II *a* letonski
laud [lod] *v tr* pohvaliti **laudable** *a* dostojan hvale **laudatory** [~atorij] *a* koji hvali, pohvalan
laugh I [laef] *n* smeh (smijeh) **laugh** II *v* 1. *intr* smejati (smijati) se; *to* ~ *at smb.* smejati se nekome; *to* ~ *at a joke* smejati se na vic 2. misc.; *to* ~ *up one's sleeve or to* ~ *to oneself* smejati se u sebi; *to* ~ *smt. off* smejanjem preći preko nečega **laughable** *a* smešan (smiješan) **laughing gas** uveseljavajući gas **laughingstock** [~stak] *n* nišan podsmeha (podsmijeha) **laughter** [~tar] *n* smeh (smijeh)
launch I [lonč] *n* (naut.) barkasa; veći čamac

launch II v 1. *tr* lansirati; *to ~ a rocket* lansirati raketu 2. *tr* ispaliti; *to ~ a torpedo* ispaliti torpedo 3. *tr* pokrenuti; preduzeti; *to ~ a new magazine* pokrenuti nov časopis 4. *tr* porinuti; *to ~ a ship* porinuti brod 5. *intr* upustiti se; *to ~ into a discussion* upustiti se u diskusiju **launcher** n lansirati uređaj **launching** I n 1. porinuće (broda) 2. lansiranje **launching** II a lansirni; *a ~ pad* lansirna platforma

launder ['londər] v *tr* oprati; *to ~ sheets* oprati (krevetske) čaršave **laundress** [~dris] n pralja **laundry** [~drij] n 1. rublje, veš; *to dry (iron, wash) the ~* sušiti (peglati, prati) veš 2. servis za pranje rublja; perionica

laureate ['lorijət] n laureat

laurel I ['lorəl] n 1. (bot.) lovor, lovorika 2. (fig. in *pl*) lovorike; *•to rest on one's ~s* počivati (odmarati se, spavati) na lovorikama **laurel** II a lovorov

lava ['lavə] n lava

lavatory ['laevətorij] n 1. kupatilo (W: kupaonica) 2. klozet 3. lavabo, umivaonik

lavish I ['laeviš] a 1. izdašan 2. raspisan; raskošan **lavish** II v *tr* rasuti, obasuti, proćerdati; *to ~ attention (gifts) on smb.* obasuti nekoga pažnjom (poklonima)

law I [lo] n zakon; *a labor ~* zakon o zaštiti radnika; *~ and order* zakon i red 2. pravo; *administrative (civil, criminal) ~* upravno (građansko, krivično) pravo 3. *(the ~)* policija 4. pravilo **law** II a pravni; *a ~ school* pravni fakultet **law-abiding** a koji se pridržava zakona **lawbreaker** [~brejkər] n prestupnik **law enforcement** kriminalistička služba **lawful** a zakonit **lawless** a 1. bezakonit, nezakonit 2. razuzdan **lawmaker** [~mejkər] n zakonodavac

lawn [lon] n travnjak **lawn mower** kosačica **lawn tennis** tenis na travi

lawsuit [~su:t] n parnicu **lawyer** ['lojər] n advokat (W also: odvjetnik)

lax [laeks] a labav

laxative ['laeksətiv] n sredstvo za čišćenje, laksativ

laxity ['laeksətij] n labavost

lay I [lej] n balada

lay II n (colloq.) karakter; *the ~ of the land* karakter zemljišta

lay III a 1. svetovan (svjetovan), laički 2. laički, nestručnjački; *a ~ opinion* laičko mišljenje

lay IV *laid* [lejd] v 1. *tr* položiti, metnuti, staviti da leži; *to ~ smt. on the ground* položiti (metnuti) nešto na zemlju 2. *tr* nositi; *to ~ eggs* nositi (jaja) 3. *tr* staviti; *to ~ a wager* opkladiti se 4. *tr* postaviti; *to ~ a cable* postaviti kabl 5. *intr* nositi jaja 6. misc.; *•to ~ for smb.* brusiti nož na nekoga; *•to ~ it on (thick)* preterivati (pretjerivati)

lay down v 1. staviti da leži 2. položiti; *to lay down one's arms* položiti oružje

layer n sloj; naslaga; prevlaka; *a thick ~* debeo sloj **layer cake** filovana torta

layette [lej'et] n komplet dečjeg (dječjeg) rublja

lay in v nagomilati, snabdeti (snabdjeti) se; *to lay in supplies* nagomilati zalihe

layman ['lejmən] (-men [min]) n laik

lay off v 1. otpustiti (s posla) 2. (colloq.) odustati; *lay off!* ostavi to! **layoff** [~of] n opuštanje

lay out v 1. izdati; *to lay out a lot of money* izdati mnogo novca 2. spremiti; *to lay out a corpse* obući i izložiti mrtvaca 3. trasirati; *to lay out a road* trasirati put 4. (colloq.) nokautirati; *I laid him out (cold)* nokautirao sam ga **layout** [~aut] n 1. projekat, plan 2. (colloq.) prostorije

lay over v prekinuti putovanje; *to lay over in London* prekinuti putovanje u Londonu **layover** [~ouvər] n prekid putovanja

lay up v 1. prikovati uz postelju; *he was laid up with (the) flu* ležao je bolestan od gripa 2. (basketball) *to lay up a shot* postići pogodak ispod koša **lay-up** n (basketball) pogodak ispod koša

lazy ['lejzij] a 1. leniv, lenj (lijen) 2. trom **lazybones** [~bounz] (pl has zero) n lenjivac (ljenjivac), lenčuga (ljenčuga)

lead I [lijd] n 1. vođstvo; prednost; *to take the ~* preuzeti vođstvo, povesti 2. savet (savjet); *he gave me several ~s* dao mi je nekoliko saveta 3. glavna uloga; prvi glumac; *who has the ~?* ko (tko) igra glavnu ulogu? **lead** II [lijd]; *led* [led] 1. *tr* voditi; *to ~ an interesting life* voditi interesantan život 2. *tr* dirigovati; *to ~ an orchestra* dirigovati orkestrom 3. *tr* zauzimati prvo mesto — mjesto (na); *his name led the list* on je bio prvi na spisku 4. *tr* navesti; dovesti; *to ~ smb* *astray* navesti nekoga na zlo 5. *tr* odvesti, dovesti; *this road will lead you to town* ovaj će vas put dovesti u grad 6. *intr* (sports) voditi; *they are ~ing by five points* oni vode sa pet bodova 7. *intr* voditi; *the door ~s into the corridor* vrata vode u hodnik 8. *intr* ići; *this road ~s along the river* ovaj put ide pored reke (rijeke) 9. misc.; *to ~ off* početi; *to ~ a witness* sugerisati odgovore svedoku (svjeuoku)

lead III [led] *n* 1. olovo 2. (printing) prored **lead IV** *a* 1. olovni 2. grafitni; *a ~pencil* grafitna olovka **lead V** *v tr* prorediti

leader ['lijdər] *n* 1. vođa; rukovodilac; *national ~s* narodne vođe 2. (Br.) uvodnik 3. (Br.) prva violina 4. (sports and fig.) vodeći **leadership** *n* 1. rukovođenje; komandovanje; liderstvo 2. (coll.) vođe; rukovodioci **leading** ['lijding] *a* 1. rukovodeći 2. glavni; *a ~ role* glavna uloga 3. prvi; *a ~ lady* prva junakinja 4. sugestivan; *a ~ question* sugestivno pitanje

lead up [lijd] *v* 1. odvesti; *to lead up to the top* odvesti do vrha 2. voditi; *to lead up to smt.* voditi nečemu

leaf [lijf] *(leaves* [lijvz]) *n* 1. (bot.) list; *the leaves are falling* lišće pada 2. umetak, preklopna daska (za sto — stol); stona ploča 3. tanka pločica, listić, folija 4. misc.; *to turn over a new ~* okrenuti drugi list **leaflet** [~lıt] *n* 1. listić 2. letak; *to distribute ~s* deliti (dijeliti) letke **leaf through** *v* prelistavati; listati; *to leaf through a book (a newspaper)* prelistavati knjigu (novine) **leafy** *a* lisnat

league I [lijg] *n* morska milja **league II** *n* liga, savez 2. (sports) liga **League of Nations** Društvo (Liga) naroda

leak I [lijk] *n* 1. pukotina; prodor vode; *to spring a ~* procuriti 2. procurenje; *an information ~* procurenje izveštaja (izvještaja) **leak II** *v* 1. *tr* propustiti; (fig.) *to ~ information* otkriti podatke 2. *intr* curiti; puštati (propuštati) vodu; *this pot ~s* ova šerpa curi; *our roof ~s* naš krov propušta (kišu) **leaky** *a* propustljiv, koji curi

lean I [lijn] *a* 1. mršav; *~ meat* mršavo meso 2. postan; *a ~ mixture* posna smesa (smjesa) 3. gladan; *°seven ~ years* sedam gladnih godina

lean II *n* nagnuće, nagib **lean III** *v* 1. *tr* nagnuti, nasloniti, osloniti; *to ~ a board against a wall* osloniti dasku na zid 2. *intr* nasloniti se, prisloniti se; *he ~ed against the wall* prislonio se uza zid 3. *intr (to ~ toward smt.)* naginjati (nečemu) **leaning** *n* naginjanje, sklonost

leap I [lijp] *n* skok **leap II** *-ed or lept* [lept] *v* 1. *tr* preskočiti 2. *intr* skočiti; *to ~ from a bridge* skočiti sa mosta

leapfrog I [~frag] *n* preskakanje preko glave (igra) **leapfrog II** *v* 1. *tr* preskočiti 2. *intr* kretati se u skokovima

leap year prestupna godina

learn [lərn]; *-ed or learnt* [~t] *v* 1. *tr* naučiti; *he ~ed the lesson* on je naučio lekciju 2. *intr* učiti; *she ~s quickly* ona brzo uči 3. *intr* (or: *to ~ how)* naučiti; *he is ~ing (how) to drive* on uči da vozi 4. *intr* saznati; *to ~ about smt.* saznati za nešto (o nečemu) **learned** [~id] *a* učen, obrazovan **learning** *n* učenje

lease I [lijs] *n* iznajmljivanje; zakup **lease II** *v tr* iznajmiti; uzeti u zakup

leash I [lijš] *n* uzica; povodac **leash II** *v tr* obuzdati

least I [lijst] *n* najmanja količina; *at ~* bar **least II** *a and adv (super of little II 2, 3, III)* najmanji; *the ~ amount* najmanja količina

leather I ['leth:ər] (štavljena) koža **leather II** *a* kožni; *~ goods* kožna galanterija

leave I [lijv] *n* 1. dozvola; dopuštenje; *by your ~* s vašim dopuštenjem 2. rastanak; *°to take French ~* otići bez zbogom 3. odsustvo; *to be on ~* biti na odsustvu

leave II *left* [left] *v* 1. *tr* ostaviti; *he left the book on the table* ostavio je knjigu na stolu; *he left the lamp burning* ostavio je lampu da gori 2. *tr* zaveštati (zavještati), ostaviti; *he left nothing to me* nije mi ništa ostavio 3. *tr* napustiti, ostaviti; *to ~ one's wife* napustiti ženu 4. *intr* otići, otputovati, putovati; *to ~ for California* otputovati u Kaliforniju 5. misc.; *two from five ~s three* 2 od 5 daje 3; *if there is any money left over* ako ostane novca; *there's nothing left for me to do but to . . .* ništa mi drugo ne preostaje nego da . . .

leaven I ['levən] *n* 1. kvasac 2. (fig.) snažan uticaj **leaven II** *v tr* 1. metnuti kvasca (u); prouzrokovati vrenje (u) 2. (fig.) prožeti; ublažiti

leave off v prekinuti (rad); *where did we leave off?* gde (gdje) smo prekinuli rad?

leave out v propustiti, izostaviti

Lebanese I [lebə'nijz] *(pl* has zero) *n* Libanac (W: Libanonac) **Lebanese** II *a* libanski (W: libanonski) **Lebanon** ['lebənən] *n* (Br.: *the ~*) Liban (W: Libanon)

lecher ['lečər] *n* pohotljivac **lecherous** *a* pohotljiv, razvratan **lechery** *n* pohotljivost, razvratnost

lectern ['lektərn] *n* naslon za čitanje, pult

lecture I ['lekšər] *n* 1. predavanje; *to give a ~* održati predavanje 2. pridika **lecture** II *v* 1. *tr* ukoriti; *to ~ smb.* očitati nekome lekciju 2. *intr* držati predavanja **lecturer** *n* predavač **lectureship** *n* zvanje predavača

ledge [ledž] *n* ispupčena ivica, obod

ledger *n* (comm.) glavna knjiga

leech [lijč] *n* pijavica; *to apply ~es* stavljati (metati) pijavke

leek [lijk] *n* prazoluk (W: poriluk)

leer I [lijr] *n* cerenje, zloban pogled, pohotan pogled **leer** II *v intr* ceriti se; *to ~ at smb.* ceriti se nekome

leery *a* sumnjičav, nepoverljiv (nepovjerljiv)

leeway ['lijwej] *n* sloboda, nesmetanost

left I [left] *n* 1. leva (lijeva) strana; *on the ~* s leve strane 2. (pol.) levica (ljevica) 3. (boxing) udarac levom rukom; *a straight ~* levi direkt 4. (soccer) (a.) *outside ~* levo krilo; (b.) *inside ~* leva polutka (spojka) **left** II *a* levi **left** III *adv* levo (lijevo); nalevo (nalijevo); *turn ~* skreni levo **left-handed** *a* levoruk (ljevoruk); *a ~ person* levak (ljevak) **left-hander** *n* levak **leftist** I *n* levičar (ljevičar) **leftist** II *a* levičarski

left-luggage *n* (Br.) (or: *~ office)* garderoba (see also **checkroom**)

leftover [~ouvər] *a* neupotrebljen (neupotrijebljen) **leftovers** [~z] *n pl* ostaci; *to eat ~* jesti ostatke

left-wing *a* levičarski (ljevičarski) **left-winger** *n* levičar (ljevičar) **lefty** *n* (slang) levak (ljevak)

leg [leg] *n* 1. (anat.) noga; *to stretch one's ~s* protegnuti noge 2. noga (stola, stolice) 3. nogavica (pantalona — W: hlača) 4. (aviation) deo (dio) puta 5. krak; *the ~ of a compass* kraci šestara 6. misc.; **to pull smb.'s ~* zadirkivati nekoga

legacy ['legəsij] *n* legat, zaveštanje (zavještanje)

legal ['lijgəl] *a* 1. zakonit, legalan; zakonski 2. sudski, pravni; *a ~ precedent* sudski precedent **legal age** punoletnost (punoljetnost) **legal holiday** državni praznik **legality** [lij'gaelətij] *n* legalnost, zakonitost **legalize** ['lijgəlajz] *v tr* legalizovati **legal tender** zakonsko sredstvo plaćanja

legation [lə'gejšən] *n* poslanstvo, legacija

legend ['ledžənd] *n* legenda **legendary** *a* legendaran

leggings ['legingz] *n pl* gamašne

legibility [ledžə'bilətij] *n* čitkost **legible** ['ledžəbəl] *n* čitak; *~ handwriting* čitak rukopis

legion ['lijdžən] *n* 1. legija; *the American Legion* Američka legija (savez boraca) **legionnaire** [lijdžə'nejr] *n* legionar

legislate ['ledžislejt] *v* 1. *tr* stvoriti pomoću zakonodavstva 2. *intr* donositi zakone **legislation** [ledžis'lejšən] *n* zakonodavstvo, legislacija **legislative** ['ledžislejtiv] *a* zakonodavan, legislativan; *~ power* zakonodavna vlast **legislator** *n* zakonodavac **legislature** ['ledžislejčər] *n* zakonodavno telo (tijelo)

legitimacy [lə'džitəməsij] *n* zakonitost **legitimate** [lə'džitəmit] *a* zakonit; legitiman; *a ~ child* zakonito dete (dijete)

leisure I ['lijžər] *n* dokolica, slobodno vreme (vrijeme) **leisure** II *a* slobodan; *~ time* slobodno vreme **leisurely** I *a* lagan, ležeran, nežuran **leisurely** II *adv* lagano, ležerno, nežurno

lemon I ['lemən] *n* 1. limun 2. (colloq.) neispravna stvar; *his new car was a ~* nova kola su mu bila neispravna **lemon** II *a* limunski, limunov; *~ juice* limunov sok **lemonade** [lemə'nejd] *n* limunada

lend [lend]; *lent* [lent] *v* 1. *tr* pozajmiti, posuditi; *the library ~s (out) books* biblioteka pozajmljuje knjige 2. *tr* dati na zajam; *to ~ (out) money* dati novac na kamatu 3. *tr* pružiti; *to ~ a hand* pružiti pomoć 4. *refl.* biti prikladan, podesan; *it does not ~ itself to translation* nije prikladan za prevođenje 5. *intr* davati u pozajmicu **lending library** pozajmna biblioteka

length [leng(k)th] *n* 1. dužina (W also: duljina) 2. (sports) dužina; *our shell won by four ~s* pobedili (pobijedili) su naši veslači za četiri dužine 3. misc.; **to go to any ~(s)* učiniti sve moguće; **at great ~* opširno **lengthen** *v tr* produžiti

(W: produljiti); *to* ~ *a coat* produžiti kaput **lenghty** *a* dugačak; opširan

leniency ['lijnijənsij] *n* blagost **lenient** *a* blag, popustljiv

Leningrad ['leningread] *n* Leningrad

Leninism ['leninizəm] *n* lenjinizam **Leninist** *a* lenjinski

lens [lenz] *n* objektiv, sočivo; leća; *contact* ~es kontaktna sočiva

Lent [lent] *n* (rel.) Veliki post

lentil ['lentəl] *n* leća

leopard ['lepərd] *n* leopard **leopardess** *n* leopardica

leotards ['lijətardz] *n pl* hula-hopke

leper ['lepər] *n* gubavac **leprosy** ['leprəsij] *n* guba, lepra **leprous** ['leprəs] *a* gubav, leprozan

lesbian I ['lezbijən] *n* lezbejka **lesbian** II *a* lezbejski

lesion ['lijžən] *n* ozleda

less [les] 1. *a* manje; ~ *money* manje novca (comp of **little** II 2, 3, III) 2. *n* manje; *he has* ~ on ima manje

lessen ['lesən] *v* 1. *tr* smanjiti 2. *intr* smanjiti se

lesser *a* manji; *to a* ~ *degree* u manjoj meri (mjeri)

lesson [~ən] *n* lekcija; pouka; *to learn a* ~ izvući pouku

lest [lest] *conj* iz straha da; da ne

let I [let] *n* (tennis) ponovna lopta

let II *let* [let] *v tr* 1. pustiti, dozvoliti; ostaviti; *she let the soup get cold* pustila je supu (W: juhu) da se ohladi; *I* ~ *him go* pustio sam ga da ide 2. (as aux. to form the third person *imper)* neka; ~ *them come in* neka uđu 3. (Br.) izdati (pod kiriju) 4. *(let's)* hajde, hajdem hajdete; ~*s' go to the movies* hajdemo u bioskop (W: kino) 5. opustiti; **to* ~ *go of the reins* opustiti uzdu 6. misc.; *to* ~ *oneself in* ući (u stan) sam

let down *v* 1. spustiti; *to let a landing gear down* izvući stajni trap 2. ostaviti na cedilu (cjedilu); razočarati 3. misc.; *to let one's hair down* napraviti terevenku

letdown [~daun] *n* razočaranje, razočarenje

lethal ['lijthəl] *a* smrtonosan

lethargic [lə'tharddžik] *a* letargičan **lethargy** ['lethərdžij] *n* letargija

let off *v* 1. ispustiti; dati; **to let off steam* dati oduška osećanjima (osjećanjima) 2. osloboditi; *he was let off with a small fine* prošao je s malom kaznom

let out *v* 1. proširiti; *to let out a dress* proširiti haljinu 2. pustiti; *he let the dog out* pustio je psa (iz kuće) 3. završiti se; *school lets out at three o'clock* škola se završava u tri sata

Lett [let] see **Latvian** I 1

letter I ['letər] *n* 1. slovo; *a capital (small)* ~ veliko (malo) slovo 2. pismo; *an airmail* ~ avionsko pismo; *a* ~ *of recommendation* pismo sa preporukom 3. (in *pl)* književnost; *a man of* ~s književnik 4. (sports) inicijali škole kojima se nagrađuje učenik (student) za uspehe (uspjehe) u sportu **letter** II *v* 1. *tr* označiti slovima 2. *intr* pisati slova

letterbox [~baks] *n* (esp. Br.) poštansko sanduče **letter carrier** poštar **letterhead** [~hed] *n* 1. zaglavlje pisma 2. list sa odštampanim imenom firme u zaglavlju

Lettish see **Latvian**

lettuce ['letəs] *n* (zelena) salata; *a head of* ~ glavica salate

let up *v* 1. stišati se, popustiti, jenjati; *the cold has let up* hladnoća je popustila 2. popustiti; *to let up on smb.* postati popustljiviji prema nekome **letup** [~əp] *n* prekid; *without* ~ bez prekida

leukemia [lu:'kijmijə] *n* leukemija

levee ['levij] *n* obalski nasip

level I ['levəl] *n* 1. nivo; visina (W also: razina); *at the same* ~ na istom nivou; *height above sea* ~ nadmorska visina 2. stepen, nivo; *a maintenance* ~ stepen remonta 3. libela **level** II *a* ravan; horizontalan; ~ *flight* horizontalan let **level** III *v* 1. *tr* nivelisati; izravnati, pravnati; *to* ~ *the earth* izravnati zemlju 2. porušiti, sruštiti; *to* ~ *old buildings* porušiti, srušiti; *to* ~ *old buildings* iskren; *to* ~ *with smb.* biti iskren sa nekim **levelheaded** [~hedid] *a* razborit, razuman

lever ['levər] 1. poluga 2. ručica; *a brake* ~ ručica kočnice **leverage** *n* 1. rad poluge; snaga poluge 2. (fig.) moć, snaga

levity ['levətij] *n* lakomislenost

levy I ['levij] *n* 1. nametanje, skupljanje 2. regrutovanje **levy** II *v* 1. nametnuti; skupiti; *to* ~ *a tax* nametnuti (skupiti) porez 2. regrutovati; *to* ~ *troops* regrutovati vojnike

lewd [lu:d] *a* razvratan, nepristojan **lewdness** *n* razvratnost; nepristojnost

lexical ['leksikəl] *a* leksički, leksikalan **lexicographer** [leksi'kagrəfər] *n* leksikograf lexicographic[leksikou'graefik], lexicographical *a* leksikografski lexicography [leksi'kagrəfij] *n* leksikografija lexicology [~'kalədžij] *n* leksikologija lexicon ['leksikan] *n* 1. leksikon, rečnik (rječnik) 2. leksika

liability [lajə'bilətij] *n* 1. odgovornost, obaveza; obaveznost; *limited* ~ ograničena obaveznost 2. prepreka 3. (comm., in *pl*) pasiva liable ['lajəbəl] *a* 1. odgovoran, obavezan 2. (colloq.) moguć; *he is still* ~ *to come* on još može doći

liaison [lij'ej'zan] *n* 1. veza 2. ljubavna veza 3. (ling.) vezivanje liaison officer oficir veze

liar [lajer] *n* lažov, lažljivac

libel I ['lajbəl] *n* kleveta; javna kleveta libel II *v tr* (pismeno) oklevetati libelous klevetnički

liberal I ['libərəl] *n* liberal liberal II *a* 1. liberalan; slobodouman; ~ *thought* liberalna misao 2. popustljiv, trpeljiv 3. opšteobrazovni (općeobrazovni); *the* ~ *arts* opšteobrazovni predmeti liberalism *n* liberalizam liberalize *v tr* liberalizovati

liberate [~rejt] *v tr* osloboditi liberation [libə'rejšən] *n* oslobođenje liberator ['libərejtər] *n* oslobodilac

Liberia [laj'bijrijə] *n* Liberija

libertine ['libərtijn] *n* sladostrasnik, libertinac, raskalašna osoba

liberty ['libərtij] *n* sloboda; *to take the* ~ *of . . .* uzeti slobodu da . . .

librarian [laj'brejrijən] *n* bibliotekar library ['lajbrerij] *n* biblioteka; knjižnica; *a municipal* ~ gradska biblioteka library science bibliotekarstvo

libretto [li'bretou] *(-s or -tti* [tij]) *n* libreto

Libya ['libijə] *n* Libija Libyan I *n* Libijac Libyan II *a* libijski

license I ['lajsəns] *n* 1. dozvola; licenca; *a driver's* ~ vozačka dozvola 2. sloboda; *poetic* ~ pesnička (pjesnička) sloboda 3. razuzdanost, neobuzdanost license II *v tr* dati dozvolu (nekome) 2. dozvoliti license plate (on an automobile) registarska tablica

lick I [lik] *n* 1. lizanje; *give me a* ~ daj i meni da liznem 2. mala količina 3. (colloq.) udarac; ~*s* batine lick II *v* 1. *tr* lizati; *to* ~ *one's fingers* lizati prste; **to* ~ *smb.'s boots* lizati nekome pete 2. *tr* (colloq.) izmlatiti; pobediti (pobijediti) 3. *intr* lizati 4. misc.; **he is* ~*ing his*

chops rastu mu zazubice; **to* ~ *one's wounds* oporavljati se od rana licking *n* 1. lizanje 2. (colloq.) batine; 3. (colloq.) poraz; *they took a* ~*ing* pretrpeli (pretrpjeli) su poraz

licorice ['likəriš] *n* sladić, slatki koren (korijen)

lid [lid] *n* poklopac

lie I [laj] *lay* [lej]; *lain* [lejn] *v intr* ležati; *to* ~ *on the ground* ležati na zemlji lie II *n* laž; *an outright* ~ gola (presna) laž; *to catch smb. in a* ~ uhvatiti nekoga u laži lie III *v intr* lagati; *to* ~ *to smb.* lagati nekoga lie detector detektor laži, poligraf

lie down (lay, lain) *v* 1. leći; *lie down and go to sleep* lezi i spavaj; **to lie down on the job* zabušavati 2. ležati; *he was lying down* ležao je; **to take smt. lying down* primiti nešto bez protesta

lien [lijn] *n* (legal) pravo pridržaja (zadržavanja)

lieu [lu:] *n* mesto (mjesto); *in* ~ *of* umesto (umjesto)

lieutenant [lu:'tenənt] *n* 1. (army) poručnik 2. (navy) poručnik bojnog broda 3. zamenik (zamjenik) lieutenant colonel potpukovnik lieutenant commander stariji poručnik vojnog broda lieutenant general general-pukovnik

lieutenant governor zamenik (zamjenik) guvernera

life I [lajf] *(lives* [lajvz]) *n* 1. život, životni put; *to risk one's* ~ staviti život na kocku; *for* ~ doživotno 2. vek (vijek); *engine* ~ vek motora life II *a* 1. životni 2. za spasavanje 3. misc.; *(average)* ~ *expectancy* (prosečni—prosječni) ljudski vek; *to sentence to* ~ *imprisonment* osuditi na doživotnu robiju life belt pojas za spasavanje lifeboat [~bout] *n* čamac za spasavanje lifeguard [~gard] *n* 1. spasilac (na javnom kupalištu) 2. (Br.) vojnik telesne (tjelesne) straže life jacket prsluk za spasavanje lifeless *a* beživotan life preserver pojas za spasavanje life raft splav za spasavanje life span ljudski vek lifetime [~tajm] *n* 1. ljudski vek; život 2. vek trajanja

lift I [lift] *n* 1. dizanje 2. (Br.) lift (see also elevator) 3. ohrabrenje; *he gave me a* ~ ohrabrio mi je 4. sloj kože u peti cipele, fleka 5. prevoz; *to give smb. a* ~ povesti nekoga kolima lift II *v* 1. *tr* dići, podići

2. *intr* dizati se; *the fog is* ~*ing* magla
se diže
lift off *v* odlepiti (odlijepiti) se; *the plane
lifted off the runway* avion se odlepio
od piste
ligament ['ligəmənt] *n* (anat.) veza,
ligament
ligature ['ligəču:r] *n* (med.) podveza,
ligatura
light I [lajt] *n* 1. svetlost (svjetlost) 2.
svetlo (svjetlo); *an electric* ~ električno
svetlo 3. videlo (vidjelo), svetlost; *to
bring to* ~ izneti (iznijeti) na videlo 4.
misc.; *to shed* ~ *on smt.* rasvetliti
(rasvijetliti) nešto **light** II *a* svetao (svi-
jetao); ~ *colors* svetle boje **light** III *-ed*
or *lit* [lit] *v tr* upaliti; zapaliti; pripaliti;
to ~ *a match* upaliti šibicu
light IV *a* 1. lak; ~ *food* laka hrana 2.
blag; lak; *a* ~ *sentence* laka kazna **light**
V *adv* lako; *to travel* ~ putovati bez
teškog prtljaga (W: teške prtljage)
light VI *-ed* or *lit* [lit] *v intr* 1. sići; spustiti
se 2. misc.; *to* ~ *into smb.* napasti
nekoga; *to* ~ *out* pobeći (pobjeći)
lighten *v tr* olakšati, učiniti lakšim
lighter I *n* upaljač
lighter II *n* (naut.) barža, peniša
lighter-than-air *a* lakši od vazduha (W:
zraka)
lighthouse [~haus] *n* svetionik (svje-
tionik)
lighting *n* rasveta (rasvjeta), osvetljenje
(osvjetljenje)
lightly [~lij] *adv* 1. blago, lako 2. s
omalovaženjem; *to speak* ~ *of smb.*
omalovažavati nekoga 3. slabo; ~ *held*
posednut (posjednut) malim snagama
light meter svetlomer (svjetlomer)
linghtning I [~ning] *n* munja, grom; *there
was a flash of* ~ sevnula (sijevnula) je
munja **lightning** II *a* munjevit **lightning**
III *v intr* (pres. partic. *is lightning)*
sevnuti (sijevnuti); *it is lightning* munje
sevaju **lightning bug** svitac **lightning
rod** gromobran
light up *v* 1. rasvetliti (rasvijetliti), osvet-
liti (osvijetliti); *to light up a room*
osvetliti· sobu 2. ozariti se, razvedriti se;
his face lit up ozarilo (razvedrilo) mu se
lice 3. zapaliti, pripaliti (cigaretu) 4.
obasjati; *searchlights lit up the sky*
reflektori su obasjavali nebo
lightweight [~wejt] *n* bokser (W: boksač)
lake kategorije

light-year *n* svetlosna (svjetlosna) godina
lignite ['lignajt] *n* lignit
likable, likeable ['lajkəbəl] *a* mio, ljubazar.
like [lajk] *n* simparija, naklonost; ~*s and
dislikes* simpatije i antipatije **like** II *v* 1.
tr voleti (voljeti); uživati (u); *she* ~*s to
read* ona voli da čita; *I would* ~ *to see
him* voleo bih da ga vidim 2. *tr* dopasti
se, svideti (svidjeti) se; *she* ~*ed him*
dopao joj se 3. *intr* želeti (željeti); hteti
(htjeti); *as you* ~ kako hoćete (želite)
like III *n* slično; *and the* ~ i tome slično
like IV *a* sličan; *on* ~ *occasions* u
sličnim slučajevima **like** V *conj* kao da;
it looks ~ *they are not at home* izgleda
kao da nisu kod kuće **like** VI *prep* 1.
kao; *it looks* ~ *rain* izgleda kao da će
padati kiša 2. takav; *what is he* ~?
kakav je on čovek (čovjek)? 3. da; *he felt*
~ *going to Europe* njemu se prohtelo da
putuje u Evropu 4. nalik na; *that is just*
~ *him* to je baš nalik na njega 5. sličan;
he is just ~ *his brother* on je vrlo sličan
svom bratu
likely [~lij] *a* verovatan (vjerovatan); *he
is* ~ *to come* verovatno će doći
liken ['lajkən] *v tr* uporediti
likeness *n* sličnost
likewise [~wajz] *ady* isto tako
liking *n* simpatija, naklonost; *to take a* ~
to smb. zavoleti (zavoljeti) nekoga
lilac ['lajlək] *n* (bot.) jorgovan
lily ['lilij] *n* (bot.) ljiljan, krin
limb [lim] *n* 1. (bot.) grana; **to go out on a*
~ izložiti se opasnosti 2. (anat.) ud
limber ['limbər] *a* gibak, savitljiv **limber
up** *v* (usu. sports) obaviti zagrevanje
(zagrijevanje)
limbo ['limbou] *(-s) n* zaborav; *to consign
to* ~ predati zaboravu
lime I [lajm] *n* (bot.) 1. vrsta limuna (drvo,
plod) 2. lipa
lime II *n* kreč, vapno; *slaked* ~ gašeni
kreč
limelight [~lajt] *n* 1. svetlo (svijetlo) po-
zorišnih (W: kazališnih) reflektora 2.
(fig.) središte pažnje
limerick ['limərik] *a* vrsta šaljive pesmice
— pjesmice (od pet stihova)
limestone ['lajmstoun] *n* krečnjak,
vapnenac
limey ['lajmij] *n* (slang) Englez
limit I ['limit] *n* granica **limit** II *v tr*
ograničiti; limitirati; *he* ~*ed himself to
these data* ograničio se na ove podatke

limitation [limə'tejšən] n ograničenje, limitacija; (legal) a statute of ~s zakon o zastarelosti (zastarjelosti)

limousine ['limə'zinj] n limuzina

limp I [limp] n hramanje limp II a mlitav; opušten limp III v intr hramati

linden ['lindən] n lipa

line I [lajn] n 1. linija; crta; to draw a ~ povući liniju 2. linija; pruga, relacija, trasa; a bus ~ autobuska linija; the New York—Washington ~ pruga Njujork—Vašington 3. (mil.) linija; poredak; the front ~ borbena linija 4. (sports) linija; a base (side) ~ osnovna (uzdužna) linija 5. redak, red 6. uže, konopac; uzica 7. marka; roba; to carry a ~ prodavati neku robu 8. vod; high-voltage ~s vodovi visokog napona 9. granica; the county ~ granica grofovije 10. kratko pismo, pisamce; nekoliko reči (riječi); drop me a ~ javi mi se 11. red; to form a ~ napraviti red 12. (in pl) tekst (komada) 13. profesija; zanat; what ~ are you in? čim se bavite? 14. (slang) izmišljotina; govorljivost; he has a good ~ with the women on ume (umije) da se udvara ženama 15. loza, porodica 16. linija, traka; an assembly ~ montažna traka 17. misc.; *to draw the ~ povući crtu; a hose ~ crevo (crijevo); ~s of communication komunikacije line II v tr 1. išpartati; linirati; to ~ paper išpartati papir 2. postrojiti se (duž); the troops ~d the streets vojnici su se postrojili duž ulica 3. oivičiti

line III v tr 1. postaviti; to ~ a coat with fur postaviti kaput krznom 2. napuniti; he ~d his pockets with money napunio je sebi džepove

lineage ['linijidž] n rod, loza

linear ['linijər] a linearan, linijski

line crasher ['kraešər] čovek (čovjek) koji sa strane upada u red onih koji čekaju, padobranac

linen I ['linən] n 1. laneno platno 2. rublje linen II a 1. lanen 2. za rublje; a ~ closet orman za rublje

liner ['lajnər] n 1. brod linijske plovidbe 2. putnički avion; a jet ~ mlazni putnički avion

line up v 1. postrojiti; svrstati; to line up children according to height svrstati decu (djecu) u redove po visini 2. postrojiti se; stati u red line-up (sports) sastav (ekipe)

linger ['lingər] v intr 1. zadržavati se 2. ležati na samrti

lingerie [lanžə'rej] n žensko donje rublje

lingo ['linggou] (-es) n (colloq.) jezik; žargon

lingual ['linggwəl] a jezičan, lingvalan linguist [~wist] n lingvista linguistic [ling'gwistik] a lingvistički; ~ geography lingvistička geografija linguistics n lingvistika

liniment ['linəmənt] n tečna mast, liniment

lining .['lajning] n 1. postava, podstava 2. obloga; brake ~s obloge kočnica

link I [lingk] n 1. karika, beočug (biočug) 2. veza link II v tr vezati, povezati; to ~ arms hvatati se pod ruku linkage n spoj, lančani spoj, zglobni spoj linking verb (gram.) (glagolska) spona, kopula

link up v 1. spojiti 2. spojiti se link-up n spajanje

linoleum [li'noulijəm] n linoleum

linotype ['lajnətajp] n linotip

linseed ['linsijd] n laneno seme (sjeme) linseed oil laneno ulje

lint [lint] n paperje, malje

lion ['lajən] n lav; *the ~'s share lavovski deo (dio) lioness n lavica lionhearted [~hartid] a hrabar, lavovskog srca lionize v tr obožavati

lip [lip] n 1. usna 2. misc.; *to bite one's ~ uzdržati se

lip reading čitanje s usana

lip service usluga (samo) rečima — riječima; prazna obećanja

lipstick [~stik] n ruž za usne; karmin; to apply ~ mazati usta karminom

liquefy ['likwəfaj] v tr pretvoriti u tečnost

liqueur [li'ku:r] n liker

liquid I ['likwid] n tečnost liquid II a 1. tečan; ~ fuel tečno gorivo 2. likvidan; ~ assets likvidna sredstva liquidate [~ejt] v tr 1. likvidirati, uništiti 2. (comm.) likvidirati, pretvoriti (u platežna sredstva) liquidation [likwi'dejšən] n likvidacija

liquor ['likər] n alkoholno piće

lisp I [lisp] n vrskanje, šušketanje lisp II v intr vrskati, šušketati

list I [list] n 1. spisak, lista; nabrajanje; to go down a ~ ići po spisku list II v tr uneti (unijeti) u spisak

list III n (naut.) nagib list IV v intr (naut.) nagnuti se; the ship was ~ing brod se naginjao

listen ['lisən] v intr slušati; čuti; to ~ tc the radio slušati radio

listen in v 1. slušati emisiju; he was listening in on je slušao emisiju 2. prisluškivati; to listen in on telephone conversations prisluškivati telefonske razgovore

listless a mlitav; trom; ravnodušan

list price osnovna cena (cijena)

lists n pl arena; borište; (fig.) to enter the ~ izići na megdan

liter ['lijtər] n litar

literacy ['litərəsij] n pismenost literal ['litərəl] bukvalan, doslovan literary ['litərerij] a književni; the ~ language književni jezik literate ['litərit] a 1. pismen 2. školovan, obrazovan, literaran literature ['litərəču:r] n književnost, literatura

lithe [lajth:] a gibak, vitak

lithograph ['lithəgraef] n litografski crtež, litografija

Lithuania [lithu:'ejnijə] n Litva Lithuanian I n 1. Litvanac, Litvac 2. litvanski jezik, litavski jezik Lithuanian II a litvanski, litavski

litigant ['litigənt] n parničar litigation [liti'gejšən] n parničenje, parnica

litter I ['litər] n 1. nosila 2. nosiljka 3. stelja, prostirka 4. okot 5. otpaci, smeće, razbacani predmeti litter II v 1. tr razbacati; to ~ things around a room razbacati stvari po sobi 2. intr razbacati stvari litterbug [~bəg] n onaj koji razbacuje stvari

little I ['litl] n mala količina; give me a ~ daj mi malo little II a 1. mali, malen; a ~ room mala soba littler (comp) (or, more usu.: smaller) 2. malo, nedovoljno, ispod potrebne mere (mjere); we have ~ time nemamo dosta vremena less (comp); least (super) 3. (a~) malo; we have a ~ time imamo malo vremena less (comp); least (super) little III adv malo; to eat ~ jesti malo less (comp); least (super)

liturgical [li'tərdžikəl] a liturgijski liturgy ['litərdžij] n liturgija

livable ['livəbəl] a nastanljiv, podesan za stanovanje live I [lajv] a 1. živ; a ~ volcano živi vulkan 2. bojevi; ~ ammunition bojeva municija 3. direktan; a ~ broadcast direktan prenos live II [liv] v 1. tr proživeti (proživjeti); to ~ a carefree life bezbrižno živeti (živjeti) 2. intr

živeti; to ~ in high style živeti na velikoj nozi; long ~ the president! živeo predsednik (predsjednik)! 3. intr stanovati, živeti; he ~s in a dorm on stanuje u studentskom domu 4. intr doživeti (doživjeti); to ~ to a ripe old age doživeti duboku starost 5. misc.; to ~ smt. down ispaštati nešto (svojim sadašnjim životom) livelihood ['lajvlihud] n izdržavanje (života); to earn one's ~ zarađivati za živjt lively [~lij] a živ; živahan; (a) ~ conversation živ razgovor live on v 1. živeti od; he lives on his salary on živi od plate 2. živeti dalje

liver ['livər] n 1. (anat.) jetra 2. (cul.) džigerica, jetrica

liverwurst [~wərst] n džigernjača, jetrenica

livery [~rij] n 1. livreja; uniforma za poslugu 2. konjušnica, štala za iznajmljivanje konja

livestock ['lajvstak] n stoka, živi inventar

live up v 1. zadovoljiti; to live up to expectations zadovoljiti očekivanja 2. misc.; to live it up živeti (živjeti) na velikoj nozi

livid ['livid] a modar; ~ with rage pomodreo od gneva (gnjeva)

living I ['living] n život; to earn a ~ zarađivati za život living II a životni; ~ expenses troškovi života living room gostinska soba living wage minimalna nadnica

lizard ['lizərd] n gušter

Ljubljana [lju:'bljanə] n Ljubljana

load I [loud] n 1. teret; tovar; *that was a ~ off my mind teret mi pade sa srca 2. opterećenje; the maximum ~ of a bridge maksimalno opterećenje mosta load II v 1. tr natovariti; to ~ (up) a car with packages natovariti auto paketima 2. tr ukrcati, nakrcati; to ~ freight onto a ship ukrcati robu na brod 3. tr napuniti; to ~ a rifle napuniti pušku 4. intr primati tovar; the ships are ~ing brodovi primaju tovar

loaded a 1. natovaren 2. ukrcan 3. (colloq.) udešen; ~ dice udešene kocke 4. napunjen; the rifle is ~ puška je napunjena 5. (slang) bogat 6. (slang) pijan 7. (slang) varljiv, obmanljiv; a ~ question varljivo pitanje

loaf I [louf] n 1. hleb — hljeb (W: kruh); a ~ of bread vekna hleba 2. glava; a ~ of sugar glava šećera

loaf II v intr besposličiti, dangubiti loafer
n 1. besposličar 2. mokasina
loam [loum] n ilovača
loan [loun] n pozajmica, zajam (W also:
posudba) loan shark zelenaš, kaišar
loan word (ling.) pozajmljenica (W: po-
suđenica)
loath [louth:] a nerad; he is ~ to go ne ide
mu se
loathe [louth:] v tr gnušati se; to ~ smt.
gnušati se nečega loathing ['louth:ing] n
gnušanje loathsome ['louth:səm] a gnu-
san, gadan
lob I [lab] n (usu. tennis) lob lob II v tr and
intr (usu. tennis) lobovati
lobby I n 1. foaje, hal 2. predvorje neke
skupštine 3. (pol.) lobi (grupa koja na-
stoji da utiče na članove Kongresa)
lobby II v intr (pol.) uticati (delovati —
djelovati) na članove Kongresa lobbyist
n lobista
lobster ['labstər] n jastog, račnjak
local I ['loukəl] n 1. lokalni voz (W: vlak),
lokal 2. sindikatska podružnica local II
a lokalni; mesni (mjesni); a ~ resident
mesni stanovnik locale [lou'kael] n me-
sto (mjesto), scena locality [lou'kaelətij]
n rejon, mesnost (mjesnost) localize
['loukəlajz] v tr lokalizovati locate ['lou-
kejt] v 1. tr pronaći 2. intr (colloq.)
nastaniti se location [lou'kejšən] n 1.
položaj; mesto (mjesto); a beautiful ~
lep (lijep) položaj 2. misc.; to shoot a
film on ~ snimati film van studija, u
eksterijeru
locative I ['lakətiv] n (gram.) lokativ loca-
tive II a lokativni; the ~ case lokativ
lock I [lak] n 1. brava 2. ustava, brana 3.
(on a firearm) kočnica lock II v 1. tr
zaključati; zabraviti; to ~ a door za-
ključati vrata 2. intr zaključavati se; the
door does not ~ vrata se ne zaključava-
ju 3. intr (on a firearm) ukočiti; load
and ~! puni i ukoči! 4. misc.; to ~ arms
hvatati se pod ruku
lock III n pramen, uvojak, lokna; a ~ of
hair pramen kose
locker n 1. ormar, orman; a steel ~ čelični
orman 2. sanduk, kutija 3. rashladna
komora locker room svlačionica
locket [~it] n medaljon
lockjaw [~džo] n šklopac, tetanus
lock out v 1. sprečiti — spriječiti (nekome)
ulaz 2. isključiti (iz rada); to lock work-
ers out onemogućiti radnicima rad

(zatvaranjem radnih prostorija) lockout
[~aut] n zatvaranje radnih prostorija
(kod industrijskog spora)
locksmith [~smith] n bravar
locomotive [loukə'moutiv] n lokomotiva
locust I ['loukəst] n (ent.) skakavac
locust II n (bot.) lažna akacija, rogačevo
drvo
locution [lə'kju:šən] n izraz, obrt
lode [loud] n (mining) žila, vena
lodge I [ladž] n 1. kućica; a hunting ~
lovačka kuća 2. indijanska koliba 3.
mesna (mjesna) filijala nekog udruže-
nja; loža lodge II v 1. tr smestiti (smje-
stiti) 2. tr uložiti, podneti (podnijeti); to
~ a complaint uložiti žalbu 3. intr
stanovati (privremeno) 4. intr zastati,
zadržati se; the bullet ~d in his chest
metak mu je zastao u grudima lodger n
stanar lodgings n pl smeštaj (smještaj),
stan
loft I [loft] n 1. potkrovlje 2. golubinjak,
golubarnik loft II v tr baciti (loptu)
visoko, lobovati
lofty a uzvišen; blagorodan; ~ goals bla-
gorodni ciljevi
log I [lag] n 1. klada, panj, cepanica
(cjepanica); *to sleep like a ~ spavati
kao zaklan 2. (naut.) brodski dnevnik,
palubna beležnica (biljeZnica) log II v tr
1. uneti (unijeti) u dnevnik 2. proći; last
year he ~ged 20,000 miles prošle godine
prošao je 20.000 milja
log III see logarithm
logarithm ['logərith:əm] n logaritam loga-
rithmic [logə'rith:mik] a logaritamski;
~ tables logaritamske tablice
log cabin brvnara, drvena koliba
logger n šumski radnik
loggerhead [~ərhed] n 1. (zool.) morska
kornjača 2. (in pl) zavada; to be at ~s
biti u zavadi
logging n seča (sječa) drva
logic ['ladžik] n logika logical a logičan
loin [lojn] n 1. (cul.) hrbat, bubrežnjak,
hrptenjača; ~ of pork pečenica 2. (in pl;
anat.) slabina loincloth [~kloth] n ko-
mad sukna oko bedara
loiter ['lojtər] v intr tumarati, dangubiti;
zadržavati se; to ~ in front of a bar
zadržavati se pred kafanom (kavanom)
loiterer n tumaralo
lollipop, lollypop ['lalijpap] n lilihip
London ['ləndən] n London

lone 239 loose

lone [loun] a osamljen, usamljen; izolovan
lonliness n 1. osamljenost 2. napuštenost
lonely a 1. osamljen; izolovan 2. napušten, ostavljen; *to feel ~* osećati (osjećati) se napušten **loner** n (colloq.) osamljenik, samotar **lonesome** [~səm] see **lonely**
long I [long] a 1. dug, dugačak; *a ~ life* dug život, *the street is three miles ~* ulica je duga (dugačka) tri milje 2. (sports) iz daljine; *a ~ shot* šut iz daljine 3. misc.; *in the ~ run* na kraju; *so ~!* doviđenja! **long** II adv 1. dugo; *before ~* uskoro 2. misc.; *all day ~* preko celog (cijelog) dana; *as ~ as* dokle god
long III v intr čeznuti, težiti, žudeti (žudjeti); *he ~s for fame* on teži za slavom
long-distance [~distəns] a međugradski, međumesni (međumjesni); *a ~ telephone call* međumesni telefonski razgovor
longer adv više; *he is no ~ here* više nije tu
longevity [lan'dževətij] n dugovečnost (dugovječnost)
longing n čežnja, žudnja; *a ~ for smt.* čežnja za nečim
longitude ['landžətu:d] n (geog.) dužina (W also: duljina)
long johns [džanz] pl (colloq.) duge vunene gaće **long jump** (sports) skok udalj **long-playing** a LP, long-plej; *a ~ record* long-plej ploča **long-range** a 1. dugoročni; *a ~ estimate* dugoročna procena (procjena) 2. dalekometni
longshoreman [~šormən] (-men [min]) n lučki radnik
long shot 1. učesnik trke sa malim šansama na uspeh (uspjeh) 2. poduhvat skopčan s velikim rizikom
long-term a dugotrajan, dugoročni
long-winded a govorljiv
look I [luk] n 1. pogled; *a tender ~* nežan (nježan) pogled 2. (in pl) izgled; spoljašnost (W also: vanjština); *good ~s* lepa (lijepa) spoljašnost **look** II v 1. tr pogledati; *to ~ death in the face* pogledati smrti u oči 2. tr izgledati; *she doesn't ~ her age* ne izgleda da joj je toliko godina 3. intr izgledati; *it ~s like rain* izgleda kao da će padati kiša 4. intr pogledati 5. misc.; *she ~s herself again* oporavila se
look after v starati se; paziti; *to look after smb.* starati se o nekome

look down v 1. oboriti pogled 2. prezirati; gledati sa visine; *to look down on smb.* gledati nekoga sa visine
look for v 1. tražiti; *to look for smb.* tražiti nekoga 2. očekivati, predviđati; *to look for trouble* očekivati neprilike
look forward v radovati se; *they are looking forward to the end of the school year* raduju se kraju školske godine
looking glass ogledalo (W also: zrcalo)
look into v 1. pogledati u; *to look into smb.'s eyes* pogledati nekome u oči 2. ispitivati; *to look into a matter* ispitivati stvar
look out v 1. gledati; *the windows look out onto the street* prozori gledaju na ulicu 2. paziti, čuvati se; *look out for him!* čuvaj se njega! 3. braniti, gledati; *to look out for one's interests* gledati svoje interese 4. pogledati; *to look out a window* pogledati kroz prozor
lookout [~aut] n 1. straža, stražarenje; *to be on the ~* stražiti 2. osmatrač
look over v 1. pregledati; *to look over one's homework* pregledati zadatak 2. posmatrati preko; *to look over smb.'s shoulder* posmatrati preko nečijeg ramena
look through v 1. pregledati; *to look through documents* pregledati dokumenta 2. pogledati; *to look through a window* pogledati kroz prozor
look up v 1. pogledati gore 2. javiti se; svratiti se; *when I get to Washington, I'll look him up* kad budem stigao u Vašington, javiću mu se 3. ugledati se; *to look up to smb.* ugledati se na nekoga 4. poboljšati se; *business is looking up* posao ide na bolje 5. potražiti; *to look a word up in a dictionary* potražiti reč (riječ) u rečniku (rječniku)
loom I [lu:m] n razboj, tkalački stan
loom II v intr pomaljiti se, pojavljivati se, nazirati se
loop I [lu:p] n 1. omča, petlja 2. (aviation) (akrobatska) petlja **loop** II v tr 1. saviti u omču 2. (aviation) *to ~ the loop* izvesti petlju
loophole [~houl] n 1. puškarnica 2. (fig.) izlaz, izgovor
loose I [lu:s] a 1. slobodan; *to get (break) ~* osloboditi se 2. klimav, viseći; *a ~ tooth* klimav zub 3. labav; *a ~ belt* labav pojas 4. sitan; *~ change* sitan novac 5. neupakovan; *~ articles* neupa-

kovana roba 6. raskalašan; a ~ woman bludnica 7. rastresit; ~ soil rastresito zemljište 8. misc.; at ~ ends besposlen; *to have a screw ~ biti ćaknut **loose** II adv slobodno
loose III v tr osloboditi **loosen** v 1. tr razlabaviti, olabaviti 2. intr razlabaviti se, olabaviti se
loot I [lu:t] n plen (plijen); pljačka **loot** II v 1. tr opljačkati 2. intr pljačkati **looter** n pljačkaš, maroder **looting** n pljačkanje, maroderstvo
lop I [lap] v tr (usu.:to ~ off, away) odseći (odsjeći)
lope I [loup] n ravnomeran (ravnomjeran) hod **lope** II v intr ravnomerno trčati
lopsided ['lapsajdid] a 1. naheren, kos 2. jednostran
loquacious [lou'kwejšəs] a govorljiv
lord I [lord] n 1. (Br.) gospodar, lord (titula) 2. (cap., rel.) gospod; bog; in the year of our Lord godine gospodnje 3. (Br.) lord, ministar; the House of Lords kuća lordova **lord** II v tr gospodariti, dominirati; to ~ it over smb. gospodariti nekim
lore [lor] n znanje
lorry ['lorij] n (Br.) kamion (see also **truck**)
lose [lu:z] lost [lost] v 1. tr izgubiti; to ~ a book izgubiti knjigu; to ~ weight izgubiti u težini 2. tr izmaći; I lost the opportunity izmakla mi se prilika 3. intr gubiti; to ~ at cards gubiti na kartama 4. misc.; my watch ~s time sat mi kasni (zaostaje); **loser** n 1. gubitnik 2. pobeđeni (pobijeđeni) **loss** [los] n 1. gubitak; a great ~ veliki gubitak 2. (in pl, mil.) gubici; heavy ~es teški gubici **lost-and-found office** biro za izgubljene stvari
lot [lat] n 1. ždreb, žreb (ždrijeb, žrijeb), kocka; to draw ~s ždrebati (žrebati), izvršiti žrebanje 2. sudbina; a hard ~ teška sudbina 3. parcela; to break up land into ~s razbiti zemljište na parcele 4. partija (robe); *to take the ~ uzeti sve 5. (colloq.) mnoštvo; he sleeps a ~ on mnogo spava
lotion ['loušən] n losion
lottery ['latərij] lutrija **lottery ticket** lutrijska srećka
lotto ['latou] n tombola
lotus, lotos ['loutəs] n lotos **lotus-eater** (myth.) lotusojedac
loud I [laud] a 1. bučan, grohotan, gromak; a ~ voice gromak glas 2. glasan 3.

drečeći, kreštav (kriještav); ~ colors kreštave boje **loud** II adv 1. bučno, grohotno; to laugh ~ smejati (smijati) se grohotom 2. glasno; to speak ~ govoriti glasno **loudmouth** [~mauth] n bučna osoba **loudspeaker** [~spijkər] n glasnogovornik, zvučnik
Lousiana [lu:ijzij'aanə] n Luizijana
lounge I [landž] n 1. čekaonica, a transit ~ tranzitna čekaonica 2. salon; foaje 3. kupatilo; klozet **lounge** II v intr tumarati
louse I [laus] n 1. (lice [lajs]) vaš, uš; head lice crne vaši 2. (-es) (colloq.) bitanga **louse** II v (slang) (to ~ up) pokvariti; upropastiti; to ~ smt. up upropastiti nešto **lousy** ['lauzij] a 1. vašljiv, ušljiv 2. (slang) podao; a ~ trick svinjarija 3. (slang) neprijatan; a ~ headache jaka glavobolja 4. (slang) loš; ~ merchandise loša roba
lout [laut] n glupan, klipan
lovable ['ləvəbəl] a ljubazan, simpatičan **love** I [ləv] n ljubav; ~ for smb. ljubav prema nekome; to do smt. for ~ učiniti nešto iz ljubavi 2. misc.; to fall in ~ with smb. zaljubiti se u nekoga; to make ~ voditi ljubav; imati snošaj **love** II a ljubavni; a ~ letter ljubavno pismo **love** III v tr and intr voleti — voljeti (W also: ljubiti); she ~s reading (to read) ona voli da čita **lovely** a 1. mio, ljubazan 2. krasan, divan **lover** n 1. ljubavnik 2. ljubitelj; an art ~ ljubitelj umetnosti (umjetnosti)
low I [lou] n 1. niska (najniža) tačka (W: točka) 2. (econ.) depresija, pad, stagnacija 3. (meteor.) depresija, područje niskog atmosferskog pritiska 4. (on an automobile) najniža brzina **low** II a 1. nizak; ~ blood pressure nizak krvni pritisak 2. mali; (math.) the ~est common denominator najmanji zajednički imenilac 3. tih; over a ~ fire na tihoj vatri 4. utučen; ~ in spirits utučen **low** III adv 1. nisko; to shoot ~ gađati nisko 2. tiho; to speak ~ govoriti tiho
low IV n mukanje, bukanje **low** V v intr mukati, bukati
Low Countries pl Nizozemska, Belgija
lowdown ['loudaun] n (slang) cela (cijela) istina
lower I ['louər] a 1. comp of **low** II, III; niži, niže 2. donji; on a ~ floor na donjem spratu (W: katu) **lower** II v tr

sniziti, spustiti; *to ~ prices* sniziti cen«
— cijene
lower III ['lauər] natmuren pogled **lower**
IV *v intr* natmureno gledati
low-key *a* uzdržan
lowland I [~laend] *n* nizina, depresija
lowland II *a* nizinski **lowlander** *n* 1.
stanovnik nizije 2. (cap.) stanovnik
Škotskih nizija
lowly [~lij] *a* 1. nizak 2. nižeg roda 3.
ponizan
low pressure (meteor.) depresija **low-pressure** *a* 1. nonšalantan, nemaran 2. (meteor.) depresioni, ciklonski; *a ~ area*
ciklona
low tide oseka
loyal ['lojəl] *a* lojalan **loyalist** *n* privrženik
loyalty [~tij] *n* lojalnost
lozenge ['lazindž] *n* (med.) pastila
lubricant ['lu:brikənt] *n* mazivo **lubricate**
[~kejt] *v tr* podmazati; *to ~ an automobile* podmazati automobil **lubricating** *a* maziv; *~ oil* mazivo ulje **lubrication** [lu:bri'kejšən] *n* podmazivanja
lucid [lu:sid] *a* 1. racionalan; razuman 2.
(med.) lucidan, svestan (svjestan) **lucidity** [lu:'sidətij] *n* 1. racionalnost, razumnost 2. (med.) lucidnost
luck [lək] *n* sreća; *to have good (bad) ~*
biti dobre (zle) sreće **luckily** (~əlij] *adv*
na sreću; *~ for him* na njegovu sreću
lucky *a* srećan, sretan; *it's ~ that we
didn't go* sreća što nismo išli
lucrative ['lu:krətiv] *a* unosan, lukrativan
ludicrous ['lu:dikrəs] *a* smešan (smiješan)
lug I [ləg] *n* (tech.) 1. (spojna) ušica 2.
navrtka
lug II *v tr* (colloq.) vući, tegliti
luggage *n* prtljag (W: prtljaga)
lugubrious [lu'gu:brijəs] *a* tužan, žalostan
lug wrench francuz (vrsta ključa)
lukewarm ['lu:kworm] *a* mlak
lull I [ləl] *n* zatišje; zastoj **lull** II *v tr*
uspavati, uljuljati, uljuškati; *to ~ a
child to sleep* uljuljati dete (dijete) u san
lullaby [~əbaj] *n* uspavanka
lumbago [ləm'bejgou] *n* (med.) krstobolja,
lumbago
lumber I ['ləmbər] *v intr* teško koračati
lumber II *n* (tesana) drvna građa **lumber
camp** šumsko gazdinstvo **lumber industry** drvna industrija **lumberjack**
[~džaek] *n* drvoseča (drvosječa), šumski

radnik **lumberyard** [~jard] *n* skladište
drvne građe
luminary ['lu:mənerij] *n* 1. svetleće telo
(svijetleće tijelo) 2. (fig.) osoba na visokom položaju, zverka (zvjerka)
luminescence [lu:mə'nesəns] *n* luminescencija **luminescent** [~ənt] *a* luminescentan **luminous** ['lu:mənəs] *a* 1. svetao
(svijetao); svetleći (svijetleći) 2. svetlosni (svijetlosni)
lump I [ləmp] *n* 1. grumen, gruda, gromuljica; *a ~ of earth* grumen zemlje 2.
(med., colloq.) izraslina; tumor; *a ~ in
the breast* tumor u dojci 3. misc.; *to
have a ~ in one's throat* biti duboko
potresen **lump** II *a* grudvast; *~ sugar*
glava šećera **lump** III *v* 1. *tr* sjediniti,
spojiti; *to ~ together* strpati u isti koš
2. *intr* ugrudvati se **lump sum** ukupna
suma **lumpy** *a* grudvast, grumuljičav
lunar ['lu:nər] *a* lunarni, Mesečev (Mjesečev); *a ~ orbit* Mesečeva orbita
lunatic I ['lu:nətik] *n* umobolnik, ludak
lunatic II *a* umobolan; (pol.) *the ~
fringe* ekstremističko krilo
lunch I [lənč] *n* 1. lanč, mali ručak (oko
podne) 2. ručak **lunch** II *v intr* (colloq.)
pojesti mali ručak; ručati **luncheon**
n 1. see **lunch** I 2. svečani ručak
luncheonette [lənčə'net] *n* snek-bar
lunchroom [~rum] *n* snek-bar
lung [ləng] *n* pluće
lunge I [ləndž] *n* 1. nagao pokret, trzaj 2.
(fencing) ispad, napad, zamah **lunge** II *v
intr* baciti se; *to ~ at smb.* baciti se na
nekoga
lurch I [lərč] *n* težak položaj; *°to leave
smb. in the ~* ostaviti nekoga na cedilu
(cjedilu)
lurch II *n* naglo skretanje, posrtaj, trzaj
lurch III *v intr* 1. iznenada se nagnuti;
the ship ~ed brod se iznenada nagnuo
2. zaleturati se
lure I [lu:r] *n* mamac, vabac; vab **lure** II *v
tr* primamiti, namamiti; *to ~ into a trap*
primamiti u zamku
lurid ['lu:rid] *a* 1. grozan, jeziv; *~ details*
jezivi detalji 2. bled (blijed)
lurk [lərk] *v intr* vrebati, skrivati se
luscious ['ləšəs] *a* sladak, ukusan, sočan
lush I [ləš] *n* (slang) pijanica
lush II *a* bujan; *~ vegetation* bujna vegetacija
lust I [ləst] *n* 1. žudnja, pohlepa; *~ for
power* žudnja za vlašću 2. pohota, sla-

dostrasnost **lust** II v intr žudeti (žudjeti); to ~ for money biti pohlepan za novcem
luster ['ləstər] n 1. sjaj; odblesak (odbljesak) 2. (fig.) sjaj, slava
lustful [~fəl] a pohotljiv
lusty a snažan, jak
lute [lu:t] n leut
Lutheran ['lu:thərən] n luterovac **Lutheranism** n luteranstvo
Luxembourg ['ləksəmbərg] n Luksemburg
Luxembourger n Luksemburžanin
luxuriance [lug'žurijəns] n bujnost **luxuriant** [~ənt] a bujan; ~ growth bujan

rast **luxurious** [~əs] a raskošan, luksuzan **luxury** [ləgžərij] n luksuz, raskoš
lye [laj] n ceđ (cijeđ), lug
lymph I [limf] n limfa **lymph** II a limfni **lymph node** limfni čvorić
lynch [linč] v tr linčovati **lunching** n linč, linčovanje
lynx [lingks] n (zool.) ris
lyre [lajr] n lira **lyric** I ['lirik] n 1. lirska pesma (pjesma) 2. (in pl) reči pesme (riječi pjesme), teksta pesme **lyric** II **lyrical** a lirski; ~ poetry lirsko pesništvo (pjesništvo)
Lysol ['lajsol] n lizol

M

m [em] *n* m (slovo engleske azbuke)
ma [ma] *n* see **mom, mama**
M. A. [em ej] abbreviation of **Master of Arts**
ma'am [maem] contraction of **madam**
macabre [mə'kabrə] *a* jeziv, grozan
macadam I [mə'kaedəm] *n* makadam **macadam** II *a* makadamski
macaroni [maekə'rounij] *n* pl makaroni
macaroon [maekə'ru:n] *n* puslica od badema
mace [mejs] 1. buzdovan 2. žezlo
Macedonia [maesə'dounijə] *n* Makedonija **Macedonian** I *n* 1. Makedonac 2. makedonski jezik **Macedonian** II *a* makedonski
machine I [mə'šijn] *n* 1. mašina (W also: stroj); *a sewing* ~ šivaća mašina 2. (Am., pol., usu. pejor.) mašina; *a political* ~ politička mašina **machine** II *a* 1. mašinski; ~ *oil* mašinsko ulje 2. mehanizovan; ~ *records* mehanizovana evidencija **machine** III *v tr* obraditi mašinom (W also: strojem) **machine gun** mitraljez **machine-gun** I *a* mitraljeski; ~ *fire* mitraljeska vatra **machine-gun** II *v tr* mitraljirati, gađati iz mitraljeza **machine gunner** mitraljezac **machinery** [~ərij] *n* 1. mašinerija 2. (fig.) aparat; *the* ~ *of government* državni aparat **machinist** *n* 1. mašinista 2. (naval) (or: ~ *'s mate)* stariji vodnik-mašinista
mackerel ['maekərəl] *n* (fish) skuša, lokarda
mackintosh ['maekintaš] *n* mekintoš
macrocosm ['maekroukazəm] *n* makrokozam
mad [maed] *a* 1. lud, umobolan; *to go* ~ poludeti (poludjeti) 2. besan (bijesan); *a* ~ *dog* besan pas 3. (colloq.) zanesen, lud, zaluđen; *he is* ~ *about sports* on je zaluđen sportom (lud za sportom) 4. (colloq.) ljut; *he is* ~ *at us* on je ljut na nas
madam ['maedəm] (*mesdames* [mej'dam] for 1, 2; *-s* for 3) *n* 1. (cap.) gospođa; *Dear Madam* poštovana gospođo 2. (cap.; with a title) *Madam Ambassador* gospođa ambasador 3. upravnica javne kuće
made-up *a* 1. izmišljen; fabrikovan 2. našminkan 3. (printing) prelomljen
madhouse ['maedhaus] *n* 1. ludnica 2. (colloq.) luda kuća **madly** *adv* ludo **madman** [~maen] (~*men* [min]) *n* ludak
maelstrom ['mejlstrəm] *n* vrtlog; (fig.) *in the* ~ *of war* u vrtlogu rata
maestro ['majstrou] (*-s* or *-ri* [rij]) *n* maestro
magazine ['maegə'zijn] *n* 1. skladište, magacin: *a powder* ~ barutni magacin 2. okvir, magacin 3. časopis, magacin; *a fashion* ~ modni časopis
maggot ['maegət] *n* larva, ličinka
magic I ['maedžik] *n* magija, mađija, čarolije **magic** II **magical** *a* magičan, magijski, čaroban; *a* ~ *wand* čarobni štapić (prut) **magician** [mə'džišən] *n* mađioničar, čarobnjak
magistrate ['maedžistrejt] *n* sudija (W: sudac) za prekršaje
magnanimity [maegnə'nimətij] *n* velikodušnost **magnanimous** [mag'naenəməs] *a* velikodušan
magnate ['maegnejt] *n* magnat
magnesium [maeg'nijzijəm] *n* magnezijum

magnet ['maegnit] *n* magnet **magnetic** [maeg'netik] *a* 1. magnetičan, magnetski 2. magnetni, magnetski **magnetism** ['maegnətizəm] *n* magnetizam **magnetize** ['maegnətajz] *v tr* magnetizovati **magneto** [maeg'nijtou] *(-s) n* magnetoelektrična mašina, magneto (za paljenje) **magnificence** [maeg'nifisəns] *n* veličanstvenost **magnificent** [~ənt] *a* veličanstven **magnify** [~faj] *v tr* 1. uveličati; povećati 2. preuveličati, preterati (pretjerati); *to ~ difficulties* preuveličati teškoće **magnifying glass** uveličavajuće staklo, lupa **magnitude** ['maegnitu:d] *n* veličina **magnolia** [maeg'noulijə] *n* (bot.) magnolija **magpie** [maegpaj] *n* svraka **mahogany** I [mə'hagənij] *n* mahagoni **mahogany** II *a* mahagonijski **maid** [mejd] *n* 1. (lit.) devojka (djevojka); deva (djeva) 2. sluškinja, devojka **maiden** I *n* 1. (lit.) devojka (djevojka) 2. deva (djeva) **maiden** II *a* 1. devičanski (djevičanski); čedan 2. prvi; početni; *a ~ voyage* prvo putovanje 3. neudata; *a ~ aunt* neudata tetka **maiden name** devojačko (djevojačko) prezime **maid of honor** (glavna) deveruša (djeveruša) **mail** I [mejl] *n* pošta; pisma, pošiljke; *by return ~* obratnom poštom **mail** II *a* poštanski **mail** III *v tr* poslati (poštom); *he ~ed me a letter* yesterday poslao mi je pismo juče (jučer) **mail** IV *n* oklop, pancir; *a coat of ~* oklopna košulja **mailbag** [~baeg] *n* poštarska torba, poštanski džak **mailbox** [~baks] *n* poštansko sanduče **mail carrier** pismonoša **mailed** oklopni, pancirni; (fig.) *a ~ fist* fizička snaga, oružana snaga **mailing list** spisak adresa **mailman** [~maen] (-men [min]) *n* poštar, pismonoša **mail-order house** robna kuća koja prima porudžbine i šalje robu poštom **maim** [mejm] *v tr* osakatiti **main** I [mejn] *n* 1. glavni deo (dio); *in the ~* uglavnom 2. glavna cev (cijev) 3. (poetic) morska pučina **main** II *a* glavni **Maine** [mejn] *n* Mejn **mainland** [~laend] *n* kopno **main line** glavna pruga **mainspring** [~spring] *n* spiralna opruga **mainstay** [~stej] *n* glavna potpora **mainstream** [~strijm] *n* matica, matični tok; *the ~ of life* matica života

maintain [mejn'tejn] *v tr* 1. održati; *to ~ a friendship* održavati prijateljstvo 2. sačuvati; *to ~ one's presence of mind* sačuvati prisustvo duha 3. izdržati; *to ~ a wife* izdržavati ženu **maintenance** ['mejntənəns] *n* 1. održavanje; *the ~ of discipline* održavanje discipline 2. čuvanje 3. izdržavanje **maintenance man** mehaničar za tehničko održavanje **maize** [mejz] *n* Br.; see **corn** II 1 **majestic** [mə'džestik] *a* veličanstven **majesty** ['maedžistij] *n* 1. veličanstvenost, veličanstvenost 2. (cap.) veličanstvo; *Your Majesty* Vaše veličanstvo **major** I ['mejdžər] *n* 1. (mil.) major 2. (at a university) glavni predmet; grupa; *a ~ in English* grupa za engleski jezik i književnost 3. (at a university) student neke grupe, struke; *a French ~* student grupe za francuski jezik i književnost 4. (in *pl*; Am., baseball) dve (dvije) prve lige 5. (mus.) dur; *C ~* ce-dur **major** II *a* 1. glavni; znatan; *his ~ works* njegova glavna dela (djela) 2. (mus.) durski; *a ~ scale* dur-lestvica (ljestvica) **major** III *v intr (to ~ in)* studirati kao glavni predmet; *to ~ in English* studirati engleski jezik i književnost **major general** general-potpukovnik **majority** [mə'džartij] *n* većina; *an absolute (two-thirds) ~* apsolutna (dvotrećinska) većina **make** I [mejk] *n* 1. izrada; tip; moda 2. marka; vrsta (W also: vrst) robe **make** II **made** [mejd] *v tr* (except for 17) 1. napraviti; *to ~ mistakes (plans)* napraviti greške (planove) 2. učiniti, načiniti; *to ~ concessions (a move)* učiniti ustupke (potez); *that ~s him furious* to ga čini besnim (bijesnim) 3. spremiti; *to ~ dinner* spremiti ručak 4. proizvoditi; *Detroit ~s too many cars* Detroit proizvodi suviše automobila 5. iznositi, činiti; *100 cents ~ one dollar* 100 centi čine jedan dolar 6. pokazati se; razviti se; biti; *he'll ~ a good teacher* on će biti dobar nastavnik 7. navesti, naterati (natjerati); primorati; *to ~ smb. do smt.* navesti nekoga da učini nešto 8. (colloq.) zaraditi; *to ~ money* zaraditi novac 9. dostići; stići; *the ship made port* brod je stigao u luku 10. postaviti; *they made him manager* on je postavljen za šefa 11. (colloq.) uhvatiti; *to ~ a train* uhvatiti voz (W: vlak) 12. proći; *to ~ 20*

miles proći 20 milja 13. namestiti (namjestiti); *to ~ a bed* namestiti krevet 14. doneti (donijeti); *to ~ a decision* doneti odluku 15. izraditi; *made of steel* izraden od čelika 16. (vul.) zavesti 17. *intr* spremiti se, učiniti; *he made as if to strike me* učinio je kao da će da me udari 18. misc.; *to ~ believe* praviti se; *to ~ clear* objasniti; **to ~ a night of it* prolumpovati celu (cijelu) noć; **to ~ oneself at home* osećati (osjećati) se kao kod svoje kuće; *to ~ public* razglasiti
make-believe I *n* iluzornost, prividnost **make-believe** II *a* iluzoran, prividan
make for *v* uputiti se; *to make for the open sea* uputiti se prema pučini
make good *v* 1. nadoknaditi; *to make a loss good* nadoknaditi gubitak 2. (colloq.) imati uspeha (uspjeha)
make out *v* 1. dešifrovati; protumačiti, razabrati; *to make out an inscription* pročitati natpis 2. (slang) imati uspeha (uspjeha) 3. napisati; *to make a check out for ten dollars* napisati ček na deset dolara
nakeshift I [~šift] improvizacija, surogat **makeshift** II *a* improvizovan
nake up *v* 1. našminkati; *to make smb. up* našminkati nekoga 2. izmisliti; isfabrikovati; *to make up a story* izmisliti priču 3. nadoknaditi; *to make up (for) lost time* nadoknaditi izgubljeno vreme (vrijeme); *to make up an exam* naknadno polagati ispit 4. spraviti; *to make up a prescription* spraviti lek (lijek) 5. sačinjavati, sastavljati; *the delegation is made up of students and professors* delegaciju sačinjavaju studenti i profesori 6. pomiriti se; *they have made up* oni su se pomirili 7. izgladiti; *to make up differences* izgladiti razlike 8. ulagivati se; *to make up to smb.* ulagivati se nekome 9. sastaviti; obrazovati; *to make up a committee* obrazovati odbor 10. (printing) prelomiti; *to make up in pages* prelomiti u stranice 11. dodati; doplatiti; domeriti (domjeriti); *to make up a difference in price* doplatiti razliku u ceni (cijeni) 12. upotpuniti; *that makes up the total* to upotpunjuje iznos 13. misc.; *to make up one's mind* odlučiti se **make-up** I *n* 1. sastav 2. (printing) prelom 3. narav 4. šminka; *to put on ~* staviti šminku 5. (or: *~ examination)* popravni ispit **make-up** II *a* 1. dopun-

ski; *~ work* dopunska nastava 2. popravni; *a ~ exam* popravni ispit **make-up man** 1. šminker, masker 2. meter. prelamač
making *n* 1. razvoj; *in the ~* u procesu razvoja 2. (in *pl*) potrebne osobine; *the ~s of a good teacher* potrebne osobine za dobrog nastavnika
maladjusted [maelə'džəstid] *a* neprilagoden, loše prilagoden
malady ['maelədij] *n* bolest
Malagasy Republic ['maeləgaesij] Malagaška Republika (Madagaskar)
malaise [mae'lez] *n* nelagodnost
malaria [mə'lejrijə] *n* malarija **malarial** [~1] *a* malaričan, malarički
Malay ['mejlej] *a* 1. Malajac 2. malajski jezik **Malaya** [mə'lejə] *n* Malajsko poluostrvo (W: Malajski poluotok) **Malayan** *a* malajski
Malaysia [mə'lejžə] *n* Malezija, Malezijska federacija
malcontent I ['maelkəntent] *n* nezadovoljnik **malcontent** II *a* nezadovoljan
male I [mejl] *n* muškarac; mužjak **male** II *a* muški
malevolence [mə'levələns] *n* zloba, zla volja **malevolent** [~ənt] *a* zao, zloban
malfeasance [mael'fijzəns] *n* prekršaj; *~ in office* malverzacija, zloupotreba službenog položaja
malformed [mael'formd] *a* (med.) nakazno stvoren
malfunction I [mael'fəngkšən] *n* neispravnost, kvar, zastoj **malfunction** II *v intr* ne funkcionisati; rđavo funkcionisati
Mali I ['malij] *n* Mali **Mali** II *a* malijski
malice ['maelis] *n* pakost, zloba; *out of ~* iz pakosti **malicious** [mə'lišəs] *a* pakostan, zloban
malign [mə'lajn] *v tr* oklevetati
malignancy [mə'lignənsij] *n* opakost, malignost **malignant** *a* opak, zloćudan, maligni; *a ~ tumor* maligni (zloćudni) tumor
malinger [mə'linggər] *v intr* zabušavati, simulirati **malingerer** *n* zabušant, simulant
mall [mol] *n* šetalište, aleja
mallard ['maelərd] *n* divlji patak, gluvara (gluhara)
mallet ['maelit] *n* (bot.) *n* drveni čekić, malj, bat
mallow ['maelou] *n* (bot.) slez (sljez)

malnourished [mael'nərišt] a pothranjen
malnutrition [maelnu:'trišən] n pothranjenost, neishranjenost
malpractice [mael'praektis] n 1. nesavestan (nesavjestan) postupak 2. (med.)
pogrešno lečenje (liječenje) bolesnika
malt [molt] n slad
Malta [~ə] n Malta
malted [~id] n (also: ~ milk) sladno piće,
mlečni (mliječni) koktel
Maltese I [mol'tijz] n 1. (pl has zero)
Maltežanin 2. maltski jezik Maltese II a
malteški, maltski
maltreat [mael'trijt] v tr maltretirati, zlostaviti
mama ['mamə] n mama
mammal ['maeməl] n sisar
mammary ['maemərij] a mlečni (mliječni),
sisni
mammoth I ['maeməth] n mamut mammoth II a mamutski, ogroman
man I [maen] (men [men]) n 1. čovek—
čovjek (homo sapiens) 2. muškarac, mu
ško, čovek; it brought out the ~ in him
to je probudilo osećaj (osjećaj) muževnosti kod njega 3. čovek, osoba, ličnost
(društveno biće); a good ~ dobar čovek;
*the ~ on (in) the street prosečan (prosječan) čovek 4. odrastao čovek 5. (colloq.) muž; ~ and wife muž i žena 6.
(mil., in pl) vojnici, vojnički sastav 7.
misc.; a ~ about town bonvivan; to a ~
svi do jednog man II a muški man III v
tr popuniti ljudstvom (posadom); ~ned
space flights vasionski letovi sa ljudskom posadom
manacle I ['maenəkəl] n (usu. in pl) okov
manacle II v tr okovati

manage ['maenidž] v 1. tr rukovoditi,
upravljati; to ~ a firm rukovoditi preduzećem (W: poduzećem) 2. intr doviti
se; that woman ~s as well as she can ta
se žena dovija kako najbolje ume (umije) 3. intr snaći se; we'll ~ snaći ćemo se
4. intr uspeti (uspjeti); he ~ed to catch
the train on je uspeo da uhvati voz (W:
vlak) management n 1. upravljanje; business ~ upravljanje preduzećima (W:
poduzećima) 2. menadžerski posao manager n 1. poslovođa 2. šef, upravnik;
direktor; an office ~ šef kancelarije 3.
menadžer managerial [maenə'džijrijəl] a
1. upravljački 2. menadžerski; the ~
class menadžerska klasa

Manchuria [maen'ču:rijə] n Mandžurija
Manchurian I n 1. Mandžurac 2. mandžurski jezik Manchurian II a mandžurski
mandarin I ['maendərin] n 1. mandarin 2.
(cap.) (or: Mandarin Chinese) mandarinski jezik mandarin II a mandarinski
mandate I ['maendejt] n 1. mandat; starateljstvo 2. mandatska zemlja; starateljska teritorija mandate II v tr staviti pod
starateljstvo mandatory ['maendətorij] a
mandantni, obavezan
mane [mejn] n griva
man-eater n ljudožder
maneuver I [mə'nu'vər] n manevar; to
carry out a ~ obaviti manevar maneuver II v 1. tr upravljati, rukovati 2. tr
vešto (vješto) dovesti; to ~ smb. into a
trap dovesti nekoga u škripac 3. intr
manevrisati, izvoditi manevre maneuverable a pokretan, sposoban za manevrisanje
mange [mejndž] n šuga
manger ['mejndžər] n jasle
mangle I ['maenggəl] n sprava za roljanje
(valjanje) rublja, rolja mangle II v tr
roljati (rublje)
mangle III v tr unakaziti; osakatiti
mangy ['mejndžij] a šugav
manhandle [~haendəl] v tr 1. maltretirati,
rđavo postupati (s) 2. prenositi ručno
Manhattan [maen'haetn] n Manhatan
(deo—dio Njujorka; vrsta koktela)
manhole [~houl] n kablovsko okno, otvor
manhood ['maenhud] n 1. muževno doba,
zrelo doba 2. muškost, muževne osobine
manhunt [~hənt] n potera — potjera (za
čovekom — čovjekom)
mania ['mejnijə] n manija maniac ['mejnijaek] n manijak maniacal [mə'najəkəl] a
manijački
manicure I ['maenikju:r] n manikir; to get
a ~ manikirati se manicure II v tr
manikirati manicurist n manikirka

manifest I ['maenəfest] n 1. popis brodskog tovara 2. popis železničkih (željezničkih) vagona manifest II a očigledan,
jasan manifest III v tr (jasno) izraziti,
pokazati, manifestirati manifestation
[maenəfest'tajšən] n pokazivanje, manifestacija manifesto [maenə'festou] (-s
and -es) n proglas, manifest; (hist.) the
Communist Manifesto Komunistički
manifest

manifold ['maenəfould] n cevovod (cjevovod); priključak cevi (cijevi)
manila [mə'nilə] a manilski; ~ paper manilski papir
manipulate [mə'nipjəlejt] v tr 1. manipulisati; rukovati 2. (pejor.) manipulisati; nepropisno uticati (na); to ~ public opinion nepropisno uticati na javno mišljenje manipulation [mənipjə'lejšən] n manipulacija
mankind ['maenkajnd] n čovečanstvo (čovječanstvo) manly a muški, muževan
mannequin ['maenikin] n 1. (krojačka) lutka, maneken 2. manekenka
manner ['maenər] n 1. način; in what ~? na koji način? 2. držanje, ponašanje; to have an awkward ~ biti nespretan u ponašanju 3. (in pl) maniri; to have good ~s imati dobre manire 4. misc.; in a ~ of speaking tako reći mannerism n manirizam, osobina
mannish ['maeniš] a 1. muški 2. muškobanjast, muškaračast
man-of-war (men-of-war) n ratni brod
manometer [mae'namətər] n manometar
manor ['maenər] n 1. imanje veleposednika (veleposjednika) 2. (or: ~ house) pleinićka kuća; kuća veleposednika
manpower ['maenpauər] n radna snaga
manservant [~sərvənt] (menservants) n lični sluga
mansion ['maenšən] n velika gospodska kuća
manslaughter [~slotər] n ubistvo bez predumišljaja; involuntary ~ ubistvo iz nehata
mantelpiece ['maentəlpijs] n okvir kamina
mantle ['maentəl] n 1. ogrtač; mantija 2. pokrivač
manual I ['maenju:əl] n priručnik; uputstvo; a maintenance ~ priručnik za održavanje manual II a 1. ručni; ~ control ručno upravljanje 2. manuelni; a ~ laborer manuelni radnik
manufacture I [maenjə'faekšər] n 1. industrijska prerada 2. izrađevina manufacture II v tr proizvoditi, fabrikovati, izraditi; to ~ automobiles proizvoditi automobile manufacturer n industrijalac, fabrikant
manure I [mə'nu:r] n đubre manure II v tr nađubriti
manuscript I ['maenjəskript] n rukopis, manuskript manuscript II a rukopisni

many ['menij] 1. n mnogi; a great ~ veliki broj 2. pron mnogi; ~ fail the exam mnogi padaju na ispitu 3. a mnogi; mnogo; ~ people mnogi ljudi; ~ a man mnogi čovek (čovjek) more [mor] (comp); most [moust] (super) many-sided a mnogostran
map I [maep] n 1. karta; a road ~ auto-karta 2. plan; a ~ of a city plan grada 3. misc.; *to put smt. on the map učiniti nešto poznatim map II v tr 1. naneti (nanijeti) na kartu; sastaviti kartu (nečega) 2. (to ~ out) planirati; to ~ out a trip planirati putovanje
maple ['mejpəl] n javor, klen maple leaf javorov list (amblem Kanade) maple sugar javorov šećer maple syrup javorov sirup
map reading čitanje karata
mar I [mar] n mana mar II v tr pokvariti
marathon I ['maerəthan] n maraton, maratonska trka marathon II a maratonski; ~ negotiations maratonski pregovori
maraud [mə'rod] v intr pljačkati marauder n pljačkaš, maroder
marble I ['marbəl] n 1. mermer, mramor 2. kliker; to play ~s igrati se klikera marble II a mermerni
march I [marč] n 1. maršovanje, marš; a forced ~ usiljeni marš 2. tok, proticanje; the ~ of time tok vremena 3. (mus.) marš; a funeral ~ pogrebni marš march II v 1. tr pokrenuti; to ~ troops into battle pokrenuti trupe u borbu 2. tr preći, proći; to ~ 50 miles in two days preći 50 milja za dva dana 3. tr odvesti; to ~ smb. off to prison odvesti nekoga u zatvor 4. intr maršovati, kretati se u stroju; to ~ into a city umarširati u grad
March n mart (W: ožujak)
Mardi Gras [mardij 'gra] karneval, poklade
mare [mejr] n kobila
margarine ['mardžərin] n margarin
margin ['mardžin] n 1. ivica, rub; an even ~ izravnata ivica 2. margina; on the ~s na marginama 3. rezerva; koeficijent; a ~ of error granica dozvoljenih grešaka marginal a 1. marginalni; ~ notes marginalije 2. krajnji; ~ visibility krajnje ograničena vidljivost margin release (on a typewriter) produživač
marijuana, marihuana [marə'wanə] n marihuana

marinade [maerə'nejd] n marinat, marinada marinate ['maerənejt] v tr marinirati, zakiseliti

marine I [mə'rijn] n marinac, vojnik pomorskodesantne pešadije (pješadije); *tell that to the ~s kaži to nekome drugome marine II a 1. pomorski, mornarički 2. pomorskodesantni Marine Corps (Am.) pomorskodesantne snage

mariner ['maerənər] n pomorac

marionette [maerijə'net] n marioneta, lutka

marital ['maerətəl] a bračni

maritime ['maerətajm] a 1. pomorski; prekomorski; ~ commerce prekomorska trgovina 2. primorski; ~ provinces primorske oblasti

mark I [mark] n 1. oznaka, znak, belega (biljega) 2. standard; visina; not up to the ~ ispod standarda 3. meta, cilj; to hit the ~ pogoditi u cilj 4. utisak; to leave one's ~ ostaviti trajan utisak 5. ocena (ocjena); high ~s in English odlične ocene iz engleskog 6. (gram.) znak; an exclamation (question) ~ znak uzvika (pitanja) 7. ožiljak; rana 8. žrtva; an easy ~ laka žrtva 9. (novac) marka 10. misc.; (sports) on your ~s! na mesta (mjesta)! mark II v 1. tr označiti; markirati 2. tr obeležiti (obilježiti); to ~ laundry obeležiti rublje 3. tr paziti (na); ~ my word! pazite na moje reči (riječi)! 4. tr and intr oceniti (ocijeniti); to ~ papers oceniti zadatke (W: zadaće) 5. tr (ling.) označiti, markirati; a ~ed member označeni član 6. intr pokazivati tragove; the floor ~s easily pod se lako prlja 7. misc.; to ~ time vršiti korak na mestu (mjestu); tapkati na mestu; a ~ed man unapred (unaprijed) osuđena osoba

mark down v 1. zabeležiti (zabilježiti) 2. smanjiti; to mark prices down smanjiti cene (cijene)

marked a primetan (primjetan); znatan; a ~ difference znatna razlika marker n 1. signal, znak 2. marker, indikator mesta (mjesta); motka za označavanje; a boundary ~ kamen međaš 3. (colloq.) priznanica (kojom se priznaje dug)

market I ['markit] n 1. tržište; a world ~ svetsko (svjetsko) tržište 2. pazar, pijaca 3. potražnja; prođa; to find a ~ imati prođu 4. misc.; to be in the ~ for smt. tražiti nešto (na tržištu); *to play the ~ baviti se spekulativnim poslovima mar-

ket II a tržišni; a ~ price tržišna cena (cijena) market III v 1. tr prodati (na tržištu) 2. intr pazariti marketable a koji se može prodati marketing n marketing, istraživanje tržišta marketplace [~plejs] n trg, tržište, pijaca

marksman ['marksmən] (-men [min]) n strelac (strijelac)

mark up v 1. povisiti; to mark up prices povisiti cene (cijene) 2. ostaviti tragove (na); to mark up a floor ostaviti tragove na podu 3. prljati se; the floor marks up easily pod se lako prlja markup [~əp] n (comm.) povišenje cene (cijene)

marmalade ['marmǝlejd] n marmelada; peach ~ marmelada od bresaka

maroon [mə'ru:n] v tr 1. iskrcati na pustom ostrvu (W: otoku) za kaznu 2. (fig.) ostaviti, napustiti

maroon II n kestenjasta boja maroon III a kestenjast

marquee [mar'kij] n nadstrešnica (pred hotelom. bioskopom—W: kinom)

marquis ['markwis] (pl has zero or -es) n markiz

marriage I ['maeridž] n brak; bračna zajednica; a civil (common-law) ~ građanski (divlji) brak marriage II a bračni marriage certificate izvod iz knjige venčanih (vjenčanih) marriage license dozvola za venčanje (vjenčanje) married ['maerijd] a 1. udata a ~ woman udata žena 2. ženjen, oženjen; he is (got) ~ to Vera on je oženjen (on se oženio) Verom 3. bračni; a ~ couple bračni par

marrow ['maerou] n 1. koštana srž, moždina 2. (fig) suština, srž 3. (Br.) tikva

marry ['maerij] v 1. tr (of a woman) udati se; she ~ried a lawyer udala se za advokata 2. tr (of a man) oženiti se; he ~ried Vera oženio se Verom 3. tr venčati (vjenčati); a priest ~ried them venčao ih je sveštenik (svećenik) 4. intr venčati se; udati se; oženiti se; they ~ried (more usu. is: got ~ried) last year venčali su se prošle godine

Mars [marz] n (astro. and myth) Mars marsh [marš] n močvara

marshal I n 1. (mil.) maršal 2. izvršni činovnik suda

marshal II v tr 1. (mil.) prikupiti; koncentrisati; postrojiti 2. dovesti u red, urediti 3. organizovati; to ~ all the facts izložiti redom sve činjenice

marshmallow [~melou] n slatkiš od belog
sleza (bijelog sljeza)
marshy a močvaran
martial ['maršəl] a vojni, ratnički martial
law opsadno (vanredno) stanje; to im-
pose ~ zavesti opsadno stanje
Martian ['maršən] n marsovac
martinet [martə'net] n starešina cepidlaka
(cjepidlaka); grub oficir
martini [mar'tijnij] n martini (vrsta
koktela)
martyr I ['martər] n mučenik martyr II v tr
1. učiniti (od nekoga) mučenika 2. izmu-
čiti martyrdom [~dəm] n mučeništvo
marvel I ['marvəl] n čudo marvel II v intr
čuditi se; to ~ at smt. čuditi se nečemu
marvelous a čudesan, veličanstven
Marxism ['marksizəm] n marksizam Marx-
ist n marksista
Maryland ['mejrələnd] n Merilend
mascara [maes'kaerə] n maskara (kozme-
tički preparat za bojenje trepavica)
mascot ['maeskət] n maskota
masculine I ['maeskjəlin] n (gram.) muški
rod masculine II a muški; (gram.) the ~
gender muški rod masculinity [~'linə-
tij] n muškost
mash I [maeš] n 1. mešavina (mješavina)
od mekinja (slada) i vrele vode 2. pire,
kaša mash II v tr izgnječiti, zgnječiti
mashed potatoes pl pire od krompira
mask I [maesk] n maska (W also: krabu-
lja); to put on (take off) a ~ staviti
(skinuti) masku mask II v tr maskirati
masochism ['maesəkizəm] n mazohizam
masochist n mazohista
mason ['mejsən] n zidar
masquerade I [maeskə'rejd] n 1. masken-
bal, maskarada 2. maskiranje, preruše-
nje; pretvaranje masquerade II v intr 1.
maskirati se; pretvarati se 2. izdavati
se; to ~ as a lawyer izdavati se za
advokata
mass I [maes] n 1. masa, materija; a
shapeless ~ bezoblična masa 2. (usu. in
pl) mase, široki slojevi; tne ~es narodne
mase 3. masa, veliki broj, mnoštvo; the
~ of people masa ljudi mass II a
masovan; ~ consumption masovna po-
trošnja mass III v tr masirati; koncentri-
sati
mass IV n misa; to go to ~ ići na misu
Massachusetts [maesə'ču:sits] n Masaču-
sets

massacre I ['maesəkər] n masakr II v tr
masakrirati
massage I [mə'saž] n masaža massage II v
tr masirati
masseur [mae'sər] n maser masseuse [mae-
'soez] n maserka
massive ['maesiv] a masivan
mass medium sredstvo javnog informi-
sanja
mast [maest] n jarbol
mastectomy [maes'tektəmij] n (med.) od-
stranjenje dojke
master I ['maestər] n 1. gospodar; majstor;
the ~ of one's fate gospodar svoje
sudbine 2. zapovednik — zapovjednik
(trgovačkog broda) 3. majstor; a chess
~ šahovski majstor 4. maestro, majstor
5. magistar; a ~ of arts magistar filozo-
fije 6. original (koji služi kao predmet
kopiranja) master II v tr savladati; ovla-
dati; osvojiti; to ~ a subject ovladati
nekim predmetom
master key kalauz
mastermind I [[~majnd] n veliki um mas-
termind II v tr (colloq.) planirati; upra-
vljati
master of ceremonies voditelj emisije, ce-
remonijalmajstor
masterpiece [~pijs] n remek-delo (djelo),
majstorija
master sergeant (mil.) stariji vodnik
masterstroke [~strouk] n majstorski potez
mastery [~rij] n 1. prevlast, nadmoć 2.
temeljno poznavanje
masticate ['maestəkejt] v tr sažvakati
masturbate ['maestərbejt] v intr onanisati,
masturbirati
mat I [maet] n 1. rogozina 2. otirač (za
noge), prostirač 3. (sports) strunjača 4.
zamršena masa mat II v 1. tr zamrsiti;
~ted hair zamršena kosa 2. intr zamr-
siti se
match I [maeč] n 1. odgovarajući predmet;
parnjak; pandan 2. ravni; premac; par;
*he met his ~ naišao je na sebi ravnog
3. utakmica; to play a ~ odigrati utak-
micu 4. partija (za udaju, ženidbu)
match II v 1. tr odgovarati; that hat ~es
the coat šešir odgovara kaputu 2. tr ići;
the curtains will ~ the rug ove zavese
(zavjese) će dobro ići uz ćilim 3. tr (or:
to ~ up) provodadžisati; she ~ed them
up ona im je provodadžisala 4. tr svrsta-
ti; to ~ players (in a tournament)
svrstati igrače (na turniru) 5. tr naći

odgovarajući predmet (za); *to ~ material* naći materijal koji bi odgovarao drugome 6. *tr* meriti (mjeriti) se; *he cannot ~ you (in anything)* ne može se on s tobom (ni po čemu) meriti 7. *intr* odgovarati; slagati se; *the colors ~* boje se slažu

match III *n* šibica (W also: žigica); *to light (strike) a ~* upaliti šibicu **matchbox** [~baks] *n* kutija šibica

matchmaker [~mejkər] *n* provodadžija **matchmaking** *n* provodadžiluk

mate I [mejt] *n* 1. parnjak 2. suprug, supruga 3. drug, prijatelj 4. (naut.) prvi oficir (na trgovačkom brodu) 5. (Am., navy) podoficir **mate** II *v* 1. *tr* spariti 2. *intr* pariti se

mate III *n* (chess) mat **mate** IV *v tr* and *intr* matirati; *to ~ smb.* dati nekome mat

material I [mətijrijəl] *n* 1. materijal; građa; *building ~* građevinski materijal 2. materija, tkanina, štof **material** II *a* materijalan **materialism** *n* materijalizam **materialist** *n* materijalista **materialistic** [mətijrijəl'istik] *a* materijalistički **materialize** [mə'tijrijəlajz] *v* 1. *tr* ostvariti, materijalizovati 2. *intr* ostvariti se **materiel** [mətijrij'el] *n* (usu. mil.) borbena tehnička sredstva, borbena tehnika

maternal [mə'tərnəl] *a* materinski; *~ love* materinska ljubav **maternity** [mə'tərnətij] *n* materinstvo

math [maeth] (colloq.) see **mathematics**

mathematical [maethə'maetikəl] *a* matematički **mathematician** [maethəmə'tišən] *n* matematičar **mathematics** [maethə'maetiks] *n* matematika

matinee [maet'nej] *n* matine

mating ['mejting] *n* parenje

matriarch ['mejtrijark] *n* matrijarh **matriarchal** [mejtrij'arkəl] *a* matrijarhalni **matriarchy** ['metrijarkij] *n* matrijarhat **matricide** ['maetrəsajd] *n* 1. materoubistvo (W: umorstvo matere) 2. materoubica (W: ubojica matere)

matriculate [mə'trikjəlejt] *v* 1. *tr* upisati 2. *intr* upisati se

matrimonial [maetrə'mounijəl] *a* bračni **matrimony** ['maetrəmounij] *n* bračna zajednica, brak

matrix ['mejtriks] (*-es* or *matrices* ['mejtrəsijz]) *n* matrica; kalup

matron ['mejtrən] *n* 1. matrona, ugledna žena 2. (esp. Br.) nadzornica 3. (Br.) glavna medicinska sestra (u bolnici)

matter I ['maetər] *n* 1. materija; supstanca 2. stvar; *printed ~* štampana stvar 3. (colloq.) količina; rok; *within a ~ of days* kroz (u roku od) nekoliko dana 4. (med.) gnoj 5. misc.; *what's the ~ with him?* šta (što) mu je? *what's the ~?* o čemu se radi? **matter** II *v intr* mariti; biti od značaja; *it doesn't ~* ne mari (ništa)

matter-of-fact *a* prozaičan, stvaran; *a ~ description* prozaičan opis

mattress ['maetris] *n* dušek

mature I [mə'ču:r] *a* 1. zreo 2. (comm.) plativ, dospeo (dospio) **mature** II *v* 1. *tr* razviti 2. *intr* sazreti 3. *intr* dospeti (dospjeti) **maturity** [mə'ču:rətij] *n* 1. zrelost 2. (comm.) plativost, rok plaćanja (obveznice)

maudlin ['modlin] *a* preterano (pretjerano) sentimentalan, osetljiv (osjetljiv)

maul [mol] *v tr* povrediti, ozlediti (ozlijediti); *he was badly ~ed by a tiger* tigar ga je teško povredio

mausoleum [mozə'lijem] *n* mauzolej

maverick ['maev(ə)rik] *n* 1. nežigosano govedo 2. disident, otpadnik, odmetnik

maw [mo] *n* 1. čeljusti 2. (fig.) ždrelo (ždrijelo)

mawkish [~kiš] *a* preterano (pretjerano) sentimentalan

maxi ['maeksij] (colloq.) 1. *n* veoma dug kaput, duga haljina 2. *a* veoma dug

maxim ['meaksim] *n* maksima

maximal *a* maksimalan

maximum I ['maeksəməm] *n* maksimum, maksimala **maximum** II *a* maksimalan; *a ~ effort* maksimalno zalaganje

may [mej] *v* (third person sgn. is *may;* past is *might* [majt]; no partic. or future; *may* and *might* are often synonymous) 1. (permission) smeti (smjeti); moći; *~ I come in?* mogu li ući? 2. (possibility) moći; *he ~ (might) still come* on još može doći 3. (ability) moći; *if I ~ (might) be of service ...* ako budem mogao da pomognem ... 4. (desire, wish) *long ~ he live!* živeo (živio)! 5. misc.; *be that as it ~* bilo kako bilo

May [mej] *n* maj (W: svibanj)

maybe [~bij] *adv* možda, može biti; *~ he'll come* on će možda doći

May Day Prvi maj

mayday [~dej] *n* pomozite! (signal smrtne opasnosti)

mayhem [~hem] *n* nanošenje teške ozlede (ozlijede), osakaćenje; *to commit* ~ naneti (nanijeti) tešku ozledu

mayonnaise [majə'nejz] *n* majonez

mayor ['mejər] *n* gradonačelnik, predsednik (predsjednik) gradske skupštine **mayoral** *a* gradonačelnički

maypole [~poul] *n* motka oko koje se igra na dan prvog maja (W: svibnja)

maze [mejz] *n* 1. lavirint (labirint) 2. (fig.) zbrka; zbrkanost; zbunjenost

M.D. [em'dij] (abbrev. of Latin *Medicinae Doctor)* lekar — ljekar (W: liječnik)

me [mij] *pron* 1. (objective case of *I)* me, mene, mi, meni, mnom; *they saw* ~ videli (vidjeli) su me 2. (colloq.) ja; *it's* ~ to sam ja

mead [mijd] *n* medovina

meadow ['medou] *n* livada, poljana

meager, meagre ['mijgər] *a* 1. mršav 2. oskudan, siromašan; slab; ~ *fare* oskudna (slaba) hrana

meal I [mijl] *n* krupno brašno

meal II *n* obrok **meal ticket** 1. bon za jelo 2. (slang) izdržavalac **mealtime** [~tajm] *n* vreme (vrijeme) jela

mean I [mijn] *n* sredina; srednja vrednost (vrijednost); *the golden* ~ zlatna sredina **mean** II *a* srednji

mean III *a* zloban, zao, pakostan; podao; *a* ~ *person* pakostan čovek (čovjek)

mean IV *meant* [ment] *v* 1. *tr* značiti; *what does this word* ~? šta (što) znači ova reč (riječ)? 2. *tr* hteti (htjeti) reći; *what do you* ~ *by that remark?* šta (što) hoćeš da kažeš tom primedbom (primjedbom)? 3. *tr* hteti, nameravati (namjeravati); *he didn't* ~ *to be impolite* nije hteo biti neučtiv 4. *tr* nameniti (namijeniti), odrediti; *this book is meant for children* ova je knjiga namenjena deci (djeci) 5. *intr* želeti (željeti); *to* ~ *well* želeti dobro

meander I *n* [mij'aendər] meandar, vijugav tok **meander** II *v intr* vijugati (se), krivudati (se)

meaning *n* značenje; *a figurative (literal)* ~ prenosno (bukvalno) značenje **meaningless** *a* bez značenja

means *(pl* has zero) *n* 1. sredstvo, sredstva; *by* ~ *of* posredstvom 2. način; *by all possible* ~ na sve moguće načine

meantime [~tajm] *n* međuvreme (međuvrijeme); *in the* ~ u međuvremenu

meanwhile [~wajl] 1. *n* međuvreme (međuvrijeme) 2. *adv* u međuvremenu

measles ['mijzəlz] *n* 1. male boginje, morbili, rubeola 2. see **German measles**

measurable ['mežərəbəl] *a* merljiv (mjerljiv) **measure** I ['mežər] *n* 1. mera (mjera); *made to* ~ urađen po meri 2. mera, postupak; *to take* ~s preuzeti mere 3. misc.; *in some* ~ donekle **measure** II *v* 1. *tr* izmeriti (izmjeriti); *to* ~ *a field* izmeriti polje 2. *tr* odmeriti (odmjeriti); *to* ~ *from head to foot* odmeriti od glave do pete 3. *tr* (often: *to* ~ *out)* razdeliti (razdijeliti), izmeriti; *to* ~ *out a dose (of medicine)* izmeriti dozu (leka– –lijeka) 4. *intr* imati izvesne (izvjesne) dimenzije, meriti (mjeriti); *the room* ~s *12 feet in length* dužina sobe je 12 stopa 5. *intr (to* ~ *up)* ispunjavati, odgovarati; *to* ~ *up to requirements* odgovarati zahtevima (zahtjevima) **measurement** *n* 1. merenje (mjerenje) 2. dimenzija **measuring tape** merna (mjerna) traka

meat I [mijt] *n* meso; *broiled (grilled)* ~ meso prženo na žaru **meat** II *a* mesni; mesnat; ~ *products* mesni proizvodi **meatball** [~bol] *n* ćufta, ćevapčić **meat cutter** mesar **meatless** *a* bezmesni **meat loaf** vekna (od mesa)

mecca ['mekə] *n* 1. (cap.) Meka 2. (fig.) središte; cilj

mechanic [mi'kaenik] *n* mehaničar **mechanical** *a* 1. mehanički 2. mašinski; *a* ~ *engineer* mašinski inženjer **mechanical drawing** tehničko crtanje **mechanics** *n* mehanika **mechanism** ['mekənizəm] *n* mehanizam **mechanize** *v tr* mehanizovati

medal ['medəl] *n* medalja

medallion [mə'daeljən] *n* medaljon

meddle ['medl] *v intr* pačati se, mešati (miješati) se; *to* ~ *in other people's affairs* mešati se u tuđa posla **meddlesome** *a* koji se pača, nametljiv

medial ['mijdijəl] *a* srednji

median I ['mijdijən] *n* vrednost (vrijednost) srednjeg člana (nekog izraza) **median** II *a* srednji

mediate ['mijdijejt] *v* 1. *tr* izgladiti, posredovati (u); *to* ~ *a quarrel* posredovati u sporu 2. *intr* posredovati **mediation** [mijdij'ejšən] *n* posredništvo, posredovanje **mediator** ['mijdijejtǝr] *n* posrednik

medic ['medik] *n* (colloq.) 1. (mil.) bolničar 2. lekar — ljekar (W: liječnik) 3. student medicine **Medicaid** ['medikejd] *n* (Am.) zdravstvena zaštita siromašnih **medical** I ['medikǝl] *n* (colloq.) lekarski — ljekarski (W; liječnički) pregled **medical** II *a* 1. medicinski; lekarski; *a* ~ *certificate* lekarsko uverenje (uvjerenje) 2. sanitetski; *the* ~ *corps* (vojna) sanitetska služba 3. zdravstven; *for* ~ *reasons* iz zdravstvenih razloga **medical examiner** 1. see **coroner** 2. lekar koji vrši preglede (za osiguravajući zavod) **medical school** medicinski fakultet **Medicare** ['medikejr] *n* (Am.) zdravstvena zaštita staraca (u okviru socijalnog osiguranja) **medication** [medǝ'kejšǝn] *n* lek (lijek) **medicinal** [mǝ'disǝnǝl] *a* lekovit (ljekovit) **medicine** ['medǝsǝn] *n* 1. medicina; *internal* ~ interna medicina 2. lek; *to prescribe a* ~ prepisati lek **medicine ball** medicinka **medicine chest** ormarić sa lekovima **medicine man** vrač, čarobnjak (kod Indijanaca)

medieval [mijdij'ijvǝl] *a* srednjovekovni (srednjovjekovni), medievalan

mediocre [mijdij'oukǝr] *a* osrednji **mediocrity** [mijdij'akrǝtij] *n* osrednjost

meditate ['medǝtejt] *v intr* razmišljat., meditirati **meditation** [medǝ'tejšǝn] razmišljanje, meditacija

Mediterranean I [medǝtǝ'rejnijǝn] *n* 1. see **Mediterranean Sea** 2. Mediteran, Sredozemlje; *in the* ~ u Mediteranu (Sredozemlju) **Mediterranean** II *a* mediteranski, sredozemni **Mediterranean Sea** Mediteran, Sredozemno more

medium I ['mijdijǝm] *(-s* or *-dia* [dijǝ]; only *-dia* for 2) *n* 1. srednji stepen 2. sredstvo; *the mass media* sredstva javnog informisanja 3. medij, medijum (osoba kojom se služe spiritisti) **medium** II *a* 1. srednji, osrednji 2. (cul.) srednje pečen(o)

medley I ['medlij] *n* 1. mešavina (mješavina) 2. (mus.) potpuri

meek [mijk] *a* krotak, pokoran, blag

meet I [mijt] *n* takmičenje; utakmica; *a swimming (track)* ~ plivačko (lakoatletsko) takmičenje **meet** II *met* [met] *v* 1. *tr* sresti, susresti; *to* ~ *smb. on the street* sresti nekoga na ulici 2. *tr* dočekati; *he met me at the station* dočekao

me je na stanici (W: also: kolodvoru) 3. *tr* naići; *to* ~ *resistance* naići na otpor 4. *tr* sastati se (s); *we met them in New York* sastali smo se sa njima u Njujorku 5. *tr* upoznati se s; *I met him last year* upoznao sam se s njim prošle godine 6. *tr* zadovoljiti; udovoljiti; ispuniti; *to* ~ *all requirements* ispuniti sve uslove (W also: uvjete) 7. *intr* sresti se; *we met by chance* slučajno smo se sreli 8. *intr* sastati se 9. *intr* upoznati se; *we have already met* mi smo se već upoznali 10. *intr* naići (na); *to* ~ *with approval* naići na odobravanje **meeting** *n* 1. susret 2. sastanak; *to schedule a* ~ zakazati sastanak 3. skup; zbor

megaphone ['megǝfoun] *n* megafon

melancholic [melǝn'kalik] *a* melanholičan, melankoličan **melancholy** ['melǝnkalij] *n* melanholija, melankolija, tuga

melee ['mej'lej] *n* 1. gužva 2. borba prsa u prsa

mellifluous [mǝ'liflu:ǝs] *a* milozvučan; meden; *a* ~ *voice* milozvučan glas

mellow I ['melou] *a* 1. zreo, sladak 2. blag; pun; ~ *wine* blago vino 3. mudar, zreo **mellow** II *v* 1. *tr* učiniti zrelim 2. *intr* sazreti 3. *intr* postati mudar; postati blag

melodic [mǝ'ladik] *a* melodijski **melodious** [mǝ'loudijǝs] *a* melodičan, milozvučan

melodrama ['melǝdramǝ] *n* melodrama **melodramatic** [melǝdrǝ'maetik] *a* melodramatičan

melody ['melǝdij] *n* melodija

melon ['melǝn] *n* dinja

melt [melt] *v* 1. *tr* istopiti, otopiti, rastopiti; *the sun is* ~*ing the snow* sunce topi sneg (snijeg) 2. *intr* istopiti se, rastopiti se; *the snow is* ~*ing* sneg se topi **melting point** tačka (W: točka) topljenja

member ['membǝr] *n* član; *a* ~ *of a club* član kluba **membership** *n* članstvo

membrane ['membrejn] *n* membrana, opna

memento [mǝ'mentou] *(-s* or *-es) n* uspomena, spomen

memo ['memou] *(-s) n* see **memorandum** 1

memoir ['memwar] *n* 1. monografija 2. (in *pl)* memoari

memo pad notes; podsetnik (podsjetnik)

memorable ['memǝrǝbǝl] *a* vredan (vrijedan) spomena, znamenit

memorandum [memǝ'raendǝm] *(-s* or *-da* [dǝ]) *n* 1. beleška (bilješka) 2. (dipl.) memorandum

memorial I [mə'morijəl] *n* 1. spomenik 2. komemoracija **memorial** II *a* komemora- tivan; *a* ~ *service* pomen

memorize ['memərajz] *v tr* naučiti napa- met **memory** ['memərij] *n* 1. pamćenje, memorija; *to have a good* ~ imati dobro pamćenje 2. uspomena; pomen; *in* ~ *of his father* za uspomenu na njegovog oca

menace I ['menis] *n* pretnja (prijetnja), grožnja **menace** II *v tr* ugroziti, zapretiti (zaprijetiti)

menagerie [mə'naežərij] *n* menažerija

mend I [mend] *n* oporavljenje; *on the* ~ na putu oporavljenja **mend** II *v* 1. *tr* zakrpi- ti 2. *tr* popraviti; ispraviti; **to* ~ *one's ways* popraviti se 3. *intr* popraviti se; oporaviti se

mendacious [men'dejšəs] *a* lažljiv **mendac- ity** [men'daesətij] *n* lažljivost

mendicant ['mendikənt] *n* prosjak

menial I ['mijnijəl] *n* sluga; (fig.) rob **menial** II *a* ropski, nizak

meningitis [menin'džajtis] *n* meningitis

menopause ['menəpoz] *n* menopauza

menstrual ['menstru:əl] *a* menstrualan, menstruacioni; *the* ~ *cycle* menstrua- cioni ciklus **menstruate** ['menstru:ejt] *v intr* menstruisati, imati menstruaciju **menstruation** [menstru:'ejšən] *a* men- struacija

mental ['mentəl] *a* mentalni, duševni **men- tal hygiene** mentalna higijena **mentality** [men'taelətij] *n* mentalnost; mentalitet **mental patient** mentalni (duševni) bolesnik

menthol ['menthol] *n* mentol

mention I ['menšən] *n* pominjanje; pomen; *worthy of* ~ vredan (vrijedan) pomena **mention** II *v tr* pomenuti, (esp. W) spomenuti; **don't* ~ *it!* nema na čemu!

mentor ['mentor] *n* mentor

menu ['menju:] *n* jelovnik, meni

meow I [mij'au] *n* mauk, mijauk **meow** II (onoma.) mau **meow** III *v intr* maukati, mijaukati

mercantile ['mərkəntajl] *a* trgovački; mer- kantilan

mercenary I ['mərsənerij] *n* najamnik **mer- cenary** II *a* najamnički

merchandise I [mərčəndajz] *n* roba; *to order* ~ poručiti robu **merchandising** *n* tehnologija i poznavanje robe **merchant** ['mərčənt] *n* trgovac **merchant marine** trgovačka mornarica

merciful ['mərsifəl] *a* milosrdan, milostiv **merciless** [~lis] *a* nemilosrdan, bespo- štedan

mercurial [mər'kju:rijəl] *a* nestalan

mercurochrome [mər:kju:rəkroum] *n* vrsta antiseptika

Mercury ['mərkjərij] *n* (myth. and astro.) Merkur

mercury *n* (chem.) živa

mercy ['mərsij] *n* milosrđe, milost; *to have* ~ *on smb.* smilovati se na nekoga **mercy killing** ubistvo iz milosrđa, eutanazija

mere [mijr] *a* puki; čist, prost; *a* ~ *pretext* čist (prost) izgovor **merely** *adv* samo

merge [mərdž] *v* 1. *tr* stopiti 2. *tr* integrisa- ti 3. *intr* stopiti se 4. *intr* integrisati se; *the firms* ~d preduzeća (W: poduzeća) su se integrisala **merger** *n* integracija

meridian [mə'ridijən] *n* meridijan

merit I ['merit] *n* zasluga; *according to* ~ po zasluzi **merit** II *v tr* zaslužiti; *to* ~ *praise* zaslužiti pohvalu **meritorious** [merə'torijəs] *a* zaslužan **merit system** sistem imenovanja i unapređenja po zasluzi (u državnoj službi)

mermaid ['mərmejd] *n* morska nimfa

merriment ['merimənt] *n* veselje, radost

merry ['merij] *a* veseo; **to make* ~ veseliti se **merry-go-round** *n* vrteška, ringlšpil **merrymaker** [~əŕ] *n* onaj koji se veseli

mesh I [meš] *n* 1. oko, okce 2. mreža **mesh** II *v* 1. *tr* uzupčiti 2. *intr* uzupčiti se; *the gears* ~ed zupčanici su se uzupčili

mess I [mes] *n* 1. (colloq.) zbrka, nered, urnebes, džumbus; *to make a* ~ napra- viti urnebes (džumbus) 2. (coll.) škripac, nezgodna situacija; *to get into a* ~ doći u škripac 3. (usu. mil.) menza, trpezarija **mess** II *v intr* 1. (usu. mil.) primati hranu 2. (usu.: *to* ~ *around, about)* traćiti vreme (vrijeme); čačkati, majati se

message ['mesidž] *n* 1. poruka 2. izveštaj (izvještaj) **messenger** ['mesəndžər] *n* kurir

Messiah [mə'sajə] *n* mesija **messianic** [me- sij'aenik] *a* mesijanski

mess up *v* 1. napraviti džumbus (od), rasturiti; *they messed up the room* na- pravili su džumbus (urnebes) od sobe 2. upropastiti; *he messed everything up* upropastio je sve **messy** ['mesij] *a* zbrkan, u neredu

metabolism [mə'taebəlizəm] n metabolizam, promet materija
metal I ['metl] n 1. metal; precious ~s plemeniti metali 2. (Br.) tucanik metal II a metalan, metalski; a ~ band metalni obruč metallic [mə'taelik] a metalan, metaličan
metallurgist ['metlərdžist] n metalurg metallurgy [~džij] n metalurgija
metamorphosis [metə'morfəsis] (-ses [sijz]) n metamorfoza
metaphor ['metəfor] n metafora metaphoric [metə'forik] metaphorical a metaforičan; metaforički, metaforski
meteor ['mijtijər] n meteor meteoric [mijtij'orik] a meteorski meteorite ['mijtijərajt] n meteorit
meteorologic [mijtijorə'ladžik] meteorological a meteorološki meteorologist [mijtijor'alədžist] n meteorolog meteorology [~ədžij] n meteorologija
mete out [mijt] v podeliti (podijeliti); to mete out justice podeliti pravdu
meter I ['mijtər] n (poetics) metar, ritamska mera (mjera)
meter II n metar (mera—mjera za dužinu); a cubic (square) ~ kubni (kvadratni) metar
meter III n sprava za merenje (mjerenje), sat
method ['methəd] n metod, metoda, način methodic [mə'thadik] methodical a metodičan, metodički
Methodism ['methədizəm] n metodizam Methodist n metodista
methodological [methədə'ladžikəl] a metodološki, metodologijski methodology [methə'dalədžij] n metodologija
meticulous [mə'tikjələs] a minuciozan, (preterano — pretjerano) precizan
metric ['metrik] metrical a metrički metrics ['metriks] n metrika metric system metrički sistem
metropolis [mə'trapəlis] n 1. velegrad, metropola 2. (rel.) mitropolija
metropolitan I [metrə'palətən] n mitropolit metropolitan II a 1. velegradski 2. mitropolijski
mettle ['metl] n 1. karakter; narav 2. hrabrost; to show one's ~ pokazati hrabrost
Mexican I ['meksikən] n Meksikanac Mexican II a meksički, meksikanski Mexico ['meksikou] n Meksiko Mexico City Meksiko Siti

mezzanine ['mezə'nijn] n mezanin, međusprat (W also: međukat)
mezzo-soprano n mecosopran, mezosopran
Michigan ['mišigən] n Mičigen
microbe ['majkroub] n mikrob
microfilm I ['majkrəfilm] n mikrofilm microfilm II v tr mikrofilmovati
microphone I [~foun] n mikrofon microphone II a mikrofonski
microscope [~skoup] n mikroskop microscopic [majkrə'skapik] a mikroskopski
mid [mid] a srednji midair [~'ejr] n vazdušni (W: zračni) prostor; to hang in ~ lebdeti (lebdjeti) na jednom mestu (mjestu) midday I ['middej] n podne midday II a podnevni; a ~ meal podnevni obrok middle I ['midl] n sredina; the ~ of a road sredina puta middle II a srednji middle age srednje godine života middle-aged a srednjih godina Middle Ages pl srednji vek (vijek) middle class srednja klasa, buržoazija middle-class a srednjoklasni, buržoaski Middle East Bliski istok middleman [~maen] (-men [men]) n posrednik; prekupac; preprodavac middleweight [~wejt] n bokser (W: boksač) srednje kategorije Middle West (Am.) Srednji zapad midfielder [~fijldər] n (soccer) half
midget I ['midžit] n patuljak midget II a patuljast, kepecast midget submarine džepna podmornica
midnight I [~najt] n ponoć; at ~ u ponoć midnight II a ponoćni midpoint [~pojnt] n središnja tačka (W: točka) midriff [~rif] n 1. (anat.) dijafragma, prečaga 2. trbuh
midshipman ['mid'šipmən] (-men [min]) n 1. (Am.) pitomac vojno-pomorske akademije 2. (Br.) brodski gardemarin
midships I [~šips] n srednji deo (dio) broda midships II adv u sredini broda
midsummer ['midsəmər] n sredina leta (ljeta) midterm [~tərm] n 1. sredina semestra 2. ispit koji ze polaže sredinom semestra midway [~wej] n sredina puta
Midwest [mid'west] n see Middle West
midwife [~wajf] (-wives [wajvz]) n babica, primalja midwifery [~wajfrij] n akušerstvo
mien [mijn] n držanje, izgled
miff [mif] v tr oneraspoložiti; uvrediti (uvrijediti)

might [majt] *n* moć, sila, snaga; *with all one's* ~ svom snagom; **~ makes right* sila kola lomi, a pravdu ne pita **mighty** 1. *a* snažan 2. *adv* (colloq.) veoma
migraine ['majgrejn] *n* (or: ~ *headache*) migrena
migrant ['majgrənt] *n* onaj koji se seli **migrant** II *a* koji se seli; ~ *workers* sezonski radnici **migrate** ['majgrejt] *v intr* migrirati, seliti se **migration** [maj-'grejšən] *n* migracija, seoba **migratory** ['majgrətorij] *a* 1. koji se seli; ~ *birds* ptice selice 2. nomadski
mike [majk] *n* (colloq.) see **microphone**
mil [mil] *n* hiljaditi (W: tisući) deo (dio)
milady [mi'lejdij] (Br.) moja gospođo (titula za engleske plemkinje)
mild [majld] *a* blag
mildew ['mildu:] *n* plesan (plijesan), buđ
mile [majl] *n* milja **mileage** *n* 1. miljaža; broj milja; odstojanje u miljama; ~ *per gallon* broj pređenih milja na galon utrošenog goriva 2. (or: ~ *allowance*) naknada za pređeni put; terenski dodatak **miler** *n* trkač na prugu od jedne milje **milestone** [~stoun] *n* 1. miljokaz 2. (fig.) prekretnica
militancy ['milətənsij] *n* borbenost, ratobornost **militant** I ['milətənt] *n* borbeni aktivista **militant** II *a* borben, ratoboran, militantan
militarism ['milətərizəm] *n* militarizam **militarist** *n* militarista **militaristic** [milətə'ristik] *a* militaristički **militarize** ['milətərajz] *v tr* militarizovati **military** I ['milətərij] *n* oružane snage, vojska **military** II *a* 1. vojni; *a* ~ *alliance* vojni savez 2. misc.; *the* ~ *establishment* oružane snage **military intelligence** obaveštajna (obavještajna) služba **military law** vojno sudstvo
militia [mə'lišə] *n* narodna vojska, milicija
milk I mleko (mlijeko); *powdered* ~ mleko u prahu **milk** II *a* mlečni (mliječni); ~ *chocolate* mlečna čokolada **milk** III *v tr* and *intr* pomusti; *to* ~ *a cow* pomusti kravu **milkmaid** [~mejd] *n* muzilja **milkman** [~maen] *(-men* [men]) *n* mlekar (mljekar) **milk shake** mućeni mlečni (mliječni) napitak **milky** *a* mlečan (mliječan) **Milky Way** Mlečni (Mliječni) put
mill I [mil] *n* 1. mlin; vodenica; mlinac 2. kombinat, fabrika (W also: tvornica); *a textile* ~ tekstilni kombinat 3. glodalica 4. misc.; **he has been through the* ~

prošao je kroz sito i rešeto **mill** II *v* 1. *tr* samleti (samljeti) 2. *tr* glodati 3. *intr (to* ~ *around)* gurati se; *the crowd is* ~*ing around the entrance* narod se gura pred ulazom
mill III *n* hiljaditi (W: tisući) deo (dio) američkog dolara
millenium [mə'lenijəm] *(-s* or *-nia* [nijə]) *n* 1. milenijum. 2. Hristovo (Kristovo) hiljadugodišnje carstvo na Zemlji 3. (fig.) zlatno doba
miller ['milər] *n* mlinar, vodeničar
millet ['milit] *n* proso
milliard ['miljərd] *n* (Br.) milijarda (see also **billion**)
millimeter ['miləmijtər] *n* milimetar
milliner ['milənər] *n* modistkinja; prodavač ženskih šešira
million ['miljən] *n* (after a *num*, *pl* has zero) milion (W also: milijun); *two* ~ *dollars* dva miliona dolara **millionaire** [miljə'nejr] *n* milionar **millionth** I ['miljənth] *n* milioniti deo (dio) **millionth** II *num a* milioniti
millstone [~stoun] *n* 1. vodenični (mlinski) kamen 2. (fig.) težak teret; **to have a* ~ *around one's neck* biti opterećen
milord [mi'lord] (Br.) moj gospodine (titula za engleske plemiće)
mimeograph I ['mimijəgraef] *n* geštetner, mimeograf **mimeograph** II *v tr* umnožiti na geštetner aparatu
mimic I ['mimik] *n* mimičar **mimic** II *a* mimički **mimic** III *-cked; v tr* majmunisati, imitirati, podražavati **mimicry** [~krij] *n* mimika
minaret [minə'ret] *n* minaret
mince [mins] *v tr* 1. iseckati (isjeckati) 2. ublažiti; *not to* ~ *words* govoriti otvoreno **mincemeat** [~mijt] *n* jelo od jabuka, začina, jaje (kojim se pune kolači)
mincing *a* neprirodan, afektiran
mind I [majnd] *n* 1. um; pamet; svest (svijest); *to have in* ~ imati na umu 2. mišljenje; *to speak one's* ~ reći svoje mišljenje 3. pažnja; *to take one's* ~ *off (of) smt.* odvratiti nečiju pažnju od nečega 4. misc.; *to change one's* ~ predomisliti se; *to make up one's* ~ odlučiti se; *presence of* ~ prisutnost duha **mind** II *v* 1. *tr* slušati; *the children* ~ *their mother* deca (djeca) slušaju majku 2. *tr* čuvati; brinuti se (o); *who will* ~ *the children?* ko (tko) će čuvati decu? 3. *tr* and *intr* imati nešto protiv;

mrzeti (mrziti); *would you (do you)* ~
my opening the window? imate li nešto
protiv ako otvorim prozor; *if you don't*
~ *waiting*... ako vas ne mrzi da čeka-
te...; 4. *tr* gledati; ~ *your own busi-
ness!* gledaj svoja posla! **mind reading**
telepatija

mine I [majn] *poss* a moj; (a.) (when no
noun follows) *the pencil is* ~ olovka je
moja (b.) (after *of)* a *friend of* ~ jedan
od mojih prijatelja
mine II *n* 1. rudnik, rudokop; a *coal* ~
rudnik uglja 2. mina **mine** III *v tr* 1.
kopati; *to* ~ *coal* kopati ugalj 2. minira-
ti; *to* ~ a *road* minirati put **miner** *n*
rudar, kopač
mineral I ['minərəl] *n* 1. mineral 2. (Br.,
in *pl)* osvežavajuća (osvježavajuća) pića
mineral II a mineralni; ~ *water* mine-
ralna voda
mineralogist [minə'ralədžist] *n* mineralog
mineralogy [~džij] *n* mineralogija
mingle ['minggəl] *v intr* umešati (umiješa-
ti) se; *to* ~ *with the crowd* umešati se u
gomilu
mini ['minij] *n* and a mini
miniature I ['minijəču:r] *n* minijatura; *in*
~ u minijaturi **miniature** II a minija-
turan
minimal ['minəməl] a minimalan **minimize**
v tr 1. umanjiti, smanjiti, svesti na
najmanju meru (mjeru); *to* ~ *danger*
umanjiti opasnost 2. potceniti (potcije-
niti); *to* ~ *difficulties* potceniti teškoće
minimum I [~əm] *n* minimum **minimum**
II a minimalan; a ~ *wage* minimalna
radnička nadnica
mining I ['majning] *n* rudarstvo **mining** II
a rudarski; a ~ *engineer* rudarski
inženjer
miniskirt ['minijskərt] *n* mini suknja
minister I ['ministər] *n* 1. (rel.) sveštenik
(svećenik) 2. (pol.) ministar; a ~ *of*
education ministar prosvete (prosvjete)
3. (dipl.) poslanik **minister** II *v intr*
pomagati; dvoriti; *to* ~ *to smb.'s needs*
dvoriti nekoga **ministerial** [minis'tijri-
jəl] a 1. sveštenički (svećenički) 2. mini-
starski **ministry** ['ministrij] *n* 1. (colloq.)
sveštenici 2. ministarstvo
mink [mingk] *n* (kanadska) lasica
Minnesota [minə'soutə] *n* Minesota
(država)
minor I ['majnər] *n* 1. maloletnik (malo-
ljetnik) 2. (mus.) mol 3. (at a university)

sporedan smer (smjer), sporedan pred-
met 4. (at a university) student koji ima
sporedan smer **minor** II a 1. manji,
neznatan, mali; a ~ *injury* neznatna
povreda 2. (mus.) molski; a ~ *scale* mol
lestvica (ljestvica) 3. drugi, podređen
minor III *v intr* studirati (kao sporedan
predmet); *to* ~ *in English* studirati
engleski jezik kao sporedan predmet
minority I [mə'norətij] *n* manjina; a
national ~ nacionalna (narodna) manji-
na **minority** II a manjinski; ~ *rights*
manjinska prava
minstrel ['minstrəl] *n* 1. minstrel, putujući
muzikant 2. pesnik (pjesnik); pevač
(pjevač)
mint I [mint] *n* kovnica **mint** II *v tr* kovati;
to ~ *coins* kovati novac
mint III *n* nana, metvica
minuend ['minju:end] *n* (math.) umanjenik
minuet [minju:'et] *n* menuet
minus I ['majnəs] *n* 1. minus, nedostatak 2.
(math.) minus, znak za oduzimanje **mi-
nus** II a negativan **minus** III *prep* manje;
three ~ *two is one* tri manje dva je
jedan
minus sign znak za oduzimanje
minute I ['minit] *n* 1. minut, minuta; *to the*
~ na minut 2. trenutak, momenat; *he'll*
be here in a ~ sad će doći 3. (in *pl)*
zapisnik; *to read (take) the* ~s pročitati
(voditi) zapisnik **minute** II a minutni; a
~ *hand* minutna kazaljka
minute III [maj'nu:t] a 1. minuciozan;
detaljan 2. sitan, sićušan; ~ *particles*
sitni komadići
miracle ['mirəkəl] *n* čudo; čudan događaj;
to perform (work) ~s praviti čuda **mi-
raculous** [mi'raekjələs] *n* čudotvoran,
čudesan
mirage [mi'raž] *n* 1. fatamorgana, optička
varka (u pustinji) 2. (fig.) priviđenje,
opsena (opsjena), varka
mire I [majr] *n* blato, kaljuga, glib **mire** II
v (or: *to* ~ *down)* 1. *tr* zaglibiti 2. *intr*
zaglibiti se; *they got* ~d *down in a*
swamp zaglibili su se u močvari
mirror I ['mirər] *n* ogledalo (W also:
zrcalo) **mirror** II *v tr* odražavati,
ogledati
mirth [mərth] *n* veselost, veselje
mis- [mis] *prefix* ne-, pogrešno, de-
misanthropic [misən'thrapik] a mizan-
tropski

misapprehension [misaepri'henšən] *n* nesporazum, zabluda

misappropriate [misə'prouprijejt] *v tr* proneveriti (pronevjeriti)

misbehave [misbi'hejv] *v intr* (or: *to* ~ *oneself)* rđavo se ponašati

miscalculate [mis'kaelkjəlejt] *v intr* pogrešno izračunati, rđavo proceniti (procijeniti)

miscarriage [mis'kaeridž] *n* 1. greška; *a* ~ *of justice* pogrešna osuda 2. (med.) pobačaj **miscarry** [mis'kaerij] *v intr* 1. promašiti, podbaciti 2. (med.) pobaciti

miscegenation [misedžə'nejšən] *n* mešanje (miješanje) rasa

miscellanea [misə'lejnijə] *n pl* miscelanea, razno **miscellaneous** *a* raznovrstan, raznoličan **miscellany** ['misəlejnij] *n* zbirka raznolikih stvari

mischief ['misčif] *n* 1. nestašluk; *childish* ~ dečiji (dječiji) nestašluk 2. šteta; pakost; zlo; *to do* ~ naneti (nanijeti) zlo **mischievous** ['misčəvəs] *a* nestašan; đavolast; *a* ~ *child* nestašno dete (dijete)

misconception [miskən'sepšən] *n* pogrešno razumevanje (razumijevanje), pogrešno shvatanje

misconduct [mis'kandəkt] *n* rđavo ponašanje; ~ *in office* zloupotreba službenog položaja

misconstrue [miskən'stru:] *v tr* pogrešno razumeti (razumjeti), krivo shvatiti

miscount I ['miskaunt] *n* pogreška u računu **miscount** II [mis'kaunt] *v* 1. *tr* pogrešno računati, brojiti 2. *intr* zaračunati se, pogrešno računati

misdeal ['misdijl] *n* pogrešno deljenje (dijeljenje) karata

misdeed ['misdijd] *n* nedelo (nedjelo)

misdemeanor [misdi'mijnər] *n* (legal) prekršaj

misdirect [misdi'rekt] *v tr* pogrešno uputiti; (fig.) ~*ed energies* pogrešno upotrebljene snage

miser ['majzər] *n* tvrdica, škrtac, cicija

miserable ['mizərəbəl] *a* 1. bedan (bijedan), jadan; nesrećan; *a* ~ *life* jadan život 2. nedovoljan, bedan, slab; *a* ~ *meal* slab ručak

miserly ['majzərlij] *a* tvrd, škrt, cicijaški

misery ['mizərij] *n* 1. patnja; bol 2. beda (bijeda)

misfire I ['misfajr] zastoj, otkaz, neopaljenje **misfire** II [~'fajr] *v intr* otkaziti,

zatajiti; *his rifle* ~*d* otkazala mu je puška

misfit ['mis'fit] *n* nespretan čovek (čovjek), vezana vreća

misfortune [mis'forčən] *n* nesreća, zla sreća, beda (bijeda)

misgiving [mis'giving] *n* (usu. in *pl)* sumnje, nesigurnost

misgovern [mis'govərn] *v tr* rđavo upravljati

misguide [mis'gajd] *v tr* dovesti u zabludu

mishandle [mis'haendəl] *v tr* 1. pogrešno rukovati; rđavo voditi 2. rđavo postupati (prema)

mishap ['mishaep] *n* nesrećan slučaj

misinform [misin'form] *v tr* dezinformisati

misinterpret [misin'tərprit] *v tr* pogrešno shvatiti, protumačiti

misjudge [mis'džadž] *v tr* rđavo proceniti (procijeniti); *to* ~ *a distance* rđavo proceniti daljinu

mislay [mis'lej] *v tr* zagubiti, zametnuti

mislead [mis'lijd[; *misled* [mis'led] *v tr* obmanuti, dovesti u zabludu

mismanage [mis'maenidž] *v tr* rđavo upravljati

mismatch I ['mismaeč] *n* 1. loša partija (za udaju, ženidbu) 2. slučaj vidne nadmoćnosti (jednog takmičara) **mismatch** II [~'maeč] *v tr* 1. loše spojiti, svrstati; *to* ~ *players* loše svrstati igrače 2. raspariti; ~*ed socks* rasparene čarape

misname [mis'nejm] *v tr* nazvati pogrešnim imenom **misnomer** [mis'noumər] *n* pogrešno ime, pogrešan naziv

misogynist [mi'sadžənist] *n* mizogin, ženomrzac

misplace [mis'plejs] *v tr* zagubiti; *to be* ~*d* zagubiti se

misprint ['misprint] *n* štamparska greška

mispronounce [misprə'nauns] *v tr* pogrešno izgovoriti

misquote [mis'kwout] *v tr* netačno (W: netočno) citirati

misread [mis'rijd]; *misread* [mis'red] *v tr* 1. pogrešno pročitati 2. pogrešno protumačiti

misrepresent [misrepri'zent] *v tr* netačno (W: netočno) predstaviti; izvrnuti; *to* ~ *the facts* izvrnuti činjenice

misrule [mis'ru:l] *n* loša vladavina

miss I [mis] *n* promašaj **miss** II *v* 1. *tr* promašiti; *to* ~ *the target* promašiti metu 2. *tr* propustiti; *to* ~ *an opportunity* propustiti priliku 3. *tr* ne primetiti

(primijetiti)' he ~ed the ad on nije
primetio oglas 4. tr primetiti (odsustvo);
they did not ~ me nisu primetili moje
odsustvo 5. tr nedostajati; faliti; I ~ed
her a lot ona mi je mnogo nedostajala 6.
intr (to ~ out) ne uspeti (uspjeti); he
~ed out on his chance on je propustio
priliku 7. intr propuštati, prekidati; the
engine ~es motor propušta (prekida) 8.
intr faliti; a page is ~ing here ovde
(ovdje) fali jedna stranica 10. misc.; to
~ a curve izleteti (izletjeti) iz okuke
miss III n gospođica; mis; Miss Smith
gospođica Smit
misshapen [mis'šejpən] a unakažen
missile I ['misəl] n raketa, projektil **missile
II** a raketni; lansirni; a ~ base raketna
baza
missing ['mising] a nestao; ~ in action
nestao u borbi
mission ['mišən] n 1. misija; a goodwill ~
misija dobre volje 2. naselje misionara 3.
zadatak; 4. (aviation) (borbeni) let; to
fly a ~ izvršiti borbeni let 5. diplomat-
sko (trgovačko) predstavništvo **mission-
ary I** ['mišənerij] n misionar **mission-
ary II** a misionarski; ~ work misionar-
ski rad
missis, missus ['misiz] n (colloq.) 1. gazda-
rica, domaćica 2. supruga
Mississippi [misə'sipij] n 1. Misisipi (drža-
va) 2. (or: ~ River) Misisipi (reka —
rijeka)
missive ['misiv] n pismo; poruka
Missouri [mi'zu:rij] n 1. Misuri (država) 2.
(or: ~ River) Misuri (reka — rijeka)
misspeak [~'spijk]; -spoke [spouk]; -spo-
ken [spoukən] v intr pogrešiti (pogriješi-
ti) nehotice u govoru, zareći se
misspell [mis'spel]; -ed or -spelt [spelt] v
tr pogrešno napisati
misstep [mi'step] n pogrešan korak
mist [mist] n sumaglica, izmaglica
mistake I [mis'tejk] n greška, pogreška; to
make a ~ napraviti grešku **mistake II**
mistook [mis'tuk]; mistaken [mis'tejkən]
v tr 1. pogrešno tumačiti 2. zameniti
(zamijeniti), pobrkati; to ~ a person for
smb. else zameniti jednu osobu za drugu
mistaken a 1. see **mistake II** 2. u zablu-
di; to be ~ biti u zabludi, varati se
Mister ['mistər] 1. (us. as Mr.) gospodin 2.
(mil., usu, as Mr.) Mister (način oslovlja-
vanja pitomaca vojnih akademija, mor-

naričkih oficira) 3. (not cap.; colloq.)
čovek (čovjek); hey, ~! hej, čoveče!
mistletoe ['misəltou] n 1. (bot.) imela 2.
(kao božićni ukras) imela; under the ~
pod imelom (po tradiciji, muškarac ima
pravo da poljubi ženu koja stoji pod
imelom)
mistreat [mis'trijt] v tr maltretirati
mistress ['mistris] n 1. gazdarica 2. metre-
sa, ljubavnica 3. (Br.) profesorka, učite-
ljica
mistrial ['mistrajəl] n poništaj sudskog
postupka; ništavan sudski postupak
mistrust I [mis'trəst] nepoverenje (nepov-
jerenje), sumnja **mistrust II** v tr nemati
poverenje (u)
misty ['mistij] a maglovit
misunderstand [misəndər'staend]; -stood
[stud] v tr pogrešno shvatiti, razumeti
(razumjeti) **misunderstanding** n 1. po-
grešno shvatanje 2. nesporazum; there
was a ~ došlo je do nesporazuma
misuse I [mis'ju:s] n zloupotreba **misuse II**
[mis'ju:z] v tr zloupotrebiti (zloupotrije-
biti)
mitigate ['mitəgejt] v tr ublažiti; olakšati;
~ing circumstances olakšavajuće okol-
nosti
mitt [mit] n 1. see **mitten** 2. vrsta ženske
rukavice (koja ne pokriva potpuno ru-
ku) **mitten** ['mitn] n rukavica bez prstiju
(samo s palcem)
mix I [miks] n mešavina (mješavina); a
cake ~ mešavina za tortu **mix II** v 1. tr
pomešati (pomiješati); izmešati (izmije-
šati); to ~ wine and water pomešati
vino i vodu 2. tr zamesiti (zamije-
siti); to ~ dough zamesiti testo (tijesto)
3. intr mešati (miješati) se; he doesn't ~
with people like that on se ne meša s
takvim svetom (svijetom) **mixed** a 1. see
mix II 2. mešovit (mješovit); a ~ choir
mešoviti hor (kor) **mixed doubles** pl
(tennis) igra mešovitih parova **mixed
marriage** mešoviti brak **mixer** n 1. (col-
loq.) društven čovek (čovjek), druževna
osoba 2. žur, sedeljka (sjedeljka) 3. me-
šalica (mješalica); a cement ~ betonska
mešalica 4. mutilica, mikser; an electric
~ električna mutilica **mixing bowl** sud
za mešanje (miješanje) **mixture** ['miks-
čər] n mešavina
mix up v 1. pobrkati, zbrkati; pomešati
(pomiješati); zamrsiti; he got (all) mixed
up pobrkao se 2. upetljati, uplesti; he

got mixed up in a scandal upetljao se u
neki skandal **mix-up** *n* brkanje, konfu-
zija
mnemonic [ni'manik] *a* mnemonički
moan I [moun] *n* ječanje, stenjanje **moan** II
v intr ječati, stenjati
moat [mout] *n* rov (oko zamka)
mob I [mab] *n* 1. gomila, gužva; *a* ~ *of
people* gomila sveta (svijeta) 2. ološ,
rulja 3. (colloq.) zločinačko udruženje,
banda **mob** II *v tr* 1. nasrnuti (na) 2.
otkupiti se (oko); *the crowd* ~*bed the
soldiers* svet (svijet) se okupljao oko
vojnika
mobile I ['moubajl] and ['moubəl] *n* vrsta
skultpure **mobile** II *a* pokretan; mobi-
lan; *a* ~ *home* pokretna kuća **mobility**
[mou'bilətij] *n* pokretljivost, mobilnost
mobilization [moubəli'zejšən] *n* mobiliza-
cija **mobilize** ['moubəlajz] *v* 1. *tr* mobili-
sati 2. *intr* mobilisati se
mobster ['mabstər] *n* član zločinačkog
udruženja
moccasin ['makəsin] *n* mokasina
mock I [mak] *a* lažan, patvoren; *a* ~
battlefield maketa bojišta **mock** II *v tr*
rugati se; *to* ~ *smb.* rugati se nekome
mockery [~ərij] *n* 1. ruglo, ruganje 2.
parodija, rđava imitacija; *a* ~ *of justice*
parodija pravde
mockingbird [~ingbərd] *n* (bird) američki
drozd
modal I ['moudl] *n* modalna reč (riječ)
modal II *a* modalan; načinski; ~ *auxi-
liaries* modalni pomoćni glagoli
mode [moud] *n* modalitet, način
model I ['madl] *n* 1. model, uzorak, prime-
rak (primjerak); *last year's* ~ model
(automobila) prošle godine 2. obrazac,
uzor; kalup; *to take as a* ~ uzeti sebi
kao uzor 3. manekenka, maneken; mo-
del; *she works as a* ~ ona radi kao
manekenka 5. sistem, metod **model** II *a*
uzoran, primeran (primjeran); ~ *beha-
vior* primerno vladanje **model** II *v* 1. *tr*
modelisati 2. *tr* izvajati 3. *tr* ugledati se
(na), udesiti prema; *to* ~ *one's behavior
on that of . . .* udesiti svoje ponašanje po
uzoru na . . . 4. *intr* prikazivati modele;
raditi kao manekenka; služiti kao model
model airplane maketa aviona
moderate I ['madərit] *n* umerenjak (umje-
renjak) **moderate** II *a* 1. umeren (umje-
ren) 2. osrednji; srednji; *a* ~ *income*
srednji prihod **moderate** III [~ejt] *v* 1. *tr*

umeriti (umjeriti), moderirati; *to* ~
one's demands umeriti zahteve (zahtje-
ve) 2. *tr* predsedavati (predsjedavati); *to*
~ *a session* predsedavati sednici (sjed-
nici) 3. *intr* umeriti se 4. *intr* predseda-
vati **moderation** (madə'rejšən) *n* umere-
nost (umjerenost) **moderator** ['madərej-
tər] *n* predsedavajući 2. posrednik
modern I ['madərn] *n* čovek (čovjek) novog
doba **modern** II *a* moderan, savremen
(suvremen), nov **modernism** *n* moderni-
zam **modernistic** [madərn'istik] *a* mo-
dernistički **modernize** ['madərnajz] *v tr*
modernizovati
modest ['madist] *a* skroman, umeren (um-
jeren) **modesty** *n* skromnost, umerenost
(umjerenost)
modification [madəfi'kejšən] *n* modifika-
cija, promena (promjena) **modifier** ['ma-
dəfajər] *n* reč (riječ) koja određuje druge
modify ['madəfaj] *v* 1. *tr* modifikovati,
prilagoditi 2. *tr* (gram.) određivati; *ad-
jectives* ~ *nouns* pridevi (pridjevi) odre-
đuju imenice 3. *intr* modifikovati se
module ['madžu:l] *n* 1. mera (mjera) 2.
(astron.) modul; *a lunar* ~ Mesečev
(Mjesečev) modul
mogul ['mougəl] *n* bogata, uticajna osoba
Mohammed [mou'haemid] *n* Muhamed
Mohammedan I *n* musliman, muhame-
dovac **Mohammedan** II *a* muslimanski,
muhamedovački **Mohammedanism** *n*
muhamedanstvo, islam
moist [mojst] *a* vlažan **moisten** ['mojsən] *v
tr* ovlažiti **moisture** ['mojsčər] *n* vlaga,
vlažnost
molar ['moulər] *n* kutnjak
molasses ['mə'laesiz] *n* melasa
mold I [mould] *n* 1. kalup, matrica; *cast in
the same* ~ na isti kalup 2. (cul.) modla
mold II *v tr* 1. ukalupiti 2. uobličiti;
formirati, obrazovati; *to* ~ *a person's
character* formirati nečiji karakter
mold III *n* buđa, plesan (plijesan); *to smell
of* ~ mirisati na buđu
molding *n* (archit.) pervaz, venac (vijenac),
letva
moldy *a* buđav; *a* ~ *smell* buđav miris
mole I [moul] *n* mladež
mole II *n* krtica
molecular [mə'lekjələr] *a* molekularan
molecule ['maləkju:l] *n* molekul
molehill ['moulhil] *n* krtičnjak; *to make a
mountain out of a* ~ napraviti od

komarca magarca **moleskin** [~skin] n 1.
krtičja koža 2. fina pamučna tkanina
molest [mə'lest] v tr molestirati, zlostaviti,
gnjaviti
mollify ['maləfaj] v tr stišati, umiriti
mollusk ['maləsk] n (zool.) mekušac
mollycoddle ['madijkadl] v tr razmaziti
molt I [moult] n linjanje, mitarenje **molt** II
v tr olinjati se, mitariti se
molten a liven
moment ['moumənt] n momenat, trenutak;
čas; for the ~ za momenat **momentarily**
[moumən'tejrəlij] adv momentalno, za-
čas **momentary** ['moumənterij] a 1. mo-
mentalan, trenutan 2. prolazan
momentous [mou'mentəs] a značajan, bi-
tan; a ~ question važno pitanje; a ~
occasion značajna prilika
momentum [~təm] n (phys.) impuls
Monaco ['manəkou] or [mə'nakou] n
Monako
monarch ['manərk] n monarh **monarchal**
[mə'narkəl] a monarhijski **monarchist**
['manərkist] n monarhista **monarchy** n
monarhija
monastery ['manəsterij] n manastir, samo-
stan **monastic** [mə'naestik] a monaški,
kaluđerski; a ~ order monaški red
monasticism [mə'naestəsizəm] n mona-
štvo, monaški način života
Monday ['məndej] ponedeljak (poned-
jeljak)
monetary ['manəterij] a monetarni, novča-
ni; a ~ system novčani sistem **money** I
['mənij] n novac; moneta; pare; to earn
~ zaraditi novac **money** II a novčan; a
~ market novčano tržište **moneychang-**
er [~čejndžər] n menjač (mijenjač) nov-
ca **moneylender** [~lendər] n zajmoda-
vac **money order** uputnica; doznaka;
Mongol I ['manggəl] n Mongol **Mongol** II a
mongolski **Mongolia** [mang'goulijə] n
Mongolija **Mongolian** I n 1. Mongol 2.
mongolski jezik **Mongolian** II a mon-
golski
mongolism ['manggəlizəm] n mongolizam
(patološka anomalija) **mongoloid** [~ojd]
n mongoloid
mongrel I ['manggrəl] n (usu. pejor.) 1.
melez, polutan 2. pas nečiste rase, džu-
kela **mongrel** II a (usu. pejor.) meleski,
hibridan, mešovite (mješovite) rase
mongrelize v tr (usu. pejor.) ukrstiti
monitor I ['manətər] n 1. (in a school)
redar 2. kontrolni uređaj 3. kontrolor

monitor II v tr 1. kontrolisati 2. prislu-
škivati; to ~ telephone conversations
prisluškivati telefonske razgovore 3.
nadgledati **monitoring device** aparat za
nadgledanje
monk [məngk] n monah, kaluđer, redovnik
monkey I [~ij] n 1. majmun 2. đavolak,
vragolan **monkey** II v intr (usu.: to ~
around) 1. šaliti se; igrati se; to ~
around with fire igrati se vatrom 2.
čačkati, majati se, petljati **monkey busi-**
ness nečista posla
monkey wrench univerzalni (francuski)
ključ; *to throw a ~ into the works
pokvariti sve
monogamy [mə'nagəmij] n monogamija
monogram ['manəgraem] n monogram
monograph [~graef] n monografija
monolith ['manəlith] n monolit **monolithic**
[manə'lithik] a monolitan
monologue, monolog ['manəlag] n mo-
nolog
monoplane ['manəplejn] n jednokrilac
monopolize [mə'napəlajz] v tr monopoli-
zovati **monopoly** [mə'napəlij] n mono-
pol; to have a ~ on smt. imati monopol
na nešto
monorail ['manərejl] n jednošinska (jedno-
tračna) pruga
monosyllabic [manəsi'laebik] a jedno-
složan
monotheism ['manəthijizəm] n monotei-
zam, jednoboštvo **monotheistic** [manə-
thij'istik] a monoteistički
monotone ['manətoun] n 1. (mus.) jedno-
tonsko pevanje (pjevanje) 2. monotonija,
jednolikost **monotonous** [mə'natnəs] a
monoton, jednoličan **monotony** n mono-
tonije, monotonija, jednoličnost
monsoon I [man'su:n] n monsun **monsoon**
II a monsunski
monster I ['manstər] n čudovište, mon-
strum, neman, grdosija **monster** II a
ogroman **monstrosity** [man'strasətij] n
monstruoznost, čudovišnost **monstrous**
['manstrəs] a monstruozan, čudovišan
Montana [man'taenə] n Montana
Montenegrin I [mantə'negrin] n Crnogorac
Montenegrin II a crnogorski **Montene-**
gro [mantə'negrou] n Crna Gora
month [mənth] n mesec (mjesec) **monthly** a
mesečni (mjesečni); a ~ salary mesečna
plata

monument ['manjəmənt] *n* spomenik, monumenat **monumental** [manjə'mentəl] *a* monumentalan

moo I [mu:] *n* mukanje **moo** II *v intr* mukati; *cows* ~ krave muču

mood I [mu:d] *n* (gram.) način; *the indicative (subjunctive)* ~ indikativ (konjunktiv)

mood II *n* raspoloženje; raspoloženost; ćud **moody** *a* 1. ćudljiv 2. sumoran, potišten

moon [mu:n] *n* Mesec (mjesec); *the* ~ *is shining* Mesec sija **moonlight** I [~lajt] *n* mesečina (mjesečina); *by* ~ po mesečini **moonlight** II *v intr* (coloq.) tezgariti, imati tezgu **moonlighter** *n* tezgaroš **moonshine** I [~šajn] *n* 1. see **moonlight** I 2. (slang) krijumčarena rakija, rakija domaće izrade **moonshine** II *v intr* krijumčariti rakiju

moor I [mu:r] *n* pustopoljina, vreština

moor II *v tr* vezati, pričvrstiti, lengerisati (brod, avion)

moose [mu:s] (*pl* has zero) *n* (zool.) los

moot [mu:t] *a* 1. sporan; *a* ~ *point* sporna tačka (W: točka) **moot court** pravnički seminar

mop I [map] *n* 1. resasta metla 2. neuredna masa; *a* ~ *of hair* bujna, neuredna kosa **mop** II *v tr* obrisati resastom metlom

mope I [moup] *n* snužden, tužna osoba **mope** II *v intr* biti snužden; *to* ~ *around* snuždeno ići

mop up *v* 1. see **mop** II 2. (colloq.) završiti posao 3. (usu. mil.) pročešljati, očistiti (od neprijatelja)

moral I ['morəl] *n* 1. pouka; maksima, izreka 2. (in *pl*) moral, moralnost; *middle-class* ~*s* buržoaski moral **moral** II *a* moralan; ~ *courage* moralna snaga **morale** [mə'rael] *n* moral, spremnost za vršenje zadataka; *the* ~ *of an army* moral vojske **moralist** *n* moralista **moralistic** [morə'listik] *a* moralistički, moralni **morality** [mo'raelətij] *n* 1. moralnost, moral 2. čednost **moralize** ['morəlajz] *v intr* moralizirati

morass [mə'raes] *n* močvara

moratorium [morə'torijəm] (-*s* or -*ia* [ijə]) *n* moratorijum, odlaganje plaćanja dugova

morbid ['morbid] *n* morbidan **morbidity** [mor'bidətij] *n* morbiditet, morbidnost

mordant ['mordənt] *a* zajedljiv, oštar; ~ *wit* zajedljiva duhovitost

more [mor] *n* and *adv* 1. (see **many, much**) više; *he has* ~ *than I do* on ima više nego ja; *to be worth* ~ više vrediti (vrijediti) 2. *adv* (forms the comparative of many adjectives) ~ *beautiful* lepši (ljepši)

moreover [mor'ouvər] *adv* osim toga, povrh toga

mores ['morejz] *n pl* običaji

morgue [morg] *n* mrtvačnica

moribund ['morəbənd] *a* koji umire, nestaje

Mormon I ['mormən] *n* Mormon **Mormon** II *a* mormonski **Mormonism** *n* mormonizam **morning** I ['morning] *n* jutro; *good* ~! dobro jutro! *this* ~ jutros **morning** II *a* jutarnji; *a* ~ *newspaper* jutarnje novine

Moroccan I [mə'rakən] *n* Marokanac **Moroccan** II *a* marokanski **Morocco** [mə'rakou] *n* Maroko

moron ['moran] *n* slaboumnik, debilna osoba, moron **moronic** [mə'ranik] *a* debilan, slabouman

morose [mə'rous] *a* zlovoljan, mrzovoljan

morpheme ['morfijm] *n* morfema

morphine ['morfijn] *n* morfin, morfijum

morphological [morfə'ladžikəl] *a* morfološki **morphology** [mor' falədžij] *n* morfologija

Morse code [mors] Morzeova azbuka (abeceda)

morsel ['morsəl] *n* komadić, parče, zalogaj

mortal I ['mortəl] *n* smrtnik, čovek (čovjek); *a mere* ~ običan smrtnik **mortal** II *a* 1. smrtan; *man is* ~ čovek je smrtan 2. smrtonosan, smrtan; *a* ~ *blow* smrtan udarac 3. koji se ne može iskupiti, smrtan; *a* ~ *sin* smrtan greh (grijeh) 4. posmrtni; ~ *remains* posmrtni ostaci 5. koji traje do smrti, smrtni; *a* ~ *enemy* smrtni neprijatelj **mortality** [mor'taelətij] *n* 1. smrtnost 2. mortalitet **mortality rate** stopa smrtnosti

mortar I ['mortər] *n* 1. stupa, avan 2. malter 3. (mil.) minobacač **mortar** II *a* minobacački; *a* ~ *shell* minobacačka granata

mortarboard [~bord] *n* 1. zidarska daska 2. pljosnata studentska kapa

mortgage I ['morgidž] *n* hipoteka; založno pravo **mortgage** II *v tr* 1. staviti hipoteku (na), zadužiti 2. založiti

mortician [mor'tišən] *n* sopstvenik pogrebnog zavoda

mortification [mortəfi'kejšən] n poniženje, uniženje, teška uvreda **mortify** ['mortəfaj] v tr poniziti, uniziti

mortuary ['morču:erij] n mrtvačnica

mosaic [mou'zejik] n 1. mozaik 2. montaža aerofoto-snimaka

Moscow ['maskau] n Moskva

Moslem I ['mazləm] n Musliman **Moslem** II a muslimanski

mosque [mask] n džamija

mosquito [mə'skijtou] (-s or -es) n komarac **mosquito net** komarnik

moss [mos] n mahovina **mossy** a mahovinast

most [moust] 1. (super of **many, much**) najviše; najveći deo (dio); većina; ~ of the spectators većina gledalaca 2. adv vrlo, veoma; a ~ pleasant evening vrlo prijatno veče **mostly** [~lij] adv najviše, uglavnom

motel [mou'tel] n motel

moth [moth] (-s [th:z]) n 1. noćni leptir 2. moljac **moth ball** 1. naftalinska loptica 2. (in pl, fig.) naftalin; to put into ~ s staviti u naftalin **mothball** v tr staviti u naftalin **moth-eaten** a izjeden od moljaca, moljčav

mother I ['məth:ər] n majka, mati; *necessity is the ~ of invention nevolja gola, najbolja škola **mother** II a 1. maternji (W: materinji); smb.'s ~ tongue nečiji maternji jezik 2. matični; (astron.) a ~ ship matična letelica (letjelica) **mother** III v tr 1. roditi 2. odgajiti **motherhood** [~hud] n materinstvo **mother-in-law** (mothers-in law) n 1. tašta 2. svekrvа **motherland** [~laend] n otadžbina **motherly** a materinski **Mother's Day** dan majki (druga nedelja — nedjelja u maju- -W: svibnju)

mothproof [~pru:f] a zaštićen od moljaca

motif [mou'tijf] n motiv

motion I ['moušən] n 1. kretanje; pokret; to set in ~ staviti u pokret 2. predlog; to make a ~ podneti (podnijeti) predlog **motion** II v 1. tr dati znak (nekome); to ~ smb. away dati nekome znak rukom da se udalji 2. intr dati znak **motionless** a nepokretan, nepomičan **motion picture** kino-film

motivate ['moutəvejt] v tr podstaći; pobuditi **motivation** [~'vejšən] n podsticanje

motive n ['moutiv] pobuda

motley ['matlij] a raznovrstan; šaren; (colloq.) a ~ crew šarena gomila

motor I ['moutər] motor **motor** II a 1. motorni; ~ oil motorno ulje 2. automobilski **motor** III v intr (colloq.) ići automobilom **motorbike** [~bajk] n motobicikl **motorboat** [~bout] n motorni čamac **motorcade** [~kejd] n povorka automobila **motorcar** [~kar] (Br.) automobil **motor court** motel **motorcycle** [~sajkəl] n motocikl; to drive a ~ voziti motocikl **motorcyclist** [~klist] n motociklista **motorist** n automobilista **motorize** v tr motorizovati **motorman** [mən] (-men [min]) n mašinovođa **motor pool** (usu. mil.) (zajednički) automobilski park, vozni park **motor scooter** moped **motor vehicle** vozilo **motorway** [~wej] n (Br.) autoput

mottle ['matl] v tr išarati

motto ['matou] (-s or -es) n geslo, deviza, lozinka

mound [maund] n nasip; humka

mount I [maunt] n 1. životinja za jahanje; jahaći konj 2. postolje, stativ **mount** II v 1. tr popeti se (na); to ~ a horse (a throne) popeti se na konja (presto—prijesto) 2. tr pripremiti; to ~ a photograph prilepiti (prilijepiti) snimak na karton 3. tr namestiti (namjestiti); to ~ a tire namestiti gumu 4. intr uzjahati konja

mountain I [~ən] n planina **mountain** II a planinski; brdski **mountain climber** alpinista, planinar **mountain climbing** alpinizam, planinarstvo, planinarenje **mountaineer** [mauntən'ijr] n gorštak **mountain lion** planinski lav **mountainous** [~əs] a planinski, brdovit; ~ terrain brdovit teren

Mounty ['mauntij]' n (colloq)) član kanadske kraljevske policije

mourn [morn] v 1. tr oplakati; žaliti; to ~ smb.'s death žaliti nečiju smrt 2. intr biti u žalosti **mourner** n član ožalošćene porodice, osoba koja oplakuje **mournful** a žalostan, tužan **mourning** n 1. oplaki-vanje; žalost; national ~ narodna žalost 2. crnina; to be in ~ biti u crnini

mouse [maus] (mice [majs]) n miš **mousetrap** [~traep] n mišolovka

moustache (usu. Br.) see **mustache**

mouth I [mauth] (mouths [mauth:z]) n 1. usta 2. njuška, gubica 3. ušće **mouth** II [mauth:] v tr izustiti; to ~ nonsense pričati koješta **mouthful** ['mouthfəl] n puna usta, zalogaj **mouthpiece** [~pijs] n

1. zvučnik (mikrofona) 2. (boxing) štitnik za zube 3. (colloq.) see **spokesman** 4. pisak.

movable ['mu:vəbəl] *a* pokretljiv, pokretan; ~ *property* pokretna imovina **move** I [mu:v] *n* 1. pokret: korak; *to make the first* ~ učiniti prvi korak 2. potez; korak; *to make a brilliant* ~ povući genijalan potez; (chess) *to win a game in 5* ~*s* dobiti igru u 5 poteza 3. seoba, selidba **move** II *v 1. tr* preseliti; *to* ~ *one's things* preseliti stvari 2. *tr* premestiti (premjestiti), pomeriti (pomjeriti); *to* ~ *a chair* pomeriti stolicu 3. *tr* krenuti, pokrenuti; *to* ~ *one's head* pokrenuti glavu 4. *tr* dirnuti, ganuti; *to* ~*smb. to tears* dirnuti nekoga do suza 5. *tr* (chess, checkers) ići; *he* ~*ed his queen* išao je damom 6. *intr* preseliti se, seliti se; *to* ~ *into a new house* preseliti se u novu kuću 7. *intr* pomeriti se; ~ *closer to me!* pomeri se bliže meni! 8. *intr* kretati se; krenuti; *she* ~*s gracefully* ona se graciozno kreće 9. *intr* predložiti; *he* ~*d for adjournment* predložio je da se sednica (sjednica) završi

move in *v* 1. useliti; *they moved their things in* uselili su svoje stvari 2. useliti se; *they moved in yesterday* uselili su se juče

movement *n* 1. kretanje, pokret; *the* ~ *of troops* pokret vojske 2. pokret, organizovana društvena delatnost (djelatnost); *the labor* ~ radnički pokret 3. (comm.) promet; *the* ~ *of goods* promet robe 4. seoba, kretanje 5. (mus.) stav 6. mehanizam (sata)

move out *v* iseliti se; *they moved out of the apartment* iselili su se iz stana

mover *n* špediter (koji prevozi nameštaj—namještaj prilikom selidbe)

movie [~ij] *n* 1. kino-film 2. (in *pl*) bioskop (W: kino); prikazivanje filma; *to go to the* ~*s* ići u bioskop **movie camera** kino-kamera **movie theater** bioskop, bioskopska sala (W: kino)

moving I *n* seoba, selidba **moving** II *a* 1. selidbeni; ~ *expenses* selidbeni troškovi 2. pokretački, pokretan; *a* ~ *force* pokretna sila 3. dirljiv; *a* ~ *story* dirljiva priča **moving van** kamion za prevoz nameštaja (namještaja)

mow [mou] *v tr* 1. kositi; *to* ~ *grass* kositi travu 2. (*to* ~ *down*) pokositi; *to* ~ *the enemy down* pokositi neprijatelja **mower** *n* kosačica; *a power* ~ motorna kosačica

MP [em' pij] 1. abbrev. of **military police** 2. abbrev. of *Member of Parliament*

Mr. ['mistər] abbrev. of **Mister** 1, 2

Mrs. ['misiz] *n* gospođa (see also **missis**)

Ms. [miz] *n* (neologism: *Miss or Mrs.*) gospođica, gospođa

much [məč] 1. *n* mnogo; ~ *of what you say is true* mnogo od toga što kažete je istina 2. *a* veći; *without* ~ *success* bez većeg uspeha (uspjeha) 3. *a* mnogo; ~ *time* mnogo vremena 4. *adv* mnogo; *how* ~ *does it cost?* koliko to staje? ~ *better* mnogo bolji; ~ *more* mnogo više **more** [mor] *(comp);* **most** [moust] *(super)*

mucilage ['mju:səlidž] *n* 1. guma arabika 2. lepak (ljepak)

muck [mək] *n* prljavština, nečistoća **muckrake** [~rejk] *v intr* otkriva skandale **muckraker** *n* onaj koji otkriva skandale

mucous membrane ['mju:kəs] sluznica **mucus** ['mju:kəs] *n* sluz, bale

mud [məd] *n* blato, mulj

muddle I ['mədl] *n* zbrka, nered **muddle** II *v* 1. *tr* zbrkati, zamrsiti 2. misc.; *to* ~ *through* postići cilj posle mnogih neuspeha (neuspjeha)

muddy I *a* 1. blatnjav, kaljav; ~ *shoes* kaljave cipele 2. mutan, zamućen **muddy** II *v tr* iskaljati

mudhole [-houl] *n* kaljuga

mudslinger [~slingər] *n* klevetnik **mudslinging** *n* kleveta

muff I [məf] *n* promašaj, neuspeh (neuspjeh) **muff** II *v tr* upropastiti; *to* ~ *a chance* upropastiti priliku

muff III *n* muf

muffin [~in] *n* vrsta pogačice

muffle *v tr* prigušiti; *to* ~ *one's voice* prigušiti glas **muffler** *n* 1. (on an automobile) prigušivač, utišač 2. šal

mufti ['məftij] *n* civilno odelo (odijelo)

mug I [məg] *n* krigla; *a* ~ *of beer* krigla piva

mug II *n* (slang) njuška, gubica **mug** III *v* 1. *tr* napasti i opljačkati 2. *intr* grimasirati **mugging** *n* napad i pljačkanje

muggy *a* sparan; ~ *weather* sparno vreme (vrijeme)

mulatto [mu'latou] (-*s* or -*es*) *n* mulat

mulberry ['məlberij] *n* (bot.) dud

mule [mju:l] n mazga, mula **muleskinner**
[~skinǝr] n (colloq.) mazgar **mulish** a
mazgast
mull over [mǝl] v razmišljati; *to mull smt.
over* razmišljati o nečemu
multi- ['mǝltij] *prefix* mnogo-, multi-,
više-
multicolored ['mǝltikǝlǝrd] a šaren, mno-
gobojan **multilateral** [mǝltǝ'laetǝrǝl] a
multilateralan, višestran **multinational**
[~'naešǝnǝl] a multinacionalni
multiple I ['mǝltǝpǝl] n (math.) sadržatelj,
višekratnik **multiple** II a višestruk **mul-
tiple-choice** a sa višestrukim izborom; a
~ *test* test (ispit) sa višestrukim izbo-
rom **multiple sclerosis** (med.) polisklero-
za, multipla-skleroza
multiplicand [mǝltǝpli'kaend] n množenik
multiplication [mǝltǝpli'kejšǝn] n mno-
ženje **multiplication table** tablica mno-
ženja **multiplier** ['mǝltǝplajǝr] n množi-
lac, multiplikator **multiply** ['mǝltǝplaj]
v 1. tr umnožiti, pomnožiti 2. *intr* mno-
žiti se, razmnožavati se **multitude** ['mǝl-
tǝtu:d] n mnoštvo
mum [mǝm] a ćutljiv (W: šutljiv); ~'s *the
word!* ni reči (riječi)!
mumble I ['mǝmbǝl] n mrmljanje **mumble**
II v tr and *intr* mrmljati
mummer ['mǝmǝr] n glumac u pantomimi
mummify ['mǝmǝfaj] v tr mumificirati
mummy I [mǝmij] n mumija
mummy II n (colloq.) mama
mumps [mǝmps] n (med.) zauške
munch [mǝnč] v tr and *intr* žvakati, mljac-
kati, (šumno) gristi; *to ~ (on) a sand-
wich* gristi sendvič
mundane [mǝn'dejn] a zemaljski, svetovan
(svjetovan)
municipal [mju:'nisǝpǝl] a gradski, opštin-
ski (općinski), municipalan **municipal-
ity** [mju:nisǝ'paelǝtij] n grad, opština
(općina)
munition [mju:'nišǝn] n (usu. in *pl)* muni-
cija, vojna oprema **munition factory**
fabrika municije
mural I ['mju:rǝl] n zidna slika **mural** II
zidni
murder I ['mǝrdǝr] n ubistvo (W also:
ubojstvo) *to commit* ~ izvršiti ubistvo;
first-degree ~ ubistvo iz niskih pobuda
murder II v 1. tr and *intr* ubiti 2. tr (fig.)
upropastiti; *to* ~ *a song* upropastiti
pesmu (pjesmu) **murderer** n ubica (W
also: ubojica) **murderess** n (žena) ubica

murderous a ubitačan; ~ *fire* ubitačna
vatra
murky [mǝrkij] a mračan, taman
murmur I ['mǝrmǝr] n 1. žagor, žamor;
romor; a ~ *of protest* žagor negodova-
nja 2. šum; a *heart* ~ šum na srcu
murmur II v intr žagoriti; romoriti
muscle I ['mǝsǝl] n mišić **muscle** II v (to ~
in, to ~ *one's way in)* umešati (umiješa-
ti) se, nametnuti se **muscle-bound** a
suviše razvijenih i krupnih mišića
Muscovite i ['mǝskǝvajt] n Moskovljanin
Muscovite II a moskovski
muscular ['mǝskjǝlǝr] a 1. mišićni 2. mu-
skulozan
muse I [mju:z] n 1. (cap., myth.) muza 2.
(fig.) muza, umetnički (umjetnički) dar
muse II v intr razmišljati
museum [mju:'zijǝm] n muzej
mush I [mǝš] n 1. kaša 2 (fig.) sentimental-
nost
mush II *interj* ņapred (naprijed)! (kaže se
psećoj zaprezi)
mushroom I [~ru:m] n gljiva, pečurka,
mushroom II v *intr* razviti se brzo;
nicati kao gljive
mushy a 1. kašast 2. sentimentalan
music I ['mju:zik] n 1. muzika (W also:
glazba); *instrumental (vocal)* ~ instru-
mentalna (vokalna) muzika 2. (also:
sheet ~) muzikalije **music** II a muzički;
a ~ *school* muzička škola **musical** I n
mjuzikl, opereta, muzička revija **musi-
cal** II a muzički; muzikalan (W also:
glazben); ~ *instruments* muzički in-
strumenti **musicale** [mju:zi'kael] n mu-
zički program **music box** kutija koja
svira **music hall** 1. koncertna dvorana 2.
(Br.) varijete **musician** [mju:'zišǝn] n
muzičar; muzikant **music lover** ljubitelj
muzike, meloman **musicologist** [mju:zi-
'kalǝdžist] n muzikolog **musicology**
[~džij] n muzikologija
musket ['mǝskit] n musketa **musketeer**
[mǝski'tijr] n musketar
muskrat [~raet] (pl has *-es* or zero) n
ondatra
Muslim, Muslem ['mǝslǝm] see **Moslem**
I, II
muslin ['mǝzlin] n muslin
muss [mǝs] v tr 1. (or; *to* ~ *up)* ızgužvati,
zgužvati 2. (to ~ up) razbarušiti, rašče-
rupati; *to* ~ *up one's hair* razbarušiti
kosu

must I [məst] *n* (colloq.) obaveza; *being prompt is a* ∼ tačnost (W: točnost) je obavezna **must** II *v* (third person sgn. is *must;* no past or past partic.; colloq. neg. is: *musn't* ['məsənt]) 1. (exp. obligation) morati; *I* ∼ *write him a letter* moram da mu napišem pismo 2. (exp. certainty) morati; *he* ∼ *have seen it* mora (biti) da je on to video (vidio); *I* ∼ *be dreaming* mora biti da sanjam 3. (neg.) smeti (smjeti); *one* ∼ *not (mustn't) smoke here* ovde (ovdje) se ne sme pušiti

mustache ['məs'taeš] *n* brkovi, brci

mustang ['məstaeng] *n* mustang

mustard ['məsterd] *n* 1. (bot.) gorušica, slačica 2. (cul.) senf **mustard plaster** flaster sa slačicom

muster I ['məstər] *n* 1. zbor, smotra 2. prozivka 3. misc.; (fig.) *to pass* ∼ biti prihvatljiv, položiti ispit **muster** II *v tr* 1. sakupiti; postrojiti, formirati; *to* ∼ *a unit* formirati jedinicu 2. (or: *to* ∼ *up*) prikupiti, pribrati; *to muster up one's courage* prikupiti hrabrost 3. *(to* ∼ *out)* demobilisati; *to* ∼ *out of (the) service* otpustiti iz vojne službe

musty *a* 1. ustajao, bajat 2. buđav

mutate ['mju;'tejt] *v tr* promeniti (promijeniti) 2. *intr* menjati (mijenjati) se, mutirati **mutation** [mju:'tejšən] *n* mutacija

mute I [mju:t] *n* 1. mutavac; *a deaf* ∼ gluvonema (gluhonijema) osoba 2. (mus.) sordina **mute** II *a* mutav; nem (nijem) **mute** III *v tr* prigušiti

mutilate ['mju:tələjt] *v tr* osakatiti **mutilation** [mjutə'lejšən] *n* osakaćenje

mutineer [mju:t'nijr] *n* pobunjenik **mutinous** ['mju:tnəs] *a* buntovan, buntovnički **mutiny** I ['mju:tnij] *n* pobuna **mutiny** II *v intr* pobuniti se

mutt [mət] *n* (slang) džukela

mutter *v* 1. *tr* promrmljati 2. *intr* mrmljati

mutton ['mətn] *n* ovčetina, ovnetina

mutual ['mju:ču:əl] *a* 1. uzajaman, međusoban; ∼ *interests* uzajamni interesi; ∼ *respect* uzajamno poštovanje 2. zajednički; *a* ∼ *friend* zajednički prijatelj **mutual-aid** *a* samopomoćni; *a* ∼ *association* samopomoćna organizacija

muzzle I ['məzəl] *n* 1. njuška 2. korpa (za psa), brnjica 3. usta (cevi — cijevi), ždrelo — ždrijelo (topa) **muzzle** II *v tr* 1. staviti korpu (nekome); *to* ∼ *a dog* staviti psu korpu 2. začepiti (nekome) usta

my [maj] *poss a* moj; ∼ *pencil* moja olovka

myopia [maj'oupijə] *n* (med. and fig.) kratkovidost, miopija **myopic** [maj'apik] *a* (med. and fig.) kratkovid

myriad I ['mijrijəd] *n* mnoštvo, bezbroj **myriad** II *a* bezbrojan

myrtle ['mərtl] *n* (bot.) mirta

myself [maj'self] 1. *refl pron* se, sebe sebi, sobom; *I hurt* ∼ ozledio (ozljedio) sam se 2. *pron a* sam; *I went there* ∼ ja sam sam tamo išao 3. *a* dobro; *I am not* ∼ meni nije dobro

mysterious [mi'stijrijəs] *a* tajanstven, misteriozan **mystery** ['mistərij] *n* tajna, zagonetka, misterija **mystery play** (hist.) misterija, crkvena drama

mystic I ['mistik] *n* mističar **mystic** II *a* mističan, mistički **mystical** *a* mističan, mistički **mysticism** ['mistəsizəm] *n* misticizam **mystify** ['mistəfaj] *v tr* mistifikovati **mystique** [mi'stijk] *n* mistika

myth [mith] *n* mit **mythical** [∼ikəl] *a* mitski, legendaran **mythological** [mithə'ladžikə]) *a* mitološki **mythology** [mi'thalədzij] *n* mitologija

N

n [en] *n* n (slovo engleske azbuke)

nab [naeb] *v tr* (slang) ščepati; uhapsiti

nadir ['nejdər] *n* nadir; najniža tačka (W: točka)

nag I [naeg] *n* zanovetalo (zanovijetalo), zakeralo nag II *v tr* zanovetati (zanovijetati); zamerati (zamjerati); *she keeps ~ging her husband* ona stalno nešto zamera mužu

nag II *n* kljuse, drtina

nail I [nejl] *n* 1. ekser, čavao, klinac 2. nokat nail II *v tr* 1. zakovati (ekserima, čavlima) 2. (colloq.) pogoditi nail clippers *pl* spravica za sečenje noktiju nail file turpija za nokte nail polish lak za nokte

naive [na'ijv] *a* naivan naivete [naijv'tej] *n* naivnost

naked ['nejkid] *a* nag; go (gol); *with the ~ eye* golim (prostim) okom nakedness *n* nagost

name I [nejm] *n* 1. ime; *a given (personal, proper) ~* krsno (lično, vlastito) ime 2. naziv 3. ugled, ime name II *a* (colloq.) poznat; *~ brands* poznate marke name III *v tr* 1. naimenovati 2. nadenuti — nadjenuti (nekome) ime; nazvati; *they ~d him John* nadenuli su mu ime Jovan nameless bezimen namely [~lij] *adv* naime namesake [~sejk] *n* imenjak, prezimenjak

nanny ['naenij] *n* (Br.) dadilja

nanny goat (colloq.) koza

nap I [naep] *n* malo spavanje; *to take a ~* odspavati (malo), dremnuti nap II *v intr* 1. (malo) odspavati, dremnuti 2. ne biti svestan — svjestan (opasnosti); *to catch smb. ~ping* iznenaditi nekoga

nap III *n* dlakava strana tkanine

napalm ['nejpam] *n* napalm

nape [nejp] *n* potiljak

napkin ['naepkin] *n* 1. salvet, ubrus 2. (Br.) pelena (see also diaper)

narcissism ['narsəsizəm] *n* narcisizam narcissist *n* narcista narcissistic [~'sistik] *a* narcistički

narcosis [nar'kousis] *n* narkoza narcotic I [nar'katik] *n* narkotik narcotic II *a* narkotičan

narrate ['naerejt] *v tr* ispričati; *to ~ an event* ispričati događaj narration [nae-['naerətiv] *n* pripovest (pripovijest) narrative II *a* pripovedački (pripovjedački), pripovedni (pripovjedni) narrator ['naerejtər] *n* pripovedač (pripovjedač)
n pripovedač (pripovjedač)

narrow ['naerou] *a* 1. uzan, uzak, tesan (tijesan); *a ~ street* uska ulica 2. taman, tesan, blizak; jedva dovoljan; *he had a ~ escape* jedva se spasao narrow-minded *a* zatucan, uskogrudan; pun predrasuda narrows *n pl* moreuz, tesnac (tjesnac)

nasal I ['nejzəl] *n* (ling.) nazal nasal II *a* nazalan, nosni; *~ consonants* nazalni (nosni) suglasnici nasality [nej'zaelətij] *n* nazalnost nasalize ['nejzəlajz] *v tr and intr* nazalizovati

nasty ['naestij] *a* 1. mrzovoljan, zlovoljan 2. neprijatan, gadan; *a ~ tongue* gadan jezik

nation ['nejšən] *n* narod; nacija; zemlja national I ['naeš(ə)nəl] 1. državljanin (neke zemlje); *a French ~* državljanin Francuske 2. (in *pl*; sports) prvenstvo države, državno prvenstvo national II *a* 1. narodni; nacionalan; *a ~ hero* narodni heroj 2. državni; *a ~ anthem* državna himna **National Guard** (Am.) nacionalna garda; vojne snage jedne države **nationalism** n nacionalizam **nationalist** n nacionalista **nationalistic** [naešənə'listik] a nacionalistički **nationality** [naešə'naelətij] n nacionalnost **nationalize** ['naešənəlajz] v tr nacionalizovati **nationwide** [~wajd] a u celoj (cijeloj) zemlji

native I ['nejtiv] n domorodac; uroдenik; a ~ of New York roдeni Njujorčanin **native** II a 1. roдeni (W: materinji); smb.'s ~ language nečiji maternji jezik 2. domorodan, domorodački; ~ troops uroдeničke trupe 4. rodan; one's ~ city rodni grad **native speaker** (ling.) 1. informator, govorni predstavnik nekog jezika 2. osoba za koju je neki jezik maternji (W: materinji)

NATO ['nejtou] (abbrev. of North Atlantic Treaty Organization) 1. n Severno-atlantski (Sjeverno-atlantski) pakt 2. a natovski

natty ['naetij] a gizdav

natural I ['naeč(ə)rəl] n (colloq.) kvalifikovana osoba **natural** II a 1. prirodan, naturalan (W also: naravan); ~ resources prirodna bogatstva 2. vanbračan; a ~ child vanbračno dete (dijete) **natural gas** prirodan gas **naturalism** ['naečərəlizəm] n naturalizam **naturalist** n naturalista **naturalistic** [naečərə'listik] a naturalističan, naturalistički **naturalize** ['naečərəlajz] v tr naturalizovati **natural sciences** prirodne nauke **natural selection** prirodno odabiranje **nature** ['nejčər] n 1. priroda (W also: narav); the laws of ~ zakoni prirode 2. karakter, priroda, narav; animal (human) ~ životinjska (ljudska) priroda

naught [not] n ništa; nula; to come to ~ propasti, ne uspeti (uspjeti)

naughty ['notij] a nestašan; neposlušan

nausea ['nozijə] and ['nožə] n muka, gaдenje **nauseate** [~ejt] v tr ogaditi **nauseous** ['nošəs] a gadan, gadljiv

nautical ['notikəl] a pomorski

naval ['nejvəl] a vojnopomorski, mornarički; a ~ officer mornarički oficir

nave [nejv] n brod (deo — dio crkve)

navel ['nejvəl] n pupak

navigable ['naevəgəbəl] a plovan, brodan; a ~ river plovna reka (rijeka) **navigate** ['naevəgejt] v 1. tr ploviti (nečim) 2. intr vršiti dužnost navigatora **navigation**

[naevə'gejšən] n navigacija **navigational** a navigacijski **navigator** ['naevəgejtər] n navigator

navy ['nejvij] n ratna mornarica **navy yard** brodogradilište ratne mornarice

nay I [nej] n glas protiv, odbijanje (kod glasanja); the yeas and ~s glasovi da i ne **nay** II adv ne (kod glasanja)

Nazi I ['natsi] n nacista **Nazi** II a nacistički **Nazism** ['natsizəm] n nacizam

near I [nijr] a blizak; blizu; a ~ miss pogodak blizu mete; the library is quite ~ biblioteka je sasvim blizu **near** II adv bliže; to draw ~ približiti se **near** III prep blizu; ~ the house blizu kuće **near** IV v tr and intr približiti se; to ~ smb. približiti se nekome **nearby** [~'baj] a and adv blizu; the post office is ~ pošta je blizu **Near East** Bliski istok (also **Middle East**)

nearly adv zamalo, umalo; he ~ fell umalo nije pao

nearsighted ['nijrsajtid] a kratkovid

neat [nijt] a 1. uredan; a ~ room uredna soba 2. (slang) privlačan; u modi

Nebraska [nə'braeskə] n Nebraska

necessarily [nesə'serəlij] adv 1. obavezno 2. neminovno **necessary** ['nesəserij] a potreban; nužan; neophodan; ~ measures neophodne mere (mjere) **necessitate** [nə'sesətejt] v tr učiniti potrebnim **necessity** [nə'sesətij] n potreba, potrebnost

neck I [nek] n 1. vrat; šija; to twist smb.'s ~ zavrnuti nekome šiju 2. grlo; what is she wearing around her ~? šta (što) ona nosi oko grla 3. misc.; (sports) ~ and ~ mrtva trka, rame uz rame; (colloq.) our ~ of the woods naš komšiluk; *to save one's ~ spasti glavu **neck** II v intr (colloq.) ljubiti se **necklace** [~lis] n ogrlica **neckline** [~lajn] n rub izreza oko vrata; a plunging ~ dubok dekolte **necktie** [~taj] n mašna, kravata

necrology [nə'kralədžij] n 1. knjiga umrlih 2. nekrolog

nectar ['nektər] n nektar

nee, née [nej] a roдena; Vera Johnson, ~ Smith Vera Džonson, roдena Smit

need I [nijd] n 1. potreba; nužda; according to ~ po (prema) potrebi 2. oskudica, beda (bijeda); in ~ u bedi **need** II v 1. tr trebati; we ~ a new car nama treba nov auto; he ~ed a pencil bila mu je potrebna olovka 2. (in neg. and inter. constructions, the third person sgn. may be *need)* morati; *he ~s to rest* on mora da se odmori; *do I ~ to go?* or: *~ I go?* moram li ići? *he doesn't ~ to come* or: *he ~ not come* on ne mora doći **needle** I ['nijdl] *n* 1. igla; *a knitting (phonograph, sewing)* ~ štrikaća (gramofonska šivaća) igla 2. kazaljka **needle** II *v tr* 1. zadirkivati 2. podstaći, isprovocirati **needlepoint** [~pojnt] *n* goblen **needlework** [~wərk] *n* rad iglom **needy** *a* siromašan

nefarious [ni'fejrijəs] *a* opak, zao **negate** [ni'gejt] *v tr* 1. poništiti 2. odreći; negirati **negation** [ni'gejšən] *n* odricanje, negacija **negative** I ['negətiv] *n* 1. odricanje; *to reply in the* ~ odgovoriti odrečno 2. negativ **negative** II *a* 1. odrečan, odričan; negativan; *a ~ reply* odrečan odgovor 2. negativan; *a ~ number* negativan broj **neglect** I [ni'glekt] *n* 1. zanemarivanje, zapuštanje 2. zanemarenost, zapuštenost **neglect** II *v tr* 1. zanemariti, zapustiti; *to ~ one's health* zanemariti (zapustiti) zdravlje 2. propustiti; *he ~ed to inform us* propustio je da nas obavesti (obavijesti) **neglectful** *a* nehatan, nehajan, nemaran **negligee** [negli'žej] *n* negliže **negligence** ['neglidžəns] *n* nehat, nehaj, nemar **negligent** *a* nehatan, nehajan, nemaran **negligible** ['neglidžəbəl] *a* neznatan, sitan **negotiable** [ni'goušəbəl] *a* 1. (comm.) prenosiv 2. savladiv 3. o čemu se može pregovarati **negotiate** [ni'goušijejt] *v* 1. *tr* sklopiti, ugovoriti; zaključiti; *to ~ a contract* sklopiti ugovor 2. *tr* (comm.) preneti (prenijeti); *to ~ a note* preneti menicu (mjenicu) 3. *tr* savladati; *to ~ an obstacle* savladati prepreku 4. *intr* pregovarati, voditi pregovore **negotiation** [nigoušij'ejšən] *n* 1. pregovaranje 2. (in *pl*) pregovori; *to conduct ~s* voditi pregovore **negotiator** [ni'goušijejtər] *n* pregovarač

Negress ['nijgris] *n* crnkinja **Negro** I ['nijgrou] *(-es) n* crnac **Negro** II *a* crnački; **neigh** I [nej] *n* njištanje, njisak, vrisak **neigh** II *v intr* njištati, njiskati, rzati; *the horse ~s* konj rže **neighbor** ['nejbər] *n* sused (susjed), komšija **neighborhood** [~hud] *n* susedstvo (susjedstvo), komšiluk **neighboring** *a* su-

sedni (susjedni) **neighborly** *a* susedski (susjedski), prijateljski **neither** ['nijthːər] 1. *pron* nijedan od obojice, ni jedan ni drugi; ~ *of them* nijedan od njih 2. *a* nijedan; ~ *bus goes there* nijedan autobus ne ide tamo 3. *conj* ni; ~ *nor* ni ... ni; *she is* ~ *talented nor diligent* ona nije ni darovita ni marljiva 4. niti; *he* ~ *eats nor sleeps* on niti spava niti jede 5. *conj* isto tako ne; *they don't like him,* ~ *do I* oni ga ne vole, a ni ja **nemesis** ['neməsis] *(-ses* [sijz]) *n* 1. osvetnik; osvetnička pravda 2. nepobediv (nepobjediv) protivnik **neo-** ['nijou] *prefix* neo- **neologism** [nij'alədžizəm] *n* neologizam **neon** I ['nijan] *n* neon **neon** II *a* neonski; *a* ~ *light* neonsko svetlo (svjetlo) **neophyte** ['nijəfajt] *n* 1. novoobraćenik 2. iskušenik 3. novajlija **Nepal** [nə'pol] *n* Nepal **Nepalese** I ['nepəlijz] *(pl* has zero) *n* 1. Nepalac 2. nepalski jezik **Nepalese** II *a* nepalski **Nepalese** II *a* nepalski **nephew** ['nefjuː] *n* bratanac, nećak, sestrić, sinovac, zaovčić **nepotism** ['nepətizəm] *n* nepotizam **Neptune** ['neptuːn] *n* (myth., astro.) neptun **nerve** I [nərv] *n* 1. nerv, živac: *to get on smb.'s ~s* ići nekome na nerve (živce) 2. (in *pl*) nervoza; *an attack of* ~*s* živčani napad 3. (colloq.) drskost; *to have* ~ biti drzak **nerve** II *a* nervni, živčani **nerve-racking** *a* koji kida nerve **nervous** *a* 1. nervozan; *that makes me* ~ to mi ide na nerve 2. nervni, živčani **nervous breakdown** živčani slom **nervous system** nervni sistem **nervous tension** nervna napetost **nest** I [nest] *n* gnezdo (gnijezdo); *to make a* ~ viti (praviti) gnezdo **nest** II *v intr* viti gnezdo (gnijezdo) **nest egg** 1. polog 2. (fig.) ušteđevina **nestle** ['nesəl] *v intr* (usu.: *to* ~ *up)* priljubiti se; ugodno se namestiti (namjestiti) **net** I [net] *n* mreža **net** II *v tr* uhvatiti (mrežom) **net** III *a* čist, neto; ~ *income* čist prihod **net** IV *v tr* (čisto) zaraditi **Netherlands** ['nethːərləndz] *n pl* Nizozemska, Holandija nettle I ['netl] n kopriva nettle II v tr 1. opeći, ožeći 2. (fig.) jesti, mučiti

network ['netwərk] n mreža; a road ~ mreža puteva

neurological [nu:rə'ladžikəl] a neurološki neurologist [nu:'ralədžist] n neurolog neurology [~džij] n neurologija

neurosis [nu:'rousis] n neuroza

neurotic I [nu:'ratik] n neurotik neurotic II a neurotičan

neuter I ['nu:tər] n (gram.) srednji rod neuter II a srednji; (gram.) the ~ gender srednji rod

neutral I ['nu:trəl] n 1. neutralna strana (država), neutralac 2. (tech.) praznohod, prazan hod; in ~ na prazno neutral II a neutralan; a ~ port neutralna luka neutrality [nu:'traelətij] n neutralnost neutralize ['nu:trəlajz] v tr neutralizovati

neutron ['nu:tran] n neutron

Nevada [nə'vadə] n Nevada

never ['nevər] adv nikada; he's ~ at home on nikad nije kod kuće never-ending a beskrajan nevermore [~mor] adv nikad više

nevertheless [~th:ə'les] adv pored (svega) toga; ipak

new [nu:] a 1. nov 2. bez iskustva; he is ~ at that on nema iskustvo u tome New England Nova Engleska (šest severoistočnih—sjeveroistočnih država SAD) Newfoundland [~fənlaend] n (geog.) Njufundland New Hampshire ['haem(p)-šər) Nju Hampšir New Jersey Nju Džerzi newly adv novo; ~ built novoizgrađen newlywed [~wed] n mladoženja; mlada; ~s mladenci New Mexico Nju Meksiko news [nu:z] n novost, vest (vijest); happy (sad) ~ radosna (tužna) vest news agency novinska agencija newsboy (~boj) n raznosač novina newscast [~kaest] n emisija vesti (vijesti) newscaster n spiker (emisije vesti — vijesti) newsletter [~letər] n bilten newspaper I [~pejpər] n novine; list newspaper II a novinski newspaperman [~maen] (-men [min]) n novinski saradnik (suradnik) newsreel [~rijl] n filmski žurnal newsstand [~staend] n kiosk za prodaju novina

newt [nu:t] n (zool.) vodenjak

New Testament Novi zavet (zavjet) New World Novi svet (svijet) New Year Nova godina New York Njujork (država i grad) New Zealand I ['zijlənd] Novi Zeland New Zealand II a novozelandski New Zealander Novozelanđanin

next I [nekst] a 1. susedni (susjedni); ~ door u susednoj kući (susednom stanu) 2. sledeći (slijedeći); idući; naredan; the ~ bus sledeći autobus next II adv 1. onda, potom; ~ came his brother onda je došao njegov brat 2. gotovo; ~ to nothing gotovo ništa next-door a susedni (susjedni); a ~ neighbor prvi komšija next of kin najbliži rođak (rođaci) next to prep pored, do, kraj; he sits ~ me on sedi (sjedi) pored mene

Niagara Falls [naj'aegrə] pl Nijagarini vodopadi

nibble I ['nibəl] n 1. zalogaj 2. grickanje nibble II v tr and intr grickati; to ~ (at) one's food grickati jelo

Nicaragua [nikə'ragwə] n Nikaragva Nicaraguan I n Nikaragvanac II nikaragvanski

nice [najs] a 1. prijatan; lep (lijep); we had a ~ time lepo smo se proveli 2. ljubazan, druželjubiv; it was very ~ of him to come vrlo je bilo ljubazno od njega da dođe 3. moralno čist, čedan; a ~ girl čedna devojka (djevojka) 4. ugodan; ~ and warm ugodno toplo nicety ['najsətij] n 1. utančanost, uglađenost 2. (in pl) finese; sitnice; tančine; diplomatic ~ies diplomatske finese

niche [nič] n niša

nick I [nik] n zasek (zasjek), urez; *in the very ~ of time u pravom trenutku, baš kad treba nick II v tr zaseći (zasjeći), zarezati; poseći (posjeći); to ~ one's finger poseći prst

nickel I ['nikəl] n 1. nikal 2. (Am.) novac od pet centi nickel II a niklen

nickname I ['niknejm] n nadimak nickname II v tr dari (nekome) nadimak

nicotine ['nikətijn] n nikotin

niece [nijs] n bratanica, nećaka, sestričina, sinovica, zaovičina

nifty ['niftij] a (slang) divan, izvanredan

Niger ['najdžər] n Niger (država, reka — rijeka u Africi)

Nigeria [naj'džijrijə] n Nigerija

niggard ['nigərd] n škrtac, cicija niggardly a škrt, tvrd

night I [najt] n noć; at ~ noću; late at ~ kasno u noć night II noćni; ~ life noćni život nightcap [~kaep] n 1. noćna kapa 2. (colloq.) noćni napitak nightclothes

[~klouz] *n pl* noćna odeća (odjeća)
nightclub [~kləb] *n* noćni klub, bar
nightfall [~fol] *n* smrknuće **nightgown**
[~gaun] *n* spavaćica
nightingale ['najtngejl] *n* slavuj
night letter pismo-telegram **nightly** 1. *a*
noćni 2. *adv* svake noći **nightmare**
[~mejr] *n* košmar **nights** *adv* noću; *he
works* ~ *on* radi noću **night school**
večernja škola **nightshirt** [~šərt] *n* mu-
ška spavaćica **night watchman** *n* noćni
stražar
nihilism ['nijəlizəm] *n* nihilizam **nihilist** *n*
nihilista **nihilistic** [nijə'listik] *a* nihili-
stički
nil [nil] *n* ništa
Nile [najl] *n* Nil
nimble ['nimbəl] *a* okretan, spretan
nine [najn] 1. *n* devetica, devetka 2. *n*
bezbolska ekipa (koja se sastoji od devet
igrača) 3. *num* and *n* devet; devetorica;
devetoro
nineteen ['najn'tijn] *num* devetnaest, de-
vetnaestoro **nineteenth** ['najn'tijnth] *n*
and *num a* devetnaesti; *on the* ~ *of
April* devetnaestog aprila (W: travnja)
ninetieth ['najntijith] *num a* devedeseti
ninety [~tij] *num* devedeset
ninny ['ninij] *n* glupan, budala
ninth I [najnth] *n* 1. devetina 2. deveti; *on
the* ~ *of May* devetog maja (W: svibnja)
ninth II *num a* deveti
nip I [nip] *n* 1. štipanje 2. *(a* ~ *in the air)*
mraz, studen 3. misc.; ~ *and tuck* u
ɔštroj borbi **nip** II *v* 1. *tr* štipnuti;
ukleštiti (ukliještiti) 2. *tr* ugušiti; *to* ~
in the bud ugušiti u klici 3. *intr* (Br.,
slang) *(to* ~ *along, off)* odjuriti
nip III *n* gutljaj **nip** IV *v tr and intr*
guckati **nipper** *n* 1. (often in *pl)* štipalj-
ka; klešta (kliješta) 2. (Br., colloq.) de-
čak (dječak)
nipple ['nipəl] *n* 1. bradavica 2. cucla 3.
(tech.) nipl., cevni (cijevni) priključak
nit [nit] *n* gnjiga
nit-pick *v intr* (colloq.) cepidlačiti (cjepid-
lačiti)
nitrate ['najtrejt] *n* nitrat
nitrogen ['najtrədžən] *n* azot
nitty-gritty ['nitij-'gritij] *n* (slang) srž,
suština
nitwit ['nitwit] *n* (colloq.) glupan, budala
nix I [niks] *interj* ne! pazi! **nix** II *v tr*
(slang) zabraniti

no I [nou] *n* ne; odrečan odgovor **no** II *a* 1.
nijedan; nikakav; *I am* ~ *expert on
chess* ja nisam nikakav stručnjak za šah
2. ~ *matter* ma (bilo) kakav, ma ko-tko,
ma gde-gdje, ma kuda, ma šta-što, ma
koji, itd.; ~ *matter what happens* ma
šta se desilo; ~ *matter whom you turn
to* ma kome da se obrati **no** III *adv* 1.
ne; *yes or* ~? da ili ne? *** ~ *sooner said,
than done* rečeno—učinjeno 2. misc.; ~
smoking! pušenje zabranjeno!
Nobel Prize [nou'bel] Nobelova nagrada
nobility [nou'bilətij] *n* 1. plemstvo 2. ple-
menitost **noble** ['noubəl] *a* 1. plemićki 2.
plemenit **nobleman** [~mən] (-*men*
[min]) *n* plemić **noblesse** [nou'bles] *n* 1.
plemenitost 2. plemstvo **noblewoman**
[-wumən] (-*women* [wimin]) *n* plemić-
kinja
nobody ['noubadij] 1. *n* niko (nitko), osoba
bez položaja 2. *pron* niko (nitko) **no-
body's** *a* ničiji
nocturnal [nak'tərnəl] *a* noćni
nod I [nad] *n* klimanje glavom **nod** II *v* 1.
tr klimnuti (W: kimnuti); *to* ~ *one's
head* klimnuti glavom 2. *intr* klimnuti
glavom
node [noud] *n* 1. čvorić; *a lymph* ~ limfni
čvorić 2. (bot.) izrazslina; čvor
noggin ['nagin] *n* (slang) ćupa, glava
noise [nojz] *n* buka; galama; šum; *to make*
~ praviti buku **noiseless** *a* bešuman
nomad ['noumaed] *n* nomad **nomadic**
[nou'maedik] *a* nomadski; *a* ~ *tribe*
nomadsko pleme
no man's land ničija zemlja
no matter see no II 2
nomenclature ['noumənklejčər] *n* nomen-
klatura
nominal ['namənəl] *a* 1. nominalan 2.
(gram.) imenički, imenični; *a* ~ *suffix*
imenički sufiks
nominate ['namənejt] *v tr* kandidovati,
nominirati **nominating committee** kan-
didacioni odbor **nomination** [namə'nej-
šən] *n* kandidovanje
nominative I ['namənətiv] *n* (gram.) nomi-
nativ **nominative** II *a* nominativni; *the*
~ *case* nominativni padež
nominee [namə'nij] *n* naimenovani
kandidat
non- [nan] *prefix* ne-, bez-
nonalcoholic [~aelkə'holik] *a* bezalko-
holan

nonaligned [~ə'lajnd] *a* (pol.) nesvrstan, vanblokovski; ~ *countries* nesvrstane zemlje **nonalignment** [~mənt] *n* nesvrstavanje

nonbelligerency [~bə'lidžərənsij] *n* nezaraćenost **nonbelligerent** [~ənt] *n* nezaraćena država

nonchalance [~šə'lans] *n* nonšalantnost **nonchalant** [~'lant] *a* nonšalantan

noncom ['nankam] *n* (mil., colloq.) podoficir

noncombatant [~kəm'baetənt] *n* neborac

noncommissioned [~kə'mišənd] *a* (mil.) ~ *officer* podoficir

noncommittal [~kə'mitəl] *a* neutralan; neodređen

none [nən] 1. *pron* nijedan; nikakav; ~ *of us knows* nijedan od nas ne zna 2. *a* nijedan; ~ *other* nijedan drugi 3. misc.; ~ *other than* niko (nitko) drugi nego

nonetheless [nənth:ə'les] pored (svega) toga

nonintervention [~intər'venšən] *n* nemešanje (nemiješanje)

nonplus [~'pləs] *v tr* zbuniti

nonprofit [~'prafit] *a* koji ne traži dobit

non-proliferation *n* neširenje; ~ *of nuclear weapons* neširenje nuklearnog oružja

nonrestrictive [~ri'striktiv] *a* (gram.) apozitivan; ~ *clauses are set off by commas* rečenice koje su u apozitivnoj službi odvajaju se zarezom

nonscheduled [~'skedžu:ld] *a* van reda letenja (vožnje); vanredan; ~ *flights* vanredni letovi

nonsectarian [~sek'tejrijən] *a* nesektaški

nonsense ['nansens] *n* koješta, koještarija, besmislica

nonstop [~'stap] 1. *a* neprekidan; direktan; *a* ~ *flight* let bez spuštanja 2. *adv* neprekidno; bez spuštanja

nonviolence [~'vajələns] *n* pasivan otpor; uzdržavanje od nasilja

noodle ['nu:dl] *n* 1. (cul.) rezanac 2. (slang) glava

nook [nuk] *n* kut, kutić, budžak, niša

noon I [nu:n] *n* podne; *around (before, until)* ~ oko (pre—prije, do) podne **noon** II *a* podnevni **noonday** (~dej) *a* podnevni; *the* ~ *sun* podnevno sunce

no one see **nobody**

no one's see **nobody's**

noontime I ['nu:ntajm] *n* podne; *at* ~ u podne **noontime** II *a* podnevni

noose [nu:s] *n* omča; petlja

nope [noup] *adv* (slang) ne, jok

nor [nor] *conj* ni; *neither*...~ ni... ni; *neither he* ~ *I study French* ni on ni ja ne učimo francuski

Nordic I ['nordik] *n* nordijac **Nordic** II *a* nordijski

norm [norm] *n* norma **normal** I *n* 1. norma 2. standard **normal** II *a* normalan **normalcy** [~sij] *n* normalnost **normality** [nor'maelətij] *n* normalnost **normalize** ['normǝlajz] *v tr* normalizovati

Norman I ['normən] *n* Norman, Normanin **Norman** II *a* normanski, normandski **Norman Conquest** normansko osvajanje Engleske

Normandy ['normǝndij] *n* Normandija **Normandy landing** (WW II) desant u Normandiji

normative ['normətiv] *a* normativan; ~ *grammar* normativna gramatika

Norse II *a* nordijski, skandinavski **Norseman** [~mən] (-*men* [min]) *n* Skandinavac

north I [north] *n* 1. sever (sjever) 2. (Am., hist., Civil War; cap.) Sever, države Severa **north** II *a* severni (sjeverni) **north** III *adv* na sever; *to go (head)* ~ ići na sever **North America** Severna Amerika **North American** stanovnik Severne Amerike **North Carolina** [kaerə'lajnə] Severna Karolina **North Dakota** [də'koutə] Severna Dakota **northeast** I [north'ijst] *n* severoistok (sjeveroistok) **northeast** II *a* severoistočan (sjeveroistočan) **northerly** I ['north:ərlij] *n* severac (sjeverac), vetar (vjetar) koji duva sa severa **northerly** II *a* severni **northern** ['north:ərn] *a* severni **northerner** *n* severnjak (sjevernjak) **Northern Hemisphere** Severna hemisfera **Northern Ireland** Severna Irska **North Korea** Severna Koreja **North Pole** Severni pol **North Sea** Severno more **North Star** Severnjača (Sjevernjača), Polarnica **northwest** I [~west] *n* severozapad (sjeverozapad) **northwest** II *a* severozapadni (sjeverozapadni) **Northwest Territories** *pl* (in Canada) Severozapadne teritorije

Norway ['norwej] *n* Norveška **Norwegian** I [nor'wijdžən]. Norvežanin 2. norveški jezik **Norwegian** II *a* norveški

nose I [nouz] *n* 1. (anat.) nos; *to blow one's* ~ izduvati nos 2. (tech.) nos, nosni deo (dio) **nose** II *a* nosni; prednji; *a* ~ *gun* prednji mitraljez **nose** III *v* 1. *tr* lagano krenuti (vozilo); *he* ~*ed the car out onto the street* oprezno je izvezao kola na ulicu 2. *tr (to* ~ *out)* pobediti (pobijediti) za dlaku; prestići u poslednjem (posljednjem) trenutku 3. *intr (to* ~ *over)* prevrnuti se; *the airplane* ~*d over* avion se prevrnuo **nosebleed** [~blijd] *n* krvarenje iz nosa **nose dive** oštro pikiranje **nose-dive** *v* intr pikirati, obrušavati se

nostalgia [nə'staeldžə] *n* nostalgija **nostalgic** [~džik] *a* nostalgičan

nostril ['nastrəl] *n* nozdrva

not [nat] *adv* 1. (exp. neg. with verbs; in speech often contracted to -*n't* [nt], [ənt] ne; *he is* ~ *(isn't)* ['izənt]) *going* on ne ide; *they are* ~ *(aren't* [arnt]) *at home* oni nisu kod kuće; *he does* ~ *(doesn't* ['dəzənt]) *know* on ne zna 2. ~ *only . . . but* ne samo . . . nego; *he is* ~ *only talented, but also diligent* on je ne samo darovit, nego i marljiv 3. ~ *until* tek; *he did* ~ *arrive until last night* stigao je tek sinoć 4. misc.; ~ *at all* nikako

notable I ['noutəbəl] *n* ugledna ličnost **notable** II *a* znamenit, značajan; ugledan

notarize ['noutərajz] *v* tr overiti (ovjeriti) **notary** ['noutərij] *n* (or: ~ *public)* javni bележник (bilježnik), notar

notation [nou'tejšən] *n* notacija

notch I [nač] *n* zasek (zasjek), zarez **notch** II *v* tr zaseći (zasjeći), zarezati

note I [nout] *n* 1. beleška (bilješka); zabeleška (zabilješka); *to take* ~*s* hvatati beleške; *to make a* ~ *of smt.* zabeležiti (zabilježiti) nešto 2. pisamce 3. nota; *a diplomatic* ~ diplomatska nota 4. primedba (primjedba) (see also **footnote**) 5. (mus.) nota 6. novčanica (see also **banknote**) 7. menica (mjenica) 8. važnost, značaj; *nothing of* ~ ništa značajno 9. prizvuk; *a* ~ *of hostility* neprijateljski prizvuk 10. misc.; *to compare* ~*s* razmenjivati (razmjenjivati) misli **note** II *v* tr 1. zabeležiti; zapisati, notirati 2. primetiti (primijetiti); opaziti **notebook** [~buk] *n* beležnica (bilježnica); sveska **noteworthy** [~wərth:ij] *a* vredan (vrijedan) pažnje

nothing ['nəthing] *n* ništa; *he bought* ~ on ništa nije kupio

notice I ['noutis] *n* 1. primećivanje (primjećivanje); zapažanje; *to take* ~ *of smt.* opaziti nešto 2. objava; oglas 3. otkaz; *to give (receive)* ~ dati (dobiti) otkaz 4. (esp. Br.) prikaz 5. misc.; *until further* ~ do daljnjeg **notice** II *v* tr 1. primetiti (primijetiti), opaziti, videti (vidjeti); *we* ~*d them leave (leaving) the house* videli smo ih da izlaze iz kuće 2. (Br.) recenzirati, prikazati **noticeable** *a* primetan (primjetan), uočljiv; *hardly* ~ jedva uočljiv **notice-board** *n* Br.; see **bulletin board**

notification [noutəfi'kejšən] *n* obaveštenje (obavještenje) **notify** ['noutəfaj] *v* tr obavestiti (obavijestiti); *to* ~ *smb. of smt.* obavestiti nekoga o nečemu

notion ['noušən] *n* 1. pogled, mišljenje: pojam 2. (in *pl)* sitna roba

notoriety [noutə'rajətij] *n* ozloglašenost **notorious** [nou'torijəs] *a* ozloglašen, zloglasan

notwithstanding [natwith'staending] 1. *prep* uprkos; ~ *that* uprkos tome 2. *adv* pored svega toga

noun I [naun] *n* imenica; *an abstract* ~ apstraktna imenica **noun** II *a* imenički, imenični; ~ *declension* imenička promena (promjena)

nourish ['nəriš] *v tr* hraniti, ishraniti **nourishing** *a* hranljiv **nourishment** *n* hrana, ishrana

Nova Scotia ['nouvə'skoušə] Nova Škotska

novel I ['navəl] *a* nov; neobičan

novel II *n* roman **novelette** [navə'let] *n* novela **novelist** ['navəlist] *n* romanopisac

novelty ['navəltij] *n* novost, novina, novitet

November [nou'vembər] *n* novembar (W: studeni)

novice ['navis] *n* novajlija; početnik

novitiate [nou'višijit] *n* 1. učeništvo 2. novajlija; početnik

Novocain ['nouvəkejn] *n* novokain

now [nau] 1. *n* sadašnjica; ~ *is the time* sad je vreme (vrijeme) 2. *adv* sada; ~ *and then* s vremena na vreme (vrijeme), ponekad **nowadays** [~ədejz] *adv* u današnje vreme (vrijeme)

nowhere ['nouwejr] *adv* 1. nigde (nigdje) 2. nikuda

noxious ['nakšəs] *a* škodljiv

nozzle ['nazəl] *n* 1. nos 2. rasprskač; prskalica

N.S.P.C.A. [enespijsij'ej] abbrev. of *National Society for the Prevention o. Cruelty to Animals* Nacionalno društvo za zaštitu životinja

nth [enth] *a* n-ti; *the ~ power* n-ti stepen

nuance ['nu:'ans] *n* nijansa

nubile ['nu:bil] *a* sposobna za udaju

nuclear ['nu:klijər] *a* nuklearan; *a ~ power plant* nuklearna elektrana **nuclear energy** nuklearna energija **nuclear fission** nuklearna fisija **nucleus** ['nu:klijəs] (*-lei* [lijaj]) *n* jezgro (jezgra); *an atomic ~* atomsko jezgro

nude I [nu:d] *n* 1. golo telo (tijelo); akt 2. golotinja, nagost; *in the ~* go, nag **nude** II *a* go, nag

nudge I [nədž] *n* gurkanje **nudge** II *v tr* gurkati

nudism ['nu:dizəm] *n* nudizam **nudist** I *n* nudist **nudist** II *a* nudistički; *a ~ camp* nudističko naselje **nudity** [~ətij] *n* golost, nagost

nugget ['nəgət] *n* grumen, gruda; *a gold ~* grumen zlata

nuisance ['nu:səns] *n* smetnja, neprilika

null [nəl] *n* nula (see **zero** I)

nullify [~əfaj] *v tr* poništiti, ukinuti

numb I [nəm] *a* utrnuo; *to become ~* utrnuti **numb** II *v tr* učiniti da utrne, ukočiti

number I [~bər] *n* 1. broj; *a cardinal (ordinal) ~* osnovni (redni) broj; *a telephone ~* telefonski broj 2. količina; mnoštvo; više; *a great ~ of people* mnogo ljudi 3. (gram.) broj; *grammatical ~* gramatički broj 4. (in *pl*) (colloq.) brojčana nadmoćnost; *we had the ~s* mi smo imali brojčanu nadmoćnost 5. misc.; (usu. mil., slang) *by the ~s* korak po korak; **his ~ is up* odbrojani su mu dani **number** II *v* 1. *tr* numerisati 2. *tr* iznositi 3. *tr* odbrojati; *his days are ~ed* odbrojani su mu dani 4. *intr* iznositi; *the applicants ~ed in the thousands* bilo je hiljada (W: tisuća) kandidata **numbers** *n pl* (or: *~ game*) see **lottery**

numeral ['nu:mərəl] *n* broj; *Arabic (collective, Roman) ~s* arapski (zbirni, rimski) brojevi **numerator** ['nu:mərejtər] *n* (math.) brojilac, brojitelj **numerical** [nu:'merikəl] *a* brojčani; numerički **numerous** ['nu:mərəs] *a* brojan; mnogobrojan:

~ *visitors* brojni posetioci (posjetioci)

numskull ['nəmskəl] *n* tikvan, glupan

nun [nən] *n* kaluđerica, monahinja, redovnica **nunnery** [~ərij] *n* kaluđerički manastir, ženski samostan

nuptial ['nəpšəl] *a* svadbeni **nuptials** *n pl* svadba

nurse I [nərs] *n* 1. medicinska sestra; bolničar, bolničarka; *a head ~* glavna medicinska sestra; *a public-health ~* patronažna sestra 2. negovateljica (njegovateljica) 3. dadilja **nurse** II *v* 1. *tr* dojiti; *to ~ a baby* dojiti dete (dijete) 2. *tr* gajiti; *to ~ a hope* gajiti nadu 3. *tr* negovati (njegovati); *to ~ a patient* negovati bolesnika 4. *tr* (colloq.) piti sporo; *to ~ a drink* piti veoma sporo 5. *intr* dojiti, sisati; *the baby is ~ing* dete (dijete) doji majku **nursemaid** [~mejd] *n* dadilja **nursery** [~ərij] *n* 1. dečja (dječja) soba 2. obdanište 3. rasadnik **nursery school** zabavište, obdanište **nursing** I *n* bolničarska služba, nega (njega) bolesnika; *public-health ~* patronažna služba **nursing** II *a* sestrinski; bolničarski; *a ~ staff* bolničarsko osoblje **nursing home** starački dom

nurture ['nərčər] *v tr* 1. hraniti 2. gajiti

nut [nət] *n* 1. orah; *to crack ~s* krckati orahe; **a hard ~ to crack* tvrd orah 2. (slang) luđak; čudak 3. navrtka, navrtanj **nutcracker** [~kraekər] *n* krcaljka (za orahe)

nutmeg [~meg] *n* oraščić

nutrient ['nu:trijənt] *n* hranljiv sastojak **nutrition** [nu:'trišən] *n* ishrana; dijetetika **nutritional** *a* dijetetski **nutritionist** *n* dijetetičar **nutritious** [nu:'trišəs] *a* hranljiv

nuts [nəts] (slang) 1. *a* ćaknut; lud 2. *interj* koješta!

nutshell ['nətšel] *n* orahova ljuska; **in a ~* u malo reči (riječi)

nuzzle ['nəzəl] *v* 1. *tr* trljati nosom (o) 2. *intr* priljubiti se; *to ~ up to each other* priljubiti se jedno uz drugo

nylon I ['najlan] *n* najlon **nylon** II *a* najlonski

nymph [nimf] *n* nimfa

nymphomania [nimfou'mejnijə] *n* nimfomanija **nymphomaniac** [~nijaek] *n* nimfomanka

O

o [ou] n o (slovo engleske azbuke)

O interj (in direct address) ~ God! bože moj!

oak I [ouk] n hrast, dub oak II a hrastov; an ~ forest hrastova šuma

oakum ['oukəm] n kučine

oar [or] n veslo oarlock [~lak] n rašlja, soha oarsman ['orzmən] (-men [min]) n veslač

oasis [ou'ejsis] (-ses [sijz]) n oaza

oath [outh] n 1. zakletva, prisega; to take (violate) an ~ položiti (prekršiti) zakletvu 2. psovka

oatmeal ['outmijl] n ovsena (zobna) kaša oats [outs] n pl ovas, zob; *to sow one's wild ~ proterati (protjerati) svoje (u mladosti)

obedience [ou'bijdijəns] n poslušnost obedient a poslušan

obelisk ['abəlisk] n obelisk

obese [ou'bijs] gojazan, debeo obesity [~ətij] n gojaznost, debljina

obey [ou'bej] v tr and intr slušati; povinovati se; to ~ one's mother slušati majku

obfuscate ['abfəskejt] v tr 1. zamračiti 2. smesti, smutiti

obituary [ou'biču:erij] n čitulja, posmrtnica

object I ['abdžikt] n 1. predmet; stvar; an ~ of contempt predmet prezrenja 2. (gram.) objekat, predmet; a direct (indirect) ~ pravi (nepravi) objekat

object II [əb'džekt] v intr protestovati, staviti prigovor; osuditi; to ~ to smt. protestovati protiv nečega, staviti prigovor na nešto 2. biti protiv; do you ~ to my smoking? imate li što protiv pušenja? objection [~kšən] n prigovor, zamerka (zamjerka) objectionable a čemu se može zameriti (zamjeriti)

objective I [əb'džektiv] n 1. cilj 2. (usu. mil.) objekat; to take an ~ zauzeti objekat

objective II a objektivan objectivity [abdžek'tivətij] n objektivnost

obligate ['abləgejt] v tr 1. obavezati 2. zadužiti obligated a obavezan obligation [ablə'gejšən] n 1. obaveza; obaveznost 2. zaduženje obligatory [ə'bligətorij] a obavezan oblige [ə'blajdž] v tr obavezati

obliging a predusretljiv, ljubazan

oblique I [ə'blijk] n kosa linija oblique II a 1. kos 2. posredan

obliterate [ə'bliterejt] v tr izbrisati; uništiti

oblivion [ə'blivijən] n zaborav; to sink into ~ potonuti u zaborav oblivious [ə'blivijəs] a 1. zaboravan 2. nesvestan (nesvjestan); ~ of danger nesvestan opasnosti

oblong ['ablong] a duguljast

obnoxious [ab'nakšəs] a mrzak, odvratan

oboe ['oubou] n oboa; to play the ~ svirati (u) obou oboist n oboista

obscene [ab'sijn] a opscen, skaredan obscenity [ab'senətij] n opscenost, skarednost

obscure I [ab'skju:r] a 1. nejasan; nerazgovetan (nerazgovijetan) 2. nepoznat; an ~ poet nepoznat pesnik (pjesnik) obscure II v tr 1. zamračiti 2. načiniti nerazumljivim, nejasnim obscurity [ab'skju:rətij] n 1. nejasnost, nerazgovetnost (nerazgovijetnost) 2. nepoznatost 3. zavučenost; to retire into ~ povući se iz javnog života

obsequious [ab'sijkwijəs] a ulizički, puzavački

observance [əb'zərvəns] n pridržavanje, čuvanje; ~ of a custom pridržavanje običaja observant a 1. opažljiv, koji ima sposobnost opažanja 2. koji se pridržava; to be ~ of customs pridržavati se običaja observation I [abzər'vejšən] n 1. osmatranje (W: promatranje); opažanje; a talent for ~ dar opažanja 2. primedba (primjedba) observation II a osmatrački (W: promatrački); an ~ balloon vezani osmatrački balon observatory [əb'zərvətorij] n opservatorij observe [əb'zərv] v 1. tr osmatrati, posmatrati (W: promatrati) 2. tr primetiti (primjetiti) 3. tr pridržavati se; to ~ customs pridržavati se običaja 4. tr proslaviti; to ~ a holiday proslaviti praznik 5. intr biti osmatrač (W: promatrač) observer n osmatrač, posmatrač (W: promatrač)

obsess [ab'ses] v tr opsesti (opsjesti), obuzeti; to be ~ed by an idea biti opsednut idejom obsession [~šən] n opsesija, opsednutost (opsjednutost)

obsolescence [absə'lesəns] n zastarelost (zastarjelost) obsolescent a koji zastareva (zastarijeva) obsolete ['absə'lijt] a zastareo (zastario)

obstacle ['abstəkəl] n prepreka obstacle race trčanje sa preprekama

obstetrical [ab'stetrikəl] a akušerski obstetrician [abstə'trišən] n akušer obstetrics [ab'stetriks] n (sgn or pl) akušerstvo

obstinacy ['abstənəsij] n tvrdoglavost, jogunluk obstinate [abstənit] a tvrdoglav, jogunast

obstreperous [ab'strepərəs] a bučan; buntovan

obstruct [əb'strəkt] v tr 1. zakloniti; to ~ smb.'s view zakloniti nekome pogled 2. omestiti; to ~ traffic omesti saobraćaj obstruction [~kšən] n zaklanjanje 2. ometanje; prepreka; (legal) ~ of justice ometanje zakonskog postupka

obtain [əb'tejn] v tr dobiti; to ~ money dobiti novac

obtuse [ab'tu:s] a 1. tup; an ~ angle tup ugao (W: kut) 2. (fig.) glup, tup

obviate ['abvijejt] v tr preduhitriti; otkloniti; to ~ a need otkloniti potrebu

obvious ['abvijəs] a očevidan

occasion I [ə'kejžən] n prilika; povod; on that ~ tom prilikom occasion II v tr dati povoda (za), prouzrokovati

occasional a povremen occasionally adv s vremena na vreme (vrijeme)

occident ['aksədənt] n zapad occidental [aksə'dentəl] a zapadni

occult [ə'kəlt] a okultan, tajanstven

occupancy ['akjəpənsij] n 1. posed (posjed); zauzimanje 2. stanovanje occupant n 1. posednik (posjednik) 2. stanar

occupation [akjə'pejšən] n 1. zanat; zaposljenje; profesija 2. okupacija; an army of ~ okupaciona vojska occupational a profesionalan; radni; an ~ disease profesionalna bolest occupier ['akjəpajər] n okupator occupy ['akjəpaj] v tr 1. zauzeti 2. okupirati; to ~ a country okupirati zemlju

occur [ə'kər] v intr 1. desiti se, dogoditi se; an accident ~red dogodila se nesreća 2. doći; pasti; it ~red to me that . . . palo mi je na pamet da. . . occurence n događaj, slučaj; an everyday ~ svakodnevni događaj

ocean ['oušən] n okean (W: ocean) oceanic [oušij'aenik] a okeanski (W: oceanski)

o'clock [ə'klak] adv sat, sata, sati; one ~ jedan sat; at seven ~ u sedam sati

octagon ['aktəgan] n osmougaonik (W: osmerokut) octagonal [ak'taegənəl] a osmougli (W: osmerokutan)

octane I ['aktejn] n oktan octane II a oktanski; an ~ rating (count) oktanski broj

octave ['aktejv] n (mus.) oktava

October [ak'toubər] n oktobar (W: listopad) October Revolution Oktobarska revolucija

octogenarian I [aktədžə'nejrijən] n osamdesetogodišnjak octogenarian II a osamdesetogodišnji

octopus ['aktəpəs] (-es or -pi [paj]) n hobotnica

ocular ['akjələr] a očni oculist n okulista, očni lekar-ljekar (W: ljecnik)

odd [ad] a 1. čudan; an ~ fellow čudak 2. neparan; an ~ number neparan broj 3. rasparen; an ~ sock rasparena čarapa 4. (as suffix) (malo) više; 20-~ years dvadesetak godina 5. sporedan; sitan; ~ jobs sitni poslovi oddity [~ətij] n čudnost

odds [~z] n pl 1. izgledi; mogućnosti; šanse; (sports) bukmejkerske prognoze; what are the ~? kakvi su izgledi? the ~ are 50:50 mogućnosti su 50:50 2. (sports) nejednaka opklada; davanje

prednosti; *to take* ~ prihvatiti nejednaku opkladu 3. nadmoćnost; *to fight against* ~ boriti se protiv nadmoćnijeg neprijatelja 4. ~ *and ends* svaštarije
ode [oud] *n* oda
odious ['oudijəs] *a* odiozan, gadan, odvratan **odium** [~əm] *n* 1. mržnja 2. odvratnost
odometer [ou'damətər] *n* brojčanik (ukupne kilometraže)
odor ['oudər] *n* 1. miris 2. vonj, smrad **odorless** *a* bez mirisa **odorous** *a* mirisav; smrdljiv
odyssey ['adəsij] *n* odiseja
of [əv] *prep* 1. (exp. possession) *a friend* ~ *my father (father's)* prijatelj moga oca; *he is a friend* ~ *mine* on je moj prijatelj 2. (exp. origin) *a man* ~ *humble origin* čovek (čovjek) niskog porekla (porijekla) 3. (exp. a quality) *a man* ~ *courage* hrabar čovek (čovjek) 4. (exp. measure) *a glass* ~ *water* čaša vode 5. od; *one* ~ *them* jedan od njih; *to die* ~ *hunger* umreti (umrijeti) od gladi 6. o; *to hear (think)* ~ *smt.* čuti (misliti) o nečemu 7. misc.; *to be in need* ~ *smt.* imati potrebu za nešto; *to be proud* ~ *smt.* ponositi se nečime; *the Battle* ~ *Gettysburg* bitka kod Getizburga; ~ *course* naravno
off [of] *pred a* 1. isključen, ugašen; *the lights are* ~ svetlost (svjetlost) je ugašena 2. prekinut; *the current is* ~ struja je prekinuta 3. ne u formi; *our team was* ~ naša ekipa nije bila u formi 4. slobodan; *a day* ~ slobodan dan; *he's* ~ *today* danas ne radi 5. smanjen; *production is* ~ proizvodnja je smanjena 6. netačan (W: netočan); *the figures are* ~ brojke nisu tačne 7. misc.; *to be better* ~ biti u boljoj situaciji **off** II *adv* 1. odavde; daleko; *far* ~ daleko 2. odsada *two years* ~ dve (dvije) godine odsada 3. misc.; *hands* ~! k sebi ruke! ~ *and on* s vremena na vreme (vrijeme) **off** III *prep* 1. s; *to fall* ~ *a tree* pasti s drveta 2. van; ~ *duty* van dužnosti; *he was* ~ *his game* nije bio u formi 3. blizu; ~ *the coast* blizu obale
offend [ə'fend] *v tr* and *intr* uvrediti (uvrijediti)
offense [ə'fens] *n* 1. prekršaj 2. uvreda; *to take* ~ vređati (vrijeđati) se 3. ['ofens] napad; (sports) navala **offensive** I [ə'fensiv] *n* ofanziva (W: ofenziva), napad

offensive II *a* 1. neprijatan; *an* ~ *odor* neprijatan miris 2. uvredljiv; *an* ~ *remark* uvredljiva primedba (primjedba) 3. (mil.) ofanzivan (W: ofenzivan); ~ *weapons* ofanzivno oružje
offer I ['ofər] *n* ponuda; *to accept (receive) an* ~ prihvatiti (primiti) ponudu **offer** II *v tr* 1. ponuditi; *she* ~*ed me coffee* ponudila me je kafom (kavom) 2. pružiti; *to* ~ *help* pružiti pomoć **offering** *n* 1. nuđenje 2. poklon, dar
offhand ['ofhaend] 1. *a* improvizovan 2. *adv* improvizovano
office I ['ofis] *n* 1. kancelarija; poslovnica 2. ured; biro; uprava 3. (in *pl*) usluge; *good* ~*s* dobre usluge 4. (Br.) ministarstvo 5. (pol.) dužnost, položaj; *to run for* ~ kandidovati se **office** II *a* kancelarijski; ~ *supplies* kancelarijski pribor **office manager** šef biroa
officer ['ofisər] *n* 1. (mil.) oficir; *a reserve* ~ rezervni oficir 2. činovnik; referent; *a personnel* ~ referent za kadrove 3. policajac, milicionar
official I [ə'fišəl] *n* 1. činovnik 2. (sportski) funkcioner **official** II *a* zvaničan, službeni; *an* ~ *duty* zvanična dužnost
officiate [ə'fišijejt] *v intr* 1. predsedavati (predsjedavati) 2. (sports) voditi; *to* ~ *at a game* voditi utakmicu
officious [ə'fišəs] *a* oficiozan; nametljiv
offing ['ofing] *n* bliska budućnost; *in the* ~ u bliskoj budućnosti
offprint ['ofprint] *n* separat **off season** mrtva sezona **offset** I ['ofset] *n* ofset **offset** II [~'set]; *-set; v tr* izjednačiti; neutralizovati **offshoot** [~šu:t] *n* izdanak **offshore** [~šor] *a* and *adv* u blizini obale **offside** [~sajd] *a* u ofsajdu **offspring** [~spring] *n* izdanak **off-stage** *a* iza scene, zakulisni **off-the-record** *a* poverljiv (povjerljiv) **off-track** *a* van hipodroma; ~ *betting* klađenje van hipodroma
often ['ofən] *adv* često
ogle ['ougəl] *v* 1. *tr* piljiti (u) 2. *intr* piljiti
ogre ['ouger] *n* džin, ljudožder
oh [ou] *interj* oh
Ohio [ou' hajou] *n* Ohajo
oil I [ojl] *n* 1. (cul.) zejtin; ulje; *to fry in* ~ pržiti na zejtinu 2. ulje; *motor* ~ motorno ulje 3. petrolej, nafta; *to strike* ~ pronaći izvore nafte 4. misc; *to burn the midnight* ~ raditi do duboko u noć; *to pour* ~ *on troubled waters* utišavati

buku oil II a 1. zejtinski 2. uljani; an ~ change promena (promjena) ulja 3. petrolejski, naften, naftonosan; ~ fields petrolejska polja oil III v tr podmazati oilcan [~kaen] n kantica za ulje oilcloth [~kloth] n mušema, voštano platno oil paint uljana boja oil painting 1. uljana slika 2. uljano slikarstvo oil pump pumpa za ulje oil tanker tanker oil well izvor nafte oily a zejtinast; uljast
oink [ojngk] v intr groktati; pigs ~ svinje grokću
ointment ['ojntmənt] n mast
O.K. i OK, okay [ou'kej] n (colloq.) pristanak; to give one's ~ dati (svoj) pristanak O.K. II OK, okay interj u redu, važi O.K. III OK, okay v tr pristati (na), odobriti
Oklahoma [oukla'houmə] n Oklahoma
old I [ould] n stara vremena; days of ~ stara vremena old II a 1. star; an ~ man star čovek (čovjek) 2. misc.; ~ age starost; to grow ~ stareti (starjeti); how ~ are you? koliko ti je godina? he is twenty years ~ on ima dvadeset godina older and elder (comp) Old Church Slavic (Br.: Slavonic) staroslovenski (W: staroslavenski) jezik old-fashioned a staromodan, star; starinski; ~ views stari izgledi Old Glory zastava SAD old guard stara garda old maid usedelica (usedjelica) Old Testament Stari zavet (zavjet) old-time a starinski; star old-timer n starosedelac (starosjedilac) old wives' tales pl bapske priče Old World Stari svet (svijet)
oleomargarin(e) [oulijou'mardžərin] n margarin
olfactory [al'faekt(ə)rij] a mirisni, olfaktoran
oligarch ['aləgark] n oligarh oligarchy [~ij] n oligarhija
olive I ['aliv] n 1. maslinovo drvo, maslina 2. maslina, maslinov plod olive II a maslinov; ~ oil maslinovo ulje olive branch maslinova grančica; simbol mira
Olympiad [ou'limpijaed] n olimpijada Olympic [ou'limpik] a olimpijski Olympic Games Olimpijske igre
ombudsman ['ambədzmən] (-men [min]) n arbitar koji posreduje u sporovima (u nekome preduzeću—W: poduzeću)
omelet, omelette ['amlit] n omlet
omen ['oumən] n znamanje; predznak; a bad ~ rđav predznak

ominous ['amənəs] a zloslutan, aminozan; ~ rumors zloslutne glasine
omission [ou'mišən] n propust; izostavljanje omit [ou'mit] v tr izostaviti, propustiti
omnipotence [am'nipətəns] n svemoć omnipotent a svemoguć, svemoćan
omnipresence [amni'prezəns] n sveprisutnost omnipresent a sveprisutan
omniscience [am'nišəns] n sveznanje, sveznalaštvo omniscient s sveznajući
omnivore ['amnivor] n svaštojedac, svaštožder omnivorous [am'nivərəs] a koji sve jede
on I [an] 1. pred a zakazan; the meeting is ~ for this evening sastanak je zakazan za večeras 2. pred a upaljen, uključen; the current is ~ struja je upaljena 3. pred a (sports) u dobroj formi 4. misc.; (adv and pred a); and so ~ i tako dalje; to be ~ to smt. shvaćati nešto; what's ~ at the movies? šta (što) se daje u bioskopu (W: kinu)? on II prep 1. na; to put a book ~ a table staviti knjigu na sto (stol) 2. pri; ~ his arrival pri njegovom dolasku 3. o; to hang smt. ~ a hook obesiti (objesiti) nešto o kuku 4. po; to act ~ smb.'s suggestion raditi po nečijem savetu (savjetu) 5. (with gen) ~ May first prvog maja (W: svibnja); ~ a dark night jedne mračne noći 6. u; ~ these conditions pod ovim uslovima (W: uvjetima) 8. preko; ~ the radio (television) preko radija (televizije) 9. prema; to act ~ principle postupati prema načelu 10. misc.; ~ alert u stanju pripravnosti; ~ foot pešice (pješice); ~ purpose namerno (namjerno)
on account of prep zbog
once I [wəns] n put; at ~ odmah once II adv jednom; nekad; ~ in a while ponekad once III conj čim; ~ you hesitate, you're lost čim oklevate, propali ste
once-over n (colloq.) pregled; to give smt. the ~ pregledati nešto
one I [wən] n 1. jedinica 2. jedan; ~by ~ jedan po jedan; ~ after the other jedan za drugim 3. osoba; the little ~s deca (djeca) 4. misc; (colloq.) she belted him ~ opalila mu je šamar one II pron čovek (čovjek), neko (netko); ~ cannot please everybody ne može čovek svima ugoditi one III num jedan; at ~ o'clock u jedan sat; ~ and ~ are two jedan i jedan jesu

dva **one-family house** kuća za jednu familiju **one-horse** a 1. jednoprežan; a ~ *carriage* jednopreg 2. (colloq.) majušan; a ~ *town* varošica, palanka **one-night** a koji traje jednu noć; a ~ *stand* jednodnevno gostovanje **one-party** a jednopartijski; a ~ *system* jednopartijski sistem

oneself [~'self] 1. *refl pron* se, sebe, sebi, sobom; *to see* ~ videti (vidjeti) samog sebe

onesided ['wən'sajdid] a jednostran **one-story** a jednospratan (W: jednokatan); a ~ *house* jednospratna kuća **one-way** a jednosmeran (jednosmjeran); a ~ *street* jednosmerna ulica

onion ['ənjən] n (crni) luk **onionskin** [~skin] n pelir

onlooker ['anlukər] n gledalac

only I ['ounlij] a jedini; *an* ~ *child* jedinče **only** II *adv* samo; ~ *one* samo jedan; *she is not* ~ *pretty, but she's intelligent, too* ne samo da je lepa (lijepa), nego je i pametna

onomatopoeia [anəmaetə'pijə] n onomatopeja **onomatopoetic** [~pou'etik] a onomatopejski, onomatopoetski

on-site a na terenu; *to conduct an* ~ *investigation* izaći na teren

onslaught [~slot] n snažan napad, juriš

onto, on to [~tu:] *prep* 1. na; *to jump* ~ *a chair* skočiti na stolicu 2. (colloq.) svestan (svjestan); *to be* ~ *a scheme* biti svestan zavere (zavjere)

onus ['ounəs] n teret, breme

onward ['anwərd] *adv* napred (naprijed)

oodles [u:dəlz] n *pl* (colloq.) mnoštvo, velika količina

ooze I [u:z] n curenje **ooze** II *v intr* curiti **ooze** III n mulj, glib

opaque [ou'pejk] a neproziran

open I ['oupən] n otvoren prostor, slobodan prostor; *in the* ~ pod vedrim nebom **open** II a 1. otvoren; *an* ~ *window* otvoren prozor 2. iskren, otvoren **open** III *v* 1. *tr* otvoriti; *to* ~ *an account (a door)* otvoriti račun (vrata) 2. *tr* razvući; *to* ~ *the drapes* razvući zavese (zavjese) 3. *tr* (mil.) razmaknuti; *to* ~ *ranks* razmaknuti stroj 4. *intr* otvoriti se; *the stores* ~ *at ten o'clock* radnje se otvaraju u deset sati 5. *intr* početi; *how does the story* ~? kako počinje priča? **open-air** a pod vedrim nebom **open city** otvoreni grad **opener** n 1. otvarač 2. prvi

potez **opening** n 1. otvor 2. vakancija, upražnjeno mesto (mjesto) **openminded** [~majndid] a bespredrasudan **open season** lovna sezona (also fig.) **open shop** preduzeće (W: poduzeće) u kojem se ne prave razlike između sindikalno organizovanih i neorganizovanih radnika

opera I ['aprə] n opera; *we were at the* ~ bili smo u operi **opera** II a operski, operni **opera glass** mali dvogled **opera house** opera

operate ['apərejt] v 1. *tr* rukovati; operisati; *ro* ~ *a machine* rukovati mašinom; *easy to* ~ jednostavan za rukovanje 2. *tr (to* ~ *on)* (med.) operisati; *he was* ~d *on for appendicitis* on je operisan od slepog creva (slijepog crijeva) 3. *intr* operisati; raditi; *to* ~ *against the enemy* operisati protiv neprijatelja

operatic [apə'raetik] a operni, operski

operating a 1. radni; pogonski; ~ *instructions* uputstvo (W: uputa) za rad 2. operacioni; *an* ~ *room* operaciona sala **operating engineer** mehaničar (elektrotehničar, vodoinstalater, itd.) **operation** [apə'rejšən] n 1. (med.) operacija, hirurški zahvat 2. (often mil.) operacija; *to carry out an* ~ sprovesti operaciju 3. manipulacija, rukovanje; *easy* ~ jednostavna manipulacija 4. pogon; *to put into* ~ pustiti u pogon **operational** operativan; upotrebljiv **operator** ['apərejtər] n 1. operator; rukovalac; *an* ~ *of construction machinery* rukovalac građevinskih mašina 2. *(telephone* ~*)* telefonistkinja, telefonista 3. prevoznik, kompanija za prevoz; *a nonscheduled* ~ kompanija za prevoz po potrebi 4. (colloq., pejor.) nameštač (namještač), maher

operetta [apə'retə] n opereta

ophthalmologist [afthael'maladžist] n of talmolog, okulist **ophthalmology** [~ədžij] n oftalmologija

opiate ['oupijit] n opijat

opinion [ə'pinjən] n mišljenje, mnjenje (mnijenje), *in my* ~ po mom mišljenju **opinionated** [~ejtid] a tvrdoglav

opium ['oupijəm] n opijum

opossum [ə'pasəm] *(pl has zero or* ~s) n oposum

opponent [ə'pounənt] n protivnik

opportune [apər'tu:n] a oportun, zgodan, podesan **opportunism** n oportunizam **opportunist** n oportunista **opportunity**

[apər'tu:nətij] *n* 1. prilika; *to grab (miss) an* ~ ugrabiti (propustiti) priliku 2. mogućnosti; *an* ~ *to work* mogućnost da radi

oppose [ə'pouz] *v tr* protiviti se; *to* ~ *war* protiviti se ratu

ɔpposite I ['apəzit] *n* suprotnost, suprotna strana **opposite** II *a* suprotan, protivan **opposite** III *prep* prekoputa, prema; *he sits* ~ *me* on sedi (sjedi) prema meni **opposition** [apə'zišən] *n* 1. opozicija 2. otpor

oppress [ə'pres] *v tr* tlačiti, ugnjetavati **oppression** [ə'prešən] *n* tlačenje, ugnjetavanje **oppressive** [ə'presiv] *a* koji tlači **oppressor** [ə'presər] *n* tlačilac, ugnjetač **opprobrious** [ə'proubrijəs] *a* sramotan **opprobrium** [~ijəm] *n* sramota

opt [apt] *v intr* (colloq.) optirati, birati; *to* ~ *for smt.* odlučiti se za nešto

optic ['aptik] *a* očni **optical** *a* optički; *an* ~ *illusion* optička varka **optician** [ap'tišən] *n* optičar **optics** ['aptiks] *n* optika

optimal ['aptiməl] *a* optimalan, najpovoljniji

optimism ['aptəmizəm] *n* optimizam **optimist** *n* optimista **optimistic** [aptə'mistik] *a* optimistički

optimum ['aptəməm] *n* optimum, najbolje stanje

option ['apšen] *n* 1. izbor; pravo biranja 2. opcija; preče pravo; *an* ~ *to buy* preče pravo kupovine **optional** *a* ostavljen slobodnom izboru; neobavezan

optometrist [ap'tamətrist] *n* stručnjak za merenje (mjerenje) vida **optometry** [ap-'tamətrij] *n* optometrija

opulence ['apjələns] *n* imućnost **opulent** *a* imućan

opus ['oupəs] *n* opus, delo (djelo)

or [or] *conj* ili; *either you* ~ *I* ti ili ja

oracle ['orəkəl] *n* orakul

oral I ['orəl] *n* usmeni ispit; *he has passed his* ~*s* položio je usmene ispite **oral** II *a* 1. usmeni; *an* ~ *examination* usmeni ispit 2. oralan; *an* ~ *contraceptive* oralno kontraceptivno sredstvo

orange I ['orandž] *n* 1. pomorandža, narandža, naranča 2. narančasta boja **orange** II *a* narančaste boje, oranžast **orangeade** [~'ejd] *n* oranžada

orangutan [ə'raengətaen] *n* orangutan

oration [o'rejšən] *n* govor, oracija, beseda (besjeda); *a funeral* ~ nadgrobna beseda **orator** ['orətər] *n* orator **oratory**

['orətorij] *n* govornička veština (vještina)

orbit I ['orbit] *n* orbita **orbit** II *v tr* 1. izbaciti u orbitu; *to* ~ *a spaceship* izbaciti vasionski brod u orbitu 2. kružiti (oko); *to* ~ *the earth* kružiti oko Zemlje **orbital** *a* orbitalni; *an* ~ *station* orbitalna stanica

orchard ['orčərd] *n* voćnjak

orchestra ['orkistrə] *n* 1. orkestar; *a symphony* ~ simfonijski orkestar 2. parket, parter **orchestral** [or'kestrəl] *a* orkestarski **orchestrate** ['orkistrejt] *v tr* orkestrirati

orchid ['orkid] *n* (bot.) orhideja, kaćun

ordain [or'dejn] *v tr* rukopoložiti (W also: zarediti)

ordeal [or'dijl] *n* teško iskušenje

order I ['ordər] *n* 1. red; *in alphabetical* ~ u azbučnom redu; *to maintain* ~ održavati red; (rel.) *a monastic* ~ kaluđerski red 2. redosled (redoslijed); ~ *of seniority* red starešinstva 3. (usu. mil.) zapovest (zapovijest), naređenje, naredba; *to carry out an* ~ izvršiti naređenje 4. poredak; red; *a social* ~ društveni poredak 5. porudžbina, narudžbina; *a standing* ~ stalna porudžbina; *on* ~ naručen 6. nalog; *travel* ~*s* putni nalog 7. pravilnik, poslovnik; propisani red; *to speak (rise) to a point of* ~ pokrenuti pitanje poslovnika 8. misc.; *in* ~ *to* . . . da bi . . .; *the elevator is out of* ~ ne radi lift **order** II *v* 1. *tr* narediti; zapovediti (zapovijediti); *to* ~ *smb. to do smt.* narediti nekome da uradi nešto 2. *tr and intr* poručiti, naručiti; *to* ~ *dinner* poručiti ručak

order around *v* (colloq.) komandovati; *don't order me around!* nemoj ti meni komandovati!

orderly I *n* 1. (mil.) posilni 2. bolničar

orderly II *a* 1. uredan; *an* ~ *person* uredan čovek (čovjek) 2. miran; (pol.) *an* ~ *transition of power* predaja vlasti u skladu s ustavom

ordinal I ['ordnəl] *n* redni broj **ordinal** II *a* redni; *an* ~ *number* redni broj

ordinance ['ordnəns] *n* propis, dekret

ordinarily ['ordn'erəlij] *adv* (see **ordinary** II) obično **ordinary** I ['ordnerij] *n* običnost; *out of the* ~ neobično **ordinary** II *a* običan; uobičajen; ordinaran

ordination [ord'nejšən] *n* rukopoloženje (W also: zareðenje)

ordnance ['ordnəns] *n* (mil.) borbena ;ehnika
ore [or] *n* ruda **ore deposits** *pl* nalazišta rude
Oregon ['orəgən] *n* Oregon
organ ['orgən] *n* 1. organ; *digestive* ~s ɔrgani za varenje 2. glasilo, organ 3. orgulje; *to play the* ~ svirati orgulje **organ grinder** verglaš **organic** [or'gaenik] *a* organski **organic chemistry** organska hemija (kemija) **organism** ['orgənizəm] *n* organizam **organist** *n* orguljaš **organization** [orgəgə'zejšən] *n* organizacija **organize** ['orgənajz] *v* 1. *tr* organizovati, prirediti; *to* ~ *an exhibit* prirediti izložbu 2. *intr* organizovati se
orgiastic [ordžij'aestik] *a* orgijastičan **orgy** ['ordžij] *n* orgija
orient I ['orijənt] *n* istok, orijent **orient** II *a* istočni **orient** III *v tr* orijentisati; *to* ~ *oneself* orijentisati se **oriental** I [orij'entəl] *n* istočnjak **oriental** II *a* istočnjački, istočni **orientation** [orijen'tejšən] *n* orijentacija
orifice ['orəfis] *n* otvor; usta
origin ['orədžin] *n* 1. poreklo (porijeklo); *he is of French* ~ on je poreklom iz Francuske 2. postanak **original** I [ə'ridžənəl] *n* ɔriginal **original** II *a* originalan; *an* ~ *idea* originalna ideja **originality** [əridžə'naelətij] *n* originalnost **originally** *adv* (see **original** II) u (na) početkɪ **originate** [ə'ridžənejt] *v* 1. *tr* stvoriti 2. *intr* nastati
oriole ['orijəl] *n* (bird) zlatka
ornament ['ornəmənt] *n* ukras **ornamental** [ornə'mentəl] *a* ukrasni **ornamentation** *n* ukrašenje
ornate ['ornejt] *a* kitnjast; *an* ~ *style* kitnjast stil
ornery ['ornərij] *a* (colloq.) zloban, zao; svojeglav
ornithologist [ornə'thalədžist] *n* ornitolog **ornithology** [~džij] *n* ornitologija
orphan ['orfən] *n* siroče **orphanage** *n* sirotište
orthodontist [orthə'dantist] *n* specijalista za lečenje (liječenje) nepravilnosti zuba
orthodox ['orthədaks] *a* 1. ortodoksan 2. (cap.) pravoslavan **orthodoxy** *n* 1. ortodoksija 2. (rel., cap.) pravoslavlje
orthographic [orthə'graefik] *a* ortografski, pravopisni **orthography** [or'thagrəfij] *n* ortografija, pravopis

orthopedic [orthə'pijdik] *a* ortopedski **orthopedics** *n* ortopedija **orthopedist** *n* ortoped
Oscar ['askər] *n* Oskar (nagrada za najveći uspeh — uspjeh u američkom filmu)
oscillate ['asəlejt] *v intr* oscilirati **oscillation** [asə'lejšən] *n* oscilacija
osmosis [az'mousis] *n* osmoza
ossify ['asəfaj] *v* 1. *tr* pretvoriti u kost 2. *intr* okoštati, pretvoriti se u kost
ostensible [a'stensəbəl] *a* tobožnji, navodni **ostensive** [a'stensiv] *a* 1. tobožnji 2. očigledan
ostentation [asten'tejšən] *n* razmetanje, šepurenje **ostentatious** [~šəs] *a* razmetljiv, šepurav
osteopath ['astijəpaeth] *n* specijalista za osteopatiju **osteopathy** [astij'apəthij] *n* osteopatija
ostracism ['astrəsizəm] *n* ostrakizam, ostracizam **ostracize** ['astrəsajz] *v tr* 1. proterati (protjerati) 2. izbegavati (izbjegavati)
ostrich ['ostrič] *n* noj
other ['əth:ər] 1. *n* drugi; *one after the* ~ jedan za drugim 2. *pron* drugi; ~s *have tried* drugi su pokušali; *to each* ~ jedan drugome 3. *a* drugi; *in* ~ *words* drugim rečima (riječima) 4. *adv* drukčije; *somehow or* ~ nekako, na neki način **otherwise** [~wajz] *adv* 1. drugačije 2. inače; *I have to study,* ~ *I'll fail the exam* moram učiti, inače ću pasti na ispitu
Ottawa ['atəwə] *n* Otava
otter [atər] *n* (*pl* has zero or ~s) *n* vidra, vidrica **otter farm** farma vidrica
ottoman ['atəmən] (~s) *n* otoman
Ottoman Empire Otomansko carstvo
ouch [auč] *interj* (exp. pain) jao!
ought [ot] *v* (third person sgn. is *ought;* no past or future) trebati, valjati; *he* ~ *to go and see him* treba da ode da ga vidi; *we* ~ *to help him* trebalo bi da mu pomognemo; *you* ~ *to have done that* trebalo je da to uradite
ounce [auns] *n* unca, uncija
our [aur] *poss a* naš; ~ *pencil* naša olovka **ours** *poss a* naš (a.) (when no noun follows) *the pencil is* ~ olovka je naša (b.) (after *of*) *a friend of* ~ jedan od naših prijatelja
ourselves [aur'selvz] *pl* 1. *refl pron* se, sebe, sebi, sobom; *we work for* ~ mi radimo za sebe 2. *pron a* sami; *we* ~ *wanted that* mi smo sami tako želeli

(željeli) 3. *a* dobro; *we are not* ~ nama
nije dobro

oust [aust] *v tr* isterati (istjerati) **ouster** *n*
isterivanje (istjerivanje)

out I [aut] *n* (colloq.) 1. političar koji je
izgubio na izborima 2. (sports) aut 3.
misc.; *the ins and the* ~*s* sve pojedinosti
out II *pred a* 1. (usu. sports) van propi-
sanog prostora, aut; *the ball was* ~
lopta je išla u aut 2. van kuće; *he's* ~
now sad nije kod kuće 3. svršen; *the fire
is* ~ vatra se ugasila; *before the month
is* ~ do kraja meseca (mjeseca) 4. iza-
šao; *the book is* ~ knjiga je izašla (iz
štampe) 5. poznat; *the story is* ~ afera
je otkrivena **out** II *adv* 1. napolje, van 2.
misc.; **to have it* ~ *with smb.* temeljno
se s nekim objasniti; *he's* ~ *back (of the
house)* on je u bašti; ~ *on bail* oslobo-
đen uz kauciju; ***~ *of sight,* ~ *of mind*
daleko od očiju, daleko od srca **out-
prefix** nad-, iz-, pre-

out-and-out *a* (colloq.) okoreo (okorio),
ovejan (ovijan); *an* ~ *liar* lažovčina

outbid [~'bid] *-bid; v tr* nadbiti cenom
(cijenom)

outboard [~bord] *a* vanbrodski; *an* ~
motor vanbrodski motor

outbound [~baund] *a* koji odlazi

outbreak [~brejk] *n* početak, izbijanje

outburst [~bərst] *n* izliv, eksplozija; *an* ~
of indignation eksplozija nezadovoljstva

outcast I [~kaest] *n* izagnanik, odagnanik
outcast II *a* izagnan, odagnan

outclass [~'klaes] *v tr* nadmašiti

outcome [~kəm] *n* rezultat

outcry [~kraj] *n* 1. povika 2. negodovanje,
protest

outdistance [~'distəns] *v tr* prestići; osta-
viti daleko iza sebe

outdo [~'du:]; *outdid* [aut'did]; *outdone*
[aut'dən] *v tr* nadmašiti

outdoor [~dor] *a* pod vedrim nebom;
otvoren; *an* ~ *pool* otvoren bazen **out-
doors** *adv* napolje, van kuće, pod vedrim
nebom (W also: vani)

outer *a* spoljni, spoljašnji; ~ *space* vasio-
na, svemir

outfit I [~fit] *n* 1. oprema 2. odelo (odije-
lo); odeća (odjeća) 3. (colloq., mil.) jedi-
nica **outfit** II *v tr* opremiti

outflank [~'flaengk] *v tr* obuhvatiti, obići,
flankirati

outfox [~'faks] *v tr* nadmudriti

outgoing [~gouing] *a* 1. koji odlazi 2.
društven, otvoren

outgrow [~'grou]; *outgrew* [~gru:];
~*grown* [~groun] *v tr* 1. izrasti (iz); *to*
~ *a dress* izrasti iz haljine 2. povećati se
brže nego; *my family outgrew its house*
moja se porodica toliko povećala da
nam je kuća suviše mala **outgrowth**
[~grouth] *n* 1. izdanak; izraštaj 2.
rezultat

outguess [~'ges] *v tr* nadmudriti

outhouse [~haus] *n* poljski klozet

outing *n* izlet, ekskurzija

outlandish [~'laendiš] *a* čudnovat,
neobičan

outlast [~'laest] *v tr* 1. nadživeti (nadživ-
jeti) 2. služiti duže nego

outlaw I [~lo] *n* zločinac, prognanik **out-
law** II *v tr* staviti van zakona

outlet [~let] *n* 1. izlaz; ispust 2. (fig.)
oduška

outline I [~lajn] *n* 1. obris; kontura; ocrt
2. potez; *in broad* ~ u glavnim potezi-
ma 3. kratak pregled **outline** II *v tr* 1.
ocrtati 2. nacrtati u glavnim potezima,
skicirati

outlive [~'liv] *v tr* nadživeti (nadživjeti);
preživeti (preživjeti); *to* ~ *one's chil-
dren* preživeti decu (djecu)

outlook [~luk] *n* izgledi; perspektiva

outmaneuver [~mə'nu:vər] *v tr* izmane-
vrisati, nadmudriti

outmoded [~moudid] *a* staromodan, svoj-
stven minulom vremenu

outnumber [~'nəmbər] *v tr* brojno nad-
mašiti

out of *prep* 1. od; *nine times* ~ *ten* devet
puta od deset 2. van; ~ *reach* van
domašaja 3. iz; *to go* ~ *a room* izići iz
sobe 4. bez; *they were* ~ *sugar* ostali su
bez šećera 5. preko; ~ *turn* preko reda
6. misc.; *he is* ~ *his mind* on je poludeo
(poludio); *the book is* ~ *print* knjiga je
rasprodata; ~ *place* nezgodan, nepode-
san; *he's* ~ *town* otputovao je; ~ *work*
nezaposlen; *that is* ~ *the question* to ne
dolazi u obzir **out-of-bounds** 1. *n* aut; *to
throw the ball in from* ~ vratiti loptu u
igru iz auta 2. *a* u autu **out-of-date** *a*
zastareo (zastario) **out-of-the-way** *a* za-
bačen; udaljen

outpatient I [~pejšənt] *n* bolesnik na
vanbolničkom lečenju (liječenju) **outpa-
tient** II *a* dispanzerski, vanbolnički; *an*
~ *department* ambulanta

outplay [~'plej] v tr nadigrati; *our team was ~ed* naš tim je bio nadigran
outpost [~poust] n (mil.) predstraža
outpouring [~poring] n izliv; *an ~ of fury* izliv ljutnje
output [~put] n 1. proizvodnja 2. učinak 3. izlaz; *power ~* izlazna snaga
outrage I [~rejdž] n 1. sramota 2. uvreda outrage II v tr 1. sramno postupiti (s) 2. uvrediti outrageous [~'rejdžəs] a sramotan, sraman; nečuven
outright [~rajt] 1. a potpun 2. a go (gol); *an ~ lie* gola laž 3. adv potpuno 4. adv namah; *to kill ~* ubiti namah
outset [~set] n početak
outside I [~sajd] n spoljašnost, spoljna strana (W also: vanjština, vanjska strana); *from the ~* spolja outside II a spoljni (W also: vanjski) outside III adv 1. napolje, van; *to go ~* izići napolje 2. napolju (W also: vani); *it's cold ~* hladno je napolju outside IV prep van, izvan outsider [~sajdər] n autsajder
outskirts [~skərts] n pl periferija; *they live on the ~ of town* oni žive na periferiji
outsmart [~'smart] v tr nadmudriti
outspoken [~'spoukən] a otvoren, iskren
outstanding ['aut'staending] a 1. izvanredan, istaknut; *an ~ figure* istaknuta ličnost 2. neizmiren, nenaplaćen; *~ debts* neizmireni dugovi
outvote [~'vout] v tr nadglasati
outward [~wərd] a spoljašnji, spoljni
outweigh [~'wej] v tr biti važniji (od)
outwit [~'wit] v tr nadmudriti
oval I ['ouvəl] n oval oval II a ovalan
ovary ['ouvərij] n jajnik, ovarij
ovation [ou'vejšən] n ovacija
oven ['əvən] n peć, furuna
over I ['ouvər] pred a svršen; *the play is ~* komad je svršen over II adv 1. preko; *~ there* tamo, na drugoj strani; *all ~* svuda 2. još jedanput, ponovo; *do it ~* uradi to ponovo over III prep 1. nad, iznad; *the airplane was flying ~ us* avion je leteo (letio) iznad nas 2. preko; *the water will be ~ his head* voda će mu biti preko glave 3. pri; *~ a glass of wine* pri čaši vina 4. po; *the water spilled ~ the floor* voda se prosula po podu
overact [ouvər'aekt] v tr and intr preterivati (pretjerivati) u glumi
overall [~ol] a obuhvatan; globalan; *an ~ settlement* globalno rešenje (rješenje)

overalls n pl radno odelo (odijelo), kombinezon
overbearing [~'bejring] a ohol, zapovednički (zapovjednički)
overboard [~bord] adv van broda, u vodi (moru); *man ~!* čovek (čovjek) u moru! *to go ~ for smt.* oduševiti se za nešto
overbook [~'buk] v 1. tr prebukirati 2. intr prebukirati se
overcast ['ouvər'kaest] a naoblačen, oblačan
overcharge I ['ouvərčardž] n zacenjivanje (zacjenjivanje) overcharge II [~'čardž] v tr zaceniti (zacijeniti), naplatiti previše
overcoat [~kout] n zimski (gornji) kaput
overcome [~'kəm]; -came [kejm]; -come [kəm] v tr 1. savladati, nadvladati; *to ~ difficulties* savladati teškoće; *overcome by emotion* savladan uzbuđenjem 2. odoleti (odoljeti); *to ~ temptation* odoleti iskušenju
overconfident [~'kanfədənt] a previše samopouzdan
overdo [~'du:]; -did [did]; -done [dən] v tr preterati (pretjerati)
overdose [~dous] n preterano (pretjerano) doziranje
overdraw [~'dro]; -drew [dru:]; -drawn [dron] v tr (comm.) suviše vući (na); *to ~ one's account* prekoračiti svoj račun
overdress [~'dres] v 1. tr nakinđuriti; *she ~es her children* ona kinđuri decu (djecu) 2. intr kinđuriti se; *she ~es* ona se kinđuri
overdue [~'du:] a 1. istekao 2. zadocnio
overeat [ouvər'ijt]; overate [~'ejt]; overeaten [~'ijtn] v intr prejesti se; *he overate* prejeo se
overflow [~flou] n prelivanje
overgrown [~'groun] a obrastao; prerastao; *~ with moss* obrastao mahovinom
overhaul I [~hol] n remont; *a general ~* generalni remont overhaul II ['ouvər'hol] v tr popraviti
overhead I [~hed] n opšti (opći) troškovi overhead II a 1. iznad zemlje; vazdušni; gornji 2. (comm.) opšti (opći), stalni; *~ expenses* opšti troškovi
overhear [~'hijr]; -heard [hərd] v tr slučajno čuti
overheat [~'hijt] v 1. tr pregrejati (pregrijati) 2. intr pregrejati se
overindulge [~in'dəldž] v 1. tr previše povlađivati, popuštati 2. intr prejesti se; prepiti se overindulgence n 1. preve-

lika popustljivost 2. prejedanje; preto-
varenje stomaka jelom i pićem
overjoyed [~'džojd] *a* presrećan
overlap I [~laep] *n* preklapanje **overlap** II
[~'laep] *v intr* preklapati se, preplitati
se
overland [~laend] 1. *a* kopneni; *an* ~
route kopneni put 2. *adv* suvim, kop-
nom; *to travel* ~ putovati kopnom
overload I [~loud] *n* preopterećenje **over-
load** II (~'loud] *v tr* preopteretiti, pre-
tovariti
overlook [~'luk] *v tr* 1. preći preko; ne
obazirati se (na) 2. prevideti (previdje-
ti); *to* ~ *a detail* prevideti detalj
overlord [~lord] *n* vrhovni gospodar
overly *adv* previše
overnight [~najt. 1. *a* preko noći 2. *adv*
prekonoć
overpass [~paes] *n* nadvožnjak
overpay [~'pej] *v tr* and *intr* previše
platiti
overpopulation [~papjə'lejšən] *n* prenase-
ljenost (W also: prenapučenost)
overpower [~'pauər] *v tr* nadvladati **over-
powering** *a* neodoljiv, porazan
overprice [~'prajs] *v tr* preceniti (precije-
niti)
overproduce [~prə'du:s] *v tr* and *intr*
suviše proizvoditi
overrate [~'rejt. *v tr* preceniti (precijeniti)
override [~'rajd]; *-rode* [roud]; *-ridden*
[ridn] *v tr* (Am., pol.) nadglasati, obodi-
ti; *to* ~ *a veto* nadglasati veto
overripe [~'rajp] *a* prezreo
overrule [~'ru:l] *v tr* odbiti; nadglasati
overrun [~'rən]; *-ran* [raen]; *-run* [rəň] *v
tr* osvojiti, zauzeti; *to* ~ *a position*
zauzeti položaj
overseas ['ouver'sijz] 1. *a* prekomorski; ~
duty prekomorska dužnost 2. *adv* preko
mora **overseas cap** pilotska kapa
oversee [~'sij]; *-saw* [so]; *-seen* [sijn] *v tr*
nadgledati **overseer** ['ouvərsijər] *n* nad-
glednik, nadgledač
overshadow [~'šaedou] *v tr* zaseniti (zas-
jeniti)
overshoe [~šu:] *n* kaljača
overshoot [~'šu:t]; *overshot* [~'šat] *v tr* 1.
prebaciti; *to* ~ *a target* prebaciti metu
2. preleteti (preletjeti); *to* ~ *a runway*
preleteti stazu (pri sletanju—slijetanju)
oversight [~sajt] *n* omaška, propust,
previd

oversimplify [~'simpləfaj] *v tr* previše
uprostiti
oversleep [~'slijp]; *-slept*)slept] *v intr*
predugo spavati
overstay [~'stej] *v tr* predugo ostati; *to* ~
one's welcome zadržati se duže nego što
treba
overstock I [~stak] *n* višak robe **overstock**
II [~'stak] *v tr* preobilno snabdeti
(snabdjeti)
oversubscribe [~səb'skrajb] *v tr* 1. preu-
pisati 2. prebukirati
overt ['ou'vərt] *a* otvoren, očit
overtake [~'tejk]; *-took* [tuk]; *-taken* [tej-
kən] *v tr* preteći, prestići
overthrow [~'throu]; *-threw* [thru:]; -
thrown [throun] *v tr* oboriti, srušiti; *to*
~ *a government* oboriti vladu
overtime I [~tajm] *n* 1. prekovremeni rad
2. povećan lični dohodak (za rad duži od
punog radnog vremena) 3. (sports) pro-
dužetak **overtime** II *a* prekovremen
overtime III *adv* prekovremeno
overture [~čužu:r] *n* (mus.) uvertira
overturn ~'tərn] *v tr* preturiti, oboriti,
prevrnuti; *to* ~ *a vase* preturiti vaznu
overweight I [~wejt] *n* 1. prevelika težina
2. višak prtljaga (W: prtljage) **over-
weight** II [~'wejt] *a* pretežak
overwhelm [~'hwelm] *v tr* razbiti, prega-
ziti, skrhati; *to be* ~*ed (at an election)*
doživeti (doživjeti) krupan neuspeh —
neuspjeh (na izborima) **overwhelming** *a*
neodoljiv, porazan
overwork I ['ouvərwərk] *n* prekomeran
(prekomjeran) rad **overwork** II [~'wərk]
v tr 1. premoriti radom 2. *refl* premoriti
se radom, iznuriti se radom
ovulate ['ouvjəlejt] *v intr* izlučivati sazrela
neoplođena jaja iz jajnika **ovulation**
[ouvjə'lejšən] *n* ovulacija
ovum ['ouvəm] (*-va* [və]) *n* jajašce
owe [ou] *v tr* biti dužan, dugovati; *he* ~*s
me a hundred dollars* on mi duguje (on
mi je dužan) sto dolara

owing to *prep* zbog

owl [aul] *n* sova, jejina, buljina

own I [oun] *n* svoje, svojina; *he has two
cars of his* ~ on ima dvoja sopstvena
kola; **to be on one's* ~ biti svoj čovek
(čovjek) **own** II *a* sopstven, vlastit, svoj;
that's his ~ *house* to je njegova sopstve-
na kuća **own** II *v* 1. *tr* imati (kao svoje
sopstveno), posedovati (posjedovati); *to*

~ *property* imati zemlje (kao svoje sopstvene) 2. *intr (to* ~ *up to)* priznati **owner** *n* vlasnik, sopstvenik **ownership** *n* pravo svojine, svojina
ox [aks] *(oxen* [~ən]) *n* vo (vol)

oxford [~fərd] *n* vrsta cipele
oxygen ['aksidžən] *n* kiseonik (W: kisik)
  oxygen mask maska za kiseonik
oyster ['ojstər] *n* ostrica, kamenica
ozone ['ouzoun] *n* ozon

P

p [pːj] *n* p (slovo engleske azbuke)

pace I [pejs] *n* 1. korak; brzina; *at a fast (slow)* ~ brzim (sporim) korakom 2. misc.; *to put smb. through his* ~*s* isprobati nekoga **pace** II *v* 1. *tr* hodati (po); *to* ~ *a room* hodati po sobi 2. *tr (to* ~ *off)* odmeriti—odmjeriti (koracima) 3. *tr* regulisati brzinu (za) 4. *intr* koračati; hodati tamo-amo **pacemaker** [~mejkər] *n* 1. davalac brzine, davalac tempa 2. (med.) pejsmejker (aparat koji pomaže srcu da normalno funkcioniše) **pacer** *n* 1. see **pacemaker** 1 2. konj koji ide ravanom, ravanač

Pacific [pə'sifik] *n* Pacifik, Tihi okean (W: ocean) **pacification** [paesəfə'kejšən] *n* smirenje, pomirenje **Pacific Ocean** Tihi okean (W: ocean) **pacifier** ['paesəfajər] *n* 1. mirotvorac; pacifikator 2. cucla (za umirenje odojčadi **pacifism** *n* pacifizam **pacifist** *n* pacifista **pacify** *v* *tr* smiriti, umiriti

pack I [paek] *n* 1. svežanj; denjak; tovar; bala 2. paklo, paklica; *a* ~ *of cigarettes* paklo cigareta 3. čopor; krdo; *a* ~ *of wolves* čopor kurjaka 4. (colloq.) mnoštvo; *it's a* ~ *of lies* to je samo laž 5. ranac 6. (naval) grupa; *submarines hunt in* ~*s* podmornice deluju (djeluju) grupno **pack** II *a* tovarni; *a* ~ *animal* tovarno grlo **pack** III *v* 1. *tr* spakovati; *to* ~ *a suitçase* spakovati kofer 2. *tr* sabiti, zbiti, nabiti; *to* ~ *snow* nabiti sneg (snijeg) 3. *tr (to* ~ *off)* otpremiti; poslati; *they* ~*ed their children off to camp* poslali (otpremiti) su svoju decu (djecu) na letovanje (ljetovanje) 4. *tr (to* ~ *off)* strpati; *to* ~ *smb. off to jail* strpati nekoga u zatvor 5. *tr* (med.) umotati u obloge 6. *tr* sklopiti; *to* ~ *ɛ*

parachute sklopiti padobran 7. *tr* (colloq.) nositi; *to* ~ *a pistol* nositi pištolj 8. *intr* pakovati se, pakovati stvari 9. *intr* (colloq.) odmagliti; *to send smb.* ~*ing* najuriti nekoga **package** I *n* paket; pošiljka; *to deliver a* ~ uručiti pošiljku **package** II *v* *tr* pakovati; ambalažirati **package tour** grupno putovanje **packer** *n* spremač

packet [~it] *n* poštansko-putnički parobrod

pack in *v* natrpati, sabiti, zbiti; **to pack people in like sardines* natrpati ljude kao sardine

packing *n* 1. pakovanje 2. prerada; *meat* ~ prerada mesa

packsaddle [~saedl] *n* samar

pact [paekt] *n* pakt; sporazum, ugovor

pad I [paed] *n* 1. jastuk, jastučak 2. podloga; podmetač; uložak 3. rampa; platforma; *a launch* ~ raketna rampa 4. (slang) stan 5. blok; *a sketching* ~ blok za crtanje **pad** II *v* *tr* 1. podstaviti, postaviti; napuniti 2. (neopravdano) povećati; *to* ~ *a requisition* povećati količine i trebovanju **padding** *n* 1. punjenje; materijal za punjenje 2. (neopravdano) povećavanje

paddle I ['paedl] *n* 1. lopatica 2. veslo 3. reket (za stoni tenis) **paddle** II *v* 1. *tr* pokretati veslom 2. *tr* batinati 3. *intr* veslati **paddle boat** parobrod s točkovima

paddock ['paedək] *n* 1. ograđen pašnjak 2. ograda za konje (na trkalištu)

paddy ['paedij] *n* (or: *rɪce* ~) pirinčano (W: rižino) polje

paddy wagon (slang) marica, policijska kola za prevoz zatvorenika padlock I ['paedlak] n katanac padlock II v tr staviti katanac (na); to ~ a door staviti katanac na vrata

pagan I ['pejgən] n paganin, mnogobožac pagan II a paganski

page I [pejdž] n (or: ~ boy) paž page II v tr pozvati (preko glasnogovornika, sluge)

page III n strana, stranica

pageant ['paedžənt] n svečana povorka; pompezna svečanost pageantry [~trij] n raskošna svečanost; (spoljašnji) sjaj

page proof (prelomljena) korektura (cf. galley proof)

paginate ['paedžənejt] v tr paginirati pagination [paedžə'nejšən] n paginacija

pagoda [pə'goudə] n pagoda

pail [pejl] n vedro, kofa, kanta

pain I [pejn] 1. bol; to cause ~ pričinjavati bol 2. (in pl) labor ~s porođajni bolovi 3. misc.; to take ~s to ... potruditi se da ... pain II v tr boleti (boljeti), mučiti

painful a bolan painkiller [~kilər] n sredstvo koje ublažuje bol painless a bezbolan painstaking [~ztejking] a brižljiv, marljiv

paint I [pejnt] n boja; farba; wet ~! skoro mazano! paint II v tr 1. obojiti, obojadisati, ofarbati; to ~ a wall green obojiti (ofarbati) zid zelenom bojom (farbom); *to ~ the town red lumpovati 2. naslikati; to ~ a picture naslikati sliku 3. šminkati, crniti; she ~s her eyebrows ona crni obrve paintbrush [~brəš] n četka painter n 1. farbar, bojadžija, moler 2. slikar painting n 1. farbanje 1. slika 3. slikarstvo

pair I [pejr] n 1. par; five ~s of shoes pet pari cipela; a ~ of eyeglasses jedne naočare 2. bračni par pair II v 1. tr (or: to ~ off) rasporediti na parove 2. tr spojiti, spregnuti 3. intr (usu.: to ~ off) otići u parovima

pajamas [pə'džaməz] n pl pidžama

Pakistan ['paekistaen] n Pakistan Pakistani I [paki'stenij] n Pakistanac Pakistani II a pakistanski

pal I [pael] n (colloq.) pajdaš, pajtaš, drug pal II v intr (to ~ around) družiti se

palace ['paelis] n palata (W: palača); dvorac, dvor

palatable ['paelitəbəl] a ukusan

palatalize ['paelətəlajz] v tr palatalizovati; to ~ a consonant palatalizovati suglasnik palate ['paelit] n (anat.) nepce; the hard (soft) ~ tvrdo (meko) nepce

palatial [pə'lejšəl] a poput dvorca; (fig.) veličanstven

pale I [pejl] n 1. kolac 2. ograđeni prostor; *beyond the ~ van dozvoljene granice

pale II a bled (blijed) pale III v intr pobledeti (poblijedjeti)

Palestine ['paelistajn] n Palestina Palestinian I [paelis'tinijən] n Palestinac Palestinian II a palestinski

palestra [pə'lestrə] n palestra, sportska dvorana

palette ['paelit] n paleta, slikareva daščica za boje

palisade [paelə'sejd] n 1. palisada 2. (in pl, strmi grebeni (na obali reke — rijeke)

pall I [pol] n 1. koprena, pokrivač 2. kovčeg 3. (fig.) senka (sjenka); tužna atmosfera; to cast a ~ over smt. baciti senku na nešto pallbearer [~bejrər] n jedan od onih koji nose mrtvački kovčeg (na sahrani)

palliate ['paelijejt] v tr ublažiti, umiriti palliative I ['paelijətiv] n palijativ palliative II a palijativan

pallid ['paelid] a bled (blijed) pallor ['paelər] n bledilo (bljedilo)

palm I [pam] n dlan; *to grease smb.'s ~ podmititi nekoga palm II v tr 1. sakriti u dlanu 2. (to ~ off) podmetnuti; otarasiti se

palm III n palma palm IV a palmin, palmov Palm Sunday (rel.) Cveti (Cvijeti)

palpable ['paelpəbel] a osetan (osjetan); opipljiv

palpitate ['paelpətejt] v intr drhtati palpitation [paelpə'tejšən] n drhtanje, palpitacija

palsy ['polzij] n paraliza, oduzetost; cerebral ~ cerebralna paraliza

paltry ['poltrij] a beznačajan, sitan

pamper ['paempər] v tr razmaziti

pamphlet ['paemflit] n pamflet

pan I [paen] n 1. tiganj; to fry in a ~ pržiti u tiganju 2. misc.; *a flash in the ~ nešto kratke, prolazne slave pan II v 1. tr ispirati 2. tr (colloq.) kritikovati 3. intr (colloq.) (to ~ out) uspeti (uspjeti); ispasti; the project did not ~ out projekat nije uspeo

panacea [paenə'sijə] n panaceja

Panama ['paenəma] n Panama Panama Canal Panamski kanal Panamanian I

[paenə'mejnijən] n Panamac **Panamanian** II a panamski
Pan-American a panamerički
pan-broil ['paen-brojl] v tr pržiti u tiganju (bez masnoće)
pancake [~kejk] n palačinka
pancreas ['paengkrijəs] n gušterača, pankreas
pandemonium [paendə'mounijəm] n urnebes, gurnjava, gungula
pander ['paendər] v intr 1. ići na ruku; podstaći; to ~ to the baser instincts podstaći niske pobude 2. ulagivati se; to ~ to the mob ulagivati seološu
pane [pejn] n okno; a window ~ prozorsko okno
panegyric [paenə'džijrik] n panegirik, slavopoj
panel I ['paenəl] n 1. ploča; tabla; an instrument ~ instrumentska tabla 2. platno; a signal ~ signalno platno 3. poklopac; an access ~ prilazni poklopac 4. grupa koja vodi organizovanu diskusiju; panel-diskusija 5. lista (porotnika) 6. komisija; a selection ~ konkursna komisija **panel** II v tr obložiti; panelirati **panel discussion** panel-diskusija **panelist** n učesnik panel-diskusije
pang [paeng] n 1. žiganje 2. muka; the ~s of conscience griža savesti (savjesti)
panhandle I [~haendl] n 1. tiganjska drška 2. uska pruga zemlje
panhandle II v intr (colloq.) prosjačiti **panhandler** n prosjak
panic I ['paenik] n panika **panic** II v 1. tr izazvati paniku (kod) 2. intr upaničiti se
panicky a paničan **panic-stricken** a obuzet (zahvaćen) panikom
panorama [paenə'raemə] n panorama
Pan-Slav a panslovenski (W: panslavenski) **Pan-Slavism** n panslavizam, sveslovenstvo (W: sveslavenstvo)
pansy ['paenzij] n 1. (bot.) daninoć, maćuhica 2. (slang) homoseksualac
pant I [paent] n dahtaj, brehtaj **pant** II v intr dahtati, brektati; to ~ for breath tražiti vazduh (W: zrak)
pantheism ['paenthijizəm] n panteizam
panther ['paenthər] n pantera
panties ['paentijz] n pl (colloq.) (ženske) gaće
pantomime I ['paentəmajm] n pantomima **pantomime** II v tr prikazati pantomimom
pantry ['paentrij] n ostava, špajz

pants [paents] n pl pantalone (W: hlače)
panty hose pl hula-hopke
pantywaist ['paentijwejst] n (slang) slabić
papa ['papə] n (colloq.) tata (also **dad**)
papacy ['pejpəsij] n papstvo, papinska vlast **papal** ['pejpəl] a papinski, papski
paper I ['pejpər] n 1. papir, hartija; wrapping (writing) ~ papir za pakovanje (pisanje) 2. dokumenat, papir, hartija; valuable ~s papiri (hartije) od vrednosti (vrijednosti) 3. pismeni rad; školski zadatak (W also: školska zadaća): to grade ~s oceniti (ocijeniti) školske zadatke 4. (in pl) lična karta 5. see **newspaper** 6. referat; to read a ~ podneti (podnijeti) referat **paper** II a papirni; ~ money papirni novac **paper** III v tr obložiti tapetama; to ~ walls obložiti zidove tapetama **paperback** [~baek] n broširana knjiga **paper bag** vreća od papira (hartije) **paper bail** (on a typewriter) prečnik **paper clip** spajalica **paper cutter** rezač papira (hartije) **paperhanger** [~haengər] n tapetar **paperweight** [~wejt] n pritiskač **paperwork** [~wərk] n kancelarijski rad
papist ['pejpist] n papista
papoose [pae'pu:s] n dete-dijete (kod Indijanaca)
paprika ['paeprikə] n (slatka) paprika
par I [par] n 1. norma, standard 2. paritet; nominalna vrednost (vrijednost); above (below) ~ iznad (ispod) nominalne vrednosti; on a ~ with jednak s **par** II a koji odgovara normi, standardu
parable ['paerəbəl] n parabola, priča u kojoj se poređenjem kazuje kakva moralna ideja
parachute I ['paerəšu:t] n padobran **parachute** II a padobranski; a ~ landing padobranski desant **parachute** III v 1. tr spustiti padobranom 2. intr spustiti se padobranom **parachutist** n padobranac
parade I [pə'rejd] n parada **parade** II a paradni **parade** III v 1. tr paradirati (nečim) 2. intr paradirati, učestvovati u paradi **parade ground** zborno mesto (mjesto); mesto za održavanje parade
paradigm ['paerədajm] n paradigma
paradise ['paerədajs] n raj
paradox ['paerədaks] n paradoks **paradoxical** [paerə'daksikəl] a paradoksalan
paraffin ['paerəfin] n 1. parafin 2. (Br.) see **kerosene**
paragon ['paerəgan] n uzor

paragraph ['paerəgraef] n stav; paragraf
Paraguay ['paerəgwaj] n paragvaj Para-
guayan I [~'ajən] n Paragvajac Para-
guayan II a paragvajski
parakeet ['paerəkijt] n mali dugorepi
papagaj
parallel I ['paerələl] n paralela parallel II
a parelelan; naporedan; ~ to paralelan
s parallel III adv paralelno parallel IV v
tr ići paralelno (sa); to ~ smt. ići
paralelno sa nečim parallel bars pl
(gymnastics) paralelne prečke parallel-
ism n paralelizam
paralysis [pə'raeləsis] n paraliza, oduze-
tost paralytic [paerə'litik] n paralitičar
paralyze ['paerəlajz] v tr paralizovati
paramedic [~'medik] n bolničar
paramount ['paerəmaunt] a 1. glavni 2.
vrhovni, najviši
paramour ['paerəmu:r] n ljubavnik
paranoia [paerə'nojə] n paronoja paranoid
I ['paerənojd] n paranoik paranoid II a
paranoičan
parapet ['paerəpet] n parapet
paraphernalia [paerəfə'nejlijə] n (also pl)
1. oprema, pribor 2. rekviziti
paraphrase I ['paerəfrejz] n parafraza par-
aphrase II v tr and intr parafrazirati
paraplegia [paerə'plijdžə] n paraplegija
paraplegic [~džik] n osoba obolela
(oboljela) od paraplegije
parasite ['paerəsajt] n parazit parasitic
[paerə'sitik] a parazitni, parazitski
parasol ['paerəsol] n suncobran
paratroop ['paerətru:p] a padobranski; a
~ landing padobranski desant para-
trooper n padobranac paratroops n pl
padobranske jedinice
parboil ['parbojl] v tr delimično skuvati
(djelimično skuhati)
parcel I ['parsəl] n 1. pošiljka; paket 2.
parcela; komad zemlje 3. deo (dio);
komad; part and ~ of nerazdvojno od
parcel II v tr (usu.: to ~ out) izdeliti
(izdijeliti); isparcelisati parcel post pa-
ketna pošta
parch [parč] v tr sasušiti
parchment n pergamenat
pardon I ['pardn] n oproštenje; izvinjenje;
to beg smb.'s ~ moliti nekoga za izvi-
njenje; I beg your ~! oprostite! pardon
II v tr oprostiti; izviniti; ~ me! oprosti-
te (izvinite)!
pare [pejr] v tr oljuštiti

parent I ['paerənt] n roditelj parent II a
matični parentage n 1. roditeljstvo 2.
poreklo (porijeklo) parental [pə'rentəl] a
roditeljski
parenthesis [pə'renthəsis] (-ses [sijz]) n
(usu. in pl) zagrada; to put into ~es
staviti u zagradu parenthetic [paerən'th-
etik] a umetnut
pariah [pə'rajə] n parija; izbačenik (iz
društva)
Paris ['paeris] n Pariz
parish ['paeriš] n parohija parishioner
[pə'rišənər] n parohijan
Parisian I [pə'rižən] n Parižanin Parisian
II a pariški, pariski
parity ['paerətij] n paritet
park I [park] n 1. park; an amusement ~
zabavni park 2. stadion; a ball ~ sta-
dion za bezbol park II v 1. tr and intr
parkirati; to ~ a car parkirati kola 2. tr
(colloq.) staviti; he just ~s himself and
wants me to serve him! on samo zasede
(zasjedne) i hoće da ga ja služim!
parka [parkə] n nepromočiva krznena blu-
za s kapuljačom
parking n parkiranje parking lot parking,
parking-plac parking meter parking-
časovnik, parking-sat
parkway [~wej] n širok autoput
parlance ['parləns] n način govora; stil;
legal ~ pravna terminologija
parlay ['parlij] v tr (colloq.) pretvoriti; to
~ into a fortune pretvoriti u bogatstvo
parley ['parlij] n pregovori
parliament I ['parləmənt] n parlamenat,
skupština; to convene (dissolve) ~ sa-
zvati (raspustiti) skupštinu parliament
II a parlamentaran: skupštinski parlia-
mentary [parlə'mentərij] a parlamenta-
ran; a ~ debate (majority) parlamentar-
na debata (većina)
parlor ['parlər] n gostinska soba parlor
game društvena igra
parochial [pə'roukijəl] a 1. parohijski;
crkven; a ~ school crkvena škola 2.
(fig.) ograničen, uskogrudan
parody I ['paerədij] n parodija parody II v
tr parodirati
parole I [pə'roul] n (legal) uslovni otpust;
to release on ~ pustiti na uslovni otpust
parole II v tr uslovno pustiti; he was ~d
from prison pušten je uslovno iz zatvora
paroxysm ['paerəksizəm] n paroksizam

parquet I [par'kej] parket (daščice) **par-
quet** II a parketski, parketni; a ~ *floor*
parketni pod
parricide ['paerəsajd] n 1. roditeljoubistvo
(W: umorstvo roditelja) 2. roditeljoubica
(W: ubojica roditelja)
parrot I ['paerət] n papagaj **parrot** II v *tr*
ponavljati bez razumevanja (razumije-
vanja)
parry i ['paerij] n pariranje **parry** II v *tr*
parirati; odbiti; *to* ~ *an atack* odbiti
napad
parse [pars] v *tr* rasčlaniti
parsimonious [parsə'mounijəs] a škrt,
štedljiv **parsimony** ['parsəmounij] n
škrtost, štedljivost
parsley ['parslij] n peršun (W; peršin)
parsnip ['parsnip] n paškanat (W; pa-
strnjak)
parson ['parsən] n pastor, paroh **parson-
age** n paroštvo
part I [part] n 1. deo (dio); a *component* ~
sastavni deo 2. (tech.) deo; *spare* ~s
rezervni delovi 3. učešće; *to take* ~ *in
smt.* učestvovati u nečemu 4. (in *pl)*
kraj; *in these* ~s u ovom kraju 5. uloga;
to play a ~ igrati ulogu 6. (gram.) vrsta
(W also; vrst); *the* ~s *of speech* vrste
reči (riječi) 7. dužnost; *to do one's* ~
učiniti svoju dužnost 8. (mus.) glas 9.
razdeljak (razdjeljak); *to have a* ~ *in
the middle (of one's hair)* nositi razde-
ljak u sredini (kose na glavi) 10. strana;
to take smb.'s ~ držati nečiju stranu 11.
misc.; *for my* ~ što se mene tiče **part** II
adv delimično (djelimično), polu **part** III
v 1. *tr* razdeliti (razdijeliti); razdvojiti;
to ~ *one's hair in the middle* nositi
razdeljak (razdjeljak) u sredini 2. *tr*
prekinuti; *to* ~ *company with smb.*
rastati se s nekim 3. *intr* rastati se
partake [par'tejk]; *-took* [tuk]; *taken* [tej-
kən] v *intr* 1. učestvovati; *to* ~ *in smt.*
učestvovati u nečemu 2. poslužiti se; *to*
~ *of food* poslužiti se jelom
partial ['paršəl] a 1. delimičan (djelimi-
čan) 2. pristrastan (W: pristran) 3.
sklon; *to be* ~ *to smt.* nešto voleti
(voljeti) **partiality** [paršij'aelətij] n 1.
pristrasnost (W: pristranost) 2. naklo-
nost
participant [par'tisəpənt] n učesnik **partic-
ipate** [~pejt] v *intr* učestvovati; parti-
cipirati; *to* ~ *in smt.* učestvovati u

nečemu **participation** [partisə'pejšən] n
učešće
participial [partə'sipijəl] a participski,
participni; a ~ *construction* participska
konstrukcija **participle** ['partəsipəl] n
(gram.) 1. glagolski pridev (pridjev),
particip, 2. glagolski prilog
particle ['partikəl] n 1. čestica 2. (gram.)
rečca (riječca), partikula
particular I [pər'tikjələr] n pojedinost; *in*
~ osobito; *for further* ~ s za bliža
obaveštenja (obavještenja) **particular** II
a 1. osobit 2. probirljiv, cepidlački (cje-
pidlački); *he is very* ~ *about that*
mnogo mu je stalo do toga 3. poseban,
određen, specifičan; ~ *people* određene
ličnosti **particularly** adv naročito,
osobito
parting I ['parting] n oproštaj, rastanak;
*to reach a ~ *of the ways* doći d
neslaganja **parting** II a oproštajni; ~
words oproštajne reči (riječi)
partisan I ['partəzən] n partizan **partisan**
II a partizanski
partition I [par'tišən] n 1. pregrada; preti-
nac; prezid 2. podela (podjela) **partition**
II v *tr* 1. pregraditi; prezidati; *to* ~ *a
room* pregraditi sobu 2. podeliti (podije-
liti) na dva dela (dijela)
partitive I ['partətiv] n partitivna reč
(riječ) **partitive** II a partitivni
partly ['partlij] adv delimično (djelimično)
partner('partnər) n partner, ortak **part-
nership** n ortakluk, partnerstvo
partridge ['partridž] n jarebica
part-time I a skraćen; a ~ *job* skraćeno
radno vreme (vrijeme) **part-time** II adv
skraćeno
party I ['partij] n 1. zabava, žur, sedeljka
(sjedeljka); *to give a* ~ prirediti zabavu
2. (pol.) stranka, partija 3. (legal) stra-
na; *as* ~ *of the first (second) part* s prve
(druge) strane **party** II a stranački, par-
tijski **party line** 1. dvojni priključak 2.
(pol.) linija partije
pass I [paes] n 1. prolaz; klanac 2. propu-
snica; besplatna karta 3. (mil.) dozvola
za izlazak; izlazak; odsustvo; *to be on*
~ biti na odsustvu 4. prelet; *to make a*
~ *over a target* preleteti (preletjeti) nad
ciljem 5. (colloq.) udvaranje; *he made a*
~ *at her* bacio je oko na nju 6. (sports)
dodavanje 7. prolazna ocena (ocjena)
pass II v 1. *tr* prestići; preteći; *that car*
~ed *us twice* taj auto nas je pretekao

dva puta 2. *tr* mimoići; obići; obići; tc ~ *each other* mimoići se; *to* ~ *a standing vehicle* obići vozilo koje stoji 3. *tr* provesti; *to* ~ *time* provesti vreme (vrijeme) 4. *tr* položiti; *to* ~ *an examination* položiti ispit 5. *tr* propustiti; *to* ~ *a student* propustiti studenta 6. *tr* dodat; *to* ~ *the salt* dodati so (sol); *to* ~ *the ball to another player* dodati loptu drugom igraču 7. *tr* primiti, odobriti; *to* ~ *a law* primiti zakon 8. isprazniti; *to* ~ *water* mokriti 9. *tr* rasturiti, proturiti; *to* ~ *counterfeit bills* rasturiti lažne novčanice 10. *tr* proći; *to* ~ *a store* proći pored radnje; (pol.) *the bill did not* ~ *the Senate* nacrt zakona nije prošao u Senatu 11. *tr* doneti (donijeti); *to* ~ *judgement* doneti odluku 12. *tr* preći, prevući; *to* ~ *one's hand over smt.* preći rukom preko nečega 13. *tr* obaviti; *to* ~ *a rope around smt.* obaviti uže oko nečega 14. predati; *to* ~ *a baton* predati palicu 15. *intr* preći; *power* ~*ed into other hands* vlast je prešla u druge ruke 16. *intr* preticati; mimoilaziti; obilaziti 17. *intr* izdavati se (za); *he* ~*es as a Frenchman* on se izdaje za Francuza 18. *intr* proći; *time* ~*es quickly* vreme (vrijeme) brzo prolazi; *the motion* ~*ed* predlog je prošao 19. *intr* (mil.); prodefilirati; *to* ~ *in review* prodefilirati 20. *intr* (cards) propuštati, pasirati 21. *intr* položiti ispit **passable** *a* prolazan, prohodan; *a* ~ *road* prolazan put **passage** *n* 1. prolaženje, prolazak, prolaz; *to clear a* ~ izraditi prolaz 2. mesto (mjesto); odlomak; pasus **pasageway** [~wej] *n* hodnik

pass away *v* preminuti

passbook [~buk] *n* štedna knjižica

passenger I ['paesəndžər] *n* putnik **passenger** II *a* putnički; *a* ~ *train* putnički voz (W: vlak)

passer-by (*passers-by*) *n* prolaznik

passing I ['paesing] *n* prolaženje; *in* ~ uzgred **passing** II *a* prolazan; *a* ~ *grade* prolazna ocena (ocjena)

passion ['paešən] *n* 1. strast; pasija; *to rouse* ~ buditi strast 2. (rel., cap.) Hristovo (Kristovo) stradanje **passionate** *a* strastan

passive I ['paesiv] *n* (gram.) pasiv, trpno stanje **passive** II *a* 1. pasivan, neaktivan; ~ *resistance* pasivan otpor 2. (gram.)

trpni, pasivan; *the* ~ *voice* trpno stanje **passivity** [pə'sivətij] *n* pasivnost

passkey ['paeskij] *n* kalauz

pass off *v* izdavati; *to pass oneself off as an Englishman* izdavati se za Engleza

pass out *v* 1. razdeliti (razdijeliti) 2. onesvestiti (onesvijestiti) se

pass over (*to pass over in silence*) prećutati, preći ćutke (W: prijeći šutke preko)

Passover [~ouvər] *n* (rel.) Pasha

passport I [~port] *n* pasoš **passport** II *a* pasoški; *a* ~ *office* pasoško odeljenje (odjeljenje)

pass through *v* 1. propustiti; pasirati; *to pass meat through a grinder* propustiti meso kroz mašinu 2. proputovati; proći; *to pass through London* proputovati kroz London

pass up 1. dodati na više 2. odustati; *we had to pass it up* morali smo da odustanemo od toga

password (~werd) *n* lozinka, parola

past I (paest) *n* 1. prošlost 2. (gram.) prošlo vreme (vrijeme) **past** II *a* prošli; *the* ~ *tense* prošlo vreme (vrijeme) **past** III *adv* mimo; *to go* ~ proći mimo **past** IV *prep* 1. pored, mimo; *to go* ~ *a house* proći pored (mimo) kuće 2. (in time expressions) *at half* ~ *five* u pola šest

paste I [pejst] *n* 1. pasta; *anchovy* ~ riblja pasta 2. lepak (ljepak) **paste** II *v tr* zalepiti (zalijepiti)

paste III *v tr* (slang) udariti (pesnicom)

pastel [pae'stel] *n* pastel, pastela

pasteurize ['paesčərajz] *v tr* pasterizovati

pastime ['paestajm] *n* razonoda, provod

pastor ['paestər] *n* (protestantski) pastor, sveštenik (svećenik)

pastoral ['paestərəl] *a* pastoralan, pastirski

pastrami [pə'stramij] *n* (cul.) dimljena plećka

pastry ['pejstrij] *n* kolač **pastry shop** poslastičarnica (W: slastičarnica)

pasture ['paesčər] *n* paša, pašnjak

pasty I ['pejstij] *n* (Br.) pašteta

pasty II *a* bled (blijed)

pat I [paet] *n* 1. lagan udarac, tapšaj; *to give oneself a* ~ *on the back* čestitati sam sebi 2. komadić; *a* ~ *of butter* komadić putera (maslaca) **pat** II *v tr* potapkati, potapšati; pljesnuti; *to* ~ *smb. on the back* potapšati nekoga po ramenu

pat III *a* zgodan, podesan; spreman; *a*
~ *answer* zgodan odgovor pat IV *adv*
(colloq.) 1. tečno; dobro; *to have smt.*
down ~ znati nešto sasvim dobro 2.
misc.: *to stand* ~ ostati pri svojoj odluci
patch I [paeč] *n* 1. zakrpa, krpče 2.
pramen; *a* ~ *of fog* pramen magle 3.
sloj, zastor; *a* ~ *of ice* ledeni zastor
patch II *v tr* 1. zakrpiti, staviti zakrpu
(na); *to* ~ *sleeves* staviti zakrpu na
rukave 2. (*to* ~ *up*) izmiriti, poravnati;
to ~ *up a quarrel* poravnati spor patch-
work [~wərk] *n* krpež; krparija
pate [pejt] *n* glava; *a bald* ~ ćelava glava
patent I ['paetənt] *n* patent; *to take out a*
~ *on smt.* dobiti patent na nešto patent
II *v tr* patentovati; *to* ~ *an invention*
patentovati pronalazak
patently ['pejtəntlij] *a* očigledno
patent medicine lek (lijek) koji se prodaje
bez recepta
patent office patentni ured
paternal [pə'tərnəl] *a* očinski paternalism
n očinsko staranje, očinski odnos, pater
nalizam paternity [~nətij] *n* očinstvo,
paternitet
path [paeth] (-*ths* [th:z]) *n* staza; *to clear
(make) a* ~ utrti (prokrčiti) stazu
pathetic [pə'thetik] *a* patetičan
pathological [paethə'ladžikəl] *a* patološki
pathologist [pə'thalədžist] *n* patolog
pathology *n* patologija
pathos ['pejthas] *n* patos
patience ['pejšəns] *n* 1. strpljenje; *to lose*
~ izgubiti strpljenje 2. (Br.) pasijans
patient I *n* bolesnik patient II *a* strpljiv
patio ['paetijou] *n* otvoreno dvorište
patriarch ['pejtrijark] *n* patrijarh pa-
triarchal [pejtrij'arkəl] *a* patrijarhalar
patriarchy ['pejtrijarkij] *n* patrijarhat
patricidal [paetrə'sajdl] *a* oceubilački (W:
ocoubilački) patricide ['paetrəsajd] *n* 1.
oceubica (W: ocoubojica) 2. oceubistvo
(W: ocoubojstvo)
patrimony ['paetrəmounij] *n* očevina,
babovina
patriot ['pejtrijət] *n* rodoljub, patriota
patriotic [pejtrij'atik] *a* rodoljubiv, pa-
triotski patriotism ['pejtrijətizəm] *n* ro-
doljublje, patriotizam
patrol I [pə'troul] *n* patrola; patroliranje;
to go on ~ ići u patrolu patrol II *a*
patrolni patrol III *v tr and intr* patroli-
rati; *to* ~ *the streets* patrolirati ulicama
patrol car policijski automobil patrolman

[~mən] (-*men* [min]) *n* policajac
(u patroli)
patron ['pejtrən] *n* patron patronage *r*
patronat patroness *n* patronesa, patrona
patronize *v tr* 1. štititi; podržavati *?*
posećivati — posjećivati (kao mušterija);
to ~ *a store* biti stalna mušterija (nekc
radnje) 3. ophoditi se (s nekim) na
snishodljiv način patronizingly [~inglij]
adv na snishodljiv način
patronymic I [paetrə'nimik] *n* patronimik
(ime izvedeno od imena oca) patronymic
II *a* patronimički
patsy ['paetsij] *n* (slang) prostak; žrtva
patter I ['paetər] *n* 1. pljuskanje, dobova-
nje 2. sitno koračanje patter II *v intr* 1.
pljuskati, dobovati; udarati; *the rain* ~*s
against the windowpanes* kiša udara o
okna 2. sitno koračati
pattern I ['paetərn] *n* 1. obrazac, uzorak 2.
šablon, kalup 3. šnit pattern II *v tr (to
~ on, after)* učiniti prema uzoru
patty ['paetij] *n* pašteta; pljeskavica; *a
meat* ~ pašteta s mesom
paunch [ponč] *n* trbuh paunchy *a* trbušat
pauper ['popər] *n* siromah, pauper
pause I [poz] *n* zastoj, pauza pause II *v
intr* zastati, zaustaviti se
pave ⌊pejv] *v tr* popločati; asfaltirati;
to ~ *the way* prokrčiti put pavement
n 1. pločnik 2. (Br.) trotoar
pavilion [pə'viljən] *n* paviljon
Pavlovian [paev'louvijən] *n* Pavlovljev; ~
reflex Pavlovljev refleks
paw I [po] *n* šapa paw II *v tr* 1. (šapom,
rukom) dodirnuti 2. kopati; udarati; *the
horse is* ~*ing the ground* konj udara
kopitom o zemlju
pawn I [pon] *n* 1. (chess) pešak (pješak),
pion 2. (fig.) pion
pawn II *n* zaloga pawn III *v tr* založiti; *to*
~ *a watch* založiti sat pawnbroker
[~broukər] *n* zalagaoničar, zajmodavac
na zaloge pawnshop [~šap] *n* zalagao-
nica pawn ticket založnica
pay I [pej] *n* 1. plata (W: plaća) pay II *v* 1.
tr platiti; *to* ~ *a worker* platiti radnika;
to ~ *a bill* platiti račun 2. *tr* (or: *to* ~
off) otplatiti, isplatiti, podmiriti; *to* ~
(off) one's debts otplatiti (podmiriti)
dugove 3. *tr* obratiti; *to* ~ *attention to
smt.* obratiti pažnju na nešto 4. *intr*
platiti, otplatiti, uplatiti; *to* ~ *for a
dinner* platiti (za) ručak 5. *intr* isplatiti
se; *it* ~*s (does not* ~) to se (ne) isplati 6.

misc.; *to ~ a call* napraviti posetu
(posjet); *to ~ smb. a compliment* dati
nekome kompliment **payable** *a* plativ
pay back *v* 1. vratiti (dug); * *to pay back
in kind* vratiti milo za drago 2. osvetiti
se **payday** [~dej] *n* dan isplate, platni
dan **paymaster** [~maestər] *n* blagajnik
payment *n* isplata, isplaćivanje; uplata
pay off *v* 1. isplatiti se; *it pays off* to se
isplati 2. (colloq.) podmititi **payoff**
[~of] *n* 1. isplata 2. obračun; podmire-
nje 3. mito **payola** [pej'oulə] *n* (colloq.)
podmićivanje (disk-džokeja) **payroll**
[~roul] *n* platni spisak **payroll deduc-
tion** oduzimanje po platnom spisku **pay
station** javna telefonska govornica
pea [pij] *n* 1. (bot.) grašak 2. (cul.) (in *pl.*)
grašak
peace I [pijs] *n* mir; *to make ~* zaključiti
(sklopiti) mir **peace** II *a* mirovni; *a ~
conference* mirovna konferencija **peace-
able** *a* 1. miroljubiv 2. tih, miran
Peace Corps corpus mira **peaceful** *a* 1.
miran, tih 2. miroljubiv; *~ coexistence*
miroljubiva koegzistencija **peace-keep-
ing** *a* mirovni; *~ forces* mirovne snage
peacetime I [~tajm] *n* mirno doba,
vreme (vrijeme) **peacetime** II *a* mirno-
dopski
peach [pijč] *n* 1. breskva 2. boja breskve 3.
(slang) odlična stvar (osoba) **peachy** *a* 1.
poput breskve 2. (slang) odličan
peacock ['pijkak] *n* paun; * *as proud as a
~* gord kao paun
peak I [pijk] *n* 1. vrh, šiljak; *the ~ of a
mountain* vrh planine 2. vrhunac; *at the
~ of one's fame* na vrhuncu slave 3.
maksimum **peak** II *a* maksimalan; *~
efficiency* maksimalna efikasnost **peak**
III *v intr* dostići vrhunac
peaked ['pijkid] *a* oslabeo (oslabio);
iznuren
peak hour see **rush hour**
peal I [pijl] *n* 1. zvonjenje 2. tresak (trije-
sak); *a ~ of thunder* tresak groma **peal**
II *v intr* zvoniti; *the bells were ~ing*
zvona su zvonila
peanut ['pijnət] *n* 1. kikiriki, zemljani orah
2. zrno kikirikija **peanut butter** pasta od
kikirikija
pear [pejr] *n* kruška (drvo i plod)
pearl I [pərl] *n* biser; perla; *a string of ~s*
niz bisera **pearl** II *a* biseran; *a ~
necklace* biserna ogrlica **pearl diver** lo-
vac na bisere

pear tree kruška (drvo)
peasant I ['pezənt] *n* 1. seljak 2. (fig.,
pejor.) geak, gedža **peasant** II *a* seljački
peasantry [~rij] *n* seljaštvo
pea soup čorba (W: juha) od graška
peat [pijt] *n* treset **peat bog** tresetište
pebble ['pebəl] *n* šljunak
peccadillo [pekə'dilou] (-*s* or -*es*) *n* sitan
greh (grijeh); malena greška
peck I [pek] *n* 1. kljuvanje, udarac kljunom
2. (slang) poljubac **peck** II *v* 1. *tr* kljunu-
ti; pozobati 2. *tr* poljubiti 3. *intr* kljuva-
ti; kvocati 4. *tr and intr* probirati,
kljucati; *to peck (at) one's food* probira-
ti jelo
peck III *n* jedinica za merenje (mjerenje)
žita (otprilike 8 litara)
pecking order hijerarhija
pectoral ['pektərəl] *a* pektoralan, grudni
peculiar [pi'kju:ljər] *a* 1. čudan 2. naročit,
osobit **peculiarity** [pikju:lij'aerətij] *n* 1.
čudnost 2. naročitost, osobitost
pecuniary [pi'kju:nijerij] *a* novčani
pedagogical [pedə'gadžikəl] *a* pedagoški
pedagogue ['pedəgag] *n* pedagog **peda-
gogy** ['pedəgadžij] *n* pedagogija
pedal I ['pedl] *n* pedal; *a gas ~* pedal za
gas **pedal** II *v intr* voziti bicikl
pedant ['pedənt] *n* pedant **pedantic** [pə-
'daentik] *a* pedantan **pedantry** ['pedn-
trij] *n* pedanterija
peddle ['pedəl] *v* 1. *tr* torbariti; *to ~ goods*
torbariti (robu) 2. *intr* torbariti robu
peddler *n* torbar
pedestal ['pedəstəl] *n* postolje
pedestrian I [pə'destrijən] *n* pešak (pješak)
pedestrian II *a* 1. pešački (pješački); *a ~
crossing* pešački prelaz 2. dosadan; pro-
zaičan
pediatrician [pijdijə'trišən] *n* pedijatar **pe-
diatrics** [pijdij'aetriks] *n* pedijatrija
pedicure ['pedikju:r] *n* pedikir
pedigree ['pedəgrij] *n* pedigre
peek I [pijk] *n* virenje **peek** II *v intr* viriti,
krišom gledati; *to ~ at smb.* krišom
gledati nekoga
peel I [pijl] *n* ljuska, kora; *a banana ~*
kora od banane **peel** II *v* 1. *tr* oljuštiti;
to ~ an apple oljuštiti jabuku 2. *intr*
ljuštiti se; *his skin is ~ing* koža mu se
ljušti 3. *intr* (slang) svući se
peep I [pijp] *n* pijuk **peep** II *v intr* pijukati
peep III *n* potajan pogled, virenje **peep** IV
v intr viriti, gviriti, proviriti; *to ~ into
a room* proviriti u sobu **peephole**

[~houl] n kontrolni otvor, prorez za osmatranje **peeping Tom** voajer
peer I [pijr] v intr viriti
peer II n 1. ravan; premac; without ~ bez premca 2. plemić **peerless** a bez premca
peeve I [pijv] n negodovanje, nezadovoljstvo; zlovolja; a pet ~ glavna briga **peeve** II v tr ozlovoljiti **peevish** a zlovoljan, mrzovoljan
peewee ['pijwij] n (colloq.) patuljak
peg I [peg] n 1. klinac, klin; kolac; kočić 2. (mus.) čivija, ključ za zatezanje žica **peg** II v 1. tr za kočić privezati 2. tr (esp. baseball) baciti 3. (comm.) odrediti; to ~ prices odrediti cene (cijene) 4. intr (to ~ away) marljivo raditi
pejorative I [pi'džərətiv] n pejorativ **pejorative** II a pejorativan, pogrdan
Peking [pij'king] n Peking
pelican ['pelikən] n pelikan
pellet ['pelit] n loptica, kuglica, vavoljak
pell-mell ['pel-'mel] adv bezobzirno, u neredu; to rush ~ pojuriti bezobzirno
pelt I [pelt] n koža, krzno
pelt II v tr 1. baciti; to ~ smb. with rocks baciti kamenje na nekoga 2. šibati
pelvic ['pelvik] a karlični; the ~ bone karlična kost **pelvis** ['pelvis] n (anat.) karlica
pen I [pen] n naliv-pero
pen II n tor, obor **pen** III v tr (or: to ~ up, in) zatvoriti u tor, zatvoriti
penal ['pijnəl] a 1. krivični; a ~ code krivični zakonik 2. kazneni **penal colony** kazneno naselje **penalize** v tr kazniti **penalty** ['penəlti] n kazna **penalty area** (soccer) kazneni prostor **penalty box** (hockey) klupa za kažnjene **penalty kick** (soccer) kazneni udarac
penance ['penəns] n pokora, ispaštanje; to do ~ činiti pokoru, ispaštati
penchant ['penčənt] n naklonost, sklonost
pencil ['pensəl] n olovka
pendant ['pendənt] n pandan, visuljak
pending 1. a neodlučen, nerešen (neriješen) 2. prep do; ~ further orders do daljih naređenja
pendulum ['pendžuləm] n klatno, šetalica (na zidnom satu)
penetrable ['penətrəʊəl] a probojan **penetrate** [~trejt] v 1. tr probiti, prodreti (prodrijeti); to ~ the skin probiti kožu 2. intr prodirati, hvatati maha **penetrating** a 1. prodoran 2. proniciljiv **penetration** [penə'trejšən] n proboj, prodor;

penetracija; to make a ~ načiniti proboj
penguin ['pengwin] n pingvin
penicillin [penə'silin] n penicilin
peninsula [pə'ninsələ] n poluostrvo (W: also poluotok)
penis ['pijnis] n penis, muški ud
penitence ['penətəns] n pokajanje **penitent** I n pokajnik **penitent** II a pokajnički
penitentiary [penə'tenšərij] n kazneni zavod, zatvor
penknife ['pennajf] (-ives [ajvz]) n perorez, džepni nožić
penmanship ['penmənšip] n lepo (lijepo) pisanje; rukopis
pen name književnički pseudonim
pennant ['penənt] n 1. zastavica 2. (Am., baseball) prvo mesto (mjesto) u ligi
penniless ['penijlis] a bez para, siromašan
Pennsylvania [pensəl'vejnjə] n Pensilvanija
penny ['penij] n peni **penny pincher** (colloq.) škrtac, cicija
penology [pij'nalədžij] n penologija, nauka o krivičnom pravu
pen pal (colloq.) osoba s kojom se održavaju prijateljske veze putem pisama
pension I ['penšən] n penzija (W also: mirovina) **pension** II v tr (usu.: to ~ off) penzionisati (W also: staviti u mirovinu, umiroviti) **pensioner** n penzioner (W also: umirovljenik)
pensive ['pensiv] n zamišljen, zadubljen u misli
pentagon ['pentəgan] n 1. pentagon, petougaonik (W: peterokut) 2. (Am., mil., cap.) zgrada ministarstva odbrane (W: obrane), pentagon
pentathlon [pen'taethlən] n petoboj
Pentecost ['pentikost] n (rel.) Duhovi, Trojice
penthouse ['penthaus] n stan, stan-bašta na krovu visoke kuće
pent-up a zadržan, ugušen
penult ['pijnəlt] a penultima, pretposlednji (pretposljednji) slog
penurious [pə'nu:rijəs] a 1. škrt, tvrd 2. siromašan **penury** ['penjərij] n 1. škrtost, tvrdoća 2. siromaštvo
peon ['pijan] n nadničar; kmet; rob **peonage** n ropstvo, kmetstvo
people I ['pijpəl] n 1. (pl is -s; sgn may occur with a verb in the pl) narod; the French ~ francuski narod; the ~s of the Orient narodi Istoka 2. (pl) (prost)

narod; *common (working)* ~ prost (radni) narod 3. *(pl)* ljudi; svet (svijet); *many* ~ mnogo ljudi; *what will* ~ *say* šta (što) će svet reći? **people** II *v tr* naseliti
People's Republic of China Narodna Republika Kina
pep I [pep] *n* (colloq.) energija, polet **pep** II *v tr* (colloq.) *(to* ~ *up)* oživiti, osokoliti
pepper I ['pepər] *n* 1. biber (W also: papar) 2. paprika; *hot* ~ ljuta paprika
pepper II *v tr* 1. pobiberiti (W also: zapapriti) 2. saleteti (saletjeti); *to* ~ *smb. with questions* saleteti nekoga pitanjima
peppermint [~mint] *n* nana, metvica
pepper shaker bibernjača
pep pill stimulantno sredstvo
pep talk (colloq.) bodrenje (sportista, radnika)
per [pər] *prep* 1. po, prema; ~ *bearer* po donosiocu 2. za; ~ *pound* za funtu **per annum** ['aenəm] (Latin) godišnje **per capita** ['kaepətə] (Latin) po glavi
perceive [pər'sijv] *v tr* opaziti
per cent odsto, posto **percentage** [pər'sentidž] *n* postotak, procenat **percentile** [pər'sentajl] *n* procenat
perceptible [pər'septəbəl] *a* opažljiv, koji se može opaziti **perception** [pər'sepšən] *n* percepcija, opažanje **perceptive** [pər'septiv] *a* opažljiv, koji ima sposobnost opažanja
perch I [pərč] *n* 1. motka, pritka 2. sedalo (sjedalo) **perch** II *v* 1. *tr* metnuti, nataći 2. *intr* spustiti se, sesti
perch III *n* grgeč, smuđ
perchance [pər'čaens] *adv* može biti
percolate ['pərkəlejt] *v* 1. *tr* procediti (procijediti), filtrirati 2. *intr* cediti (cijediti) se **percolator** *n* aparat za pravljenje kafe (kave) s cedilom (cjedilom)
percussion I [pər'kəšən] *n* 1. (med.) perkusija 2. udaranje, udarac **percussion** II *a* udarni
per diem ['dijəm] (Latin) 1. dnevnica 2. dnevno, na dan; dnevni
peremptory [pə'remptərij] 1. (legal) konačan; bezuslovan 2. naređivački, zapovednički (zapovjednički)
perennial [pə'renijəl] *a* 1. (bot.) mnogogodišnji 2. večit (vječit); trajan
perfect I ['pərfikt] *n* (gram.) perfekat, prošlo vreme (vrijeme) **perfect** II *a* 1. savršen, perfektan; **practice makes* ~ bez muke nema nauke 2. (gram.) per-

fektni 3. sasvim; *a* ~ *stranger* sasvim tuđ čovek (čovjek) **perfect** III [pər'fekt] *v tr* usavršiti **perfection** [pər'fekšən] *n* savršenost, savršenstvo **perfective** I [pər'fektiv] *n* (gram.) svršeni (perfektivni) vid **perfective** II *a* (gram.) svršeni, perfektivni; *the* ~ *aspect* svršeni (perfektivni) vid **perfectly** ['pərfiktlij] *adv* 1. sasvim, potpuno. 2. savršeno
perfidious [pər'fidijəs] *a* perfidan, podmukao **perfidy** ['pərfədij] *n* perfidija, podmuklost
perforate ['pərfərejt] *v tr* perforirati, probušiti
perform [pər'form] *v* 1. *tr* izvesti; *to* ~ *magic* izvesti magiju 2. *tr* izvršiti; *to* ~ *one's duty* izvršiti dužnost 3. *tr* praviti; *to* ~ *miracles* praviti čuda 4. *intr* raditi, funkcionisati 5. *intr* istupati; igrati; *to* ~ *on the stage* istupati na sceni **performance** *n* 1. izvođenje; predstava 2. izvršenje; *the* ~ *of one's duty* izvršenje dužnosti 3. istupanje; igranje; *a stage* ~ istupanje na sceni 4. (tech.) performanse, učinak, rad **performer** glumac; pevač (pjevač); muzičar; plesač
perfume I ['pərfju:m] *n* parfem **perfume** II [pər'fju:m] *v tr* parfimisati
perfunctory [pər'fəngktərij] *a* površan
perhaps [pər'haeps] *adv* možda
peril ['perəl] *n* 1. opasnost 2. rizik
perimeter [pə'rimətər] *n* perimetar; periferija
period ['pijrijəd] *n* 1. period, razdoblje, doba 2. (sports) deo (dio) igre, poluvreme (poluvrijeme); *an extra* ~ produžetak 3. (in school) čas (W: sat) 4. tačka (W: točka) (Br. is **full stop**) 5. (or: *monthly* ~) menstruacija **periodic** [pijrij'adik] *a* periodičan, periodni **periodical** I *n* časopis **periodical** II *a* periodičan, periodički
peripheral [pə'rifərəl] *a* periferni **periphery** [pə'rifərij] *n* periferija
periscope ['perəskoup] *n* periskop
perish ['periš] *v intr* poginuti **perishable** *a* kvarljiv, pokvarljiv
perjure ['pərdžər] *v refl* krivo se zakleti; *he* ~*d himself* krivo se zakleo **perjury** ['pərdžərij] *n* krivokletstvo, laganje pred sudom
perk up *v* 1. dići, ispružiti; *to perk up one's ears* naćuliti uši 2. osokoliti (se)
permafrost ['pərməfrost] *n* večiti (vječiti) led, permafrost

permanence ['pərmənəns] n stalnost per-
manent I n trajna ondulacija permanent
II a stalan; trajan; permanentan
permeate ['pərmijejt] v tr prožeti, protkati
permissible [pər'misəbəl] a dopustljiv per-
mission [pər'mišən] n dozvola, odobre-
nje, dopuštenje permissive [pər'misiv] a
blag, popustljiv
permit I ['pər'mit] n dozvola, dopuštenje
permit II [pər'mit] v tr dozvoliti, dopu-
stiti
pernicious [pər'nišəs] a perniciozan, opa-
san, opak pernicious anemia pernicioz-
na anemija
peroxide [pə'raksajd] n superoksid;
peroksid
perpendicular [pərpən'dikjələr] a norma-
lan, perpendikularan
perpetrate ['pərpətrejt] v tr izvršiti; to ~ a
crime izvršiti krivično delo (djelo) per-
petrator n izvršilac
perpetual [pər'peču:əl] a večit (vječit) per-
petual motion večito (vječito) kretanje,
večiti pokretač perpetuate [pər'peču:ejt]
v tr ovekovečiti (ovjekovječiti) perpe-
tuity [pərpə'tu:ətij] n večitost (vječitost)
perplex [pər'pleks] v tr zbuniti perplexity
[~ətij] n zbunjenost
persecute ['pərsəkju:t] v tr proganjati per-
secution [pərsə'kju:šən] n proganjanje,
progon persecutor ['pərsəkju:tər] n pro-
gonilac
perseverance [pərsə'vijrəns] n istrajnost
persevere [pərsə'vijr] v intr istrajati
Persia ['pəržə] n Persija Persian I n 1.
Persijanac 2. persijski jezik Persian II a
persijski Persian Gulf Persijko more
persist [pər'sist] v intr istrajati persistence
n istrajnost persistent a istrajan
person ['pərsən] n lice; osoba; ličnost; a ~
to ~ (telephone) call (telefonski) poziv
određenog lica personable privlačan;
ličan personal a 1. ličan; personalan; ~
belongings predmeti lične svojine; ~
property lična svojina 2. (gram.) lični; a
~ pronoun lična zamenica (zamjenica)
personality [pərsən'aelətij] n 1. ličnost;
karakter (struktura svih sposobnosti,
sklonosti nekog pojedinca) 2. (colloq.)
ugledan čovek (čovjek); well-known
~ties poznate ličnosti personally adv 1.
lično 2. što se tiče; ~, I hope that he
comes što se mene tiče, nadam se da će
doći personify [pər'sanəfaj] v tr oličiti,
personifikovati

personnel I [pərsə'nel] n 1. personal, ka-
dar; osoblje 2. (usu. mil.) ljudstvo, živa
sila personnel II a peronalni, kadrovski;
a ~ department kadrovska služba
perspective [pər'spektiv] n perspektiv
perspicacious [pərspi'kejšəs] a pronicljiv,
pronicav
perspiration [pərspə'rejšən] n znoj per-
spire [pər'spajr] v intr znojiti se
persuade [pər'swejd] v tr nagovoriti, nave
sti; to ~ smb. to do smt. navesti nekoga
da uradi nešto persuasion (pər'swejžən]
n 1. nagovaranje, ubeđivanje (ubjeđiva-
nje) 2. vera (vjera), religija persuasive
[pər'swejsiv] a ubedljiv (ubjedljiv)
pert [pərt] a živahan; žustar
pertain [pər'tejn] v intr odnositi se (na),
biti u vezi (s); that ~s to her to se
odnosi na nju
pertinence ['pərtənəns] n značajnost, važ-
nost pertinent a značajan, važan
perturb [pər'tərb] v tr uznemiriti, zbuniti
Peru [pə'ru:] n Peru
perusal [pə'ru:zəl] n pregled peruse [pə-
'ru:z] v tr pregledati
Peruvian I [pə'ru:vijən] n Peruanac Peru-
vian II a peruanski
pervade [pər'vejd] v tr prožeti, provejati
(provijati) pervasive [pər'vejsiv] a koji
prožima
perverse [pər'vərs] a perverzan, izopačen,
razvratan perversion [pər'vəržən] n per-
verzija, izopačenost pervert I ['pərvərt]
n izopačenik, razvratnik pervert II [pər-
'vərt] v tr izopačiti, razvratiti
pessimism ['pesəmizəm] n pesimizam pes-
simist n pesimista pessimistic [pesə'mi-
stik] a pesimističan, pesimistički
pest [pest] n 1. dosadna osoba 2. štetočina
pester v tr dosaditi, uznemiriti pesticide
[~əsajd] n pesticid pestilence ['pestə-
ləns] n kuga, pomor
pestle ['pesəl] n tučak
pet I [pet] n 1. pitoma domaća životinja 2.
ljubimac pet II a omiljen; a ~ peeve
glavna briga pet III v 1. tr milovati,
maziti 2. intr (colloq.) milovati se, mazi-
ti se
petal ['petəl] n cvetni (cvjetni) list, latica
peter out ['pijtər] v (colloq.) 1. postepeno
se gubiti 2. zamoriti se, umoriti se
petition I [pə'tišən] n peticija, molba peti-
tion II v 1. tr podneti (podnijeti) molbu
(nekome); to ~ the authorities podneti

molbu vlastima 2. *intr* moliti; *to* ~ *for* moliti za **petitioner** n molilac
petrify ['petrəfaj] v 1. *tr* okameniti, skameniti, petrificirati 2. *intr* okameniti se, skameniti se
petrol ['petrəl] n (Br.) benzin (see also **gas, gasoline**) **petroleum** [pə'troulijəm] n petrolej, nafta **petrol station** Br.; see **filling station**
petticoat ['petijkout] n donja suknja, podsuknja
pettifog ['petijfag] v *intr* služiti se smicalicama
petty ['petij] a 1. sitan; ~ *theft* sitne provale 2. sitničav, sitan, uskogrudan; a ~ *person* sitan čovek (čovjek) **petty larceny** sitno delo (djelo) krađe **petty officer** podoficir mornarice
petulant ['pečulənt] a mrzovoljan, čandrljiv
pew [pju:] n crkvena klupa
pewter [pju:tər] n 1. tvrdi kalaj, kositer 2. posuđe od kalaja
phantom ['faentəm] n fantom
pharaoh ['fejrou] n faraon
pharmaceutical [farmə'su:tikəl] a farmaceutski **pharmacist** ['farməsist] n farmaceut, apotekar **pharmacy** ['farməsij] n apoteka (W also: ljekarna)
pharynx ['faeringks] n ždrelo (ždrijelo)
phase I [fejz] n faza, etapa **phase** II v *tr* 1. razdeliti (razdijeliti) na faze 2. *(to* ~ *in)* postepeno uvoditi 3. *(to* ~ *out)* postepeno izbacivati, isključivati
Ph. D. [pijejč'dij] abbrev. of *Doctor of Philosophy*
pheasant ['fezənt] *(pl* has *-s* or zero) n fazan
phenomenal [fi'namənəl] a 1. pojavni 2. fenomenalan, izvanredan **phenomenon** [fi'namənan] *(-na* [nə]) n 1. pojava, fenomen; a *natural* ~ prirodna pojava 2. fenomen, ono što je izuzetno
Philadelphia [filə'delfijə] n Filadelfija **Philadelphia lawyer** veoma vešt (vješt) advokat
philander [fi'laendər] v *intr* voditi ljubav, ašikovati **philanderer** n ljubavnik, ašik
philanthropic [filən'thrapik] a filantropski, čovekoljubiv (čovjekoljubiv) **philanthropist** [fi'laenthrəpist] n filantrop, čovekoljubac (čovjekoljubac) **philanthropy** [~pij] n filantropija
philatelist [fi'laetəlist] n filatelista **philately** [fi'laetəlij] n filatelija

philharmonic I [filhar'manik] n simfonijski orkestar, filharmonija **philharmonic** II a filharmonijski
Philippine ['filəpijn] a filipinski **Philippine Islands** Filipini **Philippines** n pl Filipini
philologic [filə'ladžik], **philological** a filološki **philologist** [fi'lalədžist] n filolog **philology** [~džij] n filologija
philosopher [fi'lasəfər] n filozof **philosophic** ['filə'safik], **philosophical** a filozofski **philosophize** [fi'lasəfajz] v *intr* filozofirati **philosophy** [fi'lasəfij] n filozofija
phlebitis [fli'bajtis] n (med.) flebitis
phlegm [flem] n flegma **phlegmatic** [fleg'maetik] a flegmatičan
phobia ['foubijə] n fobija
phone [foun] (colloq.) see **telephone**
phoneme ['founijm] n (ling.) fonem, fonema **phonemic** [fou'nijmik] a fonemni, fonemski, fonematski **phonemics** n fonemika **phonetic** [fou'netik] a fonetički, fonetski **phonetician** [founə'tišən] n fonetičar **phonetics** [fə'netiks] n fonetika
phonograph ['founəgraef] n fonograf
phonology [fou'anlədžij] n fonologija
phony I ['founij] n (colloq.) 1. falsifikat, prevara 2. hohštapler, varalica **phony** II a (colloq.) lažan, pretvoran
phosphate ['fasfejt] n fosfat
photocopier ['foutoukapijər] n aparat za fotokopiranje **photocopy** I ['foutoukapij] n fotokopija **photocopy** II v *tr* fotokopirati **photo finish** foto-finiš **photogenic** [~'dženik] a fotogeničan **photograph** I [~graef] n slika, fotografija, fotos, snimak; *to develop (touch up)* a ~ razviti (retуширati) sliku **photograph** II v 1. *tr* fotografisati, slikati, snimati 2. *intr* fotografisati se; *she* ~s *well* ona je fotogenična **photographer** [fə'tagrəfər] n fotograf **photographic** [foutə'graefik] a fotografski **photography** [fə'tagrəfij] n fotografija (stvaranje trajnih slika) **photostat** ['foutəstaet] n fotokopija, fotostat
phrase I [frejz] n fraza; frazeološki obrt; *trite* ~s otrcane fraze **phrase** II v *tr* 1. izraziti 2. formulisati **phraseology** [frejzij'alədžij] n frazeologija
physic ['fizik] n purgativ, lek (lijek) za čišćenje
physical I n lekarski — ljekarski (W: liječnički) pregled **physical** II a 1. fizički; telesni (tjelesni); a ~ *defect* telesna mana 2. fizikalni 3. lekarski **physical**

examination lekarski pregled **physical therapy** fizikalna terapija, fizioterapija **physical training** fiskultura **physician** [fi'zišən] n lekar — ljekar (W: liječnik), doktor

physicist ['fizəsist] n fizičar **physics** I ['fiziks] n fizika **physics** II a fizički; a ~ *laboratory* fizička laboratorija

physiognomy [fizij'agnəmij] n 1. fiziognomika 2. izgled, fizionomija

physiological [fizijə'ladžikəl] a fiziološki **physiologist** [fizij'alədžist] n fiziolog **physiology** [~džij] n fiziologija

physique [fi'zijk] n stas, muskulatur, telesni (tjelesni) sastav

pianist ['pijənist] n pijanista **piano** [pij'aenou] (~s) n klavir; *to play the* ~ svirati klavir (na klaviru)

picayune [pikij'ju:n] a sitan

piccolo ['pikəlou] (-s) n pikola

pick I [pik] n 1. izbor; cvet (cvijet); *he has his* ~ *on* može birati; *the* ~ *of the crop* ono što je najbolje 2. šiljasti alat (see **pickax**) 3. (mus.) prsten za udaranje u žice **pick** II v tr 1. izabrati, odabrati; *to* ~ *flowers* brati cveće (cvijeće) 2. skupiti, sabrati (s); *to* ~ *a field* sabrati plodove sa polja 3. čačkati; *to* ~ *one's teeth* čačkati zube 4. isprazniti; *to* ~ *smb's pocket* isprazniti nekome džep 5. otvoriti kalauzom; *to* ~ *a lock* otvoriti bravu kalauzom 6. zametnuti, zapodenuti (zapodjenuti); *to* ~ *a quarrel* zametnuti kavgu 7. prebirati; *to* ~ *strings* prebirati strune

pick at v probirati, kljucati, grickati; *to pick at one's food* probirati jelo

pickax, pickaxe [~aeks] n pijuk, budak

picker n berač; a *grape (strawberry)* ~ berač grožđa (jagoda)

picket I [~it] n 1. kolac 2. (mil.) predstražno odeljenje (odjeljenje) 3. piket, dežuran štrajkač **picket** II v 1. tr piketirati 2. intr dežurati (kao štrajkač) **picket fence** ograda od drvenih kolaca **picket line** red piketa (za vreme — vrijeme štrajka)

pickle I ['pikəl] n 1. kiseli krastavac, krastavac u turšiji 2. (colloq.) nezgoda, neprilika **pickle** II v tr zakiseliti, metnuti u turšiju

pick off v ustreliti (ustrijeliti); postreljati (postrijeljati) jednog po jednog; *to pick off a sentry* ustreliti stražara

pick on v kinjiti; *to pick on smb.* kinjiti nekoga

pickpocket [~pakit] n džeparoš

pick up v 1. podići (sa zemlje); *to pick up a suitcase* podići kofer 2. prihvatiti, uzeti; primiti, skupiti; *to pick up a hitchhiker* prihvatiti autostopera 3. dočekati; *I picked him up at the station* dočekao sam ga na stanici 5. preuzeti; nabaviti; *to pick up one's car* preuzeti svoja kola 6. povećati; *to pick up speed* povećati brzinu 7. (colloq.) poboljšati se; *business will pick up* poslovi će se poboljšati 8. (colloq.) *to pick up a girl* napraviti ulično poznanstvo s devojkom (djevojkom) 9. (colloq.) uhapsiti 10. misc.; *he picked up the check* on je platio račun za sve (u restoranu) **pickup** [~əp] n 1. prikupljanje; prihvatanje 2. (colloq.) poboljšanje; povećanje; porast; a ~ *in sales* porast prodaje 3. (elec.) zvučnica 4. (slang) slučajno (ulično) poznanstvo 5. (slang) kurva 6. okrepno sredstvo, okrepa **pickup truck** kamionet

picky a (colloq.) preterano (pretjerano) izbirljiv

picnic ['piknik] n 1. izlet, piknik; *to go on a* ~ ići na izlet 2. (slang) lak zadatak **picnicker** n izletnik

pictorial [pik'torijəl] a slikarski; u slikama **picture** I ['pikčər] n slika; *to paint a* ~ naslikati sliku **picture** II v tr 1. opisau. 2. predstaviti; *to* ~ *to oneself* predstaviti sebi **picturesque** [pikčə'resk] a živopisan; slikovit

pidgin I ['pidžən] n kreolski jezik **pidgin** II a kreoliziran **Pidgin English** kreolizirana varijanta engleskog jezika

pie [paj] n (cul.) 1. pita, (američki) kolač; *an apple* ~ pita s jabukama. 2. (Br.) paštteta 3. misc.; *as easy as* ~ prost kao pasulj

piece I [pijs] n 1. komad; parče; a ~ *of cake* komad (parče) torte 2. delo (djelo); a ~ *of music* muzičko delo 3. figura; *chess* ~s šahovske figure 4. misc.; *to go to* ~s doživeti (doživjeti) krah; *to give smb.* a ~ *of one's mind* reći nekome svoje otvoreno mišljenje **piece** II v tr (*to* ~ *together*) spojiti, sastaviti **piecemeal** [~mijl] adv and a parče po parče, po delovima (dijelovima) **piecework** ~wərk] n akord; *to do* ~ raditi na akord

pier [pijr] *n* 1. pristanište 2. (archit.) stub; *a bridge* ~ mosni stub

pierce [~s] *v tr* 1. probiti; *to* ~ *armor* probiti oklop 2. prolomiti; *a scream* ~*d the stillness* vrisak je prolomio tišinu 3. probušiti; ~*d ears* bušene uši

piety ['pajətij] *n* pobožnost

pig [pig] *n* 1. svinja; krme; prase; *roast (suckling)* ~ pečeno prase; **to buy a* ~ *in a poke* kupiti mačku u džaku 2. (fig., pejor.) svinja

pigeon ['pidžən] *n* golub

pigeonhole I [~houl] *n* pretinac, fah **pigeonhole** II *v tr* staviti u pretinac; (fig.) staviti u akta

piggy ['pigij] *n* dim. of **pig**

piggyback [~baek] *adv* na krkači; *to carry a child* ~ nositi dete (dijete) na krkači **piggy bank** štedna kasica

pigheaded ['pighedid] *a* tvrdoglav

pigment [~mənt] *n* pigment

pigpen [~pen] *n* svinjac

pigskin [~skin] *n* 1. svinjska koža 2. (colloq., Am.) fudbalska lopta

pigsty [~staj] *n* svinjac, obor za svinje

pigtail [~tejl] *n* kika

pike I [pajk] *n* koplje, džilit

pike II *n* (fish) štuka

pike III *n* see **turnpike**

pile I [pajl] *n* 1. gomila; naslaga; svežanj; *a* ~ *of rocks* gomila kamenja 2. (slang) bogatstvo; *he made a* ~ obogatio se **pile** II *v* 1. *tr* natrpati; *he* ~*d the table with books* natrpao je sto (stol) knjigama 2. *tr* (or: *to* ~ *up*) nagomilati, naslagati 3. *intr (to* ~ *up)* gomilati se 4. *intr* ići (na brzinu, neorganizovano); *they* ~*d into the car* svi su se utrpali u kola

pile III *n* malja, vlas, dlaka

pile IV *n* stub; kolac; *to sink a* ~ zabiti stub **pile driver** malj-nabijač

piles *n pl* hemoroidi, šuljevi

pileup [~əp] *n* gomila vozila (posle — poslije sudara)

pilfer ['pilfər] *v tr* ukrasti *n*

pilgrim [~grim] *n* hodočasnik **pilgimage** *n* hodočašće

pill [pil] *n* pilula, tableta; *a headache (sleeping)* ~ pilula protiv glavobolje (za spavanje); **to swallow a bitter* ~ progutati gorku pilulu: (colloq.) *the* ~ hormonska tableta (za sprečavanje trudnoće)

pillage ['pilidž] *v* 1. *tr* opljačkati 2. *intr* pljačkati

pillar ['pilər] *n* stub; *a supporting* ~ potporni stub

pillbox [~baks] *n* (mil.) betonski bunker

pillory I [~ərij] *n* sramni stub **pillory** II *v tr* izložiti javnoj poruzi

pillow ['pilou] *n* jastuk **pillowcase** (~kejs) *n* navlaka za jastuk, jastučnica

pilot I ['pajlət] *n* 1. pilot; *a test* ~ probni pilot 2. (naut.) peljar, pilot **pilot** II *a* probni, ogledni; *a* ~ *project* probni projekat **pilot** III *v tr* pilotirati, upravljati; *to* ~ *an airplane* pilotirati avionom

pilot light kontrolni plamen (kod plinskih uređaja)

pimp [pimp] *n* podvodnik, makro

pimple ['pimpəl] *n* bubuljica **pimply** *a* bubuljičav

pin I [pin] *n* 1. čioda, špenadla, pribadača 2. ziherica, zihernadla (also **safety pin**) 3. šplint; čivija 4. značka studentskog udruženja 5. (bowling) čunj, kegla 6. misc.; **to be on* ~*s and needles* sedeti (sjedjeti) kao na iglama **pin** II *v tr* 1. pribosti, pričvrstiti (čiodama) 2. (wrestling) tuširati, položiti na obe (obje) plećke 3. prignječiti; *the car knocked him down and* ~*ned his leg* auto ga je oborio i prignječio mu nogu

pinafore ['pinəfor] *n* dečija (dječja) pregača

pinball machine [~bol] automat za igru s kuglicama (na kosoj površini)

pincers ['pinsərz] *n pl* 1. klešta (kliješta) 2. štipaljka; pinceta

pinch I [pinč] *n* 1. uštip 2. pregršt, zahvat među prstima 3. škripac; *in a* ~ u škripcu 4. (slang) hapšenje **pinch** II *v* 1. *tr* štipnuti 2. *tr and intr* žuljiti, stezati 3. *tr* (slang) uhapsiti 4. misc.; *to* ~ *pennies* cicijašiti

pinch-hit *v intr* (baseball and fig.) biti zamenik (zamjenik)

pin down *v* 1. prikovati; *to pin smb. down (by fire)* prikovati nekoga (vatrom) 2. obavezati; *we could not pin him down* nije hteo (htio) da se obaveže

pine I [pajn] *n* (bot.) bor

pine II *v intr* čeznuti; *to* ~ *for smb.* čeznuti za nekim

pineapple ['pajnaepəl] *n* ananas

ping-pong ['ping-pang] see **table tennis**

pinhead [~hed] *n* 1. čiodina glava 2. (colloq.) glupan

pinhole [~houl] *n* rupica od igle

pinion ['pinjən] *n* (manje) zupčanik; pogonski točak

pink I [pingk] *n* 1. boja karanfila, crvenobleda (crvenoblijeda) boja 2. (slang) simpatizer komunizma, umereni (umjereni) liberal 3. (colloq.) najbolje stanje; *in the ~ of condition* u najboljoj kondiciji **pink** II *a* boje karanfila; bledocrven (blijedocrven)

pinkie ['pingkij] *n* mali prst

pinnacle ['pinəkəl] *n* 1. šiljata kula 2. vrhunac

pinochle, pinocle ['pijnakəl] *n* vrsta igre karata

pin on *v* 1. prikačiti 2. polagati; *to pin one's hopes on smb.* polagati nadu u nekoga 3. svaliti; *to pin the blame on smb.* svaliti (tuđu) krivicu na nekoga

pinpoint I ['pinpojnt] *n* 1. čestica, delić (djelić) 2. (mil.) određeni cilj **pinpoint** II *a* tačan (W: točan); *~ bombing* nišansko bombardovanje **pinpoint** III *v tr* odrediti tačan (W: točan) položaj (nečega)

pinprick [~prik] *n* ubod iglom

pinstripe [~strajp] *n* uska traka

pint [pajnt] *n* pinta (mera — mjera za zapreminu)

pin up *v* obesiti (objesiti) **pinup** ['pinəp] *n* (colloq.) (or: ~ *girl*) pin-ap, obešena slika privlačne devojke (djevojke)

pioneer I [pajə'nijr] *n* pionir, onaj ko (tko) utire put **pioneer** II *a* pionirski; *the ~ spirit* pionirski duh **pioneer** III *v tr* 1. prokrčiti put (kroz) 2. pronaći; razviti **pioneering** *a* pionirski

pious ['pajəs] *n* pobožan

pip [pip] *n* 1. (Br., mil., colloq.) zvezdica (zvjezdica) na naramenicama 2. (slang) odlična stvar

pipe I [pajp] *n* 1. cev (cijev); vod; *a drain ~* odvodna cev 2. lula; *to smoke a ~* pušiti lulu (na lulu) 3. frula **pipe** II *v* 1. *tr* cevima (cijevima) provoditi 2. *intr (to ~ down)* (slang) ućutati — ućutjeti (W: ušutjeti) **pipe fitter** polagač cevi (cijevi) **pipeline** [~ lajn] *n* 1. cevovod (cjevovod) 2. linija snabdevanja (snabdijevanja), sistem dotura **piper** *n* frulaš, gajdaš

piping *adv* vreo; *~ hot* vreo vrelcat

pique I [pijk] *n* uvreda, pik **pique** II *v tr* 1. uvrediti (uvrijediti) 2. podstaći; *to ~ smb.'s curiosity* podstaći nečiju radoznalost

piracy ['pajrəsij] *n* piratstvo, gusarenje

pirate I ['pajrət] *n* pirat, gusar **pirate** II

a piratski, gusarski **pirate** III *v tr* 1. opljačkati 2. plagirati, bespravno preštampati

pistachio [pi'staešijou] *n* trišlja; morski lešnik (lješnik)

pistol ['pistəl] *n* pištolj **pistol belt** opasač za futrolu pištolja

piston ['pistən] *n* 1. klip 2. (mus.) zalistak (na duvačkom instrumentu) **piston rod** klipnjača

pit I [pit] *n* 1. jama; rupa 2. (mining) okno, jama 3. (theater) prostor za orkestar **pit** II *v tr* 1. napraviti rupe (na) 2. suprotstaviti; *to ~ one thing against another* suprotstaviti nešto nečemu

pit III *n* koštica **pit** IV *v tr* očistiti od koštica

pitch I [pič] *n* (crna) smola

pitch II *n* 1. bacanje 2. visina tona 3. (tech., aviation) korak; *propeller ~* korak elise 4. (naut.) posrtanje (broda) 5. (slang) ubeđivanje (ubjeđivanje); *a sales ~* reklama **pitch** III *v* 1. *tr* (esp. baseball) baciti 2. *tr* postaviti; *to ~ camp (a tent)* postaviti logor (šator) 3. *intr* (naut.) posrtati 4. misc.; *to ~ in* pomagati, sarađivati; prionuti na posao

pitch-dark *a* potpuno mračan

pitched *a* žestok; *~ battles* žestoke borbe

pitcher I *n* (esp. baseball) bacač

pitcher II *n* 1. krčag 2. bokal

pitchfork [~fork] *n* račve, vile

piteous ['pitijəs] *a* žalostan

pitfall [~fol] *n* zamka, klopka

pithy ['pithij] *a* jezgrovit, jedar

pitiful ['pitifəl] *a* jadan **pitiless** *a* nemilosrdan

pittance *n* 1. mala svota novca 2. mali deo (dio)

pitter-patter *n* (onoma) tapkanje, dobovanje

pity I ['pitij] *n* 1. sažaljenje; *to take ~ on smb.* osećati (osjećati) sažaljenje prema nekome 2. predmet sažaljenja; šteta; *it's a ~ that he did not come* šteta što nije došao **pity** II *v tr* sažaljevati

pivot I ['pivət] *n* 1. stožer; obrtna tačka (W: točka) 2. glavna tačka 3. (basketball) pivotiranje **pivot** II *v intr* okretati se, obrtati se

pixy ['piksij] *n* mala vila

pizza ['pijtsə] *n* (cul.) napuljska pita

placard ['plaekərd] *n* plakat

placate ['plejkejt] *v tr* slušati

place I [plejs] *n* 1. mesto (mjesto); *he took his* ~ seo je na svoje mesto 2. stan, kuća; *come over to my* ~ *this evening* dođi večeras u moj stan 3. misc.; *to take* ~ desiti se; **to go* ~*s* imati uspeha (uspjeha) **place** II *v* 1. *tr* staviti, metnuti; postaviti; položiti; *to* ~ *in a standing position* staviti da stoji 2. *tr* namestiti (namjestiti); dati zaposlenje 3. *tr* setiti (sjetiti) se, prepoznati; *I could not* ~ *him* nisam mogao da se setim ko (tko) je 4. *tr* plasirati; *to* ~ *merchandise* plasirati robu 5. *intr* plasirati se; *he* ~*ed well* on se dobro plasirao 6. *intr* (horse-racing) zauzeti drugo mesto (mjesto) 7. misc.; *to* ~ *a bet* opkladiti se; *to* ~ *an order for smt.* poručiti nešto
place mat podmetač
placement *n* 1. metanje, postavljanje 2. zapošljavanje **placement examination** test spremnosti **placement service** zavod za zapošljavanje
placid ['plaesid] *a* miran, tih
plagiarism ['plejdžərizəm] *n* plagijat **plagiarist** *n* plagijator **plagiarize** *v* *tr and intr* plagirati
plague I [plejg] *n* kuga **plague** II *v* *tr* mučiti; uznemiriti
plaid I [plaed] *n* pled, pokrivač **plaid** II *a* kariran
plain I [plejn] *n* ravnica **plain** II *a* 1. jasan, razgovetan; *to make smt.* ~ objasniti nešto 2. prost; običan; ~ *people* prost narod 3. prostosrdačan, otvoren; iskren; **in* ~ *English* otvoreno 4. (fig.) čist, pravi; ~ *nonsense* čista (prava) besmislica **plain** III *adv* jasno, razgovetno
plainclothes man [~klouz] detektiv koji nosi civilno odelo (odijelo)
plaintiff ['plejntif] *n* (legal) žalilac
plaintive [~iv] *a* žaloban, tužan
plan I [plaen] *n* plan; projekat; *the* ~*s of a house* projekat kuće **plan** II *v* *tr and intr* planirati; *he was* ~*ning to travel to Europe* on je planirao da putuje u Evropu
plane I [plejn] *n* ravan **plane** II *a* ravan; *a* ~ *surface* ravna površina
plane III *n* rende, strug **plane** IV *v* *tr* rendisati, istrugati (na rende)
plane V *n* see **airplane**
planet ['plaenət] *n* planeta **planetarium** [plaenə'tejrijəm] *n* planetarij **planetary** ['plaenəterij] *a* planetarni; planetni; *a* ~ *system* planetni sistem

plank [plaengk] *n* 1. debela daska; **to walk the* ~ ići daskom dok se ne padne u more (gusarski način izvršenja smrtne presude) 2. (pol.) načelo; *a* ~ *of a political platform* načelo partijske politike
plant I [plaent] *n* 1. biljka 2. fabrika 3. podmetnuta stvar (osoba) **plant** II *v* *tr* 1. posaditi; *to* ~ *flowers* posaditi cveće (cvijeće) 2. zabiti; zariti; *to* ~ *a stake in the ground* zabiti kolac u zemlju 3. postaviti; *to* ~ *oneself* postaviti se 4. podmetnuti; *to* ~ *explosives* podmetnuti eksploziv **plantation** [plaen'tejšən] *n* plantaža; *a cotton* ~ plantaža pamuka
planter ['plaentər] *n* 1. sadilac 2. plantator
plasma ['plaezmə] *n* plazma; *blood* ~ krvna plazma
plaster I ['plaestər] *n* 1. (gipsani) malter, žbuka 2. flaster 3. (or: ~ *of Paris*) gips **plaster** II *v* *tr* 1. malterisati 2. gipsovati 3. (or: *to* ~ *down*) zalepiti (zalijepiti) **plaster cast** gips
plastic I ['plaestik] *n* plastika **plastic** II *a* plastičan; ~ *surgery* plastična hirurgija
plate I [plejt] *n* 1. ploča; *steel* ~*s* čelične ploče 2. (dental) zubna ploča 3. tanjir (W also: tanjur) 4. (or: *collection* ~) tas 5. prevlaka; *gold (silver)* ~ zlatna (srebrna) prevlaka **plate** II *v* *tr* 1. prevući, obložiti 2. oklopiti
plateau [plae'tou] *n* visoravan
plateful ['plejtful] *n* pun tanjir (W also: tanjur)
plate glass staklo u pločama
platform ['plaetform] *n* 1. platforma, podijum; govornica 2. (pol.) platforma, program rada; *a party* ~ platforma partije 3. peron
platinum ['plaetənəm] *n* platina
platitude ['plaetətu:d] *n* otrcana fraza
Platonic [plə'tanik] *a* platonski
platoon [plə'tu:n] *n* (mil.) vod
platter ['plaetər] *n* 1. plitak tanjir (W also: tanjur) 2. gramofonska ploča
plaudits ['plodits] *n* *pl* odobravanje; pljeskanje
plausible ['plozəbəl] *a* verodostojan (vjerodostojan)
play I [plej] *n* 1. komad, drama 2. (sports) igra; *to put the ball (back) into* ~ vratiti loptu u igru 3. igra, igranje, poigravanje; *a* ~ *upon words* igra reči (riječi) 4. dejstvo (dejstvo); *to bring into*

~. uvesti u dejstvo 5. (tech.) zazor, mrtvi hod 6. misc.; *foul* ~ zločin; *to make a* ~ *for smb.* udvarati se nekome **play** II *v* 1. *tr* igrati, odigrati; igrati se; *to* ~ *cards* igrati karte; *to* ~ *ball* igrati se lopte 2. svirati, odsvirati; *to* ~ *the flute* svirati na flauti; *to* ~ *a song* odsvirati pesmu (pjesmu) 3. *tr* pustiti; *to* ~ *a record* pustiti ploču 4. *tr* učiniti da igra; *to* ~ *a searchlight on smt.* obasjavati nešto reflektorom 5. *tr* and *intr* izigravati, praviti se; *to* ~ *sick* praviti se bolestan 6. *intr* igrati (se); *the children were* ~*ing quietly* deca (djeca) su (se) mirno igrala 7. *intr* svirati 8. misc.; **to* ~ *favorites* biti pristrastan (W: pristran); **to* ~ *for time* gledati da se dobije u vremenu

play around *v* 1. igrati se 2. šegačiti se, zabavljati se 3. bludničiti

playbill [~bil] *n* pozorišni (W: kazališni) program, oglas

playboy [~boj] *n* plejboj, bonvivan, bećar

play-by-play *a* (usu. sports) direktan; detaljan; *a* ~ *account* direktan prenos

play down *v* potceniti (potcjeniti); *to play down difficulties* potceniti teškoće

player *n* 1. igrač 2. glumac

playful *a* koji voli da se igra; nestašan; vragolast

playground [~graund] *n* igralište; *a children's* ~ dečje (dječje) igralište **playing field** igralište **playmate** [~mejt] *n* saigrač **play-off** *n* odlučujuća utakmica **playpen** ('plejpen) *n* mali ograđeni prostor za bebu **playroom** [~rum] *n* soba za igru **playsuit** [~su:t] *n* odeća (odjeća) za igru **plaything** [~thing] *n* igračka

play up *v* 1. istaći; reklamirati 2. dodvoriti se; *to play up to smb.* dodvoriti se nekome

playwright [~rajt] *n* pisac pozorišnih (W: kazališnih) komada

plaza ['plaza] *n* 1. trg 2. parking

plea [plij] *n* 1. molba; pledoaje 2. (legal) izjava okrivljenoga, odgovor na optužbu; *he entered a* ~ *of guilty* priznao je krivicu **plea bargaining** parnička pogodba **plead** [plijd]; *-ed or pled* [pled] *v* 1. *tr* navesti, pravdati se; izgovarati se; *to* ~ *ignorance* pravdati se neznanjem 2. *tr* zastupati, braniti; voditi; *to* ~ *a case in court* zastupati stranku pred sudom 3. *intr* moliti; *he* ~*ed with the judge to have mercy* molio je sudiju (W:

suca) za milost 4. *intr* odgovoriti na optužbu; *to* ~ *not guilty* odreći krivicu **pleading** *a* molećiv

pleasant ['plezənt] *a* prijatan **pleasantry** [~trij] *n* šala

please [plijz] *v* 1. *tr* dopasti se, svideti (svidjeti) se; *it will* ~ *you* dopašće vam se 2. *tr* zadovoljiti; ugoditi; *you cannot* ~ *everyone* ne može čovek (čovjek) svima ugoditi 3. *intr* izvoleti (izvoljeti); molim; ~ *sit down* izvolite sesti (sjesti); ~ *buy me a newspaper* molim te, kupi mi novine 4. misc.; *as you* ~ kako vam je volja; *I shall be* ~*ed to do it* biće mi drago da to uradim **pleasing** *a* prijatan

pleasure ['pležər] *n* 1. zadovoljstvo; uživanje; *to find* ~ *in smt.* naći uživanje u nečemu 2. (Br., colloq.) nema na čemu

pleat I [plijt] *n* nabor, bora, plise **pleat** II *v* *tr* nabrati, plisirati

plebian [pli'bijən] *n* plebejac

plebiscite ['plebəsajt] *n* plebiscit

pledge I [pledž] *n* 1. zaloga; *to redeem a* ~ iskupiti zalogu 2. obećanje, zavet (zavjet); *to take a* ~ obećati 3. student koji će se učlaniti u studentsko udruženje **pledge** II *v* *tr* 1. založiti 2. obećati, obreći; *to* ~ *one's word* dati (zadati) svoju reč (riječ)

plenary ['plijnərij] *a* plenárni; *a* ~ *session* plenarna sednica (sjednica)

plenipotentiary I [plenijpə'tenšərij] *n* opunomoćeni ambasador **plenipotentiary** II *a* opunomoćen

plentiful ['plentifəl] *a* obilan, izobilan

plenty I ['plentij] *n* izobilje, obilje; mnoštvo; ~ *of money* mnogo (obilje) novaca **plenty** II *adv* (colloq.) veoma; *it's* ~ *hot* veoma je vruće

plethora ['plethərə] *n* višak, preobilje

pleurisy ['plu:rəsij] *n* (med.) pleuritis

plexus ['pleksəs] *n* (anat.) splet živaca; *the solar* ~ trbuh

pliable ['pəljəbəl] *a* gibak, savitljiv **pliancy** ['plajənsij] *n* gipkost, savitljivost

pliers ['plajərz] *n* *pl* klešta (kliješta)

plight [plajt] *n* neprilika, nezgodno stanje; *a sad (sorry)* ~ u grdnoj neprilici

plod [plad] *v* 1. *tr* and *intr* gegati 2. *intr* kapati, raditi bez prekida; *to* ~ *along on a job* kapati nad poslom

plop [plap] *v* 1. *tr* bubnuti 2. *intr* bućnuti 3. *intr* pasti

plot I [plat] *n* 1. zemljište; parče zemlje 2. zaplet; radnja; *the* ~ *of a novel* zaplet

romana 3. zavera (zavjera); *to hatch a* ~
skovati zaveru **plot** II *v* 1. *tr* snovati,
planirati; *to* ~ *an assassination* planirati atentat 2. *tr* nanositi na kartu; *to* ~
data nanositi podatke (na kartu) 3. *intr*
kovati zaveru (zavjeru)
plow I [plau] *n* plug, ralo **plow** II *v* 1. *tr*
orati 2. *tr* probiti; *he* ~*ed his way
through the crowd* probio se kroz gomilu 3. *intr* obrađivati zemlju, orati
ploy [ploj] *n* smicalica
pluck I [plək] *n* hrabrost, odvažnost **pluck**
II *v tr* 1. očerupati; *to* ~ *a chicken*
očerupati kokošku 2. otkinuti; *to* ~ *a
flower* otkinuti cvet (cvijet) 3. prebirati,
udarati; *to* ~ *strings* prebirati strune,
udarati u žice 4. misc.; *to* ~ *up one's
courage* osmeliti (osmjeliti) se **plucky** *a*
hrabar, odvažan
plug I [pləg] *n* 1. čep, zapušač 2. (elec.)
utikač 3. komad duvana (duhana) 4.
(colloq.) reklama; *to put in a* ~ *for smt.*
nešto reklamirati 5. kljuse **plug** II *v* 1. *tr*
začepiti, zapušiti 2. *tr* utaknuti, uklju
čiti; *to* ~ *an iron into a socket* uključiti
peglu u priključak 3. *tr* (colloq.) reklamirati 4. *tr* (slang) pogoditi 5. *intr*
uticati se; *it* ~*s into the socket* utiče se
u priključak 6. *intr* (colloq.) pucati; *he's*
~*ging to get ahead* on puca na visoko 7.
intr (colloq.) kapati, raditi bez prekida;
to ~ *along on a job* kapati nad poslom
plum I [pləm] *n* šljiva **plum** II *a* šljivov
plumage ['plu:midž] *n* perje
plumb I [pləm] *n* visak **plumb** II *v tr* 1.
viskom ispitati 2. pronaći (do, u); *to* ~ *the
depths* proniti do dubina mora **plumb**
III *adv* (slang) veoma; ~ *tuckered out*
veoma umoran
plumber ['pləmər] *n* vodovodni instalater,
vodoinstalater **plumbing** *n* vodovodne
instalacije, vodovod
plumb line visak, olovnica
plume [plu:m] *n* pero
plummet ['pləmit] *v intr* stropoštati se
plump [pləmp] *a* pun, debeljast; *a* ~
woman punija žena
plunder I ['pləndər] *n* 1. pljačkanje, pljačka 2. pljačka, plen (plijen) **plunder** II *v
tr and intr* pljačkati
plunge I [pləndž] *n* gnjuranje **plunge** II *v* 1.
tr zariti; *to* ~ *a knife into smb.'s heart*
zariti nekome nož u srce 2. *tr* gnjurnuti
3. *tr* gurnuti, uvaliti; *to* ~ *a country*

into war uvaliti zemlju u rat 4. *intr*
srnuti; *to* ~ *into ruin* srnuti u propast
plunger *n* 1. (tech.) klip 2. sprava za
otpušivanje odvodne cevi (cijevi)
plunk I [pləngk] *adv* (colloq.) upravo,
sasvim; ~ *in the middle* usred srede
(srijede) **plunk** II *v* 1. *tr* prebirati; *to* ~
strings prebirati strune 2. *tr (to* ~
down) bubnuti 3. *intr* bubnuti
pluperfect I [plu:'pərfikt] *n* pluskvamperfekat, davnoprošlo vreme (vrijeme) **pluperfect** II *a* pluskvamperfektni, davnoprošli
plural I ['plu:rəl] *n* plural, množina **plural**
II *a* pluralni, množinski **pluralism** *n*
pluralizam **plurality** [plu:raelətij] *n* pluralitet
plus I [pləs] *n* plus, prednost **plus** II *a* 1.
(malo) više 2. pozitivan **plus** III *conj*
plus; *two* ~ *two* dva plus dva
plush I [pləš] *n* pliš **plush** II *a* 1. plišan 2.
luksuzan **plushy** *a* luksuzan
plus sign znak »plus« (+)
plutocracy [plu:'takrəsij] *n* plutokratija
(plutokracija) **plutocrat** ['plu:təkraet] *n*
plutokrat **plutocratic** [plu:tə'kraetik] *a*
plutokratski
ply I [plaj] *n* 1. struka, upleteni deo (dio)
konopca 2. (on a tire) sloj
ply II *v* 1. *tr* rukovati 2. *tr* nuditi; *they
plied him with liquor* napili su ga 3. *tr
and intr* saobraćati
plywood I [~wud] *n* šperploča, iverploča,
iverica **plywood** II *a* iverast
p.m. [pij'em] abbrev. of *post meridiem;*
popodne
pneumonia [nu:'mounijə] zapaljenje (W also: upala) pluća, pneumonija
poach I [pouč] *v tr* (cul.) poširati; ~*ed
eggs* poširana jaja
poach II *v tr and intr* loviti bespravno
poacher *n* lovokradica **poaching** *n* lovokrađa
pock [pak] *n* ožiljak od preležanih boginja
pocket I [~ət] *n* 1. džep 2. (mil.) žarište; *a*
~ *of resistance* žarište otpora **pocket** II
a džepni; *a* ~ *watch* džepni sat **pocket**
III *v tr* metnuti u džep **pocket battleship**
džepni bojni brod **pocketbook** [~buk] *n*
1. torba 2. džepna knjiga **pocket calculator** džepni računar **pocketful** *n* pun džep
pocketknife [~najf] (*-knives* [najvz]) *n*
džepni nož **pocket money** džeparac

pockmark ['pakmark] *n* ožiljak od preleǎanih boginja **pockmarked** *a* boginjav, ospičav

pod [pad] *n* mahuna

podiatrist [pə'dajətrist] *n* pediker **podiatry** [~trij] *n* pedikura

podium ['poudijəm] *n* podijum, pult

poem ['pouəm] *n* pesma (pjesma); stihovi; *selected* ~*s* izabrane pesme **poet** ['pouit] *n* pesnik (pjesnik); poet **poetess** *n* pesnikinja (pjesnikinja), poetesa **poetic** [pou'etik], **poetical** *a* pesnički (pjesnički); poetičan **poetic justice** zaslužena kazna **poetic license** pesnička (pjesnička) sloboda **poetics** *n* poetika **poetry** ['pouitrij] *n* poezija

poignant ['pojnjənt] *a* dirljiv, ganutljiv

point I [pojnt] *n* 1. tačka (W: točka); *the boiling (freezing)* ~ tačka ključanja (mržnjenja) 2. vrh, šiljak; *the* ~ *of a knife* vrh noža 3. trenutak; *at that* ~ toga trenutka; *he was on the* ~ *of leaving* taman je hteo (htio) da pođe 4. svrha, cilj; *there is no* ~ *in doing that* ne vredi (vrijedi) to raditi 5. stvar; pitanje; *let's get to the* ~! pređimo na stvar! *a* ~ *of honor* pitanje časti; *a* ~ *of order* proceduralno pitanje 6. mesto (mjesto); tačka; punkt; *an assembly* ~ zborno mesto; *a* ~ *of view* tačka gledišta 7. (*in pl*) platinska dugmad 8. glavna misao; *the* ~ *of a story* poenta, smisao izlaganja 9. (usu. sports) bod, poen; (basketball) koš; *to lead by six* ~*s* voditi sa šest poena (koševa) 10. misc.; **to stretch a* ~ gledati kroz prste; *he made a* ~ *of asking them* nije propustio da ih zapita **point** II *v* 1. *tr* upraviti; *to* ~ *fieldglasses* upraviti durbin 2. *tr* uperiti; *to* ~ *a finger at smb.* uperiti prst na nekoga 3. *tr* pokazati; *to* ~ *the way* pokazati put 4. *tr* zamazati (cigle) 5. *intr* ukazati; *to* ~ *to several facts* ukazati na neke činjenice 6. *intr* pokazati; *to* ~ *with one's arm (finger)* pokazati rukom (prstom)

pointblank I [~blaengk] *a* neposredan; ~ *fire* neposredno gađanje **pointblank** II *adv* neposredno

pointed *a* 1. šiljast, šiljat 2. zajedljiv; oštar; *a* ~ *remark* zajedljiva primedba (primjedba)

pointer *n* 1. štap za pokazivanje 2. strelica, kazalo; jezičac 3. (dog) poenter 4. savet (savjet)

pointless *a* 1. beznačajan 2. irelevantan

point out *v* ukazati; *to point out an error* ukazati na grešku

poise I [pojz] *n* staloženost, pribranost **poise** II *v* 1. *tr* uravnotežiti; držati u ravnoteži 2. *intr* lebdeti (lebdjeti)

poison I ['pojzən] *n* otrov **poison** II *v tr* otrovati, zatrovati **poison gas** bojni otrov **poison ivy** (bot.) vrsta biljke koja izaziva osip **poisonous** *a* otrovan; *a* ~ *snake* otrovna zmija, otrovnica **poison pen letter** klevetničko, anonimno pismo

poke I [pouk] *n* 1. guranje 2. udar pesnicom **poke** II *v* 1. *tr* probiti; *he* ~*d his way through the crowd* probio se kroz gomilu 2. udariti; gurnuti; *to* ~ *smb. in the ribs* udariti nekoga u rebra 3. *tr* isturiti, proturiti; *to* ~ *one's head out the window* proturiti glavu kroz prozor 4. *intr* preturati, baratati; *to* ~ *around in a drawer* preturati po fioci

poke III *n* (reg.) džak; **to buy a pig in a* ~ kupiti mačku u džaku

poker I *n* žarač

poker II *n* poker (igra karata) **poker face** bezizražajno lice, lice igrača pokera

Foland ['poulənd] *n* Poljska

polar ['poulər] *a* polarni **polar bear** beli medved (bijeli medvjed) **polar circle** polarni krug **polarize** ['poulerajz] *v* 1. *tr* polarizovati 2. *intr* polarizovati se

Polaroid ['poulərojd] *n* vrsta fotoaparata koji momentalno razvija slike

pole I [poul] *n* pol; *a negative (positive)* ~ negativan (pozitivan) pol

pole II *n* motka; stub; *a telephone* ~ telefonski stub

Pole *n* Poljak

polecat [~kaet] *n* (zool.) tvor

polemic [pə'lemik] *n* polemika **polemics** *n* polemisanje, polemika

pole vault skok motkom **pole-vault** *v intr* skakati motkom

police I [pə'lijs] *n* 1. (*pl*) policija, milicija, SUP (W also: redarstvo); policajci, milicionari 2. (*sgn*) (Am., mil.) održavanje reda, čišćenje, uređenje logora **police** II *a* policijski, milicijski (W also: redarstven) **police** III *v tr* 1. održavati poredak (u) 2. (Am., mil.) čistiti, urediti **police dog** policijski pas; vučjak **police force** policija, milicija **policeman** [mən] (-men [min]) *n* policajac, milicioner **police state** država koja je pod kontrolom (tajne) policije **police station** milicijska

stanica **policewoman** [~wumən] (-*wo-men* [wimin]) n službenica SUP-a
policlinic [palij'klinik] n poliklinika, ambulanta
policy I ['paləsij] n politika
policy II n 1. polisa 2. vrsta klađenja **policyholder** [~houldər] n osiguranik
polio ['poulijou], **poliomyelitis** [poulijou-majə'lajtis] n poliomielitis
polish I ['pališ] n 1. politura, poliš, sprej: *automobile* ~ poliš za automobile 2. pasta; viksa; *shoe* ~ pasta za cipele 3. uglačanost; sjaj; šlif **polish** II v 1. tr politirati, polirati 2. tr uglačati 3. tr doterati (dotjerati); *to* ~ *one's style* doterati stil 4. *intr* glačati se; dobijati sjaj
Polish I ['pouliš] n poljski jezik **Polish** II a poljski
polish off v 1. brzo svršiti (sa) 2. uništiti; ubiti
polite [pə'lajt] a učtiv **politeness** n učtivost
politic ['palətik] a mudar; prepredan **political** [pə'litikəl] a politički; ~ *science* političke nauke **politician** [palə'tišən] n političar **politicize** [pə'litəsajz] v tr politizirati **politics** ['palətiks] (*sgn* and *pl*) n politika; *to go in for* ~ baviti se politikom
polka ['pou(l)kə] n polka (muzika, igra)
polka dot mala tačka (W: točka)
poll I [poul] n 1. glasanje 2. (usu. in *pl*) glasačko mesto (mjesto) biralište 3. anketa; ispitivanje; *to conduct a* ~ sprovesti anketu **poll** II v tr 1. dobiti glasove 2. anketirati; *all of those* ~ed svi anketirani
pollen ['palən] n pelud, polen **pollinate** ['palənejt] v tr oprašiti
pollster ['poulstər] n anketer
poll tax lični porez na glavu
pollutant [pə'lu:tənt] n stvar koja zagađuje **pollute** [pə'lu:t] v tr zagaditi **pollution** [pə'lu:šən] n 1. zagađenost; *air* ~ zagađenost vazduha (W: zraka) 2. zagađenje
polo ['poulou] n polo
polyandry ['palijaendrij] n poliandrija, mnogomuštvo
polyclinic [palij'klinik] n poliklinika
polygamist [pə'ligəmist] n poligamista **polygamous** a poligamski **polygamy** n poligamija
polyglot I ['palijglat] n poliglot **polyglot** II a poliglotski
polygon ['palijgan] n (math.) poligon

polygraph ['palijgraef] n poligraf (see also **lie detector**)
Polynesia [palə'nijžə] n Polinezija **Polynesian** I n Polinežanin **Polynesian** II a polinežanski
polyp ['palip] n polip
polysemy ['palijsijmij] n polisemija
polytechnic I [palij'teknik] n politehnika, politehnička škola **polytehnic** II a politehnički
polytheism ['palijthijizəm] n politeizam, mnogoboštvo
pomegranate ['pamgraenit] n nar
pommel I ['pəməl] n jabuka, prednje oblučje na sedlu **pommel** II v tr premlatiti
pomp [pamp] n pompa, spoljašnji sjaj
pomposity [pam'pasətij] n pompeznost **pompous** ['pampəs] a pompezan
poncho ['pančou] (-*s*) n pončo (vrsta ogrtača)
pond [pand] n jezerce
ponder v tr razmisliti (o)
ponderous a težak; nespretan
pontiff ['pantif] n 1. papa 2. biskup; episkop **pontifical** [pan'tifikəl] a 1. papski; pontifikalan 2. biskupski; episkopski **pontificate** [pan'tifikejt] v intr pompezno govoriti
pontoon I [pan'tu:n] n ponton **pontoon** II a pontonski; *a* ~ *bridge* pontonski most
pony ['pounij] n 1. poni 2. (colloq.) bukvalan prevod (prijevod) **pony express** (Am., hist.) prevoz pošte (na američkom Zapadu) od stanice do stanice upotrebom konjanika
ponytail [~tejl] n kika, konjski rep
pooch [pu:č] n (slang) pseto
poodle ['pu:dl] n pudla
pool I [pu:l] n 1. bara, lokva; *a* ~ *of blood* lokva krvi 2. plivački bazen
pool II n 1. ukupan ulog (svih igrača) 2. zajednički, udruženi poduhvat; pul (see also **car pool**) 3. trust, kartel 4. rezervni fond; zajednički fond 5. bilijarska (W: biljarska) igra **pool** III v tr udružiti, objediniti **poolroom** [~ru:m] n bilijarnica (W: biljarnica), soba za bilijar **pool table** bilijarski sto
poop [pu:p] n (slang) informacije
poor I [pu:r] n (as a *pl*) the ~ siromasi **poor** II a 1. siromašan 2. jadan, bedan (bijedan); *a* ~ *fellow* jadnik 3. oskudan, slab, mršav; *a* ~ *crop* slaba berba 4. loš,

slab; ~ *health* slabo zdravlje **poorhouse**
[~haus] *n* sirotište
pop I [pap] *n* 1. prasak, pucanj 2. gazirano
piće **pop** II *v* 1. *tr* staviti (u), uturiti; *to*
~ *smt. into one's mouth* staviti nešto u
usta 2. *tr* iskokati; *to* ~ *corn* iskokati
kukuruz 3. *intr* pući; *the balloon* ~*ped*
balon je pukao 4. *intr* širom se otvoriti;
his eyes ~*ped* izbuljio je oči 5. misc.; *to*
~ *in* neočekivano doći (u goste); **to* ~
the question zaprositi; *to* ~ *up* pojaviti
se **pop** III *interj* and *adv* puf, bap; *to go*
~ tresnuti
pop IV *n* (colloq.) tata (see also **dad**)
pop art popart
popcorn [~korn] *n* kokice
pope [poup] *n* papa
poplar ['paplər] *n* (bot.) topola
poplin ['paplin] *n* puplin, popelin
poppy ['papij] *n* mak **poppy seed** makovo
zrno
populace ['papjəlis] *n* 1. prost narod 2.
stanovništvo **popular** ['papjələr] *a* 1.
populuran; omiljen; poznat; *a* ~ *actor*
poznat glumac 2. narodni; *a* ~ *front*
narodni front **popularity** [papjə'laerətij]
n popularnost, omiljenost **popularize**
['papjələrajz] *v* *tr* popularizovati
populate ['papjəlejt] *v* *tr* naseliti **popula-
tion** [papjə'lejšən] *n* 1. stanovništvo 2.
naseljenost **population density** gustina
naseljenosti **population explosion** demo-
grafska eksplozija
populism ['papjəlizəm] *n* populizam **popu-
list** I *n* populista **populist** II *a* populi-
stički
porcelain I ['pors(ə)lin] *n* porcelan, porcu-
lan **porcelain** II *a* porcelanski, porcu-
lanski
porch [porč] *n* veranda, pokrivena terasa
(kao deo — dio kuće)
porcupine ['porkjəpajn] *n* bodljikavo pra-
se, dikobraz
pore [por] *n* pora
pore over *v* pažljivo gledati, čitati
pork [pork] *n* svinjsko meso, svinjetina
pornographic [pornə'graefik] *a* pornograf-
ski **pornography** [por'nagrəfij] *n* porno-
grafija
porous ['porəs] *a* porozan
porpoise ['porpəs] *n* morsko prase
porridge ['poridž] *n* kaša
port I [port] *n* luka; *a* *home* ~ luka
pripadnosti **port** II *a* lučki; ~ *facilities*
lučki uređaji

port III *n* (naut.) leva (lijeva) strana (bro-
da, aviona) **port** IV *a* leve (lijeve) strane
port V *n* (or: ~ *wine*) porto
port VI *n* (mil.) držanje puške na grudima;
~ *arms!* puška na grudi!
portable I *n* portabl mašina (W: stroj)
portable II *a* prenosan, prenosiv; por-
tabl; *a* ~ *typewriter* portabl mašina (W:
stroj)
portal *n* portal; vrata
portend [por'tend] *v* *tr* nagovestiti (nago-
vijestiti) **portent** ['portent] *n* nagoveštaj
(nagovještaj), predznak
porter ['portər] *n* 1. nosač 2. (Br.) vratar
(see also **doorman**)
portfolio [port'foulijou] *n* portfelj; *a mini-
ster without* ~ ministar bez portfelja
porthole ['port·houl] *n* brodski prozor
portion ['poršən] *n* 1. porcija 2. deo (dio)
portion out *v* razdeliti (razdijeliti)
portly ['portlij] *a* gojazan, krupan
portrait ['portrit] *n* portret **portray** [por-
'trej] *v* *tr* portretisati **portrayal** *n* por-
tretisanje
Portugal ['porčəgəl] *n* Portugalija **Portu-
guese** I ['porčə'gijz] *n* 1. (pl has zero)
Portugalac 2. portugalski jezik **Portu-
guese** II *a* portugalski
pose I [pouz] *n* poza; pozitura; držanje tela
(tijela); *to strike a* ~ zauzeti pozu **pose**
II *v* 1. *tr* postaviti; *to* ~ *a question*
postaviti pitanje 2. *intr* pozirati; *to* ~
for (a painter) pozirati (slikaru) 3. *intr*
izdavati se; *he* ~*s as a Frenchman* on se
izdaje za Francuza
posh [paš] *a* (colloq.) luksuzan, raskošan
position I [pə'zišən] *n* 1. položaj; pozicija;
stav; *a kneeling* ~ klečeći položaj 2.
posao, položaj; *he found a (good)* ~
našao je (dobar) posao 3. (mil.) položaj;
to attack a ~ napasti položaj **position** II
v *tr* staviti u položaj (koji treba)
positive I ['pazətiv] *n* 1. pozitivno 2.
(gram.) pozitiv, prvi stupanj poređenja
3. (photo.) pozitiv **positive** II *a* pozitivan
positivism *n* pozitivizam
posse ['pasij] *n* odred oružanih ljudi koji
pomažu policiji
possess [pə'zes] *v* *tr* 1. posedovati (posje-
dovati) 2. obuzeti; *what* ~*ed him to do
it?* šta (što) mu bi da to uradi? **possessed**
a sumanut, besomučan **possession** [pə-
'zešən] *n* posed (posjed), posedovanje
(posjedovanje); *to get (come into)* ~ *of
smt.* dočepati se nečega **possessive** I

[pə'zesiv] I *n* (gram.) 1. posesivni genitiv 2. prisvojni oblik **possessive** II *a* 1. vlasnički, posednički (posjednički) 2. vlastan, dominantan; *a ~ mother* preterano (pretjerano) brižna majka 3. (gram.) prisvojni; *a ~ adjective* prisvojni pridev (pridjev)

possibility [pasə'bilətij] *n* mogućnost **possible** ['pasəbəl] *a* mogućan, moguć

possum ['pasəm] *n* see **opossum**; **to play ~* praviti se da spava (radi prevare)

post I [poust] *n* 1. stub, direk; **from pillar to ~* od nemila do nedraga 2. startni uređaj (na trkalištu) **post** II *v tr* 1. prikucati, istaći (na javnom mestu— mjestu); afиširati 2. objaviti, proglasiti; *to ~ a reward* raspisati nagradu **post** III *n* 1. vojni logor; vojno naselje; garnizon 2. (Br., mil.) večernji trubni znak 3. služba; dužnost 4. stražarsko mesto (mjesto) 5. naselje; *a trading ~* trgovačko naselje **post** IV *v tr* 1. postaviti; *to ~ the guard* postaviti stražu 2. položiti; *to ~ bail* položiti jemstvo **post** V *n* 1. (Br.) pošta 2. kurir **post** VI *v tr* 1. poslati poštom 2. obavestiti (obavijestiti); *to keep smb. ~ed* obaveštavati nekoga 3. uknjižiti **postage** I *n* poštarina **postage** II *a* poštanski; *a ~ stamp* poštanska marka **postal** *a* poštanski **postal card** poštanska karta, dopisnica **postcard** [~kard] *n* 1. see **postal card** 2. razglednica, dopisnica (sa slikom)

postdoctoral [~daktərəl] posledoktorski (poslijedoktorski); *a ~ fellowship* posledoktorska stipendija

poster *n* plakat; *to put up ~s* lepiti (lijepiti) plakate

posterity [pa'sterətij] *n* potomstvo

post exchange garnizonska prodavnica (W: prodavaonica)

postgraduate [poust'graedžu:it] see **graduate** II l

posthumous ['pasčəməs] *a* posthuman, posmrtan; *a ~ work* posmrtno delo (djelo)

postman ['poustman] (-men [min]) *n* esp. Br.; poštar **postmark** [~mark] *n* poštanski žig **postmaster** [~maestər] *n* upravnik pošte **postmaster general** *(postmasters general)* (Am.) ministar poštanskog saobraćaja

post-mortem *n* obdukcija, pregled mrtvaca

post office pošta **post-office** *a* poštanski **post-office box** poštanski fah

postpone [~'poun] *v tr* odgoditi, odložiti; *to ~ a trip* odložiti put

postscript [~skript] *n* dodatak pismu, postskriptum

posture I ['pasčər] *n* 1. stav, stav tela (tijela) 2. stanje 3. duševno raspoloženje **posture** II *v intr* zauzeti izveštačen (izvještačen) stav

postwar [~wor] *a* posleratni (poslijeratni)

posy ['pouzij] *n* cvet (cvijet); kita cveća (cvijeća)

pot I [pat] *n* 1. lonac, šerpa; kotao 2. see **flowerpot** 3. ukupan ulog (svih igrača) 4. (slang) see **marijuana** 5. misc.; **to go to ~* srljati u propast **pot** II *v tr* metnuti u lonac, saksiju

potable ['poutəbəl] *a* pitak

potassium [pə'taesijəm] *n* kalijum

potato [pə'tejtou] (-es) *n* 1. krompir (W: krumpir); *two ~es* dva krompira 2. (usu. in *pl*, cul.) krompir; *mashed ~es* pire od krompira **potato chips** *pl* čipskrompir (W: krumpir)

potbelly ['patbelij] *n* veliki trbuh **potbelly stove** mala okrugla peć

potboiler [~bojlər] *n* književno delo (djelo) stvoreno samo radi zarade, šund

potency ['poutnsij] *n* potentnost **potent** ['poutənt] *a* potentan

potentate ['poutntejt] *n* potentat

potential I [pou'tenšəl] *n* potencijal; *an economic ~* privredni potencijal **potential** II *a* potencijalan

pothole ['pat·houl] *n* rupa, ulegnuće

pothook [~huk] *n* kuka za vešanje (vješanje) kotla

potion ['poušən] *n* napitak

potluck [~lək] *n* šta (što) se nađe za jelo; *to take ~* jesti šta se nađe

pot roast (cul.) goveđi ribić

pot shot hitac nasumce

potted ['patid] *a* 1. stavljen u lonac 2. (slang) pijan

potter ['patər] *n* lončar, grnčar **pottery** ['patərij] *n* lončarija, grnčarija

potty I ['patij] *n* (colloq.) nokširić (za dete — dijete)

potty II *a* (colloq., esp. Br.) 1. ćaknut 2. u pripitom stanju

pouch [pauč] *n* 1. torba, kesa 2. poštanska torba; *by diplomatic ~* diplomatskom poštom

poultry ['poultrij] *n* živina, perad

pounce [pauns] *v intr* skočiti; *to ~ on smb.* skočiti na nekoga

pound I [paund] *n* 1. (weight) funta 2. (monetary unit) funta

pound II *v* 1. *tr* tući; *to ~ the table (with one's fist)* tući pesnicom o sto (stol); *to ~ enemy positions* tući neprijateljske položaje 2. *tr* lupati; *to ~ a door* lupati na vrata 3. *tr* utuviti; *to ~ smt. into smb.'s head* utuviti nekome nešto u glavu 4. *tr* zabiti; *to ~ a stake into the ground* zabiti kolac u zemlju 5. *intr* lupati, burno kucati; *his heart is ~ing* srce mu kuca burno

pound III *n* 1. kafilerija 2. tor za životinje

pour [por] *v* 1. *tr* sipati; *to ~ flour* sipati brašno 2. *intr* sipati; liti; *it's ~ing* lije kao iz kabla 3. *intr* (also: *to ~ in, to ~ out)* nagrnuti, navaliti; poteći; *they ~ed into the auditorium* nagrnuli su u salu

pout I [paut] *n* prćenje, pućenje **pout** II *v intr* prćiti se, pućiti se, duriti se

poverty ['pavərtij] *n* siromaštvo, siromaština

POW [pijou'dəblju:] abbrev. of **prisoner of war**

powder I ['paudər] *n* 1. prašak, prah; *baking ~* prašak za pecivo 2. puder; *to put on ~* staviti puder 3. barut **powder** II *a* barutni; *a ~ charge* barutno punjenje **powder** III *v tr* napuderisati; *she is ~ing her nose* ona se puderiše **powdered** *a* u prahu; *~ milk* mleko (mlijeko) u prahu **powder keg** bure baruta **powder puff** pudrovača, pufna **powder room** ženski vece **powdery** *a* praškast

power I ['pauər] *n* 1. sila, snaga; *braking ~* kočna sila 2. (pol.) sila; *the great ~s* velike sile 3. (mil.) sila; *military (naval) ~* vojna (pomorska) sila 4. struja, električna energija; *to cut off the ~* prekinuti struju 5. energija 6. jačina; moć; *~ of concentration* moć koncentracije **power** II *a* 1. električni; *a ~ drill* električna bušilica 2. motorni; *a ~ mower* motorna kosačica **power** III *v tr* pokretati **powerful** *a* snažan, jak **powerhouse** [~haus] *n* 1. elektrana 2. (colloq.) odlična ekipa **powerless** *a* besnažan **power line** strujni vod **power of attorney** punomoćje **power plant** elektrana

powwow I ['pauwau] *n* (Am. Indian and colloq.) 1. svečanost 2. veće (vijeće) **powwow** II *v intr* (colloq.) većati (vijećati)

pox [paks] *n* 1. boginje (see also **chicken pox, smallpox**) 2. see **syphilis**

practicable ['praektikəbəl] *a* izvodljiv

practical ['praektikəl] *a* 1. praktičan 2. misc.; *a ~ joke* šala na tuđ račun **practically** [~klij] *adv* 1. praktično 2. skoro **practical nurse** medicinska sestra (koja nije završila višu školu za medicinske sestre)

practice I ['praektis] *n* 1. običaj, navika, praksa; *in ~* u praksi 2. vežbanje (vježbanje); uvežbanost (uvježbanost); *to be out of ~* ne biti uvežban 3. običan postupak 4. vršenje nekog stručnog rada, praksa; *(a) private ~* privatna praksa **practice** II *a* školski; *a ~ alert* školska uzbuna **practice** III *v* 1. *tr* vežbati (vježbati); *to ~ a song* uvežbati pesmu (pjesmu) 2. *tr* vršiti, raditi, obavljati; *to ~ medicine* vršiti lekarsku—ljekarsku (W: liječničku) praksu 3. *intr* vežbati se 4. *intr* obavljati neki stručni posao **practitioner** [praek'tišənər] *n* onaj koji obavlja neki stručni posao; *a general ~* lekar opšte (opće) prakse

pragmatic [praeg'maetik] *a* pragmatičan **pragmatism** ['praegmətizəm] *n* pragmatizam **pragmatist** *n* pragmatista

Prague [prag] *n* Prag

prairie ['prejrij] *n* prerija **prairie state** (Am.) država na zapadnoj preriji

praise I [prejz] *n* pohvala **praise** II *v tr* pohvaliti **praiseworthy** [~wərth:ij] *a* dostojan pohvale, pohvalan

pram [praem] *n* (Br.) kolica (za bebu) (see also **baby carriage**)

prance [praens] *v intr* šepuriti se

prandial ['praendijəl] *a* koji se odnosi na obrok, ručak

prank [praengk] *n* šega; šala; obest (objest); *to do smt. as a ~* uraditi nešto iz obesti **prankster** *n* obešenjak (obešenjak)

prattle I ['praetl] *n* brbljanje, torokanje **prattle** II *v tr and intr* brbljati, torokati

pray [prej] *v* 1. *tr* (rare) preklinjati, moliti 2. *intr* moliti se; *to ~ to God* moliti se bogu **prayer** *n* molitva **prayer book** molitvenik

pre- [prij] *prefix* do-, pred-, unapred (unaprijed)

preach [prijč] *v* 1. *tr* propovedati (propovijedati); *to ~ ideas* propovedati ideje 2. *intr* pridikovati **preacher** *n* protestanski sveštenik (svećenik)

preamble ['prijaembəl] *n* predgovor

precarious [pri'kejrijəs] *n* nesiguran, nepouzdan

precaution [pri'košən] *n* mera (mjera) predostrožnosti; predostrožnost; *to take* ∼*s* preduzeti mere predostrožnosti **precautionary** [∼erij] *a* obazriv

precede [pri'sijd] *v tr* prethoditi; *to* ∼ *smt.* prethoditi nečemu **precedence** ['presədəns] *n* prvenstvo, prednost; *to take* ∼ *over smt.* imati prednost nad (pred) nečim **precedent** *n* presedan; *without* ∼ bez presedana **preceding** [pri'sijding] *a* prethodan

precept ['prijsept] *n* pravilo; pouka **preceptor** ['pri'septər] *n* nastavnik

precinct ['prijsingkt] *n* 1. policijski okrug 2. policijska stanica 3. (in *pl*) oblast

precious I ['prešəs] *a* 1. dragocen (dragocjen); drag; *a* ∼ *stone* dragi kamen 2. drag, mio **precious** II *adv* (colloq.) veoma; ∼ *little* veoma malo

precipice ['presəpis] *n* 1. litica; strmen 2. (fig.) propast

precipitant [pri'sipətənt] *a* 1. prenagljen 2. nagao **precipitate** I [pri'sipətit] *a* prenagljen **precipitate** II [∼tejt] *v tr* prenagliti (s); ubrzati; *to* ∼ *a crisis* ubrzati krizu **precipitation** [prisipə'tejšən] *n* (meteor.) padavine, oborine **precipitous** [pri'sipətəs] *a* strmoglav

precise [pri'sajs] *a* precizan; ∼ *data* precizni podaci **precision** I [pri'sižən] *n* preciznost **precision** II *a* precizan; ∼ *work* precizan rad

preclude [pri'klu:d] *v tr* isključiti

precocious [pri'koušəs] *a* prerano sazreo, razvijen **precocity** [pri'kasətij] *n* prerana sazrelost, razvijenost

preconceive [prijkən'sijv] *v tr* zamisliti unapred (unaprijed) **preconception** [prijkən'sepšən] *n* 1. unapred stvoreno mišljenje 2. predrasuda

precursor [prij'kərsər] *n* prethodnik **precursory** [∼rij] *a* prethodan

predator ['predətər] *n* 1. krvoločna zver (zvijer); grabljivica 2. pljačkaš **predatory** [∼torij] *a* 1. pljačkaški 2. grabljiv

predecessor ['predəsesər] *n* prethodnik

predicament *n* [pri'dikəmənt] nezgoda, neprilika

predicate I ['predikit] *n* predikat, prirok; *a verbal* ∼ glagolski predikat **predicate** II *a* predikativan, priročki; *a* ∼ *adjective* predikativan pridev (pridjev) **predicate**

III [∼kejt] *v tr* zasnovati; ∼*ed on* zasnovan na

predict [pri'dikt] *v tr and intr* proreći, predskazati **predictable** *a* predvidiv, koji se može proreći **prediction** [∼kšən] *n* proricanje, predskazanje

predilection [predə'lekšən] *n* naklonost, ljubav

predominance [pri'damənəns] *n* predominacija, nadmoć, prevlast **predominant** *a* predominantan, nadmoćan **predominate** [∼nejt] *v intr* predominirati, preovlađivati

preen [prijn] *v* 1. *tr* doterati (dotjerati); udesiti 2. *intr* doterati se; udesiti se

prefab ['prijfaeb] *n* (colloq.) prefabrikat **prefabricate** [prij'faebrikejt] *v tr* prefabrikovati

preface I ['prefis] *n* predgovor; uvod **preface** II *v tr* 1. započeti 2. snabdeti (snabdjeti) predgovorom, uvodom **prefatory** ['prefətorij] *a* uvodni

prefer [pri'fər] *v tr* 1. više voleti (voljeti), pretpostaviti; *he* ∼*s coffee to tea* on više voli kafu (kavu) nego čaj; *he* ∼*s to read rather than to watch television* on više voli da čita nego da gleda televiziju 2. podići, pokrenuti; *to* ∼ *charges against smb.* podići optužbu protiv nekoga **preferable** ['prefərəbəl] *a* bolji; ∼ *to* bolji nego **preference** ['prefərəns] *n* 1. prednost, prioritet; *to give* ∼ *to smt.* dati prednost (prioritet) nečemu 2. ono što se više voli **preferential** [prefə'renšəl] *a* koji ima prednost, prioritetni; ∼ *treatment* protekcija

prefix I ['prijfiks] *n* prefiks, predmetak **prefix** II (also: [prij'fiks]) *v tr* prefiksirati **prefixation** [prijfik'sejšən] *n* prefiksacija

pregnancy ['pregnənsij] *n* 1. trudnoća, bremenitost 2. skotnost; steonost **pregnant** *a* 1. trudna, bremenita, u drugom stanju 2. skotna; steona

prehistoric [prijhis'torik] *a* preistorijski (prethistorijski) **prehistory** [prij'histərij] *n* preistorija (prethistorija)

prejudice I ['predžədis] *n* 1. predrasuda 2. šteta, uštrb **prejudice** II *v tr* 1. stvoriti predrasudu (kod); prejudicirati 2. oštetiti **prejudicial** [predžə'dišəl] *a* štetan, škodljiv

preliminary i [pri'limənerij] *n* 1. priprema 2. prethodni ispit 3. prethodna utakmi-

ca, predtakmičenje **preliminary** II *a*
prethodni
prelude ['prijlu:d] *n* preludij
premarital [prij'maerətəl] *a* predbračni
premature [prijmə'ču:r] *a* prevremen (pri-
jevremen), preran
premed [prij'med] *n* (colloq.) student koji
se sprema da studira medicinu
premediate [prij'medətəjt] *v tr* unapred
(unaprijed) smisliti **premeditated** *a* s
predumišljajem; ~ *murder* ubistvo (W:
ubojstvo) s predumišljajem **premedita-
tion** [prijmedə'tejšən] *n* predumišljaj,
umišljaj
premier I [pri'mijr] *n* premijer **premier** II *a*
glavni, prvi **premiere** [pri'mijr] *n* premi-
jera
premise ['premis] *n* 1. premisa 2. (in *pl)*
prostorije
premium ['prijmijəm] *n* premija; *at a* ~
iznad nominalne vrednosti (vrijednosti)
premonition [prijmə'nišən] *n* predosećanje
(predosjećanje)
prenatal [prij'nejtəl] *a* pre (prije) rođenja
preoccupation [prijakjə'pejšən] *n* zaoku-
pljenost **preoccupy** [prij'akjəpaj] *v tr*
zaokupiti, obuzeti
prep [prep] *n* see **preparatory school**
preparation [prepə'rejšən] *n* 1. priprema 2.
preparat; *a cosmetic* ~ kozmetički pre-
parat **preparatory** [pri'pejrətorij] *a* pri-
premni **preparatory school** privatna
srednja škola **prepare** [pri'pejr] *v* 1. *tr*
spremiti, pripremiti; *to* ~ *dinner* spre-
miti ručak 2. *intr* spremiti se; *to* ~ *for a
trip* spremiti se za put
preponderance [pri'pandərəns] *n* nadmoć
preponderant *a* nadmoćan
preposition [prepə'zišən] *n* (gram.) predlog
(prijedlog) **prepositional** *a* predložni
(prijedložni); *a* ~ *phrase* predložna
konstrukcija
preposterous [pri'pastərəs] *a* apsurdan
prerequisite [prij'rekwəzit] *n* preduslov
(W also: preduvjet)
prerogative [pri'ragətiv] *n* prerogativ, pre-
rogativa
Presbyterian I [presbə'tijrijən] *n* prezvite-
rijanac **Presbyterian** II *a* prezviteri-
janski
prescribe [pri'skrajb] *v tr and intr* 1.
propisati, naložiti; *regulations* ~
that ... propisi nalažu da ... 2. prepisa-
ti, propisati; *to* ~ *a remedy* propisati
lek (lijek) **prescription** [pri'skripšən] *n*

recept, lek, nalog o spravljanju leka
prescriptive [pri'skriptiv] *a* koji propi-
suje; preskriptivni; ~ *grammar* pre-
skriptivna gramatika
presence ['prezəns] *n* prisustvo **presence of
mind** prisustvo duha
present I ['prezənt] *n* 1. sadašnjica, sada-
šnjost 2. (gram.) sadašnje vreme (vrije-
me) prezent **present** II *a* 1. sadašnji 2.
(gram.) prezentski, sadašnji
present III [pri'zent] *v tr* 1. predstaviti; *to*
~ *smb.* predstaviti nekoga 2. podneti
(podnijeti); *to* ~ *a petition* podneti
molbu 3. izvesti; *to* ~ *a ballet* izvesti
balet 4. prijaviti; *to* ~ *oneself for an
examination* prijaviti se za ispit 5.
misc.; (mil.) ~ *arms!* svečani pozdrav!
presentable *a* u stanju da se može poka-
zati **presentation** [prezən'tejšən] *n* 1.
predstavljanje 2. izvođenje
presently ['prezəntlij] *adv* 1. sada 2. od-
mah; uskoro
present participle (gram.) particip prezen-
ta, glagolski pridev (pridjev) sadašnji
present perfect prezentski perfekat **pres-
ent tense** sadašnje vreme (vrijeme)
preservation [prezər'vejšən] *n* čuvanje **pre-
servative** [pri'zərvətiv] *n* zaštitno sred-
stvo **preserve** I ['prijzərv] or [pri'zərv] *n*
branjevina, zabran **preserve** II [pri'zərv]
v tr sačuvati **preserves** ['prij'zərvz] *n pl*
slatko
preside [pri'zajd] *v intr* predsedavati
(predsjedavati); *to* ~ *over a meeting*
predsedavati sednici (sjednici) **presi-
dency** ['prezədensij] *n* predsedništvo
(predsjedništvo) **president** *n* 1. predsed-
nik (predsjednik); *the* ~ *of a country*
predsednik zemlje 2. generalni direktor;
the ~ *of a firm* generalni direktor
preduzeća (W: poduzeća) 3. rektor; *the*
~ *of a university* rektor univerziteta
(W: sveučilišta) **presidential** [prezə'den-
šəl] *a* predsednički (predsjednički)
press I [pres] *n* 1. presa; *a hydraulic
(printing)* ~ hidraulična (štamparska)
presa 2. štampa; *freedom of the* ~
sloboda štampe 3. tiska, gužva; hitnost
4. (weightlifting) izvlačenje (W also:
potisak) 5. (sports, esp. basketball) pre-
sing
press II *v* 1. *tr and intr* pritisnuti; *to* ~
(on) a button pritisnuti (na) dugme 2. *tr*
ispeglati; *to* ~ *a suit* ispeglati odelo
(odijelo) 3. *tr* navaliti (na), pritesniti

(pritijesniti); *to ~ an opponent* navaliti na protivnika 4. *tr* mobilisati; *to ~ into service* nasilno mobilisati 5. *tr* muljati; *to ~ grapes* muljati grožđe 6. *tr* (weightlifting) izvući 7. *intr* probijati se; *to ~ forward* probijati se napred (naprijed) 8. misc.; *to be ~ed for time* jedva imati kad; *to be ~ed for money* biti u novčanoj krizi

press agency novinarska agencija **press agent** šef propagande **press box** novinarsko odeljenje (odeljenje) **press conference** konferencija za štampu **press release** objava (za štampu) **press secretary** sekretar za štampu **press time** zaključenje lista

pressure I ['prešər] *n* pritisak (W also: tlak); *blood (oil) ~* pritisak krvi (ulja) **pressure** II *v tr* (colloq.) vršiti pritisak (na) **pressure cooker** ekspres (hermetički) lonac **pressure group** grupa koja vrši pritisak na zakonodavce **pressurize** *v tr* staviti pod pritisak, hermetizovati

prestige [pre'stijž] *n* prestiž, ugled **prestigious** [pre'stidžəs] *a* ugledan

presto ['prestou] *adv* odmah

presume [pri'zu:m] *v* 1. *tr* pretpostaviti; *to ~ smb. (to be) innocent* pretpostaviti da je neko (netko) nevin 2. *tr* osmeliti (osmjeliti) se; *he ~d to speak for all* osmelio se da govori u ime svih 3. *intr* previše se osloniti **presumption** [pri-'zəmpšən] *n* 1. bezobrazluk, drskost 2. pretpostavljanje, pretpostavka; prezumpcija; *a ~ of guilt* prezumpcija vinosti **presumptive** [pri'zəmpču:əs] *a* drzak, arogantan

pretend [pri'tend] *v tr and intr* pretvarati se, praviti se; *she ~s not to notice it* ona se pravi da to ne primećuje (primjećuje) **pretender** *n* pretendent **pretense** ['prijtens] *n* 1. varka, zavaravanje 2. izgovor; pretvaranje; *false ~s* lažni izgovor **pretension** [pri'tenšən] *n* 1. izgovor (also **pretext**) 2. pretenzija; polaganje prava **pretentious** [pri'tenšəs] *a* uobražen, pretenciozan, visokoparan

pretext ['prijtekst] *n* izgovor, pretekst; *on a ~* pod izgovorom

pretty I ['pritij] *a* lepuškast (ljepuškast); *'it will cost a ~ penny* staće skupo **pretty** II *adv* (colloq.) prilično; *~ good* prilično dobar

pretzel ['pretsəl] *n* pereca

prevail [pri'vejl] *v intr* 1. prevlađivati 2. nadjačati; *to ~ over smt.* nadjačati nešto 3. nagovoriti; *to ~ on smb.* nagovoriti nekoga **prevailing** *a* pretežan, preovlađujući **prevalent** ['prevələnt] *a* see **prevailing**

prevent [pri'vent] *v tr* sprečiti (spriječiti); *what's ~ing you from studying?* šta (što) te sprečava da učiš? **prevention** [~nšən] *n* sprečavanje; *crime ~* sprečavanje kriminaliteta **preventive** [~ntiv] *a* preventivan; *~ maintenance* preventivno održavanje

preview I ['prijvju:] *n* 1. prethodan pregled; pretpremijera (filma) 2. (in *pl*) odlomci iz filmova koji dolaze **preview** II *v tr* prethodno pregledati

previous ['prijvijəs] *a* prethodan; *a ~ illness* prethodna bolest

prevue see **preview**

prewar ['prijwor] *a* predratni

prey [prej] *n* 1. plen (plijen); *a beast of ~* grabljivica, krvožedna zver (zvijer) 2. žrtva; *to fall ~ to smb.* pasti kao nečija žrtva **prey on** *v* pljačkati; *to prey on the elderly* pljačkati starce

price I [prajs] *n* cena (cijena) **price** II *v tr* 1. odrediti cenu—cijenu (za nešto) 2. pitati za cenu (nečega) **price control** kontrola cena (cijena) **priceless** *a* neprocenljiv (neprocjenljiv) **price list** cenovnik (cjenovnik) **price tag** 1. cedulja na kojoj je označena cena (cijena) robe 2. (fig.) cena

prick I [prik] *n* 1. ubod 2. žaoka, griža **prick** II *v* 1. *tr* nabosti, ubosti; *she ~ed herself on a needle* nabola se na iglu 2. *intr* brideti (bridjeti) 3. misc.; *to ~ up one's ears* načuljiti uši

prickle I ['prikəl] *n* briđenje, peckati **prickly** ['priklij] *a* bodljikav, bockav; peckav

prickly heat see **heat rash**

pride I [prajd] *n* 1. ponos, gordost 2. čopor (lavova) **pride** II *v refl* biti ponosan; *to ~ oneself on smt.* biti ponosan na nešto

priest [prijst] *n* sveštenik (svećenik); pop **priestess** *n* sveštenica (svećenica) **priesthood** [~hud] *n* svešteništvo (svećeništvo) **priestly** *a* sveštenički (svećenički)

prig [prig] *n* cepidlaka (cjepidlaka) **priggish** *a* cepidlački (cjepidlački)

prim [prim] *a* afektiran; ukočen; preterano (pretjerano) uredan primary I ['prajmərij] *n* 1. glavna stvar 2. (Am., pol.) stranački izbori (kandidata za opšte—opće izbore) primary II *a* 1. prvobitan 2. osnovni; (gram.) ~ tenses osnovna vremena 3. primaran primary color primarna boja primary school osnovna škola primate ['prajmejt] *n* sisar najvišeg reda, primat prime I [prajm] *n* jek, cvet (cvijet); to be in one's ~ biti u jeku (snage) prime II *a* 1. najbolji; (Am., cul.) ~ meat meso prve kategorije 2. prvi, osnovni, glavni, najvažniji; of ~ importance od osnovne važnosti prime III *v tr* 1. spremiti 2. puniti, paliti (oružje) 3. grundirati (bojom) prime minister premijer primer I *n* bukvar, početnica, abecedar

primer II *n* 1. kapisla, fitilj 2. osnovni premaz

primeval [praj'mijvəl] *a* prastar

primitive I ['primətiv] *n* 1. primitivac 2. (art) primitivac, slikar naivac primitive II *a* primitivan

primogeniture [prajmou'dženəču:r] *n* 1. prvorodstvo 2. pravo prvorodstva

primp [primp] *v refl* and *intr* doterati (dotjerati) se

prince [prins] *n* 1. knez; princ 2. vladar, gospodar princedom [~dəm] *n* kneževstvo princeling [~ling] n kneščić princely *a* kneževski princess *n* kneginja; princeza

principal I ['prinsəpəl] *n* 1. upravitelj; direktor; a high-school ~ direktor gimnazije 2. glavnica; ~ and interest glavnica i kamata (interes) principal II *a* glavni

principality [prinsə'paelətij] *n* kneževina; kneževstvo

principle ['prinsəpəl] *n* princip, načelo; in ~ u principu (iz principa)

print I [print] *n* 1. otisak; trag 2. štampa; prodaja; the book is still in ~ knjiga je još u prodaji 3. šara 4. (photo.) otisak, pozitivna slika print II *v* 1. *tr* naštampati; to ~ a book naštampati knjigu 2. *tr* (photo.) napraviti otisak (od) 3. *tr* and *intr* napisati štampanim slovima printer *n* štampar printing *n* 1. štampanje 2. ono što je štampano 3. štampana slova printing office štamparija; a government ~ državna štamparija printing press štamparska mašina (W also: štamparski stroj) printing shop štamparska radionica print out *v* (computers) od-

štampati, ispisati print-out *n* (computers) odštampani znakovi (izlaznog uređaja)

prior I ['prajər] *a* raniji

prior II *n* (rel.) iguman prioress *n* igumanija

priority [praj'orətij] *n* prioritet, prednosti; to give ~ to smt. dati prioritet nečemu

prism ['prizəm] *n* prizma prismatic [priz'maetik] *a* prizmatičan

prison I ['prizən] *n* zatvor; to put (throw) into ~ staviti (baciti) u zatvor prison II *a* zatvorski; a ~ cell zatvorska ćelija prisoner *n* 1. zatvorenik 2. zarobljenik; to take ~ zarobiti prisoner of war ratni zarobljenik prisoner-of-war *a* zarobljenički

prissy ['prisij] *a* cepidlački (cjepidlački), sitničarski

privacy ['prajvəsij] *n* 1. osamljenost; odvojenost 2. tajnost

private I ['prajvit] *n* (mil.) redov, borac private II *a* 1. privatan; a ~ school privatna škola 2. tajni; to keep ~ držati u tajnosti

privateer I [prajvə'tijr] *n* gusar privateer II *v intr* gusariti

private first class razvodnik

privation [praj'vejšən] *n* oskudica

privilege ['privəlidž] *n* 1. privilegija 2. poverljivost (povjerljivost) privileged *a* 1. privilegovan 2. poverljiv (povjerljiv); a ~ communication poverljiva objava

privy ['privij] *a* 1. posvećen; upoznat 2. tajni; a ~ councillor tajni savetnik (savjetnik)

prize I [prajz] *n* nagrada; to award a ~ dodeliti (dodijeliti) nagradu prize II *a* nagradni; ~ money nagradni fond prize III *v tr* visoko ceniti (cijeniti) prize IV *n* (naut.) zaplenjeni (zaplijenjeni) brod, priza prize crew prizovska posada prize fight profesionalna borba u boksu prize-winning *a* nagrađen

pro I [prou] *n* razlog za pro II 1. *adv* za 2. *prefix* pro-

pro III *n* (colloq.) see professional

probability [prabə'bilətij] *n* verovatnoća (vjerovatnoća) probable ['prabəbəl] *a* verovatan (vjerovatan) probably *adv* verovatno (vjerovatno)

probate I ['proubejt] *n* potvrda testamenta probate II *v tr* (legal) potvrditi (punovažnost testamenta)

probation [prou'bejšən] *n* 1. probni rad 2. (legal) uslovno oslobođenje
probe I [proub] *n* 1. ispitivanje, istraživanje 2. sonda; sondaža 3. istraga; *to conduct a* ~ voditi istragu probe II *v* 1. *tr* ispitivati; sondirati; ispipavati; *to* ~ *public opinion* sondirati javno mnenje 2. *intr* tražiti; *to* ~ *for weak spots* tražiti slaba mesta (mjesta)
probity ['proubətij] *n* poštenost, ispravnost
problem ['prabləm] *n* problem; *to solve a* ~ rešiti (riješiti) problem problematic [prablə'maetik] *a* problematičan
procedural [prə'sijdžərəl] *a* proceduralan procedure [prə'sijdžər] *n* procedura, postupak; *an emergency* ~ postupak u slučaju nužde proceed [prə'sijd] *v intr* 1. postupiti 2. produžiti 3. povesti parnicu; *to* ~ *against smb.* povesti parnicu protiv nekoga 4. uputiti se proceeding *n* 1. postupak 2. (legal, in *pl)* postupak; *legal* ~*s* zakonski postupak 3. (in *pl)* protokol, zapisnik
proceeds ['prousijdz] *n pl* prinos
process I ['prases] *n* 1. proces, tok razvitka 2. tok; *in* ~ u toku process II *v tr* obraditi; preraditi; *to* ~ *data* obraditi podatke processing *n* obrada processing department (in a library) služba obrade knjiga
procession [prə'sešən] *n* povorka; *a funeral* ~ pogrebna povorka
processional I *n* litijska pesma (pjesma) processional II *a* litijski; za povorku
proclaim [prou'klejm] *v tr* proglasiti; *he* ~*ed himself emperor* on se proglasio carem proclamation [praklə'mejšən] *n* proglas
proclivity [prou'klivətij] *n* sklonost
procrastinate [prou'kraestənejt] *v intr* odugovlačiti, oklevati (oklijevati) procrastination [proukraestə'nejšən] *n* odugovlačenje, oklevanje (oklijevanje) procrastinator [prou'kraestənejtər] *n* oklevalo (oklijevalo)
proctor I ['praktər] *n* nadglednik (u školi) proctor II *v tr* nadgledati
procure [prou'kju:r] *v tr* 1. nabaviti 2. podvesti; *to* ~ *a woman* podvesti ženu procurer *n* podvodnik
prod I [prad] *n* 1. štap, šipka za teranje (tjeranje) 2. podsticaj prod II *v tr* podstaći

prodigal I ['pradigəl] *n* rasipnik prodigal II *a* rasipan; *the* ~ *son* izgubljeni sin
prodigious [prə'didžəs] *a* 1. ogroman, gorostasan 2. čudesan prodigy ['pradədžij] *n* čudo; *a child* ~ čudo od deteta
produce I ['pradu:s] *n* (coll.) poljoprivredni proizvodi produce II [prə'du:s] *v tr* 1. proizvesti; *to* ~ *automobiles* proizvesti automobile 2. pokazati; *to* ~ *one's passport* pokazati pasoš 3. izvesti; producirati; *to* ~ *a film* producirati film 4. navesti; *to* ~ *a witness* navesti svedoka (svjedoka) producer *n* proizvođač 2. producent; *a film* ~ producent filmova product ['pradəkt] *n* 1. proizvod, produkt 2. (math.) proizvod production [prə'dəkšən] *n* proizvodnja, produkcija; *domestic* ~ domaća proizvodnja production cost cena (cijena) proizvodnje productive [~ktiv] *a* produktivan productivity [proudək'tivətij] *n* produktivnost
profane I [prou'fejn] *a* profan profane II *v tr* profanisati, obesvetiti profanity [prou'faenətij] *n* vulgarne reči (riječi), psovke
profess [prə'fes] *v tr* 1. izjaviti 2. ispovedati (ispovijedati); *to* ~ *a religion* ispovedati veru (vjeru)
profession [prə'fešən] *n* profesija professional I *n* profesionalac professional II *a* profesionalan professionalism *n* profesionalizam professionalize *v tr* profesionalizovati
professor [prə'fesər] *n* profesor univerziteta (W: sveučilišta; *a full* ~ redovni (W: redoviti) profesor professorship *n* profesura
proffer I ['prafər] *n* ponuda proffer II *v tr* ponuditi
proficiency [prə'fišənsij] *n* vičnost proficient *a* vičan
profile I ['proufajl] *n* profil, izgled sa strane profile II *v tr* nacrtati u profilu
profit I ['prafit] *n* 1. dobit, dobitak, profit; *a net* ~ čista dobit 2. korist profit II *v intr* izvući profit, profitirati profitable *a* unosan, rentabilan profit and loss dobitak i gubitak profiteer I [prafə'tijr] *n* profiter; *a war* ~ ratni profiter profiteer II *v intr* biti profiter
profligate I ['prafligit] *n* 1. raskalašnik 2. rasipnik profligate II *a* 1. raskalašan 2. rasipan

profound [prə'faund] *a* dubok; ~ *respect* duboko poštovanje

profuse [prə'fju:s] *a* 1. obilan 2. rasipan **profusion** [prə'fju:žən] *n* obilje

progenitor [prou'dženətər] *n* 1. predak 2. praotac

progeny ['pradžənij] *n* potomstvo

prognosis [prag'nousis] *n* prognoza **prognosticate** [prag'nastikejt] *v tr* prognozirati, prognosticirati

program I ['prougraem] *n* 1. program; prethodni plan 2. emisija; *a children's* ~ emisija za decu (djecu) 3. program, popis tačaka (W: točaka) koje se izvode; *the first number on a* ~ prva tačka programa 4. (nastavni) program, nastavni predmeti; *a physics* ~ program iz fizike 5. misc.; *a TV* ~ *(in a newspaper)* TV dodatak (u novinama) **program** II *v tr* 1. uneti (unijeti) u program 2. (computers) programirati **programmer** *n* programer

progress I ['pragres] *n* napredak, progres; *to make* ~ postići napredak **progress** II [prə'gres] *v intr* napredovati **progression** [prə'grešən] *n* progresija; red; *an arithmetic* ~ aritmetička progresija **progressive** I [prə'gresiv] *n* naprednjak **progressive** II *a* napredan, progresivan; ~ *ideas* napredne ideje

prohibit [prou'hibit] *v tr* zabraniti **prohibition** [prouə'bišən] *n* 1. zabrana 2. prohibicija, zabrana proizvodnje i prodavanja alkoholnih pića **prohibitionist** *n* prohibicionista **prohibitive** [prou'hibətiv] *a* 1. koji zabranjuje 2. preterano (pretjerano) visok (o cenama—cijenama)

project I ['pradžikt] *n* 1. projekat 2. naselje **project** II [prə'džekt] *v* 1. *tr* baciti 2. *tr* projicirati, preneti—prenijeti (na platno); *to* ~ *a film (slides)* projicirati film (slajdove) 3. *intr* strčati, biti isturen

projectile [prə'džektil] *n* projektil

projection [prə'džekšən] *n* projekcija **projectionist** *n* filmski operator **projector** [prə'džektər] *n* projektor, projekcioni aparat; *a slide* ~ projektor za slajdove

proletarian I [proulə'tejrijən] *n* proleter **proletarian** II *a* proleterski **proletariat** [proulə'taerijət] *n* proletarijat

proliferate [prou'lifərejt] *v* 1. *tr* razmnožiti 2. *intr* množiti se

prolific [prou'lifik] *a* plodan; *a* ~ *writer* plodan pisac

prologue ['proulog] *n* prolog

prolong [prə'long] *v tr* produžiti

prom [pram] *n* bal; *a senior* ~ maturantski bal

promenade I [pramə'nejd] *n* 1. šetanje, šetnja 2. šetalište, korzo **promenade** II *v intr* prošetati se **promenade deck** paluba za šetnju

prominence ['pramənəns] *n* istaknutost, prominentnost **prominent** *a* istaknut, prominentan

promiscuity [pramis'kju:ətij] *n* promiskuitet, slobodni polni (W: spolni) odnos između više osoba **promiscuous** [prə'miskju:əs] *a* slobodan (u polnim odnosima), bludan

promise I ['pramis] *n* obećanje; *to keep (make) a* ~ držati (dati) obećanje **promise** II *v tr* and *intr* obećati **promising** *a* od kojeg se mnogo očekuje **promissory note** ['pramisorij] priznanica (kojom se priznaje dug)

promontory ['praməntorij] *n* rt

promote [prə'mout] *v tr* 1. unaprediti; *to* ~ *an officer* unaprediti oficira 2. reklamirati; *to* ~ *a new product* reklamirati nov proizvod **promoter** *n* organizator; pokretač **promotion** [prə'moušən] *n* 1. unapređenje 2. reklamiranje, (ekonomska) propaganda 3. (in school) prelaz (u viši razred)

prompt I [prampt] *a* 1. brz; *a* ~ *answer* brz odgovor 2. akuratan **prompt** II *v tr* 1. izazvati; podstaći 2. došapnuti, suflirati; *to* ~ *smb.* došapnuti (suflirati) nekome **prompter** *n* sufler

promulgate ['prouməlgejt] *v tr* objaviti

prone [proun] *a* 1. ležeći (ničice); *in a* ~ *position* u ležećem stavu 2. sklon

prong [prang] *n* krak, šiljak

pronominal [prou'namənəl] *a* zamenički (zamjenički), pronominalan **pronoun** ['prounaun] *n* zamenica (zamjenica)

pronounce [prə'nauns] *v* 1. *tr* and *intr* izgovoriti 2. *tr* izreći; *to* ~ *sentence* izreći kaznu **pronounced** *a* 1. izgovoren 2. jako izražen **pronunciation** ['prənənsij'ejšən] *n* izgovor

proof [pru:f] *n* 1. dokaz; ~ *of guilt* dokaz o krivici 2. otisak; korektura; *to read* ~ čitati korekturu 3. stepen jačine (alkoholnih pića)

proofread [~rijd]; -*read* [red] *v* 1. *tr* ispraviti 2. *intr* čitati korekturu **proofreader** *n* korektor; ~'*s marks* korektor-

ski znaci **proofreading** n 1. čitanje korekture 2. korektorski posao
prop I [prap] n potpora **prop** II v tr (also: to ~ up) podupreti (poduprijeti) **prop** III n (theater) pribor; stage ~s stvari potrebne za izvođenje komada
propaganda I [prapə'gaendə] n propaganda **propaganda** II a propagandni **propagandistic** [prapəgaen'distik] a propagandni
propagate ['prapəgejt] v 1. tr razmnožiti, rasploditi 2. tr propagirati; raširiti 3. intr množiti se, ploditi se **propagation** [prapə'gejšən] n 1. razmnožavanje 2. širenje
propel [prə'pel] v tr pokrenuti **propellant** I n (raketno) gorivo; liquid ~ tečno raketno gorivo **propellant** II a pokretački **propellor, propeller** n elisa, propeler
propensity [prə'pensitij] n sklonost
proper I ['prapər] a 1. podesan, pogodan, pristojan; ~ behavior pristojno ponašanje 2. pravi; everything in its ~ place svaka stvar na svom pravom mestu (mjestu) 3. (math.) pravi 4. (postposed) uži; Serbia ~ uža Srbija 5. osoban **proper** II adv (colloq.) good and ~ onako kako treba **proper name** osobno ime
property I ['prapərtij] 1. svojina; imovina; imetak; common (government, personal) ~ zajednička (državna, lična) svojina 2. osobina **property** II a imovinski; ~ damage imovinska šteta
prophecy ['prafəsij] n proročanstvo **prophesy** ['prafəsaj] v tr proreći **prophet** n prorok **prophetic** [prə'fetik] a proročki
prophylactic [proufə'laektik] n profilaktičko sredstvo; kondom **prophylaxis** [~ksis] n profilaksa
propitious [prə'pišəs] a povoljan; ~ circumstances povoljne prilike
proponent [prə'pounənt] n pobornik, pristalica
proportion I [prə'poršən] n proporcija; razmera (razmjera) **proportion** II v tr načiniti skladno, simetrično **proportional** a proporcijalan, srazmeran (srazmjeran) **proportionate** a proporcionalan, srazmeran
proposal [prə'pouzəl] n 1. predlog 2. predlog za udaju, prosidba **propose** [prə'pouz] v 1. tr predložiti; to ~ smt. to smb. predložiti nešto nekome 2. intr zaprositi (devojku—djevojku); to ~ to a

girl zaprositi devojku **proposition** I [prapə'zišən] n predlog, propozicija **proposition** II v tr (colloq., pejor.) predložiti
proprietor [prə'prajətər] n vlasnik, sopstvenik, gazda
propriety [prə'prajətij] n 1. prikladnost, podesnost 2. pristojno ponašanje
propulsion [prə'pəlšən] n pogon, propulzija; jet ~ mlazni pogon
prorate ['prourejt] v tr proporcionalno podeliti (podijeliti)
prosaic [prou'zejik] a 1. prozni 2. prozaičan
proscribe [prou'skrajb] v tr zabraniti **proscription** [prou'skripšən] n zabrana
prose I [prouz] n proza **prose** II a prozni
prosecute ['prasəkju:t] v tr and intr (legal) goniti; to ~ criminals goniti učinioce krivičnih dela (djela) **prosecuting attorney** javni tužilac **prosecution** [prasə'kju:šən] n (legal) gonjenje **prosecutor** ['prasəkju:tər] n (legal) tužilac, javni tužilac
proselyte ['prasəlajt] n prozelit **proselytize** v tr and intr obratiti (u veru — vjeru, stranku)
proseminar [prou'semənar] n proseminar
prospect I ['praspekt] n 1. izgled; ~s for improvement izgledi za poboljšanje 2. kandidat 3. mogućni klijent **prospect** II v 1. tr istraživati (tlo) 2. intr tražiti; to ~ for gold tražiti zlato
prospective [prə'spektiv] a mogućni, potencijalan; a ~ source potencijalni izvor
prospector ['praspektər] n tražilac zlata
prospectus [prə'spektəs] n prospekat, brošura
prosper ['praspər] v intr cvetati (cvjetati), uspevati (uspijevati) **prosperity** [pras'perətij] n blagostanje **prosperous** ['praspərəs] a uspešan (uspješan)
prostate ['prastejt] n prostata **prostatitis** [prastə'tajtis] n prostatitis
prosthesis [pras'thijsis] n (med.) proteza **prosthetic** [pras'thetik] a protezni
prostitute I ['prastətu:t] n prostitutka **prostitute** II v tr prostituisati **prostitution** [prastə'tu:šən] n prostitucija
prostrate I ['prastrejt] a 1. koji leži ispružen; to fall ~ pasti ničice 2. iznuren **prostrate** II v tr oboriti; to ~ oneself pasti ničice, pasti na kolena (koljena) **prostration** [pras'trejšən] n 1. padanje na kolena (koljena) 2. izmoždenost
protagonist [prou'taegənist] n protagonista

protect [prə'tekt] v tr braniti, štititi **protection** [~kšən] n 1. zaštita, odbrana (W: obrana) 2. (colloq.) veze i protekcija, vip 3. (colloq.) ucena (ucjena) **protectionism** n protekcionizam **protective** [prə'tektiv] a zaštitni; ~ coloring zaštitna obojenost **protector** n zaštitnik **protectorate** [~rit] n protektorat

protégé ['proutəžej] n štićenik; pulen

protein ['proutijn] n protein

protest I ['proutest] n protest; to file a ~ uložiti protest **protest** II a protestni; a ~ meeting protestni miting **protest** III ['prou'test] v intr protestovati

Protestant I ['pratistənt] n protestant **Protestant** II a protestantski **Protestantism** n protestantizam

protestation [pratis'tejšən] n protest **protester** ['proutestər] n onaj koji protestuje, protestant

proto- ['proutou] prefix pra-; proto-

protocol ['proutəkol] n protokol, pravila ceremonijala u diplomatskim odnosima; a chief of ~ šef protokola

prototype ['proutətajp] n prototip

protract [prou'traekt] v tr odužiti, otegnuti

protrude [prou'tru:d] v intr strčati, izbočiti se **protrusion** [prou'tru:žən] n strčanje, izbočenje

protuberance [prou'tu:bərəns] n ispupčenje; izraštaj; protuberanca

proud [praud] a 1. ponosan; gord; to be ~ of smt. biti ponosan na nešto 2. ugledan; veličanstven

prove [pru:v] -d; -d or proven v 1. tr dokazati; to ~ smb.'s guilt dokazati nečiju krivicu 2. intr or refl pokazati se; she ~d (herself) to be an excellent secretary ona se pokazala odlična sekretarica

provenance ['pravənəns] n poreklo (porijeklo)

proverb ['pravərb] n poslovica **proverbial** [prə'vərbijəl] a poslovičan

provide [prə'vajd] v 1. tr snabdeti (snabdjeti); to ~ smb. with money snabdeti nekoga novcem 2. tr obezbediti (obezbijediti); to ~ supplies obezbediti snabdevanje (snabdijevanje) 3. intr starati se, brinuti se; zbrinuti; to ~ for one's children starati se o svojoj deci (djeci)

provided conj (usu.; ~ that) ako; ~ that he comes ako bude došao

providence ['pravədəns] n proviđenje, providnost

province ['pravins] n 1. provincija 2. (in pl) provincija, palanka; to live in the ~s živeti (živjeti) u provinciji **provincial** [prə'vinšəl] a provincijalan, palanački **provincialism** n provincijalizam

provision I [prə'vižən] n 1. mera (mjera); priprema 2. odredba 3. (in pl) namirnice **provision** II v tr snabdeti (snabdjeti) hranom

provisional a privremen, provizoran

proviso [prə'vajzou] (-s or -es) n uslov (W: also: uvjet), ograda

provocation [pravə'kejšən] n provokacija, izazov **provocative** [prə'vakətiv] a provokativan, izazivački **provoke** [prə'vouk] v tr provocirati, izazvati

provost ['prouvoust] n 1. predstojnik 2. (at a university) prorektor

prow [prau] n pramac

prowess n 1. veština (vještina) 2. junaštvo

prowl [praul] v tr and intr 1. krstariti; to ~ the streets krstariti ulicama 2. šunjati se **prowl around** v šunjati se (unaokolo)

proximity [prak'simətij] n blizina

proxy ['praksij] n 1. opunomoćenik, zastupnik 2. punomoćje

prude [pru:d] n žena preterane (pretjerane) čednosti

prudence n smotrenost, obazrivost **prudent** a smotren, obazriv

prudish a preterano (pretjerano) čedna, nepristupačna

prune I [pru:n] n suva (suha) šljiva **prune** II v tr and intr skresati; potkratiti; to ~ a tree skresati drvo

prurient ['pru:rijənt] a pohotljiv

Prussia ['prəšə] n Prusija **Prussian** I n Prus **Prussian** II a pruski

pry I [praj] v intr radoznalo viriti; to ~ into smt. zabadati nos u nešto

pry II v 1. tr (usu.: to ~ open) dići (polugom) 2. tr iznuditi; to ~ a confession out of smb. iznuditi nekome priznanje 3. intr čeprkati; to ~ into smb.'s past čeprkati po nečijoj prošlosti

psalm [sam] n psalam

pseudo ['su:dou] a lažan, nadri, pseudo-

pseudonym ['su:dənim] n pseudonim

psyche ['sajkij] n psiha, duša

psychiatric [sajkij'aetrik] a psihijatrijski

psychiatrist [si'kajətrist] n psihijatar

psychiatry [~trij] n psihijatrija

psychic ['sajkik] a 1. psihički 2. spiriti-
stički

psychological [sajkə'ladžikəl] a psihološki
psychologist [saj'kalədžist] n psiholog
psychology [-džij] n psihologija psycho-
path ['sajkəpaeth] n psihopat, umobol-
nik psychosis [saj'kousis] n psihoza
psychotherapy [sajkou'therəpij] n psi-
hoterapija

PTA [pijtij'ej] abbrev. of Parent-Teachers.
Association zajednica doma i škole PTA
meeting roditeljski sastanak

ptomaine [tou'mejn] n ptomain ptomaine
poisoning trovanje ptomainom

puberty ['pju:bərtij] n pubertet

public I ['pəblik] n publika, javnost; the
reading ~ čitalačka publika; in ~ jav-
no public II a 1. javan; publičan; a ~
lecture javno predavanje; to make ~
objaviti 2. društveni; državni; ~ pro-
perty društvena imovina, državno do-
bro; a ~ official državni činovnik 3.
komunalni; ~ utilities komunalne
usluge

public-address system razglasna stanica;
over a ~ preko razglasne stanice

publication [pəbli'kejšən] n 1. publikacija,
izdavanje, objavljivanje 2. objavljeno
delo (djelo), objavljeni rad

public health zdravstvena zaštita public-
health a zdravstven public-health nurse
patronažna sestra public-health nurs-
ing patronažna služba

publicity [pəb'lisətij] n publicitet; rekla-
ma; to give ~ to smt. dati publicitet
nečemu publicize ['pəbləsajz] v tr dati
publicitet (nečemu), reklamirati

public library javna biblioteka publicly
['pəbliklij] adv javno public relations pl
služba za održavanje dobrih odnosa s
publikom public school 1. javna (držav-
na) škola 2. (Br.) privatna škola public
speaking oratorstvo, govornička veština
(vještina) public-spirited a odan opštem
(općem) dobru public welfare 1. see
welfare 2. opšte (opće) dobro public
works pl društveni radovi

publish ['pəbliš] v 1. tr izdati, publikovati;
to ~ a book izdati knjigu 2. tr objaviti;
to ~ an article objaviti članak 3. intr
objavljivati članke (knjige) publisher n
izdavač; izdavačka kuća publishing n
izdavačka delatnost (djelatnost)

puck [pək] n (hockey) pločica

pucker v (also: to ~ up) 1. tr nabrati;
skupiti; to ~ up one's lips skupiti usne
2. intr nabrati se; skupiti se

pudding ['puding] n puding; chocolate ~
puding od čokolade

puddle ['pədəl] n lokva, bara

pudgy ['pədžij] a debeo, debeljušan

Puerto Rican I ['portou 'rijkən] Portorika-
nac Puerto Rican II portorikanski Puer-
to Rico ['rijkou] Portoriko

puff I [pəf] n 1. dah 2. brektanje 3. udarac
(vetra — vjetra) puff VII v 1. tr (also: to
~ up) naduti, naduvati; to ~ up one's
cheeks naduvati svoje obraze 2. tr ispu-
štati, puktati; to ~ smoke ispuštati dim
3. intr (usu.: to ~ up) nabreknuti 4. intr
puštati dim; puktati; to ~ at a pipe
puktati lulom

pugilist ['pju:džəlist] n bokser (W: boksač)

pugnacious [pəg'nejšəs] a borben pugna-
city [pəg'naesətij] n borbenost

pug nose [pəg] prćav nos

puke [pju:k] v tr and intr (colloq.) bljuvati

pulchritude ['pəlkritu:d] n lepota (ljepota)

pull I [pul] n 1. vučenje 2. (slang) veza i
protekcija, vip pull II v 1. tr and intr
vući 2. tr potegnuti; povući; to ~ smb.'s
hair povući (potegnuti) nekoga za kosu;
to ~ a trigger povući obarač 3. tr
izvaditi; to ~ a tooth izvaditi zub 4. tr
istegnuti; to ~ a muscle istegnuti mišić
5. misc.: *to ~ the wool over smb.'s eyes
obmanuti nekoga; *to ~ smb.'s leg
nasamariti nekoga

pull away v 1. udaljiti se; he pulled away
from the curb udaljio se od ivičnjaka
2. odvojiti se, odlepiti (odlijepiti) se; he
pulled away from the rest of the field
povećao je prednost ispred ostalih tak-
mičara

pullet ['pulit] n mlada kokoš

pulley ['pulij] n kotur

pull for v 1. navijati; to pull for a team
navijati za ekipu 2. ići prema; to pull
for shore ići prema obali

pull in v 1. pritegnuti; to pull a horse in
pritegnuti konja 2. (slang) uhapsiti 3.
uvuci; pull your stomach in! uvuci
trbuh! 4. stići; the train has pulled in
voz (W: vlak) je stigao

pull off v 1. skinuti; to pull off one's
gloves skinuti rukavice 2. uspeti (uspje-
ti); they pulled it off uspeli su, postigli
su uspeh (uspjeh)

pull out v 1. izvaditi; *to pull out a tooth* izvaditi zub 2. odlepiti (odlijepiti) se; *our team pulled out in front* naš se tim odlepio od ostalih 3. povući se; otići; *they pulled out during the night* povukli su se u toku noći 4. iščupati
pull over v 1. navući (preko glave) 2. zaustaviti (se) *he pulled (his car) over* zaustavio je kola **pullover** [~ouvər] *n* pulover
pull through v 1. provući 2. izvući (se) *the nurses pulled him through* medicinske sestre su ga izvukle 3. ozdraviti
pull up v 1. potegnuti; *to pull up one's trousers* potegnuti pantalone (W: hlače) 2. zaustaviti (se); *he pulled up at the curb* zaustavio je kola uz ivičnjak 3. misc.; *to pull up a chair* prineti (prinijeti) stolicu **pull-up** *n* (gymnastics) penjanje (samo) rukama
pulmonary ['pulmənerij] *a* pulmonalan, plućni
pulp [pəlp] *n* 1. meso (voća); pulpa 2. kaša; *to beat smb. to a ~* izbiti na mrtvo ime
pulpit ['pəlpit] *n* predikaonica, propovedaonica (propovjedaonica); *to speak from the ~* govoriti s propovedaonice
pulsate ['pəlsejt] v *intr* 1. treptati (treptjeti) 2. kucati **pulsating** *a* bujan; *~ rhythm* bujan ritam
pulse I [pəls] *n* puls, bilo **pulse** II v *intr* kucati
pulverize ['pəlvərajz] v *tr* pulverizovati, zdrobiti, smrviti, satrti (u prah)
puma ['pju:mə] *n* puma (also **cougar, mountain lion**)
pummel see **pommel** I, II
pump I [pəmp] *n* pumpa; *an oil (water) ~* pumpa za ulje (vodu) **pump** II v *tr* 1. (usu.: *to ~ up*) napumpati; *to ~ up a tire* napumpati gumu 2. (colloq.) ispitivati; *to ~ a witness* ispitivati svedoka (svjedoka) 3. misc.; *to ~ bullets into smb.* izrešetati nekoga mecima
pump III *n* vrsta cipele
pumpernickel ['pəmpərnikəl] *n* crni hleb — hljeb (W also: kruh)
pumpkin ['pəm(p)kin] *n* bundeva, tikva **pumpkin pie** pita od bundeve, američki kolač s bundevom
pump out v 1. ispumpati; *to pump water out of a basement* ispumpati vodu iz podruma 2. isprati; *to pump out a stomach* isprati želudac

pun I [pən] *n* igra reči (riječi), kalambur **pun** II v *intr* napraviti igru reči
punch I [pənč] *n* probijač, probojac **punch** II v *tr* probušiti, perforirati, izbušiti; *~ed cards* izbušene kartice
punch III *n* udarac **punch** IV v *tr* udariti pesnicom
punch V *n* punč (piće)
punching bag bokserska (W: boksačka) vreća
punch line poenta (vica)
punctilious [pəngk'tilijəs] *a* previše tačan (W: točan), precizan
punctual ['pəngkču:əl] *a* punktualan, akuratan, tačan (W: točan)
punctuate ['pəngkču:ejt] v *tr* staviti znake interpunkcije (u) **punctuation** (pəngkču:'ejšən] *n* punktuacija, interpunkcija **punctuation mark** znak interpunkcije
puncture I ['pəngkčər] *n* probušenje, rupa **puncture** II v 1. *tr* probušiti 2. *intr* prsnuti
pundit ['pəndit] *n* 1. učen bramin 2. učen čovek (čovjek)
pungent ['pəndžənt] *a* ljut, oštar, opor; *a ~ odor* opori miris
punish ['pəniš] v *tr* 1. kazniti; *to ~ smb. for smt.* kazniti nekoga za nešto 2. naneti—nanijeti (nekome) teške gubitke, udarce **punishable** *a* kažnjiv **punishment** *n* 1. kazna; *capital ~* smrtna kazna 2. nanošenje teških gubitaka, udaraca; *he took a lot of ~* primio je mnogo teških udaraca **punitive** ['pju:nətiv] *a* kazneni; *a ~ raid* kaznena ekspedicija
punk I [pəngk] *n* trud, samokres; trulo drvo
punk II *n* (colloq.) 1. nezreo mladić 2. siledžija **punk** III *a* (slang) 1. rđav 2. slab
puny ['pju:nij] *a* slabačak
pup [pəp] *n* štene (also **puppy** 1)
pupil I ['pju:pəl] *n* đak, učenik
pupil II *n* (anat.) zenica (zjenica)
puppet I ['pəpit] *n* lutka, marioneta (also **marionette) puppet** II *a* marionetski; *a ~ government* marionetska vlada **puppetry** [~rij] *n* igra lutaka
puppy ['pəpij] *n* 1. štene, mlad pas 2. nezreo mladić
purchase I ['pərčis] *n* kupovina; nabavka; *to make a ~* kupiti nešto **purchase** II *a* kupovni, nabavni; *a ~ price* kupovna (nabavna) cena—cijena **purchase** III v *tr*

kupiti, nabaviti **purchasing** *a* kupovni, nabavni; ~ *power* kupovna moć **purchasing agent** nabavljač

pure [pju:r] *a* 1. nepomešan (nepomiješan), čist; ~ *wool* čista vuna 2. nezagađen, čist; ~ *air* čist vazduh (W: zrak) 3. nesebičan, čist; ~ *motives* čiste pobude 4. teorijski, čist; ~ *science* čista nauka 5. potpun, čist, puki; *by* ~ *chance* pukim slučajem **purebred** [~bred] *a* čistokrvan; umatičen; ~ *cows* umatične krave **purely** [~lij] *adv* potpuno; ~ *by chance* pukim slučajem

purgative ['pərgətiv] *n* sredstvo za čišćenje, purgativ **purgatory** ['pərgətorij] *n* čistilište, purgatorij **purge** I [pərdž] *n* (esp. pol.) čistka **purge** II *v tr* 1. očistiti; prečistiti; *to* ~ *a party* očistiti partiju 2. (med.) pročistiti

purification [pju:rəfi'kejšən] *n* čišćenje, purifikacija **purify** ['pju:rəfaj] *v tr* prečistiti

purist ['pju:rist] *n* purista

Puritan I ['pju:rətən] *n* puritanac **Puritan** II *a* puritanski **puritanical** [pju:rə'taenikəl] *a* puritanski; preterano (pretjerano) strog

purity ['pju:rətij] *n* čistota

purple I ['pərpəl] *n* purpur **purple** II *a* purpuran

purport [pər'port] *v tr* tvrditi **purported** *a* tobožnji

purpose ['pərpəs] *n* svrha; *for that* ~ u tu svrhu

purr I [pər] *n* predenje **purr** II *v intr* presti; *cats* ~ mačke predu

purse I [pərs] kesa; tašna; *the power of the ~ moć kese (novca) **purse** II *v tr* skupiti; *to* ~ *one's lips* naprćiti usta, naprćiti se **purser** *n* brodski blagajnik **purse strings** *pl* (fig.) kesa; *to loosen the* ~ odrešiti kesu

pursuant [pər'su:ənt] *a and adv* (usu.: ~ *to)* shodan; ~ *to the rules* shodan pravilima

pursue [pər'su:] *v tr* 1. goniti 2. tražiti; težiti (za); *to* ~ *pleasure* tražiti zadovoljstvo **pursuer** *n* gonilac **pursuit** [pər'su:t] *n* 1. gonjenje; ~ *of an enemy* gonjenje neprijatelja 2. težnja, traženje; trka; *the* ~ *of hapiness* težnja za srećom

purulent ['pju:rələnt] *a* gnojan, gnojav

purvey ['pər'vej] *v tr* snabdeti (snabdjeti) **purveyor** [pər'vejər] *n* snabdevač (snabdjevač), dobavljač

pus [pəs] *n* gnoj (tečnost koja se stvara u zapaljenom tkivu)

push I [puš] *n* 1. guranje; *to give smb. a* ~ gurnuti nekoga 2. (colloq.) napad **push** II *v* 1. *tr* gurnuti 2. *tr* progurati; *to* ~ *a wire through a pipe* progurati žicu kroz cev (cijev) 3. *tr* probiti se, progurati se; *to* ~ *one's way through a crowd* probiti se kroz gomilu 4. *tr* (slang) reklamirati; *to* ~ *a new product* reklamirati nov proizvod 5. *tr* (slang) rasturati; *to* ~ *drugs* rasturati droge 6. *tr* pritisnuti; *to* ~ *a button* pritisnuti dugme 7. *intr* gurati se 8. misc.; *to* ~ *smb. around* maltretirati nekoga; *to ~ *one's luck* rizikovati; *to* ~ *off* otputovati, otići **push button** taster, pritisno dugme **push-button** *a* automatski, na dugme (taster); ~ *warfare* rat na dugme **pushcart** [~kart] *n* ručna kolica **pusher** *n* (slang) rasturač; *a drug* ~ rasturač droga **pushover** [~ouvər] *n* (colloq.) 1. laka pobeda (pobjeda) 2. slab protivnik **push-up** *n* (gymnastics) upor (ležeći prednji na šakama) **pushy** *a* (colloq.) agresivan

pusillanimous [pju:sə'laenəməs] *a* malodušan

puss I [pus] *n* (colloq.) mačka

puss II *n* (slang) 1. usta 2. lice

pussy *n* (colloq.) (dim. of **puss** I) m maca

pussyfoot [~fut] *v intr* (colloq.) (or: *to* ~ *around*) okolišiti

put I [put] *adv* (colloq.) na istom mestu (mjestu); *to stay* ~ ostati na istom mestu **put** II *put* [put] *v* 1. *tr* metnuti, staviti (da leži, da stoji); *to* ~ *food (a glass) on the table* metnuti jelo (čašu) na sto (stol); *to* ~ *children to bed* staviti (metnuti) decu (djecu) u krevet 2. *tr* nametnuti, udariti; *to* ~ *a tax on smt.* udariti porez na nešto 3. *tr* bacati; *to* ~ *the shot* bacati kuglu 4. *tr* izraziti; *to* ~ *it mildly* blago se izraziti 5. *tr* postaviti; *to* ~ *a question* postaviti pitanje 6. *tr* smestiti (smjestiti); *to* ~ *smb. into the hospital* smestiti nekoga u bolnicu 7. *intr* ići; *to* ~ *into a harbor* ući u luku 8. misc.; *to ~ *smt. over on smb.* prevariti nekoga; *to ~ *to death* pogubiti; *to* ~ *into practice* primeniti (primijeniti) u praksi; *to* ~ *smb. to expense* baciti nekoga u trošak

putative ['pju:tətiv] *a* pretpostavljen; navodni

put down v 1. zabeležiti (zabilježiti) 2. slomiti; *to put down resistance* slomiti otpor 3. (slang) osuditi; kritikovati 4. deponovati; *to put down a deposit* deponovati garantni iznos 5. misc.; **to put one's foot down* insistirati

put in v 1. umetnuti 2. (naut.) ući (u pristanište) 3. podneti (podnijeti); *to put in a request* podneti molbu 4. misc.; *to put in a good word for smb.* preporučiti nekoga

put off v odgoditi, odložiti; *to put a trip off* odložiti put

put on v 1. obući; obuti; staviti; *to put a suit on* obući odelo (odijelo); *to put on a hat* staviti šešir 2. upaliti; *to put on a lamp* upaliti lampu 3. staviti u pogon; *to put on the brakes* kočiti 4. izigravati; *to put on airs* praviti se otmen 5. dobiti; *to put on weight* dobiti u težini 6. zalepiti (zalijepiti); *to put a stamp on an envelope* zalepiti marku na koverat (W: kuvertu)

put out v 1. ugasiti; *to put a fire out* ugasiti vatru 2. isploviti; *to put out to sea* isploviti na pučinu 3. izdati; pustiti u prodaju 4. ispružiti; *to put out one's hand* ispružiti ruku 5. izbaciti; *to put out of action* izbaciti iz borbe 6. potrošiti; *he put out 50 dollars* potrošio je 50 dolara 7. izmoliti; *to put one's head out the window* izmoliti glavu kroz prozor

putrefy ['pju:trəfaj] v 1. *tr* izazvati truljenje (u) 2. *intr* istruliti **putrid** ['pju:trid] a truo; pokvaren

putter ['pətər] v 1. *tr (to ~ away)* straćiti; *to ~ away one's time* traćiti vreme

(vrijeme) 2. *intr* čačkati, majati se, prtljati, čeprkati; *to ~ around the house* majati se po kući

put together v 1. sastaviti; napisati 2. misc.; **to put two and two together* izvući zaključak

putty I ['pətij] n kit, git **putty** II v *tr* zakitovati

put up v 1. izgraditi; *to put a new building up* izgraditi novu zgradu 2. imenovati, istaći; *to put up a candidate* istaći kandidata 3. podići; *to put one's hand up* podići ruku 4. uložiti; *to put up money to start a business* uložiti novac za osnivanje firme 5. otvoriti; *to put up an umbrella* otvoriti kišobran 6. istaći; *to put a poster up* istaći plakat 7. smestiti (smjestiti) 8. podstaći, podbosti; *to put smb. up to smt.* podbosti nekoga na nešto 9. pružati; *to put up resistance* pružati otpor 10. trpeti (trpjeti); *to put up with smt.* trpeti nešto

puzzle I ['pəzəl] n zagonetka **puzzle** II v 1. *tr* zbuniti; *to be ~ed* biti u nedoumici 2. *tr (to ~ out)* odgonetnuti 3. *intr* uporno razmišljati; *to ~ over smt.* uporno razmišljati o nečemu

PX [pij'eks] abbrev. of **post exchange**

pygmy I ['pigmij] n pigmej **pygmy** II a pigmejski

pyjamas esp. Br.; see **pajamas**

pylon ['pajlan] n pilon

pyramid I ['pirəmid] n piramida **pyramid** II v *intr* primiti oblik piramide

pyre [pajr] n lomača

Pyrex ['pajreks] n pireks (trgovački naziv za vrstu vatrostalnog stakla)

python ['pajthan] n piton

Q

q [kju:] *n* q (slovo engleske azbuke)
Q.T. [kju:'tij] (colloq.) *on the* ~ tajno
quack I [kwaek] *n* kvakanje **quack** II *v tr* kvakati
quack III *n* šarlatan **quack** IV *a* šarlatanski, nadri **quackery** [~ərij] *n* šarlatanstvo
quad [kwad] *n* see **quadrangle** 2
quadrangle [~raenggəl] *n* 1. četvorougao (W: četverokut) 2. četvorougaoni (W: četverokutni) blok zgrada
quadrant [~rənt] *n* kvadrant
quadratic [~'raetik] *a* kvadratan
quadrilateral I [~rə'laetərəl] *n* četvorougao (W: četverokut) **quadrilateral** II *a* četvorougli
quadruple I [kwa'dru:pəl] *a* četvorostruk **quadruple** II *v tr and intr* učetvorostručiti (se) **quadruplets** [~plits] *n pl* četvorke
quagmire ['kwaegmajr] *n* blato, močvara
quail I [kwejl] *n* prepelica
quail II *v intr* klonuti, obeshrabriti se
quaint [kwejnt] *a* staromodan
quake I [kwejk] *n* potres (see **earthquake**) **quake** II *v intr* 1. tresti se 2. drhtati
Quaker *n* kveker
qualification [kwaləfi'kejšən] *n* 1. kvalifikacija 2. uslov (W also: uvjet); ograničenje **qualified** ['kwaləfajd] *a* 1. kvalifikovan 2. uslovljen; ograničen **qualify** ['kwaləfaj] *v* 1. *tr* kvalifikovati 2. *tr* usloviti 3. *tr* (gram.) odrediti 4. *intr* kvalifikovati se; *to* ~ *for the finals* kvalifikovati se za finale
qualitative [~tejtiv] *a* kvalitativan **quality** *v* 1. kvalitet, kakvoća 2. osobina
qualm [kwalm] *n* sumnja, nesigurnost

quandary ['kwandərij] *n* zbunjenost dilema
quantitative ['kwantətejtiv] *a* kvantitativan, količinski **quantity** *n* kvantitet, količina
quarantine ['kworəntijn] *n* karantin **quarantine** II *v tr* staviti (nekoga) u karantin, zavesti karantin (za)
quarrel I ['kworəl] *n* svađa **quarrel** II *v intr* svađati se **quarrelsome** *a* svadljiv
quarry I ['kworij] *n* gonjena zver (zvijer), plen (plijen), lov
quarry II *n* kamenolom
quart [kwort] *n* četvrtina galona, kvart
quarter I *n* 1. četvrtina, četvrt; *a* ~ *to five* četvrt do pet 2. (in *pl*) krugovi; *in the highest* ~*s* u najvišim krugovima 3. milosrđe, milost; *to show no* ~ nemati milosti 4. kvart; četvrt; *the Latin* ~ Latinski kvart 5. (Am.) novčić od 25 centa **quarter** II *a* četvrtinski **quarter** III *v tr* 1. raščerečiti; podeliti (podijeliti) na četiri jednaka dela (dijela) 2. razmestiti (razmjestiti) po stanovima
quarterback [~baek] *n* (Am. football) bek; (fig,) dirigent igre
quarterfinals [~fajnəlz] *n pl* (sports) četvrt-finale
quarterly I [~lij] *n* tromesečni (tromjesečni) časopis **quarterly** II *a* tromesečni (tromjesečni); *a* ~ *journal* tromesečni časopis
quartermaster [~maestər] I *n* 1. (mil.) intendant 2. (naval) podoficir-kormilar **quartermaster** II *a* intendantski
quarter mile četvrt milje **quarter mile** trkač na stazi od četvrt milje **quarter note** (mus.) četvrtinka

quarters *n pl* 1. stambene prostorije; (mil.) kasarna 2. (naval) mesto (mjesto) po borbenoj zapovesti (zapovijesti); *general* ~ borbena uzbuna 3. misc.; *at close* ~ u neposrednom dodiru

quartet [kwor'tet] *n* kvartet

quartz [kworts] *n* kvarc

quash [kwaš] *v tr* 1. (legal) ukinuti, poništiti 2. ugušiti

quasi ['kwazij] *a* and *adv* kvazi, tobožnji, tobože

quaver I ['kwejvər] *n* 1. drhtanje 2. treperenje, podrhtavanje glasa **quaver** II *v intr* drhtati

quay [kij] *n* kej

queasy, queazy ['kwijzij] *a* osetljiv (osjetljiv); *a* ~ *stomach* osetljiv stomak; *he feels* ~ mučno mu je

Quebec [kwi'bek] *n* Kvibek (pokrajina i grad)

queen I [kwijn] *n* 1. kraljica, vladarka 2. kraljica, žena kraljeva 3. (chess) dama, kraljica 4. (cards) kraljica, dama 5. (or ~ *bee)* matica **queen** II *v tr* 1. načiniti kraljicom 2. (chess) pretvoriti u dami **queen bee** matica

queer I [kwijr] *n* (slang) homoseksualac **queer** II *a* 1. čudan, nastran 2. ćaknut 3 homoseksualan **queer** III *v tr* (slang) osujetiti, pokvariti

quell [kwel] *v tr* ugušiti; *to* ~ *an uprising* ugušiti pobunu

quench [kwenč] *v tr* utoliti; ugasiti; *to* ~ *one's thirst* utoliti žeđ

querulous ['kwerələs] *a* gunđav; ljutiti

query I ['kwijrij] *n* 1. pitanje; raspitivanje 2. (Br.) žalba **query** II *v tr* pitati; ispitivati

quest [kwest] *n* traženje, traganje; *in* ~ *of smt.* tražeći nešto

question I ['kwesčən] *n* 1. pitanje; *to ask smb. a* ~ postaviti nekome pitanje; *to answer a* ~ odgovoriti na pitanje 2. sumnja; *there is no* ~ nema sumnje 3. rasprava; stvar; *to call for the* ~ tražiti da se završi rasprava **question** II *v tr* 1. ispitivati; *to* ~ *a witness* ispitati svedoka (svjedoka) 2. osporiti; *to* ~ *smb.'s right* osporiti nečije pravo **questionable** *a* 1. osporljiv, pod pitanjem 2. sumnjiv **question mark** znak pitanja, upitnik **questionnaire** [kwesčə'nejr] *n* anketa, anketni listić, upitnica

queue I [kju:] *n* 1. kika 2. (esp. Br.) red **queue** II *v intr* (also: *to* ~ *up)* stati u red, napraviti red

quibble I ['kwibəl] *n* cepidlačenje (cjepidlačenje) **quibble** II *v intr* cepidlačiti (cjepidlačiti) **quibbler** *n* cepidlaka (cjepidlaka)

quick I [kwik] *n* živo meso; *to cut to the* ~ pogoditi (dirnuti) u živac **quick** II *a* brz **quick** III *adv* (colloq.) brzo; *come* ~! dođi brzo! **quicken** *v* 1. *tr* ubrzati 2. *intr* ubrzati se

quicksand [~saend] *n* živi pesak (pijesak)

quicksilver [~silvər] *n* živo srebro, živa

quickwitted *a* dovitljiv, oštrouman

quid I [kwid] *n* gruda (duvana—duhana za žvakanje)

quid II *n* (Br., slang) funta (sterlinga)

quiet I ['kwajit] *n* 1. mirnoća, mir 2. odmor **quiet** II *a* miran; tih; *sit* ~*ly!* sedi (sjedi) mirno! **quiet** III *v* 1. *tr* (also: *to* ~ *down)* stišati, smiriti 2. *intr* (usu.: *to* ~ *down); *stišati se, smiriti se; *the house* ~*d down* kuća se stišala

quill [kwil] *n* 1. pero 2. bodlja

quilt I [kwilt] *n* jorgan **quilt** II *v tr* prošiti

quince [kwins] *n* dunja

quinine ['kwajnajn] *n* kinin

quint [kwint] see **quintuplets**

quintessence [kwin'tesəns] *n* suština, srž, kvintesencija

quintet [kwin'tet] *n* (mus.) kvintet

quintuple [kwin'təpəl] *v tr and intr* upetostručiti (se) **quintuplets** [~plits] *n pl* petorke

quip I [kwip] *n* dosetka (dosjetka), pošalica **quip** II *v intr* našaliti se

quirk [kwərk] *n* kapric, lutka, ćef

quisling ['kwizling] *n* (pejor.) kvisling

quit [kvit] *quit* (Br. also: *quitted)* *v* 1. *tr* napustiti; odustati (od); *to* ~ *one's job* napustiti službu 2. *intr* napustiti službu 3. *intr* prestati; *he quit smoking* prestao je da puši

quite [kwajt] *adv* 1. sasvim; ~ *good* sasvim dobro 2. (colloq.) izvanredan; poveliki; ~ *a house* povelika kuća 3. dosta, prilično; ~ *warm* dosta toplo; ~ *a few* mnogo

quits [kwits] *a* kvit; *to call it* ~ priznati da je spor dovršen

quitter *n* onaj koji odustaje

quiver I ['kwivər] *n* tobolac

quiver II *n* drhtaj; treperenje **quiver** III *v intr* drhtati quixotic [kwik'satik] a donkihotski, besmislen

quiz I [kwiz] *(quizzes)* n 1. kviz 2. ispitivanje quiz II *-zes; -zed; v tr* ispitivati quiz program see quiz I 1.

quoit [kwojt] n 1. halka 2. (in *pl)* igra nabacivanja halki

quorum ['kworəm] n kvorum

quota ['kwoutə] n kvota; ograničen broj quota system propisani ograničen broj osoba za prijem (u neku školu, službu)

quotation [kwou'tejšən] n 1. navod, citat 2. (comm.) navođenje cene (cijene) quotation mark navodnik, navodni znak

quote [kwout] v tr navesti, citirati

quotient ['kwoušənt] n (math.) količnik

R

r [ar] n r (slovo engleske azbuke)
rabbi ['raebaj] n rabin **rabbinate** ['raebi-nejt] n rabinat **rabbinical** [rə'binikəl] a rabinski
rabbit ['raebit] n pitomi zec, kunić **rabbit punch** (boxing) zabranjen udarac za vrat
rabble ['raebəl] n ološ, rulja **rabble-rouser** n demagog, huškač
rabid ['raebid] a 1. besan (bijesan) 2. fanatičan
rabies ['rejbijz] n besnilo (bijesnilo)
raccoon [rae'kuːn] n (zool.) rakun
race I [rejs] n rasa; (as a) ~ riots rasni nemiri
race II n trka; an automobile ~ automobilska trka **race** III v 1. tr and intr trkati se (sa) 2. tr pustiti da se trka 3. tr dati pun gas; to ~ an engine dati motoru pun gas **racehorse** [~hors] n trkački konj **racer** n takmičar u trci **racetrack** [~traek] n hipodrom, trkalište
racial ['rejšəl] a rasni; ~ discrimination rasna diskriminacija
racing [rejsing] n trkanje; trke **racing** II ə trkački; a ~ car trkački automobil
racism ['rejsizəm] n rasizam **racist** I n rasista **racist** II a rasistički
rack I [raek] n 1. mreža za prtljag (W: prtljagu) 2. raf, stelaža; polica 3. sprava za mučenje; muke; on the ~ na mukama 4. vešalica (vješalica); a hat ~ vešalica za šešire **rack** II v tr 1. lupati, razbijati 2. mučiti; moriti; he was ~ed with pain bol ga je razdirao
racket I ['raekit] n (tennis) reket (raketa)
racket II n 1. buka, galama; to make a ~ dići galamu 2. (colloq.) prevara, smicalica; nepošten posao **racketeer** [~'tijr] n (colloq.) gangster; ucenjivač (ucjenjivač)

rack up v (colloq.) postići; to rack up points postići poene
racquet see **racket** I
racy ['rejsij] a 1. ljut, oštar 2. mastan, nepristojan
radar I ['rejdar] n radar **radar** II a radarski; a ~ antenna radarska antena
radial ['rejdijəl] a radijalan; ~ tires radijalne gume
radiance ['rejdijəns] n 1. zračnost 2. blistavost **radiant** a 1. koji zrači 2. blistav
radiate ['rejdijejt] v 1. tr zračiti; to ~ joy zračiti radošću 2. intr zračiti **radiation** [rejdij'ejšən] n radijacija, zračenje
radiator ['rejdijejtər] n 1. radijator, naprava za zagrevanje (zagrijavanje) 2. hladnjak, radijator (u motoru automobila)
radical I ['raedikəl] n 1. (pol.) radikalac, radikal 2. (math.) radikal, koren (korijen) **radical** II a radikalan, korenit (korjenit); ~ changes korenite promene (promjene) **radicalism** n radikalizam
radio I ['rejdijou] n radio; radio; on the ~ na radiju, preko radija **radio** II v tr and intِ javiti radiom; emitovati; the ship ~ed a call for help brod je emitovao signal za pomoć **radioactive** [~'aektiv] a radioaktivan **radio announcer** radio-spiker
radiologist [rejdij'alədžist] n radiolog **radiology** [~džij] n radiologija
radioman [~maen] n radio-mehaničar **radio operator** radio-operator **radio station** radio-stanica
radish ['raediš] n 1. (bot.) rotkva 2. (cul.) rotkvica
radium ['rejdijəm] n radij, radijum
radius ['rejdijəs] (-es or -ii [ijaj]) n 1. radijus; (aviation) a cruising ~ dolet nِ. režimu krstarenja 2. područje, obimِ

within a ~ *of 10 miles* na području od 10 milja

RAF [arej'ef] abbrev. of *Roval Air Force* *n* prodaja žrebom

raffle I ['raefəl] *n* prodaja žrebom — žrijebom (na lutriji) **raffle** II *v tr* (usu.: *to* ~ *off)* prodati žrebom (kockom, na lutriji)

raft I [raeft] *n* splav

raft II *n* (colloq.) mnoštvo

rafter *n* krovna greda

rag I [raeg] *n* krpa; dronjak, rita; *to be in* ~*s* biti u dronjcima **rag** II *a* 1. od krpe 2. bezdrvni **rag** III *v tr* (colloq.) gnjaviti; zadirkivati

ragamufin ['raegəməfin] *n* dronja, odrpanac

rage I [rejdž] *n* 1. jarost, bes (bijes); *to vent one's* ~ *at smb.* iskaliti bes na nekoga 2. (colloq.) *(the* ~) privremena moda **rage** II *v intr* besneti (bjesnjeti)

ragged ['raegid] *a* dronjav, u dronjcima; odrpan

raid I [rejd] *n* prepad, napad; racija; *to carry out a* ~ izvršiti raciju **raid** II *v tr* and *intr* iznenada napasti

rail I [rejl] *v intr (to* ~ *at)* grditi, psovati

rail II *n* 1. spojnica, prečaga 2. (in *pl)* akcija železnica (željeznica) 3. ograda, priručje, balustrada (na stepeništu) 4. šina; tračnica; *trains run on* ~*s* vozovi (W: vlakovi) idu po šinama **railing** *n* priručje, ograda (na stepeništu) **railroad** I [~roud] *n* železnica (željeznica) **railroad** II *a* železnički (željeznički); *a* ~ *bridge* železnički most **railroad** III *v tr* (colloq.) 1. (brzo) progurati; *to* ~ *a bill through a legislature* brzo progurati projekat zakona kroz skupštinu 2. smestiti (smjestiti) na osnovu lažnih dokaza; *to* ~ *smb. to jail* smestiti nekoga u zatvor na osnovu lažnih dokaza **railroad station** železnička (željeznička) stanica (W: željeznički kolodvor) **railway** [~way] *n* železnička (željeznička) pruga

rain I [rejn] *n* kiša; *it looks like* ~ kao da će kiša; ***~ *or shine* uprkos vremenu **rain** II *v* 1. *tr* obasuti; *to* ~ *fire on a city* obasuti grad vatrom 2. *intr* padati (o kiši); *it's* ~*ing* pada kiša **rainbow** [~bou] *n* duga **raincoat** [~kout] *n* kišni mantil **raindrop** [~drap] *n* kaplja kiše **rainfall** [~fol] *n* padavine, oborine; količina kiše **rain out** *v* otkazati zbog kiše; *the game was rained out* utakmica- je

bila otkazana zbog kiše **rainwater** [~wotər] *n* kišnica **rainy** *a* kišovit; kišan

raise I [rejz] *n* povišica; *to get a* ~ dobiti povišicu **raise** II *v* 1. *tr* dići, podići; povisiti; *to* ~ *a curtain* podići zavesu (zavjesu); *to* ~ *prices* povisiti cene (cijene) 2. *tr* skupiti; *to* ~ *money* skupiti novac 3. *tr* odgajiti (W: odgojiti) podići; *to* ~ *cattle* odgajiti stoku 4. *intr* (cards) povećati ulog

raisin ['rejzən] *n* suvo (suho) grožđe

rake I [rejk] *n* grabulje **rake** II *v* 1. *tr* (also: *to* ~ *together, up)* zgrnuti; *to* ~ *up leaves* zgrnuti lišće 2. *tr (to* ~ *off)* zgrabuljati 3. *tr* zasuti uzdužnom vatrom 4. *tr* (colloq.) *(to* ~ *in)* skupiti; zaraditi; zgrnuti; *to* ~ *in a nice profit* zgrnuti dobru zaradu 5. *intr* grabuljati 6. misc.; **to* ~ *smb. over the coals* izgrditi nekoga na pasja kola

rake III *n* raskalašnik **rakish** *a* razvratan, raskalašan

rally I ['raelij] *n* 1. prikupljanje, zbor 2. poboljšanje, oporavak 3. (comm.) skok (akcija) 4. (tennis) razmena (razmjena) udaraca 5. reli **rally** II *v* 1. *tr* prikupiti; *to* ~ *troops* prikupiti vojsku 2. *tr* ujediniti; *to* ~ *a country* ujediniti zemlju 3. *intr* pridružiti se; okupiti se; *to* ~ *round smb.* okupiti se oko nekoga 4. *intr* oporaviti se; *to* ~ *from an illness* oporaviti se od bolesti 5. *intr* skočiti; *stocks rallied* akcije su skočile

ram I [raem] *n* ovan **ram** II *v* 1. *tr* udariti (pramcem, kljunom) 2. *tr* prokrčiti; probiti; *the ship* ~*med its way through the ice* brod se probio kroz led 3. *intr* naleteti (naletjeti); *the car* ~*med into a pole* auto je naleteo na stub

ramble ['raembəl] *v intr* 1. lutati, skitati se 2. udaljavati se (od teme) **rambling** *a* 1. koji luta 2. preopširan, ogroman; *a large house* ogromna kuća 3. koji se udaljava (od teme)

ramify ['raeməfaj] *v* 1. *tr* razgranati 2. *intr* razgranati se

ramp [raemp] *n* 1. platforma; (aviation) *a parking* ~ platforma za parkiranje 2. uspon ka autostradi; spuštanje sa autostrade

rampage ['raempejdž] *n* razjarenost, jarost; *to go on a* ~ razjariti se **rampageous** [raem'pejdžəs] *a* razjaren

rampant ['raempənt] *a* bujan

rampart ['raempart] *n* bedem

ramrod ['raemrad] *n* nabijač; šipka za pušku

ramshackle ['raemšaekəl] *a* trošan, oronuo; rasklimatan

ranch I [raenč] *n* ranč, stočarska farma ranch II *v intr* držati ranč rancher *n* rančer ranch house 1. kuća na ranču 2. prizemna, jednospratna (W: jednokatna) kuća

rancid ['raensid] *a* užegnut, užegao; *the butter is* ~ puter se užegao

rancor ['raengkər] *n* zloba, mržnja, pizma rancorous *a* zloban

random ['raendəm] *a* 1. slučajan 2. nasumice rađen; *at* ~ nasumice 3. slučajan, stohastički; *a* ~ *error* slučajna greška random sample štihproba, proba nasumice

range I [rejndž] *n* 1. domet, domašaj, dohvat; *out of* ~ izvan dometa 2. radijus dejstva (djejstva), domet; *a (cruising)* ~ *of 1,000 miles* domet od 1.000 milja 3. poligon, strelište 4. venac (vijenac), lanac; *a mountain* ~ planinski venac 5. šporet, štednjak; *an electric (gas)* ~ šporet na struju (plin) range II *v intr* 1. protezati se 2. *intr* kretati se; *room and board* ~*s from 10 to 15 dollars* pansion se kreće od 10 do 15 dolara

ranger *n* (also: *forest* ~) šumar

rangy ['rejndžij] *a* 1. dugih udova, tanak 2. prostran

rank I [raengk] *n* čin; rang; *by* ~ prema činu 2. (mil.) vrsta; *to form a* ~ postrojiti se u vrstu; (fig.) *to close* ~*s* zbiti redove rank II *v* 1. *tr* svrstati, rangirati 2. *intr* biti po činu; *he* ~*s first* on je na čelu

rank III *a* 1. bujan 2. pravi, sušti, čisti; ~ *cowardice* čist kukavičluk

rank and file obični ljudi

ranking *a* najstariji po činu

rankle ['raengkəl] *v* 1. *tr* mučiti, gristi, jesti 2. *intr* gristi, jesti

rank order rang-lista

ransack ['raensaek] *v tr* 1. pretresti, pretražiti; *to* ~ *a room* pretražiti sobu 2. opljačkati

ransom I ['raensəm] *n* otkup, iskup; *to hold for* ~ držati za otkup ransom II *v tr* otkupiti, iskupiti

rant [raent] *v intr* buncati

rap I [raep] *n* 1. lak udarac; *to give smb. a* ~ *over the knuckles* udariti nekoga po prstima 2. kucanje; *there was a* ~ *at the door* neko (netko) je kucnuo na vrata 3. (slang) kazna; prekor (prijekor); **to beat the* ~ izmaći kazni rap II *v* 1. *tr* udariti, lupiti; *to* ~ *smb. over the knuckles* udariti nekoga po prstima 2. *intr* (slang) pričati, diskutovati

rapacious [rə'pejšəs] *a* 1. grabljiv 2. pohlepan, gramziv

rape I [rejp] *n* silovanje; *to commit* ~ izvršiti silovanje rape II *v tr* silovati

rapid ['raepid] *a* brz, rapidan rapid-fire *a* brzometan rapids *n pl* brzac, brzak

rapport [rə'por] *n* (bliska) veza; prisnost

rapprochement [raeproš'man] *n* zbliženje

rapt [raept] *a* zanesen; ushićen

rapture ['raepčər] *n* zanesenost, ushićenost rapturous *a* ushićen

rare I [rejr] *a* nedopečen, manje pečen; ~ *meat* nedopečeno meso

rare II *a* 1. redak (rijedak); *a* ~ *book* retka knjiga 2. razređen (razrijeđen) rarely *adv* retko

raring ['rejring] *a* (colloq.) oduševljen; *he is* ~ *to go* ne može da dočeka da ide (počne)

rarity ['rejrətij] *n* raritet, retkost, retka stvar

rascal ['raeskəl] *n* 1. nitkov, bitanga 2. nestaško

rash I [raeš] *n* 1. (med.) osip 2. izbijanje

rash II *a* nagao; prenagljen, brzoplet; *a* ~ *act* prenagljena radnja

rasp I [raesp] *n* 1. trenica, rende 2. hrapav, škripav zvuk rasp II *v* 1. *tr* strugati 2. *intr* škripati

raspberry ['raezberij] *n* 1. malina (žbun, plod) 2. (slang) zviždanje; *to give smb. the* ~ izviždati nekoga

rasping ['raesping] *a* hrapav, škripav; *a* ~ *voice* hrapav (škripav) glas

rat I [raet] *n* 1. pacov (W: štakor) 2. (slang) dostavljač, prijavljivač 3. (slang) pseto, nitkov; *you* ~*!* pseto jedno! rat II *v intr* (slang) prijaviti, dostaviti; *to* ~ *on smb.* prijaviti nekoga

ratchet ['raečit] *n* zapor, zupčasti točak

rate I [rejt] *n* 1. stopa; *an annual* ~ godišnja stopa 2. brzina; tempo 3. (Br.) porez na imovinu 4. kurs; *a buying (selling)* ~ kupovni (prodajni) kurs 5. misc.; *at any* ~ u svakom slučaju rate II *v* 1. *tr* proceniti (procijeniti) 2. *tr* (colloq.) zaslužiti 3. *intr* smatrati se

rather ['raeth:ər] *adv* 1. radije; *he would* ~ *remain at home* on će radije ostati kod kuće 2. pre (prije); *it looks blue* ~ *than green* izgleda pre plav no zelen 3. prilično; ~ *far* prilično daleko 4. to jest; *he is my friend, or* ~ *he was my friend* on mi je prijatelj, to jest, bio mi je prijatelj

ratification [raetəfi'kejšən] *n* ratifikacija **ratify** ['raetəfaj] *v tr* ratifikovati

rating ['rejting] *n* 1. procena (procjena) 2. karakteristika, nominalna vrednost (vrijednost); režim; *a power* ~ nominalna snaga 3. popularnost (emisije) 4. (in *pl*) rang-lista, rejting-lista

ratio ['rejšou] *n* 1. odnos, proporcija, razmera (razmjera) 2. (math.) količnik

ration I ['raešən] *n* sledovanje (sljedovanje), obrok hrane **ration** II *v tr* racionirati; *to* ~ *food* racionirati namirnice

rational *a* racionalan; ~ *numbers* racionalni brojevi

rationale [raešə'nael] *n* obrazloženje

rationalism ['raešənəlizəm] *n* racionalizam **rationalization** [raešənələ'zejšən] 1. *n* racionalizacija 2. opravdanje ponašanja **rationalize** ['raešənəlajz] *v* 1. *tr* racionalizovati 2. *intr* opravdati svoje ponašanje (lažnim razlozima)

ration book knjižica za namirnice **rationing** *n* racioniranje

rattle I ['raetəl] *n* 1. čegrtaljka 2. zvečka; klepet 3. kožni prstenovi (kod zvečarke) **rattle** II 1. *tr and intr* čangrljati, čegrtati, klepetati; *to* ~ *a doorknob* čangrljati kvakom od vrata 2. *tr (to* ~ *off)* brzo izgovoriti, izvesti; *to* ~ *off a list of names* brzo izgovoriti spisak imena 3. *tr* (colloq.) zbuniti; *he was* ~*d by the question* pitanje ga je zbunilo 4. *intr* kloparati; klopotati; *the engine* ~*s* motor klopara 5. *intr* tandrkati; *to* ~ *along (over) cobblestones* tandrkati po kaldrmi **rattlebrained** [~brejnd] *a* šupljoglav, praznoglav **rattlesnake** [~snejk] *n* zvečarka

rattrap ['raettraep] *n* 1. kljusa za pacove (W: štakore) 2. (colloq.) trošna kuća

raucous ['rokəs] *a* bučan; hrapav; ~ *laughter* bučan smeh (smijeh)

ravage I ['raevidž] *n* (usu. in *pl*) šteta; *the* ~*s of time* zub vremena **ravage** II *v tr* and *intr* opustošiti; *to* ~ *a village* opustošiti selo

rave I [rejv] *n* (colloq.) (usu. in *pl*) oduševljeni, ushićeni prikaz; *the play got* ~*s* komad je primljen s oduševljenjem **rave** II *a* (colloq.) oduševljen, ushićen; ~ *reviews* ushićena kritika **rave** III *v intr* 1. buncati **2.** besneti (bjesnjeti)

raven ['rejvən] *n* gavran, vran

ravenous ['raevənəs] *a* 1. halapljiv, proždrljiv 2. grabljiv

ravine [rə'vijn] *n* jaruga

raving I ['rejving] *n* buncanje **raving** II *a* 1. koji bunca, pomaman; *a* ~ *maniac* ludak 2. (colloq.) izvanredan

ravioli [raevij'oulij] *n pl* ravioli, italijanske taške

ravish ['raeviš] *v tr* 1. oteti 2. silovati **ravishing** *a* zanosan

raw [ro] *a* 1. presan (prijesan), sirov; ~ *meat* sirovo (presno) meso 2. sirov; ~ *material* sirovina, sirova građa 3. ranjav; *rubbed* ~ ranjav od trljanja 4. hladan (i vlažan); ~ *weather* hladno vreme (vrijeme) 5. neobučen; neizvežban (neizvježban); ~ *recruits* neobučeni regruti **raw deal** (colloq.) nepravedno postupanje; *he got a* ~ izvukao je tanji kraj **rawhide** [~hajd] *n* sirova koža

ray [rej] *n* zrak (W: zraka); zračak; *a* ~ *of hope* zračak nade

rayon ['rejan] *n* veštačka — vještačka (W: umjetna) svila, rejon

raze [rejz] *v tr* 1. porušiti, srušiti; *to* ~ *a building* porušiti zgradu 2. sravniti; *to* ~ *to the ground* sravniti sa zemljom

razor ['rejzər] *n* brijač, brijačica; *a safety* ~ žilet **razor blade** nožić za brijanje

razz [raez] *v tr* (slang) rugati se (nekome) **razzle-dazzle** ['raezəl-'daezəl] *n* (slang) zaslepljivanje (zasljepljivanje)

re- [rij] *prefix* pre-, ponovan, re-

reach I [rijč] *n* dohvat, doseg, domašaj; *beyond (out of)* ~ van dohvata **reach** II *v* 1. *tr* dopreti — doprijeti (do), dostići, dohvatiti; *who is tall enough to* ~ *the glasses?* ko (tko) je dovoljno visok da dohvati čaše? 2. *tr* (also: *to* ~ *out*) ispružiti; *to* ~ *one's hand across the table* ispružiti ruku preko stola 3. *tr* (colloq.) dodati; *to* ~ *smb. the salt* dodati nekome so (sol) 4. *tr* stići; *to* ~ *home* stići kući 5. *tr* napraviti; *to* ~ *an agreement* dogovoriti se 6. *intr* posegnuti, mašiti se; *to* ~ *for a knife* mašiti se

noža 7. *tr* and *intr* **dopirati, dostizati, dosezati;** *the water ~es (to) my knees* voda mi doseže do kolena **(koljena);** *as far as the eye ~s* **dokle oko može da** dopre 8. *intr (to ~ out)* **ispružiti ruku;** *he ~ed out to help me* **ispružio** je ruku da mi pomogne 9. misc.; *to ~ a verdict* doneti (donijeti) presudu **react** [rij'aekt] *v intr* **reagovati;** *to ~ to smt.* reagovati na **nešto reaction** [rij-'aekšən] *n* 1. **reakcija;** *a chain ~* lančana reakcija 2. (pol) **reakcija reactionary** I [~erij] *n* reakcionar **reactionary** II *a* reakcionaran
read [rijd]; *read* [red] *v* 1. *tr* **pročitati;** *to ~ a book* pročitati knjigu 2. *tr* **pokazati;** *the dial ~s zero* brojčanik pokazuje nulu 3. *tr* (esp. Br.) **studirati;** *to ~ law* studirati pravo 4. *tr* podneti (podnijeti); *to ~ a paper* podneti referat 5. *intr* **čitati;** **to ~ between the lines* čitati između redova 6. *intr* **učiti, spremati se;** *to ~ for an exam* spremati se za ispit 7. *intr* **glasiti;** *how does the sentence ~?* kako glasi rečenica? 8. misc.; *to ~ down a list* pročitati spisak (od početka); *to ~ up on a subject* proučiti neki predmet
reader *n* 1. čitalac; *a regular ~ of a newspaper* redovni čitalac nekog lista 2. čitač; *a microfilm ~* čitač za mikrofilmove 3. (Br.) docent; vanredni (W: izvanredni) profesor 4. lektor 5. konsultant
readily ['redəlij] *adv* 1. rado 2. lako **readiness** *n* spremnost
reading I ['rijding] *n* 1. čitanje 2. štivo; *assigned ~* zadano štivo 3. ono što pokazuje neka sprava za merenje (mjerenje) **reading** II *a* čitalački; *the ~ public* čitalačka publika
ready ['redij] *a* 1. spreman; *he is ~ to leave* on je spreman do pođe 2. gotov; *~ cash* gotov novac 3. taman 4. siguran; *a ~ source* siguran izvor 5. zreo; *~ to be picked* zreo za branje
reaffirm [rijə'fərm] *v tr* ponovo tvrditi, potvrditi, afirmisati
real I ['rijəl] *a* 1. stvaran; *~ wages* realna plata 2. pravi, istinski; *a ~ diamond* pravi dijamant 3. nepokretan **real** II *adv* (colloq.) veoma **real estate** nepokretna imovina, nekretnina **realism** *n* realizam **realist** *n* realista **realistic** [rijə'listik] *a* realističan, realistički **reality** [rij'aelətij] *n* realnost, realitet, stvarnost **realize** ['rijəlajz] *v tr* 1. realizovati, ostvariti; *to*

~ a profit ostvariti dobitak 2. shvatiti; razumeti (razumjeti); predočiti **really** *adv* 1. see **real** I; stvarno, u stvari 2. zbilja
realm [relm] *n* 1. carstvo, kraljevina 2. (fig.) oblast, carstvo
realtor ['rijəltər] *n* trgovac nepokretnostima **realty** ['rijəltij] *n* nekretnina
ream I [rijm] *n* 1. ris (W: rizma); (500 tabaka — W: araka) 2. (usu. in *pl*) gomila **ream** II *v tr* 1. razvrnuti 2. (colloq.: *to ~ out*) izgrditi
reap [rijp] *v tr* and *intr* pokositi, požeti, ubrati; *to ~ benefits* ubrati plodove **reaper** *n* 1. žetelac, kosac; **the grim ~* kosa smrti 2. žetelica
rear I [rijr] *n* 1. zadnja strana, pozadina; *in the ~* u pozadini 2. (mil. and fig.) zaštitnica 3. zadnjica, stražnjica **rear** II *a* zadnji; *a ~ axle* zadnja osovina **rear** III *v* 1. *tr* odgajati (W: odgojiti) 2. *intr* (or: *to ~ up*) dići se, propeti se; *the horse ~ed* konj se propeo
rear admiral kontra-admiral
rear guard zaštitnica
rearm [rij'arm] *v* 1. *tr* ponovo naoružati 2. *intr* ponovo se naoružati
rearview [~vju:] *a* zadnji **rearview mirror** retrovizor
reason I ['rijzən] *n* 1. razum; *to listen to ~* slušati razum 2. razlog; povod; *for what ~?* iz kog razloga? 3. misc.; *it stands to ~* logično je; *with ~* opravdano **reason** II *v* 1. *tr (to ~ out)* promisliti 2. *intr* rasuđivati; *the ability to ~* sposobnost rasuđivanja **reasonable** *a* 1. razuman 2. umeren (umjeren); *a ~ price* umerena cena (cijena)
rebate I ['rijbejt] *n* rabat, popust **rebate** II [ri'bejt] *v tr* smanjiti (račun, cenu—cijenu)
rebel I ['rebəl] *n* ustanik, buntovnik **rebel** II *a* ustanički **rebel** III [ri'bel] *v intr* ustati, pobuniti se; *to ~ against* ustati protiv **rebellion** [ri'beljən] *n* ustanak **rebellious** [ri'beljəs] *a* buntovan
rebirth ['rij'bərth] *n* preporod **reborn** [rij-'born] *a* preporođen
rebound I ['rijbaund] *n* odskok; *on the ~* pri odskoku **rebound** II *v intr* odskočiti
rebuff I [ri'bəf] *n* odbijanje, korpa **rebuff** II *v tr* odbiti; dati korpu (nekome)
rebuke I [ri'bju:k] *n* prekor (prijekor), ukor **rebuke** II *v tr* prekoriti, ukoriti

rebut [ri'bət] v tr and intr pobiti, opovrgnuti rebuttal n pobijanje, opovrgnuće
recalcitrant [ri'kaelsətrənt] a neposlušan
recall I ['rijkol] and [ri'kol] n 1. opoziv, opozivanje; the ~ of an ambassador opoziv ambasadora 2. podsećanje (podsjećanje) recall II [ri'kol] v 1. tr opozvati 2. tr (mil.) pozvati iz rezervnog sastava 3. tr and intr setiti (sjetiti) se; I can't ~ ne mogu da se setim
recant [ri'kaent] v tr and intr oporeći
recap [ri'kaep] v tr regenerisati; to ~ a tire regenerisati gumu
recapitulate [rijkə'pičulejt] v tr sažeto ponoviti
recede [ri'sijd] v intr 1. gubiti se; to ~ in the distance gubiti se u daljini 2. opasti; the waters are ~ing vode opadaju
receipt [ri'sijt] n 1. priznanica, recepis 2. primanje, prijem; the ~ of a letter primanje pisma 3. (in pl) zarada od prodaje, pazar
receive [ri'sijv] v 1. tr primiti; to ~ a guest (a letter) primiti gosta (pismo) 2. tr hvatati; our radio ~s only local stations naš radio hvata samo lokalne stanice 3. intr primati Received Standard English jezik najškolovanije klase u Engleskoj
receiver n 1. primalac 2. (legal) izvršilac stečaja 3. prijemnik receivership n stečaj
recent ['rijsənt] a skorašnji; a ~ event skorašnji događaj
receptacle [ri'septəkəl] n 1. kutija 2. štekontakt
reception [ri'sepšən] n 1. prijem, doček; to arrange a ~ in smb.'s honor prirediti prijem u nečiju čast 2. (tech.) prijem; shortwave ~ kratkotalasni prijem 3. (Br., in a hotel) recepcija receptionist n dočekivalac receptive [ri'septiv] a prijemčiv, prijemljiv, receptivan
recess I ['rijses] n 1. raspust, odmor 2. kutak, niša, udubljenje recess II v 1. tr napraviti udubljenje (u), izdupsti 2. tr raspustiti 3. intr raspustiti se
recession [ri'sešən] n 1. odlazak, povlačenje 2. (econ.) recesija
recipe ['resəpij] n (usu. cul.) recept
recipient [ri'sipijənt] n primalac, recipijent; a welfare ~ primalac socijalne pomoći
reciprocal [ri'siprəkəl] a recipročan; uzajaman reciprocate [~kejt] v intr uzvra-

ćati reciprocity [resə'prasətij] n recipročnost
recital [ri'sajtəl] n recital
recitation [resə'tejšən] n recitacija, recitovanje recite [ri'sajt] v tr and intr recitovati, kazivati; to ~ poetry recitovati stihove
reckless ['reklis] a nemaran, nesmotren
reckon ['rekən] v 1. tr izračunati 2. intr računati; (colloq.) to ~ on računati na 3. intr (colloq.) misliti
reclaim [ri'klejm] v tr meliorisati; to ~ land meliorisati zemlju reclamation [reklə'mejšən] n melioracija; amelioracija
recline [ri'klajn] v intr naslanjati se
recluse [ri'klu:s] or [ri'klu:s] n osamljenik; pustinjak
recognition [rekəg'nišən] n 1. prepoznavanje, raspoznavanje 2. priznanje; to win ~ steći priznanje recognizable [~'najzəbəl] a koji se može prepoznati recognize ['rekəgnajz] v tr 1. prepoznati, raspoznati, poznati; to ~ smb. by his walk prepoznati nekoga po hodu 2. priznati; to ~ a government priznati vladu
recoil I ['rijkojl] or [ri'kojl] n trzaj, trzanje (topa, puške) recoil II [ri'kojl] v intr trgnuti; the rifle ~s puška trza
recollect [rekə'lekt] v tr setiti (sjetiti) se recollection [~kšən] n sećanje (sjećanje)
recommend [rekə'mend] v tr preporučiti recommendation [rekəmen'dejšən] n preporuka
recompense I ['rekəmpens] n obeštećenje, naknada recompense II v tr obeštetiti, nadoknaditi
reconcilable [rekən'sajləbəl] a pomirljiv reconcile ['rekənsajl] v tr pomiriti reconciliation [rekənsilij'ejšən] n pomirenje
reconnaissance I [ri'kanəsəns] n izviđanje; aerial ~ izviđanje iz vazduha (W: zraka) reconnaissance II a izviđački; a ~ patrol izviđačka patrola reconnoiter [rijkə'nojtər] v tr and intr izvideti (izvidjeti); to ~ enemy positions izvideti neprijateljske položaje
reconsider [rijkən'sidər] v tr and intr ponovo razmatrati
reconstruct [rijkən'strəkt] v tr rekonstruisati; ponovo izgraditi; to ~ an event rekonstruisati događaj reconstruction [~kšən] n rekonstrukcija, ponovna izgradnja

record I ['rekərd] *n* 1. zapisnik; zapis; zabeleška (zabilješka); protokol; *to draw up (keep) a* ~ sastaviti (voditi) protokol; *to make a* ~ *of smt.* nešto zabeležiti (zabilježiti) 2. (in *pl)* arhiva, akti (akta), spisi; dokumenti; *to keep (maintain)* ~*s* čuvati akta 3. prošlost; *to have a bad* ~ imati rđavu prošlost 4. opis dosadašnjeg rada, dosije; *I'd like to see his* ~ hteo (htio) bih da vidim njegov dosije 5. uspeh (uspjeh); *his previous scholastic* ~ njegov uspeh u prethodnom školovanju 6. rekord; *to beat a* ~ premašiti rekord 7. (gramofonska) ploča 8. misc.; *off the* ~ u poverenju (povjerenju); *for the* ~ za objavu **record** II *a* rekordan; *a* ~ *number* rekordan broj **record** III [ri'kord] *v* 1. *tr* zapisati, zabeležiti (zabilježiti); registrovati 2. *tr and intr* snimiti na ploču **record changer** menjač (mjenjač) ploča **recorder** [ri-'kordər] *n* 1. see **tape recorder** 2. zapisničar **recording** *n* snimak na ploči ili traci **record jacket** omot gramofonskih ploča **record player** gramofon

re-count I ['rij-kaunt] *n* prebrojavanje, ponovno brojanje (glasova) **re-count** II [rij-'kaunt] *v tr* prebrojiti, ponovno brojati (glasove)

recount [ri'kaunt] *v tr* ispričati; *to* ~ *an event* ispričati događaj

recoup [ri'ku:p] *v tr* nadoknaditi; *to* ~ *a loss* nadoknaditi štetu

recourse ['rijkors] or [ri'kors] *n* pribegavanje (pribjegavanje); *to have* ~ *to smt.* pribeći (pribjeći) nečemu

recover [ri'kəvər] *v* 1. *tr* dobiti natrag, ponovo steći 2. *intr* ozdraviti; oporaviti se; *to* ~ *from wounds* oporaviti se od rana **recovery** *n* 1. dobijanje natrag ponovno sticanje; *the* ~ *of stolen property* povraćaj ukradene imovine 2. povratak (u normalno stanje) 3. ozdravljenje; oporavak

recreation I [rekrij'ejšən] *n* rekreacija, razonoda **recreation** II *a* rekreacioni; *a* ~ *center* rekreacioni centar

recrimination [rikrimə'nejšən] *n* protivoptužba (protuoptužba)

recruit I [ri'kru:t] *n* regrut; novak **recruit** II *v tr* 1. regrutovati 2. vrbovati; *to* ~ *volunteers* vrbovati dobrovoljce **recruiter** *n* 1. regrutni oficir, regrutni podoficir 2. vrbovnik

rectal ['rektəl] *a* rektalan

rectangle ['rektaenggəl] *n* pravougaonik (W: pravokutnik) **rectangular** [rek-'taenggjələr] *a* pravougaoni (W: pravokutan)

rectify ['rektəfaj] *v tr* ispraviti

rector ['rektər] *n* 1. glavni paroh (pastor) 2. (Cath.) rektor 3. upravitelj (škole); rektor **rectory** *n* parohija

rectum ['rektəm] *n* rektum, zadnje crevo (crijevo)

recuperate [ri'ku:pərejt] *v intr* oporaviti se, oživeti (oživjeti)

recur [ri'kər] *v intr* 1. opet iskrsnuti 2. vratiti se **recurrence** *n* vraćanje; **recurrent** *a* povratan

recycle [rij'sajkəl] *v tr* ponovo iskoristiti, preraditi (kao sirovinu); *to* ~ *old paper* iskoristiti stari papir

red I [red] *n* 1. crvena boja, crven, crvenilo 2. (usu. cap.) komunista; revolucionar; crvenjak 3. misc.; *in the* ~ zadužen; **to see* ~ razbesneti (razbjesnjeti) se **red** II *a* 1. crven; ~ *cheeks* crveni obrazi 2. (fig.) revolucionaran, crven 3. riđ; ~ *hair* riđa kosa 4. alev; ~ *pepper* aleva paprika 5. misc.; **to paint the town* ~ lumpovati, terevenčiti **redbaiter** [~bejtər] *n* hajkač (lovac) na levičare (ljevičare) **red-blooded** *a* jak; hrabar **red carpet** crveni tepih; **to roll out the* ~ *for smb.* dočekati nekoga s velikim počastima **redcoat** [~kout] *n* (hist.) crveni mundir (britanski vojnik) **Red Cross** Crveni krst (W: križ)

redecorate [rij'dekərejt] *v tr and intr* (ponovo) udesiti; prepraviti; *to* ~ *an apartment* prepraviti stan

redeem [ri'dijm] *v tr* 1. iskupiti; *to* ~ *one's honor* iskupiti svoju čast; *to* ~ *a pledge* iskupiti svoje obećanje 2. otkupiti; *to* ~ *property* otkupiti založenu svojinu 3. ublažiti; nadoknaditi; *he has one* ~*ing feature* ima jednu crtu koja ublažuje njegove negativne crte **redemption** [ri-'dempšən] *n* 1. iskup; otkup 2. spas

redhanded [~haendid] *a and adv* na samom delu (djelu); *to be caught* ~ biti uhvaćen na samom delu

redhead [~hed] *n* riđokosa osoba

red-hot *a* usijan; vatren 2. (colloq., sports) see **hot** 7

red-letter *a* (colloq.) znamenit; *a* ~ *day* znamenit dan

red light crveno svetlo (svjetlo); (fig.) znak opasnosti **red-light** *a* bordelski; *a* ~ *district* deo (dio) grada s mnogo bordela

redouble [rij'dəbəl] *v tr* and *intr* udvostručiti (se)

redress [ri'dres] *v tr* popraviti, ispraviti; *to* ~ *an injustice* ispraviti nepravdu

redskin [~skin] *n* (colloq.) crvenokožac

red tape (pejor.) birokratizam, preterani (pretjerani) formalizam (u vršenju dužnosti)

reduce [ri'du:s] *v* 1. *tr* smanjiti, umanjiti; *to* ~ *imports* smanjiti uvoz 2. *tr* dovesti; *to* ~ *to poverty* dovesti do prosjačkog štapa 3. *tr* skratiti, uprostiti; svesti; *to* ~ *a fraction* skratiti razlomak 4. *tr* (med.) namestiti (namjestiti); *to* ~ *a leg fracture* namestiti slomljenu nogu 5. *intr* mršaviti **reducing** *n* mršavljenje **reduction** [ri'dəkšən] *n* 1. smanjenje, umanjenje; *a price* ~ smanjenje cena (cijena) 2. ublažavanje; ~ *of a sentence* ublažavanje kazne 3. skraćivanje, svođenje; ~ *of a fraction* skraćivanje razlomka 4. (med.) nameštanje (namještanje) 5. (ling.) redukcija; *vowel* ~ redukcija vokala

redundant [ri'dəndənt] *a* izlišan, suvišan

reed [rijd] *n* 1. trska 2. (mus.) jezičak (na pisku); instrument sa jezičkom (klarinet, oboa)

reef [rijf] *n* greben

reek I [rijk] *n* težak miris **reek** II *v intr* mirisati, osećati (osjećati) se; *his clothes* ~ *of tobacco* njegovo odelo (odijelo) miriše na duvan (duhan)

reel I [rijl] *n* 1. kalem 2. vitao, motovilo **reel** II *v tr* 1. (usu.: *to* ~ *in*) namotati 2. (*to* ~ *off*) brzo izgovoriti; *to* ~ *off poetry* nanizati stihove

reel III *v intr* zateturati se

reel IV *n* vrsta narodnog plesa

re-entry *n* (astron.) ulazak rakete (u guste slojeve atmosfere)

refer [ri'fər] *v* 1. *tr* and *intr* uputiti; *to* ~ *a reader to a book* uputiti čitaoca na knjigu 2. *intr* odnositi se; *to* ~ *to smt.* odnositi se na nešto 3. *intr* obratiti se; pogledati; *to* ~ *to a catalog* pogledati u katalog **referral** [~əl] *n* uputnica

referee I [refə'rij] *n* 1. arbitar 2. (sports, esp. boxing, football) sudija (W: sudac); (boxing) sudija u ringu 3. Br.; see **reference** 4. recenzent **referee** II *v* (esp.

sports) 1. *tr* biti sudija (na), voditi 2. *intr* biti **sudija**

reference ['refərəns] *n* 1. upućivanje 2. fusnota, **primedba** (primjedba) 3. veza; pogled; *with (in)* ~ *to smt.* u pogledu nečega 4. **preporuka**, karakteristika 5. davalac **preporuke**, obaveštenja (obavještenja)

referendum [refə'rendəm] *n* referendum

refine [ri'fajn] *v tr* 1. prečistiti; preraditi; *to* ~ *oil* **prečistiti** naftu 2. ugladiti, rafinirati **refined** *a* 1. prečišćen 2. uglađen; otmen **refinery** [ri'fajnərij] *n* rafinerija

reflect [ri'flekt] *v* 1. *tr* odraziti; reflektovati; odbiti; *to* ~ *light* odraziti svetlost (svjetlost) 2. *intr* razmišljati **reflection** [ri'flekšən] *n* 1. odraz; refleksija 2. razmišljanje, refleksija **reflective** [~tiv] *a* razmišljen, refleksivan, sklon razmišljanju **reflector** *n* 1. reflektor 2. (in *pl*) mačje oči

reflex I ['rijfleks] *n* refleks; *a conditioned* ~ uslovni (W: uvjetovani) refleks **reflex** II *a* refleksivan; *a* ~ *action* refleksivan pokret **reflexive** I [rij'fleksiv] *n* (gram.) povratan oblik **reflexive** II *a* 1. (gram.) povratan, refleksivan; *a* ~ *pronoun* povratna zamenica (zamjenica)

reform I [ri'form] *n* reforma; *to carry out a* ~ sprovesti reformu **reform** II *a* reformistički **reform** III *v* 1. *tr* reformisati, preurediti 2. *intr* reformisati se **reformation** [refər'mejšən] *n* 1. reformacija 2. (cap., hist.) protestantska reformacija **reformatory** I [ri'formətorij] *n* zavod za vaspitanje mladih, popravni zavod **reformatory** II *a* popravni **reformer** [ri'formər] *n* reformator **reform school** see **reformatory** I

refract [ri'frakt] *v tr* prelomiti **refraction** [ri'frakšən] *n* prelamanje, refrakcija

refrain I [ri'frejn] *n* refren, pripev (pripjev)

refrain II *v intr* uzdržati se

refresh [ri'freš] *v tr* osvežiti (osvježiti) **refresher course** kurs usavršavanja **refreshing** *a* osvežavajući (osvježavajući) **refreshment** *n* 1. osveženje (osvježenje) 2. (usu. in *pl*) zakuska; *to serve* ~*s* ponuditi zakusku

refrigerate [ri'fridžərejt] *v tr* držati u frižideru **refrigerator** *n* frižider

refuel [rij'fu:əl] *v* 1. *tr* popuniti gorivom 2. *intr* dobiti gorivo

refuge ['refju:dž] *n* sklonište, zaklon; uto-
čište; *to seek* ~ tražiti zaklon **refugee**
[refju'džij] *n* izbeglica (izbjeglica) **refu-
gee camp** logor za izbeglice (izbjeglice)
refund I ['rijfənd] *n* vraćanje (novca) **re-
fund** II ['rijfənd] and [ri'fənd] *v tr* vratiti
(novac)
refurbish [rij'fərbiš] *v tr* obnoviti
refusal [ri'fju:zəl] *n* odbijanje **refuse** I
[ri'fju:z] *v tr* and *intr* odbiti; *to* ~ *an
offer* odbiti ponudu
refuse II ['refju:s] *n* smeće, otpaci
refute [ri'fju:t] *v tr* pobiti, opovrgnuti; *to*
~ *a theory* opovrgnuti teoriju
regain [rij'gejn] *v tr* 1. **ponovo** dobiti 2.
ponovo stići (u)
regal ['rijgəl] *a* kraljevski
regale [ri'gejl] *v tr* 1. počastiti 2. uveselja-
vati
regard I [ri'gard] *n* 1. pogled; *in that* ~ u
tom pogledu 2. obzir; *without* ~ *to the
feelings of others* bez obzira na osećanja
(osjećanja) drugih 3. **(in** *pl***)** pozdravi;
give him our best ~*s* isporuči mu naše
najlepše pozdrave **regard** II *v tr* 1.
smatrati; držati; *to* ~ *smb. as a fool*
smatrati (držati) nekoga za budalu 2.
ceniti (cijeniti); *to* ~ *smb. highly* visoko
ceniti nekoga 3. ticati se **regarding** *prep*
u pogledu **regardless** 1. *prep* (~ *of*)
bezobziran prema 2. *adv* uprkos tome
regatta [ri'gaetə] *n* regata
regency [rijdžənsij] *n* regentstvo
regenerate ['ri'dženərejt] *v tr* 1. ponovo
stvoriti; obnoviti, regenerisati 2. prepo-
roditi **regeneration** [ridženə'rejšən] *n* 1.
obnova; regeneracija 2. **preporod**
regent ['rijdžənt] *n* 1. regent 2. član (škol-
ske, univerzitetske — **W:** sveučilišne)
uprave
regicide ['redžəsajd] *n* 1. kraljoubica (W:
kraljoubojica) 2. kraljoubistvo (W: kra-
ljoubojstvo)
regime [ri'žijm] *n* (pol.) režim
regiment I ['redžəmənt] *n* puk; *an infantry*
~ pešadijski (pješadijski) puk **regiment**
II [~ment] *v tr* disciplinovati, discipli-
nom dovesti u red **regimental** [~'mentl]
a pukovski; ~ *colors* pukovska zastava
region ['rijdžən] *n* kraj, oblast, predeo
(predio) **regional** *a* oblasni
register I ['redžistər] *n* 1. registar; spisak
2. (mus.) registar 3. gvozdena ploča za
podešavanje prolaska **zagrejanog** (zagri-
janog) vazduha (W: zraka) 4. misc.; *a*

hotel ~ knjiga recepcije **register** II *v* 1.
tr upisati; *to* ~ *students* upisati studen-
te 2. *tr* registrovati; *to* ~ *a car* registro-
vati kola 3. *tr* uneti (unijeti) u glasački
spisak 4. *tr* preporučiti; *to* ~ *a letter*
preporučiti pismo 5. *tr* prijaviti: *to* ~ *a
guest* prijaviti gosta 6. *intr* upisati se; *to*
~ *for a course* upisati se na kurs 7. *intr*
uneti svoje ime u glasački spisak 8. *intr*
prijaviti se **registered nurse** medicinska
sestra (koja je završila višu školu za
medicinske sestre i položila državni
ispit) **registrar** ['redžistrar] *n* 1. arhivar,
pisar 2. (at a university) šef odseka
(odseka) za evidenciju studenata **regi-
stration** [redžə'strejšən] *n* 1. upis; prija-
vljivanje; ~ *at a university* upis studen-
ata na univerzitet (**W:** sveučilište) 2.
registracija; *the* ~ *of a car* registracija
kola 3. prijava, prijavljivanje **registra-
tion form** prijavni formular, prijava
registry ['redžistrij] *n* registar; registra-
tura
regress [ri'gres] *v intr* kretati se nazad
regression [ri'grešən] *n* regresija
regret I [ri'gret] *n* žaljenje **regret** II *v tr*
žaliti; *to* ~ *a decision* žaliti zbog odluke
regretful *a* žalostan **regrettable** *a* za
žaljenje
regular I ['regjələr] *n* 1. (mil.) vojnik
stalnog sastava 2. (colloq.) stalan gost
(mušterija) 3. (sports) prvotimac **regular**
II *a* 1. redovan; *a* ~ *visitor* redovan
posetilac (posjetilac) 2. pravilan; ~ *fea-
tures* pravilne crte 3. regularan; *the* ~
army regularna (stalna) armija; *a* ~
guest stalan gost 4. (gram.) pravilan; ~
verbs pravilni glagoli 5. (colloq.) dobar;
a ~ *guy* dobar momak **regulate** ['regjə-
lejt] *v tr* regulisati; *to* ~ *prices* regulisa-
ti cene (cijene) **regulation** [regjə'lejšən]
n 1. regulacija, regulisanje 2. propis,
odredba; *according to* ~*s* po propisu
rehabilitate [rijhə'bilətejt] *v tr* rehabilito-
vati; *to* ~ *an invalid* rehabilitovati
invalida
rehearsal [ri'hərsəl] *n* proba, repeticija,
ponavljanje **rehearse** [ri'hərs] *v tr* and
intr probati; *to* ~ *a scene* probati scenu
reign I [rejn] *n* vlada; vladavina **reign** II *v
intr* vladati; *confusion* ~*s* vlada konfu-
zija
reimburse [rijim'bərs] *v tr* naknaditi; *to* ~
smb.'s expenses naknaditi nekome tro-
škove **reimbursement** *n* naknada

rein I [rejn] *n* uzda, dizgin; *to lead a horse by the* ~*s* voditi konja za dizgine; (also fig.) *to take over the* ~*s* uzeti dizgine **rein** II *v tr* and *intr* zauzdati, obuzdati
reincarnate [rijin'karnejt] *v tr* reinkarnirati, ponovo uteloviti (utjeloviti)
reindeer ['rejndijr] *n* irvas
reinforce [rijin'fors] *v tr* pojačati
reinstate [rijin'stejt] *v tr* ponovo postaviti (na položaj)
reiterate [rij'itərejt] *v tr* ponoviti
reject I ['rijdžekt] *n* 1. škart; oštećena roba 2. nešto odbijeno **reject** II [ri'džekt] *v tr* odbiti; odbaciti; *to* ~ *an offer* odbiti ponudu **rejection** [~kšən] *n* odbijanje, odbacivanje
rejoice [ri'džojs] *v intr* radovati se; *to* ~ *at smt.* radovati se nečemu
rejoin I [rij'džojn] *v tr* ponovo se pridružiti **rejoin** II [ri'džojn]: *v intr* odgovoriti **rejoinder** *n* odgovor, uzvraćanje
rejuvenate [ri'džu:vənejt] *v tr* podmladiti
relapse ['rijlaeps] or [ri'laeps] *n* povraćaj (bolesti); *he had a* ~ povratila mu se bolest
relate [ri'lejt] *v* 1. *tr* ispričati; *to* ~ *an incident* ispričati događaj 2. *tr* dovesti u vezu 3. *intr* (colloq.) imati veze; *to* ~ *to* imati veze s **related** *a* 1. povezan 2. srodan; ~ *languages* srodni jezici; ~ *by blood (by marriage)* u rodbinskoj vezi po krvi (po braku) **relation** [ri'lejšən] *n* 1. veza; *to break off commercial* ~*s* prekinuti trgovinske veze 2. rođak; srodnik 3. odnos; relacija; *friendly* ~*s* prijateljski odnosi **relationship** *n* 1. srodstvo 2. povezanost 3. odnos
relative I ['relətiv] *n* 1. rođak; srodnik; *close (distant)* ~*s* bliski (daljni) rođaci 2. (gram.) odnosni oblik **relative** II *a* 1. povezan; koji se odnosi 2. odnosan, relativan; *a* ~ *clause* odnosna rečenica **relativity** [relə'tivətij] *n* relativitet; *the theory of* ~ teorija relativiteta
relax [ri'laeks] *v* 1. *tr* olabaviti, oslabiti, opustiti; *to* ~ *muscles* olabaviti (opustiti) mišiće 2. *intr* malaksati, olabaviti se, opustiti se; popustiti; *he has to* ~ on mora da se opusti **relaxation** (rijlaek-'sejšən] *n* 1. labavljenje, opuštanje, relaksacija 2. popuštanje; *the* ~ *of discipline* popuštanje discipline 3. razonoda **relaxed** *a* 1. olabavljen 2. ležeran
relay I ['rijlej] or [ri'lej] *n* 1. nova zaprega; smena (smjena) konja 2. (elec.) relej

relay II *v tr* preneti (prenijeti) **relay race** ['rijlej] štafetna trka, štafeta
release I [ri'lijs] *n* 1. puštanje 2. oslobođenje, razrešenje (razriješenje); ~ *from an obligation* razrešenje obaveze 3. uređaj za otpuštanje 4. depeša 5. distribucija (filma) **release** II *v tr* 1. pustiti; otpustiti; ispustiti; *to* ~ *from prison* pustiti (otpustiti) iz zatvora; *to* ~ *a bomb* pustiti bombu 2. osloboditi; razrešiti (razriješiti); *to* ~ *smb. from an obligation* razrešiti nekoga obaveza
relegate ['reləgejt] *v tr* potisnuti; *to* ~ *smb. to the background* potisnuti nekoga u pozadinu
relent [ri'lent] *v intr* popustiti **relentless** *a* nemilosrdan, nepopustljiv
relevance ['reləvəns] *n* relevantnost **relevant** *a* relevantan, bitan
reliability [rilajə'bilətij] *n* pouzdanost **reliable** [ri'lajəbəl] *a* pouzdan **reliance** [ri'lajəns] *n* pouzdanje, oslanjanje; poverenje (povjerenje) **reliant** [ri'lajənt] *a* pun pouzdanja
relic ['relik] *n* 1. ostatak (iz prošlosti) 2. relikvija (predmet religioznog poštovanja) 3. (in *pl*) mošti
relief I [ri'lijf] *n* 1. olakšanje; *to bring* ~ doneti (donijeti) olakšanje 2. pomoć; socijalno staranje (see also **welfare**) 3. smena (smjena) 4. reljef; *in bold* ~ reljefno, jasno **relief** II *a* 1. pomoćni; *a* ~ *driver* pomoćni vozač 2. reljefni; *a* ~ *map* reljefna karta **relieve** [ri'lijv] *v tr* 1. olakšati; *to* ~ *pain* olakšati bol 2. osloboditi; razrešiti (razriješiti); smeniti (smijeniti); *to* ~ *of duty* razrešiti dužnosti 3. oslabiti; *to* ~ *pressure* oslabiti pritisak 4. misc.; *to* ~ *oneself* vršiti nuždu
religion [ri'lidžən] *n* religija **religious** [ri'lidžəs] *a* religiozan
relinquish [ri'lingkwiš] *v tr* 1. ostaviti 2. odreći se; *to* ~ *one's rights* odreći se prava
relique see **relic**
relish I ['reliš] *n* 1. ukus 2. zadovoljstvo, slast; *to eat with* ~ jesti sa slašću 3. začin **relish** II *v tr* uživati (u), voleti (voljeti)
relocate [rij'loukejt] *v* 1. *tr* preseliti 2. *intr* preseliti se; *the firm has* ~*d* preduzeće (W: poduzeće) se preselilo

reluctance [ri'ləktəns] *n* odvratnost, protivljenje; *with* ~ protiv volje **reluctant** *a* protiv volje, nerad

rely [ri'laj] *v intr* osloniti se, pouzdati se; *to* ~ *on (upon) smb.* osloniti se na nekoga

remain [ri'mejn] *v intr* ostati; *he* ~*ed at home* ostao je kod kuće; *that* ~*s to be seen* to ostaje da se vidi **remainder** [ri'mejndər] *n* ostatak **remains** *n pl* ostaci

remark I [ri'mark] *n* primedba (primjedba) **remark** II *v* 1. *tr* primetiti (primijetiti); opaziti 2. *intr* komentarisati; *to* ~ *on smt.* komentarisati nešto **remarkable** *a* izvanredan

remarry [rij'maerij] *v intr* 1. ponovo se oženiti 2. preudati se

rematch ['rijmaeč] *n* ponovna utakmica

remedial [ri'mijdijəl] *a* 1. popravni 2. dopunski, dodatni; ~ *work (in school)* dopunska nastava

remedy I ['remədij] *n* 1. lek (lijek) 2. pomoćno sredstvo 3. (legal) *a legal* ~ pravni lek **remedy** II *v tr* 1. izlečiti (izliječiti) 2. popraviti

remember [ri'membər] *v* 1. *tr and intr* setiti (sjetiti) se; pamtiti; *she* ~*s everything* ona se seća svega 2. misc.; ~ *me to your brother* isporučite pozdrave bratu **remembrance** [ri'membrəns] *n* 1. sećanje (sjećanje), pamćenje 2. uspomena

remind [ri'majnd] *v tr* podsetiti (podsjetiti); *he* ~*ed me of my father* on me je podsetio na oca **reminder** *n* opomena

reminisce [remə'nis] *v intr* reminiscirati, pričati uspomene **reminiscence** *n* reminiscencija, uspomena **reminiscent** *a* koji podseća (podsjeća)

remiss [ri'mis] *a* nemaran, nehatan

remit [ri'mit] *v tr* 1. uputiti; doznačiti (novac) 2. ukinuti (kaznu) **remittance** *n* doznaka, uputnica; doznačavanje

remnant ['remnənt] *n* ostatak

remodel [rij'madəl] *v tr* prepraviti; preudesiti; *to* ~ *a house* preudesiti kuću

remonstrance [ri'manstrəns] *n* prigovor, protest **remonstrate** [~strejt] *v intr* prigovarati

remorse [rij'mors] *n* pokajanje; žaljenje; *a look of* ~ pokajnički pogled **remorseful** *a* pokajnički

remote [ri'mout] *a* 1. udaljen; ~ *regions* udaljeni predeli (predjeli) 2. daljnji, dalek; *a* ~ *ancestor* daljnji predak 3.

zabačen; *a* ~ *spot* zabačeno mesto (mjesto) 4. slab; *a* ~ *possibility* slaba mogućnost 5. daljinski; ~ *control* daljinsko upravljanje

remount I ['rijmaunt] *n* novi (jahaći) konj **remount** II [rij'maunt] *v tr and intr* ponovo se popeti (na vozila, konje)

removal [ri'mu:vəl] *n* sklanjanje, uklanjanje; *trash* ~ iznošenje smeća **remove** [ri'mu:v] *v tr* 1. skloniti, ukloniti 2. skinuti; svući; *to* ~ *one's eyeglasses* skinuti naočare; *to* ~ *a bandage* skinuti zavoj 3. izvaditi; udaljiti; *to* ~ *one's child from school* izvaditi dete (dijete) iz škole **remover** *n* sprej; *a spot* ~ sprej za skidanje mrlja

remuneration [rimju:nə'rejšən] *n* plata, nagrada

renaissance I ['renəsans] *n* preporod, renesansa **renaissance** II *a* preporodni, renesansni; ~ *art* renesansna umetnost (umjetnost)

renal ['rijnəl] *a* bubrežni

rend [rend]; *-ed* or *rent* [rent] *v tr* 1. razderati 2. parati, prolamati; *to* ~ *the air* prolamati vazduh (W: zrak)

render *v tr* 1. podneti (podnijeti), dati, položiti; *to* ~ *an accounting* dati (položiti) račun 2. pružiti, dati; *to* ~ *assistance* pružiti pomoć 3. učiniti; *to* ~ *a service* učiniti uslugu 4. izvesti; *to* ~ *a musical composition* izvesti muzički komad 5. načiniti, napraviti; *to be* ~*ed speechless* zanemeti od besa (zanijemjeti od bijesa) 6. prevesti; *to* ~ *in English* prevesti na engleski 7. doneti (donijeti), izreći; *to* ~ *judgement* doneti (izreći) presudu

rendezvous I ['randejvu:] *n* randevu, sastanak **rendezvous** II *v intr* sastati se

rendition [ren'dišən] *n* 1. podnošenje 2. izvođenje 3. prevod

renegade I ['renəgejd] *n* otpadnik, odmetnik **renegade** II *a* otpadnički, odmetnički

renege [ri'nig] *v intr* ne držati (reč—riječ); *to* ~ *on a commitment* ne držati obećanje

renew [ri'nu:] *v tr* 1. obnoviti, ponoviti; *to* ~ *one's demands* obnoviti (ponoviti) zahteve (zahtjeve) 2. produžiti; *to* ~ *a visa* produžiti vizu **renewal** *n* 1. obnova 2. produženje

renounce [ri'nauns] v tr odreći se; to ~ one's inheritance odreći se nasleđa (nasljeđa)

renovate ['renəvejt] v tr obnoviti, renovirati **renovation** [renə'vejšən] n renovacija, obnova

renown [ri'naun] n slava, renome **renowned** a slavan, čuven, renomiran

rent I [rent] n 1. kirija, zakupnina; zakup 2. renta **rent** II v 1. tr uzeti (pod) zakup; iznajmiti; to ~ a car iznajmiti auto 2. tr (also: to ~ out) dati (izdati) pod zakup, iznajmiti; to ~ out an apartment izdati stan 3. intr izdavati se **rental** I n zakup; iznajmljivanje; car ~ iznajmljivanje automobila **rental** II a zakupni; a ~ agreement zakupni ugovor **renter** n zakupac

renunciation [rinənsij'ejšən] n odricanje

reorganize [rij'orgənajz] v tr reorganizovati

repair I [rij'pejr] n 1. opravka, popravka, remont; the ~ of a roof or: ~ s to a roof opravka krova 2. stanje; in good ~ u dobrom stanju **repair** II v tr opraviti, popraviti, remontirati; to ~ a watch opraviti sat **repairman** [~maen] (-men [men]) n mehaničar, majstor **repair shop** radionica

reparation [repə'rejšən] n 1. obeštećenje 2. (in pl) reparacije; to pay (war) ~s platiti (ratne) reparacije

repast [ri'paest] n obrok, obed (objed)

repatriate I [rij'pejtrijət] n repatrirac, povratnik **repatriate** II [~ejt] v tr repatrirati, vratiti u otadžbinu

repay [ri'pej]; repaid; v tr vratiti (nekome novac); odužiti (se); to ~ a debt odužiti dug

repeal I [ri'pijl] n ukidanje **repeal** II v tr ukinuti; to ~ a law ukinuti zakon

repeat I [ri'pijt] n (colloq.) ponavljanje **repeat** II v tr ponoviti **repeater** n 1. ponavljač 2. recidivista, povratnik

repel [ri'pel] v tr and intr odbiti, odbaciti; to ~ an attack odbiti napad **repellent** sredstvo (sprej) za zaštitu; an insect ~ sredstvo koje odbija insekte

repent [ri'pent] v tr and intr pokajati se (za) **repentance** n pokajanje

repercussion [rijpər'kəšən] n reperkusija, odjek, posledica (posljedica)

repertoire ['repətwar] n repertoar

repitition [repə'tišən] n ponavljanje, repeticija **repetitious** [repə'tišəs] a koji se

neprekidno ponavlja; dosadan **repetitive** [ri'petətiv] a koji (se) ponavlja

replace [ri'plejs] v tr 1. vratiti; to ~ a book (on a shelf) vratiti knjigu (na policu) 2. zameniti (zamijeniti); to ~ smb. at work zameniti nekoga na poslu **replacement** n 1. vraćanje 2. zamena (zamjena), izmena (izmjena) 3. zamenik (zamjenik)

replenish [ri'pleniš] v tr popuniti

replica ['repləkə] n kopija, replika

reply I [ri'plaj] n odgovor **reply** II v intr odgovoriti

report I [ri'port] n 1. izveštaj (izvještaj); to submit a je ~ podneti (podnijeti) izveštaj 2. (mil.) raport 3. glas; ~s are circulating glasovi kruže 4. dopis, reportaža; saopštenje (saopćenje); a ~ of an earthquake dopis o zemljotresu 5. prasak, detonacija **report** II v 1. tr javiti (o); to ~ a new discovery javiti o novom otkriću 2. tr saopštiti (saopćiti); to ~ the news saopštiti vesti (vijesti) 3. tr prijaviti; to ~ smb. for misconduct prijaviti nekoga zbog rđavog ponašanja 4. tr pričati; it is ~ed that ... priča se da ... 5. intr slati dopise 6. intr prijaviti se; javiti se; to ~ to the police prijaviti se policiji **report card** đačka knjižica **reportedly** adv navodno 'reporter n novinar, dopisnik, reporter

repose I [ri'pouz] n odmor, počinak **repose** II v intr odmarati se

repository [ri'pazətorij] n skladište

repossess [rijpə'zes] v tr ponovo uzeti u posed (posjed)

reprehensible [repri'hensəbəl] a prekorljiv

represent [repri'zent] v tr 1. predstavljati, zastupati; to ~ one's country predstavljati svoju zemlju 2. predstaviti, prikazati, opisati **representation** [reprizen'tejšən] n 1. predstavljanje, zastupanje 2. predstavljanje, prikazivanje, opisivanje 3. protest; predstavka **representative** I [repri'zentətiv] n predstavnik; reprezentant; (Am., pol.) the House of Representatives Predstavnički dom **representative** II a predstavnički; reprezentativan

repress [ri'pres] v tr 1. ugušiti; to ~ a rebellion ugušiti pobunu 2. suzbiti; to ~ one's feelings suzbiti svoja osećanja (osjećanja) **repression** [ri'prešən] n 1. ugušenje, ugušivanje 2. suzbijanje; represija **repressive** [ri'presiv] a represivan

reprieve I [ri'prijv] *n* odlaganje izvršenja (smrtne) kazne **reprieve** II *v tr* odložiti (nekome) izvršenje (smrtne) kazne
reprimand I ['reprimaend] *n* ukor, prekor (prijekor) **reprimand** II *v tr* ukoriti, prekoriti
reprint I ['rijprint] *n* 1. preštampana knjiga 2. separat **reprint** II [rij'print] *v tr* preštampati
reprisal [ri'prajzəl] *n* represalija, kaznena mera (mjera); odmazda
reproach I [ri'prouč] *n* ukor, prekor (prijekor) **reproach** II *v tr* ukoriti, prekoriti **reproachful** *a* pun prekora
reproduce [rij'prə'du:s] *v* 1. *tr* reprodukovati 2. *tr* razmnožiti 3. *intr* množiti se
reproduction [rijprə'dəkšən] *n* 1. reprodukcija 2. množenje, rasplođavanje
reptile ['reptajl] *n* reptil, gmizavac
republic [ri'pəblik] *n* republika **republican** I *n* 1. republikanac 2. (cap., Am., pol.) član Republikanske stranke **republican** II republikanski **Republican Party** (Am., pol.) Republikanska stranka
repudiate [ri'pju:dijejt] *v tr* odreći se; *to ~ a debt* odreći se duga **repudiation** [ripju:dij'ejšən] *n* odricanje
repugnance [ri'pəgnəns] *n* odvratnost **repugnant** *a* odvratan
repulse [ri'pəls] *v tr* odbiti; *to ~ an attack* odbiti napad **repulsive** *a* odvratan, oduran, antipatičan
reputable ['repjətəbəl] *a* uvažen, poštovan **reputation** [repjə'tejšən] *n* reputacija, ugled **repute** [ri'pju:t] *n* ugled **reputed** *a* 1. pretpostavljen, 2. navodni
request I [ri'kwest] *n* molba; *to submit a ~* podneti (podnijeti) molbu **request** II *a* po želji; *a ~ performance* predstava po želji publike **request** III *v tr* zamoliti
requiem ['rekwijəm] *n* rekvijem
require [ri'kwajr] *v tr* zahtevati (zahtijevati) **requirement** *n* zahtev (zahtjev)
requisite I ['rekwəzit] *n* potreba **requisite** II *a* potreban
requisition I [rekwə'zišən] *n* rekvizicija, trebovanje **requisition** II *v tr* trebovati
rescind [ri'sind] *v tr* ukinuti
rescue I ['reskju:] *n* spasavanje **rescue** II *a* za spasavanje; *a ~ party* odred za spasavanje **rescue** III *v tr* spasti **rescuer** *n* spasilac
research I [ri'sərč] or ['rijsərč] *n* istraživanje **research** II *a* istraživački, naučnoi-

straživački **research** III *v tr and intr* istraživati
resemblance [ri'zembləns] *n* sličnost **resemble** [ri'zembəl] *v tr* ličiti (na)
resent [ri'zent] *v tr* vređati (vrijeđati) se; *to ~ smt.* vređati se nečim **resentful** *a* ozlojeđen, uvredljiv **resentment** *n* ozlojeđenost
reservation [rezər'vejšən] *n* 1. rezervacija; *a room ~* rezervacija sobe 2. rezervat; *many Indians live on ~s* mnogi Indijanci žive u rezervatima 3. ograda; rezerva; *without ~* bez ograde **reserve** I [ri'zərv] *n* 1. zaliha, rezerva; *in ~* u rezervi 2. uzdržljivost 3. ograda, ograničenje; *without ~* bez ograde 4. branjevina, zabran; *a game ~* branjevina za divljač 5. (mil.; often in *pl*) rezerva; *to bring up ~s* dovući rezerve **reserve** II *a* rezervni; *a ~ fund* rezervni fond **reserve** III *v tr* 1. rezervisati; *to ~ a room* rezervisati sobu 2. zadržati, pridržati, rezervisati; *all rights ~ed* sva prava zadržana (pridržana) 3. odložiti; *to ~ judgment* odložiti presudu **reserved** *a* 1. rezervisan, zauzet 2. rezervisan, uzdržan **reservoir** ['rezərvwar] *n* rezervoar
reside [ri'zajd] *v intr* stanovati, obitavati **residence** ['rezədəns] *n* 1. obitavalište, boravište, stan 2. rezidencija **residency** *n* 1. (med.) specijalistički staž 2. rezidencija, rezidentov stan **resident** *n* 1. stanovnik 2. (med.) specijalizant, stažista na kliničkoj specijalizaciji **residential** [rezə'denšəl] *a* stambeni, za stanovanje; *a ~ area* stambeni kraj
residual I [re'zidđu:əl] *n* ostatak **residual** II *a* ostali **residue** ['rezədu:] *n* ostatak; talog
resign [ri'zajn] *v* 1. *tr* podneti (podnijeti) ostavku (na); *to ~ a position* podneti ostavku na položaj 2. *refl* pomiriti se; *to ~ oneself to one's fate* pomiriti se sa sudbinom 3. *intr* podneti ostavku, povući se s položaja **resignation** [rezig'nejšən] *n* 1. ostavka 2. rezignacija, pomirenje sa onim što je neizbežno (neizbježno)
resilience [ri'ziljəns] *n* elastičnost **resilient** *a* elastičan
resin ['rezin] *n* smola
resist [ri'zist] *v tr and intr* 1. pružati otpor; odupirati se; *to ~ smb.* pružati nekome otpor 2. odoleti (odoljeti), izdržati; *to ~ temptation* odoleti iskušenju **resistance** *n* 1. otpor; *to offer (put up) ~*

pružati otpor 2. (WW II) otpor, pokret otpora

resolute ['rezəlu:t] *a* odlučan, rezolutan, rešen (riješen) **resolution** [rezə'lu:šən] *n* 1. odlučnost 2. rezolucija; *to propose a* ~ doneti (donijeti) rezoluciju **resolve** I [ri'zalv] *n* odlučnost, rešenost (riješenost) **resolve** II *v tr* 1. odlučiti; rešiti (riješiti); *to* ~ *a problem* rešiti problem 2. ukloniti; *to* ~ *a doubt* ukloniti sumnju

resonance ['rezənəns] *n* rezonanca **resonant** *a* zvučan; rezonantni

resort I [ri'zort] *n* 1. odmaralište; *a ski* ~ smučarski centar 2. see **recourse** 3. (pomoćno) sredstvo; izvor pomoći **resort** II *v intr* pribeći (pribjeći); *to* ~ *to cunning* pribeći lukavstvu

resound [ri'zaund] *v intr* razleći se; prolomiti se; *the applause* ~*ed through the auditorium* aplauz se prolomio dvoranom

resource ['rijsors] or [ri's~] *n* 1. pomoćno sredstvo 2. bogatstvo; *natural* ~*s* prirodna bogatstva **resourceful** [ri'sorsfəl] *a* snalažljiv, dovitljiv

respect I [ri'spekt] *n* 1. poštovanje (W also: štovanje) 2. pogled; obzir; *in every* ~ u svakom pogledu **respect** II *v tr* poštovati, uvažavati (W also: štovati) **respectable** *a* poštovan, uvažen **respectful** *a* pun poštovanja; učtiv

respective *a* svoj; osobit; *the* ~ *merits of the candidates* osobite zasluge svakog kandidata **respectively** *adv* za svakog posebno; odnosno

respiration [respə'rejšən] *n* disanje, respiracija **respirator** ['respərejtər] *n* respirator **respiratory** ['respərətorij] *a* disajni, respiracioni

respite ['respit] *n* predah; *to allow no* ~ ne dozvoliti da predahne

respond [ri'spand] *v intr* 1. odgovoriti 2. reagovati; *to* ~ *to kindness* reagovati na ljubaznost 3. odazvati se; *to* ~ *to a request* odazvati se molbi **response** [ri'spans] *n* 1. odgovor 2. reakcija; odziv **responsibility** [rispansə'bilətij] *n* odgovornost; *to bear* ~ snositi odgovornost **responsible** [ris'pansəbəl] *a* odgovoran; *to be* ~ *to smb. for smt.* biti nekome odgovoran za nešto

rest I [rest] *n* 1. odmor; *to take a* ~ odmoriti se 2. (mus.) stanka, pauza 3. (mil.) ~! na mestu (mjestu) voljno! 4.

misc.; *to lay to* ~ sahraniti; smiriti **rest** II *v* 1. *tr* odmoriti 2. *tr* osloniti; *to* ~ *ι board against a wall* osloniti dasku na zid 3. *intr* odmoriti se 4. *intr* oslanjati se; opirati se; *the arch* ~*s on that pillar* svod se opire o taj stub 5. *intr* (legal) prestati izvoditi dokaze (pred sudom) **rest** III *n* ostatak

restaurant ['restərənt] *n* restoran

rest home odmaralište; dom staraca

restitution [restə'tu:šən] *n* 1. restitucija, vraćanje 2. naknada

restive *a* nervozan

restless *a* nemiran

restoration [restə'rejšən] *n* 1. vraćanje 2. restauracija **restore** [ri'stor] *v tr* 1. ponovo uspostaviti 2. restaurisati

restrain [ri'strejn] *v tr* uzdržati, zadržati; *to* ~ *oneself* uzdržati se **restraint** *n* 1. uzdržavanje, zadržavanje; *to show* ~ uzdržavati se 2. ograničenje; *without* ~ bez ograničenja

restrict [ri'strikt] *v tr* ograničiti **restricted** *a* 1. ograničen 2. koji isključuje pripadnike manjina **restriction** [~kšən] *n* restrikcija, ograničenje **restrictive** [~ktiv] *a* 1. restriktivan, koji ograničuje 2. (gram.) koji nije u apozitivnoj službi

rest room WC, toalet

result I [ri'zəlt] *n* rezultat **result** II *v intr* rezultirati

resume [ri'zu:m] *tr and intr* produžiti, nastaviti; ponovɔ se latiti

resumé ['rezu:'mej] *n* kraći biografski podaci

resumption [ri'zəmpšən] *n* nastavljanje, produživanje

resurgence [ri'sərdžəns] *n* 1. oživljenje 2. ponovno ustajanje **resurgent** *a* koji ponovo oživljava, ustaje

resurrect [rezə'rekt] *v tr and intr* uskrsnuti **resurrection** [~kšən] *n* uskrsnuće

resuscitate [ri'səsətejt] *v tr* oživiti **resuscitation** [~'tejšən] *n* oživljenje

retail I ['rijtejl] *n* maloprodaja **retail** II *a* maloprodajni; ~ *prices* maloprodajne cene (cijene) **retail** III *v tr and intr* prodavati na malo

retain [ri'tejn] *v tr* 1. zadržati 2. uzeti (pravozastupnika) u službu **retainer** *n* 1. (hist.) pratilac, sluga 2. nagrada (advokatu) za obezbeđenje (obezbjeđenje) njegovih usluga

retaliate [ri'taelijejt] v intr osvetiti se
retaliation [ritaelij'ejšən] n odmazda, osveta
retard [ri'tard] v tr usporiti retarded a (razvojno) ometen, zaostao; a mentally ~ child mentalno zaostalo dete (dijete)
retention [ri'tenšən] n zadržavanje retentive [~ntiv] a koji pamti; a ~ memory dobro pamćenje
reticence ['retəsəns] n 1. ćutljivost, mučaljivost (W also: šutljivost) 2. povučenost
reticent a 1. ćutljiv, mučaljiv (W also: šutljiv) 2. povučen
retinue ['retnu:] n pratnja
retire [ri'tajr] v 1. tr penzionisati (W also: umiroviti) 2. intr ići u penziju 3. intr ići na spavanje retired a u penziji (W also: umirovljen) retirement n 1. penzionisanje (W also: umirovljenje), penzija (W also: mirovina); in ~ u penziji 2. povlačenje retiring a 1. povučen 2. skroman
retort I [ri'tort] n (brz) odgovor, uzvraćanje retort II v intr uzvratiti, brzo odgovoriti
retouch [rij'təč] v tr retuširati; to ~ a photograph retuširati fotografiju
retrace [rij'trejs] v tr opet preći; to ~ one's steps vratiti se istim putem
retract [ri'traekt] v 1. tr uvući; to ~ a landing gear uvući stajni trap 2. tr poreći, oporeći; to ~ a statement poreći svoje reči (riječi) 3. intr poreći svoje reči retraction [~kšən] n 1. poricanje; opoziv 2. uvlačenje, retrakcija
retread ['rijtred] n guma sa novom gazećom trakom
retreat I [ri'trijt] n 1. (mil.) povlačenje odstupanje 2. (mil.) spuštanje zastave 3. sklonište; zakutak, kut retreat II v tr povući se
retrench [ri'trenč] v 1. tr skresati, smanjiti 2. intr skresati troškove
retribution [retrə'bju:šən] n odmazda
retrieval [ri'trijvəl] n 1. povraćaj, vraćanje 2. aportiranje, donošenje retrieve [rij'trijv] v 1. tr povratiti 2. tr ponovo dobiti 3. tr and intr doneti (donijeti); aportirati
retroactive [retrou'aektiv] a retroaktivan; a ~ law retroaktivan zakon
retrogress ['retrə'gres] v intr nazadovati retrogression [retrə'grešən] n nazadovanje

retrospect ['retrəspekt] n retrospekcija, retrospektiva; in ~ retrospektivno retrospective [retrə'spektiv] a retrospektivan
return I [ri'tərn] n 1. povratak, vraćanje; a ~ home povratak kući 2. zarada, prihod; a ~ on capital zarada na glavnicu 3. (in pl) rezultati izbora 4. (tennis) vraćanje (lopte) 5. prijava; a tax ~ poreska prijava return II a 1. povratan; a ~ ticket povratna karta 2. revanš-; a ~ match revanš-utakmica 3. uzvratni; a ~ visit uzvratna poseta (uzvratni posjet) return III v 1. tr vratiti; to ~ a book to the library vratiti knjigu u biblioteku 2. tr uzvratiti; to ~ a greeting uzvratiti pozdrav 3. intr vratiti se; to ~ home vratiti se kući
reunion [rij'ju:njən] n 1. ponovno sjedinjenje 2. sastanak; proslava; a class ~ godišnjica diplomiranja reunite [rijju-:'najt] v 1. tr ponovo sjediniti 2. intr ponovo se sjediniti, sastati
revamp [rij'vaemp] v tr prepraviti
reveal [ri'vijl] v tr otkriti; to ~ plans otkriti planove
reveille ['revəlij] n (mil.) ustajanje; trubni znak za ustajanje
revel ['revəl] v intr 1. terevenčiti 2. uživati; to ~ in smt. uživati u nečemu
revelation [revə'lejšən] n otkrivenje, otkrovenje, revelacija
revelry ['revəlrij] n terevenka, lumpovanje
revenge [ri'vendž] n odmazda, osveta; to get ~ on smb. for smt. osvetiti se nekome za nešto
revenue ['revənju:] n prihod; governmental ~s državni prihodi
reverberate [ri'vərberejt] v intr odjeknuti, prolomiti se
revere [ri'vijr] v tr duboko poštovati reverence ['revərəns] n poštovanje reverend n (colloq.) sveštenik (svećenik) reverent a pun poštovanja
reverie ['revərij] n sanjarija
reversal [ri'vərsəl] n 1. preokret 2. (legal) ukidanje (presude) reverse I [ri'vərs] n 1. suprotnost; zadnja strana 2. zla sreća, nezgoda; he suffered a ~ desila mu se nezgoda 3. poraz; a tactical ~ taktički poraz 4. (on an automobile) vožnja unazad reverse II a 1. suprotan, obrnut, obratan; in ~ order obrnutim redom reverse III v 1. tr preokrenuti, preobrnuti; to ~ the normal order preokrenuti normalan red 2. tr promeniti (promije-

niti) pravac (nečega) 3. *tr* (legal) (legal) ukinuti; *to ~ a decision* ukinuti presudu 4. *refl* predomisliti se

revert [ri'vərt] *v intr* vratiti se

review I [ri'vju:] *n* 1. pregled; razmatranje; (in school) *a ~ of material* ponovan pregled građe 2. (kritički) prikaz; recenzija; *to write a ~ of a book* napisati recenziju knjige 3. (legal) revizija, ponovno razmatranje (od strane višeg suda) 4. see **revue** 5. (mil.) smotra, parada 6. časopis, revija **review** II *v* 1. *tr* (ponovno) razmotriti, pregledati 2. *tr* prikazati, recenzirati; *to ~ a book* prikazati knjigu 3. *tr* ponovo razmotriti (sudski proces) 4. *intr* spremati se; *to ~ for a test* spremati se za ispit **reviewer** *n* prikazivač, recenzent

revile [ri'vajl] *v tr* grditi, psovati

revise [ri'vajz] *v tr* 1. promeniti (promijeniti); *to ~ an opinion* promeniti mišljenje 2. preraditi; *to ~ a book* preraditi knjigu **revision** [ri'vižən] *n* 1. prerađeno izdanje 2. revizija 3. (Br.) see **review** I 1 **revisionist** I *n* revizionista **revisionist** II *a* revizionistički

revival [ri'vajvəl] *n* 1. oživljenje 2. buđenje (vere—vjere) 3. ponovno izvođenje **revivalism** *n* (rel.) buđenje vere (vjere) **revive** [ri'vajv] *v* 1. *tr* oživiti, osvestiti (osvijestiti) 2. *tr* opet izvesti (komad) 3. *intr* oživeti (oživjeti)

revocation [revə'kejšən] *n* opoziv **revoke** [ri'vouk] *v tr* opozvati

revolt I [ri'volt] *v* pobuna, revolt **revolt** II *v* 1. *tr* odvratiti; revoltirati 2. *intr* pobuniti se **revolting** *a* odvratan **revolution** [revə'lu:šən] *n* 1. (pol.) revolucija 2. (tech.) obrtaj **revolutionary** I [revə'lu:šənerij] *n* revolucionar **revolutionary** II *a* revolucionarni **Revolutionary War** (Am., hist.) revolucionarni rat **revolutionize** *v tr* revolucionisati

revolve [ri'valv] *v* 1. *tr* obrnuti 2. *intr* obrtati se; *the earth ~s around the sun* Zemlja se obrće oko Sunca

revolver *n* revolver

revolving *a* koji se obrće, okreće; *a ~ door* vrata koja se okreću

revue [ri'vju:] *n* (muzička) revija

revulsion [ri'vəlšən] *n* odvratnost

reward I [ri'word] *n* nagrada **reward** II *v tr* nagraditi

rewind [rij'wajnd]; *-wound* [waund] *v tr* ponovo namotati, premotati; *to ~ film* premotati film

rhapsody ['raepsədij] *n* rapsodija

rhetoric ['retərik] *n* retorika **rhetorical** [ri'torikəl] *a* retorički; *a ~ question* retoričko pitanje

rheumatic I [ru:'maetik] *n* reumatičar **rheumatic** II *a* reumatičan, reumatski **rheumatic fever** reumatska groznica **rheumatism** ['ru:mətizəm] *n* reumatizam

Rhine [rajn] *n* Rajna

rhinocerous [raj'nasərəs] *(pl* has zero or *-es) n* nosorog

Rhode Island [roud] Rod Ajland

Rhodesia [rou'dijžə] *n* Rodezija

rhubarb ['ru:barb] *n* 1. raven 2. (slang) svađa

rhyme I [rajm] *n* slik, rima **rhyme** II *v* 1. *tr* slikovati, rimovati 2. *intr* slikovati se; rimovati se; *these words ~* ove se reči slikuju

rhythm ['rithəm] *n* ritam **rhythmical** ['rith:mikəl] *a* ritmičan

rib I [rib] *n* rebro

rib II *v tr* (slang) zadirkivati

ribald ['ribəld] *a* skaredan **ribaldry** [~rij] *n* skarednost

ribbon ['ribən] *n* 1. vrpca, traka, pantljika 2. (on a typewriter) pantljika; *to change a ~* staviti novu pantljiku

rice [rajs] *n* pirinač (W: riža) **rice pudding** sutlijaš

rich I [rič] *n pl (the ~)* bogataši **rich** II *a* 1. bogat; *a ~ man* bogataš 2. obilat, bogat; *a ~ harvest* obilata žetva 3. mastan; jak; *~ food* masno jelo **riches** [~iz] *n pl* bogatstvo

rickets ['rikits] *n* rahitis

ricochet I [rikə'šej] *n* odskok, rikošet **ricochet** II *v intr* odskočiti, rikošetirati

rid [rid]; *rid* [rid] or *ridded; v tr* osloboditi, otarasiti, otresti; *to get ~ of smt.* otarasiti se nečega **riddance** *n* otarašenje, oslobođenje; *good ~!* dobro je što smo ga se otarasili!

riddle I ['ridəl] *n* zagonetka; *to solve a ~* odgonetnuti zagonetku

riddle II *v tr* izrešetati; *to ~ smb. with bullets* izrešetati nekoga mecima

ride I [rajd] *n* 1. jahanje 2. vožnja; *to go out for a ~ (around town)* provozati se (po gradu) 3. (in an amusement park) zabava **ride** II *rode* [roud]; *ridden* ['ridn] 1. *tr* jahati; *to ~ a horse* jahati konja 2. *tr* voziti; *to ~ a bicycle* voziti bicikl 3.

tr (colloq.) kinjiti, jahati 4. *intr* jahati; *he* ~ *s well* on dobro jaše 5. *intr* voziti (se); *to* ~ *in a car* voziti se autom; *the car* ~*s beautifully* auto odlično vozi 6. misc.; (colloq.) *to* ~ *the rods* putovati ispod vagona kao slepi (slijepi) putnik **rider** *n* 1. jahač 2. dopunska klauzula, popravka (zakonskog nacrta)

ridge [ridž] *n* 1. greben, hrbat 2. sleme — sljeme (krova)

ridicule I ['ridǝkju:l] *n* poruga, podsmeh (podsmijeh) **ridicule** II *v tr* porugati se; *to* ~ *smb.* rugati se nekome **ridiculous** [ri'dikjǝlǝs] *a* smešan (smiješan)

riding I ['rajding] *n* jahanje; konjički sport **riding** II *a* jahaći; konjički; ~ *boots* jahaće čizme

rife [rajf] *a* 1. mnogobrojan 2. obilat; rasprostranjen

riffraff ['rifraef] *n* ološ, rulja

rifle I ['rajfǝl] *n,* puška; a *hunting* ~ lovačka puška **rifle** II *a* puščani **rifle** III *v tr* ižlebiti (ižlijebiti) **rifle** IV *v tr* 1. opljačkati, obiti 2. ispreturati

rift [rift] *n* prekid dobrih odnosa

rig I [rig] *n* 1. oprema 2. bušaća garnitura 3. kamion s prikolicom **rig** II *v tr* 1. opremiti, montirati 2. montirati, lažirati; *to* ~ *a trial* montirati proces **rigger** *n* monter **rigging** *n* 1. (naut.) snast, takelaža 2. montaža

right I [rajt] *n* 1. pravda, pravo; **two wrongs do not make a* ~ jedna nepravda ne opravdava drugu 2. desnica; *on the* ~ desno 3. (pol.) desnica 4. pravo; *civil* ~*s* građanska prava 5. (boxing) udarac desnom rukom 6. (soccer) (a.) *outside* ~ desno krilo; (b.) *inside* ~ desna polutka (spojka) **right** II *a* 1. pravi; *the* ~ *answer* pravi odgovor 2. pravilan; *the* ~ *pronunciation* pravilan izgovor 3. desni; (pol.) *the* ~ *wing* desno krilo 4. u pravu; *you are* ~ vi ste u pravu 5. (math.) prav; *a* ~ *angle* prav ugao (W: kut) 6. misc.; *all* ~ u redu **right** III *adv* 1. upravo, pravo; ~ *here* upravo ovde (ovdje) 2. desno, nadesno; *turn* ~*!* skreni desno! 3. odmah; *he will be* ~ *down* sići će odmah 4. (Am., reg.) veoma, vrlo 5. dobro; pravilno; *the suit doesn't fit* ~ odelo (odijelo) ne pristaje dobro 6. baš; *he came* ~ *when I was leaving home* došao je baš kad sam polazio od kuće 7. misc.; *it serves him* ~

tako mu i treba; *the engine kicked* ~ *over* motor je upalio iz prve; ~ *in front of me* na moje oči **right** IV *v tr* uspraviti **right away** odmah **righteous** ['rajčǝs] *a* pravedan, pravdoljubiv **rightful** ['rajtfǝl] *a* 1. pravedan 2. zakonit; *a* ~ *heir* zakonit naslednik (nasljednik) **right-handed** *a* desnoruk **rightist** *a* (pol.) desničarski **rightly** *adv* 1. onako kako treba; ~ *so* tako i treba 2. pravedno **right-of-way** *n* pravo prolaska, prvenstvo prolaska

rigid ['ridžid] *a* 1. krut; rigidan; *a* ~ *position* krut stav 2. strog, krut; ~ *discipline* stroga (kruta) disciplina **rigidity** [ri'džidǝtij] *n* krutost

rigmarole ['rigmǝroul] *n* birokratizam

rigor ['rigǝr] *n* 1. strogost; rigoroznost 2. tegoba, teškoća **rigorous** *a* rigorozan

rile [rajl] *v tr* (or; *to* ~ *up*) naljutiti; *to rile smb.(up)* naljutiti nekoga

rim [rim] *n* 1. rub, ivica, obod 2. naplatak (točka)

rind [rajnd] *n* kora, ljuska

ring I [ring] *n* 1. prsten; *an engagement* ~ verenički (vjerenički) prsten 2. kolut; *smoke* ~*s* kolutovi dima 3. (bot.) godišnji prsten 4. (boxing, wrestling) ring 5. (gymnastics, in *pl*) karike, krugovi 6. krug 7. misc.; **to run* ~*s around smb.* biti daleko bolji od nekoga **ring** II *v tr* opkoliti

ring III *n* 1. zvonjenje; *the* ~ *of a bell* zvonjava zvona 2. (fig.) zvuk; *it has a* ~ *of (the) truth* to zvuči istinito **ring** IV *v* rang [raeng]; rung [rǝng] *v* 1. *tr* zvoniti (u); *to* ~ *a doorbell* zvoniti zvonce 2. *intr* zvoniti; *the bells are* ~*ing* zvona zvone 3. *intr* zvučati; *that* ~*s true* to zvuči istinito 4. *intr* prolomiti se; *applause rang through the auditorium* aplauz se prolomio dvoranom 5. misc.; *a shot rang out* odjeknuo je pucanj

ringer I *n* (slang) (sports) takmičar koji se takmiči pod lažnim imenom

ring finger domali prst

ringleader [~lijdǝr] *n* kolovođa, predvodnik

ringmaster [~maestǝr] *n* voditelj cirkuske predstave

ringside [~sajd] *n* (boxing) sedišta (sjedišta) pored ringa

ring up *v* 1. (esp. Br.) telefonirati; *to ring up a friend* telefonirati prijatelju 2. zabeležiti (zabilježiti); otkucati; *to ring* *up on a cash register* otkucati na registar-kasi

ringworm [~wərm] *n* (med.) kosopasica

rink [ringk] *n* klizalište (W also: skizalište)

rinse I [rins] *n* 1. ispiranje 2. sredstvo za ispiranje kose **rinse** II *v tr* 1. isprati; proprati; *to* ~ *dishes (the wash)* isprati sudove (veš) 2. oplaknuti; *to* ~ *(out) a glass* isplaknuti čašu

riot I ['rajət] *n* pobuna, metež **riot** II *v intr* pobuniti se **riot act** 1. (hist.) uredba protiv pobune 2. misc.; **to read the* ~ *to smb.* očitati nekome **rioter** *n* buntovnik, narušilac javnog poretka

rip I [rip] *n* pocepotina (pocjepotina), poderotina **rip** II *v* 1. *tr* poderati, razderati; pocepati (pocijepati) 2. *tr (to* ~ *open)* rasporiti, pokidati 3. *intr* cepati (cijepati) se, kidati se 4. *intr (to* ~ *into)* izgrditi; kritikovati

ripcord [~kord] *n* uže (ružica) za otvaranje padobrana

ripe [rajp] *a* zreo; ~ *fruit* zrelo voće **ripen** *v* 1. *tr* dovesti do zrelosti 2. *intr* sazreti

rip off *v* 1. otkinuti 2. (slang) prevariti **rip-off** *n* (slang) prevara

ripple I ['ripəl] *n* 1. mreškanje; talasić 2. žamor, žubor **ripple** II *v intr* mreškati se; talasati se

rise I [rajz] *n* uspon; *a gentle* ~ blag uspon 2. porast; povišenje; *a* ~ *in temperature* povišenje temperature 3. (Br.) povišica **rise** II *rose* [rouz]; *risen* ['rizən] *v intr* 1. dići se, podići se; *to* ~ *in revolt* podići se na ustanak 2. rasti; penjati se; dizati se; *prices are* ~*ing* cene (cijene) rastu 3. jačati; *the wind is* ~*ing* vetar (vjetar) jača 4. ustati; *to* ~ *early* poraniti 5. nadoći; *the river rose suddenly* reka (rijeka) je naglo nadošla 6. roditi se; *the sun* ~*s in the east* sunce se rađa na istoku 7. uskrsnuti; *to* ~ *from the dead* uskrsnuti od mrtvih 8. isploviti; *to* ~ *to the surface* isploviti na površinu 9. misc.; *to* ~ *to the occasion* pokazati se dorastao prilikama

risk I rizik, opasnost; *at one's own* ~ na svoj rizik **risk** II *v tr* 1. rizikovati: izložiti opasnosti; *to* ~ *one's life* rizikovati život 2. izazvati mogućnost (nečega) **risky** *a* rizičan, riskantan

risque [ris'kej] *a* mastan

rite [rajt] *n* obred **ritual** I ['riču: əl] *n* ritual, obred **ritual** II *a* ritualan; *a* ~ *dance* ritualan ples

rival I ['rajvəl] *n* rival, suparnik **rival** II *v tr* biti rival (nekome), rivalizovati **rivalry** [~rij] *n* rivalitet, rivalstvo

river I ['rivər] *n* reka (rijeka); *the mouth (source) of a* ~ ušće (izvor) reke **river** II *a* rečni, (rječni); *a* ~ *bank* rečna obala **riverbed** [~bed] *n* korito reke (rijeke) **riverboat** [~bout] *n* rečni brod

rivet I ['rivit] *n* zakivak, zakovica **rivet** II *v tr* zakovičiti, zakovati

roach [rouč] *n* see **cockroach**

road I [roud] *n* drum, put; *a country* ~ seoski drum **road** II *a* drumski, putni; *a* ~ *network* drumska (putna) mreža **roadbed** [~bed] *n* podloga železničke (željezničke) pruge **roadblock** [~blak] barikada na putu, blokiran put; *to set up* ~*s* blokirati puteve **road map** putna karta **road sign** putokaz **road test** proba (vozila) na drumu **roadway** [~wej] *n* kolovoz

roam [roum] *v tr* and *intr* tumarati; *to* ~ *(through) the streets* tumarati ulicama

roar I [ror] *n* rika; urlik; tutnjava, huk; *the* ~ *of lions* rika lavova **roar** II *v tr* and *intr* rikati, urlati, tutnjiti; *cannon (lions)* ~ topovi (lavovi) riču

roast I [roust] *n* pečenje; pečenica **roast** II *a* pečen **roast** III *v tr* and *intr* 1. pržiti; peći; *to* ~ *meat* pržiti (peći) meso 2. *intr* kuvati (kuhati) se

rob [rab] *v tr* and *intr* ukrasti; *to* ~ *smb. of his money* ukrasti nekome novac **robber** *n* lopov **robbery** *n* krađa

robe [roub] *n* 1. odora 2. see **bathrobe**

robin ['rabin] *n* (bird) crvendać

robot ['roubət] *n* robot

robust ['rou'bəst] *a* robustan, snažan

rock I [rak] *n* 1. kamen 2. stena (stijena)

rock II *v* 1. *tr* poljuljati; *to* ~ *a child to sleep* uljuljati dete (u san) 2. *intr* ljuljati se

rock-and-roll *n* rok (vrsta džeza)

rock-bottom *a* najniži; ~ *prices* najniže cene (cijene)

rocker *n* 1. stolica za ljuljanje 2. drven konj za ljuljanje

rocket I ['rakit] *n* raketa; *to launch a* ~ lansirati raketu **rocket** II *a* raketni **rocket** III *v intr* poleteti (poletjeti); *to* ~ *to fame* steći slavu munjevitom brzinom

rocking chair stolica za ljuljanje, stolica-njihaljka

rockslide [~slajd] *n* odron

rocky I *a* klimav, koji se tetura

rocky II stenovit (stjenovit) **Rocky Mountains** Stenovite (Stjenovite) planine
rod [rad] n 1. prut, šiba 2. (fig.) batina, telesna (tjelesna) kazna 3. (pastirska) palica, (pastirski) štap 4. (measurement) motka (5,029 metara; Br. is **perch**) 5. (slang) pištolj
rodent [roudənt] n glodar
rodeo ['roudijou] n rodeo
roe [rou] n ikra, mrest (mrijest), riblja mlađ
roe deer (or: *roe)* srna
rogue [roug] n nevaljalac, bitanga; lopov
rogues' gallery policijska zbirka fotografija prestupnika
role [roul] n uloga; a *leading* ~ glavna uloga; *to play a* ~ igrati ulogu
roll I [roul] n 1. kotrljanje; valjanje; roljanje 2. svitak, smotak; smotuljak: truba; rolna; a ~ *of paper* svitak papira: a~ *of material (cloth)* truba štofa 3. (cul.) rolat, rolna 4. (cul.) zemička; kifla 5. (naut.) ljuljanje (broda) 6. spisak, popis; *to call the* ~ prozvati ljudstvo (po spisku) 7. (ling.) titraj, treperenje 8. (slang) novac, zamotuljak novčanica 9. bacanje; a ~ *of the dice* bacanje kocki 10. kalem (filma) **roll** II v 1. *tr* kotrljati, valjati, roljati; *to* ~ *a ball* kotrljati loptu; *to* ~ *dough* valjati testo (tijesto) 2. *tr* (cul.) uviti (u rolat) 3. *tr* (ling.) izgovarati treptavo (kotrljavo); *to* ~ *an r* izgovarati treptavo (kotrljavo) *r* 4. *tr* zaviti, uviti, smotati; *to* ~ *a cigarette* smotati (zaviti) cigaretu 5. *tr* kolutati; *to* ~ *one's eyes* kolutati očima 6. *tr* bacati; *to* ~ *dice* bacati kocke 7. *intr* kotrljati se, valjati se, roljati se; *the ball is* ~*ing* lopta se kotrlja 8. *intr* (naut.) ljuljati se 9. misc.; *to* ~ *a drunk* opljačkati pijanicu; *to* ~ *with a punch* izbeći (izbjeći) jačinu udara; *heads will* ~ pašće glave
roll back v smanjiti; *to roll prices back* smanjiti cene (cijene) **rollback** [~baek] n smanjenje
roll book prozivnik **roll call** prozivka
roller n 1. valjak 2. vikler, papilotna **roller bearing** valjkast ležaj, koturno ležište **roller coaster** brdska železnica—željeznica (u zabavnom parku) **roller skate** koturaljka, rolšua **roller-skate** v *intr* voziti se na rolšuama
rollick I ['ralik] n ludovanje; veselje **rollick** II v *intr* ludovati; veseliti se

rolling ['rouling] a zatalasan, talasast; ~ *hills* talasasta brda
rolling mill valjaonica
rolling pin oklagija (W also: razvijač)
rolling stock železnički (željeznički), vozni park, vagoni
roll up v 1. posuvratiti, zavrnuti, izvrnuti; *to roll up one's sleeves* posuvratiti (zavrnuti) rukave 2. postići; *to roll up a big score* postići veliki broj golova
roman ['roumən] n latinsko pismo **Roman** I n 1. Rimljanin 2. (hist.) Roman **Roman** II a rimski **Roman Catholic** 1. rimokatolički 2. rimokatolik
romance ['roumaens] n 1. (lit., mus.) romansa 2. romantična ljubav, romansa; romantičnost **Romance** a romanski; *the* ~ *languages* romanski jezici **Roman Empire** Rimsko Carstvo, Rimska Imperija **Roman numeral** rimski broj
romantic I [rou'maentik] n romantičar **romantic** II a romantičan **romanticism** [rou'maentəsizəm] n romantizam **romanticize** v *tr* romantizirati
Rome [roum] n Rim; *all roads lead to* ~ svi putevi vode u Rim
romp I [ramp] n 1. ludiranje, bučno veselje 2. (sports, colloq.) laka pobeda (pobjeda) **romp** II v *intr* 1. ludirati se, bučno se veseliti 2. (sports, colloq.) (or: *to* ~ *home)* lako pobediti (pobijediti) **romper** n 1. dete (dijete) koje se bučno veseli 2. (in *pl)* odeća (odjeća) za igru
roof [ru:f] n 1. krov, gornji deo (dio) zgrade, automobila 2. (~ *of the mouth)* nepce 3. (fig.) kuća, krov 4. misc.; *to raise the* ~ praviti mnogo buke; bučno se žaliti **roofer** n krovopokrivač
rook [ruk] n (chess) top, kula
rookie n novajlija
room I [ru:m] n 1. soba; a ~ *for rent* soba za izdavanje 2. mesto (mjesto); prostor; *there's not enough* ~ *here* ovde (ovdje) nema dovoljno mesta 3. odeljenje (odjeljenje); *an engine* ~ mašinsko odeljenje **room** II v *intr* stanovati (u sobi) **room and board** pansion **roomer** n podstanar **roomful** n puna soba **rooming house** hotel najniže kategorije **roommate** [~mejt] n sobni drug **room service** posluživanje na spratovima — W: katovima (u hotelu) **roomy** a prostran
roost I [ru:st] n sedalo (sjedalo); *to rule the* ~ gospodariti **roost** II v *intr* sedeti (sjedjeti) na sedalu

rooster n petao (pijetao), pevac (pijevac)
root I [ru:t] n koren (korijen); the ~ of a
tree koren drveta; to extract a square
(cube) ~ izvući kvadratni (kubni) koren
root II v tr 1. (to ~ out, up) iskoreniti
(iskorijeniti) 2. ukoreniti (ukorijeniti);
deeply ~ed duboko ukoren
root III v intr riti; preturati; to ~ through
a drawer preturati po fioci
root IV v intr navijati; to ~ for navijati za
rooter n navijač
rope I [roup] n 1. konopac, uže 2. (in pl)
konopci (na ringu) rope II v tr 1. (to ~
off) konopcem ograditi 2. uhvatiti lasom
rosary ['rouzərij] n (usu. Cath.) brojanice
(W: čislo)
rose I [rouz] n 1. ruža 2. ružičasta boja
rose II a 1. ružičast 2. ružin rosebud
[~bəd] n ružin pupoljak rosebush
[~buš] n ružin šib, ružin bokor
rosin ['razin] n kalofonijum
roster ['rastər] n 1. spisak imena 2. (mil.)
(or: duty ~) redna lista
rostrum ['rastrəm] n govornica; pult
rosy ['rouzij] a ružičast; rumen; ~ cheeks
rumeni obrazi
rot I [rat] n 1. trulež, gnjilež 2. koješta,
koještarija rot II v 1. tr dovesti do
truljenja 2. intr istruliti, izgnjiliti
rotary ['routərij] a rotacioni, obrtni rotary
engine rotacioni motor rotate ['routejt]
v 1. tr okrenuti, obrnuti 2. intr okretati
se, obrtati se; rotirati; the earth ~s on
its axis Zemlja se okreće oko svoje
osovine rotation [rou'tejšən] n 1. rotaci-
ja, okretanje, obrtanje 2. (usu. mil.)
zamena (zamjena) ljudstva, jedinice
rote [rout] učenje napamet; to learn by ~
učiti napamet
rotisserie [rou'tisərij] n roštilj
rotten ['ratn] a 1. truo, gnjio 2. (fig.)
pokvaren, truo 3. (colloq.) loš, rđav; a ~
player loš igrač
Rotterdam ['ratərdaem] n Roterdam
rotund [rou'tənd] a okrugao
roué [ru'ej] n raskalašnik
rouge [ru:ž] n ruž
rough I [rəf] n neobrađeno stanje; in the ~
u neobrađenom stanju rough II a 1.
hrapav; ~ hands hrapave ruke 2. džom-
bast; neravan; a ~ road džombast (ne-
ravan) put 3. neravan, ispresecan (ispre-
sijecan); ~ terrain neravno zemljište 4.
čupav, rutav; grub; a ~ beard čupava
brada 5. uzburkan; buran; a ~ sea

uzburkano more 6. grub, neuljudan; to
be ~ on smb. postupati grubo prema
nekome 7. težak; a ~ life težak život 8.
grub, nedoteran (nedotjeran); a ~
sketch gruba skica 9. grub, približan; a
~ estimate gruba (približna) procena—
procjena 10. grub, nezgrapan; ~ han-
dling grubo rukovanje rough III v tr (to
~ it) živeti (živjeti) slobodno u prirodi
roughhouse I [~haus] n gruba igra;
grubo ponašanje roughhouse II v intr
igrati se grubo roughneck [~nek] n
siledžija roughshod [~šad] a oštropot-
kovan; *to ride ~ over smb. postupati
bezobzirno prema nekome rough up v
maltretirati
roulette [ru:'let] n rulet
round I [raund] n 1. krug 2. (in pl)
obilazak, obilaženje; (of a doctor) to
make ~s obići bolesnike 3. (boxing)
runda 4. porudžbina pića (za društvo
oko stola); we ordered a ~ of drinks
poručili smo pića za sve 5. metak, hitac
6. (mus.) kanon (višeglasni sastav) 7.
misc.; a ~ of applause buran pljesak
round II a 1. okrugao; the earth is ~
Zemlja je okrugla 2. pun; a ~ dozen
puno tuce 3. približan, okrugao; in ~
figures u okruglim brojevima 4. obal; ~
brackets obla zagrada 5. u oba pravca; a
~ trip put u oba pravca round III prep
(may be postposed) preko; the year ~
preko cele (cijele) godine round IV v tr
1. zaći; to ~ a corner zaći za ugao (W:
kut) 2. (ling) zaobliti
roundabout [raundə'baut] a zaobilazan;
by a ~ way zaobilaznim putem
roundhouse [~haus] n 1. radionica za
popravljanje lokomotiva 2. (slang, box-
ing) kroše
roundly adv 1. otvoreno, iskreno 2.
potpuno
round off v zaokrugliti, zaokružiti; to
round a sum off zaokružiti sumu
round-shouldered a oblih ramena
round table (or: ~ conference, discussion)
diskusija (razgovor) za okruglim stolom
round trip povratno putovanje round-trip
a za povratno putovanje; a ~ ticket
karta za povratno putovanje
round up v 1. sterati (stjerati); skupiti; to
round cattle up sterati stoku 2. uhapsiti;
to round up criminals uhapsiti zločince
roundup [~əp] n sterivanje (stjerivanje)

rouse [rauz] v tr probuditi rousing a koji budi

roust [raust] v tr isterati — istjerati (iz kreveta)

rout I [raut] n poraz; bekstvo (bjekstvo); povlačenje u neredu rout II v tr nagnati u bekstvo; razbiti, potući do nogu

route I [ru:t] n pravac, put; maršruta; *the shortest* ~ najkraći put route II v tr odrediti (nekome) put

routine I [ru:'tijn] n rutina routine II a rutinski

rove [rouv[v tr and intr lutati, tumarati: *to* ~ *the streets* tumarati ulicama

row I [rou] red, niz; *a* ~ *of houses (trees)* niz kuća (drveta)

row II v 1. tr veslom terati (tjerati); *to* ~ *a boat* veslom terati čamac, upravljati čamcem 2. intr veslati

row III [rau] n gužva, gurnjava, metež

rowboat ['roubout] n čamac

rowdy I ['raudij] n siledžija, izgrednik, mangup rowdy II a siledžijski rowdyism n siledžijstvo, mangupstvo

rower ['rouər] n veslač rowing I n veslanje, veslački sport rowing II a veslački

royal ['rojəl] a kraljevski; kraljev Royal Air Force Britansko ratno vazduhoplovstvo (W: zrakoplovstvo) royalist n rojalista Royal Navy Britanska ratna mornarica royalty [~tij] n 1. kraljevstvo; kraljevska porodica; član kraljevske porodice 2. kraljevsko poreklo (porijeklo) 3. (in pl) honorar; *author's* ~*ties* autorski honorar

rub I [rəb] n 1. trljanje 2. (colloq.) teškoća, prepreka; **there's the* ~ u tom grmu leži zec rub II v 1. tr trljati, trti; *to* ~ *one's eyes* trti oči 2. tr očešati; *he* ~*bed his coat against the wet paint* očešao je kaputom svežu (svježu) farbu 3. intr trti (se); *this nail* ~*s against the tire* ovaj ekser (W: čavao) tare gumu 4. misc.; **to* ~ *smb. the wrong way* ljutiti nekoga; (colloq.) *to* ~ *smb. out* ubiti nekoga

rubber I n 1. guma 2. kaučuk 3. (usu. in pl) gumene cipele, (niske) kaljače rubber II a 1. gumen; *a* ~ *hose* gumeno crevo (crijevo) 2. kaučukov; *a* ~ *tree* kaučukovo drvo

rubber III n tri igre (bridža, vista)

rubber band gumica

rubberneck [~nek] v intr blenuti, buljiti

rubber stamp 1. gumeni pečat 2. (fig.) odobravanje bez razmišljanja rubber-

stamp v 1. staviti gumeni pečat (na) 2. (fig.) odobriti mehanički, bez razmišljanja

rubbish ['rəbiš] n 1. smeće; krš 2. koještarija, koješta

rubble ['rəbəl] n 1. krš, lom 2. ruine

rub down v masirati; *to rub smb. down* masirati nekoga rubdown [~daun] n masiranje

rube [ru:b] n geak, prostak

rubella [ru:'belə] n (med.) rubeola (also German Measles)

rub in v 1. utrljati, umasirati 2. misc.; **to rub it in* nabijati na glavu

rub off v 1. otrljati, otrti, skinuti 2. skidati se; *it rubs off easily* lako se skida 3. misc.: *to rub off on smb.* ostaviti utisak na nekoga

ruby ['ru:bij] n rubin

ruckus ['rəkəs] n (colloq.) gužva, metež, urnebes

rudder ['rədər] n (naut.) kormilo; (fig.) krma

ruddy ['rədij] a 1. rumen; crven; rumenolik; ~ *cheeks* rumeni obrazi 2. (colloq.) proklet, vraški

rude [ru:d] a 1. neuljudan, grub, neučtiv 2. neprijatan; *a* ~ *awakening* neprijatno iznenađenje

rudiment ['ru:dəmənt] n rudiment, osnov rudimentary [ru:də'mentərij] a rudimentaran, osnovan

rue [ru:] v tr žaliti; *to* ~ *a decision* žaliti zbog odluke rueful a žalostan

ruffian ['rəfijən] n siledžija

ruffle I ['rəfəl] n 1. nabrana čipka 2. uzrujanost

ruffle II v tr 1. namreškati; nabrati 2. uzrujati, uznemiriti; **to* ~ *smb.'s feathers* naljutiti nekoga

ruffle III n (mil.) bubnjava; ~ *and flourish* bubnjava i fanfara

rug [rəg] n 1. tepih, ćilim 2. (Br.) pokrivač

rugby [~bij] n ragbi

rugged [~id] a 1. hrapav; neravan; grebenast; ~ *peaks* grebenasti vrhovi 2. smežuran; naboran 3. snažan, krepak

ruin I ['ru:in] n 1. propast, slom 2. (usu. in pl) ruševine, razvaline, ruine ruin II v tr upropastiti ruination [ru:i'nejšən] n upropašćivanje ruinous ['ru:inəs] a poguban, razoran

rule I [ru:l] n 1. vladavina, vlada 2. pravilo; *as a* ~ po pravilu rule II v 1. tr upravljati, vladati; *to* ~ *a country* vladati zemljom 2. *tr* and *intr* odlučiti 3. *t·* išpartati 4. *intr* upravljati, vladati **rule of thumb** opšte (opće) načelo **ruler** *n* 1 vladar 2. lenjir (W: ravnalo) **ruling** I *n* (sudska) odluka **ruling** II *a* vladajući; *the ~ class* vladajuća klasa

rum [rəm] *n* rum

Rumania [ru:'mejnijə] *n* Rumunija (W: Rumunjska) **Rumanian** I *n* 1. Rumun (W: Rumunj) 2. rumunski (W: rumunjski) jezik **Rumanian** II *a* rumunski (W: rumunjski)

rumble I ['rəmbəl] *n* 1. tutnjava, gruvanje; *the ~ of an earthquake* tutnjava zemljotresa 2. krčanje 3. (slang) tuča **rumble** II *v intr* 1. tutnjiti; hučati 2. krčati; *his stomach is ~ing* stomak mu krči

rummage ['rəmidž] *v intr* preturati, čeprkati, kopati; *to ~ through a drawer* preturati po fioci **rummage sale** prodaja stare robe (u korist neke ustanove)

rummy I ['rəmij] *n* remi (vrsta igre karata)

rummy II *n* (slang) pijanica

rumor I ['ru:mər] *n* glas, glasina, govorkanje **rumor** II *v tr* proneti (pronijeti) kao glas; *it is ~ed that...* priča se da... **rumormonger** [~manggər] *n* pronosilac glasova

rump I [rəmp] *n* 1. zadnjica 2. (cul.) kuk, rebnjak **rump** II *a* krnj; *a ~ parliament* krnj parlament

rumple ['rəmpəl] *v* 1. *tr* izgužvati 2. *intr* gužvati se

rumpus ['rəmpəs] *n* urnebes, metež

run I [rən] *n* 1. trčanje 2. sloboda kretanja; *to have the ~ of a house* imati slobodan pristup u neku kuću 3. navala *a ~ on a bank* navala na banku 4. niz, serija; *a ~ of bad luck* niz nesreća 5. uspeh (uspjeh); *the play had a long ~* komad se dugo davao 6. (baseball) poen 7. staza; *a ski ~* smučarska staza 8. (mil. aviation) nailazak; *a bombing ~* nailazak za bombardovanje 9. misc.; *in the long ~* na dugu stazu; *on the ~* u bekstvu (bjekstvu); u žurbi **run** II *ran* [raen] *run* [rən] *v* 1. *tr* trčati; *the contestants ~ five laps* takmičari trče pet krugova 2. *tr* pretrčati; *he ran the mile in six minutes* pretrčao je milju za šest minuta 3. prebirati; *to ~ one's fingers over the strings (of an instrument)* prebirati prstima preko žica (instrumenta) 4. *tr* pustiti; *to ~ an engine* pustiti motor da radi 5. *tr* objaviti; *to ~ an ad* objaviti

oglas 6. *tr* upravljati, rukovoditi; *to ~ a household* upravljati kućom 7. *tr* ići; *the disease is ~ning its course* bolest ide svojim tokom 8. *tr* probiti; *to ~ a blockade* probiti blokadu 9. *tr* proći; *to ~ the gauntlet* proći kroz šibu 10. *intr* trčati; *the child ran to its mother* dete (dijete) je otrčalo svojoj majci 11. *intr* (also: *to ~away*) pobeći (pobjeći) 12. *intr* (brzo) pregledati; *to ~ through material* brzo pregledati građu 13. *intr* razliti se, rasplinuti se; puštati (boju); *the paints ran* boje su se razlile 14. *intr* ići, saobraćati; *these trains ~ on the New York to Chicago line* ovi vozovi (W: vlakovi) saobraćaju na liniji Njujork—Čikago 15. *intr* ići, curiti; *the water is ~ning from the faucet* voda curi iz česme 16. *intr* teći, ulivati se; *the river ~s into the sea* reka (rijeka) se uliva (teče) u more 17. *intr* prolivati se; teći; *the streets ran with blood* ulicama je tekla krv 18. *intr* ići, raditi; *the engine is ~ning* motor radi 19. *intr* kretati se; kliziti; *trains ~ on rails* vozovi (W: vlakovi) se kreću po šinama 20. *intr* davati se; *the play ran for three months* komad se davao tri meseca (mjeseca) 21. *intr* pružati se; *a scar ran across his cheek* ožiljak mu se pružao preko obraza 22. *intr* proći; *a shudder ran down his spine* jeza ga je prošla niz kičmu 23. naići; *to ~ across a friend* naići na druga 24. *intr* naleteti (naletjeti); *he ran into a pole* naleteo je na stub 25. *intr* kandidovati se; *he ran for president* kandidovao se za predsednika (predsjednika) 26. *intr* teći: *the interest ~s until the debt is paid* kamate teku do isplate duga 27. misc.; *to ~ a risk* izlagati se opasnosti; *he ran short (of money)* ostao je bez novca; *to ~ a temperature* imati groznicu; *to ~ a race* trkati se

run around *v* 1. trčati tamo-amo 2. bludničiti 3. misc.; *to run around together* družiti se

runaround [~əraund] *n* okolišenje

run away *v* 1. pobeći (pobjeći), odbeći (odbjeći) 2. lako pobediti (pobijediti); *he ran away with the election* on je lako pobedio na izborima

runaway [~əwej] *a* 1. odbegao (odbjegao) 2. nezadrživ; *~ inflation* nezadrživa inflacija

run down v 1. iscrpsti, iznuriti 2. (stići i) uhvatiti; pronaći; *to run down a fugitive* uhvatiti begunca (bjegunca) 3. oboriti, pregaziti; *to run a pedestrian down* oboriti pešaka (pješaka) 4. ogovarati, nipodaštavati, omalovažavati 5. satrčati, strčati; *to run down the stairs* strčati niz stepenice 6. isprazniti se; *the battery ran down* akumulator se ispraznio 7. rezimirati, sažeti 8. trknuti; *to run down to the drugstore* trknuti u apoteku 9. slivati se; *tears ran down her face* suze su joj se slivale niz lice **run-down** I n rezime, sažeta sadržina **run-down** II a 1. iznuren, oronuo 2. ispražnjen; a ~ *battery* ispražnjeni akumulator

rung [rəng] n 1. prečaga 2. poprečnica

runner n 1. trkač 2. dug, uzak tepih 3. trakast stolnjak 4. salinac (donji deo—dio saonica) 5. kurir 6. petlja; *she has a* ~ *in her stocking* pošla joj je petlja na čarapi

runner-up n 1. takmičar odmah iza dobitnika 2. (in a beauty contest) pratilja

running I n 1. trčanje 2. rad, hod 3. konkurencija; kandidovanje; *in the* ~ među vodećim takmičarima **running** II a 1. (colloq.) uzastopan; *five days* ~ pet dana uzastopce 2. tekući; ~ *water* tekuća voda 3. koji curi; a ~ *sore* rana koja curi

run off v 1. pobeći (pobjeći) 2. umnožiti, kopirati; *to run off 500 copies* umnožiti 500 primeraka (primjeraka)

run-of-the-mill a prosečan (prosječan); osrednji

run out v 1. istrčati 2. isteći; *time has run out* istekao je rok 3. potrošiti, istrošiti; *to run out of fuel* potrošiti rezervu goriva 4. dotrajati; *his money ran out* novac mu je dotrajao 5. isterati (istjerati); *to run smb. out of town* isterati nekoga iz grada

run over v 1. pregaziti; *to run over smb.* pregaziti nekoga 2. otrčati; trknuti; *to run over to the drugstore* trknuti u apoteku

runt [rənt] n prcoljak

run through v 1. proćerdati; *to run through a fortune* proćerdati imovinu 2. brzo probati; *to run through one's part* brzo probati svoju ulogu

run up v 1. trčati gore, ustrčati; *to run up the stairs* ustrčati uz stepenice 2. napra-

viti; postići; *to run up a large bill* napraviti veliki račun 3. naići; *to run up against difficulties* naići na teškoće 4. pritrčati; *to run up to smb.* pritrčati nekome

runway [~wej] n 1. poletno-sletna staza 2. (sports) zaletište

rupture I ['rəpčər] n 1. raskid, prekid 2. (med.) kila **rupture** II v 1. tr raskinuti, prekinuti 2. tr izazvati kilu (kod) 3. intr dobiti kilu

rural ['ru:rəl] a seoski, poljski, ruralan

ruse [ru:z] n lukavstvo, prevara

rush I [rəš] n žurba **rush** II a hitan; a ~ *order* hitna porudžbina **rush** III v 1. tr požuriti 2. tr zauzeti na juriš; *to* ~ *a hill* zauzeti brdo na juriš 3. tr ugostiti (studenta, da bi stupio u studentsko udruženje) 4. intr žuriti se **rush** IV n (bot.) rogoz

rush hour vreme (vrijeme) najživljeg saobraćaja; ~ *traffic* špic

Russia ['rəšə] n Rusija **Russian** I n 1. Rus 2. ruski jezik **Russian** II a ruski **russianize** v tr rusifikovati **Russo-** ['rəsou] prefix rusko-

rust I [rəst] n 1. rđa; *to gather* ~ rđati 2. (bot.; also: ~ *disease*) rđa, gara, snet (snijet) 3. boja rđe **rust** II v 1. tr korodirati, pokriti rđom 2. intr zarđati; *iron* ~s gvožđe rđa

rustic I ['rəstik] n 1. seljak 2. prostak, geak **rustic** II a seoski, seljački, rustikalan

rustle I ['rəsəl] n šuškanje, šuštanje **rustle** II v tr and intr šuškati, šuštati; *to* ~ *a newspaper* šuškati (šuštati) novinama **rustle** III v 1. tr krasti (stoku, konje); *to* ~ *cattle* krasti stoku 2. intr krasti stoku **rustler** ['rəslər] n kradljivac stoke

rustproof ['rəstpru:f] a nerđajući **rusty** a 1. zarđao 2. (fig.) zapušten; neizvežban (neizvježban)

rut [rət] n 1. trag od točka; kolosek (kolosijek) 2. brazda, ulegnuće 3. (fig.) rutina; mehanička navika; *to get into a* ~ postati šablonista

Ruthenia [ru:'thijnijə] n Karpatska Ukrajina **Ruthenian** I n 1. Rusin 2. rusinski jezik **Ruthenian** II a rusinski

ruthless ['ru:thlis] a nemilostiv, nemilosrdan

rye I [raj] n 1. raž 2. viski od raži **rye** II s ražan; ~ *bread* ražan hleb—hljeb (W: kruh)

S

s [es] *n* s (slovo engleske azbuke)
Sabbath ['saebəth] *n* 1. subota, dan počinka 2. nedelja (nedjelja)
sabbatical [sə'baetikəl] *n* (sedma) godina odmora profesora (od običnih dužnosti)
saber ['sejbər] *n* sablja **saber rattling** zveckanje sabljom
sable I ['sejbəl] *n* samur **sable** II *a* samurov
sabotage I ['saebətaž] *n* sabotaža **sabotage** II *v tr* sabotirati **saboteur** [saebə'tər] saboter
saccharin ['saekərin] *n* saharin
sack I [saek] *n* 1. džak, vreća; *a ~ of flour* džak brašna 2. (slang) krevet; **to hit the ~* ići na spavanje **sack** II *v tr* (colloq.) otpustiti s posla **sack** III *v tr* opljačkati
sacrament ['saekrəmənt] *n* sakrament, sveta tajna (krštenje, pričest)
sacred ['sejkrid] *a* svet; *a ~ duty* sveta dužnost
sacrifice I ['saekrəfajs] *n* žrtvovanje, prinošenje na žrtvu; žrtva; *to make a ~* prineti (prinijeti) žrtvu **sacrifice** II *v tr* žrtvovati **sacrificial** [saekrə'fišəl] *a* žrtveni; *a ~ lamb* žrtveno jagnje (W: janje)
sacrilege ['saekrəlidž] *n* svetogrđe **sacrilegious** [saekrə'lidžəs] *a* svetogrdan
sacrosanct ['saekrousaengkt] *a* svet, nepovrediv
sad [saed] *a* tužan; **a ~ sack* vezana vreća **sadden** *v tr* rastužiti
saddle I ['saedl] *n* sedlo **saddle** II *v tr* 1. osedlati; *to ~ a horse* osedlati konja 2. opteretiti; *to ~ with debts* opteretiti dugovima **saddlebag** [~baeg] *n* bisaga **saddle horse** sedlenik, jahaći konj **saddle sore** rana od sedla, sadno

sadism ['sejdizəm] *n* sadizam **sadist** *n* sadista **sadistic** [sə'distik] *a* sadistički
sadness ['saednis] *n* tuga
safari [sə'farij] *n* lovački pohod (u Africi)
safe I [sejf] *n* sef, kasa za čuvanje novca
safe II *a* 1. siguran, bezbedan (bezbjedan); *a ~ place* sigurno mesto (mjesto) 2. čitav; *to return ~* vratiti se čitav 3. oprezan, siguran; *~ driving* oprezna vožnja **safe-conduct** *n* 1. zaštitno pismo 2. sigurna pratnja **safe-deposit** *a* za čuvanje; *a ~ box* sef (za čuvanje vrednosti — vrijednosti) **safeguard** [~gard] *v tr* osigurati, obezbediti (obezbijediti) **safekeeping** [sejf'kijping] *n* čuvanje **safety** I ['sejftij] *n* 1. bezbednost (bezbjednost), sigurnost 2. spas; *to seek ~ in numbers* tražiti spas u brojevima 3. (on a weapon) osigurač **safety belt** sigurnosni pojas **safety glass** staklo sekurit, teško lomljivo staklo **safety pin** 1. zihernadla, ziherica, pribadača 2. klin za osiguranje **safety razor** žilet, sprava za brijanje **safety valve** sigurnosni ventil
sag I [saeg] *n* ulegnuće **sag** II *v intr* uleći (ulegnuti) se; ugnuti se; *the floor ~ged (under the weight)* pod se ulegao (od težine)
saga ['sagə] *n* saga (junačka priča)
sage I [sejdž] *n* mudrac **sage** II *a* mudar
sage III *n* (bot.) kadulja, žalfija
Sahara [sə'harə] *n* Sahara
sail I [sejl] *n* jedro; *to make (set) ~* razapeti jedra **sail** II *v* 1. *tr* prejedriti, preploviti; *to ~ the Pacific* prejedriti Pacifik 2. *intr* jedriti, ploviti; *to ~ along a coast* jedriti duž obale 3. *intr* otploviti, odjedriti; *to ~ from New*

York otploviti iz Njujorka **sailboat** [~bout] *n* jedrenjača **sailor** *n* mornar
saint I [sejnt] *n* svetac; *a patron* ~ svetac zaštitnik **saint** II (also [sən], [sənt] in colloq. speech) *a* svet **saint** III *v tr* proglasiti za sveca **saintly** *a* svetački, svetačni
sake [sejk] *n* cilj; korist; *for the* ~ *of peace* radi mira
salad ['saeləd] *n* salata; *a cucumber* ~ salata od krastavaca **salad dressing** preliv za salatu
salami [sə'lamij] *n* salama
salaried ['saelərijd] *a* koji prima platu **salary** ['saələrij] *n* (redovna) plata—plaća
sale [sejl] *n* 1. prodaja; *for* ~ za prodaju; *to be on* ~ biti u prodaji 2. rasprodaja; *to buy smt. at a* ~ kupiti nešto na rasprodaji 3. licitacija; *a sheriff's* ~ prinudna licitacija **salesclerk** ['sejlzklərk] *n* prodavac, prodavač (radnji) **salesgirl** [~gərl] *n* prodavačica **salesman** [~mən] *(-men* [min]) *n* prodavac, prodavač **sales tax** porez na promet **saleswoman** [~wumən] (*-women* [wimin]) *n* prodavačica
salient I ['sejlijənt] *n* klin; istaknuti deo (dio) prednjih linija **salient** II *a* 1. istaknut, isturen 2. glavni
saliva [sə'lajvə] n pljuvačka **salivary** ['saeləverij] *a* pljuvačni
sallow ['saelou] *a* žućkast (boje bolesna izgleda)
sally I ['saelij] *n* nalet, ispad, iznenadan napad **sally** II *v intr* ispasti, izvršiti ispad
salmon ['saemən] (*pl* has zero or *-s) n* losos
salon [sə'lan] *n* salon; *a beauty* ~ salon za dame
saloon [sə'lu:n] *n* 1. krčma, kafana (kavana) 2. (Br.) limuzina
salt I [solt] *n* so (sol); *table* ~ stona (stolna) so **salt** II *a* slan, soni (solni); ~ *water* slana voda **salt** III *v tr* 1. posoliti: posuti solju; *to* ~ *a road* posuti put solju 2. usoliti; *to* ~ *meat* usoliti meso 3. (colloq.) (*to* ~ *away*) uštedeti (uštedjeti) **saltine** [~'ijn] *n* slani keks **saltshaker** [~šejkər] *n* slanik (W also: soljenk) **saltwater** [~wotər] *a* slanovodni; ~ *fish* slanovodna riba **salty** *a* slan
salubrious [sə'lu:brijəs] *a* lekovit (ljekovit), koji donosi zdravlje

salutation [saeljə'tejšən] *n* pozdrav, pozdravljanje
salute I [sə'lu:t] *n* 1. **pozdrav**; vojnički pozdrav 2. počasna **paljba**; *to fire a 19-gun* ~ izvršiti **počasnu paljbu** sa 19 plotuna **salute** II *v tr* and *intr* pozdraviti (po vojnički)
Salvador ['saelvədor] *n* **Salvador**
salvage ['saelvidž] *n* spasavanje **salvage** II *v tr* 1. spasti 2. opraviti i iskoristiti
salvation [sael'vejšən] *n* spas, spasavanje **Salvation Army** vojska spasa
salve I [saev] *n* melem **salve** II *v tr* metnuti melem (na)
salvo ['saelvou] *(-s* or *-es) n* salva, plotun; *to fire a* ~ ispaliti plotun
Samaritan [sə'maeritən] *n* **Samarićanin**; (fig.) *a good* ~ samarićanin
same I [sejm] *pron* isto; *he said the* ~ rekao je isto **same** II *a* isti, istovetan (istovjetan); jedan; *on the* ~ *day* istog dana **same** III *adv* isto, na isti način; *they don't work the* ~ *as we do* ne rade isto kao mi **sameness** *n* istovetnost (istovjetnost)
sample I ['saempəl] *n* 1. uzorak, mustra 2. primer (primjer) 3. (statistics) proba, uzorak; *a random* ~ proba po slučajnom izboru **sample** II *v tr* probati
sanatarium [saenə'tejrijəm] **sanatorium** [~'torijəm]: *(-s* or *-ria* [rijə]) *n* sanatorijum
sanctify ['saengktəfaj] *v tr* osvetiti, posvetiti
sanctimonious [saengktə'mounijəs] *a* licemeran (licemjeran), pobožan **sanctimony** ['saengktəmounij] *n* licemernost (licemjernost), pobožnost
sanction I ['saengkšən] *n* 1. odobrenje, sankcija 2. sankcija, kaznena mera (mjera); *to apply* ~s primeniti (primjeniti) sankcije **sanction** II *v tr* sankcionisati, odobriti, potvrditi
sanctity ['saengktətij] *n* 1. svetost; svetinja 2. pobožnost
sanctuary ['saengkču:erij] *n* svetište
sand I [saend] *n* pesak *(pijesak)* **sand** II *a* peščan (pješčan) **sand** III *v tr* 1. posuti peskom (pijeskom) 2. išmirglati
sandal *n* sandala
sandbag I [~baeg] *n* vreća, džak s peskom (pijeskom) **sandbag** II *v tr* obložiti vrećama sa peskom
sandbar [~bar] *n* peščani—pješčani sprud

sandbox [~baks] n ograđeni prostor sa peskom (pijeskom)

sandpaper I [~pejpər] n šmirgla, šmirgla-papir sandpaper II v tr išmirglati

sandstorm [~storm] n peščana (pješčana) oluja

sandwich I ['saen(d)wič] n sendvič; a ham ~ sendvič sa šunkom (od šunke) sandwich II v tr (colloq.) umetnuti

sandy a peščan (pješčan), peskovit (pje-skovit); a ~ beach peščana plaža

sane [sejn] a duševno zdrav

San Francisco [saen frən'siskou] San Fran-cisko

sanguinary ['saenggwənerij] a 1. krvni. krvav 2. krvožedan

sanguine ['saenggwin] a 1. crven (kao krv); rumen 2. sangviničan 3. optimističan

sanitarian [saenə'tejrijən] n sanitarac san-itary ['saenəterij] a 1. sanitetski; sani-taran; zdravstveni; ~ facilities sanitar-ni uređaji 2. čist; zdrav 3. higijenski sanitary engineering sanitarna tehnika sanitation [saenə'tejšən] n 1. sanitetsko--zdravstvene mere (mjere) 2. sanitarni uređaji sanitation department gradska čistoća

sanity ['saenətij] n duševno zdravlje

Sanskrit ['saenskrit] n sanskrit, sanskrt

Santa Claus ['saentə kloz] Deda mraz (Djedo mraz)

sap I [saep] n 1. biljni sok 2. (slang) budala

sap II v tr potkopati; iscrpsti; oslabiti

sapling [~ling] n 1. mlado drvo 2. mladić

sapper n (mil., esp. Br.) pionir

sapphire ['saefajr] n safir

Sarajevo ['sarajevou] n Sarajevo

sarcasm ['sarkaezəm] n sarkazam sarcas-tic [sar'kaestik] a sarkastičan

sardine [sar'dijn] n sardina; a can of ~ .s kutija sardina

Sardinia [sar'dinijə] n Sardinija

sardonic [sar'danik] a sardonički

sarge [sardž] n (colloq.) see sergeant

sartorial [sar'torijəl] n krojački

sash I [saeš] n ešarpa, pojas, opasač

sash II n prozorski okvir

Saskatchewan [saes'kaečəwan] n Saska-čiven

sassy ['saesij] a (colloq.) bezobrazan drzak

S. A. T. [esej'tij] (abbrev. of Scholastic Aptitude Test) test sposobnosti

Satan ['sejtn] n satana, sotona satanic [sə'taenik], satanical a satanski, so-tonski

satchel ['saečəl] n torba

sate [sejt] v tr 1. nasititi, zasititi 2. presiti-ti, prezasititi

satellite I ['saetlajt] n satelit satellite II a satelitski

satiate ['sejšijejt] v tr zasititi, nasititi

satin I ['saetn] n atlas, saten satin II a atlasni

satire ['saetajr] n satira satirical [sə'tijri-kəl] a satiričan satirist ['saetərist] n sati-ričar satirize v tr satirizirati

satisfaction [saetis'faekšən] n 1. zadovolje-nost 2. zadovoljenje, satisfakcija; to give (seek) ~ dati (tražiti) zadovoljenje satis-factory [saetis'faektərij] a koji zadovo-ljava satisfy ['saetisfaj] 1. v tr and intr zadovoljiti; to ~ a need zadovoljiti potrebu 2. tr utoliti; to ~ one's hunger utoliti glad

saturate ['saeču:rejt] v tr zasititi satura-tion [saeča'rejšən] n 1. zasićenost 2. zasićenje, saturacija

Saturday ['saetərdej] n subota

Saturn ['saetərn] n (myth. and astro.) Saturn

satyr ['saetər] n satir

sauce [sos] n umak, sos saucepan [~paen] n tiganj s dugom drškom

saucer n tacna; zdelica (zdjelica)

saucy a drzak, bezobrazan

Saudi Arabia [sa'u:dij ə'rejbijə] Saudijska Arabija

sauerkraut ['saurkraut] n kiseo kupus

saunter [sontər] v intr šetati se

sausage ['sosidž] n kobasica

savage I ['saevidž] n divljak savage II a divlji, divalj savagery [~rij] n divljaštvo

save I [sejv] v 1. tr spasti (W: spasiti); to ~ smb.'s life spasti nekome život 2. tr sačuvati, očuvati; to ~ old letters saču-vati stara pisma 3. tr and intr (also: to ~ up) uštedeti (uštedjeti); sačuvati, očuvati; to ~ (up) money uštedeti novac 4. tr (colloq.) uštedeti, učiniti nepotreb-nim; that will ~ us a trip to će nam uštedeti put

save II prep see except

saving I štednja, ušteda; the ~ of space (time) ušteda prostora (vremena) saving II a koji ublažuje; she has one ~ grace ona ima jednu crtu koja ublažuje njeno negativne crte **savings account** štedni ulog **savings bank** štedionica

savior ['sejvjər] n spasitelj

savor I ['sejvər] n 1. ukus 2. (fig.) draž **savor** II v tr uživati (u), naslađivati se (nečim)

savoury ['sejvərij] n (Br.) pikantni zalogaj, pikantno predjelo

saw I [so] n testera (W: pila) **saw** II v tr and intr testerisati, piliti **sawdust** [~dəst] n strugotine

sawmill [~mil] n strugara, pilana

saxophone ['saeksəfoun] n saksofon

say I [sej] n mišljenje; to have one's ~ reći svoje mišljenje **say** II says [sez]; said [sed] v tr kazati, reći; govoriti; how is that said in English? kako se to kaže engleski? to ~ a prayer govoriti molitvu; he said that he would come kazao (rekao) je da će doći **saying** n 1. izreka, poslovica 2. kazivanje; *it goes without ~ to se po sebi razume (razumije) **say-so** n (colloq.) 1. tvrdnja 2. autoritet

scab [skaeb] n 1. krasta 2. (colloq.) štrajkbreher

scabbard ['skaebərd] n korice, nožnice, kanije

scabby a 1. krastav 2. šugav **scabies** ['skejbijz] n šuga

scaffold ['skaefəld] n 1. skele (pomoćna konstrukcija) 2. gubilište **scaffolding** n skele

scald [skold] v tr opariti, ožeći; to get ~ed opariti se

scale I [skejl] n krljušt (W: škrljut)

scale II v tr baciti (nešto) da odskakuje; to ~ rocks along (the surface of) a lake praviti žabice na površini jezera

scale II n 1. skala; lestvica (ljestvica); merilo (mjerilo); to grade (rate) on a ~ of 1 to 10 oceniti (ocijeniti) po skali od 1—10 2. razmera (razmjera); (fig.) obim; the ~ of a map razmera karte; (fig.) on a large ~ u velikoj razmeri 3. (mus.) skala **scale** IV v tr 1. popeti se (na); savladati; to ~ an obstacle savladati prepreku 2. misc.; to ~ down smanjiti (proporcionalno)

scale V n vaga; kantar

scallion ['skaeljən] n ljutika (vrsta luka)

scallop I ['skaeləp] n 1. školjka kapica 2. mala tava **scallop** II v tr 1. izreckati 2. (cul) pripremiti u tavi

scalp I [skaelp] n lobanja, lubanja; skalp **scalp** II v tr 1. skalpirati 2. tr and intr

(colloq.) prodavati (ulaznice, karte) iznad službene cene (cijene)

scalpel n skalpel

scalper n tapkaroš, onaj koji prodaje (ulaznice, karte) iznad službene cene (cijene)

scaly ['skejlij] a pokriven krljuštima (W: škrljutima)

scamper ['skaempər] v intr (colloq.) trčati; to ~ away (off) izgubiti se

scan [skaen] v tr brzo pregledati; to ~ a newspaper brzo pregledati novine

scandal ['skaendəl] n skandal **scandalize** v tr skandalizovati **scandalous** a skandalozan **scandal sheet** bulevarski list

Scandinavia [skaendə'nejvijə] n Skandinavija **Scandinavian** I n Skandinavac **Scandinavian** II a skandinavski

scant [skaent] a oskudan **scanty** a oskudan

scapegoat ['skejpgout] n grešni (žrtveni) jarac

scar I [skar] n ožiljak **scar** II v tr raniti; ranom unakaziti

scarce [skejrs] a oskudan; redak (rijedak); deficitarni; ~ items deficitarni artikli **scarcely** a jedva **scarcity** [~ətij] n oskudica

scare I [skejr] n strah **scare** II v tr zastrašiti, uplašiti **scarecrow** [~krou] n strašilo, plašilo

scarf [skarf] n 1. šal, marama 2. rubac

scarlet I ['skarlit] n ljubičastocrvena boja, skerletna boja **scarlet** II a ljubičastocrven, skerletan

scarlet fever šarlah

scary ['skejrij] a (colloq.) 1. strahovit 2. plašljiv

scat [skaet] v intr (colloq.) odmagliti; ~! čisti se;

scathe [skejth:] v tr izgrditi **scathing** a oštar; jedak; ~ criticism oštra kritika

scatter ['skaetər] v 1. tr rasuti, razbacati, rasejati (rasijati); to ~ one's things razbacati svoje stvari 2. tr rasturiti; to ~ a crowd rasturiti gužvu 3. intr rasturiti se **scatterbrain** [~brejn] n vetropir (vjetropir) **scattering** n 1. rasturanje 2. retka (rijetka) pojava; a ~ of applause redak aplauz

scavenge ['skaevindž] v intr skupljati otpatke; skupljati trofeje **scavenger** n 1. strvožder 2. skupljač otpadaka; skupljač trofeja

scenario [si'nejrijou] n scenarij

scene [sijn] *n* 1. scena; *to make a* ~ napraviti scenu 2. (theater) scena, prizor; *second* ~, *act three* treći čin, druga scena 3. misc.; **behind the* ~*s* iza kulisa

scenery [~ərij] *n* 1. pejzaž 2. (theater) dekoracije, inscenacija **scenic** *a* lep — lijep (o pogledu, pejzažu)

scent I [sent] *n* 1. miris 2. njih **scent** II *v tr* nanjušiti, namirisati

scepter ['septər] *n* skiptar

schedule I ['skedžu:(ə)l] *n* raspored; *a train (airline)* ~ red vožnje (letenja) **schedule** II *v tr* 1. planirati; predvideti (predvidjeti) 2. zakazati; *to* ~ *a meeting* zakazati sastanak

scheme I [skijm] *n* 1. šema, shema 2. zavera (zavjera); intriga **scheme** II *v* 1. *tr* snovati 2. *intr* intrigovati, praviti intrige **scheming** *a* intrigantski

schism ['sizəm] *a* šizma, raskol **schismatic** I [siz'maetik] *n* šizmatik, raskolnik **schismatic** II *a* šizmatički, raskolnički

schizophrenia [skitsə'frijnijə] *n* shizofrenija **schizophrenic** I [~'frenik] *n* shizofreničar **schizophrenic** II *a* shizofrenički

scholar ['skalər] *n* naučnik (W: učenjak) **scholarly** *a* naučni (W: učenjački); ~ *research* naučna istraživanja **scholarship** *n* 1. naučnost, učenost 2. stipendija

scholastic [skə'laestik] *a* sholastički (skolastički)

school I [sku:l] *n* jato (riba)

school II *n* 1. škola; *an elementary (secondary or high, vocational)* ~ osnovna (srednja, stručna) škola 2. školska zgrada 3. (esp. Am.) fakultet; *a law (medical)* ~ pravni (medicinski) fakultet 4. škola, skupina ljudi istih nazora (načela) **school** III *a* školski; *a* ~ *board* školska vlast **school** IV *v tr* školovati, obrazovati **schoolboy** [~boj] *n* učenik, đak **schoolchild** [~čajld] (-children [čildrən]) *n* učenik, đak **schoolgirl** [~gərl] *n* učenica **schoolhouse** [~haus] *n* školska zgrada **schooling** *n* školovanje **schoolmate** [~mejt] *n* školski drug **schoolteacher** [~tijčər] *n* 1. učitelj, nastavnik (osnovne škole) 2. profesor srednje škole

schooner ['sku:nər] *n* škuna

science ['sajəns] *n* nauka (W also: znanost); *natural (social)* ~*s* prirodne (društvene) nauke **science fiction** naučna fantastika **scientific** [sajən'tifik] *a* naučan (W also znanstven); *the* ~ *method*

scientist ['sajentist] *n* naučnik (W also; učenjak)

scintilla [sin'tilə] *n* trunka, iskrica

scintillate ['sintəlejt] *v intr* svetlucati (svjetlucati); vrcati varnice

scion ['sajən] *n* 1. izdanak, potomak 2. sadnica, položnica, mladica

scissors ['sizərz] *n pl* makaze (W: škare); *two pairs of* ~*s* dvoje makaze

sclerosis [sklə'rousis] *n* skleroza

scoff [skaf] *v intr* rugati se; *to* ~ *at smb.* rugati se nekome **scofflaw** [~lo] *n* onaj koji se ne odaziva na sudske pozive

scold I [skould] *n* zakeralo; *a common* ~ pogana jezičara **scold** II *v* 1. *tr* izgrditi 2. *intr* zakerati, prigovarati **scolding** *n* grdnja

scoop I [sku:p] *n* 1. crpac, ispolac, crpaljka 2. kutljača, varjača 3. (slang) donošenje neke vesti (vijesti) pre (prije) drugih **scoop** II *v tr* 1. (also: *to* ~ *out)* lopatom crpsti; (lopatom) izdupsti 2. (slang) doneti vest (pre drugih) — donijeti vijest (prije drugih) 3. *(to* ~ *up)* zagrabiti; *to* ~ *up with both arms* zgrabiti obema (objema) rukama

scooter ['sku:tər] *n* skuter, trotinet

scope [skoup] *n* 1. obim; polje 2. prostor

scorch I [skorč] *n* oprljenje **scorch** II *v* 1. *tr* oprljiti 2. spržiti 3. *intr* spržiti se **scorched-earth policy** taktika spaljene zemlje **scorcher** *n* (colloq.) vrlo vruć dan

score I [skor] *n* 1. zarez 2. (sports) registar postignutih pogodaka (poena, golova, koševa), zapisnik; *to keep* ~ voditi zapisnik 3. (usu. sports) broj postignutih pogodaka; rezultat; stanje igre; *what is (was) the* ~? kakav je (bio) rezultat? 4. broj »20« 5. (in *pl*) mnoštvo 6. (mus.) partitura 7. (fig.) dug, račun; *to settle old* ~*s* raščistiti račune 8. rezultat; *the* ~ *on a test* rezultat ispita **score** II *v tr* 1. postići; pogoditi; *to* ~ *a basket (a goal)* postići koš (gol); *to* ~ *a success* postići uspeh (uspjeh) 2. *tr* proceniti (procijeniti); bodovati 3. *tr* (mus.) staviti u partituru 4. *intr* (sports) postići gol 5. *intr* (sports) voditi zapisnik, registar 6. *intr* (colloq.) postići uspeh (uspjeh) **scorecard** [~kard] *n* (sports) zapisnik **scorekeeper** [~kijpər] *n* zapisničar **scoreless** *a* bez gola **scorer** *n* zapisničar

scorn I [skorn] *n* prezir (prijezir) **scorn** II *v tr* prezirati; *to* ~ *danger* prezirati opasnost **scornful** *a* prezriv

scorpion ['skorpijən] n škorpija
Scot [skat] n Škotlanđanin, Škot
scotch [skač] v tr ugušiti; sprečiti (sprije-
čiti)
Scotch I n 1. (coll.) the ~ Škotlanđani,
Škoti 2. škotski jezik 3. škotski viski
Scotch II a 1. škotski 2. (colloq.) škrt
Scotchman [~mən] (-men [min]) n
Škotlanđanin, Škot
Scotch tape selotejp
scot-free bez kazne; to get off ~ proći bez
kazne
Scotland [~lənd] n Škotska Scotland
Yard Skotland Jard (uprava londonske
policije; londonska policija) Scotsman
[~mən] (-men [min]) n Škotlanđanin,
Škot Scottish I n škotski jezik Scottish
II a škotski
scram [skraem] v intr (colloq.) čistiti se; ~
čisti se!
scramble I ['skraembəl] n 1. žurba; a
mad ~ for smt. jagma za nečim 2. (mil.)
poletanje (polijetanje) na znak uzbune
scramble II v 1. tr (cul.) slupati 2. ir
šifrovati; izokrenuti; to ~ a telephone
message šifrovati telefonsku poruku 3.
intr verati se, penjati se (nogama i
rukama) 4. intr otimati se, jagmiti se; to
~ for smt. jagmiti se oko nečega 5. intr
(mil.) uzleteti (uzletjeti) na znak uzbune
scrambled eggs pl kajgana
scoundrel ['skaundrəl] n podlac, nitkov
scour I [skaur] v tr 1. sprati; očistiti 2.
izribati
scour II v tr pretražiti
scourge I [skərdž] n 1. bič 2. (fig.) bič, zlo,
kazna scourge II v tr 1. bičevati 2.
opljačkati; opustošiti
scouring pad ['skauring] žica za ribanje
scouring powder prašak za ribanje
scout I [skaut] n 1. (mil.) izviđač, izvidnik
2. izviđač; skaut; skautkinja 3. (sports)
onaj koji traži nove igrače za svoju
ekipu scout II a izviđački scout III v tr
izvideti (izvidjeti) scouting n skautizam
scoutmaster [~maestər] n načelnik izvi-
đačkog odreda
scow [skau] n barža, šlep, peniša
scowl I [skaul] n mrk pogled scowl II v intr
mrko gledati
scrap I [skraep] n 1. komadić, parčence; a
~ of paper (samo) komad papira 2.
odlomak (W also: izvadak) 3. ogrizak;
(in pl) ostaci (jela); to eat ~s jesti
ostatke 4. staro gvožđe scrap II a star;

~ iron staro gvožđe scrap III v tr baciti
u staro gvožđe; raskomadati; to be
~ped otići u staro gvožđe
scrap IV n (slang) tuča scrap v intr (slang)
tući se
scrapbook [~buk] n album
scrape I [skrejp] n 1. grebotina, ogrebotina
2. (slang) tuča 3. (slang) škripac; to get
into a ~ doći u škripac scrape II v 1. tr
strugati 2. tr ogrepsti; he ~d himself on
se ogrebao 3. tr (to ~ together, up)
skrpiti, skucati; to ~ some money to-
gether skrpiti malo para 4. intr grepsti
5. intr (to ~ along) životariti, kuburiti
6. intr (to ~ through) provući se 7.
misc.; to bow and ~ ulagivati se scraper
n 1. skrejper, skreper, strugač 2. greba-
lica
scrap heap gomila starog gvožđa
scraping ['skrejping] n 1. struganje 2. (in
pl) strugotine
scrapple ['skraepəl] n (cul.) prženice
scrappy ['skraepij] a 1. svadljiv 2. borben
scratch I [skraeč] n 1. ogrebotina 2. start;
*to start from ~ ponovo početi; početi
(utakmicu) bez preimućstva 3. nivo; to
come up to ~ odgovarati svome zadat-
ku scratch II v 1. tr ogrepsti; the cat
~ed him mačka ga je ogrebla 2. tr
češati; to ~ one's head češati se po glavi
3. tr povući; to ~ a contestant povući
takmičara 4. tr (mil.) opozvati, otkazati;
to ~ a mission opozvati poletanje (poli-
jetanje) 5. intr grepsti; cats ~ mačke
grebu 6. intr škripati; strugati
scrawl I [skrol] n škrabanje, škrabotina
scrawl II v intr škrabati
scrawny ['skronij] a mršav, koščat
scream I [skrijm] n 1. vrisak 2. (slang)
nešto smešno (smiješno) scream II v tr
and intr vrisnuti; to ~ for help zapoma-
gati
screech I [skrijč] n vrisak screech II v tr
and intr vrisnuti
screen I [skrijn] n 1. zaklon; pregrada;
paravan 2. zavesa (zavjesa), zastor; a
smoke ~ dimna zavesa 3. ekran; on the
~ na ekranu 4. mreža (na prozoru)
screen II v tr 1. zakloniti, zaštititi 2.
proveriti (provjeriti); to ~ refugees pro-
veriti izbeglice (izbjeglice) 3. ekranizo-
vati screen test filmska proba
screw I [skru:] n 1. šraf, zavrtanj (W also:
vijak) 2. misc.; to have a ~ loose biti
ćaknut screw II v 1. tr (usu.: to ~ on, in)

pričvrstiti zavrtnjem 2. *tr* (slang) prevariti, ukaišariti 3. *intr (to ~ into, on, to)* pričvršćivati se 4. *intr* (slang) *(to ~ around)* zabavljati se **screwball** [~bol] *n* (slang) ekscentrik, nastran čovek (čovjek) **screwdriver** [~drajvər] *n* šrafciger, odvrtka
screw up *v* (colloq.) upropastiti; *to screw smt. up* upropastiti nešto 2. upropastiti stvar; *he screwed up* on je upropastio stvar 3. misc.; *to screw up one's courage* ohrabriti se
screwy *a* (slang) ekscentričan, nastran
scribble I ['skribəl] *n* škrabanje, škrabotina (also **scrawl** I) **scribble** II *v tr* and *intr* škrabati, drljati
scribe [skrajb] *n* pisar
scrimmage ['skrimidž] *n* (football) gužva za loptu
scrimp [skrimp] *v intr* biti štedljiv
scrip [skrip] *n* privremeni papirni novac; okupacijski novac
script [~t] *n* 1. pisana slova 2. tekst pisan za snimanje filma, za komad **script girl** devojka (djevojka) koja vodi knjigu snimanja
scriptural ['skripčərəl] *a* 1. pismeni 2. biblijski **scripture** ['skripčər] *n* 1. (cap., usu. in *pl)* Sveto pismo, biblija 2. propis
scriptwriter [~rajtər] *n* pisac teksta za spikera, za snimanje filma
scroll [skroul] *n* svitak; *a parchment ~* pergamentni svitak
scrotum ['skroutəm] *n* (anat.) mošnice
scrounge [skraundž] *v* 1. *tr* izmamiti 2. *intr* snabdevati (snabdijevati) se sopstvenim snagama
scrub I [skrəb] *n* pranje **scrub** II *v tr* and *intr* 1. oribati; oprati 2. (slang, usu. mil.) opozvati; *to ~ a mission* opozvati poletanje (polijetanje) (see also **scratch** II 4)
scrub III *n* 1. šipražje, žbunje 2. (sports) rezervni igrač
scrubwoman [~wumən] *(-women [wimin]) n* spremačica
scruff [skrəf] *n* (or: *~ of the neck)* zatiljak
scruple ['skru:pəl] *n* skrupula, osećanje (osjećanje) dužnosti **scrupulous** *a* skrupulozan
scrutinize ['skru:tnajz] *v tr* proučiti; pregledati, ispitati **scrutiny** [~nij] *n* 1. pregled, ispitivanje 2. nadgledanje, nadzor
scuff I [skəf] *n* (or: *~ mark)* trag (na podu) **scuff** II *v tr* (also: *to ~ up)* ostaviti

tragove (na); *to ~ (up) a floor* ostaviti tragove na podu
scuffle I ['skəfəl] *n* tuča, gužva **scuffle** II *v intr* tući se
sculptor ['skəlptər] *n* skulptor, kipar, vajar **sculptress** [~tris] *n* kiparka, vajarka **sculptural** ['skəlpčərəl] *a* vajarski **sculpture** II [čər] *n* 1. skulptura, vajarstvo, kiparstvo 2. skulptura, kip **sculpture** II *v tr* izvajati **sculpturesque** [skəlpčər'esk] *a* nalik na izvajano
scum [skəm] *n* 1. pena (pjena); kora 2. ološ, šljam
scurrilous ['skərələs] *a* skaredan, psovački, mastan
scurry ['skərij] *v intr* juriti
scurvy ['skərvij] *n* skorbut
scuttle ['skətəl] *v tr* potopiti brod (provaljivanjem otvora na dnu broda)
scuttlebutt [~bət] *n* (slang) glasovi, priče
scythe [sajth:] *n* kosa (poljoprivredno oruđe)
sea I [sij] *n* 1. more; pučina; *by ~* po moru; *a rough (stormy) ~* uzburkano (burno) more 2. more (deo — dio okeana koji zalazi u kopno) 3. (Br.) morska obala, more (kao mesto — mjesto odmora) **sea** II *a* morski; pomorski; *a ~ route* morski put **seacoast** [~koust] *n* morska obala, primorje
sea gull galeb
seal I [sijl] *n* 1. pečat; *a wax ~* pečat od voska 2. plomba **seal** II *v tr* 1. zapečatiti, zalepiti (zalijepiti); *to ~ an envelope* zapečatiti koverat 2. zaplombirati, (hermetički) zatvoriti; *to ~ with plaster* gipsom zatvoriti 3. *(to ~ off)* izolovati
seal III *n* foka, tuljan
sea level nivo mora, morski nivo (W: morska razina)
sealing wax pečatni vosak
seam [sijm] *n* šav; *to tear open a ~* rasparati šav
seaman [~mən] *(-men* [min]) *n* mornar **seamanship** *n* veština (vještina) upravljanja plovnim prevoznim sredstvima, pomorstvo
seamless ['sijmlis] *a* bešavni; *~ stockings* bešavne čarape
seamstress ['sijmstris] *n* švalja
seamy *a* (colloq.) gadan, prljav
seance ['sejans] *n* seansa
seaplane [~plejn] *n* hidroavion
seaport [~port] *n* morska luka
sea power pomorska sila

sear I [sijr] *n* (on a firearm) zapinjača
sear II *v tr* 1. osušiti 2. sažeći, spržiti

search I [sərč] *n* 1. traganje; *a ~ for smb.* traganje za nekim 2. pretres; premetačina; *a body ~* lični pretres **search** II *a* spasilački; *a ~ plane* avion spasilačke službe **search** III *v* 1. *tr* pretresti, premetnuti; *to ~ a person* petresti čoveka (čovjeka) 2. *intr* tragati; *to ~ for smb.* tragati za nekim 3. *intr* preriti; *he ~ed through all the drawers* prerio je sve fioke **searchlight** [~lajt] *n* reflektor **search warrant** dozvola za premetačinu

seashell ['sijšəl] *n* morska školjka **seashore** [~šor] *n* morska obala **seasick** [~sik] *a* bolestan od morske bolesti **seasickness** *n* morska bolest

season I ['sijzən] *n* sezona; *the tourist ~* turistička sezona; *in ~* u sezoni **season** II *v tr* 1. začiniti; *to ~ food* začiniti jelo 2. osušiti; *to ~ lumber* osušiti drvo **seasonable** *a* podesan za sezonu, zgodan; blagovremen **seasonal** *a* sezonski **seasoning** *n* začin **season ticket** sezonska karta

seat I [sijt] *n* 1. sedište (sjedište), sedalo (sjedalo); *a back (front) ~* zadnje (prednje) sedište 2. poslanički mandat **seat** II *v tr* 1. posaditi; *to ~ smb. at a table* posaditi nekoga za sto (stol) 2. smestiti (smjestiti); *to ~ guests at a table* smestiti goste oko stola **seat belt** sigurnosni pojas **seating** *n* razmeštaj (razmještaj)

seaweed [~wijd] *n* alge, morske trave **seaworthy** [~wərth:ij] *a* sposoban za plovidbu morem

secede [si'sijd] *v intr* otcepiti (otcijepiti) se **secession** [si'sešən] *n* secesija, otcepljenje (otcjepljenje)

seclude [si'klu:d] *v tr* odvojiti; izolovati, osamiti **seclusion** [si'klu:žən] *n* 1. odvajanje, izolovanje 2. izolovanost, osamljenost, povučenost

second I ['sekənd] *n* sekund

second II *n* 1. sekundant 2. (parliamentary procedure) podrška 3. drugi; *on the ~ of March* drugoga marta (W: ožujka) 4. drugi po činu; *the ~ in command* zamenik (zamjenik) komandanta 5. (in *pl*) roba srednje vrste, trijaža 6. (on an automobile) druga brzina **second** III *a* drugi; *(at) ~ hand* iz druge ruke **second** IV *v tr* 1. sekundirati 2. podržati; *to ~ a motion* podržati predlog

secondary ['sekənderij] *a* sekundaran, sporedan; *a ~ road* sporedan put

second-class *a* drugorazredan **second-class mail** štampane stvari (koje se šalju poštom) **second cousin** drugobratučed **second-guess** *v tr* and *intr* kritikovati kad je već kasno **second-hand** *a* polovan **second lieutenant** potporučnik **second nature** druga priroda **Second World War** drugi svetski (svjetski) rat

secrecy ['sijkrəsij] *n* tajnost **secret** I ['sijkrit] tajna; *to keep a ~* čuvati tajnu **secret** II *a* 1. tajni; *a ~ ballot* tajno glasanje 2. (mil.) strogo poverljiv (povjerljiv)

secretariat [sekrə'tejrijət] *n* sekretarijat **secretary** ['sekrəterij] *n* 1. sekretar, sekretarica 2. sekretar; *the ~ of a meeting* sekretar sednice (sjednice) **secretary general** generalni sekretar

secrete I [si'krijt] *v tr* skriti

secrete II *v tr* izlučiti **secretion** [si'krijšən] *n* izlučenje, sekrecija

secretive ['sijkrətiv] *a* tajanstven **secret service** 1. tajna služba 2. (Am., cap.) državna služba koja: (a.) čuva predsednikovu (predsjednikovu) porodicu (b.) vodi borbu protiv falsifikovanja novčanica

sect [sekt] *n* sekta; *a religious ~* verska (vjerska) sekta **sectarian** I [sek'tejrijən] *n* sektaš **sectarian** II *a* sektaški

section ['sekšən] *n* 1. odeljenje (odjeljenje), odsek (odsjek) 2. presek (presjek); *a cross ~* poprečni presek 3. deonica (dionica); *a ~ of a highway (railroad)* deonica puta (pruge) 4. kraj, regija **sectional** *a* regionalan **sectionalism** *n* regionalizam

sector ['sektər] *n* sektor; *the private (public) ~* privatni (državni) sektor

secular ['sekjələr] *a* sekularan, svetovan (svjetovan) **secularize** *v tr* sekularizovati, učiniti svetovnim (svjetovnim)

secure I [si'kju:r] *a* siguran, bezbedan (bezbjedan); *~ from attack* bezbedan od napada **secure** II *v tr* 1. obezbediti (obezbijediti), osigurati 2. učvrstiti, pričvrstiti **security** [~rətij] *n* 1. bezbednost (bezbijednost), sigurnost; *a feeling of ~* osećanje (osjećanje) sigurnosti 2. zalog, zaloga, kaucija; *to give as ~* dati u zalog 3. (in *pl*) vrednosni (vrijednosni) papiri 4. čuvanje vojne tajne **Security**

Council Savet bezbednosti (W: Vijeće sigurnosti)

sedan [si'daen] n 1. zatvoreni automobil 2. zatvorena nosiljka

sedate I [si'dejt] a staložen, miran **sedate** II v tr umiriti; to ~ a patient dati bolesniku sedạtiv **sedation** [si'dejšən] n umirenje **sedạtive** ['sedətiv] n sedativ

sedentary ['sednterij] a sedentaran, koji mnogo sedi (sjedi)

sediment ['sedəmənt] n talog

sedition [si'dišən] n neprijateljska agitacija, podstrekivanje na pobunu **seditious** [si'dišəs] a podrivački

seduce [si'du:s] v tr 1. zavesti; to ~ a woman zavesti ženu 2. korumpirati, podmititi **seducer** n zavodnik **seduction** [si'dəkšən] n zavođenje **seductive** [si-'dəktiv] a zavodljiv **seductress** [si'dəktris] n zavodnica

see II [sij] n sedište (sjedište) vladike (biskupa)

see II saw [so]; seen [si:n] v 1 tr and intr videti (vidjeti); he saw them steal (stealing) the apples video ih je kako kradu jabuke 2. tr and intr razumeti (razumjeti), videti; now I ~ what you mean sad razumem šta (što) mislite 3. tr zamisliti, predstaviti sebi; he can't ~ himself as an actor on ne može da zamisli sebe kao glumca 4. tr posetiti (posjetiti); we saw them yesterday posetili smo ih juče 5. tr otpratiti; to ~ smb. home otpratiti nekoga do kuće 6. tr (to ~ off) ispratiti; they saw me off at the station ispratili su me na stanicu (W: kolodvor) 7. intr pogledati; pripaziti, postarati se; to ~ that smt. gets done postarati se o nečemu 8. misc.; to ~ the sights razgledati grad

seed I [sijd] n seme (sjeme); semenka (sjemenka) **seed** II v tr 1. posejati seme — posijati sjeme (u) 2. (sports) svrstati (igrače za igre po kvalitetu), odrediti (parove po kvalitetu)

seedy a pohaban, poderan

Seeing Eye Dog pas-vodič slepih (slijepih)

seek [sijk]; sought [sot] v tr and intr tražiti; to ~ happiness tražiti sreću

seem [sijm] v intr učiniti se; izgledati; it ~ed to me that he was ill učinilo mi se da je bolestan

seep [sijp] v intr curiti **seepage** n curenje

seesaw I ['sijso] n klackalica **seesaw** II v intr klackati se

seethe [sijth:] v intr ključati, vreti; kipeti (kipjeti); he was ~ing with rage on je kipeo od besa (bijesa)

see through v 1. sprovesti (do kraja); to see a thing through sprovesti stvar do kraja 2. prozreti, provideti (providjeti); to see through smb.'s plans prozreti nečije planove

segment I ['segmənt] n segment **segment** II [seg'ment] v tr podeliti (podijeliti) na segmente

segregate ['sergrəgejt] v tr odvojiti, izdvojiti **segregation** [segrə'gejšən] n odvajanje, izdvajanje; segregacija; racial ~ rasna segregacija **segregationist** n segregacionista, pristalica (W: pritaša) rasne segregacije

seismograph ['sajzməgraef] n seizmograf **seismology** [sejz'malədžij] n seizmologija

seize [sijz] v 1. tr uhvatiti, ugrabiti; dočepati se; to ~ power ugrabiti vlast 2. tr osvojiti; to ~ the initiative osvojiti inicijativu 3. tr (legal) konfiskovati, uzaptiti 4. intr dokopati se, dočepati se; to ~ on (upon) smt. dočepati se nečega **seizure** ['sijžər] n 1. hvatanje 2. (legal) konfiskacija, uzapćenje 3. (iznenadan) napad (bolesti)

seldom ['seldəm] adv retko

select I ['si'lekt] a izabran, odabran **select** II v tr and intr izabrati, odabrati **selection** [si'lekšən] n selekcija, odabiranje; natural ~ prirodna selekcija **selective** [~tiv] a selektivan; on a ~ basis na selektivnoj osnovi **selectivity** [silek'tivətij] n selektivnost

self I [self] (selves [selvz]) n 1. prava priroda, svoja ličnost 2. biće, suština **self** II pron sam

self-assurance n samopouzdanost **self-assured** a samopouzdan

self-centered a sebičan, samoljubiv

self-confidence n samopouzdanost **self-confident** a samopouzdan

self-conscious a 1. zbunjen 2. samosvestan (samosvijestan)

self-control n vladanje sobom, vlast nad sobom

self-criticism n samokritika

self-defense n samoodbrana (W: samoobrana)

self-determination n samoopredeljenje (samoopredjeljenje)

self-educated a samoobrazovan

self-employed *a* koji radi za sebe
self-evident *a* očigledan, očevidan
self-government *a* samouprava
self-inflicted *a* samom sebi nanet (nanijet); *a ~ wound* hotimično samoranjavanje
selfish *a* sebičan **selfishness** *n* sebičnost
self-management *a* samoupravljanje, samouprava
self-portrait *n* autoportret
self-preservation *n* samoodržanje
self-respect *n* samopoštovanje **self-respecting** *a* koji im samopoštovanje; (fig.) dobar
self-rule *n* samouprava
self-service *a* samouslužni *a ~ store* samouslužna radnja, samoposluga
self-styled *a* samozvani
self-taught *a* samouk
sell I [sel] *n* 1. (colloq.) prodavanje 2. (slang) obmana **sell** II *sold* [sould] *v* 1. *tr* prodati 2. *tr* (colloq.) uveriti (uvjeriti); *I sold him on it* uverio sam ga u ovo 3. *intr* prodavati se, ići; *the merchandise is ~ing well* roba se dobro prodaje; *•it's ~ing like hotcakes!* ide kao halva!
seller *n* prodavac, prodavač
sell out *v* 1. rasprodati; *the book has been sold out* knjiga je rasrodata 2. (slang) izdati, izneveriti (iznevjeriti) **sell-out** *n* 1. rasprodaja 2. (slang) izdaja, verolomstvo (vjerolomstvo)
seltzer ['seltsər] *n* selters (mineralna voda)
semantic [sə'maentik] *a* semantički **semantics** *n* semantika
semblance ['sembləns] *n* 1. izgled, spoljašnjost 2. (vidljiv) znak, trag
semen ['sijmən] *n* seme (sjeme)
semester [sə'mestər] *n* semestar, polugodište
semi- ['semij] *prefix* polu-
semiannual [~'aenjuəl] *a* polugodišnji
semicircle ['semisərkəl] *n* polukrug **semicircular** [~'sərkjələr] *a* poluokrugao, polukružan
semicolon [~koulən] *n* tačka (W: točka) i zarez
semiconscious [~'kanšəs] *a* polusvestan (polusvjestan)
semifinal I [~'fajnəl] *n* polufinale **semifinal** II *a* polufinalni
semimonthly [~'mənthlij] *a* polumesečni (polumjesečni)
seminar I ['semənar] *n* seminar **seminar** II *a* seminarski, *a ~ paper* seminarski rad

seminarian [semə'nejrijən] *n* seminarac, bogoslovac **seminary** ['semənerij] *n* bogoslovija, bogoslovno učilište, seminar
semiotic [sijmij'atik] *a* semiotičan, semiotički **semiotics** *n* semiotika
semiprofessional [~prə'fešənəl] *n* (sports) poluprofesionalac
Semite ['semajt] *n* Semit **Semitic** I [sə'mitik] *n* semitski jezici **Semitic** II *a* semitski
semitrailer [~trejlər] *n* poluprikolica
semitropical [~'trapikəl] *a* suptropski
senate ['senit] *n* 1. senat 2. (cap.) američki senat **senator** ['senətər] *n* senator **senatorial** [senə'torijəl] *a* senatski
send [send]; *sent* [sent] *v* 1. *tr* poslati; *to ~ a letter (by mail)* poslati pismo (poštom) 2. *intr* poslati, pozvati; poručiti; *to ~ for a cab* poručiti taksi 3. misc.; *to ~ word to smb.* javiti se nekome
sender *n* pošiljalac; adresant
send in *v* 1. poslati unutra 2. javiti; *to send one's name in* javiti se
sendoff [~of] *n* (colloq.) ispraćaj
send out *v* 1. razaslati, rasposlati; *to send invitations out* razaslati pozivnice 2. poručiti (preko telefona); *to send out for pizza* poručiti napuljsku pitu (preko telefona)
send up *v* 1. povisiti; *that will send prices up* to će povisiti cene (cijene) 2. poslati gore; poslati višoj instanciji
Senegal ['senə'gol] *n* Senegal
senile ['sijnajl] *a* senilan, starački **senility** [si'nilətij] *n* senilnost, starost
senior I ['sijnjər] *n* 1. pretpostavljeni; starešina 2. student četvrte godine 3. učenik poslednje (posljednje) godine srednje škole **senior** II *a* 1. stariji; *a ~ citizen* starac, penzioner 2. viši; *~ officers* viši oficiri **senior high school** (Am.) srednja škola (obično s 10., 11. i 12. razredima) **seniority** [sijn'jorətij] *n* starešinstvo; po starešinstvu
sensation [sen'sejšən] *n* 1. osećaj (osjećaj); *a ~ of cold (pain)* osećaj hladnoće (bola) 2. senzacija; *to cause a ~* izazvati senzaciju **sensational** *a* senzacionalan
sense I [sens] *n* 1. smisao, osećaj (osjećaj); *a ~ of humor* smisao (osećaj) za humor 2. čulo (W: ćutilo, osjetilo); *the ~ of hearing* čulo sluha 3. pamet; razum; *common ~* zdrava pamet **sense** II *v* 1. *tr* 1. naslutiti 2. shvatiti **senseless** *a* besmislen **sensible** *a* razuman, razborit

sensitive ['sensətiv] a osetljiv (osjetljiv); ~ to criticism osetljiv na kritiku sensitivity [sensə'tivətij] n osetljivost (osjetljivost)
sensual ['senšu:əl] a senzualan, čulan; puten sensuality [senšu:'aelətij] n senzualnost, sladostrasnost
sensous ['senšu:əs] a čulan
sentence I ['sentəns] n 1. rečenica; a compound (simple) ~ složena (prosta) rečenica 2. (sudska) presuda, osuda, kazna; a death ~ smrtna presuda sentence II v tr izreći (nekome) kaznu, presudu; he was ~d to five years osuđen je na zatvorsku kaznu od pet godina
sententious [sen'tenšəs] a sentenciozan
sentiment ['sentəmənt] n osećanje (osjećanje) sentimental [sentə'mentl] a sentimentalan sentimentalism n sentimentalizam sentimentality [sentəmen'taelətij] n sentimentalnost
sentinel ['sentnəl] n stražar
sentry ['sentrij] n stražar sentry box stražara
separable ['sepərəbəl] a odvojiv separate I ['sep(ə)rit] a 1. odvojen, razdvojen; ~ lanes odvojene staze 2. poseban, zaseban separate II [~ejt] v 1. tr odvojiti, razdvojiti 2. intr odvojiti se, razdvojiti se; the spaceships ~d vasionski (svemirski) brodovi su se razdvojili 3. intr razići se separation [sepə'rejšən] n 1. odvajanje, razdvajanje; odvojenost 2. (mil.) otpuštanje iz aktivne službe, demobilizacija separatism ['sepərətizəm] n separatizam separatist n separatista
September [sep'tembər] n septembar (W: rujan)
septic ['septik] a septičan; a ~ tank septična jama
septuagenarian [sepču:ədžə'nejrijən] n sedamdesetogodišnjak
sepulcher ['sepəlkər] n grob, grobnica sepulchral [sə'pəlkrəl] a grobni
sequel ['sijkwəl] n nastavak, produženje
sequence ['sijkwəns] n sekvenca
sequester [si'kwestər] v tr 1. sekvestrirati, privremeno oduzeti (na osnovu sudske odluke) 2. odvojiti, izdvojiti; izolovati
Serb [sərb] n Srbin Serbia [~ijə] n Srbija Serbian I 1. see Serbo-Croatian I 2. Srbin Serbian II a srpski Serbo-Croatian I n srpskohrvatski (hrvatskosrpski) jezik Serbo-Croatian II a srpskohrvatski, hrvatskosrpski

serenade I ['serə'nejd] n serenada serenade II [serə'nejd] v 1. tr praviti (nekome) serenadu 2. intr praviti serenadu
serene [si'rijn] a 1. spokojan, miran, tih 2. (cap., in titles) Your Serene Highness Vaša svetlost (svjetlost) serenity [si'renətij] n spokojstvo, mirnoća
serf [sərf] n kmet, neslobodan seljak serfdom [~dəm] n kmetstvo
serge [sərdž] n serž
sergeant ['sardžənt] n 1. (mil.) vodnik 2. viši policijski čin
serial I ['sijrijəl] n emisija, knjiga koja izlazi u nastavcima serial II a serijski, redni; ~ numbers of bills brojevi novčanica serialize v tr emitovati, izdavati u nastavcima
series ['sijrijz] n (pl has zero) n 1. serija 2. (math.) red, niz
serious ['sijrijəs] a ozbiljan; seriozan; to be in ~ trouble biti u ozbiljnoj nevolji
sermon ['sərmən] n propoved (propovijed), predika, pridika (W: prodika) sermonize v intr propovedati (propovijedati)
serpent ['sərpənt] n zmija, guja
serum ['sijrəm] n serum
servant ['sərvənt] n sluga; sluškinja, služavka
serve I [sərv] n (tennis) servis serve II v 1. tr poslužiti; servirati; to ~ wine to guests poslužiti vino gostima 2. tr odslužiti; to ~ one's time in the army odslužiti vojsku 3. intr služiti; to ~ as a pretext služiti kao izgovor 4. tr and intr (tennis) servirati 5. misc.; it ~s him right tako mu i treba; to ~ a summons uručiti sudski poziv server (tennis) server service I ['sərvis] n 1. služba; civil ~ državna služba 2. servis, garnitura stonog (stolnog) posuđa 3. usluga, posluživanje, servis; terrible ~ grozan servis 4. (tennis) servis service II a 1. servisni; a ~shop servisna radionica 2. (mil.) vojni; a ~ school vojna akademija 3. (mil.) službeni; a ~ manual službeni priručnik service III v tr 1. servisirati; to ~ an automobile servisirati auto 2. opasati; to ~ a mare opasati kolibu serviceman [~maen] (men [men]) n vojno lice service station pumpna stanica
servile ['sərvəl] a servilan
serving n porcija
servitude [~ətu:d] n 1. ropstvo 2. (penal ~) robija

sesquicentennial [seskwəsen'tenijəl] n sto-
pedesetogodišnjica
session ['sešən] n sednica (sjednica), zase-
danje (zasjedanje)
set I [set] n 1. skup istorodnih predmeta,
slog, pribor; komplet; a ~ of tools
komplet alata; a beautiful ~ of teeth
divni zubi 2. servis; a ~ of dishes servis
3. zbirka; a ~ of stamps zbirka maraka
4. društvo; the smart ~ pomodno dru-
štvo 5. (math., ling.) skup 6. (theater)
dekoracije 7. (film) atelje 8. (tennis) set
9. vodena (ondulacija)
set II a 1. određen; postavljen; utvrđen; ~
prices utvrđene cene (cijene) 2. (track)
get~! pozor! 3. spreman; *the stage is~
scena je spremna set III set [set] v 1. tr
staviti, metnuti (da stoji); to ~ a book
on a table staviti knjigu na sto (stol) 2.
tr postaviti; to ~ a table postaviti sto
(stol); to ~ a record postaviti rekord 3.
tr odrediti; postaviti; to ~ prices odre-
diti cene (cijene) 4. tr doterati (dotjera-
ti); to ~ a watch doterati sat 5. tr dati;
pružiti; to ~ an example dati primer
(primjer) 6. tr namestiti (namjestiti); to
~ a trap namestiti zamku; (med.) to ~
a broken leg namestiti slomljenu nogu 7.
tr napujdati, tutnuti; nahuškati; to ~ a
dog on smb. napujdati psa na nekoga 8.
tr navesti; that set me thinking to me je
navelo da se zamislim 9. tr (mus.) stavi-
ti; to ~ to music staviti u note, muzički
obraditi 10. tr pustiti; to ~ free pustiti
na slobodu 11. tr razapeti; to ~ sail
razapeti jedra 12. tr uvesti; to ~ the
fashion uvesti modu 13. tr složiti; to ~
a text (in type) složiti tekst 14. tr uviti;
to ~ hair uviti kosu 15. intr zaći; the
sun has set sunce je zašlo 16. intr
očvrsnuti, stvrdnuti se 17. intr sedeti
(sjedjeti) na jajima 18. misc.; to ~ about
one's business latiti se posla; to ~ a
clock ahead by one hour pomeriti (pom-
jeriti) časovnik unapred — unaprijed (za)
jedan sat; to ~ fire to a house zapaliti
kuću; to ~ the pace regulisati brzinu,
voditi
set aside v 1. odvojiti (na stranu); to set
aside a certain sum of money odvojiti
izvesnu (izvjesnu) sumu novaca 2. (le-
gəl) ukinuti; to set aside a verdict
ukinuti presudu
set back v 1. pomeriti (pomjeriti) unazad;
to set a clock back by one hour pomeriti

časovnik unazad (za) jedan sat 2. osuje-
titi; to set a plan back osujetiti plan
setback [~baek] n neuspeh (neuspjeh);
to have a ~ pretrpeti (pretrpjeti)
neuspeh
set in v 1. nastupiti, početi; cold weather
has set in nastupilo je hladno vreme
(vrijeme) 2. misc.; to set in motion
staviti u pokret
set out v krenuti, otići; the refugees are
setting out for the south izbeglice (iz-
bjeglice) kreću na jug
setting n 1. okolina, okolnosti 2. optočenje
3. zalazak (sunca) 4. regulacija, name-
štanje (namještanje); (photo.) an aper-
ture ~ otvor blende
settle ['setl] v 1. tr urediti, dovesti u red;
to ~ one's affairs urediti svoje poslove
2. tr odlučiti; poravnati; izravnati; to ~
a question odlučiti pitanje 3. tr namiriti,
podmiriti; to ~ an account podmiriti
račun 4. tr naseliti; nastaniti; to ~ an
area naseliti kraj 5. tr smiriti; he ~d the
children smirio je decu (djecu) 6. intr
(or: to ~ down) naseliti se, nastaniti se;
he ~d (down) in the city naselio se u
gradu 7. intr poravnati se, izravnati se,
doći do sporazuma; they ~d on a com-
promise došli su do kompromisa 8. intr
taložiti se; let the coffee ~ ostavi kafu
(kavu) da se taloži 9. intr (to ~ down)
oženiti se, smestiti (smjestiti) se; he ~d
down and has a family smestio se i
zasnovao porodicu 10. intr sleći se; the
ground has ~d zemlja se slegla settle-
ment n 1. naseljavanje 2. naselje 3.
sporazum, poravnanje; obračun settler n
naseljenik
set up v 1. metnuti, staviti (da stoji);
postaviti; to set up a barricade postaviti
barikadu 2. osnovati, otvoriti; to set up
a plant otvoriti fabriku 3. pomoći; to set
smb. up in business pomoći nekome da
otvori radnju 4. (slang) prevariti 5. za-
kazati; to set up an appointment zaka-
zati sastanak
seven ['sevən] 1. n sedmica 2. num and n
sedam; sedmorica; sedmoro
seventeen ['sevən'tijn] num sedamnaest,
sedamnaestoro seventeenth [~th] n and
num a sedamnaesti
seventh I [~th] n 1. sedmina 2. sedmi; on
the ~ of November sedmog novembra
(W: studenog) seventh II num a sedmi;

*he was in ~ heaven on je bio na devetom nebu

Seventh-Day Adventist subotar

seventieth [~tijith] *num a* sedamdeseti

seventy [~tij] *num* sedamdeset

sever ['sevər] *v tr* 1. odvojiti; otkinuti 2. prekinuti; *to ~ a connection* prekinuti vezu

several 1. *n* nekolicina, nekoliko; *~ came* došlo je nekoliko 2. *a* nekoliko, nekolika; *~ cities* nekoliko gradova

severance *n* 1. odvajanje 2. prekid **severance pay** otpremnina, otpusna plata

severe [sə'vijr] *a* 1. strog; *a ~ judge* strog sudija (W: sudac) 2. ljut, jak; oštar; *a ~ winter* ljuta zima; *~ criticism* oštra kritika 3. ozbiljan; bez ukrasa **severity** [sə'verətij] *n* 1. strogost 2. jačina, oštrina 3. ozbiljnost

sew [sou]; *~ed; sewn* [soun] *v* 1. *tr* sašiti; *to ~ a dress* sašiti haljinu 2. *tr (to ~ on)* prišiti, zašiti, našiti; *to ~ a button on* prišiti dugme 3. *tr (to ~ up)* zašiti; *to ~ up a wound* zašiti ranu 4. *intr* šiti; *to ~ by hand (machine)* šiti rukom (mašinom — W: strojem)

sewage ['su:idž] *n* otpaci **sewage disposal** odstranjivanje otpadaka **sewer** I [su:ər] *n* odvodni kanal

sewer II ['souər] *n* šivač, švalja **sewing** I *n* šivanje, šiće **sewing** II *a* šivaći; *a ~ circle* šivaće društvo **sewing machine** šivaća mašina (W: šivaći stroj)

sex I [seks] *n* 1. pol (W: spol); seks; *the fair ~* lepši (ljepši) pol 2. snošaj 3. seks, polni život **sex** II polni (W: spolni); seksualan; *the ~ drive* polni nagon

sexagenarian [seksədžə'nejrijən] *n* šezdesetogodišnjak

sex appeal seksepil **sex education** seksualno vaspitanje **sexist** *a* koji je za mušku dominaciju

sextant [~tənt] *n* sekstant

sextet [~'tet] *n* sekstet

sexton ['sekstən] *n* crkvenjak

sexual ['seksu:əl] *a* seksualan; polni (W: spolni); *the ~ revolution* seksualna revolucija **sexuality** [seksu:'aelətij] *n* seksualitet, seksualnost **sexy** *a* (colloq.) seksi, privlačan

shabby ['šaebij] *a* 1. otrcan, pohaban; *a ~ suit* otrcano odelo (odijelo) 2. nepravedan

shack [šaek] *n* koliba, ćumez, kućica, straćara

shackle I ['šaekəl] *n* (usu. in *pl*) okov **shackle** II *v tr* okovati

shack up *v* (slang) voditi život supružnika; *to shack up with a woman* živeti (živjeti) s ženom

shad [šaed] *n* (fish) skumrija, čepa

shade I [šejd] *n* 1. senka (sjenka), hlad; *in the ~* u hladu 2. roletna, zastor 3. nijansa **shade** II *v* 1. *tr* osenčiti (osjenčiti); tuširati 2. *tr* nijansirati 3. *intr* preći; *this color ~s into yellow* ova boja prelazi u žuto

shadow I ['šaedou] *n* senka (sjenka); *a ~ of a doubt* senka sumnje **shadow** II *v tr* pratiti, uhoditi **shadowy** *a* senovit (sjenovit)

shady ['šejdij] *a* 1. senovit (sjenovit) 2. sumnjiv

shaft I [šaeft] *n* 1. kopljište, kopljača 2. vratilo, osovina 3. snop; *a ~ of light* snop svetla (svjetla)

shaft II *n* (mining) okna, vertikalni otvor (u rudniku)

shaggy ['šaegij] *a* rutav, runjav, kosmat

shake I [šejk] *n* 1. drmanje; potres; drhtanje 2. (in *pl*) drhtavica, drhtaj 3. (slang) tren; *in a ~* u tren oka **shake** II *shook* [šuk]; *shaken* ['šejkən] *v* 1. *tr* drmnuti, vrteti (vrtjeti); *to ~ one's head* drmnuti (vrteti) glavom 2. *tr* potresti; *to ~ a table* potresti sto (stol) 3. *tr (to ~ hands)* rukovati se 4. *tr* promućkati; *~ well before using!* pre (prije) upotrebe dobro promućkati! 5. *tr* otresti 6. *intr* drhtati, tresti se; *the walls shook* zidovi su se potresli

shake down *v* (colloq.) iznuditi; *to shake smb. down* iznuditi nekome novac **shakedown** [~daun] *n* 1. (colloq.) iznuda 2. proba **shakedown cruise** probna vožnja

shake out *v* istresti; *to shake out a rug* istresti ćilim

shaker *n* 1. see **saltshaker** 2. (or: *cocktail ~*) šejker, mućkalica

shake up *v* 1. uzdrmati; jako uznemiriti; izvesti iz stanja mirovanja 2. reorganizovati **shakeup** [~əp] *n* reorganizacija

shaky ['šejkij] *a* 1. drhtav; nesiguran; *he was ~ on his legs* bio je nesiguran na nogama 2. drmav; klimav

shale [šejl] *n* škriljac **shale oil** nafta iz škriljaca

shall [šael] *v* (third person sgn. is *shall*; obsol. second person sgn. is *shalt* [šaelt]; past for indirect discourse is *should* [šud]) 1. (as an aux. verb to form the first person future; when determination of inevitability is expressed, *shall* is used to form the second and third person future; in colloq. Am. English, *shall* is replaced by *will* in all situations; see **will** III 1); *I (we)* ~ *come at two o'clock* ja ću (mi ćemo) doći u dva sata; *you* ~ *be rewarded!* vi ćete biti nagrađeni! 2. (legal) morati; *the penalty* ~ *be two years in prison* kazna mora biti dve (dvije) godine zatvora; *thou shalt not kill!* ne ubij!

shallow I ['šaelou] *n* plićak **shallow** II *a* plitak; ~ *water* plitka voda

sham I [šaem] *n* varka, laž **sham** II *a* lažan, prividan **sham** III *v* 1. *tr* izigravati 2. *intr* pretvarati se

shambles ['šaembəlz] *n* opustošenje, rušenje; *they left the bar in a* ~ kafana (kavana) je ličila na razbojište posle (poslije) njihovog odlaska

shame I [šejm] *n* 1. sramota; stid; *a feeling of* ~ osećanje (osjećanje) stida 2. (colloq.) šteta; *it's a* ~ *that he did not come* šteta što nije došao **shame** II *v tr* 1. osramotiti, posramiti 2. stidom naterati (natjerati); *to* ~ *smb. into smt.* postideti (postidjeti) nekoga da bi učinio nešto **shameful** *a* sraman, sramotan; ~ *behavior* sramno ponašanje **shameless** *a* besraman, bestidan

shampoo I [šaem'pu:] *n* šampon, sapun za pranje kose **shampoo** II *v* 1. *tr* oprati (kosu) 2. *intr* prati kosu

shamrock ['šaemrak] *n* detelina (djetelina)

shank [šaengk] *n* 1. gnjat, golenjača (goljenjača) 2. (cul.) prednji bočnjak, plećka, lopatica **shank bone** golenjača (goljenjača)

shan't [šaent] (Br.) *shall not*

shanty ['šaentij] *n* straćara, koliba, ćumez, udžerica **shantytown** [~taun] *n* naselje od straćara

shape I [šejp] *n* 1. oblik; vid; *the hat's out of* ~ šešir je izgubio svoj oblik 2. figura, oblik; linija; *she has a nice* ~ ona ima lepu (lijepu) liniju 3. (colloq.) stanje; *our affairs are in good* ~ naše stvari su u dobrom stanju 4. (colloq.) kondicija; *he is in good* ~ on je u dobroj kondiciji **shape** II *v* 1. *tr* uobličiti 2. *intr* (colloq.) *(to* ~ *up)* razviti se, pojaviti se; *to* ~ *up as* pojaviti se kao 3. *intr* (colloq.) *(to* ~ *up)* dovesti se u red

shapeless *a* bezobličan **shapely** *a* stasit, lepog (lijepog) oblika; *a* ~ *figure* lepa figura

share I [šejr] *n* 1. udeo (udio); deonica (dionica); *a* ~ *of the profits* udeo u dobiti 2. akcija, dokumenat o udelu (udjelu) **share** II *v tr* deliti (dijeliti); *to* ~ *expenses* deliti troškove

sharecropper [~krapər] *n* napoličar, (poljoprivredni) zakupac

shareholder [~houldər] *n* akcionar (also **stockholder**)

shark [šark] *n* ajkula, morski pas **sharkskin** [~skin] *n* ajkulina koža

sharp I [šarp] *n* (mus.) znak povišenja, krst (W also: povisilica) **sharp** II *a* 1. oštar; *a* ~ *knife* oštar nož 2. jak, oštar; *a* ~ *pain* oštar bol 3. jedak, oštar; ~ *criticism* oštra kritika 4. oštrouman, pronicljiv 5. (mus.) povišen (za pola tona) 6. (slang) pomodan **sharp** III *adv* tačno (W: točno); *five o'clock* ~ tačno pet sati **sharpen** *v tr* naoštriti **sharpener** *n* oštrač; *a pencil* ~ oštrač za olovke

sharpshooter [~šu:tər] *n* vešt strelac (vješt strijelac)

shatter ['šaetər] *v* 1. *tr* slomiti, skrhati 2. *intr* slomiti se

shave I [šejv] *n* 1. brijanje 2. misc.; *he had a close* ~ jedva se spasao **shave** II *v* 1. *tr* obrijati; *to* ~ *oneself* obrijati se 2. *tr* rendisati 3. *tr* (colloq.) spustiti; *to* ~ *a price* spustiti cenu (cijenu) 4. *intr* brijati se **shaver** *n* 1. onaj koji brije 2. aparat za brijanje 3. (colloq.) dete (dijete), klinac **shaving** *n* 1. strugotina 2. brijanje **shaving cream** krema za brijanje

shawl [šol] *n* šal

she I [šij] *n* ženka; *the baby is a* ~ beba je žensko; (in compounds): *a* ~*-wolf* vučica **she** II *pron* ona

sheaf [šijf] *(sheaves* [šijvz]) *n* snop

shear [šijr] *-ed; shorn* [šorn] or *-ed; v tr* ostrići; *to* ~ *sheep* ostrići ovce **shears** *n pl* makaze (W: škare)

sheath [šijth] *(sheaths* [šijth:z]) *n* korice, nožnice **sheathe** [šijth:] *v tr* metnuti u nožnice

shed I [šed] *n* šupa

shed II *shed* [šed] *v tr* 1. proliti; *to* ~ *blood* proliti krv 2. skinuti; *snakes* ~ *their skins* zmije skidaju svlak

sheep [šijp] *n* (pl has zero) ovca; *a herd of* ~ stado ovaca **sheepdog** [~dog] ovčarski pas **sheepherder** [~hərdər] *n* ovčar

sheepish a 1. snebivljiv 2. glup, ograničen
sheepskin [~skin] n 1. ovčija koža 2. diploma
sheer [šijr] a 1. čist, pravi; ~ *nonsense* čista besmislica 2. tanak, prozračan 3. strm, okomit
sheet [šijt] n 1. list, ploča, tabla; a ~ *of copper* bakarna ploča 2. tabak, list, arak; a ~ *of paper* list papira 3. čaršav; a bed ~ krevetski čaršav **sheet music** (mus.) note
shelf [šelf] *(shelves* [šelvz]) n 1. polica; raf 2. (podvodni) greben, sprud
shell I [šel] n 1. ljuska; školjka 2. čamac na vesla 3. granata; zrno 4. kućica; a snail's ~ puževlja kućica **shell** II v tr 1. oljušti- ti 2. zasuti vatrom; potući; to ~ *enemy positions* potući neprijateljske položaje
shellac I [šə'laek] n šelak **shellac** II v tr 1. prevući šelakom 2. (slang) lako pobediti (pobijediti)
shell out v (colloq.) potrošiti; to shell out *money* potrošiti novac
shell shock kontuzija **shell-shocked** a kon- tuzovan
shelter I ['šeltər] n 1. sklonište, zaklon; to *take* ~ skloniti se 2. (fig.) krov **shelter** II v tr prikriti; zakloniti, skloniti
shelve [šelv] v tr 1. metnuti na policu 2. ukloniti (kao beskorisno)
shenanigan [šə'naenigən] n (colloq.) (usu. in pl) nestašluk
shepherd I ['šepərd] n ovčar, pastir, čoba- nin **shepherd** II v tr čuvati (kao pastir) **shepherdess** n pastirka, čobanica
sherbet ['šərbit] n šerbe, šerbet
sheriff ['šerif] n šerif (Am.: najviši izvršni sudski činovnik grofovije; Br.: admini- strativni činovnik grofovije) **sheriff's sale** prinudna licitacija
sherry ['šerij] n heres, šeri
shield I [šijld] n štit **shield** II v tr štititi, braniti
shift I [šift] n 1. promena (promjena); premeštaj (premještaj) 2. (ling.) rotacija, pomak; a consonant ~ konsonantska rotacija 3. smena — smjena (radnika); to *work in two* ~s raditi u dve (dvije) smene 4. haljina-džak **shift** II v 1. tr promeniti (promijeniti); premestiti (premjestiti) 2. tr svaliti, sručiti; to ~ *the blame to smb. else* svaliti (sručiti) krivicu na drugoga 3. tr (on an automo- bile) preći; to ~ *gears* preći iz jedne brzine u drugu 4. intr probijati se; to ~

for oneself sam se probijati 5. intr (on an automobile) preći u drugu brzinu 6. misc.; he ~*ed to the left lane* prestrojio se na levu (lijevu) traku **shift key** (on a typewriter) menjač (mjenač)
shiftless a 1. lenj (lijen) 2. nesposoban
shilling ['šiling] n 1. šiling 2. see **slash** I 2
shimmer I ['šimər] n svetlucanje (svjetlu- canje) **shimmer** II v intr svetlucati (svjetlucati)
shimmy I ['šimij] n krivudanje (točkova) **shimmy** II v intr krivudati; the wheels ~ točkovi krivudaju
shin I [šin] n golenjača (goljenjača), gnjat **shin** II v intr (or: to ~ up) uzverati se
shinbone (~boun) n golen — golijen
shindig ['šindig] n (slang) 1. proslava 2. (Br.) tuča
shine I [šajn] n 1. sjaj 2. misc.; in rain or ~ po kiši ili po suncu; *to take a* ~ *to smb.* zavoleti (zavoljeti) nekoga **shine** II *shone* [šoun] or -d; v 1. tr osvetliti (osvijetliti); to ~ *a flashlight on a wall* osvetliti zid džepnom lampom 2. tr (~d) očistiti; to ~ *shoes* očistiti cipele 3. intr svetleti — svijetliti (se); that lamp is ~*ing right in my eyes* ta lampa mi svetli pravo u oči 4. intr sijati; the sun is ~*ing* sunce sija
shiner n modrica pod okom
shingle I ['šinggəl] n 1. šindra 2. ploča; *to hang out one's* ~ otvoriti praksu
shingle II n (Br.) šljunak (na plaži)
shingles n (med.) pojasni herpes
shiny ['šajnij] a sjajan
ship I [šip] n brod; a passenger ~ putnički brod **ship** II v 1. poslati, otpremiti 2. tr (naut.) grabiti; to ~ *a sea* grabiti more bokom 3. intr (or: to ~ out) (colloq.) otići **shipbuilding** I [~bilding] n brodo- gradnja **shipbuilding** II a brodogradili- šni; brodograđevni **shipmate** [~mejt] n drug sa broda
shipment n 1. otpremanje, otprema, dovoz 2. partija; the first ~ of new cars has *already arrived* već je stigla prva partija novih automobila **shipper** n špediter, otpremnik **shipping** I n 1. špedicija; otpremanje, otprema 2. brodovlje **ship- ping** II a špediterski; a ~ *firm* špediter- sko preduzeće (W: poduzeće) **shipping clerk** otpremnik
shipwreck I [~rek] n brodolom **shipwreck** II v tr uništiti brodolomom; to be ~*ed*

pretrpeti (pretrpjeti) brodolom **shipyard**
[~jard] n brodogradilište
shirk [šərk] v 1. tr izvući se; zabušiti; to ~
one's duty izvući se od dužnosti 2. intr
izvući se od dužnosti, zabušiti **shirker** n
zabušant
shirt [šərt] n košulja
shiver I ['šivər] n drhtanje **shiver** II v intr
drhtati; to ~ from the cold drhtati od
zime
shoal [šoul] n plićak
shock I [šak] n čuperak, čupa, ruta
shock II n 1. sudar, udar 2. (med. and fig.)
šok, potres; to be in ~ biti u šoku **shock**
III v tr šokirati **shock absorber** amorti-
zer **shocker** n 1. ono što šokira 2. (Br.)
jeziv roman **shocking** a 1. šokantan 2.
(Br.) užasan **shockproof** [~pru:f] a ot-
poran na udar **shock therapy** lečenje
(liječenje) pomoću električnih udara
shock troops pl udarne jedinice **shock
wave** udarni talas
shoddy ['šadij] a loš; lošeg kvaliteta; ~
merchandise loša roba
shoe I [šu:] n 1. cipela; a pair of ~s par
cipela 2. papuča; a brake ~ kočnična
papuča **shoe** II shod [šad]; shod or
shodden ['šadn] v tr potkovati, obuti; to
~ a horse potkovati konja **shoehorn**
[~horn] n kašika — W: žlica (za obuva-
nje) **shoelace** [~lejs] n pertla, vrpca (za
cipele) **shoemaker** [~mejkər] n obućar
shoeshine [~šajn] n čišćenje cipela
shoestring [~string] n 1. see **shoelace** 2.
(colloq.) skromna sredstva; to run a
company on a ~ rukovoditi preduzećem
(W: poduzećem) sa veoma skromnim
sredstvima **shoetree** [~trij] n kalup za
cipele
shook-up a (slang) uzdrman, uznemiren
shoot I [šu:t] shot [šat] v 1. tr ustreliti
(ustrijeliti); to ~ oneself ustreliti se 2. tr
pucati (iz); to ~ a rifle pucati iz puške
3. tr baciti, hitnuti; to ~ a glance baciti
pogled 4. tr odrediti položaj (nečega); to
~ the sun odrediti položaj broda sek-
stantom 5. tr preleteti (preletjeti); to ~
rapids preleteti (kanuom) preko plićaka
6. tr snimiti (na film) 7. intr pucati;
(sports) šutirati; to ~ into the air (at a
goal) pucati u vazduh — W: zrak (na gol)
8. intr (esp. Br.) loviti
shoot II n (bot.) mladica; izdanak; a
bamboo ~ bambusov izdanak

shoot down v oboriti; to shoot down an
airplane oboriti avion
shooting gallery pokriveno strelište
shoot-out n (colloq.) dvoboj revolveraša
(na divljem zapadu)
shoot up v 1. zasipati vatrom 2. iždikati;
niknuti; to shoot up like mushrooms
after rain nicati kao pečurke posle (po-
slije) kiše
shop I [šap] n 1. radnja, dućan, prodavnica
(W: prodavaona) 2. radionica (za oprav-
ke) 3. pogon 4. misc.; to talk ~ govoriti
samo o poslu **shop** II v intr ići u
kupovinu, pazariti; to ~ around tražiti
po radnjama **shopkeeper** [~kijpər] n
vlasnik radnje **shoplift** [~lift] v intr
krasti robu iz radnje **shoplifter** n lopov
koji krade po radnjama **shoplifting** n
krađa po radnjama **shopper** n kupac,
mušterija **shopping** n pazarenje **shop-
ping center** trgovački centar
shore I [šor] n 1. obala 2. primorje, more
(kao mesto — mjesto odmora)
shore II v tr (usu.: to ~ up) poduprti
(poduprijeti)
shoreline [~lajn] n obalna linija, obala
short I [šort] n 1. kratkometražni film 2.
see **short circuit** 3. misc.; in ~ ukratko
short II a 1. kratak; ~ hair kratka kosa
2. malog rasta; the child is very ~ dete
(dijete) je vrlo malog rasta 3. sažet; he
was ~ and to the point govorio je sažeto
i poslovno 4. oskudan; they were ~ of
everything oskudevali (oskudijevali) su
u svemu **short** III adv 1. kratko 2. misc.;
to stop ~ zaustaviti (se) naglo **shortage**
a oskudica
shortchange [~čejndž] v tr prevariti u
kusuru
short circuit kratki spoj **short-circuit** v 1.
tr kratko spojiti; izazvati kratak spoj (u)
2. intr kratko se spojiti
shortcoming [~kəming] n mana
short cut prečica; to take (go by) a ~ ići
prečicom
shorten v tr skratiti; to ~ a dress (a
sentence) skratiti haljinu (rečenicu)
shortening n 1. skraćivanje 2. (cul.)
masnoća (maslac, mast)
shorthand [~haend] n stenografija
shorthanded [~haendid] a bez dovoljno
radnika
shortlived [~livd] a kratkotrajan; ~ hap-
piness kratkotrajna sreća

shortly [~lij] *adv* 1. ukratko 2. sažeto 3. odmah

short order brzo spremljeno jelo; (fig.) *in* ~ odmah

shortrange [~rejndž] *a* 1. kratkog (malog) dometa 2. kratkoročan; *a* ~ *forecast* kratkoročna prognoza

shorts *n pl* sportske gaćice, šorc

short-sighted *a* kratkovid **short-sightedness** *n* kratkovidost

short story pripovetka (pripovijetka)

short-term *a* kratkoročan; ~ *loans* kratkoročni zajmovi

short wave kratki talas (esp. W: val) **short-wave** *a* kratkotalasni; *a* ~ *radio* kratkotalasni radio

shot [šat] *n* 1. pucanj, metak 2. sačma 3. (sports) šut 4. snimak 5. (colloq.) injekcija 6. mala količina viskija 7. let; *a moon* ~ let na Mesec (mjesec) 8. (sports) kugla 9. (sports) golgeter 10. strelac (strijelac)

shotgun [~gən] *n* sačmara; *a* ~ *wedding* prinudna ženidba (zbog trudnoće mlade)

shot-put bacanje kugle **shot-putter** *n* bacač kugle

should [šud] *v* 1. past tense of **shall** (used in formal E., esp. Br.; in Am. E., *would* is used) *I said that I would* (Br.: *should*) *come* rekao sam da ću doći 2. trebati; *they* ~ *arrive at noon* treba da stignu u podne; *we* ~ *ask* treba da pitamo; *one* ~ *have known* trebalo je znati 3. (as an aux. verb in cond. sentences); *if he* ~ *come, we would give him the book* ako bi došao, dali bismo mu knjigu; *I* ~ (Br. and formal Am.; Am. is usu. *would*) *like to read* hteo (htio) bih da čitam

shoulder I ['šouldər] *n* 1. rame, 2. (cul.) vratina 3. (~ *of a road*) bankina, zaustavna traka **shoulder** II *v tr* 1. uprtiti na rame 2. progurati se; *to* ~ *one's way through a crowd* progurati se kroz gomilu 3. (mil.) *right* ~ *arms!* na desno rame! **shoulder blade** plećka, lopatica

shouldn't [šudənt] (colloq.) should not

shout I [šaut] *n* vika, uzvik **shout** II *v* 1. *tr* uzviknuti; *to* ~ *smb. down* nadglasati nekoga 2. *intr* viknuti; *to* ~ *at smb.* viknuti na nekoga

shove I [šəv] *n* guranje **shove** II *v* 1. *tr* gurnuti; podgurnuti; *to* ~ *a suitcase under a bed* podgurnuti kofer pod kre-

vet 2. *intr* gurati (se); *don't* ~! nemoj se gurati!

shovel I *n* lopata **shovel** II *v* 1. *tr* prebacivati, grtati lopatom; lopatati; *to* ~ *snow* čistiti sneg (snijeg) 2. *intr* raditi lopatom

show I [šou] *n* 1. pokazivanje 2. izložba; *a flower* ~ izložba cveća (cvijeća) 3. prazan sjaj; izgled; razmetanje; *a* ~ *of generosity* izgled darežljivosti 4. demonstracija; *a* ~ *of force* demonstracija sile 5. predstava; program; šou; *a television* ~ TV-šou 6. misc.; *to vote by (a)* ~ *of hands* glasati dizanjem ruku; (esp. Br.) *good* ~! odlično! **show** II *v* 1. *tr* pokazati *to* ~ *smb. the door* pokazati nekome vrata; *I* ~*ed him how to do it* pokazao sam mu kako se to radi 2. *tr* prikazati; *to* ~ *a film* prikazati film 3. *intr* pokazivati se; *to* ~ *white* beleti (bijeljeti) se 4. *intr* (horseracing) zauzeti treće mesto (mjesto) 5. *intr* proviriti; *her slip is* ~*ing* proviruje joj kombinezon

showboat [~bout] *n* brod na kojem se priređuju predstave

show business pozorište (W: kazalište), pozorišna umetnost (W: kazališna umjetnost)

showcase [~kejs] *n* vitrina, stakleni ormar

showdown [~daun] *n* odlučan obračun; *to force a* ~ izazvati odlučan obračun

shower I ['šauər] *n* 1. pljusak 2. (fig.) kiša; *a* ~ *of rocks* kiša kamenja 3. tuš; *to take a* ~ tuširati se 4. (in *pl*, sports, colloq.) svlačionica; *the referee sent him to the* ~*s* sudija (sudac) ga je poslao u svlačionicu 5. (usu.: *bridal* ~) proslava na kojoj se daju pokloni nevesti (nevjesti) **shower** II *v tr* obasuti, zasuti; *to* ~ *gifts on smb.* obasuti nekoga poklonima

showman [~mən] (-*men* [min]) *n* 1. (theatre) producent 2. osoba koja ume (umije) da proizvodi efekat 3. zabavljač

show off *v* razmetati se; *to show off with smt.* razmetati se nečim **showoff** [~of] *n* razmetljivač

show room izložbeni prostor, salon; *an automobile* ~ prodajni salon automobila

show up *v* 1. pojaviti se; doći; *he did not show up* on nije došao 2. razotkriti, razobličiti; *he has finally been shown up* najzad je dolijao

shrapnel ['šraepnəl] *n* šrapnel

shred I [šred] *n* parče, komad; trunka **shred** II -ed or *shred; v tr* iseckati (isjeckati)

shrew [šru:] *n* 1. (zool.) rovka 2. goropadnica, goropad

shrewd *a* prepreden, lukav

shriek I [šrijk] *n* vrisak **shriek** II *v* 1. *tr* izraziti vriskom 2. *intr* vrisnuti; *to ~ with pain* vrisnuti od bola

shrill I [šril] *a* piskav, kreštav (kriještav); *a ~ voice* kreštav glas **shrill** II *v tr* and *intr* pisnuti

shrimp [šrimp] I *(pl* has *-s* or zero) *n* račić, kreveta

shrimp II *n* (colloq.) švrća, prcvonjak

shrine [šrajn] *n* svetište, svetilište

shrink [šringk] *shrank* [šraengk]; *shrunk* [šrengk] or *shrunken* ['šrəngkən] *v* 1. *tr* skupiti 2. *intr* skupiti se; *the shirt shrank in the wash* košulja se skupila od pranja 3. *intr* prezati; zazirati; *to ~ from smt.* prezati od nečega **shrinkage** *n* skupljanje

shrivel ['šrivəl] *v* 1. *tr* osušiti; smežurati 2. *intr* (or: *to ~ up)* osušiti se; smežurati se

shroud I [šraud] *n* mrtvački pokrov 2. pokrivač; veo; *a ~ of mystery* veo tajanstvenosti **shroud** II *v tr* 1. zamotati u mrtvački pokrov 2. pokriti

shrub [šrəb] *n* žbun **shrubbery** [~ərij] *n* žbunje

shrug I [šrəg] *n* sleganje (slijeganje) ramenima **shrug** II *v* 1. *tr* sleći; *to ~ one's shoulders* sleći ramenima 2. *intr* sleći ramenima 3. misc.; *to ~ smt. off* otarasiti se nečega

shudder I ['šədər] *n* jeza **shudder** II *v intr* ježiti se

shuffle I ['šəfəl] *n* 1. vučenje nogu 2. mešanje — miješanje karata 3. vrsta plesa **shuffle** II *v* 1. *tr* vući; *to ~ one's feet* vući noge 2. *tr* mešati (miješati); *to ~ cards* mešati karte 3. *intr* vući noge

shun [šən] *v tr* izbegavati (izbjegavati)

shunt I [šənt] *n* 1. skretnica 2. (elec.) šent, sporedni vod **shunt** II *v tr* 1. skrenuti 2. manevrisati; *to ~ locomotives* manevrisati lokomotive 3. (elec.) vezati paralelno

shut [šət] *shut; v* 1. *tr* zatvoriti 2. *intr* zatvoriti se 3. misc.; *to ~ down a plant* zatvoriti fabriku

shut-in *n* invalid, fizički oštećeno lice

shut out *v* (sports) ne primiti ni jedan gol; *we were shut out* nismo postigli ni jedan gol; *we shut them out* nismo im dali da postignu ni jedan gol **shutout** [~aut] *n* utakmica odigrana (jednom ekipom) bez primljenog (postignutog) gola

shutter *n* 1. kapak; *a window ~* prozorski kapak 2. (on a camera) zatvarač

shuttle I ['šətəl] *n* 1. čunak (na razboju, na šivaćoj mašini) 2. saobraćajno sredstvo sa kratkom relacijom 3. kretanje napred (naprijed) i nazad **shuttle** II *v* 1. *tr* prebaciti po delovima (dijelovima) 2. *intr* kretati tamo-amo; ići tamo-amo **shuttle diplomacy** (colloq.) putujuća diplomatija (diplomacija)

shut up *v* (slang) 1. ćutati (W: šutjeti); *shut up!* ćuti! 2. misc.; *to shut smb. up* zatvoriti nekome usta

shy I [šaj] *a* 1. snebivljiv 2. (colloq.) oskudan 3. (colloq.) zadužen **shy** II *v intr* zazreti; *the horse shied* konj je zazreo

shyster [-stər] *n* (colloq.) nadriadvokất (W: nadriodvjetnik)

Siam ['sijaem] *n* Sijam (see also **Thailand)** **Siamese** I [sajə'mijz] *(pl* has zero) *n* Sijamac **Siamese** II *a* sijamski **Siamese cat** sijamska mačka **Siamese twins** *pl* sijamski blizanci

Siberia [saj'bijrijə] *n* Sibir **Siberian** I *n* Sibirac **Siberian** II *a* sibirski

sibling ['sibling] *n* 1. rođeni brat; polubrat 2. rođena sestra; polusestra

sic I [sik] *adv* (Latin) tako

sic II *v tr* (colloq.) napujdati; *to ~ a dog on smb.* napujdati psa na nekoga

Sicilian I [si'siljən] *n* Sicilijanac **Sicilian** II *a* sicilijanski **Sicily** ['sisəlij] *n* Sicilija

sick [sik] *a* 1. bolestan 2. morbidan 3. ispunjen gađenjem; sit; *to be ~ of everything* biti sit svega 4. kome je muka; *he is ~ at (to) his stomach* muka mu je **sickbed** [~bed] *n* bolesnička postelja **sick call** (mil.) javljanje na lekarski — ljekarski (W: liječnički) pregled

sicken *v tr* zgaditi, izazvati gađenje (kod)

sickle *n* srp; *hammer and ~* srp i čekić

sick leave bolovanje; *to be on ~* biti na bolovanju **sickly** *a* bolešljiv **sickness** *n* bolest

side I [sajd] *n* 1. strana; *from all ~s* sa svih strana 2. bok; *~ by ~* bok uz bok 3. misc.; *to take ~s* pristati uz nekoga

side II *a* 1. bočni; *a* ~ *wind* bočni vetar (vjetar) 2. sporedni; *a* ~ *road* sporedan put **side** III *v* 1. *tr* snabdeti (snabdjeti) zidom 2. *intr* pristati; *to* ~ *with smb.* pristati uz nekoga **sideburns** [~bərnz] *n pl* bakenbardi, zalisci **sidecar** [~kar] *n* prikolica (koja se prikači za motocikl) **sideline** I [~lajn] *n* 1. (sports) uzdužna linija 2. sporedno zanimanje **sideline** II *v tr* (sports) udaljiti iz igre **side show** 1. sporedna cirkuska predstava 2. sporedna stvar **side stroke** bočni način plivanja **sideswipe** I [~swajp] *n* bočni sudar; očešavanje **sideswipe** II *v tr* očešati; *the bus was* ~*d* došlo je do bočnog sudara sa autobusom **sidetrack** I [~traek] *n* sporedni (mrtvi) kolosek (kolosijek) **sidetrack** II *v tr* skrenut (staviti) *n* sporedni (mrtvi) kolosek (kolosijek); (fig.) skrenuti s glavnog predmeta

sidewalk [~wok] *n* trotoar

sideways [~wejz] *adv* sa strane, postrance

siding *n* 1. sporedni (mrtvi) kolosek (kolosijek) 2. građa za zidove; pokrivanje zidova

siege [sijdž] *n* opsada; *to lay* ~ *to a fortress* opsesti (opsjesti) tvrđavu

sieve [siv] *n* sito

sift [sift] *v* 1. prosejati (prosijati); prorešetati; *to* ~ *flour* prosejati brašno 2. *tr* proveriti (provjeriti); ispitati; *to* ~ *the evidence* proveriti dokazni materijal 3. *intr* sejati (sijati); *to* ~ *through smt.* prosejati nešto

sigh I [saj] *n* uzdah; *a* ~ *of relief* uzdah olakšanja **sigh** II *v* 1. *tr* izraziti uzdahom 2. *intr* uzdahnuti

sight I [sajt] *n* 1. vid, moć viđenja; *the sense of* ~ čulo (W: ćutilo) vida 2. vid, viđenje; *to lose* ~ *of smt.* izgubiti nešto iz vida 3. vidokrug; *out of* ~ van vidokruga 4. znamenitost; *to see the* ~*s* razgledati znamenitosti (grada) 5. (comm.) viđenje; *payable at* ~ platljiv po viđenju 6. (colloq.) jadan izgled 7. nišan 8. prizor; *a horrible* ~ stravičan prizor 9. misc.; *to sink at* ~ potopiti bez upozorenja; *to kill on* ~ ubiti namah **sight** II *v tr* ugledati, *to* ~ *land* ugledati kopno

sightseeing [~sijing] *n* razgledanje znamenitosti

sign I [sajn] *n* 1. znak; *a danger* ~ znak opasnosti 2. firma, natpis; *a neon* ~ neonska firma 3. lozinka; ~ *and coun-*

tersign lozinka i odziv 4. plakata; *to hold up a* ~ držati u rukama plakatu **sign** II *v* 1. *tr* potpisati; *to* ~ *a check* potpisati ček 2. *tr (to* ~ *away)* odreći se (potpisom) 3. *intr* potpisati se

signal I ['signəl] *n* 1. signal; znak; *a traffic* ~ saobraćajni znak 2. signalni uređaj **signal** II *a* 1. signalni; ~ *lights* svetlosni (svjetlosni) signali 2. (mil.) veze; *a* ~ *center* centar veze **signal** III *v tr* and *intr* signalizovati; *to* ~ *smb.* signalizovati nekome **signal corps** (mil.) služba veze

signatory ['signətorij] *n* potpisnik **signature** ['signəču:r] *n* 1. potpis 2. (printing) tabak

signboard ['sajnbord] *n* plakat

significance [sig'nifikəns] *n* značaj, značenje; *to be of great* ~ biti od velikog značaja **significant** *a* značajan **signify** ['signəfaj] *v tr* značiti, označavati

sign in *v* prijaviti se

sign language govor prstima, govor znakovima

sign on *v* 1. upisati se, zaposliti se 2. zaposliti, vrbovati

sign out *v* odjaviti se

sign painter firmopisac

signpost [~poust] *n* putokaz; signalni stub

sign up *v* upisati se, prijaviti se

silence I ['sajləns] *n* 1. ćutanje (W: šutnja) 2. tišina **silence** II *v tr* ućutkati (W: ušutkati) **silencer** *n* 1. prigušivač 2. Br., see **muffler** 2

silent *a* ćutljiv (W: šutljiv)

silhouette I [silu:'et] *n* silueta **silhouette** II *v tr* ocrtavati; prikazivati u silueti

silk I [silk] *n* svila **silk** II *a* svilen; ~ *stockings* svilene čarape **silken** *a* svilen **silkworm** [~wərm] *n* svilena buba **silky** *a* svilast

sill [sil] *n* (prozorski) prag

silly ['silij] *a* budalast

silo ['sajlou] *(-s) n* silos

silt [silt] *n* mulj, glib

silver I ['silvər] *n* srebro **silver** II *a* srebrn; *a* ~ *wedding anniversary* srebrna svadba **silver fox** srebrna lisica **silversmith** [~smith] *n* kujundžija, srebrni radnik **silverware** [~wejr] *n* srebrn pribor (za jelo), srebrno posuđe

similar ['simələr] *a* sličan; *a* ~ *case* sličan slučaj **similarity** [simə'laerətij] *n* sličnost

simile ['simǝlij] *n* (lit.) poređenje (W: poredba)

simmer I ['simǝr] *n* krčkanje **simmer** II *v* 1. *tr* krčkati 2. *intr* krčkati se 3. *intr* kipeti (kipjeti), vreti 4. *intr (to ~ down)* smiriti se

simper I ['simpǝr] *n* usiljeno smeškanje (smješkanje) **simper** II *v intr* smeškati (smješkati) se usiljeno

simple ['simpǝl] *a* 1. jednostavan, prost; *a ~ majority* prosta većina 2. prost, ograničen; *a ~ peasant* prost seljak 3. običan, prost; *a ~ head cold* obična kijavica 4. (gram.) prost **simple fraction** prost razlomak **simple-minded** *a* 1. prostodušan, bezazlen 2. priglup **simple sentence** prosta rečenica **simpleton** ['simpǝltǝn] *n* glupak, budala **simplicity** [sim'plisǝtij] *n* jednostavnost, prostota, simplicizam **simplify** ['simplǝfaj] *v tr* uprostiti; simplifikovati **simply** *adv* prosto, jednostavno

simulate ['simjǝlejt] *v tr* simulirati; *to ~ insanity* simulirati ludilo **simulation** [simjǝ'lejšǝn] *n* simuliranje

simultaneous [sajmǝl'tejnijǝs] *a* simultan; *~ translation* simultano prevođenje

sin I [sin] *n* greh (grijeh); *to commit (forgive) a ~* učiniti (oprostiti) greh **sin** II *v intr* zgrešiti (zgriješiti)

since [sins] 1. *adv* otada; *he left last year and hasn't been here ~* otišao je prošle godine i otada nije bio ovde (ovdje) 2. *adv* davno; *long ~ forgotten* davno zaboravljen 3. *prep* od; posle (poslije); *~ my arrival* od mog dolaska 4. *conj* otkako; otkada; *~ we arrived* otkada smo stigli 5. *conj* pošto; kako; *~ he came late, he will not get any supper* pošto je došao kasno, neće dobiti večeru

sincere [sin'sijr] *a* iskren; (at the close of a letter) *~ly yours* sa poštovanjem **sincerity** [sin'serǝtij] *n* iskrenost

sinecure ['sinǝkju:r] *n* sinekura

sinew ['sinju:] *n* 1. tetiva, žila 2. jačina, snaga

sing [sing]; *sang* [saeng]; *sung* [sǝng] *v* 1. *tr* otpevati (otpjevati), pevati (pjevati); *to ~ a song* otpevati pesmu (pjesmu) 2. *intr* pevati; *birds ~* ptice pevaju

Singapore ['singgǝpor] *n* Singapur

singe [sindž] *v tr* oprljiti, spržiti

singer ['singǝr] *n* pevač (pjevač); *an opera ~* operski pevač

single I ['singgǝl] *n* 1. pojedini komad; pojedinac 2. jednokrevetna soba 3. (in *pl;* sports, esp. tennis) singl, igra pojedinaca 4. samac, samica **single** II *a* 1. jedini, jedan jedini; *a ~ word* jedna jedina reč (riječ) 2. na jednog, za jednog; *a ~ bed* krevet za jednog 3. samački, neoženjen; neudata; *a ~ man* samac; *a ~ woman* samica 4. po jedan; *a ~ file* kolona po jedan; 5. jedan; *a ~ track* jedan kolosek (kolosijek)

single-breasted *a* jednoredan

single-handed *a* bez pomoći; *to do smt. ~* uraditi nešto bez pomoći

single out *v* izdvojiti

singsong [~song] *a* jednoliko pevanje (pjevanje)

singular I ['singgjǝlǝr] *n* (gram.) jednina, singular **singular** II *a* 1. poseban; jedinstven, jedini 2. (gram.) jedninski

sinister ['sinistǝr] *a* zlokoban, zlosrećan

sink I [singk] *n* 1. sudopera 2. lavabo **sink** II *sank* [saengk]; *sunk* [sǝngk] or *sunken* ['sǝngkǝn] *v* 1. *tr.* potopiti; *to ~ a ship* potopiti brod 2. *tr* iskopati, izdubiti, zabiti; *to ~ a shaft* iskopati okno 3. *tr* uložiti; *to ~ money into smt.* uložiti novac u nešto 4. *tr* (basketball) ubaciti; *to ~ a basket* ubaciti loptu u koš 5. *intr* utonuti, potonuti; *the ship sank* brod je utonuo 6. *intr* pasti; *to ~ into oblivion* pasti u zaborav 7. *intr* opasti; *morale has sunk* opao je moral 8. *intr (to ~ in)* urezati se

sinner *n* grešnik

sinuous ['sinju:ǝs] *a* vijugav, sinuozan

sinus ['sajnǝs] *n* (anat.) sinus

sip I [sip] *n* srkanje, pijuckanje **sip** II *v tr* and *intr* srkati

siphon I ['sajfǝn] *n* sifon

siphon II *v tr* (or: *to ~ off)* izvući sifonom

sir [sǝr] *n* gospodin

sire I [sajr] *n* 1. otac; predak 2. muški roditelj (životinje) **sire** II *v tr* roditi, proizvesti (potomke) (o životinjama)

siren ['sajrǝn] *n* 1. (myth.) sirena; (fig.) zavodnica 2. signalna sprava, sirena; *a police ~* policijska sirena

sirloin ['sǝrlojn] *n* (cul.) ruža **sirloin steak** rozbratna

sissy ['sisij] *n* mekušac, slabić

sister I ['sistǝr] *n* 1. rođena sestra 2. kaluđerica, redovnica (also **nun**) 3. (esp. Br.) glavna medicinska sestra **sister** II *a* sestrin **sisterhood** [~hud] *n* 1. sestrinstvo 2. ženska sekcija (neke organizacije) **sister-in-law** *(sisters-in-law)* n 1. snaja, snaha (bratova žena) 2. šurnjaja 3. zaova 4. jetrva 5. svastika, svast **sisterly** [~lij] a sestrinski **sit** [sit]; *sat* [saet] v intr 1. sedeti (sjedjeti); *to ~ in an armchair* sedeti u fotelji 2. dopadati se, sviđati se; *that does not ~ well with them* to im se ne sviđa 3. (esp. Br.) polagati (ispit); *to ~ for a degree* polagati diplomski ispit 4. pozirati (also **pose**) 5. misc.; *to ~ in on smt.* prisustvovati nečemu; **to ~ on the fence* ostati neutralan

sit down v sesti (sijesti) **sit-down strike** štrajk kod kojeg radnici zauzimaju radno mesto (mjesto)

site [sajt] n 1. položaj 2. gradilište

sit-in n demonstracija pri kojoj demonstranti zauzimaju neko mesto (mjesto)

sitting duck (colloq.) laka žrtva

situate ['siču:ejt] v tr situirati, postaviti **situation** [siču:'ejšən] n situacija položaj

sit up v 1. probdeti (probdjeti); *to sit up all night with a sick person* probdeti noć kraj bolesnika 2. sedeti (sjedjeti) pravo

six [siks] 1. n šestica 2. num and n šest; šestorica; šestoro; šestori **six-pack** n paklo od šest predmeta **six-shooter** n revolver sa šest metaka

sixteen [~tijn] num šesnaest, šesnaestoro **sixteenth** [~th] n and num a šesnaesti

sixth I [siksth] n 1. šestina 2. šesti; *on the ~ of September* šestog septembra (W: rujna) **sixth** II num a šesti **sixth sense** intuicija

sixtieth ['sikstijith] num a šezdeseti **sixty** [~ij] num šezdeset

size I [sajz] n 1. veličina; *the ~ of an apartment* veličina stana 2. broj, veličina; *what ~ do you wear?* koji broj nosite? **size** II v tr 1. srediti po veličini 2. *(to ~ up)* procijeniti (procijeniti)

sizzle I ['sizəl] n cvrčanje **sizzle** II v intr cvrčati, prštati

skate I [skejt] n 1. klizaljka 2. rolšua **skate** II v intr 1. klizati se 2. voziti se na rolšuama **skater** n klizač (W: sklizač) **skateboard** [~bord] n daska-koturaljka (daska sa dva točka) **skating rink** klizalište (W: sklizalište)

skeletal ['skelətəl] a skeletni **skeleton** I [~tən] n skelet, kostur **skeleton** II a 1.

skeletni 2. minimalan; *a ~ crew* posada s ̔minimalnim brojem ljudi **skeleton key** kalauz

skeptic ['skeptik] n skeptik, skeptičar **skeptical** a skeptičan, skeptički **skepticism** ['skeptəsizəm] n skepticizam

sketch I [skeč] n 1. skica 2. skeč (kratko dramsko delo — djelo) **sketch** II v tr and intr skicirati **sketchbook** [~buk] n blok za crtanje skica; crtanka **sketchy** a 1. nedovršen, površinski

ski I [skij] n skija, smučka **ski** II a skijaški, smučarski **ski** III v intr skijati se, smučati se

skid I [skid] n zanošenje **skid** II v intr zaneti (zanijeti) se; okliznuti se, kliznuti se; *the vehicle ~ded* vozilo se zanelo

skier ['skijər] n smučar, skijaš

skiff [skif] n (naut.) skif

aki jump 1. smučarska skakaonica 2. smučarski skok **ski lift** uspinjača (za smučare)

skill [skil] n veština (vještina); vičnost; *~ in smt.* veština u nečemu **skilled** a 1. vešt (vješt), vičan; *~ in smt.* vešt u nečemu 2. kvalifikovan; *a ~ worker* kvalifikovani radnik

skillet ['skilit] n 1. tiganj 2. (Br.) lonac za kuvanje (kuhanje) s nožicama i dugačkom drškom

skillful a vešt (vješt), vičan

skim [skim] v 1. tr obrati; *to ~ milk* obrati mleko (mlijeko) 2. tr (or: *to ~ off*) skinuti; (fig) *to ~ off the cream* skinuti kajmak 3. tr baciti (da odskakuje od površine vode), praviti žabice 4. tr *(to ~ over, through)* brzo pregledati 5. intr kliziti **skim milk** obrano mleko (mlijeko)

skimp [skimp] v intr cicijašiti, biti škrt; *to ~ on smt.* cicijašiti s nečim **skimpy** a 1. oskudan 2. škrt

skin I [skin] n koža 2. košuljica; *a snake sheds its ~* zmija menja (mijenja) košuljicu 3. misc.; (fig.) *he has a thin ~* on je veoma osetljiv (osjetljiv) **skin** II v tr oderati, odrati; *to ~ an animal* odrati životinju; (fig.) *to ~ smb. (alive)* odrati (opljačkati) nekoga **skin-deep** a površan **skin graft** presad kože **skinny** a mršav

skip I [skip] n 1. skakutanje 2. propust **skip** II v 1. tr preskočiti 2. tr propustiti 3. intr skakutati 4. intr skakati, preskakati; *to ~ from one subject to another* skakati s predmeta na predmet 5. intr

(colloq.) odmagliti 6. *intr* kliznuti; *to ~ over smt.* preskočiti preko nečega
skirmish I ['skərmiš] *n* čarka **skirmish** II *v intr* čarkati se
skirt I [skərt] *n* 1. suknja 2. (fig., slang) žena **skirt** II *v tr* ići duž, graničiti se (s)
ski slope pista za skijanje
skit [skit] *n* 1. skeč (kratko dramsko delo — djelo) 2. parodija
Skoplje ['skoplje] *n* Skoplje
skull [skəl] *n* lobanja, lubanja **skull and crossbones** mrtvačka glava (simbol smrti) **skullcap** [~kaep] *n* kapica
skullduggery [skəl'dəgərij] *n* prevara, varka
skunk [skənk] *n* (zool. and fig.) smrdljivac
sky [skaj] *n* nebo; *in the ~* na nebu
skylight [~lajt] *n* svetlarnik (svjetlarnik)
skyline [~lajn] *n* 1. linija horizonta 2. silueta zgrada (planina) na horizontu
skyrocket [~rakit] *v intr* poleteti (poletjeti) uvis; *to ~ to fame* see **rocket** III
skyscraper [~skrejpər] *n* oblakoder, neboder
slab [slaeb] *n* ploča; *a stone ~* kamena ploča
slack I [slaek] *n* 1. labavi deo (dio) konopa; labavost 2. zatišje, zastoj **slack** II *a* 1. labav; nezategnut; *the rope is ~ uže* je labavo 2. labav, mrtav, trom; *the ~ season* mrtva sezona **slacken** *v* 1. *tr* popustiti, olabaviti, oslabiti 2. *tr* usporiti; *to ~ the pace* usporiti hod 3. *intr* popustiti, jenjati **slacker** *n* (colloq.) zabušant
slacks *n pl* pantalone (W: hlače)
slag [slaeg] *n* troska, šljaka, zgura **slaggy** [~ij] *a* troskav
slake [slejk] *v tr* 1. ugasiti, utoliti (W: also: utažiti); *to ~ one's thirst* ugasiti žeđ 2. ugasiti; *to ~ lime* ugasiti kreč (vapno)
slalom ['slaləm] *n* slalom
slam I [slaem] *n* zalupljivanje; tresak (trijesak) **slam** II *v* 1. *tr* zalupiti; *to ~ a door* zalupiti vrata (vratima) 2. *intr* zalupiti se: *the door ~med* vrata su se zalupila
slam III *n* (cards) pobeda (pobjeda)
slander I ['slaendər] *n* kleveta; (legal) usmena kleveta **slander** II *v tr* (usmeno) oklevetati **slanderer** *n* klevetnik **slanderous** *a* klevetnički
slang I [slaeng] *n* slang; nestandardni jezik **slang** II *a* slangovski; nestandardni
slant I [slaent] *n* 1. kosina; nagib 2. gledište **slant** II *v* 1. *tr* nagnuti; nakriviti

2. *tr* izvrtati; *to ~ the facts* izvrtati činjenice 3. *intr* nagibati se, naginjati se
slap I [slaep] *n* 1. šamar, pljuska, ćuska 2. pljesak **slap** II *v* 1. *tr* ošamariti; pljesnuti; šljepnuti; *to ~ smb.* ošamarati nekoga 2. *tr* baciti; tresnuti; *he ~ped his wallet down on the table* bacio je svoj novčanik na sto (stol) 3. *tr (to ~ together)* sklepati, slupati, zbrljati; *to ~ a meal together (from leftovers)* zbrljati obrok (od ostataka jela) 4. *intr* zapljuskivati; *the waves ~ against the shore* talasi zapljuskuju obalu
slapstick [~stik] *n* (or: ~ *comedy)* urnebesna komedija
slash I [slaeš] *n* 1. udarac sečimice (sječimice) 2. kosa crta (kao znak interpunkcije) **slash** II *v* 1. *tr* and *intr* udariti sečimice (sječimice) 2. *tr* (drastično) smanjiti, umanjiti; *to ~ a budget* smanjiti budžet 3. *tr* prorezati
slat [slaet] *n* tanka daščica; letvica
slate I [slejt] *n* 1. škriljac 2. škriljčana ploča 3. prošlost; *a clean ~* čista prošlost 4. (Am., pol.) predizborna kandidatska lista **slate** II *a* škriljčan; *a ~ roof* škriljčani krov **slate** III *v tr* 1. pokriti škriljcem 2. (Am., pol.) staviti na kandidatsku listu 3. naznačiti
slaughter I ['slotər] *n* 1. klanje 2. pokolj, klanica **slaughter** II *v tr* poklati, zaklati; *to ~ a calf* zaklati tele **slaughterhouse** [~haus] *n* klanica
Slav I [slav] *n* Sloven (W: Slaven) **Slav** II see **Slavic**
slave I [slejv] *n* rob **slave** II *v intr* raditi kao rob, robovati **slave dealer** trgovac robljem **slave owner** vlasnik robova
slaver I ['slaevər] *n* bale; pljuvačka **slaver** II *v intr* balaviti
slaver III ['slejvər] *n* 1. brod sa robljem 2. trgovac robljem **slavery** ['slejvərij] *n* ropstvo **slave trade** trgovina robljem
Slavic I ['slavik] *n* slovenski (W: slavenski) jezici **Slavic** II *a* 1. slovenski (W: slavenski); *the ~ languages* slovenski jezici 2. slavistički; *a ~ department* slavistički seminar, odsek (odsjek) za slavistiku (Br. is **Slavonic)**
slavish ['slejviš] *a* ropski; *(a) ~ imitation* ropsko podražavanje
Slavist ['slavist] *n* slavista
Slavonic [slə'vanik] *a* (esp. Br., Canadian) see **Slavic** I, II

Slavophile ['slavəfajl] n slavenofil
slay [slej]; slew [slu:]; slain [slejn] v tr
ubiti
sled I [sled] n sanke sled II v intr sankati
se sledding n sankanje
sledge [sledž] n sanke
sledgehammer [~haemər] n težak kovački
čekić
sleek [slijk] a 1. sladak; uglađen; 2. dote-
ran (dotjeran)
sleep I [slijp] n spavanje, san sleep II slept
[slept] v 1. intr spavati; to ~ soundly
spavati tvrdim snom; *to ~ like a log
spavati kao top (kao zaklan) 2. misc.; to
~ through a film prespavati (prospava-
ti) film; (colloq.) to ~ around biti
bludnica (bludnik); to ~ with smb.
imati snošaj s nekim; to ~ on smt.
ostaviti nešto za sutra; (of a servant) to
~ in (out) stanovati u kući (van kuće)
sleeper n 1. spavač 2. spavaća kola 3.
(sports, colloq.) autsajder sleeping bag
vreća za spavanje sleeping car spavaća
kola sleeping pill tableta za spavanje
sleeping sickness spavaća bolest sleep-
less a besan, bez sna sleep off v
(colloq.) odspavati; he went home to
sleep it off otišao je kući da se otrezni
(otrijezni) sleepwalker [~wokər] n som-
nambul, mesečar (mjesečar) sleepy a
sanjiv; I am ~ spava mi se sleepyhead
[~hed] n (colloq.) dremalo (drijemalo)
sleet I [slijt] n susnežica (susnježica) sleet
II v intr padati (o susnežici — susnje-
žici)
sleeve [slijv] n rukav
sleigh [slej] n sanke
slender ['slendər] a vitak, tanak
sleuth [slu:th] n (colloq.) detektiv
slew [slu:] n (colloq.) mnoštvo
slice I [slajs] n 1. kriška 2. porcija 3.
(sports) sečena (sječena) lopta; rotacija
lopte slice II v tr 1. seći (sjeći) na kriške
2. (sports) seći (loptu)
slick [slik] a 1. gladak; uglađen 2. prepre-
den; vešt (vješt) 3. klizav
slicker n kišni mantil
slide I [slajd] n 1. klizanje 2. klizaljka 3.
(tech.) klizač, vođica 4. slajd, dijapozitiv
slide II slid [slid] v 1. tr gurati da klizi 2.
intr kliznuti slide projector dijaskop,
dijaprojektor slide rule logaritmar slid-
ing board tobogan (za decu — djecu)
slight I [slajt] n omalovaženje, nipodašta-
vanje; korpa slight II a 1. tanak, vitak

malen 2. lak; a ~ cold lak nazeb slight
III v tr omalovažiti; nipodaštavati; dati
(nekome) korpu slightly adv neznatno,
malo
slim [slim] a vitak
slim down v (colloq.) izgubiti u težini
slime [slajm] n mulj, glib slimy a muljav,
glibav
sling I [sling] n 1. praćka 2. (med.) zavoj,
povez 3. kaiš, remenik sling II slung
[sləng] v tr 1. baciti; hitnuti (praćkom)
2. obesiti (objesiti); (mil.) ~ arms! o
desno rame! slingshot [~šat] n mala
praćka
slink [slingk]; slunk [sləngk] v intr šunjati
se slinky a 1. šunjav 2. graciozan; vitak
slip I [slip] n 1. klizanje 2. omaška, greška;
a ~ of the tongue omaška u govoru 3.
pristanište 4. kombinezon 5. parče, ko-
mad; a ~ of paper parče papira 6.
misc.; to give smb the ~ umaći nekome
slip II v 1. tr pustiti da klizi 2. tr
tutnuti; to ~ smt. into smb.'s hand
tutnuti nekome nešto u ruku 3. tr navu-
ći; to ~ smt. over one's head navući
nešto preko glave 4. intr okliznuti se,
kliznuti se; spotaći se; the child ~ped
and fell dete (dijete) se okliznulo i palo
5. intr uvući se; ušunjati se; he ~ped
into the house ušunjao se u kuću 6. intr
(to ~ by) promaći (se); some errors
~ped by him promakle su mu (se) neke
greške 7. intr kliziti, klizati 8. misc.; to
let smt. ~ izbrbljati nešto; to ~ into
smt. else presvući se
slipcover [~kəvər] n presvlaka (pokrivač)
za nameštaj (namještaj)
slip on v obući; obuti; navući; to slip on
one's shoes obuti (navući) cipele
slipover [~ouvər] n pulover
slipper n patika, papuča
slippery a klizav
slipshod [~šad] a nemaran, aljkav
slip up v (colloq.) pogrešiti (pogriješiti)
slip-up n (colloq.) greška
slit I [slit] n 1. prorez, izrez, razrez 2. uzan
otvor slit II slit [slit] v tr prorezati,
proseći (prosjeći)
slither ['slith:ər] v intr 1. kliziti 2. gmizati
slit open v rasporiti
sliver ['slivər] n cepka (cjepka)
slob [slab] n aljkava osoba
slobber I n bale slobber II v intr balaviti
slog [slag] v intr gaziti, šljapati; to ~
through mud gaziti po blatu

slogan ['slougən] n geslo, parola, deviza, lozinka

slop I [slap] n 1. prosuta tečnost 2. bućkuriš 3. (in pl) pomije, napoj slop II v 1. tr prosuti (tečnost) na 2. intr prosuti se

slope I [sloup] n 1. nagib, kosina 2. ugao (W: kut) nagiba slope II v intr biti kos (nagnut); padati koso

sloppy ['slapij] a nehatan, aljkav

slosh [slaš] intr šljapati, gaziti; to ~ through mud šljapati po blatu

slot [slat] n 1. (uzan) otvor (na automatu, poštanskom sandučetu) 2. (colloq.) mesto (mjesto), položaj

sloth [sloth] n 1. lenjivost (lijenost) 2. (zool.) lenjivac (ljenivac) slothful a lenj (lijen)

slot machine automat za kockanje

slouch I [slauč] n 1. nemarno, pognuto držanje tela (tijela) 2. nevešta (nevješta) osoba; he's no ~ on je sposoban slouch II v intr nemarno se držati

slough [sləf] v tr (to ~ off) skinuti

Slovak I ['slouvak] n 1. Slovak 2. slovački jezik Slovak II a slovački Slovakia [slou'vakijə] n Slovačka

Slovene ['slouvijn] n Slovenac Slovenia [slou'vijnijə] n Slovenija Slovenian I n 1. Slovenac 2. slovenački (W: slovenski) jezik Slovenian II a slovenački (W: slovenski)

slovenly ['sləvənlij] a 1. aljkav, nehatan 2. neuredan

slow I [slou] a 1. spor, lagan; a ~ pace spor korak 2. koji zaostaje; the watch is ten minutes ~ sat zaostaje deset minuta 3. trom; labav; business is ~ poslovi idu labavo slow II adv 1. (more formal is slowly) sporo; polako; to drive ~ voziti polako 2. dockan; the trains are running ~ vozovi (vlakovi) zakašnjavaju slow III v 1. tr (also: to ~ down, up) usporiti; to ~ a car down usporiti auto 2. intr (or: to ~ down, up) smanjiti brzinu slowdown [~daun] n 1. usporavanje 2. zastoj slow motion usporeni film; in ~ uspore-no, na usporenom filmu slowness n sporost

sludge [slədž] n mulj, kal, blato

slug I [sləg] n 1. žeton koji se ubacuje umesto (umjesto) novca u automat, telefonsku kasetu 2. (printing) metalna šipka; redak linotipa

slug II n puž golać

slug III v tr (colloq.) jako udariti slugfest [~fest] n tuča

sluggard n lenjivac (ljenivac)

slugger n onaj koji udara

sluggish a trom, inertan

sluice [slu:s] n 1. ustava 2. ustavljena voda

slum I [sləm] n sirotinjski kvart (nekog velegrada), slam, straćare slum II v intr posetiti (posjetiti) sirotinjski kvart

slumber I ['sləmbər] n dremež, san, spavanje slumber II v intr dremati, spavati

slump I [sləmp] n (usu. econ.) recesija slump II v intr srozati se; opasti; morale has ~ed moral se srozao

slur I [slər] n 1. kleveta, nipodaštavanje 2. nerazgovetno (nerazgovijetno) izgovaranje, gutanje slur II v tr 1. nipodaštavati 2. (or: to ~ over) olako preći (preko) 3. nerazgovetno (nerazgovijetno) izgovoriti

slurp [slərp] v tr and intr srkati; mljackati (ustima)

slush [sləš] n bljuzgavica, lapavica slushy a bljuzgav, lapav

slut [slət] n kurva

sly [slaj] a lukav

smack I [smaek] n 1. cmok 2. udar; šumar, ćuška smack II adv (colloq.) direktno; he fell ~ on his head pao je glavačke smack III v tr 1. cmoknuti; to ~ one's lips cmoknuti usnicama 2. udariti; ošamariti

smack IV v intr 1. osećati (osjećati) se; to ~ of garlic osećati se na beli (bijeli) luk 2. podsećati (podsjećati), mirisati

smack V n ribarski brod

small I [smol] n tanki deo (dio); the ~ of the back krsta small II a 1. mali, malen 2. sitan; mali; ~ eyes sitne oči small arms pl ručno oružje small change sitan novac small fry sitna boranija

smallpox [~paks] n velike boginje, variole

small talk ćaskanje

smart I [smart] a 1. pametan 2. elegantan; a ~ restaurant elegantan restoran 3. pomodan; the ~ set pomodno društvo smart II v intr peći, peckati, boleti (boljeti); my eyes ~ from the smoke oči me peku od dima

smash I [smaeš] n 1. razbijanje, slupanje 2. sudar 3. (sports) smeč smash II v 1. tr (also: to ~ up) razbiti; slupati; to ~ (up) a car slupati kola 2. intr (sports) smečovati smashup [~əp] n sudar

smattering ['smaetəring] n površno znanje

smear I [smijr] *n* 1. mrlja 2. (med.) bris 3. kleveta smear II *v* 1. *tr* zamazati: zamastiti 2. *tr* oklevetati 3. *tr* (sports, slang) potući do nogu 4. *intr* mazati se

smell I [smel] *n* 1. miris; čulo (W: ćutilo) 2. miris, vonj; *the ~ of smoke* miris dima 3. aromat smell II *~ed* or *smelt* [smelt] *v* 1. *tr* pomirisati; osetiti (osjetiti); *he ~ed smt. burning* osetio je da nešto gori 2. *intr* mirisati; osećati (osjećati) se; *the house ~s of smoke* kuća miriše na dim smelling salts *pl* mirisne soli smelly *a* smradan

smelt [smelt] *v tr* istopiti; *to ~ ore* istopiti rudu

smidgen ['smidžən] *n* (colloq.) mala količina

smile I [smajl] *n* osmeh (osmjeh) smile II *v intr* osmehnuti (osmjehnuti) se; *to ~ at smb.* osmehnuti se na nekoga

smirk I [smərk] *n* zlobno smeškanje (smješkanje) smirk II *v intr* zlobno se smeškati (smješkati)

smith [smith] *n* see blacksmith

smithereens [smith:ə'rijnz] *n pl* paramparčad; *to smash smt. to ~* razbiti nešto u paramparčad

smithy ['smith:ij] *n* kovačnica, potkivačnica

smock [smak] *n* radnička bluza

smog [smag] *n* smog

smoke I [smouk] *n* 1. dim; **where there's ~, there's fire* nema dima bez vatre 2. (colloq.) cigareta smoke II *a* dimni; *~ signals* dimni signali smoke III *v* 1. *tr* nadimiti; *to ~ meat* nadimiti meso 2. *tr (to ~ out)* ısterati (istjerati) puštanjem dima 3. *tr* pušiti; *to ~ cigarettes* pušiti cigarete 4. *intr* pušiti se, dimiti se; *the chimney is ~ing* dimnjak se puši (dimi) 5. *intr* pušiti; *he ~s a lot* on mnogo puši smoker *n* 1. pušač 2. kola (kupe) za pušače 3. zabava za muškarce smoke screen dimna zavesa (zavjesa) smokestack [~staek] *n* dimničar smoking *n* pušenje; *no ~!* pušenje zabranjeno! smoky *a* dimljiv, pušljiv

smolder ['smouldər] *v intr* tinjati; *the fire is ~ing* vatra tinja

smooth I [smu:th:] *a* 1. gladak; *~ skin* glatka koža 2. milozvučan; *a ~ voıcc* milozvučan glas 3. uglađen; *a ~ style* uglađen stil smooth II *v tr* (also: *to ~ out, over*) ugladiti, uglačati; *to ~ out*

one's *style* uglačati stil smoothen *v tr* ugladiti

smother ['sməth:ər] *v* 1. *tr* ugušiti 2. *intr* ugušiti se

smudge I [smədž] *n* mrlja smudge II *v* 1. *tr* zamazati, zaprljati 2. *intr* mazati se

smug [sməg] *a* samozadovoljan

smuggle ['sməgəl] *v* 1. *tr* prokrijumčariti, prošvercovati; *to ~ goods across a border* švercovati robu preko granice 2. *intr* biti krijumčar smuggler ['sməglər] *n* krijumčar

smugness *n* samozadovoljstvo

smut [smət] *n* skarednost, pornografija smutty *a* skaredan

snack I [snaek] *n* zakuska, užina snack II *v intr* užinati snack bar snek-bar, snek-bife

snag I [snaeg] *n* 1. kvrga, čvoruga 2. (iznenada) prepreka; *to hit a ~* naići na prepreku snag II *v* 1. *tr* zakačiti 2. *tr* (colloq.) uloviti 3. *intr* zaplesti se, zakačiti se

snail [snejl] *n* puž; **at a ~'s pace* brzinom puža

snake I [snejk] 1. zmija; guja; *a poisonous ~* otrovna zmija 2. *(plumber's ~)* spiralna žica za čišćenje (otpušivanje) vodovodne cevi (cijevi) snake II *v tr (to ~ one's way)* kretati se kao zmija, vijugati (se) snakebite [~bajt] *n* zmijin ujed snake charmer ukrotilac zmija otrovnica

snap I [snaep] *n* 1. puckanje, pucanje; škljocanje 2. kopča, spona; driker 3. vrsta keksa 4. talas; *a cold ~* hladan talas 5. (colloq.) lak zadatak, posao snap II *a* prenagljen; *a ~ judgment* sud donet (donijet) na brzinu snap III *v* 1. *tr* pući; *to ~ one's finger* pući prstom 2. *tr* fotografisati 3. *tr* naglo pomeriti (pomjeriti); trgnuti; baciti; *the impact ~ped his head back* u sudaru trgla mu se glava unazad 4. *intr* pući; prsnuti; *the wire ~ped* žica je pukla (prsla) 5. *intr* škljocnuti; *the lock ~ped* brava je škljocnula 6. *intr* obrecnuti se, oseći (osjeći) se; *to ~ at smb.* obrecnuti se na nekoga 7. hteti (htjeti) šćapiti; pokušati ugristi; *the dog ~ped at the child* pas umalo da nije ugrizao dete (dijete) 8. *intr* pomeriti (pomjeriti) se; *his heaa ~ped back* glava mu se pomerila unazad 9. misc.; (mil.) *he ~ped to attentiou.* zauzeo je stav »mirno«

snappy *a* 1. žustar 2. pomodan, elegantan
snapshot *n* [~šat] *n* snimak
snap up ščepati; otimati se (o nešto); *to snap up merchandise* ščepati robu
snare I [snejr] *n* zamka **snare** II *v* 1. *tr* uhvatiti zamkom
snarl I [snarl] *n* režanje **snarl** II *v* 1. *tr* kazati režećim glasom 2. *intr* režati; vrčati; *to ~at smb.* vrčati na nekoga
snarl III *n* zaplet **snarl** IV *v* 1. *tr* uvrnuti, zaplesti, zamrsiti 2. *intr* uvrnuti se, zaplesti se, zamrsiti se; *the cord got ~ed* šnur se uvrnuo
snatch I [snaeč] *n* 1. zgrabljenje, ščepaj 2. mah; *in ~es* na mahove 3. (weightlifting) trzaj 4. (slang) kidnapovanje **snatch** II *v tr* and *intr* zgrabiti; ugrabiti; ščepati
sneak I [snijk] *n* šunjalo **sneak** II *v* 1. *tr* krišom pomeriti (pomjeriti) 2. *intr* šunjati se; *to ~ into a house* ušunjati se u kuću
sneaker *n* (usu. in *pl*) (sportska) patika
sneak thief lopov ušunjač
sneer I [snijr] *n* podrugljiv osmeh (osmjeh) **sneer** II *v* 1. *tr* izraziti na podrugljiv način 2. *intr* osmehnuti (osmjehnuti) se podrugljivo
sneeze I [snijz] *n* kijanje **sneeze** II *v intr* 1. kinuti, kihati 2. (colloq.) *(to ~ at)* potceniti (potcijeniti)
snicker I ['snikər] *n* hihot **snicker** II *v intr* hihotati
snide [snajd] *a* podrugljiv; sarkastičan
sniff I [snif] *n* šmrkanje **sniff** II *v* 1. *tr* pronjušiti, onjušiti; *to ~ the air* pronjušiti vazduh (W: zrak) 2. *tr* uvlačiti kroz nos, šmrkati 3. *intr* njušiti; *to ~ at smt.* njušiti nešto 4. frkati
sniffle I ['snifəl] *n* 1. šmrkanje 2. (in *pl*; colloq.) kijavica **sniffle** II *v intr* šmrkati
snip [snip] *v tr* ostrići, odrezati
snipe I [snajp] *n* (*pl* has -*s* or zero) šljuka, bekasina
snipe II *v intr* gađati, pucati (iz zaklona); (fig.) *to ~ at a politician* kritikovati političara **sniper** *n* snajper
snitch [snič] *v* (colloq.) 1. *tr* ukrasti 2. *intr* prijaviti, potkazati; *to ~ on smb.* prijaviti nekoga
snivel I ['snivəl] *n* bale **snivel** II *v intr* balaviti
snob [snab] *n* snob **snobbery** [~ərij] *n* snobizam **snobbish** *a* snobovski **snobbishness** *n* snobizam

snoop I [snu:p] *n* njuškalo **snoop** II *v intr* njuškati **snooper** *n* njuškalo **snoopy** *a* koji njuška
snooty ['snu:tij] *a* (colloq.) ohol, naduven
snooze I [snu:z] *n* dremež **snooze** II *v intr* dremati
snore I [snor] *n* hrkanje **snore** II *v intr* hrkati **snorer** *n* hrkač, hrkalo
snort I [snort] *n* 1. frkanje 2. (slang) mala količina viskija **snort** II *v intr* frkati
snout [snaut] *n* njuška
snow I [snou] *n* sneg (snijeg); *covered with ~* pokriven snegom **snow** II *a* snežni (snježni) **snow** III *v intr* padati (o snegu); *it's ~ing* pada sneg **snowball** I [~bol] *n* grudva snega **snowball** II *v intr* povećati se kao grudva snega **snowball fight** grudvanje; *to have a ~* grudvati se
snowbound [~baund] *a* zatrpan snegom
snowcapped [~kaept] *a* pokriven snežnom kapom **snowdrift** [~drift] *n* namet, nanos, snežan smet **snowflake** [~flejk] *n* snežna pahuljica **snow in** *v* 1. zatrpati, zavejati (zavijati) snegom 2. prodirati (o snegu); *it's snowing in* prodire sneg **snowman** [~maen] (-*men* [men]) *n* sneško belić (snješko bjelić) **snowmobile** [~moubijl] *n* vozilo za brzo kretanje po snegu **snowplow** [~plau] *n* snežni plug **snowshoe** [~šu:] *n* krplja **snowslide** [~slajd] *n* lavina **snowstorm** [~storm] *n* mećava, vejavica (vijavica) **snow tire** zimska guma **Snow White** Snežana (W: Snjegulica)
snub I [snab] *n* korpa, odbijanje **snub** II *v tr* dati korpu (nekome); *to be ~bed* dobiti korpu
snuff I [snəf] *n* 1. burmut; *to take ~* šmrkati burmut 2. misc.; **up to ~* dobrog kvaliteta
snuff II *v tr* (*to ~ out*) useknuti; *to ~ out a candle* useknuti sveću (svijeću)
snug [snəg] *a* 1. topao i udoban (ugodan) 2. tesan (tijesan); *to fit ~ly against smt.* biti potpuno priljubljen uz nešto
snuggle *v intr* (usu.; *to ~ up*) priljubiti se; *to ~ up to each other* priljubiti se jedno uz drugo
so [sou] 1. *a* tako; *is that ~?* je li tako? 2. *adv* tako; *if you think ~* ako tako misliš; *and ~ on* i tako dalje 3. conj (*and ~*) pa; *we ran out of money, and ~ we had to return home* nestalo nam je novaca, pa smo morali da se vratimo kući 4. *conj (~ that)* da; *he came here ~*

that he could learn the language došao
je ovamo da bi mogao da nauči jezik 5.
misc.; ~ *much the better* utoliko bolje;
the book is mine and ~ *is the pencil*
knjiga je moja, a i olovka; ~ *far* ~ *good*
dosada je sve dobro
soak I [souk] *n* potapanje **soak** II *v* 1. *tr*
potopiti; namočiti; *to* ~ *laundry* poto-
piti rublje 2. *tr (to* ~ *up)* upiti, apsorbo-
vati, usisati 3. *tr* (slang) zaceniti (zacije-
niti), naplatiti previše 4. *intr* potapati se
so-and-so (*-os*) *n* (colloq.) 1. taj i taj 2.
(euphemism) bitanga, nitkov
soap I [soup] *n* sapun; *laundry (toilet)* ~
sapun za veš (lice) **soap** II *a* sapunski
soap II *v* *tr* nasapuniti, nasapunati; *to*
~ *oneself (up)* nasapuniti se **soap bub-
ble** sapunski mehur (mjehur) (also fig.)
soap opera sentimentalna radio-emisija
(TV-emisija) **soapsuds** [~sədz] *n pl*
sapunica
soar [sor] *v* *intr* vinuti se
sob I [sab] *n* jecaj **sob** II *v* *tr* and *intr* jecati
sober ['soubər] *a* 1. trezan (trijezan), koji
nije pijan 2. trezven, uzdržljiv 3. racio-
nalan, uzdržan **sober up** *v* 1. otrezniti
(otrijezniti); *to* ~ *smb. up* otrezniti
nekoga 2. otrezniti se **sobriety** [sou'bra-
jətij] 1. treznost (trijeznost) 2. trezve-
nost
so-called *a* takozvani, nazovi-; *a* ~ *friend*
nazoviprijatelj
soccer ['sakər] *n* fudbal, nogomet **soccer
player** fudbaler, nogometaš
sociable ['soušəbəl] *a* druželjubiv, druže-
van, društven
social II ['soušəl] *n* drugarsko veče **social**
II *a* društveni, socijalni; ~ *problems*
društveni problemi
socialism *n* socijalizam **socialist** I *n* socija-
lista **socialist** II *a* socijalistički **social-
istic** [sousə'listik] *a* socijalistički **Social-
ist Party** Socijalistička partija
socialite ['soušelajt] *n* (colloq., Am.) član
višeg društva
socialize *v* 1. *tr* socijalizovati 2. *intr* (col-
loq.) kretati se u društvu; *he likes to* ~
on voli društvo (zajedničku zabavu) **so-
cialized medicine** (Am.) opšta (opća)
zdravstvena zaštita svih građana
social register Imenik pripadnika višeg
društva (nekog grada)
social sciences *pl* društvene (socijalne)
nauke
social security socijalno osiguranje

social studies *pl* poznavanje društva
social work socijalni rad **social worker**
socijalni radnik
society [sə'sajətij] *n* 1. društvo; javni život,
svet (svijet) 2. udruženje, društvo 3.
društvo, socijalna sredina; *high* ~ viso-
ko društvo
sociologic [sousijə'ladžik], **sociological** *a*
sociološki **sociologist** [sousij'alədžist] *n*
sociolog **sociology** [~džij] *n* sociologija
sock I [sak] *n* (*-s* or *sox* [saks]) čarapa;
men's ~*s* (*sox*) muške čarape **sock** II *v*
tr (colloq.) *(to* ~ *away)* uštedeti (uštjede-
ti); *to* ~ *money away* uštedeti novac
sock III *n* (slang) udarac **sock** IV *v* *tr*
(slang) udariti
socket ['sakit] *n* 1. štekontakt, fasung 2.
(anat.) duplja, čašica
sod [sad] *n* busen
soda ['soudə] *n* 1. soda; natrijum karbonat
2. bezalkoholno slatko piće; mlečni
(mliječni) napitak **soda fountain** pult za
kojim se spravljaju mlečni (mliječni)
napici **soda pop** bezalkoholno slatko
piće **soda water** soda, soda-voda
sodium ['soudijəm] *n* (chem.) natrijum
sodomy ['sadəmij] *n* sodomija
soever [sou'evər] *adv* ma (see **whosoever,
whatsoever)**
sofa ['soufə] *n* sofa, divan **sofa bed** sofa za
spavanje
Sofia ['sou'fijə] *n* Sofija
soft [soft] *a* mek; *a* ~ *heart* meko srce
softball [~bol] *n* 1. vrsta bezbola (koja se
igra sa mekom loptom) 2. meka lopta
(za bezbol)
soft-boiled *a* rovit, meko skuvan (skuhan);
a ~ *egg* rovito jaje
soft drink bezalkoholno piće
soften ['sofən] *v* *tr* 1. razmekšati 2.
ublažiti
soft-pedal *v* *tr* ublažiti
soft-spoken *a* koji mirno govori
soft spot nežan osećaj (nježan osjećaj)
soggy ['sagij] *a* raskvašen, vlažan
soil I [sojl] *n* 1. tle, tlo; zemlja 2. gruda,
zemlja; *native* ~ rodna gruda
soil II *n* 1. kaljuga 2. đubre **soil** III *v* *tr*
ukaljati
sojourn ['sou'džərn] *n* boravak
solace ['salis] *n* uteha (utjeha)
solar ['soulər] *a* sunčani; Sunčev, solarni
solar eclipse Sunčevo pomračenje **solar
energy** Sunčeva energija
solar plexus trbuh

solder I ['sadər] *n* lem **solder** II *v tr* zalemiti

soldier I ['souldžər] *n* vojnik; *a common* ~ prost vojnik **soldier** II *v intr* služiti kao vojnik, obavljati vojnički poziv **soldierly** *a* vojnički **soldier of fortune** najamnik

sole I [soul] *n* 1. taban 2. đon **sole** II *v tr* pođoniti

sole III (*pl* has *-s* or zero) *n* (fish) list, svoja

sole IV *a* jedini, jedinstven **solely** ['soulij] *adv* 1. jedino, jedinstveno 2. potpuno

solemn ['saləm] *a* svečan; *a* ~ *promise* svečeno obećanje **solemnity** [sə'lemnətij] *n* svečanost

solicit [sə'lisit] *v* 1. *tr* tražiti; *to* ~ *votes* tražiti glasove 2. *intr* tražiti; tražiti mušterije (o prostitutki) **solicitation** [sə-lisə'tejšən] *n* traženje **solicitor** [sə'lisə-tər] *n* 1. prodavac 2. javni tužilac 3. (Br.) advokat (W also: odvjetnik) pri nižim sudovima

solicitous [sə'lisətəs] *a* 1. zabrinut 2. željan **solicitude** [sə'lisətu:d] *n* zabrinutost

solid I ['salid] *n* čvrsto telo (tijelo) **solid** II *a* solidan, čvrst; ~ *food* čvrsta hrana 2. pun, neprekinut; *a* ~ *line* puna (neprekinuta) linija 3. (math.) telesni (tjelesni); kubni 4. pouzdan; uverljiv (uvjerljiv); ~ *proof* pouzdan dokaz 5. obilat, obilan; *a* ~ *meal* obilat obed (objed)

solidarity [salə'daerətij] *n* solidarnost

solidify [sə'lidəfaj] *v* 1. *tr* napraviti čvrstim 2. *intr* očvrsnuti

soliloquy [sə'liləkwij] *n* monolog

solitaire ['salətejr] *n* (card game) pasijans

solitary ['salətərij] *a* osamljen, usamljen **solitary confinement** samica, posebna zatvorska ćelija **solitude** ['salətu:d] *n* usamljenost, osamljenost

solo I ['soulou] *(-s) n* 1. (mus., etc.) solo 2. (aviation) samostalan let **solo** II *a* solo, solistički; *a* ~ *concert* solistički koncerat **solo** III *adv* solo; *to sing* ~ pevati (pjevati) solo **soloist** *n* solista

so long (colloq.) do viđenja;

solstice ['salstis] *n* solsticij; *the summer (winter)* ~ dugodnevica (kratkodnevica)

soluble ['saljəbəl] *a* rastvorljiv **solution** [sə'lu:šən] *n* 1. rastvor 2. rešenje (rješenje); *to find a* ~ *to a problem* naći rešenje problema

solvable ['salvəbəl] *a* rešiv (rješiv) **solve** [salv] *v tr* rešiti (riješiti); *to* ~ *a problem* rešiti problem

solvent ['salvənt] *a* solventan, sposoban za plaćanje

Somalia [sou'malijə] *n* Somalija

somber ['sambər] *a* tmuran, mračan

some I [səm] *pron* 1. neki; jedni; ~ *of my friends* neki od mojih prijatelja 2. nešto malo; ~ *of my money* nešto moga novca **some** II *a*1. neki; nekakav; ~ *woman is waiting* neka (nekakva) žena čeka 2. jedan; ~ *day* jednog dana 3. nekoliko; ~ *apples* nekoliko jabuka 4. malo; ~ *money* malo novca 5. (colloq.) dobar, izvanredan; *he's a* ~ *skier* on je dobar smučar **some** III *adv* 1. otprilike; ~ *30 people.* otprilike 30 ljudi 2. (colloq.) malo

somebody [~ badij] *n* (colloq.) neko (netko), važna ličnost; *he's a* ~*!* on je neko! 2. *pron* neko; ~ *is knocking* neko kuca

someday [~dej] *adv* jednog dana

somehow [~hau] *adv* nekako

someone [~wən] see **somebody**

someplace [~plejs] *adv* (colloq.) see **somewhere**

somersault I ['səmərsolt] *n* kolut, prevrtanje preko glave **somersault** II *v intr* napraviti kolut, prebaciti se preko glave

something [~thing] *pron* nešto

sometimes *adv* ponekad

someway [~wej] *adv* (colloq.) nekako

somewhat [~hwat] 1. *n* nešto; *he is* ~ *of a fool* on je malo budalast 2. *adv* malo, nešto

somewhere [~hwejr] *adv* 1. negde (negdje); *he works* ~ *in town* on radi negde u gradu 2. nekuda; *to go* ~ ići nekuda

somnambulism [sam'naembjəlizəm] *n* somnambulizam, mesečarstvo (mjesečarstvo)

son [sən] *n* sin; **a prodigal* ~ izgubljeni sin

sonata [sou'nata] *n* sonata

song [song] *n* pesma (pjesma), melodija; *a folk* ~ narodna pesma **songbook** [~buk] pesmarica (pjesmarica) **songwriter** [~rajtər] *n* kompozitor, pisac pesama (pjesama)

sonic ['sanik] *a* zvučni **sonic boom** zvučni udar

son-in-law *(sons-in-law) n* zet, kćerin muž

sonnet I ['sanit] *n* sonet **sonnet** II *a* sonetni

sonny ['sənij] *n* sinko, dečače (dječače)

sonority [sə'norətij] *n* sonoritet, sonornost **sonorous** ['sanərəs] *a* sonoran

soon [su:n] *adv* 1. uskoro; ~ *aftr that* uskoro posle (poslije) toga 2. rado; *!* *would as* ~ *stay* rado bih ostao 3. misc.; *come as* ~ *as you can* dođi što pre (prije); *the* ~*er the better* što pre, to bolje; *as* ~ *as you get home, call us* čim budete došli kući, javite nam se

soot [sut] *n* gar, garež, čađ

soothe [su:th:] *v tr* 1. umiriti 2. ublažiti, stišati; *to* ~ *pain* ublažiti bol

soothsayer ['su:thsejər] *n* prorok, gatar

sooty ['sutij] *a* garav, čađav

sop I [sap] *n* 1. umočeno parče 2. sitnica; sitan poklon; *to throw a* ~ *to smb.* pokloniti nekome sitnicu **sop** II *v tr* 1. umočiti 2. *(to* ~ *up)* upiti, apsorbovati

sophisticate [sə'fistikejt] *v tr* 1. učiniti prefinjenim, prefiniti 2. pokvariti, korumpirati **sophisticated** *a* prefinjen **sophistication** [səfisti'kejšən] *n* prefinjenost

sophomore ['safəmor] *n* student druge godine

sophomoric [safə'morik] *a* nezreo; previše samopouzdan

soporific I [sapə'rifik] *n* uspavljujuće sredstvo **soporific** II *a* uspavljiv, uspavljujući

sopping ['saping] *a* prokisao; ~ *wet* skroz mokar, prokisao do kože

soprano [sə'pranou] *n* 1. sopran (najviši ženski glas) 2. sopranistkinja (W: sopranistica)

sorcerer ['sorsərər] *n* vračar, čarobnjak **sorceress** *n* vračara, vračarica **sorcery** *n* vračanje, čarolije

sordid ['sordid] *a* 1. prljav 2. gadan, odvratan

sore I [sor] *n* ranjavo mesto (mjesto): *an open* ~ otvorena rana **sore** II *a* 1. koji boli; bolan, ranjav; *he has a* ~ *throat* boli ga guša 2. (fig.) bolan, mučan; *a* ~ *point* bolna tačka (W: točka) 3. (colloq.) ljut; *he's* ~ *at me* on je ljut na mene

sorehead [~hed] *n* (colloq.) uvredljiva, preosetljiva (preosjetljiva) osoba

sorority [sə'rorətij] *n* kolo sestara, posestrimstvo; udruženje studentkinja (studentica) **sorority sister** članica udruženja studentkinja (studentica)

sorrel ['sorəl] *n* kiseljak

sorrow ['sarou] *n* žalost, tuga **sorrowful** *a* žalostan

sorry ['sarij] *a* 1. žao; *we are* ~ *for him* žao nam ga je; *I am* ~ *that you didn't come* žao mi je što niste došli 2. žalo-

stan, jadan; *to make a* ~ *appearance* žalosno izgledati

sort I [sort] *n* 1. vrsta (W also: vrst), sorta; *all* ~*s of things* stvari svake vrste, svakojake stvari 2. misc.; *a good* ~ valjan čovek (čovjek); *nothing of the* ~ ništa slično **sort** II *v tr* 1. sortirati; *to* ~ *out* odvojiti

sortie [sor'tij] *n* (mil.) 1. ispad 2. (borbeni) let, nalet

SOS [esou'es] signal krajnje opasnosti

so-so (colloq.) 1. *a* osrednji 2. *adv* osrednje

sot [sat] *n* (colloq.) pijanica

soul [soul] *n* duša; *a kindly* ~ dobra duša **soulful** *a* pun duše, duševan

sound I [saund] *n* zvuk; *the speed of* ~ brzina zvuka **sound** II *a* zvučni; ~ *effects* zvučni efekti **sound** III *v* 1. *tr* dati zvučni zvuk (za), svirati; zatrubiti; *to* ~ *the alarm* dati zvučni znak za uzbunu 2. *tr* zvoniti; *to* ~ *a bell* zvoniti zvonom 3. *intr* zvučati; glasiti; *that* ~*s nice* lepo (lijepo) zvuči 4. misc.; *it* ~*s as if they were in trouble* izgleda da su u nevolji

sound IV *a* 1. zdrav; *a* ~ *body* zdravo telo (tijelo); *safe and* ~ živ i zdrav 2. čvrst; ~ *currency* čvrsta valuta 3. očuvan, čitav; *in a* ~ *state* u dobrom stanju

sound V *n* moreuz

sound VI *v tr* izmeriti (izmjeriti) dubinu (nečega)

sound out *v* 1. sricati; *to sound out letters (syllables)* sricati slova (slogove) 2. ispitati; *to sound out public opinion* ispitati javno mišljenje

soundprof I [~pru:f] *a* otporan na zvuk **soundprof** II *v tr* učiniti otpornim na zvuk, izolovati zvučno

soundtrack [~traek] *n* zvučna traka

sound truck kamion sa zvučnikom

soup [su: p] *n* supa, čorba (W also: juha); *chicken* ~ pileća čorba (supa) **soup plate** tanjir za supu (W also: juhu) **soupspoon** [~spu:n] *n* supena kašika (W: žlica) **soup up** *v* (slang) pojačati; *to soup up an engine* pojačati motor

sour [saur] *a* 1. kiseo; ~ *pickles* kiseli krastavci; (fig.) ~ *grapes* kiselo grožđe 2. mrzovoljan, namćorast

source [sors] *n* izvor; *from reliable* ~*s* ız pouzdanih izvora

sour cream pavlaka, mileram

sourpuss [~pus] *n* (slang) mrzovoljna osoba

south I [sauth] 1. jug 2. (Am., cap.) Jug; *in the South* na Jugu **south** II *a* južni; *a ~ wind* južni vetar (vjetar) **south** III *adv* južno, prema jugu; *to go ~ ići* prema jugu **South Africa** Južna Afrika **South African** stanovnik Južne Afrike **South America** Južna Amerika **South American** 1. Južnoamerikanac 2. južnoamerički **southbound** [~baund] *a* koji ide na jug **South Carolina** [kaerə'lajnə] Južna Karolina **South Dakota** [də'koutə] Južna Dakota **southeast** I [~'ijst] *n* jugoistok **southeast** II *a* jugoistočan **Southeast Asia** Jugoistočna Azija **southerly** I ['səth:ərlij] *n* južni vetar (vjetar) **southerly** II *a* južni **southern** ['səth: ərn] *a* južni **southerner** *n* južnjak, stanovnik juga **Southern Hemisphere** Južna polulopta **Southern Yemen** Južni Jemen **South Korea** Južna Koreja **South Pole** Južni pol **South Vietnam** Južni Vijetnam **southward** [~wərd] *adv* na jug **southwest** I [~'west] *n* 1. jugozapad 2. (cap.) Jugozapad (SAD) **southwest** II *e* jugozapadan **southwesterly** 1. *a* jugozapadan 2. *adv* jugozapadno

souvenir [su:və'nijr] *n* suvenir; uspomena

sovereign I ['savərən] *n* 1. suveren, vladar, monarh 2. soveren, funta sterlinga od zlata **sovereign** II *a* suveren, nezavisan **sovereignty** ['savərəntij] *n* suverenitet

soviet I ['souvijet] *n* (Russian) sovjet **soviet** II *a* sovjetski **Soviet Union** Sovjetski Savez

sow I [sau] *n* krmača

sow II [sou]; *-ed; sown* [soun] or *-ed; v tr* posejati (posijati)

soybean ['sojbijn] *n* soja

spa [spa] *n* mineralno vrelo; banja; spa

space I [spejs] *n* 1. prostor, mesto (mjesto); *office ~* poslovni prostor 2. prored; razmak 3. vasiona (esp. W: svemir), kosmos **space** II *a* 1. prostorni 2. vasionski (esp. W: svemirski); kosmički **space** III *v tr* 1. spacionirati 2. razmaknuti, prorediti (prorijediti) **space bar** (on a typewriter) razmaknica **space center** kosmodrom **spacecraft** [~kraeft] (*pl* has zero) kosmički brod **space flight** vasionski (svemirski) let **spaceman** [~maen] (*-men* [men]) *n* 1. astronaut, kosmonaut 2. čovek (čovjek) iz kosmosa **space suit**

kosmonautska odeća (odjeća), skafander **space vehicle** vasionski (svemirski) brod

spacious ['spejšəs] *a* prostran, prostoran

spade I [spejd] *n* (cards) pik; *the two of ~s* dvojka pik; **to call a ~ a ~* nazvati pravim imenom

spade II *n* ašov **spadework** [~wərk] *n* (fig.) pripremni rad

spaghetti [spə'getij] *n* špageti

Spain [spejn] *n* Španija (W: Španjolska)

span I [spaen] *n* razmak; raspon; *the ~ of a bridge* raspon mosta **span** II *v tr* razapeti se (nad), prelaziti (preko); *the bridge ~s the river* most prelazi preko reke (rijeke)

Spaniard ['spaenjərd] *n* Španac (W: Španjolac)

spaniel ['spaenjəl] *n* prepeličar, španijel

Spanish I *n* 1. (*pl*) *the ~* španski (W: španjolski) narod 2. španski jezik **Spanish** II *a* španski **Spanish-American** *n* španski Amerikanac; stanovnik Latinske Amerike **Spanish-American** II *a* špansko-amerićki

spank [spaengk] *v tr* udariti (po stražnjici) dlanom ili pljosnatim predmetom **spanking** *n* batine; *you'il get a ~!* dobićeš batine!

spanner ['spaenər] *n* Br.; see **lug wrench**

spar [spar] *v intr* 1. boksovati; vežbati (vježbati) se u boksu 2. (fig.) debatovati

spare I [spejr] *n* rezervni deo (dio) **spare** II *a* rezervni; suvišni; *a ~ tire* rezervna guma 2. slobodan; *~ time* slobodno vreme (vrijeme) 3. mršav **spare** III *v tr* 1. poštedeti (poštedjeti); *to ~ smb.'s life* poštedeti nekome život 2. dati; odvojiti; *can you ~ an hour?* možete li odvojiti jedan sat? *we cannot ~ him* ne možemo bez njega 3. žaliti; *to ~ no effort* ne žaliti truda

spark I [spark] *n* varnica, iskra **spark** II *v* 1. *tr* podbosti, podstaći 2. *intr* iskriti, izbacivati iskre

sparking plug Br.; see **spark plug**

sparkle I *n* 1. iskra; sjaj 2. bleštanje (blještanje) **sparkle** II *v intr* 1. vrcati varnice 2. iskriti (se); *the wine ~s* vino se iskri **sparkling** *a* iskričav; *a ~ conversation* iskričav razgovor **spark plug** (on an automobile) svećica (svjećica)

sparring ['sparing] *n* boksovanje; vežbanje (vježbanje) u boksu **sparring partner** (boxing) sparing partner, protivnik pri treniranju

sparrow ['spaerou] *n* vrabac
sparse [spars] *a* redak, proređen (prorije
đen); ~ *vegetation* retko rastinje
spasm ['spaezəm] *n* spazma **spasmodic**
[spaez'madik] *a* spazmatičan, grčevit
spastic ['spaestik] *a* spastičan, grčevit
spat I [spaet] *n* svađa, prepirka **spat** II *v*
intr svađati se
spatial ['spejšəl] *a* prostorni
spatter ['spaetər] *v tr* poprskati, prsnuti;
to ~ smb. with mud poprskati (prsnuti)
nekoga blatom
spatula ['spaečələ] *n* lopatica
spawn I [spon] *n* mrest (mrijest); ikra
spawn II *v* 1. *tr* bacati; *to ~ roe* bacati
ikru 2. *tr* izazvati 3. *intr* mrestiti (mrijestiti) se; *fish ~* ribe se mreste
spay [spej] *v tr* ojaloviti (ženku)
speak [spijk]; **spoke** [spouk]; **spoken**
['spoukən] *v tr* and *intr* govoriti; *to ~*
English govoriti engleski; *to ~ with*
smb. govoriti s nekim
speaker *n* 1. govornik 2. predsedavajući —
predsjedavajući (skupštine) 3. zvučnik;
an extension ~ pomoćni (dodatni)
zvučnik
speaking I *a* govorni; *a ~ knowledge of a*
language govorno znanje nekog jezika
speaking II *adv* govoreći; *~ in general*
govoreći u opštim (općim) izrazima
spear I [spijr] *n* koplje **spear** II *v tr*
probosti kopljem **spearhead** I [~hed] *n*
1. vrh koplja 2. (mil.) čelo kolone **spear-
head** II *v tr* voditi (juriš, kampanju)
spearmint [~mint] *n* (bot.) konjski
bosiljak
special I ['spešəl] *n* 1. posebna (TV) emisija
2. posebna cena (cijena), popust **special**
II *a* specijalan, poseban, naročit **special**
delivery ekspresno isporučivanje (pošte)
special-delivery *a* ekspresni; *a ~ letter*
ekspres-pismo, ekspresno pismo
specialist *n* specijalista **speciality** [spešij-
'aelətij] *n* naročita osobina; naročita
crta **specialize** ['spešəlajz] *v intr* specijulizovati: *to ~ in surgery* specijalizovati
se u hirurgiji **speciality** ['spešəltij] *n*
specijalnost; specijalitet
species ['spijšijz] *(pl* has zero) *n* vrsta (W
also: vrst); *genus and ~* rod i vrsta
specific I [spə'sifik] *n* nešto specifično
specific II *a* specifičan **specification**
[spesəfi'kejšən] *n* specifikacija, tehnički
podatak **specify** ['spesəfaj] *v tr* specifikovati

specimen ['spesəmən] *n* uzorak, primerak
(primjerak); proba
specious ['spijšəs] *a* varljiv; prividno
ubedljiv (ubjedljiv)
speck I [spek] *n* mrljica **speck** II *v tr*
išarati mrljicama
speckle see **speck** I, II
spectacle ['spektəkəl] *n* 1. prizor; pojava; *a*
horrible ~ stravičan prizor 2. podsmeh
(podsmijeh); *to make a ~ of oneself*
izložiti sebe podsmehu 3. spektakl, šou
spectacles *n pl* naočari
spectacular I [spek'taekjələr] *n* spektakularna emisija (predstava) **spectacular** II
a spektakularan
spectator ['spektejtər] *n* gledalac
specter ['spektər] *n* avet, sablast, utvara;
the ~ of famine avet gladi
spectrum ['spektrəm] *n* spektar
speculate ['spekjəlejt] *v intr* 1. razmišljati,
spekulisati 2. špekulirati; *to ~ on the*
stock market špekulirati na berzi (W:
burzi) **speculation** [spekjə'lejšən] *n* 1.
razmišljanje, spekulacija; spekulativnost 2. špekulacija, spekulacija (način
poslovanja) **speculator** ['spekjəlejtər] *n*
špekulant
speech I [spijč] *n* 1. govor 2. reč (riječ); *the*
parts of ~ vrste reči 3. (javan) govor; *to*
make a ~ održati govor **speech** II *a*
govorni **speech defect** govorna mana
speed I [spijd] *n* 1. brzina; *at maximum ~*
najvećom brzinom 2. (on an automobile)
brzina 3. (slang) ampetamin **speed** II *-ed*
or *sped* [sped] *v* 1. *tr* (or: *to ~ up)*
ubrzati, uskoriti; *to ~ up a decision*
uskoriti rešenje (rješenje) 2. *intr* prebr;.o
voziti 3. *intr (to ~ up)* povećati brzinu
speedboat [~bout] *n* brz motorni čamɪ ː
speeder *n* vozač koji prebrzo vozi **speeding** *n* prebrza vožnja **speed limit** najve
ća dozvoljena brzina **speedometer** [spɪ
'damətər] *n* brzinomer (brzinomjeʳ)
speedy *a* brz
spell I [spel] *n* 1. kratko vreme (vrijeme);
malo vremena 2. (colloq.) stanje u atmosferi, vreme; *a cold ~* hladno vreme
3. (colloq.) smena (smjena), radno vreme
spell II *v tr* zameniti (zamijeniti)
spell III *-ed* or *spelt* [spelt] *v* 1. *tr* spelovati; pisati; *how is the word ~ed?* kako se
piše reč (riječ)? 2. *intr* spelovati **spellbind** [~bajnd]; *-bound* [baund] *v tr*
općiniti, opčarati

spell IV n čini, čarolije; *to cast a ~ on smb.* baciti čini na nekoga, omađijati nekoga

spelling I n 1. pravopis, ortografija 2. spelovanje; sricanje spelling II a pravopisni, ortografski; *a ~ error* pravopisna greška spelling bee takmičenje u pravilnom pisanju reči (riječi) spell out v 1. detaljno objasniti 2. sricati

spend [spend]; *spent* [spent] 1. *v tr and intr* potrošiti; *to ~ money (time)* potrošiti novac (vreme — vrijeme) 2. *tr* provesti; *how do you ~ your spare time?* kako provodiš slobodno vreme (vrijeme)? spending money džeparac spendthrift [~thrift] n rasipnik

sperm [sperm] n sperma

spew [spju:] v tr bljuvati

sphere [sfijr] n sfera; *a ~ of influence* sfera uticaja (utjecaja) spherical ['sfijrikǝl] a sferični, sferni

spice I [spajs] n začin spice II v tr začiniti

spick-and-span [spik-ǝn-'spaen] a (colloq.) 1. nov novcat 2. bez mrlje

spicy ['spajsij] a 1. začinjen; ljut; *~ food* ljuto jelo 2. mastan, nepristojan

spider ['spajdǝr] n pauk spider web paukova mreža

spigot ['spigǝt] n slavina (also faucet)

spike I [spajk] n 1. klinac 2. tanka visoka štikla 3. ekser (W: čavao); (in *pl*) sprinterice sa ekserima, kopačke 4. (volleyball) smeč spike II v tr 1. klincima pričvrstiti 2. (mil.) onesposobiti; *to ~ a gun* onesposobiti top 3. (volleyball) smečirati 4. dodati alkoholno piće (nečemu); *to ~ the punch* dodati alkoholno piće punču

spill I [spil] n 1. prosipanje 2. pad (s konja) spill II v 1. *tr* prosuti, rasuti; *to ~ sugar (water)* prosuti šećer (vodu) 2. *tr* proliti; *to ~ blood* proliti krv 3. *tr* zbaciti (s konja) 4. *intr* prosuti se, rasuti se; *the wine ~ed* vino se prosulo

spin I [spin] n 1. vrćenje; obrtanje 2. kratka vožnja; *to take a ~ around town* provesti se po gradu 3. (aviation) kovit spin II *spun* [spǝn] v 1. *tr and intr* presti; ispresti; *to ~ wool* presti vunu 2. *tr* zavrteti — zavrtjeti (kao čigru); *to ~ a racket* zavrteti reket (kao čigru) 3. *tr* terati (tjerati); *to ~ a top* terati čigru 4. *intr* vrteti (vrtjeti) se; *my head is ~ning* vrti mi se glava 5. *intr* kovitlati se; *to ~ through the air* kovitlati se u vazduhu

(W: zraku) 6. *intr* okretati se u mestu (mjestu); *the wheels were ~ning* točkovi su se okretali

spinach ['spinič] n spanać (W: špinat)

spinal ['spajnǝl] a kičmeni; spinalan spinal column kičmeni stub spinal cord kičmena moždina spinal tap (med., colloq.) lumbalna punkcija

spindle ['spindl] n 1. vreteno 2. osovina

spine [spajn] n 1. kičma 2. bodlja, čekinja spineless a 1. bez kičme, beskičmen 2. (fig.) beskičmen, beskarakteran

spinning n predenje spinning wheel kolovrat, preslica

spinster ['spinstǝr] n 1. usedelica (usidjelica) 2. (Br.) neudata žena spinsterhood [~hud] n neudatost

spiral I ['spajrǝl] n spirala, zavojnica spiral II a spiralan; zavojit; *a ~ staircase* zavojite stepenice spiral III v *intr* (colloq.) skakati; *prices are ~ing* cene (cijene) skaču

spire [spajr] n šiljata kula; vrh tornja

spirit I ['spirit] n 1. duh, duša; *the ~ of the times* duh vremena 2. duh, više biće; *an evil ~* zao duh 3. oduševljenje, žar, vatra 4. (in *pl*) raspoloženje; *in good ~s* u dobrom raspoloženju 5. (in *pl*) alkoholna pića spirit II v tr (also: *to ~ off, away*) odvesti, spetljati, smotati spiritual I ['spiriču:ǝl] n crkvena pesma—pjesma (američkih crnaca) spiritual II a duhovni; spiritualan

spit I [spit] n pljuvanje; pljuvačka; ispljuvak spit II *spit* or *spat* [spaet] v 1. *tr (to ~ out)* ispljuvati 2. *tr* pljuvati; *to ~ blood* pljuvati krv 3. *intr* pljuvati; *to ~ at smb.* pljuvati na nekoga

spit III n ražanj

spite I [spajt] n inat, pizma; *to do smt. out of ~* učiniti nešto iz inata (pizme); *in ~ of smt.* uprkos nečemu spite II v tr pakostiti, terati (tjerati) inat; *to ~ smb.* pakostiti nekome spiteful a pakostan, pizmen

spitting image ['spiting] (or: *spit and image*) potpuna sličnost

spittle ['spitl] n ispljuvak spittoon [spi-'tu:n] n pljuvaonica

splash I [splaeš] n 1. prskanje; brčkanje 2. misc.; **to make quite a ~* pobuditi senzaciju splash II v 1. *tr* poprskati, prsnuti; pljusnuti, zapljusnuti; *to ~ smb. in the face with water* prsnuti nekoga u lice vodom 2. *intr* brčkati se,

pljusnuti (se); *to ~ in the water* brčkati se u vodi
splashdown [~daun] *n* sletanje (slijetanje) na vodu (kosmičkog broda) **splash down** *v* spustiti se na vodu
splashy *a* (colloq.) razmetljiv
splatter ['splaetər] *v tr* poprskati
spleen [splijn] *n* 1. (anat.) slezina 2. (fig.) splin, zlovolja
splendid ['splendid] *a* divan, sjajan **splendor** ['splendər] *n* divota, sjaj
splice I [splajs] *n* upletka **splice** II *v tr* 1. uplesti 2. spojiti; *to ~ a cable* spojiti kabl
splint [splint] *n* udlaga; *to apply a ~* staviti udlagu
splinter I *n* 1. cepka (cjepka); iverica; *he has a ~ in his finger* ušla mu je cepka u prst 2. parče (granate) **splinter** II *v* 1. *tr* rascepiti (rascijepiti) 2. *intr* rascepiti se 3. *intr* razbiti se u parčad
split I [split] *n* 1. rascep (rascjep) 2. (gymnastics) široki raskoračni stav **split** II *split* [split] *v* 1. *tr* rascepiti (rascijepiti), rascepkati (rascjepkati), pocepati (pocijepati); *to ~ a party (into factions)* rascepkati partiju; *to ~ wood* cepati drvo 2. *tr* (also; *to ~ up)* podeliti (podijeliti); *to ~ (up) profits* podeliti dobit 3. *tr* (also: *to ~ up)* rasparčati, razbiti, razdrobiti; *to ~ up a trust* razdrobiti trust 4. *intr* (also: *to ~ up)* cepati (cijepati) se 5. *intr* (*to ~* up) razići se; *the crowd split up* svet (svijet) se razišao 6. misc.; *to ~ hairs* cepidlačiti (cjepidlačiti) **split level** vila sa međuspratom (W: međukatom) **split personalty** rascep psihičke ličnosti **split second** trenutak
splitting *a* vrlo jak; *a ~ headache* vrlo jaka glavobolja
splurge I [splərdž] *n* razmetanje **splurge** II *v* 1. *tr and intr* potrošiti (mnogo) 2. *intr* razmetati se
splutter ['splətər] *v intr* govoriti nepovezano
spoil [spojl] *v* 1. *tr* pokvariti; razmaziti; *a ~ed child* razmaženo dete (dijete) 2. *intr* kvariti se 3. misc.; *to ~ for a fight* žudeti (žudjeti) za borbom **spoils** *n pl* plen (plijen); *the ~ of war* ratni trofeji
spoilsport [~sport] *n* kvarilac raspoloženja
spoke [spouk] *n* spica, palac

spokesman [~smən] (-*men* [min]) *n* portparol
sponge I [spəndž] *n* sunđer, spužva; *(boxing and fig.) to throw in the ~* napustiti borbu **sponge** II *v* 1. *tr* obrisati sunđerom 2. *intr* (colloq.) *to ~ on (off) smb.* živeti (živjeti) na nečiji račun
sponger *n* (pejor.) parazit, muktadžija
spongy *a* sunđerast, spužvast
sponsor I [spansər] *n* 1. jemac 2. predlagač; *the ~ of a bill* predlagač zakonskog nacrta 3. kum, pokrovitelj 4. pokrovitelj, preduzeće (W: poduzeće) koje finansira—financira (radio, TV) emisiju radi reklame **sponsor** II *v tr* 1. jemčiti (za) 2. predložiti; *to ~ a bill* predložiti zakonski nacrt 3. kumovati 4. finansirati — financirati (radi reklame); *to ~ a program* finansirati emisiju (radi reklame)
spontaneous [span'tejnijəs] *a* spontan **spontaneous combustion** sagorevanje (sagorijevanje) od sebe, samozapaljenje
spoof I [spu:f] *n* (colloq.) satira, humoreska **spoof** II *v tr* (colloq.) 1. satirizirati 2. prevariti
spook [spu:k] *n* (colloq.) avet, sablast
spooky *a* (colloq.) avetinjski, sablastan
spool [spu:l] *n* kalem; *a ~ of thread* kalem konca
spoon I [spu:n] *n* kašika (W also: žlica) *a soup ~* supena kašika **spoon** II *v tr* (usu.: *to ~ out, up)* grabiti kašikom
spoonful *n* puna kašika
sporadic [spo'raedik] *a* sporadičan; rasut
sport I [sport] *n* 1. (often in *pl)* sport; *to go in for ~s* baviti se sportom 2. šala; *in ~* u šali 3. (colloq.) momak; *a good (real) ~* dobar momak 4. (colloq.) bonivan **sport** II *a* sportski **sport** III *v tr* iznositi da se vidi, paradirati, pokazivati; *to ~ a moustache* pustiti brkove **sporting** *a* sportski; *~ goods* sportska oprema **sporting chance** (colloq.) neki izgled na uspeh (uspjeh) **sport jacket** sako (koji se prodaje bez pantalona—W: hlača) **sports car** sportska kola **sports editor** urednik sportske rubrike **sport shirt** majica **sportsman** [~smən] (-*men* [min]) *n* 1. lovac 2. ljubitelj sporta **sportsmanlike** [~lajk] *a* sportski; *a ~ gesture* sportski gest **sportsmanship** *n* sportsko ponašanje, fer plej **sportswear** [~swejr] *n* sportska odeća (odjeća)

spot I [spat] *n* 1. pega (pjega), mrlja, fleka; *to remove a* ~ očistiti fleku, skinuti mrlju 2. mesto (mjesto); *on that* ~ na tom mestu 3. (esp. Br.) mala količina; *a* ~ *of tea* malo čaja 4. misc.; *on the* ~ smesta (smjesta); na licu mesta; na udaru; *a five* ~ novčanica od pet dolara spot II *a* 1. gotov; ~ *cash* gotov novac 2. kratak; *a* ~ *announcement* kratak izveštaj (izvještaj) spot III *v* 1. *tr* umrljati; išarati 2. *tr* otkriti; odrediti položaj (nečega) 3. *tr* (sports) dati (nekome hendikep); *to* ~ *smb. five points* dati nekome prednost od pet poena 4. *tr* ugledati; *he* ~*ted them crossing the lawn* ugledao ih je kako prelaze travnjak 5. *intr* mrljati se

spot check štihproba spot-check *v tr* kontrolisati nasumice

spotlight [~lajt] *n* 1. reflektor 2. (fig.) prominentnost

spot remover sredstvo za skidanje mrlja, skidač mrlja

spotty *a* 1. pegav (pjegav) 2. neorganizovan, slab; ~ *resistance* neorganizovan otpor 3. nedosledan (nedosljedan)

spouse [spaus] *n* suprug, supruga

spout I [spaut] *n* odvodna cev (cijev) spout II *v tr* pričati; *to* ~ *nonsense* pričati koješta 2. *intr* šikljati

sprain I [sprejn] *n* iščašenje, uganuće sprain II *v tr* iščašiti, uganuti; *to* ~ *an ankle* iščašiti nogu

sprat [spraet] *n* sleđica

sprawl I [sprol] *n* širenje; *urban* ~ širenje grada (gradova) sprawl II *v intr* pružiti se, pručiti se; izvaliti se, uvaliti se; *he* ~*ed (out) on the bed* on se izvalio na krevet

spray I [sprej] *n* 1. sprej 2. pištolj (za nanošenje boje) spray II *v tr* 1. poprskati; *to* ~ *walls with paint* poprskati zidove bojom 2. zaprašiti; *to* ~ *fruit (a garden)* zaprašiti voće (baštu) spray gun prskalica, pištolj

spread I [spred] *n* 1. širenje; *the* ~ *of disease* širenje bolesti 2. pokrivač 3. obrok; *a nice* ~ obilan obrok 4. (cul.) premaz; *a cheese* ~ premaz od sira 5. (usu.: *a big* ~) velika reportaža, veliki oglas (preko cele — cijele stranice) u novinama 6. razlika; *a ten-point* ~ razlika od deset poena spread II spread [spred] *v* 1. *tr* raširiti, rasprostraniti; *to* ~

rumors širiti glasove 2. *intr* širiti se; *the fire is* ~*ing* vatr se širi

spree [sprij] *n* 1. terevenka, pijanka 2. velika aktivnost; *to go on a buying* ~ nakupovati se raznih stvari

sprig [sprig] *n* mladika, grančica

sprightly ['sprajtlij] *a* čio, živahan

spring I [spring] *n* 1. opruga; feder; gibanj 2. skok 3. izvor 4. proleće (proljeće) spring II *a* 1. prolećni (proljećni) 2. jari; *a* ~ *crop* jari usev (usjev) spring III *sprang* [spraeng]; *sprung* [spraŋg] *v* 1. *tr* aktivirati; *to* ~ *a trap* sklopiti klopku 2. *tr* prirediti; *to* ~ *a surprise* prirediti iznenađenje 3. *intr* skočiti; *to* ~ *to one's feet* skočiti na noge 4. misc.; *to* ~ *a leak* dobiti prodor vode springboard [~bord] *n* odskočna daska spring fever prolećna groznica springtime [~tajm] *n* proleće spring up *v* nicati, bujati springy *a* elastičan; gibak

sprinkle I ['springkəl] *n* kišica sprinkle II *v* 1. *tr* poprskati; *to* ~ *water on smt.* prskati vodom nešto 2. *tr* posuti, posipati 3. *intr* sipiti; *it's* ~*ing* kiša sipi sprinkler *n* prskalica, rasprskač sprinkling *n* 1. prskanje 2. mala količina; *a* ~ *of visitors* malo posetilaca (posjetilaca)

sprint I [sprint] *n* sprint sprint II *v intr* sprintovati sprinter *n* sprinter

sprocket ['sprakit] *n* zubac

sprout I [spraut] *n* (bot.) mladica sprout II *v* 1. *tr* poterati (potjerati); *the plants are* ~*ing buds* biljke su poterale pupoljke 2. *intr* izniknuti, izbiti, nabujati; *the flowers* ~*ed* izniklo je cveće (cvijeće)

spruce [spru:s] *n* (bot.) omorika, smrča

spruce up *v* 1. doterati (dotjerati) 2. doterati se; *to spruce up* or: *to get spruced up* doterati se

spry [spraj] *a* žustar, okretan, kočoperan; *a* ~ *old man* kočoperan starac

spud [spəd] *n* (slang) krompir (W: krumpir)

spunk [spəngk] *n* hrabrost spunky *a* hrabar

spur I [spər] *n* 1. mamuza, ostruga; *to win one's* ~*s* steći ime 2. podsticaj; *on the* ~ *of the moment* bez razmišljanja, namah 3. izdanak (brda) spur II *v tr* 1. mamuzniti; *to* ~ *a horse* mamuznuti konja 2. (fig.) podstaći

spurious ['spju:rijəs] *a* podmetnut; lažan, neprav

spurn [spərn] *v tr* s preziranjem odbiti

spurt I [spərt] *n* 1. napregnuće 2. iznenadan porast **spurt** II *v intr* napregnuti se

sputter I ['spətər] *n* puckanje, puckaranje

sputter II *v intr* puckati, puckarati; *the engine is ~ing* motor pucka

sputum ['spju:təm] *n* ispljuvak

spy I [spaj] *n* špijun **spy** II *v* 1. *tr* ugledati 2. *intr* špijunirati; *to ~ on smb.* špijunirati nekoga

squabble I ['skwabəl] *n* prepirka **squabble** II *v intr* prepirati se

squad [skwad] *n* 1. grupa, posada 2. (mil.) odeljenje (odjeljenje) **squad car** policijski automobil

squadron [~rən] *n* 1. (naval) eskadra 2. (air force) eskadrila 3. (cavalry, armor) divizion

squalid ['skwalid] *a* 1. prljav 2. bedan (bijedan), jadan

squall [skwol] *n* udar vetra (vjetra); oluja, pljusak

squalor ['skwalər] *n* 1. prljavština 2. beda (bijeda), jadnost

squander ['skwandər] *v tr* rasuti, rasteći; *to ~ money* rasteći novac

square I [skwejr] *n* 1. kvadrat, drugi stepen; *5 ~ (the ~ of 5)* 5 na kvadrat 2. kvadrat; četvrtasta površina 3. (chess, checkers) polje 4. (četvrtast) trg, skver 5. (slang) osoba koja se strogo drži društvenih konvencija **square** II *a* 1. kvadratni; *a ~ inch (kilometer)* kvadratni inč (kilometar) 2. (colloq.) kvit; *we're all ~ now* sad smo kvit 3. pošten; *~ dealing* pošteno postupanje 4. obilan; *a ~ meal* obilan obrok **square** III *adv* pošteno, ispravno; *to play ~* pošteno postupati (igrati) **square** IV *v tr* 1. podići na kvadrat 2. podmiriti, izmiriti; *to ~ an account* podmiriti račun **square bracket** uglasta zgrada **square dance** kadril, ples u figurama sa četiri para plesača **square-dance** *v intr* izvoditi kadril **square root** kvadratni koren (korijen)

squash I [skwoš] *n* bundeva, tikva

squash II *v* 1. *tr* zgnječiti 2. *intr* gnječiti se

squat I [skwat] *n* čučanj **squat** II *a* zdepast **squat** III *v intr* 1. čučati 2. naseliti se bez dozvole **squatter** *n* bespravni naseljenik

squaw [skwo] *n* skvo, Indijanka

squawk I [skwok] *n* 1. vrisak 2. bučan protest **squawk** II *v intr* 1. vrisnuti 2. bučno protestovati

squeak I [skwijk] *n* 1. škripa 2. misc.; *we had a close ~* jedva smo se izvukli **squek** II *v intr* 1. škripati 2. *(to ~ by, through)* spasti se; *we just ~ed by (through)* jedva smo se spasli (izvukli) **squeaky** *a* škripav, kreštav (kriještav), piskav; *a ~ voice* piskav glas

squeal I [skwijl] *n* cika, vrisak **squeal** II *v intr* 1. ciknuti, vrisnuti 2. (slang) prijaviti, dostaviti; *to ~ on smb.* prijaviti (dostaviti) nekoga **squealer** *n* (slang) dostavljač

squeamish ['skwijmiš] *a* gadljiv

squeeze I [skwijz] *n* 1. stisak; *a ~ of the hand* stisak ruke 2. gužva, stiska 3. ceđenje (cijeđenje) **squeeze** II *v* 1. *tr* stisnuti; stegnuti; *to ~ smb.'s hand* stisnuti nekome ruku 2. *tr* iscediti (iscijediti); istisnuti; *to ~ juice from a lemon* iscediti sok iz limuna 3. *tr* probiti se, progurati se; *to ~ one's way through a crowd* probiti se kroz gomilu 4. *tr* nabiti, natrpati; strpati; *to ~ things into a closet* natrpati orman stvarima 5. *intr* nabiti se; nagruvati se; *to ~ into a bus* nabiti se u autobus 6. *intr* provući se; provući se; *to ~ through a narrow opening* provući se kroz uzan otvor

squelch I [skwelč] *n* porazan odgovor **squelch** II *v* 1. *tr* smrviti 2. *tr* poraziti (primedbom — primjedbom)

squid [skwid] *n* lignja

squint I [skwint] *n* 1. razroko gledanje; pogled iskosa 2. žmirkanje, škiljenje 3. razrokost **squint** II *v tr and intr* 1. žmirkati, škiljiti; *to ~ one's eyes* škiljiti očima 2. gledati razroko

squire I [skwajr] *n* 1. štitonoša 2. (Br.) plemić **squire** II *v tr* 1. služiti kao štitonoša 2. pratiti (ženu)

squirm [skwərm] *v intr* migoljiti se, meškoljiti se

squirrel ['skwərəl] *v* veverica (vjeverica)

squirt I [skwərt] *n* 1. mlaz vode 2. brizgalica 3. (colloq.) ohola osoba **squirt** II *v* 1. *tr and intr* briznuti 2. *intr* špricati

squish I [skwiš] *n* mljackanje **squish** II (onoma.) mljac **squish** III *v intr* mljackati **squishy** *a* mljacav

St. [sejnt] abbreviation of **saint**

stab I [staeb] *n* 1. ubod 2. rana od uboda **stab** II *v tr* ubosti bodežom

stability [stə'bilətij] n stabilnost, stabilitet, stalnost **stabilize** ['stejbəlajz] v tr stabilizovati **stabilizer** n stabilizator **stable** I ['stejbəl] a stabilan, stalan, ustaljen
stable II n staja, štala **stable** III v tr smestiti (smjestiti) u staju; držati u staji **stableboy** [~boj] n konjušar
stack I [staek] n 1. plast, stog 2. gomila 3. dimnjak 4. (in pl) fond biblioteke **stack** II v tr 1. složiti, naslagati; to ~ books on a shelf složiti knjige na policu 2. denuti (djenuti); to ~ hay denuti seno (sijeno)
stadium ['stejdijəm] n stadion; at a ~ na stadionu
staff I [staef] n 1. palica, štap 2. štab; a general ~ glavni štab 3. osoblje; teaching ~ nastavničko osóblje **staff** II a štabni; a ~ officer štabni oficir **staff** III v tr snabdeti (snabdjeti) osobljem
stag I [staeg] n 1. jelen (mužjak) 2. muškarac bez žene (na nekom skupu) **stag** II 1. a isključivo za muškarce; a ~ party skup (isključivo) za muškarce 2. adv bez žene
stage I [stejdž] n 1. pozornica, bina, scena; to appear on ~ stupiti (izići) na binu; *the ~ is set scena je spremna 2. (fig.) pozorište (W: kazalište) 3. etapa; by ~s po etapama 4. vodostaj (reke—rijeke), visina vode; flood ~ kritično visoki vodostaj (reke) 5. stepen, faza; a first ~ rocket stepen rakete **stage** II v tr 1. prirediti; to ~ a match prirediti utakmicu 2. inscenirati; to ~ a play inscenirati (scenski) komad **stagecoach** [~kouč] n poštanska kočija **stage fright** trema **stagehand** [~haend] n pozorničr. radnik **stage manager** n inscenator **stage-struck** a lud za pozorištem (W: kazalištom)
stagger I ['staegər] n teturanje **stagger** II v 1. tr uzdrmati; poljuljati; pokolebati 2. tr zapanjiti, zaprepastiti 3. tr ešelonirati; rasporediti u šahovskom poretku; to ~ working hours rasporediti radno vreme (vrijeme) u razna vremena 4. intr teturati se
stagnant ['staegnənt] a 1. stagnantan, koji stagnira 2. stajaći; ~ water stajaća voda **stagnate** ['staegnejt] v intr stagnirati, biti u zastoju **stagnation** [staeg'nejšən] n stagnacija, zastoj
staid [stejd] a staložen; ozbiljan

stain I [stejn] n 1. mrlja; ljaga 2. boja (za drvo); obojenje **stain** II v 1. tr umrljati 2. tr obojiti 3. intr mrljati se **stained glass** bojeno staklo **stainless** a 1. bez mrlje 2. nerđajući
stair [stejr] n 1. stepenik 2. (in pl) stepenice **staircase** [~kejs] n stepenište **stairwell** [~wel] n vertikalni otvor za stepenište
stake I [stejk] n 1. kolac; pritka 2. lomača; to burn at the ~ spaliti na lomači **stake** II v tr (usu.: to ~ out) označiti kočićima; to ~ out a claim označiti kočićima zemljište koje se uzima; (fig.) objaviti svoje pravo (na)
stake III n 1. (in pl) ulog; high ~s veliki ulog 2. udeo (udio); to have a ~ in smt. imati udela u nečemu 3. kocka; opasnosti; at ~ na kocki **stake** IV v tr 1. uložiti u igru; staviti na kocku 2. subvencionisati
stale [stejl] a 1. bajat 2. (sports) pretreniran
stalemate I [~mejt] n (chess and fig.) pat **stalemate** II v tr dati pat (nekome)
stalk I [stok] n stabljika
stalk II v 1. tr and intr kebati; loviti pretraživanjem 2. intr oholo koračati
stall I [stol] n 1. štala, staja 2. pregrada; odeljak (odjeljak); boks 3. (esp. Br.) tezga, dućan (na pijaci) 4. (Br.) fotelja u parteru 5. (aviation) gubitak brzine 6. (of an automobile) gušenje motora 7. (colloq.) odugovlačenje, okolišenje; obmana 8. (sports) povlačenje u odbranu (W: obranu) radi čuvanja vođstva **stall** II v 1. tr ugušiti (motor) 2. tr (aviation) dovesti do gubitka brzine 3. tr and intr (also: to ~ off) odugovlačiti, razvlačiti; to ~ off creditors izbegavati (izbjegavati) zajmodavce 4. gušiti se; the engine ~s motor se guši 5. (sports) povlačiti se u odbranu—W: obranu
stallion ['staeljən] n ždrebac (ždrijebac)
stalwart I ['stolwərt] n odlučan pobornik **stalwart** II a odlučan, čvrst
stamen ['stejmən] n (bot.) prašnik
stamina ['staemənə] n izdržljivost; snaga
stammer I ['staemər] n mucanje **stammer** II v 1. tr promucati 2. intr mucati
stamp II [staemp] n 1. bahat (noge), lupanje (nogom); a ~ of the foot bahat noge 2. pečat; žig 3. marka; a postage ~ poštanska marka 4. etalon **stamp** II v 1. tr udariti, lupnuti; toptati; to ~ one's

foot toptati nogom 2. *tr* zapečatiti; udariti pečat (na) 3. *tr* etalonirati 4. *tr* (also: *to ~ down*) utabati, utapkati 5. *intr* lupati nogom; tabati
stampede I [staem'pijd] *n* divlje bekstvo—bjekstvo (goveda, konja); bekstvo u panici **stampede** II *v* 1. *tr* naterati (natjerati) u divlje bekstvo (bjekstvo) 2. *intr* nadati se u divlje bekstvo; pobeći (pobjeći) u panici
stamp out *v* suzbiti; *to stamp out crime* suzbiti kriminalitet
stance [staens] *n* stav
stanch [staenč] *v tr* zaustaviti; *to ~ the flow of blood* zaustaviti krvarenje
stanchion ['staenčən] *n* podupirač, direk
stand I [staend] *n* 1. stajanje; zastoj 2. boravak; *a one-night ~* jednodnevna predstava (neke trupe) 3. tezga, dućan (na pijaci) 4. otpor; *to put up a ~* pružiti otpor 5. stav; *to take a ~* zauzeti stav 6. (in *pl*) tribina; *in the ~s* na tribinama 7. stalak, pult; *a music ~* pult (stalak) za note **stand** II *stood* [stud] *v* 1. *tr* staviti (da stoji), metnuti uspravno; *to ~ a ladder against a wall* prisloniti lestve na (uza) zid 2. *tr* izdržati, podneti (podnijeti); trpeti (trpjeti); *to ~ pain* izdržati (podneti) bol 3. *tr* održati; *to ~ one's ground* održati svoj položaj 4. *tr* čuvati; *to ~ guard* čuvati stražu 5. *intr* stajati (also fig.); *to ~ straight* stajati uspravno 6. *intr* (esp. Br.) kandidovati se; *to ~ for an office* kandidovati se za neki državni položaj 7. misc.; *to ~ on ceremony* praviti ceremonije, paziti na formalnost; *his hair stood on end* digla mu se kosa na glavi; *to ~ for smt.* simbolizovati nešto; *to ~ and fight* prihvatiti borbu; *to ~ in the way* sprečavati prolaz; *he ~s six foot tall* visok je šest stopa
standard I ['staendərd] *n* 1. zastava, barjak 2. standard, norma; *the gold ~* zlatni standard; *a ~ of living* životni standard 3. standardan jezik 4. (Br.) razred **standard** II *a* 1. standardan; *~ equipment* standardna oprema 2. normalan 3. misc.; (Am., cul.) *~ meat* meso treće kategorije **standardize** *v tr* standardizovati, normirati; *to ~ a language* normirati jezik **standard language** standardni jezik
stand by *v* 1. biti u stanju pripravnosti 2. pomoći; *to stand by smb.* pomoći neko-me (nekoga) 3. ispuniti; *to stand by a promise* ispuniti obećanje 4. čekati (obnavljanje emisije) **standby** [~baj] *a* u pripravnosti; *a ~ alert* borbeno dežurstvo
stand in *v* zameniti (zamijeniti); *to stand in for smb.* zameniti nekoga **stand-in** *n* zamenik (zamjenik)
standing I *n* 1. stajanje 2. ugled; položaj 3. trajanje; *of long ~* dugotrajan 4. (in *pl*; usu. sports) tabela; *the bottom of the ~s* dno tabele 5. (usu. sports) plasman **standing** II *a* 1. stojeći 2. stajaći; stalan; trajan; *a ~ order* trajno naređenje **standing army** stajaća (stalna) armija **standing room** mesto (mjesto) za stajanje; *~ room only!* karte samo za stajanje!
stand-off *n* nerešena (neriješena) igra
stand out *v* 1. strčati 2. isticati se 3. odudarati; *that house stands out (from the others)* ta kuća odudara (od drugih) **standout** [~aut] *n* istaknuta ličnost
standstill [~stil] *n* zastoj
stand up *v* 1. ustati; stati 2. izdržati probu; biti prihvatljiv; *that theory will not stand up* ta teorija se ne može prihvatiti 3. misc.; *to stand smb. up* ne doći na sastanak sa nekim; *to stand up to smb.* pružati nekome otpor
stanza ['staenzə] *n* strofa
staple I ['stejpəl] 1. glavni trgovinski artikal, glavni proizvod 2. (fig.) glavni predmet, glavna stvar **staple** II *a* glavni; *~ items* glavni trgovinski artikli
staple III *n* spajalica; šiš **staple** IV *v tr* spojiti spajalicama **stapler** *n* sprava za spajanje
star I [star] *n* 1. (astro.) zvezda (zvijezda) 2. (fig.) zvezda, stvar; *a film (football) ~* filmska (fudbalska—W: nogometna) zvezda 3. zvezdica (zvjezdica) **star** II *a* zvezdan (zvjezdan) **star** III *v* 1. *tr* obeležiti (obilježiti) zvezdicom (zvjezdicom) 2. *tr* predstavljati u glavnoj ulozi 3. *intr* igrati glavnu ulogu
starboard [~bərd] (naut.) 1. *n* desni bok broda 2. *a* desni 3. *adv* desno
starch I [starč] *n* skrob, štirak **starch** II *v tr* uštirkati **starchy** *a* skrobni, štirčani; brašnast
stardom [~dəm] *n* položaj (filmski, sportske) zvezde — zvijezde
stare I [stejr] *n* piljenje, buljenje **stare** II *v intr* piljiti, buljiti; *to ~ at smt.* piljiti u nešto

stark [stark] 1. *a* potpun; pravi 2. *adv*
potpuno, sasvim; ~ *naked go* (gol) gol-
cat; ~ *raving mad* sasvim lud
starlet [~lit] *n* starleta, mlada filmska
glumica
starlight [~lajt] *n* zvezdana svetlost
(zvjezdana svjetlost)
starling [~ling] *n* (bird) čvorak
Stars and Stripes američka zastava
star-spangled *a* osut zvezdama (zvijezda-
ma) **Star-Spangled Banner** američka
zastava
start I [start] *n* 1. početak 2. (esp. sports)
start; *a false* ~ pogrešan start 3. trgnu-
će, trzaj; *to awake with a* ~ trgnuti se
iza sna **start** II *v* 1. *tr* početi; *to* ~ *work*
početi rad 2. *tr* (also: *to* ~ *up)* pokrenu-
ti; *to* ~ *(up) a journal* pokrenuti časopis
3. *tr* osnovati, otvoriti; *to* ~ *a business*
osnovati (otvoriti) radnju 4. *tr* podložiti;
to ~ *a fire* podložiti vatru 5. *tr* upaliti,
pokrenuti; *to* ~ *an engine* upaliti motor
6. *tr* zapodenuti (zapodjenuti); *to* ~ *a
fight* zapodenuti tuču 7. *tr* dati znak (za
početak); *to* ~ *a race* dati znak za
početak trke 8. *intr* početi; *when did the
rain* ~? kad je počela kiša? 9. *intr*
trgnuti se 10. *intr* upaliti (se); *the engine
will not* ~ motor neće da se upali 11.
intr startovati 12. *intr* (also: *to* ~ *out)*
krenuti 13. misc.; *to* ~ *in* početi; *they*
~*ed running toward the car* potrčali su
prema kolima **starter** *n* 1. (sports) star-
ter 2. (tech.) elektropokretač, starter,
anlaser **starting** *a* polazni; *a* ~ *point*
polazna tačka (W: točka) **starting gate**
(at a racetrack) start-mašina
startle ['startəl] *v tr* trgnuti, iznenaditi
starvation [star'vejšən] *n* 1. gladovanje;
smrt od gladi 2. umorenje glađu **starve**
[starv] *v* 1. *tr* umoriti glađu; (colloq.)
I'm ~*ed* umirem od gladi 2. *intr* umirati
od gladi 3. *intr* čeznuti, ginuti; *to be*
~*ing for company* ginuti za društvom
stash I [staeš] *n* (slang) tajno skladište
stash II *v tr* (usu.: *to* ~ *away)* (slang)
skriti, sakriti
state I [stejt] *n* 1. stanje; *a* ~ *of war* ratno
stanje; (phys.) *a liquid (solid)* ~ tečno
(čvrsto) stanje 2. (colloq.) uzbuđenost;
he was in quite a ~ bio je veoma
uzbuđen 3. država; **the ship of* ~
državni brod 4. (Am.) (savezna) država,
pokrajina; *the United States* Sjedinjene
Države 5. misc.; *to lie in* ~ ležati na

svečanom odru **state** II *a* 1. državni;
revenues državni dohoci 2. svečan; *on* ~
occasions u svečanim prilikama **state** III
v tr formulisati 2. izneti (iznijeti); *to* ~
one's opinion izneti svoje mišljenje **State
attorney** (Am.) državni tužilac **State
Department** (Am.) ministarstvo inostra-
nih (W: vanjskih) poslova **statehood**
[~hud] *n* položaj (savezne) države **state-
ly** *a* 1. svečan 2. veličanstven
statement *n* 1. izjava, iskaz; *an official* ~
zvanična izjava 2. obračun
stateroom [~rum] *n* brodska kabina
statesman [~smən] (-*men* [min]) *n* držav-
nik **statesmanlike** [~lajk] *a* državnički
statesmanship *n* državništvo, državnič-
ka veština (vještina)
static ['staetik] *n* atmosferske smetnje **sta-
tic** II *a* 1. nepokretan 2. statički, stati-
čan **static electricity** statički elektricitet
station I ['stejšən] *n* 1. mesto (mjesto),
položaj; *a lowly* ~ *(in life)* mali položaj
2. see **police station** 3. stanica (W also:
kolodvor) 4. see **radio station** 5. mesto
službe **station** II *v tr* stacionirati, sme-
stiti (smjestiti)
stationary [~erij] *a* stacionaran; nepokre-
tan **stationary front** (meteor.) stalni
front
station break prekid emisije (radi objave
naziva stanice)
stationery [~erij] *n* kancelarijski materi-
jal **stationery store** prodavnica (W: pro-
davaonica) kancelarijskog materijala
stationmaster [~maestər] *n* šef stanice
station wagon karavan (vozilo)
statistic [stə'tistik] *n* statistički podatak
statistical *a* statistički; ~ *data* statistič-
ki podaci **statistician** [staetə'stišən] *n*
statističar **statistics** [stə'tistiks] *n* stati-
stika
statue ['staeču:] *n* kip, statua **Statue of
Liberty** statua slobode **statuesque** [stae-
ču:'esk] *a* sličan kipu; veličanstven **stat-
uette** ['staeču:'et] *n* statueta
stature ['staečər] *n* 1. stas 2. (fig.) ugled
status ['staetəs] *n* 1. ugled; prestiž 2.
(legal) pravni položaj
statue ['staeču:t] *n* zakon; uredba **statute
law** pisano pravo **statute of limitations**
zakon o zastarevanju (zastarijevanju)
statutory ['staečətorij] *a* propisan zako-
nom
staunch [stonč] *a* čvrst; veran (vjeran),
odan; *a* ~ *friend* veran drug

stave I [stejv] *n* 1. duga (bačve), utornjak 2. (mus.) notne linije **stave** II *-d* or *stove* [stouv]; *-d; v tr* 1. *(to ~ in)* probiti, napraviti rupu (na) 2. *(to ~ off)* odbiti; *to ~ off an attack* odbiti napad
stay I [stej] *n* 1. zaustavljanje; zadržavanje 2. boravak 3. odlaganje **stay** II *v* 1. *tr* zaustaviti, zadržati 2. *tr* odložiti; *to ~ an execution* odložiti izvršenje kazne 3. *intr* ostati; *he ~ed (at) home* ostao je kod kuće 4. *intr* biti (privremeno); *she is ~ing with her grandmother* ona je u poseti (posjetu) kod svoje babe
stay III *n* 1. podupirač, potpora 2. šipka (u stezniku) **stay** IV *v tr* podupreti (poduprijeti)
stay up *v* ne ići na spavanje; *to stay up all night* probdeti (probdjeti) noć
stead [sted] *n* 1. mesto (mjesto); *in his ~* na njegovom mestu 2. korist; *in good ~* od velike koristi
steadfast ['stedfaest] *a* čvrst, postojan
steady I ['stediji .. ('slang) stalna dragana; stalan dragan **steady** II *a* 1. čvrst; *a ~ hand* čvrsta ruka 2. stalan, postojan; *a ~ improvement* stalno poboljšanje 3. staložen; *a ~ person* staložena osoba 4. stabilan, stalan; *~ prices* stabilne cene (cijene) **steady** III *adv* 1. čvrsto 2. stalno; stabilno 3. misc.; *to go ~ with a girl* zabavljati se s devojkom (djevojkom)
steak [stejk] *n* 1. režanj mesa; biftek 2. režanj ribe
steal I [stijl] *n* (slang) dobar posao, dobar pazar **steal** II *stole* [stoul]; *stolen* ['stoulən] *v* 1. *tr* ukrasti; *to ~ money from smb.* ukrasti novac nekome (od nekoga) 2. *intr* krasti
stealth [stelth] *n* potaja; *by ~* krišom **stealthy** *a* potajan
steam I [stijm] *n* para; *at full ~* punom parom; **to let off ~* dati oduška osećanjima (osjećanjima) **steam** II *a* parni **steam** III *v* 1. *tr* ispariti 2. *intr* isparavati se 3. *intr* pušiti se 4. *intr* kretati se (na paru) **steam bath** parno kupatilo **steam engine** parna mašina (W also: parni stroj) **steamer** *n* parobrod **steam heat** parno grejanje (grijanje) **steamroller** I [~roulər] *n* parni valjak **steamroller** II *v tr* smrviti **steamship** *n* parobrod **steam up** *v* zamagliti se
steed [stijd] *n* (vatren) konj
steel I [stijl] *n* čelik; *stainless ~* nerđajući čelik **steel** II *a* čeličan **steel mill** čeličana

steel wool čelična vuna **steelworker** [~wərkər] *n* radnik čeličane **steelworks** [~wərks] *n pl* čeličana
steep I [stijp] *a* strm; *a ~ bank* strma obala
steep II *v* 1. *tr* natopiti 2. *intr* natapati se
steeple ['stijpəl] *n* šiljata kula; toranj
steeplechase [~čejs] *n* stiplčez, trka sa preprekama
steer I [stijr] *n* mlad vo — vol (bik)
steer II *v* 1. *tr* and *intr* upravljati, krmaniti; *to ~ a ship* upravljati brodom 2. *intr* ploviti; *to ~ south* ploviti na jug 3. *intr* upravljati se **steering** *a* upravni; *a ~ committee* upravni odbor **steering wheel** volan
stellar ['stelər] *a* 1. zvezdani (zvjezdani) 2. odličan
stem I [stem] *n* 1. stabljika 2. drška 3. (gram.) osnova 4. misc.; *from ~ to stern* s kraja na kraj **stem** II *v intr* poticati
stem III *v tr* zaustaviti, zadržati
stench [stenč] *n* smrad
stencil ['stensəl] *n* matrica (za umnožavanje)
stenographer [stə'nagrəfər] *n* stenograf **stenographic** [stenə'grafik] *a* stenografski **stenography** [stə'nagrəfij] *n* stenografija
stentorian [sten'torijən] *a* gromoglasan
step I [step] *n* 1. korak; *at every ~* na svakom koraku; *to keep in ~* ići u korak; *out of ~* u raskorak 2. mera (mjera), korak; *to take necessary ~s* preduzeti nužne mere (korake) 3. stopa; *to follow smb.'s ~s* slediti (slijediti) nečije stope 4. stepenik 5. (in *pl*) stepenice **step** II *v intr* stupiti, koraknuti; *to ~ forward* stupiti napred (naprijed) 2. misc.; *to ~ aside* stati ustranu, ukloniti se
stepbrother [~brəth:ər] *n* sin očuha ili maćehe (iz ranijeg braka), brat po očuhu ili maćehi **stepchild** [~čajld] (*-children* [čildrin]) *n* pastorče **stepdaughter** [~dotər] *n* pastorka
stepfather [~fath:ər] *n* očuh
step in *v* 1. ući 2. intervenisati
stepladder [~laedər] *n* dvostruke lestve (ljestve)
stepmother [~məth:ər] *n* maćeha
step on *v* 1. gaziti; *the children are stepping on the grass* deca (djeca) gaze travu 2. stati; *to step on smb.'s foot* stati

nekome na nogu 3. pritisnuti; *to step on the gas* pritisnuti na gas

step out *v* 1. izaći; *he stepped out of the room* izašao je iz sobe 2. ići u varoš, na zabavu 3. biti neveran (nevjeran); *he was stepping out on her* bio joj je neveran

stepparent [~pejrənt] *n* očuh; maćeha

steppingstone [~ingstoun] *n* 1. kamen na koji se stoji (pri prelaženju vode) 2. (fig.) sredstvo (da se postigne cilj); pomoć u karijeri

stepsister [~sistər] *n* ćerka očuha ili maćehe (iz ranijeg braka), sestra po očuhu ili maćehi

stepson [~sən] *n* pastorak

step up *v* 1. povećati, povisiti; *to step up production* povećati proizvodnju 2. pristupiti, prići; *to step up to smb.* pristupiti nekome

stereo ['sterijou] *n* stereo-uređaj

stereophonic [sterijou'fanik] *a* stereofonski

stereotype I ['sterijətajp] *n* 1. stereotip 2. (fig.) šablon, stereotip **stereotype** II *v tr* stereotipirati

sterile ['sterəl] *a* 1. jalov, sterilan, neplodan 2. sterilan, očišćen od bakterija **sterility** [stə'rilətij] *n* sterilnost, sterilitet, neplodnost **sterilize** ['sterəlajz] *v tr* 1. sterilizovati 2. prokuvati (prokuhati); *to ~ a syringe* prokuvati špric

sterling I ['stərling] *n* sterling **sterling** II *a* 1. sterlinški 2. najboljeg kvaliteta **sterling silver** čisto srebro

stern I [stərn] *n* (naut.) krma **stern** II *a* (naut.) krmeni

stern III *a* 1. strog; krut; *~ laws* kruti zakoni 2. ozbiljan 3. surov; neumoljiv

sternum [~əm] *n* (anat.) grudnjača, grudna kost

stethoscope ['stethəskoup] *n* stetoskop

stevedore ['stijvədor] *n* lučni radnik, slagač tereta

stew I [stu:] *n* 1. (cul.) paprikaš; ragu; pirjan 2. (colloq.) uzbuđenost, uzrujanost; *to be in a ~* biti uzbuđen **stew** II *v* 1. *tr* ispirjaniti, izdinstati 2. *intr* pirjaniti se, dinstati se 3. *intr* (colloq.) sekirati se

steward I *n* 1. upravnik 2. brodski konobar 3. (aviation) domaćin aviona, stjuard **steward** II *v tr* upravljati **stewardess** *n* domaćica aviona, stjuardesa

stick I [stik] *n* 1. štap; prut; batina; palica; *a wooden ~* drvena batina 2. grančica, prut; *to pick up (gather) ~s* skupljati granje 3. (or: *a walking ~*) štap za šetnju 4. (hockey) palica 5. šipka, poluga; *a ~ of dynamite* šipka dinamita 6. (aviation) palica (komande) 7. (mil., aviation) serija, svežanj; *a ~ of bombs* serija (svežanj) bombi 8. (in *pl;* colloq.) provincija, sela; *he lives in the ~s* or. živi u provinciji **stick** II *stuck* [stək] *v* 1. *tr* zabosti; **to ~ one's nose into everything* zabadati nos svugde (svugdje) 2. *tr* zataći; *to ~ a flower into one's lapel* zataći cvet (cvijet) u rever 3. *tr* nabosti, nataknuti; *to ~ an olive on a toothpick* nabosti maslinku na čačkalicu 4. *tr* metnuti; *he stuck his hands into his pockets* metnuo je ruke u džepove 5. *tr* (colloq.) zbuniti; *even simple questions ~ him* zbunjuju ga čak najjednostavnija pitanja 6. *tr* (slang) prevariti, obmanuti; *he got stuck* prevarili su ga 7. *tr* (colloq.) opteretiti; *he was stuck with the bill* na njemu je ostalo da plati ceh (račun) 8. *tr* isturiti, promoliti; *to ~ one's head through a window* isturiti (promoliti) glavu kroz prozor 9. *intr* lepiti (lijepiti) se; *the mud stuck to his shoes* blato mu se lepilo za cipele 10. *intr* zapeti, zastati; *the words (got) stuck in his throat* reči (riječi) su mu zastajale u grlu 11. *intr* (usu.: *to get stuck*) zaglibiti se, zaglaviti se; *a bone got stuck in his throat* zaglavila mu se kost u grlu 12. *intr* držati (se); pridržavati se; *to ~ to regulations* pridržavati se pravila 13. misc.; *to ~ by smb.* ostati veran (vjeran) nekome; **to ~ to one's guns* ostati veran svojim načelima **sticker** *n* nalepnica (naljepnica)

stickler ['stiklər] *n* cepidlaka (cjepidlaka), sitničar; *a ~ for regulations* onaj koji se doslovno drži pravila

stick out *v* 1. strčati; *smt. is sticking out of your suitcase* nešto ti strči iz kofera 2. isplaziti; *to stick out one's tongue* isplaziti jezik 3. izmoliti; *to stick one's head out (through a window)* izmoliti glavu (kroz prozor) 4. misc.; **to stick it out* izdržati do kraja

stick up *v* 1. dići se uvis 2. opljačkati; *to stick up smb. up* opljačkati nekoga 3. misc.; *stick'm up!* ruke uvis! *to stick up for* *smb.* braniti nekoga **stickup** [~əp] *n* (colloq.) pljačka

sticky *a* 1. lepljiv (ljepljiv) 2. misc.; **the situation has become* ~ došlo je do gustog

stiff I [stif] *n* (slang) 1. leš 2. pijanica 3. čovek (čovjek); *a lucky* ~ srećnik **stiff** II *a* 1. krut; ukrućen; *he has a* ~ *neck* vrat mu se ukrutio 2. usiljen, krut, ukočen; *a* ~ *bow* usiljen poklon 3. jak; *a* ~ *current* jaka struja 4. strog; *a* ~ *penalty* stroga kazna **stiff** III *adv* potpuno; *scared* ~ potpuno uplašen **stiffen** *v* 1. *tr* ukrutiti 2. *intr* ukrutiti se **stiffness** *n* ukočenost

stifle ['stajfəl] *v tr* ugušiti

stigma ['stigmə] *n* ljaga, mrlja **stigmatize** *v tr* stigmatizovati, oklevetati

still I [stil] *n* pecara, aparat za destilaciju **still** II *n* tišina, mir; *the* ~ *of the night* tišina noći **still** III *a* tih, miran **still** IV *adv* 1. tiho, mirno; *to sit* ~ sedeti (sjedjeti) mirno 2. još; *he is* ~ *working* on još radi **still** V *v tr* stišati

stillbirth [~bərth] *n* mrtvorođenje **stillborn** [~born] *n* mrtvorođen

stilt [stilt] *n* gigalja, hodulja

stilted *a* naduven, pompezan

stimulant ['stimjələnt] *n* 1. stimulans, stimulantno sredstvo; podsticaj, podstrek **stimulate** ['stimjələjt] *v tr* and *intr* stimulisati **stimulation** [stimjə'lejšən] *n* stimulacija **stimulus** ['stimjələs] (*-li* [laj]) *n* stimulans, podsticaj, podstrek

sting I [sting] *n* 1. ubod; *a wasp* ~ zoljin ubod 2. žaoka **sting** II *stung* [stəng] *v* 1. *tr* ubosti (žaokom); ujesti; *a wasp stung him* ubola ga je zolja 2. *tr* opaliti, ožeći; *nettles stung my foot* kopriva mi je opalila nogu 3. *intr* peći, žeći **stinger** *n* 1. žaoka 2. vrsta koktela

stingy ['stindžij] *a* 1. škrt, tvrd 2. oskudan

stink I [stingk] *n* smrad **stink** II *stank* [staengk] or *stunk* [stəngk]; *stunk; v intr* smrdeti (smrdjeti) **stinker** *a* (colloq.) odvratna osoba **stinking** 1. *a* smrdljiv 2. *adv* (slang) sasvim; ~ *drunk* sasvim pijan

stint [stint] *n* 1. rad koji treba izvršiti u datom roku 2. ograničenje; *without* ~ bez ograničenja

stipend ['stajpend] *n* plata (plaća)

stipulate ['stipjələjt] *v tr* stipulirati, ugovoriti **stipulation** [stipjə'lajšən] *n* stipulacija

stir I [stər] *n* 1. komešanje 2. gužva, gungula **stir** II *v* 1. *tr* maknuti 2. *tr* promešati (promiješati); ~ *the beans* promešaj pasulj 3. *tr* čarnuti, podstaći; *to* ~ *a fire* čarnuti vatru 4. *tr* uzbuditi 5. *intr* micati se

stir III *n* (slang) zatvor

stirring *a* uzbudljiv

stirrup ['stərəp] *n* stremen, uzengija

stir up *v* 1. pobuniti, uzbuditi, uskomešati; **to stir up a hornet's nest* dirnuti u osinjak 2. izazvati, zapodenuti (zapodjenuti); *to stir up trouble* zapodenuti svađu 3. uzvitlati, dići

stitch I [stič] *n* 1. bod 2. (med.) šav, kopča 3. petlja, očica; *to drop a* ~ ispustiti petlju 4. probadi; *he has a* ~ *in his side* probada ga 5. misc.; *he didn't do a* ~ *of work* ništa nije radio; *he was in* ~*es* smejao (smijao) se grohotom **stitch** II *v* 1. *tr* prošiti; zašiti 2. *intr* šiti; praviti bodove

stock I [stak] *n* 1. zaliha; robna zaliha; *to take* ~ inventarisati robu 2. skladište; *in* ~ na skladištu 3. stoka, živi inventar (also **livestock**) 4. (econ.) akcije; *the* ~ *is going down (up)* akcije padaju (skaču) 5. poreklo (porijeklo), soj, loza, rod; *of good* ~ (od) dobrog soja 6. voda u kojoj su kuvane (kuhane) kosti 7. kundak; *the* ~ *of a rifle* kundak puške 8. pozorište (W: kazalište) u provinciji; *summer* ~ letnje (ljetnje) pozorište (u provinciji) 9. reputacija, ugled **stock** II *a* 1. skladišni 2. uobičajen; *a* ~ *phrase* uobičajena fraza 3. akcionarski; *a* ~ *certificate* akcija **stock** III *v* 1. *tr* snabdeti — snabdjeti (W also: opskrbiti); *well* ~*ed* dobro snabdeven 2. *tr* imati u zalihi; prodavati; stokirati; *we* ~ *only the best merchandise* prodajemo samo najbolju robu 3. *intr* (*to* ~ *up, to* ~ *up on*) snabdeti se; nagomilati; *to* ~ *up on firewood (food) for the winter* snabdeti se drvima (hranom) za zimu

stockade [stak'ejd] *n* 1. palisada 2. (Am., mil.) zatvor

stockbreeder [~brijdər] *n* stočar

stockbroker [~broukər] *n* posrednik u trgovini efektima **stockbrokerage** *n* posredovanje u trgovini efektima

stock clerk skladištar

stock company akcionarsko društvo **stockholder** [~houldər] *n* akcionar **Stockholm** ['stakhoulm] *n* Stokholm

stocking n (duga) čarapa; *women's ~s* ženske čarape

stock market (efektna) berza (W: burza); *the ~ has gone down* akcije su pale

stockpile I [~pajl] n zaliha **stockpile** II v tr nagomilati

stockroom [~ru:m] n skladište, magacin

stocky a zdepast

stockyard [~jard] n stočno dvorište

stodgy ['stadžij] a 1. dosadan 2. ukočen

stoic I ['stouik] n stoik **stoic** II **stoical** a stoički **stoicism** ['stouisizəm] n stoicizam

stoke [stouk] v 1. tr podstaći, čarnuti; *to ~ a fire* podstaći vatru 2. *intr* ložiti

stoker n ložač

stolid ['stalid] a tup; neosetljiv (neosjetljiv)

stomach I ['stəmək] n želudac, stomak; *on an empty ~* s praznim želucem **stomach** II v tr podnositi, trpeti (trpjeti) **stomach-ache** [~ejk] n bol u stomaku

stomp [stamp] v 1. tr pogaziti, zgaziti; *to ~ to death* gaženjem usmrtiti 2. *intr* lupati nogama

stone I [stoun] n 1. kamen; *a precious ~* dragi kamen 2, kamenac, kamen; *a kidney ~* bubrežni kamenac 3. see **gravestone** 4. (Br.) mera (mjera) težine (14 funti) 5. misc.; **to kill two birds with one ~* jednim udarcem ubiti dve (dvije) muve (muhe) **stone** II a kameni; *od kamena; a ~ wall* kameni zid **stone** III adv sasvim; *~-deaf* sasvim gluv (gluh) **stone** IV v tr kamenovati **Stone Age** kameno doba **stonecutter** [~kətər] n kamenorezac **stoned** a (slang) pijan; opijen (marihujanom) **stonemason** [~mejsən] n kamenar **stone's throw** kamenomet, nekoliko koraka

stooge [stu:dž] n (colloq.) 1. osoba koja služi kao predmet ismevanja — ismijevanja (u komediji) 2. (fig.) marionetka, lutka; oruđe u tuđim rukama

stool I [stu:l] n hoklica, stolica bez naslona 2. stolica, izmet

stool pigeon (slang) dostavljač, prijavljivač

stoop I [stu:p] n sagnuće; pognutost; *to walk with a ~* ići pognut **stoop** II v 1. tr sagnuti; pognuti 2. *intr* sagnuti se; pognuti se

stoop III n stepenice (pred kućom)

stop I [stap] n 1. zaustavljanje; obustava 2. boravak; zadržanje 3. (photo.) blenda 4. (mus.) klapna; rupa; otvor 5. (ling.) praskavi (eksplozivni) suglasnik **stop** II

v 1. tr zaustaviti; *to ~ a car* zaustaviti kola 2. tr obustaviti; *to ~ payment* obustaviti isplatu 3. tr prestati; prekinuti; *~ screaming!* prestani s tom drekom! 4. *intr* zaustaviti se; stati; *your watch has ~ped* sat ti je stao 5. *intr* prestati; *the rain has ~ped* prestala je kiša 6. *intr* (or: *to ~ off*) svratiti, navratiti; *to ~ (off) at smb.'s house* svratiti kod nekoga 7. *intr* zadržati se, zaustaviti se; *to ~ in London* zadržati se u Londonu

stopgap [~gaep] n privremeno sredstvo

stoplight [~lajt] n 1. (crveno) signalno svetlo (svjetlo) 2. (on an automobile) zadnja svetiljka (svjetiljka)

stop over v prekinuti putovanje **stopover** [~ouvər] n prekid putovanja, zadržanje

stoppage n obustava; zastoj; *a work ~* obustava rada

stopper n zapušač, otpušač

stop sign (saobraćajni) znak sa natpisom »stop«

stop up v zapuštiti

stopwatch [~wač] n štoperica

storage I ['storidž] n 1. čuvanje, skladištenje, uskladištenje; *to put into ~* uskladištiti; *to take out of ~* iskladištiti 2. skladište 3. ležarina **storage** II a skladišni; ležarinski; *~ charges* ležarina

store I [stor] n 1. radnja, dućan 2. zaliha; (in pl) materijalna sredstva 3. misc.; *in ~* budući **store** II v tr 1. čuvati (na skladištu), stokirati 2. uskladištiti; *to ~ a car* uskladištiti kola

storefront [~front] n fasada radnje, dućana; dućanski prozor

storehouse [~haus] n skladište **storekeeper** [~kijpər] n 1. skladištar 2. vlasnik radnje **storeroom** [~ru:m] n 1. ostava 2. skladišni prostor

stork [stork] n roda

storm I [storm] n 1. oluja, bura 2. (mil.) juriš; *to take by ~* zauzeti na juriš **storm** II a olujni; *~ clouds* olujni (buronosni) oblaci **storm** III v 1. tr jurišati; *to ~ a fortress (a goal)* jurišati na tvrđavu (gol) 2. *intr* grunuti, sunuti, jurnuti; *to ~ into a room* grunuti u sobu **storm center** središte oluje (also fig.) **storm door** dodatna spoljna vrata **storm sewer** kolektor **storm window** (dodatni) spoljni prozor **stormy** buran; *a ~ session* burna sednica (sjednica)

story I ['storij] n sprat (W: kat)

story I i *n* 1. priča; istorija (historija), povest (povijest); *a sad* ~ tužna istorija; *to tell a* ~ ispričati priču 2. laž, lagarija **storybook** [~buk] *n* knjiga pripovedaka (pripovijedaka) **storyteller** [~telər] *n* pripovedač (pripovjedač)

stout [staut] *a* 1. smeo (smio), hrabar, odvažan 2. gojazan, debeo **stout-hearted** *a* hrabar, odvažan

stove I [stouv] *n* peć **stovepipe** [~pajp] *n* čunak

stow [stou] *v tr* (colloq.) metnuti; smestiti (smjestiti); *to* ~ *one's gear* smestiti svoje stvari

stow away *v* 1. skriti 2. biti (putovati kao) slepi — slijepi putnik **stowaway** [~əwej] *n* slepi (slijepi) putnik

straddle I ['straedl] *n* opkoračenje **straddle** II *v tr* 1. opkoračiti 2. (mil.) urakljiti (cilj)

straggle ['straegəl] *v intr* 1. lutati, skitati se 2. zaostajati **straggler** *n* 1. lutalica 2. (mil.) zaostali vojnik

straight I [strejt] *a* 1. prav; ravan; *in a* ~ *line* u pravoj liniji 2. neposredan, prav; iskren; *a* ~ *answer* iskren odgovor 3. pravi, nerazblažen; *a* ~ *whiskey* nerazblažen viski 4. ispravan; pošten 5. misc.; *a* ~ *face* bezizrazno lice **straight** II *adv* pravo; *to go* ~ *ahead* ići pravo; *to stand* ~ stajati pravo

straighten *v tr* ispraviti, uspraviti

straighten out *v* 1. doterati (dotjerati) 2. odmrsiti, razmrsiti 3. popraviti (se)

straighten up *v* ispraviti se, uspraviti se

straight man ozbiljan partner u timu komičara (cf. **stooge** 1)

strain I [strejn] *n* 1. rod, loza 2. vrsta; rod 3. trag, sled (slijed) 4. (usu. in *pl*) melodija 5. crta, osobina

strain II *n* 1. napregnuće, napor 2. prenapregnuće; istegnuće **strain** III *v* 1. *tr* napregnuti, napeti; *to* ~ *one's eyes (to see better)* napregnuti (napeti) oči da bolje vidi 2. *tr* zategnuti; *~ed relations* zategnuti odnosi 3. *tr* istegnuti; *to* ~ *a muscle* istegnuti mišić 4. *tr* procediti (procijediti); *to* ~ *soup* procediti supu 5. *intr* napeti se; *he* ~*ed to hear better* napeo se da bolje čuje **strainer** *n* cediljka (cjediljka), cedilo (cjedilo)

strait jacket [strejt] ludačka košulja

strait-laced moralno strog

straits *n pl* 1. moreuz 2. škripac; *to be in desparate* ~*s* biti u velikom škripcu

strand I [straend] *n* obala, žalo **strand** II *v tr* nasukati; (fig.) ostaviti na cedilu (cjedilu)

strand IIII *n* struka (konopa)

strange [strejndž] *a* 1. nepoznat, tuđ, stran 2. čudan, neobičan **stranger** *n* tuđinac, neznanac

strangle ['straenggəl] *n* 1. *tr* ugušiti 2. *intr* ugušiti se **strangle hold** zahvat oko vrata (kod rvanja) **strangulation** [straenggjə'lejšən] *n* gušenje; ugušivanje

strap I [straep] *n* 1. kaiš, remen 2. bretela 3. (on a cap) podveza **strap** II *v tr* 1. tući kaišem 2. (or: *to* ~ *down*) privezati kaišem

strapping *a* visok i snažan

stratagem ['straetədžəm] *n* ratna varka; ratno lukavstvo **strategic** [strə'tijdžik] *a* strategijski; *a* ~ *withdrawal* strategijsko povlačenje **strategist** ['straetədžist] *n* strateg **strategy** [~džij] *n* strategija

stratosphere ['straetəsfijr] *n* stratosfera

stratum ['strejtəm] *n* 1. sloj 2. nivo

straw I [stro] *n* 1. slama 2. slamka; *to drink smt. through (with) a* ~ piti nešto kroz slamku 3. misc.; *that was the last* ~ prepunila se čaša **straw** II *a* slamni

strawberry [~bərij] *n* jagoda

stray I [strej] *n* zalutala životinja **stray** II *a* zalutao, lutajući; *a* ~ *bullet* zalutali metak; *a* ~ *dog* zalutao pas **stray** III *v intr* zalutati

streak I [strijk] *n* 1. pruga, crtica 2. trag; crta; žica, žičica; *a* ~ *of humor* žičica humora 3. (colloq.) niz; *a winning* ~ niz pobeda (pobjeda) **streak** II *v* 1. *tr* praviti pruge (na) 2. *intr* šarati se prugama 3. *intr* jurnuti; *he* ~*ed by me* projurio je pored mene **streaked** *a* prugast

stream I [strijm] *n* 1. tok, struja 2. bujica, reka (rijeka); *a* ~ *of invective* bujica psovki **stream** II *v intr* teći, strujati; *the tears* ~*ed down her cheeks* suze su joj tekle niz obraze **streamer** *n* 1. duga, uzana zastava 2. traka

streamline [~lejn] *v tr* dati aerodinamički oblik (nečemu) **streamlined** *a* aerodinamički, strujoliki

street I [strijt] *n* ulica **street** II *a* ulični; ~ *singers* ulični pevači (pjevači)

streetcar I [~kar] *n* tramvaj **streetcar** II *a* tramvajski; *a* ~ *line* tramvajska linija **streetcar operator** tramvajdžija

street cleaner čistač ulica

streetwalker [~wokər] *n* uličarka

strength [strengkth] *n* snaga; sila: *physical*
~ fizička snaga **strengthen** *v tr* ojačati
strenuous ['strenju:əs] *a* naporan; ~ *work*
naporan rad
stress I [stres] *n* 1. naglasak 2. stres **stress**
II *v tr* naglasiti
stretch I [streč] *n* 1. pruženje; rastezanje 2.
neprekidan odsek (odsjek) prostora 3.
neprekinuto vremensko razdoblje;
(slang) boravak u zatvoru **stretch** II *v* 1.
tr protegliti, rastegnuti, protegnuti; *to*
~ *a rubber band* protegliti gumicu 2. *tr*
(also: *to* ~ *out*) ispružiti, opružiti; *to* ~
one's legs opružiti noge 3. *tr* istegnuti;
zategnuti; *to* ~ *a rope* zategnuti kono-
pac 4. *tr* produžiti; raširiti; *to* ~ *shoes*
produžiti (raširiti) cipele 5. *tr* nategnuti;
to ~ *a rule* nategnuti pravilo 6. *intr*
rastegnuti se, protegnuti se 7. *intr* (also:
to ~ *out*) pružiti se, pručiti se
stretcher *n* nosila **stretcherbearer** [~be-
jrər] *n* nosilac ranjenika
strew [stru:] *v tr* rasuti, posuti
stricken ['strikən] *a* 1. pogođen; ranjen 2.
oboleo (obolio)
strict [strikt] *a* strog **strictness** *n* strogost
stricture ['strikčər] *n* 1. ograničenje 2.
zamerka (zamjerka)
stride I [strajd] *n* dugačak korak, krupan
korak **stride** II *strode* [stroud]; *stridden*
['stridn] *v intr* koračati (krupnim kora-
cima)
strident ['strajdənt] *a* oštar; bučan; piskav
strife [strajf] *n* nesloga, razdor
strike I [strajk] *n* 1. udar 2. (mil.) napad;
udar; *a first* ~ preventivni napad 3.
štrajk; *to go on* ~ stupiti u štrajk **strike**
II *a* štrajkački; *a* ~ *committee* štrajkač-
ki komitet **strike** III *struck* [strək] *v* 1. *tr*
udariti; *lightning struck the tree* grom
je udario u drvo 2. *tr* zadati; *to* ~ *a
blow* zadati udarac 3. *tr* izbiti, otkucati,
iskucati; *the clock struck ten* sat je
otkucao deset 4. *tr* kresnuti, iskresati; *to*
~ *a match* kresnuti šibicu 5. *tr (to* ~
off, out) izbrisati 6. *tr* spustiti; *to* ~ *the
colors* spustiti zastavu 7. *tr* dići; *to* ~
camp dići logor 8. *tr* naići (na); naći; *to*
~ *oil* naići na naftu 9. *tr* napraviti; *to* ~
a bargain napraviti dobar posao 10. *tr*
izazvati utisak; sinuti; *the idea struck
him that ...* sinula mu je ideja da ...
11. *tr* uterati (utjerati); *to* ~ *terror into
smb.'s heart* uterati nekome strah u srce
12. *tr* zauzeti; *to* ~ *a pose* zauzeti pozu

13. *intr* udarati; *the waves* ~ *against*
the rocks talasi udaraju u stene (stijene)
14. *intr* kucnuti, izbiti; *the clock* ~*s*
every hour časovnik izbija časove 15.
intr štrajkovati 16. misc.; *to* ~ *back*
uzvratiti udar; *•to* ~ *while the iron is
hot* kovati gvožđe dok je vruće **strike-
bound** [~baund] *a* zatvoren štrajkom
strikebreaker [~brejkər] *n* štrajkbreher
strike force (mil.) udrana grupa
strike out *v* 1. (baseball and fig.) promašiti
2. misc.; *to strike out for oneself* krčiti
sam sebi put
striker *n* štrajkaš, štrajkač
strike up *v* 1. zasvirati; *to strike up the
national anthem* zasvirati državnu hi-
mnu 2. zametnuti, zapodenuti (zapodje-
nuti); *to strike up a conversation* zamet-
nuti razgovor
striking *a* upadljiv, frapantan
string I [string] *n* 1. vrpca 2. žica, struna;
violin ~*s* žice na violini 3. niska, niz; *a*
~ *of pearls* niz perli 4. konac; (fig.) *to
cut the* ~*s of federal control* odseći
(odsjeći) konce federalne kontrole 5.
(colloq., in *pl*) veze; *to pull* ~*s* koristiti
(svoje) veze 6. (sports) sastav; *second* ~
rezervni igrači **string** II *strung* [strəng] *v*
tr 1. nanizati; *to* ~ *pearls* nanizati perle
2. polagati; postaviti; *to* ~ *wire* polaga-
ti žicu 3. (colloq.; *to* ~ *up*) obesiti
(objesiti)
string beans *pl* zeleni grah, boranija
stringed *a* gudački; *a* ~ *instrument* gu-
dački instrument
stringent ['strindžənt] *a* strog
strip I [strip] *n* 1. pruga, traka 2. parče; *a*
~ *of paper* parče papira **strip** II *v* 1. *tr*
skinuti, svući 2. *tr* lišiti; uzeti; *to* ~ *of
power* lišiti vlasti 3. *tr* rasklopiti; *to* ~ *a
weapon* rasklopiti oružje 4. *tr* polomiti;
~*ped gears* polomljeni zupčanici 5. *tr*
očerupati; *to* ~ *a car* očerupati kola 6.
intr skinuti se, svući se
stripe [strajp] *n* 1. pruga 2. (mil.) oznaka
čina, širit **striped** *a* prugast
strip mine površinski ugljeni kop **strip
mining** površinsko kopanje uglja
striptease [~tijz] *n* striptiz **stripteaser** *n*
striptizeta
strive [strajv] *strove* [strouv]; ~*d or striv-
en* ['strivən] *v intr* težiti, stremiti; *to* ~
for smt. težiti za nečim
stroke I [strouk] *n* 1. udarac, udar; *with
one* ~ *of an axe* jednim udarcem sekire

(sjekire) 2. potez; *a ~ of genius* potez genija 3. (sports, esp. tennis) udarac; *the forehand ~* forhend 4. (drew, rowing) veslač koji daje tempo, takt (ostalim veslačima) 5. (crew, rowing) tempo 6. (swimming) način plivanja 7. (med.) kap; *he had a ~* udarila ga je kap 8. (tech.) hod 9. udarac (zvona); otkucaj (časovnika); *at the ~ of ten* kad izbije deset **stroke** II *v tr* 1. gladiti; *to ~ one's chin* gladiti (svoju) bradu 2. (crew, rowing) *to ~ a crew* davati tempo (takt) drugim veslačima

stroll I [stroul] *n* šetnja; *to take a ~* prošetati se **stroll** II *v* 1. *tr* šetati se; *to ~ the streets* šetati se po ulicama 2. *intr* šetati se **stroller** *n* 1. šetač 2. kolica (sa četiri točka) za bebu

strong [strong] *a* 1. jak, snažan; silan; *~ brandy* jaka rakija 2. (gram.) jak, koji ima unutrašnju promenu (promjenu) vokala 3. oštar, jak; *~ measures* oštre mere (mjere)

strongbox [~baks] *n* kasa, kaseta, sef

stronghold [~hould] *n* 1. tvrđava 2. (fig.) uporište

strophe ['stroufij] *n* strofa

structural ['strəkčərəl] *a* strukturalan **structuralism** *n* (ling.) strukturalizam **structural linguistics** strukturalna lingvistika

structure ['strəkčər] *n* struktura

struggle I ['strəgəl] *n* borba; *the class ~* klasna borba **struggle** II *v intr* boriti se, voditi borbu

strum [strəm] *v tr and intr* drndati (u), prebirati; *to ~ a guitar* drndati gitaru

strut I [strət] *n* 1. šepurenje, razmetanje 2. podupirač; (aviation) upornica **strut** II *v intr* šepuriti se, razmetati se

stub I [stəb] *n* 1. panj 2. (Br.) pikavac 3. talon; odrezak **stub** II *v tr* udariti; *to ~ one's toe against smt.* udariti prstom noge o nešto

stubble ['stəbəl] *n* strnjika

stubborn ['stəbərn] *a* tvrdoglav **stubbornness** *n* tvrdoglavost

stubby ['stəbij] *a* 1. zdepast 2. čekinjav; *~ bristles* krute čekinje

stucco ['stəkou] *n* gipsani malter

stuck-up *a* ohol

stud I [stəd] *n* 1. klinac; zavrtanj; kontaktni klin 2. gvožđe; *tire ~s* gvožđa za gume 3. dugme

stud II *n* priplodni pastuv

student ['stu:dənt] *n* 1. student; *a law (medical) ~* student prava (medicine) 2. učenik **student teacher** nastavnik stažista

stud farm ergela

studio ['stu:dijou] *n* atelje; studio; *an artist's ~* slikarski atelje

studio couch kauč na rasklapanje

studious ['stu:dijəs] *a* studiozan

study I ['stədij] *n* 1. učenje, proučavanje; studiranje 2. (in *pl*) studije; *graduate ~ies* postdiplomske studije 3. studija, naučni rad 4. radna soba, kabinet **study** II *v* 1. *tr* proučiti, prostudirati; *to ~ a problem* proučiti problem 2. studirati; učiti; *to ~ law (medicine)* studirati pravo (medicinu) 3. *intr* učiti; studirati; *he ~ies every evening* on uči svako veče

stuff I [stəf] *n* 1. materijal, građa, gradivo 2. stvari **stuff** II *v tr* 1. natrpati; *to ~ a closet with things* natrpati orman stvarima 2. napuniti, nadenuti (nadjenuti); filovati; *to ~ a chicken* napuniti pile 3. preparirati, ispuniti; *to ~ a bird* ispuniti pticu **stuffed** *a* 1. punjen, nadeven (nadjeven); *to ~ a bird* ispuniti pticu **stuffed** *a* 1. punjen, nadeven (nadjeven); *~ peppers* punjenje (nadevene) paprike 2. sit; *I'm ~* sit sam **stuffed shirt** arogantna, bombastična osoba **stuffing** *n* nadev (nadjev)

stuffy ['stəfij] *a* 1. sparan; *it's ~ today* danas je sparno 2. dosadan, uštogljen

stultify ['stəltəfaj] *v tr* napraviti budalastim, smešnim (smiješnim)

stumble I ['stəmbəl] *n* spoticanje **stumble** II *v intr* spotaći se; *he ~ed and fell* on se spotakao i pao

stumbling block kamen spoticanja

stump I [stəmp] *n* 1. panj 2. drvena noga 3. (pol.) govornica 4. (Br.) pikavac **stump** II *v tr* 1. (pol.) držati političke govore (u) 2. zbuniti

stun [stən] *v tr* ošamutiti

stunt I [stənt] *n* 1. podvig; majstorija 2. štos; *to pull a ~* izvesti štos

stunt II *v tr* učiniti kržljavim **stunted** *a* zakržljao, žgoljav

stunt man kaskader

stupefy ['stu:pəfaj] *v tr* ošamutiti, preneraziti, zapanjiti

stupendous [stu:'pendəs] *a* 1. čudesan 2. ogroman

stupid ['stu:pid] *a* glup **stupidity** [stu:'pidətij] *n* glupost

stupor ['stu:pər] n 1. uspavanost 2. tupost; ukočenost
sturdy ['stərdij] a čvrst; snažan
sturgeon ['stərdžən] n jesetra
stutter I ['stətər] n mucanje stutter II v intr mucati stutterer n mucavac
sty [staj] n čmičak, ječmičak (na očnom kapku)
style I [stajl] n 1. stil; in grand ~ u velikom stilu 2. see fashion 3. način; a life ~ način života style II v tr nazvati
stylish a pomodan stylistic [staj'listik] a stilski
stylus ['stajləs] n igla za zapisivanje
suave [swav] a uglađen; ljubazan
sub I [səb] n see submarine
sub II v intr biti zamenik (zamjenik)
sub- prefix pod-
subchaser [~čajsər] n lovac na podmornice
subcommittee [~kəmitij] n pododbor
subconscious [~'kanšəs] a podsvestan (podsvjestan) subconsciousness n podsvest (podsvijest)
subcontract I [~'kantraekt] n podugovor subcontract II (also [~kən'traekt]) v intr zaključiti podugovor subcontractor n podugovarač; izvođač radova
sudbue [~'du:] v tr savladati, potčiniti
subhuman [~'hju:mən] a podljudski
subject I [~džikt] n 1. podanik 2. predmet, stvar; the ~ under discussion predmet o kome se raspravlja 3. (gram.) podmet, subjekat subject II a 1. potčinjen 2. podložan; ~ to a fine podložan kazni 3. zavisan (W laso: ovisan); ~ to approval zavisno od odobravanja subject III [~'džekt] v tr 1. potčiniti 2. izložiti; podvrći; to ~ smb. to cross-examination podvrći nekoga unakrsnom ipsitivanju
subjective [~'džektiv] a subjektivan subjectivity [~džek'tivətij] n subjektivnost
subject matter tema, predmet (rasprave, govora)
subjugate [~džəgejt] v tr potčiniti, pokoriti subjugation [~džə'gejšən] n potčinjenje, pokorenje
subjunctive I [~'džəngtiv] n konjuktiv subjunctive II a konjuktivan
sublease I [~lijs] n podzakup, podnajam sublease II ['səb'lijs] v tr uzeti u podzakup
sublet ['səb'let]; sublet; v tr dati (izdati) u podzakup

sublimate ['səbləmejt] v tr sublimirati sublime [~'lajm] a subliman, uzvišen
submachine gun [~mə'šijn] automat, mašinka
submarine I ['səbmə'rijn] n podmornica submarine II a podmornički; ~warfare podmornički rat submarine chaser lovac na podmornice
submerge [~'mərdž] v 1. tr zagnjuriti, zaroniti; potpiti 2. intr zagnjuriti se
submission [~'mišən] n 1. potčinjenje, pokorenje 2. potčinjenost submissive [~'misiv] a pokoran submit [~'mit] v 1. tr potčiniti 2. tr podneti (podnijeti); to ~ an application podneti molbu 3. intr potčiniti se
subordinate I [~'ordənit] n podređeni subordinate II a podređen subordinate III [~nejt] v tr 1. podrediti 2. potčiniti subordinate conjunction (gram.) zavisan veznik
subplot [~platł n (lit.) sporedna radnja (u romanu)
subpoena I [sə'pijnə] n sudski poziv subpoena II v tr pozvati na sud
subscribe [~'skrajb] v intr 1. pretplatiti se; to ~ to a journal pretplatiti se na časopis 2. slagati se; to ~ to an opinion slagati sa se mišljenjem subscriber n pretplatnik (W also: predbojnik); a magazine ~ pretplatnik na časopis subscription [~'skripšən] n 1. pretplata (W also: predbojka) 2. upis; upisani iznos
subsequent [~səkwənt] a sledeći (slijedeći) subsequently adv zatim subsequent to prep posle (poslije)
subservient [~'sərvijənt] a 1. pokoran; ulizički 2. podređen
subside [~'sajd] v intr opasti; the waters have ~ed vode su opale
subsidiary [~'sidijejrij] n podružnica
subsidize [~sədajz] v tr subvencionisati subsidy [~sədij] n subvencija, supsidij
subsist [~'sist] v intr 1. postojati; opstajati 2. živeti (živjeti) to ~ on smt. živeti od nečega subsistence n 1. postojanje; opstanak 2. život; bare ~ goli život
substance [~stəns] n 1. supstancija; tvar; građa 2. čvrstina; to lack ~ nemati čvrstine 3. supstancija, suština, bit; in ~ suštini 4. bogatstvo, imanje; a man of ~ imućan čovek (čovjek) substantial [~'staenšəl] a 1. bitan, suštinski 2. hranljiv, jak; a ~ meal obilan obrok 3.

znatan, zamašan; *a* ~ *amount* znatna
svota novca 4. stvaran
substantive [~stəntiv] *n* (gram.) imenica,
supstantiv
substitute I [~stətu:t] *n* 1. zamenik (zam-
jenik), zamena (zamjena); *a* ~ *for coffee*
zamena za kafu (kavu) 2. (sports) re-
zervni igrač **substitute** II *a* alternativni,
rezervni **substitute** III *v* 1. *tr* zameniti
(zamijeniti); *to* ~ *one player for another*
zameniti jednog igrača drugim 2. *intr*
zameniti; *to* ~ *for smb.* zameniti neko-
ga **substitution** [~sti'tu:šən] *n* 1. zame-
njivanje (zamjenjivanje) 2. zamenik (also
sports) 3. (sports) izmena (izmjena)
igrača
subtenant [~'tenənt] *n* podstanar
subterfuge [~tərfju:dž] *n* vrdanje, izvrda-
vanje
subterranean [~tə'rejnijən] *a* podzemni
subtitle ['səbtajtəl] *n* 1. podnaslov, pod-
natpis 2. titl; *a foreign film with* ~*s*
strani film sa prevodom
subtle [sətl] *a* suptilan, fin, jedva zametljiv
(zamjetljiv) **subtlety** ['sətltij] *n* suptil-
nost, finoća
subtotal ['səbtoutəl] *n* suma stavke
subtract [~traekt] *v tr* and *intr* oduzeti; *to*
~ *two from five* oduzeti dva od pet
subtraction [~'traekšən] *n* oduzimanje
subtropical [~'trapəkəl] *a* suptropski **sub-
tropics** [~'trapiks] *n pl* suptropi
suburb [~ərb] *n* (often in *pl*) predgrađe;
to live in the ~*s* živeti (živjeti) u
predgrađu **suburban** [sə'bərbən] *a* pri-
gradski **suburbanite** [~ajt] *n* stanovnik
predgrađa **suburbia** [sə'bərbijə] *n pl*
predgrađe, prigradsko područje
subvention [səb'venšən] *n* subvencija
subversion [~'vəržən] *n* subverzija **sub-
versive** I [~'vərsiv] *n* podrivač (reda)
subversive II *a* podrivački **subvert**
[~'vərt] *v tr* podriti
subway [~wej] *n* 1. podzemna železnica
(željeznica) 2. (Br.) podzemni pešački
(pješački) prelaz 3. (Br.) see **underpass**
succeed [sək'sijd] *v* 1. *tr* slediti (slijediti);
dolaziti (za) 2. *intr* naslediti (naslijedi-
ti); *to* ~ *to a throne* naslediti presto
(prijestol) 3. *intr* uspeti (uspjeti); poći za
rukom; *he* ~*ed in catching the train* on
je uspeo da uhvati voz (W: vlak) **success**
[sək'ses] *n* uspeh (uspjeh) **successful** *a*
uspeo (uspio), uspešan (uspješan)

succession [sek'sešən] *n* nasleđivanje (na-
sljeđivanje), sukcesija
successive [sək'sesiv] *a* uzastopni
successor [sək'sesər] *n* naslednik (naslijed-
nik); *a* ~ *to a throne* naslednik prestola
(prijestola)
succinct [sək'singkt] *a* jezgrovit, jedar,
kratak, sažet
succor I ['səkər] *n* pomoć **succor** II *v tr*
pomoći
succotash ['səkətaeš] *n* jelo od kukuruza i
pasulja
succulence ['səkjələns] *n* sočnost **succulent**
a sočan
succumb [sə'kəm] *v intr* podleći; *to* ~ *to a
temptation* podleći iskušenju
such [səč] 1. *pron* takav; onakav; ~ *were
the results* takvi su bili rezultati 2. *a*
takav; onakav; ~ *is life* takav je život 3.
adv tako, onako; ~ *long sentences* tako
duge rečenice 4. misc.; *for* ~ *and* ~ *a
reason* iz tog i tog razloga
suck [sək] *v tr* and *intr* sisati; *to* ~ *one's
finger* sisati prst
sucker *n* (slang) naivko
suckle *v* 1. *tr* dojiti 2. *intr* biti na sisi,
sisati **suckling** *n* sisanče
suction I ['səkšən] *n* sisanje, usis, usisava-
nje **suction** II usisni; *a* ~ *pump* usisna
pumpa
Sudan [su:'daen] *n (the* ~*)* Sudan **Suda-
nese** I [su:də'nijz] *(pl* has zero) *n* Sudanac
Sudanese II *a* sudanski
sudden ['sədn] *a* 1. iznenadan 2. nagao,
naprasan
suds [sədz] *n pl* 1. sapunica 2. pena (pjena)
sudsy *a* pun sapunice
sue [su:] *v* 1. *tr* tužiti; povesti parnicu
(protiv); *to* ~ *smb. for (over) a debt*
tužiti nekoga za dug 2. *intr* tražiti; *to* ~
for peace tražiti mir 3. *intr* voditi
parnicu
suffer ['səfər] *v* 1. *tr* trpeti (trpjeti); *snosi-
ti; to* ~ *pain* trpeti bol 2. *tr* pretrpeti
(pretrpjeti); *to* ~ *losses* pretrpeti gubit-
ke 3. *intr* patiti; stradati; *he is* ~ *ing
(from a disease)* on pati (od bolesti)
suffering *n* patnja
suffice [sə'fajs] *v intr* biti dosta; ~ *it to
say that* ... dosta je ako se kaže da ...
sufficiency [sə'fišənsij] *n* dovoljnost **suf-
ficient** [sə'fišənt] *a* dovoljan; *a* ~ *reason*
dovoljan razlog

suffix I ['sǝfiks] *n* sufiks, nastavak **suffix** II *v tr* dodati (sufiks) **suffixation** [sǝfik-'sejšǝn] *n* sufiksacija

suffocate ['sǝfǝkejt] *v* 1. *tr* ugušiti, zagušiti 2. *intr* ugušiti se **suffocation** [~'kejšǝn] *n* ugušenje, zagušenje

suffrage ['sǝfridž] *n* pravo glasa; *female* ~ žensko pravo glasa **suffragette** [sǝfrǝ-'džet] *n* sufražetkinja (pobornica ženskog prava glasa)

sugar I ['šugǝr] *n* šećer (W also: cukar) **sugar** II *a* šećerni **sugar bowl** šećernica **sugar cane** šećerna trska

suggest [sǝg'džest] *v tr* sugerisati; *to* ~ *smt. to smb.* sugerisati nekome nešto **suggestion** [~'džesčǝn] *n* sugestija; predlog

suggestive [~'džestiv] *a* sugestivan

suicidal [su:ǝsajdl] *a* samoubilački; ~ *tendencies* samoubilačke tendencije **suicide** ['su:ǝsajd] *n* 1. samoubistvo (W: samoubojstvo); *to commit* ~ izvvriti samoubistvo 2. samoubica (W: samoubojica)

suit I [su:t] *n* 1. odelo (odijelo); odeća (odjeća) 2. kostim; *a bathing* ~ kupaći kostim 3. (cards) boja, karte iste boje; *to follow* ~ odgovoriti na boju; (and fig.) ići istim putem 4. parnica; proces; *to bring* ~ *against smb.* povesti parnicu protiv nekoga 5. udvaranje **suit** II *v tr* 1. odgovarati; *this apartment does not* ~ *us* ovaj stan nam ne odgovara 2. svideti (svidjeti) se; *how does that* ~ *you?* kako vam se to sviđa? 3. udesiti, prilagoditi **suitable** *a* podesan, pogodan, zgodan; *a* ~ *answer* zgodan odgovor

suitcase [~kejs] *n* kofer

suite [swijt] *n* 1. svita, pratioci 2. (mus.) svita 3. niz soba; apartman (u hotelu) 4. (also: [su:t]) garnitura nameštaja (namještaja)

suitor ['su:tǝr] *n* prosilac, udvarač

sulfur ['sǝlfǝr] *n* (chem.) sumpor

sulk I [sǝlk] *n* pućenje **sulk** II *v intr* pućiti se, préiti se, duriti se

sullen ['sǝlǝn] *a* mrzovoljan, zlovoljan

sully ['sǝlij] *v tr* ukaljati, uprljati; *to* ~ *smb.'s honor* ukaljati nečiji obraz

sultan ['sǝltǝn] *n* sultan

sultry ['sǝltrij] *a* sparan, zaparan

sum [sǝm] *n* 1. suma, zbir 2. iznos

summarize ['sǝmǝrajz] *v tr* rezimirati, ukratko izložiti, sažeti **summary** I ['sǝmǝrij] *n* kratak pregled, rezime **summary** II *a* sumaran; kratak

summer I ['sǝmǝr] *n* leto (ljeto) **summer** II *a* ljetnji (ljetnji); *a* ~ *vacation* letnji raspust **summerhouse** [~haus] *n* baštenska kuća **summer school** letnja škola

summit ['sǝmit] *n* vrh; (fig.) vrhunac; (fig.) samit **summit conference**, konferencija na samitu (na vrhu)

summon ['sǝmǝn] *v tr* 1. sazvati 2. pozvati; *to* ~ *witnesses* pozvati svedoke (svjedoke) **summons** *(-es)* sudski poziv

sumptuous ['sǝmpču:ǝs] *a* raskošan, divan

sum up *v* sumirati, uopštiti (uopćiti); kratko izložiti

sun I [sǝn] *n* Sunce, sunce; *the* ~ *rises (sets, shines)* Sunce izlazi (zalazi, sija) **sun** II *a* sunčani, sunčev **sun** III *v intr* and *refl* sunčati se **sun beath** sunčanje **sun-bathe** *v intr* sunčati se **sunbeam** [~bijm] *n* sunčani zrak (W: sunčana zraka) **sunburn** I [~bǝrn] *n* opekotina od sunca **sunburn** II *-ed or -t; v tr* izložiti suncu (da izgori); *to get* ~*ed* izgoreti (izgorjeti) od sunca

sundae ['sǝndij] *n* sladoled serviran sa voćem

Sunday I ['sǝndej] *n* nedelja (nedjelja) **Sunday** II nedeljni (nedjeljni); *a* ~ *newspaper* nedeljne novine

sundown [~daun] *n* sunčev zalazak

sundries [~drijz] *n pl* raznovrsne stvari **sundry** ['sǝndrij] *a* raznovrstan, razni; ~ *items* raznovrsne stvari

sunflower [~flauǝr] *n* suncokret **sunglasses** [~glaesis] *n pl* tamne naočari za sunce (protiv sunca) **sun lamp** veštačko (vještačko) sunce **sunlight** [~lajt] *n* sunčana svetlost (svjetlost) **sunny** ['sǝnij] *a* sunčan; *a* ~ *day* sunčan dan **sunrise** [~rajz] *n* izalazak sunca **sunset** [~set] *n* zalazak sunca **sunshine** [~šajn] *n* sijanje sunca **sunspot** [~spat] *n* Sunčeva pega (pjega) **sunstroke** [~strouk] *n* sunčani udar **suntan** [~taen] *n* preplanulost (od sunca)

super I ['su:pǝr] *n* see **superintendent**

super II *a* (slang) izvanredan

superb [su'pǝrb] *a* izvanredan; divan

supercilious [~'silijǝs] *a* ohol, uobražen

superficial [~fišǝl] *a* površan **superficiality** [~fišij'aelǝtij] *n* površnost

superfluous [su:'pǝrflu:ǝs] *a* suvišan, izlišan

superhighway [~'haᵢwejᵢ] *n* autostrada, autoput (sa šest ili više traka)

superhuman [~hju:mən] *a* nadljudski, natčovečanski (natčovječanski)

superintendent [~rin'tendənt] *n* nastojnik, domar, pazikuća

superior I [sə'pijrijər] *n* pretpostavljeni; pretpostavljeni oficir **superior** II *a* 1. pretpostavljen; *a* ~ *officer* pretpostavljeni (viši) oficir 2. nadmoćan; *the enemy was* ~ neprijatelj je bio nadmoćan 3. izvanredan; odličan **superiority** [səpijrij'orətij] *n* nadmoćnost, prevlast, premoć

superlative I [su'pərlətiv] *n* 1. superlativ; *to talk in* ~*s* izražavati se u superlativima 2. (gram.) drugi stepen, superlativ **superlative** II *a* superlativan; najviši

superman [~maen] *(-men [men])* *n* natčovek (natčovjek)

supermarket [~markit] *n* supermarket, velika samoposluga

supernatural [~'načərəl] *a* natprirodan (W also: nadnaravan)

super power supersila

supersede [~'sijd] *v tr* zameniti (zamijeniti)

supersonic [~'sanik] *a* nadzvučni, supersonični; *a* ~ *airplane* nadzuvučni avion

superstition [~'stišəs] *n* praznoverje (praznovjerje) **superstitious** [~'stišəs] *a* praznoveran (praznovjeran)

supervise [~vajz] *v tr* nadzirati, nadgledati **supervision** [~'vižən] *n* nadzor, nadgledanje **supervisor** [~vajzər] *n* nadzornik, nadlgednik **supervisory** [~'vajzərij] *a* nadzorni; *a* ~ *agency* nadzorni organ

supper ['səpər] *n* večera

supplant [sə'plaent] *v tr* istisnuti; zameniti (zamijeniti)

supple ['səpəl] *a* gibak, savitljiv; ~ *movements* gipki pokreti

supplement I ['səpləmənt] *n* dopuna **supplement** II *v tr* dopuniti **supplementary** [~'mentərij] *a* dopunski, dodatni

supplier [sə'plajər] *n* snabdevač (snabdjevač), liferant **supply** I [sə'plaj] *n* 1. snabdevanje (snabdijevanje), dotur (W also: opskrbljivanje) 2. zaliha; *a grain* ~ zaliha žita 3. (usu. in *pl*) predmeti snabdevanja, pribor; *office* ~*lies* kancelarijski pribor 4. (econ.) ponuda; ~ *and demand* ponuda i potražnja **supply** II *a* (usu. mil.) snabdevački (snabdjevački): *a* ~ *unit* snabdevačka jedinica **supply** III *v tr* 1. snabdeti (snabdjeti) (W also:

opskrbiti) 2. zadovoljiti: *to* ~ *a need* zadovoljiti potrebu **supply lines** putevi dotura

support I [sə'port] *n* 1. podrška 2. podupirač, oslonac 3. izdržavanje (žene) **support** II *v tr* 1. podržati; podupreti (poduprijeti) 2. izdržavati; *to* ~ *one's wife* izdržavati ženu **supporter** *n* 1. pristalica (W: pristaša) 2. podupirač, oslonac 3. (or: *athletic* ~) suspenzor

supporting *a* 1. koji podržava 2. epizodan; *a* ~ *role* epizodna uloga **supportive** [sə'portiv] *a* koji podržava

suppose [sə'pouz] *v tr* and *intr* 1. pretpostaviti 2. trebati; *I was* ~*d to help him* trebalo je da mu pomognem **supposed** *a* tobožnji **supposition** [səpə'zišən] *n* pretpostavka

suppress [sə'pres] *v tr* 1. ugušiti; *to* ~ *an insurrection* ugušiti pobunu 2. zataškati; *to* ~ *an incident* zataškati incident 3. zabraniti; *to* ~ *a newspaper* zabraniti novine **suppression** [s e'prešən] *n* 1. ugušenje 2. zataškavanje 3. zabrana

suppurate ['səpjərejt] *v intr* gnojiti (se)

supremacy [sə'preməsij] *n* 1. najviša vlast 2. prevlast; nadmoćnost

supreme [sə'prijm] *a* najviši; vrhovni; *a* ~ *commander* vrhovni komandant **Supreme Court** (Am.) Vrhovni sud

surcharge ['sərčardž] *n* doplata

sure I [šu:r] *a* siguran; uveren (uvjeren): *I am* ~ *that he will come* ja sam siguran da će doći 2. sigurno, pouzdano, bez sumnje; *he is* ~ *to come* sigurno (pouzdano) će doći **sure** II *adv* 1. (slang) see **surely** 2. misc.; *I'll come for* ~ sigurno ću doći **sure-footed** *a* siguran na nogama **surely** [~lij] *adv* sigurno, pouzdano; *he will* ~ *come* sigurno će doći

surf [sərf] *n* udaranje mora (o obalu)

surface I ['sərfəs] *n* površina **surface** II *a* površinski; ~ *ships* površinski brodovi **surface** III *v intr* izbiti na površinu; *the submarine* ~*d* podmornica je izronila na površinu

surge I [sərdž] *n* 1. silan vla, talas 2. (fig.) uzburkanje **surge** II *v intr* uzburkati se; nadići se

surgeon ['sərdžən] *n* hirurg (kirurg) **surgery** ['sərdžərij] *n* 1. hirurgija (kirurgija); *emergency* u hitna hirurgija 2. (Br.) lekareva — ljekareva (W: liječnikova) ordinacija **surgical** ['sərdžikəl] *a* hirurški (kirurški) surly ['sərlij] a nabusit; mrzovoljan

surmise [sər'majz] v tr and intr pretpostaviti

surmount [sər'maunt] v tr savladati; to ~ an obstacle savladati prepreku

surname ['sərnejm] n prezime

surpass [sər'paes] v tr nadmašiti

surplus I ['sərpləs] n višak; a labor ~ višak radne snage surplus II a suvišan surplus value (econ.) višak vrednosti (vrijednosti)

surprise I [sər'prajz] n iznenađenje surprise II a iznenadan surprise III v tr iznenaditi

surrealism [sə'rijəlizəm] n nadrealizam surreaistic [sərijə'listik] a nadrealistički

surrender I [sə'rendər] n predaja, kapitulacija surrender II v 1. tr predati; to ~ a fortress predati tvrđavu 2. intr predati se; to ~ to the enemy predati se neprijatelju

surreptitious [sərəp'tišəs] a tajan; skriven

surrogate I ['sərəgit] n surogat, zamena (zamjena) surrogate II a zamenički (zamjenički)

surround [sə'raund] v tr opkoliti surroundings n pl okolina, ambijent

surtax ['sərtaeks] n dopunski porez, prirez

surveillance [sər'vejləns] n prismotra; to be under ~ biti pod prismotrom

survey I ['sərvej] n 1. pregled; to make a ~ izvršiti pregled 2. premer (premjer) survey II v 1. tr pregledati 2. tr premeriti (premjeriti) 3. intr vršiti premer surveyor n [~'vejər] n zemljomer (zemljomer)

survival [sər'vajvəl] n preživljavanje; opstanak survive [sər'vajv] v tr and intr preživeti (preživjeti); opstati; to ~ a war preživeti rat survivor n preživeli (preživjeli)

susceptible [sə'septəbəl] a osetljiv (osjetljiv); ~to smt. osetljiv na nešto

suspect I ['səspekt] n osumnjičena osoba suspect II a sumnjiv, osumnjičen, podozriv suspect III [səs'pekt] v tr 1. sumnjičiti, sumnjati, podozrevati (podozrijevati); he ~s me of stealing the money on sumnja da sam ukrao pare 2. (colloq.) pretpostaviti; I ~ that he's at home pretpostavljam da je on kod kuće

suspend [səs'pend] v tr 1. (privremeno) udaljiti, ukloniti, suspendovati; (sports) he was ~ed for six months kažnjen je na šest meseci (mjeseci) neigranja 2.

obustaviti; to ~ payment obustaviti plaćanje 3. (privremeno) oduzeti, ukinuti; to ~ smb.'s driver's license oduzeti nekome vozačku dozvolu 4. obesiti (objesiti) suspended sentence (legal) uslovna (W: uvjetna) osuda

suspender n 1. (in pl) naramenice 2. Br.; see garter

suspense [səs'pens] n neizvesnost (neizvjesnost): to keep in ~ držati u neizvesnosti

suspension [səs'penšən] n 1. udaljenje (sa službe), suspenzija 2. obustava 3. (on an automobile) federovanje 4. oduzimanje; ~ of a license oduzimanje dozvole suspension bridge viseći most

suspicion [səs'pišən] n podozrenje; sumnja; to evoke ~ izazvati podozrenje suspicous [səs'pišəs] a 1. podozriv, koji izaziva sumnju; sumnjiv 2. sumnjičav, podozriv; to be ~ of smb. biti podozriv prema nekome

sustain [səs'tejn] v tr 1. održati 2. podržati; (Am., pol.) to ~ a veto podržati veto

sustenance ['səstənəns] n izdržavanje; ishrana; sredstva za život

suture I ['su:čər] n (surgery, anat., bot.) šav suture II v tr (surgery) spojiti šavom

svelte [svelt] a vitak; graciozan

swab I [swab] n 1. (med.) krpica za upijanje vlage 2. otirač, resasta metla swab II v tr obrisati, oprati, očistiti; to ~ a deck oprati palubu

swaddle ['swadl] v tr poviti; to ~ a baby poviti dete (dijete) swaddling clothes pl (also fig.) povoj

swagger I ['swaegər] n šepurenje, razmetanje swagger II v intr šepuriti se, razmetati se

swahili [swa'hijlij] n svahili, suahili (jezik bantu porodice)

swallow I ['swalou] n gutanje, gutljaj swallow II v tr and intr progutati (also fig.); to ~ a bitter pill progutati gorku pilulu

swallow III n lasta

swamp I [swamp] n močvara swamp II v tr 1. preliti, preplaviti; a large wave ~ed the boat veliki talas je prelio čamac 2. (fig.) preplaviti; pretrpati; ~ed with work pretrpan poslom 3. poraziti; to be ~ed (at an election) doživeti (doživjeti) krupan neuspjeh (na izborima) swampy a močvaran

swan [swan] n labud

swank [swaengk] *a* 1. elegantan 2. razmetljiv

swan song labudova pesma (pjesma) (also fig.)

swap I [swap] *n* (colloq.) trampa **swap** ii *v tr* and *intr* trampiti

swarm I [sworm] *n* roj; *a* ~ *of bees* roj pčela **swarm** II *v intr* 1. rojiti se; motati se: *to* ~ *around smb.* rojiti se oko nekoga 2. vrveti (vrvjeti), gamizati; *the square is* ~*ing with people* trg vrvi od ljudi 3. nagrnuti, navaliti; *they* ~*ed into the auditorium* nagrnuli su u salu

swarthy [sworth:ij] *a* crnomanjast

swastika ['swastika] *n* kukasti krst (W: križ)

swath [swath] *n* otkos; širina pokošenog prostora

swatter ['swatər] *n* see **fly swatter**

sway I [swej] *n* 1. njihanje, ljuljanje 2. uticaj; *under smb.'s* ~ pod nečijim uticajem **sway** II *v* 1. *tr* poljuljati 2. *intr* ljuljati se, njihati se

swear [swejr]; *swore* [swor]; *sworn* [sworn] *v* 1. *tr* zakleti se (na); *to* ~ *fidelity* zakleti se na vernost (vjernost) 2. *tr (to* ~ *in)* zakleti; *to* ~ *in witnesses* zakleti svedoke (svjedoke) 3. *tr* and *intr* kleti se 4. *intr* opsovati; *to* ~ *at smb.* opsovati nekoga 5. misc.; *to* ~ *out a warrant against smb.* podneti (podnijeti) krivičnu prijavu protiv nekoga

swearword [~word] *n* psovka

sweat I [swet] *n* znoj; *he broke out in a* ~ probio ga je znoj **sweat** II *a* znojni **sweat** III *v intr* znojiti se **sweatband** [~baend] *n* znojna traka

sweater *n* džemper; *a woolen* ~ vuneni džemper

sweat shirt *n* gornji deo (dio) trenerke

sweatshop [~šap] *n* radionica u kojoj su radnici bedno (bijedno) plaćeni

sweat suit trenerka

Swede [swijd] *n* Šveđanin **Sweden** n Švedska **Swedish** I *n* švedski jezik **Swedish** II *a* švedski

sweep I [swijp] *n* 1. metenje, čišćenje 2. (usu. sports) potpuna pobeda (pobjeda); *a clean* ~ niz uzastopnih pobeda 3. (mil.) (izviđački) upad **sweep** ii *swept* [swept] *v* 1. *tr* pomesti; očistiti metlom; *to* ~ *(out) a room* pomesti sobu 2. *tr* brisati; *the waves swept the deck* talasi su brisali palubu 3. *tr* tući (vatrom); pokositi; *our machine guns swept the*

nill naši su mitraljesci tukli brdo 4. *tr* (mil.) očistiti; *to* ~ *an area* očistiti rejon 5. *tr* (sports) odneti — odnijeti (niz — pobeda — nad); *to* ~ *a series (with a team)* odneti niz pobeda (nad nekom ekipom) 6. *intr* mesti; *to* ~ *with a broom* mesti metlom; **a new broom* ~*s clean* nova metla dobro mete **sweeper** *n* 1. čistač (ulica) 2. usisivač

sweeping *a* dalekosežan; potpun; ~ *measures* dalekosežne mere (mjere)

sweepstakes [~stejks] *n pl* opklada (lutrija) kod koje dobitnik dobija sve uloge ili deo (dio) uloga; konjska trka — W: utrka (s takvim klađenjem)

sweet I (swijt] *n* 1. slatkoća 2. slatkiš, slatko **sweet** II *a* 1. sladak 2. sladak, neslan; ~ *water* slatka voda 3. sladak, ljubak, ljubazan; *a* ~ *girl* slatka devojčica (djevojčica) **sweeten** *v tr* zasladiti, osladiti **sweetener** *n* sredstvo za zaslađivanje

sweetheart [~hart] *n* dragan; dragana

sweet potato batata, indijski krompir (W: krumpir)

swell I [swel] -*ed;* -*ed* or *swollen* ['swoulən] *v* 1. *tr* učiniti da otekne 2. *intr* oteći; naduti se; nabreknuti; *his cheek is swollen* otekao mu je obraz; *his knee* ~*ed* koleno (koljeno) mu je oteklo 3. *intr* narasti; uvećati se **swell** II *a* (colloq.) odličan **swelling** *n* oteklina, otok, nabreknuće

swelter ['sweltər] *v intr* gušiti se; preznojavati se; *to* ~ *in the heat* gušiti se od vrućine **sweltering** *a* vruć; sparan, zaparan

swerve I [swərv] *n* skretanje, zastranjivanje **swerve** II *v intr* skrenuti, zastraniti

swift [swift] *a* brz

swig I [swig] *n* nategljaj, gutljaj, poteg **swig** II *v tr* and *intr* lipati, piti velikim gutljajima

swill [swil] *n* pomije, splačine

swim I [swim] *n* plivanje; *to go for a* ~ okupati se **swim** II *swam* [swaem]; *swum* [swəm] *v* 1. *tr* and *intr* preplivati; *to* ~ *(across) a river* preplivati reku (rijeku) 2. *tr* and *intr* plivati; *to* ~ *the crawl* plivati kraulom; *he knows how to* ~ on zna da pliva **swimming** *n* plivanje **swimming pool** plivački bazen, basen

swindle I ['swindl] *n* prevara **swindle** II *v tr* prevariti **swindler** *n* varalica

swine [swajn] *n* 1. *pl* svinje, krmad 2. *(pl has zero)* (fig.) svinja, moralno propala osoba

swing I [swing] *n* 1. njihaj, njihanje; ljuljanje 2. ljuljaška 3. mah, slobodan tok; jek; *in full* ~ u punom jeku 4. vrsta džeza **swing** II *swung* [swəng] *v* 1. *tr* njihati; ljuljati 2. *intr* njihati se, ljuljati se; *the children are* ~*ing (on the swings)* deca (djeca) se ljuljaju (na ljuljaškama) 3. *intr* (colloq.) raskalašno živeti (živjeti) **swinger** *n* (colloq.) raskalašenik, raspusnik

swipe I [swajp] *n* snažan udarac **swipe** II *v tr* 1. udariti 2. (slang) ukrasti

swirl I [swərl] *n* 1. kovitlanje, vitlanje 2. vrtlog, vihor **swirl** II *v* 1. *tr* kovitlati, vitlati 2. *intr* kovitlati se, vitlati se

swish I [swiš] *n* fiskanje; zvižduk **swish** II *v* 1. *tr* fiskati; *to* ~ *a tail* fiskati repom 2. *intr* fisnuti

Swiss I [swis] *(pl* has zero) *n* Svajcarac (W: Švicarac) **Swiss** II *a* švajcarski (W: švicarski) **Swiss cheese** švajcarski sir, ementaler

switch I [swič] *n* 1. šiba, prut 2. (elec.) prekidač 3. skretnica 4. preokret, zaokret; *an unexpected* ~ neočekivan preokret **switch** II *v* 1. *tr* šibom istući 2. *tr* skrenuti; prebaciti; obrnuti; *to* ~ *a conversation to another topic* skrenuti (obrnuti) razgovor na'drugu temu 3. *tr* preći; *to* ~ *sides* preći na drugu stranu 4. *tr* manevrisati; *to* ~ *locomotives* manevrisati lokomotive 5. *intr* preći; *to* ~ *to coal* preći na ugalj

switchboard [~bord] *n* komutator; telefonska centrala; razvodna tabla **switchboard operator** telefonista, telefonistkinja

switchman [~mən] *(-men* [min]) *n* skretničar

switch off *v* ugasiti; *to switch off a radio* ugasiti radio

switch on *v* upaliti; *to switch a lamp on* upaliti lampu

Switzerland ['switsərlənd] *n* Švajcarska (W: Švicarska)

swivel I ['swivəl] *n* stožer; obrtni spoj **swivel** II *v intr* obratiti se (oko stožera) **swivel chair** okretna (pokretna) stolica (sa stožerom)

swoon I [swu:n] *n* nesvest (nesvijest) **swoon** II *v intr* pasti u nesvest (nesvijest), onesvestiti (onesvijestiti) se

swoop I [swu:p] *n* 1. kidisanje, nalet, nasrtaj 2. napor; *at one fell* ~ najednom, najedanput **swoop** II *v intr* (also: *to* ~ *down)* kidisati, nasrnuti; sručiti se; *the hawk* ~*ed down* jastreb se sručio

sword [sord] *n* mač; *by fire and* ~ ognjem i mačem **swordsman** [~zmən] *(-men* [min]) *n* mačevalac

sycamore ['sikəmor] *n* (bot.) 1. američka platana 2. egipatska smokva, sikomora 3. javor

sycophancy ['sikəfənsij] *n* ulizivanje, ulagivanje **sycophant** *n* ulizica, ulagivač

syllabic [si'laebik] *a* silabičan, slogovni **syllable** ['siləbəl] *n* slog

syllabus ['silebes] *(-es* or *-bi* [baj]) *n* program, prospekt; nastavni plan

symbol ['simbəl] *n* simbol **symbolic** [sim'balik] *a* simboličan **symbolism** ['simbəlizəm] *n* simbolika, simbolizam **symbolist** *n* simbolista **symbolize** *v tr* simbolizovati

symmetric [si'metrik] *a* simetričan; simetrijski **symmetry** ['simətrij] *n* simetrija

sympathetic [simpə'thetik] *a* saosećajan (suosjećajan) **sympathize** ['simpəthajz] *v intr* saosećati (suosjećati), simpatizirati; *to* ~ *with smb.* saosećati (simpatizirati) s nekim **sympathizer** *n* simpatizer **sympathy** ['simpəthij] *n* 1. saosećaj 2. simpatija, naklonost

symphonic [sim'fanik] *a* simfonijski **symphony** I ['simfənij] *n* simfonija **symphony** II *a* simfonijski **symphony orchestra** simfonijski orkestar

symposium [sim'pouzijəm] *n* simpozijum

symptom ['sim(p)təm] *n* simptom **symptomatic** [simptə'maetik] *a* simptomatičan

synagogue ['sinəgag] *n* sinagoga

synchronic [~'kranik] *a* sinhroničan (sinkroničan), sinhron (sinkron) **synchronize** [~krənajz] *v tr* sinhronizovati

syndicate I ['sindikit] *n* organizacija, udruženje **syndicate** II [~kejt] *v tr* 1. organizovati (u sindikat) 2. prodati (rubriku listovima) **syndicated column** redovna rubrika koja se pojavljuje u mnogim listovima

synod ['sinəd] *n* sinod

synonym ['sinənim] *n* sinonim **synonymous** [si'nanəməs] *a* sinoniman

synopsis [si'napsis] *(-ses* [sijz]) *n* rezime, sažet pregled, sinopsis

syntactic [sin'taektik] *a* sintaksički, sintaktički **syntax** ['sintaeks] *n* sintaksa

synthesis ['sinthəsis] *(-ses* [sijz]) *n* sinteza
synthesize [~sajz] *v tr* sintetizovati
synthetic [sin'thetik] *a* sintetski, sinteti-
čan, sintetički

syphilis ['sifəlis] *n* sifilis

Syria ['sirijə] *n* Sirija **Syrian** I *n* Sirijac
Syrian II *a* sirijski

syringe [sə'rindž] *n* brizgalica, špric
syrup ['sirəp] *n* sirup **syrupy** *a* nalik na
sirup
system ['sistəm] *n* sistem (W also: sustav);
a digestive ~ sistem za varenje **system-
atic** [sistə'maetik] *a* sistemski, siste-
matičan **systematize** ['sistəmətajz] *v t*
sistematizovati

T

t [tij] n t (slovo engleske azbuke)
tab [taeb] n 1. pokretni poklopac, zalistak
2. račun 3. misc.; *to keep ~s on smt.*
kontrolisati nešto
tabernacle ['taebərnaekəl] n (rel.) prebiva-
lište, tabernakul
table I ['tejbəl] n 1. sto (stol); *to set a ~*
postaviti sto 2. tablica; *a multiplication*
~ tablica množenja 3. tabela; pregled; *a*
~ of contents sadržaj, pregled sadržaja
4. misc.; *to turn the ~s on smb.*
doskočiti nekome table II a stoni (stol-
ni); *a ~ knife* stoni nož table III v tr 1.
odložiti; *to ~ a motion* odložiti diskusi-
ju o predlogu 2. (Br.) izneti (iznijeti) na
raspravu tablecloth [~kloth] n stolnjak,
čaršav za sto (stol) table lamp stona
(stolna) lampa tablespoon [~spu:n] n
stona (stolna) kašika (W: žlica)
tablet ['taeblit] n 1. ploča 2. tableta, pilula
table tennis stoni (stolni) tenis table-ten-
nis a stonoteniski (stolnoteniski) table-
tennis player stonotenisač (stolnote-
nisač)
tabloid ['taeblojd] n dnevni list malog
formata
taboo I [tə'bu:] n tabu taboo II a tabu;
such discussions are no longer ~ takvi
razgovori nisu više tabu
tabulate ['taebjəlejt] v tr sastaviti spisak
(nečega) u vidu tablice
tabulator n tabulator
tacit ['taesit] a prećutan; *~ approval*
prećutno odobrenje
taciturn ['taesətərn] a uzdržan, rezervisan
tack I [taek] n 1. ekserčić, čavlić (also
thumbtack) 2. (naut.) menjanje (mijenja-
nje) pravca 3. taktika, put, način; *to try*
a new ~ promeniti (promijeniti) taktiku

tack II v 1. tr pribiti ekserčićem (čavli-
ćem) 2. tr *(to ~ on)* dodati 3. intr (naut.)
promeniti pravac broda, lavirati
tackle I n 1. pribor; *fishing ~* ribarski
pribor 2. (naut.; also: *block and ~*)
koloturnik 3. obaranje na zemlju (obuh-
vatom nogu) tackle II v tr 1. oboriti na
zemlju (obuhvatom nogu) 2. latiti se; *to*
~ a job latiti se posla
tact [taekt] n takt, osećanje mere (osjeća-
nje mjere) tactful a taktičan, pun takta
tactic n manevar tactical a taktički; *a ~*
maneuver taktički manevar tactician
[taek'tišən] n taktičar tactics ['taektiks]
n pl taktika
tactless a netaktičan
taffy ['taefij] n vrsta karamele
tag I [taeg] n 1. etika 2. visuljak, privesak
(privjesak) 3. podsetnica (podsjetnica) 4.
(on an automobile) tablica (see also
license plate) 5. nadimak tag II v 1. tr
staviti etiketu (na); označiti 2. tr *(to ~*
an automobile) see ticket II 3. intr
pratiti, trčati; *to ~ after smb.* stalno
trčati za nekim
tag III n šuga; *to play ~* igrati se šuge tag
II v tr stići i dodirnuti (u igri šuge)
tail I [tejl] n 1. rep; *to wag a ~* mahati
(mrdati) repom 2. (or: *~ end*) rep; kraj;
to bring up the ~ end biti poslednji
(posljednji) 3. (aviation) rep, repne povr-
šine 4. (in pl) pismo (cf. **head** I 4) 5. (in
pl) frak 6. (colloq.) pratilac; *to keep a ~*
on smb. držati nekoga pod prismotrom
7. (colloq.) trag; *to be on smb.'s ~*
tragati za nekim tail II a repni; zadnji; *a*
~ light repno svetlo (svjetlo) tail III v tr
1. slediti (slijediti) u stopu 2. držati pod
prismotrom, pratiti

tailor I *n* krojač **tailor** II *v tr* 1. krojiti; *to* ~ *a garment* krojiti odelo (odijelo) 2. (fig.) prilagoditi; *to* ~ *smt. to smb.'s needs* prilagoditi nešto nečijim potrebama

tail pipe izduvna cev (cijev)

tailspin [~spin] *n* (aviation) kovit

tail wind vetar (vjetar) u leđa

taint I [tejnt] *n* mrlja **taint** II *v tr* 1. uprljati 2. pokvariti; ~*ed meat* pokvareno meso

Taiwan ['taj'wan] *n* Tajvan

take I [tejk] *n* 1. uzimanje 2. ulov, lovina 3. pazar; dobit 4. uspelo (uspjelo) kalemljenje (W: kalamljenje) 5. deo (dio) filma snimljen bez zaustavljanja kamere **take** II *took* [tuk]; *taken* ['tajkən] *v* 1. *tr* uzeti; *to* ~ *a book from a shelf* uzeti knjigu s police 2. *tr* uzeti; primiti; *to* ~ *advice* primiti savet (savjet) 3. *tr* primiti; *to* ~ *a direct hit* primiti direktan pogodak 4. *tr* zauzeti, uzeti; osvojiti; *to* ~ *a city* osvojiti grad; *to* ~ *one's place* zauzeti mesto (mjesto) 5. *tr* uzeti, kupiti; *I'll* ~ *this hat* uzeću ovaj šešir 6. *tr* uzeti, oduzeti; *the thieves took his money* lopovi su mu uzeli (oduzeli) novac 7. *tr* uzeti, razmotriti; *let's* ~ *(up) the facts in order* uzmimo (razmotrimo) činjenice po redu 8. *tr* oduzeti, odbiti; *to* ~ *a dollar off the price* odbiti dolar od cene (cijene) 9. *tr* preuzeti, preduzeti; uzeti; *to* ~ *measures* preduzeti mere (mjere) 10. izmeriti (izmjeriti); *to* ~ *smb.'s pulse* izmeriti nekome puls 11. *tr* (gram.) zahtevati (zahtijevati), tražiti; *this verb* ~*s the dative* ovaj glagol zahteva (traži) dativ 12. *tr* izvaditi, uzeti; *to* ~ *money out of a wallet* izvaditi novac iz novčanika 13. *tr* trebati, iziskivati; uzimati; biti potreban; *that* ~*s time* za to treba vremena 14. *tr* savladati; preskočiti; *the horse took the obstacle* konj je preskočio prepreku 15. *tr* smatrati, držati; *to* ~ *smb. for a fool* smatrati nekoga za budalu 16. *tr* povesti, odvesti, izvesti; *to* ~ *for a walk* povesti (izvesti) u šetnju 17. *tr* poneti (ponijeti), uzeti; *he took two suitcases on his trip* on je poneo na put dva kofera 18. *tr* hvatati, voditi, praviti; *to* ~ *notes* hvatati beleške (bilješke) 19. *tr* položiti; *to* ~ *a test* položiti ispit 20. *tr* nalaziti; *to* ~ *pleasure in smt.* nalaziti zadovoljstvo u nečemu 21. *tr* povući; *to*

~ *money out of circulation* povući novčanice iz opticaja 22. *tr* stenografisati; *to* ~ *a letter* stenografisati pismo 23. *tr* dobijati; *to* ~ *shape* dobijati oblik 24. pretrpeti (pretrpjeti); *to* ~ *heavy losses* pretrpeti teške gubitke 25. *tr* pokoravati se; *to* ~ *orders* pokoravati se naredbama 26. *intr* primiti se; *the vaccination did not* ~ vakcina se nije primila 27. misc.; *to* ~ *advantage of smt.* iskoristiti nešto; **to* ~ *after smb.* umetnuti se na nekoga; *to* ~ *apart* rasklopiti; *to* ~ *smb. at his word* verovati (vjerovati) nekome na reč (riječ); *to* ~ *attendance* prozvati đake; *to* ~ *a chance* okušati sreću; *if we don't hear from you, we'll* ~ *it for granted that you agree* ako se ne javite, smatraćemo da se slažete; **to* ~ *it out on smb.* iskaliti ljutnju na nekoga; *to* ~ *place* desiti se; *to* ~ *smb. by surprise* iznenaditi nekoga; *to* ~ *one's time* ne žuriti se; *to* ~ *as a hostage* uhvatiti kao taoca; *to* ~ *prisoner* zarobiti; *to* ~ *it easy* odmarati se; *to* ~ *minutes* voditi zapisnik

take down *v* 1. skinuti; *to take a book down from a shelf* skinuti knjigu sa police 2. (or: *to take down in shorthand*) stenografisati

take in *v* 1. uneti (unijeti) unutra 2. primiti na prenoćište 3. prevariti; *he was taken in* on je bio prevaren 4. stesniti (stijesniti), suziti; *to take in a dress* suziti haljinu 5. razgledati; *to take in the sights* razgledati znamenitosti 6. misc.; *he took it all in* on je sve video (vidio); *to take in laundry* biti pralja

take off *v* 1. skinuti, svući; izuti; *to take off one's eyeglasses* skinuti naočare 2. uzletati (uzletjeti); *the airplane took off* avion je uzleteo **takeoff** [~of] *n* 1. poletanje (polijetanje), polet, uzlet 2. (colloq.) imitacija; karikiranje; *a* ~ *on smb.* imitacija nekoga

take on *v* 1. latiti se; *to take on a job* latiti se posla 2. najmiti; *to take workers on* najmiti radnike 3. snabdeti (snabdjeti) se; *the airplane took on fuel* avion se snabdeo gorivom 4. primiti, pokupiti; *to take on passengers* primiti putnike

take out *v* 1. izvaditi; *he took out his wallet* izvadio je novčanik 2. dobiti; izvaditi; *to take a patent out on smt.* dobiti patent na nešto 3. izvesti; *to take a girl out for dinner* izvesti devojku (djevojku) na večeru 4. zaključiti; *to take out fire insurance* zaključiti osiguranje od požara

take over *v* preuzeti; primiti; *to take over power* preuzeti vlast

take up *v* 1. odneti (odnijeti) gore 2. oduzeti; *to take up a lot of time* oduzeti mnogo vremena 3. odati se; *to take up sports* odati se sportu 4. latiti se; *to take up arms* latiti se oružja 5. nastaviti, produžiti; *let's take up again where we left off* da nastavimo gde (gdje) smo stali

talc [taelk] *n* talk **talcum** [~əm] n (or: ~ *powder)* puder od talka

tale [tejl] *n* priča; *to tell a* ~ ispričati priču

talent ['taelənt] *n* talenat, dar, sposobnost; *a* ~ *for smt.* talenat za nešto

talk I [tok] *n* 1. razgovor; *small* ~ razgovor o beznačajnim stvarima 2. govor; *to give a* ~ održati govor 3. (in *pl)* pregovori **talk** II *v* 1. *tr* and *intr* govoriti; *to* ~ *about smt.* govoriti o nečemu; *to* ~ *French* govoriti francuski 2. pretresati; raspravljati (o), govoriti (o); *to* ~ *politics* pretresati politiku 3. misc.; *children should not* ~ *back to their parents* deca (djeca) ne treba da odgovaraju roditeljima; *to* ~ *big* hvalisati se; *to* ~ *smb. into doing smt.* navesti nekoga da uradi nešto; *to* ~ *smb. out of smt.* odgovoriti (odvratiti) nekoga od nečega **talkative** [~ətiv] *a* govorljiv **talker** *n* govornik

talk show govorni šou-program, razgovorna emisija (sa zanimljivim ličnostima)

tal [tol] *a* 1. visok; *a* ~ *man* visok čovek (čovjek); *he is six feet* ~ visok je šest stopa 2. misc.; **a* ~ *order* težak zadatak

tallow ['taelou] *n* loj

tally I ['taelij] *n* raboš; urez na rabošu 2. značka, oznaka **tally** II *v* 1. *tr* urezati u raboš 2. *tr* snabdeti (snabdjeti) značkom 3. *intr* podudarati se, poklapati se

talon ['taelən] *n* kandža

tambourine [taembə'rijn] *n* tamburin, daire

tame I [tejm] *a* 1. krotak; pritom; *a* ~ *animal* pitoma životinja 2. (colloq.) otrcan, dosadan **tame** II *v tr* ukrotiti; *to* ~ *a lion* ukrotiti lava **tamer** *n* ukrotilac

tamper ['taempər] *v intr* 1. pokvariti; *to* ~ *with a mechanism* pokvariti mehanizam 2. čačkati, majati se 3. podmititi; *to* ~ *with a jury* podmititi porotnike

tampon ['taempan] *n* čep, tampon

tan I [taen] *n* 1. žutomrka boja 2. preplanulost, crnilo **tan** II *a* 1. žutomrk 2. preplanuo; *a* ~ *face* preplanulo lice **tan** III *v* 1. *tr* uštaviti 2. *tr* and *intr* preplanuti

tandem ['taendəm] *n* tandem

tang [taeng] *n* oštar ukus, oštar miris

tangent ['taendžənt] *n* 1. tangens, tangenta 2. digresija, zastranjivanje; *to fly off on a* ~ naglo se udaljiti od teme razgovora

tangerine [taendžə'rijn] *n* mandarina

tangible ['taendžəbəl] *a* dodirljiv

tangle I ['taenggəl] *n* zamršenost; zaplet **tangle** II *v* 1. *tr* zamrsiti 2. *intr* zamrsiti se

tango I ['taenggou] *n* tango **tango** II *v intr* igrati (plesati) tango

tank I [taengk] *n* 1. tank, rezervoar; *a fuel (oil)* ~ rezervoar za gorivo (naftu) 2. (mil.) tenk **tank** II *a* tenkovski; *a* ~ *battalion* tenkovski bataljon **tanker** *n* tanker (brod za prevoz — prijevoz tekućina)

tanner ['taenər] *n* štavljač **tannery** *n* štavionica

tantalize ['taentəlajz] *v tr* mučiti

tantamount ['taentəmount] *a* ravan; ~ *to a command* ravan zapovesti (zapovijesti)

tantrum ['taentrəm] *n* bes (bijes); *to fly into a* ~ razgoropaditi se

tap I [taep] *n* 1. tapšanje; lak udarac 2. (on shoes) fleka **tap** II *v* 1. *tr* potapšati, potapkati; *to* ~ *smb. on the shoulder* potapšati nekoga po ramenu 2. *tr* (lako) lupati; *to* ~ *one's foot* lupati nogom 3. *intr* (lako) udarati

tap III *n* 1. vranj, čep; slavina; *beer on* ~ pivo iz bačve 2. (med.) punkcija, ubod (see also **spinal tap**) 3. prislušni uređaj **tap** IV *v tr* 1. točiti; *to* ~ *beer* točiti pivo iz bačve 2. načeti; *to* ~ *a barrel* načeti bure 3. (med.) punktirati 4. prisluškivati; *to* ~ *telephone conversations* prisluškivati telefonske razgovore 5. koristiti; *to* ~ *a source* koristiti izvor

tap dance vrsta plesa

tape I [tejp] *n* 1. traka, vrpca; *magnetic* ~ magnetska traka 2. (sports) ciljna vrpca **tape** II *v tr* snimiti na magnetofonsku traku **tape measure** krojački santimetar (W: centimetar)

taper I ['tejpər] *n* 1. tanka voštana svećica (svjećica) 2. fitilj premazan voskom (za paljenje) **taper** II *v* 1. *tr* zašiljiti 2. *intr* zašiljiti se

tape-record *v tr* snimiti na magnetofonsku traku **tape recorder** *n* magnetofon **tape recording** *n* magnetofonski snimak

tapestry ['taepistrij] *n* tapiserija

tapeworm [~wərm] *n* pantljičara

tapioca [taepij'oukə] *n* tapioka

taproom ['taepru:m] *n* točionica; bar

taps [taeps] *n* povečerje

tar I [tar] *n* katran **tar** II *v tr* katranisati; **to ~ and feather smb.* namazati nekoga katranom i uvaljati u perje (kao kazna)

tardiness ['tardijnis] *n* zakasnelost (zakasnjelost) **tardy** *a* zakasneli (zakasnjeli)

target ['targit] *n* meta, cilj; *to hit the ~* pogoditi (u) metu **target practice** školsko gađanje

tariff ['taerif] *n* carina, tarifa; *protective ~s* zaštitne carine

tarnish ['tarniš] *v* 1. *tr* oduzeti (nečemu) boju (sjaj) 2. *intr* gubiti boju (sjaj); tamneti (tamnjeti); *silver ~es* srebro tamni

tarpaper ['tarpejpər] *n* nakatranisani papir

tarpaulin ['tarpəlin] *n* cerada

tarry ['taerij] *v intr* 1. kasniti 2. čekati 3. boraviti

tart I [tart] *n* (cul.) mala pita s voćem 2. bludnica, prostitutka

tart II *a* 1. opor, kiseo 2. (fig.) oštar, zajedljiv

tartar I ['tartər] *n* (zubni) kamenac

tartar II 1. see **Tatar** I, II 2. divljak; **to catch a ~* naići na jačeg protivnika

task [taesk] *n* zadatak; *a difficult (aesy) ~* težak (lak) zadatak **task force** (mil.) (privremena) operativna (taktička) grupa **taskmaster** [~maestər] *n* poslodavac, nadzornik rada; *a stern ~* strog nadzornik

tassel ['taesəl] *n* kićanka

taste I [tejst] *n* 1. ukus (W also: okus) *a sense of ~* čulo (W: ćutilo) ukusa; *she has good ~* ona ima dobar ukus 2. predstava, pojam; *to give smb. a ~ of smt.* dati nekome neki pojam o nečemu 3. sklonost 4. probanje, proba; *have a ~* probaj malo **taste** II *v* 1. *tr* probati; okusiti; *to ~ food* probati jelo 2. *intr* imati ukus; zaudarati **tasteful** *a* ukusan; *~ colors* ukusne boje **tasteless** *a* bezu-

kusan, neukusan **tasty** *a* ukusan; *~ food* ukusno jelo

Tatar i ['tatər] *n* 1. Tatarin 2. tatarski jezik **Tatar** II *a* tatarski

tatter I ['taetər] *n* dronjak; *in ~s* u dronjcima **tatter** II *v* 1. *tr* pocepati (pocijepati) u dronjke 2. *intr* pocepati se u dronjke

tattle ['taetl] *v intr* prijaviti, dostaviti; *to ~ on smb. to the teacher* prijaviti nekoga učitelju **tattletale** [~tejl] *n* prijavljivač, dostavljač

tattoo I [tae'tu:] *n* (mil.) sviranje povečerja **tattoo** II *n* tetoviranje **tattoo** III *v tr* istetovirati

taunt I [tont] *n* poruga **taunt** II *v tr* porugati se; *to ~ smb.* porugati se nekome

taut [tot] *a* zategnut; nategnut

tavern ['taevərn] *n* kafana (kavana), krčma

tawdry ['todrij] *n* nakinđuren, drečeći

tawny ['tonij] *a* žutomrk

tax I [taeks] *n* porez; taksa; *an excise (income) ~* porez na promet (dohodak) **tax** II *a* poreski; *to file a ~ return* podneti (podnijeti) poresku prijavu **tax** III *v tr* 1. oporezovati; taksirati 2. opteretiti; *to ~ smb.'s energies* opteretiti nečije snage **taxable** *a* oporežljiv **taxation** [taek'sejšən] *n* oporezivanje **tax-exempt** *a* oslobođen poreza

taxi I ['taeksij] (*-s* or *-es*) *n* taksi **taxi** II *v intr* (aviation) rulati **taxicab** [~kaeb] *n* taksi

taxidermist ['taeksədərmist] *n* preparator, punilac životinjskih koža i ptica **taxidermy** [~dərmij] *n* veština (vještina) punjenja životinja

taxpayer [~pejər] *n* poreski obveznik

tea I [tij] *n* 1. čaj 2. čajanka, čaj; *to invite for ~* pozvati na čaj **tea** II *a* čajni **tea bag** čaj u kesici

teach [tijč]; *taught* [tot] *v* 1. *tr* naučiti; *to ~ smt. to smb.*; or: *to ~ smb. smt.* naučiti nekoga nešto (nečemu); *he is ~ing us mathematics* on nas uči matematiku; *he taught them to read* on ih je naučio da čitaju 2. *tr* and *intr* predavati; *to ~ physics* predavati fiziku; *to ~ at a university* predavati na univerzitetu (W: sveučilištu) 3. *intr* biti učitelj, nastavnik 4. misc.; *to ~ school* biti učitelj **teacher** *n* učitelj, nastavnik **teachers' college** 1. učiteljska škola 2. pedagoški fakultet teaching I *n* nastava; *foreign language* ~ nastava stranih jezika teaching II *a* nastavni; ~ *aids* nastavna sredstva teaching fellow asistent (koji vrši nastavu)

teacup [~kəp] *n* šolja (W: šalica) za čaj

teakettle [~ketl] *n* samovar

team I [tijm] *n* 1. zaprega (konja); par (volova) 2. (usu. sports) tim, momčad, ekipa team II *a* ekipni, timski team III *v intr (to ~ up)* udružiti se teammate [~mejt] *n* saigrač, član istog tima team spirit osećaj (osjećaj) drugarske solidarnosti

teamster [~stər] *n* 1. kočijaš 2. vozač kamiona

teamwork [~wərk] *n* uigranost; saradnja

teapot [~pat] *n* čajnik

tear I [tejr] *n* pocepotina (pocjepotina), poderotina tear II *tore* [tor]; *torn* [torn] *v* 1. *tr* pocepati (pocijepati); razderati; poderati; *to ~ paper* pocepati papir 2. *tr* (usu.: *to ~ apart*) razjediniti 3. *intr* cepati se, kidati se; *this cord is too thin; it keeps ~ing* ovaj kanap je tanak; kida se

tear III [tijr] *n* suza; *to shed bitter ~s* liti (roniti) gorke suze tear IV *v intr* suziti; *his eye is ~ing* suzi mu oko

tear down [tejr] *v* porušiti; *to tear a house down* porušiti kuću

teardrop ['tijrdrap] *n* (jedna) suza tearful *a* suzan, pun suza tear gas suzavac

tear into [tejr] *v* napasti

tear off [tejr] *v* 1. otkinuti; otrgnuti 2. otkinuti se

tear up [tejr] *v* rascepati (rascijepati), razderati; *to tear a letter up* rascepati pismo

tease I [tijz] *n* zadevalo (zadjevalo), zadirkivalo tease II *v* 1. *tr* and *intr* dražiti, zadirkivati; *don't ~ the animals!* ne dražite životinje! 2. *tr* razmrsiti (kosu)

teaspoon [~spu:n] *n* čajna kašičica (W: žličica)

teat [tit] *n* sisa

technical ['teknikəl] *a* 1. tehnički; *a ~ manual* tehničko uputstvo 2. formalan; *a ~ advantage* formalna prednost technicality [tekni'kaelətij] *n* formalnost technician [tek'nišən] *n* tehničar, tehnik technicolor ['teknikələr] *n* tehnikolor technique [tek'nijk] *n* tehnika; metod rada technological [teknə'ladžikəl] *a* tehnološki technology [tek'nalədžij] *n* tehnologija

tedious ['tijdijəš] *a* dosadan, monoton tedium [~ijəm] *n* dosada; monotonost

teem [tijm] *v intr* vrveti (vrvjeti); gamizati

teenager ['tijnejdžər] *n* tinejdžer

teens [tijnz] *n pl* godine od 13 do 19 uključno

tee shirt see T-shirt

teeter ['tijtər] *v intr* teturati se 2. klackati se

teethe [tihth:] *v intr* dobiti zube teething ring cucla-prsten

teetotaler [tij'toutlər] *n* trezvenjak, antialkoholičar

telecast I ['teləkaest] *n* televizijska emisija telecast II *v tr* emitovati (preko televizije)

telegram ['teləgraem] *n* telegram (W also: brzojav)

telegraph I ['teləgraef] *n* telegraf telegraph II *a* telegrafski; *a ~ pole* telegrafski stub telegraph III *v tr* and *intr* telegrafisati; *to ~ smb.* telegrafisati nekome

telegraphic [telə'graefik] *a* telegrafski

telepathy [tə'lepəthij] *n* telepatija

telephone I ['teləfoun] *n* telefon; *to speak by ~* govoriti telefonom telephone II *a* telefonski telephone III *v tr* and *intr* telefonirati, javiti se telefonom (W also: nazvati); *to ~ smb.* javiti se nekome telefonom telephone book telefonski imenik telephone booth telefonska govornica telephone call telefonski poziv

telescope I ['teləskoup] *n* teleskop telescope II *v* 1. *tr* uvući jedno u drugo 2. *intr* uvući se jedno u drugo (kao delovi — dijelovi durbina) telescopic [telə'skapik] *a* teleskopski

Teletype ['telətajp] *n* teletajp

televise ['teləvajz] *v tr* emitovati preko televizije television I ['teləvižən] *n* televizija television II *a* televizijski; *a ~ program* televizijska emisija television set televizor

tell [tel]; *told* [tould] *v* 1. *tr* kazati, reći; *to ~ the truth* reći istinu; *I told him to come* rekao (kazao) sam mu da dođe 2. *intr* pokazati; *time will ~* vreme (vrijeme) će pokazati 3. misc.; *to ~ apart* razlikovati

teller *n* blagajnik (u banci)

telling *a* dejstven (djejstven)

tell off *v* (colloq.) izgrditi; *to tell smb. off* izgrditi nekoga

tell on *v* 1. prijaviti, dostaviti, odati; *to tell on smb.* prijaviti (odati) nekoga 2.

iznuravati; *the strain is beginning to tell on him* napor počinje da ga iznurava

telltale [~tejl] *a* koji odaje, izdaje

temerity [tə'merətij] *n* prenagljenost, naglost

temper I ['tempər] *n* 1. raspoloženje, ćud 2. mirnoća; *to lose one's* ~ razljutiti se 3. plahovita narav; rđav temperamenat; *he has a* ~ on ima plahovitu narav 4. čvrstoća, tvrdoća (metala) **temper** II *v tr* 1. nakaliti, prekaliti; *to* ~ *iron* prekaliti gvožđe 2. ublažiti; *to* ~ *justice with mercy* ublažiti pravdu milošću

temperament ['temprəmənt] *n* temperamenat **temperamental** [~'mentl] *a* temperamentan

temperance ['temprəns] *n* 1. umerenost (umjerenost) 2. trezvenost, trezvenjaštvo **temperate** ['tempərit] *a* umeren (umjeren); *a* ~ *zone* umeren pojas

temperature ['temprəču:r] *n* 1. temperatura; *to take smb.'s* ~ izmeriti (izmjeriti) nekome temperaturu 2. groznica, povišena temperatura

tempest ['tempəst] *n* oluja, bura; **a* ~ *in a teapot* bura u čaši vode **tempestuous** [tem'pesču:əs] *a* buran

temple I ['templ] *n* hram, templ

temple II *n* slepoočnica (sljepoočnica)

tempo ['tempou] *n* tempo

temporal ['tempərəl] *a* 1. vremenski, temporalan 2. svetovni (svjetovni)

temporary ['tempərerij] *a* privremen

tempt [tempt] *v tr* dovesti u iskušenje; *to be* ~*ed* biti u iskušenju **temptation** [temp'tejšən] *n* iskušenje; *to resist* ~ oboriti se protiv iskušenja **tempting** *a* primamljiv; *a* ~ *offer* primamljiva ponuda

ten [ten] 1. *n* desetica, desetka; desetina; ~*s of thousands* desetine hiljada (W: tisuća) 2. *num and n* desetorica; desetoro; *the* ~ *of them* njih desetoro

tenable ['tenəbəl] *a* održiv, branjiv

tenacious [tə'nejšəs] *a* istrajan, uporan **tenacity** [tə'naesətij] *n* istrajnost

tenant ['tenənt] *n* 1. stanar 2. zakupac **tenant farmer** napoličar

tend I [tend] *v tr* 1. čuvati; negovati (njegovati); *to* ~ *sheep* čuvati ovce 2. raditi, služiti; *to* ~ *store* raditi u radnji **tend** II *v intr* ići (k); naginjati; *to* ~ *toward smt.* naginjati nečemu **tendency** ['tendənsij] *n* tendencija

tendentious, tendencious [ten'denšəs] *a* tendenciozan

tender I ['tendər] *n* (esp. Br.) ponuda **tender** II *v tr* (esp. Br.) ponuditi **tender** III *n* 1. (naut.) matični brod, tender 2. (railroad) tender

tender IV *a* nežan (nježan), mek; *a* ~ *skin* nežna koža

tenderfoot [~fut] (-*s* or -*feet* [fijt]) *n* novajlija

tenderhearted [~hartid] *a* meka srca

tenderize *v tr* (cul.) učiniti mekim **tenderizer** *n* (cul.) prašak za omekšavanje mesa

tenderloin [~lojn] *n* 1. goveđa pečenica 2. gradski kraj odan poroku, zabavljanju

tenderness *n* nežnost (nježnost)

tendon *n* (anat.) tetiva, žila

tenement ['tenəment] *n* 1. oronula stambena zgrada 2. (Br.) izdata kuća; stan

tenet ['tenit] *n* princip, načelo

tenfold ['tenfould] 1. *a* desetostruk 2. *adv.* desetostruko

Tennessee [tenə'sij] *n* Tenesi

tennis I ['tenis] *n* tenis; *to play* ~ igrati tenis **tennis** II *a* teniski; *a* ~ *ball* teniska lopta **tennis player** teniser, tenisač

tenor ['tenər] *n* 1. tenor 2. smisao

tenpence [~pəns] *n* (Br.) deset penija

tense I [tens] *n* (gram.) vreme (vrijeme); *the future (past, present)* ~ buduće (prošlo, sadašnje) vreme **tense** II *a* zategnut, nategnut; *a* ~ *atmosphere* zategnuta atmosfera **tense** III *v* 1. *tr* zategnuti, nategnuti 2. *intr* zatezati se **tension** ['tenšən] *n* napetost, zategnutost, napon; *nervous* ~ nervna napetost; (pol) *relaxation of* ~*s* popuštanje zategnutosti

ten-spot *n* (colloq.) novčanica od deset dolara

tent [tent] *n* šator; *to pitch (strike) a* ~ razapeti (skinuti) šator

tentacle ['tentəkəl] *n* pipak

tentative [~ətiv] *a* probni; prethodni; privremeni

tenth I [~th] *n* 1. desetina 2. deseti; *on the* ~ *of December* desetog decembra (W: prosinca) **tenth** II *num a* deseti

tenuous ['tenjuəs] *a* slab; beznačajan; *a* ~ *argument* slabo obrazloženje

tenure ['tenjər] *n* 1. držanje pod zakup; držanje imovine 2. (academic ~) stalno mesto — mjesto (u školi, u visokoškolskoj ustanovi)

tepid ['tepid] *a* mlak

term I [tərm] n 1. rok; trajanje, termin 2. semestar 3. termin, izraz; a medical (technical) ~ medicinski (tehnički) termin 4. (in pl) uslovi (W also: uvjeti); the ~s of an agreement uslovi sporazuma 5. (in pl) odnosi; to be on good ~s with smb. biti u dobrim odnosima s nekim term II semestarski; a ~ paper semestarski rad term III v tr označiti

terminal I ['tərmənəl] n 1. krajnja stanica 2. pol (u bateriji); klema 3. pristanište; an air ~ vazduhoplovno (W: zrakoplovno) pristanište terminal II a 1. krajnji, završni 2. pristanišni; a ~ building pristanišna zgrada terminate ['tərmənejt] v 1. tr završiti, zaključiti, okončati 2. intr završavati se termination [tərmə'nejšən] n završavanje, zaključivanje

terminological [tərmənə'ladžikəl] a terminološki terminology [tərmə'naladžij] n terminologija

terminus ['tərmənəs] n 1. kraj, svršetak 2. kraj železničke (željezničke) pruge; krajnja stanica

termite ['tərmajt] n termit

terrace I ['teris] n terasa terrace II v tr izgraditi u vidu terase; snabdeti (snabdjeti) terasom

terrain [tə'rejn] n teren, zemljište

terrestrial [tə'restrijəl] a 1. Zemljin, zemaljski 2. kopneni suvozemni (suhozemni)

terrible ['terəbəl] a strašan, užasan, grozan; a ~ accident užasna nesreća terribly adv 1. see terrible 2. (colloq.) veoma

terrier ['terijər] n terijer

terrific [tə'rifik] a (colloq.) 1. strahovit, strašan; a ~ headache strašna glavobolja 2. izvanredan, divan; strahovit; a ~ success strahovit uspeh (uspjeh)

terrify ['terəfaj] v tr prestraviti

territorial [terə'torijəl] a teritorijalan; ~ waters teritorijalne vode territory ['terətorij] n teritorija

terror ['terər] n teror; to resort to ~ zavesti teror terrorism n terorizam terrorist n terorista terroristic [~r'istik] a teroristički terrorize [~rajz] v tr terorisati, vršiti teror (nad)

terse [tərs] a jezgrovit, kratak, sažet

test I [test] n 1. ispit, test; a mathematics ~ ispit iz matematike 2. proba; to put smb. to the ~ staviti nekoga na probu test II a probni, ispitni test III v 1. tr

ispitati, testirati; to ~ students ispitati studente 2. tr staviti na probu, proveriti (provjeriti) 3. intr analizirati; to ~ for acidity analizirati kiselost

testament ['testəment] n 1. testamenat, zaveštanje (zavještanje) 2. zavet (zavjet); the Old (New) Testament Stari (Novi) zavet

ıst case pokusna parnica

test drive probna vožnja test driver probni vozač test flight problni let

testicle ['testikəl] see testis

testify ['testəfaj] v intr 1. svedočiti (svjedočiti); to ~ at a trial svedočiti na suđenju 2. dokazivati; to ~ to smt. dokazivati nešto

testimonial [testə'mounijəl] n 1. uverenje (uvjerenje), svedočanstvo (svjedočanstvo); potvrda; a ~ to smb.'s character uverenje o nečijem dobrom vladanju 2. pismena pohvalnica testimony ['testəmounij] n svedočanstvo; sworn ~ svedočansto pod zakletvom

testis ['testis] (-tes [tijz]) n testis, semenik (sjemenik)

test paper 1. probni papir 2. pismeni ispit test pilot probni let

test tube epruveta

testy ['testij] a razdražljiv, osoran; mrzovoljan

tetanus ['tetnəs] n tetanus, šklopac

Teuton ['tu:tən] n Teutonac Teutonic [tu:'tanik] a teutonski

ıexas ['teksəs] n Teksas

text [tekst] n tekst; according to the ~ prema tekstu

textbook [~buk] n udžbenik; a biology ~ udžbenik biologije (za biologiju)

textile I ['tekstajl] n tekstil textile II a tekstilan; the ~ industry tekstilna industrija

textual ['teksču:əl] a tekstualan

texture ['teksčər] n 1. tkanina, tkanje 2. struktura, sklop, sastav

Thai I [taj] (pl zas zero) n 1. Taj, Tajlanđanin, Sijamac (see also Siamese I) 2. tajski (sijamski) jezik Thai II a tajski, tajlandski, sijamski (see also Siamese II) Thailand [~laend] n Tajland

than [th:aen] conj nego, no; od; London is larger ~ Paris London je veći nego Pariz (od Pariza); everything was nicer ~ we had expected sve je bilo prijatnije nego što smo se nadali; this beach is

different ~ *that one* ova plaža je druk-
čija od one

thank [thaengk] *v tr* zahvaliti (se); *she*
~*ed him for the gift* ona mu je (se)
zahvalila za poklon (na poklonu); ~ *you*
hvala (vam) **thankful** *a* zahvalan **thank-
less** *a* nezahvalan; *a* ~ *task* nezahva-
lan posao **thanks** 1. *n pl* zahvalnost; *to
give* ~ zahvaliti se 2. *(~to) prep* blago-
dareći, zahvaljujući 3. *interj* hvala:
thanksgiving *n* zahvaljivanje, blagoda-
renje **Thanksgiving Day** praznik zahval-
nosti

that [th:aet] *(those* [th:ouz]) 1. *a* taj, onaj;
~ *man* taj čovek (čovjek) 2. *pron* to; ~
is nice to je lepo (lijepo) 3. *relat pron*
koji; *the painting* ~ *he saw has been
sold* slika koju je on video (vidio) je
prodata 4. *adv* tako; *is it* ~ *complica-
ted?* je li to tako komplikovano? 5. *conj*
da; *he said* ~ *he would come* kazao je
da će doći

thatch [thaeč] *v tr* pokriti krovinom

thaw I [tho] *n* topljenje, raskravljivanje
thaw II *v* 1. *tr* rastopiti, raskraviti 2.
intr topiti se, kraviti se

the I [th:ə] (before a vowel: [th:ij]) *definite
article* 1. (with a definite countable
noun) *he ate* ~ *green apple* pojeo je
zelenu jabuku 2. (with a definite un-
countable noun) ~ *development of a
country* razvoj neke zemlje 3. (in some
generalizations) ~ *automobile has pol-
luted our air* automobil nam je zagadio
vazduh (W: zrak); ~ *French love wine*
Francuzi vole vino (here the article
must be used since an adjective serves
as a noun; see also 16); ~ *Canadians*
(or: *Canadians) love hockey* Kanađani
vole hokej 4. (with the names of some
countries and areas) ~ *Congo* (~ *Cri-
mea,* ~ *Netherlands,* ~ *Sudan,* ~
Ukraine) Kongo (Krim, Nizozemska,
Sudan, Ukrajina) 5. (with many proper
nouns: names of oceans, rivers, seas,
mountain ranges, deserts, hotels, ships,
trains, theaters, etc.) ~ *Atlantic,* (~Volga
~ *Adriatic,* ~ *Alps,* ~ *Sahara,* ~ *Hotel
Palace,* ~ *Queen Mary)* Atlantik (Volga,
Jadran, Alpe, Sahara, hotel Palas, Kra-
ljica Marija) 6. (with modified names of
countries) ~ *new Yugoslavia* nova Ju-
goslavija 7. (in certain expressions de-
noting an abstract trait); *to play* ~ *fool*
izigravati budalu 8. (with names of mus.

instruments) *to play* ~ *piano* (~ *vio-
lin)* svirati klavir (violinu) 9. (with the
super) ~ *best pupil* najbolji đak 10.
(with ordinals) ~ *fifth row* peti red 11.
(with the names of certain diseases) ~
flu (~ *plague)* grip (kuga) 12. (with
names of parts of the body) *to take by*
~ *arm* uzeti pod ruku 13. (in certain
expressions) *in* ~ *country* na selu; *in* ~
evening uveče 14. (with certain nouns)
to wash ~ *dishes* prati sudove; ~ *moon*
(~ *sun)* Mesec — Mjesec (Sunce); *she
loves* ~ *theater* ona voli pozorište (W:
kazalište) 15. (with titles) ~ *President
of* ~ *United States* predsednik (pred-
sjednik) Sjedinjenih Američkih Država
16. (with an adjective used as a noun)
~ *living and* ~ *dead* živi i mrtvi 17.
(stressed; to express excellence, unique-
ness); *that's* ~ *show to see this year* to
je najbolji komad ove sezone **the** II *adv*
toliko; ~ *quicker* ~ *better* što brže, to
bolje

theater ['thijətər] *n* pozorište (W: kazali-
šte) **theatrical** [thij'aetrikəl] *a* pozorišni
(W: kazališni); teatralan

their [th:ejr] *poss a* njihov; ~ *book* njiho-
va knjiga **theirs** *poss a* njihov; (a.) (when
no noun follows) *the pencil is* ~ olovka
je njihova (b.) (after *of) a friend of* ~
jedan od njihovih prijatelja

them [th:em] *pron* 1. (objective case of
they) ih, njih, im, njima; *we saw* ~
videli vidjeli) smo ih 2. (colloq.) (nom.
case of *they) it's* ~ evo ih

thematic [thi'maetik] *a* tematski **theme**
[thijm] *n* tema

themselves [th:em'selvz] 1. *rel pron* se,
sebe, sebi, sobom; *they are washing* ~
oni se peru 2. *pron a* sami; *they went
there* ~ oni su sami tamo išli 3. *a* dobro;
they are not ~ njima nije dobro

then [th:en] 1. *n* to (ono) vreme (vrijeme);
before ~ pre (prije) toga; *by (until)* ~
dotada; *from* ~ otada 2. *a* tadašnji 3.
adv tada, onda; *even* ~ čak i onda; *just*
~ baš onda

theocracy [thij'akrəsij] *n* teokratija (teo-
kracija)

theologian [thijə'loudžən] *n* teolog, bogo-
slov **theological** [thijə'ladžikəl] *a* teolo-
ški, bogoslovsni **theology** [thij'alədžij] *n*
teologija, bogoslovlje

theorem ['thijərəm] *n* teorema (W also:
poučak)

theoretical [thijə'retikəl] a teorijski, teore- tičan, teoretski **theoretician** [thijərə'ti- šən] **theorist** ['thijərist] n teoretičar **theorize** v intr teorizirati **theory** ['thijə- rij] n teorija

theraputic [therə'pju:tik] a terapeutski **therapist** ['therəpist] n terapeut **therapy** ['therəpij] n terapija

there [th:ejr] 1. n ono mesto (mjesto); ∼ is where I would like to be hteo (htio) bih da budem tamo 2. adv tamo; go ∼ idi tamo 3. adv (as an introductory word) is ∼ any sugar? ima li šećera; ∼ followed a long period of political unrest nastao je dug period političkog nemira

thereafter [∼r'aeftər] adv posle (poslije) toga

thereby [∼'baj] adv time, pomoću toga

therefore [∼for] adv stoga

thereupon [∼rə'pan] adv 1. na tome 2. odmah zatim

thermal ['thərməl] a toplotni, termalni; ∼ springs termalni izvori

thermometer [thər'mamətər] n termome- tar, toplomer (toplomjer)

thermonuclear [thərmou'nu:klijər] a ter- monuklearni

thermos ['thərməs] n (also: ∼ bottle) termos

thermostat ['thərməstaet] n termostat

thesaurus [thi'soris] n leksikon, rečnik (rječnik) sinonima

these see **this**

thesis ['thijsis] (-ses [sijz]) n teza; a doctor- al ∼ doktorska teza

thick I [thik] n najgušći deo (dio); *in the ∼ of a fight usred borbe **thick** II a 1. gust, čest; ∼ fog gusta magla 2. debeo; ∼ ice debeo led 3. (colloq.) intiman, prisan **thick** III adv 1. gusto 2. misc.; *to lay it on ∼ preterivati (pretjeravati) **thicken** v 1. tr zadebljati 2. intr zade- bljati se 3. intr zgusnuti se 4. intr zamršivati se; the plot ∼s zaplet se zamršuje

thicket [∼it] n čestar

thick-skinned a debelokožan

thief [thijf] (thieves [thijvz]) n lopov

thigh [thaj] n but

thimble ['thimbəl] n naprstak

thin I [thin] a 1. tanak; a ∼ slice tanka kriška 2. mršav; a ∼ man mršav čovek (čovjek) **thin** II v 1. tr (also: to ∼ out) prorediti, razrediti 2. intr (also: to ∼ out) prorediti se, razrediti se

thing [thing] n stvar

think [thingk]; thought [thot] v 1. tr. and intr misliti; what do you ∼ about that? šta (što) misliš o tome? what are you ∼ing about? o čemu mislite? 2. intr setiti (sjetiti) se; to ∼ of a word setiti se neke reči (riječi) 3. intr nameravati (namjeravati); he is ∼ing of resigning on namerava da podnese ostavku 4. misc.; to ∼ smt. over razmisliti o neče- mu; to ∼ a lot of smb. imati visoko mišljenje o nekome **thinker** n mislilac **thinking** n mišljenje, razmišljanje **think up** v izmisliti

third I [thərd] n trećina 2. (on an automo- bile) treća brzina 3. treći; on the ∼ of April trećeg aprila (W: travnja) **third** II num a treći **third class** (or: ∼ mail) štampane stvari **third degree** strogo ispitivanje; mučenje (da bi se iznudilo priznanje) **third-degree burn** opekotina najtežeg stepena **Third World** (pol.) ne- svrstane zemlje, treći svet (svijet)

thirst I [thərst] n žeđ; ∼ for knowledge žeđ za znanjem **thirst** II v intr žudeti (žudjeti); to ∼ for smt. žudeti za nečim **thirsty** a žedan

thirteen [thər'tijn] (when emphasized: ['thər∼]) num trinaest, trinaestoro **thir- teenth** [∼th] n and num a trinaesti; on the ∼ of December trinaestog decembra (W: prosinca)

thirtieth ['thərtijəth] n and num a trideseti **thirty** ['thərtij] num trideset; tridesetoro

this [th:is] (these [th:ijz]) 1. pron ovo; he said ∼ rekao je ovo; these are my pupils ovo su moji đaci 2. a ovaj; ∼ time ovaj put

thistle ['thisəl] n (bot.) čkalj, stričak

thong [thang] n 1. uzan remen 2. (usu. in pl) apostolke, sandale, japanke

thoracic [thə'raesik] a grudni **thoracic ca- vity** grudni koš **thorax** ['thoraeks] n grudni koš

thorn [thorn] n trn; bodlja **thorny** a trnovit

thorough ['thərou] a temeljan, korenit (korjenit), potpun; a ∼ investigation temeljno istraživanje

thoroughbred [∼bred] a čistokrvan; ∼ horses čistokrvni konji

thoroughfare [∼fejr] n 1. autoput 2. pro- laz; no ∼! zabranjen prolaz!

those see **that**

though [th:ou] 1. see **although** 2. see **nonetheless**

thought [thot] *n* misao; *to exchange* ~*s* izmenjati (izmijenjati) misli **thoughtful** *a* 1. see **considerate** 2. misaon, zamišljen **thoughtless** *a* 1. nepažljiv; neljubazan 2. lakomislen; nepromišljen

thousand ['thauzend] (after a *num, pl* has zero) *n* hiljada (W: tisuća) **thousandth** [~th] 1. *n* hiljaditi deo — dio (W: tisućina) 2. *num a* hiljaditi (W: tisući)

thrash [thraeš] *v* 1. *tr* izbiti, istući, izmlatiti 2. *intr* bacakati se, batrgati se

thread II [thred] *n* 1. konac; nit; *a spool of* ~ kalem konca 2. loza, navoj, zavojak (na zavrtnju) **thread** II *v tr* udenuti (udjenuti); *to* ~ *a needle* udenuti konac u iglu

threadbare [~bejr] *a* pohaban, otrcan

threat [thret] *n* pretnja (prijetnja); *a* ~ *of force* pretnja upotrebom sile **threaten** *v tr* zapretiti (zaprijetiti), ugroziti; *the country is* ~*ed by famine* toj zemlji preti glad ,

three [thrij] 1. *n* trojka 2. *num* and *n* tri; trojica; troje; troji; ~ *children* troje dece (djece) **threefold** [~fould] *a* trostruk **three R's** čitanje, pisanje i aritmetika; (fig.) osnove

thresh [threš] *v tr* and *intr* ovrći **thresher** *n* 1. vršalica 2. vršilac

threshold [~hould] *n* prag; *on the* ~ na pragu

thrift [thrift] *n* štedljivost **thrift store (shop)** radnja koja prodaje poklonjene predmete (u korist neke ustanove) **thri/ty** *a* štedljiv

thrill I [thril] *n* uzbuđenje **thrill** II *v* 1. *tr* uzbuditi 2. *intr* uzbuditi se **thriller** *n* triler

thrive [thrajv]; -*ed* or *throve* [throuv]; -*ed* or ['thrivən] *v intr* 1. napredovati 2. cvetati (cvjetati), uspevati (uspijevati)

throat [throut] *n* grlo; guša; *he has a sore* ~ boli ga grlo

throb I [thrab] *n* kucanje, lupanje (srca) **throb** II *v intr* udarati, lupati

throes [throuz] *n pl* bolovi; agonija

thrombosis [thram'bousis] (-*ses* [sijz]) *n* tromboza

throne [throun] *n* presto (prijesto)

throng I [thrang] *n* gomila, veliki broj, navala; *a* ~ *of people* navala ljudi **throng** II *v intr* gurati se, tiskati se

throttle I ['thratəl] *n* ventil za dovod goriva; leptir za gas; *at full* ~ s punim

gasom **throttle** II *v tr* 1. regulisati (gas, brzinu) 2. ugušiti

through I [thru:] *a* 1. otvoren, slobodan; *a* ~ *street* ulica otvorena na oba kraja 2. direktan; *a* ~ *train* direktan voz (W: vlak) 3. *pred a* gotov; završen; *to be* ~ *with smt.* biti gotov s nečim; *as soon as he gets* ~, *we'll go* čim završi, ići ćemo **through** II *adv* skroz **through** III *prep* 1. kroz; ~ *a tunnel* kroz tunel 2. preko; posredstvom; ~ *official channels* preko nadležnih instancija 3. po; *to travel* ~ *a country* putovati po zemlji

throughout [~'aut] *prep* kroz; ~ *his entire life* kroz ceo (cio) život

throw I [throu] *n* bacanje; *a* ~ *of the dice* bacanje kocki; **a stone's* ~ nekoliko koraka **throw** II [throu]; *threw* [thru:]; *thrown* [throun] *v tr* 1. baciti, hitnuti; *to* ~ *a ball* baciti loptu; **to - down the gauntlet* baciti rukavicu 2. zbaciti; *the horse threw the rider* konj je zbacio jahača 3. prebaciti; *to* ~ *a ball over a fence* prebaciti loptu preko ograde 4. (colloq., sports) namerno (namjerno) izgubiti; *to* ~ *game* namerno izgubiti utakmicu 5. misc.; *to* ~ *smb. a kiss* poslati nekome poljubac; *to* ~ *smt. together* sklepati nešto

throw away *v* 1. baciti; *to throw smt. away* baciti nešto (u đubre) 2. izgubiti; *to throw an opportunity away* izgubiti priliku

throw back *v* zabaciti; *to throw one's head back* zabaciti glavu

throwback [~baek] *n* atavizam

throw in *v* 1. ubaciti; (sports and fig.) *to throw in the towel (sponge)* ubaciti ubrus u ring 2. dodati

throw out *v* 1. izbaciti; *to throw smb. out (on the street)* izbaciti nekoga (na ulicu) 2. odbaciti; *the proposal was thrown out* predlog je odbačen 3. baciti; *to throw out the trash* baciti đubre

throw up *v* 1. izbljuvati, povratiti; *he threw (everything) up* on je (sve) povratio 2. zameriti (zamjeriti); *to throw smt. up to smb.* zameriti nekome nešto 3. misc.; **to throw up one's hands in disgust* širiti ruke u znak nemoći

thrush [thrəs] *n* (bird) drozd, drozak

thrust I [thrəst] *n* 1. guranje 2. (tech) potisak, snaga potiska, pogonska snaga 3. udar; napad; *an enemy* ~ neprijateljski napad 4. (fig.) tendencija, pravac

thrust II *thrust* [thrəst] *v tr* 1. gurnuti 2. zabosti, zariti; *to ~ a knife into a body* zariti nož u telo (tijelo) 3. probiti; *to ~ one's way through a crowd* probiti se kroz gomilu

thruway ['thru:wej] *n* autoput

thud I [thəd] *n* tup udarac; bat, bahat, topot; *the ~ of horses' hooves* topot konjskih kopita **thud** II *v intr* tupo udarati

thug [thəg] *n* siledžija; koljaš, ubica

thumb I [thəm] *n* palac; **~s down* znak neodobravanja; **~s up* znak odobravanja **thumb** II *v* (colloq.) *to ~ a ride* putovati autostopom

thumbtack [~taek] *n* ekserčić, čavlić (also **tack**)

thump I [thəmp] *n* tup udarac, bahat **thump** II *v* 1. *tr* udariti (teškim predmetom) 2. *intr* lupiti

thunder I ['thəndər] *n* grom, grmljavina **thunder** II *v* 1. *tr* zagrmeti (zagrmjeti); *the crowd ~ed its approval* gomila je bučno izrazila odobravanje 2. *intr* grmeti (grmjeti); *it is ~ing* grmi, grom grmi **thunderbolt** [~bolt] *n* munja **thunderous** *a* gromovit **thundershower** [~šauər] *n* olujni rafal, kratak pljusak s grmljavinom **thunderstorm** [~storm] *n* pljusak s grmljavinom

Thursday ['thərzdej] *n* četvrtak; *on ~* u četvrtak; *~s* četvrtkom

thus [thəs] *adv* ovako; prema tome

thwart ['thwort] *v tr* sprečiti (spriječiti)

thyroid ['thajrojd] *n* štitnjača **thyroid gland** štitasta žlezda (žlijezda)

Tibet [ti'bet] *n* Tibet **Tibetan** I *n* 1. Tibetanac 2. tibetski jezik **Tibetan** II *a* tibetski

tic [tik] *n* (med.) tik

tick I [tik] *n* 1. otkucaj, tik 2. (Br., colloq.) trenutak **tick** II *v* 1. *tr* (usu.: *to ~ off)* otkucavati; *the clock ~s off the hours* časovnik otkucava časove 2. *tr* (usu.: *to ~ off)* obeležiti (obilježiti) 3. *intr* kucati

tick III *n* (ent.) krlja, pregalj

ticker *n* 1. berzovni (W: burzovni) telegraf 2. (slang) srce

ticket I ['tikit] *n* 1. karta; ulaznica; *an airplane ~* avionska karta 2. (pol.) lista kandidata (neke stranke) 3. (or: *traffic ~)* cedulja sa razrezanom novčanom kaznom (za prekršaj saobraćajnih propisa) **ticket** II *v tr* staviti cedulju sa razrezanom novčanom kaznom (na); *to*

~ an automobile staviti cedulju na automobil

tickle I ['tikəl] *n* golicanje; *I have a ~ in my throat* grebe me guša **tickle** II *v* 1. *tr* golicati; škakljati 2. *intr* golicati, svrbeti (svrbjeti) **ticklish** *a* 1. golicav, škakljiv; *a ~ problem* škakljiv problem

tidal ['tajdəl] *n* plimni **tidal wave** plimni val

tidbit ['tidbit] *n* poslastica

tide I [tajd] *n* 1. morska mena (mijena); *an ebb ~* oseka; *a high ~* plima 2. (fig.) talas, struja; **to buck the ~* plivati protiv struje **tide** II *v tr* (*to ~ over)* pomoći; *it will ~ us over the winter* to će nam pomoći preko zime

tidings *n pl* vesti (vijesti); *joyous ~* radosne vesti

tidy ['tajdij] *a* vredan, čist; *a ~ room* uredna soba **tidy up** *v* urediti

tie I [taj] *n* 1. veza; *business (family) ~s* poslovne (rodbinske) veze 2. see **necktie** 3. (railroad) prag 4. nerešena (neriješena) igra, nerešeni rezultat; *the match ended in a ~* utakmica je bila nerešena **tie** II *v* 1. *tr* vezati; *to ~ a knot* vezati čvor 2. *tr* privezati; *to ~ a horse to a post* privezati konja uz kolac 3. *tr and intr* igrati nerešeno — neriješeno (s) **tie clasp** igla za mašnu

tier [tijr] *n* red, niz

tie up *v* 1. obustaviti; *to tie up production* obustaviti proizvodnju 2. zauzeti; *he will be tied up all day* on će biti zauzet ceo (cio) dan 3. uložiti; *to tie up one's money in real estate* uložiti svoj novac u nekretninu 4. ograničiti; *the will tied up the estate* testamenat je onemogućio prodaju imanja 5. vezati; *to tie up a prisoner* vezati zarobljenika **tie-up** *n* 1. obustava 2. zastoj (saobraćaja)

tiff [tif] *n* 1. ljutnja 2. mala svađa

tiger ['tajgər] *n* tigar

tight I [tajt] *a* 1. tesan (tijesan); *~ shoes* tesne cipele 2. čvrst; zategnut; *he pulled his belt ~* zategnuo je kaiš 3. oskudan; *money is ~* nema dosta novaca 4. (slang) pijan 5. škrt, tvrd **tight** II *adv* čvrsto; *to hold ~* čvrsto držati **tighten** *v* 1. *tr* stegnuti, pritegnuti, zategnuti; *to ~ a screw* stegnuti šraf 2. *intr* stegnuti se

tightrope [~roup] *n* nategnuto uže

tights *n pl* hula-hopke

tigress ['tajgris] *n* tigrica

tile I [tajl] *n* ploča, pločica; crep (crijep)
tile II *v tr* obložiti pločama
till I [til] *n* fioka za novac
till II *v tr* orati, obrađivati; *to ~ the soil* obrađivati zemlju
tilt I [tilt] *n* nagib, kos položaj **tilt** II *v* 1. *tr* nagnuti 2. *intr* nagnuti se 3. misc.; **to ~ at windmills* boriti se s vetrenjačama (vjetrenjačama)
timber I ['timbər] *n* 1. drveće 2. (tesana) drvena građa
time I [tajm] *n* 1. vreme (vrijeme); *it's ~ to go* vreme je da pođemo; *from ~ to ~* s vremena na vreme 2. misc.; *we had a great ~* lepo (lijepo) smo se proveli; *to have a bad ~* rđavo se provesti **time** II *a* 1. vremenski; oročeni 2. tempirani, tempirni; *a ~ fuse* tempirni upaljač **time** III *v tr* 1. istempirati; *to ~ a shell* istempirati granatu 2. podesiti vremenski 3. odmeriti (odmjeriti) vreme (nečega); *to ~ a race* odmeriti vreme trke **time bomb** tempirana bomba **time clock** kontrolni sat (časovnik) **timekeeper** [~kijpər] *n* (usu. sports) merilac (mjerilac) vremena **timely** *a* blagovremen, podesan, zgodan **time-out** *n* (sports) tajm-aut, mrtvo vreme (vrijeme) **timer** *n* 1. vremensko rele, brojač 2. see **timekeeper**
timetable [~tejbəl] *n* red vožnje; red letenja; raspored
timid ['timid] *a* plašljiv, stidljiv **timidity** [ti'midətij] *n* plašljivost, stidljivost
timing ['tajming] *n* podešavanje vremena, proračun vremena
tin [tin] *n* 1. kalaj 2. Br.; see **can** I 1
tinder ['tindər] *n* trulo drvo; trud **tinderbox** [~baks] *n* 1. kutija za trud 2. (fig.) zapaljiva situacija
tinge I [tindž] *n* trag, primesa (primjesa) **tinge** II *v tr* 1. obojiti 2. nijansirati
tingle I ['tinggəl] *n* peckanje, štipanje **tingle** II *v intr* peckati, štipati
tinker ['tingkər] *v intr* petljati, čačkati, majati se; *to ~ with a faucet* petljati oko slavine
tinkle ['tingkəl] *n* zveka, zvonjenje **tinkle** II *v intr* zvečati
tinsel ['tinsəl] *n* varak, šljokica
tint I [tint] *n* 1. boja 2. nijansa; senka (sjenka) **tint** II *v tr* nijansirati; zasenčiti (zasjenčiti); *a ~ed windshield* zasenčeno staklo
tiny ['tajnij] *a* majušan

tip I [tip] *n* 1. vrh, šiljak, špic; **it's on the ~ of my tongue* na vrhu mi je jezika 2. (on shoes) kapica **tip** II *v tr* snabdeti (snabdjeti) vrhom
tip III *v* 1. *tr (to ~ over)* prevrnuti, preturiti 2. *tr* pridići; *to ~ one's hat (as a greeting)* pridići šešir (u znak pozdrava) 3. *tr* (Br.) svaliti, istovariti 4. *intr (to ~ over)* prevrnuti se 5. misc.; *he ~s the scales at 160 pounds* on je težak 160 funti
tip IV *n* 1. napojnica, bakšiš 2. savet (savjet); dostava; *to give smb. a ~* dati nekome savet **tip** V *v* 1. *tr* dati napojnicu (nekome); *to ~ a waiter* dati napojnicu konobaru 2. *tr (to ~ smb. off)* obavestiti (obavijestiti) nekoga 3. *intr* davati napojnice
tipsy [~sij] *a* pripitom stanju
tiptoe I [~tou] vrh nožnog prsta **tiptoe** II *a and adv* na vrhovima prstiju; *to walk (on) ~* ići na vrhovima prstiju **tiptoe** III *v intr* ići na vrhovima prstiju
tirade ['taj'rejd] *n* tirada, govor pun fraziranja, osude; *to launch into a ~* održati govor pun osude
tire I [tajr] *n* (automobilska) guma; *we had a flat ~* pukla nam je guma; *(steel) belted ~s* (žičane) pojasne gume
tire II *v* 1. *tr* (or: *to ~ out*) umoriti, zamoriti 2. *intr* (or: *to ~ out*) umoriti se; *he got ~d (out) from working* umorio se od rada 3. *intr* dodijati; *he's ~d of it* dodijalo mu je to **tireless** *a* neumoran
tissue ['tišu:] *n* 1. tkivo; *animal ~* životinjsko tkivo 2. (or: *~ paper*) toaletni papir
tit [tit] 1. see **teat** 2. (vul.; usu. in *pl*) grudi
titan ['tajtən] *n* titan, džin **titanic** [taj'taenik] *a* titanski, džinovski
titillate ['titəlajt] *v tr* 1. golicati 2. prijatno uzbuđivati
title I ['tajtəl] *n* 1. naslov, naziv, ime 2. titula; *a ~ of nobility* plemićka titula 3. (sports) šampionat 4. (legal) pravo svojine; tapija **title** II *a* naslovni **title** III *v tr* dati naslov; dati titulu **titled** *a* koji ima (plemićku) titulu **title page** naslovna strana **title role** naslovna uloga
Titograd ['tijtougrad] *n* Titograd
Titoism ['tijtouizəm] *n* titoizam
titter I ['titər] *n* cerekanje; kikotanje **titter** II *v intr* cerekati se, kikotati se
titular ['tičulər] *a* titularni; naslovni

tizzy ['tizij] n (slang) uzrujanost; nervoznost

to [tu:] (unstressed: [tə]) prep 1. u; to go ~ school (London) ići u školu (London) 2. za; they are traveling ~ Paris putuju za Pariz; she's married ~ an engineer udata je za inženjera 3. na; to go ~ a concert ići na koncert; ~ your health! na zdravlje! 4. do; from top ~ bottom od vrha do dna; now it's five minutes ~ three sad je pet do tri 5. prema; to be kind (polite) ~ smb. biti dobar (učtiv) prema nekome 6. (with the inf) the child learned (how) ~ read dete (dijete) je naučilo da čita; he wanted me ~ come hteo je da dođem 7. (equals the SC instr) he got married ~ Vera oženio se Verom 8. (equals the SC dat) he wrote a letter ~ her napisao joj je pismo 9. pred; they played ~ a full house igrali su pred punim gledalištem

toad [toud] n krastava žaba

toadstool [~stu:l] n zlatača (otrovna gljiva)

toady I n ulizica toady II v intr (to ~ up to smb.) ulagivati se nekome

toast I [toust] n zdravica; to drink a ~ napiti zdravicu toast II v tr nazdraviti; to ~ smb. nazdraviti nekome

toast III n pržena kriška hleba — hljeba (W: kruha), tost toast IV v tr pržiti; to ~ bread pržiti hleb toaster n pržionica, naprava za prženje

tobacco [tə'baekou] n duvan (duhan); pipe ~ duvan za lulu tobacco field duvanište (duhanište)

toboggan [tə'bagən] n tobogan, plitke saonice bez naslona

today [tə'dej] adv danas

toddle I ['tadəl] n geganje toddle II v intr gegati se toddler n dete (dijete) koje je tek prohodalo, gegalo

to-do [tə-'du:] n (colloq.) vika, larma

toe [tou] n nožni prst; *on one's ~s budan toe dance ples na vrhovima prstiju toehold [~hould] n otporna tačka (W: točka); (fig.) polazna tačka toenail [~nejl] n nokat nožnog prsta

together [tə'geth:ər] adv zajednički, zajedno

toil I [tojl] n težak rad toil II v intr teško raditi

toilet I ['tojlit] n 1. nužnik; ve-ce, klozet 2. kupatilo (W: kupaonica) 3. toaleta toilet II a toaletni toilet paper toaletni papir

token ['toukən] n 1. znak, simbol; a ~ of authority (respect) znak vlasti (poštovanja); *by the same ~ na isti način 2. bon, doznaka (od metala, kao zamena — zamjena novca)

Tokyo ['toukijou] n Tokio

tolerable ['talərəbəl] a podnošljiv tolerance n trpeljivost, tolerancija tolerant a trpeljiv, tolerantan tolerate [~rejt] v tr tolerisati toleration [~r'ejšən] n tolerancija

toll I [toul] n zvonjenje toll II v 1. tr zvoniti (u); to ~ a bell zvoniti u zvono 2. intr zvoniti

toll III n 1. taksa; drumarina, putarina 2. cena (cijena) za međugradski telefonski razgovor 3. danak; gubici; we paid a heavy ~ pretrpeli (pretrpjeli) smo teške gubitke tollbooth [~bu:th] naplatna stanica (na autoputu) toll call međugradski telefonski razgovor tollgate [~gejt] n brana (koja se otvara pošto se plati drumarina)

tomahawk ['taməhok] n indijanska sekira (sjekira)

tomato [tə'mejtou] n paradajz (W: rajčica)

tomb [tu:m] n grob

tomboy ['tamboj] n muškarača, muškobanja

tombstone [~stoun] n nadgrobni spomenik

tomcat ['tamkaet] n mačak

Tommy ['tamij] n (colloq.) britanski vojnik

Tommy gun (colloq.) see submachine gun

tomorrow [tə'marou] adv sutra

tom-tom [tam-tam] n tomtom (doboš)

ton [tən] n tona; a metric ~ metrička tona

tone [toun] n 1. ton; to set the ~ davati ton 2. (ling.) muzički naglasak, ton tone down v 1. sniziti ton (nečega) 2. ublažiti

tongs [tangz] n pl klešta (kliješta)

tongue [təng] n 1. jezik; to have a sharp (nasty) ~ imati oštar (opak) jezik 2. jezik, govor (also language) tongue-lashing n oštra kritika, grdnja; to give smb. a ~ izgrditi nekoga tongue-tied a nem (nijem); zavezana jezika; he was ~ jezik mu se oduzeo tongue twister brzalica, fraza teška za izgovor

tonic ['tanik] n okrepa, okrepno sredstvo

tonight [tə'najt] 1. n ova noć, današnje veče 2. adv večeras, noćas

tonnage ['tanidž] n tonaža

tonsil ['tansəl] n krajnik; to get one's ~s out izvaditi krajnike tonsillectomy

[~'ektəmij] *n* vađenje krajnika, tonzilektomija **tonsillitis** [~'ajtis] *n* zapaljenje (upala) krajnika, tonzilitis

too [tu:] *adv* 1. i; takođe (također); još; *I like it ~* i meni se sviđa; *he painted the house ~* i kuću je ofarbao 2. suviše; *~ warm* suviše toplo 3. baš; *she isn't ~ pretty* nije baš lepa (lijepa)

tool I [tu:l] *n* alatka, alatljika **tool** II *v tr* snabdeti (snabdjeti) alatkom; *to ~ up* spremiti se za proizvodnju **toolbox** [~baks] *n* kutija za alat

toot I [tu:t] *n* trubljenje **toot** II *v intr* trubiti

tooth [tu:th] *(teeth* [tijth]) *n* 1. zub 2. zubac; *a ~ on a comb* zubac na češlju **toothache** [~ejk] *n* zubobolja **toothbrush** [~brəš] *n* četkica za zube **toothless** *a* bezub **toothpaste** [~pejst] *n* pasta za zube **toothpick** [~pik] *n* čačkalica **toothpowder** [~paudər] *n* prašak za zube

top I [tap] *n* 1. vrh; vrhunac; čelo; *the ~ of a tree* vrh drveta 2. (of an automobile) krov 3. misc.; *he screams at the ~ of his lungs* viče koliko ga grlo nosi; (colloq.) *he's the ~s* on je najbolji **top** II *a* 1. gornji; najviši; *a ~ shelf* gornja polica 2. najveći; *~ speed* najveća brzina **top** III *v tr* 1. biti na čelu (nečega); *he ~s the list* on je prvi na listi 2. nadmašiti

top IV *n* čigra; *to spin a ~* terati (tjerati) čigru

topcoat [~kout] *n* mantil

top hat cilindar (visok, krut, muški šešir)

topheavy [~hevij] *a* 1. preopterećen u gornjem delu (dijelu) 2. (fig.) glomazan; *a ~ administration* glomazna administracija

topic ['tapik] *n* tema, predmet; *a ~ for discussion* predmet za raspravljanje **topical** [~əkəl] *a* 1. mesni (mjesni) 2. tematski

topmost [~moust] *a* najviši

topnotch [~nač] *a* (colloq.) prvoklasan

topographer [tə'pagrəfər] *n* topograf **topographic** [tapə'graefik] *a* topografski **topography** [tə'pagrəfij] *n* topografija

topping ['taping] *n* (cul.) preliv

topple ['tapəl] *v* 1. *tr* oboriti, srušiti; *to ~ a government* oboriti vladu 2. *intr* (or: *to ~ over)* srušiti se

tops *a* (slang) prvoklasan

top-secret *a* (mil.) strogo poverljiv (povjerljiv)

topsoil [~sojl] *n* gornji sloj tla

topsy-turvy [~sij-tərvij] 1. *a* naopak, u obrnutom položaju 2. *adv* naopako

torch [torč] *n* 1. buktinja; baklja 2. Br.; see **flashlight** 3. (tech.) plamenik; *an acetylene ~* acetilenski plamenik **torch-bearer** [~bejrər] *n* bakljonoša, lučonoša

torment I ['torment] *n* muka, agonija; patnja **torment** II ['tor'ment] *v tr* mučiti

tornado [tor'nejdou] *(-s* or *-es) n* tornado

torpedo I [tor'pijdou] *(-s) n* torpedo **torpedo** II *v tr* torpedirati; *to ~ a ship* torpedirati brod **torpedo boat** torpedni čamac

torpid ['torpid] *a* ukočen; trom, mlitav

torpor *n* ukočenost; tromost, mlitavost

torrent ['torənt] *n* bujica, bujni potok **torrential** [to'renšəl] *a* bujan; *a ~ rain* provala (prolom) oblaka

torrid ['torid] *a* žarki **torrid zone** žarki pojas

torso ['torsou] *n* trup (bes udova), torzo

tortoise ['tortəs] *n* kornjača

tortuous ['torču:əs] *a* vijugav, zavojit

torture I ['torču:r] *n* mučenje, tortura **torture** II *v tr* mučiti

Tory I ['torij] *n* torijevac **Tory** II *a* torijevski

toss I [tos] *n* 1. bacanje; *a ~ of the dice* bacanje kocki 2. see **tossup** 1; *to win the ~* dobiti igru »glave ili pisma«, dobiti žreb (žrijeb) **toss** II *v* 1. *tr* baciti; *to ~ a ball into the air* baciti loptu u vazduh (W: zrak) 2. *tr and intr* baciti (novčić) uvis, vući kocku radi odluke; *to ~ a coin (to decide smt.)* rešiti (riješiti) nešto po okretanju »glave« ili »pisma« 3. *intr* (also: *to ~ around)* bacakati se, prevrati se; *to ~ (around) all night in bed* bacakati se u postelji celu (cijelu) noć **tossup** [~əp] *n* 1. bacanje novčića uvis (radi odluke), vučenje kocke 2. nerešena (neriješena) stvar; *it's a ~* ne zna se kako će stvar ispasti

tot [tat] *n* malo dete (dijete)

total I ['toutəl] *n* (ukupna) suma, ukupan broj **total** II *a* totalan, ukupan; potpun; *a ~ number* ukupan broj **total** III *v tr* 1. sabrati 2. (ukupno) iznositi

totalitarian [toutaelə'tejrijən] *a* totalitaran **totalitarianism** *n* totalitarizam

totality [tou'taelətij] *n* totalitet, celokupnost (cjelokupnost)

tote [tout] *v tr* (colloq.) nositi; prevoziti **tote bag** velika torba

totem ['toutem] *n* totem **totem pole** 1.
totemski stub 2. (fig.) hijerarhija

totter ['tatər] *v intr* 1. teturati se, klimati
se 2. biti pred padom

touch I [təč] *n* 1. opip; pipanje; *the sense
of* ~ čulo (W: ćutilo) opipa 2. dodir;
kontakt; veza; *to be in* ~ biti u kontak-
tu; *to keep in* ~ *with smb.* održavati
(stalnu) vezu s nekim 3. ton, nota, trag;
crta; primesa (primjesa); *a* ~ *of bitter-
ness* ton (nota) gorčine 4. (lak) napad; *a*
~ *of the gout* kostoboljni napad 5.
jačina otkucaja; to adjust the ~ (on a
typewriter) regulisati jačinu otkucaja
(na pisaćoj mašini) 6. (mus.) način svira-
nja (udaranja) 7. veština (vještina), spo-
sobnost; *to lose one's* ~ izgubiti veštinu
8. potez; *a finishing* ~ završni potez 9.
izmamljivanje (novca) 10. (*an easy* ~ or:
a soft ~) osoba od koje se lakše izvlači
korist (novac) **touch** II *v* 1. *tr* dirnuti,
dodirnuti, taći (se,) dotaći (se); *we* ~*ed
the wall* dotakli smo zid 2. *tr* kucnuti se;
to ~ *glasses* kucnuti se čašama 3. *tr*
ganuti, dirnuti; *he is deeply* ~*ed by
your kindness* duboko ga je dirnula vaša
pažnja 4. *tr* okusiti; *he didn't* ~ *any-
thing all day* nije okusio ništa ceo (cio)
dan 5. *tr* porediti se; *no one can* ~ *him*
niko (nitko) ne može da se poredi sa
njime, niko mu nije ravan 6. *intr* dodir-
nuti se, taći se; *the wires* ~*ed* žice su se
dodirnule (takle) 7. *intr* pristati, svrati-
ti; *to* ~ *at a port* pristati (svratiti) u
luku 8. misc.; *to* ~ *off (an explosion)*
izazvati (eksploziju)

touching *a* dirljiv

touchline [~lajn] *n* (soccer) uzdužna linija

touch up *v* retuširati; *to touch up a
photograph* retuširati fotografiju

touchy *a* 1. preosetljiv (preosjetljiv) 2.
golicav, škakljiv

tough I [təf] *n* (colloq.) siledžija **tough** II *a*
1. tvrd, čvrst; žilav; ~ *meat* tvrdo
(žilavo) meso 2. jak, žilav 3. težak; *a* ~
job težak posao 4. siledžijski **toughen** *v*
tr učvrstiti, pojačati **toughness** *n* tvrdo-
ća, čvrstina, žilavost

toupée [tu:'pej] *n* perika

tour I [tu:r] *n* 1. putovanje, kružno puto-
vanje; *a group* ~ grupno putovanje 2.
obilazak; *a* ~ *of a house* obilazak kuće
3. turneja; *to go on* ~ otići na turneju

tour II *v* 1. *tr* putovati (po); *to* ~ *country*
putovati po nekoj zemlji 2. *intr* putovati
3. *intr* biti na turneji

tourism *n* turizam (more usu. is **travel** I)

tourist I *n* turista **tourist** II *a* turistički
tourist class turistička klasa

tournament ['tu:rnəmənt] *n* turnir; *a chess*
~ šahovski turnir

tourney ['tu:rnij] *n* turnir

tourniquet [~nikit] *n* stezač, naprava za
stezanje žila

tousle ['tauzəl] *v tr* razbarušiti

tout [taut] *v tr* (colloq.) reklamirati

tow I [tou] *n* 1. vuča; *in* ~ vučen 2. šleper,
tegljač (also **tugboat**) **tow** II *v tr* vući,
tegliti; remorkirati

toward [tord] and [tə'word] *prep* 1. k,
prema; *he's going* ~ *the car* on ide
prema (ka) kolima 2. oko, k; ~ *mid-
night* oko ponoći; ~ *evening* k večeru
towards see **toward**

tow away *v* odvući; *to tow a parked car
away* odvući parkiran automobil

towel ['tauəl] *n* peškir, ubrus; *a bat
(hand)* ~ peškir za kupanje (ruke)

tower I ['tauər] *n* toranj; kula **tower** II
intr dizati se uvis **towering** *a* veoma
visok

towhead ['touhead] *n* plavokosa glava
towheaded *a* plavokos

towing [touing] *n* vuča **towing service**
vučna služba

town I [taun] *n* grad; varoš; *to go to* ~ ići
u varoš; (fig.) ići kud puklo da puklo
town II *a* gradski **town hall** gradska
većnica (vijećnica) **town meeting** zbor
stanovnika varoši **township** *n* opština
(općina) **townsman** [~zmən] (-*men*
[min]) *n* varošanin **townspeople** [~zpij-
pəl] *n pl* varošani

towrope [~roup] *n* uže za vuču

toxic ['taksik] *a* otrovan, toksičan **toxin**
['taksin] *n* otrov, toksin

toy I [toj] *n* igračka **toy** II *v intr* igrati se
toy pistol pištolj igračka **toy store** pro-
davnica (W: prodavaonica) igračaka

trace I [trejs] *n* uže, štranga; **to kick over
the* ~*s* uzeti đem u zube, oteti se
disciplini

trace II *n* 1. trag; ~*s of earlier civilization*
tragovi jedne ranije civilizacije 2. mala
količina **trace** III *v tr* 1. ući u trag
(nečemu); pronaći, naći; *to* ~ *a docu-
ment* naći dokumenat 2. precrtati (kroz
providan papir) **tracer** *n* 1. tragač; istra-

živač 2. see **tracer bullet** 3. (med.) izotop-indikator, trejser 4. traženje; *to put out a ~ on a letter* tražiti (izgubljeno) pismo **tracer bullet** trasirno zrno

trachea ['trejkijə] *n* (anat.) dušnik, traheja

tracing ['trejsing] *n* precrtavanje (kroz providan papir) **tracing paper** paus--papir

track I [traek] *n* 1. trag; *to cover up one's ~s* zametnuti svoje tragove 2. (usu. in *pl)* šina; pruga; *railroad ~s* železnička (željeznička) pruga 3. staza (za trčanje) 4. see **track and field** 5. see **racetrack** 6. veza; *to lose ~ of smb.* izgubiti vezu s nekim 7. evidencija; *to keep ~ of smt.* voditi evidenciju o nečemu **track** II *a* lakoatletski, atletski; *~ events* trke i skokovi **track** III *v* 1. *tr* goniti po tragu; ići tragom (nekoga) 2. *tr (to ~ down)* pronaći i uhvatiti 3. *tr* pratiti; *to ~ a target* pratiti cilj 4. *tr* razgaziti; *to ~ mud all over a house* razgaziti blato po celoj (cijeloj) kući 5. *intr* tražiti (po tragu)

track and field laka atletika **track-and--field** *a* lakoatletski; *a ~ meet* lakoatletsko takmičenje **track meet** lakoatletsko takmičenje

tract [traekt] *n* 1. prostor, predeo (predio) 2. (anat.) trakt, sistem; *the digestive ~* sistem za varenje

traction ['traekšən] *n* 1. vuča; vučna snaga 2. (med.) istezanje

tractor *n* traktor **tractor driver** traktorista

trade I [trejd] *n* 1. zanat; *to learn a ~* naučiti zanat 2. trgovina; *retail (wholesale) ~* trgovina na malo (na veliko) 3. trampa, razmena (razmjena) **trade** II *a* trgovinski; privredni; *a ~ agreement* trgovinski sporazum **trade** III *v* 1. *tr* razmeniti (razmijeniti),· trampiti 2. *intr* trgovati; *to ~ in wine* trgovati vinom 3. *intr (to ~ on)* koristiti

trade in *v* zameniti (zamijeniti); *to trade an old car in* zameniti stara kola za nova (uz doplatu) **trade-in** *n* kupovina novog predmeta sa zamenom (zamjenom) starog (uz doplatu)

trademark [~mark] *n* zaštitni žig (znak), fabrički žig

trader *n* trgovac **trade route** trgovački put **trade school** zanatska škola **trade secret** poslovna tajna **trade union** sindikat, zanatsko udruženje **trading post** pogranična trgovačka kuća

tradition [trə'dišən] *n* tradicija; *according to ~* po tradiciji **traditional** *a* tradicionalan

traffic I ['traefik] *n* 1. saobraćaj; *air (automobile, highway) ~* avionski (automobilski, drumski) saobraćaj 2. trgovina; *~ in drugs* trgovina drogama **traffic** II *a* saobraćajni; *a ~ accident* saobraćajna nesreća **traffic** III *v intr* trgovati; *to ~ in drugs* trgovati drogama **traffic circle** raskrsnica (W also: raskrižje) sa kružnim tokom saobraćaja **traffic jam** zastoj saobraćaja **traffic light** semafor

tragedy ['traedžədij] *n* tragedija **tragic** ['traedžik] *a* tragičan

trail I [trejl] *n* trag; *to come across smb.'s ~* ući u trag u trag nekome 2. (uska) staza **trail** II *v* 1. *tr* vući; *to ~ smt. through the mud* vući nešto po blatu 2. terati — tjerati (nekoga) po tragu; pratiti 3. *tr* and *intr* izostati (iza), zaostati (za); *he is ~ing the others* on zaostaje za drugima 4. *intr* vući se; *to along ~ the ground* vući se po zemlji 5. *intr (to ~ off)* izgubiti se; *the sound ~ed off* zvuk se izgubio **trailblazer** [~blejzər] *n* pionir, krčilac **trailer** *n* 1. prikolica 2. (or: *house ~)* stambena prikolica, kamp--prikolica **trailer camp** logor za stambene prikolice

train I [trejn] *n* 1. skut 2. voz (W: vlak); *an express ~* brzi voz **train** II *v* 1. *tr* and *intr* trenirati; *to ~ a team* trenirati tim 2. *tr* dresirati; *to ~ a dog* dresirati psa 3. *tr* vežbati (vježbati); obučiti; *to ~ soldiers* obučiti vojnike 4. *tr* uperiti; *to ~ a rifle on smb.* uperiti pušku na nekoga 5. *intr* vežbati se **trainee** [~'ij] *n* onaj koji se obučava; regrut; novajlija **trainer** *n* 1. trener 2. (animal *~)* dreser **training** I *n* obuka, vežbanje (vježbanje) **training** II *a* školski, nastavni; *a ~ aid* nastavno pomagalo

traipse [trejps] *v intr* bazati

trait [trejt] *n* crta, osobina; *character ~s* crte karaktera

traitor ['trejtər] *n* izdajnik **traitorous** *a* izdajnički

trajectory [trə'džektərij] *n* trajektorija, putanja

tram [traem] *n* (Br.) tramvaj

tramp I [traemp] *n* 1. topot, bat, lupa (nogu) 2. šetnja 3. skitnica 4. bludnica, kurva 5. (naut.) tramper **tramp** II *v* 1. *tr*

proći pešice (pješice) 2. *tr (to ~ down)*
utabati, ugaziti; gnječiti; *to ~ down*
snow ugaziti sneg (snijeg) 3. *intr* teško
koračati; trapati, topotati
trample ['traempəl] *v tr* zgaziti, izgaziti
tramway [~wej] *n* (Br.) tramvajska linija
..ance [traens] *n* 1. trans, hipnotisanost 2
uspavanost
tranquil ['traenkwəl] *a* miran, tih **tranquil-**
ity [traen'kwilətij] *n* mirnoća, mir, tiši-
na **tranquilizer** *n* trankilizer, sredstvo
za smirenje
transact [traens'aekt] *v tr* obaviti; *to ~*
business obavljati poslove **transaction**
[~kšən] *n* 1. obavljanje 2. posao; tran-
sakcija
transatlantic [~aet'laentik] *a* prekoat-
lantski
transcend [traen'send] *v tr* 1. prekoračiti
2. nadmašiti, prevazići
transcendental [~'dentl] *a* (phil.) trans-
cendentalan **transcendental meditation**
transcendentalna meditacija
transcontinental [traenskantə'nentəl] *a*
transkontinentalni
transcribe [traen'skrajb] *v tr* 1. prepisati
2. (ling.) transkribovati 3. snimiti na
traku **transcript** ['traenskript] *n* 1. pre-
pis 2. prepis ocena (ocjena) **transcrip-**
tion [traen'skripšən] *n* 1. transkripcija
2. snimanje emisije (na traku)
transfer I ['traensfər] *n* 1. prenos (prije-
nos); premeštaj (premještaj); *the ~ of*
power prenos vlasti 2. (mil.) prekoman-
dovanje 3. (comm.) transfer, prenos 4.
prelazna karta **transfer** II (and [traens-
'fər]) *v* 1. *tr* preneti (prenijeti); premestiti
(premjestiti); *to ~ smb. to Chicago*
premestiti nekoga u Čikago 2. *tr* (mil.)
prekomandovati 3. *tr* (comm.) transferi-
sati, preneti; *to ~ money* transferisati
novac 4. *intr* presesti; *to ~ for Boston*
presesti za Boston **transfer student** stu-
dent koji je prešao sa drugog univerzi-
teta
transfigure [~'figjər] *v tr* preobraziti
transfix [~'fiks] *v tr* zapanjiti, paralizova-
ti; *~ed with horror* zapanjen od užasa
transform [~'form] *v tr* 1. preobratiti,
transformisati; *to be ~ed* preobratiti se
2. (ling.) transformisati **transformation**
[~fər'mejšən] *n* 1. preobražaj, transfor-
macija 2. (ling.) transformacija **trans-**
former [~'formər] *n* transformator

transfuse [~'fju:z] *v tr* (med.) izvršiti
transfuziju (krvi) **traunsfusion** [~'fju:-
žən] *n* transfuzija: *a blood ~* transfuzi-
ja krvi
transgress [traens'gres] *v* 1. *tr* prekoračiti;
prestupiti; *to ~ a law* prestupiti propis
2. *intr* zgrešiti (zgriješiti) **transgression**
[~šən] *n* 1. prestup 2. greh (grijeh)
transgressor *n* prestupnik; grešnik
transient I ['traenšənt] *n* prolazan gost
transient II *a* 1. prolazan, prelazan
(prijelazan) 2. privremen; *~ laborers*
sezonski radnici
transistor [traenz'istər] *n* tranzistor **tran-**
sistorize *v tr* tranzistorizovati
transit I ['traensit] *n* 1. prolaz, prelaz 2.
tranzit **transit** II *a* tranzitni; *a ~ lounge*
(visa) tranzitna čekaonica (viza)
transition [traenz'išən] *n* prelaz (prijelaz);
a sudden ~ nagao prelaz **transitional** *a*
prelazan (prijelazan)
transitive ['traensətiv] *a* (gram.) prelazan
(prijelazan); *a ~ verb* prelazan glagol
transitory ['traensətorij] *a* prelazan (prije-
lazan)
translate ['traens'lejt] *v* 1. *tr* prevesti (pi-
smeno); *to ~ a book from one language*
into another prevesti knjigu s jednog
jezika na drugi 2. *intr* prevoditi (pisme-
no); biti prevodilac; *to ~ literally* do-
slovno prevoditi **translation** [~'lejšən] *n*
(pismen) prevod (prijevod), prevođenje
translator ['traens'lejtər] *n* prevodilac
transliterate [~'litərejt] *v tr* transliterirati
transliteration [~'ejšən] *n* translitera-
cija
transmission [~'mišən] *n* 1. prenos (prije-
nos); transmisija 2. (on an automobile)
menjač (mjenač); *an automatic ~* auto-
matski menjač **transmit** [~'mit] *v* 1. *tr*
preneti (prenijeti); *to ~ a message to*
smb. preneti nekome poruku 2. *intr*
emitovati **transmittal** *n* prenos (prije-
nos) **transmitter** *n* predajnik; *a shortwa-*
ve ~ kratkotalasni predajnik
transmutation [~mju:'tejšən] *n* pretvara-
nje, transmutacija **transmute** [~'mju:t]
v tr pretvoriti
transoceanic [~oušijaenik] *a* transokean-
ski (W: transoceanski)
transom ['traensəm] *n* prozor iznad vrata
transparency [traens'paerənsij] *n* 1. pro-
vidnost 2. slajd **transparent** *a* providan
transpire [traen'spajr] *v intr* desiti se ·

transplant I ['traensplaent] *n* 1. presad 2. presađivanje; *a heart* ~ presađivanje srca **transplant** II [traens'plaent] *v tr* presaditi

transport I ['traensport] *n* 1. prevoz (prijevoz), transport 2. brodski transport **transport** II [~'port] *v tr* 1. prevesti (prevoziti), transportirati 2. zaneti (zanijeti), očarati **transportation** [~pər'tejšən] *n* saobraćaj, transport; *public* ~ javni saobraćaj

transpose [traens'pouz] *v tr* 1. premestiti (premjestiti), transponirati 2. (math., ling.) transponovati **transposition** [~pə-'zišən] *n* 1. premeštanje (premještanje) 2. (math., ling.) transpozicija

trap I [traep] *n* 1. klopka, zamka; *to fall into a* ~ upasti (zapasti) u klopku 2. rešetka, filter (u cevi — cijevi) 3. (slang) usta **trap** II *v* 1. *tr* uhvatiti u klopku 2. *intr* postavljati zamke

trap door vrata u podu, krovu

trapeze [trae'pijz] *n* trapez (gimnastička sprava)

trapper ['traepər] *n* traper (lovac divljači)

trash [traeš] *n* 1. otpaci; smeće 2. šund (literatura) **trash basket** korpa za otpatke **trash can** kanta za smeće **trash collector** đubretar

trauma ['tromə] *n* rana; trauma **traumatic** [~'maetik] *a* traumatičan

travel I ['traevəl] *n* turizam **travel** II *a* turistički; *a* ~ *folder* turistički prospekt **travel** III *v intr* 1. putovati; *to* ~ *to Canada (in Canada)* putovati u Kanadu (po Kanadi); *to* ~ *on business* putovati poslom 2. (basketball) praviti korake **travel agency** turistička agencija **traveler** *n* putnik **traveler's check** putnički ček **travel industry** turistička privreda **traveling salesman** trgovački putnik **travelogue, travelog** [~og] *n* film o putovanju

traverse [trə'vərs] *v tr* 1. preći 2. proputovati, prokrstariti

travesty I ['traevistij] *n* travestija, parodija **travesty** II *v tr* parodirati

trawler ['trolər] *n* koča (brod)

tray (trej) *n* poslužavnik

treacherous ['trečərəs] *a* izdajnički **treachery** *n* izdaja

treacle ['trijkəl] *n* (Br.) melasa (see also **molasses**)

tread I [tred] *n* 1. hod, način hoda 2. (on a tire) gazeća površina, protektor 3. guse-

nica (gusjenica); *tank* ~s tenkovske gusenice **tread** II *trod* [trad]; (*-ed* for 2); *trod* or *trodden* [~ən] *v* 1. *tr* ići (nečim); (fig.) *to* ~ *a path* ići putem 2. *tr* plivati; *to* ~ *water* plivati stojeći u vodi 3. *intr* koračati, stupati; gaziti; **to* ~ *on smb.'s toes* stati nekome na žulj

treadle *n* pedal (na šivaćoj mašini)

treadmill [~mil] *n* 1. suvača, mlin pokretan nogama 2. ergometar

treason ['trijzən] *n* izdaja; *to commit* ~ izvršiti izdaju **treasonable** *a* izdajnički **treasonous** *a* izdajnički

treasure I ['trežər] *n* blago; *(a) buried* ~ zakopano blago **treasure** II *v tr* 1. gomilati, čuvati 2. visoko ceniti (cijeniti) **treasurer** *n* rizničar, blagajnik **treasury** *n* 1. riznica; (državna) blagajna 2. (Am.) ministarstvo za finansije (financije)

treat I [trijt] *n* 1. čašćenje, gošćenje; *the* ~'s *on me!* ja častim! 2. uživanje, zadovoljstvo; *a great* ~ veliko uživanje **treat** II *v* 1. *tr* postupiti (s); *they* ~*ed him well* postupali su s njime dobro 2. *tr* razmotriti, tretirati, obraditi; *to* ~ *a problem* tretirati problem 3. *tr* častiti, ugostiti; *to* ~ *smb. to dinner* častiti (ugostiti) nekoga ručkom 4. *tr* lečiti (liječiti); *to* ~ *smb. for cancer* lečiti nekoga od raka 5. *intr* častiti; *it's my turn to* ~ na mene je red da častim **treatment** *n* 1. postupak, postupanje; *the* ~ *of prisoners of war* postupak prema (sa) ratnim zarobljenicima 2. lečenje (liječenje)

treaty *n* ugovor; *to break (sign) a* ~ raskinuti (potpisati) ugovor

treble I ['trebəl] *n* soprano, diskant **treble** II *a* 1. trostruk 2. sopranski, najvišeg glasa 3. piskav, visok **treble** III *v* 1. *tr* utrostručiti 2. *intr* utrostručiti se

tree [trij] *n* drvo **tree line** granica šume

trek I [trek] *n* (teško) putovanje **trek** II *v intr* putovati s teškoćama

trellis ['trelis] *n* rešetka od letava, odrina, hladnjak

tremble I ['trembəl] *n* drhtanje **tremble** II *v intr* drhtati; *to* ~ *with fear* drhtati od straha

tremendous [tri'mendəs] *a* 1. ogroman 2. (colloq.) izvanredan

tremor ['tremər] *n* 1. potres 2. drhtanje

trench I [trenč] *n* rov, tranšeja; *to dig a* ~ iskopati rov **trench** II *a* rovovski; ~ *warfare* rovovski rat

trench coat trenčkot (vrsta kišnog mantila)
trend [trend] *n* trend, kretanje; *economic* ~s ekonomska kretanja
trepidation [trepə'dejšən] *n* strah, strepnja
trespass I ['trespəs] *n* prestup; greh (grijeh) trespass II *v intr* 1. zgrešiti (zgriješiti) 2. nezakonito stupiti (na nečije imanje); *to* ~ *on smb.'s property* nezakonito stupiti na nečije imanje trespasser *n* onaj koji stupa na tuđe zemljište trespassing *n* nezakonito ulaženje u tuđe imanje; *no* ~! zabranjen prolazak!
tress [tres] *n* pramen, uvojak
trestle ['tresəl] *n* 1. nogare; potpora 2. skele
trial I ['trajəl] *n* 1. suđenje, sudski pretres; *he is on* ~ *now* sada mu sude; *to bring to* ~ izvesti pred sud 2. proba, pokus; ~ *and error* pokušavanje ovog i onog 3. iskušenje; muka 4. (sports) izborno takmičenje (W: izlučno natjecanje) trial II *a* probni, na probu, pokusni; *a* ~ *run* pokusna vožnja trial balloon probni balon
triangle ['trajaenggəl] *n* 1. trougao (W: trokut) 2. (mus.) triangl triangular (tra j'aenggjələr] *a* trougaoni (W: trokutan)
tribal ['trajbəl] *a* plemenski; ~ *society* plemensko društvo tribalism *n* tribalizam, plemenski život tribe [trajb] *n* pleme; *Indian* ~s indijanska plemena tribesman [~zmən] (-*men* [min]) *n* plemenik
tribulation [tribjə'lejšən] *n* muka, patnja
tribunal [tri'bju:nəl] *n* 1. sud 2. sudijska (W: sudačka) stolica
tribune ['tri'bju:n] *n* tribina
tributary ['tribjəterij] *n* pritoka
tribute ['tribju:t] *n* 1. priznanje, poštovanje; pošta; *to pay* ~ *to smb.* odati nekome priznanje 2. danak: *to pay* ~ plaćati danak
triceps ['trajseps] *n* troglavi mišić, triceps
trick I [trik] *n* 1. trik, smicalica; prevara: *to play a* ~ *on smb.* napraviti smicalicu nekome 2. veština (vještina), opsenarija (opsjenarija); *to do* ~s izvoditi opsenarije 3. iluzija, obmana; *a* ~ *of the imagination* iluzija mašte trick II *a* slab; bolestan; *a* ~ *knee* slabo koleno (koljeno) trick III *v tr* prevariti, obmanuti trickery ['trikərij] *n* varanje, lukavstvo
trickle I ['trikəl] *n* kapanje, curenje trickle II *v intr* kapati, curiti

trickster ['trikstər] *n* varalica tricky *a* varalički, prepreden, lukav
tricolor ['trajkələr] *n* trobojka
tricycle ['trajsikəl] *n* tricikl
trifle I ['trajfəl] *n* sitnica; bagatela trifle II *v intr* neozbiljno se ophoditi; *to* ~ *with smb.* neozbiljno se ophoditi s nekim trifling *a* sitan, beznačajan
trigger I ['trigər] *n* obarač, oroz; *to pull a* ~ povući obarač trigger II *v tr* (colloq.) izazvati, aktivizirati; *to* ~ *a reaction* izazvati reakciju
trigonometric [trigənə'metrik] *a* trigonometrijski trigonometry [trigə'namətrij] *n* trigonometrija
trilateral [traj'laetərəl] *a* trostran
trill I [tril] *n* 1. (mus.) triler 2. (ling.) treperenje jezika (pri izgovaranju zvuka *r*) trill II *v tr and intr* 1. pevati (pjevati) s trilerom 2. izgovarati s treperenjem
trillion ['triljən] *n* 1. (Am.) bilion — W: bilijun (10^{12}) 2. (Br.) trilion — W: trilijun (10^{18})
trilogy ['trilədžij] *n* trilogija
trim I [trim] *n* 1. stanje, doteranost (dotjeranost) 2. drvenarija zgrade; ramovi prozora (vrata) 3. ukrasi trim II *a* 1. doteran (dotjeran); u dobrom stanju; dobro udešen 2. u dobroj kondiciji trim III *v tr* 1. ukrasiti; *to* ~ *a window* ukrasiti izlog 2. potkresati, skresati, podrezati; *to* ~ *one's nails* podrezati sebi nokte 3. podšišati; *to* ~ *smb.'s hair* podšišati nekome kosu 4. smanjiti, skresati; *to* ~ *a budget* smanjiti budžet 5. (cul.) garnirati; *to* ~ *a salad* garnirati salatu 6. (colloq., often sports) pobediti (pobijediti); potući do nogu trimming *n* 1. (colloq., sports) poraz 2. (in *pl*, cul.) dodaci
trimonthly [traj'mənthlij] *a* tromesečni (tromjesečni)
Trinidad ['trinədaed] *n* Trinidad
trinity ['trinətij] *n* 1. trojstvo 2. (rel., cap.) Sveta trojica (W: Sveto trojstvo)
trinket ['tringkit] *n* tričarija; nakit
trio ['trijou] *n* 1. grupa od troje, trojka 2. (mus.) trio
trip I [trip] *n* 1. putovanje, put; *to go on a* ~ ići na put; *a round* ~ put u oba pravca 2. (slang) halucinacija (izazvana uživanjem droga) trip II *v* 1. *tr* (or: *to* ~ *up*) saplesti, spotaći, podmetnuti (nekome) nogu 2. *tr* uhvatiti u grešci 3. *intr*

saplesti se, spotaći se; *to ~ over a rock*
saplesti se o kamen 4. *intr* sitno koračati
tripartite [traj'partajt] *a* trojni; trostruk;
trostran; tripartitan; *a ~ alliance* trojni
savez
tripe [trajp] *n* (cul.) škembići, tripe, tripi-
ce, burag
triple I ['tripəl] *a* trojni; trostruk **triple** II *v*
1. *tr* utrostručiti, triplirati 2. *intr* utro-
stručiti se **triple jump** troskok
triplet ['triplit] *n* 1. trojka 2. (in *pl*) trojke,
trojci; *she had ~s* rodila je trojke
triplicate I ['triplikit] *n* triplikat **triplicate**
II *a* trostruk
tripod ['trajpad] *n* tronožac
trite [trajt] *a* otrcan, banalan; *a ~ expres-
sion* otrcana fraza
triumph I ['trajəmf] *n* trijumf, pobeda
(pobjeda) **triumph** II *v intr* trijumfovati;
to ~ over smb. trijumfovati nad nekim
triumphal [traj'əmfəl] *a* trijumfalan; po-
bedan (pobjedan); *a ~ arch* trijumfalna
kapija **triumphant** [~fənt] *a* pobedan
trivia ['trivijə] *n pl* trivijalnost **trivial** [~l]
a trivijalan, sitan
Trojan horse ['troudžən] trojanski konj
trolley ['tralij] *n* 1. tramvaj 2. (Br.) ručna
kolica **trolley bus** trolejbus **trolley car**
tramvaj
trollop ['traləp] *n* drolja, kurva
trombone ['tram'boun] *n* trombon
troop I [tru:p] *n* 1. grupa, skup 2. (cavalry)
eskadron 3. (in *pl*) trupe; *to inspect (the)
~s* vršiti smotru trupa 4. odred; *a Boy
Scout ~* izviđački odred **troop** II *v* 1. *tr*
(mil.) defilovati; *to ~ the colors* defilo-
vati sa zastavom ispred postrojene voj-
ske 2. *intr* ići u gomili
trooper (Am.; or: *a state ~*) policajac neke
države
troopship [~šip] n (mil.) transportni brod
troop train vojni voz (W: vlak)
trope [troup] *n* trop, izraz u prenosnom
smislu
trophy ['troufij] *n* trofej, plen (plijen) 2.
znak pobede (pobjede)
tropic ['trapik] *n* 1. povratnik 2. (in *pl*)
tropi **tropical** *a* tropski; *~ diseases*
tropske bolesti **Tropic of Cancer** povrat-
nik Raka **Tropic of Capricorn** povratnik
Kozoroga
trot I [trat] *n* 1. kas 2. kasačka trka **trot** II
v 1. *tr* jahati kasom 2. *tr* (colloq.) *(to ~
out)* pokazati; izneti (iznijeti); *to ~ out
all the old arguments* izneti sve stare

argumente 3. *intr* kasati **trotter** *n* **kasač**
trotting *a* kasački; *~ races* kasačke trke
trouble I ['trəbəl] *n* 1. nezgoda, nevolja;
they had ~ with their car desila im se
nezgoda s autom; *to be in ~* biti u
nevolji 2. trud, napor; *he took the ~ to
call* potrudio se da se javi 3. nered,
nemir, metež; *to cause ~* izazvati nered
4. briga, zabrinutost; *he's a lot of ~ (to
his family)* on je velika briga (svojoj
porodici) **trouble** II *v* 1. *tr* uzburkati,
uznemiriti; *to be ~d* biti uznemiren 2.
tr zamoliti; *may I ~ you for the sugar?*
smem (smijem) li vas zamoliti za **šećer?**
3. *intr* truditi se; *don't ~ to write*
nemojte se truditi da pišete **troublemak-
er** [~mejkər] *n* izazivač nereda, smut-
ljivac **trouble-shooter** *n* 1. posrednik u
političkim konfliktima 2. stručnjak za
otkrivanje i uklanjanje tehničkih kvarova
troublesome *a* mučan; nezgodan; *a ~
problem* mučan problem
trough [trof] *n* korito; oluk
trounce [trauns] *v tr* potući (do nogu)
troupe [tru:p] *n* trupa (glumaca), družina
trouper *n* glumac
trousers ['trauzərz] *n pl* pantalone (W:
hlače)
trousseau ['tru:'sou] *n* devojačka (djevo-
jačka) sprema
trout [traut] *(pl* has zero or *-s) n* pastrmka
trowel ['trauəl] *n* mistrija, špahtla
truancy ['tru:ənsij] *n* izostanak (iz škole)
truant *n* učenik koji izostaje iz škole
truce [tru:s] *n* prekid vatre, primirje **truce
supervision** nadgledanje prekida vatre
truck I [trək] *n* 1. kamion (see also **lorry**)
2. (Br.) otvoren teretni vagon **truck**
II *v tr* and *intr* voziti kamionom **truck
driver** vozač kamiona, kamiondžija
trucker *n* 1. see **truck driver** 2. pre-
voznik
truck farm povrtnjak **truck farmer** povrtar
truckle ['trəkəl] *n intr* (usu.: *to ~ under)*
pokoriti se; *to ~ under to smb.* pokoriti
se nekome
truculence ['trəkjələns] *n* borbenost, rato-
bornost; prkos **truculent** *a* borben, rato-
boran; prkosan
trudge I [trədž] *n* naporno pešačenje (pje-
šačenje) **trudge** II *v intr* gaziti, gacati; *to
~ through mud* gaziti po blatu
true [tru:] *a* 1. istinit, istinski; veran
(vjeran); *a ~ statement* istinita izjava 2.
veran, odan; *~ to one's principles* veran

svojim načelima **truism** n očevidna (oči-
ta) istina **truly** adv 1. zaista; ~ happy
zaista srećan 2. (at the end of a letter)
yours ~ odan vam, s poštovanjem
trump I [trəmp] n 1. (cards) adut; to play a
~ baciti adut 2. (fig.) adut, glavno
sredstvo **trump** II v tr uzeti adutom,
adutirati
trumpet I ['trəmpit] n 1. truba 2. trublje-
nje; glas slona **trumpet** II v 1. tr trubom
objaviti, rastrubiti 2. intr trubiti **trum-
pet call** trubni znak **trumpeter** n trubač
trump up v lažirati; trumped up charges
optužnica na osnovu lažnih iskaza
truncate ['trəngkejt] v tr 1. okrnjiti, skra-
titi 2. zarubiti
truncheon ['trənčən] n palica, štap
trunk I [trəngk] n 1. stablo, deblo 2.
sanduk 3. (on an automobile) prtljažnik
4. surla 5. (in pl) (swimming) ~s gaće
(za kupanje)
trunk call (Br.) međumesni (međumjesni)
telefonski razgovor
truss I [trəs] n 1. utega; bandaža 2. nosač;
podupirač **truss** II v tr 1. (also: to ~ up)
privezati 2. bandažirati
trust I [trəst] n 1. poverenje (povjerenje);
vera (vjera); to place ~ in smb. pokloni-
ti nekome poverenje 2. dužnost; a sacred
~ sveta dužnost 3. nadzor, čuvanje; to
commit to smb,'s ~ poveriti (povjeriti)
nečijem nadzoru 4. trust, kartel **trust** II
v 1. tr verovati (vjerovati); to ~ smb.
verovati nekome 2. tr nadati se; I ~ that
you will come nadam se da ćete doći 3.
intr verovati; to ~ in smb. imati pove-
renja (povjerenja) u nekoga **trust bust-
ing** borba protiv trustova
trustee [~'ij] n staratelj; poverenik (povje-
renik) **trusteeship** n starateljstvo; a UN
~ starateljstvo OUN
trustworthy [~wərth:ij] a dostojan pove-
renja (povjerenja)
truth [tru:th] n istina; to tell the ~
govoriti istinu; da kažem istinu **truthful**
a istinoljubiv
try I [traj] n pokušaj; to have a ~ at smt.
pokušati nešto **try** II v 1. tr and intr
pokušati; ~ to (colloq.: and) repeat it
exactly pokušaj da to tačno (W: točno)
ponoviš 2. tr probati; to ~ food probati
jelo **trying** a težak, naporan; zamoran; a
~ journey zamorno putovanje
try on v probati; to try a new dress on
probati novu haljinu

try out v 1. oprobati, iskušati; to try out a
new car oprobati nov auto 2. konkurisa-
ti; to try out for a position konkurisati
za mesto (mjesto) **tryout** [~aut] n 1.
konkurs 2. (sports) izborno takmičenje
(W: izlučno natjecanje) 3. (usu. pl; thea-
ter) audicija
tryst [trist] n randevu (ljubavnika)
T-shirt n majica s kratkim rukavima
tub [təb] n 1. kada; kaca; kabao; badanj 2.
see **bathtub** 3. (slang) spor brod, čamac
tuba ['tu:bə] n (mus.) tuba
tube [tu:b] n 1. tuba (za pakovanje) 2. (of a
tire) unutrašnja guma (W: zračnica) 3.
cev (cijev); an electron ~ elektronska
cev **tubeless tire** pneumatik bez unutra-
šnje gume (W: zračnice)
tubercular [tu'bərkjələr] a tuberkulozan
tuberculosis [tubərkjə'lousis] n tuberku-
loza
tuck I [tək] n nabor, šav **tuck** II v tr 1.
nabrati; presaviti 2. (to ~ in, into)
uvući, ugurati; to ~ a shirt in uvući
košulju u pantalone (W: hlače) 3. (to ~
into bed) staviti u krevet (i dobro umo-
tati) 4. (to ~ in) podvući, podvrnuti; to
~ a blanket in podvući (podvrnuti) ćebe
tucker out v (colloq.) umoriti; he's all
tuckered out iznuren je
Tuesday ['tu:zdej] n utorak; on ~ u utorak
tuft [təft] n ćuba; čuperak; pramen; a ~ of
hair čuperak kose
tug I [təg] n trzaj; vučenje; to give a ~
povući **tug** II v 1. tr izvući; trgnuti 2. tr
tegliti 3. intr (to ~ at) vući **tugboat**
[~bout] n tegljač, remorker, šleper **tug
of war** vučenje konopca; (fig.) to engage
in a ~ nadvlačiti se
tuition [tu:'išən] n 1. školarina 2. (Br.)
nastava, obučavanje
tulip ['tu:lip] lala, tulipan
tumble I ['təmbəl] n pad, stropoštavanje;
to take a ~ stropoštati se **tumble** II v
intr 1. pasti, stropoštati se, srušiti se;
prices ~d cene (cijene) su pale 2. (col-
loq.) shvatiti, razumeti (razumjeti)
tumbler n tambler (visoka ravna čaša bez
postolja)
tumbling n gimnastika
tummy ['təmij] (colloq.) see **stomach** I
tumor ['tu:mər] n tumor
tumult ['tu:məlt] n buka, graja **tumultuous**
[tə'məlču:əs] a bučan; buran; a ~ meet-
ing buran zbor

tuna ['tu:nə] (pl has -s or zero) n tunj
tune I [tu:n] n 1. melodija 2. naštimovanost, udešenost; *to sing in ~* pravilno pevati (pjevati); *the piano is out of ~* klavir je rasklađen (raštimovan) 3. sloga, sklad; *in ~ with the times* u skladu s vremenima 4. misc.; (colloq.) *to call the ~* zapovedati (zapovijedati) **tune** II v tr 1. naštimovati, udesiti; *to ~ a piano* naštimovati klavir 2. podesiti, regulisati; *to ~ an engine* podesiti motor
tune in v 1. namestiti (namjestiti); *to tune a station in* namestiti radio na neku stanicu 2. uključiti prijemnik
tuner n štimer; *a piano ~* klavirštimer
tune up v 1. udesiti (instrumenat) 2. podesiti; *to tune up an engine* podesiti motor **tune-up** n podešavanje
tungsten ['təngstən] n volfram
tunic ['tu:nik] n vojnička bluza
tuning fork ['tu:ning] akustična (zvučna) viljuška
Tunisia [tu:'nijžə] n Tunis (zemlja) **Tunisian** I n Tunižanin **Tunisian** II a tuniski
tunnel I ['tənəl] n tunel **tunnel** II v intr prokopati tunel (kroz); *to ~ through a mountain* prokopati tunel kroz planinu
turban ['tərbən] n turban, čalma
turbine ['tərbajn] n turbina
turbulence ['tərbjələns] n turbulencija, uzburkani vazduh (W: zrak) **turbulent** a turbulentan, uzburkan; buran; *~ times* burna vremena
turf [tərf] n 1. busen 2. trkalište; (fig.) konjske trke, trkački sport 3. (slang) teritorija maloletničke (maloljetničke) bande
turgid ['tərdžid] a 1. otekao 2. naduven, visokoparan
Turk [tərk] n Turčin
Turkestan [tərkə'staen] n Turkestan
turkey ['tərkij] n 1. ćuran, ćurka (W: puran, pura); *stuffed ~* nadevena (nadjevena) ćurka 2. misc.; *to talk ~* govoriti otvoreno
Turkey n Turska
Turkish I ['tərkiš] n turski jezik **Turkish** II a turski **Turkish bath** amam, kupatilo za znojenje **Turkish coffee** turska kafa (kava) **Turkish towel** čupav ubrus
turmoil ['tərmojl] n nemir; gungula; metež
turn I [tərn] n 1. skretanje; okretanje; obrt; *a left (right) ~* levo — lijevo (desno) skretanje 2. (fig.) obrt; preokret; *a ~ for the better (worse)* preokret nabo-

lje (nagore) 3. prekretnica; *the ~ of the century* prekretnica veka (vijeka) 4. red; *it's your ~* na tebe je red 5. usluga; *to do smb. a good (bad) ~* učiniti nekome dobru (rđavu) uslugu 6. misc.; *to take ~s* smenjivati (smjenjivati) se jedno s drugim **turn** II v 1. tr okrenuti; skrenuti; obrnuti; *to ~ an automobile* skrenuti auto; *to ~ one's back to* (fig.: on) smb. okrenuti leđa nekome 2. tr prevrnuti; preokrenuti; *to ~ a page* prevrnuti stranicu; **to ~ the tables* preokrenuti situaciju 3. tr pretvoriti; preobratiti; *to ~ joy into sadness* pretvoriti radost u žalost 4. tr zaći; obići; *to ~ a corner* zaći za ugao 5. tr promeniti (promijeniti); *a few votes ~ed the election* nekoliko glasova promenili su rezultat izbora 6. tr preći, navršiti; *to ~ 60* navršiti šezdesetu godinu 7. tr zavrteti (zavrtjeti); (fig.) *to ~ smb.'s head* zavrteti nekome mozak 8. tr upraviti, uperiti; *to a ship toward (the) shore* upraviti brod ka obali 9. intr okrenuti (se), skrenuti; *the road ~s east* put skreće na istok; **the tide has ~ed* sreća se okrenula 10. intr bacakati se, prevrtati se; *to toss and ~ all night* bacakati se u postelji celu (cijelu) noć 11. intr pobuniti se (protiv nekoga) 12. intr obratiti se; *to ~ to smb. for a favor* obratiti se nekome sa molbom 13. intr pretvoriti se, postati; *water ~s to ice* voda se pretvara u led; *to ~ sour* ukisnuti 14. intr gaditi se; *my stomach ~s when I see that* muka mi je kad to vidim 15. intr preći; *the conversation ~ed to other subjects* razgovor je prešao na druge predmete 16. misc.; *to ~ loose* osloboditi; *to ~ a somersault* prebaciti se preko glave; **he ~ed tail and ran* podavio je rep i otišao; **the worm will ~* i najmirniji čovek (čovjek) će se braniti; *to ~ an ankle* uganuti nogu
turn around v 1. okrenuti; *to turn a car around* okrenuti automobil 2. okrenuti se
turn back v 1. ići natrag 2. odbiti; *to turn back the enemy* odbiti neprijatelja 3. pomeriti (pomjeriti) unazad; *to turn a clock back (by one hour)* pomeriti sat unazad (jedan sat)
turncoat [~kout] n otpadnik, izdajnik
turn down v 1. preklopiti, presaviti (naniže); *to turn down a page* presaviti

stranicu 2. odbiti; *to turn an invitation down* odbiti poziv 3. spustiti; *to turn down a collar* spustiti kragnu 4. umanjiti, metnuti tiše; *to turn a (the) radio down* utišati radio

turn in *v* 1. ići na spavanje 2. predati, podneti (podnijeti); *to turn in an expense account* predati račun o troškovima 3. prijaviti; *to turn smb. in to the police* prijaviti nekoga policiji

turning point prekretnica, zaokret; *a ~ in history* istorijska (historijska) prekretnica

turnip ['tərnip] *n* repa

turn off *v* 1. ugasiti, isključiti, zavrnuti; *to turn off a light* ugasiti svetlost (svjetlost); *to turn off a faucet* zavrnuti slavinu 2. skrenuti s puta 3. (slang) ohladiti; izazvati gađenje (kod)

turn on *v* 1. upaliti, pustiti; *to turn a lamp on* upaliti lampu 2. napasti, nasrnuti; *to turn on one's pursuers* nasrnuti na gonioce 3. okretati se, zavisiti (W also: ovisiti); *the decision turns on a single fact* odluka zavisi od jedne činjenice 4. (slang) elektrisati, uzbuditi; *to turn an audience on* uzbuditi gledaoce

turn out *v* 1. ugasiti; *to turn a light out* ugasiti svetlo (svjetlo) 2. ispasti, svršiti se; *everything turned out well* sve je dobro ispalo 3. pojaviti se; skupiti se; *a big crowd turned out* skupilo se mnogo sveta (svijeta) 4. ispostaviti se; *it turned out that he was an actor* ispostavilo se da je on glumac 5. izvrnuti; *to turn smt. inside out* izvrnuti nešto **turnout** [~aut] *n* 1. poseta (posjet); broj gledalaca; *a record ~* rekordna poseta 2. učešće; *a ~ of voters* učešće građana na izborima

turn over *v* 1. okrenuti; *to turn over a new leaf* okrenuti drugi list 2. preokrenuti, prevrnuti; *he turned the glasses over* preokrenuo je čaše 3. prevrnuti se; *the car turned over* auto se prevrnuo 4. upaliti (se); *the engine will not turn over* motor neće da (se) upali 5. (comm.) obrnuti; *they turn over millions* oni obrću milione 6. predati; izručiti; *to turn over prisoners of war* izručiti ratne zarobljenike **turnover** [~ouvər] *n* (comm.) obrt, promet; *annual ~* godišnji obrt

turnpike [~pajk] *n* autoput (na kome se naplaćuje drumarina)

turnstile [~stajl] *n* obrtni krst—W: križ (na ulazima, da se prolazi jedan po jedan)

turn up *v* 1. pojaviti se; *he suddenly turned up* pojavio se iznenadno 2. pojačati; *to turn a radio up* pojačati radio 3. misc.; **to turn up one's nose* naduti se

turpentine ['tərpəntajn] *n* terpentin

turpitude ['tərpətu:d] *n* (usu.: *moral ~*) pokvarenost; niskost

turquoise ['tərkwojz] *n* tirkiz, modrulj

turret ['tərit] *n* 1. kula 2. (mil.; on a tank) kupola 3. (naval) kula, toranj

turtle ['tərtəl] *n* kornjača

turtleneck [~nek] *n* 1. rolkragna 2. (or: *a ~ sweater*) džemper sa rolkragnom

tusk [təsk] *n* zub (slona, divljeg vepra), kljova

tussle I ['təsəl] *n* tuča, gužva **tussle II** *v intr* tući se

tutelage ['tu:təlidž] *n* starateljstvo, tutorstvo

tutor I ['tu:tər] *n* 1. privatan učitelj, domaći učitelj 2. asistent, tutor (na nekim univerzitetima—W: sveučilištima) **tutor II** *v* 1. *tr* podučavati; *to ~ smb. in mathematics* podučavati nekoga u matematici 2. *intr* davati privatne časove (W: satove) **tutorial** [tu:'torijəl] *a* tutorski, učiteljski

tuxedo [tək'sijdou] (*-s*) *n* smoking, večernje odelo (odijelo)

TV [tij'vij] (abbrev. of **television**) televizija; televizor **TV dinner** smrznuti obrok u specijalnom pakovanju (koji može da se jede uz gledanje televizije) **TV program** 1. televizijski program; televizijska emisija 2. TV dodatak (u novinama)

twang I [twaeng] *n* 1. oštar, zvonak zvuk 2. unjkanje, govorenje kroz nos; *to speak with a nasal ~* unjkati **twang II** *v intr* zvučati kao žice

tweed [twijd] *n* tvid (gruba vunena tkanina)

tweet I [twijt] *n* cvrkut **tweet II** (onoma.) čiu **tweet III** *v intr* cvrkutati

tweezers ['twijzərz] *n pl* pinceta, mala klešta (kliješta)

twelfth [twelfth] 1. *n* dvanaestina 2. *n and num a* dvanaesti; *on the ~ of July* dvanaestog jula (W: srpnja)

twelve [twelv] 1. *n* dvanaestica 2. *num and n* dvanaest; dvanaestorica; dvanaestoro

twentieth ['twentijith] (colloq.: ['twənijith]) 1. *n* dvadesetina 2. *n and num a*

dvadeseti; *on the* ~ *of December* dvadesetog decembra (W: prosinca) **twenty** ['twentij] (colloq.: ['twənij]) 1. *n* dvadesetica 2. *num* and *n* dvadeset; dvadesetoro
twice [twajs] *adv* dvaput
twiddle ['twidəl] *v tr* vrteti (vrtjeti); **to* ~ *one's thumbs* skrstiti ruke, traćiti vreme (vrijeme)
twig [twig] *n* grančica
twilight ['twajlajt] *n* sumrak, suton
twin I [twin] *n* blizanac; *Siamese* ~*s* sijamski blizanci **twin** II *a* blizanački; ~ *brothers (sisters)* blizanci (blizanke)
twine [twajn) *n* jak konac, kanap
twin-engine *a* dvomotoran
twinge I [twindž) *n* 1. žiganje, štipanje. probad 2. griža; *a* ~ *of conscience* griža savesti (savjesti) **twinge** II *v intr* žigati, probadati, sevati (sijevati)
twinkle I ['twingkəl] *n* svetlucanje (svjetlucanje) **twinkle** II *v intr* svetlucati (svjetlucati); *stars* ~ zvezde (zvijezde) svetlucaju
twirl I [twərl] *n* brzo okretanje, vrćenje **twirl** II *v* 1. *tr* brzo okretati, vrteti (vrtjeti) 2. *intr* okretati se, vrteti se
twist I [twist] *n* 1. ono što je uvijeno, usukano 2. (cul.) pletenica 3. vijuga 4. rotacija (lopte) 5. uganuće, iščašenje 6. izvrtanje 7. nastranost 8. udar; *a* ~ *of fate* udar sudbine 9 tvist (vrsta plesa)
twist II *v* 1. tr. upresti, uplesti 2. *tr* izvrnuti; *to* ~ *(the) facts* izvrnuti činjenice 3. *tr* uganuti; *to* ~ *one's ankle* uganuti nogu 4. *tr (to* ~ *off) skinuti (uvijanjem)* 5. *tr* uvrnuti, zavrnuti; *to* ~ *smb.'s arm* zavrnuti nekome ruku 6. *intr* vijugati (se); *the road* ~*s* put (se) vijuga 7. *intr* oteti se; *to* ~ *out of smb.'s grasp* oteti se nekome
twitch I [twič] *n* grčevito trzanje **twitch** II *v intr* grčiti se, trgati se; *his muscles* ~ mišići mu se grče
twitter I ('twitər) *n* cvrkut **twitter** II *v intr* ptice cvrkuću
two [tu:] 1. *n* dvojka 2. *num* and *n* dva; dvojica; dvoje
two-faced *a* dvoličan

twofold ([~fould] *a* dvostruk
two-party *a* dvopartijski; *a* ~ *system* dvopartijski sistem
twopence ['təpəns] *n* (Br.) novčić od dva penija
twosome ['tu:səm] *n* par, dvoje
two-story *a* dvospratan (W: dvokatan); *a* ~ *house* dvospratna kuća
two-time *v tr* biti neveran — nevjeran (supruzi, dragani) **two-timer** *n* neveran muž
two-way *a* dvosmerni (dvosmjerni); ~ *traffic* dvosmerni saobraćaj **two-way radio** primopredajnik
tycoon [taj'ku:n] *n* bogat industrijalac
type I [tajp] *n* 1. tip, vrsta (W also: vrst) 2. (pejor.) tip, osobenjak 3. (printing) slovo; štamparska slova 4. (printing) slog; *large (small)* ~ krupan (sitan) slog **type** II *v* 1. *tr* otkucati (W also: tipkati); *to* ~ *a letter* otkucati pismo 2. *intr* kucati (W also: tipkati)
typesetter [~setər] *n* slagač, slovoslagač (W also: strojoslagar) **typesetting** *n* slaganje (sloga)
typewrite [~rajt]; *-wrote* [rout]; *-written* [ritən] *v intr* kucati (W also: tipkati) **typewriter** *n* pisaća mašina (W: pisaći stroj) **typewriting** *n* kucanje (W also: tipkanje), daktilografija
typhoid I ['tajfojd] *n* tifusna groznica **typhoid** II *a* tifusni; ~ *fever* tifusna groznica
typhoon [taj'fu:n] *n* tajfun
typhus ['tajfəs] *n* tifus
typical ['tipəkəl] *a* tipičan **typify** ('tipəfaj] *v tr* simbolisati
typist *n* daktilografkinja, daktilograf
typographer [taj'pagrəfər] *n* tipograf, štampar, slagač **typographical** [tajpə'graefikəl] *a* tipografski; štamparski; slagačev; *a* ~ *error* štamparska (slagačeva) greška **typography** (taj'pagrəfij] *n* slaganje
tyrannical [ti'raenikəl] *a* tiranski **tyrannize** ['tirənajz] *v tr* tiranisati **tyranny** ['tirənij] *a* tiranija **tyrant** ['tajrənt] *n* tiranin
Tyrol ['tajroul] *n* Tirol

U

u [juː] n u (slovo engleske azbuke)
ubiquitous [juːˈbikwətəs] a sveprisutan
udder [ˈədər] n vime
UFO [juːefˈou] abbrev. of unidentified flying object
Uganda [juːˈgaendə] n Uganda
ugh [əg] interj uh (izražava gađenje, užasavanje)
ugliness [ˈəglijnis] n ružnoća, ružnost ugly [ˈeglij] a 1. ružan; *an ~ duckling ružno pače 2. opasan, opak; *an ~ customer opasan čovek (čovjek) 3. plahovit; an ~ temper plahovita narav
Ukraine [ˈjuːkrejn] n Ukrajina; in the ~ u Ukrajini Ukrainian I [juːˈkrejnijən] n 1. Ukrajinac 2. ukrajinski jezik Ukrainian II a ukrajinski
ulcer [ˈəlsər] n grizlica; čir; a gastritic ~ čir u stomaku ulcerous a ulcerozan, razjeden, grizličav
ulterior [əlˈtijijər] a 1. s one strane 2. prikriven, zadnji; an ~ motive zadnja misao
ultimate I [ˈəltəmit] n 1. krajnji cilj 2. krajnost ultimate II a krajnji; konačan; an ~ goal krajnji cilj
ultimatum [əltəˈmejtəm] n ultimatum; to present an ~ predati ultimatum
ultra I [ˈətrə] n ekstremista ultra II a ekstremistički, krajnji
ultra III prefix ultra-
ultraviolet [~ˈvajəlit] a ultravioletni
umbilical [əmˈbilikəl] pupčani umbilical cord pupčana vrpca, pupčanica
umbrage [ˈəmbridž] n uvreda; to take ~ at smt. uvrediti se zbog nečega, primiti nešto na zlo
umbrella [əmˈbrelə] n kišobran

umpire I [ˈəmpajr] n (sports esp. baseball) sudija (W: sudac) (see also referee I 2)
umpire II v see referee II
un- [ən] prefix ne-
unable [~ˈejbəl] a nesposoban; ne u stanju; he is ~ to come on ne može da dođe
unabridged [~əˈbridžd] a neskraćen
unaffected [~əˈfektid] a neizveštačen (neizvještačen); prirodan
unanimity [juːnəˈnimətij] n jednoglasnost unanimous [juːˈnaenəməs] a jednoglasan
unarmed [ənˈarmd] a nenaoružan
unassuming [~əˈsuːming] a skroman
unattached [~əˈtaečt] a 1. nepričvršćen 2. slobodan; bez društva
unavoidable [~əˈvojdəbəl] a neizbežan (neizbježan)
unaware [~əˈwejr] a nesvestan (nesvjestan) unawares adv iznenada
unbearable [~ˈbejrəbəl] a nepodnošljiv, nesnošljiv; ~ heat nesnošljiva vrućina
unbeatable [~ˈbijtəbəl] a nepobedljiv (nepobjedljiv)
unbelievable [~biˈlijvəbəl] a neverovatan (nevjerovatan)
unbend [~ˈbend] v intr popustiti, raskraviti se unbending a 1. nesavitljiv 2. odlučan
unbroken [~ˈbroukən] a 1. neslomljen, čitav 2. nenadmašen; an ~ record nenadmašen rekord 3. neprekinut; an ~ line neprekinuta linija
unbutton [~ˈbətən] v tr raskopčati, otkopčati
uncalled-for a neumestan (neumjestan); an ~ remark neumesna primedba (primjedba)

uncanny [~'kaenij] a 1. neobjašnjiv 2. izvanredan; an ~ knack izvanredna sposobnost

unceasing [~'sijsing] neprekidan

unchain [~'čejn] v tr pustiti s lanca

uncle ['əngkəl] 1. n stric; ujak; teča 2. v intr (colloq.) predajem se!

Uncle Sam [saem] ujka Sam (popularan naziv za Amerikanca, za američku vladu)

uncommitted [~kə'mitid] a neangažovan; nesvrstan

uncompromising [~'kamprəmajzing] a beskompromisan, nepopustljiv

unconditional [~kən'dišənəl] a bezuslovan (W: bezuvjetan); ~ surrender bezuslovna predaja

unconscious I [~'kanšəns] n (the ~) nesvest (nesvijest) unconscious II a nesvestan (nesvjestan) unconsciousness n nesvest

unconstitutional [~ kanstə'tu:šənəl] protivustavan (protuustavan)

uncontested [~kən'testid] neosporavan; an ~ divorce sporazumni razvod

uncontrollable [~kən'troulǝbǝl] a neobuzdan, nekontrolisan

uncouple [~'kǝpǝl] v tr odvojiti; otkačiti; to ~ a railroad car otkačiti vagon

uncouth [~'ku:th] a prost, prostački, neotesan

uncover [~'kǝvǝr] v tr otkriti, razotkriti; to ~ a secret razotkriti tajnu

unction ['ǝngkšǝn] n (rel.) miropomazanje (W: pomast); extreme ~ poslednje (posljednje) miropomazanje unctuous ['ǝngkču:es] a uljan; mastan

undaunted [~'dontid] a nezastrašen

undecided [~di'sajdid] a 1. neodlučen 2. neodlučan

undeniable [~də'najǝbǝl] a neosporan

under I ['ǝndǝr] a donji under II prep 1. pod, ispod; he got ~ the car zavukao se pod auto; ~ a false name pod lažnim imenom 2. misc.; ~ one's breath šapatom; ~ an hour manje od jednog sata

underarm [~arm] n pazuho underarm deodorant dezodorans

underbrush [~brǝš] n žbunje, šiblje

underclothes [~klouz] n pl donje rublje

undercover [~'kǝvǝr] a tajni; an ~ agent tajni agent

undercurrent [~kǝrǝnt] n 1. podvodna struja 2. (fig.) skrivena struja (tendencija)

underdeveloped [~di'velǝpt] a nerazvijen; ~ countries nerazvijene zemlje

underdog [~dog] n onaj koji ima malo šansi na uspeh (uspjeh)

underestimate [~'estǝmejt] v tr potceniti (potcijeniti)

undergraduate I [~'graedžuit] n nediplomirani student; life as an ~ studentski život undergraduate II a studentski

underground I [~graund] n 1. podzemlje; ilegalnost; he was in the ~ bio je u ilegalnosti 2. (Br.) podzemna železnica (željeznica) underground II a 1. podzemni; an ~ passage podzemni prolaz 2. ilegalan; ~ activity ilegalni rad

undergrowth[~grouth] n žbunje, šiblje

underhand [~haend] a podmukao, nepošten

underline [əndǝr'lajn] v tr 1. potcrtati, podvući; to ~ a word potcrtati reč (riječ) 2. (fig.) podvući, naglasiti

undermine [~'majn] v tr potkopati, podriti; to ~ smb.'s authority potkopati nečiji autoritet

underneath [~'nijth] 1. adv dole (dolje) 2. prep pod, ispod; ~ a bridge ispod mosta

undernourish [~'nǝrǝš] v tr pothraniti

underpants [~paents] n pl gaće

underpass [~paes] n podvožnjak

underpay [~' pej] v tr nedovoljno plaćati

underprivileged [~'privǝlidžd] a siromašan

undersea [~ sij] a podmorski underseas adv pod morem

undersecretary [~'sekrǝterij] n podsekretar

undershirt [~šǝrt] n potkošulja

undersigned I [~sajnd] n dole (dolje) potpisani; we the ~ mi dole potpisani undersigned II a potpisani

understand [~'staend]; -stood [stud] v tr and intr razumeti (razumjeti); shvatiti; he ~s English on razume engleski understandable a razumljiv understanding n razumevanje (razumijevanje)

understate [~'stejt] v tr nepotpuno izraziti, skromno izraziti

understudy I [~stǝdij] n zamenik (zamjenik) glumca understudy II v 1. tr učiti ulogu (drugog glumca) 2. intr učiti ulogu drugog glumca

undertake [~'tejk]; -took [tuk]; ~taken ['tejkǝn] v tr preduzeti (W: poduzeti) undertaker [~ǝndǝrtejkǝr] n vlasnik po-

grebnog zavoda **undertaking** n 1. poduhvat 2. obećanje, obaveza
under-the-counter a pod tezgom, potajan
under way u toku; an investigation is ~ istraga je u toku
underwear [~wejr] n donje rublje
underweight [~wejt] a koji nema dosta težine
underworld [~wərld] n kriminalni svet, podzemlje
undeveloped [~di'veləpt] a nerazvijen; ~ countries nerazvijene zemlje
undisturbed [~dis'tərbd] a neometan
undo [~'du:]; -did [did]; -done [dən] v tr 1. ukinuti, opovrgnuti 2. raspakovati, odviti, otvoriti; to ~ a bandage odviti zavoj 3. otkopčati; odvezati; otkačiti; to ~ a necklace otkačiti ogrlicu **undoing** n 1. ukinuće 2. uništenje, upropašćenje; that was his ~ to ga je upropastilo
undoubted [~'dautid] a nesumnjiv
undress I [~'dres] n nagost **undress** II v 1. tr svući 2. intr svući se, skinuti se
undue [~'du:] a nepodesan, neprikladan
unduly [~'du:lij] adv prekomerno (prekomjerno)
unearth [~'ərth] v tr 1. iskopati; to ~ a buried treasure iskopati zakopano blago 2. obelodaniti (objelodaniti), otkriti
uneasy [~'ijzij] a zabrinut; uznemiren; ~ about smt. zabrinut za nešto
unemployed [~im'plojd] a nezaposljen **unemployment** [~'plojmənt] n nezaposlenost **unemployment compensation** beneficije za nezaposlene
unequal [~'ijkwəl] a nejednak
unfair [~'fejr] a 1. nepravedan 2. nelojalan; ~ competition nelojalna konkurencija
unfamiliar [~fə'miljər] a 1. nepoznat; an ~ spot nepoznato mesto (mjesto) 2. neupoznat; ~ with smt. neupoznat s nečim
unfit [~'fit] a nesposoban; ~ for duty nesposoban za dužnost
unflinching [~'flinčing] a nekolebljiv
unfold [~'fould] v 1. tr odviti, otvoriti; raširiti; to ~ a newspaper raširiti novine 2. intr odviti se, otvoriti se
unforgettable [~fər'getəbəl] a nezaboravan
unfortunate [~'forčənit] a nepovoljan; nesrećan, nesretan
unfounded [~'faundid] a neosnovan

unfurl [~'fərl] v tr razviti, razmotati; to ~ a banner razviti zastavu
ungainly [~'gejnlij] a nezgrapan
ungodly [~'gadlij] a 1. bezbožan 2. (colloq.) nečuven; he telephoned at an ~ hour telefonirao je u veoma kasno doba
unhappy [~'haepij] a 1. nesrećan, nesretan 2. neprikladan
unhealthy [~'helthij] a štetan po zdravlje, nezdrav
unheard-of [~'hərd-əv] a nečuven
unhesitating [~'hezətejting] a odlučan, brz
unhitch [~'hič] v tr ispregnuti; to ~ a wagon ispregnuti kola
unhook [~'huk] v tr otkačiti
unidentified [ənaj'dentəfajd] a neidentifikovan **unidentified flying object** neidentifikovana letelica (letjelica)
unification [ju:nəfi'kejšən] n unifikacija, ujedinjenje, sjedinjenje **unified** ['ju:nəfajd] a objedinjen
uniform I ['ju:nəform] n uniforma **uniform** II a jednolik, jednoobrazan, uniformisan
uniformity [ju:nə'formətij] n jednolikost, jednoobraznost
unify ['ju:nəfaj] v 1. tr ujediniti 2. intr ujediniti se
unilateral [ju:ni'laetərəl] a unilateralan, jednostran
uninhibited [~in'hibətid] a nekočen, bez inhibicija; otvoren
unintelligible [~in'telədžəbəl] a nerazumljiv
union I ['ju:njən] n 1. ujedinjenje, sjedinjenje, unija 2. bračna zajednica, brak 3. see **labor union** 4. (cap.) Sjedinjene Američke Države 5. savez; the Soviet Union sovjetski savez **union** II a sindikalni **unionism** n sindikalni pokret
unionization [ju:njənə'zejšən] n organizacija sindikata; učlanjenje u sindikate
unionize ['ju:njənajz] v 1. tr učlaniti u sindikat 2. intr učlaniti se u sindikat
Union of Soviet Socialist Republics Savez Sovjetskih socijalističkih Republika
union shop radilište gde (gdje) su zaposleni samo članovi sindikata
union suit potkošulja i gaće ujedno
unique [ju:'nijk] a jedini; jedinstveni
unison ['ju:nəsən] n 1. (mus.) sklad, sazvučje 2. jednoglasje; in ~ jednoglasno, u jedan glas
unit ['ju:nit] n jedinica; a military ~ vojna jedinica

Unitarian [ju:nə'tejrijən] *n* (rel.) unitarac
unite [ju:'najt] *v* 1. *tr* ujediniti, sjediniti 2.
intr ujediniti se, sjediniti se; *workers of
the world, ~!* proleteri svih zemalja
ujedinite se!
United Arab Republic Ujedinjena Arapska
Republika
United Kingdom Ujedinjeno Kraljevstvo
United Nations Ujedinjene nacije, Ujedinjeni narodi
United States of America Sjedinjene Američke Države
unity ['ju:nətij] *n* jedinstvo; *national ~*
narodno jedinstvo
universal I [ju:nə'vərsəl] *n* univerzalija;
linguistic ~s jezičke univerzalije **universal** II *a* 1. univerzalan 2. opšti (opći);
~ suffrage opšte pravo glasa
universe ['ju:nəvərs] *n* vasiona, svemir
university I [ju:nə'versətij] *n* univerzitet (W:
sveučilište) **university** II *a* univerzitetski
(W: sveučilišni)
unkempt [~'kempt] *a* 1. razbarušen; neo
češljan 2. zapušten, aljkav; *an ~ appearance* aljkav izgled
unknown I [~'noun] *n* (math.) nepoznata
unknown II *a* nepoznat, neznan **Unknown Soldier** Neznani junak
unleash [~'lijš] *v tr* 1. pustiti sa uzice;
osloboditi 2. otpočeti; *to ~ an attack*
otpočeti napad
unless [~'les] *conj* ako ne; sem (osim) ako;
he will fail the exam ~ he works hard
pašće na ispitu ako ne bude marljiv
unlike [~'lajk] *prep* drukčije od; suprotno; *~ his predecessor, he works hard*
suprotno svom prethodniku, on mnogo
radi
unlikely [~lij] *a* 1. neverovatan (nevjerovatan) 2. slab; *an ~ candidate* slab
kandidat
unlisted [~'listid] *a* neunet (neunijet) u
listu; *an ~ telephone* telefon koji nije
unet u imenik
unload [~'loud] *v tr* istovariti
unlock [~'lak] *v tr* otključati; *to ~ a door*
otključati vrata
unmanned [~'maend] *a* bez posade; *~
space flights* vasionski letovi bez (ljudske) posade
unmarked [~'markt] *a* 1. neobeležen (neobilježen); *an ~ grave* neobeležen grob 2.
bez rane
unmarried [~'maerijd] *a* 1. neoženjen 2.
neudata

unmatched [~'maečt] *a* nenadmašan
unmistakable [~mi'stejkəbəl] *a* očevidan,
očigledan
unpack [~'paek] *v tr* raspakovati
unparalleled [~'paerəleld] *a* nenadmašan
unpardonable [~'pardənəbəl] *a* neoprostiv
unplug [~'pləg] *v tr* isključiti; *to ~ ar.
iron* isključiti peglu
unprecedented [~'presədentid] *a* bez presedana, nov, nečuven
unpredictable [~pri'diktəbəl] *a* nepredvidiv, koji se ne može proreći
unpremeditated [~prij'medətejtid] *a* bez
predumišljaja; *~ murder* ubistvo (W
also: ubojstvo) bez predumišljaja
unprincipled [~'prinsəpəld] *a* nemoralan,
nepošten
unpronounceable [~prə'naunsəbəl] *a*
neizgovorljiv
unprovoked [~prə'voukt] *a* neizazvan; *an
~ attack* neizazvan napad
unqualified [~'kwaləfajd] *a* 1. nekvalifikovan 2. apsolutan; *and ~ success* apsolutan uspeh (uspjeh)
unravel [~'raevəl] *v tr* rasplesti, odmrsiti,
razmrsiti; *to ~ wool* rasplesti vunu
unreal [~'rijl] *a* nestvaran
unrehearsed [~rij'hərst] *a* nevežban (nevježban)
unrelenting [~rij'lenting] *a* 1. neumoljiv 2.
nesmanjen
unreserved [~ri'zərvd] *a* 1. nerezervisan;
~ seats nerezervisana mesta (mjesta) 2.
apsolutan, bezrezervni; *~ support* bezrezervna podrška
unrest [~'rest] *n* nemir
unrivaled [~'rajvəld] *a* bez premca
unruffled [~'rəfəld] *a* neuzbuđen, neuznemiren
unruly [~'ru:lij] *a* nepokoran, neposlušan,
nemiran; *~ hair* razbarušena kosa
unscathed [~'skejth:d] *a* neoštećen, neozleđen (neozlijeđen)
unscheduled [~'skedžu:ld] *a* neplanski
unscrew [~'skru:] *v tr* odvrnuti, odviti; *to
~ a bolt* odviti šraf
unscrupulous [~'skru:pjələs] *a* neskrupulozan, nepošten
unseasonable [~'sijzənəbəl] *a* nesezonski,
neblagovremen; neobičan; *~ weather*
neobično vreme (vrijeme)
unseat [~'sijt] *v tr* 1. zbaciti sa sedla,
sedišta (sjedišta) 2. (pol.) lišiti mandata,
položaja

unsettle [~'setəl] v tr uznemiriti unsettled a 1. uznemiren 2. promenljiv (promjenljiv); ~ weather promenljivo vreme (vrijeme) 3. neizmiren, neisplaćen

unsightly [~'sajtlij] a ružan

unsophisticated [~sə'fistikejtid] a naivan

unsparing [~'spejring] a 1. neštedljiv 2. nemilostiv

unspeakable [~'spijkəbəl] a neizreciv; neopisiv

unsung [~'səng] a neopevan (neopjevan): ~ heroes neopevani junaci

unsuspecting a nešumnjičav, koji ne sumnja

untangle [~'taenggəl] v tr razmrsiti

untapped [~'taept] a neiskorišćen

untenable [~'tenəbəl] a neodrživ, nebranjiv; an ~ position neodrživ položaj

unthinkable [~'thingkəbəl] a nezamišljiv

untie [~'taj] v tr razvezati, razrešiti (razriješiti); to ~ a knot razrešiti čvor

until [~'til] 1. prep do; ~ Friday do petka 2. conj. dok (ne); we cannot leave home ~ he returns ne možemo otići od kuće dok se on ne vrati

untimely [~'tajmlij] a 1. neblagovremen 2. preran; an ~ death prerana smrt

untiring [~'tajring] a neumoran

untouchable I [~'təčəbəl] n nedodirljivi, parija untouchable II a neopipljiv

unused a. 1. [~'ju:zd] neupotrebljen 2. [~'ju:st] nenaviknut; ~ to smt. nenaviknut na nešto

unusual [~'ju:žu:əl] a neobičan, neuobičajen

unvarnished [~'varništ] a 1. nepremazan firnajsom 2. (fig.) nemaskiran, neulepšan (neuljepšan); the ~ truth neulepšana istina

unveil [~'vejl] v tr skinuti veo (s); otkriti; to ~ a gravestone otkriti spomenik

unwarranted [~'worəntid] a neopravdan

unwilling [~'willing] a nerad

unwind [~'wajnd]: -wound [waund] v 1. tr. odviti, odmotati; to ~ a roppe odmotati uže 2. intr odviti se, odmotati se 3. intr see relax 2

unwitting [~'witing] a nesvestan (nesvjestan)

unwrap [~'raep] v tr raspakovati, odmotati, razviti; to ~ a package odmotati (razviti) paket

unyielding [~'jijlding] a beskompromisan, neodstupan

up I [əp] n 1. uspon; *the ~s and downs of life zgode i nezgode života 2. misc.; (colloq.) to be on the ~ and ~ biti pošten up II a 1. koji se penje, koji ide gore: an ~ elevator lift koji ide gore 2. svaki; eight ~ 8—8 3. istekao; their time is ~ rok im je istekao 4. sposoban; dorastao; he's not ~ to traveling nije sposoban za putovanje 5. misc.; to be ~ all night ne spavati cele (cijele) noći; *~ in the air neizvestan (neizvjestan); he's not ~ yet još nije ustao; what's he ~ to? šta (što) on radi? what's ~; šta (što) se dešava? it's ~ to us to zavisi od nas; to be ~ in years biti već u godinama up III adv 1. gore; ~ and down gore dole 2. with verbs; see act up, blow up, etc. up IV prep uz; to climb ~ a tree popeti se uz drvo up V v (colloq.) 1. tr povećati; to ~ prices povećati cene (cijene) 2. intr iznenadno učiniti; he just upped and hit me on se diže i udari me

upbraid [əp'brejd] v tr izgrditi, prekoriti

upbringing [~bringing] n vaspitanje, odgajanje

update [~'dejt] v tr ažurirati, dovesti u ažurno stanje

upgrade I [~grejd] n uspon upgrade II v tr poboljšati

upheaval [~'hijvəl] n nagla promena (promjena), preokret

uphill I [~hil] n uzbrdica uphill II a uzbrdan uphill III adv uzbrdica; the path goes ~ staza se penje uzbrdice

uphold [~'hould]; -held [held] v tr 1. podržati 2. potvrditi; to ~ a verdict potvrditi presudu

upholster [~'houlstər] v tr tapecirati upholsterer n tapetar upholstery [~stərij] n tapetiranje

upkeep [~kijp] n održavanje

upon [ə'pan] prep na; he jumped ~ the table skočio je na sto (stol)

upper I [~ər] n 1. lice obuće, gornja koža obuće, kapna 2. (colloq.) gornji krevet upper II a gornji upper-class a više klase

uppercut [~kət] n (boxing) aperkat

upper hand prevlast, prednost; to get the ~ zadobiti prevlast

uppermost [~moust] a najviši

upright [~rajt] a 1. uspravan; an ~ piano uspravan klavir, pijanino 2. pošten, čestit

uprising [~rajzing] *n* ustanak; *to put down an* ~ ugušiti ustanak

upriver [~rivər] 1. *a* uzvodan 2. *adv* uzvodno

uproar [~ror] *n* buka, nered, metež, gužva

uproarious [~'rorijəs] *a* bučan

uproot [~'ru:t] *v tr* iščupati (s korenom — korijenom)

upset I ['əpset] *n* (usu. sports) senzacija, (veliko) iznenađenje; *to score an* ~ napraviti veliko iznenađenje **upset** II [əp'set] *a* ogorčen, oneraspoložen; *to be* ~ *about smt.* biti ogorčen na nešto **upset** III *upset* [up'set] *v tr* 1. prevrnuti; *to* ~ *a pitcher* prevrnuti bokal 2. poremetiti, osujetiti; *to* ~ *smb.'s plans* osujetiti nečije planove 3. (sports) iznenaditi; *to* ~ *a team* napraviti veliko iznenađenje nekoj ekipi 4. oneraspoložiti; uzbuniti; *the uncertainty upset him* oneraspoložila ga je neizvesnost (neizvjesnost)

upstairs [~'stejrz] *adv* gore; *he went* ~ otišao je gore

upstanding [~'staending] *a* 1. uspravan 2. pošten, čestit

upstart [~start] *n* skorojević

upstream [~strijm] *adv* uzvodno

upsurge [~sərdž] *n* 1. dizanje 2. porast

upswing [~swing] *n* porast (aktivnosti); *to be on the* ~ biti u porastu

up-to-date *a* moderan, savremen, aktuelan; *to bring* ~ aktuelizovati

uptown [~taun] *n* gornji deo (dio) grada

uranium [ju:'rejnijəm] *n* uran, uranijum

urban ['ərbən] *a* gradski

urbane [ər'bejn] *a* otmen, uglađen

urbanize ['ərbənajz] *v tr* urbanizovati **urban renewal** rekonstrukcija (starih delova — dijelova) grada

urchin ['ərčin] *n* nestaško

urge I [ərdž] *n* nagon, težnja; *the* ~ *to travel* nagon za putovanjem **urge** II *v tr* 1. terati (tjerati); *to* ~ *a team (on) to greater efforts* terati momčad na veće napore 2. saletati (saletjeti); *they keep* ~*ing me to buy a car* saleću me da kupim kola 3. zalagati se (za), zauzimati se (za); *to* ~ *reform* zauzimati se za reformu

urgency ['ərdžənsij] *n* hitnost **urgent** *a* hitan; *an* ~ *matter (telegram)* hitan posao (telegram)

urinal ['ju:rənəl] *n* 1. pisoar, zahod za muškarce 2. sud za mokrenje **urinary** ['jurənerij] *a* mokraćni **urinate** ['ju:rənejt] *v intr* mokriti **urine** ['ju:rin] *n* mokraća, urin

urn [ərn] *n* urna

Uruguay ['ju:rəgwej] *n* Urugvaj **Uruguayan** I [ju:rəgwejən] *n* Urugvajac **Uruguayan** II *a* urugvajski

us [əs] *pron* 1. (objective case of **we**) nas, nam, nama; *he remembers* ~ seća (sjeća) nas se 2. (colloq.) nom. case, instead of **we**) *it's* ~ evo nas

USA [ju:es'ej] (abbrev. of **United States of America**) SAD

usable ['ju:zəbəl] *a* upotrebljiv **usage** ['ju:sidž] *n* upotreba **use** I [ju:s] *n* 1. upotreba; korišćenje; *for internal* ~ za unutrašnju upotrebu 2. uživanje; *the* ~ *of drugs* uživanje droga 3. korist; *of what* ~ *is . . .?* od kakve je koristi . . .? **use** II [ju:z] *v* 1. *tr* upotrebiti (upotrijebiti); koristiti (se); *to* ~ *force* upotrebiti silu 2. *tr* potrošiti; *this car* ~*s a lot of gas* ova kola troše mnogo benzina 3. *intr* (in the past tense) imati običaj; *he* ~*d to run two miles every day* bio mu je običaj da trči dve (dvije) milje svakog dana **used** [ju:zd] *a* upotrebljavan, polovan; ~ *cars* polovni automobili **useful** ['ju:sfəl] *a* koristan **useless** *a* beskoristan **user** ['ju:zər] *n* korisnik **use up** *v* potrošiti; *to use up one's supplies* potrošiti zalihe

usher I ['əšər] *n* (in a theater, movies) razvodnik **usher** II *v tr* 1. razvoditi, pratiti 2. *(to* ~ *in)* uvesti 3. *(to* ~ *out)* izvesti

usual ['ju:žu:əl] *a* uobičajen; *in the* ~ *way* uobičajenim putem

usurer ['ju:žərər] *n* zelenaš, lihvar **usurious** [ju:žu:rijəs] *a* zelenaški, lihvarski

usurp [ju:sərp] *v tr* uzurpirati, prisvojiti; *to* ~ *smb.'s rights* prisvojiti nečija prava

usury ['ju:žərij] *n* zelenaštvo, lihvarstvo

Utah ['ju:ta] *n* Juta

utensil [ju:tensil] *n* sprava, alatka, pribor; *kitchen* ~*s* kuhinjsko posuđe

uterus ['ju:tərəs] *n* materica (also **womb**)

utility [ju:'tilətij] *n* 1. korist 2. (or: *a public* ~) komunalna usluga **utilize** ['ju:tilajz] *v tr* iskoristiti

utmost I ['ətmoust] *n* najveći stepen, krajnja granica **utmost** II *a* 1. najdalji; krajnji 2. najviši, najveći

Utopia [ju:'toupijə] *n* utopija **utopian** *a* utopistički

utter I ['ətər] *a* apsolutan, potpun

utter II *v tr* izjaviti, reći, izustiti; izgovoriti **utterance** *n* 1. izjava, izreka 2. (ling.) iskaz

utterly *adv* potpuno

uvula ['ju:vjələ] *n* (anat.) resica, uvala **uvular** [~lər] *a* 1. (anat.) resični 2. (ling.) uvularan, resični

V

v [vij] *n* v (slovo engleske azbuke)
vacancy ['vejkənsij] *n* 1. praznina 2. upražnjeno mesto (mjesto), vakancija **vacant** *a* 1. prazan 2. upražnjen, vakantan **vacate** ['vejkejt] *v tr* 1. upražniti, isprazniti 2. napustiti
vacation I [vej'kejšən] *n* raspust, ferije, odmor; *to be on* ~ biti na odmoru **vacation** II *v intr* provoditi odmor (raspust)
vaccinate ['vaeksənejt] *v tr* vakcinisati; *to* ~ *smb. against smallpox* vakcinisati nekoga protiv velikih boginja **vaccination** [vaeksə'nejšən] *n* vakcinacija **vaccine** [vaek'sijn] *n* vakcina
vacillate ['vaesəlejt] *v intr* kolebati se
vacuous ['vaekju:əs] *a* 1. glup, neinteligentan 2. bezizrazan; *a* ~ *look* bezizrazan pogled
vacuum I ['vaekju:m] *n* vakuum, prazan prostor, praznina; *to fill a* ~ popuniti prazninu **vacuum** II *v tr and intr* (o)čistiti usisivačem **vacuum cleaner** usisivač
vagabond ['vaegəband] *n* skitnica
vagina [və'džajnə] *n* vagina, rodnica, usmina **vaginal** ['vaedžənəl] *a* vaginalan
vagrancy ['vejgrənsij] *n* skitanje **vagrant** [~grənt] *n* ulična skitnica
vague [vejg] *a* nejasan, maglovit, neodређen; ~ *answers* nejasni odgovori
vain [vejn] *a* 1. uzaludan, besplodan; *a* ~ *hope* uzaludna nada 2. tašt, sujetan 3. misc.; *in* ~ uzalud
valentine ['vaeləntajn] *n* šaljiva čestitka koja se šalje na dan svetog Valentina (14. februar)
valet [vae'lej] *n* lični sluga, sobar
valiant ['vaeljənt] *a* hrabar; herojski, junački

valid ['vaelid] *a* 1. opravdan, razložan 2. punovažan; važeći; *a* ~ *contract* važeći ugovor **validate** ['vaelədejt] *v tr* 1. potvrditi; overiti (ovjeriti) 2. nostrificirati (diplomu) **validity** [və'lidətij] *n* 1. opravdanost, razložnost 2. punovažnost
valise [və'lijs] *n* mali kofer
valley ['vaelij] *n* dolina
valor ['vaelər] *n* hrabrost **valorous** *a* hrabar
valuable ['vaeljəbəl] *a* 1. dragocen (dragocjen); vredan (vrijedan) 2. koristan **valuables** *n pl* dragocenosti (dragocjenosti) **value** I ['vaelju:] *n* 1. vrednost (vrijednost); *to be of great (little)* ~ biti od velike (male) vrednosti 2. (mus.) dužina, trajanje **value** II *v tr* ceniti (cijeniti); *to* ~ *highly* visoko ceniti
valve [vaelv] *n* 1. (anat.) zalistak; *a heart* ~ srčani zalistak 2. ventil; *a safety* ~ ventil sigurnosti
vampire ['vaempajr] *n* 1. vampir 2. zavodnica
van I [vaen] *n* 1. kamion; *a moving* ~ kamion za prevoz nameštaja (namještaja) 2. (Br.) zatvoreni železnički (željeznički) vagon 3. karavan (vozilo)
van II see **vanguard**
vandal ['vaendəl] *n* vandal, izvršilac vandalizma **vandalism** *n* vandalizam; *to commit* ~ izvršiti vandalizam **vandalize** *v tr* izvršiti vandalizam (na); *to* ~ *a cemetery* izvršiti vandalizam na groblju
vanguard ['vaengard] *n* prethodnica; (fig.) avangarda
vanilla [və'nilə] *n* vanila
vanish ['vaeniš] *v intr* nestati, iščeznuti
vanity ['vaenətij] *n* 1. taština, sujeta 2. see **dressing table**

vanquish ['vaengkwiš] v tr savladati, pobediti (pobijediti)

vapid ['vaepid] n bljutav, dosadan

vapor ['vejpər] n para vaporize v tr ispariti

variable I ['vejrijəbəl] n (math.) promenljiva (promenljiva) veličina variable II a promenljiv (promjenljiv)

variance ['vejrijəns] n neslaganje

variant I [~ənt] n varijanta; (ling.) dublet; regional ~s regionalni dubleti variant II a 1. alternativni, rezervni 2. (ling.) dvojak, dubletni; ~ forms dubletni oblici variation [vejrij'ejšən] n varijacija

varicose ['vaerikous] a proširen; ~ veins proširene vene

varied ['vejrijd] a raznolik; različit variety [və'rajətij] n 1. raznolikost, raznovrsnost 2. vrsta (W also: vrst), varijanta 3. varijetet, podvrsta

variety show program varijetetskog pozorišta (W: kazališta)

variety store radnja sa raznovrsnom robom

various ['vajrijəs] a razni, raznovrstan, različit, različan; ~ opinions različita mišljenja

varnish I ['varniš] n firnajz varnish II v tr premazati firnajzom 2. lakovati

varsity I ['varsətij] n (sports) prvi tim, najbolja momčad; varsity II a prvog tima; a ~ player prvotimac

vary ['vejrij] v 1. tr menjati (mijenjati), varirati; to ~ colors varirati boje 2. intr menjati se, varirati 3. intr razlikovati se; ne slagati se

vase [vaz] n vazna

vasectomy [vae'sektəmij] n (med.) vazektomija

Vaseline ['vaesə'lijn] n vazelin

vassal ['vaesəl] n vazal

vast [vaest] a ogroman vastness n ogromnost

vat [vaet] n bačva, kaca

Vatican ['vaetikən] n Vatikan

vaudeville I ['vodvil] n varijete, vodvilj, estrada vaudeville II a varijetetski

vault I [volt] n 1. svod, luk 2. podzemna zasvođena odaja; podzemna grobnica 3. (a bank ~) trezor vault II v tr zasvoditi

vault III v 1. tr preskočiti 2. intr skočiti

veal I [vijl] n teletina, teleće meso; roast ~ teleće pečenje veal II a teleći; a ~ chop teleća šnicla

vector ['vektər] n vektor

veep [vijp] n (slang) potpredsednik (potpredsjednik)

veer I [vijr] n skretanje veer II v tr and intr skrenuti

vegetable I ['vedžtəbəl] n 1. biljka 2. (cul., usu. in pl) povrće vegetable II a biljni, begetabilan vegetable oil biljno ulje

vegetarian I [vedžə'tejrijən] n vegetarijanac vegetarian II a vegetarijanski vegetarianism n vegetarijanstvo

vegetate ['vedžətejt] v intr životariti, vegetirati, tavoriti

vegetation [vedžə'tejšən] n vegetacija, bilje; biljni pokrivač

vehemence ['vijəməns] n žestina; vatrenost vehement a žestok; vatren

vehicle ['vijikəl] n 1. vozilo; automobil; a motor ~ motorno vozilo 2. (fig.) prenosač vehicular [vij'hikjələr] a automobilski; ~ traffic automobilski saobraćaj

veil I [vejl] n 1. feredža 2. veo; a bride's ~ mladin veo; (fig.) a ~ of darkness veo mraka veil II v tr pokriti feredžom, velom; (fig.) a ~ed threat uvijena pretnja (prijetnja)

vein [vejn] n 1. (anat.) vena, krvna žila 2. (geol.) žila, vena

velocity [və'lasətij] n brzina; muzzle ~ početna brzina

velvet I ['velvit] n somot, baršun velvet II a somotski, baršunski velvety a baršunast

vend [vend] v tr prodavati; torbariti vender, vendor n prodavac; torbar

vendetta [ven'detə] n krvna osveta

vending machine automat (za prodaju)

veneer I [və'nijr] n furnir veneer II v tr furnirati

venerable ['venərəbəl] a 1. dostojan poštovanja; dostojanstven 2. (in titles) prečasni, časni venerate ['venərejt] v tr poštovati

venereal [və'nijrijəl] a veneričan; a ~ disease venerična bolest

Venetian blind [və'nijšən] roletna, žaluzija

Venezuela [venə'zwejlə] n Venecuela Venezuelan I n Venecuelac Venezuelan II a venecuelski

vengeance ['vendžəns] n osveta vengeful ['vendžfəl] a osvetoljubiv, osvetnički

Venice ['venis] n Venecija, Mleci

venison ['venəsən] n srnetina, meso divljeg jelena

venom ['venəm] n otrov venemous a otrovan

vent I [vent] *n* 1. otvor; izlaz 2. (fig.)
oduška; *to give ~ to one's feelings* dati
oduške svojim osećanjima (osjećanjima)
vent II *v tr* 1. snabdeti (snabdjeti)
otvorom, 2. dati oduške (nečemu);
iskaliti
ventilate ['ventəlejt] *v tr* 1. provetriti
(provjetriti); ventilisati 2. (fig.) izneti
(iznijeti) na javnost; ventilisati **ventila-
tion** [ventə'lejšən] *n* ventilacija, prove-
travanje (provjetravanje)
ventriloquism [ven'trilǝkwizǝm] *n* govore-
nje iz trbuha, ventrilokvizam **ventrilo-
quist** [~kwist] *n* trbuhozborac, ventri-
lokvista
venture I ['venčǝr] *n* opasan poduhvat
venture II *v* 1. *tr* izložiti opasnosti 2.
intr usuditi se
Venus ['vijnǝs] *n* (astro. and myth.) Venera
veracious [vǝ'rejšǝs] *a* istinoljubiv, istinit
veracity [vǝ'raesǝtij] *n* istinoljublje,
istinitost
veranda [vǝ'raendǝ] *n* veranda
verb I [vǝrb] *n* glagol verbal *a* 1. glagolski,
verbalan 2. usmeni, verbalan; *a ~ con-
tract* usmeni ugovor **verbalize** *v tr* izra-
ziti rečima (riječima)
verbatim [vǝr'bejtim] 1. *a* doslovan 2. *adv*
doslovno
verbose [vǝr'bous] *a* govorljiv, brbljiv **ver-
bosity** [vǝr'basǝtij] *n* glagoljivost, praz-
noljublje
verdict ['vǝrdikt] *n* presuda, osuda; *to
reach a ~* doneti (donijeti) presudu
verge I [vǝrdž] *n* 1. ivica, rub; *on the ~ of
war* na ivici rata 2. Br.; see **shoulder** I 3
verge II *v intr* graničiti se; *to ~ on the
ridiculous* graničiti se sa besmislenim
verify ['verǝfaj] *v tr* proveriti (provjeriti),
verifikovati
veritable ['verǝtǝbǝl] *a* istinit; stvaran **ver-
ity** ['verǝtij] *n* istinitost; stvarnost
vermin ['vǝrmin] *n* (coll.) 1. gamad; šteto-
čine 2. (fig.) gamad, ološ
Vermont [vǝr'mant] *n* Vermont
vermouth, vermuth ['vǝr'mu:th] *n* vermut,
pelinkovac
vernacular I [vǝr'naekjǝlǝr] *n* govorni (ko-
lokvijalni) jezik **vernacular** II *a* govorni,
kolokvijalni, svakidašnji
versatile ['vǝrsǝtǝl] *a* mnogostran **versat-
ility** [vǝrsǝ'tilǝtij] *n* mnogostranost
verse [vǝrs] *n* stih
versed *a* verziran, učen; *to be ~ in smt.*
biti verziran u nečemu

version ['vǝržǝn] *n* verzija
versus ['vǝrsǝs] *prep* protiv
vertebra ['vǝrtǝbrǝ] *(-s* or *-ae* [ij]) *n* (kič-
meni) pršljen **vertebral** [~l] *a* kičmeni
vertebrate I ['vǝrtǝbrejt] *n* kičmenjak
vertebrate II *a* kičmenjački
vertical I ['vǝrtikǝl] *n* vertikala **vertical** II
a vertikalan
very I ['verij] *a* 1. sam; *the ~ thought of it
upsets me* već sama pomisao na to me
nervira; *from the ~ beginning* od samog
početka 2. baš taj; *at that ~ moment*
baš u tom trenutku **very** II *adv* veoma,
vrlo, mnogo; *~ good* vrlo dobro **very
much** *adv* veoma, vrlo, mnogo; *they
were ~ impressed* oni su bili veoma
impresionirani; *thanks ~!* hvala lepo
(lijepo)!
vessel ['vesǝl] *n* 1. sud (za tečnost) 2. brod
3. (anat.) sud; *a blood ~* krvni sud
vest [vest] *n* 1. prsluk 2. Br.; see **under-
shirt**
vestibule ['vestǝbju:l] *n* predsoblje
vestige ['vestidž] *n* trag, ostatak
vet [vet] 1. see **veterinarian** 2. see **veteran** I
veteran I ['vetǝrǝn] *n* veteran (stari vojnik,
radnik); bivši ratnik **veteran** II stari,
isluženi **Veterans' Administration** (Am.)
Uprava za socijalnu zaštitu bivših rat-
nika **Veterans' Day** (Am.) Dan bivših
ratnika
veterinarian [vetǝrǝ'nejrijǝn] *n* veterinar
veterinary ['vetǝrǝnerij] *a* veterinarski
veterinary medicine veterina, nauka o
bolestima životinja; *a school of ~* vete-
rinarski fakultet
veto I ['vijtou] *(-es)* *n* veto **veto** II *v tr*
staviti veto (na); *to ~ a bill* staviti veto
na nacrt zakona
vex [veks] *v tr* uznemiriti, nasekirati;
dosaditi **vexation** [~'ejšǝn] *n* uznemi-
renje
via ['vajǝ] *prep* preko; *~ Chicago* preko
Čikaga
viable ['vajǝbǝl] *a* sposoban za život
viaduct ['vajǝdǝkt] *n* vijadukt
vial ['vajǝl] *n* bočica, staklence
vibrant ['vajbrǝnt] *a* 1. vibrantan, koji
vibrira, treperav 2. živ; pun života **vi-
brate** ['vajbrejt] *v* 1. *tr* učiniti da vibri-
ra, treperi 2. *intr* vibrirati, treperiti
vibration [vaj'brejšǝn] *n* vibracija
vicar ['vikǝr] *n* 1. sveštenik (svećenik) 2.
namesnik (namjesnik); vikar

vicarious [vaj'kejrijəs] a 1. zamenički (zamjenički) 2. koji deluje (djeluje) preko drugog

vice I [vajs] n 1. porok 2. razvrat; prostitucija

vice II a vice-

vice III Br.; see vise

vice-presidency n potpredsedništvo (potpredsjedništvo) vice president potpredsednik (potpredsjednik) vice-presidential a potpredsednički (potpredsjednički)

viceroy [~roj] n potkralj

vice squad policijsko odeljenje (odjeljenje) za zaštitu javnog morala

vice versa ['vajsə'vərsə] obrnuto, obratno

vicinity [vi'sinətij] n susedstvo (susjedstvo); blizina; in the ~ u blizini

vicious ['višəs] a 1. zloban, pakostan; ~ gossip zlobna kleveta 2. opasan; a ~ animal opasna životinja vicious circle začarani krug

victim ['viktim] n žrtva; a ~ of circumstances žrtva okolnosti victimize v tr 1. prevariti 2. izmučiti

victor ['viktər] n pobednik (pobjednik) Victorian [vik'torijən] a viktorijanski

victorious [vik'torijəs] n pobedonosan (pobjedonosan), pobedan (pobjedan) victory ['viktərij] n pobeda (pobjeda); to score a ~ izvojevati pobedu

victual ['vitəl] n (usu. in pl) hrana

video I ['vidijou] n televizija video II a video-televizijski

vie [vaj] v intr otimati se; to ~ for smb.'s favor otimati se o nekoga

Vienna [vij'enə] n Beč Viennese I [vijə'nijz] n Bečlija Viennese II a bečki

Vietnam [vjet'naem] n Vijetnam Vietnamese I [vjetnə'mijz] n 1. Vijetnamac 2. vijetnamski jezik Vietnamese II a vijetnamski

view I [vju:] n 1. pogled, vidik 2. obzir; in ~ of smt. s obzirom na nešto 3. (point of ~) gledište; from my point of ~ s mojeg gledišta 4. (usu. in pl) mišljenje, ocena (ocjena) view II v tr gledati; to ~ the future with misgivings gledati na budućnost sa strepnjom viewpoint [~pojnt] n gledište

vigil ['vidžəl] n bdenje (bdijenje); to keep ~ bdeti (bdjeti) vigilance n budnost, opreznost vigilant a budan, oprezan

vigilante [vidžə'laentij] n član odbora za građansku samozaštitu

vigor ['vigər] n snaga; energija vigorous a snažan; energičan

viking, Viking ['vajking] n viking

vile [vajl] a 1. podal, nizak 2. loš, gadan; ~ weather gadno vreme (vrijeme)

vilify ['viləfaj] v tr oklevetati

villa ['vilə] n 1. letnjikovac (ljetnjikovac) 2. (esp. Br.) vila

village ['vilidž] n selo villager n stanovnik sela

villain ['vilən] n 1. zlikovac; nitkov 2. protivnik junaka (u romanu, filmu) villainous a nitkovski

Vilnius ['vilnijəs] n Vilna

vim [vim] n (colloq.) energija

vindicate ['vindikejt] v tr 1. osloboditi (optužbe); he was ~d osloboðen je optužbe 2. odbraniti (W: obraniti); to ~ one's honor odbraniti svoju čast vindication [vindi'kejšən] n osloboðenje (optužbe)

vindictive [vin'diktiv] a osvetljiv, osvetoljubiv

vine [vajn] n (vinova) loza

vinegar ['vinigər] n sirće, ocat

vineyard ['vinjərd] n vinograd

vintage I ['vintidž] n 1. berba grožða; vinober; godina vina 2. (also: ~ wine) vino od naročito dobre berbe 3. (colloq.) poreklo (porijeklo) vintage II a 1. odličan, izvrstan 2. staromodan

viola [vaj'oulə] n (mus.) viola

violate ['vajəlajt] v tr 1. prekršiti, narušiti; to ~ a law prekršiti zakon 2. povrediti (povrijediti); to ~ air space povrediti vazdušni (W: zračni) prostor violation [vajə'lejšən] n 1. prekršaj; narušavanje 2. povreda violator ['vajəlejtər] n prekršitelj

violence ['vajələns] n 1. nasilje; violencija; to commit ~ izvršiti nasilje 2. jačina; sila; žestina; the ~ of a storm jačina bure violent a 1. nasilan; violentan; to die a ~ death umreti (umrijeti) nasilnom smrću 2. jak; žestok; (a) ~ rage žestok gnev (gnjev)

violet I ['vajəlit] n 1. (bot.) ljubičica 2. ljubičasta boja violet II a ljubičast

violin [vajə'lin] n violina; to play the ~ svirati violinu violinist n violinista

viper ['vajpər] n 1. šarka; zmija; otrovnica 2. (fig.) zlobna osoba, guja

virgin I ['vərdžin] n 1. nevina devojka (djevojka), devica (djevica) 2. čedan momak virgin II a 1. devičanski (djevičan-

ski), čedan, nevin 2. nediran; netaknut;
a ~ *forest* nesečena (nesječena) šuma,
prašuma **virginal** *a* devičanski, čedan
Virginia ['vər'džinjə] *n* Virdžinija
Virgin Islands *pl* Devojačka ostrva (W:
Djevojački otoci)
virginity [vər'džinətij] *n* čednost
Virgin Mary Devica (Djevica) Marija, Bo-
gorodica
virile ['virəl] *a* virilan, muški **virility** [və-
'rilətij] *n* virilnost
virtual ['vərču:əl] *a* virtualan, virtuelan
virtually *adv* praktično
virtue ['vərču:] *n* 1. vrlina 2. čednost,
nevinost; *a woman of easy* ~ laka žena
3. misc.; *by* ~ *of* na osnovu
virtuosity [vərču:'asətij] *n* virtuozitet
virtuous ['vərču:əs] *a* pun vrlina, moralan,
čedan
virulence ['virələns] *n* virulencija **virulent**
[~ənt] *a* virulentan
virus ['vajrəs] *n* virus
visa ['vijzə] *n* viza; *to apply for a* ~ tražiti
vizu
vis-a-vis [vijz-ə-'vij] 1. *adv* nasuprot, vi-
zavi; *to sit* ~ sedeti (sjedjeti) vizavi 2.
prep nasuprot, vizavi; *to sit* ~ *smb.*
sedeti nasuprot nekome
visceral ['visərəl] *a* utrobni, drobni, visce-
ralni
vise [vajs] *n* mengele
visibility [vizə'bilətij] *n* vidljivost **visible**
['vizəbəl] *a* vidljiv
vision ['vižən] *n* 1. vid, moć vida 2. vizija
visionary [~erij] *n* vizionar **visionary** II *a*
vizionaran
visit I ['vizit] *n* poseta (posjet); vizita; *to
make (return) a* ~ učiniti (uzvratiti)
posetu **visit** II *v* 1. *tr* posetiti (posjetiti);
obići; *to* ~ *smb.* posetiti nekoga 2. *intr*
biti u gostima; *to* ~ *with smb.* biti u
gostima kod nekoga
visitation [vizə'tejšən] *n* 1. božja kazna 2.
nesreća
visiting hours vreme posete (vrijeme
posjeta)
visiting nurse patronažna sestra **visiting-
nurse service** patronažna služba
visiting team (sports) gosti
visitor *n* posetilac (posjetilac); gosti
visor ['vajzər] *n* 1. vizir 2. obod, štitnik
visual ['vižu:əl] *a* vizuelan, vidni **visual
aid** vizuelno (očigledno) nastavno sred-
stvo **visualize** *v* *tr* predstaviti sebi
vital ['vajtəl] *a* 1. životni, vitalan 2. bitan,

vitalan; ~ *principles* vitalni principi
vitality [vaj'taelətij] *n* životna snaga,
vitalitet
vitamin ['vajtəmin] *n* vitamin
vitiate ['višijejt] *v* *tr* 1. izopačiti, upropa-
stiti 2. poništiti
vitriolic [vitrij'alik] *a* jedak, zajedljiv
vituperation [vajtu:pə'rejšən] *n* prekora-
vanje, grđenje **vituperative** [vaj'tu:pərə-
tiv] *a* pogrdan, sklon grdnji
vivacious [vi'vejšəs] *a* živahan, čio **vivacity**
[viv'aesətij] *n* živahnost, čilost
vivid ['vivid] *a* jasan; snažan; živ; živopi-
san; *a* ~ *impression* jasan utisak
viviparous [vaj'vipərəs] *a* živorodan, vivi-
paran
vivisect ['vivəsekt] *v* *tr* vivisecirati **vivisec-
tion** [vivə'sekšən] *n* vivisekcija
vocabulary [vou'kaebjəlerij) *n* leksikon,
rečnik (rječnik)
vocal I ['voukəl] *n* vokalna muzika, muzi-
ka za pevanje (pjevanje) **vocal** II *a* 1.
glasni; vokalni' ~ *music* vokalna muzi-
ka 2. bučan, koji daje sebi oduške
govorom **vocal cords** *pl* glasnice, glasne
žice **vocalic** [vou'kaelik] *a* vokalan **voca-
list** ['voukəlist] *n* pevač (pjevač)
vocation [vou'kejšən] *n* 1. zanimanje, pro-
fesija, zanat 2. (fig.) poziv **vocational** *a*
zanatski, stručni; *a* ~ *school* srednja
stručna škola
vocative I ['vakətiv] *n* vokativ **vocative** II
a vokativni, vokativski
vociferous [vou'sifərəs] *a* bučan, drekav
vodka ['vadkə] *n* votka
vogue [voug] *n* moda; *to be in* ~ biti u
modi
voice I [vojs] *n* 1. glas 2. (gram.) stanje; *the*
active (passive) ~ radno (trpno) stanje
voice II *v* *tr* izraziti; *to* ~ *an opinion*
izraziti mišljenje **voiced** *a* (ling.) zvučan;
~ *consonants* zvučni suglasnici
void I [vojd] *n* praznina **void** II *a* 1. prazan
2. nevažeći; *a* ~ *contract* nevažeći ugo-
vor **void** III *v* *tr* učiniti nevažećim;
poništiti
volatile ['valətil] *a* 1. isparljiv, pretvorljiv
u paru 2. nestalan
volcanic [val'kaenik] *a* vulkanski **volcano**
[val'kejnou] (*-s* or *-es*) *n* vulkan
volition [və'lišən] *n* volja; upotreba volje
volley I ['valij] *n* 1. plotun; *to fire a* ·
ispaliti plotun 2. (sports) volej 3. (tennis)
serija udaraca **volley** II *v* *tr* (sports) za-
hvatiti (loptu) volejom

volleyball I [~bol] *n* odbojka **volleyball** II
a odbojkaški **volleyball player** odbojkaš
volt [voult] *n* (elec.) volt **voltage** *n* voltaža,
napon
volume ['valjəm] *n* 1. knjiga, tom; sveska;
in three ~*s* u tri toma 2. godište (svi
brojevi nekog časopisa u toku jedne
godine) 3. zapremina; obim 4. jačina
(zvuka), tonska jačina **voluminous** [və-
'lu:mənəs) *a* obiman, voluminozan,
opsežan
voluntary ['valənterij] *a* dobrovoljan; ~
contributions dobrovoljni prilozi **volun-**
teer I [valən'tijr] *n* dobrovoljac **volun-**
teer II *a* dobrovoljan, dobrovoljački; *a*
~ *army* dobrovoljačka armija **volunteer**
III *v.* 1. *tr* dobrovoljno ponuditi 2. *intr*
dobrovoljno se javiti **volunteer fire com-**
pany dobrovoljna vatrogasna družina
voluptuous [və'ləpču:əs] *a* voluptuozan,
pohotan
vomit I ['vamit] *n* 1. povraćanje, bljuvanje
2. izbljuvak **vomit** II *v* 1. *tr* izbljuvati,
povratiti 2. *intr* bljuvati, povraćati
voodoo ('vu:du:] *n* 1. crnačka mađija,
vudu 2. čarolije
voracious [və'rejšəs] *a* proždrljiv, halapljiv
voracity [və'raesətij] *n* proždrljivost, ha-
lapljivost

vortex ['vorteks] *n* (-*es* or -*tices* [təsijz]) *n*
vrtlog
vote I [vout] *n* 1. glas; *to cast a* ~ *for smb.*
glasati za nekoga 2. glasanje; *to put smt.*
to a ~ staviti nešto na glasanje **vote** II *v*
1. *tr* (glasanjem) odobriti, izglasati; *to* ~
funds for smt. odobriti novac za nešto 2.
intr glasati; *to* ~ *for smb.* glasati za
nekoga 3. misc.; *to* ~ *smb. in (into*
office) izabrati nekoga; *to* ~ *down*
nadglasati **voter** *n* birač, glasač **voting** *n*
glasanje **voting machine** glasačka maši-
na (W also: glasački stroj)
vouch [vauč] *v intr* jemčiti (W: jamčiti);
to ~ *for smb.* jemčiti za nekoga **voucher**
n nalog za isplatu
vow I [vau] *n* zavet (zavjet); *to break a* ~
prekršiti zavet **vow** II *v tr* obećati
vowel ['vauəl] *n* samoglasnik, vokal
voyage ['vojidž] *n* putovanje
vulcanize ['vəlkənajz] *v tr* vulkanizirati
vulgar ['vəlgər] *a* 1. vulgaran 2. prost,
narodski **vulgarity** [vəl'gaerətij] *n* vul-
garnost **vulgarize** ['vəlgərajz] *v tr* vulga-
rizovati
vulnerable ['vəlnərəbəl] *a* ranjiv
vulture ['vəlčər] *n* 1. strvinar, lešinar 2.
(fig.) grabljivac

W

w ['dəbəlju:] n w (slovo engleske azbuke)
Wac [waek] n (Am., mil.) članica ženske pomoćne službe KoV
wacky a (slang) šašav, ćaknut
wad [wad] n 1. punjenje, čep 2. (colloq.) svežanj novčanica
waddle I ['wadəl] n geganje **waddle** II v intr gegati (se), razmetati noge
wade [wejd] v 1. tr pregaziti 2. intr gaziti; gacati; to ~ through water gacati po vodi
wafer ['wejfər] n oblanda
waffle ['wafəl] n vafla (vrsta izbrazdane palačinke) **waffle iron** spravica za pečenje vafla
waft [waft] v 1. tr nositi (u vazduhu--W: zraku, vodi) 2. intr lebdeti (lebdjeti)
wag I [waeg] n mahanje, njihanje **wag** II v 1. tr mahati; the dog is ~ging its tail pas maše repom 2. intr mahati se, njihati se
wag III n šaljivac, nestaško
wage I [wejdž] n (often in pl) nadnica, plata (fizičkog radnika); monthly ~s mesečna (mjesečna) plata **wage** II v tr voditi; to ~ war voditi rat
wager I ['wejdžər] n opklada; to lay a ~ položiti opkladu **wager** II v tr and intr opkladiti se
wagon ['waegən] n 1. kola; horse and ~ konjska kola 2. misc.; *on the ~ koji se uzdržava od alkohola
waif [wejf] n napušteno dete (dijete), siroče
wail I [wejl] n cviljenje **wail** II v intr cvileti (cvijeti)
waist [wejst] n struk, pojas; around the ~ oko struka **waistline** [~lajn] n struk

wait I [wejt] n čekanje; to lie in ~ vrebati
wait II v 1. tr čekati; to ~ one's turn čekati na red 2. intr čekati; they are ~ing for a bus čekaju (na) autobus; to keep smb. ~ing pustiti nekoga da čeka 3. misc.: to ~ up ne spavati, bdeti (bdjeti)
waiter n kelner, konobar
waiting list lista čekanja **waiting room** čekaonica
wait on v 1. dvoriti; *to wait on smb. hand and foot držati nekoga kao malo vode na dlanu 2. služiti; to wait on a table služiti oko stola (za stolom)
waitress [~ris] n konobarica, kelnerica
waive [wejv] v tr odustati (od), odreći se
waiver n odustajanje, odricanje
wake I [wejk] n trag; the flood brought misery in its ~ poplava je ostavila bedu (bijedu) za sobom
wake II n čuvanje mrtvaca, bdenje (bdijenje) **wake** III woke [wouk]; -d or woken ['woukən] v 1. tr (often: to ~ up) probuditi; he woke (up) the soldiers probudio je vojnike 2. intr (usu.: to ~ up) probuditi se; he woke up at seven o'clock probudio se u sedam sati **waken** v tr probuditi; he was ~ed by the noise bio je probuđen bukom

Wales [wejlz] n Vels

walk I [wok] n 1. šetnja; to go for a ~ ići u šetnju 2. šetalište, staza 3 (sports) trka hodom **walk** II v 1. tr ići, šetati (se); to ~ the streets ići ulicama 2. tr voditi, šetati; to ~ a dog voditi (šetati) psa 3. tr pustiti da ide korakom; to ~ a horse pustiti konja da ide korakom 4. intr šetati (se); to ~ through a park šetati po parku **walker** n 1. pešak (pješak), hoda šetač 2. dubak (naprava u kojoj neko — netko stoji i uči da hoda) **walking stick** štap za šetnju

walk out v 1. stupiti u štrajk 2. napustiti; to *walk out of a meeting* napustiti sednicu (sjednicu) **walkout** [~aut] n 1. štrajk 2. odlazak; napuštanje

wall I [wol] n zid; *against the* ~ uza zid **wall** II a zidni; *a* ~ *clock* zidni časovnik **wall** III v tr 1. (also: *to* ~ *off)* ograditi zidom 2. *(to* ~ *up) to* ~ *up a door* zazidati vrata

wallet ['walit] n novčanik, buđelar

wallflower [~flauər] n (colloq.) devojka (djevojka) koju niko (nitko) ne traži za ples

Walloon I [wa'lu:n] n 1. Valonac 2. valonski jezik **Walloon** II a valonski

wallop I ['waləp] n 1. udarac 2. (colloq.) snaga; *to pack a* ~ biti snažan **wallop** II v tr udariti; istući

wallow ['walou] v intr 1. valjati se; *to* ~ *in mud* valjati se u blatu 2. (fig.) plivati, živeti (živjeti); *to* ~ *in riches* živeti u izobilju

wallpaper I ['wolpejpər] n zidne tapete **wallpaper** II v tr tapecirati

Wall Street Vol strit (glavno finansijsko — financijsko središte SAD)

walnut ['wolnət] n orah

walrus ['wolrəs] *(pl* has *-es* or zero) n morž

waltz I [wols] n valcer **waltz** II v intr igrati (plesati) valcer

wan [wan] a bled (blijed)

wand [~d] n štap, palica; *a magic* ~ čarobni štapić

wander v 1. tr. lutati; *to* ~ *the fields* lutati poljima 2. intr lutati, skitati se

wane I [wejn] n opadanje, izmak; *on the* ~ na izmaku **wane** II v intr 1. opasti; *his strength is* ~*ing* snaga mu opada 2. jesti se; *the moon is* ~*ing* Mesec (Mjesec) se jede

wangle ['wanggəl] v tr izmamiti; *to* ~ *money from smb.* izmamiti nekomc novac

want I [wont] n 1. nedostatak; oskudica; *to live in* ~ živeti (živjeti) u oskudici 2. potreba; *to satisfy smb.'s* ~*s* zadovoljiti nečije potrebe **want** II v 1 tr hteti (htjeti), želeti (željeti); *do you* ~ *tea?* hoćete li čaj? *he* ~*s you to buy him a ticket* on hoće da mu kupite kartu 2. intr imati potrebu; *he does not* ~ *for*

money novac mu nije potreban **want ad** mali oglas **wantd circular** poternica (potjernica) **wanting** a nedovoljan; *he was found* ~ podbacio je

wanton [~ən] a okrutan, nemilostiv, nečovečan (nečovječan); ~ *cruelty* nečovečna svirepost

war I [wor] n rat; *a civil* ~ građanski rat; *to declare* ~ objaviti rat **war** II a ratni; ratnički; ~ *reparations* ratna odšteta **war** III w intr ratovati

warble I ['warbəl] n treperenje (glasom) **warble** II v. 1. tr pevati (pjevati) sa treperenjem glasa 2. intr treperiti (o glasu, zvuku) 3. intr ćurlikati; *the lark* ~*s* ševa ćurliče

war correspondent ratni dopisnik **war crime** ratni zločin **war criminal** ratni zločinac **war cry** ratni poklič, ubojni krik

ward I [word] n 1. gradska izborna jedinica; kvart 2. bolnička dvorana 3. (legal) štićenik; *a* ~ *of the court* štićenik suda **ward** II v tr (usu.: *to* ~ *off)* odbiti, parirati; *to* ~ *off an attack* odbiti napad

warden n 1. upravnik zatvora 2. nadzornik; *an air-raid* ~ nadzornik civilne zaštite

warder n 1. čuvar 2. (Br.) zatvorski čuvar

wardrobe ['wordroub] n 1. orman (za odelo--odijelo) 2. odelo (odijelo) jedne osobe, garderoba 3. odelo glumačke trupe

warehouse ['wejrhaus] n skladište, magacin, stovarište

wares [wejrz] n pl roba

warfare ['worfejr] n rat, vođenje rata; *trench* ~ rovovski rat **warhead** [~hed] n bojeva glava **warlord** [~lord] n ratni diktator

warm I [worm] n (colloq.) toplo **warm** II a 1. topao; *a* ~ *climate* topla klima 2. srdačan, topao; *a* ~ *reception* srdačan prijem 3. (colloq.) blizak istini (cilju); *he is getting* ~ približuje se istini **warm** III v 1. tr grejati (grijati), ogrejati (ogrijati); *to* ~ *one's hands by a fire* ogrejati ruke na vatri 2. intr grejati se 3. intr zainteresovati se, oduševiti se **warm-blooded** a toplokrvan **warm front** (meteor.) topao front (W: topla fronta)

warmonger ['wormanggər] n ratni huškač **warmth** [~th] n toplota

warm up v 1. zagrejati (zagrijati); *to warm up a cold engine* zagrejati hladan motꞇ 2. zagrejati se; *the runners were warming up* trkači su se zagrevali **warm-up** n zagrevanje (zagrijavanje)

warn [worn] v tr upozoriti, opomenuti; wꞇ ~ed *him to be careful* upozorili smo ga da se čuva **warning** I n upozorenje. opomena **warning** II a za upozorenje; a ~ *shot* pucanje za upozorenje

warp I [worp] n 1. iskrivljenost 2. (weaving) osnova **warp** II v 1. tr iskriviti 2. intr iskriviti se

warplane ['worplejn] n borbeni avion

warrant I ['worənt] n 1. ovlašćenje, punomoćje 2. (legal) naredba, nalog; a *search* ~ nalog za pretres **warrant** II v tr 1. garantovati 2. opravdati; *to* ~ *an expense* opravdati utrošak

warrant officer (Am., mil.) vorent-oficir. oficir-specijalista

warranty I n 1. garancija (garantija); a *three-year* ~ garancija od tri godine; *the* ~ *is running out* garancija ističe **warranty** II a garantni; a ~ *period* garantni rok

warrior ['worijər] n ratnik

Warsaw ['worso] n Varšava **Warsaw Pact** Varšavski pakt

warship [~šip] n ratni brod

wart [wort] n bradavica (na koži)

wartime ['wortajm] n doba rata

wary ['wejrij] n oprezan

wash I [woš] n 1. pranje 2. rublje (odvojeno za pranje) **wash** II v 1. tr oprati; *to* ~ *the dishes* oprati sudove 2. tr (also: *to* ~ *away, off, out*) isprati, sprati; *to* ~ *out a stain* isprati mrlju 3. tr (to ~ *away, out)* razlokati, poplaviti; *the water* ~ed *away the road* voda je razlokala put 4. tr izbaciti (talasima); *to be* ~ed *ashore* biti izbačen na obalu talasima (plimom) 5. intr oprati se **washable** a koji se može prati **wash-and-wear** a koji se ne mora peglati; a ~ *shirt* košulja koja se ne mora peglati **wash-basin** [~bejsən] n umivaonik **washbowl** [~boul] n lavor **washcloth** [~kloth] n peškirić za pranje (lica, ruku) **wash cycle** see **cycle** I 2

wash down v zaliti; *to wash down food with wine* zaliti jelo vinom

washed-up a (colloq.) upropašćen

washer n 1. see **washing machine** 2. zaptivač, podmetač, gumica za zaptivanje

washing machine mašina (W: stroj) za pranje (rublja)

Washington [~ingtən] Vašington (grad, država)

washroom [~rum] n 1. see **rest room** 2. umivaonica **washtub** [~təb] n čabar zꞇ pranje rublja **wash up** v oprati se

wasp [wosp] n osa, zolja

waste I [wejst] n 1. rasipanje, traćenje; gubljenje 2. opustošenje, razorenje 3 otpaci; beskorisne stvari **waste** II a 1. pust, divlji; *to lay* ~ *to a city* opustošiti grad 2. otpadni; ~ *waters* otpadne vode **waste** III v 1. tr proćerdati, straćiti; *to* ~ *money* proćerdati novac 2. tr propustiti; *to* ~ *an opportunity* propustiti priliku 3. intr *(to* ~ *away)* opustiti se **wastebasket** [~baeskit] n korpa za otpatke **wasted** ['wejstid] a 1. proćerdan 2. beskorstan; a ~ *effort* beskorstan napor **wasteful** a rasipan, rasipnički **wasteland** [~laend] n pusta zemlja, pustoš **wastepaper** [~pejpər] n otpaci hartije (papira)

watch I [wač] n 1. straža; *to stand* ~ biꞇi na straži 2. stražar 3. (džepni) sat; 2. *pocket* ~ džepni sat **watch** II v 1. tr posmatrati, osmaꞇrati; *to* ~ *a procession pass* posmatrati povorku kad prolazi 2. tr gledati; *he* ~es *them dance the twist* on ih gleda kako igraju tvist; *to* ~ *one's money* gledati na novac 3. intr (also: ꞇo ~ *out)* paziti; ~ *that he doesn't fall* pazi da ne padne 4. intr čekati, očekivati, vrebati; *to* ~ *for an opportunity* vrebati priliku **watchdog** [~dog] n pas čuvar **watchful** a pažljiv, budan **watchmaker** [~mejkər] n časovničar **watchman** [~mən] (-*men* [min]) n stražar **watchtower** [~tauər] n stražarnica, osmatračnica

water I ['wotər] n 1. voda; *cold (drinking)* ~ hladna (pijaća) voda; *international (territorial)* ~s međunarodne (teritorijalne) vode; *°blood is thicker than* ~ krv nije voda 2. misc.; *to hold* ~ biti nepobitno; *°to pour oil on troubled* ~s pokušati stišati nemir **water** II a vodni **water** III v 1. tr zaliti, politi; *to* ~ *flowers* politi cveće (cvijeće) 2. tr napojiti; *to* ~ *cattle* napojiti stoku 3. intr curiti; *°his mouth is* ~ing ide mu voda na usta **water bed** gumeni dušek napunjen vodom **water closet** (Br.) ve-ce, klozet **water color** vodena boja, akvarel

water-cooled a hlađen vodom water
cooler aparat iz kojeg se pije hladna
voda water down v razvodniti, razblaži-
ti; a watered down resolution razvod-
njena rezolucija waterfall [~fol] n vo-
dopad, slap waterfront [~front] n po-
dručje dokova; izgrađena obala water
heater aparat za grejanje (grijanje) vode
water hole izvor u pustinji water level
vodostaj waterlogged [~logd] a ispu-
njen vodom water main glavna vodo-
vodna cev (cijev)
watermelon [~mələn] n lubenica
water meter vodomer (vodomjer) water
pipe vodena cev (cijev) waterpower
[~pauər] n vodena snaga, hidroenergija
waterproof I [~pru:f] n (Br.) kišni man-
til waterproff II a nepromočiv watersh-
ed [~šed] n vododelnica (vododijelni-
ca), razvođe water-ski v intr smučati
se na vodi water supply snagdeva-
nje (snabdijevanje) vodom watertight
[~tajt] a vodonepropustan water tower
kula za vodu waterworks [~wərks] n pl
(gradski) vodovod watery a vodnjikav;
~ eyes vodnjikave oči
watt [wat] n vat
wave I [wejv] n 1. talas, val; (fig.) bura;
sound ~s zvučni talasi; a heat ~ val
vrućine 2. ondulacija wave II a talasni,
valni wave III v 1. tr mahati; to ~ one's
arms mahati rukama 2. tr ondulirati; to
~ one's hair ondulirati kosu 3. intr
vihoriti se, lepršati se 4. intr mahati
rukom
Wave (Am., naval) članica ženske pomoć-
ne službe u RM
wavelength [~length] n talasna dužina
(W: duljina vala)
waver ['wejvər] v intr 1. pokolebati se 2.
treperiti
wavy ['wejvij] a talasast, valovit
wax I [waeks] n vosak; sealing ~ pečatni
vosak wax II a voštan; a ~ candle
(figure) voštana sveća — svijeća (figura)
wax III v tr navoštiti, namazati voskom
wax IV v intr 1. rasti 2. puniti se; the
moon is ~ing Mesec (Mjesec) se puni 3.
postati; to ~ eloquent postati rečit
(rječit)
waxen a voštan wax museum panoptikum
wax paper voštani papir
way I [wej] n 1. put; staza; to clear the ~
raščistiti put 2. način, metod; the right
(wrong) ~ pravilan (nepravilan) način

3. volja; he always has his own ~ on sve
čini po svojoj volji 4. pravac; this ~
ovuda 5. misc.; by the ~ uzgred; to go
out of one's ~ potruditi se; to keep out
of the ~ ne smetati; *to look the other
~ praviti se da ne vidi way II adv
veoma; ~ back before the war još pre
(prije) rata
waylay [~lej]; -laid [lejd] v tr napasti iz
zasede
way out 1. Br.; see exit 2. (fig.) izlaz; he
left me no other ~ nije mi ostavio
nikakav drugi izlaz
we [wij] pron mi
weak [wijk] a slab; a ~ defense slaba
odbrana (W: obrana) weaken v tr and
intr oslabiti weakling [~ling] n slabić
weakness n 1. slabost 2. slaba strana,
slabost; to have a ~ for alcohol biti slab
prema piću
wealth [welth] n bogatstvo, imućnost
wealthy a bogat, imućan
wean [wijn] v tr odbiti (od sise), zalučiti
weapon ['wepən] n oružje; oruđe weapon-
ry [~rij] n (coll.) oružje
wear I [wejr] n 1. nošenje 2. habanje wear
II wore [wor]; worn [worn] v 1. tr nositi;
to ~ a hat nositi šešir 2. tr (also: to ~
away, down, through) izlizati, pohabati;
zbrisati; to ~ down opposition savlada-
ti otpor 3. intr nositi se; habati se,
derati se; this coat ~s well ovaj kaput
se ne dere brzo 4. misc.; his patience is
~ing thin izdaje ga strpljenje wear and
tear [tejr] gubitak od habanja wear
away v 1. see wear II 2 2. obroniti,
podlokati; the water wore away the
shore voda je obronila obalu
wearing a odevni (odjevni); ~ apparel
odevna roba
wear out v 1. iznositi, pohabati; poderati;
to wear out a suit iznositi odelo (odijelo)
2. iznositi se, pohabati se; the suit will
wear out soon odelo će se brzo pohabati
3. iznuriti, iscrpsti
weary ['wijrij] a umoran, iznuren
weasel I ['wijzəl] n lasica weasel II v intr
vrdati
weather I ['weth:ər] n vreme (vrijeme);
cold ~ hladno vreme weather II a
vremenski; meteorološki; ~ conditions
vremenske prilike weather III v tr 1.
izložiti uticaju vremena 2. izdržati,
prebroditi; to ~ a storm izdržati buru
weather-beaten a 1. preplanuo; a ~

face preplanulo lice 2. istrošen vremenom **weather bureau** meteorološki biro **weather forecast** prognoza vremena **weatherman** [~maen] (-*men* [men]) *n* prognostičar **weatherproof** I [~pru:f] *a* otporan prema vremenu **weather proof** II *v tr* zaštititi od atmosferskih uticaja **weather report** meteorološki bilten **weather vane** vetrokaz (vjetrokaz)
weave I [wijv] *n* tkanje, stil tkanja **weave** II *wove* [wouv] or -*d;* *woven* ['wouvən] *v* 1. *tr* satkati; *to* ~ *a rug* satkati ćilim 2. *tr* oplesti; *to* ~ *a basket* oplesti korpu 3. *tr* uplesti, utkati; *to* ~ *an episode into a plot* uplesti epizodu u glavnu radnju 4. *tr* probiti; *to* ~ *one's way through a crowd* probiti se kroz gomilu 5. *intr* tkati 6. *intr* krivudati **weaver** *n* tkalac
web [web] *n* 1. tkanina, tkivo, tkanje 2. see **spider web**
wed [wed]; -*ed; -ed* or *wed* [wed] *v* 1. *tr* venčati (vjenčati) 2. *tr* and *intr* oženiti se; udati se; *to* ~ *a girl* oženiti se devojkom (djevojkom)
we'd [wijd] *we would; we should*
wedding I ['weding] *n* venčanje (vjenčanje), svadba **wedding** II *a* venčani (vjenčani), svadbeni **wedding anniversary** svadbena godišnjica **wedding ceremony** obred venčanja **wedding gown** venčanica (vjenčanica) **wedding ring** burma (prsten)
wedge I [wedž] *n* klin; (fig.) *to drive a* ~ *into enemy lines* zabiti klin u neprijateljevu odbranu (W: obranu) **wedge** II *v* 1. *tr* učvrstiti klinom 2. *tr* progurati, probiti; *to* ~ *one's way through a crowd* probiti se kroz gomilu 3. *intr* zabiti se, uklinčiti se
wedlock ['wedlak] *n* brak, bračni život; *out of* ~ vanbračni
Wednesday ['wenzdej] *n* sreda (srijeda)
wee [wij] *a* 1. majušan 2. veoma rani; *in the* ~ *hours (of the morning)* sasvim rano
weed I [wijd] *n* (also in *pl*) korov **weed** II *v* 1. *tr* opleviti (oplijeviti); *to* ~ *a garden* opleviti baštu 2. *tr (to* ~ *out)* eliminisati 3. *intr* pleviti (plijeviti)
week [wijk] *n* sedmica, nedelja (nedjelja), nedelja dana (W also: tjedan, tjedan dana); *he came for a* ~ došao je na nedelju dana; *every* ~ svake sedmice **weekday** [~dej] *n* radni dan **weekend** [~end] *n* vikend **weekly** 1. *a* sedmični,

nedeljni — nedjeljni (W also: tjedni); *a* ~ *magazine* nedeljni časopis 2. *adv* jedanput nedeljno; svake sedmice
weep [wijp]; *wept* [wept] *v* 1. *tr* liti; *to* ~ *bitter tears* liti gorke suze 2. *intr* plakati; *to* ~ *with joy* plakati od radosti **weeping willow** žalosna vrba
weevil ['wijvəl] *n* žižak; *a grain* ~ žitni žižak
weigh [wej] *v* 1. *tr* izmeirit (izmjeriti); vagnuti; *to* ~ *smt. on a scale* izmeriti nešto na vagi 2. *tr (to* ~ *out)* odmeriti ʌodmjeriti); *to* ~ *out a pound of meat* odmeriti funtu mesa 3. *tr* (fig.) birati, vagati; *to* ~ *one's words* birati reči (riječi) 4. *tr* biti težak, težiti; *the rock* ~*s ten pounds* kamen je težak deset funti; *how much do you* ~? koliko ste teški? 5. *misc.;* (naut.) *to* ~ *anchor* dići sidro; (sports) *to* ~ *in* izvršiti merenje (mjerenje) **weight** [wejt] *n* 1. težina; *to gain (lose)* ~ dobiti (izgubiti) u težini 2. (sports) **teg** (W: utega); *to lift* ~*s* dizati tegove 3. (fig.) teret, breme; *the* ~ *of responsibility* teret odgovornosti 4. značaj, važnost; *to carry* ~ biti od važnosti 5. *misc.;* *to throw one's* ~ *around* razmetati se **weightless** *a* bestežinski **weightlifter** [~liftər] *n* dizač tegova (W: utega) **weight watcher** (colloq.) onaj koji se trudi da smrša **weighty** *a* 1. težak 2. važan, značajan; ~ *matters* važne stvari
weird [wijrd] *a* čudan, neobičan; fantastičan; *a* ~ *shape* čudan oblik
welcome I ['welkəm] *n* dobrodošlica, doček **welcome** II 1. *a* dobrodošao; *this money is really* ~ ovaj novac mi je baš dobrodošao 2. *misc.;* *you're* ~ nema na čemu **welcome** III *interj* dobro si došao! dobro ste došli! **welcome** IV *v tr* 1. (srdačno) dočekati, primiti; *to* ~ *a guest* (srdačno) primiti gosta 2. (rado) primiti; *to* ~ *help* primiti pomoć
weld I [weld] *n* zavareni šav **weld** II *v* 1. *tr* zavariti 2. *tr* spojiti 3. *intr* zavarivati se **welder** *n* zavarivač
welfare ['welfejr] *n* 1. blagostanje 2. socijalna pomoć, socijalno staranje **welfare state** država sa socijalnim osiguranjem za sve građane
well I [wel] *n* 1. bunar; *an artesian* ~ arteški bunar 2. izvor (see **oil well**) **well** II *v intr* (usu.: *to* ~ *up*) izbijati, izvirati
well III *a* 1. dobro; u redu; *all is* ~ sve je dobro (u redu) 2. zdrav; *he is* ~ on je

zdrav; *to get* ~ ozdraviti **well** IV *adv* 1.
dobro; *he speaks* ~ on dobro govori 2.
daleko; *he rode* ~ *ahead* jahao je daleko
napred (naprijed) 3. misc.; *as* ~ *as* see
as 6 **well** V *interj* 1. pa, e pa, a sad; ~,
what next? pa, šta (što) zatim? ~, *so
what?* pa, šta s tim? ~, *all right!* pa,
dobro! 2. dobro; *very* ~, *go* on vrlo
dobro, a sad produžite
we'll [wijl] *we will*
well balanced *a* dobro uravnotežen
well-being *n* blagostanje
well-bred *a* dobro vaspitan
well-done *a* 1. (cul.) dobro pečen 2. dobro
urađen
well-groomed *a* dobro doteran (dotjeran)
well-known *a* dobro poznat
well-mannered *a* učtiv
well-meaning *a* dobronameren (dobro-
namjeren)
well-off *a* imućan, bogat
well-read *a* načitan
well-timed *a* blagovremen, u zgodno vre-
me (vrijeme)
well-to-do *a* imućan
well-wisher *n* dobroželilac
Welsh I [welsh] *n* 1. (as *pl: the* ~) velški
narod 2. velški jezik **Welsh** II *a* velški
Welshman [~mən] (-*men* [min]) *n* Vel-
šanin
welt [welt] *n* masnica, modrica
welterweight ['weltərwejt] *n* bokser (W:
boksač), borac kategorije velter
wench [wenč] *n* (colloq) (seoska) devojka
(djevojka)
wend [wend] *v tr* ići; *to* ~ *one's way* ići
svojim putem
we're [wijr] *we are*
werewolf ['wərwulf] (-*wolves* [wulvz]) *n*
vukodlak
west I [west] *n* zapad **west** II *a* zapadni
west III *adv* zapadno, prema zapadu; ~
of the city zapadno od grada **westbound**
[~baund] *a* koji ide prema zapadu **we-
sterly** I [~ərlij] *n* zapadni vetar (vjetar)
westerly II *a* zapadni **western** I *n* ve-
stern, kaubojski film **western** II *a* za-
padni **westerner** *n* zapadnjak **Western
Himisphere** Zapadna hemisfera **western-
ize** *v tr* dati (nekoj zemlji) zapadnjački
lik **West Germany** Zapadna Nemačka
(Njemačka) **West Point** vojna akademija
SAD **West Virginia** Zapadna Virdžinija
westward [~wərd] 1. *a* zapadni 2. *adv*
zapadno

wet I [wet] *n* vlažnost **wet** II *a* mokar;
vlažan; ~ *grass* vlažna trava; ~ *paint;*
sveže (svježe) obojeno! 3. misc.; (slang)
all ~ sasvim u zabludi; *~*behind the
ears* nezreo **wet** III *v tr* 1. pokvasiti,
okvasiti 2. pomokriti, smočiti mokra-
ćom
wet nurse dojkinja, dojilja **wet-nurse** *v tr*
1. dojiti 2. (fig.) razmaziti
whack I [hwaek] (in this and other words
beginning with the letters *wh*, some Am.
speakers and standard Br. *have* [w]) *n*
udarac **whack** II *v tr* udariti; *he* ~*ed me*
udario me je
whale I [hwejl] *v tr* tući; (colloq.) *to* ~ *the
daylights out of smb.* izbiti nekog na
mrtvo ime
whale II *n* 1. kit 2. (colloq.) izvrstan
primer (primjer); *a* ~ *of a game* izvrsna
igra **whaleboat** [~bout] *n* čamac za lov
kitova **whaling** *n* kitolovstvo
wharf [hworf] (-*rves* [rvz]) *n* pristanište
what [hwat] 1. *pron* šta (što); ~ *did you
buy?* šta si kupio? ~'s *wrong with him?*
šta mu je? ~ *are you afraid of?* čega se
bojiš? 2. relat pron šta (što); (ono) što;
tell us ~ *you heard* kaži nam šta si čuo;
do ~ *the teacher says* učini što nastav-
nik kaže 3. *a* koji; ~ *pen was he writing
with?* kojim perom je pisao? 4. *a* kakav;
~ *kind of films do you like?* kakve
filmove voliš? 5. *adv* (~ *for*) zašto; ~ *is
he hurrying for?* zašto se žuri? 6. misc.;
~ *about him?* kako stoji sa njim? ~ *if
he were to come?* kako bi bilo kad bi
došao?
whatever [~'evər] 1. *pron* što god, ma šta,
bilo šta; koliko god; *I'll give you* ~ *you
want* daću ti što god hoćeš; ~ *you do
for him, he'll not be satisfied* bilo šta da
mu učiniš, on neće biti zadovoljan 2. *a*
ma koji, bilo koji; ~ *way you go, you'll
be late* bilo kojim putem da pođete,
zakasnićete
wheat I [hwijt] *n* pšenica **wheat** II *a*
pšenični **wheat germ** pšenična prekrupa
wheedle ['hwidəl] *v tr* izmamiti, iskamčiti;
to ~ *money from smb.* izmamiti nekome
novac
wheel I [hwijl] *n* 1. točak 2. kolo; *a* ~ *of
fortune* kolo sreće 3. volan; *he lost
control of the* ~ izgubio je kontrolu nad
volanom 4. (slang) velika zverka (zvjer-
ka) **wheel** II *v* 1. *tr* valjati, kotrljati 2.
intr obrtati se, okretati se 3. misc.; *to* ~

and deal trgovati (postupati) nepošteno
wheelbarrow [~baerou] *n* tačke, kolica
wheel chair stolica na točkovima
wheeler-dealer *n* (colloq.) varalica
wheeze I [hwijz] *n* brektanje, šikanje
wheeze II *v tr* and *intr* izgovoriti brek-
ćući; brektati
when [hwen] 1. *adv* kad, kada; *~will he
come?* kad će doći? 2. *adv (since ~)*
otkad, otkada; *since ~ have you been
living in New York?* otkad živite u
Njujorku? 3. *conj* kad, kada; *I don't
know ~ they'll arrive* ne znam kad će
oni stići
whenever [~'evər] *adv* 1. ma kad, bilo
kad, kad god; *~ you come, we'll be
at home* ma kad da dođeš, bićemo kod
kuće 2. svaki put kad; *he smiles ~ he
sees her* on se nasmeši (nasmiješi) svaki
put kad je vidi
where [hwejr] 1. *adv* gde (gdje); *~ does he
work?* gde radi? 2. *conj* gde; *we don't
know ~ they work* ne znamo gde rade
3. kuda, kud; *~ are you going?* kuda
ideš? 4. *(from ~)* odakle, otkuda; *~ is
he from?* odakle je?
whereabouts [~əbauts] 1. *n* položaj 2. *adv*
gde (gdje); *~ do you live?* gde živiš?
whereas [~'aez] 1. *cònj* pošto, s obzirom
na činjenicu da 2. a; *the tables are
green, ~ the chairs are yellow* stolovi
su zeleni, a stolice su žute
wherever [~'evər] *conj* 1. ma gde (gdje),
bilo gde, gde god; *~ you travel* ma kuda
da putuješ; *sit ~ you like* sedi (sjedi)
gde god hoćeš 2. ma kuda, bilo kuda,
kuda god; *~ he goes* ma kuda da ide
whet [hwet] *v tr* podstaći; *to ~ one's
appetite* podstaći apetit (W also: tek)
whether ['hweth:ər] *conj* 1. da li; *I don't
know ~ he came* ne znam da li je došao
2. bilo da; *~ you come by airplane or
train, I'll wait for you* bilo da dođeš
avionom ili vozom (W: vlakom), ja ću te
čekati
which [hwič] 1. *pron* koji; *~ is yours?* koji
je vaš? 2. *relat pron* koji; *my typewriter,
~ is on the table, needs cleaning* moja
pisaća mašina (W also: pisaći stroj) koja
je na stolu treba da se čisti 3. *a* koji; *~
pen did you write with?* kojim perom si
pisao?
whichever [~'evər] 1. *pron* ma koji, bilo
koji, koji god; *take ~ you like* uzmi koji
god hoćeš 2. *a* ma koji, bilo koji, koji

god; *~ way you go, you'll be late* ma
kojim putem da pođete, zakasnićete
whiff I [hwif] *n* 1. dah; *a ~ of fresh air*
dah svežeg (svježeg) vazduha (W: zraka)
2. prijatan miris **whiff** II *v tr* mirisati
while I [hwajl] *n* 1. period, neko vreme
(vrijeme); *for a ~ (za)* neko vreme 2.
misc.; *it's worth his ~* to mu se isplati
while II *conj* 1. dok, dokle, dokle god?
~ he was sick dok je bio bolestan 2. a;
*they are writing letters, ~ he is reading
a book* oni pišu pisma a on čita knjigu
while II *prep* pri; *~ driving* pri vožnji
while IV *v tr (to ~ away)* prijatno
provoditi; *to ~ away the time* prijatno
provoditi vreme (vrijeme)
whim [hwim] *n* ćef, lutka, kapric
whimper I ['hwimpər] *n* cviljenje **whimper**
II *v intr* cvileti (cvijeti)
whimsical ['hwimzikəl] *a* kapriciozan;
ćudljiv **whimsy** ['hwimzij] *n* ćudljiva
misao
whine I [hwajn] *n* cviljenje **whine** II *v intr*
1. cvileti (cvijeti) 2. *intr* gunđati, kukati
whinny I ['hwinij] *n* njištanje **whinny** II *v
intr* njištati, njiskati, rzati; *the horse
~nies* konj rže
whip I [hwip] *n* 1. bič; *to crack a ~*
pucketati bičem 2. (pol.; also: *party ~*)
redar stranke koji se brine za disciplinu
pripadnika stranke 3. (cul.) ulupani
krem **whip** II *v* 1. *tr* bičevati, išibati 2. *tr*
(cul.) ulupati 3. *tr (to ~ out)* brzo
isukati; *to ~ out a knife* brzo isukati
nož 4. *tr (to ~ off)* brzo skinuti, svući;
to ~ off a cap brzo skinuti kapu 5. *tr*
(colloq.) pobediti (pobijediti); *to ~ a
team* pobediti ekipu 6. *intr* pomeriti
(pomjeriti) se; *his head ~ped back*
glava mu se pomerila unazad 7. misc.;
to ~ into shape dovesti u kondiciju
whipped cream šlag-krem
whipping boy grešni jarac
whip up *v* 1. uzbuditi; *to whip up passions*
raspaliti strasti 2. sklepati; brzo spremi-
ti; *to whip up a meal* brzo spremiti
obrok
whirl I [hwərl] *n* 1. brzo okretanje, kovit-
lanje, obrtanje 2. uskomešanost; vrtlog;
the social ~ društveni vrtlog 3. vrtogla-
vica; *my head is in a ~* vrti mi se u
glavi **whirl** II *v* 1. *tr* okrenuti, obrnuti 2.
intr okretati se, obrtati se
whirlpool [~pu:l] *n* vrtlog, kovitlac
whirlwind [~wind] *n* vihor

whisk [hwisk] v tr *(to ~ away, off)*
zbrisati **whiskbroom** [~bru:m] n metli-
ca (za brisanje odeće — odjeće)
whisker ['hwiskər] n 1. (in *pl)* brada;
brkovi 2. dlaka; (fig.) *the car missed me
by a ~* za dlaku me nije pregazio auto
whiskey, whisky ['hwiskij] n viski
whisper I ['hwispər] n šapat **whisper** II v
1. *tr* reći šapatom, šapnuti; *to ~ smt. to
smb.* šapnuti nešto nekome 2. *intr*
šaputati
whistle I ['hwisəl] n 1. zvižduk, zviždanje;
a ~ of approval zvižduk u znak odobra-
vanja 2. pištaljka, zviždaljka **whistle** II v
1. *tr* zviždati; *the crowd ~ed its appro-
val* gledaoci su zviždanjem izražavali
svoje oduševljenje 2. *intr* zviždati; pišta-
ti; *he ~ed at the girl* zazviždao je od
radosti (zadovoljstva) kad je ugledao
devojku (djevojku) 3. *intr* fijukati; *the
bullets ~d past us* zrna su fijukala oko
nas
white I [hwajt] n 1. bela (bijela) boja 2.
belo (bijelo); *in black and ~* u crnom i
belom 3. (~ *of the eye)* beonjača (bio-
njača) 4. *(egg ~)* belance (bjelance) 5.
belac (bijelac) 6. (chess) bele figure:
igrač belim figurama **white** II a beo
(bijel)
whitecap (~kaep] n penušav (pjenušav)
talas
white-collar a kancelarijski; ~ *workers*
kancelarijski radnici (cf. **blue-collar**)
white feather kukavičluk; **to show the ~*
pokazati se kukavicom
white flag bela (bijela) zastava; *to show
the ~* istaći belu zastavu
White House Bela (Bijela) kuća
White Russia Belorusija (Bjelorusija) **White
Russian** I 1. Belorus (Bjelorus) 2.
beloruski (bjeloruski) jezik **White Rus-
sian** II beloruski (bjeloruski)
white trash (Am., colloq., pejor.), beo
(bijel) ološ (na jugu SAD)
whitewall [~wol] n (or: ~ *tire)* guma sa
belim (bijelim) bočnim zidovima
whitewash I [~woš] n 1. kreč; belilo
(bjelilo) 2. (fig.) zataškavanje **whitewash**
II v tr 1. okrečiti, obeliti (obijeliti) 2.
(fig.) zataškati
whittle ['hwitəl] v tr and *intr* 1. rezati 2.
(to ~ away, down) smanjiti; *to ~ down
a deficit* smanjiti deficit
whiz I [hwiz] n 1. zujanje, fijuk 2. (slang)
ekspert **whiz** II v *intr* prozujati, prolete-

ti (proletjeti); *a bullet ~zed by me*
metak je proleteo pored mene
who [hu:] 1. *pron* ko (tko); ~ *are you?* ko
ste vi? 2. *relat pron* koji; *the people ~
arrived yesterday have found rooms*
ljudi koji su stigli juče našli su sobe
WHO [dəbəlju:ejč'ou] abbrev. of **World
Health Organization**
whoa [hwou] *interj* stoj! (konju)
whoever [~'evər] *pron* ma ko (tko), bilo
ko, ko god; ko mu drago; ~ *rings, don't
open the door* bilo ko da zvoni, ne
otvaraj vrata; ~ *said that was wrong*
ma ko da je to rekao, pogrešio (pogrije-
šio) je
whole I [houl] n celina (cjelina); *on the ~*
u celini **whole** II a ceo (cio); čitav; *the ~
day* ceo dan
whole milk neobrano mleko (mlijeko)
wholesale I [~sejl] n veletrgovina, prodaja
naveliko **wholesale** II a veletrgovinski; a
~ *firm* veletrgovinsko preduzeće (W:
poduzeće) **wholesale** III v tr and *intr*
prodavati naveliko
wholesome [~səm] a zdrav; ~ *food* zdra-
va hrana
whole-wheat a od prekrupe; ~ *bread* hleb
— hljeb (W: kruh) od prekrupe
wholly ['houlij] adv sasvim, potpuno
whom [hu:m] (objective case of *who)* ~
(colloq.: *who) did you see?* koga ste vi-
deli (vidjeli)?
whomever [~'evər] (objective case of
whoever) *give it to ~* (colloq.: *whoever)
you like* daj to kome god hoćeš
whoop I [hwu:p] n poklič, vika; *a war ~*
ratni poklič **whoop** II v 1. *intr* vikati 2.
misc.; **to ~ it up* živeti (živjeti) na
velikoj nozi
whooping cough (med.) pertusis, veliki
kašalj, hripavac
whore I [hor] n kurva **whore** II v *intr* (usu.:
to ~ around) kurvati se **whorehouse**
[~haus] n bordel burdelj
whose [hu:z] 1. a čiji; ~ *watch is this?* čiji
je ovo sat? 2. *relat pron;* there's *the man
~ talk you heard* ovo je čovek (čovjek)
čije ste predavanje čuli
why [hwaj] 1. adv zašto; ~ *did you come?*
zašto si došao? 2. conj zašto; *he didn't
say ~ he came* on nije rekao zašto je
došao
wick [wik] n fitilj

wicked ['wikid] *a* 1. poročan, rđav, nemoralan 2. jak; užasan; *a ~ cough* jak kašalj

wicker *a* pleten, ispleten od pruća; *~ furniture* pleten nameštaj (namještaj)

wide I [wajd] *a* 1. širok; *a ~ street* široka ulica; *the room is twelve feet ~* soba je široka 12 stopa 2. daleko; *~ of the mark* daleko od cilja **wide** II *adv* 1. široko; *~ open* široko otvoren 2. nadaleko; *to search far and ~* tražiti nadaleko i naširoko **wide-awake** *a* sasvim budan **widen** *v* 1. *tr.* proširiti, raširiti; *to ~ a street* proširiti ulicu 2. *intr* širiti se **wide-open** *a* 1. široko otvoren 2. u stanju bezakonja **widespread** [~spred] *a* rasprostranjen.

widow ['widou] *n* udovica **widower** *n* udovac

width [width] *n* širina; *20 feet in ~* širok 20 stopa

wield [wijld] *v tr* imati, držati, posedovati (posjedovati); *to ~ power* imati vlast

wife [wajf] *(wives* [wajvz]) *n* supruga, žena

wig [wig] *n* perika

wiggle I ['wigəl] *n* 1. klimanje, mrdanje 2. koprcanje, meškoljenje **wiggle** II *v* 1. *tr* klimati, mrdati 2. *intr* praćakati se, koprcati se, meškoljiti se, migoljiti se

wigwam [~wam] *n* vigvam, indijanska koliba

wild I [wajld] *n* divljina; slobodan prirodan život; **the call of the ~* poziv divljine **wild** II *a* 1. divlji; *~ animals* divlje životinje 2. neobuzdan; buran; *a ~ imagination* neobuzdana mašta 3. besan (bijesan); *to go ~* razbesneti (razbjesnjeti) se 4. bez cilja; nasumce rađen; *a ~ shot* pucanj u prazno, pucanj bez cilja 5. zaljubljen; *to be ~ about smb.* biti zaljubljen u nekoga

wildcat I [~kaet] *n* 1. divlja mačka 2. plahovita osoba **wildcat** II *a* divlji, bez dozvole **wildcat strike** divlji štrajk

wilderness ['wildərnis] *n* divljina, pustoš

wildfire ['wajldfajr] *n* požar; **to spread like ~* brzo se širiti

wild-goose chase uzaludno traženje

wildlife [~lajf] *n* divlje životinje

Wild West divlji zapad

wile [wajl] *n* lukavstvo, smicalica

will I [wil] *n* 1. volja; *against one's ~* protiv svoje volje 2. testamenat, oporuka, zaveštanje (zavještanje); *to leave (make) a ~* ostaviti (napisati) testame-

nat **will** II *v tr* 1. odlučiti; hteti (htjeti); *God ~ed it* bog je hteo 2. zaveštati (zavještati)

will III *v* (third person sgn. is *will;* past is *would* [wud]; used in indirect discourse) 1. (as an aux. verb to form the second and third person future; when determination or inevitability is expressed, *will* is used to form the first person future; in colloq. Am. English, *will* replaces *shall* in all situations; in colloq. speech. *will is* often contrcted to *~'il;* cf. **shall**); *he ~ (we ~) come* on će (mi ćemo) doći (see also **would** 1, 2) 2. (habitual action) *he ~ talk for hours* on obično govori satima (cf. **would** 3) 3. (capacity, ability) *the engine ~ not start* motor neće da upali

willful *a* nameran (namjeran), hotimičan; *~ destruction* namerno uništavanje

willing *a* voljan, spreman; *he is ~ to do it* on je voljan (spreman) da to uradi

willow ['wilou] *n* vrba

will power snaga volje

willy-nilly ['wilij-nilij] *adv* hteo-ne hteo (htio-ne htio)

wilt *v* 1. *tr* učiniti da uvene 2. *intr* uvenuti

wily ['wajlij] *a* lukav, prepreden

win I [win] *n* (usu. sports) pobeda (pobjeda) **win** II *won* [wən] *v* 1. *tr* odneti (odnijeti); *to ~ a victory* odneti pobedu 2. *tr* steći; *to ~ fame* steći slavu 3. *tr* dobiti; *to ~ a game* dobiti utakmicu 4. *tr* osvojiti; *to ~ smb.'s heart* osvojiti nečije srce 5. *tr* zadobiti, pridobiti; *to ~ smb. over* zadobiti nečiju naklonost; *he won the jury over to his side* pridobio je porotu na svoju stranu 6. *intr* pobediti (pobijediti), odneti pobedu

wince I [wins] *n* trzaj, trzanje **wince** II *v intr* trgnuti se, trepnuti

winch [winč] *n* čekrk, vitao

wind I [wind] *n* 1. vetar (vjetar); *a cold ~* hladan vetar; *a gust of ~* nalet vetra 2. dah; **to get one's second ~* savladati prvu zaduvanost (pri trčanju) 3. misc.; *to get ~ of smt.* nanjušiti nešto; *in the ~* u bliskoj budućnosti; **to see which way the ~ blows* ići prema vetru **wind** II *v tr* zadihati; *to get ~ed* zadihati se

wind III [wajnd] *n* namotaj **wind** IV *wound* [waund] *v* 1. *tr* namotati 2. *tr* naviti; *to ~ a watch* naviti sat 3. *tr* obaviti; *to ~ one's arms around smb.'s neck* zagrliti nekoga 4. *tr* ići; *to ~ one's*

way ići vijugavim putem 5. *intr* vijugati (se); *the road* ~*s* put (se) vijuga
windbreaker ['windbrejkǝr] *n* vindjakna
windfall [~fol] *n* iznenadna sreća
windlass [~lǝs] *n* čekrk, motovilo
windmill [~mil] *n* vetrenjača (vjetrenjača)
window ['windou] *n* 1. prozor 2. šalter
window-dressing *n* 1. dekorisanje izloga 2. (fig.) varka, obmana
windowpane [~pejn] *n* prozorsko okno
window shade roletna, zastor
window-shop *v intr* gledati izloge **window-shopping** *n* gledanje izloga
windowsill [~sil] *n* daska na prozoru
windpipe ['windpajp] *n* dušnik, traheja
windscreen [~skrijn] Br.; see **windshield**
windshield [~šijld] *n* vetrobran (vjetrobran), staklo (na automobilu) **windshield wiper** brisač stakla
windstorm [~storm] *n* oluja
wind up [wajnd] *v* 1. završiti 2. završiti se 3. naviti 4. zamahnuti rukom
windward I ['windwǝrd] *n* privetrina (privjetrina) **windward** II *a* and *adv* u privetrini (privjetrini)
windy ['windij] *a* vetrovit (vjetrovit)
wine I [wajn] *n* vino **wine** II *v tr* častiti vinom; *to* ~ *and dine smb.* častiti nekoga pićem i jelom **wineglass** [~glaes] *n* vinska čaša
wing I [wing] *n* 1. krilo; *to clip smb.'s* ~*s* podrezati nekome krila 2. (sports) krilo 3. (mil.) vazduhoplovni (W; zračnoplovni) puk 4. (of a double door) vratnica, krilo **wing** II *v tr* 1. poleteti (poletjeti); *to* ~ *one's way home* poleteti kući 2. (colloq.) raniti (u krilo, u nogu); *to* ~ *a bird* raniti pticu (u krilo) **wingspan** [~spaen] *n* razmah krila
wink I [wingk] *n* mig **wink** II *v* 1. *tr* mignuti; *to* ~ *one's eye* mignuti okom 2. *intr* namignuti, mignuti; *to* ~ *at smb.* namignuti nekome
winner ['winǝr] *n* 1. dobitnik, pobednik (pobjednik) 2. zgoditak **winning** I *n* 1. pobeda (pobjeda) 2. (in *pl*) dobitak **winning** II *a* 1. pobedonosan (pobjedonosan); *a* ~ *team* pobedonosna ekipa 2. privlačan, prijatan; *a* ~ *personality* privlačna ličnost
winnow ['winou] *v tr* ovejati (ovijati); *to* ~ *grain* ovejati žito
winsome ['winsǝm] *a* ljubak, dražestan, dopadljiv

winter I ['wintǝr] *n* zima; *this (last, next)* ~ ove (prošle, iduće) zime **winter** II *a* zimski; *a* ~ *day* zimski dan **winterize** *v tr* osposobiti za rad u zimskim uslovima (W also: uvjetima) **winter solstice** kratkodnevnica **wintertime** [~tajm] *n* zimsko doba
wipe I [wajp] *n* brisanje **wipe** II *v tr* 1. obrisati; *to* ~ *one's eyes* obrisati oči 2. (also: *to* ~ *off*) otrti; *to* ~ *mud from one's shoes* otrti blato s cipela **wipe out** *v* 1. uništiti, zbrisati 2. (colloq.) ubiti
wiper *n* (see **windshield wiper**) brisač stakla **wiper blade** guma brisača
wire I [wajr] *n* 1. žica; *barbed* ~ bodljikava žica 2. telegram **wire** II *v* 1. *tr* spojiti žicom 2. *tr* and *intr* telegrafisati; *to* ~ *smb.* telegrafisati nekome **wireless** *n* 1. Br.; see **radio** I 2. telegraf **wire service** telegrafska agencija, novinska agencija
wiretap I [~taep] *n* uređaj za prisluškivanje, prislušni uređaj **wiretap** II *v tr* and *intr* prisluškivati
wiry ['wajrij] *a* žilav, čvrst
Wisconsin [wis'kansin] *n* Viskonsin
wisdom ['wizdǝm] *n* mudrost **wisdom tooth** umnjak
wise [wajz] *a* 1. mudar; učen 2. obavešten (obaviješten) 3. (slang) ohol, arogantan
wisecrack I [~kraek] *n* duhovita primedba (primjedba) **wisecrack** II *v intr* napraviti duhovitu primedbu (primjedbu)
wise guy (slang) samopouzdana osoba
wish I [wiš] *n* želja; *my* ~ *came true* ispunila mi se želja **wish** II *v tr* and *intr* poželeti (poželjeti); *to* ~ *smb. a Happy New Year* poželeti nekome srećnu Novu godinu
wishbone [~boun] *n* jadac; *to break the* ~ lomiti jadac
wishful *a* željan; pun želja **wishful thinking** uzimanje poželjnog za stvarnost
wishy-washy *a* (colloq.) neodlučan, kolebljiv
wisp [wisp] *n* 1. pramen, čuperak 2. nešto tanko, nežno (nježno)
wistful ['wistfǝl] *a* čežnjiv, zamišljen
wit [wit] *n* 1. smisao za humor, osećanje (osjećanje) za humor 2. humorista 3. (in *pl*) pamet; snalažljivost; *to live by one's* ~*s* probijati se kroz život (dovijanjem)
witch [wič] *n* veštica (vještica), vračara **witchcraft** [~kraeft] *n* vračanje, čarolije **witch doctor** vrač

witch hazel 1. (bot.) hamamelis 2. (med.) rastvor od hamamelisa

witch hunt (pol.) lov na veštice (vještice)

with [with] prep 1. s, sa; ~ enthusiasm s oduševljenjem 2. protiv, s; to fight ~ smb. boriti se protiv nekoga (s nekim) 3. od; to tremble ~ fear drhtati od straha 4. za; to charge smb. ~ murder optužiti nekoga za ubistvo (W: ubojstvo) 5. (corresponds to the SC instr.) to strike smb. ~ a stick udariti nekoga štapom 6. (corresponds to the SC gen.); ~ bowed head pognute glave 7. kod; to write a dissertation ~ a professor napisati disertaciju kod nekog profesora

withdraw [with'dro]; -drew [dru:]; -drawn [dron] v 1. tr povući; to ~ an ambassador povući ambasadora 2. tr ispisati; to ~ a child from school ispisati dete (dijete) iz škole 3. tr izvaditi; to ~ money from a bank izvaditi novac iz banke 4. intr. povući se; he withdrew from political life povukao se iz političkog života 5. intr ispisati se; odjaviti se; odustati; to ~ from competition odustati od takmičenja withdrawal n 1. povlačenje; the ~ of troops povlačenje trupa 2. odjava; odustajanje

wither ['with:ər] v intr uvenuti

withhold [with'hould]; -held [held] v tr zadržati; to ~ from one's wages zadržati od plate

within [with'in] 1. adv unutra, unutar 2. prep u; ~ the house u kući

without I [~'aut] adv van without II prep 1. bez; ~ (a) doubt bez sumnje 2. a (da) ne; the children cannot play ~ making a mess deca (djeca) ne mogu da se igraju, a da ne naprave nered

withstand [~'staend]; -stood [stud] v tr izdržati; to ~ an attack izdržati napad

witness I ['witnis] n svedok (svjedok) witness II v tr 1. prisustvovati (kao svedok); to ~ a collision prisustvovati sudaru 2. overiti (ovjeriti) witness chair klupa za svedoke

witticism ['witisizəm] n dosetka (dosjetka) witty ['witij] a duhovit

wiz [wiz] n (colloq.) sposobna, talentovana osoba

wizard n 1. vrač, mađioničar 2. genije

wizen ['wizən] v 1. tr smežurati 2. tr osušiti 3. intr osušiti se; svenuti

wobble I ['wabəl] n klimanje, klaćenje, drmanje wobble II v intr klimati se,

klatiti se, drmati se wobbly ['wablij] a klimav

woe [wou] n jad, nesreća

wolf I [wulf] (wolves [wulvz]) n 1. vuk, kurjak; *to cry ~ too often vrlo često dizati lažnu uzbunu 2. (slang) ženskaroš wolf II v tr (to ~ down) proždrati

wolverine ['wulvərijn] n (zool.) žderavac (also glutton)

woman ['wumən] (women ['wimin]) n 1. žena 2. žensko; ženskost; it brought out the ~ in her to je probudilo osećaj (osjećaj) ženstvenosti kod nje womanly a ženstven

womb [wu:m] n materica (also uterus)

wonder I ['wəndər] n čudo; an unheard-of ~ neviđeno čudo wonder II v tr čuditi se; to ~ about (at) smt. čuditi se nečemu wonderful a čudesan wonderland [~laend] n čudesna zemlja wondrous ['wəndrəs] a čudan

woo [wu:] v tr and intr udvarati se; to ~ a girl udvarati se devojci (djevojci)

wood I [wud] n 1. drvo; made of ~ načinjen od drva 2. (usu. in pl) šuma; in the ~s u šumi 3. drveni predmet wood II a drveni woodcarver [~karvər] n drvorezac wooded a šumovit wooden a drven; a ~ chair drvena stolica

woodpecker [~pekər] n detao (djetao)

woodpile [~pajl] n gomila drva, drvljanik wood pulp drvena masa, pulpa (za izradu papira) woodsman [~zmən] (-men [min]) n šumar woodwind [~wind] n drveni duvački (W: duhački) instrumenat woodwork [~wərk] n drvenarija

wool [wul] n vuna woolen a vunen; ~ fabric vunena tkanina woolens n pl vunena roba wooly a 1. pokriven vunom; vunast 2. sličan vuni

woozy ['wu:zij] a ošamućen

word i [wərd] n 1. reč (riječ); foreign ~s strane reči; the latest ~ in fashion poslednja (posljednja) reč mode 2. (data) reč, obećanje; to give (keep) one's ~ dati (održati) reč 3. (in pl) gnevne (gnjevne) reči; they had ~s posvađali su se 4. izveštaj (izvještaj); to bring (send) ~ doneti — donijeti (poslati) izveštaj 5. misc.; by ~ of mouth usmeno; to put in a good ~ for smb. preporučiti nekoga word II v tr formulisati, izraziti; the sentence is ~ed like this . . . ta rečenica glasi ovako . . . wording n formulisanje

word order red reči **wordy** *a* razvučen, govorljiv
work I [wərk] *n* 1. rad; posao; *hard* ~ naporan rad 2. posao, mesto (mjesto), rad, položaj; *to look for* ~ tražiti posao 3. delo (djelo); *collected* ~*s* sabrana dela 4. (in *pl*) fabrika, radilište; *brick* ~*s* ciglana **work** II *v* 1. *tr* napraviti; *to* ~ *miracles* praviti čuda 2. *tr* rukovati; *to* ~ *a power mower* rukovati motornom kosačicom 3. *tr* probiti, prokrčiti; *to* ~ *one's way through a crowd* probiti se kroz gomilu 4. *tr* navesti (nekoga) da radi; *to* ~ *smb. hard* radom nekoga iscrpsti 5. *tr* rešiti (riješiti); *to* ~ *an equation* rešiti jednačinu (W: jednadžbu) 6. *intr* raditi, biti zaposlen; *to* ~ *in a factory* raditi u fabrici 7. *intr* raditi, funkcionisati; *the engine (machine)* ~ *well* motor (mašina — W: stroj) odlično radi 8. misc.; *to* ~ *oneself free (loose)* osloboditi se; *to* ~ *on smb.* ubeđivati (ubjeđivati) nekoga **workbench** [~benč] *n* radna tezga **workbook** [~buk] *n* knjiga sa vežbama (vježbama) **workday** [~dej] *n* radni dan **worker** *n* radnik; *a factory* ~ fabrički radnik
work in *v* uplesti, ubaciti
working *a* 1. koji radi; *a* ~ *wife* supruga koja radi 2. radni; ~ *hours* radno vreme (vrijeme) 3. praktičan; *a* ~ *knowledge of a foreign language* praktično znanje stranog jezika **working class** radnička klasa **workman** [~mən [min]) *n* radnik **workmanship** *n* izrada (W: izradba); *exquisite* ~ izvrsna izrada
work off *v* 1. odraditi, radeći otplatiti; *to work off a debt* odraditi dug 2. skinuti; *to work off extra pounds* vežbom — vježbom (radom) skinuti kilograme
work out *v* 1. izraditi; *to work out a plan* izraditi plan 2. (sports) trenirati; *they work out every day* oni treniraju svaki dan 3. završiti se (dobro); *everything worked out well* sve se dobro završilo **workout** [~aut] *n* trening
workroom [~ru:m] *n* radna soba
workshop [~šap] *n* 1. radionica, fabrička (W: tvornička) hala 2. praktikum, seminar, simpozijum; *to hold a* ~ održati simpozijum
work up *v* 1. dogurati; *he worked himsel up to the governorship* dogurao je do guvernera 2. misc.; *to work up an*

appetite ogladneti — ogladnjeti (nakon napora); *to work up a sweat* oznojiti se **world** svet (svijet); *the whole* ~ ceo (cio) svet **world** II *a* svetski (svjetski) **World Health Organization** Svetska zdravstvena organizacija **worldly** *a* belosvetski (bjelosvjetski), koji poznaje svet **world power** svetska sila **World Series** svetsko prvenstvo u bezbolu **World War I** Prvi svetski rat **World War II** Drugi svetski rat **worldwide** [~wajd] *a* rasprostranjen širom sveta
worm I [wərm] *n* crv; glista **worm** II *v tr* krišom ostvariti; *to* ~ *one's way into society* uvući se u društvo **wormy** *a* crvljiv, crvotočan
worn-out *a* 1. pohaban, iznošen, pocepan (pocijepan); ~ *shoes* pocepane cipele 2. iznuren
worry I ['wərij] *n* briga; zabrinutost **worry** II *v* 1. *tr* zabrinuti 2. *intr* biti zabrinut, zabrinjavati se, brinuti (se); *to* ~ *about smt.* brinuti (se) za nekoga; *don't* ~*!* ne brini se!
worse see **bad** II
worsen [wərsən] *v* 1. *tr* pogoršati 2. *intr* pogoršati se
worship I ['wəršip] *n* 1. obožavanje; poštovanje 2. bogosluženje, služba bož;a **worship** II *v* 1. *tr* obožavati 2. *intr* vršiti božju službu
worst I [wərst] *n* najgore; *if (the)* ~ *comes to (the)* ~ u najgorem slučaju
worst II see **bad** II
worsted I ['wərstid] *n* češljana vuna, kamgarn **worsted** II *a* od češljane vune
worth I [wərth] *n* vrednost (vrijednost) **worth** II *a* koji vredi (vrijedi); vredan (vrijedan); *that's not* ~ *much* to ne vredi mnogo; *it's not* ~ *the trouble* to se ne isplati **worthless** *a* bezvredan (bezvrijedan) **worthwhile** [~'hwajl] *a* vredan utrošenog vremena **worthy** ['wərth:ij] *a* dostojan
would [wud] *v* 1. (see **will** III; *would is used in indirect discourse*) *he said that he* ~ *come* rekao je da će doći 2. (as an aux. verb in cond. sentences) *if he came, I* ~ (formal, esp. Br.: *should*) *give him the book* ako bi došao, dao bih mu knjigu 3. (habitual action in the past); *he* ~ *talk for hours* on je obično govorio satima (cf. **will** III 2)
would-be *a* tobožnji; nazovi-; *a* ~ *assassin* onaj koji je pokušao atentat

wound I [wu:nd] *n* rana; *a deep (minor, mortal)* ~ duboka (laka, smrtonosna) rana **wound** II *v tr* raniti; *to* ~ *smb. in the leg* raniti nekoga u nogu

wow [wau] *interj* oh **wow** II *v tr* (colloq.) mnogo se dopasti

wrangle i ['raenggəl] *n* prepirka, svađa **wrangle** II *v* 1. *tr* izvući, dobiti argumentisanjem 2. *tr* terati — tjerati (stoku) 3. *intr* prepirati se

wrap I [raep] *n* šal; ogrtač; boa 2. ćebe **wrap** II *v tr* 1. zaviti, uviti, obaviti, umotati; *to* ~ *smt. in paper* zaviti (uviti) nešto u papir; *to* ~ *a child in a blanket* umotati dete (dijete) u ćebe 2. pakovati; *to* ~ *merchandise* pakovati robu **wrapper** *n* omot **wrapping paper** pakpapir, ambalaža od hartije

wrap up *v* 1. (colloq.) završiti 2. zaviti, uviti

wrath [raeth] *n* jarost

wreath [rijth] (-*ths* [th:z]) *n* venac (vijenac)

wreck I [rek] *n* 1. razbijanje, uništenje 2. olupine **wreck** II *v tr* razbiti, uništiti, slupati; *to* ~ *a car* slupati kola **wreckage** *n* 1. olupine, ruševine 2. uništenje

wren [ren] *n* (bird) carić

wrench I [renč] *n* 1. iščašenje, uganuće 2. trzaj, vučenje 3. (tech.) ključ **wrench** II *v tr* 1. iščašiti, uganuti; *to* ~ *an ankle* iščašiti nogu 2. istrgnuti; *to* ~ *off* otrgnuti

wrest [rest] *v tr* istrgnuti, oteti; *to* ~ *sm from smb.'s hands* istrgnuti nekome nešto iz ruku

wrestle ['resəl] *v tr and intr* rvati se (s) *to* ~ *(with) smb.* rvati se s nekim; *to* ~ *smb. to the floor* oboriti nekoga **wrestler** ['reslər] *n* rvač **wrestling** *n* rvanje

wretch [reč] *n* jadnik, bednik (bijednik) **wretched** *a* jadan, bedan (bijedan)

wring [ring] *wrung* [rəng] *v tr* 1. (usu.: *to* ~ *out*) iscediti (iscijediti); roljati; *to* ~ *out laundry* iscediti rublje 2. zavrnuti: *to* ~ *smb.'s neck* zavrnuti nekome vrat (šiju) 3. kršiti; *to* ~ *one's hands* kršiti ruke 4. iznuditi; *to* ~ *a confession from smb.* iznuditi nekome priznanje **wringer** *n* rolja

wrinkle I ['ringkəl] *n* bora, nabor **wrinkle** II *v* 1. *tr* naborati; izgužvati; *to* ~ *a suit* izgužvati odelo (odijelo) 2. *intr* borati se, gužvati se

wrist [rist] *n* ručni zglob, ručni gležanj **wrist watch** ručni sat

writ [rit] *n* sudski nalog

write [rajt]; *wrote* [rout]; *written* ['ritən] *v* 1. *tr* napisati; *to* ~ *a book (a letter)* napisati knjigu (pismo) 2. *intr* pisati; *to* ~ *with a pencil* pisati olovkom

write down *v* zapisati; *to write down an address* zapisati adresu

write in *v* 1. upisati 2. (pol.) dodati; *to write in a candidate's name* dodati spisku ime nekog kandidata **write-in** *n* (pol.) glas za kandidata koji nije u spisku

write off *v* otpisati; *to write off a debt* otpisati dug

write out *v* napisati; *to write out a check* napisati ček

writer *n* pisac; književnik, spisatelj

write up *v* 1. opisati, napisati (izveštaj — izvještaj) 2. misc.; *to write up smb. fo an award* predložiti nekoga za nagradu **write-up** *n* opis, dopis, izveštaj (izvještaj)

writhe [rajth:] *v intr* previjati se, grčiti se: *to* ~ *in pain* previjati se od bola

writing ['rajting] *n* 1. pisanje; pismo 2. (književno) delo (djelo); *his unpublished* ~*s* njegova neobjavljena dela **writing paper** papir (hartija) za pisanje

wrong I [rong] *n* 1. nepravda, zlo; *to do no* ~ ne činiti zla 2. krivica; *to be in the* ~ biti kriv **wrong** II *a* 1. pogrešan, netačan (W; netočan) 2. nepravedan, nepravičan, nemoralan; *it is* ~ *to lie* nemoralno je lagati 3. u zabludi; *you are* ~ vi grešite (griješite) **wrong** III *adv* pogrešno; *he did it* ~ on je to pogrešno uradio **wrong** IV *v tr* naneti (nanijeti) nepravdu; *to* ~ *smb.* naneti nepravdu nekome

wrought [rot] 1. obsol. past of **work** II 2. *a* kovan; ~ *iron* kovano gvožđe

wrought up uzbuđen

wry [raj] *a* suv (suh); ~ *humor* suv humor

Wyoming [waj'ouming] *n* Vajoming

X

x I [eks] *n* (slovo engleske azbuke)

x II *xes* ['eskiz]; *x'd or xed* (ekst) *v tr* (usu.: *to ~ out*) izbrisati

xenophobia [zenəˈfoubijə] *n* ksenofobija, mržnja stranaca

Xerox I ['zijraks] *n* zeroks (način fotokopiranja) **Xerox** II *v tr* zeroksirati (fotokopirati)

Xmas ['eksməs] or ['krisməs] *n* (colloq.) **see Christmas**

x-rated *a* pornografski; *an ~ film* pornografski film

x ray rendgen, rendgenski snimak, rendgenska slika; *to go for an ~* ići na rendgen **x-ray** I *a* rendgenski; *an ~ machine* rendgenski aparat **x-ray** II *v tr* rendgenisati, izložiti rendgenskim zracima (W: zrakama)

xylophone ['zajləfoun] *n* ksilofon

Y

y [waj] n y (slovo engleske azbuke)
yacht I [jat] n jahta; jedrilica yacht II v
intr voziti se na jahti; trkati se jahtama
yachting n jedrenje, jedriličarstvo
yachtsman [∼smən] (-men [min]) n je-
driličar
yammer ['jaemər] v intr 1. kukati, gunđati
2. bučno govoriti
yank I [jaengk] n (colloq.) trzaj yank II v
tr and intr (colloq.) trgnuti, vući
Yank n (Br.) Amerikanac
Yankee n 1. stanovnik severnih (sjevernih)
država SAD 2. Amerikanac, jenki
yap I [jaep] n kevtanje yap II v intr
kevtati; dogs ∼ kerovi kevću
yard I [jard] n 1. dvorište 2. radilište (see
also **shipyard**) 3. manevarska stanica
yard II n jard (0.914 metra) **yardstick**
[∼stik] n štap dugačak jedan jard (kao
merilo — mjerilo)
yarn [jarn] n pređa
yawn I [jon] n zev (zijev) yawn II v intr
zevati (zijevati); zjapiti
yea I n [jej] glas »za« (kod glasanja); the
∼s have it većina je za predlog yea II
adv da (kod glasanja)
year [jijr] n godina; an academic (school)
∼ školska godina; a calendar (leap) ∼
kalendarska (prestupna) godina; a ∼
ago pre (prije) godinu dana **yearbook**
[∼buk] n godišnjak **yearling** [∼ling] n
jednogodac, životinja kojoj je jedna go-
dina **yearly** I n godišnjak, časopis koji
izlazi svake godine **yearly** II 1. a godišnji
2. adv svake godine
yearn [jərn] v intr čeznuti, žudeti (žudjeti)
to ∼ for smt. čeznuti za nečim
yeast [jijst] n kvasac

yell I [jel] n vika yell II v tr and intr
viknuti
yellow I ['jelou] n žuta boja, žutilo yellow
II a 1. žut 2. (slang) kukavički; he has a
∼ streak on je kukavica yellow fever
žuta groznica yellow journalism žuta
štampa
yelp I [jelp] n kevtanje yelp II v intr
kevtati
Yemen ['jemən] n Jemen
yen I [jen] n (novčana jedinica Japana)
yen II n (colloq.) čežnja
yeoman ['joumən] (-men [min]) n 1. (A. m.,
naval) podoficir-pisar 2. (fig.) marljiv
radnik; *to do ∼'s service pružiti stvar-
nu uslugu
yes I [jes] n da, potvrdan odgovor yes II
adv da yes man (colloq.) dakavac,
ulagivač
yesterday ['jestərdej] adv juče (jučer);
the day before ∼ prekjuče (prekjučer)
yet [jet] 1. adv još; he hasn't come ∼ on
još nije došao; he can't come just ∼ ne
može doći baš sada 2. adv već; have you
done it ∼? da li si to već uradio? 3. conj
a ipak; he works a lot. and ∼ has
nothing on mnogo radi, a ipak ništa
nema
yield I [jijld] n 1. rod; proizvod 2. dobitak
yield II v 1. tr doneti (donijeti); dati; to
∼ a profit doneti dobit 2. tr ustupiti; to
∼ the right-of-way ustupiti prvenstvo
prolaska 3. tr predati; to ∼ a fortress
predati tvrđavu 4. intr predati se; potči-
niti se; pokoriti se 5. intr ustupiti pr-
venstvo prolaska
yogurt ['jougərt] n kiselo mleko (mlijeko)
yoke [jouk] n 1. jaram 2. (fig.) jaram,
ropstvo

yokel ['joukəl] n seljačina, seljak (also **bumpkin**)

yolk [jouk] n žumance

you [ju:] pron 1. vi 2. ti **you-all** pron (southern Am.) vi (kao oblik množine)

you'd [ju:d] you had; you would **you'll** [ju:l] you will

young I [jəng] n (coll.) 1. mladež; the ~ mladež 2. mladunčad, mladi; a lioness defends its ~ lavica brani svoje mlade **young** II a mlad; a ~ child malo dete (dijete) **youngster** [~stər] n dete (dijete)

your [ju:r] poss a vaš; tvoj; ~ pencil vaša (tvoja) olovka

you're [ju:r] you are

yours poss a vaš, tvoj (a.) (when no noun follows) the pencil is ~ olovka je vaša (tvoja) (b.) (after of) a friend of ~ jedan od vaših (tvojih) prijatelja

yourself [~'self] (~lves [lvz]) 1. refl pron se, sebe, sebi, sobom; you will wear ~ out iscrpsti ćete se 2. pron a sam, sami; you did it ~ ti si to uradio sam

youth [ju:th] n 1. omladina, mladež 2. mladost; *~ will have its fling mladost- -ludost **youthful** a mladalački; a ~ appearance mladolikost

you've [ju:v] you have

Yugoslav I ['ju:gəslav] n Jugosloven (W: Jugoslaven) **Yugoslav** II a jugosloven ski (W: jugoslavenski) **Yugoslavia** [ju: gou'slaviə] n Jugoslavija **Yugoslavian** see **Yugoslav** I, II

Yukon ['ju:kan] n Jukon

Yule [ju:l] n Božić **yule log** badnjak **Yule-tide** [~tajd] n Božić

Z

z [zij] n z (slovo engleske azbuke)
Zagreb ['zagreb] n Zagreb
Zaire [za'ijr] n Zair
Zambia ['zaembijə] n Zambija
zany ['zejnij] a smešan (smiješan); komičan
zeal [zijl] n revnost
zealot ['zelət] n fanatičar; zelot; vatren pobornik **zealotry** [~rij] n fanatizam
zealous ['zeləs] a revnostan
zebra ['zijbrə] n zebra
zed [zed] n (Br.) **see** z
zenith ['zijnith] n zenit
zephyr ['zefər] n zefir, povetarac (povjetarac)
zeppelin [zepəlin] n cepelin
zero I ['zijrou] (-s and -es) n nula **zero** II z nulti; ~ visibility nulta vidljivost **zero** III v tr and intr 1. (also: to ~ in) podesiti (nišan oružja); to ~ in a weapon dovesti oruđe u normalnu tačnost (W: točnost) gađanja 2. (to ~ in) usredsrediti (usredsrijediti) se; to ~ in on smt usredsrediti se na nešto **zero hour** (usu. mil.) čas napada, nulti čas
zerox see **Xerox** I, II
zest [zest] n 1. naročit ukus 2. uživanje, polet, oduševljenje
zigzag I ['zigzaeg] n cikcak, ševuljica **zigzag** II 1. a krivudav, cikcak; a ~ line cikcak linija 2. adv krivudavo **zigzag** III

v intr ići u cikcak liniji, krivudati, vrdati
zinc I [zingk] n cink **zinc** II z cinkov **zinc ointment** cinkova mast
Zion ['zejən] n Cion **Zionism** n Cinizam **Zionist** I n Cionista **Zionist** II a cionistički
zip [zip] v 1. tr (to ~ up) zatvoriti (patentnim zatvaračem) 2. tr (to ~ open) otvoriti (patentnim zatvaračem) 3. intr fijukati, zujati
zip code poštanski broj
zipper n patent-zatvarač, patentni zatvarač, rajsferšlus
zither ['zithər] n citra
zodiac ['zoudijaek] n zodijak
zombie ['zambij] n oživljeni leš
zonal ['zounəl] a zonski, zonalni **zone** I [zoun] n zona; pojas; a frigid ~ ledena zona **zone** II a zonski **zone** III v tr rasporediti na zone **zone defense** (sports, esp. basketball) zonska obrana (W: obrana)
zoo [zu:] (-s) n zoološki vrt **zoological** [zouə'ladžikəl] a zoološki **zoologist** [zou'alədžist] n zoolog **zoology** [~džij] n zoologija
zoom [zu:m] v intr 1. zujati 2. (of an airplane) popeti se brzo 3. (photo.) brzo se približavati (ili udaljavati)
zucchini [zu'kijnij] n (cul.) tikvice; stuffed ~ punjene tikvice

SerboCroatian–English

Srpskohrvatsko–Engleski

A

a I *conj* 1. but, and; *učio je ceo dan, ~ ništa nije naučio* he studied all day, but did not learn anything 2. while (on the contrary), whereas, but; *stolovi su zeleni, ~ stolice su žute* the tables are green, whereas the chairs are yellow 3. *~ da ne* (usu. after negative verbs); *~ ne* (usu. after affirmative verbs) without; *deca ne mogu da se igraju, ~ da ne naprave nered* the children cannot play without making a mess; *on odlazi, ~ ne kaže ni zbogom!* he's leaving without even saying goodbye! 4. *~ ipak* and yet; *on mnogo radi, ~ ipak ništa nema* he works a lot, and yet he has nothing 5. *~ kamoli* (also **kamoli**) not to mention, let alone, not to speak of; *on se ne brine o sebi, ~ kamoli o drugima* he doesn't take care of himself, let alone of others 6. *~ i* and so, and too, and also, as well as; *moj otac je lekar, ~ i ja sam* my father is a physician, and so am I

a II *interj* oh, ah

abažur *n* lampshade

abdikacija *n* abdication

abeceda *n* alphabet; *po ~i* in alphabetical order

Abisinija *n* Abyssinia

abnormalan *a* abnormal **abnormalnost** *n* abnormality

abonirati *v* to subscribe to; to prepay

abonos *n* ebony

abortirati *v* to have an abortion, miscarry **abortivan** *a* abortive **abortus** *n* abortion

adaptacija *n* adaptation **adaptirati** *v* to adapt

adekvatan *a* adequate **adekvatnost** *n* adequacy

administracija *n* administration **administrativni** *a* administrative; *~a vlast* administrative power **administrator** *n* administrator

admiral *n* admiral **admiralitet** *n* admiralty

adrapovac *n* ragamuffin; tramp; rascal

adrenalin *n* adrenaline

adresa *n* address; *uputiti (poslati) na pogrešnu ~u* to send to the wrong address; (fig.) *na moju ~u* intended for me; (fig.) *na pravu ~u* to the right person **adresar** *n* directory, list of addresses **adresirati** *v* to address (a letter)

adut *n* trump, trump card (also fig.)

adventist(a) *n* Adventist

advokat *n* lawyer, attorney **advokatski** *a* legal; *~a komora* the bar; *~ ispit* bar examination; *~ pripravnik* law clerk

adutant *n* adjutant

aerodinamičan *a* streamlined

aerodrom *n* airport

aeromehaničar *n* airplane mechanic

aeronautika *n* aeronautics

aerostat *n* aerostat

afazija *n* aphasia

afek(a)t *n* strong emotion, excitement

afektacija *n* affectation, airs, mincing behavior **afektirati** *v* to act in an affected manner; to put on airs

afera *n* illegal, immoral affair; *politička ~a* a political scandal; *ljubavna ~* a love affair

afirmisati *v* to affirm

afiša *n* (posted) advertisement, announcement

aforizam *n* aphorism

Afrika *n* Africa **afrički, afrikanski** *a* African

afrodizijak *n* aphrodisiac

agencija *n* agency: *novinarska* ~ news agency; *turistička* ~ travel bureau

agent *n* agent

agilan *a* 1. active, energetic 2. agile

agitacija *n* agitation, propaganda agitovati *v* to agitate

agnosticizam *n* agnosticism agnostik *n* agnostic

agonija *n* agony

agresija *n* aggression agresivan *a* aggressive agresor *n* aggressor

ah *interj* oh, ah

ajkula *n* shark

ajvar *n* 1. caviar 2. salad

akacija *n* acacia

akademija *n* academy; school; *vojna (pomorska)* ~ military (naval) academy akademik *n* academician akademski *a* academic, scholarly

akamoli *conj* see a I 5

akcen(a)t *n* accent, stress; emphasis; *strani* ~ a foreign accent akcentovati *v* to accent, accentuate akcentuacija *n* accentuation

akcija *n* 1. action, activity 2. share of stock; ~e, stock 3. drive, campaign

aklamacija *n* acclamation; *birati* ~om to elect by acclamation aklamirati *v* to acclaim, cheer

aklimatizovati se *v* to acclimate oneself

ako *conj* if; ~ *ste umorni, treba da se odmorite* if you are tired, you should rest; ~ *budete slobodni, ići ćemo u bioskop* if you are free, we'll go to the movies; ~ *biste došli, upoznao bih vas sa njima* if you came, I would introduce you to them

akontacija *n* advance payment

akord *n* 1. (mus.) chord 2. piecework; *raditi u (na)* ~ to do piecework

akreditovati *v* to accredit

akreditiv *n* (dipl., in *pl*) credentials

akrobacija *n* acrobatics akrobat(a) *n* acrobat akrobatski *a* acrobatic; ~ *skok* an acrobatic leap

aksiom *n* axiom

akt *n* 1. action, act 2. file, record; *baciti (staviti) u* ~a to file away, close the books on (often fig.) 3. (art) painting (sculpture, drawing) of a nude

aktentašna *n* briefcase

aktiva *n (comm.) assets* aktivan *a* active aktivist(a) *n* activist aktivnost *n* activity

aktualan, aktuelan *a* current, up-to-date

akumulacija *n* accumulation; ~ *kapitala* accumulation of capital akumulator *n* (electric) battery akumulisati *v* to accumulate

akuratan *a* exact, regular

akustičan *a* good acoustically akustika *n* acoustics

akušerstvo *n* obstetrics; midwifery

akutan *a* acute, sharp, crucial

akuzativ *n* (gram.) accusative case

akvadukt *n* aqueduct

akvarel *n* watercolor

akvarij *n* aquarium

alah *n* Allah

alarmirati *v* to alarm, arouse

alat *n* (coll.) tools

Albanija *n* Albania

albatros *n* albatross

albinizam *n* albinism

album *n* album

alegorija *n* allegory alegoričan *a* allegorical

aleja *n* arbored walk, tree-lined path

alergičan *a* allergic alergija *n* allergy

alfabet *n* alphabet

alga *n* seaweed, alga

algebra *n* algebra

alhemija *n* alchemy

ali *conj* but; *ovaj hotel je mali,* ~ *skup* this hotel is small, but expensive

alibi *n* alibi; *dokazati svoj* ~ to prove one's alibi

aligator *n* alligator

alimentacija *n* alimentation; alimony

alka *n* 1. iron ring 2. door knocker

alkalije *n* alkali

alkohol *n* alcohol alkoholni *a* alcoholic; ~na *pića* alcoholic drinks alkoholičar *n* alcoholic alkoholizam *n* alcoholism

almanah *n* almanac

alo *interj* hello

Alpe *n* the Alps

alpinist(a) *n* mountain climber alpinizam *n* mountain climbing

alternativa *n* alternative

aludirati *v* to allude; ~ *na nešto* to allude to smt.

aluminij *n* aluminum

aluzija *n* allusion; *praviti* ~e *na nešto* to make allusions to smt.

Alžir *n* Algeria

aljkav *a* careless, slovenly

amam *n* Turkish bath; steam bath

amandman *n* amendment

amanet *n* will, testament

X

x I [eks] *n* (slovo engleske azbuke)

x II *xes* ['eskiz]; *x'd or xed* (ekst) *v tr* (usu.: *to ~ out*) izbrisati

xenophobia [zenə'foubijə] *n* ksenofobija, mržnja stranaca

Xerox I ['zijraks] *n* zeroks (način fotokopiranja) **Xerox** II *v tr* zeroksirati (fotokopirati)

Xmas ['eksməs] or ['krisməs] *n* (colloq.) **see Christmas**

x-rated *a* pornografski; *an ~ film* pornografski film

x ray rendgen, rendgenski snimak, rendgenska slika; *to go for an ~* ići na rendgen **x-ray** I *a* rendgenski; *an ~ machine* rendgenski aparat **x-ray** II *v tr* rendgenisati, izložiti rendgenskim zracima (W: zrakama)

xylophone ['zajləfoun] *n* ksilofon

Y

y [waj] n y (slovo engleske azbuke)

yacht I [jat] n jahta; jedrilica yacht II v intr voziti se na jahti; trkati se jahtama yachting n jedrenje, jedriličarstvo yachtsman [~smən] (-men [min]) n jedriličar

yammer ['jaemər] v intr 1. kukati, gunđati 2. bučno govoriti

yank I [jaengk] n (colloq.) trzaj yank II v tr and intr (colloq.) trgnuti, vući

Yank n (Br.) Amerikanac

Yankee n 1. stanovnik severnih (sjevernih) država SAD 2. Amerikanac, jenki

yap I [jaep] n kevtanje yap II v intr kevtati; dogs ~ kerovi kevću

yard I [jard] n 1. dvorište 2. radilište (see also shipyard) 3. manevarska stanica

yard II n jard (0.914 metra) yardstick [~stik] n štap dugačak jedan jard (kao merilo — mjerilo)

yarn [jarn] n pređa

yawn I [jon] n zev (zijev) yawn II v intr zevati (zijevati); zjapiti

yea I n [jej] glas »za« (kod glasanja); the ~s have it većina je za predlog yea II adv da (kod glasanja)

year [jijr] n godina; an academic (school) ~ školska godina; a calendar (leap) ~ kalendarska (prestupna) godina; a ~ ago pre (prije) godinu dana yearbook [~buk] n godišnjak yearling [~ling] n jednogodac, životinja kojoj je jedna godina yearly I n godišnjak, časopis koji izlazi svake godine yearly II 1. a godišnji 2. adv svake godine

yearn [jərn] v intr čeznuti, žudeti (žudjeti) to ~ for smt. čeznuti za nečim

yeast [jijst] n kvasac

yell I [jel] n vika yell II v tr and intr viknuti

yellow I ['jelou] n žuta boja, žutilo yellow II a 1. žut 2. (slang) kukavički; he has a ~ streak on je kukavica yellow fever žuta groznica yellow journalism žuta štampa

yelp I [jelp] n kevtanje yelp II v intr kevtati

Yemen ['jemən] n Jemen

yen I [jen] n (novčana jedinica Japana)

yen II n (colloq.) čežnja

yeoman ['joumən] (-men [min]) n 1. (A. m., naval) podoficir-pisar 2. (fig.) marljiv radnik; *to do ~'s service pružiti stvarnu uslugu

yes I [jes] n da, potvrdan odgovor yes II adv da yes man (colloq.) dakavac, ulagivač

yesterday ['jestərdej] adv juče (jučer); the day before ~ prekjuče (prekjučer)

yet [jet] 1. adv još; he hasn't come ~ on još nije došao; he can't come just ~ ne može doći baš sada 2. adv već; have you done it ~? da li si to već uradio? 3. conj a ipak; he works a lot. and ~ has nothing on mnogo radi, a ipak ništa nema

yield I [jijld] n 1. rod; proizvod 2. dobitak yield II v 1. tr doneti (donijeti); dati; to ~ a profit doneti dobit 2. tr ustupiti; to ~ the right-of-way ustupiti prvenstvo prolaska 3. tr predati; to ~ a fortress predati tvrđavu 4. intr predati se; potčiniti se; pokoriti se 5. intr ustupiti prvenstvo prolaska

yogurt ['jougərt] n kiselo mleko (mlijeko)

yoke [jouk] n 1. jaram 2. (fig.) jaram, ropstvo

yokel ['joukəl] n seljačina, seljak (also
bumpkin)

yolk [jouk] n žumance

you [ju:] pron 1. vi 2. ti you-all pron
(southern Am.) vi (kao oblik množine)

you'd [ju:d] you had; you would you'll
[ju:l] you will

young I [jəng] n (coll.) 1. mladež; the ~
mladež 2. mladunčad, mladi; a lioness
defends its ~ lavica brani svoje mlade
young II a mlad; a ~ child malo dete
(dijete) youngster [~stər] n dete (dijete)

your [ju:r] poss a vaš; tvoj; ~ pencil vaša
(tvoja) olovka

you're [ju:r] you are

yours poss a vaš, tvoj (a.) (when no noun
follows) the pencil is ~ olovka je vaša

(tvoja) (b.) (after of) a friend of ~ jedan
od vaših (tvojih) prijatelja

yourself [~'self] (~lves [lvz]) 1. refl pron
se, sebe, sebi, sobom; you will wear ~
out iscrpsti ćete se 2. pron a sam, sami;
you did it ~ ti si to uradio sam

youth [ju:th] n 1. omladina, mladež 2.
mladost; *~ will have its fling mladost-
-ludost youthful a mladalački; a ~
appearance mladolikost

you've [ju:v] you have

Yugoslav I ['ju:gəslav] n Jugosloven (W:
Jugoslaven) Yugoslav II a jugosloven
ski (W: jugoslavenski) Yugoslavia [ju
gou'slaviə] n Jugoslavija Yugoslavian see
Yugoslav I, II

Yukon ['ju:kan] n Jukon

Yule [ju:l] n Božić yule log badnjak Yule-
tide [~tajd] n Božić

Z

z [zij] n z (slovo engleske azbuke)

Zagreb ['zagreb] n Zagreb

Zaire [za'ijr] n Zair

Zambia ['zaembijə] n Zambija

zany ['zejnij] a smešan (smiješan); komičan

zeal [zijl] n revnost

zealot ['zelət] n fanatičar; zelot; vatren pobornik **zealotry** [~rij] n fanatizam

zealous ['zeləs] a revnostan

zebra ['zijbrə] n zebra

zed [zed] n (Br.) **see** z

enith ['zijnith] n zenit

zephyr ['zefər] n zefir, povetarac (povjetarac)

zeppelin [zepəlin] n cepelin

zero I ['zijrou] (-s and -es) n nula **zero** II z nulti; ~ visibility nulta vidljivost **zero** III v tr and intr 1. (also: to ~ in) podesiti (nišan oružja); to ~ in a weapon dovesti oruđe u normalnu tačnost (W: točnost) gađanja 2. (to ~ in) usredsrediti (usredsrijediti) se; to ~ in on smt usredsrediti se na nešto **zero hour** (usu. mil.) čas napada, nulti čas

zerox see **Xerox** I, II

zest [zest] n 1. naročit ukus 2. uživanje, polet, oduševljenje

zigzag I ['zigzaeg] n cikcak, ševuljica **zigzag** II 1. a krivudav, cikcak; a ~ line cikcak linija 2. adv krivudavo **zigzag** III v intr ići u cikcak liniji, krivudati, vrdati

zinc I [zingk] n cink **zinc** II z cinkov **zinc ointment** cinkova mast

Zion ['zejən] n Cion **Zionism** n Cinizam **Zionist** I n Cionista **Zionist** II a cionistički

zip [zip] v 1. tr (to ~ up) zatvoriti (patentnim zatvaračem) 2. tr (to ~ open) otvoriti (patentnim zatvaračem) 3. intr fijukati, zujati

zip code poštanski broj

zipper n patent-zatvarač, patentni zatvarač, rajsferšlus

zither ['zithər] n citra

zodiac ['zoudijaek] n zodijak

zombie ['zambij] n oživljeni leš

zonal ['zounəl] a zonski, zonalni **zone** I [zoun] n zona; pojas; a frigid ~ ledena zona **zone** II a zonski **zone** III v tr rasporediti na zone **zone defense** (sports, esp. basketball) zonska obrana (W: obrana)

zoo [zu:] (-s) n zoološki vrt **zoological** [zouə'ladžikəl] a zoološki **zoologist** [zou'alədžist] n zoolog **zoology** [~džij] n zoologija

zoom [zu:m] v intr 1. zujati 2. (of an airplane) popeti se brzo 3. (photo.) brzo se približavati (ili udaljavati)

zucchini [zu'kijnij] n (cul.) tikvice; stuffed ~ punjene tikvice

amater *n* amateur **amaterizam** *n* amateurism

ambar *n* barn, granary

ambasada *n* embassy **ambasador** *n* ambassador

ambijent *n* environment, milieu, surroundings

ambis *n* abyss

ambulanta *n* clinic, outpatient department (of a hospital)

amen *interj* amen (Catholic; cf. **amin**)

Amerika *n* America **američki, amerikanski** *a* American **amerikanizacija** *n* Americanization **amerikanizam** *n* Americanism **amerikanizovati** *v* to Americanize

amfiteatar *n* amphitheater

amin *interj* amen (Orthodox; cf. **amen**)

amnestija *n* amnesty; *dati* ~*u* to grant amnesty **amnestirati** *v* to grant amnesty to, pardon

amnezija *n* amnesia

amo *adv* here, hither, this way; ~-*tamo* (*tamo*-~) here and there

amonij *n* ammonium

amonijak *n* ammonia

amoralan *a* amoral

amortizacija *n* amortization **amortizer** *n* shock absorber **amortizovati** *v* to amortize, cancel

amputacija *n* amputation **amputirati** *v* to amputate

amulet *n* amulet

analfabet *n* illiterate person **analfabetizam** *n* illiteracy

anali *n* annals

analitičar *n* analyst **analiza** *n* analysis **analizator** *n* analyst **analizirati** *v* to analyze

analogan *a* analogous **analogija** *n* analogy; *po* ~*i* by analogy

ananas *n* pineapple

anarhija *n* anarchy **anarhist(a)** *n* anarchist **anarhistički** *a* anarchistic **anarhizam** *n* anarchism

anatema *n* anathema **anatemisati** *v* to anathematize

anatomija *n* anatomy

anđeo *n* angel

anegdota *n* anecdote

aneksija *n* annexation

anemičan *a* anemic **anemija** *n* anemia

anestetičar *n* anesthetist **anestezija** *n* anesthesia

angažovati *v* to engage, hire; to occupy, interest

angina *n* angina; tonsilitis

anglicizam *n* Anglicism **anglistika** *n* Enclish language and literature

anketa *n* questionnaire, poll; *sprovesti* (*izvršiti*) ~*u* to conduct a poll **anketirati** *v* to poll, ask for an opinion (as part of a poll)

anoniman *a* anonymous **anonimnost** *n* anonymity

ansambl *n* ensemble, troupe

Antarktik *n* Antarctica

antena *n* antenna

anti- *prefix* anti, against, counter

antibiotik *n* antibiotic

anticiklon *n* (meteor.) high pressure area, anticyclone

antifašist(a) *n* antifascist **antifašizam** *n* antifascism

antifriz *n* antifreeze

antikvar *n* 1. secondhand bookseller 2. antique dealer **antikvaran** *a* antique, antiquated **antikvarnica** *n* antique shop **antikvitet** *n* antique

antilopa *n* antelope **antilopski** *a* (of an) antelope

antipatičan *a* repulsive, odious **antipatija** *n* antipathy, aversion

antiraketni *a* anti-missile; ~ *sistem* anti-missile system

antisemit *n* anti-Semite **antisemitizam** *n* anti-Semitism

antiseptik *n* antiseptic

antiteza *n* antithesis

antologija *n* anthology

antonim *n* antonym

antracit *n* anthracite

antropolog *n* anthropologist **antropologija** *n* anthropology

anuitet *n* annuity

ao, aoh *interj* oh, ah

aorist *n* (gram.) aorist

aorta *n* aorta

aparat *n* 1. device, machine, apparatus; *fotografski* ~ camera 2. personnel; administration

apartman *n* suite

apatičan *a* apathetic **apatija** *n* apathy

apel *n* appeal, call; ~ *za pomoć* appeal for help **apelacija** *n* appeal **apelacioni** *a* appellate; ~ *sud* appellate court **apelovati** *v* to appeal

apendicitis *n* appendicitis

apetit *n* appetite

aplaudirati *v* to applaud **aplauz** *n* applause

apopleksija n apoplexy
apostol n apostle
apostrof n apostrophe
apoteka n pharmacy, drugstore **apotekar** n pharmacist
april n April
apsolutan n absolute
apsorbovati v to absorb
apstrakcija n abstraction **apstraktan** a abstract
apsurd n absurdity **apsurdan** a absurd
Arabija n Arabia
aranžirati v to arrange **aranžman** n arrangement
Arapin n Arab **arapski** a Arabic; ∼e cifre Arabic numerals
arbitar n arbiter, arbitrator **arbitraža** n arbitration
arena n arena
arenda n lease (usu. real estate)
Argentina n Argentina
argumen(a)t n argument, debate **argumentovati** v to argue, discuss
arhaičan a archaic **arhaizam** n archaism
arheolog n archeologist **arheologija** n archeology
arhiepiskop n archbishop
arhipelag n archipelago
arhitekt(a) n arhitect **arhitektonski** a architectural **arhitektura** n architecture
arhiv n archive(s), file(s) **arhivar** n archivist
arija n aria; melody
aristokracija n aristocracy **aristokrat(a)** n aristocrat
aritmetika n arithemtic **aritmetički** a arithmetical, arithmetic
Arktik n Arctic Circle
armada n armada
Armenija n Armenia
armija n army (land forces and unit)
arogancija n arrogance **arogantan** a arrogant
aroma n aroma **aromatičan** a aromatic
arsenik n (chem.) arsenic
arterija n artery
arterioskleroza n arteriosclerosis
arteški a artesian; ∼ bunar artesian well
artikal n 1. product, item, article 2. (gram.) article
artilerija n artillery
artist(a) n artist
as n ace (as in sports, cards, etc.)

asfalt n asphalt **asfaltni** a asphalt; ∼ put asphalt road **asfaltirati** v to pave with asphalt
asimilacija n assimilation **asimilovati** v to assimilate
asistent n 1. helper, assistant 2. teaching fellow, instructor; research assistant
asistirati v to assist
asocijacija n association
aspiracija n aspiration
aspirin n aspirin
aspirirati v to aspire; ∼ na nešto to aspire to smt.
astma n asthma
astrolog n astrologer **astrologija** n astrology
astronaut n astronaut **astronautika** n astronautics
astronom n astronomer **astronomija** n astronomy **astronomski** a astronomical, big; ∼e cifre astronomical figures
ašov n shovel, spade
ataše n attaché; kulturni (vojni) ∼ a cultural (military) attaché
atavizam n atavism
ateist(a) n atheist **ateistički** a atheistic
ateizam n atheism
atelje n studio, atelier; fotografski (slikarski) ∼ photographer's (artist's) studio
Atena n (W) Athens
atentat n assassination; assassination attempt; izvršiti (pokušati) ∼ to carry out (attempt) an assassination **atentator** n assassin; would-be assassin
Atina n Athens
Atlantik n the Atlantic (Ocean) **atlantski** a Atlantic; ∼ okean the Atlantic (Ocean)
atlas I n atlas
atlas II n satin
atletičar n athlete **atletika** n athletics, track and field; laka ∼ track and field
atmosfera n atmosphere **atmosferski** a atmospheric; ∼ pritisak atmospheric pressure
atom n atom **atomski** a atomic; ∼a bomba (energija) atomic bomb (energy)
atrakcija n attraction **atraktivan** a attractive
atrofija n atrophy **atrofiran** n atrophied
audicija n (usu. theater) audition
audijencija n audience
aukcija n auction
Australija n Australia
Austrija n Austria
autentičan a authentic

auto *n* auto, automobile

autobiografija *n* autobiography **autobiografski** *a* autobiographical; ~ *roman* an autobiographical novel

autobus *n* bus **autobuski** *a* bus; ~*a stanica* bus station

autogram *n* autograph (signature)

autokrat(a) *n* autocrat **autokratski** *a* autocratic; ~ *sistem* an autocratic system

automat *n* 1. automatic device, automat 2. vending machine **automatizovati** *v* to automate **automatski** *a* automatic

auto-mehaničar *n* auto mechanic

automobil *n* automobile

autonoman *a* autonomous **autonomija** *n* autonomy

autopsija *n* autopsy

auto-put *n* (major) highway

autor *n* author **autorski** *a* author's; ~ *honorar* author's royalties (or honorarium); ~*o pravo* copyright

autoritativan *a* authoritative **autoritet** *n* authority

autorstvo *n* authorship

auto-servis *n* auto repair shop

auto-stop *n* hitchhiking; *putovati* ~*om* to hitchhike **auto-stopist(a)** *n* hitchhiker

avantura *n* adventure **avanturist(a)** *n* adventurer

averzija *n* aversion

avet *n* ghost, specter

Avganistan *n* Afghanistan

avgust *n* August

avijacija *n* aviation, air force **avijatičar** *n* pilot, aviator **avion** *n* airplane; *putnički* ~ passenger plane

azbest *n* asbestos

azbuka *n* alphabet

Azija *n* Asia **azijski** *a* Asian

azil *n* asylum; *dati (zatražiti)* ~ to grant (seek) asylum

azot *n* nitrogen

aždaja *n* dragon

B

baba *n* 1. (usu. pejor.) old woman 2. grandmother

babica *n* midwife

babine *n* confinement, lying-in (after childbirth)

bacač *n* thrower (person or device); (mil.) ~ *plamena* flame thrower

baciti, bacati *v* to throw, cast; ~ *pogled (sumnju, senku)* to cast a glance (a doubt, a shadow) 2. to throw out, discard; ~ *đubre* to throw out the trash 3. ~ *se* to throw oneself; ~ *se na zemlju* to fall to the ground

bačva *n* large barrel **bačvar** *n* cooper

badava *adv* 1. gratis, free; very inexpensive; *tamo je sve (za)* ~ everything is free there 2. in vain, for nothing; *ceo moj trud je bio (za)* ~ all my work was in vain

badem *n* almond

badnjak *n* 1. yule log 2. (cap.) day before Christmas

bagatela *n* knickknack, trinket, trifle

bager *n* dredge, dredging machine

bahat *a* arrogant, haughty

bajagi *adv* pretending, making believe, as if (usu. preceeded by **k'o** or **kao**); *to je sve bilo (k'o)* ~ that was all pretense

bajan *a* enchanting, fantastic

bajat *a* stale, not fresh; ~ *hleb* stale bread

bajka *n* fairy tale (also fig.)

bajonet *n* bayonet

baka *n* 1. grandma 2. old woman

bakalin *n* grocer

bakalar *n* codfish

bakar *n* copper **bakarni** *a* copper; *bakarni novac* a copper coin

baklja *n* torch

bakšiš *n* tip, gratuity; bribe

bakterija *n* bacteria **bakteriologija** *n* bacteriology

bal *n* ball (dance)

bala I *n* bundle, pack, bale

bala II *n* mucus, snivel

balada *n* ballad

balast *n* ballast; *mrtav* ~ deadweight

balav *a* sniveling, slobbering **balavac** *n* sniveler, slobberer **balaviti** *v* to snivel, slobber

balčak *n* hilt

balega *n* (animal) excrement, droppings

balerina *n* ballerina **balet** *n* ballet

Balkan *n* Balkans; *na* ~*u* in the Balkans **balkanizacija** *n* Balkanization **balkanizovati** *v* to Balkanize

balkon *n* balcony; *na* ~*u* on the balcony

balon *n* balloon; *probni* ~ trial balloon

balsamirati *v* to embalm

Baltik *n* Baltic Sea **baltički** *a* Baltic; *Baltičko more* the Baltic Sea

balvan *n* log; beam

bambus *n* bamboo

banana *n* banana

bančiti *v* to make merry, carouse

banda *n* gang, band; *razbojnička* ~ a gang of thieves **bandit** *n* bandit

banka *n* bank **bankar** *n* banker **bankarski** *a* banking; ~ *svet* the banking world **bankarstvo** *n* banking

banket *n* banquet

bankina *n* shoulder (of a road); embankment

bankrot *n* bankruptcy **bankrotirati** *v* to go bankrupt **bankrotstvo** *n* bankruptcy

banuti *v* to enter unexpectedly; to burst in

banja *n* sanatorium, resort (with mineral springs); spa

bar I *n* 1. nightclub 2. bar

bar II **barem** adv at least, surely

bara n 1. puddle, pool 2. swamp, marsh

baraba n vagabond, tramp

baraka n shack, hut

baratati v to handle, manage; ~ *oružjem* to handle firearms

barbar n (W) barbarian **barbarstvo** n (W) barbarism

barbiturat n barbiturate

barijera n barrier

barikada n barricade **barikadirati, zabarikadirati** v to barricade

bariton n baritone

barjak n flag, banner **barjaktar** n flag bearer

barka n barge; boat

barman, barmen n bartender

barometar n barometer

baron n baron **baronesa** n baroness

baršun n velvet

barut n gunpowder **barutana** n powder magazine

bas n (mus.) bass

basen n (geog.) basin 2. swimming pool

basna n fable **basnoslovan** a fabulous

baš part 1. (exp. emphasis) ~ *je lepo!* it's truly beautiful! 2. just, exactly; *poštar je došao ~ kad sam polazio od kuće* the mailman came just as I was leaving the house 3. ~ *i da* even if; ~ *i da imam kola . . .* even if I had a car . . . 4. misc.; (colloq.) ~ *me briga* I don't give a hang (I could not care less)

bašta n garden; *botanička ~* botanical garden **baštovan** n gardener **baštovaniti** v to garden

batak n leg (of a bird); drumstick

bataljon n batallion

baterija n 1. (mil.) battery 2. flashlight 3. (elec.) battery **baterijski** a ~a *lampa* flashlight

batina n 1. club, cane 2. (pl spanking; *dobićeš ~e!* you'll get a spanking! **batinati, izbatinati** v to whip, beat

bauk n boogeyman

baviti se v to engage in, be occupied with, go in for; ~ *sportom (politikom)* to go in for sports (politics)

baza n base; basis

bazar n bazaar, market place

bazen see **basen**

bdenje, bdjenje n vigil, watch, wake **bdeti, bdjeti** v to keep vigil, watch

beba n baby, infant

Beč n Vienna

bečiti, izbečiti v ~ *oći* or ~ *se* to open one's eyes wide, stare

bećar n bachelor

beda, bijeda n grief, misfortune; poverty **bedan, bijedan** a 1. wretched, miserable 2. poor

bedem n rampart, bulwark

bek n (sports) 1. back (esp. soccer) 2. guard (as in basketball)

bekrija n drunkard, reveler

bekstvo, bjekstvo n flight, escape

belance, bjelance n egg white, albumen

belančevina, bjelančevina n albumen

belasati se, bjelasati se v to glimmer, gleam

beleška, bilješka n note; memorandum; (pl) ~e notes (taken in class); *hvatati* ~e to take notes

beletristika n belletristic literature, fiction

beležiti, bilježiti, zabeležiti, zabilježiti v to record, note **beležnica, bilježnica** n notebook

Belgija n Belgium

beli see **beo**

beliti, bijeliti, obeliti, obijeliti v to paint white, whitewash; to bleach

beneficija n benefit

benzin n gasoline, gas (Am.), petrol (Br.) **benzinski** a gas; ~a *stanica* gas station

beo, bijel a white; light, glimmering; *crno na belo (crno po belom)* in black and white; *bela kafa* coffee with cream (milk); *beli luk* garlic; *bela udovica* grass widow

Beograd n Belgrade

berač n picker; ~ *grožđa (jagoda)* grape (strawberry) picker **berba** n picking, gathering (of crops, fruit); harvest

berberin n barber **berberski** a barber; ~ *radnja* barbershop **berbernica** n barbershop

berza n stock market, stock exchange; bourse; market; *crna ~* black market

bes, bijes n 1. see **davo** 2. fury, rage; *iskaliti ~ na nekoga* to vent one's rage at smb. **besan, bijesan** a 1. furious 2. rabid, mad; ~ *pas* a mad dog

besavestan, besavjestan a unscrupulous, conscienceless

beseda, besjeda n oration, speech; sermon; *nadgrobna ~* funeral oration

beskičmen a 1. (zool.) invertebrate 2. spineless, lacking backbone **beskičmenjak** n 1. (zool.) invertebrate 2. spineless person

beskonačan a boundless, endless; ~ *prostor* boundless expanse

beskrajan a endless, boundless

besmislen a senseless, illogical **besmislica** n nonsense

besmrtan a immortal

besneti, bjesnjeti v 1. to be furious **besnilo, bjesnilo** n 1. fury, rage 2. rabies **besomučan, bjesomučan** a possessed, crazed

besplatan a free (of cost)

besposlen a unemployed, idle **besposlica** n idleness, laziness **besposličar** n idler

besprekoran, besprijekoran a irreproachable

bespristrastan a impartial

besraman a shameless, indecent

bestežinski a weightless; ~o *stanje* weightlessness

bestidan a shameless

bestseler n bestseller

bešika n bladder

beton n concrete; cement **betonirati** v to set in concrete

bez prep without; ~ *sumnje* without (a) doubt; *nema dima* ~ *vatre* where there's smoke, there's fire; ~ *daljeg (daljneg)* without further ado, immediately

bezakonje n lawlessness

bezalkoholan a nonalcoholic; ~ *Ina pića* soft drinks

bezazlen a naive innocent

bezbedan, bezbjedan a safe, secure **bezbednost, bezbjednost** n security, safety

bezbolan a painless

bezbrižan a carefree, nonchalant

bezbrojan a countless, innumerable

bezdan n 1. abyss 2. (fig.) infinity

bezdušan a heartless, merciless

bezglav a headless, foolish; ~o *bekstvo* headlong flight

bezgrešan a 1. sinless; ~*šno začeće* immaculate conception 2. perfect

bezimen a nameless, anonymous

bezizlazan a hopeless, having no way out; ~*zna situacija* a hopeless situation

bezličan a impersonal

beznačajan a insignificant

bezobrazan a impudent, insolent **bezobrazluk** n impudence, insolence

bezobziran a inconsiderate; heedless

bezočan a impudent, insolent

bezopasan a harmless, safe

bezrazložan a *groundless;* ~*žna ljubomora* groundless jealousy

bezuman a insane, mad **bezumlje** n madness

bezuslovan a unconditional; ~*vna kapitulacija (predaja)* unconditional surrender

bezuspešan, bezuspješan a futile, unsuccessful; ~*šni napori* futile efforts

bezvlašće n anarchy

bezvredan, bezvrijedan a worthless

bezvučan a 1. inaudible, very quiet 2. (ling.) unvoiced

bežati, bježati, pobeći, pobjeći v to flee, run away

bežični a wireless

biber n (ground) pepper **biberiti, pobiberiti** v to season with pepper **bibernjača** n pepper shaker

biblija n bible

bibliografija n bibliography

biblioteka n 1. library 2. collection (as of books) **bibliotekar** n librarian

bicikl n bicycle **biciklist(a)** n bicyclist

bič n 1. whip 2. (fig.) scourge **bičevati** v to whip

biće n being, creature

bife n 1. bar; *svratiti u* ~ to drop into a bar 2. cupboard, buffet

biftek n steak (of prime quality)

bigamija n bigamy **bigamist(a)** n bigamist

bije . . . see entries in **be** . . .

bijeli see **beo**

bijes see **bes**

bik n bull; *borac s* ~*ovima* bull fighter

bikini n bikini

bilans n (comm.) balance; balance sheet **bilansirati** v (comm.) to balance

bilateralan a bilateral

bilijar, biljar n billiards, pool **bilijarnica, biljarnica** n poolroom

bilijun see **bilion**

bilingvizam n bilingualism

bilion, biliun n (Am.) trillion; (Br.) billion

bilo part ~ *ko* (or *ko* ~) anybody, whoever; ~ *šta* anything, whatever; ~ *koji* any, whichever; ~ *kakav* of many kinds, of whatsoever kind; ~ *šta da mu učiniš, on neće biti zadovoljan* whatever (no matter what) you do for him, he will not be satisfied; ~ *kojim putem da pođete, zakasnićete* whichever way you go, you'll be late

bilje n (coll.) plants, herbs; vegetation **biljka** n plant, herb; *lekovita* ~ medicinal herb **biljni** a ~ *sok* sap; ~ *svet (*~*o cartstvo)* flora

bina n stage

biografija n biography
biolog n biologist **biologija** n biology
bioskop n (Am.) movies, movie theater; (Br.) cinema; *ići u* ~ to go to the movies
birač n 1. voter, elector 2. ~ *(kanala)* selector knob **biralište** n polling place **birati** v to chose, pick, select; to elect, vote for
biro n office, bureau, agency; *turistički* ~ travel bureau
birokracija n bureaucracy **birokrat(a)** n bureaucrat **birokratski** a bureaucratic; ~ *aparat* bureaucracy **birokratizam** n bureaucracy, red tape
biser n pearl; *niz* ~*a* a string of pearls **biseran** a *pearl;* ~*rna ogrlica* pearl necklace
biskup n bishop
bista n (art) bust
bistar a clear, lucid; clever **bistrina** n clarity; cleverness
bit n essence; *u* ~*i* in essence **bitan** a essential, basic
bitanga n idler, tramp, good-for-nothing
biti I v (unstressed pres.) *sam, si, je, smo, ste, su;* (stressed pres.) *jesam, jesi, jest(e)* and *je, jesmo, jeste, jesu* to be; *šta je bilo?* what happened? *je li doneo pismo? jeste* has he brought the letter? yes, he has
biti II v to beat, strike; ~ *dete* to beat a child; *srce bije* the heart beats; *talasi biju o stenje* the waves are striking against the rocks
bitka n battle
bitnost n essence
bivak n (mil.) bivouac
bivati v to be (usu. several times); *mi smo i ranije tamo bivali* we've been there several times
bivo n buffalo
bivši a former, late, past; ~ *predsednik* former president
Bizant n (W) Byzantium
bizon n bison
bje ... see entries in be ...
blag a gentle, meek; mild **blaži** *(comp)*
blagajna n ticket office, ticket window, box office; cashier's window; *molim vas, platite na* ~*i* please pay the cashier **blagajnik** n cashier, ticket seller
blago n 1. wealth; property 2. treasure; *zakopano* ~ buried treasure 3. cattle
blagodaran a thankful

blagodat n blessing, boon, benefit **blagodatan** a beneficial
blagonaklon a gracious; kind
blagorodan a noble, exalted, lofty
blagoslov n blessing **blagosloviti, blagosiljati** v to bless
blagost n gentleness
blagostanje n prosperity, welfare
blagotvoran a 1. beneficial, salutary 2. charitable
blagovremen a prompt
blamirati v to disgrace, compromise
blatnjav a covered with mud, muddy **blato** n mud, mire; *vući nekoga po* ~*u* to drag smb. through the mud **blatobran** n fender (on an automobile)
blažen a 1. happy, radiant 2. blessed **blaženstvo** n bliss, happiness
blaži see **blag**
blebetati v to prattle, chatter
bled, blijed a pale, pallid **bledeti, blijedjeti** v to turn pale; to fade
blejati v to bleat
blesak, blijesak n flash (of light, lighting); glow
bleštati, bliještati v to glare, sparkle
blistati (se) v to glisten, shine **blistav** a radiant; brilliant
blizak a close, near, intimate; ~ *prijatelj* a close friend; *Bliski istok* the Middle East **bliži** *(comp)*
blizanac n twin, twin brother
blizina n closeness, proximity
blizu I adv near, close **blizu** II prep close to, near, next to; ~ *kuće* near the house
blok n 1. block 2. (pol.) bloc
blokada n blockade **blokirati** v to block, blockade
blud n debauchery **bludan** a debauched, promiscuous **bludnica** n promiscuous woman
bluza n blouse; tunic
bljutav n tasteless, insipid
bljuvati, bljunuti v to vomit; to belch forth, spew; *vulkan bljuje lavu* the volcano is spewing out lava **bljuvotina** n vomit
bob n broad bean, horsebean
bobica n 1. berry 2. dot
boca n bottle
bockati v 1. to sting, prick 2. to tease, badger
bočni a lateral
bod n 1. sting 2. stitch 3. (sports, etc.) point

bodar *a* alert

bodež *n* dagger

bodlja *n* 1. thorn 2. barb 3. bristle; quill

bodljikav *a* covered with thorns, bristles, barbs; ~*o prase* porcupine; ~*a žica* barbed wire

bodovati *v* 1. (sports) to score, judge (a performance by points) 2. to appraise

bodriti, **obodriti** *v* to encourage, cheer, inspire

bog *n* god; *hvala* ~*!* thank God! *bože moj!* my God!

bogalj *n* cripple, invalid

bogat *a* rich, wealthy **bogataš** *n* rich man **bogatiti**, **obogatiti** *v* to enrich, make rich **bogatstvo** *n* wealth, riches

boginja *n* goddess

boginje *n* pox; *velike* ~ smallpox; *male* ~ measles; *srednje* ~ chicken pox

bogohulan *a* blasphemous **bogohulnik** *n* blasphemer

bogoslov *n* theologian **bogoslovski** *a* theological ~ *fakultet* theological school (college) **bogoslovlje** *n* theology

bogovski *a* divine 2. (fig.) marvelous, excellent

boja *n* 1. color; paint; *koje* (or *kakve) je* ~ *e ta olovka?* what color is that pencil? *vodene* ~*e* water colors 2. dye 3. (in cards) suit

bojati se *v* to fear, to be afraid of; *boji se svoga oca.* he's afraid of his own father **bojazan** *n* fear; worry

bojište *n* battlefield

bojkot *n* boycott **bojkotovati** *v* to boycott

bojler *n* boiler

bojni *a* battle, war; ~*o polje* battlefield

bok *n* side, flank; ~ *uz* ~ side by side

bokal *n* pitcher (a vessel for pouring)

boks *n* boxing **bokser** *n* boxer, pugilis **bokserski** *a* boxing, ~*e rukavice* boxing gloves **boksovati** *v* to box

bol *n* pain, ache **bolan** *a* painful **bolesnik** *n* patient **bolest** *n* 1. illness, disease 2. mania, passion **bolestan** *a* ill, sick **boleti**, **boljeti** *v* to hurt, ache; *boli ga zub* he has a toothache

Bolivija *n* Bolivia

bolnica *n* hospital **bolnički** *a* hospital; ~*o lečenje* hospital treatment

bolovanje *n* sick leave; *biti na* ~*u* to be on sick leave **bolovati** *v* to be ill; to suffer; ~ *od tuberkuloze* to have (suffer from) tuberculosis

bolje see **dobar**

bolji *a* see **dobar**

boljševik *n* Bolshevik **boljševizam** *n* Bolshevism

bomba *n* bomb **bombardovati** *v* to bomb, bombard

bombastičan *a* bombastic

bombon *n* piece of candy **bombonijera** *n* candy box

bon *n* ticket, coupon, token

bor *n* pine tree

bora *n* wrinkle, fold, pleat

borac *n* fighter, soldier

boranija *n* string beans

boravak *n* stay, sojourn **boravište** *n* residence **boraviti** *v* to stay, be, reside

borba *n* struggle, fight, battle **borben** *a* militant, aggressive; warlike **boriti se** *v* to fight, struggle **borni** *a* millitary

borovica *n* juniper tree (bush)

borovnica *n* bilberry; whortleberry

bos *a* barefoot

bosiljak *n* (bot.) sweet basil

Bosna *n* Bosnia

Bosna i Hercegovina *n* Bosnia and Hercegovina

bosonog *a* barefoot

bosti, ubosti *v* 1. to sting, prick 2. to stab

botaničar *n* botanist **botanika** *n* botany **botanički** *a* botanical; ~ *vrt* a botanical garden

božanski *a* divine; godlike **božanstvo** *n* deity, god

Božić *n* Christmas **božićni** *a* Christmas; ~*a jelka* Christmas tree

božji *a* divine

bračni see **brak**

brada *n* 1. beard 2. chin

bradavica *n* 1. wart 2. teat, nipple

brak *n* marriage; matrimony **bračni** *a* marriage; ~*a zajednica* matrimony **brakorazvodni** *a* divorce; *povesti* (*pokrenuti*) ~*u parnicu* to initiate divorce proceedings

brana *n* 1. dam 2. barrier; *železnička* ~ railroad barrier

branik *n* rampart

branilac *n* 1. defender 2. defense attorney

braniti *v* 1. **odbraniti** to defend; to protect 2. **zabraniti** to forbid, prohibit

braon *a* brown

brašno *n* flour, meal **brašnjav** *a* 1. floury, covered with flour 2. starchy, farinaceous

brat *n* (*pl*) **braća** 1. (*rođeni*) ~ brother 2. cousin

brati *v* 1. **nabrati** to gather, collect 2. **ubrati** to pick; *ubrati cvet* to pick a flower

bratimiti se *v* to fraternize **bratimstvo** *n* brotherhood, fraternity **bratoubilački** *a* fratricidal; ~ *rat* civil war **bratski** *a* brotherly, fraternal **bratstvo** *n* brotherhood, fraternity **bratučed** *n* cousin

brav *n* head of cattle (esp. sheep or goat)

brava *n* lock **bravar** *n* locksmith **bravarski** *a* locksmith's; ~*a radionica* locksmith's shop

brazda *n* furrow; rut

Brazil *n* Brazil

brbljati *v* to chatter, babble **brbljiv** *a* talkative, garrulous **brbljivac** *n* chatterbox, babbler

brčkati se *v* to splash around (as while swimming)

brdo *n* hill; *uz* ~ uphill; *niz* ~ downhill **brdski** *a* mountain; ~ *potok* a mountain stream **brdovit** *a* hilly, mountainous **brđanin** *n* highlander, mountaineer

breg, brijeg *n* 1. (low) hill 2. (tech.) cam

brektati *v* to breathe hard, pant, gasp

breme *n* burden; load

bremenit *a* 1. (esp. W) pregnant; ~*a žena* a pregnant woman 2. fertile 3. full of

breskva *n* peach

brest, brijest *n* (bot.) elm

breza *n* (bot.) birch **brezov** *a* birch; ~*a kora* birch bark

brežuljak *n* hill **brežulj(k)ast** *a* rolling, hilly

bridak *a* sharp

briga *n* concern, care, worry; *voditi* ~*u o nekome* to take care of smb.; *budite bez* ~*e* don't worry; *baš me* ~! so .what!

brigada *n* 1. (mil.) brigade 2. (*radna*) ~ work group

brijač *n* razor **brijačnica** *n* barbershop **brijaći** *a* shaving; ~ *pribor* shaving equipment **brijati, obrijati** *v* to shave; ~ *se* to shave oneself

brilijant *n* diamond **brilijantski** *a* diamond; ~ *prsten* diamond ring

briljantan *a* brilliant, outstanding

brinuti *v* 1. **zabrinuti (se)** to worry; ~ *(se) za nekoga* to worry about smb.; *ne brini (se);* don't worry; 2. **pobrinuti se** ~*se o nečemu (nekome)* to take care of smt. (smb.) 3. to worry

brisač *n* wiper; ~ *stakla* windshield wiper **brisati** *v* 1. **obrisati** to wipe, dust 2. **izbrisati** to erase

Britanija, Velika Britanija *n* Britain, Great Britain

brizgati, briznuti *v* to squirt out, gush, spurt

brižan *a* 1. concerned, anxious 2. attentive; devoted

brižljiv *a* attentive; devoted

brk *n* moustache

brkati, pobrkati *n* to confuse, mix up

brljati, zabrljati *v* to make dirty, mess up

brnjica *n* muzzle (for an animal)

brod *n* 1. ship, boat; *bojni* ~ battleship 2. nave (of a church) 3. ford **brodar** *n* seaman, sailor **brodogradilište** *n* shipyard **brodogradnja** *n* shipbuilding **brodolom** *n* shipwreck

broj *n* 1. number, numeral, figure; *parni (neparni)* ~ even (odd) number 2. issue, number (of a newspaper, journal) **brojan** *a* numerous; many **brojati** *v* to count **brojčani** *a* numerical; ~ *podaci* statistics, numerical data **brojčanik** *n* face, dial (of a clock) **brojka** *n* figure, cipher

bronhitis *n* bronchitis

bronza *n* bronze **bronzan** *a* bronze; ~*o doba* the Bronze Age

broš *n* brooch

broširati *v* to bind (in soft covers)

brošura *n* pamphlet

bršljan *n* ivy

brucoš *n* freshman

brujati *n* to hum, sizzle, hiss

bruka *n* shame, disgrace, scandal **brukati, obrukati** *v* to shame, humiliate

brundati *v* to grumble, mutter

brus *n* whetstone, grindstone, hone **brusiti, izbrusiti** *v* to whet, grind, sharpen

brusnica *n* cranberry; cowberry

bruto *a* gross; ~ *težina* gross weight

brvnara *n* log cabin **brvno** *n* log

brz *a* fast, rapid, quick, brisk **brži** *(comp)* **brzac** *n* rapids (in a river) **brzina** *n* 1. speed, haste 2. gear (on an automobile)

brzojav *n* (W) telegram

brži see **brz**

buba *n* insect, bug

bubanj *n* drum

bubašvaba *n* cockroach

bubati *v* 1. to bang, thump 2. to cram, grind (as for an examination)

bubnjača *n* eardrum

bubreg *n* kidney; *kamen u* ~*u* kidney stone

bubuljica *n* pimple

bucmast *a* chubby, plump

bučan *a* noisy, loud
bučati *v* to make a loud noise, boom, roar
bućkalica *n* churn
bućkati, bućnuti *v* 1. ~ *(se)* to splash 2. to churn; ~ *puter* to churn butter
bućkuriš *n* tasteless food
budak *n* pickax
budala *n* fool **budalast** *a* foolish, stupid **budalaština** *n* foolish act; nonsense
budan *a* awake, watchful **budilnik** *n* alarm clock; *naviti* ~ *na pet sati* to set the alarm for five o'clock **buditi, probuditi** *v* 1. to rouse from sleep, awaken; ~ *nekoga iz sna* to wake smb. up 2. ~ *se* to wake up; *uvek se budim u šest sati* I always wake up at six o'clock 3. (fig.) to arouse **budnost** *n* vigilance
budući *a* future, coming
budući da *conj* since, in view of the fact
budućnost *n* the future
budžak *n* corner, nook, recess
budžet *n* budget; *državni (porodični)* ~ national (family) budget **budžetni** *a* budget, fiscal; ~*a godina* fiscal year
bud *n* mold, mildew **buđav** *a* moldy
Bugarska *n* Bulgaria
buha *n* flea **buhinji, buvlji** *a* flea; *buvlja pijaca* flea market
bujan *a* 1. thick, dense, luxuriant; ~*jna šuma* a dense forest 2. raging; pouring; ~*jni potok* a raging torrent 3. tumultuous; vibrant, pulsating; ~*jni ritam* pulsating (frenzied) rhythm 4. rapid, quick; ~ *razvitak* rapid development **bujati, nabujati** *v* to sprout, spring up, grow rapidly
buka *n* noise; *praviti* ~*u* to make noise
bukmejker *n* bookmaker, 'bookie' (one who accepts bets)
buknuti *v* 1. to burst into flames; *odjednom je buknula hartija* suddenly the paper burst into flames 2. to erupt, burst forth, break out, begin; *buknuo je ustanak* a revolt broke out

bukovina *n* (bot.) beech, wood of the beech
buktinja *n* torch
bukva *n* (bot.) beech
bukvalan *a* literal
bukvar *n* primer, elementary reading book
buldog *n* bulldog
buldozer *n* bulldozer
bulevar *n* boulevard
buljiti *v* to stare, goggle
bumerang *n* boomerang
buna *n* rebellion, uprising
bunar *n* well; *arteški* ~ artesian well
buncati *v* to rave, talk nonsense
bunda *n* fur coat
bundeva *n* pumpkin; squash
bungalov *n* bungalow
bunilo *n* delirium; *biti u* ~*u* to be delirious
buniti *v* 1. **pobuniti** to agitate, stir up 2. **zbuniti** to confuse, mix up; ~ *se* to become confused, rattled 3. ~ *se uzbuniti se* to complain
bura *n* 1. storm, tempest, gale; *uhvatila nas je* ~ we got into a storm 2. (fig.) wave; ~ *oduševljenja (negodovanja)* a wave of enthusiasm (indignation) **buran** *a* stormy, tempestuous, tumultuous; ~*rna vremena* tumultuous times
burdelj *n* 1. hovel, shack 2. bordello
bure *n* barrel, cask
burgija *n* drill, borer **burgijati** *v* to drill, bore
burleska *n* burlesque
burma *n* wedding ring
Burma *n* Burma
burza (W) see **berza**
buržoazija *n* bourgeoisie, middle class
busen *n* clod, clump of earth
busija *n* ambush; *uhvatiti u* ~*u* to ambush
bušilica *n* drill, borer **bušiti, probušiti** *v* to bore, drill
but *n* 1. thigh 2. leg (of an animal)
buva, buvlji see **buha**
buzdovan *n* mace, club

C

car *n* czar, emperor **carski** *a* imperial, ~ *rez* cesarean section **carevina** *n* empire **carica** *n* 1. empress 2. emperor's wife

carić *n* (zool.) wren

carina *n* customs; duty; tariff; *uvozna (izvozna)* ~ import (export) duty; *platiti* ~*u (na nešto)* to pay duty (on smt.) **carinski** *a* customs; ~*a deklaracija* customs declaration **carinar** *n* customs official **carinarnica** *n* customshouse **cariniti, ocariniti** *v* to pay duty on; to clear through customs

carstvo *n* empire; kingdom; *biljno* ~ flora; *životinjsko* ~ fauna (animal kingdom)

cedilo, cjedilo *n* strainer **cediljka, cjediljka** *n* strainer **cediti, cijediti** *v* 1. **procediti, procijediti** to strain, filter 2. **iscediti, iscijediti** to squeeze, extract

cedulja, ceduljica *n* slip of paper; note

ceh *n* 1. guild 2. bill

celer *n* celery

celina, cjelina *n* totality, entirety

celishodan, cjelishodan *n* suitable, fitting

celofan *n* cellophane

celokupan, cjelokupan *n* total, entire, whole

celovit, cjelovit *a* complete, whole, intact

celuloid *n* celluloid

Celzijev, Celzijusov *a* centigrade, Celsius

cement *n* cement **cementirati** *v* to cement

cena, cijena *n* 1. price; *spuštene (slobodne, vezane)* ~*e* reduced (free, fixed) prices 2. value, worth, importance **ceniti, cijeniti** *v* 1. to appreciate, value; *visoko* ~ to rate highly 2. to estimate, appraise

cenkati se, cjenkati se *v* to bargain, haggle

cenovnik, cjenovnik *n* price list

centar *n* center

centrala *n* central station, headquarters **centralan** *a* central, main; ~*lno grejanje* central heating **centralizovati** *v* to centralize

centrifugalan *a* centrifugal

centripetalan *a* centripetal

cenzor *n* censor **cenzura** *n* censorship **cenzurisati** *v* to censor

cenjkati se see **cenkati se**

ceo, cio *a* 1. whole, entire; *cela istina* the whole truth; ~ *dan* the whole day 2. intact, untouched, undamaged

cep, cijep *n* flail

cepanica, cjepanica *n* log, billet

cepati, cijepati *v* 1. to tear (up); ~ *hartiju* to tear paper 2. to wear out; ~ *cipele (pantalone)* to wear out shoes (trousers) 3. to split, break (apart); ~ *porodicu na dva tabora* to split a family into two camps 4. to chop; ~ *drva za vatru* to chop (some) wood for the fire

cepelin *n* zeppelin

cepidlačiti, cjepidlačiti *v* to split hairs **cepidlački, cjepidlački** *a* hairsplitting **cepidlaka, cjepidlaka** *n* hairsplitter

cepka, cjepka *n* 1. splinter; *ušla mi je* ~ *u prst* I have a splinter in my finger 2. shaving

cepkati, cjepkati *v* to tear (up), split up

cerekati se *v* to giggle, titter

ceremonija *n* 1. ceremony 2. formality, protocol

ceriti se *v* to grin

cesta *n* (W) road

cev, cijev *n* 1. pipe; *vodovodna* ~ water pipe 2. barrel (of a weapon) 3. tube (in a radio or television set)

cevanica, cjevanica *n* shinbone, tibia

cicija *n* miser, hoarder

cičati *v* to squeal, shriek

cifra *n* figure, cipher, digit; *arapske (rimske)* ~*e* Arabic (Roman) numerals

cifrati, nacifrati *v* to adorn, make up, embellish

Ciganin *n* Gypsy

cigara *n* cigar

cigareta *n* cigarette; *pušiti (zapaliti)* ~*u* to smoke (light) a cigarette

cigla *n* brick

cije ... see entries in ce ...

cikcak *undecl. a* zigzag

cikla *n* (W) beet

cikličan *a* cyclic

ciklon *n* cyclone, hurricane

ciklona *n* (meteor.) low-pressure area

ciklus *n* series, cycle

cilindar *n* 1. cylinder 2. top hat cilindričan *a* cylindrical

cilj *n* 1. target 2. goal, aim 3. (sports) finish line ciljati *v* to aim at; (fig.) to allude to

cimbal *n* (mus.) cymbal

cimet *n* cinnamon

ciničan, cinički *a* cynical cinik *n* cynic cinizam *n* cynicism

cink *n* zinc

cio see ceo

cionist(a) *n* Zionist cionizam *n* Zionism

Cipar *n* (W) see Kipar

cipela *n* shoe; *par* ~ a pair of shoes

cirada *n* tarpaulin

cirkulacija *n* circulation cirkular *n* circular, notice cirkulisati *v* to circulate

cirkus *n* circus

cista *n* (med.) cyst

cisterna *n* 1. cistern 2. fuel-carrying vehicle (or ship)

citat *n* quotation, citation citirati *v* to quote, cite

civil *n* 1. civilian 2. civilian dress

civilizacija *n* civilization civilizovati *v* to civilize

cje ... see entries in ce ...

cmok *n* 1. loud kiss 2. clucking sound

cmoktati, cmoknuti *v* to make a clucking sound; to smack one's lips

crnci, crknuti, crkavati *v* 1. to die (of animals); *goveče je crklo* the cow is dead 2. (colloq.) to die (of people); to stop functioning

crep, crijep *n* tile

crevo, crijevo *n* 1. intestine 2. hose; *gumeno* ~ rubber hose

crkotina *n* carrion

crkovni *a* religious, church; ~*a vlast* church authorities

crkva *n* church crkvenjak *n* sexton

crn *a* 1. black, dark; ~*a kafa* black coffee (Turkish coffee); ~*e oči* dark eyes; ~*i hleb* black bread; ~*o vino* red wine; ~*a berza* the black market 2. dirty, filthy 3. sunburned

crnac *n* 1. negro 2. (dap.) American Negro

Crna Gora *n* Montenegro

crnina *n* mourning (clothing); *biti u* ~*i (nositi* ~*u)* to be in mourning

crniti *v* 1. nacrniti to darken, blacken 2. ocrniti to slander, vilify

crnokos *a* brunet, dark-haired crnomanjast *a* swarthy crnook *a* dark-eyed

crpaljka *n* pump

crpsti, iscrpsti *v* 1. to draw; ~ *vodu* to draw water 2. (fig.) to draw, gather, obtain; ~ *novu snagu* to draw new strength 3. to exhaust, wear out; *iscrpao se radom* he wore himself out working

crta *n* 1. line 2. feature, trait 3. dash (punctuation mark) crtač *n* draftsman crtati, nacrtati *v* to draw, design crtež *n* drawing, design

crtica *n* hyphen

crv *n* 1. worm 2. maggot

crven I *a* red crven II *n* red, crimson crveneti, crvenjeti *v* to blush Crvenkapa *n* Little Red Riding Hood

crvljiv *a* worm-eaten, wormy

cucla *n* 1. nipple; *hraniti na* ~*u* to bottle-feed 2. pacifier

cukar *n* (W) sugar

cupkati *v* 1. to jump (up and down) 2. to bounce, rock (a shild) on one's knees

cura *n* girl, young lady curica *n* small girl

curiti *v* 1. to leak, run, drip; *krv mu curi iz nosa* his nose is bleeding 2. iscuriti to leak out, run out; *mleko je iscurilo iz flaše* the milk leaked out of the bottle 3. to leak

cvećar, cvjećar *n* florist cveće, cvijeće *n* (coll.) flowers

cvekla *n* beet

cvet, cvijet *n* 1. flower, blossom 2. bloom; *sve je sad u* ~*u* everything is in bloom now 3. (fig.) flower, cream cvetati, cvjetati *v* to bloom, blossom; to flourish

Cveti, Cvijeti, *n* Palm Sunday

cvileti, cviljeti *n* to whine, moan

cvokot *n* chattering (of teeth) **cvokotati** *v* to shiver, have chattering teeth; *zubi mi cvokoću* my teeth are chattering

cvrčak *n* (zool.) cricket

cvrčati *v* 1. to chirp (of crickets); *cvrčak cvrči* the cricket chirps 2. to sizzle; *mast cvrči* the fat is sizzling

cvrkutati *v* to chirp, twitter; *ptice cvrkuću* the birds are chirping

Č

čabar n wooden bucket

čačkalica n toothpick

čačkati v 1. to pick (teeth, nose, ear) 2. to tinker, putter

čađ n soot čađav a sooty

čagalj n jackal

čahura n 1. cocoon 2. cartridge case 3. (bot.) capsule 4. (anat.) socket (of a joint)

čaj n 1. tea (drink and plant); skuvati ~ to brew tea 2. tea party, tea; pozvati na ~ to invite for tea čajanka see čaj 2 čajnik n teapot

čak adv 1. even; ~ ako i sam ne dođe even if he doesn't come himself 2. ~ do vrha to the very top; or: right to the top

čakšire n trousers (on folk costume)

čalma n turban

čamac n 1. boat; motorni ~ motorboat 2. rowboat; (sports) shell

čamiti v to languish, waste away; ~ u zatvoru to languish in prison

čankoliz n sycophant, flatterer, bootlicker

čaplja n heron

čar n 1. charm, allure 2. magic; spell

čarapa n stocking; sock; ženske ~e women's stockings; muške ~e men's socks

čarati v 1. začarati to bewitch, cast a spell on; začarani krug a vicious circle 2. očarati to fascinate, charm, delight

čarka n skirmish; (minor) clash

čaroban a 1. magic 2. charming, beautiful čarobnjak n magician, wizard; sorcerer čarolija n magic charms, magic spell

čaršav n 1. sheet 2. tablecloth

čaršija n 1. business district, downtown 2. (coll.) (middle class) people; šta će ~ na ovo reći? what will people say about this?

čarter n charter; ~-letovi charter flights

čas n 1. (official) hour; voz polazi u 14 časova the train leaves at 2 P. M. 2. moment; do poslednjeg ~a to the last moment 3. lesson, class, lecture; ~ ruskog jezika Russian class; ići na ~ove to attend classes 4. time

časopis n journal, magazine, review

čast n 1. honor, virtue; stavio je svoju ~ na kocku he risked his honor; polje ~i the field of honor častan a honorable, honest, decent; ~ čovek an honest (decent) man

častiti v to treat; častiću te ako položim ispit I'll treat you if I pass the exam

častoljubiv a ambitious častoljublje n ambition

čaša n glass; ~ za vino a wineglass; ~ vina a glass of wine

čašica n 1. dim. of čaša 2. (anat.) kneecap, patella

čaura see čahura

čavka n (zool.) jackdaw

čavrljati v to chatter, babble

čedan a virtuous; virginal čednost n virtue; virginity

čedo n 1. (poetic, obsol.) child 2. (fig.) offspring, product

čegrtaljka n 1. rattle, noisemaker 2. chatterbox

Čehoslovačka n Czechoslovakia

ček n check; unovčiti ~ to cash a check čekovni a check; ~a knjižica checkbook

čekaonica n waiting room

čekati v 1. to wait for, await; ~ (na) voz to wait for a train 2. to expect; čekamo te na ručak we expect you for dinner

čekić n hammer; gavel; srp i ~ hammer and sickle

čekinja n bristle, needle, spine

čekrk n windlass, winch; capstan

čeličan a of steel, steely, steellike (also fig.); ~čna žica steel wire čeličana n steel mill čeličiti, očeličiti v to steel, toughen, temper čelik n steel

čelist(a) n cellist

čelo I n 1. forehead, brow 2. (fig.) head, front; na ~u at the head

čelo II n cello

čeljust n jaw

čemer n 1. poison 2. (fig.) grief, misery; gall čemeran a 1. bitter 2. grief-stricken

čempres n cypress

čep n cork

čepiti see začepiti

čeprkati v 1. to search, rummage 2. to putter

čerupati, očerupati v to pluck; ~ kokošku to pluck a chicken

česma n 1. fountain, drinking fountain; ići na ~u to fetch water from the fountain 2. sink; faucet, tap

čest a 1. frequent, occurring frequently 2. dense, thick

čestica n particle

čestit a 1. honest, righteous 2. good; proper

čestitati v to offer best wishes, congratulate; ~ nekome Novu godinu to wish smb. a Happy New Year; čestitamo na uspehu! congratulations on your success! čestitka n 1. greeting card 2. congratulations, best wishes

češalj n comb

češati v to scratch

češljati, očešljati v to comb; on se češlja he's combing his hair

četa n (mil.) 1. company 2. detachment

četina n needle (of a conifer) četinar n conifer

četiri num four

četka n 1. brush 2. paintbrush četkica n brush; ~ za zube toothbrush

četnik n (hist.) Chetnik; (Yugo., WW II) (pejor.) collaborator

četrdeset num forty četrdeseti num a the fortieth

četrnaest num fourteen četrnaesti num a the fourteenth

četvor- prefix four

četvori num a four, four pairs

četvorica four (males)

četvorka n 1. the figure '4' 2. the school grade 'B'

četvoro coll. num four; ~ dece four children

četvorougao n quadrangle

četvrt n (f.) 1. quarter, fourth 2. section, quarter (of a city)

četvrtak n Thursday

četvrtast a square; quadrilateral

četvrti num a the fourth

čeznuti v to long, yearn čežnja n longing. yearning; ~ za zavičajem homesickness

čičak n burdock

čigra n top; terati ~u to spin a top

čiji 1. inter. pron whose; ~ je ovo sat? whose watch is this? 2. relat. pron whose; ovo je čovek ~e ste predavanje čuli there's the man whose talk you heard

čika n 1. (used by children to address any adult man) mister, sir 2. (fam.) (grown) man

čikati v to taunt, tease; ~ decu to tease children

Čile n Chile

čim conj as soon as; ~ budete došli kući, javite nam as soon as you get home, call us

čin n 1. act, deed 2. (theater) act 3. rank; dobio je viši čin he was promoted (in rank)

čini n magic, spell

činija n bowl. dish

činilac n factor

činiti v 1. učiniti, načiniti to make; to do; to commit; to perform; ~ svoju dužnost to perform one's duty; ~ greške to make mistakes 2. to tan 3. učiniti ~ se to seem, look, appear; čini mi se da će vreme da se pokvari it looks like the weather will turn bad

činovnik n clerk, employer, official

činjenica n fact

čio a strong, vigorous; healthy

čipka n lace čipkar n lace maker

čir n 1. boil, furuncle 2. ~ u stomaku ulcer

čist a 1. clean, pure 2. net; ~ prihod net income 3. clear; ~o nebo a clear sky čistač n cleaner čistilište n (rel.) purgatory čistiti, počistiti v to clean; to purge; ~ sobu to clean a room čistka n (pol.) purge čistoća n cleanliness; gradska ~ city sanitation department čistokrvan a thoroughbred čišćenje n cleaning; cleansing

čitak *a* legible; ~ *rukopis* legible handwriting **čitalac** *n* reader **čitanka** *n* reader, reading book **čitaonica** *n* reading room **čitati, pročitati** *v* to read

čitav *a* 1. whole, entire, all 2. intact; unbroken; *tanjir je ostao* ~ the plate was unbroken

čitulja *n* death notice, obituary (in a newspaper)

čivija *n* linchpin; bolt

čiviluk *n* hanger; clothes tree; hat rack

čizma *n* boot

čkalj *n* (bot.) thistle, cotton thistle.

član *n* 1. member 2. article, paragraph 3. (math.) term 4. (bot.) node 5. (gram.) article; *određeni* ~ definite article **članski** *a* membership; ~*a karta* membership card

članak *n* 1. (anat.) joint 2. ankle 3. article (in a newspaper, journal); *uvodni* ~ lead article, editorial

članarina *n* dues, membership fee

čmar *n* anus

čobanin *n* shepherd, herdsman

čokolada *n* chocolate; *mlečna* ~ milk chocolate

čopor *n* herd, flock, pack; ~ *ovaca* a flock of sheep

čorba *n* (thick) soup; *pileća* ~ chicken soup **čorbast** *a* soupy

čovečan, čovječan *a* humane, humanitarian **čovečanstvo, čovječanstvo** *n* humanity, mankind **čovek, čovjek** *n* 1. person, man, human 2. male, man **čovekoljubiv, čovjekoljubiv** *a* philanthropic

čučanj *n* squat, squatting **čučati** *v* to squat, crouch

čudak *n* eccentric, crank **čudan** *a* strange, odd, eccentric

čudesan *a* wonderful, amazing, marvelous

čuditi *v* 1. to amaze, astonish 2. ~ *se* to wonder, be amazed; *čemu se čudiš?* what are you wondering about?

čudnovat *a* strange, queer

čudo *n* miracle, marvel, wonder **čudotvorac** *n* miracle worker **čudotvoran** *a* miraculous, magical **čudovište** *n* monster

čujan *a* audible

čulan *a* 1. sensual 2. real, material 3. sensory **čulo** *n* sense

čunak *n* (weaver's) shuttle; shuttle (on a sewing machine)

čupati, iščupati *v* to pluck, pull out, tear out

čuperak *n* tuft, lock, shock, wisp; ~ *kose* a tuft of hair

čuti *v* to hear

čutura *n* flask (for brandy)

čuvanje *n* guarding, storing **čuvar** *n* watchman, guard, custodian **čuvati, sačuvati** *v* to guard; to watch over; to preserve, save

čuven *a* famous, well-known

čuvenje *n* hearsay; *po* ~*u* by hearsay

čvarak *n* crackling (meat left after fat has been rendered)

čvor *n* 1. knot; *zavezati* ~ to tie a knot; *preseći Gordijev (gordijski)* ~ to cut the Gordian knot 2. knob, knot; ~ *u drvetu* a knot in the wood 3. nautical mile, knot; *brod ide 15* ~*ova na sat* the ship is making 15 knots an hour 4. (transportation) hub, focal point

čvoruga *n* bump

čvrst *čvrsta a* strong, hard, firm; unyielding; ~*a volja* an unyielding will; ~ *kao čelik* as hard as steel; ~*a odluka (ruka)* a firm decision (hand) **čvrstina** *n* strength, firmness, hardness

Ć

ćaća n daddy, papa

ćaknut a crazy, silly

ćar n profit

ćaskati v to chat, converse

ćebe n blanket

ćef n desire, wish; whim

ćelav a bald ćelaviti, oćelaviti v to become bald

ćelija n cell; ~ u zatvoru prison cell

ćerdati, proćerdati v to squander, waste

ćerka n daughter

ćevapčić n small grilled meatball

ćifta n 1. petty, smallminded person 2. miser, skinflint

ćilibar n amber

ćilim n rug, carpet

ćirilica n Cyrillic alphabet, Cyrillic

ćopav a lame

ćorav a blind; ~ na jedno oko blind in one eye

ćorsokak n dead end (street); blind alley

ćošak n corner; na ~šku on the corner

ćud n disposition, temper, mood; on je danas zle ~i he is in a bad mood today

ćudljiv a whimsical, capricious

ćufta n meatball

ćuliti, naćuliti v ~ uši to prick up one's ears

ćup n jug, jar

ćuprija n (reg.) bridge

ćuran n male turkey, turkey-cock ćurka n (female) turkey ćureći a turkey; ~e meso turkey meat

ćurlik n trill, warble ćurlikati v to trill, warble

ćuskija n crowbar

ćuška n slap, blow ćušnuti v to slap

ćutanje n silence; *~ je zlato silence is golden ćutati v to be silent; ćuti! shut up! ćutke adv silently ćutljiv a silent, taciturn

D

da I *part* yes

da II *conj* 1. that; *kazao je ~ će doći* he said that he would come 2. (in order) to; *otišla je u grad ~ nešto kupi* she went to town (in order) to buy smt. 3. to; *on hoće ~ mu kupite kartu* he wants you to buy him a ticket; *on želi ~ govori s vama* he wants to speak with you 4. if; *~ sam na vašem mestu, uzeo bih ovu sobu* if I were you, I would take this room

da III *part* 1. *~ li* (exp. a question); *~ li ste gladni?* are you hungry? 2. (exp. a command or wish) *~ počnemo!* let's begin!

dabar *n* (zool.) beaver

dabome, dabogme *adv* of course, surely

daća *n* funeral feast

dadilja *n* nurse, governess

dah *n* 1. breath; *bez ~a* out of breath 2. respiration, breathing **dahnuti** *v* to take a breath

dahtati *v* to pant, gasp

dakle *adv* consequently, thus

daktilografija *n* typing **daktilografkinja** *n* typist

dalek *a* 1. distant, far; *~a prošlost* the distant past 2. long; *~ put* a long trip **dalji** *(comp)* **daleko** *adv* far (away) **dalekosežan** *a* far-reaching **dalekovidan** *a* farsighted **dalekovod** *n* long-distance power line

Dalmacija *n* Dalmatia

dalji see **dalek**

daljina *n* distance

daljni *a* 1. far, distant; *~ rođak* a distant relative 2. next, further; *do ~njeg* until further notice

dama *n* 1. lady 2. queen (in cards)

damping *n* (comm.) dumping

dan *n* day; daylight; date; *dobar ~!* hello; *koji je ~ (u mesecu)?* what is the date today? *koji je danas ~?* what day (of the week) is it today?

danak *n* tribute, tax

danas *adv* today; nowadays **današnji** *a* today's; current **današnjica** *n* the present

danguba *n* idler **dangubiti** *v* to waste time

Danska *n* Denmark

danju *adv* during the day

dar *n* 1. gift, present 2. talent, gift, aptitude; *~ za jezike* an aptitude for languages

darežljiv *a* generous, liberal

darmar *n* commotion, uproar, disturbance

darodavac *n* donor, giver **darovati** *v* to present, donate **darovit** *a* gifted, talented

daska *n* board, plank; *~ama obložiti (pokriti)* to board up

dati, davati *v* 1. to give; *~ savet (poklon, obećanje, odobrenje, naredbu)* to give advice (a gift, a promise, approval, an order) 2. to let, permit, allow; *dao sam mu da ide u bioskop* I let him go to the movies 3. to have smt. done; *dao sam da se odnese* I had it taken away 4. *~ se* to give in, yield, surrender; *on se ne daje lako* he doesn't give in easily

datirati *v* to date; *pismo je datirano 20. marta* the letter is dated March 20th

datum *n* date; *koji je danas ~?* what is the date today?

davalac *n* donor, giver; *~ krvi* blood donor

daviti *v* 1. **zadaviti** to choke, strangle; *davim se* I am choking 2. **udaviti** to

drown; ~ *mačiće* to drown kittens **da-vljenik** n drowning person
dažbina n duty, tax
daždevnjak n salamander
debata n debate **debatovati** v to debate, discuss
debeljko n obese person
debeo a 1. obese, stout, fat 2. thick; ~ *led* thick ice **deblji** *(comp)* **debljina** n 1. stoutness, obesity 2. thickness
deca, djeca n children
decembar n December
decenija n decade, decennium
decentralizacija n decentralization **decentralizovati** v to decentralize
decilitar n deciliter
decimal n decimal
dečak, dječak, n boy, teenager **dečiji, dječiji** a children's; ~*e godine* childhood years **dečko, dječko** n 1. see **dečak** 2. boyfriend
ded, djed n 1. grandfather 2. ~*ovi* ancestors
defekt n defect, flaw **defektan** a defective
definicija n definition **definisati** v to define **definitivan** a definitive
deflacija n deflation **deflacioni** a deflationary
dejstvo, djejstvo n action; effect
dekada n decade
dekalitar n decaliter
dekametar n decameter
dekan n dean (as at a university) **dekanat** n dean's office
deklamovati v to recite, declaim
deklaracija n declaration, *carinska* ~ customs declaration **deklarisati** v to declare
deklinacija n (gram.) declension **deklinirati** v to decline
dekoracija n decoration **dekorater** n decorator **dekorativan** a decorative **dekorisati** v to decorate
dekret n decree
delatan, djelatan a active; creative **delatnost, djelatnost** n activity, work
delegacija n delegation **delegat** n delegate
delfin n 1. dolphin 2. (sports) butterfly, butterfly stroke
delikatan a delicate
delikates(a) n delicacy **delikatesni** a ~*a radnja* fine foods store, delicatessen store
delimičan, djelimičan a partial, incomplete

delirijum n delirium
deliti, dijeliti, podeliti, podijeliti v 1. to divide, separate; to share; ~ *novac* to divide money 2. to give, distribute, deal out, dispense, mete out; ~ *karte* to deal cards; ~ *pravdu* to dispense justice
delo, djelo n 1. deed, action, act; *dobro (zlo)* ~ good (bad) deed; *krivično* ~ a criminal act 2. literary work
delokrug, djelokrug n sphere of activity, field
delotvoran, djelotvoran a 1. efficient, effective 2. beneficial
delovati, djelovati v to work, perform; *taj lek odlično deluje* that medicine works very well
demagog n demagogue **demagogija** n demagoguery
demilitarizovati v to demilitarize
demobilisati v to demobilize, discharge **demobilizacija** n demobilization
demokracija n democracy **demokrat(a)** n democrat **demokratski** a democratic; ~*a država* a democratic country
demon n demon, devil
demonstracija n demonstration; *ulična* ~ street demonstration **demonstrant** n demonstrator **demonstrirati** v to demonstrate
demoralisati v to demoralize
denuncirati v to denounce, inform against
deo, dio n part, share; *većim* ~*om* mostly; *dobrim* ~*om* to a great extent; **lavovski* ~ a lion's share
deoba, dioba n division, partition
deonica, dionica n 1. part, share 2. section (of a railroad, highway)
depeša n dispatch, telegram
deportovati v to deport
depresija n depression **deprimirati** v to depress
deputacija n delegation **deputat** n delegate, deputy
derati v 1. **poderati** to tear, pull apart; to wear out 2. **oderati** (fig.) to skin, flay; to fleece 3. ~ *se* to scream, yell
dermatolog n dermatologist **dermatologija** n dermatology
desert n dessert
deset *num* ten
desetar n (mil.) corporal; squad leader
deseti a the tenth
desetina n one tenth
desetkovati v to decimate
desetni a decimal

desetoro *coll. num* ten

desiti se, dešavati se *v* to happen; *šta se desilo?* what happened? *šta ti se desilo?* what happened to you?

desni I *n* gums

desni II *a* right (also pol.) **desnica** *n* 1. the right hand 2. the political right **desničar** *n* (pol.) rightist **desno** *adv* on the right **desnoruk** *a* right-handed

despot *n* tyrant, despot, oppressor **despotizam** *n* despotism

destilacija *n* distillation **destilovati** *v* to distill

dešifrovati *v* to decipher

detaljan *a* detailed

detao, djetao *n* woodpecker

dete, dijete *n* child; *čudo od deteta* child prodigy

detektiv *n* detective

detelina, djetelina *n* clover

deterdžent *n* detergent

detinjarija, djetinjarija *n* childish thing, nonsense **detinjast, djetinjast** *a* childish **detinjstvo, djetinjstvo** *n* childhood, infancy

deva, djeva *n* maiden, virgin

devedeset *num* ninety **devedeseti** *a* the ninetieth

dever, djever *n* brother-in-law (husband's brother)

deveruša, djeveruša *n* bridesmaid

devet *num* nine **deveti** *a* the ninth **devetina** *n* one ninth

devetnaest *num* nineteen **devetnaesti** *a* the nineteenth

devetoro *coll. num* nine

devetsto *num* nine hundred

devica, djevica *n* virgin **devičanski, djevičanski** *a* virginal, virgin; *~a šuma* virgin forest **devičanstvo, djevičanstvo** *n* maidenhood, purity

deviza *n* 1. slogan, motto 2. (usu. *pl*) foreign currency

devojački, djevojački *a* girls' **devojaštvo, djevojaštvo** *n* maidenhood **devojčica, djevojčica** *n* small girl **devojka, djevojka** *n* 1. girl, young lady 2. maid, servant

dezinfekcija *n* disinfection **dezinfekcioni** *a* disinfecting; *~o sredstvo* disinfectant **dezinfektovati** *v* to disinfect

dezodorans *n* deodorant

dežuran *a* on duty, on call; *ko je danas ~?* who is on duty today? *~rni lekar* the doctor on duty **dežurstvo** *n* tour of duty, duty

dičan *a* glorious, illustrious **dičiti se** *v* to be proud

dići, dizati *v* 1. to raise, lift, elevate, hoist; *~ ruku* to raise one's hand 2. *~ se* to rise; *dim se diže u vazduh* the smoke rises into the air

difterija *n* diptheria

dignuti see **dići**

dijabetes *n* diabetes **dijabetičar** *n* diabetic

dijafragma *n* diaphragm

dijagnoza *n* diagnosis

dijagram *n* diagram

dijalek(a)t *n* dialect

dijalog *n* dialogue

dijamant *n* diamond

dijametar *n* diameter **dijametralan** *a* diametrical

dije . . . see entries in **de . . .**

dijeta *n* diet

dika *n* glory, fame, honor

dikcija *n* diction

diktator *n* dictator **diktatura** *n* dictatorship **diktirati** *v* to dictate; to order

dilema *n* dilemma

dim *n* smoke

dimenzija *n* dimension

dimiti se *v* to emit smoke

dimničar *n* chimney sweep **dimnjak** *n* chimney, smokestack

dinamit *n* dynamite **dinamitirati** *v* to dynamite

dinar *n* dinar (monetary unit)

dinastija *n* dynasty

dinja *n* melon

diploma *n* 1. diploma, certificate; university diploma 2. university degree

diplomacija *n* diplomacy **diplomat(a)** *n* diplomat **diplomatski** *a* diplomatic; *~im putem* by diplomatic channels

diplomatija see **diplomacija**

diplomirati *v* to be graduated from a university

dirati, dirnuti *v* to touch

direkcija *n* main (head) office, office

direktan *a* direct

direktor *n* manager, director, chief

dirigent *n* conductor **dirigovati** *v* to conduct

dirka *n* 1. key (on mus. instrument) 2. type, typebar, typeface (on a typewriter)

dirljiv *a* touching, moving

disati *v* to breathe

disciplina *n* 1. discipline (control, rules) 2. discipline, field, branch **disciplinovati** *v* to discipline

disertacija n dissertation
diskrecija n discretion
diskreditovati v to discredit
diskriminacija n discrimination **diskriminisati** v to discriminate; ~ nekoga to discriminate against smb.
diskusija n discussion **diskutovati** v to discuss; ~ o nečemu to discuss smt.
diskvalifikovati v to disqualify **diskvalifikacija** n disqualification
dispanzer n health center, clinic, dispensary
distanca n distance
distribucija n distribution **distributer** n distributor
distrikt n district
div n giant, colossus
divan I a splendid, wonderful
divan II n sofa, couch, divan
diverzant n saboteur; raider **diverzija** n (mil.) 1. diversion 2. raid, sabotage
dividenda n (comm.) dividend
diviti se v to admire, wonder at
divizija n (mil.) division
divljač n game; deer; venison
divljak n savage, barbarian **divljaštvo** n barbarity, savagery
divlji a 1. wild, savage; ~e životinje wild animals 2. unlicensed, unauthorized; ~a gradnja unlicensed construction
divokoza n chamois
divota n splendor
dizajn v design **dizajner** n designer
dizalica n 1. (automobile) jack 2. crane, hoist
dizati see dići
dizel n Diesel engine
dizenterija n dysentery
dizgin n rein
dje . . . see entries in **de . . .**
dlaka n 1. hair 2. (in pl) pile (of a rug) **dlakav** a hairy, shaggy
dlan n palm
dleto, dlijeto n chisel
dnevni a daily; ~ listovi daily newspapers; ~ red agenda **dnevnica** n daily wages; per diem payment, travel expenses
dnevnik n 1. diary 2. grade book 3. daily newspaper
dno n 1. bottom; morsko ~ bottom of the sea 2. end; na dnu sela at the other end of the village

do prep 1. as far as, up to 2. before; ~ rata before the war 3. beside, near, next to; sedi ~ mene sit next to me
doajen n doyen
doba n 1. time; u svako ~ at any time 2. era, period, epoch; moderno ~ the modern era 3. season; letnje ~ the summer season
dobaciti, dobacivati v 1. to throw toward 2. to heckle, call out insults
dobar a 1. good; dobro jutro good morning 2. kind, good; dobra srca kindhearted bolji (comp)
dobaviti, dobavljati v to acquire, obtain **dobavljač** n purveyor, supplier
dobit n profit, gain
dobiti, dobijati v 1. to receive, obtain; ~ pismo to receive a letter 2. to win; ~ utakmicu to win a game 3. to gain; ~ u težini to gain weight **dobitnik** n winner; recipient
doboš n drum; ~ točka brake drum **dobošar** n drummer
dobro I n 1. property; državno (javno) ~ government (public) property 2. well--being, welfare 3. good; deliti ~ i zlo to share the good and bad
dobro II adv see dobar; on ~ govori ruski he speaks Russian well **dobrodošao** a welcome; ~! welcome! **dobrodošlica** n welcome; poželeti nekome ~u to welcome smb. **dobrodušan** a good-hearted, good-natured **dobrosusedski, dobrosusjedski** a (pol.) friendly **dobrota** n kindness, goodness **dobrotvor** n benefactor **dobrotvoran** a philanthropic, charitable
dobrovoljac n volunteer **dobrovoljački** a volunteer; ~ odred a volunteer detachment **dobrovoljan** a voluntary
docent n docent, assistant professor (at European universities)
lockan adv late, tardy **docniti, zadocniti** v to be late
dočarati, dočaravati v to conjure up
doček n reception, welcome
dočekati, dočekivati v to welcome, greet, meet; dočekaću te na stanici I'll meet you at the station
dočepati v to seize, grab
doći, dolaziti v to come, arrive; došli smo vozom we came by train
dodatak n addition, supplement **dodati, dodavati** v 1. to add; ~ dva jajeta to add two eggs 2. to pass, hand; dodaj mi so pass me the salt

dodeliti, dodijeliti v to allot, award

dodir n contact, touch; doći u ~ to come into contact

dodvoriti se v to flatter

događaj n event, occurrence

dogled n field glasses, binoculars

dogma n dogma dogmatičan a dogmatic dogmatizam n dogmatism

dogoditi se, događati se v to happen occur, take place; šta se dogodilo? what happened?

dogovor n 1. agreement 2. discussion, negotiation dogovoriti se, dogovarati se v to agree, come to an agreement

dohodak n income, revenue

dohvatiti, dohvatati v 1. to grab, take; dohvatio je njenu ruku he grabbed her hand 2. to reach

doista adv indeed, truly

dojilja n wet nurse dojiti, podojiti v 1. to nurse, nourish at the breast; ~ dete to nurse a baby 2. to take nourishment at the breast; dete doji majku the mother is nursing the baby dojka breast; nipple dojkinja n wet nurse

dok I conj. 1. until, till; ona će čekati ~ on (ne) završi školu she will wait until he finishes school 2. while, as long as; ~ sam bio bolestan while I was sick

dok II n dock, wharf

dokaz n proof, evidence; naučni ~ scientific evidence

dokazati, dokazivati v to prove; ~ krivicu to prove guilt; ~ svoje pravo to substantiate one's claim

dokle adv 1. how far; ~ putujete? how far are you traveling? 2. until when; ~ je ostao kod njih? until when did he stay at their place?

dokolica n free time, leisure

dokoturati v to roll up

doktor n 1. physician, M.D., doctor 2. holder of a doctorate, a Ph.D., doctor doktorat n doctorate, Ph.D. doktorirati v to receive the doctorate

doktrina n doctrine

dokučiti, dokučivati v to grasp, comprehend dokučiv a comprehensible

dokumen(a)t n document dokumentacija n documentation, evidence, records dokumentaran a documentary; ~ film documentary

dolar n dollar

dolazak n arrival

dole, dolje 1. adv down; below 2. interj down; ~ govornik! down with the speaker!

doličan a appropriate dolikovati v to be appropriate

dolina n valley

dom n 1. house; home; studentski ~ student's dormitory 2. center; ~ (narodnog) zdravlja health center domaći a 1. homemade; ~ hleb homemade bread 2. domestic; ~a situacija the domestic situation 3. home, house; ~ zadaci homework (for school) domaćica n 1. housewife 2. hostess, mistress domaćin n 1. head of a household 2. host domaćinstvo n household

domar n superintendent, janitor

domet n range, scope, reach

dominacija n domination dominirati v to dominate

domišljat a quick-witted, clever

domorodac n native

domovina n homeland, native country

donekle adv to a certain degree

doneti, donijeti v. 1. to bring, carry; donesi mi čašu vode, molim te please bring me a glass of water 2. misc.; ~ odluku to make a decision donosilac n bearer, carrier

donji a lower; ~ svet the underworld

dopasti se, dopadati se v to please; kako vam se dopada izložba? how do you like the exhibit?

dopis n report, story

dopisivati se v to correspond; ~ s nekim to correspond with smb.

dopisnica n postcard, postal card

dopisnik n correspondent, reporter

doplata n additional payment doplatiti v to pay (an additional sum)

doplivati v to swim (as far as)

doprema n delivery dopremiti v to deliver

dopreti, doprijeti, dopirati v to reach, get through to

doprineti, doprinijeti v to contribute; ~ nečemu to contribute to smt. doprinos n contribution

dopuna n 1. supplement, addition 2. (gram.) complement dopuniti v to supplement

dopustiti, dopuštati v to allow, permit

dorastao a equal to; naš tim je ~ vašem our team is a match for yours

doručak *n* breakfast; *za ～ jedem jaja* I eat eggs for breakfast **doručkovati** *v* to have breakfast

dosada *n* boredom **dosadan** *a* boring, dull **dosaditi** *v* to annoy; to bore **dosadno** *adv* boring; *njemu je ～* he is bored

doseg *n* range, scope

doseljenik *n* immigrant

dosetiti se, dosjetiti se *v* to remember, recall

dosje *n* dossier, file

doskočiti *v* to get the better of, turn the tables on; *ona mu je doskočila* she turned the tables on him

dosledan, dosljedan *a* consistent, persistent

doslovan *a* literal, word-for-word

dospeti, dospjeti *v* to arrive, get to, reach; *～ u tešku situaciju* to get into a difficult situation

dosta *adv* enough; *～ novaca* enough money; *～ mi je svega!* I've had enough!

dostati, dostajati *v* to be sufficient

dostava *n* 1. delivery 2. information, tip **dostaviti, dostavljati** *v* 1. to deliver; *～ nekome pošiljku* to deliver a package to smb. 2. to inform on; *～ nekoga policiji* to inform on smb. to the police

dostići *v* 1. to catch up to; *～ nekoga* to catch up to smb. 2. reach, attain **dostignuće** *n* accomplishment **dostižan** *a* attainable

dostojan *a* worthy, deserving

dostojanstven *a* dignified; imposing **dostojanstvo** *n* dignity

dosuditi, dosuđivati *v* to assign, award; *decu su dosudili ženi* the custody of the children was awarded to the wife

došljak *n* newcomer, new arrival

dotaći, doticati *v* 1. to touch; *～ žicu to* touch a wire 2. *～ se* to touch; *dotakli smo se zida* we touched the wall

dotad(a), do tada *adv* until then

doterati, dotjerati *v* 1. to adjust, regulate, set; *～ sat* to set a watch 2. to polish (up); to straighten out, fix up; *～ odelo* to straighten out one's suit

dotični *a* concerned, in question; *to je ～ gospodin* that's the man in question

dotle *adv* 1. that far, so far 2. until then

dotrajati *v* 1. to last 2. to run out; *novac mu je dotrajao* his money ran out

dotući *v* to finish off; *～ ranjenu životinju* to finish off a wounded animal

doturiti *v* to pass to, slip to

dovde, dovdje *adv* to this place, this far

dovesti I dovoditi *v* to lead, take, bring; *doveo sam svoga brata* I have brought my brother

dovesti II dovoziti *v* to bring, take (by vehicle), drive; *dovešćemo vas kolima do granice* we'll drive you to the border

do viđenja good-bye

doviti se, dovijati se *v* to manage, get along; to contrive; *ta se žena dovija kako najbolje ume* that woman manages (gets along) as well as she can

dovoljan *a* 1. sufficient; *～ razlog* a sufficient reason; *biti ～* to be enough 2. (school grade) 'C' **dovoljno** *adv* sufficiently, enough

dovoz *n* shipment

dovršiti, dovršavati *v* to complete, finish

dovući, dovlačiti *to* drag, pull; *dovukla je sto do prozora* she dragged the table over to the window

doza *n* dose, dosage

doznačiti *v ～ novac* to send a money order **doznaka** *n* money order

doznati *v* find out, learn

dozreti *v* to ripen, mature

dozvati *v* to call, summon, hail

dozvola *n* permission, permit, license; *vozačka ～* driver's license **dozvoliti, dozvoljavati** *v* to permit, allow; *dozvolili su nam da to uradimo* they allowed us to do that

doživeti, doživjeti *v* to experience; *～ nezgodu* to experience misfortune **doživljaj** *n* experience, adventure

doživotan *a* lifelong, for life; *osuditi na ～tnu robiju* to sentence to life imprisonment

drag *a* dear, nice, beloved **draži** *(comp)*

drago *adv ～ mi je* I am delighted

dragocen, dragocjen *a* precious, valuable

drama *n* drama **dramatičan** *a* dramatic **dramatičar** *n* dramatist **dramatizovati** *v* to dramatize **dramski** *a* dramatic; *～a dela* dramatic works

drastičan *a* drastic

dražestan *a* charming, cute, sweet

draži see **drag**

dražiti, razdražiti *v* 1. to tease, irritate 2. to excite, arouse; *to draži radoznalost* that arouses one's curiosity

drečati *v* to scream, shout **drečav, drečeći** *a* loud, gaudy **dreka** *n* screaming, shouting

dremati, drijemati v to doze (off), take a nap **dremež, drijemež** n drowsiness, sleepiness; *uhvatio me je* ~ I've gotten drowsy **dremljiv** a drowsy, sleepy

dres n (sports) jersey

dreser n animal trainer **dresirati** v to train; ~ *psa* to train a dog

drevan a ancient

drhtaj n quivering, trembling **drhtati** v to shake, tremble, shiver **drhtav** a shaking, trembling; ~*im glasom* in a trembling voice **drhtavica** n shaking, shivering

drljati v 1. to harrow 2. to scribble, scrawl

drmati v to shake, agitate

drob n intestines, bowels, entrails

drobiti, zdrobiti v to crush (up), crumble (up), break up; ~ *kamen* to crush rock

droga n drug; *uzimati* ~e to take drugs **drogerija** n pharmacy, drugstore

drolja n slut, whore

dronjak n (often in *pl)* rags, tatters; *sax je u* ~*njicima* he is in rags **dronjav** a ragged, shabby, tattered

drozak n thrush

drskost n impudence, arrogance

drška n handle

drug n 1. friend, companion; *školski* ~ schoolmate 2. *(bračni)* ~ mate, spouse 3. comrade; *druže Petroviću!* Comrade (Mr.) Petrović! **drugarica** n (fem.) ~*e Petrović!* Comrade (Miss, Mrs.) Petrović! **drugarski** a friendly; ~*o veče* party, get-together **drugarstvo** n friendship

drugde, drugdje adv elsewhere

drugi a 1. *num* a second; ~ *svetski rat* World War II 2. following, next 3. other, another; *i jedan i* ~ both

drukčiji a different

drum n road **drumski** a road; ~*a mreža* road network **drumarina** n (road) toll

društven a sociable, friendly **društvo** n 1. society 2. association, organization; company; *dobrotvorno* ~ charitable organization 3. company (companionship, informal group); crowd (colloq.); *ona voli* ~ she loves company **društveni** a ~ public; ~ *život* public life; ~ *sektor* the public sector

družina n 1. escort; detachment 2. gang, band; *lopovska* ~ a band of thieves

družiti se v to associate with, be friendly with

drva n firewood, logs **drvar** n woodcutter, lumberjack **drvara** n lumberyard **drven** a wooden

drvo n 1. tree 2. wood, lumber **drvodelja, drvodjelja** n cabinetmaker, woodworker **drvorezac** n wood-carver **drvoseča, drvosječa** n woodcutter; lumberjack

drzak a impudent, insolent

držač n supporter (object)

držanje n attitude, behavior, conduct **držati** v 1. to hold; to support; ~ *u rukama* to hold in one's hands 2. to keep, hold; ~ *reč (obećanje)* to keep one's word (promise) 3. to give; ~ *predavanje* to give a lecture 4. ~ *se* to behave, act; *on se drži vrlo hladno* he behaves very coldly 5. ~ *se* to conform to; *on se drži moje filozofije* he follows my philosophy

država n 1. country 2. state; government **državni** a state; ~ *dohoci* state (government) revenues **državljanin** n citizen **državljanstvo** n citizenship **državnik** n statesman

dubina n depth; bottom **dubinski** a ~*a bomba* depth charge

dubok a deep, profound; ~ *bunar* a deep well **dublji** *(comp)*

dućan n store, shop

dud n mulberry tree

dug I a long; *ulica je* ~*a (dugačka) dva kilometra* the street is two kilometers long **duži** *(comp)*

dug II n debt; obligation; *pasti u* ~ to get into debt

duga I n rainbow

duga II n stave (of a barrel)

dugačak see **dug** I

dugme n button

dugonja n tall, lanky man

dugoročni a long-term; ~ *zajam* long-term loan

dugotrajan a long-term, lengthy; ~*jni ratovi* lengthy wars

dugovati v to owe; *on mi duguje sto dinara* he owes me one hundred dinars

duh n 1. spirit; soul; ~ *vremena* spirit of the times 2. ghost, spirit; *zao* ~ an evil spirit 3. mind, intellect; *sačuvati prisustvo* ~*a* to keep one's presence of mind 4. temperament

duhački a (mus.) ~ *instrument* brass instrument

duhan n tobacco

duhovit a witty, clever

duhovni *a* 1. spiritual; ~ *otac* spiritual father 2. religious; ~ *red* a religious order

Dunav *n* the Danube

dunja *n* quince

dupli *a* double

duplikat *n* duplicate, copy; *u* ~*u* in two copies

duplja *n* (anat.) cavity; sinus

durbin *n* field glasses; spyglass; binoculars

duriti se *v* to pout, sulk

duša *n* 1. soul; spirit; *dobra* ~ a kindly soul; *izliti nekome* ~*u* to bare one's soul to smb. 2. darling; ~*o moja!* darling! 3. person, soul; *nema ni žive* ~*e* there's not a living soul

dušek *n* mattress

duševan *n* kind, kindhearted

duševni *a* 1. spiritual 2. mental; ~ *bolesnik* mental patient

dušnik *n* trachea, windpipe

duvački see **duhački**

duvan see **duhan**

duvati *v* to blow; *vetar duva* the wind is blowing

duž *prep* along, down; ~ *obale* along the coast

dužan *a* 1. indebted, obliged; ~ *mi je veliku sumu* he owes me a lot of money 2. proper, appropriate

duži see **dug** I

dužica *n* (anat.) iris

dužina *n* 1. length; *kolika je* ~ *ovog mosta?* how long is this bridge? 2. (geog.) longitude

dužnik *n* debtor

dužnost *n* duty, obligation; *vršiti svoju* ~ to carry out (do) one's duty

dva *num* two

dvadeset *num* twenty **dvadeseti** *num a* the twentieth

dvanaest *num* twelve **dvanaesti** *num a* the twelfth

dve see **dva**

dvesta, dvjesta *num* two hundred

dvestagodišnjica, dvjestagodišnjica *n* bicentennial, bicentenary

dvo- *prefix* two, bi, double

dvoboj *n* duel; *izazvati nekoga na* ~ to challenge smb. to a duel

dvocevka, dvocijevka *n* double-barreled shotgun

dvoglav *a* two-headed

dvojak *a* twofold; variant; ~*i oblici* variant forms

dvoje *coll. num* two; ~ *dece* two children

dvojezičan *a* bilingual; ~ *rečnik* a bilingual dictionary

dvoji *num a* two, two pairs

dvojica *n* two (males); ~ *mojih prijatelja* two of my (male) friends

dvojni *a* double **dvojnik** *n* double, perfect likeness

dvokratan *a* occurring twice; double

dvokrevetni *a* ~*a soba* double-bedded room

dvoličan *a* hypocritical, two-faced

dvonog *a* biped, two-footed

dvopek *n* melba toast

dvor *n* palace; court; *u* ~*u* inside the palace; *život na* ~*u* life at court **dvorski** *a* court; ~*a budala* court jester

dvorana *n* auditorium, hall; *koncertna* ~ concert hall; *gimnastička* ~ gymnasium

dvoranin *n* member of a court, courtier

dvorište *n* yard, courtyard

dvoriti *v* to serve, wait on

dvosložan *a* disyllabic, bisyllabic

dvosmerni, dvosmjerni *a* two-way; ~ *saobraćaj* two-way traffic

dvosmislen *a* ambiguous **dvosmislenost** *n* ambiguity

dvosoban *a* two-room; ~ *stan* two-room apartment

dvospratan *a* two-storied; ~*tna kuća* two-storied house

dvostran *a* bilateral

dvostruk *a* double, twofold

dvoženac *n* bigamist **dvoženstvo** *n* bigamy

Đ

đak *n* (elementary and secondary school) pupil

đakon *n* deacon

đavo *n* devil (also fig.); *idi do (sto)* ~*la!* go to hell! **đavolast** *a* mischievous **đavolija** *n* 1. devilry 2. mischief

đevrek *n* (cul.) type of round roll (with a hole in the center)

đipati *v* to jump (suddenly)

đon *n* sole (of a shoe)

đubre *n* 1. trash, garbage; *baciti nešto na* ~ to throw smt. out 2. manure; fertilizer 3. (pejor., of a' person) scum, trash

đubretar *n* trash collector, garbage collector **đubrište** *n* trash pile, rubbish heap **đubriti, nađubriti** *v* to manure, fertilize **đubrivo** *n* fertilizer; *veštačko (hemijsko)* ~ artificial (chemical) fertilizer

đul *n* rose

đule *n* bullet, shell, cannonball

đumbir *n* ginger

đurđevak *n* lily of the valley

đus *n* (fruit) juice (see also **sok**)

đuveč *n* stew (made of lamb and vegetables)

DŽ

džaba *adv* 1. in vain; ~ *pišeš to pismo* you are writing that letter in vain 2. gratis, free, as a present; *ovo sam dobio* ~ I got this free

džak *n* sack, bag; ~ *brašna* a sack of flour; **kupiti mačku u* ~*u* to buy a pig in a poke

džamija *n* mosque

dželat *n* 1. hangman, executioner 2. (fig.) oppressor, tormentor

džem *n* jam; ~ *od jagoda* strawberry jam

džemper *n* sweater

džentlmen *n* gentleman

džep *n* pocket džepni *a* pocket; ~ *sat* pocket watch; ~*a lampa* flashlight džeparac *n* pocket money džeparoš *n* pickpocket

džez *n* jazz; ~ *(orkestar)* jazz orchestra

džezva *n* Turkish coffeepot

džigerica *n* liver; *teleća* ~ calves liver džigernjača *n* liverwurst

džiju-džicu *n* jujitsu

džin I *n* giant

džin II *n* gin

džip *n* jeep

džokej *n* jockey

džomba *n* bump džombas *a* bumpy; ~ *dušek (put)* a bumpy mattress (road)

džu-boks *n* jukebox

džudo *n* (sport) judo

džumbus *n* 1. noise 2. disorder, chaos

džungla *n* jungle; *zakon* ~*e* the law of the jungle

E

e, eh *interj* ah, oh, well; ~ *dobro!* well, all right!

efek(a)t *n* effect; impression; *proizvesti* ~ to make an impression

efikasan *a* effective; ~*sne mere* effective measures **efikasnost** *n* efficiency

Egipat *n* Egypt

egoist(a) *n* egoist **egoistčan** *a* egoistic, selfish **egoizam** *n* egoism, selfishness

egotičan *a* egotistical **egotist(a)** *n* egotist

egzil *n* exile

egzistencija *n* existence, survival **egzistencijalizam** *n* existentialism

egzistirati *v* to exist

egzotičan *n* exotic **egzotika** *n* exoticism

eho *n* echo

ej *interj* hey; ~ *ti, dođi ovamo!* hey, you, come here!

ekcem *n* eczema

ekipa *n* team; ~ *za spasavanje* rescue team **ekipni** *a* team; ~*o prvenstvo* team championship

ekonomičan *a* economical; thrifty, frugal **ekonomičnost** *n* thrift, economy

ekonomija *n* 1. economics **ekonomski** *a* economics; ~ *fakultet* school of economics; ~*a politika* economic policy 2. economy; *politička* ~ political economy **ekonomika** *n* economy; ~ *naše zemlje* the economy of our country **ekonomisati** *v* to economize, save **ekonomist(a)** *n* economist

ekran *n* (movie, T.V.) screen; *na* ~*u* on the screen

ekscentričan *a* eccentric

ekscesivan *a* excessive

ekser *n* nail, brad

ekshumirati *v* to exhume, disinter

ekskavator *n* excavator

ekskomunicirati *v* to excommunicate

ekskurzija *n* excursion, tour, pleasure trip

ekspatrirati *v* to expatriate

ekspedicija *n* 1. expedition; ~ *na Severni pol* an expedition to the North Pole 2. shipping, mailing

eksperimen(a)t *n* experiment; *vršiti* ~*e* to conduct experiments **eksperimentacija** *n* experimentation **eksperimentisati** *v* to experiment

ekspert *n* expert

eksploatacija *n* exploitation **eksploatator** *n* exploiter **eksploatisati** *v* to exploit

eksplodirati *v* 1. to explode; *eksplodiraju bombe* bombs are exploding 2. to blow out (as of a tire) **eksplozija** *n* explosion **eksplozivan** *a* explosive

eksport *n* export **eksporter** *n* exporter **eksportovati** *v* to export

ekspres *n* 1. express (train) 2. ~ *(restoran)* cafeteria; self-service restaurant 3. (as *a, adv*) fast, rapid, express; ~ *pismo* special-delivery letter **ekspresni** *a* express; ~ *voz* an express train

ekspresionizam *n* expressionism

eksproprisati *v* to expropriate

ekstaza *n* ecstasy

eksteritorijalan *a* extraterritorial

ekstra 1. *a* extra 2. *a* special, unusual; *ona ima* ~ *ukus* she has unusual taste 3. *adv* unusually, especially, extra; *napravljen od nekog* ~ *dobrog materijala* made from especially good material

ekstrem *n* extreme; *ići u* ~*e* to go to extremes **ekstremist(a)** *n* extremist **ekstremitet** *n* extremity

Ekvador *n* Ecuador

ekvator *n* equator; *na* ~*u* at the equator

ekvivalentan *a* equivalent

elastičan *a* elastic, flexible
elegancija *n* elegance **eleganten** *a* elegant, stylish
elektrana *n* generating station, power station
elektricitet *n* electricity **električan** *a* electrical; ∼*čni udar* electrical shock **električar** *n* electrician **elektrifikovati** *v* to supply with electricity, electrify **elektrifikacija** *n* electrification **elektrika** *n* electricity **elektrizovati** *v* to charge with electricity, electrify **elektroenergija** *n* electric energy **elektroinstalater** *n* electrician
elektron *n* electron **elektronski** *a* electronic; ∼ *računar* electronic computer **elektronika** *n* electronics
elektrotehnika *n* electrical engineering
elektrouređaj *n* electric appliance
elemen(a)t *n* element; *strani (tuđi)* ∼ *a* foreign element **elementaran** *a* elemental; basic
eliminacija *n* elimination **eliminisati** *v* to eliminate
elipsa *n* ellipsis **eliptičan** *a* elliptical
elita *n* elite
emajl *n* enamel **emajlirati** *v* to enamel
embargo *n* embargo; ∼ *na isporuku oružja* an arms embargo
embrion *n* embryo
emfaza *n* emphasis
emigracija *n* emigration **emigrant** *n* emigrant **emigrirati** *v* to emigrate
emisija *n* 1. broadcast, program 2. (comm.) issue (as of currency, bonds) 3. (phys.) emission **emitovati** *v* 1. to broadcast, televise 2. to issue; ∼ *obveznice* to issue bonds 3. (phys.) to emit
emocija *n* emotion **emotivan** *a* emotional, sensitive
empiričan, empirički *a* empirical
emulzija *n* emulsion
enciklopedija *n* encyclopedia
energičan *a* energetic **energija** *n* energy; *atomska (električna)* ∼ atomic (electrical) energy
Engleska *n* England **engleski** *a* English
enigmatičan *a* enigmatic
entuzijazam *n* enthusiasm
ep, epos *n* epic (poem)
epidemija *n* epidemic
epigraf *n* epigraph
epigram *n* epigram
epilepsija *n* epilepsy **epileptičar** *n* epileptic

epilog *n* epilogue
episkop *n* bishop (Orthodox)
epitaf *n* epitaph
epitet *n* epithet
epoha *n* epoch **epohalan** *a* epochal
epopeja *n* epopee, epic poem
epruveta *n* test tube
era *n* era, period, epoch
ergela *n* stud farm, horse farm
erkondišener *n* air conditioner **erkondišn** *n* air conditioning
erotičan *a* erotic **erotika** *n* eroticism
erozija *n* erosion **erozivan** *a* erosive
erudicija *n* erudition **eruditan** *a* erudite
esej *n* essay
eskadra *n* 1. (naval) squadron 2. (air force) brigade
eskadrila *n* (air force) squadron
eskadron *n* (cavalry) troop
eskalacija *n* escalation
eskalator *n* escalator
Eskim *n* Eskimo
esnaf *n* guild
estetičan *a* aesthetic **estetika** *n* aesthetics
Estonija *n* Estonia
estrada *n* podium
etapa *n* 1. stage, phase 2. (sports) lap, section
eter *n* ether
etika *n* ethics
etiketa *n* label
etil *n* ethyl
etimologija *n* etymology
Etiopija *n* Ethiopia
etnički *a* ethnic
etnografija *n* ethnography
eto *interj* look!
eufemizam *n* euphemism
eufonija *n* euphony
euforičan *a* euphoric **euforija** *n* euphoria
eugenetika *n* eugenics
evakuacija *n* evacuation **evakuisati** *v* to evacuate; ∼ *grad* to evacuate a city
evanđelje *n* gospel
eventualan *a* possible, conceivable; *ja ću* ∼*lno putovati u Pariz* I may make a trip to Paris **eventualnost** *n* possibility, case, eventuality
evidencija *n* record(s), file(s)
evo *interj* here!
evocirati *v* to evoke
evolucija *n* evolution **evolucioni** *a* evolutionary
Evropa *n* Europe **evropski** *a* European

F

fabrika *n* factory, plant **fabrički** *a* factory;
~ *radnik* factory worker **fabrikant** *n*
factory owner, manufacturer
fagot *n* (mus.) bassoon
fah *n* box; *poštanski* ~ post-office box
fak(a)t *n* fact **faktički** *a* real, factual
faktor *n* 1. factor 2. decision maker
faktura *n* invoice
fakultativan *a* optional
fakultet *n* school, college (of a university);
faculty; *medicinski* ~ medical school;
pravni ~ law school **fakultetski** college;
a ~*o obrazovanje* a college education
faliti *v* to be missing, lacking; *šta mu fali?*
what does he need? or: what is wrong
with him?
falsifikovati *v* to falsify, forge, counterfeit
falsifikacija *n* falsification, forgery **fal-
sifikator** *n* forger, counterfeiter
familija *n* family; *uža* ~ the immediate
family
familijaran *a* familiar, intimate
fanatičan *a* fanatical, fanatic **fanatičar** *n*
fanatic **fanatizam** *n* fanaticism
fantastičan *a* fantastic **fantazija** *n* fantasy,
imagination
far *n* headlight
farba *n* 1. paint 2. suit (of playing cards)
farbati, ofarbati *v* to paint; to dye
farma *n* farm; animal farm
farmaceut *n* pharmacist **farmaceutski** *a*
pharmaceutical; ~ *fakultet* school of
pharmacy
farmerice, farmerke *n* blue jeans, denims
fasada *n* facade
faširati *v* (cul.) to chop, grind (meat)
fašist(a) *n* fascist **fašistički** *a* fascist **faši-
zam** *n* Fascism
fatalizam *n* fatalism

fauna *n* fauna
favorit *n* favorite (as in sports) **favorizova-
ti** *v* to favor
faza *n* phase, stage
fazan *n* pheasant
februar *n* February
federacija *n* federation
federalizam *n* federalism **federativan** *a*
federal
fenjer *n* lantern; lamp
fer *a* and *adv* fair, fairly; *igrali su* ~ they
played fairly **fer plej** *n* fairness, fair
play
feribot *n* ferry, ferryboat
ferije *n* vacation, holidays
festival *n* festival
feudalizam *n* feudalism **feudalni** *a* feudal
fića *n* (colloq.) small Fiat automobile
figura *n* figure; *šahovske* ~*e* chess pieces,
chessmen
figurativan *a* figurative
fijasko *n* fiasco
fijuk *n* whistle, whizzing **fijukati** *v* to
whistle, whiz
fil *n* 1. stuffing (for meat, poultry) 2.
filling (for cakes)
filantrop *n* philanthropist **filantropija** *n*
philanthropy **filantropski** *a* philan-
thropic
filatelija *n* philately
filc *n* felt
filharmonija *n* philharmonic orchestra
filijala *n* branch, branch office
Filipini *n* Philippines
film *n* film, movie; ~ *u boji* a color film;
nemi (zvučni) ~ a silent (sound) film
filmski *a* ~ *žurnal* newsreel **filmovati** *v*
to film

filolog n philologist **filologija** n philology
filološki a philological; ~ *fakultet* philological faculty

filozof n philosopher **filozofija** n philosophy **filozofski** a philosophical; ~ *fakultet* faculty of philosophy

filtar n filter **filtrirati** v to filter

fin a fine; thin; delicate; first-class, high-class; ~*i pesak* fine sand; ~*a hartija* thin paper; ~*o vreme* fine weather; ~*o jelo* fine food; ~*o vino* first-class wine

finale n 1. (mus.) finale 2. (sports) finals

financije, finansije n finances, finance

finiš n (sports) finish (line)

finoća n sensitivity, refinement

Finska n Finland

fioka n drawer

firma n 1. firm, company 2. sign; *neonska* ~ a neon sign

fisija n fission; *atomska* ~ nuclear fission

fiskultura n physical training; calisthenics

fišek n 1. cartridge 2. cone (for ice cream) 3. (cone-shaped) paper bag

fizičar n physicist

fizički a physical; ~ *napor* physical effort

fizika n physics **fizički** a physics; ~*a grupa* physics program (at a university)

fiziologija n physiology

flagrantan a flagrant, glaring

flanel n flannel

flaster n adhesive strip, band-aid

flaša n bottle

flauta n flute

flebitis n phlebitis

flegmatičan a phlegmatic

fleka n 1. stain, blot 2. lift (on shoes)

flert n flirting **flertovati** v to flirt

flora n flora

flota n fleet; *ratna* ~ navy

flotila n flotilla

fluorescentan a fluorescent

fobija n phobia

foka n (zool.) seal

folklor n folklore **folklorist(a)** n folklorist

fond n 1. fund, stock 2. *(knjižni)* ~ holdings (of a library)

fonetika n phonetics **fonolog** n phonologist **fonologija** n phonology

fontana n fountain

forhend n (tennis) forehand

forma n form, shape

formalan a formal; ~*lna logika* formal logic

formalist(a) n formalist **formalizam** n formalism **formalnost** n formality

formirati v to form, create

formula n formula

formular n form, blank; *popuniti* ~ to fill out a form

formulisati v to formulate, word

forsirati v (mil.) to force; ~ *reku* to force a river

forum n forum; gathering

fosfat n phosphate

fosil n fossil

foto-aparat n camera

fotogeničan a photogenic

fotograf n photograph **fotografija** n 1. photograph, picture 2. photography **fotografisati** v to photograph **fotokopirati** v to photocopy **fotos** n photograph

frakcija n (pol.) faction

Francuska n France **francuski** a French

frapantan a striking, remarkable

fraza n phrase, idiom; *ustaljena* ~ an established phrase **frazeologija** n phraseology **frazeološki** a phraseological; ~ *rečnik* a phrase dictionary

fregata n frigate

frekvenca n frequency

freska n fresco

frigidan a frigid **frigiditet** n frigidity

frizer n beautician, hairdresser; *(muški)* ~ barber **frizerski** a ~*a radnja* barberop; beauty shop **frizura** n hairdo, hairstyle, coiffure

frižider n refrigerator

frojdizam n Freudianism

front n (usu. mil.) front; *na* ~*u* at the front

fronta (W) see **front**

frontalan a frontal

frula n type of flute **frulaš** n flutist

fudbal n soccer **fudbaler** n soccer player

fundamen(a)t n foundation, base; basis **fundamentalan** a basic

funkcija n function **funkcionalan** a functional

funkcionar, funkcioner n official, functionary

funkcionisati v to function

funta n pound (weight and monetary unit)

fusnota n footnote

futrola n case, cheath, cover

futur n (gram.) future

futurist(a) n futurist **futurizam** n futurism

fuzija n fusion; *atomska* ~ nuclear fusion

G

ga *pron* see **on, ono**
gabarden *n* gabardine
gacati *v* to wade; to plod; ~ *po vodi* to wade through water **gaće** *n* 1. *(muške)* ~ (men's) drawers 2. panties 3. ~ *za kupanje* swimming trunks **gaćice** *n* 1. panties 2. *kupaće* ~ see **gaće** 3
gad *n* 1. cad, scoundrel 2. filth
gadan *a* 1. ugly, repulsive 2. bad, of poor quality; ~*dno vreme* bad weather 3. unpleasant, nasty; ~*dne stvari* unpleasant things; ~ *jezik* a nasty tongue
gaditi *v* 1. to upset, disgust, nauseate, make sick; *to me gadi* that makes me sick 2. ~ *se* to be repulsive, disgust; *gadi mi se kad to vidim* I feel sick when I see that **gadljiv** *a* squeamish, nauseated
gađenje *n* shooting; ~ *iz pištolja* pistol shooting **gađati** *v* 1. to aim; ~ *u metu* to aim at a target 2. to shoot; ~ *iz puške (puškom)* to shoot a rifle 3. to throw at, pelt; ~ *decu kamenjem* to throw stones at children
gaj *n* grove, wood
gajde *n* bagpipe
gajiti *v* 1. **odgajiti** to rear, raise, grow, breed; to bring up; ~ *stoku (pčele, ovce)* to raise cattle (bees, sheep) 2. to foster; to feel; to harbor, cherish; ~ *umetnost* to foster the arts
gajtan *n* cord, braid
gakati *v* to cackle; to caw (of crows)
galama *n* noise, racket, uproar
galantan *a* 1. generous 2. gallant **galanterija** *n* 1. gallantry, civility 2. haberdashery
galeb *n* sea gull

galerija *n* 1. gallery 2. balcony (in a theater)
galon *n* gallon
galop *n* gallop **galopirati** *v* to gallop
galoša *n* galosh, overshoe
galvanizovati *v* to galvanize
gamad *n* vermin, pests
gamaše *n* leggings, gaiters
gambit *n* (chess) gambit
gamizati *v* to swarm, teem
Gana *n* Ghana
gangrena *n* gangrene
gangster *n* gangster **gangsterizam** *n* gangsterism
ganuće *n* emotion, feeling **ganut** *a* moved, touched **ganuti** *v* to move, affect, touch
gar *n* soot
garancija *n* guarantee; warranty; ~ *od tri godine* a three-year guarantee (warranty) **garantovati** *v* to guarantee; ~ *za nešto* to guarantee smt.
garav *a* black; sooty
garaža *n* garage **garažirati** *v* to store (an auto) in a garage
garda *n* (elite) guard (group of men); (coll.) *telesna* ~ bodyguard
garderoba *n* 1. checkroom 2. wardrobe 3. dressing room
garnirati *v* to garnish, trim; ~ *salatu* to garnish a salad
garnitura *n* set; ~ *nameštaja* a set (suite) of furniture
garnizon *n* garrison
gas *n* 1. gas; *dati (pritisnuti)* ~ to step on the gas; (mil.) *otrovni* ~*ovi* poisonous gases 2. illuminating gas **gasni** *a* gas; ~ *šporet* gas range
gasiti, ugasiti *v* 1. to turn off; ~ *svetlost* to turn off the light 2. to extinguish; to

quench; ~ *požar* to extinguish a fire 3. ~ *se* to disappear, fade; *boje se gase* the colors are fading

gastritis *n* gastritis

gastronom *n* gourmet, gastronome

gavran *n* raven

gaz *n* 1. ford, shallow place 2. displacement (of a ship)

gaza *n* gauze

gazda *n* owner, master; host; landlord; *svoj* ~ one's own master; *truli* ~ a very wealthy man

gazdinstvo *n* farm

gazela *n* gazelle

gazirati *v* to carbonate; *gazirana pića* carbonated beverages

gaziti *v* 1. to trudge, wade, slosh; ~ *po blatu (po vodi)* to wade through mud (water) 2. **pregaziti** to ford; ~ *reku* to ford a river 3. to tread on, step on; trample; *deca gaze travu* the children are stepping on the grass 4. **pregaziti** to run over; ~ *psa* to run over a dog 5. **ugaziti** to stamp (down); ~ *sneg* to stamp down snow 6. **pogaziti** to violate, break; ~ *obećanje* to break one's promise

gde, gdje 1. *adv* where; ~ *radiš?* where do you work? 2. *adv; bilo* ~ wherever, anywhere 3. *conj* where; *potraži tamo* ~ *sam ti rekao!* look where I told you!

gegati (se) *v* to stagger, sway

genealogija *n* genealogy

generacija *n* 1. generation 2. (graduating) class

general *n* general

generalizacija *n* generalization **generalizovati** *v* to generalize **generalni** *a* general; ~*a popravka* general overhaul

generator *n* generator

genetičan *a* genetic **genetika** *n* genetics

genijalan *a* ingenious, brilliant **genije** *n* genius

genitiv *n* (gram.) genitive

genocid *n* genocide

geograf *n* geographer **geografija** *n* geography

geolog *n* geologist **geologija** *n* geology

geometrija *n* geometry

gepard *n* cheetah

gerijatrija *n* geriatrics

gerila *n* guerilla warfare **gerilac** *n* guerilla **gerilski** *a* guerilla; ~*o ratovanje* guerilla warfare

germanistika *n* Germanics, Germanic philology

geslo *n* motto, slogan

gest *n* gesture

gestetner *n* mimeograph, duplicating machine

gestikulacija *n* gesticulation **gestikulisati** *v* to gesticulate

geto *n* ghetto

gibak *a* flexible, limber, supple

gibanj *n* spring (elastic device)

gibljiv *a* flexible, supple

giht *n* gout

giljotina *n* guillotine **giljotinirati** *v* to guillotine

gimnastičar *n* gymnast **gimnastika** *n* gymnastics **gimnastički** *a* gymnastic; ~*a sala* gymnasium; ~*e sprave* gymnastic apparatus

gimnazija *n* secondary school, high school

ginekolog *n* gynecologist **ginekologija** *n* gynecology

ginuti, poginuti *v* to perish, be killed

gipkost *n* flexibility

gips *n* 1. gypsum 2. (med.) plaster cast; *staviti nogu u* ~ to put a leg in a cast

girlanda *n* garland, wreath

gitara *n* guitar **gitarist(a)** *n* guitarist

gizdav *a* 1. gaudily dressed 2. elegant, ornate

glačalo *n* 1. plane (tool) 2. iron (see **pegla**) **glačati** *v* 1. **uglačati** to smooth, plane 2. **izglačati** to iron

glad *n* 1. hunger; famine; *umreti od* ~*i* to die of hunger 2. (fig.) longing, desire; ~ *za znanjem* longing for knowledge

gladak *a* smooth, level; polished; ~*tka koža* smooth skin **glađi** *(comp)*

gladan *a* hungry; greedy

gladiti *v* 1. **pogladiti** to stroke, pet 2. **ugladiti** to smooth (out, over), polish; ~ *stil* to polish one's style

gladovati *v* to be hungry

glagol *n* verb **glagolski** *a* verbal; ~ *vid* verbal aspect

glas *n* 1. voice; *ljudski* ~ the human voice 2. (mus.) part, voice; *pevali smo u tri* ~*a* we sang in three parts 3. (ling.) sound 4. news, story; rumor; ~*ovi kruže (se šire)* rumors are spreading 5. reputation, good name; *steći lep* ~ to acquire a good reputation 6. vote; *pravo* ~*a* the right to vote **glasač** *n* voter **glasanje** *n* voting **glasati** *v* to vote; ~ *za nekoga* to vote for smb.

glasiti v (usu. used in 3rd person) to say, to be worded; *to rečenica glasi ova-ko... that sentence is worded like this...*

glasnogovornik n loudspeaker

glasovit a renowned, well-known

glava n 1. head; *od ~e do pete* from head to foot 2. heads (on a coin) 3. mind, head; *pametna ~* a wise head 4. life; **staviti ~u na kocku* to risk one's life 5. leader, head; *~ porodice* head of a family 6. head, upper part (of certain objects); *~ (od) eksera (zavrtnja)* head of a nail (screw) 7. head (for certain vegetables); *~ salate (kupusa)* head of lettuce (cabbage) 8. chapter (of a book) 9. leading element; *na ~i povorke* at the head of the procession 10. loaf, ball; *~ šećera* a loaf of sugar

glavar n chief, head; *plemenski ~i* tribal chiefs

glavčina n hub, nave (of a wheel)

glavica n 1. head; *~ salate* head of lettuce 2. top, peak

glavni a main, leading; *~a ulica* the main street; *~a uloga* the leading role

glavnica n capital, funds; principal (of a loan); *interes na ~u* interest on the principal

glavobolja n 1. headache; *imati jaku ~u* to have a bad headache 2. worries, trouble

glazba n (W) 1. music 2. orchestra

glečer n glacier

gledalac n spectator; bystander; *(pl)* the public **gledalište** n auditorium **gledati** v 1. to look, see, watch; *~ komad* to watch (see) a play; *on ih gleda kako igraju kolo* he watches them dance the kolo 2. to try, endeavor; to take pains; *on gleda da ne smeta susedima* he tries not to disturb the neighbors 3. to pay attention; *on ne gleda na takve gluposti* he pays no attention to such stupid things 4. to take care of, watch; *~ bolesnika* to take care of an ill person; *ona gleda decu* she is watching the children 5. *~ se* to look at oneself; *~ se u ogledalo (u ogledalu)* to look at one-self in the mirror 6. misc.; *~ svoga posla* to mind one's own business; **~ kroz prste* to be indulgent; **~ smrti u oči (u lice)* to look death in the eye; **~ nekoga sa visine (preko rame-na)* to look down on smb.; **~ kroz*

ružičaste naočari to view the world through rose-colored glasses **gledište** n viewpoint; *s mojeg ~* from my view-point

gleđ n 1. *zubna ~* enamel (on teeth) 2. glaze **gleđosati** v to glaze

gležanj n 1. ankle 2. *(ručni) ~* wrist 3. joint **gležnjača** n anklebone, talus

glib n mud, mire **glibovit** a muddy, slimy

glicerin n glycerine

glikoza n glucose

glina n clay; *figure od ~e* clay figures **glinen** a made of clay, earthen; *~o posuđe* earthenware

gliser n motor boat

glista n worm; *kišna ~* rainworm

globa n fine, penalty

globalan a global, overall, total

globulin n globulin

globus n globe

glodalica n milling machine

glodar n rodent

glodati, oglodati v 1. to gnaw, nibble 2. to erode, wear down; *talasi su oglodali stenje* the waves eroded the rocks

glog n (bot.) hawthorn

glomazan a clumsy; heavy, bulky

glorifikovati v to glorify

glosar n 1. glossary 2. dictionary, lexicon

gluh a deaf; *~ od rođenja* born deaf; *pravila se ~a* she pretended not to hear **gluhnuti, ogluhnuti** v to become deaf **gluhoća** n deafness **gluhonijem** see **gluvonem**

gluma n acting **glumac** n actor **glumački** a acting, dramatic; *~a umetnost* dramat-ic art; *~a družina* a theatrical troupe **glumiti** v 1. to act (on the stage) 2. to feign, simulate

glup a stupid, foolish **gluplji** *(comp)* **glu-pak** n fool, idiot **glupost** n stupidity, nonsense

gluv see **gluh**

gluvonem, gluhonijem a deaf and dumb, deaf-mute

gljiva n mushroom; toadstool; *jestive (otrovne) ~e* edible (poisonous) mush-rooms

gljivica n 1. dim. of **gljiva** 2. (in pl) fingus

gmizati v to crawl, creep **gmizav** a creep-ing, crawling **gmizavac** n reptile

gnev, gnjev n anger **gnevan, gnjevan** a angry, irate

gnezdo, gnijezdo n nest; *mitraljesko ~* machine-gun nest

gnoj *n* 1. dung, manure; fertilizer 2. pus, suppuration **gnojan** *a* suppurating, purulent **gnojiti se** *v* to fester, suppurate

gnusan *a* loathsome, filthy **gnušati se** *v* to loathe; ~ *nečega* to loathe smb.

gnjaviti *v* to annoy, bother

gnjecav *a* 1. doughy, not thoroughly baked 2. sticky

gnječiti *v* to squeeze, mash; to knead; ~ *grožđe* to press grapes

gnjilež *n* 1. decay, rot 2. decadence

gnjio *a* 1. overripe 2. decayed

gnjurac *n* diver **gnjurati se** *v* to dive

go, gol *a* bare, naked, nude; ~*lo stenje* barren rocks; ~*la istina* the bare truth

god *part* (exp. generalization) *ko* ~ whoever; *koji* ~ whichever

godina *n* year; *školska* ~ academic (school) year; *prestupna* ~ leap year; *Nova* ~ the New Year; *svetlosna* ~ light year; *dve* ~*e* two years; *kroz* ~*u dana* in a (one) year; *svake* ~*e* every year; *ove (prošle, iduće)* ~*e* this (last, next) year; *koliko ti je* ~? how old are you?

godišnjak *n* (annual) almanac

godišnji *a* yearly, annual; ~ *odmor* yearly (usu. summer) vacation

godišnjica *n* anniversary; *slaviti* ~*u* to celebrate an anniversary

godište *n* 1. volume (issues for one year of a journal) 2. (mil.) age group, class

goditi *v* to please; to be good for; *to mi godi* I like that

gojazan *a* corpulent, fat **gojaznost** *n* corpulence

gojiti, ugojiti *v* 1. to fatten (up) 2. ~ *se* to gain weight

gol I see **go**

gol II *n* (sports) goal; *postići* ~ to score a goal

golenjača, goljenjača *n* shin

golet *n* bare mountainous terrain

golicati *v* 1. to tickle 2. to arouse, stimulate; ~ *radoznalost* to arouse curiosity **golicav** *a* ticklish

golišav *a* scantily dressed, naked

golotinja *n* nudity, nakedness

golub *n* pigeon, dove; ~ *mira* dove of peace **golubnjak** *n* pigeon house

gomila *n* 1. heap, pile; ~ *drva* a woodpile; ~ *kamenja* a pile of rocks 2. crowd, mob **gomilati, nagomilati** *v* 1. to accumulate, amass 2. ~ *se* to gather; *oblaci se gomilaju* clouds are gathering

gondola *n* 1. gondola 2. island, gondola (in a self-service store)

gonič *n* 1. driver; ~ *stoke* cattle driver 2. beater (in a hunt) **goniti** *v* 1. to chase, pursue; ~ *begunca* to pursue a fugitive 2. to prosecute; ~ *sudom* to sue 3. to talk into, convince; *nemojte ga* ~ *da proda kola ako neće* do not talk him into selling his car if he doesn't want to

gonoreja *n* gonorrhea

gora *n* 1. mountain 2. woods, forest

gorak *a* bitter, unsweetened; **progutati* ~*rku pilulu* to swallow a bitter pill **gorči** (comp)

gord *a* 1. proud 2. arrogant

gore I *adv* above, up, upstairs; ~*-dole* up and down

gore II *adv* (comp of **rđavo, zlo**) worse; *meni je mnogo* ~ *nego tebi* I am much worse off than you

goreti, gorjeti *v* to burn, be on fire (also fig.); *kuća gori* the house is on fire

gorila *n* gorilla (also fig.)

goriv *a* inflammable, combustible **gorivo** *n* fuel **gorljiv** *a* 1. inflammable 2. ardent

gornji *a* upper, top; ~ *sprat* upper story

goropadan *a* furious, raging **goropadnica** *n* shrew, termagant

gorštak *n* mountaineer, highlander

gorući *a* 1. burning 2. hot; ardent

gorušica *n* mustard

gospoda *coll. pl* of **gospodin**; *dame i* ~*o!* ladies and gentlemen!

gospodar *n* master, owner

gospodariti *v* to govern, manage

gospodarstvo *n* farm, estate

gospodin *n* (*pl* is **gospoda**) 1. Mr., mister 2. gentleman; member of the upper class

gospodstvo *n* 1. reign, rule 2. dignity, refinement 3. see **gospoda**

gospođa *n* 1. Mrs. 2. lady; member of the upper class; *prava* ~ a real lady 3. lady of the house

gospođica *n* Miss; young lady

gost *n* guest, visitor; *večeras idemo kod njih u* ~*e* this evening we are going to visit them; *nezvan* ~ an uninvited guest; *visoki* ~*i* important visitors, VIPs **gostinski** *a* guest; ~*a soba* 1. guest room 2. living room

gostionica *n* inn, tavern **gostioničar** *n* innkeeper

gostoljubiv *a* hospitable **gostoljublje** *n* hospitality

gostovanje *n* tour; *biti na* ~*u* to be on tour
gostovati *v* to play (perform) on tour, give a guest performance
gotov *a* 1. finished, completed, over; *sastanak je* ~ the meeting is over 2. ready; *mi smo* ~*i* we are ready 3. dead; *kad smo stigli u bolnicu, on je već bio* ~ by the time we reached the hospital, he was already dead 4. dead-drunk 5. ~ *novac* cash; *platiti* ~*im novcem* to pay in cash 6. ready-made; ~*a odeća* ready--made clothing
gotovo 1. *part* almost; hardly; ~ *sve* almost everything; ~ *ništa* hardly anything 2. *adv* (for) cash; *kupovati za* ~ to buy for cash
goveče *n* head of cattle
govedar *n* herdsman
govedina *n* beef; *mlevena* ~ ground beef **goveđi** *a* beef; ~*e pečenje* roast beef
govor *n* 1. speech; talk; discourse; conversation; *održati* ~ to make a speech 2. (ling.) sub-dialect, variant, dialect **govorni** *a* ~ *jezik* the spoken (colloquial) language **govoriti** *v* 1. to speak, talk, converse; ~ *engleski* to speak English 2. to say, tell; *govori se* it is said, people say **govorljiv** *a* talkative, loquacious
govornica *n* 1. (speaker's) platform, rostrum, pulpit 2. *telefonska* ~ telephone booth
govornik *n* 1. orator 2. speaker **govorništvo** *n* oratory
gozba *n* feast, banquet
grabiti *v* 1. **ugrabiti** to seize, grab; ~ *priliku (vlast)* to seize an opportunity (power) 2. **zagrabiti** to draw; ~ *vodu iz bunara* to draw water from a well 3. to rake, pile; ~ *grabuljom* to rake
grablje *n* rake
grabljiv *n* grasping, greedy
grabuljati *v* to rake **grabulje** *n* rake
graciozan *a* graceful, charming
grad I *n* city, town; *glavni* ~ capital, major city; *otvoren* ~ an open city
grad II *n* hail; ~ *pada* it's hailing
gradilište *n* building site **graditelj** *n* builder, building contractor **graditi** *v* 1. **izgraditi** to build, construct; ~ *kuću* to build a house 2. to form; *kako se gradi komparativ?* how is the comparative formed? **gradivo** *n* material; *nastavno* ~ curriculum **gradnja** *n* 1. construction, erection; *dozvola za* ~*u* building permit; *u* ~*i* under construction

gradonačelnik *n* mayor
gradski *a* city; ~ *život* city life
građa *n* material, building material
građanin *n* 1. city dweller 2. citizen; *on je* ~ *Francuske* he is a citizen of France **građanski** *a* civil, civic; ~*a prava* civil rights **građanstvo** *n* (coll.) city dwellers
građevina *n* building, structure **građevinar** *n* builder; contractor **građevinski** *a* building, construction; ~ *fakultet* school of civil engineering; ~*a dozvola* building permit
grafika *n* 1. the graphic arts, graphics 2. typography **grafički** *a* printing; ~ *zavod* a printing firm
grafikon *n* graph
graja *n* roar; noise, racket
graktati, graknuti *v* to caw, croak (of birds)
gram *n* gram
gramatika *n* 1. grammar (theory) **gramatički** *a* grammatical; ~*o pravilo* grammatical rule 2. grammar (book, text)
gramofon *n* phonograph, record player; *pustiti* ~ to turn on a record player **gramofonski** *a* phonograph; ~ *ploča* a record
gramziti *v* to crave, long for; ~ *za bogatstvom* to crave wealth
grana *n* branch; bough; (fig.) field; ~ *nauke* a branch of science
granata *n* (mil.) shell; *fugasna* ~ high--explosive shell; *ručna* ~ hand grenade
granati se *v* to spread; to split, divide
granica *n* 1. (national) border; boundary; frontier; *čuvati (zatvoriti)* ~*u* to guard (close) a border **granični** *a* border; ~ *prelaz (pojas)* border crossing (area) 2. boundary, limit; *svemu ima* ~ there is a limit to everything
graničiti *v* 1. **ograničiti** to limit 2. ~ *(se)* to border (on); *ova šuma graniči (se) sa selom* this forest borders on the village
granit *n* granite
granuti *v* to come up. rise
grašak *n* peas
graver *n* engraver; wood-carver **gravira** *n* engraving; etching; woodcut **gravirati** *v* to carve, engrave
gravitacija *n* gravitation, gravity; *zakon* ~*e* the law of gravity
grb *n* coat of arms
grba *n* 1. hump; humpback, hunchback; *kamile imaju* ~*e* camels have humps 2.

bump; ~ *nasred puta* a bump in the road

grbača *n* spine, backbone

grbav *a* 1. hunchbacked 2. uneven; bumpy; ~ *put* a bumpy road **grbavac** *n* hunchback

grcati, grcnuti *v* to sob; to choke (up)

grč *n* cramp, convulsion, spasm; *uhvatio me je* ~ I got a cramp; *porođajni* ~*evi* labor contractions **grčevit** *a* spasmodic, convulsive; feverish; ~*i napori* feverish efforts **grčiti, zgrčiti** *v* to contract, clench; to screw (up); ~ *lice u bolu* to screw up one's face in pain; *mišići mogu da se grče* muscles can be contracted

Grčka *n* Greece **grčki** *a* Greek

grdan *a* 1. huge, vast 2. many, much; ~*dne pare* a lot of money

grditi, izgrditi *v* to scold, reprimand **grdnja** *n* scolding, rebuke

grdosija *n* 1. colossus, giant 2. monster

greben *n* 1. mountain range; crest 2. reef; *koralski* ~ coral reef **grebenast** *a* rugged; ~*i vrhovi* rugged peaks

greda *n* beam, joist, rafter

greh, grijeh *n* sin; *učiniti (oprostiti)* ~ to commit (forgive) a sin

grejalica, grijalica *n* heater; *električna* ~ electric heater **grejanje, grijanje** heating; *centralno* ~ central heating **grejati, grijati** *v* to warm, heat; ~ *sobu* to heat a room; ~ *se kraj peći* to warm oneself next to a stove

Grenland *n* Greenland

grepsti, ogrepsti *v* to scratch, scrape; *on se ogrebao* he scratched himself

grešan *a* sinful, sinning

grešiti, griješiti, pogrešiti, pogriješiti *v* to make a mistake, be wrong; *vi grešite ako tako mislite* you are wrong if you think so **greška** *n* 1. error, mistake, fault; *štamparska* ~ *typographical error; napraviti* ~*u* to make an error 2. (sports) foul **grešnik** *n* sinner

grgeč *n* (zool.) perch

grgot *n* gurgle, gurgling **grgotati** *v* 1. to gurgle (of water) 2. to gargle

grgutati *v* to coo, gurgle

grickati *v* to nibble; *dete gricka nokte* the child bites its nails

grimasa *n* grimace, (funny) face **grimasirati** *v* to grimace

grip *n* grippe, influenza, flu

gristi *v* 1. to bite; to chew; ~ *zubima* to chew with one's teeth 2. to corrode, eat

away; *rđa grize gvožđe* rust corrodes iron 3. to torment, vex; *grize ga savest* he feels pangs of conscience

griva *n* mane

grivna *n* 1. bracelet 2. (metal) ring, band

griz *n* groats

griža *n* 1. worry; ~ *savesti* pangs of conscience 2. (med.) colic, dysentery, diarrhea

grkljan *n* 1. larynx **grkljani** *a* laryngeal; ~ *poklopac* epiglottis 2. throat

grlen *a* guttural; ~*i suglasnik* a guttural consonant

grlić *n* 1. neck (of a bottle) 2. muzzle (of a firearm) 3. ~ (*materice*) cervix (of the uterus)

grliti, zagrliti *v* to hug, embrace

grlo *n* 1. neck; *šta ona nosi na (o)* ~*u?* what is she wearing around her neck? 2. throat; *boli ga* ~ he has a sore throat

grm *n* bush, shrub; **u tom* ~*u leži zec* that's the rub

grmeti, grmjeti *v* 1. to thunder; *grmi* or *grom grmi* it is thundering; *grmelo je* it was thundering 2. to roar; to echo; *topovi grme* the cannons roar **grmljavina** *n* thunder; roar; *pljusak sa* ~*om* thunderstorm

grnčar *n* potter **grnčarija** *n* pottery, earthenware

grnuti, nagrnuti *v* to swarm teem; to rush: *grne narod na trg* the crowd is rushing to the square

grob *n* grave, tomb **grobni** *a* (of a) tomb; ~ *spomenik* tombstone **grobar** *n* gravedigger **groblje** *n* cemetery **grobnica** *n* mausoleum, vault

grof *n* count **grofovija** *n* county

grohot *n* burst of laughter; *smejati se* ~*om* to laugh loudly **grohotati** *v* to laugh loudly

groknuti, groktati *v* to grunt (of a pig)

grom *n* thunder; lightning; ~ *je udario u štalu* lightning struck the stable; *udar* ~*a* thunderbolt

gromada *n* mass (of buildings mountains) **gromadan** *a* enormous

gromobran *n* lightning rod

groteskan *a* grotesque

grozan *a* terrible, awful, horrible, monstrous; ugly; evil; ~*zno vreme* terrible weather; ~ *prizor* a horrible sight; *taj film je* ~ that film is terrible

grozd *n* 1. bunch of grapes 2. cluster of berries 3. bunch, cluster

groziti, ugroziti v to threaten; ~ *nekome* to threaten smb.; *grozi mu opasnost* danger threatens him

groznica n 1. fever; *imati* ~u to have a fever; *žuta* ~ yellow fever 2. craze, fever; *zlatna* ~ gold fever **grozničav** a feverish

grozota n atrocity, cruel deed

grožđe n (coll.) grapes; *suvo* ~ raisins; *berba* ~a grape picking **grožđani** a grape; ~ *sok* grape juice

grub a 1. crude, vulgar, rude; ~ *čovek* a boor 2. approximate, rough, raw, unpolished, incomplete; ~a *skica* a rough sketch; ~a *ocena* an approximate estimate 3. striking, glaring, obvious; ~a *greška* a glaring error 4. uneven; rough, coarse; ~ *štof* coarse fabric; ~a *hartija (koža)* rough paper (skin) 5. difficult, rough; ~ *život* a rough life **grublji** *(comp)* **grubeti grubjeti, ogrubeti, ogrubjeti** v to become rough, coarse; *ogrubele ruke* coarse hands **grubijan** n boor

grudi n breast, bosom, chest; (med.) *kokošije (pileće)* ~ pigeon breast **grudni** a pectoral; ~ *koš* rib (thoracic) cage

grudobran n parapet, breastwork

grudva n lump, clod; ~ *zemlje* a lump of earth 2. block; ~ *sira* a block of cheese 3. snowball (also ~ *snega*); *bacati* ~e to throw snowballs **grudvast** a lumpy **grudvati** v to pelt with snowballs; *deca se grudvaju* the children are having a snowball fight

grumen n lump, clod; ~ *šećera (zemlje, zlata)* a lump of sugar (earth, gold)

grunuti v 1. to burst into; ~ *u kuću* to burst into the house 2. to burst, explode; *bombe su grunule* (the) bombs exploded

grupa n 1. group **grupni** a group; ~o *putovanje* a group excursion 2. major (subject), program (as at a university); ~ *za geologiju* geology program (or major) **grupisati** v to classify, group

grušati se v to clot, coagulate, curdle

gruvati v 1. to roar; *topovi gruvaju* the cannons roar 2. **nagruvati** to cram, grind; ~ *za ispit* to cram for an exam

guba n leprosy **gubav** a leprous **gubavac** n leper

gubica n 1. snout 2. (pejor.) mouth, mug

gubilište n place of execution, gallows

gubitak n loss; damage; *naneti (pretrpeti)* ~tke to inflict (suffer) losses

gubiti, izgubiti v 1. to lose, misplace; ~ *kišobran* to lose an umbrella 2. to lose; ~ *bitku (utakmicu, život, svest)* to lose a battle (a match, one's life, consciousness) 3. to lose; ~ *na kartama (na trkama)* to lose at cards (at the races) 4. ~ *se* to get lost; to disappear, fade away; *nada se gubi* hope is fading 5. ~ *se* to get confused, lose one's head

gudački a (mus.) string, stringed; ~ *orkestar* string orchestra

gudalo n bow, violin bow

gudeti, gudjeti v 1. to play a stringed instrument 2. to hum, buzz, whir, whistle; *zvono gudi* the bell clangs

gugukati v to coo

guja n snake

gulaš n goulash

gulikoža n bloodsucker, usurer

guliti, oguliti v 1. to peel, husk, shell 2. (fig.) to fleece, strip

guma n 1. rubber 2. rubber band 3. tire; *automobilska* ~ automobile tire; *pukla nam je* ~ we had a flat tire 4. ~ *(za brisanje)* eraser 5. gum; ~ *za žvakanje* chewing gum **gumarski** a rubber; ~a *industrija* rubber industry **gumen** a rubber, made of rubber; ~o *crevo* rubber hose **gumica** n eraser

gunđalo n grumbler **gunđati** v to grumble, mutter

gungula n shoving, jostling

gurati, gurnuti v 1. to push, shove; *guraj!* push! 2. ~ *se* to push (as in a crowd)

guriti se v to stoop

gurkati v to push, nudge

gurman n gourmand, epicure

gurnjava n jostling, shoving

gusan n gander

gusar n pirate **gusarski** pirate; a ~ *brod* pirate ship

gusenica, gusjenica n 1. caterpillar 2. caterpillar tread (on a tractor or tank)

guska n goose

gusle n gusle (a Balkan musical instrument)

gust a thick, dense, solid; ~a *šuma* a dense forest **gušći** *(comp)* **gustina** n density, solidity; ~ *naseljenosti* population density

guša n 1. throat 2. crop, craw 3. goiter **gušav** a goitrous

gušče n gosling

gušiti v 1. **ugušiti** to choke, strangle, smother; to crush; ~ *zaveru (pobunu)* to crush a plot (insurrection) 2. ~ *se* to choke, gasp, suffocate

gušobolja n tonsilitis; sore throat

gušterača n (anat.) pancreas

gutati, progutati v to swallow, gulp **gutljaj** n sip, drink, swallow

guvernanta n governess

guverner n governor; ~ *banke* bank president

gužva n 1. crowd, throng, jam 2. disturbance, uproar

gužvati v 1. **izgužvati** to crease, crumple, wrinkle; *ovaj se štof ne gužva* this material does not crease; *izgužvano odelo* a wrinkled suit 2. ~ *se* to push, crowd, shove

gvozden a iron (also fig.); ~*a ruda* iron ore; ~*a disciplina* iron discipline; ~*a volja* an iron will; ~*o doba* the Iron Age

gvožđa n fetters, irons, chains

gvožđar n hardware dealer **gvožđarnica** n hardware store **gvožđarski** a ~ *trgovac* hardware dealer

gvožđe n iron; *sirovo* ~ pig iron; *liveno (kovno)* ~ cast (wrought) iron; **~ se kuje dok je vruće* strike while the iron is hot; *staro* ~ scrap iron

H

habati, pohabati v to wear out; ~ cipele
to wear out shoes

hadžija n pilgrim to Mecca (or Jerusalem)
hadžiluk n (Moslem's) pilgrimage to
Mecca; (Christian's) pilgrimage to Jeru-
salem

hajati v to care; on ni za koga ne haje he
doesn't care about anyone

hajde, hajdete, hajdemo interj let's go,
let's; hajdemo u bioskop let's go to the
movies

hajduk n haiduk, anti-Turkish high-
wayman

hajka n 1. hunt, chase, pursuit; (fig.)
podigli su ~u na njega they are out to
get him 2. posse, group of pursuers
hajkač n beater (during a hunt)

hala n 1. (large) workshop, shop, work-
room; fabrička ~ workshop; mašinska
~ engine room 2. hall; sajamske ~e
exhibition halls

half n (sports) half, halfback; (soccer) levi
(desni) ~ left (right) half

halo interj hello (usu. as greeting over the
telephone)

halucinacija n hallucination halucinirati v
to have hallucinations, hallucinate

halva n halvah; bela ~ nougat

haljina n dress; robe; gown; balska ~
evening gown; spavaća ~ nightgown

ham n harness

hamak n hammock

han n tavern, inn

hangar n hanger

haos n chaos haotičan a chaotic; ~čno
stanje a chaotic situation

haps n 1. jail, prison 2. detention hapsiti,
uhapsiti v to arrest, take into custody

haranga n harangue

harati, poharati v 1. to pillage, loot 2. to
devastate; požari haraju šume the fires
are devastating the forests 3. to rage;
epidemija je harala gradom the epidem-
ic raged through the city

harčiti, poharčiti v to waste; squander; to
spend

harem n harem

harfa n harp harfist(a) n harpist

haringa n herring

harmoničan a harmonious harmonija n
harmony

harmonika n accordion; usna ~ harmoni-
ca harmonikaš n accordionist

harmonirati v to be in harmony, harmo-
nize harmonizovati v to bring into har-
mony

harpun n harpoon harpunirati v to
harpoon

hartija n 1. paper; ~ za pisanje (pakova-
nje) writing (wrapping) paper 2. (usu. in
pl) documents; ~ od vrednosti valuable
papers

hauba n hood

haubica n (mil.) howitzer

havarija n damage havarisati v to damage

hazardan a 1. risky, hazardous 2. gam-
bling; ~dne igre games of chance

Hebrej n Hebrew

hedonist(a) n hedonist hedonizam n
hedonism

hegemonija n hegemony

hej interj hey, hello; ~, Milane, dođi
ovamo hey, Milan, come here

heklati, isheklati v to crochet heknadla n
crocheting needle

hektar n hectare

helijum n helium

helikopter n helicopter

heljda *n* buckwheat

hematologija *n* hematology

hemičar *n* chemist hemija *n* chemistry; *organska (neorganska, fizička)* ~ organic (inorganic, physical) chemistry hemijski *a* chemical, ~ *odsek* department of chemistry; ~*o čišćenje* dry cleaning; ~ *elementi* chemical elements; ~*a olovka* ball-point pen

hemisfera *n* hemisphere

hemoroidi *n* hemorrhoids

hendikep *n* handicap hendikepirati *v* to handicap

hepatitis *n* hepatitis

hepiend *n* happy ending (to a film, novel)

heraldika *n* heraldry

Hercegovina *n* Herzegovina

heretik *n* heretic hereza *n* heresy

hermelin *n* 1. ermine 2. ermine fur

hermetičan *a* hermetic, airtight

heroičan *a* heroic

heroin *n* heroin

heroina *n* heroine heroizam *n* heroism heroj *n* hero herojski *a* heroic; ~ *podvig* a heroic deed

heterogen *a* heterogenous

heteroseksualan *a* heterosexual

hibernacija *n* hibernation

hibrid *n* hybrid hibridan *a* hybrid; ~*dni kukuruz* hybrid corn

hidrant *n* hydrant

hidraulički *a* hydraulic; ~*čka presa* hydraulic press

hidrocentrala *n* hydroelectric power station hidroelektričan *a* hydroelectric; ~*čna energija* water power

hidrogen *n* hydrogen hidrogenski *a* hydrogen; ~*a bomba* the hydrogen bomb

hidrometeorološki *a* ~ *zavod* weather bureau

higijena *n* hygiene higijeničar *n* hygienist higijenski *a* hygienic

hihot *n* giggle hihotati *v* to giggle, titter

hijena *n* hyena

hijerarhija *n* hierarchy

hijeroglif *n* hieroglyphic

hiljada *n* thousand hiljaditi *num a* the thousandth hiljadugodišnjica *n* millenium

himen *n* hymen

himna *n* hymn, anthem; *državna* ~ national anthem

hiperbola *n* 1. (math.) hyperbola 2. hyperbole; exaggeration hiperboličan *a* hyperbolic

hipertenzija *n* hypertension

hipnotizam *n* hypnotism hipnotizer *n* hypnotist hipnotisati *v* to hypnotize hipnoza *n* hypnosis

hipodrom *n* hippodrome

hipohondar *n* hypochondriac hipohondričan *a* hypochondriac hipohondrija *n* hypochondria

hipokrit(a) *n* hypocrite hipokritski *a* hypocritical hipokrizija *n* hypocrisy

hipoteka *n* mortgage

hipotenuza *n* hypotenuse

hipotetičan *a* hypothetical hipoteza *n* hypothesis

hir *n* caprice, whim hirovit *a* capricious

hirurg *n* surgeon hirurgija *n* surgery hirurški *a* surgical; *izvršiti* ~*u intervenciju nad nekim* to operate on smb.

histeričan *a* hysterical histerija *n* hysteria

historija (W) see istorija

hitac *n* 1. gunshot, shot, round 2. (sports) shot; kick; throw; ~ *na gol* a shot at the goal

hitan *a* urgent, critical, pressing; ~*tna pomoć* emergency squad; ~*tne mere* emergency measures

hitar *a* fast, quick; clever, adroit; ~ *na odluku* quick in making decisions

hitati *v* 1. pohitati to rush, hurry; *đaci su hitali u školu* the schoolchildren were rushing to school 2. to hurl, throw; *deca su hitala kamenje na njega* the children were throwing stones at him

hlače *n* (W) trousers, pants

hlad *n* shade; *u* ~*u* in the shade

hladan *a* 1. cold, cool; ~*dna voda* cold water; ~ *doček* a cool reception; *probijao ga je* ~ *znoj* he broke out in a cold sweat; (pol.) ~*dni rat* the Cold War 2. ~*dno oružje* side arms (sword, bayonet)

hladiti, ohladiti *v* 1. to make cold, cool 2. ~ se to become cold; *kafa se ohladila* the coffee got cold hladno *adv* 1. cold, cool; ~ *mi je* I am cold; ~ *je* it is cold 2. coolly, coldly, calmly; ~ *je gledao u oči opasnostima* he faced the danger coolly (calmly) hladnoća *n* cold; cold weather hladnokrvan *a* cold-blooded hladnjača *n* 1. refrigerator truck 2. (large) refrigerator

hladnjak *n* radiator (on an automobile)

hlađenje *n* cooling, air conditioning; refrigeration

hleb, hljeb *n* 1. bread; *crni (beli)* ~ black (white) bread; *ražani (kukuruzni)* ~ rye

(corn) bread 2. loaf 3. misc.; *zarađivati*
~ to earn a living
hlor *n* chlorine
hmelj *n* (bot.) hops
hobi *n* hobby
hobotnica *n* (zool.) octopus
hod *n* 1. walk, gait; pace; *dva sata ~a* a
two-hour walk; *ići brzim ~om* to walk
at a fast pace 2. (tech.) *mrtvi ~* play
hodanje *n* (sports) walking **hodati** *v* to
walk, pace; ~ *po sobi* to pace the room;
dete već ume da hoda the child can
walk already
hoditi *v* (in 2nd person imper.) *hodi ova-
mo!* come here!
hodnik *n* corridor, hall
hodočasnik *n* pilgrim **hodočašće** *n* pilgri-
mage
hodulje *n* stilts
hohštapler *n* fortune hunter; adventurer
hokej *n* hockey; ~ *na ledu* ice hockey; ~
na travi field hockey **hokejaš** *n* hockey
player
hoklica *n* stool
hol *n* lobby; hall
Holandija *n* Holland **holandski** *a* Dutch
homofon *n* homophone
homograf *n* homograph
homonim *n* homonym
homoseksualac *n* homosexual
honorar *n* honorarium; fee; royalty; *autor-
ski* ~ (author's) royalties **honoraran** *a*
paid (by the hour); ~*rni rad* part-time
(extra) work; or: work paid by the hour
honorisati *v* to pay (a fee, honorarium)
for; *jesu li ti honorisali taj članak?* did
they pay you an honorarium for that
article?
hor *n* chorus; choir **horski** *a* ~*a pesma*
chorale, hymn
horda *n* horde; crowd; swarm
horizont *n* horizon; *pojaviti se na* ~*u* to
appear on the horizon (also fig.)
horizontalan *a* horizontal
hormon *n* hormone **hormonalan** *a*
hormonal
horoskop *n* horoscope
hotel *n* hotel; *odsesti u* ~*u* to stay in a
hotel **hotelski** *a* hotel; ~*o osoblje* hotel
staff **hotelijerstvo** *n* hotel management
hotimice *adv* deliberate, intentionally **ho-
timičan** *a* deliberate, intentional; ~*čna
greška* a deliberate error
hrabar *a* brave, courageous **hrabriti, ohra-
briti** *v* to encourage, cheer up; *uzajamno*

su se hrabrili they cheered each other
up **hrabrost** *n* bravery, courage
hram *n* temple, church; (fig.) ~ *nauka*
bastion of science
hramati *v* to limp, hobble, be lame; ~ *na
desnu (levu) nogu* to limp on the right
(left) leg
hrana *n* 1. food, sustenance, nourishment;
stan i ~ room and board 2. fodder;
*topovska ~ cannon fodder
hraniti *v* 1. **nahraniti** to feed; to nourish,
support, sustain; ~ *dete* to feed (nurse)
a child 2. ~ *se* to eat; to live on; ~ *se u
restoranima (kod kuće)* to eat in restau-
rants (at home) **hranjiv** *a* nutritious,
nourishing
hrapav *a* rough, coarse; ~*e ruke* rough
hands
hrast *n* oak **hrastov** *a* oak; ~ *nameštaj* oak
furniture
hrbat *n* backbone, spine
hrčak *n* hamster
hren *n* horseradish
hripavac *n* whooping cough, pertussis
Hrist, Hristos *n* Christ **hrišćanin** *n* Chris-
tian **hrišćanski** *a* Christian; ~ *svet*
Christianity **hrišćanstvo** *n* Christianity
hrkati *v* to snore; *on jako hrče* he snores
loudly
hrliti *v* to rush, hurry; swarm; *svi hrle na
trg* everyone is rushing to the square
hrom I *a* lame, limping; *on je* ~ *u desnu
nogu* he limps on his right leg
hrom II *n* chromium **hromirati** *v* to
chrome
hromosom *n* chromosome
hroničan *a* chronic; ~*čna bolest* a chronic
illness
hroničar *n* chronicler
hronika *n* chronicle
hronologija *n* chronology
hropac *n* death rattle **hroptati** *v* to breat-
he, speak with a rattle (in the throat)
hrpa *n* 1. heap, pile 2. mass, mob
hrskati *v* to crunch, munch
hrskavica *n* cartilage **hrskavičav** *a* cartila-
ginous, gristly
hrt *n* greyhound
Hrvatska *n* Croatia **hrvatski** *a* Croatian
hrvatskosrpski *a* ~ *jezik* (W; official) the
Serbo-Croatian language
hteti, htjeti *v* 1. to want, wish, desire;
hoćete li kafu ili čaj? do you want coffee
or tea? *hteo sam nešto da ti kažem* I
wanted to tell you smt.; *on neće da puši*

he does not wish to smoke (or: he will not smoke- see 2) 2. shall, will (as aux. for the future tense); *on neće više pušiti* he will not smoke anymore (or: he does not want to smoke anymore-see 1); *on će raditi* (or: *on će da radi)* he will work; *hoće li on doći?* will he come?

hučati *v* to roar, boom, rumble; to whistle; *more huči* the sea is roaring

hujati *v* to hum, moan, whistle; *žice huje na vetru* the wires hum (moan) in the wind; *huji mi u ušima* I have a ringing in my ears

huka *n* roar, boom, noise; ~ *talasa* the roar of the waves

hukati *v* to hoot (of an owl)

hula-hopke *n* tights

huliti, pohuliti *v* to blaspheme, to vilify

humanist(a) *n* humanist **humanistika** *n* the humanities; classical studies **humanistički** *a* humanistic; ~*e nauke* the humanities **humanitaran** *a* humanitarian; ~*rne svrhe* humanitarian goals **humanizam** *n* humanism **humanost** *n* humanitarianism; humanity

humor *n* humor; *smisao za* ~ sense of humor **humorist(a)** *n* humorist, comedian **humorističan** *a* humorous, funny **humoristički** *a* comic; ~*e emisije* comedy programs (on radio, T.V.)

huškač *n* agitator, rabble-rouser; *ratni* ~ warmonger **huškati, nahuškati** *v* to incite, provoke, stir up; ~ *nekoga protiv (na)* nekoga to stir up smb. against smb.

hvala 1. *n* gratitude, thanks 2. *interj* thanks, thank you; ~ *lepo* thank you very much; *mnogo (veliko)* ~ many thanks; ~ *vam na poklonu (za poklon)* thank you for the present 3. *n* praise; boasting; *on je dostojan* ~*e* he is worthy of praise

hvalisati se *v* to boast, brag **hvalisav** *a* boastful **hvalisavac** *n* boaster, braggart

hvaliti, pohvaliti *v* to praise, laud, commend

hvat *n* fathom 2. cord; ~ *drva* a cord of wood

hvatati, uhvatiti *v* 1. to grab. seize, pick up, take hold of; ~ *bandita* to seize a bandit 2. to catch; to trap; ~ *loptu (rukom)* to catch a ball (with one's hand); *uhvatila nas je kiša* we were caught in the rain 3. to take possession, overcome, strike, seize; *hvata ga kijavica* he is catching a cold; *šta ga je uhvatilo?* what came over him? 4. to receive, get; *naš radio hvata samo lokalne stanice* our radio receives only local stations 5. to hold; *ovo bure hvata 20 litara* this barrel holds 20 liters 6. ~ *se* to stick to; to form on, spread over; *sneg se hvata po travi* the snow is sticking on the grass 7. misc.; ~ *beleške* to take notes; *epidemija hvata maha* the epidemic is spreading; ~ *nekoga pod ruku* to take smb. by the arm; ~ *nekoga za reč* to hold smb. to his word; ~ *se za ruke* to join hands

I

i *conj* 1. and; *Milan i Vera pišu zadatak* Milan and Vera are writing their homework; ~ *tako dalje* (= *itd.*) and so on 2. ~ ... ~ *both ... and; doneo je ~ gramofon ~ ploče* he brought both a phonograph and records 3. also, too; ~ *meni se sviđa* I like it too 4. even (often preceded by **čak**); *pozvao je (čak) ~ mene* he even invited me 5. *ne samo ... nego* ~ not only ... but; *on je ne samo darovit nego ~ marljiv* he is not only talented, but also diligent

iako *conj* although; even though; ~ *je mlad, vrlo je ozbiljan* although he is young, he is very serious

ičiji *pron* anyone's; *da li je on našao ~e knjige?* did he find anyone's books?

ići *v* 1. to go, walk, ride, come; ~ *vozom (avionom, tramvajem)* to go by train (airplane, trolley); *Nada već ide u školu* Nada goes to (attends) school already; *dete još ne ide* the child doesn't walk yet; *kako idu poslovi?* how are things? 2. to flow, run, leak; *ide mi krv iz nosa* my nose is bleeding; *zašto ide voda?* why is the water running? 3. to have currency, be in circulation, be accepted; *da li ove novčanice još idu?* are these bills still in circulation? 4. to lead, go; *ovaj put ide pored reke* this road leads along the river 5. to function, work; *ide li još ova mašina?* does this machine still work? *ovaj sat ne ide* this watch has stopped 6. to pass, go by; *godine idu* the years are passing 7. to suit, fit, go with; *ove zavese će dobro ići uz ćilim* these curtains will go very well with the rug; *ova vam boja odlično ide* this color is very becoming to you 8. (chess, check-

ers) to move; *on je išao damom* he moved his queen

ideal *n* ideal **idealan** *a* ideal; ~*lni uslovi* ideal conditions **idealisati** *v* to idealize **idealist(a)** *n* idealist **idealističan** *a* idealistic **idealizam** *n* idealism

ideja *n* idea; principle; *fiksna* ~ fixed idea **idejni** *a* ideological

identičan *a* identical; *biti* ~ *nečemu* to be identical to (with) smt. **identifikovati** *v* to identify **identitet** *n* identity; *utvrditi* ~ to establish smb.'s identity

ideologija *n* ideology

idiom *n* idiom **idiomatski** *a* idiomatic; ~ *izraz* an idiomatic expression

idiot *n* idiot; fool **idiotski** *a* idiotic

idol *n* idol **idolopoklonički** *a* idolatrous **idolopoklonik** *n* idolater, idol worshiper **idolopoklonstvo** *n* idolatry

idući *a* next, following; ~*e nedelje* next Sinday

igde, igdje *adv* anywhere, anyplace; *da li se to* ~ *može kupiti?* can we buy that anywhere?

igla *n* 1. needle; *udenuti* ~*u* to thread a needle; **sedeti kao na* ~*ama* to be on pins and needles 2. quill, spine 3. pin; brooch; clasp; ~ *za kravate* tiepin; ~ *za kosu* hairpin **igleni** *a* needle; ~*e uši* eye of a needle

igo *n* (usu. fig.) yoke

igra *n* 1. game; play(ing), gambling; *olimpijske* ~*e* the Olympic Games; *hazardne* ~*e* games of chance; *fudbalska* ~ a soccer game; ~ *reči* pun 2. dance, dancing; *narodne* ~*e* folk dances 3. acting 4. misc.; ~ *slučaja (sudbine)* a stroke of fate; (tennis) ~ *pojedinaca (parova)* singles (doubles) **igrač** *n* 1.

player; gambler 2. dancer **igračka** *n* toy; *prodavnica* ∼*aka* toy store **igralište** *n* playground; athletic field **igranka** dance, ball; *bili su na* ∼*ci* they were at a dance **igrati** *v* 1. to dance; *ovaj par lepo igra* this couple dances beautifully; ∼ *kolo (valcer)* to dance a kolo (a waltz) 2. ∼ *(se)* to play; *deca su (se) mirno igrala* the children played quietly; ∼ *se karata (šaha, žmurke, šuge, lopte)* to play cards (chess, hide-and-seek, tag, ball); ∼ *na berzi* to speculate on the stock market 3. ∼ *se nečim* to play (with) smt.; to fool with smt.; ∼ *se vatrom* to play (fool) with fire 4. to play; ∼ *karte (šah, fudbal)* to play cards (chess, soccer) 5. to act, play, perform; *glumci su dobro igrali* the actors performed well; ∼ *(važnu) ulogu* to play a (an important) role 6. to twitch, tremble; *igra mi oko* my eye is twitching

ijedan *pron* any, anyone; *ima li* ∼ *od vas olovku?* do any of you have a pencil?

ikad(a) *adv* ever, at any time; **bolje* ∼ *nego nikad* better late than never; *da li idete* ∼ *u bioskop?* do you ever go to the movies?

ikakav *a* any, of any kind; *imate li* ∼ *drugi rečnik?* do you have any other (kind of) dictionary?

ikako *adv* in any way; *može li se ovo uraditi* ∼ *drugačije?* can this be done in any other way?

iko, itko *pron* anybody (at all), anyone, whoever; *da li je* ∼ *telefonirao?* did anyone telephone?

ikoji *a* any; *da li on zna* ∼ *strani jezik?* does he know any foreign language?

ikona *n* icon **ikonoborac** *n* iconoclast

ikra *n* 1. roe; *bacati* ∼*u* to spawn roe 2. caviar

ilegalac *n* 1. member of an underground 2. illegal resident **ilegalan** *a* 1. illegal 2. underground; ∼*lni rad* underground activity **ilegalnost** *n* 1. illegality 2. underground; *celog rata bio je u* ∼*i* all during the war he was in the underground

ili *conj* or; *je li ovo Milan* ∼ *Marko?* is this Milan or Marko?

ilustracija *n* illustration **ilustrovati** *v* to illustrate

iluzija *n* illusion **iluzoran** *a* illusory

imaginaran *a* imaginary

imanje *n* property; estate; *nepokretno* ∼ real estate

imati *v* (the *neg.* is supplied by **nemati**) 1. to have, possess, own; ∼ *sreće (novaca, vremena)* to have luck (money, time); *on ima 20 godina* he is twenty years old; *vi imate pravo* you are right 2. to be, exist, be located (usu. replaced by **biti** I in the past and future tenses); *ima li hleba?* is there any bread? *na zidu ima jedna fotografija (fotografija)* there is a photograph (there are a few photographs) on the wall; *šta ima za ručak?* what is there for dinner? 3. to be obliged to, have to; *ona ima da radi* she has to work 4. to wear, have, on; *imao je (na sebi) plavi kaput* he was wearing a blue coat

ime *n* 1. name; given name; *lično* ∼ personal name; *vlastito* ∼ proper name 2. reputation, name; *steći* ∼ to acquire a reputation

imendan *n* name day; *slaviti* ∼ to celebrate one's name day

imenica *n* (gram.) noun; *vlastita* ∼ proper noun; *zajednička (opšta)* ∼ common noun; *zbirna* ∼ collective noun **imenič-ki** *a* nominal; ∼ *sufiks* nominal suffix

imenik *n* directory; *telefonski* ∼ telepho-ne book

imenilac *n* denominator; *zajednički* ∼ common denominator

imenovati *v* 1. to appoint; *on je (na)imeno-van za našeg ambasadora u Parizu* he was appointed our ambassador to Paris 2. to name; to mention

imenjak *n* namesake

imetak *n* property, fortune; *steći* ∼ to acquire a fortune

imigracija *n* immigration **imigrant** *n* im-migrant

imitacija *n* imitation **imitirati** *v* to imitate, impersonate; *deca imitiraju odrasle* children imitate their elders

imoralan *a* immoral

imortalitet *n* immortality

imovina *n* property; *nepokretna* ∼ real estate

imperativ *n* 1. (gram.) imperative 2. must, imperative, obligation

imperator *n* emperor

imperfek(a)t *n* (gram.) imperfect

imperija *n* empire **imperijalist(a)** *n* impe-rialist **imperijalistički** *a* imperialistic **imperijalizam** *n* imperialism

implicirati v to imply **implikacija** n implication

imponovati v to impress

import n import; importing **importirati** v to import

impotencija n impotence **impotentan** a impotent

impozantan a impressive, imposing

impresionirati v to impress; *on me je impresionirao svojim znanjem* he impressed me with his knowledge

impresionist(a) n impressionist **impresionizam** n impressionism

impresivan a impressive

improvizacija n improvisation **improvizovati** v to improvise

imućan a well-off, well-to-do

imun a immune; *on je ~ na šarlah* he is immune to scarlet fever **imunitet** n immunity; *diplomatski ~* diplomatic immunity; *~ protiv velikih boginja* immunity to smallpox **imunizovati** v to immunize

inače adv 1. otherwise; *moram učiti, ~ ću pasti na ispitu* I have to study, otherwise I'll fail the exam 2. *i ~* already; anyway, anyhow; *pogoršati i ~ tešku situaciju* to aggravate an already difficult situation

inat n spite, malice, grudge; *iz ~a* out of spite

inauguracija n inauguration, opening **inaugurisati** v to inaugurate

indeks n 1. index 2. (Yugo.) university student's booklet 3. index, list of prohibited books

indicija n evidence, clue

indignacija n indignation **indignirati** v to offend, upset

indigo-papir n carbon paper

Indija n India **indijski** a Indian

Indijanac n (American) Indian **indijanski** a Indian

indikacija n indication, symptom

indikativ n (gram.) indicative

indikator n indicator; gauge

indirektan a indirect

indiskrecija n indiscretion **indiskretan** a indiscreet

individualan a individual **individualist(a)** n individualist

indoevropski a Indo-European

indolentan a indolent

Indonezija n Indonesia

indosirati v to endorse

indukcija n induction **indukovati** v to induce

industrija n industry; *teška (laka) ~* heavy (light) industry **industrijski** a industrial; *~a proizvodnja* industrial production **industrijalizovati** v to industrialize

inercija n inertia; *po ~i* by inertia **inertan** a inert

infekcija n infection **infekcioni** a infectious

inferiornost n inferiority

inficirati v to infect; *rana se inficirala* the wound got infected

infiltracija n infiltration **infiltrovati** v to infiltrate

infinitiv n (gram.) infinitive

inflacija n inflation

informacija n information; *šalter za ~e* information desk **informacioni** a information; *~ biro* information office **informativan** a informative **informisati** v to inform, notify; *~ nekoga o nečemu* to inform smb. about smt.

infracrven a infrared; *~i zraci* infrared rays

inhibicija n inhibition **inhibirati** v to inhibit

inicijacija n initiation

inicijal n initial (letter)

inicijativa n initiative

injekcija n injection; *dobiti (dati) ~u protiv nečega* to receive (give) an injection against smt.

inklinirati v to be inclined

inkognito adv incognito

inkriminisati v to incriminate

inkubacija n incubation **inkubacioni** a incubation; *~ period* incubation period **inkubator** n incubator

inkvizicija n inquisition **inkvizitor** n inquisitor

inokulacija n inoculation **inokulisati** v to inoculate

inostran a foreign; *~i poslovi* foreign affairs **inostranac** n foreigner **inostranstvo** n foreign countries; *u ~u* abroad; *iz ~a* from abroad

inovacija n innovation

inoveran, inovjeran a 1. of a different faith 2. heterodox

inscenirati v 1. to stage, adapt for the stage 2. to concoct, fabricate

insek(a)t n insect **insekticid** n insecticide

insinuacija *n* insinuation **insinuirati** *v* to insinuate

insistirati *v* to insist; *on insistira na tome* he insists on that

insolventan *a* insolvent

inspekcija *n* 1. inspection 2. inspection board **inspektor** *n* inspector; ~ *zdravlja* health inspector

inspiracija *n* inspiration **inspiracioni** *a* inspirational **inspirisati** *v* to inspire; ~ *se* to be inspired

instalacija *n* 1. installation; utility; *vodovodna* ~ plumbing; *požar je pokidao sve* ~*e* the fire has knocked out all utilities 2. (act of) installing, installation **instalater** *n* 1. ~ *(za elektriku)* electrician 2. *vodovodni* ~ plumber **instalirati** *v* to install

instancija *n* (level of) jurisdiction; *sud najviše* ~*e* court of last resort

instinkt *n* instinct; *po* ~*u* by instinct **instinktivan** *a* instinctive

institut *n* 1. institute; *raditi u (na)* ~*u* to work in an institute 2. department, section (of a **fakultet**, at a university); ~ *za biologiju* or *biološki* ~ biology department

instruktor *n* instructor; tutor

instrumen(a)t *n* 1. instrument; tool; *hirurški* ~*i* surgical instruments 2. (mus.) instrument; *duvački (drveni duvački, gudački)* ~ brass (woodwind, stringed) instrument

instrumental *n* (gram.) instrumental

insulin *n* insulin

intaktan *a* intact

integracija *n* 1. integration 2. merger, consolidation (usu. of two or more firms)

integral *n* (math.) integral **integralni** *a* integral; ~ *račun* integral calculus

integrisati *v* 1. to integrate 2. to merge, consolidate; *ova dva preduzeća su se integrisala* these two firms have (been) merged

integritet *n* integrity; *teritorijalni* ~ territorial integrity

intelekt *n* intellect, mind **intelektualac** *n* intellectual **intelektualan** *a* intellectual **inteligencija** *n* 1. intelligence 2. intelligentsia **inteligentan** *a* intelligent

intendant *n* quartermaster

intenzitet *n* intensity **intenzivan** *a* intensive **intenzivirati** *v* to intensify

interes *n* 1. interest (on money) 2. interest; *probuditi (izazvati)* ~ to rouse interest **interesantan** *a* interesting **interesovati** *v* 1. to interest; *nju ne interesira vaš razgovor* she is not interested in your conversation 2. ~ *se* to be interested; *on se interesuje za naš jezik* he is interested in our language

intermeco *n* (mus.) intermezzo

internacija *n* internment

internacionalan *a* international **internacionalizovati** *v* to internationalize

internat *n* boarding school

interni *a* internal; ~*a medicina* internal medicine

internirati *v* to intern

internist(a) *n* (med.) internist

interpolacija *n* interpolation **interpolirati** *v* to interpolate

interpretacija *n* interpretation **interpretovati** *v* to interpret

interpunkcija *n* punctuation; *znaci* ~*e* punctuation marks

interval *n* interval

intervencija *n* intervention; *oružana* ~ armed intervention **intervenisati** *v* to intervene, intercede

intervju *n* interview; *dati* ~ to grant an interview **intervjuisati** *v* to interview

intiman *a* intimate; ~*mna želja* an intimate desire **intimitet** *n* intimacy

intolerancija *n* intolerance **intolerantan** *a* intolerant

intonacija *n* intonation

intonirati *v* to intone; ~ *državnu himnu* to strike up the national anthem

intriga *n* intrigue **intrigirati** *v* 1. to engage in intrigue 2. to intrigue, arouse the interest of

introspektivan *a* introspective

intuicija *n* intuition **intuitivan** *a* intuitive

invalid *n* invalid; *ratni (vojni)* ~ disabled veteran **invalidski** *a* disability; ~*a penzija* d'sability pension

invazija *n* invasion

inventar *n* 1. inventory 2. equipment **inventarisati** *v* to take an inventory of

inverzija *n* inversion

investicija *n* investment **investirati** *v* to invest **investitor** *n* investor

inzulin see **insulin**

inženjer *n* (diplomirani) ~ (graduate) engineer; *rudarski* ~ mining engineer

inje *n* hoarfrost

iole *adv* at all, a bit

ionako _adv_ already; anyway, anyhow; ~ _zaoštrena situacija_ the already tense situation

ipak _conj_ nevertheless, but, still, however, yet, anyway; _danas ima sunca, ali je_ ~ _hladno_ it's sunny today, but it's still cold

Irak _n_ Iraq

Iran _n_ Iran

irelevantan _a_ irrelevant

irigacija _n_ irrigation **irigirati** _v_ to irrigate

iritacija _n_ irritation **iritirati** _v_ to irritate

ironičan _a_ ironical **ironija** _n_ irony

Irska _n_ Ireland

iscediti, iscijediti see **cediti**

iscrpan _a_ exhaustive, detailed; ~ _opis_ a detailed description

isečak, isječak clipping; ~ _iz novina_ newspaper clipping **iseći, isjeći** _v_ to cut, cut out, cut off; to carve; ~ _iz novina_ to cut out of the newspaper(s); ~ _parče hleba_ to cut (off) a slice of bread

iseliti _v_ 1. to move out; to expel, remove; _iselili su ga iz stana_ they moved him out of his apartment 2. ~ _se_ to move; _oni su se iselili iz stana_ they moved out of the apartment 3. ~ _se_ to emigrate; _iselili su se u Ameriku_ **iseljenik** _n_ emigrant

ishod _n_ 1. result 2. see **izlaz**

ishrana _n_ diet, food, nutrition, nourishment

isisati _v_ to suck (out), drain

iskaliti _v_ ~ _bes (ljutnju) na nekoga_ to vent one's fury (anger) on smb.

iskapiti _v_ to drain, empty; _iskapio je čašu_ he drained the glass

iskašljati _v_ 1. to cough up; _iskašljao je krv_ he coughed up blood 2. ~ _se_ to clear one's throat

iskaz _n_ statement, testimony; _lažan_ ~ false testimony **iskazati** _v_ to state

iskidati _v_ 1. to tear apart 2. to blow down; _iskidani su dalekovodi_ the power lines have been blown down

iskliznuti _v_ to slip; _vaza mi je isklizla iz ruke_ the vase slipped out of my hand; ~ _iz šina_ to derail (of a train)

isključiti, isključivati _v_ 1. to turn off, disconnect; ~ _radio_ to turn off the radio 2. to expel, exclude; ~ _iz škole_ to expel from school **isključiv** _a_ exclusive; selective **isključivo** _adv_ exclusively, solely

iskočiti _v_ to jump, leap out; _voz je iskočio iz šina_ the train derailed; or: the train jumped the tracks

iskonski _a_ very old

iskopati, iskopavati _v_ 1. to dig, dig up; ~ _podatke_ to dig up data 2. to excavate (as for archeol. purposes) **iskopina** _n_ excavation, excavation site

iskoreniti, iskorijeniti _v_ to uproot, tear out; to destroy; ~ _kriminal_ to eradicate crime

iskoristiti _v_ 1. to use, make use of; ~ _materijal_ to use material 2. to exploit; to take advantage of, abuse; _on je iskoristio moje poverenje_ he abused my trust; ~ _priliku_ to take advantage of a situation

iskra _n_ spark; ~ _pameti_ a spark of wit

iskrasti se _v_ to steal away; _dete se iskralo iz kuće_ the child stole out of the house

iskrcati, iskrcavati _v_ 1. to unload, disembark; ~ _ugalj (brod)_ to unload coal (a ship) 2. ~ _se_ to go ashore, land; _trupe su se iskrcale_ the troops have landed

iskrčiti _v_ to clear, clear away; ~ _šumu_ to clear (away) a forest

iskren _a_ sincere; frank, candid; ~ _prijatelj_ a sincere friend **iskrenost** _n_ sincerity, frankness

iskričav _a_ sparkling, bubbling

iskriviti _v_ 1. to bend (out of shape); _iskrivio je ključ_ he bent the key out of shape 2. to distort; to contort

iskrsnuti, iskrsavati _v_ to turn up, appear, arise; _kad iskrsne prilika_ . . .when an opportunity arises . . .

iskup _n_ ransom, redemption **iskupiti, iskupljivati** _v_ to ransom; to redeem; ~ _dete_ to pay ransom for a child 2. to expiate, atone for; ~ _krivicu_ to atone for one's guilt

iskusan _a_ experienced **iskusiti** _v_ to experience, undergo, go through **iskustvo** _n_ experience

iskušati _v_ to try, test

iskušenje _n_ temptation; trial; _boriti se protiv_ ~_a_ resist temptation; _odoleti_ ~_u_ to overcome temptation

iskvariti _v_ to spoil; to corrupt

islam _n_ Islam

Island _n_ Iceland

islediti, islijediti _v_ to investigate; ~ _zločin_ to investigate a crime **islednik, isljednik** _n_ investigator

ismejati, ismijati v 1. to laugh at; ~ *nekoga* to laugh at smb. 2. ~ *se nekome* to laugh at smb.

ispad n 1. assault, attack; sortie 2. offense, provocation; disorder

ispaliti see **paliti** 3

ispariti v to evaporate

ispasti, ispadati v 1. to fall out; *ispali su mu zubi* his teeth fell out 2. to end, come out, turn out; *fotografije su ispale dobre* the photographs came out well 3. to drop out, leave; ~ *iz lige* to drop out of a league (as in sports)

ispaštati v to make amends, expiate, atone for; ~ *greh* to atone for a sin

ispavati se v to have a good sleep

ispeći see **peći**

ispeglati see **peglati**

ispijen a hollow, gaunt, sunken (of eyes, face); ~e *oči* hollow eyes

ispiliti I see **piliti**

ispiliti II v 1. to hatch, produce (young) 2. ~ *se* to emerge from an egg, hatch

ispipati v 1. to feel, touch (all over) 2. investigate, sound out, probe

ispis n withdrawal, resignation; ~ *iz članstva* resignation from membership **ispisati, ispisivati** v 1. to cover with writing; *ispisao je ceo list hartije* he wrote a whole sheet 2. to copy; *ispisao je sve adrese* he copied all the addresses 3. to withdraw, remove; *ispisao je dete iz škole* he withdrew the child from school

ispit n examination, test; *polagati* ~ to take an examination; *položiti* ~ to pass an examination; *pasti na* ~u to fail an examination; *šoferski (vozački)* ~ driver's test; ~ *iz istorije* history examination **ispitni** a examination; ~a *pitanja* examination questions; ~a *komisija* examining board **ispitati, ispitivati** v 1. to interrogate; ~ *svedoke* to interrogate witnesses 2. to examine, test; ~ *studente* to examine students

ispiti v to drain, empty (a drink); to drink up; ~ *čašu* to drain a glass

ispitivač n 1. examiner; interrogator 2. gage, measuring instrument; ~ *pritiska za autogume* tire-pressure gage **ispitivački** a searching, probing

isplata n payment; ~ *duga* payment of a debt **isplatiti, isplaćivati** v 1. to pay (off); ~ *sve dugove* to pay off all debts

2. ~ *se* to be worthwhile; *to se ne isplati* that is not worthwhile

isplaziti see **plaziti**

isplivati v to swim (out); ~ *na površinu* to swim to the surface

isploviti v to leave port; ~ *na pučinu* to put out to sea

ispljuvak n spit, spittle, sputum **ispljuvati** v to spit (out); *ispljuj tu košticu!* spit that pit out!

ispod prep below; under; lower than

ispolac n scoop

ispolin n giant **ispolinski** a gigantic

ispoljiti, ispoljavati v 1. to show, demonstrate 2. ~ *se* to turn out; *ispoljilo se da . . .* it turned out that . . .

isporučiti, isporučivati v to deliver; to transmit; ~ *nameštaj (paket)* to deliver furniture (a package) **ispiruka** n delivery, transmittal

isposnik n monk (of an ascetic order)

ispostava n branch, section

ispostaviti se v to turn out; *ispostavilo se da je on lopov* it turned out that he was a thief

ispoved, ispovijed n confession **ispovediti, ispovjediti** v 1. (rel.) ~ *nekoga* to confess smb., to hear smb.'s confession 2. ~ *se* to confess, confess one's sins **ispovednik, ispovjednik** n confessor (priest who hears confession)

ispraćaj n send-off; *priređen im je svečani* ~ they were given a gala send-off

isprašiti v to shake, beat the dust out of; ~ *ćilim* to beat a rug

isprati, isprati v to rinse (out); ~ *veš* to rinse (out) the wash; ~ *grlo* to gargle one's throat

ispratiti, ispraćati v to see off, accompany; *ispratili su me na stanicu* they saw me off at the station

isprava n identity papers

ispravan a correct, accurate; in order; *viza je* ~vna the visa is in order **ispraviti, ispravljati** v 1. to straighten; ~ *sliku* to straighten a picture 2. to correct; ~ *zadatke* to correct homework **ispravka** n correction; ~ *zadataka* the correction of homework

isprazniti v to empty; clear out; ~ *fioku* to empty a drawer

ispreciti, ispriječiti v to place (across); to interpose; *nešto se ispriječilo nasred druma* smt. is blocking the road

ispred *prep* in front of; (right) before; ∼ *kuće* in front of the house

ispregnuti *v* to unharness, unhitch

isprekidan *a* broken; ∼*a linija* a broken line

ispreplesti *v* to intertwine, entangle

ispričati *v* to narrate, tell; ∼ *događaj* to narrate an event; ∼ *priču* to tell a story

isproban *a* experienced, tested

isprobati see **probati**

isprositi *v* 1. to obtain by begging 2. ∼ *devojku* to ask for (and receive) a girl in marriage

isprovocirati see **provocirati**

ispružiti, ispružati *v* to stretch out, stick out, extend; *ispruži ruku!* hold out your hand! *ispružili su se na suncu* they stretched out in the sun

isprva *adv* at first

ispržiti see **pržiti**

ispucati *v* to crack, become chapped; *ispucao je zid* the wall is cracked; *ispucale usne* chapped lips

ispumpati *v* to deflate; ∼ *gumu* to deflate a tire

ispuniti, ispunjavati *v* 1. to fill (up); *publika je ispunila salu* the crowd filled the auditorium 2. to stuff (animals, birds); ∼ *pticu* to stuff a bird 3. to fulfill, bring about, realize; ∼ *obećanje (obavezu)* to fulfill a promise (obligation) 4. to meet, satisfy; ∼ *sve uslove* to satisfy all requirements

ispupčen *a* convex, bulging; ∼*o ogledalo* a convex mirror **ispupčenje** *n* bulge; bump (as on a road) **ispupčiti** *v* to swell, bulge; to stick out, extend; ∼ *prsa* to stick out one's chest

ispust *n* 1. drainpipe 2. outlet, vent

ispustiti, ispuštati *v* 1. to release, let go; ∼ *(iz ruku)* to drop; *ispustio je čašu i razbio je* he dropped the glass and broke it 2. to miss, let slip by; to omit; ∼ *priliku* to let an opportunity slip by; ∼ *ceo red* to omit an entire line 3. to emit, exude, give off; to transmit; ∼ *zvuke* to emit sounds

istaći, isticati *v* 1. to post, hang up, hang out; ∼ *plakat* to hang up a poster 2. to hoist; ∼ *zastavu* to hoist a flag 3. to underline, emphasize; ∼ *važnu činjenicu* to emphasize an important fact

istaknuti see **istaći**

isteći, isticati *v* 1. to flow out; *istekla je voda iz kade* the water flowed out of the tub 2. to expire, elapse, run out; *istekao je rok* the time limit has expired

istegnuti, istezati *v* to stretch (by pulling); to strain; ∼ *mišić* to strain a muscle

istek *n* expiration

isterati, istjerati *v* 1. to drive; to drive out, expel; ∼ *stoku na pašu* to drive cattle to pasture 2. to sprout, send forth; ∼ *pupoljke* to bloom 3. misc.; ∼ *stvar na čistac (na čistinu)* to clear a matter up

isti *a* 1. same, identical; similar; *na* ∼ *način* in the same manner 2. (legal, comm.) the same, the above mentioned

istina *n* truth; *da kažem* ∼*u* to tell the truth **istinit** *a* authentic, true, accurate; ∼*a priča* a true story; ∼*a izjava* a true statement **istinski** *a* real, authentic

istisnuti *v* 1. to press out, squeeze out; ∼ *pastu iz tube* to squeeze paste out of a tube 2. (fig.) ∼ *nekoga s položaja* to push smb. out of a job

isto *adv* similarly, (in) the same way; *ona ga još uvek* ∼ *voli* she still loves him in the same way

istočnjak *n* Oriental **istok** *n* 1. (cap.) the East, Orient; *Bliski (Daleki)* ∼ Middle (Far) East 2. east

istopiti see **topiti**

istoričar *n* historian **istorija** *n* 1. history; ∼ *starog (novog) veka* ancient (modern) history; *ući u* ∼*u* to go down in history 2. story, history; *to je posebna* ∼ that's a story in itself **istorijski** *a* historical

istovar *n* unloading; ∼ *broda* unloading of a ship **istovariti, istovarivati** *v* to unload; ∼ *brod* to unload a ship

istoverac, istovjerac *n* coreligionist

istovetan, istovjetan *a* identical, same

istovremen *a* simultaneous; contemporary

Istra *n* Istria

istraga *n* inquiry, investigation; ∼ *je u toku* an investigation is being carried out; *voditi* ∼*u* to conduct an investigation **istražni** *a* investigative, ∼ *sud* court of inquiry

istrajan *a* persistent, steadfast **istrajati** *v* 1. to persevere, persist; ∼ *u nečemu* to persevere in smt. 2. to last, hold out; *auto je istrajao do Splita* the car held out as far as Split

istražiti, istraživati *v* to investigate, explore, prospect for **istraživač** *n* investigator; research worker; explorer **istraživački** *a* research; ∼ *institut* a research institute

istrčati, istrčavati *v* to run out; ~ *na ulicu* to run out onto the street

istrebiti, istrijebiti *v* to destroy, exterminate **istrebljenje** *n* extermination

istresti, istresati *v* to shake (out); ~ *ćilim* to shake out a rug

istrgnuti, istrgati *v* to pull out, pluck out, extract; ~ *s korenom* to eradicate

istruliti see **truliti**

istući see **tući**

istupiti, istupati *v* 1. to appear; to perform; ~ *na sceni* to perform on the stage 2. to come forward, come out (as with a declaration, statement); *(javno)* ~ *protiv rezolucije* to come out against a resolution

isturiti, isturati *v* 1. to stick out, extend; *ne isturaj glavu kroz prozor* don't stick your head through the window 2. to hang out, hoist; *isturili su belu zastavu* they have hung out the white flag

isušiti see **sušiti** 3

iščašenje *n* sprain, dislocation; ~ *pršljena* slipped disk **iščɛšiti** *v* to dislocate, wrench, sprain; ~ *ruku (nogu)* to sprain a wrist (ankle)

iščeznuti, iščezavati *v* to disappear

iščistiti *v* to clean, purify

išibati see **šibati**

išijas *n* (med.) sciatica

išmirglati see **šmirglati**

išpartati see **špartati**

išta, išto *pron* anything; *jesi li čuo ~ o njemu?* have you heard anything about him?

Italija *n* Italy **italijanski, talijanski** *a* Italian

iver *n* splinter; **~ ne pada daleko od klade* a chip off the old block

ivica *n* edge; margin; brink; ~ *stola* edge of the table; (fig.) *na ~i propasti* on the brink of disaster **ivičnik** *n* margin stop (on typewriter) **ivičnjak** *n* 1. edge 2. curb, curbstone

iz *prep (iza may occur before sibilants and clusters)* 1. out of, from; *izići ~ kuće* to go out of the house; *doći ~ Amerike* to come from America 2. consisting of; *odelo ~ dva dela* a two-piece suit 3. because of, for, out of; *učiniti nešto ~ ljubavi (mržnje)* to do smt. for love (out of hatred); ~ *navike* out of habit 4. misc.; *vikati ~ sveg grla* to scream at the top of one's lungs; ~ *dana u dan* from day to day; *ispit ~ historije* his-

tory test; ~ *dobro obaveštenih izvora* from well-informed sources

iza *prep* 1. behind, in back of 2. after; ~ *kiše* after the rain

iza II see **iz**

izabrati, izabirati *v* to choose, select, elect; ~ *nekoga za sekretara* to choose smb. to be secretary

izaći see **izići**

izagnati *v* to drive out, expel

izaslanik *n* deputy, delegate **izaslanstvo** *n* delegation, mission **izaslati** *v* to send, delegate

izazivački *a* provocative, inflammatory **izazov** *n* challenge; provocation **izazvati, izazivati** *v* 1. to call out; ~ *nekoga napolje (iz sobe)* to call smb. outside (out of a room) 2. to provoke; ~ *skandal* to provoke a scandal 3. to challenge, provoke; ~ *na dvoboj* to challenge to a duel

izbaciti, izbacivati *v* 1. to throw out, eject; ~ *na ulicu* to throw out on the street 2. to put; ~ *vasionski brod u orbitu oko Meseca* to put a spaceship into a lunar orbit; ~ *iz stroja* to put out of action

izbaviti, izbavljati *v* to free, liberate

izbeći, izbjeći, izbegavati, izbjegavati *v* 1. to avoid; *on izbegava ljude* he avoids people 2. to evade, escape from, elude; *izbegao je vlastima* he eluded the authorities **izbeglica, izbjeglica** *n* refugee; *ratne ~e* war refugees **izbeglički, izbjeglički** *a* (of) exile; *~a vlada* government in exile **izbeglištvo, izbjeglištvo** *n* refuge, exile

izbiti, izbijati *v* 1. to beat, thrash; **~ nekoga na mrtvo ime* to beat smb. up 2. to knock out; ~ *nekome zub* to knock smb.'s tooth out 3. to break out; to emerge; *izbila je vatra* fire broke out 4. to strike; *sad je izbilo sedam* it just struck seven 5. to sprout; *biljka je izbila iz zemlje* the plant sprouted

izbledeti, izblijedjeti *v* to fade, lose color

izbljuvak *n* vomit, vomitus **izbljuvati, izbljuvavati** *v* 1. to vomit, throw up 2. to erupt (of a volcano)

izbočen *a* convex **izbočenje** *n* bulge, salient **izbočiti** *v* 1. to extend, stick out 2. ~ *se* to jut out, stick out

izbor *n* 1. choice, selection; *ova radnja ima veliki ~* this store has a large selection; *sloboda ~a* freedom of choice 2. (in *pl*) election, elections, voting; *dan ~a* election day **izborni** *a* election; ~ *zakon* election law; ~ *okrug* voting district

izbosti *v* to jab (out), gouge, pierce; ~ *nekome oči* to gouge out smb.'s eyes

izbrljati *v* to blurt out; ~ *se* to blab, reveal a secret

izdah *n* 1. exhalation, expiration 2. death

izdaja *n* treason, betrayal; *izvršiti* ~ to commit treason

izdahnuti *v* 1. to exhale, breathe out 2. to expire, breathe one's last

izdaleka *adv* from afar

izdanak *n* 1. sprout, shoot 2. offspring, scion, descendant

izdanje *n* edition; publication; *izašlo je drugo* ~ *rečnika* the second edition of the dictionary came out

izdašan *a* 1. generous 2. abundant, plentiful

izdatak *n* expenditure, expense

izdati, izdavati *v* 1. to issue, hand out; ~ *uverenje* to issue a certificate 2. ~ *(pod zakup)* to rent (out); ~ *stan* to rent an apartment 3. to publish; ~ *novine (knjigu, časopis)* to publish a newspaper (book, journal) 4. to betray, reveal, inform against; ~ *druga* to betray (inform against) a friend 5. to spend; ~ *novac* to spend money 6. to fail, give out; *izdala ga je snaga* his strength gave out 7. ~ *se za* to pose as, impersonate, masquerade as; *on se izdaje za lekara* he poses as a doctor 8. ~ *se* to give oneself away **izdavač** *n* publisher **izdavački** *a* publishing ~*o preduzeće* publishing firm

izderati se *v* to shout; ~*a ne nekoga* to shout at smb.

izdiktirati *v* to dictate; ~ *pismo* to dictate a letter

izdržati, izdržavati *v* 1. to endure, withstand; ~ *bol* to endure pain 2. to persevere, persist, hold out; ~ *do kraja* to persevere (hold out) to the end 3. to support, maintain; *izdržavati ženu* to support a wife 4. ~ *kaznu* to serve a sentence **izdržavanje** *n* support, maintenance; alimony

izdubiti *v* to hollow out

izdupsti see **izdubiti**

izduvati *v* 1. to clean (by blowing out); ~ *peć* to clean a stove 2. ~ *se* to catch one's breath **izduvni** *a* exhaust; ~*a cev* exhaust pipe; ~ *gasovi* exhaust gases

izgladiti *v* to smooth out, straighten out

izglasati *v* 1. to elect; *izglasali su ga za predsednika* they elected him president 2. to pass, adopt; ~ *zakon* to pass a law

izgled *n* 1. appearance, look; *po* ~*u* by (in) appearance 2. prospects, hopes; *kakvi su* ~*i?* how do things look? **izgledati** *v* to seem, appear, look; *ona dobro izgleda* she looks good; *izgleda da niko više neće doći* it appears that (as if) no one else will come

izgnanik *n* exile, expatriate **izgnanstvo** *n* exile, banishment

izgnjaviti *v* 1. to knead 2. to bore, annoy

izgorelina, izgorjelina *n* charred ruins (remnants)

izgoreti, izgorjeti *v* 1. to burn down; *cela nam je kuća izgorela do temelja* our house burned to the ground 2. ~ *od sunca* to get sunburned

izgovor *n* 1. pronunciation; *imati dobar (pravilan)* ~ to have a good (correct) pronunciation 2. excuse; pretext **izgovoriti, izgovarati** *v* 1. to pronounce 2. to state, say; ~ *na pamet* to recite by heart 3. ~ *se* to decline, beg off, excuse oneself; *on se izgovorio bolešću* he declined (the invitation) because of illness

izgraditi, izgrađivati *v* to build, construct, erect **izgradnja** *n* construction; ~ *socijalizma* the building of socialism

izgred *n* disorder **izgrednik** *n* rowdy, hoodlum; troublemaker

izgrepsti *v* to scratch

izgubiti see **gubiti**

izići, izlaziti *v* 1. to go out, come out, get out, leave; ~ *iz sobe* to leave the room; ~ *iz mode* to go out of style 2. to be published, appear in print, come out; *uskoro će izaći njegova knjiga* his book will be published soon 3. to break out, appear; *izišle su mu neke pege po licu* some spots have broken out on his face 4. to rise, come up (out) (of the sun, stars, etc.); *izišlo je sunce* the sun has risen 5. misc.; ~ *na videlo* to become known; *fleka je izišla* the spot came out; ~ *nakraj s detetom* to manage (cope with) a child

izigrati, izigravati *v* 1. to finish playing (a game) 2. to trick, deceive; ~ *zakon* to evade the law; ~ *nečije poverenje* to abuse smb.'s trust 3. to imitate, play; *izigravati budalu* to play the fool

izjaloviti se v to fail, come to nothing; *izjalovile su nam se nade* our hopes were dashed

izjasniti se v ~ *za nešto* to come out for smt.

izjava n statement, declaration; *dati ~u* to make a statement; ~ *ljubavi* a declaration of love **izjaviti, izjavljivati** v to declare, state; express; ~ *zahvalnost* to express one's appreciation; ~ *nekome saučešće* to express one's condolences to smb.

izjednačiti, izjednačavati v 1. to equalize 2. (sports) to even (tie) the score; ~ *rekord* to tie (equal) a record

izjesti, izjedati v 1. to eat up, gulp down; *sve je izjeo* he ate up everything 2. (of insects) to bite, sting (all over); *izjeli su me komarci* I got all bitten up by mosquitoes 3. to eat away, eat through; to corrode; *moljci su izjeli kaput* the moths ruined the coat 4. ~ *se* to become upset; to fret; ~ *se za sitnice (zbog sitnica)* to become upset over trifles

izjuriti v to chase out, dismiss

izlagati see **izložiti**

izlaz n 1. exit **izlazni** a exit; ~*a vrata* exit 2. way out, solution **izlazak** n 1. exit 2. coming out; ~ *sunca* sunrise

izlečiti see **lečiti**

izlečiv, izlječiv a curable

izlet n excursion, outing, picnic, hike; *ići na* ~ to go on a picnic

izleteti, izletjeti, izletati, izlijetati v to fly out; *kanarinka je izletela iz kaveza* the canary flew out of the cage

izletnik n excursionist, hiker, picnicker

izlišan a superfluous, redundant

izliti, izlivati v 1. to pour (out); ~ *vodu* to pour out water 2. to cast, form; ~ *zvono* to cast a bell 3. to give vent to, pour out; ~ *bes na nekoga* to pour out one's anger on smb. 4. ~ *se* to flood; *reka se izlila* the river flooded **izliv** n 1. drain, sink 2. flow, discharge; ~ *krvi* hemorrhage; or: loss of blood 3. pouring out, giving vent to; ~ *besa (ljutnje)* outpouring of fury 4. flooding

izlog n store window; *gledati* ~e to window-shop

izlomiti v to break (up, into pieces), shatter, smash

izložba n exhibit, display **izložben** a exhibit, display; ~*i prostor* exhibit hall

izložiti v 1. to display, exhibit; ~ *slike* to exhibit paintings 2. to subject, expose; ~ *se opasnosti* to expose oneself to danger 3. to explain, report on (in detail); *on nam je izložio svoj plan* he explained his plan to us

izlučiti v to secrete

izmaći, izmicati v 1. to move (away); *izmakao je sto* he moved the table away 2. to evade, avoid; ~ *zakonu (kazni)* to evade the law (punishment); ~ *kontroli* to get out of control 3. ~ *(se)* to slip (out); *izmakla mi se flaša iz ruke* the bottle slipped out of my hand 4. to be unnoticed, slip by; *izmakla mi se prilika* the opportunity slipped by me

izmak n end, termination; *naše strpljenje je na* ~*u* our patience is at an end

izmaknuti see **izmaći**

izmamiti, izmamljivati v 1. to wheedle; ~ *nekome novac* to wheedle money from smb. 2. to entice; ~ *nekoga napolje* to lure smb. outside

između prep between, among; ~ *stola i vrata* between the table and the door

izmena, izmjena, n exchange; change; ~ *misli (reči)* an exchange of thoughts (words)

izmeniti, izmijeniti v to change; *ona se veoma izmenila* she has changed quite a bit; ~ *delove na autu* to change parts on a car

izmenjati, izmijenjati v to exchange; ~ *pozdrave (zdravice, misli)* to exchange greetings (toasts, thoughts)

izmeriti see **meriti**

izmešati, izmiješati v to mix (up), stir, blend, mingle; ~ *karte* to shuffle cards

izmet, izmetine n excrement

izmirenje n reconciliation **izmiriti, izmirivati** v 1. to reconcile, restore to friendship; *izmirili smo ih* we reconciled them; *oni su se izmirili* they have made up 2. to settle; ~ *račun* to settle an account

izmisliti v 1. to invent, think up, devise 2. to fabricate, concoct **izmišljotina** n concoction, fabrication, fiction

izmoliti, izmaljati v to stick out, thrust out; ~ *glavu kroz prozor* to put one's head out the window

izmotati, izmotavati v 1. to unroll, unreel, unwind 2. *izmotavati se* to clown, fake, put on airs

izmusti v 1. to milk 2. to fleece, swindle; ~ *nekoga* to fleece smb.

iznad *prep* above, over; ~ *svega* above all
iznajmiti, iznajmljivati *v* 1. to rent (out), lease (out), let, hire (out); *iznajmio je stan studentima* he rented out the apartment to students 2. to rent, lease ~ *stan* to rent an apartment
iznemoći, iznemagati *v* to become exhausted **iznemoglost** *n* exhaustion
iznenada *adv* suddenly, unexpectedly **iznenadan** *a* sudden, unexpected **iznenaditi** *v* to surprise, astound; *iznenadio sam se kad sam to čuo* I was surprised when I heard that **iznenađenje** *n* surprise
izneti, iznijeti, iznositi *v* 1. to carry out, take out, remove; ~ *sto iz sobe* to carry a table out of a room; ~ *smeće* to remove trash 2. to present, state, expound; ~ *mišljenje* to state one's opinion; ~ *dokaze* to present proof 3. to amount to, total; *račun iznosi 50 dinara* the bill amounts to 50 dinars 4. to wear out; ~ *haljinu* to wear out a dress 5. misc.; ~ *na videlo* to make known; *~ živu glavu (čitavu kožu)* to survive; *~ na tapet* to bring up for discussion
izneveriti, iznevjeriti *v* to be unfaithful to, betray; *ona je iznevrila muža* she was unfaithful to her husband; *on je izneverio očekivanja* he did not live up to expectations
iznići, iznicati *v* 1. to sprout, bud; *izniklo je cveće* the flowers have sprouted 2. to arise, break out; to spring up; *iznikla je svađa* a quarrel broke out
izniman *a* exceptional **iznimka** *n* exception
iznos *n* amount, sum
iznositi see **izneti**
iznošen *a* worn-out; *odelo je* ~*o* the suit is worn-out
iznova *adv* anew, again; *početi* ~ to begin again
iznuditi *v* to extract, force, extort; ~ *novac* to extort money
iznuriti *v* to exhaust, wear out
iznutra *adv* from inside
izobilan *a* abundant, plentiful **izobilje** *n* abundance; *u* ~*u* in abundance
izobličiti *v* to distort, disfigure; ~ *istinu* to distort the truth
izobrazba *n* education
izolacija *n* 1. isolation 2. (elec.) insulation **izolacionist(a)** *n* isolationist **izolacioni-**

zam *n* isolationism **izolovati** *v* 1. to isolate 2. to insulate
izopačenost *n* perversion; depravity, corruption **izopačiti, izopačavati** *v* 1. to distort, contort; *izopačilo mu se lice od besa* his face was contorted with rage 2. to pervert, deprave, corrupt
izostanak *n* absence (from school, work); *opravdan* ~ excused absence **izostati, izostajati** *v* 1. to be absent, missing; ~ *iz škole* to be absent from school; ~ *s posla* to miss work 2. to lag, fall behind; ~ *od (iza) kolone* to fall behind the column
izostaviti, izostavljati *v* to omit, leave out
izoštriti *v* to sharpen; to refine; ~ *pamćenje* to sharpen one's memory
izračunati, izračunavati *v* 1. to calculate, total up 2. to estimate (see also **proceniti** for 2)
izrada *n* 1. production, manufacture; ~ *televizora* the production of television sets; ~ *rečnika* compilation of a dictionary 2. workmanship, handiwork; *fina* ~ fine handiwork **izraditi, izrađivati** *v* to produce, manufacture, make; ~ *rečnik* to compile a dictionary **izrađevina** *n* product; handicraft
Izrael *n* Israel
izraslina *n* excrescence, growth, protuberance
izrasti, izrastati *v* 1. to grow 2. to grow out of; ~ *iz haljine* to grow out of a dress
izravnati, izravnavati *v* 1. to make even, even out; to straighten; to level; ~ *zemlju* to level the earth 2. decide, settle
izraz *n* expression; ~ *lica* the expression on one's face; *ustaljeni* ~ a fixed expression (idiom) **izrazit** *a* 1. expressive 2. outstanding; ~ *talenat* outstanding talent **izraziti, izražavati** *v* to express; ~ *se* to express oneself
izreći, izricati *v* to state, pronounce, say; ~ *kaznu* to pass sentence **izreka** *n* 1. statement, declaration 2. saying, maxim
izrezati *v* 1. to cut out, cut up 2. to carve
izričan *a* 1. definite, precise, explicit; ~ *odgovor* a definite answer 2. (gram.) ~*čna rečenica* object clause **izričito** *adv* explicitly, expressly; *to je* ~ *zabranjeno* that is expressly prohibited
izrod *n* freak; degenerate; monster
izroditi *v* 1. to give birth (several times); *izrodila je desetoro dece* she has had ten children 2. ~ *se* to degenerate; to turn

into; *miting se izrodio u pobunu* the meeting turned into a riot

izroniti *v* to come to the surface; *podmornica je izronila na površinu* the submarine surfaced

izručiti, izručivati *v* to deliver, hand over; to transmit; to extradite; ~ *paket* to deliver a package; ~ *pozdrave* to deliver greetings; ~ *ratne zarobljenike* to hand over prisoners of war; ~ *zločinca* to extradite a criminal

izrugati se, izrugivati se *v* to mock, make fun of; ~ *nekome* to make fun of smb.

izučiti, izučavati *v* 1. to learn, master; ~ *zanat* to learn a trade 2. to teach, train; *izučio ih je dobro* he trained them well

izum *n* invention, discovery **izumeti, izumjeti** *v* to invent

izumreti, izumrijeti, izumirati *v* 1. to die (out); to become extinct 2. to become deserted; *danas je grad izumro* the city is empty today

izuti *v* 1. to take off (footwear, socks, stockings); ~ *čizme* to take off one's boots 2. ~ *se* to take off one's shoes (socks, stockings)

izuzetak *n* exception; *bez ~tka* without exception; *po ~tku* as an exception; **nema pravila bez ~tka* there is an exception to every rule **izuzetan** *a* exceptional **izuzeti** *v* to exclude, except, exempt **izuzetno** *adv* exceptionally **izuzev** (verbal *adv* used as) 1. *prep* except; *svi su došli* ~ *Nade* everyone came except Nada 2. *adv* except; *razgovarao sam sa svima* ~ *s Milicom* I have spoken with everyone except (with) Milica **izuzevši** *verbal adv* except for; ~ *Nadu* except for Nada

izvaditi see **vaditi**

izvaliti, izvaljivati *v* 1. to pull out, tear out; to overturn; *vetar je izvalio telefonski stub* the wind blew the telephone pole down 2. to blurt out; ~ *glupost* to blurt out smt. stupid 3. ~ *se* to sprawl, stretch out; *on se izvalio na krevet* he sprawled out the bed

izvaljati *v* 1. to roll; ~ *testo* to roll dough 2. to roll out; ~ *burad iz šupe* to roll barrels out of a shed

izvan *prep* 1. except (for); besides; ~ *toga* besides that 2. out of; ~ *kuće* out of the house

izvanredan *a* 1. special, extra 2. excellent; outstanding, extraordinary, exceptional

3. (W) ~*dni profesor* associate professor 4. ~*dni ambasador* an ambassador extraordinary

izvesno, izvjesno 1. *adv* positively, for certain; *znati* ~ to know for certain 2. *part* of course, as you know; *vi to,* ~, *znate* you know that, of course **izvestan, izvjestan** *a* 1. certain; *jedno* ~*smo mesto* a certain place; *u* ~*snom stepenu* to a certain degree 2. some, a; *bio je* ~ *gospodin koji je mnogo želeo da te vidi* there was a man here who wanted very much to see you 3. sure, certain; ~*sna smrt* certain death

izvesti I izvoditi *v* 1. to lead out; ~ *dete iz sobe* to lead a child out of the room 2. to perform; ~ *igru (balet)* to perform a dance (ballet) 3. to do, carry out, realize; *naše preduzeće izvodi električne radove* our firm is doing the electric work; *kako ćeš to izvesti?* how will you manage to do it? 4. to deduce; ~ *zaključak* to draw a conclusion 5. (ling.) to derive; *izvedena reč* a derived word, derivative 6. (math.) to derive; ~*formulu* to derive a formula 7. to hatch; ~ *piliće* to hatch chicks; ~ *se* to be hatched 8. to take out (socially); ~ *nekoga na večeru* to take smb. out for dinner 9. misc.; (fig.) ~ *nekoga na pravi put* to prepare smb. (well) for life or: to put smb. on the right track; ~ *stvar na čistac (čistinu)* to get to the bottom of smt.; ~ *nekoga pred sud* to bring smb. to trial; ~ *iz takta* to upset

izvesti II izvoziti *v* 1. to drive; *izvešćemo ga nekud kolima* we'll take him for a drive somewhere 2. ~ *se* to drive; *izvezli smo se do jezera* we took a drive out to the lake

izvestiti, izvijestiti *v* to inform, notify, report; ~ *nekoga o nečemu* to inform smb. about smt. **izveštač, izvještač** *n* reporter; informer **izveštaj, izvještaj** *n* report; statement

izvežban, izvježban *a* practiced, skilled, trained; *on je* ~ *u tome* he is trained in this

izvežbati see **vežbati**

izvideti, izvidjeti *v* 1. to investigate, look into; ~ *situaciju* to investigate (look into) a situation 2. to inquire about; ~ *mogućnosti* to inquire about possibilities 3. (mil.) to reconnoiter; ~ *neprijateljske položaje* to reconnoiter enemy

positions **izvidnica** *n* (mil.) patrol **izvi-
đač** *n* (usu. mil.) scout **izviđački** *a* recon-
naisance; ~ *avion* reconnaissance
airplane
izviniti, izvinjavati *v* to excuse, pardon; ~
se to excuse oneself; *izvinite!* excuse
me! **izvinjenje** *n* excuse
izvirati *v* to rise, originate
izviriti *v* 1. to peep out 2. to protrude; to
appear, emerge
izvisiti *v* to get the worst of it, be left
holding the bag, be left in the lurch; *ako
te profesor uhvati, izvisićeš!* if the teach-
er catches you, you'll get it!
izviti, izvijati *v* 1. to bend; to bend out of
shape; ~ *se* to be bent out of shape 2. ~
se to slip out of; ~ *se nekome iz ruku* to
slip out of smb.'s arms 3. ~ *se* to rise
izviždati *v* to hiss, boo; *publika je izvižda-
la pevačicu* the audience hissed (booed)
the singer
izvlačenje *n* drawing; ~ *zgoditaka (broje-
va)* drawing of prizes (numbers)
izvlačiti see **izvući**
izvod *n* 1. excerpt; ~ *iz matične knjige
rođenih* birth certificate; ~ *iz knjige
umrlih* death certificate 2. statement; ~
o stanju računa statement of an account
izvoditi see **izvesti** I
izvodljiv *a* feasible, practicable, attainable
izvođač *n* 1. performer 2. ~ *radova* con-
tractor
izvojevati *v* to win, conquer; to achieve; ~
pobedu to achieve (score) a victory
izvoleti, izvoljeti *v* 1. to deign, conde-
scend; *ako izvole, nek dođu* if they think
it appropriate, let them come 2. (in
imper) please; *izvolite sesti* please sit
down
izvor *n* 1. spring, well; *voda sa ~a* spring-
water 2. source; origin; *iz pouzdanih
~a* from reliable sources **izvoran** *a*
authentic, original
izvoz *n* export; *roba za* ~ goods intended
for export **izvozni** *a* export; *~a trgovina*
export trade; *~o preduzeće* export firm
izvoziti see **izvesti** II
izvoznik *n* exporter

izvrći, izvrgavati *v* 1. to expose; ~ *nekoga
opasnosti* to expose smb. to danger 2. ~
se to degenerate, turn into; *on se izvr-
gao u kriminalca* he turned into a
criminal
izvrgnuti see **izvrći**
izvrnuti, izvrtati *v* 1. to turn over, invert 2.
to distort, twist; ~ *činjenice* to distort
facts 3. to turn, change; ~ *plač na smeh*
to turn tears into laughter; *sve se izvr-
nulo naopako* everything turned out
wrong; ~ *u šalu* to turn into a joke
izvrstan *a* excellent, exquisite, superb
izvršan *a* executive; *~šno veće* executive
council; *~šna vlast* executive power
izvršilac *n* 1. executor; performer; ~ *te-
stamenta* executor of a will 2. perpetra-
tor **izvršiti, izvršavati** *v* 1. to carry out,
fulfill, perform, execute; ~ *dužnost
(obećanje)* to carry out one's duty (a
promise); ~ *presudu* to execute a sen-
tence; ~ *naredbu* to carry out an order
2. to commit; ~ *ubistvo (krađu, preva-
ru)* to commit murder (theft, fraud)
<ins>**izvući**</ins>, **izvlačiti** *v* 1. to pull out; to draw
(out); to extract; ~ *nešto iz džepa* to
pull smt. out of a pocket; ~ *priznanje
(novac) od nekoga* to draw a confes-
sion (money) from smb.; *jedva se izvu-
kao ispod ruševina* he barely pulled
himself out from under the wreckage; ~
zaključak to draw a conclusion 2. to get
out, save; ~ *nekoga iz neprilike* to get
smb. out of trouble 3. to draw (in),
sketch (in); *mastilom* ~ *linije* to ink in
lines 4. to derive, obtain; ~ *korist
(zaradu)* to derive a benefit (a profit) 5.
to win (at a lottery); ~ *premiju* to win a
prize 6. (math.) to extract; ~ *kvadratni
koren* to extract a square root 7. to get,
be subjected to; ~ *batine (grdnju, ša-
mar)* to get a spanking (a scolding, a
slap) 8. ~ *se* to get longer, grow longer;
senke su se izvukle the shadows grew
longer 9. *izvlačiti se* to back out, change
one's mind; *prvo je pristao na naš
predlog, a sad se izvlači* first he agreed
to our proposal, and now he is backing
out 10. misc.; ~ *pouku* to learn a lesson;
*~ deblji kraj to get the worst of it

J

ja 1. *pron* I 2. *n* self, ego; I; *svoje* ~ one's self

jablan *n* poplar

jabučica *n* 1. *(Adamova)* ~ Adam's apple 2. cheekbone 3. *očna* ~ eyeball

jabuka *n* 1. apple; *~ *ne pada daleko od stabla* a chip off the old block; *~ *razdora* apple of discord 2. apple tree 3. pommel (on a saddle) jabučni, jabukov *a* apple; *jabučni sok* apple juice jabukovača *n* apple cider

jačati, ojačati *v* 1. to become stronger 2. to make stronger, strengthen

jači see jak

jačina *n* strength, power

jad *n* 1. sorrow, grief 2. trouble, worry

jadac *n* wishbone

jadan *a* 1. wretched, miserable; ~ *život* a miserable life 2. worthless, poor jadati se *v* to complain, lament jadikovati *v* 1. to complain, grumble 2. to grieve, mourn jadnik *n* wretched person; misfit

Jadran *n* the Adriatic Sea jadranski *a* Adriatic; *Jadransko more* the Adriatic Sea

jagnjad coll. of jagnje

jagnje *n* lamb; *~žrtveno* ~ a sacrificial lamb jagnjeći *a* lamb; ~*e meso* (meat of the) lamb jagnjetina *n* (meat of the) lamb jagnjiti, ojagnjiti *v* 1. to bring forth (a lamb); *ovca je ojagnjila jagnje* the sheep brought forth a lamb; 2. ~ *se* to bring forth a lamb; *ovca se ojagnjila jagnje* the sheep brought forth a lamb 3. ~ *se* to be born (of a lamb)

jagoda *n* strawberry

jagodica *n* cheekbone

jagorčevina *n* (bot.) primrose; cowslip

jaguar *n* jaguar

jahač *n* horseman jahački *a* riding; ~*a staza* bridle path; ~*e čizme* riding boots jahaći *a* riding; ~*e odelo* riding habit jahanje *n* (horseback) riding, horsemanship jahati *v* to ride (horseback); ~ *konja* to ride a horse

jahta *n* yacht

jaje *n* 1. egg; *kuvano (tvrdo)* ~ a boiled (hard-boiled) egg; *rovito* ~ soft-boiled egg; *prženo* ~ a fried egg 2. testicle 3. ovum jajnik *n* ovary

jak *a* strong, powerful, mighty; sturdy; ~ *vetar* a strong wind; ~ *motor* a powerful engine; ~*a kiša* a heavy rain; ~ *sneg* a heavy snowfall; ~ *miris (otrov)* a strong odor (poison) jači *(comp)*

jakna *n* jacket (usu. woman's)

jako *adv* very; very much; *ona* ~ *lepo peva* she sings very nicely

jalov *a* 1. sterile, barren; ~*a žena (životinja)* a barren woman (animal) 2. futile, hopeless; ~ *posao* a futile task

jama *n* 1. pit, hole; *~ko drugome* ~*u kopa, sam u nju pada* be careful that you don't fall into your own trap 2. *(rudarska)* ~ (mine) shaft 3. den, lair

Jamajka *n* Jamaica

janičar *n* (hist.) janissary

januar *n* January

janje (W) see jagnje

jao *interj* woe, ouch

Japan *n* Japan

jarac *n* 1. male goat, billy goat 2. (gymnastics) horse 3. (mil., hist.) battering ram 4. (astrol.) Capricorn

jarak *n* ditch, trench

jaram *n* 1. yoke; *upregnuti (volove) u* ~ to put a yoke on (oxen) 2. ~ *volova* a team (pair) of oxen 3. (fig.) slavery, bondage, shackles

jarbol n mast

jare n kid, young goat

jarebica n partridge

jari a (agric.) spring, vernal; ∼o žito spring grain

jariti, ojariti v 1. to kid, bring forth (a kid); koza je ojarila jare the goat brought forth a kid 2. ∼ se to bring forth a kid

jarki a 1. bright, glowing; ∼a boja a bright color 2. warm; hot

jarost n fury, rage

jaruga n ravine, gorge

jasan a 1. clear; obvious; ∼sno objašnjenje a clear explanation; ∼sno nebo a clear sky; stvar je ∼sna the matter is obvious 2. bright; ∼sne boje bright colors

jasen n (bot.) European ash

jasika n (bot.) aspen

jasle n 1. manger, crib 2. (dečje) ∼ (children's) nursery

jasmin n jasmine

jasno- prefix light

jasnoća n clarity

jaspis n jasper

jastog n lobster

jastreb n hawk

jastučak n 1. dim. of **jastuk** 2. pad, cushion **jastučnica** n pillowcase **jastuk** n pillow, bolster

JAT a abbrev. of Jugoslovenski aerotransport

jatiti se, sjatiti se v to flock together; ptice se jate birds flock together **jato** n flock, herd; swarm; ∼ ptica a flock of birds; ∼ insekata a swarm of insects; ∼ riba a school of fish

jauk n scream, howl; moan **jaukati, jauknuti** v to scream, howl; to moan

javan a public, open; ∼vno predavanje a public lecture; ∼vna sigurnost (bezbednost) public security; ∼vno mišljenje public opinion

javiti, javljati v 1. to inform, notify; ∼ nekome nešto (o nečemu) to inform smb. of smt. (about smt.); ∼ nekome pismom to inform smb. by letter; radio javlja . . . the radio announces . . . 2. ∼ se to get in touch, report to, send word; ∼ se nekome telefonom to give smb. a ring; sin joj se ne javlja her son does not write to her; on nam se javio (pismom) iz Pariza he wrote to us from Paris 3. ∼ se

nekome to greet (nod to) smb.; ja sam mu se javio, a on je okrenuo glavu I nodded to him, but he turned his head

javnost n the public; izbiti na ∼ to become known; on se boji ∼i he is afraid of publicity

javor n (bot.) maple **javorov** a maple; ∼ šećer maple sugar

jaz n abyss, chasm; (fig.) gap; nepremostivi ∼ an unbridgeable gap

jazavac n (zool.) badger

jazavičar n dachshund

jazbina n lair, den, hole

jecaj n sob, moan **jecati** v to sob, moan

ječam n barley **ječmen** a barley; ∼a kaša barley groats

ječati, jeknuti v 1. to echo, sound 2. to moan, groan

ječmičak n sty (on an eye; see also **čmičak**)

jed n anger, fury

jedak a 1. bitter, ill-tempered 2. scathing, caustic; ∼tka primedba a scathing remark

jedan 1. num one; a; ∼ i ∼ jesu dva one and one are two 2. ∼ drugi each other, one another; trebalo bi da kažu sve ∼ drugom (jedno drugom, jedna drugoj) they should tell each other everything 3. a same; identical; mi smo iz jednog mesta we are from the same place 4. indef. article a, a certain; bio jednom ∼ kralj there once was a king 5. misc.; pseto jedno! you rat!

jedanaest num eleven

jedanaesterac n (soccer) penalty kick

jedanaesti num a the eleventh

jedanput adv 1. once, one time 2. finally, at last

jedar a 1. firm, solid; ∼dre grudi firm breasts 2. pithy, concise; ∼ stil a concise style 3. abundant, plentiful; ∼dra svetlost abundant light; ∼dra kuća a prosperous home 4. healthy, well-fed, sturdy 5. resonant, ringing; ∼ smeh ringing laughter

jedinac n only son **jedinče** n only child

jedini a only, sole; to mi je ∼ prihod that's my sole source of income

jedinica n 1. the figure '1' 2. the school grade 'F' 3. (math.) unit, 'one' 4. ∼ za merenje unit of measurement 5. (mil.) unit 6. only daughter

jedinstven a 1. united; oni su bili ∼i they were united 2. unique, sole; ∼i primerak the sole copy 3. uniform; ∼e cene uniform prices **jedinstvo** *n* unity; harmony

jednačina *n* (math.) equation; ~ *sa jednom nepoznatom (sa dve nepoznate)* equation in one unknown (two unknowns)

jednačiti, izjednačiti *v* 1. to equalize, make equal 2. (sports) to tie the score

jednadžba (W) see **jednačina**

jednak *a* equal, identical; *biti ~ s nekim (nekome)* to be identical to smb.; ~ *po vrednosti* equal in worth **jednako** *adv* alike, in the same manner; *one se ~ oblače* they dress alike **jednakost** *n* sameness, similarity

jednina *n* (gram.) singular

jedno *pron* same; *sve mi je ~* it's all the same to me

jednoboštvo *n* monotheism **jednobožac** *n* monotheist **jednobožački** *a* monotheistic

jednocevka, jednocijevka *n* single-barreled shotgun

jednodnevan *a* lasting one day; ephemeral

jednoglasan *a* unanimous

jednogodišnjak *n* yearling **jednogodišnji** *a* 1. one-year old 2. annual

jednokatnica *n* (W) one-story house

jednoličan *a* 1. uniform, same 2. monotonous, dull

jednom *adv* 1. once, one time; ~ *za svagda* once and for all 2. at one time

jednomotorni *a* single-engine; ~ *avion* a single-engine airplane

jednopartijski *a* (pol.) ~ *sistem* one-party system

jednorodan *a* homogeneous

jednorog *n* unicorn

jednoruk *a* one-armed; single-handed

jednosložan *a* monosyllabic

jednosmeran, jednosmjeran *a* 1. one-way; ~*rna ulica* one-way street; ~ *saobraćaj* one-way traffic 2. ~*rna struja* direct current (cf. **naizmeničan**)

jednosoban *a* one-room; ~ *stan* a one-room apartment

jednostavan *a* 1. simple; easy ~ *za rukovanje* easy to handle; ~*vno objašnjenje* a simple explanation 2. plain, natural, simple; ~*vni ljudi* plain people

jednostran *a* 1. one-sided, lopsided, uneven; ~*o obrazovanje* a one-sided education 2. partial, one-sided, biased; ~ *zaključak* a biased conclusion

jednotračan *a* single-track; ~*čna pruga* single-track railroad

jednovrstan *a* homogeneous

jednjak *n* esophagus

jedrenjak *n* sailboat **jedrilica** *n* 1. sailboat; yacht 2. glider (aircraft) **jedriličar** *n* 1. glider pilot 2. sailor; yachtsman **jedriličarski** *a* boating; ~ *klub* boating club **jedriličarstvo** *n* (sports) 1. gliding 2. yachting; boating

jedrina *n* 1. firmness, solidity 2. plumpness

jedriti *v* 1. to sail, navigate 2. to glide **jedro** I *n* sail; *skinuti (spustiti)* ~*a* to strike the sails; *razapeti (razviti)* ~*a* hoist sails

jedro II *n* core, nucleus, heart

jedva *adv* barely, hardly, scarcely; ~ *sam ušao u autobus* I barely managed to get into the bus; ~ *je stigao na voz* he just caught the train; ~ *se sećam* I hardly remember

jeftin *a* 1. inexpensive, cheap 2. second-rate, mediocre **jeftinoća** *n* cheapness

jegulja *n* eel; *električna ~* electric eel

jek *n* 1. sound; blare 2. bloom, flower, prime; *biti u* ~*u (snage)* to be in one's prime

jeka *n* 1. blare, clang 2. echo

jela *n* (bot.) fir

jelen *n* (zool.) deer; stag; *severni ~* reindeer

je li, je l'da, je l'te *inter part* isn't that so? *vi ste Amerikanci, je l'te?* you are Americans, aren't you?

jelka *n* fir; *božićna ~* Christmas tree

jelo *n* food; dish; ~ *i piće* food and drink; *hladna* ~*a* cold cuts; *omiljeno* ~ a favorite dish; *ručak od pet* ~*a* a five-course dinner; *šta ima za* ~? what's there to eat? **jelovnik** *n* menu

jemac *n* guarantor **jemčiti, zajemčiti** *v* to guarantee, answer for, vouch for; ~ *za nešto* to vouch for smt. **jemstvo** *n* guarantee, security

jenjati *v* to let up, slacken; *jenjala je kiša* the rain has let up

jer *conj* because, for; *on plače ~ ga je neko udario* he is crying because smb. hit him

jerej *n* (Orthodox) priest

jeres *n* heresy **jeretičan** *a* heretical **jeretik** *n* heretic

Jermenija *n* Armenia

jesen *n* autumn, fall; *u ~* in the fall **jesenas** *adv* this fall (this coming fall; last fall)

jesetra n (zool.) sturgeon
jesti v 1. to eat, consume; *on je jeo* he has eaten; *on je pojeo jabuku* he ate an apple; **jesti tuđi hleb* to sponge off smb. 2. to corrode, eat away; ~ *se* to be eaten away 3. to upset, distress, annoy; *jede ga briga* he is upset, he frets 4. to bite, sting (of insects); *jedu me komarci* I am getting bitten by mosquitoes 5. ~ *se* to wane; *Mesec se jede* the moon is waning
jestiv a edible; ~*a ulja* edible oil products
jetra n liver
jetrva n sister-in-law (wife of husband's brother)
jevanđelje n gospel
Jevrejin n Jew
jevtin see **jeftin**
jeza n shiver, shudder, chill; (feeling of) horror; *hvata me* ~ I am horror-struck; or: I have a chill; *prošla ga je jeza* he shuddered
jezero n lake
jezgro n 1. core, nucleus, heart; *atomsko* ~ atomic nucleus 2. kernel, stone, pit 3. (fig.) essence **jezgrovit** a concise, succinct, pithy
jezičac n pointer, needle (as on a scale)
jezički a linguistic; ~ *zakoni* linguistic laws
jezik n 1. tongue; *navrh* ~*a mi je* it's on the tip of my tongue; *imati oštar* ~ to have a sharp tongue; *razvezao (odrešio) mu se* ~ he started to talk; *držati* ~ *za zubima* to be silent; *zavezati* ~ *kome* to silence smb.; ~ *mu se uzeo* or ~ *mu se svezao* he is tongue-tied; *ugristi se za* ~ to bite one's tongue 2. language, speech; *govorni* ~ the spoken language; *maternji* ~ native language; *vladati* ~*om* to know a language fluently; *strani* ~ a foreign language; *pesnički* ~ poetic language; *prevoditi s jednog* ~*a na drugi* to translate from one language into another; *na engleskom* ~*u* in English; **~ gore seče nego mač* the pen is mightier than the sword
jeziv, **jezovit** a gruesome, terrifying, ghastly, horrifying; ~*e priče* gruesome stories; ~ *prizor* a horrifying sight
jezuit(a) n Jesuit
Jezus n Jesus (see also **Isus**)
jež n hedgehog
ježiti se v to bristle; **koža mi se ježi* I have goose pimples

JNA abbrev. of *Jugoslovenska narodna armija*
jod n iodine
jogunast a capricious; obstinate; mischievous
jogurt n Yugoslav liquid yogurt
joha n (bot.) alder
joj see **jao**
Jordan n Jordan
jorgan n quilt
jorgovan n (bot.) lilac
još adv 1. more; another; *hoću* ~ *jednu kafu* I want another coffee; *morate ležati* ~ *mesec dana* you have to stay in bed for another month 2. still; *on* ~ *radi u istoj školi* he is still working in the same school 3. (way) back; already; *bilo je to* ~ *pre rata* that was (way) back before the war 4. even; *on je* ~ *viši (od tebe)* he is even taller (than you) 5. besides, in addition, too; *ne samo da sam umoran, nego sam* ~ *i gladan* I'm not only tired, but I'm hungry too
jova n (bot.) alder
jubilej n jubilee, anniversary
juče, (esp. W) **jučer** adv yesterday **jučerašnji** a yesterday's
jug n south
jugoistok n southeast
Jugoslavija n Yugoslavia **jugoslavenski** (W), **jugoslovenski** (E) a Yugoslav, Yugoslavian
jugozapad n southwest
juha n (W) soup
jul, juli n July
jun, juni n June
junac n young bull, bullock
junačan a brave, courageous
junačiti v 1. to inspire, spur 2. ~ *se* to boast
junak n hero; ~ *dana* man of the hour; *Grob Neznanog* ~*a* Tomb of the Unknown Soldier **junaštvo** n heroism, bravery
june n young cow (or bull) **juneći** a beef; ~*e meso* young beef
juni see **jun**
junica n heifer
junior n (sports) junior; member of the junior varsity; ~*i su pobedili* the junior varsity won
jurisdikcija n jurisdiction
jurist(a) n jurist, lawyer
juriš n (mil.) assault, storm; *zauzeti na* ~ to take by assault **jurišati, jurišnuti** v to

assault, rush, storm, attack; ~ na tvr-
davu to assault a fortress
juriti v 1. to rush, race, run; ~ za nekim to
run after smb. 2. ~ nekoga to chase
(pursue) smb. **jurnjava** n hurry, rush
juta n jute
jutarnji a morning, matinal; ~e novine
the morning newspaper(s)

jutro n 1. morning; forenoon; dobro ~!
good morning! od ~a do mraka from
dawn to dusk 2. acre (160 square rods)
jutros adv this morning
juvelir n jeweler
Južna Amerika South America
južni a southern
južnjak n southerner

K

k, ka *prep* toward, to; *on ide ka kolima (vratima)* he is going toward the car (the door)

kabanica *n* coat, cloak

kabao *n* tub, pail, bucket; **kiša pada kao iz ~bla* it's raining cats and dogs

kabare, kabaret *n* cabaret, nightclub

kabel *n* cable, wire

kabina *n* cabin, booth; *šoferska ~* cab (on a truck)

kabinet *n* 1. (pol.) cabinet 2. study (room) 3. laboratory; section (of a *fakultet*, at a university); *hemijski (fizikalni) ~* chemistry (physics) laboratory 4. office; *šef je u svom ~u* the boss is in his office

kablogram *n* cablegram

kabriolet *n* 1. cabriolet 2. convertible (automobile)

kaca *n* (wooden) tub, vat

kaciga *n* helmet

kačiti, okačiti *v* to hang; *~ kaput o (na) čiviluk* to hang a coat on a hanger

kaćiperan *a* fashionable, foppish **kaćiperka** *n* fashionable woman, fashion plate

kad, kada 1. *inter conj* when; *~ će on doći?* when will he come? 2. *conj* when; *ne znam ~ će oni stići* I don't know when they will arrive 3. *conj* if; *~ bi bilo lepo vreme, mogli bismo otići na plažu* if the weather were nice, we could go to the beach 4. *conj, adv; ma ~, bilo ~* (or *~ bilo*) whenever; at any time; *bilo ~ da pođeš, stići ćeš tamo danas* no matter when you leave, you'll get there today

kada *n* bathtub, tub

kadar I *a* capable, fit, able

kadar II *n* 1. (mil.) cadre, regular forces

kadrovski *a* regular; *~e jedinice* regular army units 2. personnel; *referent za ~ove* personnel officer **kadrovski** *a* personnel; *~a služba* personnel department 3. frame (of a motionpicture film)

kadet *n* cadet

kadgod *adv* ever; *idete li ~ u bioskop?* do you ever go to the movies?

kadionica *n* censer, thurible **kaditi** *v* 1. okaditi to fumigate; *~ sobu* to fumigate a room 2. to burn incense

kadril *n* quadrille, square dance

kadrovac *n* (mil.) cadre member

kadulja *n* (bot.) sage

kafa *n* coffee; *~ u zrnu* coffee beans; *crna (turska) ~* black (Turkish) coffee; *~ s mlekom* coffee with cream; *skuvati ~u* to make coffee

kafana *n* cafe, barroom, bar **kafanski** *a* cafe; *~a publika* cafe society; *~ političar* barroom politician; *~ čovek* barfly

kafilerija *n* dog pound

kaiš *n* belt, strap; band; *~ za sat* watchband; *~ ventilatora* fan belt (on a car); **stezati ~* to pull in one's belt

kaišariti *v* to deceive, defraud, cheat; *~ na meri* to short-weight; *~ na kartama* to cheat at cards

kajak *n* kayak

kajati se *v* to feel repentant

kajgana *n* scrambled eggs

kajmak *n* 1. kajmak (a dairy dish) 2. (fig.) the cream; **skinuti (pobrati) ~* to skim off the cream

kajsija *n* 1. apricot 2. apricot tree

kajuta *n* cabin (on a ship)

kakao *n* cocoa

kakav 1. *a* what kind of; *kakve filmove voliš?* what kind of films do you like?

kakve je boje kaput? what color is the coat? 2. a any (kind of); *jeste li imali kakvih novosti od njega?* have you had any news from him? 3. *conj* which, that; *volim (onakve) freske kakve smo videli u tom manastiru* I like the (kind of) frescoes that we saw in that monastery 4. a what; *kakav divan pogled!* what a beautiful view! 5. *a ~ god* whatever (kind of); *kakvo god vreme da je, ti moraš doći* whatever the weather is, you have to come

kako 1. *adv* how; *~ ste?* how are you? *~ se zovete?* what's your name? 2. *adv* so, how; *~ je ovde prijatno!* it's so pleasant here! 3. *interj* (exp. surprise) *~? zar on još nije došao?* What? you mean he still hasn't come? 4. *conj* how; *ne znam ~ se zove ovaj lek* I do not know what this medicine is called; *on ih gleda ~ igraju kolo* he watches them dance the kolo 5. *conj; ma ~, bilo ~* in any way, in any manner (whatsoever); *napiši to ma ~, samo što pre završi* write it in any manner whatsoever, just finish it as quickly as possible 6. *conj* when, as soon as; *~ je ušao u sobu, skinuo je kaput* when he entered the room, he took off his coat 7. *conj ~ bi(h)* in order to; *žurio je ~ bi stigao na vreme na sastanak* he was hurrying in order to get to the meeting on time 8. *conj* since, in view of the fact; *~ je bio umoran, odmah je zaspao* since he was tired, he fell asleep immediately 9. misc.; *~ da ne* of course; *~ u gradu tako i na selu* in the city as well as in the country

kaktus n cactus
kalaj n tin **kalajdžija** n tinsmith
kalauz n 1. skeleton key; *otvoriti bravu ~om* to pick a lock 2. see **vodič**
kalcijum n calcium
kaldrma n 1. cobblestones 2. road paved with cobblestones
kaleidoskop n kaleidoscope
kalem n 1. spool; *~ konca* spool of thread 2. reel, roll (of film) 3. coil (on an automobile engine) 4. graft; scion
kalemiti, nakalemiti v to graft, transplant
kalendar n calendar **kalendarski** a calendar; *~a godina* the calendar year
kalibar n caliber (also fig.)
kaliti, nakaliti v to temper, harden
kalk n tracing paper 2. tracing 3. (ling.) loan translation, calque

kalkulacija n calculation **kalkulisati** v to calculate
kaloričan a caloric **kalorija** n calorie
kaloša n galosh, overshoe
kaluđer n monk **kaluđerica** n nun
kalup n 1. mold, cast, die, stamp 2. *~ za cipele* shoe last 3. model; standard; stereotype; *po ~u* according to a model **kalupiti, ukalupiti** v to mold, form, shape
kalvinizam n Calvinism
kalj n tile **kaljev** a a tile; *~a peć* a tile stove
kaljača n galosh
kaljati, okaljati v to dirty, soil, stain; *~ čast* to stain one's honor **kaljav** a dirty, muddy **kaljuža** n mud; puddle
kamata n (comm.) interest; interest rate **kamatni** a interest; *~a stopa* interest rate
Kambodža see **Kampućija**
kameleon n chameleon
kamelija n (bot.) camellia
kamen n stone, rock; *dragi ~* a precious stone; *mlinski ~* millstone; **~ spoticanja* stumbling block; **~ smutnje* bone of contention; *~ temeljac* cornerstone; **pao mi je ~ sa srca* that was a load of my mind **kameni** a stone, of stone, stony; *~o doba* stone age **kamenac** n 1. zubni *~* tartar (on teeth) 2. (anat.) stone; *žučni ~* gallstone **kamenit** a stony, rocky, rugged **kameniti se, okameniti se** v to become petrified **kamenolom** n quarry **kamenorezac** n stonecutter, stonemason **kamenovati** v to stone
kamera n camera **kamerman** n camerman
kamerni a chamber; *~a muzika* chamber music
kamfor n camphor
kamila n camel
kamilica n camomile
kamin n fireplace
kamion n truck
kamp n 1. camp 2. camp site (for vacationers; see **kamping** 1)
kampanja n campaign; *izborna ~* election campaign
kamping n 1. camp site (for vacationers) 2. camping (out); *bili smo na ~u* we were camping out **kampovati** v to camp (out)
Kampućija n Cambodia
kamuflaža n camouflage **kamuflirati** v to camouflage
Kanada n Canada **kanadski** a Canadian

kanal *n* 1. canal; ~ *za navodnjavanje* irrigation canal 2. channel; *televizijski* ~ television channel **kanalizirati** *v* to channel **kanalizacija** *n* 1. sewerage system 2. drainage

kanap *n* twine, string

kanarinac *n* canary

kancelar *n* chancellor **kancelarija** *n* office **kancelarijski** *a* office; ~ *materijal* stationery; ~ *posao* office work

kandidat *n* candidate, nominee; applicant **kandidatura** *n* candidacy **kandidovati** *v* 1. to nominate; ~ *nekoga za predsednika* to nominate smb. for president 2. ~ *se* to become a candidate, run (for office); *kandidovao se za predsednika* he ran for president

kandža *n* 1. claw 2. grip

kanibal *n* cannibal **kanibalizam** *n* cannibalism

kanonada *n* cannonade

kanonizirati *v* to canonize **kanonizacija** *n* canonization

kanta *n* can; pail; ~ *za đubre (otpatke, smeće)* trash can

kantar *n* balance, scale

kantata *n* cantata

kantina *n* canteen

kanu *n* canoe

kanjon *n* canyon

kao *conj* 1. as; *on je visok* ~ *(i) ja* he is as tall as I am 2. ~ *što* conj as; ~ *što znate* as you know 3. (~ *da) conj* as if, like; ~ *da je bilo juče* as if it were yesterday; *izgledalo je* ~ *da joj se spavalo* she appeared to be sleepy 4. *conj* like; *peva* ~ *slavuj* she sings like a nightingale 5. ~ *i conj* as well as, in addition; *bilo je jabuka, krušaka* ~ *i grožda* there were apples and pears, as well as grapes 6. *conj* as, in the role of; *ovaj članak će poslužiti* ~ *uvod* this article will serve as an introduction 7. ~ *bajagi* see **bajagi** 8. misc.; *deca* ~ *deca* children will be children

kaos *n* chaos

kap *n* 1. drop, bead; ~*i znoja* beads of perspiration; ~*i za oči* eye drops; ~ *po* ~ drop by drop; ~ *u moru* a drop in the bucket 2. (med.) stroke, apoplexy; cerebral hemorrhage; *udarila ga je* ~ he had a stroke; *srčana* ~ a heart attack

kapa *n* cap

kapacitet *n* capacity

kapak *n* 1. cover, lid 2. shutter, louver; ~ *na prozoru* window shutter 3. *očni* ~ eyelid

kapalica *n* dropper, eyedropper, medicine dropper

kapara *n* deposit, security

kapati, kapnuti *v* to drip, leak

kapavac see **gonoreja**

kapela *n* 1. chapel 2. band, orchestra **kapelan** *n* chaplain

kapetan *n* 1. captain; (naval) ~ *korvete (fregate, bojnog broda)* lieutenant commander (commander, captain) 2. chief, leader, ruler

kapija *n* gate; entrance; doorway; *glavna* ~ main entrance; *sporedna* ~ secondary entrance

kapilar *n* capillary

kapisla *n* 1. powder charge (of a cartridge) 2. cap (for a toy gun)

kapital *n* capital; funds; *stalni* ~ fixed capital **kapitalan** *a* 1. main, major; ~*lna greška* a major error 2. (econ.) capital; ~*lni izdaci* capital expenditures 3. capital, large; ~*lna slova* capital letters

kapitalisati *v* to convert into capital, capitalize **kapitalist(a)** *n* capitalist **kapitalizam** *n* capitalism

kapiten *n* (sports) captain

kapitulacija *n* capitulation, surrender; *bezuslovna* ~ unconditional surrender **kapitulirati** *v* to capitulate, surrender

kaplja see **kap** 1

kapljica *n* 1. dim. of **kaplja** 2. alcoholic beverage (usu. wine) 3. (in *pl*, med.) drops; ~*e za nos* nose drops

kapric *n* caprice **kapriciozan** *a* capricious

kapsla see **kapisla**

kapsula *n* 1. see **kapisla** 2. (med.) capsule 3. (of a spaceship) capsule, module

kapuljača *n* hood

kaput *n* coat; *zimski* ~ overcoat; *proletnji (jesenji)* ~ topcoat

karabin *n* carbine

karakter *n* 1. character; disposition; personality 2. character (in a play, novel) **karakterisati** *v* 1. to characterize, typify 2. to describe, characterize; *on sve ljude negativno karakteriše* he describes everyone negatively **karakterističan** *a* characteristic, distinctive; ~*čne crte* distinctive features

karamel *n* caramel

karanfil *n* carnation

karanfilić n (bot.) clove
karantin n quarantine; *staviti (smestiti) nekoga u* ~ to place smb. in quarantine
karat n carat
karavan n caravan; *putovati* ~*om* to travel by caravan 2. see **kombi**
karbon n carbon **karbonisati** v to carbonize, char
karburator n carburator
kardan n universal joint
kardinal n 1. (rel.) cardinal 2. (zool.) cardinal
kardinalan a cardinal, basic
kardiolog n cardiologist **kardiologija** n cardiology
karfiol n cauliflower
karijera n career **karijerist(a)** n careerist
karika n link (on a chain; also fig.)
karikatura n caricature; cartoon **karikaturist(a)** n caricaturist; cartoonist **karikirati** v to caricature
karlica n (anat.) pelvis **karlični** a pelvic; ~*a kost* pelvic bone
karmin n lipstick; *mazati usta* ~*om* to apply lipstick
karneval n carnival; festival
karo n diamonds (cards)
karoserija n body (of an automobile)
karta n 1. card; *poštanska* ~ postcard; *igrati* ~*e* to play cards; *lična* ~ identity card, identification; *＊otkriti (pokazati) svoje* ~*e* to show one's cards 2. *(geografska)* ~ map (see also **mapa** 1) 3. ticket; *vozna* ~ train ticket **kartati se** v to play cards, gamble
karteč n buckshot
kartel n cartel
karter n crankcase
kartograf n cartographer **kartografija** n cartography
karton n cardboard **kartonski** a cardboard; ~*a kutija* carton 2. card, document
kartoteka n card catalog, card file
karusel n merry-go-round
kas n trot (gait of a horse)
kasa n 1. strongbox, safe 2. cash register
kasač n trotter (horse) **kasački** a trotting; ~*e trke* trotting races
kasan a late; *(u)* ~*sno veče* late in the evening
kasapin n butcher **kasapiti, iskasapiti** v 1. to cut up; *kasapin je iskasapio tele* the butcher cut up the calf 2. to slaughter

kasapnica n butcher shop 2. slaughterhouse
kasarna n (mil.) barracks **kasarnski** a barracks; ~ *život* barracks (military) life
kasati v to trot
kaseta n 1. strongbox 2. cassette (as in a camera)
kaskader n (film) stunt man
kasniti, zakasniti v to be late; *on uvek kasni na časove* he is always late for (to) class
kasta n caste
kastracija n castration **kastrirati** v to castrate
kaša n muh, mash; porridge; *ovsena* ~ oatmeal; *＊žežen* ~*u hladi* once burned, twice shy
kašalj n cough; *magareći (veliki)* ~ whoping cough
kašika n 1. spoon; *velika (supena)* ~ table (soup) spoon; *čajna* ~ tea spoon 2. spoonful 3. bucket, scoop (of an earth-moving vehicle)
kašljati v to cough
kat n (W) floor, story
katafalk n catafalque
katakomba n catacomb
kataliza n catalysis **katalizator** n catalyst
katalog n catalog **katalogizirati** v to catalog
katanac n padlock; *držati (čuvati) pod* ~*ncem* to keep under lock and key
katapult n catapult **katapultirati** v to catapult
katarakt n cataract
katarka n mast
katarza n catharsis
katastrofa n catastrophe, disaster **katastrofalan** n catastrophic, disastrous
katedra n 1. rostrum, pulpit 2. chair, professorship; *držati* ~*u* to have (occupy) a chair 3. (university) department; ~ *za matematiku* mathematics department 4. desk
katedrala n cathedral
kategorički a categorical **kategorija** n category **kategorisati** v to categorize
katehizam n catechism
katkad adv sometimes
katoda n cathode
katolicizam, katoličanstvo n Catholicism **katolički** a Catholic **katolik** n Catholic
katran n tar **katranisati** v to tar

kauboj n cowboy kaubojski a cowboy; ~ filmovi cowboy films, westerns

kaucija n 1. deposit, security 2. bail, bond

kauč n sofa, couch

kaučuk n rubber, caoutchouc kaučukov a rubber; ~o drvo rubber tree

kaustičan a caustic

kava (W) see kafa

kavalkada n cavalcade

kavaljer n cavalier, gallant kavaljerski a chivalrous; ~ postupak a chivalrous act

kavaljerstvo n chivalry

kavana (W) see kafana

kavez n cage; ~ za ptice birdcage

kavga n quarrel kavgati se v to quarrel

kavijar n caviar

kazalište n (W) theater

kazaljka n 1. watch hand 2. needle, indicator

kazan n 1. kettle; caldron; boiler; parni ~ steam boiler 2. gorge, pass kazandžija n boilermaker; coppersmith

kazati v to say, tell; kaži mu da dođe tell him to come; kako se to kaže engleski? how is that said in English? šta će svet kazati? what will people say? *ako smem kazati if I can speak freely; *~ u oči to say frankly

kazivati v to express, denote, state; padeži kazuju različite odnose cases denote various relationships

kazna n punishment, penalty; fine; telesna (smrtna) ~ corporal (capital) punishment; platiti (novčanu) ~u to pay a fine; izvršenje ~e execution of a sentence kazneni a 1. penal; ~ zakon penal statute; ~. zavod prison 2. (soccer) ~ udarac penalty kick 3. punitive; ~a ekspedicija punitive expedition kazniti, kažnjavati v to punish, to penalize; to fine; on je kažnjen sa 50 dinara he was fined 50 dinars

kažiprst n index finger

kažnjenik n convict, criminal kažnjiv a punishable

kći, kćer n daughter

kec n ace (in cards)

kecelja n apron

kedar n cedar

kegla n bowling pin, tenpin keglati se v to bowl

kej n quay

keks n cookie

kelner n waiter; ~! račun molim waiter! the check please

kelj n kale

kemija see hemija

ker n dog; lovački ~ hunting dog; *terati ~ a to have one's fling, lead a wild life

keramika n ceramics

kerozin n kerosene

kesa n 1. pouch; ~ za duvan tobacco pouch 2. bag, sack 3. (fig.) money; purse; *odrešiti (stegnuti) ~u to loosen (tighten) the purse-strings

kesten n chestnut kestenjav a chestnut

kevtati v to yelp, yap; kerovi kevću the dogs yap

kibernetika n cybernetics

kicoš n fop, dandy

kič n trash (of a work of art)

kičma n spine, backbone; *imati čvrstu ~u to have backbone kičmeni a spinal ~stub spinal column

kićanka n tassel, tuft

kidati v 1. pokidati to tear, break, tear off; ~ cveće to pluck flowers; ovaj kanap je tanak; kida se this cord is too thin; it keeps tearing 2. see prekinuti

kidnaper n kidnapper; hijacker kidnapovati v to kidnap; to hijack

kifla n roll, crescent

kijati, kinuti v to sneeze; (fig.) motor kija the engine sputters kijavica n head cold

kika n pigtail, braid

kikiriki n peanut(s)

kikotati (se) v to giggle, titter

kila I n see kilogram; pola ~e half a kilogram

kila II n hernia, rupture kilav a hernial

kilo see kilogram

kilogram n kilogram

kilometar n kilometar kilometraža n distance in kilometers ('mileage')

kilovat n kilowatt

kim n caraway, caraway seeds

Kina n China kineski a Chinese; ~ zid Chinese wall

kinđuriti, nakinđuriti v to overdress, dress up (garishly); ona kinđuri decu she overdresses her children

kinematografija n movie making; the film industry

kinetika n kinetics

kinin n quinine

kino n (W) movie theater; movies; ići u ~ to go to the movies

kino-operater n (motion-picture) projectionist

kinoteka n film library

kinjiti v to mistreat, abuse, bully; ~ decu to mistreat children

kiosk n newsstand, stand, booth

kip n statue **kipar** n sculptor

Kipar n Cyprus

kiparis n (bot.) cypress

kiper n dump truck

kipeti, kipjeti v 1. **iskipeti, iskipjeti** to boil over; *kipi ti mleko!* your milk is boiling over! *čorba je iskipela po šporetu* the soup boiled out all over the range 2. **uskipeti, uskipjeti** to boil; *on je kipeo od besa* he was boiling with rage 3. to swarm, teem; *knjiga kipi greškama* the book is full of errors

kipteti, kiptjeti v 1. to swarm, teem; *ovde sve kipti od dece!* this place is just swarming with children! 2. to pour, flow; *krv mu kipti iz nosa* blood is pouring from his nose

kirija n rent; *uzeti stan pod ~u* to rent an apartment

kirurg see **hirurg**

kiselina n acid

kiseliti, zakiseliti v to pickle, marinate; ~ krastavce to pickle cucumbers

kiseljak n (bot.) sorrel

kiseo s sour; ~*lo mleko* yogurt; ~*lo lice* a sour face; ~*li krastavci* sour pickles; ~*la voda* mineral water

kiseonik (E), **kisik** (W) n oxygen

kisnuti, pokisnuti v to get wet

kiša n 1. rain; *pada kiša* it's raining; *sitna* ~ drizzle; ~ *sipi* it's drizzling 2. (fig.) rain, torrent; ~ *uvreda* a rain of insults **kišan** a 1. rainy; ~*šna sezona* the rainy season 2. ~*šni mantil* raincoat **kišobran** n umbrella **kišovit** a rainy; ~*o vreme* rainy weather

kit I n whale

kit II n putty

kita n bouquet

kititi, okititi v 1. to decorate, adorn 2. ~ se to dress (oneself) up **kitnjast** n ornate, flowery; ~ *stil* flowery style

kitolov n whaling

kivan a 1. resentful, irritated; *biti* ~ *na nekoga* to be resentful of smb. 2. mean, wicked

klackalica n 1. seesaw 2. (tech.) rocker⸱ arm **klackati se** v to seesaw

klada n 1. log, block; **kud će iver od ~e* a chip off the old block 2. (wooden) shackle; *baciti nekoga u ~e* to put smb.

into shackles 3. blockhead, dunce; lazybones

kladionica n 1. betting place; parimutuel 2. lottery, sweepstakes **kladiti se** v to bet, wager; ~ *na trkama* to bet at the races; (u) *šta ste se kladili?* how much did you bet?

kladivo n (sports) hammer

klanac n gorge, ravine

klanica n 1. slaughterhouse, abattoir 2. slaughter, massacre

klanjati se, pokloniti se v to bow; ~ *se nekome* to bow to smb; or: to greet smb.

klarinet n clarinet **klarinetist(a)** n clarinetist

klas n ear (of grain), spike

klasa n class; *radnička* ~ the working class; *putnici prve* ~*e* first-class travelers **klasni** a class; ~*a borba* the class struggle; ~ *neprijatelj* a class enemy

klasicist(a) n classicist **klasicizam** n classicism **klasičan** a classical, classic; ~*čna književnost* classical literature; ~*čni jezici* classical languages; ~*čna prostota* classical simplicity

klasifikovati v to classify

klasika n classical literature (and art); the classics

klati, zaklati v to slaughter, butcher; ~ *tele* to slaughter a calf; ~ *nekoga* to cut smb.'s throat

klatiti v 1. to swing, shake, rock; *on klati sto* he is shaking the table; ~ *glavom* to shake one's head 2. ~ *se* to be shaky, rock; *stolica se klati* the chair is shaky

klatno n 1. clapper, tongue (of a bell) 2. pendulum

klaun n clown (also **klovn**)

klaustrofobija n claustrophobia

klauzula n clause, stipulation

klavijatura n keyboard (on a mus. instrument)

klavir n piano

klecati, klecnuti v 1. to totter, stagger; *klecaju mu kolena* his knees are buckling 2. to bow; *svi pred njim klecaju* they all bow to him (usu. fig.)

klečati, kleknuti v to kneel; ~ *pred nekim* to kneel before smb.

kleka n (bot.) juniper tree (bush) **klekovača** n gin, juniper brandy

klempav a lop-eared, droopy; ~*e uši* lop ears

klen n (bot.) maple

klepati, sklepati v to slap together, dash off; ~ *sto* to slap a table together
klepet n 1. rattle, chatter 2. rustle, swish
klepetati v 1. to rattle, clatter 2. to chatter, prattle
kleptoman n kleptomaniac **kleptomanija** n kleptomania
kler n the clergy **klerikalan** a clerical
klesač, klesar n stonecutter, stonemason
klesati, isklesati v to chisel, sculpture (in stone)
klešta, kliješta n 1. pliers, tongs 2. (mil.) pincers (movement), double envelopment 3. pincers (as of a lobster)
kleti v 1. to curse 2. ~ *se* to swear; *kunem ti se da je to istina* I swear to you that this is the truth **kletva** n 1. curse, anathema; *baciti ~u na nekoga* to put a curse on smb. 2. (profane) oath, curse, swearword
kleveta n slander, calumny, libel **klevetati, oklevetati** v to slander, calumniate, libel **klevetnički** a slanderous, calumnious; ~*a kampanja* campaign of slander **klevetnik** n slanderer
klica n germ (also fig.)
klicati, kliknuti v to cheer, shout (for joy); ~ *od radosti* to shout for joy
klijati, proklijati v to germinate, sprout, bud, bloom
klijent n client, customer, patron **klijentela** n clientele
klik n cry, scream, cheer
klika n clique
kliker n marble; *igrati se ~a (~ima)* to play marbles
kliktati, kliknuti v to scream, cry shriek
klima n climate; *kontinentalna* ~ continental climate; *umerena (tropska)* ~ moderate (tropical) climate
klimaks n climax; *dostići* ~ to reach a climax
klimati, klimnuti v 1. to nod; ~ *glavom* to nod one's head 2. to shake, swing; *ne klimaj sto* don't shake the table 3. ~ *se* to stagger, sway, shake; ~ *se pri hodu* to stagger while walking 4. ~ *se* to be loose, wobbly, unsteady; *klima mi se jedan zub* I have a loose tooth
klima-uređaj n air conditioner
klimav a loose, shaky, unsteady, wobbly; ~*a stolica* a wobbly chair
klin n 1. wedge, cotter, pin; *(gvozdeni)* ~ nail 2. (mil.) breach, wedge; breakthrough

klinac n 1. nail, pet 2. (colloq.) child, kid
klinast a cuneiform, wedge-shaped; ~*o pismo* cuneiform writing
klinika n clinic; *na ~ci* at the clinic **klinički** a clinical; ~ *pregled* a clinical examination
klip n 1. piston 2. ~ *kukuruza (kukuruzni* ~*)* corncob
kliring n (comm.) clearing
klistir n enema, clyster
klisura n 1. gorge, ravine 2. crag, rock
kliše n 1. cliche, stereotype 2. printing plate
klizač n skater; *umetnički* ~ figure skater **klizalište** n skating rink **klizaljka** n ice skate **klizanje** n ice-skating; *ići na* ~ to go ice-skating **klizati (se)** v 1. **kliznuti (se)** to slip, slide, skid; *auto se kliza* the car is skidding 2. to ice-skate **klizav** a slippery, slick **kliziti** v to glide, slide
klobuk n bubble
klokot n gurgle, murmer **klokotati** v to gurgle, murmer; *voda negde klokoće* water is gurgling somewhere
kloniti se, ukloniti se v to avoid, shun; stay away from; ~ *se opasnosti* to avoid danger
klonulost n exhaustion, collapse **klonuo** a discouraged, dejected 2. exhausted **klonuti** v 1. to droop, sag 2. to despair, become discouraged; ~ *duhom* to become discouraged 3. to become exhausted
kloparati v to clatter, rattle
klopka n trap, snare; *postaviti nekome ~u* to set a trap for smb.
klopot n clatter, rattle **klopotati** v to clatter, rattle
klovn n clown
klozet n bathroom, toilet
klub n club; *studentski* ~ students' association **klupski** a club; ~*a članarina* club dues
klupa n bench; *školska* ~ school bench; *optuženička* ~ prisoner's dock; *tokarska* ~ lathe
klupčati, sklupčati v to wind (up), fold up
klupko n 1. ball, skein 2. pile, heap
kljakav a crippled, lame
kljova n tusk
kljucati, kljucnuti v 1. to peck, pick 2. to prickle, sting, tingle; *nešto me kljuca u prstu* my finger tingles
ključ n 1. key; *biti pod ~em* to be under lock and key 2. spring, fountainhead 3. (tech.) wrench **ključaonica** n keyhole

ključati v to boil, seethe (also fig.); *voda ti već ključa* your water is boiling

ključni a main, key, basic; ~*o pitanje* the key question

ključnjača n (anat.) collarbone, clavicle

ključati, nakljukati v to fatten (up); to stuff; ~ *gusku* to fatten a goose

kljun n 1. beak, bill (of a bird) 2. bow (of a ship)

kljuse n nag, plug, hack (horse)

kljuvati, kljunuti v to peck, bite

kmet n 1. peasant; landless peasant, farm hand 2. serf **kmetstvo** n serfdom

knedla, knedlica n dumpling

kneginja n princess, duchess **kneginjica** n princess **knez** n prince; duke; *veliki* ~ grand duke **kneževina** n principality **kneževstvo** n princedom

kniks n bow, curtsy

knut n knout, whip

knjiga n 1. book; *zemljišna* ~ deed book ~ *utisaka* guest book (at an exhibit); ~ *žalbi* complaint book 2. volume 3. registry; ~ *rođenih (venčanih)* birth (marriage) registry

knjigovez n bookbinding **knjigovezac** n bookbinder **knjigoveznica** n bookbindery

knjigovodstvo n bookkeeping, accountancy; *dvojno (prosto)* ~ double-entry (single-entry) bookkeeping **knjigovođa** n bookkeeper, accountant

knjiški a bookish; ~ *moljac* bookworm; ~ *izraz* a bookish expression

knjižar n bookseller **knjižara** n bookstore

književan a 1. literate; well-read; ~ *čovek* a well-read person 2. literary; ~*vna krađa* plagiarism; ~*vni jezik* the standard (literary, written) language **književnik** n writer, author **književnost** n literature; *lepa* ~ belletristic literature

knjižica n booklet, book; *čekovna* ~ checkbook **knjižiti, proknjižiti** v to record, enter **knjižni** ~ a book; ~ *fond* holdings (of a library)

ko, tko pron 1. who; ~ *ste vi?* who are you? 2. who; he who; *ma (makar, bilo)* ~ anybody, anyone; whoever; *da li se sećaš ma koga?* do you remember anyone? *ma* ~ *da je to rekao, pogrešio je* whoever said that was wrong

koagulacija n coagulation

koalicija n coalition **koalicioni** a coalition ~*a vlada* coalition government

koautor n coauthor

kob n fate, destiny

kobajagi see **bajagi**

kobalt n cobalt

koban a fateful, disastrous; ~*bna odluka* a fateful decision

kobasica n sausage

kobila n mare **kobilji** a mare; ~*e mleko* mare's milk

kobilica n 1. keel, bridge (of a violin)

kobra n cobra

kocka n 1. cube; *zapremina* ~*e* cubic volume; ~ *šećera* cube of sugar 2 checker, square; *materijal sa* ~*ama* checkered material 3. die, dice; dice playing; gambling; ~ *je pala (bačena)* the die is cast; *staviti (metnuti) nešto na* ~*u* to risk smt. **kockar** n gambler **kockarnica** n gambling house

kockast a checkered; ~ *materijal* checkered material

kockati se v to play dice, gamble

kočić n pet; ~ *za šator* tent peg

kočijaš n coachman **kočija** n coach, carriage

kočiti, ukočiti v 1. to brake, stop; apply (the) brakes; ~ *auto* to brake a car 2. to restrain, inhibit, hold back; to obstruct; ~ *rad (napredak)* to obstruct work (progress) 3. ~ *se* to become stiff; *ukočio mu se vrat* his neck is stiff **kočnica** n brake; ~*e su mi popustile* my brakes failed

kočoperan a spry, vigorous **kočoperiti se** v to strut, swagger

kod prep at, by near, besides; *kod kuće* at home; ~ *pozorišta* in front of the theater; ~ *mene* next to me; or: at my home; ~ *Jovana* at Jovan's house; *bili su* ~ *nas* they were at our place (for a visit)

kodeks n codex **kodifikovati** v to codify

koeficijen(a)t n coefficient

koegzistencija n coexistence; *miroljubiva* ~ peaceful coexistence **koegzistirati** v to coexist

kofa n pail

kofer n suitcase

koherentan a coherent **kohezija** n cohesion

koincidencija n coincidence **koincidentan** a coincidental

koitus n coitus

kojekako adv 1. somehow; *živi se* ~ we're getting along somehow 2. sloppily, hastily

koješta pron 1. all kinds of things; *kupio je* ~ he bought all sorts of things 2. see

koještarija; *napisao je* ~ he wrote some nonsense
koještarija *n* nonsense
koji *pron* 1. which, what; *kojim perom si pisao?* which pen did you write with? 2. which, that, who; *kupio sam sliku o kojoj sam govorio* I bought the painting about which I had spoken 3. some; a; ~ *put* sometime(s) 4. *ma (makar, bilo)* ~, ~ *god* any; whichever; *da li on zna m*ᴀ *~ strani jezik?* does he know any foreign language? *ma kojim putem da pođete, zakasnićete* whichever way you go, you'll be late
kokain *n* cocaine
koketa *n* coquette **koketan** *a* coquettish **koketerija** *n* coquetry
kokodakati *v* to cackle (as of chickens)
kokon *n* cocoon
kokos *n* coconut palm; coconut **kokosov** *a* coconut; ~ *orah* coconut
kokoš *n* hen; chicken **kokošiji** *a* chicken; ~*a prsa* chicken breast **kokošinjac** *n* chicken coop, chicken house **kokoška** *n* hen
kokotati *v* to cackle, cluck
koks *n* coke **koksni** *a* coke; ~*a peć* coke oven **koksovati** *v* to coke
koktel *n* 1. cocktail party 2. cocktail
kola *n* 1. cart, wagon 2. (railroad) car; *spavaća* ~ sleeping car; ~ *za ručavanje* dining car 3. automobile, car; vehicle; *sportska (trkaća, policijska)* ~ sports (racing, police) car
kolaboracionist(a) *n* 1. (pejor.) collaborator (WW II) 2. collaborator **kolaborirati** *v* to collaborate
kolac *n* stick, pole; *nabiti na* ~ to impale
kolač *n* cake; pastry; *ispeći* ~ to bake a cake
kolan *n* girth (on a horse)
kolar *n* wagonmaker, cartwright
kolati *v* to circulate
kolebati, pokolebati *v* 1. to sway, swing 2. ~ *se* to hesitate **kolebljiv** *a* hesitant
kolega *n* colleague, associate; friend; ~ *po školi* school chum
kolegijalan *a* friendly; ~ *gest* a friendly gesture
kolekcija *n* collection
kolektiv *n* collective, group; personnel
kolektivan *a* collective **kolektivizirati** *v* to collectivize
koleno, koljeno *n* 1. knee; *iščašio je* ~ he wrenched his knee; *pasti na* ~*a* to

kneel 2. elbow (of a pipe); joint 3. generation; *s* ~*a na* ~ from generation to generation
kolera *n* cholera
koleto *n* piece (of freight), crate
kolevka, kolijevka *n* cradle
koliba *n* hut, cottage, cabin; *drvena* ~ log cabin
kolibri *n* hummingbird
kolica *n* 1. carriage; ~ *za bebu* baby carriage 2. wheelbarrow 3. cart
količina *n* quantity **količinski** *a* quantitative
koliki *a* 1. how (so) large, how (so) big; ~*ᴘ je to kuća?* how large is that house? ~ *su mu sinovi?* how old (big) are his sons? ᴢ. as large as; *on je toliki,* ~ *(si) i ti* he is as tall as you 3. so many; ~ *ljudi, a niko da mu pomogne!* there are so many people, and there's no one to help him!
koliko *adv* 1. how much, how many; ~ *hleba da kupim?* how much bread should I buy? ~ *jabuka imaš?* how many apples do you have? ~ *je sati?* what time is it? 2. as much as, as many as; *kupi onoliko poklona* ~ *ima dece* buy as many presents as there are children; *•~ ljudi, toliko ćudi!* there is no accounting for tastes 3. *conj* as; *Olga je isto toliko visoka* ~ *i ja* Olga is as tall as I am 4. *bilo* ~, *ma*~, ~ *god* no matter how much; ~ *god da mu daš, nije mu dosta* no matter how much you give him, he doesn't have enough
kolizija *n* collision
kolo *n* 1. kolo (dance); *voditi* ~ to lead a kolo 2. round; *prvo* ~ *turnira* the first round of a tournament 3. wheel 4. circle 5. series (of books) 6. phylum 7. misc.; *električno* ~ electrical circuit; *•vrzino* ~ witches' brew
kolodvor *n* (W) railroad station
kolokvijum *n* (brief) oral examination, oral quiz
kolokvijalan *a* colloquial
kolona *n* column, file, line; *•peta* ~ fifth column
kolonada *n* colonnade
kolonija *n* colony, settlement **kolonijalan** *a* colonial; ~*lna sila* a colonial power **kolonist(a)** *n* colonist, settler **kolonizacija** *n* colonization **kolonizator** *n* colonizer **kolonizovati** *v* to colonize, settle

kolor n color; *film u* ~*u* a color film **koloristčan** a colorful **kolorit** n color; coloring; *lokalni* ~ local color

kolos n colossus **kolosalan** a colossal

kolosek, kolosijek n 1. (railroad) gage; track; *pruga uskog (normalnog)* ~*a* a narrow-gage (normal-gage) railroad 2. platform (at a railroad station) 3. (fig.) groove; channel(s); track; *ući u normalni* ~ to get (back) into the groove (onto the track) 4. rut, track

kolovođa n gang leader, ringleader

kolovoz n 1. (W) August 2. road, roadway; lane; *ivičnjak (sredina)* ~*a* edge (middle) of the road 3. rut, track

kolovrat n spinning wheel

Kolumbija n Colombia

kolut n 1. ring, disc 2. hoop (see also **obruč**) 3. ~ *sira* wheel of cheese, loaf of cheese

kolutati v ~ *očima* to roll one's eyes

koljač n murderer, cutthroat

koma I n 1. comma 2. (math.) decimal point; *jedan* ~ *deset* one point ten

koma II n (med.) coma

komad n 1. piece; ~ *hleba* a piece of bread; *dajte mi pet* ~*a jaja* give me five eggs 2. *(pozorišni)* ~ (stage) play, drama **komadati, raskomadati** v 1. to tear (in) to pieces 2. ~ *se* to break into pieces; *vaza se raskomadala* the vase broke into pieces

komanda n 1. command, order; *izdati* ~*u* to issue an order; *izvršiti* ~*u* to carry out an order 2. crew (of a ship, airplane) 3. authority, command; headquarters; *vrhovna* ~ supreme command 4. (in *pl*) controls (as of an airplane) **komandant** n commander, commanding officer **komandni** a commanding, imperious; ~ *glas* a commanding voice **komandos** n commando **komandovati** v to command, order; *nemoj ti meni* ~*!* don't order me around! ~ *trupama* to command troops

komarac n mosquito, gnat; **praviti od* ~*rca magarca* to make a mountain out of a molehill

kombajn n (agric.) combine

kombi n 1. pickup truck 2. small bus; station wagon

kombinacija n 1. combination 2. plan, scheme

kombinat n (industrial) combine, plant; *metalurški* ~ metalworks

kombinezon n 1. overalls 2. (woman's) slip, petticoat

komedija n 1. comedy 2. funny story **komedijant** n comedian, clown

komemoracija n commemoration **komemorativan** a commemorative

komentar n commentary, annotation; ~ *je suvišan (izlišan)* commentary is superfluous **komentarisati** v to comment on; ~ *događaje* to comment on events **komentator** n commentator

komercijalan a commercial; ~*lni direktor* business manager **komercijalizam** n commercialism **komercijalizovati** v to commercialize

komesar n 1. commissar; *narodni* ~ people's commissar 2. commissioner; director; ~ *železničke stanice* superintendent of a railroad station

komešati, uskomešati v to stir (up), agitate; ~ *vodu* to stir up water; *narod se komeša* the people are stirred up

kometa n comet

komfor n comfort; conveniences; *ovaj hotel pruža gostima potpun* ~ this hotel offers its guests all conveniences **komforan** a comfortable; ~ *stan* an apartment with all conveniences

komičan a comic, comical; ~*čni efekti* comic effects **komičar** n comedian, comic

kominike n communique

komisija n commission, board; *regrutna* ~ draft board; *lekarska* ~ medical board; *ispitna* ~ examining (examination) panel

komision n 1. commission store (sells articles, usu. imported, for their owners and receives a commission for each sale)

komitet n committee

komod, komoda n chest of drawers, dresser

komora n 1. chamber; *trgovačka* ~ chamber of commerce; *inkubatorska* ~ incubator; *lekarska* ~ medical association 2. room; *mračna* ~ darkroom 3. (anat.) ventricle (of the heart) 4. compartment; ~ *za zamrzavanje* freezer (compartment)

komotan a 1. comfortable, large, roomy, spacious; ~*tne cipele* comfortable shoes 2. easygoing, relaxed; ~ *čovek* an easygoing person

kompaktan a compact

kompanija *n* 1. company; group; *pravi mi ~u!* keep me company! 2. company, firm; *petrolejska ~* oil company; *trgovačka ~* business firm
komparacija *n* comparison **komparativ** *n* (gram.) comparative **komparativni** *a* comparative; *~ sufiks* a comparative suffix
kompas *n* compass
kompatibilan *a* compatible **kompatibilnost** *n* compatibility
kompenzacija *n* compensation **kompenzovati** *v* to compensate
kompetencija *n* competence; field; jurisdiction; *spadati u nečiju ~u* to be in smb.'s field (jurisdiction) **kompetentan** *a* competent
kompilovati *v* to compile
kompjuter *n* computer
kompleks *n* 1. (pysch.) complex; *~ niže vrednosti* inferiority complex 2. complex; *~ zgrada* block of buildings **kompleksan** *a* complex
komplet *n* complete set; *~ časopisa* a complete set of a journal **kompletan** *a* complete
komplikovati *v* to complicate **komplikacija** *n* complication
kompliment *n* compliment; *dati (napraviti) nekome ~* to pay smb. a compliment **komplimentovati** *v* to compliment
komplot *n* plot, conspiracy; *napraviti ~ protiv nekoga* to conspire against smb.
komponenta *n* component
komponovati *v* 1. to compose (music) 2. to write
kompost *n* compost (fertilizer)
kompot *n* compote, stewed fruit
kompozicija *n* 1. composition 2. train
kompozitor *n* composer
kompres *n* compress
kompresija *n* compression **kompresor** *n* compressor **komprimovati** *v* to compress
kompromis *n* compromise; *doći do ~a* to reach a compromise **kompromisan** *a* compromise; *~sno rešenje* a compromise solution **kompromitovati** *v* to compromise, discredit, expose; *~ se* to compromise oneself
komšija *n* neighbor **komšiluk** *n* neighborhood
komunalan *a* communal; public; municipal; *~lne usluge* public services
komunicirati *v* to communicate; *~ s nekim* to communicate with smb. **komuni-**

kacija *n* communication **komunikativan** *a* communicative
komunist(a) *n* Communist **komunistički** *a* communist; *~a partija* Communist party **komunizam** *n* Communism **komunizovati** *v* to communize
komutator *n* 1. *telefonski ~* telephone switchboard 2. (elec.) commutator
konac *n* thread, yarn; *kalem ~nca* spool of thread
konačan *a* final
konak *n* 1. (hist.) castle, palace 2. inn, tavern
koncentracija *n* concentration; *moć ~e* the power of concentration **koncentracioni** *a* concentration; *~ logor* concentration camp **koncentrat** *n* concentrate
koncentričan *a* concentric; *~čni krugovi* concentric circles
koncentrisati *v* to concentrate
koncepcija *n* conception; concept
koncert *n* concert; *ići na ~* to go to a concert **koncertni** *a* concert; *~a dvorana* concert hall
koncesija *n* concession; franchise
koncizan *a* concise
kondenzator *n* condenser **kondenzovati** *v* to condense
kondicija *n* 1. condition 2. condition, shape form; *biti u dobroj ~i* to be in good shape
kondicional *n* (gram.) conditional **kondicionalan** *a* conditional; *~lna rečenica* conditional clause
kondukter *n* conductor (on bus, train, etc.)
konduktor *n* (elec.) conductor
konfederacija *n* confederation
konfekcija *n* 1. ready-made clothing 2. (ready-made) clothing store
konferencija *n* conference, meeting; *biti na ~i* to be at a conference; *~ za štampu* a press conference **konferisati** *v* to confer
konfirmacija *n* (rel.) confirmation
konfiskovati *v* to confiscate **konfiskacija** *n* confiscation
konflikt *n* conflict
konformist(a) *n* conformist **konformizam** *n* conformity
konfrontacija *n* confrontation **konfrontirati** *v* to confront
konfuzija *n* confusion, mix-up; *vlada ~* confusion reigns
konglomerat *n* conglomerate
Kongo *n* Congo

kongres n 1. (annual) meeting, convention; conference; *ići na ~ arheologa* to go to the archaeologists' convention; *međunarodni ~* an international conference 2. (pol.) congress, parliament

kongruencija n 1. congruence, congruity 2. (gram.) agreement **kongruentan** a congruent

koničan a conical

konjugacija n (gram.) conjugation **konjugirati** v to conjugate

konjunktiv n (gram.) subjunctive

konjunktivitis n (med.) conjunctivitis

konjunktura n 1. market, market conditions (usu. favorable); *sad postoji ~ za ovu robu na tržištu* there's a good market now for this merchandise 2. situation, conditions; *povoljna ~* favorable conditions

konkavan a concave

konkretan a concrete

konkubina n concubine

konkurencija n competition; *praviti nekome ~u* to compete with smb.; *živa (jaka) ~* keen (strong) competition **konkurent** n 1. competitor, rival 2. applicant, candidate **konkurentan** a 1. competing; *~tno preduzeće* a competing firm 2. competitive **konkurisati** v 1. to compete; *oni nam konkurišu* they compete with us 2. to apply for, be a candidate for **konkurs** n 1. open competition (often to fill a vacancy) 2. (competitive) bidding 3. contest, competition; *prijaviti se na ~* to enter a contest

konobar n waiter

konop, konopac n cord, rope; *~ za veš* clothesline; *brodski ~* (ship's) line

konoplja n hemp

konsekutivan a consecutive

konsignacija n (comm.) consignment

konsola n console (arch.; table)

konsolidovati v to consolidate

konsonant n consonant

konspekt n conspectus, outline

konspiracija n 1. conspiracy, plot 2. security measures, secrecy **konspirisati** v to conspire

konstanta n constant **konstantan** a constant

konstatovati v 1. to state 2. to ascertain, conclude, find out

konstelacija n constellation

konstitucija n 1. (pol.) constitution 2. (med.) constitution

konstruisati v to construct **konstrukcija** n construction; structure **konstruktivan** a constructive; *~ savet* constructive advice

konsultacija n consultation, conference **konsultant** n consultant, adviser **konsultativan** a consultative **konsultovati** v to consult; *~ nekoga* or *~ se s nekim* to consult smb.

kontakt n contact; *doći u ~ s nekim* to make contact with smb. **kontaktni** a contact; *~a sočiva* contact lenses **kontaktirati** v to contact

kontejner n container

kontekst n context

kontemplativan a contemplative

kontinent n continent **kontinentalan** a continental; *~lna klima* continental climate

kontingent n 1. quota 2. shipment; *~ robe* shipment of merchandise

kontraalt n contralto

kontrabanda n contraband **kontrabandist(a)** n smuggler

kontrabas n (mus.) contrabass; double bass **kontrabasist(a)** n contrabassist

kontracepcija n contraception **kontraceptivan** a contraceptive; *~a sredstva* contraceptives

kontradikcija n contradiction **kontradiktoran** a contradictory

kontrahovati v 1. to contract, reduce 2. to agree on, contract for **kontrakcija** n contraction

kontrakt n contract

kontraobaveštajni a counterintelligence; *~a služba* counterintelligence

kontrapunkt n (mus.) counterpoint

kontrarevolucija n counterrevolution **kontrarevolucionar** n counterrevolutionist

kontrast n contrast **kontrastivni** a contrastive **kontrastni** a contrasting

kontrašpijunaža n counterintelligence

kontrola n 1. inspection, check verification, supervision; control; *ona vodi ~u o svojoj težini* she watches her weight; *~ cena* price control; *financijska ~* fiscal control; *vršiti ~u nad nečim (nekim)* to supervise smt. (smb.); *~ rađanja* birth control; *~ letenja* flight control 2. inspection team **kontrolni** a control; *~ pregled* checkup; *~ toranj* control tower; *~a komisija* inspection team **kontrolisati** v to inspect, check. verify **kontrolor** n inspector kontroverzan n controversial kontroverzija n controversy

kontura n contour

kontuzija n contusion, bruise

konvejer n conveyor belt

konveksan a convex

konvencija n convention (agreement, custom, meeting) konvencionalan a conventional

konvergencija n convergency konvergentan a convergent

konvertibilan a (comm.) convertible konvertibilnost n convertibility

konverzacija n conversation; povesti ~u to strike up a conversation; časovi ~e conversation classes konverzacioni a conversational; ~ jezik the spoken language

konverzija n conversion

konvoj n convoy; ići u ~u to go in convoy

konvulzija n convulsion

konzerva n can, tih konzervni a ~a kutija a can

konzervacija n conservation konzervativac n conservative konzervativan a conservative konzervatizam n conservatism

konzervatorij n (mus.) konservatory

konzorcijum n consortium

konzul n consul konzularni n consular; ~o odeljenje ambasade consular section of an embassy konzulat n consulate

konzumacija n consumption

konj n 1. horse; čistokrvni ~ a thoroughbred horse; teretni ~ a draft horse; *s ~a na magarca out of the frying pan into the fire; *darovnome ~u se ne gleda u zube you do not look a gift horse in the mouth; trojanski ~ Trojan horse 2. (gymnastics) horse 3. (chess) knight 4. horsepower 5. nilski (vodeni) ~ hippopotamus

konjak n cognac

konjanik n horseman, rider; cavalryman konjetina n horsemeat konjica n cavalry konjogojstvo n horse breeding konjski a horse; ~a snaga horsepower; ~a trka horse race konjušar n groom, stableboy konjušnica n horse stable

kooperativ n cooperative kooperisati v to cooperate, collaborate

koordinacija n coordination koordinirati v to coordinate

kop n dig, excavation site; dnevni ~ strip mine kopač n digger

kopar n (bot.) dill

kopati v 1. iskopati to dig; ~ rupu to dig a hole 2. to paw; konj kopa nogom the horse is pawing the ground 3. to search, rummage; šta kopaš po toj fioci? why are you rummaging through that drawer?

kopča n 1. buckle, slasp, snap 2. stitch, suture kopčati, zakopčati, v to hook (up), button

kopija n copy, duplicate; transcript

kopile n illegitimate child, bastard

kopirati v 1. to copy; ~ fotografiju to make a copy (print) of a photograph 2. to imitate; ~ nekoga to imitate smb.

kopito n hoof

koplje n 1. spear, lance 2. javelin; bacač ~a javelin thrower 3. flagpole; na pola ~a at half-mast.

kopno n land, dry land, solid ground; na ~u on land kopneni a land; ~e snage land forces

koprcati se v 1. to wiggle, squirm: dete se koprca u kolevci the infant is squirming around in the crib 2. (fig.) to manage (with difficulty), scrape along

koprena n veil

kopriva n bot.) nettle(s); ~ žeže nettles sting

koprodukcija n co-production, cooperation; štampati u ~i to co-publish

kopulativan a copulative; ~ veznik coordinate conjuction

kor n corps; diplomatski ~ diplomatic corps; oficirski ~ officer corps

kora n 1. bark; skinuti ~u s drveta to strip the bark from a tree 2. crust; (fig.) ~ hleba a crust of bread; zemaljska ~ the earth's crust 3. scum, film, skin: na mleku se uhvatila ~ skin (film) formed on the milk 4. peel, skin; oljuštiti ~u s jabuke to peel an apple

koračati v to step, move koračnica n (mus.) march korak n 1. step; učiniti prvi ~ to take the first step 2. walk; pace; išli smo ~om we were walking; ubrzati ~ to quicken the pace: brzim (sporim) ~om at a fast (slow) pace; držati (ići u) ~ s nekim to keep pace with smb. 3. (measurement) pace, step 4. (in pl) (basketball) traveling koraknuti v to step, take a step

koral I n coral

koral II n chorale

korbač n 1. whip 2. lash, stroke

kordon *n* cordon
Koreja *n* Korea
korektan *a* 1. correct, accurate 2. honest, decent
korektor *n* proofreader **korektorski** *a* proofreading; ~ *posao* proofreading **korektura** *n* 1. correcting, correction 2. proofs; page proofs *raditi* ~*u* to proofread
koren, korijen *n* root (also fig.); ~ *drveta* root of a tree; *iščupati što s* ~*om* to pull out smt. by the roots; *izvući* ~ to extract the square root; *preseći nešto u* ~*u* to nip smt. in the bud; *pustiti* ~ to take root **korenit, korjenit** *a* basic, fundamental, radical; ~*e promene* radical changes
koreograf *n* choreographer **koreografija** *n* choreography
korespondencija *n* correspondence; *mi smo u redovnoj* ~*i* we correspond regularly **korespondent** *n* correspondent
korica *n* 1. crust; ~ *hleba* a crust of bread 2. ~*e (za knjigu)* binding (of book); *°od* ~*a do* ~*a from* cover to cover 3. ~*e* scabbard, sheath
koridor *n* corridor, hall
korisnik *n* beneficiary; user; ~ *osiguranja* insurance beneficiary **korist** *n* benefit, advantage, profit; *izvući (imati)* ~ *iz (od) nečega* to benefit from smt. **koristan** *a* useful. profitable **koristiti** *v* 1. to be of use, be of benefit; to help; *ovaj lek mi koristi* this medicine helps me 2. to utilize, use; ~ *slobodno vreme* to utilize one's spare time 3. ~ *se nečim* to utilize smt., use smt.; *ko se koristi vašim stanom?* who is using your apartment? **koristoljubiv** *a* greedy covetous **koristoljublje** *n* gred, cupidity
koriti, ukoriti *v* to reprimand, scold
korito *n* 1. trough; basin 2. ~ *reke* or *rečno* ~ riverbed
kormilar *n* 1. helmsman 2. (sports) coxswain **kormilo** *n* helm, rudder
korner *n* (sports) corner kick
kornet *n* 1. (mus.) cornet 2. ice-cream cone
kornjača *n* turtle; tortoise
korov *n* weeds (also fig.)
korozija *n* corrosion **korozivan** *a* corrosive
korpa *n* 1. basket; ~ *za otpatke (hartiju)* wastepaper basket; ~ *za veš* laundry basket 2. ~ *(za psa)* muzzle 3. snub, rebuff; *dati* ~*u* to snub

korpus *n* 1. (mil.) corps 2. corpus; ~ *delikti* corpus delicti 3. huli
korset *n* corset
kortizon *n* cortisone
korumpirati *v* to corrupt **korupcija** *n* corruption
korveta *n* corvette
korzo *n* (public) promenade, walk, corso
kos I *n* blackbird
kos II *a* oblique, slanting
kosa I *n* hair; *gusta* ~ thick hair
kosa II *n* scythe
kosa III *n* *(planinska)* ~ 1. crest of a mountain 2. slope of a mountain
kosac *n* reaper, mower; haymaker **kosačica** *n* mower, mowing machine **kosidba** *n* mowing, haymaking
kosina *n* slope
kosinus *n* (math.) cosine
kositi I **pokositi** *v* 1. to mow, reap; ~ *travu* to mow (the) grass 2. to kill, mow down; *glad je pokosila hiljade* the famine wiped out thousands
kositi II **iskositi** *v* 1. to slant; to hang crooked; *malo si suviše iskosio tu sliku* you've hung the picture a little crooked
kosmat *a* hairy, shaggy
kosmodrom *n* (astron.) space center
kosmonaut *n* astronaut, cosmonaut
kosmopolit(a) *n* cosmopolite
kosmos *n* cosmos, space **kosmički** *a* cosmic; ~ *brod* spaceship
koso *adv* obliquely; askance; *gledati* ~ to look at askance
kost *n* bone; *prokisnuti do* ~*iju* to get soaked to the bone; *°biti sama koža i* ~*i* to be nothing but skin and bones; *slonova* ~ ivory; *prelom* ~ *i* a fracture **koštan** *a* bone; ~*a srž* marrow
kostim *n* 1. costume 2. (woman's) suit 3. *kupaći* ~ bathing suit
kostobolja *n* gout
kostrešiti, kostriješiti, nakostrešiti, nakostriješiti *v* 1. ~ *se* to bristle (also fig.); *mačka se kostreši* the cat is bristling 2. ~ *dlaku (rep)* to bristle
kostur *n* 1. skeleton 2. framework, frame; outline
koš *n* 1. basket; (basketball) *dati* ~ to score a basket 2. (anat.) *grudni* ~ thorax, thoracic cavity **košarka** *n* basketball **košarkaš** *n* basketball player
koščat *a* bony
košmar *n* nightmare

košnica n beehive

koštac n fight; wrestling; *uhvatiti se u~ s nekim to have a showdown with smb.

koštati v to cost; ovaj upaljač je koštao moju ženu 20 dinara this lighter cost my wife twenty dinars

koštica n pit, stone, kernel

koštunjav a bony

košulja n shirt; noćna ~ nightgown

košuljica n slough, skin (of a snake); zmija menja ~u the snake sheds its skin

košuta n doe, hind

kotač n (W) wheel

kotao n boiler; kettle; parni ~ steam boiler

kotar n (administrative) district (in certain parts of Yugo.)

kotarica n small basket

kotiti, okotiti v 1. to bear, bring forth (of an animal); mačka je okotila petoro mačadi the cat gave birth to five kittens 2. ~ se to bring forth young

kotlar n coppersmith

kotlet n chop, cutlet

kotlina n ravine, valley

kotrljati v 1. to roll; ~ loptu to roll a ball 2. ~ se to roll (oneself); lopta se kotrlja the ball is rolling

kotur n 1. pulley 2. roll; ring 3. wheel

koturaljke n 1. roller skates 2. cart, dolly

kotva n anchor; baciti ~u to cast anchor

kov n stamp, cat; kind; (fig.) on je čovek staroga ~a he is a man of the old school

kovač n blacksmith kovački a blacksmith's; ~o ognjište forge kovačnica n blacksmith's shop, smithy

kovati v 1. to forge, hammer; *gvožđe se kuje dok je vruće strike while the iron is hot 2. to mint, coin; ~ novac to mint coins 3. to plot, hatch; ~ zaveru to hatch a plot

kovčeg n 1. chest; ~ blaga treasure chest 2. trunk; locker; footlocker 3. (mrtvački) ~ coffin 4. zavetni (Nojev) ~ Noah's Ark

koverat n envelope; staviti pismo u ~ to put a letter into an envelope

kovitlac n whirlpool, eddy; whirlwind kovitlati v to whirl, spin, swirl; vetar kovitla suvo lišće the wind is swirling the fallen leaves

kovnica n mint (factory)

kovrča n curl. lock (of hair) kovrčast, kovrčav a curly kovrčati, ukovrčati v to curl

kovrdžati see kovrčati

koza n 1. goat; *dati ~i da čuva kupus to let a bull loose in a china shop 2. (in pl) sawbuck, sawhorse, trestle kozar n goatherd koziji a goat; ~e mleko goat milk

kozmetičar n cosmetician kozmetika n cosmetics

kozorog n (zool.) ibex; Alpine mountain goat

koža n 1. skin; hide; *~ mu se ježi he has goose pimples; *ona je sama kosti i ~ she is nothing but skin and bones 2. leather; knjiga je povezana u ~u the book is bound in leather kožni a skin; leather; ~e bolesti skin diseases; ~a galanterija leather goods

kožica n 1. plovna ~ web (on webbed feet) 2. covering (scab, scum on a liquid, etc.)

kožuh n sheepskin coat; fur coat

krabulja n (W) mask

kraći see kratak

kradljivac n thief kradom adv secretly, furtively krađa n theft; izvršiti ~u to commit theft; književna ~ plagiarism

kragna n 1. colar 2. (fig.) foam (on beer)

kraguj n griffon, vulture

krah n disaster, ruin; bankruptcy

kraj I n 1. end; ~ knjige end of a book; od početka do ~a from beginning to end; *izići s nečim na ~ to cope with smt.; izvući deblji ~ to get the worst of it; *na ~u ~eva in the long run; na ~u godine at the end of the year; *batina sa dva ~a you don't know how it will turn out 2. region, area; neighborhood

kraj II prep 1. next to, near, beside; sedi ~ mene sit next to me 2. in spite of

krajina n border area, frontier area

krajni see krajnji

krajnik n tonsil; zapaljenje ~a tonsilitis

krajnost n extreme; ići u ~ to go to extremes krajnji a outermost, utmost, extreme, last, lowest; u ~em slučaju at the worst; ~ cilj the final goal; ~e je vreme it's high time; (pol.) ~a desnica (levica) the extreme right (left)

krak n 1. leg; kraci šestara legs of a compass 2. fork, branch; rečni ~ branch of a river

kralj n king kraljević n prince (see also princ, knez) kraljevina n kingdom kraljevna n princess kraljevski a royal kraljevstvo n 1. see kraljevina 2. (royal) reign, rule kraljica n queen kran *n* crane, derrick

krasan *a* beautiful

krasnorečiv, krasnorječiv *a* eloquent

krasta *n* scab, crust

krastača *n* toad

krastav *a* scabby

krastavac *n* cucumber; *kiseli ~vci* pickles

krasti, ukrasti *v* to rob, steal; *~ novac od nekoga (nekome)* to steal money from smb.

krasuljak *n* (bot.) daisy

kratak *a* short; brief; curt; *~tko pismo* a short letter; *~ kaput* a short coat; *~tka kosa* short hair; *biti ~tkog veka* to be short-lived; *po ~tkom postupku* summarily; *~tki spoj* short circuit kraći (comp)

krater *n* crater

kratica *n* (W) abbreviation

kratkoća *n* shortness, brevity

kratkoročan *a* short-term

kratkotalasni *a* shortwave; *~ radio* shortwave radio

kratkotrajan *a* brief, short, short-lived; *~jna sreća* short-lived happiness

kratkovid *a* shortsighted, nearsighted, myopic (also fig.)

kraul *n* (swimming) crawl

krava *n* 1. cow kravlji *a* cow's, *~e mleko* cow's milk

kravata *n* tie, necktie

kraviti, otkraviti *v* to warm, thaw, melt

krcaljka *n* (za orahe) nutcracker

krcat *a* full, jammed

krckati *v* 1. krcnuti to crunch; to creak; *parket krcka pod nogama* the floor creaks under our feet 2. to crack; *~ orahe* to crack nuts

krčag *n* jug, pitcher

krčiti, raskrčiti *v* to clear; *~ šumu* to clear a forest

krčma *n* inn, tavern krčmar *n* innkeeper, tavern owner

krdo *n* herd, flock, pack

kreativan *a* creative kreator *n* creator; *modni ~* fashion designer

kreč *n* lime krečni *a* lime; *~ kamen* limestone krečana *n* limekiln krečiti, okrečiti *v* to whitewash krečnjak *n* limestone

kreda *n* chalk, piece of chalk

kredit *n* credit; loan; *kupiti nešto na ~* to buy smt. on credit kreditni *a* credit; *~o pismo* letter of credit

kredo *n* credo

kreka *n* croak, croaking kreketati *v* to croak; *žabe krekeću* frogs croak

krem *n* 1. pudding; *~ od čokolade* chocolate pudding 2. filling (for cake) 3. (cosmetic) cream

kremacija *n* cremation krematorij *n* crematory

kremen *n* flint

kremirati *v* to cremate

krenuti (see also kretati) *v* 1. to move, set in motion; *možeš li da kreneš glavu?* can you move your head? *~ rukom* to move one's arm 2. to begin to move; to start; *deca su krenula u školu* the children started (off) for school 3. *~ (se)* to leave; *mi smo (se) krenuli na put u šest sati* we left on our trip at six o'clock 4. *~ se* to move, make a move; *on se nije ni krenuo s mesta!* he didn't even stir!

krepak *a* strong, robust, hale

krepati, krepavati *v* to die (of animals)

krepiti, krijepiti, okrepiti, okrijepiti *v* to strengthen, fortify, refresh

kresati *v* 1. okresati, skresati to prune, cut, trim, clip; *~ grane* to trim branches 2. skresati to reduce, decrease, cut; *~ budžet* to cut a budget 3. kresnuti to strike; to ignite; *~ šibicu* to strike a match

kresivo *n* flint and steel

kresta *n* comb, crest (on fowl)

kreštati, kriještati *v* to scream, shriek

kreštav, kriještav *a* 1. shrill, squeaky 2. garish, gaudy; *~e boje* garish colors

Kreta *n* (W) Crete

kretati (see also krenuti) *v* 1. *~ se* to move (also fig.); *ona se graciozno kreće* she moves gracefully 2. to leave, set off

kreveljiti *v* 1. *~ lice* to make faces, grimace 2. *~ se* to grimace, make faces

krevet *n* bed; *ležati u ~u* to lie in bed krevetski *a* bed; *~ čaršav* bed sheet

krezub *a* toothless

krhak *a* fragile

krigla *n* mug, pitcher

krijumčar *n* smuggler krijumčariti *v* to smuggle; *~ opijum* to smugle opium

krik *n* cry, scream, shriek; *poslednji ~ mode* the latest style

krilat *a* 1. winged 2. (fig.) quick, fast

krilo *n* 1. wing; *podrezati (podseći) nekome ~a* to clip smb.'s wings 2. lap; *držati dete u (na) ~u* to hold a child on one's

lap 3. (mil., sports) flank 4. (soccer) *desno (levo)* ~ outside right (left)
Krim *n* the Crimea
kriminal *n* crime; criminality **kriminalac** *n* criminal **kriminalan** *a* criminal **kriminalitet** *n* criminality **kriminologija** *n* criminology
krinka *n* (W) mask; veil
krinolin *n* crinoline
kripta *n* crypt
kriptografija *n* cryptography
Krist *n* (W) Christ
kristal *n* crystal **kristalan** *a* crystal; ~*lna vaza* crystal vase **kristalisati** *v* to crystallize
kriška *n* slice; ~ *hleba* slice of bread
Krit *n* Crete
kriterij *n* criterion
kriti, sakriti *v* 1. to hide, conceal 2. ~ *se* to hide oneself, hide
kritičan *a* critical, serious; ~*čna situacija* a critical situation **kritičar** *n* critic **kritički** *a* critical, censorious; ~ *pogled* a critical look **kritika** *n* 1. criticism; critique 2. review (as of a book, film, play) **kritikovati** *v* to criticize
kriv *a* 1. crooked, bent, twisted; curved; *ivica je* ~*a* the margin is crooked 2. guilty, culpable, to blame, at fault; *za sve je ona* ~*a* she is to blame for everything 3. (esp. W) incorrect, false, wrong
kriva *a* (used as a noun) (math.) curved line; curve
krivica *n* blame, fault, guilt; *priznati* ~*u* to admit one's guilt **krivični** *a* criminal; ~*o pravo* criminal law
krivina *n* curve, bend
kriviti, okriviti *v* to accuse, blame; *on krivi mene za sve* he blames me for everything
krivo *adv* 1. see **kriv** 1, 3; ~ *razumeti* to misunderstand; *slika visi* ~ the picture is (hangs) crooked 2. ~ *mi je što nije došla* I am sorry that she didn't come
krivokletnik *n* perjurer **krivokletstvo** *n* perjury
krivonog *a* bowlegged, bandy-legged
krivotvoriti *v* (esp. W) to falsify, forge (see **falsificirati)**
krivudati *v* to wind, twist, zigzag **krivudav** *a* winding, twisting; ~ *put* a winding road
kriza *n* crisis; *preživeti* ~*u* to go through a crisis

križ *n* (W) cross
križaljka *n* (W) crossword puzzle
križar *n* (W) crusader
krkača *n* back; *nositi dete na* ~*i* to carry a child piggyback
krljušt *n* scales (on fish, reptiles)
krma *n* stern (of a chip)
krmača *n* sow **krmak** *n* pig, hog
krnj *a* incomplete, defective; ~ *parlamenat* a rump parliament; ~ *zub* a broken tooth
krnjiti *v* 1. to mutilate, maim. mangle 2. to infringe on, encroach on
kročiti *v* to step, tread
krofna *n* doughnut
kroj *n* 1. cut, style 2. pattern **krojač** *n* tailor **korajčki** *a* tailor's, dressmaker's; ~ *zanat* tailoring; dressmaking **krojačica** *n* dressmaker **krojiti, skrojiti** *v* to cut out (a garment from cloth); ~ *haljinu* to cut out a dress
krokodil *n* crocodile **krokodilski** *a* crocodile; **prolivati (roniti)* ~*e suze* to shed crocodile tears
krompir *n* potatoes
kroničan see **hroničan**
kronika see **hronika**
kros *n* cross-country race
krošnja *n* treetop
krotak *a* tame; gentle; meek **krotiti, ukrotiti** *v* to tame, domesticate **krotkost** *n* gentleness, meekness
krov *n* roof
kroz *prep* 1. through; ~ *šumu* through the woods 2. in; ~ *dva dana* in two days 3. throughout; ~ *ceo život* throughout his entire life
krpa *n* rag; cloth; towel
krpež *n* mending, patching **krpiti** *v* to patch, mend, darn; ~ *čarape* to darn socks
krst *n* 1. cross; crucifix; *Crveni* ~ the Red Cross
krstarica *n* (naval) cruiser **krstariti** *v* to cruise
krstaš *n* crusader **krstaški** *a* ~ *rat* Crusade
krstiti *v* 1. to baptize; to christen; ~ *dete* to baptize a child 2. to name (christen); to give a nickname to; *krstili su sina Mihailo* they named their son Mihailo
krstobolja *n* lumbago
krš *n* 1. karst 2. rocky soil, rocky terrain
kršćanin *n* (W) Christian **kršćanstvo** *n* (W) Christianity

kršiti v 1. **skršiti** to break (off) 2. **prekršiti** to violate, transgress; ~ *zakon* to violate a law

krštenica n baptismal (birth) certificate **krštenje** n baptism; christening; *vatreno* ~ baptism of fire

krtica n mole **krtičnjak** n molehill

krug n 1. circle; ring; sphere; *začarani* ~ a vicious circle; *~ovi pred očima* spots before one's eyes 2. closed area, grounds; *bolnički* ~ hospital grounds 3. (sports) lap

kruh n (W) bread

krumpir (W) see **krompir**

kruna n 1. crown; top 2. wreath **krunisati** v to crown (also fig.)

krupa n hail

krupan a 1. large, heavy; obese; bulky; coarse; ~ *čovek* a large man; ~ *iznos* a large sum 2. important; momentous; *~pne izmene* important changes 3. misc.; *izneti u ~pnim crtama (potezima)* to present in general terms **krupnoća** n largeness; obesity

kruška n pear; pear tree **kruškovac** n pear liqueur

krut a 1. stiff, numb; *noge su mi ~e* my legs feel numb 2. stern, rigid, strict; *~a disciplina* strict discipline

kružiti v 1. to circle; to cruise; *patrola je kružila ulicama grada* the patrol cruised the streets of the city; ~ *oko Zemlje* to orbit the earth 2. to spread, circulate; *glasovi kruže* rumors are spreading **kružok** n circle, group, society; *lingvistički* ~ linguistic circle

krv n blood; **~ nije voda* blood is thicker than water **krvni** (a) a blood; *~a zrnca* blood cells; ~ *sudovi* blood vessels; *~a plazma (grupa)* blood plasma (group) **krvariti** v to bleed; *rana krvari* the wound is bleeding **krvav** a 1. bloody, bloodstained; *~e ruke* bloody hands 2. rare (of meat); ~ *biftek* a rare steak **krvaviti** v to bleed **krvoločan** a bloodthirsty **krvopija** n bloodsucker, extortionist **krvoproliće** n bloodshed **krvotok** n circulation of the blood

krznar n furrier **krzno** n fur, pelt **krznen** a fur; *~i kaput* fur coat

ksenofobija n xenophobia

ksilofon n xylophone

kub, kubus n cube; *4 na* ~ four cubed **kubni** a cubic; ~ *metar* a cubic meter

Kuba n Cuba

kubik n cubic meter, cubic centimeter, etc.

kubizam n cubism

kuburiti v to scrape along; to struggle

kucati v 1. **kucnuti** to knock, beat, tap, strike; ~ *na vrata* to knock on the door 2. **otkucati** to strike; *sat je otkucao 10 sati* the clock struck ten 3. **otkucati** to type; *otkucala je pismo* she typed the letter

kuče n dog, young dog

kučine tow, oakum

kučka n 1. bitch (fem. dog) 2. (pejor, and vul. for a woman) bitch

kuća n 1. house, building 2. household, home, family; *kod ~e* at home 3. firm; institution; *robna* ~ department store; *izdavačka* ~ publishing house **kućanstvo** n household; housekeeping **kućevlasnik** n homeowner; landlord **kući** adv home, homewards; *ići* ~ to go home **kućica** n kennel, doghouse **kućni** a 1. house; ~ *broj* house number: ~ *pritvor* house arrest 2. household, home, house; *~e potrebe* household needs; *~a haljina* dressing gown

kud, kuda 1. adv where (to); ~ *ideš?* where are you going? 2. conj where; *idi* ~ *hoćeš* go where you want to

kudgod, kudagod adv somewhere, anywhere; *moram* ~ *ići* I have to go somewhere

kuditi, pokuditi v to blame, find fault with, criticize

kuga n 1. plague, pestilence 2. tag (children's game)

kugla n 1. ball; bowling ball; sphere 2. (sports) shot; *bacati ~u* to put the shot 3. *(zemaljska)* ~ globe 4. bullet, shell 5. ~ *(sladoleda)* scoop, dip (of ice cream) **kuglana** n bowling alley **kuglanje** deverb. of **kuglati se**; bowling; to bowl; *ići na* ~ to go bowling **kuglaš** n bowler **kuglati se** v to bowl

kuglični a ball; *~o ležište* ball bearing

kuhar see **kuvar**

kuhati see **kuvati**

kuhinja n kitchen; cuisine

kujundžija n goldsmith, silversmith

kuk n hip

kuka n hook; *obesiti o ~u* to hang on a hook

kukac n insect

kukast a hooked; ~ *nos* hooked nose

kukati v 1. to wail, lament 2. to complain

kukavica n 1. (zool.) cuckoo 2. cowaro kukavički a cowardly; ~ postupak a cowardly act kukavičluk n cowardice

kukurekati, kukurijekati v to crow, cock-a-doodle-doo kukuriku interj cock-a-doodle-doo

kukuruz n corn, maize; corn on the cob kukuruzni a corn; ~ klip corncob

kukuta n (bot.) hemlock; conium

kula n tower; castle; kontrolna ~ control tower (at an airport)

kulisa n (usu. in pl) backdrop, set (on a stage); *iza ~ behind the scenes

kulminacija n culmination, climax kulminacioni a ~a tačka climax

kuloar n (usu. fig., pol.) corridor, hall

kult n cult; ~ ličnosti a cult of personality kultivisati v to cultivate; to foster

kultura n 1. culture; fizička ~ physical education; opšta ~ general culture 2. cultivation, raising; ~ šećerne repe the raising of sugar beets kulturni a cultural; ~ razvitak cultural development kulturan a cultured, refined; enlightened

kuluk n (hist.) unpaid forced labor (for a Turkish ruler)

kum n 1. (kršteni) ~ godfather 2. vencani ~ marriage witness 3. (folk., colloq.) (used to address an elderly man) kumče n godchild, godson

kumir n idol

kuna n (zool.) marten

kundak n rifle butt

kunić n rabbit

kupa n goblet, cup

kupac n buyer, customer

kupač n bather, swimmer kupaći a bathing; ~ kostim bathing suit kupalište n 1. bathing beach; ocean resort 2. spa kupaonica n (W) bathroom kupati, okupati v 1. to bathe; majka kupa dete the mother bathes the child 2. ~ se to take a bath 3. ~ se to swim, bathe; ~ se u moru to swim in the sea kupatilo n 1. bathroom 2. bath; javno ~ public bathhouse

kupe n compartment (in a railroad car)

kupina n blackberry

kupiti I kupovati v to buy, purchase

kupiti II skupiti v 1. to collect, gather; ~ priloge to collect contributions 2. to crease, fold; ~ obrve to frown 3. ~ se to shrink (of clothing) 4. ~ se to gather

kuplung n clutch

kupola n cupola, dome

kupon n 1. coupon 2. ticket stub; ticket

kupovina n 1. buying, purchasing, shopping; ići u ~u to go shopping kupovni a buying; ~a cena purchase price 2. object purchased, purchase

kupus n cabbage kupusni a cabbage; ~o polje cabbage field

kuriozan a strange, curious

kurir n messenger, courier

kurjak n wolf'

kurs n 1. course, direction; promeniti ~ to change course 2. course, training course; pohađati ~ to take a course; letnji ~evi summer courses 3. exchange rate

kurtizana n courtesan

kurtoazni a courteous; ~a poseta a courtesy call

kurva n (vul.) whore

kurziv n italics; štampati ~om to italicize

kustos n custodian; ~ muzeja museum custodian

kusur n change (money)

kušač n 1. taster 2. tempter

kušati v 1. to taste 2. see pokušati

kušet-kola n (railroad) sleeping car

kut n 1. angle 2. corner 3. hideaway; retreat; *zavući se u svoj ~ to withdraw from active life

kutak n nook; prijatan ~ a cozy nook

kutić n lounge, corner

kutija n 1. box, chest; glasačka ~ ballot box; ~ za nakit jewelry chest; ~ bonbona a box of candy; ~ sardina a can of sardines 2. (tech.) menjačka ~ gearbox; razvodna ~ transfer case

kutlača n ladle, dipper

kutnjak n molar (tooth)

kuvan a 1. cooked, boiled; ~o jaje a boiled egg; ~o meso boiled meat 2. ~o (as a noun) smt. cooked kuvar n 1. cook 2. cookbook kuvarstvo n cooking kuvati, kuhati v 1. to cook, prepare food; ona odlično kuva she is an excellent cook 2. skuvati, skuhati to prepare, cook; to boil; Olga kuva ručak Olga is cooking dinner; ~ kafu to make (boil) coffee; supa se kuva the soup is cooking; sve se u njemu kuvalo he was boiling inside 3. prokuvati, prokuhati to boil; to sterilize; prokuvajte špric! boil (sterilize) the syringe! 4. to boil, cook; supa kuva the soup is boiling 5. skuvati, skuhati to plot, scheme 6. ~ se to feel the heat; što *je vrućina! kuvam se!* this heat is killing me!

kuverat see **koverat**

kuzen *n* cousin

kužan *a* 1. infectious, contagious 2. infected; contaminated **kužiti, okužiti** *v* 1. to infect with the plague 2. to infect, contaminate

kužnjak *n* (bot.) jimsonweed, thorn apple

kvačilo *n* 1. clutch (on an automobile) 2. coupling

kvačiti, zakvačiti *v* to hook, catch, snare **kvačka** *n* hook

kvadrant *n* quadrant

kvadrat *n* square; *5 na ~ 5* square, the square of 5; *podići na ~* to square **kvadratni** *a* square; *izvući (naći) ~ koren* to extract the square root **kvadratura** *n* (math.) 1. squaring; *~ kruga* quadrature of the circle 2. area

kvaka *n* 1. doorknob 2. latch 3. (in *pl*) scribbling

kvakati *v* to crow

kvalificiran *v* qualified *~ radnik* skilled worker **kvalificirati** *v* 1. to evaluate, rate, rank; to classify 2. *~ se* to qualify, measure up; *on se kvalifikovao među 20 najboljih kandidata* he placed among the top 20 applicants; *~ se za finale* to qualify for the finals **kvalifikacija** *n* 1. qualification 2. *(in pl)* qualifications, requirements; *on nema ~e za taj posao* he doesn't have the qualifications for that job 3. (sports) (qualifying) heat **kvalifikacioni** *a* qualifying; *~ ispit* qualifying examination; *~a takmičenja* qualifying heats, qualifying competition **kvalifikovan** *a* qualified **kvalifikovati** see **kvalificirati**

kvalitativan *a* qualitative **kvalitet** *n* quality **kvalitetan** *a* high-grade, high-quality, top-quality; *~tna roba* top-quality merchandise

kvant *n* (phys.) quantum **kvantni** *a* quantum; *~a teorija* quantum theory

kvantitativan *a* quantitative **kvantitet** *n* quantity

kvar *n* damage, harm; *lift je u ~u* the elevator is out of order

kvarc *n* quartz **kvarc-lampa** *n* quartz lamp

kvarilac, kvaritelj *n* spoiler; corrupter **kvariti, pokvariti** *v* to damage, ruin, spoil; to upset; mess up; to pervert, corrupt; *pokvario je pisaću mašinu* he has ruined the typewriter; *auto se opet pokvario* the car is out of order again; *babe kvare decu* grandmothers spoil children; *~ red* to upset a schedule; *ona se kvari u tom društvu* she is becoming corrupted by that crowd; *pokvareno meso* spoiled meat **kvarljiv** *a* perishable

kvart *n* area; neighborhood

kvartal *n* 1. quarter (of a year) 2. section of a forest

kvartet *n* (mus.) quartet

kvas *n* 1. see **kvasac** 2. (Russian) kvas **kvasac** *n* 1. yeast, leaven 2. (fig.) germ. beginning

kvasiti *v* 1. **pokvasiti, ukvasiti** to wet, moisten, drench 2. **nakvasiti** to soak; *~ veš* to soak laundry

kvazi- (usu. a *prefix*) quasi

kveker *n* Quaker

kvintal *n* quintal

kvintet *n* quintet

kvisling *n* quisling

kvit 1. *undecl. a* even; *sad smo ~* now we are even 2. *adv* enough; *a sad ~!* that's enough!

kviz *n* quiz program (on radio, television)

kvocati *v* 1. to cluck (of a hen) 2. to peck (of a woodpecker) 3. to clatter (of a machine gun)

kvočka *n* 1. setting hen 2. (pejor., of a woman) hen

kvorum *n* quorum

kvota *n* quota

kvrckati, kvrcnuti *v* 1. to squeak, crackle, crunch; *pod je kvrcnuo* the floor squeaked 2. to tap, hit; *~ u glavu* to tap on the head

kvrčati *v* to growl

kvrga *n* 1. knot 2. *~e* stocks; *baciti nekoga u ~e* to put smb. into the stocks **kvrgast, kvrgat** *a* knotty, gnarled

L

labav *a* 1. loose; slack; *uže je ~o* the rope is slack; *ekser (šraf) je* the nail (screw) *iz* loose 2. lax, lenient, easygoing; *~ čovek* an easygoing fellow 3. changeable **labaviti, razlabaviti** *v* 1. to make loose, loosen; *uže se razlabavilo* the rope is slack 2. *~ (se)* to become lax, lenient; *razlabavilo nam se rukovodstvo* our management has grown lax
labijal *n* (ling.) labial **labijalan** *a* labial
labilan *a* labile, unstable
labiodental *n* labiodental
labirint *n* labyrinth
laborant *n* laboratory technician **laboratorija** *n* laboratory
labud *n* swan **labudov** *a* swan; *°to je bila njena labudova pesma* that was her swan song
laburist(a) *n* laborite
lacati se see **latiti se**
ladica *n* (usu. W) drawer (see also **fioka**)
lađa *n* 1. boat, ship 2. *vazdušna ~* airship, dirigible; *kruta vazdušna ~* rigid airship; *meka vazdušna ~* blimp **lađar** *n* boatman
laf *n* 1. see **lav** 2. (colloq.) ladies' man
lafet *n* gun carriage
lafica *n* 1. see **lavica** 2. attractive, capable, energetic woman
lagan *a* slow **lagano** *adv* 1. slowly; *ići ~ to* go slowly 2. softly, gently
lagati, slagati *v* to lie, tell falsehoods; *~ nekoga* to lie to smb.
lager *n* 1. camp (see also **logor**) 2. storehouse, warehouse: stock room; *imati na ~u* to have in stock; *nema na ~u* out of stock (see also **skladište**) 3. see **ležište** 4. (pol.) faction, group
lagodan *a* easygoing, leisurely

lagum *n* 1. underground passage 2. mine
laguna *n* lagoon
lahor *n* breeze **lahorast** *a* breezy
laik *n* layman
lajati *v* to bark, yap, yelp; *°pas laje, vetar nosi* his bark is worse than his bite; *°pas koji mnogo laje ne ujeda* barking dogs seldom bite; *°~ na mesec (na zvezde)* to bay at the moon **lajav** *a* 1. barking, yelping 2. (pejor.) loquacious, talkative **lajavac** *n* 1. barking dog 2. chatterbox, prattler
lajtmotiv *n* leitmotiv; theme, subject
lak I *n* 1. lacquer 2. polish; *~ za nokte* nail polish, *~ za kosu* hair spray
lak II *a* 1. light, not heavy; *~ san* light sleep; *~ kofer (predmet)* a light suitcase (object); *~a artilerija (konjica, pešadija)* light artillery (cavalry, infantry); *o oružje* light weapons; *~ udarac* a light blow; *~a hrana (kazna)* light food (a light sentence); *~a muzika (konverzacija)* light music (conversation); *°biti ~ na snu* to be a light sleeper 2. easy; uncomplicated; *~ posao (život, problem)* an easy job (life, problem) 3. misc.; *°učiniti nešto ~a srca* to do smt. lightheartedly; *~i kalibar* small caliber; *~a bolest* a slight illness; *~ dodir* a gentle touch; *°biti ~e ruke* to be generous; *~u noć!* good night! *~a atletika* track and field; *~a žena* a loose woman; *~ osmeh* a fleeting smile; *°~ na peru* having a talent for writing **lakši** (comp) *°~e je sprečiti nego lečiti* an ounce of prevention is worth a pound of cure
lakat *n* 1. elbow; *°pokazati nekome ~ to* deny smt. to smb. 2. (tech.) crankpin (on

a crankshaft) **lakatnjača** n (anat.) olecranon, funny bone
lakej n lackey **lakejski** a servile
lakirati v 1. to lacquer 2. to polish; ~ *nokte* to polish one's nails
laknuti v to become easier; *laknulo mu je (na srcu) kad je to čuo* he felt better when he heard that
lako adv see **lak** II; *govori lakše* speak more softly; *nije mi* ~ it's not easy for me; ~ *je tebi* it's easy for you
lakoatletičar n track-and-field athlete **lakoatletski** a track-and-field; ~*o takmičenje* a track meet; ~*a staza* a track
lakoća n 1. lightness 2. ease; *s* ~*om* easily, with ease
lakom a greedy, covetous; *biti* ~ *na novac* to crave wealth **lakomac** n greedy person
lakomislen a reckless, impetuous; fickle, capricious **lakomislenik** n reckless person
lakomstvo, lakomost n greed
lakoničan, lakonski a laconic **lakonizam** n laconism
lakorečiv, lakorječiv a eloquent
lakouman a 1. see **lakomislen** 2. stupid **lakoumlje** n frivolity, levity **lakoumnost** see **lakoumlje**
lakovati see **lakirati**
lakoveran, lakovjeran a credulous **lakovernost, lakovjernost** n credulity; naiveté
lakrdija n farce, comedy **lakrdijaš** n clown, buffoon **lakrdijaški** a farcical
laksativ n laxative
lakši see **lak** II
laktati se v to push through; to be pushy
laktoza n lactose
lala n (bot.) tulip
lama I n (zool.) llama
lama II n lama
lamentirati, lamentovati v to lament, complain
lampa n 1. lamp; *stona* ~ table lamp; *stojeća* ~ floor lamp; *džepna (baterijska)* ~ flashlight; *upaliti (ugasiti)* ~*u* to turn on (turn off) a lamp 2. tube (as of a radio, television set) **lampadžija** n lamplighter
lampion n lampion, lantern
lan n flax **lanen** a flaxen; ~*o ulje* linseed oil; ~*o platno* linen
lanac n chain; *baciti nekoga u* ~*nce* to throw smb. into chains; *staviti* ~*nce na*

točkove to put chains on the wheels (of an automobile); *pustiti s* ~*nca* to unleash; **voditi na* ~*ncu* to keep on a leash; *metnuti psa na* ~ to chain a dog; *planinski* ~ chain of mountains **lančan** a chain; ~*i sistem* a conveyor belt; ~*a reakcija* a chain reaction; ~*i most* a suspension bridge **lančast** a chain-like **lančić** n 1. dim. of **lanac** 2. necklace, chain; *zlatan (srebrn)* ~ a gold (silver) necklace
landarati v to rattle (of smt. loose)
lane I n fawn
lane II adv last year
lanen see **lan**
lanilist n (bot.) toadflax
lanište n flax field
lanolin n lanolin
lansirati v to launch; ~ *raketu* to launch a rocket; ~ *modu* to introduce (launch) a fashion **lansirani** a launching; ~ *uređaj* launching device; catapult
lanjski a last year's; **briga mene za to kao za* ~ *sneg* I don't give a hoot about it
Laos n Laos
lapav a wet, slushy **lapavica** n slush
lapidaran a precise, lapidary; ~ *stil* a lapidary style
Laponija n Lapland
lapor n marl
lapsus n lapse, error
laringal n (ling.) laryngeal
laringitis n laryngitis
larma n noise; tumult; *praviti (podnositi)* ~*u* to make (stand) noise; *podići veliku* ~*u oko nečega* to make a fuss over smt. **larmadžija** n one who makes noise, noisemaker **larmati** v to make noise; to scream, yell
larva n larva
lascivan a lascivious
lasica n (zool.) 1. weasel 2. *kanadska* ~ mink
laska n (insincere) flattery **laskati, polaskati** v to flatter; *to mi laska* that flatters me **laskav** a flattering **laskavac** n flatterer
laso n lasso; *uhvatiti* ~*m* to lasso
lasta n (zool.) swallow; **jadna* ~ *ne čini proleće* one swallow does not make summer
lastavica n (zool.) flying fish, flying gurnard
lastiš n elastic, rubber band
latentan a latent

lateralan *a* lateral
latica *n* 1. petal 2. gusset, triangular insert
Latin *n* Latin; Roman **latinica** *n* Latin alphabet, Latin letters; *pisati* ~*om* to write in Latin letters **latinski** *a* Latin; ~ *jezik* (the) Latin (language); ~ *narodi* the Latin peoples
latiti se *v* 1. to seize, grab; ~ *nečega* to take hold of smt.; ~ *sekire* to seize an axe, grab an axe; ~ *posla* to begin work (on smt.); ~ *oružja* to take up arms 2. to reach; ~ *puta (šume)* to reach a road (forest)
laureat *n* laureate
lav *n* (zool.) 1. lion; *lov na* ~*ove* lion hunt 2. misc.; *mravinji* ~ ant lion
lava *n* lava
lavabo *n* sink; washbasin
lavendel *n* lavender
lavež *n* barking, bark; *pseći* ~ the barking of dogs
lavica *n* (zool). lioness
lavina *n* avalanche
lavirati *v* to tack, change direction (of a boat)
lavirint see **labirint**
lavor *n* washbowl
lavovski *a* lionlike; leonine; ~ *deo* the lion's share; ~*a borba* a heroic struggle
lazaret *n* field hospital
Lazarev *a* (rel.) ~*a subota* Lazar's Saturday, Willow Day
lazarkinja *n* (bot.) sweet woodruff
lazur *n* azure **lazuran** *a* azure
laž *n* lie, falsehood; *gola (presna)* ~ an outright lie; **uterati nekoga u* ~ or **uhvatiti nekoga u* ~*i* to catch smb. in a lie; **u* ~*i su kratke noge* or **u* ~*i je plitko dno* lies have short legs **laža I** *n* liar **laža II** *n* lie **lažan** *a* false, erroneous; counterfeit; ~*žni zubi* false teeth; ~*žna uzbuna* a false alarm; ~ *nakit* imitation jewelry; ~*žno svedočanstvo* false testimony; ~*žna zakletva* perjury; ~*žni novac (*~*žne novčanice)* counterfeit money (banks notes)
lažirati *v* to fix, rig; ~ *rezultat* to fix a score; ~ *meč (utakmicu)* to fix a game **lažljiv** *a* lying, untruthful **lažljivac** *n* liar **lažov** *n* liar
lebdeti, lebdjeti *v* to hang in the air, hover; ~ *na jednom mestu* to hang in midair; (fig.) *ona lebdi nad tim detetom* she dotes on that child
leblebija *n* gram; chick-pea

lecati se, lecnuti se *v* to flinch, start, shudder; ~ *od straha* to shudder in fear
leci see **letak**
lečenje, liječenje *n*; deverb of **lečiti**; *otići na* ~ to go for treatment **lečilište, lj. čilište** *n* sanatorium **lečiti, liječiti, izlečiti, izliječiti** *v* 1. to cure, heal, treat; ~ *od raka* to treat for cancer; *njega leči doktor Perić* he is being treated by Dr. Perić; *vreme leči sve rane* time heals all wounds 2. ~ *se* to be treated, be under treatment; *ona se leči kod njega* she is under his treatment; ~ *se od tuberkuloze* to be treated for tuberculosis
leća *n* 1. lentil 2. lens
leći I legati, lijegati *v* to lie down, go to bed; *oni ležu vrlo rano* they go to bed very early; *lezi i spavaj* lie down and go to sleep; ~ *na krevet (u krevet)* to lie down on the bed (in bed); ***~*na posao* to get down to serious work; *krv je legla* there was bloodshed; **stvar je legla* the situation has calmed down
leći II izleći *v* to hatch, brood; *kokoška je izlegla jaje* the hen hatched an egg; *krokodili se legu iz jaja* crocodiles are hatched from eggs
led *n* ice; **navesti (navući) nekoga na tanak* ~ to entrap smb.; ~ *je krenuo* the ice has begun to move; or: the ice is broken (also fig.); **probiti (razbiti)* ~ to break the ice **leden** *a* icy, frigid; cold; ~*a santa* iceberg; ~*o doba* the Ice Age; ~ *pogled* an icy stare; **to je čovek* ~*og srca* he doesn't have a heart; ~*a voda* cold water **ledenica** *n* 1. ice cellar, icehouse 2. icicle **ledenik** *n* glacier
ledina *n* 1. wasteland, uncultivated land 2. virgin soil
ledinjak *n* (bot.) lesser celandine, pilewort
lediti *v* 1. **zaledti** to freeze, turn into ice; *voda se ledi* the water is turning into ice; *jezero se zaledilo* the lake has frozen over 2. **slediti** (fig.) ~ *se* to freeze, become motionless; **sledila mu se krv u žilama* his blood froze in his veins **lednik** *n* glacier **lednjak** *n* icebox, refrigerator **ledolomac** *n* icebreaker (ship)
leđa *n* back; shoulders; *okrenuti nekome* ~ to turn one's back on smb.; *nositi nekoga na* ~*ima* to carry smb. piggyback (see also **krkača**); *imati široka* ~ to have a strong back; *bole ga* ~ his back hurts; *ležati na* ~*ima* to lie on

one's back; *uzeti nešto na svoja ~ to take smt. on; *raditi iza nečijih ~ to work behind smb.'s back; *osetiti (iskusiti) nešto na svojim ~ima to live through personally; *zabiti nož u ~ nekome to stab smb. in the back ledni a back; ~ pršljen vertebra; ~a torba knapsack; 200 metara ~o 200-meter back stroke; ~ stil backstroke
legacija n legation (see also poslanstvo)
legalan a legal legalizacija n legalization legalizirati, legalizovati v to legalize legalitet n legality
legalo, lijegalo n 1. den, lair 2. (fig.) hideaway; residence
leganj n (zool.) goatsucker, nightjar
legat n legacy
legati see leći I
legenda n legend (also on a map) legendaran a legendary
legija n legion; Legija stranaca or Stranačka ~ the Foreign Legion legionar n legionnaire
legirati v to alloy; ~ metale to alloy metals
legislacija n legislation, laws legislativan a legislative
legitimacija n 1. identity card, (means of) identification 2. authorization legitiman a legitimate legitimisati v 1. to establish the identity of, identify; milicionar je hteo da ih legitimiše the policeman wanted to ask them for their identity cards 2. to legalize 3. ~ se to show one's identification; on se legitimiše pasošem SAD broj... proof of his identity is furnished by U. S. passport, number... legitimitet n legitimacy
leglo n 1. brood, litter 2. (kokošje) ~ hen's nest 3. see legalo 4. home, hearth 5. source; ~ zaraze source of evil
legura n alloy
leja, lijeha n flower bed, vegetable patch
lek, lijek n medicine, remedy; ~ za kašalj (protiv kašlja) cough medicine; uzimati ~ to take medicine; prepisati ~ to prescribe a medicine; pravni ~ legal remedy; *njemu nema ~a he is incorrigible lekar n doctor, physician; ~ opšte prakse general practitioner; dežurni ~ physician on duty; zubni ~ dentist lekarski a medical; ići na ~ pregled to go for a medical examination; ~a praksa medical practice; ~o društvo medical association; ~o uverenje medical cer-

tificate; ~a komisija medical board lekarstvo v medical science, medicine
lekcija n lesson; *izvući ~u to learn a lesson; *očitati (dati) ~u nekome to reprimand smb.; davati ~e to tutor
lekovit, ljekovit a medicinal, healing; ~e biljke (trave) medicinal herbs; ~o vrelo mineral spring; ~o blato mud bath
leksički a lexical leksika n lexicon, vocabulary leksikograf n lexicographer leksikografija n lexicography leksikografski a lexicographical leksikolog n lexicologist leksikologija n lexicology leksikološki a lexicological leksikon n dictionary, lexicon; *živi ~ a walking encyclopedia
lektira n reading, literature; zabavna ~ light literature; popularna ~ mass literature; poučna ~ educational literature; školska ~ school readings
lektor n 1. language instructor (at a university); ~ za engleski jezik English instructor 2. editor; proofreader; reader lektorski a editing; ~o odeljenje editing department lektorat n instructorship; ~ za engleski jezik instructorship in English
lelek n wailing, weeping lelekati v to wail, lament, mourn
lelujati v to wave, sway
lem n solder
lemati v to thrash, beat
lemeš n plowshare
lemilo n soldering iron
leming n (zool.) lemming
lemiti, zalemiti v to solder
lenčariti, ljenčariti v to loaf, be idle lenčuga, ljenčuga n lazybones lenost, lijenost n laziness lenj, lijen a lazy
lenjinizam n Leninism lenjinski a Leninist
lenjir n ruler (for measurement)
lenjiti se, lijeniti se v to be lazy lenjiv, ljeniv a lazy lenjivac, ljenivac n lazybones lenjost, lenjost n laziness
leopard n leopard
lep, lijep a 1. beautiful, pretty; handsome; ~a devojka a beautiful (pretty) girl; ~ mladić a handsome young man; ~a muzika prety music; ~a slika a pretty picture 2. fine, good, nice; ~o vreme good (nice) weather; ~a reč a nice (kind) word; *~a reč i gvozdena vata otvara a kind word opens any door; ~ dan a nice day; ~e umetnosti fine arts; ~a usluga a nice favor; ~a narav good

(gentle) nature 3. considerable, big. large;
~*i dani detinjstva* the happy days of
childhood 5. misc; ~*a književnost* belle-
tristic literature; *postigao je ~ uspeh* he
had great success **lepši, ljepši** *(comp)*
najlepše godine the happiest years
lepak, lijepak *n* glue, paste; ~ *za muve*
flypaper
lepet *n* flapping, fluttering (of wings)
lepetati *v* to flap, flutter; *ptice lepeću
krilima* birds flap their wings
lepeza *n* fan; *hladiti se* ~om to fan oneself
lepezan *a* fantail (pigeon) **lepezast** *a*
fanlike
lepilo, ljepilo *n* glue, paste (see also **lepak**)
lepinja *n* (cul.) a type of flat bread **lepi-
njast** *a* flat, round
lepiti, lijepiti *v* 1. **zalepiti, zalijepiti** to
glue, paste, attach 2. ~ *se* to be sticky;
lepe mi se prsti my fingers are sticky 3.
~ *se* to stick to; *blato se lepilo za
opanke* the mud stuck to his shoes; *on
nam se lepi* or *on se lepi uz nas* he sticks
with us **lepljiv, ljepljiv** *a* sticky
lepo, lijepo *adv* 1. see **lep**; ~ *igrati (govo-
riti)* to dance (speak) nicely; ~ *smo se
proveli* we had a good time; *on me je ~
zamolio* he asked me nicely; ~ *sam ti
rekao* I told you nicely 2. really, simply;
on je ~ zanemeo od čuda he was simply
speechless with amazement; *a ona mu
~ opali šamar* and she just slapped him
3. all right, OK 4. misc.; *hvala ~* thanks
very much
leporečiv, ljeporječiv *a* eloquent
lepota, ljepota *n* beauty, prettiness **lepo-
tan, ljepotan** *n* handsome man **lepotica,
ljepotica** *n* beautiful girl, beauty
lepra, leproza *n* leprosy **leprozan** *a* leprous
lepršaj *n* flap, wave **lepršati (se)** *v* to
flutter, wave, flap; *zastave se lepršaju
na vetru* the flags are fluttering in the
wind
lepši see **lep**
leptir *n* 1. butterfly (also swimming) **lepti-
rica** *n* butterfly valve
lepuškast, ljepuškast *a* pretty, good-look-
ing
les, lijes *n* 1. coffin (see also **sanduk**) 2.
lumber
lesa, ljesa *n* wattle
leska, lijeska *n* 1. hazel tree (or bush),
filbert 2. hazelwood stick **leskar, ljeskar**
n hazel grove **leskovača, ljeskovača** *n* 1.
hazelwood stick 2. hazelwood

lestve, ljestve *n* ladder **lestvica, ljestvica** *n*
1. (usu. in *pl*) dim. of **lestve** 2. scale,
gamut (see also **skala** 1)
leš *n* corpse, carcass **lešina** *n* carcass (of an
animal); carrion **lešinar** *n* vulture (also
fig.)
lešnik, lješnik *n* hazelnut
leštarka, lještarka *n* hazel hen
let *n* flight; ~ *broj 15* flight number 15;
leteti u brišućem ~*u* to fly at rooftop
level; *za vreme* ~*a* while flying; **iz
ptičijeg* ~*a* from a bird's-eye view
letač *n* pilot, flier **letački** *a* pilot's; ~ *ispit*
pilot's test
letak *n* leaflet; *deliti* ~*tke* to distribute
leaflets
letargičan *a* lethargic **letargija** *n* lethargy
leteći *a* flying; mobile; ~ *odred* mobile
detachment; ~ *tanjir* flying saucer **lete-
lac, letjelac** *n* flier **leteti, letjeti** *v* 1. to
fly; **ko visoko leti — nisko pada* the
higher up, the greater the fall; **~ po
oblacima* to be in the clouds; **visoko ~*
to fly high 2. (fig.) to rush, hurry
leti, ljeti *adv* in summer, during the
summer
letilica *n* aircraft; *matična ~* mother
(space) ship
letimice *adv* hastily **letimičan** *a* hasty
letina, ljetina *n* harvest, crop, yield (for
one year)
letjeti see **leteti**
letnjikovac, ljetnikovac *n* summer house,
cottage
leto, ljeto *n* summer; *babino ~* Indian
summer; **na kukovo ~* when hell freez-
es over **letnji, ljetni** *a* summer; ~*e
odelo* summer suit
Letonija *n* Latvia **letonski** *a* Latvian; ~
jezik Lettish (Latvian)
letopis, ljetopis *n* chronicle **letopisac, lje-
topisac** *n* chronicler
letos, ljetos *adv* this summer **letošnji, ljeto-
šnji** *a* this summer's, last summer's
letovalište, ljetovalište *n* 1. summer re-
sort 2. summer house 3. summer camp
letovanje, ljetovanje *n* summer vacation
(in the country, at the seashore); *ići na
~* to leave for one's summer vacation
letovati, ljetovati *v* to spend one's sum-
mer vacation; ~ *na selu (na moru)* to
spend one's vacation in the country (at
the shore)
letva *n* 1. lath, strip 2. (sports) crossbar,
bar (for the high jump, pole vault)

levak I lijevak n funnel
levak II ljevak n left-handed man, left-
hander
Levant n the Levant
levi, lijevi a left; leftist; ~a ruka the left
hand; ~o krilo see levica 2; (soccer) ~
branič (bek) left back levica, ljevica n 1.
the left hand 2. (pol.) the left, the left
wing levičar, ljevičar n (pol.) left-winger
levkast, ljevkast a funnel-like
levo, lijevo adv see levi; to the left; skreni
~ turn to the left (see also nalevo)
levoruk, ljevoruk a left-handed
lezbijka n lesbian lezbijski a lesbian
ležaj n 1. bearing; kuglični (valjkast) ~
ball (roller) bearing 2. bed (as in a hotel,
hospital)
ležaljka n easy chair
ležarina n storage charges
ležati v 1. to lie, recline; ~ na zemlji to lie
on the ground; ~ na samrti to be near
death; ~ na travi to lie on the grass; ~
u (na) krevetu to lie in (on the) bed; ~ u
bolnici to be in a hospital; ~ u rovu to
lie in a ditch; *to meni ne leži I am not
cut out for that; odgovornost je ležala
na meni responsibility rested on me; *to
mi leži na srcu that's close to my heart;
~ na jajima to sit on eggs 2. to be, be
located, lie; ~ na reci (pod zemljom) to
be located on the river (underground)
ležeći a 1. reclining, prone; u ~em stavu
in a prone position 2. stagnant, inert,
idle; ~ novac idle money ležećki, ležeć-
ke adv reclining, lying, prone
ležeran a 1. comfortable, light 2. easy-
going, relaxed
ležište n bearing; kuglično (loptično) ~
ball bearing; koturno ~ roller bearing
li 1. inter. part; da ~ ga poznaješ? do you
know him? je ~ došao? did he come?
jeste ~ ga videli? did you see him? kad
~ će doći? when are they coming? 2.
conj; da ~ whether, if; ne znam da ~ je
došao I don't know if he came 3. conj if;
dođeš ~, ja ću ti ga pokazati if you
come, I'll show it to you
Liban n Lebanon
libela n level (device)
liberal n liberal liberalan a liberal; ~lna
misao liberal thought liberalizam n li-
beralism liberalizovati v to liberalize
libido n libido
Libija n Libya
libiti se v to restrain oneself, hold back

libreto n libretto
lice n 1. face; facial expression; kiselo ~
sour face; praviti prijateljsko (ljubazno)
~ to look friendly (pleasant); ~ (~em)
u ~ face to face; pljunuti nekome u ~
to spit in smb.'s face; izraz ~a expres-
sion on one's face; nestati sa ~a zemlje
to disappear from the face of the earth
lični a facial; ~e kosti facial bones 2.
person; character (in a play); sumnjivo
~ a suspicious person; glavno ~ the
main character; raseljeno ~ a displaced
person; (legal) pravno (fizičko) ~ juris-
tic (physical) person 3. outside surface,
right (front) side, face; ~ tkanine the
right side of the fabric 4. front; ~ kuće
the front of the house; s ~a from the
front 5. (gram.) person; prvo ~ the first
person 6. misc.; pokazati svoje pravo ~
to show one's true colors; milicija je na
~u mesta izvršila hapšenje the police
made the arrest at the scene of the
crime; *u znoju svoga ~a by the sweat
of one's brow
licej n secondary school, lycée
licemer, licemjer n hypocrite licemeran,
licemjeran a hypocritical licemerje, li-
cemjerje n hypocrisy
licencija n license, concession
licitacija n auction; ~ za prodaju automo-
bila automobile auction; prodat na ~i
sold at auction; javna ~ public auction
licitirati v 1. to auction off 2. to bid (at
an auction)
ličan a 1. private, personal; individual;
~čna svojina private property: ~čni
problemi personal problems; ~čna za-
menica personal pronoun; ~čni razlozi
personal reasons; ~čna sloboda indivi-
dual freedom; ~čni opis personal data;
~čna pratnja personal escort 2. attrac-
tive, personable; ~čovek an attractive
person 3. subjective, prejudiced
ličinka n larva
ličiti I v 1. to resemble, be similar to; on
liči na oca he resembles his father 2. to
be suitable, be appropriate
ličiti II v (W) to paint
lično adv see ličan; on je to ~ video he
saw it personally
ličnost n 1. person; individual; nekoliko
~i several persons 2. character (as in a
play, novel); Tolstojeve ~i Tolstoy's
characters 3. personality (complex of
characteristics) 4. personality, figure,

person; *poznate* ~*i* well-known perso-
nalities; *istaknuta* ~ an outstanding
figure; *visoke* ~*i* high officials; (dipl.)
nepoželjna ~ persona non grata
lider *n* leader
liferacija *n* supply, supplying **liferant** *n*
supplier, purveyor **liferovati** *v* to deliver
lift *n* elevator (Am.), lift (Br.) **liftboj** *r*
elevator operator
liga *n* league
ligament *n* ligament
ligatura *n* ligature
ligeštul *n* chaise longue
lignit *n* lignite
lignja *n* squid
Lihtenštajn *n* Liechtenstein
lihva *n* usury **lihvar** *n* usurer **lihvarski** *a*
usurious **lihvariti** *v* to practice usury
lihvarstvo *n* usury
lije ... see entries in **le** ...
liječiti see **lečiti**
liječnik *n* (W) doctor, physician **liječnički**
a medical; ~ *pregled* a medical exami-
nation
lijek see **lek**
lijen see **lenj**
lijep see **lep**
lijepiti see **lepiti**
lijes see **les**
lijeska see **leska**
lijevak se **levak** I
lijevi see **levi**
lijevo se **levo**
lik *n* 1. countenance; appearance, looks;
face; *upoznao sam ga po* ~*u* I recognized
him by his face 2. image, picture, figure
(on icons); ~*ovi svetaca* figures of
saints 3. character, figure (in a lit. work)
(see also **lice** 2) 4. (math.) figure
lika *n* bast
liker *n* liqueur
likovati *v* to rejoice, exult; ~ *nad nečim* to
rejoice at smt.
likovni *a* ~*e umetnosti* fine arts
likvidacija *n* liquidation **likvidan** *a* 1.
(ling.) liquid; ~ *suglasnik* liquid conso-
nant 2. (comm.) liquid; ~*dna sredstva*
liquid assets **likvidator** *n* liquidator **lik-
vidatura** *n* receiver's (liquidator's) of-
fice, receivership **likvidirati** *v* to liquida-
te
lilihip *n* lollipop
Liliputanac *n* Lilliputian
lim *n* sheet metal; *beli* ~ tinplate; *gvozde-
ni* ~ sheet iron **limar** *n* tinsmith

limfa *n* (anat.) lymph **limfni** *a* lymph; ~*a
žlezda* lymph gland
limitacija *n* limitation **limitativan** *a* limi-
tative **limitirati** *v* to limit
limun *n* 1. lemon; *sok od* ~*a* lemon juice
2. lemon tree **limunov, limunski** *a* lem-
on; *limunov sok* lemon juice **limunada**
n lemonade
limuzina *n* limousine
linč *n* lynching **linčovati** *v* to lynch
lingvist(a) *n* linguist **lingvistika** *n* linguis-
tics **lingvistički** *a* linguistic
linija *n* 1. line (in various meanings);
povući ~*u (tačkama)* to draw a (dotted)
line; *prava (kriva)* ~ a straight (crooked
or curved) line; *autobuska (tramvajska,
brodska, vazdušna)* ~ a bus (streetcar,
steamship, air) line; *međunarodne* ~*e*
international lines; *ukinuti (uvesti)* ~*u*
to discontinue (introduce) a line; ~
prekida vatre cease-fire line; *(prva) bor-
bena* ~ the front line; **držati se* ~*e* to
follow a line; (soccer) *središnja (uzduž-
na, poprečna)* ~ halfway (touch, end)
line 2. figure, shape; *čuvati* ~*u* to watch
one's figure; *imati lepu* ~*u* to have a
nice shape 3. misc.; **ići* ~*om najmanjeg
otpora* to follow the path of least resi-
stance; **srednja* ~ .the middle of the
road; *po muškoj (ženskoj)* ~*i* on the
father's (mother's) side **linirati** *v* to line
linoleum *n* linoleum
linotip *n* linotype
linjak *n* (zool.) tench
linjati se, olinjati se *v* 1. to molt 2. to fade;
boja se linja the color is fading 3. to peel
(off)
lipa *n* (bot.) linden, lime tree, basswood
lipov *a* linden; ~ *med* linden honey; ~
čaj linden tea
lipanj *n* (W) June (see also **juni**)
lipati *v* to drink greedily, guzzle
lipov see **lipa**
lipovina *n* linden wood
liptati *v* to pour, flow
lira I *n* lyre
lira II *n* lira (currency)
liričan *a* lyrical **liričar** *n* lyric poet **lirika** *n*
lyric poetry **lirizam** *n* lyricism **lirski** *a*
lyrical
lisa *n* blaze (white spot)
lisac *n* 1. (male) fox 2. (fig.) sly person
lisica *n* fox; female fox; fur of the fox;
srebrna ~ silver fox; *polarna* or *severna*
~ arctic or white fox; *morska* ~ fox

(thresher) shark; *prepreden (lukav) kao ~ as sly as a fox
lisice n handcuffs; staviti nekome ~ na ruke to handcuff smb. 2. clamps
lisičar n foxhound
liska n 1. (zool.) moorhen 2. (zool.) coot 3. lamina (of a leaf); petal
liskun n mica
lisnat a leafy, made of leaves
list n 1. leaf; lišće pada the leaves are falling; *okrenuti drugi ~ to turn over a new leaf 2. sheet; ~ hartije a sheet of paper 3. page; naslovni ~ title page 4. newspaper; dnevni ~ a daily newspaper 5. (anat.) calf (of a leg) 6. misc.; naše gore ~ one of us, a compatriot; *smokvin ~ fig leaf (fig.)
lista n list; izborna ~ list of candidates (for election); otpusna ~ discharge papers (from a hospital, from the army); popisna ~ census questionnaire; posmrtna ~ death notice (usu. posted); on je na crnoj ~ he's been blacklisted
listić n dim. of list 1 and 2
listonoša n mailman (see also poštar)
listopad n (W) October (see also oktobar)
listopadni a deciduous
lišaj n 1. (bot.) lichen 2. (med.) lichen planus lišajiv a covered with lichen
lišavati see lišiti
lišćar n 1. deciduous forest 2. deciduous tree
lišće coll. of list 1
lišiti, lišavati v 1. to deprive; ~ nekoga nečega to deprive smb. of smt.; ~ slobode to arrest 2. to free, rid; on nas je lišio bede he helped us get rid of the trouble
lišnjača n (anat.) fibula
litanija n litany
litar n 1. liter 2. one-liter container
literatura n literature (see also književnost)
liti v to pour, flow; *kiša lije kao iz kabla it's raining cats and dogs
litica n cliff, bluff
litograf n lithographer litografija n 1. lithography 2. lithograph litografisati v to lithograph
litra see litar
liturgija n liturgy liturgijski a liturgical
Litva n Lithuania
liv n casting; mold
livac n smelter
livada n meadow

liven a cast; ~o gvožđe cast iron
livnica n foundry
livreja n livery (uniform) livrejisati to outfit in livery
lizati v 1. liznuti to lick; ~ prste to lick one's fingers; *~ nekome pete to lick smb.'s boots; ~ se to lick oneself (as of animals) 2. izlizati to wear out; ~ se to become worn-out 3. liznuti to lick, dart; vatra je lizala na sve strane the fire was darting in all directions
lizol n Lysol
lob n (tennis) lob
lobanja n skull, cranium
loboda n (bot.) orache, garden orache
lobovati v to lob
logaritam n logarithm logaritamski a logarithmic; ~e tablice logarithmic tables
logičan a logical logičar n logician logika n logic
logor n camp; zarobljenički ~ prisoner-of-war camp; koncentracioni ~ concentration camp logorski a camp; ~a vatra bonfire, campfire logoraš n camp inmate logorovati v to camp out, bivouac
loj n tallow, fat, suet; *sve ide kao po ~u everything is going like clockwork; *živeti kao bubreg u ~u to have an easy life
lojalan a loyal lojalnost n loyalty
lojni a sebaceous, fatty; ~ žlezde sebaceous glands
lokal n 1. premises; office(s) 2. restaurant, bar; noćni ~ nightclub 3. local train (or bus) 4. (telephone) extension lokalan a local; ~lne vesti local news; ~lna anestezija local anesthesia; ~lni saobraćaj local traffic lokalitet n 1. locality, region 2. (ling.) regional trait lokalizovati v to localize, bring under control; ~ požar to bring a fire under control
lokarda n mackerel, Atlantic mackerel
lokati v 1. izlokati to lap, drink; mačka loče mleko the cat laps up the milk 2. to drink heavily, guzzle 3. see podlokati
lokativ n (gram.) locative
lokaut n lockout
lokna n lock, curl
lokomotiva n locomotive
lokva n puddle
lokvanj n (bot.) water lily
lola n idler; carouser; ladies' man lolati se v (colloq.) to make merry, revel
lom n 1. trash, rubbish, debris 2. rumpus, uproar, ruckus; napraviti ~ to make a scene

lomača n stake; *spaliti na ~i* to burn at the stake

lomak a fragile, breakable

loman a weak, fragile (of health); *~mno zdravlje* fragile health

lombard n pawn, pledge, security **lombardovati** v to pawn; to leave security for

lomiti v 1. **slomiti** to crack, break, fracture; *~ vrat (ruku)* to break one's neck (an arm); *~ nogu (nogu u gležnju)* to break one's leg (ankle); **~ glavu* to rack one's brain; **~ nekome vrat* to ruin smb.; **~ koplja oko nečega* to cross swords over smt.; **sila kola lomi* might makes right 2. *~ se* to make one's way with difficulty 3. *~ se* to hesitate 4. *~ se oko nečega* to vie for smt., fight over smt. 5. *~ se* to be refracted; *svetlost se lomi* light is refracted

lomljava n racket, din

lomljiv a fragile

lonac n (deep) pot; **strpati sve u jedan ~* to mix everything together; **svaki ~ nađe poklopac* birds of a feather flock together; **biti svakom ~ncu poklopac* to butt into everyone's business; *noćni ~* chamber pot; *~ vode* a pot of water

lončar n potter **lončarski** a potter's; *~* potter's wheel; *~a glina* potter's clay **lončarija** n 1. pottery 2. manufacture of pottery **lončarnica** n potter's shop

longitudijalni a longitudinal

lopar n scoop (for removing bread from an oven)

lopata n shovel, spade; *grtati ~om* to shovel; *čistiti sneg ~om* to shovel snow **lopatast** a shaped like a shovel **lopatica** n 1. dim. of **lopata** 2. shoulder blade, scapula 3. board, paddle (on a paddle wheel)

lopov n 1. thief; burglar; *držite ~a!* stop thief! (see also **kradljivac**) 2. cad, bounder **lopovski** n thieve's; *~o gnezdo* a robber's den; *~a družina* a band of thieves

lopotati v to rattle

lopta n 1. ball; *teniska ~* a tennis ball; *igrati se ~e (~om)* to play ball 2. sphere (see also **kugla**) 3. (sports) shot; *kratke (duge) ~e* short (long) shots **loptica** n dim. of **lopta**; *~ za ping-pong* ping-pong ball **loptični** a ball; *~o ležište* ball bearing

lord n lord

lornjet, lornjon n lorgnette, lorgnon

los n elk

losion n lotion

losos n salmon

loš a bad, poor, inferior; evil; *~ radnik (otac)* a bad worker (father); *~e vesti* bad news; *~a vremena* bad times; *~ vodič toplote* a poor conductor of heat; *~a sreća* bad luck; *~a ocena* a poor grade (as in school); *~ organizator* a bad organizer; *~a zemlja* poor soil; *~ fudbal* bad soccer; *~ karakter* a base character; *~e raspoloženje* a bad mood; *~i rezultati* bad results **lošiji** (*comp;* see also **gori**) *lošija vrsta* an inferior type

lot n lead, plummet

lotos n (bot.) lotus

lov n hunt, hunting; pursuit, chase; *ići u ~* to go hunting; *~ na kitove* whaling; *sezona ~a* hunting season; (fig.) *~ na veštice* witch-hunt **lovac** n 1. hunter 2. (mil.) fighter plane; *~-presretač* interceptor 3. (chess) bishop **lovački** a hunting; *~ pas* hunting dog; *~a sezona* hunting season; **~a priča* a tall tale; (mil.) *~a zaštita* fighter protection; *~a puška* hunting rifle; *~ savez* hunters' association **lovina** n catch, haul, bag **lovište** n hunting ground, hunting area **loviti, uloviti** v to hunt; to chase, pursue; to catch; *mačka lovi miševe* a cat catches mice; *loviti ribu* to fish; *uloviti vuka* to catch a wolf; **loviti u mutnom* to fish in troubled waters; **~ koga u reči* to hold smb. to his word; **~ nečiji pogled* to catch smb.'s eye **lovočuvar** n game warden

lovor, lovorika n laurel, bay; **počivati na lovorikama* to rest on one's laurels; **pobrati lovorike* to win laurels **lovorov** a laurel, bay; *~ list* bay leaf; *~ venac* laurel wreath **lovorik** n laurel grove **lovornica** n bay leaf

loz n lottery ticket, raffle ticket; *izvlačenje ~a* lottery drawing

loza n 1. vine 2. origin, descent; family (background); *biti od dobre ~e* to be from a good family 3. thread (on a screw)

lozinka n 1. motto, slogan, saying 2. (*vojnička*) *~* (military) password

lozovača n grape brandy

loža n 1. (theater) box 2. *masonska ~* Masonic lodge

ložač n fireman, stoker **loženje** n heating **ložište** n firebox **ložiti** v 1. **naložiti,**

založiti to light; ~ *vatru* to start a fire 2. to heat; ~ *sve sobe* to heat all rooms; *ovde se još ne loži* the heat is still not turned on here 3. to make a fire; to turn on the heat; *ne treba* ~ there's no need to make a fire; or: there's no need to turn on the heat
lub *n* bark (on a tree)
lubanja see **lobanja**
lubenica *n* watermelon **lubenični** *a* watermelon; ~*a kora* watermelon rind **lubeničište** *n* melon patch
lucerka, lucerna *n* (bot.) alfalfa, lucerne
lucidan *a* lucid
luckast *a* crazy, strange
lučenje *n* secretion; *unutrašnje* ~ internal secretion **lučiti** *v* to secrete
lud *a* 1. insane, mad; foolish: *biti* ~ *za nekim* to be crazy about smb.; *pravi se* ~ he's playing the fool; *~a sreća* a stroke of luck 2. naive, foolish; ~*o dete* a naive child 3. wild, strong, untamed; ~ *a želja* a wild desire; ~ *i snovi* wild dreams **ludak** *n* madman, insane person; fool **ludeti, ludjeti, poludeti, poludjeti** *v* to become insane, go mad; ~ *za nekim* to lose one's head over smb. **ludilo** *n* insanity, madness; mania; ~ *veličine* megalomania; *pijanačko* ~ delirium tremens; ~ *za nečim* wild desire for smt. **ludirati se** *v* to cut up, romp; to behave foolishly **ludnica** *n* mental hospital **ludo** *adv* 1. see **lud**; ~ *voleti* to love madly 2. senselessly; ~ *poginuti* to die a senseless death **ludorija** *n* foolish act **ludost** *n* 1. foolish act 2. immaturity, naivete; *~mladost-* ~! youth will have its fling! **ludovati** *v* 1. see **ludirati se** 2. ~ *za nekim* to be crazy about smb. **luđi** *comp* of **lud**
luftirati, izluftirati *v* to ventilate
lug I *n* grove, wood
lug II *n* lye
lugar *n* forester
luk I *n* onion; *crni* ~ onion; *beli* ~ garlic; *glavica* ~ one onion; *udario (naišao) tuk na* ~ an irresistible force has met an immovable object
luk II *n* 1. arc (also math.); bend, curve; *reka pravi* ~ the river makes a bend 2. arch 3. bow; *zapeti (odapeti)* ~ to draw (release) a bow
luka *n* harbor, port; haven **lučki** *a* harbor; ~ *grad* seaport; ~ *uređaj* harbor installation

lukav *a* cunning, shrewd **lukavac** *n* shrewd person **lukavost** *n* shrewdness **lukavstvo** *n* trick, ruse
lukobran *n* breakwater
lukovica *n* bulb (of an onion, tulip, etc.)
lukrativan *a* lucrative, profitable
Luksemburg *n* Luxembourg
luksuz *n* luxury **luksuzan** *a* luxurious
lula *n* pipe; ~ *mira* peace pipe; *ne vredi ni ~e duvana* it isn't worth a tinker's damn
lumbago *n* lumbago
lumbalan *a* lumbar
lumpač *n* carouser **lumperaj** *n* binge, spree, carousal **lumpovati** *v* to carouse, make merry
lunarni *a* lunar; ~ *modul* (~*a kabina*) lunar module
lunjati *v* to loiter
lupa I **lupnjava** *n* knocking, banging
lupa II *n* magnifying glass; *staviti pod* ~*u* to investigate thoroughly
lupati *v* 1. **lupiti, lupnuti** to bang, knock; *neko lupa na vrata* smb. is banging on the door; *šta to lupa?* what is banging? *lupati glavom o zid* to knock one's head against a wall 2. **lupiti, lupnuti** to chatter, babble; to blurt out; ~ *gluposti* to talk nonsense; *lupio (lupnuo) pa ostao živ* he put his foot in his mouth 3. **izlupati** to beat, thrash; ~ *tepih* to beat a rug 4. **polupati** to break, smash; ~ *prozore* to break windows 5. misc.; *~ glavu nečim* to rack one's brains about smt.; *to će ti se lupati o glavu* you will have to pay for that; (colloq., sports) ~ *protivnika* to defeat an opponent
lupeštvo *n* foul play, dirty trick
lupetati *v* 1. to chatter, babble; to blurt out; ~ *gluposti* to talk nonsense 2. to beat, thrash
lupež *n* 1. thief 2. cad, bounder
luster *n* chandelier
lutajući *a* stray; ~ *metak* a stray bullet
lutak *n* 1. see **lutka** 2. fop, dandy
lutalac *n* wanderer **lutalica** *n* 1. wanderer 2. **vatra** ~ ignis fatuus **lutati** *v* to wander, roam, stray; ~ *ulicama* to roam the streets; ~ *po svetu* to wander around the world
luteran, luterovac *n* Lutheran
lutka *n* 1. doll; *devojčice se igraju ~ama* little girls play with dolls 2. puppet, marionette; *pozorište ~aka* puppet

theater (also **marioneta)** 3. dummy;
(krojačka) ~ (dressmaker's) dress form
(tailor's) dummy 4. (in *pl)* whims, ca-
prices, quirks; *imati ~e u glavi* to have
whims (see also **ćef, kapric)** 5. cocoon
lutkar *n* 1. doll maker 2. puppeteer
lutkast *a* doll-like

lutrija *n* lottery; *dobiti nešto na* ~*i* to win
smt. in a lottery **lutrijski** *a* lottery; ~*a*
srećka lottery ticket
Lužica *n* Lusatia
lužiti, olužiti *v* to soak in lye
lužni *a* alkaline
lužni, lužnjak *n* (bot.) English oak

LJ

ljaga n blemish, blot, stain; *baciti ~u na nekoga to shame smb.; *oprati (sprati) ~u to clear one's name

lje ... see entries in le ...

ljekar see lekar

ljekarna, ljekarnica n (W) pharmacy (see also apoteka)

ljekoviti see lekovit

ljenčariti see lenčariti

ljenčuga see lenčuga

ljeniv see lenjiv

ljenivac see lenjivac

ljenost see lenjost

ljenji see lenj

ljepilo see lepilo

ljepljiv see lepljiv

ljeporječiv, ljeporek see leporečiv

ljepota see lepota

ljepotan see lepotan

ljepotica see lepotica

ljepši see lep I

ljepuškast see lepuškast

ljesa see lesa

ljeskar see leskar

ljeskati se v (W) to shine, sparkle

ljeskovača see leskovača

ljestve see lestve

ljestvica see lestvica

lješnik see lešnik

lještarka see leštarka

ljeti see leti

ljetina see letina

ljetni see leto

ljetnikovac see letnjikovac

ljeto see leto

ljetopis see letopis

ljetopisac see letopisac

ljetos see letos

ljetošnji see letošnji

ljetovalište see letovalište

ljetovanje see letovanje

ljetovati see letovati

ljevak see levak II

ljevica see levica

ljevičar see levičar

ljevkast see levkast

ljevoruk see levoruk

ljigav a slippery; slimy

ljiljan n (bot.) lily

ljoskavac n (bot.) Chinese lantern plant

ljosnuti v to fall (with a thud)

ljubak a cute, sweet, charming

ljubav n love, affection; ~ prema nekome love for smb.; učiniti nešto iz ~i to do smt. for love; voditi ~ to have a love affair, go steady; izjaviti ~ to declare one's love; platonska ~ Platonic love; tebi za ~ for your sake ljubavni a love; ~o pismo a love letter; ~ odnos or ~a veza liaison; ~a pesma a love song ljubavnik n 1. lover, ljubavnica 2. (theater) leading man

ljubazan a amiable, cordial; kind; budite ~zni pa mi recite gde je pošta could you please tell me where the post office is ljubaznost n amiability, cordiality; kindness; učiniti nekome neku ~ to do a favor for smb.

ljubica n (bot.) violet

ljubimac n favorite, pet, idol; učiteljev ~ teacher's pet ljubitelj n devotee, lover; fan; ~ umetnosti an art lover; ~ istine a lover of truth; ~ sporta a sports fan ljubiti v 1. poljubiti to kiss; ~ nekoga u ruku to kiss smb.'s hand; oni se ljube they are kissing each other; *ljubim ruke, gospođo my respects, madam;

*ako ti se ne dopada, poljubi pa ostavi take it or leave it 2. (esp. W) to love
Ljubljana n Ljubljana (capital of Slovenia)
ljubomora n 1. jealousy 2. envy; osećati (gajiti) ~u zbog nečega (zbog tuđeg uspeha) to be envious of smt. (of smb.'s success) **ljubomoran** a 1. jealous; distrustful; ~rna žena a jealous wife; biti ~ na nekoga to be jealous of smb. 2. envious; ~ na nekoga envious of smb.
ljubopitljiv a curious, inquisitive
ljudi see čovek; *razni ~, razne ćudi every man to his taste; *~ se ne mere peđu, nego pameću never judge from appearances; ~ kažu (govore) people say; *izići međuu ~e to go out into the world; ~ žabe frogmen **ljudski** a human; ~o telo the human body; ~ govor human speech; ~a priroda human nature; ~ rod humanity; vasionski letovi sa ~om posadom manned space flights
ljudožder n 1. cannibal 2. man-eater **ljudožderstvo** n cannibalism
ljudski I a 1. see **ljudi** 2. gentle, kind 3. decent, good **ljudski** II adv properly, well, decently **ljudstvo** n 1. staff, crew, personnel 2. mass (of people), crowd 3. see **čovečanstvo**
ljuljanje n rocking; stolica za ~ rocking chair **ljuljaška** n swing **ljuljati** v to swing; to rock; ~ dete (u kolevci) to rock a child (in its cradle); deca se ljuljaju (na ljuljašci) the children are swinging (on the swings); zub se ljulja the tooth is loose; on se ljulja (pri hodu) he sways (when he walks); brod se ljulja the ship rocks (rolls) **ljubav** a 1. swinging, rocking 2. loose **ljuljka** n cradle
ljupko adv see **ljubak**

ljupkost n grace, charm, cuteness
ljuska n shell, pod; ~ od jajeta eggshell; orahova ~ nutshell **ljuskav** a shelled, having a shell
ljuskavica n (med.) psoriasis
ljuštiti, oljuštiti v to peel, shell; ~ jabuku to peel an apple; koža mu se ljušti his skin is peeling **ljuštura** n shell; zatvoriti se u ~u to withdraw into one's shell
ljut n 1. angry, cross; biti ~ na nekoga to be angry at smb.; *~ kao paprika very angry 2. hot, spicy, strong (of foods); ~a paprika hot pepper; ~o jelo spicy food; ovaj luk je ~ this onion is strong; ~a rakija strong brandy; ~ duvan (hren) strong tobacco (horseradish) 3. severe, bitter; ~a zima a severe winter; ~a bitka a bitter battle; ~a mržnja bitter hatred; ~a rana a severe injury; ~i neprijatelji bitter enemies; ~a bolest a severe illness 4. sharp; ~ mač (nož) a sharp sword (knife) 5. hard; ~ kamen hard stone 6. fierce, wild; ~a zver a fierce animal 7. inveterate, confirmed, chronic; ~a pijanica a chronic alcoholic **ljući** (comp)
ljutak n (bot.) pomegranate
ljutica n 1. viper, adder 2. (fig.) a nasty person
ljutić n (bot.) buttercup
ljutik n (bot.) 1. see **ljutić** 2. durmast oak
ljutika n (bot.) shallot
ljutiti, naljutiti v 1. to anger, infuriate; nemoj da ga ljutiš don't get him angry 2. ~ se to become angry; naljutio se na nju he got angry at her **ljutnja** n anger, fury
ljuto adv 1. see **ljut** 2. greatly, badly, sorely; ~ se varaš you are badly mistaken

M

ma 1. *part* (first element of *indef. pron, adv,* and *conj):* ~ *ko* anybody, whoever; ~ *šta* anything, whatever; ~ *kuda da ide . . .* wherever he goes . . ; *da li se sećaš* ~ *koga* do you remember anybody? ~ *gde da putuješ . . .* wherever you travel . . .; ~ *kome da se obratite . . .* no matter whom you turn to . . .; ~ *čiji* whosesoever; ~ *kad da dođeš, ja ću te sačekati* whenever you come, I'll wait for you 2. *conj* even if; *doći ću (pa)* ~ *i kiša padala* I'll come even if it rains

maca *n* (bot.) catkin, ament

maciti, omaciti *v* 1. to give birth (of a cat); *mačka je omacila petoro mačadi* the cat gave birth to five kittens 2. ~ *se* to have a litter (of cats); *mačka se maci svake godine* the cat has a litter every year 3. ~ *se* to be born (of cats)

mač *n* sword; **ko se laća ~a, od ~a će i poginuti* he who lives by the sword shall die by the sword; **to je ~ sa dve oštrice* that can turn out either way; **ognjem i ~em* by fire and sword; *trgnuti* ~ to draw one's sword; **zveckati ~em* to engage in saber rattling; **staviti* ~ *u korice* to stop fighting; **ukrstiti ~eve* to cross swords; **visi mu* ~ *nad glavom* he is in great danger; **Damoklov* ~ sword of Damocles

mačak *n* tomcat; **kupiti ~čka u džaku* to buy a pig in a poke **mače** *n* kitten

mačevalac *n* (sports) fencer **mačevanje** *n* fencing **mačevati se** *v* to fence

mačka *n* cat; *divlja* ~ wildcat; **~ u džaku* a pig in a poke; **kad ~e nema, miševi kolo vode* when the cat is away, the mice will play; ~ *prede* the cat is purring; *domaća* ~ house cat **mačji** *a*

cat, feline; ~*e oči* blinkers, warning lights (as on a highway) **mačkast** *a* kittenish

maćeha *n* stepmother

maći see **maknuti**

maćuhica *n* (bot.) pansy

mada *conj* although, though; *došao je* ~ *nije bio pozvan* he came although he was not invited

madona *n* madonna

madrac *n* 1. mattress 2. box spring, bedspring

madrigal *n* madrigal

Madžarska, Mađarska *n* Hungary

mađija *n* 1. (usu. in *pl*) spell 2. magic **mađijski** *a* magic; ~*a reč* a magic word **mađioničar** *n* magician

maestral *n* north wind, mistral (on Adriatic)

maestro *n* maestro

mafija *n* mafia; gang

magacin *n* 1. warehouse, storehouse, depot. 2. magazine, clip (on a weapon) **magacionar** *n* warehouse clerk

magarac *n* ass, donkey (also fig.); *magarče jedan!* you jackass! *tvrdoglav kao* ~ as stubborn as a mule; **praviti od komarca ~rca* to make a mountain out of a molehill; **pojeo vuk ~rca* they made nothing of it; **praviti nekoga ~rcem* to make a fool out of smb.; **pasti s konja na ~rca* out of the frying pan into the fire, or: to be moved down to a lower rank **magareći** *a* donkey's; ~*a klupa* dunce's seat (in school); ~ *kašalj* whooping cough **magarčiti, namagarčiti** *v* to make a fool (jackass) of; ~ *se* to make a fool of oneself

magazin n 1. see **magacin** 2. see **časopis** 3. department store
magija n 1. see **mađija** 1 2. magic, magical power **magičan** a magic, magical
magistar n 1. Master of Arts 2. ~ *farmacije* registered pharmacist 3. (private) tutor, teachere **magistarski** a M.A.; ~ *ispit* M.A. examination **magisterijum** n 1. M.A. degree 2. M.A. examination
magistrala n main road, highway; *Jadranska* ~ Adriatic Highway **magistralan** a major, main
magistrat n city hall; city administration
magla n fog, mist: *gusta* ~ a thick fog; *pala je* ~ it's become foggy; **uhvatiti ~u* to flee; *kao kroz ~u* vaguely; **pala mu ~ na oči* he saw red **magličast** a hazy, foggy **maglina** n mist **magliti, zamagliti** v 1. to befog, fog 2. ~ *se* to become foggy; **magli mi se pred očima* I feel dizzy; *prozori su se zamaglili* the windows have steamed up 3. to flee, run away **maglovit** a 1. foggy, misty 2. vague, indistinct
magnat n magnate
magnet n magnet; *privući ~om* to attract by a magnet **magnetni, magnetski** a magnetic; *~o polje* a magnetic field; *~a igla* magnetic needle **magnetičan, magnetički** a magnetic; attractive **magnetisati** v to magnetize **magnetizam** n magnetism
magnetofon n tape recorder **magnetofonski** a tape; ~ *snimak* tape recording; *~a traka* tape
magnezijum n magnesium
magnezija n magnesia
magnezit n magnesite
magnolija n magnolia
mah n 1. motion, stroke; *na (u) jedan* ~ suddenly; **dere se na (u) sav* ~ he is screaming at the top of his lungs; **uzeti ~(a)* to develop, grow, spread; *potrčao je u sav* ~ he began to run as fast as he could; **dati (pustiti) ~a nečemu* to give free rein to smt.; *jednim ~om* at a single stroke 2. instant; time; occasion; *u taj* ~ at that moment; *u nekoliko ~ova* several times; *na (u) jedan* ~ at once, immediately; *u prvi* ~ at first; *viknuše svi u jedan* ~ they all began to shout at the same time; *za prvi* ~ for the beginning; *na ~ove* from time to time
mahagon, mahagoni n mahogany

mahati, manuti, mahnuti v 1. to wave; ~ *rukom (rukama)* to wave one's hand (arms); ~ *potvrdno glavom* to nod one's head (in agreement); ~ *odrečno glavom* to shake one's head (in disagreement); *pas maše repom* the dog wags its tail; ~ *maramicom* to wave a handkerchief 2. ~ *se* to leave alone; ~ *se nekoga* to leave smb. alone; **mahni se ćorava posla* keep clear of bad business: *mahni me se!* leave me alone! ~ *se neke navike* to break a habit
mahinacija n machination
mahinalan a mechanical
mahnit a 1. frantic, wild; furious 2. insane **mahnitati** v to rage, fume
mahnuti, manuti see **mahati**
mahom adv mostly, mainly
mahovina n moss **mahovinast** a mossy
mahuna n pod, seedcase **mahunast** a leguminous **mahunica** n 1. dim. of **mahuna** 2. crowberry
maj n May (see also **svibanj**)
maja n starter; ferment
majati se v 1. **zamajati se** to bustle, putter, fuss, tinker; ~ *po kući* to putter around the house; *zamajala se oko ručka* she got busy with dinner 2. to be detained, be held 3. to loiter, hang around
majčin a 1. (bot.) *~a dušica* thyme 2. see **majka**
majčinski a motherly, maternal
majdan n mine (see **rudnik**)
majica n 1. (sleeveless) undershirt 2. (athlete's) jersey
majka n 1. mother; **opiti se kao* ~ to get very drunk **majčin** a mother's, maternal; **on je još pod ~om suknjom* he is still tied to his mother's apron strings
majmun n monkey (also fig.) **majmunast** a monkeyish **majmunisati** v 1. to act like a monkey 2. ~ *nekome* see **imitirati**
majolika n majolica (see also **fajans**)
majonez n mayonnaise
major n (mil.) major
majstor n 1. master; outstanding artist, musician, performer; *šahovski* ~ chess master; ~ *situacije* master of the situation 2. skilled craftsman, mechanic; repairman; *on je* ~ *svog zanata* he is a master of his trade 3. skillful person **majstorija** n 1. masterpiece, chef d'oeuvre 2. mastery, skill **majstorisati, izmajstorisati** v 1. to make, build 2. to devise,

cook up **majstorski** *a* masterly **majstor-stvo** *n* 1. mastery. skill 2. masterpiece

najur *n* homestead; estate

majušan *a* tiny, puny

mak *n* 1. (bot.) poppy **makov** *a* poppy; ~*ʻ zrno* poppy seed; **terati ~ na konac* to go to extremes 2. see **tref**

makadam *n* macadam **makadamizirati** *v* to macadamize **makadamski** *a* macadam

makar 1. *adv* at least 2. *conj* (~ *da*) although 3. *conj (pa)* ~ even if 4. part see **ma** 1

makaroni, makarone *n* macaroni

makaze *n* scissors; **pasti u* ~ to be boxed in, be trapped (see also **škare)**

Makedonija *n* Macedonia

maketa *n* model; sketch

makijavelistički *a* Machiavellian

maknuti, maći, micati *v* 1. to move; ~ *stolicu* to move a chair; **makni mi ga s očiju!* get him out of my sight! 2. to move; *neće ni da makne* he won't move; *makni malo* move a little; ~ *rukom* to move one's arm; **neće ni malim prstom da makne* he would not lift a finger (to help) 3. ~ *se* to move; **makni mi se s očiju!* get out of my sight! *makni se malo* move a little; *ne miči se!* don't move!

makov see **mak** 1

makro *n* pimp, panderer

makrokozam *n* macrocosm

maksima *n* maxim

maksimala *n* maximum, limit **maksimalan** *a* maximal, maximum **maksimum** *n* maximum; *do* ~*a* greatly, extremely

malačak, malašan *a* tiny

malaksalost *n* exhaustion **malaksati, malaksavati** *v* 1. to become exhausted, worn out; *sasvim je malaksao* he is completely exhausted 2. to let up, ease up; *malo je malaksala vrućina* the heat has let up a little; *motor malaksava* the engine loses power

malaričan *a* infected with malaria, malarial **malarija** *n* malaria

malati, omalati *v* to paint; ~ *stan* to paint an apartment

malčice *adv* a little **malecak** *a* tiny **malen** *a* small **malenkost** *n* trifle

maler *n* misfortune, calamity **malerozan** *a* unlucky, unfortunate

mali 1. *a* small, little; ~*a soba (porodica)* a small room (family); ~ *izdatak* a small expense; ~ *činovnik* a minor

official; ~*a stvar* a trifle; ~ *prst* the little finger (or toe); *biti* ~ *rastom* or *biti* ~*og rasta* to be short (in stature); ~*a kašika* teaspoon; **na* ~*a vrata* surreptitiously; ~*a deca* little (young) children 2. too small; *cipele su mu* ~*e* his shoes are too small 3. (as noun) boy, fellow; ~*a girl* **manji** *(comp)*

Mali *n* Mali

maliciozan *a* malicious

maligni *a* (med.) malignant; ~ *tumor* a malignant tumor

malina *n* 1. raspberry 2. raspberry (juice) drink; kelner, *molim vas dve* ~*e* waiter, two raspberry juices, please **malinov** *a* raspberry; ~ *sok* raspberry juice

mališan *n* little boy

malkice, malko *adv* a little (see **malo)**

malo *adv* 1. a little, few, some; ~ *šećera* a little sugar; *trgovina na* ~ retail trade; ~ *nas je* ther are few of us; *još* ~ a little more; *u* ~ *reči* in a few words; ~ *zatim* shortly afterwards; ~ *posle* a little later **manje** (comp.) 2. hardly; ~ *ko to zna* hardly anyone knows that; ~ *gde* hardly anywhere 3. misc.; ~ *je trebalo da ne dođemo* we almost did not come; *ni manje ni više* exactly; *manje-više* generally; ~ *pomalo* gradually

malobrojan *a* small in numbers, sparse; ~*a publika* a small audience

maločas *adv* a moment ago; recently

malodušan *a* cowardly, fainthearted, pusillanimous **malodušje** *n* cowardice, faintheartedness

malogradski *a* provincial

malograđanin *n* petit bourgeois, member of the lower middle class

malogranični *a* ~ *promet* local border traffic

malokrvan *a* anemic **malokrvnost** *n* anemia

maloletan, maloljetan *a* minor, underage; juvenile; ~*tni prestupnici* juvenile delinquents **maloletnik, maloljetnik** *n* minor; juvenile

maloljuđan *a* sparsely populated

maloposednik, maloposjednik *n* small landowner

malopre, maloprije *adv* a little while ago

maloprodaja *n* retail trade **maloprodajni** *a* retail; ~*e cene* retail prices **maloprodavac** *n* retailer

malorečiv, malorječiv *a* laconic, taciturn

malotrajan *a* short-lived, transitory

malouman *a* feebleminded, moronic, mentally retarded

malovarošanin *n* small-town inhabitant **malovaroški** *a* 1. provincial (see **malogradski**) 2. narrow-minded

malovečan, malovječan *a* short-lived, transitory

malovredan, malovrijedan *a* worthless

Malta *n* Malta

maltene *adv* almost; *on je ~ zakasnio* he was almost late

malter *n* mortar (building material); *gipsani ~* plaster **malterisati** *v* to plaster

maltretirati *v* to mistreat

malverzacija *n* malversation

malj *n* hammer, mallet; **biti među ~em i nakovnjem* to be between the devil and the deep blue sea

malja *n* hair, fuzz, down **maljav** *a* hairy, shaggy; fuzzy **maljavost** *n* hairiness

mama *n* mom

mamac *n* bait, lure, decoy

mamica *n* mommy

mamiti, primamiti *v* to lure, entice; *~ u zamku* to lure into a trap **mamljiv** *a* alluring

mamuran *a* drunk, intoxicated 2. drowsy **mamurluk** *n* 1. hangover; intoxication 2. drowsiness

mamut *n* (zool.) mammoth

mamuza *n* spur; *podbosti konja ~ama* to spur a horse **mamuzati, mamuznuti** *v* to spur; *~ konja* to spur a horse

mana *n* defect, fault; vice; shortcoming; *srčana ~* heart defect; *~ od rođenja* birth defect; **niko nije bez ~e* no one is perfect

manastir *n* monastery; *ženski ~* nunnery **manastirski** *a* monastic; *~ život* monastic life

mandarin *n* mandarin **mandarinski** *a* mandarin

mandarina *n* tangerine

mandat *n* mandate **mandatni, mandatski** *a* mandatory; *~a kazna* mandatory fine; *~e zemlje* mandated territories

mandolina *n* mandolin; *svirati ~u (na ~i)* to play the mandolin

maneken *n* 1. dress form, (tailor's) dummy 2. model (usu. fem.) **manekena, manekenka** (female) model

manevar *n* maneuver; (mil.) *ići na ~vre* to go on maneuvers; *obaviti ~* to carry out a maneuver 2. (usu. in *pl*) switching, shunting (of railroad cars) **manevarski** *a*

~a lokomotiva switching engine; *~ metak* practice cartridge; *~ rat* war of maneuver **manevarka** *n* switching engine **manevrisati** *v* 1. to maneuverg 2. to shunt, switch (railroad cars)

manež *n* manege

mangal *n* brazier

mangup *n* idler, loafer; delinquent, rowdy, thug, hoodlum **mangupski** *a* delinquent, rowdy

manić *n* (zool.) burbot

manifest *n* manifesto **manifestacija** *n* manifestation, demonstration **manifestovati** *v* to demonstrate, show, manifest

manija *n* mania, complex; *~ gonjenja* persecution complex; craze; *patiti od ~e* to have a complex; *~ za nečim* craze for smt. **manijak** *n* maniac

manikerka *n* manicurist **manikir** *n* manicure **manikirati** *v* to manicure; *~ se* to get a manicure

manioka *n* manioc, cassava, tapioca plant

manipulacija *n* manipulation; operation; handling; *jednostavna ~* easy operation **manipulativni** *a* handling; *~ troškovi* handling charges **manipulisati** *v* to manipulate, handle; *~ mašinom* to handle a machine

manir *n* manner, mode, way; *to je njegov ~* that is his way; *imati dobre ~e* to have good manners **manirizam** *n* mannerism; imitation

manometar *n* manometer, pressure gauge; oil pressure gauge

mansarda *n* attic, garret, mansard; *na ~i* in the attic

manšeta, manšetna *n* cuff

mantija *n* (priest's) mantle

mantil *n* coat, topcoat; *kišni ~* raincoat

mantisa *n* mantissa

manuelni *a* manual; *~ rad* manual labor; *~ radnik* laborer

manufaktura *n* textiles; ready-made clothing **manufakturni** *a* textile; *~a proizvodnja* textile production

manuskript *n* manuscript

manuti see **mahati**

manžeta *n* cuff

manj *conj ~ ako (da)* unless

manjak *n* deficit, shortage; *nadoknaditi ~* to make up a shortage

manje 1. see **malo**; *što ~* as little as possible 2. *conj* minus; *tri ~ dva je jedan* three minus two is one (also **minus** 1)

manjerka n mess kit
manjež see **manež**
manji see **mali**
manjina n minority; *vođa* ~e leader of the
minority: *nacionalna (narodna)* national
minority; *ostati u* ~i to remain in the
minority **manjinski** a minority; ~a pra-
va minority rights; ~o *pitanje* the mi-
nority question
manjkati, manjkavati v to be missing,
lacking
mapa n map
marama n kerchief; shawl **maramica** n 1.
dim. of **marama** 2. handkerchief 3.
(anat.) *plućna* ~ pleura; *trbušna* ~
peritoneum
maraska n (bot.) marasca cherry
maraton n marathon **maratonski** a marath-
on; ~a *trka* marathon (race)
marcipan n marzipan
margarin n margarine
margina n margin; *na* ~ama in the mar-
gin **marginalije** n marginal notes
marihuana, marijuana n marihuana
marinac n (mil.) marine
marinat n marinade
marinski a naval
marioneta n marionette, puppet **marionet-
ski** a puppet; ~a *država (vlada)* puppet
state (government)
mariti v 1. to care, be concerned; *on mari
za nju (njom)* he is concerned about her;
on ne mari šta će svet reći he doesn't
care what people will say; *on ne mari da
potroši novac* he has nothing against
spending money; **marim ja* so what;
*mari za to kao i za lanjski sneg he
doesn't give a hoot about it 2. (usu. neg.)
to like; *ja ne marim voće* I don't like
fruit; *ona ne mari da ide na koncerte*
she doesn't like to go to concerts; *mi
njih ne marimo* we don't like them; *oni
se baš ne mare* they don't exactly like
each other 3. (impers.) to matter; *ne
mari* or *ne mari ništa* it doesn't matter
marka n 1. stamp; *poštanska* ~ postage
stamp; *taksena* ~ tax stamp 2. make,
type; *koje je* ~e *vaš novi televizor?*
what make is your new television set?
fabrička ~ trademark 3. mark (cur-
rency)
markica n dim. of **marka** 1
markirati v 1. to mark 2. (fig.) see **simuli-
rati** 3. (of a hunting dog) to point; ~
nađenu divljač to point game

markiz n marquis **markiza** n marchioness
marksist(a) n Marxist **marksistički** a Marx-
ist **marksizam** n Marxism
marljiv a industrious, diligent
marmelada n marmalade
Maroko n Morocco
Mars n Mars **marsovac** n Martian
marš I n march; *usiljeni* ~ a forced
march; *posmrtni (pogrebni, mrtvački)*
~ a funeral march **marš** II *interj* (mil.)
napred ~! forward, march!
maršal n (mil.) marshal
marširati v to march
maršruta n itinerary
mart n March **martovski** a March; ~e *ide*
the ides of March (see also **ožujak**)
martir n martyr (see **mučenik**)
marva n cattle, livestock **marveni** a cattle,
livestock; ~ *sajam* livestock show
marža n (comm.) margin
masa n 1. mass; *narodne* ~e the masses; *u*
~ama in masses; *u* ~i en masse 2. mass,
matter; *plastična* ~ a plastic mass;
moždana ~ brain matter; *lepljiva* ~ a
sticky mass; *bezoblična* ~ a shapeless
mass 3. (legal) total estate (of a deceased
person) 4. heap, pile; ~ *knjiga* a pile of
books
masakr n massacre **masakrirati** v to
massacre
masaža n massage **maser** n masseur **ma-
serka** n masseuse **masirati** I v to
massage
masirati II v to mass, concentrate; (mil.) ~
vatru to mass fire
masiv n massif
masivan a massive
maska n mask; *staviti (skinuti)* ~u to put
on (take off) a mask; *gasna* ~ gas mask;
posmrtna ~ death mask; *zderati neko-
me* ~u to unmask smb.
maskarada n masquerade
maskenbal n masked ball
maskirati, zamaskirati v 1. to mask, dis-
guise; ~ *se* to disguise oneself 2. (mil.)
to camouflage
maskota n mascot
maslac n butter (see also **puter**)
maslačak n (bot.) dandelion
maslen a fatty, greasy
maslina n 1. olive tree 2. olive **maslinov** a
olive; ~o *ulje* olive oil; ~a *grančica*
olive branch (also fig.) **maslinjak** n olive
grove

maslo *n* 1. butterfat 2. see **maslac** 3. misc.; (fig.) *to je njegovo ~* he has his finger in that; (rel., orth.) **sveštati (čitati)* *~a* to give unction

masnica *n* welt, bruise

masno *adv* see **mastan**

masnoća *n* fat

masohist(a) *n* masochist **masohizam** *n* masochism

mason *n* Freemason **masonerija, masonstvo** *n* Freemasonry

masovan *a* 1. massive; large; mass; *~vne demonstracije* massive demonstrations; *~vno streljanje* mass execution; *~vna seoba* mass migration; *~vna proizvodnja (potrošnja)* mass production (consumption) 2. collective, group; *~a ekskurzija* group tour

mast *n* 1. fat, lard, grease, shortening; *pržiti na ~i* to fry in fat 2. cream, lotion; *~ za lice (ruke)* face (hand) cream 3. *~ za cipele* shoe polish 4. (lubricating) grease 5. *ušna ~* earwax

mastan *a* 1. fatty, oily, greasy; *~sna boja* oil paint; *~sna hartija* wax paper; *~sno meso (jelo)* fatty meat (food) 2. (fig.) considerable, fat; *~sna plata* a fat salary; *~sna cena* a high price; **~ položaj* a sinecure; **zaklati ~snu gusku* to make a big profit 3. off-color; vulgar; *~ sna šala* an off-color story; *~sne psovke* obscenities 4. boldface; *~sna slova* boldface letters

mastika *n* mastic

mastilo *n* ink; *pisati ~om* to write in ink; *fleka od ~a* inkblot **mastiljav** *a* blotted, covered with ink **mastionica** *n* inkwell

mastodont *n* (zool.) mastodon

mastoid *n* (anat.) mastoid

mašice *n* (coal) tongs

mašina *n* 1. machine, engine; *~ za pranje* washing machine; *šivaća ~* sewing machine; *pisaća ~* typewriter; *~ za računanje (sabiranje)* adding machine; *politička ~* political machine; *~ za meso* meat grinder; *~ alatljika* machine tool; *paklena ~* infernal machine **mašinski** *a* mechanical, machine; *~ fakultet* school of mechanical engineering; *~a sala* machine shop; *~a puška* automatic rifle; *~o odeljenje* engine room (as on a ship); *~ inženjer* mechanical engineer; *~o ulje* machine oil; *~ pogon* mechanical power 2. (fig.) apparatus, organization, machinery; *državna (rat-*

na) ~ governmental (military) apparatus **mašinerija** *n* machinery **mašinovođa** *n* engineer (driver of a locomotive) **mašinstvo** *n* mechanical engineering

mašiti se *v* to reach for, grab

mašina *n* 1. tie, necktie; *vezati ~u* to tie a necktie 2. bow, ribbon

mašta *n* imagination, dream, daydream, fantasy; *videti nešto u ~i* to dream of smt. (to imagine smt.); *plod ~e* a figment of the imagination **maštalac** *n* dreamer **maštarija** *n* dream, daydream, vision **maštati** *v* to dream, daydream **maštovit** *a* imaginative; fanciful

mat I *n* (chess) mate, checkmate; *dati nekome ~* to checkmate smb.

mat II *a* dim, colorless; opaque

matador *n* matador

matematičar *n* mathematician **matematika** *n* mathematics **matematički, matematski** *a* mathematical

materica *n* (anat.) uterus **materičin, materični** *a* uterine

materija *n* 1. (phil.) matter, reality, substance 2. material (see **građa**) 3. material, fabric (see **tkanina**) 4. subject material, material

materijal *n* 1. (building) material; *građevinski ~* building material 2. equipment, material, supplies; *kancelarijski ~* office supplies; *ratni ~* military equipment, material 3. docket, record, file; *sudski ~* court record; *optužni ~* prosecutor's file; *dokazni ~* evidence, evidentiary material; *istražni ~* investigative file **materijalan** *a* material **materijalist(a)** *n* materialist **materijalizam** *n* materialism

materinski *a* maternal; *~a ljubav* maternal love **materinstvo** *n* maternity, motherhood **maternji** *a* mother, native; *~ jezik* native language **materoubica** *n* matricide (person) **materoubistvo** *n* matricide (action) **mati** *n* mother

matica *n* queen bee 2. source, home; *~ naše kulture* the home of our culture **matični** *a* home; *~o preduzeće* home office; *~a luka* home port; (astron.) *~a letelica* mother ship 3. registry, record book; *~ venčanih* marriage registry: *~ rođenih (umrlih)* birth (death) registry 4. mainstream; (fig.) *~ života* mainstream of life 5. original (of a manuscript) 6. (name of several cultural literary societies) *Matica srpska, Matica* hrvatska, etc. 7. (tech.) nut **matičar** n registrar

matine n matinee

matirati v 1. (chess) to checkmate 2. (fig.) to defeat

mator a old, senile **matorac** n 1. old man 2. (fig.) wise person **matoriti, omatoriti** v to grow old

matrac see **madrac**

matrica n 1. (printing) matrix 2. stencil

matrijarhat n matriarchate; matriarchy

matrikula n record book, matricula

matrona n matron

matura n final examination (in a secondary school); *polagati ~u* or *izići na ~u* to take the final examination; *položiti ~u* to pass the final examination; *pasti na ~i* to fail the final examination **maturski** a final; *~ ispit* final examination **maturant** n graduating pupil (who is about to take the **matura**) **maturantski** a senior; *~ bal* senior prom **maturirati** v to complete secondary school

mau (onoma.) meow **mauk** n meow **maukati** v to meow **maukav** a meowing; (fig.) whining, whiny; *~ glas* a whining voice

mauzolej n mausoleum

maza n 1. spoiled child; *materina ~* mama's baby 2. lovable child

mazalica n oilcan, lubricator

mazan a spoiled, pampered (see also **razmažen**)

mazati v 1. **namazati** to spread; to rub on, put on, apply; *~ hleb puterom* or *~ puter na hleb* to butter bread; *~ ruke losionom* to put lotion on one's hands; *~ usta karminom* to apply lipstick 2. (rel.) to annoint (see **pomazati**) 3. to grease, lubricate; to bribe (see **podmazati**) 4. **umazati** to smear 5. *~ se* to apply makeup

mazga n mule (also fig.; see also **mula**); **tvrdoglav kao ~* as stubborn as a mule **mazgar** n muleteer **mazgast** a mule-like; (fig.) mulish, stubborn **mazgov** n mule (also fig.) **mazgovodac** n muleteer

maziti v 1. to fondle, cuddle, pet 2. **razmaziti** to spoil, pamper; *~ dete* to spoil a child 3. *~ se* to be petted, be fondled

mazivo n lubricant, grease

mazohist(a) n masochist **mazohizam** n masochism

mazut n crude oil

me see **ja**

meandar n meander

mecena n patron, benefactor

meč n match, game; *fudbalski ~* soccer game; *šahovski (bokserski) ~* chess (boxing) match

mečati, meknuti v to bleat, baa

meče n dim. of **medved**; bear cub

mečka n 1. bear **zaigraće ~ i pred tvojom kućom* do not take joy at another's misfortunes; **doći ~i na rupu* to fall into a trap **mečkin** a bear-like 2. stout woman; clumsy woman (or person) **mečkar** n bear tamer; bear keeper

meća n slops (fed to animals)

mećava n blizzard, snowstorm (see also **vejavica**)

med I n honey; **iz usta mu teče ~ i mleko* his words drip with honey; **zemlja gde teče ~ i mleko* the land of milk and honey; **ići kao pčele na ~* to go at smt. with gusto **meden** a honey; (fig.) cute

med II **mjed** n copper (see **bakar**); *žuta ~* brass

medalja n medal

medaljon n medallion

medan a as sweet as honey; *~dna rosa* honeydew (secretion)

meden a 1. honey, of honey; mellifluous; *~i mesec* honeymoon; *~i glas* a mellifous voice; *~i kolači* hohey cookies

medenjak I n honey cookie, honey cake **medenjak** II **mjedenjak** n 1. copper coin 2. copper ring

medicina n 1. medicine, medical science; *studirati ~u* to study medicine; *interna (preventivna, socijalna, sudska, vazduhoplovna) ~* internal (preventive, social, forensic, aviation) medicine; *kurativna ~* therapeutics **medicinski** a medical; *~ fakultet* medical school; *~a sestra* nurse **medicinka** n medicine ball

medij, medijum n 1. (spiritual) medium 2. milieu 3. (gram.) middle voice

meditacija n meditation **meditativan** a meditative

Mediteran n the Mediterranean; *u (na) ~u* in the Mediterranean **mediteranski** a Mediterranean

meditirati v to meditate

medljika n honeydew

medonosan a melliferous

medovina n mead

meduza n (zool.) jellyfish, medusa

medved, medvjed n 1. (zool.) bear; *beli (polarni)* ~ polar bear; *mrki* ~ brown bear 2. (astro.) *Veliki* ~ Big Dipper (Great Bear); *Mali* ~ Little Dipper (Lesser Bear) 3. large, awkward person

medveđi, medvjeđi a bear-like; *učiniti nekome ~u uslugu* to do smb. a disservice (unintentionally) medvedast a like a bear; clumsy

međa n 1. border, boundary 2. (boundary) marker, landmark

međica n (anat.) perineum

među prep among, with, between; *ona spada* ~ *najbolje učenice* she is one of the best pupils; *pogodio ga je* ~ *oči* he hit him between the eyes; *pomešati se* ~ *gledaoce* to mix with the spectators; *on sedi negde* ~ *drugovima* he is sitting somewhere among his friends; *~ nama budi rečeno* this should remain between us; ~ *ocem i sinom došlo je do razdora* a quarrel arose between father and son; ~ *sobom* among themselves

međugradski a interurban, intercity; ~ *saobraćaj* long-distance traffic

medukat n (W) mezzanine

međumesni, međumjesni a intercity, long-distance; ~ *telefonski razgovori* long-distance telephone calls; ~ *saobraćaj* long-distance traffic

međunarodni a 1. international; *~a politika* international politics; *~o pravo* international law; *Međunarodna banka za obnovu i razvoj* International Bank for Reconstruction and Development; *Međunarodni sud pravde* International Court of Justice 2. inter-ethnic

međuprostor n space, gap

međurepublički a between republics

međusoban a mutual, reciprocal; ~ *sporazum* mutual agreement; *~bni interesi* mutual interests

međusprat n mezzanine

međutim conj however, but; *mi smo došli;* ~, *tamo nije bilo nikoga* we did come; however, there was no one there; *jutro je bilo lepo;* ~, *oko podne počela je kiša* the morning was beautiful; however, around noon, it began to rain

međuvreme, međuvrijeme n pause, intermission

megafon n megaphone

megaloman n megalomaniac megalomanija n megalomania

megdan n 1. duel, combat; *deliti* ~ *s nekim* to fight a duel with smb.; *pozvati nekoga na* ~ to challenge smb. to a duel 2. battleground; dueling grounds

meh, mijeh n 1. bellows, blower; *kovački* ~ blacksmith's bellows 2. wineskin

mehana n tavern, inn; (usu. pejor.) *drumska* ~ disreputable roadhouse, dive mehandžija n innkeeper

mehaničar n 1. mechanic 2. mechanical engineer mehanički a mechanical; automatic; *~a testera* power saw mehanika n mechanics mehanizam n mechanism mehanizovati v to mechanize

mehur, mjehur n 1. blister 2. bubble; *~i od sapunice* soap bubbles 2. (anat.) bladder; *mokraćni* ~ urinary bladder; *žučni* ~ gallbladder

mek a soft, tender (also fig.); gentle; *~o meso* tender meat; *~a. voda* soft water; (ling.) ~ *suglasnik* soft consonant; *~i pokreti* elegant movements; *~a rakija* weak brandy; *on je* ~ *prema deci* he is gentle with children; *~a vazdušna lađa* blimp; *govoriti ~im glasom* to speak softly; *~biti ~a srca* to be softhearted mekši *(comp)*

meka n bleating, baaing

mekati see mečati

meket n bleating, baaing meketati v to baa, bleat meketav a bleating, baaing

mekintoš n raincoat, mackintosh

mekinje n bran

meknuti I see mečati

meknuti II omeknuti v to become soft

mekoća n softness, tenderness

mekost see mekoća

Meksiko n Mexico; Mexico City meksički, meksikanski a Mexican

mekšati, omekšati v to become soft

mekši see mek

mekušac n 1. mollusk 2. (fig.) weakling, mollycoddle mekušan, mekušast a soft, delicate mekuštvo n weakness, softness

melanholičan a melancholic melanholija n melancholy

melasa n molasses

melem n balm, ointment (also fig.); *biti (doći) kao* ~ *na ranu* to ease pain: or: to console

melez n mixed-blood, half-breed

melodičan a melodic melodija n melody

melodrama n melodrama melodramatičan a melodramatic

meljem see mleti

membrana n membrane **membranozan** a membranous
memljiv a damp, dank
memoari n memoirs **memoarist(a)** n memoirist
memorandum n (pol.) memorandum
memorija n memory **memorisati** v to memorize
mena, mijena n change; *Mesečeve* ~e phases of the Moon
menadžer n 1. manager, agent 2. see **režiser**
menažerija n menagerie
mene see **ja**
mengele n vise
meni see **ja**
menica, mjenica n (comm.) negotiable instrument, note; *trasirna (vučena)* ~ bill of exchange, draft; *sopstvena* ~ promissory note **menični, mjenični** a ~o pravo commercial code, negotiable instruments law
meningitis n (med.) meningitis
menopauza n menopause
menstruacija n menstruation
mentalitet n mentality **mentalni** a mental; intellectual; ~ *bolesnik* mental patient; ~ *rad* intellectual work; ~o zaostala deca mentally retarded children
mentol n menthol
mentor n mentor
menuet n minuet
menza n mess hall, dining hall
menjač, mjenjač n 1. money changer (person) 2. gearshift; transmission (as on an automobile); *automatski* ~ automatic transmission 3. shift key (on a typewriter) **menjačnica, menjačnica** n currency exchange office **menjati, mijenjati** v 1. promeniti, promijeniti to change; ~ odelo (odluku) to change a suit (a decision); ~ novac to change money; *vreme se promenilo* the weather has changed; *promeniti veru* to change one's faith; *vuk dlaku menja, ali ćud nikad* a wolf changes its skin, but never its ways; ~ gume (na autu) to change the tires (on a car); *~se u licu* to change one's expression; *~ boju* to change (one's) color 2. zameniti, zamijeniti to exchange; ~ *dinare u (za) dolare* to exchange dinars for dollars; ~ *stari auto za novi* to exchange an old car for a new one;

menjati (razmenjivati) poklone (pozdrave, misli, utiske) to exchange gifts (greetings, thoughts, impressions) 3. **izmenjati, izmijenjati** (gram.) to inflect, decline; to conjugate; ~ *imenicu* to decline a noun; ~ *glagol* to conjugate a verb 4. ~ *se nečim* to exchange smt.
mera, mjera n measurement; measure; *šiti odelo po* ~i to make a suit (have a suit made) to order; *preduzeti* ~e to take measures; *u velikoj* ~i to a great extent; *zakidati na* ~i to short-weight; *uzeti nekome* ~u to take smb.'s measurements; or: (fig.) to beat smb. up; *preko (svake)* ~e excessively; *nemati* ~e or *ne znati (za)* ~u to go to extremes; *jedinica* ~e unit of measurement; ~e *bezbednosti* security measures; **vratiti istom* ~om to return in kind; *preći svaku* ~u to go too far; **davati (svoju) punu* ~u to make an extreme effort; **izgubiti* ~u to go to extremes **merač, mjerač** n 1. surveyor, measurer 2. measuring device
merdevine n ladder (see also **lestve)**
merenje, mjerenje n measuring; ~ *zemlje* surveying
meridijan n meridian
merilac, mjerilac n 1. see **merač** 2. (sports) ~ *vremena* timekeeper **merilo, mjerilo** n 1. measure; scale 2. criterion **meriti, mjeriti** v 1. izmeriti, izmjeriti to measure; to weigh; ~ *nešto (na vagi)* to weigh smt. (on a scale); ~ *na oko* to estimate by eye; **~ nekoga (pogledom) od glave do pete* to look smb. over from head to toe; *merila se svakog dana* she weighed herself every day 2. see **odmeriti;** ~ *reči* to measure one's words 3. ~ *se* to match, equal, rival, measure up to; *ne može se on s tobom ni po čemu meriti* he cannot match you in anything
mermer n marble **mermeran** a marble
merodavan, mjerodavan a authoritative; *u* ~*vnim krugovima* in competent circles
mesar n butcher **mesarnica** n butcher shop, meat market **mesarski** a butcher; ~ *nož* butcher knife
mesec, mjesec n 1. month; *napisao je knjigu za* ~ *dana (za dva* ~a) he wrote the book in a month (in two months); *doći ćemo kroz (za)* ~ *dana* we'll come in a month; *otići nekuda na* ~ *dana* to go somewhere for a month; *preko* ~ *dana* for over a month; ~*ima* for months **mesečni, mjesečni** a monthly;

~a plata (primanja) monthly salary; jednom ~o once a month 2. moon; (cap. when referring to the Earth's satellite); mene Meseca phases of the moon; let na Mesec flight to the moon; površina Meseca the moon's surface; Mesec sija the moon is shining; naučna ispitivanja Meseca scientific exploration of the moon; pun (mlad) Mesec full (new) moon; Mesec se jede the moon is waning; *kao da je pao s Meseca he doesn't understand anything; *medeni ~ honeymoon **mesečev, mjesečev** a (cap. when referring to the Earth's satellite) moon, lunar; Mesečeva putanja the moon's orbit; Mesečeva površina the moon's surface; (astron.) Mesečeva orbita lunar orbit; (astron.) Mesečev modul lunar module

mesečar, mjesečar n sleepwalker, somnambulist **mesečarstvo, mjesečarstvo** n somnambulism

mesečina, mjesečina n moonlight, moonshine; po ~i by moonlight

mesečnik, mjesečnik n monthly publication

mesija n 1. Messiah 2. savior

mesing n brass **mesingan** a brass

mesiti, mijesiti, umesiti, umijesiti v 1. to knead; to prepare (for baking), bake; ~ testo to knead dough; ~ hleb (kolače) to bake bread (cakes) 2. to form, mold, make

mesni I see **meso**

mesni II see **mesto**

meso 1. meat; flesh; mršavo ~ lean meat; pečeno ~ roasted meat; kuvano ~ soup meat; prženo ~ panfried meat; ~ (prženo) na žaru broiled (grilled) meat; sušeno (suvo) ~ smoked meat; goveđe (jagnjeće) ~ beef (lamb) 2. pulp (of fruit) 3. misc.; živo ~ an open wound; *topovsko ~ cannon fodder; (med.) divlje ~ proud flesh; *čovek od krvi i ~a a flesh-and-blood person; *moja krv i ~ my own flesh and blood **mesni** a meat; ~ proizvodi meat products; ~a hrana a meat diet **mesojed** n carnivorous animal

mesti I pomesti v to sweep; ~ metlom to sweep with a broom; *mesti pred svojim vratima to mind one's own business

mesti II v 1. see **omesti** 2. ~ se to swarm; ljudi se metu po ulicama the people swarm through the streets

mestimično, mjestimično adv in places, here and there **mestimičan, mjestimičan** a scattered, occurring here and there

mesto I mjesto n 1. place, location, spot; seat; sve stoji na ~u everything is in place; prometno ~ a busy spot; (sports) na ~a! on your marks! stavi svoj kaput na ~ put your coat where it belongs; zauzmi za mene jedno ~ reserve a seat for me; da sam ja na tvome ~.... if I were in your position ....; ~ požara (udesa) location of a fire (accident); glasačko ~ voting place; *~ pod suncem a place under the sun 2. room, space; ovde nema (dovoljno) ~a za ovoliki svet there's not enough room here for such a large crowd 3. town, city; place; rodno ~ hometown; ~ stalnog boravka permanent address; sveta ~a sacred shrines; ~ rođenja place of birth 4. position, job, opening; radno ~ job, position; Milan traži ~ Milan is looking for a job; upražnjeno ~ an opening, vacancy; on zauzima važno ~ he holds an important job 5. passage, spot, place (as in a book) 6. place, rank (as in a contest); biti na prvom ~u to be in first place 7. misc.; na licu ~a on the spot; or: immediately; ubiti na ~u to kill outright; *bolno ~ weak spot; *sve je sad na svome ~u everything is all right now; (sports) iz ~a from a standing start: na prvom ~u first of all; *ne drži ga ~ he can't sit still **mesni, mjesni** a local; ~ telefonski razgovor local telephone call

mesto II mjesto 1. prep instead of 2. conj. ~ (da, što) instead of; ~ da uči, on se igra instead of studying, he's playing

mešalica, miješalica n mixer; betonska ~ cement (concrete) mixer **mešanac, mješanac** n mixed-blood, half-breed **mešati, miješati** v 1. **pomešati, pomiješati** to mix, blend; to mix in; ~ vino i vodu (s vodom) to mix wine and water (with water); u razgovoru je često mešao strane reči he often mixed foreign words into the conversation 2. **promešati, promiješati** to stir; to shuffle; promešaj taj pasulj malo stir the beans a little; ~ karte to shuffle cards 3. **pomešati, pomiješati** to mix up, confuse 4. **umešati, umiješati** ~ se to mix into, interfere with; on se u sve meša he mixes into everything 5. **izmešati, izmiješati** ~ se to mingle, mix with; *izmešao se sa studentima* he mingled with the students; *on se ne meša s takvim svetom* he doesn't mix with people like that **mešavina, mješavina** n mixture

mešetar n seller; broker

meškoljiti se v wriggle, squirm, twist; *dete se meškolji u kolevci* the baby is squirming around in its cradle

mešovit, mješovit a mixed; ~ *gimnazija* coeducational secondary school; ~ *hor* mixed choir

meštanin, mještanin n townsman; local resident

meta n 1. target, bull's-eye; *promašiti* ~*u* to miss the target; *pogoditi (u)* ~*u* to hit the target 2. goal, aim 3. (sports) finish line (see also **cilj**)

metabolizam n metabolism

metafizika n metaphysics

metafora n metaphor **metaforičan** a metaphorical

metak n 1. bullet; cartridge; shell; *zalutati* ~ a stray bullet; *puščani (revolverski)* ~ rifle (revolver) cartridge; *topovski* ~ artillery shell; *manevarski* ~ practice cartridge; *svetleći* ~ tracer bullet 2. shot, gunshot, round

metal n metal; *plemeniti* ~*i* precious metals; *obojeni (crni)* ~*i* non-ferrous (ferrous) metals **metalan** a metallic, metal (also fig.): ~ *novac* coins; ~ *glas* metallic voice **metaličan** a metallic (fig.) **metoprerađivački** a metalworking; ~*o preduzeće* metalworks

metalurg n metallurgist **metalurgija** n metallurgy

metamorfoza n metamorphosis **metamorfozirati** v to metamorphose

metan n methane

metar n 1. meter; *kvadratni* ~ square meter; *kubni* ~ cubic meter; *sve mere su izražene u* ~*trima* all measurements are given in meters **metrički** a metric; ~ *sistem* metric system 2. (poetics) meter, rhythm 3. tape measure

metateza n metathesis

metati see **metnuti**

meteor n meteor **meteorski** a meteoric; ~*o gvožđe* meteoric iron **meteorit** n meteorite

meteorolog n meteorologist **meteorologija** n meteorology **meteorološki** a meteorologic; ~ *izveštaj* weather forecast

meter n typesetter, makeup man

metež n uproar, disturbance; mob; *napravio se* ~ there was a disturbance; *upasti u* ~ to get caught in a mob **metežnik** n rioter

metil n methanol

metilj n (zool.) liver fluke

metla n broom; *čistiti* ~*om* to sweep; **nova* ~ *dobro mete* a new broom sweeps clean

metnuti, metati v 1. to place, put; ~ *na stranu* to put aside; ~ *decu u krevet* to put children to bed; ***~ *glavu u torbu* to risk one's life; (fig.) ~ *uzdu (brnjicu)* to bridle (muzzle); ~ *čašu na sto* to put a glass on the table; ~ *lisice* to handcuff; ~ *glavu na jastuk* to lay one's head on the pillow; ~ *drva u peć* to put wood into the stove; ~ *šešir na glavu* to put a hat on; ~ *na račun* to put on an account; ~ *novac u novčanik* to put money into a wallet; ~ *pijavice* to apply leeches; ~ *u džep* to put into one's pocket; ~ *šećer u kafu* to put sugar into coffee; ~ *na hartiju* to put down on paper; ***~ *nož pod grlo (gušu)* to put smb. into a hopeless situation; ~ *ručak (večeru)* to put up dinner (supper) to cook; ~ *što u lonac* to put up smt. to cook; ~ *u pesmu* to put into song; ***~ *nekome u usta neke reči* to put some words into smb.'s mouth; or: to attribute some words to smb.; ~ *u nekoga sve svoje nade* to place all one's hopes in smb.; ***~ *kome u glavu* to put into smb.'s head 2. to throw 3. ~ *se* to take after; resemble; *on se metnuo na oca* he takes after his father 4. ~ *se nogama* to kick 5. misc.; ***~ *na kocku* to risk; ~ *na muke* to have tortured; ***~ *svuda svoj nos* to butt into everyone's business; ***~ *se u trošak* to go to great expense

metod n method **metodičan, metodički** a methodical

metodičar n methodologist **metodolog** n methodologist **metodologija** n methodology

metonimija n metonymy

metraža n distance, length (in meters)

metresa n mistress, paramour

metrički a 1. see **metar** 2. see **metrika**

metrika n metrics **metrički** a metrical

metro n subway (Am.), underground (Br.)

metronom n metronome

metropola n metropolis

metropoliten see **metro**

metvica, metva n mint
mezanin n mezzanine
meze n snack, bite; *imaš li što za ~?* do
you have anything we could munch on?
mezetisati, mezetiti v to have a snack
mezimac, mjezimac n 1. youngest son 2.
(fig.) favorite son
mi I *pron* we
mi II see ja
micati see maknuti
mider n corset
mig n 1. wink 2. nod, sign; *dati nekome ~*
to give smb. a sign 3. moment; *za (u)
jedan ~* in a jiffy
migati see mignuti
migavac n turn signal (on an automobile)
mignuti, migati v to wink; *~ nekome* to
wink at smb.; or: to give smb. a sign
migoljast, migoljav a wriggling; squirming
migoljiti se v to wriggle; to squirm
migracija n migration
migrena n migraine
migrirati v to migrate
mijau see mau
mijaukati v to meow
mijeh see meh
mijena see mena
mijenjati see menjati
mijesiti see mesiti
miješalica see mešalica
miješati see mešati
mikrob n microbe mikrobiologija n micro-
biology
mikrofilm n microfilm; *snimiti na ~* to
microfilm; *čitati nešto sa ~a* to read
smt. on microfilm; *aparat za čitanje
~ova* microfilm reader mikrofilmovati
v to microfilm
mikrofon n microphone
mikrokozam n microcosm
mikron n micron
mikroskop n microscope mikroskopski a
microscopic
mikstura n mixture, liquid mixture
mila see mio
milenij, milenijum n millenium
mileram n sour cream (also pavlaka)
mileti, miljeti v to crawl, creep (also fig.)
milicajac see milicioner
milicija n 1. police (esp. in Yugo.,
U.S.S.R., etc.); *saobraćajna ~* traffic
police, highway patrol 2. militia milicij-
ski a police; *~a stanica* police station
milicionar, milicioner n policeman
miligram n milligram

milijarda n billion (Am.) milijarder n
multimillionaire
milijun see milion
milijunar, milijunaš see milionar
milijuniti see milioniti
milijunski see milion
milimetar n millimeter
milina n 1. pleasure, enjoyment; *bilo je ~
gledati* it was a pleasure to watch 2.
charm, grace
milion, milijun n million milioner, miliju-
nar n millionaire milioniti, milijuniti
num a the (one) millionth
militarizam n militarism militarizovati v
to militarize
milo adv 1. see mio 2. *~ mi je* I am glad;
~ mi je što ste došli I am happy that
you've come; *~ mi je što smo se upoz-
nali* I was happy to meet you
milom adv willingly (see also silom 2)
milosnik, milosnica n 1. lover; sweetheart
2. favorite
milosrdan a kind, compassionate, merci-
ful; *biti ~ prema nekome* to be kind to
smb. milosrđe n 1. mercy, compassion,
pity; *učiniti nešto iz ~a* to do smt. out
of compassion 2. merciful act milost n
grace, favor; mercy; *ući u nečiju ~* to
get into smb. 's good graces; *ostaviti
nekoga na ~ i nemilost nekome* to hand
smb. over to smb.'s mercy; *tražiti ~* to
ask for mercy milostinja n charity, alms;
davati (deliti) ~u to give alms milostiv
a gracious, kind
milošta n affection; *ime od ~e* hypocoris-
tic
milovati v to caress, hug, fondle
milozvučan a melodious, harmonious
milja n mile
milje I n 1. delight, pleasure (see milina 1)
2. beauty
milje II n 1. milieu 2. doily
miljenik n favorite
miljeti see mileti
mimeograf n mimeograph
mimičar n mimic mimika n mimicry
mimo prep 1. by, past; *proći ~ kuće* to go
past a house; **proći kao ~ turskog
groblja* to pass by pretending not to see
2. see sem 3. outside; *~ zakona* outside
the law (see also van 3) 4. in spite of; *~
svih muka* in spite of all their hardships
5. adv by; *proći ~* to pass by
mimoići, mimoilaziti v 1. to pass (by); to
evade; to spare; *mimoišli smo kamion*

we passed the truck; ~ *zakon* to evade
the law 2. ~ *se* to pass each other (going
in opposite directions); to miss each
other; *pisma su se mimoišla* the letters
crossed (in the mail); *mimoišli smo se*
we missed each other

mimoilaženje *n* passing by

mimoprolaznik *n* passerby

mina *n* (mil.) mine; mortar shell; *bacač* ~
mortar **minski** *a* mine; ~*o polje* mine-
field

minare, minaret *n* minaret

minđuša *n* earring

miner *n* (mil.) sapper

mineral *n* mineral **mineralni** *a* mineral;
~*a voda* mineral water

mineralog *n* mineralogist **mineralogija** *n*
mineralogy **mineraloški** *a* mineralogi-
cal; ~ *fakultet* school of mineralogy

minijatura *n* miniature; *u* ~*i* in miniature
minijaturan *a* miniature

minimalan *a* minimal, minimum; ~*lna
plata* minimum wage **minimum** *n*
minimum

minirati *v* 1. to mine, place explosives in;
to blow up 2. (fig.) to undermine (pol.)

ministar *n* (pol.) minister; ~ *inostranih
poslova* minister of foreign affairs **mini-
starski** *a* ministerial **ministarstvo** *n* mi-
nistry; ~ *narodnog zdravlja* ministry of
health; ~ *unutrašnjih poslova* ministry
of internal affairs; ~ *finansija* ministry
of finances; ~ *prosvete* ministry of
education; ~ *odbrane* ministry of
defense

minobacač *n* (mil.) mortar **minobacački** *a*
mortar; ~*a granata* a mortar shell **mi-
nodetektor** *n* mine detector **minolovac** *n*
(naval) minesweeper **minonosac** *n* (na-
val) torpedo boat **minopolagač** *n* (naval)
minelayer

minuciozan *a* meticulous; detailed, minute

minuli *a* past

minus 1. *conj* minus 2. (as an undecl. *a*)
(math.) minus 3. *n* minus, fault, defect;
on ima puno ~*a* he has many faults

miniskula *n* 1. miniscule writing, script 2.
small letter

minut, minuta *n* minute; *u* ~*u* in a minute
minutni *a* minute; ~*a kazaljka* minute
hand

minuti *v* to pass (by)

mio *a* pleasant, nice; dear, charming,
sweet; *milo dete* a sweet child; **do mile
volje (po miloj volji)* as much as you

want; *ime od mila* hypocoristic (see also
milo)

miomiris *n* aroma **miomirisan** *n* aromatic

mir *n* peace; calm; tranquility; *ugovor o*
~*u* peace treaty; *duševni* ~ spiritual
peace; *ostavi (pusti) me na* ~*u* leave me
alone; *idi s* ~*om* go in peace; *zaključiti
(sklopiti, učiniti)* ~ to make peace,
come to terms; *oružani* ~ an armed
peace; * *popušiti lulu* ~*a* to smoke the
peace pipe; *na* ~*u* peacefully; **večni* ~
death; **grančica* ~*a* olive branch
(symbol of peace); **iz čista* ~*a* unex-
pectedly; **golub* ~*a* dove of peace; ~*!
silence! narušavati* ~ to disturb the
peace; *nemam* ~*a od njega* he keeps
bothering me; *ne da mi* ~*a* he doesn't
let me alone **mirovni** *a* peace; ~ *ugovor*
peace treaty; ~*vna konferencija* peace
conference; ~*o veće* court of reconcilia-
tion, court of equity

mira I *n* myrrh

mira II *n* quiet person; **ispod* ~*e sto
đavola vire* still waters run deep

miran *a* calm; tranquil; quiet; peaceful;
sedi ~*rno!* sit quietly! *učiniti nešto*
~*rne duše* to do smt. calmly

miraz *n* dowry

miraž, miraža *n* mirage

mirijada *n* miriad

miris *n* 1. scent, aroma; odor; smell; *čulo*
~*a* sense of smell; *ovde se oseća* ~ *na
buđu* it smells moldy here; ~ *dima* the
smell of smoke; ~ *cveća* the fragrance
of flowers; *prijatan* ~ a pleasant odor;
*osetiti ~ *baruta* to have a taste of
combat 2. perfume **mirisan** *a* aromatic
mirisati *v* 1. to smell; *cveće miriše* the
flowers smell; *kuća miriše na dim* the
house smells of smoke; **miriše na rat*
everything points to war 2. **pomirisati** to
smell, sniff 3. **namirisati** to scent, per-
fume; *ona se miriše francuskim parfemi-
ma* she uses French perfume **mirisav** *a*
aromatic, fragrant

miriti, pomiriti *v* to reconcile, to concili-
ate, pacify; *on se miri sa sudbinom* he is
reconciled to his fate; ~ *zavađene rođa-
ke* to reconcile quarreling relatives **mir-
no** *adv* see **miran;** *sedi* ~*!* sit quietly!
(mil.) *mirno!* attention **mirnoća** *n* calm,
tranquility **mirnodopski, mirnodobni**
a peaceful, peaceable; peacetime; ~*a
vremena* peaceful times

mirođija *n* 1. (bot.) dill 2. (in *pl*) spices

miroljubiv *a* peaceful, peaceable, peaceloving; ~*a koegzistencija* peaceful coexistence; ~ *čovek* peaceable person
miropomazanje *n* (rel.) 1. unction 2. (Orthod.) chrism **miropomazati** *v* to annoint
mirotvorac *n* peacemaker **mirotvoran** *a* peacemaking
mirovati *v* 1. to be still; *miruj!* be still! 2. to rest, relax; ~ *posle operacije* to rest after an operation 3. to live in peace, keep the peace
mirovina *n* (W) pension (see **penzija**)
mirta *n* (bot.) myrtle
misa *n* (rel., Cath.) mass; *velika (mala)* ~ solemn (low) mass
misal *n* missal
<u>**misao**</u> *n* thought; idea; *u* ~*lima* in one's thoughts; *dati se u* ~*li* to become pensive; *tok* ~*i* the train of thought; *luda* ~ a crazy thought; *crne* ~*li* dark thoughts; ~ *vodilja* guiding thought; **zadnja* ~ evil intention; *izmenjati* ~*li* to exchange thoughts; *pomiriti se s* ~*šlju* to accept an idea; **mision** *a* 1. abstract; ~*a imenica* abstract noun 2. reflective, thoughtful; meditative; ~ *čovek* a meditative person; ~*a poezija* meditative poetry
misija *n* mission; delegation; ~ *dobre volje* goodwill mission **misionar** *n* missionary
mislen *a* abstract; ~*a imenica* abstract noun
mislilac, mislitelj *n* thinker
misliti *v* 1. **pomisliti** to think; to intend; *šta mislite o ovom čoveku?* what do you think of this person? *oni tako misle* that's how they think; *o čemu (na šta) mislite?* what are you thinking about? ~ *na decu* to think of one's children; *šta mislite da radite?* what are you thinking of doing? *šta misliš o tome?* what is your opinion about that? **mogu misliti* it's clear to me; **ne može se ni misliti* it's out of the question 2. ~ *se* to be thought, be believed; *misli se da je on poginuo* it is believed that he was killed
misterij, misterija *n* 1. mystery; *obavijen velom* ~*e* wrapped in a cloak of mystery 2. (rel., hist.) mystery play **misteriozan** *a* mysterious **misticizam** *n* mysticism **mističan** *a* mystical **mističar** *n* mystic **mistifikovati** *v* to mystify
mistika *n* mystique

mistrija *n* trowel
miš *n* mouse; *domaći (poljski, šumski)* ~ house (field, wood) mouse; *loviti* ~*eve* to catch mice; **tresla se gora, rodio se* ~ much ado about nothing; **go k'o crkveni* ~ to be as poor as a church mouse; **kad mačke nema,* ~*evi kolo vode* when the cat is away, the mice will play; *igrati se slepog* ~*a* to play blindman's bluff; (zool.) *slepi* ~ bat **ćutati kao* ~ to be as quiet as a mouse **mišji** *ε* mouse; ~*a rupa* mousehole
mišar *n* (zool.) buzzard
<u>**mišić**</u> *n* 1. muscle **mišićni** *a* muscle **mišićav, mišićast** *a* muscular
mišji see **miš**
miška *n* upper arm; *ispod* ~ under the arm
mišljenje *n* opinion; *po mom(e)* ~*u* in my opinion; *promena* ~ change of opinion; *biti različitog (istog)* ~*a o nečemu* to have a different (the same) opinion about smt.; *imati visoko* ~ *o sebi* to have a high opinion of oneself; *on je* ~*a da . . .* he is of the opinion that . . .; *imao sam lepo* ~ *o njemu.* I had a good opinion of him; *sloboda* ~*a* freedom of expression (thought); *javno* ~ public opinion
miš-maš *n* mishmash, hodgepodge
mišolovka *n* mousetrap
mit *n* myth **mitski** *a* mythical
mitariti se *v* to molt (of birds)
miteser *n* blackhead, comedo
miti *v* to wash
miting *n* (pol.) meeting, rally; *ići na* ~ to go to a rally
mititi *v* to bribe (see **podmititi**) **mito** *n* bribe; *primiti (uzeti)* ~ to accept (take) a bribe; *dati (ponuditi)* ~ to give (offer) a bribe
mitologija *n* mythology **mitološki** *a* mythological
mitra *n* miter
mitraljez *n* machine gun **mitraljeski** *a* machine-gun; ~*o gnezdo* machine-gun-nest **mitraljezac** *n* machine gunner **mitraljirati** *v* to machine-gun, strafe
mitropolit *n* (rel.) 1. (Orthod.) metropolitan 2. (Catholic) archbishop
mitski see **mit**
mizanscena *n* mise-en-scène
mizantrop *n* misanthrope **mizantropija** *n* misanthropy **mizantropski** *a* misanthropic

mizeran *a* miserable, pitiful **mizerija** *n* misery, poverty

mizogin *n* misogynist.

mje ... see entries in **me** ...

mjed see **med** II

mjehur see **mehur**

mjenica see **menica**

mjenjač see **menjač**

mjenjačnica see **menjačnica**

mjera see **mera**

mjerenje see **merenje**

mjerilo see **merilo**

mjeriti see **meriti**

mjerodavan see **merodavan**

mjesec see **mesec**

mjesečan see **mesečan**

mjesečar see **mesečar**

mjesečev see **mesec** 2

mjesečina see **mesečina**

mjesečni see **mesec** 1.

mjesečnik see **mesečnik**

mjesni see **mesto**

mjestimice see **mestimice**

mjestimičan see **mestimičan**

mjesto I see **mesto** I

mjesto II see **mesto** II

mješanac see **mešanac**

mješavina see **mešavina**

mješovit see **mešovit**

mještanin see **meštanin**

mjezimac see **mezimac**

mlačan *a* see **mlak**

mlačiti, smlačiti *v* to make warmer, make lukewarm

mlaćenica *n* buttermilk

mlad *a* young; new; ~*i i stari* young and old; ~ *mesec* new moon **mlađi** (comp) *on je (za) dve godine* ~ *od mene* he is two years younger than I am; *u* ~*im godinama* in one's younger years

mlada *n* bride

mladalački *a* youthful

mladenci *n* bride and bridegroom; newly-weds

mladež I *n* young people, youth (also **omladina**)

mladež II *n* birthmark

mladi *a* 1. see **mlad** 2. (as *noun*, usu. in *pl*) baby animals, young; *lavica brani svoje* ~*e* the lioness defends her young

mladica I *n* 1. young plant; plantlet; sprout, shoot 2. young woman (or fem. animal)

mladica II hypo. of **mlada**

mladić *n* 1. young man, youth 2. bachelor 3. boy friend

mladiti *v* 1. see **pomladiti** 2. ~ *se* to wane (of the moon)

mlado *a* (used as noun) young of an animal

mladolik *a* youthful, young-looking

mladost *n* youth (period); *u* ~*i* while young; **~ —ludost* youth will have its fling; *greh* ~*i* youthful folly; **druga* ~ second childhood

mladoženja *n* bridegroom (cf. **mlada**)

mladunac *n* young of an animal **mladunčad** *n* coll. of **mlađunče**

mlađi *n* 1. *comp* of **mlad** 2. (after a name) junior

mlak *a* 1. tepid, lukewarm 2. irresolute, weak-willed; ~ *karakter* a weak character **mlači** (comp) **mlaknuti** *v* to become lukewarm (also fig.) **mlakoća** *n* lukewarmness, tepidity (also fig.)

mlatarati *v* to wave; ~ *rukama* to wave one's arms

mlatiti *v* 1. **omlatiti** to thresh; **mlatiti praznu slamu* to argue in vain 2. **izmlatiti** to thrash, whip

mlaz *n* 1. jet, stream; *kiša pada na* ~*eve* the rain is coming down in torrents 2. beam, shaft; ~ *svetlosti* a shaft of light; ~ *elektrona* a beam of electrons 3. (zaleđeni) ~ icicle **mlazni** *a* jet; ~ *motor* jet engine; ~ *lovac* jet fighter; *avion na* ~ *pogon* a jet airplane **mlaznjak** *n* jet airplane

Mleci *n* (hist.) Venice

mleč, mliječ *n* 1. milt 2. beebread

mlečan, mliječan *a* 1. whitish 2. opaque; ~*čno staklo* opaque glass 3. milch, giving much milk

mlečika, mlječika *n* (bot.) spurge

mlečni see **mleko**

mlečnjak, mliječnjak *n* milk tooth, deciduous tooth

mlekar, mljekar *n* milkman **mlekarski, mljekarski** *a* dairy; ~ *proizvodi* dairy products **mlekara, mljekara** *n* dairy store **mlekarstvo, mljekarstvo** *n* dairy **mleko, mlijeko** *n* 1. milk; *kiselo* ~ yogurt; **još mu kaplje* ~ *iz usta* or **miriše na majčino* ~ he is still wet behind the ears; **posisati (usisati) nešto s majčinim* ~*om* to learn smt. at mother's knee **mlečni, mliječni, mlječni** *a* milk, dairy; ~*a krava* milch cow; ~ *proizvodi* dairy products; ~ *restoran* dairy restaurant;

~a *čokolada* milk chocolate; *Mlečni put* Milky Way 2. oil, milk (in plants); *koko- sovo* ~ coconut milk

mleti, mljeti *v* 1. **samleti, samljeti** to grind, mill; *mlevena kafa* ground coffee; *mle- veno meso* ground meat; ~ *brašno* to grind grain; ~ *u prah* to grind into powder 2. to talk nonsense **mlevenje, mljevenje** *n* grinding, milling

mliječ see **mleč**

mliječan see **mlečan**

mliječni see **mleko, mlečan**

mliječnjak see **mlečnjak**

mlijeko see **mleko**

mlin *n* mill; **terati (navoditi) vodu na svoj* ~ *grist* to one's mill **mlinac** *n* mill; ~ *za kafu* coffee mill **mlinar** *n* miller

mlitav *a* 1. loose (also labav 1) 2. irresolute, weak

mlivo *n* grist

mljac *n* (onoma.) slurp; squish **mljacav** *a* gooey, squishy **mljackati, mljacnuti** *v* 1. to champ, chew noisily, slurp; ~ *ustima* to slurp 2. to slosh, squish **mljackav** *a* slurping; squishing

mljas *n* (onoma.) 1. see **mljac** 2. crack, slap

mljaskati see **mljackati**

mljaskav *a* see **mljackav**

mljeckati see **mljackati**

mlječni see **mleko**

mlječika see **mlečika**

mljekar see **mlekar**

mljekara se **mlekara**

mljekarstvo see **mlekarstvo**

mljeskati see **mljackati**

mljeti see **mleti**

mljevenje see **mlevenje**

mnenje see **mnjenje**

mnogi *a* 1. (in *pl*) many; ~ *ljudi* many people; ~ *od nas* many of us 2. many a; ~a *majka* many a mother; ~ *čovek* many a man 3. longlasting; much; *posle* ~*og čitanja* after much reading **mnogo** *adv* much, a lot, many; very; ~ *mesa* a lot of meat; ~ *studenata* many stu- dents; *on je* ~ *stariji od mene* he is much older than I am; *mi imamo* ~ *posla* we are very busy; *on* ~ *spava* he sleeps a lot; ~ *ih je!* there are (too) many of them! ~ *sveta* a large crowd; ~ *ko* many a person; ~ *kad* many a time; ~ *puta* many times; ~ *štošta* many things; *on je* ~ *ljut* he is very **angry**

mnogobrojan *a* many-colored, multicol- ored

mnogoboštvo *n* polytheism **mnogobožac** *n* polytheist

mnogobrojan *a* numerous, many

mnogocenjeni, mnogocijenjeni *a* esteemed; ~ *kolega* esteemed colleague

mnogočlan *a* 1. multitudinous 2. (math.) polynomial

mnogoćelijski *a* multicellular

mnogokatan *a* (W) see **mnogospratan**

mnogokut *n* (W) polygon (see also **mno- gougao**)

mnogoljudan *a* densely populated; ~ *grad* a densely populated city

mnogonacionalni *a* multinational

mnogorečiv, mnogorječiv *a* wordy, verbose

mnogosložan *a* polysyllabic

mnogospratan *a* multistory; ~*tna zgrada* a multistory building

mnogostran *a* many-sided, multilateral

mnogotomni *a* multivolume; ~ *rečnik* a multivolume dictionary

mnogougao *n* polygon

mnogovrstan *a* varied

mnogoženstvo *n* polygamy

mnom see **ja**

mnoštvo *n* multitude, crowd, large num- ber; ~ *ljudi je otišlo (su otišli)* many people have left

množenik *n* (math.) multiplicand **množe- nje** *n* (math.) multiplication; *tablica* ~*a* multiplication table **množilac** *n* (math.) multiplier **množina** *n* (gram.) plural; *u* ~*i* in the plural **množinski** *a* plural **množiti, umnožiti** *v* to multiply

mnjenje, mnijenje *n* opinion; *javno* ~ public opinion (see also **mišljenje**)

moba *n* volunteer, cooperative work group (on a farm)

mobilan *a* 1. mobile 2. (gram.) mobile; ~ *akcenat* mobile stress 3. (mil.) ready, mobilized; ~*lno stanje* state of readi- ness **mobilizovati** *v* to mobilize, draft, call to the colors **mobilizacija** *n* mobili- zation; *opšta* ~ general mobilization **mobilizacioni** *a* mobilization; ~ *centar* mobilization center **mobilnost** *n* mobility

močiti, umočiti *v* to soak, steep; ~ *se* to get soaking wet

močvara *n* swamp, bog, marsh, morass **močvaran** *a* swampy

moć *n* power, force, strength; ~ *nad nekim* power over smb.; ~ *koncentraci-*

je powers of concentration; ~ *pamćenja* memory; ~ *rasuđivanja* reasoning power; ~ *zapažanja* powers of observation; *~ navike* the force of habit **moćan** *a* 1. powerful, strong 2. influential **moći** *v* 1. to be able; can; to be allowed; *on može sam da prenese ovaj divan* he can carry the sofa himself; *deca ne mogu da idu u bioskop* the children are not allowed (or: are not able) to go to the movies; *on još može doći* he can (may) still come; *može!* it's all right! *ne mogu više* i can't go on; *ovako se više ne može* we can't go on like this; *on ne može da se nagleda naših kola* he can't take his eyes off our car; *ne može da ga vidi* he can't stand him 2. to know how, can; *on može da govori engleski* he can speak English

moda *n* fashion, style; *terati ~u* to keep up with the latest fashions; *poslednja ~* the latest fashion; *po ~i* according to fashion; *u ~i* in fashion **modni** *a* fashion; *~ žurnal (kreator)* fashion magazine (designer); *~a revija* fashion show

modalan *a* (gram.) modal; *~lna rečenica* modal sentence

modar *a* blue

model *n* model **modelisati** *v* to model, fashion

moderan *a* modern, up-to-date **modernist(a)** *n* modernist **modernizacija** *n* modernization **modernizator** *n* modernizer **modernizovati** *v* to modernize

modikovati *v* to modify **modifikacija** *n* modification

modiskinja *n* milliner

modla *n* mold (cooking utensil)

modni see **moda**

modreti, pomodreti *v* to turn blue; ~ *se* to seem blue, look blue

modrica *n* bruise, black-and-blue mark; *on ima sve ~e po telu* he's all black-and-blue

modul *n* (astron.) module; *Mesečev ~* lunar module

modulacija *n* modulation **modulirati** *v* to modulate

modus *n* 1. way, manner, mode 2. (gram.) mood

moguć, mogućan *a* 1. possible 2. feasible, possible **mogućnost** *n* 1. possibility; *po ~i* if possible; *postoji ~ da* . . . there is a possibility that . . . 2. capability; *biti u*

~i to be able 3. opportunity; ~ *za rad* an opportunity to work

moj *a* my, mine; *moji* my family

moka *n* mocha (coffee)

mokar *a* wet, damp, moist; ~ *do gole kože* soaking wet

mokasin *n* moccasin; loafer

mokraća *n* urine **mokraćni** *a* urinary; ~ *mehur* urinary bladder **mokraćovod** *n* ureter **mokriti** *v* to urinate

mol I *n* (mus.) minor; *b-~* (key of) B minor

mol II *n* pier, wharf; embankment

molba *n* request, application; *podneti ~u* to submit a request (an application); ~ *za upis na fakultet* application for admission to a university; *odbiti ~u* to reject an application

molećiv *a* imploring, pleading; ~ *glas* a pleading voice

molekul, molekula *n* molecule **molekularan** *a* molecular

moler *n* house painter **molerski** *a* painter's; *~a četka* painter's brush

molestirati *v* to molest

molilac, molitelj *n* applicant, petitioner; claimant **moliti** *v* 1. **zamoliti** to request, ask; *moliću ga da mi pozajmi auto* I'll ask him to lend me a car; ~ *nekoga za uslugu (za pomoć, za obaveštenje)* to ask smb. for a favor (help, information) *hteo sam da ga nešto zamolim* I wanted to ask him smt.; *molio te je da mu kupiš novine* he asked you to buy him a newspaper 2. *molim vas (te)* please; *molim te, sedi* please sit down; *molim te, kupi mi novine* please buy me a newspaper 3. *molim* pardon me; you are welcome; it's nothing (all right); *molim; šta ste rekli?* pardon me, what did you say? *hvala — molim* thank you — you're welcome; *izvinite-molim* excuse me- it's nothing 4. **pomoliti** ~ *se* to pray; ~ *se bogu* to pray to God **molitva** *n* prayer **molitvenik** *n* prayer book

moljac *n* 1. moth; *~ljci su mi progrizli kaput na nekoliko mesta* my coat is full of moth holes; *sve su nam pojeli ~ljci* our clothes are all moth-eaten 2. *knjiški* ~ (fig.) bookworm **moljčav** *a* moth-eaten

momak *n* 1. young man 2. bachelor **momački** *a* bachelor; *~o veče* bachelor dinner; *~a soba* room for a single man; ~ *život* bachelorhood 3. (in *pl; colloq.)

boys, guys; *naši ~ci dobro igraju* our boys are playing well **momaštvo** *n* 1. youth 2. bachelorhood
momčad *n* team, crew
momen(a)t *n* 1. moment, instant; *za ~* in a moment; *otići na ~* to leave for a moment; *u danom ~ntu* at the given (proper) time 2. factor **momentalan** *a* instant, instantaneous, immediate
momkovati *v* to lead a bachelor's life
monah *n* monk **monaški** *a* monastic; *~ red* monastic order **monahinja** *n* nun
monarh *n* monarch **monarški** *a* monarchal **monarhija** *n* monarchy; *apsolutna (ustavna) ~* absolute (constitutional) monarchy **monarhijski** *a* monarchial **monarhist(a)** *n* monarchist
monaštvo *n* monasticism
moneta *n* money, currency; *papirna (srebrna, zlatna) ~* paper (silver, gold) money; *zdrava ~* firm currency; **primiti nešto za čistu (zdravu) ~u* to take smt. at face value; or: to accept smt. as being true
Mongolija *n* Mongolia
mongolizam *n* mongolism
mongoloid *n* Mongoloid
monitor *n* (naval) monitor
monogamija *n* monogamy
monogeneza *n* monogenesis
monografija *n* monograph
monogram *n* monogram
monokl *n* monocle
monolit *n* monolith **monolitan** *a* monolithic
monolog *n* monologue
monom *n* monomial
monopol *n* monopoly; *imati ~ na nešto* to have a monopoly on smt. **monopolisati** *v* to monopolize
monosilabičan *a* monosyllabic
monoteist(a) *n* monotheist **monoteizam** *n* monotheism
monotip *n* monotype
monoton *a* monotonous **monotonija** *n* monotony
monstrum *n* monster **monstruozan** *a* monstrous
monsun *n* monsoon
montaža *n* 1. installation, mounting, assembly (as of a machine, weapon, etc.); erection (of a plant) 2. montage; *filmska ~* film editing; *~ slike (zvuka)* picture (sound) editing 3. fixing, rigging, manipulation **montažni** *a ~ radovi* construc-

tion, installation; *~e zgrade* prefabricated buildings **monter** *n* installer; fitter
montirati *v* 1. to install, assemble, mount 2. (fig.) to rig, fix, manipulate; *~ proces* to rig a trial
monumentalan *a* monumental
mora *n* nightmare
moral *n* 1. morals; morality 2. morale **moralan** *a* moral; *~lna podrška* moral support **moralist(a)** *n* moralist **moralisati** *v* to moralize
morati *v* to have to, must, be obliged to; *moram da mu napišem* I have to write him a letter; *moralo (biti) da nije učio* obviously, he did not study; *moralo je tako biti* it had to be that way; *morao je da ide* he had to go; *mora (biti) da je on* to video he must have seen it; *neko ih je morao videti* smb. must have seen them
moratorijum *n* moratorium
morbidan *a* morbid
morbile *n* (med.) measles
more *n* sea; *na ~u* at the seashore, at sea *išli su na ~* they went to the seashore; *bitka na ~u* sea battle; *po ~u* by sea; *sloboda ~a* freedom of the seas; *burno (uzburkano* or *nemirno) ~* a stormy (rough) sea; *debelo (široko) ~* the high sea; **kaplja u ~u* a drop in the sea **morski** *a* sea; *~a bolest* seasickness; *~ pas* shark; *~a obala* seacoast; *~a struja* sea current; *~a milja* nautical mile; *~ konj* walrus; *~o prase* porpoise
moreplovac *n* navigator **moreplovstvo** *n* navigation
moreuz *n* straits
morfema *n* (ling.) morpheme
morfijum *n* morphine
morfofonema *n* (ling.) morphophoneme
morfologija *n* morphology **morfološki** *a* morphological
morija *n* plague, pestilence
moriti *v* to torment, torture, afflict; *mori me glad (žeđ)* I'm dying of hunger (thirst); *mori me jedna misao* I am tormented by one thought
morka *n* (zool.) guinea fowl
mornar *n* sailor **mornarski** *a* sailor's **mornarica** *n* navy, fleet; *ratna ~* navy; *trgovačka ~* merchant fleet **mornarički** *a* naval
mortadela *n* bologna
mortalitet *n* mortality
moruna *n* (zool.) beluga, white sturgeon
morž *n* (zool.) walrus

Morzeov a Morse; ~a azbuka (abeceda) Morse code

Moskva n Moscow

most n bridge; pokretni ~ drawbridge; lančani (viseći) ~ suspension bridge; preći ~ to cross a bridge; zapovednički ~ captain's bridge; prednji ~ front end (on an automobile); železnički ~ railroad bridge; pontonski ~ pontoon bridge; *porušiti (popaliti) sve ~ove za sobom to burn all bridges behind one mostarina n bridge toll mostobran n bridgehead

mošnice n (anat.) scrotum

mošti n (rel.) relics

motati v 1. namotati to wind up, roll up 2. smotati to gulp down, swallow hastily 3. ~ se to whirl, spin; mota mi se u glavi my head is spinning; pas mi se mota oko nogu the dog is getting itself tangled in my feet 4. ~ se to mill around, swarm around 5. ~ se to roam; ~ se po svetu to wander around the world

motel n motel

motika n hoe

motiv n 1. motive 2. motif

motivacija n motivation motivisati v to justify, explain

motka n 1. pole, bar, stick; ~ za zastavu flagpole; *(ponaša se) kao da je progutao ~u he is very stiff and formal 2. (sports) skok ~om pole vault

motocikl n motorcycle; voziti ~ to drive a motorcycle motociklist(a) n motorcyclist

motor n motor, engine; ~ sa unutrašnjim sagorevanjem internal combustion engine; mlazni ~ jet engine; ~ lupa (pucka, propušta, malaksava) the engine knocks (sputters, misses, loses power); ~ se guši (neće da upali) the engine stalls (will not start) motorni a motor; ~ čamac motorboat motorizovati v to motorize

motovilo n windlass

motriti v to observe, watch

mozaik n mosaic mozaički a mosaic

mozak n brain; head; sense; potres ~zga brain concussion; vrti mu se ~ his head is spinning; imaš li ti ~zga (u glavi)? do you have any sense? elektronski ~ electronic brain; veliki ~ cerebrum; mali ~ cerebellum; srednji ~ midbrain; *zavrtela mu je ~ she turned his head; *imati pileći ~ to be bird-brained; *usijani ~ovi hotheads moždani a brain; ~e

ćelije brain cells; ~a opna meninx; ~e vijuge convolutions of the brain mozgati v to think over, ponder: ~ o nečemu to think smt. over

možda adv perhaps. maybe, possible; on će ~ doći maybe he'll come

moždani see mozak

moždanica n (anat.) meninx

moždina n (anat.) marrow; kičmena ~ spinal cord

moždíti, smoždíti v to crush, press; ~ grožđe to press grapes

mračan a 1. dark, gloomy; ~čna noć a dark night; ~ dan a gloomy day 2. incomprehensible, unintelligible 3. downcast, gloomy

mračiti, smračiti v to darken

mračnjak n obscurantist, reactionary, bigot

mrak n darkness; gloom; sedeti u ~u to sit in the dark; pao je ~ night has fallen; *~ kao u rogu pitch-darkness

mramor see mermer

mrav n 1. ant; beli ~ termite; *vredan kao ~ as busy as a bee

mravac, mravak n (in pl) numbness, pins and needles; gooseflesh; imam ~vke u nozi my foot has fallen asleep; podilaze me ~vci or idu mi ~vci (po celom telu) I have gooseflesh (all over)

mravinjak n anthill mravojed n (zool.) anteater

mraz n frost; napolju je pravi ~ it's really freezing outside; pao je ~ it has begun to freeze mrazan a frosty

mrazovit a frosty

mrcina n carrion

mrcvariti, izmrcvariti v to cut up; to massacre

mrdati, mrdnuti v 1. to move; to shake; da nisi mrdnuo! don't move! ~ glavom to shake one's head; ovaj sto se mrda this table is shaky 2. to evade the truth, beat around the bush

mrena n (med.) cataract; *pala mu je ~ s očiju his eyes have been opened

mrest, mrijest n roe, spawn mrestilište n spawning place mrestiti se, mrijestiti se v to spawn; ribe se mreste fish spawn

mreškast a wrinkled mreškati, namreškati v 1. to wrinkle 2. ~ se to become wrinkled

mreža n 1. net; ribarska ~ fishnet; ~ za kosu hairnet; ~ za leptirove butterfly net; *upasti u nečiju ~u to be entrapped 2. network, system; *železnička (telefonska, školska, vodovodna, električna)* ~ rail (telephone, school, sewer, electric) system; *saobraćajna* ~ road network; *trgovinska* ~ network of stores 3. ~ *(na prozoru)* screen (on a window) **mrežnjača** *n* (anat.) retina

mrgodan *a* frowning, gloomy **mrgoditi, namrgoditi** *v* 1. to crease, wrinkle; ~ *obrve (čelo)* to frown 2. ~ *se* to frown

mrijest see **mrest**

mrijestiti se see **mrestiti se**

mrk *n* 1. brown; dark, black; ~*i ugalj* brown coal; **do* ~*a mraka* until late at night 2. gloomy, sullen; ~ *pogled* a scowl

mrkli *a* dark; ~ *mrak* pitch-darkness; ~*a noć* pitch-dark night **mrknuti, smrknuti se** *v* 1. to grow dark; *napolju već mrkne* it's getting dark already; *već se smrklo* it has gotten dark 2. to fade; *zvezde mrknu* the stars are fading

mrkoput, mrkoputan *a* swarthy

mrkva *n* carrot

mrlja *n* stain, blot, spot **mrljati, umrljati** *v* to stain, soil, smear **mrljav** *a* stained, soiled

mrmljati, promrmljati *v* to mumble, mutter; ~ *nešto sebi u bradu* to mutter smt. under one's breath

mrmak, mrmoljak *n* (zool.) triton

mrmor *n* gurgle, babble **mrmoriti** *v* to gurgle, babble, murmur

mrmot *n* (zool.) marmot

mrs *n* (rel.) food containing fats (meat, milk, etc.) **mrsan** *a* 1. (rel.) containing fats; ~*sno jelo* food containing fats 2. ~ *gas* rich mixture of gasoline and air **mrsiti, smrsiti** *v* to entangle, tangle; ***~ *nekome račune* to spoil smb.'s plans **mrskost** *n* odiousness

mršav *a* 1. thin, lean; ~ *čovek* a thin man; ~*o meso* lean meat 2. bad, poor; barren; ~*a zemlja* barren soil

mršaviti, omršaviti *v* to become thin, lose weight **mršavljenje** *n* losing weight, reducing

mrštiti, namrštiti *v* 1. to crease, wrinkle; ~ *lice* to frown 2. ~ *se* to frown, scowl

mrtav *a* 1. dead, deceased; extinct; ***~*tva usta ne govore* dead men tell no tales; ~ *vulkan* an extinct volcano; ~ *jezik* a dead language 2. lifeless, dead; dull; lethargic; deserted; ~ *grad* a deserted

city; ~*tva sezona* the dead season 3. complete; very; dead; ~ *gladan* as hungry as a bear; ~ *žedan* dying of thirst; ~ *pijan* dead-drunk; ~*tva tišina* dead silence; ~ *umoran* dead tired 4. misc.; **doći na* ~*tvu tačku* to come to a standstill; **spavati* ~*tvim snom* to sleep soundly; **ni živ ni* ~ frightened to death; (tech.) ~*tvi hod* play **mrtvac** *n* deceased person, corpse **mrtvački** *a* death; ~ *sanduk (kovčeg)* coffin; ~*a kola* hearse; ~*a glava* death's-head; or (zool.): death's-head moth **mrtvačnica** *n* mortuary **mrtvilo** *n* 1. apathy, lethargy 2. quiet, calm **mrtvorođen** *a* stillborn **mrtvorođenče** *n* stillborn child

mrva *n* 1. crumb 2. bit; *on nema ni* ~*e saosećanja* he doesn't show a bit of compassion **mrviti, smrviti** *v* to crush (up), crumble **mrvljiv** *a* crumbly

mrzak *a* odious, hateful **mrzeti, mrziti, mrzjeti** *v* 1. to hate, detest; *on me mrzi* he hates me 2. to be distasteful to; *mrzi ga da radi* he hates to work

mrznuti *v* to freeze

mrzovolja *n* ili humor, bad temper **mrzovoljan** *a* ill-humored, cross **mržnja** *n* hatred, animosity; *osećati* ~*u prema nekome* to feel hatred toward smb.; *sejati* ~*u* to spread hatred

mržnjenje *n* freezing; *tačka* ~*a* freezing point

mu see **on, ono**

mucati, mucnuti *v* to stutter, stammer **mucav** *a* stuttering **mucavac** *n* stutterer

mučaljiv *a* silent, taciturn

mučan *a* difficult; painful, unpleasant; ~ *posao* a difficult job; ~*čna atmosfera* an unpleasant atmosphere; ~*čna tišina* a painful silence

mučenik *n* martyr **mučeništvo** *n* marytrdom

mučenje *n* torture **mučilac** *n* tormentor, torturer **mučiti, izmučiti** *v* 1. to torment, torture; to worry, vex; *muče ga brige* he is weighed down with worries 2. to bother, pester 3. ~ *se* to try (hard) 4. ~ *se* to suffer

mučki *a* 1. treacherous, perfidious 2. silent, mute

mučno *adv* 1. see **mučan;** ~ *je krčio sebi put* he made his way with great difficulty 2. ~ *mi je* I feel ill (nauseated)

mućak n rotten egg
mućkati, mućnuti v 1. to shake, mix; *~ glavom to use one's head 2. to rinse, gargle; ~ usta to rinse one's mouth; ~ grlo to gargle one's throat
mudar a wise, sage
mudo n testicle
mudrac n 1. wise man, sage 2. cunning person
mudrijaš n know-it-all; hairsplitter
mudrost n wisdom; skill
mudrovati v to philosophize; to theorize
muf n muff (covering for hands)
muha see **muva**
muhamedanac n Moslem, Mohammedan
muhar see **muvar**
muholovka n 1. see **muvolovka** 2. (bot.) sundew
muhomor see **muvomor**
muhoserina see **muvoserina**
muka n 1. torment, torture 2. difficulty, worry, trouble; s teškom ~om with great difficulty; bez ~e without (any) effort; od ~e in desperation; ona *bez ~e nema nauke no pains, no gains (there's no royal road to learning); ~u mučiti to have great difficulty; *na ~ci se poznaju junaci a friend in need is a friend indeed 3. nausea; ~ mi je I feel nauseated
mukanje n mooing, lowing
mukao a 1. dull, hollow, muffled (of a sound) 2. (ling.) voiceless
mukati, muknuti v 1. to moo, low; krave muču cows moo
muklost n dullness (of a sound)
mukotrpan a 1. painstaking 2. suffering
muktadžija, muktaš n parasite, sponger
mula n mule
mulat n mulatto
mulj n mud, slime, mire (also fig.); gacati po ~u to trudge through the mud
muljača a winepress **muljati, izmuljati** v to press, crush; ~ grožđe to press grapes 2. to move around; ~ očima to roll one's eyes; ~ ustima to chew
mumifikovati v to mummify **mumija** n mummy
mumlati v to growl
municija n ammunition; munition; nestalo im je ~e they ran out of ammunition **municioni, municijski** a ammunition; ~ depo ammunition dump
munuti v to push, shove; ~ u rebra to poke in the ribs

munja n lightning; sevaju ~e it's lightning; brz kao ~ as quick as lightning **munjevit** a as quick as lightning **munjovod** n lightning rod
murdar h slovenly person
murva n see **dud**
musaka n (cul.) musaka
musav a dribbling, slobbery
musketa n musket **musketar** n musketeer
muskulatura n-musculature **muskulozan** a muscular
musliman n Moslem, Muslim **muslimanstvo** n Islam
muslin n muslin
musti, pomusti v to milk; ~ kravu to milk a cow
mustra n 1. sample 2. pattern; model
mušema n oilcloth
mušica n 1. dim. of **muha** 2. front sight (on a rifle) 3. (fig.) caprice, whim **mušičav** a capricious
muškarac n man, male
mušket n musket (also **musket**) **mušketar** n musketeer
muški I a masculine, manly; (gram.) ~ rod the masculine gender; po ~oj liniji on the father's side (of the family); ~o odelo a man's suit; *~a psovka a strong oath **muški** II adv 1. see **muški** I; like a man; (fig.) bravely; (fig.) firmly 2. really; ~ smo pili we really drank a lot
muško see **muškarac**
muškobanja n tomboy; mannish woman
muškost n masculinity, manliness
mušmula n (bot.) medlar
mušterija n customer, client
muštikla n cigarette holder
muštrati v to train, drill
mutacija n mutation
mutan a 1. troubled, turbid, muddy; unclear; vague; muddled; ~tna situacija a confused situation; ~tna voda muddy water; or: (fig.) troubled waters; *loviti u ~nom to fish in troubled waters; ~ pogled a troubled look; ~tno poreklo a shady past; ~tno vreme troubled times; *~tno mi je u glavi my head is fuzzy 2. opaque; ~tno staklo opaque glass
mutav I a mute, dumb (see **nem**)
mutav II a see **mucav**
mutavac n mute **mutavost** n muteness
mutiti v 1. to stir, mix; ~ testo to mix dough; ~ krompir to mash potatoes 2. to confuse, stir up. complicate: ~ narod to stir up a people; ~ situaciju to

complicate a situation; *~ *nekome kašu* to stir up trouble for smb.; *situacija se muti* the situation is becoming confused 3. **pomutiti** to trouble, sadden; to spoil; *to nam muti sreću* that ruins our happiness; *oči su joj se mutile* her eyes were sad 4. *muti mi se u glavi* I feel dizzy

mutljag *n* sediment, dregs; slop

muva *n* fly; *konjska* ~ horsefly; ~ *ce-ce* tsetse fly; ~-*kategorija* flyweight (category); *lepak za* ~e flypaper; **jednim udarcem ubiti dve* ~e to kill two birds with one stone; **praviti od* ~e *medveda (slona)* to make a mountain out of a molehill (also **muha**)

muvar *n* (bot.) foxtail millet

muvati se *v* 1. to loiter, hang around 2. to pry, meddle

muvolovka *n* flypaper

muvomor *n* fly agaric

muvoserina *n* fly droppings

muza *n* muse

muzara *n* milch cow

muzej *n* museum **muzejski** *a* museum

muzem see **musti**

muzičar *n* musician **muzika** *n* music; *vokalna (instrumentalna)* ~ vocal (instrumental) music; *staviti u* ~u to set to music **muzički** *a* musical, music; ~ *instrumenti* musical instruments; ~a *škola* music school **muzikalan** *a* musical, having a talent for music **muzikant** *n* musician

muzilja *n* dairymaid

muž *n* husband

muža *n* milking (of cows)

muževan *a* 1. brave; manly 2. mature

mužjak *n* male

N

na I *prep* 1. to, on, onto; *staviti knjigu ~ sto* to put a book on the table; *ići ~ čas (koncert, predavanje, poštu, stanicu, univerzitet, kliniku)* to go to a class (concert, lecture, post office, station, university, clinic) 2. on, at, in; *knjiga je ~ stolu* th book is on the table; *biti ~ času (koncertu, predavanju)* to be in class (at a concert, at a lecture); *~ ulici* in the street 3. (in time expressions); *platiti ~ sat* to pay by the hour; *otići nekuda ~ dva dana* to go somewhere for two days; *~ leto* next summer; *~ vreme* on time 4. (to indicate quantity, measure); *prodavati ~ litar* to sell by the liter; *ulje se menja ~ 6000 kilometara* oil is changed every 6,000 kilometers; *prodaja ~malo(veliko)*retail (wholesale) trade 5. (in *adv* phrases); *krenuo je ~ sreću* he set out to try his luck; *~ sreću nije zalutao* fortunately, he did not get lost; *~ taj način* in that way; *ljubav ~ prvi pogled* love at first sight; *~ silu* by force; *~ zdravlje!* to your health! *~ sav glas* very loudly; *~ moje oči* right in front of my eyes; *ići ~ ruku* to be of help; *~ časnu reč* on one's word of honor; *~ primer* for example; *~ sve strane* everywhere; *izići ~ kraj s nekim* to cope with smb.; *~ engleskom jeziku* in English; *raditi ~ nečemu* to work at (on) smt.; *svirati ~ klaviru* to play the piano; *imati ~ umu* to have in mind; *~ kraju krajeva* finally 6. (with certain verbs) *ljutiti se ~* to get angry at; *ličiti ~* to resemble

na- II (verbal prefix which can denote) 1 (completion) — **napisati** 2. (partial character of an action) — **nagoreti** 3.

(quantity) — **nacepati** 4. (placing onto) — **nazidati** 5. (excess) — **napiti se**

na III *interj* here! take it! *evo ti ~!* here it is; take it!

nabaciti, nabacivati *v* 1. to throw onto, put on (also fig.); *~ krivicu na nekoga* to put the blame on smb.; *~ na hartiju* to put on paper 2. (fig.) to propose, suggest; *~ ideju* to suggest an idea

nabasati *v* to come across; *~ na nekoga* to come across smb. (by chance)

nabaviti, nabavljati *v* to acquire, purchase, procure **nabavka** *n* acquisition, procurement; purchase; *~ knjiga* acquisitions (in a library); *služba ~e* acquisitions department (in a library) **nabavni** a purchase; *~a cena* purchase price; *~a politika* acquisition policy (as in a library) **nabavljač** *n* purchasing agent, supplier

nabediti, nabijediti *v* to slander, calumniate

naberem see nabrati

nabijač *n* 1. ram, ramrod 2. (fig.) *~ cena* profiteer

nabijati see nabiti

nabirati see nabrati

nabiti, nabijati *v* 1. to jam, stuff, fill up; *~ kofer* to stuff a suitcase (full); *~ se u autobus* to jam into a bus 2. to stamp down, level; *~ zemlju* to stamp down the earth 3. to put, jam, place; *~ kapu na glavu* to jam a cap on one's head; *~ na kolac* to impale 4. *~ pušku* to load a rifle (by ramming) 5. misc.; **~ rogove (mužu)* to cuckold (a husband); *~ cenu* to drive a price up

naboj *n* 1. (mil.; hist.) charge, cartridge 2. firmly packed earth 3. electrical charge

nabolje adv better; *stvari su krenule* ~ things became better

nabor n fold, crease, wrinkle; *u* ~*ima* pleated (see also **bora**) **naboran** a wrinkled

nabosti, nabadati v to pierce, prick; *nabola se na iglu* she pricked herself on a needle

nabrati, nabirati v to wrinkle, crease; to pleat; ~ *čelo (obrve)* to frown; ~ *suknju* to pleat a skirt

nabrecit a gruff, rude

nabrecnuti se v to snap; ~ *na nekoga* to snap at smb.

nabrekao a swollen, bloated, inflated **nabreklina** n swollen spot **nabreknuće** n swelling, puffing up; (sexual) erection **nabreknuti** v to swell up, puff up

nabrojati v 1. to enumerate, list 2. to count up, add

nabrzo adv quickly, hastily

nabubati see **bubati** 2

nabuhnuti v to swell

nabujati see **bujati**

nabusit a irritable, irascible; gruff **nabusiti se** v to become angry

nacediti, nacijediti v to squeeze, extract (see **cediti** 2)

nacepati see **cepati** 4

nacepkati see **cepkati**

nacifrati see **cifrati**

nacija n nation **nacionalan** a national; ~*lna istorija (kultura)* a nation's history (culture); ~*lna svest* national consiousness; ~*lni park* a national park

nacijepati see **cepati** 4

nacionalist(a) n nationalist **nacionalistički** a nationalistic **nacionalizacija** n nationalization **nacionalizam** n nationalism **nacionalizovati** v to nationalize **nacionalnost** n nationality

nacist(a) n Nazi **nacizam** n Nazism

nacjepkati see **cepkati**

nacrn a blackish

nacrniti see **crniti** 1

nacrt n plan; sketch; draft; *napraviti* ~ *za nešto* to draw up plans for smt.; ~ *zakona* bill, draft of a law

nacrven a reddish

načas adv 1. for a short time, for a brief moment 2. immediately

načelan a fundamental, basic, of principle; ~*lno pitanje* a question of principle; ~*lno postupiti* to act according to principle

načelnik n chief, head; ~ *odeljenja* section head; ~ *štaba* shief of staff

načelo n principle; *u* ~*u* in principle

načeti, načinjati v 1. to bite into, cut into; ~ *kolač (jabuku)* to bite into a cake (an apple) 2. to tap; ~ *bure* to tap a barrel 3. to dip into, begin to spend, begin to use; ~ *uštedevinu* to dip into one's savings 4. to weaken, undermine, sap, break; *robija mu je načela zdravlje* the forced labor broke his health

načičkati v to stuff

način v 1. manner, way; *na taj* ~ in that way; *svaki na svoj* ~ each in his own way; *na drugi (isti)* ~ in a different (the same) way; ~ *pisanja* way of writing; *na koji* ~? in what way? *kakav je to* ~? what kind of behavior is that? *na svaki* ~ certainly, of course (see **svakako**); *na sve (moguće)* ~*e* by all possible means; *naći (puta i)* ~*a* to find a way 2. (gram.) mood; *zapovedni* ~ imperative mood; *mogućni* ~ conditional **načinski** a modal; ~*a rečenica* modal clause

načiniti see **činiti** 1, 4

načinjati see **načeti**

načisto adv 1. clean, fair; *prepisati* ~ to make a clean copy 2. clear; *izvesti* ~ to clear up; **biti* ~ *s nekim* to settle accounts with smb.; or: to see through smb.

načitan a well-read **načitati se** v to read a lot

načuditi se v to cease wondering; to get over (it); *ne mogu da se načudim* I can't get over it

načupati v to pick, pluck (in quantity)

naćelav a slightly bald

naći, nalaziti v 1. to find, discover; ~ *nekoga kod kuće* to find smb. at home; ~ *nekoga u životu* to find smb. alive; **pogreška se našla* the error was found; **on je našao sebe* he found himself; **svaki lonac nađe poklopac* birds of a feather flock together 2. to consider, find; ~ *za potrebno* to consider necessary; *nalazim da je on vrlo interesantan* I find him to be very interesting 3. ~ *se* to be located; *gde se nalazi hotel?* where is the hotel? 4. ~ *se* to meet; *naći ćemo se na ćošku* we'll meet on the corner 5. to find oneself; ~ *se u zatvoru* to find oneself in prison; *odjednom se našao na mostu* suddenly, he found himself on the bridge 6. misc.; ***~ *se u čudu* to be astonished; ~ se u škripcu to be in a difficult position; *šta je tražio, to je našao he got what he deserved; *~ se kome na putu to interfere with smb.

naćuliti see ćuliti

naćve n dough tray, kneading table

nad, nada prep over, above; ~ vratima over the door; vlast ~ nekim power over smb.; *junak ~ junacima the greatest hero; *kapati ~ nečim to slave over smt.; ona se nagnula ~ vodu she leaned over the water

nada n hope bez ~e hopeless; prazna ~ vain hope; ~ u pozitivan ishod hope for a positive result; polagati ~u u nekoga to pin one's hopes on smb.; rasplinule su se ~e all hopes have evaporated

nadahnuće n inspiration nadahnut a inspired

nadahnuti, nadahnjivati v 1. to inspire 2. ~ se to become inspired, become imbued; ~ se kulturom to become imbued with a culture

nadaleko adv far and wide, from afar

nadalje adv further; furthermore

nadaren a talented, gifted nadariti v to endow, give

nadasve adv above all

nadati se v to hope; nadajmo se! let's hope so! ~u nekoga to place one's hopes in smb.; ~ nečemu to hope for smt.; nada se da će položiti ispit he hopes that he will pass the exam

nadbaciti v to throw

nadbijati see nadbiti

nadbiskup n (rel.) archbishop

nadbiti, nadbijati v to overcome, best, conquer; ~ neprijatelja u borbi to overcome the enemy in battle; ~ protivnika na utakmici to defeat an opponent in a game

nadbubrežni a (anat.) adrenal; ~e žlezde adrenal glands

nadčovjek (W) see natčovek

naddržavni a supranational

nadenuti, nadjenuti v 1. to put over, put on; nadeo je kaput he threw his coat over his shoulders; ~ kapu na glavu to put a cap on 2. to stuff 3. ~ ime nekome to give smb. a name (or nickname); nadenuli su mu ime Jovan they named him Jovan

nadesno adv to the right

nadev, nadjev n stuffing

nadglasati v 1. to outvote 2. to outshout

nadglavlje n headboard (of a bed)

nadgledanje n supervision; ~ prekida vatre truce supervision nadgledati v to supervise, watch nadglednik n supervisor

nadgovoriti v to outtalk

nadgraditi v to build on top of (onto), add onto (by building) nadgradnja n superstructure

nadgrobni a grave; ~ spomenik tombstone; ~ natpis epitaph

nadići v to lift, raise (a little); ~ se to lift oneself

nadigrati v to outplay, defeat; to outdance

nadimak n nickname; dati nekome ~ to nickname smb.

nadimiti v 1. to smoke; ~ meso to smoke meat 2. to fill with smoke; ~ se to get filled with smoke 3. to fumigate

nadirati see nadreti

nadjačati v to overpower, overcome

nadjenuti see nadenuti

nadjev see nadev

nadlajati v to bark louder than

nadlaktica n upper arm, brachium nadlaktični a brachial

nadleštvo n (governmental) office

nadleteti, nadletjeti, nadletati, nadlijetati v to fly over; naši lovci nadleću neprijateljske položaje our fighters are flying over the enemy positions

nadležan a competent, authorized nadležnost n competence, (legal) authority, jurisdiction

nadlijetati see nadleteti

nadljudi see natčovek

nadljudski a superhuman

nadmašiti v to surpass, exceed; nadmašio me je u svemu he surpassed me in everything; ~ rekord to break a record

nadmašiv a surmountable

nadmen a haughty, arrogant

nadmetanje n 1. competition 2. auction; bidding; prodaćemo ove automobile putem javnog ~a we'll sell these cars at a public auction nadmetati se v 1. to compete; ~ u nečemu to compete in smt. 2. to bid

nadmoć n superiority, domination nadmoćan a superior, dominant

nadmorski a ~a visina height above sea level

nadmudriti v to outwit

nadnaravan a (esp. W) see natprirodan

nadneti, nadnijeti, nadnositi v 1. to hold

over, place over; *oblaci su se nadneli nad selo(m)* clouds gathered over the village 2. ~ *se* to bend over; *nadnela se nad vodu* she bent over the water

nadnica *n* (daily or hourly) wages (or job); *ići u (na)* ~*u* to work as a day laborer **nadničar** *n* day laborer

nadnijeti see **nadneti**

nadno *prep* on, to the bottom of; at the edge of; *ronio je* ~ *reke* he dived to the bottom of the river; ~ *strane* on the bottom of the page

nadnositi see **nadneti**

nadobudan *a* (W) 1. auspicious, promising 2. pretentious, ostentatious

nadoći, nadolaziti *v* 1. to rise; *rekla je naglo nadošla* the river rose suddenly 2. to come (in large numbers)

nadogradnja *n* annex

nadohvat 1. *prep* close to; ~ *ruke* at one's fingertips 2. *adv* at random, casually

nadoknaditi *v* 1. to compensate, pay (back) for; to make restitution, recompense; ~ *štetu* to pay for damage; ~ *putne troškove* to pay travel expenses 2. to make up; ~ *izgubljeno vreme* to make up lost time **nadoknadiv** *a* compensable

nadolaziti see **nadoći**

nadole, nadolje *adv* down, downward

nadomak *prep* near, within reach, range of; ~ *našeg cilja* near our goal

nadovezati *v* to attach to, add to

nadražaj *n* 1. irritation 2. stimulation, excitement **nadražiti** *v* 1. to irritate 2. to stimulate, excite **nadraživ** *a* 1. irritable 2. excitable

nadrealist(a) *n* surrealist **nadrealizam** *n* surrealism

nadreti, nadrijeti, nadirati *v* to rush, advance; to penetrate; ~ *na izlaz* to rush to the exit; *voda je nadrla kroz pukotine* the water penetrated through the cracks

nadri- *prefix* pseudo, fake

nadriadvokat *n* shyster

nadrijeti see **nadreti**

nadrilekar, nadriliječnik, nadriljekar *n* quack (doctor), (medical) charlatan

nadskočiti *v* to outjump

nadstrešnica *n* eaves

naduriti se see **duriti se**

nadut, naduven *a* arrogant; conceited **naduvati** *v* 1. to inflate, blow up (also fig.); ~ *gumu (balon)* to inflate a tire (bal-

loon); *suviše* ~ *sukob* to exxagerate (blow up) a quarrel 2. ~ *se* to become swollen 3. ~ *se* to become arrogant

nadvikati *v* to outdo in shouting, outcry

nadvisiti *v* to exceed, surpass; to be higher (taller) than; *njihova kuća nadvisila je ostale kuće u selu* their house was taller than the other ones in the village; (sports) ~ *protivnika* to outplay an opponent

nadviti se *v* to hang over; *nad gradom se nadvio crni oblak* a black cloud appeared over the city

nadvladati *v* to overwhelm, overpower, overcome; ~ *protivnika* to overwhelm one's opponent; ~ *osećanja* to overcome (suppress) one's feelings

nadvodni *a* above water

nadvoje *adv* in two; *slomio je štap* ~ he broke the stick in two

nadvojvoda *n* (hist.) archduke

nadvožnjak *n* overpass

nadvući, nadvlačiti *v* 1. to outpull (as in a tug-of-war) 2. *nadvlačiti se* to engage in a tug-of-war; to Indian-wrestle

nadzemaljski *a* unearthly, supernatural

nadzemni *a* overground

nadzidati *v* to add on, build onto

nadzirač *n* supervisor **nadzirati** *v* to supervise **nadzor** *n* supervision; *vršiti* ~ *nad nečim* to supervise smt. **nadzorni** *a* supervisory; ~ *organ (odbor)* supervisory agency (board) **nadzornik** *n* supervisor

nadzvučni *a* supersonic; ~*a brzina* supersonic speed; ~ *avion* supersonic airplane

nadživeti, nadživjeti *v* to outlive, survive

nađem see **naći**

nađubriti see **đubriti**

naelektrisati *v* to charge (with electricity)

nafta *n* oil, petroleum, naphtha

naftalin *n* 1. naphthalene 2. mothballs; (fig.) *staviti u* ~ to put into mothballs; (fig.) *izvaditi iz* ~*a* to take out of mothballs

naftaš *n* oil-field worker

naftonosan *a* oil; ~*sni izvori (*~*a polja)* oil fields

naftovod *n* oil pipeline

nag *a* naked, nude

nagađati *v* 1. to guess, surmise 2. ~ *se* to negotiate, bargain; ~ *se oko cene* to bargain over the price

nagajka *n* short whip, riding crop

nagao I *a* rash; hasty; sudden; ~*gla smrt* sudden death

nagao II see **nagnuti**

nagaziti *v* to step on; ~ *na žulj nekome* to step on smb.'s toes (also fig.); ~ *na minu* to step on a mine; **~ na tanak led* to get into trouble

nagib *n* 1. slope 2. (tech.) camber (on an automobile) **nagibati** *v* to tilt, incline, lean; to be inclined; (fig.) ~ *na nečiju stranu* to lean toward smb.'s side; (fig.) ~ *prema nečemu* to lean toward smt.

nagizdati *v* to dress up

naglas *adv* aloud; *pročitati* ~ to read aloud

naglasak *n* 1. accent; *strani* ~ a foreign accent 2. stress, accent **naglasiti** *v* to accent, emphasize, stress; ~ *reč* to accent a word; ~ *nekome nešto* to emphasize smt. to smb.; *naglašen slog* a stressed syllable; *naglašena elegancija* pronounced elegance

naglavak *n* vamp (on shoe)

nagledati se *v* to see (in quantity); *on ne može da se nagleda naših kola* he can't take his eyes off our car

naglo see **nagao**

nagluh, nagluv *a* hard-of-hearing

nagnati, nagoniti *v* to impel, force; *to nagoni na razmišljanje* that makes one think

nagnuti, naginjati *v* 1. to lean, bend; to incline; ~ *glavu kroz prozor* to stick one's head out the window; *ne naginji se kroz prozor* do not lean out the window; *ona se nagla* she leaned over 2. to be inclined, lean toward; *on naginje alkoholizmu* he has a weakness for alcohol 3. misc.; *sunce je nagnulo zapadu* the sun is setting in the west; *dan je nagnuo kraju* the day is coming to its close

nagnječenje *n* contusion, bruise **nagnječiti** *v* to bruise

nagodba *n* agreement **nagoditi se** *v* to come to an agreement

nagomilati see **gomilati**

nagon *n* 1. instinct; *po* ~*u* by instinct; ~ *za samoodržanje* instinct of self--preservation; *polni* ~ sexual instinct (drive) 2. impulse **nagonski** *a* instinctive; ~*e radnje* instinctive actions

nagoniti see **nagnati**

nagonski see **nagon**

nagore I *adv* worse; *ići* ~ to get worse

nagore II *adv* up; *ići* ~ to go up

nagoreti, nagorjeti *v* to get burned (slightly); ~ *od sunca* to get a light sunburn 2. to burn slightly, singe; *vatra je nagorela ćebad* the fire singed the blankets

nagost *n* nakedness; nudity

nagovarati see **nagovoriti**

nagovestiti, nagovijestiti *v* to announce, indicate; to predict; point to; *ovi oblaci nagoveštavaju oluju* these clouds indicate that there will be a storm **nagoveštaj, nagovještaj** *n* announcement; indication; prediction

nagovor *n* inducement, influence **nagovoriti, nagovarati** *v* 1. to persuade, induce, talk into; ~ *nekoga na nešto* to talk smb. into smt. 2. to blurt, say 3. (W) ~ *nekoga* to address smb., talk to smb.

nagrada *n* reward, prize, award; *dodeliti* ~*u* to award a prize; *dobiti* ~*u za nešto* to receive a prize for smt. **nagradni** *a* prize **nagraditi** *v* 1. to reward, pay, recompense; ~ *nekoga za uslugu* to recompense smb. for a service 2. to award a prize to

nagrditi, nagrđivati *v* 1. to deform, disfigure, make ugly 2. to vilify, swear at

nagristi *v* to eat into, bite into; ~ *jabuku* to bite into an apple

nagrnuti *v* to crowd, press, swarm; *studenti su nagrnuli u salu* the students swarmed into the lecture hall

nagruhati see **nagruvati**

nagruvati *v* to stuff, fill, pack, squeeze, cram; *nagruvali su autobus* they jammed the bus; *svi su se nagruvali u auto* they all squeezed into the car

nagurati *v* to push, jam, cram; *nagurao je knjige u torbu* he jammed the books into the briefcase

nagutati se *v* to swallow (in quantity); *nagutao se pilula* he took (swallowed) a lot of pills

nahraniti see **hraniti** 1

nahlada *n* head cold, common cold

nahoče *n* foundling

nahraniti see **nahraniti** 1

nahuškati see **huškati**

nahvatati *v* to catch (much); ~ *ribe* to catch a lot of fish

naići, nailaziti *v* 1. to come across, meet, find; ~ *na druga iz detinjstva* to come across a childhood friend; ~ *na razumevanje (na odobravanje)* to meet with understanding (approval); ~ *na odziv* to meet with a response (as to an appeal); ~ *na otpor* to meet resistance; ~ *na lep prijem* to be received warmly 2. to come, appear; *naišao je neki nepoznat čovek* an unknown man appeared 3. to hit; ~ *na minu* to hit a mine

naigrati se *v* to have one's fill of playing (or dancing)

nailaziti see **naići**

naime *adv* namely

naimenovati see **imenovati**

naiskap *adv* bottoms up; *ispiti* ~ to drain, drink bottoms up

naivan *a* naive **naivnost** *n* naiveté

naizmak(u) *prep* toward the end of; ~ *dana* toward the end of the day

naizmence, naizmjence *adv* by turns, alternately **naizmeničan, naizmjeničan** *a* alternating; ~*čna struja* alternating current

naj- *(prefix* denoting the superlative); **najbolji** the best; **najjači** the strongest

najam *n* hire, lease, rent; *dati u (pod)* ~ to rent out; *uzeti u (pod)* ~ to rent, hire **najamni** *a* hired; ~ *rad (radnik)* hired labor (workman) **najamnik** *n* 1. employee, hired man 2. mercenary **najamnički** *a* mercenary; ~*a vojska* mercenary army; ~*e trupe* mercenaries

najava *n* announcement (as ot guests) **najaviti, najavljivati** *v* 1. to announce; *on je najavio svoj dolazak* he sent word of his arrival; *da li ste se najavili?* have you sent word that you are coming? 2. to portend, presage; *gavranovi najavljuju nesreću* ravens are an omen of disaster **najavljivač** *n* announcer

najbolji *a* the best (see **dobar)**

najedanput *adv* see **najednom**

najedati see **najesti**

najednako *adv* equally; *podeliti* ~ to divide equally

najednom *adv* 1. suddenly 2. all together, at the same time

najesti, najedati *v* 1. to eat into, corrode; *kiselina je najela ovaj metal* the acid has eaten into this metal; *rđa najeda gvožđe* rust corrodes iron 2. ~ *se* to stuff oneself, gorge oneself

najezda *n* 1. invasion 2. crowd, multitude

naježiti see **ježiti**

najgori *a* the worst (see **rđav)**

najgvirc *n* allspice

najlon *n* nylon **najlonski** *a* nylon **najlonka** *n* nylon stocking

najmanje 1. *adv* at least 2. *adv* even less 3. *super* of **malo**

najmljiv *a* rentable; hireable **najmodavac** *n* lessor **najmoprimac** *n* lessee

najpovlašćeniji *a* most-favored; *klauzula* ~*e nacije* most-favored-nation clause

najpre, najprije *adv* first of all

najpreči *a* the most important (see **prek** 3)

najuriti *v* to dismiss, discharge; to chase away

najveći *a* the largest (see **veliki)**

najviše 1. *adv* at the most; mostly 2. *super* of **mnogo** 3. see **najviši**

najviši *a* the highest (see **visok)**

najzad *adv* finally

nakalemiti see **kalemiti**

nakaliti see **kaliti**

nakana *n* intention

nakarada *n* monster; ugly person **nakaradan** *a* ugly **nakaraditi** *v* 1. to disfigure 2. to spoil

nakašljati se *v* to clear one's throat

nakaza *n* monster, freak **nakazan** *a* monstrous

nakinđuriti see **kinđuriti**

nakiseo *a* sour

nakit *n* 1. ornament 2. jewelry; jewel **nakititi** see **kititi**

naklada *n* (W) 1. edition; publication **nakladni** *a* 1. publishing 2. printing **nakladnik** *n* (W) publisher

naklanjati see **nakloniti**

naklapati *v* to chatter, prattle

naklati *v* to slaughter (in quantity)

naklon *n* 1. bow, curtsey; *napraviti* ~ to make a bow 2. inclination **nakloniti, naklanjati** *v* 1. to bend, bow; ~ *glavu* to bow one's head 2. ~ *se* to bow, make a bow 3. ~ *se* to lean, stoop 4. ~ *se* to be inclined, to favor; *sreća se nama naklonila* fortune smiled on us **naklonost** *n* 1. favor, grace; *pokazivati* ~ *prema nekome* to favor smb. 2. inclination, leaning; ~ *prema devojci* affection for a girl **naklonjen** *a* inclined; friendly; *sreća ti je* ~*a* you are lucky; *on ti je* ~ he likes you

nakljukati see **kljukati**

naknada *n* compensation; ~ *štete* compensation for damage **naknaditi** *v* to compensate **naknadiv** *a* replaceable; compensable **naknadni** *a* 1. supplemental 2. subsequent, later; ~*a rekonstruk-*

cija događaja a subsequent reconstruction of events **naknadno** *adv* later on; in addition

nakon *prep* after; ∼ *nekoliko dana* after several days

nakoso *adv* leaning

nakostrešiti see **kostrešiti**

nakostriješiti see **kostrešiti**

nakovanj *n* 1. anvil 2. (anat.) incus, anvil

nakovati *v* to forge (in quantity)

nakraj *prep* at the end, at the edge of; *sveta very far; *nije mi ni ∼ *pameti* I would never think of that

nakrasti *v* 1. to steal 2. ∼ *se* to steal (many things)

nakratko *adv* 1. in brief, briefly 2. for a short time; *Mesec se pojavio samo* ∼ the moon came out only for a short time

nakrcati *v* to load

nakresan *a* (colloq.) tipsy

nakresati *v* 1. to prune, trim (in quantity) 2. ∼ *se* (colloq.) to get drunk

nakriv *a* crooked **nakriviti** *v* 1. to distort 2. to bend, twist

nakuhati see **nakuvati**

nakupac *n* dealer, intermediary, middleman

nakupati se *v* to have one's fill of bathing

nakupiti *v* 1. to amass, collect, gather (in quantity); ∼ *zlata* to collect gold 2. ∼ *se nečega* to gather smt. (in quantity)

nakupovati *v* 1. to buy, purchase (in quantity) 2. ∼ *se nečega* to buy smt. (in quantity); *nakupovao se raznih poklona* he bought a lot of different presents

nakuvati *v* to prepare (food) (in quantity)

nakvasiti see **kvasiti**

nalagati I see **naložiti**

nalagati II *v* to lie, tell falsehoods

nalaktiti *v* 1. to lean, rest (upon one's arm, elbow); ∼ *glavu* to rest one's head upon one's arm 2. ∼ *se* to lean on one's arm (elbow)

nalaz *n* finding; *lekarski* ∼ medical findings **nalazač** *n* finder; inventor **nalazište** *n* deposit; find, discovery; ∼*a nafte (uglja)* oil (coal) deposits; *arheološko* ∼ archeological find **nalaziti** see **naći**

naleći I *v* to hatch

naleći II **nalegnuti** *v* to lean; ∼ *se na sto* to lean on a table; ∼ *kamen na vrata* to lean a rock against the door (see also **nasloniti)**

nalepiti, nalijepiti *v* to paste on, stick on

nalepnica, naljepnica *n* label

nalet *n* 1. attack, assault 2. gust; burst; ∼ *vetra* gust of wind

naleteti, naletjeti *v* 1. to come, approach (by flying) 2. to come across (see also **nabasati)** 3. to run into, hit (while driving, running); *on je naleteo na stub* he hit a pole 4. to attack; ∼ *na nekoga* to attack smb.

nalevo, nalijevo *adv* to the left; *skrenuti* ∼ to turn to the left (see also **levo)**

naličje *n* back, reverse; inside (also fig.); *okrenuti nešto na* ∼ to turn smt. inside out; *lice i* ∼ both sides

nalijepiti see **nalepiti**

nalijevo see **nalevo**

nalik *a* resembling; *on je* ∼ *na oca* he resembles his father **nalikovati** *v* to resemble; ∼ *na nekoga* to resemble smb.

naliti *v* 1. to pour; *nalij mi još malo vina* pour me a little more wine (see also **sipati** 1) 2. (cul.) to moisten, baste; ∼ *pečenje* to baste a roast; ∼ *vodom* to add (cover with) water to

naliv-pero *n* fountain pen

nalog *n* order, command, directive, warrant; *izdan je* ∼ *za hapšenje* an arrest warrant has been issued; *putni* ∼ travel orders

nalokati se *v* to get drunk

nalomiti *v* 1. to break off (in quantity) 2. to break off (a small part)

naložiti I **nalagati** *v* to order, command, prescribe; *šef mu je naložio da odmah ode* the boss ordered him to leave immediately; *propisi nalažu da . . .* regulations prescribe that . . .

naložiti II see **ložiti**

naljepnica see **nalepnica**

naljut *a* 1. hot; ∼*a paprika* hot pepper 2. angry, cross

naljutiti see **ljutiti**

nam see **mi** I

nama see **mi** I

namaći see **namaknuti**

namagarčiti see **magarčiti**

namagnetisati see **magnetisati**

namakati see **namočiti**

namaknuti, namaći, namicati *v* to put on; to pull down; ∼ *kapu na oči* to pull a cap down over one's eyes

namamiti *v* to lure, entice

namastiti *v* to grease

namazati see **mazati**

namena, namjena n purpose, aim nameni-
ti, namijeniti n to intend; to set aside
for; *kome je to bilo namenjeno?* for
whom was that intended? *ova je knjiga
namenjena deci* this book is intended
for children
namera, namjera n intention; aim, goal;
imati ~u to intend; *postići ~u* to
achieve a goal; *bez zadnjih ~* without
(mental) reservation nameran, namjeran
a 1. intending; *on je ~ da ode* he intende
to leave 2. intentional, deliberate; *~rna
uvreda* a deliberate insult 3. (gram.)
~rna rečenica clause of purpose name-
ravati, namjeravati v to intend, plan; *on
namerava da otputuje* he intends to
leave
nameriti, namjeriti v 1. to intend, plan; *da
li ćeš izvršiti ono što si namerio?* will
you do what you planned to do? 2. to
leave, go; *kud si namerio?* where are
you going? 3. *~ se na nekoga* to come
across smb., run into smb.
namerno, namjerno adv see nameran 2
namesnik, namjesnik n 1. deputy 2. regent
namesti v to blow; *vetar je nameo sneg* the
wind has blown the snow into drifts
namestiti, namjestiti v 1. to place, put; *~
lampu blizu stola* to place a lamp near a
table 2. to arrange, put in order; *~
krevet* to make a bed; *~ sobu* to clean
up a room; *~ kosu* to comb one's hair 3.
to furnish; *~ stan* to furnish an apart-
ment 4. to find employment for, place 5.
to fix, rig, set, manipulate; *~ proces* to
rig a trial; *~ zamku* to set a trap; *~
intrigu* to plot; *~ karte* to mark (the)
cards; *~ igru* to fix a game 6. *~ gumu*
to mount (change) a tire 7. to set (a
broken bone); *~ slomljenu nogu* to set a
broken leg nameštaj, namještaj n furni-
ture; *stan s ~em* furnished apartment
namešten a see namestiti; *~ stan* a furn-
ished apartment
nameštenik, namještenik n (office, white-
collar) employee nameštenje, namješte-
nje n employment, job; *tražiti ~* to look
for a job
namet n 1. alluvium, silt; deposits 2.
snowdrift 3. tax, tribute; *nametnuti
(udariti) ~ na nekoga* to impose a tax
on smb.
nametljiv a intrusive, meddlesome na-
metljivac n intrusive person, intruder
nametnik n 1. intruder 2. (biol.) parasite

nametnuti, nametati v 1. to put on (from
above) 2. to intrude; to force on, impose;
~ nekome nešto to force smt. on smb.;
nismo ga zvali; on nam se nametnuo we
did not invite him; he forced himself on
us; *~ mir* to impose peace
namicati see namaknuti
namignuti v to wink; *~ na nekoga* or *~
nekome* to wink at smb.
namijeniti see nameniti
namirenje n compensation, payment, set-
tlement
namirisati see mirisati
namiriti v to pay (for); *~ štetu* to pay for
damage; *~ dug (porez)* to pay a debt (a
tax)
namirnice n food, groceries
namjena see namena
namjera see namera
namjeran see nameran
namjeravati see nameravati
namjeriti see nameriti
namjerno see namerno
namjesnik see namesnik
namjestiti see namestiti
namještaj see nameštaj
namještati see namestiti
namješten see namešten
namještenik see nameštenik
namještenje see nameštenje
namlatiti v to thresh (in quantity)
namnožiti v to multiply; *~ se* to multiply
increase
namočiti v to soak, dip, moisten
namotati v to wind up
namreškati see mreškati
namrgoditi see mrgoditi
namrgođen a see namršten
namrknuti see mrštiti
namršten a gloomy, somber; *~o čelo* a
knitted brow
namrštiti see mrštiti
namrviti v to crush up, crumble (in quan-
tity)
namučiti v to torment
namusti v to milk
nana I n (hypo.) mommy, mom (or any
elderly female relative)
nana II n (bot.) mint; peppermint nanin a
mint; *~ čaj* mint tea
naneti, nanijeti v 1. to bring (in quantity)
2. to cause; *~ štetu* to cause damage; *~
uvredu* to offend; *~ povredu* to injure;
~ bol nekome to hurt smb. 3. to depos-
it; to blow into drifts; *~ peska* to

deposit sand; ~ *sneg* to blow snow into drifts

nanišaniti see **nišaniti**

nanizati see **nizati**

naniže *adv* downward, down; *ići* ~ to go down; (fig.) *sve je pošlo* ~ everything went wrong

nanos *n* 1. deposits; silt, alluvium 2. snowdrift

nanositi see **naneti**

nanošenje deverb. of **nanositi**; ~ *telesne povrede* (assault and) battery

nanovo *adv* anew, again, afresh

nanjušiti *v* to find (discover) by sniffing (prying); ~ *nešto* to get wind of smt.

naoblačiti *se v* to grow overcast; *nebo se naoblačilo* the sky has become overcast

naobrazba *n* (W) education **naobraziti** *v*(W) to educate

naočale *n* (W) see **naočare**

naočare, naočari *n* eyeglasses

naočarka *n* (zool.) king cobra

naočigled 1. *prep* within sight of, in front of; ~ *celog sveta* in front of everybody 2. *adv* obviously, evidently 3. *adv* openly, publicly

naočito *adv* see **naočigled** 2

naočnjak *v* blinder (on a horse)

naodmet *adv* unnecessary; *to nije* ~ that would help

naoko *adv* apparently; according to appearances

naokolo *adv* all around; in a circle

naopačke se **naopako**

naopak *a* 1. evil, mean 2. incorrect, erroneous 3. reversed; inside out **naopako** *adv* upside down; inside out; reversed, wrong; *obukao si kaput* ~ you've put your coat on inside out; *on sve* ~ *razume* he understands everything incorrectly

naoružan *a* armed; *~ *do zuba* armed to the teeth **naoružanje** *n* arms, armament **naoružati** *v* to arm; ~ *se* to arm oneself

naoštriti see **oštriti**

naovamo *adv* 1. to the present; *od 1952. godine* ~ from 1952 to the present 2. in this direction; *okreni auto* ~ turn the car in this direction

napabirčiti see **pabirčiti**

napad *n* 1. attack; *izdržati* ~ to withstand an attack; *izvršiti* ~ *na nekoga* to carry out an attack on smb.; ~ *raketama* a rocket attack 2. (med.) onset; attack; fit, seizure; ~ *bolesti* onset of a disease; ~

kašlja fit of coughing; *nervni* ~ nervous breakdown; *srčani* ~ heart attack **napadač** *n* 1. assailant, attacker; invader, aggressor 2. (sports) forward **napadan** *a* 1. aggressive 2. conspicuous striking; garish, gaudy; *oblačiti se* ~*dno* to dress garishly

napadati I see **napasti**

napadati II *v* to fall (in quantity); *napadalo je mnogo snega* there's been a lot of snow

napakostiti see **pakostiti**

napamet *adv* 1. by heart; *naučiti* ~ to memorize; *znati* ~ to know by heart 2. from memory; *raditi* ~ *nečiji portret* to do a portrait from memory

naparfemisati *v* to perfume

napasnik *n* tempter, seducer **napast** *n* 1. misery, trouble 2. temptation; *izbaviti nekoga od* ~*i* to save smb. from temptation **napastan** *a* tempting

napasti, napadati *v* 1. to attack, assault; ~ *neprijatelja* to attack the enemy 2. to come over, seize; *šta te je napalo?* what came over you?

napastvovati *v* 1. to pester, annoy 2. to rape

napatiti *v* to wear out, exhaust; to torment

napeći *v* to bake (in quantity)

naperiti *v* to aim

napet *a* tight, taut; tense; ~*a situacija* a tense situation **napeti** *v* to tighten, tense; strain; ~ *uši* to prick up one's ears; ~ *oči* to strain one's eyes (to see better); ~ *luk* to draw a bow; *napeo se da bolje čuje* he strained to hear better **napetost** *n* tension; strain

napev, napjev *n* melody, tune

napijati see **napiti**

napipati *v* to find by groping; *u mraku je nekako napipao bravu* somehow he found the keyhole by groping in the dark

napis *n* article, report, essay

napisati see **pisati**

napitak *n* drink; potion

napiti *v* 1. ~ *nekoga* to get smb. drunk; ~ *se* to get drunk 2. ~ *se* to quench one's thirst, drink one's fill

napjev see **napev**

naplata *n* payment; ~ *duga* payment of a debt

naplatak *n* rim (of a wheel)

naplatiti *v* 1. to collect payment for; *on je došao da naplati račun za struju* he's come to collect for the electricity 2. to charge for; *on će vam sve naplatiti* he will charge you for everything 3. to pay; ~ *nekome trud* to pay smb. for his efforts **naplativ** *a* collectible, payable (as of a bill)

naplivati se *v* to have one's fill of swimming

naploditi se *v* to multiply. breed

naploviti *v* ~ *na nešto* to come across smt., hit smt. (while sailing)

napljačkati *v* to plunder

napojište *n* watering place (for animals) **napojiti** *v* 1. to water; ~ *stoku* to water cattle 2. ~ *se* to quench one's thirst

napojnica *n* tip, gratuity (see also **bakšiš**)

napokon *adv* finally

napola *adv* 1. by halves, into halves; *podeliti* ~ to divide into halves 2. partly, partially; *kuća s* ~ *srušenim krovom* a house with a partially destroyed roof

napolica *n* sharecropping; *dati imanje u* ~*u* to lease out one's land for sharecropping **napoličar** *n* sharecropper

napolitanke *n* (type of) chocolate cookies

napolje *adv* outdoors, outside; *izašao je* ~ he went outside; *izbaciti* ~ to throw out; ~*!* out! **napolju** *adv* outdoors, outside; ~ *je bilo hladno* it was cold outside

napomena *n* 1. remark, observation 2. footnote, note, reference **napomenuti** *v* to remark, mention

napon *n* 1. tension; ~ *klinastog kaiša* fan belt tension; ~ *živaca* nervous tension 2. prime; *u (punom)* ~ *života* in the prime of life 3. *(električni)* ~ voltage; *visoki (niski)* ~ high (low) voltage; *vodovi visokog* ~*a* high-voltage lines

napor *n* effort, strain; *s* ~*om* with great effort **naporan** *a* strenuous, tiring; ~ *rad* strenuous work; ~*rno radi* he works hard

naporedan *a* 1. parallel 2. (gram.) ~*dne rečenice* main clauses **naporedo** *adv* 1. parallelly 2. at the same time

napose *adv* separately

naposletku, naposljetku *adv* finally (also **najzad**)

naprasan *v* sudden; violent; ~*sna smrt* a sudden death

naprasit *a* irascible, short-tempered, cross

naprava *n* device, gadget

napraviti see **praviti**

naprćiti see **prćiti**

naprečac *adv* 1. suddenly, unexpectedly; *umreti* ~ to die suddenly; ~ *se razboleti* to fall sick suddenly 2. hastily, rashly; ~ *doneti odluku* to make a hasty decision

napreći see **napregnuti**

napred, naprijed *adv* 1. forward, ahead; *koračiti* ~ to step (go) forward; *gledati* ~ to look ahead; *slati* ~ to send forward; ~ *marš!* forward, march! 2. in front

napredak *n* progres; *postići* ~ to make progress **napredan** *a* 1. progressive; advanced; ~*dne ideje* progressive ideas; ~ *pokret (političar, duh)* a progressive movement (politician, spirit) 2. thriving, prosperous; ~ *grad* a thriving city; ~*dna trgovina* thriving trade **naprednjak** *n* progressive **napredovati** *v* 1. to progress, advance 2. to develop (well)

napregnut *a* 1. see **napregnuti;** ~*i živci* tense nerves; ~*a radnja* tense action (as in a play); ~ *rad* hard work 2. (ling.) tense; ~*a artikulacija* tense articulation **napregnuti** *v* to tighten, tense, strain; to intensify, concentrate; ~ *oči* to strain one's eyes (to see better); ~ *uši* to prick up one's ears; ~ *sve sile (snage)* to exert all one's strength; ~ *pažnju* to concentrate one's attention; ~ *se* to exert oneself **napregnutost** see **napetost**

napretek *adv* excessively

napričati *v* to tell, relate (in quantity)

naprijed see **napred**

naprositi *v* to obtain by begging

naprosto *adv* simply; **prosto* ~ nothing but

naprotiv *adv* on the contrary

naprslina *n* crack, split

naprsnik *v* 1. vest 2. shirtfront, dickey

naprsnuti *v* to crack, split (partly); *vaza je naprsla* the vase has a little crack

naprstak *n* 1. thimble 2. (bot.) foxglove

naprtnjača *n* knapsack

napučiti *v* (W) to populate (see **naseliti**)

napući see **napuknuti**

napućiti see **pućiti**

napuderisati see **puderisati**

napujdati see **pujdati**

napukao *a* see **napuknuti;** ~*kla čaša* a cracked glass **napuknuti** *v* to crack

napumpati see **pumpati** 1

napuniti see **puniti**

napupiti see **pupiti**

napustiti, napuštati *v* to leave; to desert,

abandon, give up; ~ *školu* to drop out of school; ~ *ženu (decu)* to desert one's wife (children); ~ *nadu* to abandon hope; ~ *rudnik* to abandon a mine; *napuštaj brod!* abandon ship! ~ *sobu* to leave a room; ~ *zanat* to give up a trade

nar *n* pomegranate

naracija *n* narration

naramak *n* armful; load (carried on shoulder)

naramenica *n* 1. (in *pl)* suspenders 2. shoulder strap

naranča, narandža *n* (esp. W) orange **narančast, narandžast** *a* orange, of the color orange

narasti *v* 1. to grow; to become larger, increase; *narasla mu je brada* his beard grew; *narasle su takse* taxes increased 2. to rise (as of water, dough)

naraštaj *n* generation

narativan *a* narrative **narator** *n* narra.

narav *n* 1. temperament, personality, n￬ ture, character, disposition; *čovek dob.e* ~*i* a good-natured person; *živahna* ~ a lively personality; *blaga* ~ a gentle disposition; *ćudljiva* ~ a flighty disposition 2. (W) nature **naravan** *a* (W) natural

naravno *part* naturally, of course, surely **naravnost** *n* naturalness

narcis *n* (bot.) narcissus **narcisizam** *n* narcissism **narcist(a)** *n* narcissist

narečje, narječje *n* (ling.) dialect

naredan *a* next, following; ~*dnog dana* (on) the next day

naredba *n* command, order; *izdati (izvršiti, poslušati)* ~*u* to issue (carry out, obey) an order **narediti** *v* to command, order; ~ *nekome da učini nešto* to order smb. to do smt. **narednik** *n* (mil.) first sergeant, master sergeant **naređenje** *n* order; *izvršiti* ~ to carry out an order **naređivački** *a* imperious, commanding; ~*im tonom* in a commanding tone (of voice)

narendisati see **rendisati** 1

narezak *n* (W) see **šnicla**

narezati *v* to cut up, slice up (see also **naseći)**

naribati see **ribati** 2

naricaljka *n* (folk.) dirge, lament **naricati** *v* to lament, wail, mourn; ~ *za mrtvim* to mourn for smb. dead **narikača** *n* (folk.) (professional) mourner, wailer

narječje see **narečje**

narkoman *n* drug addict **narkomanija** *n* drug addiction

narkotik *n* narcotic, drug **narkotičan** *a* narcotic; ~*čno sredstvo* a narcotic **narkotizovati** *v* to drug, narcotize **narkoza** *n* narcosis; anesthesia; narcotic; *dati* ~*u* to drug

naročit *a* special; unusual; ~ *dan* a special day; ~*o rukovanje* special handling (as of a prcel); *ništa (nešto)* ~*o* nothing (smt.) special **naročito** *adv* 1. especially, particularly; exceptionally; *on je bio* ~ *ljubazan prema tebi* he was especially nice to you; *ona je* ~ *lepa* she is exceptionally pretty 2. deliberately, intentionally; *on je to* ~ *udesio* he arranged it deliberately

narod *n* 1. people, nation; ethnic group; ~*i Istoka* the peoples of the Orient; *francuski* ~ the Franch people; or: the French; *američki (hrvatski, nemački, srp. ki)* ~ the Americans (the Croatians, the Germans, the Serbs); (hist.) *Liga* ~*a* the League of Nations; *Ujedinjeni* ~*i* the United Nations **narodni** *a* national, people's; folk; ~*o pozorište* national theater; ~*a banka* national bank; ~*e težnje* national aspirations; ~*a imovina* public property; ~ *univerzitet* adult education center; (Yugo.) *Jugoslovenska* ~*a armija* the Yugoslav Army ~*a pesma (muzika)* folk song (music); ~*a priča* folktale; ~*a književnost* folk literature; ~*a nošnja* folk (peasant) costume; ~ *jezik* the vernacular; ~ *običaji* folkways (national customs) 2. the common people, common folk, the masses; *prost (radni)* ~ common (working) people; *čovek iz* ~*a* a man of the people **narodski** *a* folk; ~ *humor* folk humor 3. people, crowd; population; *skupio se* ~ people gathered; ~ *je izašao na ulice* people went out onto the streets

narodnooslobodilački *a* of national liberation (esp. WW II); (Yugo.) ~*a borba* War of National Liberation (WW II)

narodnost *n* nationality **narodnjak** *n* 1. nationalist 2. populist **narodnjaštvo** *n* 1. nationalism 2. populism

narogušiti see **rogušiti**

narojiti se *v* to gather in a swarm, throng together

naručaj see **naručje**

naručilac *n* one who orders, customer, purchaser **naručiti** *v* to order

naručje n arms; *pasti nekome u* ~ to fall into smb.'s arms

narudžbina n order; *po* ~*i* as ordered

narugati se v to make fun of; ~ *nekome* to make fun of smb.

narukvica n bracelet

narumen a reddish

narumeniti see **rumeniti**

narušti v 1. to disturb; ~ *javni mir i red* to disturb the peace 2. to violate; ~ *ugovor* to violate a contract

naružirati see **ružirati**

nas see **mi** 1

nasad n 1. eggs being hatched 2. plantation nursery **nasaditi** v to plant

nasamariti v to deceive, cheat

nasamo adv in private, face-to-face, alone

nasapuniti see **sapuniti**

naseći, nasjeći v 1. to cut into; ~ *lubenicu* to cut into a watermelon 2. to cut, chop (in quantity)

nasedati see **nasesti**

nasekirati see **sekirati**

naseliti v 1. to settle, populate; ~ *kraj* to settle an area 2. ~ *se* to settle (down), take up residence; ~ *se u gradu* to settle in a city **naselje** n settlement, colony **naseljen** a see **naseliti**; *gusto* ~ densely populated; ~*o mesto* an inhabited place **naseljenik** n settler, colonist **naseljenost** n population; *gustina* ~*i* population density

nasesti, nasjesti v 1. to go aground (of a ship) 2. to suffuse (of blood) 3. to be tricked, taken in; ~ *nečijim lažima* to be taken in by smb.'s lies; **~ na lepak* to be deceived

nasigurno adv 1. certainly, for sure 2. safely, surely, without risk

nasilan a violent, forcible; *umreti* ~*lnom smrću* to die a violent death **nasilnik** n 1. tyrant, despot 2. rowdy, bully **nasilje** n 1. violence, force; *izvršiti* ~ to commit violence 2. tyranny

nasip n levee; embankment; *železnički* ~ railroad embankment

nasisati v to nurse (an infant)

nasititi v to satiate, satisfy; ~ *se* to stuff oneself

nasjeći see **naseći**

nasjedati see **nasesti**

naskočiti v 1. to run into, hit; ~ *na minu* to hit a mine 2. to rise, bulge, swell

naskoro adv soon

naslada n delight, pleasure **nasladiti** v 1.

to delight 2. ~ *se nečim* to enjoy smt., find pleasure in smt.

naslaga n stratum, layer; deposit; ~*e rude* ore deposits **naslagati** v to stack in layers

naslanjati see **nasloniti**

nasledan, nasljedan a hereditary; ~*dna bolest* a hereditary disease **naslediti, naslijediti** v to inherit **naslednik, nasljednik** n heir; successor **naslednost, nasljednost** n heredity

nasledstvo, nasljedstvo n 1. inheritance; *ostaviti u* ~ to bequeath; *dobiti u* ~ to inherit 2. (biol.) heredity

naslepo, naslijepo adv blindly (also fig.); *on je* ~ *potpisao menicu* he signed the note without reading it

naslijediti see **naslediti**

naslijepo see **naslepo**

naslikati see **slikati** 2

naslon n rest, support; ~ *za ruke (noge, glavu)* arm (foot, head) rest; ~ *(od) stolice* back of a chair **nasloniti** v to lean; *nasloni glavu na moje rame* lean your head on my shoulder; ~ *se na nekoga* to lean on smb. **naslonjača** n easy chair, armchair; ~ *za ljuljanje* rocking chair

naslov n title, heading; *pod* ~*om* under the title **naslovni** a title; ~*a strana* or ~ *list* title page; ~*a uloga* the title role

naslutiti v to feel a premonition (presentiment) of; ~ *dolazak opasnosti* to feel a premonition of danger

nasljedan see **nasledan**

nasljednik see **naslednik**

nasljednost see **naslednost**

nasljedstvo see **nasledstvo**

nasmehnuti se, nasmijehnuti se v to smile; ~ *nekome (na nekoga)* to smile at smb.

nasmejan, nasmijan a smiling, jolly

nasmejati, nasmijati v 1. to make laugh; ~ *nekoga* to make smb. laugh 2. ~ *se* see **smejati se**

nasmešen, nasmiješen a smiling, grinning **nasmešiti se** see **smešiti se**

nasmijan see **nasmejan**

nasmijati see **nasmejati**

nasmijehnuti se see **nasmehnuti se**

nasmiješen see **nasmešen**

nasmiješiti se see **smešiti se**

nasmjehnuti se see **nasmehnuti se**

nasmrt adv strongly, madly, very much; ~ *se razboleo* he got vary sick

nasoliti see **soliti, usoliti**

naspavati se *v* to have a good sleep

naspram see prema

nasred *prep* in the middle; ~ *puta* in the middle of the road

nasrnuti, nasrtati *v* to attack; ~ *na nekoga* to attack smb. nasrtač *n* attacker, assailant nasrtaj *n* attack, assault nasrtljiv *a* aggressive; intrusive, annoying nasrtljivac *n* intrusive person

nastajati see nastati

nastamba *n* (W) 1. dwelling; quarters 2. see naselje

nastaniti *v* to quarter, settle,find housing for; ~ *se* to take up residence, settle down; *nastanili su se u prizemlju* they took an apartment on the ground floor

nastati, nastajati *v* 1. to begin (usu. of time); *nastaje noć* night is falling; *nastalo je proleće!* spring is here! 2. to originate; to appear; to arise; *nastala je svađa* a quarrel ensued; *nastaju velike teškoće* great difficulties are arising

nastava *n* instruction, teaching; *očigledna* ~ visual method (of teaching) nastavni *a* teaching; ~ *plan* curriculum; ~*a sredstva* teaching aids

nastavak *n* 1. extension, addition 2. continuation; *roman u* ~*vcima* a novel in installments; (sports) *u* ~*vku utakmice* in overtime 3. (gram.) suffix nastaviti, nastavljati *v* to continue; ~ *govor* to continue a speech; *borba se nastavlja* the fight is continuing; *on je nastavio da piše* he continued to write; *nastaviće se* to be continued; ~ *s nečim* to continue with smt. nastavljač *n* successor

nastavni see nastava

nastavnik *n* teacher; ~ *matematike* or ~ *za matematiku* mathematics teacher

nastirati see nastreti

nastojati *v* to strive, try; *on nastoji da dobije mesto ovde* he's trying to get a job here; ~ *oko nečega* to be occupied with smt.

nastojnik *n* janitor, building superintendent, custodian

nastradati see stradati 3

nastran *a* odd, queer; abnormal nastranost *n* oddity; abnormality

nastreti, nastrijeti *v* to cover; ~ *slamom* to cover with straw

nastrojen *a* disposed; *biti dobro (rđavo)* ~ to be in a good (bad) mood; *neprijateljski* ~ *prema nekome* hostile toward smb. nastrojenost, nastrojenje *n* disposition, mood

nastup *n* 1. attack 2. onset; fit, seizure; *epileptični* ~*i* epileptic fits; *histeričan* ~ hysterical fit 3. appearance, performance; ~ *na pozornici* stage appearance nastupajući *a* coming, approaching; ~ *praznici* the approaching holidays nastupiti, nastupati *v* 1. to step; ~ *na što* to step on smt. 2. to begin; *nastupaju ispiti* exams are beginning 3. to come forth; to appear (in the theater) 4. to act, behave; *on je nastupio arogantno* he behaved arrogantly nastupni *a* inaugural; ~ *govor* inaugural speech

nasuho see nasuvo

nasukati *v* 1. twist, wind 2. to run aground, ground; ~ *brod* to ground a ship 3. ~ *se* to go aground (of a ship; also fig.)

nasumce *adv* at random, by chance

nasuprot 1. *prep* opposite, against, contrary to, across from; ~ *tome* on the other hand; ~ *mojim savetima* contrary to my advice; *sedeo je* ~ *ocu (oca)* he sat across from his father 2. *adv* on the contrary

nasusret *adv* towards; *izići* ~ *čemu* to respond to smt., satisfy smt.: *izašao je* ~ *našim željama* he fulfilled our desires

nasušni *a* daily; basic; ~ *hleb (kruh)* our daily bread

nasuti *v* 1. to fill (in), cover; ~ *rupe* to fill in holes; *put je nasut peskom* the road is covered with sand 2. to pour; ~ *nekome šolju čaja* to pour smb. a cup of tea

nasuvo *adv* dry, without water; *obrijati* ~ to shave without water

naš *a* our, ours; ~ *čovek* one of ours, our compatriot

našaliti se see šaliti se

našarati see šarati

našareniti see šareniti

našetati se *v* to have one's fill of walking, get tired of walking

našinac *n* compatriot, countryman

naširoko *adv* in a detailed manner; *nadugačko i* ~ in a very detailed manner

našiti, našivati *v* 1. to sew on 2. to sew (in quantity)

naški I *a* ours, of our country naški II *adv* our way; *govoriti* ~ to speak our language; *po* ~ in our way

naškoditi see škoditi

naškrabati see škrabati

našminkati see šminkati
naštampati see štampati
naštimati see štimati
naštimovati see štimovati
nataknuti v to put on, stick on; ~ kapu na glavu to put a cap on one's head; ~ prase na ražanj to fix a pig on a spit
natalitet n birthrate
nataložiti see taložiti
natapati see natopiti
natčovečan, natčovječan a superhuman; ~ napor a superhuman effort natčovek, natčovjek n superman
natčulan a supersensory
nateći, naticati v to become swollen, swell
natega n difficulty, effort
nategljaj n swig (from a bottle)
nategnut a see nategnuti; ~i odnosi tense relations; ~o ponašanje forced behavior nategnuti, natezati v 1. to tighten, tense; ~ luk to draw a bow 2. to take a svig, begin drinking 3. to cock (a firearm); ~ pušku to cock a rifle
nateklina see oteklina
natenane adv slowly
naterati, natjerati v 1. to drive; ~ stoku to drive cattle 2. see terati 2
natezati see nategnuti
natjecanje n (W) contest, competition
naticati I see nataknuti
naticati II see nateći
natirati see natrti
natisnuti v to rush; to throng
natjecanje n (W) competition natjecatelj n (W) competitor natjecati se v (W) to compete natječaj n (W) competition
natjerati see naterati
natkolenica, natkoljenica n upper leg
natkriliti v to surpass
natkriti v to roof, cover
natmuren a somber; overcast
nato adv afterwards, later
natočiti see točiti
natopiti v 1. to soak, wet 2. to melt (wax, metal) 3. to saturate, impregnate
natovariti v to load; ~ auto paketima to load (up) a car with packages; ~ nešto na kola to load smt. onto a cart
natpevati, natpjevati v to outsing, surpass in singing
natpis n inscription; nadgrobni ~ epitaph; ~ na pismu address (on a' letter)
natpisati v to write, add (from above)
natpiti v to outdrink
natpjevati see natpevati

natplivati v to outswim
natprirodan a supernatural
natprosečan, natprosječan a above average, unusual
natrag adv back; ići ~ to go back; put tamo i ~ round trip
natraške adv 1. backwards, around; ići ~ to walk backwards; okreni se ~ (or natrag) turn around 2. wrongly, badly; sve je ispalo ~ everything went wrong
natrijum n (chem.) sodium
natrljati v to rub in
natroje adv into three (parts); slomiti ~ to break into three parts
natrpan a overcrowded; filled to excess
natrpati see trpati 4
natrti, natirati v to rub
natruo a partially decayed
natucati v 1. to speak poorly, mangle; on natuca malo francuski he murders French 2. to read poorly, stumble while reading
natući v to put on, pull down; ~ kapu na uši to pull a cap down over one's ears
natuknica n (W) 1. entry (see also odrednica) 2. hint, allusion natuknuti v to hint; ~ o nečemu to hint at smt.
natura n nature character; platiti u ~i to pay in kind naturalan a real, natural naturalist(a) n naturalist naturalistički a naturalistic
naturalizacija n naturalization naturalizovati v to naturalize
naturiti v 1. to force; to dictate; ~ svoju volju nekome to force one's will on smb.; ~ svoje ideje to impose one's ideas 2. to put, place 3. ~ se to force oneself, intrude; on nam se naturio he forced himself on us
natutkati v to incite, instigate, stir up; ~ psa na decu to set a dog on children
natvrd a rather hard
naučan a scholarly, scientific, learned; ~čna istraživanja scholarly research; ~čni krugovi scholarly circles; ~čni rad scholarly work naučen a see učiti 2. learned
naučenjak n (W) scholar, scientist
naučiti see učiti
naučnik n scholar, scientist
naučno adv see naučan; ~ dokazati to prove scientifically
naučnoistraživački a research; ~a ustanova a research institute
naučnost n scholarly nature

nauditi see **uditi**

nauk n moral, lesson

nauka n 1. science; scholarly work; *prirodne (društvene)* ~e natural (social) sciences; *humanističke* ~e the humanities; *političke* ~e political science; *čista (primenjena)* ~ pure (applied) science; *čovek od* ~e a man of science; *bez muke nema* ~e no pains, no gains 2. schooling, education

naljutiti v to oil

naumiti v to decide

naušnik n earflap

nauštrb prep to the detriment of; *to ide* ~ *zdravlja* that is harmful to one's health

naut n (bot.) chick-pea

nautičar n navigator **nautika** n navigation, sailing

nauznak adv on one's back

nauživati se v to enjoy fully; ~ *sunca* to enjoy the sun (to the utmost)

navabiti see **vabiti**

navala n 1. attack, assault, offense 2. crowd, throng, jam; influx; ~ *stranaca* an influx of foreigners; ~ *ljudi* a throng of people; ~ *kapitala* an influx of capital 3. flowing, flood; congestion; ~ *pitanja (suza)* a flood of questions (tears); ~ *krvi* congestion of blood; ~ *robe* a glut of merchandise 4. burst, outburst; gust; ~ *vetra* a gust of wind; ~ *besa (ljutnje)* a burst of rage 5. (sports) offense, offensive line **navaliti** v. 1. to roll; ~ *kamen na vrata* to roll a stone against the door 2. to gush, flow; *krv mu je navalila na nos* blood gushed from his nose 3. to swarm, rush, throng; *narod je navalio unutra* the crowd swarmed in; ~ *na nekoga* to press around smb.; *kupci su navalili na robu* the customers rushed for the goods 4. to attack; ~ *na nekoga* to attack smb. 5. to insist, press; ~ *na nekoga (molbama)* to plead with smb.; ~ *na nekoga pitanjima* to shower smb. with questions 6. to begin; ~ *na posao* to get down to hard work; ~ *na jelo* to begin to eat

navedem see **navesti** I

navejati, navijati v to pile up (by blowing); *vetar je navejao sneg* the wind blew the snow into piles

naveliko adv on a large scale

naveo see **navesti** I

navesti I **navoditi** v 1. to lead; ~ *nekoga na zlo* to lead smb. astray; ~ *razgovor na nešto* to steer the conversation around to smt.; *~ nekoga na greh* to lead smb. into sin; *~ na tanak led (na trulu dasku)* to lead into a dangerous situation 2. to induce, prompt; *ne znam šta ga je navelo da proda kuću* I don't know what made him sell his house 3. to cite, quote; ~ *dokaze* to cite proof; ~ *primere* to cite (give) examples

navesti II **navoziti** v 1. to deliver, bring (by vehicle) (in quantity); *navezli su drva za celu zimu* they brought (enough) firewood for the whole winter 2. to sail, row; ~ *čamac na otvoreno more* to put out to sea in a boat 3. ~ *se* to drive onto; *navezli su se na seoski put* they drove onto a village road

navesti III v to embroider (see also **vesti**)

navići see **naviknuti**

navigacija n navigation, sailing **navigator** n navigator

navijač n fan, supporter, rooter; ~*i su bodrili svoje ljubimce* the fans cheered their favorites; *fudbalski (nogometni)* ~ a soccer fan; *zagrižen* ~ a fanatical rooter **navijati** I v to root; ~ *za nekoga* to root for smb.

navijati II see **navejati**

navijutak n coil

navika n habit, practice; *rđava (dobra)* ~ a bad (good) habit; *odučiti nekoga od* ~e to break smb. of a habit; *stvarati* ~*u* to form a habit; *~ je druga priroda* habit is second nature; *po* ~*ci* by habit; *iz* ~*e* by force of habit; *preći u* ~*u* to become a habit

naviknuti v 1. to accustom, habituate; to train, teach; ~ *nekoga na strogu disciplinu* to accustom smb. to strict discipline 2. (and ~ *se*) to become accustomed, used to; *ona (se) je navikla na njega* she got used to him; *on (se) je navikao da sam sprema doručak* he got accustomed to preparing his own breakfast

navirati see **navreti**

naviti v to wind (up); ~ *sat* to wind a watch

navlačiti see **navući**

navlaka n cover; ~ *za nameštaj* furniture cover; ~ *za jastuk (jastučna* ~*)* pillowcase

navlastito adv (W) particularly

navlaš adv (W) purposely, deliberately

navlažiti v to moisten

navod *n* 1. assertion, statement 2. quotation; *znak* ~*a* quotation mark navodni *a* ~ *znak* quotation mark

navoditi see navesti I

navodni *a* 1. see navod 2. alleged, supposed; ~ *razlog* the alleged reason

navodnice *n* quotation marks

navodnik *n* quotation mark; *staviti pod* ~*e* to put into quotation marks

navodniti *v* to irrigate, water

navodno *adv* see navodni 2; as alleged

navodnjavanje *n* irrigation; *veštačko* ~ artificial irrigation

navođenje *n* quotation; *znaci* ~*a* quotation marks

navoj *n* coil

navoštiti see voštiti

navozati se *v* to have one's fill of riding (driving)

navoziti see navesti II

navrat *n* time; *u više (nekoliko)* ~*a* several times

navratiti *v* ~ *(se)* to drop in (while passing by); ~ *kod nekoga* to drop in at smb.'s place; *navràtiti sutra* drop in tomorrow

navreti I navrijeti, navirati *v* 1. to gush out, pour out; *suze su mu navirale na oči* tears filled his eyes 2. to swarm, throng; *ljudi su navirali na trg* people swarmed to the square

navreti II *v* to boil over, rise (while boiling)

navrh *prep* at the top of; ~ *brda* at the top of the hill; ~ *sela* at the (upper) end of the village

navrijeti see navreti I

navrnuti *v* 1. to divert; ~ *vodu* to lead (divert) water 2. to screw, bolt

navršiti, navršavati *v* to reach, pass, turn; ~ *šezdesetu godinu* to turn sixty

navrtanj see navrtka

navrteti, navrtjeti *v* 1. to bore, drill 2. to screw

navrtka *n* nut (on a bolt)

navući, navlačiti *v* 1. to slip on, put on; ~ *rukavice (cipele, čizme)* to put on gloves (shoes, boots); ~ *preko glave* to slip over one's head 2. to bring, drag (in quantity); *navukli su hrane za celu zimu* they brought (enough) food for the whole winter 3. ~ *nekoga na nešto* to talk smb. into doing smt.; *on me je navukao na to* he made me do that 4. to catch; ~ *bolest* to catch an illness; ~ *kijavicu*

to catch a cold 5. ~ *se* to be covered; *nebo se navlači oblacima* the sky is becoming cloudy

nazad *adv* back; *ići* ~ to go back; ~*!* back up! nazadak *n* decline, decay; regression

nazadan *a* backward, regressive; reactionary nazadnjak *n* reactionary nazadovati *v* to regress, go backward

nazal *n* (ling.) nasal nazalan *a* nasal

nazdraviti *v* to toast, drink a toast; ~ *nekome* to toast smb.; ~ *za nešto* to drink to smt. nazdravlje *interj* 1. to your health! (during a toast) 2. God bless you! (after smb. sneezes)

nazeb *n* cold (see also kijavica)

nazepsti *v* to catch cold

nazirati see nazreti

naziv *n* name, title; *naučni* ~ a scientific term

nazivati see nazvati

naznačiti *v* to mark, indicate, designate; to point out naznaka *n* indication, designation

nazočan *a* (W) present (see prisutan)

nazor *n* opinion, view

nazovi- *prefix* would-be, professed, so-called; *nazoviprijatelj* a so-called friend; *nazovipesnik* a would-be poet

nazreti, nazirati *v* to perceive, discern, catch sight of; *nazreo sam ga u gomili* I caught sight of him in the crowd; *kraj rata se tek počeo nazirati* the end of the war was just coming in sight

nazubiti *v* to cog, tooth

nazupčati see zupčati

nazuvnik *n* shoehorn

nazvati, nazivati *v* 1. to name; to christen; ~ *dete po ocu* to name a child after its father 2. to call; *svi ga nazivaju varalicom* everyone calls him a cheat; *on ga je nazvao glupakom* he called him a fool; **nazvati pravim imenom* to call a spade a spade 3. (colloq., W) see telefonirati) 4. ~ *se* to be named; *grad se nazvao po svom oslobodiocu* the city was named after its liberator

nažderati se *v* to gorge oneself

nažeti *v* to reap (in quantity)

nažuljiti see žuljiti

nažut *a* yellowish

ne I *interj* no; *jesi li ti student?* ~*!* are you a student? no!

ne II *part* (denotes negation) *on ne zna* he does not know; *hteo-ne hteo* whether you want to or not; *on je* ~ *samo darovit, nego i marljiv* he is not only talented, but (he) is diligent too

ne- III *prefix* 1. (denotes negation) see **nesrećan, neprijatelj, nečovek, nemati** 2. (denotes an indefinite meaning) see **neko, nešto, neki, negde**

neadekvatan *a* inadequate

neaktivan *a* inactive

nebeski *a* 1. see **nebo** 2. heavenly, divine; ∼*o blaženstvo* heavenly bliss

nebiran *a* 1. not selected, average 2. vulgar, coarse; ∼*e reči* vulgar words

nebo *n* sky; heaven; *zvezdano* ∼ the starry heavens; *biti na devetom ∼*u* to be in seventh heaven; *na* ∼*u (nebesima)* in the sky; or: in heaven; *pod vedrim* ∼*om* in the open; **dizati nekoga u nebesa* to praise smb. to the sky; **kao grom iz vedra* ∼*a* like a bolt out of the blue; *∼ *se otvorilo* the skies opened (it began to pour); *pasti s ∼*a na zemlju* to wake up to reality; *kao mana s ∼*a* like manna from heaven **nebeski** *a* celestial; ∼ *svod* the firmament; ∼*a mehanika* celestial mechanics

neboder *n* skyscraper

nebojša *n* fearless person, daredevil

neborac *n* noncombatant, civilian

nebriga *n* easygoing ways, indifference

nebrižljiv *a* 1. careless 2. carefree

nebrojen *a* countless

nebulozan *a* vague, nebulous

nečastan *a* dishonest; dishonorable, shameful

nečastiv *a* 1. (used as a noun) devil 2. cursed; ∼*a sila* (∼*e sile*) evil forces, the devil

nečiji *a* smb.'s

nečist I *n* dirt, filth **nečist** II *a* 1. dirty, unclean 2. impure 3. dishonest, dishonorable; ∼*e namere* dishonorable intentions **nečistoća** *n* dirt, filth; (fig.) impurity

nečitak *a* illegible

nečovečan, nečovječan *a* inhuman; brutal, cruel **nečovek, nečovjek** *n* monster, brute

nečujan *a* inaudible

nečuven *a* unheard-of, unprecedented

nećak *n* nephew **nećaka, nećakinja** *n* niece

nećeš see **hteti**

nećkati se *v* to say 'no'

nećudoredan *a* (W) immoral, dishonest

nedaća *n* misfortune

nedaleko *adv* not far

nedavni *a* recent **nedavno** *adv* recently

nedelo, nedjelo *n* misdeed, crime

nedelja, nedjelja *n* 1. Sunday; *u* ∼*u* on Sunday; ∼*om* every Sunday; *provesti* ∼*u* to spend (a) Sunday; *Cvetna* ∼ Palm Sunday 2. week; *u toku* ∼*e* or *u* ∼*i* or *preko* ∼*e* during the week; *od danas za* ∼*u dana* a week from today; *provesti* ∼*u dana* to spend a week **nedeljni, nedjeljni** *a* Sunday; weekly; ∼*e novine* Sunday newspaper; ∼ *odmor* weekend recess; ∼ *časopis* a weekly magazine

nedeljiv, nedjeljiv *a* indivisible

nedeljni see **nedelja**

nedeljno, nedjeljno *adv* see **nedelja** 2; weekly; *jednom* ∼ once a week

nedirnut *a* untouched

nedisciplina *n* lack of discipline, breakdown of discipline **nedisciplinovan** *a* undisciplined

nedjelo see **nedelo**

nedjelja see **nedelja**

nedjeljiv see **nedeljiv**

nedjeljni see **nedelja**

nedjeljno see **nedeljno**

nedogled *n* infinity; *u* ∼ as far as the eye can see **nedogledan** *a* 1. infinite, endless, boundless 2. unforseeable

nedohvatljiv *a* 1. unreachable 2. incomprehensible

nedokaziv *a* unprovable

nedokučiv *a* 1. unreachable, unattainable 2. inconceivable

nedoličan *a* unbecoming, indecent

nedonesen *a* prematurely born **nedonošče** *n* 1. premature baby 2. (fig.) abortive effort

nedopustiv *a* inadmissible; prohibited

nedopušten *a* prohibited, unauthorized

nedorastao *a* 1. immature 2. unqualified, unfit; *biti* ∼ *nekome* not to be a match for smb.

nedorečen *a* unsaid, partially said

nedosetljiv, nedosjetljiv *a* unimaginative, not resourceful

nedosledan, nedosljedan *a* inconsistent

nedostajati *v* to be missed; to be in short supply; *ona mi je mnogo nedostajala* I missed her a lot; *vi nam mnogo nedostajete* we miss you very much; *nedostaje mi novca* I am short of money **nedostatak** *n* 1. shortage 2. defect **nedostati** *v* to be used up, run out; *nedostalo mi je*

šećera I ran out of sugar; *nedostaće nam municije* we'll run out of ammunition
nedostižan *a* 1. unreachable, inaccessible 2. incomprehensible; *ta materija je njemu ~žna* he can't grasp that material
nedostojan *a* 1. unworthy; *biti ~ nečega* to be unworthy of smt. 2. dishonest, bad
nedostupan *a* 1. unreachable, inaccessible 2. incomprehensible
nedoučen *a* partially educated
nedoumica *n* perplexity, confusion; hesitation; *biti u ~i* to be confused; *dovesti nekoga u ~u* to confuse smb.
nedovoljan *a* unsatisfactory; insufficient; *~ljna ocena* a failing grade (in shool)
nedozreo *a* unripe; immature
nedozvoljen *a* prohibited
nedra, njedra *n* bosom, breast; *govoriti sebi u ~* to mutter to oneself
nedrug *n* enemy, foe; bad friend
nedugo *adv* soon
nedužan *a* 1. innocent 2. harmless
neekonomski *a* uneconomical
nefritis *n* (med.) nephritis
nega, njega *n* 1. care, nursing; *~ ranjenika* care of the injured: *~ novorođenčadi* infant care; *~ zuba* the care of teeth 2. rearing, raising; *~ čistokrvnih konja* the raising of throughbred horses
negacija *n* 1. negation 2. (gram.) negative particle **negativ** *n* (photo.) negative **negativan** *a* negative
negde, negdje *adv* 1. somewhere 2. sometime; *~ oko Nove godine* sometime around the New Year 3. once, at one time
negirati *v* to deny, negate
negliže *n* negligee
nego *conj* 1. than (after the *comp*); *Beograd je veći ~ Dubrovnik* Belgrade is larger than Dubrovnik; *sve je bilo prijatnije ~ što smo se nadali* everything was nicer than we had expected 2. but; *to nije crno, ~ belo* it's not black, but white; *on ne govori, ~ sluša* he's not talking, but listening; *on je ne samo darovit, ~ i marljiv* he is not only talented, but is diligent, too 3. *drugačiji (drukčiji) ~* different from, different than; *ovaj materijal je drukčiji ~ tvoj* this material is different from (than) yours
negodovati *v* to protest; to complain
negoli see **nego** 1

negovatelj, njegovatelj *n* nurse **negovateljica, njegovateljica** *n dečja ~* governess
negovati, njegovati *v* 1. to care for, nurse; *~ dete* to care for a child 2. to cherish, foster; *~ tradicije* to cherish traditions; *~ jezik (prijateljstvo)* to sherics one's language (a friendship) 3. *~ se* to take care of oneself
nehaj *n* indifference; negligence **nehajan** *a* indifferent, nonchalant; negligent
nehat *n* carelessness, negligence; *ubistvo iz ~a* involuntary manslaughter **nehatan** *a* careless, negligent
nehigijenski *a* unsanitary
nehotice, nehotimice *adv* inadvertently, accidentally; *razbiti šolju ~* to break a cup accidentally **nehotičan, nehotimičan** *a* inadvertent, accidental; *~čna primedba* an inadvertent remark
nehuman *a* inhuman
neiscrpan *a* inexhaustible
neiskaziv *a* inexpressible, indescribable
neiskorenjiv, neiskorenjiv *a* ingrained, ineradicable
neiskorišćen *a* unused
neiskren *a* insincere
neiskusan *a* inexperienced
neiskušan *a* untested
neispavan *a* sleepy
neispitan *a* unexplored; untested
neisplaćen *a* unpaid
neispravan *a* 1. inaccurate, incorrect, erroneous; *~vno rešenje* an incorrect solution 2. improper, dishonest; *~ postupak* an improper act 3. ruined, out of order
neispunljiv *a* unfeasible, impracticable; *~a molba* an impracticable request
neistinit *a* untrue
neistražen *a* unexplored
neizbežan, neizbježan *a* unavoidable, inevitable
neizbrisiv *a* indelible
neizdrživ *a* unbearable, unendurable; *~ pritisak* unendurable pressure; *~ bol* unbearable pain
neizgladiv *a* indelible; permanent
neizgoriv *a* incombustible; fireproof
neizlečiv, neizlječiv *a* incurable; *~a bolest* an incurable disease
neizmenljiv, neizmjenljiv *a* unalterable, unchangeable
neizmeran, neizmjeran *a* immense, endless, boundless
neizostavan *a* obligatory

neizvesnost, neizvjesnost n uncertainty: *biti u ∼i* to be in suspense, be uncertain **neizvestan, neizvjestan** a uncertain, doubtful

neizvodiv a impracticable, unfeasible

nejasan a unclear

nejednak a unequal

neka, nek (used to form the 3rd person imperative) ∼ *uđu* let them enter; ∼ *prvo napiše zadatak* let him write his homework first; ∼ *bude!* so be it!

nekad, nekada adv 1. once, at one time; ∼ *smo i mi bili mladi* we were young once, too 2. sometimes, at times; ∼ *donese cveće,* ∼ *bonbone* sometimes he brings flowers, sometimes candy

nekadašnji a former

nekakav a some, a; any (kind of); *tražio te je* ∼ *čovek* some man was looking for you

nekako adv somehow, in some way; *ja sam se* ∼ *osećao kao da sam kod kuće* somehow I felt as if I were at home

nekamo see **nekud**

nekažnjen a unpunished

neki a 1. some, a; ∼*a žena čeka* some woman is waiting; ∼*im čudom* in some strange way; ∼ *put (∼ih puta)* sometimes; **u ∼u ruku* in some way; **pre* ∼ *dan* a few days ago 2. (in *pl* with no noun) some (people), people; ∼ *to vole vruće* some like it hot; ∼*ima se koncert dopao, a* ∼*ima nije* some liked the concert, others did not 3. around, approximately, some; *radio sam ∼ih pola sata* I worked for around a half hour; ∼*a dva sata* around two hours

neknjiževan a not literary

neko, netko pron somebody, someone; ∼ *kuca* smb. is knocking; *on je* ∼*!* he's a somebody! *rekao sam nekome da te obavesti o tome* I told smb. to let you know about it: *da me je* ∼ *pitao . . .* if smb. had asked me . . . .

nekolik a a few; *od* ∼*ih ljudi* from a few men

nekoliko adv several, a few; ∼ *puta* several times; ∼ *gradova* several cities; ∼ *ljudi (žena)* several men (women)

nekretnina n real estate

nekrolog n necrology

nekromantija n necromancy

nekršten a unbaptized

nektar n nectar

nekud(a) adv somewhere; *ići* ∼ to go somewhere

nekulturan a uncultured

nelagodan a uncomfortable, awkward, uneasy

nelegalan a illegal

nelogičan a illogical

nelojalan a disloyal

nelomljiv a unbreakable

neljudi see **nečovek**

nem, nijem a mute, dumb; silent; *gluv i* ∼ deaf and dumb; ∼*i film* a silent film

Nemačka n Germany

nimalo adv quite a few

neman n moster

nemanje n absence, lack; ∼ *pouzdanih podataka* the absence of reliable data

nemar n negligence; carelessness; indifference **nemaran** a 1. negligent 2. nonchalant, indifferent

nemarljiv a slipshod; careless

nemaština n poverty

nemati v 1. neg. of **imati**; *on nema dosta novca* he does not have enough money; **on nema srca (duše)* he is cruel; *on nema kud* he has nowhere to go; or: he has no choice; *nemam ništa da izgubim* I have nothing to lose (past is *nisam imao*, etc.; future is *neću imati*, etc.) 2. neg. of **imati** 2; *u ovom gradu nema pozorišta* there is no theater in this town; *nema hleba* there is no bread; **nema veze* it doesn't matter; **ovom čoveku nema ravna* that fellow has no equal; **nema na čemu* you're welcome (reply to **hvala**); **nema ništa od toga* it's a lost cause; **nema se kud* there is no other way; **nema se kad* there is no time; *nema ni dana da nije pijan* a day doesn't pass without his getting drunk; *nema ga* he isn't here

nemerljiv, nemjerljiv a immeasurable

nemešanje, nemiješanje n nonintervention; *politika* ∼*a* a policy of nonintervention

nemeti, nijemjeti, onemeti, onijemjeti v to become dumb, become speechless

nemilice adv mercilessly

nemilosrdan a merciless, pitiless

nemilost n disfavor; *pasti u* ∼ to fall into disfavor

neminovan a unavoidable

nemio a disagreeable; ∼ *događaj* a disagreeable incident; ∼*la vest* disagreeable news

nemir n 1. unrest 2. (usu, in pl) riot, demonstration nemiran a restless; turbulent

nemoć n 1. weakness; infirmity; do ~i to utter exhaustion 2. helplessness nemoćan a 1. weak; frail, feeble, infirm 2. helpless

nemoguć, nemogućan a 1. impossible; impracticable 2. unbearable; deca su ~a the children are unbearable nemogućnost n impossibility

nemoj; nemojte (pl and polite); nemojmo (lst person pl); (forms the neg. imper.); nemoj se igrati or nemoj da se igraš don't play; nemojmo se igrati or nemojmo da se igramo let's not play; nemojte zatvarati (zatvoriti) vrata or nemojte da zatvarate (zatvorite) vrata don't close the door; nemoj! don't! *ma nemoj! you don't say!

nemoral n immorality nemoralan a immoral, indecent nemoralnost n immorality

nemost, nijemost n dumbness

nemuški a unmanly

nenadan a sudden, unexpected

nenadmašan a unsurpassable

nenadoknadiv a irreparable, irretrievable; irredeemable

nenameran, nenamjeran a unintentional

nenapadanje n nonaggression; ugovor o ~u nonaggression treaty

nenaplativ a 1. unpayable 2. priceless

nenapučen a (W) uninhabited

nenaravan a (W) unnatural

nenarušiv a inviolable

nenaseljen a uninhabited

nenasitan a insatiable

nenaviknut a 1. unaccustomed 2. unusual

nenazočan a (W) absent

nenormalan a abnormal; strange

neo- prefix neo, new

neobavešten, neobaviješten a uninformed

neobavezan a optional, facultative

neobavljen a not done; otići ~a posla to leave without getting anything done

neobazriv a careless

neobezbeđen, neobezbijeđen a unprotected, unguarded

neobičan a unusual

neobjašnjiv a inexplicable

neoboriv a irrefutable, indisputable; ~i dokazi irrefutable proof

neobrađen a unworked, untilled

neobrazovan a uneducated

neobučen a untrained

neobuhvatan a immense

neobuzdan a ungovernable, unrestrained

neocenjiv, neocjenjiv a invaluable

neočekivan a unexpected

neočešljan a uncombed

neodbranljiv a indefensible

neodgonetljiv a unsolvable

neodgovoran a irresponsible

neodložan a urgent, pressing; ~ posao (sastanak) an urgent matter (meeting)

neodlučan a 1. indecisive 2. undecided

neodobravanje n disapproval

neodoljiv a irresistible

neodrediv a indeterminable

neodređen a indefinite; vague; (gram.) ~i član indefinite article; (gram.) ~a zamenica indefinite pronoun; ~ odgovor a vague reply

neofašizam n neofascism

neograničen a unbounded, unlimited

neokaljan a uncorrupted, pure; ~o ime an honorable name

neoklasicizam n neoclassicism

neolitski a neolithic

neologizam n neologism

neometan a undisturbed

neon n neon neonski a neon; ~o svetlo neon light

neonacizam n neo-Nazism

neophodan a necessary, indispensable

neopisiv a indescribable

neoporeciv a irrefutable

neopoziv a unalterable, unconditional, irrevocable

neopran a unwashed

neopravdan a unjustified; ~ izostanak an unexcused absence (in school)

neopredeljen, neopredijeljen a 1. undefined, vague 2. undecided

neoprostiv a unpardonable; ~ greh an unpardonable sin

neopskrbljen a (W) 1. not supplied 2. not provided for

neorganski a inorganic; ~a hemija inorganic chemistry

neosetan, neosjetan a imperceptible

neosetljiv, neosjetljiv a 1. insensible, unfeeling 2. see neosetan 1

neoskvrnavljen a unprofaned, pure

neosnovan a unfounded, groundless

neosporan a indisputable

neostvaren a unrealized, unfulfilled; ~a želja an unfulfilled desire

neostvariv a unfeasible; unrealizable

neosvojiv a inaccessible, impregnable; ~a *tvrđava* an impregnable fortress
neotesan a unhewn, rough; coarse, crude
neotklonjiv a 1. certain, unavoidable; ~a *pogibija* certain death 2. insistent, pressing
neotkriven a undiscovered
neotporan a frail, weak
neotuđiv a inalienable; ~a *prava* inalienable rights
neovisan a (W) independent
neovlašćen a unauthorized
neozbiljan a 1. not serious; frivolous 2. insignificant, trivial
neoženjen a unmarried (of a man)
Nepal n Nepal
nepar n odd number **neparan** a odd; ~ *broj* odd number
nepatvoren a authentic, genuine
nepce n palate; *meko (zadnje)* ~ soft palate; *tvrdo (prednje)* ~ hard palate **nepčani** a palatal; ~ *suglasnik* palatal consonant
nepisan a unwritten; ~*i zakoni* unwritten laws; ~a *pravila* unwritten rules
nepismen a illiterate **nepismenost** n illiteracy
neplanski a unplanned
neplivač n non-swimmer
neplodan a sterile, barren; ~*dni napori* fruitless efforts
nepobedan, nepobjedan a invincible
nepobitan a irrefutable
nepobjedan see **nepobedan**
nepoćudan a (W) unwanted
nepodeljen, nepodijeljen a undivided; unanimous; ~*o mišljenje* a unanimous opinion
nepodesan a inconvenient
nepodmitljiv a incorruptible
nepodnosiv a unbearable, insufferable; ~ *bol* unbearable pain
nepodoban a 1. unfit, unsuitable 2. monstrous, ugly **nepodopština** n unsuitability
nepogoda n 1. storm, bad weather 2. disaster; *elementarna (prirodna)* ~ natural disaster
nepogodan a inconvenient, unsuitable; *doći u* ~*dno vreme* to come at an inconvenient time
nepogrešan a unerring
nepojmljiv a inconceivable, incomprehensible
nepokolebiv a firm, steady, unshakable

nepokoran a disobedient; *biti* ~ *nekome* to disobey smb.
nepokretan a immobile; ~*tna imovina* real estate
nepokriven a uncovered; (sports) 'open'
nepokvaren a 1. unspoiled 2. (fig.) unsophisticated, naive
nepokvariv a 1. nonperishable (of food) 2. incorruptible
nepolitički a nonpolitical; apolitical
nepomičan a immobile, motionless, stationary
nepomirljiv a irreconcilable
nepomućen a undisturbed, untroubled
neponovljiv a unique, unrepeatable
nepopravljiv a 1. incorrigible, incurable: habitual; ~a *pijanica* a habitual drunkard; ~ *lažov* a chronic liar 2. irreparable
nepopularan a unpopular
nepopustljiv a unyielding
neporočan a blameless, irreproachable; *njegovo ponašanje je bilo* ~*čno* his behavior was above reproach
neposlušan a disobedient
neposredan a 1. direct, immediate; ~ *uticaj* direct influence; ~ *predak* a direct ancestor; ~ *šef* an immediate superior; ~*dno posle* immediately after; (gram.) ~*dni govor* direct speech 2. sincere, natural, frank
nepostojan a changeable; ~a *boja* a color that fades
nepostojanje n nonexistence, absence **nepostojeći** a nonexistent
nepošten a dishonest **nepoštenje** n dishonesty
nepoštovanje n disrespect
nepotizam n nepotism
nepotkupljiv a incorruptible
nepotpun a incomplete
nepotreban a unnecessary
nepotvrđen a unconfirmed
nepoverenje, nepovjerenje n distrust, mistrust, suspicion; *pokazivati* ~ *prema nečemu* to lack trust in smt.; (pol.) *izglasati* ~ *vladi* to vote nonconfidence in a government **nepoverljiv, nepovjerljiv** a 1. distrustful, suspicious; *biti* ~ *prema nekome* to have no confidence in smb. 2. questionable
nepovezan a 1. uncoordinated, disorganized; ~a *akcija* an uncoordinated action; (sports) ~a *igra* poor teamwork 2. inco-

herent; ~a izjava an incoherent statement

nepovoljan a negative, bad, unpleasant; ~ljno mišljenje a negative opinion; ~ ljna vest bad news

nepovrat n place of no return; otići u ~ to disappear nepovratan a irretrievable

nepoznat a 1. unknown 2. (as a noun) (math.) unknown; jednačina s dve ~e an equation with two unknowns

nepoznavanje n ignorance; ~ pravila ignorance of the rules

nepoželjan a undesirable, unwanted; (dipl.) ~ljna ličnost persona non grata

nepravda n injustice nepravedan a unjust, unfair

neprečišćen a 1. not cleared up, unsettled 2. unrefined, crude; ~a nafta crude oil

nepredvidiv a unpredictable; ~e teškoće unpredictable difficulties

nepredviđen a unforseen, unpredicted, unexpected

nepregledan a 1. immense, vast 2. confused, muddled, mixed-up

neprekidan a continuous, uninterrupted, constant

neprekidljiv a unbreakable

neprekinut a unbroken; ~a linija an unbroken line

neprekoračiv a impassable; ~a pravila inviolable rules

neprekršiv a inviolable

neprelazan a 1. (gram.) intransitive; ~ glagol an intransitive verb 2. ~zna ocena a failing grade (in school) 3. noncontagious; ~zna bolest a noncontagious disease

nepremostiv a insurmountable; ~e teškoće insurmountable difficulties

neprenosiv a untransferable

neprestan a continuous, uninterrupted, constant neprestance adv constantly, continuously

represušan a inexhaustible; ~šna energija inexhaustible energy

neprevodiv a untranslatable

neprijatan a unpleasant

neprijatelj n enemy; spoljni (unutrašnji) ~ external (internal) enemy; zakleti ~ sworn enemy neprijateljski a enemy, hostile; ~ napad an enemy attack; ~o držanje hostile attitude neprijateljstvo n 1. hostility, enmity 2. hostile act

neprijatnost n 1. unpleasantness; desila mi se ~ smt. unpleasant happened to me 2.

difficulty, trouble; imati mnogo ~i to have a lot of trouble

neprijemljiv a 1. unacceptable 2. unresponsive, insensitive

neprikladan a inappropriate, unsuitable, improper; ~dno ponašanje (odelo) improper conduct (dress)

neprikosnoven a untouchable, sacred, inviolable; ~a ličnost a revered personality; ~a tajna a strict secret

neprikriven a uncovered, unconcealed; s ~om mržnjom with unconcealed hatred

nepriličan a 1. inappropriate, unsuitable 2. indecent

neprilika n trouble, difficulty; doći u ~u to get into trouble

neprimenjiv a inapplicable, unsuitable; ~o pravilo an inapplicable rule; ~ primer an unsuitable example

neprimetan, neprimjetan a imperceptible

neprirodan a unnatural

nepristojan a rude, crude; indecent; ~jno ponašanje rude behavior; ~jni vicevi off-color jokes

nepristran a (W) see nepristrastan

nepristrastan a impartial, objective; ~ posmatrač an impartial observer

nepristupačan a 1. inaccessible, unreachable 2. (of a person) unapproachable, reserved

neprisutan a absent

nepriznat a unrecognized, not acknowledged

neprobojan a impenetrable; bullet-proof; ~jno staklo bulletproof glass

neprocenjiv, neprocjenjiv a 1. priceless, invaluable 2. immeasurable

neprohodan a impassable

neprolazan a 1. see neprohodan 2. permanent, eternal

nepromašiv a unerring

nepromenljiv, nepromjenljiv a unchangeable; (gram.) ~e reči undeclined words

neprometan a 1. quiet, with no traffic; ~tna ulica a quiet street 2. impassable, blocked (to traffic)

nepromišljen a imprudent, hasty

nepromočiv a waterproof

nepronicljiv a 1. undiscerning 2. abstruse

nepropisan a contrary to regulations; illegal

nepropustljiv a waterproof

neprovodnik n nonconductor (of heat, electricity)

neproziran *a* 1. opaque 2. (fig.) secretive; undercover

Neptun *n* Neptune

nepun *a* not full; not complete

nepunoletan, nepunoljetan *a* underage, minor; (fig.) immature

nepušač *n* nonsmoker

neradnik *a* idler

nerado *adv* reluctantly

neranljiv, neranjiv *a* invulnerable

neraskidiv *a* unbreakable; permanent; ~*e veze* permanent ties

neraspoložen *a* ill-disposed; *biti ~ prema nekome* to be unfriendly toward smb.

neraspoloženje *n* 1. bad. mood, bad temper 2. dislike; hostility; ~ *prema nekome* hostility toward smb.

nerast *n* (zool.) boar

nerastopiv *a* insoluble, indissoluble

neravan *a* 1. uneven, rugged, rough 2. unequal

neravnomeran, neravnomjeran *a* uneven; ~*rnim tempom* at an uneven tempo

neravnopravan *a* unequal, (considered) inferior

nerazborit *a* unreasonable, unjustified

nerazdeljiv, nerazdjeljiv *a* indivisible

nerazdruživ *a* inseparable

nerazdvojan *a* inseparable; ~*jni drugovi* inseparable friends

nerazdvojiv *a* indivisible

nerazgovetan, nerazgovijetan *a* indistinct; illegible

nerazjašnjiv *a* inexplicable

nerazložan *a* 1. unfounded, groundless; ~*žna ljubomora* groundless jealousy 2. unreasonable; ~ *čovek* an unreasonable man

nerazmišljen see **nepromišljen**

nerazmrsiv *a* 1. complex, complicated 2. unsolvable, insoluble; ~ *zločin* an unsolvable crime 3. inextricable

nerazoriv *a* indestructible

nerazrešiv, nerazrješiv *a* insoluble, unsolvable

nerazuman *a* unreasonable

nerazumljiv *a* unintelligible

nerazvijen *a* undeveloped; ~*e zemlje* underdeveloped countries

nerealan *a* 1. unrealistic 2. unreal, fictitious

nered *n* 1. disorder, chaos 2. (usu. in *pl)* riot, demonstration

neredovan *a* irregular; (mil.) ~*vne trupe* irregulars

neredovit *a* (esp. W) see **neredovan**

nerentabilan *a* unprofitable

nerešen, neriješen *a* 1. unsolved; unsettled 2. (sports) tied; *igrali su* ~*o* they played to a draw; ~ *rezultat* a tie, draw

nerešiv, nerješiv *a* 1. unsolvable, insoluble; ~ *problem* an insoluble problem 2. unsure, undecided

neretko, nerijetko *adv* (rather) often

neriješen see **nerešen**

nerijetko see **neretko**

neritmičan *a* uneven, irregular

nerješiv see **nerešiv**

nerodan *a* barren, sterile; ~*dna zemlja* barren soil

nerv *n* nerve; **ići nekome na* ~*e* to get on smb.'s nerves; *rat nerava* a war of nerves **nervni** *a* nervous, nerve; ~ *sistem* nervous system; ~ *bolesnik* a mentally disturbed person; ~ *šok* nervous breakdown

nervirati *v* to make nervous; ~ *nekoga* to get on smb.'s nerves; ~ *se* to get upset

nervoza *n* nervousness **nervozan** *a* nervous

nesaglasan *a* disagreeing, in disagreement

nesaglediv *a* 1. invisible 2. unforseeable; ~*e posledice* unforeseeable consequences

nesagoriv *a* fireproof

nesalomljiv *a* unbreakable; (fig.) firm

nesamostalan *a* dependent

nesanica *n* insomnia

nesavestan, nesavjestan *a* 1. unscrupulous; dishonest 2. badly done, poor; ~ *posao* a badly done job

nesavitljiv *a* unbending, inflexible

nesavjestan see **nesavestan**

nesavladiv *a* invincible; insurmountable; ~*e prepreke* insurmountable obstacles

nesavremen *a* old-fashioned, antiquated ~*o oblačenje* old-fashioned dress

nesavršen *a* 1. imperfect, defective 2. primitive, crude

nesebičan *a* unselfish

neseser *n* vanity case, dressing case

neshvatljiv *a* incomprehensible

nesiguran *a* unsure, uncertain, insecure; *biti ~ u sebe* to lack self-confidence; ~ *korak (glas)* an unsure step (voice); ~*rna pozicija* an insecure position **nesigurnost** *n* uncertainty, insecurity

nesimpatičan *a* unpleasant, unattractive

nesistematičan *a* unsystematic

nesit *n* (zool.) pelican

nesklad n disharmony, discord **neskladan** a disharmonious, discordant

neskriven a unhidden; obvious, visible

neskroman a immodest

neslaganje n disagreement, discord, dissension

neslan a unsalted, saltless

neslavan a inglorious; shameful

neslobodan a not free

nesloga n discord, dissension **nesložan** a discordant

neslućen a unimagined, undreamed-of

nesmetan a undisturbed, free

nesmotren a incautious

nesnosan a unbearable, unendurable; ~sna vrućina unbearable heat

nesocijalan a 1. unsociable 2. unsocial, antisocial

nesolidan a unreliable

nespokojan a restless

nesporazum n misunderstanding; došlo je do ~a there was a misunderstanding

nesportski a unsportsmanlike

nesposoban a incapable, unfit

nespreman a 1. unprepared 2. unqualified

nespretan a clumsy, awkward; ~ čovek a clumsy person **nespretnjak** n clumsy person

nesravnjiv a incomparable

nesrazmer(a), nesrazmjer(a) n disproportion, incongruity, disparity; biti u ~i s nečim to be out of line with smt. **nesrazmeran, nesrazmjeran** a disproportionate, out of proportion, incongruous

nesreća n 1. misfortune, trouble 2. accident; saobraćajna (automobilska) ~ traffic (automobile) accident; avionska ~ airplane crash **nesrećan** a 1. unfortunate, unhappy; unlucky 2. bad; ~ćno planirati to plan poorly **nesrećnik** n unlucky person; wretch

nesređen a unregulated; unsettled

nesretan see **nesrećan**

nestabilan a unstable

nestalan a unsteady, unstable; fickle

nestanak n disappearance **nestao** a disappeared, lost; odeljenje za ~la lica missing persons' bureau

nestašan n mischievous, restless; unruly

nestašica n want, lack, shortage; ~ hrane (vode) lack of food (water)

nestaško n mischievous child **nestašluk** n mischief, prank

nestati v 1. to disappear, vanish, get lost; to be stolen; nestao nam je auto! our car has disappeared! or: our car has been stolen! dete je nestalo the child is lost 2. to run out, become exhausted; to fade away; nestalo nam je novca we ran out of money; ako vam nestane hrane, javite se if you run out of food, call us

nestrpljenje n impatience; očekivati s ~em to look forward to **nestrpljiv** a impatient

nestručnjak n nonprofessional, layman

nesuglasica n misunderstanding, quarrel

nesumnjiv a certain, positive

nesuvremen a see **nesavremen**

nesvakidašnji a unusual, rare

nesvest, nesvijest n (state of) unconsciousness, faint, swoon; coma; pasti u ~ to faint; ležati u ~i to lie in a coma **nesvestan, nesvjestan** a 1. unconscious 2. subconscious **nesvestica, nesvjestica** n 1. see **nesvest**; ležati u ~i to lie in a coma 2. dizziness; uhvatila me je ~ I got dizzy

nesvrstan a (po.) nonaligned; ~e zemlje nonaligned nations **nesvrstavanje** n (pol.) nonalignment; politika ~a policy of nonalignment

nesvršen a 1. incomplete 2. (ling.) ~i vid (glagol) imperfective aspect (verb)

neštedimice adv unsparingly, lavishly

nešto 1. pron something; ~ mu se desilo smt. happened to him; dete se uplašilo nečega the child was frightened by smt.; ~ lepo smt. nice 2. adv a little, somewhat; some; ~ me boli glava I have a little headache; ~ hrane (novca) some food (money); ~ bolji somewhat better

netaknut a untouched, intact, whole; virginal

netaktičan a tactless

netko see **neko**

neto a net; neto-težina net weight

netremice adv fixedly; gledati ~ to stare

netrpeljiv a intolerant; biti ~ prema nečemu to be intolerant of smt. **nestrpeljivost** n intolerance; verska ~ religious intolerance

neubedljiv, neubjedljiv a unconvincing

neudata a unmarried (of a woman)

neudoban a uncomfortable

neudovoljen a unsatisfied

neugasiv a unquenchable; insatiable; ~a žeđ unquenchable thirst

neuglađen a rude, uncivil
neugledan a nondescript
neugodan a uncomfortable
neuk a uneducated
neukloniv a 1. unavoidable; ~e prepreke unavoidable obstacles 2. irremovable
neukroćen a untamed
neukusan a tasteless
neulovljiv a uncatchable
neuljudan a uncivil, rude
neumeren, neumjeren a immoderate
neumestan, neumjestan a inappropriate, improper
neumoljiv a inexorable; merciless
neumoran a tireless
neuništiv a indestructible
neupadljiv a not striking, average
neuporediv a incomparable
neupotrebljiv a useless
neupravan a 1. indirect; (gram.) ~ govor indirect discourse 2. inverse; ~vna proporcionalnost inverse ratio
neupućen a ignorant, uninitiated, inexperienced
neuračunljiv a mentally incompetent; irresponsible
neuralgija n (med.) neuralgia
neurastenija n (med.) neurasthenia
neuravnotežen a unbalanced (also fig.)
neuredan a 1. slovenly; sloppy; ~ čovek a slovenly person; ~dno odelo slovenly dress
neuređen a disorganized, disorderly
neuritis n (med.) neuritis
neurolog n neurologist neurologija n neurology neurološki a neurological
neurotičan a neurotic neurotik n neurotic neuroza n neurosis
neusiljen a natural, not forced
neuspeh, neuspjeh n failure neuspeo, neuspio a unsuccessful neuspešan, neuspješan a unsuccessful; futile
neustaljen a unsettled
neustavan a unconstitutional
neustrašiv a fearless, brave
neusvojiv a unacceptable
neutešan, neutješan a disconsolate, brokenhearted
neutoljiv a unquenchable, insatiable
neutralac n neutral person neutralan a neutral; biti (ostati) ~ u svađi to be (remain) neutral in a quarrel neutralisati v to neutralize neutralnost n neutrality
neutron n neutron

neutrt, neutrven a untrodden; ~ put an untrodden path
neuverljiv, neuvjerljiv a unconvincing
neuzdrman a unshaken
neuzdržan a unrestrained
nevaljalac n rascal; good-for-nothing; mischievous child nevaljalština n 1. wickedness; immorality 2. mischief; bad behavior nevaljao a 1. wicked 2. mischievous
nevaspitan a ill-bred, rude nevaspitanje n rudeness
nevažeći a invalid, void; ~ ugovor a void contract
nevelik a rather small
neven n (bot.) marigold
nevera, nevjera n disloyalty neveran, nevjeran a Q disloyal; untruse; muž joj je bio ~ her husband was unfaithful to her 2. doubting; *~rni Toma doubting Thomas neverica, nevjerica n disbelief, doubt nevernik, nevjernik n 1. infidel; atheist 2. traitor
neverovatan, nevjerovatan a 1. incredible, unbelievable 2. unlikely, improbable
neverstvo, nevjerstvo n 1. disloyalty, treason 2. adultery
nevesta, nevjesta n bride
nevešt, nevješt a clumsy, unskilled neveština, nevještina n clumsiness, lack of skill
nevezan a 1. unbound; free 2. incoherent, rambling; ~ govor incoherent speech
nevičan a unskilled, untrained
nevidljiv a invisible
neviđen a unseen
nevin a innocent
nevisok a short, small
nevjera see nevera
nevjeran see neveran
nevjerica see neverica
nevjernik see nevernik
nevjerojatan, nevjerovatan see neverovatan
nevjerstvo see neverstvo
nevjesta see nevesta
nevješt see nevešt
nevještina see neveština
nevolja n 1. misfortune, trouble; biti u ~i to in trouble 2. need, necessity, must; za ~u because of a need; po ~i by necessity nevoljnik n unlucky, miserable person
nevreme, nevrijeme n 1. storm, bad weather 2. inopportune moment

nezaboravak *n* (bot.) forget-me-not
nezaboravan *a* unforgettable, memorable
nezadovoljan *a* dissatisfied, discontented, unhappy; *on je ~ poslom* he's not satisfied with his job **nezadovoljen** *a* unsatisfied **nezadovoljstvo** *n* discontent
nezadržljiv *a* irrepressible, unrestrainable; *~ smeh* irrepressible *laughter*
nezadužen *a* free of debt
nezahvalan *a* 1. ungrateful 2. distasteful; *~lna dužnost* a distasteful duty; *~lna uloga* a distasteful role **nezahvalnik** *n* ungrateful person
nezainteresovan *a* 1. uninterested, indifferent 2. disinterested, unbiased
nezakonit *a* illegal, illicit; *~o dete* an illegitimate child; *~ ugovor* an illegal contract; *~a žena* a common-law wife **nezakonski** *a* illegal; *~ postupak* an illegal act
nezamenljiv, nezamjenljiv *a* irreplaceable
nezamišljiv *a* inconceivable
nezamjenljiv see **nezamenljiv**
nezanimljiv *a* uninteresting
nezapaljiv *a* noncombustible
nezapamćen *a* unheard-of, unprecedented; *~ uspeh* an unprecedented success
nezaposlen, nezapošljen *a* unemployed **nezaposlenost, nezapošljenost** *n* unemployment; *procenat ~i* the unemployment rate
nezasićen *a* unsatiated
nezasit *a* insatiable
nezaslužan *a* undeserving
nezaslužen *a* unearned, unmerited
nezastareo, nezastario *a* still in effect; not yet voided
nezaštićen *a* unprotected, unguarded; *~i železnički prelaz* unguarded grade crossing
nezauzet *a* free, unoccupied
nezavidan *a* unenviable
nezavisan *a* independent **nezavisnost** *n* independence
nezavidan *a* unenviable
nezavisan *a* independent **nezavisnost** *n* independence
nezbrinut *a* neglected, not provided for; *~a deca* neglected children
nezdrav *a* unhealthy
nezgoda *n* 1. trouble; *desila mi se ~ s autom* I had trouble with my car; *on uvek ima ~e na poslu* he always has trouble at his job 2. mishap, accident; *saobraćajna ~* traffic accident **nezgo-**

-dan *a* 1. uncomfortable; *~dna stolica* an uncomfortable chair 2. inconvenient; unfavorable; *u ~dno vreme* at an inconvenient time 3. unpleasant
nezgrapan *a* clumsy, awkward
neznaboštvo *n* paganism; atheism **neznabožac** *n* pagan; atheist
neznalica *n* ignoramus; uncultured person **neznalački** *a* unskilled; *~ rad* unskilled labor
neznan *a* unknown; *Neznani junak* The Unknown Soldier
neznanje *n* ignorance; inexperience
neznatan *a* insignificant
nezreo *a* 1. unripe 2. immature
nezvan *a* uninvited
nezvaničan *a* unofficial
nežan, nježan *a* tender, delicate, soft; *~žna koža* delicate skin; *~žnim glasom* in a tender voice
neželjen *a* unwanted
neženja *n* bachelor; **neženjen** *a* single, unmarried (of a man)
nežnost, nježnost *n* tenderness; kindness
ni 1. *conj ~ ...~* neither ...nor; *~ on ~ ja ne učimo francuski* neither he nor I study French 2. *part* (emphasizes negation) even, either; *on nije hteo ~ da čuje* he didn't even want to listen
nicati see **niknuti**
ničice *adv* prone; *pasti ~* to fall into a prone position
ničiji *pron* no one's, nobody's; *ni od čijeg ...* from no one's ...; (mil.) *~a zemlja* no-man's-land
nići see **niknuti**
nigde, nigdje *adv* nowhere
Nigerija *n* Nigeria
nihilist(a) *n* nihilist **nihilistički** *a* nihilistic **nihilizam** *n* nihilism
nijansa *n* nuance, shade
nije *v* (it) is not; see **biti I**
niječan *a* (W) negative
nijedan 1. *pron* no one, nobody, none; *~ od nas ne zna* none of us knows 2. *a* any, no; *on nije video ~dnu opersku predstavu* he hasn't seen any opera
nijedanput *adv* never
nijek *n* (W) negation **nijekati** *v* (W) to negate
nijem see **nem**
nijemjeti see **nemeti**
nikad(a) *adv* never; *on ~ nije kod kuće* he's never at home

nikakav a 1. see **nijedan** 2. *ni za kakve pare ne bih to radio* I wouldn'to do that for any amount of money 2. poor, inferior; *on je ~ čovek* he's no real man

nikako adv 1. not at all, by no means; *on to ~ ne može naučiti* he simply cannot learn that' *on ~ nije zadovoljan* he isn't satisfied at all 2. poorly, badly

nikal n nickel

nikamo see **nikuda**

Nikaragva n Nicaragua

nikl see **nikal**

niklovati to nickel-plate

niknuti, nicati v 1. to sprout, shoot up; *~ *kao pečurke posle kiše* to shoot up like mushrooms after rain 2. to appear, emerge; *vojnici su nikli iz šume* soldiers emerged from the woods

niko, nitko pron no one, nobody; *ni od koga* from no one; *~ nije došao* no one came

nikotin n nicotine

nikud(a) adv nowhere

nilski a Nile; *~ konj* hippopotamus

nimalo adv not at all

nimbus n 1. nimbus (cloud) 2. nimbus, aureole

nimfa n nymph

nimfomanija n nymphomania **nimfomanka** n nymphomaniac

niotkud(a) ady from nowhere

nipodaštavati v to scorn, look down on

nipošto adv not at all, by no means

nisam see **biti** I

niska I n string; *~ perli* a string of pearls

niska II see **nizak**

niskoleteći a low-flying

Niš n Nish (city in S. Serbia)

niša n niche

nišan n 1. target 2. sight (on a weapon); *uzeti na ~* to aim at **nišaniti, nanišaniti** v to aim; *~ na nekoga* to aim at smb.; *nišani!* aim!

ništa 1. pron nothing; *~ nije kupio* he didn't buy anything; *ni od čega* from nothing; *sve ili ~* all or nothing 2. adv not at all; *~ se ne raduje* he isn't happy at all

ništavan a 1. worthless 2. trifling 3. (legal) invalid, void **ništavilo** n 1. blank nothingness, vacuum 2. worthlessness

ništica n (W) zero

nit n 1. thread; *svilena ~* silk thread; *~ paučine* thread of a cobweb 2. connection, link 3. flow, continuity; *~ misli* flow of thoughts; *~ događaja* the flow of events 4. recurrent theme, main idea; *glavna ~* main idea

niti conj (used with positive verbs; cf. **ni**) *~ ... ~* neither ... nor; *~ jede ~ spava* he neither eats nor sleeps

nitko see **niko**

nitkov n scoundrel, cad; good-for-nothing

nitrat n nitrate

nitroglicerin n nitroglycerin

nivelisati v to level

nivo n level

niz I n 1. row, line; *~ kuća* a row of houses 2. series; *~ pitanja* a series of questions 3. (large) number, quantity; *~ stručnjaka* a (large) number of specialists; *dugi ~ godina* many years 4. (math.) progression; series; *aritmetički ~* arithmetical progression

niz II prep down; along; *~ obalu* along (down) the shore; *~ dlaku* with the grain; *sići ~ stepenice* to go downstairs

nizak a 1. low; *~ plafon* a low ceiling; *~ske cene* low prices; *~ska ocena* a low grade (in school); *~ glas* a low voice *~ske vrednosti* of little value; *~ krvni pritisak* low blood pressure 2. short, not tall; *~ čovek* a short man 3. base, low; vicious; heinous, abominable; *~ska kleveta* vicious slander; *~ski nagoni* base instincts **niži** (comp) *~ razredi* lower grades (in a school); *~ oficiri* junior (company-grade) officers; *~ krugovi* lower circles (of society)

nizašta, nizašto adv for nothing, for no reason; *~ se naljutio* he got angry for no reason

nizati, nanizati v 1. to string; *~ perle* to string pearls 2. (fig.) to repeat; to reel off; *~ stihove* to reel off poetry; *~ pobede* to rack up one victory after the other

nizbrdan a sloping (downhill) **nizbrdica** n descent; (downhill) slope; *ići ~om* to go downhill **nizbrdo** adv downhill

nizija n (geog.) depression **nizina** n 1. lowlands 2. valley

Nizozemska n the Netherlands

nizvodni a downstream

niži see **nizak**

no conj see **nego**

NOB n (Yugo., WW II) abbrev, of *narodnooslobodilačka borba*

nobelovac n Nobel Prize recipient

noć n night; *laku* ~ good night; *spušta se* ~ **night** is falling; *jedne* ~*i* one night; *obogatio se preko* ~*i* he became rich overnight; *kasno u (u kasnu)* ~ late at night; *gluva (duboka)* ~ the still of the night **noćni** a night; nocturnal; ~ *sud* chamber pot; ~*a ptica* nighthawk (person); ~ *život* night life **noćas** adv 1. last night 2. tonight **noćašnji** a 1. last night's 2. tonight's **noćište** n (overnight) shelter; *ostati negde na* ~*u* to spend the night somewhere **noćiti** v to spend the night **noću** adv at night; *danju i* ~ day and night

noga n leg; foot; ~ *od stola* leg of a table; *protegnuti* ~*e* to stretch one's legs; (mil.) *k* ~*zi!* order arms! *udariti* ~*om* to kick; *lupati* ~*ama* to stamp one's feet; *na* ~*ama* standing, on one's feet; *na* ~*e!* get up! ~*e ga izdaju* his legs are giving out: *podmetnuti nekome* ~*u* to trip smb. up; *biti jednom* ~*om u grobu* to have one foot in the grave; *boriti se (i) rukama i* ~*ama* to fight tooth and nail; *potući (razbiti) do* ~*u* to rout; *ustati na levu* ~*u* to get up on the wrong side of the bed; *staviti vojsku na ratnu* ~*u* to put on a war footing; *stati na svoje* ~*e* to get on one's feet; *razgovarati s nekim na ravnoj* ~*zi* to speak with smb. as an equal; *živeti na velikoj* ~*zi* to live in (a) grand style; *od (s) malih* ~*u* from childhood; *gori mu zemlja pod* ~*ama* he is in great danger; *gubiti tlo pod* ~*ama* to lose ground; *spasti s* ~*u* to be exhausted **nožni** a leg; foot; ~ *prst* toe; ~*a kočnica* foot brake

nogari n 1. trestle, sawhorse 2. easel 3. stand; tripod

nogavica n trouser leg

nogomet n soccer, football **nogometni** a soccer, football (also **fudbal**) **nogometaš** n soccer player

noj n (zool.) ostrich

Nojev kovčeg n Noah's Ark

nokat n fingernail, toenail, nail; ~ *urastao u meso* an ingrown toenail; *boriti se (i) zubima i noktima* to fight tooth and nail; *isisati iz nokata* to concoct

nokaut n (boxing) knockout; *pobediti* ~*om* to win by a knockout **nokautirati** v (boxing) to knock out

nokle n dumplings

nokšir n chamber pot

nomad n nomad **nomadski** a nomadic; ~*o pleme* nomadic tribe

nomenklatura n nomenclature; *dvojna (binarna)* ~ binary nomenclature

nominalan a nominal; ~*lna vrednost* nominal value

nominativ n (gram.) nominative (case)

nominirati v to nominate

nonkonformist(a) n nonconformist **nonkonformizam** n nonconformism

nonsens n nonsense

non-stop adv and a open all day; continuous; *apoteke rade* ~ drugstores are open all day

nonšalantan a nonchalant

NOP n (Yugo., WW II) abbrev. of *narodnooslobodilački pokret*

NOR n (Yugo., WW II) abbrev. of *narodnooslobodilački rat*

nordijac n Nordic

norma n 1. norm; standard 2. production quota; *postići (prebaciti)* ~*u* to fulfill (exceed) a production quota

normala n normal state, average **normalan** a normal; ~*lne prilike* normal conditions

normativan a normative; ~*vna gramatika* normative grammar

normirati v to standardize

Norveška n Norway

nos n nose; nozzle; snout; *prćast (kukast, kriv)* ~ pug (aquiline, crooked) nose; *govoriti kroz* ~ to speak with a nasal twang; *vući nekoga za* ~ to make a fool of smb.; *imati dobar* ~ *za nešto* to have a nose (flair) for smt.; *spustiti* ~ to become depressed; *zatvoriti nekome pred* ~*om* to close a door in smb.'s face; *zabadati* ~ *u sve* to stick one's nose into everything; *pod* ~*om (pred* ~*om, ispred* ~*a)* right in front of smb.'s nose; *zavući (zabosti)* ~ *u nešto* to stick one's nose into smt.; *ne vidi dalje od* ~*a* he doesn't see further than his nose **nosni** a nasal; ~*a duplja* nasal cavity: ~*a kost* nasal bone; ~ *suglasnik (samoglasnik)* nasal consonant (vowel)

nosač n 1. porter, bearer 2. girder, beam, support 3. (anat.) atlas 4. (naval) ~ *aviona* aircraft carrier; ~ *raketa* rocket-launching ship 5. (astron.) *raketni* ~ booster (first-stage rocket)

noseća a pregnant

nosila n stretcher

nosilac n 1. carrier, bearer; ~*ioci zastava* flag bearers; ~ *bakcila* carrier of bacilli 2. holder, recipient; ~ *ordena* recipient of a medal; ~ *(nekog) prava* holder of a right

nosiljka n sedan chair

nositi v 1. to carry; to bring; to take; ~ *teret (ranjenika)* to carry a load (a wounded man); ~ *glavu uspravno* to carry one's head high; *vetar nam nosi prašinu u oči* the wind blows dust into our eyes; *ovaj brod nosi tri tone* this ship carries three tons; *vetar nosi kišu* the wind brings rain 2. to bear, produce; *ova kruška nosi odličan rod* this pear tree gives a good yield 3. **sneti, snijeti** to lay (eggs); *ova kokoška nosi svaki dan* this hen lays eggs every day; ~ *jaja* to lay eggs 4. to carry (an unborn child); *žena nosi dete devet meseci* a woman carries a child nine months 5. to wear; ~ *odelo (šešir, prsten, naočare)* to wear a suit (a hat, a ring, eyeglasses) 6. to bear; ~ *odgovornost* to bear responsibility 7. to have (on one's body); ~ *brkove (bradu, dugačku kosu)* to have a moustache (a beard, long hair) 8. to spread; ~ *glasove (vesti)* to spread rumors (news) 9. to have a range (of a weapon); *ova puška nosi daleko* this rifle has a long range 10. ~ *se* to struggle; to be kept busy; ~ *se s mišlju* to be preoccupied with a thought

nosiv a portable

nosivost n capacity (of a ship, bridge, airplane, etc.)

nosnjača n (anat.) nasal bone

nosorog n (zool.) rhinoceros

nostalgičan a nostalgic **nostalgija** n nostalgia, homesickness; *uhvatila ga je* ~ *za kućom* he became homesick

nostrifikacija n validation (of a foreign diploma)

nošnja n costume, dress; *narodna* ~ peasant costume; *gradska* ~ city dress

nota n 1. (mus.) note; (in pl) sheet music; *čitati* ~*e* to read music 2. note; *diplomatska* ~ diplomatic note; *protestna* ~ note of protest

notacija n 1. notation 2. note 3. musical notation

notar n notary public

notes n memo pad

notirati v to note, write down

notoran a notorious

nov a new; ~*o odelo* a new suit; ~ *novcat* brand-new; *šta ima* ~*o?* what's new? *ima li nešto* ~*o (nečeg* ~*og)?* is there anything new? *to je* ~*o za mene* that's news to me; ~*i vek* modern times; *Nova godina* the New Year (January 1st); *Novi svet* the New World; **okrenuti* ~*i list (*~*u stranu)* to turn over a new leaf

NOV n (Yugo., WW II) abbrev. of *narodnooslobodilačka vojska*

novac n 1. money, cash, currency; *sitan* ~ small change; *lažni* ~ counterfeit money; *krupan* ~ large bills; *kovati* ~ to mint money; *imaš li novaca (novca) za to?* to you have money for that? *rasipati* ~ to squander money; **biti pri* ~*vcu* to have money; *plaćati gotovim* ~*vcem* to pay in cash; **čuvati (skupljati)* ~*vce za crne dane* to save for a rainy day 2. coin; *on skuplja stare* ~*vce* he collects old coins

novajlija n novice, beginner; newcomer

novator n innovator **novatorstvo** n innovation

novčan a financial, monetary; ~*a kazna* a fine; ~*i poslovi* financial transactions; ~*a uputnica* money order; ~*a sredstva* financial resources; ~*a jedinica* monetary unit; ~*i sistem* monetary system; ~*o tržište* financial center, money market; ~*i kurs (tečaj)* exchange rate **novčanica** n bill, bank note; ~ *od 100 dinara* a hundred-dinar bill **novčanik** n wallet, purse

novela n novella, short novel, short story

novelist(a) n writer of (short) stories

novembar n November (see also **studeni)**

novina n new item; innovation

novinar n journalist, reporter **novinarski** a journalist's; ~*a patka* canard, false newspaper story; ~*a loža* press section (as in a stadium); ~*o udruženje* journalist's association; ~*a legitimacija* reporter's credentials **novinarstvo** n journalism

novine n newspaper; *izdavač* ~*a* newspaper publisher **novinski** a newspaper; ~ *uvodnik* newspaper editorial; ~ *članak (saradnik)* newspaper article (worker); ~ *papir* newsprint; ~*a agencija* news agency

Novi Sad n Novi Sad (capital of Vojvodina)

novitet n new item; innovation

novo- prefix new, newly

novogodišnji a New Year's
novogradnja n new building
novoimenovan a mewly named, newly appointed; ~*i ambasador* newly appointed ambassador
novokain n novocain
novorođen a 1. newborn 2. rejuvenated
novorođenče n newborn infant
novost n news
novotarija n novelty, innovation
nozdrva n nostril
nož n knife; *džepni* ~ penknife; *kuhinjski* ~ kitchen knife; *švedski* ~ switchblade; *mesarski* ~ butcher's knife; *hirurški* ~ scalpel; **brusiti (oštriti)* ~ *za (na) koga* to have it in for smb.; **umreti pod* ~*em* to die under the knife (on the operating table); **zabosti nekome* ~ *u leđa* to stab smb. in the back; **~ sa dve oštrice* it's a dangerous situation **nožar** n cutler
nožić n dim. of **nož**; *džepni* ~ penknife
nožni see **noga**
nožnica n scabbard, sheath
nudilac n bidder
nudilja n nurse
nudist(a) n nudist **nudistički** a nudist; ~*a plaža* nudist beach

nuditi, ponuditi v 1. to offer; *trgovci nude robu turistima* the merchants offer goods to the tourists; *ponduila me je kafom* she offered me coffee 2. to serve; *nudila je goste kafom* she was serving coffee to the guests 3. to bid; *ko nudi više?* who bids more? 4. ~ *se* to offer (oneself); *on se nudi da nam pomogne* he offers to help us
nudizam n nudism
nuklearan a nuclear; ~*rna fizika* nuclear physics; ~*rno oružja* nuclear weapons
nula n zero; **svesti na* ~*u* to reduce to zero **nulti** a zero
numeracija n numbering **numerički** a numerical **numerisati** v to number
numizmatičar n numismatist **numizmatika** n numismatics
nusprostorija n utility room (as bathroom, pantry, kitchern, etc.)
nužan a necessary **nužda** n necessity; need; *biti u* ~*i* to be in need: **~ zakon menja* necessity knows no law
nužnik n latrine, toilet
nužnost n necessity, need; ~ *rada* the need to work

NJ

njakanje *n* braying njakati *v* to bray;
  magarac njače the donkey brays
nje see ona I
njedra see nedra
njega I see nega
njega II see on, ono
njegov *a* his
njegovatelj see negovatelj
njegovati see negovati
Njemačka see Nemačka
njemu see on, ono
njen, njezin *a* her, hers
nježan see nežan
nježnost see nežnost
njih see oni
njihaj *n* swing, movement njihati *v* to
  swing, rock
njihov *a* their, theirs
njim, njime see on, ono

njima see oni
njin see njihov
njisak *n* neigh (of a horse) njiskati *v* to
  neigh, whinny (of a horse)
njiva *n* (cultivated) field
njoj see ona
njom see ona
njorka *n* (zool.) auk; *velika* ~ great auk
nju see ona
njuh *n* 1. sense of smell 2. flair; *imati* ~ *za
  nešto* to have a flair for smt.
Njujork *n* New York
njušiti *v* 1. onjušiti to smell, sniff 2. to spy,
  pry, snoop
njuška *n* 1. snout 2. (pejor.) snout, mug;
  dati po ~*šci nekome* to give smb. a
  punch in the nose
njuškalo *n* busybody
njuškati *v* to smell, sniff

O

o **I** *prep* 1. on, against; *obesiti nešto* ~ *kuku* to hang smt. on a hook; *udario se nogom* ~ *sto* he tripped over the table 2. about, concerning; *govoriti (misliti)* ~ *nekome* to speak (think) about smb. 3. from, on; *to visi* ~ *ekseru* it's hanging from a nail; *život mu visi* ~ *koncu* his life is hanging by a thread 4. at, during; ~ *raspustu* during the vacation 5. at; ~ *svom trošku* at one's own expense

o **II** *interj* oh

,o **III** *(prefix* which can denote) 1. (movement around) — **obići** 2. (act of surrounding) — **opkoliti** 3. (contact) — **okrznuti** 4. (prefectivization) — **ocariniti, oslepeti**

oaza *n* oasis

ob- see o III

oba, obe, obje *num* both; *oba brata (pisma)* both brothers (letters); *obe kuće* both houses

obad *n* gadfly

obadva, obadve, obadvije *num* both

obal *a* round, oval

obala *n* shore, coast, bank; ~ *reke (mora)* riverbank (seashore) **obalni, obalski** *a* coast, coastal; ~*a artiljerija* coast artillery

obaliti *v* to knock down, fell: *vetar je obalio drvo* the wind knocked down a tree

obamreti, obamrijeti *v* to become paralyzed: to fall into a coma; *obamro je od straha* he was petrified with fear **obamrlost** *n* paralysis; numbness; coma

obarač *n* trigger

obarati see **oboriti**

obaren *a* boiled; ~*o jaje* a boiled egg **obariti** *v* to steam; to boil

obasjati *v* to illuminate, light up

obastreti, obastrijeti *v* to cover, envelop

obasuti *v* to shower, bestow liberally; ~ *nekoga poklonima* to shower smb. with gifts: ~ *pitanjima* to pepper with questions

obavestiti, obavijestiti *v* to notify, inform; ~ *nekoga o nečemu* to inform smb. about smt.; *dobro obavešteni krugovi* well-informed circles **obaveštač, obavještač** *n* informer **obaveštajac, obavještajac** *n* secret agent; intelligence officer **obaveštajni, obavještajni** *a* 1. information; intelligence; ~ *biro* information office; (mil.) ~*a služba* military intelligence 2. (gram.) declarative; ~*a rečenica* a declarative sentence **obaveštenje, obavještenje** *n* information;

obaveza *n* obligation, duty; *društvena* ~ social obligation; *poreska* ~ tax liability **obavezan** *a* 1. obliged, obligated; *on je* ~ *da to uradi* he is obligated to do that; *biti* ~ *nekome* to be obliged to smb. 2. required, compulsory, obligatory; ~*zno školovanje* compulsory education **obavezati** *v* 1. to bind, tie 2. to obligate

obaviti I *v* to wrap, cover

obaviti II obavljati *v* to carry out, perform; *on obavlja dužnost blagajnika* he is working as a cashier; ~ *poslove* to do one's job; ~ *zadatak* to carry out a task

obavjestač see **obavestač**

obavještajac see **obaveštajac**

obavještajni see **obaveštajni**

obavještenje see **obaveštenje**

obavljati see **obaviti II**

obazreti se, obazirati se *v* 1. to turn around 2. to take into consideration, care about; *on se ne obazire ni na koga* *(šta)* he doesn't care about anyone (anything) **obazriv** *a* 1. careful, cautious 2. considerate

obdanište *n* nursery school

obdaren *a* see **obdariti;** ~*o dete* a gifted child **obdariti** *v* to endow, provide

obdukcija *n* autopsy; *izvršiti* ~*u* to perform an autopsy

obećanje *n* promise, pledge; *dati* ~ to make a promise; *održati* ~ to keep a promise **obećati** *v* to promise; ~ *nešto* nekome to promise smt. to smb.

obed, objed *n* meal, main meal

obediti, obijediti *v* to slander, accuse falsely

obeležiti, obilježiti *v* to mark, note **obeležje, obilježje** *n* characteristic, trait

obelisk *n* obelisk

obeliti see **beliti**

obelodaniti, objelodaniti *v* to make public, reveal, disclose

oberučke, objeručke *adv* with both hands (also fig.); ~ *je prihvatio našu ponudu* he accepted our offer eagerly

obeshrabriti *v* to discourage

obesiti see **vešati**

obeskuražiti *v* to discourage

obesmrtiti *v* to immortalize

obesnažiti *v* to revoke, invalidate

obespokojiti *v* to upset, worry, disturb

obest, objest *n* recalcitrance, unruliness: *uraditi nešto iz* ~*i* to do smt. as a prank **obestan, objestan** *a* recalcitrant, unruly, unmanageable

obeščastiti *v* 1. to disgrace, dishonor 2. to rape, deflower

obešenik, obješenik *n* hanged man

obeštećenje *n* compensation **obeštetiti** *v* to compensate; ~ *nekome štetu* or ~ *nékoga za štetu* to pay smb. damages

obezbediti, obezbijediti *v* 1. to supply, provide; to reserve; ~ *nekome nešto* to supply smb. with smt.; ~ *sobu u hotelu* to reserve a hotel room 2. to provide for; to protect, guard; ~ *ženu* to provide for one's wife **obezbeđenje, obezbjeđenje** *n* 1. supply, provision 2. (mil.) security detachment, guard

obezglaviti *v* 1. to decapitate 2. (fig.) to confuse, fluster

obeznaniti *v* to stun; to knock unconscious

obezoružati *v* to disarm

obezvrediti, obezvrijediti *v* 1. to make worthless 2. to underestimate

obgrliti *v* to embrace

običaj *n* habit, custom; *imati* ~ to have a habit; *postati (ući u)* ~ to become a custom; *izići iz* ~*a* to go out of fashion; *po* ~*u* by custom; *narodni* ~*i* folk customs **običajan** *a* established by usage; traditional

običan *a* plain, common; ~*čni ljudi* common people; ~ *dan* an ordinary working day; ~*čno odelo* everyday dress; ~ *govor* colloquial speech **obično** *adv* usually, generally

obići, obilaziti *v* 1. to go around, circle; ~ *kuću* to walk around a house 2. to pass; ~ *auto* to pass a (parked) car 3. to visit, see; ~ *druga* to visit a friend; ~ *sve spomenike* to see all the monuments 4. to avoid; to bypass; ~ *prepreke* to get around obstacles; ~ *istinu* to lie 5. misc.; ~ *počasnu četu* to inspect an honor guard

obigrati, obigravati *v* 1. to dance around 2. to fawn on smb., dance attendance on smb.; *obigravao je oko bogatih rođaka* he played up to his wealthy relatives

obićaj *n* burglar

objediti see **obediti**

obijeliti see **beliti**

obijest see **obest**

obijestan see **obestan**

obilan *a* abundant, ample

obilazak *n* visit

obilaziti see **obići**

obilovati *v* to abound in, be full of **obilje** *n* abundance

obilježiti see **obeležiti**

obilježje see **obeležje**

obim *n* 1. scope; volume; bulk; ~ *knjige (katastrofe)* scope of a book (disaster) 2. (math.) circumference **obiman** *a* 1. voluminous; detailed; ~ *opis* a detailed description 2. abundant, large; ~*mna žetva* an abundant harvest

obistiniti *v* 1. to carry out, accomplish 2. ~ *se* to come true, become a reality; *moj san se obistinio* my dream came true

obitavalište *n* dwelling place **obitavati** *v* to reside

obitelj *n* (W) family

obiti *v* 1. to force; to break into; ~ *vrata (bravu)* to force a door (a lock); ~ *kasu* to break into a safe 2. to burglarize, rob; ~ *banku* to rob a bank 3. to break off, knock off

objasniti *v* to explain; ~ *lekciju* to explain a lesson **objašnjenje** *n* 1. explanation; discussion, argument 2. note, footnote, remark **objašnjiv** *a* explicable

objava *n* proclamation, announcement, notice, declaration; ~ *rata* declaration of war **objaviti** *v* 1. to proclaim, announce, declare; *objavili su nam rat* they declared war on us 2. to publish; ~ *članak (knjigu)* to publish an article (book)

obje see **oba**

objed see **obed**

objediniti *v* to unite

objek(a)t *n* 1. topic; subject; ~ *razgovora* topic of conversation 2. building; project; structure; *fabrički* ~ factory building; *građevinski* ~ construction project; *vojni* ~ military installation 3. (gram.) object; *pravi (nepravi)* ~ direct (indirect) object

objektiv *n* (camera) lens

objektivan *a* 1. objective, unbiased 2. real, actual **objektivnost** *n* objectivity

objelodaniti see **obelodaniti**

objeručke see **oberučke**

objesiti see **vešati**

obješenik see **obešenik**

obla see **obal**

oblačan *a* 1. cloudy, overcast 2. gloomy, downcast

oblačiti see **obući**

oblačnost *n* cloudiness **oblak** *n* cloud; *prolom* ~*a* cloudburst: **zidati kule u* ~*cima* to build castles in the air

oblakoder *n* skyscraper

oblanda *n* wafer

oblast *n* 1. region **oblasni** *a* 1. regional 2. branch, field

oblepiti, oblijepiti *v* to cover (by pasting); ~ *zid plakatima* to cover a wall with posters

obleteti, obletjeti *v* to fly around; ~ *Mesec* to orbit the moon

obličje *n* 1. shape, form 2. features, looks

obligatoran *a* obligatory

oblijepiti see **oblepiti**

oblik *n* shape, form **oblikovati** *v* to shape, form

oblina *n* roundness; plumpness

obliti *v* to soak, drench; *oblio ga je hladan znoj* he broke out in a cold sweat

oblizati *v* to lick

obližnji *a* near, nearby, adjacent

oblog *n* compress

obloga *n* 1. paneling, covering; veneer 2. (brake) lining **obložiti** *v* to cover, panel, coat

oblučje *n* pommel (on a saddle)

oblutak *n* round pebble

obljetnica *n* (W) anniversary

obljuba *n* coitus, intercourse **obljubiti** *v* to have intercourse (with); ~ *ženu* to have intercourse with a woman

obljutaviti *v* to become tasteless

obmana *n* 1. deceit 2. illusion **obmanljiv** *a* deceptive **obmanuti** *v* to deceive, delude

obnarodovati *v* to proclaim, publish; ~ *novi ustav* to proclaim a new constitution

obnavljač *n* renovator; restorer

obnavljati see **obnoviti**

obnažiti *v* to bare, expose; uncover

obnova *n* 1. restoration, regeneration; renaissance 2. reconstruction **obnoviti** *v* 1. to restore, renovate; ~ *crkvu* to renovate a church 2. to resume, reopen, continue; ~ *proces* to resume a trial

oboa *n* oboe

obod *n* brim; edge; rim; ~ *šešira* hat brim; ~ *točka* rim of a wheel

obodriti *v* to encourage, cheer up (see also **bodriti**)

obogatiti *v* 1. to enrich; to increase; ~ *svoje znanje* to enrich one's knowledge; ~ *rečnik* to increase one's vocabulary 2. ~ *se* to become rich

obojadisati *v* to paint, color

oboje see **obadvoje, oboji**

obojenost *n* color, coloring

oboji *a* both, both pairs; ~*a vrata su zatvorena* both doors are closed

obojica *n* both (males); ~ *su visoki* both (men) are tall

oboleti, oboljeti *v* to get sick, become ill; ~ *od tuberkuloze* to catch tuberculosis; ~ *živčano (mentalno)* to have a nervous breakdown **oboljenje** *n* disease; *kožno* ~ a skin disease

obor *n* pen, enclosure; ~ *za svinje* pigsty

oborina *n* (usu. in *pl*) precipitation

oboriti *v* 1. to overturn, topple, knock down; to fell; *kola su oborila ženu the* car knocked the woman down; ~ *rekord* to break a record; ~ *vladu* to overthrow a government; ~ *drvo* to fell a tree 2. to lower, drop; ~ *oči (glavu)* to lower one's eyes (head) 3. ~ *avion* to shoot down an airplane 4. to refute; ~ *tvrdnju* to refute a statement

obospolan *a* 1. bisexual 2. coeducational

obosti *v* to spur; ~ *konja* to spur a horse

obostran *a* mutual, reciprocal

obožavalac *n* admirer, follower obožavati *v* 1. to adore, admire, love 2. to worship

obračun *n* 1. account; (final) settlement 2. fight, clash; *krvav* ~ *s policijom* a bloody clash with the police obračunati *v* 1. to calculate; to balance, settle (as an account) 2. ~ *se s nekim* to settle accounts with smb. 3. ~ *se* to fight, clash; ~ *se fizički* to come to blows

obraćenik *n* convert

obrada *n* 1. treatment; adaptation; processing; *muzička* ~ musical arrangement; ~ *podataka* data processing 2. cultivation, tillage obraditi *v* 1. to cultivate, till, work; ~ *zemlju* to till the soil 2. to process, work; ~ *metal* to process metal 3. to work out, prepare; to work on; ~ *plan* to work out a plan

obradovati see radovati

obrana *n* (W) defense obraniti *v* (W) to defend

obrasti *v* 1. to grow over, overgrow; *trava je obrasla grob* grass grew over the grave 2. to become overgrown

obratan *a* reverse, converse, opposite; ~ *pravac* opposite direction; *poslati odgovor ~tnom poštom* to answer by return mail

obratiti *v* 1. to turn, direct; ~ *pažnju na nešto* to pay (call) attention to smt. 2. to convert; ~ *se* to be converted 3. ~ *se nekome* to turn to smb., appeal to smb.

obratno *adv* 1. see obratan 2. conversely, vice versa

obraz *n* 1. cheek; *rumeni ~i* rosy cheeks; *upali ~i* hollow cheeks 2. honor

obrazac *n* 1. model; pattern 2. blank, form, application; *popuniti (ispuniti)* ~ to fill out a form 3. (math.) formula

obrazložiti *v* to justify; to explain; ~ *svoj postupak (svoje mišljenje)* to explain one's action (views)

obrazovan *a* educated; *fakultetski* ~ *čovek* a college graduate obrazovanje *n* education, schooling obrazovati *v* 1. to educate, school; ~ *se* to receive an education, be educated 2. to form, create; ~ *komitet* to form a committee obrazovni *a* pedagogical, educational

obrecnuti se *v* to snap; ~ *na nekoga* to snap at smb.

obred *n* rite, ritual

obrezanje *n* circumsion obrezati *v* 1. to cut; to trim 2. to circumcise

obrijati see brijati

obris *n* outline, contour (see also kontura)

obrisati see brisati

obrnut *a* 1. see obrnuti 2. opposite, different; *u ~oj razmeri* in an inverse proportion; ~*im redom* in reverse order

obrnuti, obrtati *v* 1. to turn; to rotate; ~ *glavu (ključ)* to turn one's head (a key) 2. ~ *se* to turn, rotate, revolve; *Zemlja se obrće oko Sunca* the earth revolves around the sun 3. to change, switch; ~ *razgovor na drugu temu* to switch the conversation to a different topic 4. (comm.) to turn over; *obrtati kapital* to turn over capital

obrok *n* 1. meal 2. installment

obronak *n* (steep) hillside, slope

obroniti *v* to erode, wear away

obrt *n* 1. turn, rotation; *napraviti* ~ to make a turn 2. (fig.) turn, turn of events; *nezgodan* ~ *(događaja)* unfavorable turn of events 3. (comm.) turnover; *godišnji* ~ annual turnover; **pustiti u* ~ to put into circulation 4. phrase, turn of speech 5. (W) craft, trade

obrtaj *n* (tech.) revolution

obrtati see obrnuti

obrtnica *n* (W) craftsman's license obrtnik *n* (W) craftsman

obrub *n* hem; edge; rim, brim obrubiti *v* to hem

obruč *n* 1. hoop; *terati* ~ to roll a hoop 2. band, strip 3. circle, ring 4. (mil.) encirclement, ring; *probiti* ~ to break out of an encirclement

obrukati see brukati

obrušavanje *n* dive; *bombardovanje iz ~a* dive bombing obrušavati se *v* to dive

obrva *n* eyebrow; *nabrati ~e* to frown

obučiti *v* to train, teach; ~ *nekoga u zanatu* to train smb. in a craft

obuća *n* footwear, shoes obućar *n* shoemaker, cobbler obućarski *a* shoemaker's; ~*a radnja* shoemaker's shop

obući, oblačiti *v* 1. to put on (clothing); ~ *odelo* to put on a suit 2. to dress; *majka oblači decu* the mother dresses the children; ~ *se* to get dressed

obuhvat *n* scope; grasp 2. encirclement obuhvatiti *v* 1. to encircle, surround 2. to come over, overcome; *obuhvatio me je strah* I was terrified 3. to include, encompass

obuka *n* training

obustava *n* stoppage, cessation, suspension; ~ *rada* work stoppage; ~ *vatre* cease-fire **obustaviti** *v* to stop, cease, suspend; ~ *rad* to stop work

obuti *v* to put on (footwear)

obuzdati *v* to restrain, bridle, subdue; ~ *(svoj) jezik* to hold one's tongue; ~ *se* to restrain oneself

obuzeti *v* to come over, overcome; to occupy; *obuzela me je tuga* a feeling of sadness came over me

obveznica *n* bond, obligation; ~ *narodnog zajma* government bond

obveznik *n* person having an obligation; *poreski* ~ taxpayer

obzir *n* 1. look(ing) back; backward glance; *pobeći bez* ~*a* to flee without looking back 2. consideration; regard; *uzeti u* ~ to take into consideration; *s* ~*om na nešto* taking smt. into consideration; *bez* ~*a na nešto* disregarding smt. **obziran** *a* 1. considerate 2. careful

obznaniti *v* to proclaim, announce

obzorje *n* horizon

ocariniti see **cariniti**

ocat *n* (W) vinegar

ocean *n* (W) ocean (see also **okean)**

ocediti, ocijediti *v* to drain; to strain, filter

ocena, ocjena *n* 1. appraisal, evaluation; estimate; judgement; *po mojoj* ~*i* in my judgement; *po gruboj* ~*i* approximately 2. (school) grade, mark **oceniti, ocijeniti** *v* 1. to appraise, evaluate; to estimate; to judge; ~ *od oka* to estimate roughly; ~ *knjigu* to review a book 2. to grade, mark (in school); ~ *đake* to grade pupils **ocenjivač, ocjenjivač** *n* appraiser; judge: grader

ocepiti, ocijepiti *v* 1. to graft 2. to vaccinate

oceubica *n* patricide (person)

ocijediti see **ocediti**

ocijeniti see **oceniti**

ocijepiti see **ocepiti**

ocjena see **ocena**

ocjenjivač see **ocenjivač**

ocrniti see **crniti**

ocrtati *v* 1. to portray, sketch 2. to describe

očaj *n* despair; *pasti u* ~ to become desperate **očajan** *a* 1. desperate 2. (colloq.) poorly done, bad **očajavati** *v* to despair, lose hope **očajnički** *a* desperate;

~ *pokušaj* a desperate try; ~*a borba* a desperate struggle

očale *n* (W) eyeglasses

očarati see **čarati**

očekivanje *n* expectation; *naša se* ~*a nisu ispunila* our expectations were not fulfilled **očekivati** *v* to expect; to wait for; *on me očekuje* he is expecting me; *to nisam od njega očekivao* I did not expect that from him; *očekivao sam da ćeš doneti novac* I expected you to bring the money

očeličiti see **čeličiti**

očerupati see **čerupati**

očešati *v* to graze, brush; ~ *nekoga* to graze (brush) against amb.; *očešao sam ga laktom* I brushed against him with my elbow

očešljati see **češljati**

očevi see **otac**

očevidac *n* eyewitness **očevidan** *a* evident, obvious

očevina *n* patrimony

oči *n* (pl of **oko)** eyes; sight; *na moje* ~ in my presence; *idi mi ispred* ~*ju!* get out of my sight! *prevrtati* ~*ima* to roll one's eyes; ~ *u* ~ face to face; *u* ~ *kazati* to say to one's face; *zatvorenih* ~*ju* with closed eyes; *zavezanih* ~*ju* blindfolded; *padati u* ~ to stand out, be noticed; *otvoriti nekome ~ to open smb.'s eyes; *gledati nečemu u ~ to face smt.; *daleko od ~*ju, daleko od srca* out of sight, out of mind; *imaš veće ~ *nego stomak* your eyes are bigger than your stomach

očigledan *a* obvious, evident

očinski *a* fatherly, paternal **očinstvo** *n* paternity

očistiti see **čistiti**

očit *a* obvious

očitati *v* to read; ~ *nekome (lekciju)* to reprimand smb.

očitovati *v* (W) 1. to declare 2. to show

očni see **oko** I

očnjak *n* eyetooth

očuh *n* stepfather

očupati *v* to tear off, pull off (out)

očuvati see **čuvati**

oćelaviti see **ćelaviti**

oćutjeti I *v* (W) to be silent

oćutjeti II *v* (W) see **osetiti**

od I *prep* 1. from; ~ *Dubrovnika do Splita* from Dubrovnik to Split; ~ *8 do 10* *(sati)* from eight (o'clock) to ten (o'-clock); ~ *dans* from today on; ~ *sada (tada)* from now (then) on; ~ *zapada* from the west; *pismo* ~ *majke* a letter from mother 2. since; ~ *Božića* since Christmas 3. made of; *sto* ~ *drveta* a wooden table; *novac* ~ *zlata* a gold coin 4. of; *jedan* ~ *njih* one of them; *pismo* ~ *5. maja* a letter of May 5th; *to je lepo* ~ *tebe* that is nice of you 5. than, of; *on je veći* ~ *nje* he is taller than she is; *on je najpametniji* ~ *svih* he is the most intelligent of all 6. by (with the passive); *ovo dete je nađeno* ~ *(strane) policije* this child was found by the police 7. for; *ključ* ~ *ove brave* the key for this lock 8. (denotes cause); (because) of, from, with; *umreti* ~ *gladi (rana)* to die of hunger (wounds); *trese se* ~ *zime* he is trembling from the cold; *drhtati* ~ *straha* to tremble with fear 9. misc.; *on je izgoreo* ~ *sunca* he got sunburned; *šta će biti* ~ *njega?* what will happen to him? *dete* ~ *sedam godina* a seven-year old child; *stan* ~ *tri sobe* a three-room apartment; *on polazi* ~ *kuće u sedam sati* he leaves home at seven o'clock

od- II (verbal *prefix*) off, from, away; — **odlomiti, odšetati, odahnuti, oterati, odabrati**

oda *n* ode

odabrati *v* to select, choose

odagnati, odgoniti *v* to drive away, expel

odahnuti *v* to get one's breath

odaja *n* room, chamber

odakle 1. *adv* from where; ~ *ste?* where are you from? 2. *conj* from where

odan *a* 1. devoted, faithful; ~*i drugovi* devoted friends; *vaš* ~ or ~ *vam* yours truly (in letters) 2. inclined; *on je* ~ *piću (kartama, kocki)* he has a weakness for alcohol (cards, gambling)

odande *adv* from there

odanost *n* devotion

odapeti *v* to shoot, release; ~ *pušku* to fire a rifle

odar *n* catafalque

odaslanik *n* deputy; representative, emissary **odaslati** *v* to send; to delegate

odasuti *v* to pour out (a little)

odasvud(a) *adv* from all sides

odašiljač *n* transmitter; radio station

odati *v* 1. to disclose, reveal; ~ *tajnu* to reveal a secret 2. to betray, give away; ~ *drugove* to betray one's friends; ~ *se*

to give oneself away; *glas ga je odao* his voice gave him away 3. to show, pay, bestow; ~ *nekome poštovanje* to show smb. respect 4. ~ *se nečemu* to become addicted to smt.; ~ *se piću (kocki)* to become addicted to alcohol (gambling)

odatle *adv* from there

odavde *adv* from here

odavna *adv* a long time ago, for a long time; *mi se* ~ *znamo* we've known each other for a long time

odazvati *v* 1. to call; ~ *nekoga na stranu* to call smb. aside 2. ~ *se* to respond, answer; ~ *se na telefon* to answer the telephone; ~ *se na apel* to respond to an appeal

odbaciti *v* 1. to throw off, throw away 2. to abandon, desert, leave; ~ *ženu* to desert one's wife 3. to reject; ~ *predlog* to reject a suggestion 4. to give a lift to, drive; *on nas je odbacio do stanice* he gave us a lift to the station

odbeći, odbjeći *v* to run away, flee **odbegao, odbjegao** *a* fugitive, runaway

odbijanje *n* 1. (sports) ~ *udarca* blocking of a kick 2. rejection, refusal; ~ *poziva* rejection of an invitation

odbijati see **odbiti**

odbitak *n* deduction; ~ *od plate* salary deduction

odbiti, odbijati *v* 1. to knock off; *on je odbio komad zida* he knocked off a piece of the wall 2. (sports) to return; to block, parry; ~ *loptu* to return the ball; ~ *udarac* to block a kick 3. to refuse; *on odbija da sarađuje* he refuses to collaborate 4. to repulse, reject; to check; ~ *agresiju* to check aggression; ~ *molbu (poziv)* to reject a request (an invitation); ~ *neprijatelja* to repulse an enemy 5. ~ *dete (od sise)* to wean a child 6. to deduct; ~ *10 dinara od plate* to deduct 10 dinars from one's pay 7. to attribute, charge; ~ *na mladost (bolest, neiskustvo)* to charge to youth (illness, inexperience) 8. to strike (of a clock) 9. ~ *se* to be reflected; to be echoed 10. ~ *se* to ricochet

odbjeći see **odbeći**

odblesak, odbljesak *n* reflection (of light); gleam

odboj *n* reflection

odbojka *n* volleyball **odbojkaš** *n* volleyball player

odbojnik *n* 1. bumper 2. buffer

odbor n committee, council, board; *gradski* ~ city council; *uređivački* ~ editorial board **odbornik** n committee member, board member

odbrana n defense; ~ *teze* dissertation defense **odbramben** a defense

odbraniti see **braniti**

odbrojati, odbrojiti v to count off; to number; **odbrojani su mu dani* his days are numbered **odbrojavanje** n countdown

odbrusiti v to grind

odebljati v to gain weight, become stout

odeća, odjeća n clothing (also, **odelo** 1)

odeliti, odijeliti v to separate, set off, isolate; ~ *zarezom* to set off by a comma

odelo, odijelo n 1. clothing; *gotovo* ~ ready-made clothing 2. (man's) suit; *svečano* ~ formal suit; *sašiti* ~ *(kod krojača)* to have a suit made (at the tailor's)

odeljak, odjeljak n section, compartment, partition; ~ *fioke* drawer compartment

odeljenje, odjeljenje n 1. department, division, section; *reklamno* ~ advertising department; *šef* ~*a* section head 2. space, room; *mašinsko* ~ engine room 3. (in schools) section (of a class) 4. (mil., infantry) squad 5. (air force) flight 6. department (at a university); *on radi na* ~*u za istoriju* he works in the history department 7. ward (of a hospital); *ginekološko* ~ maternity ward

oderati see **derati** 2

odeven a dressed

odežda n priest's garment, vestment

odgajiti v 1. to raise; to grow; ~ *dete* to raise a child; ~ *pomorandže* to grow oranges 2. to train **odgajivač** n grower, breeder; trainer

odgoda n postponement **odgoditi** v to postpone, delay, defer

odgoj n upbringing; education **odgojiti** v to bring up, raise; ~ *dete* to raise a child

odgonetka n solution (of a riddle) **odgonetnuti** v to solve; to guess; ~ *zagonetku* to solve a riddle

odgoniti see **odagnati**

odgovarajući a 1. corresponding 2. suitable, appropriate **odgovor** n answer, reply, response; *sa plaćenim* ~*om* with prepaid reply; ~ *na pitanje (pismo)* an answer to a question (letter) **odgovoran** a 1. responsible 2. reliable, trustworthy **odgovoriti, odgovarati** v 1. to answer; ~ *nekome na pitanje* to answer smb.'s question; ~ *na pismo* to answer a letter 2. to answer back, talk back; *deca ne treba da odgovaraju roditeljima* children should not talk back to their parents 3. ~ *nekoga od nečega* to talk smb. out of (doing) smt. 4. *odgovarati za nešto* to be responsible for smt. 5. to correspond to; to fit, be suitable for; *ovaj stan nam ne odgovara* this apartment does not suit us; *ova boja vam odgovara* you look well in this color **odgovornost** n responsibility; liability; *osećaj* ~*i* a feeling of responsibility

odgristi v to bite off

odgrnuti v to dig up, uncover

odgurnuti v to push aside

odigrati v 1. to finish (playing); ~ *partiju šaha* to finish a chess game 2. to play; ~ *ulogu* to play a role 3. to dance; ~ *valcer* to dance a waltz 4. ~ *se* to take place; *to se odigralo za tren oka* it all happened in a second

odijeliti see **odeliti**

odijelo see **odelo**

odiozan a odious

odisati v to smell

odista adv indeed, truly

odjahati v to ride off (on horseback)

odjava n notice of withdrawal; ~ *boravka* notice of departure **odjaviti** v 1. to report (one's departure to the police); *odjavio se juče* he reported his departure yesterday 2. ~ *se* to withdraw; *ona neće učestvovati; odjavila se* she will not take part; she has withdrawn (her name)

odjeća see **odeća**

odjedanput adv suddenly, unexpectedly

odjedriti v to sail off

odjek n echo, reverberation **odjeknuti** v to echo, sound, reverberate, resound; *odjeknuo je pucanj* a shot rang out

odjeljak see **odeljak**

odjeljenje see **odeljenje**

odjuriti v to rush off

odlazak n departure, going away

odlaziti see **otići**

odlediti v to melt, unfreeze; to defrost; ~ *frižider* to defrost a refrigerator

odlemiti v 1. to break off 2. ~ *se* to come off, break off; *odlemila se drška* the handle broke off

odlepiti, odlijepiti v 1. to detach, break off, tear off (usu, of smt. glued); *odlepi marku* tear the stamp off 2. ~ *se* to break off, tear off, come off (usu, of smt. glued); *marka se odlepila* the stamp came off

odleteti, odletjeti v to fly away; ~ *u vazduh* to blow up

odličan a excellent; ~ *đak* an excellent pupil.

odličje n 1. decoration 2. characteristic, mark, distinction

odlijepiti see **odlepiti**

odlika n 1. characteristic, mark, distinction 2. excellence, excellent grade (in school); *položio je sa* ~*om* he passed with an excellent grade **odlikovanje** n decoration, medal **odlikovati** v 1. to decorate; ~ *nekoga ordenom* to decorate smb. with an order 2. to distinguish, set apart; to characterize 3. ~ *se* to be distinguished; to be characterized

odliti v 1. to pour off; *odlio je malo supe* he poured off a little soup 2. to cast, shape; ~ *skulpturu* to cast a sculpture; *odliven u zlatu* cast in gold

odliv I n flowing; drain; ~ *krvi* hemorrhage

odliv II n casting, impression

odlomak n fragment; passage, excerpt; ~*mci iz knjige* passages from a book **odlomiti** v 1. to break off; *odlomi mi komad!* break off a piece for me! 2. ~ *se* to break off; *odlomila se drška od bokala* the pitcher handle broke off

odložiti v 1. to postpone, delay; ~ *ispit (put)* to postpone an exam (a trip) 2. to put aside, lay down; ~ *oružje* to lay down one's weapons

odlučan a 1. resolute, energetic 2. decisive, crucial; *u* ~*čnom trenutku* at the crucial moment **odlučiti** v 1. to decide; *on je odlučio da ode* he decided to leave 2. to wean 3. ~ *se* to decide, make a decision; *on se odlučio na korak* he has decided to do that **odluka** n decision; *doneti* ~*u* to make a decision

odmaći v to move away; *odmakni stolicu od kamina* move the chair away from the fireplace; *odmakni se od njega!* môve away from him!

odmah adv immediately, at once

odmahnuti v to wave (back); ~ *(rukom) nekome* to wave back to smb.

odmaknuti see **odmaći**

odmamiti v to lure away

odmarati see **odmoriti**

odmazda n revenge, reprisal

odmena, odmjena n relief, replacement, alternate **odmeniti, odmijeniti** v to replace

odmeren, odmjeren a measured; steady, balanced **odmeriti, odmjeriti** v 1. to weigh (out); *odmeri mi kilo mesa* weigh out a kilo of meat for me 2. to measure; **~ od glave do pete* to measure from head to foot 3. ~ *kaznu* to mete out a penalty

odmetnik n renegade, apostate, turncoat; outlaw; ~ *od društva* outcast **odmetništvo** n 1. apostasy, desertion 2. life as an outlaw **odmetnuti se** v to flee, desert; ~ *od nečega* to flee smt.; ~ *u šumu* to flee into the woods (as an outlaw)

odmijeniti see **odmeniti**

odmileti, odmiljeti v to crawl (creep) away

odmjena see **odmena**

odmjeren see **odmeren**

odmjeriti see **odmeriti**

odmor n 1. rest; pause, recess 2. *godišnji* ~ annual vacation; *biti na* ~*u* to be on vacation 3. (poetics) caesura **odmoran** a rested, fresh **odmoriti, odmarati** v 1. to rest; to refresh; ~ *noge (oči)* to rest one's feet (eyes); *pauza koja odmara* the pause that refreshes 2. ~ *se* to rest, take a rest; to relax

odmotati v to unwind, uncoil, unwrap; ~ *paket* to unwrap a package

odmrsiti v to unravel, disentangle

odmrznuti v to unfreeze, thaw out, melt; to defrost; ~ *frižider* to defrost a refrieerator; *cevi su se odmrzle* the pipes have thawed out

odnekud(a) adv from somewhere

odneti, odnijeti, odnositi v 1. to take, carry (away); ~ *knjigu u biblioteku* to take a book to the library; **~ pobedu* to win (score) a victory 2. *odnositi se prema nekome* to behave (act) toward smb. 3. *odnositi se na nešto (nekoga)* to refer to smt. (smb.)

odnos n 1. relation; *biti u dobrim (rđavim)* ~*ima s nekim* to be on good (bad) terms with smb.; *ekonomski* ~*i* economic relations; (pol.) *dobrosusedski* ~*i* friendly relations; *biti u radnom* ~*u* to be employed 2. (math.) ratio

odnositi see **odneti**

odnosni *a* relative; (gram.) ~*a rečenica* relative clause

odnosno 1. *prep* in reference to, in regard to; ~ *vašeg pisma* in regard to your letter 2. *part* that is, in other words, more exactly

odobrenje *n* approval; permission; permit **odobriti** *v* 1. to approve (of); ~ *molbu (kredit)* to approve a request (a loan) 2. to credit; ~ *računu 100 dinara* to credit an account for 100 dinars 3. to permit, allow; ~ *detetu da ide u bioskop* to allow a child to go to the movies

odobrovoljiti *v* to cheer up

odojče *n* 1. suckling (animal) 2. baby, infant

odoleti, odoljeti *v* to overcome, surmount; to withstand, resist; ~ *neprijatelju* to overcome the enemy; ~ *iskušenju* to overcome temptation; ~ *bolesti* to survive an illness **odoljiv** *a* resistible

odomaćiti *v* 1. to adopt, take on 2. ~ *se* to adapt, adjust, assimilate oneself

odonud(a) *adv* from there

odora *n* robe, vestment

odostrag(a) *adv* from behind

odovud(a) *adv* from here, from this way

odozdol, odozdola *adv* from below; on the bottom, underneath

odozgo(r), odozgora *adv* from above; on the top

odraditi *v* to work off

odranije *adv* from earlier

odrastao *a* 1. see **odrasti** 2. *odrasli (pl)* (as noun) adults, grown-ups **odrasti** *v* 1. to grow up; *on je odrastao u Americi* he grew up in America 2. to mature

odrati see **derati** 2

odraz *n* reflection; ~ *svetlosti* reflection of light **odraziti** *v* to reflect; ~ *svetlost (zvuk)* to reflect light (sound)

odrečan *a* negative; ~ *odgovor* a negative reply **odreći, odricati** *v* 1. to deny; *on odriče svoju krivicu* he denies his guilt 2. to withdraw, withhold, refuse; ~ *pomoć* to refuse to give help 3. ~ *se* to renounce, disown, waive, repudiate; ~ *se dugova* to repudiate debts; ~ *se nasleđa* to renounce one's inheritance

odred *n* detachment, unit

odredba *n* 1. regulation, decree 2. (gram.) modifier

odredište *n* destination

odrediti *v* 1. to determine, define, set, fix; ~ *pojam* to define a concept; ~ *mesto i*

'*vreme* to fix a time and place; ~ *cene* to set (fix) prices 2. to prescribe, order; ~ *nekome lek* to prescribe a medicine for smb. 3. to appoint, pick; *on je određen za državnu reprezentaciju* he has been picked for the national team **odrednica** *n* entry (in a dictionary) **određen** *a* 1. see **odrediti**; ~*e cene* fixed prices; ~*o vreme* a definite time 2. certain ~*e ličnosti* certain people 3. (gram.) definite; ~*i član* the definite article

odrešan, odrješan *a* resolute, energetic

odrešiti, odriješiti *v* 1. to untie, undo; **~ kesu* to loosen the purse-strings; **odrešio mu se jezik* he began to talk 2. ~ *se* to free oneself; ~ *se nekoga* to get rid of smb.

odrezak *n* 1. section, segment 2. (W) steak, chop **odrezati** *v* to cut off

odricanje *n* renunciation; self-denial

odricati see **odreći**

odričan *a* negative; ~*čna rečenica* a negative sentence

odriješiti see **odrešiti**

odrješan see **odrešan**

odrod *n* renegade **odroditi** *v* 1. to alienate, estrange 2. ~ *se od nekoga* to forsake smb. 3. ~ *se* to become a degenerate

odroniti *v* 1. to roll down 2. ~ *se* to fall, roll; *odronila se velika stena* a large rock fell **odronjavanje** *n* rockslide

odrpan *a* ragged, tattered **odrpanac** *n* ragamuffin **odrpati** *v* to tatter, tear

odrubiti *v* to chop off; ~ *glavu* to decapitate

održati, održavati, *v* 1. to keep, preserve, maintain; ~ *običaje* to maintain customs; ~ *ravnotežu* to keep one's balance; ~ *prijateljstvo* to maintain a friendship; ~ *red* to maintain order; ~ *obećanje* to keep a promise 2. to organize, hold; ~ *miting* to organize (hold) a meeting; ~ *takmičenje* to hold a meet; or: to organize a match 3. to maintain; to keep up, care for; *održavati put* to maintain a road; *održavati diplomatske odnose* to maintain diplomatic relations 4. to give (a lecture, talk); ~ *predavanje* to give a lecture 5. ~ *se* to stand fast, maintain one's position; *on se jedva održao u službi* he barely kept his job 6. ~ *se* to take place; *kad se održavaju ispiti?* when do the examinations take place?

odsad(a) *adv* from now on, in the future

odsečak, odsječak n segment
odseći, odsjeći v to cut off; to amputate; ~ *nogu* to amputate a leg
odsedlati v to unsaddle; ~ *konja* to unsaddle a horse
odsek, odsjek n 1. section, department; *na ~u za slavistiku* in the Slavic department; ~ *za anglistiku* English department 2. period (of time)
odseliti v 1. to move (resettle) 2. ~ *se* to move; *odselio se iz Pariza* he moved from Paris
odsesti, odsjesti v to stay; ~ *u hotelu* to stop (stay) in a hotel
odsev, odsjev n reflection; shine
odsjaj n reflection; shine, gleam
odsječak see **odsečak**
odsjeći see **odseći**
odsjek see **odsek**
odsjesti see **odsesti**
odsjev see **odsev**
odskočiti v 1. to jump; ~ *ustranu* to jump to the side 2. to bounce; to rebound; to ricochet; *metak je odskočio* the bullet ricocheted **odskok** n 1. rebound, bounce 2. ricochet
odskora adv recently; *on je ~ ovde* he came recently
odslužiti v to serve (out); ~ *vojsku* to serve one's time in the army
odspavati v to take a nap
odsto n percent; *10 ~* ten percent; *dajemo 25 ~ popusta* we give a 25% discount
odstojanje n distance; interval; *držati nekoga na ~u* to keep smb. at a distance
odstraniti v 1. to remove 2. to exclude, get rid'of
odstup n (W) retirement, resignation
odstupanje n 1. (mil.) retreat 2. deviation, exception; *od tog pravila nema ~a* there is no exception to that rule **odstupiti** v 1. to step back, step away 2. to retreat, withdraw 3. to deviate, disagree, differ; ~ *od opšteg pravila* to deviate from the general rule
odsukati v ~ *brod* to set a ship afloat (which had run aground)
odsustvo n 1. absence 2. leave; *biti na ~u* to be on leave 3. lack; ~ *strpljenja* lack of patience **odsustvovati** v to be absent **odsutan** a absent; ~ *duhom* absent-minded
odsvirati see **svirati**
odšiti v to rip open (smt. sewn)

odškrinuti v to open slightly, leave ajar; ~ *vrata* to leave a door ajar
odštampati see **štampati**
odšteta n compensation, indemnity; *ratna ~* war reparations
odlučiti v to break of a habit
odudarati v to stand out, be different
odugovlačiti v to be slow (with), drag out; *on odugovlači sa odgovorom* he is slow to answer
oduka n breaking of a habit
oduljiti v (W) see **odužiti I**
odumreti, odumrijeti v to die out
odupreti se, oduprijeti se v to resist
oduran a repulsive, disgusting
odustati v 1. to change one's mind 2. ~ *od* to give up, abandon; ~ *od zahteva* to withdraw a demand; (sports) ~ *(od takmičenja)* to drop out (of competition); ~ *od studija* to abandon one's studies
oduševiti v to excite, stir up, fill with enthusiasm **oduševljen** a enthusiastic; *on je ~ tim filmom* he is enthusiastic about that film **oduševljenje** n enthusiasm; ~ *za nešto* enthusiasm for smt.
oduška n 1. outlet, opening, vent; *dati ~e nečemu* to give vent to smt. 2. pause, rest; *raditi bez ~e* to work without pause
oduvati v to blow away, blow off; *vetar mu je oduvao šešir* the wind blew his hat off
oduvek, oduvijek adv from the beginning; from time immemorial
oduzdati v to unbridle
oduzeti, oduzimati v 1. to take away, deprive; ~ *novac nekome* to take away smb.'s money; ~ *vlast nekome* to deprive smb. of power 2. (math.) to subtract; ~ *5 od 10* to subtract five from ten 3. ~ *se* to become paralyzed; *oduzela mu se leva strana tela* the left side of his body was paralyzed **oduzetost** n paralysis **oduzimanje** n subtraction; ~ *po platnom spisku* payroll deduction
odužiti I v to lengthen, prolong
odužiti II v to repay, pay off; ~ *dug* to repay a debt; ~ *se nekome* to repay a debt to smb.
odvabiti v to lure away
odvaliti v to roll off, push off; to break off; ~ *komad stene* to break off a piece of rock
odvaljati v to roll off

odvažan *a* brave, courageous **odvažiti se** *v* to get up courage, muster courage

odvedem see **odvesti** I

odveslati *v* to row away

odvesti I *v* **odvoditi** to lead away, take away; ~ *dete u školu* to take a child to school

odvesti II *v* **odvoziti** 1. to drive, take; *odvezao me je tamo jedan prijatelj* a friend drove me there 2. ~ *se* to drive, ride, go

odvezati *v* to untie, undo, release

odvezem see **odvesti** II

odvići see **odviknuti**

odvijati see **odviti**

odviknuti *v* 1. to break of a habit; ~ *dete od sisanja prsta* to break a child's habit of sucking its thumb 2. ~ *se* to give up (a habit), stop; *odvikla se od pušenja* she gave up smoking

odviti, odvijati *v* 1. to unwind, unroll, unwrap, undo; ~ *paket* to unwrap a package; ~ *zavoj* to undo a bandage 2. to unscrew; ~ *šraf* to unscrew a bolt 3. ~ *se* to develop, unfold; *stvari se nepovoljno odvijaju za nas* things are not going well for us

odvjetnik *n* (W) lawyer, attorney

odvod *n* drain; drainage; *čistiti* ~ to clean a drain

odvoditi see **odvesti** I

odvodnica *n* drainpipe **odvodniti** *v* to drain

odvojen *a* separate **odvojenost** *n* separation; ~ *crkve od države* separation of church and state **odvojiti** *v* 1. to separate, set apart; to set aside; ~ *na stranu* set aside; ~ *izvesnu sumu (novca)* to set a certain sum (of money) aside 2. ~ *se* to be separated, be set apart; to break off, come off; to branch off; *odvojili smo se od grupe* we broke off (were separated) from the group; *malter se odvojio od zida* the plaster came off the wall **odvojiv** *a* seperable

odvoziti see **odvesti** II

odvratan *a* repulsive, disgusting

odvratiti *v* 1. to turn away, avert; ~ *lice* to avert one's face 2. to dissuade 3. ~ *vodu* to divert (a stream of) water 4. to answer: ~ *ravnom merom* to answer in kind 5. to prevent, avert, ward off; ~ *nesreću* to prevent an accident

odvrnuti *v* 1. to unscrew, unwind 2. to turn on, open: ~ *slavinu* to turn on a faucet

odvrtač *n* (W) screwdriver

odvrtka *n* screwdriver

odvući *v* to drag off; *odvukli su auto* they towed the car away

odziv *n* 1. response, reply; reaction, reception; *knjiga je naišla na dobar* ~ *kritike* the book was well received by the critics 2. echo 3. (mil.) countersign

odzvoniti *v* to ring; to strike (of a clock)

odžačar *n* chimney sweep **odžak** *n* chimney

ofanziva *n* offensive

ofarbati see **farbati**

oficir *n* officer **oficirski** *a* officer, officer's; ~ *kor* officer corps; ~ *čin* officer's commission

ofsajd *n* (soccer) offside

ofset *n* offset (lithography)

oftalmolog *n* ophthalmologist **oftalmologija** *n* ophthalmology

ogaditi *v* 1. to make odious, make repulsive; ~ *nekome nešto* to make smb. dislike smt. 2. ~ *(se)* to become odious, become repugnant

oganj *n* fire, flame

oglas *n* advertisement, ad; announcement, notice; *objaviti* ~ *u novinama* to place an ad in the newspaper(s); *mali* ~*i* classified ads **oglasiti** *v* to announce; to advertise

ogled *n* experiment; *izvršiti* ~ to conduct an experiment **ogledni** *a* experimental; ~*a škola* experimental (demonstration) school

ogledalo *n* mirror: *gledati se u* ~*u* to look at oneself in the mirror

ogledati se *v* to look at oneself

ogledni see **ogled**

oglodati see **glodati**

ogluhnuti see **gluhnuti**

oglušiti *v* 1. (W) to become deaf 2. ~ *se* to ignore; to turn a deaf ear to; ~ *se o molbu* to turn a deaf ear to a request

ognjen, ognjevit *a* ardent, fiery

ognjilo *n* steel (for striking sparks)

ognjište *n* hearth (also fig.); *domaće* ~ a home

ogolićen *a* bare

ogoliti *v* to denude, strip **ogoljen** *a* bare

ogorčen *a* embittered, bitter; ~ *na nešto* bitter about smt. **ogorčenost** *n* anger, bitterness **ogorčiti** *v* to make bitter, embitter

ogovarač *n* slanderer **ogovarati** *v* to slander, defame; to sling mud at, run down
ograda *n* 1. fence; enclosure; *živa* ~ hedge 2. banister, railing 3. reservation, qualification, limitation; *bez* ~*e* without reservation **ograditi** *v* 1. to fence (in), enclosure; ~ *kuću* to put up a fence around a house; ~ *se* to build a fence around oneself (also fig.) 2. ~ *se od nečega* to dissassociate oneself from smt.
ogranak *n* branch, spur
ograničen *a* 1. limited; confined 2. narrow-minded: petty 3. mentally limited **ograničenje** *n* limitation **ograničiti** *v* to limit, confine, restrict
ogrbaviti *v* to become hunch-backed
ogrebotina *n* scratch
ogrejati, ogrijati *v* to warm
ogrepsti see **grepsti**
ogrešiti se, ogriješiti se *v* to offend, violate
ogrev *n* fuel (coal, wood)
ogristi *v* to bite (from all sides)
ogrizak *n* scrap (of food)
ogrlica *n* 1. necklace 2. ~ *za psa* dog collar
ogrnuti *v* to cover, throw on
ogroman *a* enormous, huge
ogrozd *n* (bot.) gooseberry
ogrtač *n* overcoat, cloak
ogrubeo, ogrubio *a* rough coarse; ~*le ruke* coarse hands
ogrubeti, ogrubjeti see **grubeti**
oguglati *v* to get accustomed to smt.
oguliti see **guliti**
oh *interj* oh
ohladiti see **hladiti**
oho *interj* oh
ohol *a* arrogant; haughty; stuck-up, conceited **oholost** *n* arrogance
ohrabriti *v* to encourage, cheer up
ohrapaviti *v* to become rough, become coarse
oivičiti *v* to draw a border around
oj *interj* 1. (to call smb.) hey 2. (in answer to a call) yeah
ojačati see **jačati**
ojagnjiti see **jagnjiti**
ojariti see **jariti**
okačiti *v* to hang
okaditi see **kaditi**
okajati *v* to repent; to expiate, atone for; ~ *grehe to repent sins*
okaljati see **kaljati**
okameniti see **kameniti**

okamenjen *a* 1. petrified 2. astounded, dumbfounded
okarakterisati see **karakterisati**
okce *n* 1. mesh (of a net) 2. cell (of a honeycomb)
okean *n* ocean
okeanograf *n* oceanographer **okeanografija** *n* oceanography
okićen *a* decorated
okinuti *v* to pull; ~ *revolver* to fire (pull the trigger of) a revolver
okititi see **kititi**
okivati see **okovati**
oklada (W) see **opklada**
oklagija *n* rolling pin
oklevalo, oklijevalo *n* vacillator **oklevati, oklijevati** *v* to hesitate, vacillate
oklevetati see **klevetati**
okliznuti se *v* to slip; to skid; *auto se okliznuo* the car skidded
oklop *n* armor; suit of armor **oklopni** *a* armored; (mil.) ~*a divizija* armored division; ~*o vozilo* armored car **oklopiti** *v* to armor **oklopnik** *n* armored soldier, cuirassier **oklopnjača** *n* armored warship; battleship
okluziv *n* (ling.) stop, plosive
okno *n* 1. *prozorsko* ~ windowpane; *brodsko* ~ porthole 2. *(rudarsko)* ~ (mining) shaft
oko I (for *pl* see **oči**) eye; *golim* ~*om* with the naked eye; *igra mu* ~ his eye is twitching; *dokle* ~ *dopire* as far as the eye can see; *~ za* ~ an eye for an eye; *nisam mogao skinuti oka s nje* I could not take my eyes off her; *u četiri* ~*a* in confidence, entre nous; *više vrede četiri* ~*a nego dva* two heads are better than one; (anat.) *slepo* ~ temple; *proceniti od* ~*a* to estimate roughly **očni** *a* eye, ocular; ~ *lekar* oculist; ~ *vid* eyesight; ~*a jabučica* eyeball (see also **oči**)
oko II *n* 1. mesh (of a net) 2. ~ *(na krompiru)* eye (on a potato)
oko III *prep* 1. around; ~ *kuće* around the house; ~ *2 sata* around two hours; or: around two o'clock 2. (fig.) over; *svađati se (tući se)* ~ *nečega* to quarrel (fight) over smt.
okolica *n* 1. surroundings; neighborhood, vicinity 2. milieux; company 3. retinue, suite
okolišenje deverb. of **okolišiti**; *bez* ~*a* without beating about the bush **okolišiti**

v 1. to go by a roundabout way 2. to beat about the bush **okolišni** *a* circuitous, rondabout

okolnost *n* circumstance; *olakšavajuće (otežavajuće)* ~*i* extenuating (aggravating) circumstances

okolo *adv* around; *okolo-naokolo* all around

okomit *a* 1. steep, sheer, precipitous; ~*a padina* a sheer drop; ~ *put* a steep road 2. vertical

okomiti I *v* to place in a vertical position

okomiti II *v* to husk

okomiti III **se** ~ *na nekoga* to attack smb.; to have it in for smb.

okomito *adv* vertically

okončati *v* to finish, end, complete

okopati *v* to dig up

okoreo, okorio *a* 1. inveterate, confirmed, chronic; ~*ela pijanica* a chronic alcoholic; ~ *zločinac* a hardened criminal; ~ *kockar* an inveterate gambler 2. rough, tough **okoreti, okorjeti** *v* to become addicted

okosnica *n* 1. skeleton 2. framework 3. outline; sketch

okoštati *v* to ossify, harden

okotiti see **kotiti**

okov *n* shackles, fetters, chains **okovati** *v* 1. to shackle, chain; ~ *nekoga* to put smb. into chains 2. to cover, plate, overlay

okovratnik *n* collar

okraćati *v* to become shorter

okrajak *n* heel (of a loaf of bread)

okrasti see **krasti**

okratak *a* rather short

okrečiti see **krečiti**

okrenuti, okretati *v* 1. to turn; ~ *leđa nekome* to turn one's back to smb.; or (fig.): to turn one's back on smb.; *okrenuo ga je protiv brata* he turned him against his brother; ~ *automobil* to turn a car around, make a U-turn; ~ *pečenje* to turn a roast; ~ *kome lice* to face smb.; *biti okrenut prema* to face toward; **~ drugi list* to turn over a new leaf; ~ *na jug* to turn south; **~ na zlo* to take a turn for the worse; ~ *levo* to turn left 2. ~ *se* to turn; ~ *se protiv nekoga* to turn against (on) smb.; ~ *se u postelji* to turn over in bed; *kola ne mogu da se okrenu na ulici* the car cannot turn around on the street; *Zemlja se okreće oko svoje osovine* the earth

rotates on its axis; *vetar se okrenuo* the wind turned; ~ *se nekome* to turn toward smb.; **~ se na bolje (gore)* to take a turn for the better (worse) 3. to change to, switch to; to begin; ~ *tugu na veselje* to switch from sadness to joy; *okretoše na pesmu* they began to sing 4. to dial; ~ *broj* to dial a number

okrepiti, okrijepiti *v* to strengthen; to refresh

okresati see **kresati**

okret *n* turn, rotation, revolution

okretaljka *n* (tech.) see **obrtaljka**

okretan *a* 1. nimble, adroit, agile 2. active

okretanje *n* turn, turning; ~ *točkova u mestu* spinning of wheels (of an automobile); ~ *automobila* a U-turn **okretati** see **okrenuti**

okretnica *n* (locomotive) turntable

okretnost *n* agility

okrijepiti see **okrepiti**

okrilje *n* wing, protection; *uzeti nekoga pod* ~ to take smb. under one's wing; *pod* ~*em vlasti* with government support

okriviti *v* to accuse; *okrivljen je da je bio saučesnik u ubistvu* he is accused of complicity in the murder **okrivljen** *a* see **okriviti;** ~*i* the accused, defendant **okrivljenik** *n* accused, defendant

okrnjak *n* fragment, stump **okrnjiti** *v* 1. to break (off); ~ *zub* to break a tooth 2. to ruin, spoil; ~ *nekome ugled* to ruin one's reputation

okrpiti see **krpiti**

okršaj *n* 1. (mil.) skirmish, clash 2. disorder

okrug *n* district, area; *izborni (vojni)* ~ electoral (military) district **okružni** *a* district; ~ *javni tužilac* district attorney; ~ *sud* district court

okrugao *a* 1. round, circular 2. chubby **okruglast** *a* plump; rotund **okruglina** *n* roundness; plumpness

okrupnjati *v* to become larger, grow

okrutan *a* cruel, merciless **okrutnost** *n* cruelty

okružiti *v* to surround; ~ *nekoga pažnjom* to dote on smb.

okružni see **okrug**

okružnica *a* (esp. W) circular

okrvaviti *v* to make bloody

okrznuti *v* to graze, scratch; *metak ga je okrznuo* the bullet grazed him oksid n (chem.) oxide **oksidacija** n oxidation **oksidisati** v to oxidize

oktan n octane **oktanski** a octane; ~ *broj* octane count

oktava n octave

oktet n octet

oktobar n October **oktobarski** a October; *oktobarska revolucija* the October Revolution (see also **listopad**)

oktogon n octagon

oktopod n (zool.) octopus

ȍkućnica n farmstead

okuka n curve, bend; *opasna* ~ a dangerous curve; *izleteti iz* ~*e* to miss a curve

okulist(a) n oculist

okultist(a) n occultist

okupacija n occupation **okupacioni** a occupying; ~*e snage* occupying powers

okupati see **kupati**

okupator n occupier, occupying power **okupirati** v to occupy; ~ *zemlju* to occupy a country

okupiti v to gather, assemble; ~ *oko sebe* to gather around oneself; *okupila se masa sveta* a large crowd gathered

okuražiti v to encourage

okus n (W) taste **okusiti** v 1. to take a bite (sip) of, taste; ~ *džigericu* to taste the liver 2. to experience

okušati v 1. to try, test; ~ *snage* to try each other's strength 2. ~ *se* to try one's strength (skill)

okužiti see **kužiti**

okvasiti v to wet

okvir n 1. frame 2. limits; framework; scope

olabaveli, olabavjeli a loose; lax

olabaviti see **labaviti**

olaj n linseed oil

olakšanje n relief; *osetiti* ~ to feel relief; *doneti* ~ to bring relief **olakšati, olakšavati** v to alleviate, lighten; ~ *bol* to alleviate pain; ~ *teret* to lighten a load; *olakšavajuće okolnosti* extenuating circumstances **olakšica** n 1. see **olakšanje** 2. discount, reduction (as a fringe benefit)

olenjiti se, olijeniti se v to become lazy

oličiti v to personify, represent, incarnate

oligarh n oligarch **oligarhija** n oligarchy

olijeniti se see **olenjiti se**

olimpijada n (sports) olympiad; Olympic Games; *učestvovati na* ~*i* to take part in the Olympic Games **olimpijadski,**

olimpijski a Olympic; *olimpijske igre* Olympic Games

olinjao a shabby: ~*la bunda* a shabby fur coat

olinjati se see **linjati se**

olizati v to lick (all over)

ološ n rabble, riffraff

olovka n pencil; *hemijska (mastiljava)* ~ ball-point pen

olovo n lead **olovan** a lead

oltar n altar

oluja n storm, gale; *digla se (počela je)* ~ a storm came up **olujni** a storm, stormy; ~ *oblaci* storm clouds

oluk n 1. gutter, trough 2. dip (in a road)

olupina n wreck; wreckage; *brodska* ~ shipwreck

olužiti see **lužiti**

oljuštiti see **ljuštiti**

om n (phys.) ohm

omaciti see **maciti**

omaći se v to slip, slide (also fig.); *omakla mu se noga pa je pao* his foot slipped, and he fell

omađijati v to bewitch

omahnuti v to wave, swing; ~ *sabljom* to wave a sword

omaknuti se see **omaći se**

omaliti v 1. to make smaller 2. to become smaller; to become shallow

omalovažiti v to underestimate, underrate, minimize; to disdain

omama n 1. intoxication; enchantment 2. daze **omamiti** v 1. to captivate, intoxicate, enthrall 2. daze, stun

omasoviti v to popularize, spread; ~ *kulturu* to spread culture

omaška n lapse, error, slip, omission

omatoriti see **matoriti**

omča n 1. loop; bow 2. noose

omeđiti v to mark, set the boundaries of

omeknuti see **meknuti**

omekšati v 1. to become soft 2. to soften, make soft

omen n omen

omesti, ometati v 1. to interfere with, disrupt, hamper, hinder; ~ *nekoga u radu* to hinder smb.'s work; ~ *saobraćaj* to disrupt traffic 2. to prevent, keep; *nešto ga je omelo da dođe* smt. kept (prevented) him from coming

omiliti v to make dear **omiljen** a beloved, popular, favorite

ominozan a ominous

omirisati see **mirisati**

omjer *n* (W) relation, proportion

omladina *n* (coll.) youth, young people **omladinski** *a* youth; ~ *dom* young people's recreation center **omladinac** *n* youth, young man

omlatiti see **mlatiti** 2

omlet *n* omelet

omlitaveli, omlitavjeli *a* flabby; loose; lax

omlitaviti see **mlitaviti**

omnibus *n* omnibus

omogućiti *v* to enable, make possible

omometar *n* ohmmeter

omorika *n* (bot.) spruce

omorina *n* humid, warm air

omot *n* 1. wrapping 2. book jacket, dust cover

omotač *n* cover(ing), wrapping; casing, shell **omotati** *v* to wrap

omražen *a* odious; disliked

omrći see **omrknuti**

omrestiti se, omrijestiti se see **mrestiti se**

omršaviti see **mršaviti**

omrznuti *v* 1. to take a dislike to, feel hatred ofr; *omrzao je posao* he took a dislike to his job 2. to become odious; *omrznuo mu je život* he is fed up with life

on *pron* he, it

ona I *pron* she, it

ona II see **onaj**

onaj *a* that

onakav *a* that kind of, such; *ja hoću* ~ *šešir* I want that kind of hat

onako *adv* 1. (in) that way, so, like that, in such a way 2. just like that, for no reason; *zašto si to uradio?* ~ why did you do it? for no (particular) reason

onamo *adv* there, to that place; *ovamo —* ~ back and forth

onanija *n* masturbation, onanism **onanisati** *v* to masturbate

onda 1. *adv* then, at that time; afterwards; *a šta* ~? and then what? 2. *conj* then; *kad ne umeš bolje,* ~ *nemoj da kritikuješ* if you can't do better, then don't criticize

ondašnji *a* former; of that time

ondatra *n* (zool.) muskrat

onde, ondje *adv* there

ondulacija *n* wave (in hair); *vodena* ~ (hair) set; *trajna* ~ permanent wave **ondulirati** *v* to set; ~ *kosu* to set hair

onemeti see **nemeti**

onemoćati *v* to become weak

onemogućiti *v* 1. to disable, incapacitate, put out of action 2. ~ *nekome nešto* to make smt. impossible for smb.

oneraspoložiti *v* to upset, distress; to deject, depress

onesposobiti *v* to incapacitate, disable, ruin; *automobilska nesreća ga je onesposobila za rad* the automobile accident disabled him

onesvestiti, onesvijestiti *v* 1. to knock (smb.) out; *on je ležao onesvešćen* he lay unconscious 2. ~ *se* to faint, swoon; *on se onesvestio od gubitka krvi* he fainted from loss of blood

oni I *pron* they

oni II see **onaj**

onijemjeti see **nemeti**

oniks *n* onyx

onizak *a* rather short, low

ono I *pron* it

ono II see **onaj**

onolicki *a* such a small, that small

onoliki *a* such a large, that large

onoliko *adv* 1. so many (much), that many (much), as many (much); *šta će mu* ~ *olovaka (hleba)?* why does he need so many pencils (so much bread)? 2. (a great) many, lots of; *on ima* ~ *novaca!* he has lots of money! 3. so long, as long; *ostaće* ~ *koliko traje viza* he'll stay as long as his visa is valid

onomad *adv* recently

onomastika *n* onomastics **onomastički** *a* onomastic

onomatopeja *n* onomatopoeia **onomatopejski, onomatopoetski** *a* onomatopoetic

onuda *adv* that way, in that direction

onjušiti see **njušiti** 1

opačina *n* (W) wickedness; perversion 2. crime, misdeed

opadač *n* slanderer **opadanje** I *n* slander

opadanje II *n* falling; ~ *lišća* the falling of the leaves; ~ *kose* loss of hair

opadati I see **opasti** I

opadati II see **opasti** II

opak *a* 1. wicked, evil; ~ *čovek* a wicked man 2. severe, pernicious; ~ *bol* severe pain

opal *n* opal

opaliti *v* 1. to burn, scorch, singe; *opalilo ga je sunce* he got sunburned 2. to sting; *kopriva mi je opalila nogu* the nettles stung my foot 3. to fire, shoot (of firearms); ~ *mitraljez (plotun)* to fire a

machine gun (a salvo) 4. to strike, slap,
hit; ~ *nekome šamar* to slap smb.
opanak *n* (type of) peasant shoe
opanjkati *v* to denounce; to slander
opao *a* ruined, broken; fallen; ~ *lo zdra-
vlje* poor health; ~*la snaga* debility;
~*lo lišće* fallen leaves
opapriti *v* to season (with pepper)
oparati see **parati**
opariti *v* 1. to steam 2. to scald
opasač *n* belt
opasan *a* dangerous, risky; ~ *poduhvat* a
risky venture
opasati *v* 1. to put around the waist (as a
belt); ~ *se* to put a belt on 2. to
surround, encircle, gird
opaska *n* remark, note
opasnost *n* danger; *biti u* ~*i* to be in
danger; *izložiti se* ~*i* to expose oneself
to danger; *biti van* ~*i* to be out of
danger; *znak* ~*i* a danger signal
opasti I opadati *v* to slander
opasti II opadati *v* to fall; *opale su cene
mesu* meat prices have gone down;
opada lišće the leaves are falling; *opala
mu je kosa* his hair fell out
opat *n* (rel.) abbot **opatica** *n* abbess **opati-
ja** *n* abbey
opaziti *v* 1. to see, perceive 2. to observe,
note 3. to remark, state
opcija *n* option
opčarati see **čarati** 1
opčiniti *v* 1. to bewitch 2. to fascinate,
charm
općenje (W) see **opštenje**
opći (W) see **opšti**
općina (W) see **opština**
općinski (W) see **opštinski**
općiti (W) see **opštiti**
opeći *v* to burn, scorch; ~ *prst* to burn
one's finger; ~ *se* to burn oneself
opeglati see **peglati**
opeka *n* brick
opekotina *n* burn, scald
opelo, opijelo *n* funeral service; requiem
opera *n* opera; opera house; *bili smo u* ~*i*
we were at the opera; *slušali smo tu* ~*u*
we heard that opera; *gradi se nova* ~ a
new opera house is being built **operski,
operni** *a* opera, operatic; ~ *pevač* opera
singer; ~*e arije* operatic arias
operacija *n* operation (in various mean-
ings); *izvršiti* ~*u nad nekim* to operate
on smb.; *rutinske* ~*e* routine operations

operacioni *a* operating; ~*a sala* operat-
ing room **operator** *n* operator
opereta *n* operetta
operisati *v* 1. to operate on; *on je juče
operisan od slepog creva* he was opera-
ted on yesterday for appendicitis 2. to
operate, function 3. to handle, operate,
drive; ~ *oružjem* to handle weapons; ~
traktorom to drive a tractor
operutati *v* to pluck, fleece
opet *adv* again; *on će doći* ~ he will come
again
opetovati *v* (W) to repeat
opevati, opjevati *v* to sing the praises of,
extol, laud
ophođenje *n* behavior
ophrvati *v* to crush
opijat *n* opiate
opijelo see **opelo**
opijen *a* 1. intoxicated 2. under sedation 3.
anesthetized
opijum *n* opium
opiljci *n* sawdust
opip *n* touch; *čulo* ~*a* sense of touch
opipati *v* to feel, finger; ~ *puls nekome*
to take smb.'s pulse; *~ teren* to inves-
tigate the situation **opipljiv** *a* tangible
opirati se see **opreti se**
opis *n* description; report; *lični* ~ perso-
nal description; *živ (detaljan, tačan)* ~
a lively (detailed, exact) description
opisan *a* 1. descriptive; (gram.) ~*sni
pridev* descriptive adjective 2. periphra-
stic **opisati** *v* 1. to describe, report on; *ne
može se opisati* it is beyond description
2. (math.) to draw; to circumscribe; ~
krug oko trougla to circumscribe a
triangle
opismeniti *v* to make literate; ~ *nepisme-
ne* to teach illiterates how to read and
write
opit *n* experiment, test
opiti *v* 1. to make drunk, intoxicate; ~ *se*
to get drunk 2. to drug, narcotize; to
anesthetize
opjevati see **opevati**
opklada *n* bet, wager; *sklopiti* ~*u* to make
a bet **opkladiti se** *v* to bet, wager; *hajde
da se opkladimo u 100 dinara!* let's bet
a hundred dinars!
opkoliti *v* 1. to surround 2. to besiege, lay
siege to; ~ *tvrđavu* to besiege a fortress
opkopati *v* 1. to entrench 2. ~ *se* to dig in
opkoračiti *v* to straddle, get on, mount

oplakati v to mourn; ~ *nekoga* to mourn smb.

oplaknuti v to rinse

oplata n 1. weather stripping 2. hull (of a ship)

oplaviti see **plaviti I**

oplemeniti v to ennoble; to dignify; to refine

oplesti v to braid; to lace, twine, web; to thatch, weave; ~ *kosu* to braid hair; ~ *mrežu* to make a net; ~ *slamom* to thatch with straw

opleviti see **pleviti**

oplićati see **plićati**

oplijeviti see **pleviti**

oploditi v to impregnate; to fertilize; ~ *jaje* to fertilize an egg; ~ *zemlju* to fertilize soil **oplodnja** n fertilization; insemination; reproduction; *veštačka* ~ artificial insemination **oplodni** a reproductive; ~ *organi* reproductive organs

oploviti v to sail around

opljačkati see **pljačkati**

opna n membrane; *bubna* ~ eardrum; *mrežasta* ~ retina **opnast** a membranous

opoganiti see **poganiti**

opojan a 1. intoxicating; ~ *miris* intoxicating aroma 2. narcotic; ~*jne droge* narcotics

opomena n 1. warning; *poslušati* ~*u* to heed a warning; *poslednja* ~ last warning 2. (written) reminder; *slati nekome* ~*e za neplaćene račune* to dun smb. 3. reprimand, rebuke **opomenuti, opominjati** v 1. to remind; ~ *nekoga da nešto uradi* to remind smb. to do smt. 2. to warn; *opominjem te da ga se čuvaš* I am warning you to watch out for him 3. to dun; ~ *dužnika* to dun smb. who owes money

oponašati v (W) to imitate

opor a 1. sharp, strong, pungent (of a flavor); ~*i miris* a pungent odor 2. crude, vulgar

oporavak n recoveru, convalescence **oporavilište** n convalescent home, nursing home **oporaviti** v 1. to restore (health); *oporaviće ga odmor* rest will restore his health 2. ~ *se* to recover (from illness); ~ *se od rana* to recover from wounds; ~ *se od udara* to recover from a shock **oporavljenik** n convalescent

oporeći v 1. to retract, disavow, repudiate; ~ *iskaz* to retract testimony 2. to deny

oporeziv, oporežljiv a taxable **oporezovati** v to tax, impose a tax on

opornjak n (anat.) mesentery

oportunist(a) n opportunist **oportunizam** n opportunism

oporučitelj n (W) testator **oporučiti** v (W) to bequeath **oporuka** n (W) will, testament

opovrgnuti, opovrći v to deny; to refute: ~ *teoriju* to refute a theory

opozicija n (pol.) opposition **opozicioni** a opposition; ~ *lideri* opposition leaders

opoziv n retraction; recall; revocation; cancellation; ~ *ambasadora* recall of an ambassador; ~ *naredbe* rescinding of an order **opozvati** v 1. to retract; to recall; to revoke; to rescind; to cancel; ~ *ambasadora* to recall an ambassador; ~ *ugovor* to cancel a contract 2. to impeach

oprasiti see **prasiti**

oprašiti v 1. to pollinate 2. to dust

oprati see **prati**

opravdana see **opravdati**; ~ *izostanak* excused absence **opravdanje** n justification; *lekarsko* ~ doctor's excuse (for an absence) **opravdati** v 1. to justify, excuste; ~ *nečije nade (poverenje)* to justify smb.'s hopes (faith) 2. to acquit, clear, find not guilty; ~ *optuženog* to acquit an accused person

opraviti v 1. to repair, fix 2. to equip, outfit **opravka** n repair, repairing

oprečan a contrary; opposite; opposing, adverse; ~*čna mišljenja* opposing opinions

opredeliti, opredijeliti v 1. to determine, fix; to assign 2. ~ *se* to decide; *on se opredelio za medicinu* he decided to study medicine; ~ *se za nekoga* to come over to one's side

opreka n opposition, disagreement; conflict

oprema n equipment; outfit; *vojna (lovačka, sportska)* ~ military (hunting, sports) equipment; *devojačka* ~ bride's trousseau **opremiti** v to equip, outfit

opresija n oppression

opresti v to spin

opreti se, oprijeti se, opirati se v to rest on, depend on, be supported by; *on se opro na nas* he turned to us for help; *svod se opire o taj jedan stub* the arch rests on that single pillar

oprezan *a* cautious, careful; *budi* ~*!* be careful! **opreznost** *n* caution
oprijeti se see **opreti se**
oproban *a* tested, experienced **oprobati** *v* to try (out), test; ~ *novi traktor* to try (out) a new tractor
oprostiti *v* 1. to forgive, pardon; ~ *nekome grešku* to forgive smb.'s mistake; ~ *dug* to forgive a debt 2. ~ *se* to say good-bye (to each other); ~ *se s nekim (od nekoga)* to say good-bye to smb. **oproštaj** *n* 1. saying good-bye, farewell, seeing off; *prirediti nekome* ~ to arrange a farewell (party) for smb. **oproštajni** *a* farewell; ~ *govor* farewell speech; ~*a večera* farewell dinner
opruga *n* spring, coil
opružiti *v* to stretch; to sprawl; ~ *noge* to stretch one's legs
opsada *n* siege, blockade; *dići* ~*u* to lift a siege **opsadni** *a* siege; *zavesti* ~*o stanje* to impose martial law **opsadnik** *n* besieger
opseći, opsjeći, *v* to cut (around)
opsednuti see **opsesti**
opseg see **obim**
opsegnuti *v* to envelope; to embrace, include
opsena, opsjena *n* 1. illusion 2. sleight of hand **opsenar, opsjenar** *n* illusionist, sleight-of-hand performer **opseniti, opsjeniti** *v* 1. to blind 2. to delude; to charm
opservatorij *n* observatory
opsesija *n* obsession
opsesti, opsjesti *v* 1. to besiege; ~ *tvrđavu* to besiege a fortress 2. to obsess; *biti opsednut idejom* to be obsessed by an idea
opsjeći see **opseći**
opsjena see **opsena**
opsjenar see **opsenar**
opsjeniti see **opseniti**
opsjesti see **opsesti**
opskrba *n* (W) supplies; equipment **opskrbiti** *v* (W) to supply; to equip
opskuran *a* obscure; mysterious
opsovati see **psovati**
opstanak *n* existence, survival; *borba za* ~ fight for survival **opstati** *v* to survive
opstrukcija *n* obstruction
opširan *a* extensive; detailed
opšiti *v* to hem, border
opštenje *n* communication, intercourse
opšti *a* common, universal, general; ~*e dobro* the common good; ~*e mesto*

commonplace; ~*e pravilo* a general rule; *lekar* ~*e prakse* general practitioner
opština *n* community; township; borough **opštinski** *a* township; municipal
opštiti *v* to communicate
opteći, opticati *v* 1. to flow around 2. to circulate (as of money)
opterećenje *n* load; *maksimalno* ~ *mosta* maximum load of a bridge **opteretiti** *v* 1. to load; to burden; ~ *kola* to load a car (cart) 2. (comm.) to charge; ~ *račun* to charge an account
opticaj *n* circulation; *pustiti u* ~ to put into circulation
opticati see **opteći**
optičar *n* optician **optika** *n* 1. optics 2. optical instruments **optički** *a* optical; ~*a varka* optical illusion
optimalan *a* optimal
optimist(a) *n* optimist **optimističan** *a* optimistic **optimizam** *n* optimism
optirati *v* to choose, opt
optočiti *v* to mount, frame
optužba *n* accusation, charge, indictment; *izneti* ~*u protiv nekoga (na sudu)* to bring legal action against smb.; *osloboditi* ~*e* to acquit **optuženik** *n* accused; indicted, defendant, prisoner **optuženički** *a* defendent's; ~*a klupa* (prisoner's) dock; *sesti na* ~*u klupu* to be brought to trial **optužilac** *n* accuser, prosecutor **optužiti** *v* to accuse, charge, indict; ~ *nekoga za ubistvo* to charge smb. with murder **optužnica** *n* (bill of) indictment; *podići* ~*u protiv nekoga* to indict smb.
opunomoćen *a* authorized; plenipotentiary **opunomoćenik** *n* representative, agent, delegate **opunomoćiti** *v* to authorize
opus *n* opus
opusteli, opustjeli *a* deserted, empty
opusteti see **pusteti**
opustiti *v* 1. to lower, drop; to let hang; ~ *uzdu* to let go of the reins 2. to relax; to loosen; ~ *mišiće* to relax (one's) muscles; *on mora da se opusti* he has to relax 3. ~ *se* to waste away, become run-down, go to seed
opustjeli see **opusteli**
opustjeti see **opusteti**
opustošiti *v* to devastate, ravage; ~ *sela* to devastate villages
opušak *n* butt (of cigarette or cigar)
orač *n* plowman, tiller
orah *n* walnut; **tvrd* ~ a hard nut to crack
orahovina *n* (wood of the) walnut

orangutan n (zool.) orangutan
oranžada n 1. orange juice 2. orange-
ade
orao n eagle
oraščić n (usu. in pl) nutmeg
orati v to plow, till
orator n orator **oratorski** a oratorical
orbita n orbit; *stići u Mesečevu ~u* to
enter a lunar orbit **orbitalni** a orbital;
~a stanica orbital station
orden n order, decoration
ordinacija n office (of a doctor or dentist);
otvoriti ~u to open one's office, begin
practice
ordinaran n ordinary, plain
ordinata n (math.) ordinate
oreol n aureole
organ n organ; *~i za varenje* digestive
organs; *~i javne bezbednosti* the police;
carinski ~i customs officials; *istražni
~i* investigating officers
organizacija n organization; *Organizacija
ujedinjenih nacija (naroda)* the United
Nations (abbrev. as *OUN* or *UN); radna
~* organization, association (of workers)
organizam n organism
organizator n organizer **organizovati** v to
organize
organski a organic; *~a hemija* organic
chemistry
orgija n (often in pl) orgy, debauchery,
revelry; *praviti ~e* to engage in orgies
orguljar, orguljaš n organist **orgulje** n
(mus.) organ
orhideja n orchid
oribati see **ribati**
original n original **originalan** a original;
~lna ideja an original idea
orijent n 1. the east (see **istok**) 2. (cap.) the
Orient; the Near East; *na ~u* in the
Orient **orijentalski, orijentalan** a Orien-
tal, Near Eastern; *~lni jezici* Near
Eastern languages (esp. Turkish, Ara-
bic, Persian, Sanscrit)
orijentacija n orientation
orijentalac n Oriental
orijentir n landmark
orijentisati se v to orient oneself; *on ume
dobro da se orijentiše* he orients himself
well; *on se orijentisao na medicinu* he
has decided to go in for medicine
orkan n hurricane
orkestar n orchestra, band; *simfonijski
(kamerni, gudački) ~* symphony (cham-
ber, string) orchestra; *duvački ~* brass

band; *svirati u ~tru* to play in an
orchestra **orkestracija** n orchestration
orkestrirati v to orchestrate
orman n 1. cupboard; cabinet; *kuhinjski
~* kitchen cabinet 2. chest of drawers,
dresser 3. *~ (za knjige)* bookcase
ormar see **orman**
ornament n ornament **ornamentalan** a
ornamental
ornat n chasuble
ornitolog n ornithologist **ornitologija** n
ornithology
orobiti see **robiti**
oročeni a term; *~ račun* term account
oronuo a feeble, decrepit, weak; dilapidat-
ed; *zgrade su oronule* the buidlings are
dilapidated **oronuti** v to become feeble;
to become dilapidated
orositi v 1. to bedew 2. to sprinkle
oroz n 1. trigger 2. (W) rooster
ortačiti se v to become partners **ortak** n
partner; accomplice **ortakluk** n part-
nership, association; complicity
ortodoksan a orthodox
ortografija n spelling, orthography **orto-
grafski** a orthographic
ortoped n orthopedist **ortopedija** n ortho-
pedics
oruđe n 1. tool instrument; *~a za rad*
work tools 2. weapon; fieldpiece
orumeniti, orumenjeti see **rumeneti**
oružan a armed; *~e snage* armed forces
oružanje n armament **oružati, naoružati**
v to arm **oružje** n arms; *vatreno ~*
firearms; *hladno ~* side arms; *odbram-
beno ~* defensive weapons; *latiti se ~a*
to take up arms; *baciti (položiti) ~* to
put down one's arms; **zveckati ~em* to
engage in saber rattling
os I see **osovina**
os II n awn, bristles (see also **osje**)
osa I n (zool.) wasp
osa II n see **osovina**; (math.) *~ simetrije*
axis of symmetry
osakatiti see **sakatiti**
osam num eight
osamdeset num eighty **osamdeseti** a the
eightieth
osamdesetogodišnjak n octogenarian
osamiti v to isolate; *~ se* to isolate oneself
osamnaest num eighteen **osamnaesti** a the
eighteenth
osamsto num eight hundred **osamstoti** a
the eight hundredth

osavremeniti v to bring up to date; to modernize

oscilator n oscillator

osećaj, osjećaj n feeling, sensation; emotion, sentiment; sense, feel; ~ *ljubavi* feeling of love; ~ *hladnoće (bola)* sensation of cold (pain); *lični ~i* personal feelings **osećajan, osjećajan** a sensitive; compassionate, kind **osećajnost, osjećajnost** n sensitivity

osedeti see **sedeti** II

osedlati v to saddle

oseka n ebb tide **oseknuti** v to ebb

osenčati, osjenčati v to shade, darken

oseniti, osjeniti v to shade, cast a shadow on

osetan, osjetan a perceptible, noticeable **osetiti, osjetiti, osećati, osjećati** v 1. to feel; to sense; ~ *bol (tugu, radost)* to feel pain (sadness, joy); ~ *prijateljstvo prema nekome* to feel affection for smb. 2. to experience; ~ *rat (glad)* to experience war (hunger); **~ na svojoj koži* to experience firsthand 3. ~ *se* to feel; ~ *se dobro* to feel well; ~ *se zdravim (bolesnim, umornim, srećnim)* to feel healthy (sick, tired, happy) 4. ~ *se* to smell (bad); *oseća se kao da nešto gori* it smells as if smt. is burning; *oseća se na dim* it smells of smoke **osetljiv, osjetljiv** a 1. sensitive, susceptible; *on je ~ na kritiku* he is sensitive to criticism 2. delicate 3. clear, manifest; noticeable; *~a razlika* a clear difference

osigurač n 1. (elec.) safety fuse 2. safety (on a weapon)

osiguranik n insured **osiguranje** n insurance; *uzeti ~ za auto* to take out automobile insurance; *kombinovano ~* comprehensive insurance; *~ od odgovornosti* liability insurance; *obavezno ~* compulsory insurance **osigurati** v 1. to insure 2. to make safe **osiguravač** n insurer, insurance company **osiguravajući** a insurance; ~ *zavod (~e društvo)* insurance company

osijedjeti see **sedeti** II

osiliti se v to become strong

osim see **sem**

osinjak n wasp's nest; **dirnuti u ~* to stir up a hornet's nest

osion a arrogant, overbearing

osip n rash, eruption

osipati see **osuti**

osiromašiti v to become poor

osiroteti, osirotjeti v 1. to become poor 2. to become an orphan

osje n (coll.) awn, bristles

osjećaj see **osećaj**

osjećajan see **osećajan**

osjećajnost see **osećajnost**

osjećati see **osetiti**

osjenčati see **osenčati**

osjeniti see **oseniti**

osjetan see **osetan**

osjetiti see **osetiti**

osjetljiv see **osetljiv**

osjetljivost see **osetljivost**

oskvrnaviti v 1. to profane, desecrate 2. to dishonor, debauch

oskudan a 1. poor; meager; ~ *obed* a meager meal 2. lacking, short of **oskudevati, oskudijevati** v to lack, be in short supply; *vojska je oskudevala u svemu* the army was short of everything **oskudica** n poverty, want; *živeti u ~i* to live in poverty

oskvrnuti v to profane, desecrate

oslabeli, oslabjeli a weakened

oslabiti see **slabiti**

oslabjeli see **oslabeli**

osladiti v to sweeten, make sweet (or pleasant); ~ *život* to make life pleasant

oslanjati see **osloniti**

oslepeti see **slepeti**

oslepiti see **slepiti** I

oslijepiti see **slepiti** I

oslijepjeti see **slepeti**

oslobodilac n liberator **oslobodilački** a (of) liberation **osloboditelj** n liberator **osloboditi** v 1. to free, release, liberate; to exempt; ~ *roba* to free a slave 2. to acquit; *sud ga je oslobodio* the court acquitted him 3. ~ *se nečega* to free oneself of smt.; *zatvorenik se oslobodio veza* the prisoner worked himself free from his bonds 4. to embolden; ~ *se* to become bolder; *oslobodio mu se jezik* he began to talk freely **oslobođenje** n 1. liberation 2. exemption; ~ *od carine* exemption from customs

oslonac n support **osloniti, oslanjati** v 1. to lean (on); ~ *dasku na zid* to lean a board against a wall 2. ~ *se* to lean on, hold onto; *on se oslanjao na mene* he leaned on me 3. ~ *se* to rely on, trust; ~ *se na inostranu pomoć* to rely on foreign aid

osloviti v to address, talk to, accost

oslušnuti v 1. to listen in, try to hear; *oslušnuo je ima li koga u sobi* he put his ear to the door to hear if anyone was in the room 2. to listen attentively; *napeto ~ to strain one's ears* 3. (med.) to auscultate; *lekar me je oslušnuo* the doctor examined my heart and lungs

osmatrač n scout, lookout **osmatračnica** n lookout tower, watchtower **osmatrati** v to observe, watch

osmeh, osmijeh n smile **osmehnuti se, osmjehnuti se** v to smile; *~ na nekoga* to smile at smb.

osmeliti, osmjeliti v 1. to encourage 2. *~ se* to dare

osmerac n 1. octosyllabic verse 2. (rowing) eight-oared shell, eights

osmi a the eighth

osmica n the figure '8'

osmijeh see **osmeh**

osmina n one eighth

osminka n (mus.) one-eighth note

osmjeliti see **osmeliti**

osmo- *(prefix denoting)* eight

osmočasovni a eight-hour; *~ radni dan* eight-hour working day

osmoliti see **smoliti**

osmori a eight, eight pairs

osmorica n eight (males)

osmoro coll. num eight; *~ dece* eight children

osmoro- *(prefix denoting)* eight (also **osmo-**)

osmosložan a octosyhlabic

osmostran a octagonal

osmotriti v to take a look at

osmougaonik n octagon

osmoza n osmosis

osnažiti v to strengthen

osnivač n founder **osnivanje** n foundation, founding

osnov n 1. element; base 2. reason, basis; *bez ~a* without reason; *na ~u tih podataka* on the basis of those data **osnova** n 1. foundation, base 2. (ling.) stem **osnovan** a basic, fundamental, primary; *~vna škola* elementary school; *~vna pravila* basic rules **osnovati** v 1. to found, establish 2. to justify; *~ molbu* to justify a request

osnutak n (W) foundation

osoba n person **osoban** a 1. personal 2. (gram.) *~bna imenica* proper noun

osobenjak n eccentric, crank

osobina n characteristic, trait, feature; *dobra (rđava) ~* a good (bad) feature

osobit a 1. extraordinary, outstanding, remarkable, magnificent; *ručak je bio ~* the dinner was magnificent 2. special **osobito** adv specially; especially

osoblje n (coll.) personnel, staff; *~ bolnice* the hospital staff; *~ fakulteta* the faculty (as at a university)

osokoliti see **sokoliti**

osoliti see **soliti**

osoran a gruff, rude

osovina n 1. axis; (hist.) *sile ~e* Axis Powers 2. axle; *bregasta ~* camshaft

ospa n pock; (in pl) pox **ospičav** a pock-marked

osporiti v to challenge, contest, deny, dispute; *~ nekome pravo na nešto* to challenge smb.'s right to smt.

osposobiti v to qualify, train; to prepare; *~ kadrove* to train staff

osramotiti see **sramotiti**

osrednji a medium; average, mediocre; moderate

ostajati see **ostati**

ostali a 1. remaining; *~o vreme* the rest of the time *~e knjige* the remaining books 2. (in pl) the others; *mi ćemo u šetnju; a šta će raditi ~?* we'll take a walk; what will the others do? **ostanak** n remaining, staying

ostareti see **stareti**

ostariti v 1. to grow old 2. to make old, age

ostarjeti see **stareti**

ostatak n remainder, rest, residue, remnant; *posmrtni ostaci* remains (dead body) **ostati, ostajati** v 1. to stay, remain (in one place); *~ kod kuće* to stay home 2. to be left, remain; *~ bez novca* to be left without money; *to ostaje zagonetka* that remains a mystery; *~ momak (usedelica)* to remain a bachelor (an old maid); *~ nezapažen* to remain unnoticed; **~ praznih ruku* to be left holding the bag; *ništa mi ne ostaje nego da priznam* there's nothing left for me but to confess; *ključ je ostao u vratima* the key was left in the door 3. to be left (over), remain; *ako mi ostane novca, kupiću novo odelo* if there is any money left, I'll buy a new suit

ostava n pantry

ostaviti, ostavljati v 1. to leave; *on je ostavio knjigu na stolu* he left the book on the table; *zašto si ostavio lampu da* *gori?* why did you leave the lamp burning? ~ *vrata otvorena* to leave the door open; ~ *ključ u bravi* to leave a key in the keyhole; *ne* ~ *ni traga* to leave no trace; *ništa mi nije ostavio* he left nothing for me; *ovo mesto ostavi čisto* leave this spot blank 2. to leave alone; *ostavi tu životinju* leave that animal alone; *ostavi me na miru!* leave me alone! 3. to abandon, leave; to give up; ~ *školu* to drop out of school 4. to leave, bequeath; ~ *u nasleđe (testamentom)* to bequeath 5. to allow, permit, let; *ostavi ga da govori* let him speak

ostavka *n* resignation; retirement; *podneti* ~*u (na položaj ministra odbrane)* to submit one's resignation (from the post of defense minister)
ostavnina *n* inheritance
osteopatija *n* osteopathy
ostrakizam *n* ostracism
ostrići see **strići**
ostriga *n* oyster
ostrugati *v* to plane; to scrape
ostrvljanin *n* islander **ostrvo** *n* island; *na pustom* ~*u* on a deserted island
ostvariti *v* to accomplish, achieve, carry out, realize; ~ *plan* to carry out a plan; ~ *uspeh* to achieve success **ostvariv.**
ostvarljiv *a* attainable; feasible
ostve *n* harpoon
osuda *n* 1. (court) sentence, verdict; *pročitati* ~*u* to read the sentence; ~ *na smrt* death sentence 2. criticism; condemnation; *naići na* ~*u* to meet with criticism **osuditi** *v* 1. to sentence (in court); to convict; to condemn; ~ *nekoga na smrt* to condemn smb. to death; ~ *na tri godine strogog zatvora* to sentence to a three-year prison term 2. to criticize; to condemn **osuđenik** *n* convict; ~ *na smrt* condemned prisoner
osujetiti *v* to frustrate, thwart; ~ *plan* to frustrate a plan
osumnjičiti see **sumnjičiti**
osušiti see **sušiti**
osuti, osipati *v* 1. to shower; ~ *nekoga psovkama* to curse smb. out 2. ~ *se* to become covered; *sve mu se telo osulo* his whole body has broken out (in a rash) 3. ~ *se* to crumble; *zid se osipa* the wall is crumbling
osvajač *n* conqueror
osvanuti *v* to dawn; *dan je osvanuo* it's getting light

osvećenje *n* dedication
osvestiti, osvijestiti *v* to revive
osveta *n* revenge, vengeance; *krvna* ~ blood feud
osvetiti I *v* 1. to sanctify, consecrate; to dedicate 2. to canonize
osvetiti II *v* 1. ~ *nekoga* to avenge smb. 2. ~ *se* to get revenge; *ja sam mu se osvetio za ovo* I got revenge on him for this
osvetliti, osvijetliti *v* 1. to light (up), illuminate; ~ *sobu* to light a room 2. to explain, elucidate, clarify; ~ *primerima* to illustrate by examples **osvetljenje, osvjetljenje** *n* lightning, light, illumination; *veliko (srednje)* ~ long (normal) beam (on an automobile)
osvetnik *n* avenger **osvetoljubiv** *a* vengeful, vindictive
osvežavajući, osvježavajući *a* refreshing; ~*a pića* soft drinks **osveženje, osvježenje** *n* 1. refreshment(s) 2. cool weather
osvežiti, osvježiti *v* to refresh, freshen up
osvijestiti see **osvestiti**
osvijetliti see **osvetliti**
osvit *n* daybreak, dawn
osvjetljenje see **osvetljenje**
osvježavajući see **osvežavajući**
osvježenje see **osveženje**
osvježiti see **osvežiti**
osvojiti *v* 1. to conquer, subdue, take over, overcome; ~ *grad* to conquer a city 2. to gain, win; ~ *pažnju* to gain attention; ~ *prvo mesto* to win first place 3. to master, cope with, organize; ~ *serijsku proizvodnju* to organize assembly-line production 4. to reclaim; ~ *zemlju* to reclaim land
osvrnuti *v* 1. to turn; ~ *glavu* to turn one's head (around) 2. ~ *se* to look back 3. ~ *se* to take up, deal with, treat, turn (one's attention) to; ~ *se na neke aktuelne probleme* to take up (turn to) some current problems **osvrt** *n* 1. turn-(ing) 2. review; ~ *na knjigu* book review
ošamariti see **šamarati**
ošamutiti *v* to stun, astound
ošinuti *v* to strike; to whip; **kao gromom ošinut* thunderstruck
ošišati see **šišati**
oštar, *a* 1. sharp; keen; ~ *nož* a sharp knife; ~ *vid* keen eyesight; ~ *jezik* a sharp tongue; ~ *bol* a sharp pain 2.

pointed; *oštri vrhovi* pointed peaks 3. strong; severe, stern; harsh; ~ *pogled* a stern look; *oštra kritika* severe criticism; *oštra kazna* stern punishment; *oštro pogledati* to look at sternly; *oštrim tonom* in a sharp tone 4. rough, rude; harsh; ~ *glas* a harsh voice 5. (math.) acute; ~ *ugao* an acute angle

oštećen *a* see **oštetiti**; *fizički* ~*o lice* a physically handicapped person **oštećenje** *n* damage

ošteniti see **šteniti**

oštetiti see **štetiti**

oštrač *n* sharpener (man or device); ~ *za olovke* pencil sharpener

oštrica *n* blade, cutting edge

oštrina *n* sharpness; acuity, keeness; ~ *noža* sharpness of a knife; ~ *sluha (vida)* keeness of hearing (sight) **oštriti, naoštriti** *v* to sharpen, hone; ~ *nož* to sharpen a knife

oštrouman *a* clever, shrewd **oštroumlje** *n* cleverness, shrewdness

otac *n* father; *njihovi očevi su braća* their fathers are brothers; *narodni oci* the leaders of a people (nation); **kakav ~ takav sin* like father like son; *on je sušti* ~ he is the spitting image of his father **otački** *a* ancestral

otada *adv* from then

otadžbina *n* native country, fatherland, homeland

otarasiti *v* to free, rid; ~ *se nečega* to get rid of smt.

otcepiti, otcijepiti *v* 1. to break off 2. (pol.) ~ *se* to secede, break off **otcepljenje, otcjepljenje** *n* secession

oteći, oticati *v* 1. swell, puff up; *otekao mu je obraz* his cheek is swollen 2. to flow (off), drain (out); *otekla je sva voda* all the water drained out; *voda neće da otiče* the water doesn't drain

otegnuti, otezati *v* to stretch (out); to prolong; *vreme mu se strašno oteglo* time dragged terribly for him; ~ *s nečim* to postpone (put off) smt.; *otezati u govoru* to drawl; ~ *stvar* to drag a matter out

oteklina *n* swelling

oteliti see **teliti**

oteloviti, otjeloviti *v* to embody; to incarnate

oterati, otjerati *v* to drive; to drive away; ~ *u progonstvo* to drive into exile

otesan *a* see **tesati**; polished, refined **otesati** see **tesati**

oteti, otimati *v* 1. to grab, seize; ~ *nekome nešto* to grab smt. (away) from smb.; ~ *od* to wrest from 2. to abduct, kidnap; ~ *dete* to kidnap a child 3. ~ *se* to get away, escape; ~ *se uticaju* to free oneself from an influence; ~ *se napadaču* to twist out of an attacker's grasp; *juče mi se otela jedna glupost* I blurted out smt. stupid yesterday 4. ~ *se* to vie; *otimaju se o nju* they fight over her

otezati see **otegnuti**

otežati *v* to hinder, impede, make difficult; ~ *nekome rad* to interfere with smb.'s work; ~ *život* to make life difficult; *soabraćaj je otežan* traffic is moving slowly

othraniti see **hraniti** 3

oticati see **oteći**

otići, odlaziti *v* to leave, go (away); ~ *na put (kući)* to leave on a trip (for home); ~ *od kuće* to leave home; ~ *nekome u goste* to visit smb.; *on želi da odem* he wants me to leave; ~ *u svet* to go out into the world; **~ praznih šaka* to leave empty-handed; ~ *u partizane* to join the partisans

otimač *n* robber **otimačina** *n* robbery

otimariti see **timariti**

otimati see **oteti**

otirač *n* doormat

otirati see **otrti**

otisak *n* 1. mark, print; ~*sci prstiju* fingerprints; *uzeti nekome ~ske prstiju* to fingerprint smb. 2. (poseban) ~ offprint 3. *vodeni* ~ watermark (on paper) 4. (printing) proof

otjeloviti see **oteloviti**

otjerati see **oterati**

otkačiti *v* to unfasten, undo, unhook; ~ *ogrlicu* to undo a necklace; ~ *vagon* to uncouple a railroad car

otkad(a) 1. *adv* from when, since when; ~ *živite u Beogradu?* since when have you been living in Belgrade? 2. *conj* since, from the time that; ~ *smo došli . . .* since we came . . .

otkako *conj* since

otkasati *v* to trot off

otkaz *n* 1. notice (of resignation, of dismissal, of termination of a lease, etc.) cancellation; *dobiti (dati)* ~ to receive (give) notice; *podneti (dati)* ~ to resign; ~ *ugovora (porudžbine)* cancellation of a contract (order) 2. failure, breakdown; ~ *motora* engine failure **otkazati** v 1. to give notice (of resignation, dismissal, etc.); ~ *stan* to give notice (of moving from an apartment) 2. to cancel, call off, revoke; ~ *ugovor* to cancel a contract; ~ *čas* to call a class off 3. to break down; *auto nam je otkazao* our car broke down; *otkazale su kočnice* the brakes didn't work 4. to refuse; *on nam je otkazao pomoć* he refused to help us 5. to misfire; *otkazala mu je puška* his rifle misfired

otkinuti v 1. to break off, tear off (away): ~ *dugme* to tear off a button; ~ *cvet* to tear off a flower; ~ *granu* to break off a branch; *otkinulo mi se dugme* my button came off 2. to withhold, deduct; ~ *od plate* to deduct from one's pay

otkloniti v to eliminate; to prevent; ~ *opasnost* to eliminate danger; ~ *nesreću* to prevent an accident

otklopiti v to uncover; to open

otključati v to unlock

otkop n digging up, excavation **otkopati** v to dig up, uncover, excavate

otkopčati v 1. to unbutton 2. to unhook; to uncouple

otkotrljati v to roll (away); ~ *bure* to roll a barrel (away)

otkovati v to unchain, unfetter

otkriće n discovery; invention **otkriti** v 1. to uncover; to bare 2. to discover; ~ *nečiju tajnu* to discover smb.'s secret 3. to reveal; ~ *planove nekome* to reveal one's plans to smb.; **~ karte* to show one's cards **otkrivač** n discoverer; inventor

otkrivanje n (W) see **otkrovenje**

otkrovenje n revelation

otkucaj n stroke; touch (on a typewriter) **otkucati** v 1. to hammer (out) 2. to type; ~ *pismo* to type a letter 3. to strike (of a clock)

otkuda 1. *adv* from where, whence 2. *conj* from where

otkup n 1. ranson 2. purchase, buying up **otkupiti** v 1. to ransom; to redeem 2. to buy up

otmen, otmjen a fine, noble; dignified

otmica n 1. kidnapping, abduction (esp. of a girl); *prividna* ~ a staged abduction 2. hijacking **otmičar** n 1. kidnapper, abductor 2. hijacker

otmjen see **otmen**

otočanin n (W) islander **otok** I n (W) island

otok II n swelling

otok III n flowing away

otoman n ottoman, couch

otopiti v to melt, thaw; *sunce je otopilo sneg* the sun melted the snow; ~ *frižider* to defrost a refrigerator

otpadak n 1. refuse, trash, rubbish, litter; *kanta za ~tke* trash basket 2. dregs, scum; *društveni* ~ dregs of society

otpadnik n apostate, renegade, turncoat, heretic **otpadništvo** n apostasy, disloyalty; heresy

otpasti, otpadati v 1. to fall, fall off; *otpalo ti je dugme* your button fell off 2. ~ *na nešto* to go (for), be used up (by) 3. to disappear; to be canceled; *ako se popravi, otpašće kazna* if he straightens (himself) out, the punishment (sentence) will be suspended 4. (colloq.) to be out of the question; *ta kombinacija otpada* that combination is out of the question

otpevati, otpjevati v to sing

otpiliti v to saw off

otpis n writing off; ~ *duga* writing off a debt **otpisati** v 1. to write off; ~ *dug* to write off a debt 2. to attribute, charge; ~ *na mladost* to charge to youth

otpjevati see **otpevati**

otplakati v to weep for a while

otplata n 1. payment, paying off; ~ *duga* payment of a debt 2. credit; *kupiti na ~u* to buy on credit **otplatiti** v to pay (off), pay for; ~ *dug* to pay a debt; ~ *kredit* to pay off a loan

otplivati v to swim away (off)

otploviti v to sail away

otpočeti v to begin

otpočinak n rest, repose **otpočinuti** v to rest

otpor n resistance; opposition; *pružati (davati)* ~ to offer resistance **otporan** a resistant; impervious; ~ *na toplotu* heat-resistant **otpornost** n resistance; ~ *prema oboljenju* resistance to a disease

otpozdrav n greeting (in reply); salute **otpozdraviti** v 1. to reply (to smb.'s greeting) 2. (mil.) salute

otpraviti v to send, forward; to dispatch **otpravljač** n dispatcher; ~ *vozova* train dispatcher **otpravnik** n 1. agent 2. (dipl.) ~ *poslova* chargé d'affaires

otpre, otprije adv from before

otprema n 1. sending; shipping, forwarding; transportation 2. dispatching ot-

premiti v 1. to send, forward, mail, to ship; ~ *pošiljku* to mail a package 2. to dispatch; ~ *vozove* to dispatch trains **otpremnik** n forwarder, shipper

otprije see **otpre**

otprilike adv approximately, about

otpusnica n (written) notice of dismissal; discharge papers **otpust** n discharge, dismissal **otpustiti** v 1. to release, let go; ~ *iz zatvora* to release from prison 2. to dismiss, fire, discharge; ~ *s posla (iz službe)* to dismiss from a job

otpušač n cork, stopper **otpušiti** v to unstop

otpuštanje n dismissal; ~ *radnika* dismissal of workers

otputovati v to depart

otrcan a see **otrcati**; ~o *odelo* a shabby suit; ~i *vicevi* stale jokes; ~e *fraze* trite phrases **otrcati** v to wear out; ~ *se* to become shabby

otrčati v to run off

otrebiti see **trebiti**

otresit a capable; energetic

otresti v to knock down; to shake off; ~ *voće sa drveta* to knock fruit down from a tree; ~ *sneg s cipela* to shake snow from one's shoes

otrezniti, otrijezniti v 1. to sober (smb.) up (also fig.) 2. ~ *se* to sober up; to come to one's senses

otrgnuti v to tear off (away)

otrijebiti see **trebiti**

otrijezniti see **otrezniti**

otrov n poison, venom **otrovan** a poisonous, toxic; ~*vna zmija* a poisonous snake; (fig.) ~ *jezik* a nasty tongue **otrovati** see **trovati**

otrpeti, otrpjeti v to endure; ~ *uvredu* to swallow an insult

otrti, otirati v to wipe; ~ *blato s cipela* to wipe mud from one's shoes

otuda adv from there

otuđenost n alienation **otuđiti** v 1. to alienate, estrange; *otuđili su se* they have drifted apart 2. transfer, alienate; ~ *imanje* to transfer an estate

otupeli, otupjeli a dull, insensitive

otupeti see **tupeti**

otupiti v to make blunt, make dull

otupjeli see **otupeli**

otupjeti see **tupeti**

otvaranje n opening; *šahovsko* ~ chess opening

otvor n opening, hole, aperture, slit **otvoren** a frank, candid, open **otvorenost** n frankness, openness **otvoriti** v 1. to open; ~ *prozor* to open a window 2. to turn on; ~ *svetlost (radio, televizor, slavinu, vodu)* to turn on the light (radio, television, faucet, water)

otvrdnuti see **tvrdnuti**

OUN abbrev. of *Organizacija ujedinjenih nacija*

ova see **ovaj**

ovacija n (usu. in *pl*) ovation, cheering; *burne* ~e loud cheering

ovaj 1. a this; ~ *put* or *ovoga puta* this time; *ove zime (jeseni)* this winter (fall)

ovakav a this kind of; *ona hoće* ~ *šešir* she wants this kind of hat

ovako adv in this way, like this

ovalan a oval

ovamo adv here, hither; *dođi* ~! come here!

ovan n 1. (zool.) ram 2. battering ram

ovaplotiti v to embody; to incarnate

ovas n oats

ovca n sheep; *čuvati* ~e to tend sheep **ovčiji** a sheep; ~a *koža* sheepskin; ~e *meso* mutton; ~ *but* leg of mutton **ovčar** n 1. shepherd 2. *pas* ~ sheep dog; *nemački* ~ German shepherd

ovdašnji a local, from this area

ovde, ovdje adv here, in this place

ovejan, ovijan a confirmed, habitual, chronic; ~ *pijanica* chronic alcoholic; ~ *kriminalac* a hardened criminal

ovejati see **vejati**

ovekovečiti ovjekovječiti v to immortalize, perpetuate

ovenčati, ovjenčati v to wreathe, crown; *ovenčan slavom* crowned with glory

overa, ovjera n notarization; stamping with an official seal **overiti, ovjeriti** v to notarize

ovi see **ovaj**

ovijati see **vejati**

ovisan a (W) dependent **ovisiti** v (W) to depend

ovjekovječiti see **ovekovečiti**

ovjenčati see **ovenčati**

ovjera see **overa**

ovjeriti see **overiti**

ovlastiti v to authorize **ovlašćenik** n authorized person; proxy **ovlašćenje** n 1. authority; permission; license; permit; ~ *za gradnju* building permit 2. proxy; power of attorney

ovlažen a moist
ovlažiti see vlažiti
ovnetina n mutton
ovogodišnji a this year's; ~e letovanje this
    year's vacation
ovolicki a such a small, so small; this
    small
ovoliki a 1. such a large, this large
ovoliko adv so many, so much, this many;
    ~ knjiga so many books
ovozemaljski a of this world
ovrći see vrći
ovuda adv this way, in this direction
ozakoniti v to legalize
ozariti v 1. to light up, illuminate 2. ~ se
    to light up (with joy); lice mu se ozarilo
    his face lit up
ozbiljan a 1. serious, grave; ~ problem a
    serious (grave) problem; ~ljna bolest a
    serious (grave) illness 2. real, genuine,
    actual; serious; ~ rat real war
ozdraviti v 1. to cure 2. to get better,
    recover ozdravljenje n recovery
ozeleneti, ozelenjeti v to become green
ozeleniti see zeleniti
ozepsti see zepsti
ozleda, ozljeda n injury, wound; zadobiti
    ~u to receive an injury ozlediti, ozlije-
    diti v to injure, wound, hurt
ozloglasiti v to defame, bring into disre-
    pute ozloglašen a disreputable, infamous

ozlojediti v to embitter, exasperate
ozlovoljiti v to annoy, irritate
ozljeda see ozleda
označiti v to mark, designate oznaka n 1.
    mark, designation; ~ fabrike trade-
    mark; ~ cene price label 2. sign; indica-
    tion; putna ~ road sign
ozon n ozone
ožaliti see žaliti
ožalostiti see žalostiti
ožalošćen a bereaved, in mourning; ~a
    porodica the bereaved family
oždrebiti see ždrebiti
oždrijebiti see ždrebiti
ožeći v 1. to burn; to sting: ožegla me je
    kopriva the nettles stung me 2. ~ se to
    burn oneself; to sting oneself
ožedneti, ožednjeti see žedneti 1
oženiti see ženiti
oženjen a married (of a man)
ožiljak n scar
oživeli, oživjeli a revived
oživeti, oživjeti v 1. to come to life; to
    revive; to recuperate 2. to revive, reani-
    mate, resuscitate
oživjeli see oživeli
oživjeti see oživeti
oživotvoriti v to realize, effect
ožučiti see žučiti
ožujak n (W) March (see also mart)
ožuteli, ožutjeli a (having become) yellow
ožutiti see žutiti

P

pa 1. *conj* (and) then; *prvo ću čitati ja, ~ ti* first I'll read, (and) then you 2. *conj* and (so); *oni su odrasli na Aljasci, ~ su otporni na zimu* they grew up in Alaska, and (so) they can stand the cold 3. *conj* but; *bogat je, ~ ipak je nesrećan* he is wealthy, but (yet) unhappy 4. *part* well; *~ dobro* well, all right

pabirčiti, napabirčiti *v* to glean, gather

Pacifik *n* the Pacific

pacifist(a) *n* pacifist **pacifizam** *n* pacifism

pacijent *n* patient

pacov *n* (zool.) rat

pače *n* duckling; *ružno ~* ugly duckling

paćenik *n* poor devil, wretch

pad *n* fall, drop; *~ s drveta* fall from a tree; *~ cena* decrease of prices; *~ s vlasti* fall from power; *~ temperature* drop in temperature

padati see **pasti**

padavica *n* epilepsy **padavičar** *n* epileptic **padavičav** *a* epileptic

padavina *n* precipitation, rainfall

padež *n* (gram.) case

padina *n* slope; *~ brda* hillside

padobran *n* parachute; *spustiti se ~om* or *skočiti s ~om* to parachute **padobranac** *n* parachutist **padobranstvo** *n* parachute jumping

paganin *n* pagan, heathen **paganski** *a* pagan **paganizam** *n* paganism

paginacija *n* pagination **paginirati** *v* to paginate, page

pagoda *n* pagoda

pahuljica *n* flakes; *~ snega* snowflake

pajac *n* jester, buffoon

pakao *n* hell, inferno **pakleni** *a* infernal, hellish; *~a mašina* infernal machine, bomb

paket *n* package, parcel

Pakistan *n* Pakistan

pakleni see **pakao**

paklica (esp. W) see **paklo**

paklo *n* package, pack; *~ cigareta* a pack of cigarettes

pakosnik *n* malicious person; envious person **pakost** *n* malice; *iz ~i* out of malice **pakostan** *a* malicious **pakostiti** *v* *~ nekome* to spite smb.

pakovanje *n* wrapping, packaging **pakovati, spakovati** *v* to pack; *~ kofer* to pack a suitcase; *~ se* to pack one's things

pakt *n* pact, treaty; *sklopiti ~* to make a treaty

palac *n* 1. thumb 2. big toe 3. inch

palača *n* (W) mansion; palace

palačinka *n* (cul.) crepe, pancake

palančanin *n* provincial; narrow-minded person **palanka** *n* province, small town

palata *n* mansion; palace

palatal *n* (ling.) palatal **palatalizacija** *n* palatalization **palatalizovati** *v* to palatalize

paleografija *n* paleography

Palestina *n* Palestine

pali *a* see **pasti**; *~ borci* soldiers killed in action; *~ junak* a fallen hero

palica *n* stick; wand; baton; (hockey) stick; (track) baton

palikuća *n* arsonist

palisada *n* palisade

paliti *v* 1. to light, set fire to 2. to burn 3. *ispaliti* to fire, shoot; *~ pušku (metak, rafal)* to fire a rifle (shot, burst) 4. to burn, ache, hurt; *rana je palila* the wound ached 5. *upaliti* to turn on; to start; *~ lampu (radio)* to turn on a lamp (radio); *~ motor* to start an engine 6. *~*

(se) **upaliti** to start; *motor neće da (se) upali* the engine will not start

palma *n* (bot.) palm

palpitacija *n* palpitation

paluba *n* deck, board

paljba *n* (mil.) volley, salvo; firing, fire; *baražna* ~ barrage; *plotunska* ~ salvo; *otvoriti* ~u to open fire

paljenje *n* ignition (as on an automobile)

pamćenje *n* memory

pamet *n* mind, intellect, reason; *zdrava* ~ common sense; *pala mu je na* ~ *genijalna ideja* he thought of a great idea **pametan** *a* intelligent, reasonable, sensible

pamflet *n* pamphlet, controversial tract

pamtiti, zapamtiti *v* to remember

pamuk *n* cotton **pamučan** *a* cotton; ~*čno odelo* cotton suit; ~*čna tkanina* cotton fabric

Panama *n* Panama

pancir *n* armor

panegirik *n* panegyric

panel *n* panel, plate

paničan *a* panicky **paničar** *n* scaremonger, alarmist **panika** *n* panic

panorama *n* panorama

pansion *n* 1. room and board 2. boardinghouse **pansioner** *n* boarder

panslavizam *n* Pan-Slavism

pantalone *n* trousers, pants

panteizam *n* pantheism

panter *n* (zool.) panther

pantljičara *n* tapeworm

pantljika *n* tape; ribbon; *staviti novu* ~u to change the ribbon (on a typewriter)

pantomima *n* pantomime **pantomimičar** *n* pantomimist, mime

panj *n* 1. tree stump 2. block (of wood); *mesarski* ~ chopping block (for meat) 3. (fig.) blockhead, dunce

papa *n* pope, pontiff **papski** *a* papal

papagaj *n* parrot (also fig.)

papak *n* 1. hoof 2. (fig.) leg, foot

papar *n* (W) (ground) pepper

paperjast *a* downy **paperje** *n* (coll.) down, eiderdown

papilotna *n* curler (used in women's hair)

papir *n* 1. paper; ~ *za pisanje* writing paper; *toaletni* ~ toilet paper; ~ *na linije (s linijama)* lined paper 2. (in *pl*) documents; *vrednosni* ~*i* securities **papirni** *a* paper; ~ *novac* paper money

papirus *n* papyrus

paprat *n* (bot.) fern **papratka** *n* frond (of a fern)

papren *a* peppery

paprika *n* (bot.) pepper; *ljuta* ~ hot pepper; *aleva* ~ (ground) red pepper

paprikaš *n* stew; *teleći (goveđi)* ~ veal (beef) stew

papriti, zapapriti *v* (W) to season (with pepper)

papski see **papa**

papuča *n* 1. slipper: **biti pod* ~*om* to be henpecked 2. footboard, step (as on a streetcar) **papučica** *n* pedal; ~ *za gas* gas pedal

par I *n* 1. pair; couple; ~ *rukavica* a pair of gloves; *pet pari cipela* five pairs of shoes; *bračni* ~ married couple 2. match, equal; *on nije tvoj* ~ he is no match for you

par II *n* even number

para I *n* steam, vapor, fumes; **raditi punom* ~*om* to work at full steam **parni** *a* steam; ~*o kupatilo* steam bath; ~ *valjak* steamroller

para II *n* 1. para (one hundredth of a dinar) 2. (usu. in *pl*; colloq.) money

parabola *n* 1. parable 2. (math.) parabola

paraboloid *n* (math.) paraboloid

parada *n* 1. parade 2. (fig.) showing off, display, show

paradajz *n* tomato, tomatoes; *plavi* ~ eggplant

paradigma *n* (gram.) paradigm

paradirati *v* to parade; to flaunt, display

paradoks *n* paradox **paradoksalan** *a* paradoxical

parafirati *v* to initial

parafraza *n* paraphrase **parafrazirati** *v* to paraphrase

paragraf *n* (numbered) paragraph

Paragvaj *n* Paraguay

paralela *n* parallel **paralelan** *a* parallel **paralelizam** *n* parallelism

paralisati *v* to paralyze **paralitičar** *n* paralytic **paraliza** *n* paralysis; *dečija* ~ infantile paralysis

paramparčad *n* pieces, splinters, fragments, smithereens; *razbiti nešto u* ~ to smash smt. to smithereens

paran *a* even; ~ *broj* even number

paranoik *n* paranoiac **paranoja** *n* paranoia **paranoičan** *a* paranoid

parapet *n* parapet

parati v 1. **oparati** to rip; ~ *porub* to rip a seam 2. to cut; ~ *(nožem)* to cut open (with a knife) 3. to irritate, vex

parazit n parasite **parazitski** a parasitical **parazitizam** n parasitism

parcela n lot, parcel **parcelisati** v to parcel out (lots)

parče n piece, slice; part; ~ *hleba* a slice of bread; *na* ~*etu hartije* on a piece of paper

pardon n pardon: ~*!* I beg your pardon! or: excuse me!

parenteza n parentheses

parenje n mating (of animals)

parfem n perfume **parfemerija** n perfume shop **parfemisati** v to perfume

parija n pariah; outcast

parirati v to parry

paritet n parity

pariti I v 1. to match, pair 2. ~ *se* (of animals) to mate

pariti II v 1. to steam; to boil 2. ~ *se* to evaporate

Pariz n Paris **pariski** a Parisian

park n 1. park; garden; *zabavni* ~ amusement park 2. depot, pool, park; *vozni (automobilski)* ~ motor pool

parket n 1. parquet (floor) 2. orchestra, parquet (in a theater)

parking, parkiralište n parking lot **parkiranje** n parking **parkirati** v to park; ~ *auto* to park a car

parlamen(a)t n parliament **parlamentaran** a parliamentary

parlog n uncultivated land; neglected land

parni see **para** I

parnica n lawsuit; *dobiti (izgubiti)* ~*u* to win (lose) a lawsuit; *povesti* ~*u protiv. nekoga* to institute legal action against smb. **parničar** n litigant **parničiti se** v to be engaged in litigation

parnjak n member of a pair, partner

parobrod n steamship, steamer

parodija n parody **parodirati** v to parody

paroh n (orth.) priest **parohija** n parish **parohijski** a parochial **parohijan** n parishioner

paroksizam n paroxysm

parola n 1. (mil.) password 2. motto, slogan

parožak n 1. branch of an antler 2. prong

parter n 1. ground floor, first floor; *oni žive u* ~*u* they live on the ground floor (first floor) 2. orchestra (in a theater)

particip n (gram.) participle **participski** a participial

participacija n participation

partija n 1. (pol.) party 2. (mus.) part 3. (comm.) shipment 4. game, match (usu. chess, cards); *odigrati* ~*u šaha* to play a game of chess 5. *dobra* ~ a good catch (for marriage) 6. batch, group **partijac** n party member **partijski** a party

partikula n (gram.) particle (also **rečca**)

partikularan a particular

partitura n (mus.) score

partizan n guerrilla, partisan; *otići u* ~*e* to join the partisans **partizanski** a guerrilla; ~ *rat* guerrilla warfare

partner n partner

parveni n parvenu

pas n dog (also fig.); hound; *lovački psi* hunting dogs; *psi lutalice* stray dogs; **svađati se kao* ~ *i mačka* to fight like cats and dogs **pasji** a dog's; ~*a kućica* kennel; ~ *život* a dog's life

pasat n tradewind

pasaž n passage

pas-čuvar n watchdog

pasha n (rel.) Passover

pasija n passion, love

pasijans n solitaire, patience (card game)

pasionaran a passionate, avid

pasirati v 1. to strain (through a sieve) 2. (sports) to pass 3. (cards) to pass

pasiv n (gram.) passive

pasiva n (comm.) liabilities

pasivan a inert, passive

pasjakovina n (bot.) buckthorn

pasji see **pas**

paskvil n pasquinade, lampoon

pasmina n breed, stock

pasoš n passport **pasoški** a passport; ~*o odeljenje* passport office

pasta n paste; polish; ~ *za zube* toothpaste; ~ *za cipele* shoe polish

pastel n colored pencil; pastel crayon

pasterizovati v to pasteurize

pasti I **padati** v to fall; ~ *s drveta* to fall from a tree; *kiša pada* it is raining; *pašće sneg* there will be snow; *pale su cene* prices have fallen; ~ *u nemilost* to fall into disgrace; *barometar je pao* the barometer fell; ~ *u zasedu (zamku)* to fall into an ambush (a trap); *vlada je pala* the government has fallen; ~ *na ispitu* to fail an examination; ~ *s nogu* to collapse (from fatigue); ~ *nekome u ruke* to be caught by smb.; ~ *na um* to

come to mind; *~ s konja na magarca
out of the frying pan into the fire
pasti II v to graze; *ovce pasu* the sheep are
grazing; ~ *stoku* to graze cattle
pastila n pill (medicine)
pastir n shepherd
pastor n (rel.) pastor
pastorak n stepson
pastorala n pastorale **pastoralan** a
pastoral
pastorče n stepchild **pastorka** n stepdaughter
pas-tragač n bloodhound
pastrmka n trout
pastrnak see **paškanat**
pastuh, pastuv n stallion, studhorse
pastva n (usu. rel.) congregation, flock
pasulj n beans (plant and food); *čorba od*
~*a* bean soup
pasus n paragraph; passage
pas-vodič n guide dog; ~ *(slepih)* seeing-
eye dog
paša I n pasture
paša II n (hist.) pasha
pašenog n brother-in-law (husband of
wife's sister)
paškanat n parsnip
pašnjak n pasture
pašteta n (cul.) meat paste; ~ *od džigerice*
chopped liver 2. filled pastry, patty; ~ *s*
mesom meat patty
patak n drake
patent n 1. patent; *imati* ~ *na nešto* to
have a patent on smt. 2. zipper 3. clever
device, gadget **patentni** a patent; ~
ured patent office **patentovati** v to pat-
ent; ~ *izum* to patent an invention
patent-zatvarač see **patent** 2
patetičan a pathetic **patetika** n pathos
patika n 1. slipper 2. sport shoe, sneaker;
teniske ~*e* tennis shoes
patisak n (W) reprinting
patiti v to suffer; ~ *od bolesti* to suffer
from a disease
patka n 1. duck 2. *novinarska* ~ canard,
false newspaper story
patlidžan n *(plavi)* ~ eggplant
patnik n poor devil, wretch; sufferer **pat-
nja** n suffering, agony
patolog n pathologist **patologija** n pathol-
ogy
patos I n pathos
patos II n floor
patricid n patricide
patricij n patrician

patrijarh n patriarch **patrijarhalan** a pa-
triarchal
patrimonij n patrimony
patriot(a) n **patriotski** a patriotic **patrio-
tizam** n patriotism
patrljak n stump (of a tree, arm)
patrola n patrol; *ići u* ~*u* to go on patrol
patrolni a patrol; ~*a kola* patrol car
patrolirati v to patrol
patron I n cartridge
patron II n patron, protector **patronat** n
patronage, sponsorship
patronažni a public-health, community-
health; ~*a služba* public-health murs-
ing; ~*a sestra* public-health nurse
patronesa n patroness
patronimik n patronymic
patuljak n dwarf, pigmy **patuljast** s
dwarfish
patvoren a (W) forged, fake; artificial
patvoriti v (W) to forge, counterfeit
paučina n coweb **pauk** n spider
paun n peacock; *gord kao* ~ as proud as
a peacock
pauper n pauper
paus-papir n tracing paper
paušal n flat rate; *plaćati po* ~*u* to pay a
flat rate
pauza n pause, break; intermission; *u* ~*i*
during the intermission; *(na) praviti* ~*u*
to take a break
pavijan n (zool.) baboon
paviljon n pavilion
pavlaka n cream; *kisela* ~ sour cream
pazar n 1. market, fair, bazaar; *ići na* ~ to
go to the market 2. marketplace 3.
business transaction, deal; *napraviti*
(utvrditi) ~ to make (conclude) a deal 4.
trade, turnover; *(dnevni)* ~ daily re-
ceipts **pazarište** n marketplace **pazariti**
v to do business; to buy; to shop
pazikuća n janitor
pazitelj n guard, watchman
paziti v 1. to watch (out), be careful; *pazi*
kad voziš be careful when you drive 2.
to watch; ~ *na nekoga* to keep an eye
on smb., watch smb.
pazuho n armpit; *pod* ~*om* under the arm
paž n page, page boy
pažljiv a 1. attentive, careful 2. consider-
ate; kind **pažnja** n attention; *obratiti* ~*u*
na nešto to pay (call) attention to smt.;
odvratiti nekome (nečiju) ~*u od nečega*
to divert smb.'s attention from smt.

pčela *n* bee; **vredan kao* ~ as busy as a bee **pčelar** *n* beekeeper **pčelarstvo** *n* beekeeping, apiculture

pecač *n* angler, fisherman **pecački** *a* fishing; ~*a dozvola* fishing permit **pecanje** *n* fishing; *ići na* ~ to go fishing

pecara *n* distillery, still

pecati *v* 1. to fish, angle 2. upecati to catch, hook, hunt; ~ *ribu* to catch a fish; *upecati muža* to hook a husband

pecivo *n* 1. baked goods 2. roll, bun

pecnuti, peckati *v* 1. to bite (of a fly, mosquito) 2. to tease 3. to burn, smart, ache; *pecka me rana* my wound aches

pečalbar *n* migrant worker

pečat *n* seal, stamp; *udariti* ~ to affix a seal **pečatni** *a* sealing; ~ *vosak* sealing wax **pečatiti, zapečatiti** *v* to stamp, seal

pečenica *n* (cul.) roast

pečenje *n* (cul.) roast; *jagnjeće* ~ lamb roast, roast lamb

pečurka *n* mushroom; toadstool

peć *n* stove, oven; furnace; *visoka* ~ blast furnace

peći, ispeći *v* 1. to bake; to broil, roast; ~ *hleb* to bake bread; ~ *meso* to roast meat 2. to burn; to sting; *danas sunce peče* the sun is hot today; *peče ga rana* his wound aches; *kopriva peče* nettles sting 3. to torment, vex; *peče ga savest* his conscience bothers him

pećina *n* cave **pećinski** *a* cave; ~ *čovek* caveman

pedagog *n* pedagogue, educator **pedagogija** *n* pedagogy **pedagoški** *a* pedagogical; *viša* ~*a škola* teachers' college

pedal *n* pedal; ~ *za gas* gas pedal

pedant *n* pedant, hairsplitter **pedantan** *a* pedantic **pedanterija** *n* pedantry

pedeset *num* fifty **pedeseti** *a* the fiftieth

pedesetogodišnjica *n* fiftieth anniversary

pedesetorica *n* fifty (males)

pedesetoro *num* fifty.

pedijatar *n* pediatrician **pedijatrija** *n* pediatrics **pedijatrijski** *a* pediatric

pediker *n* chiropodist, podiatrist **pedikir** *n* pedicure, care of the feet

pega, pjega *n* spot, stain **pegav, pjegav** *a* spotty; freckled; pockmarked

pegica, pjegica *n* dim. of pega; ~*e* freckles

pegla *n* iron, flatiron **peglati, ispeglati** *v* to iron; ~ *odelo* to iron a suit

pehar *n* goblet, wineglass; cup

pejorativ *n* (gram.) pejorative **pejorativan** *a* pejorative

pejzaž *n* landscape

pekar *n* baker **pekara** *n* bakery

Peking *n* Peking

pekmez *n* jam, jelly

pelc *n* fur; fur coat

pelcovati *v* to vaccinate 2. to graft

pelen *n* (bot.) absinthe; wormwood

pelena *n* diaper; *poviti dete u* ~*e* to diaper a baby

pelikan *n* (zool.) pelican

pelinkovac *n* vermouth

pelir *n* onionskin, thin paper

pelud *n* (bot.) pollen

pena, pjena *n* foam, froth; scum; lather; *morska* ~ meerschaum

penal *n* 1. (usu. sports) penalty 2. (soccer) penalty kick

penast, pjenast *a* foamy

pendrek *n* nightstick, club

pendže *n* sole (on a shoe)

penicilin *n* penicillin

peniti se, pjeniti se *v* to foam, froth; to form lather

penkalo *n* fountain pen

pentagon *n* pentagon

pentametar *n* pentameter

penušati se, pjenušati se *v* to froth, foam **penušav, pjenušav** *a* 1. foamy 2. ~*o vino* sparkling wine

penzija *n* pension, benefits **penzioner** *n* pensioner, retired person **penzionisati** *v* to pension off (retire)

penjalica *n* jungle gym

penjati see peti II

penjoar *n* peignoir

peonija *n* (bot.) peony

pepeliti, opepeliti *v* to sprinkle with ashes

pepeljara *n* ashtray

pepeljuga *n* (bot.) goosefoot, pigweed; lamb's quarters

pepeo *n* ashes

pepsin *n* pepsin

perad *n* (coll.) poultry

peraja *n* fin, flipper

percepcija *n* perception

pereca *n* pretzel

perfek(a)t *n* (gram.) perfect (past) tense

perfektan *a* perfect

perfektivan *a* (gram.) perfective; ~*vni vid* the perfective aspect

perfidan *a* perfidious **perfidija** *n* perfidy

perforacija *n* perforation **perforirati** *v* to perforate

pergamen(a)t *n* parchment

periferija n 1. periphery, perimeter, circumference; ~ kruga circumference of a circle 2. outskirts, suburbs; oni žive na ~i they live on the outskirts of town

perifraza n periphrasis

perika n wig; nositi ~u to wear a wig

perimetar n perimeter

perina n feather quilt, comforter

period n period, time **periodičan** a periodic **periodika** n periodicals

perionica n laundry; laundry room

periskop n periscope

perjanica n 1. plume 2. tuft (of feathers)

perje n (coll.) feathers; plumage

perkusija n percussion

perkutovati v to auscultate

perla n 1. pearl 2. beads; necklace

permanentan a permanent

permutacija n permutation

pernat a covered with feathers, feathery

pero n 1. feather; plume 2. ~ (za pisanje) pen (for writing), quill

perolak a (boxing) featherweight

peron n platform (at a railroad staton); voz ulazi na prvi ~ the train is arriving on platform one

perorez n pocketknife

persiflaža n persiflage, banter

Persija n Persia

personal n (coll.) personnel, staff **personalni** a personnel; ~o odeljenje personnel department

personalan a personal, private; ~lna svojina personal property

personifikovati v to personify

perspektiva n perspective; ptičja ~ bird's-eye view

peršin (W) see **peršun**

peršun n parsley

pertla n lace, shoelace

Peru n Peru

perunika n (bot.) iris

perut n 1. dandruff 2. scales (of the skin)

pervaz n border, hem

perverzan a perverted **perverzija** n perversion

Perzija n Persia

pesak, pijesak n sand; džak s ~skom sandbag

pesimist(a) n pessimist **pesimistčan** a pessimistic **pesimizam** n pessimism

peskovit, pjeskovit a sandy

pesma, pjesma n 1. song; narodna ~ folk song 2. poem; izabrane ~e selected poems; epska ~ epic poem

pesnica n fist

pesnik, pjesnik n poet **pesnički, pjesnički** a poetic; ~a sloboda poetic license

pesništvo, pjesništvo n poetry, poetic art

peš n coattail

pešačiti, pješačiti v to walk

pešački see **pešak**

pešadija, pješadija n (mil.) infantry **pešadijski, pješadijski** a infantry; ~puk infantry regiment **pešak, pješak** n 1. pedestrian 2. infantryman, foot soldier 3. (chess) pawn

peščan, pješčan a 1. sandy; ~a plaža a sandy beach 2. of sand; ~i sat sandglass **peščanik, pješčanik** n sandy soil **peščara, pješčara** n sandy terrain

pešice, peške, pješice, pješke adv on foot; ići ~ to go on foot

peškir n towel; ~ za kupanje (ruke) bath (hand) towel

pet num five

peta n heel (anat. and on shoe); Ahilova ~ Achilles' heel

petak n Friday; u ~ on Friday; svakog ~tka every Friday; ~tkom Fridays

petao, pijetao n rooster, cock

petarda n firecracker, petard

peteljka n stalk, stem

petero see **petoro**

peti I a the fifth; *~a kolona fifth column

peti II **penjati, popeti** v 1. to lift, raise 2. ~se to climb, rise; ascend, go up; ~ se uz stepenice to go upstairs; ~ se uzbrdo to go uphili; penju se cene prices are rising; voda se stalno penje the water keeps rising; ~ se na drvo to climb a tree

petica n 1. the figure '5' 2. the school grade 'A'

peticija n petition

petina n one fifth

petlja n loop; knot; noose; pošla joj je ~ na čarapi she has a runner in he: stocking

petljati v 1. to fool around, putter around. tinker 2. to equivocate, beat around the bush, be evasive 3. ~ (protiv nekoga) to intrigue (against smb.) 4. ~ se to have trouble; to be kept busy; be tied up; petljala se ceo dan s decom she had her hands full all day with the children

petnaest num fifteen **petnaesti** a the fifteenth **petnaestorica** n fifteen (males)

peto- (prefix denoting) five

petoboj *n* (sports) pentathlon; *moderni* ~ modern pentathlon

petogodišnji *a* five-years old; lasting five years; ~ *plan* five-year plan **petogodišnjica** *n* fifth anniversary

petokrak *a* five-pointed; ~*a zvezda* a five-pointed star

petoletka, petoljetka *n* five-year plan

petori *a* five, five pairs; ~*e makaze* five pairs of scissors; ~*a kola* five cars

petorica *n* five (males)

petorka *n* 1. group (squad) of five 2. (in *pl*) quintuplets

petoro *coll. num* five; ~ *dece* five children

petosložan *a* pentasyllabic

petostopni *a* pentameter

petostruk *a* fivefold

petougaonik *n* pentagon

petrolej *n* petroleum, oil **petrolejski** *a* oil; ~*a polja* oil fields

petsto *num* five hundred **petstoti** *a* the five hundredth

pevac, pijevac *n* rooster; cock (see also **petao**)

pevač, pjevač *n* singer; *operski* ~ opera singer **pevanje, pjevanje** *n* singing **pevati, pjevati** *v* 1. **otpevati, otpjevati** to sing; ~ *pesmu* to sing a song; *ptice pevaju* birds sing; ~ *skalu* to sing a scale; *pevati u horu* to sing in chorus; *pevati bas* to sing bass 2. to write (poetry); to sing of (poetically) **pevušiti, pjevušiti** *v* to hum

piće *n* beverage, drink; *alkoholna (bezalkoholna, osvežavajuća)* ~*a* alcoholic (non-alcoholic, soft) drinks

pidžama *n* pajamas

pigmej *n* pygmy

pigment *n* pigment

pijaca *n* market; *buvlja* ~ flea market

pijan *a* drunk, intoxicated **pijanica** *n* drunkard, drunk, alcoholic

pijanist(a) *n* pianist

pijanka *n* drinking party, spree, binge

pijavica *n* leech (also fig.); *stavljati (metati)* ~*e* to apply leeches

pijedestal *n* pedestal

pijesak see **pesak**

pijetao see **petao**

pijevac see **pevac**

pijuckati *v* to sip

pijuk *n* pickaxe (also **budak**)

pijukati *v* to peep, cheep (as of a chick)

pik I *n* (playing cards) spades

pik II *n* pique, offense

pikantan *a* piquant, pungent, spicy

pikavac *n* butt (of a cigarette or cigar)

piket *n* 1. (mil.) picket (detachment) 2. picket (on strike) **piketirati** *v* to picket

pikirati *v* to dive (of a mil. airplane)

piknik *n* picnic

pikola *n* piccolo

pikolo *n* busboy

piktija *n* (cul.) meat mold; aspic

pila *n* saw; *ručna* ~ handsaw **pilana** *n* sawmill

pilav *n* (cul.) pilaf

pile *n* (zool. and cul.) chicken; *pečeno* ~ roast chicken **pileći** *a* chicken; ~*e pečenje* roast chicken; ~*a čorba* chicken soup **piletina** *n* (meat of the) chicken

pilica *n* chick

piliti, ispiliti *v* to saw

pilot *n* pilot (of an airplane, ship) **pilotirati** *v* to pilot; ~ *avionom* to fly an airplane

pilula *n* pill; ~ *za spavanje* sleeping pill; **gorka* ~ a bitter pill

piljak *n* pebble; *igrati se* ~*a* to play jacks

piljar *n* fruit and vegetable vendor, grocer **piljarnica** *n* fruit and vegetable store

piljiti *v* to stare

pinceta *n* (pair of) pincers, tweezers

ping-pong *n* table tennis, ping-pong

pingvin *n* penguin

pion *n* pawn (chess and fig.)

pionir *n* 1. pioneer 2. (mil.) pioneer, engineer 3. member of the Pioneers (Yugo. youth organization)

pipak *n* 1. feeler, antenna 2. claw (as of a lobster) 3. arm (of an octopus)

pipati *v* to touch, feel; ~ *nekome puls* to feel smb.'s pulse; ~ *po mraku* to grope in the dark; **~ teren* to investigate the situation

pipav *a* sluggish, slow: ~ *čovek* a sluggish person, sluggard

pipeta *n* pipette; dropper, medicine dropper

pir *n* 1. feast, banquet 2. (esp. W) wedding feast

piramida *n* pyramid **piramidalan** *a* pyramidal

pirat *n* pirate

pire *n* (cul.) puree; ~ *od krompira* mashed potatoes; ~ *od jabuka* apple sauce

pirevina *n* (bot.) couch grass

pirinač *n* rice **pirinčani** *a* rice; ~*o polje* rice field

piriti *v* to blow (lightly)

pirjaniti *v* to stew
piroman *n* pyromaniac, arsonist **piromanija** *n* pyromania
pisac *n* writer, author; ~ *pesama* songwriter; ~ *romana* novelist **pisaći** *a* writing; ~*a* mašina typewriter; ~ *pribor* stationery; ~ *sto* desk
pisak *n* 1. screech, scream, squeal; ~ *lokomotive* whistle of a locomotive 2. mouthpiece (of a musical instrument, pipe, etc.) 3. spout (of a receptacle)
pisamce *n* short letter **pisanje** *n* 1. writing; *hartija za* ~ stationery, writing paper 2. penmanship **pisar** *n* clerk, scribe **pisati, napisati** *v* 1. to write; ~ *olovkom* to write with a pencil; ~ *nekome pismo* to write a letter to smb.; *kako se piše?* how is it spelled? *novine pišu . . .* the newspapers write . . .; 2. to be written; *u novinama piše da . . .* it is written in the newspapers that . . .
piska *n* screaming
piskav *a* 1. squeaky, screeching 2. (ling.) ~*i suglasnici* hissing sounds
pismen *a* 1. literate; ~ *čovek* a literate person 2. written; ~*i ispit (dokaz)* written test (proof) **pismena** *n* letters, characters **pismeno** *adv* see **pismen;** ~ *potvrditi* to confirm in writing **pismenost** *n* 1. literacy 2. writing, literature
pismo *n* 1. letter: message; *poslovno* ~ business letter; *preporučno (ekspresno)* ~ registered (special-delivery) letter; *avionsko* ~ airmail letter; ~ *sa preporukom* letter of recommendation; *ljubavno* ~ love letter 2. (type of) writing, print; alphabet: *ćirilsko (latinsko)* ~ Cyrillic (Latin) writing; *koso* ~ italics 3. tails (on a coin)
pista *n* 1. (airplane) runway 2. track (for racing)
piškota *n* (cul.) ladyfinger (pastry)
pištaljka *n* whistle **pištati** *v* 1. to whistle 2. to scream, yell 3. to cluck; *pilići pište* chickens cluck 4. to hiss (of a snake)
pištolj *n* pistol; *hitac iz* ~*a* pistol shot
pita *n* (cul.) pita (type of pie)
pitak *a* potable; ~*tka voda* drinking water
pitanje *n* question; *postaviti nekome* ~ to ask smb. a question; *odgovoriti na* ~ to answer a question; *znak* ~*a* question mark pitati *v* 1. to ask, question; *nastavnik ga ništa nije pitao* the teacher didn't ask him anything; ~ *nekoga za*

savet to ask smb. for advice 2. ~ *se* to wonder, ask oneself
piti *v* 1. **popiti** to drink; ~ *vodu (vino)* to drink water (wine) 2. to drink, be a drunkard
pitom *a* tame, docile; ~*a životinja* a tame animal
pitomac *n* cadet
pitomiti, pripitomiti *v* to tame, domesticate **pitomost** *n* tameness, docility
piton *n* (zool.) python
pivar *n* brewer **pivara** *n* brewery **pivnica** *n* bar, tavern; beer hall **pivo** *n* beer
pizma *n* spite, hatred
pje . . . see entries in **pe . . .**
pjega see **pega**
pjegav see **pegav**
pjegica see **pegica**
pjena see **pena**
pjenast see **penast**
pjeniti se see **peniti se**
pjenušati se see **penušati se**
pjenušav see **penušav**
pjeskovit see **peskovit**
pjesma see **pesma**
pjesnik see **pesnik**
pjesništvo see **pesništvo**
pješačiti see **pešačiti**
pješački see **pešak**
pješadija see **pešadija**
pješak see **pešak**
pješčan see **peščan**
pješčanik see **peščanik**
pješčara see **peščara**
pješice, pješke see **pešice**
pjevač see **pevač**
pjevanje see **pevanje**
pjevati see **pevati**
plac *n* lot, building site
placenta *n* (anat.) placenta
plač *n* weeping, crying; *udariti u* ~ to burst into tears **plačljiv** *a* tearful **plačljivac** *n* crybaby
plaća *n* (W) salary, wages
plaćanje *n* payment
plaćati see **platiti**
plaćenik *n* hireling, mercenary
plafon *n* ceiling; ~ *cena* ceiling on prices
plagijat *n* plagiarism **plagijator** *n* plagiarist **plagirati** *v* to plagiarize
plah, plahovit *a* 1. hot-tempered; ~*a narav* violent temper 2. (W) timid, shy
plahta *n* (W) sheet
plakar *n* 1. cupboard 2. (built-in) closet, wardrobe

plakat *n* poster

plakati *v* to weep, cry

plamen I *n* 1. flame, fire, blaze; *kuća je u ~u* the house is blazing 2. (fig.) passion, excitement 3. redness, blush (on one's face) **plamen II** *a* fiery, blazing

plamenjača *n* wheat rust, rust fungus

plamteti, plamtjeti *v* to blaze, flame, burn

plan *n* 1. plan; *~ nastave* curriculum; *ispuniti (prebaciti) ~* to carry out (exceed) a plan 2. map; *~ grada* city map 3. design, plan; *~ mosta (kuće)* plan of a bridge (house)

planeta *n* planet

planina *n* mountain; *Stenovite ~e* the Rocky Mountains **planinski** *a* mountain, mountainous; *~ potok* mountain stream; *~o zemljište* mountainous terrain; *~ venac* mountain range **planinac** *n* highlander, mountaineer **planinar** *n* mountaineer, mountain climber **planinarenje, planinarstvo** *n* mountain climbing

planiranje *n* planning; *~ porodice* family planning **planirati I** *v* to plan, intend; *~ grad* to plan a city

planirati II *v* to level

planski *a* planned

plantaža *n* plantation

planuti *v* 1. to burst into flames, catch fire (also fig.); *vatra je brzo planula* the fire began to burn quickly; *kuća je planula* the house burst into flames; *rat je planuo* war broke out 2. to disappear; *prvo izdanje je planulo za nekoliko dana* the first edition was sold out in a few days

plasirati *v* 1. to place; to invest; *~ novac* to invest money 2. (sports) *~ se* to place; *on se dobro plasirao* he placed well **plasman** *n* 1. (sports) standing 2. (comm.) investment

plast *n* haystack

plastičan *a* plastic; *~čna hirurgija* plastic surgery: *~čna bomba* plastic bomb **plastika** *n* plastic(s)

plašiti, uplašiti *v* 1. to frighten; *~ nekoga (nečim)* to frighten smb. (with smt.) 2. *~ se (od) nečega* to be afraid of smt. **plašljiv** *a* 1. fearful, afraid 2. shy, timid **plašljivac** *n* 1. coward 2. shy person

plašt *n* 1. mantle, cape, cloak 2. (fig.) veil, mask

plata *n* pay, salary, wages

platforma *n* platform (also pol.)

platina *n* platinum

platiti, plaćati *v* to pay, pay for; *~ kelneru (za) ručak* to pay the waiter for the dinner; *~ dug* to pay (off) a debt; *~ radnika* to pay a worker('s wages); *~ u gotovu* to pay in cash **plativ** *a* payable

platno *n* 1. linen; canvas 2. (bioskopsko) *~* (movie) screen 3. (painting) canvas, painting

platonski *a* Platonic

plav *a* 1. blue; *~e oči* blue eyes; *~i patlidžan* eggplant 2. blond; *~a kosa* blond hair **plavet** *n* blue, blueness **plavičast** *a* bluish **plavilo** *n* (laundry) bluing **plaviti I oplaviti** *v* to make blue, dye blue

plaviti II poplaviti *v* to flood, inundate

plavo *n* blue; *on voli ~* he likes blue

plavojka *n* blond woman **plavokos** *a* blond, fair **plavuša** see **plavojka**

plaziti, isplaziti *v* to stick out; *~ jezik nekome (na nekoga)* to stick out one's tongue at smb.

plazma *n* plasma; *krvna ~* blood plasm

plaža *n* beach; *na ~i* at (on) the beach

plebejac *n* plebian

plebescit *n* plebescite

plećat *a* broadshouldered **pleće** *n* 1. shoulder blade, scapula 2. see **rame**

plećka see **pleće** 1

pleh *n* baking pan

pleme *n* tribe; clan; *indijanska ~ena* Indian tribes **plemenski** *a* tribal: *~o društvo* tribal society

plemenit *a* 1. noble, aristocratic 2. kind, good, warmhearted; *~e namere* good intentions

plemić *n* nobleman, aristocrat **plemićki** *a* aristocratic; *~o poreklo* aristocratic origin **plemstvo** *n* nobility, aristocracy

plen, plijen *n* plunder, booty; *ratni ~* war trophy

plenarni *a* plenary; *~a sednica* plenary session

plenum *n* plenum

pleonastičan *a* pleonastic **pleonazam** *n* plenasm

ples *n* (esp. W) dance; dancing **plesač** *n* dancer

plesan, plijesan *n* mildew, mold

plesati *v* (esp. W) to dance

plesniv, pljesniv *a* moldy (also **buđav**)

plesti *v* 1. **oplesti** to knit; *~ čarape (džemper)* to knit socks (a sweater) 2. see **oplesti III** 3. to intrigue; *on nešto plete*

protiv mene he is cooking up smt.
against me **pletaći** *a* knitting; ~*a igla*
knitting needle

pletenica *n* braid, tress

pleura *n* (anat.) pleura **pleuritis** *n* pleurisy

pleva, pljeva *n* chaff

pleviti, plijeviti, opleviti, oplijeviti *v* to
weed; ~ *baštu* to weed a garden

plićak *n* shoal; shallow water **plićati,
oplićati** *v* to become shallow

plijen see **plen**

plijesan see **plesan**

plijeviti see **pleviti**

plik *n* blister

plima *n* high tide

plin *n* gas; _otrovni_ ~ poison gas **plinara** *n*
gasworks **plinovit** *a* gaseous

plise *n* pleat **plisirati** *v* to pleat

pliš *n* plush

plitak *a* 1. shallow, low, flat; ~*tka voda*
shallow water; ~*tke cipele* low shoes 2.
(fig.) shallow, superficial **plići** *(comp)*

plivač *n* swimmer **plivanje** *n* swimming;
čas (obuka) ~*a* swimming lesson (in-
struction) **plivati** *v* to swim; to float; ~
kraulom to swim the crawl; *ulje pliva
na vodi* oil floats on water

ploča *n* 1. tablet, plaque; board; *oglasna*
~ bulletin board 2. plate; tile 3. burner
(on a range) 4. *(gramofonska)* ~ (phono-
graph) record; *snimiti na* ~*u* to record
5. (W) *(školska)* ~ blackboard

pločica *n* 1. tile 2. (hockey) puck

pločnik *n* 1. sidewalk 2. pavement

plod *n* 1. fruit (also fig.) 2. embryo **plodan**
a fertile; prolific; fruitful; ~*dna zemlja*
fertile soil; ~ *pisac* a prolific writer; ~
rad fruitful work

plodnik *n* (bot.) ovary

plodonosan *a* fertile

ploha *n* (W) surface

plomba *n* 1. seal 2. filling (in a tooth)
plombirati *v* 1. to seal 2. to fill (a tooth)

plot *n* fence; enclosure; *ograditi* ~*om* to
fence, enclose

plotun *n* salvo, volley

plovak *n* 1. float (as on a fishline) 2. buoy

plovan *a* navigable; ~*vna reka* a naviga-
ble river **plovidba** *n* 1. navigation; sai-
ling; shipping; *obalska* ~ coastal ship-
ping 2. cruise, boat trip **ploviti** *v* 1. to
sail 2. to float; drift

plovka *n* duck

pluća *n* lung; *zapaljenje* ~*a* pneumonia
plućni *a* lung; ~ *bolesnik* tuberculosis
patient

plućnjak *n* (bot.) lungwort

plug *n* plow

plural *n* (gram.) plural

plus 1. *conj* plus, and; *dva* ~ *dva* two plus
two 2. *n* advantage; plus

pluskvamperfek(a)t *n* (gram.) pluperfect

pluta *n* cork

plutača *n* buoy

plutokratija *n* plutocracy **plutokrat(a)** *n*
plutocrat

plutonijum *n* plutonium

pljačka *n* robbery; plunder, pillage **pljač-
kaš** *n* robber; plunderer, looter **pljačka-
ti, opljačkati** *v* to rob, plunder, loot; ~
banku (radnju) to rob a bank (store)

pljes (onoma.) splash **pljesak** *n* 1. (onoma.)
slap, crack; ~*vesala po vodi* the slap of
oars on the water 2. applause **pljeskati** *v*
to applaud

pljeskavica *n* (cul.) grilled meat patty,
hamburger

pljesniv see **plesniv**

pljesnuti *v* to slap; to tap

plješiv *a* (W) bald, balding

pljeva see **pleva**

pljosan *n* flat surface **pljosnat** *a* flat, level
pljoštiti, spljoštiti *v* to flatten

pljunut *a* see **pljunuti**; **on je* ~*i otac* he is
the spit and (spitting) image of his
father **pljunuti, pljuvati** *v* to spit; ~ *na
nekoga* to spit at smb.

pljusak *n* (rain) shower, downpour (of
rain)

pljuska *n* slap, cuff, box on the ears;
udariti (opaliti) nekome ~*u* to slap smb.

pljusnuti I pljuskati *v* 1. to splash: ~ *lice
vodom* to splash one's face with water;
~ *vodu iz barke* to bail water from a
boat; *more pljuska o stenje* the sea laps
against the rocks; *kiša pljuska po krovu*
the rain patters on the roof 2. to fall
(with a splash); *kamen je pljusnuo u
vodu* the stone splashed (fell) into the
water

pljusnuti II *v* to slap

pljuvačka *n* saliva **pljuvačni** *a* salivary;
~*e žlezde* salivary glands **pljuvačnica** *n*
spittoon **pljuvati** see **pljunuti**

pneumatičan *a* pneumatic

po I *prep* 1. for; *on je otišao* ~ *novine* he
went for a newspaper; *doći ću* ~ *tebe*
I'll come to pick you up; *ne* ~ *koju cenu*

not for any price: ~ *čitave dane* for days on end; ~ *ceo dan sedi i radi* he sits and works the whole day; ~ *peti put* for the fifth time 2. over, across, on, through, in; *voda se prosula* ~ *podu* the water spilled over the floor; *šetaju* ~ *parku* they are strolling through the park 3. with, by (an intermediary); *poslali su mi to pismo* ~ *jednom drugu* they sent me this letter with a friend 4. according to; by; ~ *planu* according to plan; ~ *profesiji* by profession; ~ *glavi stanovnika* per capita; ~ *mome mišljenju* in my opinion 5. after: ~ *svršetku rata* after (the end of) the war 6. misc.; *razume se* ~ *sebi* it goes without saying

po II *part* (denotes distribution and succession); *dao sam im svima* ~ *jabuku* I gave them each an apple; *popili smo* ~ *čašicu rakije* we each drank a glass of brandy; *evo svakome* ~ *čašica* here is a glass for everyone; *on čita stranu* ~ *stranu* he is reading page after page

po- III (verbal perfectivizing prefix which can denote): 1. (action performed by many) — **pomreti** 2. (action affecting many or all) — **pobiti** 3. (completion or result) — **popiti** 4. (beginning) — **poći** 5. (duration) — **poplakati**

po- IV (*a* and *adv* prefix which denotes) 1. rather, quite — **podugačak, poblizu** 2. a little, slightly — **poveći**

po V *n* half; *sat i* ~ an hour and a half; *pet i* ~ five thirty; *mesec i* ~ *dana* a month and a half ·

pobaciti *v* to have a miscarriage **pobačaj** *n* miscarriage, abortion

pobeći see **bežati**

pobeda, pobjeda *n* victory; *izvojevati (odneti)* ~*u* to score a victory **pobedan, pobjedan** *a* victorious **pobediti, pobijediti** *v* to conquer, overcome, win; ~ *neprijatelja* to conquer the enemy **pobednik, pobjednik** *n* victor, conqueror **pobedonosan, pobjedonosan** *a* victorious

pobesneti see **besneti**

pobiberiti see **biberiti**

pobijediti see **pobediti**

pobijeljeti see **beleti**

pobiti *v* 1. to kill (all, many) 2. to destroy (as of hail); *grad je pobio useve* the hail destroyed the crops 3. to refute; ~ *tvrđenje* to refute a claim

pobjeći see **bežati**

pobjeda see **pobeda**

pobjedan see **pobedan**

pobjednik see **pobednik**

pobjedonosan see **pobedonosan**

pobjegnuti see **bežati**

pobjesniti, pobjesnjeti see **besneti**

pobledeti see **bledeti**

poblijedjeti see **bledeti**

poblizu *adv* rather close

poboljšanje *n* improvement **poboljšati** *v* 1. to improve 2. ~ *se* to become better

pobornik *n* supporter, champion

pobožan *a* pious, religious, reverent

pobrati *v* 1. to pick; ~ *cveće (jabuke)* to pick flowers (apples) 2. (W) to collect, gather; to pick up

pobratim *n* blood (adopted) brother **pobratimstvo** *n* blood brotherhood

pobrinuti see **brinuti**

pobrkati see **brkati** 2

pobrzo *adv* rather quickly

pobuda *n* incentive; motive; impulse; initiative; *iz vlastite* ~*e* on one's own initiative; *dobre* ~*e* good intentions

pobuditi *v* 1. to induce, move, prompt; to impel; ~ *nekoga na neki postupak* to induce smb. to perform an action 2. to arouse, stir up; ~*pažnju (interesovanje)* to arouse attention ·(interest)

pobuna *n* revolt, rebellion, insurrection; riot; ~ *na brodu* mutiny

pobuniti see **buniti** 1.

pobunjenik *n* rebel; mutineer; rioter

pocepan, pocijepan *a* torn; worn-out

pocepanost, pocijepanost *n* (pol) factionalism

pocepati see **cepati** 1, 2, 3

pocepotina, pocjepotina *n* rip, tear

pocijepan see **pocepan**

pocijepanost see **pocepanost**

pocijepati see **cepati**

pocrneli, pocrnjeli *a* darkened; blackened; tanned

pocrveneti, pocrvenjeti see **crveneti**

počasni *a* honorary; ~ *član* honorary member; ~*a straža (četa)* honor guard

počast *n* honor, honors; respect, homage; *odati (ukazati) nekome* ~ to pay one's respects to smb.; *sahranjen je s najvećim* ~*ima* he was buried with full honors

počastiti *v* to treat; ~ *goste* to treat one's guests

počerupati see **čerupati**

počesto *adv* rather often

počešati see **češati**

početak n beginning, start, origin, source;
u (na) ~tku at the beginning; od ~tka
from the beginning; s (iz) ~tka (u
~tku) at first; ~tkom godine at the
beginning of the year; *svaki ~ je težak
every beginning is difficult **početni** a
beginning; ~ kurs beginners' course; ~
koraci beginning steps **početi, počinjati**
v to begin, start, commence; ~iz (od)
početka n to begin again; *~ iz daleka to
begin in a roundabout way; ~ čas
(pregovore) to begin a class (negotia-
tions); čas je počeo the class began;
počela je kiša it began to rain **početnik**
n beginner, novice **počevši** adv see **poče-
ti**; ~ od beginning with

počinak n rest, repose; bed; večni ~
eternal rest (death)

počiniti see **činiti** 1; ~ grešku to make an
error

počinjati see **početi**

počistiti see **čistiti**

počivalište n resting-place **počivati** v to
rest

poćerka n foster-daughter; step-daughter

poći, polaziti v 1. to leave, depart; ~ od
kuće (kući) to leave home (for home); ~
na put to leave on a trip; voz (brod) je
pošao the train (ship) has left; *~
krivim (pogrešnim) putem to take the
wrong road; *pošlo mu je za rukom da
položi ispit he succeeded in passing the
exam 2. to start, begin; to proceed; ~
od pretpostavke to proceed from an
assumption; ~ od nekog gledišta to
proceed from a certain viewpoint

pod I n floor, ground

pod II **poda** prep 1. under, beneath; zavu-
kao se ~ auto he got under the car; seo
je ~ drvo he sat down under the tree 2.
under, beneath; on sedi ~ drvetom he is
sitting under the tree; ~ sumnjom un-
der suspicion; ~ pritiskom under pres-
sure; ~ nadzorom under supervision; ~
mojom zaštitom under my protection;
biti ~ znakom pitanja to be in doubt; ~
akcentom under the stress; ~ zakle-
tvom under oath; ~ ključem under lock
and key 3. near, toward, in; ~ jesen
toward fall; ~ kraj near the end; ~
starost in one's old age 4. misc.; uzeti
(izdati) ~ zakup to rent (rent out); pasti
~ stečaj to go bankrupt; ~ uslovom on

condition; ~ izgovorom on the pretext;
~ Beogradom near Belgrade

pod- III **pot-, poda-** (verbal prefix which
can denote); 1. under — **podvući, potpi-
sati** 2. furtively, stealthily, surreptitiou-
sly — **podgovoriti, podvaliti**

pod- IV **pot-** (noun and adjectival prefix
that denotes the concepts) under, sub-,
lower, vice-: **podoficir, podmornica,
podnaslov, podzemni**

podadmiral n vice admiral

podal see **podao**

podalek a rather far

podanik n subject, citizen **podanstvo** n
citizenship

podao a mean, vile, base

podatak n fact, information, datum; na
osnovu ~a on the basis of the data;
skupiti ~tke to gather data; lični ~ci
personal data

podatan, podatljiv a 1. flexible, pliant 2.
generous; fertile

podaviti v to fold under; to tuck up; ~
porub to tuck up a hem; *otišao je po-
davijena repa he left with his tail
between his legs

podbaciti v 1. to throw under 2. to fail, let
down, disappoint; orkestar je podbacio
the orchestra was a disappointment;
žetva je podbacila the crop was a failure
3. (basketball) ~ loptu to toss the ball
up (for a jump ball)

podbadati see **podbosti**

podbel, podbjel n (bot.) coltsfoot

podbjel see **podbel**

podbočiti v to prop up, support; podbočio
se he put his hands on his hips

podbosti v 1. to spur; ~ konja to spur a
horse 2. to incite, stir up, egg on; ~
nekoga na neposlušnost to incite smb. to
disobedience

podbradak n chin; double chin

podbuniti v to incite, stir up

podbuo a swollen

podebeo a rather stout, plump

podela, podjela n 1. division, distribution;
classification; ~ na grupe classification
into groups

podeliti see **deliti**

poderan a torn **poderanac** n ragamuffin

poderati see **derati** 1

poderotina n rip, tear

podesan a suitable, appropriate; ~ mome-
nat a suitable moment **podesiti** v to
adjust, fit, adapt

podetinjiti, podjetinjiti v to become senile, enter one's second childhood

podgorje n piedmont area

podgovoriti v to talk into, incite

podgraditi v to reinforce, shore up

podgrejati, podgrijati v 1. to reheat 2. (fig.) to stir up, revive; ~ *stare svađe* to stir up old quarrels

podgristi v to corrode; *rđa je podgrizla most* rust corroded the bridge

podgrlac n larynx

podgurnuti v 1. to nudge; ~ *se* to nudge each other 2. to shove under, push under; ~ *cedulju pod vrata* to shove a note under the door

podići I podilaziti v to come over; *podilaze me mravci (mravi, žmarci)* I have goose-flesh

podići II podignuti, podizati v 1. to lift, raise, open; ~ *poklopac* to lift a cover; ~ *zavesu* to raise a curtain 2. to build, erect; ~ *kuću* to build a house; or: to have a house built; ~ *školu (spomenik, zid)* to erect a school (monument, wall) 3. to raise, elevate, lift; ~ *cenu (platu, glas, glavu)* to raise a price (wages, one's voice, one's head); ~ *blokadu* to lift a blockade; ~ *broj na kvadrat* to square a number; ~ *prašinu* to raise dust (also fig.) 4. to obtain, receive, draw; ~*novac (iz banke)* to withdraw money (from a bank); ~ *paket (s pošte)* to pick up a package (at the post office) 5. to organize, carry out; ~ *ustanak* to organize a revolt; ~ *protest* to protest; ~ *optužnicu protiv nekoga* to bring charges against smb. 6. ~ *se* to rise; to come up; to get up; ~ *se na noge* to get on one's feet; ~ *se sa stolice* to get up from a chair; *pred veče se podigao vetar* toward evening a wind came up

podijum n podium

podijeliti see **deliti**

podilaziti see **podići I**

podivljati v to become wild

podizač n valve lifter, tappet

podizati see **podići II**

podjarmiti v to subjugate, enslave

podjednak a equal

podjela see **podela**

podjetinjiti see **podetinjiti**

podlac n mean person, cad; sneak

podlaktica n forearm **podlaktiti se** v to lean on one's elbows

podleći, podlegati, podlijegati v 1. to lie down (under); ~ *pod drvo* to lie down under a tree 2. to be liable, be subject; *on podleže vojnoj obavezi* he is subject to the (mil.) draft 3. to succumb; ~ *povredama* to succumb to one's wounds

podloga n base; support; foundation

podlokati v to erode, wear away

podlost n meanness, malice

podložan a subject to, susceptible to, liable to; subordinate to

podložiti v 1. to place under 2. to stuff, pad

podmazati v 1. to lubricate, oil, grease; ~ *auto* to grease a car 2. (fig.) to bribe; ~ *novcem* to bribe with money

podmeče n foundling; substituted child

podmet n (gram.) subject

podmetač n 1. support, brace; ~ *za glavu* headrest 2. pad; ~ *za čaše* coaster 3. blotting pad

podmetnuti v 1. to put under 2. to set; to plant, conceal; ~ *požar* to set a fire (of an arsonist); ~ *eksploziv* to plant explosives

podmignuti v to wink (slyly)

podmiriti v to settle, take care of; ~ *dugove* to pay off one's debts; ~ *račun* to settle an account (also fig.)

podmititi v to bribe

podmladak n 1. progeny, offspring 2. youth **podmladiti** v to rejuvenate, renew

podmornica n submarine **podmornički** a submarine; ~ *rat* submarine warfare

podvukao a treacherous, deceitful, perfidious **podmuklost** n deceit, treachery

podnaslov n subtitle

podne n noon; *do* ~ until noon; *po (posle)* ~ in the afternoon

podneti, podnijeti, podnositi v 1. to carry, bring 2. to present, submit; ~ *molbu (predlog, ostavku)* to submit an application (proposal, resignation); ~ *žalbu* to make a complaint; ~ *referat* to read a paper (as at a meeting); ~ *krivičnu prijavu protiv nekoga* to bring criminal charges against smb. 3. to endure, bear, stand; ~ *patnje (bol)* to bear suffering (pain)

podnevak n meridian

podnijeti see **podneti**

podnosilac n submitter; ~ *molbe* applicant; ~ *žalbe* complainant

podnositi see **podneti**

podnoška n footboard, footrest

podnošljiv, podnosiv *a* bearable
podnožje *n* 1. ~ *brda* foothill 2. ~ *(spomenika)* base (of a monument)
podoban *a* 1. fit, capable 2. suitable
podoficir *n* (mil.) noncommissioned officer
podojiti see dojiti
podosta *adv* quite a lot
podozrenje *n* suspicion podozrevati, podozrijevati *v* to suspect podozriv *a* suspicious
podrasti *v* to grow up
podrazumevati, podrazumijevati *v* to understand; to mean; *šta on podrazumeva pod ovim?* what does he mean by this? *to se podrazumeva* that goes without saying
podražavalac *n* imitator podražavati *v* to imitate
podrediti *v* ~ *(nešto nečemu)* to subordinate (smt. to smt.)
podremati, podrijemati *v* to sleep (for a while)
podrezati *v* to trim, clip; ~ *kosu (nokte)* to trim hair (nails)
podrhtavati *v* to tremble; to flicker (as of a light)
podrignuti *v* to belch; (colloq.) to burp
podrijemati see podremati
podrijetlo (W) see poreklo
podriti *v* to undermine
podroban *a* detailed; thorough podrobnost *n* 1. thoroughness 2. detail
podroniti *v* to dive; *podmornica je podronila* the submarine dived
podrpan *a* torn
podrška *n* support
područje *n* 1. territory, region, area 2. sphere, scope (of activity)
podrugljiv *a* mocking podrugljivac *n* mocker podrugnuti se *v* to mock; ~ *nekome* to mock smb.
podrum *n* 1. cellar, basement 2. wine cellar
podruštviti *v* to socialize
podružnica *n* branch
podržati, podržavati *v* to hold; to support podržavalac *n* supporter
podseći, podsjeći *v* to trim
podsetiti, podsjetiti *v* to remind podsetnica, podsjetnica *n* (theater) cue podsetnik, podsjetnik *n* memo pad
podsmeh, podsmijeh *n* 1. sneer 2. taunt jibe podsmehnuti se, podsmjehnuti se ~ *nekome* to make fun of smb., laugh at smb.

podstaći, podstaknuti *v* 1. to stoke (a fire) 2. to urge, goad into smt.
podstanar *n* subtenant
podstava *n* lining (as of a coat) podstaviti *v* to line; ~ *kaput krznom* to line a coat with fur
podsticaj *n* stimulus
podstrek *n* stimulus podstrekač *n* instigator, agitator, fomenter podstreknuti, podstreći *v* to incite, goad
podstrići *v* to trim, clip podstrig *n* tonsure
podsvest, podsvijest *n* subconsciousness podsvestan, podsvjestan *a* subconscious
podsvojče *n* adopted child
podučiti, podučavati *v* 1. to teach; ~ *nekoga nečemu* to teach smt. to smb.; ~ *nekoga da krade* to teach smb. to steal 2. to tutor, instruct; *ja ga podučavam u matematici* I am tutoring him in mathematics
podudaran *a* identical podudarati se *v* to coincide, be identical; *izjave se ne podudaraju* the statements do not agree
podugačak *a* rather long
poduhvat *n* project, undertaking poduhvatan *a* enterprising, energetic poduhvatiti *v* 1. to seize, grip (from below) 2. ~ *se nečega* to undertake smt.
poduka *n* instruction, tutoring
podupirač *n* 1. support (also archit.) 2. supporter podupreti, poduprijeti *v* 1. to support; to brace 2. ~ *se* to brace oneself
poduzeće *n* (W) enterprise
poduzetan (W) see poduhvatan
poduzeti (W) see poduhvatiti 2
poduzetnik *n* (W) contractor
poduže *adv* rather long
podužiti *v* to make longer, lengthen
podvala *n* fraud, deceit podvaliti *v* to cheat, swindle; ~ *nekome* to cheat smb.; ~ *na kartama (na ispitu)* to cheat in cards (on an exam)
podvaljak *n* double chin
podveče *adv* toward evening
podvesti *v* to procure (women)
podvezica *n* 1. garter 2. strap (as on a cap)
podvezati *v* to tie, bind
podvig *n* exploit, accomplishment
podviknuti *v* to shout at, scold, tell off
podvlastiti *v* to subordinate; to subdue
podvodan *a* 1. marshy, swampy 2. submarine
podvodnik *n* procurer, pimp

podvoz *n* transportation, freight; ~ *robe* transportation of merchandise **podvozni** *a* freight; ~ *troškovi* freight charges
podvožnina *n* freight charges
podvožnjak *n* underpass
podvréi, podvrgnuti *v* to subject, expose; ~ *nekoga kritici* to subject smb. to criticism
podvrnuti *v* 1. to fold back; to roll up; ~ *rukav* to roll up a sleeve 2. to tuck in; ~ *ćebe* to tuck in a blanket
podvrsta *n* subgroup
podvući *v* to underline; to emphasıze
podzakup *n* sublease
podzemlje *n* underground; underworld **podzemni** *a* underground, subterranean; ~*a železnica* subway
poema *n* 1. long poem 2. (fig.) eulogy; ~ *radu* a eulogy to work
poen *n* point
poengleziti *v* to Anglicize
poenta *n* main point (as of a story), punch line
poenter *n* pointer (dog)
poet *n* poet **poetičan** *a* poetic **poetika** *n* poetics **poezija** *n* poetry
pofrancuziti *v* to gallicize, make French
pogača *n* (cul.) type of flat, round bread
pogađati see **pogoditi**
pogan I *n* 1. filth, dirt, excrement 2. evil, meanness **pogan** II *a* 1. filthy, dirty 2. evil, mean
poganija *n* scum, riffraff
poganin *n* (W) pagan
poganiti, opoganiti *v* 1. to dirty 2. to profane, desecrate
pogaziti see **gaziti** 3, 6
pogibao, pogibelj *n* danger, peril **pogibeljan** *a* dangerous
pogibija *n* 1. death 2. destruction, ruin, catastrophe **poginuti** see **ginuti**
pogladiti see **gladiti** 1
poglavar *n* chief, head, superior
poglavica *n* chief, leader; ~ *plemena* tribal chief
poglavit *a* main, chief
poglavlje *n* chapter (as of a book)
pogled *n* 1. look, glance; expression (of one's eyes); *nežan* ~ a tender look; *ljubav na prvi* ~ love at first sight; *jednim* ~*om* with one look 2. view, sight; *divan (lep)* ~ *na more* a beautiful view of the sea 3. opinion, view; *izložiti svoje* ~*e* to express one's views 4. respect, regard; *u svakom* ~*u* in every

respect; *u tom* ~*u* in that regard; *u* ~*u ocena* regarding the (school) grades **pogledati** *v* to look (at); ~ *kroz prozor* to look out the window; ~ *nekome u oči* to look into smb.'s eyes; ~ *na sve strane* to look all around; *oštro* ~ to look at sharply; **~ nekome kroz prste* to be indulgent toward smb.
pognut *a* bent; bowed **pognuti** *v* to bend, bow; ~ *glavu* to bow one's head
pogodak *n* hit, shot that hits; goal; *pun (tačan)* ~ bull's-eye
pogodan *a* 1. favorable, suitable, convenient; ~*dno vreme* a convenient time 2. appropriate, suitable; ~*dna tema* an appropriate theme; ~*dna boja* a suitable color
pogodba *n* 1. condition 2. agreement, pact **pogodbeni** *a* (gram.) conditional; ~*a rečenica* a conditional sentence
pogoditi, pogađati *v* 1. to hit; ~ *metu* to hit the target; ~ *u centar* to hit the bull's-eye 2. to affect, influence, touch; to upset; *mene je pogodila vaša iskrenost* I was touched by your sincerity; *to pogađa naše interese* that affects our interests 3. to guess 4. ~ *se* to come to an agreement; *mi se nismo tako pogodili!* that's not what we agreed to! 5. ~ *se* to bargain, haggle
pogon *n* 1. section (as of a plant, factory); shop; *rukovodilac (upravnik, šef)* ~*a* section head 2. (tech.) drive, propulsion, power; ~ *na obadve osovine* four-wheel drive; *prednji* ~ front-wheel drive; *podmornica na atomski* ~ an atomic-powered submarine 3. operation(s); *pustiti u* ~ to put into operation; *staviti motor u* ~ to start an engine **pogonski** *a* power; ~*a snaga* thrust
pogoreti, pogorjeti *v* 1. to burn down; *selo je pogorelo* the village burned down 2. to be burned out; *za vreme rata su dva puta pogoreli* they were burned out twice during the war
pogoršati *v* 1. to aggravate, make worse; ~ *situaciju* to aggravate a situation 2. ~ *se* to become worse, get worse; *zdravlje mu se pogoršalo* his health got worse
pogotovu *adv* even more so, especially
pogovor *n* 1. epilogue 2. objection
pograbiti *v* to grab (everything)
pograbuljati see **grabuljati**

pograničan *a* border; ~ *prelaz* border crossing

pogrbiti se *v* to become hunchbacked

pogrda *n* insult, affront **pogrdan** *a* insulting, abusive; pejorative

pogreb *n* funeral; *ići na* ~ to attend a funeral **pogrebni** *a* funeral; ~ *zavod* funeral home; ~*a kola* hearse

pogrepsti see **grepsti** 1

pogrešan *a* wrong, erroneous; *poći* ~*šnim putem* to take the wrong road

pogrešiti see **grešiti**

pogrešiv *a* liable to error **pogreška** *n* nistake, error

pogriješiti see **grešiti**

pogrudvati se *v* to have a snowball fight

pogruziti *v* to immerse, plunge

pogubiti *v* to execute **pogubljenje** *n* execution

poguren *a* bent, stooped

pohaban *a* worn-out; ~ *kaput* a worn-out coat

pohabati see **habati**

pohađati *v* to attend; ~ *školu* to attend (a) school

pohapsiti see **hapsiti**

pohara *n* devastation

poharati see **harati**

poharčiti see **harčiti**

pohitati see **hitati** 1

pohlepa *n* greed, avidity; craving, lust; ~ *za novcem* lust for money **pohlepan** *a* greedy; avid; *biti* ~ *za novcem (za novac)* to lust for money

pohod *n* (mil.) campaign

pohota *n* sexual desire, lust **pohotan, pohotljiv** *a* lascivious, lustful, lewd **pohotljivac** *n* lascivious person, libertine

pohovati *v* (cul.) to bread; *pohovane teleće šnicle* breaded veal chops

pohrana *n* (W) storage

pohraniti *v* (W) to store, deposit

pohrliti see **hrliti**

pohuliti see **huliti**

pohvala *n* praise, eulogy **pohvalan** *a* praiseworthy

pohvaliti see **hvaliti**

poigrati, poigravati *v* 1. to dance (for a while) 2. ~ *(se)* to play 3. to tremble, vibrate

poimence *adv* by name

poistovetiti *v* to identify; to regard as identical

pojačivač *n* amplifier **pojačanje** *n* reinforcement(s) **pojačati** *v* 1. to strengthen, reinforce 2. to amplify, intensify; ~ *muziku* to amplify music

pojam *n* notion, concept; idea

pojas *n* 1. belt 2. waist; *voda mu je do* ~*a* the water is up to his waist 3. zone, belt, region

pojava *n* 1. phenomenon; occurrence; *prirodna* ~ natural phenomenon 2. appearance 3. (theater) scene; *prva* ~ the first scene **pojaviti se** *v* to appear, emerge

pojedinac *n* 1. individual, single person; *svaki* ~ each individual 2. (esp. in *pl*) some, a few; *samo se* ~*nci ne slažu* only a few do not agree **pojedinačan** *a* individual, single; scattered, some, a few; *bilo je* ~*čnih primedbi* there were a few (scattered) remarks; *svaka* ~*čna slika* each individual picture **pojedince** *adv* individually **pojedini** *a* some; ~ *drugovi* some friends

pojedinost *n* detail

pojeftiniti *n* to become cheaper

pojesti see **jesti**

pojište *n* watering place **pojiti** *v* to water

pojmljiv *a* comprehensible

pojmovni *a* conceptual

pojuriti *v* 1. to begin running 2. to rush, race, dash

pokajanje *n* penitence, remorse

pokajati see **kajati**

pokajnik *n* penitent **pokajnički** *a* remorseful

pokatoličiti *v* to convert to Catholicism

pokazan *a* (gram.) demonstrative; ~*zne zamenice* demonstrative pronouns **pokazati** *v* 1. to show; to demonstrate; ~ *pasoš* to show one's passport; *~ nekome vrata* to show smb. the door; *pokazaću ja tebi!* I'll show you! *vreme će pokazati* time will tell 2. to point; ~ *rukom (prstom)* to point with one's arm (finger); ~ *na nekoga* to point at smb. 3. ~ *se* to appear; to show oneself to be; *predsednik se pokazao na balkonu* the president appeared on the balcony; ~ *se hrabrim* to show oneself to be brave

pokazivač *n* signal, indicator; ~ *pravca skretanja* turn signal (on a car)

pokćerka see **poćerka**

poker *n* poker (card game)

pokidati see **kidati**

pokipeti, pokipjeti see **kipeti**

pokisao *a* sad, discouraged, crushed

pokiseliti see **kiseliti**

pokisnuti see **kisnuti**

poklade *n* (rel.) carnival
poklapati see **poklopiti**
poklati *v* to slaughter
poklecnuti see **klecati**
pokleknuti *v* 1. see **klečati** 2. to give up, yield, surrender
poklik *n* shout, scream, cry; *ratni* ~ war cry **pokliknuti** *v* to scream, shout
poklon *n* 1. gift, present; *kupiti* ~ *za nekoga (nekome)* to buy a gift for smb. 2. bow; *učiniti* ~ to make a bow
poklonik *n* 1. pilgrim 2. follower, admirer
pokloniti *v* to give; ~ *nešto nekome* to give smt. to smt. (as a gift)
poklopac *n* 1. cover, lid; *grkljani* ~ epiglottis 2. hood (on an automobile) **poklopiti, poklapati** *v* 1. to cover (with a lid) 2. ~ *se* to coincide
pokoj *n* repose, rest; peace **pokojni** *a* late, deceased **pokojnik** *n* deceased person
pokolebati see **kolebati**
pokolenje, pokoljenje *n* generation
pokolj *n* massacre, slaughter
pokop *n* burial **pokopati** *v* to bury, inter
pokora *n* penitence, repentance **pokoran** *a* obedient, submissive **pokoriti** *v* 1. to subjugate, conquer 2. ~ *se* to obey; to submit; ~ *se zakonima* to obey laws **pokornik** *n* penitent
pokositi see **kositi I**
pokožica *n* epidermis
pokraj *prep* 1. along beside; ~ *reke* along the river 2. in spite of 3. besides, in addition to; ~ *toga nema ni novaca* besides that, he doesn't have any money
pokrajina *n* province **pokrajinski** *a* provincial; ~*a vlada* provincial government
pokrasti *v* 1. to steal; ~ *novac* to steal money 2. to rob, hold up; ~ *banku* to rob a bank
pokratak *a* rather short
pokrenuti *v* to move, set in motion; to start; ~ *časopis* to start (begin publication of) a journal; ~ *diskusiju* to begin a discussion; ~ *krivični postupak protiv nekoga* to bring criminal charges against smb. **pokret** *n* movement; motion; *radnički* ~ labor movement **pokretač** *n* 1. (tech.) starter, starting device 2. promoter, organizer **pokretan** *a* mobile, movable; ~*tne stepenice* escalator; ~*tna biblioteka (izložba)* traveling library (exhibit) **pokretljiv** *a* movable **pokretnina** *n* movable property

pokriće *n* (comm.) cover; *za* ~ *troškova* to cover expenses; *izdao je ček bez* ~*a* he overdrew his checking account **pokriti** *v* 1. to cover; ~ *sto čaršavom* to cover a table with a tablecloth; ~ *(se) ćebetom* to cover (oneself) with a blanket 2. to pay, cover; ~ *troškove* to cover one's expenses 3. to roof; ~ *kuću* to roof a house **pokrivač** *n* cover; blanket; *krevetski* ~ bedspread; ~ *za nameštaj* furniture cover; *snežni* ~ snow blanket
pokropiti *v* to sprinkle
pokrov *n* shroud, burial garment
pokrovac *n* horse blanket
pokrovitelj *n* protector, patron
pokrstiti *v* to convert to Christianity; to baptize
pokućstvo *n* home furnishings, household furniture
pokuda *n* reproach, censure
pokuditi see **kuditi**
pokuljati *v* to gush
pokus *n* 1. experiment, test **pokusni** *a* test; ~ *pilot* test pilot 2. (theater) rehearsal
pokušaj *n* attempt, try; ~ *ubistva (krađe)* an attempted murder (theft) **pokušati** *v* to try, attempt
pokvaren *a* corrupt, perverted **pokvarenjak** *n* corrupt person; pervert
pokvariti see **kvariti**
pokvarljiv *a* perishable (as of food)
pokvasiti see **kvasiti**
pol I *n* pole; *Severni (Južni)* ~ North (South) Pole; *pozitivan (negativan)* ~ positive (negative) pole
pol II *n* sex; *lepši* ~ the fair sex
pola *adv* half; ~ *kile* a half a kilogram; *pročitao je* ~ *knjige* he read half the book; *na* ~ *puta* at the half-way point; ~ *pet* 4:30 (o'clock); ~ *sata (meseca)* half an hour (a month)
polagač *n* depositor
polagano *adv* see **polako**
polagati see **položiti**
polako *adv* 1. slowly, leisurely 2. quietly, silently
polakši *a* rather light
polarizacija *n* polarization
polarni *a* polar
polaskati see **laskati**
polazak *n* departure
polaziti see **poći**
polazni *a* starting; ~*a tačka* starting point
poleći, polegnuti *v* 1. to lie down; to be flattened; *polegao je na zemlju* he lay

down on the ground; *žito je poleglo* the grain was flattened 2. to flatten; *vetar je polegao travu* the wind flattened the grass

poledica *n* ice, glaze; *pao je na ~i* he fell on the ice

poleđina *n* back; *~ čeka (knjige)* back of a check (book)

polemičan *a* polemic **polemika** *n* polemic; polemics **polemisati** *v* to polemize

polen *n* pollen

polet I *n* takeoff (of an airplane)

polet II *n* enthusiasm; inspiration; *raditi s ~om* to work with enthusiasm **poletan** *a* enthusiastic

poletanje *n* takeoff

poletarac *n* fledgling

poleteti, poletjeti *v* to take off (of an airplane)

poliandrija *n* polyandry

polica I *n* shelf; shelves; *~ za knjige* bookshelf (bookcase)

polica II *n* (insurance) policy

policajac *n* policeman **policija** *n* police **policijski** *a* police

poliedar *n* (math.) polyhedron

poligamija *n* polygamy

poligeneza *n* polygenesis

poliglot *n* polyglot

poligon *n* 1. (math.) polygon 2. (mil.) firing range; proving ground

poligraf *n* polygraph, lie detector

poliklinika *n* polyclinic

polimorfan *a* polymorphous

polinom *n* (math.) polynomial

poliomijelitis *n* poliomyelitis

polip *n* polyp

polirati *v* to polish

politehnički *a* polytechnical **politehnika** *n* polytechnical institute

politeizam *n* polytheism

politi *v* 1. to water; *~ cveće (baštu)* to water flowers (a garden) 2. to wet, moisten

političar *n* politician **politički** *a* political **politika** *n* 1. politics; *spoljna ~* international affairs; *baviti se ~om* to go in for politics 2. policy; *~ naše stranke* the policy of our party

politura *n* polish (as on furniture)

polka *n* polka

polni *a* sexual, sex

polo *n* polo

polog *n* 1. deposit 2. nest egg

polovan *a* used, secondhand; *~vni automobili* used cars

polovica *n* (W) see **polovina**

polovičan *a* 1. halfway, partial; *~čne mere* halfway measures 2. superficial; mediocre; *~čno znanje* superficial knowledge

polovina *n* half; middle

polovinka *n* (mus.) half note

poloviti, prepoloviti *v* to cut into halves, divide into halves

položaj *n* 1. position; location; *lep ~ a* beautiful location; *~ naše zgrade* the location of our building; *klečeći (ležeći, sedeći) ~ a* kneeling (lying. sitting) position 2. situation, state; *nalazi se u nezgodnom ~u* he is in a difficult situation 3. position, job; *biti na visokom ~u* to have a highly placed job; *član po ~* an ex oficio member

položiti, polagati *v* 1. to put, lay, place; *položili su ranjenika na nosila* they put the wounded man on the stretcher; *~ osnovu* to lay a foundation; *~ kamen temeljac* to lay a cornerstone 2. *~ (ispit)* (a.) to take an examination; *on polaže (ispite) u junu* he is taking his exams in June (b.) to pass an examination; *položio je* he passed (his examination); *on polaže sve ispite* he is passing all of his examinations 3. misc.; *~ oružje* to lay down one's arms; *~ novac* to deposit money; *~ zakletvu* to take an oath

polu- *prefix* half, semi, demi, mid

polubrat *n* stepbrother; half brother

polucilindar *n* derby (hat), bowler

poludeli, poludjeli *a* (gone) crazy

poludeti, poludjeti see **ludeti**

poluga *n* 1. lever 2. bar; *zlato u ~ama* gold ingots

poluglasan *a* quiet, low; *~sno* or *~snim tonom* in a quiet voice

poluglasnik *n* (ling.) semivowel

polugodišnji *a* 1. semiannual 2. lasting six months, half a year; one (school) semester; *~ kurs* a one-semester course

polugodište *n* 1. semester 2. half a year

poluistina *n* half-truth

polukat *n* (W) mezzanine

polukrug *n* semicircle **polukružan** *a* semicircular

polukrvan *a* half-breed (of a horse)

polulopta *n* hemisphere

polumera, polumjera *n* half measure

polumesec, polumjesec *n* half-moon; crescent

polumesečan, polumjesečan *a* 1. semimonthly; ~ *časopis* semimonthly journal 2. lasting half a month

polumrak *n* semidarkness

poluobrazovan *a* half-educated

poluostrvo (E), poluotok (W) *n* peninsula

polupati see lupati 4

polupismen *a* semiliterate

poluprečnik, poluprijêčnik *n* radius

polusestra *n* stepsister; half sister

poluslužben *a* semiofficial

polusprat *n* mezzanine

polusvest, polusvijest *n* semiconsciousness

polusvet, polusvijet *n* demimonde

polutan *n* half-breed

polutina *n* one half

polutka *n* 1. hemisphere 2. one half 3. (soccer) *desna (leva)* ~ inside right (left)

poluton *n* 1. (mus.) half note 2. nuance, shade

poluvodič *n* semiconductor

poluvokal *n* (ling.) semivowel

poluvreme, poluvrijeme *n* (sports) 1. half; *u prvom* ~*enu* during the first half 2. half time; half time intermission; *u* ~*enu* during the intermission

poluzreo *a* half-ripe

poluzvaničan *a* semiofficial; semiformal

poljana *n* meadow, field

poljar *n* (field) ranger

polje *n* 1. field (also fig.); *kukuruzno* ~ cornfield; *bojno* ~ battlefield 2. square (on a chessboard, checkerboard)

poljoprivreda *n* agriculture, farming poljoprivredan *a* agricultural; ~*dni proizvodi* agricultural products poljoprivrednik *n* farmer

Poljska *n* Poland poljski I *a* Polish

poljski II *a* field

poljubac *n* kiss; ~ *u obraz* a kiss on the cheek; *poslati nekome* ~ to throw smb. a kiss

poljubiti see ljubiti 1

poljuljati *v* to shake; to weaken, undermine; ~ *režim* to undermine a regime

pomaći *v* to move; ~ *divan bliže prozoru* to move the couch closer to the window; *pomakni se!* move!

pomada *n* (cosmetic) cream; ~ *za ruke (za lice)* hand (face) cream

pomagač *n* helper, assistant

pomagati see pomoći

pomahnitati *v* to lose one's head

pomajka *n* foster mother

pomalen *a* rather small

pomalo *adv* now and then; a little bit; *malo-*~ gradually

pomama *n* rage, fury, craze, frenzy; ~ *za novcem* craving for money pomaman *a* frantic pomamiti *v* 1. to madden, enrage, infuriate; ~ *se* to become furious 2. ~ *se za nekim (nečim)* to become infatuated with smb. (smt.)

pomanjkati *v* to run short

pomazati *v* to grease; ~ *pleh (mašću)* to grease a pan

pomen *n* 1. mention; *to nije vredno* ~*a* that's not worthy of mention 2. (rel.) ~ *mrtvome* requiem mass 3. commemoration pomenuti, pominjati *v* to mention

pomeriti, pomjeriti *v* to move; *pomeri stolicu!* move the chair!

pomesti I see mesti I

pomesti II *v* 1. to confuse 2. ~ *se* to get confused; to make a mistake; ~ *se u govoru (u računu, u pisanju)* to misspeak (miscalculate, miswrite or misspell)

pomešati see mešati 1, 3

pometnja *n* 1. confusion; chaos; uproar 2. error, blunder

pomičan *a* mobile, movable

pomije *n* slops, swill

pomiješati see mešati 1, 3

pomilovanje *n* (legal) pardon pomilovati *v* (legal) to pardon, grant amnesty to

pominjati see pomenuti

pomirenje *n* reconciliation

pomirisati see mirisati 2

pomiriti see miriti

pomirljiv *a* 1. conciliatory 2. reconcilable

pomisao *n* idea, notion, thought

pomisliti see misliti 1

pomjeriti see pomeriti

pomnja *n* (W) care; attention pomnjiv *a* (W) careful; attentive

pomoć *n* 1. help, support; *pružati nekome* ~ to help smb.; *bez* ~*i* helpless; *prva* ~ first aid; *hitna* ~ emergency squad; *kola hitne* ~*i* ambulance; *socijalna* ~ public welfare 2. cure, help pomoći, pomagati *v* to help; ~ *nekome (nekoga) novčano* to help smb. financially; *on mu je pomagao da postigne svoj cilj* he helped him reach his goal; *on ne ume sebi da pomogne* he does not know how to help himself; *aspirin će ti pomoći* aspirin will give you relief pomoćni *a*

auxiliary, accessory; ~*a kočnica* emergency brake; ~ *glagol* auxiliary verb
pomoćnik *n* helper, assistant; *(zanatlijski)* ~ apprentice **pomoću** *prep* with the help of
pomodan *a* fashionable
pomodreo *a* bluish
pomodreti see **modreti**
pomol *n* sight; *na ~u* in sight; about to begin **pomoliti** I *v* to show; ~ *se* to appear, show oneself
pomoliti II **se** see **moliti 4**
pomor *n* pestilence
pomorac *n* seaman
pomorandža *n* orange
pomoriti *v* to wipe out, kill off
pomorski *a* maritime, nautical, naval; ~*a milja* nautical mile; ~*o pravo* maritime law; ~*a trgovina* maritime trade **pomorstvo** *n* navigation, sailing; seamanship
pompa *n* pomp **pompezan** *a* pompous
pomračenje *n* (astro.) eclipse; *Sunčevo (Mesečevo)* ~ eclipse of the sun (moon) **pomračiti** *v* (astro.) to eclipse
pomrčina *n* darkness
pomreti, pomrijeti *v* to die off (out)
pomučiti se *v* to work harder, try harder
pomusti see **musti**
pomutiti see **mutiti 3**
pomutnja *n* chaos, confusion
ponaj- *(prefix which slightly weakens the superlative meaning)* — *ponajgori* (about) the worst
ponajbolji *a* (about) the best
ponajviši *a* (about) the highest, tallest
ponaroditi *v* to nationalize
ponašanje *n* behavior, conduct **ponašati se** *v* to behave, conduct oneself
ponavljanje *n* repetition
ponavljati see **ponoviti**
ponedeljak, ponedjeljak *n* Monday; *u ~* on Monday
ponegde, ponegdje *adv* 1. somewhere 2. here and there
ponekad *adv* 1. sometimes 2. now and then
poneki *a* some; isolated; ~ *to vole vruće* some like it hot
ponešto 1. *pron* something 2. *adv* a little
poneti, ponijeti *v* 1. to take (along); *on je poneo na put dva kofera* he took two suitcases on his trip 2. to carry off; *vetar mu je poneo šešir s glave* the wind

blew his hat off 3. ~ *se* to behave; *on se lepo poneo* he behaved nicely
poni *n* pony
ponići *v* 1. to sprout 2. to originate from
ponikao *n* sprout
ponirati *v* to sink; *ova reka ponire u zemlju* this river sinks into the earth
poništiti *v* to annul, cancel, revoke; ~ *porudžbinu* to cancel an order; ~ *presudu* to revoke a sentence; ~ *brak* to annul a marriage
ponizan *a* humble **poniziti** *v* 1. to humiliate, degrade; ~ *se* to degrade oneself 2. (mus.) to lower; ~ *ton* to lower the pitch
ponoć *n* midnight; *u* ~ at midnight **ponoćni** *a* midnight
ponor *n* abyss, chasm
ponos *n* pride **ponosan** *a* proud; *biti ~ na nešto* to be proud of smt. **ponositi se** *v* to be proud; *on se ponosi svojim sinom* he is proud of his son
ponovan *a* repeated **ponoviti, ponavljati** *v* 1. to repeat; ~ *razred* to repeat a class; *istorija se ponavlja* history repeats itself 2. to review; ~ *lekciju* to review a lesson
ponovo *adv* again
ponton *n* pontoon **pontonski** *a* pontoon; ~ *most* a pontoon bridge
ponuda *n* 1. offer; *dobiti (prihvatiti) ~u* to receive (accept) an offer; (comm.) ~ *i potražnja* supply and demand
ponuditi see **nuditi**
ponuđač *n* bidder
poočim *n* foster father
podmaći *v* to move ahead, progress
pooštriti *v* to intensify; to tighten; ~ *disciplinu* to tighten discipline; ~ *uslove za upis* to stiffen entrance requirements
pop *n* (rel., Orth.) priest
popabirčiti see **pabirčiti**
popac *n* (zool.) cricket
popaliti *v* to burn down
popariti *v* (cul.) to scald
popasti *v* to fall
popašan *a* (W) greedy
popeti see **peti** II
popevka, popijevka *n* song, chant
popis *n* 1. list; register; ~ *imena* roll 2. census 3. inventory; *napraviti ~ (robe)* to make an inventory (of stock) **popisati** *v* to list, inventory
popiti see **piti**

poplakati *v* to weep (for a while)
poplašiti see **plašiti**
poplava *n* flood, inundation
poplaviti see **plaviti** II
poplavljen *a* flooded, inundated
poplivati *v* to swim (for a while)
poploČati *v* to pave; to panel, tile
popljuvati *v* to spit on (all over)
popoditi *v* to floor, cover with a floor
popodne *n* afternoon; *celo* ~ all afternoon
poprašiti see **prašiti**
popratiti see **pratiti**
popravak *n* 1. see **popravka** 2. rehabilitation (as of a convict, delinquent) **popravilište** *n* reformatory, house of correction **popraviti** *v* 1. to repair, fix; ~ *auto (radio)* to repair a car (radio) 2. to improve, polish; to straighten (out), arrange; ~ *kvalitet nečega* to improve smt.'s quality; ~ *stil* to polish one's style; ~ *kravatu* to straighten one's tie 3. to correct; ~ *grešku* to correct an error 4. ~ *se* to get better, gain weight (as after an illness) **popravka** *n* 1. repair; *auto je na* ~*ci* the car is being repaired 2. correction (as of a test, manuscript) **popravljiv** *a* repairable **popravni** *a* corrective; ~ *zavod* house of correction
poprečan *a* transversal; ~*čni presek* cross section; (soccer) ~*čna linija* end line
popreko, poprijeko *adv* across, diagonally; *gledati nekoga* ~ to look at smb. askance
popriličan *a* rather large; rather good
poprište *n* 1. battlefield 2. scene, place, location
poprsje *n* bust
poprskati see **prskati** I
popucati see **pući**
popularan *a* popular; widespread **popularizacija** *n* popularization **popularisati** *v* to popularize **popularnost** *n* popularity
popuna *n* 1. filling out (in); ~ *formulara* the filling out (in) of forms 2. filling; ~ *radnih mesta* the filling of vacancies **popuniti** *v* 1. to fill out (in); ~ *formular* to fill out (in) a form 2. to fill; ~ *prazninu* to fill a gap 3. to complement, supplement
popust *n* discount, reduction; ~ *od 20 odsto* a 20% discount; *uz* ~ with a discount
popustiti, popuštati *v* 1. to loosen; ~ *kaiš* to loosen a belt 2. to become slack,

slacken; to ease up, let up; to become worn-out; *disciplina je popustila* discipline has grown slack; *hladnoća je popustila* the cold has let up; *bolovi su popustili* the pain has let up; *bura (groznica) popušta* the storm (fever) is letting up 3. to deteriorate; *kvalitet je popustio* the quality has deteriorated 4. ~ *nekome* to give in (yield) to smb.
popustljiv *a* indulgent, yielding
popušiti see **pušiti**
popuštanje deverb. of **popuštati**; (pol.) ~ *zategnutosti* relaxation of tensions, détente
popuštati see **popustiti**
poput *prep* like
pora *n* pore
poraba *n* (W) use
poramenica *n* suspenders
poraniti see **raniti** II
porast *n* growth; increase; ~ *cena* increase in prices; *voda je u* ~*u* the water is rising
porasti see **rasti**
poravnati *v* 1. to even, level, smooth; ~ *teren* to level the ground 2. to settle; ~ *spor (račun)* to settle a quarrel (account); ~ *se* to come to a settlement 3. ~ *se* to come abreast, come even; (mil.) *poravnajte se!* dress right!
poraz *n* defeat; *pretrpeti* ~ to suffer a defeat **porazan** *a* ruinous, destructive; disastrous; ~ *rezultat* disastrous result: ~*zne vesti* crushing news **poraziti** *v* 1. to defeat 2. to stun, confound; *vest nas je porazila* the news stunned us
porcelan *n* porcelain
porcija *n* portion; *dupla* ~ double portion; ~ *sladoleda* a dish of ice cream
porculan *n* porcelain
porđati see **rđati**
porečje, porječje *n* river basin
poreći, poricati *v* 1. to retract, disavow, repudiate; ~ *iskaz* to retract testimony 2. to deny
pored *prep* 1. near; next to; *on sedi* ~ *mene* he sits next to me 2. by; along; *on je prošao* ~ *mene* he passed by me 3. in spite of; ~ *svih opomena* in spite of all warnings 4. besides, in addition to; ~ *ostalog* in addition to everything else 5. except; *on nema ništa* ~ *te kuće* he has nothing except that house

poredak *n* order, system; *društveni* ~ social order; *utvrđen* ~ the established order

poredba *n* (W) comparison **poredben** *a* (W) comparative **porediti** *v* compare

poređati see **ređati** 1

poređenje *n* comparison; (gram.) ~ *prideva* comparison of adjectives

poreklo, porijeklo *n* descent, origin, source; *on je čovek seljačkog* ~*a* he is of peasant origin

poremećaj *n* disturbance, breakdown, collapse; *umni* ~ mental breakdown

poremetiti see **remetiti**

porez *n* tax; *skupljati (plaćati)* ~ to collect (pay) a tax; ~ *na dohodak (na promet, na nasleđa, na imovinu, na poklone)* income (excise, inheritance, property, gift) tax **poreski** *a* tax; ~*a stopa (skala)* tax rate (scale); ~*a prijava* tax return; ~ *obveznik* taxpayer

porezati *v* (esp. W) to cut, trim

poreznik *n* taxpayer

poricati see **poreći**

porijeklo see **poreklo**

poriluk *n* (W) leek

porinuće *n* launching (of a ship) **porinuti** *v* 1. to launch; ~ *brod* to launch a ship 2. (W) to shove, nudge

porječje see **porečje**

pornografija *n* pornography **pornografski** *a* pornographic

porobiti *v* to enslave

poročan *a* sinful

porod *n* offspring

porodica *n* 1. family; relatives **porodičan** *a* family; ~*čno ime* surname; ~ *život* family life; ~*čna penzija* survivor benefits 2. (biol.) family

porodilište *n* maternity home, maternity hospital **poroditi** *v* 1. ~ *nekoga* to deliver smb. (assist smb. in giving birth) 2. ~ *se* to give birth **porođaj** *n* birth, parturition, delivery; labor; *prevremeni* ~ premature birth; ~ *na vreme* delivery at term; *lak (težak, nasilni)* ~ easy (difficult, induced) labor **porođajni** *a* birth; ~ *bolovi* labor pains; ~*o odeljenje* maternity section (wing)

porok *n* vice

porota *n* jury; *predsednik* ~*e* foreman of the jury **porotnik** *n* juror

porozan *a* porous

portabl *a* portable; ~ *mašina* portable typewriter

portal *n* portal

portfelj *n* 1. briefcase, portfolio 2. (pol. portfolio; *ministar bez* ~*a* minister without portfolio

portik *n* portico

portikla *n* bib (for a child)

portir *n* 1. doorman 2. (in a hotel) desk clerk

Portoriko *n* Puerto Rico

portret *n* portrait

Portugalija *n* Portugal

portviš *n* (household) broom

porub *n* hem

porubiti see **rubiti**

poručilac *n* customer, purchaser **poručiti** *v* 1. to order; ~ *ručak* to order dinner 2. to send word (to smb.), inform (smb.); ~ *nekome da dođe* to send for smb.

poručnik *n* (mil.) 1. (army) lieutenant 2. (naval) chief warrant officer: ~ *korvete (fregate, bojnog broda)* ensign (lieutenant junior grade, lieutenant)

porudžbina *n* order; *stalna* ~ standing order

poruga *n* mockery, ridicule **porugati se** *v* to ridicule

poruka *n* message; *poslati* ~*u* to send a message

porumeneti, porumenjeti see **rumeneti**

porusiti *v* to Russify

porušiti see **rušiti**

porvati se see **rvati se**

posada *n* crew (as of a ship, airplane); garrison

posaditi see **saditi**

posao *n* work, labor; job, position; business, affair; *fizički (umni)* ~ physical (intellectual) labor; *imati (mnogo)* ~*sla* to be (very) busy; *latiti se* ~*sla* to get down to work; *mešati se u tuđa* ~*sla* to meddle in smb. else's affairs; *kojim se poslom bavite?* what's your field? *putovati poslom* to travel on business; *on zna svoj* ~ he knows his business; *državni poslovi* affairs of state; *ministar spoljnih poslova* minister of foreign affairs; *tražiti* ~ to look for a job; *ostati bez* ~*sla* to lose one's job; *gledaj svoja* ~*sla!* mind your own business! **taman* ~*sla!* that's all I (we) need! nonsense!

posavetovati, posavjetovati see **savetovati**

poseban *a* special, separate; particular

poseći, posjeći *v* to cut; ~ *prst* to cut one's finger

posed, posjed n ownership, possession; property

posedeti, posjedjeti v to sit (for a while)

posednik, posjednik n owner; ~ *zemlje* landowner

posedovati, posjedovati v to own, possess

posegnuti v 1. to reach; ~ *za nečim* to reach for smt. 2. to draw, draw back (in order to attack); ~ *rukom na nekoga* to draw back one's arm to strike smb.

posejati see **sejati**

posekotina, posjekotina n cut, laceration

poselo, posijelo n (folk.) outdoor party

posesivan a possessivan

posestrima n blood (adopted) sister; *gradovi* ~e sister cities

posestrimiti see **sestrimiti**

poseta, posjet n visit; *učiniti (uzvratiti)* ~u to make (return) a visit; *kurtoazna* ~ a courtesy call; *kućna* ~ a house call **posetilac, posjetilac** n visitor **posetiti, posjetiti** v to visit; to attend; ~ *nekoga* to visit smb. **posetnica, posjetnica** n visiting card

posijati see **sejati**

posijelo see **poselo**

posilni a (used as noun) (mil.) orderly

posinak n foster son

posiniti see **siniti**

posipati see **posuti**

posisati see **sisati**

posiveti, posivjeti see **siveti**

posjeći see **poseći**

posjed see **posed**

posjedjeti see **posedeti** II

posjednik see **posednik**

posjedovati see **posedovati**

posjekotina see **posekotina**

posjet see **poseta**

posjetilac see **posetilac**

posjetiti see **posetiti**

posjetnica see **posetnica**

poskočiti v to hop, jump, bound

poskup a rather expensive

poskupeti, poskupjeti v to become more expensive

poskupiti v to make more expensive

poskupjeti see **poskupeti**

poslagati v to stack in piles

poslanica n epistle; message, missive

poslanik n 1. *(narodni)* ~ representative 2. (dipl.) minister (head of a legation); *opunomoćeni* ~ minister plenipotentiary 3. envoy, emissary **poslanstvo** n 1. (dipl.) legation 2. mission

poslastica n sweet **poslastičarnica** n pastry shop; ice-cream parlor

poslati see **slati**

posle, poslije 1. adv afterwards, later on 2. prep after; ~ *mene* after me; ~ *toga* after that; *u pet* ~ *podne* at five P. M.

posledica, posljedica n consequence, result; *uzrok i* ~ cause and effect **posledičan, posljedičan** a resultant; (gram.) ~*čna rečenica* clause of consequence

poslediplomski a graduate; ~*e studije* graduate study (studies)

poslednji, posljednji a 1. last, latest; ~ *put* the last time 2. least (important); worst; lowest

poslepodne, posljepodne n afternoon; *ostao je čitavo* ~ he stayed all afternoon

poslije see **posle**

poslodavac n employer **poslovan** a 1. business; ~*vne veze* business connections; ~*vni svet* the business world 2. businesslike **poslovati** v 1. to work 2. to operate; to manage one's affairs

poslovica n proverb; *narodne* ~e popular proverbs **poslovičan** a proverbial; *postati* ~ to become proverbial

poslovnica n (business) office **poslovnik** n (written) operating procedure (of a firm)

poslovođa n 1. chief, manager; ~ *odeljenja* section manager 2. foreman; ~ *radionice* shop foreman; *građevinski* ~ construction foreman

posluga n 1. (coll.) servants 2. (mil.) ~ *topa* gun crew

poslušan a obedient

poslušati see **slušati** 2

poslušnost n obedience

poslužavnik n tray

posluženje n snacks, food (for guests)

poslužitelj n janitor, cleaning man

poslužiti v to serve; ~ *goste vinom* to serve wine to guests

posljedica see **posledica**

posljednji see **poslednji**

posmatrač n observer; spectator **posmatračnica** n observation post **posmatrati** v to observe, watch

posmrče n posthumous child **posmrtan** a 1. posthumous; ~*tno delo* posthumous work 2. funeral; ~*tni govor* funeral oration, eulogy; ~*tni oglas* death notice, obituary **posmrtnica** n death notice, obituary

posoliti see **soliti**

pospan a sleepy, drowsy
posramiti v to shame
posrbiti v to make Serbian
pósrebriti see **srebriti**
posred prep in the middle of
posredan a indirect, intermediary; na ~
način indirectly; (gram.) ~*dni govor*
indirect discourse
posredi, posrijedi adv at stake; ~ *je*
ubistvo it is a case of murder; *šta je* ~?
what's going on?
posrednik n 1. intermediary, go-bet-
ween, mediator 2. agent **posredništvo** n
mediation
posredno adv indirectly **posredovati** v to
intervene; to mediate **posredstvom** prep
through, by means of; thanks to; ~ *sile*
through force
posrijedi see **posredi**
posrkati see **srkati**
posrnuti v to stumble, trip (also fig.)
posrtaj n false step; tumble, fall
post n fast, fasting
postaja n (small) station, stop (as of a
railroad)
postajati see **postati**
postamen(a)t n base, pedestal
postan a lean; ~ *gas* lean mixture (of
gasoline and air)
postanak n origin, genesis
postar a rather old
postarati se see **starati se**
postati, postajati v 1. to originate, come
into being 2. to become; *ovde postaje*
hladno it's turning cold here; *on je*
postao predsednik he became president
postava n lining **postaviti, postavljati** v 1.
to place, put, set; ~ *pitanje* to ask a
question; ~ *zasedu* to set an ambush; ~
mašinu to install a machine; ~ *rekord*
to set a record; ~ *granicu* to fix a
boundary; ~ *spomenik* to erect a monu-
ment; ~ *stražu* to post the (a) guard; ~
sto to set a table; ~ *temelje* to lay a
foundation 2. to line; ~ *kaput krznom*
to line a coat with fur 3. to appoint,
name; *on je postavljen za šefa* he was
appointed (as) manager
postavka n supposition, assumption
postavljati see **postaviti**
postavljen a lined; ~*e rukavice* lined gloves
postdiplomski a graduate
postelja n bed
posteljica n 1. dim. of **postelja** 2. (anat.)
placenta

postepen a gradual
postići v 1. to attain, reach; ~ *cilj (uspeh)*
to attain a goal (success); ~ *novi rekord*
to set a new record 2. (sports) to score;
~ *gol (koš)* to score a goal (a basket) 3.
to befall, strike; *postigla ga je velika*
nesreća a great misfortune befell him 4.
to make up; *on je postigao ono što je*
propustio he made up what he had
missed
postidan a 1. shameful 2. shy
postideti se, postidjeti se see **stideti se**
postiti v 1. to fast 2. (fig.) to abstain
posto see **odsto**
postojan a steady, stable **postojanost** n
steadiness, stability
postojanje n existence **postojati** v to exist,
be
postojbina n homeland, native country
postojeći a existing, existent, present; ~
propisi current regulations
postolje n 1. pedestal 2. stand, support 3.
easel
postotak n percentage, percent
postradati see **stradati** 1
postrojenje n 1. plant, factory 2. (in pl)
equipment; installations
postrojiti v to line up; ~ *đake u red* to line
up the pupils
postskriptum n postscript
postulat n postulate **postulirati** v to postu-
late
postupak n 1. action, act; *korektan* ~ a
proper act 2. conduct; bearing; treat-
ment; ~ *prema (sa) ratnim zaroblje-ni :i-*
ma the treatment of prisoners of war 3.
procedure; proceedings; *pokrenuti kri-*
vični ~ *protiv nekoga* to bring criminal
charges against smb. **postupiti, postu-**
pati v 1. to act, proceed; *hrabro (glupo)*
~ to act bravely (stupidly); *pravilno* ~
to act properly 2. to handle, operate,
treat; *s oružjem treba oprezno postupati*
firearms should be handled carefully
posuda n dish, plate
posuditi v (esp. W) 1. to lend; ~ *nekome*
to lend to smb. 2. to borrow; ~ *od*
nekoga to borrow from smb.
posuđe n pottery; *kuhinjsko* ~ dishes
posukljati see **sukljati**
posumnjati see **sumnjati**
posustali a 1. lagging 2. discouraged
posuti v 1. to strew, sprinkle; ~ *stazu*
šljunkom to cover a path with gravel; ~

kolače šećerom to sprinkle pastries with sugar 2. to wet, drench

posvađati *v* to estrange, alienate; ~ *dva druga* to alienate two friends

posve *adv* entirely

posvedočiti see **svedočiti**

posveta *n* 1. consecration, sanctification 2. dedication; ~ *knjige* dedication of a book **posvetiti** *v* 1. to consecrate 2. to ordain 3. to canonize 4. to dedicate; to devote; ~ *nekome knjigu* to dedicate a book to smb.; ~ *pažnju nečemu* to pay attention to smt. 5. ~ *nekoga u tajnu* to reveal a secret to smb.

posvojče *n* adopted child

pošećeriti *v* to sugarcoat

pošiljalac *n* sender; shipper

pošiljka *n* parcel, package, piece of mail; *preporučena* ~ registered parcel; *novčana* ~ money order; *uručiti* ~*u* to deliver a package; ~ *s pouzećem* a COD parcel

poškropiti see **škropiti**

pošljunčiti *v* to cover with gravel

pošpricati see **špricati** 2

pošta *n* 1. post office; *na* ~*i* at the post office 2. mail; *obratnom* ~*om* by return mail; *poštar donosi* ~*u* the mailman brings the mail; *avionskom* ~ *om* by airmail **poštanski** *a* mail; postal; ~*o sanduče* mailbox; ~ *fah* post-office box; ~*a marka* postage stamp; ~ *činovnik* post-office employee; ~ *žig* postmark **poštar** *n* 1. mailman, mail carrier 2. post-office employee **poštarina** *n* postage; *oslobođeno* ~*e* mail free, franked

poštedeti, poštedjeti see **štedeti** 2

pošten *a* honest, honorable **poštenje** *n* honesty, integrity, honor

pošto 1. *adv* how much; ~*je ta haljina?* how much does that dress cost? 2. *conj* after; ~ *je pročitao novine, ugasio je svetlo* after he read the newspaper, he put out the light 3. *conj* since, because

poštovalac *n* admirer, follower; buff, enthusiast; ~ *muzike* music buff **poštovan** *a* honored, respected; ~*i gospodine* Dear Sir (in a letter) **poštovanje** *n* respect; esteem; *odati (ukazati)* ~ *nekome* to pay (show) respect to smb. **poštovati** *v* 1. to respect, esteem 2. to observe, obey; ~ *pravila* to obey rules

pošumiti *v* to afforest

potaja *n* secrecy; *u* ~*i* secretly **potajan** *a* secret

potalijaniti *v* to Italianize

potamneti, potamnjeti see **tamneti**

potanak *a* rather thin

potapšati see **tapšati** 2

potaša *n* potash

potceniti, potcijeniti *v* to underestimate

potčiniti *v* to subjugate; ~ *nekoga svojoj vlasti* to subjugate smb. to one's power; ~ *svoje strasti* to control one's passions

poteći, poticati *v* 1. to gush, stream, pour; (to begin) to flow; *potekla mu je krv iz nosa* blood gushed from his nose 2. to come from, originate from; *on potiče iz dobre porodice* he comes from a good family

potegliti see **tegliti** 1

potegnuti *v* 1. to pull; *potegni pantalone!* pull up your pants! 2. to swallow; ~ *iz flaše* to take a swig from a bottle 3. to draw; ~ *nož (pištolj)* to draw a knife (a pistol)

potencija *n* 1. potential 2. (math.) power

potencijal *n* 1. potential 2. (gram.) conditional **potencijalan** *a* potential, latent

potentan *a* potent

potentat *n* potentate

potera, potjera *n* 1. chase, pursuit 2. posse **poterati, potjerati** *v* 1. (to begin to) drive; ~ *stoku na pašu* to drive cattle to pasture 2. (to begin to) pursue, chase; ~ *lopova* to (begin to) chase after a thief 3. to sprout **poternica** *n* wanted circular

poteškoća see **teškoća**

potez *n* 1. line; stroke; ~ *pera* stroke of the pen; *u glavnim (krupnim)* ~*ima* in broad outline 2. act, move; *povući genijalan* ~ to make a brilliant move; ~ (*u šaha*) a move (in chess)

pothraniti *v* to arouse, stir up; ~ *mržnju* to stir up hatred

pothvat *n* (W) project, undertaking

poticati see **poteći**

potiljak *n* back of the head

potisak *n* (tech.) 1. lift; *snaga* ~*ska* thrust, lifting power 2. buoyancy

potisnuti *v* 1. to hold back, check, curb 2. to push out, remove; ~ *u drugi plan* to push into the background

potišten *a* depressed, dejected

potjera see **potera**

potjerati see **poterati**

potjernica see **poternica**

potka *n* woof (in weaving)

potkazati v to denounce, inform on, betray; ~ *nekoga policiji* to inform on smb. to the police **potkazivač** n informer

potkivač n blacksmith **potkivačnica** n smithy

potkopati v to undermine; ~ *nečiji autoritet* to undermine smb.'s authority; ~ *zdravlje* to ruin one's health

potkošulja n undershirt

potkovati v to shoe (a horse) **potkovica** n horseshoe

potkožan a subcutaneous

potkrasti v 1. to steal 2. ~ *se* to steal, creep up; to creep in; *potkrao se pod prozor* he stole (crept) up to the window

potkratiti v to shorten; to prune, trim

potkrepiti, potkrijepiti v 1. to confirm, back up, support, corroborate; ~ *tvrdnju* to confirm a claim 2. ~ *se* to rest up; to refresh oneself

potkresati v to prune, cut

potkrijepiti see **potkrepiti**

potkrovlje n loft, attic

potkrpiti v to patch

potkupiti v to bribe **potkupljiv** v bribable **potkupljivač** n briber

potlačitelj n oppressor

potleuša n hovel, shanty

potmuo a muffled, hollow (of a sound)

potok n brook, stream

potom adv afterwards, later

potomak n descendant

potomiti v (W) to suppress, cover up

potomstvo n descendants, posterity

potonuti see **tonuti**

potop n deluge **potopiti** v 1. to sink; to drown; to scuttle; ~ *lađu* to sink a boat 2. to soak; to dip, moisten; ~ *veš* to soak laundry 3. ~ *se* to drown; to sink

potpala n 1. *drvo za* ~*u* kindling wood 2. stirring up; instigation **potpaliti** v 1. to ignite, set fire to; ~ *kuću* to set fire to a house; ~ *vatru* to start a fire 2. to stir up, instigate, arouse; inflame; ~ *neprijateljstvo (svađu)* to stir up hostility (a quarrel)

potpasti v 1. to fall under 2. (fig.) to come under, be subject to, fall under; ~ *pod zakon* to come under a law

potpetica n heel

potpiriti v to stir up, incite

potpis n signature **potpisati** v to sign; ~ *ugovor* to sign a contract **potpisnik** n signatory, signer

potplatiti v to bribe

potpora n support, help; *novčana* ~ financial support **potporni** a supporting; ~ *stub* supporting column

potporučnik n (mil.) second lieutenant

potpredsednik, potpredsjednik n vice-president **potpredsedništvo, potpredsjedništvo** n vice-presidency

potpukovnik n lieutenant colonel

potpun a complete, full, total

potpuri n potpourri

potraga n pursuit, chase; quest; *u* ~*zi za* in search (quest) of

potražiti see **tražiti** 2

potraživanje n demand, claim **potražnja** n (comm.) demand; *ponuda i* ~ supply and demand

potrbuške adv on one's stomach

potrčati v (to begin) to run

potreba n need; *osećati* ~*u za nečim* to feel a need for smt.; *svakodnevne* ~*e* daily needs; *podmiriti* ~*u* to satisfy a need

potreban a necessary; *biti* ~ to be needed; ~ *joj je savet* she needs advice

potrebovati see **trebovati**

potres n impact, bump; shock; concussion; ~ *mozga* brain concussion; *doživeti veliki* ~ to experience a great shock

potresan a stirring, moving; ~ *govor* a stirring speech

potresen a touched, shaken **potresti** v 1. to shake; ~ *tle* to shake the ground; *zidovi su se potresli* the walls shook 2. (fig.) to shock, upset, shake 3. (fig.) to touch; *potresla me je njihova pažnja* I was touched by their kindness

potrgati see **trgati**

potrošač n consumer **potrošački** a consumers'; ~*a zadruga* consumers' cooperative

potrošiti see **trošiti**

potrošnja n consumption, use; *roba široke* ~*e* consumer goods

potrpati see **trpati**

potrti v 1. to rub 2. to trample, crush 3. to destroy

potruditi se see **truditi se**

potucati se v to wander

potući v 1. to kill; to destroy 2. ~ *se* to begin to fight, get into a fight 3. see **tući** 2

poturčiti see **turčiti**

poturica n (Yugo., hist.) convert to Islam

poturiti v 1. to push, shove (underneath); ~ *ključ ispod vrata (pod ćilim)* to shove a key under a door (under a rug) 2. to pass, hand (secretly); ~ *nekome novac* to pass smb. money

potutkač *n* (W) instigator

potvora *n* (W) calumny, libel **potvoriti** *v* (W) to calumniate, libel

potvrda *n* 1. confirmation, acknowledgment 2. certificate **potvrdan** *a* affirmative, positive; ~ *odgovor* a positive answer **potvrditi** *v* 1. to confirm; to acknowledge; ~ *prijem* to acknowledge receipt 2. to ratify; ~ *ugovor* to ratify a treaty

poučan *a* instructive, edifying; ~ *primer* an edifying example **poučiti** *v* to teach, instruct **pouka** *n* 1. moral; lesson; *izvući* ~*u* to learn a lesson 2. teaching, instruction

pouljiti see **uljiti**

pouzdan *a* 1. reliable, dependable; ~*o obaveštenje* reliable information 2. incontestable, incontrovertible; ~ *dokaz* incontestable proof **pouzdanje** *n* self-confidence; assurance **pouzdati se** *v* ~ *u nekoga* to have (place) faith in smb.

pouzeće *n* COD; *poslati pošiljku (s)* ~*em* to send a package COD

povaliti *v* to knock down, throw down

povečerje *n* (mil.) taps

povećati *v* 1. to increase; to expand 2. to magnify

povelik *a* rather large

povelja *n* 1. charter; ~ *Ujedinjenih nacija* Charter of the United Nations 2. document

poverenik, povjerenik *n* 1. agent, representative 2. commissioner; commissar

poverenje, povjerenje *n* trust, confidence, faith; (pol.) *dati (izglasati)* ~ *vladi* to give a vote of confidence to a government **poverilac, povjerilac** *n* creditor **poveriti, povjeriti** *v* to confide, entrust, commit; ~ *nekome novac* to entrust money to smb. **poverljiv, povjerljiv** *a* 1. confidential; ~*a dokumenta* confidential documents; ~ *razgovor* a confidential conversation 2. trusting, credulous

poverovati see **verovati**

povesmo, povjesmo *n* skein; hank

povesti *v* to begin, initiate; ~ *parnicu* to initiate a lawsuit; ~ *istragu* to begin an investigation

povetarac, povjetarac *n* breeze

povez *n* binding (of a book); *u kožnom (platnenom)* ~*u* bound in leather (cloth)

povezati *v* 1. to tie, bind 2. to bind (a book) 3. to connect, associate, link

povijest *n* (W) history

povijuša *n* (bot.) climber

povik *n* shout, scream **povika** *n* (cry of) protest **povikati** *v* to shout, scream

povinovati se *v* to obey; ~ *zakonu* to obey a law

povisiti *v* to raise, lift; ~ *glas* to raise one's voice; ~ *plate (cene)* to raise salaries (prices) **povišica** *n* salary increase, raise; *dobiti (dati)* ~*u* to receive (give) a raise

poviti *v* 1. to wrap; ~ *u hartiju* to wrap in paper 2. to swaddle, diaper; ~ *dete u pelene* to diaper a child 3. to bandage 4. to bend; ~ *granu* to bend a branch; *grane se povijaju* the branches are bending

povjerenik see **poverenik**

povjerenje see **poverenje**

povjerilac see **poverilac**

povjeriti see **poveriti**

povjerljiv see **poverljiv**

povjerovati see **verovati** 1

povjesmo see **povesmo**

povjetarac see **povetarac**

povlačiti see **povući**

povlađivati *v* 1. to yield, give in; ~ *nekome* to yield to smb.; ~ *deci* to give in to children 2. to encourage, cheer; acclaim

povlastica *n* 1. privilege 2. special rate; reduced fare **povlastiti** *v* to authorize; *povlašćeno lice* an authorized person

povod *n* 1. reason, motive; *bez ikakvog* ~*a* without any reason; *dati nekome* ~*a za što* to give smb. a pretext for smt. 2. occasion; *time* ~*om* on that occasion

povodac *n* leash (for a dog)

povoditi se, povesti se *v* ~ *za nekim* to imitate smb.

povodljiv *a* impressionable; weak-willed

povodom *prep* regarding; on the occasion of

povoj *n* swaddling clothes

povoljan *a* favorable, satisfactory; ~*ljni uslovi* favorable conditions

povorka *n* procession, column; *pogrebna* ~ a funeral procession

povratak *n* return; ~ *kući* return home **povratan** *a* 1. return; ~*tnom poslom* by return mail 2. recurrent; ~*tna groznica* intermittent fever 3. (gram.) reflexive; ~*tni glagoli* reflexive verbs **povratiti** *v*

1. to give back, return 2. to restore, reestablish; ~ *poverenje* to restore confidence 3. to bring to, resuscitate, revive; to bring to one's senses; ~ *nekoga (iz nesvesti)* to revive smb. (from a faint) 4. to vomit, throw up; *sve je povratio* he threw everything up 5. ~ *se* to come back, return 6. ~ *se* to come to; to recover, regain one's health **povratnik** I *n* 1. returnee 2. back spacer (on a typewriter)

povratnik II *n* (geog.) tropic

povrće *n* (coll.) vegetables

povreda *n* 1. injury, wound; *naneti ~u nekome* to injure smb.; ~ *mozga* brain injury 2. violation; ~ *zakona* violation of a law; ~ *vazdušnog prostora* violation of air space **povrediti, povrijediti** *v* 1. to injure, wound; hurt; ~ *nogu* to hurt one's foot 2. to violate; ~ *zakon* to violate a law 3. to offend; ~ *nečiji ponos* to offend smb.'s pride

<u>**povremen**</u> *a* periodical

povrh *prep* 1. over, above 2. besides, in addition to; ~ *toga* in addition to that; ~ *svega* in addition to everything

povrijediti see **povrediti**

<u>**površan**</u> *a* superfficial <u>**površina**</u> *n* 1. surface; *izići (izbiti) na ~u* to emerge on the surface 2. (math.) area, surface **površinski** *a* surface; ~*i brodovi* surface ships

povrtar *n* truck farmer **povrtarstvo** *n* truck farming **povrtnjak** *v* vegetable garden; truck farm

<u>**povučen**</u> *a* quiet, retiring, shy, reserved

<u>**povući, povlačiti**</u> *v* 1. to pull; *povuci uže!* pull the cord! ~ *nekoga za kosu (uši)* to pull smb. by the hair (ears) 2. to draw; ~ *granicu* to draw (set) a border; ~ *liniju* to draw a line 3. to cancel, annul, revoke; to take back, withdraw; ~ *naredbu* to revoke an order; ~ *novčanice iz opticaja* to withdraw money from circulation 4. to swallow; ~ *gutljaj* to take a swallow; ~ *dim* to inhale smoke 5. to withdraw; ~ *ambasadora (trupe)* to withdraw an ambassador (troops); *neprijatelj se povlači* the enemy is withdrawing (retreating)

poza *n* pose, position; *zauzeti ~u* to strike a pose

pozabaviti se *v* 1. to be occupied (for a while) 2. to take care of 3. to have a good time, relax, amuse oneself

pozadi 1. *adv* in back; *sedeti* ~ to sit in back 2. *prep* see **iza**

pozadina *n* 1. background (also fig.); *na svetloj ~i* on a light background 2. (mil.) rear, rear lines 3. back; *na ~i medaljona* on the back of the medallion

pozajmica *n* loan; borrowing; *dati nešto na (u) ~u* to lend smt.; *uzeti nešto na (u) ~u* to borrow smt. **pozajmiti** *v* 1. ~ *nešto od nekoga* to borrow smt. from smb. 2. ~ *nešto nekome* to lend smt. to smb. **pozajmljenica** *n* (ling.) borrowing, loanword

pozdrav *n* 1. greeting, salutation; *s srdačnim ~om* with best wishes (as in a letter); *isporuči Milanu naše najlepše (tople) ~e* give Milan our best (warm) regards 2. (mil.) salute **pozdraviti** *v* 1. to greet, say 'hello' to 2. to send regards to (as in a letter); *pozdravi ženu i decu* give my regards to your wife and children 3. to acclaim, cheer 4. (mil.) ~ *(vojnički)* to salute 5. ~ *se s nekim* to say 'good-bye' to smb.

pozeleneti, pozelenjeti see **zeleneti**

pozer *n* imposter, fake

pozicija *n* position

pozirati *v* to pose; ~ *slikaru* to pose for a painter

pozitivan *a* positive; (math.) ~ *broj* a positive number **pozitivist(a)** *n* positivist **pozitivizam** *n* positivism

poziv *n* 1. call; ~ *za pomoć* a call for help; *telefonski* ~ a telephone call 2. challenge; ~ *na dvoboj* a challenge to a duel 3. summons; subpoena; ~ *na sud* court summons 4. invitation; ~ *na (za) večeru* an invitation to dinner 5. profession, occupation, calling; *lekarski* ~ the medical profession 6. (mil.) call-up; *prvi* ~ the first call-up

pozivati see **pozvati**

pozivni *a* ~ *broj* (telephone) area code

pozivnica *n* (written) invitation

pozlata *n* 1. gilding, gilded surface 2. act of gilding **pozlatiti** *v* to gild; to gold-plate

<u>**pozlediti, pozlijediti**</u> *v* to injure

poznanik *n* acquaintance, friend **poznanstvo** *n* acquaintanceship, acquaintance; *sklopiti* ~ to make an acquaintance <u>**poznat**</u> *a* 1. known, familiar; ~*e činjenice* known facts 2. famous; well-known; ~ *pesnik* a famous poet 3. notorious; ~ *razbojnik* a notorious bandit **poznati** *v* to recognize **poznavalac** n expert; connoisseur **poznavati** v to know, be acquainted with; *poznajete li ga?* do you know him?

pozobati see **zobati**

pozor n attention; (sports) get set! (see also **pažnja)**

<u>**pozorište**</u> n theater **pozorišni** a theatrical; ~ *producent* theatrical producer; ~a *publika* theatergoing public **pozornica** n stage; *na* ~*i* on the stage

pozvan a 1. see **pozvati** 2. competent; *on nije* ~ *da ti daje savete* it is not his business to give you advice

pozvati, pozivati v 1. to call; *pozovi decu* call the children; ~ *na red (odgovornost)* to call to order (account) 2. to challenge; ~ *na dvoboj* to challenge to a duel 3. to issue a summons, to cite; ~ *svedoke* to summon witnesses 4. to invite; ~ *na večeru* to invite to dinner 5. to draft (into the army) 6. ~ *se* to quote, cite; ~ *se na nekoga* to cite smb.; *časopis se poziva na dobro obaveštene krugove* the journal cites well-informed circles

požar n fire, conflagration; *izbio je* ~ a fire broke out **požarni** a fire; ~ a *komanda* fire department

požderati v to gulp down, bolt

poželeti see **želeti**

poželjan a desirable

poželjeti see **želeti**

poženiti v to marry off (several sons)

požeti see **žeti I**

požrtvovan a devoted, self-sacrificing

požuda n greed; lust **požudan** a greedy; lustful

požuriti see **žuriti**

požuteti, požutjeti see **žuteti**

prababa n 1. great-grandmother 2. ancestress

pračovek, pračovjek n primitive (aboriginal) man

praćakati se v to wriggle, squirm

praćka n sling; slingshot

praded, pradjed n 1. great-grandfather 2. ancestor

prag n 1. threshold; (also fig.); *na* ~*u* on the threshold; *prekoračiti* ~ to cross a threshold 2. tie (on a railroad track)

pragmatičan a pragmatic **pragmatika** n pragmatics **pragmatizam** n pragmatism

prah n powder; dust

prajezik n protolanguage

praksa n 1. practice; *u* ~*i* in practice; *privatna (lekarska, advokatska)* ~ private practice (of a physician, lawyer) 2. practical training

praktičan a practical; *s* ~*čne tačke gledišta* from a practical point of view

praktikovati v to do habitually, practice

pralja n laundress

pramac n bow (of a ship)

<u>**pramen**</u> n 1. lock, tuft; ~ *kose* a lock of hair 2. patch; ~ *magle* a patch of fog

pranje n washing; ~ *veša* doing laundry, washing clothes

praporac n bell (as on a horse)

praprababa n great-great-grandmother

prapraded, prapradjed n great-great-grandfather

prasac n pig (also fig.)

prasak n explosion; ~ *groma* a clap of thunder; ~ *smeha* a burst of laughter

prase n pig; suckling pig; *morsko* ~ porpoise; *pečeno* ~ roast (suckling) pig

prasetina n pork **prasica** n sow **prasiti, oprasiti** v to bear, bring forth (of a sow); ~ *se* to bring forth young

praskav a explosive

praskozorje n daybreak

prasnuti v to explode (also fig.); ~ *u smeh* to burst into laughter; ~ *od ljutnje* to blow up in anger

prastar a hoary, primeval; ancient; ~a *vremena* ancient times

prašak n powder

prašina n dust; dirt **prašiti, poprašiti** v 1. to cover with dust, cover with dirt 2. to sprinkle 3. to spray

prašnik n (bot.) stamen

<u>**prašnjav**</u> a dusty

praštati v to forgive

prašuma n jungle

prati, oprati v to wash; ~ *lice (veš)* to wash one's face (the laundry)

pratilac n 1. escort, guide; companion 2. accompanist 3. (astro.) satellite 4. *(policijski)* ~ (police) shadow, tail **pratilja** n 1. fem. of **pratilac** 1 2. runner-up (as in a beauty contest) <u>**pratiti**</u> v 1. (music) to accompany; ~ *nekoga na klaviru* to accompany smb. on the piano 2. to follow; ~ *u korak* to follow closely; <u>*oni prate svaki njegov korak*</u> they dog his every step 3. to shadow, tail, follow

<u>**pratnja**</u> n 1. escort; *oružana* ~ armed escort 2. (music) accompaniment; *pevati*

uz ~u klavira to sing to the accompaniment of the piano

praunuče n great-grandchild **praunuk** n great-grandson **praunuka** n great-granddaughter

prav a 1. straight; *u ~oj liniji* in a straight line; *~im putem* by a straight road 2. (math.) *~ ugao* a right angle 3. innocent, not guilty **prava** n (math.) (straight) line

pravac n direction; *u istom (suprotnom) ~vcu* in the same (opposite) direction

pravcat a 1. *prav ~* straight as an arrow 2. *pravi ~i* downright, real, out-and-out

pravda n justice, right

pravdati see **opravdati**

pravdoljubiv a righteous **pravdoljublje** n love of justice

pravedan a 1. righteous 2. just, fair **pravednost** n righteousness

pravi a 1. real, actual, genuine; *~ dijamant* a genuine (real) diamond; *~a budala* a real fool 2. appropriate, right; *to je ~ put* that is the right way; *na ~om ste putu* you are on the right road 3. (math.) *~ razlomak* proper fraction

pravičan a just, fair

pravilan a 1. regular, symmetrical; *~ oblik* a symmetrical form; *~lne crte* regular features (of a face) 2. legal; according to the rules; *~lnim putem* in a legal manner **pravilnik** n rule book, (book of) regulations **pravilo** n rule

praviti, napraviti v 1. to make; to create; *~supu (večeru)* to make soup (dinner); *~ police* to make (build) shelves; *~ slatko (kiselo) lice* to make a sweet (a sour) face; *~ pogreške (planove)* to make mistakes (plans); *~ primedbe* to make comments; *~ scenu* to make a scene; *~ tajnu od nečega* to make a secret of smt.; *~ utisak na nekoga* to make an impression on smb.; *~ nekoga budalom* to make a fool of smb.; *~ nekoga smešnim* to make smb. look ridiculous; *put pravi luk* the road makes a curve 2. to cause; *~ štetu* to cause damage; *~ neprijatnosti* to cause trouble 3. *~ se* to form; to appear; *napravio se led na prozorima* ice formed on the windows 4. *~ se* to fake, pretend, act; *~ se važan* to show off; *~ se bolestan* to play sick; *ona se pravi da to*

ne primećuje she pretends not to notice it

pravljen a made; *~ u Francuskoj* made in France

pravi a legal

pravnik n lawyer, attorney

pravo I n 1. law, justice; *građansko (krivično, prirodno, državno or ustavno) ~* civil (criminal, natural, constitutional) law; *javno (privatno, upravno, trgovačko, starateljsko) ~* public (private, administrative, commercial, adoption) law 2. right; *građanska ~a* civil rights; *biračko ~* or *~ glasa* the right to vote; *vi ste u ~u* you are right; *on nije u ~u* he is wrong; *on ima ~ da. . .* he has the right to. . . .

pravo II adv 1. straight, straight ahead; directly; *ići ~* to go straight (ahead); *doći ~ kod nas* come directly to our house; *gledati ~ u nečije lice* to look straight into smb.'s face 2. correctly, rightly; *to si ~ rekao!* what you said is right!

pravobranilac n lawyer, attorney

pravokut n (W) rectangle

pravolinijski a rectilinear

pravopis n spelling, orthography **pravopisni** a orthographic

pravoslavan a (rel.) Orthodox; *~vna crkva* the Orthodox church **pravoslavlje** n Orthodoxy

pravosuđe n 1. administration of justice 2. the judiciary

pravougaonik n rectangle **pravougaoni** a rectangular

prazan a 1. empty; vacant; *~ prostor* empty space; *~zna soba (boca)* an empty room (bottle); *~ stan* a vacant apartment 2. neutral (on an automobile transmission); *na ~zno* in neutral

praziluk n leek

praznik n holiday

praznina n void, blank, gap; *popuniti ~u* to fill a gap **prazniti, isprazniti** v to empty; *akumulator se prazni* the battery is discharging **praznoruk** a empty-handed

praznoslov n chatterbox **praznoslovlje** n babbling; verbosity

praznovati v to celebrate; *~ praznik* to celebrate a holiday

praznoveran, praznovjeran a superstitious **praznoverje, praznovjerje** a superstition

prevonjak n midget, runt

prčiti se v to strut, put on airs

prćiti v ~ *nos (usta)* or ~ *se* to pout

pre I prije 1. *prep* before; ~ *ručka* before dinner 2. *adv* before, earlier; *on je* ~ *došao* he came earlier; *što* ~, *to bolje!* the sooner, the better! ~ *nego* before; ~ *nego što kupim kuću, hoću da je i vi vidite* before I buy the house, I'd like you to see it, too 3. *adv* ago (with such nouns as **godina, mesec**); ~ *godinu (mesec) dana* a year (month) ago; ~ *nekoliko dana* a few days ago

pre- II *prefix* very, too, excessively — **prejak, prebogat, prekrasno**

pre- III (verbal *prefix* that can denote) 1. across, over, through — **prebaciti, preći** 2. (division into parts) — **preseći** 3. (repetition) — **prepisati** 4. (change of place) — **preseliti** 5. (action of covering) — **prekriliti** 6. (excess) — **prepuniti** 7. (surpassing) — **prebaciti**

prebaciti v 1. to throw over; ~ *loptu preko ograde* to throw a ball over a fence 2. to outthrow, surpass in throwing 3. to throw past, shoot past; ~ *metu* to throw past (over) the target 4. to build across; ~ *most preko reke* to build a bridge across a river 5. to drive, transport, give a lift to; ~ *nekoga do stanice* to give smb. a lift to the station 6. to reproach 7. to shift, transfer; ~ *na drugu stranu* to shift to the other side; ~ *skelom* to ferry across 8. to exceed; ~ *normu* to exceed a norm 9. ~ *se* to go; *odande se prebacio u Beograd* from there he went to Belgrade

prebeći, prebjeći v 1. to escape 2. to desert; ~ *neprijatelju* to desert to the enemy

prebirati see **prebrati**

prebiti v 1. to break (into halves, pieces) 2. to beat up

prebivalište n residence, home **prebivati** v to reside, live

prebjeći see **prebeći**

prebledeti, preblijedjeti v to turn pale

preboleti, preboljeti v to get over, recover from; ~*bolest* to get over an illness

prebrati, prebirati v 1. to select (the best) 2. to stroke; *prebirati prstima preko žica* to strum the strings (of an instrument)

prebroditi v to overcome, surmount; ~*teškoće* to overcome difficulties

prebrojiti v to count again; ~*opet novac* to count money again

prebukirati v to overbook

preceniti, precijeniti v 1. to overrate 2. to overprice

precizan a precise **precizirati** v to state precisely

precrtati v 1. to copy 2. to cross out

prečaga n 1. rung (on a ladder) 2. bar 3. (anat.) *grudna* ~ diaphragm

preči see **prek**; more important

prečica n shortcut; *ići* ~*om* to go by a shortcut

prečistač n filter

prečistiti v 1. to refine; ~ *naftu* to refine oil 2. to clear up; to settle; ~ *račune* to settle accounts

prečka n 1. (gymnastics) horizontal bar 2. crossbar

prečnik n 1. (math.) diameter 2. paper bail (on a typewriter)

preći, prelaziti v 1. to cross; ~ *reku (preko reke)* to cross a river 2. to exceed; to pass; ~ *granice* to pass (exceed) limits 3. to go through, study, cover, work through; ~ *knjigu (materijal, probleme)* to go through a book (material, problems) 4. to join, go over to; ~ *neprijatelju* to go over to the enemy ~ *u drugu stranku* to join another party 5. to pass; ~*s predmeta na predmet* to pass from one subject to another (subject) 6. to run, cover (a distance); ~ *1500 metara za 4 minuta* to run 1500 meters in four minutes

prećutan a tacit; ~ *sporazum* a tacit agreement

prećutati, prećutjeti v to keep secret, suppress, hush up; ~ *incident* to keep an incident secret

pred, preda prep 1. to the front of; in front of; before; ~ *vratima* in front of the door; *odgovarati* ~ *sudom* to answer in court 2. shortly before; toward (in time expressions); ~ *rat* shortly before the war; ~ *veče* toward evening

predah n pause, rest **predahnuti** v to catch one's breath; to rest

predaja n 1. handing over, delivery; ~*paketa (telegrama)* delivery of packages (telegrams) 2. conferring, awarding; ~ *diploma (odlikovanja, nagrada)* conferring of diplomas (decorations, prizes) 3. surrender, capitulation

predak n ancestor

predan a devoted

predanje n tradition; *po ~u* according to tradition

predati, predavati v 1. to hand over, deliver; *~ paket (telegram)* to deliver a package (telegram); *~ pismo (na poštu)* to mail a letter (at the post office); *~ palicu* to pass the baton (in a realy race) 2. to confer, award; *~ diplomu (nagradu)* to confer a diploma (prize) 3. to surrender, give up; *~ tvrđavu* to surrender a fortress 4. *~ se nečemu* to devote oneself to; *on se predao poslu* he devoted himself to his work 5. to teach, lecture on; *predavati matematiku* to teach mathematics 6. to check (luggage); *~ prtljag* to check one's luggage 7. to present, send in; *~ molbu* to present a request **predavač** n 1. lecturer, speaker 2. instructor, teacher **predavanje** n 1. lecture, talk; *održati ~* to give a lecture 2. (in *pl*) classes; *ići na ~a* to attend classes; *držati ~a* to teach (lecture)

predbaciti v (W) to reproach

predbračni a premarital

predeo, predio n region, area

predestinovati v to predestine

predgrađe n suburb(s); *živeti u ~u* to live in a suburb

predigra n 1. prelude 2. (sports) preliminary game

predika n sermon **predikaonica** n pulpit (in a church)

predikat n (gram.) predicate

predilica n spinning machine

predio see **predeo**

predionica n spinning mill

predistorija n background, history

predizborni a preelection, election; *~ kampanja* election campaign

predlagati see **predložiti**

predlog, prijedlog n 1. proposal, suggestion; *podneti ~* to make a suggestion 2. (gram.) preposition

predložiti, predlagati v 1. to propose, suggest; *~ nekome nešto* to propose smt. to smb.; *on nam je predložio da idemo u bioskop* he suggested that we go to the movies 2. to nominate; *~ nekoga za predsednika* to nominate smb. for president

predmet n 1. object, thing, article 2. subject, theme, topic; subject of a conversation 3. subject, course (in school, at a university); *glavni* major subject; *fa-*

kultativni (pomoćni) elective (minor) subject

predmetak n (gram.) prefix

prednost n 1. advantage; preference, precedence; priority; *imati ~ nad (pred) nečim* to have an advantage (or priority) over smt.

prednjačiti v to surpass, excel

prednji a front; *~a strana* front page; *~ zub* front tooth; *~ pogon* front-wheel drive

predobar a very good

predočiti v 1. to point out (in advance), predict; *~ nekome nešto* to point out smt. to smb. 2. to anticipate, have a premonition of

predodrediti v to predetermine, predestine

predodžba n (W) idea

predohrana n (W) protection

predominacija n predomination **predominirati** v to predominate

predomisliti se v to change one's mind

predomišljaj n premeditation; *ubistvo s ~em* premeditated murder

predosećanje, predosjećanje n presentiment, foreboding, apprehension **predosetiti, predosjetiti** v to feel a presentiment of

predostrožan a cautious, careful **predostrožnost** n precaution; *mere ~i* precautionary measures

predračun n preliminary estimate

predrag a very dear, dearest

predrasuda n prejudice

predratni a prewar

predsedavajući a (used as a noun) presiding officer (as in a parliament, at a meeting) **predsedavati, predsjedavati** v to preside; *~ sednici* to preside over a meeting

predsednik, predsjednik n 1. president; *~ republike* president of a republic (chief of state); *~ vlade* premier (chief executive) 2. chairman (as of a section) **predsedništvo, predsjedništvo** n 1. presidency 2. chairmanship

predskazanje n 1. prediction 2. omen; *rđavo ~* bad omen **predskazati** v to predict, foretell

predsoblje n anteroom

predstava n 1. idea, notion 2. performance, show; *~ počinje u 8 sati* the show begins at eight

predstaviti v 1. to present, portray, describe, picture; *~ sebi* to picture to oneself 2. to introduce, present; ~ *nekoga nekome* to introduce smb. to smb.; ~ *se* to introduce oneself 3. to represent, stand for; *predstavljati zemlju* to represent one's country 4. ~ *se* to claim to be, pretend to be; *on se predstavlja kao lekar* he claims (pretends) to be a doctor

predstavka n petition; request

predstavnik n representative **predstavništvo** n 1. branch; agency 2. diplomatsko ~ diplomatic mission

predstojeći a approaching, coming; next

predubeđenje, predubjeđenje n prejudice

predubok a too deep

predug a too long

preduhitriti v 1. to outwit (get the better of) 2. to prevent, forestall

predujam n advance, down payment

predumišljaj see **predomišljaj**

preduprediti, preduprijediti v 1. to prevent 2. to warn, tell in advance

preduslov n prerequisite

predusretljiv a attentive, helpful

preduvjet n (W) prerequisite

preduzeće n firm; plant; enterprise; business organization; *saobraćajno* ~ transportation firm; *izdavačko* ~ publishing firm **preduzetan** a enterprising, energetic **preduzeti** v to undertake **preduzetnik** n enterpreneur, promoter

predvideti, predvidjeti v to predict, foresee; to anticipate, expect

predvoditi v to lead; ~ *delegaciju* to lead a delegation **predvodnik** n leader

predvorje n vestibule, entrance hall

predznak n harbinger, omen, sign; *rđav* ~ a bad omen

pređa n yarn

pređašnji a 1. former, previous 2. (gram.) past

pređica n (belt) buckle

prefabrikovati v to prefabricate

prefarbati v to repaint

prefiks n (gram.) prefix

prefinjen a refined, sophisticated; clever, shrewd

prefrigan a (esp. W) clever, shrewd

pregalac n zealous worker **pregalaštvo** n zeal

pregaziti see **gaziti** 2, 4

pregib n bend, curve; joint

pregibati see **pregnuti**

pregled n 1. view 2. survey; summary; review; ~ *vesti* news review 3. inspection, examination, audit, checkup; *le-*

karski ~ medical checkup; ~ *zadataka* checking (grading) of homework (by a teacher); ~ *računa* audit of accounts **pregledač** n inspector, examiner

pregledan a clear, lucid

pregledati v 1. to inspect, examine, check; ~ *zadatke* to check homework; ~ *auto* to inspect a car 2. to scan; ~ *novine* to scan a newspaper

pregnuće n zeal, exertion

pregnuti, pregibati v to bend

pregoreti, pregorjeti v 1. to burn out (of a fire) 2. to burn, be overdone (of food); *hleb je pregoreo* the bread is burned

pregovor n (usu. in *pl*) ~*i* negotiations; *voditi* ~*e* to conduct negotiations

pregrada n 1. partition, screen 2. ~ *(u fioci)* compartment (in a drawer)

pregraditi v 1. to block; ~ *put stablom* to block a road with a log 2. to dam; ~ *reku* to dam a river 3. to partition; ~ *sobu* to partition a room

pregrejati, pregrijati v to overheat

pregristi v to bite through

pregrupisati v to regroup

prehlada n cold **prehladiti** v 1. to cool excessively 2. ~ *se* to catch a cold

prehrana n food **prehramben** a food; ~*a industrija* the food industry **prehraniti** v to feed, support; ~ *decu* to feed children

preimućstvo n 1. preference; priority 2. advantage 3. (sports) lead

preinačiti v 1. to change, alter; ~ *plan* to alter a plan 2. rebuild, remodel, alter; ~ *kuću* to remodel a house

preistorija n prehistory **preistorijski** a prehistorical

prejahati v to cross, ford, travel (on horseback)

prejak a too strong

prejesti se v to overeat; *prejeo se* he overate

prek, prijek a 1. hot-tempered, hotheaded 2. short, brief; hasty, sudden; ~*i put* shortcut; ~*i sud* drumhead trial (court--martial); ~*a smrt* sudden death 3. strong, pressing; ~*a potreba* a pressing need **preči** *(comp)*

prekaliti v to toughen, steel, temper, harden; ~ *gvožđe* to temper iron **prekaljen** a experienced, tested

prekid n interruption; break, severance; ~ *vatre* cease-fire; ~ *struje* power failure; *(veštački)* ~ *trudnoće* (artificial) abortion **prekidač** *n* 1. (electric) switch 2. circuit breaker **prekinuti** *v* 1. to tear; ~ *konac (kanap, pertlu)* to tear thread (twine, a shoelace) 2. to interrupt, discontinue, break off, stop; ~ *rad (muziku, saobraćaj)* to stop work (the music, traffic); ~ *diplomatske odnose* to break off diplomatic relations; ~ *struju* to cut the electric current

prekipeti, prekipjeti *v* 1. to boil over; *prekipelo je mleko* the milk boiled over 2. (fig.) to blow up

prekjuče(r) *adv* the day before yesterday

preklane *adv* the year before last

preklinjati *v* to beg (implore)

prekloniti *v* 1. to bow; ~ *glavu* to bow one's head; ~ *se* to make a bow, bow 2. ~ *se* to submit

preklopiti *v* 1. to fold (over) 2. to cover 3. ~ *se* to overlap

preko I *prep* 1. across; ~ *ulice (reke)* across the street (the river); ~ *puta* across the street; or: vis-a-vis 2. over; ~ *mere* excessively 3. during; ~ *leta (godine, dana)* during the summer (year, day) 4. against, in spite of; contrary to; *on je to uradio* ~ *moje naredbe* he did it contrary to my order; ~ *volje (srca)* reluctantly 5. through, by, on, by means of; ~ *telefona* by telephone; ~ *televizije (radija)* on television (the radio) 6. misc.; ~ *reda* out of turn

preko II **prijeko** *adv* 1. on the other side (as of a river); *on je bio* ~ he was on the other side 2. in (with such nouns as **godina, mesec, nedelja**); ~ *mesec (nedelju, godinu) dana* in a month (week, year)

preko III **prijeko** *adv* see **prek**; ~ *potreban* absolutely necessary

prekoatlantski *a* transatlantic; ~ *letovi* transatlantic flights

prekobrojan *a* supernumerary; superfluous

prekomandovati *v* (usu. mil.) to transfer

prekomeran, prekomjeran *a* excessive

prekomorski *a* overseas

prekonoć *adv* overnight, quickly, suddenly

prekopati *v* to dig up, dig through

prekopirati see **kopirati**

prekoputa 1. *prep* opposite, across, from, vis-a-vis 2. *adv* vis-a-vis, across from; *sedi tu* ~ sit here across from me

prekor, prijekor *n* reproach, rebuke

prekoračiti *v* 1. to step across; ~ *prag* to step across a threshold 2. to exceed; ~ *granicu* to exceed a limit; ~ *najvišu dozvoljenu brzinu* to exceed the speed limit

prekoran, prijekoran *a* reproachful **prekoriti** *v* to blame, reprimand

prekosutra *adv* the day after tomorrow

prekovremeni *a* overtime; ~ *rad* overtime work

prekrasan *a* very beautiful; magnificent

prekratiti *v* 1. to shorten 2. to make too short

prekrcati *v* to reload, transfer

prekretnica *n* turning point; *istorijska* ~*a* turning point in history

prekriti *v* to cover; *sneg je prekrio polja* snow covered the fields **prekrivač** *n* cover

prekrojiti *v* to alter; ~ *haljinu* to alter a dress

prekrstiti *v* 1. to cross; ~ *ruke (noge)* to cross one's arms (legs); ~ *nekoga* to make the sign of the cross over smb. 2. to give (smb.) a new name; *prekrstili su ga u Popa* they nicknamed him Pop

prekršaj *n* 1. violation; infraction; *učiniti* ~ to commit a violation; *sudija za* ~*e* magistrate 2. (sports) foul **prekršilac** *n* violator

prekršiti see **kršiti** 2

preksutra *adv* the day after tomorrow

prekucati *v* to retype

prekuhati see **prekuvati**

prekup, prijekup, *n* buying up (of goods) by a middleman **prekupac** *n* 1. middleman 2. profiteer **prekupiti** *v* to buy up (in order to resell)

prekuvati *v* 1. to boil too long, cook too long 2. to boil again, cook again

prekvalifikovati *v* 1. to teach a new trade to 2. ~ *se* to learn a new trade 3. to reclassify

prelat *n* prelate

prelaz, prijelaz *n* 1. crossing (action and place); *pešački* ~ pedestrian crossing; *granični* ~ border crossing; *pružni* ~ grade crossing 2. transition; *nagao* ~ a sudden transition **prelazan** *a* 1. transitional; ~*zna faza* a transitional phase 2. contagious; ~*zna bolest* a communicable disease 3. (gram.) transitive; ~ *glagol* a transitive verb 4. (sports) ~*zni pehar* traveling cup

prelaziti see **preći**

preleteti, preletjeti *v* 1. to fly (over); ~ *okean* to fly (over) the ocean 2. ~ *okom (očima)* to glance at, scan

preliminaran *a* preliminary

prelistati *v* to leaf through; ~ *knjigu* to leaf through a book

preliti *v* 1. to pour; ~ *supu u činiju* to pour soup into a bowl 2. (cul.) to ice, frost; ~ *tortu* to ice a cake 3. to recast, resmelt; *~ *topove u zvona* to beat swords into plowshares 4. ~ *se* to flood, leave its banks; *reka se prelila* the river flooded **preliv** *n* (cul.) icing, frosting; topping

prelom, prijelom *n* 1. break; fracture; ~ *kosti* bone fracture 2. page makeup, paging; ~ *(knjige) u stranice* making up (of a book) in pages

preloman, prijeloman *a* crucial

prelomiti *v* 1. to break in two 2. (printing to set; ~ *slog* to set type; ~ *u stranice* to make up in pages 3. to refract

preludij *n* prelude

prelja *n* 1. (fem.) spinner 2. silk moth

preljub (W) see **preljuba**

preljuba *n* adultery; *ne čini ~e!* thou shalt not commit adultery! **preljubnik** *n* adulterer

prema *prep* 1. toward; in the direction of; *on ide ~ meni* he's coming toward me; *biti pažljiv (dobar, surov) ~ nekome* to be attentive (kind, harsh) toward smb. 2. opposite; *on sedi ~ meni* he sits opposite me 3. in comparison with; *šta si ti ~ njemu?* who are you compared to him? 4. according to, in accordance with, by; *postupiti ~ naređenju* to act in accordance with an order; ~ *mom mišljenju* in my opinion 5. for; *iz ljubavi (mržnje) ~ nekome* out of love (hatred) for smb.

premac *n* equal, rival; *nema mu ~mca* he has no equal

premalen *a* too small

premašiti *v* to surpass

premazati *v* 1. to grease; ~ *pleh puterom* to grease a pan with butter 2. to cover (by spreading); ~ *hleb puterom* to spread butter on bread

premda *conj* although

premeriti, premjeriti *v* to measure

premestiti, premjestiti *v* 1. to move; ~ *televizor kraj prozora* to move the television set next to the window 2. to transfer; ~ *nekoga u London* to trans-

fer smb. to London **premeštaj, premještaj** *n* transfer

premetačina *n* search **premetnuti** *v* to search (thoroughly)

premija *n* 1. (first) prize 2. premium

premijer *n* premier, prime minister

premijera *n* premiere

preminuti *v* to pass away, die

premio *a* dearest, beloved

premirati *v* to award a prize to

premjeriti see **premeriti**

premjestiti see **premestiti**

premještaj see **premeštaj**

premlatiti *v* to beat up

premnogo *adv* too much

premoć *n* superiority; ~ *na moru* naval superiority **premoćan** *a* superior

premoriti *v* to tire (smb.) out

premostiti *v* 1. to bridge, span; ~ *reku* to bridge a river 2. (fig.) to overcome; ~ *prepreke* to overcome obstacles

premotati *v* 1. to wrap 2. to wrap again, rewrap

premrznuti *v* to freeze (also fig.)

premudar *a* very wise

prenagliti *v* to act rashly **prenagljen** *a* rash, hasty

prenapet *a* overstrained; overstretched **prenapeti** *v* to overstrain; to overstretch

prenaseliti *v* to overpopulate **prenaseljenost** *n* overpopulation

prenatrpan *a* overcrowded

prenebregnuti *v* to neglect; ~ *učenje* to neglect one's studies

prenemagati se *v* to put on airs

preneraziti *v* to astound, dumbfound; ~ *se* to be astounded

prenesen *a* figurative; ~*o značenje* figurative meaning

preneti, prenijeti, prenositi *v* 1. to move, carry (haul) to another place; ~ *dete preko potoka* to carry a child across a stream; ~ *stvari u nov stan* to move things to a new apartment 2. to transfer; ~ *novac u drugu banku* to transfer money to a different bank 3. to transmit; ~ *tradicije* to hand down traditions; *zvuk se prenosi brzinom od...* sound travels at the speed of...; ~ *bolest* to transmit a disease; ~ *emisiju* to transmit a broadcast 4. to broadcast; ~ *vest (utakmicu)* to broadcast news (a game) 5. (math.) ~ *broj* to carry a number 6. ~ *se* to imagine (oneself),

think of (oneself), *prenesi se u moj položaj* imagine yourself in my situation
prenizak *a* too low
prenoćište *n* overnight stay; *ostati na ~u* to remain for the night **prenoćiti** *v* to spend the night
prenos, prijenos *n* 1. carrying, moving 2. transfer; ~ *novca (imanja, vlasti)* transfer of money (an estate, power) 3. transmission; ~ *zvuka (svetlosti)* transmission of sound (light) 4. broadcast, transmission; ~ *na radiju (preko radija)* radio broadcast
prenosan, prijenosan *a* figurative
prenositi see **preneti**
prenosiv *a* portable
preobilan *a* profuse
preobratiti *v* 1. to convert; ~ *u drugu veru* to convert to another faith 2. to change, transform
preobraziti *v* to change, transform **preobražaj** *n* transformation, change
preobrnuti *v* 1. to turn over (inside out, upside down), invert 2. to change, transform
preobući *v* to change (clothes)
preokrenuti *v* 1. to turn over (inside out, upside down), invert 2. to distort
preokret *n* (complete) change; turn (of events)
preokupirati *v* to preoccupy
preopteretiti *v* to overload, overburden
preosetljiv, preosjetljiv *a* overly sensitive
preostati, preostajati *v* to be left over; *ništa mi drugo ne preostaje nego da...* there's nothing left for me to do but to...
prepad *n* (sudden) attack, assault; surprise attack; *osvojiti selo na ~* to take a village by surprise
prepakovati *v* to repack
preparat *n* remedy, preparation, medicine; *kozmetički ~* cosmetic preparation **preparirati** *v* to prepare (as in a laboratory)
prepasti *v* 1. to attack 2. to frighten 3. ~ *se* to be frightened
prepatiti *v* to suffer (much)
prepečenica *n* strong plum brandy
prepelica *n* (zool.) quail
prepeličar *n* (zool.) spaniel (dog)
prepirati se *v* to squabble, bicker **prepirka** *n* squabble, bickering
prepis, prijepis *n* copy, transcript **prepisati** *v* 1. to copy; ~ *načisto* to make a clean copy 2. to prescribe (a medicine)

prepiska *n* correspondence
preplanuo *a* tanned **preplanuti** *v* to become tanned
preplašiti *v* to frighten
preplatiti *v* to overpay
preplaviti *v* to flood, inundate
preplesti *v* to intertwine, interlace, interweave
preplivati *v* to swim (across)
prepodne, prijepodne *n* morning, forenoon
prepoloviti see **poloviti**
prepona *n* 1. obstacle 2. (sports) hurdle; *trka na 110 metara s ~ama* 110-meter hurdles 3. (in *pl*) (anat.) groin
preporod *n* regeneration, rebirth; renaissance **preporoditi** *v* to regenerate, revive
preporučiti *v* 1. to recommend 2. to advise 3. to register; ~ *pismo* to register a letter **preporuka** *n* 1. recommendation 2. letter of recommendation; reference 3. registering (of a letter)
prepotopski *a* antediluvian
prepoviti *v* 1. to rewrap 2. to rebandage 3. to change diapers on; ~ *bebu* to change a baby
prepoznati *v* to recognize
prepraviti *v* 1. to remodel, redo; to alter; ~ *stan* to remodel an apartment; ~ *haljinu* to alter a dress 2. to alter, change; to alter, falsify; ~ *ček (pasoš)* to alter a check (passport) 3. to correct **prepravka** *n* 1. remodeling, alteration 2. alteration, change
prepreden *a* cunning, crafty, shrewd
prepreka *n* obstacle; (sports) *trčanje sa ~ama* steeplechase, obstacle race
prepričati *v* to retell
preprodaja *n* resale **preprodati** *v* to resell **preprodavac** *n* middleman
prepući *v* to break, split, burst
prepun *a* very full, brimming **prepuniti** *v* to fill completely, to the brim
prepustiti *v* to leave, give up, surrender; *prepusti to meni!* leave it to me!
preračunati *v* to recalculate
prerada *n* 1. adaptation; ~ *romana* adaptation of a novel 2. revision 3. processing; refining; ~ *nafte* refining of oil **preraditi** *v* 1. to adapt 2. to revise 3. to process, manufacture; to refine; ~ *naftu* to refine oil; ~ *kožu* to process leather **prerađevina** *n* manufactured product **prerađivač** *n* processor, manufacturer
preran *a* too early, premature

prerasti v 1. to become overgrown; *ovo džbunje je suviše preraslo* the shrubbery is too overgrown 2. to develop into, turn into 3. to outgrow; ~ *fazu* to outgrow a phase

prerija n prairie

prerisati v (W) to trace

preriti v 1. to dig up, dig through 2. (fig.) to search through

prerušiti v to disguise; ~ *se u nešto* to disguise oneself as smt.

presa n (tech.) press; printing press; *vinska* ~ winepress

presaditi v to transplant; ~ *srce (bubreg)* to transplant a heart (kidney)

presan, prijesan a uncooked, raw, undone

presaviti v 1. to bend 2. to fold; ~ *pismo* to fold up a letter 3. to crumple

presbiro n press bureau

preseći, presjeći v 1. to cut (into two); to bisect; ~ *linije snabdevanja* to cut supply lines; ~ *vrpcu* to cut a tape (as at a ceremony) 2. to take a shortcut; ~ *kroz šumu* to take a shortcut through the woods 3. (cards) ~ *karte* to cut cards 4. to interrupt; ~ *nekoga u govoru* to interrupt smb. 5. ~ *se* to give out; *presekao mu se glas* his voice gave out

presedan n precedent; *bez* ~a without precedent

presek, presjek n 1. (act of) cutting 2. (place of a) cut; *poprečni* ~ cross section; *uzdužni* ~ vertical section

preseliti v 1. to move; ~ *stvari* to move one's things 2. ~ *se* to move, change one's residence; ~ *se u novu kuću* to move into a new house

presesti, presjesti v 1. to change (a seat); ~ *na divan* to take a seat on the sofa (from somewhere else) 2. to change (trains, buses, etc.); *u Zagrebu je preseo za Pariz* in Zagreb he changed for Paris

presit a completely satiated; (fig.) *biti* ~ *nečega* to be fed up with smt. **presititi** v to satiate; ~ *se* to get one's fill, overeat

presjeći see **preseći**

presjek see **presek**

presjesti see **presesti**

preskočiti v 1. to jump across, jump over; ~ *potok (preko potoka)* to jump across a stream 2. to outjump 3. to omit, skip

preskup a too expensive, very expensive

preslan a too salty

preslica n 1. spinning wheel 2. distaff

preslikati v to copy (a painting or photograph)

presložiti v to pile (in a different place)

preslušati v to interrogate

presoliti v to salt excessively

presovati v to press; ~ *cveće* to press a flower

prespavati v to sleep through, miss by oversleeping; ~ *ručak* to sleep through (miss or sleep during) dinner

presrećan a very happy

presresti v 1. to meet 2. to intercept; *presrela ih je neprijateljska četa* an enemy company intercepted them 3. to anticipate, forestall

presretan see **presrećan**

prestanak n cessation, end

prestar a too old, very old

prestati v end, cease, stop; *prestala je kiša* the rain has stopped

prestaviti se v to pass away, die

presti v 1. to spin; ~ *vunu* to spin wool 2. to purr (as of a cat)

prestići v to overtake

prestiž n prestige

presto, prijesto(l) n throne **prestolonaslednik, prestolonasljednik** n heir to the throne

prestonica, prijestolnica n capital (city)

prestrašiti v to frighten

prestraviti v to frighten

prestrog a too strict, very strict

prestrojiti se v to shift; *prestrojio se na levu traku* he shifted to the left lane

prestup, prijestup n violation, offense; *krivični* ~ criminal offense **prestupiti** v to violate; ~ *propis* to violate an ordinance; ~ *granicu* to violate a border

prestupni, prijestupni a ~ a *godina* leap year

prestupnik, prijestupnik n violator; transgressor; sinner

presuda n verdict, judgment, sentence; *doneti (izreći)* ~ u to give (pronounce) a verdict; *oslobađajuća* ~ an acquittal

presudan a decisive, crucial; ~ *trenutak* a crucial moment

presuditi v to pass judgment; ~ *nekome* to pass judgment on smb.

presušiti v to dry (excessively)

presuti v 1. to pour (from one container to another); ~ *vino iz bureta u flaše* to pour wine from a barrel into bottles 2. to fill to overflowing

presvlaka *n* 1. changing of clothes 2. a change of clothes 3. ~ *za krevet* a change of bed linen 4. cover; ~ *za jastuk* pillow case; ~ *za nameštaj* slipcover **presvući** *v* to change; ~ *dete* to change a child; *presvukao se* he changed his clothing; ~ *krevet* to change the bed linen; ~ *nameštaj* to reupholster furniture

preširok *a* too broad, too wide; very broad, very wide

preštampati *v* to reprint

prešutan *a* (W) tacit

prešutjeti *v* (W) to pass over in silence

prestanak *a* too thin; very thin

preteča *n* forerunner, precursor

preteći I **preticati** *v* 1. to overtake, pass; *taj auto nas je pretekao dva puta* that car passed us twice 2. to anticipate, forestall; to get ahead of; ~ *događaje* to anticipate events 3. to surpass

preteći II **prijeteći** *a* threatening; ~*e pismo* a threatening letter

pretegnuti, pretezati *v* 1. to be heavier; ~ *na jednu stranu* to tip the scales to one side 2. to prevail; *njegova reč uvek preteže* his word always prevails

pretekst *n* pretext; *pod* ~*om da . . .* on the pretext that . . .

pretendent *n* pretender; aspirant; claimant **pretendovati** *v* to claim; to seek, aspire **pretenzija** *n* claim, pretension; *teritorijalne* ~*e* territorial claims

preteran, pretjeran *a* exaggerated **pretarati, pretjerati** *v* 1. to drive (across); ~ *ovce preko reke* to drive sheep across a river 2. to exaggerate, overstate; to go too far

pretežan *a* predominant, prevalent

prethodan *a* 1. preliminary 2. previous, preceding **prethoditi** *v* to precede **prethodnik** *n* predecessor; precursor **prethodno** *adv* earlier, previously

preticanje *n* passing (of a moving automobile)

preticati see **preteći** I

pretinac *n* pigeonhole, drawer

pretiti, prijetiti, zapretiti, zaprijetiti *v* to threaten, menace; *on nam preti* he is threatening us; *toj zemlji preti glad* that country is threatened by famine

pretjerati see **preterati**

pretkinja *n* ancestress

pretkongresni *a* pre-conference, pre-meeting

pretnja, prijetnja *n* threat, menace; ~ *upotrebom sile* threat of force; *ispuniti* ~*u* to carry out a threat

pretopiti *v* to assimilate; ~ *se* to become assimilated

pretovar *n* reloading, transfer **pretovariti** *v* 1. to reload, transfer; ~ *robu* to reload merchandise 2. to overload, overburden

pretpaljenje *n* preignition

pretplata *n* subscription **pretplatiti** *v* to subscribe; ~ *se na časopis* to subscribe to a journal **pretplatnik** *n* subscriber; consumer; *telefonski* ~ telephone subscriber

pretposlednji, pretposljednji *a* next to last; (ling.) ~ *slog* penultimate

pretpostaviti *v* 1. to suppose, assume 2. to prefer; ~ *rad zabavi* to prefer work to recreation **pretpostavka** *n* supposition, assumption, hypothesis

pretpostavljeni *a* (used as a noun) superior, boss, chief

pretprodaja *n* advance sale

pretraga *n* search **pretražiti** *v* to search through; ~ *šumu (džepove)* to search through a forest (one's pockets)

pretrčati *v* 1. to run across; ~ *ulicu (preko ulice)* to run across the street 2. to run; *pretrčao je 100 metara za 12 sekundi* he ran 100 meters in 12 seconds

pretres *n* 1. discussion 2. *(sudski)* ~ trial, court proceeding 3. search, inspection; raid; ~ *stana* search of an apartment **pretresti** *v* 1. to search; ~ *nekoga (stan)* to search smb. (an apartment) 2. to discuss, debate

pretrka *n* (sports) heat

pretrpati *v* to overload; to overcrowd

pretrpeti, pretrpjeti *v* to undergo; to suffer; ~ *neuspeh* to meet with failure

pretući *v* beat up

preturiti *v* 1. to knock over, upset, overturn; ~ *vaznu* to overturn a vase 2. to ransack, rummage through, search through; ~ *sobu* to ransack a room

pretvoran *a* fake; hypocritical

pretvoriti, pretvarati *v* 1. to transform, change, turn; ~ *radost u žalost* to turn joy into sadness 2. ~ *se* to pretend; *pretvara se da ne čuje* he pretends not to hear

preudaja *n* remarriage (of a woman) **preudati** *v* to remarry; *ona se preudala* she got married again

preudesiti v to remodel, alter; ~ *kuću* to remodel a house

preuveličati v to exaggerate; to magnify

preuzeti v to take over, take on; ~ *dužnost* to take on a job

prevagnuti v to turn the scales

prevaliti v 1. to overturn 2. to cover, pass; ~ *razdaljinu* to cover a distance 3. to shift; ~ *posao na drugog* to shift a job to smb. else

prevara, prijevara n fraud, deceit **prevariti** I see **varati**

prevariti II v to digest; ~ *hranu* to digest food

prevarljiv a deceptive, misleading

prevaspitati v to re-educate, retrain

prevazići v to exceed; ~ *očekivanja* to exceed expectations

prevelik a too big, very big

preventivan a preventive; prophylactic

prevesti I **prevoditi** v 1. to lead (across, over); ~ *preko ulice* to lead across a street; ~ *preko reke* to ferry across a river 2. to promote; ~ *u viši razred* to promote to a higher grade 3. to translate; ~ *sa jednog jezika na drugi* to translate from one language to another

prevesti II **prevoziti** v to transport, move, drive

predideti, previdjeti v to overlook; ~ *detalj* to overlook a detail

previjalište n dressing station

previsok a too tall

previše adv too much

previti v 1. to fold (up); ~ *pismo* to fold up a letter 2. to bend 3. to bandage; ~ *ranu* to bandage a wound

prevlađivati v to prevail

prevlaka n coating, layer; ~ *od prašine* a layer of dust

prevlast n dominance, control

prevod, prijevod n translation; ~ *s jednog jezika na drugi* a translation from one language into another **prevodilac** n translator; interpreter

prevoditi see **prevesti** I

prevodljiv a translatable **prevođenje** n translating, translation

prevoj, prijevoj n 1. bend; curve 2. (geol.) *planinski* ~ saddle

prevoz, prijevoz n transportation, shipping, trucking; ~ *robe* transportation of merchandise

prevoziti see **prevesti** II

prevrat n coup, revolution **prevratiti** v to overturn

prevremen, prijevremen a premature

prevreo a too hot

prevreti v to boil over

prevrnuti v 1. to upset, knock over, overturn; *auto se prevrnuo* the car turned over 2. to turn over, invert; ~ *kaput* to turn a coat 3. to turn; ~ *stranicu* to turn a page

prevući v 1. to drag (across), pull (across) 2. to cover; ~ *stolicu kožom* to cover a chair with leather

prezadužen a heavily in debt **prezadužiti se** v to get bogged down in debt

prezati v 1. to be afraid; ~ *od nečega* to be afraid of smt. 2. to shrink from; *on ni od čega ne preza!* he stops at nothing!

prezent n (gram.) present tense

prezidijum n presidium

prezime n surname, last name **prezimenjak** n namesake

prezimiti v to spend (get through) the winter

prezir, prijezir n scorn **prezirati, prijeziran** a scornful **prezirati** v to scorn

prezivati se v to be named, called

prezle n (cul.) bread crumbs (used for breading)

prezren a despised

prezreti I see **prezirati**

prezreti II v to become too ripe

prezriv a scornful

prežaliti v to forget, get over (a loss); ~ *gubitak* to get over a loss

preživar n ruminant **preživati** v to chew the cud; to ruminate

preživeo, preživio a old. old-fashioned, outmoded

preživeti, preživjeti v 1. to survive; outlive; ~ *decu* to outlive one's children 2. to undergo, endure; to live through; ~ *promenu* to undergo a change

prgav a grumpy, cross

pri I prep 1. near, at; ~ *samom ulazu* right at the entrance; *držati* ~ *ruci* to keep on hand; *biti nekome* ~ *ruci* to help smb. 2. with, having, in possession of; *biti* ~ *novcu* to have money; *biti* ~ *svesti* to be conscious 3. engaged in, busy with; *sedeti* ~ *čašici rakije* to sit over a glass of brandy 4. during, while, at; ~ *jelu* while eating; ~ *vožnji* while driving 5. in spite of; ~ *svem tom* in spite of all that 6. misc.; *on ostaje* ~

svojoj izjavi he sticks to his statement; *čitati ~ sveći* to read by candlelight

pri- II (verbal *prefix* that may denote) 1. (approach) — **pristupiti** 2. (attachment to) — **prišiti** 3. (addition to) — **pridati** 4. (partial nature of result) — **pridići** 5. (limitation in time) — **pričekati**

prianjati see **prionuti**

pribadača *n* pin

pribaviti *v* to obtain, procure

pribeći, pribjeći *v* 1. to come running 2. to resort to; *~ sili (lukavstvu)* to resort to force (cunning)

pribežište, pribježište *n* asylum, sanctuary, refuge

pribiti *v* 1. to nail to; to attach to; *~ ekserčićima* to tack 2. *~ se uz nešto* to nestle up to smt.

pribjeći see **pribeći**

pribježište see **pribežište**

približan *a* approximate **približiti, približivati** *v* 1. to bring closer 2. *~ se* to approach; *voz se približuje* the train is approaching **približno** *adv* approximately; *proceniti ~* to estimate

pribor *n* 1. outfit; equipment; supplies; kit; *kancelarijski ~* office supplies; *sportski ~* sporting goods; *lovački ~* hunting equipment 2. (anat.) system; *~ za varenje* digestive system

pribosti *v* to attach

pribran *a* composed, calm **pribrati** *v* 1. to gather, collect 2. *~ se* to compose oneself, calm oneself

pricepiti, pricijepiti *v* to graft

priča *n* 1. story, tale 2. myth, fable **pričati** *v* 1. see **ispričati** 2. to converse, talk; to tell; to gossip; *priča se* people say

pričekati *v* to wait (for a while)

pričiniti *v* 1. to cause; *~ nekome bol* to cause smb. pain; *~ štetu* to cause damage 2. *~ se* to pretend; *~ se gluvim* to pretend to be deaf 3. *~ se* to seem, appear

pričljiv *a* talkative, loquacious

pričuvati *v* 1. to watch, guard (for a while) 2. to save; *~ nešto para* to save some money

pričvrstiti *v* to attach, fasten

prići, prilaziti *v* 1. to approach, walk up to; *prišao je milicioneru* he walked up to the policeman 2. to join, go over to

pridati *v* 1. to add 2. to attach, attribute; *~ važnost nečemu* to attach importance to smt.

pridenuti, pridjenuti *v* 1. to pin, attach; *~ ordenje* to put on one's medals 2. *~ nekome nadimak* to give smb. a nickname

pridev, pridjev *n* (gram.) adjective

pridići *v* to lift (a little)

pridika *n* sermon

pridjenuti see **pridenuti**

pridjev see **pridev**

pridobiti *v* to obtain, acquire; *~ nekoga* to charm (win over) smb.

pridodati *v* to add; to add on

pridružiti se *v* to join

pridržati, pridržavati *v* 1. to hold (for a while); *pridrži mi kaput* hold my coat for a minute 2. to reserve, keep; *~ (sebi) pravo* to reserve a right (to oneself) 3. *~ se* to hold on, cling; *~ se grane* to cling to a branch 4. *~ se* to heed, observe; *~ se zakona* to observe laws

priglaviti *v* to fasten

prigluh see **prigluv**

priglup *a* rather stupid

prigluv *a* hard-of-hearing

prignuti *v* to bend, bow

prignječiti *v* to press, pin; *auto ga je oborio i prignječio mu je nogu* the car knocked him down and pinned his leg

prigodan *a* appropriate

prigorje *n* piedmont region

prigotoviti *v* to prepare (usu. food)

prigovor *n* objection, reproach **prigovoriti** *v* to reproach

prigrabiti *v* to seize; *~ vlast* to seize power

prigrada *n* annex, addition (to a building)

prigušiti *v* 1. to muffle, deaden, mute; *~ smeh (glas)* to muffle laughter (one's voice) 2. to jam; *~ emisiju* to jam a broadcast **prigušivač** *n* 1. muffler 2. silencer (on a gun)

prihod *n* income, revenue

prihvatilište *n* shelter; *~ za izbeglice* refugee shelter

prihvatiti, prihvatati *v* 1. to hold (for a while); *prihvati ovaj paket* hold this package for a minute 2. to accept; *~ predlog (ponudu, posao)* to accept a proposal (offer, job) 3. *~ se* to begin; *se posla* to get down to work; or: to take on a job **prihvatljiv** *a* acceptable

prijatan *a* pleasant; *~tno osećanje* a pleasant feeling

prijatelj *n* friend; *prisan (iskren, dobar) ~* a close (true, good) friend **prijateljica** *n* girl friend **prijateljski** *a* friendly, amicable; ~ *savet* friendly advice **prijateljstvo** *n* friendship

prijati *v* 1. to please; *to mi ne prija* I do not like that 2. to agree with; to suit; *ovo jelo mi ne prija* this food does not agree with me 3. to be of benefit; *ovaj lek će ti* ~ this medicine will do you good

prijatno 1. *adv* see **prijatan** 2. *interj* ~*!* I (we) hope that you enjoy your meal! 3. *interj* dovidenja, ~*!* good-bye!

prijatnost *n* pleasantness; pleasant thing

prijava *n* 1. registration 2. registration form; application form; *ispuniti (podneti)* ~*u* to fill out (hand in) a registration (or application) form 3. report, denunciation; *podneti (dostaviti) policiji* ~*u protiv nekoga* to denounce smb. to the police; *podneti krivičnu* ~*u protiv nekoga* to bring criminal charges against smb. **prijaviti** *v* 1. to announce; ~ *nekoga (kod šefa, šefu)* to announce smb. (to the manager) 2. to declare; ~ *za carinu (na carini)* to declare for customs 3. to denounce; ~ *nekoga policiji* to denounce smb. (inform on smb.) to the police 4. to sign up, register; ~ *se za ekskurziju* to sign up for an excursion 5. ~ *se* to report; ~ *se kod sekretarice* to report to the secretary **prijavljivač** *n* informer **prijavnica** *n* registration office

prije ... see entries in **pre** ...

prije see **pre** I

prijeći see **preći**

prijedlog see **predlog**

prijegled see **pregled**

prijek see **prek**

prijekid see **prekid**

prijeko I see **preko** II

prijeko II see **preko** III

prijekor see **prekor**

prijekoran see **prekoran**

prijekup see **prekup**

prijelaz see **prelaz**

prijelom see **prelom**

prijeloman see **preloman**

prijem *n* 1. reception; party 2. acceptance, reception; *knjiga je naišla na izvanredan* ~ the book was received very well 3. receiving, receipt; *potvrditi* ~ *pisma* to acknowledge receipt of a letter 4. admission; entrance; ~ *studenata na fakultet* the admission of students to a

university 5. (tech.) reception; *kratkotalasni* ~ shortwave reception **prijemni** *a* receiving; entrance; ~*o odeljenje* receiving ward (as in a hospital); ~ *ispit* entrance examination **prijemnik** *n* (radio or television) receiver, receiving set

prijenos see **prenos**

prijenosan see **prenosan**

prijepis see **prepis**

prijepodne see **prepodne**

prijesan see **presan**

prijesto(l) see **presto**

prijestolnica see **prestonica**

prijestup see **prestup**

prijestupni see **prestupni**

prijestupnik see **prestupnik**

prijeteći see **preteći** II

prijetiti see **pretiti**

prijetnja see **pretnja**

prijevara see **prevara**

prijevod see **prevod**

prijevoz see **prevoz**

prijevremen see **prevremen**

prijezir see **prezir**

prikačiti *v* to attach; to fasten; ~ *vagone* to hook on railroad cars; ~ *broš* to fasten a brooch

prikaz *n* review; survey; ~ *knjige (drame)* review of a book (play)

prikaza *n* apparition, ghost

prikazati *v* 1. to describe, present 2. to show, put on, stage; ~ *film* to show a film; ~ *komad* to stage a play 3. to review; ~ *knjigu (film)* to review a book (a film) **prikazivač** *n* reviewer; ~ *knjige* reviewer of a book

prikladan *a* appropriate, suitable

prikleštiti, prikliještiti *v* to pin, jam, crush; ~ *prst vratima* to jam one's finger in the door

prikloniti *v* to bow, bend; ~ *glavu* to bow one's head

priključak *n* (electrical, telephone) connection; *dvojni* ~ party line **priključiti** *v* 1. to connect 2. to attach

prikočiti *v* to brake, to apply the brakes

prikolica *n* 1. sidecar (on a motorcycle) 2. trailer

prikopčati *v* to buckle, hook, fasten

prikovati *v* 1. to nail (on) 2. to rivet

prikrasti se *v* to steal up, sneak up; ~ *nečemu* to steal up to smt.

prikriti *v* 1. to shelter, give haven to, hide; ~ *begunca* to shelter a refugee 2. to cover up, hide; ~ *istinu* to cover up the truth

prikucati *v* to hammer, nail (on)

prikupiti *v* to gather, collect; ~ *novac* to collect money

prilagoditi *v* to adapt **prilagodljiv** *a* adaptable

prilaz *n* approach, access; *zabranjen* ~! no trespassing! ~ *stadionu* access (approach) to a stadium

prilaziti see **prići**

prileći *v* 1. to lie down (for a while); to take a nap 2. to lie flush, fit snugly

prilepiti, prilijepiti *v* to glue on, stick on; ~ *marku na pismo* to stick a stamp onto an envelope

prileteti, priletjeti *v* to fly up to

priležan, priljezan *a* diligent

priličan *a* 1. considerable 2. fair, passable, so-so

priličiti (se) *v* to be appropriate, suitable **prilično** *adv* rather; quite a bit

prilijepiti see **prilepiti**

prilika *n* 1. opportunity, occasion, chance; *iskoristiti (ugrabiti, propustiti)* ~*u* to take advantage of (grab, miss) an opportunity; *tom* ~*om* on that occasion 2. (in *pl*) circumstances, conditions; *životne* ~*e* living conditions; *pod istim* ~*a-ma* under the same circumstances; *prema* ~*ama* depending on circumstances 3. (human) figure 4. apparition, ghost 5. misc.; *po svoj* ~*ci* probably; *po* ~*ci* approximately **prilikom** *prep* on the occasion of; ~ *njegove posete* on the occasion of his visit

priliti *v* to add (by pouring)

priliv *n* influx

prilog *n* 1. contribution; donation 2. supplement (as to a newspaper, journal) 3. enclosure (as in a letter) 4. favor; *govoriti u* ~ *nečemu (nečega)* to speak in favor of smt. 5. (gram.) adverb **priložiti** *v* 1. to contribute; ~ *novac za poklon* to contribute money for a gift 2. to enclose; to add; ~ *pismu fotografije* to enclose photographs in a letter

priljubiti *v* 1. to press against; to make flush, fit snugly; ~ *nešto uz nešto* to press smt. against smt. 2. ~ *se uz nešto* to stick to smt.; to snuggle up to smt.

primaći *v* 1. to move closer 2. ~ *se* to come closer, approach

primalac *n* recipient; ~ *penzije* pensioner

primalja *n* midwife

primamiti *v* to attract, allure **primamljiv** *a* attractive, alluring

primanje *n* (usu. in *pl*) income; *mesečna* ~*a* monthly income

primaran *a* primary

primat *n* (zool.) primate

primedba, primjedba *n* 1. remark, comment; ~*e na tekst* comments on a text 2. reprimand 3. note, footnote

primena, primjena *n* use; application **primeniti, primijeniti** *v* to use, apply; ~ *u praksi* to apply in practice **primenljiv, primjenljiv** *a* applicable, usable

primer, primjer *n* example; *na* ~ for example; *dati* ~ to set an example

primerak, primjerak *n* 1. copy; *knjiga je štampana u 20.000* ~*a* the book has been printed in 20,000 copies 2. specimen **primeran, primjeran** *a* exemplary, model; ~*rno ponašanje* exemplary behavior

primetan, primjetan *a* noticeable **primetiti, primjetiti** *v* 1. to notice, observe 2. to comment, remark

primijeniti see **primeniti**

primijetiti see **primetiti**

primiriti *v* to calm, soothe

primirje *n* truce, armistice

primitak *n* acceptance **primiti, primati** *v* 1. to receive, get; to accept; ~ *pismo* to receive a letter; ~ *ponudu* to accept an offer; ~ *mito* to accept a bribe; ~ *predlog* to accept a suggestion; *moj stomak ne prima hranu* my stomach cannot keep food down; *nigde ga ne primaju* he is not welcome anywhere 2. to hold; *ovaj stadion prima 30.000 gledalaca* this stadium holds 30,000 spectators 3. to take (fig.); ~ *k srcu* to take to heart; ~ *za šalu (uvredu)* to take as a joke (insult) 4. to adopt, take on; ~ *zakon (veru, navike)* to adopt a law (religion, customs) 5. ~ *se* to take (as of a vacation, a graft) 6. misc.; *naš lekar prima od 3 do 5* our doctor has office hours from three to five; *primite naše srdačne pozdrave* (at close of a letter) sincerely yours

primitivac *n* 1. primitive, crude person 2. primitive (artist) **primitivan** *a* primitive

primjedba see **primedba**

primjena see **primena**

primjenljiv see **primenljiv**

primjer see **primer**

primjerak see **primerak**

primjeran see **primeran**

primjetan see **primetan**

primorac n inhabitant of a coastal region

primorati v to force, coerce, compel

primorje n coast, seashore

princ n prince **princeza** n princess

princip n principle **principijelan** a of principle, having principles; ~lno in principle

prineti, prinijeti v 1. to bring closer 2. misc.; ~ žrtvu to make a sacrifice

prinos n income, return

prinuda n force, compulsion **prinudan** a forced; ~ rad forced labor; ~dno sletanje a forced landing **prinuditi** v to force, compel; ~ nekoga na nešto to force smb. into smt.

priobalni a coastal

prionuti v 1. ~ za (uz) nešto to stick (adhere) to smt. 2. ~ na posao to get down to work

prioritet n priority; imati ~ nad nečim to have priority over smt.

pripadati see **pripasti**

pripadnik n member; ~ manjine member of an (ethnic) minority

pripaliti v to light; ~ nekome cigaretu to light smb.'s cigarette

pripasti, pripadati v 1. to fall; ~ na kolena to fall to one's knees 2. to belong to; kome pripada ova knjiga? whose book is this? on ne pripada našoj grupi he doesn't belong to (is not a member of) our group

pripaziti v to watch (out for), take care of (for a while)

pripev, pripjev n refrain

pripisati v to attribute, ascribe, impute; ~ krivicu nekome to impute guilt to smb.

pripiti v to make (slightly) drunk; u pripitom stanju under the influence of alcohol

pripitomiti see **pitomiti**

pripjev see **pripev**

priplod n increase in numbers (due to breeding); grlo za ~ head of breeding stock **priploditi se** v to multiply (by breeding)

pripojiti v 1. to solder (together) 2. to put together, attach, unite, join

pripovedač, pripovjedač n 1. narrator, storyteller 2. story writer **pripovedati, pripovijedati** v to narrate **pripovetka pripovijetka** n short story

pripravan a ready; staviti u ~vno stanje to alert

pripraviti v to prepare, make ready

pripravnik n beginning employee; advokatski (sudski) ~ law clerk

pripravnost n readiness, preparedness

priprega n additional team (of horses)

priprema n preparation **pripreman** a 1. ready 2. preliminary **pripremiti** v to prepare

priprost a rather simple, plain

prirast n growth, increase; ~ stanovništva increase in the population **prirasti** v 1. to grow together 2. to increase, grow

priredba n performance, show **prirediti** v 1. to organize, sponsor, arrange; ~ izložbu to organize an exhibit 2. to prepare; ~ auto za put to get a car ready for a trip; ~ izdanje to prepare (edit) an edition **priređivač** n organizer

prirez n surtax

priroda n 1. (physical) nature; primitive state; poznavanje ~e nature study; živeti u ~i to live outdoors 2. nature, character; spirit; čovečja ~ human nature; stvaralačka ~ a creative spirit; po ~i by nature **prirodan** a natural; ~dne nauke the natural sciences **prirodnjak** n naturalist

prirođen a innate, congenital; ~a bolest a congenital disease

prirok n (gram.) predicate

priručan a ~čna knjiga handbook, manual; reference book **priručnik** n handbook, manual; reference book

prisajediniti v to annex, take possession of

prisan a intimate, close, familiar; ~ drug a close friend

priseban a calm, composed

prisega n (esp. W) oath; kriva ~ perjury

prisetiti se, prisjetiti se v to remember

prisilan a forced **prisiliti** v to force, compel

prisjetiti se see **prisetiti se**

priskočiti v to rush; ~ nekome u pomoć to rush to smb.'s aid

prisloniti v to lean; prislonio se uza zid he leaned against the wall

prisluškivati v to eavesdrop on, tap, listen in on; ~ telefonske razgovore to tap telephone conversations

prismotra n surveillance; staviti nekoga pod ~u to place smb. under surveillance

prisoj n sunny side; south side

prisojkinja n viper

prispeće, prispijeće n arrival (as of a package) prispeti, prispjeti v 1. to arrive 2. to come due

pristajati see pristati

pristalica n follower, adherent; advocate; ~ smrtne kazne an advocate of capital punishment

pristanak n assent, agreement; dati (svoj) ~ to give one's assent

pristanište n pier, quay, wharf; na ~u on the pier

pristao a 1. suitable, fitting, appropriate 2. handsome, pretty

pristaša see pristalica

pristati, pristajati v 1. to agree; ~ na nešto to agree to smt. 2. to join; ~ uz nečiju stranku to join smb.'s party 3. to put ashore, dock; to land 4. to fit; ovo vam odelo pristaje dobro this suit fits you well

pristići v 1. to come, arrive 2. to overtake, catch up to

pristojan a 1. polite, civil; decent; proper, decorous, becoming; appropriate; govoriti ~jnim glasom to speak in a civil tone; treba mu prirediti ~ doček we have to receive him properly; ~jno ponašanje proper behavior 2. rather good, decent; ~jna plata a decent salary pristojati se v to be proper, appropriate pristojnost n propriety, decorum, decency

pristran (W) see pristrastan

pristrastan a partial, prejudiced, biased

pristup n access, admission, entrance pristupačan a accessible

pristupan a 1. introductory; inaugural 2. accessible

pristupiti v 1. to approach, walk up to; ~ nekome to walk up to smb. 2. to join; ~ organizaciji to join an organization

prisustvo n presence; sačuvati ~ duha to keep one's presence of mind prisustvovati v 1. to be present; to be a witness; ~ sudaru to witness a collision 2. to take part, participate; to attend; ~ kongresu to attend a meeting prisutan a present; (in pl) those present

prisvajač n usurper

prisvojan a (gram.) possessive; ~ pridev possessive adjective

prisvojiti v to usurp; to pilfer; to annex; ~ novac to pilfer money

prišiti v to sew on; ~ dugme to sew on a button

prišrafiti v to screw (on)

prišt n (med.) boil

prištedeti, prištedjeti v to save, economize

prišunjati se v to sneak up; ~ nekome (s leđa) to sneak up on smb. (from the back)

pritajiti v to conceal, hide

priteći I priticati v 1. to run up (to); ~ u pomoć nekome to rush to help smb. 2. to flow (toward); (fig.) novac je priticao sa svih strana money poured in from all sides

priteći II see pritegnuti

pritegnuti v to tighten

priterati, pritjerati v 1. to drive (up to) 2. (fig.) to force; ~ nekoga uza zid to force smb. to the wall

pritesniti, pritijesniti v to press, squeeze (also fig.)

priticati see priteći I

pritisak n pressure; vršiti ~ na nekoga to exert pressure on smb.; ~ ulja (krvi) oil (blood) pressure

pritiskač n weight, paperweight; ~ za jezik tongue depressor

pritisnuti v 1. to press (down); pritisni ovde prstom press down here with your finger 2. to weigh down, overload 3. to exert pressure on

pritjerati see priterati

pritka n bean pole; stake

pritoka n tributary

pritrčati v to run up to; dete je pritrčalo majci the child ran up to his mother

pritvor n temporary arrest; staviti nekoga u kućni ~ to place smb. under house arrest

pritvoran a insincere, hypocritical

pritvoriti v 1. to arrest (temporarily) 2. ~ vrata to leave a door ajar

pritvornost n hypocrisy

priučiti v to familiarize; ~ se na nešto to get accustomed to smt.

privabiti v to entice

privatan a private; ~tna svojina private property privatnik n private owner

privesak, privjesak n pendant

privesti I privoditi v to bring; to lead toward; ~ nešto kraju to bring smt. to an end

privesti II privoziti v to drive up, bring up (by vehicle)

privezati v to tie, bind, attach; ~ *konja uz kolac* to tie a horse to a post; ~ *pertle (ruke)* to tie shoelaces (smb.'s hands)

prividan a illusory **priviđenje** n apparition, specter; illusion

privilegija n privilege **privilegisati** v to grant privileges to

priviti v to bandage

privjesak see **privesak**

privlačan a attractive

privoditi see **privesti** I

privoziti see **privesti** II

privreda n economy **privredni** a economic; ~*a reforma* economic reform; ~ *ciklus* a business cycle; ~ *sistem* an economic system **privređivati** v to operate (as of a firm, an economic unit) **privrednik** n tradesman; merchant

privremen a temporary

privržen a loyal, attached **privrženik** n follower, adherent

privući, privlačiti v to attract; *pažnju* to attract ones attention

prizemlje n ground floor, (Am.) first floor; *živeti u* ~*u* to live on the ground floor

priziv n (court) appeal; *uložiti* ~ to file an appeal

prizma n prism **prizmatičan** a prismatic

priznanica n receipt

priznanje n 1. recognition, acknowledgement, credit; *odati nekome* ~ *za nešto* to give smb. credit for smt. 2. confession **priznati** v 1. to acknowledge, recognize. to accept; ~ *vladu* to recognize a government 2. to confess, admit; ~ *krivicu (grešku)* to admit one's guilt (error)

prizor n 1. sight, spectacle, view, scene; *stravičan (jezovit)* ~ a horrible sight 2. (theater) scene

prizvati v to evoke, invoke; ~ *uspomene* to evoke memories

prizvuk n tone; note

priželjkivati v to wish for, hope for

prkos n 1. defiance; spite; *iz* ~*a* out of spite; or: defiantly 2. (bot.) portulaca **prkosan** a defiant; spiteful **prkositi** v to defy, be defiant; ~ *opasnosti* to defy danger

prljati, uprljati v to dirty, soil; to besmirch, stain **prljav** a 1. dirty, filthy; ~*i sudovi* dirty dishes 2. corrupt, dishonorable; ~ *postupak* a dishonorable act **prljavština** n 1. dirt, filth 2. dishonorable act

prnja n 1. rag 2. (in *pl;* fig.) clothes, things

pro I adv for; ~ *i kontra* for and against

pro- II *prefix* pro

pro- III (verbal *prefix* which can denote) 1. (beginning of an action) — **progovoriti** 2. (brief duration) — **prospavati** 3. through, by, past — **proći** 4. (completion) — **pročitati**

proba n 1. test, trial; experiment; *napraviti* ~*u* to conduct a test; *staviti na* ~*u* to test; *uzeti na* ~*u* to take subject to approval 2. trying on; ~ *haljine* trying on of a dress (at the tailor's) 3. rehearsal; *generalna* ~ dress rehearsal 4. specimen, sample

probadi n stitch (in the side)

probati v 1. isprobati to test, try; ~ *serum* to test a serum 2. to attempt, try 3. to try on; ~ *haljinu* to try on a dress (at the tailor's) 4. to rehearse; ~ *scenu* to rehearse a scene 5. to taste, try; ~ *jelo* to try food; *probaj malo* take a taste; ~ *vino* to taste (the) wine

probava n digestion **probaviti** v to digest

probdeti, probdjeti see **bdeti**

probijač n (tech.) punch

probirati see **probrati**

probirljiv a choosy, particular, discriminating

probisvet, probisvijet n tramp, good-for--nothing

probitačan a profitable; advantageous

probiti v 1. to make, build, drive, cut (etc., by penetration); ~ *rupu kroz zid* to make a hole through a wall; ~ *tunel (prolaz) kroz stanje* to build a tunnel (passage) through rock 2. to break (through, out of), breach, penetrate; *partizani su probili obruč* the partisans broke out of the encirclement; (fig.) *led je probijen* the ice is broken 3. to go through; to emerge; *probio mu je zub* his tooth has come out 4. ~ *se* to make one's way; push one's way; ~ *se kroz gomilu* to make one's way through a crowd

problem n problem; *postaviti (rešiti)* ~ to state (solve) a problem **problematičan** a problematic

probni a test, trial

proboj n breakthrough, breach **probojan** a penetrable

probosti v to stab, knife

probrati, probirati v 1. to select (the best) 2. to be choosy, be discriminating (when selecting); *ova deca probiraju jela* these children fuss about their food

probuditi see **buditi**

probušiti see **bušiti**

procediti, procijediti *v* to strain, filter; ~ *supu* to strain soup

procedura *n* procedure **proceduralan** *a* procedural

procena, procjena *n* estimate, appraisal; *izvršiti* ~*u štete* to make an estimate of the damage

procen(a)t *n* 1. percentage, rate 2. interest

procenitelj, procjenitelj *n* appraiser **proceniti, procijeniti** *v* to estimate, appraise; to judge; ~ *štetu* to estimate damage

procentualan *a* proportionate, proportional

procep, procijep *n* crevice, fisdure

proces *n* 1. process 2. *(sudski)* ~ (court) trial

procesija *n* procession

procijediti see **procediti**

procijeniti see **proceniti**

procijep see **procep**

procjena see **procena**

procjenitelj see **procenitelj**

procuriti *v* to begin to leak, flow

procvat *n* blooming, bloom

procvetati, procvjetati see **cvetati**

pročelje *n* 1. facade, front 2. head; ~ *stola* head of a table

pročelnik *n* (W) chairman (of a department at a university)

pročešljati *v* to comb

pročistiti *v* to cleanse, clean out

pročitati see **čitati**

pročuti se *v* to leak out, become public

proćaskati *v* to chat (for a while)

proćerdati see **ćerdati**

proći, prolaziti *v* 1. to go, pass (along, by); *tuda prolazi glavni put* the main road goes by over there 2. to go through, pass through, come through; *ekseri su prošli* the nails have come through (to the other side); *brod je prošao Bosforom* the ship passed through the Bosphorus 3. to pass; to expire, run out; *vreme brzo prolazi* time passes quickly 4. to get by (on), do; *kako ste prošli na putu?* how was your trip? *dobro smo prošli* we did fine; ~ *sa malom kaznom* to get off with a small fine 5. to pass, traverse, go through, go by; *voz je prošao selo* the train went past the village; ~ *pet kilometara* to go (cover) five kilometers

6. to go through, study; ~ *beleške* to study one's notes 7. ~ *se* to take a stroll

prodaja *n* sale; *biti u* ~*i* to be for sale; ~ *na malo (veliko)* retail (wholesale) trade **prodajni** *a* selling; ~*a cena* selling price

prodati *v* to sell **prodavač** *n* salesman **prodavačica** *n* salesgirl **prodavaonica** *n* (W) store, shop **prodavnica** *n* store, shop

prodekan *n* associate (vice) dean

proderati *v* 1. to tear 2. ~ *se* to scream, shout

prodor *n* penetration, break, breach, breakthrough **prodoran** *a* piercing, penetrating; ~ *glas (pogled)* a piercing voice (stare)

prodreti, prodrijeti, prodirati *v* 1. to penetrate, breach, break through; *voda je prodrla nasip* the water broke through the levee 2. to go through, into; *krv je prodrla kroz košulju* the blood soaked through the shirt 3. to force one's way (through, into); to get through, penetrate; ~ *do srži problema* to get to the heart of a problem

prodrijeti see **prodreti**

prodrmati *v* to shake (up) (also fig.)

produbiti *v* to deepen; to strengthen

producent *n* producer (as of a film, play) **producirati** *v* to produce **produkcija** *n* production; ~ *filmova* filma production **produkt** *n* product **produktivan** *a* productive **produktivnost** *n* productivity

produljiti (W) see **produžiti**

produžetak *n* 1. continuation, extension; ~ *vize* extension of a visa; ~ *za struju* extension cord 2. (sports) overtime **produžiti** *v* 1. to lengthen, make longer; ~ *suknju (kaput)* to lengthen a skirt (coat) 2. to extend, prolong (in time); ~ *viz*ı to extend a visa 3. to *continue*, go on; ~ *razgovor* to continue a conversion

prođa *n* turnover; *imati dobru* ~*u* to be popular, be in demand

profanacija *n* profanation **profanirati** *v* to profane, vulgarize, defile

profesija *n* profession **profesionalac** *n* professional person **profesionalan** *a* professional; occupational **profesionalizam** *n* professionalism

profesor *n* 1. secondary-school teacher (who has a **diploma**) 2. ~ *(univerziteta)* (university) professor **profesura** *n* professorship

profil *n* 1. profile 2. cross section 3. tread (of a tire)

profilaksa *n* prophylaxis **prefilaktičan** *a* prophylactic

profit *n* profit **profiter** *n* profiteer **profitirati** *v* to profit

proganjati *v* to persecute, torment

proglas *n* proclamation **proglasiti** *v* to declare, proclaim, announce

progledati I *v* to look (through)

progledati II *v* to begin to see; to regain one's sight

proglodati *v* to gnaw through

prognanik *n* exile, expatriate **prognanstvo** *n* exile **prognati** *v* to exile, banish

prognosticirati *v* to forecast **prognostičar** *n* forecaster, weather forecaster **prognoza** *n* prognosis, forecast; ~ *vremena* weather forecast

progon *n* persecution, oppression **progonilac** *n* persecutor, oppressor

progonstvo *n* exile; *oterati u* ~ to drive into exile

progoreti, progorjeti *v* to burn through

progovoriti *v* to begin to talk, speak; *dete je progovorilo* the child has begun to talk

program *n* 1. program; *prva tačka* ~*a (na* ~*u)* the first number on the program; *školski* ~ curriculum 2. show (as in a nightclub)

progres *n* progess (also **napredak)**

progresija *n* progression **progresivan** *a* 1. progressive 2. graduated; ~*vno oporezivanje* graduated taxation

progristi *v* to bite through

progrušati se *v* to curdle

progurati *v* to push through; ~ *žicu kroz cev* to push a wire through a pipe

progutati see **gutati**

prohladan *a* cool

prohladiti see **hladiti**

prohodati *v* to begin to walk; *dete je prohodalo* the child has begun to walk

prohteti se, prohtjeti se *v* to feel like; *njemu se prohtelo da putuje u Evropu* he (suddenly) felt like going to Europe

prohtev, prohtjev *n* desire, wish; urge

prohujati *v* to rush past

proigrati *v* to lose by gambling; to fritter away

proizići, proizilaziti *v* 1. to originate from, come from 2. to result from

proizvesti, proizvoditi *v* 1. to produce; to manufacture; to create; ~ *automobile* to produce automobiles 2. to promote; to appoint; ~ *pukovnika u generala* to

promote a colonel to general **proizvod** *n* product; ~*i široke potrošnje* products for mass consumption **proizvodnja** *n* production **proizvođač** *n* producer, manufacturer

proizvoljan *a* arbitraty; unfounded; *zamisli neki* ~ *broj* take any number; ~*ljno rešenje* an arbitrary decision

proja *n* corn bread

projahati *v* to ride past (on horseback)

projek(a)t *n* 1. project; scheme 2. plan; plans; sketch, draft; ~ *kuće* plans of a house; ~ *ugovora* draft of a treaty

projekcija *n* projection

projektant *n* 1. planner 2. architect

projektil *n* projectile, missile; *dirigovani* ~*i* guided missiles

projektor *n* projector; ~ *za filmove (dijapozitive)* film (slide) projector

projektovati *v* 1. to draw up the plans for; ~ *kuću (most)* to draw up the plans for a house (bridge) 2. to write a draft of; ~ *zakon* to draft a law

projesti *v* to eat through; to corrode

projicirati *v* to project; ~ *film (dijapozitive)* to show a film (slides)

projuriti *v* to rush by

prokapati *v* to begin to drip

prokartati *v* to gamble away (by playing cards)

prokazati *v* to inform on, denounce **prokazivač** *n* informer

prokisao *a* soaked **prokisnuti I** *v* to get wet, soaked; ~ *do srži* to get soaked to the bone

prokisnuti II *v* to turn sour

proklamacija *n* proclamation **proklamovati** *v* to proclaim

proklet *a* damned **prokleti** *v* to damn, curse **prokletstvo** *n* damnation, malediction, curse, anathema

proklijati see **klijati**

proključati *v* to begin to boil

prokljuvati *v* to peck through (as of birds)

proknjižiti see **knjižiti**

prokockati *v* to gamble away

prokontrolisati see **kontrolisati**

prokop *n* ditch, trench **prokopati** *v* to dig through

prokrasti se *v* to steal (sneak) by

prokrčiti *v* to clear; ~ *šumu (put)* to clear a forest (a path)

prokrijumčariti *v* to smuggle

prokuhati see **kuvati** 3

prokule *n* broccoli

prokuljati *v* to begin to gush
prokuvati see **kuvati** 3
prolaz *n* passage; entrance; *zabranjen ~!* no trespassing! *prvenstvo ~a* right-of--way **prolazak** *n* (action of) passing by; *pri ~sku kroz tunel* while passing through a tunnel **prolazan** *a* 1. transient, temporary 2. passable (as of a road) 3. passing; *~zna ocena* a passing grade
prolaziti see **proći**
prolaznik *n* passerby
proleće, proljeće *n* spring; *svakog (ovog, prošlog) ~a* every (this, last) spring **prolećni, proljećni** *a* spring
prolepštati se, proljepšati se *v* to become more beautiful (handsomer, nicer)
proletarijat *n* proletariat **proleter** *n* proletarian; *~i svih zemalja, ujedinite se!* workers of the world, unite! **proleterski** *a* proletarian
proleteti, proletjeti *v* to fly by, fly through; *~ kroz glavu* to flash through one's mind
proletos, proljetos *adv* this spring; next spring; last spring
proliti *v* to spill; *vino se prolilo* the wine spilled
proliv, proljev *n* diarrhea
prolog *n* prologue
prolom *n* breach, brak; *~ oblaka* cloudburst **prolomiti** *v* 1. to break, breach, split, crack; *~ stenu* to split a rock; *~ tišinu* to break the silence 2. *~ se* to sound, resound, roar; *aplauz se prolomio dvoranom* applause rang through the auditorium
proljeće, proljećni see **proleće**
proljepšati see **prolepšati**
proljetos see **proletos**
proljev see **proliv**
promaći *v* 1. to push through, stick through 2. *~ (se)* to slip in, slip by; *promakle su ti (se) neke greške* some errors slipped by you 3. (W) to promote (en employee)
promaja *n* draft; *sedeti na ~i* to sit in a draft
promaknuti see **promaći**
promarširati *v* to march past, march by
promašaj *n* miss; *napraviti ~* to miss **promašiti** *v* to miss; *~ metu* to miss the target
promatrač *n* (esp. W) observer
promena, promjena *n* 1. change; (act of)

changing; *~u vremenu* a change in the weather; *~ na bolje (gore)* a change for the better (worse); *bez ~e* without change 2. exchange; *~ novca* exchange of money 3. (gram) inflection, declension; conjugation; *imenička ~* nominal (noun) declension; *glagolska ~* verb conjugation
promeniti see **menjati** 1
promenljiv, promjenljiv *a* 1. changeable, variable, unstable; *~o vreme* changeable weather 2. (gram.) declined, inlected; conjugated; *~e reči* inflected words
promeriti, promjeriti *v* to measure
promešati see **mešati** 2
promet *n* 1. traffic 2. (comm.) turnover; *~ robe* turnover of goods 3. *~ materije* metabolism
promijeniti see **menjati** 1
promiješati see **mešati** 2
prominentan *a* prominent
promisao *n* providence, foresight
promisliti *v* to think over **promišljen** *a* thought-out; clever
promjena see **promena**
promjenljiv see **promenljiv**
promocija *n* conferring of an academic (usu. doctoral) degree
promoliti *n* to stick, put; *~ glavu kroz prozor* to put one's head out the window
promotriti *v* to look over, examine
promovisati *v* to confer a doctor's degree on
promrmljati see **mrmljati**
promrzlina *n* frostbitten place **promrznuti** *v* to freeze, get frozen
promucati *v* to stammer
promućkati *v* to shake; *pre upotrebe dobro ~* shake well before using
promućuran *a* clever, bright; enterprising
promukao *a* hoarse; raucous; *~kli glas* a hoarse voice **promuklost** *n* hoarseness **promuknuti** *v* to become hoarse
pronaći, pronalaziti *v* 1. to find; *~ novac (kaput)* to find money (one's coat) 2. to invent, discover; *~ vakcinu* to discover a vaccine **pronalazač** *n* inventor **pronalazak** *n* 1. (act of) finding 2. invention; discovery; *~ leka* discovery of a remedy
proneti, pronijeti, pronositi *v* 1. to carry through, carry by; *zvuk se pronosi kroz vazduh brzinom od . . .* sound travels through air at the speed of . . . 2. to spread (news, rumors); *~ glas* to spread a rumor

pronevera, pronevjera n embezzlement, fraud **proneverilac, pronevjerilac** n embezzler **proneveriti, pronevjeriti** v 1. to embezzle, defraud; ~ *novac* to embezzle money

proničljiv a intuitive; discerning; keen

pronići v 1. to come up, sprout (as of a plant) 2. to penetrate; ~ *u srž problema* to get to the heart of a problem

pronijeti see **proneti**

pronositi see **proneti**

pronjušiti v 1. to sniff, smell around (for a while); ~ *vazduh* to sniff the air 2. (fig.) to sniff out, find out, detect

propadati see **propasti**

propaganda n 1. propaganda 2. advertising **propagator** n propagandist **propagirati** v to propagandize

propalica n debauched person; good-for--nothing

propao a debauched; ruined **propast** n ruin, destruction, fall **propasti, propadati** v 1. to fall through, fall into; to sink; ~ *kroz rupu* to fall through a hole 2. to collapse, fall in; *patos je propao* the floor collapsed 3. to be ruined (also fig.); *nameštaj je propao od dima* the furniture was ruined by the smoke; *zdravlje mu je propalo* his health is ruined 4. to fail; to be lost; to fall through; *komad je propao* the play was a failure; *što je propalo, propalo* it's no good crying over spilt milk 5. to perish, die 6. to disappear; ~ *bez traga* to disappear without a trace

propeler n propeller

propeti se v to raise oneself; *konj se propeo* the horse reared

propevati, propjevati v to begin to sing

propis n regulation, ordinance; *po* ~*u* according to regulations **propisan** a according to regulations, legal **propisati** v 1. to issue; ~ *pravila* to issue rules 2. ~ *lek* to prescribe a medicine 3. to regulate **propisano** adv legally, properly

propiti v 1. to squander in drink; ~ *platu* to drink away one's pay 2. ~ *se* to become an alcoholic, take to drink

propjevati see **propevati**

proplakati v to begin to weep

proplanak n clearing (as in a forest)

proplivati v to swim (by)

proporcija n proportion **proporcionalan** a proportional, proportionate **proporcionalnost** n proportionality

propoved, propovijed n sermon **propovedaonica, propovjedaonica** n pulpit **propovedati, propovijedati** v to preach **propovednik, propovjednik** n preacher

propozicija n 1. proposition 2. (in *pl*) (sports) rules, regulations (regarding a meet, game)

propratiti v to accompany **propratni** a accompanying

propuh (W) see **promaja**

propusnica n permit, pass

propust n 1. (act of) admitting, admission 2. omission; mistake

propustan a 1. permeable 2. ~*sna snaga* capacity (as of a pipeline)

propustiti v 1. to pass through; ~ *meso kroz mašinu za mlevenje* to pass (put) meat through a grinder 2. to admit, let in; to let by 3. to leak; *naš krov propušta (kišu)* our roof leaks 4. to omit; to fail (to do); ~ *nekoliko redova* to omit several lines 5. to miss; ~ *priliku (voz)* to miss an opportunity (a train) 6. to miss; *motor propušta* the engine misses

propušiti v to begin to smoke

proputovati v to travel through; to pass through; ~ *kroz Pariz* to pass through Paris

proračun n estimate; *grub* ~ a rough estimate **proračunat** a calculating, calculated, shrewd **proračunati** v to estimate, calculate

proraditi v 1. to go into operation, begin operations; to resume operations; *hotel je proradio prošlog leta* the hotel began operating last summer 2. to work through, go through, study; ~ *materijal* to go through material

proreći v to foretell, predict, prophesy

prored, prorijed n space, interval; *s duplim* ~*om* double-spaced (on smt. typed)

prorediti, prorijediti v to thin (out), make thinner; ~ *šumu* to thin out a forest

prorektor n vice-president, provost (of a university)

prorešetati see **rešetati**

prorez n cut, slit **prorezati** v to cut (through), slice

prorijed see **prored**

prorijediti see **prorediti**

proročanski a prophetic **proročanstvo** n prophecy **prorok** n prophet

prosac n suitor

prosečan, prosječan *a* 1. average 2. fair, mediocre, tolerable, average; ~ *kvalitet* fair quality **prosečnost, prosječnost** *n* 1. average 2. mediocrity

proseći, prosjeći *v* to cut (through)

prosed, prosijed *a* grayish, graying (of hair)

prosejati, prosijati *v* to sift; ~ *brašno* to sift flour

prosek, prosjek *n* average; *u* ~*u* on the average

proseminar *n* proseminar

prosidba *n* suit, wooing

prosijati see **prosejati**

prosijed see **prosed**

prosilac *n* suitor, wooer

prosinac *n* (W) December (see also **decembar**)

prositelj see **prosilac**

prositi *v* 1. to beg, ask for charity 2. ~ *devojku* to ask for a girl in marriage

prosjačiti *v* to beg, ask for charity **prosjak** *n* beggar, mendicant

prosječan see **prosečan**

prosječnost see **prosečnost**

prosjeći see **proseći**

prosjek see **prosek**

proslava *n* celebration; party **proslaviti** *v* 1. to celebrate; ~ *praznik* to celebrate a holiday 2. to make famous **proslavljen** *a* famous, celebrated, well-known

proso *n* millet

prospavati *v* to sleep through

prospekt *n* 1. plan 2. sketch, drawing, plan (as of a building) 3. prospectus 4. advertising material; travel folder, booklet

prosperirati *v* to prosper **prosperitet** *n* prosperity

prost *a* 1. simple, plain, easy; uncomplicated; ~*a većina* a simple majority 2. common, plain; ~ *narod* the common people 3. crude, rude, impolite; ~*o ponašanje* crude behavior **prostak** *n* crude person **prostakluk** *n* vulgarity, crudeness

prostata *n* (anat.) prostate gland

prostenjati see **stenjati**

prostirač *n* 1. cover; furniture cover; bedspread 2. carpet, rug 3. doormat

prostirati see **prostreti**

prostitucija *n* prostitution **prostituisati** *v* to prostitute; ~ *se* to prostitute oneself **prostitutka** *n* prostitute

prosto *adv* just, just about, simply

prostodušan *a* openhearted; unsophisticated

prostor *n* 1. space; room; expanse; *nema* ~*a za sve* there's not enough room for everyone; *radi uštede prostora* in order to save space 2. distance; *prevaliti* ~ to cover a distance 3. (soccer) area; *kazneni (vratarev, ugaoni)* ~ penalty (goal, corner) area

prostorija *n* 1. room 2. (usu. in *pl*) offices; premises

prostota *n* simplicity

prostran *a* spacious, roomy

prostreliti, prostrijeliti *v* to pierce (as with an arrow, bullet)

prostreti, prostrijeti, prostirati *v* 1. to spread, lay; ~ *čaršav na sto (po travi)* to spread a tablecloth over a table (on the grass); ~ *krevet (postelju)* to make a bed 2. ~ *se* to stretch, extend; *prostro se na krevet* he stretched out on the bed

prostrijeliti see **prostreliti**

prostrijeti see **prostreti**

prostudirati see **studirati** 2

prosuditi *v* to judge

prosuti *v* 1. to spill; ~ *vodu (šećer)* to spill water (sugar); *vino (brašno) se prosulo* the wine (flour) spilled 2. to pour out, throw out; *prospi mleko!* pour out the milk! 3. to empty; ~ *flašu* to empty a bottle

prosvećen, prosvijećen *a* educated; enlightened; ~*i apsolutizam* enlightened despotism **prosvećenost, prosvijećenot** *n* enlightenment; culture **prosveta, prosvjeta** *n* education; *ministarstvo* ~*e* ministry of education **prosvetitelj, prosvjetitelj** *n* educator **prosvetiti, prosvijetiti** *v* to educate; to enlighten; ~ *mase* to educate the masses

prosvjeta see **prosveta**

prošaptati *v* to whisper

prošetati see **šetati**

proširiti *v* 1. to widen, broaden; ~ *ulicu* to widen a street 2. to let out, widen; ~ *suknju (pantalone)* to let out a skirt (trousers) 3. to expand, enlarge, spread, broaden; *prošireno izdanje* an enlarged edition; ~ *svoje znanje* to broaden one's knowledge 4. ~ *se* to spread; *proširio se glas* the rumor spread

prošiti *v* to sew (up), stitch

prošli *a* 1. last; preceding; ~*e godine* last year 2. past, olden, bygone; ~*a vremena* bygone times 3. (gram.) past; ~*o vreme*

past tense **prošlogodišnji** a last year's
prošlost n past
prošnja n begging
proštac n stick, pole, rod
prošunjati se v to crawl by, steal by
prošvercovati v to smuggle
prota n priest
protaći v to stick through, thrust through
protagonist(a) n protagonist
proteći I **proticati** v 1. to flow (past,
through); *reka protiče kroz dolinu* the
river flows through the valley 2. to pass
(of time) 3. to take place; *demonstracije
su protekle bez prolivanja krvi* the dem-
onstrations took place with no bloodshed
proteći II see **protegnuti**
protegliti see **tegliti** 2
protegnuti, protezati v 1. to stretch 2. to
extend 3. ~ *se* to extend, reach, stretch;
jezero se proteže 50 kilometara na jug
the lake extends 50 kilometers to the
south
protein n protein
protekcija n favortism, preferential treat-
ment
protekcionist(a) n (econ.) protectionist
protekcionizam n (econ.) protectionism
protekli a last; ~*e godine* last year
protektor n 1. protector 2. (tech.) ~ *na
gumi* tire tread **protektorat** n protecto-
rate
proterati, protjerati v 1. to expel, throw
out; ~ *iz zemlje (škole)* to expel from a
country (school) 2. to drive
protest n protest: *uložiti* ~ to file a
protest **protestni** a protest; ~ *miting* a
protest meeting
protestant n Protestant **protestantski** a
Protestant **protestantizam** n Protestant-
ism
protestovati v to protest
proteza n 1. artificial limb; prosthesis 2.
(ling.) prothesis
protezati see **protegnuti**
proteže n protégé
proticati see **proteći**
protisnuti v to squeeze through, press
through; ~ *se* to squeeze one's way
through
protiv I **protivu** 1. *prep* against; *ploviti* ~
struje to swim against the current:
injekcija ~ *besnila* rabies shot 2. *adv*
against; *za i* ~ pro and con; *ako nemate*

ništa ~, *ja ću zapaliti lulu* if you don't
mind, I'll light up my pipe
protiv- II **protivu-, protu-** *prefix* anti,
against, counter, opposing (in order to
save space, only the variant *protiv* is
given in the compounds to follow)
protivan a 1. opposite, other, contrary; *iz*
~*vnog pravca* from the opposite direc-
tion 2. against, opposed to; *on je* ~
svemu što je novo he is against every-
thing new
protivavionski a antiaircraft; ~*a odbrana*
antiaircraft defense
protivdejstvo, protivdjejstvo n counterac-
tion
protiviti se, usprotiviti se v to oppose; to
protest
protivmera, protivmjera n countermeasure
protivnapad n counterattack
protivnik n opponent, rival, adversary
protivnički a opposing; ~*a ekipa* oppo-
sing team; ~*a partija* opposition party
protivno *prep* contrary to
protivofanziva n counteroffensive
protivotrov n antidote
protivprirodan a unnatural
protivraketni a anti-missile; ~*a odbrana*
anti-missile defense
protivrečan, protivrječan a contradictory
protivrečiti, protivrječiti v to contra-
dict; gainsay **protivrečje, protivrječje** n
contradiction; discrepancy
protivreformacija n counterreformation
protivrevolucija n counterrevolution **pro-
tivrevolucionaran** a counterrevolutio-
nary
protivteža n counterweight, counterpoise
protivtužba n countercharge
protivu I see **protiv** I
protivu- II see **protiv** II (for words with
this *prefix*, see entries with **protiv-**)
protivudar n 1. counterblow; counter-
punch 2. counterattack
protivustavan a unconstitutional
protjerati see **proterati**
protkati v 1. to interweave 2. to permeate,
pervade
protođakon n archdeacon
protojerej n archpriest
protokol n 1. protocol; *po* ~*u* according to
protocol; *šef* ~*a* chief of protocol 2.
record; protocol; *voditi* ~ to keep a
record; *sastaviti* ~ to draw up a record
protokolisati v to record; to register
protoplazma n protoplasm

protopop n archpriest
prototip n prototype
protraćiti see **traćiti**
protrčati v to run (across, by)
protresti v to shake, jolt; to shake out
protrljati v to rub, massage
protu- see **protiv** II (for words with this prefix, see entries with **protiv-**)
protumačiti see **tumačiti** 2
proturiti v 1. to push through, push by 2. to spread (secretly)
protuva n vagabond, tramp; adventurer
proučiti v to study; ~ problem to study a problem
prouzrokovati see **uzrokovati**
provala n 1. ~ oblaka cloudburst 2. burglary, housebreaking; izvršiti ~u to commit burglary
provalija n 1. chasm, gorge, canyon 2. (fig.) rift, cleft, division 3. total
provaliti v 1. to smash, break (down, through); ~ vrata to break a door down 2. to break into; to invade; lopovi su provalili u stan burglars broke into the apartment 3. ~ se to collapse, fall in; provalio se krov the roof fell in **provalnik** n burglar, housebreaker
provedriti se v to clear up (of the sky)
proveren, provjeren a tested, experienced; ~i piloti experienced pilots **proveriti, provjeriti** v 1. to check, confirm; ~ iskaz to check a statement 2. to test
proveseliti se v to have fun, have a good time
provesti I v 1. to lead, guide, take; ~ kroz šumu to lead through a forest 2. to install; ~ struju to install electricity 3. to carry out, put into effect; ~ mere to carry out measures 4. to spend (time); ~ dan to spend a day 5. ~ se to spend one's time: lepo smo se proveli we had a great time
provesti II **provoziti** v 1. to drive (as in a vehicle); provezli su nas po gradu they drove us around town 2. ~ se to ride, take a drive
provetriti, provjetriti v to ventilate, air out
providan a 1. transparent 2. (fig.) clear, obvious
provideti, providjeti v 1. to see through; ~ nečije intrige to see through smb.'s intrigues 2. (W) to supply
providenje n providence
provijant n food; supplies

provincija n 1. province 2. (fig.) the provinces, the country **provincijalan, provincijski** a provincial **provincijalizam** n provincialism
proviriti v 1. to peep; ~ u sobu to peep into a room 2. to protrude, show, stick out
provizija n commission, fee
provizoran a provisional, provisory
provjeriti see **proveriti**
provocirati, isprovocirati v to provoke
provod n recreation, amusements, fun
provodadžija n matchmaker **provodadžiluk** n matchmaking **provodadžisati** v to serve as a matchmaker
provoditi see **provesti** I
provodnik n 1. conductor (as of electricity) 2. trainman
provokacija n provocation **provokativan** a provocative **provokator** n one who provokes; agent provocateur
provozati see **provesti** II
provreti v to begin to boil
provući v 1. to pull (drag) by, through; ~ konac kroz iglu to thread a needle 2. ~ se to squeeze through; provukli su se kroz uzan otvor they squeezed through the narrow opening 3. (fig.) ~ se to get by; to get through; kako je prošao na ispitu? jedva se provukao how did he do on the exam? he just got by
proza n prose **prozaičan** a prosaic, commonplace
prozelit n proselyte
prozepsti v to get frozen
prozivka n roll call
prozodija n prosody
prozor n window
prozračan a 1. translucent, luminous 2. transparent
prozračiti v (W) to air out, ventilate
prozreti v to see through, catch on to
prozujati v to whistle by, whiz by, buzz by
prozvati v 1. to give (smb.) a name, nickname 2. to call (take) the roll; ~ đake to call the roll in school
prozviždati v to whistle by
prožderati, proždirati v to devour, bolt, gulp down; on proždire hranu he bolts his food **proždrljiv** a voracious, gluttonous **proždrljivac** n glutton
prožeti v to permeate, pervade, fill; sve je prožeto vlagom everything is full of moisture
proživeti, proživjeti v to live

prožvakati v to chew smt. thoroughly

prsa n chest; breast; *boriti se ~ u ~ to* engage in hand-to-hand combat

prsi see **prsa**

prskalica n 1. sprinkler 2. sprayer; atomizer 3. nozzle 4. grease gun 5. firecracker

prskati I poprskati v 1. to sprinkle, water; ~ *baštu prskalicom* to water a garden with a sprinkler 2. to spray; to splash; to spatter; ~ *zidove bojom* to spray walls with paint; ~ *nekoga (na plaži)* to splash smb. (at the beach); ~ *blatom* to splatter with mud

prskati II see **prsnuti I**

prskati III see **prsnuti II**

prsluče n brassiere, bra

prsluk n vest

prsnuti I prskati v 1. to splash; to spatter; ~ *nekoga u lice (vodom)* to splash smb. in the face (with water); ~ *nekoga blatom* to spatter smb. with mud 2. to gush, pour; *prsnuo je iz zemlje mlaz nafte* a column of oil gushed from the ground

prsnuti II prskati v 1. to explode, blow up 2. to burst, break, crack, split, snap; *žica je prsla* the wire snapped; *prsnuo je kanap* the string broke; ~ *u smeh* to burst into laughter

prst n finger; ~ *(na nozi)* toe; *računati na ~e* to count on one's fingers; *jesti ~ima* to eat with one's fingers; *ići na ~ima* to walk on tiptoe; *udariti koga po ~ima* to rap smb. on the knuckles (also fig.); **gledati kome kroz ~e* to be lenient toward smb.

prsten n ring; *nositi ~* to wear a ring

pršljen n *(kičmeni)* ~ vertebra

prštati v 1. to gush, pour 2. to crackle, sizzle

pršuta n smoked ham

prtiti, uprtiti v to load

prtljag, prtljaga (W) n luggage, baggage; *ručni ~* hand luggage

prtljati v to putter, work aimlessly, fool around

prtljažnik n trunk, luggage compartment (of an automobile)

prućiti se v to fall, stretch out, sprawl out

prud n *(peščani)* ~ sandbank

pruga n 1. stripe, line; streak 2. track(s); *železnička (tramvajska)* ~ railroad (streetcar) tracks 3. route, line; *na ~zi Beograd—Zagreb* on the Belgrade—Zagreb line **prugast** a striped, streaked; ~a *haljina* a striped dress

Prusija n Prussia **pruski** a Prussian

prut n rod, stick; switch

pružiti, pružati v 1. to stretch out, extend, stick out; ~ *ruke (noge)* to stretch out one's arms (legs); ~ *se na krevet* to stretch (oneself) out on the bed 2. to hand, pass; *pruži mi so* hand me the salt 3. to offer, give; ~ *pomoć (priliku, otpor)* to offer help (a chance, resistance)

prvak n 1. leader; *politički* ~ a political leader 2. (sports) champion 3. first-grade pupil

prvenac n firstborn child (or animal)

prvenstven a having priority **prvenstveno** adv first of all, mainly **prvenstvo** n 1. precedence, priority 2. (sports) championship; championships

prvi a 1. the first; ~ *put* (for) the first time; ~ *po činu (rangu)* senior in rank; ~om *prilikom* at the first opportunity 2. leading, foremost, number one **prvo** adv at first; first

prvobitan a original, primary; former; ~tna *verzija* the original version

prvoklasan a first-class, excellent, prime

prvom adv for the first time

prvosedelac, prvosjedjelac n aborigine

pržiti, ispržiti v to fry; to toast; to roast; ~ *na zejtinu* to fry in oil; ~ *kafu (meso)* to roast coffee (meat); ~ *krompir* to fry potatoes; ~ *na žaru* to grill

psalam n psalm **psalmist(a)** n psalmist

psaltir n book of psalms, psalter

pseći a canine **pseto** n dog

pseudo- *prefix* pseudo

pseudonim n pseudonym

psiha n psyche, soul, spirit

psihijatar n psychiatrist **psihijatrija** n psychiatry

psiholog n psychologist **psihologija** n psychology **psihološki** n psychological

psihopat n psychopath

psihoterapija n psychotherapy

psihoza n psychosis

psovati v 1. to swear; **on psuje kao kočijaš* he swears like a trooper 2. opsovati to swear at **psovka** n curse, oath

pšenica n wheat; *jara* ~ summer wheat; *ozima* ~ winter wheat

ptica n bird; *noćna* ~ night bird, nighthawk (person); ~ *selica* migratory bird;

~ *grabljivca* bird of prey; *svaka ~ svome jatu leti* birds of a feather flock together **ptičiji** a bird's; ~*a perspektiva* or ~ *pogled* bird's-eye view; ~*e gnezdo* bird's nest **ptičar** n 1. birdman 2. sporting (bird) dog

pub n (cards) jack

pubertet n puberty

publicist(a) n journalist **publicistika** n journalism

publicitet n publicity

publika n 1. the public; *čitalačka ~* the reading public 2. audience

publikovati v to publish

pucaljka n popgun

pucanj n shot (of a weapon)

pucati see **pući**

puce n button

puckarati v to crackle, sputter, pop; *vatra puckara* the fire is crackling

puckati v to sputter; *motor pucka* the engine sputters

pucnjava n shooting, firing

pučanstvo n (W) populace; population

pučina n high seas, open sea; *na ~i* on the high seas

pući, pucati v 1. to break, burst, crack, split; *led puca* the ice is breaking; *koža puca* the leather is cracking; *guma mu je pukla* his tire blew out; *balon je pukao* the balloon popped; *pukla je osovina* the axle broke; *pukla je žica* the wire snapped 2. (also sports) to shoot, fire; *pucati iz puške (iz pištolja)* to fire a rifle (a pistol) 3. to go off, fire (of a gun): *negde je pukla puška* a rifle fired somewhere 4. to crack, snap, click; ~ *prstima* to crack one's knuckles; ~ *bičem* to crack a whip 5. to explode, burst; *pukla je bomba* a bomb exploded 6. to aim (at), strive (for); *pucati na profesuru* to aim at a professorship

pućiti se v to pout

puder n (cosmetic) powder; *staviti ~* to put on powder **puderisati, napuderisati** v to powder

puding n pudding

pudrijera n powder box

pufna n powder puff

puhaći a see **duhački**

puhati v (W) to blow

pujdati, napujdati v to set, incite; ~ *psa na nekoga* to set a dog on smb.

puk n 1. the people, the masses 2. (mil.) regiment; (air force) wing

puki a mere, simple; out-and-out; ~*im slučajem* by mere chance; ~*a izmišljotina* an out-and-out concoction

puknuti see **pući**

pukotina n crack, fissure

pukovnik n colonel

pulen n disciple, protégé

pulover n pullover

pulpa n pulp (as of fruit)

puls n pulse; *izmeriti nekome ~* to take smb.'s pulse; ~ *mu je ubrzan (usporen)* his pulse is fast (slow) **pulsirati** v to pulsate

pult n 1. stand; rostrum; lectern; podium; ~ *za note* music stand; *dirigentski ~* conductor's podium 2. (tech.) control panel, panelboard

pulverizovati v to pulverize

puma n (zool.) puma, mountain lion

pumpa n pump; ~ *za vodu (ulje)* water (oil) pump **pumpati** v 1. **napumpati** to pump (up); inflate; ~ *gumu* to pump up a tire 2. **ispumpati** to pump out, drain; ~ *vodu iz podruma* to pump water out of a basement

pun a 1. full, filled; *sala je ~a sveta* the hall is full of people; ~ *mesec* a full moon 2. plump, fleshy; ~*a žena* a plump woman 3. complete, full; whole; ~*a godina je prošla* a whole year has gone by

punačak a plump

punč n punch (drink)

punđa n bun (knot of hair)

punica (W) see **tašta**

puniti, napuniti v 1. to fill; ~ *rezervoar benzinom* to fill a tank with gasoline; ~ *do vrha* to fill to the brim; ~ *džepove novcem* to fill one's pockets with money; ~ *dvoranu* to fill an auditorium 2. to load; ~ *pušku* to load a rifle 3. to charge; ~ *bateriju* to charge a battery 4. (cul.) to stuff; ~ *pile* to stuff a chicken 5. to reach (an age); *on je juče napunio 10 godina* he was ten yesterday

puno adv much, many, a lot; ~ *puta* many times; *on ~ čita* he reads a lot

punoća n 1. fullness 2. plentitude, abundance 3. plumpness

punoglavac n tadpole

punokrvan a purebred, thoroughbred; ~ *konj* a thoroughbred horse

punoletan, punoljetan a of legal age, adult **punoletnost, punoljetnost** n majority, legal age

punomoć *n* authorization; proxy

punjen *a* stuffed; ~*e paprike* stuffed peppers; ~*e životinje* stuffed animals

pupak *n* navel **pupčani** *a* umbilical; ~*a vrpca* umbilical cord **pučanica** *n* umbilical cord

pupila *n* (anat.) pupil

pupiti, napupiti *v* to bud, blossom

puplin *n* poplin

pupoljak *n* bud

puran *n* (W) turkey

purgativ *n* purgative, laxative

purist(a) *n* purist

puritanac *n* Puritan **puritanizam** *n* Puritanism

purizam *n* purism

purka *n* (W) turkey

purpur *n* purple (color) **purpuran** *a* purple

pust *a* 1. empty, deserted; desolate; wild; ~*o ostrvo* a deserted island; ~*a ulica* an empty street 2. vain, futile; ~*i snovi* futile dreams **pusteti, pustjeti, opusteti, opustjeti** *v* to become deserted, become empty

pustinja *n* desert, wasteland **pustinjak** *n* hermit, recluse

pustiti, puštati *v* 1. to let (go), release; to allow, permit; *pusti mi ruku* let my hand go; *pusti me u bioskop* let me go to the movies; *pusti ih da idu kući* let them go home; *pusti motor da se zagreje* let the engine warm up; ~ *iz zatvora* to release from prison 2. to turn on, start; ~ *radio (slavinu, televiziju)* to turn on a radio (faucet, television set) 3. to leak; *čamac pušta (vodu)* the boat leaks 4. misc.; ~ *novac u opticaj* to issue money; ~ *u prodaju* to put on sale; ~ *u pogon fabriku* to put a plant into operation; *ovaj štof pušta boju* this material runs; ~ *zvuk* to emit a sound; ~ *bradu (brkove)* to grow a beard (moustache); *pusti me (na miru)!* leave me alone! *nikoga ne puštaju bez ulaznice* no one is admitted without a ticket; ~ *iz ruke* to drop

pustolov *n* adventurer **pustolovan** *a* adventurous

pustoš *n* 1. wasteland 2. mess, chaos

pustošiti *v* to rage; *vatra je pustošila šumu (šumom)* the fire raged through the forest

pušač *n* smoker **pušenje** *n* smoking; ~ *zabranjeno!* no smoking! **pušiti** *v* 1. to

smoke; ~ *cigarete* to smoke cigarettes; ~ *lulu (na lulu)* to smoke a pipe 2. ~ *se* to emit smoke, smoke

puška *n* rifle, shotgun; *pucati* ~*om (iz* ~*e)* to fire a rifle; *mašinska (vazdušna)* ~ automatic (air) rifle; *lovačka* ~ hunting rifle **puščani** *a* rifle; ~*a cev* rifle barrel **puškar** *n* gunsmith; armorer **puškarati** *v* to fire (a rifle, rifles) sporadically; ~ *se* to exchange rifle fire **puškomitraljez** *n* automatic rifle

puštati see **pustiti**

put I *n* 1. road, way, path (also fig.); ~ *za Beograd* the road to Belgrade; *preki* ~ shortcut; *kružni* ~ beltway; *roba je na* ~*u* the merchandise is on the way; *na pola* ~*a* at the halfway point; *mirnim* ~*em* peacefully; *ići pravim (pogrešnim)* ~*em* to go the right (wrong) way 2. trip; *ići na* ~ to go on a trip; *svadbeni* ~ honeymoon; *srećan* ~*!* bon voyage! ~ *u oba pravca* round trip; *službeni* ~ a business trip **putni** *a* road; ~*a mreža* road network

put II *n* time; *prvi* ~ (for) the first time; *nekoliko (više)* ~*a* several (many) times; *dva* ~*a* twice; *svaki* ~ every time

putanja *n* 1. path, way; *eliptična* ~ an ellipse 2. orbit

putar *n* road maintenance man

putem *prep* by means of, by way of, through

puten *a* carnal, sensual

puter *n* butter

putište *n* pastern

putni see **put** I

putnik *n* traveler, passenger; *trgovački* ~ traveling salesman; *slepi* ~ stowaway **putnički** *a* passenger; ~ *voz (automobil)* passenger train (car)

putokaz *n* road sign

putovati *v* to travel; *kad putujete?* when are you leaving? ~ *oko sveta* to travel around the world **putujući** *a* traveling; ~*a biblioteka* bookmobile

puzati *v* to creep, to crawl **puzav** *a* 1. crawling, creeping 2. (fig.) fawning, servile **puzavac** *n* 1. reptile 2. today, fawner **puzavica** *n* (bot.) climber, creeper **puziti** *v* 1. to creep; to crawl 2. (fig.) to be servile, crawl

puž *n* snail

R

rabarbar *n* (bot.) rhubarb
rabin *n* rabbi **rabinat** *n* rabbinate
rabiti (W) see **upotrebljavati**
rabota *n* hard work
racija I *n* raid
racija II *n* ration, portion
racionalan *a* rational (also math.) **racionalist(a)** *n* rationalist **racionalizacija** *n* rationalization, scientific methods **racionalizam** *n* rationalism **racionalizovati** *v* to rationalize; to organize scientifically
racionirati *v* to ration; ~ *namirnice* to ration food
račun *n* 1. arithmetic; mathematics; calculus; *integralni (diferencijalni)* ~ integral (differential) calculus 2. bill, check; account; *kelner, molim vas* ~! waiter, the check please! *platiti* ~ to pay the bill; ~ *za telefon (za vodu)* telephone (water) bill; *staviti (metnuti) na nečiji* ~ to put on smb.'s bill; or: to charge to smb.'s account; *položiti* ~ to render an accounting; **imati s nekim stare* ~*e* to have old accounts to settle with smb.; *raščistiti (izravnati)* ~*e s nekim* to settle accounts with smb.; *otvoriti (tekući)* ~ to open an account (a checking account) 3. calculation; plan; *prevariti se u* ~*u* or *pogrešiti u* ~*u* to miscalculate; *po mom* ~*u* by my calculations; **praviti* ~ *bez krčmara* to make plans without consulting those concerned 4. <u>*voditi* ~*a*</u> to take care of; to watch out for; to consider, take into account; *on vodi* ~*a o kući* he takes care of the house; *vodi* ~*a da ne zakasniš!* be sure not to be late! *vodi* ~*a o vremenu!* watch the time! 5. misc.; *brak iz* ~*a*

marriage of convenience; ~ *gubitka i dohotka* profit and loss statement **računaljka** *n* 1. abacus 2. adding machine <u>**računar**</u> *n* computer; *elektronski* ~ electronic computer **računati** *v* 1. to calculate, count, figure; ~ *na prste* to count on one's fingers; ~ *u glavi (napamet)* to figure in one's head; *on ne ume da računa* he doesn't know how to count; ~ *na nekoga* to count on smb. 2. to consider; *on se računa kao favorit* he is considered to be the favorite **računovodstvo** *n* accounting **računovođa** *n* accountant
račva *n* 1. fork, bifurcation 2. prong; branch (of a bifurcation) 3. (in *pl*) pitchfork **račvast** *a* forked **račvati se** *v* to fork, divide; *put se račva* there is a fork in the road
<u>**rad**</u> *n* 1. work, labor; *fizički* ~ physical labor; *umni* ~ intellectual (mental) work; *prinudan* ~ forced labor; *obustaviti* ~ to stop work; *težak (naporan)* ~ hard (strenuous) work 2. *ručni* ~ handwork, handiwork; (on a label) handmade, made by hand 3. (written, published) work, article, study, paper; *naučni* ~*ovi* scholarly (scientific) works; *domaći* ~ homework; *pismeni* ~ written assignment; *seminarski* ~ seminar paper 3. (in *pl*) construction; *izvođač* ~*ova* contractor
radar *n* radar
radi *prep* because of, for the sake of; ~ *mene* for my sake; ~ *dece* for the sake of the children
radijum *n* radium
radijacija *n* radiation
radijalan *a* radial

radijator n radiator

radije comp. of **rado**; *ja ću ~ ostati kod kuće* I prefer to remain at home

radijus n radius

radikal n (pol., math.) radical **radikalac** n (pol.) radical **radikalan** a radical, extreme **radikalizam** n radicalism

radilica n 1. worker (bee) 2. (tech). crankshaft

radilište n work site

radinost n 1. diligence 2. *domaća ~* handicrafts, handwork

radio n radio; *na ~iju* or *preko ~ija* on the radio; *slušati ~* to listen to the radio

radio- *prefix* radio **radioaktivan** a radioactive **radio-amater** n amateur radio operator, ham **radio-aparat** n radio (piece of furniture) **radio-emisija** n radio broadcast

radiologija n radiology

radionica n workshop

radio-prenos, radio-prijenos n radio broadcast **radio-spiker** n radio announcer **radio-stanica** n radio station

raditi v 1. to work; *~ u fabrici* to work in a factory; *~ kao učitelj* to work as a teacher; *šta on radi?* what does he do? or: what is his occupation (profession)? *~ na nečemu* to work on smt.; *mašina (sat, motor) odlično radi* the machine (watch, motor) works very well 2. **uraditi** to do; *šta radiš* what are you doing? *on je to dobro uradio* he did that well; *~ domaći zadatak* to do homework; *radi šta hoćeš* do what you want; *~ sve naopačke* to do everything wrong 3. *~ se* to be about; *o čemu se radi?* what is the matter? *radi se o tome da nemamo novca* the point is that we do not have any money 4. to act; *~ protiv zakona* to act in violation of the law; *~ na svoju ruku* to act on one's own

radkapna n hubcap

radni a 1. working; *~o vreme* working hours; (econ.) *~a snaga* labor; *~a soba* study, workroom; *zbor ~ ih ljudi* assembly of workers 2. (gram.) active; *~ glagolski pridev* active participle **radnik** n worker; *fabrički ~* a factory worker **radnički** a working, labor; *~ pokret* labor movement; *~a klasa* the working class; *~ savet* workers' council; *~o samoupravljanje* workers' self-management

radnja n 1. store, shop; *tražiti nešto po ~ama* to shop for smt. 2. plot, action (as of a novel, play); *glavna ~* main plot; *živa ~* lively action 3. *računske ~e* arithmetical operations

rado adv gladly

radost n joy; **on je van sebe od ~i* he is beside himself with joy **radostan** a glad, gay, joyous, happy; *~sne boje* gay colors **radovati, obradovati** v to make happy 2. *~ se (nečemu)* to be happy (about smt.); *~ se nečijem uspehu* to be happy about smb.'s success; *radujemo se što ste došli* we are glad that you came

radoznalost n curiosity **radoznao** a curious, inquisitive

rađanje n birth; *~ deteta* birth of a child; *kontrola ~a* birth control **rađati** see **roditi**

raf n shelf (in a store)

rafal n 1. burst of fire; *mitraljeski ~* machine-gun burst 2. gust (of wind)

rafinerija n refinery; *~ nafte (šećera)* oil (sugar) refinery **rafiniran** a refined, sophisticated **rafinirati** v to refine; *~ naftu (šećer)* to refine oil (sugar); *~ nekoga* to polish smb.'s manners

ragbi n rugby

ragu n ragout

rahitičan a rickety, rachitic, affected with rickets **rahitis** n rickets, rachitis

raj n paradise

rajčica n (W) tomato

rajsferšlus n zipper

rak n 1. (zool.) crayfish, crawfish 2. (zool.) crab 3. (med.) cancer; *~ u grlu* throat cancer

raketa n 1. rocket; rocket ship; missile 2. racket (for tennis)

rakija n brandy

rakita n osier

rakun n raccoon

ralo n (wooden) plow

ram n frame

rame n 1. shoulder; *~ uz ~* shoulder to shoulder; **slegnuti ramenima* to shrug one's shoulders 2. (tech.) crank arm (on a crankshaft)

ramenjača n shoulder blade, scapula

rampa n 1. ramp; *silazna (uzlazna) ~* exit (entrance) ramp 2. (theater) footlights 3. (railroad) barrier 4. *~ za lansiranje raketa* or *raketna ~* rocket launching pad

rana n wound, injury; *naneti* ~*u* to inflict a wound; *teška (ljuta)* ~ a serious wound

ranac n haversack

randevu n date, rendez-vous; *zakazati nekome* ~ to make a date with smb.

rang n rank, grade; *po* ~*u* according to rank **rang-lista** n (usu. sports) (list of) seedings, rank order

rani a early; *krenuli su* ~*im jutrom* they left early in the morning; *stići* ~*im vozom* by the early train

raniti I v to wound, injure; ~ *nekoga u nogu* to wound smb. in the leg

raniti II **poraniti** v to get up early **rano** adv early; too early; *ustati* ~ to get up early; ~ *doći* to come (too) early

ranžirati v to shunt, range; ~ *vagone* to shunt railroad cars

ranjav a sore; wounded **ranjenik** n casualty, wounded person **ranjiv** a vulnerable

raonik n plowshare

raport n report; *podneti* ~ to submit a report

rapsodija n rhapsody

raritet n rarity

ras- see **raz-**

rasa n race; *bela (crna, žuta)* ~ the white (black, yellow) race **rasni** a racial; ~*a diskriminacija* racial discrimination

rasaditi v to transplant **rasadnik** n nursery, hothouse

rasan a purebred, thoroughbred

rascep, rascjep n 1. fissure, cleft; rift 2. split, division **rascepati, rascijepati** v 1. to tear up; ~ *pismo* to tear up a letter 2. to split; to cut up; to divide

rascepkati, rascjepkati v to split; ~ *partiju* to split a party (into factions)

rascijepati see **rascepati**

rascjep see **rascep**

rascjepkati see **rascepkati**

rascvetati, rascvjetati v 1. to make bloom, bring into bloom 2. ~ *se* to bloom begin to bloom

raseći, rasjeći v to cut up, chop up

rasejan, rasijan a absent-minded; ~*i profesor* an absentminded professor **rasejanost, rasijanost** n absentmindedness

rasejati, rasijati v 1. to spread, diffuse 2. to squander, dissipate, throw around; ~ *novac* to squander money

raselina, rasjelina n cleft, fissure

raseliti v to evacuate (displace); *raseljeno lice* a displaced person

rashladiti v to cool; ~ *sobu (vino)* to cool a room (wine)

rashod n expense, expenditure

rasijan see **rasejan**

rasijanost see **rasejanost**

rasijati see **rasejati**

rasipan a wasteful, extravagant **rasipnik** n squanderer, spendthrift, prodigal

rasist(a) n racist **rasizam** n racism

rasjeći see **raseći**

rasjelina see **raselina**

raskalašan a dissipated, licentious; undisciplined, unruly **raskalašnik** n libertine

raskid n breaking, breaking up, severance; ~ *ugovora* breaking of a contract **raskinuti** v 1. to break, sever 2. to tear (to pieces)

rasklapanje deverb. of **rasklapati**; *sto (krevet) na* ~ folding table (bed) **rasklapati** see **rasklopiti**

rasklimati v to loosen; to make shaky

rasklopiti, rasklapati, v 1. to unfold, open; ~ *kišobran* to open an umbrella; ~ *oči* to open one's eyes 2. to take apart, dismantle, disassemble; ~ *moto* to disassemble an engine

raskol n (rel.) schism **raskolnik** n schismatic

raskomadati see **komadati**

raskopati v to dig up; ~ *baštu* to dig up a garden

raskopčati v to unbutton

raskoračiti se v to stand astride; ~ *nasred puta* to stand astride a road

raskorak n variance; *ići u* ~ to be out of step; or: to be at variance; *doći u* ~ to clash

raskoš n luxury **raskošan** a luxurious, sumptuous; ~*šna vila* a luxurious mansion

raskovati v 1. to unshackle 2. to open, pry open (smt. riveted, bolted)

raskraviti v to melt, thaw

raskrčiti see **krčiti**

raskrečiti v to spread

raskrinkati v to unmask, expose; ~ *zaveru* to expose a plot

raskrižje (W) see **raskrsnica**

raskrsnica n crossroads, intersection

raskrvariti v to make bleed; ~ *ranu* to make an injury bleed

raskuhati see **raskuvati**

raskuvati v to overcook (so as to make soft)

raskvasiti v to soften (by soaking)

rasni see **rasa**

rasol n brine

raspad n decay; breakdown; disintegration

raspadati se see **raspasti se**

raspaliti v to inflame, stir (up), excite; ~ *strasti (mržnju)* to inflame passions (hatred); ~ *vatru* to stir (start) a fire 2. ~ *se* to blaze up

rasparati v to unstitch open, let out; ~ *šav* to open a seam

rasparen a see **raspariti**; ~ *čarape* mismatched socks **raspariti** v to separate, break up (members of a pair or set); ~ *servis* to break up a set of china

raspasti se, raspadati se v to fall apart, decompose, disintegrate; to decay; *motor se raspao* the motor fell apart; *leš se raspada* the corpse is decaying

raspečatiti v to unseal

raspeće n 1. crucifixion 2. crucifix **raspeti** v 1. to crucify 2. to unfurl

raspetljati v to disentangle, untangle; ~ *čvor* to untie a knot

raspiliti v to saw up

raspis n circular, notice, announcement **raspisati** v to announce; ~ *izbore* to schedule elections; ~ *nagradu* to post a reward

raspitati se v to inquire; ~ *o nečemu* to inquire about smt.

rasplakati v 1. to make (smb.) cry 2. ~ *se* to burst into tears

rasplamsati v 1. see **raspaliti** 1 2. ~ *se* to burst into flame, begin to burn

rasplesti v 1. to undo, unbraid; ~ *kike* to undo pigtails 2. to unravel, disentangle, untangle; ~ *vunu* to unravel wool 3. to solve, clear up, unravel; ~ *zločin* to solve a crime **rasplet** n denouement, outcome

rasplinuti se v 1. to run spread (as of butter) 2. to disappear, fade away, melt away; *rasplinule su se sve njene nade* all her hopes faded away 3. ~ *u pisanju (u govoru)* to be too wordy, be carried away when writing (when speaking)

rasplod n breeding, propagation **rasplodni** a breeding; ~*a stoka (stanica)* breeding stock (station) **rasploditi** v to breed, grow

raspodela, raspodjela n distribution; ~ *namirnica (stanova)* distribution of food (apartments) **raspodeliti, raspodijeliti** v to distribute; to arrange; ~ *hranu* to distribute food

raspojasan a dissolute **raspojasati se** v to become disssolute

raspolaganje n 1. disposal; *staviti (dati) nekome nešto na* ~ to place smt. at smb.'s disposal 2. management, handling **raspolagati** v 1. to possess, have; ~ *velikom erudicijom* to possess great knowledge 2. to manage, handle; to dispose of; ~ *novcem* to handle money

raspoložen a see **raspoložiti**; *biti (dobro)* ~ to be in a good mood; *on je* ~ *da ti pomogne* he feels like helping you; *biti* ~ *prema nekome* to be partial toward smb. **raspoloženje** n mood, disposition, temper **raspoložiti** v to put (smb.) into a good mood **raspoloživ** a available; *sva* ~*a sredstva* all available menas

raspon n span; ~ *mosta* span of a bridge; ~ *krila* wingspan

raspored n 1. schedule, program; ~ *časova* schedule of classes; *po (prema)* ~*u* according to schedule 2. disposition, arrangement; ~ *soba* arrangement of rooms **rasporediti** v to arrange, dispose; to assign, allot, place; to distribute; ~ *đake po grupama* to assign pupils to groups; ~ *posao* to allot (distribute) work

rasporiti v to cut open; ~ *nožem* to cut open with a knife

raspoznati v to recognize, tell apart; to distinguish, identify

raspra n quarrel, discord

rasprava n 1. discussion; treatise, paper 2. quarrel 3. hearing; *sudska (javna)* ~ court (public) hearing **raspraviti, raspravljati** v 1. to settle, regulate, straighten out; ~ *raspru (parnicu)* to settle a quarrel (a suit) 2. to discuss; *raspravljati o nečemu* to discuss smt.

raspregnuti v to unharness, unhitch

raspremiti v to clear away; to straighten up; ~ *sto* to clear away a table; ~ *sobu* to straighten up a room

raspričati se v to get carried away (while talking), talk too long

rasprodaja n sale **rasprodati** v to sell (out); *knjiga je rasprodata* the book has been sold out

rasprostraniti *v* 1. to make wider, widen 2. spread, disseminate; ~ *vest* to spread news

rasprostreti, rasprostrijeti *v* to spread (out), unfold; ~ *ćebe* to spread a blanket

rasprsnuti se *v* 1. to blow up, explode; *granata se rasprsla* the grenade exploded 2. to break (into pieces); *šolja se rasprsla* the cup broke into pieces

raspršiti *v* to scatter, disperse; ~ *pepeo* to scatter aches; ~ *sumnju* to dispel doubts

raspući se *v* 1. to break, crack 2. to explode

raspusnik *n* rake, libertine **raspusništvo** *n* debauchery

raspust *n* 1. vacation 2. adjournment

raspustan *a* licentious, debauched

raspustiti *v* 1. to dismiss, adjourn, disband; ~ *skupštinu* to disband (dismiss) parliament 2. to let get out of hand; ~ *decu* to let children get out of hand

raspuštenica *n* divorcee

rast *n* 1. growth 2. height

rastanak *n* saying good-bye, taking leave, departure, separation

rastati se *v* 1. to say good-bye, take leave; ~ *s nekim (od nekoga)* to say good-bye to smb. 2. to be separated; ~ *od žene* to be separated (divorced) from one's wife **rastava** *n* separation; ~ *braka* divorce

rastumačiti *v* to explain, interpret

rastur *n* 1. distribution, handing out 2. dispersal, dispersion **rasturač** *n* distributor **rasturiti** *v* 1. to distribute, spread, hand out; ~ *letke* to hand out leaflets 2. to disperse, dispel, break up; ~ *gužvu* to disperse a crowd; ~ *iluzije* to dispel illusions 3. to disarrange, mess up; ~ *fioku* to mess up a drawer

rastvor *n* solution, mixture **rastvoriti** *v* 1. to dissolve; ~ *šećer* to dissolve sugar 2. to open **rastvorljiv** *a* soluble, dissoluble

rasuditi *v* to reason; ~ *pravilno* to reason correctly

rasulo *n* disintegration chaos

rasuti *v* 1 to spill, scatter; ~ *šećer (brašno)* to spill sugar (flour) 2. to squander; ~ *novac* to squander money 3. to disperse; to scatter

rasveta, rasvjeta *n* lighting **rasvetliti, rasvijetliti** *v* 1. to light up 2. to clear up; ~ *zločin* to clear up a crime

raščerupati *v* to pluck 2. to dishevel, mess up

raščešljati *v* to comb out; ~ *kosu* to comb out hair

raščistiti *v* 1. to clear, to clear away; to clean up, straighten out; ~ *put (od snega)* to clear a road (of snow) ~ *dvorište* to clean up a yard; ~ *fioku* to straighten out a drawer 2. to solve, clear up; ~ *pitanje* to clear up a question

raščlaniti *v* to divide, separate

raščupati *v* to dishevel

raširiti *v* 1. to widen, broaden 2. to spread; to open; ~ *ruke* to spread one's arms; ~ *oči* to open one's eyes (wide) 3. to unfold, spread; ~ *ćebe* to spread a blanket 4. to disseminate, spread; ~ *vest (glasove, kulturu, bolest)* to spread news (rumors, culture, a disease)

raširiti *v* to unstitch, open, let out

raštimovati se *v* to get out of tune

raštrkati se *v* to disperse

rat *n* war; *građanski (svetski, hladni)* ~ civil (world, cold) war; *krstaški* ~ crusade; ~ *iscrpljivanja* war of attrition; *voditi* ~ to wage war; *objaviti* ~ to declare war **ratni** *a* war; military; ~ *huškač* warmonger; ~ *sud* court martial; ~ *invalid* disabled veteran; ~ *trofeji* war trophies; ~ *zločini* war crimes; ~ *zarobljenik* prisoner of war; ~ *brod* warship; ~*a odšteta* war reparations

rata *n* installment; *plaćati na* ~*e* to pay on installments

ratar *n* plowman **ratarstvo** *n* husbandry, farming

ratifikovati *v* to ratify **ratifikacija** *n* ratification

ratni see **rat**

ratnik *n* warrior **ratnohuškački** *a* warmongering; ~ *krugovi* warmongering circles **ratoboran** *a* militant, belligerent, aggressive **ratobornost** *n* militancy, belligerency **ratovati** *v* to wage war, fight

ravan *a* 1. flat; level; ~*vna površina* flat (level) surface; ~ *taban* flatfoot 2. straight; ~*vna linija* a straight line 3. equal; equivalent; *biti* ~ *nekome* to be equal to smb.; *biti na* ~*vnoj nozi s nekim* to be on an equal footing with smb.

ravnalo (W) see **lenjir**

ravnatelj (W) *n* director

ravnati v 1. see izravnati 2. ~ se to orient
oneself; ~ se prema zvezdama to orient
oneself by the stars. 3. (W) see upravljati
ravnica n plain, prairie
ravno adv 1. see ravan 2. horizontally;
ležati ~ to lie horizontally
ravnodnevica n equinox
ravnodušan a indifferent, apathetic; biti
~ prema nečemu to be indifferent to-
ward smt.
ravnomeran, ravnomjeran a even, uni-
form; ~rno disanje even breathing
ravnopravan a having equal rights, equal;
~ pred zakonom equal before the law
ravnopravnost n equality
ravnostran a (math.) equilateral
ravnoteža n balance, equilibrium; izgubiti
(održati) ~u to lose (maintain) one's
balance
raz- (prefix that can denote) 1. (division
into two or more parts) — razdeliti 2.
(dispersion, scattering) — razbacati 3.
(opposite, reverse) — razviti 1 4. (be-
ginning of an action) — rasplakati 2.
razabrati v 1. to select 2. to see, discern 3.
to understand, make out, camprehend
razagnati v to disperse, chase away
razan a (usu. in pl) different; miscella-
neous; various; ~zni problemi (pravci)
various problems (directions); dva ~zna
odela two different suits; oni se ~zno
oblače they dress differently
razarač n (naval) destroyer razaranje n
destruction
razaslati v to send out; ~ pozivnice to
send out invitations
razbacati, razbacivati v 1. to scatter; to
litter, throw around; ~ stvari po sobi to
litter things around the room 2. to
squander; razbacivati novac to squan-
der money 3. razbacivati se nečim to
show off (with) smt.
razbarušiti v to dishevel, muss up; ~ kosu
to muss up hair
razbaštiniti v to disinherit
razbeći se, razbjeći se v to run off; ~ na
sve strane to run in all directions
razbesneti se, razbjesnjeti se v to become
enraged
razbesniti, razbjesniti v to infuriate,
enrage
razbibriga n pastime, diversion
razbijač n rowdy, ruffian
razbistriti v to make clear, clear up

razbiti v 1. to break, smash, crack; ~ šolju
(led, prozor) to break a cup (the ice, a
window); ~ vrata to break down (force)
a door 2. to rout, defeat; ~ neprijatelja
to rout the enemy 3. to drive away,
dispel; ~ strah to dispel fear 4. to
change (a bill); ~ hiljadarku to change
(break) a thousand-dinar note 5. to
disperse, break up; ~ društvo to break
up a group 6. to divide; ~ đake u grupe
to divide pupils into groups
razbjeći se see razbeći se
razbjesniti see razbesniti
razbjesnjeti se see razbesneti se
razblažiti v 1. to soothe, alleviate 2. to
dilute, mix; ~ mleko vodom to dilute
milk with water
razbluda n lust razbludan a lustful; vo-
luptuous razbludnik n libertine, de-
bauchee
razboj n 1. loom 2. (gymnastics) parallel
bars
razbojnik n robber, bandit razbojništvo n
bunditry; robbery
razboleti se, razboljeti se v to become ill;
~ od malarije to catch malaria
razborit a reasonable, sensible
razbuditi v to awaken; to rouse
razbuktati se v to burst into flame, blaze
up, flame up; vatra se razbuktala the
fire blazed up
razdaljina n distance
razdati v to hand out, distribute
razdeliti, razdijeliti v to divide; ~ na dva
dela to divide into two parts
razdeljak, razdjeljak n part (in the hair)
razdeo n 1. compartment, section 2. (me-
njanje brzina) sa ~lom double clutching
razderati, razdirati v 1. to tear up; ~
pismo to tear up a letter 2. ~ se na
nekoga to shout at smb. 3. to plague; to
torment; njih razdiru sumnje they are
plagued by doubts
razdijeliti see razdeliti
razdio see razdeo
razdirati see razderati
razdjeljak see razdeljak
razdoblje n period, time, epoch
razdor n discord
razdragati v to fill with joy, fill with
rapture
razdražiti v to irritate; ~ se to get irritat-
ed razdražljiv a irritable
razdrmati v to shake up
razdrobiti see drobiti

razduhati see **razduvati**

razduvati v to scatter (by blowing)

razdužiti v to free from a debt

razdvojiti v to separate; *vasionski brodovi su se razdvojili* the spaceships separated **razdvojiv** a separable

razgaziti v 1. to track, deposit; ~ *blato po celoj kući* to track mud all over the house 2. to break in (shoes)

razglasiti v to proclaim, announce, make public **razglasni** a public-address; ~*a stanica* (~ *uređaj*) public-address system

razglaviti v to loosen; to take apart

razgledati v to visit, view; ~ *grad* to go sight-seeing in a city

razglednica n picture postcard

razgneviti, razgnjeviti v to infuriate

razgoliti v to bare, uncover; to reveal

razgoreti se, razgorjeti se v to blaze up

razgovarati v to converse, chat, talk

razgovetan, razgovijetan a distinct, recognizable, clear, intelligible; *govori ~tno!* speak clearly!

razgovor n conversation; *telefonski* ~ a telephone call; ~ *u četiri oka (udvoje)* a tete-a-tete; ~*i o miru* peace talks **razgovoran** a colloquial, conversational **razgovorljiv** a talkative

razgrabiti v 1. to buy up; ~ *robu* to buy up goods 2. see **grabiti**

razgraditi v to raze, demolish, tear down

razgranati v to extend, expand, ramify; ~ *kulturne veze* to expand cultural relations

razgraničiti v to limit, restrict, confine

razgrejati, razgrijati v to warm (up)

razgrijati see **razgrejati**

razgristi v 1. to chew up 2. to bite into

razgrnuti v to dig away; ~ *zemlju (sneg* to dig away the soil (snow)

razići se, razilaziti se v 1. to split up, disperse, scatter; to diverge; *svet se razišao* the crowd dispersed; *zraci se razilaze* the rays diverge; *skupština se razišla* the parliament disbanded; *oblaci su se razišli* the clouds scattered; *magla se razišla* the fog lifted 2. to spread, pour; *mastilo se razišlo po čaršavu* the ink spread over the tablecloth 3. to differ, diverge; *naša se mišljenja razilaze* our opinions differ

razigrati se v to dance with joy (fig.)

razilazak n breaking up, leaving

razilaziti se see **razići se**

razina n (W) level

razjarenost n rage, fury **razjariti** v to anger, infuriate

razjasniti v to explain

razjediniti v to disunite, divide

razjednačiti v to make different

razjesti v to corrode

razjuriti v to chase away, disperse (also **rasterati**)

razlabaviti see **labaviti**

razleći se v to resound, reverberate, rumble, echo

razleteti se, razletjeti se v to fly in different directions

različak n (bot.) cornflower

različan, različit a 1. different, dissimilar; heterogeneous; *dva ~čna pojma* two different concepts; *oni su potpuno ~čni* they are completely different; *ukusi su različiti* tastes are different 2. various, diverse; ~*čna mišljenja* various opinions

razlika n difference, distinction; *za ~u od* in contrast to; *praviti ~u između* to differentiate between; *to čini (pravi) veliku ~u* that makes a big difference **razlikovati** v 1. to differentiate; to recognize; ~ *dobro od zla* to differentiate good from evil 2. ~ *se* to be different; *veoma (jako) se* ~ to be quite different

razliti v 1. to spill 2. to pour; ~ *mleko u flaše (iz kante)* to pour milk into bottles (from a can) 3. ~ *se* to run, spread; *boje su se razlile* the paints ran

razlog n reason, cause, motive; argument; excuse; *dati (navesti)* ~ to give (cite) a reason; *pobiti* ~ to refute an argument; ~*zi za i protiv* reasons for and against; *bez (vidljivog) ~a* for no (apparent) reason; *iz kog ~a?* for what reason?

razlokati v to wash away; *voda je razlokala put* the water washed away the road

razlomak n (math.) fraction

razlomiti v to break (into pieces)

razložan a reasonable, rational

razložiti v 1. to disassemble 2. to explain; to present; ~ *plan* to present a plan

razlupati v to smash, break

razljutiti v to infuriate

razmaći v to move apart **razmak** n space, interval; distance; *vremenski* ~ (time) interval **razmaknica** n space bar (on a typewriter **razmaknuti** see **razmaći**

razmatrati see **razmotriti**

razmazati v to spread, smear, daub

razmaziti see **maziti** 2

razmažen a spoiled; ∼o dete a spoiled child

razmekšati v to soften, make soft

razmena, razmjena n exchange; kulturna ∼ cultural exchange; ∼ misi an exchange of ideas; ∼ materije metabolism

razmeniti, razmijeniti v 1. to exchange; ∼ marke (stanove, dobra) to exchange stamps (apartments, goods) 2. to change 3. ∼ se to make an exchange **razmenljiv, razmjenljiv** a exchangeable

razmera, razmjera n proportion; ratio; u obrnutoj ∼i in inverse ratio; ∼ karte scale of a map

razmesiti, razmijesiti v to mix, knead (dough)

razmestiti, razmjestiti v to arrange, place, put in order; ∼ knjige to arrange books

razmetati see **razmetnuti**

razmetljiv a boastful **razmetljivac** n boaster, braggart

razmetnuti, razmetati v 1. to scatter 2. to squander 3. razmetati se to show off; to brag; to strut

razmijeniti see **razmeniti**

razmijesiti see **razmesiti**

razmimoići se v to pass by each other, to cross (in transit)

razmirica n disagreement, quarrel

razmisliti, razmišljati v to feflect, meditate, think over, ponder; ∼ o nečemu to think smt. over

razmjena see **razmena**

razmjenljiv see **razmenljiv**

razmjer, razmjera see **razmer**

razmjestiti see **razmestiti**

razmnožiti, razmnožavati v 1. to grow, breed 2. ∼ se to breed, multiply; zečevi se brzo razmnožavaju rabbits breed quickly 3. to duplicate, copy, mimeograph; ∼ tekst to duplicate a text

razmontirati v to dismantle

razmotati v to unwind, unfurl, unwrap

razmotriti, razmatrati v 1. to inspect, examine 2. to discuss, deal with

razmrdati v to loosen; ∼ se to become loose; ∼ noge to stretch one's legs

razmrsiti v 1. to disentangle, unravel 2. to clear up, solve

razmrskati v to crush, break, shatter

razmrviti v to crush up

razmutiti v to mix, stir, dissolve

razneti, raznijeti, raznositi v 1. to carry off (in various directions); deca su raznela sve igračke the children carried off all the toys 2. spread, disseminate; ∼ glas (vesti, klice) to spread a rumor (news, germs) 3. to blow to pieces, blow off; to tear to pieces; granata mu je raznela stopalo the shell blew off his foot 4. to deliver; ∼ novine (mleko, poštu) to deliver newspapers (mik, mail)

raznežiti, raznježiti v to move, touch, affect

razni see **razan**

raznijeti see **razneti**

razno I 1. adv see **razan** 2. (as a noun) miscellanea; miscellaneous news (as a newspaper column)

razno- II prefix different, varied

raznobojan a variegated; colorful

raznoličan, raznolik a heterogeneous, diverse

raznorodan a heterogeneous, different

raznosač n one who delivers; ∼ novina newspaper boy, newsboy

raznositi see **razneti**

raznovrstan a heterogeneous, diverse, different; various

raznježiti see **raznežiti**

razočaranje n disappointment **razočarati** v to disappoint; ∼ se u nekoga to be disappointed in smb. **razočarenje** see **razočaranje**

razonoda n leisure, recreation, fun **razonoditi** v 1. to cheer (smb.) up 2. ∼ se to have fun, to have pleasure

razoran a destructive; ∼ uticaj pernicious influence **razoriti** v to destroy; to demolish; ∼ zdravlje to undermine one's health

razoružanje n disarmament **razoružati** v to disarm

razotkriti v to uncover, reveal

razrada n 1. working out; ∼ detalja working out of details 2. breaking in (as of an automobile) **razraditi** v 1. to work out, develop; ∼ plan (program) to work out a plan (program); ∼ teoriju to develop a theory 2. to break in; ∼ automobil (motor) to break in a car (an engine)

razrasti se v to grow, spread

razred n 1. group, class 2. (in school) class, grade; on ide u prvi ∼ he is in the first grade; niži (viši) ∼i lower (upper) grades

razredba n (W) classification **razrediti** I v to classify
razrediti II **razrijediti** v 1. to dilute 2. to rarefy
razrednik n (esp. W) homeroom teacher
razrešiti, razriješti v 1. to untie; ~ čvor to untie a knot 2. to release, free; ~ nekoga obaveze to release smb. from an obligation 3. to dissolve, annul 4. to solve **razrešiv, razrješiv** a solvable
razrez n 1. slit 2. ~ poreza tax apportionment **razrezati** v 1. to cut; ~ na dve polovine to cut into halves 2. to apportion (taxes)
razrijediti see **razrediti**
razriti v to dig up; ~ baštu to dig up a garden
razrješiv see **razrešiv**
razrogačiti v ~ oči or ~ se to open one's eyes wide
razrok a cross-eyed
razrušiti v 1. to demolish 2. to destroy
razuditi see **uditi** II
razuđen a jagged, indented; ~a obala a jagged coastline
razum n intellect, reason, sense **razuman** a sensible, reasonable, rational; ponašati se ~mno to behave sensibly
razumeti, razumjeti v to understand; to grasp; on razume engleski he understands English; on ne razume šalu he doesn't have a sense of humor; pogrešno ~ to misunderstand; ~ se u muziku (pozorište, konje, slikarstvo) to know smt. about music (the theater, horses, painting); to se (samo po sebi) razume that goes without saying
razumljiv a understandable
razuveriti, razuvjeriti v to disillution
razuzdan a unbridled, unchecked, unrestrained **razuzdati** v to unbridle
razvalina n 1. (usu. in pl) ruins 2. wreck (building, person, etc.) **razvaliti** v 1. to raze, demolish 2. break down, force; ~ vrata to break down a door
razvedem see **razvesti** I
razveden a divorced
razvedriti se v to clear up; nebo se razvedrilo the sky has cleared up
razvejati, razvijati v to scatter, to dispel
razveseliti see **veseliti** 1
razvesti I **razvoditi** v 1. to lead, take in different directions; ~ goste po sobama to take guests to their rooms (as in a hotel) 2. to divorce; ~ muža i ženu to

grant a divorce to a couple 3. ~ se to get a divorce; razveli su se they got a divorce; razvela se od muža she divorced her husband
razvesti II **razvoziti** v to drive, haul to different places; ~ goste kućama to drive guests home
razvezati v to untie
razvijen a developed; well-developed, well-built
razvikati se v to shout, yell
razvitak see **razvoj**
razviti v 1. to unwrap; ~ paket (knjigu, poklon) to unwrap a package (book, present) 2. to unfurl, spread; ~ zastavu to unfurl a flag 3. to develop; ~ ukus (um, fotografiju, snagu, zemlju) to develop one's taste (one's mind, a photograph, one's strength, a country); ~ brzinu to pick up speed
razvlačiti see **razvući**
razvod n divorce
razvoditi see **razvesti** I
razvodnik n 1. usher (in a theater, movies) 2. (mil.) private first class
razvodniti v to dilute
razvoj n development; umni (fizički) ~ mental (physical) development; (pol.) zemlje u ~u developing countries
razvoziti see **razvesti** II
razvraćen a corrupted, perverted **razvrat** n debauchery, perversion **razvratan** a debauched, perverted **razvratiti** v to corrupt, pervert **razvratnik** n rake, libertine
razvrstati v to classify
razvući, razvlačiti v 1. to stretch; ~ gumu to stretch a rubber band; (fig.) ~ lice u osmeh to smile 2. to stretch out of shape; ~ čarapu (haljinu) to stretch a stocking (dress) out of shape 3. to drag out, protract, prolong; ~ posao (film) to drag out a job (a film) 4. to swipe, steal; sve su mi razvukli they swiped everything

raž n rye **ražan** a rye
ražanj n spit; barbecue
ražeći see **žeći**
ražestiti see **žestiti**
ražnjić n 1. dim. of ražanj 2. (cul.) (in pl) kabobs

rđa n 1. rust, corrosion 2. rust disease, rust **rđati, zarđati** v to rust; gvožđe rđa iron rusts

rđav *a* 1. bad, of bad quality; ~ *put* a bad road; ~*a hrana* bad food; ~*o vreme* bad weather; ~ *ukus* poor taste; ~*a roba* bad merchandise 2. evil, mean, bad; ~ *čovek* an evil man; ~*o postupanje* bad treatment 3. bad, nauseous; *njoj je bilo* ~*o* she felt sick **rđaviji, gori** (*comp*) *u najgorem slučaju* if worse comes to worst; *najgore je što se razboleo* the worst thing is that he got sick

reagovati *v* to react; ~ *na način lečenja* to respond to treatment **reakcija** *n* reaction; *lančana* ~ a chain reaction; (pol.) *politička* ~ reactionary circles; or: political reaction; *hemijska* ~ a chemical reaction **reakcionar** *n* reactionary **reakcionaran** *a* reactionary

reaktivisati *v* to put back in service, reactivate

reaktivni *a* jet; ~ *motor* jet engine; ~ *pogon* jet propulsion

reaktor *n* reactor

realan *a* 1. real, actual; ~*na plata* real wages 2. realistic, practical; ~ *čovek (plan)* a realistic man (plan) **realist(a)** *n* realist **realističan** *a* realistic **realizacija** *n* realization, consummation **realizam** *n* realism **realizovati** *v* to accomplish, realize, carry out **realnost** *n* reality

rebrast *a* ribbed

rebro *n* rib; *lažna (vita)* ~*a* false ribs

recenzent *n* reviewer, critic **recenzija** *n* review, critique; *napisati* ~*u na knjigu* to write a review of a book **recenzirati** *v* to review

recepcija *n* 1. (hotel) lobby; desk; *službenik* ~*e* desk clerk; *šef* ~*e* (front-office) manager 2. reception

recepis *n* receipt; *povratni* ~ return receipt

recept *n* 1. recipe (also fig.) 2. prescription

receptivan *a* receptive

recesija *n* recession

recidiv *n* 1. (med.) relapse 2. repetition (of a crime) **recedivist(a)** *n* recidivist, repeater **recidivizam** *n* recidivism

reciprocitet *n* reciprocity **recipročan** *a* reciprocal

recitacija *n* recitation, public reading

recital *n* recital

recitirati *v* to recite

recka *n* 1. perforation (on a stamp) 2. notch, mark **reckav** *a* perforated; notched; dented

reč *n* 1. word; *strana* ~ a foreign word; *drugim* ~ *ima* in other words; *časna (poštena)* ~ word of honor; *zastarele (dijalekatske, pokrajinske)* ~*i* obsolete (dialectal, regional) words 2. promise, word; *dati (održati)* ~ to give (keep) one's word; 3. talk, speech, conversation; *o čemu je* ~*?* what is being discussed? *voditi glavnu* ~ to be the main speaker; *pozdravna* ~ an introductory speech, greeting 4. the right to speak, the floor; *javiti se za* ~ to ask for the floor

rečca, riječca *n* (gram.) particle

rečenica *n* 1. sentence; *potvrdna (odrična or odrečna, upitna)* ~ affirmative (negative, interrogative) sentence 2. clause; *glavna* ~ main clause; *nezavisna (naporedna)* ~ independent clause; *zavisna (sporedna)* ~ dependent clause

rečnik, rječnik *n* dictionary; *izraditi* ~ to compile a dictionary; *dvojezični* ~*ci* bilingual dictionaries

reći *v* to say; to tell; *šta je on rekao?* what did he say? ~ *istinu (laž)* to tell the truth (a lie); *može se reći* one can say; *rekao bih* i would say

red *n* 1. order, system; *u* ~*u* OK, in order; *održavati* ~ to maintain order; *dovesti u* ~ to put in order; *napraviti* ~ to put things in order; *azbučni* ~ alphabetical order; ~ *reči* word order; *uspostaviti* ~ to establish order; ~ *i mir* law and order; *pozvati na* ~ to call to order 2. class; order, rank; *kaluđerski* ~ monastic order 3. (biol.) order 4. (math.) progression; series 5. layer (as of a cake) 6. line (in a book) 7. line, queue; *stati u* ~ to get into line; *čekati (stajati) u* ~*u* to wait in line 8. turn; *na tebe je* ~ it's your turn; *preko* ~*a* out of turn; *on je propustio svoj* ~ he missed his turn 9. row; *sedeti u prvom* ~*u* to sit in the first row 10. schedule, timetable; ~ *vožnje* timetable 11. *dnevni* ~ agenda 12. etiquette; decorum; bon ton; ~*a radi* for the sake of appearances 13. (mil.) file; (fig.) *zbiti* ~*ove* to close ranks; *izići iz* ~*a* to break formation: *u* ~*!* fall in!

redak I *n* line (in a book)

redak II *a* 1. thin, watery 2. sparse, scattered; ~*tko lišće* sparse foliage; ~ *tka brada* a sparse beard; ~*tki zubi* widely-spaed teeth 3. rare; unusual,

uncommon; ~ *gost* a rare guest; ~*tka knjiga* a rare book; ~ *događaj* an unusual event **redi, rjeđi** *(comp)*
redakcija *n* 1. editorial staff 2. editorial offices **redaktor** *n* editor
redar *n* 1. (in school) monitor 2. (W) policeman, watchman **redarstvo** *n* (W) the police; police station
redenik *n* cartridge belt
redigovati *v* to edit
reditelj *n* (theater) director
redni *a* ordinal; ~ *broj* ordinal numeral
redom *adv* one (person, thing) after the other; *svi su ~ došli* they all came one after the other
redosled, redoslijed *n* sequence, order
redov *n* (mil.) private
redovan *a* 1. regular, usual, customary; ~ *posetilac opere* a regular opera goer 2. regular, full; ~*vni profesor* a full professor; ~*vni student* a full-time student
redovit see **redovan**
redovnik *n* (Cath.) monk, friar
redukcija *n* reduction **redukovati** *v* to reduce
ređati *v* 1. **poređati** to arrange (in rows), line up; ~ *knjige na policu* to arrange books on a shelf; ~ *se po veličini* to line up according to height 2. ~ *se* to come (pass, go) one after the other; *ređala su se sela* the villages went by one after the other
reği see **redak** II
referat *n* report; paper; *podneti ~* to give a report (paper)
referendum *n* referendum
referent *n* administrator, officer; ~ *za kadrove* personnel officer
referisati *v* to report; ~ *o nečemu* to submit a report about smt.
refleks *n* reflex; *uslovni ~* conditional reflex
refleksija *n* 1. (phys.) reflexion; ~ *svetlosti* reflexion of light 2. (phil.) reflexion, meditation **refleksivan** *a* 1. reflexive; ~ *pokret* reflex action 2. (gram.) reflexive 3. reflective, meditative **reflektovati** *v* to reflect; ~ *svetlost* to reflect light 2. to reflect, meditate **reflektor** *n* 1. reflector (lamp) 2. searchlight; floodlight
reforma *n* reform; *privredna (agrarna) ~* economic (agrarian) reform **reformacija** *n* reformation **reformator** *n* reformer **reformisati** *v* to reform
refrakcija *n* refraction

refren *n* refrain
regal *n* shelf; pigeonhole
regata *n* regatta
regeneracija *n* regeneration **regenerisati** *v* to regenerate
regent *n* regent **regentstvo** *n* regency
region *n* region **regionalizam** *n* regionalism
registar *n* 1. record, register 2. (mus.) register, compass (as of an instrument)
registar-kasa *n* cash register
registracija *n* registration **registratura** *n* registrar's office **registrovati** *v* to register
regresija *n* regression **regresivan** *a* regressive
regrut *n* recruit, draftee **regrutacija** *n* recruiting **regrutovati** *v* to recruit
regulisati *v* to regulate, control; to direct; ~ *cene* to regulate prices
rehabilitacija *n* rehabilitation (physical and pol.) **rehabilitovati** *v* to rehabilitate (physically and pol.)
reinkarnacija *n* reincarnation **reinkarnirati** *v* to reincarnate
rejon I *n* region, area, district; *industrijski (rudarski, poljoprivredni, stočarski) ~* industrial (mining, farming, cattle-raising) area
rejon II *n* rayon
reka, rijeka *n* river; *korito* ~*e* riverbed; *izvor (ušće)* ~*e* source (mouth) of a river
rekapitulacija *n* recapitulation **rekapitulirati** *v* recapitulate
reket *n* (tennis) racket
rekla-kazala *n* hearsay
reklama *n* 1. advertising, publicity 2. advertisement; *ulične* ~*e* street posters; *svetleće* ~*e* flashing neon signs
reklamacija *n* complaint; claim; *uložiti (napraviti)* ~*u* to make a complaint
rekonstruisati *v* to reconstruct; to remodel; ~ *stan* to remodel an apartment; ~ *događaj* to reconstruct an event **rekonstrukcija** *n* reconstruction; remodeling
rekonvalescencija *n* convalescence **rekonvalescent** *n* convalescent
rekord *n* record; *premašiti ~* to beat a record **rekordan** *a* record; ~ *broj* a record number **rekorder** *n* record holder, champion
rekreacija *n* recreation
rektalan *a* rectal

rektor *n* president (of a university), rector
rektorat *n* president's office (at a university), rector's office
rektum *n* rectum
rekvijem *n* requiem
rekvirirati *v* to requisition **rekvizicija** *n* requisitioning, requisition
rekvizit *n* (usu. in *pl)* accessories, paraphernalia **rekviziter** *n* property man
relacija *n* 1. relation 2. distance 3. route, line
relaksacija *n* relaxation
relativan *a* relative **relativitet** *n* relativity; *teorija* ~*a* theory of relativity
relej *n* (elec.) relay
relevantan *a* relevant
reli *n* (automobile) rally
religija *n* religion **religiozan** *a* religious
relikvija *n* relic
reljef *n* (geog. and sculpture) relief
remek-delo, remek-djelo *n* masterpiece, chef d'oeuvre
remen *n* strap, belt
remenar *n* saddler, harness maker
remetiti, poremetiti *v* to disturb, interfere with, disrupt
remi I *n* (usu. in chess) a draw; *igrati* ~ to play a draw
remi II *n* (card game) rummy
remilitarizacija *n* remilitarization **remilitarizirati** *v* to remilitarize
reminiscencija *n* reminiscence **reminiscirati** *v* to reminisce
remizirati *v* to play to a draw
remont *n* repair (s), maintenance **remontirati** *v* to repair
remorker *n* tugboat **remorkirati** *v* to tow
rende *n* 1. plane, 2. grater
rendgen *n* 1. X-ray machine 2. X ray (photograph); *ići na* ~ to go for an X ray **rendgenski** *a* X-ray; ~ *aparat* X-ray machine **rendgenolog** *n* radiologist
rendisati *v* 1. **narendisati** to grate; ~ *sir* to grate cheese 2. to scrape 3. to plane
renegat *n* renegade
renesansa *n* renaissance
renome *n* renown, fame **renomiran** *a* renowned
renovirati *v* to renovate
renta *n* 1. (fixed) income (from an annuity, rent) 2. rent
rentabilan *a* profitable, lucrative
reorganizacija *n* reorganization **reorganizovati** *v* to reorganize

rep *n* 1. tail (of an animal, airplane); *mahati (mrdati)* ~*om* to wag a tail 2. rear end, rear, tail end, end; *na* ~*u kolone* at the (tail) end of a column 3. train (as of a gown)
repa *n* 1. turnip 2. beet; *šećerna* ~ sugar beet
reparacija *n* reparation; *ratne* ~*e* war reparations
repatica *n* comet
repatrijacija *n* repatriation **repatrirati** *v* to repatriate
reperkusija *n* repercussion
repertoar *n* repertoire
repeticija *n* 1. repetition 2. (theater) rehearsal, **repetirati** *v* 1. to repeat 2. to rehearse
repetirka *n* automatic rifle
repica *n* (bot.) rape
replika *n* 1. retort, rejoinder 2. (theater) line 3. (art) copy, replica
reportaža *n* (newspaper) report, story, account; ~ *o nečemu* story about smt. **reporter** *n* reporter
represalija *n* (often in *pl)* reprisal
represivan *a* repressive
reprezentacija *n* 1. representative body 2. (sports) *državna* ~ national team; all-star team 3. showing, presentation **reprezentativac** *n* (sports) member of a national team **reprezentativan** *a* representative
repriza *n* 1. (theater) second showing 2. repetition
reprodukcija *n* reproduction **reprodukovati** *v* to reproduce **reproduktivan** *a* reproductive
reptil *n* reptile
republika *n* republic **republikanac** *n* republican
reputacija *n* reputation
rerna *n* oven, stove
resa *n* 1. (bot.) catkin, ament 2. fringe 3. tassel
resica *n* (anat.) uvula
resiti, uresiti *v* (W) to adorn
respekt *n* respect
respiracija *n* respiration
restauracija *n* restoration, renovation **restaurisati** *v* to restore; ~ *freske* to restore frescoes
restitucija *n* restitution **restituisati** *v* to restitute, restore
restoran *n* restaurant

restrikcija *n* restriction **restriktivan** *a* restrictive

rešen, riješen *a* determined, resolute; ready

rešenje, rješenje *n* 1. decision; *doneti* ~ to make a decision 2. solution; ~ *zagonetke* solving of a riddle

rešetati, **prorešetati** *v* 1. to sift, put through a sieve; ~ *pesak (šljunak, žito)* to sift sand (gravel, grain) 2. to shower; ~ *nekoga (mecima)* to drill smb. (with bullets); ~ *nekoga pitanjima* to pepper smb. with questions **rešetka** *n* grating; bars; *zatvorske* ~*e* prison bars **rešeto** *n* sieve

rešiti, **riješiti** *v* 1. to decide 2. to solve; ~ *problem (zagonetku)* to solve a problem (riddle) 3. ~ *se* to make up one's mind **rešiv, rješiv** *a* solvable

rešo *n* hot plate

retina *n* (anat.) retina

retkost, rjetkost *n* rarity; rare event

retorika *n* rhetoric; bombast **retorički** *a* rhetorical; ~*o pitanje* a rhetorical question

retorta *n* retort (vessel)

retroaktivan *a* retroactive

retrovizer *n* rearview mirror

retuširati *v* to retouch, touch up; ~ *fotografiju* to retouch a photograph

reumatičan *a* rheumatic **reumatičar** *n* rheumatic **reumatizam** *n* rheumatism

revakcinacija *n* revaccination

revanš *n* 1. revenge 2. (sports) ~ *utakmica* a return game **revanširati se** *v* repay; ~ *nekome* to repay smb., to return a favor to smb.

revelacija *n* revelation

rever *n* lapel

revers *n* (library) call card

revija *n* 1. review, journal 2. *(muzička)* ~ musical 3. (mil.) review, parade 4. *modna* ~ fashion show

revizija *n* 1. checkup, inspection; audit 2. revision 3. (corrected) page proofs **revizionist(a)** *n* (pol.) revisionist **revizionizam** *n* (pol.) revisionism

revizor *n* inspector; auditor

revnost *n* zeal, eagerness, ardor **revnostan** *a* zealous, eager; devoted; hardworking; (sports) ~ *navijač* a devoted fan

revolt *n* 1. revolt 2. revulsion, indignation **revoltirati** *v* to infuriate

revolucija *n* 1. (astro.) revolution 2. (pol.) revolution; *politička (socijalna, buržoa-*

ska, proletarska) ~ a political (social, bourgeois, workers') revolution **revolucionar** *n* revolutionary **revolucionaran** *a* revolutionary **revolucionisati** *v* to revolutionize

revolver *n* revolver **revolveraš** *n* gunman

rez, **rijez** *n* cut, slash; incision; *carski* ~ Cesarean section

reza *n* latch, bolt

rezač *n* pencil sharpener

rezak *a* biting; tingling

rezanac *n* (usu. in *pl*) noodle

rezati *v* 1. to cut 2. to carve; ~ *u drvetu* to carve (in) wood 3. to trim; ~ *granje* to trim branches **rezbar** *n* carver, woodcarver **rezbarija** *n* carving **rezbariti** *v* to carve **rezbarstvo** *n* carving

rezerva *n* 1. (mil.) reserve; *oficir u* ~*i* reserve officer 2. reserve(s); *ostaviti u* ~*i (za* ~*u)* to leave in reserve 3. reservation, qualification; *uz* ~*u* with a reservation

rezervacija *n* reservation; ~ *sobe* room reservation; *izvršiti* ~*u* to make a reservation **rezervat** *n* reservation, preserve

rezervisati *v* to reserve; ~ *sobu (mesto, sto)* to reserve a room (seat, table); **rezervist(a)** *n* (mil.) reservist **rezervni** *a* reserve; spare

rezervoar *n* reservoir; tank; ~ *za gorivo* fuel tank

rezidencija *n* residence, mansion

rezignacija *n* resignation (state of mind)

rezime *n* resume, summary **rezimirati** *v* to summarize

rezolucija *n* resolution **rezolutan** *a* resolute

rezonanca *n* resonance

rezultat *n* 1. result 2. (sports) score; *nerešen* ~ a tie score; *kakav je* ~*?* what is the score? **rezultovati** *v* to result

režanj *n* slice

režati *v* to growl

režija *n* 1. management 2. (theater) direction; *film je sniman u* ~*i Jovana Petrovića* the film was directed by Jovan Petrović

režim *n* 1. (pol.) regime 2. order, discipline 3. (med.) treatment; diet

režirati *v* direct (a play, film) **režiser** *n* 1. (theater, movie) director 2. manager

riba *n* fish; *pržena (pečena, kuvana)* ~ fried (baked, boiled) fish **riblji** *a* fish; ~ *zejtin* cod-liver oil; ~*a kost* fish bone

ribar n (professional) fisherman **ribariti** v to fish (as a profession) **ribarstvo** n fishing

ribati v 1. **oribati** to rub; to scour; to scrub; ~ *pod (sto)* to scrub the floor (table) 2. **naribati** to scrape, grate

ribizla n (bot.) currant

rublji see **riba**

ribolov n fishing (usu. as a sport) **ribolovac** n fisherman, fisher, angler **ribolovstvo** n fishing (as an industry)

ricinus n castor oil

rid a reddish; red (of hair); sorrel; ~a *žena* a redheaded woman **ridast** a reddish, sorrel

rigorozan a rigorous

riječ see **reč**

riječca see **rečca**

rijedak see **redak** II

rijeka see **reka**

riješiti see **rešiti**

rijetkost see **retkost**

rijez see **rez**

rika n roar **rikati** v to roar, bellow; *lavovi (topovi) riču* lions (cannon) roar

rilo n 1. proboscis; snout 2. (elephant) trunk

Rim n Rome

rima n rhyme; *napraviti (složiti)* ~u to make a rhyme

rimokatolik n Roman Catholic **rimokatolički** a Roman Catholic

rimovati v to rhyme; *te se dve reči ne rimuju* these two words do not rhyme

rimski a Roman; ~ *brojevi* Roman numerals

ring n 1. (boxing, wrestling) ring 2. (fig.) ring, circle

ringla n burner (on a range)

ringšpil n merry-go-round

ris I n lynx; wildcat

ris II n ream (of 100 sheets)

risač n (W) draftsman **risati** v to draw

riskantan a risky **riskirati** v to risk

rit n marsh

ritam n rhythm

ritati, ritnuti v 1. to kick; ~ *nekoga* to kick smb. 2. ~ *se* to kick; *konj se rita* the horse kicks

riti v to dig, burrow

ritmičan, ritmički a rhythmical

ritual n ritual

rival n rival **rivalitet** n rivalry

riza n cassock

rizičan a risky **rizik** n risk **rizikovati** v to risk

riznica n treasury **rizničar** n treasurer

riža n (W) rice

rječnik see **rečnik**

rjeđi see **redak** II

rješenje see **rešenje**

rješiv see **rešiv**

rob n slave

roba n goods, merchandise; ~ *široke potrošnje* consumer goods; *poručiti (pregledati, poslati, primiti, istovariti)* ~u to order (inspect, send, receive, unload) merchandise **robni** a merchandise; goods; ~a *razmena* exchange of goods; ~a *kuća* department store

robija n hard labor, forced labor (in prison) **robijaš** n convict (sentenced to hard labor)

robiti v to rob, plunder

roblje n (coll.) slaves; *trgovina* ~m slave trade; *belo* ~ white slavery

robni see **roba**

robot n robot

robovlasnik n slaveholder **robovlasnički** a slaveholding

ročište n 1. meeting place 2. appearance in court

rod n 1. sex 2. (gram.) gender; *muški (ženski, srednji)* ~ masculine (feminine, neuter) gender; *kojeg je* ~a *ova imenica?* (of) which gender is this noun? 3. family; relative; *blizak (dalek)* ~ a close (distant) relative 4. clan 5. (zool., bot.) genus 6. (mil.) ~ *vojske* branch of service; ~ *oružja* type of weapon 7. harvest; crop; fruit; *donositi* ~ to bear fruit; *davati dobar* ~ to yield a good crop

roda n stork

rodan a 1. fertile; ~dna *zemlja* fertile soil 2. native; ~dna *zemlja* native country

rodbina n (coll.) relatives

rodina n harvest, crop, yield

roditelj n parent **roditeljski** a parental; ~a *ljubav* parental love

roditi, rađati v 1. to bear, bring forth; ~ *dete* to bear a child; *ovo drvo rađa lepe plodove* this tree bears beautiful fruit 2. ~ *se* to be born; *rodio se u Parizu* he was born in Paris

rodoljub n patriot **rodoljubiv** a patriotic **rodoljublje** n patriotism

rodom adv by birth; *on je* ~ *Beograđanin (iz Beograda)* he was born in Belgrade

rodopis *n* genealogy
rodoskvrnuće, rodoskvrnjenje *n* incest
rodoslov *n* genealogy
rodak *n* relative; *bliski (daljni)* close (distant) relative; ~ *po ocu (majci)* relative on one's father's (mother's) side
roden *a* (in fem.) nee; *Vera Simić ~a Pešić* Vera Simić nee Pešić
rodendan *n* birthday
rodeni *a* born; ~ *brat* brother
rog *n* 1. horn; antler; *jelenji ~ovi* stag's antlers; *lovački* ~ a hunter's horn; ~ *izobilja* cornucopia, horn of plenty
rogat *a* horned
rogušiti, narogušiti *v* 1. ~ *uši* to prick up one's ears 2. ~ *se na nešto* to bristle at smt.
roj *n* swarm; ~ *pčela* swarm of bees
rojalist(a) *n* royalist **rojalistički** *a* royalist
rojiti se *v* to swarm
rojta *n* fringe
rok *n* 1. period (of time); *(poslednji)* ~ time limit, deadline; *u što kraćem ~u* as soon as possible; *ispitni* ~ examination period; ~ *je protekao (istekao, prošao)* the deadline has passed; *produžiti* ~ to extend a deadline; *garantni* ~ guarantee period 2. *vojni* ~ military service; *odslužiti svoj* ~ to complete one's military service
rokada *n* (chess) castling **rokirati** *v* (chess) to castle
rokovnik *n* (bookkeeping) journal
roktati *v* to grunt (of a pig)
roletna *n* (window) blind
rolna *n* 1. roll; ~ *od junećeg mesa* rolled beef 2. curl
rolšue *n* roller skates
roljati, sroljati *v* to roll; ~ *bure* to roll a barrel
roman *n* 1. novel; *istorijski* ~ an historical novel 2. love affair
romantistika *n* (study of) Romance languages and literatures **romanizovati** *v* to Romanize **romanski** *a* Roman, Romance; ~ *jezici* the Romance languages
romantičan *a* romantic; ~*čna književnost* romantic literature **romantičar** *n* romanticist **romantika** *n* romantic charm, romance **romantizam** *n* romanticism
romb *n* rhombus
romboid *n* rhomboid
rominjati *v* to drizzle; *kiša rominja* it is drizzling
romoriti *v* to babble, murmur

ronac *n* (zool.) pochard
ronilac *n* diver **roniti, uroniti** *v* to dive
ropstvo *n* 1. slavery 2. oppression, heel
roptati *v* to grumble, complain
rosa *n* dew; *jutarnja* ~ the morning dew
rostbif *n* roast beef
roštilj *n* 1. grill; *pržiti meso na ~u* to grill meat 2. grilled meat
rotacija *n* rotation **rotacioni** *a* rotating **rotirati** *v* to rotate
rotkva *n* (bot.) radish **rotkvica** *n* (red) radish (as food)
rotonda *n* rotunda
rov *n* 1. ditch 2. trench
rovariti *v* to plot, scheme, intrigue
rovit *a* soft; ~*o jaje* soft-boiled egg
rovka *n* (zool.) shrew
rozbif see **rostbif**
rožast *a* hornlike
rožnica (W) see **rožnjača**
rožnjača *n* (anat.) cornea
rt *n* (geog.) cape
rub *n* 1. edge, brink; margin 2. hem
rubeola *n* German measles
rubin *n* ruby
rubiti, porubiti *v* to hem
rublja *n* ruble
rublje *n* (coll.) linen, laundry
rubrika *n* column (as in a newspaper)
ručak *n* dinner (main meal of the day); lunch **ručati** *v* to dine, have dinner (midday meal)
ručica *n* handle
ručni see **ruka**
ručnik *n* towel
rud *a* reddish-brown
ruda I *n* ore; *gvozdena (bakarna)* ~ iron (copper) ore
ruda II *n* shaft (on a horse-drawn vehicle)
rudar *n* miner **rudarski** *a* mining; ~ *fakultet* school of mining **rudarstvo** *n* mining
rudiment *n* rudiment **rudimentaran** *a* rudimentary; basic
rudnik *n* mine; ~ *zlata* gold mine
ruganje *n* ridicule, scorn, mockery **rugati se** *v* to ridicule, mock, jeer **ruglo** *n* 1. disgrace, object of ridicule 2. ridicule, mockery, scorn
rugoba *n* ugliness; monstrosity, monster
ruho *n* clothes, garments, attire
rujan I *n* (W) September
rujan II *a* reddish; (dark) red
ruka *n* 1. hand, arm; *prekrstiti ~e* to fold one's arms; *pružiti nekome ~u* to offer

smb. a hand (also fig.); *slomiti* ~*u* to break one's arm; ~*e uvis!* hands up! *držati (uhvatiti) nekoga ispod* ~*e* to hold (take) smb. by the arm; *mahati* ~*om* to wave one's arm; *pisati* ~*om* to write by hand; *rađeno* ~*om* handmade; *biti pod* ~*om* or *biti pri* ~*ci* to be handy (at hand); *°on mi je desna* ~ he is my right hand; *°iz prve (druge)* ~*e* firsthand (at second hand) 2. misc.; *dići* ~*u na sebe* to attempt suicide; *pljesnuti nekoga* ~*om po ramenu* to tap smb. on the shoulder; *na brzu* ~*u* hastily; *imati pune* ~*e posla* to be very busy; *biti sreće* ~*e* to be lucky; *njemu sve polazi za* ~*om* he succeeds in everything **ručni** *a* hand, arm; ~ *sat* wristwatch; ~ *prtljag* hand luggage; ~*a kočnica* hand brake

rukav *n* sleeve

rukavac *n* by-channel, branch (of a river)

rukavica *n* glove; mitten; *°baciti* ~*u* to throw down the gauntlet

rukomet *n* fieldball **rukometaš** *n* fieldball player

rukopis *n* 1. handwriting; *čitak* ~ legible handwriting 2. manuscript

rukopoložiti *v* (rel.) to ordain

rukovalac *n* operator (as of a machine) **rukovati** *v* 1. to operate, run; to handle; ~ *puškom* to handle a rifle 2. ~ *se* to shake hands

rukovodeći *a* leading **rukovodilac** *n* 1. leader; *državni* ~ government leader 2. director, manager, administrator; ~ *laboratorije* laboratory director **rukovoditi** *v* to manage, run, direct, operate; ~ *državom (preduzećem)* to operate a government (a firm) **rukovodstvo** *n* 1. (coll.) directors, leaders 2. leadership 3. management

ruksak *n* rucksack, knapsack

rulet *n* roulette

rulja *n* (coll.) mob, rabble

rum *n* rum

rumen I *n* 1. rosiness, rosy color **rumen** II *a* 1. rosy, pink; ~*i obrazi* rosy cheeks 2. red; ~*o vino* red wine

rumeneti, rumenjeti *v* 1. **porumeneti, porumenjeti** to become rosy, become pink; *nebo rumeni* the sky is turning pink 2. to blush

rumeniti, narumeniti *v* to make red

rumenkast *a* reddish, pink

rumenjeti, see **rumeneti**

Rumunija, (esp. W) **Rumunjska** *n* Rumania

runda *n* (boxing) round

rundav *a* shaggy

runo *n* fleece

runolist *n* (bot.) edelweiss

rupa *n* hole; *iskopati* ~*u* to dig a hole

rupica *n* hole; ~ *za dugme* buttonhole

rupičav *a* full of holes

ruptura *n* rupture

ruralan *a* rural

rus *a* light-brown; blond

rusalka *n* water nymph

Rusija *n* Russia **ruski** *a* Russian

rustikalan *a* rustic

rusvaj *n* 1. disorder, chaos 2. noise

ruševina *n* wreck, ruin; (in *pl*) ruins; debris

rušilački *a* destructive **rušiti, porušiti, srušiti** *v* 1. to raze, demolish, tear down; ~ *zgradu* to tear down a building 2. to destroy; *srušiti ugled* to destroy a reputation

rutav *a* shaggy, hairy

rutina *n* routine

ruža *n* (bot.) rose

ružan *a* 1. ugly, homely, unattractive; ~*žno pače* ugly duckling (also fig.) 2. unpleasant, bad; ~*žno vreme* unpleasant weather 3. dishonest; ~ *postupak* a dishonest act 4. vulgar, obscene; ~*žne reči* vulgar words

ružičast *a* pink, rose, rosy

ružnoća *n* ugliness

rvač *n* wrestler **rvanje** *n* wrestling **rvati se, porvati se** *v* 1. to wrestle; to struggle; ~ *s teškoćama* to struggle with difficulties 2. (sports) to wrestle

rzati *v* to neigh: *konj rže* the horse neighs

S

s I sa *prep* 1. with, together with, along with; *raditi* ~ *nekim* to work with smb.; *disati* ~ *naporom* to breathe with difficulty; 2. from, off; *pao je* ~ *drveta* he fell from (off) the tree; *vraća se* ~ *koncerta (pošte)* he is returning from the concert (post office); ~ *početka* from the beginning; *sa istoka* from the east

s- II *(prefix* that denotes descent, separation) — **sići, svući**

s- III **da-, su-** *(prefix* that denotes togetherness) — **skup, saveznik, suradnik**

sabesednik, sabesjednik *n* conversationalist, collocutor

sabijen *a* compressed; compact; ~ *vazduh* compressed air

sabiranje *n* (math.) addition

sabiti *v* 1. to compress; ~ *vazduh* to compress air 2. to drive together; to gather, round up; ~ *ovce u gomilu* to gather sheep 3. to make more compact, condense, contract; ~ *misao (rečenicu)* to condense a thought (sentence); ~ *redove* to close ranks (also fig.)

sablast *n* ghost, specter **sablastan** *a* ghostly, spectral

sablazan *n* 1. scandal 2. abomination, evil **sablazniti** *v* 1. to shock, scandalize, upset 2. to corrupt, spoil **sablažnjiv** *a* shocking, scandalous

sablja *n* saber, sword; *zveckati* ~om to engage in saber rattling **sabljast** *a* saber-shaped

sabor *n* 1. parliament 2. *(crkveni)* ~synod **sabotaža** *n* sabotage **sabotirati** *v* to sabotage

sabran *a* calm, composed **sabrati** *v* 1. to gather, collect 2. (math.) to add 3. ~ *se* to collect one's thoughts

sačekati *v* to wait for

sačinilac *n* creator, maker

sačiniti, sačinjavati *v* 1. to compose, draw up; ~ *molbu* to draw up a request 2. to make up; *delegaciju sačinjavaju* . . . the delegation consists of . . .

sačma *n* buckshot

sačuvati see **čuvati** 1

saće *n* honeycomb

sada, sad *adv* now; right away; *sad ću!* I'll do it right away!

SAD *n* USA

sadašnji *a* 1. present, current 2. (gram.) ~*e vreme* the present tense **sadašnjica** *n* the present, present times

sadilac *n* planter

sadist(a) *n* sadist **sadistički** *a* sadistic

saditi, posaditi *v* 1. to plant; ~ *drvo (cveće)* to plant a tree (flowers) 2. to seat; ~ *nekoga u začelje* to seat smb. at the head of the table

sadizam *n* sadism

sadnica *n* 1. seedling, nursery plant 2. scion

sadržaj *n* 1. contents 2. table of contents; subject matter (as of a book); *kratak* ~ summary **sadržati, sadržavati** *v* 1. to contain, hold; *ova flaša sadrži (sadržava) dva litra* this bottle holds two liters 2. (math.) ~ *se* to go, be contained; *dva se sadrži (sadržava) u deset pet puta* two goes into ten five times

sadržilac *n* (math.) denominator

sadržina *n* 1. contents; ~ *paketa (knjige)* contents of a package (book) 2. volume, capacity

safir n sapphire

saga n saga

sagibljiv a flexible

saglasan a agreed, in agreement **saglasiti se** v to agree **saglasnost** n concord, agreement

sagledati v to perceive, recognize, realize; ~ *istinu* to realize the truth

sagnuti, sagibati v 1. to bend, bow; ~ *glavu* to bow one's head 2. ~ *se* to stoop (down); *on se sagnuo* he stooped down

sagoreti, sagorjeti v 1. to burn; ~ *mnogo drva* to burn a lot of wood 2. to burn (out, down)

sagraditi v to build, construct

saharin n saccharin

saharoza n saccharose, sucrose

sahnuti, usahnuti v 1. to dry up; *izvor je usahao* the spring dried up 2. to wilt, wither; *ruže sahnu* the roses are wilting

sahrana n funeral; interment, burial **sahraniti** v to inter, bury

saigrač n (sports) teammate

sajam n fair, exhibition; *stočni (godišnji)* ~ livestock (annual) fair; ~ *knjige* book fair

sajla n cord, cable

sajmište n fairgrounds, exhibition hall

sakat a crippled, mutilated; lame, paralyzed **sakatiti, osakatiti** v 1. to cripple, mutilate, maim 2. to butcher, botch; ~ *tekst* to butcher a text (as of a censor)

sako n jacket (of a man's suit)

sakralan a sacral, holy

sakramen(a)t n (Cath.) sacrament

sakristija n sacristy, vestry

sakriti see **kriti**

saksija n flowerpot

saksofon n saxophone **saksofonist(a)** n saxophone player

sala n auditorium, hall; *bioskopska* ~ movie theater

salama n salami

salata n 1. *(zelena)* ~ lettuce; *glavica* ~*e* head of lettuce 2. salad; ~ *od krompira (paradajza)* potato (tomato) salad

saldirati v to balance (an account) **saldo** n (comm.) balance

saleteti, saletjeti v to bother, pester; ~ *nekoga (molbama)* to bother smb. (with requests)

saliti v 1. to pour 2. to cast, form, pour; ~ *top* to cast a cannon **saliven** a fitting exactly

salo n 1. lard 2. fat; grease

salon n 1. living room; drawing room 2. *(umetnički)* ~ (art) gallery 3. (literary) salon 4. shop; *frizerski* ~ berbershop; ~ *za dame* ladies' hairdresser

salutirati v to salute

salva n 1. salvo; *ispaliti počasne* ~*e* to fire an artillery salute 2. outburst; ~ *smeha (aplauza)* an outburst of laughter (applause)

Salvador n Salvador

salvet n napkin

sam I a alone; *išla je* ~*a* she went alone 2. a pure, real, genuine (nothing but); *ona je* ~*a koža i kost* she is nothing but skin and bones 3. a the very; just a; ~ *pogled je dovoljan* just a look is enough; *na* ~ *dan venčanja* on the very day of the wedding 4. pron oneself, itself; *ja sam* ~ *tamo išao* I went there myself; *to se razume* ~*o po sebi* that goes without saying; *vrata su se zatvorila* ~*a od sebe* the doors closed by themselves

sam II see **biti** I

samac n bachelor, single man

samarićanin n (good) Samaritan

samica n single woman

samilost n compassion **samilostan** a compassionate

samit n (pol.) summit

samleti, samljeti see **mleti**

samo I 1. adv only; just; *ima* ~ *deset dinara* he only has ten dinars; *on* ~ *uči* he does nothing but study; ~ *malo* just a little 2. conj but; *ova kuća je lepa,* ~ *je skupa* this house is very nice, but it's too expensive

samo- II prefix auto-, self-

samoća n 1. solitude, isolation; *živeti u* ~*i* to live in solitude 2. isolated place

samoglasnik n vowel **samoglasnički** a vocalic

samohodni a self-propelled; ~*a artilerija* self-propelled artillery

samohvala n self-praise

samokritika n self-criticism

samoljubiv a self-centered, selfish **samoljublje** n selfishness

samoobmana n self-deception

samoobrazovan a self-educated

samoodbrana n self-defense

samoopredeljenje, samoopredjeljenje n (pol.) self-determination

samoposluga n 1. self-service grocery; supermarket 2. cafeteria

samopouzdanje n self-confidence

samopožrtvovan *a* self-sacrificing
samoprevara *n* self-deception
samostalan *a* independent samostalnost *n* independence
samostan *n* (W) monastery; *ženski* ~ convent samostanac *n* monk
samosvest, samosvijest *n* 1. self-consciousness 2. self-confidence samosvestan, samosvjestan *a* 1. self-conscious 2. self-confident
samotan *a* solitary, lonely
samoubica *n* (one who commits) suicide samoubilački *a* suicidal samoubistvo *n* suicide, self-destruction samoubojstvo (W) see samoubistvo
samouk *n* self-taught person
samoupravljanje *n* autonomy, self-management; self-rule; (econ.) *radničko* ~ workers' self-management (of a firm) samoupravni *a* autonomous; ~ *sistem* system of self-management
samousluga see samoposluga
samouveren, samouvjeren *a* self-confident
samovlastan *a* autocratic, arbitrary samovlašće *n* autocracy
samovoljan *a* obstinate, arbirtrary, self-willed
samozadovoljan *a* smug
samrt *n* death: *biti na* ~*i* to be on one's deathbed
san *n* 1. sleep; *lak (dubok, tvrd)* ~ light (deep, sound) sleep; *hodati (govoriti) u snu* to walk (talk) in one's sleep; *zimski* ~ hibernation 2. dream; *videti nekoga u snu* to dream of smb.
sandala *n* sandal
sanduče *n* box; *poštansko* ~ mailbox
sanduk *n* 1. trunk, chest 2. box
sanforizirati *v* to sanforize
sangviničan *a* sanguine
sanirati *v* (usu. econ.) to reclaim, overhaul, rebuild
sanitaran *a* sanitary
sanitet *n* health care sanitetski *a* medical; ~*e ustanove* medical facilities
sankati se *v* to sleigh, sled
sankcija *n* sanction; *ekonomske* ~*e* economic sanctions sankcionisati *v* to sanction, approve
sanke *n* sleigh, sled
sanktuarij *n* (rel.) sanctuary
sanskrit *n* Sanskrit
santa *n* iceberg
santimetar *n* centimeter

SANU abbrev. of *Srpska akademija nauka i umetnosti*
sanjalac *n* dreamer, daydreamer sanjarija *n* dream, daydream sanjati *v* dream; ~ *nekoga* to dream about smb.; ~ *o nečemu* to dream about smt. sanjiv *a* sleepy
sanjkati se see sankati se
sanjke see sanke
saobraćaj *n* traffic; transportation; *drumski (automobilski, avionski)* ~ highway (automobile, air) traffic; *železnički* ~ railroad transportation; *vazdušni* ~ air transportation; *prekinuti* ~ to stop traffic saobraćajni *a* transportation; traffic; ~ *milicioner* traffic policeman; ~ *znaci* traffic signs; ~*a nesreća* traffic accident; ~ *propisi* traffic regulations; ~*a dozvola* (automobile) registration card; ~ *inženjer* transportation engineer saobraćajac *n* traffic policeman
saobraćati *v* to run, operate
saobrazan *a* fitting; conforming
saopćiti (W) see saopštiti
saopštenje *n* notification, report, communication saopštiti *v* to report, announce; ~ *nekome nešto* to report smt. to smb.
saosećaj, saosjećaj *n* sympathy, compassion; ~ *prema nekome* compassion for smb. saosećajan, saosjećajan *a* sympathetic, compassionate saosećati, saosjećati *v* to sympathize
sapeti *v* to tie, bind
sapi *n* croup (of a horse)
saplesti *v* 1. to trip 2. ~ *se* to trip; ~ *se na kamen* to trip over a rock
sapon *n* hobble, fetter (as for a horse)
sapotpis *n* countersignature, co-signature sapotpisnik *n* co-signatory
sapun *n* soap; bar of soap; ~ *za brijanje* shaving cream; *mehur od* ~*a* soap bubble sapunast *a* soapy sapunica *n* 1. saopsuds 2. lather sapuniti, nasapuniti *v* to soap, lather
saradnik *n* collaborator, associate; ~*ci na rečniku* collaborators on a dictionary ~ *novina* contributor to a newspaper (pejor.) ~ *okupatora* collaborator, qui sling saradnja *n* collaboration sarađivati *v* to collaborate, work together
sardina *n* sardine
sardonički *a* sardonic
sarkastičan *a* sarcastic sarkazam sarcasm
sarkofag *n* sarcophagus

sarma *n* (cul.) sarma
saseći, sasjeći *v* to trim, prune
saslušanje *n* interrogation; hearing **saslušati** *v* to interrogate, question
sastanak *n* 1. meeting; appointment; *zakazati* ~ to schedule a meeting 2. date; ~ *,s devojkom* a date with a girl; *zakazati* ~ *nekome* to make a date with smb.
sastati se *v* to meet
sastav *n* 1. structure, makeup 2. *(pismeni)* ~ (written) composition **sastaviti** *v* 1. to assemble, put together; to compose; ~ *mašinu* to assemble a machine 2. to bring together; **~ kraj s krajem* to make ends meet 3. to compose, write **sastavni** *a* 1. constituent, integral; ~ *deo* an integral part 2. **(gram.)** coordinating; copulative
sastojak *n* ingredient, component **sastojati se** *v* to consist; ~ *od (iz) nečega* to consist of smt.
sastrići *v* to shear
sasvim *adv* completely, totally
sašiti see **šiti**
sat *n* 1. hour; *koliko je (ima)* ~? what time is it? *sada je pet* ~*i* it is five o'clock 2. watch; clock; *ručni* ~ wristwatch; *džepni* ~ pocket ·watch; *zidni* ~ wall clock; *naviti* ~ to wind a watch; *tvoj* ~ *ide 10 minuta napred (tvoj* ~ *žuri 10 minuta)* your watch is ten minutes fast; *moj* ~ *zaostaje 5 minuta* my watch is five minutes slow 3. **(W)** class 4. meter (for measuring consumption)
satelit *n* satellite
saten *n* satin
satira *n* satire **satiričan** *a* satirical **satiričar** *n* satirist
satisfakcija *n* satisfaction
satkati see **tkati**
satrti *v* 1. to crush; ~ ·*u prah* to pulverize 2. to wear out
saučesnik *n* accomplice, collaborator **saučestvovati** *v* 1. to participate; ~ *u nečemu* to participate in smt. 2. to sympathize, have compassion **saučešće** *n* sympathy, condolences; *izjaviti nekome* ~ to express one's condolences to smb.
sav 1. (in *sgn*) *a* all complete, whole; ~ *novac (hleb)* all the money (bread); *sva knjiga* the whole book; *sve vreme* all the time 2. (in *pl*) *a* all; *svi studenti* all the students; *sva deca* all the children 3. (in *pl*) *pron* everyone, everybody, all; *svi su*

došli everyone came 4. *pron* everything, all; *to je sve* that's all; *sve je pojeo* he ate everything; *pre svega* above all 5. (intensifier) *pron, a* all; ~ *je mokar* he is completely drenched; *sva je pocrvenela* she's blushing all over
savest, savjest *n* conscience; *čista* ~ a clear conscience; *grize me* ~ or *imam grižu* ~*i* I have a guilty conscience
savestan, savjestan *a* conscientious, scrupulous
savet, savjet *n* 1. advice, cousel; *dati (primiti, poslušati)* ~ to give (take) advice 2. council; *radnički* ~ workers' council; *Savet bezbednosti* Security Council (of the U.N.) **savetnik, savjetnik** *n* adviser, counselor **savetodavan, savjetodavan** *a* advisory **savetovati, savjetovati, posavetovati, posavjetovati** *v* 1. to advise 2. ~ *se* to confer, consult; ~ *se s nekim* to consult (confer with) smb.
savez *n* 1. union, league, association; federation; *Sovjetski* ~ the Soviet Union 2. alliance; ~ *među državama* an alliance between countries; *sklopiti* ~ *s nekim* to form an alliance with smb. **savezni** *a* federal **saveznik** *n* ally **saveznički** *a* allied; ~*e trupe* allied troops
savijutak *n* 1. bend, curve 2. roll; ~ *hartije* a rool of paper
saviti *v* 1. to bend; ~ *prut (kolena)* to bend a stick (one's knees) 2. to fold; ~ *pismo* to fold a letter 3. to roll, curl; *zmija se savila u klupko* the snake curled itself into a ball 4. to lace, twine, braid; ~ *gnezdo* to make a nest **savitljiv** *a* elastic, flexible (also fig.)
savjest see **savest**
savjestan see **savestan**
savjet see **savet**
savjetnik see **savetnik**
savjetodavan see **savetodavan**
savjetovati see **savetovati**
savladati *v* 1. to defeat; ~ *neprijatelja* to defeat an enemy 2. to overcome, surmount; ~ *strah* to overcome one's fear; ~ *prepreku* to surmount an obstacle 3. to subdue, curb
savremen *a* 1. contemporary, modern 2. contemporaneous **savremenik** *n* contemporary
savršen *a* perfect, faultless **savršenost** *n* perfection
sazidati see **zidati**

saziv n 1. convocation, calling together 2. session (as of a parliament)

saznanje n realization, knowledge **saznati** v to learn, find out; ~ za nešto (o nečemu) to find out about smt.

sazreti v 1. to ripen 2. to mature

sazvati v to convoke, convene; ~ skupštinu to convoke parliament

sazvežđe, sazviježđe n constellation

sazvučan a harmonious **sazvučje** n harmony

sažaljenje n pity; compassion **sažaljiv** a 1. compassionate 2. pitiable, pitiful

sažeći v to burn (up)

sažeti v 1. to compress, contract; to squeze 2. to abridge, condense; ~ knjigu to abridge a book

sažvakati see žvakati

scena n 1. stage 2. scandal, scene; napraviti ~u to make a scene; treći čin, druga ~ or druga ~, trećeg čina second scene, act three

scenario n scenario, screenplay **scenarist(a)** n scenarist

se pron 1. (unstressed form of **sebe**); ona ~ pere she is washing herself 2. each other; oni ~ vole (jedan drugog) they like each other 3. (used with refl. verbs); on ~ plaši oca he is afraid of his father 4. (used for the passive); ova ~ kuća prodaje this house is being sold 5. (used in impers. expressions); spava mi ~ I am sleepy; ide mi ~ u bioskop I feel like going to the movies

seansa n seance

sebe pron (sebi; sobom) oneself, itself; on radi za ~ he works for himself; doći k sebi to come to oneself; to se razume po sebi that goes without saying; uzeti (poneti) sa sobom to take along; *biti van ~ od radosti to be beside oneself with joy

sebičan a selfish, self-centered **sebičnost** n selfishness

secesija n (pol.) secession

secirati v to dissect

seckalica, sjeckalica n (food) chopper; ~ za luk onion chopper **seckati, sjeckati** v to chop up, hack; cut

seča, sječa n chopping down, cutting down, felling; ~ drva felling of trees

sečivo, sječivo n blade, cutting edge; ~ noža blade of a knife

sećanje, sjećanje n memory

sećati se see setiti se

seći v 1. to cut, shop, hew; ~ hleb (drva) to cut bread (wood) 2. to cut through; to intersect; brod seče vodu the ship cuts through the water

sed, sijed a gray, gray-haired; ~a kosa gray hair

sedalo, sjedalo n (hen's) roost, perch

sedam num seven

sedamdeset num seventy **sedamdeseti** a the seventieth

sedamnaest num seventeen **sedamnaesti** a the seventeenth

sedamsto num seven hundred **sedamstoti** a the seven hundredth

sedativ n sedative

sedećke, sjedećke adv sitting, in a sitting position

sedef n mother-of-pearl

sedeljka, sjedeljka n party

sedeti I sjedjeti, sjediti v to sit, be seated; ~ na stolici (za stolom, u fotelji, na divanu) to sit on a chair (at a table, in an armchair, on a sofa); *~ skrštenih ruku to be idle

sedeti II sijedjeti, osedeti, osijedjeti v to turn gray

sediment n sediment **sedimentaran** a sedimentary

sedina, sjedina n gray hair

sedište, sjedište n 1. seat, place; rezervisati ~ to reserve a seat 2. residence, domicile 3. (glavno) ~ headquarters

sedlar n saddler **sedlati, osedlati** v to saddle **sedlo** n saddle; staviti konju ~ to saddle a horse

sedmi a the seventh

sedmica n week; svake ~e every week **sedmični** a weekly; ~ časopis a weekly magazine

sedmina n one seventh

sedmokrak a heptagonal

sedmokut n (W) heptagon

sedmorica n seven (males)

sedmoro coll. num seven; ~ dece seven children

sedmougaonik n heptagon **sedmougaoni** a heptagonal

sednica, sjednica n conference, session, meeting; sazvati ~u to call a meeting

sef n safe strongbox

segment n segment

segnuti v to reach

segregacija n segregation

seizmički *a* seismic **seizmograf** *n* seismograph **seizmogram** *n* seismogram **seizmologija** *n* seismology
sejač *n* sower **sejalica, sijalica** *n* sowing machine, planting machine **sejati, sijati** *v* 1. **posejati, posijati** to sow; ~ *raž* to sow rye 2. to spread, foster the spread of; ~ *klice (mržnju)* to spread germs (hatred)
sekira, sjekira *n* ax, hatchet
sekiracija *n* 1. state of being upset 2. worry, concern, problem **sekirati** *v* 1. to upset, worry; *deca sekiraju majku* the children upset their mother 2. ~ *se* to be upset, be worried; *nemoj da se sekiraš* don't get upset
sekrecija *n* secretion
sekretar *n* 1. **sekretarica** secretary (office worker) 2. secretary (officer of an organization); ~ *sednice* secretary of a meeting 3. *(državni)* ~ minister, secretary; *(državni)* ~ *za inostrane poslove* minister of foreign affairs
sekretarijat *n* 1. secretariat 2. (Yugo.) Ministry; *Državni* ~ *za inostrane poslove* Ministry of Foreign Affairs 3. department (as of a local government); ~ *za unutrašnje poslove (SUP)* police department, department of public safety
sekretar *n* secretary (desk)
seks *n* 1. sex 2. sexuality **seksapil** *n* sex appeal
sekstet *n* sextet
seksualan *a* sexual; ~*lno prosvećivanje (vaspitanje)* sex education **seksualnost** *n* sexuality
sekta *n* sect; *verska* ~ religious sect
sektor *n* 1. sector, field; (econ.) *privatni* ~ the private sector 2. division, office, department
sekularan *a* secular
sekunda *n* second (60th of a minute)
sekundant *n* second (as at a duel)
sekutić, sjekutić *n* incisor
sekvenca *n* sequence
sekvestrirati *v* to sequester
selekcija *n* selection **selektor** *n* selector
selidba *n* moving **selidben** *a* moving; ~*i troškovi* moving expenses
seliti *v* 1. **preseliti** to move; ~ *stvari* to move one's things 2. see **iseliti**
selo *n* 1. village; *u tom* ~*u* in that village 2. country, rural regions; *doći sa* ~*a* to come from the country (from a farm)

seoski *a* rural, country; ~ *život* rural life; ~ *put* a country road
selotejp *n* scotch tape
seljak *n* 1. village dweller 2. farmer; peasant 3. (pejor.) country bumpkin, hick; boor **seljački** *a* peasant; ~*a kuća* a peasant house; ~*og porekla* of peasant origin **seljaštvo** *n* (coll.) peasantry
sem, sjem *prep* except (for), but; *svi su došli* ~ *Olge* everyone come except Olga
semafor *n* 1. traffic light 2. semaphore, signal
semantika *n* semantics
seme, sjeme *n* 1. seeds 2. semen 3. offspring, progeny 4. germ, seed; ~ *razdora* the seed of discord **semenka, sjemenka** *n* seed
semestar *n* semester
seminar *n* 1. (university) department; departmental office(s), seminar room; *istorijski* ~ history department 2. seminar; ~ *iz književnosti* literature seminar 3. (rel.) seminary **seminarski** *a* seminar; ~ *rad* seminar paper
Semit *n* Semite **semitski** *a* Semitic; ~ *jezici* the Semitic languages
semivokal *n* (ling.) semivowel
senat *n* senate **senator** *n* senator
sendvič *n* sandwich
senf *n* mustard
senica I sjenica *n* (zool.) titmouse
senica II sjenica *n* bower
senilan *a* senile **senilnost** *n* senility
senior *n* (sports) member of the varsity; senior
senka, sjenka *n* shadow; shade (also fig.) *u* ~*ci* in the shade; *bacati* ~*u* to cast a shadow
seno, sijeno *n* hay; *stog* ~*a* haystack **senokos, sjenokos** *n* haymaking
senovit, sjenovit *a* shady
sentencija *n* 1. verdict, sentence 2. maxim
sentimentalan *a* sentimental **sentimentalnost** *n* sentimentality
senzacija *n* sensation; *izazvati* ~*u* to create a sensation **senzacionalan** *a* sensational
senzualan *a* sensual **senzualnost** *n* sensuality
senjak, sjenjak *n* hayloft
seoba *n* migration
seoski see **selo**
separacija *n* separation
separat *n* offprint (as of an article)

separatan *a* separate **separatist(a)** *n* separatist **separatizam** *n* separatism
septembar *n* September (see also **rujan**)
septet *n* septet
septičan *a* septic
serenada *n* serenade
serija *n* series
serkl *n* club, circle
serpentine *n* 1. serpentine, sharp curve 2. strip of paper, serpentine
serum *n* serum
server *n* (tennis) server
servilan *a* servile
servirati *v* 1. to serve; ~ *gostima pile* to serve chicken to the guests 2. (sports) to serve
servis *n* 1. set of dishes, service; ~ *za 6 osoba* a service for six; ~ *za čaj* a tea set 2. favor, service 3. service (as in a restaurant) 4. repair shop; service shop; ~ *za hemijsko čišćenje* dry-cleaning shop 5. (sports) service
sesija *n* session
sesti, sjesti *v* 1. to sit down; ~ *na stolicu (za sto, na klupu)* to sit down on a chair (at a table, on a bench) 2. to set (of the sun); *sunce je selo* the sun has set 3. to get into; to take; ~ *u auto* to get into a car; ~ *u voz (na avion)* to take a train (an airplane)
sestra *n* 1. *(rođena)* ~ sister 2. cousin 3. *časna* ~ nun 4. *medicinska* ~ nurse; *patronažna* ~ public-health nurse
sestričina *n* niece (daughter of a sister)
sestrić *n* nephew (son of a sister)
sestrimiti, posestrimiti *v* to take (accept) as a sister **sestrinstvo** *n* sisterhood
seta sjeta *n* melancholy, longing **setan, sjetan** *a* melancholic, dejected
seter *n* setter (dog)
setiti se, sjetiti se, sećati se, sjećati se *v* to remember, recall; *ona se dobro seća svega* she remembers everything well; *setio sam ga se* I remembered him
setva, sjetva *n* sowing, seeding, planting
sevati, sijevati, sevnuti, sijevnuti *v* 1. to lightning; *munje sevaju* it is lightning; *sevnula je munja* there was a flash of lightning 2. pierce, stab (of pain)
sever, sjever *n* the north **severni, sjeverni** *a* north; *Severni pol* the North Pole **severac, sjeverac** *n* north wind **Severna Amerika, Sjeverna Amerika** North America **severnjak, sjevernjak** *n* northerner **severoistok, sjeveroistok** *n* north-

east **severozapad, sjeverozapad** *n* nortwest
sevnuti see **sevati**
sezona *n* season; *turistička* ~ the tourist season **sezonski** *a* seasonal; ~ *radnici* seasonal workers
sfera *n* 1. sphere; field **sferični** *a* spherical
sfinga *n* sphinx
SFRJ abbrev. of Socijalistička Federativna Republika Jugoslavija
shema see **šema**
shizofreničar *n* schizophrenic **shizofrenija** *n* schizophrenia
shodno *prep* in accordance with; ~ *propisima* in accordance with regulations
sholastičar see **skolastičar**
shvatiti *v* to comprehend, conceive **shvatljiv** *a* comprehensible, understandable
sibilant *n* sibilant
Sibir *n* Siberia
Sicilija *n* Sicily
sići, silaziti *v* to descend, come down; get off (down, out); ~ *niz stepenice* to go (come) downstairs
sićušan *a* tiny
sidrište *n* anchorage **sidriti, usidriti** *v* to anchor; ~ *brod* to anchor a ship **sidro** *n* anchor
sifilis *n* syphilis **sifilitičan** *a* syphilitic
sifon *n* siphon
signal *n* signal; warning; *dati* ~ to give a signal; *saobraćajni* ~ traffic signal; *dimni* ~*i* smoke signals; *povući alarmni* ~ to pull the emergency cord **signalni** *a* signal; ~*a zastavica* signal flag **signalizovati** *v* to signal
signatura *n* call number (of a book)
siguran *a* 1. reliable, dependable, trustworthy; ~ *čovek* a reliable person 2. certain, sure; confident; ~ *znak* a sure sign 3. safe, secure; ~*rno mesto* a safe place **sigurno** 1. *adv* see **siguran**; ~ *znati nešto* to be sure about smt.; *on* ~ *vozi* he drives safely; ~ *ću doći* I'll come for sure 2. *part* undoubtedly; probably; *on,* ~, *vozi* there is no doubt (about the fact) that he drives **sigurnosti** *a* safety; ~ *ventil (pojas)* safety valve (belt) **sigurnost** *n* 1. safety, security; *osećanje* ~*i* a feeling of security 2. confidence; certainty; ~ *u sebe* self-confidence
sijač see **sejač**
sijalica I *n* (light) bulb; ~ *je pregorela* the bulb burned out

sijalica II see sejalica
Sijam n Siam
sijati I v 1. to shine, emit light; *sunce (lampa) sija* the sun (lamp) shines 2. ~ *(se)* to be shiny, radiant; to shine, beam
sijati II see sejati
sijavica n heat lightning
siječanj n (W) January (see also januar)
sijed see sed
sijedjeti see sedeti II
sijeno see seno
sijevati, sijevnuti see sevati
siktati v to hiss (of a snake)
sila n 1. (phys.) power, force; *magnetska* ~ magnetic force 2. strength; *svom* ~*om* with all one's strength 3. force, might, power; *viša* ~ a higher force; *uzeti* ~*om (na* ~*u)* to take by force; 4. (pol.) power; *velike* ~*e* the great powers; *zaraćene* ~*e* warring powers
silabičan a syllabic; ~ *stih* syllabic verse
silan a 1. powerful, strong; ~ *vetar* a strong wind 2. many, much; ~*lno bogatstvo* great wealth
silaziti see sići
siledžija n bully, ruffian, rowdy siledžijski a rowdy; ~ *ispad* assault, act of violence; vandalism siledžijstvo n rowdyism, violence; vandalism
silnik n tyrant, oppressor
silom adv by force; ~ *otvoriti vrata* to force a door open
silos n silo, elevator; ~ *za žito* grain elevator
silovanje n rape silovati v to rape, violate
silovit a violent; strong; ~ *vetar* a strong wind; ~ *udar* a violent blow
silueta n silhouette
simbioza n symbiosis
simbol n symbol simboličan a symbolic simbolika n symbolism simbolist(a) n symbolist simbolizovati v to symbolize
simetričan a symmetrical simetrija n symmetry
simfonija n symphony simfonijski a symphonic; ~ *orkestar* symphony orchestra simfonijeta n symphonette
simpatičan a likable, nice, pleasant; ~ *čovek* a likable man; *ona mi je vrlo* ~*čna* I like her very much simpatija n 1. liking, fancy; *osećati* ~*u prema nekome* to like smb. 2. sympathy simpatizer n sympathizer, follower
simplicizam n simplicity simplifikovati v to simplify

simptom n symptom simptomatičan a symptomatic
sims n cornice, ledge
simulant n pretender, faker simulator n simulator simulirati v to feign, simulate, fake
simultan a simultaneous; ~*o prevođenje* simultaneous translation
sin n 1. son; *zabludeli (bludni)* ~ a prodigal son 2. child; *hajde,* ~*e* let's go, my child
sinagoga n synagogue
sindikalist(a) n 1. trade-union member 2. syndicalist sindikat n 1. trade union 2. syndicate
sinegdoha n synecdoche
sinekura n sinecure
sinemaskop n cinemascope
sinhroničan a synchronic sinhronija n synchrony sinhronizacija n synchronization sinhronizovati v to synchronize
siniti, posiniti v to adopt (as a son; see also usiniti)
sinoć adv last night sinoćnji a of last night
sinod
sinod n synod
sinonim n synonym sinoniman a synonymous
sinopsis n synopsis
sinoptičar n meteorologist, weather forecaster
sinovac n nephew (son of a brother) sinovica n niece (daughter of a brother)
sintagma n (ling.) syntagm; breath group
sintetičan a synthetic sintetizovati v to synthesize sinteza n synthesis
sinus n 1. (anat.) sinus 2. (math.) sine
sinuti v 1. to begin to shine; to flash; *sinula je munja* lightning flashed 2. to become clear, become comprehensible; *sinulo mi je!* I've got it!
sipati v 1. to pour; ~ *vino u čaše* to pour wine into glasses 2. to pour, gush, stream; **sipa kao iz kabla* it's pouring 3. to spew, spout, pour out; ~ *uvrede* to spew insults
sipiti v to drizzle; *kiša sipi* it's drizzling
sir n cheese sirast a cheesy, like cheese
sirće n vinegar sirćetiti, zasirćetiti v to season with vinegar
sirena n 1. siren, temptress 2. (device) siren
Sirija n Syria
sirište n 1. (anat.) rennet 2. rennet (for cheese, milk)

siriti, usiriti v 1. to coagulate, curdle; ~ *mleko* to curdle milk 2. ~ *se* to coagulate, curdle, clot

siroče n orphan

siromah n pauper, poor person **siromašan** a poor, needy, indigent **siromaština** n poverty; privation, need

sirotinja n 1. (coll.) orphans 2. poverty **sirotište** n orphanage

sirov a 1. uncooked, raw; ~*o meso (voće)* raw meat (fruit) 2. crude, raw, unprocessed; ~*a nafta* crude oil; ~*a građa* raw material 3. damp; ~*o drvo* damp wood 4. green; unseasoned; ~*o drvo* green lumber **sirovina** n raw material

sirup n syrup

sisa n (colloq.) breast; teat, nipple

sisaljka n snout, proboscis

sisar n mammal

sisati v to suck; to suckle; ~ *prst* to suck one's finger

sistem n system; *nervni* ~ nervous system; ~ *za varenje* digestive system **sistematičan** a systematic **sistematizovati** v to systematize **sistematski** a systematic

sit a satiated, full; ~ *sam!* I'm full! ~ *je pasulja* he's tired of beans

sitan a 1. small, tiny; ~ *novac* small change; ~*tne kosti (oči)* small bones (eyes) 2. trivial, unimportant; ~*tne stvari* trivial matters (things) 3. petty, smallminded; ~ *čovek* a petty person 4. fine; ~*tna prašina (so)* fine dust (salt) **sitnica** n 1. a small object 2. trifle; detail **sitničar** n hairsplitter **sitničav** a hairsplitting, petty

sitniti, usitniti v to chop up

sitno a (used as a noun) small change

sito n sifter, sieve

sitost n satiety

situacija n situation **situirati** v to place, situate

siv a 1. gray; ~*o odelo* a gray suit 2. overcast, gray

siveti, sivjeti, posiveti, posivjeti v to turn gray **sivkast** a greyish

sjahati v 1. to dismount 2. to ride down

sjaj n radiance, glow; splendor **sjajan** a 1. radiant, brilliant 2. (colloq.) marvelous, great

sjatiti se see **jatiti se**

sje . . . see entries in **se** . . .

sjeckati see **seckati**

sječa see **seča**

sječivo see **sečivo**

sjećanje see **sećanje**

sjećati se see **setiti se**

sjeći see **seći** I

sjedalo see **sedalo**

sjedećke see **sedećke**

sjedeljka see **sedeljka**

sjedina see **sedina**

sjediniti v to unite **sjedinjen** a united; *Sjedinjene Američke Države* United States of America

sjedište see **sedište**

sjediti, sjedjeti see **sedeti** I

sjednica see **sednica**

sjekira see **sekira**

sjekutić see **sekutić**

sjeme see **seme**

sjemenka see **semenka**

sjenica I see **senica** I

sjenica II see **senica** II

sjenka see **senka**

sjenokos see **senokos**

sjenovit see **senovit**

sjenjak see **senjak**

sjesti see **sesti**

sjetiti se see **setiti se**

sjetva see **setva**

sjever see **sever**

sjeverac see **severac**

Sjeverna Amerika see **Severna Amerika**

sjeverni see **severni**

sjevernjak see **severnjak**

sjeveroistok see **severoistok**

sjeverozapad see **severozapad**

skafandar n 1. diving suit 2. space suit

skakač n 1. jumper 2. diver 3. (chess) knight

skakaonica n 1. ski jump 2. diving board

skakavac n grasshopper; locust

skakutati v to hop, skip

skala n 1. (mus.) scale 2. scale; graphic measure

skalp n scalp

skalpel n scalpel

skalpirati v to scalp

skandal n scandal **skandalizovati** v to scandalize **skandalozan** a scandalous, shocking; awful

Skandinavija n Scandinavia

skandirati v to chant; ~ *parole* to chant slogans (at a pol. demonstration)

skaredan a smutty, ribald; crude

skaut n boy scout **skautizam** n scouting **skautkinja** n girl scout

skazaljka *n* wath hand; *minutna* or *velika (sekundna, mala)* ~ minute (second, hour) hand
skeč *n* sketch (a short theatrical piece; a short lit. work; a drawing)
skela *n* 1. ferry (place 2. ferryboat (usu. small) 3. (usu. in *pl)* scaffolding, scaffold **skeledžija** *n* ferryman
skelet *n* skeleton
skepticizam *n* skepticism **skeptičan** *a* skeptical **skeptik** *n* skeptic
skica *n* sketch (short lit. work; drawing) **skicirati** *v* to sketch
skif *n* (rowing) single sculls **skifist(a)** *n* sculler
skija *n* ski **skijanje** *n* skiing **skijaš** *n* skier **skijati se** *v* to ski
skinuti *v* 1. to take down, take off; to remove, exclude; ~ *knjigu sa police* to take a book (down) froma shelf; ~ *koru (ljusku) sa nečega* to remove the peel (shell) from smt.; ~ *kajmak s mleka* to skim off the cream (also fig.); ~ *zavoj* to remove a bandage 2. to take off, remove (smt. worn); ~ *šešir (cipele)* to take off a hat (shoes) 3. ~ *se* to get undressed
skiptar *n* scepter
skitati se *v* to wander around, roam; to loaf; ~ *ulicama* to roam the streets **skitnica** *n* wanderer; tramp, loafer; *ulična* ~ a vagrant
sklad *n* harmony, accord **skladan** *a* 1. harmonious; ~*dni pokreti* harmonious movements 2. suitable; in accordance with 3. well-built, shapely
skladatelj *n* (W) composer **skladati** *v* (W) to compose **skladba** *n* (W) (mus.) composition
skladištar *n* warehouseman **skladište** *n* warehouse, storehouse
skladnost *n* harmony, accord
sklanjati *v* 1. see **skloniti** 2. (gram.) to inflect
sklapati see **sklopiti**
sklepati see **klepati**
skleroza *n* sclerosis
skliziti (se), skliznuti (se) *v* to slip, slide, skid
sklon *a* 1. inclined, disposed; *on je* ~ *piću* he has a weakness for alcohol 2. inclined, friendly; *biti* ~ *nekome* to like smb.
sklonište *n* shelter
skloniti, sklanjati *v* 1. to take away, remove 2. to put away (as in a safe place);

skloni nekuda pismo da se ne izgubi put the letter away somewhere so that it will not get lost 3. to hide; to shelter; *skloni kolače od dece* hide the cakes from the children 4. to persuade, incline, convince, talk into 5. ~ *se* to hide (oneself), find refuge 6. ~ *se* to get away, go away; *skloni mi se s puta!* get out of my way! **sklonost** *n* 1. inclination, tendency 2. partiality, liking; ~ *prema nekome* partiality toward smb.
sklopiti, sklapati *v* 1. to fold, fold up; ~ *ruke* to fold one's hands; ~ *stolicu* to fold up a chair 2. to close; ~ *knjigu (oči)* to close a book (one's eyes) 3. to conclude, make, contract; ~ *ugovor* to sign a contract
sklupčati see **klupčati**
skljokati se *v* to collapse (as from fatigue, grief)
skočiti *v* 1. to jump, leap, plunge; ~ *sa mosta (iz aviona, preko potoka, kroz prozor)* to jump from a bridge (from an airplane, across a stream, out of a window) 2. to rise, jump, go up; *skočile su cene* prices have gone up 3. (sports) to jump; to dive
Skoj abbrev. of *Savez komunističke omladine Jugoslavije*
skok *n* 1. jump, leap, plunge; hop, skip; ~ *s padobranom* a parachute jump 2. rise, jump; *nagli* ~ *temperature* a sudden rise in temperature 3. (sports) ~ *uvis (udalj)* the high jump (long jump) **skoknuti** *v* to run down to; to drop in; *skokni do kafane* run down to the cafe
skolastičar *n* scholastic **skolastika** *n* scholasticism
skoncentrisati see **koncentrisati**
skopčan *a* reserved; ~ *čovek* a reserved (inhibited) person
skopčati *v* to connect, join
Skoplje *n* Skoplje
skorašnji *a* 1. recent; ~ *događaj* a recent event 2. forthcoming, imminent, impending; ~ *put* a forthcoming trip
skorbut *n* scurvy
skoro *adv* 1. soon; *on će* ~ *doći* he'll come soon 2. almost; ~ *sam pao* I almost fell
skorojević *n* upstart, parvenu
skot *n* animal, beast
skotna *a* pregnant (of an animal)
skotrljati *v* to roll down
skovati see **kovati**
skraćenica *n* abbreviation

skrama n scum, skin, film
skratiti v to shorten, make shorter; ~
haljinu to shorten a dress; ~ radno
vreme to reduce working hours;
skrenuti, skretati v 1. to turn; skreni levo!
turn to the left! put skreće na jug the
road turns south 2. to direct; ~ nečiju
pažnju na nešto to call smb.'s attention
to smt.
skresati see **kresati**
skretanje n turn, turning (as of a car); levo
(desno) ~ left (right) turn
skretnica n (railroad) switch **skretničr** n
switchman
skrhati v to crush, smash, break
skriti see **kriti**
skrivalište n hiding place
skriven a hidden, concealed
skriviti v to be to blame (for smt.)
skrob n starch
skrojiti see **krojiti**
skroman a modest **skromnost** n modesty
skrovište n hiding place, refuge, asylum
skrovit a hidden, solitary
skroz adv (completely) through; metak je
prošao ~ the bullet went all the way
through
skrpiti v 1. to make, put together (from
various parts) 2. to obtain, acquire (with
difficulty) ~ malo para to scrape togeth-
er some money
skrstiti v to cross; ~ ruke to fold one's
arms
skrupula n (usu. in pl) scruple **skrupulo-
zan** a scrupulous
skrušen a broken, crushed, repentant
skrušenost n humility **skrušiti** v (usu.
fig.) to break, crush
skučen a 1. crowded (together), cramped
2. limited, restricted, narrow **skučiti** v 1.
to crowd, cramp 2. to limit, restrict
skuhati see **kuvati** 2, 5
skulptor n sculptor **skulptura** n sculpture;
statue
skup I n meeting, gathering, assembly
skup II a 1. expensive, dear, costly 2.
valuable, precious; ~a slika a valuable
painting **skuplji** (comp)
skupa adv together, jointly
skupiti, skupljati v 1. to gather, assemble,
collect; ~ priloge to collect contribu-
tions (of money); ~ građu za rečnik to
gather material for a dictionary 2. to
collect (as a hobby); skupljati marke to
collect stamps 3. to put together; ~

noge to put one's feet together 4. to
pucker, wrinkle, contract; skupila je
usta she puckered up her lips 5. ~ se to
shrink; košulja se skupila (od pranja) the
shirt shrank (in the wash) 6. ~ se to
scrunch together, huddle **skupljač** n ga-
therer, collector
skupocen, skupocjen a valuable, precious
skupoća n high cost, expensiveness
skupština n 1. parliament; (Yugo.) Savez-
na ~ Federal Parliament 2. meeting; na
godišnjoj ~i at the annual meeting
skuša n mackerel
skut n skirt; train (of a dress)
skuter n motor scooter
skuvati see **kuvati** 2, 5
skver n small park; square
slab a 1. weak; feeble; osećti se ~im to
feel weak; imati ~e živce to have weak
nerves; biti ~ prema piću to have a
weakness for alcohol 2. ill, sickly; weak;
danas sam nešto ~ I'm not well today 3.
puny; thin, slim 4. poor, bad; meager;
mediocre; ~ kvalitet poor quality; ~a
ocena a failing grade (in school)
slabeti see **slabiti** 3
slabić n weakling
slabina n (anat.) side, flank; loins
slabiti, oslabiti v 1. to weaken, debilitate
2. to ease; to relax; ~ disciplinu to
relax discipline 3. to become weak 4. to
lose weight
slabo adv see **slab**; ona ~ čita she reads
poorly
slabost n weakness
slabunjav a sickly
slad n malt
sladak a 1. sweet 2. sweet, cute; ~tka
devojčica a cute girl 3. fresh; ~tka voda
fresh water **slađi** (comp) **sladiti, zasladi-
ti** v 1. to sweeten, add sugar to; ~ kafu
to put sugar in coffee 2. to embellish,
build up
sladokusac n bon viveur, man-about-town
sladoled n ice cream; kornet ~a ice-cream
cone
slador n (W) sugar
sladost n sweetness
sladostrastan a lascivious, lustful **slado-
strašće** n lust
sladunjav a overly sweet
slađi see **sladak**
slagač n 1. one who piles (stacks) 2.
typesetter, compositor **slagačica** n type-

setting machine **slagačnica** n typesetting room

slagalište n warehouse (aslo **skladište**)

slaganje n 1. (gram.) agreement 2. composition, typesetting **slagar** n compositor

slagati I see **lagati**

slagati II see **složiti**

slajd n slide (picture)

slalom n (sports) slalom

slama n straw

slamka n 1. piece of straw 2. straw (for drinking)

slan a 1. salty 2. spicy, racy: ~a šala a spicy joke

slanica n 1. salt box 2. (bot.) saltwort

slanik n saltshaker

slanina n bacon

slanoća n saltiness

slap n cascade; waterfall

slast n 1. sweetness 2. pleasure, delight, enjoyment **slastan** a tasty, delicious

slastičar n (W) see **poslastičar**

slastičarna, slastičarnica n (W) see **poslastičarnica**

slati, poslati v to send; ~ poštom to send by mail

slatina n 1. mineral spring 2. marshy terrain, marsh

slatkiš n sweet, goody

slatko I adv see **sladak**; ~ se smejati to laugh heartily

slatko II (decl. as noun) 1. preserves; ~ od jagoda strawberry preserves 2. dessert; šta ima za ~? what's for dessert?

slatkorečiv, slatkorječiv a smooth-spoken, glib

slava n 1. glory, fame; žudeti za ~om to thirst for fame 2. (rel., Orth.) Slava, Serbian family feast **slavan** a 1. famous, glorious, renowned; ~ pevač a famous singer 2. (fig., colloq.) fine, marvelous, great

Slaven n (W) Slav **slavenski** a Slavic

slavenofil n Slavophile

slavina n faucet, tap; ~ curi the faucet is leaking

slavist(a) n Slavist **slavistika** n Slavic studies, Slavic languages; odsek za ~u a Slavic department **slavistički** a Slavic; ~e studije Slavic studies

slaviti v 1. see **proslaviti** 1, 2. to acclaim, to praise **slavlje** n celebration, jubilation

slavoluk n triumphal arch

slavoljubiv a ambitious **slavoljublje** n ambition

Slavonija n Slavonia

slavopoj n hymn of praise, praise, panegyric

slavuj n nightingale

sleći v 1. to shrug; ~ ramenima to shrug one's shoulders 2. ~ se to settle; ovde se slegla zemlja the ground has settled here

sledbenik, sljedbenik n 1. follower, partisan, adherent 2. successor

sledeći I **sljedeći** a next, following; ~ put (the) next time

sledeći II **slijedeći** (W) adv see sledeti I; ~ ga, ja sam otkrio gde on stanuje by following him, I discovered where he lives

slediti I see **lediti** 2

slediti II **slijediti** v 1. to follow; ~ nekoga (neke principe, nečije misli) to follow smb. (certain principles, smb.'s ideas) 2. **uslediti, uslijediti** to come after, come next, follow; ~ za nečim (~ nečemu) to follow smt. 3. to appear, seem, follow; iz pisma sledi da oni neće doći from their letter it appears that they will not come

sledovanje, sljedovanje n ration, allowance

sleđ n herring

sleme, sljeme n 1. peak (as of a mountain) 2. ridge (of a roof)

slep, slijep a 1. blind; sasvim (potpuno) ~ completely blind; ~a poslušnost blind obedience; ~ za boje color-blind; ~ na jedno oko blind in one eye 2. misc.; ~a ulica a dead-end street; (zool.) ~i miš bat; ~i putnik stowaway **slepčovođa, sljepčovođa** n seeing-eye dog **slepeti, slijepjeti, oslepeti, oslijepjeti** v to go blind **slepilo, sljepilo** n blindness; ~ za boje color blindness **slepiti** I **slijepiti, oslepiti, oslijepiti** v to blind, make blind

slepiti II **slijepiti** v to glue together, paste together

slepoća see **slepilo**

slepoočnica, sljepoočnica n (anat.) temple

slet n rally, jamboree

sletanje, slijetanje n landing (as of an airplane) **sleteti, sljeteti** v 1. to land (of an airplane, bird, etc) 2. to go off, fly off; vozilo je sletelo sa puta the vehicle went off the road

slez, sljez n (bot.) mallow

slezina n (anat.) spleen

sličan a similar, like; ~ slučaj a similar case **sličnost** n similarity, resemblance

slijedeći see **sledeći** II

slijediti see slediti II
slijep see slep
slijepiti I see slepiti I
slijepiti II see slepiti II
slijepjeti see slepeti
slijetanje see sletanje
slik *n* rhyme
slika *n* 1. picture; illustration 2. photograph; *priložiti dve* ~*e* to enclose two photographs; *razviti* ~*e* to develop photographs; *retuširati* ~*u* to touch up a photograph 3. painting; *naslikati uljanu* ~*u* to make an oil painting 4. scene, view, sight; *divna* ~ a beautiful sight 5. image; figure of speech; *govoriti u* ~*ama* to speak in images slikar *n* painter, artist slikarstvo *n* (art of) painting slikati *v* 1. to photograph; ~ *se* to get one's picture taken 2. naslikati to paint; to portray, depict; ~ *sliku* to paint a picture; ~ *događaje* to depict events 3. to X-ray; ~ *zub* to X-ray a tooth
slikovati se *v* to rhyme
slikovit *a* picturesque
slikovnica *n* (children's) picture book
slina *n* 1. saliva 2. (in *pl*) mucus, snivel
sliti, slivati *v* 1. to pour 2. ~ *se* to flow, pour, run; *suze joj se slivale niz lice* tears ran down her face 3. ~ *se* to merge, unite; *njihovi glasovi su se slili* their voices merged; ~ *se u jedno* to merge into one sliv *n* river basin
sloboda *n* 1. freedom, liberty; ~ *štampe (veroispovesti)* freedom of the press (of religion) 2. right, privilege, freedom; ~ *udruživanje* the right to organize slobodan *a* 1. free; independent; self-determined; ~ *izbor* a free choice; ~*dna luka* a free port; ~ *od poreza* tax-exempt; ~ *stih* free verse; *crtati* ~*dnom rukom* to draw freehand; ~ *prevod* a free translation 2. at liberty, free, not busy; *jeste li* ~*dni večeras?* are you free this evening? 3. free, gratis; *ulaz* ~*!* free admission! 4. open, passable; *put je* ~ the road is open 5. licentious, loose, free, risqué; *voditi* ~ *život* to lead a loose life
slobodnjak *n* (pol.) liberal slobodnjaštvo *n* liberalism slobodoumlje *n* liberalism
slog *n* 1. syllable 2. type, typeface; *slaganje* ~*a* typesetting
sloga *n* accord, harmony, concord; *živeti u* ~*zi* to live in harmony
sloj *n* layer; stratum

slojevit *a* stratified, in layers
slom *n* 1. collapse, breakdown; ruin; *živčani* ~ a nervous breakdown 2. fracture, break slomiti *v* to break; to fracture; ~ *ruku (nogu, rebro)* to break an arm (a leg, a rib)
slon *n* (zool.) elephant slonče *n* young elephant slonovača *n* ivory; *Obala Slonovače* the Ivory Coast
Slovačka *n* Slovakia
Sloven *a* Slav
Slovenija *n* Slovenia
slovenski *a* 1. Slavic 2. (W) Slovenian
slovo *n* 1. letter; *veliko (malo)* ~ capital (small) letter 2. (in *pl*) type, characters; *masna* or *crna (kurzivna)* ~*a* boldface (italics)
složan *a* 1. harmonious; ~*žna porodica* a harmonious family 2. unanimous; together; in agreement; ~*žna odluka* a unanimous decision
složen *a* 1. complex, complicated 2. compound; ~*a reč* a compound word složenost *n* complexity
složiti, slagati *v* 1. to pile, stack, heap; to arrange; ~ *knjige na policu* to stack books on a shelf 2. to put together, compose, assemble; to compound; ~ *celinu iz delova* to assemble the whole from its parts 3. to fold; ~ *košulju* to fold a shirt 4. to set in type, compose; ~ *tekst* to set a text in type 5. to write, compose; ~ *stihove (muziku)* to write verse (music) 6. to bring into harmony; to match, pair up; to reconcile; *(lepo)* ~ *boje* to match colors 7. ~ *se* to agree, come to an agreement, come to terms; *slažete li se?* do you agree? 8. to get along; *oni se vrlo lepo slažu* they get along very well 9. ~ *se* to get together; harmonize, match, blend; *ove se dve boje vrlo lepo slažu* those two colors go together very well 10. (gram.) ~ *se* to agree; *pridev se slaže sa imenicom u rodu, broju i padežu* an adjective agrees with a noun in gender, number, and case
slučaj *n* 1. event, occurrence, incident; case, instance; *dogodio se nesrećan* ~ there was an accident; *u najboljem (najgorem)* ~*u* at best (at worst); *u tom* ~*u* in that case; *u* ~*u da dođe* in case he comes 2. chance, luck; *pukim* ~*em* by pure chance; *zavisiti od* ~*a* to depend on luck slučajan *a* accidental,

chance, unintentional; unexpected; ~ -
no smo se sreli we met accidentally
sluga *n* servant
sluh *n* (sense of) hearing
slupati *v* to smash, break to pieces, shat-
ter; ~ *kola* to wreck a car
slušalac *n* listener; auditor; ~*i radija*
radio audience; *drugi* ~*i!* dear liste-
ners!
slušalica *n* (telephone) receiver; *podići* or
uzeti (pustiti) ~*u* to pick up (hang up)
the receiver
slušaonica *n* lecture hall
slušati *v* 1. to listen; ~ *radio* to listen to
the radio 2. **poslušati** to listen to, obey;
~ *majku* to obey one's mother
sluškinja *n* (female) servant
slutiti *v* see **naslutiti**; to suspect, have an
inkling of **slutnja** *n* presentiment, fore-
boding
sluz *n* mucus **sluzav** *a* mucuous, slimy
sluzokoža *n* mucuous membrane
služba *n* 1. service; employment, job;
tražiti ~*u* to look for a job; *državna* ~
civil service 2. department, office; ~
nabavke acquisitions department (as in
a library) 3. (mil.) service, corps; *sani-
tetska (intendantska, saobraćajna)* ~
medical (quartermaster, transportation)
corps 4. (rel.) ~ *božja* religious ser-
vice(s) **služben** *a* official, business; ~*o
putovanje* a business trip **službenik** *n*
employee, clerk; *državni* ~ government
employee, civil servant **služiti** *v* 1. **od-
služiti** to serve (out); ~ *vojsku* to serve
one's military obligation 2. **poslužiti** to
serve; to wait on; *nas služi onaj kelner*
that waiter is waiting on us; ~ *goste* to
serve guests; ~ *vino gostima* to serve
wine to guests 3. to work, serve; ~ *u
ustanovi* to work for a firm; ~ *za
stolom (oko stola)* to wait on a table; ~
državi (narodu) to serve the state (the
people) 4. **poslužiti** to serve, be of use;
čemu (za šta) služi ova mašina? what is
this machine used for? 5. **poslužiti** ~ *se
nečim* to make use of smt., use smt. 6.
poslužiti ~ *se* to help oneself, serve
oneself; *izvolite, služite se!* please help
yourself!
sljedbenik see **sledbenik**
sljedeći see **sledeći** I
sljedovanje see **sledovanje**
sljeme see **sleme**
sljepčovođa see **slepčovođa**

sljepilo see **slepilo**
sljepoočnica see **slepoočnica**
sljez see **slez**
sljubiti *v* to join, place close together
smaći *v* 1. to remove 2. to kill **smaknuće** *n*
execution, putting to death **smaknuti**
see **smaći**
smandrljati *v* to slap together, make (do)
hastily; ~ *ručak* to slap dinner together
smanjiti *v* to reduce; to make smaller; ~
troškove (cene, nadnice, uvoz) to reduce
expenses (prices, wages, imports)
smaragd *n* emerald
smatrati *v* 1. to think, be of the opinion; *ja
smatram da ste vi u pravu* I think that
you are right 2. to consider; *ja ga
smatram za sposobnog stručnjaka* I con-
sider him to be a capable specialist
smeč *n* (sports) smash **smečovati** *v* (sports)
to smash
smeće *n* garbage, trash
smed *a* light-brown, brown
smeh, smijeh *n* laughter; laugh; *udariti
(prsnuti) u* ~ to burst into laughter;
pući od ~*a* to die laughing **smejati se,
smijati se, nasmejati se, nasmijati se** *v*
to laugh; ~ *nekome* to laugh at smb.; ~
grohotom to roar with laughter; ~ *u
sebi* to laugh to oneself; ~ *na vic* to
laugh at a joke
smejuckati se, smijuckati se *v* to titter
smekšati *v* 1. to soften, make soft 2. ~ *se*
to mellow, become soft
smelost, smjelost *n* daring, courage
smena, smjena *n* 1. shift; *raditi u dve* ~ to
work in two shifts 2. replacement(s) 3.
change; ~ *vlasti* change of government
smeniti, smijeniti *v* to change, replace;
~ *nekoga* to replace smb.; ~ *stražu* to
change the guard
smeo, smjel, smio *a* daring, courageous,
bold, brave
smer, smjer *n* 1. direction; *u suprotnom* or
obrnutom (istom) ~*u* in the opposite
(same) direction 2. course, route; ~
broda (aviona) course of a ship (air-
plane) 3. movement, trend; *časopis napre-
dnog* ~*a* a progressive journal 4. specia-
lization, program, major; ~ *za minera-
logiju* a mineralogy major
smeran, smjeran *a* submissive, meek;
modest
smerati, smjerati *v* 1. to intend 2. to plan;
on smera neko zlo he is planning smt.

evil 3. to aim

smesta, smjesta *adv* at once, immediately

smesti *v* to confuse, perplex

smestiti, smjestiti, smeštati, smještati *v* 1. to place, put; ~ *nekoga u bolnicu* to put smb. into the hospital 2. to store; to pile; ~ *robu* to store merchandise 3. to move, help move 4. ~ *se* to get settled; to get moved in

smešan, smiješan *a* 1. funny, amusing; ~ *vic* a funny joke 2. ridiculous, absurd, preposterous; ~*šna cena* a ridiculous price

smešiti se, smiješiti se *v* to smile; ~ *nekome* to smile at smb.

smeštaj, smještaj *n* lodging; ~ *i ishrana* room and board

smet *n* snowdrift

smetati *v* to interfere with, hamper, hinder

smetenjak *n* scatterbrain

smeti, smjeti *v* 1. to dare; *ja ne smem* I don't dare 2. *ne* ~ *od nekoga* to be afraid of smb. 3. to be allowed, be permitted; *smem li da uđem?* may I come in?

smetište *n* trash heap, trash dump

smetnja *n* disturbance, hindrance; difficulty

smežuran *a* wrinkled; ~*a koža* wrinkled skin **smežurati** *v* to wrinkle; ~ *se* to become wrinkled

smicalica *n* trick, ruse; *napraviti* ~*u nekome* to play a trick on smb.

smijati se see **smejati se**

smijeh see **smeh**

smijeniti see **smeniti**

smijesiti see **smesiti**

smiješan see **smešan**

smiješiti se see **smešiti se**

smijuckati se see **smejuckati se**

smilovati se *v* to have mercy, show mercy; ~ *nekome (na nekoga)* to have mercy on smb.

smio see **smeo**

smiren *a* calm, serene **smiriti** *v* 1. to calm, soothe, pacify, quiet; ~ *decu* to quiet children; ~ *bol* to soothe the pain 2. ~ *se* to calm down, calm oneself

smisao *n* 1. sense, meaning; *u pravom* ~*slu reči* in the true sense of the word; *u širem* ~*slu* in the broader sense 2. talent, inclination; *on ima* ~*sla za slikarstvo* he has talent for painting **smi-**

smisliti *v* 1. to think out, think through 2. to devise

smjel see **smeo**

smjelost see **smelost**

smjena see **smena**

smjer see **smer**

smjeran see **smeran**

smjerati see **smerati**

smjernica see **smernica**

smjesta see **smesta**

smjestiti see **smestiti**

smještaj see **smeštaj**

smjeti see **smeti**

smlačiti see **mlačiti**

smlatiti *v* 1. to knock down 2. to wear out, exhaust

smoking *n* tuxedo

smokva *n* 1. fig tree 2. fig (fruit)

smola *n* resin; *(crna)* ~ pitch **smoliti, osmoliti** *v* to coat with pitch

smotak *n* 1. bundle 2. ball, roll; ~ *pređe* a ball of yarn

smotati *v* 1. to fold; ~ *mantil* to fold a coat 2. to wind up, roll up; ~ *u klupče* to roll into a ball 3. to wrap

smotra *n* review; inspection; *izvršiti* ~*u počasne straže* to inspect an honor guard

smotren *a* cautious, careful

smrad *n* stench, (bad) odor **smradan** *a* malodorous, smelly

smrča *n* (bot.) spruce

smrći se *v* 1. to grow dark; *smrklo se* it grew dark 2. to become somber, depressed, dejected

smrdeti, smrdjeti *v* to smell (bad), stink **smrdež** *n* stench **smrdljiv** *a* smelly, malodorous **smrdljivac** *n* 1. one who smells bad, stinker 2. (zool.) skunk

smreka *n* juniper bush (or tree)

smrknut *a* depressed, dejected

smrsiti see **mrsiti**

smrskati *v* to crush, smash

smrt *n* death; *osuditi na* ~ to condemn to death; *preka (nagla)* ~ a sudden death; *nasilna* ~ a violent death; *gledati* ~*i u oči* to face death; *kazniti smrću* to execute, put to death **smrtan** *a* deadly, mortal, fatal; *čovek je* ~ man is mortal; ~*tna kazna* capital punishment; execution; ~*tni udarac* a mortal blow **smrtnik** *n* mortal, human **smrtno** *adv* see **smrtan**; ~ *uplašen* frightened to death; ~ *ranjen* mortally wounded **smrtnost** *n* mortality **smrtonosan** *a* fatal, lethal, mortal; ~*sna rana* a mortal wound

smrviti see **mrviti**

smrznut *a* frozen; ~*e ruke* frostbitten hands; ~*o meso* frozen meat; ~*a jela* frozen foods **smrznuti** *v* 1. to freeze; ~ *meso* to freeze meat 2. ~ *se* to get frozen, freeze

smučanje *n* skiing **smučar** *n* skier **smučati se** *v* to ski

smučiti se *v* (impers.) *smučilo mu se* he felt ill (nauseated, faint)

smučka *n* ski

smućen *a* mixed-up, confused

smuđ *n* (zool.) perch

smušen *a* confused, mixed-up **smušenjak** *n* confused person **smušiti se** *v* to become confused

smutljiv *n* 1. making trouble 2. easily confused **smutljivac** *n* troublemaker

smutnja *n* intrigue, discord

snabdeti, snabdjeti *v* 1. to supply, provide; ~ *grad vodom* to supply a city with water; ~ *nekoga novcem* to provide smb. with money 2. ~ *se* to stock up; to fill up, take on; *avion se snabdeo gorivom* the airplane took on fuel **snabdevanje, snabdijevanje** *n* supply

snaći *v* 1. to befall, happen to; *šta ih je snašlo?* what happened to them? 2. ~ *se* to orient oneself, find one's way; to find a solution, find a way out; to cope with; ~ *se na mapi* to orient oneself on a map ~ *se u novoj sredini* to get accustomed to new surroundings; *dobro se snašao* he is doing fine

snaga *n* 1. power, strength, energy, force; *fizička* ~ physical strenght; ~ *volje* willpower; *radna* ~ manpower; *zakon je stupio na* ~*u* the law went into effect 2. (tech., phys.) power; *konjska* ~ horsepower; *propusna* ~ capacity (as of a pipeline); *električna (vodena)* electrical (water) power 2. (in *pl*) (mil.) forces; *vojne (oružane)* ~*e* military (armed) forces

snaha *n* 1. daughter-in-law 2. sister-in-law (brother's wife)

snaja see **snaha**

snajper *n* sniper

snalažljiv *a* resourceful, clever

snažan *a* powerful, strong

snebivljiv *a* shy, timid

sneg, snijeg *n* snow; *pada* ~ it is snowing **snežni, snježni** *a* snow; ~ *plug* snowplow; ~*žna pahuljica* snowflake

snek-bar *n* snack bar

sneti, snijeti, snositi *v* 1. to carry down, take down 2. to stand, bear, endure *snositi odgovornost* to bear responsibility

snežni see **sneg**

snijeg see **sneg**

snijeti see **sneti**

snimak *n* 1. photograph, snapshot 2. recording; *magnetofonski* ~ tape recording **snimiti** *v* 1. to photograph; to film; ~ *film* to make a movie 2. to record; to register; ~ *ploču* to make a record; ~ *emisiju na traku* to tape a broadcast

snishodljiv *a* 1. condescending 2. lenient, indulgent

sniziti *v* to lower; ~ *cene* to lower prices

snob *n* snob **snobizam** *n* snobishness

snop *n* 1. sheaf; bundle; stack; ~ *sena* haystack; *vezati u* ~ to sheaf 2. beam, shaft; ~ *zrakova* pencil of rays

snositi see **sneti**

snošaj *n* intercourse

snošljiv *a* tolerable, endurable

snova *adv* again, once again

snovati *v* to plot, plan

snježni see **sneg**

snježnica see **snežnica**

so, sol *n* salt; *stona* ~ table salt; *mineralna* ~ mineral salt

soba *n* room; *radna* ~ study; *spavaća* ~ bedroom; *rezervisati* ~ to reserve a room **sobar** *n* valet, butler **sobarica** *n* maid

socijalan *a* social; ~*lni radnik* social worker; ~*lne nauke* social sciences; ~*lna pomoć* public welfare

socijalist(a) *n* socialist **socijalistički** *a* socialistic; ~*e zemlje* socialist countries **socijalizam** *n* socialism **socijalizovati** *v* to make socialist, socialize

sociolog *n* sociologist **sociologija** *n* sociology

sočan *a* 1. juicy 2. spicy, racy; earthy

sočivo *n* 1. lentil 2. lens; *kontaktna* ~*a* contact lenses

soda *n* 1. soda; sodium, natrium 2. (or: ~-*voda*) club soda

sodomija *n* sodomy, bestiality

sofa *n* sofa; *sedeti na* ~*i* to sit on a sofa

sofistika *n* sophistry

soft *n* sauce, gravy, juice

soj n 1. race; stock, lineage 2. type, kind; cast

soja n soybean

sok n juice; *voćni* ~ fruit juice

soko, sokol n (zool.) falcon **sokolarstvo** n falconry

sokoliti, osokoliti v to cheer up, encourage; ~ *se* to take courage

sol see **so**

solana n saltworks

solaran a solar

solidan a 1. solid, firm 2. (fig.) serious, reliable

solidaran a common, united **solidarisati se** v 1. to agree; to stick together 2. to unite, become partners **solidarnost** n solidarity

soloist(a) n soloist

soliter n tall apartment house (usu. standing alone)

soliti, posoliti v to salt, sprinkle with salt; *~ nekome pamet** to lecture smb.

solo n, a, adv solo

Solun n Salonika

som n sheatfish

somnambul n sleepwalker **somnambulizam** n somnambulism

somot n velvet

sonant n (ling.) sonant

sonata n sonata

sonda n 1. (med., phys.) probe, sound 2. (meteor.) sonde **sondirati** v to probe, sound

sonet n sonnet

sonoran a sonorous **sonornost** n sonority

sopran n soprano

sopstven a own **sopstvenik** n owner

sorta n sort, type, brand **sortirati** v to sort, assort, grade

sos n sauce; gravy

sova n (zool.) owl

Sovjetski Savez n Soviet Union

spacionirati v to letterspace

spadati see **spasti** I

spahija n landowner

spajalica n paper clip

spakovati see **pakovati**

spaliti v to burn, burn down; ~ *selo* to burn down a village; ~ *na lomači* to burn at the stake

spanać n spinach

sparan a sultry, muggy **sparina** n sultriness, stuffiness

spariti v 1. to pair, couple, match 2. to mate (animals); ~ *se* to mate (of animals)

spas n salvation

spasavati see **spasti** II

spasilac n rescuer **spasilački** a rescue; ~*a ekipa* rescue squad (team)

spasonosan a salutary, beneficial

spasti I **spadati** v 1. to fall; *cene spadaju* prices are falling 2. to fall off; ~ *s krova* to fall off a roof 3. to belong to, fall into; *to spada u istu kategoriju* that falls into the same category

spasti II **spasavati** v to save, salvage; to rescue; ~ *nekome život* to save smb.'s life

spavaći a sleeping; ~*a kola* sleeping car (of a train) **spavaćica** n nightgown

spavanje n sleep; *lek za* ~ a soporific **spavaonica** n dormitory room; large bedroom **spavati** v to sleep; *~ kao top (kao zaklan)* to sleep like a log

spaziti v to notice, see

specifičan a specific **specifikacija** n specification

specijalan a special **specijalist(a)** n specialist **specijalitet** n specialty **specijalizacija** n 1. specialization 2. advanced training; specialized training **specijalizovati se** v to specialize; ~ *u hirurgiji* to specialize in surgery **specijalno** adv specially, especially **specijalnost** n specialty, field

speći v to burn, dry up

spektakl n show, spectacle **spektakularan** a spectacular

spektar n spectrum **spektralan** a spectral

spekulativan a speculative **spekulisati** v to speculate

sperma n sperm

spetljati v 1. to tie, bind 2. to spirit, hustle; ~ *nekoga u zatvor* to hustle smb. off to prison

spev, spjev n canto, poem

spica n spoke

spiker n (radio, television) announcer

spinalan a spinal

spirala n sprial

spiritista n spiritist, spiritualist **spiritizam** n spiritism, spiritualism

spis n 1. smt. written, text 2. (in *pl*) papers, documents

spisak n list; *uneti u* ~ to list

spisatelj n writer

spjev see **spev**

splasnuti v to shrink, dwindle

splav n raft; float

splavariti v to float (logs)

splesti v 1. to plait, lace, braid, twine 2. to confuse 3. to entangle **splet** n smt. plaited, smt. braided

spletka n plot, intrigue **spletkar** n intriguer, plotter **spletkariti** v to plot, intrigue

spljoštiti see **pljoštiti**

spoj n juncture, union; connection; *kratki* ~ a short circuit **spojiti** v to connect, join; to combine, merge; ~ *dve žice* to join two wires **spojka** n bond, link

spokojan a calm, tranquil **spokojstvo** n tranquility

spol n (W) sex

spolja adv from outside **spoljašnjost** n exterior, outside; appearance **spoljašnji** a exterior, outside, external **spoljni** a foreign; ~a *politika (trgovina)* foreign policy (trade)

spomen n remembrance, recollection; commemoration **spomenica** n commemorative volume **spomenik** n 1. monument 2. *nadgrobni* ~ tombstone, gravestone

spomenuti v to mention, talk about

spona n 1. link, bond 2. (gram.) copula

spontan a spontaneous, impulsive **spontanost** n spontaneity

spopasti v 1. to attack; ~ *nekoga* to attack smb. 2. to come over, seize; *šta te je sad spopalo?* what's come over you?

spor I n quarrel, dispute, controversy

spor II a slow, sluggish

sporadičan a sporadic

sporan a controversial, debatable; ~*rno pitanje* a controversial matter

sporazum n agreement, understanding, settlement; *postići* ~ or *doći do* ~*a* to come to an agreement **sporazuman** a agreeing, in agreement **sporazumeti se**, **sporazumjeti se** v 1. to come to an agreement 2. to understand each other, get along, make oneself understood; *sporazumeli smo se gestovima* we got along (made ourselves understood) by using gestures

sporedan a 1. secondary; auxiliary 2. (gram.) subordinate

sport n sport(s); *zimski* ~*ovi* winter sports **sportist(a)** n athlete **sportski** a sportsmanlike; ~ *gest* a sportsmanlike gesture

sposoban a capable, fit **sposobnost** n capability; talent

spotaći, spotaknuti, spoticati v 1. to trip; ~ *nekoga* to trip smb. 2. ~ *se* to trip, stumble (also fig.); *on se spotakao i pao* he stumbled and fell **spoticanje** deverb. of **spoticati**; **kamen* ~*a* stumbling block

spoznaja n perception, cognition **spoznati** v to perceive

sprat n floor, story; *prvi* ~ (Am.) second floor; *na* ~*u* (Am.) on the second floor

sprati v to rinse out, wash away

sprava n 1. device, gadget 2. (piece of) equipment

sprdačina n mockery, derision **sprdati se** v to make fun (of), mock

sprečiti, spriječiti v to prevent, keep from; to thwart; *kiša nas je sprečila da idemo* the rain kept us from going

spreda, sprijeda adv in front

sprega n team (as of oxen) **spregnuti** v to harness, hitch

sprema n qualifications, training

spremačica n charwoman, cleaning woman

spreman a 1. ready; *on je* ~ *da pođe* he is ready to leave 2. qualified **spremiti** v 1. to prepare; ~ *ručak* to prepare dinner 2. ~ *se* to prepare oneself, get prepared, get ready; ~ *se za put* to get ready for a trip **spremnost** n readiness, willingness

spretan a skilled, clever, adroit

sprijateljiti se v to become friends

spriječiti see **sprečiti**

sprijeda see **spreda**

sprint n (sports) sprint **sprinter** n (sports) sprinter **sprintovati** v (usu. sports) to sprint

sprovesti v 1. to take, lead; to convey; to escort, accompany; ~ *pod stražom* to escort under guard 2. to carry out, put into effect; ~ *reformu (plan)* to carry out a reform (plan) 3. to install, put in; ~ *kanalizaciju (struju)* to install a sewer system (electricity) **sprovod** n 1. funeral 2. conveying, transportation

sprud n sandbar

spustiti v 1. to lower, drop; bring down, put down, take down; ~ *glas (glavu)* to lower one's voice (head); ~ *cene* to reduce prices 2. ~ *se* to come (go) down, fall; to land; to descend; *avion se spustio* the airplane landed; ~ *se padobra-*

nom to parachute; *temperatura se spu-stila* the temperature dropped

sputati *v* to bind, fetter, tie; ~ *konja* to fetter a horse

sputnik *n* (Russian) sputnik, satellite

spužva *n* sponge **spužvast** *a* spongy

sračunat *a* calculating **sračunati** *v* to calculate

sram *n* (feeling of) shame **sraman** *a* shameful, disgraceful **sramežljiv** *a* shy, bashful, timid **sramiti se, posramiti se** *v* to be ashamed, feel shame **sramota** *n* shame, disgrace **sramotan** *a* shameful **sramotiti, osramotiti** *v* to disgrace, bring shame

srasti *v* to grow together, combine, knit

sravniti *v* 1. to level 2. to compare

srazmer, srazmjer *n* proportion, ratio, relation **srazmeran, srazmjeran** *a* proportional; proportionate

Srbija *n* Serbia **Srbin** *n* Serb

srce *n* 1. (anat. and fig.) heart; ~ *kuca* the heart beats; *imati manu ~a (slabo ~)* to have a heart defect (a weak heart); *pao mi je kamen sa ~a* it was a load off my mind; *primiti nešto k ~u* to take smt. to heart; *od sveg ~a* with all one's heart 2. sweetheart, darling 3. kernel, core (as of fruit) 4. hearts (in cards)

srčan *a* brave **srčanost** *n* bravery

srdačan *a* cordial; affectionate

srčani *a* heart; *~a mana* a heart defect; ~ *udar* a heart attack

srdit *a* angry **srdnja** *n* anger

srebrast *a* silvery **srebriti, posrebriti** *v* to silver-plate **serebrn** *a* made of silver, silver **srebro** *n* 1. silver; silverware 2. *živo* ~ quicksilver

sreća *n* 1. luck; fortune; *biti dobre (zle) ~e* to have good (bad) luck; ~ *što nismo pošli* it's lucky that we didn't go 2. happiness **srećan** *a* 1. lucky, fortunate 2. happy; *~ćna Nova godina!* Happy New Year! ~ *put!* bon voyage! ~ *rođendan!* happy birthday!

srećka *n* lottery ticket

srećom see **sreća** 1; fortunately

sreda, srijeda *n* Wednesday; *svake ~e* every Wednesday

sredina *n* 1. middle; mean *zlatna* ~ the golden mean 2. (math.) mean 3. milieu, environment; cricle(s); *u našoj ~i* in our circles

središte *n* center, middle; *ū ~u pažnje* in the center of attention

srediti *v* to put in order; to arrange, compose; ~ *sobu (svoje poslove)* to put a room (one's affairs) in order

srednje- *prefix* middle, central

srednjovekovni, srednjovjekovni *a* medieval

srednji *a* 1. middle, central; ~ *prst* the middle finger; ~ *vek* the Middle Ages 2. medium; average; *čovek ~eg rasta* a middle-sized man 3. secondary; *~a škola* secondary school 4. (gram.) ~ *rod* the neuter gender

srednjo- see **srednje**

srednjoškolac *n* secondary-school pupil

Sredozemlje *n* the Mediterranean (area); *u ~u* in the Mediterranean **sredozemni** *a* Mediterranean

sredstvo *n* 1. means; *saobraćajna (prevozna) ~a* means of transportation; ~ *plaćanja* means of payment; **cilj opravdava* ~ the end justifies the means 2. remedy; ~ *protiv glavobolje* a headache remedy 3. (in *pl*) resources, funds; *finansijska ~a* financial resources

sređen *a* settled, composed, steady

sresti *v* to meet

sretan see **srećan**

srez *n* (administrative) district

srezati *v* to cut, cut off

sricati *v* to sound out, read letter by letter

srijeda see **sreda**

srkati, srknuti *v* 1. to lap (up), sip 2. to slurp

srkutati *v* to sip

srljati *v* to rush; to plunge

srna *n* (zool.) doe **srnetina** *n* venison

sročiti *v* to formulate, word; ~ *pesmu* to compose a poem (in rhyme)

srodan *a* related, akin, cognate; *~dni jezici* related languages **srodnik** *n* (distant) relative **srodstvo** *n* kinship, relationship; *krvno* ~ blood kinship

sroljati se see **roljati se**

srozati *v* 1. to lower, drop 2. ~ *se* to roll down, tumble down; ~ *se niz stepenice* to tumble down the stairs 3. ~ *se* to droop, be untidy (as of clothing) 4. ~ *se* to sink, drop, decline, fail, go downhill; *disciplina se srozala* discipline has slackened

srp *n* sickle; ~ *i čekić* hammer and sickle

srpanj *n* (W) July (see also **jul**)

Srpkinja *n* Serbian woman

srpski *a* Serbian

srpskohrvatski *a* Serbo-Croatian

srubiti v to cut down, cut off, fell; ~ *drvo* to cut down a tree

sručiti v 1. to pour; to spill; *sručila se kiša* it began to pour 2. to shift, pass; *on je sručio krivicu na mene* he shifted the blame to me 3. ~ *se* to plunge, fall, throw oneself; *jastreb se sručio* the hawk swooped down

srušiti v 1. see **rušiti** 2. to knock over, overturn, knock down; *vetar je srušio drvo* the wind blew down the tree; ~ *vladu* to overthrow a government 3. ~ *se* to fall, plunge; to crash; *avion se srušio* the airplane crashed

srž n 1. *(koštana)* ~ marrow 2. pith 3. (fig.) essence, core

stabilan a stable **stabilizator** n stabilizer **stabilizovati** v to stabilize **stabilnost** n stability

stablo n 1. (tree) trunk 2. tree

stabljika n stalk, stem

stacionaran a stationary

stacionirati v to station

stadijum n stage, phase

stadion n stadium

stado n herd, flock

stagnacija n stagnation **stagnirati** v to stagnate

staja n stable, stall

stajaći a 1. stagnant; ~*a voda* stagnant water 2. ~*a vojska* standing (regular) army

stajalište n 1. station 2. place for standing

stajati I see **stati**

stajati II v 1. to stand, be in a standing position; *jedni stoje, a drugi sede* some are standing, and others are sitting 2. to be, be located; *to ne stoji u tvom pismu* there's nothing about that in your letter 3. to stand still, be immobile; *ovaj sat stoji* this watch has stopped 4. to suit, fit, be becoming; *ova ti haljina lepo stoji* your dress fits you very well 5. to have a relationship, be situated, stand; *kako ti stojiš sa šefom?* how do you stand with the boss?

staklar n glazier **staklarnica** n glazier's shop **staklen** a glass, made of glass; ~*a vrata* glass door(s) **staklo** n glass; *brušeno (obojeno)* ~ plate (stained) glass

stalagmit n stalagmite

stalak n 1. stand; ~ *za note* a music stand 2. easel

stalaktit n stalactite

stalan a stable, steady; permanent; constant; ~*lno mesto boravka* permanent place of residence; ~ *član* a permanent member

stalež n 1. class; *radnički* ~ the working class 2. profession

stalnost n permanence; stability

staložen a calm, cool, composed **staložiti** v to settle, organize, compose; ~ *misli* to, compose one's thoughts

stambeni a housing; ~ *problem* the housing problem; ~*a zgrada* an apartment house

stan n 1. apartment; *namešten* ~*a* furnished apartment 2. (mil.) *glavni* ~ headquarters 3. *(tkalački)* ~ loom **stanar** n tenant **stanarina** n rent

stanca n stanza

standard n standard, model; ~ *života* standard of living

standardan a standard **standardizovati** v to standardize

stanica n 1. station; *železnička (autobuska)* ~ railroad (bus) station; *benzinska* ~ gasoline station; *zdravstvena* ~ (local) health station 2. (W) cell

staniol n tinfoil

stanka n pause, break

stanodavac n landlord

stanovati v to reside, live, dwell

stanovište n standpoint, viewpoint

stanovnik n inhabitant, resident **stanovništvo** n population

stanje n 1. state, condition; situation; *ona je u drugom* ~*u* she is pregnant; *ekonomsko (političko)* ~ the economic (political) situation 2. (gram.) voice; *radno (trpno)* ~ active (passive) voice 3. (phys.) state

stanjiti see **tanjiti**

star I a 1. old (not young); ~ *čovek* an old man 2. old, tested; aged; ~*i drug (vojnik)* an old friend (soldier) 3. old (not new); ~ *grad (automobil)* an old city (automobile) 4. old-fashioned, antiquated, conservative, out-moded; ~*i pogledi* old-fashioned views 5. ancient, olden; ~*o doba (*~*a vremena)* ancient times 6. former, earlier, old; ~*i kraj* the old country (for an emigrant) 7. customary, old, usual; ~*a priča* an old story

star II n (film) star

stara *(a used as a noun) (moja)* ~ my mother (or wife) **starac** n 1. old man 2.

(colloq.) *(moj)* ~ my father 3. (in *pl)* old
people, the aged
staratelj *n* guardian; trustee **starateljstvo**
n guardianship **starati se, postarati se** to
take care (of)
starešina, starješina *n* 1. chief, head; ~
porodice head of a family; *razredni* ~
homeroom teacher 2. (mil.) officer, non-
-commissioned officer **starešinstvo, star-
ješinstvo** *n* 1. status of a chief 2. senior-
ity; *po* ~*u* by seniority
stareti, starjeti, ostareti, ostarjeti *v* to
grow old **stari** *(a* used as a noun) 1. old
man 2. (fam.) *(moj)* ~ my father (or
husband) 3. *(pl)* ancestors 4. *(pl)* old
people, the aged **starica** *n* old woman
starina *n* 1. ancient times, antiquity 2.
antique, relic 3. age **starinarnica** *n* sec-
ondhand shop **starinski** *a* 1. antique,
ancient 2. old-fashioned; obsolete
starješina see **starešina**
star ješinstvo see **starešinstvo**
starjeti see **stareti**
staromodan *a* old-fashioned
starosedelac, starosjedilac *n* aborigine,
native; old-timer
starost *n* age; old age
start *n* start; *na* ~*u* at the start **starter** *n*
1. (sports) starter 2. starter (on an
automobile) **startovati** *v* to start
starudija *n* (coll.) junk, old things
stas *n* 1. height 2. build; physique
stasati *v* to come of age, mature
stasit *a* 1. tall 2. well-built; shapely
stati, stajati *v* 1. to stand up, get up; ~ *na
noge* to get on one's feet 2. to step on; ~
nekome na nogu to step on smb.'s foot 3.
to place oneself, take up a position; ~ *u
red* to get into line; ~ *nečemu na put* to
put an end to smt.; ~ *na stanovište* to
adopt a point of view 4. to stop; *stani!
(stoj!)* stop! *sat ti je stao* your watch has
stopped 5. to start, begin; *on je stao
vikati* he began to scream 6. to cost; *šta
staju jaja?* how much do eggs cost? 7. to
fit, go in; *pismo neće da stane u koverat*
the letter will not fit into the envelope
8. to care; *mnogo mu je stalo do toga* he
is very much interested in that
statičan, statički *a* static
statist(a) *n* (movies, theater) extra
statističar *n* statistician **statistika** *n* stati-
stics **statistički** *a* statistical
stativ *n* 1. stand, support 2. tripod
stativa *n* goalpost (as for soccer)

statua *n* statue **statueta** *n* statuette
status *n* status
statut *n* statute(s); bylaw(s); ~ *kluba*
bylaws of a club
stav *n* 1. posture, pose; position 2. atti-
tude, position; ~ *naše vlade* the position
of our government 3. paragraph 4.
(mus.) movement
staviti *v* 1. to put, place (also fig.); ~
ručak na sto to put dinner on the table;
~ *decu u krevet* to put children to bed;
~ *auto u garažu* to put a car into a
garage 2. to put on; ~ *šešir (odelo)* to
put on a hat (a suit); ~ *ruž* to put on
lipstick
stavka *n* item; paragrpah; *budžetska* ~
budget item
staza *n* 1. path, trail; *pešačka* ~ a foot-
path; *prokrčiti* ~*u* to clear a path; **na
dugu* ~*u* in the long run 2. (sports) ~
(za trčanje) track 3. (sports) distance 4.
(sports) lane; ~ *broj I* the inside lane
staž *n* 1. training period; *(lekarski)* ~
internship 2. experience; *radni* ~ length
of service **stažirati** *v* to serve one's
internship **stažist(a)** *n* intern
stečaj *n* bankruptcy; insolvency; *pasti pod*
~ to go bankrupt
steći *v* to acquire, get; ~ *utisak* to get an
impression
steg, stijeg *n* flag, banner, standard
stega *n* 1. discipline, restraint 2. clamp,
vise
stegnuti, stezati *v* 1. to tighten; ~ *kaiš* to
tighten one's belt 2. to press, squeeze,
clench; ~ *zube* to clench one's teeth;
pojas me steže my belt is tight
stegonoša, stjegonoša *n* standard-bearer
stelaža *n* shelf
stena, stijena *n* roock, (large) stone,
boulder
stenica, stjenica *n* bedbug
stenograf, stenografkinja *n* stenographer
stenografija *n* stenography, shorthand
stenografisati *v* to take down in short-
hand
stenovit, stjenovit *a* rocky
stenjati, prostenjati *v* to moan, groan
stepen *n* 1. level; ~ *razvitka* level of
development 2. degree; class; *(akadem-
ski)* ~ (academic) degree 3. degree;
ugao od 30 stepeni an angle of 30
degrees; *37 stepeni Celzijusovih* 37 de-
grees centigrade 4. (math.) power; *podi-
ći na treći* ~ to raise to the third power

5. (gram.) *prvi (drugi)* ∼ the comparative (superlative) degree 6. step 7. (astron.) stage; *prvi* ∼ *rakete* first stage rocket 8. (university) level (of instruction) **stepenica** *n* 1. see **stepenik** 2. (in *pl*) stairs, staircase **stepenik** *n* step (on a staircase) **stepenište** *n* stairway

sterati, stjerati *v* 1. to drive down 2. to drive together

stereoskop *n* stereoscope

stereotip *n* stereotype

sterilan *a* sterile **sterilizacija** *n* sterilization **sterilizovati** *v* to sterilize

stesati *v* to hew, trim

stesniti, stijesniti *v* 1. to make narrower, make smaller 2. to crowd (smb.)

stetoskop *n* stethoscope

stezaljka *n* (elec.) terminal

stezati see **stegnuti**

sticaj *n* concurrence, coincidence

stići, stizati *v* 1. to arrive, come; ∼ *na vreme* to arrive on time 2. to overtake, catch up to; *ja ću te stići* I'll catch up to you 3. to get to (in time); ∼ *na čas* to get to a class 4. to befall, happen to; *stigla ih je nesreća* an accident happened to them 5. to succeed; *on nije stigao da završi zadatak* he did not succeed in finishing his homework

stid *n* shame

stideti se, stidjeti se, postideti se, postidjeti se *v* 1. to be shy; *dete se stidi* the child is shy 2. to be ashamed **stidljiv** *a* shy, timid

stih *n* verse

stihija *n* (natural) element **stihijski** *a* elemental

stihotvorstvo *n* versification

stijeg see **steg**

stijena see **stena**

stijesniti see **stesniti**

stil *n* style

stilet *n* stiletto

stilistika *n* stylistics

stimulacija *n* stimulation **stimulans** *n* stimulus **stimulisati** *v* to stimulate

stipendija *n* fellowship; scholarship **stipendist(a)** *n* fellowship (scholarship) holder

stiplčez *n* (sports) steeplechase

stipulacija *n* stipulation **stipulirati** *v* to stipulate

stisak *n* squeeze; ∼ *ruke* (firm) handshake **stisnuti** *v* 1. to squeeze, clench; ∼ *pesnice* to clench one's fists; ∼ *zube* to

grit one's teeth 2. to crowd together; ∼ *se u auto* to crowd into a car

stišati *v* 1. to turn down, make less noisy; *stišaj muziku (radio)!* turn the music (radio) down! 2. to calm, pacify, soothe; to quiet; ∼ *nečiju ljutnju* to calm smb.'s anger; ∼ *bol (glavobolju)* to soothe pain (a headache); *bura se stišala* the storm let up

stjecaj see **sticaj**

stjegonoša see **stegonoša**

stjenovit see **stenovit**

stjerati see **sterati**

stjuard *n* steward **stjuardesa** *n* stewardess

sto I *num* hundred

sto II stol *n* table; *staviti nešto na* ∼ to put smt. on the table; *postaviti* ∼ *(za šestoro)* to set a table (for six); *raspremiti* ∼ to clear a table; *pisaći* ∼ desk; ∼ *za karte* card table; *u dnu* ∼*a* at the foot of the table

stočar *n* cattle breeder **stočarstvo** *n* cattle raising, cattle breeding

stog I *n* stack; ∼ *sena* haystack

stog II stoga *conj* 1. therefore 2. ∼ *što (da)* because, since

stogodišnjak *n* centenarian **stogodišnji** *a* centennial, centenary **stogodišnjica** *n* centennial, centenary

stoicizam *n* stoicism **stoik** *n* stoic **stoički** *a* stoical

stojećke *adv* standing, erect, upright

stoka *n* cattle, livestock; *sitna* ∼ sheep and goats

stol see **sto II**

stolar *n* cabinetmaker; carpenter **stolarstvo** *n* carpentry, cabinetmaking

stoleće, stoljeće *n* century

stolica *n* 1. chair; ∼ *za ljuljanje* rocking chair 2. residence, seat

stolni see **stoni**

stolnjak *n* tablecloth

stoljeće see **stoleće**

stomak *n* 1. stomach 2. abdomen, belly

stomatolog *n* stomatologist, dentist **stomatologija** *n* stomatology, dentistry **stomatološki** *a* dental; ∼ *fakultet* school of dental medicine

stoni *a* table; ∼ *tenis* table tennis

stonoga *n* centipede

stonotenisač, stonoteniser *n* table-tennis player

stop (road sign) stop!

stopa *n* 1. step, footstep; footprint 2. foot (measurement); *toranj je visok 202* ∼*e*

the tower is 202 feet high 3. rate; *uz kamatnu ~u od 5 odsto* at a five-percent interest rate 4. (poetics) foot
stopalo *n* (anat.) foot
stopiti *v* to merge, unite, assimilate
stopostotni *a* 100-percent; total
stornirati *v* to cancel, revoke
stostruk *a* hundredfold **stoti** *a* the (one) hundredht **stotina** *n* hundred; *dve ~e* two hundred **stotinak** *n* group of around 100 **stotinarka** *n* 100-dinar bill
stovarište *n* 1. warehouse; depot 2. junkyard; *~ đubreta* garbage dump **stovariti** *v* to unload; to deposit, dump
stožac *n* (W) cone
stožer *n* 1. (door) hinge 2. axle 3. (fig.) center, support
straćara *n* shack, shanty, hovel
straćiti *v* to squander
stradalac *n* sufferer, victim **stradati** *v* 1. **postradati** to suffer 2. to be ruined, be destroyed; *mnoga sela su stradala za vreme zemljotresa* many villages were destroyed during the earthquake 3. **nastradati** to die, perish; to be a victim; *u nesreći su stradala (nastradala) četiri lica* four people were killed in the accident; or: four persons were injured in the accident
straga *adv* in the rear, in the back
strah *n* fear, fright, dread, horror; *~ od nepoznatog* fear of the unknown; *~ me je* I am afraid; *učiniti nešto iz ~a* to do smt. out of fear **strahota** *n* horror, horrible thing **strahovati** *v* to be concerned, be worried **strahovit** *a* 1. horrible, terrible, dreadful, frightful; *~ sudar* a horrible collision 2. awful, ugly; bad; *~a frizura* an awful hairdo 3. (colloq.) great, tremendous, terrific; *~ uspeh* a great success; *~a snaga* tremendous power
stran *a* 1. foreign; *~i jezik* a foreign language 2. strange; unfamiliar
strana *n* 1. side; *leva (desna) ~* the left (right) side; *s one ~e* from that side; *suprotna ~* the opposite side 2. surface; *donja (gornja) ~* lower (upper) surface 3. *~ sveta* cardinal point (of the compass) 4. slope; *planinska ~* mountain slope; *~ brda* slope of a hill 5. page 6. aspect, side, feature; characteristic; *to ima jednu dobru ~u* that has a good side 7. part, side; *držati nečiju ~u* to take smb.'s part 8. *od ~e* by (in the

passive); *dete je nađeno od (~e) milicije* the child was found by the police
stranac *n* foreigner, alien; stranger
stranica *n* page
stranka *n* 1. (pol.) party 2. party, side (as in a dispute); *tužena ~* the defendant 3. (in *pl*) the public; *~e se primaju od 10 do 12* office hours are from 10 to 12
stranputica *n* 1. side road 2. shortcut 3. wrong road, wrong way (also fig.)
strast *n* passion; *obuzdati svoje ~i* to curb one's passions **strastan** *a* passionate; enthusiastic; *~ poljubac* a passionate kiss; *~ navijač* an enthusiastic rooter
strašan *a* 1. horrible, terrible; *~ čovek (doživljaj)* a hoorrible man (experience) 2. awful, bad; *~ ispit (film)* an awful test (film) 3. strong; *~ bol* a strong pain
strašilo *n* scarecrow (also fig.) **strašiti, zastrašiti** *v* to frighten **strašljiv** *a* 1. fearful, cowardly 2. bashful, shy **strašljivac** *n* coward
strateg *n* strategist **strategija** *n* strategy **strategijski** *a* strategic
stratosfera *n* stratosphere
strava *n* dread, horror **stravičan** *a* dreadful, horrible
straža *n* (coll.) guard; escort; *čuvati ~u* to stand guard; *telesna ~* bodyguard **stražar** *n* 1. sentry, sentinel, guard; escort; *telesni ~* bodyguard 2. watchman **stražara** *n* 1. watchtower, lookout 2. guardhouse **stražariti** *v* to stand guard
stražnji *a* back, rear; *~ ulaz* a rear entrance; *~a vrata* rear door **stražnjica** *n* rear, behind
strčati I *v* to run (down)
strčati II *v* to stick out, jut out
streha *n* eaves
strela, strijela *n* arrow **strelac, strijelac** *n* 1. archer, bowman 2. marksman, shot; rifleman **strelica** *n* arrow (as on a traffic sign) **strelište** *n* rifle range **streljač** *n* marksman, shot **streljanje, strijeljanje** deverb. of **streljati**; *smrt ~m* death by (a) firing squad **streljati, strijeljati** *v* to execute smb. (by a firing squad)
stremen *n* stirrup
strepeti, strepjeti *v* to be afraid, be worried, fear **strepnja** *n* fear, anxiety, worry
stresti, stresati *v* 1. to shake down; *on je stresao jabuke sa drveta* he shook the apples down from the tree 2. *~ se* to tremble, shake
strgnuti *v* to pull off, tear off

stric n uncle (father's brother); brat or sestra od ~a cousin (son or daughter of a stric)

stričak n (bot.) thistle

strići, ostrići v to shear, clip; ~ ovde to shear sheep

strijela see strela

strijelac see strelac

strijeljanje see streljenje

strijeljati see streljati

striktan a strict

strina n wife of a stric; aunt

strip n comic strip

striptiz n striptease striptizeta n stripteaser

striža n shearing

strljati v to rub off

strm a steep, sheer

strmenit a steep; rugged strmina n steep slope

stromoglavac adv headfirst, headlong strmoglaviti v to throw (headfirst); ~ se to fall (headfirst), plunge

strnjika n stubble

strofa n strophe, stanza

strog a 1. strict, severe; on je ~ s decom (prema deci) he is strict with children 2. very; u ~om centru (grada) in the very center (of the city) stroži, strožiji (comp)

stroj n 1. (mil.) formation; order; line; smaknut (razmaknut) ~ close (open) order 2. system; društveni ~ social system 3. (W) machine strojopis n (W) typewriting

strop n (W) ceiling

stropoštati v 1. to throw down 2. ~ se to fall, collapse, tumble

strpati see trpati 1, 2

strpeti se, strpjeti se v to be patient strpljenje n patience; izgubiti ~ to lose one's patience strpljiv a patient

stršljen n hornet

strti v to scrape off

stručan a expert, skilled stručnjak n expert, specialist, authority stručnjački a expert; ~a analiza an expert analysis

strug n lathe strugar n lathe operator

strugati v 1. to grind, sharpen 2. to scrape; to grate; ~ sir to grate cheese 3. to plane strugotine n 1. shavings, filings 2. sawdust

struja n 1. current; protiv ~e against the current; uz ~u with the current 2. (električna) ~ electricity, electric current; prekid ~e a power failure 3.

trend, movement, current strujati v to flow, circulate

struk n 1. stalk, stem 2. waist; oko ~a around the waist

struka n field of specialization; profession

struktura n structure strukturalan a structural; ~lna lingvistika structural linguistics

struma n (med.) goiter

struna n 1. (mus.) string (on an instrument) 2. (konjska) ~ a horsehair

strunjača n 1. horsehair mattress 2. (sports) mat

strvina n 1. carrion 2. (fig.) emaciated animal strvinar n vulture strvoder n fleecer

stub n pillar, column; pole, post; telefonski ~ telephone pole

stubac n column (as in a newspaper, book)

stublina n cylinder

studen I n (extreme) cold studen II a cold, icy

studeni a (used as noun) (W) November (see also novembar)

student n student (at a university) studentski a student; ~ dom dormitory; ~ grad dormitory area (of a university)

studija n essay, study, paper studije n studies, studying; poslediplomske ~e graduate study (studies) studiozan a studious, thorough studirati v 1. to study (at a university); ~ medicinu (pravo) to study medicine (law) 2. prostudirati to study, work through

stupa n mortar

stupanj n 1. level 2. (gram.) prvi (drugi) ~ the comparative (superlative) degree

stupiti v 1. to step; stupite bliže! step closer! ~ napred to step forward 2. to enter; ~ u štrajk to go on strike; ~ na snagu to go into effect (as of a law)

stuštiti se v to grow dark

stvar n 1. thing; object; imamo mnogo ~i we have a lot of things 2. matter, affair; buseiness; thing; svršena ~ an accomplished fact; ružna ~ an ugly affair; pravedna ~ a just cause; ~ je propala it's lost cause 3. essence, point; pređimo na ~! let's get to the point! u ~i in fact

stvaralac n creator stvaralački a creative stvaralaštvo n creativity; creative work

stvaran a real, actual stvarno adv really, actually stvarnost n reality, actuality

stvor n creature stvorenje n creation stvo-
riti v to create, make, produce; ~
remek-delo to create a chef d'oeuvre
su see biti I
su ... see also entries in sa ...
subjek(a)t n subject
subjektivan a subjective
sublimacija n sublimation subliman a
sublime
subordinirati v to subordinate
subota n Saturday; u ~u on Saturday;
~om Saturdays
subvencija n subvention, subsidy subven-
cionisati v to subvent, subsidize
subverzija n subversion subverzivan a
subversive
sučeliti v 1. to bring face to face 2. ~ se to
face, come face to face
sud I n 1. court (of law); pozvati na ~ to
summon to court; apelacioni (drugoste-
peni) ~ appellate court; okružni ~
district court sudski a court; ~ zapisni-
čar (pisar) court clerk
sud II n 1. (in pl) dishes; prati ~ove to
wash the dishes 2. vessel; pot; ~ za
cveće flowerpot 3. (anat.) krvni ~ blood
vessel
sudac n (W) judge
Sudan n Sudan
sudar n clash; collision (also fig.); između
njih je došlo do ~a there was a clash
between them sudariti se v to collide,
clash; on se sudario s kamionom he
collided with a truck; dva su se voza
sudarila two trains collided
sudbina n fate, destiny, lot; zla ~ bad
luck; teška ~ a hard lot sudbonosan a
1. fateful, ominous portentous 2. cru-
cial, vital; ~sna odluka a crucial
decision
sudeonik, sudionik n participant
sudija n 1. judge; ~ za prekršaje magi-
strate; mirovni ~ justice of the peace 2.
(sports) referee, judge; (soccer) pomoćni
~ linesman suditi v 1. to try, put on
trial; ~ nekome to try smb. 2. to judge,
form a judgement; sudeći po ovim poda-
cima ... judging by these facts ... 3. ~
se to be engaged in a lawsuit sudnica n
1. courtroom 2. courthouse
sudopera n 1. dishwasher (person) 2.
dishcloth
sudski see sud I
sudstvo n judiciary

suđen a 1. tried; convicted 2. destined
suđenje n trial; ~ ratnim zločincima
war crimes trial
sufiks n suffix
sufle n (cul.) soufflé
sufler n (theater) prompter suflernica n
(theater) prompter's box suflirati v
(theater) to prompt
sugerisati v to suggest sugestija n sugges-
tion; dati ~u to make a suggestion
sugestivan a suggestive
suglasnik n (ling.) consonant suglasnički a
consonant, consonantal; ~a grupa con-
sonant cluster
sugrađanin n fellow townsman
suh a dry (see suv)
suizvršenje n complicity suizvršilac n ac-
complice
sujeta, n vanity, conceit sujetan a vain,
conceited
sujeveran, sujevjeran a superstitious suje-
verje, sujevjerje n superstition
sukati, zasukati v to twist, wind; zasukati
rukave to roll up one's sleeves
sukcesivan a successive
sukljati, posukljati v to pour, stream
sukno n heavy cloth, coarse fabric
suknja n skirt
sukob n conflict, clash sukobiti se v to
clash, come into conflict
sultan n sultan
suma n amount, sum
sumaglica n mist, haze
sumaran a brief, summary sumirati v to
sum up
sumnja n doubt; suspicion, distrust; ~ u
nešto doubt about smt. sumnjati, posu-
mnjati v 1. to doubt; ~ u nešto to have
doubts about smt.; ne sumnjam da će
doći I don't doubt that he'll come 2. to
suspect, be suspicious; ona sumnja na
mene she suspects me sumnjičav a sus-
picious, distrustful sumnjičiti, osumnji-
čiti v to suspect; on mene sumnjiči da
sam ukrao pare he suspects me of
stealing the money sumnjiv a suspi-
cious, questionable, suspected; on mi je
~ he seems suspicious to me
sumoran a somber, gloomy
sumpor n sulfur
sumračan a dusky; dim; somber sumrak n
dusk, twilight
sunarodnik n compatriot
sunce n sun; ~ izlazi (zalazi) the sun rises
(sets) suncobran n parasol, umbrella

suncokret n sunflower **suncostaj** n solstice **sunčan** a sunny (also fig.) **sunčani** a solar; ~a godina a solar year; ~ udar sunstroke **sunčanica** n sunstroke **sunčanik** n sundial **sunčati se** v to take a sunbath **sunčev** a solar; ~ sistem the solar system

sunđer n 1. sponge 2. (blackboard) eraser (made from sponge) **sunđerast** a spongy

sunovrat n (bot.) narcissus

suočenje n confrontation (as of witnesses) **suočiti** v to bring face to face, confront; ~ svedoke to bring witnesses face to face 2. ~ se to come face to face; ~ se sa problemima to face problems

sup n (zool.) vulture

SUP n police

supa n soup

suparnik n rival, competitor; opponent **suparništvo** n rivalry

superioran a superior

superlativ n superlative (also gram.) **superlativan** a superlative

supersila n super power

supersoničan a supersonic

suprotan a contrary, opposite; ~tni polovi opposite poles **suprotnost** n opposite, opposition **suprotstaviti** v 1. to oppose; ~ nešto nečemu to pit one thing against another 2. ~ se to resist

suprug n spouse (husband) **supruga** (wife) **supružanski** a marital

supstancija n substance

supstantiv n substantive

supstitucija n substitution **supstituisati** v to substitute

supstrat n substratum

suptilan a subtle **suptilnost** n subtlety

suptropi n subtropics

surdina n (mus.) mute, sourdine

surla n 1. (elephant's) trunk 2. snout

surogat n substitute, surrogate

surov a cruel, brutal

surutka n whey

survati v 1. to push 2. ~ se to plunge, fall

sused, susjed, n neighbor **susedni, susjedni** a neighboring, adjacent **susedstvo, susjedstvo** n neighborhood

susnežica, susnježica n sleet

suspendovati v to suspend

suspenzor n jockstrap, supporter

susresti v to meet **susret** n meeting, encounter

sustanar n fellow tenant

sustati v to become tired, become exhausted

sustav n (W) system

sustići v to catch up, overtake

suša n drought **sušan** a rainless, arid

sušenje n drying **sušilica** n dryer; ~ za veš clothes dryer **sušiti, osušiti** v 1. to dry; ~ veš (kosu) to dry laundry (hair) 2. to cure, smoke, dry; ~ meso to cure meat; ~ voće to dry fruit 3. **isušiti** to drain; ~ močvaru (jezero) to drain a swamp (lake) 4. ~ se to dry up, die

sušti a pure, true, very, same; ~a veš istina the bare truth **suština** n essence, substance; u ~i in essence **suštinski** a essential

suteren n basement

sutjeska n gorge

sutlijaš n rice pudding

suton n dusk, twilight

sutra adv tomorrow **sutradan** adv the next (following) day **sutrašnji** a tomorrow's **sutrašnjica** n tomorrow; future

suv a 1. dry; dried; ~ vazduh dry air; ~o leto a dry summer; ~o grožđe raisins; ~e šljive prunes 2. thin, slim, lean; on je visok i ~ he is tall and lean 3. dull, dry; ~ stil a dull style **suvlji** (comp)

suvenir n souvenir

suveren I n ruler, sovereign **suveren** II a sovereign **suverenitet** n sovereignty

suvisao a (W) coherent

suvišan a superfluous; nonessential **suviše** adv excessively, too (much)

suvlasnik n joint owner **suvlasništvo** n joint ownership

suvlji see suv

suvo n land, dry ground, terra firma

suvomesnat a ~i proizvodi delicatessen

suvonjav a lean, slim

suvoparan a dull, dry

suvota n 1. dryness 2. drought

suvozač n assistant driver

suvozeman a land; ~mnim putem by land

suza n tear; liti gorke ~e to shed bitter tears; ~e radosnice tears of joy **suzan** a tearful **suzavac** n tear gas

suzbiti v 1. to wipe out, stop, put an end to; ~ epidemiju to wipe out an epidemic; ~ kriminal to stamp out crime 2. to control, rein; ~ strasti to control one's passions

suziti I v to tear, shed tears

suziti II v to make narrow(er)

suzni a lacrimal, tear

sužanj *n* slave, prisoner **sužanjstvo** *n* slavery, captivity

svačiji *a* everyone's, everybody's

svadba *n* 1. wedding; *biti pozvan na ~u* to be invited to a wedding 2. wedding anniversary (party); *zlatna (srebrna) ~* golden (silver) wedding anniversary (party) **svadbeni** *a* wedding; *~ darovi* wedding gifts; *~ put* honeymoon

svadljiv *a* quarrelsome **svadljivac** *n* quarrelsome person **svađa** *n* quarrel **svađati se** *v* to quarrel

svagda *adv* always **svagdašnji** *a* constant

svakakav *a* all sorts of

svakako *adv* of course, certainly; *on će ~ doći* he is sure to come

svaki *a* 1. every; *~ dan (~og dana)* every day 2. any; *u ~o doba* at any time

svakidašnji *a* daily, everyday; *~e potrebe* everyday needs

svako *pron* everyone, everybody

svakodnevni *a* daily, everyday; regular; *~a pojava* a regular occurence

svaliti *v* 1. to knock down, knock over, topple; *vetar je svalio drvo* the wind knocked the tree down 2. to throw off; *konj je svalio jahača* the horse threw the rider 3. to shift, transfer; *~ krivicu na drugoga* to shift the blame to smb. else 4. *~ se* to fall; *auto se svalio u reku* the car fell into the river; **svalio mi se kamen sa srca* it was a load off my mind

svanuće *n* daybreak, dawn **svanuti** *v* to dawn

svariti *v* to digest; *~ hranu* to digest food **svarljiv** *a* digestible

svastika I *n* sister-in-law (wife's sister)

svastika II *n* swastika

svašta *pron* all sorts of things

svat *n* 1. *stari ~* witness at a wedding 2. (in *pl*) wedding; *ići nekome u ~ove* to go to smb.'s wedding

sve 1. *pron* see **sav** 2. *adv* (with the *comp*) *~ bolje* better and better; *~ više* more and more

svečan *a* solemn, festive; formal; *~o raspoloženje* a festive mood; *~o obećanje* a solemn promise; *~ doček* a formal reception; *~o odelo* a dress suit **svečanost** *n* festivity, celebration; ceremony

sveća, svijeća *n* candle; *upaliti (ugasiti) ~u* to light (blow out) a candle; *čitati pri ~i* to read by candlelight **svećar, svjećar** *n* candlemaker, chandler

svećenik (W) see **sveštenik**

svećica, svjećica *n* spark plug

svećnjak, svijećnjak *n* candlestick

svedočanstvo, svjedočanstvo *n* 1. testimony; *pismeno ~ (pod zakletvom)* written (sworn) testimony 2. certificate; *diploma* (as from elementary or secondary school) **svedočiti, svjedočiti, posvedočiti, posvjedočiti** *v* to testify, bear witness (also fig.); *~ u nečiju korist* to testify in smb.'s behalf **svedok, svjedok** *n* witness; eyewitness; *~ odbrane* witness for the defense; *~ neke svađe (nesreće)* witness to a quarrel (accident)

svejedno *adv* all the same; *meni je ~!* it's all the same to me!

svekar *n* (a wife's) father-in-law **svekrva** *n* (a wife's) mother-in-law

svemir *n* universe, space

svemoć *n* omnipotence **svemoćan** *a* powerful, almighty **svemoguć** *a* omnipotent, almighty

sveobuhvatan *a* universal, all-inclusive

sveopći (W), **sveopšti** *a* general

sveska *n* 1. notebook 2. volume, number (as of a journal)

svesrdan *a* hearty, cordial

svest, svijest *n* 1. consciousness; *izgubiti ~* to lose consciousness; *doći k ~i* to come to, become conscious 2. conscience

svestan, svjestan *a* 1. conscious; *on je ~* he is conscious 2. aware, conscious; *biti ~ nečega* to be aware of smt. 3. conscientious

svesti I **svoditi** *v* 1. to lead down, bring down 2. to bring together, unite (also pejor.) 3. (math.) to reduce; *~ razlomak (jednačinu)* to reduce a fraction (an equation) 4. *~ se* to amount to, be reduced to; *sve se to opet svodi na staro* it all boils down to the same old thing

svesti II **svoziti** *v* 1. to drive (down), haul (down), bring (down); *~ drva na reku* to bring lumber down to the river 2. *~ na jedno mesto* to haul (bring) to one spot

svestran *a* many-sided, versatile

sveštenik *n* priest, clergyman **sveštenstvo** *n* (coll.) the clergy

svet I *n* 1. world; earth; *ceo ~* the whole world; *četiri strane ~a* cardinal points (of the compass); *doći na ~ (ugledati ~)* to come into the world; *životinjski (biljni) ~* the animal (vegetable) world 2. people; society; *mlad ~* young people; *mnogo ~a* many people; *šta će reći ~?* what will people say? **svetski, svjet-**

ski *a* world; ~ *rat* world war; ~*o prvenstvo* world championship
svet II *a* holy sacred; saintly; ~*a dužnost* a sacred duty; ~*i rat* a holy war **svetac** *n* saint
svetao, svijetao *a* 1. bright; ~*la soba* a bright room; ~*le boje* bright colors 2. light (of a color); ~*le boje* light colors 3. (fig.) shining; ~ *primer* a shining example
svetilište *n* shrine, holy place
svetiljka, svjetiljka *n* light, lamp
svetionik, svjetionik *n* lighthouse
svetkovina *n* 1. holiday, holy day 2. celebration
svetlarnik, svjetlarnik *n* skylight
svetleći, svijetleći *a* shining; ~ *metak* tracer bullet **svetleti, svijetliti** *v* to emit light; to shine
svetlo I svjetlo *n* 1. light; *električno* ~ electric light; *sunčevo* ~ sunlight 2. light; *upaliti (ugasiti)* ~ turn on (turn off) the light; *ulična* ~*a* streetlights 3. headlight, beam
svetlo- II svijetlo- *prefix* light (in color designations); *svetloplav* light-blue
svetlost, svjetlost *n* light; *pri* ~*i lampe* by lamplight; *izneti na* ~ to bring to light
svetlosni, svjetlosni *a* light; ~*a godina* light year
svetlucati (se), svjetlucati (se) *v* to gleam; to glitter **svetlucav, svjetlucav** *a* gleaming; glittering
svetogrđe *n* sacrilege
svetost *n* sanctity, holiness
svetovan, svjetovan *a* secular **svetovnjak, svjetovnjak** *n* layman
svetski see svet I
sveučilište *n* (W) university
svevlast *n* omnipotence
sveza *n* 1. link, bond 2. conjunction **svezati** *v* 1. to tie, bind; ~ *čvor (pertle, mašnu)* to tie a knot (shoelaces, a tie) 2. ~ *se* to get confused; *svezao mu se jezik* he was tongue-tied
sveznajući *a* omniscient **sveznalaštvo** *n* omniscience **sveznalica** *n* erudite, polymath
svež, svjež *a* 1. fresh; recent; ~*a jaja* fresh eggs 2. cool, fresh; ~ *vazduh* fresh (cool) air; ~*e vreme* cool weather 3. fresh (not tired); ~*e snage* fresh forces
svežanj *n* bundle; pack; pile
svežina, svježina *n* freshness
svibanj *n* (W) May (see also **maj)**

svideti se, svidjeti se, sviđati se *v* to please; *svideo mi se film* I liked the film; *ova devojka mi se sviđa* I like this girl
svijeća see sveća
svijećnjak see svećnjak
svijest see svest
svijet see svet I
svijetao see svetao
svijetleći see svetleći
svijetliti I see svetleti
svijetlo- see svetlo- II
svila *n* silk; *veštačka* ~ artificial silk **svilen** *a* silk; ~*a buba* silkworm **sviloprelja** *n* silkworm
svinja *n* 1. pig, swine; *pitoma (domaća)* ~ hog 2. (pejor, for a person) contemptible person, swine, pig **svinjac** *n* pigsty **svinjar** *n* 1. swineherd 2. hog breeder; hog dealer **svinjarija** *n* contemptible act **svinjarstvo** *n* hog raising **svinjetina** *n* pork
svinjski *a* (of a) pig; ~*o meso* pork
svirač *n* musician, player **svirati** *v* 1. to play (an instrument); ~ *na klaviru* to play the piano 2. **odsvirati** to play (a composition, song); ~ *pesmu na flauti* to play a song on the flute 3. to blow a horn (on a car)
svirep *a* fierce; cruel; stern
svisnuti *v* to succumb (to grief, sorrow)
svita *n* 1. suite, retinue; escort 2. (mus.) suite
svitac *n* firefly
svitak *n* 1. roll, ball 2. scroll
svjećar see svećar
svjećica see svećica
svjedočanstvo see svedočanstvo
svjedočiti see svedočiti
svjedodžba (W) see svedočanstvo 2
svjedok see svedok
svjestan see svestan
svjetiljka see svetiljka
svjetionik see svetionik
svjetlarnik see svetlarnik
svjetlo I see svetlo I
svjetlo- II see svetlo- II
svjetlosni see svetlost 1
svjetlost see svetlost
svjetlucati see svetlucati
svjetlucav see svetlucav
svjetovan see svetovan
svjetovnjak see svetovnjak
svjetski see svet I
svjež see svež
svježina see svežina

svlačionica n dressing room, locker room

svlačiti see svući

svod n vault, arch; *nebeski* ~ firmament

svoditi see svesti I

svoj a 1. one's own; ~*im očima* with one's own eyes; *u ~e vreme* at one time; ~*im rukama* with one's own hands 2. close, related; *svi smo ovde ~i* we are all friends (related) here

svojedobno adv (W) at one time

svojeglav a obstinate, stubborn

svojeručan a in one's own hand; ~*čno potpisati* to sign personally

svojevoljan a 1. voluntary 2. arbitrary

svojevremeno adv at one time

svojina n property; ownership; *tuđa* ~ smb. else's property

svojski adv thoroughly, properly, zealously

svojstven a characteristic, typical, distinctive svojstvo n feature, characteristic, trait

svojta n (coll.) kin, relations

svota n sum, smount

svoziti see svesti II

svrab n itch

svraka n magpie

svratište n 1. inn, hotel 2. meeting place; (colloq.) hangout

svratiti v to drop in, drop by; *svratiću kod tebe* I'll drop in at your place

svrbeti, svrbjeti v to itch; *svrbi me nos* my nose itches

svrdao n drill; auger, bore

svrgnuće n deposal, ousting svrgnuti v to depose, oust

svrha n purpose, goal, aim; *u tu* ~*u* for that purpose

svrsishodan a appropriate; useful

svrstati v 1. to classify; ~ *po kvalitetu* to classify according to quality 2. to line up; ~ *đake u redove* to line up pupils

svršen a 1. see svršiti; ~*čin* an accomplished fact 2. (gram.) perfective; ~*i vid* the perfective aspect svršetak n 1. end, termination 2. (gram.) ending svršiti v to finish, complete, end, terminate; ~ *posao (knjigu, doručak)* to finish a job (a book, breakfast); ~ *na vreme* to finish in time

svući, svlačiti v 1. to drag down, pull down; ~ *sanduk s tavana* to drag a trunk down from the attic 2. to take off, remove; ~ *džemper (košulju, haljinu)* to take off a sweater (shirt, dress) 3. to shed, molt; *zmija svlači košuljicu* the snake sheds its skin 4. ~ *se* to get undressed

svuda adv in every direction, everywhere

Š

šablon n stereotype; model

šafran n (bot) saffron

šah n 1. shah 2. chess; *igrati* ~ to play chess 3. (chess) check; *dati* ~ to check šahist(a) n chess player šah-mat n checkmate

šaht n 1. manhole 2. ~ *za ugalj* coal chute

šaka n 1. hand, palm 2. handful; ~ *bombona (ljudi)* a handful of candy (people)

šakal n (zool.) jackal

šal n shawl

šala n joke; jest; *ispričati* ~u to tell a joke; *napraviti* ~u *(na nečiji račun)* to play a joke (at smb's expense); ~*na stranu* joking aside; *to nije za* ~u that's not to be laughed at; *aprilska* ~ April-fool joke; *u* ~*i* as a joke šaliti se, našaliti se v to joke; ~ *nečim* to joke (fool) with smt.; ~ *s nekim* to joke with smb.; *šalim se* I'm (only) joking

šalter n window (as in a bank, post office, railroad station, bus station)

šaljiv a humorous, funny, comical

šamar n slap, blow; *opaliti (raspaliti)* ~ *nekome* to slap smb. šamarati, ošamariti v to slap; ~ *nekoga* to slap smb.

šampanjac n champagne

šampion n champion šampionat n championship

šampon n shampoo

šanac n (mil.) trench

šank n bar; *piti za* ~om to drink at a bar

šansa n chance; *dati nekome* ~u to give smb. a chance

šansona n chanson

šapa n paw

šapat n whisper; *reći nešto* ~om to whisper smt. šapnuti, šaputati v 1. to whis-per; ~ *nekome nešto* to whisper smt. to smb. 2. ~ *se* to be rumored, be whispered; *šapuće se* it is rumored

šara n 1. (often in *pl*) decorative design, pattern; motif; *prugaste* ~e a striped pattern 2. marking, design, configuration

šarada n charade

šaran n (zool.) carp

šarati v 1. našarati to decorate; to color; ~ *jaja* to color eggs 2. to scribble, draw 3. to be unfaithful (of a spouse)

šaren n 1. variegated, motley, multicolored, dappled; ~a *jaja* colored eggs 2. spotted, sullied, tarnished šarenilo n 1. medley, jumble, mélange (as of colors) 2. (fig.) diversity šareniti, našareniti v to color; ~ *jaja* to color eggs

šargarepa n carrot

šarka I n (door) hinge

šarka II n (zool.) common viper

šarlah n (med.) scarlet fever

šarlatan n 1. charlatan, quack 2. imposter, cheat šarlatanstvo n charlatanry

šarm n charm šarmantan a charming šarmer n charmer šarmirati v to charm

šarnir n hinge

šarolik a 1. variegated 2. (fig.) diversified

šaržer n clip, magazine (on a weapon)

šasija n 1. chassis, frame (as of an automobile) 2. landing gear (of an airplane)

šašav a crazy

šatirati v to shade, hatch

šator n tent; *spavati pod* ~om to sleep in a tent; *razapeti* ~ to pitch a tent

šatrovac n petty thief; good-for-nothing, loafer šatrovački a thieves'; ~ *jezik* argot, slang

šav n 1. seam 2. (med.) stitch, suture

ščepati *v* to seize, grab; ~ *nekoga za ruku* to grab smb. by the arm

sčetkati *v* to brush off, brush away

ščistiti *v* to clean off; to wipe off

ščućuriti se *v* 1. to crouch, squat 2. to cower

šećer *n* sugar; ~ *u kockama* cube sugar; *metnuti (staviti)* ~ *u kafu* to put sugar in coffee; ~ *od repe (od trske)* beet (cane) sugar šećerni *a* sugar; ~*a trska* sugarcane; ~*a repa* sugar beet šećeriti, zašećeriti *v* 1. to sweeten 2. to sugarcoat

šef *n* manger, director, head, boss; ~ *odeljenja (odseka)* section head; ~ *prodaje (kancelarije)* sales (office) manager; ~ *katedre* department chairman (at a university); ~ *protokola* chief of protocol; ~ *tehničke redakcije* production manager (as of a publishing firm); *neposredan* ~ a direct superior

šega *n* jeer, taunt, jest, gibe; *terati* ~*u* to jest, joke šegačiti se *v* 1. to joke; ~ *s nekim* to taunt smb. 2. to clown, play around

šegrt *n* apprentice šegrtstvo *n* apprenticeship

šema *n* scheme, outline, plan; model; *po* ~*i* according to a scheme šematski *a* schematic

šenut *a* crazy šenuti *v* to go out of one's mind

šepati *v* to limp šepav *a* lame

šeprtlja *n* bungler šeprtljati *v* 1. to bungle 2. to fool, putter, tinker; ~ *oko auta* to tinker with a car

šepuriti se *v* to show off; to be puffed up; to strut

šerbet *n* sherbet

šerpa *n* pot

šesnaest *num* sixteen šesnaesti *a* the sixteenth

šest *num* six

šestar *n* pair of compasses

šesterac *n* hexameter

šestero I see šestoro I

šestero- II see šestoro II

šesti *a* the sixth

šestori *a* six, six pairs

šestorica *n* six (males)

šestoro I *coll. num* six; ~ *dece* six children

šestoro- II *prefix* six

šestostran *a* six-sided, hexagonal

šestostruk *a* sixfold

šestougao *n* hexagon

šeststo *num* six hundred šeststoti *a* the six hundredth

šešir *n* hat; *staviti* ~ to put a hat on šeširdžija *n* hatter; milliner

šetač *n* stroller šetalište *n* walk, promenade šetati, prošetati *v* 1. ~ *(se)* to walk, stroll; ~ *po parku* to stroll through the park 2. to take for a walk; ~ *psa* to walk a dog šetnja *n* walk, stroll; ride; *povesti nekoga u* ~*u* to take smb. for a walk

ševa *n* (zool.) lark

šezdeset *num* sixty šezdeseti *a* the sixtieth

šezdesetogodišnjak *n* sexagenarian šezdesetogodišnji *a* sexagenarian

šezdesetoro *coll. num* sixty

šib *n* bush; shrub

šiba *n* rod, switch; *proći kroz* ~*u* to run the gauntlet

šibati *v* 1. išibati to flog, whip 2. to pour down (on) (of rain); *kiša šiba u prozore* the rain is striking the windows

šibica *n* match

šibljak *n* shrubbery

šićariti, ušićariti *v* to make a profit

šif *n* galley proof

šifon *n* chiffon

šifra *n* cipher, code šifrovati *v* to encipher, encode

šija *n* neck

šik I *n* chic, style, charm šik II *a* chic, style

šikana *n* chicanery

šikara *n* underbrush

šiknuti, šikljati *v* to gush. squirt, pour. spout; *krv je šiknula iz rane* blood gushed from the wound

šilo *n* awl

šiljak *n* peak, point; tip šiljast *a* pointed, pointy; jagged

šiljiti, zašiljiti *v* to make pointy, sharpen; ~ *olovku* to sharpen a pencil

šimpanza *n* (zool.) chimpanzee

šina *n* 1. rail, track; *voz je iskočio iz* ~ the train was derailed 2. hoop, band, strip (as around a barrel)

šindra *n* shingle(s)

šinter *n* 1. fleecer 2. dog catcher

šip *n* staple, ring (as on a hasp)

šipak *n* (bot.) dog rose

šipka *n* 1. rod 2. bar, ingot 3. ramrod

šiprag *n* underbrush

Šiptar *n* Albanian

širi see širok

širina *n* 1. width, breadth; *kolika je* ~ *ovoga mosta?* how wide is this bridge?

2. expanse, space 3. (geog.) *(geografska)*
~ latitude
širit *n* braid, trimming
širiti *v* 1. see **proširiti** 2. see **raširiti**
širm *n* shade
širok *a* 1. wide, broad; spacious; ~a ulica
a wide street; *soba je* ~a *dva metra* the
room is two meters wide; ~e potrošnje
consumer goods 2. broad-minded, liberal **širi** *(comp)*
širokogrudan *a* 1. broad-minded 2.
generous
širom 1. *adv* wide; ~ *je otvorio prozore* he
opened the windows wide 2. *prep*
throughout; ~ *sveta (zemlje)* throughout the world (country)
šišati *v* 1. **ošišati** to cut, trim, crop; ~
nekoga to cut smb.'s hair; ~ *kosu* to cut
(trim) hair 2. **ošišati** *v* to fleece, skin 3.
to whiz by, whistle by
šišmiš *n* (zool.) bat
šištati *v* to hiss, wheeze **šištav** hissing
šiti, sašiti *v* 1. to sew, sew up; ~ *haljinu* to
sew a dress 2. to have sewn, have made;
~ *haljinu kod krojačice* to have a dress
made at the dressmaker's **šivaći** *a* sewing; ~*a mašina* sewing machine
šizma *n* schism **šizmatik** *n* schismatic
šizofrenija see **shizofrenija**
škakljati *v* to tickle **škakljiv** *a* ticklish
škare *n* (W) scissors
škart *n* spoilage, waste, rejects
škembe *n* tripe
škiljav *a* squinting **škiljiti, zaškiljiti** *v* to
squint
škljoca *n* a witchblade knife **škljocati,
škljocnuti** *v* to click, snaš; *brava je
škljocnula* the lock clicked
škoditi, naškoditi *v* to harm **škodljiv** *a*
harmful
škola *n* school; *osnovna (srednja)* ~ elementary (secondary) school; *viša* ~
advanced school (usu. below the level of
a **fakultet**); *visoka* ~ advanced school
(at the level of a **fakultet**) **školski** *a*
school; ~*a godina (knjiga, vlast, zgrada)* school year (book, board, building)
školarina *n* tuition
školica *n* hopscotch; *igrati se* ~e to play
hopscotch
školovati *v* to educate, school **školstvo** *n*
schooling, education; school system
školjka *n* shell **školjkast** *a* shell-like

škopac *n* wether (sheep) **škopiti, uškopiti** *v*
1. to castrate, geld; to spay 2. to emasculate
škorpija, škorpion *n* scorpion
Škotska *n* Scotland
škrabati, naškrabati *v* to scribble; to write
(or paint) badly **škrabotina** *n* scribbling
škrga *n* gill; *ribe dišu na* ~e fish breathe
with gills
škrgut *n* gnashing, grinding (as of teeth)
škrgutati *v* to gnash, grind; ~ *zubima*
to gnash one's teeth
škriljac *n* slate, shale; schist
škrinja *n* chest, box
škripa *n* creaking, squeaking, crunching
škripac *n* scrape, fix, trouble, mess, dilemma; *doći u* ~ to get into a mess
škripav *a* creaky, squeaky **škripeti** *v* to
creak, squeak
škrofuloza *n* scrofula **škrofulozan** *a* scrofulous
škropionica *n* font (for baptism) **škropiti,
poškropiti** *v* to sprinkle; ~ *veš* to sprinkle laundry; ~ *svetom vodicom* to
sprinkle with holy water
škrt *a* stingy, miserly **škrtac** *n* miser
škrtost *n* miseliness, avarice
škuna *n* schooner
šlafrok *n* dressing gown
šlag *n* whipped cream
šlager *n* hit (as a song)
šlajfovati *v* to grind; ~ *ventile* to grind
valves
šlem, šljem *n* helmet
šlep *n* train (of a dress)
šleper *n* tugboat **šlepovati** *v* to tow
Šleska *n* Silesia
šlic *n* 1. slit (as on a skirt) 2. fly (on
trousers)
šličuge *n* ice skates
šlif *n* polish, refinement **šlifovati** *v* to
polish
šlog *n* stroke; *strefio ga je* ~ he had a
stroke
šljaka *n* slag, dross
šljam *n* 1. mud, dirt 2. rabble, scum
šljapati *v* to splash, slosh; ~ *po blatu* to
splash in (through) the mud
šljem see **šlem**
šljiva *n* 1. plum; *suva* ~ prune 2. plum
tree **šljivov** *a* plum; ~*a rakija* plum
brandy **šljivovica** *n* plum brandy
šljuka *n* (zool.) snipe; *šumska* ~ woodcock
šljunak *n* 1. (coll.) gravel, pebbles 2.
pebble

šminka n cosmetics, makeup; *staviti (skinuti)* ~*u* to put on (remove) makeup **šminkati, našminkati** v to make up. apply cosmetics to: *ona se šminka* she is putting her makeup on **šminker** n makeup man (as for an actor)

šmirgla n sandpaper **šmirglati, išmirglati** v to sand

šmrk n hose

šmrkati v to sniff, snuff, snuffle, sniffle: ~ *burmut* to take snuff

šnala n buckle

šnicla n cutlet, shop

šofer n (usu. a professional) driver **šoferski** a driver's; ~ *ispit* driver's test

šok n shock; *doživeo je* ~ he had a shock **šokantan** a shocking **šokirati** v to shock

šolja n cup

šorc n shorts; u ~*u* in shorts

šou n show, program

šovinist(a) n chauvinist **šovinistički** a chauvinistic **šovinizam** n chauvinism

špageti n spaghetti

špajz n pantry

špalir n row, rank; *ljudi su stajali u* ~*u* the people were lined up (along the street)

špalta n (esp. W) galley proof

Španija n Spain **španski, španjolski** (W) a Spanish

špargla n asparagus

špartati, išpartati v to line; ~ *hartiju* to line paper

špedicija n 1. freight forwarding; moving (as of furniture) 2. freight forwarding firm; moving firm **špediter** n freight forwarder; shipper; mover

špekulacija n speculation (gambling) **špekulant** n speculator **špekulisati** v to speculate; ~ *na berzi* to speculate on the stock market

špenadla n straight pin

špic n tip; top, peak; ~ *noža* tip of a knife

špica n 1. credits and cast (shown at the beginning of a film) 2. (collog.) rush-hour traffic

špijun n spy **špijunaža** n espionage **špijunirati** v to spy, spy on

špil n deck; ~ *karata* a deck of cards

špinat n (W) spinach

špiritus n denatured alcohol

šporet n range; *električni* ~ electric range

špric n 1. syringe 2. sprayer, sprinkler 3. grease gun **špricati** v 1. to squirt, spurt 2. **pošpricati** v to wet, sprinkle

šraf n screw, bolt **šrafciger** n screwdriver

šrapnel n shrapnel

šta, što (**šta** is E and **što** is W in 1, 2a, 3, 8b) 1. *inter pron* what; ~ *si kupio?* what did you buy? *čemu se raduješ?* what are you happy about? 2. *relat. pron* (a) what; *kaži nam* ~ *si čuo* tell us what you heard; (b.) (when a correlative *pron* is employed or is understood, the variant **što** must be used); *pokazaću vam ono što sam dobio* I'll show you what I received; *što je bilo, bilo je!* what was, was; let bygones be bygones! 3. *indef. pron* something, anything; *imaš li* ~ *za jelo?* do you have anything to eat? 4. (only **što**) conj that, because; (a.) (when the main clause expresses emotion); *žao mi je što si bolestan* I am sorry that you are ill (b.) *zato što* (usu. occurs in answers); *zašto se radujete? zato što dolazite* why are you happy? because you are coming 5. *conj (nego što)* than; *bilo je bolje nego što smo očekivali* it was better than we had expected 6. *conj (kao što)* as, how; *kao što kažeš . . .* as you say . . . 7. *conj (tek što, samo što)* as soon as; *tek što sam seo, zazvonio je telefon* as soon as I sat down, the telephone rang 8. *inter. adv* why; (a.) (only **što**); *što ste došli tako kasno?* why did you come so late? (b.) (**šta** in E) (expresses surprise, astonishment, displeasure); ~ *stalno pričate!* why do you talk all the time! 9. (**što** with the *comp* or **pre**) as. . . as; *što pre* as soon as possible; *uradi to što bolje možeš* do that as well as you can 10. (**što** with the *comp*) the. . . the. . .; *što brže, to bolje* the quicker, the better; *što više radiš, to više imaš* the more you work, the more you have 11. *(indef. pron) ma šta (bilo šta, što god, šta mu drago)* whatever, anything; *daću ti što god hoćeš* I'll give you whatever you want; *uzmi šta bilo!* take anything! 12. misc.; *nema na čemu* you're welcome; *što se mene tiče. . .* as far as I am concerned. . .

štab n (usu. mil.) staff, headquarters; *glavni* ~ general staff

štafelaj n easel

štafeta n 1. relay race; ~ *(na) 4×100 metara* 400-meter relay 2. baton (used in a relay) **štafetni** a relay; ~*e trke* relay races

štaka *n* crutch; *ići na* ~*ama* to walk on crutches

štakor *n* (W) (zool.) rat

štala *n* stable, stall

štampa *n* 1. the press; *sloboda* ~*e* freedom of the press 2. (action of) printing; *knjiga je u* ~*i* the book is being printed **štampar** *n* 1. printer, typographer 2. typesetter **štamparski** *a* printing; ~*a greška* typographical error; ~*a mašina* printing press **štamparija** *n* printing shop; printing firm **štampati** *v* to print; ~ *knjigu* to print a book

štand *n* stand, exhibit, display

štangla *n* bar; barbell

štap *n* stick, cane

štapić *n* 1. wand; baton 2. chopstick

štavalj *n* (bot.) dock; bitter dock

štaviše *adv* moreover

štaviti, uštaviti *v* to tan (hides)

štedeti, štedjeti *v* 1. **uštedeti, uštedjeti** *v* to save, economize; ~ *novac* to save money 2. **poštedeti, poštedjeti** *v* to spare; to guard; ~ *zdravlje* to guard one's health **štedionica** *n* savings bank **štedljiv** *a* thrifty, frugal **štedni** *a* savings; ~*a knjižica* bankbook, passbook **štednja** *n* saving(s); economy; *zbog* ~*e prostora* in order to save space

štednjak *n* range (see also **šporet**)

šteker *n* wall socket

štektati *v* to yelp; to hiss, whine

štenac, štene *n* puppy **šteniti, ošteniti** *v* 1. to bear, bring forth (of a dog) 2. ~ *se* to bring forth pups

šteta *n* 1. damage; harm; *naneti* ~*u* to cause damage 2. pity; *kakva* ~*!* what a pity! **štetan** *n* harmful; *pušenje je* ~*tno po (za) zdravlje* smoking is harmful to health **štetiti, oštetiti** *v* to harm, damage **štetočina** *n* pest (as a harmful insect)

štićenik *n* protégé, ward

štihproba *n* spot check, random sample

štikla *n* heel; *cipele s visokom* ~*om* high-heeled shoes

štimovati *v* to tune; ~ *klavir* to tune a piano

štipaljka *n* 1. princers 2. ~ *za veš* clothespin 3. (lobster's) pincer claw

štipati *v* to pinch

štipci *n* claws, pincer claws (as on a lobster)

štirak *n* (laundry) starch **štirkati, uštirkati** *v* to starch

štit *n* shield **štititi, zaštititi** *v* to protect, shield, guard **štitnik** *n* protector, protective device

štitnjača *n* thyroid gland

štivo *n* reading selection, text (selected for reading)

što see **šta**

štof *n* (heavy) material, fabric, cloth; textile

štopati, uštopati *v* to darn, mend; ~ *čarape* to darn socks

štoperica *n* stopwatch

štovati *v* (W) to respect, honor

štrajk *n* strike; *stupiti u* ~ to go on strike; ~ *građu* hunger strike **štrajkaš** *n* striker **štrajkbreher** *n* strikebreaker **štrajkovati** *v* to strike, go on strike

štrcaljka *n* sprinkler, sprayer **štrcati, štrcnuti** *v* to spurt, gush

štrčati *v* to stick out, protrude (also **strčati**)

štrikati *v* to knit

štrojiti, uštrojiti *v* to castrate

štucanje *n* hiccup **štucati, štucnuti** *v* to hiccup; *štuca mi se* I have the hiccups

štuka *n* (zool.) pike

štukatura *n* plastering, plaster

štula *n* stilt

šuga *n* 1. mange 2. tag (game); *igrati se* ~*e* to play tag **šugav** *a* mangy; scabby

šuknut *a* crazy

šuljevi *n* piles, hemorrhoids

šum *n* noise; murmur; ~ *na srcu* heart murmur

šuma *n* forest, woods; *krčiti* ~*u* to clear a forest; *četinarske* ~*e* coniferous forests **šumski** *a* forest; ~ *požar* forest fire; ~ *radnik* logger; ~*o radilište* logging site

šuman *a* noisy

šumar *n* 1. forest ranger 2. forester **šumarstvo** *n* forestry

šumiti *v* 1. to rustle, hum 2. gurgle, murmur (of water)

šumor *n* murmur, rustle **šumoriti** *v* to murmur

šumovit *a* wooded

šumski see **šuma**

šund *n* trash (a work of art)

šunka *n* ham

šunjati *v* to sneak

šupa *n* 1. shed 2. (fig.) hovel, shanty

šupalj *a* hollow; empty **šupljina** *n* hollow, cavity **šupljoglav** *a* empty-headed

šurak *n* brother-in-law (wife's brother)
šurnjaja *n* sister-in-law (wife of the šurak)
šurovati *v* to plot, scheme
šuškati, šušnuti *v* to rustle; ~ *novinama (hartijama)* to rustle a newspaper (paper)
šušketati *v* to lisp
šušnuti see **šuškati, šuštati**
šuštati, šušnuti *v* to make noise; to rustle; to gurgle

šut *n* (sports) kick, shot **šutirati** *v* (sports) to shoot (at the goal)
šutjeti *v* (W) to be silent **šutljiv** *a* (W) silent
šutnja *n* (W) silence

Švajcarska *n* Switzerland

Švedska *n* Sweden

šverc *n* smuggling, black-marketeering
švercer *n* smuggler, black marketeer
švercovati *v* to smuggle, black-market

Švicarska (W) see **Švajcarska**

T

ta see **taj**

tabak n 1. sheet; ~ *hartije* a sheet of paper 2. *štampani (štamparski)* ~ signature (16 pages)

taban n sole (of the foot)

tabati, utabati v to stamp (down)

tabela n chart, table **tabelaran** a tabular

tabla n 1. board; *oglasna* ~ bulletin board 2. *(školska)* ~ blackboard 3. sign; *ulične* ~*e* street signs 4. (basketball) backboard 5. bar; ~ *čokolade* a bar of chocolate

tableta n tablet (pill)

tablica n 1. table; ~ *množenja* multiplication table 2. *registarska* ~ license plate (on an automobile)

tabor n camp (usu. fig.); *protivnički* ~ the enemy camp

tabu n and a taboo

tabulator n tabulator (on a typewriter)

taburet n stool

tacna n 1. saucer 2. bowl, dish

tačan a 1. exact, accurate; correct; true; ~ *prepis* an exact copy; ~*čna prognoza* an accurate forecast; ~*čna izjava* a true statement; ~ *odgovor* a correct answer 2. punctual, prompt; ~ *čovek* a punctual person

tačka n 1. period; ~ *i zarez* semicolon; *dve* ~*e* colon 2. act, number (as of a concert, program) 3. item, point; ~ *dnevnog reda* item on an agenda 4. point; *polazna* ~ point of departure 5. dot; *materijal sa* ~*ama* dotted material **tačkast** a dotted

tačke n wheelbarrow

tačkica n (in *pl*) (perforated) coupons (as for rations), food stamps

tačno adv see **tačan**; *sada je* ~ *5 sati* it is 5 o'clock sharp

taći, ticati v to touch (also fig.); ~ *prstom* to touch with a finger; *žice su se takle* the wires touched

tada adv then, at that time; afterwards

tadašnji a of that time, former

taj dem. a that, the; *ko je* ~ *čovek?* who is that man? *toga i toga dana* on such and such a day

tajac n silence, hush

tajanstven a mysterious

tajfun n typhoon

tajiti, utajiti v to conceal, keep secret

Tajland n Thailand

tajm-aut n (sports) time-out

tajna n secret; *čuvati (otkriti)* ~*u* to keep (discover) a secret **tajni** a secret; ~*o glasanje* secret ballot

tajnik n (W) secretary (in an office) **tajništvo** n (W) secretary's office

tajnost n secrecy; *držati u* ~*i* to keep secret

Tajvan n Taiwan

tak n (billiard) cue

takav dem. a that (the) kind of, such; *ja hoću takvu olovku* I want that kind of pencil

takelaža n rigging (of a sailboat)

takmičar n contestant, competitor **takmičarski** a competitive; ~ *duh* competitive spirit **takmičenje** n competition; meet, match; *lakoatletsko* ~ track meet **takmičiti se** v to compete

taknuti see **taći**

tako adv 1. in such a way, so, (in) that way; *ako* ~ *misliš. . .* if you think that way. . . 2. so (much); *ona* ~ *divno peva!* she sings so beautifully! 3. misc.; ~ *je!*

that's right! ~ *reći* so as to say; *i* ~
dalje and so on
takođe, također *adv* also, too
takozvani *a* so-called
taksa *n* tax, fee
taksi *n* taxi, cab **taksimetar** *n* taximeter,
meter **taksist(a)** *n* taxi driver, cab driver
takt *n* 1. (mus.) measure 2. rhythm, tempo
3. tact **taktičan** *a* tactful
taktičar *n* tactician **taktika** *n* tactics **tak-
tički** *a* tactical; ~ *potez* a tactical move
talac *n* hostage
talas *n* wave; *svetlosni (zvučni)* ~*i* light
(sound) waves; *kratki* ~*i* shortwaves
talasast *n* 1. wavy; curly 2. uneven,
wavy; ~*a površina* uneven surface **tala-
sati, ustalasati** *v* to ruffle, agitate, churn
up (as a surface); *vetar je ustalasao reku*
the wind churned up the surface of the
river
talen(a)t *n* talent, gift, aptitude **talentovan**
a talented; ~ *za nešto* talented at (in)
smt.
talijanski *a* (W) Italian
talisman *n* talisman
talk *n* talc
talog *n* sediment, grounds, dregs
talon *n* stub (as of a ticket, check)
taložiti, nataložiti *v* to deposit
taljige *n* type of one-horse, peasant cart
tama *n* dark, darkness; dusk
taman I *a* dark, dim; murky
taman II *adv* 1. just; *on je* ~ *došao* he just
came 2. just right; ~ *ste došli!* you have
come just at the right time! *~ *posla!*
that's all I (we) need! or: I should say
not!
tamaniti, utamaniti *v* to exterminate, de-
stroy; ~ *insekte* to exterminate insects
tamburin *n* tambourine
tamjan *n* incense
tamneti, tamnjeti, potamneti, potamnjeti *v*
1. to become dark; *nebo tamni* the sky is
getting dark 2. to become tarnished;
srebro tamni silver gets tarnished
tamnica *n* prison **tamničar** *n* jailer
tamno- *prefix* dark; *tamnocrven* dark-red
tamnoputi *a* darkskinned
tamnjeti see **tamneti**
tamno *adv* there; *idi* ~ go there
tampon *n* tampon **tampon-država** *n* (pol.)
buffer state
tanak *a* fine; thin **tanji** *(comp)*
tanan *a* 1. thin 2. refined, fine 3. detailed,
minute; ~*a analiza* minute analysis

tančati, utančati *v* 1. to make thin: to
refine 2. to set, fix
tandem *n* tandem bicycle
tandrkati *v* to clatter, rumble; *točkovi
tandrču* the wheels clatter
tane *n* bullet 2. cannonball
tangenta *n* (math.) tangent line
tango *n* tango
Tanjug abbrev. of *Telegrafska agencija no-
ve Jugoslavije*
tank *n* tank; ~ *za vodu* water tank **tanker**
n tanker
tankoća *n* thinness, slimness
tankoćutan *a* (W) sensitive
tanji see **tanak**
tanjir *n* plate
tanjiti, stanjiti *v* to make thin; ~ *se* to
become thin
tanjur (W) see **tanjir**
tapecirati *v* to upholster; ~ *nameštaj* to
upholster furniture
tapet *n* 1. wallpaper 2. (fig.) *na* ~*u* on the
carpet, under discussion **tapetar** *n* 1.
upholsterer 2. paperhanger **tapetirati** *v*
to paper, wallpaper; ~ *zidove* to paper
walls
tapija *n* deed; *izdati* ~*u na kuću* to issue a
deed on a house
tapioka *n* tapioca
tapir *n* (zool.) tapir
tapiserija *n* tapestry
tapkaroš *n* (ticket) scalper
tapkati *v* to stamp; ~ *nogama* to stamp
one's feet
tapšati *v* 1. to applaud, clap; ~ *nekome* to
applaud smb. 2. **potapšati** to tap; ~
nekoga po ramenu to tap smb. on the
shoulder
tarifa *n* rate, scale; tariff; *po* ~*i* according
to the set rate
tas *n* 1. pan (of a scale) 2. collection plate
(as in a church)
tast *n* father-in-law (wife's father)
tastatura *n* keyboard; *standardna* ~ stan-
dard keyboard (on a typewriter) **taster** *n*
push button, button
tašci *n* (cul.) ravioli
tašna *n* handbag, purse
tašt *a* vain, conceited
tašta *n* mother-in-law (wife's mother)
taština *n* vanity, conceit
tat *n* (esp. W) thief
tata *n* (fam.) dad
Tatarin *n* Tartar
tautologija *n* tautology

tava *n* baking dish, casserole
tavan *n* attic; garret, loft
tavanica *n* ceiling
tavoriti *v* to eke out a bare existence
taze *a* fresh (not stale)
te I *conj* 1. and; *dođi odmah ~ namesti krevet* come right now and make your bed 2. so that, and so
te II see **taj**
te III see **ti** I
teča *n* uncle (husband of the **tetka**)
tečaj *n* course; *pohađati ~* to take a course
tečan *a* liquid **tečno** *adv* fluently; *on ~ govori* he speaks fluently **tečnost** *n* 1. liquid, fluid 2. fluency; *~ govora* fluency in speech **teći** *v* 1. to flow; *reka teče kroz grad* the river flows through the town 2. to run, pour, flow; (of a liquid); *u kuhinji teče voda* the water is running in the kitchen 3. to pass; *vreme teče* time passes 4. to be in effect, run (as of interest, wages)
teg *n* 1. weight (on a scale) 2. (sports) weight
tegla *n* 1. jar 2. (W) *~ za cveće* flowerpot
tegleći *a* draft; *~a stoka* beasts of burden
tegliti *v* 1. **potegliti** to pull; to haul 2. **protegliti** to stretch; *protegliti noge* to stretch one's legs
tegljač *n* tugboat
tegoba *n* 1. hardship, difficulty 2. (physical) discomfort **tegoban** *a* difficult
tehničar *n* technician **tehnički** *a* technical **tehnika** *n* 1. technique 2. technology **tehnologija** *n* 1. technology 2. *(hemijska) ~* chemical engineering
tek I 1. *adv* just; *~ smo večerali* we just had dinner; *~ što je došao* he just arrived 2. *adv* only; *pročitao je ~ polovinu knjige* he only read a half of the book 3. *adv* not until, only; *stigao je ~ sinoć* he did not arrive until last night 4. *conj* but (at any rate); but (the point is that); *ne znam ko je kriv, ~ ja pismo nisam dobio* I don't know whose fault it is, but (at any rate) I did not receive the letter 5. *conj (~ što)* as soon as, hardly, no sooner than; *~ što sam zaspao, a on je ušao u sobu* no sooner had I fallen asleep, than he entered the room 6. *adv ~ što nije* just about, on (at) the point of; *film ~ što nije počeo* the film is about to begin

tek II *n* **(W)** 1. taste 2. appetite; *dobar ~!* I (we) hope that you enjoy your meal!
tekst *n* text; *odabrani ~ovi* selected readings
tekstil *n* textile **tekstilan** *a* textile; *~lna industrija* textile industry
tekstualan *a* textual
tekući *a* 1. running; *~a voda* running water 2. current; *~a godina* the current year 3. misc.; *~ račun* checking account
tele *n* calf **teleći** *a* veal; *~e meso* veal; *~e pečenje* roast veal; *~a šnicla* veal chop
telefon *n* telephone; *javiti se nekome ~om* to telephone (call) smb.; *broj ~a* telephone number **telefonski** *a* telephone; *~ razgovor* telephone call (conversation); *~ imenik* telephone book; *~a govornica* telephone booth **telefonirati** *v* to telephone; *~ nekome* to telephone smb.
telefonistkinja *n* telephone operator
telegraf *n* telegraph **telegrafisati** *v* to telegraph, cable **telegrafist(a)** *n* telegrapher
telegram *n* telegram, wire
telepatija *n* telepathy
teleprinter *n* teletypewriter
teleskop *n* telescope
telesni, tjelesni *a* corporal, physical; *~a kazna* corporal punishment; (legal) *~a povreda* assault and battery
teletajp *n* teletype
teletina *n* veal
televizija *n* television; television set; *pustiti ~u* to turn on the television; *~ u boji* color television **televizijski** *a* television; *~ kanal (prenos, aparat)* television channel (program, set) **televizor** *n* television set
teliti, oteliti *v* 1. to bear, bring forth (of a cow); *krava je otelila dva teleta* the cow gave birth to two calves 2. *~ se* to bring forth young (of a cow)
telo, tijelo *n* body; *ljudsko ~* the human body; *strano ~* a foreign body; *zakonodavno ~* a legislative body; *nebesko ~* a celestial body **telohranitelj, tjelohranitelj** *n* bodyguard
tema *n* 1. theme, subject, topic; *pisati na ~u* to write on a theme 2. (mus.) motive
tematika *n* subject matter
teme, tjeme *n* 1. crown, top (of the head) 2. top, apex
temelj *n* foundation, base; basis; *udariti (postaviti) ~* to lay a foundation; *srušiti do ~a* to raze to the ground **temeljac** *n* *(kamen) ~* cornerstone; foundation te-

meljan *a* 1. basic 2. thorough, solid **temeljiti, utemeljiti** *v* to base

temperamen(a)t *n* 1. temperament 2. temper; *rđav* ~ a bad temper **temperamentan** *a* temperamental

temperatura *n* 1. temperature; *izmeriti nekome* ~*u* to take smb.'s temperature 2. fever, temperature; *imati* ~*u* to have a fever (temperature)

tempirati *v* to time; *tempirana bomba* a time bomb **tempirni** *a* time; ~ *upaljač* time fuse

tempo *n* tempo, speed

tendencija *n* tendency

tendenciozan *a* tendentious, biased

tender *n* tender (auxiliary vehicle, ship)

tenis *n* tennis; *igrati* ~ to play tennis; *stoni* ~ table tennis **teniski** *a* tennis; ~*o igralište* tennis court; ~*a raketa* tennis racket

tenk *n* (mil.) tank

tenor *n* tenor (voice, singer)

teokracija *n* theocracy **teokrat(a)** *n* theocrat

teolog *n* theologian **teologija** *n* theology

teorema *n* theorem

teoretičan *a* theoretical **teoretičar** *n* theoretician **teorija** *n* theory **teorijski** *a* theoretical

tepati *v* to babble (of a baby); to use baby talk; to coo, talk amorously; ~ *detetu* to use baby talk with a child **tepav** *a* babbling

tepih *n* carpet, rug

terapeut *n* therapist **terapeutski** *a* therapeutic **terapija** *n* therapy

terasa *n* 1. terrace (ridge) 2. terrace; balcony

terati, tjerati *v* 1. to drive; to drive out, drive away; to move; *on tera muve od hrane* he is driving the flies away from the food; ~ *kokoši iz dvorišta* to drive chickens out of the yard; *para tera ovu mašinu* steam drives this machine; ~ *stado* to drive a herd; ~ *obruč* to roll a hoop 2. **naterati, natjerati** to induce, talk into; to force, make; ~ *nekoga da nešto uradi* to force (induce) smb. to do smt. 3. to call forth, induce, make; *ovaj lek tera (čoveka) na znojenje* this medicine makes you perspire 4. ~ *se* to mate (of animals) 5. to drive into; ~ *stoku u štalu* to drive cattle into a stable 6. misc.; ~ *inat* to be spiteful; **~ kera* to lead a wild life, have one's fling

teraizije *n* 1. scale(s); *staviti na* ~ to place on the scales 2. (cap.) (main square in Belgrade) Terazije

teren *n* 1. terrain, ground 2. (fig.) field; *ići na* ~ to go out into the field (as of a research worker, doctor, linguist, etc.) 3. (sports) field

teret *n* load, burden: cargo **teretni** *a* freight; ~ *voz* freight train **teretiti** *v* 1. **opteretiti** to load; ~ *brod* to load a ship 2. to charge, accuse; *sud ga tereti za ubistvo* the court charges him with murder

terevenka *n* revel, binge, spree; *napraviti* ~*u* to go on a spree

teritorija *n* territory **teritorijalan** *a* territorial; ~*lne vode* territorial waters

termalan *a* thermal

termin *n* 1. term (expression); *medicinski* ~ a medical term 2. term, period **terminologija** *n* terminology

termit *n* termite

termometar *n* thermometer

termos *n* thermos bottle

termostat *n* thermostat

teror *n* terror; *zavesti* ~ to resort to terror **terorisati** *v* to terrorize **terorist(a)** *n* terrorist **teroristički** *a* terroristic **terorizam** *n* terrorism

terpentin *n* turpentine

tesač *n* cutter; ~ *kamena* stonecutter

tesan, tijesan *a* 1. tight; ~*sne cipele* tight shoes 2. close; ~*sne veze* close ties 3. narrow; ~ *prolaz* a narrow passage 4. cramped; ~ *stan* a cramped apartment **tešnji, tješnji** *(comp)*

tesar *n* cutter **tesati** *v* 1. **otesati** to cut, trim; ~ *drvo (kamen)* to trim wood (stone) 2. (fig.) to polish, refine

teskoba, tjeskoba *n* anxiety **teskoban, tjeskoban** *a* 1. cramped 2. anxious, apprehensive

tesla *n* adz

tesnac, tjesnac *n* 1. gorge 2. (fig.) difficult situation, impasse; corner

test *n* test

testamen(a)t *n* will; *napisati (ostaviti)* ~ to make (leave) a will **testamentalni** *a* testamentary

testera *n* saw **testerisati** *v* to saw

testo, tijesto *n* dough, batter; ~ *se diže (raste)* the dough is rising; *zamesiti* ~ to mix (make) dough

tešiti, tješiti, utešiti, utješiti *v* to console

teško *adv* see težak II; *on* ~ *diše* he breathes with difficulty; ~ *raditi* to work hard teškoća *n* difficulty, trouble

tešnji see tesan

tetak *n* (W) uncle (husband of a tetka 1)

tetanus *n* tetanus

tetiva *n* 1. string (on a bow; on a musical instrument) 2. tendon; sinew

tetka *n* 1. aunt (sister of a father or mother) 2. (used by children to address any adult woman) ma'am

tetovirati *v* to tattoo

tetrametar *n* tetrameter

tetreb, tetrijeb *n* grouse

teturati se *v* to stagger, totter

teza *n* 1. thesis 2. *(doktorska)* ~ (doctoral) dissertation, thesis

tezga *n* 1. counter (as in a store) 2. (fig.) a side job; *imati* ~*u* to moonlight tezgariti *v* to moonlight (hold a second job)

teža *n* gravitation

težak I *n* farm laborer

težak II *a* 1. heavy; ~*ška torba* a heavy briefcase; *kamen je* ~ *dva kilograma* the rock weighs two kilograms; ~*ška industrija* heavy industry 2. difficult; hard; ~ *rad* hard work; ~ *zadatak* a difficult task; ~*ška vremena* difficult times 3. serious, severe; ~*ška bolest* a serious illness; ~*ška kazna* a severe punishment teži *(comp)* težina *n* 1. weight; *dobiti (izgubiti)* u ~*i* to gain (lose) weight 2. (degree of) difficulty; ~ *zadatka* difficulty of a problem 3. severity; ~ *kazne* severity of a punishment težište *n* 1. center of gravity 2. (fig.) focus, essence; ~ *diskusije* main point of a discussion

težiti *v* 1. to long; *on teži za slavom* he longs for fame 2. to gravitate težnja *n* aspiration, striving; ~ *za slavom* striving for glory

ti *pron* you (familiar, *sgn)* (cf. vi)

Tibet *n* Tibet

ticati se *v* to concern; *mene se to ništa ne tiče* that doesn't concern me; *što se mene tiče* ... as far as I'm concerned ...

tifus *n* typhus

tiganj *n* frying pan, skillet; *pržiti u* ~*u* to fry in a pan, panfry

tigar *n* (zool.) tiger tigrić *n* tiger cub

tih *a* 1 quiet; subdued; ~*im glasom* in a low voice 2. peaceful, quiet; still; ~ *čovek* a peaceful person 3. gentle; ~ *vetar* a gentle wind tiši (comp)

tijelo see telo

tijesan see tesan II

tijesto see testo

tiket *n* ticket, label

tik-tak *n* (onom.) ticktock

tikva *n* 1. pumpkin 2. gourd tikvan *n* blockhead; awkward person tikvast *a* gourd-like tikvica *n* zucchini; *punjene* ~*e* stuffed zucchini

tilda *n* tilde

tim I instr. of taj, to; ~ *bolje* all the better

tim II *n* (sports) team

timariti, otimariti *v* to groom; ~ *konja* to groom a horse

time se tim I

tinejdžer *n* teenager

tinktura *n* tincture; ~ *joda* tincture of iodine

tinjati *v* to smolder

tip *n* type, kind tipičan *a* typical

tipka *n* key (on a piano, typewriter) tipkačica *n* (W) typist tipkati *v* (W) to type

tirada *n* tirade

tiranija *n* tyranny tiranin *n* tyrant tiranski *a* tyrannical tiranisati *v* to tyrannize

tiraž *n* 1. number of copies printed, printing, circulation (as of a book) 2. drawing (as of lottery tickets)

tisa *n* yew

tisak *n* typography

tiska *n* crowd, throng

tiskanica *n* (W) 1. form, blank 2. printed matter tiskar *n* (W) printer tiskati *v* (W) to print

tisuća *n* (W) thousand tisući, tisućni *a* (W) the thousandth tisućljeće *n* (W) millenium (period)

tiši see tih I

tišina *n* quiet, silence, stillness

tištati *v* 1. to pinch, squeeze 2. to bother

Titograd *n* Titograd

titraj *n* vibration; quiver, shiver; flicker; ~ *nade* a flicker of hope titrati *v* to vibrate; to tremble, quiver, waver, shiver; to flicker; *sveća titra* the candle flickers titrav *a* trembling, wavering, flickering

titula *n* title, appellation titularni *a* titular

tjedan *n* (W) week

tjelesni see telesni

tjelohranitelj see telohranitelj

tjeme see teme

tjerati see terati

tjeskoba see teskoba

tjeskoban see teskoban

tjesnac see **tesnac**

tješiti see **tešiti**

tješnji see **tesan**

tkalac *n* weaver **tkanica** *n* sash; trim **tkanina** *n* fabric, textile **tkati, satkati** *v* to weave; ~ *ćilim* to weave a rug **tkivo** *n* 1. fabric 2. (anat.) tissue

tko se ko

tlačilac *n* oppressor, tyrant **tlačiti** *v* to oppress

tlak *n* (W) pressure

tle see **tlo**

tlo *n* ground, earth, soil; *čvrsto* ~ terra firma; *pasti na* ~ to fall to the ground

to 1. see **taj** 2. *pron* that, this, it; ~ *je lepo* that is nice; ~ *jest* . . . that is . . .; ~ *su moje knjige* those are my books; *što brže,* ~ *bolje* the quicker, the better 3. ~ *što* what, that which; ~ *što si rekao* . . . what (that which) you said . . .

toaleta *n* 1. (woman's) dress, suit 2. toilet (dressing) 3. dressing table

tobdžija *n* gunner, artilleryman

tobogan *n* 1. toboggan 2. sliding board

tobolac *n* quiver

tobože *adv* allegedly, ostensibly **tobožnji** *a* ostensible, professed

tocilo *n* whetstone

točak *n* wheel; *mlinski* ~ mill wheel; *panorama* ~ ferris wheel

točan (W) see **tačan**

točionica *n* taproom

točiti *v* 1. **natočiti** to pour; ~ *vino u čaše* to pour wine into glasses 2. ~ *pivo* to tap beer; or: to sell draft beer 3. **rastočiti** to corrode; to eat away

točka (W) see **tačka**

točkica (W) see **tačkica**

točno (W) see **tačno**

toga I see **taj**

toga II *n* gown

tok *n* 1. flow; current 2. course; ~ *reke (bolesti)* the course of a river (disease), *on nije u* ~*u događaja* he is not informed about what's going on; *istraga je u* ~*u* an investigation is under way

tokar *n* turner, lathe operator

toksičan *a* toxic **toksin** *n* toxin

tolerancija *n* tolerance **tolerantan** *a* tolerant **tolerisati** *v* to tolerate

tolicni *a* such a small, this small

toliki *a* such a large, this (that) large **toliko** *adv* so many (much), that many (much), as many (much); *Olga je isto* ~ *visoka koliko i ja* Olga is tall as I am

toliti see **utoliti**

toljaga *n* club, cudgel

tom *n* volume; *u tri* ~*a* in three volumes

tomahavk *n* tomahawk

tombola *n* lotto, tombola

ton *n* tone; *pretećim* ~*om* in a threatening tone; *davati* ~ to set the tone; *zapovedničkim* ~*om* in an imperious tone

tona *n* ton

tonalitet *n* tonality

tonaža *n* tonnage

tonfilm *n* sound film

tonuti, potonuti, utonuti, *v* to sink

top *n* cannon, fieldpiece, gun; *opsadni* ~ siege gun; *bestrzajni* ~ recoilless rifle **topovski** *a* cannon, artillery; ~*a vatra* artillery (cannon) fire; *~*o meso* cannon fodder

topao *a* warm

topaz *n* topaz

topionica *n* smeltery; bloomery, forge **topiti, istopiti** *v* 1. to melt; *sunce topi sneg* the sun is melting the snow 2. to render, melt down; ~*mast* to render fat 3. to smelt

toplice *n* thermal springs

toplo see **topao**

toplokrvan *a* warm-blooded

toplomer, toplomjer *n* thermometer

toplota *n* warmth, heat

topograf *n* topographer **topografija** *n* topography

topola *n* (bot.) poplar

toponim *n* toponym

topot *n* thud, tramp **topotati** *v* to tramp, stamp

topovnjača *n* gunboat

toptati *v* to tramp, stamp

tor *n* sheepfold; pen

toranj *n* tower; steeple; *kontrolni* ~ control tower

torba *n* 1. bag; sack, knapsack; *ručna* ~ handbag 2. briefcase

torbar *n* peddler

tornjati se *v* (colloq.) to leave, beat it

torokati *v* babble, gossip **torokuša** *n* babbler, gossip

torpedni *a* torpedo; ~ *čamac* torpedo boat **torpednjača** *n* torpedo boat **torpedo** *n* torpedo **torpedovati** *v* to torpedo; ~ *brod* to torpedo a ship

torta *n* cake

tortura *n* torture

torzo *n* torso

tost *n* toast

totalan *a* total
totalitaran *a* totalitarian
totem *n* totem
tovar *n* load; cargo, freight **tovarni** *a* freight; ~ *list* bill of lading; ~ *konj* pack horse; ~ *voz* freight train **tovariti, natovariti** *v* 1. to load 2. (fig.) to foist, impose, pass off
toviti, utoviti *v* to fatten (animals, poultry) **tovljenje** *n* fattening (of animals)
trač *n* gossip, gossiping **tračati** *v* to gossip, intrigue
traćiti, protraćiti *v* to squander, waste
tradicija *n* tradition; *po* ~*i* according to tradition **tradicionalan** *a* traditional
trafika *n* tobacco shop
trag *n* trace, track; trail; *ostaviti* ~ to leave a trail
tragati *v* to search; ~ *za nekim* to search for smb.
tragedija *n* tragedy **tragičan** *a* tragic
traheja *n* trachea
trahom *n* trachoma
trajan *a* 1. lasting, permanent, durable; ~*jha ondulacija* permanent wave (in hair) 2. (gram.) ~ *glagol* imperfective verb **trajati** *v* to last, continue
trajekt *n* (large) ferry
traka *n* 1. strip; band 2. tape 3. lane (on a road); *auto-put s četiri* ~*e* a four-lane highway **trakast** *a* striped
traktat *n* treatise, paper, tractate
traktor *n* tractor **traktorist(a)** *n* tractor driver
traljav *a* 1. shabby 2. sloppy, careless, slovenly **tralje** *n* rags
trampa *n* barter, exchange **trampiti** *v* to exchange
tramvaj *n* streetcar, trolley car
trans I *n* trance
trans- II *prefix* trans-
transakcija *n* transaction
transfer *n* (comm.) transfer **transferisati** *v* (comm.) to transfer
transformacija *n* transformation **transformator** *n* transformer **transformisati** *v* to transform
transfuzija *n* transfusion; ~ *krvi* blood transfusion
transkontinentalni *a* transcontinental
transkribovati *v* to transcribe **transkripcija** *n* transcription
transliteracija *n* transliteration **transliterirati** *v* to transliterate
transmisija *n* transmission

transokeanski *a* transoceanic
transparent *n* poster, sign
transparentan *a* transparent
transport *n* transportation **transportni** *a* transportation, shipping; ~*o preduzeće* shipping firm
tranšeja *n* trench
tranzistor *n* transistor
tranzit *n* transit **tranzitni** *a* transit; ~*a viza* transit visa
trap *n* gangplank
trapav *a* clumsy
traper *n* trapper
trapez *n* 1. trapeze 2. (math.) trapezoid
trapezoid *n* (math.) trapezium
trapiti, utrapiti *v* to force, impose, foist
trasa *n* route, line
trasant *n* (comm.) drawer; maker **trasat** *n* (comm.) drawee
trasirajući *a* tracer; ~ *metak* tracer bullet
trasirati *v* to mark (out), trace
trauma *n* trauma
trava *n* 1. (coll.) grass; *ne gazi* ~*u!* keep off the grass! 2. herb, plant; *lekovite* ~*e* medicinal herbs **travan** *a* grassy
travanj *n* (W) April (see also **april**)
traverza *n* crossbeam
travestija *n* travesty
travka *n* blade of grass **travnik** *n* pasture, meadow **travnjak** *n* lawn
traženja *n* search; request **tražilac** *n* applicant **tražiti** *v* 1. to look for, seek, search for; ~ *po svojim džepovima* to look through one's pockets; ~ *posao* to look for a job 2. **zatražiti** to request, ask for, seek; *traži od oca da ti kupi odelo* ask your father to buy you a suit; *roba koja se mnogo (slabo) traži* merchandise in great (little) demand; *ona traži lekara* she is asking for the doctor 3. (gram.) to govern, take; *ovaj glagol traži dativ* this verb takes the dative
trbuh *n* 1. belly, abdomen 2. stomach 3. bulge **trbušast** *a* potbellied **trbušni** *a* abdominal; belly
trčanje *n* 1. running 2. race **trčati** *v* to run; *deca trče po ulicama* (the) children are running around in the street; *takmičari trče 7 krugova* the contestants run seven laps
trebati *v* 1. to be necessary, one should; *treba raditi* it is necessary to work; *trebalo je znati* one should have known; *kako treba* as one should 2. to be supposed to; have to; *mi (on) treba da*

pitamo (pita) we (he) should ask; *nije trebalo da on to sazna* he wasn't supposed to find that out; *trebalo je da odem* I had to leave 3. **zatrebati** to be necessary, be needed; *nama treba nov auto* we need a new car; *trebala mu je olovka* he needed a pencil; *trebaće mi novine* I'll need the newspaper; **tako vam i treba* you got what you deserved 4. (colloq.) **zatrebati** to need; *trebam olovku* I need a pencil

trebiti, trijebiti, otrebiti, otrijebiti, *v* to shell, husk, clean

trebovanje *n* requisition, request **trebovati** *v* to requisition, request

treći *a* the third **trećina** *n* (one) third

tref *n* (cards) clubs

trem, trijem *n* porch, doorway

trema *n* stage fright

tren *n* instant, jiffy; *u ~ oka* in a jiffy

trend *n* trend

trener *n* (sports) coach

trenerka *n* warm-up suit, sweat suit

trenica *n* grater

trening *n* (sports) training; training session **trenirati** *v* to train; *~ tim* to train a team

trenutak *n* moment, instant **trenutan** *a* instantaneous, immediate

trenuti *v* to sleep, take a nap; *nije trenuo cele noći* he didn't sleep a wink all night

trenje *n* friction

trepavica *n* eyelash

trepćući *a* blinking; *~e svetlo* a blinking light

treperav *a* 1. trembling 2. flickering, twinkling **treperiti** *v* 1. to tremble, shake, vibrate, quiver; *glas mu treperi* his voice is trembling 2. to flicker, twinkle

trepet *n* 1. trembling, shaking, 2. flickering, twinkling; *~ zvezda* twinkling of the stars **trepetati** *v* to quiver

treptaj *n* flicker, twinkle, wink

treptati, trepnuti *v* to blink; *~ očima* to blink one's eyes

trepteti, treptjeti *v* to tremble, quiver, shake; *glas mu trepti* his voice is shaking

tresak, trijesak *n* bang, crash

treset *n* peat **tresetište** *n* peat bog

treska *n* slamming, banging **treskati, tresnuti** *v* to bang; *~ vratima (pesnicom)* to bang a door (one's fist); *~ nekoga po glavi* to hit smb. on the head

tresti *v* 1. to shake; *~ drvo* to shake a tree; *~ ćilim* to shake out (beat) a rug 2. to shake off, knock down; *~ voće* to knock fruit down

trešnja *n* 1. (sweet) cherry 2. (sweet) cherry tree **trešnjevača** *n* cherry brandy

treštati *v* to blare; to roar **treštav** *a* blaring

tretirati *v* to treat; *~ problem* to treat a problem **tretman** *n* treatment

trezan, trijezan *a* sober

trezniti see **otrezniti**

trezor *n* safe-deposit box; vault

trezven *a* sober (usu. fig.) **trezvenjak** *n* teetotaler

trg *n* 1. square; *na ~u* in (on) the square 2. market, marketplace

trgati, potrgati *v* 1. to tear 2. to pluck, publ out

trgnuti, trzati *v* 1. to draw, pull; *~ mač* to draw a sword 2. *~ (se)* to recoil; *puška (se) trza* the rifle recoils 3. to rouse; *trgao me je pucanj* a shot roused me; *~ se iz sna* to rouse oneself from sleep 4. *~ se* to flinch, start, be startled 5. *~ se* to twitch, tremble; *~ od bola* to twitch in pain 6. *~ se* to come to one's senses; to think twice

trgovac *n* merchant, businessman, shopkeeper; *~ na veliko (na malo)* wholesaler (retailer) **trgovački** *a* commercial, business; *~ putnik* traveling salesman; *~o pravo* business (commercial) law; *~a mornarica* merchant marine; *~e veze* commercial ties **trgovati** *v* to trade, deal; *~ vinom* to deal in wine **trgovina** *n* trade, commerce; business; *spoljna ~* foreign trade; *~ na veliko (na malo)* wholesale (retail) trade **trgovinski** *a* trade commercial; *~ sporazum* trade agreement

tri *num* three

tribina *n* 1. speaker's platform, tribune (usu. in *pl*) stands, grandstand; *na ~ama* in the stands

tribut *n* tribute

trica *n* (usu. in *pl*) trifle, junk

trideset *num* thrity **trideseti** *a* the thirtieth

trigonometrija *n* trigonometry

trihinoza *n* trichinosis

trijebiti see **trebiti**

trijem see **trem** I

trijesak see **tresak**

trijezan see **trezan**

trijezniti see **otrezniti**

trijumf *n* triumph **trijumfalan** *a* triumphal **trijumfovati** *v* to triumph
trijumvirat *n* trijumvirate
trik *n* trick, ruse
triko *n* tricot **trikotaža** *n* knitted fabrics
triler *n* (mus.) trill
trilion, triliun (W) *n* quintillion (Am.)
trilogija *n* trilogy
trinaest *num* thirteen **trinaesti** *a* the thirteenth
trinaestoro *coll. num* thirteen
trinom *n* trinomial
trio *n* trio
triplikat *n* triplicate
trista *num* three hundred
trišlja *n* (bot.) pistachio
trivijalan *a* trivial
trka *n* 1. race; *konjska (automobilska)* ~ horse (automobile) race; ~ *na 800 metara* 800-meter race; *mrtva* ~ a dead heat; ~ *u naoružavanju* arms race 2. running (after), race; ~ *za novcem* running after money **trkač** *n* racer, runner **trkalište** *n* racetrack; track **trkati se** *v* to race, compete in a race; *deca vole da se trkaju* children love to race
trknuti *v* 1. to run down (to); *trkni u trafiku* run down to the tobacco shop 2. to drop in; *trknućemo kod njega* we'll drop in at his place
trljati *v* to rub
trn *n* thorn; *biti nekome* ~ *u oku* to be a thorn in smb.'s side; *zabo mi se* ~ *u nogu* I have a thorn in my foot **trnovit** *a* thorny
trnuti I **utrnuti** *v* to become numb; *trne mi noga* my foot is falling asleep
trnuti II utrnuti *v* to put out, extinguish; ~ *sveću* to blow out a candle
tro- *prefix* three, tri-
trobojan *a* tricolored **trobojka** *n* tricolor (flag)
tročlan *a* 1. trinomial 2. having three members (parts)
trodimenzionalan *a* three-dimensional
trofej *n* trophy
troglodit *n* troglodyte, caveman
trogodišnji *a* three years old 2. lasting three years
trohej *n* trochee
Troja *n* Troy **trojanski** *a* Trojan; *~ konj* Trojan horse
trojci *n* triplets
troje *coll. num* three; ~ *dece (prasadi)* three children (pigs)

troji *num a* three, three pairs; ~ *e pantalone (makaze)* three pairs of trousers (scissors)
trojica *n* three (males); *njih (nas)* ~ the three of them (us); ~ all three
trojka *n* 1. the figure '3' 2. the school grade 'C' 3. anything numbered 'three'
trojke *n* triplets (fem.)
trojni *a* tripartite; ~ *savez* tripartite alliance
trojstvo *n* trinity
trokolica *n* 1. tricycle 2. three-wheeled cart
trokratan *a* occurring three times, triple
trokut *n* (W) triangle
trola *n* trolley, trolley pole **trolejbus** *n* trolleybus
trom *a* sluggish, slow
trombon *n* trombone
tromboza *n* thrombosis
tromesečan, tromjesečan *a* 1. lasting three months 2. quarterly; ~ *časopis* quarterly journal **tromesečje, tromjesečje** *n* quarter (three-month period)
tronog *a* three-legged
tronožac *n* tripod
tropi *n* tropics **tropski** *a* tropical
troskok *n* (sports) triple jump
trosložan *a* trisyllabic
trostran *a* three-sided
trostruk *a* threefold; triple
trošak *n* expense, cost; expenditure; *snositi (podnositi)* ~*kove* to bear costs; *o* ~*šku preduzeća* at company expense; *putni (selidbeni)* ~*kovi* travelling (moving) expenses; *nadoknaditi* ~*kove* to reimburse one's expenses; *sudski* ~*kovi* court costs
trošan *a* 1. dilapidated, worn-out 2. frail, weak; ~*šno zdravlje* frail health
trošilac *n* consumer trošiti *v* 1. **potrošiti** to spend, expend; ~ *novac (vreme)* to spend money (time) 2. **potrošiti** to use; to consume; ~ *mnogo drva (ulja)* to consume much firewood (oil); ~ *zalihe* to use (up) one's supplies 3. to crumble; *troši se hleb (malter)* the bread (plaster) is crumbling
trotoar *n* sidewalk
trougao *n* (math.) triangle **trougaoni** *a* triangular
trovanje *n* poisoning; ~*hranom* food poisoning **trovati, otrovati** *v* to poison
trozubac *n* trident

trpati *v* 1. **strpati** to put, throw; *~stvari u kofer* to throw one's things into a suitcase; *strpati nekoga u zatvor* to clap smb. into prison 2. **strpati** to jam, crowd, cram; *~ jelo u usta* to cram food into one's mouth 3. *~ se* **utrpati se** to meddle; *~ se u tuđ posao* to meddle in smb. else's business 4. **natrpati** to fill, cram; *~ orman stvarima* to cram a closet with things

trpeljiv *a* tolerant **trpeti, trpjeti** *v* 1. to suffer 2. to endure, stand, bear, sustain, suffer, put up with; *~ bol (klimu)* to stand pain (the climate)

trpezarija *n* dining room

trpjeti see **trpeti**

trpni *a* (gram.) passive; *~o stanje* the passive voice

trska *n* reed; cane; *šećerna ~* sugarcane

Trst *n* Trieste

trti *v* 1. to rub; to rub against; *ovaj ekser tare gumu* this nail rubs against the tire; *~ oči (ruke)* to rub one's eyes (hands) 2. to wipe; *~ noge* to wipe one's feet 3. *~ se* to rub; *lanac se tare o drvo* the chain is rubbing against the wood

trtica *n* (anat.) 1. coccyx 2. rump

truba *n* 1. trumpet 2. *(vojnička) ~* bugle 3. horn (as on a car) 4. roll; *~ štofa* a roll of material **trubač** *n* 1. trumpeter 2. bugler **trubiti** *v* 1. to blow a bugle 2. to sound a horn (on a car)

truckati (se) *v* to shake

trud I *n* 1. effort; work, labor; *uložiti ~ u nešto* to put great effort into smt. 2. (in *pl*) labor pains

trud II *n* 1. punk (spongy substance) 2. tinder

trudan *a* 1. (W) tired 2. (W) painful 3. *trudna* pregnant

trudbenik *n* zealous worker; worker

truditi se, potruditi se *v* to try, make an effort; to be zealous

trudna see **trudan**

trudnoća *n* pregnancy

trudoljubiv *a* industrious

trulež *n* 1. rot, decay 2. corruption

truliti, istruliti *v* to decay, become rotten

trunka *n* 1. crumb 2. scrape, piece 3. bit, trace, shadow, particle, shred; *nema ni ~e sumnje* there's not a shadow of a doubt

truo *a* l. rotten, putrid 2. corrupt

trup *n* 1. trunk, torso 2. trunk (of a tree) 3. corpse 4. *~ (broda)* hull (of a ship) 5. *~ aviona* fuselage

trupa *n* 1. trupe, company (as of performers); *baletska ~* ballet company 2. (in *pl*) troops; *smotra ~* inspection of troops

trupac *n* log

trust *n* (comm.) trust

trut *n* drone (also fig.)

trzaj *n* 1. spasm, jerk, twitch 2. *~ (puške)* recoil (of a rifle)

trzati see **trgnuti**

trzavica *n* 1. convulsion, twitch 2. (in *pl*) trouble, friction

tržište *n* market; *svetsko ~* world market **tržišni** *a* market; *~a cena* market price; *~ centar* shopping center

tu I *adv* here; *~ i tamo* here and there

tu II see **taj**

tuba *n* 1. tube 2. tuba

tuberkuloza *n* tuberculosis **tuberkulozan** *a* tubercular

tucanik *n* gravel

tucati *v* to crush, grind, mash, pound; *~ kamen* to crush rock

tuce *n* dozen

tuč *n* bronze

tuča *n* 1. fight, melee; *izbila je ~* a fight broke out 2. hail

tučak *n* 1. pestle 2. pistil

tući *v* 1. **istući** to beat, thrash 2. **potući** to defeat; (sports) *naši momci su ih potukli* our boys beat them; **potući do nogu* to rout 3. to strike; beat; *more tuče (o) stene* the sea pounds against the rocks 4. *~ se* to fight; *tuku se pesnicama* they are fighting with their fists

tuda *adv* that way

tuđ *a* 1. smb. else's; *to je ~e* that's smb. else's 2. foreign; *~a zemlja* a foreign country 3. unknown, strange; unfamiliar; *~i ljudi* strangers **tuđica** *n* foreign word, borrowing **tuđina** *n* foreign country **tuđinac** *n* 1. stranger 2. foreigner **tuđiti, otuđiti** *v* to alienate, estrange

tufna *n* dot

tuga *n* 1. sorrow, sadness, melancholy 2. longing for, nostalgia

tugaljiv *a* 1. queasy 2. ticklish

tugovati *v* to grieve, mourn; *~ za nekim* to grieve for smb.

tulac *n* quiver

tuljak *n* 1. tube 2. bushing

tumač n interpreter, translator; *sudski* ~ court interpreter **tumačiti** v 1. to serve as (an) interpreter (or translator) 2. **protumačiti** v to interpret; to explain; ~ *snove* to interpret dreams 3. ~ *ulogu* to play (interpret) a role; ~ *naslovnu ulogu* to play the title role

tumarati v to roam, wander

tumbati v to turn over; to handle roughly; *ne tumbaj!* handle with care! (as on a crate) **tumbe** adv upside down; *metnuti* ~ to turn over

tumor n tumor

tunel n tunnel

Tunis n Tunisia

tunj n tuna

tup a 1. dull, blunt; ~ *nož* a dull knife 2. (math.) obtuse; ~ *ugao* an obtuse angle 3. dull, weak; muffled; ~ *bol (zvuk)* a dull pain (sound) 4. dull, stupid, vacuous; ~ *pogled* a vacuous expression; ~ *duh* a dull mind 5. flat; ~ *nos* a flat nose **tuplji** *(comp)*

tupeti, tupjeti, otupeti, otupjeti v to become blunt, become dull; to become numb; to flag; *otupela nam je pažnja* our attention flagged

tupiti, zatupiti v to make blunt, make dull; to numb, deaden

tuplji see **tup**

tupoća n dullness **tupoglav** a dull, stupid **tupoglavac** n dullard

tur n 1. seat (of trousers) 2. rear, behind

tura n 1. tour, trip; itinerary 2. round (as of drinks)

turati see **turiti**

turban n turban

turbina n turbine

turcizam n Turkish word (as a borrowing)

turčiti, poturčiti v to make Turkish, to Moslemize

turist(a) n tourist **turistički** a tourist, travel; ~ *biro* travel bureau

turiti, turati v to push, thrust, put, shove

turizam n tourism, travel

turneja n tour

turnir n tournament; *šahovski* ~ chess tournament

turoban a 1. overcast, gloomy 2. morose, sullen

turpija n file, rasp; ~ *za nokte* nail file **turpijati** v to file

Turska n Turkey **turski** a Turkish

turšija n 1. pickled foods 2. brine

tuš I n (wrestling) fall

tuš II n India ink

tuš III n shower, shower bath

tuš IV n fanfare

tuše n (fencing) touché, touch

tуširati I se v to take a shower

tуširati II v (wrestling) to pin

tutanj n roar, boom

tutkalo n glue; carpenter's glue

tutnuti v to set, incite

tutnjava n roar, boom; ~ *topova* the roar of cannon **tutnjiti** v to boom, roar

tutor n guardian **tutorstvo** n guardianship

tuzemni, tuzemski a (W) native, domestic

tužakati v to inform on

tužan a sad, gloomy

tužba n accusation, charges **tuženik** n defendant, the accused **tužilac** n 1. accuser; plaintiff 2. prosecutor; prosecuting attorney; *okružni javni* ~ district attorney **tužilaštvo** n prosecutor's office, district attorney's office **tužiti** v 1. to accuse 2. to sue; ~ *nekoga za dug* to sue smb. for a debt 3. ~ *se* to complain

tvar n 1. matter; substance 2. creature

tvoj poss a your, yours

tvor n (zool.) skunk

tvorac n creator **tvorba** n creation, formation **tvorevina** n product, creation

tvornica n (usu. W) factory **tvorničar** n manufacturer

tvrd a 1. hard, firm; ~*o meso* tough meat; **~ orah* a hard nut to crack; ~*a namera* a firm decision 2. ~ *(na parama)* stingy 3. misc.; ~ *san* sound sleep; *imati* ~*u stolicu* to be constipated **tvrđi** *(comp)* **tvrdica** n miser **tvrdičluk** n stinginess

tvrditi v to assert, claim, maintain

tvrdnuti, otvrdnuti v to become hard, harden

tvrdnja n assertion, claim

tvrdoglav a obstinate, stubborn

tvrđava n fortress

tvrđi see **tvrd**

tvrtka n (W) firm

U

u I prep 1. to, into; *ići ~ školu (pozorište, London)* to go to school (the theater, London); *upao je ~ vodu* he fell into the water; *ušao je ~ sobu (restoran, bioskop)* he entered the room (the restaurant, the movie theater) 2. in, at; *biti ~ školi (pozorištu, Londonu)* to be in school (at the theater, in London) 3. on, in, at, during (in time expressions); *~ podne (ponoć)* at noon (midnight); *~ sredu* on Wednesday 4. (in adv phrases); *prodati ~ bescenje* to sell cheaply; *pratiti ~ stopu* to follow closely; *ići ~ lov* to go hunting; *dati se ~ bekstvo* to flee; *~ prvi mah* at first; *ići (doći) ~ goste* to go (come) for a visit 5. in, during (in time expressions); *~ maju* in May; *~ jednom danu (mesecu)* in one day (month) *~ toku jednog dana* during the course of one day

u- II (verbal prefix which can denote) 1. into — **ući, ubaciti** 2. (perfectivization) — **ugasiti, upaliti**

uazbučiti *v* to alphabetize

ubaciti *v* 1. to throw into; *~ pismo u sanduče* to throw (put) a letter into a mailbox 2. to insert, inject, put in; *~ reč* to insert a word 3. (mil.) to commit (a unit, forces) 4. *~ se* to sneak into; *~ se u pozorište bez karte* to sneak into a theater without a ticket 5. (soccer) *~ loptu u gol (mrežu)* to score a goal; (basketball) *~ loptu u koš* to score a basket

ubediti, ubijediti *v* to convince, persuade; *~ se* to be persuaded **ubedljiv, ubjedljiv** *a* convincing **ubeđenje, ubjeđenje** *n* conviction, belief

ubeležiti, ubilježiti *v* to record, register

ubeliti, ubijeliti *v* to bleach, whiten (see also **beliti**)

ubica *n* killer, murderer

ubijediti see **ubediti**

ubijeliti see **ubeliti**

ubilački *a* murderous

ubilježiti see **ubeležiti**

ubirač *n* collector; *~ poreza* tax collector

ubistvo *n* homicide; murder; manslaughter; *izvršiti ~* to commit murder; *~ s predumišljajem (bez predumišljaja)* premeditated (unpremeditated) murder; *~ iz nehata* involuntary manslaughter

ubitačan *a* murderous, fatal; ruinous

ubiti, ubijati *v* 1. to kill; to murder, slay (also fig.) *ne ubij!* thou shalt not kill! *~ nekoga nožem* to kill smb. with a knife; *~ svinju* to slaughter a hog; *jednim udarcem ~ dve muve* to kill two birds with one stone 2. to ruin, destroy; *~ nečiji ugled* to ruin smb.'s reputation

ubjedljiv see **ubedljiv**

ubjeđenje see **ubeđenje**

ublažiti *v* to mitigate, lessen; to alleviate; *~ bol* to alleviate pain

ubod *n* sting, prick; *~ igle (iglom)* a pin-prick; *zoljin ~* a wasp sting

uboj *n* bruise, contusion

ubojica *n* (W) murderer

ubojni *a* war, battle; *~ krik* war cry

ubojstvo *n* (W) murder

ubosti *v* to stick into; *~ nož u zemlju* to stick a knife into the ground

ubožnica *n* (W) poorhouse

ubrajati see **ubrojiti**

ubrati *v* to collect; *~ porez* to collect taxes

ubrisati *v* to wipe

ubrizgati *v* to inject

ubrojati *v* to include (in counting)

ubrus *n* 1. towel 2. see salvet

ubrzanje *n* acceleration ubrzati *v* to accelerate, speed up

ubuduće *adv* in the future

ucena, ucjena *n* 1. blackmail, extortion; ransom; *tražiti (iznuditi)* ~*u* to ask for (exact) blackmail 2. reward; *raspisati* ~*u* to announce a reward uceniti, ucijeniti *v* 1. to blackmail 2. ~ *nečiju glavu* to set a price on smb.'s head ucenjivač, ucjenjivač *n* blackmailer

ucijeniti see uceniti

ucrtati *v* to inscribe, draw in

ucveliti, ucvijeliti *v* to sadden

učenik *n* 1. pupil, schoolboy, student; ~ *osnovne škole* an elementary-school pupil; ~ *gimnazije* a high-school (secondary-school) student 2. apprentice 3. (fig.) student, disciple učenjak *n* (W) scholar, scientist učenje *n* 1. studying, learning 2. theories, teachings

učesnik *n* 1. participant; ~ *konferencije* participant at a conference 2. associate, partner

učestalost *n* frequency učestao *a* 1. frequent 2. (gram.) ~*li glagol* iterative verb učestati *v* to become (more) frequent

učestvovati *v* to participate, take part učešće *n* participation, part; *uzeti* ~ *(~a) u nečemu* to take part in smt.

učetverostručiti *v* to quadruple

učilo *n* teaching aid

učinak *n* efficiency; output; *dnevni* ~ daily output

učiniti see činiti 1, 3

učionica *n* classroom učitelj *n* teacher; *domaći* ~ tutor; ~ *igranja* dance teacher učiteljica *n* (fem.) teacher učiti, naučiti *v* 1. to teach; to train; *on nas uči matematiku* he is teaching us mathematics; *ona ga je učila muzici* she taught him music; *on ih je naučio da čitaju* he taught them to read; *ja sam ga naučio svemu što zna* I taught him everything he knows 2. to learn, study; ~ *ruski jezik (matematiku)* to study Russian (mathematics); ~ *zanat* to learn a trade 3. to study, learn; *on uči svako veče* he studies every evening; *ona brzo uči* she learns quickly 4. to learn (how); *on uči da vozi* he is learning how to drive; *dete je naučilo da čita* the child learned (how) to read

učmalost *n* languor učmao *a* apathetic, listless

učtiv *a* polite, courteous; *biti* ~ *prema nekome* to be polite to smb. učtivost *n* politeness, courtesy, good manners; *iz* ~*i* out of courtesy

učvrstiti *v* 1. to tighten; ~ *šraf (disciplinu)* to tighten a screw (discipline) 2. to consolidate, strengthen, make firm; ~ *položaj* to consolidate a position

ući, ulaziti *v* 1. to enter, go into; to get into; ~ *u sobu (u zemlju)* to enter a room (a country); ~ *u detalje (pojedinosti)* to go into details 2. to join, enter; ~ *u partiju (diskusiju)* to join a party (a discussion); ~ *u pregovore* to enter (begin) negotiations 3. misc.; ~ *u godine* to get on in years; ~ *u trag nekome* to come across smb.'s trail

ućutkati *v* to silence

ud *n* 1. limb, extremity 2. (male) sex organ; *polni* ~*ovi* genital organs

udahnuti *v* 1. udisati to inhale; ~ *vazduh* to inhale air 2. to inspire

udaja *n* marriage (of a woman)

udaljen *a* distant; ~*a zvezda* a distant star udaljenost *n* distance udaljiti *v* 1. to remove; ~ *nekoga iz sobe (s posla)* to remove smb. from a room (from a job) 2. to estrange; ~ *muža od žene* to estrange a husband from his wife 3. ~ *se* to move away; ~ *se od predmeta* to stray from a subject

udar *n* 1. blow 2. (med.) stroke; *sunčani* ~ sunstroke; *toplotni* ~ heatstroke; *živčani (nervni)* ~ nervous breakdown 3. shock; *električni* ~ electric shock 4. misc.; *biti na* ~*u* to bear the brunt; *državni* ~ coup d'etat; ~ *vetra* a gust of wind

udarac *n* 1. blow: ~ *pesnicom* punch; *zadati nekome* ~ to punch smb.; ~ *nogom* a kick; ~ *miru* a blow to peace 2. (sports) shot, kick; (tennis) stroke 3. (soccer) kick; ~ *s ugla (iz kornera)* corner kick; *slobodan (kazneni)* ~ free (penalty) kick udariti, udarati *v* 1. to hit, strike; ~ *nekoga pesnicom (nožem, nogom)* to punch (stab, kick) smb.; ~ *nekoga po prstima* to rap smb. on the knuckles; *udarila ga je kap* he had a stroke (also fig.); *metak ga je udario u nogu* the bullet struck him in the leg; *udario sam lakat* I hit (hurt) my elbow 2. ~ *u (o) nešto* to strike smt.; *talasi udaraju u (o) stene* the waves strike against the rocks; ~ *glavom u zid* to hit one's head against a wall; *grom je udario u drvo* lightning struck the tree; *konj udara kopitom u (o) zemlju* the horse paws the ground; *kiša udara o okna* the rain patters against the windowpanes 3. to play; to beat; ~ *u doboš* to play (beat) a drum 4. to establish, fix; to impose; ~ *porez na nešto* to impose a tax on smt. 5. to place, put, lay; ~ *temelj* to lay a foundation; ~ *pečat (žig)* to affix a seal; or: to stamp 6. to drive in; ~ *ekser u zid* to drive a nail into a wall 7. to break into; to begin; ~ *u pesmu (u plač)* to break into song (into tears)

udarnik *n* outstanding worker

udata *a* married (of a woman); ~ *žena* married woman **udati** *v* 1. to marry off; ~ *ćerku* to marry off a daughter 2. ~ *se* to get married (of a woman); *udala se za advokata* she married a lawyer

udaviti see **daviti** 2

udenuti *v* to thread; ~ *konac u iglu* or ~ *iglu* to thread a needle

udeo, udio *n* 1. share, portion; ~ *u dobiti* share of the profits 2. contribution; *doprineti svoj* ~ to make one's contribution

udes *n* 1. fate, destiny, lot 2. misfortune, accident; *doživeo je* ~ *sa kolima* he had an accident with his car

udesiti *v* 1. to arrange; *sve sam udesio* I've arranged everything; *unapred* ~ to prearrange; ~ *sastanak* to arrange a meeting 2. to fix up, decorate, embellish; ~ *stan* to fix up one's apartment; ~ *kosu* to fix up one's hair; ~ *se* to get dressed up 3. (mus.) to tune 4. to disguise

udica *n* 1. fishook 2. fishing rod

udio see **udeo**

udisaj *n* inhalation

udisati see **udahnuti** 1

uditi I nauditi *v* to harm

uditi II razuditi *v* to cut up, cut into pieces

udjenuti see **udenuti**

udlaga *n* (med.) splint; *staviti* ~u to apply a splint

udoban *a* comfortable ~ *stan* a comfortable apartment **udobnost** *n* comfort

udostojiti *v* 1. to grant, give, bestow; ~ *nekoga svoga poverenja* to bestow one's trust on smb. 2. ~ *se* to deign, condes-

cend; *nije se udostojila ni da mi odgovori na pismo* she didn't even deign to answer my letter

udova see **udovica**

udovac *n* widower **udovica** *n* widow; *bela* ~ grass widow

udovoljiti *v* to satisfy; ~ *nekome želju* or ~ *nečijoj želji* to satisfy smb.'s wish; ~ *zahtevu* to satisfy a demand

udruženje *n* association, society **udružiti** *v* to unite; ~ *snage (narod)* to unite forces (a people) 2. ~ *se* to unite, become associated, become partners

udubiti *v* 1. to deepen; ~ *rupu* to deepen a hole 2. ~ *se* to become engrossed; ~ *se u misli* to become engrossed in one's thoughts **udubljenje** *n* recess

udušiti *v* to choke, smother

udvarač *n* suitor, wooer **udvarati se** *v* to court, woo; ~ *devojci* to court a girl

udvoje *adv* together (of two)

udvojiti *v* to double

udvostručiti *v* to double

udžbenik *n* textbook; ~ *biologije (za bilogiju)* biology textbook

ugalj *n* coal; *mrki* ~ brown coal; *kameni* ~ hard coal; *drveni* ~ charcoal

uganuće *n* sprain; dislocation **uganuti** *v* to sprain, wrench, dislocate; ~ *nogu* to sprain an ankle

ugao *n* 1. corner; *na uglu* on the corner; *za uglom* around the corner 2. angle

Ugarska *n* (hist.) Hungary

ugasiti see **gasiti**

ugaziti see **gaziti** 5

uginuti *v* to die (of an animal, plant)

uglačati see **glačati** 1

ugladiti see **gladiti** 2

uglađenost *n* politeness; polish

uglast *a* angular; *uglasta zagrada* square brackets

uglaviti *v* 1. to plant, drive in; ~ *motku u zemlju* to plant a pole in the ground 2. to fix, arrange; set; to confirm; ~ *sve detalje* to arrange all details

uglavnom *adv* mainly; mostly

ugled *n* 1. reputation, standing; *imati (uživati)* ~ to have a good reputation 2. example, model; *služiti za* ~ to serve as an example **ugledan** *a* respectable; prominent; ~ *čovek* a prominent person

ugledati *v* 1. to catch sight of, see 2. ~ *se na nekoga* to emulate smb., take smb. as a model

uglibiti se *v* to get stuck; ~ *u blato (u blatu)* to get stuck in the mud

uglomer, uglomjer *n* (math.) protractor

ugljar *n* coal dealer

ugljen see **ugalj**

ugljeni *a* carbonic; ~*a kiselina* carbonic acid **ugljenik** *n* carbon **ugljenisati** *v* to char, carbonize **ugljenmonoksid** *n* carbon monoxide

ugljenokop *n* coal mine

ngljik *n* (W) carbon

ugnjaviti see **gnjaviti**

ugnjetač *n* oppressor **ugnjetavati** *v* to oppress

ugodan *a* 1. pleasant, agreeable 2. comfortable

ugoditi *v* to satisfy, please, oblige, accommodate; *ne može čovek svima (celom svetu)* ~ you cannot please everyone (see also **goditi**) **ugodljiv** *a* obliging

ugojiti see **gojiti**

ugor *n* (zool.) eel

ugostitelj *n* 1. hotelkeeper; innkeeper; owner of a rooming house 2. restaurant owner 3. caterer **ugostiteljstvo** *n* 1. (coll.) hotels; restaurants 2. hotel management; restaurant management

ugostiti *v* to entertain, serve; ~ *prijatelje* to entertain one's friends; ~ *gosta jelom* to serve food to a guest

ugovor *n* agreement; treaty; contract; *sklopiti (potpisati, raskinuti)* ~ to conclude (sign, break) an agreement; ~ *o nenapadanju* nonagression treaty; *mirovni* ~ peace treaty **ugovoren** *a* agreed (on), fixed **ugovoriti** *v* to agree on; ~ *tehničke* pojedinosti to agree on technical details; ~ *sastanak* to schedule a meeting

ugrabiti see **grabiti** 1

ugraditi *v* to build in; ~ *orman u zid* to build a cabinet into a wall

ugrejati, ugrijati *v* 1. to heat, warm 2. ~ *se* to get warm, become warm

ugristi *v* to bite, bite into **ugrizotina** *n* bite, bitten place

ugroziti *v* to imperil, menace, endanger; ~ *nečiji opstanak* to endanger smb.'s survival; ~ *mir* to endanger peace

ugruvati *v* to shake up; to damage

ugurati *v* to put in, push in, insert; ~ *se u autobus* to push (oneself) into a bus

ugušiti see **gušiti** 1

uhapsiti see **hapsiti**

uhapšenik *n* prisoner

uho see **uvo**

uhobolja see **ušobolja**

uhoda *n* spy; scout

uhodati *v* to organize (well)

uhoditi *v* to spy on, watch

uholaža see **uvolaža**

uhvatiti see **hvatati**

uigran *a* well coordinated; *tim je odlično* ~ their teamwork is excellent **uigranost** *n* coordination, teamwork

ujak *n* uncle (mother's brother); *brat or sestra od* ~*a* cousin (son or daughter of a ujak)

ujarmiti *v* to yoke

ujed *n* bite, sting; ~ *psa* dog bite; *pčelin* ~ bee sting

ujedanput *adv* 1. suddenly 2. all at once

ujediniti *n* to unite **ujedinjen** *a* united; Ujedinjene nacije or *organizacija* ~*ih nacija* the United Nations

ujednačiti *v* 1. to equalize; ~ *plate* to equalize salaries 2. to standardize, unify

ujesti *v* 1. to bite; *ujeo ga je pas* a dog bit him 2. to sting; *ujela ju je pčela* a bee stung her

ujna *n* aunt (wife of a **ujak**)

ujutro *adv* in the morning; *sutra (danas)* ~ tomorrow (this) morning

ukalupiti see **kalupiti**

ukaljati *v* to soil, dirty, besmirch

ukapati *v* to put in, instill (drops)

ukaz *n* decree, ukase

ukazati *v* 1. to point out, point to; ~ *na grešku* to point out an error 2. to show, manifest; ~ *nekome pažnju* to pay attention to smb.

ukidanje *n* abolition; ~ *viza* abolition of visa requirements **ukidnuće** *n* revocation, abolition **ukinuti** *v* 1. to rescind, cancel, call off, revoke, abolish, repeal; to discontinue; ~ *zakon* to repeal a law; ~ *dozvolu* to revoke a license; ~ *autobusku liniju* to discontinue a bus line; ~ *vize* to abolish visa requirements 2. to turn off, disconnect; ~ *struju* to disconnect the electricity

uklesati *v* to cut into, carve into; ~ *ime u kamen* to carve a name into rock

uklešten, ukliješten *a* see **ukleštiti** ~*i umnjaci* impacted molars **ukleštiti, uklještiti** *v* 1. to seize, hold, squeeze (as in a vise) 2. ~ *se* to get stuck, get jammed; *prst mu se ukleštio u vratima* his finger got jammed in the door

uklet a cursed; bewitched; ~a kuća a haunted house **ukleti** v to curse, cast a spell on

ukloniti v 1. to remove, get rid of, eliminate; ~ divan (iz sobe) to remove a couch (from a room); ~ zapreke to remove obstacles; ~ opasnost to eliminate danger 2. ~ se to leave; ukloni mi se s očiju (s puta)! get out of my sight (way)!

uklopiti v 1. to fit into; ~ jedan deo u drugi to fit one part into another 2. ~ se to get into, enter, fit into

uključiti v 1. to plug in, turn on; ~ peglu to plug in an iron 2. to include, take into; u tu sumu uključeni su svi troškovi all expenses are included in this amount 3. ~ se to enter, join **uključujući** adv including; ~ sve troškove including all expenses

uknjižiti see **knjižiti**

ukočen a stiff, numb; inflexible

ukočiti see **kočiti**

ukoliko conj if

ukop n burial **ukopati** v 1. to bury 2. (mil.) ~ se to dig in

ukor n reprimand; usmeni (pismeni) ~ oral (written) reprimand; dati ~ nekome to reprimand smb.

ukoreniti se, ukorijeniti se v to take root **ukoričiti** v to bind; ~ knjigu to bind a book

ukorijeniti se see **ukoreniti se**

ukoriti see **koriti**

ukosnica n hairpin

ukotviti v to anchor; ~ brod to anchor a ship; ~ se to cast anchor

ukovrčati see **kovrčati**

Ukrajina n the Ukraine **ukrajinski** a Ukrainian

ukras n ornament, decoration **ukrasiti** v to decorate, adorn **ukrasni** a decorative, ornamental

ukrasti see **krasti**

ukratiti v to shorten

ukratko adv in brief, briefly

ukrcati v 1. to load, embark 2. ~ se to go aboard; ukrcali su se they went aboard

ukresati see **kresati** 3

ukrotilac n tamer, trainer; ~ lavova lion tamer **ukrotiti** v to tame, train; ~ lava to tame a lion; ~ psa to train a dog

ukrstiti, ukrštati v 1. to cross; ~ mačeve to cross swords; ovaj put se ukršta sa glavnim drumom this road crosses the main highway 2. to cross, hybridize,

cross-pollinate, crossbreed; ~ razne voćke to cross various types of fruit **ukrštanje** n 1. intersection; ~ puteva road intersection 2. crossing, hyibridization, cross-pollination

ukršten a see **ukrstiti**; ~e reči crossword puzzle

ukrućen a stiff; ~ vrat a stiff neck **ukrutiti** v to stiffen, make stiff; ~ se to become stiff; vrat mu se ukrutio he has a stiff neck

ukucati v 1. to hammer in, knock in; ~ ekser u zid to knock a nail into the wall 2. to type in; ~ slovo to type in a letter

ukuhati see **ukuvati**

ukupan a total, whole; ~pna suma total sum

ukus n taste; čulo ~a sense of taste; ona ima dobar ~ she has good taste **ukusan** a 1. tasty; ~ sno jelo tasty food 2. tasteful, having taste; ~sna žena a woman with taste

ukuvati v to cook thoroughly, boil thoroughly; ~ voće u šećeru to make fruit preserves

ukvariti se v to be spoiled, go bad (of food) **ulagač** n depositor; investor

ulagivač n flatterer, toady, sycophant **ulagivati se** v to flatter, fawn; ~ se nekome (oko nekoga) to fawn over smb.

ular n halter (on a horse)

ulaz n entrance; entry; na (u) ~u at (in) the entrance; kod ~a near (at) the entrance **ulazak** n entry

ulaziti see **ući**

ulaznica n ticket

uleći se v to settle, sink, sag; zemlja se ulegla the earth (ground) settled **uleg-nuće** n 1. settling, sinking; ~ temelja settling of a foundation 2. pothole, hole (as in a pavement) **ulegnuti se** see **uleći se**

ulepiti, ulijepiti v 1. to glue in, paste in; ~ nešto u knjigu to paste smt. into a book 2. to smear, smudge; ~ zid blatom to smear a wall with mud

ulepšati, uljepšati v 1. to beautify, embellish, fix up; ~ stan to decorate an apartment 2. ~ se to get dressed up

uleteti, uletjeti v 1. to fly into; ptica je uletela u sobu the bird flew into the room 2. to dash into, run into; dečak je uleteo u kuću the boy dashed into the house

ulica n street; *igrati na ~i* to play on (in) the street; *sresti na ~i* to meet on the street; *glavna (sporedna) ~* main (side) street **ulični** a street; *~ pevači* street singers **uličarka** n streetwalker, whore

ulijepiti see **ulepiti**

uliti, ulivati v 1. to pour (in) 2. to instill, inspire; *~ samopouzdanje nekome* to inspire confidence in smb. 3. *~ se* to flow, empty; *Dunav se uliva u Crno more* the Danube empties into the Black Sea

ulizica n toady **ulizištvo** n fawning **ulizivati se** v to fawn; *~ se nekome* to fawn over smb.

ulog n 1. deposit (in a bank); *štedni ~* savings account 2. investment 3. stakes (in a game)

uloga n role, part; *igrati ~u* to play a role

ulov n catch; *dobar ~* a good catch

uloviti see **loviti**

ulozi n gout

uložak n insert; *~ u cipele* insole

uložiti v 1. to insert 2. to deposit; to invest; *~ novac u banku* to deposit money in bank; *~ novac u neki posao* to invest money in a business 3. to submit; *~ žalbu (protest)* to submit a complaint (protest)

ultimatum n ultimatum; *staviti ~* to present an ultimatum

ultravioletan a ultraviolet

ulubiti v to knock in, bang in; *~ auto* to bang a car up

ulupati v (cul.) to beat, whip; *~ jaja* to beat eggs

ulje n oil; *~ za kuvanje* cooking oil; *maslinovo ~* olive oil; *motorsko ~* motor oil; *mineralno ~* mineral oil; *~ za podmazivanje* lubricating oil; *laneno ~* linseed oil; *riblje ~* cod-liver oil; *~ za loženje* heating oil

uljepšati see **ulepšati**

uljez n intruder

uljiti, pouljiti v to lubricate, oil

uljudan a courteous, polite

uljuljati v 1. to rock; *~ dete (u san)* to rock a child (to sleep) 2. to lull; *~ nekoga nadama* to lull smb. with false hopes

um n mind, intellect; reason; *imati na ~u* to have in mind; *to mi je sinoć palo na ~* I thought of that idea last night **umni** a intellectual, mental; *~e snage* intellectual powers; *~ rad* intellectual (mental) work

umaći v to escape, run away; *~ iz zatvora* to escape from prison; *~ kazni* to escape punishment

umak n sauce, gravy

umaknuti see **umaći**

umalo part almost; *ona ~ nije poginula* she was almost killed; *~ da nije pogrešio* he almost made a mistake

uman a wise, sensible

umanjenik n minuend

umanjilac n subtrahend

umanjiti v 1. to reduce; *~ platu (troškove)* to reduce a salary (expenses) 2. to belittle, disparage

umazati see **mazati** 4

umekšati v to make soft, soften

umeren, umjeren a moderate, temperate; modest; *~ pojas* temperate zone **umerenost, umjerenost** n moderation; *~ u jelu (piću)* moderation in food (drink) **umeriti, umjeriti** v 1. to moderate, limit; *~ zahteve* to moderate demands 2. *~ se* to become moderate; *~ se u piću* to cut down on drinking

umesiti see **mesiti**

umesnost, umjesnost n appropriateness, fitness **umestan, umjestan** a appropriate, fit

umestiti, umjestiti v to install, put in

umesto, umjesto prep instead of

umešan I umješan a skilled, apt

umešan II umješan a involved

umešati see **mešati** 4

umešnost, umješnost n skill

umetak n insert, insertion

umeti, umjeti v to know how; *on ume da piše* he knows how to write; *on sve ume* he can do everything

umetnik, umjetnik n artist **umetnički, umjetnički** a artistic **umetnost, umjetnost** n art

umetnuti v 1. to insert, put in; to install; *~ rečenicu (reč)* to insert a sentence (word); *~ novo okno* to put in a new windowpane 2. *~ se na nekoga* to take after smb.; *on se umetnuo na oca* he takes after his father

umijesiti see **mesiti**

umiješati see **mešati** 4

umilan n 1. dear, sweet 2. pleasant

umiljat a sweet, lovable

umiljavati se v to play up (to smb.)

umirenje n calming, soothing umiriti v to calm, soothe

umiroviti v (W) to pension off

umišljen a (W) couceited

umiti v to wash; ~ lice to wash one's face umivaonica n washroom umivaonik n washstand

umjeren see umeren

umjerenost see umerenost

umjeriti see umeriti

umjesno see umesno

umjesnost see umesnost

umjestan see umestan

umjestiti see umestiti

umjesto see umesto

umješan see umešan I

umješnost see umešnost

umjetan a (W) artificial

umjeti see umeti

umjetnički see umetnički

umjetnik see umetnik

umjetnost see umetnost

umni see um

umnik n wise man

umnogostručiti v to multiply; to increase

umnožiti, v 1. to increase, multiply 2. to copy, mimeograph

umnjak n wisdom tooth

umobolan a insane, mad

umočiti v to dip; ~ noge u vodu to dip one's feet in water

umoliti v to convince, talk into

umor n fatigue umoran a tired, fatigued; osećati se ~rnim to feel tired umoriti v 1. to tire, fatigue; ~ se to get tired 2. to kill umorstvo n murder

umotati v to wrap; ~ dete u ćebe to tuck a blanket around a child

umotvorina n creation, work

umreti, umrijeti v to die; ~ prirodnom smrću to die a natural death; ~ od rana (tuge) to die of wounds (grief) umrli a 1. deceased, dead 2. (as noun) deceased, dead person umrlica n death certificate

umrljati see mrljati

umrtviti v to benumb; ~ živac to deaden a nerve

umuknuti v to become silent, fall silent

unakaraditi v to disfigure, mutilate, deform

unakaziti v to deform, disfigure

unakrst adv crosswise, crossways unakrstan a cross, crossing; ~sno ispitivanje cross-examination; ~sna vatra cross fire

unaokolo adv around, all around

unapred, unaprijed adv 1. in advance, beforehand; ~ platiti to pay in advance; ~ se radujem susretu I look forward to the meeting 2. forward; ići ~ to go forward

unaprediti, unaprijediti v 1. to advance, promote, further; ~ nauku to advance science 2. to promote (in rank); ~ oficira to promote an officer unapređenje n 1. advancement; ~ školstva the advancement of education 2. promotion; dobiti ~ to receive a promotion

unaprijed see unapred

unaprijediti see unaprediti

unatoč (W) 1. prep in spite of 2. adv against, in opposition to

unatrag adv back, backwards

unazad adv back; gledati ~ to look back; ići ~ to go back

unazadan a regressive, back; ~dna plata back pay

unazaditi v 1. to hold back, obstruct, cause to regress 2. ~ se to regress; to stagnate

unca n ounce

unesrećiti v to harm; ~ nekoga to make smb. suffer; to hurt smb.

uneti, unijeti, unositi v 1. to carry in, take in; unesi stolicu u kuću carry the chair into the house 2. to include, add, enter; ~ ime u spisak to add a name to a list 3. to create; to spread; ~ paniku to create panic

unifikovati v to unify, equalize

uniforma n uniform uniforman a uniform uniformisati v to dress in a uniform

unija n union

unijeti see uneti

unilateralan a unilateral

uništiti v to destroy, annihilate, exterminate; ~ neprijatelja to destroy the enemy; ~ štetočine to exterminate pests

univerzalan a universal

univerzitet n university, college; studirati na ~u to study at a university; narodni ~ adult education center univerzitetski a university; ~e studije (zgrade) university studies (buildings)

uniziti v to humiliate

unosan a profitable, lucrative

unositi see uneti

unovčiti v to convert into cash, cash; ~ ček to cash a check

unuče n grandchild unuk n grandson unuka n granddaughter

unutar see **unutra**
unutra adv in, inside **unutrašnji** a interior; za ∼u upotrebu for internal use; organi ∼ih poslova the police, internal security forces **unutrašnjost** n 1. interior, inside; ∼ kuće the interior of a house 2. provinces; živeti u ∼i to live in the provinces
unjkav a nasal
uobičajen a usual, customary; ∼im putem in the usual way **uobičajiti** v 1. to become accustomed 2. ∼ se to become customary
uobrazilja n imagination **uobraziti** v 1. to imagine; ∼ nešto to imagine smt. 2. to make conceited 3. ∼ se to become conceited **uobražen** a 1. imaginary; imagined 2. conceited, vain **uobraženje** n imagination
uoči prep 1. on the eve of, the day before 2. shortly before
uočiti v to notice, catch sight of; ∼ detalje to notice details **uočljiv** a 1. noticeable, visible; lako (jedva) ∼ easily (hardly) noticeable 2. rude, unkind
uokviriti v to frame
uopće (W) see **uopšte**
uopćiti (W) see **uopštiti**
uopšte adv 1. generally, in general; ∼ govoreći speaking in general 2. at all; ona ∼ ništa ne razume she doesn't understand anything at all **uopštenje** n generalization **uopštiti** v to generalize
uostalom part after all; to je, ∼, tvoja stvar that is, after all, your own affair
upad n invasion; intrusion; ∼ u zemlju invasion of a country **upadač** n invader; intruder
upadati see **upasti**
upadica n interruption, comment
upadljiv a conspicuous, noticeable; ∼a mana a conspicuous defect
upakovati v to pack
upala n inflammation (usu. W)
upaliti v 1. see **paliti** 5, 6 2. to ignite; to light, set on fire; ∼ vatru (šibicu) to light a fire (a match); ∼ kuću to set fire to a house 3. ∼ se to catch fire, begin to burn; upalila se kuća the house cought fire; vatra se upalila the fire cought (began to burn) **upaljač** n 1. ∼ (za cigarete) cigarette lighter 2. (detonating) fuse; tempirni ∼ time fuse 3. detonator **upaljiv** a inflammable
upamtiti see **pamtiti**

upao a see **upasti**; ∼le jagodice (oči) sunken cheeks (eyes)
upasti, upadati v 1. to fall into; ∼ u bunar to fall into a well; (fig.) ∼ u zamku to fall into a trap 2. to invade; ∼ u zemlju to invade a country 3. to rush into, dash into; ∼ u sobu to dash into a room 4. to trespass; to wander into; ∼ u tuđe imanje to trespass on smb.'s property 5. to interrupt; ∼ nekome u reč to interrupt smb. (while he is talking); on stalno upada he keeps interrupting 6. ∼ u oči to be noticed; ona mu je odmah upala u oči he noticed her immediately
upecati see **pecati** 2
upečatljiv a striking, impressive; ∼e crte striking features
uperiti v 1. to point, aim; ∼ prst (prstom) na nekoga to point a finger at smb. 2. (fig.) to aim, mean; to je bilo upereno protiv mene! that was meant for me!
upeti v 1. to exert 2. ∼ se to try (hard), strive
upetljati v 1. to entangle, tangle; ∼ konac to tangle thread 2. to involve, entangle
upijača n blotter, blotting paper
upijati see **upiti**
upirati see **upreti**
upis n 1. enrollment, registration; admission; prijava za ∼ application for admission; uslovi za ∼admission(entrance) requirements; prijaviti se za ∼ na fakultet to apply for admission to a university 2. registration, recording; ∼ u matičnu knjigu rođenih (venčanih) registration of a birth (marriage) **upisati** v 1. to write in; ∼ reč (ime, datum) to write in a word (name, date); ∼ u spisak to enter in a list 2. to enroll, register; to admit; ∼ studente na fakultet to register students at a university; or: to admit students to a university; on se upisao na medicinski fakultet he enrolled in medical school 3. to record, register; ∼ u matičnu knjigu rođenih to record a birth 4. to attribute; ∼ nekome nešto u zaslugu to give smb. credit for smt. **upisni** a registration; ∼ rok registration period
upitan a 1. inquiring, questioning 2. (gram.) interrogative; ∼tna rečenica (zamenica) interrogative sentence (pronoun)
upitati see **pitati**

upiti, upijati v to absorb; *ova hartija upija mastilo* this paper absorbs ink

upitnica n questionnaire **uputnik** n question mark

uplakan a tearstained; ~*e oči* tearstained eyes

uplašiti see **plašiti**

uplata n payment **uplatiti** v to pay (for); *unapred* ~ to pay in advance

uplesti v 1. to braid; ~ *kosu u kike* to braid hair into pigtails 2. to weave into, work into, insert; ~ *citat u govor* to work a citation into a speech 3. to involve, entangle

upliv n influence

uploviti v to sail into; *brod je uplovio u luku* the ship sailed into the harbor

upljuvak n 1. fly larva 2. spit

upola adv halfway, partly

upora n supoort, beam

uporaba n (W) use **uporabiti** v (W) to use

uporan a 1. persistent 2. stubborn

uporedan a 1. parallel 2. comparative; ~*dna gramatika* comparative grammar **uporedba** n comparison **uporediti** v to compare, liken; *to se ne može* ~ that cannot be compared **uporediv** a comparable **uporedo** adv 1. parallel, side by side 2. at the same time **uporedenje** n comparison

uporište n strongpoint, base

upornost n 1. persistence 2. stubbornness

uposliti see **zaposliti**

upotpuniti v to complete; to complement; to supplement

upotreba n use; usage; *za spoljnu (unutrašnju, ličnu)* ~ for external (internal, personal) use; *izići iz* ~*e* to go out of use; *preći u* ~*u* to come into use **upotrebiti, upotrijebiti** v to use; ~ *strane reči (lek, svoj uticaj)* to use foreign words (a medicine, one's influence) **upotrebiv** a usable

upoznat a informed, familiar **upoznati** v 1. to get to know (smb.); *upoznao sam ga na studijama* I got to know him at the university 2. to inform; to acquaint; *upoznali smo šefa sa celom situacijom* we informed the director about the whole situation 3. to introduce; ~ *nekoga s nekim* to introduce smb. to smb. 4. ~ *se* to become acquainted; to familiarize oneself

upozorenje n warning **upozoriti** v to warn; ~ *nekoga na nešto* to warn smb. about smt.

uprava n 1. management, administration 2. (head) office, administrative office(s); department **upravni** a administration, administrative

upravan a 1. vertical 2. direct; (gram.) ~*vni govor* direct speech

upravitelj n manager, administrator

upraviti v to direct, point, aim; ~ *durbin* to point fieldglasses; ~ *brod ka obali t(* steer a ship toward the shore

upravljač n director **upravljanje** n management **upravljati** v 1. to govern, direct, rule, administer, run; to command; ~ *zemljom* to govern a country 2. to drive; to steer; to operate; ~ *autom (kamionom, traktorom)* to drive a car (truck, tractor); ~ *avionom* to fly an airplane; ~ *mašinom* to operate a machine **upravnik** n director, chief, manager

upravo adv 1. just, exactly; *on je* ~ *telefonirao* he just called 2. vertically

uprazniti v to empty; *nekoliko mesta su se upraznila* several positions are now open **upražnjen** a vacant; ~*o radno mesto* vacancy, vacant position

upregnuti v to hitch, harness

upreti, uprijeti v 1. to brace; *on je upro ramenom o vrata* he braced his shoulder against the door 2. to point, aim; ~ *oči u nekoga* to stare at smb.

uprkos prep in spite of; ~ *tome* in spite of that

uprljati see **prljati**

upropastiti v to ruin, wreck, spoil; ~ *zdravlje* to ruin one's health

uprostiti v to simplify; ~ *proces (pitanje)* to simplify a process (question)

upućen a informed, knowledgeable; *on je* ~ *u naš plan* he knows about our plan

upućivanje n reference

upustiti v 1. to miss, omit 2. ~ *se* to get into, enter; ~ *se u pregovore* to enter into negotiations

uputiti v 1. to send; ~ *pozdrave (pismo)* to send greetings (a letter) 2. to point the way, show, lead; *on me je uputio na stanicu* he showed me the way to the station 3. to refer; ~ *čitaoca na knjigu* to refer a reader to a book 4. to teach, instruct, show; ~ *službenika u posao* to orient an employee to a job; ~ *nekoga 'i* *tajnu* to reveal a secret to smb. 5. to direct, point 6. ~ *se* to set off, start

uputnica *n (poštanska)* ~ (postal) money order

uputstvo *n* instruction(s); ~ *za upotrebu* instructions for use

ura *interj* hurrah

uračunati *v* to include (when calculating)

uraditi see **raditi** 2

uragan *n* hurricane

uramiti *v* to frame; ~ *sliku* to frame a picture

uranijum *n* uranium

urasti *v* to grow in; *nokat mu je urastao u meso* he has an ingrown nail

uravnilovka *n* leveling (as of salaries)

uravnotežen *a* balanced **uravnotežiti** *v* to balance, bring into balance, equalize

urazumiti *v* to bring (smb.) to his senses

urbanist(a) *n* city planner, urbanist **urbanizam** *n* city planning, urbanism **urbanizovati** *v* to urbanize

ureći *v* 1. to schedule, fix, agree on 2. to cast a spell on, bewitch

ured *n* bureau, office

uredan *a* 1. neat, tidy, orderly; ~*dna soba* a tidy room 2. regular; ~*dno plaćati* to pay regularly

uredba *n* regulation, decree

urediti *v* 1. to put in order, organize; to arrange; ~ *sobu (svoje stvari)* to put a room (one's things) in order; ~ *po azbučnom redu* to alphabetize 2. to effect, arrange, take care of; ~ *sastanak* to arrange a meeting 3. to edit, prepare (for printing); ~ *za štampu* to prepare for press **urednik** *n* editor; *pomoćni (tehnički)* ~ associate (technical) editor **uredništvo** *n* 1. editorship 2. editorial staff

uređaj *n* 1. device, gadget, machine; *električni* ~ electrical appliance 2. installation; *lučki* ~*i* port installations

uređenje *n* organization, structure; *državno (društveno)* ~ governmental (social) structure

uređivač *n* editor **uređivački** *a* editorial; ~ *odbor* editorial board

ures *n* (W) ornament, decoration

uresiti see **resiti**

uretra *n* urethra

urez *n* notch, cut

urezati *v* to engrave, inscribe, carve; ~ *ime u prsten (na prstenu)* to engrave one's name on a ring

urgencija *n* 1. urging, intervention 2. urgency **urgirati** *v* to urge, press for

urijezan *a* (W) sharp

urin *n* urine **urinirati** *v* to urinate

urisati *v* (W) to draw in

urlati *v* to howl, roar, scream **urlik** *n* howl, roar, scream

urma *n* 1. date (fruit) 2. date palm

urna *n* urn

urnebes *n* 1. noise; shouting; roar 2. disorder, chaos; *napraviti* ~ *u sobi* to mess up a room 3. uproar, disturbance **urnebesan** *a* noisy, loud

uročnik *n* sorcerer

uroditi *v* to bear (fig.); ~ *plodom* to bear fruit

urođen *a* inborn, innate; congenital; ~*a mana* a congenital defect **urođenik** *n* native, aborigine

urok *n* spell, charm **urokljiv** *a* bewitching

urolog *n* urologist **urologija** *n* urology

uroniti *v* to dive, plunge

urota *n* (W) conspiracy, plot **urotiti se** *v* (W) to conspire **urotnik** *n* (W) conspirator, plotter

uručiti *v* 1. to hand to; to deliver; to transmit; ~ *sudski poziv* to deliver a court summons 2. to award, present; ~ *nagradu* to award a prize

Urugvaj *n* Uruguay

us- see **uz** II

usuditi *v* to put in, insert

usaglasiti *v* to coordinate, reconcile

usahnuti see **sahnuti**

usamiti *v* to isolate **usamljen** *a* lonely

usavršiti *v* to perfect, improve

usedelica, usidjelica *n* spinster, old maid

usek, usijek *n* cut, channel, passage

usekač *n* snuffer (for candles) **useknuti** *v* to snuff out (a candle)

useliti *v* 1. ~ *nekoga u kuću* to move smb. into a house 2. ~ *se* to move in; ~ *se u stan* to move into an apartment 3. ~ *se* to immigrate; ~ *se u zemlju* to enter a country as an immigrant **useljenik** *n* immigrant

usev, usjev *n* crop(s)

ushit *n* delight, rapture, thrill **ushititi** *v* to delight, thrill; ~ *se* to be thrilled

usidjelica see **usedelica**

usidriti see **sidriti**

usijati *v* to heat, make red-hot; ~ *se* to become red-hot

usiljen *a* forced; affected

usiniti *v* to adopt (a son)

usiriti see **siriti**

usisivač *n* vacuum cleaner

usisati *v* to absorb, suck in

usitniti see **sitniti**

usitno *adv* in small pieces; in change

usjek see **usek**

usjev see **usev**

uskipeti, uskipjeti see **kipeti** 2

uskladištiti *v* to put into storage

uskladiti *v* to bring into accord, match, coordinate, reconcile; ~ *boje* to match colors; ~ *napore* to coordinate efforts; ~ *mišljenja* to reconcile (conflicting) opinions

usklični *a* exclamatory; ~*a rečenica* exclamatory sentence **uskliknuti** *v* to cry out, call out

uskočiti *v* to jump into

uskogrud, uskogrudan *a* narrow-minded

uskomešati see **komešati**

uskoriti *v* to hasten, speed up, rush

uskoro *adv* soon

uskost *n* narrowness

uskratiti *v* 1. to refuse, deny; ~ *nekome hranu* to refuse to give food to smb. 2. to prohibit, forbid 3. to deprive; ~ *nekome sva prava* to deprive smb. of all his rights

uskrs *n* (rel.) 1. Easter 2. resurrection

uskrsnuće *n* resurrection **uskrsnuti** *v* 1. to be resurrected, come back to life 2. to resurrect; ~ *nekoga iz groba* to resurrect smb. from the grave

usled, uslijed *prep* because of; ~ *toga* because of that

uslediti see **slediti** II 2

uslijed see **usled**

uslijediti see **slediti** II 2

uslišiti *v* to grant; ~ *molbu* to grant a request

uslov *n* condition; *postaviti* ~ to set a condition; *pod* ~*om da . . . (uz* ~ *da . . .)* on condition that . . .; *životni* ~*i* living conditions **uslovan** *a* 1. conditional; ~*vna pogodba* a conditional agreement 2. (gram.) ~*vna rečenica* a conditional sentence **usloviti** *v* 1. to cause, bring about; ~ *rasulo* to cause chaos 2. to condition, restrict, limit; ~ *ugovorom* to restrict by (an) agreement **uslovno** *adv* see **uslovan** 1; *pušten je* ~ *iz zatvora* he was paroled from prison

usluga *n* 1. favor, turn; *učiniti nekome (rđavu)* ~*u* to do smb. a favor (a bad turn) 2. service; *u ovom restoranu je dobra* ~ the service in this restaurant is good **uslužan** *a* solicitous, obliging **uslužiti** *v* to serve, wait on; ~ *gosta* to serve a guest

usmen *a* oral, verbal; ~*i ispit* an oral examination

usmeriti, usmjeriti *v* to direct, aim

usmrtiti *v* to kill

usna *n* lip; *gornja (donja)* ~ upper (lower) lip; *zečija* ~ harelip **usneni** *a* labial; ~ *suglasnik* labial consonant

usni see **usta**

usniti see **sanjati**

usnopiti *v* to pile (grain) into shocks

usoliti *v* to salt; ~ *meso* to salt meat

uspaliti *v* to excite; ~ *se za nešto* to become excited about smt.

uspavan *a* sleepy **uspavanka** *n* lullaby **uspavati** *v* 1. to lull to sleep, put to sleep; ~ *dete pevanjem* to sing a child to sleep 2. to lull, calm; ~ *svoju savest* to soothe one's conscience **uspavljiv** *a* soporific; ~*o sredstvo* soporific drug, sleeping pill **uspavljujući** *a* soporific

uspeh, uspjeh *n* success; *imati* ~*a u poslu* to have success in business **uspeo, uspio** *a* successful; ~ *čovek* a successful man **uspešan, uspješan** *a* successful **uspeti, uspjeti,** uspevati, uspijevati *v* 1. to succeed, be successful; *on je odlično uspeo* he was very successful; *on je uspeo da uhvati voz* he succeeded in catching the train; *sve mu uspeva* he succeeds in everything; *nije uspeo da stigne na vreme* he failed to arrive on time 2. to thrive, grow; *u tom kraju uspevaju jabuke* apples thrive in that region

uspeti se *v* to climb, ascend

uspinjača *n* 1. funicular railway 2. ski lift

uspjeh see **uspeh**

uspješan see **uspešan**

uspjeti see **uspeti**

usplahiren *a* flustered, upset **usplahiriti** *v* to fluster, upset; ~ *se* to get flustered, upset

usplamteti, usplamtjeti *v* (usu. fig.) to flare up

uspokojiti *v* to calm, soothe; ~ *se* to calm down

uspomena *n* 1. memory, reminiscence 2. souvenir; memento; cherished souvenir

uspon *n* rise, ascent; *(privredni)* ~ (economic) boom

usporedan (W) see **uporedan**

usporedba (W) see **uporedenje**

usporediti (W) see **uporediti**

usporen a see **usporiti;** ~ *puls* a weak (slow) pulse; *na* ~*om filmu in* slow motion **usporiti** v to slow down, retard, decelerate; ~ *auto* to slow a car down

uspostava n establishment, establishing **uspostaviti** v to establish; ~ *mir (red)* to establish peace (order); *ponovo* ~ to reestablish

uspravan a vertical, upright, *stojati (držati se)* ~ *vno* to stand straight; ~*vno* vertical (in a crossword puzzle) **uspraviti** v 1. to straighten (up), hold up; ~ *ruku (glavu)* to hold up one's arm (head) 2. ~ *se* to straighten up, stand straight

usprotiviti se see **protiviti se**

usput adv on the way; ~ *ću ti pričati* I'll tell you on the way; *nije mi* ~ it's out of my way

usrećiti v to make happy

usred pred in the middle; ~ *grada* in the middle of the city; ~ *razgovora (časa)* in the middle of the conversation (of the class)

usredsrediti, usredsrijediti v to concentrate

usta n mouth; *velika* ~ a large mouth; *držati* ~ *otvorena (zatvorena)* to keep one's mouth open (closed); *prići* ~ to pout; *vest ide od* ~ *do* ~ the news is going from mouth to mouth; (fig.) *zapušiti nekome* ~ *(novcem)* to silence smb. (with money); *začepiti nekome* ~ to gag smb.; *ide mu voda na* ~ his mouth is watering; *on ima zla (pogana)* ~ he has a nasty tongue; **mrtva* ~ *ne govore* dead men tell no tales; **izgrditi na pasja* ~ to rake over the coals **usni** a oral; ~*a duplja* oral cavity

ustajan a stale; ~ *hleb* stale bread; ~*a voda* stagnant water

ustalasati see **talasati**

ustaliti v to settle, stabilize; ~ *se* to get settled **ustaljen** a 1. stable 2. usual, fixed, habitual; ~*a fraza* an established phrase

ustanak n uprising, rebellion, insurrection; *dići se na* ~ to begin an uprising **ustanik** n rebel

ustanova n institution, establishment; *dobrotvorna* ~ a charitable institution

ustanoviti v 1. to found, establish; ~ *odbor (normu, komisiju)* to establish a committee (standard, commission) 2. to ascertain, find (out), establish; *sud je*

ustanovio da . . . the court established that . . .

ustaša n 1. (Yugo., WW II) (pejor.) ustasha (pro-fascist collaborator) 2. rebel

ustati v 1. to get up; to stand up; ~ *iz postelje* to get out of bed; ~ *sa sedišta* to get out of one's seat; ~ *od stola* to leave the table 2. to rise up, rebel; ~ *na (protiv) nekoga* to rise up against smb.

ustav n constitution; *dati (oboriti)* ~ to establish (overthrow) a constitution; *na osnovu* ~*a* according to the constitution; *povreda* ~*a* violation of the constitution **ustavni** a constitutional; ~*o pravo* constitutional law

ustava n 1. sluice, water gate 2. lock (of a canal)

ustavni see **ustav**

ustavnost n constitutionality

ustavotvorni a constituent; ~*a skupština* constituent assembly

ustezati se v to hesitate; to be inhibited

ustoličiti v to enthrone

ustrajan a persistent

ustrajati see **istrajati**

ustrčati v to run up; ~ *uz stepenice* to run up the stairs

ustreliti, ustrijeliti v 1. to shoot (with an arrow, gun) 2. ~ *se* to shoot oneself, commit suicide

ustrojiti v to organize **ustrojstvo** n organization

ustručavanje n hesitation **ustručavati** v to hesitate; to be inhibited

ustuknuti v 1. to step back ; to flinch 2. (fig.) to give in, succumb, yield

ustupak n concession **ustupiti, ustupati** v 1. to give (up), yield, cede, renounce; ~ *svoja prava* to renounce one's rights; ~ *nekome svoje mesto* to give up one's place (seat) to smb. 2. to be inferior to; *ova roba ne ustupa drugoj* this merchandise is not inferior to the other 3. to retreat; ~ *pred neprijateljem* to retreat before the enemy

usuditi se v to dare; *ako se neko usudi* . . . if anyone dares . . .; *nije se usudio da uđe* he did not dare enter

usuti v to pour (into); ~ *vina u čaše* to pour wine into glasses

usvojiti v to adopt; ~ *dete (rezoluciju, zakon)* to adopt a child (resolution, law)

ušće n mouth (of a river)

ušećeriti v to sugar; to candy; ~ *voće* to candy fruits uši see **uvo**

ušice *n* eye; *iglene* ~ eye of a needle

ušićariti see **šićariti**

ušiti *v* 1. to sew (on); ~ *dugme* to sew a button on 2. to sew into; ~ *novac u postavu* to sew money into a lining

uškopiti see **škopiti**

uškopljenik *n* eunuch

ušobolja *n* earache

uštaviti see **štaviti**

ušteda *n* (action of) saving; *radi ~e prostora (u prostoru)* for the purpose of saving space

uštedeti, uštedjeti see **štedeti**

ušteđevina *n* savings, money saved

uštipak *n* (cul.) fritter, beignet

uštirkati see **štirkati**

uštoglen *a* stuffy, formal

uštopati see **štopati**

uštrcati *v* to inject; ~ *injekciju nekome* to give smb. an injection

uštrojiti see **štrojiti**

ušunjati se *v* to sneak in; ~ *u kuću* to sneak into a house

ušutjeti *v* (W) to fall silent

ušutkati *v* (W) to silence

utabati see **tabati** 1

utaja *n* fraud, embezzlement; ~ *poreza* tax evasion **utajiti** *v* 1. to conceal, hide 2. to embezzle; ~ *novac* to embezzle money 3. ~ *porez* to evade (paying) a tax

utakmica *n* match, game, contest, meet; *fudbalska (košarkaška)* ~ soccer (basketball) game; *plivačka* ~ swimming meet

utaknuti *v* to put in, plug in; ~ *peglu u štekontakt* to plug an iron into a wall socket

utaložiti see **staložiti** 1

utamanili see **tamaniti**

utamanjivač *n* destroyer, exterminator

utanačiti *v* to work out; to set, agree on; ~ *plan* to work out a plan

utančati see **tančati**

utanjiti *v* to make thin

utapkati *v* to stamp (down); ~ *zemlju* to stamp the ground down

uteći, uticati, utjecati *v* 1. to flee, run away 2. to influence; *uticati na nekoga* to influence smb.

utega, *n* truss, support

uteha, utjeha, *n* consolation, comfort, solace

uteloviti, utjeloviti *v* to embody, incarnate

utemeljač *n* founder

utemeljiti see **temeljiti**

uterati, utjerati *v* 1. to drive into; ~ *stoku u štalu* to drive cattle into a stall 2. (sports) to throw in, sink, kick in; ~ *loptu u gol* to make a goal 3. misc.; ~ *nekoga u laž* to catch smb. in a lie; ~ *nekome strah u kosti* to frighten smb.; ~ *dug* to collect a debt

utešan, utješan *a* comforting; ~*šne reči* comforting words; ~*šna nagrada* consolation prize

utešiti see **tešiti**

utkati *v* to weave in (also fig.)

utočište *n* refuge, shelter, asylum

utok *n* 1. see **ušce** 2. (W) see **utočište** 3. (W) (legal) appeal

utoliko *adv* as much as; *ukoliko više znaš,* ~ *više vrediš* the more you know, the more You are worth

utoliti *v* 1. to satisfy; ~ *glad* to satisfy one's hunger; ~ *žeđ* to quench one's thirst; ~ *želju (radoznalost)* to satisfy one's desire (one's curiosity) 2. to alleviate; to calm; ~ *bol* to alleviate pain

utonuti see **tonuti**

utopija *n* utopia **utopistički** *a* utopian

utopiti *v* to drown (smb.) **utopljenik** *n* drowning person

utorak *n* Tuesday; *u* ~ on Tuesday; ~*r-kom* Tuesdays

utornik see **utorak**

utovar *n* loading **utovariti** *v* to load

utoviti see **toviti**

utrapiti see **trapiti**

utrčati *v* to run into; ~ *u kuću* to run into a house

utrka (W) see **trka**

utrkivati se *v* to race; to compete

utrljati *v* to rub in

utrnuti I see **trnuti** I

utrnuti II see **trnuti** II

utroba *n* 1. intestines, entrails; insides 2. womb

utrostručiti *v* to triple

utrošak *n* consumption, use; ~ *goriva* fuel consumption

utrpati see **trpati** 3

utrti *v* to rub in

utučen *a* depressed, dejected

utući *v* 1. to crush, pound 2. to kill; (fig.) ~ *vreme* to kill time 3. to depress, deject

uturati *v* to squeeze in, push in; put in

utuviti *v* to get (smt.) through one's head

utva *n* wild duck
utvara *n* phantom, ghost
utvrda *n* (W) fortress
utvrditi *v* 1. to consolidate, strengthen; ∼ *dobre odnose* to strengthen good relations 2. to fortify; ∼ *grad* to fortify a city 3. establish, set, fix; ∼ *činjenicu* to establish a fact; ∼ *uzrok* to establish a reason **utvrđenje** *n* fortress, fortification
uvala *n* 1. valley, hollow 2. *morska* ∼ cove, inlet
uvaliti *v* 1. to roll, push 2. ∼ *se* to sprawl; ∼ *u fotelju* to sprawl out in an easy chair
uvažiti, uvažavati *v* 1. to consider, take into consideration; ∼ *razloge* to consider reasons 2. to accept; ∼ *molbu* to accept a request 3. to respect
uveče, uvečer *adv* in the evening; *sutra* ∼ tomorrow evening
uvećati *v* 1. to increase, enlarge 2. to magnify
uvek, uvijek *adv* always
uveličati *v* to magnify; to increase; ∼ *sliku* to magnify a picture; ∼ *pod mikroskopom* to magnify under a microscope
uvenčati, uvjenčati *v* to crown; ∼ *slavom* to crown with glory
uvenuti see **venuti**
uveo *a* faded
uveren, uvjeren *a* certain, sure; *biti* ∼ *u nešto* to be certain of smt. **uverenje, uvjerenje** *n* 1. certainty, conviction 2. certificate; *lekarsko* ∼ medical certificate **uveriti, uvjeriti** *v* to convince; to assure; ∼ *nekoga u nešto* to convince smb. of smt. **uverljiv, uvjerljiv** *a* convincing, persuasive; ∼*o objašnjenje* a convincing explanation

uvertira *n* overture

uvesti I uvoditi *v* 1. to lead into, take into, bring into; ∼ *nekoga u sobu* to bring smb. into a room 2. to introduce; ∼ *običaj (nove metode)* to introduce a custom (new methods) 2. ∼ *zakon* to introduce a law 3. to install; ∼ *telefon* to install a telephone

uvesti II uvoziti *v* 1. to drive into, haul into; *uvezao nas je u dvorište* he drove us into the yard 2. to import

uvežban, uvježban *a* trained, skilled **uvežbati, uvježbati** *v* to train, drill; to practice

uvid *n* 1. inspection; *poslati na* ∼ to send for inspection 2. insight
uvideti, uvidjeti *v* to realize, comprehend
uviđaj *n* investigation
uviđavan *a* considerate
uvijati *v* 1. to beat around the bush 2. see **uviti**
uvijek see **uvek**
uvis *adv* up; *skočiti* ∼ to jump up; *skok* ∼ high jump; *ruke* ∼*!* hands up!
uviti *v* 1. to wrap, pack; ∼ *poklon* to wrap a gift; ∼ *dete ćebetom (u ćebe)* to wrap a child in a blanket 2. to twist, bend, roll; ∼ *žicu* to twist wire 3. ∼ *se* to twist, bend, roll; *zmija se uvila u kolut* the snake rolled itself into a ball 4. ∼ *kosu* to curl (set) hair
uvjenčati see **uvenčati**
uvjeren see **uveren**
uvjerenje see **uverenje**
uvjeriti see **uveriti**
uvjerljiv see **uverljiv**
uvjet *n* (W) condition **uvjetan** *a* (W) conditional
uvježban see **uvežban**
uvježbati see **uvežbati**
uvlačiti see **uvući**
uvo *n* 1. (anat.) ear; *spoljašnje (srednje, unutrašnje)* ∼ outer (middle, inner) ear; *naćuliti uši* to prick up one's ears; **zaljubiti se do ušiju* to fall head over heels in love; **sav se pretvorio u uši* he is all ears 2. *(iglene) uši* eye (of a needle) (see also **ušice** 1)
uvobolja see **ušobolja**
uvod *n* introduction; ∼ *u sociologiju* introduction to sociology; ∼ *knjige* introduction to a book **uvodni** *a* introductory; ∼*e napomene* introductory remarks
uvoditi see **uvesti I**
uvodni see **uvod**
uvodničar *n* editorial writer **uvodnik** *n* editorial
uvojak *n* 1. lock, curl (of hair) 2. thread (of a screw)
uvojit *a* spiral, winding
uvolaža *n* earwig
uvoštiti see **voštiti**
uvoz *n* import, importation; *roba iz* ∼*a* imported goods **uvozni** *a* imported, import; ∼*a roba* imported goods; ∼*a taksa (carina)* import tax (duty)
uvoziti see **uvesti II**
uvoznik *n* importer

uvrebati *v* to catch sight of

uvreda *n* insult; *krvava (krvna)* ~ a biting insult

uvrediti see vređati I

uvredljiv *a* 1. insulting, abusive 2. oversensitive, touchy

uvreti *v* to boil out

uvrh *prep* 1. above, over 2. at the head of; ~ *stola* at the head of the table 3. at the top of; ~ *kuće* at the top of the house

uvrijediti see vređati I

uvrnuti *v* 1. to twist; to snarl; ~ *uže (nekome ruku)* to twist a cord (smb.'s arm); *šnur se uvrnuo* the cord got snarled 2. to tighten; to close; ~ *šraf* to tighten a screw

uvrstiti *v* 1. to assign, classify; ~ *u odred* to assign to a detachment 2. to include, insert

uvući *v* 1. to pull in; to draw in; ~ *jedra (mrežu, vesla)* to pull in sails (a net, oars); ~ *nekoga u razgovor* to draw smb. into a conversation 2. to insert; to put in; ~ *ruku u džep* to put a hand into one's pocket 3. to bring in; *oni su tu bolest uvukli u zemlju* they brought this disease into the country 4. to entangle, involve; ~ *nekoga u neku neprijatnost* to get smb. into trouble 5. ~ *se* to sneak in, crawl in; *uvukao se kroz prozor* he sneaked (crawled) in through the window 6. misc.; ~ *dim* to inhale smoke (while smoking)

uz, uza *prep* 1. up; ~ *brdo (reku)* uphill (upriver); *peti se* ~ *drvo (konopac)* to climb a tree (a rope); *ići* ~ *stepenice* to go upstairs 2. next to; *sedeo je* ~ *mene* he sat next to me; *uza samu granicu* on the very border; *pripiti se* ~ *nešto* to snuggle up to smt. 3. along with, with; *pevati* ~ *klavir (~ pratnju klaviru)* to sing to the accompaniment of a piano; ~ *smeh (plač)* while laughing (crying) 4. in spite of; ~ *sve* in spite of all that

uzajaman *a* mutual, reciprocal; ~*mno poštovanje* mutual respect

uzak *a* narrow; *uska ulica* a narrow street; *uski pogledi* narrow views; *železnica uskog koloseka* a narrow-gage railway uži *(comp)*

uzalud *adv* in vain uzaludan, *a* futile, useless

uzan *a* see uzak

uzao *n* knot

uzaptiti *v* to confiscate, seize

uzastopce *adv* consecutively, in a row; *dvaput* ~ twice in a row uzastopni *a* consecutive; *peta* ~*a pobeda* the fifth victory in a row

uzavreo *a* boiling, flaming uzavreti *v* to boil over

uzbrdica *n* rise, climb uzbrdice *adv* uphill; *staza se penje* ~ the path goes uphill uzbrdo *adv* uphill

uzbuditi, uzbuđivati *v* 1. to excite, stir up; to thrill; ~ *se* to get excited; *ne uzbuđuj se!* keep calm! *publika se uzbudila* the crowd got stirred up 2. to upset, disturb; ~ *se* to get upset; *uzbudio se zbog ispita* he was upset about the exam; *on se uzbuđuje za svaku sitnicu* he gets upset over every trifle uzbudljiv *a* exciting

uzbuna *n* 1. alarm; *svirati (zvoniti) na* ~*u* or *podići* ~*u* to sound the alarm; *lažna* ~ a false alarm 2. uproar, stir, commotion 3. air-raid alarm uzbuniti *v* 1. to alarm; to stir up; to arouse; ~ *narod protiv nekoga* to arouse the public against smb. 2. to upset, disturb; to confuse; *uzbunili su se pa ne znaju šta rade* they are confused and do not know what they are doing

uzburkati *v* to agitate, stir up; *uzburkano more* a stormy sea

uzda *n* rein; bridle

uzdah *n* sigh uzdahnuti *v* to sigh

uzdati se see pouzdati se

uzdići *v* 1. to lift, raise; ~ *glavu* to raise one's head 2. (fig.) to praise, laud; *~ nekoga do neba* to praise smb. to the skies 3. (fig.) to elevate, educate; ~ *kadrove* to educate workers

uzdignuti see uzdići

uzdrhtati *v* to quiver, shake

uzdrmati *v* to shake, rock, jolt, jar; to undermine; ~ *nečiju veru u nešto* to shake smb.'s faith in smt.; ~ *presto* to rock a throne

uzdržan *a* reserved; ~*o ponašanje* reserved behavior uzdržati *v* 1. to restrain 2. ~ *se* to restrain oneself; to abstain; ~ *se od glasanja* to abstain from voting uzdržljiv *a* restrained uzdržljivost *n* restraint

uzduh *n* (W) air

uzduž 1. *prep* along; ~ *ograde* along the fence 2. *adv* vertical, down (as in a crossword puzzle) uzdužni *a* side, along; (soccer); ~*a linija* touch line

uzengija n stirrup

uzeti, uzimati v 1. to take; ~ *knjigu s police* to take a book from the shelf; *on sve uzima suviše ozbiljno* he takes everything too seriously; ~ *k srcu* to take to heart; (fig.) ~ *reč* to take the floor; ~ *u obzir (razmatranje)* to take into consideration; ~ *za ruku* to take by the hand; ~ *pod ruku* to take by the arm; ~ *pod zaštitu* to take under one's wing; *on je uzeo na sebe da nabavi karte* he took it on himself to buy the tickets; ~ *lek* to take (a) medicine 2. to take away; *lopovi su mu uzeli novac* the thieves took his money away 3. to occupy, take; ~ *grad (tvrđavu)* to take a city (a fortress); ~ *na juriš* to storm 4. to charge, take; *on suviše uzima* he charges too much 5. ~ *se* to become paralyzed; *uzela mu se desna polovina tela* the right side of his body was paralyzed; **uzeo mu se jezik* he was speechless

uzglavlje n head (of a bed)

uzgoj n upbringing

uzgred adv casually, in passing, by the way; *on je to ~ rekao* he mentioned that in passing; ~ *budi rečeno, on nije znao* it might be mentioned in passing that he did not know **uzgredan** a incidental, casual, marginal; *(štetna) ~dna dejstva* (harmful) side effects

uzica n 1. string; lace 2. leash; ~ *za psa* dog leash

uzdati v to build in; to immure

uzimanje n taking; ~ *droga* the taking of drugs

uzimati see **uzeti**

uzjahati v to mount

uzlazni a rising

uzlet n takeoff, ascent; ~ *aviona* takeoff of an airplane **uzleteti, uzletjeti** v to take off; *avion je uzleteo* the airplane took off

uzmaći v to step back, draw bakc; to retreat, withdraw; ~ *pred opasnošću* to withdraw in the face of danger

uzmahnuti v to swing; ~ *sabljom* to brandish a sword

uzmak n retreat

uzmaknuti see **uzmaći**

uzmućan a see **uzmutiti**; ~a *voda* troubled waters **uzmutiti** v to stir up, trouble; ~ *vodu* to stir the water

uznemiren a disturbed, upset, bothered **uznemiriti** v to disturb, bother, trouble, upset; ~ *se* to get upset

uznik n prisoner

uzor n model; standard; ideal; *uzeti sebi za* ~ to take as a model **uzorak** n sample, pattern, specimen **uzoran** a model, exemplary, standard

uzorati v to plow

uzrast n 1. age 2. height, stature; *biti visokog (niskog) ~a* or *biti visok (nizak) ~om* to be tall (short); *biti srednjeg ~a* to be of medium height **uzrasti** v to grow (up)

uzreti v to ripen

uzročan a causative, causal **uzročnik** n 1. cause 2. carrier; ~ *epidemije* carrier of an epidemic **uzrok** n cause, reason; *iz koga ~a?* for what reason? *bez ~a* without reason; *glavni* ~ the main cause **uzrokovati** v to cause

uzrujan a ruffled, upset, nervous **uzrujati** v to upset, ruffle; ~ *se* to get upset; *njega je uzrujala ta svađa* the quarrel upset him

uzurpacija n usurpation **uzurpator** n usurper **uzurpirati** v to usurp

uzverati se see **verati se**

uzvičan a exclamatory; ~*čna rečenica* exclamatory sentence **uzvičnik** n exclamation mark

uzvik n shout, exlamation **uzviknuti** v to shout

uzvisiti v to elevate, raise **uzvišen** a elevated, sublime, exalted; ~ *stil* elevated style **uzvišenje, uzvišica** n elevation, hill

uzvitlati v to stir up, raise

uzvodni a (going) upstream; *ploviti ~o* to sail upstream

uzvratiti v 1. to return; to repay; ~ *pozdrav* to return a greeting (salute); ~ *posetu* to return a visit; **~ milo za drago* to give tit for tat 2. to reply, answer; *uzvratila mu je šamarom* she answered him with a slap

užas n horror, terror; *uhvatio ga je ~* he was horror-struck **užasan** a horrible, terrible; ~*sna nesreća* a terrible accident; ~ *prizor* a horrible sight **užasno** adv 1. see užasan; ~ *izgledaš* you look terrible 2. (colloq.) very, awfully; *sve je ~ skupo* everything is awfully expensiv **užasnuti** v 1. to horrify, shock 2. ~ *se nečega* to be horrified at smt.

uže *n* rope, cord; ~ *za veš* clothesline; *vezati* ~*tom* to tie up with a rope
užeći *v* 1. to light; ~ *sveću (vatru)* to light a candle (fire) 2. ~ *se* to go bad, become rancid; *puter se užegao* the butter is rancid
uži see uzak
užina *n* snack užinati *v* to eat a snack
užitak *n* (W) see uživanje
uživalac *n* one who uses, enjoys; ~ *penzije* pension holder; ~ *droga (narkotika)* drug addict uživanje *n* enjoyment, pleasure; use uživati *v* 1. to enjoy, enjoy oneself; ~ *u nečemu* to enjoy smt. 2. to enjoy, have, possess; ~ *prava (poštovanje)* to enjoy rights (respect); ~ *komfor* to enjoy comfort; *on uživa da komanduje* he enjoys ordering people around; ~ *droge* to take drugs
uživeti se, uživjeti se *v* to get accustomed; ~ *u svoju uflogu* to get accustomed to a role
užurban *a* hurried, hasty užurbati *v* 1. to hurry, speed up, rush 2. ~ *se* to rush
užuteti, užutjeti *v* to turn yellow
užutiti *v* to dye yellow

V

vab *n* lure, decoy, bait; birdcall **vabac** *n* 1.
bait, lure 2. decoy (artificial bird) **vabiti**
v to lure, attract (as by calling)
vadičep *n* corkscrew
vaditi, izvaditi *v* 1. to take out, draw,
remove; to extract; ~ *novac iz novčani-
ka* to take money out of a wallet; ~
ugalj (gvožđe) to extract coal (iron ore);
~ *zub* to pull a tooth; ~ *vodu iz bunara*
to draw water from a well; ~ *građu
(podatke) iz knjige* to extract material
(data) from a book; ~ *nož* to draw a
knife; ~ *novac iz banke* to withdraw
money from the bank; (math.) ~ *koren*
to extract a root 2. to buy, purchase; ~
kartu to buy a ticket
vaga *n* scale(s); *meriti na* ~*i* to weigh on a
scale **vagati, vagnuti** *v* to weigh; (fig.) ~
reči to weigh one's words; ~ *se* to get
weighed
vagina *n* vagina
vagon *n* 1. (railroad) car; freight car 2.
carload **vagon-restoran** *n* dining car
vajanje *n* sculpturing, sculpture **vajar** *n*
sculptor **vajarstvo** *n* sculpture, sculptu-
ring **vajati** *v* to sculpture, carve
vakcina *n* vaccine **vakcinacija** *n* vaccina-
tion **vakcinisati** *v* to vaccinate; ~ *protiv
velikih boginja* to vaccinate against
smallpox
vakuum *n* vacuum
val *n* wave (also fig.); ~ *bune* a wave of
protest
valcer *n* waltz
valobran *n* breakwater
valov *n* trough (for pigs)
valovit *a* 1. wavy 2. rolling; ~*a prerija
(zemlja)* rolling prairie (terrain)

valuta *n* currency; *jaka (tvrda)* ~ a strong
currency; *čvrsta* ~ a stable currency;
konvertibilna ~ convertible currency;
strana ~ foreign exchange **valutni** *a*
currency; ~*e rezerve* currency reserves
valjak *n* cylinder; roller; *(parni)* ~ steam-
roller
valjan *a* good, worthy
valjaonica *n* rolling mill **valjati** I *v* 1. to
roll; ~ *kovinu* to roll metal 2. ~ *se* to
roll; ~ *se po travi* to roll in the grass
valjati II *v* 1. to be good; to be in good
condition; to be useful, be usable; *pegla
ti još valja* your iron is still good; *ovaj
štof ne valja* this material is no good 2.
to be worth, be valuable; *imanje valja
nekoliko stotina hiljada* the estate is
worth several hundred thousand 3.
should; *ne valja psovati* one should not
swear; *valjalo je pitati nekoga* we
should have asked smb.
valjda *adv* 1. probably; one can assume; ~
je zaboravio he probably forgot 2. (with
neg.) one hopes; ~ *nisi zaboravio knjigu*
I hope that you haven't forgotten the
book
valjušak *n* dumpling
vampir *n* vampire
van 1. *adv* out; *izići* ~ to go out 2. *prep*
out of; without; ~ *zemlje* abroad; ~
sumnje without (a) doubt; *biti* ~ *sebe
od radosti* to be beside oneself with joy;
biti ~ *zakona* to be outlawed
vanblokovski *a* (pol.) non-aligned
vanbračan *a* illegitimate; ~ *sin* an illegiti-
mate son
vandal *n* vandal **vandalizam** *n* vandalism
vani *adv* (W) outside
vanila *n* vanilla

vanklasni a classless

vanredan a 1. extraordinary; excellent; ~ *film* an excellent film 2. ~*dni profesor* associate professor; ~*dni student* part-time student 3. extra; extraordinary; special; ~*dno izdanje* special edition; ~*dno stanje* state of emergency, martial law; *preduzeti* ~*dne mere* to take extraordinary measures

vansezonski a off-season; u ~*om periodu* during (in) the off-season

vanškolski a extracurricular; u ~*o vreme* while not in school

vantuza n (med.) ventouse, cupping glass

vanjski a (W) see **spoljni**

vanjština n (W) see **spoljašnjost**

vapaj n 1. cry (for help) 2. longing

vapnenac n (W) limestone **vapno** n (W) lime

varak n 1. tinsel 2. fool's gold

varalica n imposter, fake, swindler

varati, prevariti v 1. to cheat, deceive, swindle; ~ *mušteriju* to swindle a customer; *izgled često vara* appearances are often deceiving 2. ~ *se* to be mistaken; *varaš se!* you are mistaken!

varenje n 1. digestion 2. boiling

varicele n chicken pox, varicella

varijacija n variation **varijanta** n variant

varijete n night club; vaudeville

variole n smallpox, variola

varirati v to vary

variti v 1. **svariti** to digest 2. to boil, cook **varivo** n cooked vegetables

varjača n ladle

varka n 1. illusion; *optička* ~ optical illusion 2. trick, ruse **varljiv** a tricky, treacherous, deceitful

varnica n spark; ~*e lete* sparks fly

varoš n town, city; downtown; *ići u* ~ to go downtown (to town) **varošanin** n townsman

Varšava n Warsaw

varvarin n barbarian **varvarizam** n barbarism **varvarstvo** n barbarism; barbarity

vasiona n universe; space **vasionski** a space; ~ *brod* spaceship ~*a istraživanja* space research; ~*a stanica* space station; ~*o odelo* space suit

vaskularni a vascular

vaspitač n teacher; tutor **vaspitan** a polite; *dobro* ~ well-bred **vaspitanje** n upbringing **vaspitati** v to educate; to bring up, raise; ~ *se* to be brought up **vaspitni** a

educational; corrective; ~*a ustanova* house of correction

vaš I a your, yours (often cap. in letters)

vaš II n louse; *crna (bela)* ~ head (body) louse

vašar n 1. fair, market; *seoski (stočni)* ~ village (cattle) fair 2. disorder, chaos 3. shoving, crowd **vašariti** v to conduct business (at a fair)

vaška n louse **vašljiv** a lousy, infested with lice

vat n watt

vata n absorbent cotton

vaterpolo n water polo

vatra n 1. fire; *zapaliti (podstaći, ugasiti)* ~*u* to light (stir up extinguish) a fire; ~ *gori* the fire is burning; *peći na* ~*i* to cook over a fire; *logorska* ~ campfire; *kresati* ~*u* to strike fire; *igrati se* ~*om* to play with fire (also fig.); **između dve* ~*e* or **goreti na dve* ~*e* to be caught in the middle 2. (destructive) fire; *vatrogasci gase* ~*u* the firemen are putting out the fire; ~ *se širi* the fire is spreading 3. temperature, fever 4. gunfire, fire; ~ *iz haubica* howitzer fire; *puščana (artiljerijska, mitraljeska)* ~ rifle (artillery, machine-gun) fire; *otvoriti* ~*u* to open fire; *zaprečna* ~ barrage 5. passion, ardor, fire *

vatren a passionate, ardent; ~ *konj* a spirited horse

vatrogasac n fireman **vatrogasni** a fire; ~*a stanica (četa, kola)* fire station (company, engine)

vatromet n fireworks

vatrostalan a fireproof

vazal n vassal

vazduh n air; *svež (čist)* ~ fresh (clean) air; **zidati kule u* ~*u* to build castles in Spain **vazdušni** a air; ~*a puška* air rifle; a *kočnica* air brake; ~*a zaštita* air defense(s) ~*a lađa* airship, dirigible; ~*a linija* air line; ~ *saobraćaj* (transport) air transportation

vazduhoplov n aircraft **vazduhoplovac** n pilot; air-force member **vazduhoplovstvo** n 1. aeronautics 2. (mil.) air force 3. aviation 4. air traffic; air travel **vazduhoplovni** a air; ~*e snage* air force; ~*a kompanija* airline (company)

vazdušni see **vazduh**

vazelin n vaseline

vazna n vase

važan a important; *praviti se ~ (važnim)* to put on airs; *~žne stvari* important matters

važeći a in effect, valid, current; *~ propisi* current regulations **važiti** v 1. to be in effect; to be valid, be legal; *taj zakon još važi* that law is still in effect; *važi! OK!* 2. to pass for, be considered; *on važi za našeg najboljeg igrača* he is considered to be our best player 3. to apply; *to važi za njega* that applies to him **važnost** n importance

ve-ce n bathroom, toilet

večan, vječan a eternal, everlasting

veče, večer n 1. evening; *svako veče* every evening; *dobro veče* or *dobar večer* good evening; *ove večeri* this evening 2. (evening) get-together, party; *drugarsko ~* party; *zabavno (veselo) ~* party, entertainment **večernji** a evening; *~e odelo* dress suit; *~a haljina* evening dress; *~e izdanje* evening edition **večera** n supper, evening meal; *~ je u 8 sati* supper is at 8 P.M.; *pozvati na ~u* to invite for supper **večeras** adv this evening **večerašnji** a this evening's **večerati** v to have supper **večernjača** n evening star

večerom adv in the evening, every evening

večit, vječit a 1. eternal 2. constant, permanent **večnost, vječnost** n eternity

već I adv already; *~ se vratio* he is back already; *čeka te ~ pola sata* he has been waiting for you a half hour (already)

već II conj see **nego**

većati, vijećati v to confer, deliberate

veće, vijeće n 1. council; chamber; *izvršno ~* executive council 2. board of judges

veći see **veliki**

većina n majority

većinom adv mostly, mainly

vecnica, vijećnica n town hall; council hall **vecnik, vijećnik** n councillor; counselor

vedar a 1. clear; *~dro nebo* a clear sky; **kao grom iz ~dra* out of the blue 2. cheerful; serene; *~dro raspoloženje (lice)* a cheerful mood (face)

vedrina n 1. clarity 2. cheerfulness; serenity

vedriti se v to clear up; *vedri se* it is clearing up

vedro n pail, bucket

vegetacija n vegetation **vegetarijanac** n vegetarian

vejač, vijač n winnower **vejalica, vijalica** n winnowing machine **vejati, vijati** v 1.

ovejati, ovijati to winnow; *~ žito* to winnow grain 2. to fall heavily (of snow); *sneg veje* a heavy snow is falling **vejavica, vijavica** n snowstorm

vek n 1. century; time; *u prošlom ~u* during the last century 2. era, age, time; *~ atomske energije* the era of atomic energy; *srednji ~* the Middle Ages 3. life; *ljudski ~* (the length of) a human life

vekna n loaf (of bread, meat)

vekovni, vjekovni a lasting centuries, century-old

vektor n vector

vele- prefix large, great

velegrad n metropolis, large city

veleizdaja n high treason **veleizdajnik** n traitor (who commits high treason)

velemajstor n (chess) grand master

veleposed n large estate **veleposednik, veleposjednik** n owner of a large estate

velesajam n major fair, international fair

veličanstven a splendid, magnificent, marvelous; *~ pogled* a marvelous view **veličanstvo** n splendor, majesty

veličati v to extol, exalt, glorify

veličina n 1. size, dimensions; *~ stana (sobe, pošiljke, auta)* size of an apartment (room, package, car) 2. (math.) value

velikan n (fig.) great man, outstanding person

velikaš n lord, aristocrat

veliki a 1. large, big; *~ krevet (komad)* a large bed (piece); *~e šake (oči)* large hands (eyes); *~a dobit (budala, zabluda)* a big profit (fool, mistake); *~a kazaljka* big (minute) hand (on a clock) 2. too large, too big; *ove su ti cipele ~e* these shoes are too big for you 3. strong, intense, severe; (colloq.) awful; great; *~a hladnoća (vrućina, žeđ)* intense cold (heat, thirst) 4. great, outstanding; *~ pesnik (uspeh)* a great poet (success) 5. (as a noun) grown-up; *~ se odmaraju, a deca se igraju* the grown-ups are resting, and the children are playing 6. (rel.) *~ petak* Good Friday; *~ četvrtak* Maundy Thursday; *~ post* Lent 7. misc.; *~e boginje* smallpox; *~o slovo* capital letter; *~o vam hvala* thanks very much; *prodavati na ~o* to sell wholesale; *Jugoslavija je ~a 255,000 kvadratnih kilometara* the area of Yu-

goslavia is 255,000 square kilometers
veći *(comp)*
veliko- *prefix* large, great
velikodušan *a* generous **velikodušnost** *n* generosity
velikoprodaja *n* wholesale trade
velikosvetski, velikosvjetski *a* cosmopolitan; high-society high society
veljača *n* (W) February (see also **februar**)
vena *n* 1. vein, blood vessel 2. (bot.) nerve, vein 3. (geol.) vein, lode
venac, vijenac *n* 1. wreath; *lovorov* ∼ laurel wreath 2. curved street (often in street names; *Obilićev* ∼)
venčanica, vjenčanica *n* wedding gown **venčanje, vjenčanje** *n* wedding, marriage ceremony **venčati, vjenčati** *v* 1. to join in wedlock, marry; *venčao ih je sveštenik* a priest married them 2. to marry, take for one's spouse 3. ∼ *se* to get married
Venecuela *n* Venezuela
veneričan *a* venereal; ∼*čna bolest* venereal disease **venerologija** *n* venereology
ventil *n* valve; ∼ *sigurnosti* safety valve **ventilski** *a* valve; ∼ *zazor* valve clearance
ventilacija *n* ventilation **ventilator** *n* fan; ventilator **ventilirati** *v* to ventilate, air
ventrilokvist(a) *n* ventriloquist **ventrilokvizam** *n* ventriloquism
venuti, uvenuti *v* to fade, wither
veo *n* veil
veoma *adv* very, very much; *on peva* ∼ *lepo* he sings very nicely
vepar *n* boar; *divlji* ∼ wild boar
vera, vjera *n* 1. belief; faith, trust; *imati* ∼*u nekoga* to have faith in smb.; *primiti na* ∼*u* to accept on faith 2. religion, creed; denomination **verski, vjerski** *a* religious; ∼*a tolerancija (netrpeljivost)* religious tolerance (intolerance)
veran, vjeran *a* 1. true, exact; ∼ *prepis* a true copy 2. faithful, true, loyal; ∼ *prijatelj* a true friend; ∼ *sluga* a faithful servant
veranda *n* 1. veranda; porch 2. balcony
verati se, uzverati se *v* to climb; ∼ *uz stenu* to climb, spread (of a plant)
verbalan *a* verbal, oral
veren, vjeren *a* engaged **verenica, vjerenica** *n* fiancée **verenik, vjerenik** *n* fiancé
veresija *n* loan; *uzeti (dati) na* ∼*u* to take (give) on loan
veridba, vjeridba *n* engagement, betrothal

verifikovati *v* to verify
verige *n* chains, fetters
veriti, vjeriti *v* 1. to get engaged to; ∼ *devojku* to get engaged to a girl 2. ∼ *se* to get engaged; *verili su se* they got engaged
vermut *n* vermouth
vernik, vjernik *n* believer
vernost, vjernost *n* loyalty, fidelity
verodostojan, vjerodostojan *a* credible, trustworthy
veroispovest, vjeroispovijest *n* religion
veroloman, vjeroloman *a* treacherous **verolomstvo, vjerolomstvo** *n* treachery, disloyalty
verovanje, vjerovanje *n* belief; creed
verovatan, vjerovatan *a* probable, likely
verovati, vjerovati, poverovati, povjerovati *v* to believe; *ona mi ne veruje* she doesn't believe me; *verujem da će se on vratiti* I believe that he will return; **verovali ili ne* believe it or not; **on ne veruje svojim očima (ušima)* he can't believe his eyes (ears)
verovatnost, vjerovatnost *n* probability
versifikacija *n* versification **versifikovati** *v* to versify
verski see **vera**
vertikala *n* vertical **vertikalan** *a* vertical
verzija *n* version
verziran *a* versed, experienced
veseliti *v* 1. **razveseliti** to cheer (smb.) up 2. ∼ *se* to celebrate; to have a good time; *veselili smo se do zore* our party lasted all night **veselost** *n* joy, happiness **veseljak** *n* merry fellow **veselje** *n* 1. joy 2. celebration; party *narodno* ∼ public celebration **veseo** *a* happy, merry; ∼*elo dete* a happy child; ∼ *osmeh* a happy smile
veslač *n* oarsman, rower **veslanje** *n* rowing **veslati** *v* to row, paddle, scull **veslo** *n* oar, scull, paddle; *čamac na* ∼*a* rowboat
vesnik, vjesnik *n* herald, courier
vest, vijest *n* news; *radosna (žalosna)* ∼ happy (sad) news; *čuli ste* ∼*i* you have (just) heard the news (on the radio)
vestern *n* Western (film)
vesti *v* to embroider
vestibil *n* entrance hall, vestibule
veš *n* laundry, wash; *prati (sušiti, peglati)* ∼ to wash (dry, iron) the laundry; *mašina za pranje* ∼*a* washing machine 2. *beli* ∼ bed linen; *donji* ∼ underwear

vešala, vješala n gallows; *osuditi nekoga na ~ to* condemn smb. to the gallows
vešalica, vješalica n hanger; *obesiti (staviti) kaput na ~u* to hang a coat on a hanger vešanje, vješanje n hanging vešati, vješati, obesiti, objesiti n 1. to hang, suspend; ~ *kaput o kuku (na vešalicu)* to hang a coat on a hook (on a hanger) 2. to hang (put to death); ~ *čoveka* to hang a man; *on se obesio* he hanged himself
vešerka n laundress, washerwoman
vešt, vješt a skilled, adroit; ~ *u nečemu (za nešto)* skilled in smt.; *~e ruke* skilled hands; *~o uraditi (napisati)* to do (write) skillfully
veštac, vještac n (folk.) sorcerer
veštačiti, vještačiti v to give an expert opinion, testify (in court) as an expert
veštački, vještački a artificial; ~ *zubi* false teeth; *~a svila (noga)* artificial silk (leg)
veštak, vještak n expert; court expert
veštica, vještica n witch
veština, vještina n skill; ~ *u nečemu* skill in smt.
vetar, vjetar n wind; ~ *duva* the wind is blowing; *jak (hladan, severni, povoljan)* ~ a strong (cold, north, favorable) wind; *nalet ~tra* a gust of wind; *stišava se* ~ the wind is dying down
veteran n veteran; *ratni ~i* war veterans
veterina n veterinary medicine veterinar n veterinarian veterinarski a veterinary; ~ *fakultet* school of veterinary medicine
veto n veto; *staviti* ~ *na nešto* to veto smt.
vetrenjača, vjetrenjača n windmill; **borba s ~ama* tilting at windmills
vetrenjast, vjetrenjast a flighty
vetriti, vjetriti v to air
vetrobran, vjetrobran a windshield
vetrokaz, vjetrokaz n weather vane
vetropir, vjetropir n scatterbrain
vetrovit, vjetrovit a windswept
veverica, vjeverica n squirrel
vez n embroidery; embroidered object
veza n 1. cord, band, rope, fastening 2. connection, relation, link; *dovesti u ~u* to link, connect; *u ~i sa vašim dopisom* in connection with your letter; **nema ~e* so what, who cares; **govoriti bez ~e* to speak illogically; **on ima* ~ he has connections 3. connection (with a train, bus, airplane, etc.); *autobuska*

(avionska) ~ bus (airplane) connection; *izgubiti ~u* to miss a connection; *rđava telefonska* ~ a bad telephone connection; *prekinuli su mu ~u* they cut him off; *nije mogao dobiti ~u* he could not get through, he could not get a line 5. communications; *sredstva ~e* means of communications; *telefonske (telegrafske) ~e* telephone (telegraph) communications 6. (in *pl*) relations, ties; *uspostaviti kulturne ~e* to establish cultural relations; *rodbinske ~e* family ties 7. relationship, union; *bračna* ~ wedlock; *stara (prijateljska)* ~ an old (a friendly) relationship 8. contact, touch; *doći (staviti se, stupiti) u ~u s nekim* to get in touch with smb.; *uspostaviti ~u* to establish contact 9. bunch; ~ *rotkvica (mladog luka, celera)* a bunch of radishes (scallions, celery) vezan a tied; ~ *za postelju* bedridden; **~a vreća* bungler
vezati v to tie, connect, bind; ~ *pertle (čvor, mašnu)* to tie shoelaces (a knot, a necktie); ~ *konja za drvo* to tie a horse to a tree; ~ *u čvor* to tie into a knot; ~ *dva sela putem* to connect two villages by a road vezivo n (anat.) connective tissue veznik n (gram.) conjunction
vežba, vježba n 1. exercise, practice, drill, ~ *vazdušne uzbune* an air-raid drill 2. (in *pl*) (university) drill sessions, exercises, laboratory sessions 3. (mil.; in *pl*) maneuvers vežbanje, vježbanje n drill vežbati, vježbati, izvežbati, izvježbati v 1. to practice, drill; ~ *pesmu* to practice a song 2. to train, drill; ~ *vojnike* to drill soldiers
vi *pron* you *(pl* and polite *sgn)*
vibracija n vibration vibrirati v to vibrate
vic n joke; *pričati (praviti ~eve* to tell (play) jokes
vice- *prefix* vice-, rear-
viceadmiral n vice admiral
viceguverner n lieutenant governor
vicekonzul n vice consul
vičan a 1. skilled; experienced 2. accustomed
vid n 1. sight; *čulo ~a* sense of sight; *oštar* ~ keen sight 2. appearance, look(s); *spoljni* ~ external appearance 3. shape, form, aspect; *u raznim ~ovima* in various forms 4. (zool., bot.) subspecies, variety 5. (gram.) aspect 6. mɪsc.; *imaću vas u ~u* I'll keep you in mind; *izgubiti iz ~a* to disregard

vidan *a* 1. visible; obvious, noticeable 2. prominent, conspicuous

videlo, vidjelo *n* light; daylight

videti, vidjeti *v* to see; ~ *svojim očima* to see with one's own eyes; *ništa se ne vidi* nothing can be seen: *da vidimo!* let's have a look; **ne vidi se prst pred nosom* it's pitch dark; *vidi mu se da je stranac* you can see (tell) that he's a foreigner

vidik *n* 1. view, perspective 2. misc.; *biti na ~u* to be visible, to appear; *izići (izneti) na ~* to come (bring) to light

vidjelo see **videlo**

vidjeti see **videti**

vidljiv *a* visible **vidljivost** *n* visibility

vidovit *a* 1. clairvoyant 2. penetrating, discerning **vidovnjak** *n* clairvoyant, prophet

vidra *n* otter

vidski *a* aspectual

viđen *a* prominent, well-known

viđenje *n* seeing; *znati iz ~a* to know by sight (see also **do viđenja**)

vihor *n* whirlwind (also fig.)

vijač see **vejač**

vijadukt *n* viaduct

vijalica see **vejalica**

vijati see **vejati**

vijavica see **vejavica**

vijećati see **većati**

vijeće 1. see **veće** 2. (W) *Vijeće sigurnosti* Security Council (of the UN)

vijećnica see **većnica**

vijećnik see **većnik**

vijek see **vek**

vijenac see **venac**

vijest see **vest**

Vijetnam *n* Vietnam

vijoglava *n* (zool.) wryneck

vijuga *n* 1. bend, curve 2. convolution, whorl

vijugati se *v* to wind, twist. meander, curve; *reka se vijuga kroz dolinu* the river meanders through the valley **vijugav** *a* winding, twisting; *~a staza* a winding path

vika *n* shouting, screaming; **mnogo ~e ni oko šta* much ado about nothing

vikar *n* vicar

vikati, viknuti *v* 1. to shout, scream; ~ *na nekoga* to scream at smb.; ~ *nekome* to shout to smb. 2. to call (smb.)

vikend *n* weekend; *provesti ~* to spend a weekend **vikendica** *n* summer cottage, weekend cottage

vikler *n* curler

viknuti see **vikati**

viksa *n* polish; ~ *za cipele* shoe polish

vila I *n* fairy; nymph

vila II *n* house (single; usu. large; in a residential area)

vilast *a* forked, pronged

vile *n* pitchfork

vilica *n* jaw; *gornja (donja)* ~ upper (lower) jaw

viljuška *n* fork; *zvučna (akustična)* ~ tuning fork **viljuškar** *n* forklift

vime *n* udder

vinar *n* vintner **vinara** *n* wine store

vino *n* wine; *belo (desertno, crno, stono)* ~ white (sweet, red, table) wine; *uz čašu (pri čaši)* ~*a* over a glass of wine **vinober** *n* vintage **vinograd** *n* vineyard **vinogradar** *n* winegrower, viticulturist **vinogradarstvo** *n* wine growing, viticulture

vinovnik *n* culprit

vinuti se *v* to soar, to climb, mount

vinjak *n* 1. cognac 2. grape brandy

vinjeta *n* vignette

viola *n* viola

violentan *a* violent

violina *n* violin; *svirati ~u (na ~i)* to play the violin **violinist(a)** *n* violinist

violist(a) *n* violist

violončelist(a) *n* cellist **violončelo** *n* cello

vip *n* (colloq.) protection, pull (abbrev. of *veze i protekcija*)

vir *n* whirlpool

viraž *n* bank (by an airplane)

virilan *a* virile

viriti, virnuti *v* 1. to stick out, protrude 2. to peep, peer; ~ *u sobu* to peep into a room

virologija *n* virology

viršla *n* hot dog

virtuoz *n* virtuoso **virtuoznost** *n* virtuosity

virulencija *n* virulence **virulentan** *a* virulent

virus *n* virus

vis *n* 1. height, elevation 2. peak

visak *n* plumb line

viseći *a* hanging; ~ *most* suspension bridge

visibaba *n* (bot.) snowdrop

visina *n* 1. height, altitude, elevation; *u ~u* up, upwards; ~ *trougla* height of a triangle; *nadmorska* ~ height above sea level; *dobiti (izgubiti) ~u* to gain (lose) altitude (of an airplane) 2. sky, heaven;

u ~*ama* in the sky (skies) 3. (mus.) pitch
4. height, hill 5. extent, height; *zbog* ~*e*
cena because of high prices

visiti *v* 1. to hang, be suspended; *slika visi
o ekseru (na zidu)* the picture is hanging
on a nail (on the wall); ~*na vešalima* to
hang on the gallows 2. to hover; ~ *nad
nečim* to hover over smt. 3. to hang out,
loiter; ~ *u kafani* to hang out in a café

viski *n* whiskey

viskoza *n* viscose **viskozan** *a* viscous **vi-
skozitet** *n* viscosity

visočanstvo *n* (title) highness

visok *a* 1. high; ~*a cena* a high price; ~*a
voda (temperatura)* high water (tempe-
rature); ~ *položaj (glas, ton)* a high
position (voice, tone); ~*o društvo* high
society; ~*og kvaliteta* of high quality 2.
tall, high; ~ *čovek* a tall man; ~ *dva
metra* two meters tall; ~*a kuća (plani-
na)* a high building (mountain); ~*o drvo*
a tall tree 3. misc.; ~*a peć* blast fur-
nace; ~*o obrazovanje* higher education;
~*a škola* college, school (at the level of
a **fakultet**); ~*e ličnosti* dignitaries;
snežni pokrivač je ~ *jedan metar* the
snow is one meter deep **viši** *(comp)*

visokofrekventan *a* high-frequency

visokokvalifikovan *a* highly qualified,
highly skilled

visokoobrazovan *a* highly educated

visokoparan *a* pretentious; ~ *stil* preten-
tious style

visoravan *a* plateau

visost see **visočanstvo**

vispren *a* wise; shrewd, clever

visuljak *n* pendant

višak *n* surplus, excess; ~ *radne snage*
surplus of labor

više I *adv* 1. more; *nikad* ~ never again;
~ *voleti* to prefer; *on ima* ~ *nego ja* he
has more than I do; *što* ~ as much as
possible; *što* ~ *to bolje* the more the
better; *dva puta* ~ twice more; *ni* ~ *ni
manje* no more, no less; ~ *vredeti* to be
worth more 2. see **viši**; higher; *on je* ~
skočio he jumped higher 3. (math.) plus;
dva ~ *dva jest četiri* two plus two is
four 4. several; *to se deli na* ~ *delova*
that is divided into several parts

više II *prep* over, above; ~ *svega* above all

više- III *prefix* multi-, poly-, many,
several

višegodišnji *a* (bot.) perennial

višekatan *a* (W) multistory

višekratan *a* repeated

višekut *n* (W) polygon

više-manje *adv* more or less, mainly

višesložan *a* polysyllabic

višespratan *a* multistory **višespratnica** *n*
multistory building

višeugao, višeugaonik *n* polygon

višeznačan *a* polysemantic; ambiguous

viši see **visok**

višnja *n* sour cherry **višnjevača** *n* (sour)
cherry brandy

vitak *a* 1. slim, slender 2. flexible; supple

vitalan *a* 1. tough, sturdy 2. vital, essential
vitalnost *n* vitality

vitamin *n* vitamin

vitao *n* winch

viteštvo *n* knighthood; chivalry **vitez** *n*
knight

viti *v* 1. to twine, braid 2. to twist, wind,
bend 3. ~ *se* to twist, wind 4. ~ *se* to
hover, hang, flutter; *iznad puta se vije
oblak prašine* a cloud of dust hangs over
the road

vitica *n* 1. lock, curl (of hair) 2. (bot.)
tendril

vitka *n* rod, switch

vitkost *n* 1. slimness 2. suppleness

vitlati *v* 1. to wave, swing; ~ *rukama* to
wave one's arms 2. to whirl, swirl; *vetar
vitla sneg* the wind swirls the snow

vitrina *n* glass showcase, vitrine

vivisecirati *v* to vivisect **vivisekcija** *n*
vivisection

viza *n* visa; *tražiti (dobiti, izdati)* ~*u* to
apply for (receive, issue) a visa; *ulazno-
izlazna* ~ entry-exit visa

Vizantija *n* Byzantium

vizavi 1. *adv* vis-á-vis, face-to-face 2. *prep*
across from, vis-á-vis; opposite

vizija *n* vision **vizionar** *n* visionary

vizir *n* visor (of a helmet) 2. sight (as on a
rifle) 3. viewfinder (on a camera)

vizitkarta *n* calling card, visiting card

vizuelan *a* visual

vje . . . see entries in **ve . . .**

vječan see **večan**

vječit see **večit**

vječnost see **večnost**

vjekovni see **vekovni**

vjenčanica see **venčanica**

vjenčanje see **venčanje**

vjenčati see **venčati**

vjera see **vera**

vjeran see **veran**

vjeren see **veren**

vjerenica see verenica
vjerenik see verenik
vjeridba see veridba
vjeriti see veriti
vjernik see vernik
vjernost see vernost
vjerodostojan see verodostojan
vjeroloman see veroloman
vjerolomstvo see verolomstvo
vjerovatan see verovatan
vjerovati see verovati
vjerovatnost see verovatnost
vjerski see vera
vjesnik see vesnik
vješala see vešala
vješalica see vešalica
vješanje see vešanje
vješati see vešati
vješt see vešt
vještac see veštac
vještačiti see veštačiti
vještački see veštački
vještak see veštak
vještica see veštica
vještina see veština
vjetar see vetar
vjetrenjača see vetrenjača
vjetrenjak see vetrenjak
vjetrenjast see vetrenjast
vjetriti see vetriti
vjetrobran see vetrobran
vjetrokaz see vetrokaz
vjetropir see vetropir
vjetrovit see vetrovit
vjeverica see veverica
vježba see vežba
vježbanje see vežbanje
vježbati see vežbati
vlada n 1. government; $\sim$ *je pala* the
government fell; *obrazovati* $\sim$u to form
a government 2. reign, rule; *za* $\sim$e
kralja Petra during King Peter's reign
vladanje n 1. rule, government 2. behav-
ior, conduct 3. mastery **vladar** n ruler
vladati v 1. to rule, govern, reign; $\sim$
zemljom (narodom) to rule a country (a
people); *svuda vlada mir* peace reigns
everyhwere 2. to be master of; *on dobro
vlada ruskim jezikom* he is very fluent
in Russian 3. $\sim$ *se* to behave **vladavina**
n reign, rule
vladika n (rel., Orth.) bishop
vlaga n moisture, dampness, humidity
vlak n (W) train
vlaknast n fibrous **vlakno** n fiber

vlas n (one) hair **vlasat** a hairy, shaggy
vlasnik n owner, proprietor **vlasništvo** n
property
vlast n 1. power; control; *pasti pod nečiju*
$\sim$ to fall into smb.'s power; *imati* $\sim$
nad nekim to have power over smb.;
opijen vlašću drunk with power; *žudnja
za vlašću* lust for power; *stupiti (doći)
na* $\sim$ to come to power 2. authority;
sudska (zakonodavna, izvršna) $\sim$ legal
(legislative, executive) authority; *prija-
viti (se)* $\sim$ima to report to the authori-
ties
vlastela n (coll.) landed gentry **vlastelin** n
lord, landowner
vlastit a own; *imati* $\sim$u *kuću* to have one's
own house
vlastoljublje n craving for power,
ambition
vlasulja n 1. wig 2. (bot.) bromegrass;
downy brome
vlažan a moist, damp **vlažiti, ovlažiti** v to
moisten, dampen
vo n ox
voćar n 1. fruit grower 2. fruit seller
voćarstvo n fruit growing **voće** n fruit;
zrelo (slatko, kiselo, sveže) $\sim$ ripe
(sweet, sour, fresh) fruit; *južno (tropsko)*
$\sim$ citrus fruit; **zabranjeno* $\sim$ forbidden
fruit **voćka** n fruit tree **voćni** a fruit; $\sim$
sok fruit juice **voćnjak** n orchard
vod n 1. (mil.) platoon 2. duct, pipe, tube;
line; *električni (podzemni)* $\sim$ electrical
(underground) duct
voda n water; *vruća (hladna, mlaka, slana,
slatka, stajaća)* $\sim$ hot (cold, lukewarm,
salt, fresh, stagnant) water; *tekuća (pi-
jaća, meka, tvrda)* $\sim$ running (drinking,
soft, hard) water; *otpadne* $\sim$e waste
waters; *mineralna (kisela)* $\sim$ mineral
water; *teritorijalne (međunarodne)* $\sim$e
territorial (international) waters; *čaša
za* $\sim$u water glass; *čamac pušta* $\sim$u the
boat leaks; **tiha* $\sim$ *breg roni (dere)* still
waters run deep; **curi (ide) mu* $\sim$ *na
usta* his mouth is watering; **loviti u
mutnoj* $\sim$i to fish in troubled waters;
*terati $\sim$u *na svoj mlin* grist to one's
mill; **kao kap* $\sim$e u *moru* a drop in the
bucket **vodeni** a water; $\sim$ *put* water-
way; $\sim$e *cevi* water pipes; $\sim$e *boje*
water colors; $\sim$ *sportovi* water sports
vodeći a leading; $\sim$a *uloga* a leading role
voden a watery
vodeni see voda

vodenica *n* water mill **vodeničar** *n* miller
vodič *n* 1. guide; *turistički* ~ tourist guide
2. guidebook; ~ *kroz Sarajevo* a guidebook to Sarajevo
vodik *n* (W) hydrogen
vodilja *n* (as an *a*) guiding; *misao* ~ guiding thought; *zvezda* ~ polestar; lodestar
voditelj *n* leader, director; ~ *emisije* master of ceremonies (on a radio program)
voditi *v* 1. to take, lead; ~ *dete u školu (kod lekara)* to take a child to school (to the doctor); ~ *pod ruku* to take by the arm; *vodič nas je vodio po muzejima* the guide took us through the museums 2. to lead, guide; to direct, manage; ~ *trupe (narod, grupu, kolo)* to lead troops (a people, a group, a kolo); ~ *preduzeće (finansije)* to manage a firm (finances); ~ *emisiju* to be in charge of a broadcast 3. to keep, maintain; ~ *dnevnik (knjige)* to keep a diary (books); ~ *kuću* to run a household; ~ *evidenciju o nečemu* to keep track of smt., keep a file on smt. 4. to conduct, pursue, be engaged in; ~ *istragu (pregovore, razgovore)* to conduct an investigation (negotiations, conversations); ~ *parnicu* to be engaged in a lawsuit; ~ *politiku* to carry out a policy (policies) 5. to lead; to go; *čemu sve to vodi?* where does that all lead to? *ovaj put vodi za Rumu* this road leads to Ruma: *alkoholizam vodi u propast* alcoholism leads to ruin; *vrata vode u hodnik* the door leads into the corridor 6. (sports) to lead, be in the lead; *oni vode s pet koševa* they are leading by five points (basketball) 7. misc.; *on vodi poreklo iz imućne porodice* he is descended from a wealthy family; ~ *brigu o nečemu* to take care of smt.; ~ *ljubav* to go steady; or: to be lovers; ~ *za nos* to deceive; ~ *zapisnik* to take minutes
vodnik *n* 1. (mil.) sergeant 2. platoon leader
vodnjikav *a* watery; diluted
vododelnica, vododijelnica *n* watershed, divide
vododerina *n* 1. ravine 2. torrent
vodomar *n* (zool.) kingfisher
vodomeđa *n* watershed, divide **vodomer, vodomjer** *n* 1. water gage 2. water meter
vodonik *n* hydrogen **vodonoša** *n* water carrier **vodopad** *n* waterfall **vodoravan**

a horizontal **vodoskok** *n* water fountain (jet of water) **vodovod** *n* plumbing
voda *n* leader, head; *narodne* ~*e* national leaders; ~ *grupe* leader of a group; (mil.) commander's ship (airplane) **vodstvo** *n* 1. leadership, management 2. (coll.) leaders 3. (sports) lead; *biti u* ~*u* to be in the lead
vojevati *v* 1. to wage war 2. to fight **vojni** *a* military; ~*a akademija* military academy; ~ *begunac* deserter; ~*e instalacije* military installations; ~ *izaslanik (ataše)* military attache; ~*a obaveza* compulsory military service; ~*e počasti* military honors; ~ *pohod* military campaign ~ *poziv* draft call; ~ *rok* military service; ~ *sud* military court; or: court-martial; ~*e vežbe* military maneuvers, war games **vojnik** *n* soldier; *prost* ~ a common soldier **vojnički** *a* military; ~*a disciplina (obuka, vlada)* military discipline (training, government); *na* ~ *način* in a military manner **vojno-pomorski** *a* naval; ~*a akademija* naval academy **vojska** *n* armed forces; army; *redovna* ~ regular army; *rod* ~*e* branch of service; *stupiti u* ~*u* to join the army **vojskovoda** *n* army commander, military leader
vojvoda *n* duke **vojvodina** *n* duchy **vojvotkinja** *n* duchess
vokacija *n* vocation
vokal *n* vowel **vokalan** *a* 1. vocalic 2. vocal; ~*lna muzika* vocal music
vokativ *n* vocative
vol see **vo**
volan *n* steering wheel; *biti (sedeti) za* ~*om* to be at the steering wheel
voleti, voljeti *v* 1. to love; ~ *ženu (brata, roditelje, život)* to love one's wife (one's brother, one's parents, life) 2. to like, love; *on voli kafu (pozorište)* he likes coffee (the theater); *ona voli da čita* she likes (loves) to read; *volimo da (or kad) nam dođu gosti* we like (love) to have guests; *ja više volim kafu nego čaj* I prefer coffee to tea; *voleo bih da te vidim* I would like to see you
volt *n* volt **voltaža** *n* voltage
voluminozan *a* voluminous
volja *n* 1. will; *jaka* ~ a strong will; *slobodna* ~ free will; *misija dobre* ~*e* a goodwill mission 2. mood, temper; *biti dobre* ~*e* to be in a good mood 3. misc.; (colloq.) *je l' po* ~*i jedna rakijica?*

would you like a brandy? *drage* ~*e* willingly, gladly; *preko* ~*e* unwillingly **voljan** *a* 1. willing, ready 2. voluntary
voljeti see **voleti**
voljka *n* crop (of a bird)
vosak *n* wax; *pečatni (crveni)* ~ sealing wax; *pčelinji* ~ beeswax; *ušni* ~ earwax **voskar** *n* candlemaker **voštan** *a* wax **voštanica** *n* wax candle **voštiti, uvoštiti** *v* to wax
voz *n* 1. train; *putnički (teretni, večernji, jutarnji, brzi)* ~ passenger (freight, evening, morning, express) train 2. wagon, cart; wagonload, cartload; ~ *sena* a wagonload of hay **vozač** *n* driver; ~ *tramvaja* streetcar motorman; ~*i (motornih vozila)* motorists; *on je dobar* ~ he is a good driver **vozački** *a* driver's; ~*a dozvola* driver's license **vozaći** *a* draft; ~ *konj* draft horse **vozar** *n* 1. teamster, drayman, carter; coachman 2. (common) carrier **vozarina** *n* freight (charges) **vozilo** *n* vehicle; *motorno* ~ motor vehicle **voziti** *v* 1. to drive, go; *on odlično vozi* he drives very well; ~ *velikom brzinom* to drive at a high speed; ~ *oprezno (polako, brzo)* to drive carefully (slow, fast) 2. to drive, ride; ~ *auto* to drive a car; ~ *bicikl* to ride a bicycle 3. to haul, drive, transport; ~*žito (nameštaj, drvo)* to haul grain (furniture, lumber); *ko vas vozi na posao?* who drives you to work? 4. ~ *se* to ride, be driven; ~ *se autom* to ride in a car; ~ *se jedrilicom* to sail on a yacht; ~ *se na rolšuama* to roller-skate **vozni** *a* transportation; ~ *park* motor pool; ~ *red* timetable **vožen je** *n* driving; ~ *po snegu (po ledu)* driving on snow (on ice) **vožnja** *n* driving, drive; ride; trip; *brza* ~ fast driving; *gradska* ~ city driving; ~ *po magli (po kiši, po jakom vetru)* driving in fog (in rain, in a strong wind); *red* ~*e* timetable
vrabac *n* sparrow; *bolje* ~ *u ruci nego golub na krovu* a bird in hand is worth two in the bush
vrač, vračar *n* 1. sorcerer, fortune-teller 2. faith healer **vračati** *v* 1. to practice sorcery 2. to cure (by magic)
vraćati see **vratiti**
vrag *n* 1. devil, satan; (fig.) trouble; *idi k* ~*u!* go to hell (to the devil)! *nije* ~ *tako crn* things are not as black as they are painted

vragolan *n* restless person; mischievous child **vragolast** *a* mischievous, prankish **vragolija** *n* prank
vrana *n* crow
vranac *n* black horse
vranj *n* bunghole (of a barrel)
vraški *a* devilish
vrat *n* neck; *baciti se nekome oko* ~*a* to embrace smb.; *zakrenuti (zavrnuti) nekome* ~*om* to break smb.'s neck, ruin smb.
vrata *n* 1. door; *glavna (sporedna, zadnja)* ~ main (side, back) door; *kucati na* ~ to knock on the door; *zalupiti nekome* ~ *u lice* to slam a door in smb.'s face 2. (sports) goal; *na* ~*ima je Popović* the goalie is Popović **vratar** *n* 1. doorman, doorkeeper 2. goalkeeper
vratič *n* (bot.) tansy
vratilo *n* 1. (weaving) beam 2. (gymnastics) horizontal bar 3. (tech.) shaft; *bregasto* ~ camshaft; *kolenasto* ~ crankshaft
vratiti *v* 1. to return, give back; to bring back; to turn back; ~ *knjigu u biblioteku* to return a book to the library; ~ *nešto na mesto* to return smt. to its place; ~ *dug (zajam) nekome* to pay back a debt (a loan) to smb.; ~ *k svesti* to revive; *vratio sam mu ravnom merom* I paid him back in full measure 2. ~ *se* to come back, return; ~ *se k sebi* to revive; ~ *se kući (s puta)* to return home (from a trip)
vratni *a* neck; ~*a žila* jugular vein
vratolom *n* daredevil **vratoloman** *a* foolhardy, reckless **vratolomija** *n* rash, reckless act; imprudence
vrba *n* willow; *žalosna* ~ weeping willow
vrbovati, zavrbovati *v* to recruit; ~ *dobrovoljce* to recruit volunteers **vrbovka** *n* recruitment **vrbovnik** *n* recruiter
vrcati *v* 1. to spurt, gush; *vrcaju varnice* sparks fly 2. to twinkle, sparkle
vrckati (se) *v* to fidget, wiggle
vrč *n* (earthen) jug
vrčati *v* 1. to hiss (of a cat) 2. to growl (of a dog)
vrći, ovrći *v* to thresh
vrdati, vrdnuti *v* 1. to stagger, zigzag 2. to hedge, equivocate, beat around the bush
vrebati *v* to lie in wait for, watch for, lie in ambush for

vreća *n* bag, sack; ~ *za spavanje* sleeping bag; **kupiti mačku u ~i* to buy a pig in a poke; **vezana ~ sad* sack, misfit

vredan, vrijedan *a* 1. diligent, industrious; ~ *student* a diligent student 2. valuable; ~ *poklon* a valuable gift 3. worthy; ~ *hvale* praiseworthy **vredeti, vrijediti** *v* 1. to be worth; *koliko vredi ta kuća?* how much is that house worth? 2. to be worthwhile; *ne vredi!* it's not worth it! 3. to be valid, be in effect **vrednost, vrijednost** *n* 1. value, worth; *biti od ~i* to be valuable 2. validity 3. (math.) value 4. (in *pl*) securities **vredostan, vrijedostan** *a* valuable

vređati, vrijeđati, uvrediti, uvrijediti *v* to offend, insult

vrelina *n* heat

vrelo *n* fountainhead, spring

vreme, vrijeme *n* 1. time; epoch, season; ~ *prolazi* time passes; *u poslednje ~* recently; *s ~enom* in time, gradually; *pre ~ena* prematurely; *u svoje ~* at the proper time; or: at one time; **sve u svoje ~* there is a time for everything; *dobiti u ~enu* to gain time; *imaš li ~ena?* do you have time? *krajnje je ~* it's high time; ~ *je da pođemo* it's time to go; *ići u korak s ~enom* to keep abreast of the times; *stići na ~* to arrive on time; **u duhu ~ena* in the spirit of the times; ~ *će pokazati* time will tell; *godišnje ~* season; (sports) *mrtvo ~* time-out; *strašna (teška) ~ena* terrible (difficult) times; *radno ~* working hours; *od prastarih ~ena* from ancient times; *u isto ~* at the same time 2. *za ~, u ~* (used as *prep*); *za ~ rata* during the war 3. weather; *lepo (toplo, hladno, kišovito) ~* nice (warm, cold, rainy) weather 4. (gram.) tense; *sadašnje (prošlo, buduće) ~* present (past, future) tense

vrenje *n* 1. boiling 2. fermentation (also fig.) **vreo**, *a* boiling, very hot

vres, vrijes *n* heath; heather

vreteno *n* spindle

vreti *v* 1. to boil, seethe; *voda vri* the water is boiling; (fig.) *vri mu krv* his blood is boiling; ~ *od besa* to seethe with anger 2. to ferment; *vino vri* the wine is fermenting

vreva *n* throng, crush; tumult; jostling

vrh *n* 1. top, summit, peak; ~ *planine* peak of a mountain; ~ *drveta* crown of a tree; (pol.) *sastanak na ~u* summit meeting 2. head, front; ~ *kolone (povorke)* head of a column (procession) 3. tip, point; ~ *olovke (noža)* tip of a pencil (knife); *na ~u mi je jezika* it's on the tip of my tongue; *~ovi prstiju* fingertips; *ići na ~ovima prstiju* to tiptoe 4. (in *pl*) leaders, ruling circles

vrhnje *n* cream; *kiselo ~* sour cream

vrhovni *a* supreme; ~ *sud* supreme court

vrhunac *n* top, height, culmination; *dostići ~* to reach the top **vrhunski** *a* first--class, topflight

vrijedan see **vredan**

vrijediti see **vrediti**

vrijednost see **vrednost**

vrijedostan see **vredostan**

vrijeđati see **vređati**

vrijeme see **vreme**

vrijes see **vres**

vrisak *n* shriek, scream **vriska** *n* shrieking, screaming **vriskati** *v* to shriek, scream

vrištati *v* to scream

vrlet *n* crag **vrletan** *a* craggy, rugged

vrlina *n* virtue

vrlo *adv* very; ~ *lepo (mnogo, dobro)* very nice (much, good)

vrpca *n* 1. band, bow, ribbon 2. string, cord; line; *gusenična ~* caterpillar tread; *pupčana ~* umbilical cord 3. tape (for recording)

vrpoljiti se *v* to fidget

vrskati *v* to lisp **vrskav** *a* lisping

vrsta *n* 1. kind, sort, type, category, class; *iste ~e* of the same kind; *svake ~e* of every kind 2. (mil.) rank; *postrojiti se u ~u* to form a rank 3. (biol.) species

vršaći *a* threshing; ~*a mašina* threshing machine **vršalica** *n* threshing machine

vršenje *n* performance

vršidba *n* threshing; threshing season

vršilac I *n* doer, performer, executor; ~ *dužnosti direktora* acting director

vršilac II *n* thresher

vršiti *v* to do, perform; ~ *pritisak na nekoga* to exert pressure on smb.; ~ *dužnost direktora* to serve as acting director

vršnjak *n* person of the same age

vrt *n* 1. garden; *botanički ~* botanical garden 2. *zoološki ~* zoo **vrtar** *n* gardener **vrtariti** *v* to work in a garden, do gardening **vrtarstvo** *n* gardening, horticulture

vrteška *n* merry-go-round

vrteti, vrtjeti v 1. to turn 2. to drill 3. to shake; ~ glavom (na nešto) to shake one's head (over smt.) 4. ~ se to fidget, squirm; vrti se kao čigra he keeps fidgeting 5. ~ se to spin; vrti mi se u glavi I am dizzy; *vrti mi se mozak my head is spinning

vrtić n (dečiji) ~ children's nursery

vrtjeti see vrteti

vrtlog n whirlpool, maelstrom vrtložan a whirling

vrtoglav a dizzying, vertiginous; ~a visina (brzina) dizzying height (speed) vrtoglavica n dizziness, giddiness; mene hvata ~ I am getting dizzy

vruć a hot, very warm vrućina n heat; ~ mi je I'm hot

vrveti, vrvjeti v to swarm, teem; svet vrvi po ulicama the people swarm through the streets; plaža vrvi od kupača the beach is teeming with bathers

vucara n loafer, tramp vucarati se v to roam, wander

vucibatina n 1. loafer, tramp 2. good-for--nothing

vuča n pull, traction, draft

vučjak n German shepherd dog

vući v 1. to pull; to drag; to tow; vuci! pull! (sign on a door); ~ po zemlji to drag along the ground; ~ noge to drag one's feet 2. to draw; to collect; to extract; ~ interes (rentu) to draw interest (income); ~ korist (iz nečega) to derive benefit (from smt.); ~ žreb (kocku) to draw lots; ~ uporedbu (paralelu) to draw a comparison (parallel) 3. to attract; to draw; nešto ga je vuklo k njoj smt. attracted him to her 4. to draw; ovaj dimnjak dobro vuče this chimney draws well 5. ~ se to drag; to drag oneself; haljina joj se vuče (po zemlji) her dress is dragging (along the ground)

vuk n wolf; *morski ~ an old sea dog

vukodlak n vampire

vulgaran a vulgar vulgarizovati v to vulgarize

vulkan n volcano; ugašeni or mrtvi (živi) ~ extinct (live) volcano vulkanski a volcanic; ~a erupcija volcanic eruption; ~a stena volcanic rock

vulkanizacija n vulcanization; tire repairing vulkanizer n vulcanizer; tire-repair specialist

vuna n wool vunen a woolen; ~a roba woolens; ~ pređa (tkanina) wollen yarn (fabric); ~a industrija wool industry

Z

za I *prep* 1. behind; *sakrio se ~ vrata* he hid behind the door 2. behind, in back of, at; *~ mnom* behind me; *sedeti ~ stolom* to sit at the table; *sedeti ~ volanom* to be at the wheel (of a car) 3. for; *ići ~ hleb* to go for bread; *suditi ~ ubistvo* to try for murder; *zadatak ~ sredu* the assignment for Wednesday; *~ prodaju* for sale; *kupiti ~ majku* to buy for mother; *glasati ~ nekoga* to vote for smb. 4. made for, intended for; *lek ~ kašalj* cough medicine; *šolja ~ čaj* teacup 5. to, towards; *drum ~ Beograd* the road to Belgrade 6. in (in time expressions); *dođite ~ dan-dva* come in a day or two; *pročitati ~ mesec dana* to read in a month 7. by; *vući ~ uši (kosu)* to pull by the ears (hair); *uzeti ~ ruku* to take by the hand 8. by (in measurements); *on je ~ glavu viši od tebe* he is taller than you by a head; or; he is a head taller than you 9. (with verbs denoting 'naming', 'appointing', 'declaring', 'considering'); *postaviti nekoga ~ predsednika (profesora)* to appoint smb. president (profesor) 10. after; *jedan ~ drugim* one after the other; *ponovite ~ mnom* repeat after me 11. for; *žeđ ~ osvetom* thirst for revenge; *čeznuti ~ domovinom* to be homesick 12. misc.; *~ i protiv* pro and con; *ugristi se ~ jezik* to bite one's tongue; *uzeti ~ ženu* to take as a wife; *on se interesuje ~ sve* he is interested in everything; *znati ~ nešto* to know about smt.; *brinuti se ~ nešto* to be concerned about smt.

za- II (verbal prefix that can denote) 1. (beginning) — **zapevati** I 2. (covering up) — **zasuti** 3. (error) — **zabrojiti se** 4. (intensity leading to forgetfulness) — **začitati se** 5. (movement to the rear) — **zaći** 1

zabaciti *v* 1. to throw back; *~ glavu* to throw back one's head 2. to put away (carelessly)

zabačen *a* isolated, remote; *~o mesto* an isolated spot

zabadava see **badava**

zabarikadirati see **barikadirati**

zabasati *v* to lose one's way

zabašuriti *v* to cover up, hush up

zabat *n* gable

zabava *n* 1. fun, amusement 2. party; *prirediti ~u* to give a party **zabavan** *a* amusing, entertaining

zabavište *n* kindergarten, nursery school; *pohađati (ići u) ~* to attend kindergarten

zabaviti, zabavljati *v* 1. to entertain, amuse 2. *zabavljati se s nekim* to go steady with smb., go out with smb. **zabavljač** *n* entertainer **zabavnik** *n* pictorial magazine

zabeleška, zabilješka *n* note

zabeležiti see **beležiti**

zabezeknuti *v* to be astonished

zabiberiti see **biberiti**

zabilješka see **zabeleška**

zabilježiti see **beležiti**

zabiti *v* 1. to pound in, drive in, hammer in; *~ kolac u zemlju* to pound a stake into the ground; *~ ekser* to hammer a nail in; *~ nož u leđa* to stab in the back; (sports) *~ gol* to score a goal 2. to send off, expel (to an isolated spot) 3. *~ se* to isolate oneself

zablatiti *v* to make muddy

zablejati *v* to begin to bleat

zablenuti se v to (begin to) gape, stare
zableštiti, zablijeŝtiti v to dazzle, blind
zablistati (se) v to (begin to) glisten
zabluda n mistake, error; *biti u ~i* to be
mistaken **zabludeti, zabludjeti** v to lose
one's way
zaboleti, zaboljeti v to (begin to) hurt
zaborav n oblivion; *potonuti (preći, pasti)
u ~* to sink into oblivion **zaboravan** a
forgetful **zaboraviti, zaboravljati** v 1. to
forget; ~ *kišobran* to forget (leave)
one's umbrella; *zaboravio je da ponese
olovku* he forgot to take a pencil 2. to
forget, abandon; neglect
zabosti v to stick, drive; ~ *iglu u jastuče*
to stick a needle into a cushion; ~ *kolac
u zemlju* to drive a stake into the earth;
zabo mu se trn u nogu he has a thorn in
his foot
zabran n 1. preserve 2. enclosed field
zabrana n prohibition; ban; *staviti ~u na
nešto* to place a ban on smt. **zabraniti** v
to ban, prohibit
zabraviti v to lock
zabrbljati v 1. to begin to chatter 2. ~ *se*
to get carried away (while) chattering
zabrinut a worried **zabrinuti** v to worry,
upset, disturb
zabrujati v to begin to hum, begin to sizzle
zabuna n 1. confusion; *uneti (napraviti)
~u* to cause confusion; *nastala je ~*
confusion arose 2. embarrassment; *do-
vesti u ~u* to embarrass **zabuniti** v 1. to
confuse 2. ~ *se* to get confused
zabušant n shirker; (colloq.) goldbricker
zabušiti, zabušavati v 1. to avoid, shirk,
get out of 2. to cheat
zaceliti, zacijeliti v to heal, treat, cure
zaceniti, zacijeniti v to overprice
zacijeliti see **zaceliti**
zacijeniti see **zaceniti**
zacrneti se, zacrnjeti se v to turn black
zacrniti v to blacken
zacrveneti se, zacrvenjeti se v to turn red
zacvokotati v to begin to shiver
začarati see **čarati** 2
začas adv in a minute, right away
začeće n conception; *bezgrešno ~* immac-
ulate conception
začelje n 1. place of honor (at a table),
head of the table 2. (mil.) rear (of a
column)
začepiti v to stop up, plug; to cork; to
block; ~ *flašu* to cork a bottle
začešljati v to comb

začetak n beginning, inception; *sprečiti u
~tku* to nip in the bud **začeti** v 1. to
begin 2. to conceive, become pregnan
začetnik v originator, creator
začin n spice, seasoning; dressing; ~ *za
salatu* salad dressing **začiniti** v to sea-
son, spice, flavor (also fig.); ~ *jelo* to
season food
začitati se v to get carried away (while)
reading
začkoljica n 1. trivial criticism, trivial
pretext 2. snag, difficulty
začuditi v 1. to amaze, astonish 2. ~ *se* to
be amazed
začuti see **čuti**
zaći, zalaziti v 1. to go behind; ~ *za ugao*
to go around the corner 2. to set; *sunce
je zašlo* the sun has set 3. to penetrate;
~ *dublje u šumu* to go deeper into a
forest; ~ *u godine* to get along in years
4. to drop into, enter
zadaća n (W) task; assignment
zadaćnica n (W) assignment book
zadah n stench, bad smell; ~ *iz usta* bad
breath
zadahnuti v to instill; to inspire
zadatak n task, assignment; mission; *te-
žak (lak) ~* a difficult (easy) task;
domaći (školski) ~ homework (school-
work); *pismeni domaći ~* written (home-
work) assignment; ~ *iz matematike*
math assignment **zadati** v 1. to give; to
assign; ~ *zadatak* to assign homework
(a problem) 2. to deliver; ~ *smrtni
udarac* to deliver the coup de grace 3. to
cause; ~ *bol (muke, brigu)* to cause
pain (trouble, worry)
zadenuti, zadjenuti v to stick; ~ *iglu u
jastuče* to stick a needle into a cushion
zadesiti v to befall; *zadesila ga je nesreća*
he met with an accident
zadihan a panting, breathless **zadihati se** v
to become winded
zadimiti v 1. to fill with smoke; ~ *sobu* to
fill a room with smoke; ~ *se* to become
filled with smoke 2. to begin to emit
smoke
zadirkivati v to tease
zadiviti v 1. to amaze 2. ~ *se* to be
amazed; *ona se zadivila mome napretku*
she was amazed at my progress
zadjenuti see **zadenuti**
zadnji a 1. back, rear; ~*a vrata* rear door;
~*e sedište* back seat 2. last, latest; *u
~em redu* in the last row 3. hidden,

ulterior; *imati ~u nameru* to have an ulterior motive **zadnjica** *n* rear, behind

zadobiti *v* 1. to obtain, get; ~ *ranu* to get wounded 2. to win (over), gain; ~ *nečije poverenje* to gain smb.'s trust

zadocniti *v* to be late; *voz je zadocnio pola sata* the train was a half hour late

zadojiti *v* 1. see **dojiti** 2. (fig.) to imbue, inspire

zadovoljan *a* satisfied, content; *biti ~ (s) nečim* to be satisfied with smt. **zadovoljen** *a* satisfied **zadovoljenje** *n* satisfaction **zadovoljiti** *v* to satisfy; to fulfill; ~ *potrebu* to satisfy a need; ~ *očekivanja* to live up to expectations; ~ *uslove* to satisfy requirements **zadovoljstvo** *n* satisfaction; pleasure

zadrečati *v* to begin to shout

zadremati, zadrijemati *v* to doze off, fall asleep

zadreti, zadrijeti *v* 1. to cut (off); to cut into 2. to encroach; to enter

zadrhtati *v* to (begin to) shake

zadrigao *a* thickset, heavyset; pudgy

zadrijemati see **zadremati**

zadrijeti see **zadreti**

zadrška *n* delay

zadrt *a* obsessed; stubborn; ~ *za nešto* obsessed with smt.

zadruga *n* cooperative, collective; *potrošačka (radna, seljačka)* ~ consumers' (workers', peasants') cooperative; *zemljoradnička* ~ collective farm **zadrugar** *n* member of a cooperative

zadržati *v* 1. to keep, retain; to withhold; *on je zadržao kusur* he kept the change; ~ *šešir na glavi* to keep a hat on; ~ *mesto* to reserve (keep) a seat 2. to preserve, maintain; ~ *običaj* to preserve a custom 3. to stop, hold (up); to detain; ~ *voz (saobraćaj, kola)* to hold up a train (traffic, a car) 4. ~ *se* to be detained; *on se zadržao* he was detained 5. ~ *se* to stop; to stay; to spend time

zadubiti se *v* to become engrossed, become absorbed

zaduhati se see **zaduvati se**

zadušiti *v* to choke

zaduvati se *v* to become winded

zadužbina *n* (charitable) foundation; endowment

zaduženje *n* obligation, responsibility **zadužiti** *v* 1. to encumber, mortgage 2. to obligate

zafrkavati *v* to tease, taunt

zagaditi *v* to pollute **zagađen** *a* polluted **zagađenost** *n* pollution; ~ *vazduha* air pollution **zagađenje** *n* pollution

zagakati *v* to begin to cackle

zagalamiti *v* to begin to shout

zagatiti *v* to dam

zagaziti *v* to get into; ~ *u dugove* to get into debt

zagladiti see **gladiti** 2

zaglaviti *v* 1. to wedge, jam 2. ~ *se* to get stuck, get jammed; *zaglavila mu se kost u grlu* a bone got stuck in his throat; ~ *se u blatu* to get stuck in (the) mud **zaglavlje** *n* 1. title 2. chapter

zagledati *v* 1. to catch sight of 2. to examine, inspect 3. ~ *se* to fall in love

zaglibiti *v* 1. to get stuck; ~ *kola u blato* to get a car stuck in the mud 2. ~ *se* to get stuck; ~ *se u močvari* to get stuck in a swamp

zagluhnuti *v* 1. to deafen 2. to become deaf; *od eksplozije su mi zagluhnule uši* I was deafened by the explosion

zaglupeti, zaglupjeti *v* to lose one's senses, become stupid

zaglušan *a* deafening; ~*šna buka* deafening noise **zaglušiti** *v* 1. to deafen 2. to drown out 3. to muffle, deaden

zagnojiti *v* 1. to fertilize 2. ~ *se* to get inflamed

zagnjuriti *v* to stick into, put into; to immerse, submerge; ~ *nešto u vodu* to immerse smt. in water

zagolicati *v* to (begin to) tickle

zagonetan *a* puzzling, enigmatic; mysterious **zagonetka** *n* riddle, puzzle, enigma, mystery

zagorčati *v* to make bitter

zagoreti, zagorjeti *v* to burn, get burned (of food)

zagovor *n* (W) recommendation, plea **zagovoriti** *v* (W) 1. to put in a good word for, recommend, plead for 2. ~ *se* to get carried away (while) talking

zagrabiti *v* to scoop up; to grab up

zagrada *n* parentheses; brackets; *obla (uglasta)* ~ round (square) brackets **zagraditi** *v* 1. to fence in, enclose 2. to put into parentheses (brackets)

zagraktati *v* to (begin to) croak

Zagreb *n* Zagreb

zagrejati, zagrijati *v* 1. to warm up; ~ *supu (sobu, ručak)* to warm up soup (a room, dinner); ~ *hladan motor* to warm up a cold engine 2. ~ *se* to get warm;

(fig.) *društvo se zagrejalo* the crowd warmed up

zagristi *v* to bite, bite into; (also fig.) ~ *udicu* to snap at bait

zagrižen *a* fanatical; ~ *pristalica (navijač)* a fanatical follower (rooter)

zagrižljiv *a* sarcastic, bitter

zagrliti see **grliti**

zagrljaj *n* embrace

zagrmeti, zagrmjeti *v* 1. to (begin to) thunder 2. to (begin to) roar

zagrnuti *v* 1. to cover (partially); ~ *ćebetom* to throw a blanket over; ~ *zemljom* to cover with earth

zagroktati *v* to grunt

zagubiti *v* to misplace; ~ *se* to be misplaced; to get lost

zaguliti *v* to strip, peel; ~ *koru* to strip bark

zagustiti *v* 1. to make thicker, thicken 2. *zagustilo je* the situation has become critical

zagušiti *v* 1. to choke, strangle 2. to block **zagušljiv** *a* suffocating, stuffy

zahladiti *v* to become cold (of the weather) **zahlađenje** *n* (becoming) cold; *nastupilo je* ~ a cold spell has set in

zahod *n* 1. sunset 2. toilet

zahrkati *v* to begin to snore

zahtev, zahtjev *n* 1. demand; claim 2. requirement **zahtevati, zahtijevati** *v* 1. to demand, claim; to require; ~ *pravo glasa* to demand (claim) the right to vote 2. to expect, demand; *oni suviše zahtevaju od tog deteta* they expect (demand) too much from that child 3. (gram.) to take, govern; *ovaj glagol zahteva akuzativ* this verb takes the accusative

zahučati *v* to start roaring

zahvalan *a* 1. thankful, grateful; *on vam je* ~ *za sve* he is grateful to you for everything 2. worthy, worthwhile; ~ *posao* a worthwhile project

zahvaliti (se) *v* to thank; *ona mu je (se) zahvalila za poklon (na poklonu)* she thanked him for the present **zahvalnica** *n* letter of thanks **zahvalnost** *n* gratitude

zahvat *n* 1. grip, grasp 2. (fig.) penetration, entrance 3. action, move; *hirurški* ~ (surgical) operation **zahvatiti** *v* 1. to seize, grab, take hold of 2. (fig.) to seize; *zahvatila ih je panika* they were panic-stricken 3. to reach, touch; to spread over

zaigrati *v* 1. to begin to dance; *srce mu je zaigralo od radosti* his heart leaped with joy 2. ~ *se* to get carried away (while) playing

zainatiti se *v* to become obstinate

zainteresovati *v* 1. to interest; ~ *nekoga za nešto* to interest smb. in smt. 2. ~ *se za nešto* to become interested in smt.

zaista *adv* really

zajam *n* loan

zajapuren *a* flushed

zajaukati *v* to (begin to) scream

zajaziti *v* to dam (up); ~ *potok* to dam (up) a stream

zajecati *v* to begin to sob

zajedati see **zajesti**

zajedljiv *a* sarcastic, biting; ~*a fraza* a sarcastic phrase

zajednica *n* community; society; association; *prvobitna* ~ primitive society; *bračna* ~ marriage; ~ *doma i škole* parent-teacher association **zajednički** I *a* common, joint; mutual; ~*a crta (osobina)* a common trait; ~ *prijatelj* a mutual friend; ~ *napori* joint efforts; **naći* ~ *jezik* to find a common language; (gram.) ~*a imenica* a commor noun; (math.) ~ *imenilac* common denominator **zajednički** II *adv* together; *svi* ~ everyone together

zajedriti *v* to begin to sail

zajemčiti see **jemčiti**

zajedati *v* to be sarcastic; *on ume da zajeda* he can be sarcastic

zajmodavac *n* creditor, lender

zajutrak *n* (W) breakfast

zakačaljka *n* 1. hook 2. clothespin

zakačiti *v* 1. to hook, catch on a hook 2. to graze, brush against 3. to pin, fasten 4. ~ *se* to hang on, catch (onto), hook on

zakakotati *v* to (begin to) cackle

zakamuflirati see **kamuflirati**

zakapati *v* to begin to drip

zakasniti *v* to be late; ~ *na (za) predavanje* to be late for a lecture

zakašljati se *v* to cough, clear one's throat

zakašnjenje *n* tardiness, delay

zakazati *v* to schedule, call; ~ *sastanak (konferenciju)* to schedule a meeting (conference); ~ *sastanak sa devojkom* to make a date with a girl

zakerati *v* to find fault, carp

zakipeti, zakipjeti *v* to begin to boil

zakiseliti see **kiseliti**
zakititi v to adorn
zakivak n rivet
zaklanjati see **zakloniti**
zaklapati see **zaklopiti**
zaklati see **klati**
zaklet a 1. see **zakleti**; ~i neprijatelj sworn enemy 2. bewitched, cursed **zakleti** v 1. to swear (in); to administer an oath to; ~ svedoke to swear in witnesses 2. ~ se to swear, take an oath; krivo se ~ to take a false oath; ~ se čašću to swear on one's honor **zakletva** n oath; položiti (prekršiti) ~u to take (violate) an oath; kriva ~ perjury
zaklokotati v to (begin to) gurgle
zaklon n 1. shelter; stati u neki ~ to find shelter 2. (fig.) protection 3. screen; ~ za kamin fireplace screen **zakloniti** v 1. to shelter, screen, guard 2. to block; ~ vidik to block the view 3. ~ se to shelter oneself, find refuge
zaklopac n cover
zaklopiti v 1. to cover 2. to close, shut
zaključak n 1. termination, end, conclusion; ~ sednice end of a meeting 2. conclusion, inference; izvesti (izvući) ~ to draw conclusions
zaključan a definitive, final
zaključati v 1. to lock; ~ vrata to lock a door 2. ~ se to lock oneself in
zaključiti v 1. to decide, conclude; zaključili su da ga otpuste they decided to fire him 2. to conclude, sign, effect; ~ ugovor to sign a contract; ~ primirje (sporazum) to conclude an armistice (agreement) 3. to terminate, adjourn, close, conclude; ~ sednicu to adjourn a session
zakočiti v to stop (by braking)
zakokodakati v to begin to cackle
zakolutati see **kolutati**
zakon n law, statute; doneti (ukinuti, povrediti) ~ to pass (repeal, violate) a law; u ime ~a in the name of the law; ~ glasi... the law states...; staviti van ~a to outlaw **zakonik** n legal code **zakonit** a legitimate, legal **zakonodavac** n legislator, lawgiver **zakonodavan** a legislative; ~vno telo a legislative body **zakonodavstvo** n legislature **zakonski** a legal
zakopati v to bury; zakopano blago buried treasure

zakopčan a 1. reserved, introverted; taciturn 2. see **zakopčati**
zakopčati v 1. to button (up); ~ kaput to button a coat 2. ~ se to button oneself (up)
zakoračiti v 1. to take a step 2. to step across
zakovati v 1. to nail, fasten 2. to rivet **zakovica** n rivet **zakovičiti** v to rivet
zakovitlati v to (begin to) whirl
zakovrčiti v to curl, twist
zakrabuljiti se v (W) to disguise oneself (with a mask)
zakrčen a blocked; jammed; ~ prolaz a blocked passage **zakrčiti** v 1. to block, obstruct; ~ prolaz (ulaz) to block a passage (entrance) 2. to crowd, jam; ~ salu to jam an auditorium
zakrenuti v to turn
zakriviti v to twist
zakrpa n patch; staviti (prišiti) ~u na nešto to patch smt. **zakrpiti** v to patch, mend
zakrvaviti v 1. to make bloody 2. ~ (se) to become bloodshot
zakržljao a stunted, dwarfed; ~lo dete a stunted child **zakržljaviti** v to become stunted
zakuhati see **zakuvati**
zakukuljiti v to cover with a hood
zakukurekati, zakukurijekati v to (begin to) crow
zakulisni a behind-the-scenes, secret; ~e intrige secret intrigues
zakup n lease, rent; uzeti u (pod) ~ to rent; dati (izdati) u (pod) ~ to rent out **zakupac** n renter, lessee **zakupiti** v to rent, lease **zakupnina** n rent, rental fee
zakuska n refreshments, snack
zakuvati v 1. to (begin to) boil 2. to (put up to) boil 3. (fig.) to cook up
zakvačiti see **kvačiti**
zakvasiti see **kvasiti**
zalaganje n devotion; ~ na poslu devotion to one's job; ~ za nešto support of smt.
zalagaonica n pawnbroker's shop **zalagaoničar** n pawnbroker
zalagati see **založiti**
zalajati v to begin to bark
zalazak n (~ sunca) sunset
zalaziti see **zaći**
zalečiti, zaliječiti v to heal, cure
zalediti v 1. to freeze; ~ meso to freeze meat 2. ~ se to freeze (up); reka (voda) se zaledila the river (water) froze

zaleđe n 1. rear, back 2. hinterland 3. background 4. (fig.) support, backing
zaleđen a frozen
zalemiti v to solder
zalepetati v to (begin to) flutter
zalepiti, zalijepiti v to glue, paste; ~ *marku na koverat* to paste a stamp on an envelope
zalet n (usu. sports) running start **zaleteti, zaletjeti** v 1. to fly behind 2. ~ *se* to rush
zaliha n stock, supply, reserve
zaliječiti see **zalečiti**
zalijepiti see **zalepiti**
zalistak n 1. (anat.) valve; *srčani* ~ heart valve 2. offshoot (of a plant)
zaliti v 1. to water 2. to coat, plate, line 3. to wash down; to drink to; ~ *jelo vinom* to wash down food with wine
zaliv n bay; gulf
zalizak n (usu. in *pl)* sideburns
zalizati v to smooth down (as by licking)
zalog n 1. pledge; guaranty; pawn; security 2. bookmark
zalogaj n mouthful, bite; morsel
zalomiti v to break off; to cut off
založiti, zalagati v 1. to pledge, pawn; ~ *sat* to pawn a watch 2. ~ *se za nešto* to support smt., intercede in favor of smt.; *založio se kod šefa za mene* he interceded with the director on my behalf **založnica** n pawn ticket, receipt
zaludeti, zaludjeti v 1. to go crazy 2. see **zaluditi**
zaluditi v to drive crazy
zalupiti v to slam; ~ *vrata (vratima)* to slam a door; *vrata su se zalupila* the door slammed
zalutali a stray **zalutati** v to get lost, go astray
zaljubiti se v to fall in love; ~ *u nekoga* to fall in love with smb. **zaljubljen** a in love
zaljuljati se v to (begin to) swing (rock)
zamaći v to disappear, move out of sight
zamah n 1. swing; movement; stroke 2. (fig.) elan, zest 3. (fig.) rise, ascent **zamahnuti** v to swing, wav; ~ *mačem* to brandish a sword; *zamahnuo je rukom da me udari* he drew back his arm to strike me
zamajac n flywheel
zamajati se see **majati se**
zamak n castle

zamaknuti see **zamaći**
zamalo adv almost
zamamiti v to lure, entice **zamamljiv** a tempting, luring
zamaskirati see **maskirati**
zamastiti v 1. to add shortening to 2. to smear with grease
zamašan a 1. large, heavy 2. important, momentous
zamaukati v to (begin to) meow
zamazati v to smear, soil
zamečati v to (begin to) bleat
zamena, zamjena n 1. exchange; *dati u ~u za nešto* to give in exchange for smt. 2. substitute; substitution; ~ *za kafu* substitute for coffee 3. confusion; ~ *identiteta (ličnosti)* a case of mistaken identity
zamenica, zamjenica n pronoun; *lična (prisvojna, pokazna, upitna)* ~ personal (possessive, demonstrative, interrogative) pronoun
zamenik, zamjenik n replacement, substitute; deputy **zameniti, zamijeniti** v 1. to exchange; ~ *marke za dinare* to exchange marks for dinars 2. to replace 3. to mix up, confuse; ~ *jedno lice drugim* to confuse one person with another **zamenljiv, zamjenljiv** a replaceable, interchangeable
zameriti, zamjeriti v 1. to reproach, criticize, find fault with; *ona stalno nešto zamera mužu* she keeps nagging her husband 2. to hold against; to begrudge; *ne može mu se ništa zameriti* nothing can be held against him **zamerka, zamjerka** n reproach, objection; criticism
zamesiti, zamijesiti v to knead; ~ *testo* to make dough
zamesti v to cover; *sneg je zameo sve puteve* snow covered all roads
zametak n 1. embryo 2. (fig.) germ, beginning **zametnuti** v 1. to provoke; to start, provoke; to strike up; ~ *kavgu (tuču, rat)* to provoke quarrel (fight, war) 2. to put; to mislay 3. to grow, germinate
zamijeniti see **zameniti**
zamijesiti see **zamesiti**
zamirisati v to begin to smell
zamisao n plan, project **zamisliti** v 1. to plan, conceive; ~ *izložbu* to plan an exhibit 2. to imagine; *zamisli!* just imagine! 3. ~ *se* to think; to become absorbed in thought; ~ *se nad nečim*

think (seriously) about smt. **zamišljen** *a*
1. absorbed (in thought) 2. fictitious,
imagined
zamjena see **zamena**
zamjenica see **zamenica**
zamjenik see **zamenik**
zamjenljiv see **zamenljiv**
zamjeriti see **zameriti**
zamjerka see **zamerka**
zamka *n* 1. noose 2. trap; *pasti u ~u* to
fall into a trap; *postaviti (namestiti) ~u
nekome* to set a trap for smb.
zamočiti *v* to dip; *~ pero u mastilo* to dip
a pen into ink
zamoliti see **moliti** 1
zamor *n* fatigue **zamoran** *a* tiring, fatigu-
ing
zamorče *n* guinea pig
zamoren *a* tired **zamoriti** *v* to tire, fatigue
zamotati *v* to wrap; *~ poklon* to wrap a
gift; *~ u papir* to wrap in paper
zamračenje *n* blackout; *totalno ~ a* total
blackout **zamračiti** *v* to darken; to black
out; *~ grad* to black out a city
zamrći *v* to become dark
zamreti, zamrijeti *v* to die (out), become
extinct **zamrli** *a* 1. extinct 2. dead; *~
grad* a dead city
zamrljati *v* to stain, soil
zamrsiti *v* 1. to entangle, tangle, mess up
2. (fig.) to complicate, mix up
zamrznuti *v* 1. to freeze; (fig.) *~ cene* to
freeze prices 2. *~ se* to get frozen; *reka
se zamrzla* the river is frozen
zamukati *v* to (begin to) moo
zamuknuti *v* to become silent
zamutiti *v* 1. to mix, stir; *~ jaje* to add an
egg (in cooking) 2. (fig.) to stir up,
confuse; **~ vodu* to stir up trouble
zanat *n* craft, handicraft, trade; profes-
sion, vocation; *bravarski (obućarski,
krojački, zidarski) ~* the locksmith's
(shoemaker's, tailor's, bricklayer's) tra-
de **zanatlija** *n* craftsman, artisan
zanemaren *a* neglected **zanemariti** *v* to
neglect
zanemeti, zanijemjeti *v* 1. to become
dumb, become mute 2. to become speech-
less; *~ od čuda* to be speechless with
amazement
zanemoći *v* to become ill, become weak
zanesen *a* enthralled; captivated; carried
away **zanesenjak** *n* 1. dreamer 2. fanat-
ic; enthusiast **zaneti, zanijeti, zanositi** *v*
1. to carry (off); to push (to a side);

udarac je zaneo auto the car was knock-
ed to a side by the impact 2. to
enthrall, captivate; to carry away; *zane-
la ga je njena lepota* her beauty captivat-
ed him 3. to conceive, become pregnant
4. *~ se za nešto* to be carried away by
smt., become enthusiastic about smt. 5.
~ se to skid; *vozilo se zanelo* the vehicle
skidded
zanijemjeti see **zanemeti**
zanijeti see **zaneti**
zanimanje *n* profession; hobby, pastime
zanimati *v* 1. to interest; *šta vas zani-
ma?* what interests you? 2. to entertain,
occupy; *~ decu* to entertain children; *~
se nečim* to occupy oneself with smt.
zanimljiv *a* interesting
zanoktica *n* hangnail
zanos *n* 1. delirium 2. enthusiasm, fervor;
fascination **zanosan** *a* 1. enthusiastic 2.
captivating, enthralling, fascinating **za-
nositi** see **zaneti**
zanovetalo, zanovijetalo *n* grumbler, nag
zanovetati, zanovijetati *v* to grumble; *~
nekome* to nag smb.
zao *a* 1. evil, malicious, mean; bad; *~ duh*
an evil spirit; *~ jezik* a nasty tongue; *zli
jezici govore . . .* malicious people
say . . . 2. bad; *zla sreća* bad luck; *zla
vremena* bad times; *zlo mu je* he feels
sick; *stvarati zlu krv* to create bad
blood **gori** *(comp)*
zaobići *v* 1. to go around; to make a
detour around; to bypass; to avoid; *~
grad* to bypass a city; *~ istinu* to evade
the truth 2. to overlook, bypass **zaobila-
zak** *n* detour, bypass **zaobilazan** *a* round-
about, indirect; *~znim putem* by a
roundabout way
zaobliti *v* to round off, make round
zaodenuti, zaodjenuti *v* to dress, clothe
zaokrenuti *v* to turn **zaokret** *n* 1. turn 2.
turning point; *~ u ratu* a turning point
in the war
zaokrugliti *v* to round off **zaokrugljen** *a*
rounded; (fig.) completed, well-rounded
zaokružiti *v* 1. to encircle, surround; *~
neprijatelja* to encircle the enemy 2. to
round off
zaokupiti *v* to absorb, engage
zaorati *v* to (begin to) plow
zaostalost *n* backwardness **zaostao** *a*
backward, lagging; *mentalno ~* men-
tally retarded
zaostatak *n* remnant

zaostati, zaostajati v 1. to lag, fall behind, drop back; *on zaostaje za nama* he is lagging behind us 2. to be slow (as of a watch); *sat mi zaostaje* my watch is slow

zaostavština n inheritance

zaoštriti v 1. to sharpen 2. (fig.) to intensify; to strain; ~ *odnose* to strain relations

zaova n sister-in-law (husband's sister)

zapad n west; *na* ~ to the west; *Divlji* ~ the Wild West **zapadni** a west, western **zapadno-** *prefix* west, western **zapadnoevropski** a Western-European **zapadnjak** n westerner

zapaliti v 1. to light, set fire to; ~ *lulu (cigaretu)* to light a pipe (cigarette); ~ *kuću* to set fire to a house; *zapalila se vatra* the fire caught 2. to turn on **zapaljenje** n inflammation; ~ *pluća* pneumonia; ~ *slepog creva* appendicitis **zapaljiv** a 1. inflammable; ~*a bomba* incendiary bomb 2. (fig.) excitable

zapamtiti see **pamtiti**

zapanjiti v 1. to astound, dumbfound 2. ~ *se* to be astounded, be dumbfounded **zapanjujući** a astounding, remarkable

zapapriti v to pepper

zapara n sultriness, stuffiness **zaparan** a sultry, stuffy

zapasti v to fall into; to get into, get stuck in; ~ *u dugove (teškoće)* to get into debt (difficulties); ~ *u klopku* to fall into a trap

zapaziti v 1. to see, catch sight of 2. to notice, observe; to single out **zapažanje** n observation

zapečatiti v 1. to seal, close; ~ *pismo (koverat)* to seal a letter (an envelope) 2. to stamp, seal 3. to seal, decide; ~ *nečiju sudbinu* to seal smb.'s fate

zapećak n 1. chimney corner 2. (fig.) background

zapeći v (cul.) to brown

zapeniti se, zapjeniti se v to foam

zapet a tense; ~*i odnosi* tense conditions **zapeta** n comma

zapeti v 1. to tighten, tense; ~ *oroz* to cock a trigger; ~ *luk* to draw a bow 2. to get stuck; to stumble; *parče mesa mu je zapelo u grlu* a piece of meat got stuck in his throat; *reč mu je zapela u grlu* the words got stuck in his throat

zapev, zapjev n refrain (at the beginning of a stanza) **zapevati, zapjevati** v to begin to sing

zapiljiti se v to stare; ~ *u nekoga* to stare at smb.

zapinjač n (tech.) catch; brake

zapinjača n (tech.) sear

zapis n note, observation **zapisati** v to note, record, write down; ~ *adresu (broj telefona)* to write down an address (telephone number); ~ *u spisak* to enter in a list **zapisničar** n 1. (recording) secretary; *sudski* ~ court clerk 2. (sports) scorer, scorekeeper **zapisnik** n 1. minutes, record; *voditi (pročitati)* ~ to take (read) the minutes 2. scorecard

zapeniti se see **zapjeniti se**

zapjev see **zapev**

zapjevati see **zapevati**

zaplakati v to begin to cry, weep

zaplamteti, zaplamtjeti v to (begin to) blaze 2. (fig.) to be carried away; ~ *ljubavlju* to fall madly in love

zaplašiti v to frighten

zaplena, zapaljena n seizure, confiscation **zapleniti, zaplijeniti** v 1. to capture, seize (as booty); ~ *brod (oružje)* to seize a ship (arms) 2. to confiscate, seize; ~ *imovinu* to seize property

zaplesati v (W) 1. to begin to dance 2. ~ *se* to get carried away (while dancing)

zaplesti v to entangle

zaplet n 1. 1. confusion 2. clash, conflict 3. (lit.) plot; ~ *romana (u romanu)* plot of a novel

zaplijeniti see **zapleniti**

zaplivati v to begin to swim

zaploviti v to leave, depart (of a ship, by ship)

zapljena see **zaplena**

zapljeskati v to (begin to) applaud

zapljusnuti v to splash; ~ *lice* to splash one's face; *kola su nas zapljusnula blatom* the car splashed us with mud

započeti v to begin, start; ~ *rad* to begin a job

zapodenuti, zapodjenuti v to begin, strike up, instigate; ~ *svađu (tuču)* to begin a quarrel (fight); ~ *razgovor* to strike up a conversation

zapomagati v to scream for help

zapopiti v to ordain (smb.) as a priest

zaposednuti, zaposjednuti v to occupy, take possession of

zaposlen *a* 1. employed, working 2. busy, occupied **zaposlenik** *n* employee **zaposlenost** *n* 1. employment 2. business, work **zaposlenje** *n* job, position; *tražiti (dobiti)* ~ to look for (get) a job **zaposliti** *v* to employ, hire

zapostaviti *v* to neglect, disregard

zapošljavanje *n* employment

zapoved, zapovijed *n* command; **deset* ~*i* the Ten Commandments **zapovedan, zapovjedan** *a* 1. imperious, commanding 2. (gram.) ~*dni način* the imperative **zapovediti, zapovijediti** *v* to order, command **zapovednički, zapovjednički** *a* imperious **zapovednik, zapovjednik** *n* commander, captain, commandant **zapovedništvo, zapovjedništvo** *n* command; authority **zapovest, zapovijest** *n* command, order

zaprašiti *v* to spray; ~ *voće (baštu)* to spray fruit (a garden)

zaprečiti, zapriječiti *v* to block; ~ *nekome* put to block smb.'s way

zaprega *n* team (of animals) **zapregnuti** *v* to harness, hitch

zapreka *n* obstacle

zapremina *n* volume **zapremiti** *v* to occupy, take up

zaprepastiti *v* 1. to astonish; to shock 2. ~ *se* to be astonished; to be shocked

zapretiti, zaprijetiti *v* 1. to warn 2. see **pretiti**

zaprežni *a* animal-drawn

zapričati se *v* to get carried away talking

zapriječiti see **zaprečiti**

zaprijetiti see **zapretiti**

zaprljati *v* to soil, dirty

zaprositi see **prositi** 2

zaprtiti see **prtiti**

zaptiti *v* to seal, block, stop **zaptivač** *n* (tech.) gasket; sealer

zapuhati *v* (W) to begin to blow

zapustiti *v* to neglect; ~ *zdravlje (posao, učenje)* to neglect one's health (job, studies)

zapušač *n* stopper; cork **zapušiti** *v* 1. to cork, stop up; ~ *flašu* to cork a bottle 2. to block, obstruct, clog; *cev se zapušila* the pipe is clogged

zapušten *a* neglected

zar *part* really; ~ *znaš?* do you really know? ~ *nisi gladan?* aren't you hungry? ~ *ne?* right?

zaračunati *v* to charge, charge for

zaraćen *a* belligerent, warring; ~*e države* warring powers

zarada *n* earnings, wages, salary; gain profit; *čista* ~ net gain **zaraditi, zarađivati** *v* 1. to earn; *on mnogo zarađuje* he earns a lot 2. to make a profit; *on je mnogo zaradio na tome* he made a big profit on that

zarasti *v* to heal; *rana mu je zarasla* his wound healed

zaratiti *v* to go to war

zaravan *n* plateau

zaravnati *v* to level

zaraza *n* infection; contagion **zarazan** *a* infectious, contagious; ~*zne bolesti* contagious diseases **zaraziti** *v* to infect, contaminate; ~ *nekoga gripom* to infect smb. with the flu; *on se zarazio tifusom* he got infected with typhus; (fig.) ~ *nekoga idejom* to infect smb. with an idea

zarđao *a* rusty

zarđati see **rđati**

zareći se *v* 1. to pledge 2. to make a slip, misspeak

zarediti *v* to ordain

zarez *n* 1. notch, cut 2. comma **zarezati** *v* to cut, notch

zarežati *v* to (begin to) growl

zarikati *v* to (begin to) roar

zariti *v* 1. to thrust, · sink, plunge: ~ *nekome nož u srce* to plunge a knife into smb.'s heart 2. to bury; *granata se zarila u zemlju* the shell buried itself in the ground

zarobiti *v* 1. (mil.) to take prisoner; ~ *sto vojnika* to take a hundred soldiers prisoner 2. to enslave; to captivate **zarobljenik** *n* 1. (mil.) *(ratni)* ~ prisoner (cf war) 2. captive **zarobljeništvo** *n* captivity; *biti u* ~*u* to be a prisoner of war; *pobeći iz* ~*a* to escape from a POW camp

zaroktati *v* to (begin to) grunt

zaroniti *v* 1. to dive 2. to sink, immerse; ~ *nešto u vodu* to immerse smt. in water

zaručiti *v* (esp. W) to become engaged to **zaručnik** *n* (esp. W) fiancé

zarumeneti (se), zarumenjeti (se) *v* to become red

zasad, zasada *adv* for the time being

zasaditi *v* to plant

zaseban *a* separate, individual, special

zasebno *a* separately

zaseći, zasjeći *v* 1. to notch; to cut (into) 2. ~ *se* to cut into; *konopac mu se zasekao u meso* the cord cut into his flesh

zaseda, zasjeda n ambush; *upasti u (naići na)* ~*u* to be ambushed; *postaviti* ~*u* to set an ambush

zasedanje, zasjedanje n session, meeting

zasedati, zasjedati v to be in session; *komitet zaseda* the committee is in session

zasejati, zasijati v to plant, sow; ~ *pšenicu* to plant wheat

zasek, zasjek n notch

zaselak n (small) village, hamlet

zasenak, zasjenak n background; *baciti (staviti) u* ~ to push into the background, to overshadow **zaseniti, zasjeniti** v 1. to shade 2. to blind (temporarily), dazzle 3. to overshadow, surpass

zasesti, zasjesti v 1. to sit down 2. (pejor.) to park oneself, **stay too long**

zasićen a 1. satiated 2. saturated

zasijati see **zasejati**

zasiktati v to begin to hiss

zasirćetiti see **sirćetiti**

zasititi v 1. to feed; ~ *se* to eat one's fill 2. to satisfy, satiate; ~ *radoznalost* to satisfy one's curiosity 3. to saturate, fill; ~ *vazduh vlagom* to saturate the air with moisture

zasjeći see **zaseći**

zasjeda see **zaseda**

zasjedanje see **zasedanje**

zasjedati see **zasedati**

zasjek see **zasek**

zasjenak see **zasenak**

zasjeniti see **zaseniti**

zasjesti see **zasesti**

zaskakati v to (begin to) jump

zasladiti see **sladiti**

zaslepiti, zaslijepiti v to blind (temporarily), dazzle

zaslijepiti see **zaslepiti**

zaslon n 1. screen, shade 2. lampshade

zasluga n merit; *po* ~*zi* according to merit; *upisati u* ~*u* to give credit **zaslužan** a meritorious; deserving

zaslužba n (W) earnings

zaslužen a merited **zaslužiti** v 1. to merit, deserve; to earn; ~ *pohvalu* to merit praise; ~ *pažnju* to be worthy of attention 2. (W) to earn

zasmejati, zasmijati v 1. to make (smb.) laugh 2. ~ *se* to begin to laugh

zasnivač n founder, organizer **zasnovati** v 1. to found, establish 2. to base

zasovnica n bolt, bar (on a door)

zaspati v to fall asleep

zastakliti v to fit with glass

zastareo, zastario a 1. old fashioned, obsolete, archaic; ~*li pogledi* old-fashioned views; ~*la reč* an obsolete word 2. expired; ~*la dozvola* an expired permit **zastareti, zastarjeti, zastarevati, zastarijevati** v 1. to become old-fashioned, become obsolete, go out of fashion 2. to expire; (legal) to fall under the statute of limitations; *ovo pravo zastareva za dvadeset godinā* this right expires in twenty years

zastati v 1. to find, catch 2. to stop; *život je u gradu zastao* life in the city came to a halt

zastava n flag, banner, colors, standard; *spustiti (istaći)* ~*u* to lower (raise) a flag; *pukovska* ~ regimental colors; *istaći belu* ~*u* to hoist the white flag **zastavica** n pennant **zastavnik** n 1. standard-bearer 2. (hist.) (mil.) ensign

zastenjati v to (begin to) moan

zastideti, zastidjeti v 1. to make (smb.) ashamed 2. ~ *se nečega* to be ashamed of smt.

zastoj n stoppage, slowdown; ~ *saobraćaja* traffic holdup

zastor n curtain

zastraniti v 1. to digress, lose one's way 2. to go too far

zastrašiti v to frighten **zastrašujući** a frightening; deterrent

zastreti, zastrijeti v to cover; ~ *krevet* to cover a bed

zastupiti, zastupati v 1. to replace 2. to represent; *on zastupa inostrane firme* he represents foreign firms **zastupnik** n 1. representative; agent 2. replacement 3. defender; defense attorney **zastupništvo** n branch office, agency

zasukati see **sukati**

zasušiti v to dry up, go dry

zasuti v 1. to fill in, cover; ~ *rupu (peskom zemljom)* to fill in a hole (with sand, earth) 2. to shower; ~ *nekoga kamenjem* to stone smb.

zasvetliti, zasvijetliti, v to light up

zasvirati v to begin to play (music)

zasvoditi v to vault, cover with a vault

zašećeriti see **šećeriti**

zašiljiti see **šiljiti**

zašiti v 1. to sew on; ~ *dugme* to sew a button on 2. to sew up; ~ *ranu* to sew up a wound

zaškiljiti see **škiljiti**

zaškripeti, zaškripjeti v to (begin to) creak
zaštedeti, zaštedjeti v to save, put aside
zaštektati v to (begin to) yelp, whine, hiss
zaštita n 1. protection; *staviti pod nečiju ~u* to place under smb.'s protection; *~ divljači (životinja)* the protection of game (of animals) 2. defense; *protivavionska ~* antiaircraft defense 3. (med.) care; *zdravstvena ~* health care; or: public health; *~ dece (trudnih žena)* child (prenatal) care **zaštititi** v to defend **zaštitni** a protective **zaštitnik** n protector; defender

zašto 1. adv why; *~ si došao?* why did you come? 2. conj why; *on nije rekao ~ je došao* he didn't say why he came

zaštopati see **štopati**
zašutjeti v (W) to fall silent
zataći v to stick, put; *~ cvet u rever* to stick a flower in one's lapel
zatajiti v 1. to hush up 2. to fail; *puška mu je zatajila* his rifle misfired
zatalasati see **talasati**
zatamaniti see **tamaniti**
zataškati v to hush up, suppress, keep secret; *~ skandal (incident)* to hush up a scandal (an incident)
zateći v 1. to find; *zatekli smo ga kod kuće* we found him at home; *zatekli smo ga kako (gde) uređuje baštu* we found him working in the garden 2. to catch; *~ nekoga na delu* to catch smb. in the act 3. *~ se* to find oneself; to happen to be
zategnut a tight; tense; *~a atmosfera* a tense atmosphere **zategnuti** v 1. to stretch, tighten; *~ konopac (platno)* to stretch a rope (canvas); *~ kaiš* to tighten one's belt 2. (fig.) to strain; *~ atmosferu* to strain the atmosphere **zategnutost** n tension; *popuštanje ~i* relaxation of tensions, detente
zateturati se v to (begin to) stagger
zatiljak n back of the head
zatim adv 1. afterwards 2. in addition, still
zatisnuti v to push, thrust
zatišje n calm; *~ pred buru* the calm before the storm
zato 1. adv that's why, for that reason; *zašto? ~!* why? because! 2. conj *~ što* because; *nije došao ~ što mu nije bilo dobro* he didn't come because he felt ill
zatočenik n captive, prisoner **zatočeništvo** n captivity **zatočiti** v to confine, imprison

zaton n bay
zatražiti see **tražiti** 2
zatrčati se v 1. to get a running start 2. to be too hasty, go too far
zatrebati see **trebati** 3, 4
zatreperiti v to (begin to) tremble
zatrepetati v to (begin to) quiver
zatreptati v to blink; *~ očima* to blink one's eyes
zatrepteti, zatreptjeti v to (begin to) tremble
zatresti v to (begin to) shake
zatrovan a 1. poisoned 2. stubborn, bitter, inveterate, confirmed **zatrovati** v to poison (also fig.); *~ bunar* to poison a well; *~ život nekome* to make smb.'s life miserable
zatrpati v 1. to fill in, cover; *~ rupu peskom* to fill in a hole with sand 2. to swamp; *~ nekoga poslovima* to swamp smb. with work
zatrti v 1. to exterminate, destroy 2. *~ se* to be exterminated, to become extinct
zatrudneti, zatrudnjeti v to conceive, become pregnant
zatucan a narrow-minded; stubborn; fanatic
zatupeti see **tupeti**
zatupiti see **tupiti**
zatupjeti see **zatupeti**
zatutnjiti v to (begin to) roar (as of thunder)
zatvarač n 1. cover, lid; cap (as of a tube) 2. breech (mechanism)
zatvor n 1. jail, prison; *staviti (baciti) u ~* to put (throw) into prison; *sedeti (biti) u ~u* to be in jail 2. cofinement, detention, imprisonment; *doživotni ~* life imprisonment 3. (med.) constipation 4. (ling.) closure, occlusion 5. closing; *~ granice* closing of the border **zatvoren** a 1. closed; *~ prozor* a closed window; *iza ~ih vrata* behind closed doors; *~ih očiju* blindly 2. reserved, introverted; *biti ~e prirode* to be reserved 3. not public; exclusive; *~ krug* an exclusive circle 4. imprisoned 5. constipated 6. dark; *~a boja* a dark color **zatvorenik** n prisoner **zatvoriti** v 1. to close, shut; to close down, shut down; *~ vrata (prozor)* to close a door (window); *~ fabriku* to close (down) a plant 2. to imprison, detain,

arrest 3. to put into, lock into; ~ *dokumenta u kutiju* to lock up documents; *on se zatvorio u kuću* he locked himself in the house 4. to block, obstruct; ~ *vidik (prolaz)* to block a view (passage) **zatvorski** *a* jail, prison

zaudarati *v* to smell (bad)

zaurlati *v* to (begin to) howl

zaustaviti *v* 1. to stop; to hold up; ~ *auto (voz, prolaznika)* to stop a car (train, passerby); ~ *dah* to hold one's breath; ~ *saobraćaj* to hold up traffic 2. ~ *se* to stop; *auto se zaustavio* the car stopped; *ne ~ se ni pred čim* to stop at nothing

zauške *n* (med.) mumps

zauvek, zauvijek *adv* forever; for good; *otići ~* to leave for good

zauzdati *v* to bridle (a horse)

zauzeće *n* capture **zauzet** *a* occupied, busy; ~ *je* he is busy; *broj je ~* the number is busy **zauzeti** *v* 1. to capture, seize, occupy, take; ~ *grad (tvrđavu)* to take a city (fortress); ~ *na juriš* to take by storm; ~ *položaj* to occupy a position 2. to occupy, take; ~ *mesto* to take one's place; ~ *stav* to take a position; ~ *pozu* to strike a pose 3. to fill (up), occupy, take up 4. ~ *se za nešto* to support smt., intercede in favor of smt. **zauzetost** *n* being busy; *nije došao zbog ~i* he didn't come because he was busy

zavabiti *v* to entice, lure

zavada *n* dissension, discord **zavaditi** *v* 1. to estrange, alienate 2. ~ *se (oko nečega)* to quarrel (about smt.)

zavaliti *v* 1. to knock down 2. ~ *se* to stretch out

zavapiti *v* to cry out

zavarati *v* 1. to deceive, trick 2. ~ *se* to be deceived

zavarivač *n* welder

zavejati, zavijati *v* 1. to cover; *sneg je zavejao sve puteve* the snow covered all roads 2. (fig.) to permeate

zavera, zavjera *n* plot, conspiracy; *skovati ~u* to hatch a conspiracy **zaverenik, zavjerenik** *n* conspirator, plotter **zaveriti se, zavjeriti se** *v* to plot, conspire

zavesa, zavjesa *n* curtain; drape; *podići (spustiti, navući, razvući) ~e* to raise (lower, draw, open) the drapes; *dimna*

~ a smoke screen **zavesiti, zavjesiti** *v* to cover (by drapes, curtains)

zavesti, zavoditi *v* 1. to lead astray, mislead 2. to seduce 3. to impose, establish, introduce; ~ *red (disciplinu)* to establish order (discipline); ~ *policijski čas* to impose a curfew; ~ *opsadno (vanredno) stanje* to impose martial law

zaveštač, zavještač *n* testator **zaveštanje, zavještanje** *n* will, testament **zaveštati, zavještati** *v* to bequeath, hand down

zavet, zavjet *n* 1. oath, promise 2. will, testament

zavetrina, zavjetrina *n* leeward side, lee

zavezan *a* 1. bound; ~*ih očiju* blindfolded 2. clumsy, awkward; bungling; *•~a vreća* a bungler **zavezati** *v* to bind, tie **zavežljaj** *n* bundle

zavičaj *n* homeland; home; *čežnja za ~em* homesickness

zavidan *a* 1. envious 2. enviable; ~*dna situacija* an enviable situation 3. considerable, great, large **zavideti, zavidjeti** *v* to envy **zavidljiv** *a* envious

zavijati see **zavejati**

zavikati *v* to (begin to) shout

zavinuti *v* to twist

zaviriti *v* to peer into, peep into

zavisan *a* dependent **zavisiti** *v* 1. to depend; *to zavisi od tebe* that depends on you 2. (gram.) to be subordinate **zavisnost** *n* 1. dependence; ~ *od nečega* dependence on smt. 2. (gram.) subordination

zavist *n* envy; *iz ~i* out of envy **zavistan** *a* envious

zaviti *v* 1. to wrap; ~ *u papir* to wrap in paper 2. to bandage 3. to roll (a cigarette) 4. to set (hair) 5. to twist, screw

zavjera see **zavera**

zavjerenik see **zaverenik**

zavjeriti se see **zaveriti se**

zavjesa see **zavesa**

zavjesiti see **zavesiti**

zavještač see **zaveštač**

zavještanje see **zaveštanje**

zavještati see **zaveštati**

zavjet see **zavet**

zavjetrina see **zavetrina**

zavladati *v* 1. to take over the rule of; to seize, occupy 2. to become prevalent, become dominant; *sad je zavladala nova moda* a new fashion has taken over

zavod *n* 1. institute, office, bureau 2. company; *osiguravajući ~* insurance company 3. department; section (of a **fakultet,** at a university); *matematički (hemijski, geografski)* ~ department of mathematics (chemistry, geography)

zavoditi see **zavesti**

zavodljiv *a* seductive **zavodnik** *n* seducer

zavoj *n* 1. bandage 2. wrapping 3. curve, bend

zavojak *n* lock, curl

zavojit *a* winding, twisting

zavoleti, zavoljeti *v* 1. to get to like (smt.) 2. to fall in love (with smb.)

zavoranj *n* (tech.) bolt

zavrbovati see **vrbovati**

zavrištati *v* to (begin to) scream

zavrnuti *v* 1. to turn off; ~ *slavinu (prekidač)* to turn off a faucet (switch) 2. to tighten; ~ *zavrtanj* to tighten a screw 3. to twist 4. to roll up; ~ *rukave* to roll up one's sleeves

završetak *n* 1. end, finish; *na ~tku (rata)* at the end (of the war) 2. (gram.) ending

završiti *v* 1. to finish, complete; ~ *ručak (knjigu)* to finish dinner (a book); *kongres je završio rad (s radom)* the convention has completed its work 2. ~ *se* to come to an end, end; *rat se završio* the war ended **završni** *a* final, closing

zavrtanj *n* bolt; screw

zavrteti, zavrtjeti *v* to swing, shake, twirl; **slava mu je zavrtela glavu* fame went to his head

zavući *v* 1. to put; ~ *ruku u džep* to put a hand into one's pocket 2. ~ *se* to get into, go into; *zavukao se u podrum* he got into the basement

zazidati *v* 1. to wall up, seal up; ~ *prozore* to seal up windows 2. to immure, wall up

zazirati *v* to shrink from, shudder at, abhor; ~ *od nečega* to abhor smt.

zazor *n* (tech.) 1. clearance; *ventilski* ~ valve clearance 2. play, free motion

zazoran *a* shameful; shocking

zazreti *v* to recoil, shy; *konj je zazreo* the horse shied

zazujati *v* to begin to buzz

zazveckati *v* to begin to jingle

zazvečati *v* to (begin to) clang

zazviždati *v* to (begin to) whistle

zazvoniti *v* to (begin to) ring

zaželeti, zaželjeti *v* 1. see **želeti** 2. ~ *se nečega* to feel a strong desire for smt.

zažmuriti *v* to close one's eyes, to blink

zažuboriti *v* to (begin to) babble

zbaciti *v* to throw off, cast off; *konj je zbacio jahača* the horse threw the rider; ~ *jaram* to cast off a yoke

zbeći se, zbjeći se *v* to gather, come together **zbeg, zbjeg** *n* refuge, shelter

zbijen *a* compressed **zbijenost** *n* compactness; closeness

zbilja I *n* truth; reality **zbilja** II *adv* really, truly

zbir *n* sum, total **zbirka** *n* collection; ~ *maraka (novaca)* stamp (coin) collection

zbirni *a* collective; ~ *broj* collective numeral

zbiti I *v* to compress; to crowd

zbiti II *se* *v* to happen, occur

zbjeći se see **zbeći se**

zbjeg see **zbeg**

zbližiti *v* to bring together

zbog *prep* because of; on account of; ~ *dece* on account of the children

zbogom *interj* good-bye, farewell

zbor *n* 1. gathering, meeting; ~ *birača* assembly of voters 2. (W) choir

zboran *a* wrinkled **zborati** *v* to wrinkle

zborište *n* meeting place, assembly place

zboriti *v* to speak

zbornik *n* 1. code; ~ *zakona* legal code 2. anthology, collection; ~ *pripovedaka* collection of tales

zbrinuti *v* to provide for, take care of

zbrisati *v* to erase

zbrka *n* confusion

zbrkati see **brkati**

zbuniti *v* 1. to confuse, mix up, perplex; to embarrass 2. ~ *se* to get confused; to get embarrassed **zbunljiv** *a* easily confused; easily embarrassed **zbunjenost** *n* confusion; embarrassment

zdela, zdjela *n* bowl, dish; ~ *za supu* suop bowl

zdelica, zdjelica *n* pelvis

zdepast *a* stocky, thickset

zderati *v* to ter off; ~ *kožu* to skin

zdjela see **zdela**

zdjelica see **zdelica**

zdrav *a* healthy; sound; ~ *razum* common sense; ~*a kritika* sound criticism

zdravica *n* toast; *ispiti* ~*u* to drink a toast

zdravlje *n* health; *na* ~*!* God bless you! (said after a sneeze); *narodno* ~ public health; *rđavo* ~ poor health; *škodljivo po* ~ harmful to one's health **zdravo** *interj* hello **zdravstven** *a* (pertaining to) health; sanitary; ~*o stanje* state of health; ~*a ustanova* (public) health facility; *uz ~ih razloga* for reasons of health; *~a stanica* (local) health station; *~o osiguranje* health insurance; *~a zaštita* health care; public health; *~a služba* public-health service **zdravstvo** *n* health care, health services; public health; *gradski sekretarijat za ~* city health department

zdrobiti see **drobiti**

združiti *v* 1. to bring together 2. *~ se* to come together, become friends, become associated

zduhati, zduvati *v* to blow off

zebnja *n* anxiety, fear

zebra *n* 1. (zool.) zebra 2. lined pedestrian crossing

zec *n* 1. hare; *•u tom grmu leži ~* there's the rub 2. *pitomi ~* rabbit

zečar *n* harrier, hunting dog

zefir *n* zephyr

zejtin *n* (cul.) oil; *maslinov (riblji) ~* olive (cod-liver) oil

zelen I *a* 1. green 2. unripe; (fig.) inexperienced, green, immature

zelen II *n* greens, vegetables; *~ za supu* soup greens; *veza ~i* bunch of greens

zelenaš *n* usurer **zelenaštvo** *n* usury

zeleneti, zelenjeti, pozeleneti, pozelenjeti *v* to become green **zelenilo** *n* 1. (the color) green 2. greenery **zeleniti, ozeleniti** *v* to make green **zelenkast** *a* greenish

zelenjeti see **zeleneti**

zelot *n* zealot

zelje *n* 1. (bot.) dock 2. (coll.) vegetables, greens

zemaljski *a* earthly, worldly

zembilj *n* string bag

zemička *n* roll, bun

zemlja *n* 1. (usu. cap.) earth (planet); *na ~i* on (the) earth; *zbrisati s lica ~e* to wipe off the face of the earth; *~ se okreće oko svoje osovine* the earth rotates on its axis 2. land, ground, earth, soil, dirt; *plodna ~* fertile soil; *peskovita ~* sandy soil; *na ~i* on land; (mil.) *ničija ~* no-man's-land; *grumen ~e* a clod of earth; *ležati na ~* to lie on the ground; *baciti na ~u* to throw to the ground; *mornari su ugledali ~u* the sailors saw land; *sravniti sa ~om* to level to the ground; *obrađivati ~u* to till the soil; *valovita ~* rolling terrain 3. real estate, land; *kupiti ~u* to buy land; *privatna (opštinska) ~* private (public) land 4. country, land; state; province;

territory; *rodna ~* mother country; *tuđa ~* a foreign country; *okupirati ~u* to occupy a country; *•obećana (obetovana) ~* the Promised Land **zemljak** *n* compatriot **zemljan** *a* earthen, dirt; *~ lonac* an earthen pot; *~ pod* a dirt floor **zemljast** *a* earthy **Zemljin** *a* earth's **zemljište** *n* 1. lot, plot, field, land 2. terrain **zemljomer, zemljomjer** *n* surveyor **zemljopis** *n* geography **zemljoposednik, zemljoposjednik** *n* landowner **zemljoradnk** *n* farmer **zemljotres** *n* earthquake **zemljouz** *n* isthmus

zemunica *n* dugout, cave

zenica, zjenica *n* pupil (of the eye)

zenit *n* zenith

zepsti, ozepsti *v* to freeze; *zebu mi prsti* my fingers are freezing

zet *n* 1. brother-in-law (sister's husband) 2. son-in-law

zev *n* 1. yawn 2. opening 3. hiatus **zevati, zijevati, zevnuti, zijevnuti** *v* 1. to yawn; *zeva mi se* I feel like yawning 2. to gape, yawn; *pred njima je zevao ponor* an abyss yawned before them

zgaditi see **gaditi**

zgaziti see **gaziti** 3, 4, 6

zglavak *n* (anat.) joint

zgledati se *v* to look at each other (in surprise)

zglob *n* (anat.) joint; *iščašiti ~ to dislocate a joint; *ručni ~* wrist

zgnječiti see **gnječiti**

zgoda *n* 1. event 2. chance, opportunity **zgodan** *a* 1. suitable; appropriate; convenient; *~dna prilika* a suitable opportunity 2. attractive, handsome, pretty

zgoditak *n* prize, winning ticket (as of a lottery)

zgomilati see **gomilati**

zgotoviti *v* to prepare (food)

zgrabiti see **grabiti** 2

zgrada *n* building; *~ na sprat* a two-story building; *~ na 6 spratova* a six-story building; *državna (javna, trošna) ~* a government (public, dilapidated) building

zgranuti *v* 1. to astonish, amaze 2. *~ se* to be astonished

zgrbiti *v* 1. to bend, twist 2. *~ se* to be bent; to become hunchbacked

zgrčiti see **grčiti**

zgrešenje *n* sin, offense **zgrešiti, zgriješiti** *v* to sin

zgristi *v* to chew up

zgrnuti v 1. to rake together, shovel together, gather; ~ *na gomilu* to pile up 2. (fig.) to amass; ~ *novac (milione)* to amass money (millions) 3. to throw off, remove

zgroziti v 1. to disgust 2. ~ *se* to be disgusted, feel revulsion; ~ *se nad nečim* to be disgusted at smt. **zgrožen** a disgusted

zgrušati se v to curdle, clot; *krv se zgrušala* the blood clotted

zguliti v to peel off

zguriti se v to huddle, crouch

zgusnuće n condensation **zgusnuti** v 1. to condense 2. ~ *se* to thicken, condense

zgužvati see **gužvati** 1

zid n wall; barrier; side; *uza* ~ against the wall; *zvučni* ~ the sound barrier; **biti zatvoren među četiri* ~*a* to be cooped up between four walls; **doterati (dogurati) do* ~*a* to drive to the wall; **udariti (lupati) glavom o* ~ to beat one's head against the wall **zidar** n 1. bricklayer, mason 2. *slobodni* ~ freemason **zidarstvo** n bricklaying, masonry; *slobodno* ~ freemasonry **zidati, sazidati** v to build, construct; ~ *kuću (most)* to build a house (bridge) **zidine** n ramparts, old walls **zidni** a wall; ~*e tapete* wallpaper

zihernadla n safety pin

zijati v 1. to stare, gape 2. to gape, yawn

zijev see **zev**

zijevati, zijevnuti see **zevati**

zima 1. n winter; *ove (prošle, iduće)* ~*e* this (last, next) winter; *preko* ~*e* during the winter 2. n cold; *drščem od* ~*e* I am shivering from the cold 3. adv cold; ~ *mi je* I am cold; *napolju je vrlo* ~ it's very cold outside **zimi** adv in (the) winter **zimovalište** n winter quarters **zimovati** v to spend the winter **zimski** a winter **zimus** adv (during) this winter

zimzelen I n (bot.) 1. periwinkle 2. evergreen **zimzelen** II a evergreen

zinuti v 1. to open, gape, yawn; *nasred ulice zinula rupa* a hole gaped in the middle of the street 2. to stare

zjapiti, zjapnuti v to gape, be open (wide)

zjenica see **zenica**

zlatan a 1. gold, golden; made of gold (also fig.); ~ *novac (prsten, sat, zub)* a gold coin (ring, watch, tooth); ~ *pesak* or ~*tna prašina* gold dust; ~*tna ribica* goldfish; ~*tna sredina* the golden mean 2. good, nice; sweet, swell; cute; ~

čovek a swell fellow; ~*tna deca* cute children **zlatar** n 1. goldsmith 2. jeweler **zlatarnica** n goldsmith's shop **zlato** n gold; *suvo (čisto)* ~ pure gold; **nije* ~ *sve što sija* all that glitters is not gold; **ćutanje je* ~ silence is golden

zlatokos a blond, golden-haired

zlatonosan a auriferous, gold-bearing

zlikovac n criminal, evildoer

zlo I adv bad; ~*mi je* I feel sick; ~ *proći* to have a bad time **zlo** II n evil, bad; trouble; **od dva zla birati manje* to select the lesser of two evils; *deliti* ~ *i dobro* to go through thick and thin together; *nužno* ~ a necessary evil

zloba n malice **zloban** a malicious

zločin n crime; *ratni* ~ war crime **zločinac** n criminal

zloćudan a ill-tempered

zloduh n evil spirit

zloglasan a notorious

zlokoban a ominous

zlonameran, zlonamjeran a malicious, spiteful

zlopatiti (se) v to suffer, have a hard time **zlopatnik** n sufferer

zloporaba n (W) misuse, abuse

zloslutan a ominous, foreboding, ill-omened

zlosrećan, zlosretan a unlucky **zlosrećnik, zlosretnik** n unlucky person

zlostaviti v to mistreat, molest

zloupotreba n misuse, abuse; ~ *novca* misuse of funds; ~ *vlasti* abuse of power **zloupotrebiti, zloupotrijebiti** v to misuse, abuse, take advantage of; ~ *položaj* to misuse one's position

zlovolja n ill temper; bad mood **zlovoljan** a ill-tempered

zlurad a malicious **zluradost** n malicious joy

zmaj n 1. dragon 2. kite; *puštati* ~*a* to fly a kite

zmija n snake, serpent; *otrovna* ~ or ~ *otrovnica* poisonous snake **zmijski** a snake; ~ *otrov* snake venom

značaj n 1. significance, importance 2. (W) character, temperament **značajan** a 1. significant, important 2. (W) characteristic **značajka** n (W) characteristic, trait **značenje** n meaning; *bukvalno (prenosno)* ~ literal (figurative) meaning **značiti** v 1. to mean (lexically); *šta znači ova reč?* what does this word mean? 2. to be significant, mean; *njegova reč ne* *znači mnogo* his word doesn't mean much

značka *n* badge, token

znak *n* 1. mark, sign; symbol; *saobraćajni* ~ traffic sign; *zaštitni* ~ trademark 2. signal, sign, gesture; *dati* ~ *očima (rukom)* to give a signal with one's eyes (hand); ~ *za uzbunu* alarm signal 3. indication, sign, symbol; omen; ~ *vremena* a sign of the times; *dobar (rđav)* ~ a good (bad) omen 4. symptom; ~*ci bolesti* symptoms of a disease 5. (gram.) mark; ~*ci interpunkcije* punctuation marks; ~ *navoda (pitanja, uzvika)* quotation (question, exclamation) mark

znalac *n* expert, specialist **znalački** *a* expert; ~*a analiza* an expert analysis

znamenit *a* 1. famous 2. valuable, important **znamenitost** *n* 1. fame 2. celebrity 3. sight, landmark; *razgledati* ~*i grada* to go sight-seeing in a city

znamenje *n* 1. sign, symbol 2. omen, portent

znanost *n* (W) science

znanje *n* knowledge

znatan *a* considerable, substantial; ~ *broj* a considerable number; ~*tna šteta* considerable damage

znati *v* 1. to know; ~ *napamet* to know by heart; ~ *jezik* to know a language 2. (~ *za*) to know of, to know about; *on ne zna za meru (granice)* he doesn't know when to stop; *on ne zna za odmor (praznik)* he doesn't know what rest (a holiday) is 3. to be acquainted with, know (a person); ~ *nekoga* to know smb. 4. to know how, be able; *on zna da piše* he knows how to write

znatiželja *n* curiosity **znatiželjan** *a* curious

znoj *n* perspiration, sweat; *terati na* ~ to cause to perspire; *curi mu* ~ he's sweating **znojiti se** *v* to sweat, perspire

zob *n* oats

zobati, pozobati *v* to peck

zobnica *n* feed bag

zodijak *n* zodiac

zolja *n* wasp

zona *n* zone, area; *ledena (umerena, žarka)* ~ frigid (temperate, torrid) zone **zonski** *a* zonal; ~ *prvenstvo* zonal championship

zoolog *n* zoologist **zoologija** *n* zoology **zoološki** *a* zoological; ~ *vrt* zoo

zora *n* 1. dawn 2. *(večernja)* ~ dusk

zov *n* call, calling

zova *n* (bot.) elder

zovnuti *v* to call

zračenje *n* radiation **zračiti** *v* 1. to shine, emanate light 2. to treat with X rays, treat with radiation 3. to radiate; ~ *radošću* to radiate joy

zračni *a* (W) air **zrak** I *n* (W) air

zrak II *n* ray; *rendgenski* ~*ci* X rays

zraka *n* (W) ray

zrcalo *n* (W) mirror

zrelost *n* ripeness, maturity; *ispit* ~*i* secondary-school final examination **zreo**, **zrio** *a* ripe; mature; ~*lo voće* ripe fruit; *u* ~*lim godinama* in old age **zreti** *v* 1. to ripen 2. to mature

zrikav *a* cross-eyed

zrikavac *n* (zool.) cricket

zrio see **zreo**

zrnast *a* granular **zrnce** *n* 1. granule 2. cell; *krvna* ~*a* blood cells **zrno** *n* 1. grain, kernel, seed; ~ *soli (peska, baruta)* a grain of salt (sand, gunpowder); ~ *kukuruza (pšenice)* a kernel of corn (wheat) 2. bullet; shell; *topovsko* ~ cannonball

zub *n* (anat.) tooth; *gornji (donji, prednji)* ~ upper (lower, front) tooth; ~ *mudrosti* wisdom tooth; *prvi (mlečni)* ~*i* baby (milk) teeth; *veštački (stalni)* ~*i* artificial (permanent) teeth; *boli ga* ~ he has a toothache; *ispao mu je* ~ his tooth fell out; *plombirati (izvaditi)* ~ to fill (pull) a tooth; *opravljati (lečiti)* ~*e* to have one's teeth fixed; **imati* ~ *na nekoga* or **imati nekoga na* ~*u* to have it in for smb.; **stegnuti* ~*e* to grit one's teeth (and bear it) **zubac** *n* cog; tooth **zubarstvo** *n* dentistry **zubni** *a* tooth, dental; ~ *lekar* dentist **zubobolja** *n* toothache **zubotehničar** *n* dental technician

zujati *v* to buzz, hum; *žice zuje na vetru* the wires hum in the wind

zulum *v* violence, oppression **zulumćar** *n* oppressor

zumbul *n* (bot.) hyacinth

zupčan *a* cogged **zupčanica** *n* cogged railway **zupčanik** *n* toothed wheel, gear **zupčati, nazupčati** *v* to cog, tooth

zurle *n* zurle (type of woodwind instrument)

zvanica *n* (invited) guest

zvaničan *a* official; formal; ~ *zahtev* a formal request

zvanje *n* 1. title, rank 2. profession, calling, vocation **zvati, pozvati** *v* 1. to call:

to summon; ~ *u sud* to summon to court; ~ *u vojsku* to draft 2. to invite; ~ *na ručak (večeru)* to invite for dinner (supper); ~ *u goste* to invite for a visit 3. to call; *deca ga zovu »Nemirko«* the children call him „Nemirko" 4. ~ *se* to be called, be named; *kako se zovete?* what's your name? *zove se Petar* his name is Peter

zveckanje n jingling; *~ *oružjem* saber rattling **zveckati, zvecnuti** v to jingle, clang; *zveckati oružjem to engage in saber rattling

zvečarka n rattlesnake

zvečati, zveknuti v to clang, clank, rattle, jingle **zvečka** n rattle

zvek n clang, clank, clink

zvekan n fool, idiot

zveket n clang, clink **zveketati** v to clang, clink, jingle; ~ *čašama* to clink glasses

zvekir n knocker (on a door)

zveknuti see **zvečati**

zver, zvijer n wild, animal, beast (also fig.) **zverinjak, zvjerinjak** n menagerie **zverka, zvjerka** n 1. see **zver** 2. *(velika)* ~ VIP **zverokradica, zvjerokradica** n poacher **zverokrađa, zvjerokrađa** n poaching **zverski, zvjerski** a beastly, brutal, bestial; ~*o ubistvo* a brutal murder **zverstvo, zvjerstvo** n brutality, bestiality; atrocity

zvezda, zvijezda n 1. (astro.) star; ~ *padalica* falling star; *polarna* ~ the North Star 2. (fig.) star; *filmska (fudbalska)* ~ a film (soccer) star 3. star (decoration) **zvezdara, zvjezdara** n observatory **zvezdast, zvjezdast** a starlike **zvezdica, zvjezdica** n asterisk

zvijer see **zver**

zvijezda see **zvezda**

zviriti v to peep

zviždaljka n whistle **zviždati** v 1. to whistle 2. to boo, hiss (i.e., whistle to express dissatisfaction); ~ *glumcu* to boo (hiss) an actor **zvižduk** n whistle, whistling

zvjerinjak see **zverinjak**

zvjerka see **zverka**

zvjerokradica see **zverokradica**

zvjerokrađa see **zverokrađa**

zvjerski see **zverski**

zvjerstvo see **zverstvo**

zvjezdara see **zvezdara**

zvjezdast see **zvezdast**

zvjezdica see **zvezdica**

zvon n tolling (of a bell) **zvonac** n small bell **zvonak** a resonant, resounding **zvonar** n bell ringer; carillonneur **zvonara** n bell tower **zvonce** n doorbell **zvonik** n belfry, turret **zvoniti** v to ring; *zvona zvone* (the) bells are ringing; ~ *na zvonce (na vratima)* to ring a doorbell; ~ *na uzbunu* to sound the alarm; *zvoni zvonce (telefon)* the doorbell (telephone) is ringing **zvono** n bell; *večernja* ~*a* evening bells; *udariti na sva ~*a* to shout from the housetops; *gnjuračko (ronilačko)* ~ diving bell **zvonjava** n ringing, chiming, tolling

zvrcnuti v to jingle, ring

zvrčak n spur tip

zvrčati v to clang **zvrka** n clang, jingle; ringing

zvučan a 1. loud, clear, resonant; ~ *glas* a clear voice 2. (ling.) voiced; ~ *suglasnik* a voiced consonant **zvučati** v to sound; *to lepo zvuči* that sounds nice **zvučni** a sound; ~ *zid* the sound barrier **zvučnik** n 1. megaphone 2. loudspeaker **zvučnost** n 1. loudness, clearness, resonance 2. (ling) voicedness **zvuk** n sound; *brzina* ~*a* the speed of sound; *čudni* ~*ovi* strange sounds

Ž

žaba *n* frog; *krastava* ~ toad

žabica *n* 1. firecracker; ~*e praskaju* fire-crackers are exploding 2. misc.; *igrati se* ~ to play ducks and drakes

žabnjak *n* frog pond

žacati se *v* to flinch, recoil, start

zagor *n* murmur, undertone; ~ *negodova-nja* a murmur of protest **žagoriti** *v* to murmur

žaket *n* jacket

žal *n* beach, strand

žalba *n* complaint; *podneti (uložiti)* ~*u* to lodge a complaint **žalilac** *n* complainant; plaintiff **žaliti** *v* 1. **ožaliti** to mourn; ~ *nečiju smrt* to mourn smb.'s death 2. to mourn, grieve for; ~ *za ocem* to mourn one's father 3. to be sorry for, pity; ~ *nekoga* to be sorry for smb. 4. to regret, be sorry; *žalimo što je bolestan* we are sorry that he is sick 5. to miss, long for; ~ *za školom (domovinom)* to miss school (home) 6. to spare; *ne žaleći sebe* without sparing oneself 7. ~ *se* to complain; ~ *se na nešto* to complain about smt. **žalost** *n* 1. sorrow, grief; regret; *obuzet* ~*šću* overwhelmed by grief 2. mourning; *biti u* ~*i za nekim* to be in mourning for smb.; *narodna* ~ national mourning 3. longing for; ~ *za domovinom* homesickness **žalostan** *a* 1. sad, depressed 2. depressing, sad; ~ *prizor* a depressing spectacle **žalostiti, ožalostiti** *v* 1. to sadden, distress 2. to bereave **žaljenje** *n* 1. mourning 2. regret; *sa* ~*em* with regret

žamor *n* murmur **žamoriti** *v* to murmur

žandar *n* (hist.) policeman

žanr *n* genre; type, style

žao *adv* sorry; ~ *mi ga je* I am sorry for him; ~ *mi je što niste došli* I am sorry that you didn't come

žaoka *n* 1. stinger (as of a bee, wasp) 2. (fig.) biting remark, barb

žar *n* 1. live coals; embers 2. (fig.) ardor, fervor, zeal, passion 3. heat, hot weather

žarac *n* poker

žardinijera *n* flowerpot, jardiniere

žargon *n* jargon

žarište *n* focus; center; ~ *bolesti* focus of infection; ~ *otpora* center of resistance

žariti *v* 1. to stir, stoke (a fire) 2. to burn (as of fever, the sun) 3. to sting; *kopriva žari* nettles sting 4. ~ *se* to glow **žarki** *a* 1. hot, torrid; ~ *pojas* torrid zone 2. glowing; bright; ~*e boje* glowing colors; ~*o crvenilo* bright red 3. (fig.) ardent, warm; passionate

žarulja *n* (W) bulb

žbun *n* bush, shrub

žderati *v* 1. (colloq.) to gulp, bolt (food) 2. to eat like a glutton, stuff oneself **žderonja** *n* glutton

ždral *n* (zool.) crane

ždreb, ždrijeb *n* drawing of lots, draw

ždrebac, ždrijebac *n* stallion, stud

ždrebati *v* to draw lots, decide by drawing lots

ždrebe, ždrijebe *n* colt, foal **ždrebica** *n* filly **ždrebiti, ždrijebiti, oždrebiti, oždrijebiti** *v* 1. to bring forth (a colt) 2. ~ *se* to foal

ždrelo, ždrijelo *n* 1. (anat.) pharynx 2. gorge 3. opening; ~ *(topa)* muzzle (of a gun) 4. ~ *vulkana* crater of a volcano

ždrijeb see **ždreb**

ždrijebac see **ždrebac**

ždrijebe see **ždrebe**

ždrijebiti see ždrebiti
ždrijelo see ždrelo
žeći, ražeći v to burn; *sunce žeže* the sun burns; *kopriva žeže* nettles sting
žedan a thirsty; (also fig.); ~ *znanja* thirsty for knowledge
žedneti, žednjeti v 1. ožedneti, ožednjeti to become thirsty 2. to long for, crave; ~ *za nečim* to long for smt. žeđ n thirst (also fig.); *ugasiti* ~ to quench one's thirst; *morila ga je* ~ he was racked by thirst; ~ *za krvlju (osvetom, znanjem)* thirst for blood (revenge, knowledge)
žega n heat
želatin n gelatin
žele n jelly
želeti, željeti, poželeti, poželjeti, v to wish, want; desire; *Želim vam srećnu Novu godinu* I wish you a Happy New Year; *želite li jelovnik?* would you like a menu? *želeo bih da dođe* I'd like him to come
železan, željezan a iron, hard; ~*zna volja* an iron will železara, željezara n 1. forge, bloomery 2. (W) hardware store železnica, željeznica n railroad; railway; *žičana* ~ cable railway; *podzemna* ~ subway železnički, željeznički a railroad; ~*a stanica* railroad station; ~*a mreža (pruga)* railroad network (track); ~ *vagon (nasip, prag)* railroad car (embankment, tie) železničar, željezničar n railroad employee, railroad worker železo, željezo n iron
želudac n stomach; *s praznim* ~*cem* on an empty stomach
želja n wish, desire; ~ *za novcem (uspehom)* desire for money (success); *novogodišnje (rođendanske, praznične)* ~*e* New Year's (birthday, holiday) greetings; *imam* ~*u da otputujem* I feel like leaving; *poslednja* ~ last will and testament; ~ *za zavičajem* homesickness
željan a 1. desirous, craving; *biti* ~ *nečega* to be desirous of smt., crave smt. 2. anxious, eager; ~ *je da što pre stigne kući* he is eager to get home as soon as possible
željeti see želeti
željezan see železan
željezara see železara
željeznica see železnica
željezničar see železničar
željezo see železo

žena n 1. woman, lady 2. wife 3. domestic, cleaning woman
ženidba n (man's) marriage; wedding
ženiti, oženiti v 1. to marry off (a son) 2. ~ *se* to marry, get married (of a man); *on se ženi Verom* he is getting married to Vera
ženka n female (of animals)
ženomrzac n misogynist
ženska (a used as noun) 1. female 2. (pejor.) slut; *javna* ~ prostitute
ženskaroš n profiligate, lady's man
ženskast a womanlike
ženski a 1. female, women's; ~*e cipele* women's shoes 2. (gram.) feminine; ~ *rod* the feminine gender
ženskost n femininity ženstven a feminine, effeminate ženstvenost n femininity; elegance
žeravica n live coal; *sedeti kao na* ~*i* to be on pins and needles
žestina n 1. violence; rage 2. strength, force žestiti, ražestiti v 1. to infuriate 2. ~ *se* to become furious
žestok a 1. severe, bitter; violent; ~*a svađa* a bitter quarrel 2. strong (as of drinks); ~*a pića* strong drinks žešći (comp)
žetelac n reaper, harvester žetelica n reaper (machine) žeti, požeti, požnjeti v to reap, harvest
žeton n 1. chip (replacing money) 2. lapel insignia
žetva n harvest
žezlo n mace, scepter
žgoljav a stunted
žica n 1. wire, cable; *bodljikava* ~ barbed wire 2. string, rope; ~*e na violini* violin strings; *igračica na* ~*i* tightrope walker 3. (geol.) vein, lode; ~ *gvozdene rude* vein of iron ore 4. misc.; *glasne* ~*e* vocal cords; *otišla joj je* ~ *(na čarapi)* she got a runner (in her stocking)
žičan a wire; ~*a železnica* cable railway
Židov n (W) Jew
žig n brand, stamp; *poštanski* ~ postmark
žigica n (W) match
žigosati v 1. to brand, stamp 2. to stigmatize
žila n 1. tendon, sinew; *iz petnih* ~ with all one's might 2. blood vessel; artery; vein; ~ *kucavica* artery 3. (mining) vein
žilav a 1. tough; sinewy 2. (fig.) resistant, tough
žilet n 1. razor blade 2. safety razor

žir *n* acorns

žirafa *n* (zool.) giraffe

žirirati *v* to endorse (as comaker)

žirka *n* acorn

žiroskop *n* gyroscope

žitarica *n* (usu. in *pl*) grain, cereal **žitnica** *n* 1. granary 2. (fig.) breadbasket **žito** *n* 1. grain 2. wheat **žitni** *a* grain; ~ **žižak** grain weevil

živ *a* 1. alive, living, live; ~*o biće* a living creature; *još je* ~ he is still alive; *dok sam* ~ as long as I live; *biti* ~ *spaljen (zakopan)* to be burned (buried) alive 2. lively, active; ~*o dete* a lively child 3. vivid; expressive; ~ *stil (opis)* a vivid style (description) 4. raw, uncooked; ~*o meso* raw meat 5. misc.; **dirnuti u* ~*o* to cut to the quick; ~*a ograda* a hedge; ~*i pesak* quicksand **življi** *(comp)*

živa *n* mercury, quicksilver

živac *n* nerve; *očni (slušni)* ~ optic (acoustic) nerve; **ići na* ~*vce nekome* to get on smb.'s nerves

živad *n* poultry

živahan *a* lively, active **živahnost** *n* liveliness

živalj *n* population

živčani *a* nerve, nervous; ~ *slom* a nervous breakdown

živeo, živio *a* 1. see **živeti** 2. (used as an *interj*) long live! *živeo predsednik!* long live the president! *živeli!* cheers! (as a toast) **živeti, živjeti** *v* 1. to be alive, live; *on je živeo u 18. veku* he lived in the 18th century 2. to reside, live; *on živi u Beogradu* he lives in Belgrade 3. to live, spend one's life; ~ *u nadi (u bedi)* to live in hope (in misery)

živina *n* 1. poultry 2. cattle **živinarstvo** *n* poultry raising **živinče** *n* animal; head of cattle

živio see **živeo**

živjeti see **živeti**

življi see **živ**

živo *adv* clearly; ~ *se sećati* to remember clearly

živoder *n* flayer

živopisan *a* picturesque; vivid

život *n* life; living; *borba na* ~ *i smrt* a fight to the finish; *bračni (porodični)* ~ married (family) life; *goli* ~ one's bare existence; *sposban za* ~ viable; *troškovi* ~*a* living expenses; *oduzeti* ~ to take a life; *vratiti u* ~ to revive; *srećan (bedan, težak, buran)* ~ a happy (misera-

ble, difficult, stormy) life; *gradski (seoski)* ~ city (country) life; *uslovi za* ~ living conditions **životan** *a* vital

životariti *v* to exist barely, vegetate

životinja *n* animal, beast (also fig.); *domaća (divlja)* ~ a domestic (wild) animal **životinjski** *a* animal; ~*o carstvo* the animal kingdom; ~ *postupak* a brutal act; ~*o ponašanje* beastly behavior

životni *a* life; ~ *standard* standard of living; ~*o osiguranje* life insurance

životopis *n* biography

životvoran *a* life-giving

žiža *n* focus; center

žižak *n* 1. small lamp, candle 2. weevil

žleb, žlijeb *n* gutter, groove

žlezda, žlijezda *n* gland

žlica *n* (W) spoon

žlijeb see **žleb**

žlijezda see **žlezda**

žmarci *n* gooseflesh; goose pimples; *podilaze me* ~ I have goose pimples

žmigati *v* to blink

žmigavac *n* turn signal (on an automobile)

žmiriti *v* to squint

žmurka *n* hide-and-seek; *igrati se* ~*e* to play hide-and-seek

žmurećke *adv* blindfolded

žmuriti *v* to squint, hold one's eyes closed

žongler *n* juggler **žonglerstvo** *n* juggling **žonglirati** *v* to juggle

žreb, žrijeb *n* drawing of lots, draw **žrebati** *v* to draw lots

žrec *n* (pagan) priest

žrtva *n* 1. sacrifice; offering; *prineti (podneti)* ~*u* to make a sacrifice 2. victim, casualty; ~ *okolnosti* a victim of circumstances **žrtveni** *a* sacrificial **žrtvenik** *n* sacrificial altar **žrtvovati** *v* to sacrifice; ~ *svoj život* to sacrifice one's life; ~ *se (sebe) za druge* to sacrifice oneself for others

žrvanj *n* millstone

žubor *n* gurgle, ripple (of water) **žuboriti** *v* to gurgle, ripple (of water)

žuč *n* 1. gall, bile (also fig.); *izliti (iskaliti) svoju* ~ to pour out one's bitterness 2. gallbladder **žučan** *a* bilious, irascible, ill-natured **žučiti, ožučiti** *v* to embitter **žučni** *a* ~ *mehur* gallbladder

žućkast *a* yellowish

žudan *a* craving, longing; ~ *nečega* longing for smt. **žudeti, žudjeti** *v* to crave, yearn, long for; ~ *za nečim* to crave smt. **žudnja** *n* strong desire, craving žulj *n* callous; corn žuljiti, nažuljiti *v* to pinch; *žulje me cipele* my shoes pinch

žumance *n* yolk

župa *n* 1. district, region 2. parish župnik *n* parish priest

žur *n* party; *pozvati na* ~ to invite to a party

žuran *a* hurried žurba *n* hurry; *biti u* ~*i* to be in a hurry žuriti, požuriti *v* 1. to hurry, rush; ~ *nekoga* to rush smb. 2. ~ *(se)* to hurry, rush; *on (se) uvek žuri nekuda* he is always rushing somewhere; *sat mi žuri* my watch is fast

žurnal *n* magazine žurnalist(a) *n* journalist žurnalistika *n* journalism

žustar *a* brisk, agile žustrina *n* briskness, agility

žut *a* yellow; ~*a groznica* yellow fever; (fig.) ~*a štampa* yellow journalism žući (comp) žuteti, žutjeti, požuteti, požutjeti *v* to become yellow žutica *n* jaundice žutiti, ožutiti *v* to color yellow

žutokljunac *n* fledgling (also fig.)

žvakanje *n* chewing; *guma za* ~ chewing gum žvakati, sažvakati *v* to chew

žvale *n* bit (of a bridle)